中华古籍保护

中華古籍保護計劃

ZHONG HUA GU JI BAO HU JI HUA CHENG GUO

·成果·

（清）紀昀等 纂

# 武英殿本四庫全書總目

第二册

國家圖書館出版社

# 第一册目録

# 欽定四庫全書總目

經部

卷一之二

# 欽定四庫全書總目卷

## 經部總敘

經稟聖裁垂型萬丗刪定之旨如日中天無所容其贊述所論次者詁經之說而已自漢京以後垂二千年儒者沿波學凡六變其初專門授受遞稟師承非惟詁訓相傳莫敢同異卽篇章字句亦恪守所聞其學篤實謹嚴及其弊也拘王弼王肅稍持異議流風所扇或信或疑越孔賈啖趙以及北宋孫復劉敞等各自論說不相統攝及其弊也雜

洛閩繼起道學大昌擺落漢唐獨研義理凡經師舊說俱排斥以爲不足信其學務別是非及其弊也悍（如王柏吳澄攻駁經文動輒刪改之類）學脈旁分攀緣日衆驅除異已務定一尊自宋末以逮明初其學見異不遷及其弊也黨（如論語集註誤引包咸夏瑚商璉之說張存中四書通證即闕此一條以諱其誤又如王柏刪國風三十二篇許謙疑之吳師道反以爲非之類）主持太過勢有所偏才辨聰明激而橫決自明正德嘉靖以後其學各抒心得及其弊也肆（如王守仁之末派皆以狂禪解經之類）空談臆斷考證必疎於是博雅之儒引古義以

抵其隙

國初諸家其學徵實不誣及其弊也瑣（如一字音訓動辨數百言之類）要其歸宿則不過漢學宋學兩家互爲勝負夫漢學具有根柢講學者以淺陋輕之不足服漢儒也宋學具有精微讀書者以空疎薄之亦不足服宋儒也消融門戶之見而各取所長則私心祛而公理出公理出而經義明矣蓋經者非他卽天下之公理而已今參稽衆說務取持平各明去取之故分爲十類曰易曰書曰詩曰禮曰春秋曰孝經

曰五經總義曰四書曰樂曰小學

經部一

易類一

聖人覺世牖民大抵因事以寓教詩寓於風謠禮寓於節文尚書春秋寓於史而易則寓於卜筮故易之爲書推天道以明人事者也左傳所記諸占蓋猶太卜之遺法漢儒言象數去古未遠也一變而爲京焦入於禨祥再變而爲陳邵務窮造化易遂不切於民用王弼盡黜象數說

以老莊一變而胡瑗程子始闡明儒理再變而李光楊萬里又參證史事易遂日啓其論端此兩派六宗已互相攻駁又易道廣大無所不包旁及天文地理樂律兵法韻學算術以逮方外之爐火皆可援易以爲說而好異者又援以入易故易說愈繁夫六十四卦大象皆有君子以字其爻象則多戒占者聖人之情見乎詞矣其餘皆易之一端非其本也今參校諸家以因象立教者爲宗而其他易外別傳者亦兼收以盡

其變各爲條論具列於左

子夏易傳十一卷內府藏本

舊本題卜子夏撰按說易之家最古者莫若是書其僞中生僞至一至再而未已者亦莫若是書唐會要載開元七年詔子夏易傳近無習者令儒官詳定劉知幾議曰漢志易有十三家而無子夏作傳者至梁阮氏七錄始有子夏易六卷或云韓嬰作或云丁寛作然據漢書韓易十二篇丁易八篇求其符合事殊隳刺必欲行用深以爲疑司馬貞

議亦曰按劉向七畧有子夏易傳但此書不行已久今所存多失真本荀勗中經簿云子夏傳四卷或云丁寛是先達疑非子夏矣又隋書經籍志云子夏傳殘缺梁六卷今二卷知其書錯謬多矣又王儉七志引劉向七畧云易傳子夏韓氏嬰也今題不稱韓氏而載薛虞記其質粗畧旨趣非遠無益後學云云是唐以前所謂子夏傳已爲僞本晁說之傳易堂記又稱今號爲子夏傳者乃唐張弧之易按弧唐末爲大理寺評事有素履子別著錄是唐時又一僞本並

行故宋國史志以假託子夏易傳與眞子夏易傳兩列其目而崇文總目亦稱此書篇第畧依王氏決非卜子夏之文也朱彝尊經義考證以陸德明經典釋文李鼎祚周易集解王應麟困學紀聞所引皆今本所無德明鼎祚猶曰在張弧以前應麟乃南宋末人何以當日所見與今本又異然則今本又出僞託不但非子夏書亦並非張弧書矣流傳既久姑存以備一家云爾

謹按唐徐堅初學記以太宗御製升列歷代

之前蓋臣子尊君之大義焦竑國史經籍志
朱彝尊經義考並踵前規臣等編摩四庫初
亦恭錄
御定易經通注
御纂周易折中
御纂周易述義弁冕諸經仰蒙
指示命移冠
國朝著述之首俾尊卑有序而時代不淆
聖度謙冲酌中立憲實爲千古之大公謹恪遵

彝訓仍託始於子夏易傳並發凡於此著四庫之通例焉

又案託名之書有知其贋作之人者有不知其贋作之人者不能一一歸其時代故漢書藝文志仍從其所託之時代爲次今亦悉從其例

周易鄭康成注一卷通行本

宋王應麟編應麟字伯厚慶元人自署浚儀蓋其祖籍也淳祐元年進士寶祐四年復中博學鴻詞

科官至禮部尚書兼給事中事迹具宋史儒林傳案隋志載鄭元周易注九卷又稱鄭元王弼二注梁陳列於國學齊代惟傳鄭義至隋王注盛行鄭學寖微然新唐書著錄十卷是唐時其書猶在故李鼎祚集解多引之宋崇文總目惟載一卷所存者僅文言序卦說卦雜卦四篇餘皆散佚至中興書目始不著錄（案中興書目今不傳此據馮椅易學所引）則亡於南北宋之間故晁說之朱震尚能見其遺文而淳熙以後諸儒即罕所稱引也應麟始旁摭諸書裒爲此

佚經文異字亦皆並存其無經文可綴者則總録末簡又以元注多言互體並取左傳禮記周禮正義中論互體者八條以類附焉考元初從第五元先受京氏易又從馬融受費氏易故其學出入於兩家然要其大旨費義居多實爲傳易之正脈齊陸澄與王儉書曰王弼注易元學之所宗今若崇儒鄭注不可廢其論最篤唐初詔修正義仍黜鄭崇王非達識也應麟能於散佚之餘蒐羅放失以存漢易之一綫可謂篤志遺經研心古義者矣近

時惠棟别有考訂之本體例較密然經營𠞰始實自應麟其捃拾之勞亦不可泯今並著於録所以兩存其功也

謹按前代遺書後人重編者如有所竄改增益則從重編之時代曾子子思子之類是也如全輯舊文則仍從原書之時代故此書雖宋人所輯而列於漢代之次後皆倣此

新本鄭氏周易三卷江蘇巡撫採進本

國朝惠棟編棟字定宇長洲人初王應麟輯鄭元易

注一卷其後人附刻玉海之末雖殘章斷句尚頗見漢學之崖略於經籍頗爲有功然皆不著所出之書又次序先後間與經文不應亦有遺漏未載者棟因其舊本重爲補正凡應麟書所已載者一一考求原本注其出自某書明其信而有徵極爲詳核其次序先後亦悉從經文釐定復搜採羣籍上經補二十八條下經補十六條繫辭傳補十四條說卦傳補二十二條序卦傳補七條雜卦傳補五條移應麟所附易贊一篇於卷端刪去所引諸

經正義論互卦者八條而別據元周禮太師注作十二月爻辰圖據元月令注作爻辰所值二十八宿圖附於卷末以駁朱震漢上易傳之誤雖因人成事而考核精密實勝原書應麟固鄭氏之功臣棟之是編亦可謂王氏之功臣矣

陸氏易解一卷（浙江吳玉墀家藏本）

明姚士粦所輯吳陸績周易注也吳志載績所著有易注不言卷數隋書經籍志有陸績周易注十五卷經典釋文序錄作陸績周易述十三卷會通

一卷新舊唐書志所載卷數與釋文同原本久佚
未詳其孰是此本爲鹽邑志林所載凡一百五十
條朱彝尊經義考以爲抄撮陸氏釋文李氏集解
二書爲之然此本採京氏易傳注爲多而彝尊未
之及又稱其經文異諸家者履帝位而不疚疚作
疾明辨晳也晳作逝納約自牖牖作誘三年克之
憊也憊作備此本又皆無之豈所見别一本歟然
彝尊明言鹽邑志林其故則不可詳矣彝尊又言
曹溶曾見有三卷者然諸家著録併無三卷之本

殆京氏易傳三卷舊本題曰陸績注溶偶觀之未審因誤記誤說也昔宋王應麟輯鄭氏易注爲學者所重士龔此本雖不及應麟搜討之勤博而掇拾殘剩存什一於千百亦可以見陸氏易注之大畧矣績字公紀吳郡人官至鬱林太守加偏將軍事迹具吳志士龔字叔祥海鹽人年十三而孤年二十猶目不識丁寓居德清姜氏家姜始授以句讀晚乃卓然自立蓋亦奇士云

周易注十卷 浙江巡撫採進本

上下經注及畧例魏王弼撰繫辭傳說卦傳序卦傳雜卦傳注晉韓康伯撰隋書經籍志以王韓之書各著錄故易注作六卷畧例作一卷繫辭注作三卷舊唐書經籍志新唐書藝文志皆載弼注七卷蓋合畧例計之今本作十卷則併韓書計之也考王儉七志已稱弼易注十卷按七志今不傳此據陸德明經典釋文所引則併王韓爲一書其來已久矣自鄭元傳費直之學始析易傳以附經至弼又更定之說者謂鄭本如今之乾卦其坤卦以下又弼所割裂然鄭

氏易注至北宋尚存一卷崇文總目稱存者爲文
言說卦序卦雜卦四篇則鄭本尚以文言自爲一
傳所割以附經者不過彖傳象傳今本乾坤二卦
各附文言知全經皆弼所更定非鄭氏之舊也每
卷所題乾傳第一泰傳第二噬嗑傳第三咸傳第
四夬傳第五豐傳第六各以卷首第一卦爲名據
王應麟玉海此目亦弼增標蓋因毛氏詩傳之體
例相沿旣久今亦仍舊文錄之惟經典釋文以泰
傳爲需傳以噬嗑傳爲隨傳與今本不同證以開

成石經一一與陸氏所述合當由後人以篇頁不均為之移併以非宏旨之所繫今亦不復追改焉其畧例之注為唐邢璹撰璹里籍無考其結銜稱四門助教按唐書王鉷傳稱故鴻臚少卿邢璹子縡以謀反誅則終於鴻臚少卿也太平廣記載其奉使新羅戕殺賈客百餘人掠其珍貨貢於朝其人殊不足道其注則至今附弼書以行陳振孫書錄解題稱蜀本畧例有璹所註止有篇首釋畧例二字文與此同餘皆不然是宋代尚有一別本今

則惟此本存所謂蜀本者已久佚矣弼之說易源出費直直易今不可見然荀爽易卽費氏學李鼎祚書尚頗載其遺說大抵究爻位之上下辨卦德之剛柔已與弼注畧近但弼全廢象數又變本加厲耳平心而論闡明義理使易不雜於術數者弼康伯深爲有功祖尚虛無使易竟入於老莊者弼康伯亦不能無過瑕瑜不掩是其定評諸儒偏好偏惡皆門戶之見不足據也

周易正義十卷 內府刊本

魏王弼晉韓康伯注唐孔穎達疏易本卜筮之書
故末派寖流於讖緯王弼乘其極敝而攻之遂能
排棄漢儒自標新學然隋書經籍志載晉揚州刺
史顧夷等有周易難王輔嗣易一卷冊府元龜又
載顧悅之（按悅之即顧夷之字）難王弼易義四十餘條京口
閔康之又申王難顧是在當日已有異同王儉顏
延年以後此揚彼抑互詰不休至穎達等奉詔作
疏始專崇王注而衆說皆廢故隋志易類稱鄭學
寖微今殆絕矣蓋長孫無忌等作志之時在王學

既行之後也今觀其書如復彖七日來復王偶用六日七分之說則推明鄭義之善乾九二利見大人王不用利見九五之說則駁詰鄭義之非於見龍在田時舍也則曰經但云時舍注曰必以時之通舍者則輔嗣以通解舍舍是通義也而不疏舍之何以訓通於天元而地黄則曰恐莊氏之言非王本意今所不取而不言莊說之何以未允如斯之類皆顯然偏袒至說卦傳之分陰分陽韓註一四爲陰三五爲陽則曰輔嗣以爲初上無陰陽定

位此注用王之說帝出乎震韓氏無注則曰益卦六二王用亨于帝吉輔嗣注曰帝者生物之主興益之宗出震而齊巽者也則輔嗣之意以此帝爲天帝也是雖弼所未注者亦委曲旁引以就之然疏家之體主於詮解注文不欲有所出入故皇侃禮疏或乖鄭義頴達至斥爲狐不首邱葉不歸根其墨守專門固通例然也至於詮釋文句多用空言不能如諸經正義根據典籍源委粲然則由王注掃棄舊文無古義之可引亦非考證之疏矣此

書初名易贊後詔改正義然卷端又題曰兼義未
喻其故序稱十四卷唐志作十八卷書錄解題作
十三卷此本十卷乃與王韓注本同殆後人從注
本合併歟

周易集解十七卷內府藏本

唐李鼎祚撰鼎祚唐書無傳始末未詳惟據序末
結銜知其官爲秘書省著作郎據袁桷清容居士
集載資州有鼎祚讀書臺知爲資州人耳朱睦㮮
序稱爲秘閣學士不知何據也其時代亦不可考

舊唐書經籍志稱錄開元盛時四部諸書而不載是編知爲天寶以後人矣其書新唐書藝文志作十七卷晁公武讀書志曰今所有止十卷而始末皆全無所亡失豈後人併之耶經義考引李燾之言則曰鼎祚自序止云十卷無亡失也朱睦㮮序作於嘉靖丁巳亦云自序稱十卷與燾說同今所行毛晉汲古閣本乃作一十七卷序中亦稱王氏畧例附於卷末凡成一十八卷與諸家所說截然不同殊滋疑竇今考序中稱至如卦爻彖象理涉

重元經注文言書之不盡別撰索隱錯綜根萌音義兩存詳之明矣云云則集解本十卷附畧例一卷爲十一卷尚別有索隱六卷共成十七卷唐志所載蓋併索隱畧例數之實非舛誤至宋而索隱散佚刊本又削去畧例僅存集解十卷故與唐志不符至毛氏刊本始析十卷爲十七卷以合唐志之文又改序中一十卷爲一十八卷以合附錄畧例一卷之數故又與朱睦㮮序不符蓋自宋以來均未究序中別撰索隱一語故疑者誤疑改者誤

攺郎辨其本止十卷者亦不能解唐志稱十七卷之故致愈說愈訛耳今詳爲考證以袪將來之疑至十卷之本今既未見則姑仍以毛本著錄葢篇帙分合無關宏旨固不必一一追攺也其書仍用王弼本惟以序卦傳散綴六十四卦之首葢用毛詩分冠小序之例所採凡子夏孟喜焦贑京房馬融荀爽鄭元劉表何晏宋衷虞翻陸績干寶王肅王弼姚信王廙張璠向秀王凱冲侯果蜀才翟元韓康伯劉𪊨何妥崔憬沈驎士盧氏按盧氏周易註隋志巳佚

其名崔覲伏曼容孔穎達按以上三十二家朱睦㮮序所考姚規朱仰之蔡景君按以上三家朱彝尊經義考所補考等三十五家之說自序謂刋輔嗣之野文補康成之逸象蓋王學既盛漢易遂亡千百年後學者得考見畫卦之本旨者惟賴此書之存矣是眞可寳之古笈也

周易口訣義六卷永樂大典本

唐史徵撰崇文總目曰河南史徵不詳何代人晁公武讀書志曰田氏以爲魏鄭公撰誤陳振孫書錄解題曰五朝史志有其書非唐則五代人避諱

作證字宋史藝文志又作史文徽葢以徽徵二字相近而訛別本作史之徵則又以之文二字相近而訛耳今定爲史徵從永樂大典定爲唐人從朱彝尊經義考也永樂大典載徵自序云但舉宏機纂其樞要先以王注爲宗後約孔疏爲理故崇文總目及晁氏讀書志皆以爲直抄注疏以便講習故曰口訣今詳考之實不盡然如乾象引周氏說大象引宋衷說屯彖引李氏說師彖引陸績說六五引莊氏說謙六五引張氏說賁大象引王廙說

頤大象引荀爽說坎大象引莊氏說上六引虞氏
說咸大象引何妥說萃彖引周宏正說升彖引褚
氏說井大象引何妥說革彖引宋衷說鼎彖引何
妥說震九四引鄭衆說漸彖引褚氏說大象引侯
果說困大象引周宏正說兌大象引鄭衆說漸九
五引陸績說多出孔穎達疏及李鼎祚集解之外
又如賁大象所引王氏說頤大象所引荀爽說雖
屬集解所有而其文互異坎上六所引虞翻說則
集解刪削過畧此所載獨詳蓋唐去六朝未遠隋

志所載諸家之書猶有存者故徵得以旁搜博引
今閱年數百舊籍佚亡則遺文緒論無一非吉光
片羽矣近時惠棟作九經古義余蕭客葺古經解
鉤沈於唐以前諸儒舊說單辭隻義搜採至詳而
此書所載均未之及信爲難得之秘本雖其文義
間涉拙滯傳寫亦不免訛脫而唐以前解易之書
子夏傳旣屬僞撰王應麟所輯鄭元注姚士粦所
輯陸績注亦非完書其實存於今者京房王弼孔
穎達李鼎祚四家及此書而五耳固好古者所宜

寶重也徵自序作六卷諸家書目並同今僅闕豫隨无妄大壯晉睽蹇解中孚九卦所佚無多仍編爲六卷存其舊焉

周易舉正三卷　浙江巡撫採進本

舊本題唐郭京撰京不知何許人崇文總目稱其官爲蘇州司戶參軍據自序言御注孝經删定月令則當爲開元後人序稱曾得王輔嗣韓康伯手寫眞本比校今世流行本及國鄉貢學人等本舉正其謬凡所改定以朱墨書别之其書崇文總目

始著錄書錄解題於宋咸易補注條下稱咸得此書於歐陽修是天聖慶歷間乃行於世也洪邁李燾並以爲信晁公武則謂以繇象相正有闕漏可推而知託言得王韓手札及石經趙汝楳亦詆其掇王韓之名以更古文王應麟又援後漢書左雄傳職斯祿薄句證其改旅卦斯字爲㪺之非近時惠棟作九經古義駁之尤力今考是書唐志不載李燾以爲京開元後人故所爲書不得著錄（按燾說見文獻通考）然但可以解舊書經籍志耳若新書藝文志

則唐末之書無不具列豈因開元以後而遺之疑
其書出宋人依託非惟王韓手札不可信併唐郭
京之名亦在有無疑似之間也顧其所說推究文
義往往近理故晁公武雖知其託名而所進易解
乃多引用即朱子本義於坤象傳之履霜堅冰賁
象傳之剛柔交錯震彖傳之不喪匕鬯亦頗從其
說則亦未嘗無可取矣晁公武讀書志載京原序
稱所改正者一百三十五處二百七十三字而洪
邁容齋隨筆趙汝楳易序叢書皆作一百三處今

本所載原序亦稱差謬處一百三節則晁氏所云殆爲疎舛又原本稱别以朱墨蓋用經典釋文之例今所行本已全以墨書蓋非其舊以非宏旨之所繫故仍從近刻焉

欽定四庫全書總目卷二

經部二

易類二

易數鉤隱圖三卷附遺論九事一卷（浙江吳玉墀家藏本）

宋劉牧撰牧字長民其墓誌作字先之未詳孰是或有兩字也彭城人官至太常博士宋志載牧新注周易十一卷圖一卷晁公武讀書志則作圖三卷其注今不傳惟圖尚在卷數與晁氏本同漢儒言易多主象數至宋而象數之中復岐出圖書一

派牧在邵子之前其首倡者也牧之學出於种放放出於陳摶其源流與邵子之出於穆李者同而以九爲河圖十爲洛書則與邵異其學盛行於仁宗時黄黎獻作畧例隱訣吳秘作通神程大昌作易原皆發明牧說而葉昌齡則作圖義以駁之宋咸則作王劉易辨以攻之李覯復有删定易圖論至蔡元定則以爲與孔安國劉歆所傳不合而以十爲河圖九爲洛書朱子從之著易學啓蒙自是以後若胡一桂董楷吳澄之書皆宗朱蔡牧之圖

幾於不傳此本爲通志堂所刊何焯以爲自道藏錄出今考道藏目錄實在洞眞部靈圖類雲字號中是卽圖書之學出於道家之一證錄而存之亦足廣異聞也南宋時劉敏士嘗刻於浙右漕司前有歐陽修序吳澄曰修不信河圖而有此序殆後人所僞爲而牧之後人誤信之者俞琰亦曰序文淺俚非修作其言有見故今據而削之其遺論九事一爲太皥受龍馬負圖二爲六十四卦推盪訣三爲大衍之數五十四爲八卦變六十四卦五爲

辨陰陽卦六爲復見天地之心七爲卦終九事八爲奇偶揲法九爲陰陽律呂圖以先儒之所未及故曰遺論本別爲一卷徐氏刻九經解附之鉤隱圖末今亦仍之焉

周易口義十二卷　浙江吳玉墀家藏本

宋倪天隱述其師胡瑗之說瑗字翼之泰州如臯人用范仲淹薦由布衣拜校書郎歷太常博士致仕歸事迹具宋史儒林傳天隱始末未詳葉祖洽作陳襄行狀稱襄有二妹一適進士倪天隱殆卽

其人董莽嚴陵集載其桐廬縣令題名碑記一篇
意其嘗官睦州也其説易以義理爲宗邵伯温聞
見前錄記程子與謝湜書言讀易當先觀王弼胡
瑗王安石三家三原劉紹攽周易詳説曰朱子謂
程子之學源於周子然考之易傳無一語及太極
於觀卦詞云予聞之胡翼之先生居上爲天下之
表儀於大畜上九云予聞之胡先生曰天之衢亨
誤加何字於夬九三云安定胡公移其文曰壯于
頄有凶獨行遇雨若濡有愠君子夬夬无咎於漸

上九云安定胡公以陸爲迂考伊川年譜皇祐中
游太學海陵胡翼之先生方主教道得先生試文
大驚卽延見處以學職意其時必從而受業焉世
知其從事濂溪不知其講易多本於翼之也其說
爲前人所未及今核以程傳良然朱子語類亦稱
胡安定易分曉正當則是書在宋時固以義理說
易之宗也王得臣麈史曰安定胡翼之皇祐至和
間國子直講朝廷命主太學時千餘士日講易是
書殆卽是時所說宋志載瑗易解十卷周易口義

十卷朱彝尊經義考引李振裕之說云瑗講授之餘欲著述而未逮其門人倪天隱述之以非其師手著故名曰口義後世或稱口義或稱易解實無二書也其說雖古無明文然考晁公武讀書志有云胡安定易傳葢門人倪天隱所纂非其自著故序首稱先生曰其說與口義合又列於易傳條下亦不另出口義一條然則易解口義爲一書明矣

温公易說六卷永樂大典本

宋志葢誤分爲二也

宋司馬光撰考蘇軾撰光行狀載所作易説三卷注繫詞二卷宋史藝文志作易説一卷又三卷又繫詞説二卷晁公武讀書志云易説雜解易義無詮次未成書朱子語類又云嘗得温公易説於洛人范仲彪盡隨卦六二其後缺焉後數年好事者於北方互市得板本喜其復全是其書在宋時所傳本已往往多寡互異其後乃并失其傳故朱彞尊經義考亦註爲已佚今獨永樂大典中有之而所列實不止於隨卦似即朱子所稱後得之本其

釋每卦或三四爻或一二爻且有全無說者惟繫
詞差完備而說卦以下僅得二條亦與晁公武之
言相合又以陳友文集傳精義馮椅易學胡一桂
會通諸書所引光說核之一一具在知爲宋代原
本無疑其解義多闕者葢光本撰次未成亦如所
著潛虛轉以不完者爲眞本並非有所殘佚也光
傳家集中有答韓秉國書謂王輔嗣以老莊解易
非易之本旨不足爲據葢其意在深闢虛無元渺
之說故於古今事物之情狀無不貫徹疏通推闡

深至如解同人之彖曰君子樂與人同小人樂與人異君子同其遠小人同其近坎之大象曰水之流也習而不止以成大川人之學也習而不止以成大賢咸之九四曰心苟傾焉則物以其類應之故喜則不見其所可怒怒則不見其所可喜愛則不見其所可惡惡則不見其所可愛大都不襲先儒舊說而有德之言要如布帛菽粟之切於日用惜其沈湮既久說易家竟不獲覩其書今幸際

聖朝表章典籍復得掇羅放簡裒次成編亦可知名賢

著述其精意所在有不終泯沒於來世者矣謹校
勘釐訂畧仿宋史原目定爲六卷著於錄

橫渠易說三卷內府藏本

宋張子撰宋志著錄作十卷今本惟上經一卷下
經一卷繫辭傳以下至雜卦爲一卷末有總論十
一則與宋志不合然書錄解題已稱橫渠易說三
卷則宋志誤也楊時喬周易古今文稱今本祇六
十四卦無繫辭實未全之書則又時喬所見之本
偶殘缺耳是書較程傳爲簡往往經文數十句中

一無所說末卷更不復全載經文載其有說者而已董眞卿謂橫渠易說發明二程所未到處然考宋史張子卒於神宗時程子易傳序則作於哲宗元符二年其編次成書則在徽宗崇寧後張子不及見矣眞卿謂發明所未到非確論也其說乾彖用迎之不見其首隨之不見其後說文言用谷神字說鼓萬物而不與聖人同憂用天地不仁以萬物爲芻狗語皆借老子之言而實異其義非如魏晉人合老易爲一者也惟其解復卦后不省方以

后爲繼體守成之主以不省方爲富庶優暇不甚省事則於義頗屬未安此又不必以張子故而曲爲之詞矣

東坡易傳九卷 副都御史黄登賢家藏本

宋蘇軾撰是書一名毘陵易傳陸游老學庵筆記謂其書初遭元祐黨禁不敢顯題軾名故稱毘陵先生以軾終於常州故也蘇籀欒城遺言記蘇洵作易傳未成而卒屬二子述其志軾書先成轍乃送所解於軾今蒙卦猶是轍解則此書實蘇氏父

子兄弟合力爲之題曰軾撰要其成耳籀又稱洵晚歲讀易玩其爻象因得其剛柔遠近喜怒逆順之情故朱子謂其惟發明愛惡相攻情僞相感之義而議其粗疎胡一桂記晁說之之言謂軾作易傳自恨不知數學而其學又雜以禪故朱子作雜學辨以軾是書爲首然朱子所駁不過一十九條其中辨文義者四條又一條謂蘇說無病然有未盡其說者則朱子所不取者僅十四條未足以爲是書病況朱子語類又嘗謂其於物理上亦有看

得著處則亦未嘗竟廢之矣今觀其書如解乾卦
彖傳性命之理諸條誠不免杳冥恍惚淪於異學
至其他推闡理勢言簡意明往往足以達難顯之
情而深得曲譬之旨葢大體近於王弼而弼之說
惟暢元風軾之說多切人事其文詞博辨足資啟
發又烏可一概屏斥耶李衡作周易義海撮要丁
易東作周易象義董眞卿作周易會通皆採錄其
說非徒然也明焦竑初得舊本刻之烏程閔齊伋
以朱墨板重刻頗爲工緻而無所校正毛晉又刻

入津逮秘書中三本之中毛本最舛如漸卦上九併經文皆改爲鴻漸于逵則他可知矣今以焦本爲主猶不甚失其眞焉

易傳四卷直隸總督採進本

宋伊川程子撰卷首有元符二年自序考程子以紹聖四年編管涪州元符三年遷峽州則當成於編管涪州之後王偁東都事略載是書作六卷宋史藝文志作九卷二程全書通作四卷楊時跋語稱伊川先生著易傳未及成書將啟手足以其書

授門人張繹未幾繹卒故其書散亡學者所傳無善本謝顯道得其書於京師以示余錯亂重複幾不可讀東歸待次毘陵乃始校正去其重複踰年而始完云云則當時本無定本故所傳各異耳其書但解上下經及彖象文言用王弼注本以序卦分置諸卦之首用李鼎祚周易集解例惟繫詞傳說卦傳雜卦傳無注董真卿謂亦從王弼今考程子與金堂謝湜書謂易當先讀王弼胡瑗王安石三家謂程子有取於弼不為無據謂不注繫詞說

卦雜卦以擬王弼則似未盡然當以楊時草具未成之說爲是也程子不信邵子之數故邵子以數言易而程子此傳則言理一闡天道一切人事蓋古人著書務抒所見而止不妨各明一義守門戶之見者必堅護師說尺寸不容踰越亦異乎先儒之本旨矣

易學辨惑一卷永樂大典本

宋邵伯温撰伯温字子文邵子之子也南渡後官至利路轉運副使事蹟具宋史儒林傳按沈括夢

溪筆談載江南鄭夬字揚庭曾為一書談易後見
兵部員外郎秦玠論夬所談玠駭然曰何處得此
法嘗遇一異人授此歷數推往古興衰運歷無不
皆驗西都邵雍亦知大畧云云蓋當時以邵子能
前知故引之以重其術伯温謂邵子易受之李之
才之才受之穆修修受之陳摶平時未嘗妄以語
人惟大名王天悅滎陽張子望嘗從學又皆蚤死
秦玠鄭夬嘗欲從學皆不之許天悅感疾且卒夬
賂其僕於卧內竊得之遂以為學著易傳易測明

範五經明用數書皆破碎妄作穿鑿不根因撰此書以辨之宋史邵子本傳頗採其說考書錄解題有鄭夬易傳十三卷宋史藝文志有鄭夬時用書二十卷明用書九卷易傳詞三卷易傳詞後語一卷今並佚司馬光集有進鄭夬易測劄子稱其不泥陰陽不涉怪妄專用人事指明六爻求之等倫誠難多得與伯温所辨褒貶迥殊光亦知易之人不應背馳如是以理推之夬竊邵子之書而變化其說以陰求篤予其上所撰易測必尚隨爻演義

不涉術數故光有不泥陰陽不涉怪妄之薦至其

時用書之類則純言占卜之法故伯溫闢而闢之

其兼易測言之者不過憎及儲胥之意耳朱彝尊

經義考載此書注曰未見此本自永樂大典錄出

蓋明初猶存宋史藝文志但題辨惑一卷無易學

字永樂大典則有之與書錄解題相合故今仍以

易學辨惑著錄焉

了翁易說一卷 浙江吳玉墀家藏本

宋陳瓘撰瓘字瑩中了翁其自號也延平人元豐

二年進士甲科建中靖國初爲右司諫嘗移書責曾布及言蔡京蔡卞之姦章數十上除名編隸合浦以死事迹具宋史本傳此本爲紹興中其孫正同所刊馮椅謂嘗從其孫大應見了翁有易全解不止一卷多本卦變與朱子發之說相類胡一桂則謂尚見其初刊本題云了翁易說並未分卷此本葢即一桂所見也邵伯溫聞見錄稱瓘說得康節之學沈作喆寓簡則曰陳瑩中嘗以邵康節說易講解象數一切屏絕質之劉器之器之曰易固

經世之用若講解象數一切屏絕則聖人設卦立爻復將何用惟知其在象數者皆寓也然後可以論易故曰得意忘象得象忘言方其未得之際而遽絕之則吉凶與民同患之理將何以兆恐非筌蹄之意云云然則璀之易學又嘗質之劉安世不全出邵子矣其造語頗詰屈故陳振孫書錄解題病其詞旨深晦然晁公武讀書志謂其以易數言天下治忽多驗則璀於易實有所得非徒以艱深文淺易者正未可以難讀廢矣

吳園易解九卷 湖北巡撫採進本

宋張根撰根字知常德興人年二十一登進士第大觀中官至淮南轉運使以朝散大夫終於家事迹具宋史本傳是書末有其孫揆跋稱爲先祖太師者其子熹孝宗時爲參知政事追贈官也根所撰述甚多按跋稱有宋朝編年數百卷五經諸子皆爲之傳注晁公武讀書志載有春秋指南一卷今皆不見惟此易解僅存明邢承濂家有其本此爲徐氏傳是樓所鈔自說卦傳乾健也節以下盡

蝕殘缺末有康熙壬申李良年跋亦稱此本不易得然通志堂經解之中遺而不刻豈得本於刻成後耶書中次第悉用王弼之本詮義理而不及象數不襲河洛之談詁文簡畧亦無支蔓之弊末有序語五篇雜說一篇皆論繫辭於經義頗有發明又泰卦論一篇於人事天道倚伏消長之機尤三致意焉蓋作於徽宗全盛時也亦可云識微之士矣

周易新講義十卷 浙江巡撫採進本

宋耿南仲撰南仲字希道開封人靖康間以資政殿大學士簽書樞密院與吳幵沮戰守之說力主割地南渡後遷謫以終事迹具宋史本傳是書舊本或題進周易解義疑爲侍欽宗於東宮時經進之本前有南仲自序曰易之道有要在无咎而已要在无咎者何善補過之謂也又曰拂乎人情是爲小過拂乎天道是爲大過南仲是說蓋推衍尼山無大過之旨然孔子作文言傳稱知進退存亡而不失其正作象傳稱雲雷屯君子以經綸行止

斷以天理所以教占者之守道艱險濟以人事所以教占者以盡道其曰無大過者葢論是非非論禍福也如僅以无咎爲主則聖賢何異於黃老僅曰無拂天道則唐六臣輩亦將謂之知運數哉南仲畏戰主和依違遷就卽此苟求无咎與無拂天道之說有以中之是則經術之偏禍延國事者也然大致因象詮理隨事示戒亦往往切實有裨究勝於高語元虛推演奇偶晦蝕作易之本者節取所長可矣

紫巖易傳十卷兩江總督採進本

宋張浚撰紫巖者浚自號也其曾孫獻之跋云忠獻公潛心於易嘗爲之傳前後兩著稿親題第二稿云此本改正處極多紹興戊寅四月六日某書始爲定本矣獻之嘗繕錄之附以讀易雜說通爲十卷藏之於家據此則雜說一卷似獻之所續附然考獻之是跋在嘉定庚辰而朱子作浚行狀已稱有易解及雜說共十卷則獻之特繕錄而已未嘗編次也其書立言醇粹凡說陰陽動靜皆適於

義理之正末一卷卽所謂雜說胡一桂議其專主劉牧今觀所論河圖信然朱子不取牧說而作潑墓誌但稱尤深於易春秋論孟不言其易出於牧殆諱之歟

讀易詳說十卷永樂大典本

宋李光撰光字泰發上虞人崇寧五年進士官至叅知政事諡莊簡事迹具宋史本傳光爲劉安世門人學有師法紹興庚申以論和議忤秦檜謫嶺南自號讀易老人因攄其所得以作是書故於當

世之治亂一身之進退觀象玩詞恒三致意如解
坤之六四云大臣以道事君苟君有失德而不能
諫朝有闕政而不能言則是冐寵竊位豈聖人垂
訓之義哉故文言以括囊爲賢人隱之時而大臣
不可引此以自解又解否之初六云小人當退黜
之時往往疾視其上君子則窮通皆樂未嘗一日
忘其君解蠱之初六云天下蠱壞非得善繼之子
堪任大事曷足以振起之宣王承厲王後修車馬
備器械復會諸侯於東都卒成中興之功可謂有

子矣故考可以无咎然則中興之業難以盡付之

大臣蠱卦特稱父子者以此其因事抒忠依經立

義大旨往往類此史載其紹興中奏疏云淮甸咫

尺了不經營長江千里不爲限制晉元帝區區草

創猶能立宗社修宫闕保江浙未聞專主避敵如

今日也其退而著書葢猶此志矣光嘗作胡銓易

解序曰易之爲書凡以明人事學者泥於象數易

幾爲無用之書邦衡說易眞可與論天人之際又

曰自昔遷貶之士率多怨懟感憤邦衡流落瘴鄉

而玩意三畫可謂困而不失其所亨非聞道者能之乎其序雖爲銓作實則自明其著述之旨也書中於卦爻之詞皆即君臣立言證以史事或不免間有牽合然聖人作易以垂訓將使天下萬世無不知所從違非徒使上智數人矜談妙悟如佛家之傳心印道家之授丹訣自好異者推闡性命鉤稽奇偶其言愈精愈妙而於聖人立教牖民之旨愈南轅而北轍轉不若光作是書切實近理爲有益於學者矣自明以來久無傳本朱彝尊經義考

亦云未見茲從永樂大典薈萃成編原缺豫隨无妄睽蹇中孚六卦及晉卦六三以下其復與大畜二卦永樂大典本不缺而所載光解復卦缺大象及後四爻大畜則一字不存繫辭傳以下亦無解其爲原本如是或傳寫佚脫均不可知姑仍其舊其書宋史作易傳諸家書目或作讀易老人解說或作讀易詳說殊不畫一而十卷之數則並同殆一書而異名也今從永樂大典題爲讀易詳說仍析爲十卷存其舊焉

易小傳六卷　直隸總督採進本

宋沈該撰該字守約一作元約未詳孰是吳興人登嘉王榜進士紹興中官至左僕射兼修國史故宋人稱是書爲沈丞相易傳嘗劄進於朝高宗降勑褒諭尤稱其每卦後之論其書以正體發明爻象之旨以變體擬議變動之意以求合於觀象玩詞觀變玩占之義其占則全用春秋左傳所載筮例如蔡墨所謂乾之姤曰潛龍勿用其同人曰見龍在田者林至作易裨傳頗以該說爲拘攣葢南

渡以後言易者不主程氏之理即主邵氏之數而
該獨考究遺經談三代以來之占法違時異尚其
見排於至固宜然左氏去古未遠所記卜筮多在
孔子之前孔子贊易未聞一斥其謬毋乃太卜所
掌周公以來之舊法或在此不在彼乎陳振孫書
錄解題稱該又有繫辭補註十餘則附於卷末今
本無之蓋已久佚矣

漢上易集傳十一卷卦圖三卷叢說一卷 兩江總督採進本

宋朱震撰震字子發荊門軍人政和中登進士第

南渡後趙鼎薦爲祠部員外郎官翰林學士事迹
具宋史本傳是書題曰漢上蓋因所居以爲名前
有震進書表稱起政和丙申終紹興甲寅凡十八
年而成其說以象數爲宗推本源流包括異同以
救莊老虛無之失陳善捫蝨新話詆其妄引說卦
分伏羲文王之易將必有據雜卦反對遣孔子易
圖者晁公武讀書志以爲多采先儒之說然頗舛
謬馮椅厚齋易學述毛伯玉之言亦譏其卦變互
體伏卦反卦之失然朱子曰王弼破互體朱子發

用互體互體自左氏已言亦有道理只是今推不
合處多魏了翁曰漢上易太煩却不可廢胡一桂
亦曰變互伏反納甲之屬皆不可廢豈可以爲失
而詆之觀其取象亦甚有好處但牽合處多且文
詞繁雜使讀者茫然看來只是不善作文耳是得
失互陳先儒已有公論矣惟所敘圖書授受所謂
摶以先天圖傳种放更三傳而至邵雍放以河圖
洛書傳李漑更三傳而至劉牧穆修以太極圖傳
周敦頤再傳至程顥程頤厥後雍得之以著皇極

經世牧得之以著易數鉤隱圖敦頤得之以著太極圖說通書頤得之以述易傳其說頗爲後人所疑又宋世皆以九數爲洛書十數爲河圖獨劉牧以十數爲洛書九數爲河圖震此書亦用牧說與諸儒互異然古有河圖洛書不云十數九數大衍十數見於繫辭太乙九宫見於乾鑿度不云河圖洛書黑白奇偶八卦五行自後來推演之學楚失齊得正亦不足深詰也

欽定四庫全書總目 經部

卷三

# 欽定四庫全書總目卷三

## 經部三

### 易類三

周易窺餘十五卷永樂大典本

宋鄭剛中撰剛中字亨仲金華人紹興二年進士及第官至禮部侍郎出爲川陝宣撫副使謫居桂陽軍又責授濠州團練副使復州安置再徙封州卒後追復原官謚忠愍事跡具宋史本傳王應麟困學紀聞稱鄭剛中有周禮解義考王與義周禮

訂義首列諸家姓氏有三山鄭鍔字剛中淳熙中進周禮全解葢别自一人字與剛中名偶同或混而一之非也剛中所著易解十五卷見於陳振孫書錄解題宋史藝文志者卷目並合惟乾坤二卦及繫辭以下原闕不解振孫以爲或於乾坤之際有所避然其自序有云自屯蒙而往以象求爻因爻識卦萬一見其髣髴則沿流尋源乾坤之微可得而探據此則振孫之言非也自序有云伊川易傳漢上易傳二書頗彌縫於象義之間但易道廣

大有可窺之餘吾則窺之窺餘之名蓋取諸此明初文淵閣書目葉盛綠竹堂書目尚著於錄其後傳本殆絶朱彝尊經義考亦以爲未見惟永樂大典尚存其文今採掇裒輯依經編次其七卦爲原本所闕者則但錄經文或其說别見他書者亦蒐錄補入依仿原目仍定爲十五卷自唐以王弼注定爲正義於是學易者專言名理惟李鼎祚集解不主弼義博採諸家以爲刋輔嗣之野文補康成之逸象而當時經生不能盡從其學宋儒若胡瑗

程子其言理精粹自非晉唐諸儒所可及然於象亦多有鈌畧剛中是書始兼取漢學凡荀爽虞翻干寶蜀才九家之說皆參互考稽不主一家其解義間異先儒而亦往往有當於理如訟之九二以不克訟歸爲句而逋其邑人三百戶爲句以爲聖人所以必使逋其邑人三百戶者恐其恃衆憑險以成亂所以謹上下之分也比之初六終來有它吉朱子謂不可曉剛中以爲相比之道以信爲先積之既久昔之未比者皆自外至故曰有它吉皆

能自出新意不爲成說所拘至於解泰之九二大有之大象議論尤正大精切通於治體雖其人因秦檜以進身依附和議捐棄舊疆頗不見滿於公論然闡發經義則具有理解要爲說易家所不廢也

易璇璣三卷 兩江總督採進本

宋吳沆撰沆字德遠臨川人紹興十六年與其弟澥詣行在獻書澥所獻曰宇內辨曰歷代疆域志沆所獻曰易璇璣曰三墳訓義澥書皆不傳沆三

墳訓義爲太學博士王之望所駁亦不傳惟此書僅存凡爲論二十有七曰法天曰通六子曰貴中曰初上定位曰六九定名曰天地變卦曰論變有四曰有象曰求象曰明位曰明君道曰明君子曰論養曰論刑曰論伐曰辨聖曰辨内外曰辨吉凶曰通卦曰通象曰通爻曰通詞曰通證曰釋卦曰釋繫曰存互體曰廣演每九篇爲一卷自序謂上卷明天理之自然中卷講人事之修下卷備傳疏之失其大旨主於觀象因象而求之卦求之象求

之爻其曰璇璣者取王弼易畧例明彖篇處璇璣以觀大運語也胡一桂稱沆尚有易禮圖說有或問六條圖說十二軸今未見其書殆亦散佚惟其環溪詩話爲人所記者尚載永樂大典中今別著錄於集部云

易變體義十二卷永樂大典本

宋都絜撰絜字聖與丹陽人紹興中官吏部郎中知德慶府絜父郁字子文嘗爲惠州教官平生留心易學絜因以所聞於父者爲是書大旨謂卦爻

辭義先儒之論已詳故專明變體今考左傳載周易諸占所謂某卦之某卦者凡十事似乎因其動爻隨機斷義不必盡易之本旨然王子伯廖論鄭公子曼滿稱其在周易豐之離游吉論楚子稱周易有之在復之頤曰迷復凶荀首論邲之戰稱周易有之在師之臨曰師出以律否臧凶蔡墨論龍見于絳稱周易有之在乾之姤曰潛龍勿用其同人曰見龍在田其大有曰飛龍在天其夬曰亢龍有悔其坤曰見羣龍无首吉坤之剝曰龍戰于野

云云皆未嘗卜筮而咸稱變體知古來周易原有
此一義矣但古書散佚其說不傳而絜以義理揣
摩求其崖畧其中巧相符合者如坤之初六履霜
堅冰至則曰此坤之復也月令孟冬水始冰仲冬
冰益壯始則薄而未堅壯則堅而難泮故爻曰履
霜以坤爲十月之卦又曰堅冰至者則變體爲復
乃十一月卦也家人上九有孚威如終吉則曰此
家人之既濟也雜卦曰既濟定也彖曰正家而天
下定天下之本在國國之本在家家之本在身反

身而誠孰敢不聽父子夫婦兄弟莫不安分循理而天下化之無事而定矣故變體爲既濟而曰有孚威如反身之謂也如此之類皆不事傅會而自然貫通立義亦皆正大亦有涉於牽强者如家人六四富家大吉則曰此乾之同人也自道以觀身家皆爲我累而况富乎其有家也姑以同乎人而已不以家爲累也其家之富亦以同乎人而已不以富爲累也蓋極高明而道中庸所以爲中人法凡如此類則務爲穿鑿以求合乎卦變之說而義

亦不醇又多引老莊之辭以釋文周之經則又王
弼韓康伯之流弊一變而爲王宗傳楊簡者矣然
宋人遺籍傳者日稀是書雖瑜不掩瑕亦瑕不掩
瑜分別觀之以備言變體之一家亦無不可也宋
志作十六卷玉海引續書目曰自乾之姤至未濟
之解以意演之爻爲一篇凡三百八十四篇馮椅
易學附錄曰都氏易先以理而次以象義每卦終
又有統論今考永樂大典所載爻義皆分載於各
爻之下而無所謂卦終之統論與玉海合意應麟

所見即輯永樂大典時所據之本已非其全矣今永樂大典又鈌豫隨大畜大壯睽蹇中孚等七卦及晉卦之後四爻謹裒合排比編爲十二卷又其書單明爻義不及彖與大小象故經文亦不全載從絜之舊焉

周易經傳集解三十六卷 浙江朱彝尊家曝書亭藏本

宋林栗撰栗字黃中福清人紹興十二年進士官至兵部侍郎與朱子論易及西銘不合遂上疏論朱子時太常博士葉適侍御史胡晉臣皆劾朱子

劾栗因罷知泉州又移明州卒謚簡肅事蹟具宋
史本傳是書淳熙十二年四月嘗進於朝首列進
書表貼黃勅諭各一道栗自序一篇貼黃稱本名
周易爻象序雜指解後以未能該舉彖詞繫詞文
言說卦乃改今名王應麟玉海稱其書經傳三十
二卷繫詞上下二卷文言說卦序襍本文共一卷
河圖洛書八卦九疇大衍總會圖六十四卦立成
圖大衍揲蓍解共一卷與今本合當時與朱子所
爭者今不可考朱子語類中惟載論繫辭一條謂

粟以太極生兩儀包四象四象包八卦與聖人所謂生者意思不同其餘則無所排斥朱彝尊經義考引董眞卿之言謂其說每卦必兼互體約象覆卦爲太泥時楊敬仲有易論黃中有易解或曰黃中文字可毁朱子曰却是楊敬仲文字可毁是朱子倂不欲廢其書考陳振孫書錄解題稱其與朱侍講有違言以論易不合今以事理推之於時朱子負盛名駸駸嚮用而粟之登第在朱子前七年旣以前輩自居又朱子方除兵部郎中而粟爲兵

部侍郎王其所屬詞色相軋兩不肯下遂互激而
成訐奏蓋其釁始於論易而其故不全由於論易
故振孫云然後人以朱子之故遂廢栗書似非朱
子意矣經義考又曰福清林黄中金華唐與政皆
博通經學而一糾朱子一爲朱子所糾其所著經
說學者遂置而不問與政之書無復存者黄中雖
有易解而流傳未廣恐後遂泯没然當黄中既没勉
齋黄氏爲文祭之其畧曰嗟哉我公受天勁氣爲
時直臣玩羲經之爻象究筆削於獲麟至其立朝

正色苟咈吾意雖當世大儒或見排斥苟異吾趨雖前賢篤論亦不樂於因循規公之過而公之近仁者抑可見矣論者固不以一眚而掩其大醇也勉齋爲文公高弟而好惡之公推許之至若是然則黄中之易其可不傳鈔乎持論頗爲平允昔劉安世與伊川程子各爲一代偉人其元城語錄盡言集亦不以嘗劾程子而廢耿南仲媚敵誤國易祓依附權姦其所撰易解今亦並行栗雖不得比安世視南仲與祓則有間矣故仍錄其書而併存

彝尊之論焉

易原八卷 永樂大典本

宋程大昌撰大昌字泰之休寧人紹興二十一年進士歷官權吏部尚書出知泉州建寧府以龍圖閣直學士致仕卒謚文簡事蹟具宋史本傳大昌學術湛深於諸經皆有論說以易義自漢以來糾紛尤甚因作是書以貫通之苦思力索四年而成陳振孫書錄解題稱其首論五十有五之數參之圖書大衍爲易之原而卦變揲法皆有圖論往往

斷以已見出先儒之外今考其所論如謂分爻值日乃京焦卦氣其始於中孚本用太初法與夫子所謂乾坤之策當期之日不合復姤生卦說始郃子但乾坤生六子說卦傳有明文不得先有六畫之卦後有三畫之卦鄭康成用十日十二辰二十八宿以應大衍五十之數本於乾鑿度與馬融之增北辰荀爽之增用九用六不過以意決擇傅會初無不易之理張行成别立二十五數以推大衍則是五十有五數之外别有二十五數更非孔子

所曾言雖排斥先儒務申已說不能脫南宋之風氣然其參互折衷皆能根據大傳於易義亦有所闡明與所作詩議欲併國風之名而廢之者固有別矣其書久無傳本惟程敏政新安文獻志載有三篇故朱彝尊經義考註曰已佚今考永樂大典尚存百有餘篇皆首尾完整可以編次謹採掇釐訂勒爲八卷備宋人說易之一家焉

周易古占法一卷古周易章句外編一卷兩淮鹽政採進本

宋程迥撰迥字可久初家寧陵之沙隨後徙餘姚

受經於嘉興聞人茂德嚴陵喻樗隆興元年舉進士嘗爲德興丞事蹟具宋史儒林傳此書世無刊本凡藏書家所傳寫者均作二卷前卷題曰周易古占法上凡十一篇後卷雜論易說及記古今占驗題曰周易古占法下又題曰古周易章句外編中有一條云迴作周易古占法其序引云云顯非占法之下卷矣考宋史藝文志載迴古易占法周易外編二書均止一卷然則止前卷十一篇者爲周易古占法其後卷自爲周易章句外編後人誤

合爲一書因妄標卷上卷下字耳然陳振孫書錄解題以迴周易章句十卷外編一卷占法一卷古易考一卷並列而總註其下曰程迴可久撰其論占法雜記占事尤詳則通爲一編自宋已然傳寫淆亂固亦有由矣其說本邵子加一倍法據繫詞說卦發明其義用逆數以尚占知來大旨備見於自序朱子作啓蒙多用其例吳澄謂迴於朱子爲丈人行朱子以師禮事之云

原本周易本義十二卷附重刻周易本義四卷並內府刊本

宋朱子撰是書以上下經爲二卷十翼自爲十卷顧炎武日知錄曰洪武初頒五經天下儒學而易兼用程朱二氏亦各自爲書永樂中修大全乃取朱子卷次割裂附程傳之後而朱子所定之古文仍復淆亂如彖卽文王所繫之詞傳者孔子所以釋經之詞後凡言傳倣此乃彖上傳條下義今乃削去彖上傳三字而附於大哉乾元之下象者卦之上下兩象及兩象之六爻周公所繫之詞也乃象上傳條下義今乃削去象上傳三字而附於天

行健之下此篇申彖傳象傳之義以盡乾坤二卦之義而餘卦之說因可例推云乃文言條下義今乃削文言二字而附於元者善之長也之下其彖曰象曰文言曰皆朱子本所無復依程傳添入後來士子厭程傳繁多棄去不讀專用本義而大全之本乃朝廷所頒不敢輒改遂即監板傳義之本刊去程傳而以程之次序爲朱之次序又曰今四書坊本每張十八行每行十七字而註皆小字書詩禮記並同惟易每張二十二行每行二十三字

而本義皆作大字與各經不同凡本義中言程傳備矣者又添一傳曰而引其文皆今代人所爲云云其辨最爲明晳然割裂本義以附程傳自宋董楷已然不始於永樂也詳董楷周易傳義附錄條此爲咸淳乙丑九江吳革所刊

內府以宋槧摹雕者前有革序每卷之末題敷原後學劉宏校正文字行欵及彖傳履夬二卦不載程傳一一與炎武所言合卷端惟列九圖卷末係以易贊五首筮儀一篇與今本升筮儀於前而增列

卦歌之類者亦迴乎不同象上傳標題之下注從
王肅本四字今本删之又雜卦傳咸速也恒久也
下今本惟註咸速恒久四字讀者恒以爲疑考驗
此本乃是咸速常久經後人傳刻而訛實爲善本
故我
聖祖仁皇帝御纂周易折中即用此本之次序復先聖之
舊文破俗儒之陋見洵讀易之家所宜奉爲彝訓
者矣至成矩重刻之本自明代以來士子童而習
之歷年已久驟令改易慮煩擾難行且其本雖因

永樂大全實亦正韓之舊本唐用之以作正義者

是以

國朝試士惟除其爻象之合題而命題次序則仍其

舊

內府所刊袖珍五經亦復因仍考漢代論語凡有三

本梁皇侃論語義疏序稱古論分堯曰下章子張

問更爲一篇合二十一篇篇次以鄉黨爲第二篇

雍也爲第三篇齊論題目長問王知道二篇合二

十二篇魯論有二十篇即今所講是也云云是自

古以來經師授受不妨各有異同卽秘府儲藏亦各兼存衆本苟其微言大義本不相乖則篇章分合未爲大害於宏旨故今但著其割裂本義之失而仍附於原本之後以備參考焉

郭氏傳家易說十一卷 浙江鄭大節家藏本

宋郭雍撰雍字子和洛陽人父忠孝受業於程子著兼山易解靖康中爲永興軍路提刑死難宋史忠義傳附載唐重傳内忠孝没後遺書散逸雍南渡後隱居峽州長楊山谷著爲此書其說一本於

忠孝故以傳家爲名乾道中守臣薦於朝召之不起賜號沖晦處士後更賜稱頤正先生遣官受所欲言乃以此書進事蹟具宋史隱逸傳朱子云兼山易溺於象數之學陸游跋兼山易說則謂程氏易學立之父子實傳之立之忠孝字也忠孝書自大易粹言所引外別無完本今觀雍書則大抵剖析義理與程傳相似其謂易之爲書其道其辭皆由象出未有忘象而知易者如首腹馬牛之類或時可忘此象之末也云云實非專主象數者游所

跋或近實耶至雍又不以卦辭爲彖而謂觀乎彖辭者即孔子自謂其彖傳馮椅厚齋易學深斥其非則公論也朱彝尊經義考謂雍原書不傳僅散見大易粹言中此本十一卷與宋志相合蓋猶舊本彝尊偶未見也陳振孫書錄解題作六卷考中興書目别有雍卦爻吉要六卷殆誤以彼之卷數爲此之卷數歟

周易義海撮要十二卷兩淮馬裕家藏本

宋李衡撰衡字彦平江都人乾道中官秘閣修撰

尋除御史改起居郎事蹟具宋史本傳先是熙寧間蜀人房審權病談易諸家或泥陰陽或拘象數乃斥去雜學異說摘取專明人事者百家上起鄭元下迄王安石編爲一集仍以孔穎達正義冠之其有異同疑似則各加評議附之篇末名曰周易義海共一百卷衡因其義意重複文詞冗瑣刪削釐定以爲此書故名曰撮要其程子蘇軾朱震三家之說則原本未收衡所續入第十二卷雜論亦衡所補綴故夔州教授周汝能樓鑰跋稱卷計以

百今十有一蓋嵩指所删房本也書錄解題作十卷又傳寫之誤矣是書成於紹興三十年至乾道六年衡以御史守婺州始鋟於木自唐以來唯李鼎祚周易集解合漢以後三十五家之說畧稱該備繼之者審權義海而已然宋史藝文志但有衡書而無審權書陳振孫書錄解題亦惟載殘本四卷豈卷帙重大當時卽已散佚抑衡書出而審權書遂廢歟然則採擷精華使古書不没於後世衡亦可謂有功矣

南軒易說三卷　內府藏本

宋張栻撰。案曹學佺蜀中廣記載是書十一卷，以爲張浚所作。考浚紫巖易傳其本猶存，與此別爲一書，學佺殊悞。朱彛尊經義考亦作十一卷，註云未見，又引董眞卿說謂已闕乾坤二卦。此本乃嘉興曹溶從至元壬辰贛州路儒學學正胡順父刊本傳寫，並六十四卦皆佚之，僅始於繫辭天一地二一章，較眞卿所見彌爲殘缺。然卷端題曰繫辭上卷下，而順父序稱鄮人東泉王公分司廉訪章貢等路公餘講論嘗誦伊川易傳特闕繫辭留心訪求因得南軒解說易繫辭藏寫家儻合以並傳斯爲完書乃出示知事吳將仕刋之學宮以補遺缺使與周易程氏傳大字舊本同傳於世云云是初刋此書亦僅託始於繫辭溶所傳寫僅佚其上卷之上耳序末有鉤摹舊本三小印一作謙卦一曰贛州胡氏知順父卽贛人一曰和卿葢其字也

復齋易說六卷 兩江總督採進本

宋趙彥肅撰彥肅字子欽號復齋太祖之後嘗舉

進士掌寧國軍書記調秀州推官移華亭縣丞攝縣事以内艱歸趙汝愚奏爲寧海軍節度推官旋病卒葢朱子薦之汝愚也彥肅所著有廣雜學辨士冠禮婚禮饋食圖皆爲朱子所稱惟論易與朱子不合故朱子語録謂其爲說太精取義太密或傷簡易之趣然彥肅說易在卽象數以求義理以六畫爲主故其言曰先聖作易有畫而已後聖繫之一言一字皆自畫中來譬如畫師傳神非畫煙雲草木比也然則彥肅冥思力索固皆研搜爻義

務求其所以然耳其沈潛於易中猶勝支離於易外矣

楊氏易傳二十卷 浙江吳玉墀家藏本

宋楊簡撰簡字敬仲慈谿人乾道五年進士官至寶謨閣學士大中大夫事蹟具宋史道學傳是書爲明劉日升陳道亨所刻案朱彝尊經義考載慈湖易解十卷又己易一卷書名卷數皆與此本不合所載自序一篇與此本卷首題語相同而無其前數行亦爲小異明人凡刻古書多以私意竄亂

之萬歷以後尤甚此或日升等所妄改歟其書前十九卷皆解經文第二十卷則皆泛論易學之語亦間有與序文相複者今既不睹簡之原本亦莫詳其何故也簡之學出陸九淵故其解易惟以人心爲主而象數事物皆在所畧甚至謂繫辭中近取諸身一節爲不知道者所僞作非孔子之言故明楊時喬作傳易考竟斥爲異端而元董眞卿論林栗易解亦引朱子語錄稱楊敬仲文字可毀云云實簡之務談高遠有以致之也考自漢以來以

老莊說易始魏王弼以心性說易始王宗傳及簡宗傳淳熙中進士簡乾道中進士皆孝宗時人也顧宗傳人微言輕其書僅存不甚爲學者所誦習簡則爲象山弟子之冠如朱門之有黃榦又歷官中外政績可觀在南宋爲名臣尤足以籠罩一世故至於明季其說大行紫溪蘇濬解易遂以冥冥篇爲名而易全入禪矣夫易之爲書廣大悉備聖人之爲教精粗本末兼該心性之理未嘗不蘊易中特簡等專明此義遂流於恍惚虛無耳昔朱子

作儀禮經傳通解不删鄭康成所引讖緯之說謂存之正所以廢之蓋其名旣爲後世所重不存其說人無由知其失也今錄簡及宗傳之易亦猶是意云

周易玩辭十六卷　兩江總督採進本

宋項安世撰安世字平甫松陽人館閣續錄載其淳熙二年同進士出身紹熙五年除校書郎慶元元年添差通判池州陳振孫書錄解題稱爲太府卿則所終之官也事蹟具宋史本傳振孫又稱安

世當慶元時謫居江陵杜門不出諸經皆有論說而易爲全書然據其自述蓋成於嘉泰二年壬戌之秋自序謂易之道四其實則二象與辭是也變則象之進退也占則辭之吉凶也不識其象何以知其變不通其辭何以决其占又自述曰安世之所學蓋伊川程子之書也今以其所得於易傳者述爲此書而其文無與易傳合者合則無用述此書矣蓋伊川易傳惟闡義理安世則兼象數而求之其意欲於程傳之外補所不及所謂各明一義

者也馬端臨虞集作序皆盛相推挹而近時王懋竑白田雜著中有是書跋獨排斥甚力至謂端臨等未覩其書其始安世自述中所謂以易傳之文覩我者歟安世又有項氏家說其第一卷亦解易董眞卿嘗稱之世無傳本今始以永樂大典所載裒合成編別著於録合觀兩書安世之經學深矣何可輕詆也

易說四卷永樂大典本

宋趙善譽撰善譽字靜之宗室子也乾道五年試

禮部第一累遷大理丞潼川路提刑轉運判官事
蹟見宋史宗室傳是編載陳振孫書錄解題振孫
稱其每卦爲論一篇蓋爲潼川漕時進呈之本今
考其書於各卦名義之相似者多參互以求其義
如云頤井鼎皆有養人之義豈非養人之利博故
多取象以示人耶又云三卦義雖不同皆以上爻
爲吉故頤之由頤井之勿幕鼎之玉鉉皆在上爻
也至於各卦之六爻亦往往比類以觀之如乾卦
云初九之辭决戒之切也九四之辭疑則與之進

也九三之辭詳猶可勉也上九之辭直則不可爲也聖人之言纖悉委曲一至於此亦惟恐其陽剛之或偏而已論坤卦云乾坤二卦惟二五兩爻爲善而他爻皆有戒之之辭又云履霜戒於一陰之生括囊戒於多懼之位三猶可以含章而從事上則至於龍戰而道窮亦乾卦爻辭不同之意論頤卦云頤以養正而不妄動爲善下卦震體有動而求養之象故三爻皆凶上卦艮體有靜而知止之象故三爻皆吉論革卦云内明則見理必盡外說

則無咈於人情不如是而能革者未之有也論節

卦云六四一陰柔而應於初爻上承九五之陽能

安於節者安則無所往而不通故曰亨承上道也

九五居尊得位剛健中正節之當者也當則無所

往而不可故曰甘節吉往有尚以其在臣故曰安

曰亨言已能安之則亨也以其在君故曰甘曰吉

言施之天下人皆美之然後爲吉也其論皆明白

正大朱子謂其能擴先儒之所未明馮椅易學亦

多取之謂其能本畫卦命名之意參稽卦爻彖象

之辭以貫通六爻之義而爲之說蓋不虛美也自明以來外間絕少傳本故朱彝尊經義考註云已佚今永樂大典具載於各卦之後僅缺豫隨无妄大壯晉睽蹇解中孚九卦因搜輯成編資說易家之參考宋史藝文志本作二卷今以其文頗繁釐爲四卷焉

誠齋易傳二十卷　江西巡撫採進本

宋楊萬里撰萬里字廷秀自號誠齋吉水人官至寶謨閣學士致仕韓侂胄召之不起開禧間聞北

伐啓釁憂憤不食卒後謚文節事蹟具宋史儒林傳是書大旨本程氏而多引史傳以證之初名易外傳後乃改定今名宋代書肆曾與程傳並刊以行謂之程楊易傳新安陳櫟極非之以爲足以聳文士之觀瞻而不足以服窮經士之心吳澄作跋亦有微詞然聖人作易本以吉凶悔吝示人事之所從箕子之貞鬼方之伐帝乙之歸妹周公明著其文則三百八十四爻可以例舉矣舍人事而談天道正後儒說易之病未可以引史證經病萬里

也理宗嘉熙元年嘗給札寫藏秘閣其子長孺進
狀稱自草創至脫稿閱十有七年而後成亦可謂
盡平生之精力矣元胡一桂作易本義附錄纂疏
博採諸家獨不錄萬里一字所見葢與陳櫟同然
其書究不可磨滅至今猶在人間也

大易粹言十卷 蘇州蔣曾瑩家藏本

宋方聞一編聞一舒州人淳熙中爲郡博士時温
陵曾穜守舒州命聞一輯爲是書舊序甚明朱彝
尊經義考承宋志之誤以爲穜作非也其書宋志

作十卷經義考作七十卷又總論五卷葢原本每
卦每傳皆各爲一篇刋板不相聯屬故從其分篇
之數稱七十有五然宋刻明標卷一至卷十則經
義考又誤也所採凡二程子張子楊時游酢郭忠
孝及種師郭雍七家之說今忠孝之書已不傳惟
賴是書以存種初刻板置郡齋後摹印漫漶張嗣
古陳造先後修之此本出蘇州蔣曾瑩家即嗣古
嘉定癸酉所補刻佚種自序一篇而移嗣古之跋
冠其首今從經義考補錄種序仍移其跋於卷末

焉穜溫陵人始末無考惟據元李簡學易記序知其字曰獻之云

易圖說三卷 兩江總督採進本

宋吳仁傑撰仁傑字斗南崑山人宋史藝文志載仁傑古周易十二卷易圖說三卷集古易一卷古周易世罕傳本惟永樂大典尚有全文此書其圖說也其說謂六十四正卦伏羲所作也故首列八純卦名變八卦圖又謂卦外六爻及六十四覆卦文王所作也故有一卦變六十四卦圖有六爻皆

變則占對卦皆不變則占覆卦圖又謂序卦爲伏義雜卦爲文王今之爻辭當爲繫辭傳繫辭傳當爲說卦傳較諸家古易之說特爲新異迥與先儒不合然証以史記引同歸殊途二語爲大傳不名繫辭傳隋志謂說卦三篇今止一篇爲後人亂其篇題所言亦時有依據錄而存之用備一說云爾

古周易一卷兩江總督採進本

宋呂祖謙編祖謙字伯恭金華人隆興元年進士復中博學宏詞科官至直秘閣著作郎國史院編

修事迹具宋史儒林傳古易上下經及十翼本十
二篇自費直鄭元以至王弼遞有移掇孔穎達因
弼本作正義行於唐代古易遂不復存宋吕大防
始考驗舊文作周易古經二卷晁說之作錄古周
易八卷薛季宣作古文周易十二卷程迥作古周
易考一卷李燾作周易古經八卷吳仁傑作古周
易十二卷大致互相出入祖謙此書與仁傑書最
晚出而較仁傑爲有據凡分上經下經彖上傳象
下傳象上傳象下傳繫辭上傳繫辭下傳文言傳

說卦傳序卦傳雜卦傳爲十二篇宋志作一卷書
錄解題作十二卷葢以一篇爲一卷其實一也朱
子嘗爲之跋後作本義卽用此本其書與呂大防
書相同而不言本之大防尤袤與吳仁傑書嘗論
之然祖謙非竊據人書者稅與權校正周易古經
序謂偶未見大防本殆得其實矣書錄解題又載
音訓二卷乃祖謙門人王莘叟所筆受又稱朱子
嘗刻是書於臨漳會稽益以程氏是正文字及晁
氏說此本皆無之殆傳寫者遺之歟

易傳燈四卷永樂大典本

易傳燈一書諸家書目俱不著錄朱彝尊經義考亦不載其名惟永樂大典散見於各卦之中題其官曰徐總幹而不著名字又載其子子東序謂其父嘗師事呂祖謙唐仲友考宋史徐僑嘗受業於祖謙著讀易記尚書括指等書祖謙門人又有徐侃徐倬序無明文不能定其爲誰也傳燈本釋氏之語乃取之以名經解殊爲乖剌又謂繫辭下傳易之爲書三章皆漢儒易緯之文訛爲夫子之作

以誣後世亦沿歐陽修之悞又謂聖人觀河圖有

數有象以縱横十五之妙配乾坤九六之數白紫

者吉黄黑者凶是直以易數爲五行家言尤未免

駁雜然其八卦總論十六篇參互以求頗能得易

之類例如曰大壯大有夬乾乾在乾兑離震之下

者也乾九三曰君子而餘卦九三皆有君子小人

之詞以君子在重剛中君子則吉小人則凶故分

别言之也其處於巽坎艮坤之下者曰小畜大畜

需泰凡九三上遇陰爻皆有畏謹之義剖析更爲

徵細又謂易之取象該三代制度如比九五言王用三驅見王田不合圍三面而驅之禮巽九二言史巫紛若見古有太史男巫女巫之制論易禮之相通亦有證據蓋一知半解可取者頗不乏雖有絲麻無棄菅蒯固說易者之所旁采爾

易裨傳二卷　兩江總督採進本

宋林至撰至字德久松江人書錄解題作檇李人未詳孰是淳熙中登進士第官至秘書省正字朱子有答林德久書即其人也是書宋史藝文志作

一卷文獻通考於二卷之外又有外篇一卷此本爲元至正間陳泰所刊總爲二卷葢泰所併也凡三篇一曰法象一曰極數一曰觀變自序稱法象本之太極極數本之天地數觀變本之卦揲十有八變皆據易大傳之文凡論太極者惑於四象之說而失卦畫之本論天地之數者惑於圖書之文而失參兩之宗論揲蓍者惑於卦扐之間而失陰陽之變各釐而正之其外篇則論反對相生世應互體納甲變爻動爻卦氣八事自序稱謂其非易

之道則不可謂易盡在於是則非今觀其書雖未免有主持稍過之處而所論多中說易之弊其謂易道變化不窮得其一端皆足以爲說尤至論也

厚齋易學五十二卷永樂大典本

宋馮椅撰椅字儀之一作奇之號厚齋南康都昌人宋史馮去非傳云父椅家居授徒所著易書詩語孟輯說等書共二百餘卷今多不傳惟所輯易說尚散見永樂大典中考胡一桂啓蒙翼傳引宋中興藝文志云寧宗時馮椅爲易輯註輯傳外傳

猶以程迥朱熹未及盡正孔傳名義乃改彖曰彖曰爲贊又以隋經籍志有說卦三篇改繫辭傳上下爲說卦上中俞琰讀易舉要所說亦同今檢永樂大典所載但有輯注輯傳而無所謂外傳者與舊說殊不相合以椅自序核之當曰薈各爲一書輯注止解彖象輯傳則尊彖象爲經而退十翼爲傳外傳則以十翼爲經各附先儒之說而斷以己意永樂大典編纂不出一手割裂其文雜附於各卦爻下遂併外傳之名而没之今反覆參校釐爲

輯注四卷輯傳三十卷外傳十八卷仍分三書以
還其舊輯注多用古文如坤卦黃裳之裳作常彖
卦賁彖之賁作亨屯卦磐桓之磐作般遁卦之遁
作畜師卦丈人作大人旅卦資斧作齊斧離卦今
本而皆根舊義至如履否同人諸卦以為舊脫卦
名宜補姤家女也勿用取下以為衍文字之類則
精之自抒所見者也輯傳各卦皆分卦序卦義象
義爻義象占諸口義析條分至為詳悉其蒐采亦
頗博洽如王安石張彌張汝明李樗年李元量李

舜臣闓邱昕毛璞馮時行蘭廷瑞諸家其全書今
皆不傳尚藉是以存梗概外傳皆粹纂言亦多所
闡發其以繫辭爲說卦宗吳仁傑之本董真卿周
易會通駁之良允明楊時喬周易古今文乃以合
於隋志取之斯好奇之過矣然合觀二書大抵元
元本本淹貫古通要不以一二微瑕掩也啟蒙翼
傳又云鄱陽汪標手編諸家易解爲一鉅集名經
傳通解以裔易解爲底本求古今解增入蓋宋元
之際甚重其書今標書亦不傳則此書彌可寶貴

矣董眞卿胡一桂皆稱是書爲易輯宋史藝文志作易學文獻通考則作厚齋易學考王湜先有易學宜有所別故今從通考之名焉

童溪易傳三十卷 直隸總督採進本

宋王宗傳撰宗傳字景孟寧德人淳熙八年進士官韶州教授董眞卿以爲臨安人朱彝尊經義考謂是書前有寧德林焞序稱與宗傳生同方學同學同及辛丑第則云臨安人者誤矣宗傳之說大概祧梁孟而宗王弼故其書惟憑心悟力斥象數

之弊至譬於誤注本草之殺人焞序述宗傳之論

有性本無說聖人本無言之語不免涉於異學與

楊簡慈湖易傳宗旨相同蓋弼易祖尚元虛以闡

發義理漢學至是而始變宋儒掃除古法實從是

萌芽然胡程祖其義理而歸諸人事故似淺近而

醇實宗傳及簡祖其元虛而索諸性天故似高深

而幻窅考沈作喆作寓簡第一卷多談易理大抵

以佛氏爲宗作喆爲紹興五年進士其作寓簡在

淳熙元年正與宗傳同時然則以禪言易起於南

宋之初特作喆無成書宗傳及簡則各有成編顯闢別經耳春秋之書事檀弓之記禮必謹其變之所始錄存是編俾學者知明萬歷以後動以心學說易流別於此二人亦說周禮者存俞庭椿邱葵意也

周易總義二十卷副都御史黃登賢家藏本

宋易祓撰南宋館閣續錄載祓字彥章潭州寧鄉人淳熙十一年上舍釋褐出身慶元六年八月除著作郎九月知江州周密齊東野語則載其諂事

圖說與此書可以參考今未見傳本惟所撰周禮
進講又稱敝有易學象數圖四卷象與數為之
也前有敝門人陳章序稱敝侍經筵日嘗以是經
多所發明與耿南仲之新講義均未可以人廢言
先括為總論復於六爻之下各為詮解於經義會貫
考詮曰未見然其說易兼通理數折衷衆論每卦
也敝人不足重其書世亦不甚傳故朱彝尊經義
閣續錄但記其人陞出院之事參所記則其究竟
蘇師旦由司業擢左司諫師旦敗後貶死蓋館

纈義尚散見永樂大典中耳樂雷發有謁山齋詩
曰淳熙人物到景熙聽說山齋亦白髮細嚼梅花
讀纈義只應姓名是相知蓋指此書山齋殁則
號也則當時亦頗重其書矣

西溪易說十二卷 浙江吳玉墀家藏本

宋李過撰過字季辨興化人董真卿周易會通稱
此書有過自序在慶元戊午謂幾二十年而成此
本佚去其序而書中亦多闕文蓋傳抄訛脫又非
真卿所見之舊矣其書自爲序說一卷分上下經

依文講解不及繫辭以下馮椅易學稱其多所發明而議其以毛漸三墳爲信又多割裂經文如乾坤初爻初九潛龍勿用以下卽接以象曰潛龍勿用陽在下也又接以文言曰潛龍勿用下也潛龍勿用陽氣潛藏初九曰潛龍勿用何謂也至是以君子勿用也汨亂顚倒殆不可訓亦大爲胡一桂所議其論爻辭爲文王作謂先儒以西山等字指文王者爲鑿而說明夷一卦以上三爻爲箕子事下三爻爲文王事則仍不免自亂其例蓋過晚而

爽明冥心默索不能與師友相訂正意所獨造或不免毅然自爲而收視返聽用心刻摯亦往往發先儒所未發其亂經之罪與詁經之功固約畧可以相當也

丙子學易編一卷兩江總督採進本

宋李心傳撰心傳字微之號秀巖隆州人寶慶二年以布衣召補從政郎差充秘閣校勘歷官至工部侍郎兼秘書監事蹟具宋史儒林傳心傳邃於史學有建炎以來繫年要錄建炎以來朝野雜記

二書爲史家所重而經術亦頗究心高斯得恥堂存稿有學易編誦詩訓二書跋曰秀巖先生近世大儒也世徒見其論著藏於明堂石室金匱玉版遂以良史目之不知先生中年以後窮極道奥經術之邃有非近世學士大夫所能及者雖弟子尊師之詞要非甚溢美也是書於嘉定九年竭二百八日之力排纂蒇業以歲在丙子爲名所取惟王弼張子程子郭雍朱子五家之說而以其父舜臣易本傳之說證之亦間附以已意原書十五卷高

斯得嘗與誦詩訓合刻於桐江今已散佚此本爲元初俞琰所鈔後有琰跋曰此書係借閩德坊周家書肆所鬻者大寒日短老眼昏花併日而鈔其可取者云云蓋所存不及十之一矣然琰邃於易學凡所採摭皆其英華則大旨猶可槩見也心傳自序稱採王氏張子程子與朱文公四家之傳而間以周子邵子及先君子之說補之自唐以上諸儒字義之異者亦附見焉而琰跋所列則無周子邵子而有郭子和子和郭雍之字即著郭氏傳家

易說者也心傳原書不存未詳孰是考周子通書
鄒子皇極經世雖皆闡易理而實於易外別自爲
說可以引爲義疏者少惟郭雍依經闡義具有成
書或心傳之序傳寫有誤與

易通六卷江蘇巡撫採進本

宋趙以夫撰以夫字用父宗室子居於長樂嘉定
十年進士歷官資政殿學士是書前有以夫自序
皆自稱臣末有不敢自秘將以進於上庶幾仰禆
聖學緝熈之萬一則經進之本也考趙汝騰庸齋

梟有繳趙以夫不當爲史館修撰奏劄曰鄭清以
進史屬之以夫四海傳笑謂其進易尚且代筆而
可進史乎其後閩爲史館長又笑曰是昔代筆
進易之以夫也又何喬遠閩書曰以夫作易通蒲
田黄績相與上下其論據其所說則是書實出黄
績參定汝騰所論不盡無因殆以以夫不協衆論
故譁然以爲績代筆與胡一桂云易通六卷或問
類例圖象四卷朱彝尊經義考曰宋志十卷又註
曰聚樂堂書目作六卷蓋宋志連或問類例圖象

言之聚樂堂本則惟有易通此本亦止六卷而無

或問類例圖象其自聚樂堂本傳寫與其書大旨

在以不易變易二義明人事動靜之準故其說曰

奇偶七八也交重九六也卦畫七八不易也爻書

九六變易也卦雖不易而中有變易是謂之亨爻

雖變易而中有不易是謂之貞洪範占用二貞悔

貞卽靜也悔卽動也故靜吉動凶則勿用動吉靜

凶則不處動靜皆吉則隨遇而皆可動靜皆凶則

無所逃於天地之間於聖人作易之旨可謂深切

著明至其眞出於誰手則傳疑可矣

易象意言一卷永樂大典本

宋蔡淵撰淵字伯靜號節齋建陽人蔡元定之子而從學於朱子故是書闡發名理多本師傳然兼數而言則又西山之家學也其中惟不廢互體與朱子之說頗異考互體之法見於左傳莊公二十二年陳侯筮遇觀之否曰風爲天於土上山也杜預註曰自二至四有艮象艮爲山也是周官太卜舊有是法矣顧炎武日知錄曰朱子本義不取互

體之說惟大壯六五云卦體似兌有羊象焉不言
互而言似此又剏先儒所未有不如言互體矣然
則朱子特不以互體爲主亦未嘗竟謂無是理也
淵於師說可謂通其變而酌其平矣董眞卿周易
會通稱淵周易經傳訓解外又有卦爻辭旨論六
十四卦大義易象意言襍論卦爻十翼象數餘論
襍論易大義並成於開禧乙丑今悉散佚故朱彝
尊經義考僅列其書名而不能舉其卷數惟此書
載永樂大典中尚首尾完具蓋當時祕府舊本今

錄而傳之俾論易者知蔡氏之學不徒以術數見而朱子之徒亦未嘗全棄古義焉

周易經傳訓解二卷浙江吳玉墀家藏本

宋蔡淵撰案朱彝尊經義考蔡淵周易經傳訓解四卷註曰存二卷此本惟存上下經二卷題曰周易卦爻經傳訓解與彝尊所記不符據董真卿周易會通稱此書以大象置卦辭下以彖傳置大象後以小象置各爻辭後皆低一字以別卦爻與此本體例相合知非贋託真卿又言其繫詞文言說

卦序卦雜卦亦皆低一字則此本無之又經義考
載淵弟沈後序稱易有太極之說知至知終之義
正直義方之語皆義理之大原爲後學之至要實
發前賢之所未發云云其文皆在繫辭文言則是
書原解繫辭文言諸篇非但解卦爻確有明證不
應揭卦爻以標目蓋眞卿所見者四卷全本彝尊
所見佚其一卷此本又佚其一卷傳寫者諱其殘
缺因於書名增入卦爻二字若原本但解上下經
者此書賈作僞之技不足據也今刪去卦爻二字

仍以本名著錄存其真焉

周易要義十卷 副都御史黄登賢家藏本

宋魏了翁撰了翁字華父號鶴山臨邛人慶元五年進士官至資政殿大學士參知政事僉書樞密院事事迹具宋史本傳了翁以說經者但知誦習成言不能求之詳博因取諸經註疏之文據事别類而錄之謂之九經要義此其中之第一部也方回桐江集有周易集義跋載了翁嘗言辭變象占易之綱領而繇彖象爻之辭畫爻位虛之别互反

飛伏之說乘承比應之例有不知則義理闕焉蓋
其大旨主於以象數求義理折衷於漢學宋學之
間故是編所錄雖止於注疏釋文而採掇謹嚴別
裁精審可謂剪除枝蔓獨擷英華王禕襍說云孔
穎達作九經正義往往援引緯書之說歐陽公常
欲刪而去之其言不果行迨鶴山魏氏作要義始
加黜削而其言絕焉則亦甚與以廓淸之功矣明
萬歷中張萱重編內閣書目載九經要義尚存儀
禮七冊禮記三冊周易二冊尚書一冊春秋二冊

論語二冊孟子二冊又類目六卷本共爲一編今
諸經或存或佚不能復合故今以世有傳本者各
著於録朱彝尊經義考羣經類中載九經要義二
百六十三卷注曰分見各經然各經皆載要義而
易類則但據宋志載了翁周易集義六十四卷不
載此書似乎卽以集義爲要義考方回周易集義
跋曰鶴山先生謫靖州取諸經注疏摘爲要義又
取濂洛以來諸大儒易說爲周易集義則爲二書
審矣

東谷易翼傳二卷 兩江總督採進本

宋鄭汝諧撰汝諧字舜舉號東谷處州人陳振孫書錄解題云仕至吏部侍郎浙江通志則云中教官科遷知信州召爲考功郎累階徽猷閣待制振孫去汝諧世近疑通志失之其言易宗程子之說所謂翼傳者翼程傳也然亦時有異同其最甚者如程子解艮其背不獲其身行其庭不見其人以爲外物不接內欲不萌郭忠恕得其說而守之遂自號兼山以是爲儒者之至學也朱子所解雖微

異然亦以是爲克己復禮之義獨汝諧以爲艮其背者所謂不見可欲使心不亂也不見而後不亂見則亂矣故僅爲无咎而已說者或大其事以爲聖人之事非也所見迥乎相左又如解困井諸卦其說亦別然朱子解經於程子亦多所改定葢聖賢精義愈闡愈深沈潛先儒之說其有合者疏通之其未合於心者別抒所見以發明之於先儒乃爲有功是固不必守一先生之言徒爲門戸之見也是書前有自序及其子如圖曾孫陶孫題語如

罔稱求得眞德秀序此本不載蓋傳寫佚之矣

朱文公易說二十三卷編修勵守謙家藏本

宋朱鑑編案朱子世系朱子三子長曰塾塾二子長曰鑑則朱子嫡長孫也鑑字子明以廕補廸功郎官至湖廣總領朱子注易之書爲目有五曰易傳十一卷曰易本義十二卷曰易學啟蒙三卷曰古易音訓二卷曰蓍卦考悞一卷皆有成帙其朋友論難與及門之辨說則散見語錄中鑑裒而葺之以成是編昔鄭元箋註諸經其孫魏侍中小同

復裒其門人問答之詞爲鄭志十一卷鑑之編輯
緒言亦猶此例也考朱子初作易傳用王弼本後
作易本義始用呂祖謙本易傳宋志著錄今已散
佚當理宗以後朱子之學大行賸語殘編無不奉
爲球璧不應手成巨帙反至無傳殆以未定之說
自削其稿故不復流布與鑑是書全採語錄之文
以補本義之闕其中或門人記述未必盡合師說
或偶然問答未必勒爲確論安知無如易傳之類
爲朱子所欲刊除者然收拾放佚以備考證亦可

魏了翁講明邵氏諸書以觀物篇得後天易上下所以交錯之意是以異體不敢妄為之說與權從天易則謂皆以卦畫縱橫反覆求之竟不得文王作易學啟蒙多發邵氏先天圖義至與黃榦論後解題載其周禮折衷一條知為臨卭人爾初朱子須門人據書末史子翬跋知其字曰巽甫據書錄

宋稅與權撰與權始末未詳據其自序知為魏了

易學啟蒙小傳一卷附古經傳一卷　兩江總督採進本

云能世其家學矣

經序卦圖證以雜卦傳及揚雄所稱文王重易六爻互用兩卦十二爻孔穎達所稱六十四卦二二相偶非覆即變之說知乾坤坎離頤中孚大過小過不易之八卦爲上下兩篇之榦其互易之五十六卦爲上下兩篇之用即其圖反覆觀之上下經皆爲十八卦始終不出九數以明羲文之易似異而同蓋闡邵子之說以補啟蒙之未備所謂持之有故而執之成理者也史子翬跋稱因是書悟乾坤納甲之義乾自甲而壬坤自乙而癸其數皆九

而疑其乾九能兼坤六坤陰不能包乾陽之說謂六之中有一三五則九數固藏於六欲更與與權商之蓋天下之數不出奇偶任舉一義皆有說可通愈推而愈各有理此類是矣謂非易之根本則可謂非易中之一義則又不可也

周易輯聞六卷附易雅一卷筮宗一卷內府藏本

宋趙汝楳撰汝楳商王元份七世孫資政殿大學士善湘之子理宗時官至戶部侍郎考宋史趙善湘傳載其說易之書有約說八卷或問四卷指要

四卷續問八卷補過六卷蓋研究是經用功最久故汝楳承其家學以作是編其說據漢書儒林傳稱費直惟以彖象繫辭十篇文言解說上下經疑說卦序卦雜卦皆爲漢儒竄入又以繫辭多稱子曰定爲門人所記非夫子之書因置此諸傳惟註經文其以彖傳散附彖辭小象散附爻辭仍用王弼之本其以大象移於卦畫之後彖辭之前以文言散附乾坤彖傳及小象後則又汝楳之新意割裂顛倒殊屬師心又王弼本雖移傳附經尚有彖

曰象曰文言曰字以存識別汝楳併此而去之使經傳混淆茫然莫辨尤爲治絲而棼其每卦之首皆以卦變立論亦未免偏主一隅然其說推闡詳明於比應乘承之理盈虚消長之機皆有所發揮不同穿鑿於宋人易說之中猶爲明白篤實易雅一卷總釋名義略如爾雅之釋詩故名曰雅其目曰通釋曰書釋曰學釋曰情釋曰位釋曰象釋曰辭釋曰變釋曰占釋曰卦變釋曰爻變釋曰得失釋曰八卦釋曰六爻釋曰陰陽釋曰太極名義釋

曰象數體用釋曰圖書釋凡十八篇其論圖書曰
易有衍數有積數自五衍而爲五十者衍數也自
一二三四五積而爲五十五者積數也圖書二數
皆積數之儔不可以與於揲蓍也故舍圖書之名
而論二數則自有妙理強二數以圖書之名則於
經無據可謂善於解紛矣筮宗一卷朱彝尊經義
考作三卷蓋是書原本題明本第一述筮第二先
傳考第三彝尊以一篇爲一卷也其推明大衍之
數頗爲明白於諸家舊說一一條辨亦具有考訂

云

用易詳解十六卷永樂大典本

宋李杞撰杞字子才號謙齋眉山人仕履未詳考宋有三李杞其一爲北宋人官大理寺丞與蘇軾相唱和見烏臺詩案一爲朱子門人字良仲平江人卽嘗錄甲寅問答者與作此書之李杞均非一人或混而同之者悞也其書原本二十卷焦竑經籍志作謙齋詳解朱彝尊經義考作周易詳解考杞自序稱經必以史證後世岐而爲二尊經太過

反入於虛無之域無以見經爲萬世有用之學故取文中子之言以用易名編其述稱名之意甚詳竑及彝尊始未見原書故傳聞訛異歟外間久無傳本惟永樂大典尚散見各韻中採掇裒輯僅缺豫隨无妄大壯睽蹇中孚七卦及晉卦後四爻其餘俱屬完善謹排次校核釐爲十六卷書中之例於每爻解其辭義復引歷代史事以實之如乾初九稱舜在側微乾九二稱四岳薦舜之類案易文有帝乙高宗之象傳有文王箕子之詞是聖人原

非空言以立訓故鄭康成論乾之用九則及舜與禹稷契皋陶在朝之事論隨之初九則取舜賓于四門之義明易之切於人事也宋時李光楊萬里等更博採史籍以相證明雖不無稍涉泛濫而其推闡精確者要於立象垂戒之旨實多所發明杞之說易猶此志矣其中不可訓者惟在於多引老莊之文如蒙之初六則引老子終日嗥而不嗄云云以爲童蒙之義履之象則引莊子虎與人異類而媚養已者云云以爲履虎尾之義夫老莊之書

其言雖似近易而其强弱攻取之機形就心和之論與易之无方无體而定之以中正仁義者指歸實判然各殊自莊蒙得巖下放言稱易之精藴盡在莊列程大昌遂著爲易老通言杞作是編復引而伸之是則王弼輩掃除漢學流獘無窮之明驗矣別白存之亦足爲崇尚清談者戒也

淙山讀周易記二十一卷山東巡撫採進本

宋方實孫撰實孫不知何許人惟劉克莊後山集有實孫樂府跋稱其字曰端仲有實孫經史說跋

稱其以所著易說上於朝以布衣入史局時相以
其累上春官欲令免省奉對遽以風聞報罷浩然
而歸其所終則不可考矣此書舊本但題曰讀周
易案朱彝尊經義考作淙山讀周易記蓋此本傳
寫脫訛經義考又引曹溶之言曰宋志八卷澹生
堂目作十卷聚樂堂目作十六卷今世所行凡二
本一本不分卷不知孰合之此本上經八卷下經
八卷繫辭二卷序卦說卦雜卦各一卷又不知誰
所分也其書取朱子卦變圖別爲易卦變合圖以

補易學啟蒙所未備其說多主於爻象不設空談自序有曰易者道也象數也言道則象數在其中矣道果有耶繫辭曰易無體道果無耶繫辭曰易有太極是道自無而有也可以識其宗旨矣其據隨上九爻王用亨于西山升六四爻王用亨于岐山明夷彖文王以之革彖湯武以之證爻彖非文王作自爲確義其據大有六三爻公用亨于天子解上六爻公用射隼于高墉之上小過六五爻公弋取彼在穴證爻辭非周公作則必不然說易者

本不云公周公也然其大旨則較諸家爲淳實矣

周易傳義附錄十四卷兩江總督採進本

宋董楷撰楷字正叔台州臨海人寶祐四年進士官至吏部郎中其學出於陳器之器之出於朱子故其說易惟以洛閩爲宗是編成於咸淳丙辰合程子傳朱子本義爲一書而采二子之遺說附錄其下意在理數兼通又引程朱之語以羽翼程朱亦愈於逞臆鑿空務求奇於舊說之外者惟程子傳用王弼本而朱子本義則用呂祖謙所定古本

楷以程子在前遂割裂朱子之書散附程傳之後沿及明永樂中胡廣等纂周易大全亦仍其誤至成矩專刻本義亦用程傳之次序鄉塾之士遂不復知有古經則楷肇其端也然楷本以經文平書而十翼之文則下一格書之其本義無所附麗者則仿諸經疏文某句至某句之例朱書其目以明之猶爲有別今本經傳一例平書而本義亦意爲割綴則愈失愈遠又非楷所及料矣

易學啟蒙通釋二卷內府藏本

宋胡方平撰方平字師魯號玉齋婺源人據董眞卿周易會通載是書有方平至元己丑自序則入元已十四年矣然考熊禾跋稱己丑春讀書武夷山中有新安胡君庭芳來訪出其父書一編曰易學啓蒙通釋又劉涇跋亦稱一日約退齋熊君訪雲谷遺蹟適新安胡君庭芳來訪出易學啓蒙通釋一編謂其父玉齋平生精力盡在此書輒爲刻置書室云云則己丑乃禾與涇刊書作跋之年非方平自序之年眞卿誤也方平之學出於董夢程

夢程之學出於黃幹幹朱子壻也故方平及其子一桂皆篤守朱子之說此書即發明朱子易學啟蒙之旨案朱子易學啟蒙序曰近世學者類喜談易其專於爻義者旣支離散漫而無所根據其涉於象數者又皆牽合附會而或以爲出於聖人心思智慮之所爲也若是者余竊病焉因與同志頗輯舊聞爲書四篇以示初學使毋疑於其說云云蓋易之爲道理數並存不可滯於一說朱子因程傳專主明理故兼取邵子之數以補其偏非脫畧

易理惟著此書以言數也後人置本義不道惟假
借此書以轉相推衍至於支離轇轕而不已是豈
朱子之本旨乎方平此書雖亦專闡數學而根據
朱子之書反覆詮釋所採諸書凡黄幹董銖劉爚
陳埴蔡淵蔡沈六家皆朱子門人又蔡模徐幾翁
詠三家模蔡淵子幾詠皆淵之門人故所衍說尚
不至如他家之竟離其宗是亦讀啟蒙者所當考
矣董眞卿所稱方平自序今本佚之惟存後序一
篇朱彝尊經義考乃竟以朱子原序爲方平之序

可謂千慮之一失徐氏通志堂刻本於此序之末題淳熙丙午暮春旣望雲臺眞逸手記是顯著朱子之別號矣而其標目乃稱易學啓蒙通釋序淳熙丙午下距至元已丑凡一百一十三年朱子安知有通釋乎今刊正之俾無滋後來之疑焉

三易備遺十卷<sub>內府藏本</sub>

宋朱元昇撰其子士立補葺元昇字日華里貫未詳惟卷首載咸淳八年兩浙提刑家鉉翁進書狀稱承節郎差處州龍泉遂昌慶元及建寧松溪政

和巡檢朱元昇卷末士立跋稱咸淳庚午備遺成
帙則堂家先生用聞於朝三載先子歿云云疑其
即終於是官庚午爲咸淳六年而狀署八年殆傳
寫誤六爲八歟其書本河圖洛書一卷連山三卷
歸藏三卷周易三卷元昇自序亦兼言三易而鉉
翁進狀特稱其著中天歸藏書數萬言未詳其故
豈以先天後天皆儒者所傳述而中天之說元昇
創之故標舉見異耶然干寶周禮註稱伏羲之易
小成爲先天神農之易中成爲中天黃帝之易大

成爲後天則中天實亦古名非新義也元昇學本邵子其言河圖洛書則祖劉牧其言連山以卦位配夏時之氣候其言歸藏以干支之納音配卦爻其言周易則闡反對互體之旨雖未必真合周官太卜之舊而冥心求索以求一合亦可謂好學深思者過而存之或亦足備說易者之參考耳

周易集說四十卷內府藏本

宋俞琰撰琰字玉吾吳縣人生宋寳祐初入元隱居著書徵授温州學錄不赴至延祐初年卒生平

遂於易學初裒諸家之說爲大易會要一百三十卷後乃撥其精華以著是編始於至元甲申至至大辛亥凡四易稿其初主程朱之說後乃於程朱之外自出新義嘗與孟淳講坤之六二謂六二既中且正是以其德直方惟從乾陽之大不習坤陰之小故无不利如此之類其說頗異至謂尚書顧命天球河圖在東序河圖與天球並列則河圖亦是玉名如此之類則太奇矣然其覃精研思積三四十年實有冥心獨造發前人所未發者固不可

廢也據琰自作後序尚有讀易舉要讀易須知易圖纂要易經考證易傳考證六十四卦圖古占法卦爻象占分類易圖合璧連珠易外別傳諸書今惟易外別傳有本單行讀易舉要易圖纂要見永樂大典餘皆未見序稱諸編皆舊所作將毀之而兒輩以爲可惜又略加改竄而存於後則舊刻本附此數書今佚之矣

讀易舉要四卷永樂大典本

宋俞琰撰是書文淵閣書目焦竑經籍志朱睦㮮

授經圖皆著於錄然外間傳本殊稀故朱彝尊經
義考亦云未見今惟永樂大典尚散見於各韻之
中可以採輯謹裒合編次仍定爲四卷考珍之集
說以朱子爲宗而此書論剛柔往來則以兩卦反
對見義例以泰否二卦象辭較朱子卦變之說更
近自然其易圖多本邵子而此書論象數之學則
駁張行成以元亨利貞爲周易起數於四之誣蓋
不爲苟同者至於田疇謂積乾坤屯蒙需訟之策
至於師而六軍之數皆全史璿謂革居四十九應

大衍之數故云天地革而四時成節居六十而甲子一周故云天地節而四時成皆以偶合之見窺聖人作易之意琰顧取之則殊非本旨然琰於易苦思力索積平生之力爲之意所獨契亦往往超出前人所刻諸家著述雖多本於晁公武陳振孫兩家而名字爵里閒有異同亦可資考證固宜與所撰集說並行也琰別有六十四卦圖易圖合璧連珠易圖纂要諸書舊與此書合刻修永樂大典之時割裂麗襍淆其端緒惟八分爲十六十六分

爲三十二兩圖猶標俞琰纂圖之目其餘諸圖盡

冒讀易舉要之名合併爲一殊爲瞀亂今悉考訂

汰除以還其舊焉

周易象義十六卷永樂大典本

宋丁易東撰易東字漢臣武陵人仕至朝奉大夫

太府寺簿兼樞密院編修官入元不仕教授鄉里

以終是編因易象以明義故曰象義其取象之例

凡十有二曰本體卽乾天坤地之類曰互體卽穲

物撰德之旨曰卦變彖所謂大往小來傳所謂柔

來文剛剛上文柔是也曰正應傳所謂剛柔內外之應是也曰動爻陽老則變爲陰陰老則變爲陽是也曰變卦左傳所載古人占筮之法曰乾之姤乾之同人是也曰伏卦乾則伏坤震則伏巽說卦所謂天地定位雷風相薄是也曰互對卽漢儒之旁通卦義與伏通而有本體全體之異曰反對損之與益五二之詞同夬之與姤四三之辭同可以類推者是也曰比爻初比二二比三是也曰原畫陽皆屬乾陰皆屬坤是也曰納甲蠱之先甲後甲

巽之先庚後庚是也其於前人舊說大抵以李鼎

祚周易集解朱震漢上易傳爲宗而又謂李失之

泥朱傷於巧故不主一家如卦變之說則取邵子

朱子變卦之說則取沈該都絜筮占之說則取朱

子蔡淵馮椅遠紹旁搜要歸於變動不居之旨亦

言象者所當考也諸家著錄多作十卷惟朱睦㮮

授經圖作易傳十二卷焦竑經籍志作易傳十四

卷考易東所著別無易傳之名蓋卽此編朱氏併

其論例一卷數之爲十一卷焦氏又併其大衍索

隱三卷數之遂爲十四卷耳朱彝尊經義考作十卷註曰存然世所傳本殘缺特甚僅存十之二三惟散見永樂大典中者排比其文僅缺豫隨无妄大壯睽蹇中孚七卦及晉卦之後四爻餘皆完具與殘本互相參補遂還舊觀以篇頁頗繁謹析爲一十六卷以便循覽原本附有大衍策數諸圖多已見大衍索隱中今不復錄其論例一卷自述撰著之旨頗備今仍錄以弁首焉

易圖通變五卷易筮通變三卷　兩江總督採進本

宋雷思齊撰思齊字齊賢臨川人宋亡之後棄儒服爲道士居烏石觀後終於廣信事迹具袁桷所撰墓誌銘是編前有揭傒斯序稱所著有老子本義莊子旨義數十卷及和陶詩三卷吳全節序又稱其有文集二十卷今皆未見惟此二書存其易圖通變自序謂河圖之數以八卦成列相盪相錯參天兩地參伍以變其數實爲四十而以其十五會通於中所述河圖洛書參天兩地倚數之圖錯綜會變等圖及河圖遺論大旨以天一爲坎地二

爲坤天三爲震地四爲巽天七爲兌地六爲乾天九爲離地八爲艮而五十則爲虛數其說雖與先儒不同而按以山震齊巽之義亦頗相脗合林至易裨傳序所謂易道變化不窮得其一端皆足以爲說者也其易筮通變凡五篇一曰卜筮二曰立卦三曰九六四曰衍數五曰命蓍亦多自出新意不主舊法白雲霽道藏目錄載二書於太元部若字號中蓋圖書之學實出道家思齊又本道士衍說之以附於易固亦有由云

欽定四庫全書總目 經部

卷四之五

# 欽定四庫全書總目卷四

## 經部四

### 易類四

**讀易私言一卷** 兩江總督採進本

元許衡撰。衡字平仲，河內人。官至集賢殿大學士，兼國子祭酒，謚文正。事迹具元史本傳。其書論六爻之德位，大旨多發明繫詞傳同功異位、柔危剛勝之義，而又類聚各卦畫之居於六位者，分別觀之，蓋健順動止入說陷麗，其吉凶悔吝，又視乎所值之時而必以正且得中爲上孔子彖象傳每以當位不當位得中行中爲言衡所發明葢本斯旨此書本在衡文集中元蘇天爵文類明劉昌中州文表皆載之

國朝曹溶採入學海類編通志堂刊九經解遂從舊本收入而何焯校正九經解目錄以爲即元李簡之書今考簡所撰學易記其書具在未嘗與此書相複且永樂大典所載亦作許衡則非簡書明甚焯之所校不知何以云然也

易本義附錄纂疏十五卷內府藏本

元胡一桂撰一桂字庭芳號雙湖婺源人景定甲子領鄉薦試禮部不第教授鄉里以終事迹具元史儒學傳是編以朱子本義爲宗取文集語錄之及於易者附之謂之附錄取諸儒易說之合於本義者纂之謂之纂疏其去取别裁惟以朱子爲宗元史稱其受易源流出於朱子殆以啟蒙翼傳及是書與陳櫟稱一桂此書於楊萬里易傳無半字及之今檢其所引櫟說信然蓋宋末元初講學者

門戶最嚴而新安諸儒於授受源流辨别尤甚萬里易傳雖遠宗程子而早工吟咏與范成大陸游齊名不甚以講學爲事故雖嘗薦朱子拒韓侂胄而慶元黨禁獨不列名一桂蓋以詞人擯之未必盡以其書也

易學啟蒙翼傳四卷內府藏本

元胡一桂撰一桂之父方平嘗作易學啟蒙通釋一桂更推闡而辨明之故曰翼傳自序稱去朱子纔百餘年而承學漸失如圖書已釐正矣復仍劉

牧之謬者有之卜筮之數灼如丹青矣復祖尚元
旨者又有之因於本義附錄纂疏外復輯爲是書
凡爲内篇者三一曰舉要以發詞變象占之義二
曰明筮以考史傳卜筮卦占之法三曰辨疑以辨
河圖洛書之同異皆發明朱子之說者也爲外篇
者一則易緯候諸書以及京房飛候焦贑易林揚
雄太元司馬光潛虚以至邵子皇極經世諸法亦
附錄其槩以其皆易之支流故别之曰外大致與
其父之書互相出入而方平主於明本旨一桂主

於辨異學故體例各殊焉

易纂言十卷 內府藏本

元吳澄撰澄字幼清號草廬崇仁人宋咸淳末舉進士不第入元以薦擢翰林應奉文字官至翰林學士卒謚文正事迹具元史本傳是書用呂祖謙古易本經文每卦先列卦變主爻每爻先列變爻次列象占十翼亦各分章數其訓解各附句下音釋考證則經附每卦之末傳附每章之末間有文義相因即附辨於句下者偶一二見非通例也澄

於諸經好臆爲竄改惟此書所改則有根據者爲多如師卦丈人吉改大人吉據崔憬所引子夏傳比卦比之匪人下增凶字據王肅本小畜卦輿說輻改輿說輹據許慎說文尚得載改尚德載據京房虞翻子夏本泰卦包荒改包巟據說文及虞翻本大畜卦曰閑輿衛改日閑輿衛從鄭元虞翻陸希聲本萃卦萃亨删亨字從馬融鄭元虞翻陸續本困卦劓刖改臲卼據荀爽王肅陸績本鼎卦其形渥改其刑剭據鄭元本比彖比吉也删也字據

王昭素本賁彖補剛柔交錯四字據王弼注震彖
驚遠而懼邇也下補不喪匕鬯四字據王昭素所
引徐氏本漸彖女歸吉也改女歸吉利貞據王肅
本坤象履霜堅冰改初六履霜據魏志坎象樽酒
簋貳删貳字據陸德明釋文（案澄注明言舊本有貳字陸氏釋文無之今世所行張弧陸希聲本皆同是傳文已删去貳字徐氏通志堂本乃劉補刊板增入貳字是顧湄等校正之時以不誤爲誤也謹附訂於此）繫辭上傳繫辭焉而明吉凶
下補悔吝二字據虞翻本繫辭下傳何以守位曰
仁改何以守位曰人據王肅本耒耨之利改耒耜

之利據王昭素本以濟不通下删致遠以利天下
六字據陸德明釋文序卦傳故受之以履下補履
者禮也四字據韓康伯本皆援引古義具有源流
不比師心變亂其餘亦多依傍胡瑗程子朱子諸
說澄所自爲改正者不過數條而已惟以繫辭傳
中說上下經十六卦十八爻之文定爲錯簡移置
於文言傳中則悍然臆斷不可以爲訓矣然其解
釋經義詞簡理明融貫舊聞亦頗賅洽在元人說
易諸家固終爲巨擘焉

易纂言外翼八卷（永樂大典本）

元吳澄撰澄所著易纂言義例散見各卦中不相統貫卷首所陳卦畫亦粗具梗概未及詳言因復作此書以暢明之纂言有通志堂刻本久行於世此書則傳本漸罕近遂散佚無存朱彝尊經義考云見明崑山葉氏書目載有四册而亦未睹其書今惟永樂大典尚分載各韻之下考澄所作小序原書葢共十二篇一曰卦統以八經卦之純體合體者爲經六十四卦之雜體者爲緯乃上下經篇

之所由分二曰卦對以奇偶反易成二卦成上下篇相對三曰卦變言奇偶復生奇偶其用無窮四曰卦主因无妄傳而推之以明一經之義五曰變卦言剛柔交相變而一卦可爲六十四卦六曰互卦言中四爻復具二卦以爲一卦七曰象例凡經之取象皆類聚之以觀其通八曰占例言元亨利貞吉凶无咎其義皆本於天道九曰辭例乃象例占例所未備而可以互見者十曰變例言揲蓍四營十八變之法十一曰易原明河圖洛書先後天

圖十二曰易流備舉揚雄以下擬易之書今鈌卦變變卦互卦三篇易流鈌半篇易原疑亦不完然其餘尚首尾整齊無所遺失自唐定正義易遂以王弼爲宗象數之學久置不講澄爲纂言一決於象史謂其能盡破傳注之穿鑿故言易者多宗之是編類聚區分以求其理之會通如卦統卦對二篇言經之所以釐爲上下乃程朱所未及象例諸篇闡明古義尤非元明諸儒空談妙悟者可比雖稍有殘鈌而宏綱巨目尚可推尋謹依原目編次

析爲八卷俾與纂言相輔而行焉

易原奥義一卷周易原旨六卷內府藏本

元寶巴撰案寶巴舊本作保八今改正寶巴字普菴色目人居於洛陽是書前有進太子牋結銜稱大中大夫前黃州路總管兼管內勸農事又有任士林序稱貳卿寶公不知其終於何官也牋末不題年月黃虞稷千頃堂書目稱舊有方回牟巘二序按回巘皆宋末舊人則寶巴爲元初人矣是書原分三種統名易體用本程子之說卽卦體以闡卦用也朱彝

尊經義考載易原奧義一卷存周易原旨六卷存周易尚占三卷佚考陳繼儒彙秘笈中有周易尚占三卷書名與卷數並符書前又有大德丁未寶巴序人名亦合然序稱爲瑩蟾子李淸庵撰不云寶巴自作其書乃用錢代蓍之法以六爻配十二時五行六親六神合月建日辰以斷吉凶亦非尚占之本義序文鄙陋尤不類讀書人語葢方技家傳有是書與寶巴佚書其名偶合明人喜作僞本遂撰寶巴序文以影附之不知寶巴說易並根柢

於宋儒闡發義理無一字涉京焦讖緯之說其肯
以此書當古占法哉今辨明其妄别存目於術數
類中而寶巴原書則仍以所存二種著録庶闕而
眞猶勝於全而僞焉

周易程朱傳義折衷三十三卷 浙江吳玉墀家藏本

元趙采撰采字德亮號隆齋潼川人其書用注疏
本節録程子易傳朱子本義之說益以語録諸書
列之於前而各以己說附於後所謂折衷也所注
僅上下經殆以程子之傳不及繫辭以下與前有

采自序稱有康節邵子推明羲文之卦畫而象數之學著有伊川程子推衍夫子之意而卦畫之理明洎武夷朱文公作本義釐正上下經十翼而還其舊作啟蒙本邵子而發先天雖本義專主卜筮然於門人問答又以爲易中先儒舊說皆不可廢但互體飛伏納甲之類未及致思耳故愚以爲今時學者之讀易當由邵程朱三先生之說泝而上之云云故其書雖以宋學爲宗而兼及於象數變互尚頗存古義非竟暖暖姝姝守一先生之言也

顧炎武日知錄謂割裂本義以入程傳始於胡廣之修大全然董楷已用程子之本而附以本義采又因之則其來有漸矣炎武專責胡廣殆未見二書與

周易衍義十六卷浙江吳玉墀家藏本

元胡震撰震自署曰廬山深溪又題將仕佐郎南康路儒學致仕教授書前有自序作於大德乙巳蓋成宗九年也又有其子光大識語稱幾成書而下世後十年始克纂修成編則其書實成於光大

之手矣書中於乾坤二卦卦辭下接彖傳繼以釋彖之文言次大象次爻詞下接小象繼以釋爻之文言又置雜卦於序卦之前序次頗爲顛倒昔李過作西溪易說改乾坤二卦經文次第割裂文言分附卦爻胡一桂譏其混亂古經此書實同其病前後脫簡亦不一而足或傳寫者失其原次故錯亂若此與其於經文訓詁大抵皆舉史事以發明之不免太涉泛濫非說經家謹嚴之體然議論尚爲平正所引諸儒之解亦頗詳賅多可以備參考

視言理而空談妙悟言數而漫衍奇偶者猶爲此善於彼焉

易學濫觴一卷 兩淮鹽政採進本

元黄澤撰澤字楚望資州人家於九江大德中嘗爲景星書院山長又爲東湖書院山長年逾八十乃終故趙汸生於元末猶及師事之其易與春秋之學皆受之於澤者也澤垂老之時欲注易春秋二經恐不能就故作此書及春秋指要發其大凡卷首有延祐七年吳澄題詞據其所言二書蓋合

爲一帙今春秋指要亦無傳本惟此書僅存朱彝尊經義考載此書注曰已佚則彝尊亦未及見知爲稀遘之本矣其說易以明象爲本其明象則以序卦爲本其占法則以左傳爲主大旨謂王弼之廢象數遁於元虛漢儒之用象數亦失於繁碎故折中以酌其平其中歷陳易學不能復古者一曰易之名義一曰重卦之義一曰逆順之義一曰卦名之義一曰卦變之義一曰卦名一曰易數之原一曰易之詞義一曰易之占詞一曰蓍法一曰占

法一曰序卦一曰脱誤疑字凡十三事持論皆有
根據雖未能勒爲全書而發明古義體例分明已
括全書之宗要因其說而推演之亦足爲說易之
圭臬也

大易象數鉤深圖三卷內府藏本

元張理撰理字仲純清江人延祐中官福建儒學
提舉是書上卷太極圖即周子之圖其八卦方位
圖則本乎說卦又有乾知大始坤作成物參天兩
地及大衍五十五數諸圖又有仰觀俯察剛柔相

摩八卦相盪諸圖而皆溯原於河洛中卷天地數萬物數二圖仍即大衍策數又有元會運數乾坤大父母復姤小父母八卦變六十四卦圖又有反對變與不變諸卦圖其六十四卦之圖分見於中下二卷而參伍錯綜序卦雜卦亦皆為之圖葢純主於陳摶先天之學朱子所謂易外别傳者也其書初少傳本通志堂經解刻本與劉牧之書均從道藏錄出諸家著錄卷帙亦復不同朱睦㮮授經圖載理之書有周易圖三卷易象數鉤深圖六卷

易象圖說六卷焦竑經籍志書目與授經圖同而鈎深圖則作三卷朱彝尊經義考止載易象圖說六卷而不載此書之名蓋由未見其本但據書目傳鈔故輾轉歧誤白雲霽道藏目錄以易數鈎隱圖與理此書並屬之劉牧亦由但據標題繕錄未及核作者之異同今以徐氏刻本定著三卷并詳考舛異之故以祛來者之疑焉

大易緝說十卷內府藏本

元王申子撰申子字巽卿邛州人其始末未詳據

卷首載田澤刊書始末惟稱其皇慶二年行省劄付充武昌路南陽書院山長又稱其寓居慈利州天門山垂三十年始成春秋類傳及此書澤爲申送行省咨都省移翰林國史院勘定令本處儒學印造而已其說春秋主有貶無褒之說今未之見其說易則力主數學而持論與先儒迥異大旨以河圖配先天卦以洛書配後天卦而於陳摶邵子程子朱子之說　槩辨其有誤於古來說易七百餘家中惟取六家一河圖洛書二伏羲三文王四

周公五孔子六周子太極圖也其自命未免太高不足爲據同時有玉井陽氏者案陽氏佚其名字惟其姓見申子此書中字爲陰陽之陽蓋朱陽枋之族也朱彝尊經義考作楊氏誤謹附訂於此受易於朱子門人曼淵已傳五世著易說二卷以駁之申子又一一辨答其大端具見於書中蓋萬事不出乎奇偶故圖書之學縱橫反覆皆可以通彼亦一是非此亦一是非耳然考申子之繳繞圖書者僅前二卷至於三卷以後詮解經文仍以詞變象占比應乘承爲說絕不生義於圖書其言轉平正切實

多有發明然則又何必繪圖作解纚纚然千萬言乎讀是書者取其詁經之語而置其經外之旁文可也所解惟上下經爲詳繫辭稍畧說卦雜卦尤畧序卦一傳則排斥非孔子之言但錄其文而無一語之詮釋蓋自李清臣朱翌葉適以來即有是說不始於申子其論易中錯簡脫簡羨文凡二十有四但注某某當作某某而不改經文亦尚有鄭氏注書之遺意與王栢諸人毅然點竄者異焉

周易本義通釋十二卷 編修勵守謙家藏本

元胡炳文撰炳文字仲虎號雲峰婺源人嘗爲信州道一書院山長再調蘭溪州學正不赴元史儒學傳附載其父一桂傳中程敏政新安文獻志所謂篤志朱子之學者也是書據朱子本義折衷是正復采諸家易解互相發明序題延祐丙辰蓋仁宗之三年初名精義後病其繁冗刪而約之改名通釋所著雲峰集中有與吳澄書曰本義通釋郭文卿守浮梁時爲刊其半出之太早今悔之無及也刊本今以呈似中有謬戾閣下刪之繩之幸甚

云云考炳文生於宋理宗淳祐十年其與澄書時
稱年七十則當在延祐七年庚申在作序之後三
年其所悔者改正與否則不可考矣王懋竑白田
雜著曰今刻雲峰本義通釋上下經解極詳以大
全本考之增多者十之三四象傳以後語皆與大
全同無增多者疑通釋自象傳後已失去後人鈔
集大全所載以續之耳又大全序例謂胡氏通釋
既輒變古易又於今易不免離析先後考今刻乃
一依古易此不可曉或者今刻非原本與云云案

此本前有明潘旦序稱書經兵燹多至亡佚其九世孫珙及弟玠募遺書得上下經而闕十翼乃復裒蒐諸集中以補之然則今本十翼乃珙玠所裒錄非炳文之舊憖玆蓋未見旦序故有此疑惟大全稱炳文輒變古易又離析今文之先後則彖傳象傳必附經文之中何以解傳者佚而解經者不佚又何以珙玠所得舊本上下經文釐然完具而不參以彖傳象傳此則誠不可曉然大全爲胡廣等麗雜割裂之書所言亦不盡可據也

周易本義集成十二卷　兩江總督採進本

元熊良輔撰良輔字任重號梅邊南昌人延祐四年嘗領鄉薦其仕履未詳是書前有良輔自序稱丁巳以易貢同志信其僭說閔其久勤出工費鋟梓丁巳即延祐四年元舉鄉試始於延祐甲寅是科其第二舉也考元史選舉志是時條制漢人南人試經疑二道經義一道易用程氏朱氏而亦兼用古註疏不似明代之制惟限以程朱後併祧程而專尊朱故其書大旨雖主於羽翼本義而與本

義異者亦頗多也黃虞稷千頃堂書目稱良輔是書外有易傳集疏不傳考易傳集疏元熊凱撰江西通志載凱字舜臣南昌人以明經開塾四十年時稱遙溪先生同邑熊良輔受業焉良輔序中亦稱受易於遙溪熊氏與通志合截然兩人兩書虞稷以同姓同里同時遂誤合爲一耳

學易記九卷 兩江總督採進本

元李簡撰簡里貫未詳自序稱已未歲承乏倅泰安已未爲延祐六年蓋仁宗時也其書所采自子

夏易傳以逮張特立劉肅之説凡六十四家一一各標姓氏其集數人之説爲一條者亦註曰兼采某某其不註者則簡之新義矣大抵仿李鼎祚集解房審權義海之例自序稱在東平時與張中庸劉佚庵王仲嶽衆諸易解節取之張與王意在省文劉之説心務歸一説僕之所取寧失之多以俟後來觀者去取又稱已未歲取向所集重加去取則始博終約蓋非苟作故所言多淳實不支其所見楊彬夫五十家解單渢三十家解今並不存即

所列六十四家遺書亦多散佚因簡所錄猶有什一之傳則其功亦不在鼎祚審權下也

周易集傳八卷 浙江巡撫採進本

元龍仁夫撰仁夫字觀復廬陵人吉安府志作永新人官湖廣儒學提舉事迹附見元史儒學傳劉詵傳內是書成於至治辛酉董眞卿周易會通稱其有自序一篇此本無之朱彝尊經義考於舊序例皆全錄而已無是篇則其佚已久矣吉安府志云仁夫周易集傳十八卷立說主本義每卦爻下

各分變象辭占今觀所註雖根據程朱者多而意
在卽象詁義於卦象爻象互觀析觀反覆推闡頗
能抒所心得非如胡炳文等徒墨守舊文者也吉
安府志又稱其謂雜卦爲占筮書引春秋傳屯固
比入坤安震殺皆以一字斷卦義爲証其說似創
而有本亦異乎游談無根者元史稱仁夫所著周
易多發前儒之未發殆不誣矣原書十八卷今僅
存者八卷然上下經及彖象傳皆已全具朱彝尊
曝書亭集有是書跋謂通志堂刻經解時以其殘

鈌故未開雕云云夫傳錄古書當問其義理之是非不當論其篇頁之完闕殘編斷簡古人尚且蒐輯仁夫是書上下經裒然俱完而以不全棄之何其傎也况傅寅禹貢說斷程大昌禹貢圖說林之奇三山書傳今以永樂大典校之皆非完帙而徐氏仍登梨棗是又何說與今特錄存之俾重著於世庶於經義有所裨焉

讀易考原一卷　兩淮馬裕家藏本

元蕭漢中撰漢中字景元泰和人此書成於泰定

中凡三篇一論分卦一論合卦一論卦序不敢顯
攻序卦傳而亦不用序卦之說大旨以圓圖乾坤
坎離居四正爲上經之主卦兌艮巽震居四隅爲
下經之主卦復按圖列說申明上經三十卦下經
三十四卦多寡分合之不可易及乾坤之後受以
屯蒙屯蒙之後受以需訟次序之不可紊卷後論
三十六宫陰陽消長之機以互明其義漢中書不
甚著明初朱升作周易旁注始采錄其文附於末
卷升自記稱謹節縮爲上下經二圖於右而錄其

原文於下以廣其傳則是書經升編緝不盡漢中之舊今升書殘缺而漢中書反附以得存此本即從升書中錄出別行者朱彝尊經義考作三卷葢以一篇爲一卷實無別本也其說雖亦出於邵氏而推闡卦序頗具精理葢猶依經立義視黑白奇偶曼衍而不可極者固有殊焉

易精藴大義十二卷 永樂大典本

元解蒙撰蒙字求我吉水人江西通志作字來我葢字形相近而誤也中天歷乙巳江西鄉試與兄

子尚字觀我者並以善易名於時子尚所著周易義疑通釋久無傳本朱彝尊經義考載此書亦註曰佚今檢永樂大典所引蒙書尚多自豫隨无妄大壯睽蹇中孚七卦及晉卦之後四爻外其他皆文義完備釐然具存其例於彖爻之下採輯先儒之說而末乃發明以已意各以蒙謂二字別之雖原爲場屋經義而作而薈稡羣言頗能得其精要凡所自註亦皆簡明如頤六三云頤養之道以安靜爲無失二三動體故顛拂而凶四五靜體故

顛拂亦吉震三爻凶艮三爻吉可見恒彖云恒有
二義利貞者不易之恒所以體常利有攸往者不
已之恒所以盡變天地聖人所以能恒者以其能
盡變也其義雖多根柢前人而詮釋明晰亦殊有
裨於後學至所引諸家之說往往不署名氏葢用
朱子詩集傳例雖不能盡考其由來要皆宋元以
前諸經師之緒論也謹依文排比正其譌舛釐爲
十二卷著之於錄解縉春雨堂集稱是書爲易經
精義經義考稱是書爲周易精藴考永樂大典所

題實作解蒙周易精藴大義二人皆偶誤記也今據以爲斷庶不失其本名焉

周易會通十四卷内府藏本

元董眞卿撰眞卿字季眞鄱陽人嘗受學於胡一桂斯編實本一桂之纂疏而廣及諸家初名曰周易經傳集程朱解附錄纂注葢其例編次伏羲文王周公之經而翼以孔子之傳各爲標目使相統而不相雜其無經可附之傳則總附於六十四卦之後是爲經傳又取程子之傳朱子之本義夾註

其下是爲集解其程子經說朱子語錄各績於傳
之後是爲附錄又取一桂纂疏而增以諸說是爲
纂注其後定名會通者則以程傳用王弼本本義
用呂祖謙本次第既不同而或主義理或主象占
本旨復殊先儒諸說亦復見智見仁各明一義斷
斷爲門戶之爭眞卿以爲諸家之易途雖殊而歸
則同故兼搜博採不主一說務持象數義理二家
之平卽蘇軾朱震林栗之書爲朱子所不取者亦
並錄焉視胡一桂排斥楊萬里易傳不肯錄其一

字者所見之廣狹謂之青出於藍可也惟其變易經文則不免失先儒謹嚴之意可不必曲爲之詞耳

易學變通六卷（永樂大典本）

元曾貫撰貫字傳道泰和人天歷辛巳舉於鄉官紹興府照磨元季兵亂棄官家居鄉人推率義軍後禦龍泉寇戰敗抗節死事跡見江西通志所著四書類辨學庸標旨諸書俱湮没不傳惟朱彝尊經義考載有周易變通之名亦以爲已佚今檢永

樂大典所錄周易各卦下收入貫說尚多其標題
實作易學變通知彝尊未見原書故稱名小誤矣
謹裒輯彙次釐爲六卷其豫隨无妄大壯晉睽蹇
中孚八卦爲永樂大典所原闕者今無可校補亦
姑仍其舊是書純以義理說易其體例每篇統論
一卦六爻之義又舉他卦辭義之相近者參互以
求其異同之故如乾卦云乾六爻不言吉無往而
非吉也初九處之以勿用即初九之吉上九處之
以无悔即上九之吉二之見五之飛三四之无咎

皆然蓋位或過於中而聖人處之則無不中位或失於正而聖人處之則無不正所謂剛健中正純粹精者吉有大於此乎坤卦云或疑六三王事爲六五之事然乾主君道坤主臣道王事乃九五大人之事故坤卦二五聖人皆有戒辭者其所以正人臣之體爲慮深矣艮卦云敦臨敦艮皆吉何也曰敦者厚道也厚於治人則人無不服者臨是也厚於治已而已無不修者艮是也人之自處容可處於薄乎凡此諸條立義皆爲醇正其他剖析微

細往往能出前儒訓解之外間取互體立說兼存古義尤善持平在說易諸家可謂明白而篤實且其成仁取義無愧完人而元史忠義傳失於記載殊傷漏畧今蒐輯遺文著之於錄非惟其書足重亦因以表章大節發潛德之幽光焉

周易圖說二卷 浙江吳玉墀家藏本

元錢義方撰義方字子宜湖州人嘗舉進士其仕履則不可考矣是書成於至正六年上卷爲圖者七下卷爲圖者二十朱彝尊經義考作一卷疑傳

寫誤也其說謂河圖爲作易之本大傳云河出圖洛出書聖人則之乃聖人卽理推數二者可以相通故並言之非謂作易兼取洛書又引朱子之說謂圓圖有造作且欲挈出方圖在圓圖之外又謂朱子易本義於先天後天卦位必歸其說於邵子似歉然有所未足是以不揆其陋而有所述云云其說較他家爲近理然猶據陳摶以來相傳之圖書言之其實河圖洛書雖見經傳而今之五十五點四十五點兩圖其爲古之圖書與否則經傳絕

無顯證援左傳有三墳而謂即毛漸之書援周禮
有連山歸藏而謂即劉炫之書考古者其疑之矣
且繫辭言洛書不言即九疇洪範言九疇不言即
洛書盧辨注大戴禮記始云明堂九室法龜文其
說起於後周阮逸僞作關朗易傳因而述之於是
洛書之文始傳爲四十五點而九疇亦遂併於易
義方知九疇之非易而不知洛書本非九疇其辨
猶爲未審至其謂自漢以來惟孟喜本易緯稽覽
圖推易離坎震兌各主一方餘六十卦每卦主六

曰七分爲有圖之始寥寥千載至陳摶始本易有太極兩儀四象八卦因而重之及天地定位等說爲橫圓大小四圖傳穆李以及邵子又本帝出乎震之說爲後天圓圖內大橫圖之卦爲否泰反類方圖則於因易而作圖非因圖而作易本末源流粲然明白不似他家務神其說直以爲古聖之制作可謂獨識其眞矣其所演二十七圖亦即因舊圖而變易之奇偶之數愈推愈有人自爲說而其理皆通譬之自古至今奕無同局固亦不妨存備

一家焉

周易爻變義蘊四卷 浙江吳玉墀家藏本

元陳應潤撰應潤天台人始末未詳黄溍集有是書序稱其字曰澤雲又稱其延祐間由黄巖文學起爲郡曹掾數年調明掾至正乙酉調桐江賓幕首卷應潤自序題至正丙戌案經義考載此序題至治丙戌至治有壬戌無丙戌干支不合日黄溍序題至正丙戌序中稱延祐間余丞寧海又數年余爲越上鹽運三年余乞老金華溍延祐二年進士下距至治壬戌僅六年安有乞老之事此必經義考刊板之訛非此本傳寫之誤也謹附訂於此則是書成於桐江也其書大旨謂

義理元妙之談陷於老莊先天諸圖雜以參同契
爐火之說皆非易之本旨故其論八卦惟據說卦
傳帝出乎震一節爲八卦之正位而以天地定位
一節邵氏指爲先天方位者定爲八卦相錯之用
謂文王演易必不顛倒伏羲之言致相矛盾其論
太極兩儀四象以天地爲兩儀以四方爲四象謂
未分八卦不應先有揲蓍之法分陰陽太少周子
無極太極二氣五行之說自是一家議論不可釋
易葢自宋以後毅然破陳摶之學者自應潤始所

註用王弼本惟有上下經六十四卦據春秋傳某卦之某卦例如乾之姤曰潛龍勿用乾之坤曰見羣龍无首吉之類故名曰爻變其稱一卦可變六十四卦六爻可變三百八十四爻卽漢焦贛易林之例蓋亦因古占法而推原其變通之義非臆說也每爻多證以史事雖不必其盡合而因卦象以示吉凶以決進退於聖人作易垂訓之旨實有合焉在宋元人易解之中亦翹然獨秀者矣

周易參義十二卷　浙江巡撫採進本

元梁寅撰寅字孟敬新喻人元末辟集慶路儒學訓導以親老辭明年兵起遂隱居教授明初徵修禮樂書將授官復以病辭歸結屋石門山學者稱曰梁五經有詩書演義周禮考註春秋考義諸書此乃所作周易義疏成於至元六年前有寅自序其大旨以程傳主理本義主象稍有異同因融會參酌合以爲一又旁采諸儒之說以闡發之其分上下經十翼一依古易篇次即朱子所用呂祖謙本其詮釋經義平易近人言理而不涉虛無言象

而不涉附會大都本日用常行之事以示進退得失之機故簡切詳明迥異他家之轇轕雖未能剖析精微論其醇正要不愧爲儒者之言焉

周易文詮四卷兩淮馬裕家藏本

元趙汸撰汸字子常休寧人師事黃澤受易象春秋之學隱居著述作東山精舍以奉母洪武二年召修元史不願仕乞還未幾卒事迹具明史儒林傳此書大旨源出程朱主於畧數言理然其門人金居敬跋稱其契先天內外之旨且悟後天卦序

之義則亦兼用邵氏之學經義考載八卷此本舊
鈔止四卷然首尾完具不似有所闕佚或後人合
併與原書上方節節標題細字詳其詞意不類汸
筆或後來讀者所題識於經義亦無所發明今併
從删削汸平生學力多在春秋所著說春秋之書
亦最多並已別著於録其說易祇有此本流傳頗
罕其中詮釋義理大抵宋儒緒論爲多不及春秋
諸書之深邃然其於天道人事吉凶悔吝之際反
覆推闡亦頗明暢觀其名書曰文詮其宗旨固可

見矣

# 欽定四庫全書總目卷五

## 經部五

### 易類五

周易大全二十四卷內府藏本

明胡廣等奉勅撰考明成祖實錄永樂十二年十一月甲寅命行在翰林院學士胡廣侍講楊榮金幼孜修五經四書大全十三年九月告成成祖親製序弁之卷首命禮部刊賜天下賜胡廣等鈔幣有差仍賜宴於禮部同時預纂修者自廣榮幼孜

外倘有翰林編修葉時中等三十九人此其五經之首也朱彝尊經義考謂廣等就前儒成編雜爲鈔錄而去其姓名易則取諸天台鄱陽二董氏雙湖雲峰二胡氏於諸書外未寓目者至多云云天台董氏者董楷之周易傳義附錄鄱陽董氏者董眞卿之周易會通雙湖胡氏者胡一桂之周易本義附錄纂疏雲峰胡氏者胡炳文之周易本義通釋也今勘驗舊文一一符合彝尊所論未可謂之苛求然董楷胡一桂胡炳文篤守朱子其說頗謹

嚴董眞卿則以程朱爲主而博採諸家以翼之其
說亦頗賅備取材於四家之書而刊除重複勒爲
一編雖不免守匱抱殘要其宗旨則尚可謂不失
其正且二百餘年以此取士一代之令甲在焉錄
存其書見有明儒者之經學其初之不敢放軼者
由於此其後之不免固陋者亦由於此鄭曉今言
曰洪武開科五經皆主古注疏及宋儒易程朱書
蔡詩朱春秋左公羊穀梁程胡張禮記陳後乃盡
棄注疏不知始何時或曰始於頒五經大全時以

爲諸家說優者采入故耳然古注疏終不可廢也是當明盛時識者已憂其弊矣觀於是編未始非千古得失之林也

易經蒙引十二卷江蘇巡撫採進本

明蔡清撰清字介夫號虛齋晉江人成化甲辰進士官至南京國子監祭酒事蹟具明史儒林傳是書專以發明朱子本義爲主故其體例以本義與經文並書但於本義每條之首加一圈以示別蓋尊之亞於經也然實多與本義異同如經分上下

朱子云以其簡袠重大故分爲上下二篇清則云
六十四卦何以不三十二卦爲上經三十二卦爲
下經而乃上經三十卦下經三十四卦也用九見
羣龍无首朱子云用九是諸卦百九十二陽爻之
通例見羣龍无首是此卦六爻皆用九者之占詞
清則云孔子象傳及文言節節皆是主六爻皆用
九者言但本義不主此說又云若依朱子之說則
於用九下又當添六爻皆用九者一句知至至之
知終終之朱子說上句知字重下句終字重清則

云此未必是本文之意本文下句一知字豈偶然哉豈姑以對上句而無所當哉其他不肯委曲附和大率類此朱子不全從程傳而能發明程傳者莫若朱子淸不全從本義而能發明本義者莫若淸醇儒心得之學所由與爭門戶者異歟

讀易餘言五卷 副都御史黄登賢家藏本

明崔銑撰銑字仲鳧一字子鍾安陽人宏治乙丑進士官至南京禮部侍郎謚文敬事蹟具明史儒林傳是書以程傳爲主而兼採王弼吳澄之說與

朱子本義頗有異同大旨舍象數而闡義理故謂陳摶所傳圖象皆衍術數與易無干諸儒卦變之說亦支離無取其上經卦略下經卦略大象說皆但標卦名不載經文繫辭輯說卦訓則備錄傳文葢書非一時所著故體例偶殊且經有卦名而繫辭說卦無章名其勢亦不能不異也惟刪說卦廣象八章而別以蔡淸之說增損之又序卦雜卦文言三傳一槩從刪則未免改經之嫌要其篤實近理故不失爲洛閩之傳矣朱彝尊經義考載銑讀

易餘言五卷又載銑易大象說一卷考此書第三卷即大象說彝尊以其别本單行遂析爲二偶未考也今附著於此不更複出焉

易學啟蒙意見五卷浙江汪啟淑家藏本

明韓邦奇撰邦奇字汝節朝邑人正德戊辰進士官至南京兵部尚書諡恭簡事跡具明史本傳是編因朱子易學啟蒙而闡明其說一卷曰本圖書二卷曰原卦畫皆推演邵氏之學詳爲圖解三卷曰明蓍策亦發明古法而附論近世後二變不掛

之誤四卷曰考占變述六爻不變及六爻遞變之舊例五卷曰七占凡六爻不變六爻俱變及一爻變者皆仍其舊其二爻三爻四爻五爻變者則別立新法以占之所列卦圖皆以一卦變六十四卦與焦延壽易林同然其宗旨則宋儒之易非漢儒之易也

易經存疑十二卷 福建巡撫採進本

明林希元撰希元字茂貞號次崖同安人正德丁丑進士官至廣東提學僉事見自序及王慎中序

泉州府志稱官至大理寺丞誤也明史儒林傳附載蔡清傳中是書用注疏本其解經一以朱子本義爲主多引用蔡清蒙引故楊時喬周易古今文謂其繼蒙引而作微有異同其曰存疑者洪朝選序謂存朱子之疑以羽翼程朱之傳義也自序謂今必下視程朱則吾之說焉能有易於彼無已則上宗鄭賈鄭賈之說其可施於今乎葢其書本爲科舉之學故主於祧漢而尊宋然研究義理持論謹嚴比古經師則不足要猶愈於剽竊庸膚爲時

文弋獲之術者盖正嘉以前儒者猶近篤實也原刻漫漶此本爲乾隆壬戌其裔孫廷玠所刻舊有王慎中洪朝選二序載朱彝尊經義考廷玠删之所言皆無大發明今亦不復補錄焉

周易辨錄四卷 山東巡撫採進本

明楊爵撰爵字伯修富平人嘉靖己丑進士官至山東道監察御史以上疏極論符瑞下詔獄繫七年始得釋事迹具明史本傳其書前有自序題嘉靖二十四年乙巳盖卽其與周怡劉魁等在獄中

講論所作故取繫辭困德之辨一語爲名明史本傳作周易辨說其名小異然藝文志仍作周易辨錄蓋刊本字誤也所釋惟六十四卦每卦惟載上下經卦辭然其訓解則六爻及彖傳象傳皆兼及之特不列其文耳其說多以人事爲主頗剴切著明蓋以正直之操處杌棿之會幽居遠念寄托良深有未可以經生常義律之者然自始至終無一字之怨尤其所以爲純臣歟

易象鈔四卷兩淮鹽政採進本

明胡居仁撰居仁字叔心號敬齋餘干人事迹具明史儒林傳是書前有居仁自序稱讀易二十年有所得輒鈔積之手訂成帙取先儒圖書論說合於心得者錄之三卷以下則皆與人論易往復劄記及自記所學又爲檃括歌辭以舉其要居仁之學雖出於吳與弼而篤實則遠過其師故在明代與曹端薛瑄俱號醇儒所著居業錄至今稱道學正宗其說易亦簡明確切不涉支離幽渺之談考萬歷乙酉御史李頤請以居仁從祀孔子廟廷疏

稱所著有易傳春秋傳今頗散佚失次朱彝尊經義考載有居仁易通解注曰未見而不載此書豈此書一名易通解歟然李頤時已稱散佚失次何以此本獨完疑後人裒其緒言重爲編次非居仁手著也

周易象旨決録七卷浙江巡撫採進本

明熊過撰過字叔仁號南沙富順人嘉靖己丑進士官至禮部祠祭司郎中明史文苑傳附載陳束傳中稱過及陳束王愼中唐順之趙時春任瀚李

開先呂高爲嘉靖八才子然過研思經訓實不止
以文章名是書據過自序初名易象旨後遂加決
録之名案三輔決録名始趙岐而命名之義古無
傳說以意推之蓋定本之謂也自序又稱初聞閩
人蔡淸善爲易購得其書惟開陳宗義不及象於
是稍記疑者爲贅言辛丑謫入滇晤楊愼勸成此
書蓋初讀宋易覺不合乃去而爲漢易故其說以
象爲主考左傳韓起適魯見易象春秋古人旣以
象名知象爲易之本旨故大傳曰易也者象也象

也者像也王弼以下變而談理陳摶以下變而言數所謂各明一義者也後人併而一之概稱象數於是喜爲杳冥之說者併而掃之乃諱言象數明人之易言數者入道家言理者入釋氏職是故矣過作此書雖未能全復漢學而義必考古實勝支離恍惚之談其據舊說以證今文者凡証字一百有一証音三十有八証句二十有六証脫字七十有九証衍文三十証當移置者三十有二証舊以不誤爲誤者三所據之書如郭京之僞托舊本吳

澄之妄改古經者槪用引援不免輕信然皆據前文非由臆撰又曰注某字據某書當作某亦不敢擅更一字在明人易說之中固猶屬謹嚴矣

易象鉤解四卷兩淮馬裕家藏本

明陳士元撰士元字心叔應城人嘉靖甲辰進士官至灤州知州是編專闡經文、取象之義前有士元自序稱朱晦菴張南軒善談易者皆謂互體五行納甲飛伏之類俱不可廢葢文周象爻雖非後世緯數瑣碎而道則無不冒焉傳註者惟以虛元之旨例之有遺論矣其履卦注又曰京房之學授受有自今之學士大夫擯斥不取使聖人不因卜筮而作易惟欲立言垂訓則畫卦揲蓍何爲哉朱子曰易之取象固必有所自來而其爲説必已具於太卜之官今不可復考亦不可謂象爲假設然則京氏之學安知非太卜所藏者耶云云案太卜之法雖不可考然左傳所載變爻互體諸占猶可以見其崖畧漢易自田何以下無異説孟喜六日七分之學云出田王孫而田王孫之徒以爲非焦

贛直日用事之例云出孟喜而孟喜之徒又以爲
非劉向校書亦云惟京氏爲異黨漢書儒林傳源
委秩然可以覆按京氏書雖多散佚而易傳三卷
猶存其占法亦大概可考與左傳所載迴殊士元
以京氏易當太卜所藏殊爲無據且京氏之法絶
不主象引以爲明象之證亦失其眞然其謂易以
卜筮爲用卜筮以象爲宗則深有合於作易之本
旨故所論雖或穿鑿而犁然有當者爲多要勝於
虛談名理荒蔑古義者矣是書每卷標目之下皆

題歸雲别集卷數自五十八至六十一葢當時編入全集如李石方舟集收易互體之例其序又稱往爲彚解二卷括其大凡考明史藝文志載士元易象鉤解四卷易象彚解二卷則彚解亦發明象學者今以未見其書故不著錄焉

周易集注十六卷　浙江巡撫採進本

明來知德撰知德字矣鮮梁山人嘉靖壬子舉人萬歷三十年總督王象乾巡撫郭子章薦授翰林院待詔知德以老疾辭詔以所授官致仕事跡具

明史儒林傳知德自鄉舉之後即移居萬縣深山中精思易理自隆慶庚午至萬歷戊戌閱二十九年而成此書其數說專取繫辭中錯綜其數以論易象而以雜卦治之錯者陰陽對錯如先天圓圖乾錯坤坎錯離八卦相錯是也綜者一上一下如屯蒙之類本是一卦在下爲屯在上爲蒙載之文王序卦是也其論錯有四正錯有四隅錯論綜有四正綜有四隅綜有以正綜隅有以隅綜正其論象有卦情之象有卦畫之象有大象之象有中爻

之象有錯卦之象有綜卦之象有爻變之象有占
中之象其注皆先釋象義字義及錯綜義然後訓
本卦本爻正意皆由冥心力索得其端倪因而參
互旁通自成一說當時推爲絶學然上下經各十
八卦本之舊說而所說中爻之象亦即漢以來互
體之法特知德縱横推闡專明斯義較先儒爲詳
盡耳其自序乃高自位置至謂孔子没後而易亡
二千年有如長夜豈非伏處村塾不盡覩遺文秘
籍之傳不盡聞老師宿儒之論師心自悟偶有所

得遽夜郎自大哉故百餘年來信其說者頗多攻其說者亦不少然易道淵深包羅衆義隨得一隙而入皆能宛轉關通有所闡發亦不必盡以支離繁碎斥也

讀易紀聞六卷浙江吳玉墀家藏本

明張獻翼撰獻翼字幼于崑山人後更名敉嘉靖中國子監生明史文苑傳附見皇甫涍傳末此書乃其早年讀書上方山中所著獻翼放誕不羈言行詭異殆有狂易之疾而其說易乃平正通達篤

實不支祧莊老之虛無闡程朱之義理凡吉凶悔吝進退存亡足爲人事之鑒者多所發明得聖人示戒之旨朱彝尊經義考載猷翼易注凡五種惟讀易韻考註存其讀易約說三卷易雜說二卷讀易臆說二卷及此書六卷均註曰未見今蒐采遺編惟得讀易韻考及此書韻考紕漏殊甚如盲談黑白聾辨宮商已別存目此書不載經文但逐節括說有如劄記之體江南通志文苑傳稱猷翼好易十年中箋注凡三易盞亦積漸研思而就者殆

中年篤志之時猶未頽然自放歟

八白易傳十六卷 湖北巡撫採進本

明葉山撰山字八白里貫未詳經義考引張雲章之言曰八白本末無所考見詳其自序當是一老諸生是書屢易其稿自序凡四其初序畧云予十歲讀周易越十年能厭學究語又十四年爲嘉靖丁卯又六年從鹿田精舍見楊誠齋易傳又九年爲今壬子云云再序題癸丑六月三序題丁巳三月四序題嘉靖三十九年七月攷壬子爲嘉靖三

十一年由壬子逆數十六年當爲丁酉序云丁卯者由原本酉字用古體作丣故傳寫誤也據其所言此書始於壬子迄於庚申凡九年而蕆事以初序年月考之山當生於宏治十七年甲子至庚申書成時年已五十七矣其書專釋六十四卦爻詞而於彖象文言十翼皆不之及大旨以誠齋易傳爲主出入子史佐以博辨蓋借易以言人事不必盡爲經義之所有然其所言亦往往可以昭法戒也

洗心齋讀易述十七卷 兩江總督採進本

明潘士藻撰士藻字去華號雪松婺源人萬歷癸未進士官至尚寶司少卿事跡具見明史李沂傳其書上下經十卷繫辭至雜卦七卷每條皆先發已意而采綴諸儒之說於後前有焦竑序稱主理莫備於房審權主象莫備於李鼎祚士藻裒而擇之則所據舊說惟采周易義海周易集解二書然大旨多主於義理故取義海者較多集解所載如虞翻干寶諸家涉於象數者率置不錄葢以房書

爲主而李書輔之也案義海一百卷久佚今所存者乃李衡撮要十五卷非其舊本玆序云云豈萬歷中舊本猶存耶然宋志已不著錄陳振孫書錄解題亦云僅見四卷其一百卷者未見士藻安得而見之玆殆夸飾之詞然衡所編者其源本出於房氏即謂之房氏書亦可也

像象管見九卷 內府藏本

明錢一本撰一本字國瑞武進人萬歷癸未進士官至福建道監察御史以建言罷歸天啟初追贈

太僕寺卿事跡具明史本傳一本研究六經尤邃於易是書不取京焦管郭之說亦不取陳搏李之才之義惟即卦爻以求象即象以明人事故曰像象象者天道像其象者盡人合天之道也大旨謂由辭得象而後無虛懸說理之病知像爲象而後有神明默成之學而深闢言象遺理言理遺象彷彿其象而仍不知所以爲象之弊雖間有支蔓而篤實近理者爲多自稱用力幾二十年亦可謂篤志矣

周易劄記三卷　山東巡撫採進本

明逯中立撰中立字與權號確齋聊城人萬歷丙戌進士由行人擢給事中以建言貶陝西按察使司知事事跡具明史本傳是書明史藝文志不著錄朱彝尊經義考亦不載蓋當時編次無法與其兩垣奏議合爲一書故錄經解者無自而著其名也其書首爲啟棠集畧次分上經爲一卷下經爲一卷繫詞以下爲一卷不載經文但標卦名篇名隨筆記錄采之諸家者爲多其以己意論著者僅

十之四五然去取頗爲精審大旨以義理爲主不

失純正至中孚復姤諸卦亦參用易緯卦氣起中

孚及一卦值六日七分之說葢平心論義不立門

戸之見者也

周易易簡說三卷 江蘇巡撫採進本

明高攀龍撰攀龍字雲從無錫人萬歷乙丑進士

官至左都御史贈太子少保兵部尚書諡忠憲事

跡具明史本傳是書詮解易義每條不過數言自

序云其知易知其能簡能易簡而天下之理得又

曰五經注於後儒易注於夫子說易者明夫子之
言而易明矣是其著書大旨也攀龍之學出入朱
陸之間故以心言易然其說曰天下有非易之心
而無非心之易是故貴於學也學也者知非易則
非心非心則非易易則吉非易則凶悔吝云云則
其說主於學易以檢心非如楊簡王宗傳等引易
以歸心學引心學以歸禪學務屏棄象數離絶事
物遁於恍惚窅冥以為不傳之秘也是固不得謂
以心言易為攀龍之失矣

# 易義古象通八卷 浙江巡撫採進本

明魏濬撰濬字蒼水松溪人萬歷甲辰進士官至右僉都御史巡撫湖廣是書前有明象總論八篇一曰原古象二曰理傳象三曰八卦正象四曰六爻位五曰卦爻畫六曰卦變七曰互體八曰反對動爻大旨謂文周之易卽象著理孔子之易以理明象又於漢魏晉唐諸人所論象義取其近正者故名古象通而冠以易義言卽象以通義也朱彝尊經義考改曰周易古象通則與濬名書之意不

合矣明自萬歷以後經學彌荒篤實者局於文句無所發明高明者騖於虛無流爲恣肆濬獨能博考舊文兼存古義在爾時說易之家譬以不食之碩果殆庶幾焉

周易像象述五卷浙江吳玉墀家藏本

明吳桂森撰桂森字叔美無錫人萬歷丙辰歲貢生嘗從顧憲成高攀龍講學東林又從武進錢一本學易一本嘗著像象管見諸書桂森本其意而推闡之以成是書名曰像象述明師承也經文用

注疏之本惟刪其卦首六畫卷首列像象金鍼一
篇標舉大旨卷中所注皆一字一句究竟義理頗
有新意可參據桂森自序是書成於天啟乙丑其
上方朱字評語稱景逸高先生批者高攀龍筆稱
錢師批者錢一本筆也考攀龍以天啟丙寅家居
時聞逮自裁乙丑在前一年當猶及見一本在萬
歷中爲御史建言黜死天啟辛酉已追贈太僕寺
少卿不應及見此書葢桂森以萬歷丁巳從一本
於龜山此書業已屬草自序所謂間有所述以呈

先生先生爲面訂之惜未及半而先生曳杖是也然則桂森是書具有淵源非師心自用者矣

易用五卷福建巡撫採進本

明陳祖念撰祖念字修甫連江人陳第子也第所著毛詩古音考屈宋古音考發明引證一洗吳棫諸家之謬於韻學爲有功而所作伏羲圖贊則支離穿鑿一無可取祖念學不及其父而說易乃勝其父其書不載經文但每卦詳論其義繫詞諸傳則各標章目而詮釋之其每卦之論皆逐爻尋理

務以切於人事爲主故名曰用前有原序曰義理無窮非言之所能盡故傳注於漢疏義於唐議論於宋日起而日變而易之用則隨時隨事可以自察是以君子居則觀象玩辭動則觀變玩占聖人所以言易者如是而已傳曰精義入神以致用也利用安身以崇德也朱文公言人能取易一卦若一爻熟讀而深玩之推於事而反於身則吉凶消長之理進退存亡之道無所求而不得無所處而不當此則致用利用之義也云云其序後半佚脱

不知誰作然一書大旨具在於斯矣每卦之末率總論取象之義多採互體之說蓋其學於漢儒宋儒無所偏附云

易象正十六卷 福建巡撫採進本

明黃道周撰道周字幼元一字螭若漳浦人天啟壬戌進士崇禎中官至少詹事明亡後爲唐王聿鍵禮部尚書督師出婺源師潰被執不屈死事跡具明史本傳乾隆乙未

賜謚忠端此書孟應春謂崇禎庚辰道周在西庫始創

爲之成二十四圖逮過北寺毒痡之下指節初續又爲六十四象正劉履丁則云三十年前道周郎有易本象八卷疇象八卷蓋是書之稿本也道周初作三易洞璣以卦圖推休咎而未及於諸爻之變象是編則於每卦六爻皆卽之卦以觀其變蓋卽左氏內外傳所列古占法也其自敘曰凡易自春秋左國暨兩漢名儒皆就動爻以論之虞王而下始就本卦正應以觀攻取只論陰陽剛柔不分七八九六雖易有剛柔雜居之文而卦無不動玩

占之理象正專就動爻以明之此其述作之大旨前列目次一卷則以漢人分爻直日之法按文王之卦序以推歷代之治亂後二卷則以河圖洛書之數自相乘除爲三十五圖其詩斗差圖詩斗差退限圖詩元命圖春秋元命圖則本漢人緯書四始五際之說而別衍之以爲推測之術與所著三易洞璣相爲表裏其以大傳所釋十一爻俱爲明之卦而作未免附會故朱朝瑛曰易象正道周之自爲易也孔子之所不盡言言之不盡意者也然

引伸觸類要亦易之一隅宋儒沈該之易傳都絜之易變體義皆發明之卦與是書體例相似而是書則每爻之下先列本卦之象辭次列本卦之象辭然後列本爻之象辭與沈氏都氏之書又各不同存之以爲二家之外傳亦無不可也

案此書及三易洞璣皆邵氏皇極經世之支流也三易洞璣全推衍於易外故入之數學此及倪元璐易內外傳有轇轕於易外者猶有據經起義發揮於易中者且皆忠節之士

當因人以重其書故此二編仍附錄於經部焉非通例也

兒易內儀以六卷兒易外儀十五卷浙江巡撫採進本

明倪元璐撰元璐字玉汝上虞人天啟壬戌進士官至戶部尚書兼禮部尚書翰林學士崇禎甲申殉難

世祖章皇帝賜謚文貞事跡具明史本傳是書內儀以專以大象釋經每卦列卦爻辭至大象而止以六十四卦大象俱有以字以之爲言用也故以名書外

儀則有原始正言能盡事利曲成申命六目而又
別爲小目以紀之皆取繫辭中字義名篇篇各有
圖朱彛尊經義考曰倪氏元璐兒易內儀六卷外
儀十五卷內儀之下無以字然此編爲當時刊本
實有以字則經義考誤脫也其名兒易者蔣雯階
序謂公作兒易兒者姓也攷說文倪兒本二字惟
漢書兒寬傳兒與倪同則是古字本可通用然考
元璐自序實作孩始之義其文甚明則雯階不免
於附會萬歷中紫溪蘇濬已先有兒易豈亦寓姓

乎元璐是書作於明運阽危之日故其說大抵憂時感世借易以抒其意不必盡爲經義之所有然易興於中古而作易者有憂患其書不盡言其言不盡意而引伸觸類其理要無不包春秋繁露其言不盡比附春秋而儒者至今尊用之爲其大義與春秋相發明也元璐是書可作是觀蓋與黃道周三易洞璣等九書同爲依經立訓者其人足並傳其言亦足並傳必以章句訓詁核其離合則細矣

卦變考畧一卷 浙江巡撫採進本

明董守諭撰守諭字次公鄞縣人天啟甲子舉人是書成於崇禎癸未大旨以卦變之說出於漢學程子始廢斥之朱子謂伊川不信卦變故於柔來文剛等處無依據於是兼采其說又以意變之凡十九卦今本義第九圖是也然朱子上經釋變卦者九唯訟卦與卦變圖同餘則如隨自困噬嗑未濟來據圖則自否泰來下經釋變卦者十唯晉卦與圖同餘則如復變師姤變同人之類例以復初

上爲師之二復上二下爲師之初姤初上爲同人之二姤二下爲同人之初及與初九變爲初爻之八初六變爲初爻之七皆不免前後異例於是上考郎顗京房蜀才虞翻諸家之說定爲此圖每卦皆參列古法斷以已意宋元諸儒以及明來知德之屬亦參考焉其言率有所根據不同他家之穿鑿其證以彖文雖不免有所附會然如謂屯本坎卦初六升二九二降初是爲剛柔始交比本師卦一陽居二則爲師衆所宗故爲師變而居五則爲天

下所附故爲比謙卦乾之上九來居坤三是天道

下濟而光明坤之六三上升乾位是地道卑而上

行豫卦復初變五體比象故利建侯復初升三體

師象故利行師於經文亦往往巧合惟其篇末有

曰或謂變乃易中之一義非畫卦作易之本旨愚

獨以爲不然則主持未免太過夫乾坤之生六子

猶陰陽之分爲五行也其配而爲六十四卦猶干

支之配爲甲子也其因卦而推奇偶之變猶干支

相配而推衝合制化也駁卦變者謂不應先有某

卦後有某卦是猶談五行者謂水生於庚辛不化於丙辛火生於甲乙不化於戊癸也主卦變者以此爲作易之本六十四卦皆自此來是又猶以化氣爲本氣亦乖五行相生之旨矣故卦變之說不可謂非易之一義亦不可謂爲本義漢以來儒者相傳要必有取亦存以備參考可矣

古周易訂詁十六卷　浙江巡撫採進本

明何楷撰楷字元子晉江人天啟乙丑進士官至吏科給事中唐王聿鍵起兵於閩以爲禮部尚書

旋爲鄭芝龍所軋憤恚而卒事跡具明史本傳是

書成於崇禎癸酉蓋其管榷江南時所作卷末附

以荅客問一篇借詁經以言時事也觀其自序論

分經合傳之非古然復引魏淳于俊對高貴鄉公

語則又未始不以分附爲便故其前分上下經爲

六卷而彖象繫辭諸傳之文仍隨卦分列猶祖費

直之意而七卷以後則仍列十翼原文以還田何

之舊蓋分經分傳以存古本而經下所列十翼之

文則引以互証故皆低一格書之以別於後之正

文其仍以古周易標目葢以是也惟於上下經內又別立初中終諸名則自我作古耳楷之學雖博而不精然取材宏富漢晉以來之舊說雜采並陳不株守一家之言又詞必有據亦不爲懸空臆斷穿鑿附會之說每可以見先儒之餘緒明人經解空疎者多棄短取長不得已而思其次楷書猶足備采擇者正不可以駁雜廢矣

周易玩辭困學記十五卷山東巡撫採進本

明張次仲撰次仲字元岵海寧人天啟辛酉舉人

是書前有自序謂賦性顓愚不敢侈談象數又雅不信讖緯之說惟於語言文字間求其諦當有益身心者輒便疏錄蒇久成帙經二十餘年凡六七易稿而後成持論最爲篤實於乾卦遵用王弼本以便解詁而仍列鄭康成本於簡端前集諸儒之論及已論數十條爲讀易大意其所辨論如謂八卦因重之法自十六三十二以至六十四卦變某卦自某卦而來皆夫子之所不言河圖洛書之外別無他圖後人依託夫子之言而支離曼衍又謂

一卦六爻如主伯亞旅無此以爲君子彼以爲小人反背錯雜之理葢掃除轇轕之說獨以義理爲宗者雖盡廢諸家義例未免開臆斷之門然其盡廢諸圖則實有剗削榛蕪之力且大旨切於人事於學者較爲有裨視繪畫連篇徒類筭經奕譜而易理轉置不講者勝之遠矣

# 武英殿本四庫全書總目

（清）紀昀等 纂

第三册

國家圖書館出版社

# 第三册目録

# 欽定四庫全書總目

經部

卷六

欽定四庫全書總目卷六

經部六

易類六

易經通註九卷 湖北巡撫採進本

國朝大學士傅以漸左庶子曹本榮奉

勑撰首載順治十三年十二月十五日

諭旨次載順治十五年十月以漸等進書表次爲以漸恭

撰序文恭繹

世祖章皇帝聖訓謂自魏王弼唐孔穎達有注與正義宋

程頤有傳朱熹本義出學者宗之明永樂間命儒臣合元以前諸儒之說彙為大全皆於易理多所發明但其中同異互存不無繁而可刪華而寡要且迄今幾三百年儒生學士發揮經義者亦不乏人當加採擇折衷諸論簡切洞達輯成一編昭示來兹仰見

聰明天亶

睿鑒高深

萬幾餘閒遊心經術洋洋

謨訓發四聖之精微衡諸儒之得失斟酌乎象數義理折

以大中非儒生株守專門斤斤一家之言者所能
窺見萬一以漸等恪遵
指授亦能鎔鑄衆說薈稡微言詞簡理明可爲說經之圭
臬緣其書上備
乙覽外間莫得而窺僅有原稾尊藏曹本榮子孫之家今
奉
皇上求書
明詔湖北巡撫乃繕錄進
呈原本未標書名恭閱

五朝國史傳以漸舊傳有順治十三年十月纂修易經通註之文謹據以補題伏思此書推闡聖經發明精義雖編摩於衆手實禀受於聖裁允宜寶軸瑱函昭示無極俾天下萬世共仰世祖開天明道之功且以見國家文治超邁古今本本元元一皆欽承祖訓故重熙累洽百有餘年而有今日之極盛焉

日講易經解義十八卷

康熙二十二年

聖祖仁皇帝御定易爲四聖所遞傳則四聖之道法治法具在於是故其大旨在即陰陽往來剛柔進退明治亂之倚伏君子小人之消長以示人事之宜於帝王之學最爲切要儒者拘泥章句株守一隅非但占驗禨祥漸失其本即推奇偶者言天而不言人闡義理者言心而不言事聖人立教豈爲是無用之空言乎是編爲

講幄敷陳

睿裁鑒定其體例與宋以來奏進講義大致畧同而於觀象之中深明經世之道

御製序文所謂以經學爲治法者實括是書之樞要亦即括六十四卦三百八十四爻之樞要信乎

帝王之學能見其大非𩆜生一知半解所能窺測高深也

御纂周易折中二十二卷

康熙五十四年

聖祖仁皇帝御纂自宋以來惟說易者至夥亦惟說易者

多岐門戶交爭務求相勝遂至各倚於一偏故數
者易之本主數太過使魏伯陽陳摶之說竄而相
雜而易入於道家理者易之蘊主理太過使王宗
傳楊簡之說溢而旁出而易入於釋氏明永樂中
官修易經大全龎雜割裂無所取裁由羣言淆亂
無聖人以折其中也我
聖祖仁皇帝道契羲文心符周孔
幾餘典學深見彌綸天地之源
詔大學士李光地採摭羣言恭呈

乙覽以定著是編冠以圖說殿以啟蒙未嘗不用數而不以盛談河洛致晦玩占觀象之原冠以程傳次以本義未嘗不主理而不以屏斥讖緯併廢互體變爻之用其諸家訓解或不合於伊川紫陽而實足發明經義者皆兼收並採不病異同惟一切支離幻渺之說咸斥不錄不使溷四聖之遺文蓋數百年分朋立異之見至是而盡融數千年畫卦繫詞之旨乃至是而大彰矣至於經傳分編一從古本尤足正費直以來割裂綴附之失焉

御纂周易述義十卷

乾隆二十年奉

勅撰凡卦爻四卷彖傳一卷象傳二卷繫詞傳二卷文言傳說卦傳序卦傳雜卦傳共一卷以多推闡

御纂周易折中之蘊故

賜名曰述義所解皆融會羣言擷取精要不條列姓名亦不駁辨得失而遺文詮釋簡括宏深大旨以切於實用爲本故於乾卦發例曰諸爻皆龍而三稱君子明易之立象皆人事也全書綱領具於斯矣

至於取象則多從古義如解乾九二曰九二剛中變離文明解坤初六曰變震爲足有履象焉解屯六二曰變兌爲女柔正故貞凡斯之類皆取於變爻也解屯六三曰震坎皆木聚於艮山故爲林解屯九五曰陷陰互艮止而不動解需九五曰坎水兌口故爲酒食凡斯之類皆取於互體也解蒙六三曰三變互兌故爲女解訟九二曰坎坤體故爲邑又互離戶象也三百離數也解訟九四曰乾初復體互巽爲命變艮爲渝變止貞也凡斯之類皆

兼取變與互也故解繫詞傳若夫雜物撰德辨是與非則非其中爻不備曰物謂八卦之爻雜謂自其中四爻雜而互之又撰成兩卦之德也是非者時物之是非皆於中爻辨之正體則二爲內卦之中五爲外卦之中互體則三爲內卦之中四爲外卦之中故皆謂之中爻云云誠爲根據先儒闡明經義蓋漢易之不可訓者在於雜以讖緯推衍禨祥至其象數之學則去古未遠授受具有端緒故王弼不取漢易而解七日來復不能不仍用六日

七分之說朱子亦不取漢易而解羝羊觸藩亦不能不仍用互兌之義豈非理有不可易歟諸臣仰承

指授於宋易漢易酌取其平探羲文之奧藴以決王鄭之是非千古易學可自此更無異議矣

讀易大旨五卷浙江巡撫採進本

國朝孫奇逢撰奇逢字啟泰號中元又號夏峯容城人前明萬歷庚子舉人是書乃其入

國朝後流寓河南時所作前有自序云至蘇門始學

易年老才盡偶據見之所及撮其體要以示門人子弟原非逐句逐字作解故曰大旨其門人耿極爲之校訂末附兼山堂問答及與三無道人李對論易之語別爲一卷對雄縣人奇逢所從學易者也後奇逢曾孫用正復取其論易之語散見他著述者五條彙冠卷首題曰義例跋稱原本序文凡例皆闕故以是補亡按奇逢說易不顯攻圖書亦無一字及圖書大意發明義理切近人事以象傳通一卦之旨由一卦通六十四卦之義凡所訓釋

皆先列已說後附舊訓其平生之學主於實用故所言皆關法戒有足取焉

周易稗疏四卷附考異一卷湖南巡撫採進本

國朝王夫之撰夫之字而農號薑齋漢陽人前明舉人是編乃其讀易之時隨筆劄記故每條但舉經文數字標目不全載經文又遇有疑義乃爲考辨故不逐卦逐爻一一盡爲之說大旨不信陳摶之學亦不信京房之術於先天諸圖緯書雜說皆排之甚力而亦不空談幻渺附合老莊之旨故言必

徵實義必切理於近時說易之家爲最有根據其中如解訟卦鞶帶云帶無鞶名鞶者鞶纓車飾也帶所以繫佩緌及芾者考左傳后之鞶鑑杜預訓鞶爲帶說文鞶字許愼亦註爲大帶安得曰帶無鞶名又何天之衢梁武帝解何爲荷見於經典釋文夫之雖亦以爲負荷之義乃以莊子負雲氣爲證而不援梁武帝之說亦偶然失考至於舊井无禽訓禽爲獲尤不免穿鑿附會然如引禮人君至命士黃裳下士雜裳以證黃裳之美引左傳班馬

證乘馬班如當讀乘爲去聲引兵法前左下後右高證師左次與論帝乙非紂父王用亨於西山非文王以及臨之八月復之七日易之逆數河圖蓍策之辨皆具有條理卷帙雖少固不失爲徵實之學焉

易酌十四卷　直隸總督採進本

國朝刁包撰包字蒙吉祁州人前明天啟辛卯舉人是書用注疏本以程傳本義爲主雖亦偶言象數然皆陳摶李之才之學非漢以來相傳之法也原

序稱陸隴其官靈壽時欲爲刊板不果雍正初其孫顯祖又以己意附益之卷首凡例雜卦諸圖及卷中細字稱謹案者皆顯祖筆原序又稱此書爲經學之津梁亦舉業之準的考包在

國初與諸儒往來講學其著書一本於義理惟以明道爲主絶不爲程試之計是書推闡易理亦大抵明白正大足以羽翼程朱於宋學之中實深有所得以爲科舉之書則失包之本意多矣

田間易學十二卷 副都御史黃登賢家藏本

國朝錢澄之撰澄之原名秉鐙字飲光自號田間老人桐城人家世學易又嘗問易於黃道周初撰一書曰易見因避兵閩地失其本又追憶其意撰一編曰易大傳既而亂定歸里復得易見舊稿乃合併二編删其重複益以諸家之說勒爲此書其學初從京房邵康節入故言數頗詳葢黃道周之餘緒也後乃兼求義理參取王弼注孔穎達疏程子傳朱子本義而大旨以朱子爲宗其說不廢圖而以陳搏先天圖及河洛二圖皆因易而生非易果

因此而作圖中奇偶之數乃揲蓍之法非畫卦之本持論平允與元錢義方之論合而義尤明暢故卷首圖象雖繁而不涉支離附會之弊獨其周易雜考一條旣深慨今本非朱子之舊而徒以彖傳象傳篇首之注推其說竟不能更其次第以復古本葢劉安舊刻

國初尚未得見故知其誤而不能改仍用注疏本也

易學象數論六卷 浙江巡撫採進本

國朝黃宗羲撰宗羲字太沖號梨洲餘姚人前明御

史尊素之子康熙初薦修明史以老疾未赴是書
宗羲自序云易廣大無所不備自九流百家借之
以行其說而易之本意反晦世儒過視象數以爲
絕學故爲所欺今一一疏通之知其於易本了無
干涉而後反求程傳亦廓清之一端又稱王輔嗣
注簡當而無浮義而病朱子添入康節先天之學
爲添一障蓋易至京房焦延壽而流爲方術至陳
摶而岐入道家學者失其初旨彌推衍而轇轕彌
增宗羲病其末派之支離先糾其本原之依託前

三卷論河圖洛書先天方位納甲納音月建卦氣卦變互卦筮法占法而附以所著之原象爲內篇皆象也後三卷論太元乾鑿度元包潛虛洞極洪範數皇極數以及六壬太乙遁甲爲外篇皆數也大旨謂聖人以象示人有八卦之象六爻之象象形之象爻位之象反對之象方位之象互體之象七者備而象窮矣後儒之爲僞象者納甲也動爻也卦變也先天也四者雜而七者晦矣故是編崇七象而斥四象而七者之中又必求其合於古以

辨象學之訛又遁甲太乙六壬三書世謂之三式皆主九宫以參詳人事是編以鄭康成之太乙行九宫法証太乙以吳越春秋之占法國語伶州鳩之對證六壬而云後世皆失其傳以訂數學之失其持論皆有依據葢宗羲究心象數故一一能洞曉其始末因而盡得其瑕疵非但據理空談不中窾要者比也惟本宋薛季宣之說以河圖爲即後世圖經洛書爲即後之地志顧命之河圖即今之黄冊則未免主持太過至於矯枉過直轉使傳陳

摶之學者得據經典而反脣是其一失然其宏綱巨目辨論精詳與胡渭易圖明辨均可謂有功易道者矣

周易象辭二十一卷附尋門餘論二卷圖書辨惑一卷

浙江巡撫採進本

國朝黃宗炎撰宗炎字晦木餘姚人宗羲之弟也其說力闢陳摶之學故其解釋爻象一以義理爲主如釋坤彖曰乾旣大矣坤能配乎乾而與之齊是乾之大坤亦至焉故曰至哉蓋乾以元施而坤受

之卽爲坤之元非別有元也其義爲前人所未發而於承天時行之旨无成有終之道皆分明融洽他如解豫六二介于石謂處地之中得土之堅取象極爲精確解剝六五貫魚引儀禮魚每鼎用十五頭昏禮用十四頭其數多必須貫亦頗有根據不爲牽合解解卦初六无咎云難之初解人人喜補過之有地此非人力乃天時也故直云无咎尤能得文外之意其他詮釋大都類此皆可備易家之一解至於歸妹以須須爲女之賤者舊解本无

可易而宗炎謂須附頤以動則以爲須髮之須未免傷於好奇又於易之字義多引篆文以釋之亦不免王氏新義務用字説之獘當分别觀之可也後附録尋門餘論二卷圖書辨惑一卷宗旨大略相同尋門餘論兼排釋氏之説未免曼衍於易外其詆斥宋儒詞氣亦傷太激然其論四聖相傳不應文王周公孔子之外别有伏羲之易爲不傳之秘周易未經秦火不應獨禁其圖至爲道家藏匿二千年至陳摶而始出則篤論也圖書辨惑謂陳

摶之圖書乃道家養生之術與元陳應潤之說合見應潤所作爻變義蘊謂周子太極圖說圖雜以仙眞說冒以易道亦與朱彝尊毛奇齡所考畧同彝尊說見經義考二百八十三奇齡說見所作太極圖說遺議至謂朱子從而字析之更流於釋則不免有意深文存姚江朱陸之門戶矣二書各有別本單行然考周易象詞目錄實列此二書謂之附錄則非別自爲編也今仍合之俾相輔而行焉

周易箋述八卷陝西巡撫採進本

國朝王宏撰撰宏撰字無異號山史華陰人康熙己未嘗薦舉博學鴻詞宏撰以朱子謂易本卜筮之書故作此編以述其義其卷一曰原筮曰筮儀曰蓍數筮儀本朱子並參以汴水趙氏其卷二曰揲法其卷三曰變占尊聖經黜易林稽之左傳與朱子大同小異其卷四曰九六曰三極曰中爻中爻即互體其卷五曰卦德曰卦象曰卦氣卦氣本邵子朱子并附太乙秘要其卷六曰卦辭其卷七曰左傳國語占曰餘論其卷八曰推驗采之陸氏其

涉於太□可駭者弗載其書雖嵩爲筮蓍而設而大旨闡焦京之術闡文周之理立論悉推本於經義較之方技者流實區以別故進而列之易類不以術數論焉

仲氏易三十卷浙江巡撫採進本

國朝毛奇齡撰奇齡一名甡字大可號秋晴一曰初晴又以郡望稱西河蕭山人康熙己未以廩監生召試博學鴻詞授檢討初奇齡之兄錫齡邃於易而未著書惟時時口授其子文輝後奇齡乞假歸里錫齡

已卒乃摭文輝所聞者以己意潤飾成是書或傳奇齡假歸之後僦居杭州一日著一卦凡六十四日而書成雖以其兄爲辭實卽奇齡所自解以理斷之或當然也大旨謂易兼五義一曰變易一曰交易是爲伏羲之易猶前人之所知一曰反易謂相其順逆審其向背而反見之如屯轉爲蒙咸轉爲恒之類一曰對易謂比其陰陽絜其剛柔而對觀之如上經需訟與下經晉明夷對上經同人大有與下經夬姤對之類一曰移易謂審其分聚計

其往來而推移上下之如泰爲陰陽類聚之卦移三爻爲上爻三陽往而上陰來則爲損否爲陽陰類聚之卦移四爻爲初爻四陽來而初陰往則爲益之類是爲文王周公之易實漢晉以來所未知故以序卦爲用反易以分篇爲用對易以演易繫辭爲用移易其言甚辨雖不免牽合附會以辭求勝之失而大致引據古人終不同於冥心臆測者也

推易始末四卷 浙江巡撫採進本

國朝毛奇齡撰奇齡既作仲氏易復取漢唐宋以來

言易之及於卦變者别加綜核以爲是書其名推

易蓋本繫辭傳剛柔相推一語仍仲氏易移易義

也大旨謂朱子本義雖載卦變圖於卷首而止以

爲孔子之易未著其爲文周之易因上稽干寶荀

爽虞翻諸家凡有卦變卦綜之說與宋以後相生

反對諸圖具列於卷而以推易折衷之圖系於後

朱子謂卦變乃易中之一義而奇齡則以爲演畫

繫辭之本旨未免主持太過然易義廣大觸類旁

通見智見仁各明一理亦足與所撰仲氏易互相發明也

春秋占筮書三卷浙江巡撫採進本

國朝毛奇齡撰其曰春秋者摭春秋傳所載占筮以明古人之易學宜爲易作不爲春秋作也自漢以來言占筮者不一家而取象玩占存於世而可驗者莫先於春秋傳奇齡既於所著仲氏易推易始末諸書發明其義因復舉春秋内外傳中凡有得於筮占者彙記成書而漢晉以下占筮有合於古

法者亦隨類附見焉易本卜筮之書聖人推究天
下之理而即數以立象後人推究周易之象而即
數以明理義文周孔之本旨如是而已厥後象數
理岐爲三家而數又岐爲數派孟喜焦贛京房以
下其法不可殫舉而易於是乎愈雜春秋內外傳
所紀雖未必無所附會而要其占法則固古人之
遺軌譬之史書所載是非褒貶或未盡可憑至其
一代之制度則固無僞撰者也奇齡因春秋諸占
以推三代之筮法可謂能探其本而足闢諸家之

喙者矣

易小帖五卷浙江巡撫採進本

國朝毛奇齡說易之語而其門人編次成書者也奇齡所著經解惟仲氏易及春秋傳二種是其自編餘皆出其門人之手故中間有附入門人語者此小帖凡一百四十三條皆講易之雜說與仲氏易相爲引伸朱彝尊載之經義考云皆西河氏紀說易之可議者今觀其書徵引前人之訓詁以糾近代說易之失於王弼陳摶二派攻擊尤力其間雖

不免有强詞漫衍以博濟辨之處而自明以來申明漢儒之學使儒者不敢以空言說經實奇齡開其先路其論子夏易傳及連山歸藏尤爲詳核第五卷所記皆商推仲氏易之語初稿原附載仲氏易末後乃移入此編舊目本十卷今本五卷葢其門人編錄有所刊削考盛唐所爲西河傳又稱易小帖八卷葢十卷刪爲八卷又刪爲五卷也儒者尊奉一先生每一字一句奉爲著蔡多以未定之說編入語錄故二程遺書朱子有疑朱子語類又

每與四書章句集註或問相左皆失於簡汰之故若盛唐者可謂能愛其師矣

喬氏易俟十八卷　山東巡撫採進本

國朝喬萊撰萊字石林寶應人康熙己未召試博學鴻詞官至翰林院侍讀是書雜采宋元後諸家易說而參以己意前列諸圖不主陳摶河圖洛書先天後天方圓橫直之說於卦變亦不取虞翻以下諸家而取來知德之反對其解經多推求人事參以古今之治亂得失如謂履卦六三爲成卦之

主而引莽卓安史解晊人之凶謂三百八十四爻惟離九四最凶而引燕王旦建成元吉高熲爲證謂小畜九三爲小人籠絡君子而引温體仁文震孟近事爲說蓋誠齋易傳之支流假借牽合或所不免而理關法戒終勝莊老之虚談也於經文兼注古韻亦得失互陳如觀卦六四象下備引顧炎武方音之說則非未見音學五書者而象傳協韻仍從吳棫之舊則棄取有不可解者矣經文用王弼之本惟解上經下經繫辭以下一槩闕如葢宗

旨主於隨爻闡義故餘不及焉非脫佚也

讀易日鈔六卷山東巡撫採進本

國朝張烈撰烈字武承大興人康熙庚戌進士授內閣中書己未召試博學鴻詞改翰林院編修歷官左春坊左贊善是書一以朱子本義爲宗謂易者象也言有盡象無窮伏羲畫爲奇偶再倍而三因重而六文周遂卦繫象逐畫繫爻全是假物取象不言理不指事而萬事萬理畢具大指在因象設事就事陳理猶說易

家之不支蔓者前有其子益孫升孫紀實云此稿已删潤四十餘過至易簀前數日尚合㕘引通典存疑諸書考訂知來藏往二義旋加改補云云則其用力亦可謂勤矣烈之沒也門人私謚曰志道先生楊允長作私謚議一篇冠於此書之首昔宋儒張載之沒門人欲爲作私謚司馬光力言其非當時手帖猶載張子全書之首古人以禮處人不欲妄相尊重干國家易名之典其謹嚴如是允長等未之聞乎今録是書而削除是議用杜標榜之

漸焉

周易通論四卷 兩江總督採進本

國朝李光地撰光地字厚菴安溪人康熙庚戌進士官至大學士諡文貞是書綜論易理各自爲篇一卷二卷發明上下經大旨三卷四卷則發明繫辭說卦序卦雜卦之義冠以易本易教二篇次及卦爻彖傳時位德應河圖洛書以及占筮掛扐正變環互無不條析其意而推明其所以然在宋學中可謂融會貫通卓然成一家之說其論復无妄中

乎離四卦為聖賢之心學亦皆以消息盈虛觀天道而修人事與慈湖易傳以心言易者迥殊光地作大學古本說序稱於易之卜筮灼然無疑蓋宗旨既明則卮言不得而淆之矣其學一傳為楊名時有周易劄記二卷再傳為夏宗瀾有易義隨記八卷易卦劄記二卷雖遞相祖述而其宏深簡括則皆不及光地也

周易觀彖十二卷 浙江巡撫採進本

國朝李光地撰光地嘗奉

命纂修周易折中請復用朱子古本是編乃仍用注疏本葢成書在前也其語錄及榕村全集所載頗申明先天諸圖而是編則惟解說卦傳天地定位一章附舉此義然亦不竟其說餘皆發明易理兼證以易象而數則畧焉葢亦謂邵子之學爲易外别傳也其解繫辭傳知者觀其彖辭則思過半矣二句曰彖辭所取或有直用其爻義者或有通時宜而爻義吉凶準以爲決者故以是觀之不中不遠惟其合始終以爲質故時物不能外云云觀彖之名

蓋取諸此其解九四重剛而不中句不以重字爲衍文解履霜堅氷陰始凝也句不從魏志作初六履霜解後得主而有常句不從程傳增利字解益言愼也句不以順爲愼以及比吉也句比之匪人句同人曰句小利有攸往天文也句震驚百里驚遠而懼邇也句漸之進也句上九鴻漸于陸句與地之宜句皆不從程傳本義脱誤之説惟據漢律歷志移天一地二二十字從程傳能研諸侯之慮句侯之二字衍文從本義耳案光地謂諸爲侯之合音想以古經旁注

字切而誤增不知反切始自孫炎古經安得注字切其說殊誤謹附訂於此　蓋尊信古經不敢竄亂猶有漢儒篤守之遺其大旨雖與程朱二家頗有出入而理足相明有異同而無背觸也

周易淺述八卷　內府藏本

國朝陳夢雷撰夢雷字省齋閩縣人順治己丑進士官翰林院編修緣事謫戍後蒙

恩召還校正銅板復緣事謫戍卒於戍所是編成於康熙甲戌乃其初赴尚陽堡時所作大旨以朱子本義

爲主而參以王弼注孔穎達疏蘇軾傳胡廣大全來知德注諸家所未及及所見與本義互異者則別抒已意以明之蓋行篋之書故所據止此其凡例稱解易數千家未能廣覽道其實也然其說謂易之義蘊不出理數象占顧數不可顯理不可窮故但寄之於象知象則理數在其中而占亦可卽象而玩故所解以明象爲主持論多切於人事無諸家言心言天幻窅支離之說其詮理雖多尊朱子而不取其卦變之說取象雖兼採來氏而不取

其錯綜之論亦頗能掃除轇轕惟卷末所附三十圖乃其友楊道聲所作穿鑿繁碎實與夢雷書不相比附以原本所載姑仍其舊存之置諸不論不議可矣

易原就正十二卷　直隸總督採進本

國朝包儀撰儀字羽修邢臺人拔貢生其始末無考觀其自序稱早年聞有皇極經世而無由求得其書自順治辛卯至康熙己酉七經下第貧不自存薄遊麻城乃得其書於王可南家至江寧寄食僧

寺玩求其旨者一年始有所得蓋亦孤寒之士刻志自立者也儀之學旣從邵子入故於陳摶先天圖信之甚篤其凡例併謂行世易說種不勝數要皆未嘗讀皇極經世無怪乎各逞私智而總非立象盡意觀象繫辭之本旨其持論尤膠於一偏然其書發揮明簡詞意了然乃非抛荒經意排比黑白徒類算經者可比其謂洛書無與於易則差勝他家之繳繞每爻皆註所變之卦亦尚用左氏筮法頗爲近古蓋其學雖兼講先天而實則發明易

理者爲多其盛推圖學特假以爲重焉耳

大易通解四卷　直隸總督採進本

國朝魏荔彤撰荔彤字念庭柏鄉人大學士裔介之子官至江常鎮道是編乃其罷官後所作其論畫卦謂與河圖洛書祇可謂其理相通不必穿鑿附會又以乾一兌二離三震四巽五坎六艮七坤八非生卦之次序其論爻則兼變爻言之謂占法二爻變者以上爻爲主五爻變者占不變爻四爻變者占二不變爻仍以下爻爲主餘占本爻與彖辭

至論上經首乾坤中間變之以泰否下經首咸恒中間交之以損益尤得二篇之樞紐皆頗有所見惟不信先儒扶陽抑陰之說反覆辨論大意謂陰陽之中皆有過不及皆有中正和平德皆有美凶品皆有邪正非陽定爲君子陰定爲小人陰陽中皆有君子小人陽之美德剛健其凶德則暴戾陰之美德柔順其凶德則姦佞陰陽之君子俱當扶小人俱當抑陰陽二者一理一氣調濟剛柔損益過不及務期如天地運化均平之時此四聖人前

民之用贊化之心而易所以作也云云其說甚辨然觀於乾坤姤復之初爻聖人情見乎辭矣茘彤究好爲異論也

易經衷論二卷 浙江巡撫採進本

國朝張英撰英字敦復桐城人康熙丁未進士官至文華殿大學士謚文端是書專釋六十四卦之旨而不及繫辭說卦序卦每卦各爲一篇每篇詮解大意而不列經文大抵以朱子本義爲宗然於坎卦之貳用缶句又以本義爲未安而從程傳以樽

洒篇貳爲句則固未嘗如胡炳文等膠執門戶之見也其立說主於坦易明白不務艱深故解乾彖元亨利貞云文王繫辭本與諸卦一例解乾坤文言云聖人舉乾坤兩卦示人以讀易之法如此擴充體要蓋以經釋經一掃紛紜轇轕之見大旨具見矣漢書儒林傳稱費直惟以彖象繫辭十篇文言解說上下經知漢代專門不矜繁說英作是書其亦此志歟

易圖明辨十卷 浙江巡撫採進本

國朝胡渭撰渭原名渭生字朏明號東樵德清人是書專爲辨定圖書而作初陳摶推闡易理衍爲諸圖其圖本準易而生故以卦爻反覆研求無不符合傳者務神其說遂歸其圖於伏羲謂易反由圖而作又因繫辭河圖洛書之文取大衍算數作五十五點之圖以當河圖取乾鑿度太乙行九宫法造四十五點之圖以當洛書其陰陽奇偶亦一一與易相應傳者益神其說又真以爲龍馬神龜之所負謂伏羲由此而有先天之圖實則唐以前書

絶無一字之符驗而突出於北宋之初夫測中星而造儀器以驗中星無不合然不可謂中星生於儀器也候交食而作算經以驗交食無不合然不可謂交食生於算經也由邵子以及朱子亦但取其數之巧合而未暇究其太古以來從誰授受故易學啟蒙及易本義前九圖皆沿其說同時袁樞薛季宣皆有異論然考宋史儒林傳易學啟蒙朱子本屬蔡元定創藳非所自撰晦菴大全集中載答劉君房書曰啟蒙本欲學者且就大傳所言卦

畫著數推尋不須過爲浮說而自今觀之如河圖洛書亦不免尚有剩語至於本義卷首九圖王懋竑白田雜著以文集語類鈎稽參考多相矛盾信其爲門人所依附其說尤明則朱子當日亦未嘗堅主其說也元陳應潤作爻變義蘊始指先天諸圖爲道家假借易理以爲修煉之術吳澄歸有光諸人亦相繼排擊各有論述

國朝毛奇齡作圖書原舛編黃宗羲作易學象數論黃宗炎作圖書辨惑爭之尤力然皆各據所見抵

其鑱隟尚未能窮溯本末一一抉所自來渭此書卷一辨河圖洛書卷二辨五行九宮卷三辨周易參同先天太極卷四辨龍圖易數鉤隱圖卷五辨啓蒙圖書卷六卷七辨先天古易卷八辨後天之學卷九辨卦變卷十辨象數流弊皆引據舊文互相參證以箝依托者之口使學者知圖書之說雖言之有故執之有理乃修煉術數二家旁分易學之支流而非作易之根柢視所作禹貢錐指尤爲有功於經學矣

合訂刪補大易集義粹言八十卷兩江總督採進本

舊本題

國朝納喇性德編相傳謂其稿本出陸元輔性德殁後徐乾學刻入九經解始署性德之名莫之詳也性德原作成德字容若滿洲正黃旗人康熙丙辰進士官至

乾清門侍衛是書乃取宋陳友文大易集義方聞一大易粹言案此書原本誤作曾穜今考正二書而合輯之友文書本六十四卷所集諸儒之説凡十八家又失姓名

兩家聞一書本七十卷所集諸儒之說凡七家以二書校除重複外集義視粹言實多得十一家惟粹言有繫辭說卦序卦雜卦而集義止於上下經故所引未能賅備性德因於十一家書中擇其論繫辭諸傳者以補其闕與粹言合爲一編又刪其繁蕪勒成此本今粹言尚有傳本已著於錄集義流播較稀尚藉此以見梗槩其中理數兼陳不主一說宋儒微義實已畧備於斯李衡刪房審權之書俞琰鈔李心傳之說並以取精擷要有勝原編

此書之作其功亦約畧相亞矣

周易傳注七卷附周易筮考一卷 直隸總督採進本

國朝李塨撰塨字剛主號恕谷蠡縣人康熙庚午舉人官通州學正是編大旨謂聖教罕言性天乾坤四德必歸人事以下屯建侯蒙初筮每卦亦皆以人事立言陳摶龍圖劉牧鉤隱以及探無極推先天者皆使易道入於無用參同契三易洞璣諸書皆異端方技之傳其說適足以亂易即五行勝負分卦直日一世二世三世四世諸說亦皆於三聖

所言之外再出枝節故其說頗爲淳實不涉支離
恍惚之談其駁卦變之說發例於訟卦彖詞駁河
圖洛書之說發例於繫辭傳駁先天八卦之說發
例於說卦傳其餘則但明經義不復駁正舊文其
凡例論先儒辨難卷不勝載惟甚有關者始不得
已而辨之也大抵以觀象爲主而亦兼用互體於
古人多採李鼎祚集解於近人多取毛奇齡仲氏
易圖書原舛編胡渭易圖明辨其自序排擊諸儒
雖未免過激然明自隆萬以後言理者宥以心學竄

入易學率持禪偈以詁經言數者奇偶黑白遞相推衍圖日積而日多反置象占詞變吉凶悔吝於不問其蠹蝕經術實弊不勝窮塨引而歸之人事深得聖人垂教之旨其矯枉過直懲羹吹虀者分別觀之不以辭害意可矣

周易玩辭集解十卷　浙江巡撫採進本

國朝查慎行撰慎行字初白號悔餘海寧人康熙癸未進士官翰林院編修慎行受業黃宗羲故能不惑於圖書之學卷首河圖說二篇一謂河圖之數

聖人非因之以作易乃因之以用蓍自漢唐以下未有列於經之前者一謂河圖出於讖緯而附以朱子亦用河圖生蓍之證次爲横圖圓圖方圖說論其順逆加減奇偶相錯之理次爲變卦說謂變卦爲朱子之易非孔子之易次爲天根月窟考列諸家之說凡六而以爲老氏雙修性命之學無關於易次爲八卦相錯說謂相錯是對待非流行又謂相錯只八卦非六十四卦相錯次爲辟卦說二一論十二月自然之序一論陰陽升降不外乾坤

次爲中爻說以孔穎達用二五者爲是次爲中爻互體說謂正體則二五居中互體則三四居中三四之中由變而成次爲廣八卦說謂說卦取象不盡可解當闕所疑其言皆明白篤實足破外學附會之疑經文次序用注疏本乾卦之末有註曰按胡雲峯本義通釋乾坤二卦自文言起至末別爲一卷編在說卦之前竊意本義原本當如是而通釋遵之今原本不復見矣云云葢未見劉宏刻本者案宏之舊刻

聖祖仁皇帝特命開雕愼行侍直

內廷何以不見其理殆不可解然其說經則大抵醇

正而簡明在近時講易之家特爲可取焉

周易劄記二卷兩江總督採進本

國朝楊名時撰名時字賓實江陰人康熙辛未進士

官至禮部尚書謚文定是編乃其讀易所記前後

無序跋未詳其成書年月觀書中所引證蓋猶在

欽定周易折中之後也名時本李光地所取士故其易學

多得之光地雖說卦傳及附論啓蒙之類頗推衍

先天諸圖尚不至於支離附會至其詮解經傳則純以義理爲宗不涉象數大抵於程朱之義不爲苟異亦不爲苟同在宋學之中可謂明白而篤實矣名時爲雲南巡撫時夏宗瀾嘗從之問易所作易說皆質正於名時其問答具載宗瀾書中然宗瀾所說如漸卦禦寇證以孤雁打更之類頗爲膚淺不及名時所論猶有光地之遺也

周易傳義合訂十二卷江西巡撫採進本

國朝朱軾撰軾字若瞻高安人康熙甲戌進士官至

大學士諡文端是編因程子易傳朱子易本義互有異同爲參校以歸一是不復兩可其說以滋岐貳惟兩義各有發明可以並行不悖者仍俱錄焉而附以諸儒之論其諸儒之論有實勝傳義者則竟舍傳義以從之軾所見亦各附於後其凡例有曰遺象言理自王輔嗣始然易者象也有象斯有理理從象生也孔子彖象二傳何嘗非言象雷風山澤以及乾馬坤牛震龍巽雞之類皆象也即卦之剛柔上下應比承乘亦何莫非象乎舍是而言

理不知所謂理者安在矣易道之取類大精粗巨細無所不有即納甲飛伏等術數之學不可謂非易之一端也況中爻互卦倒巽倒兌厚離厚坎之象皆卦體之顯而易明者乎又稱卦有對易反易反易之義先儒言之已備來知德謂之卦綜謬矣又稱程子不取卦變謂凡卦皆自乾坤來然合之彖傳究未盡協今一遵朱子一陰一陽自姤復之說又稱宋元以來易圖不下數千於四聖人之精義全無干涉今一槩不錄止縷析朱子各圖之義

而圖仍不載云云全書宗旨具見於斯較之分門
別戶尊一先生之言而先儒古義無不曲肆掊擊
者其識量相去遠矣其書軼存之日未及刊行乾
隆丁巳兩廣總督鄂爾達始爲校付剞劂恭呈
御覽蒙
皇上篤念舊學
親灑宸翰弁於編首稱其簡而當博而不支鉤深探賾
而不鑿蓋玩之熟故擇言也精體之深故析理也
密

天藻表揚昭垂日月非惟是書仰托以不朽即天下萬世伏繹

聖謨亦均能得讀易之津梁窺畫卦之閫奥曉然知所向方也又豈獨軾一人之幸哉

易說六卷陝西巡撫採進本

國朝惠士奇撰士奇字仲儒吳縣人康熙己丑進士官至翰林院侍讀是書雜釋卦文專宗漢學以象爲主然有意矯王弼以來空言說經之弊故徵引極博而不免稍失之雜如釋訟卦引荀爽說訟之

言凶也則以丹朱之嚚訟爲嚚凶釋弟子輿尸引左傳彘子尸之以尸爲軍中元帥釋觀國之光引聘禮請觀及左傳季札觀樂韓宣子觀書以證觀國皆失之拘釋繫於苞桑以桑字爲喪亡之喪而無所考據釋先張之弧後說之弧以下弧字改爲壺引昏禮壺尊太元壺婦爲證皆愛博嗜奇不能自割至編端論乾象傳大明終始引莊子在宥篇我爲女遂於大明之上矣至彼至陽之原也爲女入於窈冥之門矣至彼至陰之原也謂莊周精於

易故善道陰陽先儒說易者皆不及尤未免失之不經然士奇博極羣書學有根柢其精研之處實不可磨非暖暖姝姝守一先生之言者所可彷彿一二微瑕固不足累其大體也

周易函書約存二十四卷約註十八卷別集八卷刑部尚書胡季堂家藏本

國朝胡煦撰煦字曉滄光山人康熙壬辰進士官至禮部侍郎是書原本一百十八卷其詮釋經文者四十九卷冠以原圖八卷用解伏羲之易原卦三

卷用解文王之易原爻三卷用解周公之易又取
先儒論說集爲原古三十六卷謂之首傳共九十
九卷爲周易函書正集外有函書約三卷易學須
知三卷易解辨異三卷篝燈約旨十卷共十九卷
爲別集別集先已刊板正集因卷帙浩繁艱於剞
劂乃取詮釋經文之四十九卷約爲十八卷名曰
函書約註又取首傳五十卷約爲十六卷附以續
約旨二卷共十八卷刊之名曰續集皆煦所手訂
也其正集原本煦門人李學裕欲爲校刊攜其稿

去會學裕病卒遂散佚後別集續集板並漫漶其子季堂重爲校訂因正集未刊續集之名無所緣起且續集之原圖原卦原爻原古即删取正集之要語非別有所增未可目之以續而別集內之函書約三卷亦即正集之原圖原卦原爻撮其大義更不可附入別集遂以續集編爲十五卷取函書約三卷并首共十八卷名爲約存蓋以正集既佚其大義僅存於是也又以續約旨二卷依篝燈約旨原目散附各篇之內合易學須知三卷易解辨

異三卷仍爲別集其釋經文之十八卷仍名約注共爲五十二卷卽此本也煦研思易理平生精力盡在此書其持論酌於漢學宋學之間與朱子頗有異同然考朱子語錄有曰某作易本義欲將文王卦詞大槩畧說至其所以然之故於孔彖詞中發之如此乃不失文王大意但未暇整頓爾云云是朱子於本義蓋欲有所改定而未能則後人辨訂亦未始非朱子之志也陸游渭南集有朱氏易傳跋曰易道廣大非一人所能盡堅守一家之說

未爲得也元晦尊程氏至矣然其爲說亦已大異讀者當自知之斯可謂天下之通論矣

易箋八卷山東巡撫採進本

國朝陳法撰法字定齋貴州安平人康熙癸巳進士官至直隸大名道其書大旨以爲易專言人事故彖爻之辭未嘗言天地雷風諸象亦並不言陰陽考震彖言震驚百里卽象震雷諸卦彖言利涉大川卽象坎水法所云彖辭不言象者未爲盡合然其持論之大旨則切實不支至來知德以伏卦爲

錯反對之卦爲綜法則謂大傳所云錯綜者以揲蓍而言錯綜其七八九六之數遂定諸卦之象今以錯綜諸卦定象是先錯綜其象也又以錯綜言數是錯綜其象以定數也先儒雖言卦變未有易其陰陽剛柔之實顛倒其上下之位者今以乾爲坤以水爲火以上爲下混淆汨没而易象反自此亡矣其辨最爲明晰又論筮法云傳所謂掛者懸之四揲之外原以象三而非與奇數同歸於扐以象閏也其曰再扐而後掛是三變之中有不掛者

矣夫一變之中初扐之掛不待言矣惟再扐不掛故曰再扐而後掛故知再扐爲指第二變第三變而言也其說與郭朱迥異而前一變掛一後二變不掛其掛一之策不入歸奇之中則三變皆以四八爲奇偶不用五九借象與經義似有發明固亦可備一解也

楚蒙山房易經解十六卷江西巡撫採進本

國朝晏斯盛撰斯盛字一齋新喻人康熙辛丑進士官至湖北巡撫是書凡學易初津二卷易翼宗六

卷易翼說八卷學易初津爲全書之宗旨謂今所傳圖書乃大衍之數因大傳之言而圖之不取河洛奇偶之說所見最確又謂辭占不遺彖詞而不取卦變互體之說則盡廢漢易之古法未免主持稍過易翼宗以經文爲主而割十翼散附於句下意在以經解經頗傷破碎又每爻之首畫一全卦而間以一動爻奇作○偶作○亦自我作古易翼說全解十翼而先繫辭次說卦次序卦次雜卦次彖傳次文言次象傳非古非今更不知所據何本

然不廢象數而不爲方技術數之曲說不廢義理而不爲理氣心性之空談在近日說易之家猶可云篤實近理焉

周易孔義集說二十卷 編修周永年家藏本

國朝沈起元撰起元字子大太倉人康熙辛丑進士官至光祿寺卿是書大旨以十翼爲夫子所手著又未經秦火其書獨完故學易者必當以孔傳爲主因取明高攀龍周易孔義之名别加纂集於古今說易諸書無所偏主惟合於孔傳者卽取之其

篇次則仍依今本以彖傳象傳繫於經文之下謂易之亡不亡不係於古本之復不復王氏以傳附經亦足以資觀玩惟大象傳往往別自起義文言則引伸觸類以闡易藴皆無容附於本卦故別出之前列三圖一爲八卦方位圖一爲乾坤生六子圖一爲因重圖皆據繫辭說卦之文至於河圖洛書先天後天方圓諸圖則謂此陳邵之易非夫子所本有槩從删薙頗能掃除紛紜轇轕之習其中亦多能推驗舊說引伸新義如乾彖傳大明終始

王注程傳朱子皆未有確解起元獨取侯行果大明日也之說而證以晉彖傳之順而麗乎大明禮記之大明生於東於經義頗有根據觀六三九五上九之觀我生觀其生自孔疏以動出爲生而後儒遂以動作施爲解之俱不免於牽强起元獨取虞翻生謂坤生民也之說尤有合於九五象傳觀民之旨其釋大象傳比類求義於字句相似而義不同者推闡尤密在近來說易家中亦可云有本之學矣

易翼述信十二卷直隸總督採進本

國朝王又樸撰又樸字介山天津人雍正癸卯進士官至廬州府同知是編經傳次序悉依王弼舊本而冠以讀易之法終以所集諸儒雜論其大旨專以彖象文言諸傳解釋經義自謂篤信十翼述之爲書故名曰易翼述信而以朱子所云不可便以孔子之說爲文王之說者爲非其徵引諸家獨李光地之言最夥而於本義亦時有異同蓋見智見仁各明一義原不能固執一說以限天下萬世也

至其注釋各卦每爻必取變氣蓋卽之卦之遺法其於河圖洛書及先天後天皆不列圖而敘其說於雜論之末特爲有識其時位德大小應比主爻諸論亦皆恪遵

御纂周易折中之旨闡發證明詞理條暢可取者亦頗多焉

周易淺釋四卷（江蘇巡撫採進本）

國朝潘思榘撰思榘字補堂陽湖人雍正甲辰進士官至福建巡撫是書皆卽卦變之法以求象而卽

象以明理每卦皆註自某卦來謂之時來蓋易道廣大無所不該其中陰陽變化宛轉關生亦具有相通之理故漢學如虞翻諸家皆有是說宋學即程子朱子亦闡明是理雖非易之本義要亦易之一義也前有白瀛序稱思渠點勘通志堂所刊易解四十二家竭畢生之力以成此書比其没也力疾屬草尚闕乾坤二卦未註遂以絶筆故此本所說惟六十二卦其彖傳象傳則以用註疏本附經併釋而文言繫辭說卦序卦雜卦則未之及蓋主

理者多發揮十翼主象主數者多研索卦爻其宗派然也後有松江沈大成與其門人福唐林迪光二跋迪光述思渠之言曰彖多言象而變在其中爻多言變而象在其中不明時來不知卦之來處不求爻變不知卦之去處爻無所不包舊說一槩講入身心政治上去遺郤許多道理不如就其淺處說而深處亦可通也足括是書之大旨矣

周易洗心九卷 編修勵守謙家藏本

國朝任啓運撰啓運字翼聖荆溪人雍正癸丑進士

官至宗人府府丞是編大旨謂讀易者當先觀圖
象故首卷備列諸圖自朱子邵子而外如
國朝李光地胡煦所作諸圖皆爲採入而又以己見
推廣之端緒頗爲繁賾自序謂其要不外論語五
十以學易之言文周卦畫自羲圖出羲圖自河洛
出五十者圖書之中也學易不以五十失其本矣
其說頗務新奇然其詮釋經義則多發前人所未
發大抵觀象玩辭時闡精理實不盡從圖書生解
其文句異同亦多從馬鄭王弼王肅諸家之本即

不從舊本者必注某本作某字以存古義亦非圖書以外廢訓詁而不言然則其研尋奇偶特好語精微而已非如張行成等竟舍經而談數也

豐川易說十卷兩江總督採進本

國朝王心敬撰心敬字爾緝鄠縣人乾隆元年薦舉賢良方正以老病不能赴京而罷心敬受業於李顒而謹嚴不逮其師所注諸經大抵好爲異論書及春秋爲尤甚惟此編推闡易理最爲篤實其言曰學易可以無大過是孔子明易之切於人身即

是可以知四聖人繫易之本旨並可以識學易之
要領又曰易是道人事之書陰陽消長只是借來
作影子耳故曰易也者象也象也者像也於陰陽
消長處看得不明是影子不眞若徒泥陰陽消長
而無得於切己之人事亦屬捕風捉影又曰置象
言易是謂懸空執象舍義是爲泥跡象義雙顯則
體用一源顯微無間又曰中庸一書是子思爲當
日之言道者視爲高深元遠故兩引中庸之說以
明道易翼十篇是孔子爲當日之言易者視爲高

深元遠故重申易簡之說以明易後儒往往崇諸隱深欲以張皇易妙而不知反失其本旨又曰若易不關象不知義於何取不屬卜筮不知設蓍何爲又曰學者讀易不知求設教之本旨讀書不知洪範經世之宏猷每於河圖洛書穿鑿附會何切於實事實理又曰大抵漢唐之易祗成訓詁宋明之易多簸弄聰明訓詁非易而易在聰明亂易而易亡又曰義言象占同體共貫廢一不得泥一不得後儒紛紛主象主數主理主卜筮主錯綜之變

是舍大道而入旁蹊云云其說皆明白正大故其書皆切近人事於學者深爲有裨至於互卦之說老陰老陽始變之說錯綜之說卦變之說皆斥而不信併左氏所載古占法而排之雖主持未免太過要其立言之大旨則可謂正矣

周易述二十三卷浙江吳玉墀家藏本

國朝惠棟撰棟字定宇號松崖元和人其書主發揮漢儒之學以荀爽虞翻爲主而參以鄭元宋咸干寶諸家之說融會其義自爲注而自疏之其目錄

凡四十卷自一卷至二十二卷皆訓釋經文二十二卷二十三卷爲易微言皆雜抄經典論易之語二十四卷至四十卷凡載易大義易例易法易正訛明堂大道錄禘說六名皆有錄無書其注疏尚缺下經十四卷及序卦雜卦兩傳蓋未完之書其易微言二卷亦皆雜錄舊說以備參考他時蒐事則此爲當棄之糟粕非欲別勒一編附諸注疏之末故其文皆未詮次棟歿之後其門人過尊師說并未定殘藁而刻之實非棟本意也自王弼易行

漢學遂絕宋元儒者類以意見揣測去古寖遠中間言象數者又歧爲圖書之說其書愈衍愈繁而未必皆四聖之本旨故說經之家莫多於易與春秋而易尤叢雜棟能一一原本漢儒推闡考證雖掇拾散佚未能備睹專門授受之全要其引據古義具有根柢視空談說經者則相去遠矣

易漢學八卷 光祿寺卿陸錫熊家藏本

國朝惠棟撰是編乃追考漢儒易學掇拾緒論以見大凡凡孟長卿易二卷虞仲翔易一卷京君明易

二卷干寶易附見鄭康成易一卷荀慈明易一卷其末一卷則棟發明漢易之理以辨正河圖洛書先天太極之學其以虞翻次孟喜者以翻別傳自稱五世傳孟氏易以鄭元次京房者以後漢書稱元通京氏易也荀爽則爲一卷則費氏易之流派矣考漢易自田王孫後始岐爲施孟梁邱三派然考漢書儒林傳稱孟喜得易家候陰陽災變書詐言田生且死時枕喜鄰獨傳梁邱賀疏通證明謂田生絕於施讎手中時喜歸東海安得此事又稱焦延

壽嘗從孟喜問易京房以爲延壽卽孟氏學而翟
牧白生不肯皆曰非也劉向亦稱諸易家説皆祖
田何楊叔丁將軍大義畧同惟京氏爲異黨則漢
學之有孟京亦猶宋學之有陳邵均所謂易外别
傳也費氏學自陳元鄭衆馬融鄭元以下遞傳以
至王弼是爲今本然漢書稱直長於卦筮無章句
徒以彖象繫辭十篇文言解説上下經又隋志五
行家有直易林二卷易內神筮二卷周易筮占林
五卷則直易亦兼言卜筮特其爻象承應陰陽變

化之說與孟京兩家體例較異合是三派漢學之古法亦約畧盡此矣夫易本爲卜筮作而漢儒多參以占候未必盡合周孔之法然其時去古未遠要必有所受之棟採輯遺聞鉤稽考證使學者得畧見漢儒之門徑於易亦不爲無功矣孟京兩家之學當歸術數然費氏爲象數之正傳鄭氏之學亦兼用京費之說有未可盡目爲讖緯者故仍列之經部焉

易例二卷 桂林府同知李文藻刊本

國朝惠棟撰棟所作周易述目錄列有易微言等七書惟易微言二卷附刊卷末其餘並闕此易例二卷即七書中之第三種近始刊本於潮陽皆考究漢儒之傳以發明易之本例凡九十類其中有錄無書者十三類原跋稱爲未成之本今考其書非惟採摭未完即門目亦尚未分蓋棟欲鎔鑄舊說作爲易例先刱草本採摭漢儒易說隨手題識筆之於冊以儲作論之材其標目有當爲例而立一類者亦有不當爲例而立一類者有一類爲一例

者亦有一類爲數例者如既有扶陽抑陰一類又有陽道不絕陰道絕義一類又有陽無死義一類此必欲作扶陽抑陰一例而雜錄於三處者也曰中和曰詩尚中和曰禮樂尚中和曰君道尚中和曰建國尚中和曰春秋尚中和分爲六類已極繁複而其後又出中和一類君道中和一類卷末更出中和之本一類此亦必欲作易尚中和一例而散見於九處者也古者有聖人之德然後居天子之位一類徵引繁蕪與易理無關而題下注曰即

二升坤五義此必摭爲乾升坤降之佐證而偶置在前者也又如初爲元士一類即貴賤類中之一乾爲仁震爲車艮爲言三類即諸例中之三天地之始一類即卦無先天一類之復出皆由未及排貫遂似散錢滿屋至於史記讀易之文漢書傳易之派更與易例無與亦必存爲佐證之文而傳寫者誤爲本書也此類不一而足均不可據爲定本然棟於諸經深窺古義其所据摭大抵老師宿儒專門授受之微旨一字一句具有淵源苟汰其蕪

雜存其菁英因所錄而排比參稽之猶可以見聖人作易之大綱漢代傳經之崖畧亦未可以殘缺少緒竟棄其藁矣

易象大意存解一卷 編修程晉芳家藏本

國朝任陳晉撰陳晉字似武號後山亦曰以齋江蘇興化人乾隆已未進士官徽州府教授是編不載經文惟折衷諸家之說明易象之大意故以爲名考左傳韓起聘魯見易象春秋則易之主象古有明文陳晉以象爲宗實三代以來舊法卷首標凡

例七則多申倚象之旨書中首論太極五行兼談河洛先天諸圖然發揮明簡惟標舉其理所可通凡一切支離推衍布筭經而繪奕譜者翦除殆盡其凡例有曰後之言象數者流入藝術之科其術至精而其理亦更與溢然偏於一隅似反涉形下之器可云篤論次論彖論爻論象不廢互體之說蓋以雜卦傳爲據次論六十四卦各括其大旨亦大抵切人事立言終以繫辭序卦說卦雜卦其文頗畧蓋著書之意在於六十四卦餘皆互相發明

耳

大易擇言三十六卷 兩江總督採進本

國朝程廷祚撰廷祚字錦莊號青溪上元人是編因桐城方苞緒論以六條編纂諸家之說一曰正義諸說當於經義者也二曰辨正訂異同也三曰通論謂所論在此而義通於彼與別解之理猶可通者也四曰餘論單辭片語可資發明者也五曰存疑六曰存異皆昔人訛舛之文似是者謂之疑背馳者謂之異也六條之外有斷以已意者則以愚

案別之其闡明爻象但以說卦健順動入陷麗止說八義爲八卦眞象八者之得失則以所值之重卦爲斷其明爻義則求之本爻而力破承乘比應諸舊解其稽六位則專據繫辭辨貴賤者存乎位之旨凡陽爻陰位陰爻陽位之說亦盡芟除蓋力排象數之學惟以義理爲宗者也

周易辨畫四十卷 安徽巡撫採進本

國朝連斗山撰斗山字叔度潁州人是書大旨謂一卦之義在於爻畫有剛有柔因剛柔之畫而立之

象亦卽因剛柔之畫而繫以辭其道先在於辨畫故以爲名末有輯圖一卷則卽朱子舊圖而畧爲損益之其說專主卦畫立義如屯之大象云四偶以次條列如絲中畫一奇如梭上互艮手下動震足如織維然故有經綸之象未免穿鑿太甚然其逐卦詳列互體剖析微渺亦頗有合於精理者蓋卽爻論爻乃能以易詮易雖間有附會之失而錯綜變化之本旨猶可藉以參觀固與高談性道以致惝怳無歸者尚較有實際焉

周易圖書質疑二十四卷安徽巡撫採進本

國朝趙繼序撰繼序號易門休寧人乾隆辛酉舉人其書以象數言易而不主陳邵河洛之說謂作圖者本於易而反謂作易者本於圖葢因錢義方之說而暢之首爲古經十二篇次逐節詮釋經義而不載經文但標卦爻用漢儒經傳別行之例次爲圖三十有二各系以說而終以大衍象數考春秋傳論易考易通歷數周易考異卦爻類象又一篇辨吳仁傑本費直本而不立標題列於周易考異

前疑即考異之未簡傳爲顛倒也全書多從卦變起象而兼取漢宋之說持論頗平允惟以帝出乎震爲夏之連山坤以藏之爲殷之歸藏本程氏之說而推衍之未免曲解夫子所贊周易也豈忽攙說舊法自亂其例乎

周易章句證異十一卷江蘇巡撫採進本

國朝翟均廉撰均廉字春泚仁和人乾隆乙酉舉人官內閣中書舍人是書取周易古今諸本同異之處互相考證如李鼎祚卦詞前分冠序卦周熻卦

詞前列大象卦詞後列彖傳趙汝楳卦詞前列大象卦詞後列彖傳次文言次爻詞李過方逢辰乾卦卦詞後列彖傳次文言釋彖處次大象次爻詞蔡淵卦詞後列大象次彖傳文言別爲一傳傳低一字王洙於篇中不載卦詞別爲一篇之類此篇章之同異也如乾卦三爻孟喜作惕惕若夤句厲无咎句荀爽虞翻王弼作夕惕若厲句郃子朱震朱子作夕惕若句此句讀之同異也逐卦逐爻悉爲臚列間或附以己意以廉案二字別之古今本

異同之處校勘頗爲精審雖近時之書而所言皆有依據轉勝郭京舉正以意刊改托言於王韓舊本者也

附錄

乾坤鑿度二卷永樂大典本

按乾坤鑿度隋唐志崇文總目皆未著錄至宋元祐閒始出紹興續書目有倉頡注鑿度二卷後以鄭氏所注乾鑿度有别本爲巛鑿度程龍謂隋焚讖緯無復全書今行於世惟乾坤二鑿度者是也

其書分上下二篇上篇論四門四正取象取物以至卦爻蓍策之數下篇爲坤有十性而推及於蕩配陵又雜引萬形經地制經制靈經蓍成經含靈孕諸緯文詞多聱牙不易曉故晁公武疑爲宋人依託胡應麟亦以爲元包洞極之流而胡一桂則謂漢去古未遠尚有祖述有裨易教評隲紛然真僞莫辨伏讀

御製題乾坤鑿度詩定作者後於莊子而舉應帝王篇所云儵忽混沌分配乾坤太始以推求鑿字所以

命名之義援据審核折衷至當臣等因考列子白虎通博雅諸書皆以太易太初太始太素為形氣質之始與鑿度所言相合獨莊子於外篇天地畧及泰初有無之語而其他名目槩未之見則儵忽混沌實即南華氏之變文作鑿度者復本其義而緣飾之耳仰蒙

聖明剖示精確不刋洵永為是書定論矣按七經緯皆佚於唐存者獨易逺宋末而盡失其傳今永樂大典所載易緯俱存宋以後諸儒所未見而此書實

爲其一謹校定訛闕釐勘審正冠諸易緯之前而

恭疏其大旨於簡端

易緯稽覽圖二卷（永樂大典本）

案後漢書樊英傳謹舉七緯之名以稽覽圖冠易緯之首隋志鄭康成注易緯八卷唐志宋均注易緯九卷皆不詳其篇目宋志有鄭康成注稽覽圖一卷通志七卷而馬氏經籍考載易緯七種亦首列鄭注稽覽圖二卷獨陳振孫書錄解題別出稽覽圖三卷稱與上易緯相出入而詳畧不同似後

人掇拾緯文依託爲之者非卽康成原注之本自宋以後其書亦久佚弗傳今永樂大典載有稽覽圖一卷謹以後漢書郎顗楊賜傳隋書王邵傳所見緯文及注參校無不符合其爲鄭注原書無疑惟陸德明釋文引無以教之曰蒙太平御覽引五緯各在其方之文此本皆闕如則意者書亡僅存已不免於脫佚矣其書首言卦氣起中孚而以坎離震兌爲四正卦六十卦卦主六日七分又以自復至坤十二卦爲消息餘雜卦主公卿大夫候風

雨寒溫以爲徵應蓋即孟喜京房之學所自出漢世大儒言易者悉本於此最爲近古至所稱軌筞之數以及世應遊歸乃兼通於日家推步之法考唐一行推大衍之筞以算術本於易故其本議言代軌德運及六卦議言一月之筞九六七八發歛術言中節卦議皆與稽覽圖相同獨所云天元甲寅以來至周宣帝宣政元年則甄鸞所推甲寅元歷之術而又有云太初癸巳則似古無以此爲元者其他雜引宋永初元嘉魏始光唐上元先天貞

元元和年號紛錯不倫蓋皆六朝迄唐術士先後所附益非稽覽圖本文今審覆詞義隨文附書以爲區別並援經注史文是正訛舛依馬氏舊錄析爲上下二卷庶言易學者或有所考見焉

易緯辨終備一卷 永樂大典本

案辨終備一作辨中備後漢書樊英傳注易緯凡六爲稽覽圖乾鑿度坤靈圖通卦驗是類謀而終以此篇爲馬氏經籍考皆稱爲鄭康成注而辨終備著錄一卷今永樂大典所載僅寥寥數十言已非

完本且其文頗近是類謀而史記正義所引辨中
備孔子與子貢言世應之說與此反不類或其書
先佚而後人雜取他緯以成之者亦未可定也然
別無可證姑仍舊題云

周易乾鑿度二卷（永樂大典本）

案周易乾鑿度鄭康成注本與乾坤鑿度異晁公
武並指爲倉頡修古籀文誤併爲一永樂大典遂
合加標目今考宋志有鄭康成注易乾鑿度三卷
而不及乾坤鑿度則知宋時固自單行也說者稱

其書出於先秦自後漢書南北朝諸史李鼎祚作周易集解徵引最多皆於易數有所發明較他緯獨爲醇正至於太乙九宫四正四維皆本於十五之說乃宋儒戴九履一之圖所由出朱子取之列於本義圖說故程大昌謂漢魏以降言易學者皆宗而用之非後世所託爲誠稽古者所不廢矣原本文字斷闕多有訛舛謹依經史所引各文及旁採明錢叔寶舊本互相校正其定爲上下二卷則鄭樵通志之目也

易緯通卦驗二卷永樂大典本

案易緯通卦驗馬端臨經籍考及宋藝文志俱載其文黃震日抄謂其書大率爲卦氣發朱彝尊經義考則以爲久佚今載於說郛者皆從類書中湊合而成不逮什之二三蓋是書之失傳久矣經籍考藝文志舊分二卷此本卷帙不分核其文義似於人主動而得天地之道則萬物之藴盡矣以上爲上卷曰凡易八卦之氣驗應各如其法度以下爲下卷上明稽應之數下言卦氣之徵驗也至其

中訛脫頗多注與正文往往相混其字句與諸經注疏續漢書劉昭補注歐陽詢藝文類聚徐堅初學記宋白太平御覽孫瑴古微書等書所徵引亦互有異同第此書久已失傳當世並無善本可校類書所載亦輾轉訛舛不盡可據謹於各條下擬列案語其文與注相混者悉為釐正脫漏異同者則詳加參校與本文兩存之蓋通其所可知闕其所不可知亦闕疑仍舊之義也

易緯乾元序制記一卷　永樂大典本

案乾元序制記後漢書注七緯名並無其目馬氏經籍考始見一卷陳振孫疑爲後世術士附益之名今考此篇首簡文王比隆興始霸云云孔穎達詩疏引之作是類謀疏又引坤靈圖法地之瑞云云今坤靈圖亦無其文而與此篇文義相合又隋書王劭傳引坤靈圖泰姓商名宮之文亦在此篇至其所言風雨寒温消息之術乃與稽覽圖相近疑本古緯所無而後人於各緯中分析以成此書者晁公武謂其出於李淑家當亦唐宋間人所妄

題耳

易緯是類謀一卷（永樂大典本）

案是類謀一作筮類謀馬氏經籍考一卷鄭康成注其書通以韻語綴輯成文古質錯綜別爲一體藝文類聚太平御覽諸書引其文頗多與此本參校並同蓋視諸緯畧稱完備其間多言禨祥推驗並及於姓輔名號與乾鑿度所引易歷者義相發明而隋書律歷志載周太史上士馬顯所上表亦有玉羊金鷄之語則此書固隋以前言術數者所

必及也

易緯坤靈圖一卷永樂大典本

案坤靈圖孫瑴謂配乾鑿度名篇馬氏經籍考著錄一卷今僅存論乾无妄大畜卦辭及史注所引日月連璧數語則其闕佚者蓋已夥矣考後漢書注易緯七卷稽覽圖一辨終備四是類謀五乾元序制記六坤靈圖七二卷三卷無標目永樂大典篇次亦然今畧依原第編胥蓋從宋時館閣本也

案儒者多稱讖緯其實讖自讖緯自緯非一

類也讖者詭爲隱語預决吉凶史記秦本紀稱盧生奏錄圖書之語是其始也緯者經之支流衍及旁義史記自序引易失之毫釐差之千里漢書蓋寬饒傳引易五帝官天下三王家天下註者均以爲易緯之文是也蓋秦漢以來去聖日遠儒者推闡論說各自成書與經原不相比附如伏生尚書大傳董仲舒春秋陰陽核其文體卽是緯書特以顯有主名故不能託諸孔子其他私相撰述漸雜以

術數之言既不知作者爲誰因附會以神其說迨彌傳彌失又益以妖妄之辭遂與讖合而爲一然班固稱聖人作經賢者緯之楊侃稱緯書之類謂之秘經圖讖之類謂之內學河洛之書謂之靈篇胡應麟亦謂讖緯二書雖相表裏而實不同則緯與讖別前人固已分析之後人連類而譏非其實也右乾鑿度等七書皆易緯之文與圖讖之熒惑民志悖理傷教者不同以其無可附麗故著錄於易

類之末焉

右易類一百五十九部一千七百四十八卷附録八部十二卷皆文淵閣著録

案盈虚消息理之自然也理不可見聖人卽數以觀之而因立象以著之以乾一卦而論積一至六自下而上者數也一潛二見三惕厲四躍五飛六亢者理也而象以見焉至於互體變爻錯綜貫串易之數無不盡易之理無不通易之象亦無不該矣左氏所載卽古

占法其條理可覆案也故象也者理之當然也進退存亡所由決也數也者理之所以然也吉凶悔吝所由生也聖人因卜筮以示教如是焉止矣宋人以數言易已不甚近於人事又務欲究數之所以然於是由卦畫推奇偶由奇偶推河圖洛書由河圖洛書演為黑白方圓縱橫順逆至於汗漫而不可紀曰此作易之本也及其解經則象義爻象又絕不本圖書立說豈畫卦者一數繫辭者又別一

數耶夫聖人垂訓實教人用易非教人作易今不談其所以用而但談其所以作是易之一經非千萬世遵爲法戒之書而一二人密傳妙悟之書矣經者常也曾是而可爲常道乎朱子以康節之學爲易外別傳持論至確其作易學啓蒙蓋以程子易傳不及象數故兼備此義以補所闕非專以數立教也後人棄置本義而專以啓蒙爲口實殆倒置其本末矣今所編錄於推演數學者略存梗槩以

備一家其支離曼衍不附經文於易杳不相
關者則竟退置於術數家明不以魏伯陽陳
摶等方外之學淆六經之正義也

欽定四庫全書總目

經部

卷七

# 欽定四庫全書總目卷七

## 經部七

### 易類存目一

關氏易傳一卷（內府藏本）

舊本題北魏關朗撰唐趙蕤注朗字子明河東人蕤字大賓梓州鹽亭人（詳見子部雜家類長短經條下）是書隋志唐志皆不著錄晁公武讀書志謂李淑邯鄲圖書志始有之中興書目亦載其名云阮逸詮次刊正陳師道後山談叢何薳春渚紀聞及邵博聞見後

錄皆云阮逸嘗以僞撰之稿示蘇洵則出自逸手更無疑義逸與李淑同爲神宗時人故李氏書目始有也吳萊集有此書後序乃據文中子之說力辨其眞文士好奇未之深考耳

方舟易學二卷浙江吳玉墀家藏本

宋李石撰石字知幾資陽人陸游老學庵筆記載其本名知幾後感夢兆改名石而以知幾爲字宋史不爲立傳資州志識其舉進士高第紹興末以薦任太學博士黜成都學官乾道中再入爲郎後

歷知合州黎州眉州皆以論罷終成都轉運判官
鄧椿畫繼亦載其少負才名旣登第以趙逵薦任
太學博士今倅成都蓋椿與石同時猶及見其居
官也是書專論互體每卦標兩互卦之名而以爻
辭證之考漢儒說易多主象占後孟喜焦贛京房
流爲災變鄭元又配以爻辰固不免有所附會自
王弼埽滌舊文併謂互體卦變皆無足取於是棄
象不論夫納甲五行本非易義所重棄之可也若
互卦及動爻之變其說見於繫辭其法見於左傳

歷代諸儒相承有自㮣從排斥未免偏涉虛無故石此書專闢王弼之學其上卷詳言互體之義下卷曰象統曰明問象統但存一序其說未竟明閏以六十四卦分月以明置閏之法也朱彝尊經義考曰方舟集止存二卷崑山徐秉義家藏有易互體例卷首不著撰人名氏但題門人劉伯熊編此本卷首有竹垞二字小印豈其書後歸彝尊歟攷書錄解題載李石方舟集五十卷後集二十卷而永樂大典所載左氏君子例詩如例詩補遺及此

書皆題曰李石方舟集則是四書皆其集中所載
徐氏惟得其兩卷故卷端無姓名耳今方舟集已
於永樂大典中裒輯成帙此四書亦仍其舊例併
入集中故不復重錄而附存其目於此焉

周易繫辭精義二卷兩淮馬裕家藏本

舊本題宋呂祖謙撰祖謙有古周易已著錄初程
子作易傳不及繫辭此書似集諸家之說補其所
缺然去取未爲精審陳振孫書錄解題引館閣書
目以是書爲託祖謙之名殆必有據也

東萊易說二卷江西巡撫採進本

舊本題宋呂祖謙撰朱彝尊經義考亦列其名今勘驗其文實呂喬年所編麗澤論說集錄之前二卷書賈抄出以售僞非祖謙所自著也

周易輯說明解四卷江西巡撫採進本

舊本題宋馮椅撰椅有厚齋易學已著錄此其別行之僞本也案椅原書宋史藝文志作五十卷此本卷數懸殊其不合者一又朱彝尊經義考載中興藝文志云馮椅爲輯注輯傳外傳以程沙隨朱

文公雖本古易爲注猶未及盡正孔傳名義乃攺
彖曰象曰爲贊曰又攺繫辭上下爲說卦上中以
隋經籍志有說卦三篇也此本仍作彖曰象曰不
作贊曰繫辭傳亦仍分上下不作說卦上下其不
合者二胡一桂易本義附錄纂疏曰馮厚齋講明
夷六五箕子之明夷云箕字蜀本作其字此繼統
而當明揚之時之象其指大君當明揚之時而傳
之子則其子亦爲明夷矣又謂文王作爻辭移置
君象於上六以初登于天後入于地況明夷之主

六五在下而承之明夷之主之子之象也子繼明夷之治利在於貞明不可以復夷也後世以其爲箕遂傅會於文王與紂事甚至以爻辭爲周公作而非文王蓋箕子之囚在文王羑里之後方演易時箕子之明未夷也李隆山深然其說云云此本解明夷六五上六二爻仍用舊說未嘗改箕子爲其字其不合者三至其各卦講解多沿襲本義與永樂大典所載倚說全殊其爲僞託更無疑義今倚之全書業已重編成帙此本已可不存以外間

傳寫已久恐其亂眞故存其目而論之焉

水村易鏡一卷兩江總督採進本

宋林光世撰光世字逢聖莆田人館閣續錄載其淳祐十一年以易學召赴闕充秘書省檢校文字十二年教授常州文字職事如舊寶祐二年補迪功郎添差江西提舉司事辦公事閩書則謂淮東漕臣黃漢章上所著易鏡由布衣召爲史館檢閱遷校勘改京秩自將作出知潮州開慶元年召爲都官郎中入爲司農少卿兼史館官階頗有異同

又稱其景定二年賜進士出身在都官郎中後二年均未詳孰是也是書序稱丙午蕆成於理宗淳祐六年大旨據繫辭之語謂諸儒詁易獨遺仰觀俯察之義因居海上測驗天文悟天澤火雷風水山地八宫之星皆自然有六十四卦遂以星配卦先取繫辭所列自離至夬十三卦推闡其旨以發大凡所列星圖穿鑿附會自古說易之家未有紕繆至此者夫庖犧仰觀天文亦揆其盈虛消息之運耳何嘗準列宿畫卦哉後永豐陳圖作周易起

元又以名山大川分配六十四卦謂之察於地理
充乎其類殆不至以鳥獸配卦不止矣

易序叢書十卷浙江吳玉墀家藏本

舊本題宋趙汝楳撰汝楳有周易輯聞六卷易雅
一卷筮宗三卷總謂之易序叢書已著於錄此本
亦分十卷卷各爲目惟首二卷爲易雅筮宗自第
三卷至七卷則言兵法所載營陳隊伍圖法甚備
皆與易絕不相涉惟第八卷六日七分論及第九
卷十卷辨方納甲二篇尚頗存漢學之舊然文字

亦多脫誤疑好事者偶得其殘本不知完帙尚存雜鈔他書以足十卷之數也卷首有董其昌名印則其來已久殆明人所雜編歟

周易上下經解殘本四卷 兩淮鹽政採進本

宋丁易東撰易東有易象義已著錄此即易象義殘本傳鈔者改其名也十翼惟存彖傳象傳其餘皆佚上經自乾卦至泰卦僅有一頁尤爲殘缺惟下經晉大壯睽蹇中孚五卦爲永樂大典所佚者此本獨完今已採掇補錄而別存其目於此俾世

知與易象義非兩書焉

大易衍說無卷數　安徽巡撫採進本

舊本題元李簡撰簡有學易記已著錄是編即以學易記序冠於卷首而書則絶不相同核其文義與今村塾講章相類朱彝尊經義考亦未載其名蓋書肆僞託之本也

大易法象通贊七卷　浙江吳玉墀家藏本

元鄭滁孫撰滁孫字景歐處州人宋景定間進士嘗知温州樂清縣遷宗正丞禮部郎官入元以薦

召授集賢直學士事蹟具元史儒學傳此書首爲諸圖次以中天述考述衍等說終以甲辰乙巳丙午三年所作習坎書院旅語其中天圖後署曰至元三十年十一月吉日宣召赴闕儒人臣鄭滁孫蓋卽其被薦時所進也其序自言年踰五十探索先天圖忽得中天元景云云案中天之說始見於干寶周禮註朱元昇衍之爲三易備遺然滁孫所謂中天元景與干寶之說又異大旨謂中天卽天也由其運用合・居中故曰中天由其在生兩之

後用九之前故曰中天其象藏於互體而義發見於文王周公孔子之辭其說大抵皆幽渺恍惚不可究詰計滁孫登第自宋景定至元世祖至元中當已五六十歲而此書之成在成宗之末又在進圖後十餘年逮至嘉興溫州升席說經年已耄耋矣其始終敷析者皆一中天之義又删周易繫辭傳以遷就巳說而牽合諸經以證之支離曼衍終無歸宿自來以奇偶推易者病於穿鑿以老莊談易者病於虛無此書更以穿鑿之數附會於虛無

之理兩家流弊兼而有之可謂敝精神於無用者矣

周易訂疑十五卷序例一卷易學啟蒙訂疑四卷周易本義原本十二卷山東巡撫採進本

舊本題董養性撰不著時代考元末有董養性字邁公樂陵人至正中嘗官昭化令攝劒州事入明不仕終於家所著有高閒雲集或即其人歟是書前有自序謂用力三十餘年乃成其說皆以朱子爲宗不容一字之出入葢亦胡一桂陳櫟之末派

也

學易舉隅三卷浙江吳玉墀家藏本

元鮑恂撰恂字仲孚崇德人登至元乙亥進士薦爲翰林不就王禕造邦勳賢錄稱洪武初嘗應召至京師授文華殿大學士輔導東宫明史吳伯宗傳則稱與吉安余詮高郵張長年登州張紳同薦恂年八十詮年亦七十並命爲文華殿大學士皆以老疾固辭遂放還惟紳授鄠縣教諭後官至布政使則恂固未嘗仕明造邦勳賢錄載陶珽續說

郛中疑爲僞託當以史爲據又陶宗儀輟耕錄載鮑恂以妻父建德知縣俞鎮之力貢緣中浙江鄉試第十四名考其籍乃嘉興其年乃至正甲申蓋名姓偶同非此鮑恂也是書畧舉讀易之法分析門目指陳綱要大抵皆約舉舊文卷首有寧王權序題曰旃蒙單閼蓋宣德十年乙卯也序稱程蕃伯昌重加訂正而稱蕃生於至元十七年丁酉考後至元無十七年惟順帝至正十七年歲在丁酉則至元乃至正之誤也其書本名學易舉隅權爲

刊板始更名大易鈎元然朱彝尊經義考載之仍曰舉隅考所言僅粗陳崖畧不足當鈎元之名題曰舉隅於義爲近故今亦仍恂原目著錄焉

周易旁注圖說二卷 山東巡撫採進本

明朱升撰升字允升休寧人元至正乙酉舉於鄉授池州路學正秩滿歸里丁酉太祖兵至徽州以升從軍吳元年拜侍講學士洪武中官至翰林學士事蹟具明史本傳是書原本十卷冠以圖說上下二篇上篇凡八圖下篇則全錄元蕭漢中讀易

考原之文萬歷中姚文蔚易其旁注列於經文之下已非其舊此本又盡佚其注獨存此圖說二篇漢中書已別著錄餘此八圖僅敷衍陳摶之學益無可取矣

八卦餘生十八卷 江西巡撫採進本

明鄧夢文撰夢文字志文安成人是書前有永樂甲辰自序稱著是書時夢神授以八卦餘生之名覺而不識其所謂但既有所受之則不敢不以是名之其說甚怪其書卷首列總論五條一曰偶感

記經文之有會於心者凡十九處二曰記臆指程子蘇軾二家之說大不合於經者七十處三曰論應斥諸家某爻應某爻之非而取其不謬於理者十一處四曰論五位辨諸家以五爻爲君之非凡九處五曰論變謂卦不必至三爻而變凡三處其大旨主於以身爲易不假蓍筮而自然與造化相符多掊擊前人之說而攻程傳爲尤甚至繫辭諸傳則併攻傳文如繫辭成性存存二句則註曰其語意頗似老子不類夫子口氣刳木爲舟節則註

曰自神農黄帝堯舜時始有舟楫而當堯之時天下猶未平洪水横流不知神農以前天下之民何以涉河服牛乘馬節則註曰牛馬之用似不待取諸卦象而後然古之葬者節則註曰本義云送死大事而過於厚然則聖人制葬埋之禮葢亦自爲太過矣則於墨子之薄葬又何議焉易之興也其當殷之末世節則註曰此節與易道似無甚發揮而又皆前經之所已言者又曰夫子殷人也紂之事所不忍言卽贊文王不須以紂以紂贊文王亦

非文王之所願聞也說卦傳昔者聖人之作易也將以順性命之理節則註曰仁知之不足以盡道也久矣此云爾似亦不合帝出乎震節則註曰此節似弄字法序卦傳飲食必有訟二句則註曰訟何必專始於飲食訟必有衆起六句則註曰物自蒙之時必有所依附而後成立比時莫切於此時且不比何以成師亦似在師之前有大而能謙必豫二句則註曰必待大有能謙而後樂其爲樂也不亦隘乎豫必有隨二句則註曰同人而物歸之

已大有矣於此而始隨乎有事而後可大句則註曰然則大有者非人乎物大然後可觀句則註曰然則同人大有之時尚不可觀乎賁者飾也三句則註曰大有臨觀尚未足亨乎必待飾而後亨耶復則不妄矣句則註曰然則剥以前諸卦皆妄乎物畜然後可養句則註曰然則需不已早乎故受之以坎三句則註曰既曰陷矣而可受乎聖人豈欲陷人者哉遯者退也四句則註曰有是理否也物不可以終壯句則註曰既不終壯而又晉將欲

何之傷於外者反其家句則註曰似非確論升而不已必困句則註曰困乎下者柰何震者動也四句則註曰何待不可終動而後受之以艮耶旅而無所容句則註曰然則不毀方耶巽者說也四句則註曰是不得入則終不說矣渙者離也二句則註曰然則是離渙一卦也以渙繼坎不亦可乎如是之類不能殫舉是其所見殆欲出十翼上矣恐無是事也

石潭易傳撮要一卷 江西巡撫採進本

明劉髦撰髦字孟恂永新人永樂戊子舉人是書大旨以程子之全體大用具於易傳朱子嘗欲將其要處別寫爲書而竟未成編髦因摘錄其文分類排纂定爲本性道精公私正身心施政治四門又分子目三十有三前有蕭鎡序云總爲四卷而此刻則僅有一卷然門目與鎡序皆符知無所佚闕朱彝尊經義考亦作一卷葢重刻者所合併也

易經圖釋十二卷 江西巡撫採進本

明劉定之撰定之字主敬號呆齋永新人正統丙

辰進士官至禮部侍郎兼翰林院學士謚文安事迹具明史本傳其書用古本以上下經及十翼釐爲十卷惟象傳則以大象爲象傳上以小象爲象傳下又與古本小異然以爲象分大小猶之雅分大小出於孔子所定則於古無徵不足信也卷首列先天後天諸圖率同本義惟不列卦變圖蓋卦變之說從程子不從朱子亦不列河圖洛書蓋其說皆由太極兩儀四象八卦互推不甚用奇偶方位其伏羲先天六十四卦方位圖下註云此圖一

經十傳皆無明文可見又圖末總註云已上諸圖昔者學易之家失其傳而異端方士秘傳爲邵子始復取歸於易程子與之同時而於易傳向置之不論豈未嘗得見此於邵子歟則雖堅主陳摶之學而亦微覺其未安矣上經下經每卦六爻各總爲一圖各以儷偶之詞括其爻義左右上下以次排列而以墨線分合交貫之頗類坊本講章之節旨彖傳則上經下經各爲一總圖橫行六十四卦而以卦德卦象卦體卦變直列四格以經文分隸

之如史家之年表大象則以大學三綱領八條目
橫行爲綱以經文相類者分配其下小象則惟列
一韻圖以三百八十四爻爲經四聲十九部爲緯
如等韻之譜皆與經義渺不相關文言繫辭則或
一節爲一圖或總括數節爲一圖各標其語脈相
貫之處說卦傳前數節仍以先天後天諸說作圖
其取象諸節又作一表經以八卦緯以天象地法
人身物類草木鳥獸六格塡列傳文亦毫無取義
序卦僅附反對一圖而雜卦則不爲圖遂不置一

語蓋大旨在標六爻之義餘皆蔓衍成書取盈卷帙而已

玩易意見二卷 浙江汪啓淑家藏本

明王恕撰恕字宗貴三原人正統戊辰進士官至吏部尚書謚端毅事蹟具明史本傳恕於宏治壬戌養痾家居因構一軒名玩易於程朱之說有所未愜於心者劄記以成此書前有自序作於正德丙寅時年已九十一矣其說頗自出新意然於文義有不可通者輒疑經文有訛殊不可訓凡上經

一卷下經合繫辭爲一卷而不及其餘蓋意有所見乃筆之故不盡解全經云

學易象數舉隅二卷 安徽巡撫採進本

明汪敬撰敬字思敬一字益謙婺源人宣德癸丑進士官戸部主事所著有易傳通釋及此書明史藝文志不著錄朱彝尊經義考載此書四卷而通釋則闕其卷數江南通志載之則均無卷數此本二卷似尚非完書也其書專明象數自天地自然之易至邵子經世書全數皆列圖於前而繫說於

後大抵皆因襲舊文糾纏奇偶中間論大衍之數一條證以陳摶龍圖之說不知龍圖準易數以作非易數出於龍圖也其上卷圖書象數下卷九卦及觀象玩辭觀變玩占四篇皆標通釋之名豈本與易傳通釋共爲一帙後來通釋殘缺傳寫者誤併爲一書而標題則未及改歟是不可詳矣

周易傳義約說十二卷 兩江總督採進本

明方獻夫撰獻夫初名獻科字叔賢南海人宏治乙丑進士 案朱彝尊經義考引姓譜以獻夫爲正德辛巳進士誤也 官至武英

殿大學士謚文襄事蹟具明史本傳是書用朱子所定古經本以上下經十翼各自分篇兼取程傳本義而參以邵子之學頗以象數爲主其說務在簡明然大抵依違舊說不能别有發明末附易雜說四則深辨爻辭非周公作葢本元胡炳文之論亦未能確有所據也

圖書紀愚一卷 福建巡撫採進本

明阮琳撰琳字廷佩號晶山莆田人嘗官教諭其人在成化宏治間朱彝尊經義考列諸嘉靖之末

由未見其書故也經義考載此書不著卷數註曰未見其書首載太極河洛諸圖次及六十四卦橫方圖終之以五行生尅大率因前人舊說無所發明

易圖識漏無卷數浙江范懋柱家天一閣藏本

明黃芹撰芹字德馨號畏庵龍巖人蔡清之弟子也正德九年以歲貢生官海陽縣訓導是編爲發明先天圖學而作前有正德丁卯自序稱易圖凡二十七面而今書新舊諸圖凡二十有八蓋以陳貞晟天地聖人之圖君子法天之圖總名爲心學

圖也其謂伏羲八卦橫圖八卦圓圖皆爲贅設乃後人因繫辭說卦之語而誤加之則未嘗不知後人因易以作圖又謂胡一桂於伏羲六十四卦圓圖分配節氣非其本旨其伏羲本河圖以作易圖先天八卦合洛書數圖皆穿鑿可疑於圖書之學亦未嘗不覺其不安而堅信先天圖出自伏羲推而至於心學推而至於歷法曼衍支離殊不可解抄本亦黑白混淆奇偶參錯殆不可辨識此真覆瓿之書也

周易說翼三卷　江西巡撫採進本

明呂柟撰。柟字仲木，號涇野，高陵人。正德戊辰進士第一，官至南京禮部右侍郎。事蹟具明史儒林傳。是編乃柟門人馬書林、韋鸞、滿潮等錄其講授問答之語。每卦皆有論數條，專主義理，不及象數。前有嘉靖己亥王獻芝序，後有李遂跋。

易經大旨四卷　浙江吳玉墀家藏本

明唐龍撰。龍字虞佐，蘭谿人。正德戊辰進士，官至吏部尚書，謚文襄。事蹟具明史本傳。此書其提學

陝西時所作專爲舉業而設故皆擇科塲擬題釋之凡九百八十五條

周易議卦一卷編修程晉芳家藏本

明王崇慶撰崇慶字德徵開州人正德戊辰進士官至南京吏禮二部尚書是書泛論卦名卦義間亦推及爻辭自序謂以六十四卦大義本諸家質諸彖而又參諸人事然所得頗淺本載所著五經心義中曹溶摘入學海類編考明史藝文志亦載崇慶周易議卦一卷則當時已别行矣

讀易索隱六卷 浙江巡撫採進本

明洪鼐撰鼐字廷器壽昌人正德庚午舉人官國子監助教朱彝尊經義考載有是書註曰未見此本紙墨尚新蓋刻於彝尊後也其書不載經文但隨意標舉某節某句而說之大旨主於良知之學故於朱子本義蔡清蒙引頗有所辨駁云

古易攷原三卷 兩淮鹽政採進本

明梅鷟撰鷟旌德人正德癸酉舉人官南京國子監助教終鹽課司提舉是書謂伏羲之易已有文

字畫卦在前河圖後出伏羲但則之以揲蓍大衍之數當爲九十有九以五十數爲體以四十九爲用無以中五乘十置一不用之理論殊創闢然於古無所授受皆臆撰也

周易贊義七卷浙江范懋柱家天一閣藏本

明馬理撰理字伯循三原人正德甲戌進士官至南京光祿寺卿事蹟具明史儒林傳其書雖參用鄭元王弼及程朱二家之說然大旨主於義理多引人事以明之朱睦㮮序稱此書發凡舉例闡微

摘隱博求諸儒異同得十餘萬言原書十有七卷其門人涇陽龐俊繕錄藏於家河南左參政莆田鄭絅爲付梓今本僅存七卷繫辭上傳以上皆佚案朱彝尊經義考已註曰闕則其來久矣

易問箋一卷兩江總督採進本

明舒芬撰芬字國裳進賢人正德丁丑進士第一授翰林院修撰以諫南巡廷杖謫福建鹽課司副提舉嘉靖初復職又以爭議大禮廷杖尋遭母憂歸卒萬歷間追謚文節事蹟具明史本傳芬嘗裒

生平著作爲梓溪文鈔凡十八卷分內外集外集爲雜文內集則皆所著諸書是編其首也大抵以意推衍泛言義理而多有牽合之病如解潛龍勿用謂用則動動則變而之姤引韓愈詩賢愚同一初乃一龍一豬爲證又如解鼎利貞爲重器不可輕舉春秋書納宋部鼎爲不知利貞之訓凡若斯類於經義皆無當也

易學四同八卷別錄四卷 浙江巡撫採進本

明季本撰本字明德山陰人正德丁丑進士官至

長沙府知府是編以四同爲名蓋以朱子本義首列九圖謂有天地自然之易有伏羲之易有文王之易有孔子之易四者不同本極以其說爲不然故以四同標目亦間有闡發然其大旨乃主於發明楊簡之易以標心學之宗則仍不免墮於虛渺至於祖歐陽修之說以繫辭爲講師所傳非孔子所作故多割裂經文從吳澄所定之本上傳第七章易其至矣乎五字刪子曰二字屬易簡之善配至德以下第八章聖人有以見天下之至賾至擬

議以成其變化九十五字謂前五十六字重出後三十五字移并於第十二章鳴鶴在陰七節及古本十二章易曰自天祐之五十一字與下傳古本第五章合乾坤文言另歸一卷附繫辭之後下傳夫乾確然示人易矣三節分爲二章天地之大德曰生一節合第十章將叛者其辭慙爲第三章雜卦末大過顛也一節本亦以卦不反對從吳澄所採蔡本爲定考澄說多可取而其謬則在於改經原爲瑕瑜並存本之理不及澄而改經則效之益

無取矣其別錄則爲圖文餘辨二卷分內外二篇內篇辨朱子九圖之誤其論後天圖非文王所作是矣謂先天圓圖亦尚有可疑則仍糾繞於圖中不能確定也外篇雜論術數如皇極經世易林京房易傳火珠林太元潛虛洪範九九數參同契之類皆辨之至於梅花數亦與詰難則泛濫矣又著法有別傳二卷自序爲發明著法本旨者定爲占辨占例占戒占斷合卜筮論爲內篇若象占取應於易詞之中物類增分於易象之外及以己意斷

占有驗而非出於易理之自然者爲外篇朱彝尊經義考云二書各一卷此本乃各二卷或刊本誤二字爲一字彝尊又載古義辨一卷此本無之則當由脫佚矣

圖書質疑無卷數 河南巡撫採進本

明薛侃撰侃字尙謙號中離揭陽人正德丁丑進士官行人司司正事蹟具明史本傳是書爲侃門人所記前列卦位河圖太極洛書等十三圖圖各有說後爲圖書總解及與諸生答問其大旨謂郎

數爲圖即圖成卦皆造化自然之理其答問中所論格致體用虛實及儒釋之辨皆守姚江良知之說史稱侃師事王守仁於贛州歸語兄助教俊俊大喜率羣子姪宗鎧等往學焉自是王氏學盛行於嶺南葢不誣云

易經淺說八卷內府藏本

明陳琛撰琛字思獻晉江人正德丁丑進士官至吏部考功司主事乞終養歸嘉靖中起授貴州提學僉事不赴再起江西提學僉事亦不赴事蹟附

見明史蔡清傳是書一名易經通典原刻作六卷此乃其後人重編之稿本分爲八卷中多塗乙有標某句爲後人增改者有標採入折中者然文言傳知至至之一條標採入折中而折中實未採則亦不盡可據矣琛易學出蔡清故大旨頗醇然欲兼爲科舉計故較清易經蒙引終有遜焉

易象解四卷 浙江鄭大節家藏本

明劉濂撰濂字濬伯南宮人正德辛巳進士由杞縣知縣擢監察御史是書惟解上下經文而無十

翼自序謂十翼之辭不盡出於聖門故其言多無謂且叛於三聖之教云云蓋襲歐陽修之說而益加甚焉所解象占亦多悖謬濂嘗著樂經元義八卷駁樂記與周禮大司樂此書復駁十翼亦可謂勇於自用者矣

補齋口授易說無卷數　浙江巡撫採進本

不著撰人名氏題曰門人永豐周佐編次蓋補齋乃其師之號佐錄所講授以成書朱彝尊經義考題曰周氏佐補齋口授易說蓋如胡瑗口義題倪

天隱之名非佐所撰也補齋不知何許人佐亦不詳其始末經義考據聚樂堂書目定爲正嘉以前人亦約度之詞耳所言皆科舉之學止乾坤二卦及繫辭上下傳似乎尚非完本也

周易古經無卷數 浙江吳玉墀家藏本

明雷樂編樂建安人嘉靖間由貢生官廣州訓導是書明史藝文志不著錄朱彝尊經義考亦不載所據乃宋吳仁傑本稱爲費直之所傳首列沿革一篇歷載前儒古易之式凡初本費直本鄭元本

王弼本胡旦胡瑗本呂大防本邵子本晁說之本程迥本呂祖謙本朱子本共十二家樂據吳仁傑本爲費氏之易原無確證且朱子本即呂祖謙本亦未可分爲二家至於十二家外尚有王洙周燔馮椅諸本未及載入亦殊挂漏末闕雜卦一篇蓋傳寫佚之然吳仁傑本具在正不假此本以傳也

周易不我解二卷浙江鄭大節家藏本

明徐體乾撰體乾字行健長淮衛人嘉靖癸未進士自序謂嘗得青山易半卷希夷易一卷其法以

天星配四時解乾卦六龍卽指龍星解坤爲牛亦
指犧牛星葢卽林光世水村易鏡之說而變幻之
殊爲附會書中多引邵子及左傳占法而以青陳
左邵並稱其名不我解者言解不以我也然陳摶
之易但有龍圖一卷載於宋志今未見其書而尚
見其序絶無仰觀星象之説青山易則更莫知所
自來其亦在影響有無間矣序稱爲書六卷朱彝
尊經義考引黄百家之言曰是編流傳者寡余家
止存乾坤一卷後五卷訪之不得此本乾坤二卦

一卷與百家所言合又有古易辨諸條別爲一卷則百家之所未言蓋殘缺之餘所存者互有詳畧故其本不同百家又云其易本陳希夷趙青山然體乾自序云青山不知何許人未審百家何以知其姓趙殆因趙文號青山而以意揣之歟

周易義叢十六卷浙江巡撫採進本

明葉良佩撰良佩字敬之台州太平人嘉靖癸未進士官至刑部郎中是編用王弼本採輯古今易說自子夏傳迄元龍仁夫凡一百七十七家或自

抒己見則稱測曰以附於後諸家皆有去取惟程傳全錄諸家皆以時世爲次惟朱子本義則升列衆說之首其大旨可以槩見也

古易世學十七卷 兩淮鹽政採進本

明豐坊撰坊字存禮鄞縣人嘉靖癸未進士官禮部主事免官家居坐法竄吳中改名道生事蹟附見明史豐熙傳坊平生喜作僞書於諸經皆竄亂篇第別爲訓詁詭言古本以欺世此其一也書中正音畧說傳義托之於遠祖稷曾祖慶父熙而已

自爲考補其實皆坊一手所作當代已灼知其妄惟石經大學子貢詩傳申培詩說三書以篆籀寫之一時頗爲所惑久之乃能辨定詳具各本條下茲不具論云

易辨一卷 浙江鄭大節家藏本

明豐坊撰此書以孔子授易於商瞿文言諸傳凡何謂也皆以爲商瞿問辭子曰以下皆瞿錄夫子之答辭又以周公爻詞謂之易繫其論筮法則以彖專爲卜繫專爲筮大抵無根之談其論太極圖

說謂朱子得之葛長庚託名周子尤爲誣說考朱子太極圖傳及通書解成於乾道九年癸巳見於年譜長庚生於紹熙五年甲寅見瓊琯集長庚事實是注太極圖後二十一年長庚乃生安得指爲長庚所授歟

易脩墨守一卷浙江汪啟淑家藏本

明唐樞撰樞字惟鎮歸安人嘉靖丙戌進士官刑部主事以疏爭李福達事斥爲民隆慶初復官以年老加秩致仕事蹟具明史本傳其書以連山爲

文王八卦圖以歸藏爲伏羲方圖於義頗疎樞文集中已載之此其初出别行之本也

易象大旨八卷　浙江巡撫採進本

明薛甲撰甲字應登江陰人嘉靖己丑進士官至江西按察司副使是書經文之外惟象傳全文分列六爻之前象傳則删大象而存小象分綴六爻之下文言繫辭説卦序卦雜卦諸傳則全删焉變亂經文殊乖古義其大旨主於因象以明理如解訟卦元吉中正解升卦亨于岐山之類頗出新意

然如解乾卦潛龍勿用爲泯思慮忘知識解坤卦括囊无咎爲將迎意必之私一無所容於中之類則闌入老莊之說矣

胡子易演十八卷 浙江汪啓淑家藏本

明胡經撰經號前岡廬陵人嘉靖己丑進士明史藝文志載胡經易演義十八卷此本但稱易演疑史衍文也其書用注疏本移乾彖傳大明終始三句於乃利貞之下謂是周易原本得之於師者蒙卦六爻皆主君臣凡若此類大約喜爲新說務與

朱子立異夫朱子之易固不能無所遺議然經以尋章摘句之學於古義無所考證而漫相牴牾則過矣

周易卦變圖傳二卷 安徽巡撫採進本

明呂懷撰懷字汝愚號巾石永豐人嘉靖壬辰進士官至南京太僕寺少卿事蹟附見明史洪垣傳是書主卦變之學其例有宮變有卦變有爻變大旨謂六十四卦者八卦之重也天四卦各重八卦乾八卦爲太陽兌八卦爲少陰離八卦爲少陽震

八卦爲太陰地四卦各重八卦坤八卦爲太陰艮八卦爲少陽坎八卦爲少陰巽八卦爲太陽八卦各變天地陰陽太少變者七不變者一天太陽八卦不變者乾少陰八卦不變者中孚少陽八卦不變者離太陰八卦不變者頤地太陰八卦不變者坤少陽八卦不變者小過少陰八卦不變者坎太陽八卦不變者大過計六宫各變七卦通計五十六卦而不變之八卦又自陽卦變陰陰卦變陽以統五十六卦之變蓋八卦以卦變五十六卦以爻

變八卦以體變五十六卦以用變其爻變之例若乾上九變爲夬上六夬九五變爲大有六五大有九四變爲小畜六四小畜九三變爲履六三履九二變爲同人六二同人初九變爲姤初六之類大抵支離牽合若有意義而實非易之本旨也

易經中說四十四卷 浙江巡撫採進本

明盧翰撰翰字子羽潁州人嘉靖甲午舉人官兗州府推官其講易專主人事而證以卜筮每爻皆列變卦之圖而雜引經語史事之近似者類附於

下頗爲冗雜亦多附會又立圖太多每成蛇足如雲行雨施六位時成諸句亦繪畫縱橫明其相配之義覺理本簡易圖反治絲而棼之矣

看易凡例圖說一卷 江西巡撫採進本

明龍子昂撰子昂泰和人嘉靖庚子舉人官知縣是編不標書名前列讀易凡例共三十二條後列圖說則解河圖洛書及朱子本義九圖象數之理疑爲全書之首卷非完本也

周易私錄 無卷數 江蘇巡撫採進本

明王樵撰樵字明逸號方麓金壇人嘉靖丁未進士官至刑部侍郎改南京都察院右都御史謚恭簡事蹟具明史本傳是書凡三冊前二冊編次一依東萊呂氏所定古本酌取程子之傳朱子之本義錄於前兼采諸家之說錄於後亦間以己意折衷之卷端有題記數條其一曰周易經傳十二篇手錄自嘉靖壬戌至萬歷己丑春修潤粗定尚俟有所進特恐精力不逮耳成予之志者其肯堂乎其餘多標示繕寫體例蓋僅脫初稿猶未全定之

本也後一冊題曰方麓先生周易程傳私錄原稿注其旁曰震卦以下缺然檢核其稿乃六十四卦皆全未喻其故後又別爲一卷題曰方麓先生原稿所列爲朱子九圖及說附項氏卦變綱領五贊陸子易說正義大象說王弼畧例胡庭芳舉要揲蓍占法筮法易學傳授而總題曰附錄葢全書之末卷裝輯者誤置程傳私錄稿後也自此而下又全錄元蕭漢中讀易考原一卷像象金針一卷而終以河圖洛書紏紛無緒是又鈔錄備用之稿其

後人誤以爲所著書矣

九正易因無卷數江蘇周厚堉家藏本

明李贄撰贄本名載贄晉江人嘉靖壬子舉人官至姚安府知府坐妖言逮問自殺事蹟附見明史耿定向傳是書每卦先列經文次以己意總論卦象又附錄諸儒之說於每卦之後書止六十四卦其文言繫辭等傳皆未之及經文移大象於小象之後則贄臆改也朱彝尊經義考載其原序述焉經綸之言曰樂必九奏而後備丹必九轉而後成

易必九正而後定故有是名贊所著述大抵皆非聖無法惟此書尚不敢詆訾孔子較他書爲謹守繩墨云

今文周易演義十二卷江蘇巡撫採進本

明徐師曾撰師曾字伯魯吳江人嘉靖癸丑進士官至吏科給事中師曾初從呂祖謙本爲古文周易演義一書後以明代取士用注疏本乃復爲此書大指以闡發本義爲主初刻於杭州隆慶戊辰又修改而重刻即此本也

周易傳義補疑十二卷 編修勵守謙家藏本

明姜寶撰寶字廷善號鳳阿丹陽人嘉靖癸丑進士官至南京禮部尚書是編大指以程子易傳主理朱子易本義主占其初頗有所疑既而研究十五年乃定從傳義者十之八九旁及諸家者十之一二於傳義或有所疑者亦以己意斷之故曰補疑卷端有孫承澤題識印記卷中亦多塗乙標注之處蓋承澤說易以是書爲藁本云

顧氏易解無卷數 浙江吳玉墀家藏本

明顧曾唯撰曾唯字一貫號魯齋吳江人嘉靖癸丑進士朱彝尊經義考載顧曾唯周易詳蘊十三卷而無易解之名此書用注疏本止上下經卷首載元蕭漢中讀易考原明朱升邵子三十六宮圖說而皆不著其姓氏其自序一篇則即宋楊簡慈湖易解之序稍爲節鈔而題以曾唯之名大抵出於依托非彝尊著錄之原本至解經亦多支離如乾坤二卦之名妄加純乾純坤之目解乾元二字至引道家之混元禪家之妙明心元其虛誕可知

矣

淮海易譚四卷兩淮鹽政採進本

明孫應鼇撰應鼇字山甫貴州靑平籍南直隸如皐人嘉靖癸丑進士官至南京工部尚書謚文恭是書謂天地萬物在在皆有易理在乎人心之能明故其說雖以離數談理爲非又以程子不取卦變爲未合而實則借易以講學縱橫曼衍於易義若離若合務主於自暢其說而止非若諸儒之傳惟主於釋經者也自說卦乾坤六子以下卽置而

不言蓋以八卦取象之類無可假借發揮耳其宗旨可知矣

易經淵旨一卷 山西巡撫採進本

舊本題吳郡歸有光撰有光字熙甫嘉靖乙丑進士官至太僕寺丞事蹟具明史文苑傳按文苑傳及明史藝文志均不載此書朱彝尊經義考亦不著錄惟江南通志載有光易圖論上下篇大衍解二書而無淵旨之目真偽蓋莫可知也其書每卦摘論數條大抵剿襲舊說其中自出新義者如說

卦傳坤爲布因九家尚有坤爲帛而以布爲泉貨震爲龍因九家已有乾爲龍而以爲當從虞干本作駹蓋虞云蒼色干云雜色也艮爲黔喙之類以黔喙爲口有鈐妒蟋蟀螳螂蛸蚌之類惟蟲屬有之因引爾雅注螳螂有斧蟲爲證蓋黔與鈐通較冷氏注謂爲鳴喙似屬有據然僅數條耳

周易古今文全書二十一卷內府藏本

明楊時喬撰時喬字宜遷號止菴上饒人嘉靖乙丑進士官至吏部侍郎謚端潔事蹟具明史本傳

此書凡分六部曰論例二卷古文二卷今文九卷易學啟蒙五卷傳易考二卷附龜卜考一卷每部皆有自序其大意在薈萃古今以闢心學說易之謬所宗惟在程朱雖兼稱古今文而所發明者古文畧而今文詳中多互見其義故間有繁複不害宏旨然周易古文本無可考郭忠恕汗簡所引古周易諸字已不能究所自來時喬此本更古篆籀文隨意塡綴往往竄入譌字殊不免杜撰之誚又或竄改經文如旁行而不流句下加正行而不泥

一句自經典釋文以後未見此文竟不知其何所本而其解今文卷中又置之不論竟似乎經所本有殊近於誣至傳易考二卷分宗傳衍傳正傳輔傳異傳別傳等名亦類於門戶之見王守仁湛若水兩家弟子各述師承競分途轍此書正以闢其非而轉區分名目是以鬬解鬬矣朱彝尊經義考摘所引諸家姓氏訛舛猶小焉者爾

六爻原意一卷 編修鄭際唐家藏本

明金瑤撰瑤字德溫號栗齋休寧人嘉靖辛卯選

貢生授會稽縣丞再補廬陵縣丞遷桂林中衛經歷以母老不赴教授鄉里年九十七乃卒是書成於萬歷辛巳乃其晚年所作其曰原意者原周公爻辭之意也每卦皆先列六爻於前而爲統論於後前有自序謂周公作爻辭必先得一卦之意然後因爻而布之此爻是此意則以此意屬此爻彼意合彼爻則以彼爻繫彼意云云然易本天地自然之數聖人因其盈虛消息過與不及而以人事準之明其吉凶悔吝以決進退存亡如瑤所論是

聖人先立一意而牽引易象以合之假借易數以證之施於此處不可通者移其說於彼施於彼處不可通者又移其說於此反覆遷就務申己意而後已此後世著書之法非聖人演易之本旨也

易疑三卷　江蘇周厚堉家藏本

明陳言撰言字獻可號東涯海鹽人嘉靖丁酉舉人其書用周易註疏本題上經曰經之上題下經曰經之下題繫辭說卦序卦雜卦四傳曰經之旁殊爲杜撰其名易疑者據其自述有曰吾疑乎庖

犧之卦非使人卜筮也吾疑乎卜筮之因卦而作也吾又疑乎文王周公卦爻之詞未有占也卜筮者占之也吾疑乎卦詞論卦之吉凶爻辭論爻之得失而已也吾又疑乎繫辭之傳不必上下其章不必皆十有二也吾又疑乎卦爻之詞間有未安者也吾又疑乎馬鄭王弼孔頴達輩明其義而疎希夷康節精矣而一於數伊川得易之用紫陽得易之深吾又疑乎羲文之一理而通之者也云云其持論甚高而其書乃無甚精義葢不知古聖人

之立教不托空言必假一事以寓之遂妄疑易非卜筮之書而生種種似是而非之論耳經義考作四卷此本三卷江蘇採進之本亦三卷疑或尚有所佚脫抑或經義考誤三爲四歟

易學十二卷 江西巡撫採進本

明沈一貫撰一貫字肩吾號蛟門鄞縣人隆慶戊辰進士官至中極殿大學士（案明史本傳作建極殿大學士蓋字之誤語詳史部詔令奏議類敬事草條下）諡文恭事蹟具明史本傳是書掃除先天之說惟偶及象與卦變亦不甚以爲主

大旨斟酌於伊川易傳東坡易傳之間惟以人事爲主較糾紛奇偶者尙爲篤實近理然頗借以寓其私意如說亢龍有悔曰夫以龍德而亢極猶有悔也時之旣極無論德矣此自解固位招攻之意也其解訟卦大象曰人每以正氣流爲客氣又每以其客氣流爲健訟說訟九二曰夫人之訟不必其身自爲之人亦因羣從在旁操持之而不得休此解臺諫掊擊之事也其他借經抒意往往如此他如解日中爲市取諸噬嗑謂噬嗑與市合同音

之類亦頗穿鑿經義考引陸元輔之言以此書爲進呈講義案顧起元序稱予告歸田且十年研摩編削又不知凡幾更乃板而行之而先生遂厭人間世矣則其晚年所作非進呈本也

圖卦億言四卷 江西巡撫採進本

明賀泟撰泟字汝定廬州人隆慶庚午舉人官至蘇州府同知是書以圖書爲易原本首卷圖書八卦說卷二六十四卦說太極圖說皆剿掇朱子緒論無所發明卷三卦繫雜言卷四圖卦續言則皆

其所自撰也如以河圖爲先天體洛書爲後天用不知八卦之有先天圖本道家抽坎塡離之説猶有所本至圖書亦分先後天則前人所未有也又引陰符經所稱五賊證五行陰符經出自李筌稱傳自北魏寇謙之本道家之僞本用以説易相去愈遠矣

大象觀二卷 浙江吳玉墀家藏本

明劉元卿撰元卿字調父安福人隆慶庚午舉人萬歷中官至禮部主事明史儒林傳附見鄧元錫

傳中史稱所著有山居草還山續草諸儒學案賢奕編思閒編禮律類要大學新編而不及此書蓋偶未見然是書詮釋易象僅依文訓詁不足盡示人用易之義至其以雜卦爲序尤爲顛倒夫雜者相錯之餘義也綴十翼之末明非正經也經文不以爲次而元卿改經以從傳然則序卦可不用矣

周易象義四卷　河南巡撫採進本

明唐鶴徵撰鶴徵號凝菴武進人隆慶辛未進士官至太常寺少卿凡例中屢稱先君荅右都御史

順之之子也事蹟附見明史順之傳中是編用王
弼本故不註繫詞以下大旨述順之之說主於以
象明理卷首所載讀易法六一曰易須象與理合
象與爻合二曰上下卦宜分看三曰一卦必有主
爻四曰互卦最有關繫五曰倒體亦有關繫六曰
每卦各有大意則是書之綱領也所解如屯六二
謂二以五爲屯膏之主非可事者故守貞不字而
字初以爻詞觀之則匪寇婚媾女子貞不字指五
之坎而言也十年乃字者謂二不字五至四互坤

得十年之象乃下應初故六四亦云求婚媾也訟九二謂二既歸則下復成坤坤象三爻有三百戸象坎多眚變坤則不爲坎故無眚六三在二既歸之後坎復坤體全有坤德故曰食舊德觀或從王事亦坤三舊文可見矣雖自出新解而於經義亦足相發至於陽極而亢陰極而戰乾坤二上爻其義相近而鶴徵解乾之上爻以反本還元歸根復命爲說已涉道家之旨於坤之上爻謂龍戰爲懼而戰栗以過時退居故稱野以貶損自傷故稱血

則穿鑿而不當理矣

易象會旨一卷浙江巡撫採進本

舊本題曰延伯生述不著名氏前有萬歷已酉熊惟學序稱爲同年臨川文臺吳君亦不著其名考惟學爲隆慶辛未進士是年榜有臨川吳撝謙或即其人歟其說取反對之卦如乾坤屯解蒙蹇之類合兩卦大象辭而會釋之故曰會旨大象統論一卦又每卦皆有以字示人用易之方初無取於對卦其對對卦乃易中之一義不能標舉以詁全經

是書所論殊非易之本旨也

易象管窺十五卷浙江巡撫採進本

明黃正憲撰正憲字懋容秀水人與其兄少詹事洪憲皆喜談易洪憲有周易集說三卷今未見傳本惟正憲此書存所用乃王弼之本所註專主於義理前有膚見七條即其凡例也正憲自記稱是書始於乙未成於壬寅凡六易稿每早起則讀金剛經終朝則讀周易且以西方北方聖人並言則其書槩可知矣

蠙衣生易解十四卷江西巡撫採進本

明郭子章撰子章字相奎號青螺又自號曰蠙衣生泰和人隆慶辛未進士官至兵部尚書是編成於萬歴丁巳其歸田以後所作也卷一爲易論六篇卷二至卷九六十四卦各爲總論少者一篇多者至八篇總論之外又標舉文句發揮其義惟師謙噬嗑復頤大過咸恒損萃革鼎旅節中孚未濟十六卦無所標舉餘卦少者一條多者至五條十卷至十四卷則雜論繫辭說卦而序卦以下不及

焉其易論以繫辭生生之謂易一句爲本而以人性當生生之理其諸卦所論乃皆不歸此義往往牽合時事或闌入雜說如論謙卦云漢文宋仁皆謙德之君也尉佗自王元昊自帝皆非撝謙之臣故佗昊後俱削弱王導劉裕皆勳勞之臣也周顗之不顧導劉毅之不敬裕皆非撝謙之友故顗毅終見誅戮其論已不切當日情事至論遯卦謂懷愍不遯故青衣行酒徽欽不遯故獻俘金廟當時固執死社稷之說爲晉宋大臣不學之過尤爲紕

繆他如論震卦而及於雷之擊人已非經義又謂雷之所擊皆治其宿生之業孔氏之門安得是言哉

學易舉隅六卷浙江汪啟淑家藏本

明戴廷槐撰廷槐長泰人隆慶中貢生其說謂易自商瞿而後斯道遂晦至宋三子而後大明其漢魏至唐諸儒則槩目爲不知易持論頗偏且廷槐謂日月爲易本參同契之文而六十四卦圓圖即參同契六十卦周張布爲輿之說既謂之不知易

矣何爲又陰襲其義乎

易傳闡庸一百卷 江蘇巡撫採進本

明姜震陽撰震陽字復亨自稱曰東楚蓋淮泗間人也是書以朱子本義爲主附綴諸說於其下皆循文衍義冗沓頗甚不出坊刻講章之習卷前標曰十名家批評其陋亦可以想見矣經義考作一百二卷註曰未見此本惟一百卷殆彝尊偶誤歟

今易詮二十四卷 浙江吳玉墀家藏本

明鄧伯羔撰伯羔字儒孝常州人朱彝尊經義考

載其古易論二十九卷今易詮二十四卷并載伯兼自序謂詮次成帙爲上下經若干卷爲彖象繫辭文言說卦序卦雜卦諸傳若干卷一遵東萊古易其外詮則以廣未盡之旨云云今觀此二十四卷前無自序而有自述例十條云前詮從古此改從今則彝尊所引葢其古易詮之序也然此書雖用註疏本而其總論一卷外詮一卷則仍與前序之言相應經義考又載史孟麟序云先是輯今人言爲今述若干卷藏於家兹乃裒古今人言及巳

所論註合爲一帙命曰易詮此本但有今易詮非完帙矣

義經十一翼二卷 浙江巡撫採進本

明傅文兆撰文兆金谿人是書原目凡五篇上古易第一觀象篇第二玩詞篇第三觀變篇第四觀占篇第五故明史藝文志著錄五卷此本缺其後三卷惟前二卷存其論爻詞以爲文王所作大旨專主圖書象數之學其稱十一翼者葢以孔子傳易爲十翼而已又翼孔子故曰十一也核其名稱

殊爲僭聖明史藝文志載此書五卷經義考亦註
曰存此本僅有上古易一卷觀象篇一卷其玩辭
觀變觀占三卷並闕其近時始佚歟

欽定四庫全書總目 經部

卷八

12225

# 欽定四庫全書總目卷八

## 經部

### 易類存目二

周易象通八卷浙江吳玉墀家藏本

明朱謀㙔撰謀㙔字鬱儀寧獻王七世孫萬歷間以中尉攝石城王府事是書惟釋上下經文不及十翼大旨欲稍還古義而轉生臆說如不用陳摶先天圖亦不用周子太極圖是矣而别造河圖四謂三代以來世藏秘府以爲寶學者莫得而窺迨

宋徽宗考古搜奇始出宗於外是出何典記乎邵陳以前無論矣耿南仲張根諸家皆徽宗時人王湜以下諸家皆徽宗後人何不一見也其說易以象象取於互體變體是矣然如謂乾居西北當奎婁白虎之尾故曰履虎尾已穿鑿附會至於解既濟云涉者多繫匏以防危離爲大腹匏瓜之象則涉者也坎爲川瀆則津濟也因外卦爲離而生大腹因大腹而生匏瓜因匏瓜而牽合於繫匏涉水以遷就既濟之象易果若是之迂曲乎又解困卦

初爻二爻云坎爲叢棘初其株也六三居泉谷之間故爲石梁株木石梁皆因未涸而爲橋梁是急於濟渡而遭困也因坎生叢棘因在初爻而變文曰株木因六三在兑坎之間生泉谷因泉谷而生石梁而省文曰石易果若是之晦澁乎上經始乾坤而終坎離下經始咸恒而終旣濟未濟確有義理序卦卽不出孔子亦必漢以前經師所傳謀𡍼乃合上下經而一之易未經秦火訛脱甚少而謀𡍼或隨意改字或動稱錯簡衍文甚至漸卦上九

併經文改爲鴻漸于逵並不言舊作鴻漸于陸其武斷尤甚謀瑋以博洽名此書尤爲曹學佺所推許其實多出臆見不爲定論也

易學識遺一卷 內府藏本

明朱睦㮮撰睦㮮字灌甫號西亭周定王六世孫萬歷五年舉宗正領宗學事事跡附見明史周王橚傳是書大指皆辨論諸家說易之異同雖薈萃不多而頗有卓見如乾之四德謂程傳本文言視本義爲勝乾九二利見大人不專指九五明夷九

三不可疾貞從項安世以貞字爲句井泥之泥讀平聲勿幕之幕卽羃字數往者順用王安石解皆於經傳有裨非同勦說雷同者然明史藝文志不載此書核校其文卽睦㮮五經稽疑中說易之一卷或其初出别行之本抑或書賈作僞改題此名歟

易經疑問十二卷 浙江巡撫採進本

明姚舜牧撰舜牧字虞佐烏程人萬歷癸酉舉人歷官新興廣昌二縣知縣考舜牧生於嘉靖癸卯

其五經疑問皆年過六十所撰迨年過八十又重訂詩禮二經及此書其序並載所著來恩堂集中歲月先後一一可考計其一生精力殫於窮經然此書卒敷衍舊說間出己意亦了不異人葢其學從坊刻講章而入門徑一左遂終身勞苦而無功耳

易測十卷 江蘇巡撫採進本

明曾朝節撰朝節字植齋臨武人萬歷丁丑進士官至禮部尚書是編取王弼註孔穎達疏程子傳

朱子本義及楊氏易傳之說參互考訂惟解上下經彖象文言繫辭而置說卦序卦雜卦又倣王弼畧例之意別作說凡一卷附於末大旨主於觀辭玩占一切卦圖卦變之說悉所不取頗足掃宋易之葛藤然其去取衆說則未能一一精審也

周易冥冥篇四卷 兩淮鹽政採進本

明蘇濬撰濬字君禹號紫溪晉江人萬歷丁丑進士官至廣西布政司參政此書惟解上下經繫辭說卦删序卦雜卦大旨主王弼虛無之說一切歸

之於心學非惟廢卜筮之説乃併宋儒言理而偶及數者亦以爲執泥牽拘其訓潛龍勿用以爲心之寂然不動訓大明終始以爲心之靈明不昧而於繫辭之末以易主忘言爲歸宿觀其以冥冥名書則其説之遁於二氏不問可知矣

易經兒説四卷浙江吳玉墀家藏本

明蘇濬撰濬周易冥冥篇恍惚支離頗涉異學及作是書乃墨守朱子本義尺寸不踰其首先曰講者詮釋文句也次曰意者推闡大旨也次曰總論

則一卦之綱領也又間出旁註以一二語標題蓋專爲科舉之學而設因在家塾以此書爲子姪講授故稱兒說萬歷中嘗刊行板後散佚康熙丁卯其裔孫堯松等重刊之

續韋齋易義虛裁八卷 浙江巡撫採進本

明涂宗濬撰宗濬字鏡原南昌人萬歴癸未進士官至兵部尚書謚恭襄是編用注疏本彙前儒之說以作解大旨依傍程朱傳義而亦時有所糾正如坤六五一爻駁程子女媧武后之說是也所說

頗潔淨不支而隨文生義罕所發明其首列易圖以河圖作旋毛洛書作拆甲葢本吳澄之説非所臆造然澄説實臆造也

易會八卷 浙江鄭大節家藏本

明鄒德溥撰德溥字汝光安福人萬歷癸未進士官至司經局洗馬明史儒林傳附見其祖守益傳末是書用注疏本其説多主義理亦兼言象自繫辭以下所解甚畧自序謂就心所會者述之故名易會然往往亦借以寓意如解亢龍有悔曰亢而

曰龍則亢乎其所不得不亢也蓋人處時勢之極固有必亢而後濟者惟聖人純乎天德無一毫全軀保命之思雖履盛滿蒙譏謗冒天下之不韙而弗之避也卽勢且至於悔亦爲天下甘之矣若慮其有悔而先自處於不亢之地則智士之所爲耳何龍德之云乎此明季清流之見以愧選愞則可矣實非經義也

像抄六卷內府藏本

明錢一本撰一本有像象管見已著錄是書雖以

象爲名實則衍陳摶之數學凡卦圖二卷附錄書札及雜吟二卷上下經解二卷其卦圖以朱子本義所列九圖衍爲三十二圖圖各有說縱橫比對自謂言象而理在其中然孔子所謂象者像也即指卦爻朱子所列九圖後儒已不免異同一本借以旁推尤爲支蔓雖易道廣大隨拈一義皆有理可通究非聖人設教之本旨也

四聖一心錄六卷兩淮馬裕家藏本

明錢一本撰是書於像抄之外又舍數而言理其

言理舍天而言人其言人又舍事而言心推闡之以至於性命體例近乎語錄其論亦多支離如謂許由讓王爲能知河洛之道又謂序卦傳爲格物之學大抵皆故爲高論也

易筌六卷附論一卷江蘇巡撫採進本

明焦竑撰竑字弱侯應天旗手衛籍山東日照人萬歷己丑進士第一授翰林院修撰尋遷東宮講讀官謫福寧州州同事迹具明史文苑傳是書大旨欲以二氏通於易每雜引列子黃庭內景經抱

朴子諸書以釋經史稱竑講學以羅汝芳爲宗而善耿定向耿定理及李贄時頗以禪學譏之蓋不誣云

周易正解二十卷 浙江吳玉墀家藏本

明郝敬撰敬字仲輿京山人萬歷己丑進士歷官縉雲永嘉二縣知縣擢禮科給事中遷戶科尋謫宜興縣丞終於江陰縣知縣明史文苑傳附見李維楨傳末所著有九經解此即其一用王弼註本凡上下經十七卷其說較詳繫辭以下僅三卷則

少畧焉大旨以義理爲主而亦兼及於象其言理多以十翼之說印正卦爻其言象亦頗簡易然好恃其聰明臆爲瓶論如釋蠱卦爲武王之事而以先甲後甲爲取象甲子昧爽其他亦多實以文武之事葢本作易者其有憂患一語輾轉旁推遂橫生穿鑿其所著經解大抵均坐此弊也

易領四卷 浙江鄭大節家藏本

明郝敬撰是書專釋卦序之義自序謂冠以序卦傳如衣之挈領故以領名卷前標山草堂集第二

內編蓋敬所著九經解皆編入文集此其集中之第二種耳

易學飲河八卷　兩淮馬裕家藏本

明張納陛撰納陛字以登宜興人萬歷己丑進士官禮部主事事迹附見明史顧允成傳納陛以爭並封去官乃閉門註易其書惟解上下經每卦皆註互體而不甚發互體之義如解亢龍有悔謂處亢之時不得不亢不得不悔何病乎亢龍則取鄒德溥之說解龍戰于野謂戰者懼也栗也非與陽

爭戰乃疑于陽而自爲戰懼也則取唐鶴徵之說皆苟務趨新乖違古義又删除上下經之名以咸恒二卦移附坎離二卦之末尤竄亂舊次割裂聖文至六十四卦惟否與未濟二卦置而不註蓋納陛丁明末造以否爲亂世未濟爲窮時託不言以寓其慨也前有錢一本序其詞頗譎大抵不得志而著書之意則是書不必盡以經義核矣

周易旁注會通十四卷 浙江吳玉墀家藏本

明姚文蔚撰文蔚字養谷錢塘人萬歷壬辰進士

官至南京太僕寺少卿初休寧朱升作周易旁註用王弼本後程應明更定從朱子本文蔚以經傳相離不便誦習且旁注細字難讀於是改爲此本於原文一無增損但易旁注爲直下又仍取十二篇舊文列之於前以其可以通今題曰會通蓋專爲諧俗而設也

古易彙編十七卷　浙江汪啟淑家藏本

明李本固撰本固字維寧臨清州人萬歷壬辰進士官至太僕寺少卿按易自費直以十翼解經而

鄭康成以彖傳連經文於是十二篇之序始紊如今乾卦是也至王弼又自坤卦以下每卦每爻取傳辭連綴經文之下并取文言入乾卦坤卦之中今注疏本是也後王洙呂大防周燔吳仁傑輩遞有考核而以呂祖謙所定爲善故朱子本義用祖謙之本至吳澄又謂繫辭內居室等七條祐助一條何思等十一條實文言之文由王弼旣取乾坤文言入乾卦坤卦其無可附者後人并入繫辭內而孔疏復曲爲之說復古易者但取乾坤文言別

爲一卷而散入繫辭者未之改也故其作易纂言取此諸條入文言是書篇第悉依朱子本而文言則用澄本故曰古易然朱子本於古有據吳澄說自昔未聞以杜撰之說目爲古本於義殊爲乖刺也其書分爲三集一曰意辭二曰象數三曰變占意辭之目凡八曰古易附見書前曰辭會郎經傳曰明意曰釋名曰詳易曰玩辭曰誤異曰易派象數之目亦八曰圖書象曰圖書數曰總論曰畫象

曰三易曰廣象曰觀象曰行數變占之目凡十曰

蓍變曰之變曰反對曰變例曰辨成曰觀變曰不

卜曰玩占曰卜筮曰斷法

玩易徵言摘抄六卷浙江巡撫採進本

明楊廷筠撰廷筠字仲堅錢塘人萬歴壬辰進士

是編採諸家說易之言彙集成帙故曰摘抄首卷

載論易大旨十餘條亦皆徵引前人論說未嘗自

立一義葢仿李鼎祚集解之例而鼎祚所採多漢

以來不傳之佚文足資考證廷筠此書特撮錄近

代講義而已

易引九卷　江蘇周厚堉家藏本

明方時化撰時化字伯雨歙縣人萬歷甲午舉人官至敘州府同知時化傳其高祖社昌之易學著書六種其子麗槀輯合刊此其第一種也共一百有一篇前後泛論易理中則每卦爲一篇兼及繫辭各章大旨以佛經解易根本已謬其是非不待辨也

周易頌二卷　江蘇周厚堉家藏本

明方時化撰其易學之第二種也上卷九十頌下卷亦九十頌前後泛言象數中間每卦爲一頌亦有兩卦爲一頌者其體格頗倣焦氏易林要不脫佛家之宗旨

學易述談四卷 江蘇周厚堉家藏本

明方時化撰其子龐筆而誌之故以述談爲名其易學之第三種也分密義述二十則名象述十二則卦爻述四十則凡例述十二則總以禪機爲主故首卷之末有佛家三乘之說也

易指要繹三卷　江蘇周厚堉家藏本

明方時化撰初時化高祖社昌嘗著周易指要五首至時化乃取而繹之每段之下凡稱繹曰者皆時化之言其易學之第四種也

易疑四卷　江蘇周厚堉家藏本

明方時化撰其易學之第五種也首卷畧義疑二十一則二卷名象疑十二則三卷卦爻疑三十六則四卷凡例疑二十四則所分四類與學易述談相同皆別無精義

易通一卷江蘇周厚堉家藏本

明方時化撰其易學之第六種也多取通書正蒙之言發明易理案通書一名易通正蒙亦多詮解造化陰陽之妙其理本自相貫然一經時化之發揮則儒言悉淆於異學葢其紕繆在宗旨之間故不免貌同而心異也

周易鐵笛子一卷兩江總督採進本

明耿橋撰橋字庭懷獻縣人萬歷甲午舉人官至監察御史是書每卦畫六爻而繫爻詞於畫下又

取反對之卦爻詞倒書之自謂古易蓋據稅與權之本其於十翼則取文言乾元者以下六十六字坤至柔以下三十四字謂當入象取文言潛龍勿用下也以下一百七字謂當入象又分繫辭傳爲上中下三段則皆無據之說也

易經通論十二卷浙江巡撫採進本

明曹學佺撰學佺字能始侯官人萬歷乙未進士官至四川按察使以著野史紀畧削籍崇禎初起廣西按察司副使不就後爲朱聿鍵禮部尚書聿

鍵敗學佺自殺事迹具明史文苑傳是書專釋各卦彖詞六爻融會一卦之意其釋鳴鶴在陰藉用白茅諸句頗有前人所未發之義惟於河圖洛書推求不已則以家在閩中習聞漳浦之學也然漳浦之學本別傳於易外學佺拾其緒論愈衍愈支既不及其術數之精而又無當於經義是進退無據矣朱彝尊距學佺最近而經義考註曰未見殆當時已不甚行歟

周易可說七卷　浙江巡撫採進本

明曹學佺撰是書以象占爲主於前人中多採來知德易注而深疑朱子本義如謂凡詞皆象也本義一詞而分爲象占如潛龍勿用本一句而以潛龍爲象勿用爲占者非其說頗允又謂陰變爲陽陽變爲陰只是剛柔相推而變化在中非眞陰變爲陽陽變爲陰譬如男子有時行陰柔的事即可變作婦人否婦人有時行剛方的事即可變作男子否云云則殊膠固不知變論其德不論其人也又謂如小畜之下三爻本義云以君子欲上進見

畜于小人上三爻則云以柔順之君子畜止剛暴之小人遯之二陰浸長則陽遯矣爻之初六六二則云君子之遯在後與夫固守必遯者一卦之中乍賢乍佞何可以訓云云不知易之理變動不拘隨爻取象不可以一格繩也亦自爲一家之說而已矣

易經澹窩因指八卷 安徽巡撫採進本

明張汝霖撰汝霖字明若山陰人萬歷乙未進士官至江西布政司參議其書隨文訓釋蓋專爲科

舉而作

周易古文鈔二卷　浙江巡撫採進本

明劉宗周撰宗周字起東號念臺山陰人萬歷辛丑進士官至左都御史南都破後絕粒而死事迹具明史本傳乾隆乙未

賜謚忠介宗周與漳浦黃道周明末俱以善易名道周長於數宗周長於理其學多由心得故不盡墨守傳義其刪說卦序卦雜卦三傳雖本舊說已失先儒謹嚴之義至於經文次序每以意移置較吳澄

纂言更爲無據亦勇於竄亂聖經矣故其人可重而其書終不可以訓焉

周易宗義十二卷 浙江吳玉墀家藏本

明程汝繼撰汝繼字志初朱之蕃序又稱其字曰敬承蓋有二字也婺源人萬歷辛丑進士官至袁州府知府是書前有自述凡例云以朱子本義爲宗故名曰宗義然亦往往與朱子異朱之蕃序稱萬歷辛卯遇汝繼於天界禪林方以易學應制舉又稱比擢南曹乃得乘其政暇羅列諸家之說不

泥古不執今句櫛字比必求其可安於吾心以契諸人心之所共安而後錄之葢其初本從舉業而入後乃以意推求稍參别見非能原原本本究易學之根柢者故終不出講章門徑云

周易象義十卷江蘇巡撫採進本

明章潢撰潢字本清南昌人萬歴乙巳以薦授順天府學訓導時年已七十九不能赴官詔用陳獻章例官給月米後至八十二歲終於家明史儒林傳附載鄧元錫傳末是書主於言象故引張行成

說以駁晁公武主理之論大抵以漢上易傳爲椎輪雜引虞翻荀爽九家易及李鼎祚鄭汝諧林栗項安世馮椅徐大爲呂樸卿諸家而參以己意其取象之例甚多約其大旨不出本體互體伏體三者雖多本古法而推衍頗爲繁碎未能一一盡得經義也

易經會通十二卷 浙江巡撫採進本

明王邦柱江柟同撰邦柱字砥之萬歷丙午舉人柟字楚餘皆休寧人其所徵引至一百七十餘家

然大旨本爲舉業而設故皆隨文衍義罕所發明其所標舉有全彖合旨有六爻合旨有二卦合旨有繫辭合旨亦皆不出講章窠臼至於卷首列取象之義分正體互體變體複體積體移體半體似體反體伏體對體諸例自謂偶有巧合者錄其一二實則隨意立名徒生轇轕而已

易芥八卷 浙江吳玉墀家藏本

明陸振奇撰振奇字庸成仁和人萬歷丙午舉人是書經義考作十卷與此本不符然所引鄭之惠

說稱陸庸成爲諸生時著易芥八卷與此本合則十卷乃字之悞也書中不載經文其訓詁專主義理每卦多論反對之意其論用九謂非六爻皆變與左傳蔡墨所稱乾之坤者顯相乖刺知其不以古義爲宗矣

易林疑說 無卷數 浙江汪啟淑家藏本

明楊瞿崍撰瞿崍字稚實晉江人萬歷丁未進士官至江西提學副使先是瞿崍之父著易經蒙筌未就而卒瞿崍承其家學考索諸家有疑卽爲之

說故名曰疑說其論九疇子自胎合河圖論洛書可以叙疇亦可以畫卦以及横圖圓圖逆數順數八卦序次五行生尅皆繳繞旁文無關經義明史藝文志作十卷今此本止三册不分卷數疑就其初成藁本傳寫者也

易經勺解三卷 浙江汪啟淑家藏本

明林欲楫撰欲楫字平庵晉江人萬歷丁未進士官至禮部尚書兼掌詹事府事是書乃其子華昌所錄其說專主人事以發明義理爲主不及象數

欲楫與楊瞿崍同里同年又同說易而持論各局於一偏豈相激而相反歟然瞿崍似探易之本原實牽合於易之外欲楫似得易之皮毛猶尋求於易之中也

松蔭堂學易六卷 內府藏本

明賈必選撰必選字直生上元人萬歷己酉舉人官戸部主事以辯倪嘉慶宽謫外旋陞南京工部郎中其解易以數爲本於河圖洛書之異同先天後天之分別上經下經之反對皆主發明邵子之

說

易略三卷兩江總督採進本

明陸夢龍撰夢龍字君啓會稽人萬歷庚戌進士官至山東按察司副使調陝西進布政司參政分守固原以奮擊土寇戰殁贈太僕寺卿事迹附見明史張問達傳是書隨筆標識不載經文頗融會宋儒之說而參以史事大抵亦推尋文句之學惟不取河圖洛書之說則頗有卓見

易臆三卷浙江鮑士恭家藏本

明鄭圭撰圭字孔肩錢塘人是書成於萬歷庚戌前二卷以六十四卦各爲一論後一卷則於繫辭諸傳中標舉字義發明之如論乾卦閑邪存誠云心者人中龍也其剛明不息渾然乾也着一物焉則不化着一念焉則不神所自邪也邪識愈多邪行愈妙而赤子之心愈失人道息矣又云天運不已以其無着天體無着以其純乾論屯卦云侯爲國主心爲人主心有主心境自開朗世界有主世界自開朗論蒙卦云屯者混沌之世宜治也蒙者

混沌之心可教也論離卦云坎陽內心學也離陽外治道也論繫辭洗心藏密云易有太極聖有心極其言皆近於二氏觀其論精變神一條引楊簡心之精神謂之聖則源出慈湖槩可見矣其他亦多涉明季時事如論師卦謂汲長孺與公孫宏其忠佞相去天淵然汲侍忠不能善道故不相世路通塞雖得之有命亦求之有道論否泰二卦云非中行之臣不能包容小人包容小人不得如何消得小人論大過卦謂過而不過者郭林宗陳仲弓

以過濟過者梁伯鸞徐孺子論遯卦云舜禹與四凶雜處堯朝曾不見一毫同異之迹故所謂肥遯者舜禹是也持論皆不純粹大抵有爲言之非經之本旨也

重訂易學說海八卷福建巡撫採進本

明郭宗磐撰宗磐號鵬海晉江人是書成於萬歷辛亥用注疏本順文推衍專主義理不及象數大抵以本義爲宗而雜採諸家講義貫以已說於本義亦時有辨證然不多見也其曰重訂者葢此書

先經付梓後覺其未善復自加釐正云

周易易簡編　無卷數　江蘇巡撫採進本

明陸起龍撰起龍字雲從上海人萬歷壬子舉人官永寧縣知縣是書自序謂採漢唐宋以來註疏暨家藏未刻本多至充棟筆之成帙猶病其賾而雜遂歸根易簡融會精理彙而成編又謂其學淵源所出在屠隆與歸有光有光篤志宋儒隆則希蹤兩晉二家學問分道揚鑣書中義理切實之處當由宗法於歸詞旨輕儁之處當由漸染於屠矣

易學殘本十二卷浙江巡撫採進本

明卓爾康撰爾康字去病仁和人萬歷壬子舉人官至工部屯田司郎中謫常州府檢校後終於兩淮鹽運通判據明史藝文志載爾康易學五十卷此本僅存圖一卷圖說六卷及說卦傳二卷序卦傳二卷雜卦傳一卷每卷首但有卷之二字而空其數蓋刊刻未竟之本也其大旨附會河洛推演奇偶紛紜轇轕展卷如歷家之數表所謂聖人因象示教之本旨渺不知其所在以此為作易之奧

則老筭博士八八皆妙契先天矣其首列爲起數之根者有古河圖古洛書陳希夷龍圖別傳古河圖今河圖古洛書今洛書豈龍馬所負一圖而有此四本神龜所呈一書而有此兩本耶抑後人以意造作也爲書如是其完也不足貴其闕也亦不足惜矣

易窺　無卷數　浙江汪啟淑家藏本

明程玉潤撰玉潤字鉉吉常熟人萬歷癸丑進士據經義考所引倪長玗語知其嘗官部郎始末則

未能詳也然經義考但載程玉潤周易演旨六十五卷而無易窺之名又此書僅有十册不分卷數亦與六十五卷不合惟所解止上下經與程子易傳同其大意在申暢程傳凡傳義與朱子本義異同者多調停其說與倪長玗所稱取正叔先生傳而增益之者宗旨相符或原名易窺後改演旨此猶其初藁後以一卦爲一卷併總論爲六十五卷此藁則尚未分卷歟今未見演旨其爲一爲二莫之考矣

易學管見無卷數浙江吳玉墀家藏本

明洪啟初撰啟初字爾還南安人萬歷癸丑進士官兵部主事是書用注疏本大抵訓詁之恒言至於繫辭說卦每章之首皆標首句為章名亦非古式也

易學五卷浙江巡撫採進本

明吳極撰極字元無漢陽人萬歷丙辰進士嘗官知縣而其所官之地則不可考是編首有天啟丙寅自序謂初好讀易即尋究萬廷言易原一卷恍

然有得迨三仕南中官邸多暇日以樂玩爲業研證旣久繙搜亦侈其不甚異意者於程子易傳外獨楊簡之己易蘇軾之易解焦竑之易筌鄒德溥之易會以故編中多採四家之書云

周易揆十二卷 浙江巡撫採進本

明錢士升撰士升字抑之嘉善人萬歷丙辰進士第一官至文淵閣大學士事迹附見明史錢龍錫傳是書用注疏本雜採前人之說斷以己意許譽卿序云邵子揆諸氣程子揆諸理朱子揆諸象此

書自屯以下於每卦前設互卦後設對卦舉氣與理象而兼融之此揆之所以名也在明人易解中持擇尚爲詳審特溺於河洛反對之說體例糾紛未能盡除錮習耳

周易時論合編二十三卷 安徽巡撫採進本

明方孔炤撰孔炤字潛夫號仁植桐城人萬歷丙辰進士官至右僉都御史巡撫湖廣爲楊嗣昌劾罷逮治謫戍久之釋歸崇禎末起故官屯田山東河北兼理軍務事迹附見明史鄭崇儉傳是書卽

其罷官後所著凡圖象幾表八卷上下經繫辭說
卦序卦雜卦十五卷其立說以時爲主故名時論
蓋孔炤初筮仕卽攖璫禍及膺封疆之任值時事
孔棘又遭齮齕有所憂患而發於言頗多證据史
事感慨激烈其講象數窮極幽渺與當時黃道周
董說諸家相近孔炤自著凡例稱少侍先廷尉教
以三陳九卦案孔炤父大鎭字君靜萬歷已丑進
士官大理寺少卿著有易意四卷載朱彝尊經義
考則易固其家學也是編刋於順治庚子前有李

世治序經義考作十五卷或朱彝尊所見之本無

圖象幾表歟

易就六卷兩淮鹽政採進本

明徐世淳撰世淳字中明嘉興人萬歷戊午舉人官至隨州知州張獻忠之亂城破巷戰死贈太僕寺卿事迹具明史忠義傳是書前有張溥序此之王弼胡瑗王安石三家而序多微詞頗寓不滿之意光時亨序則稱易當從自己性徹入不可依傍先儒蓋世淳命意如此故其書似儒家之語錄又

似禪家之機鋒非說經之正軌也

伏羲圖贊二卷浙江巡撫採進本

明陳第撰第字季立連江人以諸生從軍官至薊鎮遊擊是書上卷於奇偶之數以黑白分陰陽兩儀四象八卦皆規方而爲圓於先儒所傳卦畫方位先後天方圓諸圖一一辨其所失下卷爲圖贊二十一末附圖向一篇大抵皆臆造之說不足爲據惟雜卦傳古音考一篇用其所長轉勝於全書如傳文屯見而不失其居蒙雜而著第謂居古讀

倨引詩蟋蟀無已太康職思其居好樂無荒良士瞿瞿漢韋元成戒子孫詩昔我之墜畏不此居今我度茲戚戚其懼爲證考周禮春官凡以神仕者掌三辰灋以猶鬼神示之居鄭注居謂坐也故春官釋文居紀慮反則與踞通前漢趙禹傳爲人廉倨亦通作居郅都傳丞相條侯至貴居則居與倨通與第說皆足以相合知其考辨之確而惜非大旨之所存如務以附所作古音考則庶幾矣

風姬易遡五卷　江南巡撫採進本

明王宣撰宣字紀卿一字虛舟金溪人其書止上下經卦爻辭前有自序曰風伏羲姓遡風者溯卦姬文周姓溯姬者溯彖爻獨不遡孔者余觀彖家非舉業家也如其所言則孔子十翼竟爲舉業而作歟此因四聖人各自有易之說而報讐流爲行扨者也所言多主於象亦破碎支離不盡合於經義

周易古本一卷 浙江鮑士恭家藏本

明華兆登編兆登無錫人是書成於萬歷中分文

王卦辭上下周公爻辭上下爲四篇以孔子彖傳象傳爻傳文言繫辭說卦序卦雜卦爲八篇以合十二篇之數其所謂象傳即今大象爻傳即今小象也附古本辨一篇記疑六條皆自述更定編次之意按周易十二篇見於漢書藝文志其十二篇之次第不可知顏師古註曰上下經及十翼故十二篇孔穎達周易正義曰十翼謂上彖下彖上象下象上繫下繫文言說卦序卦雜卦自宋以來復古易者甚多皆各有更定彼此互異然未有以卦

辭爻辭分篇者皆兆登據馬融陸績之說以爲爻辭周公作故應與文王異卷究爲單詞孤證經傳別無明文且孔子明言二篇之策今以上下經爲四篇亦無證據至六爻有爻畫見於吳仁傑之費氏古易朱子已譏其重複今用爻畫而刪初九初六之文則孔子傳內稱九六者何所自昉豈孔子所見尚非古本乎名爲復古實則臆說而已矣

易經增註十卷 直隸總督採進本

明張鏡心撰鏡心字用晦磁州人天啓壬戌進士

官至兵部尚書是編用註䟽之本隨文闡發多釋義理無弔詭之詞亦無深微之論說易家之墨守宋儒者也

繫辭十篇書十卷 江蘇巡撫採進本

明陳仁錫撰仁錫字明卿長洲人天啓壬戌進士第三官至南京國子監祭酒事迹具明史文苑傳此編以十篇爲名今核其數曰翼易書曰太極書曰河洛書曰羲易書曰文易書曰文序曰孔易書曰著占書曰卦爻書僅見九名其首冠以繫辭說

不入目錄文易書下附以羲文合論而翼易書分上下不知以何一篇足爲十也其書立名詭異至其所說則不過掇拾舊文編綴成帙而已

易經頌十二卷副都御史黄登賢家藏本

明陳仁錫撰是書多剖析字句以發揮意義亦間與本義異同大抵據文臆斷之處多而研究古訓之處少葢仁錫文士於經學本非專門也

易思圖解無卷數江西巡撫採進本

明劉日曦撰日曦字仲升彭澤人天啓壬戌進士

是書以邵子大横大圓二圖爲先天横排圓排爲大成其小横爲太極陰陽卦序小圓爲先天小成文王卦位爲後天小成漢儒卦氣圖加以四正之卦爲後天大成雜卦之次則爲孔子序卦與文王序卦一例後附以河圖洛書及周子太極圖邵子皇極經世陰陽剛柔四象圖與一元消長數各爲之說大抵支離曼衍其序卦雜卦二圖非方非圓又不知其何所受也

易傭十四卷 兩江總督採進本

明文安之撰安之字鐵庵夷陵人天啟壬戌進士官至國子監祭酒朱由榔僭號粵西以爲大學士告歸尋卒事迹具明史本傳是書乃其官南京司業時所刊首列諸儒著述次以伏羲卦位明易之數以文王卦位明易之氣又以先後天之圖一上一下反覆合之以明對待流行之體大槩本來知德之說然其詮釋經文又多主義理不本諸圖以立論往往求高而涉於空虛求深而病於穿鑿不能盡歸醇正也

易史象解二卷江蘇巡撫採進本

明林允昌撰允昌字爲磐號素庵晉江人天啓壬戌進士官至吏部郎中案朱彝尊經義考載允昌周易耨義六卷稱莆田有金石社允昌集子弟月三會自崇禎庚辰四月至十一月凡二十二會門人張拱辰何承都等輯而成編因允昌以請學爲圃名齋故曰耨義此書書名卷數皆不符當各自一書彝尊失載也其說取易象大義各摭史事以配之每一卦爲一解自序爲本程傳朱義誠齋紫

溪諸說而參以己見然牽合附會處頗多所謂必求其人以實之則鑿矣

周易纂六卷 浙江巡撫採進本

明朱之俊撰之俊字滄起汾陽人天啟壬戌進士官至翰林院侍講是編用注疏本彙先儒舊說融以己意兼主義理象數亦采來注錯綜之例詞旨頗爲淺顯而隨文敷衍者多

易學統此集二十卷 兩江總督採進本

明孫維明撰其子越續成之維明字克晟江寧人

前有天啓四年維明自序其書多取宋元以來諸說不甚考究古義每節之下皆敷衍語氣如坊刻講章之式越所補入各條及引述其父之言皆別爲標識亦無奧旨

易經小傳二十卷浙江吳玉墀家藏本

明鄭友元撰卷前有自序自稱其號曰澹山不著歲月明史畢自嚴傳稱時有詔縣令行取者先核其錢穀華縣知縣鄭友元已入爲御史先任靑浦逋金花銀二千九百㡿以詰戶部尚書畢自嚴自

嚴飾詞辨遂下自嚴獄遣使逮友元又湖廣通志鄭友元字元章京山人天啟乙丑進士官御史當即其人也其書於乾卦經文卦詞下即接彖傳而分文言之釋彖者附之次大象次爻詞下接小象而分文言之釋爻詞者附之未免汨亂古經其以爻詞爲文王作亦與先儒之論不合也

周易爻物當名二卷 兩淮馬裕家藏本

明黎遂球撰遂球字美周番禺人天啟丁卯舉人從朱由榔起兵後守贛州城破巷戰死其書惟載

三百八十四爻以互變推求其象然互體變卦雖古法而遂球所推則自出新意往往支離蔓衍附會成文不必盡當名辨物之本旨也

廣易筌四卷 浙江巡撫採進本

明沈瑞鍾撰瑞鍾字德培平湖人自序言先嘗爲易意筌十九年後復爲廣易筌而書中又有稱家先生古筌者則述其父之說其閒經文次序用注疏本惟乾卦分節解之自坤以下每卦爲一說繫辭以後每章爲一說多主人事不取象數之學凡

上經下經繫辭傳上下各爲一卷而説卦雜卦乃附諸下繫之後朱彝尊經義考作易廣筌二卷與此不合殆僅見上下經耶自宋李光楊萬里以來多以史事證易義瑞鍾是書蓋亦是意然逐卦逐爻務求比例牽强既所不免且於當代時事槩行闌入尤爲駁雜造語遣詞亦多涉明季纖佻之習蓋沿李氏楊氏之餘波而失之泛濫者也

周易獨坐談五卷 兩淮馬裕家藏本

明洪化昭撰化昭自號曰北居士新都人經義考

列之馬元調前則啟禎間人也是書明史藝文志著錄然無卷數今本五卷不知何人所分其說以說卦序卦雜卦三傳皆爲漢儒所增入故置而不言惟說上下經繫辭然雜引古事語皆粗鄙如周公作歌招夷齊夷齊答歌之類雜以俳諧殊乖說經之體至謂文王八卦退乾於西北者乃因岐在西北意在以天自處尤穿鑿矣其自述乃曰日北居士談易每一卦六爻合成一片不知者以爲迂而非迂也發揮文王周公心事不知者以爲鑿而

非鑿也謂之獨坐談聊以自娛而不可以語人也何其果於自信歟

雪園易義四卷圖說一卷浙江巡撫採進本

明李奇玉撰奇玉字元美嘉善人崇禎戊辰進士官至汝寧府知府是編惟解六十四卦議論縱橫而詞勝於理前列增補四易圖說參訂圖說變化圖對待流行圖生生暨圖卦變圖納甲圖說皆推衍先天之學其因雲林傅氏之說以先天爲歸藏後天爲連山又出邵氏本論之外矣

易疏五卷 浙江吳玉墀家藏本

明黃端伯撰端伯字元公江西新城人崇禎戊辰進士除寧波府推官福王時官禮部儀制司郎中南京破死難事迹附見明史高倬傳乾隆乙未賜謚忠節其書專主京房易傳卷首所列諸圖皆以發明京氏卦變之義旁及陰符乾鑿度握奇遁甲等書其說頗近茫渺又先天圖震巽互易後天圖乾艮互易亦從來所未有也

苑洛易學疏四卷 浙江巡撫採進本

明周一敬撰一敬衢州人崇禎戊辰進士官至監察御史初韓邦奇作啟蒙意見五卷推闡河洛之義與卜筮之法一敬因而疏之自萬歷甲寅至崇禎壬午凡二十九年乃成於原書次序稍爲易置亦頗有刪削自序謂韓子以開明初學爲心故疏從其詳此書以溯源明理竊附前人故多遺末而尋本云

易鼎三然無卷數 江蘇周厚堉家藏本

明朱天麟撰天麟字震青吳江人寄籍崑山崇禎

戊辰進士由兵部主事改授編修後桂王由榔僭號以天麟爲大學士卒於廣西是書成於崇禎庚午以讀易譬之食味遡周易之旨者曰庖然發歸藏之義者曰潄然闡連山首艮之藴者曰饑然已爲怪異其子日有混沌譜中化造氣穴孫孫等三十六名無一非弔詭之詞於經義絲毫無當也

周易廣義四卷 浙江鄭大節家藏本

明鄭敷教撰敷教字汝敬吳縣人崇禎庚午舉人是編用注疏本以程傳朱義爲主而推廣其說故

名廣義凡諸儒之說與程朱合者收之稍有不合者則去之朱彝尊經義考載敷教易經圖考十二卷而不載是書殆偶未見歟

尺木堂學易誌三卷 山東巡撫採進本

明馬權奇撰權奇字巽倩會稽人崇禎辛未進士官兵部主事王亹序稱權奇才高召忌甫閱仕版在縶者數月縶維邸舍者三年後事白歸里因成是編其說皆詮釋大旨不規規於訓詁間引莊子文中子諸說旁及經史禪乘以證之蓋憂患之餘

借抒憤懣固不以說經論矣

十願齋易說一卷霞舟易箋一卷 浙江鄭大節家藏本

明吳鍾巒撰鍾巒字巒稚武進人崇禎甲戌進士官桂林府推官魯王監國以爲禮部尚書後自焚死乾隆乙未

賜謚忠烈是編每卦摘箋數語止有上經三十卦而無下經似非足本朱彝尊經義考惟載鍾巒周易卦說不著卷數註曰未見而無此書名江南通志儒林傳所載亦同殆輾轉傳聞相沿而誤歟此本前

有小引題曰霞舟易箋又題曰十願齋全集以易說爲卷一易箋爲卷二蓋編入文集之中如李石方舟集例今僅存此兩卷耳

易經說意七卷 浙江吳玉墀家藏本

明陳際泰撰際泰字大士臨川人崇禎甲戌進士官行人司行人明史文苑傳附見艾南英傳中際泰本以時文名故其說經亦即用時文之法中間或有竟作兩比者自有訓詁以來一二千年無此體例也

周易翼簡捷解十六卷附羣經輔易說一卷浙江巡撫採進本

明陳際泰撰。是編謂河圖洛書體用相爲附麗表裏，經緯悉師義易。首卷載古今諸圖，中十六卷爲捷解，末卷又爲圖說二十四條、拾遺九條，散漫支離，未得要領。附載羣經輔易說一卷，僅十四頁，大旨謂大學、中庸、春秋諸書皆所以明易，而西方之教獨與之背。蓋明末心學横流，大抵以狂禪解易，故爲此論以救之。所見特爲篤實，其人比高出一時，亦由其根柢之正也。

易辰九卷 江西巡撫採進本

明賀登選撰登選號澹餘鄱陽人崇禎甲戌進士官至監察御史是書以三百八十四爻取象之義雜引史事以證經蓋仿誠齋易傳之例而深切則不及之其以乾初爻爲象人必乾四爻爲象太子之類亦頗穿鑿自序謂易無象而三百八十四爻其象辰無象而三百六十度其象故以辰名其書焉

易序圖說二卷 浙江巡撫採進本

明秦鏞撰鏞字大音無錫人崇禎丁丑進士官清江縣知縣是書以序卦言義理而不及象數因合先後天而求之上經分五節象陽下經分四節象陰每節中又一一分析而引雜卦及彖爻象辭以為之解案序卦雜卦先儒多疑非孔子之書故言易諸家往往粗陳梗槩至元蕭漢中讀易考原述分卦序卦之義始詳為發明是書較漢中所言推闡加密而穿鑿附會亦以過密而生蓋此類皆易之末義必求其說亦皆有理之可通然謂四聖本

旨在是則殊不然也

讀易畧記無卷數 浙江鄭大節家藏本

明朱朝瑛撰朝瑛字美之號康流又號罍菴海寧人崇禎庚辰進士官旌德縣知縣其易學出于黃道周此書亦閒引道周之語然持論與道周又異其言象數不主邵子之說又別爲先天後天之圖取一索再索之序爲先天取對卦化氣爲後天殊爲創見抄本不分卷數朱彝尊經義考作一卷然細字至二百五十一頁必非一卷疑彝尊所見或

不完之本耶

讀易隅通二卷 浙江巡撫採進本

明來集之撰集之字元成蕭山人崇禎庚辰進士官安慶府推官是書多觸類旁推以求其融貫自序言一隅之通故謂之隅通其論四時五行多本之皇極經世書又謂後天卦圖爲周家全象龍亢上應天星皆不免於穿鑿

卦義一得 無卷數浙江巡撫採進本

明來集之撰是編於每卦約舉大義所發明不過

數語故名一得其中頗有精澈之語然支離處亦復不少如釋訟謂天開於子水歸於亥見其始而不見其終此天水訟之可以謀始而不可以成終也釋師謂五行之用莫大於水土有衆多之義而五行之用土又尅水有勝負之義且土在上者爲高水在下者爲深卽兵法之右背山林前阻水澤也亦未免失之纖巧矣

易圖親見一卷浙江巡撫採進本

明來集之撰此書取序卦雜卦以及三陳九德先

天後天之義爲圖四十有五而各爲之說用力雖勤然究不免於牽强湊合至上繫所引中孚等七爻亦爲之圖而下繫所引十二爻卽不能爲說亦可見其出於臆度而非本自然矣

讀易緒言二卷浙江巡撫採進本

明錢棻撰棻字仲芳嘉善人崇禎壬午舉人文淵閣大學士士升子也士升嘗作易揆棻作是編復推衍其未盡之意故曰緒言首以八宮各統八卦爲說八篇次於六十四卦卦爲一說次爲繫傳箋

畧附以圖書說先後天說上下篇說觀象說觀變說錯綜互代說反對說大小象彖爻詞說六爻主輔說順逆說大旨兼取象數以推求易理其閒牽强附會多不能免又如以師出以律爲律呂之律包羞爲小人羞惡之良心觀我生爲長養之生亦未免好求新異至於君子小人陰陽消長之際多有感於明末門戶分爭之禍借以發洩其不平亦不必與經義盡相比附也

易憲四卷 編修勵守謙家藏本

明沈泓撰泓字臨秋華亭人崇禎癸未進士官刑部主事是編隨文詮意不載本義原文而全書宗旨一一與本義合在舉業家則可謂之簡而有要矣

說易十二卷 直隷總督採進本

明喬中和撰中和字還一内邱人崇禎中由拔貢生官至太原府通判是書首列圖說次卦象次彖傳次爻象次文言次繫辭次說卦次序卦次雜卦次附錄其分卷前後與古今本皆不合頗近臆斷

第二卷先列卦象以孔子之易移於文周之前尤乖次序按朱彝尊經義考載中和易林補四卷又名大易通變今此書名說易板心又標躋新堂集疑即從文集中析出單行而其卷數不止四卷則易林補又當在此書之外也

桂林點易丹十六卷 兩江總督採進本

明顧懋樊撰懋樊字霖調仁和人其自題桂林者乃舉所居之地而言也崇禎中副榜貢生是書前有其父七寶山解易影數則并諸儒姓氏考一卷

所臚列自周至明幾數百家而頗多前後失次蓋以摭錄示富未必悉覩原書其所訓解大都順文敷衍不出講章門徑經義考引張雲章之說斥其以聖經比之道家爐火亦特据其書名而言實則無一字涉丹經也

周易說統十二卷 浙江巡撫採進本

明張振淵撰振淵字彥陵仁和人是編大旨宗程朱傳義凡諸儒說理可互證者亦旁採並存標爲四例其與本義相左而理有闡發者曰附異其互

有異同與傳義相發明者曰附參其出自獨見者曰附別其可以觸類旁通者曰附餘凡所援引各標姓氏間或附以己意則以彥陵氏別之

周易去疑十一卷 兩江總督採進本

明舒宏諤撰宏諤字士一旌德人老於授徒故抄撮講章纂而成帙以便課誦其舉例有五曰演派曰闡旨曰互參曰摹象曰註字初梓於池氏後板燬於火蔣時機又重刊之而改其體例卷首又題蔣先庚增補標目雜糅不可究詰大抵書賈射利

之本也

四易通義六卷 内府藏本

明程觀生撰觀生字仲孚歙縣人流寓嘉興崇禎中知天下將亂即棄去諸生以相地之術自給朱彝尊靜志居詩話載其事迹頗詳然經義考惟載其易内三圖註三卷註曰已佚而不及此編葢遺書散失此編幸而僅存久乃復出彝尊未及見也其意以說易者多以我解易而不能以易解易故其義轉爲傳疏所淆因作是編首列橫圖方圖圓

圖合參要旨次卦象爻定詞微旨而於每卦每爻下各系錯綜互變所在以貫通之其大旨主於明人事自序謂時當大亂非藉四聖之力不足以救故每發一義以舉今之非而折衷於易理之是類多隱切明季時勢立言至釋晉之上九乃極稱封建爲良法且言天地一日不改此法終不可易則立論未免迂濶矣

易發八卷 編修王汝嘉家藏本

明董說撰說字雨若湖州人黃道周之弟子也後

爲沙門名南潛其論易專主數學兼取焦京陳邵之法參互爲一而推闡以己意其根柢則黄氏三易洞璣也其研索具有苦心而究不免失之雜如飛龍訓一篇歷引堯禹周孔謂皆以飛龍治萬世而復舉圓覺道德二經以爲釋迦老子亦然未免援儒入墨又黄鸝河洛徵謂黄鸝一聲即河洛之全機大用杏葉飛龍表謂黄鍾之律爲杏葉之正位其說皆近於怪誕極其博辨之才洸漾自喜則可矣謂易之精奥在是則殊不然也

周易時義注無卷數 浙江巡撫採進本

明章佐聖撰佐聖字右臣歙縣人其書依經訓解而以卦圖一卷附於後大旨主於言理而徵引蕪雜頗乏持擇書成於崇禎甲申正月前有自序謂以明經獲雋而烽火交訌行路艱阻因坐臥小樓自爲箋註大都自憂患中來葢有託而爲之故其言頗譏切時事云

易參五卷 浙江巡撫採進本

明錢彭曾撰彭曾號覺龕錢塘人是書用注疏本

而不載經文但標每節之目首爲圖說其方圓黑白雖皆易外之枝節而自宋以來猶有所受又旁及歷法推步奇門九宫干支納音雖不得漢儒之本法而其說猶有所傳又廣而推及五嶽地形禹貢水道堪輿律吕井田兵法道家佛家選擇六壬殊泛濫龐雜無所紀極然則五臟六腑亦配陰陽將曰易爲醫作方罫圓棊亦合奇偶將曰易爲奕作乎至所詮解則與圖渺不相關仍不過摘句尋章循文推演間或自出新意又往往乖舛如謂乾

爲四月之卦猶未分龍雨未時行故曰潛龍坤之履霜堅氷乃指忠臣孝子而言其初發一念爲履霜歷久不變爲堅氷自有易以來無此說也

易旨一覽四卷 江蘇周厚堉家藏本

明蔣時雍撰時雍字繩武江都人其書訓詁字句乃村塾課蒙之本

周易辨正一卷 浙江巡撫採進本

明喻國人撰國人字春山彬州人其書大旨謂先儒多是非倒置以十爲圖九爲書因作辨十九章

以九爲圖配天以十爲書配地且及河圖主生洛書主尅之理蓋仍祖劉牧之舊說第十七辨言古人左圖右書左陽也故左字五畫右陰也故右字六畫殊爲悠謬書中率皆類此其凡例乃云秦漢諸儒昧其則者千餘年宋元諸儒枉其則者五百年國人辨正四聖知必冥慰何其誕也

河洛定義賛一卷浙江巡撫採進本

明喻國人撰其說以伏羲則河圖畫乾坎艮震四卦則洛書畫巽離坤兑四卦由河圖四卦得訟遯

十六陽卦由洛書四卦得家人中孚十六陰卦合河圖迭爲上下而得否姤履泰三十二陰陽配合之卦且以揲蓍之數不惟康節茫然即一行亦屬妄附自以河洛之議至此書而始定書成且祭河洛之神及天地四聖爲文以告其敢爲大言至此殆有狂疾歟

全易十有八變成卦定議一卷 浙江巡撫採進本

明喻國人撰大旨謂數九則滿滿則損數六則謙謙則益故大易總不外乾九損三變爲坤六坤六

益三變爲乾九或乾九坤六爻相損益十有八變成卦而已

周易對卦數變合參一卷 浙江巡撫採進本

明喻國人撰謂朱子不知易中十年三年七日八月之旨及訟九二三百戶之數國人乃於反對兩卦得之合屯蒙二卦以屯下蒙上謂屯二爻爲一年逆數之至蒙五爻歷十爻爲十年合需訟二卦以需下訟上謂訟二畫九即九十戶訟初畫六即六十戶需上畫六即六十戶五畫九即九十戶合

之得三百戸以爲此意數千年不明眞穿鑿附會之說也

## 河洛眞傳一卷 浙江巡撫採進本

明喻國人撰其說謂天地十二會眞數不出五十五惜陳邵俱未發明因演天地五十五數圖卷末復附以河洛眞傳說數頁辨蓍短龜長之說謂記云假爾泰龜有常假爾泰筮有常原龜筮並重朱子妄更祝詞故重視泰筮然所引證据仍不過廣輿記本草圖經諸書而已

周易生生眞傳一卷浙江巡撫採進本

明喻國人撰謂先儒解易爲變易爲交易總不如繫辭生生之謂易五字最確又謂伏羲則河九洛六始畫八卦以木德王也木主仁仁爲生生眞種子每卦六爻推演五行相生之數以配合之

三易大傳七十二卷江西巡撫採進本

明李陳玉撰書分二册一曰先天古易以解圖書又每篇繫以贊語其最異者以無極太極無無極而太極分爲三圖而先天八卦配以英輔九星之名

後天八卦配以疏附先後之名支離破碎全無理據一曰後天周易以解經傳雖言象數而皆出臆說附以易導易鈐易眼諸書其易鈐有云若欲易學了徹直須將一切訓詁辭章盡情剗却卽孔文之語亦不過易象一端之論方有入處可謂敢爲大言蓋言圖畫者病於支離破碎談心性者病於杳冥恍惚陳玉兼二家之說而各得二家之極弊眞所謂誤用其心者也

易經補義四卷 浙江巡撫採進本

明方芬撰芬字舒林歙縣人其書全列本義於前而以己所發明附贅於末皆標補字以別之所得頗淺

讀易鏡六卷兩江總督採進本

明沈爾嘉撰爾嘉字公亨常熟人是書悉依今本次序每一卦一節列經文於前列講義於後而講義高經文一格全爲繕寫時文之式其說皆循文敷衍別無發揮經文旁加圈點講義上綴評語亦全似時文

易學古經正義十二卷 湖北巡撫採進本

明鄒元芝撰元芝字立人竟陵人是書重定周易古本之次序謂孔子十翼與經並尊不得抑之稱傳遂臆爲分别如乾卦以乾元亨利貞五字爲本經之彖割天行健三字爲本經之象而綴以六爻他皆倣此其十翼則倣制藝之體經文反低二格而彖詞小象之詞各冠以彖曰象曰字跳行頂格書之其大象天行健地勢坤諸句因删之不能成文遂旣以爲本經之文又複見於象詞之內一文

兩屬莫定所歸皆有意立異而詭稱復古不知所據何古本也其說經大旨則以羲文之易爲卜筮之書孔子之易爲盡性至命之書故所註皆舍象數而言義理蓋借尊孔子之名以劫伏衆論實則茫無確證徒見其割裂聖經而已

射易淡詠二卷　江蘇周厚堉家藏本

不著撰人名氏卷端惟題西農二字前有陳愫索射易書一篇稱其字曰孝若考愫至

國朝尚存嘗與邱象隨等共注李賀昌谷集又書中

稱張九山青衣得射易半部於虎邱僧舍乃錄寄尹子求者考明尹伸字子求宜賓人萬歷戊戌進士官至湖廣布政使崇禎甲申張獻忠部賊陷敘州伸殉節死此書既云寄伸則是時伸尚無恙當爲明末人作矣其說易但解六十四卦每卦但標象彖及第幾爻字不列經文大抵皆借經發議其言辨博自喜而詞勝於理又喜作似了非了語類禪宗之機鋒殊乏先儒明白淳實之意每卦之末各系以五言古詩一首以發明一卦之大義蓋即

所謂淡詠者自古以來亦無此說經之體例也

大易衍說無卷數安徽巡撫採進本

不著撰人名氏亦不著時代葢明人舊抄本也其書乃鄉塾講義隨文敷衍無所發明

原易二卷兩江總督採進本

不著撰人名氏上卷原太極圖書凡十一條下卷原六十四卦皆勦襲舊文別無創獲

易傳義十二卷內府藏本

不著編輯者名氏取程子易傳朱子易本義合爲

一書冠以圖說綱領各一篇皆從易經大全中錄出故攺朱本之次第以從程本板式字畫頗爲工楷曹寅楝亭書目亦載此書一函葢明代經廠本也

易象與知編一卷圖書合解一卷兩淮馬裕家藏本

題曰天山道人撰不著名氏不知何許人也其書惟論河圖洛書八卦方位及對待流行之義五行生成之理皆於諸家易解之中鈔合成帙葢欲講陳邵之學而僅掇拾其糟粕者

（清）紀昀等　纂

# 武英殿本四庫全書總目

第七册

國家圖書館出版社

## 第七册目録

欽定四庫全書總目 經部

卷二十

12225

# 欽定四庫全書總目卷二十

## 經部二十

### 禮類二

儀禮註疏十七卷內府藏本

漢鄭元註唐賈公彥疏儀禮出殘缺之餘漢代所傳凡有三本一曰戴德本以冠禮第一昏禮第二相見第三士喪第四既夕第五士虞第六特牲第七少牢第八有司徹第九鄉飲酒第十鄉射第十一燕禮第十二大射第十三聘禮第十四公食第

十五覲禮第十六喪服第十七一曰戴聖本亦以冠禮第一昏禮第二相見第三其下則鄉飲第四鄉射第五燕禮第六大射第七士虞第八喪服第九特牲第十少牢第十一有司徹第十二士喪第十三旣夕第十四聘禮第十五公食第十六覲禮第十七一曰劉向别錄本卽鄭氏所註賈公彥疏謂别錄尊卑吉凶次第倫序故鄭用之二戴尊卑吉凶雜亂故鄭不從之也其經文亦有二本高堂生所傳者謂之今文魯恭王壞孔子宅得古儀禮

五十六篇其字皆以篆書之謂之古文元註參用二本其從今文而不從古文者則今文大書古文附註士冠禮闑西閾外句註古文闑爲槷閾爲蹙是也從古文而不從今文者則古文大書今文附註士冠禮醴辭孝友時格句註今文格爲嘏是也其書自元以前絶無註本元後有王肅注十七卷見於隋志然賈公彥序稱周禮註者則有多門儀禮所註後鄭而已則唐初肅書已佚也爲之義疏者有沈重見於北史又有無名氏二家見於隋志

然皆不傳故賈公彥僅據齊黃慶隋李孟悊二家之疏定爲今本其書自明以來刻本舛譌殊甚顧炎武日知錄曰萬曆北監本十三經中儀禮脫誤尤多士昏禮脫壻授綏姆辭曰未教不足與爲禮也一節十四字賴有長安石經據以補此一節而其注疏遂亡鄉射禮脫士鹿中翿旌以獲七字士虞禮脫哭止告事畢賓出七字特牲饋食禮脫舉觶者祭卒觶拜長者答拜十一字少牢饋食禮脫以授尸至取簞與七字此則秦火之所未亡而亡

於監刻矣云云蓋由儀禮文古義奧傳習者少註釋者亦代不數人寫刻有訛猝不能校故紕漏至於如是也今參考諸本一一釐正著於錄焉

儀禮識誤三卷 永樂大典本

宋張淳撰淳字忠甫永嘉人是書乃乾道八年兩浙轉運判官直秘閣曾逮刊儀禮鄭氏注十七卷陸氏釋文一卷淳為之校定因舉所改字句彙為一編其所引據有周廣順三年及顯德六年刊行之監本有汴京之巾箱本杭之細字本嚴之重刊

巾箱本參以陸氏釋文賈氏疏覈訂異同最爲詳審近世久無傳本故朱彝尊經義考以爲已佚惟永樂大典所載諸條猶散附經文之後可以綴錄成編其鄉射大射二篇適在永樂大典缺卷中則不可復考矣朱子語錄有曰儀禮士所罕讀難得善本而鄭註賈疏之外先儒舊說多不復見陸氏釋文亦甚疎畧近世永嘉張淳忠甫校定又爲一書以識其誤號爲精密然亦不能無舛謬又曰張忠甫所校儀禮甚子細較他本爲最勝今觀其書

株守釋文往往以習俗相沿之字轉改六書正經則朱子所謂不能無舛謬者誠所未免然是書存而古經漢注之訛文脫句藉以考識舊槧諸本之不傳於今者亦藉以得見崖畧其有功於儀禮誠匪淺小今覆加檢勘各疏明其得失俾瑜瑕不相揜原本殘缺數處亦考訂補輯附於下方其書宋史藝文志作一卷而陳振孫書錄解題作三卷考淳自序言哀所校之字次爲二卷以釋文誤字爲一卷附其後總爲三卷則宋志一卷爲傳寫之誤

明矣今仍釐爲三卷存其舊焉

儀禮集釋三十卷（永樂大典本）

宋李如圭撰如圭字寶之廬陵人官至福建路撫幹案文獻通考引宋中興藝文志曰儀禮既廢學者不復誦習乾道間有張淳始訂其訛爲儀禮識誤淳熙中李如圭爲集釋出入經傳又爲綱目以別章句之指爲釋宮以論宮室之制朱熹嘗與之校定禮書蓋習於禮者云云則如圭當與朱子同時而陳振孫書錄解題言如圭淳熙癸丑進士文

獻通考引振孫語又作紹興癸丑進士考淳熙紀元凡十六年中間實無癸丑紹興癸丑爲高宗改元之三年朱子校正儀禮乃在晚歲疑當爲紹熙癸丑陳氏馬氏各訛一字也宋自熙寧中廢罷儀禮學者鮮治是經如圭乃全錄鄭康成注而旁徵博引以爲之釋多發賈公彥疏所未備又撰綱目釋宮各一篇世無傳本故朱彝尊經義考俱云未見今從永樂大典錄出排纂成書十七篇中首尾完具者尚十五篇惟鄉射大射二篇在永樂大典

缺卷內其綱目一篇亦缺無從考補姑仍其舊然已得其十之九矣儀禮一經因治之者希經文併注往往訛脫如圭生於南宋尚見古本今據以校正補注疏本經文脫字二十四改訛字十四刪衍字十補注文脫字五百有三改訛字一百三十二刪衍字一百六十九併參考唐石經及陸德明經典釋文張淳儀禮識誤及各本文句字體之殊應加辨證者不勝指數各附案語於下方其鄉射大射兩篇如圭之釋雖佚亦參取惠棟沈大成二家

所校宋本證以唐石經本補經文脱字七改譌字四刪衍字二補註文脱字四十一改譌字三十九刪衍字十七以成儀禮之完帙如圭舊本本十七篇篇自爲卷其間文句稍繁者篇頁太多難於分帙今析之得三十卷其釋宮則仍自爲一書别著於錄焉

儀禮釋宫一卷永樂大典本

宋李如圭撰如圭既爲儀禮集釋又爲是書以考論古人宫室之制仿爾雅釋宫條分臚序各引經

記註疏參考證明如據顧命東西序東西夾東西房之文證寢廟之制異於明堂而不用鄭志成王時在鎬京宮室因文武不改作故制同諸侯之說（按鄭志此條見顧命孔疏）又如大夫士東房西室之說雖仍舊註而據聘禮賓館於大夫士證其亦有右房據鄉飲酒及少牢饋食證大夫士亦有左房東房之稱與天子諸侯言左對右言東對西者同其辨析詳明深得經意發先儒之所未發大抵類此非以空言說禮者所能也考朱子大全集亦載其文與此

大畧相同惟無序引宋中興藝文志稱朱子嘗與之較定禮書疑朱子固嘗録如圭是篇而集朱子之文者遂疑爲朱子所撰取以入集猶蘇軾書劉禹錫語題姜秀才課冊遂誤編入軾集耳觀朱子儀禮經傳通解於鄉飲酒薦出自左房聘禮負右房皆但存賈疏與是篇所言不同是亦不出朱子之一證矣古者宫室皆有定制歷代屢更漸非其舊如序楹楣阿箱夾牖戸當榮當碑之屬讀儀禮者倘不能備知其處則於陳設之地進退之位俱

不能知甚或以後世之規模臆測先王之度數殊失其眞是篇之作誠治儀禮者之圭臬也宋陳汶嘗序集釋刻之桂林郡學舍兼刻是篇今刻本不傳惟永樂大典內全錄其文別爲一卷題云李如圭儀禮釋宮葢其所據猶爲宋本今據以錄出仍與集釋相輔其閒字句與朱子本稍有異同似彼爲初稾此爲定本今悉從永樂大典所載以存如圭之舊焉

儀禮圖十七卷儀禮旁通圖一卷 內府藏本

宋楊復撰復字茂才號信齋福州人鄭逢辰爲江西漕以所撰儀禮經傳通解續獻於朝贈文林郎是書成於紹定元年戊子書錄解題謂成於淳熙中蓋未核其自序也序稱彥陵趙彥肅作特牲少牢二禮圖質於朱子以爲更得冠昬圖及堂室制度更考之乃佳復因原本師意錄十七篇經文節取舊說疏通其意各詳其儀節陳設之方位繫之以圖凡二百有五又分宮廟門冕弁門牲鼎禮器門爲圖二十有五名儀禮旁通圖附於其後於是

經可謂用心勤摯惟是讀儀禮者必明於古人宮室之制然後所位所陳揖讓進退不失其方故李如圭儀禮通釋朱子儀禮經傳通解皆特出釋宮一篇以總挈大綱使衆目皆有所麗是書獨廢此一門但隨事立圖或縱或橫既無定向或左或右僅列一隅遂似滿屋散錢紛無條貫其見於宮廟門僅止七圖頗爲漏畧又遠近廣狹全無分數如序外兩夾劉熙釋名所謂在堂兩頭故曰夾是也圖乃與房室並列則公食大夫禮宰東夾北西面

疏云位在北堂之南特牲饋食禮豆籩鉶在東堂注云房中之東當夾北者皆茫然失其處所矣門與東西塾同在一基圖乃分在東隅西隅則士虞禮七俎在西塾之西無其地及士冠禮擯者負東塾之類皆非其處所矣如斯之類殊未能條理分明然其餘諸圖尚皆依經繪像約舉大端可粗見古禮之梗概於學者不爲無禪一二舛漏諒其剏始之難工可也

儀禮要義五十卷 浙江吳玉墀家藏本

宋魏了翁所撰九經要義之一於每篇各爲條目而節取注疏錄於下方與周易要義畧同葢其著書本例如是也儀禮一經最爲難讀諸儒訓詁亦稀其著錄於史者自喪服諸傳外隋志僅四家舊唐志亦僅四家新唐志僅三家今惟鄭元註賈公彦疏存耳鄭註訓詁深奧猝不易通賈疏文繁句複雖詳贍而傷於蕪漫端緒亦不易明朱子語錄謂其不甚分明葢亦有故了翁取而刪剟之分臚綱目條理秩然使品節度數之辨展卷即知不復

以詞義轇轕爲病其梳爬剔抉於學者最爲有功雖所採不及他家而儀禮之訓詁備於鄭賈之所說鄭賈之精華備於此書之所取後來詮解雖多大抵以注疏爲藍本則此書亦可云提其要矣

儀禮逸經二卷 兩江總督採進本

元吳澄撰澄有易纂言已著錄是篇掇拾逸經以補儀禮之遺凡經八篇曰投壺禮曰奔喪禮取之禮記曰公冠禮曰諸侯遷廟禮曰諸侯釁廟禮取之大戴禮記而以小戴禮記相參定曰中霤禮曰

禘于太廟禮曰王居明堂禮取之鄭康成三禮注所引逸文其編次先後皆依行禮之節次不盡從其原文葢倣朱子儀禮經傳通解之例其引二戴記著所出鄭註不著所出則與王應麟鄭氏易同由古人著書不及後來體例之密不足異也其傳十篇則皆取之二戴記曰冠儀曰昏儀曰士相見儀曰鄉飲酒儀曰鄉射儀曰燕儀曰大射儀曰聘儀曰公食大夫儀曰朝事儀其鄉射儀大射儀取禮記射儀篇所陳天子諸侯卿大夫之射釐之爲

二其士相見公食大夫二儀則取宋劉敞之所補
敞擬記而作者尚有投壺儀一篇亦見公是集中
澄偶遺之明何喬新嘗取以次朝事儀後并爲之
跋通志堂刻九經解復佚其文蓋所據乃未補之
舊本非喬新本也又閻若璩尚書古文疏證第二
十一篇曰漢興高堂生傳禮十七篇孔壁出多三
十九篇謂之逸禮平帝時王莽立之旋廢猶相傳
至東漢鄭康成註三禮嘗引之天子巡狩禮云制
幣丈八尺純四䊷中霤禮云以功布爲道布屬于

凡烝嘗禮云射豕者軍禮云無干車無自後射朝貢禮云純四覡制丈八尺禘于太廟禮云日用丁亥不得丁亥則己亥辛亥亦用之無則苟有亥焉可也又中霤禮云凡祭五祀于廟用特牲有主有尸皆先設席于奥祀戶之禮南面設主于戶內之西乃制脾及腎爲俎奠于主北又設盛于俎西祭黍稷祭肉祭醴皆三祭肉脾一腎再旣祭徹之更陳鼎俎設饌于筵前迎尸畧如祭宗廟之儀王居明堂禮云出十五里迎歲又云帶以弓韣禮之禖

下其子必得天材又云季春出疫于郊以禳春氣
又中霤禮云祀竈之禮先席于門之奥東面設主
于竈陘乃制肺及心肝爲俎奠于主西又設盛于
俎南亦祭黍三祭肺心肝各一祭醴二亦旣祭徹
之更陳鼎俎設饌于筵前迎尸如祀戶之禮又王
居明堂禮云毋宿于國又中霤禮云祀中霤之禮
設主于牖下乃制心及肺肝爲俎其祭肉心肺肝
各一他皆如祀戶之禮又云祀門之禮北面設主
于門左樞乃制肝及肺心爲俎奠于主南又設盛

于俎東其他皆如祭竈之禮又王居明堂禮云仲秋九門磔禳以發陳氣禦止疾疫又云仲秋農隙民畢入于室曰時煞將至毋罹其災又云季秋除道致梁以利農也又中霤禮云祀行之禮北面設主于軷上乃制腎及脾爲俎奠于主南又設盛于俎東祭肉腎一脾再其他皆如祀門之禮又王居明堂禮云孟冬之月命農畢積聚繫牧牛馬又云季冬命國爲酒以合三族君子說小人樂又云仲秋乃命國醵逸奔喪禮云不及殯日于又哭猶括

髮卽位不袒告事畢者五哭而不復哭也又云哭
父族與母黨于廟妻之黨于寢朋友于寢門外壹
哭而已不踊又云凡拜吉喪皆尙左手又云無服
袒免爲位者唯嫂與叔凡爲男子服其婦人降而
無服者麻凡二十五條爲篇名者八吳草廬逸經
八篇僅及其三云云則亦不免有所疏漏然較之
汪克寬書則條理精密多矣明一統志沅州劉有
年洪武中爲監察御史永樂中上儀禮逸經十有
八篇楊愼求之內閣不見其書朱彝尊經義考謂

有年所進即澄此本逸經八篇傳十篇適符其數其說似乎有據今世傳內閣書目惟載澄書不著有年姓名蓋當時亦知出於澄矣

儀禮集說十七卷 兩江總督採進本

元敖繼公撰繼公字君善長樂人家於吳興趙孟頫嘗從受業後以江浙平章高彥敬薦授信州教授是書成於大德辛丑前有自序稱鄭康成注疵多而醇少刪其不合於經者意義有未足則取疏記或先儒之說以補之又未足則附以一得之見

又疑喪服傳違悖經義非子夏作皆未免南宋末年務詆漢儒之餘習然於鄭注之中錄其所取而不攻駁所不取無吹毛索垢百計求勝之心蓋繼公於禮所得頗深其不合於舊說者不過所見不同各自抒其心得初非矯激以爭名故與目未睹注疏之面而隨聲佐鬭者有不同也且鄭注簡約又多古語賈公彥疏尚未能一一申明繼公獨逐字研求務暢厥旨實能有所發揮則亦不病其異同矣卷末各附正誤考辨字句頗詳知非徒騁虛

詞者其喪服一篇以其兼釋記文知作於記後又疑爲鄭康成散附經記之下而不敢移其舊第又十三篇之後記朱子經傳通解皆割裂其語分屬經文各條之下繼公則謂諸篇之記有特爲一條而發者有兼爲兩條而發者有兼爲數條而發者亦有於經意之外別見他禮者不敢移掇其文失記者之意自此於以曾男子之不可學柳下惠之可卷末特爲後序一篇記之則繼公所學猶有先儒謹嚴之遺固異乎王柏吳澄諸人奮筆而改經

者也

經禮補逸九卷兩淮馬裕家藏本

元汪克寬撰克寬字德輔祁門人泰定丙寅舉于鄉元亡不仕明初徵修元史以老疾辭歸洪武五年卒於家事迹具明史儒林傳是書取儀禮周官大小戴記春秋三傳以及諸經之文有涉於禮者以吉凶軍賓嘉五禮統之吉禮之目六十有八凶禮之目五十有七軍禮之目二十有五賓禮之目十有三嘉禮之目二十有一而以禮經附說終焉

克寬究心道學於禮家度數非所深求於著書體例亦不甚講如每條必標出典是矣乃一類之中條條連綴書之合爲一篇文相屬而語不屬遂參差無緒又此書實考典文非考故事乃多載春秋失禮之事雜列古制之中如祠禮之昭公十五年有事於武宮嘗禮之桓公十四年壬申御廩災乙亥嘗烝禮之桓公八年正月五月再烝大閱禮之桓公六年秋八月大閱朝禮春秋之書朝三十六遇禮隱公四年公及宋公遇于清會禮之春秋書

會九十五錫命禮之莊公三年王使榮叔錫桓公

命燕饗禮之莊公四年夫人饗齊侯于祝丘尙畧

繫以論說糾正其謬至於祫嘗禮之文公二年躋

僖公又諸侯大祫禮亦引此條賻賵禮之隱公元

年宰咺歸惠公仲子之賵三年武氏子來求賻襚

禮之襄公二十八年楚人使公親襚會葬禮之襄

公二年諸姜宗婦來送葬皆失禮之尤乃臚列其

文不置一語不幾使讀者謂古禮當如是乎至於

祭寒暑禮下詆鄭康成徒見木鐸徇令一節與夏

書孟春合遂指正月爲夏正似未見隋書經籍志載康成注書祇有二十九篇又王居明堂禮謂月令漢儒所作指爲呂不韋作者不知何據似未見呂氏春秋有十二月紀亦殊疎漏程敏政篁墩集有書是書後曰環谷汪先生著書凡十餘種先生既沒悉被一人竊去攘爲己書經禮補逸一編尤號精確乃百計購得之其原本雖被改竄然有附麗而無刓補眞贋之迹皦然甚明先生元孫文彙等力圖刊布因爲手校且摹先生之像於編首別

爲附錄一卷云云此本有附錄闕文行狀之類而無其像亦無敏政此跋或後人别得改竄之本刻之歟以其元人舊帙議論尚不失醇正姑存以備一家焉

欽定儀禮義疏四十八卷

乾隆十三年

御定三禮義疏之第二部也其詮釋七例與周官義疏同分經文爲四十卷冠以綱領一卷釋宫一卷不入卷數殿以禮器圖四卷禮節圖四卷儀禮至難

讀鄭註文句古奥亦不易解又全爲名物度數之學不可空言騁辨故宋儒諱其所短多避之不講即偶有論述亦爲數無多惟元敖繼公儀禮集說疏通鄭注而正其失號爲善本故是編大旨以繼公所說爲宗而參核諸家補正其舛漏至今文古文之同異則全採鄭注而移附音切之下經文記文之次第則一從古本而不用割附之說所分章段則多從朱子儀禮經傳通解而以楊復敖繼公之說互相參考釋宫則用朱子點定李如圭本禮

器則用聶崇義三禮圖本禮節用楊復儀禮圖本而一一刊其訛謬拾其疏脱舉數百年庋閣之塵編搜剔疏爬使疑義奥詞渙然氷釋先王舊典可沿溯以得其津涯考證之功實較他經爲倍蓰豈非遭遇

聖朝表章古學萬世一時之嘉會歟

儀禮鄭注句讀十七卷附監本正誤石經正誤二卷浙江鮑士恭家藏本

國朝張爾岐撰爾岐有周易說畧已著録是書全録

儀禮鄭康成注摘取賈公彦疏而畧以已意斷之因其文古奥難通故併爲之句讀馬端臨文獻通考載其父廷鸞儀禮注疏序稱其家有景德中官本儀禮正經注語皆標起止而疏文列其下因以監本附益之手自點校并取朱子禮書與其門人高弟黄氏楊氏續補之編分章條析題於其上今廷鸞之書不傳爾岐是編體例畧與相近案禮記曰一年視離經辨志注曰離經斷句絶也則句讀爲講經之先務沈約宋書樂志於他樂歌皆連書

惟鐸舞曲聖人制禮樂篇有聲音而無文義恐迷
其句遂每句空一字書之則難句者爲之離析亦
古法也至於字句同異考證尤詳所校除監本外
則有唐開成石刻本元吳澄本及陸德明音義朱
子與黃榦所次經傳通解諸家其謬誤脱落衍羨
顛倒經注混淆之處皆參考得實又明西安王堯
典所刊石經補字最爲舛錯亦一一駁正蓋儀禮
一經自韓愈已苦難讀故習者愈少傳刻之訛愈
甚爾岐兹編於學者可謂有功矣顧炎武少所推

許而其與汪琬書云濟陽張君稷若名爾岐者作儀禮鄭註句讀頗根本先儒立言簡當以其人不求聞達故無當時之名而其書實似可傳使朱子見之必不僅謝監嶽之稱許也又其廣師一篇曰獨精三禮卓然經師吾不如張稷若乃推挹之甚至非徒然也爾岐蒿菴集中有自序一篇稱尚有吳氏儀禮考注訂誤一卷今不在此編中然此編乃新刻之本無所佚脫或是卷又自別行歟

儀禮商二卷　浙江巡撫採進本

國朝萬斯大撰斯大字充宗鄞縣人是書取儀禮十七篇篇爲之說頗有新義而亦勇於信心前有應撝謙序稱喜其覃思而嫌其自用亦篤論也其聘禮解衣之裼襲謂裘外之衣謂之裼衣裼衣卽禮服聘禮既聘而享賓主皆裼以將事推此則凡裘外之裼衣皆禮服矣考聘禮鄭注曰裼者免上衣見裼衣則裼衣之上更有衣明矣賈疏曰假令冬有裘襯身有襌衫又有襦袴襦袴之上有裘裘上有裼衣裼衣之上有上服皮弁祭服之等則禮服

也如斯大之說則裼衣之上不得更有皮弁祭服之等矣至玉藻所謂君衣狐白裘錦衣以裼之蓋諸侯皮弁視朝特以錦衣爲裼未聞其不加皮弁服而專用錦衣也玉藻又謂君子狐青裘豹褎元綃衣以裼之大夫助祭服爵弁純衣亦特以元綃衣爲裼未聞其不用純衣而用元綃衣也然則謂裼衣之上無禮服不特迂註且悖經矣斯大又謂襲衣乃於裼衣上加深衣蓋裼衣直衿故露美深衣交衽故不露美也今即以聘服皮弁考之皮弁

服之下爲朝服朝服之下爲元端元端之下爲深
衣深衣爲庶人之服聘禮重聘而輕享若享時皮
弁而裼聘時深衣而襲則聘服反殺於享服三等
矣隆殺之義何在乎且主國之君與使臣行聘於
廟而各服庶人之服以相見以爲此其充美無是
理也其廟寢圖列東西廂在東西堂之下如今廊
廡考公食大夫禮云賓升公揖退于廂下又云公
降再拜若廂在堂下則旣退於廟又何降乎故鄭
注以廂爲堂上東夾之前漢書董賢傳太皇太后

召大司馬賢引見東廂則東廂非廊廡間明矣王延壽魯靈光殿賦曰右个清宴李善注引杜預左傳注曰个東西廂也東西个在堂上則東西廂不在堂下明矣斯大所圖亦非經義也然斯大學本淹通用思尤銳其合處往往發明前人所未發卷末附荅應嗣寅書辨治朝無堂尤爲精核棄所短而取所長亦深有助於考證也

儀禮述注十七卷 福建巡撫採進本

國朝李光坡撰光坡有周禮述注已著錄是書取鄭

注賈疏總撮大義而節取其詞亦間取諸家異同之說附於後其中注疏原文有可以刪削者如士冠禮筮人執筴抽上韇注曰今時藏弓矢者謂之韇丸也考左傳昭公二十五年公徒釋甲執氷而踞杜注氷韇丸或云韇丸箭筩方言曰弓藏謂之鞬或謂之韇丸後漢書南匈奴傳曰今齎雜繒五百匹弓鞬韇丸一矢四發遣遺單于廣雅作皾[illegible]此傍借韇丸以明韇字之訓非經之正義刪之可也至如士冠禮贊者洗于房中側酌醴注贊酌者

賓尊不入房光坡節此二句則賓不自酌而用贊
者義遂不明爲删所不應删矣又注載古文今文
最關經義如士喪禮設決麗于掔注引古文掔作
捥考管子弟子職飯必捧掔羹不以手吕覽本味
篇述蕩之掔高誘注曰掔古手捥之字也據此則
以古文之捥證今文之掔義更明晰而光坡槩節
之亦爲太簡其旁採諸家之言尤時有未審如公
食大夫禮曰飲酒漿飲俟于東房注飲酒先言飲
明非獻酬之酒也又曰宰夫右執觶左執豐進設

于豆東注食有酒者優賓也光坡引楊孚之說曰
上飲酒漿飲俟于東房疏云酒漿皆以酳口此進
設于豆東疏又云漿以酳口不用酒主人猶設之
是以優賓兩說牴牾不同下文祭飲酒于上豆之
間魚腊醬湆不祭夫魚腊醬湆不祭而祭飲酒則
知酒以優賓但賓不舉爾豈酳口之物哉當以優
賓之義爲正云云今考賈前疏云酒漿皆以酳口
謂二飲本並設以待賓用也後疏云漿以酳口不
用酒謂二飲雖並設其實賓止用漿耳前後一義

相承並無牴牾楊氏殊未解疏意至於鄭注優賓之義亦謂賓酳尸止用槳而主人仍特設酒故曰優賓下文之祭飲酒乃賓加敬以報酳禮之優與他篇獻酬之酒祭酒不同觀鄭上注明云飲酒非獻酬之酒則爲飯後潔口之物可知楊氏以設飲酒爲優賓而謂飲酒非以酳尸於鄭注優賓之義亦爲未明且攷周禮酒人曰共賓客之禮酒飲酒而奉之注禮酒饗燕之酒飲酒食之酒賈疏飲酒食之酒者曲禮曰酒漿處右此非獻酬之酒是酳

口之酒則楊氏謂飲酒非酳口之物與酒人經注皆相矛盾矣光坡取之實未深考然如士冠禮母拜受子拜送光坡謂母拜受乃受脯而拜非拜子也其義最允蓋此拜受如大射禮主人盥洗象觚升酌膳東北面獻于公公拜受乃拜受觚非公先拜其鄉大夫也又如特牲饋食禮主人洗角升酌酳尸尸拜受乃拜受角非祖考先拜其子孫也凡此之類頗有可取又如喪服記夫之所爲兄弟服妻降一等萬斯同據以爲嫂叔有服之證光坡不

取其說亦深有決擇三禮之學至宋而微至明殆絕儀禮尤世所罕習幾以爲故紙而棄之注其書者寥寥數家即郝敬完解之類稍傳於世者大抵影響揣摩橫生臆見蓋周禮猶可談王霸禮記猶可言誠敬儀禮則全爲度數節文非空詞所可敷演故講學家每避之而不道也光坡此編雖瑕瑜互見然疏解簡明使學者不患於難讀亦足爲說禮之初津矣

儀禮析疑十七卷　江蘇巡撫採進本

國朝方苞撰苞有周官集註已著錄是書大指在舉儀禮之可疑者而詳辨之其無可疑者並經文不錄苞於三禮之學周禮差深晚年自謂治儀禮十一次用力良勤然亦頗勇於自信如士冠禮緇布冠缺項鄭康成讀缺如頍弁之頍敖繼公則謂以緇布一條圍冠爲缺項別以一物貫之其兩相又以纓屬自來講儀禮者多用其說苞謂旣有紒以束髮無爲又以緇布圍冠據經文乃以青組爲緇後屬缺項而前繫於兩相以結於頤下不知鄭氏

讀鈌爲頍固爲㩒字而別註云項中有緅疏謂兩頭皆爲緅別繩穿緅中結之廣韻引緅爲闕類篇曰緅結也則鄭之此註大可依據明是鈌項有布爲之結然後加纚敖繼公說猶有未詳苞則去敖氏更遠矣士昏禮納徵元纁束帛苞云致幣之儀不具何也士庶人所通行人皆知之夫經文儷皮以下既曰如納吉禮則非以人所通行而畧之也且束帛爲十端詳於周禮鄭註禮記雜記註十箇爲束二端相向卷之共爲一兩苞第云執一兩以

致辭則一兩不知爲何語矣有司徹脩俎二字蓋總摯羊左肩左肫以下下節胙俎則以起羊肺諸品而苞以前文有脩有俎謂此衍文果如所說則與下胙俎不配皆不詳考之故也然其用功既深發明處亦復不少於士相見禮辨注謂賓反見郎有燕禮之非辨張侯下綱之文所以見於鄉射而不載於大射儀之故皆由周禮以通之於聘禮公答再拜擯者出立于門中以相拜以爲待公既拜然後反還振幣於覲禮侯氏近于帷門之外再拜

解使者不答以王命未宣不敢受拜禮皆細心體認合乎經義其他稱是者尚夥檢其全書要爲瑜多於瑕也

儀禮章句十七卷 浙江吳玉墀家藏本

國朝吳廷華撰廷華字中林初名蘭芳仁和人康熙甲午舉人由中書舍人歷官福建海防同知乾隆初嘗薦修三禮杭世駿榕城詩話稱廷華去官後寄居蕭寺穿穴賈孔著三禮疑義數十卷綦廷華所著周禮疑義今未之見而此書則名章句未審

別有儀禮疑義抑或改名章句也其書以張爾岐
儀禮句讀過於墨守鄭注王文清儀禮分節句讀
以句讀爲主箋注失之太畧因折衷先儒以補二
書所未及每篇之中分其節次每節之內析其句
讀其訓釋多本鄭賈箋疏亦間採他說附案以發
明之於喪禮尤爲詳審如士喪禮祖爲嫡孫條疏
謂祖孫本非一體此謂祖爲適子服斬故於孫不
重服特隆於大功疏說非是陳大歛具條熬黍稷
各二筐敖繼公謂置此代奠此獨從注說謂設以

聚蟻去熬而蟻亦俱去蓋善法也又謂旣夕禮皆木桁久之句久當作廬人灸諸牆之灸拄也以辨注疏之非又謂祖奠主人當在柩東奠在其南則亦在柩東注謂主人及奠俱在柩西非是頗見精確惟於三年之喪過信毛奇齡三十六月之說不知此說倡自唐王元感當時已爲禮官所駁閻若璩潛邱劄記辨之尤悉廷華蓋偶未考又謂袒免之免疑襯冠者案疏謂髽與括髮以麻布自頂鄉前交於額上卻繞髻免亦如之但布廣一寸爲異

未聞有襯冠其説亦穿鑿然其章分句釋箋疏明

簡於經學固不爲無補也

補饗禮一卷 浙江巡撫採進本

國朝諸錦撰錦有毛詩説已著録是編以儀禮十七篇有燕禮有公食大夫禮而獨無饗禮然其見於周官春秋傳禮記者猶可得而考元吳澄作纂言及考注嘗有補經八篇補傳十篇獨於饗禮之文未有特著蓋緣聘覲篇中俱兼及饗食謂其可以相通而畧之殊不知饗之爲禮也大非一聘覲所

能該有祭帝祫祭之大饗復有天子饗元侯兩君相見及凡饗賓客之不同使不自爲一篇則雖諸書可考亦無自而察其全因據周官賓客之禮聯事而比次之並取左傳禮記中相發明者條注於下爲補饗禮一卷考敖繼公儀禮集說序曰公食大夫禮云設洗如饗謂如其公饗大夫之禮也而今之經乃無是禮則是逸之也云云據其所考則儀禮本有饗禮一篇經文可證錦之所補非屬鑿空且是編以周官爲宗周禮固儀禮綱領以經補

經固無背於不類至於分注之傳記證佐天然咸有條理尤非牽强附會之比至薦籩不薦籩之異文庭燎門燎掌於閽人何人之殊說並兩存其義不生穿鑿亦勝於空談臆斷之學雖寥寥不滿二十葉而古典所存足資考証不以其篇帙之少而廢也

禮經本義十七卷 浙江巡撫採進本

國朝蔡德晉撰德晉字仁錫無錫人雍正丙午舉人乾隆初以楊名時薦官司務是書前十六卷皆本

經第十七卷附吳澄所輯逸禮八篇皆引宋元明以來諸家之說與注疏互相參考大旨皆不戾於古名物制度考辨頗悉亦間出新義如士冠禮文白屨以魁柎之鄭注魁蜃蛤柎注也蓋以蛤灰柎注於屨取其潔素說文所云魁蛤是其確證乃引萬斯大之說謂魁以木爲之明時巾幘以木爲範名曰魁頭蓋本於此殊不免杜撰無稽然如士冠禮經文曰卽筵坐櫛設笄敖繼公以爲固冠之笄德晉則謂笄有二種一是髻內安髮之笄一是弁

冕固冠之笄此未加冠明是安髮之笄繼公所說爲誤則亦頗辨析精密爲前儒所未及也

宮室考十三卷江蘇巡撫採進本

國朝任啟運撰啟運有周易洗心已著錄是書於李如圭釋宮之外别爲類次曰門曰觀曰朝曰廟曰寢曰塾曰宁曰等威曰名物曰門大小廣狹曰明堂曰方明曰辟雍考據頗爲詳核惟謂房東爲東廂西爲西廂北牖東牖西牖南戶屬諸堂東爲東堂西爲西堂堂上東西牆曰序序東爲東夾室西

爲西夾室南墉東墉西墉北戸偏諸東東爲東堂西爲西堂如其所說則東西廂在房之東西東西夾室在堂之東西東西廂之南東西夾室之北則曰東西堂矣然考之經傳實全無根據儀禮覲禮篇注曰東廂東夾之前相翔待事之處特牲饋食禮注曰西堂西夾之前近南疏曰卽西廂也爾雅釋宫曰室有東西廂曰廟郭璞注曰夾室前堂據此則東西廂卽東西堂明在東西夾室之前而啟運謂在東西夾室之後誤矣公食大夫禮曰公揖

退于廂下公受宰夫束帛以侑西鄉立注云廂東夾之前俟事之處受束帛于序端葢東廂卽接序端公當于序端受束帛故先立于東廂以俟之地近則事便也若東廂在東房之東夾室之北則南距序端中間隔一正堂使於此而俟事則往來不便孰甚焉是證以經文無一相合又漢書周昌傳吕后側耳於東廂聽顔師古注曰正寢之東西室皆曰廂若東廂僻在房東遠在夾北則又何從側耳聽乎又金日磾傳莽何羅從外入從東廂上見

曰禪色變走趨卧內蓋從東堂趨室內故云從外入也若東廂在房東夾北則是從內出矣後漢書周舉傳天子親自露坐德陽殿東廂請雨則東廂不隱在房東夾北明矣是核以史事亦無一相合且儀禮燕禮小臣共槃匜在東堂下注曰爲公盥也下又云公降盥蓋降東階就槃匜故共槃匜在東堂下就近也啟運謂東堂在東夾北則是公降盥于東夾北之堂下豈經義乎又特牲饋食禮主婦視饎爨于西堂下注曰近西壁南齊于坫如東

堂在東夾北則注於堂下當云北齊于坫矣啓運不究儀禮全經自立新說故其失如此又謂周之爲學者五中曰成均左之前曰東膠左之後曰東序右之前曰瞽宗右之後曰虞庠於四郊先爲四國學南之東曰東膠北之東曰東序南之西爲瞽宗北之西爲虞庠今考周太學曰東膠在公宮南之左小學曰虞庠在西郊見於王制注三代之學所在無文至劉敞始謂辟雍居中其北爲虞學其東爲夏學其西爲殷學至陸佃禮象始謂辟雍居

中其南爲成均北爲上庠東爲東序西爲瞽宗啓運葢襲其說遂謂四代之學皆在學中而不考其無所出又三禮義宗曰凡立學之法有四郊及國中在東郊謂之東學在南郊謂之南學在西郊謂之西學在北郊謂之北學故鄭注祭義曰周有四郊之虞庠據此則周特爲虞庠於四郊而啓運謂並立東序瞽宗於郊尤爲特創不足據也他若謂宗廟在雉門內引禮運仲尼與于蜡賓事畢出遊于觀之上穀梁傳禮送女母不出祭諸母兄弟不

出闕門如此之類則頗爲精審可以與鄭注相參矣儀禮一經久成絶學啓運能研究鈎貫使條理秩然雖間有疵謬而大致精核要亦不愧窮經之目矣

肆獻祼饋食禮三卷 兩江總督採進本

國朝任啓運撰是編以儀禮特牲少牢饋食禮皆士禮因據三禮及他傳記之有關於王禮者推之不得於經則求諸注疏以補之凡五篇一曰祭統二曰吉蠲三曰朝踐四曰正祭五曰繹祭其名則取

周禮以肆獻祼享先王以饋食享先王之文每篇之內又各爲節次每節皆先撮巳說而自註其說之所出其後並附載經傳較之黃榦所續祭禮更爲精密其中如吉蠲篇省牲視濯節曰饔人溉鼎廩人溉甑甗司空溉豆籩及勺爵今考周禮天官世婦掌祭祀之事帥女官而濯溉爲齊盛賈疏謂少牢濯溉以饔人廩人司官者彼大夫家無婦官故并使男子官此天子禮有婦官與彼異啓運此書旣推天子之禮而仍據少牢之文則世婦帥女

官濯漑之文遂無歸宿又列位節啓運謂同姓皆
在阼階自北而南以序昭穆爵位則於一世中自
西而東以尊卑爲序葢世異則子不可先父世相
同則弟不妨先兄觀中庸於燕毛言序齒則昭穆
不序齒可知案同姓之位舊說多岐文王世子公
族在宗廟之中如外朝之位宗人受事以爵以官
中庸宗廟之禮所以序昭穆也孔疏謂同姓無爵
者從昭穆有爵者則以官與公侯列西階孔意葢
欲使中庸與文王世子二義并歸一義其說尚爲

意測祭統曰凡賜爵昭爲一穆爲一昭與昭齒穆與穆齒羣有司皆以齒此之謂長幼之序註曰昭穆猶特牲少牢饋食禮之衆兄弟則兄弟賜爵以齒其位亦以齒確有明文啟運不用孔義又不用鄭義别創昭穆不序齒之說與經義殊爲不合又正祭篇有薦幣節自注云據薛氏禮圖鄭氏孔氏皆未及引大宰小宰文及大戴禮諸侯遷廟禮爲據今考大宰曰及祀之日贊玉幣爵之事上承祀五帝之文不與宗廟相涉小宰曰凡祭祀贊玉幣

爵之事祼將之事賈疏云贊玉幣爵據祭天而下云祼將是據祭宗廟則贊幣非祭宗廟明矣大宗伯以玉作六器其幣各以其方之色亦是據祀五帝也惟諸侯遷廟禮有云祝聲三曰孝嗣侯某敢以嘉幣告于皇考今考宗廟之禮惟告奠有幣而祭無幣故曾子問曰凡告用牲幣注曰牲當爲制字之誤也制幣一丈八尺又大祝注云告用牲幣諸侯遷廟禮明云成廟將徙敢告又云告事畢乃曰擇日爲祭焉則告禮而非祭禮明甚而敢運以

之證宗廟正祭亦爲牽附又正祭篇曰后又羞籩二糗餌粉餈羞豆二酏食糝食內饔贊薦自注云孔疏但云內饔薦玆據薛氏禮圖今考內饔職曰凡宗廟之祭祀掌割亨之事無薦內羞明文孔疏亦無所出又春官內宗曰掌宗廟之祭祀薦加豆籩夫加豆籩隆於內羞王后已不親薦況內羞乎啓運沿薛圖之誤亦爲失考然大致綜覈諸家首尾融貫極有倫要如后薦朝事豆籩啓運列在納牲之前薛圖列在三獻之後今考內宰疏曰王出

迎牲時祝延尸于戶外之西南面后薦八豆籩王

牽牲入則啓運之說確有所本又考明堂位君肉

袒迎牲于門夫人薦豆籩其下云君親牽牲大夫

贊幣而從據此則朝事薦豆籩賈疏列在納牲之

前甚確薛圖舛謬亦復顯然又后薦饋食之豆籩

啓運列在五獻之前薛圖列在五獻之後今考鄭

司尊彝註曰饋獻薦孰時后于是薦饋食之豆籩

云薦孰時則其時初薦孰而未及五獻甚明故少

牢禮主婦薦韭菹醓醢葵菹蠃醢尙在尸未入以

前郎知后於饋食薦豆籩必不在五獻以後凡此之類啓運考正薛圖之誤俱精核分明存而錄之與續儀禮通解亦可以詳畧互考焉

**儀禮釋宫增註一卷**　安徽巡撫採進本

國朝江永撰永有周禮疑義舉要已著錄是書取朱子儀禮釋宮一篇（案釋宮本李如圭之書誤編於朱子集中永作此書之時永樂大典尚未顯於世故不知非朱子之筆今仍其原書所稱而附著其誤於此）爲之詳註多所發明補正其稍有出入者僅一二條而考証精密者居十之九如鄭註謂大夫士無左右房朱

子疑大夫士亦有西房而未决考詩正義曰鄉飲
酒義尊於房戶之間賓主共之由無西房故以房
與室戶之間爲中又鄉飲酒禮席賓于戶牖間鄉
飲酒義曰坐賓于西北則大夫士之戶牖間在西
而房戶間爲正中明矣此大夫士無西房之顯証
尒乃謂賓坐戶牖閒主人自阼階上望之若在西
北故云坐賓於西北其實在北而正中不知鄉飲
酒義又云坐介于西南坐僎于東北若以尒說推
之則鄉飲酒禮註所謂主席阼階上西面介席西

階上東面其東西正相向者自主人望介乃在西而不在西南也鄉飲酒禮所謂僎席在賓東者自主人望僎乃在北而不在東北也其説殊有難通且鄉飲酒義亦云主人坐于東南卽知坐賓西北自據堂之西北非主人之西北明矣又詩斯干云築室百堵西南其戶鄭箋謂天子之寢左右房異于一房者之室戶也亦謂詩南東其畝謂或南其畝或東其畝與此西南其戶語勢正同此燕寢室內或開西戶以達於東房考燕寢西戶之制不見

於經玉藻曰君子之居恒當戶寢恒東首則燕寢也而註以當戶爲嚮明則燕寢之戶南嚮也即以漢制考之漢書龔勝傳云勝爲牀室中戶西南牖下使者入戶西行南面立若爲西向之戶則入戶即東行矣然則燕寢戶皆南嚮同於正寢西嚮之說畧無所據也其他說謂東夾西夾不當稱夾室雜記大戴禮夾室二字乃指夾以室言之本各一處註疏連讀之故相沿而誤又謂門屏之間曰宁乃路門之外屏樹之內邢疏前說爲得其後說又

以爲路門之內則誤又謂李巡爾雅注宁正門外兩塾間乃與詩之著義同非門屏間之宁也如此之類不可殫舉其辨訂俱有根據足證前人之誤知其非同影響剽掇之學矣

儀禮小疏一卷江蘇巡撫採進本

國朝沈彤撰彤有尚書小疏已著錄是書取儀禮士冠禮士昏禮公食大夫禮喪服士喪禮五篇爲之疏箋各數十條每篇後又各爲監本刊誤卷末附左右異尚考一篇考證頗爲精核如謂牲二十一

體兼有髀周禮內饔及士昏禮兩疏乃不數髀陳祥道則去髀而用觳殊為舛誤又謂祥道以骨折乃止折脊脅不及肩臂臑之骨不知士虞記云用專膚為折俎取諸脰膉折亦謂之折俎則脊脅亦折可知又辨萬斯大解緇布缺項及廟寢之誤又辨士喪禮衆主人在其後鄭注所云庶昆弟子死者乃為衆子是斬衰之親敖繼公謂齊衰大功之親殊誤又謂婦人俠牀東面鄭注所云妻妾子姓乃謂死者之妻萬斯大乃云凡儀禮喪祭稱主婦

皆宗子之妻非宗子之母殊失鄭義凡斯之類其說皆具有典據足訂舊義之訛其中過於推求轉致疎舛者如士冠禮注今時卒史及假吏也彤謂後漢志司隸校尉州刺史並有假劉昭注引漢官雒陽令有假皆不兼吏名此云假吏者疑吏字衍考後漢書光武紀有宜且罷輕車騎士材官樓船士及軍假吏百官志謂太常卿有假佐十三人太僕卿有假佐三十一人廷尉卿有假佐一人司隸校尉有假佐二十五人每州刺史皆有從事假佐

佐即吏也故志稱佐吏以下則鄭注假吏之文灼然不誤又士冠禮設洗直于東榮注云榮屋翼也釋宮引說文屋梠之兩頭起者爲榮梠即櫓也櫓之東西起者乃曰榮形據此指郭璞上林賦注所云南榮屋南櫓者爲悞考景福殿賦曰南距陽榮北極幽崖是南櫓通名榮之顯証亦不得云郭注爲誤又士喪禮牢中旁寸注云牢讀爲樓形雖深信鄭注而終以牢讀爲樓無他証考焦延壽易林曰失志懷憂如幽陛牢又曰失羊補牢無益于憂

爲韻淮南子本經訓牢籠天地彈壓山川高誘注曰牢讀如屋霤之霤楚人謂牢爲霤葢蕭肴豪尤四韻古音本通鄭注卽從當時之讀又考水經注引釋氏西域記曰南河自于闐至鄯善入牢蘭海牢蘭卽樓蘭尤與鄭注闇合彤疑無證是葢未嘗深考也又喪服曰布總箭笄髽衰三年注曰髽露紒也猶男子之括髮斬衰括髮以麻則髽亦用麻以麻者自項而前交于額上卻繞紒如著幓頭焉彤不取此注別用喪服小記疏所引皇侃之說謂

斬衰麻髽齊衰布髽皆未成服之髽其既成服則髽不用麻布爲露紒耳且引此條注中髽露紒之文以詆麻布二髽外別爲一露髻之髽不知鄭注雖云髽露紒而其下更有髽亦用麻之文其注士喪禮亦同葢注中露紒二字乃明髽之去纚既去纚而露紒又以麻自項卻交於額則髽之制始全皇侃乃止取喪服注露紒二字而截去其下髽亦用麻等句遂指鄭注以髽服三年之髽爲露紒之髽不用麻布斯亦誣矣彤安得據以攻鄭耶然自

此數條之外則大抵援據淹通無可訾議葢彤三
禮之學亞於惠士奇而醇於萬斯大此書所論亦
亞於所作周官祿田考而密於所作尚書小疏焉

儀禮集編四十卷 浙江巡撫採進本

國朝盛世佐撰世佐秀水人官龍里縣知縣是書成
於乾隆丁丑裒輯古今說儀禮者一百九十七家
而斷以已意浙江遺書總錄作十七卷且稱積帙
共二千餘翻爲卷僅十七者按經篇數分之不欲
於一篇之中橫隔也然此本目錄列十七卷書則

實四十卷葢終以卷軸太重不得已而分之總錄
又稱末附勘正監本石經補顧炎武張爾岐之鈌
此本亦有錄而無書豈總錄但据目錄載之歟其
謂朱子儀禮經傳通解析諸篇之記分屬經文葢
編纂之初不得不權立此例以便尋省惜未卒業
而門人繼之因仍不改非朱子之本意吳澄亦疑
其經傳混淆爲朱子未定之稿故是編經自爲經
記自爲記一依鄭氏之舊其士冠士相見喪服等
篇經記傳注傳寫混淆者則從蔡沈考定武成之

例別定次序於後而不敢移易經文其持論頗爲謹嚴無淺學空腹高談輕排鄭賈之錮習又楊復儀禮圖久行於世然其說皆本注疏而時有併註疏之意失之者亦一一是正至於諸家謬誤辨証尤詳雖持論時有出入而可備參考者多在近時說禮之家固不失爲根據之學矣

附錄

內外服制通釋七卷兩淮鹽政採進本

宋車垓撰垓字經臣天台人咸淳中由特奏名授

廸功郎浦城縣尉以年老不赴德祐二年卒垓及從兄若水皆受業於季父安行安行受業於陳埴埴受業於朱子故垓是書一仿文公家禮而補其所未備有圖有說有名義有提要凡正服義服加服降服皆推闡明晰具有條理年楷序謂家禮著所當然此釋其所以然葢不誣也朱彝尊經義考曰車氏書余所儲者闕第八卷以後卷八書目爲三殤以次降服應服期而殤者降服大功小功應服大功而殤者降服小功應服小功而殤者降服

緦麻卷九爲深衣疑義其標題則仍稱九卷註存而不注闕蓋未敢斷後二卷之必失然今所傳寫皆與彝尊本同則此二卷已佚矣據馬貞驥所作垓行狀其深衣疑義本别爲一書特附錄於此書之後貞驥所舉用皇氏廣頭在下之注以續衽爲裳之上衣之旁者說亦頗核惜其全文不可睹也

讀禮通考一百二十卷 江蘇巡撫採進本

國朝徐乾學撰乾學字原一號健菴崑山人康熙庚戌進士官至刑部尚書是編乃其家居讀禮時所

輯歸田以後又加訂定積十餘年三易藁而後成
於儀禮喪服士喪旣夕士虞等篇及大小戴記則
倣朱子經傳通解兼採衆說剖析其義於歷代典
制則一本正史參以通典及開元禮政和五禮新
儀諸書立綱統目其大端有八一曰喪期二曰喪
服三曰喪儀節四曰葬考五曰喪具六曰變禮七
曰喪制八曰廟制喪期歷代異同則有表喪服曁
儀節喪具則有圖縷析條分頗爲詳備蓋乾學傳
是樓藏書甲於當代而一時通經學古之士如閻

若璩等亦多集其門合衆力以爲之故博而有要獨過諸儒乾學又欲幷修吉軍賓嘉四禮方事排纂而歿然是書蒐羅富有秦蕙田五禮通考卽因其義例而成之古今言喪禮者蓋莫備於是焉

案儀禮不專言喪服而古來喪服之書則例附於儀禮蓋言喪服者大抵以儀禮爲根柢故從其本而類附也

右禮類儀禮之屬二十二部三百四十三卷附錄二部一百二十七卷皆文淵閣著錄

# 欽定四庫全書總目

經部

卷二十一之二十二

# 欽定四庫全書總目卷二十一

經部二十一

禮類三

禮記正義六十三卷內府藏本

漢鄭元註唐孔頴達疏隋書經籍志曰漢初河間獻王得仲尼弟子及後學者所記一百三十一篇獻之時無傳之者至劉向考校經籍檢得一百三十篇第而敘之又得明堂陰陽記三十三篇孔子三朝記七篇王史氏記二十一篇樂記二十三篇

凡五種合二百十四篇戴德刪其煩重合而記之為八十五篇謂之大戴記而戴聖又刪大戴之書為四十六篇謂之小戴記漢末馬融遂傳小戴之學融又益月令一篇明堂位一篇樂記一篇合四十九篇云云其說不知所本今考後漢書橋元傳云七世祖仁撰禮記章句四十九篇號曰橋君學仁即班固所謂小戴授梁人橋季卿者成帝時嘗官大鴻臚其時已稱四十九篇無四十六篇之說又孔疏稱別錄禮記四十九篇樂記第十九四十

九篇之首疏皆引鄭目録鄭目録之末必云此於劉向别録屬某門月令目録云此於别録屬明堂陰陽記明堂位目録云此於别録屬明堂陰陽樂記目録云此於别録屬樂記葢十一篇今爲一篇則三篇皆劉向别録所有安得以爲馬融所增疏又引元六藝論曰戴德傳記八十五篇則大戴禮是也戴聖傳禮四十九篇則此禮記是也元爲馬融弟子使三篇果融所增元不容不知豈有以四十九篇屬於戴聖之理況融所傳者乃周禮若小

戴之學一授橋仁一授楊榮後傳其學者有劉佑高誘鄭元盧植融絕不豫其授受又何從而增三篇乎知今四十九篇實戴聖之原書隋志悞也元延祐中行科舉法定禮記用鄭元註故元儒說禮率有根據自明永樂中勅修禮記大全始廢鄭註改用陳澔集說禮學遂荒然研思古義之士好之者終不絕也爲之疏義者唐初尚存皇侃熊安生二家（案明北監本以皇侃爲皇甫侃以熊安生爲熊安二人姓名並悞足徵校刊之疎謹附訂於此）貞觀中勅孔穎達等修正義乃以皇氏爲本以

熊氏補所未備頴達序稱熊則違背本經多引外義猶之楚而北行馬雖疾而去愈遠又欲釋經文惟聚難義猶治絲而棼之手雖繁而絲益亂也皇氏雖章句詳正微稍繁廣又旣遵鄭氏又時乖鄭義此是木落不歸其根狐死不首其邱皆二家之弊未爲得也故其書務伸鄭註未免有附會之處然採摭舊文詞富理博說禮之家鑽研莫盡譬諸依山鑄銅煮海爲鹽卽衞湜之書尚不能窺其涯涘陳澔之流益如莛與楹矣

月令解十二卷永樂大典本

宋張虙撰虙慈溪人慶元丙辰進士官至國子祭酒是編乃虙端平初入講幄時所纂未及講竟以病歸家居時乃續完之表進於朝十二月各自為卷奏稱每一月終則令以此一月進於御前可以裁成天地之道輔相天地之宜雖未免過膠古義不盡可見諸施行然辭義曉暢於順時出政之際皆三致意焉其用心有足取者月令於劉向别錄屬明堂陰陽記當即漢書藝文志所云古明堂之

遺事在明堂陰陽三十篇之内者呂氏春秋錄以分冠十二紀馬融賈逵蔡邕王肅孔晁張華皆以爲周公作鄭康成高誘以爲卽不韋作論者據漢書百官表言太尉爲秦官或又據國語晉有元尉輿尉之文謂尉之名不必起於秦然究不得因元尉輿尉遂斷三代必有太尉也意不韋採集舊文或附益以秦制歟今考其書古帝王發政施令之大端皆彰彰具存得其意而變通之未嘗非通經適用之一助至其言誤某令則致某災殆因洪範

庶徵而推衍之遂爲漢儒陰陽五行之濫觴虛解皆未能駁正然列在禮經相沿已久亦不能獨爲虛咎也原書因隨月進御故凡解見孟月者仲月季月皆重見永樂大典所載各爲一編多删其複於例爲協間有删之不盡者今併汰除以歸畫一焉

禮記集說一百六十卷兩江總督採進本

宋衛湜撰湜字正叔吳郡人其書始作於開禧嘉定間自序言日編月削幾二十餘載而後成寶慶

二年官武進令時表上於朝得擢直秘閣後終於朝散大夫直寶謨閣知袁州紹定辛卯趙善湘爲鋟板於江東漕院越九年湜復加校訂定爲此本自作前序後序又自作跋尾述其始末甚詳蓋首尾閱三十餘載故採摭羣言最爲賅博去取亦最爲精審自鄭注而下所取凡一百四十四家其他書之涉於禮記者所採錄不在此數焉今自鄭注孔疏而外原書無一存者朱彝尊經義考採摭亦最爲繁富而不知其書與不知其人者凡四十九

家皆賴此書以傳亦可云禮家之淵海矣明初定
制乃以陳澔注立於學官而湜注在若隱若顯間
今
聖朝
欽定禮記義疏取於湜書者特多豈非是非之公久必
論定乎又湜後序有云他人著書惟恐不出於已
予之此編惟恐不出於人後有達者毋襲此編所
已言没前人之善也其後慈谿黄震讀禮記日抄
新安陳櫟禮記集義詳解皆取湜書删節而附以

已見黄氏融滙諸家猶出姓名於下方案此見黄氏日鈔陳氏則不復標出案櫟書今不傳此見定宇集中櫟所作自序卽此一節非惟其書可貴其用心之厚亦殆非諸家所及矣

禮記纂言三十六卷兩淮馬裕家藏本

元吳澄撰澄有易纂言已著錄案危素作澄年譜載至順三年澄年八十四留撫州郡學禮記纂言成而虞集行狀則稱成於至順四年卽澄卒之歲其言頗不相合然要爲澄晚年手定之本也其書

每一卷爲一篇大旨以戴記經文龎雜疑多錯簡故每一篇中其文皆以類相從俾上下意義聯屬貫通而識其章句於左其三十六篇次第亦以類相從凡通禮九篇喪禮十一篇祭禮四篇通論十一篇各爲標目如通禮首曲禮則以少儀玉藻等篇附之皆非小戴之舊他如大學中庸依程朱別爲一書投壺奔喪歸於儀禮冠儀等六篇別輯爲儀禮傳亦皆與古不同虞集稱其始終先後最爲精密先王之遺制聖賢之格言其僅存可考者既

表而存之各有所附而其糾紛固泥於專門名家之手者一旦各有條理無復餘蘊其推重甚至考漢書藝文志禮記本一百三十一篇戴德刪爲八十五戴聖刪爲四十九與易書詩春秋經聖人手定者固殊然舊唐書元行沖傳載行沖上類禮義疏張說駁奏曰今之禮記歷代傳習著爲經教不可刊削魏孫炎始改舊本先儒所非竟不行用貞觀中魏徵因孫炎所修更加整比兼爲之註其書竟亦不行今行沖等解徵所著勒成一家然與先

儒第乖章句隔絕若欲行用竊恐未可云云則古人屢經修緝迄不能變漢儒舊本唐以前儒風淳實不摇撼於新說此亦一徵澄復改併舊文儼然刪述恐亦不免僭聖之譏以其排比貫串頗有倫次所解亦時有發明較諸王栢刪詩尚爲有間故錄存之而附論其失如右

雲莊禮記集說十卷通行本

元陳澔撰澔字可大都昌人雲莊其號也是書成於至治壬戌朱彝尊經義考作三十卷今本十卷

坊賈所合併也初延祐科舉之制易書詩春秋皆以宋儒新說與古注疏相參惟禮記則專用古注疏葢其時老師宿儒猶有存者知禮不可以空言解也澔成是書又在延祐之後亦未爲儒者所稱明初始定禮記用澔註胡廣等修五經大全禮記亦以澔註爲主用以取士遂誦習相沿葢說禮記者漢唐莫善於鄭孔而鄭註簡奥孔疏典贍皆不似澔註之淺顯宋代莫善於衛湜而卷帙繁富亦不似澔註之簡便又南宋寶慶以後朱子之學大

行而澔父大猷師饒魯魯師黃榦榦爲朱子之壻遂藉考亭之餘蔭得獨列學官其註學記術有序句引周禮鄉大夫春秋以禮會民而射於州序周禮鄉大夫實無此文註檀弓五十以伯仲句引賈公彥儀禮疏乃孔穎達禮記疏文正與賈說相反頗爲論者所譏然朱子註詩騋牝三千引禮記問國君之富數馬以對禮記無此文註孟子神農之言引史遷所謂農家者流史記無此文蔡沈註書釐降二女於嬀汭引爾雅水北曰汭爾雅無此文

又註西伯戡黎引史記紂使膠鬲觀兵註星有好雨引漢志軫星好雨史記漢書亦均無此文是皆偶然筆誤未足以累全書且何休漢代通儒號爲學海而註公羊傳舟中之指可掬句引天子造舟諸侯維舟卿大夫方舟士特舟語尚誤記爾雅爲禮文又何有於澔澔所短者在不知禮制當有證據禮意當有發明而箋釋文句一如註孝經論語之法故用爲蒙訓則有餘求以經術則不足朱彝尊經義考以兔園冊子詆之固爲已甚要其說亦

必有由矣特禮文與賾緐讀爲難因其疏解得知
門徑以漸進而求於古於初學之士固亦不爲無
益是以
國家定制亦姑仍舊貫以便童蒙然復
欽定禮記義疏博採漢唐遺文以考證先王制作之旨
併退澔說於諸家之中與易詩書三經異例是則
聖人御宇經籍道昌視明代大全抱殘守匱執一鄉塾
課冊以錮天下之耳目者盛衰之相去蓋不可以
道里計矣

禮記大全三十卷 少詹事陸費墀家藏本

明胡廣等奉勑撰以陳澔集說爲宗所採掇諸儒之說凡四十二家朱彝尊經義考引陸元輔之言謂當日諸經大全皆攘竊成書以罔其上此亦必元人之成書非諸臣所排纂云云雖頗涉鄰人竊鈇之疑然空穴來風桐乳來巢以他經之蹈襲例之或亦未必無因歟諸經之作皆以明理非虛懸而無薄故易之理麗於象數書之理麗於政事詩之理麗於美刺春秋之理麗於褒貶禮之理麗於

節文皆不可以空言說而禮爲尤甚陳澔集說略度數而推義理疏於考證舛誤相仍納喇性德至專作一書以攻之凡所駁詰多中其失廣等乃據以爲主根柢先失其所援引亦不過箋釋文句與澔說相發明顧炎武日知錄曰自八股行而古學棄大全出而經說亡洪武永樂之間亦世道升降之一會誠深見其陋也特欲全錄明代五經以見一朝之制度姑並存之云爾

月令明義四卷　福建巡撫採進本

明黄道周撰道周有易象正已著錄崇禎十一年道周官少詹事注禮記五篇以進此其一也其說以二至二分四立皆歸於中央之土爲取則於洛書之中五而五氣於以分布此歲功所由成政事所從出故作月令氣候生合總圖又以月令載昬旦中星故有十二月中星圖併細載中星距極遠近度數及寅泰卯大壯等十二卦象象以爲此聖人數治之原每一月分爲一章其日躔星度則各列原本於前而别列授時歷新測於後考堯典中

星與月令不同故大衍歴議曰顓頊歴即夏歴湯作殷歴更以十一月甲子合朔冬至爲上元周人因之距羲和千祀昬明中星俱差半次是不韋更考中星斷取近距然先儒論說大抵推求差分而不追改經文至唐明皇始黜月令舊文更附益時事名御删定月令改置禮記第一故開成石經於昬旦中星悉改從唐歴宋延祐二年仍復舊本月令而唐月令别行以其變亂古經不足垂訓故也道周乃别立經文曰孟春之月日在危昬昴中旦

房中仲春之月日在東壁昏參中旦箕中云云是又道周自爲月令蹈唐人之失殊爲未協特其所注雜采易象夏小正逸周書管子國語參稽考證於經義頗有闡發其臚舉史傳亦皆意存規戒非漫爲推衍禨祥則改經雖謬而其因事納誨之忱則固無悖於經義也

表記集傳二卷 福建巡撫採進本

明黃道周撰是書爲所進禮記解五篇之二自序以爲古者窺測天地日月皆先立表爲表記之所

由名考說文解字表裏字皆從衣此篇名表記者蓋謂人之言行猶衣之章身故鄭康成云以其記君子之德見於儀表者也先儒舊義本無可疑道周乃謂取於八尺之表殊爲附會又是篇古注分九節正義曰稱子言之凡有八所皇氏云皆是發端起義記者詳之故稱子言之若於子言之下更廣開其事或曲說其理則直稱子曰今檢經文體例合於皇氏之言今依用之云云故疏文於諸節脈絡相承處必詳記之如云此經文廣明恭敬之

事又云此一節總明仁義之事又云自此以下至某句更廣明仁義之道前儒說經於章段離合之間其慎如此陳澔集說不用注疏次第強分四十餘章已乖違古義道周乃約爲三十六章併強立篇名隨心標目尤爲自我作古無所師承其說則全引春秋解之謂表坊二記不專爲春秋而以春秋發其條理則百世而下有所稽測得其晷影夫坊記一篇猶有數條通於春秋至表記篇則多言君子恭敬仁義之德而必以春秋証之於經旨亦

爲牽合然其借春秋之義互証旁通頗有發明猶之胡安國春秋傳雖未必盡得經意而議論正大發揮深切往往關於世教遂亦不可廢焉

坊記集傳二卷附春秋問業一卷福建巡撫採進本

明黄道周撰是書爲所進禮記解五篇之三自序以爲聖人之防亂莫大於春秋故是書之體以坊記爲經而每章之下皆臚舉春秋事迹以証但國語所載若內史過之論虢亡近於語怪而以爲借神怪以防欲義涉荒忽隱公元年鄭伯克段於鄢

而以爲爲三桓而發夫三桓之事春秋著之詳矣乃謂寓其意於鄭伯之克段是舍形而論其影也又戴記本爲一篇而分爲三十章章各創爲之目其臆斷亦與表記集傳等篇其意存鑒戒於君臣父子夫婦兄弟之間原其亂之所自生究其禍之所終極頗爲剴切且坊記之文如曰治國不過千乘都城不過百雉家富不過百乘以此坊民諸侯猶有畔者是隱爲春秋書大夫之强起例又云春秋不稱楚越之王喪亦明著春秋之法則道周此

書固非漫無根據盡出附會矣

緇衣集傳四卷福建巡撫採進本

明黃道周撰是書為所進禮記解五篇之四分二十三章亦各創立名目案鄭康成云緇衣篇善其好賢者之原故述其所稱之詩以為其名是本有辨別善惡之義故道周因而推衍其說証以史事於愛憎之公私人才之邪正莫不詳明剴切再三致意自序云是傳略採經史關於好惡刑賞治道之大者凡三百餘條以繫於篇其於經濟庶務條

日之間雖有未悉而於君心好惡綱領之原以至三代而下治亂盛衰之故亦畧云備益莊烈帝鋭於求治而闇於知人輕信輕疑漫無鑒别十七年内易閣臣者五十賢姦淆雜卒至於亡賀逢聖致仕之時斷斷以振作無緒一語可云先見道周此書意主於格正君心以權衡進退所重在君子小人消長之間不必盡以章句訓詁繩也

儒行集傳二卷 福建巡撫採進本

明黄道周撰是書爲所進禮記解五篇之五雖亦

有强分篇目之失然記文稱其自立有如此者其剛毅有如此者云云則章旨本經中所有道周分一十七章較表記坊記緇衣之目尚近於自然其所集之傳亦雜引歷代史傳以某某爲能自立某某爲剛毅意在上之取士執此爲則以定取舍之衡故其自序云仲尼恐後世不學不知先王之道存於儒者故併舉以明之使後之天子循名考實知人善任爲天下得人葢經爲儒者言道周之傳則爲用儒者言也大抵道周於諸經其用力最深

者莫如易學觀其與及門朱朝英何瑞圖劉履丁輩往復商推至再至三所謂一生精力盡在此書者也其孝經集傳亦歷六年而成故推衍亦爲深至若禮記五篇則借以納諫意原不主於解經且一年之中輯書五種亦成之太速故考証或不免有疏然賦詩斷章義各有取郢書燕說國以大治苟其切於實用則亦不失聖人垂教之心故雖非解經之正軌而不能不列之經部焉

日講禮記解義六十四卷

謹案是書爲
聖祖仁皇帝經筵所講皆經
御定而未及編次成帙
皇上御極之初乃
命取繙書房舊稿校刊頒行禮爲治世之大經周禮具
其政典儀禮陳其節文禮記一書朱子以爲儀禮
之傳然特冠義等六篇及喪服諸篇與儀禮相發
明耳至於他篇則多整躬範俗之道別嫌明微之
防不盡與儀禮相比附蓋儀禮皆古經禮記則多

誌其變儀禮皆大綱禮記則多謹於細儀禮皆度數禮記則多明其義故聖賢之微言精意雜見其中歛之可以正心修身推之可以齊家治國平天下自天子以至庶人莫不於是取裁焉是編推繹經文發揮暢達而大旨歸於謹小慎微皇自敬德以納民於軌物衛湜所集一百四十四家之說鎔鑄翦裁一一薈其精要信乎聖人制作之意惟

聖人能知之矣

欽定禮記義疏八十二卷

乾隆十三年

御定三禮義疏之第三部也經文四十九篇釐爲七十七卷附載圖五卷其詮釋七例亦與周官義疏同三禮以鄭氏爲專門王肅亦一代通儒博觀典籍百計難之弗勝也後儒所見曾不逮肅之棄餘乃以一知半解譁然詆鄭氏不聞道韓愈所謂不自量者其是類歟然周官儀禮皆言禮制禮記則兼言禮意禮制非考證不明禮意則可推求以義理故宋儒之所闡發亦往往得別嫌明微之旨此編

廣摭羣言於郊社樂舞裘冕車旗尊彝圭鬯燕飲饗食以及月令內則諸名物皆一一辨訂卽諸子軼聞百家雜說可以叅考古制者亦詳徵博引曲證旁通而辨說則頗採宋儒以補鄭注所未備其中庸大學二篇陳澔集說以朱子編入四書遂刪除不載殊爲妄削古經今仍錄前文以存舊本惟章句改從朱子不立異同以消門戸之爭蓋言各有當義各有取不拘守於一端而後見衡鑒之至精也至於

御纂諸經易不全用程傳本義而仍以程傳本義居先書不全用蔡傳而仍以蔡傳居先詩不全用朱傳而仍以朱傳居先春秋於胡傳尤多所駁正刊除而尚以胡傳標題列三傳之次惟禮記一經於陳澔集說僅棄瑕錄瑜雜列諸儒之中不以冠篇仰見睿義精審務協是非之公尤足正胡廣等禮記大全依附門牆隨聲標榜之謬矣

深衣考一卷　浙江巡撫採進本

國朝黃宗羲撰宗羲有易學象數論已著錄是書前

列已說後附深衣經文併列朱子吳澄朱右黃潤

玉王廷相五家圖說而各闢其謬其說大抵排斥

前人務生新義如謂衣二幅各二尺二寸屈之爲

前後四幅自掖而下殺之各留一尺二寸加衽二

幅內衽連於前右之衣外衽連於前左之衣亦各

一尺二寸其要縫與裳同七尺二寸葢衣每一幅

屬裳狹頭二幅也今以其說推之前後四幅下屬

裳八幅外右衽及內左衽亦各下屬裳二幅則裳

之屬乎外右衽者勢必掩前右裳裳之屬乎內左

衽者勢必受掩於前左裳故其圖止畫裳四幅蓋其後四幅統於前圖其內掩之四幅則不能畫也考深衣之裳十二幅前後各六自漢唐諸儒沿為定說宗羲忽改拗四幅之圖殊為臆撰其釋衽當旁也謂衽衣襟也以其在左右故曰當旁考鄭註衽裳幅所交裂也郭璞方言註及玉篇註俱云衽裳際也云裳際則為裳旁明矣故釋名曰衽襘也在旁襘襘然也蓋裳十二幅前名襟後名裙惟在旁者始名衽今宗羲誤襲孔疏以裳十二幅皆名

衽不明經文在旁二字之義遂別以衣左右衽當之是不特不知衽之爲裳旁而并不以衽爲裳幅二字全迕益踵孔疏而加誤矣其釋續衽也謂裳與衣相屬衣通袂長八尺裳下齊一丈四尺衣裳相屬處乃七尺二寸則上下俱濶而中狹象小要之形故名續衽其說尤爲穿鑿其釋袂圜以應規也謂衣長二尺二寸袂屬之亦如其長掖下裁入一尺留其一尺二寸可以運肘以漸還之至於袂末仍得二尺二寸玉藻言袪尺二寸乃袂口之不

縫者非謂袂止一尺二寸今考說文袪袂也禮玉藻鄭註謂袪袂口也蓋袂末統名曰袪今謂袂口半不縫者乃名之爲袪則袂口之半縫者豈遂不得名之爲袪乎且袂口半縫之制經無明文又不知宗義何所據也宗義經學淹貫著述多有可傳而此書則變亂舊詁多所乖謬以其名頗重恐或貽悞後來故摘其誤而存錄之庶讀者知所決擇焉

陳氏禮記集說補正三十八卷 内府藏本

國朝納喇性德撰性德有删補合訂大易集義粹言已著錄是編因陳澔禮記集說疎舛太甚乃爲條析而辨之凡澔所遺者謂之補澔所悞者謂之正皆先列經文次列澔說而援引考証以著其失其無所補正者則經文與澔說並不載焉頗採宋元明人之論於鄭註孔疏亦時立異同大抵考訓詁名物者十之三四辨義理是非者十之六七以澔註多主義理故隨文駁詰者亦多也凡澔之說皆一一溯其本自何人頗爲詳核而愛博嗜奇亦往

往泛採異說如曲禮席間函丈鄭以兩席并中間爲一丈性德引文王世子席之制三尺三寸三分寸之一駁之是也而又引王肅本文作杖謂可容執杖以指揮則更謬於集說矣月令羣鳥養羞性德既云集說未爲不是而又引夏小正丹鳥羞白鳥及項安世人以鳥爲羞之說云足廣異聞則明知集說之不誤而强綴此二條矣曾子問曾昭公慈母一條既用鄭註孔疏以補澔註又引陸佃之謬解蔓延於集說之外是正陸氏非正集說矣凡

斯之類皆徵引繁富愛不能割之故然綜核衆論原委分明凡所指摘切中者十之八九即其據理推求者如曲禮狠毋求勝分毋求多澔註稱況求勝者未必能勝求多者未必能多性德則謂此乃不忮不求懲忿窒慾之事陳氏所云不免計較得失若是則可以必勝可以必多將不難於爲之矣是雖立澔於旁恐亦無以復應也然則讀澔註者又何可廢是編歟

禮記述註二十八卷 福建巡撫採進本

國朝李光坡撰光坡有周禮述註已著錄是編成於康熙戊子前有自序云始讀陳氏集說疑其未盡及讀註疏又疑其未誠如序內稱鄭氏祖讖孔氏惟鄭之從不載他說以爲可恨鄭氏祖讖莫過於郊特牲之郊祀祭法之禘祖宗而孔氏正義皆取王鄭二說各爲臚列其他自五禮之大者至零文單字備載衆詁在諸經註疏中最爲詳核何妄誣與又禮器篇斥後代封禪爲鄭祖緯啓之秦皇漢武前鄭數百年亦鄭註啓之乎又多約註疏而成鮮

有新意而指註疏爲舊說凡此之類皆冒前人卽欺負後人何以示誠乎抑譏漢唐儒者說理如夢此程朱進人以知本吾儕非其分也今於禮運則輕其出於老氏樂記則少其言理而不及數其他多指爲漢儒之附會逐節不往復其文義通章不鉤貫其脈絡而訓禮運之本仁以聚亦曰萬殊一本一本萬殊仲尼燕居之仁鬼神仁昭穆亦曰克去己私以全心德欲以方軼前人恐未能使退舍也其論可謂持是非之公心掃門戶之私見雖義

取簡明不及鄭孔之賅博至其精要則亦略備矣

禮記析疑四十六卷 江蘇巡撫採進本

國朝方苞撰苞有周官集註已著錄是書亦融會舊說斷以已意如文王世子以大司成即大司樂辨註疏以周官大樂正爲大司樂師氏爲大司成之非於郊特牲郊血大饗腥序薦璧用樂薦血實柴之次一條謂凡經傳中言郊禮而有獻薦者皆爲薦稷之事其論至爲明晰於饗禘有樂而食嘗無樂一條取荊南馮氏之言引楚茨之詩以爲嘗當

有樂於內則天子之閣一條謂疏以閣爲庖廚非是葢閣所以置果蔬飴餌也又付豚一條注疏解爲豚全而羊析不知是豚羊共鼎羊以羔耳於喪服小記慈母與妾母不世祭一條謂庶子之子立禰廟則可以祭父之生母於士不攝大夫士攝大夫惟宗子一條謂大夫以公事出而家人攝祭則義當使親子弟雖無爵者可攝無攝以宗子之義也祭之日一獻一條謂祭禮獻酬交錯所以和通神人不宜獻飲未終而爵命羣臣以間之惟特假

於廟故簡其禮而用一獻今注謂一獻一酳尸疏謂其節當在後編者誤列於前皆具有所見足備禮家一解他如謂執雁奠雁皆爲舒雁而非雁鴻之雁不知禮用雁贄取其不失時能守節也若舒雁則何守節之有又謂深衣純袂緣純邊純卽緣也緣字疑衍其意蓋謂當作純袂純邊按鄭注曰緣緆也孔疏云旣夕謂鄭注在幅曰縪在下曰緆方氏慤曰褎口謂之袂裳下謂之緣衣側謂之邊其純皆半寸緣字自有典則非衍字也凡斯之類

未免武斷然無傷於宏旨其最不可訓者莫如别
爲考定文王世子一篇删文王有疾至武王九十
三而終一段又删不能涖阼踐阼而治八字及虞
夏商周有師保有疑丞一段周公抗世子法於伯
禽一段成王幼至不可不慎也一段末世子之記
一段夫禮記糅雜先儒言之者不一然删定六經
維聖人能之孟子疑武成不可信然未聞奮筆删
削也朱子改大學刋孝經後儒且有異同王栢吳
澄竄亂古經則至今爲世詬厲矣苞在近時號爲

學者此書亦頗有可採惟此一節則不效宋儒之所長而效其所短殊病乖方今錄存其書而附辨其謬於此爲後來之炯戒焉

檀弓疑問一卷 兩淮馬裕家藏本

國朝邵泰衢撰泰衢字鶴亭錢塘人明於算術雍正初以薦授欽天監左監副其書以禮記出自漢儒而檀弓一篇尤多附會乃摘其可疑者條列而論辨之如以脫驂舊館人爲失禮之正以夫子夢奠之事爲杳冥渺茫皆非聖人所宜出又親喪哭無

常聲不應以孺子泣爲難繼居讐者不反兵而鬬爲啟亂端會點之狂乃志大而有所不爲非狂肆之狂倚門而歌斷無此事以王姬爲齊襄公妻非魯莊公之外祖母大都皆明白正大深中理解非劉知幾之横生臆解惑古疑經者可比惟師及齊師戰於郎一條泰衢以郎字爲郊字之誤葢據春秋戰於郊之文不知魯有二郎隱公元年費伯所城之郎在今魚臺縣地哀公十年與齊戰之郎則爲魯近郊地案說詳江永春秋地理考實謂郎卽郊則可謂

郞爲誤則不可又乘丘之戰一條泰衢疑曾莊公敗績之誤不知古人軍潰曰敗績車覆亦曰敗績左傳所云敗績覆壓者是也槩以戰衂爲疑亦疏於考據然偶然疏舛固亦不害其大旨也

禮記訓義擇言八卷兩江總督採進本

國朝江永撰永有周禮疑義舉要已著錄是書自檀弓至雜記於註家異同之說擇其一是爲之折衷與陳澔注頗有出入然持論多爲精核如檀弓殷練而祔周卒哭而祔呂氏謂祔祭卽以其主祔藏

於祖廟既除喪而後遷於新廟永據左氏傳特祀於主烝嘗禘於廟謂祔後主反殯宮至喪畢乃遷新廟引大戴禮諸侯遷廟禮奉衣服由廟而遷於新廟此廟實爲殯宮今考顧命諸侯出廟門俟孔傳曰殯之所處曰廟又儀禮士喪禮曰巫止於廟門外註曰凡宮中有鬼神曰廟賈疏曰廟門者士死於適室以鬼神所在則曰廟故名適寢曰廟然則大戴禮所云由廟者實由殯宮非由祖廟永說有據可以解程張諸儒之異同又如玉藻云襲裘

不入公門疏云裘上有裼衣裼衣之上有襲衣襲衣之上有正服據曲禮疏襲衣即所謂中衣永謂裼衣上即謂正服不得更有中衣今考玉藻君衣狐白裘錦衣以裼之註曰錦衣復有上衣天子狐白之上衣皮弁服皮弁即爲錦衣之上服而裼衣之上不復有中衣可知雖孔疏所說然據玉藻有長中繼揜尺之文然繼揜尺之中衣不襲裼衣後漢輿服志宗廟諸祀冠長冠服袀元絳緣領袖爲中衣絳袴袜漢書萬石君傳註中帬若今中衣釋

名中衣言在小衣之外小衣卽褻衣也然則中衣
但得襲褻衣不得襲裼衣也孔疏顯誤亦以丞說
爲確又雜記曰如三年之喪則既穎其練祥皆行
註曰言今之喪既服穎乃爲前三年者變除而練
祥祭也此主爲先有父母之服今有喪長子者其
先有長子之服今又喪父母其禮亦然丞謂玩註
既字乃字之意本謂未穎以前値練祥不得行止
如纂言附論後喪變麻可補行之說非謂既穎而
値前喪一期再行也今考上節曰有父之喪如未

没喪而母死其除服之喪也服其除服卒事反喪服疏曰謂母死既葬後值父應大祥除服以行祥事然則母未葬而值父大祥亦不可行必待既葬然後補行明矣又於下節既字乃字之義疏解明確即上下二節之義亦俱可貫通其他若辨程大昌袒爲免冠及皇氏髽衰爲露紒髽之誤尤爲精鑿不磨至喪服小記生不及祖父母諸父昆弟而父稅喪已則否王肅謂計已之生不及此親之存則不稅永特宗其說而於經文弟子字雖不敢如

劉知蔡謨直以爲衍文乃謂言弟者因昆連及之則其說臆度終不如鄭註爲得然全書持義多允非深於古義者不能也

深衣考誤一卷安徽巡撫採進本

國朝江永撰深衣之制衆說糾紛永據玉藻深衣三袪縫齊倍要衽當旁之文知裳前後當中者爲襟爲裾皆不名衽惟當旁斜殺者乃名衽今以永說求之訓詁諸書雖有合有不合而衷諸經文其義最當考說文曰衽衣裣也裣卽襟永以裳之前爲

襟而旁爲衽說文乃以衣襟爲衽則不獨裳爲衽矣又爾雅曰執衽謂之袺扱衽謂之襭李巡曰衽者裳之下也云下則裳之下皆名衽不獨旁矣然方言曰褸謂之衽郭璞註曰衣襟也與說文前襟名衽義正同而郭註又云或曰衽裳際也云裳際則據兩旁矣永之所考蓋據璞註後說也又劉熙釋名云襟禁也交於前所以禁禦風寒也裾倨也倨倨然直亦言在後當見倨也衽襜也在旁襜襜然也證以永說謂裳前襟後裾皆直幅不交裂則

即釋名所云裾裾然直也謂在旁者乃名衽則即

釋名在旁襜襜之義也其釋經文衽在旁三字實

非孔疏所能及其後辨續衽鉤邊一條謂續衽在

左前後相屬鉤邊在右前後不相屬鉤邊在漢時

謂之曲裾乃别以裳之一幅斜裁之綴衣右後衽

之上使鉤而前孔疏誤合續衽鉤邊爲一其說亦

考証精核勝前人多矣

附錄

大戴禮記十三卷江西巡撫採進本

漢戴德撰隋書經籍志曰大戴禮記十三卷漢信都王太傅戴德撰崇文總目云大戴禮記十三卷十五篇又一本三十三篇中興書目云今所存止四十篇晁公武讀書志云篇目自三十九篇始無四十三四十四四十五六十一四篇有兩七十四而韓元吉熊朋來黄佐吳澄並云兩七十三陳振孫云兩七十二蓋後人於盛德第六十六别出明堂一篇爲六十七其餘篇第或至文王官人第七十一改爲七十二或至諸侯遷廟第七十二改爲

七十三或至諸侯釁廟第七十三改爲七十四故諸家所見不同蓋有新析一篇則與舊有之一篇篇數重出也漢許慎五經異義論明堂稱戴記禮說盛德記卽明堂篇語魏書李謐傳隋書牛宏傳俱稱盛德篇或稱泰山盛德記知析盛德篇爲明堂篇者出於隋唐之後又鄭康成六藝論曰戴德傳記八十五篇司馬貞曰大戴禮合八十五篇其四十七篇亡存三十八篇蓋夏小正一篇多別行隋唐間錄大戴禮者或闕其篇是以司馬貞云然

原書不別出夏小正篇實缺四十六篇存者宜為三十九篇中興書目乃言存四十篇則竄入明堂篇題自宋人始矣書中夏小正篇最古其諸侯遷廟諸侯釁廟投壺公冠皆禮古經遺文又藝文志曾子十八篇久逸是書猶存其十篇自立事至天圓篇題上悉冠以曾子者是也書有注者八卷餘五卷無注疑闕逸非完本朱子引明堂篇鄭氏注云法龜文始以注歸之鄭康成考注內徵引康成譙周孫炎宋均王肅范甯郭象諸人下逮魏晉之

儒王應麟困學記聞指爲盧辯注據周書辯字景
宣官尚書右僕射以大戴禮未有解詁乃注之其
兄景裕謂曰昔侍中注小戴今爾注大戴庶纉前
修矣王氏之言信而有徵是書正文併注訛舛幾
不可讀而永樂大典內散見僅十六篇今以各本
及古籍中摭引大戴禮記之文參互校訂附案語
於下方史繩祖學齋佔畢言大戴記列之十四經
中其說今不可考然先王舊制時有徵焉固亦禮
經之羽翼爾

夏小正戴氏傳四卷兩江總督採進本

宋傅崧卿撰崧卿字子駿山陰人官至給事中夏小正本大戴禮記之一篇隋書經籍志始於大戴禮記外别出夏小正一卷註云戴德撰崧卿序謂隋重賞以求逸書進書遂多以邀賞帛故離析篇目而爲此有司受此又不加辨而作志者亦不復考是於理亦或然然考吳陸璣詩草木鳥獸蟲魚疏曰大戴禮夏小正傳云蘩遊胡胡旁勃也則三國時已有傳名疑大戴禮記舊本但有夏小正

之文而無其傳戴德爲之作傳别行遂自爲一卷故隋志分著於録後盧辯作大戴禮記注始采其傳編入書中故唐志遂不著録耳又隋志根據七録最爲精核不容不知夏小正爲三代之書漫題德撰疑夏小正下當有傳字或戴德撰字當作戴德傳字今本譌脱一字亦未可定觀小爾雅亦孔叢之一篇因有李軌之注遂别著録是亦旁證矣崧卿以爲隋代誤分似不然也惟是篇屢經傳寫傳與本文混淆爲一崧卿始仿杜預編次左氏春

秋之例列正文於前而列傳於下每月各爲一篇而附以注釋又以闕瀹藏本與集賢所藏大戴禮記本叅校異同注於下方其闕本注釋二十三處亦併附錄題曰舊注以别之葢是書之分經傳自崧卿始朱子作儀禮經傳通解以夏小正分析經傳實沿其例其詮釋之詳亦自崧卿始金履祥通鑑前編所注實無以勝之於是書可謂有功儒者盛稱朱子考定之本與履祥續作之注而不以創始稱崧卿葢講學家各尊所聞非公論也其中如

正月之斗柄縣在下五月之菽糵將問諸則九月之辰繫於日十一月之於時日也萬物不通皆宜爲經文而誤列於傳其正月之始用暢乃以解初歲祭耒明用暢以祭自此始宜爲傳文而誤列於經皆爲未允然大戴之學治之者稀小正文句簡奥尤不易讀崧卿獨稽核舊文得其端緒俾讀者有徑之可循固考古者之所必資矣

右禮類禮記之屬二十部五百九十五卷附錄二部十七卷皆文淵閣著錄

案訓釋大學中庸者千頃堂書目仍入禮類今併移入四書以所解者四書之大學中庸非禮記之大學中庸學問各有淵源不必强合也大戴禮記舊附於經史繩祖學齋佔畢亦有大戴禮記宋列爲十四經之說然繩祖所云別無佐證且其書古不立博士今不列學官未可臆加以經號今以二戴同源附錄於禮記之末從其類也

# 欽定四庫全書總目卷二十二

## 經部二十二

### 禮類四

三禮圖集注二十卷內府藏本

宋聶崇義撰崇義洛陽人周顯德中累官國子司業世宗詔崇義參定郊廟祭玉因取三禮舊圖凡得六本重加考訂宋初上於朝太祖覽而嘉之詔須行考禮圖始於後漢侍中阮諶其後有梁正者題諶圖云陳留阮士信受學於潁川綦母君取其

說爲圖三卷多不按禮文而引漢事與鄭君之文違錯正稱隋書經籍志列鄭元及阮諶等三禮圖九卷唐書藝文志有夏侯伏朗三禮圖十二卷張鎰三禮圖九卷崇文總目有梁正三禮圖九卷宋史載吏部尚書張昭等奏云四部書目內有三禮圖十二卷自開皇中勅禮部修撰其圖第一第二題云梁氏第十後題云鄭氏今書府有三禮圖亦題梁氏鄭氏則所謂六本者鄭元一阮諶二夏侯伏朗三張鎰四梁正五開皇所撰六也然勘驗鄭

志元實未嘗爲圖殆習鄭氏學者作圖歸之鄭氏
歟今考書中宫室車服等圖與鄭注多相違異卽
如少牢饋食敦皆南首鄭注云敦有首者尊者器
飾也飾蓋象龜周之制飾器必以其類龜有上下
甲此言敦之上下象龜上下甲蓋者意擬之辭而
是書敦與簠簋皆作小龜以爲蓋頂是一器之微
亦失鄭意沈括夢溪筆談譏其犧象尊黄目尊之
誤歐陽修集古録譏其簋圖與劉原甫所得眞古
簋不同趙彦衛雲麓漫鈔譏其爵爲雀背承一器

犧象尊作一器繪牛象林光朝亦譏之曰聶氏三禮圖全無來歷穀璧則畫穀蒲璧則畫蒲皆以意爲之不知穀璧止如今腰帶胯上粟文耳是宋代諸儒亦不以所圖爲然然其書抄撮諸家亦頗承舊式不盡出於杜撰淳熙中陳伯廣嘗爲重刻題其後云其圖度未必盡如古昔苟得而考之不猶愈於求諸野乎斯言允矣今姑仍其舊帙錄之以備一家之學此書世所行者爲通志堂刊本或一頁一圖或一頁數圖而以說附載圖四隙行欵參

差尋覽未便惟
內府所藏錢曾也是園影宋鈔本每頁自爲一圖而
說附於後較爲清整易覩今依倣繕錄焉

三禮圖四卷 浙江吳玉墀家藏本

明劉績撰績字用熙號蘆泉江夏人宏治庚戌進
士官至鎮江府知府是書所圖一本陸佃禮象陳
祥道禮書林希逸考工記解諸書而取諸博古圖
者爲尤多與舊圖大異考漢時去古未遠車服禮
器猶有存者鄭康成圖雖非手撰要爲傳鄭學者

所爲阮諶夏侯伏朗張鎰梁正亦皆五代前人其時儒風淳實尚不以鑿空臆斷相高聶崇義參考六本定爲一家之學雖踵謬沿訛在所不免而遞相祖述終有典型至宣和博古圖所載大半揣摩近似强命以名其間疎漏多端洪邁諸人已屢攻其失績以漢儒爲妄作而依據是圖殊爲顛倒然所採陸陳諸家之說如齊子尾送女器出於魏太和中犧尊純爲牛形王肅據以證鳳羽婆娑之誤齊景公器出晉永康中象尊純爲象形劉杳據以

證象骨飾尊之非蒲璧刻文如蒲萑敷時穀璧如粟粒其器出於宋時沈括據以證蒲形禾形之謬此書並採用其說亦足以備一解至於宮室制度輿輪名物凡房序之位輈較之分亦皆一一分析不惟補崇義之闕且以拾希逸之遺其他斑荼曲直之屬增舊圖所未備者又七十餘事過而存之未始非兼收並蓄之義也

學禮質疑二卷 副都御史黃登賢家藏本

國朝萬斯大撰斯大有儀禮商已著錄是書考辨古

禮頗多新說如謂魯郊惟日至一禮祈穀不名郊自魯僭行日至之郊其君臣托於祈穀以輕其事後人不察郊與祈穀之分遂以魯爲祈穀見春秋不書祈穀遂以祈穀爲郊今考襄公七年傳孟獻子曰夫郊祀后稷以祈穀事欲蟄而郊郊而後耕桓公五年秋大雩左氏傳曰書不時也凡祀啟蟄而郊龍見而雩與孟獻子之言亦合斯大既不信左氏又據詩序謂昊天有成命爲郊祀天地而不言祈穀遂立是說不知大戴禮公符篇載郊祀曰

承天之神興甘風雨庶卉百穀莫不茂者則郊兼祈穀之明證家語雖出依託然皆綴緝舊文其郊問篇稱至於啟蟄之月則又祈穀於上帝王肅注曰啟蟄而郊郊而後耕與鄭杜二家尤爲契合斯大别爲創論非也斯大又謂大社祭地在北郊王社祈穀在國中今考五經通義大社在中門之外王社在籍田之中孔賈疏及通典俱宗其說又左傳閔公二年傳間於兩社爲公室輔杜預註周社亳社兩社之間朝廷執政所在頴達曰曾是周之

諸侯故國社謂之周社則國社之所在爲朝廷執政之所在其爲中門內無疑諸侯之國社與天子之大社同也周書作雒篇曰乃設立丘兆於南郊以上帝配后稷日月星辰先王皆與食諸侯受命於周乃建大社於國中國中與南郊對舉則大社不在郊而在國可知斯大所云誤亦顯著斯大又謂士止爲小宗不得爲大宗以士無祖廟也今考喪服小記曰士不攝大夫士攝大夫惟宗子又荀子曰故王者天太祖諸侯不敢壞大夫士有常宗

楊倞註曰繼别子之後爲族人所常宗百世不遷之大宗也據此則士亦得爲大宗明矣又喪服小記曰庶子不祭殤與無後者殤與無後者從祖祔食鄭元注曰宗子之無父無後者爲墠祭之孔頴達疏曰若宗子是士無曾祖廟故諸父無後者爲墠祭之又曾子問曰若宗子死告於墓而後祭於家鄭注曰祭於家容無廟也孔疏曰祭於家是容宗子無爵其家無廟而祭於庶子之家是且有無廟而爲宗子者矣今斯大謂有始祖廟乃得爲大

宗充其說不特士不得爲大宗據祭法則大夫止有曾祖廟將大夫亦不得爲大宗乎斯大又變其說謂士大夫皆得有高曾祖廟引大傳曰大夫有大事省於其君干祫及其高祖今考孔疏祫合也謂雖無廟而得與有廟者合祭大夫蓋祫於曾祖廟而上及高祖上士則祫於曾祖高祖中士則祫於禰廟而上及祖與曾祖高祖又安得援爲皆得有廟之証乎斯大又謂小記大夫士之妾祔於妾祖姑亡則中一以上而祔則祔於高

祖姑是高祖有廟今考小記孔疏曰妾無廟爲壇祔之耳則妾雖祔於高祖之妾不必高祖有廟觀雜記父母之喪尚功衰而祔兄弟之殤孔疏其小功兄弟身及父是庶人不合立祖廟則曾孫嫡孫爲之立壇祔小功兄弟之長殤於從祖立神而祭不爲從祖立廟也又安得爲高祖之妾有廟乎凡此皆自立異說略無顯據其他若辨商周改月改時周詩周正及兄弟同昭穆皆極精確宗法十餘篇亦頗見推闡置其非而存其是亦未始非一家

之學也

讀禮志疑六卷浙江巡撫採進本

國朝陸隴其撰隴其有古文尚書考已著錄是編以三禮之書多由漢儒採輯而成其所載古今典禮自明堂清廟吉凶軍賓嘉以及名物器數之微互相考校每多齟齬不合因取鄭孔諸家注疏折衷於朱子之書務得其中並旁及春秋律呂與夫天時人事可與禮經相發明者悉爲採入其有疑而未決者則仍闕之故曰讀禮志疑案禮經自經秦

火雖多殘鈌不完而漢代諸儒去古未遠其所訓釋大抵有所根據不同於以意揣求宋儒義理雖精而博考詳稽終不逮注疏家專門之學隴其覃思心性墨守程朱其造詣之醇誠近代儒林所罕見至於討論三禮究與古人之終身穿穴者有殊然孔疏篤信鄭注往往不免附會而陳澔集說尤爲舛陋隴其隨文糾正考核折衷其用意實非俗儒所能及如論孔疏月令引太史職鄭注中數曰歲朔數曰年並舉則分年歲單舉則可互稱又祥

禫主鄭駁王廟制尊劉駁鄭於禮有擯詔樂有相步温之至也之文謂温直是蘊藉不當如孔疏所云以物承藉於未卜禘不視學取孔疏不當禘祭之年亦待時祭之後駁集說不五年不視學之說謂司尊彝變朝踐爲朝獻變再獻爲饋獻爲省文互文之法皆自抒所見絕無門戶之私至於緇紂純三字謂純當作紂古人字亦誤用後來不可不愼不知古字多通原未可以近例相限又袁黃羣書備考以賈公彦訛作賈逵人所共知何煩深辨

而亦特立一條爲之駁正此蓋閱書時隨筆標記門弟子編次校刊乃誤入正文未知簡擇固不足爲隴其病矣

郊社禘祫問一卷浙江巡撫採進本

國朝毛奇齡撰奇齡有仲氏易已著錄是書前答門人李塨問南北郊分祀及問有禘無祫之說末附艾堂問自注云同郡學人集於艾堂所問此則專論禘祫者也其中如南郊北郊以冬夏至分祀見於周禮本有明文疑無北郊之祀者本無庸置辨

奇齡性喜攻駁反覆詰辨未免繁雜至於時祭之外禘爲大祭所謂三年一祫五年一禘者語出緯書本不足據祫對犆爲義不對禘爲義也奇齡辯大禘與吉禘不相蒙又言大禘吉禘時祭必合祭故稱祫則皆發昔儒所未及於經義不爲無補錄存其說亦足資禮家之采擇焉

參讀禮志疑二卷 編修勵守謙家藏本

國朝汪紱撰紱一名烜字燦人號雙池婺源人是書取陸隴其所著讀禮志疑以己意附參於各條之

下其於大禮大端若謂南郊即爲圜丘大社即爲北郊禘非祭天之名路寢不得倣明堂之制又力斥大饗明堂文王配五天帝武王配五人帝之説皆主王肅而黜鄭元故頗與舊註相左其謂東西夾室不在堂之兩旁而在東西房之兩旁考儀禮公食大夫禮公迎賓入大夫立於東夾南士立於門小臣東堂下宰東夾北内官之士在宰東上介門西蓋均即位於堂之上下如紱所云則大夫及宰乃違衆而獨立於堂後及東西房兩旁隱蔽之

地矣又聘禮設飧亦云堂上之饌八西夾六葢數饌於賓其陳設皆自堂及庭及門取其羅布目前如敘所云則饌亦設於堂後矣敘又謂士無朝服元端卽士之朝服上士元裳中士黃裳下士雜裳考士冠禮曰主人元冠朝服緇帶素韠既云素韠則素裳矣與卿大夫以上之朝服初無以異未嘗獨以黃裳元裳雜裳之元端爲朝服也又魯語曰列士之妻加之以朝服則士固非無朝服敘皆未之深考也至所謂大夫士無西房故士喪禮主人

括髮衆主人免於房而婦人乃獨髽於室以無西房故也其說本孔疏可破陳祥道禮書之惑又謂大夫士廟亦當有主與通典所載徐邈及清河王懌之議相合如斯之類亦多深得經義固可與朧其之書並存不廢也

右禮類三禮總義之屬六部三十五卷皆文淵閣著錄

案鄭康成有三禮目錄一卷此三禮通編之始其文不可分屬今共爲一類亦五經總義

之例也其不標三禮之名而義實兼釋三禮者亦併附焉

禮書一百五十卷內府藏本

宋陳祥道撰祥道字用之福州人李廌師友談記稱其許少張榜登科又稱其元祐七年進禮圖儀禮註除館閣校勘明年用爲太常博士賜緋衣不旬餘而卒又稱其仕宦二十七年止於宣義郎宋史則作官至秘書省正字然晁公武讀書志載是書亦稱左宣義郎太常博士陳祥道撰與廌所記

同鷹又稱嘗爲禮圖一百五十卷儀禮說六十餘卷內相范公爲進之乞送秘閣及太常寺陳振孫書錄解題則稱元祐中表上之晁公武則稱朝廷聞之給札繕寫奏御宋史陳暘傳則稱禮部侍郎趙挺之上言暘所著樂書二十卷案樂書實二百卷宋史字誤貫穿明備乞援其兄祥道進禮書故事給札則鷹振孫所記爲確公武朝廷聞之之說非其實也其中多掊擊鄭學如論廟制引周官家語荀子穀梁傳謂天子皆七廟與康成天子五廟之說異論禘

祫謂圜丘自圜丘禘自禘力破康成禘即圜丘之說論禘大於祫並祭及親廟攻康成禘小祫大祭不及親廟之說辨上帝及五帝引掌次文闢康成上帝即五帝之說蓋祥道與陸佃皆王安石客案祥道爲王安石之徒見晁公武讀書志祥道論語解條下安石說經既剏造新義務異先儒故祥道與陸佃亦皆排斥舊說佃禮象今不傳惟神宗時詳定郊廟禮文諸議今尚載陶山集中大抵多生别解與祥道駁鄭畧同蓋一時風氣所趨無庸深詰然綜其大致則貫通經傳

縷析條分前說後圖考訂詳悉陳振孫稱其論辨精博間以繪畫唐代諸儒之論近世聶崇義之圖或正其失或補其闕晁公武元祐黨家李廌蘇門賓客皆與王氏之學異趣公武則稱其書甚精博廌亦稱其禮學通博一時少及則是書固甚爲當時所重不以安石之故廢之矣

儀禮經傳通解三十七卷續二十九卷 浙江巡撫採進本

儀禮經傳通解宋朱子撰初名儀禮集傳集註朱子乞修三禮劄子所云以儀禮爲經而取禮記及

諸經史雜書所載有及於禮者皆以附於本經之下具列註疏諸儒之說畧有端緒卽是書也其箚子竟不果上晚年修葺乃更定今名朱子沒後嘉定丁丑始刋板於南康凡家禮五卷鄉禮三卷學禮十一卷邦國禮四卷共二十三卷爲四十二篇中缺書數一篇大射至諸侯相朝八篇尚未脫稾其卷二十四至卷三十七凡十八篇則仍前草創之本故用舊名集傳集註是爲王朝禮中缺卜筮一篇目錄內踐阼第三十一以後序說並缺蓋未

成之本也所載儀禮諸篇咸非舊次亦頗有所釐析如士冠禮三屨本在辭後乃移入前陳器服章加宿加冠等辭本總記在後乃分入前各章之下末取雜記女子十五許嫁笄之文續經立女子笄一目如斯者不一而足雖不免割裂古經然自王安石廢罷儀禮獨存禮記朱子糾其棄經任傳遺本宗末因撰是書以存先聖之遺制分章表目開卷瞭然亦考禮者所不廢也其喪祭二門則成於朱子門人黃榦蓋朱子以創稾屬之楊復原序述

榦之言有曰始余創二禮粗就奉而質之先師喜謂余曰君所立喪祭禮規模甚善他日取吾所編家鄉邦國王朝禮其悉用此更定云云則榦之所編尚不失朱子之意然榦僅修喪禮十五卷成於嘉定己卯其祭禮則尚未訂定而榦又没越四年壬午張虙刊之南康亦未完本也其後楊復重修祭禮鄭逢辰進之於朝復序榦之書云喪禮十五卷前已繕寫喪服圖式合別爲一卷附於正帙之外前稱喪服圖式祭禮遺稿尚有未及訂定之遺

憾則別卷之意固在此又自序其書云南康學宮舊有家鄉邦國王朝禮及張侯虙續刊喪禮又取祭禮稿本併刊而存之竊不自揆遂據稿本參以所聞稍加更定以續成其書凡十四卷今自卷十六至卷二十九皆復所重修合前經傳通解及集傳集註總六十有六卷雖編纂不出一手而端緒相因規模不異古禮之梗概節目亦畧備於是矣

禮書綱目八十五卷 安徽巡撫採進本

國朝江永撰其書雖仿儀禮經傳通解之例而參考

羣經洞悉條理實多能補所未及非徒立異同如士冠禮屨夏用葛以下五十字本在辭後記前通解移置經文陳器服節末是書亦沿襲其說不故相詰難至於士昏記父醮子命之辭曰以下三十一字通解列在陳器饌節下而是書改列在親迎節下又通解以記文婦入三月然後祭行二句別爲祭行一節在奠菜節之前而是書以此二句附於廟見節之末蓋是書廟見即通解之所謂釋奠援以禮意較通解所爲有倫次又通解割士冠記無

大夫冠禮而有婚禮以下四句謂當在家語冠頌
內疑簡錯於此經頗涉臆斷是書則仍記文之舊
不從通解尤爲詳慎亦未嘗曲相附合也葢通解
朱子未成之書不免小有出入其間分合移易之
處亦尚未一一考證使之融會貫通永引據諸書
釐正發明實足終朱子未竟之緒視胡文炳輩務
博篤信朱子之名不問其已定之說未定之說無
不曲爲袒護者識趣相去遠矣

五禮通考二百六十二卷 江蘇巡撫採進本

國朝秦蕙田撰蕙田字樹峯金匱人乾隆丙辰進士官至刑部尚書諡文恭是書因徐乾學讀禮通考惟詳喪葬一門而周官大宗伯所列五禮之目古經散亡鮮能尋端竟委乃因徐氏體例網羅衆說以成一書凡爲類七十有五以樂律附於吉禮宗廟制度之後以天文推步句股割圓立觀象授時一題統之以古今州國都邑山川地名立體國經野一題統之並載入嘉禮雖事屬旁涉非五禮所應該不免有炫博之意然周代六官總名曰禮禮

之用精粗條貫所照本博故朱子儀禮經傳通解於學禮載鐘律詩樂又欲取許氏說文解字序說及九章算經爲書數篇而未成則蕙田之以類纂附尚不爲無據其他考證經史原原本本具有經緯非剽竊餖飣挂一漏萬者可比較陳祥道等所作有過之無不及矣

右禮類通禮之屬四部五百六十三卷皆文淵閣著錄

案通禮所陳亦兼三禮其不得併於三禮者

註三禮則發明經義輯通禮則歴代之制皆備焉爲例不同故弗能合爲一類也

書儀十卷 江蘇巡撫採進本

宋司馬光撰考隋書經籍志謝元有内外書儀四卷蔡超有書儀二卷以至王宏王儉唐瑾皆有此著又有婦人書儀八卷僧家書儀五卷蓋書儀者古私家儀注之通名崇文總目載唐裴茝鄭餘慶宋杜有晉劉岳尚皆用斯目光是書亦從舊稱也凡表奏公文私書家書式一卷冠儀一卷婚儀二

卷喪儀六卷朱子語錄載胡叔器問四先生禮朱子謂二程與橫渠多古禮温公則大抵本儀禮而參以今之所可行者要之温公較穩其中與古不甚遠是七分好又與蔡元定書曰祭儀只是於温公書儀內少增損之云云則朱子固甚重此書後朱子所修祭儀爲人竊去其稿不傳則此書爲禮家之典型矣馬端臨文獻通考載其父廷鸞之言謂書儀載婦入門之日即拜先靈廢三月廟見爲非禮引朱子語錄以爲惑於陳鈜子先配後祖一

語又謂檀弓明載殷練而祔周卒哭而祔孔子善殷而云周已戚書儀載祔廟在卒哭後於禮爲太遽案杜預左傳註謂禮逆婦必先告廟而後行故楚公子圍稱告莊共之廟鄭忽先逆婦而後告廟故爲先配而後祖其事與廟見無關光未必緣此起義又古者三月廟見乃成爲婦故有反馬之禮有未及三月而死則仍歸葬母家之禮後世於親迎之日卽事事成其爲婦三月之內設有乖忤斷不能離婚而逐之設有夭折斷不能舉柩而返之

也何獨廟見之期堅執古義乎至於殷練而祔孔
子善之其説雖見檀弓考宋史禮志所載祔廟之
儀實從周禮國制如是士大夫安得變之亦未可
以是咎光也他如深衣之制朱子家禮所圖不內
外掩襲則領不相交此書釋曲袷如矩以應方句
謂孔疏及後漢書馬融傳注所説似如頭下别施
一衿映所交領使之正方如今時服上領衣不知
領之交會處自方疑無他物云云闡發鄭注交領
之義最明與方言衿謂之交郭璞注爲衣交領者

亦相符合較家禮所說特爲詳確斯亦光考禮最精之一證矣禮記大全檀弓忌日不樂條下載劉璋之說引司馬氏書儀忌日則去華飾之服薦酒食云云此本無之然此本首尾完具尙從宋本翻雕不似有所闕佚者或劉璋偶誤記歟

家禮八卷少詹事陸費墀家藏本

舊本題宋朱子撰案王懋竑白田雜著有家禮考曰家禮非朱子之書也家禮載於行狀其序載於文集其成書之歲月載於年譜其書亡而復得之

由載於家禮附錄自宋以來遵而用之其爲朱子
之書幾無可疑者乃今反復考之而知决非朱子
之書也李公晦叙年譜家禮成於庚寅居祝孺人
喪時文集序不紀年月而序中絶不及居喪事家
禮附錄陳安卿述朱敬之語以爲此往年僧寺所
亡本有士人錄得會先生葬日携來因得之其錄
得携來不言其何人亦不言其得之何所也黃勉
齋作行狀但云所輯家禮世所遵用其後有損益
未及更定既不言成於居母喪時亦不言其亡而

復得其書家禮後亦然敬之朱子季子公晦勉齋安卿皆朱子高第弟子而其言參錯不可考據如此按文集朱子答汪尚書書與張敬夫書吕伯恭書其論祭儀祭説往復甚詳汪吕書在壬辰癸巳張書不詳其年計亦在其前後也壬辰癸巳距庚寅僅二年其家禮既有成書何爲絶不之及而僅以祭儀祭説爲言耶陳安卿録云向作祭儀祭説甚簡而易曉今已亡之則是所亡者乃祭儀祭説而非家禮也明矣文集語録自家禮序外無一語

及家禮者惟與蔡季通書有已取家禮四卷納一
哥之語此儀禮經傳通解中家禮五卷之四而非
今所傳之家禮也甲寅八月跋三家禮範後云嘗
欲因司馬氏之書參考諸家裁訂增損舉綱張目
以附其後顧以衰弱不能及已後之君子必有以
成吾志也甲寅距庚寅二十年庚寅已有成書朱
子雖耄老豈盡忘之至是而乃爲是語耶竊嘗推
求其故此必有因三家禮範跋語而依仿以成之
者蓋自附於後之君子而傳者遂以托之朱子所

自作其序文亦依仿禮範跋語而於家禮反有不合家禮重宗法此程張司馬氏所未及而序中絶不言之以跋語所未有也其年譜云居母喪時所作則或者以意附益之爾敬之但據所傳不加深考此如司馬季思刻温公書之比公晦從游在戊申後其於早年固所不詳祇敘所聞以爲譜而勉齋行狀之作在朱子没後二十餘年其時家禮已盛行又爲敬之所傳録故不欲公言其非但其辭畧而不盡其書家禮後謂經傳通解未成爲百世

之遺恨則其微意亦可見矣後之人以朱子家季子所傳又元行狀年譜所載廖子晦陳安卿皆爲刊刻三山楊氏上饒周氏復爲之考訂尊而用之不敢少致其疑然雖云尊用其書實未有能行者故於其中謬誤亦不及察徒口相傳以熟文公家禮云爾惟元應氏作家禮辨其文亦不傳僅見於明邱仲深濬所刻家禮中其辨專據三家禮範跋語多疎畧未有以解世人之惑仲深亦不然之故余今徧考年譜行狀及朱子文集語錄所載俱附

於後而一一詳證之其應氏邱氏語亦並附焉其他所載謬誤亦數十條庶來者有以知家禮决非朱子之書而余亦得免於鑿空妄言之罪云云其考證最明又有家禮後考十七條引諸說以相印證家禮考誤四十六條引古禮以相辨難其說並精核有據懋竑之學篤信朱子獨於易本義九圖及是書斷斷辨論不肯附會則是書之不出朱子可灼然無疑然自元明以來流俗沿用故仍録而存之亦記所謂禮從宜使從俗也

泰泉鄉禮七卷兩淮鹽政採進本

明黃佐撰佐字才伯泰泉其號也香山人正德辛巳進士官至少詹事事迹具明史文苑傳佐之學雖格守程朱然不以聚徒講學名故所論述多切實際是書乃其以廣西提學僉事乞休家居時所著凡六卷首舉鄉禮綱領以立教明倫敬身爲主次則冠婚以下四禮皆略爲條敎第取其今世可行而又不倍戾於古者次舉五事曰鄉約鄉校社倉鄉社保甲皆深寓端本厚俗之意末以士相見

禮及投壺鄉社禮別爲一卷附之大抵皆簡明切要可見施行在明人著述中猶爲有用之書視所補註之皇極經世支離曼衍敝精神於無益之地者有空言實事之分矣

朱子禮纂五卷江蘇巡撫採進本

國朝李光地撰光地有周易觀象已著錄是書於朱子儀禮經傳通解及家禮二書外凡說禮之條散見於文集語類者以類纂集分爲五目曰總論曰冠昏曰喪曰祭曰雜儀纔析條分具有統貫雖採

輯不無遺闕若文集有答潘恭叔書論編儀禮禮記章句答王子合書論居喪家祭又有周禮三德說樂記動靜說書程子禘說後等篇此書皆不見錄又與吳晦叔書論太廟當南向太祖當東向雖與此書所錄答王子合書大義相合然答晦叔書更爲詳盡今乃刪詳而存畧又集載鄂州社壇記前列羅願在鄂州所定壇壝制度及社稷向位朱子必以其深合典禮故詳述之以補禮文之闕而此書乃盡刪前篇但存其按以下云云亦失朱子

備載之意然朱子說禮之言參差散見猝不能得其端緒光地類聚而區分之使秩秩然有理於學禮者亦爲有功矣

辨定祭禮通俗譜五卷 浙江巡撫採進本

國朝毛奇齡撰奇齡有仲氏易已著錄是編一名二重禮譜蓋欲成喪祭二禮嗣以喪禮别有吾說編因惟存祭禮其說取古禮而酌以今制故以通俗爲名凡分七門一曰祭所二曰所祭者三曰主祭之人四曰祭之時五曰祭儀六曰祭器七曰祭物

未附外神其中冬條雖間與朱子家禮爲難不出奇齡平日囂爭之習然家禮實非朱子之書以王懋竑篤信朱子而白田雜記乃反覆辨是書之依託其言具有根據則奇齡之辨又不能盡以好勝目之矣其間如謂漢唐以來人臣無建廟之文南渡紹興嘉泰諸年謂秦檜韓侂胄立廟而制終未定考宋龔鼎臣東原錄稱文彥博家廟不作七間乃用唐杜岐公家舊式則安得謂漢以後人臣無建廟之文其論後世不世爵世官今之宗子非古

宗子引阡陌不同於井田郡縣不同於封建為證其說是也然井田廢而正供之義不廢封建廢而臂指相維之義不廢世官廢而宗子支子之義不廢漢書載當時詔令每稱賜天下為父後者其時已不世官而云為父後則有不為父後者可知今制父母在而子先卒者其長孫於祖父母之喪服斬衰三年即宗子為後之義灼然可推安能一舉而廢之使主祭之時但以行輩年齒為序乎至於祭必以子一條明祠堂今祭先代使宗子主四親

之祭致凡爲人子者不得祭父則所祭四親係他人之親並非已親所祭之父係他人之父並非已父措語尤乖皆不免於瑕纇葢其大意務通人情故不免有違古義然大致斟酌變通於古禮之必不可行及俗禮之誤託於古者剖析考證亦往往釐然有當固不妨存備一說耳

右禮類雜禮書之屬五部三十五卷皆文淵閣著錄

案公私儀注隋志皆附之禮類今以朝廷制作事關國典者隸史部政書類中其私家儀

注無可附麗謹彙爲雜禮書一門附禮類之
末如律呂諸書皆得入經部樂類例也

# 欽定四庫全書總目

經部

卷二十三之二十四

欽定四庫全書總目卷二十三

經部二十三

禮類存目一

周禮補亡六卷（衍聖公孔昭煥家藏本）

元邱葵撰。葵字吉甫，莆田人。閩書作同安人，未之詳也。是書本俞庭椿、王與之之說，謂冬官一職散見五官，又參以諸家之說，訂定天官之屬六十，地官之屬五十七，春官之屬六十，夏官之屬五十九，秋官之屬五十九，冬官之屬五十四。又云先王不能以祿食養無用之官故周官雖曰三百六十而兼攝相半如掌葛徵絺綌及掌染徵染之類每官掌一事無是事未必有是官也其說皆自信不疑周禮一書不過闕冬官耳至南宋淳熙嘉熙之間俞王二家倡爲異說而五官俱亂葵又從而推波助瀾閩書稱宋末科舉廢葵杜門勵學居海嶼中因自號釣磯翁所著有易解義書解義詩口義春秋通義四書日講周禮補亡今諸書散佚惟此書爲世所詬病轉以見異而存據葵自序書蓋成於

泰定丙子葵年八十一矣虛殫一生之力使至今談周禮者稱俞庭椿爲變亂古經之魁而葵與王與之爲煽助異說之黨不亦傎歟其書世有二本其一分六卷題曰周禮注其一即此本不分卷數而題曰周禮冬官補亡經義考又作周禮全書而注曰一作周禮補亡按此書別無他長惟補亡是其本志故今以補亡之名著録焉

周禮集註七卷 兩淮馬裕家藏本

明何喬新撰喬新字廷秀江西廣昌人景泰甲戌

進士官至刑部尚書謚文肅事蹟具明史本傳是書謂冬官不亡大約沿俞庭椿王與之邱葵及晏璧僞託吳澄之說臆爲竄亂如引邱葵說謂太史直筆而書爲天官之屬無疑不知太史之文曰讀禮而協事又曰以事協禮事又曰執其禮事然則太史當入春官經有明文可據唐職官志以太史令屬禮曹是其遺意今并入天官旣不通經且不明史矣又如所引僞本吳澄考註謂諸子掌國子之倅使之修德學道當入教官之屬不知諸子之

職曰若有兵甲之事則授之車甲合其卒伍置其有司以軍法治之蓋主以戎事詔國子故隷司馬今徒以修德學道之語并入司徒則夏官都司馬之職曰掌其政學亦未嘗不及於教將并移入司徒歟是皆妄取前人謬戾之論割裂倒置踵其失而加甚故前後義例率多不能自通徒爲談周禮者所詬病耳

周禮定本四卷兩江總督採進本

明舒芬撰芬有周易箋已著錄兹編亦其所著梓

溪内集之一大旨祖俞庭椿冬官不亡雜出於五
官之説而參以偽本吳澄考注復以已意進退之
凡爲五官敘辨五篇六官圖説一篇周官剔偽一
篇周禮正經六篇刪舊本考工記移天官太宰地
官大司徒之文以入於冬官大司空移小司徒及
遂人之文入小司空又移天官之掌舍幕人掌次
地官之遂師遂大夫縣正鄙師酇長里宰鄰長土
訓誦訓司稼草人稻人場人囿人載師閭師縣師
均人稍人旅師山虞林衡川衡澤虞迹人丱人角

人羽人掌葛掌染掌炭掌荼掌蜃春人稾人舍人倉人遺人委人稾人夏官之掌畜職方氏形方氏山師川師邍師司勳量人以屬冬官明史芬本傳稱芬精於周禮嘗謂周禮視儀禮禮記猶蜀之視吳魏疾革其子請所言惟以未及表章周禮爲恨於是經可云篤信乃從俞庭椿之謬說虛耗聰明徒貽嗤點不亦深可惜歟

讀禮疑圖六卷兩江總督採進本

明季本撰本有易學四同已著錄是書辨論周禮

賦役諸法祖何休林孝存之說以爲戰國策士之所述前三卷以其疑周禮者爲圖辨之後三卷依據孟子立斷因及後代徭役軍屯之法論其得失大旨主於輕徭薄賦其意未始不善其說亦辨而可聽然古今時勢各殊制度亦異有不得盡以後世情形推論前代者至其牽合魯頌公車千乘公徒三萬則欲改小司徒四井爲邑四邑爲丘四甸爲縣四縣爲都之文謂四當作五又增四都爲同一語則更輾轉竄亂矣蓋本傳姚江之學故高明

之過末流至於如斯也

考工記述注二卷福建巡撫採進本

明林兆珂撰兆珂有詩經多識編已著錄此編因考工記一書文句古奥乃取漢唐注疏參訂訓詁以疏通其大意於記文皆傍加圈點綴以評語蓋仿謝枋得批檀弓標出章法句法字法之例使童蒙誦習以當古文選本於名物制度絶無所發明末附考工記圖一卷亦林希逸之舊本無所增損

周禮訓雋二十卷副都御史黄登賢家藏本

明陳深撰深字子淵長興人嘉靖乙酉舉人官至雷州府推官是書割裂五官沿俞庭椿之說於經義無所發明

周禮因論一卷浙江汪啟淑家藏本

明唐樞撰樞有易修墨守已著錄是書以民極爲周禮本原葢本葉時禮經會元之說謂詩蔽以一言思無邪周禮蔽以一言曰爲民極也其駁夏休井田譜之妄亦卓然有識然其文如語錄之體寥寥數條未爲詳備

周禮發明一卷江西巡撫採進本

明沈瑤撰瑤字林珍德清人嘉靖癸丑進士官至兵部郎中是編於六官之後各爲總論一篇皆無深意其雜取司徒之屬以補冬官葢用三禮考註之本所錄經文亦頗多刪節

周禮述註六卷編修鄭際唐家藏本

明金瑤撰瑤有六爻原意已著錄是書成於萬歷己卯前有瑤自序并所作凡例十條謂周禮之文爲漢儒所竄改其中有僞官亂句悉爲考定別以

陰文書之大旨本元吳澄三禮考註明何喬新周禮集註之說而又以臆見更定之其補冬官之末附以改官議改文議二篇卽評論二氏之得失者也所定僞官亂句諸條若親得周公舊本一一互校而知者亦可謂果於自信矣

周禮說十四卷　兩淮馬裕家藏本

明徐卽登撰卽登字獻和又字德峻號匡樂豐城人萬歷癸未進士官至河南按察使其書前十三卷解五官不載考工記末一卷爲冬官闕疑蓋亦

取俞庭椿之說但尚未敢改經耳

批點考工記一卷 兵部侍郎紀昀家藏本

明郭正域撰正域字美命江夏人萬歷癸未進士官至禮部侍郎諡文毅事迹具明史本傳是編取考工記之文圈點批評惟論其章法句法字法每節後所附註釋亦頗淺略蓋爲論文而作不爲詁經而作也

周禮完解十二卷 浙江吳玉墀家藏本

明郝敬撰敬有周易正解已著錄此書亦謂冬官

散見於五官而又變幻其詞謂陽分六官以成歲序陰省冬官以法五行穿鑿尤甚中間橫生枝節不一而足如典瑞職王晉大圭執鎮圭晉卽搢字鄭衆注本不誤賈疏云搢插也謂插大圭長三尺玉笏於帶間手執鎮圭尺二寸其義亦最明而敬謂接見曰晉晉進也行禮從容漸進如日之升以附會於經文朝日之語果終歲如是乎此亦務勝古人之過矣

周禮古本訂注六卷　浙江吳玉墀家藏本

明郭良翰撰良翰字道憲莆田人萬歷中以廕官太僕寺寺丞是編自序謂俞庭椿王與之邱葵吳澄何喬新五家補本分割殊甚不知冬官可以不補五官必不可淆五官自存冬官自闕何必强臆以亂成經因取古本訂正之其持論甚允而附葉時冬官補亡一篇於考工記之前仍俞庭椿等冬官散在五官之說又自相矛盾矣其註亦皆揣摩文句無所考正非解三禮之法也

古周禮六卷 兩淮馬裕家藏本

明郎兆玉撰兆玉字完白仁和人萬歷癸丑進士是書謂之古周禮者自别於俞庭椿諸人之改本也其註皆抄撮舊文罕能通貫然暖暖姝姝守一先生之言視他家之變亂古經與其妄也寧拘矣

考工記通二卷浙江吳玉墀家藏本

明徐昭慶撰昭慶字穆如宣城人是書凡例有曰此註本之朱周翰之句解上而參之鄭康成下而合之周啟明孫士龍諸家用成是帙惟欲取便初學故自忘其固陋云云今觀其書多斤斤於章法

句法字法而考據殊少則凡例蓋道其實也其中時亦自出已意攻駁前人如豁踰汶則死此汶本齊魯間水陸德明音釋不誤而昭慶謂此是岷江不當音問引史記爲證不知史記固汶與岷通未嘗以考工記之汶爲岷江也

重校古周禮六卷兩江總督採進本

明陳仁錫撰仁錫有繫詞十篇書已著錄是編不用俞庭椿攺本與郎兆玉相同其稱重訂當即因兆玉本也然五官皆移敘官於惟王建國之前亦

非古本又其凡例曰考漢藝文志是書原闕冬官漢儒補以考工記未免割裂聖經不必妄爲補綴而六卷仍列考工記乃自違其說其註釋多剽朱申句解體例猥雜殆坊賈託名未必眞出仁錫也

周禮注疏合解十八卷兩淮馬裕家藏本

明張采撰采字受先太倉人崇禎戊辰進士官臨川縣知縣福王時爲禮部員外郎明史文苑傳附見張溥傳中采與溥爲復社領袖在當日聲望動天下然此書疎淺特甚豈亦託名耶

讀周禮畧記六卷 浙江巡撫採進本

明朱朝瑛撰朝瑛有讀易畧記已著錄是書不全錄經文但每段標其起止云自某句至某句其註於漢唐舊說頗不留意如稻人下駁鄭氏每井九夫旁加一夫以治溝洫不知旁加一夫即所謂閒民者也大概朝瑛涉獵九經而三禮則用功較淺云

古周禮釋評六卷 河南巡撫採進本

明孫攀撰攀字士龍宣城人是書因朱申周禮句

解稍爲訂補別以音釋評語標註上方蕃村塾讀本也惟當明之季異學爭鳴能不刪削經文亦不竄亂次序兢兢守鄭賈之本猶此勝於彼焉

考工記纂註二卷浙江巡撫採進本

明程明哲撰明哲字如晦歙縣人是書主於評點字句於經義無所發明名爲纂註實勦襲林希逸考工記圖解之文其誤亦皆沿林本至經中軓字皆改爲軌獨與林本不同考詩匏葉篇疏曰說文云軌車轍也軓車前軓也軌聲九軓聲凡輈人之

軓前十尺而策半之鄭司農云軓謂軾前也大馭
王祭兩軷祭軓乃飲古書軓爲範杜子春云範當
爲軓小戎傳曰陰揜軓也箋曰揜軓在軾前垂輈
上然則諸言軾前皆謂軓也中庸云車同軌匠人
云經塗九軌註云軌謂轍廣也是二字辨别顯然
希逸尚不誤明哲改之轉增一誤矣

周禮說畧六卷 浙江吳玉墀家藏本

不著撰人名氏於周禮之中偶有所見即摘其一
節一語而疏之以非解全經故云說畧書中多引

郝敬之說則在敬以後矣大抵議論多而考證少如謂官屬三百六十以象天今檢其數乃羸其一如易之大衍虛其一也可謂穿鑿無理又如牧師孟春焚牧仲春通淫與月令季春游牧不合蓋鳥獸孳尾多乘春氣經特畧舉其大凡仲春季春相去無幾不必過泥而此書謂月令爲秦時書秦地寒涼萬物後動故後周禮一月不知秦地即周地無中外南北之分也是足見其隨文生義不能深考事實矣

周禮文物大全無卷數 浙江巡撫採進本

不著撰人名氏亦無序跋其板爲藍朱二色首列六官之所屬次爲制度器物諸圖終以諸儒傳授圖大抵轉相勦襲摹寫失真如王宫制圖外朝爲致民三詢之地雉門爲人民觀法之區則外朝應在雉門之外而此圖列於庫門之外他若衮冕無旒六贄未備壇壝市肆亦弗詳載葢鄉塾兔園冊也考宋乾道中昌州楊甲作六經圖其周禮圖曰文物大全與此書之名相合又

國朝盧江盧雲英因其父所刻信州石本五經圖重爲編輯其周禮圖亦曰文物大全然楊氏圖凡四十有三盧氏圖凡五十有一均與此本不符疑坊肆書賈於楊氏五經圖中摘其周禮諸圖而稍稍竄亂之别爲一書以售欺耳

周禮訂釋古本無卷數江蘇巡撫採進本

國朝王芝藻撰芝藻有大易疏義已著錄是書前有康熙丁丑自序大抵宗俞庭椿之說而小變之謂冬官未亡而不必補考工記之文奇變而軌乎法

非周公莫能爲之處其官而詳具其法官省則繁費減法詳則凡事有作五官可以兼攝冬官可無設也其說甚巧然鄭封於宣王時秦封於孝王時周公安得稱鄭之刀又得稱秦無廬是開卷即無以自解更奚論其他也其解九賦云邦中四郊即鄉遂地是併百里爲郊六鄉在遠郊六遂在甸之異亦未詳考惟遂人溝洫說云遂人所謂十夫者十井之夫也其云十夫有溝則是十井之遂同歸於溝也故匠人謂之井間旣謂之間則非一井可

知較舊註差爲明晰耳

高註周禮二十二卷兩江總督採進本

國朝高愈撰愈字紫超無錫人順治中歲貢生江南通志載愈著周官集解十六卷當卽是書其分卷各異殆傳寫者不同也書中採前人之說多本諸王昭禹訂義亦間有發明其中有最駁者數條如大司徒諸公之地封疆方五百里其食者半諸侯之地封疆方四百里其食者三之一諸伯之地封疆方三百里其食者三之一諸子之地封疆方二

百里其食者四之一諸男之地封疆方百里其食
者四之一鄭康成註謂其食者半參之一四之一
者乃天子食此諸侯之貢也不用先鄭之說愈謂
諸侯自食其半三之一四之一而以其餘貢天子
其說頗詆康成今考春秋昭公十三年傳曰昔天
子班貢輕重以列列尊貢重周之制也杜註公侯
地廣故取貢者多如愈所說公地五百里乃自食
其半以其半貢天子侯伯地四百里三百里僅自
食其三之一乃以其二貢天子子男地二百里一

百里僅自食其四之一乃以其三貢天子則尊反貢輕而卑反貢重矣昭公十三年傳又曰卑而貢重者甸服也杜註甸服謂天子畿內共職貢卽公卿大夫之采地鄭元小司徒註采地食者皆四之一公凡四都一都之田稅入於王卿凡四縣一縣之田稅入於王大夫凡四甸一甸之田稅入於王是食采者卑與尊同故云卑而貢重也然則周制甸服貢重尚不過四分之一豈邦國所貢乃至於三之二四之三乎司勳文曰凡頒賞地三之一食

註云賞地之稅三分王食其一與大司徒所云其
食者半其食者三之一四之一均為王之所食與
大司徒文例義略同愈乃不一置解而獨於此別
生異說似未參考全經也又小司徒曰乃經土地
而井牧其田野九夫為井四井為邑四邑為丘四
丘為甸四甸為縣四縣為都鄭元註曰此謂造都
鄙也愈乃曰四縣為都計田止一千二十四井以
稍人丘乘法推之止得兵車六十四乘視百乘之
家猶遜焉而傳稱先王之制大都參國之一中五

之一小九之一今此八千一百九十二家不能當天子六鄉六遂十五之一是猶不足稱小都而况大都乎今考春秋隱公元年傳先王之制大都不過三國之一杜註謂都城當國三分之一非謂田邑車乘當國三分之一也愈不得引以爲難且四縣爲都本小都也積四小都乃爲大都今愈以四縣之都爲大都於鄭註尚未詳考又春秋襄公二十七年傳曰惟卿備百邑杜註云此一乘之邑孔疏云百乘爲采邑之極坊記疏謂公之孤侯伯之

卿與天子之三公同俱方百里是惟大都方百里者乃得有百乘而天子之卿止得小都五十里安得同於侯伯之卿又寧以不及百乘爲嫌耶至四縣爲都凡一千二十四井以司馬甸出一乘之法求之所出本不及十六乘而愈乃謂得兵車六十四乘尤舛誤矣稍人掌丘乘之政令鄭讀乘爲甸謂掌丘及甸之政令也愈謂乘字不當改讀遂謂一丘出一乘考春秋成公元年三月作丘甲杜註長轂一乘甸所賦今魯使丘出之譏重斂故書若

稍人巳令丘出一乘則與周之制也春秋又何得書以示譏耶又韓詩維禹敶之毛詩敶作甸敶訓曰乘甸亦訓曰乘古陳甸乘三字音同故讀乘爲甸愈不知古音故有此疑是亦妄難鄭氏也他如謂郊社相對社即祭地更無北郊九夫爲井即十夫有溝都鄙鄉遂不異制則均襲舊文無庸更辨者矣

周禮惜陰錄六卷　兩江總督採進本

國朝徐世沐撰世沐有周易惜陰錄已著錄是編於

典制罕所考證惟推求於文句之間好以臆斷如王齋曰三舉所以增一舉者謂助氣以行禮而世沐謂三字誤當作不則致齋豈茹素之謂乎考工記畫繢之事青與白相次赤與黑相次自是配色之法而世沐以爲仁義相資禮智相合健順相成亦過於穿鑿也

周官辨非一卷 浙江巡撫採進本

國朝萬斯大撰斯大有儀禮商已著錄是編力攻周禮之僞歷引諸經之相牴牾者以相詰難大旨病

其官冗而賦重案古經滋後人之疑者惟古文尚書與周禮然古文尚書突出於漢魏以後其傳授無徵而牴牾有證吳棫所難雖朱子亦以爲然閻若璩之所辨毛奇齡百計不能勝葢有由也周官初出林孝存雖相排擊然先後二鄭咸證其非僞逼儒授受必有所徵雖其書輾轉流傳不免有所附益容有可疑然亦揣摩事理想像其詞迄不能如尚書一經能指某篇爲今文某篇爲古文也斯大徒見劉歆王安石用之而敗又見前代官吏之

濫賦歛之苛在在足以病民遂意三代必無是事竟條舉周禮而詆斥之其意未始不善而懲羹吹虀至於非毀古經其事則終不可訓也魏禧疾明末諸臣屈身闖賊遂疑論語論管仲召忽一章爲不出於孔子其亦此類歟

周禮問二卷浙江巡撫採進本

國朝毛奇齡撰奇齡有仲氏易已著錄是書皆設爲或問辨周禮出戰國之末不出劉歆凡十七目一論周禮非漢人僞作凡四條一論六官三官二官

凡二條一論古無三司名一論冢宰一論周禮與尚書大戴禮表裏一論周六卿唐虞六卿一論司徒司空一論天地四時之名所始一論宰夫一論官名官職同異一論人數多寡一論祿數不及人數一論分土三等同異一論九州閒田一論周官非秦制一論羅氏攻周禮之謬一論與他經同文而其書與目不甚相應蓋亦其門人所誤題也其持論是非相半其中亦頗有精核之論然以爲戰國人作則仍用何休六國陰謀之說與指爲劉歆

所作者亦相去無幾陽雖翼之陰實攻之矣與其以儀禮爲戰國之書同一好爲異論不足據也

周禮節訓六卷 編修勵守謙家藏本

國朝黄叔琳撰叔琳有研北易抄已著錄是編名曰節訓蓋節錄而訓釋之也經文既非完本所輯註文又皆不著名氏觀其自序蓋家塾私課之本故其凡例亦曰聊備兔園之一冊云

周官析疑三十六卷考工記析義四卷 安徽巡撫採進本

國朝方苞撰苞有周官集注已著錄是書以周官爲

一編考工記爲一編各分篇第世亦兩本別行然顧琮序內稱合考工爲四十卷則本非兩書特不欲以河間獻王所補與經相淆故各爲卷目耳其書體會經文頗得大義然於說有難通者輒指爲後人增竄因力詆鄭元之注若大宰有九賦歛財賄鄭注賦口率出泉也今之算泉民或謂之賦苞謂九賦即九職邦郊甸稍縣都之田賦則農所貢公田之九穀與圃牧嬪婦之貢也關市之賦即商賈百工之貢也山澤之賦即虞衡之貢也園圃藪

牧即邦郊甸稍縣都之地農工商賈嬪婦臣妾閒民則邦郊甸稍縣都之人今考載師首言園廛次近郊次遠郊次甸稍縣畺明別園廛於甸稍縣畺之外則九職之園圃不得合於九賦之邦郊甸稍縣都可知苟以九職之圃牧嬪婦臣妾閒民統於九賦之邦郊甸稍縣都則九賦之關市山澤豈獨出於邦郊甸稍縣都之外經文又何以別舉之乎苟不過因九職內百工商賈可以當九賦之關市虞衡可以當九賦之山澤而園圃藪牧嬪婦臣妾

閉民於九賦更無所歸遂强入於邦郊甸稍縣都之中庶乎九職九賦得混爲一卽以斥鄭注口率出泉之非而不知鄭注此文實據本文財賄二字起義外府曰掌邦布之入出其下曰凡祭祀賓客喪紀會同軍旅共其財用之幣齎錫予之財用注曰布泉也泉府曰凡國事之財用取具焉此皆以泉爲財荀子曰厚刀布之斂以奪之財重田野之稅以奪之食則以刀布爲財與田稅爲食對舉經於九賦旣云斂財賄則知九賦内兼有泉矣九賦

所以供九式故九賦曰財賄而九式曰財用凡祭祀賓客喪荒羞服工事幣帛芻秣匪頒好用資於穀者少資於泉者多而泉之所入上有市征之欵布總布質布罰布廛布不過當闗市之一賦此外則惟有宅不毛者之里布均未足以充九式之用若不資泉於邦郊甸稍縣都等則職歲所云官府都鄙之出財用恐終年常不給也考漢書本紀高祖四年初為算賦民十五以上至六十五出賦錢人百二十為一算賈捐之傳民賦四十丁男三歲

一事是一歲每丁不過賦十三錢有奇又新論漢宣以來百姓賦錢歲餘二十萬僅二百貫耳較之後代封樁留州諸色目不及萬分之一而周之九賦視之亦云薄矣乃苞襲宋人之說猶以鄭注曰率出泉爲厚歛此因末流而病其本也又泉府曰凡民之貸者與其有司辨而受之以國服爲之息苞以劉歆增竄此節附會王莽且謂司市職以泉府同貨而歛賒則有賒而無貸明矣今考周書大匡解曰賦洒其弊鄉正保貸又管子發故屋辟故

竊以假貸而以公量收之則是齊之家有貸由於

國有貸也又左氏傳齊使有司寬政毀關去禁薄

斂已責注曰除逋責又成二年傳亦曰楚乃大戸

已責逮鰥救乏考責卽是貸故小宰曰聽稱責以

傳別鄭注稱責爲貸子賈疏稱責謂舉責生子於

官於民俱爲稱意故房元齡注管子責而食者幾

何家亦以責爲出息也然則貸民之制自泉府外

旣見於小宰又見於春秋傳管子而苞指爲王莽

創制誤矣管子治國篇曰則民倍貸以給上之徵

矣注倍貸謂貸一還二此所謂横歛也若以國服爲之息約所出不過十一略使子餘於母以爲不涸之藏取於民者微而濟於民者大此先王惠鮮之精意苞乃反以疑經不亦過乎又載師近郊十一遠郊二十而三甸稍縣畺皆無過十二苞亦指爲劉歆之所竄不知以近郊遠郊甸稍縣畺通計之則四十分而稅六猶是什一而稍强耳賈疏引異義公羊云什　據諸侯邦國載師特據王畿王畿稅法輕近而重遠者近者勞遠者逸故也諸侯

邦國無遠近之差者以其國地狹少役賦事暇據此則賦踰什一者止王畿內四百里而通邦國萬里計之仍未乖乎什一之大凡也禹貢因九州差爲九等荆州田第八賦第三雍州田第一賦第六通典謂禹貢定稅什一而輕重有九等之不同則知什一乃統九州計之非每州皆什一也故三禮義宗謂稅俱什一而郊內郊外收藉不同苞乃力詆經文亦爲勇於自信葢苞徒見王莽王安石之假借經文以行私故鰓鰓然預杜其源其立意不

爲不善而不知弊在後人之依托不在聖人之制作曹操復古九州以自廣其封域可因以議禹貢冀州失之過廣乎

周官辨一卷　安徽巡撫採進本

國朝方苞撰是書就周禮中可疑者摘出數條斷以己見分别僞辨識二十門大旨以竄亂歸之劉歆凡十篇已録入所著望溪文集中此其初出别行之本也

周禮集傳六卷　湖南巡撫採進本

國朝李文炤撰文炤有周易本義拾遺已著錄是書前有自序謂朱子曾稱周禮爲天理爛熟之書表章雖明而訓釋未逮諸儒之説不能有醇無疵因遠稽博採上推列聖之因革下鑒列代之興衰以竊附於詩書集傳之後其自命甚高今觀其書不過隨文釋義無所考証多引先儒議論及後世事跡曼衍牽合亦非詁經之正體惟考工記之前復旁搜官名於傳記之中以補冬官之闕計官三十有五中有大司空小司空冢人權人都司空家司

空六官皆不言所據昔錢塈病俞廷椿以後割取五官殊失古本之舊因著冬官補亡三卷所補凡二十有一其與文炤同者惟后稷農正農師水師匠師工師舟牧工正圬人九官司空則不立大小之名餘尚有十一官爲文炤所未載殆未見塈書歟

周官翼疏三十卷山西巡撫採進本

國朝沈淑撰淑字季和常熟人雍正癸卯進士是書彙輯漢唐宋明以來及

國朝李光地顧炎武方苞之說分爲五部凡疏解經義者曰正義於本義引伸旁通者曰通論考訂注疏之失者曰辨正綜列後世事迹援史証經者曰餘論别著新義以備參考者曰存異書各六卷而總以翼疏爲名其正義六卷則又每卷自爲上下皆採輯前人之說不以已見參之書成於雍正丁未前有自作條例十二則

周禮會要六卷 侍講劉亨地家藏本

國朝王文清撰文清號九溪寧鄉人雍正甲辰進士

官至宗人府主事是編以周禮注疏浩繁但約括諸說略疏字義以便讀者其凡例稱經文一字不遺亦一字不動然敘官亦經文也自五官之長外餘官則俱刪之矣

周禮質疑五卷 河南巡撫採進本

國朝劉青芝撰青芝有詩學闕疑已著錄是書摘周禮舊註及前人經訓互相參證間亦取後代之事以引伸其義頗與鄭賈爲難然臆斷多而考證少宋儒事事排漢儒獨三禮不敢輕詆知三禮不可

以空言說也青芝視之太易矣

周禮輯義十二卷 浙江巡撫採進本

國朝姜兆錫撰兆錫有周易本義述藴已著錄此書多本周禮訂義攻詰鄭注若謂匠人遂人同制井田不分都鄙公邑大司馬凡令賦上地家三人中地二家五人下地家二人非專指邦國又力斥小司徒鄭注旁加之說皆襲前人緒論其自出新意者如司尊彝春祠夏禴祼用雞彝鳥彝皆有舟其朝踐用兩獻尊其再獻用兩象尊皆有罍諸臣之

所胙也兆錫謂皆有舟與皆有罍對舉則舟罍皆是尊名今考禮圖六彝爲上尊盛三斗六尊爲中尊盛六斗六罍爲下尊盛一石故爾雅曰彝卣罍器也郭璞注云皆盛酒尊孫炎註云尊彝爲上罍爲下卣居中然則罍本下尊不待兆錫申說若以舟爲尊則未會此經之義夫彝尊罍得列於上中下三尊者以司尊彝於雞彝鳥彝則曰祼用於獻尊象尊則曰朝踐用再獻用於罍則曰諸臣之所昨獨於舟不著所用則舟不得列於尊可知兆錫

但知皆有舟與皆有罍對舉謂舟與罍同而不知皆有罍句下有諸臣所昨明文皆有舟句下别無明文此舟罍不同之明證也考鄭司農曰舟尊下臺若今時承槃鄉射記曰命弟子設豐註云設以承其爵玉藻曰大夫側尊用棜士側尊用禁亦所以承尊舟之承尊葢亦猶是安得曰尊賈公彦疏謂舟宜若後世酒船陸佃亦謂若今酒船殆以形類酒船故名曰舟耳非以酒船即舟也如此之類頗傷於臆斷至若辨賈疏北郊用裘之說謂盛夏

用裘必不能行後世遂至天地合祭謂大司徒公五百里侯四百里伯三百里子二百里男一百里爲制賦之成數孟子百里七十里五十里爲出軍之實數此類亦自樹一義不爲無見然遽詆鄭云爲過殆又談何容易也

周禮拾義　無卷數　浙江巡撫採進本

國朝李大濬撰大濬安溪人是書採輯註疏及諸家之說間附以案語然於禮家所聚訟者如幣餘之賦馬氏與林孝存王與之之說不同井田之法孟

子與漢志不同九獻之禮諸儒各異皆並採其說不加論斷書中多載李光地說蓋大濬爲光地之族云

周禮三注粹抄二卷福建巡撫採進本

國朝高宸撰宸字北侍福清人雍正中諸生是書詮釋周禮而不錄考工記其冬官補亡篇有云俞庭椿著復古篇謂冬官不亡雜出於五官之中其後王次點邱吉甫皆用之吳草廬遂爲考註云云是所據之本爲俞廷椿復古編則所謂三注當卽指

王邱吳三家而書中不標名氏直以已意融貫成文多迂闊不情之論卷首自序一篇亦泛言治法道法無一字及著書之旨

附錄

周禮井田譜二十卷永樂大典本

宋夏休撰休會稽人紹興中進士樓鑰序云以上書補官一試吏而止亦未詳爲何官也其書因井田之法別以已意推演創立規制於鄉遂之官聯溝遂之縱橫王侯之畿疆田萊之差數兵農之相

因須祿之多寡門子遊倅之法兆域昭穆之制郊社宗廟之位城郭内外之分以及次舍廬室市廛次序三鼓四金五常九旗五路五車和門八節皆摹繪爲圖若眞可坐言起行者其考訂舊文亦多出新意如曰野之萊田以時治之而已不必盡耕作也以其菰蒲之利柴蒿之屬刈之復生採之復出也不然既不謂之易則一家之力豈能歲耕田百畞萊二百畞薉萊刈穫之名虞人萊所田之野是也又曰庶人受一廛耕百畞適長用力所謂可

任用者家二人適子之適力復可耕則可任用者三人矣故適子之適謂之餘子雖適子之適力未及耕而有庶子及耕則亦三人故庶子謂餘夫也又曰古之附庸不可以爲國地方百里則可以爲同春秋蕭同叔子何休注以爲國君是也又曰五十里爲則大宗伯曰五命賜則注云則者未成國之名以漢制考之可見如是之類尚可存備一說至於以管子經言解論語自經於溝瀆爲經正溝瀆之制則附會甚矣夫阡陌既開以後井田廢二

千餘載矣雖以聖人居天子之位亦不能割裂州郡劃平城堡驅使天下久安耕鑿之民悉奪其所有使之蕩析變遷以均貧富一二迂儒乃竊竊然私議復之是亂天下之術也使果能行又豈止王安石之新法哉同時瑞安黃毅乃爲作答問一篇條舉或者之説一一爲之疏通證明殆不知其何心矣陳傅良之序有曰其説以不能成都鄙者爲閒田不可爲軍師者爲閒民鄉遂市官皆小者兼大者他亦上下相攝備其數不必具其員皆通論

餘多泥於度數未必皆叶似稍稍致其不滿永嘉之學雖頗涉事功而能熟講於成敗此亦一證矣此書宋志著錄明唐樞作周禮論力斥其謬則樞尚及見之朱彝尊經義考注曰未見蓋無用之書傳之者少也惟永樂大典之内全部具存核檢所言實無可採姑附存其目而糾正其失如右

周禮沿革傳四卷 安徽巡撫採進本

明魏校撰校字子才號莊渠崑山人宏治乙丑進士官至太常寺卿遷國子監祭酒未上卒謚恭簡

事跡具明史儒林傳是編取周禮六官之屬證以

秦漢而下官制沿革迄明代而止僅有天官地官

春官蓋未成之稿也夫時殊事異文質異宜雖三

代亦不相沿襲校於數千年後乃欲舉陳迹以繩

今不亂天下不止其斷斷不可人人能解即校亦

非竟不知特以不談三代世即不目為醇儒故不

能不持此論耳自序一篇故摹典誥亦此意也

右禮類周禮之屬三十七部二百七十七卷內三部無卷數

附錄二部四十四卷皆附存目

釋宮一卷 通行本

舊本題宋朱子撰原載晦菴大全集中此其别行之本也然實李如圭作編集者誤入說見如圭釋宮條下

儀禮節解十七卷 浙江汪啟淑家藏本

明郝敬撰敬有周易正解已著錄敬所作九經解皆好爲議論輕詆先儒此編尤誤信樂史五可疑之說謂儀禮不可爲經尤其乖謬所解亦粗率自用好爲臆斷如士昏禮升自西階一條經於饗婦

而後云舅姑降自西階婦降自阼階則未饗以前婦固不得以主自處壻亦不得以室相授升自西階在婦爲無專制之義在壻則亦猶舅姑於婦先以客禮之之義而敬謂父在子不由阼不知爲人子者居不主奥而此時何以卽席于奥耶葢由此升者特以道婦故也於舅坐答拜一條又謂新婦拜舅立而使其舅坐答拜之於禮未當不知此是婦人肅拜故舅坐以答之尊卑之分宜然無可疑也又如士冠禮七體二十一體度數宜詳公食大

夫禮魚腸胃倫膚若九若十有一下大夫則若七若九與陳祥道禮書謂諸侯當十三天子當十五者未合宜有折衷而往往以數語了之知其於考據之學終淺非說禮之專門也其間有可取者如裼襲有衣之裼襲有玉之裼襲鄭注泥玉藻之文於聘義還璋還玉皆以爲易衣加衣之儀覲禮匹馬卓上蓋卓立向前之義鄭注誤以卓爲的及公食大夫禮又鼎鼏若束若編非以茅爲鼏之類敬之所辨亦時有千慮之一得然所見亦罕矣

禮經集註十七卷 山東巡撫採進本

明張鳳翔撰鳳翔字蓬元堂邑人萬歷辛丑進士官至兵部尚書是書主朱子儀禮爲經之說大旨以鄭注爲主其間自出新義者則多所未允如士冠禮文降自西階適東壁北面見於母鄭注以適東壁爲出闈門賈疏謂母冠子無事在闈門外故子出闈門見之敖繼公不從鄭義以適東壁爲在東堂下其說已非鳳翔又以爲適東壁者又升自阼階適東壁房前北面見母是時母已在房果如

所言則降自西階之後仍當有升阼階之文何以經文無之耶此類數處皆立異而不能精確也

讀儀禮略記十七卷兩江總督採進本

明朱朝瑛撰朝瑛有讀易略記已著錄是書於經文不全錄第曰自某至某所錄多郝敬敖繼公之說取材頗儉其自爲說者亦精義無幾

儀禮惜陰錄八卷兩江總督採進本

國朝徐世沐撰世沐有周易惜陰錄已著錄是書逐節逐句分解撮標註義頗爲明簡較所著他經稍

善然亦踈於考證如士冠禮云缺項青組纓汲古
閣本鄭注缺讀如有頍者弁之頍滕薛名蔮爲頍
世沭謂字書無此蔮字而疑之不知蔮本當作䈼
前漢烏桓傳云猶中國有䈼步搖註云䈼音吉悔
反字或爲幗蓋䈼幗二字通續漢書輿服志云太
皇太后太后入廟翦氂䈼公卿列侯二千石夫人
紺繒䈼廣雅曰䈼謂之幌故玉篇廣韻集韻類篇
俱作䈼字可以正刊本作蔮之譌至若釋名曰䈼
㧢也曾人曰頍傾也著之傾近前也卽鄭注滕薛

名蔨爲頍之確證而釋名作簂不作蔨則汲古閣本鄭注作蔨其誤顯然世沐必知其誤而不能究其所以誤殊核之未審又此書多載鄭注所引古今文然闕漏不可枚舉即如士冠禮注云古文闑爲槷閾爲蹙又云古文旅作臚又云今文纁皆作熏又云古文盥皆作浣又云壹古文皆作一又云今文枋爲柄又云古文啐爲呼又云古文亶爲癉又云今文格爲嘏此九條俱失載則他篇可知又若士冠禮戒賓節在筮賓之前而世沐謂戒賓當

在筮賓之後今考鄭注戒賓者戒主人之僚友筮賓者筮其可使冠子者蓋先戒衆賓後乃於衆賓內更筮其最吉特使冠子故賈疏謂取人之法先筮後戒今以此賓是賢者必知是吉故先戒賓賓已許方始筮之以其賢恒自吉故先戒後筮此義最易曉而世沐謂當先筮後戒疏矣至謂冠子一醮足矣三醮則意複詞縟具文滋僞又謂字冠者不當有祝詞之類尤臆斷之說也

喪禮吾說篇十卷 浙江巡撫採進本

國朝毛奇齡撰奇齡有仲氏易已著錄奇齡說經好立異義而顛舛乖謬則莫過於是書大旨以子夏喪服傳爲戰國以後人僞作故逐條攻擊務反其說其叛經之尤者如謂喪服有齊衰無斬衰考釋名釋喪服曰斬不緝其末直翦斬而已齊齊也故鄭注喪服傳曰斬不緝齊緝也與釋名之義相符奇齡乃謂齊而不緝乃齊之本名而從而緝之則又以緝齊得名三年之重齊不緝期功則緝之然所謂齊而不緝仍是釋名斬衰不緝其末之說又

何必陽改其名而陰存其實至謂期功以下之齊乃緝則齊衰三年者皆已不緝是改斬之名下同於齊又改齊之實上同於斬支離怪變彌爲不可究矣奇齡以周禮儀禮同出戰國人僞撰故於周禮司服職齊衰斬衰之文置之不道至左氏乃奇齡所最信者也左氏昭公十年傳晉平公卒叔向曰孤斬焉在縗絰之中杜預註曰旣葬未卒哭猶服斬衰明爲斬衰之確證乃引雜記三年之喪如斬語謂非服之斬義襄公十七年傳齊晏桓子卒

晏嬰粗縗斬苴絰帶之屨是斷斷不得謂之非斬服者奇齡亦謂斬字下屬苴絰帶爲句乃斬苴麻以爲絰帶荀子一書亦奇齡之所最信也荀子三年問篇明出斬衰之名不能復辨則曰禮論篇中但有齊衰無斬衰三年問篇乃後人妄改夫稍可穿鑿之處即改易其訓詁句讀以就已說至必不可掩之處則遁而謂之妄改持是以往天下復有可據之書乎奇齡又謂三年之喪當爲三十六月不得折月而又無解於荀子禮論篇二十五月而

畢之文遂謂畢者乃畢衰服也至二十七月禫
後又加禫服九月考問傳曰中月而禫禫而纖無
所不佩孔頴達疏曰此謂禫祭既畢吉祭以後無
所不佩又喪服小記曰再期之喪三年也期之喪
二年也喪大記也禫而從御吉祭而復寢檀弓曰
是月禫徙月樂間傳又曰中月而禫禫而飲醴酒
飲酒者先飲醴酒食肉者先食乾肉是徵諸禮經
顯有典訓今奇齡謂禫後服綅冠素端者凡十月
與經義無一相合豈先王制禮之意乎其他若謂

父在爲母不當期年父母不當爲長子三年皆據律以議經至謂本生父母不當降在期服傳重者不必嫡孫則不特叛經且背律矣豈非恃其博洽逞心巧辯哉

儀禮訓義十七卷 庶吉士蔡廷舉家藏本

不著撰人名氏前有自序題康熙庚申則近時人也其書以一篇爲一卷第約取註疏而參以朱子及楊復之說其餘諸家槩不採錄雖頗簡易然禮制委曲非一家之言所可盡注疏以外限以朱子

師弟二人遂舉諸人而屏之殆非該貫之道也

儀禮釋例一卷安徽巡撫採進本

國朝江永撰永有周禮疑義舉要已著錄是書標曰釋例實止釋服一類寥寥數頁葢未成之書其釋冕服一條辨註家冕廣八寸長尺六寸績麻三十升布爲之之說謂禮家相傳八十縷爲升古布幅濶二尺二寸周尺甚短以八尺當今之五尺二尺二寸當今之一尺三寸七分半如冕延有三十升其經二千四百縷是今尺一分之地須容十七縷

有奇雖續麻極細亦不能爲此其說驗諸實事最爲細析又謂冕有前旒無後旒故大戴禮及東方朔俱云冕而前旒所以蔽明玉藻郊特牲云十有二旒不云二十四旒漢明帝制冕旒有前無後正合古義玉藻云前後邃延不過謂冕長尺六寸前延合延至武皆深邃耳非謂前後皆有旒也其說與鄭注互異亦可相參惟宋陳祥道之說謂周禮之韋弁卽爵弁其說過新不可信考士冠禮爵弁服注曰爵弁者冕之次其色赤而微黑如爵頭然

或謂之㔩其布三十升周禮凡兵事韋弁服注曰韋弁以韎韋爲弁又以爲衣裳此爵弁韋弁顯異者也惟書云二人雀弁執惠孔傳云爵韋弁似即以爵弁爲韋弁者然孔頴達疏云據阮諶三禮圖雀弁以布爲之此傳言爵韋弁者此人執兵宜以韋爲之然下言冕執兵者不可以韋爲冕未知孔意如何則孔疏於孔傳原不深信且即以爵韋爲之要止得名曰爵弁不得通名韋弁故釋名曰以爵韋爲之謂之爵弁韎韋爲之謂之韋弁二語極

爲分斷不容相混至於周禮司服有韋弁無爵弁賈疏曰爵弁之服惟有承天變及天子哭諸侯乃服之所服非常故天子吉服不列之此義頗得如必謂韋弁即爵弁司服未嘗遺爵弁則王之吉服自大裘至冠弁其等殺凡八公之服自衮冕以下大裘不得服侯伯之服自鷩冕以下衮冕不得服以次殺之士之服自皮弁而下韋弁不得服其制甚明如韋弁即爵弁士於禮已不得服已何以士冠禮曰爵弁服纁裳乎且儀禮士冠禮士昏禮士

喪禮既有爵弁服而聘禮曰君使卿韋弁歸饔餼
又曰夕夫人使下大夫韋弁歸禮則是既有爵弁
又有韋弁明矣又安得以司服不載爲疑也丞又
補祥道之說曰詩方叔將兵服其命服朱芾斯皇
又曰韎韐有奭以作六師皆爵弁服之韠也今考
詩服其命服朱芾斯皇箋曰云命服者命爲將受
王命之服也天子服韋弁服朱衣裳也據此則卽
左氏傳所云韎韋之跗注正戎服之常也必云爵
弁之韠殊無顯據又詩韎韐有奭以作六師箋曰

此諸侯世子也除三年之喪服士服而來未遇爵命之時時有征伐之事天子以其賢任爲將軍疏曰將軍之時猶未得命由是仍服韎韐據此則經云以作六師蓋將受命爲將軍非已臨六師而以爵弁之韎韐爲戎服也故三章皆云君子至止言諸侯初至天子之朝非即臨戎可知永引此二詩亦未爲確據蓋永考證本精而此則草創之本耳

**儀禮易讀十七卷**　浙江巡撫採進本

國朝馬駉撰駉字德淳山陰人是編刻於乾隆乙亥

於經文諸句之中略添虛字聯絡之以疏通大意又倣高頭講章之式彙諸說於上方大約以鄭注賈疏爲主而兼採元敖繼公集說明郝敬集解及近時張爾岐句讀諸書間亦參以己意

附錄

五服集證六卷 浙江吳玉墀家藏本

明徐駿撰駿常熟人是書成於正統戊午考論五服之制設爲問答以明之大旨於古制遵朱子家禮當代之制則遵明太祖孝慈錄所採諸書不過

十餘種而已明史藝文志作一卷此本六卷序末有大明歲次壬申進德書堂新刋字則此本猶屬舊刻不由竄亂明史蓋誤以六字爲一字耳

讀禮問一卷 浙江巡撫採進本

國朝吳肅公撰肅公有詩問已著錄是書取禮家喪服之制意所未喻者辨之又雜論俗禮之不合於古者共六十五條間有可採而師心之處爲多

制服圖考八卷 江西巡撫採進本

國朝朱建子撰建子字辰起秀水人朱彝尊之從子

也是編集歷代喪服禮制每條下分古有今無古無今有古重今輕古輕今重四目後爲雜問篇凡三十九條所引經傳禮書及諸家文集頗稱該洽然斬衰之喪有三十四條而所引僅三十一條如政和禮所載夫爲祖曾祖高祖承重者妻從夫之喪及孝慈錄所載爲人後者爲所後祖母之喪皆古今異制而建子未及詳載又齊衰杖期如儀禮所載繼母嫁從爲之服報大功九月如通典所載爲人後者爲本生祖父母服儀亦古今異制當一

例詳辨者亦皆脱略則考核尚未甚密也

讀禮紀略六卷附婚禮廣義一卷浙江巡撫採進本

國朝朱董祥撰董祥字熊占長洲人是書成於康熙乙卯乃其居父喪時所作皆以糾正世俗之誤其間有泥古而過者如母服齊衰三年固古者喪無二斬之義然自明洪武以後凡律令之文皆云爲母斬衰仍欲依喪服之文服齊衰等而上之將遵古禮爲母期年耶是亂王制也昭穆祔遷之説陸佃已與何張異議至同堂異室而無左昭右穆之

次者朱子已云爲禮者猶執祔祖之文似無意義而兩存其說矣董祥必欲昭遷而穆不動穆遷而昭不移不幾於親盡者不必祧而祧者不必親盡乎其他徵文瑣節事事繩以古義持之有故言之成理而實多滯礙而難行至於喪親匿喪之類皆律有正條懸如日月更不待斷斷辨論矣後附婚禮廣義一卷斟酌今古之間較爲易行然皆前人家儀所已有無勞複衍爲也

右禮類儀禮之屬十二部一百一十卷附錄四部二

十二卷皆附存目

（清）紀昀等 纂

# 武英殿本四庫全書總目

第六册

國家圖書館出版社

# 第六册目録

# 欽定四庫全書總目

經部

卷十六

經部十六

詩類二

詩集傳名物鈔八卷內府藏本

元許謙撰謙有讀書叢說已著錄謙雖受學於王柏而醇正則遠過其師研究諸經亦多明古義故是書所考名物音訓頗有根據足以補集傳之闕遺惟王柏作二南相配圖移甘棠何彼穠矣於王風而去野有死麕使召南亦十有一篇適如周南

之數師心自用竄亂聖經殊不可訓而謙篤守師說列之卷中猶未免門戶之見至柏所刪國風三十二篇謙疑而未敢遽信正足見其是非之公矣師道作是書序乃反謂已放之鄭聲何爲尚存而不削於謙深致不滿是則以不狂爲狂非謙之失矣卷末譜作詩時世其例本之康成其說則改從集傳蓋淵源授受各尊所聞然書中實多采用陸德明釋文及孔穎達正義亦未嘗株守一家名之曰鈔蓋以此云

詩傳通釋二十卷內府藏本

元劉瑾撰瑾字公瑾安福人其學問淵源出於朱子故是書大旨在於發明集傳與輔廣詩童子問相同陳啟源作毛詩稽古編於二家之言多所駁詰然廣書皆循文演義故所駁惟訓解之詞瑾書兼辨定故實故所駁多考證之語如注何彼穠矣以齊桓公爲襄公之子註魏風以魏爲七國之魏註綢繆謂心宿之象三星鼎立註鹿鳴之什謂上下通用止小雅二南其大雅獨爲天子之樂註節

南山以家父即春秋之家父師尹即春秋之尹氏案此項安世之說見朱善詩解頤瑾襲之而隱其名也註楚茨誤讀鄭康成玉藻註以楚茨爲即采齊註甫田誤讀毛傳車梁以爲即小戎之梁輈誤殷武杜撰殷廟之昭穆及祧廟世次皆一經指摘無可置詞故啓源譏胡廣修詩經大全收瑾說太濫案大全即用瑾此書爲藍本故全用其說啓源未以二書相校故有此語謹附訂於此然徵實之學不足而研究義理究有淵源議論亦頗篤實於詩人美刺之旨尚有所發明未可徑廢至周頌豐年篇朱子詩辨說

既駁其悞而集傳乃用序說自相矛盾又三夏見於周禮呂叔玉註以時邁執競思文當之朱子既用其說乃又謂成康是二王謚執競是昭王後詩則不應篇名先見周禮瑾一一回護亦爲啓源所糾然漢儒務守師傳唐疏皆遵註義此書既專爲朱傳而作其委曲遷就固勢所必然亦無庸過爲責備也

詩傳旁通十五卷 山東巡撫採進本

元梁益撰益字友直號庸齋江陰人自署三山者

以其先福州人也嘗舉江浙鄉試不及仕官教授鄉里以終事蹟附載元史儒學傳陸文圭傳內朱子詩傳詳於作詩之意而名物訓詁僅舉大凡葢是書仿孔賈諸疏證明註文之例凡集傳所引故實一一引據出處辨析源委因杜文瑛先有語孟旁通體例相似故亦以旁通爲名其中如聖人之耦則引西漢書劉歆論董仲舒語見堯於羹見舜於墻則引後漢書李固傳以明出典或朱子所未詳者亦旁引諸說以補之如五緎五總引陸佃之

語三單引鄭箋羨卒孔疏副丁之類亦間有與朱子之說稍異者如頃筐墍之集傳音許器切大雅民之攸墍集傳音許既切者從陸德明經典釋文益則引禮部韻謂許既切者在未韻音饋注云取也許器切者在至韻音洎作亘至切朱子之音與禮部韻不同云云是是非非絕不堅持門戶視胡炳文等之攀附高名言言附合相去遠矣卷首為類目末一卷則其序說內一條論秦造父封趙因錄羅泌國姓紀原之文自謂此於詩傳雖無所繫

而朱氏有國其姓亦當知故通之則冗贅之文汗漫無理可已而不已者也前有至正四年太平路總管府推官濱州翟思忠序明朱睦㮮授經圖遂以詩傳旁通爲思忠作殊爲疎舛今從朱彝尊經義考所辨案彝尊所引乃陸元輔之言附訂正焉

詩經疏義二十卷浙江吳玉墀家藏本

元朱公遷撰公遷字克升樂平人江西通志載其至正間爲處州學正何英後序則稱以特恩授校官得主金華郡庠二說互異考樂平縣志載公遷

以至正辛巳領浙江鄉試教婺州改處州然則英
序舉其始通志要其終耳是書爲發明朱子集傳
而作如註有疏故曰疏義其後同里王逢及逢之
門人何英又采衆說以補之逢所補題曰輯錄英
所補題曰增釋雖遞相附益其宗旨一也其說墨
守朱子不踰尺寸而亦間有所辨證如卷耳篇内
朱子惟用毛傳舊說以崔嵬爲土山戴石公遷則
引爾雅說文明其當爲石戴土又七月之詩朱子
本月令以流火在六月公遷推驗歲差謂公劉時

當五六月之交皆足以補集傳之闕又集傳所引典故一一詳其出處卽所引舊說原本不著其名者如衛風之趙子註爲趙伯循小雅斯干篇之或曰註爲曾氏之類皆一一考訂雖於宏旨無關亦足見其用心不苟也書成於至正丁亥正統甲子英始取逄所授遺稿重加增訂題曰詩傳義詳釋發明以授書林葉氏刊行之而板心又標詩傳會通未喻其故今仍從公遷舊名題曰詩經疏義以不沒其始焉

詩疑問七卷附詩辨說一卷 內府藏本

元朱倬撰倬字孟章建章新城人至正二年進士官遂安縣尹壬辰秋寇至吏卒逃散倬獨坐公所以待盡及寇焚廨舍乃赴水死葢亦忠節之士元史遺漏未載

國朝納喇性德作是書序始據新安文獻志汪叡所作哀詞爲表章其始末其書畧舉詩篇大旨發問而各以所註列於下亦有闕而不註者劉錦文序稱其間有問無答者豈真以爲疑哉在乎學者深

思而自得之耳又稱舊本先後無序今爲之論定使語同而旨小異者因得以互觀焉是此本乃錦文所重編非倬之舊其有問無答者或亦傳寫佚脫而錦文曲爲之詞歟未有趙悳詩辨說一卷悳宋宗室舉進士入元隱居豫章東湖其書與倬書畧相類殆後人以倬忠烈悳高隱其人足以相配故合而編之歟倬書七卷附以悳書爲八卷朱睦㮮授經圖焦竑經籍志乃皆作六卷疑爲傳寫之訛或倬原書六卷劉錦文重編之時析爲七卷亦

未可定也

詩纘緒十八卷永樂大典本

元劉玉汝撰玉汝始末未詳惟以周霆震石初集考之知其爲盧陵人字成之嘗舉鄉貢進士所作石初集序末題洪武癸丑則明初尚存也此書諸家書目皆未著錄獨永樂大典頗載其文其大旨專以發明朱子集傳故名曰纘緒體例與輔廣童子問相近凡集傳中一二字之斟酌必求其命意所在或存此說而遺彼說或宗主此論而兼用彼

論無不尋繹其所以然至論比興之例謂有有取義之興有無取義之興有一句興通章有數句興一句有興兼比賦兼比之類明用韻之法如曰隔句爲韻連章爲韻疊句爲韻重韻爲韻之類論風雅之殊如曰有腔調不同有詞義不同之類於朱子比興叶韻之說皆能反覆體究縷析條分雖未必盡合詩人之旨而於集傳一家之學則可謂有所闡明矣明以來諸家詩解罕引其說則亡佚已久今就永樂大典所載依經排纂正其脫譌定爲

一十八卷

詩演義十五卷 浙江范懋柱家天一閣藏本

元梁寅撰寅有周易參義已著錄是書推演朱子詩傳之義故以演義爲名前有自序云此書爲幼學而作博稽訓詁以啟其塞根之義理以達其義隱也使之顯畧也使之詳今考其書大抵淺顯易見切近不支元儒之學主於篤實猶勝虛談高論橫生臆解者也朱彝尊經義考載此書作八卷註曰未見此本至小雅苕之華篇止以下皆缺而已

有一十五卷則八卷之說殊爲未確蓋彝尊未覩此本但據傳聞錄之卷數訛異其亦有由矣

## 詩解頤四卷 內府藏本

明朱善撰善字備萬號一齋豐城人洪武中官至文淵閣大學士事迹附見明史劉三吾傳是編不載經文但以詩之篇題標目大抵推衍朱子集傳爲說亦有闕而不說者則併其篇目畧之其說不甚訓詁字句惟意主借詩以立訓故反覆發明務在闡興觀羣怨之旨溫柔敦厚之意而於興衰治

亂尤推求源本剴切著明在經解中爲別體而實
較諸儒之爭競異同者爲有裨於人事其論何彼
穠矣爲後人誤編於召南蓋沿王柏之謬說不足
爲據其論二子乘舟謂壽可謂之悌弟伋不可謂
之孝子律以大杖則逃之文固責備賢者之意實
則申生自縊春秋無貶尙論古人亦未可若是苛
也然論其大旨要歸醇正不失爲儒者之言其於
太王翦商一條引金履祥之言補集傳所未備其
據宣王在位四十六年謂節彼南山之申伯蹶父

皇父尹氏皆非當日之舊人駁項安世之說亦時有考據明史載其引據往史駁律禁姑舅兩姨爲婚之說極爲典核知其研思典籍具有發明葢元儒篤實之風明初猶有存焉非後來空談高論者比也

詩經大全二十卷通行本

明胡廣等奉勅撰亦永樂中所修五經大全之一也自北宋以前說詩者無異學歐陽修蘇轍以後別解漸生鄭樵周孚以後爭端大起紹興紹熙之

閒左右佩劍相笑不休迄宋末年乃古義黜而新學立故有元一代之說詩者無非朱傳之箋疏至延祐行科舉法遂定爲功令而明制因之廣等是書亦主於羽翼朱傳遵憲典也然元人篤守師傳有所闡明皆由心得明則靖難以後耆儒宿學畧已喪亡廣等無可與謀乃剽竊舊文以應詔此書名爲官撰實本元安成劉瑾所著詩傳通釋而稍損益之今劉氏之書尚有傳本取以參校大約於其太冗蔓者畧刪數條而餘文如故惟改其中瑾

案二字爲劉氏曰又劉書以小序分隸各篇是書則從朱子舊本合爲一篇小變其例而已顧炎武日知錄朱彝尊經義考並抉摘其非陳啟源毛詩稽古篇但責廣等採劉瑾之說太濫猶未究其源也其書本不足存惟是恭逢

聖代考定藝文旣括千古之全書則當備歷朝之沿革而後是非得失蠡然具明此書爲前明取士之制故仍錄而存之猶小學類中存洪武正韻之例云爾

詩說解頤四十卷兩淮鹽政採進本

明季本撰本有易學四同已著錄是書凡總論二卷正釋三十卷字義八卷大抵多出新意不肯剽襲前人而徵引該洽亦頗足以自申其說凡書中改定舊說者必反覆援據明著其所以然如以南山篇之必告父母句爲魯桓告父母之廟九罭篇之公歸不復句謂以鴻北向則不復爲與下泉篇之郇伯爲指郇之繼封者而言皇父卿士章謂以寵任爲先後故崇卑不嫌雜陳頍弁篇之無幾相

見句爲兄弟甥舅自相謂如斯之類皆足於舊說之外備說詩之一解雖間傷穿鑿而語率有徵尚非王學末流以狂禪解經者比也存此一編知姚江立教之初其高足弟子研求經傳考究訓詁乃如此亦何嘗執六經註我之說不立語言文字哉

讀詩私記二卷浙江巡撫採進本

明李先芳撰先芳字伯承號北山監利人寄籍濮州嘉靖丁未進士官至尚寶司少卿明史文苑傳載王世貞所定廣五子先芳其一也是書成於隆

慶四年所釋大抵多從毛鄭毛鄭有所難通則參之呂氏讀詩記嚴氏詩緝諸書其自序曰文公謂小序不得小雅之說一舉而歸之刺馬端臨謂文公不得鄭衛之風一舉而歸之淫膺有然否不自揣量折衷其間云云葢不專主一家者其書議論平和絕無區分門户之見如說鄭風子衿仍從學校之義則不取宋學謂國風小雅初無變正之名則不從漢說至楚茨南山等四篇則小序與集傳之說並存不置可否葢小序皆以爲刺幽王義有

難通而集傳所云又於古無考故闕所疑也雖援據不廣時有闕畧要其大綱與鑿空臆撰者殊矣朱彝尊經義考載先芳有毛詩考正不列卷數註曰未見而不載此書其爲一書兩書葢不可考然此書亦多辨定毛傳或彝尊傳聞未審誤記其名歟

詩故十卷浙江吴玉墀家藏本

明朱謀㙔撰謀㙔有周易象通已著錄是書以小序首句爲主畧同蘇轍詩傳之例而參用舊說以

考證之其曰詩故者考漢書藝文志詩類有魯故二十五卷齊后氏故二十卷齊孫氏故二十七卷韓故三十六卷毛詩故訓傳三十卷顏師古註曰故者道其指意也謀瑋是編蓋用漢儒之舊名故其說詩亦多以漢學爲主與朱子集傳多所異同其間自立新義者如以小星爲暬御入直以斯干爲成王營洛周公所賦之類雖未免失之穿鑿然謀瑋博極羣書學有根柢要異乎剽竊陳言蓋自胡廣等五經大全一出應舉窮經久分兩事謀瑋

深居朱邸不藉進取於名場乃得以研究遺文發揮古義也經術盛衰之故此亦可知其大凡矣

六家詩名物疏五十四卷內府藏本

明馮應京撰應京字可大號慕岡盱眙人萬歷壬辰進士官至湖廣按察使僉事事迹具明史本傳是書因宋蔡卞詩名物疏而廣之江南通志稱其少業詩鉤貫箋疏作詩六家名物疏是也其徵引頗爲賅博每條之末間附考証如被之僮僮鄭箋以被爲髮髢集傳以爲編髮應京則據周禮追師

謂編則列髮爲之被則次第髮長短爲之所謂髮髢定集傳之誤混爲編又如鄭風緇衣集傳以爲緇衣羔裘大夫燕居之服應京則據賈公彥周禮疏以爲卿士朝于天子服皮弁服其適治事之館改服緇衣鄭箋所謂所私之朝即謂治事之館凡此之類其議論皆有根柢猶爲徵實之學者惟所稱六家乃謂齊魯毛韓鄭箋朱傳則古無是目而自應京臆創之以非宏旨所繫亦姑仍其舊名焉

詩經疑問十二卷 內府藏本

明姚舜牧撰舜牧有易經疑問已著錄是編釋詩兼用毛傳朱傳及嚴粲詩緝時亦自出新論如辨成王未嘗賜周公天子禮樂其說頗爲有見又論三經三緯之說謂賦比興乃通融取義非截然謂此爲賦此爲比此爲興也惟截然分而爲三於是求之不得其說則將爲賦而興又比也賦而比又興也而寖失其義其說亦足解轇轕之談舜牧於諸經皆有疑問惟此編說詩爲差善自序稱所疑凡經數十年重加訂問前此誤解亟與辨正蓋其

用力較深也惟不信古人字少假借通用之說於龍光伴奐之類皆徑以本字解之強生論辨是則隆萬以後儒者少見古書之故亦足見詁訓不明而欲義理之不謬無是事矣

詩經世本古義二十八卷浙江巡撫採進本

明何楷撰楷有古周易訂詁已著錄其論詩專主孟子知人論世之旨依時代爲次故名曰世本古義始於夏少康之世以公劉七月大田甫田諸篇爲首終於周敬王之世以曹風下泉之詩殿焉計

三代有詩之世凡二十八王各爲目序於前又於卷末仿序卦傳例作屬引一篇用韻語排比成文著所以論列之義考詩序之傳最古已不能盡得作者名氏故鄭氏詩譜鈌有間焉三家所述如關雎出畢公黍離出伯封之類茫昧無據儒者猶疑之弗傳楷乃於三千年後鈎棘字句牽合史傳以定其名姓時代如月出篇有舒窈糾兮舒懮受兮之文卽指以爲夏徵舒此猶有一字之近也碩鼠一詩茫無指實而指以爲左傳之魏壽餘此孰見

之而孰傳之以大田爲豳雅豐年良耜爲豳頌郞屬之於公劉之世此猶有先儒之舊說也以草蟲爲南陔以菁菁者莪爲由儀以緡蠻爲祟丘又孰傳之而孰受之大惑不解楷之謂乎然楷學問博通引援賅洽凡名物訓詁一一考証詳明典據精確實非宋以來諸儒所可及譬諸蒐羅七寶造一不中規矩之巨器雖百無所用而毀以取材則火齊木難片片皆爲珍物百餘年來人人嗤點其書而究不能廢其書職是故矣

待軒詩記八卷（浙江巡撫採進本）

明張次仲撰。次仲有周易玩辭困學記，已著錄。是書前載總論二篇，其餘國風以一國爲一篇，二雅、周頌以一什爲一篇，魯頌、商頌亦各爲一篇。大抵用蘇轍之例，以小序首句爲據，而兼採諸家以會通之。其於集傳，不似毛奇齡之字字譏彈，以朱子爲敵國；亦不似孫承澤之字字阿附，併以毛氏爲罪人。（案承澤詩經朱傳翼自序，稱王弼亂易，罪深桀紂，毛氏之罪亦不在王弼之下。）故持論和平，能消融門戶之見。雖憑心揣度，或不免臆斷之私而大致援引詳明辭多有據在近代經解之中猶爲典實卷末别有述遺一卷有錄無書目下註嗣刻字蓋欲爲之而未成也今併削其目不復虛列焉

讀詩畧記六卷浙江巡撫採進本

明朱朝瑛撰朝瑛有讀易畧記已著錄是書朱彝尊經義考作二卷此本六册不分卷數核其篇頁不止二卷疑原書本十二卷刊本誤脱一十字傳寫者病其繁瑣併爲六册也朝瑛論詩以小序首

句爲主其說謂亡詩六篇僅存首句則首句作於未亡之前其下作於既亡之後明矣所見與程大昌同而所辨較大昌尤明白足決千古之疑然其訓釋不甚與朱子立異自鄭衛淫奔不從集傳以外其他說有乖互者多斟酌以折其中如論楚茨爲刺幽王之詩則據荀子以爲恰在鼓鐘之後或幽王尚好古樂故賢士大夫稱述舊德擬雅南而奏之以感導王志論抑爲刺厲王之詩則據詩文其在於今一語以爲當爲衛武公少時所作大抵

皆參稽融貫務取持平其以生民篇姜嫄巨跡爲
必不可信亦先儒舊義至於求棄之之由而不得
乃援後世綠綈方底之事以証之則未免反失之
附會又頗信竹書紀年屢引爲証亦乖說經之體
然綜其大旨不合者十之二三合者十之五六也

欽定詩經傳說彙纂二十卷序二卷

康熙末

聖祖仁皇帝御定刻成於雍正五年

世宗憲皇帝製序頒行詩序自古無異說王肅王基孫毓

陳統爭毛鄭之得失而已其舍序言詩者萌於歐陽修成於鄭樵而定於朱子之集傳輔廣童子問以下遞相羽翼猶未列學官也元延祐中行科舉法始定詩義用朱子猶參用古注疏也明永樂中修詩經大全以劉瑾詩集傳通釋爲藍本始獨以集傳試士然數百年來諸儒多引據古義竊相辨詰亦如當日之攻毛鄭蓋集傳廢序成於呂祖謙之相激非朱子之初心故其間負氣求勝之處在所不免原不能如四書集注句鉥字兩竭終身之

力研辨至精特明代纂修諸臣於革除之際老師宿儒誅鋤殆盡不能如劉三吾等輯書傳會選於蔡氏多所補正又成祖雖戰伐之餘欲興文治而實未能究心經義定衆說之是非循聲附和亦其勢然歟是編之作恭逢

聖祖仁皇帝天亶聰明道光經籍研思六義綜貫四家於衆說之異同既別白瑕瑜

獨操衡鑑而編校諸臣亦克承

訓示考證詳明一字一句務深溯詩人之本旨故雖以集

傳爲綱而古義之不可磨滅者必一一附錄以補缺遺於學術持其至平於經義乃協其至當風雅運昌千載一遇豈前代官書任儒臣拘守門戶者所可比擬萬一乎

欽定詩義折中二十卷

乾隆二十年

皇上御纂鎔鑄衆說演闡經義體例與周易述義同訓釋多參稽古義大旨亦同葢我

聖祖仁皇帝欽定詩經彚纂於集傳之外多附錄舊說實

昭千古之至公我

皇上幾暇研經洞周窔奧於漢以來諸儒之論無不衡量得失鏡別異同伏讀

御製七十二候詩中虹始見一篇有晦翁舊解我疑生句句下

御注於詩集傳所釋蝃蝀之義詳爲辨證併於所釋鄭風諸篇槩作淫詩者亦根據毛鄭訂正其譌反覆一二百言益足見

聖

聖相承心源如一是以諸臣恭承
彝訓編校是書分章多準康成徵事率從小序使孔門
大義上溯淵源卜氏舊傳遠承端緒因
欽定詩經以樹義即因
御纂周易以立名
作述之隆後先輝耀經術昌明洵無過於
昭代者矣

田間詩學十二卷 左都御史張若淮家藏本

國朝錢澄之撰澄之有田間易學已著錄是書成於

康熙己巳大旨以小序首句爲主所採諸儒論說

自注疏集傳以外凡二程子張子歐陽修蘇轍王

安石楊時范祖禹呂祖謙陸佃羅願謝枋得嚴粲

輔廣眞德秀郝中允季本郝敬黃道周何楷二十

家其中王楊范謝四家今無傳本蓋採於他書陸

羅二家本無詩註蓋草木鳥獸之名引其埤雅爾

雅翼也自稱毛鄭孔三家之書錄者十之二集傳

錄者十之三諸家各本錄者十之四持論頗爲精

核而於名物訓詁山川地理言之尤詳徐元文序

稱其非有意於攻集傳於漢唐以來之說亦不主於一人無所攻故無所主無所攻無所主而後可以有所攻有所主云云深得澄之著書之意張英序又稱其嘗與英書謂詩與尚書春秋相表裏必考之三禮以詳其制作徵諸三傳以審其本末稽之五雅以核其名物博之竹書紀年皇王大紀以辨其時代之異同案二書所序時代多不可據此語殊爲失考謹附訂於此與情事之疑信即今輿記以考古之圖經而參以平生所親歷云云則其考證之切實尤可見矣

詩經稗疏四卷 湖南巡撫採進本

國朝王夫之撰夫之有周易稗疏已著錄是書皆辨正名物訓詁以補傳箋諸説之遺如詩譜謂得聖人之化者謂之周南得賢人之化者謂之召南此則據史記謂雒陽爲周召之語以陝州爲中線而兩分之則周南者周公所治之南國也證之地理亦可以備一解至於鳥則辨雎鳩之爲山禽而非水鳥雀角之角爲咮詩意言雀實有角鼠實有牙於獸則辨九十其犉之語當引爾雅七尺曰犉之

文釋之不當以黃牛黑唇釋之騂剛之剛爲犅則以牛脊言之於草則辨蔞爲萑葦之屬而非蔞蒿薇自爲可食之菜而非不可食之蕨於木則辨詩言樸者實今之柞言柞者實今之櫟榛楛之榛即詩之所謂栵而非榛栗之榛於蟲則辨斯螽莎雞蟋蟀之各類而非隨時異名之物果蠃負螟蛉以食其子而非取以爲子於魚則辨鱣之即鯉而集傳誤以爲黃魚鮪之似鯉而集傳誤以爲鱘魚於器用則辨集傳訓重校爲兩輢上出軾者之未諳

車制及毛詩傳訓楘為歷錄歷錄為紡車交縈之名而集傳增一然字之差於禮制則辨公堂稱觥為飲酒之序而非如集傳所云豳公之堂祼將之訓為灌與奠一義而歷詆白虎通灌地降神之謬皆確有依據不為臆斷其謂猗嗟為作於魯莊如齊觀社之時指莊娶哀姜而言則據爾雅娣妹之夫曰甥以釋甥字謂無衣為作於秦哀公則指楚之僭號以釋王字義亦可通惟以葛屨五兩之伍通為行列之義木瓜木桃木李為刻木之物堇荼

之茶如塗爲穢草和泥奉璋之璋爲牙璋連下文六師以爲言未免近鑿至於生民一篇謂姜嫄爲帝摯妃后稷爲帝摯子平林爲帝摯時諸侯之國推至見棄之由則疑爲諸侯廢摯立堯之故卽以不康不寧爲當日情事無論史冊無明文抑與祭法禘嚳郊稷之說異矣四卷之末附以考異一篇雖未賅備亦足資考證又叶韻辨一篇持論明通足解諸家之轇轕惟贅以詩譯數條體近詩話殆猶竟陵鍾惺批評國風之餘習未免自穢其書雖

不作可矣

詩經通義十二卷浙江汪啟淑家藏本

國朝朱鶴齡撰鶴齡有尚書埤傳已著錄是書專主小序而力駁廢序之非所采諸家於漢用毛鄭唐用孔頴達宋用歐陽修蘇轍呂祖謙嚴粲

國朝用陳啟源其釋音明用陳第

國朝用顧炎武其凡例九條及考定鄭氏詩譜皆具有條理惟鶴齡學問淹洽往往嗜博好奇愛不能割故引據繁富而傷於蕪雜者有之亦所謂武庫

之兵利鈍互陳者也要其大致則彬彬矣鶴齡與陳啟源同里據其自序此書蓋與啟源商摧而成又稱啟源毛詩稽古編專崇古義此書則參停於今古之閒稍稍不同然稽古編中屢稱已見通義茲不具論則二書固相足而成也

毛詩稽古編三十卷江西按察使王昶家藏本

國朝陳啟源撰啟源字長發吳江人是書成於康熙丁卯卷末自記謂閱十四載凡三易稿乃定前有朱鶴齡序又有康熙辛巳其門人趙嘉稷序鶴齡

作毛詩通義啟源實與之參正然通義兼權衆說啟源此編則訓詁一準諸爾雅篇義一準諸小序而詮釋經旨則一準諸毛傳而鄭箋佐之其名物則多以陸璣疏爲主題曰毛詩明所宗也曰稽古編明爲唐以前專門之學也所辨正者惟朱子集傳爲多歐陽修詩本義呂祖謙讀詩記次之嚴粲詩緝又次之所掊擊者惟劉瑾詩集傳通釋爲甚輔廣詩童子問次之其餘偶然一及率從畧焉前二十四卷依次解經而不載經文但標篇目其無

所論說者則併篇目亦不載其前人論說已明無庸復述者亦置不道次爲總詁五卷分六子目曰舉要曰考異曰正字曰辨物曰數典曰稽疑末爲附錄一卷則統論風雅頌之旨其間堅持漢學不容一語之出入雖未免或有所偏然引據賅博疏証詳明一一皆有本之談蓋明代說經喜騁虛辨

國朝諸家始變爲徵實之學以挽頹波古義彬彬於斯爲盛此編尤其最著也至於附錄中西方美人一條牽及雜說盛稱佛教東流始於周代至謂孔

子抑三王畢五帝藐三皇獨歸聖於西方捕魚諸器一條稱廣殺物命恬不知怪非大覺緣果之文莫能救之至謂庖羲必不作網罟是則於經義之外横滋異學非惟宋儒無此說即漢儒亦豈有是論哉白璧之瑕固不必為之曲諱矣

詩所八卷福建巡撫採進本

國朝李光地撰光地有周易觀彖已著錄是編大旨不主於訓詁名物而主於推求詩意其推求詩意又主於涵泳文句得其美刺之旨而止亦不旁徵

事迹必求其人以實之又以爲西周篇什不應寥寥二南之中亦有文武以後詩風雅之中亦多東遷以前詩故於小序所述姓名多廢不用併其爲朱子所取者亦或斥之其間意測者多考證者少如謂有女懷春爲祀高禖則附會古義謂有扁斯石扁字從戶從冊古者額書於戶曰扁以石爲之亦近於穿鑿字說案戶冊爲扁義本說文以石爲之則光地之新解在光地所註諸經之中較爲次乘然光地邃於經術見理終深其所詮釋多能得興觀羣怨之旨他如鄭

衛之錄淫詩引春秋之書亂臣賊子爲之証楚茨以下爲豳雅載芟以下爲豳頌引豳風之後附鴟鴞諸篇以釋豳雅後有瞻洛諸詩豳頌後有酌桓諸詩之疑其言皆明白切實足闡朱子未盡之義亦非近代講章揣骨聽聲者所可及也

毛詩寫官記四卷浙江巡撫採進本

國朝毛奇齡撰奇齡有仲氏易已著錄是書皆自記其說詩之語凡一百八十八條取漢書藝文志武帝置寫書之官語爲名自序謂依汝南太守聽寫

官言詩憶而錄之蓋寓名以爲問答猶之或問焉耳案奇齡自述早年著毛詩續傳三十八卷其稿已失後乃就所記憶者作國風省篇詩札及此書其門人所述經例則云早刻詩說於淮安未能刋正又李塨所作序目云嘗以詩義質之先生先生曰予所傳諸詩有未能改者數端如以十畝之間爲淫奔以鴟鴞爲避居於東以封康叔爲武王以有部家室爲太姜耶琊之駘凡此皆惑也據此則此中之誤奇齡固自知之但所自知者猶未盡耳

然其書雖好爲異說而徵引詳博亦不無補於考
證瑕瑜並見在讀者擇之而已

詩札二卷 浙江巡撫採進本

國朝毛奇齡撰奇齡既作毛詩寫官記復託與寫官
以札問訊而寫官答之之詞以成此書凡八十四
條第二卷首有其門人所記云此西河少時所作
故其立說有暮年論辨所不合者其間梭韻數則
尤所矛盾行世既久不便更易云云據此則其中
多非定論其門人亦不諱之然奇齡學本淵博名

物詁訓頗有所長必盡廢之亦非平允之道毛韓異義齊魯殊文漢代耑門已不限以一說兼收並蓄固亦說經家所旁採矣

詩傳詩說駁義五卷 浙江巡撫採進本

國朝毛奇齡撰明嘉靖中鄞人豐坊作魯詩世學一書往往自出新義得解於舊註之外恐其說之不信遂託言家有魯詩爲其遠祖稷所傳一爲子貢詩傳一爲申培詩說並列所作世學中厥後郭子章傳刻二書自稱得黃佐所藏秘閣石本於是二

書乃單行明代說詩諸家以其言往往近理多採用之遂盛傳於時奇齡因其託名於古乃引證諸書以糾之夫易傳託之子夏書傳託之孔安國其說之可取者皆行於世至其源流授受則說經之家務核其眞奇齡是書不以其說爲可廢而於依託之處則一一辨之亦可謂持平之論矣

續詩傳鳥名三卷 浙江巡撫採進本

國朝毛奇齡撰奇齡作毛詩續傳以遭亂避讐佚之後從隣人吳氏子得卷末鳥名一卷與其門人莫

春園張文葳共葺綴之衍爲三卷大意在續毛詩而正朱傳每條皆先列集傳之文於前而一一辨其得失考訓釋毛詩草木蟲魚者自吳陸璣以後作者實繁朱子作詩集傳大旨在發明美刺之旨而名物訓詁則其所畧奇齡此書則惟以考証爲主故其說較詳惟恃其博辨往往於朱傳多所吹求而所言亦不免於疏舛如奇齡所作毛詩省篇旣以齊風雞鳴爲讒人此書又用舊說爲賢妃之告旦前後時相矛盾鷦鷯之名桃蟲猶竊脂之名

桑扈原不因木而名乃謂所棲所食俱不在桃以喙銳如錐專剖葦中蟲食之謂之掏蟲掏桃字通尤杜撰無理至於解睍睆黃鳥用毛萇舊訓於義本長乃謂鸎字從二目一八其二目離之二目一八者艮八之喙又謂鶯字從火目離爲目目本離火尚書洪範伏傳以五事之目屬五行之火鶯首之戴兩火卽鸎之戴兩目此雖王安石之字說不穿鑿至此矣然大致引證賅洽頗多有據錄而存之以廣考訂固不害於多識之義爾

詩識名解十五卷　浙江巡撫採進本

國朝姚炳撰炳字彥暉錢塘人自多識之訓傳自孔門爾雅一書訓詁名物畧備厥後諸儒纂述日久多佚惟陸璣之疏尚有裒輯重編之本自宋蔡卞以來皆因璣書而輾轉增損者也此書亦以鳥獸草木分列四門故以多識爲名其稍異諸家者兼以推尋文義頗及作詩之意爾然孔子言鳥獸草木本括舉大凡譬如史備四時不妨以春秋互見炳乃因此一語遂不載蟲魚未免近高叟之固其

中考証辨駁往往失之蔓衍如辨麟麐二物義本說文尚有關於訓詁至於鳳凰神物世所罕睹而連篇累牘辨其形狀之異同則與經義無關矣又詩中八鸞和鸞之類本爲鈴屬非鸞鳥之鸞而列之鳥部然則車之伏兔將入獸部乎是皆愛奇嗜博故有此弊然核其大致可取者多固宜畧其蕪雜採其菁英焉

詩傳名物輯覽十二卷 湖北巡撫採進本

國朝陳大章撰大章字仲夔號雨山黃岡人康熙戊

辰進士改庶吉士以母老乞歸其於毛詩用功頗深所作集覽本百卷凡三易稿而後成此乃其摘錄付梓之本凡鳥二卷獸二卷蟲豸一卷鱗介一卷草四卷木二卷葢尤其生平精力所注也其中體例之未合者如釋鶉之奔奔則莊子之鶉居列子之性變以及朱鳥爲鶉首子夏衣若懸鶉之類無所不引釋雞棲于塒則列子之木雞呂氏春秋之雞跖漢官儀之長鳴雞亦無不備載皆體近類書深乖說經之旨又每條首錄集傳大意以紫陽

爲主故如鄂不韡韡則取豈不光明之義而駁鄂作萼不作跗之説以爲不煩改字亦過於偏執至如載宋太宗賜耶律休哥旗鼓杓窊印則以遼事誤作宋事尤爲乖舛然其徵引旣衆可資博覽雖精核不足而繁富有餘固未始非讀詩者多識之一助也

詩說三卷 江蘇巡撫採進本

國朝惠周惕撰周惕字元龍長洲人康熙辛未進士由庶吉士改密雲縣知縣惠氏三世以經學著周

惕其創始者也是書於毛傳鄭箋朱傳無所專主多自以己意考證其大旨謂大小雅以音別不以政別謂正雅變雅美刺錯陳不必分六月以上爲正六月以下爲變文王以下爲正民勞以下爲變謂二南二十六篇皆擬爲房中之樂不必泥其所指何人謂周召之分鄭箋誤以爲文王謂天子諸侯均得有頌魯頌非僭其言皆有依據至謂頌兼美刺義通於誦則其說未安考鄭康成注儀禮正歌備句曰正歌者升歌及笙各三終間歌三終合

樂三終爲一備核以經文無歌後更誦及一歌一誦之節其周禮瞽矇職曰諷誦詩鄭註謂闇讀之不依永也則歌誦是兩事知頌誦亦爲兩事周惕合之非矣又謂證以國策禮無歸寧之文訓歸寧父母爲無父母遺罹之義考歸寧文見左傳於禮經必有所承何休註公羊傳稱諸侯夫人尊重旣嫁非有大故不得反惟士大夫妻雖無事歲一歸寧此文當必有所受曲禮曰女子許嫁纓非有大故不入其門姑姊妹女子子已嫁而反兄弟弗與

同席而坐弗與同器而食其文承上許嫁而言則已嫁而反是則歸寧之明證不得曰禮無文矣然其餘類皆引據確實樹義深切與楊愼說經徒以臆見決是非者固有殊焉

詩經劄記一卷 兩江總督採進本

國朝楊名時撰名時有周易劄記已著錄是編乃其讀詩所記大抵以李光地詩所爲宗而斟酌於小序朱傳之間其論關雎從小序求賢之說最爲明允其論鄭風不盡淫詩而聖人亦兼存淫詩以示

戒論亦持平而謂鄭聲即鄭詩力駁鄭樵之說則殊不然淫詩可存以示戒未有以當放之淫聲被之管絃可以示戒者也至詩所論季札觀樂所陳皆西周之詩非東遷以後之詩名時據變風終於陳靈在宣公十年至襄公二十九年吳子使札來聘已越五十五年又引左傳卿大夫所賦以見東遷以後之詩列國具備其文絕不回護其師說可謂破除講學家門戶之見又十月之交一篇謂辛卯日食則云應問於知歷者殷武一章於朱子始

祔而祭之說則云更宜考訂亦不强不知以爲知惟二雅諸篇頗有臆斷然如論國語弔二叔之不咸引富辰所云封建親戚以藩屏周者首舉管蔡郕霍知二叔不爲管蔡引禮記月三五而盈證三五在東引周禮祭天地三辰皆有奉璋之禮辨朱傳之專指宗廟引月令節嗜慾及集韻嗜字注解上帝耆之引大司樂享先妣之文在享先祖之上證大雅曾頌所以止稱姜嫄引儀禮下管新宮在宣王之前證新宮非斯干亦皆具有考據於其師

說可謂有所發明矣

讀詩質疑三十一卷附錄十五卷江蘇巡撫採進本

國朝嚴虞惇撰虞惇字寶成常熟人康熙丁丑進士官至太僕寺少卿是編乃其孫湖南驛鹽道有禧所刊乾隆十二年經進

御覽首爲列國世譜次國風世表次詩指舉要次讀詩綱領次刪次次六藝次大小序次詩樂次章句音韻次訓詁傳授次經傳逸詩次三家遺說次經傳雜說次詩韻正音次經文考異每一類爲一卷皆

附錄編首不入卷次其正經則國風爲十五卷小雅爲八卷大雅爲三卷而每卷析一子卷頌爲五卷大旨以小序爲宗而參以集傳其從序者十之七八從集傳者十之二三亦有二家皆不從而虞惇自爲說者每篇之首自爲序文及諸家論序之說每章之下各疏字義篇末乃總論其大旨與去取諸說之故皆以推求詩意爲主頗畧於名物訓詁亦不甚引據考證如墨子稱文王舉閎夭太顛於罝網中授之政西土服墨子在春秋戰國之閒

當及聞古義而虞惇以爲附會免罝之詩至左傳
稱祭仲有寵於莊公所謂寵者信任顯榮之意故
楚靈王對申無宇自稱盜有寵也虞惇因此一字
指祭仲爲安陵龍陽之流以山有扶蘇之狡童當
之謂仲爲卿而詩人醜其進身之始此不更附會
乎又申培詩說出自豐坊其中多剽朱傳之義而
虞惇反謂朱傳多引申培亦殊失考然大致皆平
心靜氣玩味研求於毛朱兩家擇長棄短非惟不
存門戸之心亦併不涉調停之見核其所得乃較

諸家爲多焉

毛詩類釋二十一卷續編三卷 江蘇巡撫採進本

國朝顧棟高撰棟高有尚書釋疑已著錄是編成於乾隆壬申序文案語皆稱臣蓋擬進之本凡分二十一類其序中抒所自得者如於釋地理知邶鄘衞乃三地名非三國名於釋山知嵩高維岳乃吳岳非中岳於釋水知吉日之漆沮非綿詩潛頌之漆沮於釋時令知公劉已先以建子爲正於釋祭祀知禘饗明堂俱周公創舉於釋官職知司徒司

空司馬皆在周官以前於釋兵器知古甲皆用革
於釋宫室知君子陽陽乃伶官之詩非婦人所作
於釋草知麻有二種於釋鳥知桑扈亦有二種於
釋馬知衞風騋牝魯頌牡馬皆以備兵事司馬法
馬牛車乘俱出於民乃王莽僞託之文今考其書
禘及大享明堂一條司徒司空司馬一條皆與序
文不相應未喻何故其邶鄘衞一條爲顧炎武説
崧高一條爲閻若璩説漆沮一條爲許謙説公劉
用子正一條爲毛亨説古甲用革一條爲陳祥道

說麻有二種一條爲蔡卞說柔扈二種一條爲陸佃說丘甸不出車馬一條爲李廉說惟君子陽陽一條以楚茨之文證小序自出新意耳然諸家說詩中名物多泛濫以炫博此書則採錄舊說頗爲謹嚴又往往因以發明經義與但徵故實體同類書者有殊於說詩亦不爲無裨也其續編三卷則成於乾隆癸酉取爾雅釋詁釋言釋訓之文有關於詩者摘而錄之亦畧爲疏解蓋訓詁名物相輔而行之義以爾雅校之尚鈌之匹也言戒也二條

或繕稿時偶脫誤歟

詩疑辨證六卷　江蘇巡撫採進本

國朝黃中松撰中松字仲嚴上海人是書主於考訂名物折衷諸說之是非故以辨證爲名其中亦瑕瑜互見如古說雎鳩爲雕類鄭樵及朱子則以爲鳧類左傳云雎鳩司馬也馮復京引朱傳云江淮所有當年恐未入詩人之目已爲定論至爾雅云雎鳩王鳩郭註雕類今江東呼之爲鶚好在江渚山邊食魚爾雅又云陽鳥白鷺郭註似鷹尾上白

是則二鳥明矣乃揚雄許愼皆以白鷺釋雎鳩是愼也中松並存其說未免兩岐黍稷一條獨載雷禮黍貴稷賤黍早稷晩之說按后稷以官名社稷以壇名稷爲五穀之長諸書皆然稷未嘗賤也月令以稷爲首種尚書緯云春鳥星昏中以種稷夏火星昏中以種黍是稷亦非晩也中松乃取其說又引家語之文以廢羣議不知家語王肅僞撰不足據也韓奕之梁山韓城王應麟兩存舊說而其意以在晉爲主中松本王肅之說謂皆在燕持論

自確而又疑梁山在晉地且不明乾州之梁山與在夏陽者本一山綿亘孔疏最明乃用胡渭雍州有二梁山之說並疑梁山宮爲三梁山則支離繳繞弊亦與應麟等矣應田不取鄭箋田當作⿰車柬聲轉字誤之說按陳之爲田此聲轉也⿰車柬之變陳此字誤也中松徒疑⿰車柬非引而曰讀爲引以爲費力不知⿰車柬與朄同說文解字曰朄擊小鼓引樂聲也其文甚明何足爲疑乎至全書之中考正訛謬校定異同其言多有依據在近人中猶可謂留心考

證者焉

三家詩拾遺十卷浙江巡撫採進本

國朝范家相撰家相字蘅洲會稽人乾隆甲戌進士官至柳州府知府漢代傳詩者四家隋書經籍志稱齊詩亡於魏魯詩亡於西晉惟韓詩存宋修太平御覽多引韓詩崇文總目亦著錄劉安世晁說之尚時時述其遺說而南渡儒者不復論及知亡於政和建炎間也自鄭樵以後說詩者務立新義以掊擊漢儒爲能三家之遺文遂散佚而不可復

問王應麟於咸淳之末始掇拾殘賸輯爲詩考三卷然創始難工多所挂漏又增掇逸詩篇目雜採諸子依託之說亦頗少持擇家相是編因王氏之書重加裒益而少變其體例首爲古文考異次爲古逸詩次以三百篇爲綱而三家佚說一一併見較王氏所錄以三家各自爲篇者亦較易循覽惟其以三家詩拾遺爲名則古文考異不盡三家之文者自宜附錄其逸詩不繫於三家者自宜芟除乃一例收入未免失於貪多且冠於篇端使開卷

卽名實相乖尤非體例其中如張超稱關雎爲畢公作一條說見超所作誚蔡邕青衣賦非超別有解經之說而但據詩補傳所載泛稱張超云云並不錄其賦語蒐采亦間有未周然較王氏之書則詳贍遠矣近時嚴虞惇作詩經質疑內有三家遺說一篇又惠棟九經古義余蕭客古經解鉤沈於三家亦均有採綴論其賅備亦尚不及是編也

詩瀋二十卷　浙江巡撫採進本

國朝范家相撰是編乃其釋詩之說家相之學源出

蕭山毛奇齡奇齡之說經引證浩博喜於詰駁其攻擊先儒最甚而盛氣所激出爾反爾其受攻擊亦最甚家相有戒於斯故持論一出於和平不敢放言高論其作是書大旨斟酌於小序朱傳之間而斷以己意首爲總論三十篇以下依次詮說皆不載經文但著篇目其先儒舊說無可置辨者則併篇目亦不著之今核其所言短長互見如謂卷耳爲文王在羑里后妃遣使臣之作謂中谷有蓷爲憐申后謂褰裳爲在晉楚爭鄭之時謂丰爲男

親迎而女不從謂敝笱爲歎王綱廢弛謂采苓爲申生而作謂采薇爲文王伐玁狁謂沔水爲宣王信讒皆以意揣度絕無確證然如總論第十四條力破黍離降爲國風之說謂太史不採風王朝無掌故諸侯之國史亦不紀錄以進葢四詩俱亡非獨雅也詩亡而諷諭彰癉之道廢是以春秋作焉此與孟子迹熄之說深有發明第十五條謂三百五篇之韻叶之而不諧者其故有三列國之方音不同一也古人一字每兼數音而字音傳訛已久

非可執一以諧聲二也詩必歌而後出每以餘音相諧自歌詩之法不傳而餘音莫辨三也此亦足解顧炎武毛奇齡二家之閡其解采蘩篇謂被之僮僮爲夫人齋居之首服而歷引周禮內司服玉藻及聶氏三禮圖以証之蓋被者所以配褖衣今據聶氏謂婦人之褖衣因男子之元端又玉藻云元冠丹組纓諸侯之齋冠也則知夫人服被爲齋夫人齋於正寢旣不可如祭之服副褘又不可服告桑之編故服燕寢朝君之被此說爲前人所未

及其解楚茨信南山諸篇尤爲詳晰如南東其畝及中田有廬之類於溝洫田制咸依據確鑿不同附會在近代說詩之家猶可謂瑜不掩瑕瑕不掩瑜者也

詩序補義二十四卷 浙江巡撫採進本

國朝姜炳璋撰炳璋字石貞號白巖象山人乾隆甲戌進士官石泉縣知縣是編以詩序首句爲國史所傳如蘇轍之例但轍於首句下申明之語竟刪除不論炳璋則存其原文於首句中離一字書之

而一一訂其疎舛例又小殊葢參用朱子詩序辨說之義以通貫兩家也其論江有汜謂古者嫡媵並行無待年於國之禮然春秋伯姬歸紀叔姬歸鄫實非一年之事未可斷其必無論魯頌謂用天子禮樂自吉禘莊公始見於經斷以爲僭自僖公然呂覽史角之事雖出雜說而考仲子之宮初獻六羽註謂前此用八故曰初獻是已在隱公先矣是過於考證轉失之眉睫之前他如論野有死麕以尨吠爲喻人之類亦失經旨要其恪守先儒語

必有據而於廢序諸家亦置而不爭不可不謂篤實近裏之學也其綱領有云有詩人之意有編詩之意如雄雉爲婦人思君子凱風爲七子自責是詩人之意也雄雉爲刺宣公凱風爲美孝子是編詩之意也朱子順文立義大抵以詩人之意爲是詩之旨國史明乎得失之迹則以編詩之意爲一篇之要尤可謂洞解結之論矣

虞東學詩十二卷 安徽巡撫採進本

國朝顧鎮撰鎮字備九號古湫常熟人常熟古海虞

地鎮居城東故又自號曰虞東乾隆甲戌進士官至宗人府主事是書大旨以講學諸家尊集傳而抑小序博古諸家又申小序而疑集傳搆釁者四五百年迄無定論故作是編調停兩家之説以解其紛所徵引凡數十家而歐陽修蘇轍呂祖謙嚴粲四家所取爲多雖鎔鑄羣言自爲疏解而義本某人必於句下註其所出又集傳多闡明義理於名物訓詁聲音之學皆在所略鎮於是數端亦一一考證具有根柢蓋於漢學宋學之間能斟酌以

得其平書雖晚出於讀詩者不爲無裨也

案諸經之中惟詩文義易明亦惟詩辨爭最甚蓋詩無達詁各隨所主之門戶均有一說之可通也今核定諸家始於詩序辨說以著起釁之由終以是編以破除朋黨之見凡以俾說是經者化其邀名求勝之私而已矣是編錄此門之旨也

附錄

韓詩外傳十卷 通行本

漢韓嬰撰嬰燕人文帝時爲博士武帝時至常山太傅漢書藝文志有韓故三十六卷韓內傳四卷韓外傳六卷韓說四十一卷歲久散佚惟韓故二十二卷新唐書尚著錄故劉安世稱嘗讀韓詩兩無正篇然歐陽修已稱今但存其外傳則北宋之時士大夫已有見有不見范處義作詩補傳在紹興中已不信劉安世得見韓詩則亡在南北宋間矣惟此外傳至今尚存然自隋志以後卽較漢志多四卷葢後人所分也其書雜引古事古語證以

詩詞與經義不相比附故曰外傳所采多與周秦諸子相出入班固論三家之詩稱其或取春秋采雜說咸非其本義殆卽指此類歟中間阿谷處女一事洪邁容齋隨筆已議之他如稱彭祖名並堯禹稱長生久視稱天變不足畏稱韶用干戚稱舜兼二女爲非稱荆蒯芮僕不恒其德語皆有疵謂柳下惠殺身以成信謂孔子稱御說恤民謂舜生於鳴條一章爲孔子語謂輪扁對楚成王謂冉有稱吳楚燕代伐秦王皆非事實顏淵子貢子路言

志事與申鳴死白公之難事皆一條而先後重見亦失簡汰然其中引荀卿非十二子一篇删去子思孟子二條惟存十子其去取特爲有識又繭絲卵雛之喻董仲舒取之爲繁露君羣王往之訓班固取之爲白虎通精理名言往往而有不必盡以訓詁繩也是書之例每條必引詩詞而未引詩者二十八條又吾與汝一條起無所因均疑有闕文李善注文選引其孔子升泰山觀易姓而王者七十餘家事及漢皐二女事今本皆無之疑並有脫

簡至藝文類聚引雪花六出之類多涉訓詁則疑爲內傳之文傳寫偶誤董斯張盡以爲外傳所佚又似不然矣

案漢志韓詩外傳入詩類葢與內傳連類及之王世貞稱外傳引詩以證事非引事以明詩其說至確今內傳解詩之說已亡則外傳已無關於詩義徒以時代在毛萇以前遂列爲古來說詩之冠使讀詩者開卷之初即不見本旨於理殊爲未協以其舍詩類以外無

可附麗今從易緯尚書大傳之例亦別綴於

末簡

右詩類六十二部九百四十一卷附錄一部十卷皆

文淵閣著錄

文淵閣著録

右詩類六十二部五百四十二卷[illegible]録一部二卷

宋祁

再校[illegible]官[illegible]

# 欽定四庫全書總目

經部

卷七之八

欽定四庫全書總目卷十七

經部十七

詩類存目一

詩說一卷內府藏本

宋張耒撰耒字文潛楚州淮陰人登進士第元祐中官至起居舍人紹聖中謫監黃州酒稅徽宗召為太常寺卿坐元祐黨復貶房州別駕黃州安置尋得自便居於陳州主管崇福宮卒事迹具宋史文苑傳是書本載柯山集中納喇性德以其集不

甚傳因刻之通志堂經解中凡十二條如抑篇慎爾出話一條蓋爲蘇軾烏臺詩案而發卷阿篇爾士宇昄章一條蓋爲熙河之役而發餘亦多借抒熙寧時事不必盡與經義比附也

詩論一卷 編修程晉芳家藏本

宋程大昌撰大昌有易原已著錄是書本載大昌考古編中故宋志不列其名朱彝尊經義考始別立標題謂之詩議曹溶學海類編則作詩論江南通志則作毛詩辨正考原本實作詩論則曹溶本

是也又曹溶本作十八篇而彝尊引陸元輔之言謂程氏詩議十七篇一論古有二南而無國風之名二論南雅頌爲樂詩諸國爲徒詩三論南雅頌之爲樂無疑四論四始品目五論國風之名出於左荀六證左荀創標風名之悞七論逸詩有豳雅豳頌而無豳風以證風不得抗雅八論豳詩非七月九辨詩序不出子夏十辨小序綴詩出於衛宏十一辨詩序不可廢十二據季札序詩篇次知無風名案此篇爲改定毛詩標題元輔此語未明十三論毛詩有古序所

以勝於三家十四論採詩序詩因乎其地十五論南爲樂名十六論關雎爲文王詩案此解周道闕而關雎作一語非論文王元輔此語亦未明十七論詩樂及商魯二頌乃併末兩篇爲一考原本亦作十七篇元輔之言不爲無據然詳其文意論詩樂與論商魯頌了不相屬似考古編刻本悞合曹本分之亦非無見也其大旨謂國風之名出漢儒之附會其說甚辨惟左傳風有采蘩采蘋語荀子風之所以爲風語不出漢儒無可指駁則以左氏爲秦人風字出於臆說謂荀

子之學出於仲弓仲弓非商賜可與言詩之比故荀子所傳亦爲臆說近時蕭山毛奇齡據樂記正直而靜廉而謙者宜歌風表記引詩我躬不閱遑恤我後又引詩心之憂矣於我歸說皆稱國風以駁詰大昌不知大昌之意惟在求勝於漢儒原不計經義之合否即引樂記表記以詰之亦不難以戴記四十九篇指爲漢儒附會也觀其於左氏所言季札觀樂合於已說者則以傳文爲可信所言風有采蘩采蘋不合已說者則又以傳文爲不可

信顛倒任意務便已私是尚可與口舌爭乎且郎所謂可據者言之十五國風同謂之周樂南雅頌亦同謂之歌不云南雅頌奏樂國風徒歌也豈此傳又半可據半不可據乎傳又稱金奏肆夏之三工歌鹿鳴之三亦將謂頌入樂雅徒歌乎是與所引孔子正樂但言雅頌不言風而忘其亦不言南者同一不充其類而已矣

詩疑二卷 內府藏本

宋王柏撰柏有書疑已著錄書疑雖頗有竄亂尚

未敢刪削經文此書則攻駁毛鄭不已併本經而攻駁之攻駁本經不已又併本經而刪削之其以行露首章爲亂入據列女傳爲説猶有所本也以小弁無逝我梁四句爲漢儒所妄補猶曰其詞與谷風相同似乎移掇也以下泉末章爲錯簡謂與上三章不類猶著其疑也至於召南刪野有死麕邶風刪靜女鄘風刪桑中衛風刪氓有狐王風刪大車丘中有麻鄭風刪將仲子遵大路有女同車山有扶蘇蘀兮狡童褰裳東門之墠丰風雨子衿

野有蔓草溱洧秦風刪晨風齊風刪東方之日唐風刪綢繆葛生陳風刪東門之池東門之枌東門之楊防有鵲巢月出株林澤陂凡三十二篇（案書中所列之目實止三十一篇疑傳刻者脫其一篇）又曰小雅中凡雜以怨誚之語可謂不雅予今歸之王風且使小雅粲然整潔其所移之篇目雖未具列其降雅爲風已明言之矣又曰桑中當曰采唐權輿當曰夏屋大東當曰小東則併篇名改之矣此自有六籍以來第一怪變之事也柏亦自知詆斥聖經爲公論所不許

乃託詞於漢儒之竄入夫漢儒各尊師說字句或有異同至篇數則傳授昭然其增減一一可考如易雜卦傳爲河內女子壞老屋所得書出伏生者二十九篇孔安國以孔壁古文增十六篇而泰誓三篇亦爲河內女子所續得舜典首二十八字爲姚方興所上周禮考工記爲河間獻王所補具有明文下至左傳增其處者爲劉氏一句秦穆姬登臺履薪一段先儒亦具有記載惟詩不言有所增加安得指國風三十二篇爲漢儒竄入也王弼之

易杜預之左傳以傳附經離其章句鄭元禮記目錄與劉向別錄不同亦咸有舊說惟詩不言有所更易安得謂王風之詩竟移入小雅也且春秋有三家可以互考故公羊經文增孔子生一條而左傳無詩有四家亦可以互考故三家般詩多於繹思一句毛詩無之見經典釋文毛詩都人士有首章而三家無之見禮記緇衣注即韓詩雨無正多雨無其極二句宋人亦尚能道之見元城語錄一句一字之損益即彼此參差昭昭乎不能掩也此

三十二篇之竄入如在四家既分以後則齊增者魯未必增魯增者韓未必增韓增者毛未必增斷不能如是之畫一如在四家未分以前則爲孔門之舊本確矣柏何人斯敢奮筆而進退孔子哉至於謂碩人第二章形容莊姜之色太褻秦風黃鳥乃淺識之人所作則更直排刪定之失不復託詞於漢儒尤爲恣肆陳振孫書錄解題載陳鵬飛作詩解二十卷不解商頌魯頌以爲商頌當闕魯頌當廢其說已妄猶未如柏之竟刪也後人乃以柏

嘗師何基基師黃榦榦師朱子相距不過三傳遂併此書亦莫敢異議是門戶之見非天下之公義也

毛詩正變指南圖六卷（兩淮鹽政採進本）

是書爲明末陳重光所刻前有李雯序謂其書爲宋人未竟之本故詳於大而畧於小今考卷首列漢迄宋諸儒訓故圖譜音訓之目頗叢雜無次第一卷全錄小序首句二卷作詩次序皆本鄭氏詩譜三卷世次四卷族譜五六卷雜釋名物俱爲簡

畧惟五卷釋刻漏稍詳其義例淺陋不似古人著作且亦別無佐證疑即重光自輯而託之舊本也

重光字瑞義華亭人

詩義斷法五卷浙江范懋柱家天一閣藏本

不著撰人名氏卷首有建安日新書堂刋行字又有至正丙戌字葢元時所刻朱彝尊經義考載宋謝叔孫詩義斷法不列卷數注引江西通志曰叔孫南城人舉進士官翰林編修又載詩義斷法一卷不著名氏注曰見菉竹堂書目並云巳佚此本

五卷與後一部一卷之數不符其叔孫之書歟首有自序詞極鄙俚殆不成文卷前冠以作義之法分總論冒題原題講題結題五則次爲學詩入門須知次爲先儒格言次爲總論六義皆剽竊陳言不出兔園冊子又書中但列擬題於經文刋削十七始於鄘風之干旄不知何取蓋揣摩弋取之書本不爲解經而作也

國風尊經一卷（編修朱筠家藏本）

舊本題明陶宗儀撰宗儀字九成黃巖人元末舉

進士不中即棄去累辟辟舉洪武中乃出爲教官事迹具明史文苑傳是書前有宗儀自序案孫作滄螺集有陶九成小傳備列其生平著述無此書名明史藝文志及朱彜尊經義考皆不著錄其書多用字說如序中解大小雅云雅知風者也故名相風解君子好逑云逑從求從行謂行而求之也解參差荇菜云荇從草從行謂草生水中而東西行者也解左右芼之云芼從草從毛言以菜加於食物之上如毛之附麗於外解螽斯羽云螽從冬冬

從虫螽子產於冬而生於春也解招招舟子云招從手從召謂舉手召也解簡兮云竹間爲簡言衆工來會如竹之稠密也解隰有萇云未知何草然從草從令草之善者解終窶且貧之窶從穴從婁謂上下皆空也貧從分從貝謂所有輒散也解靜女其姝云姝女顏之若朱者解中冓之言云冓之爲文有材木從橫層累增高之義中冓當國之中而搆者則君之居也其穿鑿不通不可枚舉其最謬者如謂桑中爲關雎之遺是以淫女擬聖后也

謂人之無良我以爲兄兄者長也君上爲民長也毛氏以爲君之兄者非也自古以來有稱君爲兄者乎宗儀亦何至於此核其詞氣似明萬歷以後人益贋託也惟卷耳葛覃二詩其說似近情理然以國策觸讋之語證古者諸侯之女無歸寧之禮則又不然息嬀歸寧而過蔡獻舞止享而召兵其事具在左傳安得謂其必無以觸讋之言疑古禮是猶以華督目逆一事疑古婦人無出必蔽面之禮以崔杼見棠姜一事疑古婦人無幃哭之禮以

陶嬰中夜悲鳴一語疑古寡婦無不夜哭之禮也豈通論乎原目自周南至曹風惟無豳風此本僅至衛風而止蓋佚其半然如此妄謬之書佚亦正不足惜耳

毛詩說序六卷 浙江朱彝尊家曝書亭藏本

明呂柟撰柟有周易說翼已著錄是書以小序為主而設為門人問答以明之每章標舉大意主於疏通毛義而止其諸說之異同皆不置辨其名物訓詁亦皆弗詳猶說詩家之簡嚴者但疏解未免

太略此本傳寫訛脫不可解處尤多

毛詩或問一卷 通行本

明袁仁撰仁有砭蔡編已著錄是編大旨主於伸小序抑集傳設爲問荅以明之所說止於魯頌疑佚其末數頁也其自序詆徐禎卿孫鍾元於毛詩訓詁之外不能措一詞而謂他經可理測而詩則不落理路他經可意會而詩則不涉意想三千在門獨許商賜可與言詩以其各有悟門又詆朱子解詩如盲人捫象而自謂其說言思莫及理解俱

融不知我之爲古人古人之爲我其言甚誕今觀其書一知半解時亦有之然所執者乃嚴羽詩話不涉理路不落言詮純取妙悟之說以是說漢魏之詩尚且不可況於持以解經乎

魯詩世學三十二卷 兩淮馬裕家藏本

明豐坊撰坊有古易世學已著錄是編首列子貢詩傳詭云石本次列詩序而以正音託之宋豐稷以續音託之豐慶以補音託之豐耘以正說託之豐熙譎稱祖父所傳而自爲之考補故曰世學又

附以門人何昆之續考共爲一書實則坊一人所撰也其書變亂經文詆排舊說極爲妄誕朱彝尊經義考辨之甚詳而康熙中禮部侍郎平湖陸棻乃尊信其中三年之喪必三十六月之說遭憂家居已閱二十七月猶不出補官其門人邱嘉穗載之東山草堂邇言中以爲美談不知此唐王元感之論當時已爲議者所駁載於舊唐書中非古義也則僞書之貽害於經術者甚矣

詩傳一卷　內府藏本

舊本題曰子貢撰實明豐坊所作明史坊本傳稱坊爲十三經訓詁類多穿鑿世所傳子貢詩傳即坊編本者是也其說升魯於邶鄘之前降鄭於鄶曹之後大雅小雅各分爲三曰續曰傳皆與所作申培詩說同二書皆以古篆刻之不知漢代傳經悉用隸書故孔壁蝌蚪世不能辨謂之古文安得獨此二書參用籀體郭子章李維禎皆爲傳刻釋文何鏜收入漢魏叢書毛晉收入津逮秘書并以爲曾見宋搨皆謬妄也

詩說一卷 江蘇巡撫採進本

舊本題曰申培撰亦明豐坊偽作也何楷詩世本古義黃虞稷千頃堂書目毛奇齡詩傳詩說駁義皆力斥之今考漢書杜欽傳稱佩玉晏鳴關雎嘆之後漢書楊賜傳稱康王一朝晏起關雎見幾而作注皆稱魯詩而此傳仍訓爲太姒思淑女又坊記注引先君之思以勗寡人爲衛定姜之作釋文曰此是魯詩而此仍爲莊姜送戴嬀培傳魯詩乃用毛傳乎其偽妄不待問矣

詩傳纂義無卷數浙江巡撫採進本

明倪復撰復字汝新鄞縣人茲編不載經文惟於有所發明者標其篇名所說多襲前人或全錄之而不言所本其自出新意者如謂皇華四牡通爲射饗樂歌之類於古皆無所考證

張氏說詩一卷江蘇周厚堉家藏本

明張廷臣撰廷臣字元忠崑山人嘉靖戊子舉人是編題婁上編甲之巳蓋其全集之一種也大旨謂詩序有所傳授不應盡廢持論甚正而其所推

闡則以意斷制者多

讀風臆評 無卷數 江蘇巡撫採進本

明戴君恩撰君恩字仲甫長沙人嘉靖癸丑進士官巴縣知縣是書取國風加以評語又節錄朱傳於每篇之後烏程閔齊伋以朱墨板印行之纖巧佻仄已漸開竟陵之門徑其於經義固了不相關也

詩經正義二十七卷 安徽巡撫採進本

明許天贈撰天贈字德天黟縣人嘉靖乙丑進士

官至山東布政使參政是書不載經文但標章名節目附以已說頗爲弇陋如於采蘋章云大夫妻講中不可說出此就說詩者言非詩人口氣書中大率如此葢全爲時文言之也經學至是而弊極矣

詩經存固八卷 福建巡撫採進本

明葉朝榮撰朝榮字𦕅時福清人大學士向高之父也隆慶元年恩貢授九江府通判官至養利州知州是編乃其教授生徒時酌取詩經大全參以

已意而成後官九江復加攺定更作義略一卷總論十五國及雅頌諸篇大意萬歴四十四年向高致仕歸復整齊而重刻之前有朝榮自序末附以向高跋語

詩序解頤一卷浙江巡撫採進本

明鄒弁撰弁字元偉太倉州人隆慶中貢生此書申朱子詩序辨說之義而又以已意更正之中多臆論所定小雅世次諸條尤無確據卷末附洛書辨一篇無所闡發徒事空言又三江旣入震澤底

定辨一篇主中江北江南江之說寥寥數語亦未暢明也

毛詩多識編七卷 浙閩總督採進本

明林兆珂撰兆珂字孟鳴莆田人萬歷甲戌進士官至安慶府知府是編本陸璣疏而衍之凡草部二卷木部鳥部獸部蟲部鱗介部各一卷多引鄭樵陸佃羅願之語又兼取豐坊之僞子貢傳僞申培說貪多務博頗乏持擇其凡例稱鳥獸昆蟲草木非三百篇所有不載然如龍旂之龍非眞龍鸞

鐮之鸞非眞鸞而徵引故實累牘連篇此自類書何關經義又如因爾雅荇接余之文遂謂漢之婕好取義於荇菜其穿鑿抑又甚焉據其凡例尚有外編雜編二書此本無之未知其爲未刻抑爲偶佚也

毛詩原解三十六卷 浙江巡撫採進本

明郝敬撰敬有周易正解已著錄是書前有讀法一卷大指在駁朱傳攻序之非於小序又惟以卷首一句爲據每篇首句增古序曰三字餘文則以

毛公曰别之序或有所難通者輒爲委曲生解未免以經就傳之弊而又立意與集傳相反亦多過當夫小序確有所受而不能全謂之無所附益集傳亦確有所偏而不能全謂之無所發明敬徒以朱子務勝漢儒深文鍛鍊有以激後世之不平遂即用朱子吹求小序之法以吹求朱子是直以出爾反爾示報復之道耳非解經之正軌也

詩經類考三十卷 浙江巡撫採進本

明沈萬鈳撰萬鈳字玉臺嘉善人萬歷丁酉舉人

官知縣茲編於三百篇所載名物典故分門編錄

前有古今論詩考逸詩考音韻考後有風雅頌異

同考羣書字異考凡所援據不能盡本經傳故往

往不精不詳如天文類釋三五小星引釋名曰星

者散也說文曰萬物之精上爲列宿如此之類與

經義無涉實爲泛濫又如朝制有大朝覲之朝若

韓侯入覲是也又有常朝之朝若雞鳴之詩是也

而此書禮制類乃止引曲禮天子當扆而立當宁

而立及周禮太宰大朝覲會同數則而玉藻朝辨

色始入諸條乃竟遺之如此之類亦多失於考核

毛詩微言二十卷 內府藏本

明張以誠撰以誠字君一華亭人萬歷辛丑進士第一官翰林院修撰是書雜採舊說無所發明如豐坊僞詩傳之類皆不辨而濫收之

詩經說通十三卷 兩淮鹽政採進本

明沈守正撰守正字允中號無回錢塘人萬歷癸卯舉人官國子監博士是編成於萬歷乙卯其說頗以朱傳廢序爲非然又不甚用古義其所列引

用諸書不過三十六種而以豐坊僞魯詩爲冠又謂隋志稱韓詩雖存乃其外傳竟不知崇文總目尚有韓詩持論多茫無考證故所引皆明人影響之談雖大旨欲以意逆志以破拘牽而純以公安竟陵之詩派竄入經義遂往往恍惚而無著如解關雎云所謂憂之喜之者不必泥定文王亦不必泥定宮人然則究何指也至於以行露野有死麕爲貞女設言自誓不必定有强娶私誘之事然則女子待年於室無故而作一誓詞傳播於衆天下

有此情事乎又謂文王之化必無强暴之男子然則堯舜之世亦不當有四凶矣其膠固不解更甚於訓詁之家烏在其能得言外意也

詩經六帖重訂十四卷 兩江總督採進本

明徐光啓撰

國朝范方重訂光啓字子先上海人萬歷甲辰進士官至東閣大學士謚文定事迹具明史本傳方字令則如皋人前有方自序謂徐光啓六帖後先錯互爲未定之書爰爲重訂而去其博物一帖其餘

五帖皆移定其次而無所增改五帖者一翼傳二存古三廣義四擘藻六正叶也卷首有光啟韻譜說并例於諸詩皆不載其詞但於有韻之句以白圈爲誌無韻之句以黑圈爲識體例殊爲未善且既以古音無叶爲全書注意之處乃於圈識之外絕不言其所以然題曰韻譜名實亦復相乖又六帖名始於帖經程大昌演繁露疏解頗明白居易以名類書殊無所取義光啟以名經解爲轉不失其初然以一類爲一帖則又杜撰也

毛詩說四卷 浙江巡撫採進本

明陳以蘊撰以蘊字仲宣南昌人萬歷己酉舉人是書成於崇禎癸酉前有以蘊自序大旨謂小序固陋淺拙詞必徵之事事必實之人往往不得其義則槩謂之刺君非得卜子夏之傳者又以朱子集傳袒夾漈而詆毛傳亦未盡孟子說詩之法然觀編中所言乃似坊選詩集之批語卽朱子集傳亦尚非以蘊所可議無論小序矣

詩經圖史合考二十卷 浙江巡撫採進本

明鍾惺撰惺字伯敬竟陵人萬歷庚戌進士官至福建提學僉事明史文苑傳附載袁宏道傳中是書雜考詩之名物典故亦間繪圖故稱圖史合考然名雖釋經實則隸事如周南桃夭篇首引本草綱目載桃仁去瘀血桃梟療中惡腹痛一條次引家語六果桃爲下一條次引管子五沃之土宜桃一條次引鹽鐵論桃實多則歲穰一條次引江淹桃頌一條次引崑崙山玉桃一條次引唐明皇目桃爲消恨花一條次引酉陽雜俎王母桃一條次

引列仙傳綏山桃一條其文遂畢於經義一字無關全書所載皆類於此不知其何所取也

毛詩解無卷數江蘇周厚堉家藏本

明鍾惺撰是編取古人說詩之書卷帙簡少者合爲一編曰詩序曰詩說曰詩外傳曰讀詩一得曰山堂詩考曰困學紀詩曰詩地理考曰詩考曰逸詩曰文獻詩考曰詩傳綱領曰詩識曰讀詩錄曰印古詩語其中讀詩一得卽黃氏日鈔之一門山堂詩考卽山堂考索之一門困學紀詩卽困學紀

聞中論詩之語逸詩卽王氏詩考中之逸詩篇名讀詩錄卽讀書錄中論詩數條詩傳綱領卽詩經大全之綱領謬陋殆難言狀至申培詩說本僞曾詩韓詩外傳明標韓字乃題曰毛詩解是尤不足深責者矣

詩通四卷 浙江巡撫採進本

明陸化熙撰化熙字羽明常熟人萬歷癸丑進士官至廣西提學僉事是編不載經文止標篇什名目而發揮其意旨大都依文詮釋尋味於詞氣之

間其自序云朱注所不滿人意者止因忽於所謂微言託言致變風刺人之語概認爲淫變雅近美之刺即判爲美耳故書中於鄭衛之詩多存小序即二雅三頌亦多引序說而又間引鄭箋孔疏以証之頗異乎株守門戶者但所得不深耳

詩傳闡二十三卷闡餘二卷 浙江吳玉墀家藏本

明鄒忠允撰忠允字肇敏無錫人萬歷癸丑進士官至江西按察司副使是書即豐坊僞詩傳每章推演其義而於坊僞詩說則深斥其妄一手所造

之書而目爲一眞一贋此眞不可理解之事矣

詩經脈八卷 江蘇周厚堉家藏本

明魏浣初撰其標題又曰閔非臺先生增補浣初字仲雪常熟人萬歷丙辰進士官至布政司參政閔非臺則不知何許人也其書分上下二格如高頭講章之式下格爲浣初原書前列正文後有附考頗知原本注疏旁及諸家如君子偕老章副笄六珈毛傳云笄衡盖逑追師追衡笄之文衡垂於耳笄貫於髮見於追師注疏甚詳浣初引以證朱

傳衡笄一物之誤尚小有考證惟大致拘文牽義鉤剔字句摹仿語氣不脫時文之習上格爲閔氏補義則純乎鄉塾之說矣

毛詩發微三十卷　副都御史黃登賢家藏本

明宋景雲撰景雲字祥禎博興人萬歷己未進士官至監察御史巡按湖廣其說詩以朱子集傳爲主亦間採毛傳及他說以參之爲例有三標正字者衍集傳者也標附字者採他說者也標考字者釋名物者也然大抵以批點文字之法推求經義

耳

聖門傳詩嫡冢十六卷附錄一卷 浙江巡撫採進本

明凌濛初撰濛初字稚成烏程人是書輯詩序及毛傳鄭箋又以豐坊詩傳冠各篇之首而互考其異同以詩序舊稱出子夏詩傳亦稱子夏故以聖門傳詩嫡冢爲名其末附錄一卷則豐坊所作申培詩說也

言詩翼六卷 兩江總督採進本

明凌濛初撰此編仍列詩傳詩序於每篇之前又

以詩傳詩序次序不同復篆書詩傳冠於篇端而雜採徐光啟陸化熙魏浣初沈守正鍾惺唐汝諤六家之評直以選詞遣調造語錬字諸法論三百篇每篇又從鍾惺之本加以圈點明人經解眞可謂無所不有矣

詩逆六卷浙江吳玉墀家藏本

明凌濛初撰卷首有七月表一篇以其中獨缺三月乃摘春日載陽至公子同歸蠶月條桑至猗彼女桑諸事布於二月四月之間標爲蠶月殊屬穿

鑿又詩考一篇獨載一御車圖尤爲掛漏其所詮

釋亦罕逢奥義

毛詩鳥獸草木考二十卷兩淮馬裕家藏本

明吳雨撰雨自題但稱閩郡人不知隸籍何縣也

是書爲其同郡徐𤓰所編次鳥考三卷獸考三卷

蟲考二卷鱗考一卷草考四卷穀考一卷木考三

卷而以天文考二卷終焉惟不考地理或無以加

於王應麟書故置之歟曹學佺序稱其體本吳仁

傑離騷草木疏又以配陳第毛詩古音考然如雞

本家禽而繁文旁衍鼠原常物而異種横增駢拇枝指殊爲可已不已視吳陳兩書之精核相去遠矣

詩經備考二十四卷 兩江總督採進本

明章調鼎撰調鼎字玉鉉富順人是編因鍾惺未成之本增損成書以攻擊朱子集傳夫集傳排斥毛鄭固未必盡無遺議先儒亦互有異同然非鍾惺等所可置議也况又拾惺之餘緒乎

詩牖十五卷 浙江巡撫採進本

明錢天錫撰天錫字公永竟陵人天啟壬戌進士官至僉都御史是編大抵推敲字義尋求語脈爲程試制藝之計首載馮元颺序謂其書不但存朱子存毛詩并可以存齊存魯存韓祧衛宏而禰子夏其功不在鄭孔下亦夸之甚矣

詩經考十八卷江西巡撫採進本

明黃文煥撰文煥字維章永福人天啟乙丑進士崇禎中由山陽縣知縣擢翰林院編修坐鉤黨與黃道周同下詔獄後獲釋流寓南都以終是書專

考三百篇中名物典故其凡例有六一曰世系二曰讖甸三曰人物四曰天時地利五曰兵農禮樂六曰動植仍以經文篇第爲序各標其目而解之徵引頗爲繁富惟愛博嗜奇頗傷冗雜其於人物皆詳具始末成一列傳而又不著其所本尤爲蔓衍窺其用意似欲與何楷世本古義抗行一時然不似楷之穿鑿亦不及楷之博洽也

詩經微言合參八卷江蘇巡撫採進本

明唐汝諤撰汝諤字士雅華亭人天啟中以歲貢

生官常熟縣教諭汝諤初著毛詩微言二十卷繼復删汰贅詞標以今名自序謂溯源毛鄭參以讀詩記及嚴氏詩緝而折衷於朱子今核其書實不過科舉之學

毖泉手學二卷 浙江巡撫採進本

不著撰人名氏惟卷首自序有二私印一曰聞性道字大直一曰明山鑑西薜蘿香弄隱人知為聞性道所作序稱吾鄉豐氏則鄞人也序中所稱壬辰蓋萬歷二十年又稱歲在丁卯則天啟七年其

冊末云已巳手補朱字者則崇禎二年也是書取豐坊所作子貢詩傳申培詩說二書合爲一編以篆文與釋文皆出手抄故謂之手學案古文自許愼所存二百餘字外鐘鼎款識隨人音釋已均在疑似之間況此二書又出豐坊妄造性道乃珍重鉤摹之亦好古而不知考古者歟

桂林詩正八卷 兩江總督採進本

明顧懋樊撰懋樊有默易丹已著錄是編成於崇禎庚辰博采衆說參以已見然多不根之創解如

謂鄭之丰及風雨篇皆齊詩而誤入於鄭丰詩爲小白適莒國人自悔不送而望其歸之詞風雨詩以雞鳴失時比齊之昏亂桓公與仲父相乃晦暝之大際孔子刪詩錄風雨亦猶微管仲之意也如斯之類不知何據而云然至於笙詩六篇竟以束皙補亡列入淆亂經文尤爲乖剌矣

詩經注疏大全合纂三十四卷 江蘇巡撫採進本

明張溥撰溥字天如太倉人崇禎辛未進士改庶吉士事跡具明史文苑傳永樂中修詩經大全增

損劉瑾之書懸爲令甲經學於是益荒漙是書雜取注疏及大全合纂成書差愈於科舉之士株守殘匱者然亦抄撮之學無所考證也

詩經偶箋十三卷 江西巡撫採進本

明萬時華撰時華字茂先南昌人是編成於崇禎癸酉大旨宗孟子以意逆志之說而掃除訓詁之膠固頗足破腐儒之陋然詩道至大而至深未可以才士聰明測其涯際況於以竟陵之門徑掉弄筆墨以一知半解訓詁古經其自序有曰今之君

子知詩之爲經不知詩之爲詩一蔽也謝太傅嘗問諸從毛詩何句最佳遏以楊柳依依對公所賞乃在訏謨定命遠猶辰告譚友夏亦言讀詩不能使國風與雅頌同趣且覺雅頌更於國風有味易入處便入終是讀書者之病今之君子少此元致二蔽也云云蓋鍾惺譚元春詩派盛於明末流弊所極乃至以其法解經詩歸之貽害於學者可謂酷矣

詩經副墨八卷 江蘇周厚堉家藏本

明陳組綬撰組綬字伯玉武進人崇禎甲戌進士官兵部主事是書前列讀書二十四觀次爲通考次爲總論每篇之前皆並列集傳小序之文而以集傳居小序前其每章詮解則循文敷衍而已卷首凡例有曰諸說雖精或於制義未當者吾從宋是其著書之大旨矣

詩志二十六卷　兩江總督採進本

明范王孫撰王孫字士文休寧人寄籍錢塘是書乃館於金聲家時所著聲爲序而梓之皆雜採諸

說而成於同時人中多取沈守正說通及陳際泰五經讀顧夢麟說約不甚研求古義也

詩問畧一卷 編修程晉芳家藏本

明陳子龍撰子龍字人中一字卧子華亭人崇禎丁丑進士官紹興府推官後魯王以爲兵科給事中事敗被執乘間投水死事迹具明史本傳乾隆四十一年

賜謚忠裕此編乃其讀詩劄記之文曰詩問者取問諸有道之意又所解皆偶標已意隨拈各條非說全

經故謂之畧明史藝文志不著錄見於曹溶學海類編中其說不主朱子集傳亦不甚主毛傳鄭箋大抵因小序而變其說如有女同車序以爲刺忽子龍則以爲美忽以籜兮狡童爲刺祭仲率以意爲解不必有據觀其自序知其學從郝敬入也宜其臆斷矣

詩觸四卷 江西巡撫採進本

明賀貽孫撰貽孫字子翼禾川人是書前後無序跋不著作書年月考陳士業鈞莊初集有賀子翼

制藝序而凡例中引梅膺祚字彙書中多引鍾惺詩經評亦皆明末之書當即其人也是書以小序首句爲主而刪其以下之文以爲毛萇衛宏之附益蓋宗蘇轍之例大旨調停於小序朱傳之間作詩之旨多從序詩中文句則多從傳國風多從序雅頌則多從傳每篇先列小序次釋名物次發揮詩意主孟子以意逆志之說每曲求言外之旨故頗勝諸儒之拘腐而其所從入乃在鍾惺詩評故亦往往以後人詩法詁先聖之經不免失之佻巧

所謂楚既失之齊亦未爲得也卷首冠以四論其第三篇論淫詩第四篇論風刺皆爲有見第二篇論以意逆志是其全書之根本而涉於掉弄聰明全書之病即坐於是第一篇論詩與歌謠謳誦諺語不同三百篇皆樂章其說甚是而謂漢魏之樂府宋之詞元之南北曲皆同此列則不盡然無論宋詞元曲各有宫調其句法之長短音律之平仄字數之多寡具有定譜不可增減與三百篇迥殊即漢魏樂府有倚聲製詞者亦有採詩入樂者觀

郭茂倩樂府所載孰爲本詞孰爲魏樂所奏孰爲晉樂所奏其增減字句以就聲律者班班可考何嘗有一定之調亦何嘗田夫販婦一一解音律哉故三頌者郊祀歌之類也自諧管絃者也二雅十五國風者相和歌之類也採以被之管絃者也貽孫所說似是而非蓋迂儒解詩患其視與後世之詩太遠貽孫解詩又患其視與後世之詩太近耳

鑑湖詩說四卷　江蘇周厚堉家藏本

明陳元亮撰元亮字寅倩山陰人是書乃鄉塾講

章其凡例有十曰尊經曰從注曰存序曰辨俗曰標新曰考古曰博物曰章旨曰節解曰集說其所取裁不出永樂大全諸書

**詩經精意**無卷數　江西巡撫採進本

明詹雲程撰雲程字念庭江西人是編詮釋經文皆敷衍語氣為時文之用乃塾師訓蒙講章也

**詩意**無卷數　兩淮馬裕家藏本

明劉敬純撰敬純武進人是書大旨宗朱子集傳雖間採諸家然皆其發明集傳者亦科舉揣摩之

本也

欽定四庫全書總目卷十八

經部十八

詩類存目二

詩經朱傳翼三十卷浙江吳玉墀家藏本

國朝孫承澤撰承澤有尚書集解已著錄承澤初附東林繼降闖賊終乃入於國朝自知爲當代所輕故末年講學惟假借朱子以爲重獨此編說詩則以小序集傳並列又雜引諸說之異同竄其大意似以集傳爲未愜而又不肯

訟言故顓頊摸棱不置論斷紛紜糅亂究莫名其指歸首鼠兩端斯之謂矣

詩說簡正錄十卷 直隸總督採進本

國朝提橋撰橋字景如號澹如居士河間人前明天啟壬戌進士入國朝官至刑部侍郎是編以詩經大全諸書卷帙浩博雜以披尋因采擇諸說輯為一編名曰簡正錄言其說簡而義正也每篇首列經文次摘採諸家之說融會訓釋又次附以已見皆以通俗之語講

解文義蓋取便於初學而已

詩問一卷浙江朱彝尊家曝書亭藏本

國朝吳肅公撰肅公字雨若號街南宣城人是書大旨攻朱子詩集傳然亦不甚從小序往往皆臆揣武斷之說其中引世歷紀一條證出車爲文王詩又引竹書紀年一條證菀柳爲諸侯盟太室詩皆牽附雜說不足據以解經也

詩經傳說取裁十二卷兩淮馬裕家藏本

國朝張能鱗撰能鱗字西山順天人順治丁亥進士

官至四川按察使副使其書以豐坊僞詩傳爲主而旁採申培詩說及詩六帖以發明之宗旨先謬其餘亦不足深詰矣

毛詩日箋六卷　兩江總督採進本

國朝秦松齡撰松齡字留仙號對巖無錫人順治乙未進士改庶吉士以江南奏銷案罷歸康熙己未舉博學鴻詞官至左春坊左諭德是編以紫陽集傳宗孟子以意逆志之旨多不依小序因取歐蘇王呂程李輔嚴諸家以及明郝敬何楷近時顧炎

武之言互相參核而斷以己意不專主小序亦不專主集傳凡有疑義乃爲疏解亦不盡解全詩故曰日箋王士禎居易錄云秦宮諭所輯毛詩日箋所論與余夙昔之見頗同其所採取亦甚簡當然大旨多以意揣之不盡有所考証也

詩經疏畧八卷河南巡撫採進本

國朝張沐撰沐有周易疏畧已著錄其說以小序爲主而亦時有異同大抵調停前人之說而參以臆斷如平王之孫齊侯之子既不用舊說又不用春

秋王姬之說乃訓平爲等謂唐棣本不同於桃李而華如桃李王之孫本不齊於侯之子今觀其車服則等王之孫以齊於侯之子以附會序中不繫其夫下王后一等之說於經義殊爲乖刺亦何取乎宗小序也

詩經比興全義一卷 江蘇巡撫採進本

國朝王鍾毅撰鍾毅字遠生華亭人順治中松江府學歲貢生是書據朱子詩傳發明比興之義每詩各標篇名而推求託物抒懷之意前有大意一篇

篇末有云關雎之爲求賢菁莪棫樸之爲養士此等義非不佳然與集注全異功令所格不敢濫收云云蓋專爲科舉作也

詩經惜陰錄二十卷 兩江總督採進本

國朝徐世沐撰世沐有周易惜陰錄已著錄是書前有自記又有小引謂曾請正於李光地陸隴其每卷皆記其起草繕眞之年月蓋亦苦志著述者然循文衍說於詩教未得其要領也

白鷺洲主客說詩一卷 浙江巡撫採進本

國朝毛奇齡撰奇齡有仲氏易已著錄初施閏章爲江西叅議延湖廣楊洪才講學於吉安之白鷺洲書院併續招奇齡往奇齡與洪才論詩不合及與閏章同官翰林重錄其向時所講毛詩諸條皆設爲甲乙問答故以主客爲名大旨洪才主朱子淫詩之說而奇齡則謂鄭風無淫詩洪才主朱子笙詩無詞之說而奇齡則謂笙詩之詞亡故是書所論惟此二事夫先王陳詩以觀民風本美刺兼舉以爲法戒既他事有刺何爲獨不刺淫必以爲鄭

風語語皆淫固非事理必以爲鄭風篇篇皆不淫亦豈事理哉且人心之所趨向形於詠歌不必實有其人其事六朝子夜讀曲諸歌唐人香奩諸集豈果淫者自述其醜亦豈果實見其男女會合代寫其狀不過人心佚蕩相率摹擬形容視爲佳話而讀者因知爲衰世之音推之古人諒亦如是此正採風之微旨亦安得槩以淫者必不自作一語遂謂三百篇內無一淫詩也至於笙詩之說未爲無理然併儀禮而詆爲僞抑又横矣

國風省篇一卷 浙江巡撫採進本

國朝毛奇齡撰皆其避讐出亡之時以意說詩之語後追憶而錄之其初設爲問答故名問答後去其問而存其答以其出於追憶故以省篇爲名凡二十六章所論或据他說或自爲斷制雖間有考證要於詩義未能盡合如以黍離爲忿亂以雞鳴爲讒人皆憑臆見而失之者也以式微爲黎侯夫人作以衞武公爲殺兄皆據舊說而失之者也至於十畝之間諸篇李塨所作序目已記奇齡自悔之

言矣

詩藴四卷浙江巡撫採進本

國朝姜兆錫撰兆錫有周易本義述藴已著錄是書一以朱子集傳爲宗力攻小序至以僞子貢詩傳僞申培詩說同類而譏未免主持太過於近代諸家之說頗取李光地詩所然惟合集傳者始采之稍有異同卽爲所汰至於木瓜諸篇知不能全泯舊說則依違兩可於其間尤不免門戶之見矣

詩經集成三十卷江蘇周厚堉家藏本

國朝趙燦英撰燦英字殿颺武進人是書成於康熙庚午大旨爲揣摩場屋之用故首列朱子集傳次敷衍語氣爲串講串講之後爲總解全如坊本高頭講章至總解之後益以近科鄉會試墨卷則益非說經之體矣

詩經詳說無卷數 河南巡撫採進本

國朝冉覲祖撰覲祖有易經詳說已著錄是書以朱子集傳爲主仍採毛鄭孔及宋元以下諸儒之說附錄於下每章小序與集傳並列蓋欲尊集傳而

又不能盡棄序說欲從小序而又不敢顯悖傳文故其按語率依文講解往往摸棱間有自出新義者如鄭風有女同車謂男女同車爲必無之事改爲二女同車改溱洧爲夫婦偕遊之作又以豳風伐柯爲東人得遂室家之願歸美周公之詞考之古說又皆無所依據也

詩統說三十二卷 左都御史黃登賢家藏本

國朝黃叔琳撰叔琳有研北易抄已著錄是編雜採諸家詩說分類抄錄所摭頗爲繁富而朱墨縱橫

塗乙未定蓋猶草創之本也前後無序跋亦無目錄以其排纂之例推之十四卷以前皆總論詩之綱領十五卷乃依經文次第而論之不列經文惟集衆說故以統說爲名云

毛詩通義十四卷 浙江巡撫採進本

國朝方葇如撰葇如有周易通義已著錄是書但列經文別無訓釋名章之下必引四書一兩句以証之如關雎章卽引君子之道造端乎夫婦葛覃章卽引夫人蠶繅以爲衣服之類至於墻有茨篇無

可附會則謂宣姜所生如壽如文公如宋桓及許穆夫人皆有賢德引犁牛之子騂且角句殆於以經爲戲矣

詩經測義四卷　浙江巡撫採進本

國朝李鍾僑撰鍾僑字世邠安溪人康熙壬辰進士官翰林院編修降補國子監丞是編不載正文隨其所見各爲評論大旨以夫子未嘗刪詩特據所得編之而已若謂三千刪爲三百則春秋時君卿大夫所賦多三百篇中所有且其人皆在夫子之

前豈能預合聖人之意而去取之風雅正變之說亦難據楚茨以下瞻洛諸篇皆承平之作而列之於變平王之孫列在二南編詩不必以正變爲低昂正變不必以世代爲前後其持論類皆如此至如釋關雎首章非宮人作乃世臣承命襄事而賦之其文章蕃博求四國未得其人故憂至於反側釋雖則如燬句謂役於王室而歸者其室家勞之如此亦多前人未有之說也

**詩經旁參二卷** 江西巡撫採進本

國朝應麟撰麟有易經粹言已著錄是編於三百篇中摘篇標目略為之說大抵因朱傳而敷衍其餘意

陸堂詩學十二卷浙江巡撫採進本

國朝陸奎勳撰奎勳有陸堂易學已著錄是編雖托名闡發朱子集傳而實則務逞其博辨大抵自行已意近王栢詩疑牽合古事近何楷詩世本古義如以節南山之尹氏即春秋隱公三年所稱尹氏卒者家父作誦即隱公八年天王使來求車者此

類核以時代已無以決其必然其最新奇者謂詩三百篇爲史克所定非孔子所刪謂燕燕爲衞君悼亡之作其夫人爲薛女故曰仲氏任只謂栢舟之共伯卽公子伋謂君子偕老爲哀挽夫人之詩子之不淑乃禮家之弔詞謂淇澳兼詠康叔武公謂葛藟爲周鄭交質之詩謂丘中有麻之子國爲鄭武公字其子嗟當作子多爲鄭桓公字謂著爲刺魯莊公娶哀姜謂園有桃爲劉向說苑所載邯鄲子陽亡桃事謂防有鵲巢爲陳宣公殺太子禦

寇事謂澤陂爲鄭元所作謂黃鳥爲共伯歸國謂行野爲幽王廢后謂何人斯居河之麋爲虢石父謂大東西人之子爲褒姒謂小明之共人爲二相共和謂鼓鍾爲穆王作而淑人爲盛姬謂青蠅之搆我二人爲申后宜臼謂敬之小毖爲成王作乃雅混於頌謂駉爲頌魯莊公謂泮宮爲魯惠公頌孝公皆隨意配隸於古無徵他如旣指竹書爲僞託而揚之水鼓鍾諸篇又援以爲辭旣以鄭譜爲妄作而有杕之杜諸篇又據以爲証家語贋作孔

叢脞出乃動輒引爲確典亦不可爲訓雖間有辨正精核之處而以愛奇嗜博反掩其所長較毛奇齡之說經又變本加厲者矣

詩經廣大全二十卷 浙江吳玉墀家藏本

國朝王夢白陳曾同撰夢白字金孺曾字衣聖皆無錫人夢白謂明初詩經大全有裨朱傳但所採羣經典故未備本末所引諸儒論說未有折衷因與曾推廣之大畧以集傳爲主而間存諸說前有韓菼序引顧炎武語自五經有大全而經學衰茲編

雖爲廣大全而作然其採擇精詳詮繹簡當或有功於朱傳今考是書雖溯源注疏然未能深研古義其訓釋名義亦惟以蔡卞馮復京二書爲藍本罕所考證宜茇之有微詞也

復菴詩說六卷 陝西巡撫採進本

國朝王承烈撰承烈字復菴涇陽人康熙己丑進士官翰林院檢討是書依據朱子詩集傳以攻擊毛鄭其菲薄漢儒者無所不至惟淫詩數篇稍與朱子爲異耳蓋揚輔廣諸人之餘波而又加甚焉者

也其中閒有不從序亦不從傳者如謂關雎爲周公擬作之類皆懸空無據至於注釋之中附以評語如論周南云周南十一篇秖就文字而論其安章頓句運調鍊字設想無一不千古絶頂論女曰雞鳴云弋鳧飲酒武夫之興何其豪琴瑟静好文人之態又何其雅如斯之類觸目皆是是又歧入鍾譚論詩之門徑矣

毛朱詩說一卷通行本

國朝閻若璩撰若璩有古文尚書疏證已著錄是書

論小序爲不可盡信而朱子以詩說詩爲矯枉過正皆泛論兩家得失非章句訓詁也所引尚書左傳以爲詩之本序誠爲確鑿其餘則多懸揣臆斷之詞不類若璩他著作未喻其故也

詩經序傳合參 無卷數 江蘇巡撫採進本

國朝顧昺撰昺有周易摘抄已著錄是編爲其三經解之三大旨從蘇轍之說以小序第一句爲國史之舊文次句以下爲後儒之附益因以朱子集傳互核其異同而斷以已見故曰合參多採李光地

詩所之說持論頗平允然推究文義以意斷制者多未能原原本本合衆說以斷兩家之是非也

毛詩說二卷　浙江巡撫採進本

國朝諸錦撰錦字襄七號草廬秀水人雍正甲辰進士改庶吉士散館外補知縣改補教授乾隆丙辰名試博學鴻詞授翰林院檢討官至右春坊右贊善是篇以小序爲主故題曰毛詩序文惟存首句用蘇轍之例不釋全經惟有所心得則說之用劉敞七經小傳例也首爲通論九篇上卷周南至曹風所

說凡五十八篇下卷豳風至商頌所說凡二十七篇疏證旁通時有新意而亦不免於附會古義如以死麕死鹿爲古儷皮之禮以仲氏任只其心塞淵爲陳執州吁由戴嬀內援之証以西方之人兮卽方言之凡相哀憐湘潭之間謂之人兮以木瓜爲刺衛於齊桓沒後同宋人伐齊以水經注段干冢證十畝之間以春秋時秦境東至於河證所謂伊人爲思周以僖負羈之妻證季女斯飢皆有强經從我之失其長發篇後附禘說三篇謂孔穎達

春秋疏以祫爲禘其說固是而謂穎達之誤在以王制祭統郊特牲有春禘夏禘之文遂誤混大祭於時祫則失之誣考王制曰春曰礿夏曰禘祭統曰春祭曰礿夏祭曰禘郊特牲曰春禘而秋嘗祭義曰春禘秋嘗俱據時禘而言與祫祭畧不相涉經文最爲明晰孔尚不能混時禘於時祫又何至混大禘於時祫是無故而罹之咎也推錦之意不過以王制又有祫禘祫嘗祫烝之文因祫禘二字相連遂以爲時禘亦兼祫而疑孔疏緣此而誤不

知王制注曰天子先祫而後時祭蓋三時各先爲祫祭而後更舉禘嘗烝是時祭之禘本不兼祫孔即畧不曉事何至以大禘混時禘又混時祫耶然則孔疏之悮在於信春秋不書祫祭而竟廢禮記不在附會禮記以解春秋也錦又謂漢儒據春秋書禘一春一夏因以附會禮記遂有春禘夏禘時祭之名今考昭公十五年二月癸酉有事於武宮則所謂一春也閔公二年夏五月乙酉吉禘於莊公則所謂一夏也然春秋僖公八年又有秋七月

禘于太廟之文漢儒果因春秋書禘一春一夏遂附會春禘夏禘爲時祭之名何以秋禘獨不附會乎至於三代之禮制同名異者多如夏世室殷重屋周明堂周弁殷冔夏收之類不一而足今錦必斥春礿夏禘秋嘗冬烝夏殷之制爲非持論殊偏若謂鄭元以三年一祫五年一禘爲據春秋非禮之制則又聚訟之緒餘無庸辨矣

學詩闕疑二卷　河南巡撫採進本

國朝劉青芝撰青芝字芳草襄陽人雍正丁未進士

攺庶吉士未散館卒是編皆引舊說以駁朱子詩集傳從毛傳鄭箋者十之三四從蘇轍潁濱詩傳者十之六七其偶涉他家者不過數條耳其中自爲說者往往推求於字句之間如行露以爲實未成訟不過設言以拒之此泥經文二雖字也然於經文二何以字義又不協矣

詩貫十八卷 浙江吳玉墀家藏本

國朝張敘撰敘有易貫已著錄是書首載詩說一卷詩本旨一卷詩音表一卷後按經文次序爲之註

釋凡十四卷頗多與朱子異同如以關雎爲后妃求賢之詩義本小序而遂謂此篇並下二篇皆后妃自作又以駉篇爲美伯禽而非頌僖公引書經費誓竊馬牛有常刑之語謂出師時丁寧馬牛如此則平日之留心牧事可知其說皆不免於牽合且各章訓釋已詳經文之下而又仿小序之體別爲本旨一卷冠之於前於體例亦傷繁贅也

毛詩訂韻五卷浙江巡撫採進本

國朝謝起龍撰起龍字天愚餘姚人是書成於雍正

癸丑其自序詆吳棫韻補之謬而發明陸德明古人韻緩不煩改字之說持論最確乃核其所注則仍謂古音之外有所謂叶韻但以音屬讀取其順吻而止絕不究音韻之本原與古人之舊法則與吳棫之書均爲臆定未可同浴而譏裸裎也觀其於漢廣末章云蔞有閭樓二音駒亦有居鉤二音只從傳讀閭讀居可也如桃夭首章華家古讀敷姑今入麻韻不妨依今韻讀之韻者使之叶於音而適於口也叶且適於吟詠矣何必斤斤古之是

泥云云是於此事茫然未解殆無從與之詰難矣

詩義記講四卷江蘇巡撫採進本

國朝夏宗瀾撰宗瀾有周易劄記已著錄是編卷首標題江陰楊名時講授然觀名時之序則名時以李光地詩所授宗瀾宗瀾讀而自記所見非名時書也鄭風之首有名時批二段其不出名時審矣

詩經提要錄三十一卷兩江總督採進本

國朝徐鐸撰鐸有易經提要錄已著錄是書以朱子集傳爲宗而亦參取小序大旨多本李光地詩所

楊名時詩經劄記二書蓋鐸爲名時之門人名時則光地之門人也

豐川詩說二十卷陝西巡撫採進本

國朝王心敬撰心敬有豐川易說已著錄是編大旨謂自朱至今毛氏之傳廢於朱傳之盛行郝敬云序近古而朱在後不合以後說而反廢前說固爲得之然使後說而合經安在不可舍前而遵後且齊魯韓三家盡在毛詩之前而皆以毛傳盡廢安在後之更合者不可獨行又將謂毛序必承傳有

自不可毀不思三家之傳亦必承傳有自而一廢盡廢何也云云其持論頗近和平故其書從毛傳及郝敬解者居其大半然自三家以外諸儒之書無一字引及則亦抱殘守匱之學其每節必效鄉塾講章敷衍語氣尤可以無庸也

詩經拾遺十三卷 安徽巡撫採進本

國朝葉酉撰酉字書山桐城人乾隆己未進士官至左春坊左庶子降補翰林院編修是書專以詩之次第立說分正編附編餘編不取小序併不取左

傳以季札觀樂所列諸國不足信而斷以左氏失之誣一語以木瓜美齊桓爲穿鑿悖謬而斷以五尺童子羞稱五霸一語又以雅頌分什爲毛鄭之可笑而分合其篇數别爲編次葢漢以來相傳之古經自酉而一變其例矣

風雅遺音四卷兩江總督採進本

國朝史榮撰榮自號雪汀道人鄞縣人其書據朱子孫鑑所作詩傳補遺後序定朱子集傳原本有音未備其音多後人所妄加因以集傳與音互相考

証得其矛盾之處條分縷析以辨之一曰集傳用舊訓義而無音二曰集傳有異義而不別爲之音三曰音與傳義背四曰古今未有之音五曰聲誤六曰韻誤七曰音誤八曰誤音爲叶九曰誤叶爲音十曰四聲誤讀十一曰泛云四聲之誤十二曰邶風注與某同之誤十三曰補音十四曰叶音闕誤十五曰叶音誌畧又附錄經文誤字經文疑義京本音切考異釋文叶韻紀原吳棫韻補考異集傳相沿之訛俗書相沿之訛集傳偶考俗音訂誤

九門共二十四類其音與義背用舊義而無音異義而不別音三門辨論頗爲精確誤音誤叶補音及俗音訂誤四門亦多可取惟未有之音與四聲誤讀二門所言卽是音誤分目未免太繁至泛云四聲及邶風音與某同二門則有意吹求未爲平允又棨考今音頗詳而古音則茫無所解故叶音闕誤叶音誌畧二門所言往往大謬吳棫韻補見行於世棨自言未見其書摭諸書所引爲考異尤爲贅疣至於舊音舛謬之處動輒嫚罵一字之失

至詆爲全無心肝亦殊乖著書之體蓋考証頗有所長而蕪雜亦所未免焉

詩深二十六卷浙江吳玉墀家藏本

國朝許伯政撰伯政有易深已著錄是書用蘇轍之說以小序首句爲古序而以其餘爲續序次列集傳次列辨義於集傳多所攻難而所立異義不能皆有根據

毛詩廣義無卷數編修曹錫齡家藏本

國朝紀昭撰昭字懋園獻縣人乾隆丁丑進士官內

閣中書舍人是編全載毛氏傳其以小序冠各篇之首亦從毛氏故題曰毛詩傳及小序之下雜引鄭箋孔疏及諸儒之說以發明之大旨以毛傳與朱子集傳互相勘正以已意斷其短長其間不盡用毛說故名曰廣義云

詩經彙詁二十四卷兩江總督採進本

國朝范芳撰芳字令則如皋人其書大旨以朱子集傳爲主而裒諸常熟楊燊太倉顧夢麟之說蓋燊與夢麟同輯詩經說約者也全書共一千二百五

十餘番約六十萬言採摭非不詳贍而本意爲科舉而設於經義究鮮發明

詩經正解三十卷 江蘇周厚堉家藏本

國朝姜文燦撰文燦字我英丹陽人是書首爲詩經字畫辨疑次爲天文輿地服飾禮樂器具車馬兵制圖考次爲姓氏草木禽獸鱗介諸考大抵襲六經圖及名物疏諸書而爲之其訓釋亦頗淺易

右詩類八十四部九百一十一卷 內八部無卷數 皆附存目

# 欽定四庫全書總目

經部

卷十九

12225

# 欽定四庫全書總目卷十九

## 經部十九

### 禮類一

古稱議禮如聚訟然儀禮難讀儒者罕通不能聚訟禮記輯自漢儒某增某減具有主名亦無庸聚訟所辨論求勝者周禮一書而已考大司樂章先見於魏文侯時理不容僞河間獻王但言闕冬官一篇不言簡編失次則竄亂移補者亦妄三禮並立一從古本無可疑也鄭康成注

賈公彥孔穎達疏於名物度數特詳宋儒攻擊僅摭其好引讖緯一失至其訓詁則弗能踰越蓋得其節文乃可推制作之精意不比孝經論語可推尋文句而談本漢唐之注疏而佐以宋儒之義理亦無可疑也謹以類區分定爲六目曰周禮曰儀禮曰禮記曰三禮總義曰通禮曰雜禮書六目之中各以時代爲先後庶源流同異可比而考焉

周禮注疏四十二卷　內府藏本

漢鄭元注唐賈公彦疏元有易注已著錄公彦洛州永年人永徽中官至太學博士事迹具舊唐書儒學傳周禮一書上自河間獻王於諸經之中其出最晚其眞僞亦紛如聚訟不可縷舉惟橫渠語錄曰周禮是的當之書然其間必有末世增入者鄭樵通志引孫處之言曰周公居攝六年之後書成歸豐而實未嘗行蓋周公之爲周禮亦猶唐之顯慶開元禮預爲之以待他日之用其實未嘗行也惟其未經行故僅述大畧俟其臨事而損益之

故建都之制不與召誥洛誥合封國之制不與武成孟子合設官之制不與周官合九畿之制不與禹貢合云云（案此條所云惟召誥洛誥武成孟子顯相舛異至禹貢乃唐虞之制周官乃梅賾古文尚書王制乃漢文帝博士所追述皆不足以爲難其說蓋離合參半）其說差爲近之然亦未盡也夫周禮作於周初而周事之可考者不過春秋以後其東遷以前三百餘年官制之沿革政典之損益除舊布新不知凡幾其初去成康未遠不過因其舊章稍爲改易而改易之人不皆周公也於是以後世之法竄入之其書遂

雜其後去之愈遠時移勢變不可行者漸多其書遂廢此亦如後世律令條格率數十年而一修修則必有所附益特世近者可考年遠者無徵其增删之迹遂靡所稽統以爲周公之舊耳迨乎法制旣更簡編猶在好古者留爲文獻故其書閱久而仍存此又如開元六典政和五禮在當代已不行用而今日尚有傳本不足異也使其作僞何不全僞六官而必闕其一至以千金購之不得哉且作僞者必剽取舊文借眞者以實其贗古文尚書是

也劉歆宗左傳而左傳所云禮經皆不見於周禮儀禮十七篇皆在七畧所載古經七十篇中禮記四十九篇亦在劉向所錄二百十四篇中而儀禮聘禮賓行饔餼之物禾米芻薪之數籩豆簠簋之實鉶壺鼎甕之列與掌客之文不同又大射禮天子諸侯侯數侯制與司射之文不同禮記雜記載子男執圭與典瑞之文不同禮器天子諸侯席數與司几筵之文不同如斯之類與二禮多相矛盾歆果贋託周公爲此書又何難牽就其文使與經

傳相合以相證驗而必留此異同以啟後人之攷
擊然則周禮一書不盡原文而非出依託可概睹
矣考工記稱鄭之刀又稱秦無廬鄭封於宣王時
秦封於孝王時其非周公之舊典已無疑義南齊
書稱文惠太子鎮雍州有盜發楚王冢獲竹簡書
青絲編簡廣數分長二尺有奇得十餘簡以示王
僧虔僧虔曰是科斗書考工記則其爲秦以前書
亦灼然可知雖不足以當冬官然百工爲九經之
一共工爲九官之一先王原以制器爲大事存之

尚稍見古制俞庭椿以下紛紛割裂五官均無知妄作耳鄭注隋志作十二卷賈疏文繁乃析爲五十卷新舊唐志並同今本四十二卷不知何人所併元于三禮之學本爲專門故所釋特精惟好引緯書是其一短歐陽修集有請校正五經劄子欲删削其書然緯書不盡可據亦非盡不可據在審別其是非而已不必竄易古書也又好改經字亦其一失然所注但曰當作某耳尚不似北宋以後連篇累牘動稱錯簡則亦不必苛責於元矣公彥

之疏亦極博核足以發揮鄭學朱子語錄稱五經疏中周禮疏最好蓋宋儒惟朱子深於禮故能知鄭賈之善云

周禮新義十六卷附考工記解二卷永樂大典本

宋王安石撰安石事蹟詳宋史本傳晁公武讀書志曰熙寧中置經義局撰三經義皆本王安石經說三經書詩周禮也新經毛詩義凡二十卷尚書義凡十三卷今並佚周禮新義本二十二卷明萬歷中重編内閣書目尚載其名故朱彞尊經義考

不敢著其已佚但注曰未見然外間實無傳本即
明以來內閣舊籍亦實無此書惟永樂大典中所
載最夥蓋內閣書目據文淵閣書目文淵閣書目
即修永樂大典所徵之書其時尚有完帙故採之
最詳也考蔡絛鐵圍山叢談曰王元澤奉詔爲三
經義時王丞相介甫爲之提舉詩書蓋多出元澤
及諸門弟子手周禮新義實丞相親爲之筆削者
政和中有司上言天府所籍吳氏資多有王丞相
文書於是朝廷悉藏諸秘閣用是吾得見之周禮

新義筆跡如斜風細雨誠介甫親書云云然則三經義中惟周禮爲安石手著矣安石以周禮亂宋學者類能言之然周禮之不可行於後世微特人人知之安石亦未嘗不知也安石之意本以宋當積弱之後欲濟以富強而恐富強之說必爲儒者所排擊於是附會經義以鉗其口實非眞信周禮爲可行迨其後用之不得其人行之不得其道百弊叢生而宋以大壞其弊亦非眞緣周禮以致誤羅大經鶴林玉露詠安石放魚詩曰錯認蒼姬六

典書中原從此變蕭疎是猶爲安石所給未究其假借六藝之本懷也因是而攻周禮因是而攻安石所注之周禮是寛其影附之巧謀而科以迂腐之薄譴矣故安石怙權植黨之罪萬萬無可辭安石解經之說則與所立新法各爲一事程子取其易解朱子王應麟均取其尚書義所謂言各有當也今觀此書惟訓詁多用字說病其牽合其餘依經詮義如所解八則之治都鄙八統之馭萬民九兩之繫邦國者皆具有發明無所謂舞文害道之

處故王昭禹林之奇王與之陳友仁等注周禮頗

據其說

欽定周官義疏亦不廢採用又安可盡以人廢耶安石

神宗時所上五事劄子及神宗日錄載安石所引

周官及楊時龜山集中所駁平頒興積一條其文

皆在地官中今永樂大典闕地官夏官二卷其說

遂不可考然所佚適屬其瑕纇則所存者益不必

苛詆矣安石本未解考工記而永樂大典乃備載

其說據晁氏讀書志蓋鄭宗顏輯安石字說爲之

以補其闕今亦並錄其解備一家之書焉

周禮詳解四十卷 浙江巡撫採進本

宋王昭禹撰陳振孫書錄解題曰昭禹未詳何等人近世爲舉子業者多用之其學皆宗王氏新說王與之作周禮訂義類編姓氏世次列於龜山楊時之後曰字光遠亦不詳其爵里當爲徽欽時人今按其書解惟王建國云業格于上下謂之王或而圍之謂之國解匪頒之式云散其所藏曰匪以等級之曰頒故匪從匚從非言其分而非藏也頒

從分從自言自上而頒之下解圃曰園有衆甫謂之圃解鮑魚曰魚之鮮者包以致之解鱐曰魚之乾者肅以致之解司徒云於文反后爲司蓋后從一從厂從卩則所以出命司反之則守令而已從一則所以一衆司反之則分衆以治之而已從厂則承上世之庇覆以君天下司反之則以君之爵爲執事之法而已其附會穿鑿皆遵王氏字說蓋當時三經新義列在學官功令所懸故昭禹因之不改然其發明義旨則有不盡同於王氏之學者

如解泉府以國服爲之息云各以其所服國事賈物爲息若農以粟米工以器械皆以其所有也周之衰不能爲民正田制地稅斂無度又從而貸之則凶年饑歲無以爲償矣下無以償上之人又必責之則稱貸之法豈特無補於民哉求以國服爲之息恐收還其母而不得蓋已目睹青苗之弊而陰破其說矣至其闡發經義有足訂注疏之誤者如解載師里布屋粟謂國宅無征民居有征無布以其不毛使之有里布民出耕在田廬入居在里

其屋有田以出粟今不耕田則計屋而斂之謂之
屋粟不從先儒以里布爲二十五家之泉屋粟爲
三夫之粟又解近郊十一遠郊二十而三句稍縣
都皆無過十二固當時正役後因遠近劇易而制
云云皆爲先儒所未發故宋人釋周禮者如王與
之訂義林之奇講義多引其說固不得以遵用新
說而盡廢之也五官皆不載敘官元末朱申作句
解蓋從其例究爲一失今姑仍舊本錄之內附載
陸德明釋文而卷首以德明之名冠昭禹前今考

昭禹自序末云因釋文而作或後人所增入以德明時代在前遂題諸昭禹上歟今仍錄其音釋而德明之名則附著於此不復並列簡端焉

周禮復古編一卷山東巡撫採進本

宋俞庭椿撰庭椿字壽翁臨川人乾道八年進士官古田令是書宋志作三卷今本作一卷標曰陳友仁編蓋友仁訂正周禮集說而以此書附其後也庭椿之說謂五官所屬皆六十不得有羨其羨者皆取以補冬官鑿空臆斷其謬妄殆不足辨又

謂天官世婦與春官世婦夏官環人與秋官環人爲一官複出當省并之其說似巧而其謬尤甚二世婦與二環人無論職掌各殊即以序官考之天官世婦爲王之後官故與九嬪八十一御女皆無官屬至於春官世婦爲王之宫官故每宫卿一人下大夫四人中士八人女府二人女史二人奚十六人與天官世婦顯異鄭注以漢之大長秋詹事中少府太僕爲證其說本確庭椿乃合而一之是誤以春官之世婦爲婦人也至於司馬環人之屬

下士六人史二人徒十有二人秋官環人之屬中士四人史四人胥四人徒四十人若二環人是一官何所屬之中下士及史胥徒乃各不同如此耶此好立異說者之適以自蔽也然復古之說始於庭椿厥後邱葵吳澄皆襲其謬說周禮者遂有各官不亡之一派分門別戶輾轉蔓延其弊至明未而未已故特存其書著竄亂聖經之始爲學者之炯戒焉

太平經國之書十一卷 内府藏本

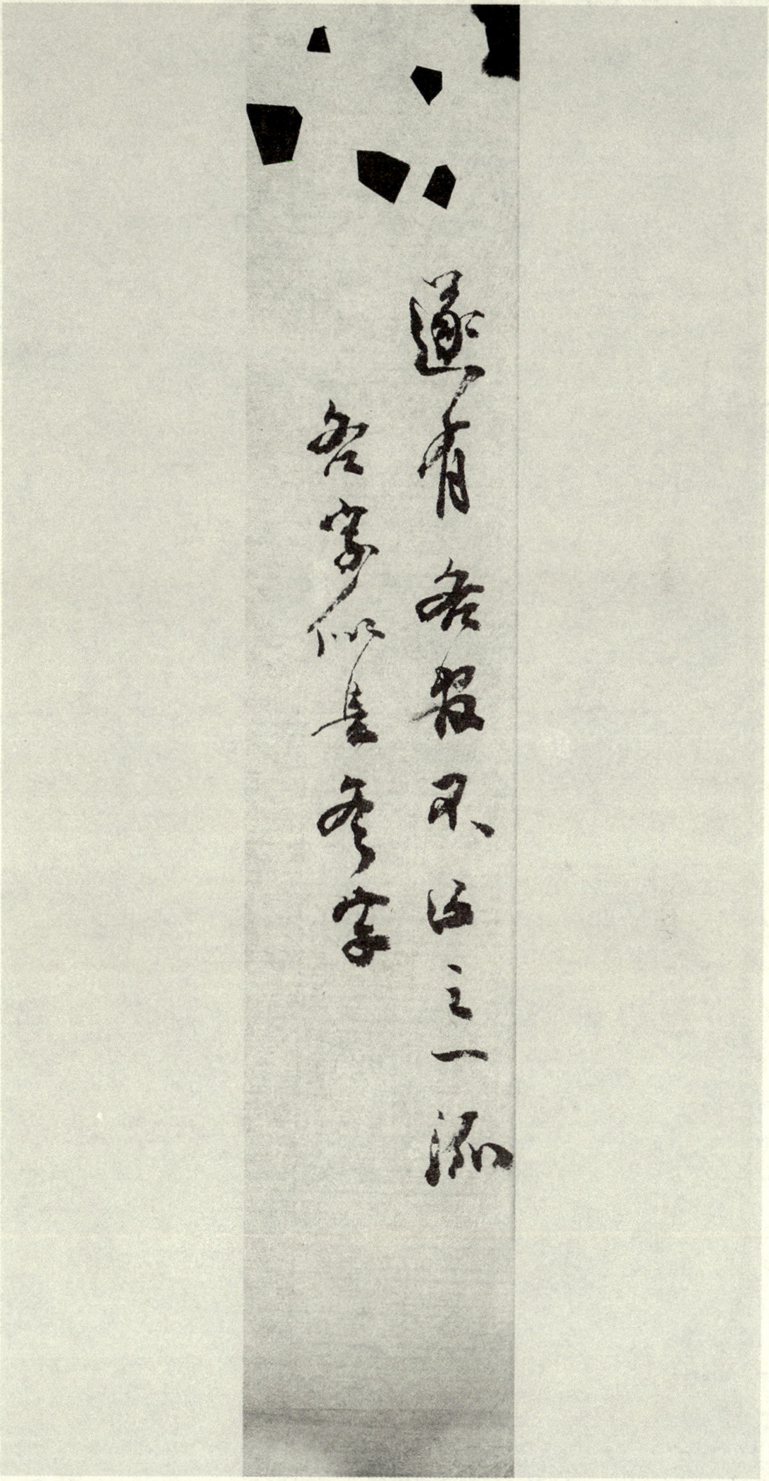

宋鄭伯謙撰伯謙字節卿永嘉人官修職郎衢州府學教授王與之周禮訂義首列宋代說周禮者四十五家伯謙爲第三十一居黄度項安世之間蓋寧宗理宗時人是書發揮周禮之義其曰太平經國書者取劉歆周公致太平之迹語也首列四圖一曰成周官制一曰秦漢官制一曰漢官制一曰漢南北軍所圖僅三朝之職掌宿衛蓋其大意欲以官中府中文事武事一統於太宰故惟冠此四圖明古制也其書爲目三十曰教化奉天省官

內治官吏宰相官民官刑攬權養民稅賦節財保治考課賓祭相體內外官制臣職官民官衛奉養祭享愛物醫官鹽酒理財內帑會計內治其中內外一門會計一門又各分爲上下篇凡論三十二篇皆以周官制度類聚貫通設爲問答推明建官之所以然多參證後代史事以明古法之善其論天官玉府諸職一條車若水脚氣集頗稱之然其間命意間有不可解者如齊東野語記韓侂胄之敗殿司夏震尚聲喏於道旁梅磵詩話記貂定辛

卯臨安大火九廟俱燬獨丞相史彌遠賜第以殿司軍救撲而存故洪咨夔詩有殿前將軍猛如虎救得汾陽令公府祖宗神靈飛上天痛哉九廟成焦土之句其時武統於文相權可謂重極而此書宰相一篇尚欲更重其權又宋人南渡之餘湖山歌舞不復措意中原正宜進卧薪嘗膽之戒而此書奉養一篇乃深斥漢文帝之節儉爲非所論皆不可爲訓毋乃當理宗信任賈似道時曲學阿世以干進與以他篇貫通經義尚頗有發明舊本流

傳久行於世姑取節焉而已

禮經會元四卷內府藏本

宋葉時撰時字秀發自號竹埜愚叟錢塘人淳熙十一年進士及第授奉國軍節度推官歷官吏部尚書理宗初以顯謨閣學士出知建寧府後以寶文閣學士提舉崇福宮卒謚文康其立朝無大功過惟函韓侂胄首以乞和出時之謀是書前有竹埜先生傳不著撰人名氏稱時奏侂胄專政無君罔上不道乞梟首置之淮甸積屍叢冢之間以謝

天下上納之云云案此傳稱寧宗爲上當出宋人之筆曲諱其事非實錄也其書括周禮以立論凡一百篇第一篇泛論禮經乃其總序第二篇駁漢儒之失第一百篇補冬官之亡其發揮經義者實九十七篇內朝儀宮衛王畿祭樂明堂分星六篇各系以圖其祭樂後所附之圖實樂舞之圖蓋刊本舛訛移於前幅其說與鄭伯謙太平經國之書體例畧同議論亦多相出入時於伯謙爲前輩然竹埜先生傳中稱其晚居嘉興乃著此書以授門人三山翁合則二

書之作相去不遠或伯謙取時書而約之或時因伯謙書而廣之均未可定然伯謙所論尚駁雜時則大體無疵惟必欲復封建井田肉刑之類頗迂濶爾其注疏一篇謂劉歆誣周禮猶先儒舊論至謂河間獻王以考工記補冬官爲累周禮且謂漢武帝不信周禮由此一篇其說鑿空無據又謂鄭康成注深害周禮譏其不當用緯書注耀魄寶等帝名及用國語注分野用司馬法注丘乘用左傳注冕服九章用禮記注禕衣副編夫康成引緯歐

陽修乞校正五經劄子已專論之無煩時之剿說
至於國語司馬法左傳禮記皆古書也時乃謂不
當引以證經然則注周禮者當引何等書耶其補
亡一篇謂冬官散見五官亦俞庭椿之瑣說時不
咎其亂經陰相襲用（案補亡用庭椿之說而不言說出於庭椿）反以讀
鄭注者爲叛經傎又甚矣傳稱其與紫陽朱文公
相友善然朱子於詩攻康成於禮不攻康成此足
知朱子之得於禮者深時之得於禮者淺也以其
大旨醇正多能闡發禮國經野之深意故數百年

來講禮者猶有取焉

周官總義三十卷永樂大典本

宋易祓撰祓有周易總義已著錄是書陳振孫書錄解題不載惟趙希弁讀書附志著錄稱許儀爲之序刻於衡陽今衡陽本世已無傳惟永樂大典尚載其天官春官秋官考工記而地官夏官亦佚謹裒合四官之文編次成帙以存其舊其地官夏官則採王與之周禮訂義所引以補其亡仍依讀書附志所列勒爲三十卷雖非完帙然十已得其

八九矣其書研索經文斷以己意與先儒頗有異同如論大宰九賦則援載師之任地及司市司關卝人角人職幣等職以駁口率出泉之說論宗廟九獻則合籩人醢人內宰司尊彝及行人王禮再祼之文以駁列祼事於九獻之說論肆師之祈珥則引羊人小子及山虞諸條以糾改祈爲刉改珥爲衈之說論輈人之四旗則歷辨巾車司常大司馬大行人與考工記不合以明曲禮車騎爲戰國之制諸如此類雖持論互有短長要皆以經釋經

非鑿空杜撰至於內宰二事則改爲副貳之貳於酒正式法則指爲九式之法於圜壓漆林諸賦則謂以什一取民又於一分中分十一十二二十而三數等而輸之於王於凌人斬氷則謂十二月爲建亥之月先令之於亥月而後三爲凌室以待亥子丑三月之藏亦皆自出新義而於職方氏之地理山川尤爲詳悉蓋祓雖人品卑汚而於經義則頗有考據不以韓侂胄蘇師旦故掩其著書之功也

周禮訂義八十卷內府藏本

宋王與之撰與之字次點樂清人淳祐二年六月行在秘書省准勅訪求書籍牒温州宣取是編知温州趙汝騰奏進特補一官授賓州文學後終於通判泗州此本省牒州狀都司看詳及勅旨均錄載卷首蓋猶宋本之舊前有眞德秀序作於紹定五年壬辰下距進書時十年又有趙汝騰後序作於嘉熙元年丁酉下距進書時六年故汝騰奏稱素識其人又稱德秀殁後與之益刪繁取要由博

得約其書益精粹無疵也所採舊說凡五十一家然唐以前僅杜子春鄭興鄭衆鄭元崔靈恩賈公彥等六家其餘四十五家則皆宋人凡文集語錄無不搜采蓋以當代諸儒爲主古義特附存而已德秀序稱鄭賈諸儒析名物辨制度不爲無功而聖人微旨終莫之睹惟洛之程氏關中之張氏獨得聖經精微之藴永嘉王君其學本於程張云云蓋以義理爲本典制爲末故所取宋人獨多矣其注考工記據古文尚書周官司空之職謂冬官未

嘗亡實沿俞庭椿之謬說汝騰後序亦稱之殊爲舛誤然庭椿淆亂五官臆爲黜竄與之則僅持是論而不敢移掇經文視庭椿固爲有間至其以序官散附諸官考陸德明經典釋文晉干寶注周禮雖先有此例究事由意刱先儒之所不遵不得援以爲據也惟是四十五家之書今佚其十之八九僅賴是編以傳雖貴近賤遠不及李鼎祚周易集解能存古義而蒐羅宏富固亦房審權周易義海之亞矣又案邱葵周禮補亡序稱嘉熙間東嘉王

次點作周官補遺由是周禮之六官始得爲全書今本實無補遺未審別爲一書或附此書內而佚之然憑臆改經之說正以不存爲最善固無庸深考也

鬳齋考工記解二卷 江蘇巡撫採進本

宋林希逸撰希逸字肅翁福清人端平二年進士景定間官司農少卿終中書舍人自漢河間獻王取考工記補周官於是經與記合爲一書然後儒亦往往別釋之唐有杜牧注宋有陳祥道林亦之

王炎諸家解今並不傳獨希逸此注僅存宋儒務攻漢儒故其書多與鄭康成注相刺繆然以綆參分寸之二爲輪外兩邊有護牙者以較爲車箱前横在式之上則不合於輪輿之制於倨句一矩有半解仍鄭氏注其圖乃以鼓爲倨股爲句則不合於磬折之度於戈之長內則折謂前爲援與胡相並如磬之折於臯鼓之倨句磬折謂鼓爲圓物何緣有倨句磬折之形恐有脫文皆於古器制度未之詳核特以經文古奧猝不易明希逸注明白淺

顯初學易以尋求且諸工之事非圖不顯希逸以三禮圖之有關於記者采撫附入亦頗便省覽故讀周禮者至今猶傳其書焉

周禮句解十二卷 浙江范懋柱家天一閣藏本

宋朱申撰申事迹無考里貫亦未詳按江西通志有朱申字繼顯宋太學生又李心傳道命錄有淳祐十一年新安朱申序其結銜題朝散大夫知江州軍州兼管內勸農營田事似爲二人不知此書誰所著也逐句詮釋大畧根據注疏義取簡約其

中所見有與注疏異者若太宰之職五曰賦貢鄭注曰賦口率出泉也貢功也九職之功所稅也是書則易之曰賦稅也貢獻也有力主注疏而曲爲引證者若大司徒諸公之地封疆方五百里以下則堅守注中半爲附庸之說而不執孟子王制以疑周禮至於注疏之疑不能決者若小司徒四邑爲甸以下注謂旁加之數乃治洫溝之數大司樂圜鍾爲宫以下注謂天宫夾鍾不用中吕等律以其與地宫同位之類則皆闕而不載雖循文詁義

無大發明而較之竄亂古經橫生新義者猶不失謹嚴之義惟序官乃經文之綱領申以其無假詮釋遂削而不載頗乖體要是則因陋就簡之失矣

周禮集說十卷　編修汪如藻家藏本

不著撰人名氏前有元初陳友仁序稱其友雲山沈則正近得此書於霅編節條理與東萊讀詩記東齋書傳相類名氏則未聞也癸未攜以歸訓詁未詳者益以賈氏王氏之疏說辨析未明者附以前輩諸老之議論云云蓋友仁因宋人舊本重緝

也友仁字君復湖州人序題丙子後九歲丙子爲
宋亡之歲友仁不題至元年號而上溯丙子以系
年蓋亦宋之遺民故倣陶潛不書年號但稱甲子
之例然陶潛在晉諸詩亦但題甲子非以入宋之
故原集具存友仁未之詳考耳卷首有總綱領一
篇官制總論一篇又凡例一篇分條闡說極爲賅
洽每官之前又各爲總論一篇所引注疏及諸儒
之說俱能擷其精粹而於王安石新經義采摘尤
多蓋安石三經新義雖爲宋人所攻而周官新義

則王昭禹述之於前見所作周禮詳解林之奇述之於後案之奇學出呂本中本元祐一派而作周禮全解亦用安石之說見王與之周禮訂義故此書亦相承援引不廢其文也考工記後附俞庭椿周禮復古編一卷殊爲疣贅有失别裁然不肯變易古經而兼存其說以待後人之論定較庭椿之妄誕則畧有間矣原佚地官二卷其春官總論亦佚黄虞稷千頃堂書目云關中劉儲秀嘗補注以行今未之見亦姑仍其舊闕之焉

周官集傳十六卷永樂大典本

元毛應龍撰案張萱內閣書目稱應龍字介石豫章人大德間嘗官澧州教授而江西志乘俱軼其名始末已不可詳考矣是書於諸家訓釋引據頗博而於鄭鍔之解義徐氏之音辨及歐陽謙之之說所採尤多其自出己意者則題應龍曰以別之其中有沿襲誤說未考古義者如鐘師掌金奏以鐘鼓奏九夏杜子春鄭康成皆以九夏爲樂曲而應龍獨引歐陽謙之說謂左傳襄四年曰金奏肆夏之三工歌文王之三文王而曰工歌是有詩而

可歌者也肆夏而曰金奏是徒有其聲可以金奏而無詩可歌明矣今考孔頴達左傳疏云作樂先擊鐘故稱金奏此晉人作樂先歌肆夏肆夏是作樂之初故於肆夏言金奏也次工歌文王樂已先作非復以金爲始故言工歌也其說足與鄭注相發明如以九夏之文統金奏之下即以爲非樂曲則鐘師又有凡射王奏騶虞諸侯奏貍首卿大夫奏釆蘋士奏釆蘩之文貫於金奏下豈亦均非樂曲乎又甸祝禂牲禂馬掌祝號鄭注禂讀如誅今

侏大字也爲牲祭求肥充爲馬祭求肥健也應龍亦王謙之說謂禂稠也禱牲稠盛也以康成攺讀爲非考稠侏二字古音本通非康成攺讀揚雄國三老箴負乘覆餗姦宄侏張晉書慕容垂載記苻堅報書曰侏張幽顯魏書恩倖傳侏張不已北齊源彪傳吳賊侏張侏張即譸張侏與譸猶侏與禂音同故義借安得指爲康成攺讀乎又㮚氏爲鬴應龍引鄭鍔之說曰晏子謂六斗四升爲鬴管子謂百升而成釜康成則謂四升曰豆四豆曰區四

區曰釜爲六斗四升以下文觀之其臀一寸其實一豆豆當爲斗釜之臀一寸而容一斗則釜之內方一尺而容十斗無可疑者十斗則百升正管仲所謂釜也康成謂四升曰豆每四而加故區至釜而六斗四升彼殊不考之於梓人也梓人爲飲器爵一升觚三升獻以爵而酬以觚一獻而三酬爲一豆矣夫一獻則一升矣三酬則九升也以一合九非十升爲豆而何而康成謂四升爲豆失之矣今考康成謂鬴六斗四升實據經文方尺深尺以

粟米法算之蓋粟米法方一尺深一尺六寸二分乃容一石鍔以鬴容一石則是鬴方尺深尺六寸二分矣其何以解於經文方尺深尺耶管子海王篇鹽百升而釜房元齡注謂鹽十二兩七銖一黍十分之一爲升當米六合四勺百升之鹽七十六斤十二兩十七銖二纍爲釜當米六斗四升則是海王篇百升之釜乃實百升之鹽非實百升之粟也今鍔以管子量鹽之鬴爲㮚氏量粟之鬴比擬已爲不倫至於康成注梓人以豆爲斗實以豆止

四升不及一獻三酬之數鍔誤以豆爲飲器遂牽合十升之文反詆改豆爲斗之非不知古以斗爲飲不以豆飲詩行葦篇毛傳曰大斗長三尺戰國策曰令工人作爲金斗長其尾與代王飲即因反斗擊之此斗爲飲器之證也越語曰觴酒豆肉韓子外儲篇曰取一豆肉是豆實食器而非飲器之證也又安得引梓人之文爲管子之旁證乎諸如此類皆未免膠執舊文疎於考核至於冕服車旗之度廟祧昭穆之制司尊彝之六尊六彝司几筵

之五几五席方弓義弓之異名正歲正月之並用條列引證頗爲詳晰宋以來諸家散佚之說尚因是以存其厓畧則蒐輯之功固亦非尠矣其書諸家著錄皆云二十四卷今散見於永樂大典者地官夏官適當鈌帙其餘四官首尾頗爲完具謹錄爲十六卷以一官三卷共得二十四卷計之仍其舊第也應龍所著别有周官或問五卷在集傳之外永樂大典割附集傳之後其存者僅天官十九條春官十四條秋官冬官各一條篇幅寥寥不能

別成一帙今仍附於各傳下既免以畸零散佚且使一家之說互相參證亦足以資發明焉

周禮傳十卷圖說二卷翼傳二卷浙江范懋柱家天一閣藏本

明王應電撰應電字昭明崑山人嘉靖中遭倭亂避居江西遂終於泰和受業魏校之門其書中稱師云者即述校語故明史儒林傳即附之校傳後焉史稱應電篤好周禮謂周禮自宋以後胡宏季本各著書指摘其瑕釁至數十萬言俞壽翁吳澄則以爲冬官不亡雜見於五官中而更次之近世

何喬新陳鳳梧舒芬亦各以己意更定然此皆諸儒之周禮也乃覃研十數載先求聖人之心溯斯禮之源次考天象之文原設官之意推五官離合之故見綱維統體之極因顯以探微因細以繹大成周禮傳詁數十卷云云葢應雷於周禮之學用力頗深此三書雖各爲卷帙實相輔而行核其大致亦瑕瑜互見其傳十卷黜考工記不錄猶曰專解古經至割裂序官之文凡同職相統者使區分部居各以類從則頗嫌竄亂然論說頗爲醇正雖

畧於考證而義理多所發明其圖說二卷用以稽考傳義中如職方氏九州之類有圖無說又有如女官女奚女奴諸辨有說無圖上卷明堂表一卷亦有錄無書蓋原本所闕下卷闕井邑丘甸諸圖則別見鄭傳故不復載也所說間有舛誤者如謂社即地祇夏至有事于方澤乃祭大社考春官司服絺冕以祀社稷五事序於毳冕以祀四望山川之下故鄭康成酒正注列社稷於小祭其說本明應電以當地祇大祭殊於經義有乖至謂明堂即

王之六寢宗祀文王以配上帝不得於王之寢地當在南郊與郊天同迎尸則於明堂又謂郊天迎尸亦當於明堂考通典載南郊去國五十里明堂在國三里之外七里之內則相距凡四十餘里安有祭時迎尸遠在四十里外者周禮掌次凡祭祀張尸次蓋尸幄切近壝宫迎尸即於此幄應電未核汪疏故有此訛他如圖南郊於朝日之前既從其序而圖祈穀於迎暑之後又頗顛舛然其自序謂舊周禮圖冕服則類爲男女之形而章服仍不

明井邑則類爲大方隔而溝洫仍不分則亦頗有所訂正今姑與其傳並存以備一家之說其翼傳二卷凡分七篇上卷曰冬官補義曰天王會通曰學周禮法曰治地事宜下卷曰握奇經傳曰非周禮辨曰經傳正譌其冬官補義擬補土司空工師梓人器府四瀆匠人壘壁氏巡方考工準人喬夫柱下史左史右史水泉魚政鹽法豕人十八官未免意爲揣測其天王會通以天官書所列諸星分配諸官以爲王者憲天而出治亦多涉附會其學

周禮法論周禮有必不可復者及後人假彷之妄舊注解釋之謬改聲改字之非與細物爲自古相傳之遺官事有兼涉不攙之法皆爲有見餘則多錄舊文其治地事宜直欲復井田之制殊失之迂其握奇經傳雜𥟖以後世之法亦失之駁其非周禮辨駁正諸家尚爲明析其經傳正譌則於周禮以外兼涉羣經非惟以篆改隸併欲以籀改篆則拾其師魏校六書精藴之說而不知其流於詭誕矣大抵三書之中多𥟖臆說不盡可從以周禮儀

禮至明幾爲絶學故取長棄短畧採數家以姑備一朝之經術所謂不得已而思其次也三書凡十四卷明史作數十卷葢約舉之詞朱彝尊經義考惟載傳十卷圖說二卷學周禮法一卷非周官辨一卷而不載翼傳之名頗爲疎漏又所引黄虞稷語乃翼傳之解題而繫之周禮傳下亦爲舛悞豈偶然疎畧未及檢其全書歟

周禮全經釋原十四卷安徽巡撫採進本

明柯尚遷撰尚遷字喬可長樂人自號陽石山人

嘉靖中由貢生官邢臺縣縣丞其書自天官至冬官凡十二卷又附以周禮通論周禮通今續論各一卷前列序二篇源流序論一篇六官目問四篇全經綱領十二條釋原凡例七條書中訓解其稱釋者皆採輯古注其曰原者則尙遷推闡作經本意也周禮本闕冬官尙遷宗俞庭椿之説稍爲變易取遂人以下地官之事分爲冬官自遂人至旅下士正六十人以符六官各六十一之數故曰全經較庭椿之紛更割裂似爲稍勝唐順之姜寶皆

深是之然仍不出宋人錯簡之曲說且改經文安擾邦國爲富邦國又以吳澄所補惟王建國以下四十字冠於冬官之首則猶之乎竄亂古經矣以其訓詁經義尚條暢分明有所闡發故與王應電書皆節取以備一家朱彝尊經義考所載與此本卷數相同而注云內源流叙論一卷通論一卷今此本通論之外尚有續論而源流叙論乃在卷首不列十四卷之中與彝尊所注不合或彝尊未及細檢亦如王應電書歟

周禮註疏删翼三十卷 直隸總督採進本

明王志長撰志長字平仲崑山人萬歷中舉人明史文苑傳附見其兄志堅傳中稱其亦深於經學是書於鄭注賈疏多刊削其繁文故謂之删又雜引諸家之說以發明其義故謂之翼周禮一書得鄭注而訓詁明得賈疏而名物制度考究大備後有作者弗能越也周張程朱諸儒自度徵實之學必不能出漢唐上故雖盛稱周禮而皆無箋注之專書其傳於今者王安石王昭禹始推尋於文句

之內王與之始脫畧舊文多集新說葉時鄭伯謙始別立標題借經以抒議其於經義更在離合之間於是考證之學漸變爲論辨之學而鄭賈幾幾乎從祧矣志長書亦多採宋以後說浮文妨要蓋所不免而能以注疏爲根柢尚變而不離其宗且自朱申以後苟趨簡易以敘官爲無用而刪之經遂有目無綱俞庭椿邱葵以後又多騁臆見竄亂五官以補冬官之亡經遂更無完簡沿及明代彌逐頹波破碎支離益非其舊志長能恪遵古本亦

爲力遏横流在經學荒蕪之日臨深爲高亦可謂研心古義者矣惠棟作精華錄訓纂因金榮誤引其文遂併以村書詆志長乃相輕已甚之詞不必盡允也

欽定周官義疏四十八卷

乾隆十三年

御定三禮義疏之第一部也考漢志載周官經六篇傳四篇故杜子春鄭興鄭衆賈逵衛宏張衡所注皆稱周官馬融鄭元所注猶稱周官禮迨唐賈公彦

作疏始沿用省文稱爲周禮實非本名今仍題曰周官從其朔也首冠以
御製日知薈說論周官者十則以昭千古之權衡其採掇羣言則分爲七例一曰正義直詁經義確然無疑者也二曰辨正後儒駁正至當不易者也三曰通論或以本節本句參證他篇比類以測義或引他經與此經互相發明者也四曰餘論雖非正解而依附經義於事物之理有所推闡者也五曰存疑各持一說義亦可通又或已經駁論而持此者

多未敢偏廢者也六曰存異名物象數久遠無傳難得其眞或創立其說雖未即愜人心而不得不存之以資考辨者也七曰總論本節之義已經訓解又合數節而論之合一職而論之者也大抵周官六典其源確出周公而流傳既久不免有所竄亂不必以爲疑亦不必以爲諱說周官者以鄭氏爲專門而訓詁既繁不免有所出入不可護其短亦不可没其長是書博徵約取持論至平於考工記注奥澁不可解者不强爲之詞尤合聖人闕疑

之義也

周禮述注二十四卷福建巡撫採進本

國朝李光坡撰光坡字耜卿號茂夫安溪人大學士光地之弟也杭世駿榕城詩話稱其家居不仕潛心經學著有三禮述注此卽其一也其書取注疏之文刪繁舉要以溯訓詁之源又旁採諸家參以已意以闡制作之義雖於鄭賈名物度數之文多所刊削而析理明通措詞簡要頗足爲初學之津梁考其兄光地榕村集中有周官筆記一卷皆標

舉要義不以考證辨難爲長其姪鍾倫亦有周禮訓纂與光坡此書體例相近蓋其家學如是也宋儒喜談三代故講周禮者恒多又鑒於熙寧之新法故恒牽引末代弊政支離詰駁於注疏多所攻擊議論盛而經義反淆光坡此書不及漢學之博奧亦不至如宋學之蔓衍平心靜氣務求理明而詞達於說經之家亦可謂適中之道矣

周禮訓纂二十一卷 福建巡撫採進本

國朝李鍾倫撰鍾倫字世得安溪人康熙癸酉舉人

未仕而卒此書自天官至秋官詳纂注疏加以訓義惟闕考工記不釋葢以河間獻王所補非周公之古經也書後有乾隆丁丑其子廣平府知府清馥跋稱鍾倫初受三禮於其叔光坡康熙癸酉鄉薦公車後日侍其父光地於京邸及光地出督順天學政復還直隸巡撫十餘年中鍾倫皆隨行得其指授又多與宣城梅文鼎長洲何焯宿遷徐用錫河間王之銳同里陳萬策等互相討論故其學具有本原凡所詮釋頗得周官大義惟於名物度

數不甚加意故往往考之弗詳如巾車重翟錫面朱總厭翟勒面繢總安車彫面鷖總皆有容葢注總以繒爲之著馬勒直兩耳與兩鑣車衡轄亦宜有焉容爲襜車山東謂之裳帷葢如今小車葢也皆有容有葢則重翟厭翟謂蔽也安車無蔽謂去飾也鍾倫謂總惟當施馬於車義無所取考蔡邕獨斷曰飛軨以油緹廣八寸長注地左畫蒼龍右畫白虎繫軸頭續漢書輿服志曰乘輿重牙班輪升龍飛軨注引薛綜東京賦注飛軨以油緹廣八

寸長注地繫軸頭所云油緹即注所云總以繒為之所云軸頭即注所云輨然則飛軨即總之在車者而鍾倫謂總惟飾馬誤矣鍾倫又謂容以繒結四旁之上際其四旁之下際則以翟為蔽考經文皆有容蓋實兼承上重翟厭翟安車而言但重翟厭翟二車既有容蓋又有翟蔽兩旁以畫飾安車則惟有容蓋而無翟飾耳既無翟飾即惟藉裳帷為障蔽帷裳之制當四面圍合上下通徹故詩曰漸車帷裳箋云帷裳童容也方言襜褕江淮南楚

謂之襜褣童容與襜褣義同葢襜褣長襦上下相連以覆體車之帷裳垂覆上下形相似也又士昏禮婦車亦如之有裧注裧車裳帷續漢書輿服志注舊典傳車驂駕赤帷裳惟郭賀爲兾州勑去襜帷釋名衽襜也在旁襜襜然云襜帷葢如裳衽下垂也凡此皆同於巾車之安車但有帷裳無重翟厭翟者也如鍾倫所云帷裳但結四旁之上際其四旁下際以翟爲蔽則安車但蔽上際不復蔽下際矣釋名曰容車婦人所載小車也其葢施帷以

隱蔽其形容也若容但蔽上際不及下際豈能隱蔽形容乎如此之類頗爲疎舛然如辨禘祫社稷學校諸篇皆考證詳核又如司馬法謂革車一乘甲士三人步卒七十二人鍾倫據蔡氏說謂一乘不止甲士三人步卒七十二人此是輕車用馬馳者更有二十五人將重車在後今考新書攻車七十五人前拒一隊左右角二隊守車一隊炊子十人守裝五人廐養五人樵汲五人共二十五人攻守二乘共百人又尉繚子伍制令軍中之制五人

爲伍伍相保也十人爲什什相保也五十人爲屬屬相保也百人爲閭閭相保也起於五人訖於百人蓋軍中之制自一乘起此皆一乘百人之明驗足證其說之精核又明於推步之術訓大司徒土圭之法謂百六十餘里景已差一寸亦得諸實測非同講學家之空言也

周官集注十二卷 安徽巡撫採進本

國朝方苞撰苞字鳳九號靈臯亦號望溪桐城人康熙丙戌會試中式舉人官至內閣學士兼禮部侍

郞後落職修書

特賜侍講銜致仕是編集諸家之說詮釋周禮謂其書皆六官程式非記禮之文後儒因漢志周官六篇列於禮家相沿誤稱周禮故改題本號以復其初其注倣朱子之例采合衆說者不復標目全引一家之說者乃著其名凡其顯然舛誤之說皆置不論惟似是而非者乃畧爲攷正有推極義類旁見側出者亦倣朱子之例以圈外别之訓詁簡明持論醇正於初學頗爲有裨其書成於康熙庚子後

苞别著周官辨十卷指周官之文爲劉歆竄改以媚王莽證以漢書莽傳事迹歷指某節某句爲歆所增言之鑿鑿如目睹其筆削者自以爲學力既深鑒别眞僞發千古之所未言然明代金瑤先有是論特苞更援引史事耳持論太高頗難依據轉不及此書之謹嚴矣

禮說十四卷副都御史黄登賢家藏本

國朝惠士奇撰士奇有半農易說已著錄是編不載周禮經文惟標舉其有所考證辨駁者各爲之說

依經文次序編之凡天官二卷計六十一條地官三卷計六十三條春官四卷計九十五條夏官二卷計六十一條秋官二卷亦六十一條考工記一卷計四十條古聖王經世之道莫切於禮然必悉其名物而後可求其制度得其制度而後可語其精微猶之治春秋者不核當日之事實即不能明聖人之褒貶故說禮則必以鄭氏爲宗亦猶說春秋者必以左傳爲本鄭氏之時去周已遠故所注周禮多比擬漢制以明之今去漢末復閱千六百

年鄭氏所謂猶今某物某事某官者又多不解爲何語而當日經師訓詁輾轉流傳亦往往形聲並異不可以今音今字推求士奇此書於古音古字皆爲之分别疏通使無疑似復援引諸史百家之文或以證明周制或以參考鄭氏所引之漢制以遞求周制而各闡其制作之深意在近時說禮之家持論最有根柢其中如因巫降之禮遂謂漢師丹之使巫下神爲非惑左道因貍首之射遂謂周萇宏之射諸侯爲非依物怪因庶氏攻說翦氏攻

祟遂謂段成式所記西域木天壇法禳蟲爲周之遺術皆不免拘泥古義曲爲之詞又如因含玉而引及餐玉之法則失之蔓衍因左傳稱仍叔之子爲弱遂據以斷犁牛之子爲犢亦失之附會至於引墨子以證司盟之詛併以證春秋之觀社取其去古未遠可資旁證可也遂謂不讀非聖之書者非善讀書則詞不達意欲矯空談之弊乃激而涉於偏矣然統觀全書徵引博而皆有本原辨論繁而悉有條理百瑜一瑕終不能廢其所長也

周官祿田考三卷 浙江巡撫採進本

國朝沈彤撰彤有尚書小疏已著錄自歐陽修有周禮官多田少祿且不給之疑後人多從其說卽有辨者不過以攝官爲詞彤獨詳究周制以與之辨因撰是書分官爵數公田數祿田數三篇凡田爵祿之數不見於經者或求諸注不見於注者則據經起例推闡旁通補經所無乃適如經之所有其說精密淹通於鄭賈注疏以後可云特出其中稍有牴牾者如謂子男之國不得有中士考孟子稱

小國地方五十里有中士倍下士之文趙岐注曰子男爲小國王制曰王者之制祿爵公侯伯子男凡五等諸侯之上大夫卿下大夫上士中士下士凡五等孔頴達疏謂諸侯統公侯伯子男則子男有中士矣王制又曰若有中士下士數各居其上之三分鄭注謂上中下士二十七人各三分之周禮太宰賈疏釋此文謂朝聘之位次國之上士當大國之中士中士當下士下士當其空小國之上士當次國之中士中士當下士下士當其空故云

各居其上之三分若子男無中士則小國之士不數三分之數與經文戾矣彤又謂加田之制國八十里者其加田極於百里四十里者極於五十里二十里者極於二十五里考司勳文曰凡賞地無常輕重視功又曰惟加田無征鄭注曰加田既賞之又加賜以田夫賞田且無常數況加田乎春秋宣公十五年傳晉侯賞桓子狄臣千室又賞士伯以瓜衍之田襄公二十六年傳三月甲寅享子展賜之以先輅三命之服先八邑襄公二十七年傳

公與免餘邑六十襄公二十八年傳與晏子邶殿其鄙六十此無論其爲賞爲加率無常數正可與司勳文相證而彤定以二十里十里五里稽諸經傳畧無明文又彤算畿内百萬井去山陵林麓等三十六萬井存田六十四萬井以爲三分去一本於班固刑法志今考百萬井而去三十六萬井乃二十五分而去九班志本不云三分去一彤所引殊爲誤記且班志非爲周官作注故立算不必盡據經文今彤既據經文即當參考經義求其脗合

考鄭載師注算近郊百里則用三分去一之法算六遂以外則用十八分去五之法蓋近郊以內不易之地家百畝一易之地家二百畝再易之地家三百畝相通三夫而受六夫之地至六遂以外上地家百畝萊五十畝中地家百畝萊百畝下地家百畝萊二百畝相通六夫而受十三夫之地其所受之田既較近郊爲加多則所去之地卽當較近郊爲加少故郊內三分去一而遂外僅十八分去五也夫以三分去一算遂外之地且猶病其過多

而況於二十五分而去九乎此不信鄭注之所以疏也至謂遂人十夫亦爲井田乃襲宋人緒論尤疎於考校然其百慮一失者僅此三四條耳亦可云湛深經術者也

周禮疑義舉要七卷安徽巡撫採進本

國朝江永撰永字愼修婺源人是書融會鄭注參以新說於經義多所闡發其解考工記二卷尤爲精核如經文六尺有六寸之輪軹崇三尺有三寸也加軫與轐焉四尺也軫圍尺一寸見於經文而轐

圜不著并軫轐以求七寸之祟頗爲難合鄭注亦
未及詳解汞則謂軫方徑二寸七分有半自軸心
上至軫面總高二寸轂入輿下左右軌在轂上須
稍高容轂轉故轂上必有轐庋之轐之圜徑無正
文輈人當兔之圜居輈長十之一方徑三寸六分
輈亦在輿下庋輿者則兔圜與當兔同可知軸半
徑三寸二分加轐方徑三寸六分共高五寸八分
以容牽算轂半徑五寸一分弱中閒距軌七分強
可容轂轉以五寸八分加後軫出轐上者約一寸

二分總高七寸輿板之厚上與軫平亦以一寸二分爲率後軫在輿下餘一寸五分輈踵爲缺曲以承之算加軫與轐之七寸當從輈算起蓋輈在軸上必當輿底相切而兩旁伏兔亦必與輈齊平故知輈之當兔圍必與兔圍等大後不言兔圍者因輈以見云云考釋名曰軫横在前如卧牀之有枕也枕横也横在下也薦板在上如薦席也似輿板在上而軫在下乖謂軫面與輿板相平似乎不合然輿板之下仍餘軫一寸五分則其說仍不相悖

又考說文曰轐車伏兔下革也則是伏兔鉗轂之處尚有革承其間而算伏兔距轂崇三寸六分而伏兔下革厚尙未算入要其增分甚微固亦無妨於約算也又經文曰參分其隧一在前二在後以揉其式式之制具詳於曲禮孔疏其說謂車箱長四尺四寸而三分前一後二橫一木下去車牀三尺三寸謂之爲式又於式上二尺二寸橫一木謂之爲較至宋林希逸又謂揉者揉其木使正直而爲之而則謂揉兩曲木自兩旁合於前通車前三

分隧之一皆可謂之式式崇三尺三寸並式深處言之兩端與兩輢之植軹相接軍中望遠亦可一足履前式一足覆旁式左傳長勺之戰登軾而望是也若較在式上如何能登軾而望若較於隧三分之前橫架一木則在陰板之內車外不見式矣記如何云苟有車必見其式云云考鄭注曰兵車之式深尺四寸三分寸之二則經所云一在前者皆爲式凡一尺四寸有奇之地注始得云式深若僅於兩輢之中橫架一木名之曰式則一木前後

更不爲式注又何得以深淺度式乎孔疏謂横架一木於車箱内蓋未會鄭注式深二字之義又鄭注云較兩輢上出式者兩輢則兩箱板也上出式而度之以兩輢則兩較各在兩箱之上明矣故釋名曰較在箱上不云較在式上是其明證孔疏之誤顯然至於經文凡云揉者皆揉之使曲而希逸反謂揉之使直尤屬不考均不及承之所說確鑿有徵其他援引典核率皆類此其於古制亦可謂考之詳矣

右禮類周禮之屬二十二部四百五十三卷皆文淵閣著錄

案周禮古謂之周官

欽定三禮義疏已復其本名以諸家注本題周禮者十之九難於一一追改故姑從鄭元以來相沿之稱

（清）紀昀等　纂

# 武英殿本四庫全書總目

第五册

國家圖書館出版社

# 第五册目録

欽定四庫全書總目 經部

卷十二之十三

[illegible]四書人物[illegible]

欽定四庫全書總目卷十二

經部十二

書類二

讀書叢說六卷 浙江吳玉墀家藏本

元許謙撰謙字益之金華人延祐中以講學名一時儒者所稱白雲先生是也事迹具元史儒學傳自蔡沈書集傳出解經者大抵樂其簡易不復參考諸書謙獨博覈事實不株守一家故稱叢說如蔡氏釋堯典本張子天左旋處其中者順之少遲

則反右之說不知左旋者東西旋右旋者南北旋截然殊致非以遲而成右也日東出西没隨大氣而左以成晝夜非日之自行其自行則冬至後由南斂北夏至後由北發南以成寒暑月之隨大氣而左及其自行亦如之謙雖不能盡攻其失然七政疑一條謂七政與天同西行恐錯亂紛雜泛然無統可謂不苟同矣舊說洛誥我乃卜澗水東瀍水西爲王城據召誥洛誥周公皆乙卯至洛在召公得卜經營攻位五日位成之後是王城無庸再

卜謙謂此時王城已定但卜處殷民之地故先河朔黎水以近殷舊都民遷之便次及澗東瀍西次及瀍東皆以洛與此地相對定壘而皆惟洛食瀍澗流至洛所經已遠不知周公所卜者何處又吕刑稱惟作五虐之刑曰法稱爰始淫爲劓刵椓黥舊說以爲其刑造自有苗謙謂苗乃專以刑爲治國之法乃始過用其刑非創造刑也如此之類亦頗不爲習聞所囿至於說六律五聲漫錄律吕新書說唐虞之修五禮漫錄周公大宗伯之文說酒

誥太史內史漫錄周公太宰六典八灋八則八柄之文殊屬泛衍書內載其師金履祥說爲多卷首書紀年一篇卽據履祥通鑑前編起算其間得失雜出亦不盡確然宋末元初說經者多尚虛談而謙於詩考名物於書考典制猶有先儒篤實之遺是足貴也其書與詩名物鈔四書叢說竝刋於至正六年其板久佚此本爲浙江吳玉墀家所藏其第二卷中脫四頁第三卷中脫兩頁第五卷第六卷各脫四頁勘驗別本亦皆相同今亦無從校補

姑仍其舊焉

書纂言四卷 內府藏本

元吳澄撰澄有易纂言已著錄是編其書解也古文尚書自貞觀勅作正義以後終唐世無異說宋吳棫作書裨傳始稍稍掊擊朱子語錄亦疑其僞然言性言心言學之語宋人據以立教者其端皆發自古文故亦無肯輕議者其考定今文古文自陳振孫尚書說始其分編今文古文自趙孟頫書古今文集注始其專釋今文則自澄此書始自序

謂晉世晚出之書別見於後然此四卷以外實未釋古文一篇朱彝尊經義考以爲權詞其說是也考漢代治尚書者伏生今文傳爲大小夏侯歐陽三家孔安國古文別傳都尉朝庸生胡常自爲一派是今文古文本各爲師說澄專釋今文尚爲有合於古義非王柏詩疑舉歷代相傳之古經肆意刊削者比惟其顛倒錯簡皆以意自爲且不明言所以改竄之故與所作易纂言體例迥殊是則不可以爲訓讀者取所長而無效所短可矣

尚書集傳纂疏六卷 兩江總督採進本

元陳櫟撰櫟字壽翁號定宇休寧人宋亡之後隱居三十八年至延祐甲寅年六十三復出應試中浙江鄉試以病不及會試越二年上書干執政不報遂終於家年八十有三事迹具元史儒學傳董鼎書傳纂註所稱新安陳氏即其人也是編以疏通蔡傳之意故命曰疏以纂輯諸家之說故命曰纂又以蔡傳本出朱子指授故第一卷特標朱子訂正之目每條之下必以朱子之說冠於諸家之

前間附已意則題曰愚謂以別之考櫟別有書說折衷成於此書之前今已散佚惟其序尚載定宇集中稱朱子說書通其可通不强通其所難通而蔡氏於難通罕闕焉宗師說者固多異之者亦不少予因訓子遂掇朱子大旨及諸家之得經本義者句釋於下異同之說低一字折衷之則櫟之說書亦未嘗株守蔡傳而是書之作乃於蔡傳有所增補無所駁正與其舊說迥殊自序稱聖朝科舉興行諸經四書一是以朱子爲宗書宗蔡傳固亦

宜然云云蓋延祐設科以後功令如此故不敢有所出入也

尚書輯錄纂註六卷內府藏本

元董鼎撰鼎字季亨鄱陽人朱子之學授於黃榦鼎族兄夢程嘗從榦游鼎又從夢程聞緒論故自敘謂得朱子之再傳是編雖以蔡沈集傳爲宗而集傳之後續以朱子語錄及他書所載朱子語謂之輯錄又采諸說之相發明者附列於末謂之纂註自序稱集傳旣爲朱子所訂定則與自著無異

又稱薈萃成朱子之一經則仍以朱子爲主也考蔡沈書集傳序惟稱二典三謨嘗經先生點定故陳櫟作書集傳纂疏惟虞書首標朱子而夏書以下則不然其凡例曰首卷有朱子訂定四字不忘本也自二卷起去四字紀實也吳澄作是書序亦稱朱子訂定蔡傳僅至百官若帝之初而止此書大禹謨正月朔旦條下鼎併附注其說是鼎於此書源委本自分明其稱集傳爲朱子所訂定似未免假借然澄序又稱集傳自周書洪範後浸覺疎

脫師說甚明而不用者有焉疑其著述未竟而人爲增補或草稿初成而未及修改所舉金縢召誥洛誥諸條皆顯相舛異又稱鼎作是書有同有異俱有所裨如解西伯戡黎則從吳棫解多士則從陳櫟解金縢則兼存鄭孔二義不以蔡傳之從鄭爲然云云然則鼎於集傳蓋不免有所未愜恐人以源出朱子爲疑故特引朱子之說補其闕失其舉集傳歸之朱子猶曰以朱翼朱則不以異蔡爲嫌耳非其考之不審也

尚書通考十卷 江西巡撫採進本

元黃鎮成撰。鎮成字元鎮，邵武人。以薦授江南儒學提舉，未上而卒。其書徵引舊說，以考四代之名物典章，亦間附以論斷，頗爲詳備。其中如論閏月而牽及後代司天之書，論律而旁引京房之法，論樂而臚陳自漢至宋之樂名，皆與經義無關，失之汎濫。其他四仲、五品、五教、九疇、六府、三事之類，皆經有明文，而複登圖譜，別無發明，亦爲冗瑣。又全書皆數典之文，而曰若稽古一條獨參訓詁，尤爲例不純似乎隨筆記錄之稿未經刊潤成書者然書本以道政事而儒者以大經大法爲麤迹類引之而言心王應麟困學紀聞曰仲虺之誥言仁之始也湯誥言性之始也太甲言誠之始也說命言學之始也然則刪書錄此四篇果僅因此四語乎鎮成此編雖頗嫌蕪雜然猶爲以實用求書不以空言求書者其自序有曰求帝王之心易考帝王之事難可謂知說經難易之故矣

書蔡傳旁通六卷 兩江總督採進本

元陳師凱撰師凱家彭蠡故自題曰東滙澤其始末則不可得詳此書成於至治辛酉以鄱陽董鼎尚書輯錄纂注本以羽翼蔡傳然多採先儒問答斷以已意大抵辨論義理而於天文地理律歷禮樂兵刑龜策河圖洛書道德性命官職封建之屬皆在所畧遇傳文片言之賾隻字之隱讀者不免囁嚅齟齬因作是編於名物度數蔡傳所稱引而未詳者一一博引繁稱析其端委其蔡傳岐誤之處則不復糾正蓋如孔穎達諸經正義主於發揮

註文不主於攻駁註文也然不能以回護註文之故廢孔氏之疏則亦不能以回護蔡傳之故廢師凱之書矣知其有所遷就而節取所長可也

讀書管見二卷兩江總督採進本

元王充耘撰黄虞稷千頃堂書目稱充耘字與耕而原序及梅鷟跋並稱耕野疑虞稷誤也吉水人元統甲戌進士授承務郎同知永新州事後棄官養母著書授徒因成是編所說與蔡氏多異同其中如謂堯典乃舜典之緣起本爲一篇故曰虞書

謂九族旣睦旣當訓盡謂象以典刑爲各象其罪而加之非垂象之意謂同爲逆河以海潮逆入而得名皆非故爲異說者至於洪範錯簡之說伊訓改正不改月之辨尚未能糾正所附周不改月惟魯史改月一條尤爲强詞大醇小疵別白觀之可也又禹貢篇嶧陽孤桐一條語不可解梅鷟跋稱此書得之西阜王氏寫者草草其末尤甚此條疑亦當時所訛脫今無別本可校姑仍其舊焉

書義斷法六卷 浙江巡撫採進本

元陳悅道撰其自題曰鄒次不知何許人書首冠以科場備用四字蓋亦當時坊本爲科舉經義而設者也其書不全載經文僅摘錄其可以命題者載之逐句詮解各標舉作文之窾要蓋王充耘書義矜式如今之墨程而此書則如今之講章後來學者揣摩擬題不讀全經實自此濫觴錄而存之知科舉之學流爲剽竊已非一朝一夕之故猶易類錄王宗傳禮類錄俞庭椿著履霜堅冰其來有漸不可不紀其始也書末原附作義要訣一卷爲

新安倪士毅所輯分目題原題講題結題四則又作文訣數則尚具見當日程式以世有別本且論文之作不可附麗於經部故著錄於詩文評類而此則從刪焉

尚書纂傳四十六卷 兩江總督採進本

元王天與撰天與字立大梅浦人大德二年以薦授瑞江路儒學教授益天與爲贛州路先賢書院山長時憲使臧夢解以是書申臺省得聞於朝故有是命也是書雖以孔安國傳孔潁達疏居先而

附以諸家之解其大旨則以朱子爲宗而以眞德秀說爲羽翼蓋朱子攷論羣經以書屬蔡沈故天與以蔡氏傳爲據德秀則書說精義以外復有大學衍義一書所言與虞夏商周之大經大法多相出入故天與亦備採之其註疏或刪或存亦以二家之說爲斷自序所謂期與二先生合而已不敢以私意去取蓋道其實也所說於名物訓詁多有闕畧而闡發義理則特詳亦王元杰春秋讞義之流亞也

尚書句解十三卷 兩江總督採進本

元朱祖義撰祖義字子由廬陵人於諸經皆有句解今多散佚惟此書僅存考元史選舉志延祐中定經義取士之制尚書以古註疏及蔡沈集傳爲宗故王充耘書義矜式尚兼用孔傳迨其末流病古註疏之繁而蔡傳遂獨立於學官業科舉者童而習之莫或出入祖義是書專爲啟迪幼學而設故多宗蔡義不復考證舊文於訓詁名物之間亦罕所引據然隨文詮釋詞意顯明使殷盤周誥詰

屈聱牙之句皆可於異卷之下了然於心口其亦古者離經辨志之意歟以覗附會穿鑿浮文妨要反以晦蝕經義者奇猶有先儒篤實之遺矣亦未可以其淺近廢也

書傳會選六卷　浙江朱彝尊家曝書亭藏本

明翰林學士劉三吾等奉勅撰案蔡沈書傳雖源出朱子而自用已意者多當其初行已多異論宋末元初張葆舒作尚書蔡傳訂誤黃景昌作尚書蔡氏傳正誤程直方作蔡傳辨疑余芑舒作讀蔡

傳疑遞相詰難及元仁宗延祐二年議復貢舉定尚書義用蔡氏於是葆舒等之書盡佚不傳陳櫟初作書傳折衷頗論蔡氏之失迨法制既定乃改作纂疏發明蔡義而折衷亦佚不傳其序稱科舉以朱子爲宗書宗蔡傳固亦宜然者蓋有爲也至明太祖始考驗天象知與蔡傳不合乃博徵績學定爲此編凡蔡傳之合者存之不預立意見以曲肆詆排其不合者則改之亦不堅持門戸以巧爲回護計所糾正凡六十六條視允明枝山前聞載

其劉示天下者惟堯典注日月左旋洪範註相協厥居二條舉大凡耳顧炎武日知錄曰此書謂天左旋日月五星違天而右旋主陳氏祥道高宗肜日謂祖庚繹於高宗之廟主金氏履祥西伯戡黎謂是武王亦主金氏惟周公誕保文武受命惟七年謂周公輔成王之七年主張氏陳氏皆不易之論又如禹貢厥賦貞主蘇氏軾謂賦與田正相當涇屬渭汭主孔傳水北曰汭太甲自周有終主金氏謂周當作君多方不克開于民之麗主葉氏惟

金縢周公居東駁孔氏以爲東征非是至洛誥又取東征之說自相牴牾耳每傳之末繫以經傳音釋於字音字體字義辨之甚悉其傳中用古人姓氏古書名目必具出處兼亦考正典故蓋宋元以來諸儒之規模猶在而其爲此書者皆自幼爲務本之學非由八股發身之人故所著之書雖不及先儒而尚有功於後學云云以炎武之淹博絶倫罕所許可而其論如是則是書之足貴可畧見矣

閻若璩尚書古文疏證因禹貢註中澨水至復州

竟陵境者一語誤者字爲來字遂肆毒詈非篤論也考明太祖實錄與羣臣論蔡傳之失在洪武十年三月其詔修是書則在二十七年四月丙戌而成書以九月己酉僅五閱月觀劉三吾敘稱臣三吾備員翰林屢嘗以其說上聞皇上允請乃詔天下儒士倣石渠白虎故事與臣等同校定之則是十七年間三吾已考證講求先有定見特參稽衆論以成之耳惟實錄所載纂修諸臣姓名與此本卷首所列不符朱彝尊經義考謂許觀景清盧原

質戴德彝等皆以死建文之難刪去其說是已然胡季安門克新王俊華等十一人何以併刪且靳觀吳子恭宋麟三人此書所不載又何以增入葢永樂中重修太祖實錄其意主於誣惠宗君臣以罪明靖難之非得已耳其餘草草非所注意故舛謬百出不足爲據此書爲當時舊本當以所列姓名爲定可也

書傳大全十卷通行本

明胡廣等奉勅撰書以蔡沈集傳爲主自延祐貢

舉條格已然然元制猶兼用古註疏故王充耘書義程式得本孔傳立義也明太祖親驗天象知蔡傳不盡可據因命作書傳會選參考古義以糾其失頒行天下是洪武中尚不以蔡傳爲主其尚主蔡傳定爲功令者則始自是書其書雖不似詩經大全之全鈔劉瑾詩傳通釋春秋大全之全鈔汪克寛胡傳纂疏而實非廣等所自纂故朱彝尊經義考引吳任臣之言曰書傳舊爲六卷大全分爲十卷大旨本二陳氏二陳氏者一爲陳櫟尚書集

傳纂疏一爲陳師凱書蔡傳旁通纂疏皆墨守蔡傳旁通則於名物度數考證特詳雖回護蔡傳之處在所不免然大致較劉氏說詩汪氏說春秋爲有根柢故是書在五經大全中尚爲差勝云

尚書考異五卷 浙江范懋柱家天一閣藏本

明梅鷟撰鷟有古易考原已著錄是編辨正古文尚書其謂二十五篇爲皇甫謐所作蓋據孔穎達疏引晉書皇甫謐傳（案穎達作正義時今本晉書尚未成此蓋臧榮緒晉書之文）稱謐姑子外弟梁柳得古文尚書故作帝王世

紀往往載孔傳五十八篇之書云云然其文未明未可據爲謚作之證至謂孔安國序并增多之二十五篇悉襍取傳記中語以成文則指摘皆有依據又如謂瀍水出谷城縣兩漢志並同晉始省谷城入河南而孔傳乃云出河南北山積石山在西南羌中漢昭帝始元六年始置金城郡而孔傳乃云積石山在金城西南孔安國卒於武帝時載在史記則猶在司馬遷以前安得知此地名乎其爲依託尤佐證顯然陳第作尚書疏衍乃以譸張爲

幻誕之過矣明史藝文志不著錄朱彝尊經義考作一卷此本爲范懋柱家天一閣所藏不題撰人姓名而書中自稱鶱按則出鶱手無疑原稿未分卷數而實不止於一卷今約畧篇頁釐爲五卷鶱又別有尚書譜大旨畧同而持論多涉武斷故別存其目不復錄焉

尚書疑義六卷 浙江范懋柱家天一閣藏本

明馬明衡撰明衡字子莘莆田人正德丁丑進士官至監察御史事迹附見明史朱淛傳是編成於

嘉靖壬寅前有自序云凡於所明而無疑者從蔡氏其有所疑於心而不敢苟從者輒錄爲篇書中如六宗從祭法輯五瑞謂是朝覲之常非爲更新立異洪範日月之行取沈括之說於金縢頗有疑辭皆能參酌衆說不主一家非有心與蔡立異者惟三江必欲連震澤而下所其無逸之所字亦不從蔡傳則未免意見之偏又往往闌入時事亦稍失解經體例蓋不免醇駁互存然明人經解冗濫居多明衡是編尚能研究於古義固不以瑕掩瑜

也明史稱閩中學者率以蔡清爲宗至明衡獨受業於王守仁閩有王氏學自明衡始考明衡當嘉靖三年世宗尊所生而薄所後於興國太后誕節詔命婦入賀於慈壽皇太后誕辰乃詔免朝時盈庭附和新局而明衡惓惓故君與朱淛力爭皆遘禍幾殆坐是終身廢棄可謂不愧於經術更不必以門戶之見論是書之醇疵矣

尚書日記十六卷 兩江總督採進本

明王樵撰樵有周易私錄已著錄茲編不載經文

惟按諸篇原第以次詮釋大旨仍以蔡傳爲宗制度名物蔡傳所未詳者則采舊說補之又取金履祥通鑑前編所載有關當時事蹟者悉爲采入如微子抱器箕子受封周公居東致辟諸條皆引據詳明前有李維楨序稱書有古文今文今文之解書者又有古義時義書傳會選以下數十家是爲古義而經生科舉之文不盡用書經大全以下主蔡氏而爲之說者坊肆所盛行亦數十家是爲時義其言足括明一代之經術又稱樵是書於經旨多

所發明而亦可用於科舉尤適得是書之分量皆確論云

**尚書砭蔡編一卷**浙江吳玉墀家藏本

明袁仁撰仁字良貴號薓波蘇州人與季本同時相善故解經往往似之是編糾蔡沈之誤所論如粤若越若之前後異訓三百六旬有六日乃宋曆非古曆方命當從蜀志晉書所引梅賾事不出晉書宣夜有漢郗萌所傳非無師說并州不在冀東醫無閭即遼東不得既爲幽州又爲營州鳥鼠同

穴實有其事用爽厥師爽訓失說築傅巖爲版築遯於荒野爲甘盤西伯戡黎爲武王四輔非三輔之義洪舒通作洪荼虎賁不掌射御荒度作刑不連耄字爲句皆確有所據至謂史記索隱南譌不作爲字則但據今本不格姦爲不止其姦鮮食非肉食怪石爲資服餌汨陳之陳訓爲舊則又有意立異不可爲訓矣朱彝尊經義考載此書註曰未見此本載曹溶學海類編中題曰尚書蔡註考誤案沈道原序亦稱砭蔡編則經義考所題爲是溶

輯學海類編多改易舊名以示新異不足爲據也

尚書疏衍四卷　江蘇巡撫採進本

明陳第撰第有伏羲圖贊已著錄是書前有第自序稱少受尚書讀經不讀傳註口誦心維得其意於深思者頗多後乃參取古今注疏而以素得於深思者附著之然第學問淹博所著毛詩古音考屈宋古音義諸書皆援據該洽具有根柢其作是書雖其初不由訓詁入而實非師心臆斷以空言說經者比如論舜典五瑞五玉五器謂不得以周

禮釋虞書序注疏家牽合之非其理確不可移論武成無錯簡洪範非龜文亦足破諸儒穿鑿附會之說惟篤信梅賾古文以朱子疑之爲非於梅鷟尚書考異尚書譜二編排詆尤力則未能深考源流經師授受自漢代已別户分門亦聽其各尊所聞可矣

尚書註考一卷 浙江吳玉墀家藏本

明陳泰交撰朱彝尊經義考載陳氏泰來尚書註考一卷註曰未見又註泰來字長水平湖人萬歷

丁丑進士官至禮部精膳司員外郎案吳永芳嘉興府志載陳泰交字同倩萬歷中國子監生所著有尚書注考與經義考迥異然經義考引項皐謨之說稱同倩治尚書作注考云云明出泰交之字則彝尊未見其書誤以泰交為泰來審矣其書皆考訂蔡沈書傳之訛謂有引經註經不照應者三條又有同字異解者三百二十三條皆直錄註語不加論斷其同字異解者一字或有數義抉摘未免過嚴其不照應者三條如凡厥正人引惟厥正

人爲證曰若稽古帝堯引越若來爲證德懋懋官引時乃功懋哉爲證則前後顯相矛盾誠蔡氏之疎畧矣馬明衡尚書疑義袁仁砭蔡編頗以典制名物補正蔡傳之缺誤泰交此書則惟較量於訓詁之間而所謂訓詁異詞者又皆以矛攻盾未及博援古義證以舊文故爲少遜於二家然釋事釋義二者相資均謂之有功蔡傳可也

洪範明義四卷福建巡撫採進本

明黄道周撰道周有易象正已著録是編乃崇禎

十年道周官左諭德掌司經局時纂集進呈之書其自序曰上卷言天人感召性命相符及好德用人之方下卷言陰隲相協彝倫條貫旁及陰陽歷數之務初終兩卷攷正篇章分別倫序其學深於術數於五行汨敘類陳災異以明鑒戒不免沿襲伏生董仲舒劉向等附會之文至八政疇敘以食配坤以貨配巽以祀配離以司空配兌以司徒配艮以司寇配坎以賓配震以師配乾已屬牽合又配以六十四卦先後天圖更爲穿鑿其最異者至

以河圖洛書配歷數而曰某年至某年爲稼穡初
際中際末際以至從革曲直潤下炎上其例皆然
是更沿皇極經世之餘波曼衍而不可究詰矣至
於改農用爲辰用衍忒爲衍成六極爲六殛殊爲
臆說其改定章段次第亦未見其必然惟其意存
啟沃借天人相應之理以感動恐懼修省之心其
文不盡合於經義其意則與經義深有合焉置其
小節存其宏旨可也

日講書經解義十三卷

康熙十九年

聖祖仁皇帝御定尚書一經漢以來所聚訟者莫過洪範之五行宋以來所聚訟者莫過禹貢之山川明以來所聚訟者莫過今文古文之眞僞然伏生董仲舒劉向劉歆之所推特術家附會之說程大昌傅寅毛晃之所辨歸有光梅鷟之所爭特經生考證之資耳實則尼山删定本以唐虞三代之規傳爲帝王之治法不徒爲尋章摘句設也是編爲大學士庫勒納等奉

詔以

講筵舊稿編次而成大旨在敷陳政典以昭宰馭之綱

維闡發心源以端慎修之根本而名物訓詁不復

瑣瑣求詳蓋

聖人御宇將上規堯舜下挹成康所學本與儒生異故

黼幄之所對揚

玉音之所闡繹亦維是大者遠者與儒生音訓迥然有殊

臨御六十一年

聖德神功同符於典謨所述信有由矣

欽定書經傳說彙纂二十四卷

康熙末

聖祖仁皇帝勅撰雍正八年告成

世宗憲皇帝御製序文刊行宋以來說五經者易詩春秋各有門戶惟三禮則名物度數不可辨論以空言故無大異同書則帝王之大經大法共聞共見故自古文今文互有疑信外義理亦無大異同蔡沈集傳始睥睨先儒多所排擊然書出未久而張葆舒黃景昌程直方余芑舒等紛紛然交攻其誤是

必有未愜者在矣自元延祐中始以蔡傳試士明
洪武中雖作書傳會選以正其訛而永樂中修書
經大全仍懸爲功令莫敢岐趍我
國家經術昌明競研古義
聖祖仁皇帝聰明天縱念典維勤於唐虞三代之鴻規尤
爲
加意既
勅編
日講書經解義復

指授儒臣纂輯是編雖仍以蔡傳居前衆說列後而參稽得失辨別瑕瑜於其可從者發明證佐不似袁仁等之有意抨彈於其不可從者辨訂舛譌亦不似陳櫟等之違心回護其義可兩通者皆別爲附錄以明不專主一家蓋即一訓詁之學而聖人執兩用中之道大公至正之心悉可以仰窺焉又不僅爲說書之準繩已也

書經稗疏四卷　湖南巡撫採進本

國朝王夫之撰夫之有周易稗疏已著錄是編詮釋

經文亦多出新意其間有失之太鑿者如謂虞書自戛擊鳴球以下至庶尹允諧皆韶樂之譜以咏二字貫下祖考來格三句爲升歌以配笙瑟之詩鳥獸蹌蹌爲下管之所舞鳳凰來儀爲第九成吹簫之所舞百獸率舞庶尹允諧爲樂終擊磬之所舞又謂作歌賡歌卽大韶升歌之遺音夔以被之管絃者故繫之庶尹允諧之後前數語不用韻如樂府之有艷有和有唱其三句一韻者如樂府之有辭其說附會支離全無文義其論洛書配九疇

之數以履一爲五皇極而以居中之五爲一五行雖推衍百端畫圖立說終於經文本數相戾其於地理至以崑崙爲洮州胭脂嶺尤爲武斷然如蔡傳引爾雅水北曰汭實無其文世皆知之夫之則推其致誤之由以爲訛記孔安國涇屬渭汭之傳謂禋非周禮之禋類非周禮之類五服五章亦不以周制解虞制與陳第論周之五玉不可解虞之五玉者同一爲古人所未發引瞽相之射証侯以明之謂以與射不與射爲榮辱非以射中不中爲

優劣因周禮日月辰次正泰誓十三年爲辛卯引說文大戴禮記証蠙珠非蚌珠蔡傳不知古字假借引周禮玉府供王食玉証玉食引左傳說奄與淮夷爲二引喪大記証狄人引說文美字之訓以解美若駁蘇軾傳及蔡傳之失則大抵詞有根據不同游談雖醇疵互見而可取者較多焉

古文尚書疏證八卷 內府藏本

國朝閻若璩撰若璩字百詩太原人徙居山陽康熙已未薦舉博學鴻詞古文尚書較今文多十六篇

晉魏以來絶無師說故左氏所引杜預皆注曰逸書東晉之初其書始出乃增多二十五篇初猶與今文並立自陸德明據以作釋文孔穎達據以作正義遂與伏生二十九篇混合爲一唐以來雖疑經惑古如劉知幾之流亦以尚書一家列之史通未言古文之僞自吳棫始有異議朱子亦稍稍疑之吳澄諸人本朱子之說相繼抉摘其僞益彰然亦未能條分縷析以抉其罅漏明梅鷟始參考諸書證其剽剟而見聞較狹蒐采未周至若璩乃引

經據古一一陳其矛盾之故古文之僞乃大明所列一百二十八條毛奇齡作古文尚書寃詞百計相軋終不能以强詞奪正理則有據之言先立於不可敗也其書初成四卷餘姚黃宗羲序之其後四卷又所次第續成若璩没後傳寫佚其第三卷其二卷第二十八條二十九條三十條七卷第一百二條一百八條一百九條一百十條八卷第一百二十二條至一百二十七條皆有錄無書編次先後亦未歸條理蓋猶草創之本其中偶爾未核

者如據正義所載鄭元書序注謂馬鄭所傳與孔傳篇目不符其說最確至謂馬鄭注本亡於永嘉之亂則殊不然考二家之本隋志尚皆著錄稱所注凡二十九篇經典釋文備引之亦止二十九篇蓋去其無師說者十六篇止得二十九篇與伏生數合非别有一本注孔氏書也若璩誤以鄭逸者即爲所注之逸篇不免千慮之一失又史記漢書但有安國上古文尚書之說並無受詔作傳之事此僞本鑿空之顯證亦辨僞本者至要之肯綮乃

置而未言亦稍疎畧其他諸條之後往往衍及旁文動盈卷帙蓋慮所著潛邱劄記或不傳故附見於此究爲支蔓又前卷所論後卷往往自駁而不肯删其前說雖仿鄭元注禮先用魯詩後不追改之意於體例亦究屬未安然反復釐剔以祛千古之大疑考證之學則固未之或先矣

古文尚書寃詞八卷浙江巡撫採進本

國朝毛奇齡撰奇齡有仲氏易已著錄其學淹貫羣書而好爲駁辨以求勝凡他人所已言者必力反

其詞故儀禮十七篇古無異議惟章如愚山堂考索載樂史有五可疑之言後儒亦無信之者奇齡獨拾其緒論詆爲戰國之僞書古文尚書自吳棫朱子以來皆疑其僞及閻若璩作古文尚書疏証奇齡又力辨以爲眞知孔安國傳中有安國以後地名必不可掩於是別遁其詞攄隋書經籍志之文以爲梅賾所上者乃孔傳而非古文尚書其古文尚書本傳習人間而賈馬諸儒未之見其目一曰總論二曰今文尚書三曰古文尚書四曰古文

之寃始於朱氏五曰古文之寃成於吳氏案吳棫書稗傳在朱子稍前故朱子語錄述棫說當云始於吳氏成於朱氏此二目殊爲顛倒附識於此六曰書篇題之寃七曰書序之寃八曰書小序之寃九曰書詞之寃十曰書字之寃考隋書經籍志云晉世秘府存有古文尚書經文今無有傳者及永嘉之亂歐陽大小夏侯尚書並亡至東晉豫章內史梅賾始得安國之傳奏之其敘述偶未分明故爲奇齡所假借然隋志作於尚書正義之後其時古文方盛行而云無有傳者知東晉古文非指今本

且先云古文不傳而後云始得安國之傳知今本古文與安國傳俱出非即東晉之古文奇齡安得離析其文以就已說乎至若璩所引馬融書序云逸十六篇絶無師說又引鄭元所注十六篇之名爲舜典汨作九共大禹謨益稷五子之歌允征湯誥咸有一德典寶伊訓肆命原命武成旅獒冏命明與古文二十五篇截然不同奇齡不以今本不合馬鄭爲僞作古文之徵反以馬鄭不合今本爲未見古文之徵亦頗巧於顛倒然考僞孔傳序未

及獻者乃其傳若其經則史云安國獻之故藝文志著錄賈逵嘗校理秘書不應不見又司馬遷爲安國弟子劉歆嘗校七畧班固亦爲蘭臺令史典校藝文而遷史記儒林傳云孔氏有古文尚書安國以今文讀之逸書得多十餘篇歆移太常博士書稱魯恭王壞孔子宅得古文于壞壁之中逸書十六篇班固漢書藝文志亦稱以考二十九篇得多十六篇則孔壁古文有十六篇無二十五篇鑿鑿顯證安得以晉人所上之古文合之孔壁歟且

奇齡所藉口者不過以隋志稱馬鄭所注二十九篇乃杜林西州古文非孔壁古文不知杜林所傳實孔氏之本故馬鄭等去其無師說者十六篇正得二十九篇經典釋文所引尚可覆驗徒以修隋志時梅賾之書已行故志據後出僞本謂其不盡孔氏之書奇齡合史記漢書不據而據唐人之誤說豈長孫無忌等所見反確於司馬遷班固劉歆乎至杜預韋昭所引逸書今見於古文者萬萬無可置辨則附會史記漢書之文謂不立學官者即

謂逸書不知預註左傳皆云文見尚書某篇而逸
書則皆無篇名使預果見古文何不云逸書某篇
耶且趙岐註孟子郭璞註爾雅亦多稱尚書逸篇
其見於古文者更不得以不立學官假借矣至孟
子欲常常而見之故源源而來不及貢以政接於
有庳岐註曰此常常以下皆尚書逸篇之詞爾雅
釗明也璞註曰逸書釗我周王核之古文絕無此
語亦將以爲不立學官故謂之逸耶又岐註九男
二女稱逸書有舜典之序亡失其文孟子諸所言

舜事皆堯典及逸書所載使逸書果指古文則古文有舜典何以岐稱亡失其文耶此尤舞文愈工而罅漏彌甚者矣梅賾之書行世已久其文本採掇佚經排比聯貫故其旨不悖於聖人斷無可廢之理而確非孔氏之原本則證驗多端非一手所能終掩近惠棟王懋竑等續加考証其說益明本不必再煩較論惟奇齡才辨足以移人又以衛經爲詞托名甚正使置而不錄恐人反疑其說之有憑故併存之而撮論其大旨俾知其說不過如此

庶將來可以互考焉

尚書廣聽錄五卷浙江巡撫採進本

國朝毛奇齡撰奇齡欲註尚書而未及因取舊所襍記者編次成書名曰廣聽用漢志書以廣聽語也奇齡常語其門人曰尚書事實乖錯如武王誥康叔周公居洛邑成王迎周公周公留名公皆並無此事是書之意大抵爲辨証三代事實而作初作於禹州繼撰於嵩山凡屢易稿至作尚書寃詞訖而始删成爲五卷其堅護孔傳至謂安國解舜典

文與周禮同者乃相傳之虞禮並非出自周禮夫杞宋無徵孔子已歎不知相傳之虞禮竟出何書可謂虛詞求勝不顧其安然於名物典故則引据考證時有可取置其臆斷之說而取其精核之論於經義亦有所補也

尚書埤傳十七卷　浙江巡撫採進本

國朝朱鶴齡撰鶴齡字長孺別號愚菴吳江人前明諸生是書前有考異一卷辨經文同異後有逸篇僞書及書說餘一卷大抵以孔傳爲真故史記所

載湯誥親受於孔安國者反以爲僞所見未免偏僻然中間坤傳十五卷旁引曲證亦多可採如於沂水則取金履祥之言而曾之沂與徐之沂截然分明於分別九州則取章俊卿之考索於西伯戡黎則取王樵之日記如此之類頗見別裁至於三江故道左袒郭璞殊嫌失考多士多方併錄王柏更定之本尤失於輕信瑣說竄改古經又堯典俊德謂徧考字書俊不訓大不知俊者大也乃夏小正傳文如是之類或亦間有疏漏要其詮釋義理

而不廢考訂訓詁斟酌於漢學宋學之間較書肆講義則固遠勝焉

禹貢長箋十二卷 浙江巡撫採進本

國朝朱鶴齡撰是編專釋禹貢一篇前列二十五圖自禹貢全圖以及導山導水皆備次隨文詮解多引古說而以已意折衷之禹貢自宋元以來註釋者不下數十家雖得失互見要以胡渭之禹貢錐指爲最善此書作於胡渭之前如解治梁及岐力主狐岐爲冀州之境則於理未合蓋岐實雍地當

時水之所壅惟雍爲甚故治冀必先治雍而後壺口可得而疏孔傳所云壺口在冀州岐在雍州從東循山治水而西此語最爲明晰鶴齡所以反其說者殆以冀州之中不當及雍地不知冀爲天子之都何所不包古人字句原未拘泥如荆州云江漢朝宗於海荆固無海亦不過推江漢所歸言之耳卽此可以爲例又何必斤斤致疑乎至其三江一條既主鄭康成左合漢右合彭蠡岷山居中之說而又兼取蔡傳以韋昭顧夷所謂三江口者當

之亦殊無定見又古黑水聯絡雍梁而鶴齡必區而二之蜀漢之山本相連而鶴齡謂蜀之嶓非雍之嶓俱未爲精審又於敷淺原兼取禹過之及江過之二說尤屬騎牆此類皆其所短殊不及胡渭書之薈粹精博而旁引曲証亦時多創獲尚屬瑕瑜參半且其於貢道漕河經由脈絡剖析條理亦較他本爲詳故仍錄存其書與禹貢錐指相輔焉

禹貢錐指二十卷圖一卷 浙江巡撫採進本

國朝胡渭撰渭有易圖明辨已著錄其生平著述甚

夥而是書尤精力所專注康熙乙酉恭逢
聖祖仁皇帝南巡曾呈
御覽蒙
賜耆年篤學扁額稽古之榮至今傳述原本標題二十卷
而首列圖一卷其中卷十一卷十四皆分上下卷
十三分上中下而中卷又自分上下實共爲二十
六卷其圖凡四十有七如禹貢河初徙再徙及漢
唐宋元明河圖尤考究精密書中體例亞經文一
字爲集解又亞一字爲辨証歷代義疏及方志與

圖搜采殆徧於九州分域山水脈絡古今同異之故一一討論詳明宋以來傳寅程大昌毛晃而下註禹貢者數十家精核典贍此爲冠矣至於陵谷遷移方州分合數十年內往往不同渭欲於數千載後皆折衷以定一是如郭璞注山海經臨渝驪成以兩存碣石之說渭必謂文頴所指臨渝爲是漢地理志所指驪成爲非終無確驗又九江一條堅守洞庭之說不思九江果在洞庭南則經當曰九江孔殷江漢朝宗於海矣徐文靖之所駁恐渭

亦不能再詰也千慮一失殆不屑闕疑之過乎他若河水不知有重源則由其時西域未平無由徵驗又所引酈道元諸說經注往往混淆則由傳刻舛訛未覩善本勢之所限固不能執爲渭咎矣

洪範正論五卷 浙江巡撫採進本

國朝胡渭撰大指以禹之治水本於九疇故首言鯀堙洪水繼言禹乃嗣興終言天乃錫禹則洪範爲體而禹貢爲用互相推闡其義乃彰然主於發明奉若天道之理非鄭樵禹貢洪範相爲表裏之說

惟以九州次序分配五行者比也其辨証前人之說如謂漢人耑取災祥推衍五行穿鑿附會事同讖緯其病一洛書本文即五行五事至五福六極二十字惟敬用農用等十八字乃爲禹所加與危微精一之心法同旨初一次二至次九不過是次第名目亦非龜文所有龜之有文如木石之文有可推辨又如魯夫人公子友有文在手之類宋儒創爲黑白之點方員之體九十之位變書而爲圖以至九數十數劉牧蔡季通紛紜更定其病二又

洪範原無錯簡而王柏胡一中等任意改竄其病三皆切中舊說之失蓋渭經術湛深學有根柢故所論一軌于理漢儒附會之談宋儒變亂之論能一掃而廓除焉

尚書解義一卷 兩江總督採進本

國朝李光地撰是書僅解堯典舜典大禹謨皐陶謨益稷禹貢洪範七篇蓋未竟之本所說不以訓詁爲長詞旨簡約而多有精義大禹謨篇不以古文爲僞而云孔安國有所刪添東漢以後儒者又有

所竊竄以解文詞平易之故未免出於調停禹貢篇解五服五千以飛鳥圖爲算謂塞盡處北極出地四十二度至廣海戴日北極出地二十三度一度爲二百五十里南北恰距五千以遷就入於南海之文亦由光地閩人不欲其鄉出禹貢揚州之外故立是說與訓洪爲大訓範爲訓謂洪範即顧命之大訓皆未免巧而不確至於堯典之論中星歲差舜典之論蓋天渾天十有二州與詩歌聲律禹貢之論潛水沔水相通沔水渭水不相入彭蠡

卽今巢湖會於滙爲鄡鄡陽原隰瀦野非地名則

皆實有考証之言非講學家之據理懸揣者矣

書經衷論四卷江蘇周厚堉家藏本

國朝張英撰英有易經衷論已著錄此書不全載經

文但每篇各有標題而逐條繫說亦如其說易之

例凡虞書六十三條夏書三十二條商書五十二

條周書一百六十七條前有康熙二十一年正月

進書原序一篇時英以翰林學士侍

講幄故因事敷陳頗類宋人講義之體其說多採錄舊

文而參以新義如益稷篇稱其有曁益稷之文故借此二字以名篇乃林希逸之說甘誓篇稱啟未接行陣而能素明軍旅之事足見古人學無不貫乃呂祖謙之說微子篇稱比干答微子之言當無異於箕子故不復著乃孔安國之說君牙篇稱古來制誥之辭必自述祖功宗德而因及其臣子之祖父此立言之體乃朱子語類之說至以高宗肜日爲祖己訓祖庚之書西伯戡黎爲武王之事皆不從蔡氏而從金履祥通鑑前編頗總括羣言不

拘門戸其以牧誓庸蜀羌髳微盧彭濮爲在友邦冢君外舉小國之君連及之而不用蔡氏八國近周西都陳氏舉遠槩近之說以君奭爲周公召公共相勉勵輔翼成王之言而不用諸家留之慰之之說則皆所自剏之解核諸經義亦較爲精切雖卷帙無多而平正通達勝支離曼衍者多矣

尚書地理今釋一卷山東巡撫採進本

國朝蔣廷錫撰廷錫字揚孫常熟人康熙癸未進士官至大學士謚文肅是編乃其官內閣學士時所

作首題恭錄
聖訓蓋僎直
内廷之日仰承
指授敬繕成帙者也其中訂定諸儒之說者如堯典宅嵎夷則據後漢書定爲朝鮮正薛季宣于欽之誤宅西則據黃度尚書說不限以一地正徐廣史記註之誤釐降嬀汭則據孔安國傳陸德明釋文之說正水經注嬀汭二水之誤舜典恒山則據渾源曲陽之道里正漢志上曲陽之誤滎波既瀦則據傅

寅之說正孔傳滎波分二水之誤又訂定蔡沈集傳之說者如禹貢治梁及岐則據曾旼之說辨非呂梁狐岐九河旣道則據經典釋文辨簡潔非一河灉沮會同則據元和郡縣志元豐九域志辨此沮水非汳沮浮於濟漯則據漢書地理志陳師凱書傳旁通辨其不知漯水所在灉淄旣道則據水經注辨淄水不東入濟浮于淮泗則據史記河渠書辨禹時泗水上源不自沛通河三江旣入則據鄭元之說辨其誤從庾闡吳都賦注和夷底績則

據水經注時瀾書說辨嚴道以西無夷道盤庚于今五遷則據史記索隱辨邢即音耿祖乙並未兩遷以及三危有二嶓冢亦有二熊耳有二而實一雍梁二州兼得岷山荆梁二州各有沱潛南亳西亳皆湯所都均考訂精核足證往古之訛釋後儒之惑至於崑崙河源之說非惟訂漢儒之謬並證元史之非是則恭逢

聖代混一輿圖得以考見其實據尤非前代經師輾轉耳食者比矣

欽定書經傳說彙纂已備採其文此蓋其先出別行之本

敬著於錄俾天下萬世知

聖學高深度越千古仰觀俯察協契庖犧一時珥筆之臣

鞠膝螭坳備聆

聖訓得餘緒之萬一已能總括古今爲說經家所未曾有

也

禹貢會箋十二卷 安徽巡撫採進本

國朝徐文靖撰文靖字位山當塗人雍正癸卯舉人

乾隆元年薦舉博學鴻詞試不入格十七年又薦

舉經學

特授翰林院檢討是書首列禹貢山水總目以水經所載爲主附論於下次爲圖十有八各係以說書中皆先引蔡傳而續爲之箋博據諸書斷以已意如汾水西入河非東入河徙駭卽河之經流非别有一經流三江旣入經以南江北江中江爲正九江在潯陽非洞庭皆不爲蔡傳所囿至於蔡山則闕其所疑不主寰宇記周公山卽蔡山之說於悖物則取金史地理志謂在乾州武亭縣今武功縣之

東南二百里三危山引西河舊事爲昇雨山謂史記註作卑羽山蓋字之誤併辨胡渭之訛皆具有考證蓋說禹貢者宋以來棼如亂絲至胡渭雖指出而推陷廓除始有條理可按文靖生渭之後因渭所已言而更推尋所未至故較之渭書益爲精審蓋繼事者易有功也惟信山海經竹書紀年太過是則僻於好古不究眞僞之失耳

附錄

尚書大傳四卷補遺一卷 兵部侍郎紀昀家藏本

舊本題漢伏勝撰勝濟南人考史記漢書但稱伏生不云名勝故說者疑其名爲後人所妄加然晉書伏滔傳稱遠祖勝則相傳有自矣漢志書類載經二十九卷傳四十一篇無伏勝字隋志載尚書三卷鄭元註亦無伏勝字陸德明經典釋文稱尚書大傳三卷伏生作晉書五行志稱漢文帝時伏生刱紀大傳玉海載中興館閣書目引鄭康成尚書大傳序曰蓋自伏生也伏生爲秦博士至孝文時年且百歲張生歐陽生從其學而受之音聲猶

有訛誤先後猶有舛差重以篆隸之殊不能無失

生終後數子各論所聞以已意彌縫其欽別作章

句又特撰大義因經屬指名之曰傳劉向校書得

而上之凡四十一篇詮次爲八十一篇云云然則

此傳乃張生歐陽生所述特源出於勝爾非勝自

撰也唐志亦作三卷書錄解題則作四卷今所傳

者凡二本一爲杭州三卷之本與隋志合然實雜

采類書所引裒輯成編漫無端緒一爲揚州四卷

之本與書錄解題合兼有鄭康成注校以宋仁宗

洪範政鑒所引鄭註一一符合知非依託案洪範政鑒世無傳本惟永樂大典載其全書一本各附補遺一卷揚州本所補較備然如郊特牲註引大傳云宗室有事族人皆侍終日大宗已侍於賓奠然後燕私燕私者何也已而言族人飲也一條猶未採入信乎著書之難矣其文或說尚書或不說尚書大抵如詩外傳春秋繁露與經義在離合之間而古訓舊典往往而在所謂六藝之支流也其第三卷爲洪範五行傳首尾完具漢代緯候之說實由是起然月令先有

是義今列爲經不必以董仲舒劉向京房推說事應穿鑿支離歸咎於勝之刱始第四卷題曰畧說王應麟玉海別爲一書然如周禮大行人疏引益侯一條玉藻疏引祀上帝於南郊一條今皆在卷中是大傳爲大名畧說爲小目應麟析而二之非也惟所傳二十八篇無泰誓而此有泰誓傳又九共帝告歸禾揜誥皆逸書而此書亦皆有傳蓋伏生畢世業書不容二十八篇之外全不記憶特舉其有完篇者傳於世其零章斷句則偶然附記於

傳中亦事理所有固不足以爲異矣

案尚書大傳於經文之外掇拾遺文推衍旁義蓋即古之緯書諸史著錄於尚書家究與訓詁諸書不從其類今亦從易緯之例附諸經解之末

書義矜式六卷 浙江范懋柱家天一閣藏本

元王充耘撰充耘以書經登第此乃所作經義程式也自宋熙寧四年始以經義取士當時如張才叔自靖人自獻于先王義學者稱爲不可磨滅之

文呂祖謙編次文鑑特錄此一篇以爲程式元仁宗皇慶初復行科舉仍用經義而體式視宋爲小變綜其格律有破題接題小講謂之冐子冐子後入官題官題下有原題有大講有餘意亦曰從講又有原經亦曰考經有結尾承襲既久以冗長繁複爲可厭或稍稍變通之而大要有冐題原題講題結題則一定不可易尭耘即所業之經篇摘數題各爲程文以示標準其愼徽五典一篇引孔傳大錄萬幾爲說不全從蔡傳考元史選舉志載書

用蔡傳及註疏當時經義猶不盡廢舊說故應試者得兼用之此元代經學所以終勝明代也

案此書乃科舉程文當歸集部然雖非詁經之書實亦發明經義入之別集爲不類故仍入經部附錄中

右書類五十五部六百五十卷附錄二部十一卷皆文淵閣著錄

案蔡沈洪範皇極數諸書雖以洪範爲名而實以洛書九數推衍成文於洪範絕無所涉

舊以爲書類於義殊乖今悉退列子部術數

類中庶不使旁門小技汨亂聖經之大義焉

下無

爲書頗

欽定四庫全書總目卷十三

經部十三

書類存目一

書古文訓十六卷 内府藏本

宋薛季宣撰季宣字士龍號艮齋永嘉人起居舍人徽言之子紹興二十九年年甫十七即從荊南帥辟寫機宜文字調鄂州武昌令以王炎薦改知常熟縣入爲大理寺主簿進大理正知湖州乾道九年遷知常州未上卒然宋人多稱爲薛常州未

之詳也事迹具宋史儒林傳是編所載經文皆以古文奇字書之案孔壁蝌蚪古文漢時已佚無人見其書迹後漢書杜林傳稱林於西州得漆書古文尚書嘗寶愛之雖遭艱困握持不離身出以示衛宏云云此言漆書古文之始又儒林傳曰扶風杜林傳古文尚書同郡賈逵爲之作訓馬融作傳鄭元作解云云今賈馬鄭之注俱不傳然考陸德明經典釋文敘錄稱馬鄭所注並伏生所誦非古文也隋書經籍志亦稱杜氏所傳與賈馬鄭三家

所注惟二十九篇又雜以今文非孔舊本然則當時所謂古文已非今本五十八篇之全矣郭忠恕作汗簡所引用有古尚書玉海載後周顯德六年郭忠恕定古文尚書刻板沈括夢溪筆談稱宋太宗得古文尚書改雲夢土作乂爲雲土夢作乂均不言所自晁武公讀書志稱古文尚書吕大防得本於宋次道王仲至家以核陸氏釋文雖有小異同而大體相類觀其作字奇古非字書傅會穿鑿者所能到學者考之可以見制字之本云云亦不

言宋王之本何來考顏師古匡謬正俗引古文尚
書戮作勠誓作斷則唐初即有此書又冊府元龜
載天寶三載詔曰先王令範莫越於唐虞上古遺
書實稱於訓誥雖百篇奥義前代或亡而六體奇
文舊規猶在但以古先所制有異於當今傳寫寖
訛有疑於後學永言刊革必在從宜尚書應是古
體文字並依今字繕寫施行其舊本仍藏之書府
云云是宋王二氏所傳宋太宗所得即郭忠恕所
見本忠恕所見即唐內府本也然隋志稱晉世秘

書所存有古文尚書經文今無有傳者是唐初古
尚書已亡元宗時何以仍在秘府惟魏江式論書
表中稱所撰古今文字四十篇採孔氏尚書五經
音註籀篇爾雅等書似其時河北尚有傳本然經
典釋文敘錄稱尚書之字本爲隷古既是隷寫古
文則不全爲古字今宋齊舊本及徐李等音所有
古字蓋亦無幾穿鑿之徒務欲立異依傍字部改
變經文疑惑後生不可承用是式所據者卽出此
元宗秘府所藏正是本耳陸德明已先辨之何宋

人又紛紛崇尙乎李宣此本又以古文筆畫改爲今體奇形怪態不可辨識較篆書之本尤爲駭俗其訓義亦無甚發明朱子語錄謂其惟於地名上用功頗中其病故雖宋人舊帙今亦無取焉

書疑九卷 內府藏本

宋王柏撰顧炎武日知錄稱爲元儒王柏考柏以度宗咸淳十年卒未嘗入元炎武偶誤也柏字會之號魯齋金華人受業於何基之門基黃榦弟子榦又朱子壻也故托克托等修宋史以朱子之故

列柏於道學傳中然柏之學名出朱子實則師心與朱子之謹嚴絶異此其辨論尚書之文也尚書一經疑古文者自吳棫朱子始見朱子語錄併今文而疑之者自趙汝談始見陳振孫書錄解題改定洪範自龔鼎臣始見所作東原錄改定武成自劉敞始見七經小傳其併全經而移易補綴之者則自柏始考漢書載劉向以中古文校歐陽大小夏侯三家經文酒誥脫簡一召誥脫簡二率簡二十五字者脫亦二十五字簡二十二字者脫亦二十二字文字異者七百有餘

脫字數十云云此言脫簡之始也然向既校知脫簡自必一一改正必不聽其仍前錯亂又惟言酒誥脫簡一召誥脫簡二則其餘併無脫簡可知亦非篇篇悉有顛倒且一簡或二十五字或二十二字具有明文則必無全脫一章一段之事而此二十餘字之中亦必無簡首恰得句首簡尾恰得句尾無一句割裂不完之事也柏作是書乃動以脫簡爲詞臆爲移補其併舜典於堯典刪除姚方興所撰二十八字合益稷於臯陶謨此有孔穎達正

義可據者也以大禹謨臯陶謨爲夏書此有左傳可據者也以論語咨爾舜二十二字補舜讓於德弗嗣之下其爲堯典本文抑或爲他書所載如鬻子述帝王遺語之類已不可知案鬻子所述帝王遺語今本不載見賈誼新書所引以孟子勞之來之二十二字補敬敷五教在寬之下則孟子明作堯言栢乃以爲舜語已相矛盾然亦尚有論語孟子可據也至於堯典臯陶謨說命武成洪範多士多方立政八篇則純以意爲易置一概託之於錯簡有割一兩節者有割一

兩句者何脫簡若是之多而所脫之簡又若是之零星破碎長短參差其簡之長短廣狹字之行款疏密茫無一定也其爲師心杜撰竄亂聖經已不辨而可知矣其所辨說如謂盤庚之言所欠者理明詞達又信泰誓序十有一年之說謂武王承祖父之餘慶藉友邦之歸心氣焰旣張體貌且盛改元紀元視紂猶諸侯後世曲爲覆護反生荆棘又謂大誥寧王貽我大寶龜西土有大艱人亦不靖之語無異唐德宗奉天之難諉之於定數是排斥

漢儒不已併集矢於經文矣豈濂洛關閩諸儒立言垂教之本旨哉托克托等修宋史乃與其詩疑之說並特錄於本傳以爲美談何其寡識之甚乎

## 古洪範一卷 永樂大典本

宋賀成大撰成大字季常爵里未詳其自序以爲洪範自三八政以下紊亂無次因援朱子大學分經傳之例每疇以禹之言爲經以箕子之言爲傳如五行一曰水至五曰土此禹之經也水曰潤下至稼穡作甘此箕子之傳也五事一曰貌至五曰

思爲禹之經貌曰恭至睿作聖爲箕子之傳三八政一曰食至八曰師爲經而移惟辟作福至民用僭忒爲傳五紀一曰歲至五曰曆數爲經而以王省惟歲至則以風雨爲傳五皇極則以皇建其有極一句爲經而以惟皇作極無偏無陂至以爲天下王爲傳三德則以一曰正直至三曰柔克爲經而以平康正直至高明柔克爲傳稽疑則以擇建立卜筮人至衍忒爲經而以立時人作卜筮至用作凶爲傳庶徵則以曰雨至曰時爲經而以五者

來備至恒風若爲傳五福則以一曰福至五曰考終命爲經而移斂時五福至其作汝用咎爲傳六極則以一曰凶短折至六曰弱爲經而移惟時厥庶民於汝極錫汝保極一極備凶一極無凶凡厥庶民無有淫朋人無有比德不協于極不罹于咎無虐煢獨而畏高明時人斯其惟皇之極爲傳顯倒錯亂純出臆斷而自以爲古洪範自伏生以後傳授歷歷可考何處有此古本乎

定正洪範二卷 内府藏本

元胡一中撰一中字允文諸暨人官紹興路參軍是編因王柏文及翁吳澄三家改定洪範之本而以己意參酌之首爲圖說次考訂經文次爲雜說案河圖洛書名見繫詞不云有關於洪範漢書五行志始載劉歆之言稱禹治洪水錫洛書法而陳之洪範是也於是洛書始合於洪範然猶未及河圖一中又因歆有河圖洛書相爲經緯八卦九章相爲表裏之文遂以河圖洛書併合於洪範而又參以陳摶先天之說所列二十八圖大抵支離破

碎至於無偏無黨亦以五行生尅立論尤爲無理其以九爲河圖十爲洛書沿用劉牧之說於彼法之中自生轇轕猶其小焉者矣且說旣穿鑿理多窒碍乃於必不可通者更遁爲錯簡之說以巧飾其謬遂割裂舊文强分經傳移曰王省惟歲以下八十七字爲第四第五章之傳移無偏無陂以下五十六字於皇建其有極句下爲五章之經移歛時五福以下割裂其文爲九章之傳其餘亦多移彼綴此臆爲顚倒並據吳澄之說改而康而色句

爲而康而寧政是彝是訓句爲是彝是倫則併其字而竄易之考尚書正義載漢書五行志以初一曰五行六十五字爲洛書本文孔安國則以爲禹所第敘劉向以爲龜背先有三十八字劉歆以爲先有二十字孔穎達已均謂其無據其以一五行以下爲箕子所演則諸家並同絕無逐章各有經傳之說一中欲仿朱子考定大學經傳之例強爲分別既已無稽且一中既稱一行十三字何以於庶民錫汝保極以七字而錯一簡五皇極曰皇建

其有極以九字而錯一簡曰王省惟歲以下復以八十七字錯一簡也龔明之中吳紀聞載北宋余燾嘗上書請移洪範曰王省惟歲以下八十七字於四五紀一節之下爲臺諫所彈不果施行是前此已嘗論定矣何一中又祖其說耶

尚書旁註六卷 兩江總督採進本

明朱升撰升有周易旁註圖說已著錄是編以尚書本文大書以訓釋字義者細書於旁間有疏明大旨者又別作一行書之蓋鄉塾課蒙之本不足

以言詁經也梅文鼎序謂升有四書五經旁註明嘉靖間程聞禮爲重鋟止存易詩書三種餘皆散佚

國朝康熙五十年石城蔡鋆再爲鋟板以行近坊肆五經旁訓之本實倡始於升經學至此而極陋又出朱升句解下矣

書義卓躍六卷 浙江范懋柱家天一閣藏本

舊本題廬陵陳雅言撰案經義考載鄒緝所作墓表稱雅言永豐人廬陵蓋舉其郡名又卷首彭勗

序稱鄉先生雅言陳公似乎雅言其字也舊本又作元人考黃虞稷千頃堂書目稱其洪武中薦舉不起復領永豐教事以終墓表稱其著述多所發明有四書一覽大學管窺中庸類編書義卓躍行於世今其他書未見此書則殊無可觀蓋元代以經義取士遂有擬題之書以便剽竊此書蓋亦其一故每段必以此題二字冠首所論亦皆作文之法於經旨無所發明楊士奇跋亦稱其專爲科舉設云

書傳通釋六卷 浙江吳玉墀家藏本

明彭勗撰勗字祖期永豐人永樂乙未進士官至山東按察使副使事迹具明史本傳其書卷首備列四代譜系圖及定時成歲七政五辰璿璣玉衡河洛九疇聲音律吕五服九州等圖編內於蔡傳之下摘錄諸儒舊說間於篇題之後加以案語總論一篇大旨率皆陳因之談觀其自敘蓋節錄永樂中書經大全為之考陸容菽園雜記曰正統初南畿提學彭御史勗常以永樂間纂修四書五經

大全討論欠精諸儒之說有與集註背馳者當刪正自爲一書欲繕寫以獻或以大全序出自御製而止云云則冣於四書五經大全均有刪定之本此特其一種耳夫大全之謬在於偏主一家之說荒棄古來之經義冣更以其偏主爲未堅必鋤盡異同而後已門戶之見尤爲深固史稱冣官建寧教授時疏請春秋祭朱子蠲其子孫徭役又刱尊賢堂祀胡安國蔡沈眞德秀蓋尊信旣深所以欲盡廢舊詁云

尚書直指六卷 浙江范懋柱家天一閣藏本

不著撰人名氏朱彝尊經義考曰是書徐文肅爲東宮講官時所進未曾刊行亦未署名其後中璫錢能從宮中携出遂鏤板於是錢溥劉宣序之童軒跋之皆不知爲文肅所著予從曹侍郎溶家見之因爲標出云云則此書乃徐善述撰也善述字好古天台人以薦授桂陽州學正仁宗爲太子時簡爲左春坊左司直郎陞左贊善時官僚多被罪善述亦坐累死洪熙初贈太子少保謚文肅事迹

附見明史鄒濟傳其書櫽括蔡傳大義已漸類後

來講章於蔡傳得失未嘗糾定又所纂之註亦時

有時無如禹貢注震澤而不注三江注王屋而不

注太行恒山顧命注大訓而不注赤刀琬琰之類

不應罣漏至此意者剞劂之時並註脫去能本內

官姑借刊書嘅名未嘗一為校正歟

書經提要無卷數浙江吳玉墀家藏本

明章陬撰陬字仲寅黄巖人正統丙辰進士官禮

部主事是編以天文地理圖書律吕四者皆釋經

之要故分爲四類每類又各分細目繫以圖說自序謂見於蔡傳者不復出然其圖皆從諸書採錄其說亦多襲取陳言無所考辨召誥土中說一條引周禮曰東則景夕多風日西則景朝多陰謂蔡傳所引王氏之說誤謂景朝多陽景夕多陰今按蔡傳祗以多風誤爲多陽未嘗誤爲景夕多陰或陬所見與今刊本不同耶

書傳洪範考疑一卷　浙江巡撫採進本

明吳世忠撰世忠字懋貞金谿人宏治庚戌進士

官至延綏巡撫僉都御史是書取蔡沈所釋洪範有疑於心者畧爲考正大旨歸本於治法立意未嘗不善然如以六三德爲馭臣之法以剛克柔克爲恩威之義用張景之說尚爲可通以禹貢貢金之類解五行已覺附會至五福六極皆指刑賞而言以保全愛養不使短折爲壽之之法以殺戮勦絕不使得壽爲凶短折之之法則牽强太甚矣

禹貢詳畧無卷數浙江范懋柱家天一閣藏本

明韓邦奇撰邦奇有易學啓蒙意見已著錄邦奇

學有原本著作甚富而此書訓釋淺近惟言擬題揣摩之法所附歌訣圖考亦極鄙陋乃類兎園冊子前有邦奇自爲小引云畧者爲吾家初學弟子也復講說者舉業也詳釋之者使之進而有所考也後有蔚門歐思誠跋述邦奇之言亦曰特以教吾子弟非敢傳之人人則是書本鄉塾私課之本思誠無識而刻之轉爲邦奇累矣至於每州之下各加某州之域四字參於經文之中尤乖體例邦奇必不如是之謬殆亦思誠校刊之時移其行欵

也朱彝尊經義考載邦奇書說一卷註曰未見而不載此書其卷數則相同或卽因此書而傳訛歟

尚書說要五卷浙江汪啟淑家藏本

明呂柟撰柟有周易說翼已著錄是編乃其與門人論書之說詮次成帙與蔡傳間有出入如以舜典在璇璣玉衡爲北斗以武成非錯簡之類改從古說異乎蔡傳者也以洪範爲洛書以伊訓元祀十有二月証三代不改月之類沿襲誤解仍同乎蔡傳者也大抵推尋文句雖間有闡發亦皆以私

意揣摩如謂堯典仲夏稱日永仲冬不稱宵永爲扶陽抑陰之義以書序君奭不悅爲不悅仕進是果經意乎其言禹貢水土之序及五服之遠近亦皆臆度之詞無典據也

書經旨畧一卷 浙江吳玉墀家藏本

明王六用撰大用字時行號蘗谷興化人正德戊辰進士官至副都御史是編不載經文惟推闡傳註之意載某段某句宜對看某段某句宜串看不出科舉之學

尚書譜五卷 編修汪如藻家藏本

明梅鷟撰鷟有古易攷原已著錄鷟因宋吳棫朱子及元吳澄之說作尚書考異及此書考異引據頗精核此則徒以空言詆斥無所依據如謂孔壁之十六篇出於孔安國所爲實以臆斷之別無確証又謂東晉之二十五篇出於皇甫謐所爲則但據孔穎達引晉書謐傳從其姑子外弟梁柳得古文一語其說亦在影響之間且詞氣叫囂動輒醜詈亦非著書之體故錄其考異而是書僅存目焉

書疇彝訓一卷 監察御史蕭際韶家藏本

明蔡悉撰悉字士備合肥人嘉靖己未進士官至南京尚寶司卿移署國子監祭酒明史儒林傳附載王畿傳末稱其嘗請立東宮又極言礦稅之害爲人有學行恬於宦情仕五十載家食强半清操亮節爲淮西所宗在姚江末派之中爲最能謹嚴不肆者是書闡發洪範九疇與易象合一之理前五條總明其理次九章分晰其旨蓋即劉歆河圖洛書相爲經緯八卦九章相爲表裏之說也

## 禹貢圖說一卷 浙江巡撫採進本

明鄭曉撰。曉字窒甫，海鹽人，嘉靖癸未進士，官至刑部尚書，謚端簡，事迹具明史本傳。是書自總圖以下分圖者凡三十，旁綴以說，仍載禹貢經文於後。其中精核可從者，胡渭禹貢錐指每徵引之。然核其全書，實多疎舛，渭未及一一辨也。

## 禹貢說一卷 兩江總督採進本

明鄭曉撰。是篇詮釋禹貢之文。其中如解大野既豬一條，解揚州一條，解浮于江沱潛漢一條，解江漢一條皆爲閻若璩潛邱劄記所取然大致多隨文演義詞指淺近其門人徐允錫跋稱受業於曉數月因出此帙授之曰子能了此禹貢無難矣蓋本爲舉業講授而設允錫尊其師說遂從而刊行非曉意也

古書世學六卷 兩淮鹽政採進本

明豐坊撰坊有古易世學已著錄是編以今文古文石經列於前而後以楷書釋之且採朝鮮倭國二本以合於古文故曰古書又以豐氏自宋迄明

世學古書稷爲正音慶爲續音熙爲集說道生爲考補故曰世學其序曰正統六年慶官京師朝鮮使臣嫣文卿日本使臣徐睿入貢二人皆讀書能文詞議論六經出入意表因以尚書質之文卿曰吾先王箕子所傳起神農政典至洪範而止睿曰吾先王徐市所傳起虞書帝典至泰誓而止又笑官本錯誤甚多孔安國僞序皆非古經之舊如虞書帝告紀堯舜禪授之事汨作紀四凶之過九共紀四岳九官十二牧考績之事槀飫紀后稷種植

之法序皆不知吾國之法有傳古經一字入中國者夷九族使臣將行搜撿再三遣兵衛之出境則六一翁謂令嚴不許傳中國者不信然歟固請訂其錯誤僅錄一典二謨禹貢盤庚泰誓武成康誥酒誥洛誥顧命見示謹錄附先清敏公正音之下俾讀是經者尚有考於麟角鳳毛之遺傳云又曰梁姚方興妄分堯典舜典為二篇伏生今文孔安國古文鴻都石經魏三體石經合為一篇止名堯典箕子朝鮮本徐市倭國本總作帝典與子思大

學合王曾齋王深寧皆以爲最是今從之考補云姚方興本齊篡主蕭道成之臣僞增曰若稽古帝舜曰七字於重華之上變亂其文分爲二典於建武二年上之後事篡主蕭衍以罪見誅箕子封於朝鮮傳書古文自政典至微子而止後附洪範一篇徐市爲秦博士因李斯坑殺儒生託言入海求仙盡載古書至島上立倭國卽今日本是也二國所釋書經先曾祖通泰府君與楊文懿公皆嘗錄得以藏於家顧炎武日知錄曰按宋歐陽永叔日

本刀歌徐福行時書未焚逸書百篇今尚存葢昔已有是說夫詩人寄興之詞豈必眞有其事哉曰本之職貢於唐久矣自唐及宋歷代求書之詔不能得而二千載之後慶乃得之其得之又不以獻之朝廷而藏之家何也至曰箕子傳書古文而帝典至微子則不應別無一篇逸書而一一盡同於伏生孔安國之所傳其曰後附洪範一篇者葢徒見左氏傳三引洪範皆謂之商書而不知王者周人之稱十有三祀者周史之記不得謂商人之書

也禹貢以導山導水移於九州之前此不知古人先經後緯之義也五子之歌爲人上者柰何不敬以其不叶而改之曰可不敬乎謂本之鴻都石經據正義言蔡邕所書石經尚書止今文三十四篇無五子之歌熙又何以不考而妄言之也其辨可謂明矣今考明英宗實錄正統六年無此二國使臣之名則其爲子虛烏有巳可不辨又朝鮮今爲外藩其書不異於中國絶無箕子本之說日本所刻七經孟子考文其書爲中國所佚者惟孔安國

孝經傳皇侃論語疏而孝經傳山井鼎等又自言其僞至其尚書則一一與中國註疏本同不過字句偶異耳然則朝鮮本倭國本者何自來哉是又不待證以篇章字句而後知其妄也

書經直解十三篇 內府藏本

明張居正撰居正字叔大江陵人嘉靖丁未進士官至太師吏部尚書中極殿大學士卒謚文忠事迹具明史本傳是書爲萬歷初進講所作時神宗幼冲故譯以常言取其易解吳澄草廬集中所載

經筵講義體亦如是也

書經說意十卷 江西巡撫採進本

明沈偉撰偉號虹野吳江人嘉靖壬子舉人是書分節總論大旨不出講章之習所標某句截某句斷者尤陋按朱彝尊經義考有杜氏偉尚書說意不著卷數註云未見考偉本姓杜少育於沈漢家因冒其姓後乃歸宗此書蓋其未復姓時所作故仍題沈姓彝尊所載則據其後而言之也

書經講義會編十二卷 江西巡撫採進本

明申時行撰時行字汝默號瑤泉長洲人嘉靖壬戌進士第一官至大學士謚文定事蹟具明史本傳是編乃時行官翰林直日講時所進其說皆恪守蔡傳務取淺近易明考徐允錫作鄭曉禹貢說跋云嘗屬徐瑤泉作虞商周書說以補所未備徐瑤泉者卽謂時行葢時行初冒徐姓允錫跋作於隆慶二年時猶未復姓也據其所言時行葢深於尚書者然其書說竟不及成惟此編存於世云

禹貢山川郡邑攷四卷　浙江汪啟淑家藏本

明王鑑撰鑑字汝明無錫人嘉靖乙丑進士官至
太僕寺卿事迹附見明史邵寶傳其書以禹貢水
道爲主每條用水名標目而歷引諸書所載源流
分合於下其名爲經文所無而見於蔡氏傳者並
附釋之山名亦同此例郡邑名則專取蔡傳所有
者釋之然地名僅載其沿革至到山名引書亦頗
略惟水道稍詳亦未爲該博朱彝尊經義攷不著
錄無錫縣志列鑑名於文苑傳亦不言其著有此
書疑草創之稿未行於世歟

禹貢元珠一卷 兩江總督採進本

明俞鯤撰鯤字之鵬嘉興人是書朱彝尊經義攷不著錄而別載其百家尚書彙解列於申時行袁仁之後屠本畯鄧元錫之前蓋嘉隆間人也大旨取禹貢篇蔡沈集傳刪節浮文歸於簡要於青州濰淄二水則據毛晃禹貢指南之說謂淄入海而以蔡傳淄入泲者爲誤亦間有攷證然大致主於詮釋文句於山川地理未能洞悉原委卷末附九州總歌導山導水歌九州田法賦法歌尤村塾記

誦之學矣

欽定四庫全書總目

經部

卷十四之十五

欽定四庫全書總目卷十四

經部十四

書類存目二

書經疑問十二卷浙江巡撫採進本

明姚舜牧撰舜牧有易經疑問已著錄是編於經義罕所攷定惟推尋文句以意說之往往穿鑿杜撰如解堯典湯湯洪水方割云湯湯如湯滾沸一般樣解舜典有能奮庸熙帝之載曰載字下得極妙天下事重且大矣帝王以一身擔當負荷如車

載者然可謂游談無根矣

書帷別記四卷 浙江汪啟淑家藏本

明王樵撰樵所著尚書日記十六卷說者稱其該洽已著於錄此書則爲科舉而作曰別記者所以別於日記也書前舊有萬歷甲申自序見朱彝尊經義攷此本不載蓋偶失之

尚書要旨三十卷 兩江總督採進本

明王肯堂撰肯堂字宇泰金壇人樵之子也萬歷己丑進士官至福建布政司參政事迹附見明史

樵傳是書承樵所撰尚書別記抄撮緒言敷衍其說以備時文之用其經文較講義低二格每節惟書首尾二句亦如時文之式

尚書辨解十卷 浙江汪啟淑家藏本

明郝敬撰敬有周易正解已著錄是編前八卷解伏書二十八篇後二篇辨孔書故名曰辨解其解周公居東爲就管叔以兄弟之義感之解罪人斯得爲成王與太公召公誅管叔而周公不與聞他若周公稱成王爲孺子爲國史代周公之辭非周

公曰出其說多與先儒異蓋敬之解經率憑臆度亦不但此書爲然也

禹貢備遺增註二卷 兩江總督採進本

明胡瓚撰其曾孫宗緒增註瓚字伯玉桐城人萬歷已丑進士官至江西布政司參政宗緒字襲參雍正庚戌進士官至國子監司業是書先發明禹貢書法別爲卷首自禹敷土至西戎即敘爲一卷導岍及岐以下爲一卷依經附註多遵蔡氏集傳宗緒增註則間引蔡傳原文以證其同異如謂淄

水入海不入濟考左傳昭公二十六年咸人伐齊師之飲馬于淄者杜預註云出泰山梁父縣北此乃淄汶鄭樵誤會其文遂據此謂濰淄之淄爲入汶不入海固爲牽合蔡傳云淄水東入濟亦不知通淄濟之間乃漢時事有河渠書可證也禹貢之淄出益都縣東南岳陽山歷今臨淄博興樂安至壽光縣北由清水泊入海水道顯然此糾正之得實者也至謂汾本西流則從蔡傳攷水經注汾水出太原汾陽縣北管涔山南流與東西温谿合以

今地輿考之自汶陽至臨汾縣東皆南流自此而南西流經曲沃縣所謂故絳也由曲沃至河津榮河諸縣則皆西流蔡傳未爲明晰如是之類尚未盡正也

**書傳會衷十卷** 江蘇周厚堉家藏本

明曹學佺撰學佺有易經通論已著錄是書自一卷堯典至六卷召誥題曰書傳會衷七卷洛誥以下則題曰書傳折衷篇帙相連而兩名互見莫喻其故今姑從其前名以歸畫一其說多沿襲舊文

間自立議則又多舛誤如四岳舊說以爲四人學佺則以爲一人而總四岳諸侯之事不知下文僉曰爲衆應之辭也其以三江爲松江婁江東江九江爲洞庭則皆取舊說之難信者洪範之六三德不取鄭康成臣道之說而用孔傳亦失於決擇也

虞書箋二卷 浙江巡撫採進本

明茅瑞徵撰瑞徵字伯符歸安人萬歷辛丑進士官至南京光祿寺卿解官後自號苕上漁父又稱澹樸居士此書前有自序言南局多暇讀唐虞論

治之書輒次數語葢即官光祿時作也考定陵註略瑞徵官職方郎中時欲黜一副將不遂反爲所搆又御史姚永濟韓浚皆有所請託瑞徵不從遂合力排擠之去其人葢亦錚錚者而此書所箋大抵敷衍舊說無所發明如解柔遠能邇句云柔字下得最妙解惟時亮天工句云即熙帝載意解天敘有典節云兩我字正與兩天字相應解慎乃在位句云即慎乃有位皆不過隨文敷衍殆閒曹無事姑以遣日本無意於著書而其子漫付剞劂耳

禹貢滙疏十五卷兩淮鹽政採進本

明茅瑞徵撰其書前冠圖經二卷上卷二十四圖皆鄭曉原本下卷二十四圖則瑞徵所補緝也次以九州爲九卷導山導水各一卷而九州攸同至末自爲一卷又採摭大禹神怪之事爲附錄一卷書作於崇禎壬申多借以抒寫時事故其自序曰讀禹貢者詳九州之山川則可供聚米之畫習濬渠之岐路則可商飛輓之宜察東南之物力則當念杼軸之空攷甸服之遺制則當與樹藝之利而

摯要於底愼財賦一語疏解浩繁可一言以蔽之如必句櫛字比執今圖誌疑古山川此不離經生之耳食何異孔蔡之舊文蓋其志不在於解經也然徵引浩繁而無所斷制動引及天文分野未免泛濫至其附錄一卷盡摭雜家之言侈談靈異則非惟無與於經義亦並無關於時事矣豈說經之體哉

尚書傳翼十卷浙江巡撫採進本

明陸鍵撰鍵字實府秀水人是書惟敷衍蔡沈之

說無所異同故曰傳翼大旨主於通俗體例亦全似語錄

尚書晚訂十二卷 編修勵守謙家藏本

明史維堡撰維堡字心傳金壇人萬歷丙辰進士官至工部郎中是書本名尚書集覽後更名晚訂葢取晚年論定之意也大旨以蔡傳爲藍本惟攷據典故頗引舊文不盡同於蔡傳葢參用朱子尚書名物度數當看註疏之語也

尚書揆一六卷 浙江汪啟淑家藏本

明鄒期楨撰期楨字公寧無錫人萬歷中諸生江南通志儒林傳附見吳桂森傳中稱與桂森俱從高攀龍學稱兩素衣先生是書專主蔡傳而雜引諸儒之說以發明之蓋爲科舉而作書成於萬歷丙辰前有高攀龍序又有讀尚書六要其孫陞所述也

尚書葦籥二十一卷兩江總督採進本

明潘士遴撰士遴字叔獻烏程人天啟壬戌進士官至大理寺寺副是書大意欲囊括漢宋諸儒而

折衷以己見然博引繁稱巵言多而精理少其凡例高自標置謂從來說經非稽天之射即無病之呻葦籥指點虛實筆光開洞眞可引人心氣資人聰明其經如經星之左旋其緯如緯星之右轉無可增減無可讚宣烟霞寶氣結爲祥光瑞靄萬古執迷一旦葦籥獨見曉焉云云自古以來著述之家未有誇誕至於如是者其華而不實亦可概見矣目錄止二十一卷而分編則爲五十八卷蓋以篇數爲子卷也

書經集意六卷 江蘇巡撫採進本

明萬嗣達撰嗣達字孝仲潯陽人其履貫無可考自序稱天啟壬戌書於陪京序中謂雲曹簡靜蓋官南京刑部時所作書中分節講論罕逢奧義至禹貢内雜引明代漕輓東驛諸事以便答策尤非解經之體矣

禹貢圖註無卷數 江西巡撫採進本

明艾南英撰南英字千子東鄉人天啟甲子舉人朱聿鍵僭號於福建以為監察御史病卒於延平

事蹟具明史文苑傳楊陸榮三藩紀事本末則以爲殉節自經傳聞異詞莫之詳也是編以禹貢九州分繪九圖列於各州經文之前又繪五服圖列於五百里甸服一節之前後附輿地總圖據明代郡縣紀其大畧採錄蔡註之簡明者爲內註有不可廢者仍錄爲外註其圖與注俱頗簡畧無所考證南英自序亦稱爲便於童蒙記誦云

禹貢合註五卷 江蘇巡撫採進本

明夏允彝撰允彝字彝仲華亭人崇禎丁丑進士

官長樂縣知縣遭母憂歸福王時召爲吏部主事以終制辭南都失守投水死事迹附見明史陳子龍傳是書多詆合時務指言得失又雜取水經注及諸家小說旁載山水形狀及諸奇異似乎博贍實於經義無關也

讀尚書畧記無卷數浙江巡撫採進本

明朱朝瑛撰朝瑛有讀易畧記已著錄此書力辨攻古文者之非殊失深考其所註釋亦不過隨文敷衍在所作諸經畧記之中獨爲最下

書繹六卷 江西巡撫採進本

明楊文彩撰文彩字治文寧都人是編冠以指畧十六條先儒論二十一條四十二篇亡書目次汲冢周書篇名其餘卷次一如蔡傳文彩崇信古文其註或如策論或如語錄或如時文批語無復先儒詁經之體前有其門人魏禧序推尊甚至文彩自序亦謂與門人魏叔子共處一室相與揚搉正謬薙繁義有未盡復著爲論以補所未逮是書之成其功爲多然禧工於文章而學問則多講權畧

解經亦非所長也

禹貢廣覽三卷　浙江吳玉墀家藏本

明許胥臣撰胥臣錢塘人茲編首載九州總圖次以九州各爲一圖而經文分附於後又以導山導水南條北條分析爲圖亦各以經文附焉至九州攸同及五百里甸服諸條又分山水總敘及鄉服諸名體例頗爲詳悉而經文下所引諸家註釋則粗明訓詁未足爲考證之資也

尚書講義無卷數　兩江總督採進本

明蔡璋撰璋字達夫無錫人是書順文敷衍無所發明其開卷釋曰若若字作設問之如字解則大畧可睹矣書凡兩册爲明季寫本當時朱墨標識猶存疑卽璋之原稿云

尚書解意六卷 直隸總督採進本

明李楨扆撰楨扆字華麓任邱人是編不甚訓詁名物亦不甚闡發義理惟尋繹語意標舉章旨節旨務使明白易曉而止葢專爲初學而設故名以解意云

禹貢通解一卷江蘇巡撫採進本

舊本題檇李邵墳撰不著時代前有寶坻杜立德序當爲國朝人而其圖中稱北直隸稱承天府皆明人語疑序爲立德未入國朝以前作也立德之序頗斥據後代地理以疑蔡傳之非乃併河源之說亦指爲不近理而瑣之所註乃與蔡傳多有異同其循傳發揮者謂之通解其不從傳者謂之辨異每州之首及導山導水各

列爲圖自云多本之鄭曉夏允彝然其青州圖下
即駁允彝之說亦不盡用二家也是書頗有意於
攷正而所學未博引據疏畧視胡渭諸家不止上
下牀之別矣

尚書集解二十卷 直隸總督採進本

國朝孫承澤撰承澤號退谷山東益都人世隸上林
苑籍故自稱曰北平前明崇禎辛未進士官兵科
給事中李自成僭位受僞職爲四川防禦使入
國朝官至吏部侍郎平生以尊崇朱子得名而是書

篤信古文與朱子獨異所解自蔡沈集傳外多採呂祖謙書說金履祥表注許謙叢說而力斥馬融鄭康成葢欲尊宋學故不得不抑漢儒然宋儒解經惟易詩春秋掊擊漢學其尚書三禮實不甚異同承澤堅持門戶又併排斥之耳然千古之是非曷可掩也

九州山水考三卷 安徽巡撫採進本

國朝孫承澤撰取禹貢所載山水使分類相從山凡四十有九正導者二十有七雜見者十有六水凡

四十有二正導者九雜見者三十有三附以澤九原隰十冠以水道會同源委皆首標其名而以所合諸水旁行敘貫引以鳥絲畧似族譜世系與地圖之例迴殊中多附論時事引明代諸人議論事實以相證佐如水利海運之類與經義多不相關葢借事抒議不專為注經設也書首標曰格致錄卷而卷字之上缺一字未鐫其子目乃題九州山水考上中下字葢其格致錄中之一種刊而未竣者耳

尚書近指六卷　江西巡撫採進本

國朝孫奇逢撰奇逢有讀易大指已著錄是書前有自序以主敬存心爲尚書之綱領其說多標舉此義不甚詮釋經文然蔡沈書集傳序所謂堯舜存此心桀紂亡此心太甲成王困而存此心者已先揭大旨不煩重演矣

尚書引義六卷　湖南巡撫採進本

國朝王夫之撰夫之有尚書稗疏已著錄此復推闡其說多取後世之事糾以經義如論堯典欽明則

以闢王氏良知論舜典元德則以闢老氏元旨論依永和聲斥宋濂詹同等用九宮塡郊廟樂章之陋論象以典刑攻鍾繇陳羣等言復肉刑之非論人心道心證釋氏明心見性之誤論聰明明威破呂不韋月令劉向等五行傳之論論甲冑起戎見秦漢以後制置之失論知之非艱行之惟艱詆朱陸學術之短論洪範九疇薄蔡氏數學目爲無稽論周公居東鄙季友避難爲無據議論馳騁頗根理要至於王敬作所不可不敬德及所其無逸等

毋從孔傳而非呂蔡亦有依據惟文侯之命以為與詩錄小弁之意同為孔子有取於平王至謂高宗諒陰與豐昵同為不惠於義則其論太創又謂黃帝至帝舜皆以相而紹位古之命相猶後世之建嗣又謂虞夏有百揆商有阿衡皆相也至周則六卿各率其屬周之不置相自文王起此皆臆斷之詞他若論微子去紂恐文王有易置之謀周公營洛亦以安商民反側之心則益涉於權術作用不可訓矣

尚書體要六卷 江蘇巡撫採進本

國朝錢肅潤撰肅潤字礎日無錫人是書章分句解止於隨文生義未能有所折衷其訓禹貢九江旣以松江婁江東江爲三江又謂江漢發源於梁合流於荆入海於揚定是江漢爲何又生松江婁江東江出來云云則又主蘇氏岷江爲中江嶓冢爲北江豫章爲南江之說矣又云東湖未築以前江水直注太湖是岷江嶓冢豫章三江未嘗不通震澤也攷江水雖入海於揚然自古未與震澤通若

如是說則京口以東皆成巨浸矣殊爲無據惟其辨九江有三頫爲詳晰差足備考耳

書經疏畧六卷 河南巡撫採進本

國朝張沐撰沐有周易疏畧已著錄是書從註疏本以書序分冠諸篇又從古本合爲一篇列於卷首其次第與孔安國傳及鄭康成所註百篇之序俱互有異同又所載孔安國序於春秋左氏傳句闕其左氏二字解之曰傳附經左曰左傳以人號傳古無此體考左傳或曰左氏或曰左丘漢以來說

者不同總爲人姓沐乃以爲左右之左殊駭視聽且謂傳以人號古無此體是併漢藝文志亦未見矣蓋沐著春秋疏署以左傳爲孔子作故於此書亦護其說耳所解多襲蔡傳其獨出已見者率多杜撰如解無逸篇則知小人之依句曰於是知小民者君子之所依賴以安也豈復成文義乎

古文尚書考一卷 編修程晉芳家藏本

國朝陸隴其撰隴其字稼書平湖人康熙庚戌進士官嘉定靈壽二縣知縣行取御史乾隆元年從祀

孔子廟庭
賜諡清獻是書原載隴其三魚堂集中曹溶學海類編始摘錄别行大旨惟據朱子告輔廣之言以申古文尚書非僞然朱子語錄曰書序恐不是孔安國所作只是魏晉時文字又曰孔氏書傳某疑決非安國所註恐是魏晉閒人託安國爲名與毛公詩傳大叚不同又曰傳之子孫以貽後代漢時無這般文章嘗疑安國書是假書漢儒訓釋文字有疑則闕此却盡釋之豈有千百年前人說底話收拾

於灰燼屋壁之中與口傳之餘更無一字訛錯況孔書至東晉方出前此諸儒皆不曾見可疑之甚然則朱子辨古文非眞不一而足未可據輔廣所記一條遂謂他弟子所記皆非朱子語也

尙書惜陰錄六卷兩江總督採進本

國朝徐世沐撰世沐有周易惜陰錄已著錄是編乃世沐七十二歲時作其篤信古文猶先儒之舊論至於尊古文而排抑今文則變本而加厲矣其排抑今文惟以不全爲詞不思古文五十八篇亦不

足百篇之數也其說皆因蔡傳而衍之往往支離於文外如解蒙羽其藝謂蒙多蒙昧亦要隨刋羽多禽鳥亦必翦除益稷之有勞可知夫益稷佐禹豈必在此二山且以山名一字穿鑿生義然則熊耳必多冬蟄之獸外方必爲中矩之形哉又如解厥貢惟土五色謂徐之東原乃中原正地厥土五色而赤多亦文明天闢孔子雖爲兗産實徐産也斯文之說蓋象地靈是與經義何涉也至謂唐尙無史舜乃設史追書故曰虞書謂舜以諸侯之禮

祀瞽瞍二姚並祔正舜母繼象母一一秩之不紊大小宗無餘憾故官曰秩宗葢不知其所據矣

尙書口義六卷 浙江巡撫採進本

國朝劉懷志撰懷志字貞儒武强人康熙中左都御史劉謙之父其孫自潔原跋稱爲大司空葢其贈官然未詳何以贈工部尙書也是書於經文之內注小字以貫串之大旨悉遵蔡傳而衍以通俗之文以便童蒙凡蔡傳所謂錯簡者俱移易經文以從之凡蔡傳所謂衍文者則徑從刪薙可謂信傳

而不信經矣

禹貢正義三卷（江蘇巡撫採進本）

國朝曹爾成撰爾成字得忍無錫人是書成於康熙甲寅據蔡氏集傳爲本或偶出已見又於古無稽如揚之三江則以爲錢塘江有兩源北源爲黟江西源爲且末江併錢塘而爲三梁之沱潛則以爲皆江之别源而非江漢别流其説導水於導河節以東過洛汭爲禹過之以大陸爲去河絶遠禹從澤水取陸路到高平之處下又北接上北過澤水

非自大陸又北於導漾節過三澨至于大别亦爲

禹取陸路從三澨至大别下南入于江接上又東

爲滄浪之水而轉南非自大别而南於導江節過

九江至于東陵爲禹從九江取陸路至東陵下東

迤北接上又東至于澧非自東陵又東於導流水

節以東出于陶丘北又東爲濟之正派下至于菏

爲分流南行通泗又東北接又東正派非自菏又

東北其又北東入于海以又北爲分流北出爲沮

而合于濰以東入于海爲正派皆膠滯破碎使文

理不相貫也

舜典補亡一卷 浙江巡撫採進本

國朝毛奇齡撰奇齡有仲氏易已著錄舜典舊無篇首二十八字至梁姚方興始得別本於大航頭以補之其事本屬可疑然相沿已久無可刊削之理所謂有其舉之莫敢廢也奇齡堅信古文而獨不信二典之分篇遂以爲自月正元日以下乃爲舜典而闕其前半篇遂摭史記以補之夫司馬遷書豈可以補經即用遷書爲補亦何可前半遷書後

半忽接以古經混合爲一奇齡以竄亂古經詆朱子而所爲又加甚焉雖善辨者殆亦難爲之詞矣

尙書義疏無卷數　檢討蕭芝家藏本

國朝蔣家駒撰家駒字千里丹陽人康熙庚午舉人官懷集縣知縣是編亦高頭講章之類抄本綴以圈點其體段皆時文

書經詳說無卷數　河南巡撫採進本

國朝冉覲祖撰覲祖有易經詳說已著錄是書以蔡傳爲主旁引孔傳孔疏及宋元以下諸家之說以

釋之雖證引頗繁然如六宗三江皆援据諸說而終以蔡傳爲主其有稍異於傳者多削而不錄如文侯之命引孔疏其下注云傳疏多與蔡傳說異故僅錄此又如費誓徂茲淮夷句引孔疏亦必注其下云祖訓往征與蔡傳異蓋篤守宋學不肯一字異同者也

禹貢臆參 無卷數江蘇巡撫採進本

國朝楊陸榮撰陸榮有易互已著錄是書於經文之下詳載蔡傳而並錄地理今釋以糾其誤亦間附

已說然頗有攻詰未當者若三江既入震澤底定一條初學記引鄭康成註漢江爲北江右合彭蠡爲南江岷山居中爲中江後儒咸主鄭義而陸粲力攻之謂周禮職方於荆州曰其川江漢於揚州曰其川三江若江漢即三江之二又何以一表之於荆又表之於揚也攷職方氏有曰河東曰兗州其川河泲東北曰幽州其川河泲一河泲而既表之於兗又表之於幽陸粲又何以難之耶陸粲又謂職方氏曰其川江漢其浸五湖苟彭蠡可以爲

南江則是一水而分列於川浸藪主李善司馬貞之注以彭蠡爲五湖之一然虞翻韋昭張勃酈道元張守節陸龜蒙李宗諤諸家皆與善及貞註不同則五湖必兼彭蠡尚未可確定亦不得執以駁三江矣

禹貢譜二卷浙江巡撫採進本

國朝王澍撰澍字若霖亦或自書爲篛林金壇人康熙壬辰進士歷官給事中是書各著經文於前而附圖於後州爲一圖一言疆界一言貢道導山導

水及山川田賦亦各有圖凡四十圖大抵皆本蔡
傳而參以諸家之說

禹貢解八卷 浙江巡撫採進本

國朝晏斯盛撰斯盛有楚蒙山房易經解已著錄禹
貢一篇自注疏而外無慮數十百家迨胡渭禹貢
錐指出條分縷晰辨證詳博斯盛是編大槩全取
渭書而變其體例中如渭引水經注漳至斥漳縣
入河斯盛則以漢志斥漳下應劭云漳水出治北
入河葢言漢時漳水在治北其云入河者以下流

至阜城言也漳水逕行鄴東已當入故大河若漢時阜城以上安得有河渭據水經注濟歷琅槐縣故城北淄入馬車瀆逕琅槐故城南故言淄濟各自入海斯盛以漢書甾至博昌入泲師古注云泲音子禮反孔疏引作入海誤也甾入泲不在馬車瀆而在琅槐東之博昌界其辨别亦頗精密至其論碣石據漢志驪成之大碣石山即今昌黎縣北二十里所謂仙人臺天橋柱者不取王横淪於海中之說又謂河濟相通浮濟自陶丘而西以達于

河周以後滎川道窒至東漢時僅存滎菏澤渚之本源故漢志云軼出滎陽北平地非禹貢職方舊迹不取三伏三見之說其他如冀之恒衛以恒由恒山得名滱水出靈邱縣北高氏山與渾源州恒山相連屬衛由惡池得名衛轉曰惡惡轉曰虖滱即恒虖㡯即衛皆因渭說而附益之導河後附歷代徙流亦因渭之書删繁就簡於雍之黑水欲以打冲河當之究不協入于海之文且漫無實証又渭不知今呼老黄河者爲宋之二股河而以爲二

股河行唐馬頰河故道斯盛亦曰二股河尋唐景福以前馬頰河之道也則又沿渭之誤不能糾正矣

今文尚書說三卷 浙江巡撫採進本

國朝陸奎勳撰奎勳有陸堂易學已著錄是編皆訂補蔡沈書傳之闕失大抵推求於字句之間離合參半所解惟伏生二十八篇而古文則置之不言蓋用吳澄書纂言之例未爲無見而所附古文尚書辨二篇不引梅鷟閻若璩的然有証之語而又

變爲古文尚書半眞半僞之說自稱年將及艾於詩禮春秋撰成經說三十八卷夢見孔子心似别開一竅者凡於書之眞贗一覽自明云云其亦近於語怪矣

尚書通義十四卷浙江巡撫採進本

國朝方葇如撰葇如有周易通義已著錄是書亦仿周易通義之例以四書成語釋之如禹貢冀州至四海會同則曰所謂然後人得平土而居之也五百里甸服至五百里米則曰所謂五十而貢可想

見矣洪範無虐煢獨而畏高明則曰此三代之所以直道而行也全書皆用此例可謂附會經義矣

**尚書舉隅六卷**　江西巡撫採進本

國朝徐志遴撰志遴字掄英江西新城人雍正甲辰舉人其書刪節蔡傳而於蔡傳後每條各以已意附注一二語簡略殊甚

**書經劄記無卷數**　江蘇巡撫採進本

國朝顧昺撰昺有周易抄已著錄是編爲其三經解之二取明陳第之說謂古文尚書非僞冠以古文

今文辨盡掃諸家考証而斷以大禹謨之精一危微咸有一德之主善克一數語謂非漢晉所能作葢撫近時方苞之論此明知徵實之難誣又變而蹈空以求勝也

禹貢方域考一卷（江西巡撫採進本）

國朝湯奕瑞撰奕瑞號玉峯南豐人雍正中官福建鹽塲大使其書載禹貢本文而專疏其方域界址附江河入海記河源記數篇於後前有自序謂刪撮胡渭禹貢錐指而爲之故卷首自稱曰纂輯明

為渭書之節本云

尚書約旨六卷 江蘇巡撫採進本

國朝楊方達撰方達有易經圖說會通已著錄是書大畧墨守蔡傳依文訓義間有與蔡傳異者亦僅鑽研語氣未能考證其失故所著凡例亦自謂未脫講章舊局至於名物典故不甚詮釋則以別撰尚書通典畧故也

尚書通典畧二卷 江西巡撫採進本

國朝楊方達撰是書皆考辨尚書典故首卷力主梅

書之非僞至以馬融鄭元不見古文所見皆張霸僞書而顧命鈗字又以爲說文本孔傳蓋猶毛奇齡之緒論其訓釋名物多據理斷制不由考證如河出崑崙信水經注五萬里之說而駁元以來探求河源之謬不知輿圖具在道里井然是爲泥古而不徵今允征篇中謂日食可以推算不應馳走不知自漢以前無預知日食之術是爲知今而不稽古蓋典制之學與義理之學南轅而北轍也久矣

禹貢約義無卷數兩江總督採進本

國朝華玉淳撰玉淳字師道號澹園金匱人是編考證禹貢山水詳畧頗不畫一蓋隨時紀載未及成書之稿本也其論三江主鄭元蘇軾之說極爲有見論九江則以九江爲洞庭大抵與胡渭所見同不知九江自在潯陽古者江則名江河則名河未有以洞庭爲九江者應劭諸家不可廢且澧江已見於經而雲夢亦跨岳陽之界洞庭之說終屬未安玉淳葢未深攷耳

尚書質疑八卷安徽巡撫採進本

國朝王心敬撰心敬有豐川易說已著錄是書用趙孟頫吳澄之說分今文古文為二不為無據惟是康誥等三篇據書語則在武王時受封據左傳則在成王時受封先儒皆疑不能明今徑升大誥之前紊亂舊第殊失謹嚴之義伏書顧命一篇孔氏古文分出康王之誥見史記周本紀馬融舊本亦見於經典釋文今以為後人妄分於考證亦疎至於沿豐坊偽本之說改堯典為帝典自謂根據大

學不知無以處孟子又以二典非虞史所作出夫子筆削曰若稽古帝堯出孔子增加尤爲臆說矣

書經參義六卷浙江巡撫採進本

國朝姜兆錫撰兆錫有周易本義述蘊已著錄是篇以朱子命蔡沈作書傳甫越歲而朱子亡其間未是正者頗多如集註行夏之時及歲十一月十二月之屬昭如日星而蔡傳於伊訓之元祀十有二月及泰誓之十有三年春武成惟一月之屬皆力著不改時不改月之辨是顯與朱子有異因作是

書正之計經文錯互篇簡者二條錯分段落者五條錯混句讀者二條錯解文義者十二條定錯復錯者一條考蔡傳自南宋以來即多異議原非一字不刋之典然兆錫所改大抵推求字句以意竄定未能確有考證也

尚書質疑二卷江西巡撫採進本

國朝顧棟高撰棟高字震滄晚年始治春秋又自號左畬無錫人康熙辛丑進士乾隆辛未薦舉經學賜國子監司業丁丑又

賜國子監祭酒銜所著春秋大事表最爲精密其註詩
亦有可觀惟此一編較他書爲次乘其例不載經
文亦不訓釋經義惟標舉疑義每條撰論一篇爲
數凡四十有一大抵多據理臆斷不甚考證本末
如謂帝王巡狩必不能一歲而至四嶽因疑惟泰
山爲天子親至餘皆不至其地引泰山獨有明堂
爲證且稱華山恒山衡山久在晉楚境內若有明
堂而爲晉楚所毀列國宜何如問罪春秋宜何如
大書特書夫春秋明例承告乃書二百四十年中

未有以毀某來告者也安得以春秋不書毀爲本無明堂之証晉不奉正朔春秋凡載晉事傳與經皆差兩月杜預以爲晉用夏正楚僭稱王號孰問其罪又安得以春秋無書毀明堂者爲本無明堂之証乎古文尚書晉時乃出棟高既確信危微精一數語斷其必眞案危微精一數語實荀子所載云出道經乃獨以兩階干羽一事爲劉歆竄入主名確鑿此出何典記也山海經本不足信蔡傳引其怪說以註禹貢自是一失棟高駁之是也至謂爲劉歆所僞作則禹本紀山海經之名先見於

史記大宛傳贊亦歆所竄入歟周代諸侯所以能知其名者賴春秋傳耳夏商年遠文畧靡得而徵乃謂夏商不封建同姓攷史記夏本紀曰禹爲姒姓其後分封用國爲姓故有夏后氏有扈氏有男氏斟尋氏彤城氏褒氏費氏杞氏繒氏辛氏冥氏斟氏戈氏云云則夏代分封史有明証烏得遽斷其無如以不見於書而斷之則今文惟有齊呂伋魯伯禽晉文侯秦穆公古文惟有蔡仲耳周公封魯召公封燕且無明文矣他如論堯舜及禹非同

姓論商周改時改月論亂臣十人中有膠鬲論洪範不本河圖洛書論微子面縛而又左牽羊右把茅論周公未嘗居攝亦皆前人之舊論不足以言心得大抵棟高窮經之功春秋爲最而書則用力差少人各有所短長不必曲爲之諱也

書經提要十卷 兩江總督採進本

國朝徐鐸撰鐸有易經提要錄已著錄是書體例亦不錄經文但標舉字句雜採諸家之說而以己意融貫之然大抵推求文義之學如王心敬以曰若

稽古一句爲孔子所加至爲無理而鐸曰其說可從殊乏考訂他如解大禹謨曰堯曰大哉堯之爲君舜曰大舜有人焉舜繼堯稱大舜禹繼舜故亦稱大禹然則大禹謨之作在論語孟子後乎

尚書小疏一卷江蘇巡撫採進本

國朝沈彤撰彤字冠雲號果堂吳江人嘗預修三禮及一統志議敘九品官是編所解自堯典至禹貢僅數十則而往往失之好異如謂禹時交州本屬荆梁胡渭禹貢錐指以九州大畧不踰五嶺者非

是蓋沿閻若璩潛邱劄記之說然潛邱劄記精核者多惟此條則過泥通典今姑以禹貢經文求之自五百里甸服至五百里荒服每面各二千五百里九州凡五千里自孔鄭諸儒無有異辭者也經稱荆及衡陽惟荆州通典稱衡陽郡去洛陽二千七百六十八里以南北兩面計之已逾於五千里至稱荆州之域兼有零陵江華桂陽連山諸郡又稱零陵去洛陽三千五十五里江華去洛陽三千五百八十里桂陽去洛陽三千五十七里連山去

洛陽三千五百八十九里則荆州南域已逾千里有奇恐經所云衡山之陽未必遼濶如此禹貢錐指謂騎田嶺北爲桂陽嶺南爲連山連山亦古南越地不當入荆域其駁正最爲允協必反其說已爲非是乃更謂荆州之域直統交趾則距洛陽凡七千二百二十五里較經文荒服里數三倍過之寧有是事乎至引後漢書爲証尤屬牽合考獻帝本紀建安十八年復禹貢九州註引漢帝春秋曰時省幽并州以其郡國并於冀州省司隸校尉及

涼州以其郡國并爲雍州省交州并荆州益州於

是有兖豫青徐荆揚冀益雍據此則當時特復禹

貢九州之名非謂漢之疆域即禹疆域又安得以

後証前耶其他附會游移之說往往類此蓋彤長

於三禮而尚書非其所精又務欲求勝於胡渭故

糾紛至是不足爲據也

心園書經知新八卷 浙江巡撫採進本

國朝郭兆奎撰兆奎平湖人是書成於乾隆乙亥兆

奎年七十三矣大旨以蔡沈集傳爲本而時參已

見故曰知新如解堯典命羲和數節則謂後世日晷爲定分至之要而舉南北極及歲周歲差之法皆以爲不足信解禹貢則謂黑水非有二水因九江三江未盡入海上流泛濫溢出於西謂漢枝分於大別入江其正流爲北江在彭蠡之北江枝分會於彭蠡其正流爲中江在彭蠡之南他如涇屬渭汭條下訾周禮職方爲後來雜湊之書於甘誓條下訾禮記曾子問一篇率多不經於伊訓論三年之喪訾儀禮喪服之經及禮記爲非說六律則

謂古無六呂及隔八相生其國語禘郊宗祖報左傳羿浞管蔡之事皆訾爲謬說大抵不信古經自以臆斷惟篤信梅賾古文故卷末附古今文辨謂秦焚民間詩書其博士所職漢初猶有全書又謂蔡邕書石經卽全古文蓋取毛奇齡古文尙書寃詞之說重爲申衍不知漢時古經果完何以立於學官者僅伏生所傳以及賈馬鄭諸大儒親見古文者其所傳述何以絕不涉伏生所傳之外也

尙書讀記一卷 編修周永年家藏本

國朝閻循觀撰循觀字懷庭號伊蒿昌樂人乾隆丙戌進士官吏部考功司額外主事是編爲濰縣韓夢周所刊凡七十六條循觀亦不信古文所解金縢我之弗辟爲弗辟攝政之嫌康誥首四十八字非錯簡及費誓伯禽征徐戎爲周公在時事並根據史記爲說葢司馬氏受古文尚書於孔安國其所引証足爲根據也其他則多循文生義之說葢本其讀書之時偶記簡端循觀沒後夢周錄爲此帙初非著成之書故所解止此耳

尚書私學四卷編修程晉芳家藏本

國朝江昱撰昱字賓谷號松泉甘泉人貢生是書大旨謂古文尚書論政論學莫不廣大精深非聖人不能道故其說多據理以斷然亦有偶然標識無關大義者如謂凜乎若朽索之馭六馬若蹈虎尾涉于春冰皆晉人危語之祖云云頗旁涉於經外又如稱刑金氣也苗爲暴虐淫過之刑殺戮無辜金氣極盛故惡臭薰蒸變而爲腥腥於五臭爲金云云亦研索過深也

尚書註解纂要六卷 湖北巡撫採進本

國朝吳蓮撰蓮字佘嘉江都人是書融會蔡沈集傳之義每節之下先標指意而各隨文句銓釋之無所考正

尚書剩義四卷 湖南巡撫採進本

國朝黃燐撰燐有周易剩義已著錄是書分條疏解大旨爲制義而作與所註周易體例相同

附錄

別本尚書大傳三卷補遺一卷 兩江總督採進本

國朝孫之騄編之騄號晴川仁和人雍正中官慶元縣教諭伏生尚書大傳久無刻本外間傳寫殘帙訛缺顛倒殆不可讀元和惠棟號爲博洽修明堂大道錄時亦未見原本僅從他書輾轉援引故之騄蒐採補綴仍勒爲三卷其不註出典者殘缺之原文其注某書引者之騄所增入也殘章斷句頗賴以存近時宋本復出揚州已有雕板此本原可不存然之騄於舊帙未出之前鉤稽參考閱歲月而成是編其好古之勤亦不可沒故仍附存其目

焉

右書類七十八部四百三十卷内十部無卷數附錄一部四卷皆附存目

案尙書文句古奥訓釋爲難故宋元以前注是經者差少歷年久遠傳本彌稀凡有遺編率皆採錄惟薛季宣之贋古王柏賀成大胡一中之敀經特黜而存目一以杜好奇之漸一以杜變亂古經之漸也

# 欽定四庫全書總目卷十五

## 經部十五

### 詩類一

詩有四家毛氏獨傳唐以前無異論宋以後則衆說爭矣然攻漢學者意不盡在於經義務勝漢儒而已伸漢學者意亦不盡在於經義憤宋儒之詆漢儒而已各挾一不相下之心而又濟以不平之氣激而過當亦其勢然歟夫解春秋者惟公羊多駁其中高子沈子之說殆轉相附

益要其大義數十傳自聖門者不能廢也詩序稱子夏而所引高子孟仲子乃戰國時人固後來攙續之明證即成伯璵等所指篇首一句經師口授亦未必不失其眞然去古未遠必有所受意其眞贋相半亦近似公羊全信全疑均爲偏見今參稽衆說務協其平苟不至程大昌之妄改舊文王柏之横刪聖籍者論有可採並錄存之以消融數百年之門戶至於鳥獸草木之名訓詁聲音之學皆事須考證非可空談今所

採輯則尊漢學者居多焉

詩序二卷 內府藏本

案詩序之說紛如聚訟以爲大序子夏作小序子夏毛公合作者鄭元詩譜也以爲子夏所序詩即今毛詩者王肅家語注也以爲衛宏受學謝曼卿作詩序者後漢書儒林傳也以爲子夏所創毛公及衛宏又加潤益者隋書經籍志也以爲子夏不序詩者韓愈也以爲子夏惟裁初句以下出於毛公者成伯璵也以爲詩人所自製者王安石也以

小序爲國史之舊文以大序爲孔子作者明道程子也以首句卽爲孔子所題者王得臣也以爲毛傳初行尚未有序其後門人互相傳授各記其師說者曹粹中也以爲村野妄人所作昌言排擊而不顧者則倡之者鄭樵王質和之者朱子也然樵所作詩辨妄一出周孚卽作非鄭樵詩辨妄一卷摘其四十二事攻之質所作詩總聞亦不甚行於世朱子同時如呂祖謙陳傅良葉適皆以同志之交各持異議黃震篤信朱學而所作日鈔亦申序

說馬端臨作經籍考於他書無所考辨惟詩序一事反覆攻詰至數千言自元明以至今日越數百年儒者尚各分左右袒也豈非說經之家第一爭詬之端乎考鄭元之釋南陔曰子夏序詩篇義各編遭戰國至秦而南陔六詩亡毛公作傳各引其序冠之篇首故詩雖亡而義猶在也程大昌考古編亦曰今六序兩語之下明言有義無詞知其爲秦火之後見序而不見詩者所爲朱鶴齡毛詩通義序又舉宛丘篇序首句與毛傳異詞其說皆足

爲小序首句原在毛前之明證邱光庭兼明書舉鄭風出其東門篇謂毛傳與序不符曹粹中放齋詩說亦舉召南羔羊曹風鳲鳩衛風君子偕老三篇謂傳意序意不相應序若出於毛安得自相違戾其說尤足爲續申之語出於毛後之明證觀蔡邕本治魯詩而所作獨斷載周頌三十一篇之序皆祇有首二句與毛序文有詳畧而大旨畧同葢子夏五傳至孫卿孫卿授毛亨毛亨授毛萇是毛詩距孫卿再傳申培師浮邱伯浮邱伯師孫卿是

魯詩距孫卿亦再傳故二家之序大同小異其爲孫卿以來遞相授受者可知其所授受祇首二句而以下出於各家之演說亦可知也且唐書藝文志稱韓詩卜商序韓嬰注二十二卷是韓詩亦有序其序亦稱出子夏矣而韓詩遺說之傳於今者往往與毛迥異豈非傳其學者遞有增改之故哉今參考諸說定序首二句爲毛萇以前經師所傳以下續申之詞爲毛萇以下弟子所附仍錄冠詩部之首明淵源之有自併錄朱子之辨說著門戶

所由分蓋數百年朋黨之爭兹其發端矣隋志有顧歡毛詩集解叙義一卷雷次宗毛詩序義二卷劉炫毛詩集小序一卷劉巘毛詩序義疏一卷案序叙二字互見蓋史之駁文今仍其舊唐志則作卜商詩序二卷今以朱子所辨其文較繁仍析爲二卷若其得失則諸家之論詳矣各具本書兹不復贅焉

毛詩正義四十卷內府藏本

漢毛亨傳鄭元箋唐孔穎達疏案漢書藝文志毛詩二十九卷毛詩故訓傳三十卷然但稱毛公不

著其名後漢書儒林傳始云趙人毛長傳詩是爲
毛詩其長字不從艸隋唐經籍志載毛詩二十卷
漢河間太守毛萇傳鄭氏箋於是詩傳始稱毛萇
然鄭元詩譜曰魯人大毛公爲訓詁傳於其家河
間獻王得而獻之以小毛公爲博士陸璣毛詩草
木蟲魚疏亦云孔子刪詩授卜商商爲之序以授
魯人曾申申授魏人李克克授魯人孟仲子仲子
授根牟子根牟子授趙人荀卿荀卿授魯國毛亨
毛亨作訓詁傳以授趙國毛萇時人謂亨爲大毛

公萇爲小毛公據是二書則作傳者乃毛亨非毛萇故孔氏正義亦云大毛公爲其傳由小毛公而題毛也隋志所云殊爲舛誤而流俗沿襲莫之能更朱彝尊經義考乃以毛詩二十九卷題毛亨撰註曰佚毛詩訓故傳三十卷題毛萇撰註曰存意主調停尤爲於古無據今參稽衆說定作傳者爲毛亨以鄭氏後漢人陸氏三國吳人併傳授毛詩淵源有自所言必不誣也鄭氏發明毛義自命曰箋博物志曰毛公嘗爲北海郡守康成是此郡人

故以爲敬推張華所言蓋以爲公府用記郡將用箋之意然康成生於漢末乃修敬於四百年前之太守殊無所取案說文曰箋表識書也鄭氏六藝論曰註詩宗毛爲主毛義若隱畧則更表明如有不同卽下已意使可識別案此論今佚此據正義所引然則康成特因毛傳而表識其傍如今人之簽記積而成帙故謂之箋無庸別曲說也自鄭箋旣行齊魯韓三家遂廢案此陸德明經典釋文之說然箋與傳義亦有異同魏王肅作毛詩註毛詩義駮毛詩奏事毛詩問難

諸書以申毛難鄭歐陽修引其釋衛風擊鼓五章謂鄭不如王（見詩本義）王基又作毛詩駁以申鄭難王王應麟引其駁芣苢一條謂王不及鄭（見困學記聞亦載經典釋文）晉孫毓作毛詩異同評復申王說鄭統作難孫氏毛詩評又明鄭義（並見經典釋文）袒分左右垂數百年至唐貞觀十六年命孔穎達等因鄭箋爲正義乃論歸一定無復岐途毛傳二十九卷隋志附以鄭箋作二十卷疑爲康成所併穎達等以疏文繁重又析爲四十卷其書以劉焯毛詩義疏劉炫毛

詩述義爲藁本故能融貫羣言包羅古義終唐之世人無異詞惟王讜唐語林記劉禹錫聽施士丐講毛詩所說維鵜在梁陟彼岵兮勿翦勿拜維北有斗四義稱毛未注然未嘗有所詆排也至宋鄭樵恃其才辯無故而發難端南渡諸儒始以掊擊毛鄭爲能事元延祐科舉條制詩雖兼用古註疏其時門戶已成講學者迄不遵用沿及明代胡廣等竊劉瑾之書作詩經大全著爲令典於是專宗朱傳漢學遂亡然朱子從鄭樵之說不過攻小序

耳至於詩中訓詁用毛鄭者居多後儒不考古書不知小序自小序傳箋自傳箋閧然佐鬭遂併毛鄭而棄之是非惟不知毛鄭爲何語殆併朱子之傳亦不辨爲何語矣我

國家經學昌明一洗前明之固陋乾隆八年

皇上特命校刊十三經註疏

頒布學宮鼓篋之儒皆駸駸乎研求古學今特錄其書與小序同冠詩類之首以昭六義淵源其來有自孔門師授端緒炳然終不能以他說掩也

毛詩草木鳥獸蟲魚疏二卷 通行本

吳陸璣撰明北監本詩正義全部所引皆作陸機考隋書經籍志毛詩草木蟲魚疏二卷注云烏程令吳郡陸璣撰陸德明經典釋文序錄陸璣毛詩草木鳥獸蟲魚疏二卷注云字元恪吳郡人吳太子中庶子烏程令資暇集亦辨璣字從玉則監本爲誤又毛晉津逮秘書所刻援陳振孫之言謂其書引爾雅郭璞注當在郭後未必吳人因而題曰唐陸璣夫唐代之書隋志烏能著録且書中所引

爾雅注僅及漢犍爲文學樊光實無一字涉郭璞不知陳氏何以云然姚士粦跋已辨之或晉未見士粦跋歟原本久佚此本不知何人所輯大抵從詩正義中錄出然正義衛風淇澳篇引陸璣疏淇澳二水名今本乃無此條知由採摭未周故有所漏非璣之舊帙矣又衛風椅桐梓漆一條稱今雲南牂牁人績以爲布考漢書地理志益州郡有雲南縣後漢書郡國志永昌郡有雲南縣皆一邑之名唐書地理志姚州雲南郡武德四年以漢雲南

縣地置蓋至是始升爲大郡而袁滋雲南記賓滂雲南別錄諸書作焉璣在三國卽以雲南配牂牁似乎諸家傳寫又有所竄亂非盡原文然勘驗諸書所引一一符合要非依託之本也末附四家詩源流四篇而毛詩特詳考王柏詩疑已詆璣所敘與經典釋文不合王應麟困學紀聞亦議其誤以曾申爲申公則宋本已有之非後人所附益矣蟲魚草木今昔異名年代迢遥傳疑彌甚璣去古未遠所言猶不甚失眞詩正義全用其說陳啓源作

毛詩稽古編其駁正諸家亦多以璣說爲據講多識之學者固當以此爲最古焉

毛詩陸疏廣要二卷內府藏本

吳陸璣撰明毛晉注晉原名鳳苞字子晉常熟人家富圖籍世所傳影宋精本多所藏收又喜傳刻古書汲古閣板至今流布天下故在明季以博雅好事名一時嘗刻津逮秘書十五集皆宋元以前舊帙惟此書爲晉所自編陸璣原書二卷每卷又分二子卷蓋儲藏本富故徵引易繁採摭既多故

異同滋甚辨難考訂其說不能不長也其中如南山有臺一條則引韻書證其佚脫有集維鷮一條則引詩緝證其異同其考訂亦頗不苟至於啗異貪多每傷支蔓如鶴鳴于九皐一條後附焦山瘞鶴銘考一篇蔓延及於石刻於經義渺無所關核以詁經之古法殊乖體例然雖傷冗碎究勝空疎明季說詩之家往往簸弄聰明變聖經爲小品晉獨言言徵實固宜過而存之是亦所謂論其世矣

毛詩指說一卷 兩江總督採進本

唐成伯璵撰伯璵爵里無考書凡四篇一曰興述明先王陳詩觀風之旨孔子刪詩正雅之由二曰解說先釋詩義而風雅頌次之周南又次之詁傳序又次之篇章又次之后妃又次之終以鵲巢騶虞大畧卽舉周南一篇櫽括論列引申以及其餘三曰傳受備詳齊魯毛韓四家授受世次及後儒訓釋源流四曰文體凡三百篇中句法之長短篇章之多寡措辭之異同用字之體例皆臚舉而詳之頗似劉氏文心雕龍之體蓋說經之餘論也然

定詩序首句爲子夏所傳其下爲毛萇所續實伯璵此書發其端則决別疑似於說詩亦深有功矣伯璵尚有毛詩斷章二卷見崇文總目稱其取春秋斷章之義抄取詩語彙而出之蓋即李石詩如例之類宋熊克嘗與毘陵沈必豫欲合二書刻之而斷章一書竟求之不獲乃先刻指說此本末有克跋蓋即從宋本傳刻也克嘗著中興小紀別見史部編年類中其刻此書時方分教於京口故跋稱刻之泮林云

毛詩本義十六卷　兩江總督採進本

宋歐陽修撰。是書凡為說一百十有四篇，統解十篇，時世、本末二論，豳、魯、序三問，而補亡鄭譜及詩圖總序附於卷末。修文章名一世，而經術亦復湛深。王宏撰《山志》記嘉靖時欲以修從祀孔子廟，衆論靡定。世宗諭大學士楊一清曰：朕閱書武成篇有引用歐陽修語，豈得謂修於六經無羽翼於聖門無功乎。一清對以修之論說見於武成蓋僅有者耳。其從祀一節未敢輕議云云。蓋均不知修有此書也自唐以來說詩者莫敢議毛鄭雖老師宿儒亦謹守小序至宋而新義日增舊說俱廢推原所始實發於修然修之言曰後之學者因迹先世之所傳而較得失或有之矣使徒抱焚餘殘脫之經倀倀於去聖人千百年後不見先儒中間之說而欲特立一家之學者果有能哉吾未之信也又曰先儒於經不能無失而所得固已多矣盡其說而理有不通然後以論正之是修作是書本出於和氣平心以意逆志故其立論未嘗輕議二家而

亦不曲狥二家其所訓釋往往得詩人之本志後之學者或務立新奇自矜神解至於王柏之流乃併疑及聖經使周南召南俱遭刪竄則變本加厲之過固不得以濫觴之始歸咎於修矣林光朝艾軒集有與趙子直書曰詩本義初得之如洗腸讀之三歲覺有未穩處大率歐陽二蘇及劉貢父談經多如此又一書駁本義關雎樛木兔罝麟趾諸解辨難甚力蓋文士之說詩多求其意講學者之說詩則務繩以理互相掊擊其勢則然然不必盡

爲定論也

詩集傳二十卷 內府藏本

宋蘇轍撰其說以詩之小序反復繁重類非一人之詞疑爲毛公之學衞宏之所集錄因惟存其發端一言而以下餘文悉從刪汰案禮記曰騶虞者樂官備也貍首者樂會時也采蘋者樂循法也是足見古人言詩率以一語括其旨小序之體實肇於斯王應麟韓詩考所載如關雎刺時也芣苢傷夫有惡疾也漢廣悅人也汝墳辭家也蝃蝀刺奔

女也黍離伯封作也賓之初筵衛武公飲酒悔過也劉安世元城語錄亦曰少年嘗記讀韓詩案崇文總目韓詩北宋尚存范處義逸齋詩補傳謂韓詩世罕有之此語不可信蓋偶未考有雨無極篇序云正大夫刺幽王也首云雨無其極傷我稼穡云云是韓詩序亦括以一語也又蔡邕書石經悉本魯詩所作獨斷載周頌序三十一章大致皆與毛詩同而但有其首句是魯詩序亦括以一語也輒取小序首句爲毛公之學不爲無見史傳言詩序者以後漢書爲近古而儒林傳稱謝曼卿

善毛詩乃爲其訓衞宏從曼卿受學因作毛詩序輒以爲衞宏所集録亦不爲無徵唐成伯璵作毛詩指說雖亦以小序爲出子夏然其言曰衆篇之小序子夏惟裁初句耳葛覃后妃之本也鴻雁美宣王也如此之類是也其下皆大毛公自以詩中之意而繫其詞云云然則惟取序首伯璵已先言之不自輒創矣厥後王得臣程大昌李樗皆以輒說爲祖良有由也輒自序又曰獨採其可者見於今傳其尤不可者皆明著其失則輒於毛氏之學

亦不激不隨務持其平者而朱翌猗覺寮雜記乃曰蘇子由解詩不用詩序亦未識轍之本志矣

毛詩名物解二十卷 兩江總督採進本

宋蔡卞撰卞字元度興化仙游人熙寧三年與兄京同舉進士第官至觀文殿學士事迹具宋史本傳自王安石新義及字說行而宋之士風一變其爲名物訓詁之學者僅卞與陸佃二家佃安石客卞安石壻也故佃作埤雅卞作此書大旨皆以字說爲宗陳振孫稱卞書議論穿鑿徵引瑣碎無裨

於經義詆之甚力葢佃雖學術本安石而力沮新法斷斷異議君子猶或取之卞則傾邪姦憸犯天下之公惡因其人以及其書羣相排斥亦自取也然其書雖王氏之學而徵引發明亦有出於孔穎達正義陸璣草木蟲魚疏外者寸有所長不以人廢言也且以邢昺之僉邪而爾雅疏列在學官則卞書亦安得竟棄乎書凡十一類曰釋天釋百穀釋草釋木釋鳥釋獸釋蟲釋魚釋馬雜釋雜解陳氏書錄解題稱分十類葢傳寫誤脫一字也

毛詩集解四十二卷內府藏本

不著編錄人名氏集宋李樗黃櫄兩家詩解爲一編而附以李泳所訂呂祖謙釋音樗字若林閩縣人嘗領鄉貢著毛詩詳解三十六卷櫄字實夫龍溪人淳熙中以合選入對升進士兩科調南劒州教授終宣教郎著詩解二十卷總論一卷泳字深卿始末未詳與樗櫄皆閩人疑是書爲建陽書肆所合編也樗爲林之奇外兄見書錄解題又爲呂本中門人見何喬遠閩書其學問具有淵源書錄解題稱其書

博取諸家訓釋名物文義末用己意爲論斷今觀櫄解體例亦同似乎相繼而作而稍稍補苴其罅漏不相攻擊亦不相附合如論詩序樗取蘇轍之說以爲毛公作而衛宏續櫄則用王安石程子之說以爲非聖人不能作所見迥爲不同其學雖似少亞於樗而其說實足以相輔編是書者惟音釋取呂祖謙而訓釋之文則置讀詩紀而取樗櫄殆亦以二書相續如驂有靳故不欲參以他說歟

詩補傳三十卷 浙江范懋柱家天一閣藏本

舊本題曰逸齋撰不著名氏朱彝尊經義考云宋史藝文志有范處義詩補傳三十卷卷數與逸齋本相符明朱睦㮮聚樂堂書目直書處義名當有證據處義金華人紹興中登張孝祥榜進士云云則此書爲處義所作逸齋葢其自號也大旨病諸儒說詩好廢序以就已說故自序稱以序爲據兼取諸家之長揆之性情參之物理以平易求古詩人之意又稱文義有闕補以六經史傳詁訓有闕補以說文篇韻葢南宋之初最攻序者鄭樵最尊

序者則處義矣考先儒學問大抵淳實謹嚴不敢
放言高論宋人學不逮古而欲以識勝之遂各以
新意說詩其間剔抉疏通亦未嘗無所闡發而末
流所極至於王柏詩疑乃併舉二南而刪改之儒
者不肯信傳其弊至於誣經其究乃至於非聖所
由來者漸矣處義篤信舊文務求實證可不謂古
之學者歟至詩序本經師之傳而學者又有所附
益中間得失蓋亦相參處義必以為尼山之筆引
據孔叢子既屬偽書牽合春秋尤為旁義矯枉過

直是亦一瑕取其補偏救弊之心可也

詩總聞二十卷 內府藏本

宋王質撰質字景文興國人紹興三十年進士官至樞密院編修出通判荆南府改吉州周亮工書影以為宋末人蓋考之未審也亮工又稱是書世久無傳謝肇淛始錄本於秘府後肇淛諸子盡賣藏書為陳開仲購得乃歸諸亮工則其不佚者僅矣其書取詩三百篇每篇說其大義復有聞音聞訓聞章聞句聞字聞物聞用聞跡聞事聞人凡十

門每篇爲總聞又有聞風聞雅聞頌冠於四始之首南宋之初廢詩序者三家鄭樵朱子及質也鄭朱之說最著亦最與當代相辨難質說不字詁小序故攻之者亦稀然其毅然自用別出新裁堅銳之氣乃視二家爲加倍自稱覃精研思幾三十年始成是書淳祐癸卯吳興陳日強始爲鋟板於富川日強跋稱其以意逆志自成一家其品題最允又稱其刪除小序實與文公朱先生合則不盡然質廢序與朱子同而其爲說則各異黃震日鈔

曰雪山王質夾漈鄭樵始皆去序言詩與諸家之說不同晦庵先生因鄭公之說盡去美刺探求古始其說頗驚俗雖東萊先生不能無疑云云言因鄭而不言因王知其趨有不同矣然其冥思研索務造幽深穿鑿者固多懸解者亦復不少故雖不可訓而終不可廢焉

詩集傳八卷通行本

宋朱子撰宋志作二十卷今本八卷蓋坊刻所併朱子註易凡兩易稿其初之易傳宋志著錄今已

散佚不知其說之同異註詩亦兩易稿凡呂祖謙讀詩記所稱朱氏曰者皆其初藁其說全宗小序後乃改從鄭樵之說案朱子攻序用鄭樵說見於語錄朱升以為歐陽修之說殆誤也是為今本卷首自序作於淳熙四年中無一語斥小序蓋猶初稿序末稱時方輯詩傳是其證也其註孟子以柏舟為仁人不遇作白鹿洞賦以子衿為刺學校之廢周頌豐年篇小序辨說極言其誤而集傳乃仍用小序說前後不符亦舊稿之刪改未盡者也楊慎丹鉛錄謂文公因呂成公太

尊小序遂盡變其說雖臆度之詞或亦不無所因歟自是以後說詩者遂分攻序宗序兩家角立相爭而終不能以偏廢

欽定詩經彙纂雖以集傳居先而序說則亦皆附錄爲持千古之平矣舊本附詩序辨說於後近時刊本皆刪去鄭元稱毛公以序分冠諸篇則毛公以前序本自爲一卷隋志唐志亦與毛詩各見今已與辨說別著於錄茲不重載其間經文訛異馮嗣京所校正者如鄘風終然允臧然誤焉王風牛羊下括

括誤栝齊風不能辰夜辰誤晨小雅求爾新特爾

悮我朔月辛卯月悮日胡然厲矣然悮爲家伯家

宰家誤冢如彼泉流泉流悮流泉爰其適歸爰悮

奚大雅天降滔德滔誤慆如彼泉流亦悮流泉商

頌降予卿士予悮于凡十二條陳啟源所校正者

名南無使尨也吠尨悮厖何彼襛矣襛悮穠衛風

遠兄弟父母悮遠父母兄弟小雅言歸斯復斯悮

思昊天大憮大悮泰楚茨以享以祀享悮饗福祿

膍之膍悮膍畏不能趨趨悮趍不皇朝矣皇悮遑

下二章同大雅淠彼涇舟淠悞渒以篤于周祜脫于字
周頌既右饗之饗悞享魯頌其旂茷茷誤茷商頌
來格祁祁誤祈凡十四條又傳文訛異陳啟源所
校正者名南騶虞篇豝牝豕也牝悞牡終南篇黻
之狀亞象兩弓相背亞悞亞弓悞已南有嘉魚篇
鯉質鱒鱗鱗悞鯽又衍肌字甫田篇或耘或耔引
漢書苗生葉以上脫生字隤其上上悞遺其上頍弁
篇賦而比也悞增興又二字案此輔廣詩童子問所增小宛篇
俗呼青雀悞巂文王有聲篇淢成溝也成訛城

名旻篇池之竭矣章比也悮作賦閔予小子篇引大招三公穆穆悮三公揖讓賓篇此頌文王之功王悮武駉篇此言魯侯牧馬之盛魯侯悮僖公凡十一條史榮所校正者王風伯兮篇傳曰女爲悅已者容已下脫者字采葛篇蕭萩也萩悮荻唐風葛生篇域營域也營悮塋秦風蒹葭篇小渚曰沚小悮水小雅四牡篇今䳕鳩也䳕悮鵓蓼蕭篇在衡曰鸞衡悮鑣采芑篇卽今苦蕒菜蕒悮賣正月篇申包胥曰人定則勝天定悮衆小弁篇江東呼

爲鶪鳥鶪悞鴨巧言篇君子不能堲讒堲悞墍凡十條蓋五經之中惟詩易讀習者十恒七八故書坊刊板亦最夥其輾轉傳訛亦爲最甚今悉釐正俾不失眞至其音叶朱子初用吳棫詩補音（案棫詩補音與所作韻補爲兩書書錄解題所載甚明經義考合爲一書悞也）其孫鑑又意爲增損頗多舛迕史榮作風雅遺音已詳辨之茲不具論焉

慈湖詩傳二十卷（永樂大典本）

宋楊簡撰簡有慈湖易傳已著錄是書原本二十

卷焦竑國史經籍志及黄虞稷千頃堂書目尚載
其名而朱彛尊經義考註曰已佚今海内藏書咸
集
秘府而是書之目闕焉則彛尊所説爲可信葢竑之
所錄皆據史志所載類多虚列虞稷徵刻書目亦
多未見原書固不足盡據耳今從永樂大典所載
裒輯成編仍勒爲二十卷又從慈湖遺書内補錄
自序一篇總論四條而以攻媿集所載樓鑰與簡
論詩解書一通附於卷首其他論辨若干條各附

本解之下以資考證至其總論列國雅頌之篇永樂大典此卷適缺無從採錄其公劉以下詩十六篇則永樂大典不載其傳豈亦如呂祖謙之讀詩記獨闕公劉以下諸篇抑在明初卽已殘缺耶是書大要本孔子無邪之旨反覆發明而據後漢書之説以小序爲出自衞宏不足深信篇中所論如謂左傳不可據謂爾雅亦多誤謂陸德明多好異音謂鄭康成不善屬文甚至自序之中以大學之釋淇澳爲多牽合而詆子夏爲小人儒蓋簡之學

出陸九淵故高明之過至於放言自恣無所畏避
其他箋釋文義如以聊樂我員之員爲姓以六駁
爲赤駁之訛以天子葵之之葵有向日之義間有
附會穿鑿然其於一名一物一字一句必斟酌去
取旁徵遠引曲暢其說其考核六書則自說文爾
雅釋文以及史傳之音註無不悉蒐其訂正訓詁
則自齊魯毛韓以下以至方言雜說無不博引可
謂折衷同異自成一家之言非其所作易傳以禪
詁經者比也昔吳棫作詩補音十卷又別爲韻補

五卷韻補明人有刻本其書採摭詩騷以下及歐陽修蘇軾蘇轍之作頗爲雜濫補音久佚惟此書所引尚存十之六七然往往以漢魏以下之韻牽合古音其病與韻補相等朱子語類謂才老補音亦有推不去者葢卽指此類顧炎武亦嘗作韻補正一書以糾其失考古音者固未可全以爲準焉

呂氏家塾讀詩記三十二卷　浙江汪汝瑮家藏本

宋呂祖謙撰祖謙有古周易已著錄此其說詩之作也朱子與祖謙交最契其初論詩亦最合此書

中所謂朱氏曰者卽所採朱子說也後朱子改從鄭樵之論自變前說而祖謙仍堅守毛鄭故祖謙沒後朱子作是書序稱少時淺陋之說伯恭父誤有取焉既久自知其說有未安或不免有所更定伯恭父反不能不置疑於其間熹竊惑之方將相與反覆其說以求眞是之歸而伯恭父已下世云云葢雖應其弟祖約之請而夙見深有所不平然迄今兩說相持嗜呂氏書者終不絕也陳振孫書錄解題稱自篤公劉以下編纂已備而條例未竟

學者惜之此本爲陸釴所重刊釴序稱得宋本於友人豐存叔呂氏書凡二十二卷公劉以後其門人續成之與陳氏所說小異亦不言門人爲誰然書錄解題及宋史藝文志均著錄三十二卷則當時之本已如此釴所云云或因戴溪有續讀詩記三卷遂悞以後十卷當之歟陳振孫稱其博采諸家存其各氏先列訓詁後陳文義翦裁貫穿如出一手有所發明則別出之詩學之詳正未有逾於此書者魏了翁作後序則稱其能發明詩人躬自

厚而薄責於人之旨二人各舉一義已略盡是書所長矣了翁後序乃爲眉山賀春卿重刻是書而作時去祖謙沒未遠而板已再新知宋人絕重是書也

續呂氏家塾讀詩記三卷（永樂大典本）

宋戴溪所續呂祖謙之書也溪永嘉人淳熙五年爲別頭省試第一歷官工部尚書文華閣學士卒贈端明殿學士理宗紹定間賜謚文端事迹具宋史儒林傳傳稱溪字肖望黃震日鈔亦同而沈光

作溪春秋講義序稱字少望震爲溪同時人不應有愥溪子楠刋父遺書乞光作序亦不應有愥或溪有二字歟溪以呂氏家塾讀詩記取毛傳爲宗折衷衆說於名物訓詁最爲詳悉而篇内微旨詞外寄託或有未貫乃作此書以補之故以續記爲名實則自述己意非盡墨守祖謙之說也其中如謂摽梅爲父母之擇壻有狐爲國人之憫鰥甘棠非受民訟行露非爲侵陵故書錄解題謂其大旨不甚主小序然皆平心靜氣玩索詩人之旨與預

存成見必欲攻毛鄭而去之者固自有殊温州志稱溪平實簡易求聖賢用心不為新奇可喜之説而識者服其理到於此書可見一斑矣原本三卷久佚不傳散見於永樂大典中者尚得十之七八謹綴緝成帙仍釐為三卷永樂大典詩字一韻缺卷獨多其原序總綱無從補錄則亦姑闕焉

絜齋毛詩經筵講義四卷永樂大典本

宋袁燮撰燮有絜齋家塾書鈔已著錄此書乃其為崇政殿說書時撰進之本宋史藝文志直齋書

錄解題皆不著錄朱彝尊經義考亦不列其名惟永樂大典頗載其文葢其失傳亦已久矣宋代經筵講章如朱震范沖左氏講義戴溪春秋講義類多編輯別行變此書亦同其例其中議論和平頗得風人本旨於振興恢復之事尤再三致意如論式微篇則極稱太王句踐轉弱爲強而貶黎侯無奮發之心論揚之水篇則謂平王柔弱爲可憐論黍離篇則直以汴京宗廟宮闕爲言皆深有合於獻納之義胡安國作春秋傳意主復讐往往牽經

以從已而變則因經文所有而推闡之故理明詞達無所矯揉可謂能以古義資啓沃矣謹以次編定釐爲四卷皆國風也其雅頌諸篇則永樂大典闕載或輪番進講變偶未當直歟

毛詩講義十二卷 永樂大典本

宋林岊撰岊字仲山古田人紹熙元年特奏名嘉定間嘗守全州宋史不爲立傳而福建通志稱其在郡九年頗多惠政重建清湘書院與諸生講學勉敦實行郡人祀之柳宗元廟則亦循吏也是編

皆其講論毛詩之語觀其體例蓋在郡時所講授而門人錄之成帙者大都簡括箋疏依文訓釋取裁毛鄭而折衷其異同雖範圍不出古人然融會貫通要無枝言曲說之病當光寧之際廢序之說方盛邕獨力闡古義以詔後生亦可謂篤信謹守者矣宋史藝文志馬端臨經籍考及文淵閣書目此書皆作五卷自明初以來久無傳本故朱彝尊經義考以爲已佚今從永樂大典各韻所載次第彙輯用存其槩永樂大典所原軼者則亦闕焉因

篇帙稍繁謹釐爲一十二卷不復如其舊目云

詩童子問十卷 浙江吳玉墀家藏本

宋輔廣撰廣字漢卿號潛齋其父本河朔人南渡居秀州之崇德縣初從吕祖謙遊後復從朱子講學即世所稱慶源輔氏也是編大旨主於羽翼詩集傳以述平日聞於朱子之說故曰童子問卷首載大序小序採錄尚書周禮論語說詩之言各爲註釋又備錄諸儒辨說以明讀詩之法書中不載經文惟錄其篇目分章訓詁末一卷則惟論叶韻

朱彝尊經義考載是書二十卷有胡一中序言閱建陽書市購得而鋟諸梓且載文公傳於上童子問於下此本僅十卷不載朱子集傳亦無一中序蓋一中與集傳合編故卷帙加倍此則汲古閣所刊廣原本故卷數減半非有所闕佚也其說多掊擊詩序頗爲過當張端義貴耳集載陳善送廣往考亭詩曰見說平生輔漢卿武夷山下啜殘羹似頗病其暖暖姝姝奉一先生然各尊其所聞各行其所知謹守師傳分門別戸南宋以後亦不僅廣

一人不足深異陳啓源毛詩稽古篇糾其註周頌潛篇不知季春薦鮪爲月令之文誤以爲序說而辨之誠爲疎舛葢義理之學與考證之學分途久矣廣作是書意自有在固不以引經據古爲長也

毛詩集解二十五卷兩江總督採進本

宋段昌武撰昌武字子武廬陵人焦竑國史經籍志作段文昌葢因唐段文昌而誤朱睦㮮授經圖作段武昌則傳寫倒其文也其始末無考惟書首載其從子維淸請給據狀稱先叔朝奉昌武以詩

經而兩魁秋貢以累舉而擢第春官而已其書舊本題叢桂毛詩集解蓋以所居之堂名之書首爲學詩總說分作詩之理寓詩之樂讀詩之法三則次爲論詩總說分詩之世詩之次詩之序詩之體詩之派五則餘皆依章疏解大致仿呂祖謙讀詩記而詞義較爲淺顯原書三十卷明代惟朱睦㮮萬卷堂有宋槧完本後沒於汴梁之水此本爲孫承澤家所鈔僅存二十五卷其周頌清廟之什以下並已脫佚朱彝尊經義考載是書三十卷註曰

闕又別載讀詩總說一卷註曰存今未見傳本而卷首學詩總說論詩總說今在原目三十卷之外疑即所謂讀詩總記者或一書而彝尊誤分之或兩書而傳寫誤合之則莫可考矣

詩緝三十六卷 直隸總督採進本

宋嚴粲撰粲字坦叔邵武人官清湘令是書以呂祖謙讀詩記為主而雜采諸說以發明之舊說有未安者則斷以已意如論大小雅之別特以其體不同較詩序政有大小之說於理為近又如邶之

柏舟舊謂賢人自比槩則以柏舟爲喻國以汎汎爲喻無維持之人干旄之良馬四之良馬五之舊以爲良馬之數槩則以爲乘良馬者四五輩見好善者之多中谷有蓷舊以蓷之暵乾喻夫婦相棄槩則以水旱草枯由此而致離散凡若此類皆深得詩人本意至於音訓疑似名物異同考証尤爲精核宋代說詩之家與呂祖謙書並稱善本其餘莫得而鼎立良不誣矣

詩傳遺說六卷兩江總督採進本

宋朱鑑編鑑有朱文公易說已著錄是編乃於理宗端平乙未鑑以承議郎權知興國軍事時所成蓋因重槧朱子集傳而取文集語錄所載論詩之語足與集傳相發明者彙而編之故曰遺說其書首綱領次序辨次六義繼之以風雅頌之論斷終之以逸詩詩譜叶韻之義以朱子之說明朱子未竟之義猶所編易傳例也鑑自序有曰先文公詩集傳豫章長沙後山皆有本而後山校讐最精第初脫稿時音訓間有未備刻板已竟不容增益欲

著補脫終弗克就仍用舊板葺為全書補綴趲那久將漫漶竭來富川郡事餘暇輒取家本親加是正刻寘學宮云云

國朝寧波史榮撰風雅遺音據鑑此序謂今本集傳音叶多鑑補苴非朱子所手定其說似非無因然則以音叶之誤議朱子與以朱子之故而委曲回護吳棫書者殆均失之矣

詩考一卷　直隸總督採進本

宋王應麟撰應麟有周易鄭康成註已著錄此編

則考三家之詩說者也隋書經籍志云齊詩魏代已亡魯詩亡於西晉韓詩雖存無傳之者今三家詩惟韓詩外傳僅存所謂韓故韓內傳韓說者亦並佚矣應麟檢諸書所引集以成帙以存三家逸文又旁搜廣討曰詩異字異義曰逸詩以附綴其後每條各著其所出所引韓詩較魯齊二家僅寥寥數條葢韓詩最後亡唐以來註書之家引其說者多也卷末別爲補遺以掇拾所缺其蒐輯頗爲勤摯明董斯張嘗摘其遺漏十九條其中子華

子淸風婉兮一條本北宋僞書不得謂之疎畧近時會稽范家相因應麟之書撰三家詩拾遺十卷其所條錄又多斯張之所未蒐併摘應麟所錄逸詩如楚詞之駕辯夏侯元辨樂論之網罟豐年穆天子傳之黃竹呂氏春秋之燕燕破斧葛天八闋尚書大傳之晳陽南陽初慮朱干苓落歸來縵縵皆子書雜說且不當錄及殷以前所言亦不爲無理然古書散佚蒐採爲難後人踵事增修較剏始易於爲力篳路籃縷終當以應麟爲首庸也

詩地理攷六卷 通行本

宋王應麟撰其書全錄鄭氏詩譜又旁採爾雅說文地志水經以及先儒之言凡涉於詩中地名者薈萃成編然皆採錄遺文案而不斷故得失往往並存如小雅六月之四章玁狁匪茹整居焦穫侵鎬及方至于涇陽其五章曰薄伐玁狁至于太原其地於周爲西北鎬方在涇陽外焦穫又在其外而太原更在焦穫之外故劉向疏稱千里之鎬猶以爲遠孔穎達乃引郭璞爾雅註池陽之瓠中以

釋焦穫考漢書池陽屬左馮翊而涇陽屬安定不應先至焦穫乃至涇陽又以太原爲晉陽是玁狁西來周師東出尤乖地理之實殊失訂正又大雅韓奕首章曰奕奕梁山其六章曰溥彼韓城燕師所完應麟引漢志夏陽之梁山通典同州韓城縣古韓國以存舊說引王肅燕北燕國及涿郡方城縣有韓侯城以備參考不知漢王符潛夫論曰昔周宣王時有韓其國近燕後遷居海中水經註亦曰高梁水首受灅水于戾陵堰水北有梁山是王

肅之説確有明証應麟兼持兩端亦失斷制然如騶虞毛傳云仁獸賈誼新書則曰騶者天子之囿俟我于著毛傳云門屏之間曰著漢志則以爲濟南著縣滮池北流毛傳云滮流貌水經注則有滮池水十道志亦名聖女泉兼采異聞亦資考證他如二子乘舟引左傳盜待于莘之説秦穆三良引括地志冢在雍縣之文皆經無明文而因事以存其人亦徵引該洽固説詩者所宜考也

12225

（清）紀昀等 纂

# 武英殿本四庫全書總目

第四册

國家圖書館出版社

# 第四册目録

# 欽定四庫全書總目

經部

卷九

12225

一

# 欽定四庫全書總目卷九

## 經部九

### 易類存目三

讀易蒐十二卷 浙江吳玉墀家藏本

國朝鄭賡唐撰賡唐縉雲人前明天啟丁卯舉人官至福建按察使僉事是書序稱丁亥蓋成於順治四年經文全用注疏本每卦之末附論一篇多經生之常義至繫辭舊雖分章然自漢晉以來未有標目賡唐直加以天尊章設位章諸名則是自造

篇題殊乖古式又說卦章次亦加刪併而不言所以改定之故更不免變亂之譏蓋猶明季諸人輕改古經之餘習也

大易則通十五卷閏一卷　湖北巡撫採進本

國朝胡世安撰世安字處靜號菊潭井研人前明崇禎戊辰進士歷任少詹事入

國朝官至大學士是書專主闡明圖學彙萃諸家之圖各爲之說雖亦及於辭變象占而總以數爲主其閏卷則續採明羅喻義讀易珊瑚筋及劉養貞

易遺象義之說也

周易感義無卷數兩江總督採進本

此書爲未刻藁本中多朱墨塗乙其撰人姓名墨筆題東海衲民岳嵐墨山氏述蓋所自書朱筆題江西兵憲岳虞巒衡山氏述爲其同里魯釗所書攷太學題名碑錄前明崇禎辛未科有岳虞巒南直隸武進人又江南通志儒林傳稱虞巒字舜牧官至江西按察使晚尤好易撰有周易感及春秋平義二書書中云幼時及見熹廟初年時代亦復

相合然則所謂周易感者當即此書特刻板誤脫義字耳書中又云丙申五月著稿則成於
國朝順治十三年疑其明亡以後變服爲僧改名岳嵐故自稱東海衲民也是書惟解六十四卦分八巨冊而朱筆又間有標二編第幾卷者殆本有初編二編經釗删併爲今本耶其說詳於取象近錢一本之學然皆參以佛氏如稱西域之有迦文猶中國之有羲文周孔云云謬妄非一釗雖多所刊削欲滅其迹而能潤飾其字句究不能改易其宗

旨蓋於王宗傳沈作喆之說又變本加厲矣

易學筮貞四卷 浙江吳玉墀家藏本

國朝趙世對撰世對字襄城衢州人玆編論易為上筮之書故經秦火而獨存命之曰筮貞謂以筮而貞萬世之變也不載經文惟採先儒議論分類編輯一卷曰綴集本旨曰易學源流曰圖書節要二卷曰蓍法指南三卷曰占變詳考四卷曰易道同歸論筮法與占變條理頗為詳明蓋純以數言易者也

周易明善錄二卷 江西巡撫採進本

國朝徐繼發撰繼發字繩武貴溪人其書專以後天諸圖爲主由占筮卦氣而蔓衍於律呂等韻前有自序謂後天之道以致用爲主而造化之流行有常有變常者宰之於帝變者藏之於神履其常者以卦爲體通其變者以筮爲用是故帝者流行一定之極而神者造化不測之機也其推闡亦頗極苦心然與講先天之圖者亦同一關紐總爲易外之別傳而已

麗奇軒易經講義無卷數編修勵守謙家藏本

國朝紀克揚撰克揚字武維號六息文安人是編用注疏本不錄經文但每卦約詁數條皆略象數而談義理詳其文義蓋標識於經傳之上而其後人錄之成帙者也

羲畫憤參二十五卷浙江巡撫採進本

國朝陸位時撰位時字與偕錢塘人在前明嘗官鄞縣訓導是書成於順治丙戌前有位時自序稱小憤小悟大憤大悟不憤不悟憤之云者心求通而

未得之意故曰憤參其書專闡河洛之數而附益以先天之時令後天之節序首列卦爻象彖諸解圖書諸說每條之首設卦難數條卦畫之下列卦旨數條卦後列六爻總論一篇而以字義諸說別標題目參錯於經文之中體例頗爲龐雜前又有黃道周序不署年月中有時値鼎革語考順治乙酉丙戌之間黃道周方從朱聿鍵稱兵閩中勢不暇爲位時作序况方輔聿鍵僭號改元亦決不肯自稱鼎革其爲依托無疑葢以道周喜談象數與

此書宗旨相近故假借之以爲重耳

周易辨疑無卷數山東巡撫採進本

國朝李開先撰開先字傳一長壽人與嘉靖中太常寺卿李開先名姓偶同非一人也其易學受於鄉人來知德案知德雖嘉靖三十一年舉人其授待詔則在萬歷三十年下距明亡僅四十年故其門人能至順治初尚存故其書詮解象數多推闡其師錯綜之例惟卦變之說與知德不合其中駁本義者頗多而不盡愜當至所自立之新義如說卦乾爲馬而爻詞取象於龍朱子以爲理會不得開先則

謂伏羲時龍馬負圖乾雖爲馬而非馬乃龍馬也周公畧去馬字而止言龍非擬之以馬又擬之以龍也云云案乾與震合德龍與馬同性故說卦傳龍震皆取馬象至震之爲龍亦以一索得男體從乾化故二卦皆取龍象聖人繫易偶舉一端不得膠此以疑彼而委曲以遷合之也且爻詞潛見飛躍諸義豈能施之龍馬耶亦好異而不顧其安矣

易存無卷數　大理寺卿王昶家藏本

國朝蕭雲從撰雲從字尺木蕪湖人前明崇禎己卯

副榜貢生是書雲從年八十時所撰以數言易而其數乃以律呂歷算爲宗旁及於三命六壬之術前列易存四學一條稱學者先讀易卦爻詞大傳著法次學卦氣以及支干陰陽五行生尅氣運衰旺次學算歸除因乘次學音律詞曲聲調管絃以及翻切諸法方得其說頗屬支離夫奇偶陰陽爲萬事萬物之根本故易道廣大推之無所不通律呂爲易中之一理非因律呂作易亦非因易作律呂也歷算亦易中之一理非因歷算作易亦非因

易作歷算也即以醫術而論榮衛者陰陽也七竅者奇偶也心腎者坎離之宅也其消長則姤復之機其升降則既濟未濟之象也至於五運六氣司天在泉無一不與易理通亦將曰因醫有易因易有醫乎哉王士禎池北偶談嘗記雲從作杜律細一書凡吳體拗句俱强使協於平仄如盤渦浴鷺底心性句則讀底爲高低之低江草日日喚愁生句則讀草爲離騷之騷此書言易殆亦類斯與連江童能靈作律呂古義二卷純以河圖洛書爲聲

音之本者均可謂誤用其心矣

周易說畧四卷 山東巡撫採進本

國朝張爾岐撰爾岐字稷若濟陽人篤守朱子之學因作此書以發明本義之旨內惟第四卷分爲二故亦作五卷李煥章作爾岐傳云八卷者誤也

周易纂解正宗六卷 江西巡撫採進本

國朝謝復莪撰復莪字菁來吉水人其書先列朱子本義以直解大全蒙引諸家之說各系於其下其子能立以圖說未備重加纂訂別爲一編附之於

後蓋里塾講授之本也

周易塵談　無卷數　兩淮馬裕家藏本

不著撰人名氏朱彝尊經義攷載孫應龍有周易塵談十二卷疑此本是也應龍字海門餘杭人順治丁亥進士官隰州知州其書多引先儒語錄排比成文或標曰注或標曰解或標曰傳每章之中三名疊見竟莫得而詳其例也

周易纂注　無卷數　江蘇巡撫採進本

國朝朱奇頫撰奇頫字九愚嘉定人順治辛卯拔貢

生官平遥縣知縣此書大槩依附朱子本義而稍參以已說後有附錄一卷則其子所刻墓誌行狀也

易史參錄二卷江西巡撫採進本

國朝葉矯然撰矯然字思菴閩縣人順治壬辰進士官樂亭縣知縣是書於每卦象爻各證以史事蓋仿李光楊萬里二家易傳之意而所舉不免於偏枯夫易道廣大無所不包而不膠柱於一二事文王箕子偶引以明卦義無所不可至於每象每爻

必求其事以實之則挂漏牽合固其所矣

大易疏義五卷 江蘇巡撫採進本

國朝王芝藻撰芝藻字湛瞻溧水人順治甲午舉人其書論九疇本於洛書謂萬物之生始於五行故五行居一皇建有極爲天地人物之主故皇極居中天時人事之應盡於五福六極故福極居九三八政王者所以治明七稽疑王者所以合幽此中央四正所以立其幹也五事盡乎人事五紀考乎天時故居肩之左右三德以輔皇極庶徵以驗五

行故居足之左右宋人九疇自九疇洛書自洛書之說未足以窺易書之奧蓋芝藻並主象數故立論如此然繫辭雖有洛書之名而所謂洛書者實未明指龜文後人影附太乙九宮之法以造洛書因而牽洛書以解易是徒借洛書之名而非孔子所謂洛書也芝藻亦眩於舊文未之深考耳

周易滴露集 無卷數 直隸總督採進本

國朝張完臣撰完臣字艮哉平原人順治乙未進士是書皆訓釋文句不及象數大旨取朱子本義爲

主而附益以諸家之說於吳璉訂疑蔡清蒙引姚舜牧疑問所引尤多間亦附以己意所注僅上下兩經而無繫辭以下蓋用程子本也

周易疏畧四卷　河南巡撫採進本

國朝張沐撰沐字仲誠上蔡人順治戊戌進士官資縣知縣沐於五經四書皆有疏畧其解周易自謂悉本孔子十翼之義所注多取舊文融以己意不復標古人名氏書中力排京房陳摶邵康節之學而摶等所造河圖洛書及伏羲文王諸圖仍列於

卷首其洛書條下注曰聖人因之以明吉凶著於易之首是竟以今本九圖爲孔子所定也又揲蓍求卦必自內而外由初而上故古本相傳卦畫之下所注皆先下後上沐獨用朱睦㮮之例改爲先上後下於卦爻之始初終上繫辭之小成大成俱無一可通前有康熙庚申趙御衆序稱韋編以來易學久晦得此書乃明又有王渭序稱孔子之說有不可易則張先生之說亦不可易沐自謂朱子之所不能解者繹諸孔訓恍然來告敢曰獨信亦

談何容易乎

加年堂講易十二卷編修戈岱家藏本

國朝周漁撰漁字大西興化人順治己亥進士官翰林院編修是書前有自序稱與朱子本義程子傳及古今來言易之家大相乖戾謂直接加年寡過之學漁不敢當也謂四聖人覺世明道之旨不欲終晦於天下賴四聖人之靈竅吾之聰鑿吾之明假吾之心慮尸宣以代爲發之也是則何能辭其自命甚高今觀其書非惟盡反漢宋諸家之說併

繫詞文言亦指爲非孔子之說橫加排詆卽彖傳亦有所去取末附一卷闢洛書之僞首弁一卷別衍河圖之奇偶而深斥繫辭太極生兩儀兩儀生四象四象生八卦之文所解六十四卦亦多創論如謂乾卦以龍喻性六爻皆言見性盡性見羣龍無首猶言見性而實無所見要之性亦强名見亦落見故增此以掃六爻名象之迹謂復卦言賢人之去就先儒作復善解不知何所見而云然其翻新出奇大率類此亦可謂好恠矣

讀易近解二卷 江西巡撫採進本

國朝湯秀琦撰秀琦號弓菴臨川人順治中由歲貢生官鄱陽縣訓導是編取周易圖說為之發明使淺顯易解舊有圖者因圖而推衍之舊有說而無圖者補圖以證佐之蓋於易專主數於數專主宋學者也

周易郁溪記十四卷 江蘇巡撫採進本

國朝郁文初撰文初號郁溪蘄州人官至肇慶府知府此書為河間賈棠所刊凡總論一卷上下經九

卷繫辭上傳三卷而繫辭下傳至雜卦傳則皆標卷下以統之不復分析卷目蓋編次者之失也書中首推河洛縱橫曼衍不出常談至於各卦彖爻立論尤多僻異大率以五行生剋精氣骨肉爲言如解需于血出自穴則云乾者精氣之極而血脈之生通之中行需是已坤爲血脈之極而精氣之生通之中行晉是已出自穴者謂人自有生以來耳穴已有而今則天地通水自穴中出也目苞之啟亦由是也解入于左腹獲明夷之心于出門庭

則云明之入也自右腹而下自左腹而上意異也火復則風生心開則意隨蓋愈鑿而障礙愈多矣

周易起元十八卷 江西巡撫採進本

國朝陳圖撰圖字奇巖永豐人是書以太極先天河洛諸圖合而演之支離蔓衍不可究詰如周子太極圖以無極作一空圈此則變爲一純黑圈形以爲陽含於陰至太極圖乃爲半黑半白圈是先生陰而後生陽非太極生陰陽也又以名山大川分配六十四卦之陰陽尤爲牽合昔林至水村易鏡

以卦配星以爲仰觀天文此更以卦配地以爲俯察地理此非惟聖人作易慮不及此即邵子周子傳陳摶之圖豈料其末流至此耶其詮釋經文每句皆隨意叶韻如象傳天行健君子以自強不息則以天行爲一句健爲一句君子以自強爲一句不息爲一句而注曰行叶杭息叶襄坤卦初爻則注曰六叶翕至叶室殆不知其何據他如雲行雨施飛龍在天之類必破爲二字一句雖嫌繁雜理尙可通至於乾卦三爻以君子終日爲一句乾乾

夕惕爲一句若厲爲一句无咎爲一句則君子終日四字不知是何文義矣又經文之中多間以圖其圖皆奇形恠狀如文言傳見龍在田節下附一物欲所蔽圖作純黑壺盧形上叚分布五小白圈中書人欲一萌血自攻心云云四言詩十二句下叚則書慾海茫茫不計深其中灼灼產黃金云云七言詩八句左右注致知格物四字下注云此亦黑體用陰文其圖大抵皆類此多非經文之本意也

易贊二卷 安徽巡撫採進本

國朝王艮撰艮字無悶號不菴歙縣人是書每條皆泛論易理不標經文凡與人問答書中有論易者亦節錄附入自序云漢儒亂其數宋儒鑿其理其有合於易而不失厥旨者要非全易矣然大旨仍主義理而不言象數經義考作一卷稱其友始安吳懷鄱陽史白序之今二序並存而卷分爲二題曰王煒蓋艮之初名也

易大象說錄二卷 浙江吳玉墀家藏本

國朝吳舒鳧撰舒鳧一名逸字吳山吳縣人是書惟釋大象蓋因杭人施相周易大象頌而作每條附以贊語其中改天行健爲天行乾天地交爲地天交之類其子向榮跋語述其父言稱不闕疑而改經文獲罪千古蓋已自知之矣前有施相傳謂崇禎乙卯相年十七明崇禎無乙卯當是己卯之誤也

周易惜陰錄四十六卷 兩江總督採進本

國朝徐世沭撰世沭字爾瀚江陰人江南通志列之

儒林傳中稱其與陸隴其相契考隴其三魚堂中有世沐四書惜陰錄跋蓋亦講學家也其解經皆以變爻爲主蓋宋都絜之緒論其法爲太卜舊法其說則不免於空談

周易存義錄十二卷 兩江總督採進本

國朝徐世沐撰其文與周易惜陰錄並同蓋自覺其冗雜删爲此本非別一書也

周易惜陰詩集三卷 兩江總督採進本

國朝徐世沐撰是書取經傳字義分題賦咏或爲四

言贊或爲五言七言詩多至一千餘首葢本張九成論語詩例而益蔓衍之其惜陰録用吕祖謙本此集所列彖爻彖傳次第則仍用王弼本其文皆體近歌括不可入於詩集今仍附之易類焉

圖易定本一卷　江蘇周厚堉家藏本

國朝郜嗣堯撰嗣堯郃陽人康熙庚戌進士官至江南提學副使其言易以河洛之數一乘一除小圓圖即小横圖之順往逆來大横圖即小横圖之因重成爻大圓圖即小圓圖之運行寒暑方圖即大

圓圖之乾君坤藏文王二圖實由此變而通之葢本於皇極經世者爲多末附以揲蓍之法自序謂一刻於都門再刻於上谷三刻於襄陽屢有改易此本刻於康熙甲戌凡四易稿云

易經述無卷數 浙江巡撫採進本

國朝陳詵撰詵字叔夫號實齋海寧人康熙壬子舉人官至禮部尚書謚清恪其書取六十四卦每兩卦爲一篇前列經文而綴總論於其後前無序文亦無凡例觀其兩卦合并之意有以陰陽相反言

者乾坤剝夬復姤坎離震巽艮兌臨遯是也有以上下反對言者屯解蒙蹇需訟師比泰否未濟既濟同人大有隨歸妹无妄大壯晉明夷是也有以卦名比合言者小畜大畜小過大過損益是也有以雜卦連合言者咸恒家人睽豐旅渙節萃升是也至於旅與謙豫與漸蠱與困觀與頤噬嗑與中孚賁與革升與鼎則未審其所以合併之意矣

周易廣義六卷 江蘇周厚堉家藏本

國朝潘元懋撰元懋字友碩鄞縣人是書成於康熙

王子以朱子本義爲主逐句發明如注之有疏又以章旨節旨及敷衍語氣者冠於上方所謂坊刻高頭講章也

大易蓄疑七卷 陝西巡撫採進本

國朝劉蔭樞撰蔭樞字喬南韓城人康熙丙辰進士官至貴州巡撫是編用王弼之本但有六十四卦而無繫辭以下其說多因朱子本義而小變之然措語蹇滯多格格不能自達其意

易論無卷數 浙江范懋柱家天一閣藏本

國朝徐善撰書首有沈廷勱序稱爲南州徐敬可則當爲南昌人而善自署曰嘉禾考朱彝尊曝書亭集有徐敬可左傳地名考序又閻若璩潛邱劄記亦稱秀水徐勝敬可爲人作左傳地名考云云其字與里貫皆合惟名有異未知爲一人二人也其書成於康熙丙辰不載經文亦不及十翼惟六十四卦各爲一篇條舉其義而論之才辨縱橫而頗浸淫於佛老

周易應氏集解十三卷 浙江吳玉墀家藏本

國朝應撝謙撰。撝謙字嗣寅，錢塘人。康熙己未嘗舉博學鴻詞。是書朱彝尊經義考作十七卷，此本僅十三卷，然首尾完具，不似有所佚脫，或彝尊偶誤耶。其注雜採諸說，故名集解。所取多依文訓詁之說，未爲精密。首列諸圖，爲上經三十卦、下經三十四卦，多寡不均，乃創爲上經三十六卦往來之圖、下經三十六卦往來之圖，一往一來，共成七十二卦，尤爲枝節。

**易原** 無卷數 江蘇巡撫採進本

國朝趙振芳撰振芳字香山山陰人是書列古本圖書古本易經爲首卷列諸圖與說爲次卷其古本周易集諸家舊本而考其異同於章句文字頗有釐訂惟所載圖說自河洛蓍法五行卦氣而外並及天行地勢之類則不免蔓衍支離夫易爲象數之總推而衍之三才萬物無不貫通故任舉一端皆能巧合然於聖人立象設教之旨則究爲旁義也

易或十卷　江蘇巡撫採進本

國朝徐在漢撰在漢初名之裔字天章晚年乃易今名字寒泉歙縣人初與趙振芳同著易原後復自作是編曰或者疑不自信之意也書中不載經文止按其節次自爲解義復兼採諸儒之説皆未見精要卷首列觀玩要領一篇其第二條謂爻辭繫於文王而非周公然文王作彖辭周公作爻辭自馬融陸績以來相沿無異在漢乃欲去周公而存三聖亦過於臆斷矣

易經辨疑七卷 浙江巡撫採進本

國朝張問達撰問達字天民江都人前有康熙已未廣平冀如錫序稱其得力於陽明良知之學故其書黜數崇理而談理一歸之心力掃卜筮之說未免主持太過問達自序首推王弼又引王守仁箇箇人心有仲尼及求諸我心之是諸語是即陸九淵六經注我之說也宜有取於弼之虛無矣

周易通十卷浙江巡撫採進本

國朝浦龍淵撰龍淵字潛夫吳縣人嘗佐洪承疇幕以承疇薦授城步縣知縣其書名易通者謂六爻

之義本一理四聖之旨本一貫自說易者解以已意遂致卦詞不通於象詞下卦之詞或不通於上卦之詞故六十四卦各立論發揮於卦義爻義或逐條剖析或連類推闡務使相通而後已其說不爲無見然卦爻之義宛轉相通亦猶一人之身脈絡孔穴宛轉相通也必從一脈以通百脈由一穴以通百穴則必有所隔礙於其際故龍淵所說有時而融洽亦不免有時而穿鑿至既欲牽合於理學又欲比附於史事縱橫曼衍辨而太華是又作

論之才非詁經之體也

周易辨二十四卷 浙江吳玉墀家藏本

國朝浦龍淵撰兹編因繫辭包犧氏王天下之文遂謂六十四卦無一非帝王師相之事乃明主良臣所以致太平之書因乾卦六位時乘之文謂六爻中君臣上下各有攸司周公分位繫辭正名定分皆取諸此歷來一切圖書象數卦變等說皆畧而不論夫人事準乎天道治法固易理之所包然謂帝王師相之學當求於易則可謂易專為帝王師

相作則主持太過矣朱彝尊經義考載此書作二十八卷此本少四卷疑亦經義考傳寫之誤也

周易義參六卷浙江巡撫採進本

國朝于琳撰琳平湖人兹編皆因仍舊說依文訓釋罕所發明末列三十三圖亦皆勦襲舊圖而小變其貌其自作者如在天成象圖以日星霞露虹左列爲陽以月漢風霜雪右列爲陰而以雲雨雷電雹霧居中爲兼陰陽殊爲無理在地成形圖以水金山右列爲柔土火石左列爲剛木絲穀鹽並列

於中爲兼柔剛尤不可解而成男成女圖作⊙○之形一陰一陽之謂道圖作[symbol]形益恠誕矣

身易實義五卷 浙江巡撫採進本

國朝沈廷勱撰廷勱字克齋嘉興人康熙中貢生官至商州知州是書一以程朱爲宗凡宋明諸儒稱引程朱之説者摭拾無遺其别有發明者概屏弗録前有自序云以心言易未若以身體易之爲實以身體易又必以易見諸用之爲實故名其書爲身易實義云

河圖洛書原舛編一卷　浙江巡撫採進本

國朝毛奇齡撰奇齡有仲氏易已著錄河圖洛書辨者既非一家駁者亦非一說奇齡謂今之河圖即大衍之數當名大衍圖而非古所謂河圖今之洛書則太乙行九宮之法亦非洪範九疇既著其說於前更列其圖於後其排擊異學殊有功於經義顧其所列之圖又復自生名例轉起葛藤左右佩劍相笑無休是仍以鬬解鬬轉益其鬬而已矣

易宗集注十二卷　兩江總督採進本

國朝孫宗彝撰宗彝高郵人是書成於康熙庚申以象數理各有其宗因象而測其數因數而測其理而所宗者以中爲主故卷首冠以中論三篇其說謂河圖洛書五皆居中中五象之宗也五數之中也中理之宗也故名易宗案易所言中皆指中畫過與不及皆因象示戒則謂易爲用中未始不可然必執河圖洛書之五位以爲用中之本則橫生枝節附會經義矣注中於變爻變卦及反對互體之義獨詳而卷首兼論歲運其學蓋出於黃道周

而參以他說小變之中間詆斥先儒殊爲已甚又每節之下必注宗彝云以擬象傳尤無謂也

周易清解 無卷數 浙江巡撫採進本

國朝江見龍撰見龍字壽水杭州人康熙中諸生其說易主象與理而畧於數如解屯六四四止而初動有班如之象大壯九三用壯用罔之故旅六二得童僕爲得三爻此類凡數十條皆於經傳有裨惟經前傳後次序昭然漢晉以來或亦析傳以附經從無後經而先傳見龍乃移繫辭說卦雜卦序

卦於上下經之前分爲二卷名曰孔子讀易傳則欲尊孔子而不知所以尊矣

周易本義述蘊四卷 江蘇巡撫採進本

國朝姜兆錫撰兆錫字上均丹陽人康熙庚午進士乾隆初薦充三禮館纂修官是書取名述蘊者蓋取通書聖人之精畫卦以示聖人之蘊因卦以發之義大旨恪遵朱子本義如解屯卦六二匪寇婚媾句解否卦否之匪人句舍本義而從程傳孔疏者亦偶有之非其通例也其經傳之次第則於卦

畫之後繼以彖辭彖傳於彖辭彖傳之後繼以象辭象傳而乾坤二卦則又割文言傳爲二段分綴於彖象二傳之下其以大小象傳列彖傳後者自謂用今本乾卦之例列彖傳於彖辭後者自謂用今本坤卦之例也然割裂文言又用何例乎既非今本又非古本殊爲進退無據又旣解本義九圖而卦變一圖其說與本義互異者置不一言亦爲疎漏至訂定雜卦大過以下八卦本蔡淵之說而小變之以漸歸妹既濟未濟四卦相次爲隔句韻

體亦殊勇於改經也

周易蘊義圖考二卷 江蘇巡撫採進本

國朝姜兆錫撰是編主先天之學皆根柢圖書演錯綜互變之旨大抵推闡舊説也

硯北易鈔十二卷 編修勵守謙家藏本

國朝黄叔琳撰叔琳字崑圃大興人康熙辛未進士官至詹事府詹事乾隆辛未

恩加禮部侍郎銜是編用注疏本以程傳本義爲主雜採諸説附益之中多朱墨校正商榷之處葢猶未

定之稿也

宋元周易解提要附易解別錄無卷數　副都御史黃登賢家藏本

不著撰人名氏前署養素堂纂本又有黃叔琳名氏二私印葢卽叔琳所輯錄也其書仿李鼎祚周易集解之例但裒諸說不加論斷然所採錄頗爲簡畧不能括宋人之易學且書名旣題宋元書中乃錄子夏易傳數條而元人說易者竟未採一家其書未分卷帙亦無序目殆猶未成之本也後附易解別錄一冊葢旁採異說亦僅有宋而無元云

周易淺解四卷 江蘇巡撫採進本

國朝張步瀛撰步瀛字翰仙河南新安人康熙辛未進士是編題其父含命意而步瀛筆受昔房融譯楞嚴經稱爲筆受此注經而襲佛氏之稱蓋偶未檢其凡例稱家傳易學已歷六世自其曾祖至其父與伯叔父及其弟姪均以易得科名人稱易家自明嘉隆以後穿鑿附會置本義程傳不顧惟喜新奇異說見之文者蒙混支離大象傳孔子所著庚辰房書竟認作周公語云云蓋其家傳科舉之

學也

易經詳說無卷數山東巡撫採進本

國朝冉覲祖撰覲祖字永光中牟人康熙辛未進士改庶吉士是書兼用程傳本義謂朱子分彖占程傳說理二書不可偏廢故兼取二家之說低一格以別於經又採諸儒之說互相發明者再低一格以別於二家覲祖時有所見亦附著焉其中亦間有與朱子異者如朱子謂左傳穆姜筮遇艮之八法宜以係小子失丈夫爲占而史妄引彖詞爲非

覲祖則謂艮卦只二二不變當爲隨既以二二爲八則非六二一矣當以彖詞爲是史非妄也又謂文王八卦方位未必分配父母男女較量卦畫陰陽朱子從後推論未必是文王當日之意又不取卦變之說蓋大旨雖出程朱而小節則兼採諸論也至所論卦變謂來知德爲姚江之支派餘裔創立異說以翻程朱傳義之案考王守仁未嘗講易知德亦不傳姚江之學黄宗羲明儒學案列之諸儒案中謂其與陽明相異而惜其獨學無朋師心自用可

爲明證覲祖以門戶餘習見近似者而咻之亦考之未審矣

易學參說二卷 浙江巡撫採進本

國朝馮昌臨撰昌臨字與肩嘉興人是書分內外二編內編爲說六篇自先天八卦圖以至八卦納甲外編亦六篇自天干化氣五行以至七政四餘蓋欲從漢學而不究古法遂以後世斗首化曜之說參雜而敷衍之可謂逐影而失形矣

易象二卷 陝西巡撫採進本

國朝王明弼撰明弼字亭二陝西人康熙間官鳳翔府教授是編取六十四卦大象列本義於前而各敷衍數語於後殊無所發明

易宮三十八卷 浙江巡撫採進本

國朝吳隆元撰隆元號易齋歸安人康熙甲戌進士官至太常寺少卿其書前後無序跋末闕說卦傳中亦多闕文闕卷又頗有塗乙或注未定本字或注非先生手授本字則隆元草創未竟之書其門人追錄之也大旨取來知德之說以不反對之卦

爲錯反對之卦爲綜錯者一卦自爲一宮綜者兩卦合爲一宮上經三十卦不反對者六合之爲十八卦下經三十四卦不反對者二合之亦十八卦總二篇分配之數適符邵子三十六宮之義故以名書

讀易管窺五卷　浙江巡撫採進本

國朝吳隆元撰是編卷一爲考畧次列河圖洛書諸圖其河圖旋毛洛書坼甲二圖云得之朱升易經旁注然升洪武時人非伏羲時人不知何自而見

之（案旋毛垿甲二圖乃吳澄所傳非始於朱升）卷二爲先天後天卦圖卷三爲蓍數太極圖卦象太極圖性理太極圖性理即周子之圖餘二圖隆元所造也卷四爲參伍錯綜圖爲納甲爲卦變卷五爲啟蒙三十二圖而附以占例私言大抵力闡陳搏之學其辨歸有光先天圖晚出一條謂舜典首二十八字齊建武時始出學者未嘗疑之豈先天四圖不可出於太平興國時是又未考經典釋文之語矣

讀易約編四卷（內府藏本）

國朝朱江撰江字東注江都人是書成於康熙丁丑其凡例有云是編原爲便舉子業凡可備大小試題者著其精意餘止存經文葢鄉塾課蒙之本也

孔門易緒十六卷 陝西巡撫採進本

國朝張德純撰德純字能一號松南長洲人康熙庚辰進士官常山縣知縣是書專以十翼解經其說謂經本無陰陽剛柔之名及天地風雷水火山澤之象皆夫子所顯示以闡經故曰孔門易緒爲目凡三曰經緒說上下經也曰傳緒說繫辭說卦序

卦雜卦也曰緒餘則以諸家易圖爲未善而以已意推衍自立新圖新譜也別以引緒冠於首則總論也其說與諸家逈異蓋易道廣大隨引一端推衍之皆可成理耳

易韋二卷 兩淮鹽政採進本

國朝朱襄撰襄無錫人是書成於康熙庚辰卷首爲易圖說凡十二圖其以九數爲河圖宗劉牧之說而以洛書爲八卦又與牧異其尚占一圖獨有圖而無說殆傳寫佚之歟次爲讀易字義凡十四篇

其說無一不與前人相反蓋不究聖人立教之本
而惟黑白奇偶之是求其勢必至於此不足異也
其讀易字義序稱命之曰易韋而撮取大傳中之
字推明其義凡十四則冠於易韋之前然則易韋
別有全書此特其卷首圖說及字義耳

周易闡理四卷 浙江吳玉墀家藏本

國朝戴虞臯撰虞臯號遯軒崑山人是編原稿凡三
四百紙虞臯自以爲太繁刪存十之一二其子孫
貽又以爲太簡復採原稿補其遺缺即此本也書

成於康熙壬午前有孫貽序後有虞皐從子鑑跋大旨斥象數而明義理故名曰闡理首冠授易源流一篇分言數言理二宗於漢以來諸儒之學皆有所排擊惟推尊郝敬之書持論頗偏其述數學以爲老子傳鬼谷子後焦延壽得之以傳京房陳摶得之以授穆修李之才以及邵子按老子與孔子同時鬼谷子與蘇秦同時相距百有餘年邈乎無涉不知老子之易何以得傳鬼谷子又漢書載焦贛之學莫知所出自稱出於孟喜而喜弟子施

讐等力攻其非無所謂得之鬼谷子者至焦京乃占候之術而陳搏所傳先天諸圖則以道家爐火之說推衍陰陽奇偶其法截然不同亦無所謂得之焦京者虞皐所云均不知其何本其述理學以爲孔子授商瞿後分田何費直二家田學傳晁說之呂祖謙費學傳鄭元元傳王弼至宋而爲周程朱三家之學至明而爲胡廣之大全蔡清之蒙引林希元之存疑陳深之通典而郝敬之書獨能脫盡陳腐案鄭元王弼截然兩派一漢一魏時代又

殊無元傳於弼之事所考尤疎矣

易盪二卷 安徽巡撫採進本

國朝方鯤撰鯤字羽南桐城人其書不載經文不依周易卦次惟據大傳八卦相盪之義縱橫圖之八卦相重一卦盪爲八卦故名曰易盪每卦各爲之說說後附以自注集注及補遺卷首有自序二一在康熙癸未一在戊戌蓋成書之後又十六年復加訂定云

易說要旨二卷 江蘇巡撫採進本

國朝李寅撰寅字東崖吳江人是書用王弼本僅解上經下經前有康熙甲申自序云法紫陽本義然語多龐雜往往併本義原旨而失之

易象數鉤深圖三卷（山西巡撫採進本）

國朝張文炳撰文炳字明德絳州人康熙中以實錄館供事議叙授高唐州州判終於泗州知州近世胥吏之能著書者文炳及泰安聶鈫而已是編稱本之成氏五經講義而不著其名考通志堂所刻經解皆冠以納蘭成德之序其中如劉牧易數鉤隱

圖張理易象圖說雷思齊易圖通變皆發明數學文炳薈萃諸書以成一編以其不明纂述體例故誤以宋元經解統名曰五經講義又不知滿洲氏族源流故誤以納蘭爲其自號成德爲其姓名而稱爲成氏也其書由割裂而成頗爲厖雜間有文炳所附論亦皆捃拾之學

周易象義合參十二卷 江西巡撫採進本

國朝吳德信撰德信字成友九江人是書以文言與繫辭說卦序卦雜卦各自爲篇而以彖傳象傳仍

散附經文之內葢用宋人所傳鄭氏之本其例以本義大書而發明本義者夾註句下每節之末又隨文衍說如舉業家之講章前有康熙丙戌自序稱淮安舟次中宵假寐忽因剛柔相摩句恍悟河圖本有八卦特假伏羲畫出云云是其學本從圖書而入真以爲先有此五十五點黑白之圖伏羲乃因之作易又卷首伏羲八卦次序圖後附注云按說卦傳是故易逆數也在天地定位章末似承上通解圓圖之詞云云是又真以爲方圓二圖爲

在孔子之前孔子作傳以解之故根本先已轇轕枝葉從而蔓衍卷首所列新舊圖說至於四十有二其河洛二圖各有本文各有朱子之本其奇偶陰陽方位並同惟朱子本則作黑白圈本文則河圖作旋毛洛書作坼裂之狀考河圖字始見於書古注不言其質似不應以馬革一片從伏羲流傳至周久而不腐如以此五十五圈畫於尺簡之上即傳爲重寶似又於事理不然至於龜文之說僅見後周盧辯大戴禮注爲經典之所不載果有其

物不應周人棄之專寶河圖果無其物則古書別無繪象何由覩其文理朱謀㙔等摭拾吳澄僞本造爲宣和內府秘本之說鑿空無證德信乃摹而傳之至所列太極自然圖如今工匠刻鏤器物所畫蓋即來知德所作德信不能言其授受但以相傳二字注於其下尤失於考証矣

周易通義十四卷 浙江巡撫採進本

國朝方葇如撰葇如字藥房淳安人是書悉取四書成語以證周易古無此體徒標新異而已於經義

無關也

周易本義斷無卷數　湖北巡撫採進本

國朝胡良顯撰良顯字忠遂別號得岭漢陽人康熙辛卯舉人官武城縣知縣是編皆推衍朱子本義之旨至於經文字句如坤卦初六小象履霜堅冰句上增初六字文言傳後得主而有常句中增人利字漸卦彖傳漸之進也句刊除之字雖其說本於朱子然本義但注於句下未敢逕改良顯乃據以筆削亦可謂信傳不信經矣

易說十卷 山西巡撫採進本

國朝田嘉穀撰嘉穀字樹滋陽城人康熙壬辰進士官翰林院編修是書以本義為主而取程傳輔之凡他說之羽翼本義者乃采輯彙編然所見未廣引用之語不外永樂周易大全一書自序謂學者應舉由是求之庶乎不迷所往則本不為發明經義作矣

先天易貫五卷 直隸總督採進本

國朝劉元龍撰元龍字凝焉饒陽人是編前有康熙

壬辰自序又有雍正癸卯補序蓋其書先成三卷刊於江南後又續增一卷故兩序也元龍自稱歷三十年乃成書其首卷即數以言理首河圖次洛書附以妙合而凝之圖次卷即象以言理首畫卦圖次太極圖次儀象卦爻錯變圖附以易貫圖三卷即氣以言理首變卦圖次八卦圖綜卦圖附以致知格物圖四卷五卷即六十四卦以言理標舉伏羲大象孔子大象傳附以錯卦互卦之解蓋惟講陳邵之學者也其謂易不爲卜筮而作所言似

高而實不然夫聖人立教隨時寓義初不遺於一事一物三代以上無鄙棄一切空談理氣之學問也故詩之教理性情明勸戒其道至大而謂詩非樂則不可春秋之教存天理明王政其道亦至大而謂春秋非史則不可聖人準天道以明人事乃作易以牖民理無迹寓以象象無定準以數數至博而不可紀求其端於卜筮而吉凶悔吝進退存亡於是見之用以垂訓示戒曰蓍曰龜經有明文曰揲曰扐傳亦有成法豈取盡性至命之書而褻

而玩之哉俗儒但見拋珓擲錢之爲卜筮又見夫方技之流置義理而談趨避遂以爲侮我聖經乃務恢其說欲離卜筮而談易然則四聖人中周公居一公作周官以三易掌之太卜無乃先不知易乎是猶觀優伶歌曲而謂聖人必不作樂觀小說傳奇而謂聖人必不作史也

易經纂言　無卷數　兵部侍郎紀昀家藏本

國朝王士陵撰士陵字阿瞻武邑人康熙癸巳舉人官翁源縣知縣是編用注疏本大旨以本義爲宗

而雜引衆說以相印證蓋鄉塾講章也

周易本義拾遺六卷 湖南巡撫採進本

國朝李文炤撰文炤字朗軒長沙人康熙癸巳舉人其書用朱子古本併爲六卷自序謂本義於辭多得之而於象未深考因爲補葺釋經則以象數爲主釋傳則以義理爲歸各條載本義全文而以己說附於後於變爻互體言之特詳而所釋諸象則大抵隨文附會至於爻詞之首卷冠以本卦六畫而以所値之畫陽作○陰作×以別之如世傳錢

卜動爻之式其法雖見賈公彥周禮疏中乃卜筮者臨時之所記用以詁經則非矣

易經釋義四卷浙江巡撫採進本

國朝沈昌基撰昌基字儒珍烏程人其書刪節本義敷衍成文前列擬題三頁自序云先世多以易發解成名葢所講乃科舉之術也

易鏡無卷數浙江吳玉墀家藏本

國朝戴天章撰天章字漢明湖州人所解僅上經下經惟言卜筮其解釋甚略而皆雜以互變納甲五

行之說蓋言數而流於術矣又沿漢學而失之者也

心易一卷 浙江汪啟淑家藏本

國朝戴天恩撰天恩字福承蕭山人是書成於康熙癸巳自太極至八卦變六十四卦爲圖十五而各爲說於其後卷末爲象說字義統義三篇其所圖所說皆前人所有所附三論亦無所發明

易經粹言三卷 江西巡撫採進本

國朝應麟撰麟字圊呈宜黃人康熙丁酉舉人是編

不載經文首卷總論卦圖上下二卷依上下經卦次解之十翼則畧焉河圖洛書數學也邵子之傳也吉凶法戒理學也程子之傳也兼而言之是朱子之傳也麟講圖書與所說卦爻不相關其講卦爻與所說圖書又不相關兼而取之又分而治之亦足見先天之說與爻象爲兩事矣

易互六卷 江蘇巡撫採進本

國朝楊陸榮撰陸榮字采南青浦人是書卷一曰卦互若乾坤反對是也卷二曰爻互若小畜大有大

畜需大壯夬泰下卦皆三畫陽則相互姤同人履遯訟无妄否上卦皆三畫陽則相互而皆統以乾推之巽離兌艮坎震坤七卦皆然卷三曰卦爻互若姤初爻陰與復初爻陽互夬上爻陰與剝上爻陽互是也卷四五曰雜說上下卷六曰輯參乃經文及何讀異同者大抵本何楷黃道周之餘論也

成均課講周易 無卷數山西巡撫採進本

國朝崔紀撰紀原名珺字君玉後更今名字南有永濟人康熙戊戌進士官至副都御史此書乃乾隆

辛酉紀官國子監祭酒時所著其說以本義爲主而亦間有異同至其以經文專主卜筮十翼專言義理謂孔子恐人惑於吉凶禍福之說要求趨避之術故專以義理言則似傳非解經惟以補救夫經矣

索易臆說二卷 兩江總督採進本

國朝吳啟昆撰啟昆字宥涵江寧人康熙辛丑進士官翰林院編修其書惟總論易之大旨不復章解句釋如上下經之分篇諸卦之命名以及先天後

天圓圖方圖等類各爲一篇以闡其義其卦變一篇謂彖傳所云剛來柔進之類必本卦貞悔二體實有此象而云然非本卦所無外卦所有而必假之以得解也在本義逐爻細推以爲此自某卦而來不過兼此一說欲使經無賸義非眞先有彼卦而後方有此卦也後人尊信本義遂誤以餘意爲正意又如分宮卦象次序一篇謂天地之造化不離五行八卦率領諸卦分掌五行以用事術家以子爻才官兄弟論生剋制化而不知其所以然然

剛柔者立本者也綱領之八卦是也變通者趨時者也所屬之諸卦是也一切往來屈伸之理無一不在此六十四卦變通之中其發明象數皆爲有見然所言皆宋以來之象數非漢以來之象數故不離乎圖書之說焉

陸堂易學十卷 浙江巡撫採進本

國朝陸奎勳撰奎勳字坡星平湖人康熙辛丑進士官翰林院檢討是編講易宗朱子者十之六宗諸儒者十之四間以己意訓釋於前人亦無大異同

惟謂伏羲但畫八卦而無卦名黃帝始立蓍數乃名以乾坤震巽坎離艮兌堯舜始增加屯蒙諸卦名更定方圖卦位文王始定序卦之錯綜與夫揲蓍用九用六於是首列伏羲方圖黃帝方圖唐虞方圖連山圓圖歸藏圓圖周易卦序圖其說新異所引據亦皆未確

周易錄疑 無卷數 福建巡撫採進本

國朝陳綽撰綽字文裕福安人是編用注疏本而不載經文上下經但標卦名繫辭說卦標章次序卦

雜卦則但標篇名而已所解皆循文生義罕所考証每條之下多有標湜附二字者湜字亦徵緯之子也

欽定四庫全書總目

經部

卷十二之十一

# 欽定四庫全書總目卷十

## 經部十

### 易類存目四

易義隨記八卷 江蘇巡撫採進本

國朝夏宗瀾撰宗瀾字起八江陰人由拔貢生薦授國子監助教是編乃宗瀾恭讀御纂周易折中意有所會卽標記之多因集說而作時宗瀾方從楊名時於雲南以修周易折中時李光地爲總裁官而名時爲光地門人故參互以光地榕

村易解就正於名時以成此書其體例在講章語錄之間凡問者皆宗瀾語答者皆名時語也

## 易卦劄記四卷 江蘇巡撫採進本

國朝夏宗瀾撰是書惟解上下經不及繫辭以下前列易例舉要一篇讀易指要一篇其指要有曰要明易理須先將伏羲畫卦次序方位文王八卦方位及先後天方圓諸圖反覆記看令其曉然再說卦傳記得極熟然後讀易方有入手處其宗旨不外是矣

程氏易通十四卷 江蘇巡撫採進本

國朝程廷祚撰廷祚有大易擇言已著錄是書凡易學要論二卷周易正解十卷易學精義一卷又附錄占法訂誤一卷易通其總名也其要論盡去漢人爻變互體飛伏納甲諸法未免主持稍過然舉宋人河洛先天諸圖及乘承比應諸例掃而空之則實有芟除轇轕之功其正解則經傳之義疏不用今本亦不用古本以彖傳小象散入經文十翼併爲六翼頗嫌變亂而詮釋尚爲簡明其精義統

論義理通其說於道學界如語錄之體其占法訂誤謂畫有奇偶九六而上下進退於初二三四五上之際所謂六爻發揮者易之變惟在於此之卦則所以識別動爻之用而所取仍在本卦故以洪範之說爲占法而以春秋內外傳所載爲附會變亂不與易應然箕子殷人未睹周易太卜掌三易之法則三易異占灼然可證左氏所紀其事或有附會其占法則當代所用卜史通行斷不至實無此法而憑虛自造是則信理黜數至於矯枉過直

者矣

易說辨正四卷江蘇巡撫採進本

國朝程廷祚撰此書葢其中年所作在大易擇言易通二書之前後多附入二書中然亦時有採取未盡者葢所見隨年而進故不一一盡執其舊說也

學易闡微四卷福建巡撫採進本

國朝羅登標撰登標字子建寧化人康熙間舉人官松溪縣教諭是書皆辨易中疑義凡爲論者七十四爲考者五爲解者三十三共一百十一篇多循

用前人之說其首卷第一篇論畫前有易不免膚詞卷三中以三百八十四爻割隷八卦於全卦之義反有未融至卷四中以六十四卦之五爻配歷代帝王解一篇亦屬掛一漏百其以恒五爻婦人吉夫子凶擬武后之幽囚太子竊弄神器尤爲悖理夫武后可稱婦人吉乎

讀易質疑二十卷 浙江巡撫採進本

國朝汪璲撰璲字文儀號默庵休寧人其書置象數而專言理其凡例有云今說易之家謂易以道陰

陽務以圓妙幽渺籠罩影響如捕風如捉影無當實用故愚以爲學易當就平實切近處用功云云其宗旨可見故隨文詮釋無所穿鑿而亦無所發明卷末雜卦一篇有錄無書疑裝緝者偶脫云

周易會緝 無卷數 山東巡撫採進本

國朝吳暎撰暎字沐日晉江人其書大旨皆宗朱子本義而折衷於蒙引存疑諸書持論亦頗平實然取材太寡用意太拘尚未能深研精奧也

大易闡微錄十二卷 直隸總督採進本

國朝劉琯撰琯字獻白東强人先天之圖於周易之上別尊羲易其傳出自陳摶自參同契以外別無授受之確證故邵子之學朱子以爲易外別傳自元以來諸儒互有衍說亦遞相攻擊至國朝黃宗炎胡渭諸人始抉摘根源窮究依託渭書考究尤詳琯未覩黃胡二家之書不知其僞之已破故又因而推衍加以穿鑿如謂人之生亟人止一个而所生之亟个个有對又謂男女雖是二个合來仍是一个故男鰥女寡俗稱半个人其詞皆

不雜騶於月令天氣上升地氣下降閉塞成冬及周髀四遊之說攻駁尤甚大抵皆憑臆而談其敘跋皆自命甚高以爲聖賢所未發過矣

周易詳說十九卷陝西巡撫採進本

國朝劉紹攽撰紹攽三原人是書大旨以程傳爲宗與本義頗有同異於邵子先天之說亦不謂盡然不爲無見惟於漢儒舊訓掊擊過當頗近於僨其議論縱横亦大抵隨文生義故往往自相矛盾如卷首論玩辭一條駁諸儒之失曰甚有釋傳與象

傳不合釋象與爻不合無以自解則藉口有伏羲之易有周文之易有孔子之易云云至開卷元亨利貞一條又主大通而利正固之說謂王弼泥於穆姜之言以元亨利貞爲四德後多宗之殊不知文王有文王之易孔子有孔子之易彖辭彖傳不相率合者甚多云云是二說者使後人何所從乎

周易原始六卷　浙江巡撫採進本

國朝范咸撰咸字貞吉號九沚錢塘人雍正癸卯進士官至監察御史其書惟解經文不及十翼大旨

以理始於象象始於畫又以萬物始於陰陽象始
於日月取繫辭陰陽之義配日月之語而總以陰
始於陽爲斷故名原始其說多採輯古義不以白
圈黑點依託圖書亦不以禪偈道經空標心性較
明以來說易諸家頗爲篤實然其長在盡掃卮言
其短亦在好生新意如謂元亨之元爲陽在下至
於陰卦亦每稱元義有難通者亦曲伸其說又謂
上經皆陽盛之卦下經皆陰盛之卦而上經有剝
復下經有中孚大壯理有所格亦必强合其義是

又好持已見務勝先儒之過矣

易經理解一卷　浙江巡撫採進本

國朝郜煜撰煜字光庭汝州人雍正癸丑進士官至中書科中書其書不釋十翼惟六十四卦每卦撰說一篇詮釋大意其大旨欲以義理矯象數之失以平易救穿鑿之失以切實救支離泛濫之失而矯枉不免過直云

周易撥易堂解二十卷　江蘇巡撫採進本

國朝劉斯組撰斯組字斗田新建人雍正甲辰舉人

官杞縣知縣是書前有記畧載梓此書時其壻夢二童歌詩曰不不不九六乾坤七四孰黃農非古世非今理數瓜分一太極又載著是書時其姪夢閣上有朱題撥易閣三字因以爲名其事頗涉幻杳似乎故神其說又謂撥字有發揮三才之義不知說文撥字在手部篆作𢼸隸省作才非从才也其書首二卷皆圖說大抵因舊解而蔓衍之又謂論語中庸皆通於易即陳際泰羣經輔易說之意六經一貫理自相通至於才辨縱横隨心牽引如

解飛龍在天曰此則唐人所謂龍池躍龍龍已飛矣入天門開黃道艮闕亦具爻內讀易方解詩中寫龍德特全是豈詁經之體耶

周易摘抄五卷　江蘇巡撫採進本

國朝顧昺撰昺號虛莊南滙人雍正甲辰舉人是編爲其三經解之一皆節錄

御纂周易折中內所集諸儒之說參以李光地周易觀象通論故曰摘抄間附已意亦罕所發明

學易大象要參四卷　編修林澍蕃家藏本

國朝林贊龍撰贊龍字澤雲侯官人雍正丙午舉人是書以發明大象爲主六十四卦各爲一篇以上下經分二卷而冠以綱領六篇爲一卷一曰發凡二曰象例三曰義理象數四曰卦爻中相錯陰陽相應五曰憂患九德六曰大象有通於四書殿以附解二篇爲一卷一曰作易憂患解二曰雜卦傳解大旨以大象上一句爲天地萬物之象下句爲人事以天象爲人事之則不言吉凶而言理義不言神聖而言君子以明人人可學故所闡發皆切

日用其綱領有日借易明理自夫子已然學以聚之問以辨之寬以居之仁以行之爲乾九二而言也而乾之九二豈有學問寬仁之義乎日月相推而明生焉寒暑相推而歲成焉爲咸九四而言也而咸之九四豈有日月寒暑之義乎是則借象立言之旨矣

經義管見一卷 浙江巡撫採進本

國朝饒一辛撰一辛字治人南城人是書成於雍正丙午凡圖說七周易統天旋卦賦一說卦傳論一

納音五行論一古今本得失論一於周子太極圖邵子先天圖皆多所攻駁而其所自造之圖亦初無所受至擬歸藏連山等圖以乾北坤南坎東離西艮東北兌西南震東南巽西北爲位尤於古無徵

周易解翼十卷 陝西巡撫採進本

國朝上官章撰章字闇然乾州人是書成於雍正丁未自稱凡二十六易稿大旨本京房納甲之法而以八宮經綸錯綜爲脈絡一切舊圖皆屏不用頗

爲潔淨不支然不用古圖而又重乾巽艮坤四卦十二畫別立爲圖以爲河洛方圓先後天諸說皆足以包括是掃一圖學之障又生一圖學之障也

東易問八卷 奉天府尹採進本

國朝魏樞撰樞承德人雍正庚戌進士官永平府教授乾隆元年薦舉博學鴻詞未及試而卒是書用王弼本列朱子本義於前而以已意附於後其凡例謂生長遼東日與東人相問答故敘其原委而集之以示初學名之曰東易問紀其實也其論卦

變曰剛柔皆當指卦不當指爻如訟之剛來而得中者坎也隨之剛來而下柔者震下於兌也蠱之剛上而柔下坎在巽上也噬嗑晉睽鼎四卦言柔得中而上行者皆離火也賁柔來而文剛離文乎艮之內也分剛上而文柔艮文乎離之外也无妄之剛自外來者震也大畜之剛上者艮也咸柔上而剛下兌在艮上也恒剛上而柔下巽在震下也柔以時升者巽也是凡言剛者皆陽卦凡言柔者皆陰卦也則以剛來柔來指一爻而言者固未足

以盡其義矣云云其論似近理而不盡然其論來知德錯綜曰乾本至健也以錯言則又可以謂之順初爻變巽為入以錯言則又可以謂之動以綜言則又可以謂之說二爻變離為明以錯言則又可以謂之陷中爻巽可以謂之入以錯言則又可以謂之動以綜言則又可以謂之說推之三四五上莫不皆然則亦何所不像哉是故初以在下變巽而潛有以為錯震而躁動者其將何以應之乎二以在田變離而見有以為錯坎而隱伏者其將

何以應之乎則持論固爲明確矣

易貫十四卷 江蘇巡撫採進本

國朝張敘撰敘字鳳岡太倉人雍正壬子舉人是書用注疏本而以小象總列六爻之後如乾坤二卦例又以大象置彖傳之前考象辭列六爻後是吳仁傑所傳鄭本大象置彖傳前是周燔本而敘乃以爲創獲蓋未知有吳周二本也至圖學傳自邵子其位置皆依說卦周子太極圖初不言八卦此書皆強爲牽合又斥諸儒爻變之說而以左氏所

載占法爲周易未成經時卜筮家雜用以測驗則又過於疑古矣

周易緯史無卷數浙江巡撫採進本

國朝錢偲撰偲號堅瓠老人錢塘人雍正壬子副榜貢生是書以卦分爻配史事故曰緯史夫引事証經鄭氏易註即有之至吳園易解誠齋易傳始大暢厥旨以人事之成敗證易象之吉凶是亦以古爲鑑之意未爲無所發明至此書所引則多不考據如屯六二稱曹操待壽亭侯需上六稱劉備桃

園投結皆未嘗校以史傳也

空山易解四卷 直隸總督採進本

國朝牛運震撰運震字階平號真谷滋陽人雍正癸丑進士官平番縣知縣其學博涉羣書於金石考據爲最深經義亦頗研究是編務在通漢晉唐宋爲一然大旨主理不主數故於卦氣值日及虞翻半象兩象等說皆排抑之是仍一家之學不能疏通衆說也

周易剩義二卷 福建巡撫採進本

國朝童能靈撰能靈字龍儔號寒泉連江人雍正中貢生其論易專主河圖以明象數之學曼衍縱橫旁推曲闡亦皆有一説之可通然云得作易之本旨則未必然也其亦張行成之支裔歟

易學圖説會通八卷　江蘇巡撫採進本

國朝楊方達撰方達字符蒼一字扶倉武進人此書自序云䌷繹宋元經解及近代名家纂述見其精研象數或著爲圖或著爲説有裨於易者類而錄之左圖右説集成八卷一曰太極探原二曰圖書

測微三曰卦畫明德四曰變互廣演五曰筮法考占六曰律呂指要七曰外傳附證八曰雜識備參大指以朱子本義九圖爲主而博採諸家間附已論葢專講先天之學故前列周子太極圖說後論律呂八陣圖而不及乎辭占云

易學圖說續聞一卷 江蘇巡撫採進本

國朝楊方達撰方達既爲易學圖說會通復自出已意成此編凡三十二條總不離陳摶之學其後泛衍及於天文物理雜類諸說皆牽合比附務使與

易相通荀卿所謂持之有故言之成理者歟

周易輯說存正十二卷附易說通旨畧一卷（江蘇巡撫採進本）

國朝楊方達撰是書分經二篇傳十篇一依本義之舊大旨亦多主本義惟卦變之說主程而不主朱其體例以爲必使正義先明而後以旁義參之賓主秩然則條理各得故凡言變互者皆列之圈外使不與正義相混又以爻位之正不正有應無應乃卦中之大義彖辭爻辭皆從此推出故每卦卦畫之下即爲詳明末附易說通旨畧一卷雜引先

儒象彖爻位之說間亦參以己見蓋倣王弼畧例而爲之也

周易蛾術七十四卷戸部尚書王際華家藏本

國朝倪濤撰濤字峴渠錢塘人其書於每卦中分尚辭尚變尚象尚占四類各採錄舊說發明之故又名周易四尚其言義理多以程傳爲主其言象占則遵馬鄭荀虞之說而自稱折衷於朱子然以世應納甲列圖於每卦之前乃京氏之學非朱子之學也所引諸書往往止載姓氏而未錄其辭蓋編

纂未成之稿本耳

易說一卷 山東巡撫採進本

國朝吳汝惺撰汝惺字匪席德州人所論十五事皆闡發宋儒舊說自序謂漢儒所傳三禮不可盡信故不主漢易書中致疑邵子之說亦不盡主先天諸圖然未能竟廢圖學也

易經一說無卷數 浙江巡撫採進本

國朝王俶撰俶字書思彭山人其書大旨以程傳本義原互相發明不容偏廢坊本依費王之次已錯

亂聖經復止載本義不及程傳注不全而解益艱因遵朱子十二篇舊次復參取衆家歸於一說使初學易讀易曉蓋亦爲科舉經義而設也

周易彙解衷翼十五卷 陝西巡撫採進本

國朝許體元撰體元字御萬靈武人其書大旨以象爲主每於一卦先觀本象次觀繫辭所取之象凡時義德用之所在胥於象中見之然謂八卦有本象有象中之象有理中之象又謂象中象理中象各有兩端有自然之象有懸設之象多端辨析未

免涉於煩碎也

易象援古 無卷數 浙江巡撫採進本

國朝申爾宣撰爾宣字伯言河南人此編乃其父舒坦命意而爾宣本之成書其曰援古者援古事以証易理也大旨謂程傳引古釋經者六十餘條朱子本義引古釋經者亦四十餘條故取三百八十四爻每爻隸以一事又復自分甲乙以圈點四項別之其中逐爻取譬如蒙之初爻謂如伊尹之於太甲需之五爻謂虞帝恭已無爲漢文恭已元默

師之三爻謂如宋之江南泰之二爻謂如狄仁傑

事周之類多於經義不甚比附也

大易合參講義十卷 江西巡撫採進本

國朝朱用行撰用行字翼承新建人是書大旨以朱

子爲主首列本義而以正義析義次之正義以闡

朱子之旨析義則兼採他說又以象數不可竟廢

間採瞿塘來知德之說補於析義之後大抵循文

推衍未能深造自得也

周易粹義五卷 江蘇巡撫採進本

國朝薛雪撰雪字生白號一瓢蘇州人自署曰河東稱郡望也其書採摭諸說融以已意仿朱子論孟集註之例皆不載所引姓名詮釋頗爲簡明而大抵墨守宋學

易蓍圖說十卷 河南巡撫採進本

國朝潘咸撰咸不知何許人所著別有音韻源流中引李漁詩韻則其人在李漁後矣是書凡周易大衍蓍六卷連山易蓍三卷歸藏易蓍一卷咸自爲之序其說謂讀易者當自知蓍始易有三蓍亦有

三周易大衍蓍用四十九策以四爲揲內含六百八十七萬一千九百四十七萬六千七百三十六卦共用四千九十六卦以彖爻二辭占左傳繇詞皆四千九十六卦之卦詞也邵子皇極經世爲連山蓍用九十七策以八爲揲正卦一千一十有六互卦一千一十有六變卦三萬二千五百十有二以數斷不以辭斷其吉凶一定而不可易後周衛嵩元包爲歸藏蓍用三十六策以三爲揲以飛伏世應渾天納甲五行生尅占吉凶用十二支十干

爲千有二百兆又以焦贛易林叅同契月卦乾坤鑿度軌數及讖緯諸占爲大衍之遺意以管輅觀梅數叅同契納甲及奇門遁甲煇夢契響鳥鳴辨音折字諸占爲連山之遺意以京房火珠林翼氏風角素問五運六氣揚子太元及元珠密語杯珓洞靈望雲省氣諸占爲歸藏之遺意其中惟元包云出歸藏於古有徵其餘大抵臆說無所授受如畫⺌爲少陽畫灬爲少陰易卦畫爲點多與古法相背其雜卦蓍數圖以四象起卦反易爲義本無

甚奇特而託之繙閱舊籍偶獲一帖蓋又在豐坊僞經之下矣

讀易自識無卷數江蘇巡撫採進本

國朝金綖撰綖字綵五吳縣人是書隨筆記錄未分卷帙首爲總論次爲繫辭序卦次乃爲六十四卦次序與諸本迥異又序卦論中乃多解說卦標目亦不相應蓋未成之稿後人以意抄合遂倒亂無緒也其說易好爲新解如謂南華取象率本於易如逍遙遊曰鯤陰物類也猶坤卦之象馬也曰鵬

陽物類也猶乾卦之象龍也鯤化爲鵬陰變而陽自北溟而徙南溟蓋自一陽之動於至陰而歷六位以時成故曰六月息也曰九萬里曰六月息即卦之用九用六以言變也言鯤化而不言鵬變蓋復可喜而變不可言而易之扶陽抑陰也云云持論之異大抵如是亦可謂之好奇矣

易觀十二卷 江西巡撫採進本

國朝凌去盈撰去盈號旭齋爵里未詳書中引毛奇齡說則近時人也是書主於即象以明理大旨謂

象有三例有定象有化象有互象一卦之定象如乾為天坤為地是也其化象如剥皆言牀漸皆言鴻是也一爻之定象如陽必為九陰必為六是也其化象如陽動化陰陰動化陽是也又有中爻之互象如二四互三五互是也所引多來知德毛奇齡之說而所重尤在化象互象二義謂王弼崇卦變來氏置錯卦毛氏主推易以求一得之偶當凡以不知有化象故也其解乾之九四或躍在淵謂四化巽互兌有淵象乾化巽風虛薄天表躍所自

起解屯之初九磐桓謂大石曰磐大柱曰桓石者土之核震九以乾陽而爲坤初索而爲坎屯鬱而亘處坤下二四互坤有若核然磐之象也柱者木之堅震九以坤索而爲天三化天三生木而爲坎屯鬱而倔强初下有若堅然桓之象也是皆半附古義半參臆說因互體變爻而穿鑿之不足爲說易之準也

周易小疏十四卷 兩江總督採進本

國朝虞楷撰楷字孝思號蓼園里籍未詳書無序跋

亦不知作於何時中述周易折中稱

聖祖仁皇帝廟號則近人也其次序用古本大旨亦主圖書而以爲先天寓理於數後天因數以闡理文王之易卽伏羲之易其說彌縫調停變而愈巧至於掊擊左傳諸占尤似是而非夫左氏周人所述者卽周之占法周之占法所用卽太卜之三易謂其占驗之詞多所附會則可謂古易占法不如是則不可居百世之下而生疑竇於百世之上將周人之法周人不知之今人反知之乎

易經貫一二十二卷 兩江總督採進本

國朝金誠撰誠字閑存華亭人是書分元亨利貞四部元部載畧言六則談餘雜錄四卷易學問徑說程子易傳序周子太極圖說張子西銘及河洛卦象諸圖與會講之語亨利兩部解上下經而亨部之首冠以經文定本四卷及程子篇義貞部解繫辭說卦序卦雜卦以用註疏本故止此四傳也其大旨以程傳朱義爲歸

易觀四卷 大理寺卿陸錫熊家藏本

國朝胡淳撰淳字厚菴慶雲人乾隆丙辰進士授蒙自縣知縣未上而卒是編惟解上下經大旨謂聖人作易使學者研究卦爻推吉凶悔吝之由以知進退存亡之道故孔子稱假年學易可無大過至於求諸卜筮以決從違乃爲常人設非爲君子設也故其說掃除圖學惟玩六爻然皆隨文生義未能融會貫通其謂繫詞傳河出圖洛出書聖人則之句爲漢儒言讖緯者所竄入更主持太過矣

易象約言 無卷數 兩江總督採進本

國朝吳鼐撰鼐字大年無錫人乾隆丙辰進士官工部主事是書詮釋文句頗爲簡明惟自序言考究先儒更定諸本而從其是者然以文言分上下而彖辭象辭反不分上下又每卦彖辭以卦名割繫卦畫之下每爻又於句中截斷體例似皆未允至於參同契稱日月爲易虞翻注雖亦引之然核以說文易字實不從日月今其末册既以懸象著明畫昜爲圖而又以此字大書於卷首據爲宗旨亦泥古太甚也

易經提要錄六卷兩江總督採進本

國朝徐鐸撰鐸字令民鹽城人乾隆丙辰進士官至山東布政使此書不載經文第摭古今論易之語前有總義一卷又圖象一卷皆不載其圖惟存其說餘各分卦分章第取總括大意而止故以提要爲名

易讀無卷數江蘇巡撫採進本

國朝宋邦綏撰邦綏字逸才號況梅長洲人乾隆丁巳進士官至兵部左侍郎是編用註疏之本其凡

例云專爲課子而成故以行文之體爲講書使孺子易於記誦又云是書專奉朱註自序又稱取之方氏時論者十之二三不敢隱其所自其大旨盡是數言矣

大易理數觀察二卷 江西巡撫採進本

國朝朱如日撰如日字洞彝號荷軒蓮花廳人是編成於乾隆丁巳大抵敷衍圖書之說

來易增刪八卷 陝西巡撫採進本

國朝張祖武撰祖武長安人乾隆戊午舉人是編卽

明來知德易註原本去其繁冗間補以易傳本義諸說其錯綜變爻中爻大象卦情卦畫卦占之類則一仍其舊焉

周易輯要五卷 安徽巡撫採進本

國朝朱璜撰璜字稿需全椒人是書成於乾隆庚申不言河洛亦不取朱子卦變之說頗能芟除枝蔓惟逐句詮釋詞義雖潔淨而未精微

周易讀翼揆方十卷 浙江巡撫採進本

國朝孫夢逵撰夢逵字中伯常熟人乾隆壬戌進士

官至宗人府主事是編不取陳摶先天諸圖深有考證惟謂孔子作彖傳以釋彖辭作爻傳以釋爻辭世所稱小象傳乃爻傳非象傳當附彖傳之後而大象則另歸繫辭之後用吳仁傑本而變之於歷來諸本之外自爲一例謂經文經孔子作傳後人豈能加毫末故但釋傳而不釋經於諸家易解之外亦自爲一例其論揲著左扐得一得三爲奇得四得二爲偶亦不同於舊解皆自我作古之論也

易深八卷　湖南巡撫採進本

國朝許伯政撰伯政字惠棠巴陵人乾隆壬戌進士官山東道監察御史是書以爲圖書皆出太昊之世卦數生於河圖蓍數生於洛書又兼取漢人卦氣納甲及京房易傳火珠林之法而不用卦變及變占之說其論卦變曰重卦自具兩體凡傳稱上下者如乾下乾上震下坎上之類凡稱進退往來內外者如乾九四上下无常進退无恒及否泰反其類也泰之小往大來傳曰內陽外陰否之大往

小來傳曰內陰外陽之類皆易例之顯而易見者
又剛柔之稱有以爻言者有以卦言者以義求之
皆象明理顯無取於卦變之穿鑿其論變占曰啟
蒙所論依傍左國參以已意其實卜筮以衍忒宜
各隨其人其地其事其時而推衍之乃能旁通其
變曲暢其情未可先爲例以拘之左氏卜筮之法
如秦伯伐晉卦遇蠱是六爻不變之卦而其占全
不用彖詞孔成子筮立君卦遇屯之比史朝以靈
公名元即以元亨屬之孟縶弱行即以利居貞屬

之皆非繫辭之本旨云云其辭甚辨然所論有合有離不能一一精確也

易經講義八卷 河南巡撫採進本

國朝萇仕周撰仕周字穆亭汜水人乾隆壬戌進士官宜君縣知縣是書以程傳及本義爲宗不用象數之說於卦變辨之尤力大旨謂凡卦有二體卽有內外上下有內外上下卽有上下往來凡彖傳言上下往來者皆虛象耳大概在內卦曰來在外卦則曰往也云云其說與魏樞東易問同今按賁

言柔來而文剛分剛上而文柔噬嗑渙俱言剛柔分分者自合而分也不用卦變自泰否之說亦當用卦本乾坤之說方於分字之解有合以泰否即乾坤也今但云柔在下爲來剛在上爲往三陰三陽爲平分恐可以解上下往來而不可解分合也

周易析疑十五卷 江蘇巡撫採進本

國朝張蘭皋撰蘭皋原名一是字天隨武進人是書初刻於乾隆甲子至己巳又改訂八十頁而重刻之是爲今本大旨以程子易傳朱子本義爲宗而

佐證以宋元諸說其謂卦必先分而後序不用古文十二篇之說蓋從蕭漢中讀易考原其繫辭以下畧不置解則用王弼例也

易說存悔二卷 編修邵晉涵家藏本

國朝汪憲撰憲字千陂錢塘人乾隆乙丑進士官刑部陝西司員外郎是書大旨謂學易期於寡過欲過之寡惟在知悔悔存而凶吝漸消可日趨於吉故以存悔顏其齋因以名其易說蓋即耿南仲周易新講義以无咎爲主之意所說唯上下經而不

及十翼前有擬議數條譏自漢以來儒者說易之病在調停經傳文王作彖辭今不求諸彖而執彖傳以解彖是有孔子之易無文王之易矣周公作爻辭今不求諸爻而執爻傳以解爻是有孔子之易無周公之易矣孔子作傳多取言外之意當別爲孔子之易雖述而實作云云亦朱子不可便以孔子之易爲文王之易之舊說也夫傳以翼經必依經以立義故釋名曰傳傳也案上傳字去聲下傳字平聲以傳示後人也朱子作詩集傳不能不依詩立義郎

分大學爲一經十傳亦不能曰此曾子所傳孔子之大學此門人所傳曾子之大學也何至於易乃曰孔子之傳必異於文王之經乎

易義便覽三卷 侍講劉亨地家藏本

國朝向德星撰德星字雲路溆浦人是書前有乾隆丙寅德星自序大旨以朱子本義爲主附採大全蒙引存疑諸說取初學易於循省故以便覽爲名其卷首六十七圖則德星因舊說而推衍者也

周易集解增釋八十卷 浙江巡撫採進本

國朝張仁浹撰仁浹秀水人是書前有乾隆戊辰自序首八卷載諸儒傳授及王氏畧例朱子啓蒙九卷以後始釋經文其説惟以朱子本義爲主故本義與經文一例大書而裸取前儒諸説合於本義者著於下如程傳之類與朱子異義者偶附一二不以爲例蓋名爲釋經實則釋本義也其首列引用姓氏特升朱子於漢儒之前題曰先賢以示尊崇之意然所列先賢三八一曰卜子實則張弧之易一曰左氏考丘明於易未有成書亦不知其何

以特列至周程張邵五子則襍於先儒之中以時代爲序考邵子爲易外别傳張子於二程亦尚爲友教至於朱學本程程學本周源流燦然抑周程而獨尊朱似非朱子所樂受又謂張弧優於周程恐亦非周程所甘矣

周易曉義九卷 江蘇巡撫採進本

國朝唐一麟撰一麟宜興人由貢生官江寧府學訓導是書成於乾隆戊辰大旨主於義理與本義不甚異同惟不取朱子卦變之説

易例舉要二卷 浙江巡撫採進本

國朝吳鼎撰鼎字尊彝號易堂金匱人乾隆辛未薦舉經學授國子監司業官至翰林院侍講學士後降補侍講易有義例繫辭傳說卦傳已括其要是書仿

御纂周易折中卷首義例而益加推衍上卷多輯先儒之說下卷多出己意凡一百四十八條書中惟不及互卦卦變二義其自序云已詳中爻考卦變考中今書中不載中爻卦變二考或別有成書歟

十家易象集說九十卷 大學士于敏中家藏本

國朝吳鼎撰是編採宋俞琰元龍仁夫吳澄胡一桂明來知德錢一本唐鶴徵高攀龍郝敬何楷十家之說其論辨去取別爲附錄十卷葢以漢唐舊說畧備於李鼎祚周易集解宋儒新義畧備於董楷周易會通惟元明諸解則未有專彚一書者因裒此十家以繼二書之後大旨主於明象其論六十四卦之對體覆體襍卦傳非錯簡出於來易者爲多

周易井觀十二卷　編修吳壽昌家藏本

國朝周大樞撰大樞字元木號存吾山陰人乾隆壬申舉人官平湖縣教諭此編論天地之數謂與大衍相符必漢儒遞相傳授以及康成是以古來說易並無先天八卦故不取邵子所傳圖位蓋先天八卦即從所稱後天圖演出不過取其一畫交易則各成乾坤乃道家抽坎塡離之說不合聖經之旨也於六十四卦則尊離重震各爲之解爲圓圖以應一歲節候之數爲方圖以應三才旋轉之象

以雜卦傳爲孔子之序易取文王所序卦而雜之他卦皆用文王覆卦至大過而後獨不覆焉終之以剛決柔與卦首之乾相接即無大過之道作雜卦傳三十六宮圖以差次之又創爲兼兩卦每六畫覆之則爲十二畫仍可併爲六畫以盡易之變化也如用九用六四象八卦以及蓍策占驗諸說俱博綜衆論斷以已意惟引性空眞火性火眞空火愈分愈多愈與愈有云云頗涉二氏之旨焉

大易近取錄　無卷數　浙江巡撫採進本

國朝邵晉之撰晉之字敘階號檀波仁和人乾隆辛酉舉人其大旨以朱子本義有有註而可疑者有可疑而無註者偶有所見即以已意補之其曰近取者自序謂遠取諸物必俟宏通該博之士而近取諸身則人莫不有身也首列卦圖初參自謂所得者淺或將來更有所見故以初參爲名次大凡發明乃著書之義例其所詮釋多切人事自序云館海州三閱月而成傳之家塾爲子弟求釋字義者觀之云

周易觀瀾無卷數　山東巡撫採進本

國朝喬大凱撰大凱字頤庵濟寧州人乾隆癸酉舉人此書每象爻之下皆先列本義程傳次列諸儒舊說而以己意折衷之其所採掇不出習見之書間有自出新義者如謂乾之象辭不設象坤則曰利牝馬之貞乾無分於先後無擇於西南東北坤則不然爲天道地道陽全陰半之分云云爲先儒之所未發然亦隨文生義之說象不設象不止乾一卦也

易經觀玩篇無卷數 山西巡撫採進本

國朝朱宗洛撰宗洛字紹川無錫人乾隆庚辰進士官天鎮縣知縣是編凡例謂用費直本然其書每卦畫六爻於前而分書初九九二等字於爻畫之中右列爻辭左列小象而後列卦辭及彖傳至文言大象則另錄置繫辭前則是宗洛自定本非費直本矣宗洛酷信圖書故其解經多引參同契爲說其序卦圖說亦主五行納甲其雜卦圖說以爲即古歸藏易孔子附之易末如錄詩之有商頌亦

無所據也

易解拾遺七卷附周易句讀讀本二卷湖南巡撫採進本

國朝周世金撰世金字仲蘭衡山人是書成於乾隆辛巳大旨以數言易卷一卷二衍河圖洛書先天後天之說務拔奇於舊說之外卷三卷四卷五爲觀玩四法各繫以圖解卷六解易象卦宮及標舉繫辭說卦雜卦要義卷七又別爲十九卦解據目尚有詩一首呈一篇而有錄無書蓋繕寫佚之矣後附周易句讀讀本上下經各註句讀字繫辭以

下則但以黑白圈分章段其自序謂句讀有訛則經旨皆晦故爲此本以正之云

周易集註十一卷圖說一卷 陝西巡撫採進本

國朝王琰撰琰渭南人是書成於乾隆乙酉自序稱年八十有一蓋積一生之力爲之也其論來知德列太極圖於河圖前所圖黑白各半明是陰陽不得謂之太極論洛書無關於畫卦繫辭並舉圖書猶之並舉蓍龜不過帶言論伏羲八卦次序及六十四卦次序並改邵子之右陽左陰爲左陽右陰

以合於逆數論伏羲六十四卦方位既有圓圖則方圖可以不作論文王八卦次序即帝出乎震一節不得當以乾坤六子一節論羲文二圖並無對待流行之分不過一明二氣一明五行論易有太極一節即生蓍之數觀不言天地萬物有太極而言易有太極可得其旨論來知德所謂錯卦即横反對卦所謂綜卦即豎反對卦不必添立名目論本義筮儀第一變歸奇之策通掛一數不五則九二三變去第一變所掛之一而不用惟於本數策

中掛一策仍復合而通數其奇是以四八與初之五九不同來知德謂第一變不通掛一數所見爲是然謂二三變並不掛一則少象三一營止三營而非四營矣惟第一變掛一而歸奇不必通掛一數二三變卽用第一變所掛之一而歸奇亦不必通掛一數斯皆不四則八無所謂不五則九也其大旨雖亦糾纏圖學然其說均自出新意亦可備一解惟以十翼兼象辭爻辭數之未免於古無稽其解經亦皆敷衍成文殊乏精義蓋所注意惟在

圖說而已

易準四卷浙江巡撫採進本

國朝曹廷棟撰廷棟字六吉嘉善人是書為圖學而作一卷河圖二卷洛書三卷大衍圖四卷著法其於河圖改中宮十點之舊於洛書信鳳來道士之傳通洛書大衍之說於易更分掛扐揲之法於著又皆圖學中後起之說矣

易圖疏義四卷江蘇巡撫採進本

國朝劉鳴珂撰鳴珂字伯容蒲城人是書因周易啟

蒙本圖書原卦畫二篇之說而疏通其義其稍有異同者大傳河出圖洛出書聖人則之謂聖人兼指羲文非專云伏羲至則之之義旣取邵子加一倍法則如朱子之說可自六十四而加之以至無窮矣乃復謂六十四卦之畫限以六位爲三才之義又不知乾一兌二之數出於小横圖而以爲邵子逐爻漸生之說與之天然脗合皆未免彌生轇轕其解易逆數也謂自震一陽歷離兌二陽至乾三陽左旋而順自兌一陰歷坎艮二陰至坤三陰

左旋而逆以乾一兌二之序推之則陽進陰退皆爲逆數則較邵朱之數頗爲貫穿然亦易外之旁義至於本來知德之說以義易爲錯文易爲綜益强生區别矣

易見九卷江蘇巡撫採進本

國朝貢渭濱撰渭濱字羨溪丹陽人是書前列易序傳序諸儒姓氏易學源流邵子程子朱子綱領及筮儀五贊經傳音釋本義異同程傳異同不入卷數末附啟蒙大旨亦不入卷數其解經以本義爲

宗而雜錄先儒舊說以足之然往往曲相遷就如坤彖先迷後得主以文言後得主而有常考之應以主爲句以陽爲陰主故也渭濱附合本義主利之讀乃云主利者不主於迷而主於利也又漸爻辭九三九五取象於婦本義於九五取六二正應在下爲解於九三則云九三過剛不中而無應於彖傳云自二至五位皆得正故其占爲女歸吉前後自相牴牾渭濱則云艮非婦但以二爲陰故云然耳然何以處九三乎是亦偏主之過也

易象圖說二卷 山東巡撫採進本

國朝吳脈鬯撰脈鬯字灌先蓬萊人是書櫽括諸圖各爲之說以圓圖象天方圖象地因創爲竪圖象人以配三才復集邵子朱子咏易諸詩附以已作及沈時升詩末附八宮納甲占例則今以錢代卜者之所用也

周易後天歸圖四卷 河南巡撫採進本

國朝黎由高撰由高字鵬翥通城人是書專明後天之易六十四卦反對之義而一歸之於圖一卷總

論後天方位見經之當歸於圖二卷說乾坤爲歸經於圖之綱領三卷說反對爲歸經於圖之門戶四卷摘錄諸卦爲歸經於圖之凡例首卷方位圖其三四長少序次變爲自右而左與本義異大旨以邵子諸說爲宗而參用本義之解也

易經輯疏四卷江蘇巡撫採進本

國朝黃家杰撰家杰臨川人其書删邵子之横圖謂此邵氏之易非羲文之易而不免仍用先天之說又謂來知德之卦錯卦綜勝於卦變而不免仍用

卦變之說觀其自序稱來易恐不近於舉業是既

欲詁經又牽合以就程試遂兩者騎牆耳

易經會意解 無卷數 河南巡撫採進本

國朝王芝蘭撰自序稱伊南人未詳其仕履是書首

句讀質疑皆與本義句讀相異者次辨本義衍文

謂易爲卜筮之說不經泰火應無衍文次乾卦質

疑坤卦質疑次乾卦以下八卦說其序六十四卦

專取兩卦相對相反之義一頁之中分上下二格

上格列一卦之辭其文自前左行下格列其相對

相反之卦其文自後右行一順一逆體若迴文爲自來經典所未有其繫辭傳以下亦各分篇次名目有開宗明義篇綱領篇申明爻辭篇彌綸篇四道篇尚辭尚變尚象尚占諸篇先後天圖辨又有徵時篇終意篇亦儒先傳授所未聞也

河洛先天圖說二卷 江西巡撫採進本

國朝劉天眞撰天眞字汝廸號去僞興國州人由歲貢生官安仁縣訓導其言易大旨謂天數五地數五五位相得而各有合其六七八九之數乃一二

三四倚五而成蓍即參天兩地而倚數之說張尙瑗序之以爲後天八卦配洛書合若符契帝震一章是其註脚不知圖書之數正影附此章而作即以配河圖亦相脗合不僅洛書可配也

周易象訓十二卷 兩江總督採進本

國朝姚球撰球字頤真無錫人其凡例稱辛未歲年二十七始讀周易二十餘年間見註疏百三四十部不知爲前辛未後辛未也是書雖用古本分十二篇而篇數迥異其分象傳於爻傳之外本於宋

吳仁傑又分說卦爲三以繫辭上下傳爲說卦之第一第二本於隋書經籍志皆非確據每卦前之六畫古本皆先下後上乃用朱謀㙔之例標曰上某卦下某卦亦非古本之舊也

易經辨疑四卷 湖南巡撫採進本

國朝鄭國器撰國器湘鄉人是書首爲圖書辨疑次爲羲易辨疑以舊傳八卦方位復各衍爲數十圖頗爲繁碎

周易剩義四卷 湖南巡撫採進本

國朝黃燐撰燐字暘谷湘潭人其凡例謂說經者有未備未當而作此以補之故曰剩義然體例頗近講章所註亦皆先儒之舊說無甚新義也

易經告蒙四卷圖註三卷侍講劉亨地家藏本

國朝趙世迥撰世迥字鐸峯湘潭人是書凡例稱遵仿本義分卷然其書仍用註疏本未喻其故殆據坊刻本義言之歟卷首圖註三卷皆推衍河洛之義書中時時附圖葢欲以圖書明易而反以易明圖書者也

周易懸象八卷 編修周永年家藏本

國朝黃元御撰元御字坤載號研農昌邑人早爲諸生因庸醫誤藥損其目遂發憤學醫於素問靈樞難經傷寒論金匱玉函經皆有註釋凡數十萬言已別著錄醫家類中大抵自命甚高欲駕出魏晉以來醫者上自黃帝岐伯秦越人張機外罕能免其詆訶者未免師心太過求名太急惟其詁經乃頗能沿溯古義其訓釋以觀象爲主其觀象以說卦爲主而參以荀九家之說亦兼用互體大抵緣

象以明理不糾纏飛伏納甲之術亦不推演河洛先天之說在近人易說中猶可謂學有根據惟好以己意改古書併彖象傳於經而合文言為一篇此猶據鄭元本也（鄭元本文言自爲一篇見中興書目）改乾卦之次序使與坤卦以下同此猶據王弼本六十三卦之例也割繫辭十九卦之說移入文言於古僅吳澄有此說（見易纂言）斯已無據矣至繫辭全移其次第併多所刪節又割掇說卦以補之說卦更多所改正直以孔翼為藁本而筆削其文別造一經尤非古

法也

易經本義翼十二卷（編修勵守謙家藏本）

不標撰人名字惟卷首題籤云蘇州府學附生曹澐手輯吳敬庵羲經本義二十本上大宗師鑒定今呈到十九本其一本係圖說因繪畫不及俟於原本錄出補送呈云云蓋江南諸生錄送提學之本不知吳敬庵者爲何人也其書圖說分六編一曰河洛圖說二曰卦畫圖說上三曰卦畫圖說下四曰明筮圖說五曰序卦圖說六曰合纂圖說而

附以易說綱領皆不入卷數其解釋經文共十二卷亦分爲八編上經乾至履爲一編泰至觀爲二編噬嗑至離爲三編下經咸至解爲一編泰至艮爲二編漸至未濟爲三編附以上下編分六編說別以象傳上下象傳上下繫辭傳上下文言傳分七卷共爲一編說卦序卦雜卦三傳分三卷共爲一編例體頗爲冗碎大抵以河洛之說輾轉推衍其解經則惟以本義爲宗間有出入不過百分之一故名曰本義翼云

讀易隨抄　無卷數　兩江總督採進本

不著撰人名氏亦無序目其書用反對之說除乾坤頤大過坎離六卦兩名並列外餘五十八卦皆每二卦順逆相對畫之所解多參以人事雖以隨抄爲名實雜採諸家之言而融貫以已意不出原採書名也

卦爻遺稿演一卷　左副都御史黃登賢家藏本

不著撰人名氏前有小引乃其子所作謂其父於易多有論說未有完書其子始類次成編而間附

已說於後其自稱曰覲者卽其子之名而姓則不可考矣書中每一卦爲一篇於每爻下具列中正應三義而不載經文詞旨簡畧殊無心得

周易觀彖疑問二卷大傳章旨二卷 原任工部右侍郎李友棠家藏本

不著撰人名氏前但署上谷手授莫知爲誰亦不詳其時代其書於六十四卦各爲總說大傳章旨於各章亦總爲疏解俱無甚奥義

附錄

古三墳一卷 內府藏本

案三墳之名見於左傳然周秦以來經傳子史從無一引其說者不但漢代至唐咸不著錄也此本晁公武讀書志以爲張商英得於北陽民舍陳振孫書錄解題以爲毛漸得於唐州葢北宋人所爲其書分山墳氣墳形墳以連山爲伏羲之易歸藏爲神農之易乾坤爲黃帝之易各衍爲六十四卦而繫之以傳其名皆不可訓詁又雜以河圖代姓紀及策辭政典之類淺陋尤甚至以燧人氏爲有巢氏子伏羲氏爲燧人氏子古來僞書之拙莫過

於是故宋元以來自鄭樵外無一人信之者至明
何鏜刻入漢魏叢書又題爲宋阮咸註僞中之僞
益不足辨矣
案左傳稱倚相能讀三墳五典八索九丘孔
安國書序所解雖出依託至劉熙釋名則確
屬古書據所訓釋三墳乃書類非易類也然
僞本既託於三易不可復附書類中姑從易
緯之例附其目於諸家易說之末
右易類三百十七部二千四百卷內四十九部無卷數附錄一

部一卷皆附存目

# 欽定四庫全書總目卷十一

## 經部十一

### 書類一

書以道政事儒者不能異說也小序之依託五行傳之附會久論定矣然諸家聚訟猶有四端曰今文古文曰錯簡曰禹貢山水曰洪範疇數夫古文之辨至閻若璩始明朱彝尊謂是書久頒於學官其言多綴輯逸經成文無悖於理汾陰漢鼎良亦善喻吳澄舉而刪之非可行之道

也禹迹大抵在中原而論者多當南渡昔疎今密其勢則然然尺短寸長互相補苴固宜兼收並蓄以證同異若夫劉向記酒誥召誥脫簡僅三而諸儒動稱數十班固索洪範於洛書諸儒併及河圖支離轇轕淆經義矣故王柏書疑蔡沈皇極數之類非解經之正軌者咸無取焉

尚書正義二十卷 內府藏本

舊本題漢孔安國傳其書至晉豫章內史梅賾始奏於朝唐貞觀十六年孔穎達等爲之疏永徽四

年長孫無忌等又加刊定孔傳之依託自朱子以
來遞有論辨至
國朝閻若璩作尚書古文疏證其事愈明其灼然可
據者梅鷟尚書考異攻其註禹貢瀍水出河南北
山一條積石山在金城西南羌中一條地名皆在
安國後朱彝尊經義考攻其註書序東海駒驪扶
餘馯貊之屬一條謂駒驪王朱蒙至漢元帝建昭
二年始建國安國武帝時人亦不及見若璩則攻
其註泰誓雖有周親不如仁人與所註論語相反

又安國傳有湯誓而註論語予小子履一節乃以爲墨子所引湯誓之文（案安國論語注今佚此條乃何晏集解所引）皆證佐分明更無疑義至若璩謂定從孔傳以孔頴達之故則不盡然考漢書藝文志敘古文尚書但稱安國獻之遭巫蠱事未立於學官不云作傳而經典釋文敘錄乃稱藝文志云安國獻尚書傳遭巫蠱事未立於學官始增入一傳字以證實其事又稱今以孔氏爲正則定從孔傳者乃陸德明非自頴達惟德明於舜典下註云孔氏傳亡舜典一

篇時以王肅注頗類孔氏故取王注從慎徽五典以下爲舜典以續孔傳又云曰若稽古帝舜曰重華協于帝十二字是姚方興所上孔氏傳本無阮孝緒七錄亦云方興本或此下更有濬哲文明溫恭允塞元德升聞乃命以位凡二十八字異聊出之於王注無施也則開皇中雖增入此文尚未增入孔傳中故德明云爾今本二十八字當爲穎達增入耳梅賾之時去古未遠其傳實據王肅之注而附益以舊訓故釋文稱王肅亦注今文所解大

與古文相類或肅私見孔傳而秘之乎此雖以末爲本未免倒置亦足見其根據古義非盡無稽矣穎達之疏晁公武讀書志謂因梁費甝疏廣之然穎達原序稱爲正義者蔡大寶巢猗費甝顧彪劉焯劉炫六家而以劉焯劉炫最爲詳雅其書實因二劉非因費氏公武或以經典釋文所列義疏僅甝一家故云然與朱子語錄謂五經疏周禮最好詩禮記次之易書爲下其言良允然名物訓故究賴之以有考亦何可輕也

洪範口義二卷永樂大典本

宋胡瑗撰瑗有周易口義已著錄是書文獻通考作洪範解朱彝尊經義考註云未見今其文散見永樂大典中尚可排纂成書周易口義出倪天隱之手舊有明文晁公武讀書志謂此書亦瑗門人編錄故無詮次首尾蓋二書同名口義故以例推其爲瑗所自著與否固無顯證至其說之存於經文各句下者皆先後貫徹條理整齊非雜記語錄之比與公武所說不符豈原書本無次第修永樂

大典者爲散附經文之下轉排比順序歟抑或公武所見又别一本也洪範以五事配庶徵本經文所有伏生大傳以下逮京房劉向諸人遽以陰陽災異附合其文劉知幾排之詳矣宋儒又流爲象數之學惟圖書同異之是辨經義愈不能明瑗生於北宋盛時學問最爲篤實故其說惟發明天人合一之旨不務新奇如謂天錫洪範爲錫自帝堯不取神龜負文之瑞謂五行次第爲箕子所陳不辨洛書本文之多寡謂五福六極之應通於四海

不當指一身而言俱駁正註疏自抒心得又詳引周官之法推演八政以經註經特爲精確其要皆歸於建中出治定皇極爲九疇之本辭雖平近而深得聖人立訓之要非讖緯術數者流所可同日語也宋史本作一卷今校定字句析爲二卷

案朱彝尊經義考凡訓釋一篇者悉彙載各經之末不與訓釋全經者敘時代先後然隋志載繫詞註洪範五行傳月令章句中庸講疏固雜置各經中也今從古例不復別編後

均倣此

東坡書傳十三卷內府藏本

宋蘇軾撰軾有東坡易傳已著錄是書宋志作十三卷與今本同萬卷堂書目作二十卷疑其傳寫誤也晁公武讀書志稱熙寧以後專用王氏之說進退多士此書駁異其說為多今新經尚書義不傳不能盡考其同異但就其書而論則軾究心經世之學明於事勢又長於議論於治亂興亡披抉明暢較他經獨為擅長其釋禹貢三江定為南江

中江北江本諸鄭康成遠有端緒惟未嘗詳審經
文考覈水道而附益以味别之説遂以啟後人之
議至於以羲和曠職爲貳於羿而忠於夏則林之
奇宗之以康王之誥服冕爲非禮引左傳叔向之
言爲證則蔡沈取之朱子語錄亦稱其解吕刑篇
以王享國百年耄作一句荒度作刑作一句甚合
於理後與蔡沈帖雖有蘇氏失之簡之語然語錄
又稱或問諸家書解誰最好莫是東坡曰然又問
但若失之太簡曰亦有只須如此解者則又未嘗

以簡爲病洛閩諸儒以程子之故與蘇氏如水火惟於此書有取焉則其書可知矣

尚書全解四十卷 內府藏本

宋林之奇撰之奇字少頴號拙齋侯官人官至宗正丞事蹟具宋史儒林傳之奇辭祿家居博考諸儒之説以成是書宋志作五十八卷此本僅標題四十卷考其孫畊後序稱脫稾之初爲門人呂祖謙持去諸生傳錄僅十得二三書肆急於鋟梓遂訛以傳訛至淳祐辛丑畊從陳元鳳得宇文氏所

傳書說拾遺手稿一册乃康誥至君陳之文乙巳得建安余氏所刻完本始知麻沙所刻自洛誥以下皆僞續又得葉眞所藏林李二先生書解叅校證驗釐爲四十卷然則宋志所載乃麻沙僞本之卷數朱子所謂洛誥以後非林氏解者此本則呥所重編朱子未見夏僎作尚書解時亦未見故所引之奇之說亦至洛誥止也然呥旣稱之奇初稿爲呂祖謙持去則祖謙必見完書何以東萊書說始於洛誥以下云續之奇之書毋乃呥又有所增

修託之乃祖歟自宋迨明流傳既久又佚其三十四卷多方一篇通志堂刊九經解竭力購之弗能補也惟永樂大典修自明初其時猶見舊刻故所載之奇書解此篇獨存今錄而補之乃得復還舊觀之奇是書頗多異說如以陽鳥爲地名三俊爲常伯常任準人皆未嘗依傍前人至其辨析異同貫串史事覃思積悟實卓然成一家言雖眞贋錯雜不可廢也屢經散佚而卒能完善亦其精神刻摯有足以自傳者矣前有自序一篇述尚書始末

甚詳然舛誤特甚漢書藝文志明云古文尚書孔安國獻之遭巫蠱不列於學官而用僞孔傳序藏於家之說併謂劉歆未見儒林傳明言伏生壁藏其書漢興亡數十篇獨得二十九篇而用衛宏古文尚書序使女傳言之說併謂齊語難曉尤其致謬之大綱閻若璩諸人已有明辨茲不具論焉

禹貢指南四卷永樂大典本

宋毛晃撰晃宋史無傳其始末未詳世傳其增註禮部韻畧於紹興三十二年表進自署曰衢州免

解進士葢高宗末年人也是書宋史藝文志不著録焦竑經籍志載禹貢指南一卷宋毛晃撰朱彝尊經義考云未見又云文淵閣書目有之不著撰人疑卽晃作則舊本之佚久矣今考永樂大典所載與諸家註解散附經文各句下謹綴録成篇釐爲四卷以世無傳本其體例之舊不可見謹以經文次第標列其無註者則經文從畧焉其書大抵引爾雅周禮漢志水經註九域志諸書而旁引他說以證於古今山水之原委頗爲簡明雖生於南

渡之後僻處一隅無由睹中原西北之古蹟一一統核其眞而援據考證獨不泥諸儒附會之說故後來蔡氏集傳多用之亦言地理者所當考證矣

禹貢論五卷後論一卷山川地理圖二卷永樂大典本

宋程大昌撰大昌有易原已著錄宋史藝文志載大昌禹貢論五卷後論一卷又禹貢論圖五卷陳振孫書錄解題則謂論五十二篇後論八篇圖三十一王應麟玉海則謂淳熙四年七月大昌上禹貢論五十三篇後論八篇詔付秘閣不及其圖蓋

偶遺也今諸論皆存其圖據歸有光跋稱吳純甫家有淳熙辛丑泉州舊刻則嘉靖中尚有傳本今已久佚故通志堂經解惟刻其前後論而所謂禹貢山川地理圖者則僅刻其敘說今以永樂大典所載校之祇缺其九州山水實證及禹河漢河二圖耳其餘二十八圖歸然並在誠世所未覯之本今依通志堂圖敘原目併爲二卷而大昌之書復完大昌喜談地理之學所著雍錄及北邊備對皆刻意冥搜考尋舊蹟是書論辨尤詳周密癸辛雜

識載大昌以天官兼經筵進講禹貢闕文疑義疏說甚詳且多引外國幽奥地理阜陵頗厭之宣諭宰執云六經斷簡闕疑可也何必强爲之說且地理既非親歷雖聖賢有所不知朕殊不曉其說想其治銓曹亦如此既而補外云云與自序及陳應行後序所言殊相乖刺夫帝王之學與儒者異大昌講尚書於經筵不舉唐虞三代之法以資啟沃而徒炫博奥此誠不解事理然以詁經而論則考證不爲無功其前論於江水河水淮水漢水濟水

弱水黑水皆糾舊傳之誤後論則專論河水汴水之患陳振孫譏其身不親歷烏保其皆無牴牾亦如孝宗之論歸有光亦證其以烏鼠同穴指爲二山之非要其援據釐訂實爲博洽至今詁禹貢者終不能廢其書也

尚書講義二十卷永樂大典本

宋史浩撰浩字直翁鄞縣人紹興十四年進士孝宗爲建王浩以司封郎中兼直講卽位後遷翰林學士知制誥累官右丞相致仕事蹟具宋史本傳

此書宋史藝文志作二十二卷文淵閣書目一齋書目並載其名而藏弆家已久無傳本故朱彝尊經義考亦注云未見惟永樂大典各韻中尚全錄其文謹依經文考次排訂釐爲二十卷案宋館閣書目云淳熙十六年正月太傅史浩進尚書講義二十二卷詔藏秘府葢本當時經進之本故其說皆順文演繹頗近經幄講章之體其說大抵以注疏爲主參考諸儒而以已意融貫之當張浚用兵中原時浩方爲右僕射獨持異論論者責其沮撓

復之謀今觀其解文侯之命一篇亦極美宣王之勤政復讐而傷平王之無志恢復則其意原不以用兵爲非殆以浚未能度力量時故不欲僥倖嘗試耶朱子語類嘗稱史丞相說書亦有好處如命公後衆說皆云命伯禽爲周公之後史云成王既歸周公在後看公定予往矣一言便見得周公且在後之意云云其後命蔡沈訂正書傳實從浩說則朱子固於此書有所取孫應時燭湖集有上史越王書云書傳多所發明帝王君臣精微正大之

蘊剖決古今異同偏見開悟後學心目使人沛然飽滿者無慮數十百條又云欲以疑義請教者一一疏諸下方則浩此書實與應時商榷之亦非卒爾苟作矣

尚書詳解二十六卷 永樂大典本

宋夏僎撰僎字元肅號柯山龍游人時瀾作是書序稱其少業是經妙年擷其英以掇巍第則嘗舉進士也陳振孫書錄解題稱是書集二孔王蘇陳林程張及諸儒之説以時瀾序及書中所引參考

之二孔者安國頴達之傳疏蘇者蘇軾書傳陳者陳鵬飛書解林者林之奇尚書全解程者程子書說張者張九成尚書詳說惟王氏濶序不之及蓋王雱新經尚書義諱言之也然僎雖博採諸家而取於林之奇者實什之六七蓋其淵源在是矣明洪武間初定科舉條式詔習尚書者並用夏氏蔡氏兩傳永樂中書經大全出始獨用蔡傳夏氏之書寖微亦猶易並用程朱後程廢而獨用朱春秋並用張胡後張廢而獨用胡也今觀其書視蔡傳

固不免少冗然其反覆條暢深究詳繹使唐虞三代之大經大法燦然明白究不失爲說書之善本淳熙間麻沙劉氏書坊有刻板世久無傳今惟存鈔帙脱誤孔多浙江採進之本虞書堯典至大禹謨全闕周書闕泰誓中泰誓下牧誓三篇又闕秦誓之末簡謹以永樂大典參校惟泰誓永樂大典亦闕無從校補外其餘所載尚並有全文各據以補輯復成完帙書中文句則以永樂大典及浙本互校擇所長而從之原本分十六卷經文下多附

錄重言重意乃宋代坊本陋式最爲鄙淺今悉刪除重加釐訂勒爲二十六卷

禹貢說斷四卷永樂大典本

宋傅寅撰寅字同叔義烏人嘗從唐仲友游仲友稱其職方輿地盡在腹中是編其所著禹貢圖說也案朱彝尊經義考有寅所著禹貢集解二卷通志堂嘗刊入九經解中而永樂大典載其書則題曰禹貢說斷無集解之名又經解所刊本稱原缺四十餘簡今檢永樂大典不獨所缺咸在且其五

服辨三千餘言九州辨千數百言較之原註缺文多至數倍又山川總會及九河三江九江四圖經解俱誤編入程大昌禹貢論中與其書絕不相比附而永樂大典獨繫之說斷篇內蓋當時所見實宋時原本足以援據而經解刊行之本則已傳寫錯漏致并書名而竄易之非其舊矣書中博引衆說斷以已意具有特解不肯蹈襲前人其論孟子決汝漢排淮泗而注之江爲古溝洫之法尤爲諸儒所未及洵卓然能自抒所見者今取經解刊本

與永樂大典互相勘校補闕正譌析爲四卷仍題說斷舊名而於補缺之起訖各加註語以別之庶幾承學之士得以復見完書焉

書說三十五卷內府藏本

宋呂祖謙撰祖謙有古周易已著錄是編文獻通考作十卷趙希弁讀書附志作六卷悉與此本不合蓋彼乃祖謙原書未經編次傳抄者隨意分卷故二家互異此本則其門人時瀾所增修也原書始洛誥終秦誓其召誥以前堯典以後則門人雜

記之語錄頗多俚俗瀾始刪潤其文成二十二卷又編定原書爲十三卷合成是編王應麟玉海云林少頴書說至洛誥而終呂成公書說自洛誥而始葢之奇受學於呂居仁祖謙又受學於之奇本以終始其師說爲一家之學而瀾之所續則又終始祖謙一人之說也瀾婺州清江人厲鶚宋詩紀事收其詩一篇而不能舉其仕履考周必大平園集有祭瀾文稱從政郎差充西外睦宗院宗學教授而瀾自序則稱以西邸文學入三山監丞葢作

是書時爲監丞其後則以教授終也吳師道曰清江時鑄字壽卿吕成公同年進士與弟鏷率羣從子弟十餘人悉從公遊若澐若瀾若涇尤時氏之秀成公輯書說瀾以平昔所聞纂成之今所行書傳是也然則是書一名爲書傳矣又朱彝尊經義考是書三十五卷之外又別出時瀾增修書說三十卷並註曰存今三十卷者未見不知所據何本也

尚書說七卷 內府藏本

宋黄度撰度字文叔號遂初新昌人紹興間登進士寧宗時爲御史嘗劾韓侂胄誤國又劾内侍楊舜卿陳源又奏吳曦必反以正直稱累官禮部尚書龍圖閣學士謚宣獻事蹟具宋史本傳陳振孫書錄解題稱其篤學窮經老而不倦晚年制閫江淮著述不輟時得新意往往晨夜叩書塾爲朋友道之其勤摯如此所著有書說詩說周禮說詩與周禮說今佚惟書說僅存此本乃明呂光洵與唐順之所校前有光洵序述度始末甚詳當度之時

吳棫書埤傳始出未爲世所深信尚不知孔安國傳出於梅賾託名故度作是編其訓詁一以孔傳爲主然梅賾當東晉之初去古未遠先儒舊義往往而存註尚書者要於諸家爲最古度依據其文究勝後來之臆解至於推論三代興衰治亂之由與夫人心道心精一執中安止惟幾綏猷協一建中建極諸義亦皆深切著明以義理談經者固有取焉

五誥解四卷 永樂大典本

宋楊簡撰簡有慈湖易傳已著錄昔韓愈稱周誥殷盤佶屈聱牙簡欲先通其難通者故惟解康誥以下五篇簡受學於陸九淵好舉新民保赤之政推本於心學又當字說盛行之後喜穿鑿字義爲新奇之論措辭亦迂曲委重未能暢所欲言然如康誥言惠不惠懋不懋則歸重於君身服念旬時則疑孔傳三月爲過久酒誥厥心疾狠指民心而言召誥顧畏于民碞謂民愚而神可畏如碞險洛誥公無困哉謂困有倦勤之意皆能駁正舊文自

抒心得至如先士黎水用鄭康成顧彪之說封康叔時未嘗洛邑用蘇氏書義之說復子明辟之訓詁圻父薄違之句讀用王氏書義之說又能兼綜羣言不專主一家之學矣此書世久失傳文淵閣書目作一册焦竑經籍志作一卷朱彝尊經義考以爲未見今從永樂大典各韻中按條薈萃惟闕梓材一篇餘皆章句完善謹依經文前後釐爲四卷而五誥之名則仍而不改以存其舊焉

絜齋家塾書抄十二卷永樂大典本

宋袁燮撰燮字和叔絜齋其自號也鄞縣人淳熙辛丑進士官至顯謨閣學士謚正獻事迹具宋史本傳燮之學出陸九淵是編大旨在於發明本心反覆引申頗能暢其師說而於帝王治迹尤參酌古今一一標舉其要領王應麟發明洛閩之學多與金谿殊軌然於燮所解儆誡無虞諸條特採入困學紀聞中葢其理至足則異趣者亦不能易也其書宋史藝文志作十卷陳振孫書錄解題稱爲燮子喬錄其家庭所聞至君奭而止則當時本未

竟之書且非手著紹定四年其子甫刻置象山書院益重其家學不以未成完帙而廢之明葉盛菉竹堂書目尚存其名而諸家說尚書者罕聞引證知傳本亦稀故朱彝尊作經義考注云未見今

聖代博採遺編珍笈秘文罔不畢出而竟未睹是書之名則其佚久矣謹從永樂大典所載採輯編次俾復還舊觀以篇帙稍繁釐爲一十二卷盡殘賸簡復顯於湮沒之餘亦可云變之至幸矣喬字崇謙嘗爲溧陽令與燮相繼而卒未顯於世故宋史但

有其弟甫傳而不立喬傳據真德秀所作燮行狀稱燮有子四人喬其伯子甫則其叔子云

書集傳六卷通行本

宋蔡沈撰沈字仲默號九峯建陽人元定之子也事蹟附載宋史元定傳慶元己未朱子屬沈作書傳至嘉定己巳書成案此據自序年月真德秀作沈墓誌稱數十年然後克成蓋誤衍一數字淳祐中其子杭奏進於朝稱集傳六卷小序一卷朱熹問答一卷繕寫成十二冊其問答一卷久佚董鼎書傳纂注稱淳祐經進本錄朱子與

蔡仲默帖及語錄數段今各類入綱領輯錄內是其文猶散見鼎書中其條目則不復可考小序一卷沈亦逐條辨駁如朱子之攻詩序今其文猶存而書肆本皆削去不刊考朱升尚書旁注稱古文書序自爲一篇孔注移之各冠篇首蔡氏刪之而置於後以存其舊葢朱子所授之旨（案陳振孫書錄解題載朱子書古經四卷序一卷則此本乃朱子所定先有成書升以爲所授之旨葢偶未考）是元末明初刊本尚連小序然宋史藝文志所著錄者亦止六卷則似自宋以來卽惟以集傳單行矣元和

異孫十一經問對稱吉州所刊蔡傳仍以書序置之各篇初不害其爲蔡傳葢一家之板本非通例也況序稱二典三謨經朱子點定然董鼎纂注於正月朔旦條下注曰朱子親集書傳自孔序止此其他大義悉口授蔡氏併親稿百餘段俾足成之則大禹謨猶未全竣序所云二典三謨特約舉之詞鼎又引陳櫟之言曰（案櫟此條不載所作書傳纂疏中葢其書傳折衷之文也）朱子訂傳原本有曰正月次年正月也神宗說者以爲舜祖顓頊而宗堯因以神宗爲堯廟未知

是否如帝之初等葢未嘗質言爲堯廟今本云云其朱子後自改乎抑蔡氏所改乎則序所謂朱子點定者亦不免有所竄易故宋末黄景昌等各有正悞辨疑之作陳櫟董鼎金履祥皆篤信朱子之學者而櫟作書傳折衷鼎作書傳纂注履祥作尚書表注皆齗齗有詞明洪武中修書傳會選改定至六十六條

國朝

欽定書經傳說彙纂亦多所考訂釐正葢在朱子之說尚

書主於通所可通而闕其所不可通見於語錄者不啻再三而沈於殷盤周誥一一必求其解其不能無憾也固宜然其疏通證明較爲簡易且淵源有自大體終醇元與古注疏並立學官見元史選舉志而人置注疏肆此書明與夏僎解並立學官見楊慎丹鉛錄而人亦置僎解肆此書固有由矣

尚書精義五十卷永樂大典本

宋黃倫撰宋史藝文志載有是書十六卷陳振孫書錄解題亦著於錄稱爲三山黃倫彝卿所編知

爲閩人此本前有余氏萬卷堂刊行小序稱爲釋褐黃君則又曾舉進士然閩書及福建通志已均不載其名其仕履則莫能詳矣其刊書之余氏亦不知何時人案岳珂九經三傳沿革例稱世所傳九經本以興國于氏及建安余仁仲本爲最善又林之奇尚書全解亦惟建安余氏刊本獨得其眞見之奇孫畊所作跋語中此篇所稱余氏當即其人是在宋時坊刻中猶爲善本也其說薈萃諸說依經臚載不加論斷閒有同異亦兩存之其所徵

引自漢迄宋亦極賅博惟編次不以時代每條皆首引張九成之說似即本九成所著尚書詳說而推廣之故陳振孫頗疑其出於僞託然九成詳說之目僅見宋志久經湮晦即使果相沿襲亦未嘗不可藉是書以傳九成書也其他如楊氏繪顧氏臨周氏範李氏定司馬氏光張氏沂上官氏公裕王氏日休王氏當黃氏君愈顏氏復胡氏伸王氏安石王氏雱張氏綱孔氏武仲孔氏文仲陳氏鵬飛孫氏覺朱氏震蘇氏洵吳氏孜朱氏正大蘇氏

子才等當時著述並已散佚遺章賸句猶得存什一於是編體裁雖稍涉汜濫其裒輯之勤要亦未可盡沒矣其書傳本久絕朱彝尊經義考亦曰已佚今從永樂大典各韻中採撮編綴梗概尚存惟永樂大典之例凡諸解已見前條者他書再相援引則僅注某氏曰見前字其爲全錄摘錄無由考校今亦不復補錄姑就所現存者釐訂成帙分爲五十卷存宋人書說之梗槩備援證焉

尚書詳解五十卷　編修汪如藻家藏本

宋陳經撰經字顯之一云字正甫安福人慶元中登進士官至奉議郎泉州泊幹所著有詩講義存齋語錄諸書已佚不傳是編宋史藝文志作五十卷今抄帙僅存檢勘卷目猶爲完本寧宗之世正蔡氏傳初出之時而此書多取古註疏或間參以新意與蔡氏頗有異同每援後世之事以證古經蓋趙歧註孟子已有此例無庸以駁雜爲嫌惟如解說築傳巖引伊川訪董五經事之類稍爲汎濫當分別觀之至於論舜放四凶云欲安其居止俾

無所憂愁則欲明先王愛物之心轉失聖人懲惡之義頗有未協又自序稱今日語諸友以讀此書之法當以古人之心求古人之書吾心與是書相契而無間然後知典謨訓誥誓命皆吾胸中之所有亦吾日用之所能行云云尤近於陸九淵六經注我之說殆傳金谿之學派者亦不可立訓然其句櫛字比疏證詳明往往發先儒所未發實可與林之奇夏僎諸家相爲羽翼固無庸拘蔡氏之學執一格以相繩焉

融堂書解二十卷永樂大典本

宋錢時撰時字子是淳安人受學於楊簡嘉熙中以丞相喬行簡薦授秘閣校勘選史館檢閱案時兩漢筆記之前載有尚書省劄列時所著諸書有尚書啟蒙又載嚴州進狀則稱尚書演義同時案牘之文已自相違異永樂大典所載則皆題錢時融堂書解其名又殊然永樂大典皆據內府宋本採入當必無訛朱彝尊經義考以尚書演義著錄蓋未睹中秘書也舊本久佚今採掇裒輯重爲編

次惟伊訓梓材泰誓三篇全佚說命呂刑亦間有闕文餘尚皆篇帙完善不失舊觀時之意主表章書序每篇之首皆條具大旨其逸書之序則參考史記核其時事以釋篇題復采經典釋文史記集解史記索隱所引馬融鄭康成說引伸其義雖因仍舊說不知書序非詩序之比未免稍失考證然用意則可謂精勤所解如羲和曠厥職則本諸蘇軾康叔封衛在成王時則仍用孔安國傳康王之誥則兼採張九成書說不專主一家之學至以泰

誓爲告西岐師旅牧誓爲告遠方諸侯皆不傍前人自抒心得又謂武成本無脫簡前爲武王告師之辭後爲史臣紀事之體康誥首節以周公初基定爲東都營洛邑封康叔以撫頑民不當移置於洛誥尤爲不惑於曲說亦宋人經解中之特出者也其書省劄進狀皆不著卷數經義考作八卷未知何據今以篇帙頗繁謹約畧離析勒爲二十卷

洪範統一一卷永樂大典本

宋趙善湘撰善湘字清臣濮安懿王五世孫仕至

資政殿大學士封文水郡公贈少師事迹具宋史本傳據其子汝楳周易輯聞序善湘於易學用力至深而所著書五種皆不傳此書藏弆之家亦罕著錄故朱彝尊經義考註曰未見今從永樂大典繕錄復爲完編書成於開禧時宋史謂之洪範統論文淵閣書目又作統紀今據善湘謂漢儒解傳祇以五事庶徵爲五行之驗而五行八政謂疇散而不知所統徵引事應語多傅會因釆歐陽修唐志蘇洵洪範圖論遺意定皇極爲九疇之統每疇

之中如五行則水火木金皆統於土五事則貌言
視聽皆統於思得其統而九疇可一以貫之矣云
云則永樂大典題曰洪範統一爲名實相應矣考
朱子與陸九淵論皇極之義往復辨難各持一說
此書以大中釋皇極本諸注疏與陸氏合復謂九
疇皆運於君心發爲至治又合於朱子建極之旨
蓋能通懷彼我兼取兩家之說者生當分朋講學
之時而超然不預於門戶是難能也

尚書要義十七卷序說一卷 浙江鄭大節家藏本

宋魏了翁撰了翁謫居靖州時著九經要義凡三百六十三卷皆摘注疏中精要之語標以目次以便簡閱其周易要義已著錄此其所摘尚書注疏也孔安國傳本出依託循文衍義無大發明亦無大瑕纇故宋儒說詩排小序說春秋排三傳而說書則不甚排孔氏孔頴達正義雖詮釋傳文不肯稍立同異而原原本本考證粲然故朱子語錄亦謂尚書名物典制當看疏文然尚書文旣聱牙註疏復又浩汗學者卒業爲艱了翁汰其冗文使後

人不病於蕪雜而一切考證之實學已精華畢擷是亦讀注疏者之津梁矣是書傳寫頗稀此本有曠翁手識一印山陰祁氏藏書一印澹生堂經籍記一印猶明末祁彪佳家所藏也原目二十卷中第七卷第八卷第九卷並佚無別本可以校補今亦姑仍其闕焉

尚書集傳或問二卷 內府藏本

宋陳大猷撰自序稱既集書傳復因同志問難記其去取曲折以成此編則此編本因集傳而作今

集傳已佚存者惟此兩卷朱彝尊經義考引張雲章之言謂大猷東陽人登紹定二年進士案紹定刻本誤紹興今改正由從仕郎歷六部架閣著尚書集傳又有都昌陳大猷者號東齋饒雙峰弟子著書傳會通仕爲黃州軍州判官乃陳澔之父與東陽陳氏實爲兩人彝尊附辨其說則謂鄱陽董氏書傳纂注列引用姓氏於陳氏書集傳特注明東齋字未可定集傳爲東陽陳氏之書而非都昌陳氏之書納喇性德作是書序則仍從雲章之說案董鼎書傳

纂注所引其見於輯錄者有東齋書傳復齋集義其見於纂注者則一稱復齋陳氏仍連其號一稱陳氏大猷惟舉其名案是書標氏標名例不畫一大抵北宋以前皆稱其氏南宋以後則入朱子學派者稱某氏不入朱子學派者雖王十朋劉一止皆稱其名所刻大猷諸說此書不載蓋皆集傳之文惟甘誓怠棄三政一條採用此書亦稱陳氏大猷則所謂陳氏大猷者卽此人而非東齋矣又此書皆論集傳去取諸說之故與朱子四書或問例同董鼎書於禹貢冀州引東齋書傳一條謂與蔡傳所謂梁州錯法

不合然蔡亦似未的云云於此書之例當有辨定而書中不一及之知其集傳中無此條矣且此陳大猷爲理宗初人故所引諸家僅及蔡沈而止其稱朱子曰朱氏晦菴氏持論頗示異同至論堯典敬字一條首舉心之精神謂之聖此孔叢子之語而楊簡標爲宗旨者其學出慈湖更無疑義若都昌陳大猷乃開慶元年進士見其子澔禮記集說序當理宗之末年時代既後又大猷受業饒魯魯受業黃幹幹受業朱子淵源相接尊朱子若神明而視楊氏

若敵國安有是語哉彝尊蓋偶見董鼎注東齋字而未及核檢其書也今參考諸說仍定爲東陽陳大猷之書著於錄焉

尚書詳解十三卷內府藏本

宋胡士行撰士行廬陵人官臨江軍軍學教授是編焦竑國史經籍志作書集解朱彝尊經義考又作初學尚書詳解稱名互異其實一書也其解經多以孔傳爲主而存異說於後孔傳有未善則引楊時林之奇吕祖謙夏僎諸說補之諸說復有所

未備則以已意解之堯典星辰之伏見列爲四圖以驗分至洪範初一日五行則補繪太極圖以釋初字見五行生尅之有本雖皆根據舊說要能薈萃以成一家之言解經之篤實者也所引漢晉人訓詁間有異字如益稷篇引鄭康成云黹紩也紩以爲繡也與注疏所載不同凡斯之類亦見其留心古義不但空談名理矣

尚書表注二卷兩江總督採進本

宋金履祥撰履祥字吉人號仁山蘭溪人從學於

王柏德祐初以史館編修召不赴入元隱居教授以終事迹具元史儒學傳初履祥作尚書注二十卷柳貫所撰行狀稱早歲所著尚書章釋句解已有成書是也朱彛尊經義考稱其尚存今未之見惟此書刻通志堂經解中前有自序稱擺脫衆說獨抱遺經伏讀玩味爲之正句畫段提其章旨與其義理之微事爲之槪考正文字之悞表諸四闌之外蓋其晚年定本也其書於每頁之上下左右細字標識縱横錯落初無行欵於古來注經之家

別爲一體大抵擴摭舊說折衷已意與蔡沈集傳頗有異同其徵引伏氏孔氏文字同異亦確有根原所列作書歲月則與所作通鑑前編悉本胡宏皇王大紀參考後先雖未必一一盡確然要非盡無據而作也至於過爲高論求異先儒如欲以康誥之敘冠於梓材篇首謂前爲周公咸勤之事後即洪大誥治之文集庶邦則營東都以均四方朝貢之道理先後迷民則所謂毖殷遷洛以密邇王化其說甚辨而於篇首王曰封三字究無以解因

復謂王字當作周公封字因上篇酒誥而衍則未免於竄改經文以就已意矣是則其瑜不掩瑕者也

（清）紀昀等　纂

# 武英殿本四庫全書總目

第一一册

國家圖書館出版社

# 第一册目録

# 欽定四庫全書總目

經部

卷三十五之三十六

# 欽定四庫全書總目卷三十五

## 經部三十五

### 四書類一

論語孟子舊各爲帙大學中庸舊禮記之二篇其編爲四書自宋淳熙始其懸爲令甲則自元延祐復科舉始古來無是名也然二戴所録曲禮檀弓諸篇非一人之書迨立名曰禮記禮記遂爲一家卽王逸所録屈原宋玉諸篇漢志均謂之賦迨立名曰楚詞楚詞亦遂爲一家元邱

葵周禮補亡序稱聖朝以六經取士則當時固以四書爲一經前創後因久則爲律是固難以一說拘矣今從明史藝文志例別立四書一門亦所謂禮以義起也朱彝尊經義考於四書之前仍立論語孟子二類黃虞稷千頃堂書目凡說大學中庸者皆附於禮類蓋欲以不去餼羊畧存古義然朱子書行五百載矣趙岐何晏以下古籍存者寥寥元明以來之所解則皆自四書分出者耳明史併入四書蓋循其實今亦不

復强析其名焉

孟子正義十四卷內府藏本

漢趙岐註其疏則舊本題宋孫奭撰岐字邠卿京兆長陵人初名嘉字臺卿永興二年辟司空掾遷皮氏長延熹元年中常侍唐衡兄玹爲京兆尹與岐夙隙岐避禍逃避四方乃自改名字後遇赦得出拜并州刺史又遭黨錮十餘歲中平元年徵拜議郎舉燉煌太守後遷太僕終太常事迹具後漢書本傳奭字宗古博平人太宗端拱中九經及第

仁宗時官至兵部侍郎龍圖閣學士事迹具宋史本傳是註即岐避難北海時在孫賓家夾柱中所作漢儒註經多明訓詁名物惟此註箋釋文句乃似後世之口義與古學稍殊然孔安國馬融鄭元之註論語今載於何晏集解者體亦如是蓋易書文皆最古非通其訓詁則不明詩禮語皆徵實非明其名物亦不解論語孟子詞旨顯明惟闡其義理而止所謂言各有當也其中如謂宰予子貢有若緣孔子聖德高美而盛稱之孟子知其太過故

貶謂之汚下之類紕繆殊甚以屈原憔悴爲徵於色以甯戚扣角爲發於聲之類亦比擬不倫然朱子作孟子集註或問於岐說不甚掊擊至於書中人名惟盆成括告子不從其學於孟子之說季孫子叔不從其二弟子之說餘皆從之書中字義惟折枝訓按摩之類不取其說餘亦多取之蓋其說雖不及後來之精密而開闢荒蕪俾後來得循途而深造其功要不可泯也胡爌拾遺錄據李善文選註引孟子曰墨子兼愛摩頂致於踵趙岐曰致

至也知今本經文及注均與唐本不同今證以孫奭音義所音岐注亦多不相應（語詳孟子音義條下）盖已非舊本至於盡心下篇夫子之設科也註稱孟子曰夫我設教授之科云云則顯爲予字今本乃作夫子又萬子曰句註稱萬子萬章也則顯爲子字今本乃作萬章是又註文未改而經文誤刊者矣孫奭之疏朱子語録謂邵武士人所假託蔡季通識其人今考宋史邢昺傳稱昺於咸平二年受詔與杜鎬舒雅孫奭李慕清崔偓佺等校定周禮儀禮

公羊穀梁春秋傳孝經論語爾雅義疏不云有孟子正義涑水紀聞載昺所定著有論語孝經爾雅正義亦不云有孟子正義其不出昺手確然可信其疏皆敷衍語氣如鄉塾講章故朱子語錄謂其全不似疏體不曾解出名物制度只繞纏趙岐之說至岐註好用古事爲比疏多不得其根據如註謂非禮之禮若趙質娶妻而長拜之非義之義若藉交報讐此誠不得其出典案藉交報讐似謂藉交游之力以報讐如朱家郭解非有人姓藉名交至於單豹養其內而也疑不能明謹附識於此

虎食其外事出莊子亦不能舉則舛陋太甚朱彝尊經義考摘其欲見西施者人輸金錢一文事詭稱史記今考註以尾生爲不虞之譽以陳不瞻爲求全之毀疏亦並稱史記尾生事實見莊子陳不瞻事實見說苑案說苑作陳不占蓋古字同音假借皆史記所無如斯之類益影撰無稽矣以久列學官姑仍舊本錄之爾

論語義疏十卷浙江巡撫採進本

魏何晏註梁皇侃疏書前有奏進論語集解序題

光祿大夫關內侯孫邕光祿大夫鄭冲散騎常侍中領軍安鄉亭侯曹羲侍中荀顗尚書駙馬都尉關內侯何晏五人之名晉書載鄭冲與孫邕何晏曹羲荀顗等共集論語諸家訓詁之善者義有不安輒改易之名集解亦兼稱五人今本乃獨稱何晏考陸德明經典釋文於學而第一下題集解二字註曰一本作何晏集解又序錄曰何晏集孔安國包咸周氏馬氏鄭元陳羣王肅周生烈之說并下已意為集解正始中上之盛行於世今以為主

云云是獨題晏名其來久已殆晏以親貴總領其事歟邕字宗儒樂安青州人冲字文和滎陽開封人羲沛國譙人魏宗室子顗字景倩荀彧之子晏字平叔南陽宛人何進之孫何咸之子也侃梁書作偘蓋字異文吳郡人青州刺史皇象九世孫武帝時官國子助教尋拜散騎侍郎兼助教如故大同十一年卒事迹具梁書儒林傳傳稱所撰禮記義五十卷論語義十卷禮記義久佚此書宋國史志中興書目晁公武讀書志尤袤遂初堂書目皆

尚著錄國史志稱侃疏雖有鄙近然博極羣言補諸書之未至爲後學所宗蓋是時講學之風尚未甚熾儒者說經亦尚未盡廢古義故史臣之論云爾迨乾淳以後講學家門戶日堅羽翼日衆剷除異已惟恐有一字之遺遂無復稱引之者而陳氏書錄解題亦遂不著錄知其佚在南宋時矣惟唐時舊本流傳存於海外康熙九年日本國山井鼎等作七經孟子考文自稱其國有是書然中國無得其本者故朱彝尊經義考註曰未見今恭逢我

皇上右文稽古經籍道昌乃發其光於鯨波鮫室之中藉海舶而登秘閣殆若有神物撝訶存漢晉經學之一綫俾待

聖世而復顯者其應運而來信有非偶然者矣據中興書目稱侃以何晏集解去取爲疏十卷又列晉衛瓘繆播欒肇郭象蔡謨袁宏江厚蔡溪李充孫綽周懷范甯王珉等十三人爵里於前云此十三家是江熙所集其解釋於何集（案何集二字不甚可解蓋何氏集解之省文今姑仍原本錄之）無妨者引取以廣異聞此本之前列十

三八爵里數與中興書目合惟江厚作江淳蔡溪作蔡系周懷作周壞殆傳寫異文歟其經文與今本亦多異同如舉一隅句下有而示之三字頗爲冗贅然與文獻通考所引石經論語合夫子之言性與天道不可得而聞也下有已矣二字亦與錢曾讀書敏求記所引高麗古本合其疏文與余蕭客古經解鉤沉所引雖字句或有小異而大旨悉合知其確爲古本不出依託觀古文孝經孔安國傳鮑氏知不足齋刻本信以爲眞而七經孟子考

文乃自言其僞則彼國於授受源流分明有考可據以爲信也至臨之以莊則敬作臨民之以莊則敬七經孟子考文亦疑其民字爲慢衍然謹守古本而不敢改知彼國遞相傳寫偶然訛舛或有之亦未嘗有所竄易矣至何氏集解異同尤夥雖其中以包氏爲苞氏以陳恒爲陳桓之類不可據者有之而勝於明刻監本者亦復不少尤可以旁資考證也

論語正義二十卷內府藏本

魏何晏註宋邢昺疏昺字叔明曹州濟陰人太平興國中擢九經及第官至禮部尚書事迹具宋史本傳是書蓋咸平二年詔昺改定舊疏頒列學官至今承用而傳刻頗訛集解所引十三家今本各題曰某氏皇侃義疏則均題其名案奏進序中稱集諸家之善記其姓名侃疏亦曰何集註皆呼人名惟包獨言氏者包名咸何家諱咸故不言也與序文合知今本為後來刊板之省文然周氏與周生烈遂不可分殊不如皇本之有別考邢昺疏中

亦載皇侃何氏諱咸之語其疏記其姓名句則云註但記其姓而此連言名者以著其姓所以名其人非謂名字之名也是爲所見之本已惟題姓故有是曲說七經孟子考文稱其國皇侃義疏本爲唐代所傳是亦一證矣其文與皇疏所載亦異同不一大抵互有長短如學而篇不患人之不已知章皇疏有王肅註一條里仁篇君子之於天下也章皇疏有何晏註一條今本皆無觀顧炎武之石經考以石經儀禮校監板或併經文全節漏落則

今本集解傳刻佚脫葢所不免然蔡邕石經論語於而在蕭墻之內句兩本並存見於隸釋陸德明經典釋文於諸本同異亦皆並存葢唐以前經師授受各守專門雖經文亦不能畫一無論註文固不必以此改彼亦不必以彼改此今仍從今本錄之所以各存其舊也昺疏宋志作十卷今本二十卷葢後人依論語篇第析之晁公武讀書志稱其亦因皇侃所採諸儒之說刊定而成今觀其書大抵翦皇氏之枝蔓而稍傳以義理漢學宋學茲其

轉關是疏出而皇疏微迨伊洛之說出而是疏又微故中興書目曰其書於章句訓詁名物之際詳矣蓋微言其未造精微也然先有是疏而後講學諸儒得沿溯以窺其奧祭先河而後海亦何可以後來居上遂盡廢其功乎

論語筆解二卷　浙江鄭大節家藏本

舊本題唐韓愈李翺同注中間所注以韓曰李曰爲别考張籍集祭韓愈詩有論語未訖注手跡今微茫句邵博聞見後錄遂引爲論語注未成之證

而李漢作韓愈集序則稱有論語註十卷與籍詩異王楙野客叢書又引爲已成之證晁公武讀書志稱四庫邯鄲書目皆無之獨田氏書目有韓氏論語十卷筆解兩卷是論語注外別出筆解矣新唐書藝文志載愈論語注十卷亦無筆解惟鄭樵通志著錄二卷與今本同意其書出於北宋之末然唐李匡乂宣宗大中時人也所作資暇集一條云論語宰予晝寢梁武帝讀爲寢室之寢晝作胡卦反且云當爲畫字言其繪畫寢室今人罕知其

由咸以爲韓文公所訓解又一條云傷人乎不問馬今亦謂韓文公讀不爲否然則大中之前已有此本未可謂爲宋人僞撰且晝寢一條今本有之廄焚一條今本不載使作僞者剽掇此文不應兩條相連摭其一而遺其一又未可謂因此依託也以意推之疑愈注論語時或先於簡端有所記錄翺亦間相討論附書其間迨書成之後後人得其稿本採注中所未載者別錄爲二卷行之如程子有易傳而遺書之中又別有論易諸條朱子有詩

傳而朱鑑又爲詩傳遺說之例題曰筆解明非所自編也其今本或有或無者則由王存以前世無刋本傳寫或有異同郃博所稱三月字作音一條王楙所見本亦無之則諸本互異之明證矣王存本今未見魏仲舉刻韓文五百家注以此書附末今傳本亦稀此本爲明范欽從許勃本傳刻前載勃序仍稱筆解論語一十卷疑字誤也又趙希弁讀書附志曰其間翺曰者李習之也明舊本愈不著名而翺所說則題名以別之此本改稱韓曰李

曰亦非其舊矣

孟子音義二卷（兩江總督採進本）

宋孫奭撰唐陸德明經典釋文於羣經皆有音義獨缺孟子奭奉勅校定趙岐注因刊正唐張鎰孟子音義及丁公注孟子手音二書兼引陸善經孟子注以成此書其序文前半與世傳奭孟子正義序同蓋正義僞序卽緣此序而點竄也書中所釋稱一遵趙註而以今本校之多不相符如梁惠王篇上曰集穆曰太平曰謪篇下曰恂曰無墮曰夫

將公孫丑篇上曰介者篇下曰素餐曰藉道曰危行曰食功滕文公篇上曰景行曰論語曰力行近仁曰師知篇下曰素餐曰涅曰跰蹎曰周公仰思離婁篇上曰踣曰恐栗曰三省曰而錯曰桐子篇下曰不比曰由天曰風諭曰見幾曰好言曰忮曰之行曰行其曰五伯曰辟害曰趹曰汙萬章篇上曰百行曰舍小篇下曰沮溺曰景行曰伊發有莘告子篇上曰長義曰好下曰幾成篇下曰雨雪曰瀌瀌曰見晛曰或折盡心篇上曰遠之曰下賤曰

邪辟曰辟若山蟠辟曰諭之曰晵曰柚梓曰和寡篇下曰遠禍曰惡殺曰舍生曰爲之曰造曰臧否曰自遺曰子莘曰剖其末曰孟子篇叙曰其行曰當期曰括凡六十有九條皆今本注文所無惟孟子注之單行者世有傳鈔宋本尚可稽考僞正義刪改其文非復趙岐原書故與音義不相應也因是書可以證岐注之舊並可以證奭疏之僞則其有功典籍亦不細矣

案宋禮部韻畧所附條式自元祐中郎以論

語孟子試士是當時已尊爲經而晁氏讀書志孟子仍列儒家至陳氏書錄解題始與論語同入經部葢宋尊孟子始王安石元祐諸人務與作難故司馬光疑孟晁說之詆孟作爲非攻孟子攻安石也白珽湛淵靜語所記言之頗詳晁公武不列於經猶說之之家學耳陳振孫雖改晁氏之例列之於經然其立說乃以程子爲詞則亦非尊孟子仍尊程子而已矣考趙岐孟子題詞漢文帝時已以論

語孝經孟子同置博士而孫奭是編實大中祥符間奉勑校刋孟子所修然則表章之功在漢爲文帝在宋爲眞宗訓釋之功在漢爲趙岐在宋爲奭固不始於王安石亦不始於程子紛紛門戶之愛憎皆逐其末也

論語拾遺一卷 江蘇巡撫採進本

宋蘇轍撰轍有詩傳已著錄是書前有自序稱少年爲論語畧解其兄軾謫黃州時撰論語說取所解十之二三大觀丁亥閒居頴川與其孫籀等講

論語因取軾說之未安者重爲此書軾書宋志作四卷文獻通考作十卷今未見傳本莫詳孰是其說亦不可復考此書所補凡二十七章其以思無邪爲無思以從心不踰矩爲無心頗涉禪理以苟志於仁矣無惡也爲有愛而無惡亦宛覩平等之見以朝聞道夕死可矣爲雖死而不亂尤去來自如之義蓋眉山之學本雜出於二氏故也其顯駁軾說者凡三條請討陳恒一章軾以爲能克田氏則三桓不治而自服孔子欲借此以張公室轍則

以爲雖知其無益而欲明君臣之義子見南子及齊歸女樂二章軾以爲靈公未受命者故可季桓子已受命者故不可輙則以爲諸侯之如衛靈公者多不可盡去齊閒孔子曾君大夫已受其餌孔子不去則坐受其禍泰伯至德一章軾以爲泰伯不居其名故亂不作魯隱宋宣取其名是以皆被其禍輙則以爲魯之禍始於攝宋之禍成於好戰皆非讓之過其說皆較軾爲長他如以剛毅木訥與巧言令色相證以六蔽章之不好學與入孝出

弟章之學交互勘亦頗有所發明歷來著録今亦存備一家焉

孟子解一卷 江蘇巡撫採進本

宋蘇轍撰舊本首題潁濱遺老字乃其晚歲退居之號以陳振孫書録解題考之實少年作也凡二十四章一章謂聖人躬行仁義而利存非以爲利二章謂文王之囿七十里乃山林藪澤與民共之三章謂小大貴賤其命無不出於天故曰畏天樂天四章引責難於君陳善閉邪畜君爲好君五章

謂浩然之氣即子思之所謂誠六章論養氣在學而待其自至七章論知言曰知其所以病八章以克已復禮解射者正已九章論貢之未善由先王草創之初故未能周密十章論陳仲子之廉病在使天下之人無可同立之人十六章論孔子以微罪行爲上以免君下以免我十八章論事天立命十九章論順受其正二十二章論進銳退速二十四章論擴充仁義立義皆醇正不支二十章以周官八議駁竊負而逃二十三章以司馬懿楊堅得

天下言仁不必論得失亦自有所見惟十一章謂學聖不如學道十二章十三章十四章以孔子之論性雜孟子之論性十五章以智屬夷惠力屬孔子十七章以貞而不亮難君子不亮二十一章以形色天性爲强飾於外皆未免駁雜蓋瑕瑜互見之書也然較其晚年著述純入佛老者則謹嚴多矣

論語全解十卷 浙江汪啟淑家藏本

宋陳祥道撰祥道有禮書已著錄晁公武讀書志

云王介甫論語注子雱口義其徒陳用之解紹聖後皆行於塲屋爲當時所重又引或人言謂用之書乃鄒浩所著托之用之攷宋史藝文志别有鄒浩論語解義十卷則浩所著原自爲一書並未托之祥道疑或人所言爲誤此本有祥道自序首題門人章粹校勘而每卷皆標曰重慶陳用之眞本入經論語全解未詳其義豈爾時嘗以是本爲經義通用之書故云然耶祥道長於三禮之學所作禮書世多稱其精博故詮釋論語亦於禮制最爲

明晰如解躬自厚而薄責於人章則引鄉飲酒之義以明之解師冕見章則引禮待瞽者如老者之義以明之雖未必盡合經意而旁引曲證頗爲有見又如臧文仲居蔡章則云冀多良馬稱驥瀘水之黑稱盧蔡出寶龜稱蔡於關雎之亂章則云治汙謂之汙治弊謂之弊治荒謂之荒治亂謂之亂此類俱不免創立別解而連類引伸亦多有裨於考證惟其學術本宗信王氏故往往雜據莊子之說以作證佐殊非解經之體以其間徵引詳核可

取者多故不以一眚掩焉

孟子傳二十九卷內府藏本

宋張九成撰九成字子韶自號無垢居士其先開封人徙居錢塘紹興二年進士第一人授鎮東軍僉判歷宗正少卿兼侍講權刑部侍郎忤秦檜誣以謗訕謫居南安軍檜死起知溫州丐祠歸卒贈太師崇國公謚文忠事迹具宋史本傳宋史藝文志載九成孟子拾遺一卷今附載橫浦集中文獻通考載九成孟子解十四卷朱彝尊經義考注云

未見此本爲南宋舊槧實作孟子傳不作孟子解
又盡心篇已佚而告子篇以上已二十九卷則亦
不止十四卷蓋通考傳寫誤也九成之學出於楊
時又喜與僧宗杲遊故不免襍於釋氏所作心傳
日新二錄大抵以禪機詁儒理故朱子作襍學辨
頗議其非惟註是書則以當時馮休作刪孟子李
覯作常語司馬光作疑孟晁說之作詆孟鄭厚叔
作藝圃折衷皆以排斥孟子爲事故特發明義利
經權之辨著孟子尊王賤霸有大功撥亂反正有

大用每一章爲解一篇主於闡揚宏旨不主於箋詁文句是以曲折縱橫全如論體又辨治法者多辨心法者少故其言亦切近事理無由旁涉於空寂在九成諸著作中此爲最醇至於草芥寇讐之說謂人君當知此理而人臣不可有此心覩其眸子之說謂瞭與眊乃邪正之分不徒論其明暗又必有孟子之學識而後能分其邪正尤能得文外微旨王若虛滹南老人集有孟子辨惑一卷其自述有曰孟子之書隨機立教不主故常凡引人於

善地而已司馬君實著所疑十餘篇蓋淺近不足道也蘓氏解論語與孟子辨者八其論差勝及細味之亦皆失其本旨張九成最號深知者而復不能盡如論行仁政而王王者之不作曲爲護諱不敢正言而猥曰王者王道也此猶是鄭厚叔輩之所見至於對齊宣湯武之問辨任人食色之惑皆置而不能措口云云蓋於諸家註中獨許九成而尚有所未盡慊不知行仁政而王之類文義分明九成非不能解特以孟子之意欲拯當日之戰爭

九成之解則欲防後世之僭亂雖郢書燕說於世道不爲無益至於湯武放伐任人食色闕其所疑正足見立說之不苟是固不足爲九成病也

尊孟辨三卷續辨二卷別錄一卷（永樂大典本）

宋余允文撰允文字隱文建安人陳振孫直齋書錄解題載是書卷數與今本合朱彝尊經義考僅云附載朱子全集中而條下註闕字蓋自明中葉以後已無完本矣今考永樂大典所載凡辨司馬光疑孟者十一條附史剡一條辨李覯常語者十

七條鄭厚叔藝圃折衷者十條續辨則辨王充論衡刺孟者十條辨蘇軾論語說者八條此後又有原孟三篇總括大意以反覆申明之其尊孟辨及續辨別錄之名亦釐然具有條理蓋猶完書今約略篇頁以尊孟辨爲三卷續辨爲二卷別錄爲一卷冠原序於前而繫朱子讀余氏尊孟辨說於後首尾完具復還舊觀亦可謂久湮復顯之秘帙矣考朱子集中有與劉共父書稱允文干預宋家產業出言不遜恐引惹方氏復來生事令陳吳二婦

作狀經府告之則允文蓋武斷於鄉里者其人品殊不足重又周密癸辛雜識載晁說之著論非孟子建炎中宰相進擬除官高宗以孟子發揮王道說之何人乃敢非之勒令致仕然則允文此書其亦窺伺意旨迎合風氣而作非眞能闢邪衛道者歟然當羣疑蠭起之日能別白是非而定一尊於經籍不爲無功但就其書而觀固卓然不磨之論也

大學章句一卷論語集註十卷孟子集註七卷中庸章

句一卷通行本

宋朱子撰案論語自漢文帝時立博士孟子據趙岐題詞文帝時亦嘗立博士以其旋罷故史不載中庸說二篇見漢書藝文志戴顒中庸傳二卷梁武帝中庸講疏一卷見隋書經籍志惟大學自唐以前無別行之本然書錄解題載司馬光有大學廣義一卷中庸廣義一卷已在二程以前均不自洛閩諸儒始爲表章特其論說之詳自二程始定著四書之名則自朱子始耳原本首大學次論語

次孟子次中庸書肆刊本以大學中庸篇頁無多併爲一册遂移中庸於論語前明代科舉命題又以作者先後移中庸於孟子前然非宏旨所關不必定復其舊也大學古本爲一篇朱子則分别經傳顚倒其舊次補綴其闕文中庸亦不從鄭註分節故均謂之章句論語孟子融會諸家之說故謂之集註猶何晏註論語裒八家之說稱集解也惟晏註皆標其姓朱子則或標或不標例稍殊焉大學章句諸儒頗有異同然所謂誠其意者以下並

用舊文所特創者不過補傳一章要非增於八條目外既於理無害又於學者不爲無裨何必分門角逐歟中庸雖不從鄭注而實較鄭注爲精密蓋考證之學宋儒不及漢儒義理之學漢儒亦不及宋儒言豈一端要各有當況鄭注之善者如戒慎乎其所不睹四句未嘗不採用其意雖有其位一節又未嘗不全襲其文觀其去取具有鑒裁尤不必定執古義相爭也論語孟子亦頗取古註如論語瑚璉一條與明堂位不合孟子曹交一註與春

秋傳不合論者或以爲疑不知瑚璉用包咸註曹交用趙岐註非朱子杜撰也又如夫子之墻數仞註七尺曰仞掘井九仞註八尺曰仞論者尤以爲矛盾不知七尺亦包咸註八尺亦趙岐註也是知鎔鑄羣言非出私見苟不詳考所出固未可槩目以師心矣大抵朱子平生精力殫於四書其判析疑似辨別毫釐實遠在易本義詩集傳上讀其書者要當於大義微言求其根本明以來攻朱子者務摭其名物度數之疏尊朱子者又併此末節而

回護之是均門戶之見烏識朱子著書之意乎

四書或問三十九卷 江蘇巡撫採進本

宋朱子撰朱子既作四書章句集註復以諸家之說紛錯不一因設爲問答明所以去取之意以成此書凡大學二卷中庸三卷論語二十卷孟子十四卷其書非一時所著中庸或問原與輯畧俱附章句之末論語孟子則各自爲書其合爲一帙蓋後來坊賈所併也中間大學或問用力最久故朱子答潘恭叔問嘗自稱諸書修得一過大學所改

尤多比舊已極詳密中庸或問則朱子平日頗不自慊語類載游某問中庸編集如何曰緣前輩諸公說得多了其間儘有差舛處又不欲盡駁難他底所以難下手不比大學都未曾有人說又載朱子以中庸或問授黃榦云亦未有滿意處如評論程子諸子說處尚多觕云云是其意猶以為未盡安也至論孟或問則與集註及語類之說往往多所牴牾後人或遂執或問以疑集註不知集註屢經修改至老未已而或問則無暇重編故年譜稱

或問之書未嘗出以示人書肆有竊刊行者亟請於縣官追索其板又晦菴集中有與潘端叔書曰論語或問此書久無工夫修得只集註屢更不定却與或問前後不相應云云可見異同之迹即朱子亦不諱言並錄存之其與集註合者可曉然於折衷衆說之由其與集註不合者亦可知朱子當日原多未定之論未可於語錄文集偶摘數語即據爲不刊之典矣

論孟精義三十四卷江蘇巡撫採進本

宋朱子撰初朱子於隆興元年輯諸家說論語者爲要義其本不傳後九年爲乾道壬辰因復取二程張子及范祖禹呂希哲呂大臨謝良佐游酢楊時侯仲良尹焞周孚先等十二家之說薈稡條疏名之曰論孟精義而自爲之序時朱子年四十三後刻板於豫章郡又更其名曰要義晦菴集中有書論語孟子要義序後曰熹頃年編次此書鋟板建陽學者傳之久矣後細考之程張諸先生說尚或時有所遺脫既加補塞又得毘陵周氏說四篇

有半於建陽陳焞明仲復以附於本章豫章郡文學南康黄某商伯旣以刻於其學又慮夫讀者疑於詳畧之不同也屬熹書於前序之左且更定其故號精義者曰要義云云是其事也後又改名曰集義見於年譜今世刊本仍稱精義蓋從朱子原序名之也凡論語二十卷孟子十四卷又各有綱領一篇不入卷數朱子初集是書蓋本程氏之學以發揮經旨其後採擷菁華撰成集註中間異同疑似當加剖析者又别著之於或問似此書乃已

棄之糟粕然考諸語錄乃謂讀論語須將精義看又謂語孟集義中所載諸先生語須是熟讀一一記於心下時時將來玩味久久自然理會得又似不以集註廢此書者故今亦仍錄存之焉

中庸輯畧二卷江蘇巡撫採進本

宋石𡑞編朱子刪定𡑞字子重號克齋新昌人紹興十五年進士官至太常主簿出知南康軍中庸為禮記第三十一篇孔穎達疏引鄭元目錄云此於別錄屬通論漢書藝文志有中庸說二篇顏師

古注曰今禮記有中庸一篇亦非本禮經蓋子思之作是書本以闡天人之奧漢儒以無所附麗編之禮記實於五禮無所屬故劉向謂之通論師古以爲非本禮經也梁武帝嘗作義疏見於隋志然其書不傳迨有宋諸儒研求性道始定爲傳心之要而論說亦遂日詳故整輯是編斷自周子二程子張子而益以吕大臨謝良佐游酢楊時侯仲良尹焞之說初名集解乾道癸巳朱子爲作序極稱其謹密詳審越十有六年淳熈己酉朱子作中庸

章句因重爲刪定更名輯畧而仍以集解原序冠其首觀朱子中庸章句自序稱既定著章句一篇以俟後之君子而一二同志復取石氏書刪其繁亂名以輯畧且别爲或問以附其後云云據此則是編及或問皆當與中庸章句合爲一書其後章句孤行而是編漸晦明嘉靖中御史新昌呂信卿始從唐順之得宋槧舊本刻之毘陵凡先儒論說見於或問所駁者多所芟節如第九章游氏以舜爲絕學無爲之說楊氏有能斯有爲之說第十一

章游氏離人立於獨未發有念之說多竟從刪薙不復存其說於此書至如第一章內所引程子答蘇季明之次章或問中亦力斥其記錄失真而原文乃仍載書中或爲失於刊削或爲別有取義則其故不可得詳矣

石鼓論語問答三卷江蘇巡撫採進本

宋戴溪撰溪有續呂氏家塾讀詩記已著録是書卷首有寶慶元年許復道序稱淳熙丙子丁未間溪領石鼓書院山長與湘中諸生集所聞而爲此

書朱子嘗一見之以爲近道陳振孫書錄解題所載與序相符其書詮釋義理持論醇正而考據間有疎舛如解緇衣羔裘節先加明衣親身次加中衣冬則次加裘裘上加裼衣裼衣之上加朝服其說本於崔靈恩不爲無據然詩羔裘篇孔疏謂玉藻君衣狐白裘錦衣以裼之又云以帛裏布非禮也鄭註云冕服中衣用素朝服中衣用布若皮弁之下卽以錦衣爲裼卽是以帛裏布故知中衣在裼衣之上其文甚明溪蓋未之深考又解吉月必

朝服而朝節謂玉藻天子元端而朝日於東門之外不必依鄭註改端爲冕蓋稱端者通冠冕言之其說亦據樂記端冕而聽古樂鄭註端爲元衣孔疏端爲元冕凡冕服皆其制正幅故稱端也然玉藻天子元端而朝日於東門之外與下文元端而居對舉見異故朝日元冕卽不得通稱元端此鄭所以決冕之誤爲端溪亦失考也然訓詁義理說經者向別兩家各有所長未可偏廢溪能研究經意闡發微言於學者不爲無補正不必以名物典

故相繩矣

論語意原二卷浙江吳玉墀家藏本

宋鄭汝諧撰汝諧有東谷易翼傳已著錄是編前有自序稱二程橫渠楊謝諸公互相發明然後論語之義顯謂諸公有功於論語則可謂論語之義備見於諸公之書則不可予於此書少而誦長而辨研精覃思以求其指歸既斷以已說復附以諸公之說期歸於當而已又稱初鋟板於贛於洪始意欲以誘掖晚學失之太詳輒掇其簡要者復鋟

於池陽則汝諧此書凡再易稿亦可謂刻意研求矣陳振孫書錄解題載論語意原一卷不著撰人宋志因之似乎尚別有一書適與同名然振孫載詩總聞訛爲三卷亦云不知撰人及核其解題則確爲王質之書疑所載者卽汝諧此書偶未考其名也眞德秀序稱其學出於伊洛然所說頗與朱子集註異如以衞靈公問陳非不可對乃有託而行以子賤爲人沉默簡重非曾多君子不能取其君子皆足以備一解至以使民戰栗爲譏哀公之

語以見善如不及二節連下齊景公伯夷叔齊爲一章則太奇矣案錢時四書管見亦以見善如不及章與下章連合爲一然綜其大致則精密者居多故德秀稱其言雖異於先儒而未嘗不合義理之正朱子亦曰贛州所刊論語解乃是鄭舜舉侍郎者中間畧看亦有好處是朱子亦不以其異已爲嫌也

癸巳論語解十卷浙江汪啟淑家藏本

宋張栻撰其書成於乾道九年是年歲在癸巳故名曰癸巳論語解考朱子大全集中備載與栻商

訂此書之語抉摘瑕疵多至一百一十八條又訂其誤字二條以今所行本校之從朱子改正者僅二十三條餘則悉仍舊稿似乎斷斷不合然父在觀其志一章朱子謂舊有兩說當從前說爲順反覆辨論至於二百餘言而後作論語集註乃竟用何晏集解所引孔安國義仍與栻說相同蓋講學之家於一字一句之異同務必極言辨難斷不肯附和依違中間筆舌相攻或不免於激而求勝迨學問漸粹意氣漸平乃是是非非坦然共白不復

回護其前說此造詣之淺深月異而歲不同者也然則此一百一十八條者特一時各抒所見共相商榷之言未可以是爲栻病且二十三條之外栻不復改朱子亦不復爭當必有渙然冰釋始異而終同者更不必執文集舊稿以朱子之說相難矣

癸巳孟子說七卷　浙江汪啓淑家藏本

宋張栻撰是書亦成於乾道癸巳於王霸之辨義利之分言之最明自序稱歲在戊子綴所見爲孟子說明年冬會有嚴陵之命未及終篇辛卯歲自

都司罷歸秋冬行大江中讀舊說多不滿意從而删正之還抵故廬又二載始克繕寫蓋其由左司員外郎出知嚴州退而居家時作也栻之出也以諫除張說爲執政故是編於臧倉沮孟子及王驩爲輔行兩章皆微有寄托於時事至於解交鄰章云所謂畏天者亦豈但事大國而無所爲也蓋未嘗委於命而已故修德行政光啟王業者太王也養民訓兵卒殄寇讐者句踐也未及周平王惟不怨驪山之事故東周卒以不振其辭感憤亦爲南

渡而發然皆推闡經義之所有與胡安國春秋傳務於借事抒義而多失筆削之旨者固有殊焉

**蒙齋中庸講義四卷**　永樂大典本

宋袁甫撰甫字廣微鄞縣人寶文閣直學士燮之子嘉定七年進士官至吏部侍郎兼國子祭酒權兵部尚書謚正肅事迹具宋史本傳史稱所著有孟子解今未見傳本殆已亡佚此書散見永樂大典中而史志顧未之及惟朱彝尊經義考有甫所撰中庸詳說一卷註云已佚或即是書之別名歟

其書備列經文逐節訓解蓋平日錄以授門弟子者中間委曲推闡往往言之不足而重言以申之其學出於楊簡簡之學則出於陸九淵故立說多與九淵相合如講語大語小一節云包羅天地該括事物天下不能載者惟君子能載之而天下又何以載幽通鬼神微入毫髮天下不能破者惟君子能破之而天下又何以破此即象山語錄所云天下莫能載者道大無外若能載則有分限矣天下莫能破者一事一物纖悉微末未嘗與道相離

之說也其講自誠明一節云誠不可傳可傳者明明即性也不在誠外也此即象山語錄所云誠則明明則誠此非有次第其理自如此之說也其他宗旨大都不出於此雖主持過當或不免惝恍無歸要其心得之處未嘗不自成一家謹依經排輯釐爲四卷以存金溪之學派至其甚謬於理者則於書中別加案語考正其誤以杜狂禪恣肆之漸焉

四書集編二十六卷兩江總督採進本

宋眞德秀撰德秀字希元浦城人慶元五年進士

中詞科紹定中拜參知政事進資政殿直學士提

舉萬壽觀卒謚文忠事蹟具宋史道學傳此書惟

大學一卷中庸一卷爲德秀所手定大學章句序

後有題記一行稱寶慶三年八月丁卯後學眞德

秀編於學易齋者其成書年月也其子志道序亦

惟稱大學中庸而云論語孟子集註雖已點校集

編則未成咸淳九年案原本作咸寧九年宋無此年號今改正劉才序

始稱西山所編中庸大學惟論孟二書闕焉抑之

庭聞則云已經點校但未編集是論孟固未嘗無成書一旦論諸堂上學正劉樸谿承謂讀書記中所載論孟處與今所刊中庸大學凡例同其他如文集衍義等書亦有可採摭者因勉其彙集成書凡五閱月而帙就又五月閱月而刊成云是論語十卷孟子十四卷皆劉承以德秀遺書補輯成之者也朱子以大學中庸論語孟子合爲四書其章句多出新意其集註參取舊文而亦多與先儒異其所以去取之意散見或問語類文集中不能一

一載也而或問語類文集又多一時未定之說與門人記錄失真之處故先後異同重複顚舛讀者往往病焉是編博采朱子之說以相發明復附已見以折衷訛異志道序述德秀之言自稱有銓擇刊潤之功殆非虛語趙順孫四書纂疏備列德秀所著諸書而不載其目蓋至宋末始刊其出最晚順孫未之見也自是以後踵而作者汗牛充棟然其學皆不及德秀故其書亦終不及焉

孟子集疏十四卷 兩江總督採進本

宋蔡模撰模字仲覺號覺軒建安人蔡沈之子蔡杭之兄也趙順孫四書纂疏載模所著有大學演說論語集疏孟子集疏今惟此書存據卷末杭後序稱沈嘗以論語孟子集注氣象涵蓄語意精密至引而不發尤未易讀欲取集義或問及張呂諸賢門人高第往復問答語如朱子所謂蒐輯襍流附益諸說者類聚縷析期於語脉分明宗旨端的未及編次而卒模乃與杭商榷以成此書皆備列朱子集註原文而發明其義故曰集疏言如注之

有疏也然賈孔諸疏循文闡衍章句不遺此則或佐証注義或旁推餘意不盡一一比附又謹守一家之說亦不似疏文之曲引博徵大抵於諸說有所去取而罕所辨訂惟不得於心一條致疑於語錄集註之不同以爲未及改正效死而民勿去一條引語錄謂註中義字當改經字而已又是乃仁術一條集註以術爲法之巧模則引蔡氏之說曰樂記註術所由也又曰術猶道也此言仁術恐是仁心所發之路又禹疏九河一條集註以簡潔爲

兩河模則引爾雅九河以簡潔爲一謂書傳與集註少異書傳實經先師晚年所訂正當以爲定（案朱子訂正書傳僅及大禹謨之半此模委曲回護之言不足爲據）又仁之端也集註訓端爲緒蔡元定則訓端爲尾亦兩存之蓋他說與師說異則舍他說從師說師說與祖父說異則又不得不舍師說以從祖父之說此亦人情之至也然杭序稱始事於嘉熙己亥至丙午尚未敢脫藁其簡汰頗爲不苟故所取甚約而大義已皆賅括迥異後來鈔撮朱子之說務以繁富相尚者亦

可知其淵源有自知之確故擇之精矣

論語集說十三卷內府藏本

宋蔡節撰節永嘉人始末未詳惟書首淳祐五年進表結銜稱朝散郎試太府卿兼樞密右承旨末有淳祐丙午文學掾姜文龍跋即進書之次年也其例於全用一家者則獨書姓名於參用一兩家者則各註本語之下裸用衆說者則疊書姓名於末潤色以已意者則曰本某氏皆謂之曰集或附已說於後則别曰節謂節自爲說者謂之曰釋其

互相發明之說則夾註其下其推闡旁意之說則低一字書之是時朱子之說已行故大旨率從集註其間偶有異同者如賢賢易色謂賢人之賢爲之改容更貌攻乎異端謂攻爲攻擊害爲反貽吾道之害（案此鄭汝諧之說）知其說者之於天下也謂知魯之僭禘則名正名正而天下不難治無所取材謂無所取桴材（案此鄭元之說）不有祝鮀之佞三句謂美色尚不足以免禍惟口才乃可免不圖爲樂之至於斯也謂韶本揖讓之樂今乃至於齊國（案此亦鄭汝諧之說）

五十以學易謂夫子是時年未五十故云加年互鄉童子一章不作錯簡不至於穀謂三年不能至於善則所學已難乎有得没階趨進謂進當作退雖疏食菜羹瓜祭謂瓜爲如字以祭字屬下句三嗅而作謂嗅當作嘆（案此徐積之說）冉有退朝謂朝爲從季氏至曾君之朝不恒其德一節謂别爲一章曰今之成人者何必然謂爲子路之言有馬者借人乘之謂卽史之闕文齊景公有馬千駟章連上爲一章（案此鄭汝諧錢時二家之說）太師摯適齊一章謂魯君荒

於女樂故樂官散去其中惟太師摯一章可備一說餘皆牽強穿鑿蓋朱子於註易註詩誠不免有所遺議至於論語集註則平生精力具在於斯其說較他家爲確務與立異反至於不中理也然出入者不過此數條其餘則皆詮釋簡明詞約理該終非胡炳文等所可及焉

中庸指歸一卷中庸分章一卷大學發微一卷大學本旨一卷浙江巡撫採進本

宋黎立武撰立武字以常新喻人咸淳中舉進士

第三仕至軍器少監國子司業宋亡不仕閒居三十年以終立武官撫州時校文舉吳澄充貢士故澄誌其墓自稱曰門人又稱立武官秘省時閱官書愛二郭氏中庸郭游程門新喻謝尚書仕夷陵常傳其學將由謝溯程以嗣其傳故言大學中庸等書間與世所崇尚者異義葢中庸之學傳自程子後諸弟子各述師說門徑遂岐游酢楊時之說爲朱子所取而郭忠孝中庸說以中爲性以庸爲道亦云程子晚年之定論立武中庸指歸皆闡此

旨至其中庸分章則以天命之謂性以下爲一章仲尼曰以下爲二章君子之道費而隱以下爲三章道不遠人以下爲四章君子素其位而行以下爲五章君子之道辟如行遠以下爲六章鬼神之爲德以下爲七章哀公問政以下爲八章誠者天之道也以下爲九章惟天下至誠以下爲十章誠者自成以下爲十一章大哉聖人之道以下爲十二章仲尼祖述堯舜以下爲十三章惟天下至聖以下爲十四章詩曰衣錦尚絅以下爲十五章皆

發明郭氏之旨所言亦具有條理其大學則發微一卷謂曾子傳道在一貫悟道在忠恕造道在易之艮大旨以止至善爲歸而以誠意爲要本旨一卷仍用古本皆以爲曾子之書不分經傳而以所稱曾子爲曾晢之言要其歸宿與程朱亦未相牴牾異乎王守仁等借古本以伸己說者也惟其謂中庸大學皆通於易列圖立說絲連繩貫而排之則未免務爲高論耳此四書本合編前有大德八年趙秉政序其先中庸後大學蓋亦從禮記原次

此本從今本四書之序移大學於中庸前而以秉政之序介於四書之間殊失本旨今釐正之還其舊第焉

四書纂疏二十六卷內府藏本

宋趙順孫撰順孫字格菴括蒼人考黃溍集有順孫阡表曰自考亭朱子合四書而爲之說其微詞奧旨散見於門人所記錄者莫克互見公始采集以爲纂疏蓋公父少傅魏公雷師事考亭門人滕先生璘授以尊所聞集公以得於家庭者溯求考

亭之原委纂疏所由作也則順孫距朱子三傳矣故是書備引朱子之說以翼章句集註所旁引者惟黃幹輔廣陳淳陳孔碩蔡淵蔡沈葉味道胡泳陳植潘柄黃士毅眞德秀蔡模一十三家亦皆爲朱子之學者不旁涉也鄧文原作胡炳文四書通序頗病順孫此書之冗濫炳文亦頗摘其失然經師所述體例各殊註者詞尚簡明疏者義存曲證順孫書以疏爲名而自序云陪顈達公彥後則固疏體矣繁而不殺於理亦宜文原殆未考孔賈以

來之舊式故少見而多怪歟

大學疏義一卷浙江巡撫採進本

宋金履祥撰履祥有尚書考註已著錄履祥籍隸蘭溪於王柏爲同郡故受業於王柏然栢之學詆毀聖經乖方殊甚履祥則謹嚴篤實猶有朱子之遺初朱子定大學章句復作或問以申明之其後章句屢改而或問不復改故前後牴牾學者猶有所疑履祥因隨其章第作疏義以暢其旨並作指義一篇以括其要柳貫嘗爲之序朱彞尊經義考

於二書皆注未見但據一齋書目著於錄此本爲金氏裔孫所刊蓋出於彝尊經義考之後然僅存此疏義一卷其指義及貫序則並佚之矣書中依文銓解多所闡發蓋仁宗延祐以前尚未復科舉之制儒者多爲明經計不爲程試計故其言切實與後來時文講義異也

論語集註考證十卷孟子集註考證七卷浙江巡撫採進本

宋金履祥撰後有自跋謂古書之有註者必有疏論孟考證即集註之疏以有纂疏故不名疏而文

義之詳明者亦不敢贅但用經典釋文之例表其疑難者疏之其書於朱子未定之說但折衷歸一於事跡典故辨訂尤多蓋集註以發明理道爲主於此類率沿襲舊文未遑詳核故履祥拾遺補闕以彌縫其隙於朱子深爲有功惟其自稱此書不無微牾自我言之則爲忠臣自他人言之則爲讒賊則殊不可訓大經者古今之大常理者天下之公義論之得失惟其言不惟其人使所補正者果是雖他人亦不失爲忠臣使所補正者或非雖弟

子門人亦不免爲讒賊何以履祥則可他人則必不可此宋元間門戶之見非篤論也其中如辨論語註公孫枝云案左傳當作公孫拔集註或傳寫之誤辨孟子註許行神農之言史遷所謂農家者流云史記六家無農家漢書藝文志九流之中乃有農家皆爲典確至於辨公劉后稷之曾孫一條謂公劉避桀居邠去后稷世遠非其曾孫不知古人凡遠祖多稱高祖左傳郯子稱我高祖少皞是也凡遠孫多稱曾孫左傳蒯聵稱曾孫蒯聵敢昭

告皇祖文王是也如此之類則注不誤而履祥反誤亦未盡確當不移然其旁引曲證不苟異亦不苟同視胡炳文輩拘墟迴護知有註而不知有經者則相去遠矣書凡一十七卷首有許謙序後有呂遲刊書跋猶爲舊本朱彝尊經義考稱一齋書目作二卷註曰未見蓋沿襲之誤不足據也

欽定四庫全書總目卷三十六

經部三十六

四書類二

四書集義精要二十八卷兩淮鹽政採進本

元劉因撰因字夢吉號靜修容城人世祖至元十九年徵授承德郎右贊善大夫未幾辭歸再以集賢學士徵不起事迹具元史本傳朱子爲四書集注凡諸人問答與集注有異同者不及訂歸於一而卒後盧孝孫取語類文集所說輯爲四書集義

凡一百卷讀者頗病其繁冗因乃擇其指要刪其複雜勒成是書張萱內閣書目作三十五卷一齋書目則作三十卷考蘇天爵作因墓誌亦稱是書三十卷則萱所記誤矣此本僅存二十八卷至孟子滕文公上篇而止其後並久缺佚已非完帙然朱彝尊經義考注云未見則流傳頗罕亦元人遺笈之僅存者不以殘缺病也其書芟削浮詞標舉要領使朱子之說不惑於多岐蘇天爵以簡嚴粹精稱之良非虛美蓋因潛心義理所得頗深故去

取分明如别白黑較徒博尊朱之名不問已定未定之說片言隻字無不奉若球圖者固不同矣

四書辨疑十五卷 内府藏本

不著撰人名氏書中稱自宋氏播遷江表南北分隔纔百五六十年經書文字已有不同則元初人所撰矣蘇天爵安熙行狀云國初有傳朱子四書集注至北方者滹南王公雅以辨博自負爲說非之趙郡陳氏獨喜其說增多至若干言是書多引王若虛說殆寧晉陳天祥書也朱彝尊經義考曰

四書辨疑元人凡有四家雲峯胡氏偃師陳氏黄巖陳成甫氏孟長文氏成甫長文並浙人雲峯一宗朱子其爲偃師陳氏之書無疑所說當矣其曰偃師者元史稱天祥因兄祐仕河南自寧晉家洛陽嘗居偃師南山故也天爵又謂安熙爲書以辨之其後天祥深悔而焚其書今此本具存或天爵欲張大其師學所言未足據也凡大學十五條論語一百七十三條孟子一百七十四條中庸十三條其中如駁湯盤非沐浴之盤謂盤乃淺器難容

沐浴是未考禮喪大記鄭注有盤長二尺深三尺之文頗爲踈舛又多移易經文以就已說亦未見必然然亦多平心剖析各明一義非苟爲門戸之爭說春秋者三傳並存說詩者四家互異古來訓詁原不專主一人各尊所聞各行所知固不妨存此一家之書以資參考也

讀四書叢說四卷 兩江總督採進本

元許謙撰謙有詩集傳名物鈔已著錄案元史本傳謙讀四書章句集注有叢說二十卷謂學者曰

學以聖人爲凖的然必得聖人之心而後可學聖人之事聖賢之心具在四書而四書之義備於朱子顧辭約意廣讀者安可易心求之乎黃溍作謙墓誌亦稱是書敷繹義理惟務平實所載卷數與本傳相同明錢溥秘閣書目尚有四書叢說四冊至朱彝尊經義考則但據一齋書目編入其名而註云未見葢久在若存若亡間矣此本凡大學一卷中庸一卷孟子二卷中庸闕其半論語則已全闕亦非完書然約計所存猶有十之五六即𥁞以

所闕之帙亦不能足原目二十卷之數殆後來已有所合併歟書中發揮義理皆言簡義該或有難曉則爲圖以明之務使無所疑滯而後已其於訓詁名物亦頗考證有足補章句所未備於朱子一家之學可謂有所發明矣

四書通二十六卷 兩江總督採進本

元胡炳文撰炳文有周易本義通釋已著錄是編以趙順孫四書纂疏吳眞子四書集成皆闡朱子之緒論而尚有與朱子相戾者因重爲刊削附以

已說以成此書凡朱子以前之說嫌於補朱子之遺皆斥不錄故所取於纂疏集成者僅十四家二書之外又增入四十五家則皆恪守考亭之學者也大抵合於經義與否非其所論惟以合於註意與否定其是非雖堅持門戶未免偏主一家然觀其凡例於顏淵好學章哀樂哀懼一字之筆誤亦必辨明於爲政以德章初本作行道而有得於身祝洙本作行道而有得於心改本又作得於心而不失刊本先後之差亦悉加考正其於一家之學

用心亦勤且密矣章句集註所引凡五十四家今多不甚可考蔡模集疏間有所註亦不甚詳是書尚一一載其名字頗足以資訂證然如集註以有婦人焉爲邑姜所引劉侍讀曰者卽劉敞七經小傳之說也炳文獨遺漏不載葢敞在北宋閉戶窮經不入伊洛之派講學之家惡其不相攀附遂無復道其姓名者故朱子雖引之而炳文不知其誰也是亦各尊所聞之一驗矣

四書通證六卷 兩江總督採進本

元張存中撰存中字德庸新安人初胡炳文作四書通詳義理而略名物存中因排纂舊說成此書以附其後故名曰四書通證炳文爲之序稱北方杜緱山有語孟旁通平水薛壽之有四書引証（案杜緱山名瑛金人薛壽之名引年元初人）皆失之太繁存中能刪冗從簡去非取是又曰學者於余之通知四書用意之深於通證知四書用事之審推之甚至今核其書引經數典字字必著所出而論語夏曰瑚商曰璉一條承包氏之誤者乃不引禮記以証之又時見

曰會衆類曰同與周禮本文小異葢宋代諱殷故改殷爲衆乃但引周禮於下而不辨其何以不同皆不免有所回護不知朱子之學在明聖道之正傳區區訓詁之間固不必爲之諱也孟子與楚將昭陽戰亡其七邑一條存中謂史記作八邑未詳孰是不知司馬貞史記索隱明注史記古本作七邑是朱子稱七邑乃據古本原非謬誤存中持疑不决亦失於考核又如三讓引吳越春秋泛及雜說而於歷代史事每多置正史而引通鑑亦非根

本之學然大概徵引詳明於人人習讀不察者一一具標出處可省檢閱之煩於學者亦不爲無補矣

四書疑節十二卷　浙江汪啟淑家藏本

元袁俊翁撰俊翁字敏齋袁州人前有黎立武李應星序又有彭元龍序二篇應星元龍序皆稱俊翁獨立武序作儁翁蓋傳寫字異也其仕履無可考立武序稱以惠吾榜應星序亦稱奕奕魁文知嘗首舉於鄉矣立武應星序及元龍前一序並側

注經史疑義字元龍後一序又側注四書經疑字而卷首標題則作待問集四書疑節互相參錯考俊翁題詞稱科目以四書設疑以經史發策因取四書經史門分而類析之蓋待問集者其總名經史疑義四書經疑其中之子部今經史疑義已佚故序與書兩不相應也惟疑節之名不甚可解卷首有溪山家塾刊行字或重刻時有所刪節故改題曰節歟朱彝尊經義考中載之註曰未見此本猶從元板傳鈔其例以四書之文互相參對爲題

或似異而實同或似同而實異或闡義理或用考證皆標問於前列答於後葢當時之體如是雖亦科舉之學然非融貫經義昭晰無疑則格閡不能下一語非猶夫明人科舉之學也

四書經疑貫通八卷　浙江范懋柱家天一閣藏本

元王充耘撰充耘有讀書管見已著錄是編黄虞稷千頃堂書目謂其已佚此本爲明范欽天一閣舊抄尚首尾完具惟第二卷中脫一頁第八卷中脫一頁無從校補則亦僅存之笈矣其書以四書

同異参互比較各設問答以明之蓋延祐科舉經義之外有經疑此與袁俊翁書皆程試之式也其問辨別疑似頗有發明非經義之循題衍說可以影響揣摩者比故有元一代士猶篤志於研經明洪武三年初行科舉其四書疑問以大學古之欲明明德於天下者二節與孟子道在邇而求諸遠一節合為一題問二書所言平天下大指同異案此題見日知錄蓋猶沿元制至十七年改定格式而經疑之法遂廢錄此二書猶可以見宋元以來明經取

士之舊制也

四書纂箋二十八卷（內府藏本）

元詹道傳撰道傳臨川人其始末未詳是書略倣古經箋疏之體取朱子四書章句集註或問正其音讀考其名物度數各注於本句之下亦間釋朱子所引之成語如眞積力久出荀子勸學篇孝子愛日出揚子孝至篇皆爲證其出處其所援引亦間有牴牾如論語夏瑚商璉朱子本引包咸舊注（案咸注久佚此據何晏集解所引）道傳旣引明堂位夏后氏之四

璉瑚之六瑚辨其異同而復謂夏曰瑚商曰璉本於爾雅釋器今檢校爾雅實無此文則道傳杜撰附會也又此書於朱子所引諸儒皆詳其名字里居而孟子盡心章引陳氏厭於嫡母之說實陳耆卿孟子記蒙中語耆卿字壽老臨海人見葉適水心集此獨失載亦未免有所疎漏然大致皆有根柢猶元儒之務實學者與張存中四書通證相較固猶在其上矣

四書通旨六卷 內府藏本

元朱公遷撰公遷有詩傳疏義已著錄是編取四書之文條分縷析以類相從凡爲九十八門每門之中又以語意相近者聯綴列之而一一辨別異同各以右明某義云云標立言之宗旨蓋昔程子嘗以此法教學者而公遷推廣其意以成是書其間門目既多間涉冗碎故朱彝尊經義考謂讀者微嫌其繁又如樊遲請學稼不過局於末業乃列之於異端門與許行同譏上士一位中士一位下士一位本周室班爵之制乃列之於士門與處士

一例亦頗傷踳駁堯舜禹湯文武周公孔子孔門弟子子思孟子諸門以人隸事體近類書尤爲無所發明然於天人性命之微道德學問之要多能剖其疑似詳其次序使讀者因此證彼渙然冰釋要非融會貫通不能言之成理如是也所引諸家之說獨稱饒魯爲饒子其淵源蓋可知矣明正統中何英作詩傳疏義序稱永樂乙酉因閱四書通旨而語及疏義則是書行世在疏義之前顧明以來說四書者罕見徵引近通志堂經解始刊行之

葢久徵而復出也句下間列異同如喜怒哀樂一條謂右以體言而注亦曰以性言字允執其中一條謂右以用言而注亦曰以事理言字如是者不一疑刊是書者參校諸本所附非公遷之舊其出自誰手則不可考矣

四書管窺八卷 兩江總督採進本

元史伯璿撰伯璿字文璣温州平陽人據所作管窺外篇成於至元丁未即元亡之年計其人當已入明然始末不可考矣是編見於秘閣書目者五

冊楊士奇東里集則稱有四冊刻板在永嘉郡學永嘉葉琮知黃州府又刊置府學是明初所行已有二本然刊本皆散佚不傳故朱彝尊經義考注云未見此本乃毛晉汲古閣舊抄大學中庸孟子尚全惟論語闕先進篇以下葢傳寫有所佚脫然量其篇頁釐而析之已成八卷經義考乃作五卷或誤以五冊爲五卷歟其書引趙順孫四書纂疏吳眞子四書集成胡炳文四書通許謙四書叢說陳櫟四書發明及饒氏張氏諸說取其與集注異

同者各加論辨於下諸說之自相矛盾者亦爲條列而釐訂之凡二三十年而後成於朱子之學頗有所闡發考朱子著述最多辨說亦最夥其間有偶然問答未及審核者有後來考正未及追改者亦有門人各自記錄潤色增減或失其本眞者故文集語錄之內異同矛盾不一而足卽四書章句集注與或問亦時有牴牾原書具在可一一覆按也當時門人編次旣不敢有所別擇後來讀朱子書者遂一字一句奉爲經典不復究其傳述之眞僞

與年月之先後但執所見一條卽據以詆排衆論紛紜四出而朱子之本旨轉爲尊信者所淆矣夫載寶而朝論南宫者有故越竟乃免惜趙盾者原誣述孔子之言者尚不免於舛異況於朱門弟子斷不及七十二賢又安能據其所傳漫無釐正伯璿此書大旨與劉因四書集義精要同而因但爲之刊除伯璿更加以别白昔朱子嘗憾孔門諸子留家語作病痛如伯璿者可不謂深得朱子之心歟

大學中庸集說啓蒙二卷內府藏本

元景星撰星號訥菴餘姚人據卷末宣德九年錢時跋稱得禮部侍郎蔣驥寫本驥跋題庚辰歲當爲建文元年驥爲星之門人則星元末人也前有星自序標題爲學庸集說啓蒙而序中實曰四書集說啓蒙凡例中如孟子章指云云亦兼言四書驥跋稱訥菴先師用功於四書十年去取諸說而爲此書大學已有刊本而語孟中庸則未刊跋稱得驥中庸寫本謄校刊梓然則星本全注四書驥

先刊其大學時續刊其中庸而語孟則已佚通志堂刻經解病其不完併序文標題改之耳其書發揮頗簡切大學聖經章句欲其一於善而無自欺句注一於善視本改作必自慊於字句亦復不苟又傳之二章注盤邵氏謂恐是盥頮之盤傳之四章注備引程子饒魯吳澄之說中庸三十二章注引鄱陽李氏之說皆與章句異同亦非胡炳文等堅持門戶者比蓋猶能自抒心得者也書上闌附載細字如大學傳之五章載矩堂董氏之說中庸

第一章載饒魯之說亦與章句有出入據錢時跋稱增魯齋批點勿軒標題以便初習則時益以許衡熊禾二人之語非星本書也其孰為衡語孰為禾語刊板一同今則不可辨別矣

四書大全三十六卷 通行本

明永樂十三年翰林學士胡廣等奉敕撰成祖御製序文頒行天下二百餘年尊為取士之制者也其書因元倪士毅四書輯釋稍加點竄顧炎武日知錄曰自朱子作大學中庸章句或問論語孟子

集注之後黃氏有論語通釋其采語錄附於朱子章句之下則始於真氏祝氏倣之爲附錄後有蔡氏四書集疏趙氏四書纂疏吳氏四書集成論者病其泛濫於是陳氏作四書發明胡氏作四書通而定宇之門人倪氏案定宇陳櫟之別號合二書爲一頗有删正名曰四書輯釋永樂所纂四書大全特小有增删其詳其簡或多不如倪氏大學中庸或問則全不異而間有舛誤云云於是書本末言之悉矣考士毅撰有作義要訣一卷附刻陳悅道書義斷

法之末今尚有傳本蓋頗講科舉之學者其作輯釋殆亦爲經義而設故廣等以夙所誦習剽剟成編歟初與五經大全並頒然當時程式以四書義爲重故五經率皆庋閣所研究者惟四書所辨訂者亦惟四書後來四書講章浩如烟海皆是編爲之濫觴蓋由漢至宋之經術於是始盡變矣特錄存之以著有明一代士大夫學問根柢具在於斯亦足以資考鏡焉

四書蒙引十五卷別附一卷　江蘇巡撫採進本

明蔡清撰清有易經蒙引已著錄其作此書初已有藁本而遺失乃追憶舊聞更加綴錄久而復得原藁以兩本相校重複過半又有前後異同未歸畫一者欲刪正而未暇乃題爲蒙引初藁以明其非定說虛齋集有是書序述其始末頗詳嘉靖中武進莊煦參校二藁刊削冗複十去三四輯成一書而刊之書末又別附一冊則煦與學錄王升商榷討定之語也清人品端粹學術亦醇此書雖爲科舉而作特以明代崇尚時文不得不爾至其體

認眞切闡發深至猶有宋人講經講學之遺未可以體近講章遂視爲揣摩弋獲之書也

## 四書因問六卷 浙江巡撫採進本

明呂柟撰柟有周易說翼已著錄是編皆記其門人質問四書之語大學中庸各一卷論語孟子各二卷然其中稱柟爲先生又先生字或跳行似乎非柟自作卷首有門人魏廷萱等校刊字當即廷萱等所記也其書大學從古本次序中庸亦從古本分章所說多因四書之義推而證諸躬行見諸

實事如因講八佾舞於庭章而指在座門人衣服華靡者曰此便是僭之類皆開示親切不徒爲訓詁空談柟文集佶屈聱牙純爲僞體而其解四書平正篤實乃如此葢其文章染李夢陽之派而學問則宗法薛瑄二事淵源各別故一人而如出兩手也

問辨錄十卷 副都御史黃登賢家藏本

明高拱撰拱有春秋正旨已著錄此編取朱子四書章句集注疑義逐條辨駁其論大學謂新民卽

明德中事不應分之為三綱領不知經文三在字顯然並列安能不區别為三又論賢賢易色一章謂人能如是必其務學之至覺生質之美四字朱子可不必加亦未深體抑揚語意如斯之類皆不免有意推求至如伊川謂敬事而信一章皆言所存而不及於事拱則謂節用使民非事而何又謂孔子之責臧文仲正以其賢而責之備如斯之類則皆確有所見足以備參考而廣見聞鄭汝諧論語意原頗與朱子異同而朱子於汝諧之說反有

所取朱子作周易本義與程傳亦有異同世未嘗以是病朱子拱之是編亦可以如是觀矣

論語類考二十卷浙江巡撫採進本

明陳士元撰士元有易象鉤解已著錄是編皆考證論語名物典故分十八門又分子目四百九十有四朱子以後解四書者如眞德秀蔡節諸家主於發明義理而已金履祥始作論語孟子集注考證後有杜瑛語孟旁通薛引年四書引證張存中四書通證詹道傳四書纂箋始考究典故以發明

經義今杜薛之書不傳惟金氏張氏詹氏書尚傳於世三人皆篤信朱子然金氏於集注之承用舊文偶失駁正者必一一辨析張氏詹氏皆於舛誤之處諱而不言其用意則小異士元此書大致遵履祥之例於集注不爲苟同每條必先列舊說而蒐討諸書互相參訂皆以元案二字別之凡一切杜撰浮談如薛應旂四書人物考稱有若字子有之類悉爲糾正較明代諸家之書殊有根柢特以專考論語不備四書故不及應旂書之盛傳實則

有過之無不及也

孟子雜記四卷浙江汪啓淑家藏本

明陳士元撰自宋熙寧以前孟子僅列於儒家史記以孟子荀卿合傳寥寥十數語於所歷鄒滕任薛魯宋之事畧不一書至朱子綱目始於適魏之齊大書特書明聖賢之去就而編年之體亦不能詳述一人之始末明薛應旂撰四書人物考始采摭他書以爲補傳而應旂不長於考證舛漏頗多士元嗣輯此書第一卷叙孟子事迹後三卷發明

孟子之言名以傳記實則經解居多其所援引亦皆謹嚴有體不爲泛濫之卮言若趙岐注義以尾生抱柱不去證不虞之譽以陳不瞻失氣而死證求全之毀槩爲刪薙與所作論語類考均爲有裨於經義故今特附之四書類焉

學庸正說三卷 直隸總督採進本

明趙南星撰南星字夢白號儕鶴高邑人萬歷甲戌進士官至吏部尚書以忤魏忠賢削籍謫戍崇禎初追諡忠毅事蹟具明史本傳是編凡大學一

卷中庸二卷每節衍爲口義逐句闡發而又以不盡之意附載於後雖體例近乎講章然詞旨醇正詮釋詳明其說大學不從姚江之知本而仍從朱子之格物併補傳一章亦爲訓解其說中庸不以無聲無臭虛論性天而始終歸本於愼獨皆確然守先儒之舊藎南星爲一代名臣端方勁直其立朝不以人情恩怨爲趨避故其說經亦不以流俗好尚爲是非雖平生不以講學名而所見篤實過於講學者多矣未可以其平近而忽之也

論語商二卷　浙江汪啓淑家藏本

明周宗建撰宗建字季侯吳江人萬歷辛丑進士官至監察御史巡按湖廣爲魏忠賢所害崇禎初追贈太僕寺卿諡忠毅事迹具明史本傳此書乃其授徒湖州之時與諸生所講論也宗建剛方正直屹然獨立而其學則沿姚江之末派乃頗近於禪如云人心之樂非情非趣非思非爲虛中之影水中之相如斯之類殆似宗門語錄然如講素絢章謂後人求深反淺在當時夫子子夏不過隨境

觸悟非子夏欲抹煞禮亦非夫子不重禮講顏淵問爲邦云夫子畧指大意非只執定數件其言皆簡要明通足釋訓詁之轇轕且其人與日月爭光則其書亦自足不朽小小疵瑕不足累之此固不與講學之家爭一句一字之出入也

論語學案十卷 浙江巡撫採進本

明劉宗周撰宗周有周易古文鈔已著錄宗周講學以愼獨爲宗故其解爲政以德及朝聞道章首揭此旨其傳雖出姚江然能救正其失其解多聞

擇善多見而識章有云世謂聞見之知與德性之知有二予謂聰明睿知非性乎睿知之體不能不窮於聰明而聞見啓焉今必以聞見爲外而欲隳明黜聰求睿知并其睿知而槁矣是隳性於空而禪學之談柄也其鍼砭良知之末流最爲深切其解性相近章謂氣質還他氣質如何扯著性性是就氣質中指點義理者非氣質即爲性也雖與朱子之說稍異然亦頗分明不苟葢宗周此書直抒己見其論不無純駁然要皆抒所實得非剿竊釋

氏以說儒書自矜爲無上義諦者也其解見危致命章曰人未有錯過義理關而能判然於生死之分者卒之明社既屋甘蹈首陽之一餓可謂大節嚼然不負其言矣與其爲孫承澤又何如爲宗周乎

四書留書六卷江蘇巡撫採進本

明章世純撰世純字大力臨川人天啓辛酉舉人官至柳州府知府聞流寇陷京師悲憤而卒明史文苑傳附見艾南英傳中所著總名曰留書此其

說四書者六卷又別有內集一卷乃所著子書散集一卷乃所作筆記明史藝文志總題曰留書入之儒家類中然說四書六卷之前有天啓丁卯世純自序後有世純自作四書留書跋皆言詮釋四書之意不及其他其書分章抒論體例類劉敞春秋意林但敞不標經文此標某章某章耳解經家本有此體入之子書殊非其類今割其內集散集別著錄而說四書者入經部存其實也世純與艾南英羅萬藻陳際泰號臨川四家悉以制藝名一

時而世純運思尤銳其詁釋四書往往於文字之外標舉精義發前人所未發不規規於訓詁而亦未嘗如講良知者至於滉瀁以自恣揚雄所謂好深湛之思者世純有焉

日講四書解義二十六卷

康熙十六年

聖祖仁皇帝御定自朱子定著四書由元明以至

國朝懸爲程試之令甲家絃戶誦幾以爲習見無奇實則內聖外王之道備於孔子孔子之心法寓於

六經六經之精要括於論語而曾子子思孟子遞衍其緒故論語始於言學終於堯舜湯武之政尊美屏惡之訓大學始於格物致知終於治國平天下中庸始於中和位育終於篤恭而天下平孟子始於義利之辨終於堯舜以來之道統聖賢立言大旨灼然可見蓋千古帝王之樞要不僅經生章句之業也我

聖祖仁皇帝初年訪落卽以

經筵講義

親定是編所推演者皆作聖之基爲治之本詞近而旨遠語約而道宏聖德神功所爲契洙泗之傳而繼唐虞之軌者蓋胥肇於此矣

四書近指二十卷 直隸總督採進本

國朝孫奇逢撰奇逢有周易大旨已著錄是編於四子之書挈其要領統論大指間引先儒之說以證異同然旨意不無偏如云聖人之訓無非是學此論最確乃兩論逐章皆牵合學字至謂道千乘

之國章敬信節用時使皆時習事大學聖經章所論本末先後以明德須在民上明修身須在天下國家上修又云格物無傳是大學最精微處以物不可得而名無往非物即無往非格朱子所謂窮至事物之理乃通大學數章而言云云皆不免高明之病蓋奇逢之學兼採朱陸而大本主於窮則勵行出則經世故其說如此雖不一一皆合於經義而讀其書者知反身以求實行實用於學者亦不爲無益也

孟子師說二卷 浙江巡撫採進本

國朝黃宗羲撰宗羲有易學象數論已著錄是篇以其師劉宗周於論語有學案於大學有統義於中庸有愼獨義獨於孟子無成書乃述其平日所聞著爲是書以補所未備其曰師說者彷趙汸述黃澤春秋之學題曰春秋師說例也宗周之學雖標愼獨爲宗而大旨淵源究以姚江爲本故宗羲所述仍多闡發良知之旨然於滕文公爲世子章力闢沈作喆語辨無善無惡之非於居下位章力闢

王畿語辨性亦空寂隨物善惡之說則亦不盡主姚江矣其他議論大都按諸實際推究事理不爲空疎無用之談畧其偏駁而取其明切於學者不爲無益固不必執一格而廢衆論因一眚而廢全書也

大學翼眞七卷 浙江巡撫採進本

國朝胡渭撰渭有禹貢錐指已著錄是書卷一分四目曰大學二字音義曰先王學校之制曰子弟入學之年曰鄉學之教卷二分三目曰小學之教曰

大學之教曰學校選舉之法卷三分三目曰大學經傳撰人曰古本大學曰改本大學皆引據精核考證詳明非空疎游談者可比卷四以下爲渭所考定之本大旨仍以朱子爲本力闢王學改本之誤以經爲一章傳爲八章其誠意章以下與諸本並同惟以康誥曰至是故君子無所不用其極爲第一章統釋三綱領以詩云邦畿千里至此以沒世不忘也爲第二章謂前三節釋經知止能得之序後兩節釋知止之由與能得之序以聽訟吾猶

人也一節爲第三章謂釋本末之意而移此謂知本二句於前章止於信之下與諸本爲異其說與朱子雖小異然僅謂格致一章不必補傳耳其論格物固仍然朱子之旨也其卷末一條謂古之大學所以教人者其文則詩書禮樂其道則父子君臣夫婦長幼朋友其法則博學審問愼思明辨篤行故孟子謂庠序學校皆所以明人倫云云所見切實視泛爲性命理氣之談以五常百行之外別有一物謂之道別有一事謂之學者勝之遠矣

四書講義困勉錄三十七卷浙江巡撫採進本

國朝陸隴其撰隴其有古文尚書考已著錄是書因彥陵張氏講義原本刪剟精要益以明季諸家之說而參酌以己意凡大學一卷中庸二卷論語二十卷孟子十四卷創始於順治戊戌草稿尚未全定而隴其沒後其族人公穋始爲繕寫編次其門人席永恂等爲之刊板其曰困勉錄者則隴其所自署也明自萬歷以後異學爭鳴攻集注者固入自爲說卽名爲闡發集注者亦多陽儒陰釋似是

而非隴其篤信朱子所得於四書者尤多是編薈稡羣言一一別擇凡一切支離影響之談刊除畧盡其羽翼朱子之功較胡炳文諸人有過之無不及矣

松陽講義十二卷 浙江巡撫採進本

國朝陸隴其撰是書乃其官靈壽知縣時與諸生講論而作故所說止一百十八章於四書不能遍及蓋隨時舉示非節節而爲之解也隴其之學期於潛修自得不甚以爭辨爲事惟於姚江一派則異

同如分白黑不肯假借一詞時黃宗羲之學盛於南孫奇逢之學盛於北李顒之學盛於西隴其皆不以爲然故此編於學術醇疵再三致意其間融貫舊說亦多深切著明剖析精密蓋朱子一生之精力盡於四書隴其一生之精力盡於章句集注故此編雖得諸簿書之餘而抒所心得以啟導後生剴切詳明有古循吏之遺意較聚生徒刻語錄以博講學之名者其識趣固殊焉

大學古本說一卷中庸章段一卷中庸餘論一卷讀論

語劄記二卷讀孟子劄記二卷（福建巡撫採進本）

國朝李光地撰光地有周易觀彖已著錄是編大學用古本後有自記稱讀朱子之書五十年凡如易之卜筮詩之雅鄭周子無極之旨邵子先天之傳皆能灼然不惑老而逾堅獨於此書亦牽勉應和焉而非所謂心通默契者間考鄭氏舊本尋逐經意竊疑舊貫之仍文從理得況知本誠身二義尤爲大學樞要所存似不應溷於衆目中致陸王之徒得攘袂扼臂自託於據經詁傳云云蓋意所未

合不欲附和以自欺非故與朱子爲難也其中庸不用朱子本亦不用鄭註古本自分爲一十二章然特聯屬其文使節次分明大旨則固無異餘論一卷闡發精義尤多論語孟子則隨有所見即劄記之但舉經首句標曰某章其無所詮解者則併其章目不存焉大旨皆主於尋求義理宛轉發明不似近代講章惟以描寫語氣爲時文敷衍地也

論語稽求篇四卷 浙江巡撫採進本

國朝毛奇齡撰奇齡有仲氏易已著錄朱子四書章

句集注研究文義期於愜理而止原不以考證爲長奇齡學博而好辨遂旁采古義以相詰難此其攻駁論語集注者也其中有強生支節者如古人有所師法皆謂之學即至鱄諸學炙秦青學謳亦無異訓朱子注學爲效原無疵病奇齡必謂學者業道之名泛訓作效與工師授受何別不知學道學藝所學之事異而學字不能別釋亦猶喻義喻利所喻之事異而喻字不能兩解以此發難未見其然有半是半非者如非其鬼而祭之注引季氏

旅泰山固爲非類奇齡謂鬼是人鬼專指祖考故曰其鬼引周禮大宗伯文爲證謂泰山之神不可稱泰山之鬼其説亦辨然鬼實通指淫祀不專言人鬼果如奇齡之説宋襄公用鄫子於次睢之社傳稱淫昏之鬼者其鬼誰之祖考耶有全然無理者如無所取材鄭康成注材爲桴材殊非事理即牛刀之戲何至於斯朱子訓材爲裁葢本諸韋昭國語注未爲無據奇齡必申康成假設之説以攻集注不幾於侮聖言乎然其中如謂甯俞不仕文

公及祿去公室三世政逮大夫四世之類考據特詳解爲政以德之類持論亦正較陳天祥四書辨疑徒推尋於文句之間以難朱子者固自勝之漢代學官齊論魯論古論三家並立兼采異說以備參考是亦古人諸家並存之義也

四書賸言四卷補二卷 浙江巡撫採進本

國朝毛奇齡雜論四書之語前二卷爲其門人盛唐王錫所編後二卷爲其子宗遠所編補二卷則其門人章大來所編也其書本語錄之流隨時雜記

不以經文次序爲先後亦不以四書分編惟每卷目錄各稱論語若干條大學若干條中庸若干條孟子若干條耳奇齡說經善考證而喜辨論故詮釋義理往往反覆推衍以典籍助其駁詰支離蔓衍不顧其安至於考核事實徵引訓詁則偏僻者固多而精核者亦復不少如以姚方興所補舜典二十八字爲僞其論本確而考以所著古文尚書寃詞則力以此二十八字爲眞引證諸史亦言之鑿鑿豈非辨之所至輒負氣求勝遂不暇顧其矛

盾耶至於以畏匡爲鄭地以公山弗擾之畔不在定公十二年諸條則證據確然實有出於集注之外者棄短取長未嘗不可與閻若璩四書釋地並傳也補二卷中多載其門人子姪之說疑唐錫等亦有所刪潤非盡奇齡之舊觀大來序稱補綴所聞各有記憶且亦陸續成此書不能一轍則雜出於衆手明矣

大學證文四卷 浙江巡撫採進本

國朝毛奇齡撰是書備述諸家大學改本之異同首

列注疏本大學之眞古本也次列漢始平石經本有錄無書以原本不傳且考驗舊文知卽今注疏之本故不復列次爲魏正始石經本卽豐坊所依託者仍列於前從其所僞之時代也次爲明道程子改本次爲伊川程子改本次爲朱子改本皆錄全文次爲王柏改本次爲季本改本次爲高攀龍改本卽崔銑改本次爲葛寅亮改本皆僅列其異同之處而不錄全文漢以來專門之學各承師說但有字句訓詁之異無人敢竄亂古經鄭元稱好

改字特注某當作某耳不敢遽變其字也費直始移周易杜預始移左傳但析傳附經耳亦未敢顚倒經文也自劉敞考定武成刻之七經小傳儒者視爲故事遂寖以成風大學一篇移掇尤甚譬如增減古方以治今病不可謂無裨於醫療而亦不可謂卽扁鵲倉公之舊劑也奇齡備列諸本使沿革秩然亦足以資考證葢一則欲綱目分明使學者易於致力一則欲章句不易使古經不至失眞各明一義固可以並行不悖耳

四書釋地一卷四書釋地續一卷江蘇巡撫採進本四書釋地又續二卷四書釋地三續二卷編修勵守謙家藏本

國朝閻若璩撰若璩有古文尚書疏證已著錄是編因解四書者昧於地理往往致乖經義遂撰釋地一卷凡五十七條復摭所未盡爲釋地續一卷因牽連而及人名凡八十條後因地理人名而及物類訓詁典制得一百六十三條謂之又續其他解釋經義者又得一百二十六條謂之三續總以釋地爲名從其朔也大抵事必求其根柢言必求其

依據旁參互證多所貫通雖其中過執己意如以

鄒君假館謂曹國爲復封以南蠻鴃舌指許行爲

永州人者亦間有之然四百二十一條之中可據

者十之七八蓋若璩博極羣書又精於考證百年

以來自顧炎武以外罕能與之抗衡者觀是書與

尚書古文疏證可以見其大槩矣

四書劄記四卷兩江總督採進本

國朝楊名時撰名時有周易劄記已著錄是編乃其

讀四書所記也大學不標古本之名亦不顯言古

本改本之是非而皆用李光地古本之說故其首條曰文貞公以知止屬志學以靜安屬主敬能慮能得屬致知力行知所先後爲知本知至此解確不可易其以格物爲明善不取王守仁格庭前一竹之說亦不主朱子補傳之說論語如謂之吳孟子句及非禮勿視四句雖以時文爲說而大致主於闡明義理多所心得中庸立論切實如云鬼神之爲德章以前說子臣弟友妻子父母忽然說到鬼神似乎隱怪不知如何接逗曰宗廟社稷即人

倫之極致處不說到此如何得完人倫分量又云無聲臭即以無極言之亦無弊然却落空不如以天無心而成化言之又云無聲無臭謂天命本然莫說入於神妙其宗旨可見孟子一卷最簡略疑其未成之書然總非近時講章所有也

此木軒四書說九卷　江蘇巡撫採進本

國朝焦袁熹撰袁熹有春秋闕如編已著錄是書據其子以敬以恕所作凡例袁熹手定者十之六以敬等掇拾殘稿補綴成編者十之四故與所作經

說偶有重複然較經說多可取其中顓傳古義者如大學章句中常目在之自爲所在之在乃從舊書訓爲察中庸如鼓瑟琴卽本詩亦但言聲和耳乃以爲琴屬陽瑟屬陰喻陰陽之和論語女弗能救自是匡救乃引周禮司救注解爲防禁天將以夫子爲木鐸自取覺世之義乃引明堂位天子振木鐸謂夫子當有天下達巷黨人本無名氏乃因史記有童子二字指爲項橐雖不免賢智之過然其他皆疏理簡明引據典確間與章句集注小有

出入要能犁然有當於人心自明以來講四書者多爲時文而設袁熹是書獨能深求於學問原序稱其心師陸隴其終身不名不字而不走其門蓋志不近名宜其言之篤實矣

四書逸箋六卷　湖南巡撫採進本

國朝程大中撰大中字拳時號是庵應城人乾隆丁丑進士是編採諸書之文與四書相發明者或集注所已引而語有舛誤或集注所未發而義可參訂皆爲之箋其出處其與集注小異者則爲附錄

其他書中所載四子書文與今本異者則爲附記第六卷中則專考四書人物遺事又雜事數十條别爲雜記援据頗極詳明中如束帶一條不引玉藻肆束及帶勤者有事則收之之文朋友死無所歸一條引白虎通而不引檀弓夫子曰生於我乎館死於我乎殯之文廛無夫里之布一條集注止引載師職而此不引閭師職凡無職者出夫布之文以補之未免疎漏至雜記内因論語有夢周公一語遍引堯舜禹文諸夢事如夢書六帖皆爲引

入亦稍涉泛濫然詞皆有據雖不能與閻若璩四書釋地並駕齊驅較張存中之通證詹道傳之纂箋要無所讓也

鄉黨圖考十卷 安徽巡撫採進本

國朝江永撰永有周禮疑義舉要已著錄是書取經傳中制度名物有涉於鄉黨者分為九類曰圖譜曰聖蹟曰朝聘曰宮室曰衣服曰飲食曰器用曰容貌曰雜典考核最為精密其中若深衣車制及宮室制度尤為專門非諸家之所及閒有研究未

盡者若謂每日常朝王但立於寢門外與羣臣相揖而已既畢朝若有所議則入內朝引左傳成公六年晉人謀去故絳韓獻子新將中軍公揖之入獻子從公立於寢庭爲內朝議政之證謂鄭注大僕燕朝王圖宗人嘉事者特舉其一隅非謂宗人得入異姓之臣不得入後儒誤會大僕注以異姓之臣不得入路門遂謂攝齊升堂爲升路門外之堂其實路門之外無堂云云今考永謂異姓之臣得入內朝永說爲是若謂路門之外無所議欲有

所議必入內朝則永未詳考魯語曰天子及諸侯合民事於外朝注言以百官合考民事於外朝也又曰合神事於內朝注內朝在路門內是則路門以外之朝天子諸侯於以合考民事豈謂無所議耶永又謂禮緯天子外屏乃樹屏於應門之外諸侯內屏乃樹屏於應門之內以內屏爲在路門內者誤云云今考曲禮爾雅疏俱云諸侯內屏爲在路門內且爾雅曰門屏之間謂之宁此門既據路門則屏之內外亦自據路門內外可知晉語曰驪

姬之譏爾子於屏内韋昭注樹謂之屏禮諸侯内屏亦謂路門内也越語王乃入命夫人王背屏而立夫人向屏又曰王遂出夫人送王不出屏韋昭注屏寢門内屏也婦人禮送人不出門據此則諸侯之屏明在寢門内矣淮南子主術篇天子外屏所以自障高誘注諸侯在内天子在外故曰所以自障若諸侯亦設屏於朝門外其何以别天子之自障乎但考大戴禮武王踐阼篇師尚父亦端冕奉書而入負屏而立王下堂南面而立云下堂則

路寢也奉書而入則入路門也其内有屏則似天子亦内屏不知釋名曰罘罳在門外罘復也罳思也臣將請事於此復重思之又曰蕭牆在門内蕭肅也將入於此自肅敬之處也論語孔安國注蕭牆屏也則門内蕭牆亦通名屏崔豹古今注罘罳屏之遺象行至門内屏外復應思惟則門内之牆古今注又名曰罘罳天子外屏乃釋名所云門外罘罳也大戴禮所云負屏則又古今注所云門内罘罳也古今注又謂西京門闕殿舍前皆有罘罳

蓋天子非若諸侯內屏門內堂前亦宜有隱蔽之處故路門內外俱有屏證諸大戴禮釋名等書最爲確鑿今永謂天子屏在應門外則未知所據考三輔黃圖漢未央宮擬於路寢五行志未央宮東闕所以朝諸侯之門則擬於路門罘罳在東闕外則天子外屏在路門外漢時猶存遺制覲禮侯氏再拜稽首出自屏南門西遂入門左則廟門外有屏也管子明日皆朝於太廟之門則廟門外之朝宁與路門外之朝宁同天子廟門外之朝宁有屏

則路門外之朝宁亦當有屏故可以廟門例路門也鄭氏於覲禮引天子外屏爲證實有精義而永必易之仍不若依鄭之爲得也然全書數十百條其偶爾疎漏者不過此類亦可謂邃於三禮者矣

右四書類六十三部七百三十二卷皆文淵閣著錄

案四書定於朱子章句集注積平生之力爲之至垂沒之日猶改定大學誠意章句凡以明聖學也至元延祐中用以取士而闡明理道之書遂漸爲弋取功名之路然其時經義

經疑並用故學者猶有研究古義之功今所傳袁俊翁四書疑節王充耘四書經疑貫通詹道傳四書纂箋之類猶可見其梗概至明永樂中大全出而捷徑開八比盛而俗學熾科舉之文名爲發揮經義實則發揮註意不問經義何如也且所謂註意者又不甚究其理而惟揣測其虛字語氣以備臨文之摹擬併不問注意何如也蓋自高頭講章一行非惟孔曾思孟之本旨亾併朱子之四書亦亾

矣今所採錄惟取先儒發明經義之言其爲揣摩舉業而作者則槩從删汰惟胡廣大全既爲前代之功令又爲經義明晦學術升降之大關亦特存之以著明二百餘年士習文風之所以弊蓋示戒非示法也

欽定四庫全書總目 經部

卷三十七

# 欽定四庫全書總目卷三十七

## 經部三十七

### 四書類存目

蘇評孟子二卷 兵部侍郎紀昀家藏本

舊本題宋蘇洵評考是書宋志不著錄孫緒無用閒談稱其論文頗精而摘其中引洪邁之語在洵以後知出依託則正德中是書已行矣此本爲康熙三十三年杭州沈李雲所校其子心友刻之然無所謂洪邁語者豈經緒指摘故削之以滅蹟耶

抑併非孫緒所見之本又僞本中之重儓耶宋人讀書於切要處率以筆抹故朱子語類論讀書法云先以某色筆抹出再以某色筆抹出呂祖謙古文關鍵樓昉迂齋評注古文亦皆用抹其明例也謝枋得文章軌範方回瀛奎律髓羅椅放翁詩選始稍稍具圈點是盛於南宋末矣此本有大圈有小圈有連圈有重圈有三角圈已斷非北宋人筆其評語全以時文之法行之詞意庸淺不但非洵語亦斷非宋人語也

孟子解二卷浙江吳玉墀家藏本

舊本題宋尹焞撰案陳振孫書錄解題載尹氏論語解十卷孟子解十四卷徽猷閣待制河南尹焞彥明紹興中經筵所上孟子解未成不及上而卒趙希弁讀書附志則謂焞於紹興初再以崇政殿說書召既侍經筵首解論語以進繼解孟子甫及終篇而卒邢正夫嘗刻於岳陽泮宮其書世罕傳本故朱彝尊經義考註曰已佚此本出浙江吳玉墀家莫知其所自來每章之末畧贅數語評論大

意多者不過三四行皆詞義膚淺或類坊刻史評或類時文批語無一語之發明焞爲程氏高弟疑其陋不至於此又書止上下二卷首尾完具無所闕佚與十四卷之數亦不相合殆近時妄人所依託也

孟子發題一卷 江蘇巡撫採進本

宋施德操撰德操字彥執海昌人以病廢不能婚宦坎壈而歿此書所述孟子七篇之旨大意謂孟子有大功四一曰道性善二曰明浩然之氣三曰

闢楊墨四曰黜五霸而尊三王皆聖人心術之要而孟子直指以示人者其前後反覆不外此意張九成門人嘗取附九成橫浦集末鋟板以傳今析出存目於經部庶不沒其名焉

或問小注三十六卷安徽巡撫採進本

舊本題朱子撰宋以來諸家書目皆不著錄諸儒傳朱子之學者亦無一人言及之康熙壬午始有陳彝則家刻本稱明徐方廣所增注越二十年壬寅鄭任鑰又爲重刻而附以已說併作後序反覆

力辨信爲朱子書如卷首載朱子與劉用之書及序四篇晦庵集中不載則以爲集中偶佚年譜不記作此書則以爲年譜遺漏書中多講時文作法則以爲制義始王安石朱子亦十九舉進士必善時文連篇累牘欲以强詞奪理至如解中庸其至矣乎一節道之不行也一節皆剽四書大全所載雙峰饒氏語射有似乎君子一節全剽四書大全所載新安陳氏語僞蹟昭然萬難置喙則以爲大全誤題姓名其偏執殆不足與辨又既稱此書作

於集注之後而孟子萬物皆備於我矣一章乃於第三條下附記曰此條係語類說第八條係或問說前輩多疑此爲未定之說在集注之前信哉是小注又在集注前矣不亦自相牴牾耶所載中庸原序稱淳熙己酉冬十月壬申考宋史孝宗本紀是月有庚子壬寅二日使庚子爲朔則下推三十二日爲壬申使壬寅爲晦則上推三十一日爲壬申均不得在十月文獻通考載朱子之言曰集注後來改定處多遂與或問不相應又無工夫修得

云云是或問尚未暇改何暇又作小註陳振孫書錄解題又曰論語通輯十卷黃榦撰其書兼載或問發明婦翁未盡之意使朱子果有此書榦亦何必發明乎其爲近人依託無疑王懋竑白田雜著有是書跋稱任鑰刻是書後自知其謬深悔爲湯友信所賣併稱序及諸論皆友信之筆任鑰未嘗寓目云

四書問目無卷數浙江吳玉墀家藏本

舊本題曰考亭朱元晦先生講授門人雲莊劉爚

睦堂劉炳述記前有永樂壬寅其九世孫劉文序稱四書問目世所傳者四書大全朱子文集內載數條而已近於親表教授程蕃家求得論語二十篇及任江西豐城尉適吳侍御家得大學中庸數十條而孟子則同修國史崇邑邱公永錫家藏焉於是散者復合而缺者幾全又有宏治十一年鄭京序稱宣德間書林有與同姓者欲附其族爲劉氏子孫所辱遂於凡載籍間二人姓名悉剔去之或易以他名欲滅其迹又稱劉文所輯湮晦失傳

其裔孫復於廌山游氏得其全帙云云案朱彝尊經義考劉爚有四書集成劉炳有四書問目並注已佚則問目獨出於炳不應兼題爚名又豐城縣志載明一代典史六十三人亦無所謂建陽劉文且建陽一書賈其力幾何安能盡毀爚炳之書又安能盡剷爚炳之名易以他氏其說皆牴牾支離書中問答亦皆粗淺不類朱子之語殆皆其後人所依託歟

朱子四書語類五十二卷 江西巡撫採進本

國朝周在延編在延祥符人後流寓於江寧其書乃於朱子語類中專取四書諸卷刊行别無增損亦無所考訂發明

論語孟子考異二卷 浙江巡撫採進本

舊本題宋王應麟撰凡注疏諸儒之說與集注互異者各爲考訂然應麟著作傳世者多而此書諸家皆不著錄今考所載實皆採之困學紀聞中葢書肆作僞之本也

中庸合注一卷 浙江汪啓淑家藏本

不著撰人名氏前有元吳澂序然篇末題曰序而篇首題曰總說其文亦不類序體殆割裂移掇强爲標目書中所載雙峯饒氏新安陳氏所說皆澂同時之人而郊社之禮一條乃引吳氏澂曰云云其不出於澂更無疑義元史澂傳亦不言澂有此書考其所引皆明永樂中所修四書大全之說必書賈摘錄大全僞託澂名也

重訂四書輯釋二十卷浙江巡撫採進本

元倪士毅撰士毅字仲宏歙縣人是書前有至正

丙戌汪克寛序稱近世儒者取朱子平日所以語諸學者及其弟子訓釋之詞疏於四書之左眞氏有集義祝氏有附錄蔡氏趙氏有集疏纂疏相繼成編而吳氏最晚出但辨論未爲完備去取頗欠精審定宇陳氏雲峯胡氏因其書行於東南輾轉承悞陳氏因作四書發明胡氏因作四書通陳氏晚年又欲合二書爲一而未遂士毅受業於陳氏因成此書至正辛巳刻於建陽越二年又加刊削而克寛爲之序卷首有士毅與書賈劉叔簡書述

改刻之意甚詳此重訂所由名也此本改題曰重訂輯釋章圖通義大成首行列士毅之名次列新安東山趙汸同訂次列鄱陽克升朱公遷約旨次列新安林隱程復心章圖莆田王元善通考次列鄱陽王逢訂定通義書中亦糅雜蒙混紛如亂絲不可復究其端緒是已爲書賈所改竄非士毅之舊矣然陳櫟胡炳文本因吳眞子之書士毅又因陳胡之書究其由來實轉相稗販則王逢因人成事亦有所效法不足爲譏至明永樂中詔修四書

大全胡廣等又併士毅與逢之書一槩竊據而輯釋通義並隱矣有明一代尊大全爲蓍龜沿及近代講章亦無非依傍大全變換面貌烏知其淵源所自不過如斯哉

四書通義二十卷江西巡撫採進本

明劉剡撰剡字用章休寧人是書因倪士毅四書輯釋重爲訂正更益以金履祥疏義指義朱公遷通旨約說程復心章圖史伯璿管窺王善通考及當時諸儒著述改題此名夫吳眞子據眞氏祝氏

蔡氏趙氏之書纂爲四書集成自以爲善矣而胡炳文陳櫟重訂之胡氏陳氏自以爲善矣而倪士毅又重訂之倪氏自以爲善矣而剡又重訂之自剡以後重訂者又不知凡幾葢隸首不能算其數也而大旨皆曰前人未善吾不得已而作焉實則轉相剽襲改換其面貌更易其名目而已輯一四書講章是何名山不朽之業而紛紛竊據如此是亦不可以已乎

大學指歸二卷附考異一卷　安徽巡撫採進本

明魏校撰校有周禮沿革傳已著錄是編乃其所
解大學首以古篆寫古本正文奇形詭狀多所作
六書精藴中杜撰之字次乃爲指歸一卷其辨致
知在格物云致知不可懸空就格物上用功則著
實知誘乎外物引之也何故反求諸物曰物欲令
人心走豈有物理走心者所謂格撥物定理也理
乃在外乎曰物在外理固在心理非一定其見於
物者各有定也又云朱子嘗取程叔子之意以補
傳校謂樂記一章乃天留之以補格物致知傳也

其言曰人生而靜天之性也感於物而動性之欲也物至知知而好惡形焉好惡無節於內知誘於外不能反躬天理滅矣夫物之感人無窮而人之好惡無節則是物至而人化物也物至而人化物也者滅天理而窮人欲者也人生而靜天之性也非大學所謂至善耶性之欲非他動以天也人欲不可謂性之欲好惡之形非大學所謂意耶物至知知人與聖人小同耳聖人內有節而人無節故流而不反節也者本然之權度非耶古語無節於

內者其察物弗之省矣反躬也者非大學所謂知本耶反躬力如萬鈞把柄在手可以作聖矣是故病莫重於知誘物化樂莫重於格物致知其說介於朱王二本之間而更巧於附會其他所論亦往往重守約而輕博文仍未免失之偏枯夫揆物定理必有所以能揆物定理者究不知以何法揆定之也考異一卷凡十五條亦多穿鑿篆文不爲典要總一好異而已矣

大學管窺一卷 衍聖公孔昭煥家藏本

明廖紀撰紀字時陳號龍灣東光人宏治乙丑進士官至吏部尚書謚靖僖事迹具明史本傳是書首載琴川周木所集大學古本及二程朱子改本其後依大學古本次序采輯衆說加以己意疏解之其書流傳絕少朱彝尊經義考僅列其目亦未之見也

中庸管窺一卷衍聖公孔昭煥家藏本

明廖紀撰是書不用朱子章句亦不從鄭元舊注分中庸為二十五段與章句同者十四段其異者

以中庸其至矣乎以下二章爲第三段道其不行矣夫二章爲第四段人皆曰予知二章爲第五段天下國家可均也三章爲第六段道不遠人至亦勿施於人爲第八段君子之道四一節爲第九段武王周公至孝之至也爲第十五段郊社之禮一節爲第十六段哀公問政合自誠明二章爲第十七段大哉聖人之道至王天下三章爲第二十三段仲尼祖述堯舜至唯天下至誠三章爲第二十四段其中如以道其不行一節與舜其大知一節

合爲一段殊爲牽强謂君子之道一節與上文不相蒙以郊社之禮一節承上起下亦未能深思文意特自抒其一人之見而已後附性學心學二篇亦無甚精微之論

大學千慮一卷副都御史黃登賢家藏本

明穆孔暉撰孔暉字元庵堂邑人宏治乙丑進士官至翰林院侍講學士謚文簡是書就章句或問引伸其說中引佛遺教經以爲儒釋一本可謂小言破道其引隋智顗法華經文句解分别功德品

及大莊嚴經論之說以格量訓格物之義亦深為
王士禎池北偶談所譏明史儒林傳附孔暉於鄒
守益傳中稱孔暉端雅好學初不肯宗王守仁說
久而篤信之自名王氏學浸淫入於釋氏觀是書
良不誣云

大學稽中傳三卷 江西巡撫採進本

明李經綸撰經綸有禮經類編已著錄是編攻擊
朱子大學章句深闢格物之說而以誠意為根本
蓋推衍姚江古本義也上卷凡十章一為稽中二

爲原明三爲稽聖經四爲原敬五爲愼致知之要六爲原內外動靜之合一七爲原誠意八爲原正心九爲原修身十爲舉全書每章各疏大意於末其不及治平之事則謂天德修而王道隨之也中卷爲辨疑四條設問答以申上卷之旨兼抉摘句讀之謬如舉而不能先命也以先命二字連讀謂不能先命以官何可強通至下句以遠過二字連讀訓過爲責謂不能屏之遠方而責之則無此文義矣下卷爲考證引朱子書七條陸九淵書六條

謂二八其初均有弊其終均無所偏亦王守仁晚年定論之餘緒耳

四書講意無卷數浙江汪啓淑家藏本

明鄭曉撰曉有禹貢圖說已著錄是編乃其爲南京太常寺卿時所作以授其子履準萬歷己酉其孫心材始刊之其說皆隨文闡意義理異同之處亦閒有論辨持論頗醇而不免失之曼衍

大學註一卷御史蕭際韶家藏本

明蔡悉撰悉有書疇彝訓已著錄此編詮解大學

雖分章立說而不錄經文頗似論體與依文訓詁者不同後有致知格物及誠意闕二圖大旨以愼獨爲要義致知格物爲先務書末載居身訓言十則居家訓言十則蓋以旁衍修齊之義故附大學之後云

四書人物考四十卷補考八卷通行本

明薛應旂撰應旂字仲常武進人嘉靖乙未進士官至陝西按察司副使是編於四書所載人物援引諸書詳其事蹟凡記三卷傳三十七卷紀傳之

末各系以論贊蓋仿朱王當春秋臣傳之體中間
多採雜説而不著所出其自序有云汎引雜證雖
嘗刪汰而文章事行苟有裨於問學治理者或在
所錄固不敢過求其眞贋也其得失固自知之矣
間有附注題閩朱焯維盛撰其言頗爲淺陋續考
八卷題應旂元孫寀編雜考四書名物飣餖尤甚
明代儒生以時文爲重時文以四書爲重遂有此
類諸書襞積割裂以塗飾試官之耳目斯亦經術
之極弊非惟程朱編定四書之時不料其至此卽

元延祐用四書義明洪武定三場法亦不料其至此者矣

日進直講五卷河南巡撫採進本

明高拱撰拱有春秋正旨已著錄嘉靖三十一年拱以翰林編修與檢討陳以勤同爲裕王講官進講四子書先訓句解次敷陳大義蓋從日講之例裕王即穆宗也時拱已遷國子祭酒於嘉靖庚申編次成帙千頃堂書目作十卷今本止五卷自學庸至論語子路問成人章止蓋未全之本也

大學新編五卷江西巡撫採進本

明劉元卿撰元卿有大象觀已著錄是書前列大學正文一卷以豐坊僞石經爲據殊爲不考其畧疏一卷乃詮發大旨以誠意爲主亦與朱子互異發明一卷乃取明儒所論與己意相合者廣義二卷則本眞德秀衍義而刪節之又附益以明初諸事朱彝尊經義考作一卷由未見其書據傳聞載之故也

孟義訂測七卷浙江吳玉墀家藏本

明管志道編志道字登之婁縣人江南通志稱其由隆慶辛未進士官南京刑部主事疏陳利弊九事忤張居正出爲分巡嶺東道與巡按御史齟齬爲御史劾奏鐫秩遂移疾歸考明史顏鯨傳載御史顧雲程疏言神宗入起遺逸獨鯨及管志道以考察格之又登用被察吳中行艾穆魏時亮趙世卿獨靳鯨志道是志道以察典罷官疑通志悞也是書詮解孟子分訂釋測義二例訂釋者取朱子所釋而訂之測義則皆自出臆說恍惚支離不可

勝舉蓋志道之學出於羅汝芳汝芳之學出於顔

鈞本明季狂禪一派耳

四書疑問十一卷浙江巡撫採進本

明姚舜牧撰舜牧有易經疑問已著錄是編但各

章總論其大旨不復逐句箋釋立說多與朱子異

如謂大學親民之親不當作新格物之物即物有

本末之物此謂知本此謂知之至也二句非衍文

亦無闕文蓋沿姚江古本之說自爲一解謂孟子

無以則王保民而王是心足以王矣數王字俱讀

如字不作去聲伯夷非其君不事章是論去就非論清和隘與不恭非其流弊亦尚有見至於訓格物之格爲品格自謙之謙爲謙虛命也之命爲命數致曲之曲爲心曲則穿鑿附會礙不可通他若謂中庸不睹不聞即是隱微即是獨戒愼恐懼即是愼其獨而以朱子爲支離破碎又謂性分中不墮形體不落方所直恁廣大又謂喻義喻利之喻是不待詞說都無知覺而默與之俱注訓曉字便有知覺不得此字之旨尤以禪機詰儒理矣前有

萬歷丁巳自序謂夢見夫子出一玉印牧肅拜於下夫子亦答拜於座右視其髮特焦黄云云尤怪誕不經也

經籍異同三卷 兩淮馬裕家藏本

明陳禹謨撰禹謨字錫元常熟人萬歷中由舉人官至四川按察司僉事其書雜引五經之文證四書所引之異同併波及他書語意相近字句異同者頗爲龐雜如李尤盤銘與經一字無涉而引以證湯之盤銘又如班昭東征賦中由力行而近仁

句乃運用中庸之語而引以爲力行近乎仁句之異同殊爲舛悞至石經大學本豐坊僞撰據爲定論尤失考矣

經言枝指一百卷 浙江巡撫採進本

明陳禹謨撰是編於四書集注之外旁搜諸說故取莊子駢拇枝指之意爲名凡漢詁纂十九卷談經苑四十卷引經釋五卷人物概十五卷名物考二十卷其漢詁纂乃删取註疏之文割裂餖飣全無義例其談經苑則自經史子集以逮二氏之言

苟與四書文義彷彿者卽摭以相證冗雜尤甚其引經釋則以四書所引經文爲綱而雜采訓釋以附之旣非釋四書又非釋五經莫究其何所取義其人物概名物考摭拾舊文亦罕能精核蕪浮慕漢儒之名而不能得其專門授受之奥者也

別本四書名物考二十四卷 內府藏本

明陳禹謨撰已載經言枝指中此則錢受益牛斗星所補訂也受益字謙之杭州人斗星有檀弓評已著錄禹謨原本多疎舛受益等所補乃更蕪雜

如淇澳綠竹而引及爾雅會稽之竹箭華陽國志哀牢之僕竹已泛濫矣更引及異苑竹化蚍蛇化雉釋肺肝而引素問靈樞已旁支矣更引及黃庭經肺神皓華字虛成肝神龍烟字含明語是於經義居何等也其最異者如標一目字爲題釋大學十目所視也而目字下注曰附眼無論四書無眼字且目之與眼又何所分別而別爲附錄乎尤不可解也

孟子說解十四卷　浙江汪啓淑家藏本

明郝敬撰。敬有周易正解，已著録。是書前有孟子遺事，及讀孟子三十一條，所論孟子生卒，以爲當在安王時，非定王時，其説近是。但直斷孟子生於安王初年，卒於赧王元年，則似未可爲定。孟子生卒，大畧當以閻若璩所訂爲正。考去齊章云由周而來七百有餘歲，盡心章云由孔子而來百有餘歲。若據吕氏大事記及通鑑綱目，孟子於赧王元年始致爲臣而歸，則周已八百有九年，距孔子生年已二百三十餘歲矣。孟子如梁仕齊適宋之魯之滕還鄒游歷先後班班可考魯平公元年即赧王元年其時孟子似未至八十九歲也至書中所解往往失之粗獷好議論而不究其實蓋敬之說經通坐此弊不但此書矣

論語義府二十卷 浙江巡撫採進本

明王肯堂撰肯堂有尚書要旨已著錄是編不列經文但標章目歷引宋元明諸家講義其唐人以前舊說偶亦采錄然所取無多或與集注兩歧者則低一格錄之觀其體例似尊朱子然其說頗雜

於禪如解子貢問貧而無諂一章有境無境諸義

豈可以詁儒書哉

中庸點綴一卷 江蘇周厚堉家藏本

明方時化撰時化有易引已著錄是書首爲中庸

總提次全載中庸之文每段或總批或旁批其體

例畧如時文其宗旨則純乎佛氏

元晏齋困思抄三卷 浙江巡撫採進本

明孫愼行撰愼行字聞斯武進人萬歷乙未進士

官至禮部尚書事蹟具明史本傳是書乃其自萬

歷庚戌至甲寅積年抄存其中頗多心得之語然亦不免好出新論如解鄉黨色斯舉矣節以虞廷獸舞志聖之隆山梁雌雉志聖之逸又以中庸致曲之曲爲卽經禮三百曲禮三千雖才辨縱橫足以自暢其說然非經之本旨矣卷首繪性善性教爲二圖卷末一條則愼行自序其作書大旨也

大學中庸讀二卷　浙江汪啓淑家藏本

明姚應仁撰應仁有檀弓原已著錄是書成於萬歷乙未據豐坊僞撰魏政和石經以攻朱子章句

至修身章中竄入顏淵問仁五句應仁不能曲說乃言只須削去此節夫此五句既屬當削則所謂石經豈復可信哉至其持論則多引佛經解淇澳節有曰密多者瑟也金剛不壞者僩也枝枝葉葉光明者赫喧也是不止陽儒而陰釋矣

四書湖南講九卷 浙江巡撫採進本

明葛寅亮撰寅亮錢塘人萬歷辛丑進士是書分標三例凡剖析本章大義者曰測就經文語氣順演者曰演與其門人問答辨難者曰商間有引証

他書及先儒之論則細書於後大抵皆其口授於門弟子者也浙江通志載寅亮四書湖南講二十六卷與此本卷數不合然此本首尾完具或通志之誤歟抑或别有續編也

四書會解十卷浙江巡撫採進本

明毛尚忠撰尚忠字子亮號誠菴嘉善人萬歷甲辰進士官至監察御史其書分章立說不錄經文頗似書塾講義而議論則務與朱子相左如大學首章謂當因其所發非聖經本旨親民即明德內

事不親民叫不得明德何須說推以及人曰皆當止於至善是分明德親民而二之謂止卽止泊之止何須添不遷二字定乃明道靜亦定動亦定之定不是志有定向安卽居之安安字以心言曰所處而安似著身矣且謂物有本末節是啟下文非結上文也物與事只泛說若定分物屬明親事屬知得何等拘滯至明明德於天下若曰使之明則民不可使知且於文法甚不類如此類凡十數條其解格物既不從朱子事物之說而亦不取王守

仁所云格去此心之物乃謂即上文物有本末之物其中精微處如等格然不可不分曉信如尚忠說則格乃實字無用力之意致知在格物句文義豈復可通亦徒好立異而已

四書正學淵源十卷 副都御史黃登賢家藏本

明章一陽編一陽金華人自何基受業黃榦之門其後王柏金履祥許謙遞相傳受皆自稱朱子之傳一陽因取四人之發明四書者分載於章句集註之下名曰正學淵源蓋以闡揚金華之宗派不

爲發明四書作也

大學古今通考十二卷 浙江巡撫採進本

明劉斯源編斯源字憲仲臨頴人是書成於萬歷戊申首列朱子大學改本次列禮記古本次列魏石經本次列二程本而以宋元明諸儒說大學者附焉以諸說並陳無所去取故名通考然禮記傳自戴聖鄭元不過依經作注指爲鄭元之本已爲未安至政和石刻出爲豐坊僞撰其政和年號以宋爲魏賈逵姓名以漢爲魏前人駁之悉矣斯源

猶珍重而信之耶

四書測六卷內府藏本

明萬尚烈撰尚烈字思文南昌人是書首有萬歷辛亥自序於大學中庸獨尊古本而議論宗旨則全入異端如解季路問鬼神章專取釋氏輪迴因果之說以釋聖言駁雜已甚其尤誕者如原壤夷俟乃取其母死而歌爲喜死者之得所而非放乎禮法之外蓋姚江末流其弊每至於此不但李贄諸人彰彰耳目者然也

四書說叢十七卷 浙江汪啟淑家藏本

明沈守正撰守正有詩經說通已著錄是書彙萃諸家之說分章條列同異兼收每案而不斷以待人之自考亦或偶存已說一二所採書凡二百二十六種雖釋道家言亦頗兼取其中如解子游問孝章則用古說解士而懷居章則用管志道說以爲鄙懷土解不動心則用郝敬說以爲非比枯木槁灰解心之官則思則用羅欽順困知記皆頗有所見然所引明人諸說榛楛錯陳不免傷於蕪雜

四書說約無卷數 直隸總督採進本

明鹿善繼撰善繼字伯順定興人萬歷癸丑進士官至太常寺少卿崇禎壬午

大兵攻定興善繼率鄉人拒守城破死之贈大理寺卿謚忠節事迹具明史本傳是書就四書以講學與明人講義爲時文而作者頗殊卷首爲認理提綱九條如曰此理不是涉懸空的子臣弟友是他著落不然則日新顧諟成湯且爲枯禪矣其自序亦曰夫讀聖賢書而不反求之心延平所謂玩物

喪志者可汗人背也即云反求之心而一切著落
不以身實踐之徒以天倪之頓現虛爲承當陽明
所稱將本體只作一番光景玩弄者更可汗人背
也其持論亦頗篤實然學出姚江大旨提唱良知
也

四書酌言三十一卷陝西巡撫採進本

明寇慎撰慎字永脩號禮亭自號礀栩逸叟同官
人萬歷丙辰進士官至蘇州府知府天啟中周順
昌被逮顏佩韋等五人擊殺緹騎後佩韋臨刑稱

曰公好官知我等倡義非倡亂者即其人也其學出於姚江故是編多與朱子立異如解論語至於犬馬句主犬馬養人之義本諸注疏猶有說也至於解齊必變食句謂爲心齋之齋非齋戒之齋解弗如也二句爲盡奪前塵忽渡彼岸解始可與言詩句爲入無上妙明解是知也句謂知原在知不知外理會其他學問不過此知中之法塵此處掃除乃爲逕機又扭來補綴則純乎明末狂禪之習矣

四書考二十八卷四書考異一卷江蘇周厚堉家藏本

明陳仁錫撰仁錫有繫辭十篇書已著錄是書因薛應旂四書人物考而廣之卷首別爲考異一卷載四書字句異同摭拾亦頗簡畧如惟之作維貢之作贛不過字體偶别無關文意至豐坊古本大學乃爲持疑之詞不敢斥言其僞託尤騎墻之見矣

四書通義三十八卷江西巡撫採進本

明魯論撰論字孔璧號西麓江西新城人天啟中

以貢生授潁州州同官至福州府同知論以取士必重制科之經義崇禎時雜用薦舉不足以得人乃作此書以發明體用合一之理其解大學平天下章言潢池弄兵外患踵至勢不得不加田賦而聚斂之臣半以聚之於國半且以聚之於囊以致天菑流行而不常之命已去專爲明末時事而發又解孟子許行章謂堯之欽明足以知人四岳之咸舉爲之師錫猶其難其慎然則枚卜豈易易哉亦以隱指莊烈帝命相之非全書大旨不出於此

故往往雜引史事以相發明固不主於闡繹經義也

三經見聖編一百八十卷 江蘇巡撫採進本

明譚貞默撰貞默字梁生別號埽菴嘉興人崇禎戊辰進士官至國子監祭酒是編前有自序結銜稱勅掌國子監整理祭器書籍等務而不言祭酒明史職官志亦無此稱蓋明人杜撰之文也其序稱六經無非孔經而論語爲著子思子之書今名中庸大學者實一中庸統稱孔經編孟子七篇則

曰孟經編又言論語子夏述也中庸子思繼論語而作也大學即中庸之後小半也孟子繼中庸而作者也中庸天命之謂性三句接論語知命章明是釋詁論語讀予懷明德而大學之道在明明德不膠自連讀國不以利爲利以義爲利而孟子何必曰利亦有仁義不呼自應今之所謂四書實三書也云云說殊穿鑿至其詮釋支離類皆因言求事如以論語孝弟章爲有子譏刺三家巧言章爲孔子評論老聃皆率其胸臆務與程朱牴牾可謂

敢爲異說者矣卷中或稱默按或自稱譚子體例亦叢雜不一云

四書經學考十卷補遺一卷續考六卷江蘇周厚堉家藏本

四書經學考明徐邦佐撰續考陳鵬霄撰邦佐字孟超錢塘人鵬霄字天羽山陰人經學考成於崇禎戊辰雜鈔故實疎漏實甚續考成於甲戌皆時文評語講章瑣說

四書讀十卷江西巡撫採進本

明陳際泰撰際泰有易經說意已著錄際泰以制

義名一代是編詮發四書大義亦畧如制藝散行之體其議論駿發視章世純留書過之而不及世純留書時有精義蓋際泰用縱横之才去說經之道遠世純用深湛之思去說經之道近也

四書則無卷數　山西巡撫採進本

明桑拱陽撰拱陽字暉升蒲州人崇禎癸酉舉人其書取諸家講章立說不同者删定歸一間以已意參之命之曰則以見其則不遠之意先大學中庸次論語孟子各有圖說總論大旨爲舉業而作

四書集說二十八卷 直隸總督採進本

明徐養元趙瀩同撰養元字長善瀩字問源俱唐山人崇禎癸未同榜進士是編採集四書大全益以諸家之說不出坊刻講章之派

圖書衍五卷 直隸總督採進本

明喬中和撰中和有說易已著錄是編爲四書講義而名之爲圖書衍者凡四書所言皆以五行八卦配合之也如說大學明德爲火親民爲水至善爲士之類皆穿鑿無理

四書大全辨三十八卷附錄六卷 江蘇周厚堉家藏本

明張自烈撰自烈字爾公宜春人崇禎末南京國子監生自烈與艾南英爲同鄉而各立門戶以評選時文相軋詬厲喧呶沒世乃休蓋亦社黨之餘派也是編舉永樂中胡廣等所修四書大全條析而辨之冠以古本大學一卷明道程子伊川程子改定大學各一卷顧起元中庸外傳一卷王應麟論語孟子考異各一卷福王時嘗以擅改祖宗頒行之書挂諸彈章至憤而嚚譁於朝案四書大全

誠爲猥雜然自列所辨又往往強生分别不過負氣求勝借以立名觀其首列揭帖序文之類盈一巨册而所列參訂姓氏至四百八十六人非惟馬鄭以來無是體例卽宋人盛相標榜亦未至是也

學庸切已錄二卷 江西巡撫採進本

明謝文洊撰文洊字約齋號程山南豐人其書首作君子有三畏講義一篇發明張子主敬之旨次爲程山十則亦以躬行實踐爲主書中皆隨文講解旁採大全諸儒之説而參以已見其體頗似語

錄卷末附西銘解一篇謂其立義宏深爲學者究竟指歸篇名不可不尊因易之曰事天謨以示崇信之意然究不免自我作古也

麗奇軒四書講義無卷數 編修勵守謙家藏本

國朝紀克揚撰克揚有易經講義已著錄其書不錄正文每章約詁數語大旨爲科舉而作

四書翊註四十二卷 直隸總督採進本

國朝刁包撰包有易酌已著錄是編凡大學五卷中庸三卷論語二十卷孟子十四卷於大學三綱八

目詮解特備又以中庸論孟爲格物之書五經諸史皆條貫於其中故於格物條目尤爲曲盡其他闡發義理於史傳事迹先儒議論亦多所徵引然其去取是非總以朱子之說爲斷不必自有所見也卷首有黄越所作綱領一篇其孫顯祖所作緣起一篇敘述著書大旨及刊刻始末

聖學心傳 無卷數 山東巡撫採進本

國朝薛鳳祚編鳳祚字儀甫益都人嘗師事定興鹿善繼容城孫奇逢因會輯善繼四書說約奇逢四

書近指共爲一編首列善繼認理提綱尋樂大旨又列善繼逄二人小傳前有鳳祚自序謂此書出當與孔曾思孟四聖賢書共揭星日而行中天其說殊夸又謂於舉業非相遠倘於此有得以應試場主司必當驚羡以冠多士又何其陋歟鳳祚天文地理之學皆能明其深奥如兩河清彙天學會通天步真元諸書已卓然足以自傳又何必畫此蛇足且二書皆有刊本豈藉鳳祚之標榜卽以二書而論亦蛇足也

四書大全纂要 無卷數 直隸總督採進本

國朝魏裔介撰裔介有孝經注義已著錄是編以明永樂間所著四書大全泛濫廣博舉業家鮮窮其說乃採其要領俾簡明易誦然大全龐雜萬狀沙中金屑本自無多裔介所摘又未能盡除枝蔓獨得精華則亦虛耗心力而已

四書惜陰錄二十一卷 兩江總督採進本

國朝徐世沐撰世沐有周易惜陰錄已著錄是書前有胡渭生趙天潤仇兆鼇序并自記一首後有陸

隴其跋以隴其三魚堂集勘之其文相合實非依托然其書則不稱隴其之所言據世沐自記曰仇滄柱示以關中李中孚反身錄中孚曾講學毘陵會過一次彼深惜南浙兩省學者害於舉業彼時心不甘南士必遜北士如此迄今幾三十年彼學已成名已立南士竟無與頡頏細讀其錄愈不心服摘錄中數處以質滄柱翁狂不自量續爲惜陰二集不覺積成二十一卷幾乎有六百葉又曰李從陸王入而出入於程朱四子余從程朱入而準

則於周宋八賢雖沐染南風剛峻艮有不逮而古人所云醇正則當仁不欲多讓云云則世沐此書蓋爲與盩厔李顒相詬而作故隴其喜其能排陸王爲之作跋然講學以明道非以求勝但爲朱陸而爭已不免門戶之見況世沐以聖學自任而不能化一南北之畛域則先不自克其私心矣又何學之可講乎

三魚堂四書大全四十卷通行本

國朝陸隴其撰隴其有古文尚書考已著錄初明永

樂間胡廣等奉詔撰四書大全陰據倪士毅舊本潦草成書而又不善於剽竊龐雜割裂痕跡顯然雖有明二百餘年懸爲功令然講章一派從此而開庸陋相仍遂似朱子之書專爲時文而設而經義於是遂荒是編取胡廣書除其煩複刊其舛謬又採蒙引存疑淺說諸書以附益之自較原本爲差勝然終未能盡廓清也其初稿成於康熙辛未前有自序尚歉然以爲未定及晚年輯困勉錄復取是書互相參考别以朱筆點次乃成定本然未

及重爲之序故其門人席永恂侯銓王前席等校刊之時仍以原序冠卷端實則序在前而書在後也大學中庸并載或問亦仍大全之舊卷末附載王應麟論語孟子考異不知何人採摭困學記聞爲之非應麟原有是書也

續困勉錄六卷 江蘇周厚堉家藏本

國朝陸隴其撰隴其所著困勉錄分學問思辨行五類此續錄則專解四書凡大學一卷中庸一卷論語二卷孟子二卷中多採錄時文評語似乎狹視

四書矣

四書初學易知解十卷 内府藏本

國朝邵嗣堯撰嗣堯有易圖定本已著錄是編乃其督學江南時所刊每章前爲口義後附論斷專爲童蒙講解而設故曰易知嗣堯服官清苦至今凡歷任之地皆稱名宦而自命太高亦或傷於偏激如解於我如浮雲句謂不特不義之富貴如浮雲卽義中之富貴亦如浮雲不特富貴如浮雲卽我亦如浮雲如此之類蓋欲以發明不愛官不愛錢

不愛命之意而過於取快未免墮於禪宗矣

四書述十九卷浙江巡撫採進本

國朝陳詵撰詵有易經述已著錄是書多不主朱子章句集註如以大學聽訟章爲解格物而以朱子補傳爲不知聖賢經傳化工之妙其學蓋源出於姚江而於姚江之中又主調停之說者觀其自序曰朱子慮佛教之足以惑人故確切分疏以爲下學所遵守陸子畧其枝葉而獨抉其宗旨蓋於朱子有一本散殊之分而非有所悖謬云云其所學

可以睹矣

四書鈔十八卷直隸總督採進本

國朝秘丕笈撰丕笈字仲負故城人康熙癸丑進士官至陝西提學副使是編以四子之書近世多爲新説所惑於是纂輯或問及大全蒙引存疑等説彙成一編以非自己出故以鈔爲名其旁註批閲之語則丕笈自抒所見也

四書貫一解十二卷編修閔惇大家藏本

國朝閔嗣同撰嗣同字來之號雙溪烏程人康熙乙

卯副榜貢生官景寧縣教諭此書於每章各爲總解而不錄經文皆取諸儒之說以己意融貫成篇其說有同異者則別附於後以備參考

四書索解四卷 浙江巡撫採進本

國朝毛奇齡撰奇齡有仲氏易已著錄是書爲其子宗濆所編本名四書疑義有問有答奇齡沒後宗濆裒輯成書存所疑而刪所解名曰疑案奇齡門人王錫序之謂必有以解之直是索解人不得耳一經考索則世多學人豈無姶而驚旣而疑又旣

而劃然以解者因更名索解然有問無答其旨在於駁註而其迹乃似於攻經且據錫所序其解已散見奇齡各書中亦何必更出此書蹈禪家機鋒之習則非欲詁經直欲駭俗耳漢晉以來儒家無此體例也

大學知本圖說一卷浙江巡撫採進本

國朝毛奇齡撰是書由古本大學之說以攻朱子格物之傳首爲知本圖說次爲知本圖四一曰大學有本一曰格物知本一曰格物以修身爲本一曰

修身以誠意爲本末爲附錄又有後圖以大學知本與中庸立本並列二圖節次相配亦前有圖說後有附錄夫知行並用博約兼資聖賢經典之文或有偏舉而理無偏廢經文既明言格物即不補傳亦必有說奇齡乃以格物爲量度之意以知本爲誠意不知未知本時持何術以量度之且既已指誠意爲本則遵而行之已矣又何用量度蓋奇齡歷詆先儒而頗尊其鄉學其直指知本仍王守仁之良知其主誠意則劉宗周之慎獨也而自稱

嵩山廟市高笠先生所傳爲遼東賀欽之孫所秘授蓋託詞也

大學問一卷浙江巡撫採進本

國朝毛奇齡撰以答其門人餘姚邵廷采之問者也仍因其大學知本圖說而衍之以歸於良知之說其解在明明德句以明明二字重文連讀如明德連讀則德已明何用復明是不必遠引他說即以大學克明峻德言之德已峻何用復明乎所引明明重文之證尚書三條詩四條皆其四書賸言中

所謂以雩見爲龍以王良爲星者也

逸講箋三卷 浙江巡撫採進本

國朝毛奇齡所論而其子及門人編錄之上卷爲章世法所錄乃所講孟子不動心章之稿第二卷爲其姪文輝所錄乃所講論語問答第三卷題曰大學辨業爲樓宅中所錄大學辨業者奇齡門人蠡縣李塨所著塨初師博野顏元既而舍之從奇齡後撰是書又兼用元說故奇齡惡其叛已而攻之大抵皆詬爭之言也以錄其叢殘之稿故曰逸講

中維門人子姪之附論故曰箋焉

中庸說五卷浙江巡撫採進本

國朝毛奇齡所論其門人章大來樓宅中朱樟陳佑及其姪文輝子遠宗編次而各附以己說皆與朱子章句互異大旨以慎獨爲主闡劉宗周之旨蓋宗周奇齡之鄉人也奇齡博洽羣書其說經善於考證至於舍考證而談義理則違才易務非其所長又以辨才濟之愈辨而愈支固其所矣

聖門釋非錄五卷浙江巡撫採進本

國朝陸邦烈編邦烈字又超平湖人毛奇齡之門人也是書因朱子四書集註頗有疑諸賢之說或有流弊者因取奇齡經說所載諸論裒合成帙而附以奇齡門人子姪諸說以辨其非前有邦烈自記稱北宋諸儒高樹門幟不容一人訾議如劉共父改二程全書一二字便作札四布痛加譏貶必欲使其還復舊文而後已而於先聖先賢恣情敲駁大學孝經連篇刪改即孔門諸賢何一不受其剷斲相其用心實有抑聖賢以揚同類之意因稍輯

先生所言與他書偶錄可引據者彙爲一卷名曰釋非以爲聖門口語各有精義或未可盡非云云考宋儒標榜門戶以劫制天下之異論誠所不免至坐以詆誣聖賢則未免深文且朱子集註補苴舊說原恐後學之誤會亦非主於排斥孔門邪烈此書雖無作可也此本刻西河合集中舊題奇齡自撰今考究始末實邪烈所爲其中如謂本字書不訓始惟宋人廣韻因程子是解增一始訓案陳彭年邱雍等重修廣韻在大中祥符間其時程子

未生安得因程子之說如斯之類似非奇齡所宜有又朱子與張栻劉共父書謂二程遺書乃胡安國所改而此序作劉共父所改亦誤故改題邦烈從其實焉

論語傳註二卷大學傳註一卷中庸傳註一卷傳註問一卷 直隸總督採進本

國朝李塨撰塨有周易傳註已著錄是編解釋經義多與宋儒相反葢塨之學出於顏元務以實用爲主故於程朱之講習陸王之證悟凡不切立身經

世者一槩謂之空談而於心性之學排擊尤甚其解四書亦即此旨中惟孟子註未成今傳者論語大學中庸耳論語多用古義亦兼取毛奇齡之說如以無所取材從鄭康成作桴材偏其反而從何晏作反經合道之譬則不免故相違迕有意異同大學用古本讀大爲泰及親民之親讀本字皆仍舊說其以格物之物爲周禮司徒之鄉三物則堪自申其學也中庸不取朱子天道人道之說一切歸於實際證以人事在三書之中較爲完密傳註

問則仿朱子或問之例一一辨其去取之所以然詞氣多不和平徒以氣相勝而已

四書反身錄六卷續補一卷浙江巡撫採進本

國朝李顒撰顒字中孚盩厔人康熙己未薦舉博學鴻詞以老不能赴京而罷康熙四十二年聖祖仁皇帝西巡召顒入見時顒以衰老遣子慎言詣行在陳情以所著二曲集反身錄奏進上特賜御書操志高潔以奬之是書本題曰二曲先生口

授鄠縣門人王心敬錄二曲者顒之别號水曲曰盩山曲曰厔盩厔當山水之曲故因其地以稱之是此書成於心敬之手顒特口授然核其序文年月則是書之成顒猶及見非身後追錄之比實仍顒所自定也顒之學本於姚江書中所載如大學格物之物爲身心意知家國天下之物卽物有本末之物又謂明德與良知無分別念慮微起良知卽知善與不善知善卽實行其善知惡卽實去其惡不昧所知心方自慊云云其說皆仍本王守仁

又書中所引呂原明渡橋輿人墜水有溺死者原明安坐橋上神色如常原明自謂未嘗動心顥稱其臨生死而不動世間何物可以動之夫死生不變固足徵學者之得力然必如顥說則孔子之微服過宋孟子不立巖墻皆爲動心矣且廄焚必先問傷人乍見孺子入井必有怵惕惻隱之心與夫溺死而原明安坐不動此乃原明平時強制其心而流爲谿刻之過顥顧稱之爲不動則於告子之不動心何異乎是亦主持太過而流於偏駁者矣

辟雍講義一卷大學講義一卷中庸講義一卷（兩江總督採進本）

國朝楊名時撰名時有周易劄記已著錄辟雍講義乃乾隆元年名時兼管國子監時所著大學中庸講義則因其劄記之說而暢之耳

雜說無卷數（江蘇巡撫採進本）

國朝焦袁熹撰袁熹有春秋闕如編已著錄是編乃以禮記中大學中庸註疏及論語孟子註疏與朱子章句集註兩兩相勘決擇是非而左袒朱子者

爲多其中考證過踈若謂論語孔註誄禱篇名不知誄乃施於死後者未詳孔註所出今考大祝作六辭以通上下親踈遠近其六曰誄註引論語誄曰禱爾於上下神祇賈公彥疏生人有疾亦誄列生時德行而爲辭與哀公誄孔子意同是死謚名誄生禱亦名誄之顯證奈何於孔註疑之耶

考定石經大學經傳解一卷 戶部尚書王際華家藏本

國朝邱嘉穗撰嘉穗字實亭上杭人康熙壬午舉人官歸善縣知縣是編大旨謂大學格致一傳本未

缺佚不過錯簡非惟朱子所補爲誤即諸儒所定亦皆未安因參取舊說以物有本末一節子曰聽訟一節詩云邦畿千里一節知止而後有定一節終以此謂知之至也句合爲格物致知之傳而詮解以明之其意以豐坊僞石經爲眞而又未見坊之原本但據鍾惺四書聚考所載又見朱彝尊毛奇齡等素號博洽者皆引據舊文掊擊甚力遂依違瑟縮不敢訟言然其割取詩云邦畿千里十字實用僞石經本也

## 中庸本旨二卷 江蘇巡撫採進本

國朝朱謹撰謹號雪鴻崑山人是編前有康熙己丑魏一川序稱其萇易一稿逾三十年今觀其書首列中庸圖十七其分配五行者多涉牽合其解中字謂中即太極即伏羲一畫而縱之其解天字謂上一畫爲天下一畫爲地人居其中一川序又爲補解庸字以爲古文作𢈌庚古庚字爲陽金甬古鍾字爲樂器而附於黃鐘之本亦皆附會其註以天命爲源以無聲無臭爲歸宿多涉恍惚其中庸

續論又時時評論文法如謂三重章大哉章是兩扇格局不露排偶之類併引而歸之時文矣

大學本文一卷大學古本一卷中庸本文一卷通行本

國朝王澍撰澍有禹貢譜已著錄是書取大學中庸本文及朱子章句原序各為批點大意欲因文法以闡書理然聖經雖文字之祖而不可以後人篇法句法求之世傳蘇洵評孟子謝枋得評檀弓皆出於明人刊本其源流授受莫得而明大抵皆後人偽撰澍因仍其例實非先儒之舊法又既用朱

子改本發揮文字之妙又列古本一卷其發揮妙處亦如之古本是則改本非改本是則古本非兩相尊奉不亦合之兩傷乎

大學困學錄一卷中庸困學錄一卷 浙江巡撫採進本

國朝王澍撰自明以來解四書者惟以尋繹語脉爲時文敷衍之具澍是二書獨發揮學問之功其識在坊刻講章上而意取詳明或失之冗遂不免間有出入如大學補傳第五章辨陸王致知之誤極爲分明而傳第七章乃云心中不可存一物則仍

闌入金谿姚江門徑矣呂坤呻吟語謂佛氏論心爭有無儒者論心爭是非如貞女思夫忠臣思君可謂之放心乎其說當矣又何可以不存一物為正心也亦間有寬廓語如中庸第二章謂君子時中只是敬其意以敬為無忌憚之反而不知此時中字徹上徹下徹內徹外當由格物窮理明體達用而來非一敬字所能盡又如中庸第二十章謂九經句句有一篇西銘在內其理固然然不可如此說書必充類至盡雖謂句句有一篇太極圖說

在內亦何嘗不可通乎

成均講義無傳數 江西巡撫採進本

國朝孫嘉淦撰嘉淦有春秋義已著錄是編乃嘉淦兼領國子監祭酒時以大學聖經一章爲學者入德之門乃逐節疏解以發明朱子章句之義其講致知格物謂釋氏欲正心而不先誠意陸子靜欲誠其意而不先致知王陽明欲致其知而不先格物惟程朱之書詳言格物獨得孔子之傳今日學者之流弊譏釋氏之不能誠意並其正心而失之

譏子靜之不能致知並其誠意而失之譏陽明之不能格物並其致知而失之名爲守程朱之學並其格物而失之古之所謂物者盈天地之法象道器書其一也古之所謂格物者極事理之廣大精微讀書其一也古之所謂讀書博洽無所不通作文其一也古之所謂作文者體製不可枚舉制藝其一也然則今日士子之所學視古者綱領條目之大全相去何如哉亦頗中學者之流弊也

五華纂訂四書大全十四卷　洗馬劉權之家藏本

國朝孫見龍撰見龍字叶飛號潛村烏程人康熙癸巳進士改庶吉士是編乃見龍掌教雲南五華書院時所輯故以五華爲名自序謂於四書大全舊本訛者正之偏者删之明以來諸家制藝評語併爲採入間附以近時李光地楊名時之說見龍有所自見亦附著於後云

四書纂言無卷數 兵部侍郎紀昀家藏本

國朝王士陵撰士陵有易經纂言已著錄是編採摭坊刻四書講章排比成書以先儒之說列前近人

之說列後亦間以己意推闡大抵以永樂四書大全爲藍本

大學偶言一卷 浙江巡撫採進本

國朝張文檒撰文檒字風林又字樹聲蕭山人康熙甲午舉人官成都縣知縣是書凡四十六條雖以大學偶言爲名前有劉紹攽序亦以大學爲說而其書多論理氣心性辨諸家之是非說中庸者爲多解大學者僅數條未喻其故也文檒受業於毛奇齡故此書亦因其師說特文檒至乾隆甲子尚

存當日久論定之餘知奇齡以負氣詬厲爲後人所不滿鑒於前車詞氣較爲和平耳其論人無二性與顏元存性編之說同不爲無理其論朱子補大學格物傳全爲禪學則有意巧詆純乎門戸之見矣

成均課講學庸無卷數江蘇巡撫採進本

國朝崔紀撰紀有成均課講周易已著錄是書其官國子監祭酒時所著也其旨謂大學以慎動爲宗故所言多顯中庸以主靜爲宗故所言多微究則

體用一原顯微無間者也學者惟是微大學之顯而闡中庸之幽庶有以得其源流指趣之一矣云云然以學庸分屬微顯且謂中庸以主靜爲宗而不言存誠似於理終未周密也

**讀孟子劄記**　無卷數　江蘇巡撫採進本

國朝崔紀撰是書以七篇大旨出於大學其言性情即明德言知言養氣即明之之事告齊梁諸君以憂樂同民即絜與絜矩之意其論執中以射之巧稱之權譬之即至善之理其說亦自成理然聖賢

之旨原自貫通正不必如此節節比附又稱本於
中庸亦可不必也

論語溫知錄二卷 江西巡撫採進本

國朝崔紀撰皆其平日讀論語所筆記官湖北巡撫
時乃彙輯之每章統論其大意皆以闡發集註為
主

四書叅註無卷數 直隸總督採進本

國朝王植撰植字槐三深澤人康熙辛丑進士官至
郯州知州是書多掊擊註疏以自表尊崇朱子之

意而掊擊鄭元孔穎達尤甚於趙岐何晏孫奭邢昺然先有漢儒之訓詁乃能有宋儒之義理相因而入故愈密愈深必欲盡掃經師獨標道學未免門戸之私譬之天文筭數皆今密而古疏亦豈容排擊羲氏詆諆隸首哉且所採多近時王廷諍崔紀傳泰諸人之說在諸人研究四書固各有所得然遽躋諸鄭孔諸儒之上恐諸人亦未必自安矣

菜根堂劄記十二卷 檢討蕭芝家藏本

國朝夏力恕撰力恕字觀川孝感人康熙辛丑進士

官翰林院編修是編乃乾隆己未至辛酉力恕在武昌書院時與諸生講授所作初名曰題解萹專爲制藝言之已授梓矣丙寅以後又取程朱之說參校同異勒爲此編至戊辰而脱稿其父以此事不止闗係時文題解之名不佳乃改題今名見力恕自序而題解舊序亦併存於卷端不沒其始也原書本十八卷其後六卷别題曰證疑備覽則皆考辨四書中名物典故者此本有錄無書而前有朱印曰證疑備覽嗣出翻刻必究蓋刊尚未竟云

中庸解一卷　江蘇巡撫採進本

國朝任大任撰大任字鈞衡吳江人此書分段詮釋但標節次不錄經文大抵多先儒緒言也

四書錄疑三十九卷　福建巡撫採進本

國朝陳綽撰綽有周易錄疑已著錄是書成於康熙後壬寅凡大學一卷中庸三卷論語二十卷孟子十四卷皆每章摘句解之然解章句集註者多解經文者轉少其大旨在於鑽研朱子之說一字一句務發明盡致殆如業春秋者以經命題以胡傳

行文耳據其子湜跋語綽實積數十年之力乃成

此書湜亦時有所附記葢其父子以此爲世學也

四書本義滙參四十五卷贊善韋謙恒家藏本

國朝王步青撰步青字漢階或自書曰罕皆以同音

相代也號已山金壇人雍正癸卯進士官翰林院

檢討是書凡大學三卷附一卷中庸七卷附一卷

論語二十卷孟子十四卷大旨據章句集註斷諸

家之是非而引朱子或問語類文集及元明以來

之講章條分縷析爲之證佐於語脈字義推闡頗

詳在近時講章之中尚較爲切實考古無四書之名其名實定於朱子朱子註詩註易未必遽凌跨漢唐至詮解四書則實亦無逾朱子故自明以來科舉之學以朱子爲斷然聖賢立訓以垂教非以資後人之辨說爲作語錄計也即朱子章句集註亦以明聖賢之道非以資後人之揣摩爲取科第計也是書乃以場屋八比之法計較得失斯已逐影而失形矣其發凡中病汪份刪纂四書大全參取閻若璩顧炎武之說或與朱子相左是未考漢

學宋學各有源流至於贋本或問小註明知其依託朱子而有意模棱殆慮一斥其僞卽不能假朱子之名鉗伏衆論故存爲疑案不欲顯言不知其說可取不必以贋本而廢之其書非眞亦不必以其說可取併諱其贋本是是非非當以其書爲斷不必定使其書出朱子而後謂之是也是又門戸之見未能盡化矣

鼇峯講義四卷 兩江總督採進本

國朝潘思榘撰思榘有周易箋釋已著錄鼇峯書院

在福州爲巡撫所掌此其官福建巡撫時與諸生講大學中庸之語諸生編而刊之者也

論語說二卷 浙江巡撫採進本

國朝桑調元撰調元字弢甫錢塘人雍正癸丑進士官工部主事是書詮解論語凡五百條分上下二卷每卷又分五子卷所言皆闡集註未盡之義如謂人知有慾不剛而不知無慾尙非剛之類頗爲細密然是書爲其門人所錄尊崇師說一字不遺或併其偶批數字亦悉載之如不有祝鮀之佞章

但註自古如此可傷可嘆八字別無一言是豈詁經之法著書之體耶再刪汰之則善矣

四書約旨十九卷（禮部尚書德保家藏本）

國朝任啓運撰啓運有周易洗心已著錄是編乃平日與門人講貫隨筆劄記之文其中如論管叔以殷畔謂管叔監殷在武王時有功引汲冢書爲據之類亦間有所考證然大旨爲科舉作也

翼藝典畧十卷（江西巡撫採進本）

國朝蕭正發撰正發字次方廬陵人是書首至聖紀

一卷諸賢紀一卷二帝三王紀一卷春秋紀三卷戰國紀一卷驪紀三卷皆詮釋四書典故曰翼藝者據卷首劉吳龍序謂以羽翼制藝也其著書之意可知矣

讀大學中庸日錄二卷 陝西巡撫採進本

國朝康呂賜撰呂賜字復齋別號一峯又自稱南阿山人武功人是書讀大學日錄一卷讀中庸日錄一卷其言王文成以格物致良知此功夫知行兼到自是切實精詳又云中庸揭出慎獨即孔子修

已以敬血脉王文成更提掇明快二録大旨已盡

於此書首載自作墓誌一篇述其講學宗旨最詳

亦自稱爲姚江之支派云

江漢書院講義十卷陝西巡撫採進本

國朝王功述其父心敬之論也心敬有豐川易說已

著錄此其在湖北江漢書院時與諸生講論四書

之說功錄而存之故每條稱家君曰以附刻文集

之中故標目爲豐川全集而以存省稿爲子目云

四書說註卮詞十卷直隸總督採進本

國朝胡在角撰在角永年人乾隆丙辰進士官湖北松滋縣知縣是編雖以說註爲名然頗因以講學尙不似鄉塾講章全爲時文而作然亦未全脫坊刻之窠臼蓋其用力之始從講章入也

四書順義解十九卷御史戈岱家藏本

國朝劉琴撰琴字松雪任邱人乾隆丙辰舉人官順義縣教諭是編皆先標章次而後循文以衍其意每節之末又雜引舊說以析之以成於官順義時因以爲名前有同邑邊連寶序稱其自雍正丁未

至乾隆壬午三十年而後脫藁臨沒猶斟酌改竄又稱其一以紫陽爲主不敢稍背云

四書就正錄十九卷 江蘇巡撫採進本

國朝陳鋐撰鋐字宏猷嘉定人是書雜採坊本講章而敷衍之多沿陸隴其汪份兩家重訂四書大全之說

四書晰疑無卷數 江蘇巡撫採進本

國朝陳鋐撰是書成於乾隆辛酉前有例言謂四書疑義雖多其間或有一說之確當於經義者槩不

敢贅特輯朱注以來諸說之所未備而或未定者故論孟皆少而學庸多云云今核其見解仍不出所著就正錄也

虹舟講義二十卷浙江巡撫採進本

國朝李祖惠撰祖惠本姓沈字屺望嘉興人乾隆壬申進士官高安縣知縣是編大抵涵泳章句集註之文一字一句推求語意其體會頗費苦心在時文家亦可云操觚之指南矣

四書句讀釋義十九卷山西巡撫採進本

國朝范凝鼎撰凝鼎字庸齋自號磨鏡居士洪洞人選拔貢生是編成於乾隆癸酉四書次第用朱子原本皆先明句讀次詮文義先列集註次錄或問語類其餘諸儒議論與朱註相發明者乃採錄之稍有同異則斥不載焉

四書講義尊聞錄二十卷 江蘇巡撫採進本

國朝戴鋐撰鋐字景亭長洲人以四書大全諸說紛錯無所適從因以已意點次之每章列總旨於前每節列本義及附解於下總旨附解皆本大全所

錄諸儒之語附益以元明以來諸說本義則順文詮釋畧如直講之體蓋亦科舉之學也

四書窮抄十六卷山西巡撫採進本

國朝王國瑚撰國瑚字夏器號珍吾臨縣人是書卷首郭九有序稱爲四書主意而標題又稱爲四書窮抄六補定本疑其書非一稿故命名亦隨時而異歟其解頗與朱子立異然僅鑽研於字句之間無以相勝也

古本大學解二卷湖北巡撫採進本

國朝劉醇驥撰醇驥字千里號廓菴廣濟人是書遵用古本大學不分經傳首大學考次戴記中古本又次爲大學解力辨二程子朱子及董槐王柏諸人改本之非夫竄易古經以就己意其事原不可訓然姚江之徒所以必復古本者實欲引託始知本不言格物之義以陰助良知非盡爲尊經也

雜說八卷 江蘇巡撫採進本

不著撰人名氏亦無序跋相其紙墨圈點不過數十年中物殆近人作也其書凡讀論語註疏一卷

讀大學註疏一卷讀中庸注疏一卷讀孟子註疏五卷皆標舉舊文辨其得失大抵以意斷制之其讀大學註疏以今本糾古本頗為枘鑿今本以格物為先自有今本之義古本以誠意為始亦自有古本之義既不從今本則竟置註疏不用可矣必強合之則不揣其本而齊其末也

右四書類一百一部一千三百九十六卷內十四部無卷數皆附存目

案古書存佚大抵有數可稽惟坊刻四書講

章則旋生旋滅有若浮漚旋滅旋生又幾如掃葉雖隸首不能算其數蓋講章之作沽名者十不及一射利者十恒逾九一變其面貌則必一獲其贏餘一改其姓名則必一趨其新異故事同幻化百出不窮取其書而觀之實不過陳因舊本增損數條即別標一書目别題一撰人而已如斯之類其存不足取其亡不足惜其剽竊重複不足考辨其庸陋鄙俚亦不足糾彈今但據所見姑存其目所未

見者置之不問可矣

（清）紀昀等　纂

# 武英殿本四庫全書總目

第一〇册

國家圖書館出版社

# 第一〇册目録

# 欽定四庫全書總目

經部

卷三十一之三十三

欽定四庫全書總目卷三十一

經部三十一

春秋類存目二

春秋程傳補二十卷浙江汪啟淑家藏本

國朝孫承澤撰承澤有尚書集解已著錄是編以程子春秋傳非完書集諸儒之說以補之其詞義高簡者重爲申明缺略者詳爲補綴書成於康熙九年按伊川春秋傳宋史藝文志作一卷陳亮龍川集有跋云伊川先生之序此書也蓋年七十有一

矣四年而先生没今其書之可見者纔二十年陳振孫書錄解題云略舉大義不盡爲說襄昭後尤略考程子春秋傳序作於崇寧二年書未定而黨論興至桓公九年止門人間取經說續其後此陳亮所謂可見者二十年也是書桓公九年以前全載程傳十年以後以經說補之經說所無者采諸說補之中取諸新安汪克寬纂疏者居多纂疏即明代春秋大全所本其書堅守胡安國傳則仍胡氏之門戶而已未必盡當程子意也又所補諸傳

皆不出姓氏於原文亦多所芟改其桓公九年以前程子無傳者亦爲補之則是自爲一書特託名於程子耳考陳亮跋有云先生於是二十年之間其義甚精其類例甚博學者苟優柔厭飫自得於意言之表不必惜其缺也然則何藉承澤之補乎

左傳統箋三十五卷 浙江汪啟淑家藏本

國朝姜希轍撰希轍字二濱餘姚人明崇禎壬午舉人

國朝官至奉天府府丞此書循文衍義所据者特杜

頴林堯叟孔頴達三家參以朱申句解其所引證又皆不標所出猶沿明季著書之習

## 春秋家說三卷 湖南巡撫採進本

國朝王夫之撰夫之有周易稗疏已著錄是書前有自序稱大義受於其父故以家說爲名其攻駁胡傳之失往往中理而亦好爲高論不顧其安其獘乃與胡傳等如文姜之與於弒夫之謂不討則不免於忘父討之則不免於殺母爲莊公者惟有一死而别立桓公之庶子庶子可以申文姜之誅不

知子固無殺母之理卽桓之庶子亦豈有殺嫡母之理視生母爲母而視嫡母爲非母此末俗至薄之見可引以斷經義乎閔公之弑夫之謂當歸獄於慶父不當歸獄於哀姜哀姜以母戕子與文姜不同不得以人爵壓天倫此亦牽于俗情以常人立論不知作亂於國家卽爲得罪於宗廟唐武后以母廢中宗天下譁然而思討君子不以爲非彼獨非母子乎首止之會定王世子所以消亂端於未萌世子非不當立則不得謂之謀位諸侯非奉

所不當奉則不得謂之要挾夫之必責以伯夷叔齊之事則張良之羽翼惠帝何以君子不罪之乎如此之類皆以私情害大義其他亦多詞勝於意全如論體非說經之正軌至於桓公元年無端而論及人君改元宜建年號之類連篇累牘橫生支節於春秋更無關矣

春秋傳註三十六卷 浙江吳玉墀家藏本

國朝嚴啟隆撰啟隆字爾泰烏程人前明諸生其說謂孔子欲討陳恒而不得故作春秋以戒三家不

始惠公而始隱公者以隱有鍾巫之難特託以發凡不終於陳恒簡公之事而終以獲麟者欲以諱而不書陰愧三家之心論殊穿鑿又謂春秋治大夫非治諸侯以三十六君之事爲經而其餘爲緯以文公以前爲賓而以後爲主經之義當明緯之義可以不問主之義當明賓之義可以不明又謂春秋一字一句皆史舊文聖人竝無筆削其意蓋深厭說春秋者之迂謬欲一掃而空之而不知矯枉過正反自流於偏駁也

春秋論二卷 江蘇巡撫採進本

國朝嚴瑴撰瑴字佩之無錫人前明諸生是書凡九十九篇每篇略如袁樞紀事本末之例標舉事目類聚經文於前而附論於下其體在經義史評之間而持論嚴酷又頗傷輕薄其莊公忘父讐一篇云王姬之卒文姜之幸也不然何以奪新昏之宴而復叙淫奔之好也文姜數數與齊侯享會是又莊公之幸也不然安得結懽於齊侯而有狩獵之馳騁衛俘之弋獲也是豈儒者說經之體耶

春秋正業經傳刪本十二卷 江蘇周厚堉家藏本

國朝金甌撰甌字完城一字寧武秀水人是書專爲舉業而設以胡傳爲主凡經文之不可命題者皆刪去之又上格標單題合題等目每題綴一破題而詳論作文之法與經義如風馬牛之不相及其目本可不存然自有制藝以來坊本五經講章如此者不一而足時文家利於剽竊較先儒傳註轉易於風行苟置之不論不議勢且蔓延不止貽患於學術者彌深故存而闢之俾知凡類於此者皆

在所當斥焉

春秋傳議四卷　山東巡撫採進本

國朝張爾岐撰爾岐有周易說略已著錄是書意在折衷三傳歸於至當然發明胡傳之意居多猶未敢破除門戸同時有樂安李煥章爲爾岐作傳云著春秋傳議未輟而卒今此本缺略特甚葢未成之槀而好事者刻之也

學春秋隨筆十卷　浙江巡撫採進本

國朝萬斯大撰斯大有儀禮商已著錄斯大曾編纂

春秋爲二百四十二卷燬於火其後更自蒐輯以成此書其學根柢於三禮故其釋春秋也亦多以禮經爲據較之宋元以後諸家空談書法者有殊然斯大之說經以新見長亦以鑿見短如解閔二年吉禘于莊公謂四時之祭惟禘特大故又曰大事王制天子犆礿祫禘祫嘗祫烝三祫中惟禘特大故又曰大祫後儒因僖八年宣八年定八年皆有禘推合於三年一禘惡知僖宣定八年之禘皆以有故而書非謂惟八年乃禘六年七年與九年

皆不禘也今考禮緯三年一祫五年一禘公羊曰五年而再殷祭是五年而一祫一禘也公羊必非無據斯大謂每年皆祫即以時祭爲祫祭蓋襲皇氏虞夏每年皆祫之說而不知皇氏固謂嘗以時祭爲祫祭王制曰天子犆礿祫禘祫嘗祫烝諸侯礿犆禘一犆一祫嘗祫烝祫註謂天子先祫而後時祭諸侯先時祭而後祫如謂禘烝嘗卽是祫則與祫無分先後何以經文於天子先言祫而後言禘烝嘗於諸侯先言禘烝嘗而後言祫耶又禘一

犆一祫注謂諸侯當夏禘時不爲禘祭惟一犆一祫而已皇氏謂諸侯夏時若祫則不禘若禘則不祫俱謂時禘不與祫並行也若時禘卽是禘則經文又何以云禘一犆一祫耶至於謂四時之祭夏祫爲大故曰大事又曰大祫尤爲牽合穿鑿周禮司勲曰凡有功者銘書於王之大常享於大烝禮記祭統曰內祭則大嘗禘是烝嘗亦得稱大矣烏得執一大字獨斷爲夏禘也又祔而作主特祀於主烝嘗禘於廟斯大謂祔於祖廟主不復反於寢

引黃宗義之說謂祥禫則於祖廟中祭新死者不及皇祖故云祭於主烝嘗禘則惟及皇祖不及新死者故云於廟今考鄭元士虞禮注凡祔已主復於寢說最精確大戴禮諸侯遷廟禮曰徙之日君元服從者皆服從至於廟盧辨注廟謂殯宫也其下又曰奉衣服者至碑君從有司皆以次從出廟門至於新廟據此則遷廟以前主在殯宫明矣鄭注謂練而遷廟杜注謂三年遷廟若卒哭而祔之後主常在廟則於練及三年又何得更自殯宫遷

主乎又引王廷相之說謂遷廟禮出廟門至於新廟是自所祔之廟而至新廟今考喪服小記無事不辟廟門註曰廟殯宫雜記曰至於廟門不毀墻遂入適所殯凡以殯宫爲廟見於經傳者甚多其以大戴禮出廟門之廟爲祔廟由不知殯宫之亦名廟也又考禮志云更釁其廟則必先遷高祖於太廟而後納祖考之主又候遷祖考於新廟然後可以改釁故廟而納新祔之主是新主祔於祖廟即遷於祖廟甚明謂自所祔之廟遷於新廟則是

祔者一廟遷者又一廟矣與禮志全悖斯大乃襲其說而反攻鄭元及朱子尤誤又成元年三月作丘甲斯大謂車戰之法甲士三人一居左以主射一居右以主擊刺一居中以御車間有四人共乘者則謂之駟乘魯畏齊强車增一甲皆爲駟乘因使一丘出一甲今考春秋傳叔孫得臣敗狄于鹹富父終甥駟乘在文十一年則是成元年以前魯人已有駟乘矣其不因此年三月令丘出一甲始爲駟乘可知又考襄二十三年傳齊侯伐衛燭庸

之越駟乘然則駟乘者豈特曾乎謂曾畏齊始爲
駟乘尤屬臆測又成十年齊人來媵左氏曰同姓
媵之異姓則否故杜注謂書以示譏斯大襲劉敞
之說謂諸侯得以異姓媵今考公羊曰諸侯娶一
國則二國往媵之以姪娣從之白虎通曰備姪娣
從者謂其必不相嫉也不娶兩娣何傳異氣也娶
三國何廣異類也又周語曰王御不參一族韋昭
注參三也一族一父子也故取姪娣以備三不參
一族之女據此則是同姓異族者得媵也若異姓

同媵則當云不叅一姓不得云不叅一族矣至以仲子爲惠公嫡配孟任爲莊公元配以叔姬歸于紀爲歸于紀季則尤不根之論全憑臆揣者矣

春秋志十五卷河南巡撫採進本

國朝湯秀琦撰秀琦有讀易近解已著錄是書爲表者八曰春秋事蹟年表曰春秋大綱年表曰天王年表曰十二伯主年表曰魯十二公年表曰列國年表曰經傳小國年表曰列國卿大夫世表爲書法者四曰書法精義曰書法條例曰書法比事曰

書法遺旨表以考事書法以考義也考南史稱司馬遷作表旁行斜上體仿周譜葢以端緒叅差恐其瞀亂故或國經而年緯或國緯而年經使一縱一橫緜牽繩貫雖篇章隔越而脉絡可尋秀琦所作八表惟列國年表不失古法其餘年表但以字之多少每半頁分爲數格橫讀之成文縱讀之即不相貫半頁以外則格數寬狹多寡互異併橫讀亦不可通其經傳小國年表列國卿大夫世表或半頁之中一行之內叅差界畫各自爲文更縱讀

横讀皆不相屬烏在其爲年表也書法精義皆依違胡安國之文書法條例亦依仿崔子方之式惟書法比事謂有順文上下以爲比者有分别事類以爲比者如乃有天王之事而遂會蟲牢著其無王楚滅江而晉伐秦譏其不救既伐邾而公入齊則侵小附强可知介再朝而後侵蕭則求援舉兵可知如斯之類皆順文上下以見褒貶其說爲沈棐諸家所未及又書法遺旨自抒已論雖不免間有騎墻而駁正處時有特見其長亦不可没耳蓋

秀琦之說本可分繫經文之下共爲一書而必欲
變例見奇多分門目轉致重複糾結治絲而棼亦
可謂不善用長矣
春秋備要三十卷江蘇周厚堉家藏本
國朝翁漢麐撰漢麐字子安常熟人其書以胡傳爲
主亦節錄左氏以明事之本末至於書之上闌標
破題下闌標合題則全非詁經之體矣
春秋類義折衷十六卷江蘇巡撫採進本
國朝王芝藻撰芝藻有大易疏義已著錄是書以左

氏公羊穀梁胡傳爲主亦間採程子及臨川吳氏廬陵李氏諸家以爲之註其自出己見則加臆解二字以別之後附總論二十條書成於康熙三十五年自序稱公羊襲取穀梁之書而續爲之其說不知所據大旨謂左傳可信者十之四不可信者十之六公羊亦多謬戾惟穀梁猶不失聖門之舊前有自題尸號云自讀春秋四十年只如羣動對青天邈來深考流傳義始覺先儒多誤傳其命意所在可概見矣

春秋疏畧五十卷河南巡撫採進本

國朝張沐撰沐有周易疏畧已著錄是書以經文爲魯史以左傳爲孔子所作謂孔子取魯史尊之爲經而以不可爲經者挨年順月附錄經左命之曰左傳異哉斯言自有經籍以來未之聞也

春秋類考十二卷春秋疑義一卷兩淮鹽政採進本

國朝華學泉撰學泉字天沐無錫人順治中布衣其書取春秋大事分八十八門以類排比每事之下附以諸家之註間綴已說大旨崇尚宋儒尤多主

胡傳其疑義一卷則專抒類考中未盡之蘊然有無庸疑而疑者如謂司馬法一甸五百一十二家而出兵車一乘甲士步卒七十五人若萬二千五百人爲軍當八萬五千三百家而後足一軍之數天子六鄉止七萬五千家不能供一軍不知一甸五百一十二家出七十五人此采地出軍之法也每一家卽出一人者鄉遂出軍之法也天子六軍出自六鄉不出自采地六鄉以七萬五千家而出七萬五千人何患不足六軍之數學泉混二法而

爲一宜其疑也如此之類頗爲失考近時顧棟高著春秋大事表體例亦略倣此書而大致皆不出宋程公說之春秋分紀疑二人皆未見公說書也

春秋輯傳辨疑 無卷數 直隸總督採進本

國朝李集鳳撰集鳳字翽升山海衛人今其地爲臨榆縣集鳳嘗官洛陽縣丞畿輔通志稱其淹貫羣籍尤善春秋彙先儒註解討辨詳核歷三十年凡四易稿然後成書六十五卷名曰春秋辨疑此本細字密行凡五十二巨冊不分卷帙葢猶其未編

之稿以紙數計之當得一百餘卷通志所言似未確也其書所載經文皆從胡傳而三傳之異同則附錄之未免信新本而輕古經說經則事多主左義多主胡故並尊之曰左子胡子比擬亦爲不類其諸家所解則臚列而參考之徵引浩博辨論繁複殆有堯典二字說十四萬言之勢焉

春秋惜陰錄八卷　兩江總督採進本

國朝徐世沐撰世沐有周易惜陰錄已著錄是編於經義刻意推求而往往失之迂曲如春王正月知

斷斷不能稱夏正而必回護其說謂冠之以春正見周正之不善言外見行夏時之意至經末春西狩獲麟亦謂春爲夏之冬蓋終以夏時之意經必一時無事乃空書首月以備天道其二月三月有事則正月可以不書此通例也至於定公元年春王三月晉人執宋仲幾于京師蓋因穀梁氏發傳於春王二字之下故註疏家斷春王二字別爲一條其文實與三月相貫世沐見其別爲一條遂以爲無君不可書正月故但春王二字聖人有是書

法乎鄭伯克段則謂鄭莊謀逐其弟魯當討之聖人書此與討陳恒同義是爲臣討君綱常倒置矣紀履緰來逆女則疑魯喪制未滿不應嫁女聖人用以示譏考是時距隱公卽位已二十二月踰年改元之前不知其已經幾月安見惠公之卒不在前一年之春夏乎其他節外生枝率皆此類又自襄公二十二年以後每年必增書孔子事夫左傳書孔子卒二傳紀孔子生先儒已以爲非禮以先師家牒年譜增入國史之中殆於周有二王魯有

兩公尊聖人者不宜尊以所不受也

春秋蓄疑十一卷陝西巡撫採進本

國朝劉蔭樞撰蔭樞有大易蓄疑已著錄是編以治春秋者信傳而不信經故於經文各條下列三傳及胡氏傳爲案而以已意斷其得失於胡傳尤多駁正頗能洗附會穿鑿之習而或並左傳事實疑之則師心太過矣

春秋集解十二卷附校補春秋集解緒餘一卷春秋提要補遺一卷浙江汪啟淑家藏本

國朝應撝謙撰。撝謙有周易集解，已著錄。是書節錄三傳及胡安國傳，參證諸家之說而以己意折衷之。前有自序，末附校補春秋集解緒餘一卷，則其門人錢塘凌嘉邵所補輯也。凡撝謙之說稱曰應氏，而嘉邵之說則退一格以別之，皆摘論經之疑義。又附春秋提要補遺一卷，如軍賦、祭祀等事分門類記，不書撝謙姓氏，當亦嘉邵所著歟。

春秋遵經集說二十六卷 兩淮鹽政採進本

國朝邱鍾仁撰。鍾仁字近夫，崑山人，康熙戊午舉博

學宏詞老不與試

特賜中書舍人其凡例稱是編本述孟子朱子說經之義

故冠二子之說於簡端其集說則兼取諸家然其

書瑕瑜互見如春王正月之說自張以寧以後辨

析已無疑義乃仍以夏時謬論反覆支離又如荆

敗蔡師于莘以蔡侯獻舞歸乃以爲志楚之强所

以旌將來齊桓之功凡此之類多不足據其他如

叔孫得臣卒一條以不日爲譏文而以胡安國之

從公羊爲非許世子止一條用歐陽修之說而證

以蔡景公之書葬凡此之類亦間有可取然統核全書瑜究不掩其瑕也

春秋條貫篇十一卷 浙江巡撫採進本

國朝毛奇齡撰奇齡有仲氏易已著錄初康熙乙丑奇齡充會試同考官分閱春秋房舊制春秋一單題二雙題一脫經題是時初罷脫經題其雙題猶未罷 按合題罷於乾隆初 奇齡與監試御史論雙題不合因舉經之條貫必出於傳語 按此杜預之言 奇齡以爲經文自有條貫不待於傳乃排比經文標識端委使自

相聯絡以成此書大致用章冲類事本末之意惟
冲類傳而竒齡則類經冲於傳有去取竒齡於經
則十二公事仍其舊第但以事之相因者移附首
條之下又每條各附論説以闡發比事屬詞之義
耳其以隱公三年四月尹氏卒六年春鄭人來輸
平十一年冬十一有月壬辰公薨三條爲一貫蓋
據金履祥通鑑前編之説以尹氏爲鄭尹氏然尹
氏非卿其卒例不見經與叔肸之以公弟書者不
同似巧合而實附會是爲不當合而合至於隱公

元年三月公及邾儀父盟于蔑六年秋公伐邾桓公十有七年二月丙午公會邾儀父盟于趡秋八月及宋人衛人伐邾其間邦交離合事亦相因而歸單簡是爲不當分而分以其體例而論既於經文之首各題與某事相因則何不仍經文舊第而逐條標識其故脈絡亦自可尋又何必移後綴前使相淩亂奇齡說春秋諸書頗有可觀惟此一編則欲理之而反棼之殆無取焉

春秋大義無卷數　湖北巡撫採進本

國朝張希良撰希良字石虹黃安人康熙乙丑進士官至翰林院侍講學士是編前有自序謂善說經者莫若康侯私心竊有所未滿者聖心忠恕刻則離聖心簡直曲則離聖心明白而正大纖則離左氏卽未親見聖人亦必竊窺魯史公穀二氏得之傳聞難以依據康侯據二氏以駁左亦未爲盡得故一本左氏錯綜當時之事勢平心以想聖人之心而名字人爵時日諸例概所不取其持論甚確然如文公四年甯俞來聘謂以納饘貨醫而書昭

公十七年郯子來朝謂以仲尼學官而紀豈成公三年之孫良夫襄公元年之公孫剽七年之孫林父盡屬衛之君子而春秋書來朝者四十皆因孔子之問乎此又過執左氏以經外附錄之事橫生議論者也至宣公八年之公子遂卒夫人嬴氏薨謂八月之內同登鬼錄有陰奪其魄者春秋之法論是非不論禍福以是立意所見彌淺矣

春秋衆義十二卷 浙江巡撫採進本

國朝姜兆錫撰兆錫有周易本義述蘊已著錄是書

仍以胡安國傳爲宗其所必不安者亦閒有附論一二然必援朱子蓋恐人議其異於胡氏故稱朱子以證之猶之書經衆義恐人議其異於蔡氏亦必稱朱子以正之也故卷首有綱領三十三條於孔孟之說題曰特標於諸儒題曰彙集彙錄惟於朱子語錄六則題曰遵錄其宗旨可以概見云

春秋事義慎考十四卷 江蘇巡撫採進本

國朝姜兆錫撰是書凡上中下三考共十二卷而附以考前考後各一卷考上曰紀時曰系名考中曰

正位曰大婚曰喪紀曰祀典曰賦稅曰工役曰軍旅曰蒐狩曰刑法曰朝聘之屬曰會盟之屬曰侵伐之屬曰歸遺之屬曰徵求之屬曰告假之屬曰取竊之屬曰遊觀之屬曰奔執之屬曰歸入之屬曰削亡之屬曰弑殺之屬曰災荒之屬曰變異考下曰事詞通義曰事同書異曰書同文異門釋文明義曰隱文存義曰省文約義曰互文推義曰單文錯義曰闕文曰衍文曰誤文考前曰聖經本末曰列傳本末曰王侯邦國曰王侯世系曰庶邦雜

服曰伯功本末曰聖治本末考後曰傳有經無每條皆分晰辨論大旨主於羽翼胡傳然春秋一書古今聚訟胡氏曲爲之解已多牴牾兆錫復從而割裂分配彌繁瑣而失當也

公穀彚義十二卷 浙江巡撫採進本

國朝姜兆錫撰其書以公穀二傳主於發義與左傳主於紀事者不同且左氏失誣其事文與義不待言至二傳中有混其文以害義者有泥其文以害義者並有竄其文而事與義俱害者惟正終以正

始貴道不貴惠之屬固卓乎道義之權衡聖哲之軌範也故擇之宜慎焉因彙編二傳異同之處別白其是非而左氏發例釋經之文亦附見焉於三家褒貶之例無所偏主頗足以資參考較兆錫所註諸經似爲可取然春秋事迹二傳多據傳聞左氏所述則皆據簡策兆錫駁二傳之事迹往往併左氏而駁之則終不出宋人臆斷之學也

春秋義疏無卷數檢討蕭芝家藏本

國朝蔣家駒撰家駒有尚書義疏已著錄是書以胡

傳爲藍本而稍以已意更正之然終不出胡傳苛刻之習或自出新意又往往未安如謂孝公惠公賢未著隱爲賢君是以托始且稱隱親親而尊王睦隣而守禮夫讓桓可謂親親若平王葬而不會凡伯聘而不報可謂尊王乎無駭入極翬伐鄭伐郲敗宋可謂睦隣乎易祊於鄭矢魚于棠可謂知禮乎後文每事示譏而開卷極詞稱善是自相矛盾也宰咺歸仲子之賵左氏但云子氏未薨耳家駒謂以仲子爲夫人惠公宜死仲子亦宜死故天

王併賵以示意是以車馬之錫爲厌釘之賜諷使仲子自裁也有是情事耶

**春秋指掌三十卷前事一卷後事一卷** 内府藏本

國朝儲欣蔣景祁同撰欣字同人康熙庚午舉人景祁字京少皆宜興人是書於三傳及胡氏傳外多取馮夢龍春秋指月春秋衡庫二書蓋科舉之學也末附春秋前事一卷皆國語之文後事一卷備錄左傳小邾射來奔以下諸事亦用馮氏之例

**春秋詳說** 無卷數 河南巡撫採進本

國朝冉覲祖撰覲祖有易經詳說已著錄是書大旨事迹多取左傳而論斷則多取胡傳間有與胡傳異同者如胡傳以惠公欲立桓爲邪心隱公探其邪心而成之覲祖則謂父之令可行於子子之孝不當拒乎父依泰伯伯夷之孝觀之不可以爲逆探其邪心使桓不弒而隱終讓可不謂之賢君其論頗爲平允又如於孔父之死則駁杜孔從君於非之說於滕子來朝則從杜孔時王所黜之說亦時時自出己意然徵引諸家頗傷蕪漫又略於考

證而詳於議論如夏正周正累牘連篇卒不得一言之要領而莊公元年王使榮叔來錫桓公命傳則又謂聖人筆削寧爲深求不可泛視存此意以說春秋宜失之穿鑿者多矣

宋元春秋解提要 無卷數 左副都御史黃登賢家藏本

國朝黃叔琳編叔琳有研北易抄已著錄是篇雜採宋元諸家之說而不加論斷前有總論凡例亦皆採集舊文卷首有自注脫落未寫者四十餘條書中亦多空白蓋與其宋元易解提要均未竟之稿

也

或庵評春秋三傳無卷數江西巡撫採進本

國朝王源撰源字崑繩號或庵大興人康熙癸酉舉人是書本名文章練要分六宗百家六宗以左傳爲首百家以公羊傳穀梁傳爲首然六宗僅左傳有評本百家亦惟評公羊穀梁二傳而已經義文章雖非兩事三傳要以經義傳不僅以文章傳也置經義而論文章末矣以文章之法點論而去取之抑又末矣眞德秀文章正宗始錄左傳古無是

例源乃復沿其波乎據其全書之例當歸總集以其僅成三傳難以集名姑仍附之春秋類焉

春秋鈔十卷 江西巡撫採進本

國朝朱軾撰軾有周易傳義合訂已著錄是編不全載經文但於有所論說者標舉經文著某年於其下其敘雖稱惟恪守胡傳間有詞旨未暢及意所未安者始妄陳管窺之見然駁胡傳者不一而足如春王正月即駁夏時之說伯姬歸于紀即駁諸侯親迎之說州吁弒其君完即駁不稱公子爲責

君之說桓公宣公書有年即駁變異之說諸侯盟于幽即駁首叛盟之說楚宜申來獻捷即駁當力拒楚使上告天王之說齊人侵西鄙公追齊師即駁書人見示弱書師見伏衆之說陽處父救江即駁責晉不合諸侯之說齊人弑其君商人即駁歸罪國人之說楚子圍鄭即駁嘉楚討賊之說新宮災即駁神主未入哭爲非禮之說甯喜弑其君剽即駁廢立之說叔孫豹會虢即駁尚信之說公如晉至河乃復即駁從權適變之說曁齊平即駁曁

爲不得已之説季孫意如會厥憖即駁力不能加之説盜殺衛侯之兄縶即駁歸獄宗魯之説從祀先公即駁出陽虎之説如斯之類不可以殫數所謂恪守胡傳蓋遁詞耳至於攻擊左傳則頗傷臆斷如以鄭叔段餬口四方爲詭詞謂段果出奔鄭莊豈置之不問以戎伐凡伯于楚丘以歸爲凡伯忍辱而自歸非戎挾之以去以楚執蔡世子有用之爲猶後世執蓋行酒之類斷無殺而用祭之理以哀公八年宋執曹伯陽爲未嘗滅曹援之古書

皆無佐證核以事理亦未盡安他如以成宋亂之說從劉敞而駁杜預然聖經之意正以始於義而終於利兩節相形其事婉而章耳如直書先公之助亂暴揚國惡春秋無此法也許叔入許責其不告於王不知乘隙復國機在呼吸往反告王不衣冠而救焚溺乎召陵之役不聲楚僭王之罪自以王樵之說爲定而必謂苟以必去王號責楚迫於大義當無不從似非當日之事勢至首止之會責王世子不能爲伯夷泰伯抑又强天下以所難矣

其持論大旨往往類此雖駁胡傳實仍在胡傳門徑之中不及所作周易傳義合訂遠矣

春秋比事目錄四卷　江蘇巡撫採進本

國朝方苞撰苞有周官集註已著錄苞既作春秋通論恐學者三傳未熟不能驟尋其端緒乃取其事同而書法互異者分類彙錄凡八十有五類然宋沈棐元趙汸皆已先有此著沈書僅有抄本趙書亦近日始刊行苞在康熙中二書未出故不知而爲此屋下之屋猶之顧棟高未見程公說書乃作

春秋大事表也

春秋三傳纂凡表四卷 兩淮馬裕家藏本

國朝盧軒撰軒字六以海寧人康熙己丑進士官翰林院編修其書以三傳所言書法之例彙而爲表經文直書爲經傳文橫書爲緯凡分三格以左氏居上格公羊居中格穀梁居下格皆但列舊文而於其同異是非不加考證蓋軒欲作三傳擇善一書故先纂此表以便檢閱尚未及訂正其得失也

左傳拾遺二卷 直隸總督採進本

國朝朱元英撰元英字師晦上元人康熙己丑進士是書摘取左傳一百一十事爲文一百一十有一蓋仿東萊博議之體惟博議多闡經義此則頗訂傳文耳然好出新意亦往往失之過苛如桓公十七年冬十月朔日有食之傳曰不書日官失之也元英則以不日爲特筆譏左氏不知聖人之意襄公二十九年吳季札請觀周樂歌小雅有周德之衰一語元英以爲訓詁之失而引九章算法謂差分爲衰分其說皆不能確也

春秋說十二卷 山西巡撫採進本

國朝田嘉穀撰嘉穀有易說已著錄是書以胡傳爲主三傳有爲胡傳所採者亦附錄之胡傳所引事實則依春秋大全小註錄之卷首兼論作文之法蓋其書專爲舉業而設至於遣調練詞皆入凡例與說經之體遠矣

春秋義十五卷 山西巡撫採進本

國朝孫嘉淦撰嘉淦字錫公興縣人康熙癸巳進士官至吏部尚書協辦大學士諡文定嘉淦以春秋

一書比事屬辭經本甚明無藉於傳乃盡去各傳反覆經文就事之前後比而屬之尋其起止通其脈絡其事俱存義亦可見至日月名氏爵謚之間則不復爲之穿鑿然大抵以公羊常事不書之說爲根本於春秋本旨未能盡愜後自覺其失旋燬其板此猶其初刊時所印行云語詳楊方達春秋義補注條下

春秋集傳十卷湖南巡撫採進本

國朝李文炤撰文炤有周易本義拾遺已著錄是書大旨宗胡傳而稍採諸說變其面貌往往蔓延於

經義之外如解元年而牽及改元已爲旁文又因改元而深譽前明十三帝之不改元不更蛇足乎衛桓書葬是爲據事而筆諸册乃牽及衛侯不當謚桓謂以著衛人之私然則凡葬必書謚以何者別其非譏耶許世子不嘗藥引張氏之說謂其必用砒霜鍛之不熟已屬臆揣又責以不能窮理居敬去本事不太遠乎是但知拾五子之緒言而未嘗知三傳之古義者耳

左傳杜註補義一卷 山西巡撫採進本

國朝蘇本潔撰本潔字幼清常熟人康熙癸巳舉人官興化府知府是編因顧炎武左傳杜解補正有所未盡乃作此以補之多推求文句體味語意而罕所引據考證故名曰補義前有康熙庚子陶貞一序稱本潔原本兼補林堯叟註義貞一爲删之知所據者坊刻杜林合註之本也

左傳姓名考四卷 江蘇巡撫採進本

國朝高士奇撰士奇有左傳地名考已著錄是編蓋與地名考相輔而行然體例龐雜如出二手如不

論嫡妾皆謂之夫人已於篇首發例而於齊乃别
出悼公妾季姬一條有世系者從其世系不論歲
月亦於篇首發例而晉丕鄭父丕豹巫臣邢伯皆
不相隨楚伯州犁吳伯嚭仍系之晉楚管修仍系
之齊而巫臣之子乃不系之楚魯婦人戴巳楚婦
人鬬伯比妻齊婦人棠姜陳婦人夏姬宋婦人蕩
伯姬之類各出一條而他國皆不載僖負羈下旁
注一妻字尤不畫一魯君女紀伯姬楚君女江芊
之類亦各出一條而他國不載秦女簡璧衛孔伯

姬併列之夫人條中尤爲舛謬周石速以膳夫列之大夫晉優施寺人披豎頭須並以賤役列之士許叔名見於傳削之不載滕薛杞莒皆自爲篇而虢公虞公紀侯隨侯皆儼然躬桓之班乃與潞子嬰兒介葛盧等併爲一篇其他顛倒雜亂自相矛盾者幾於展卷皆然不能備數其委諸門客之手士奇未一寓目乎

春秋測微十三卷　浙江巡撫採進本

國朝朱奇齡撰奇齡字與三號拙齋海寧人康熙中

貢生是書前冠以王朝列國世次族系一卷經文則一公爲一卷其說多主胡傳而稍糾其刻酷過當之論然胡傳之所未及而奇齡從而鍛鍊者亦復不少大旨以意揣量據理斷制而不信左氏之事實故往往不考典制不近情理如左氏稱聲子爲繼室此娣姪之名而奇齡見今人繼妻稱繼室遂謂聲子爲嫡妻而隱公爲嫡子稱其當立胡傳指滅項爲季氏已爲不考然尚無主名奇齡遂歸獄於行父以執政於文公之世者移之僖公之世

如斯之類皆失之不考至於葬衛桓公一條謂桓之爲謚不宜加於衛完閔其未有失德不忍加以惡謚故春秋因之然則倘有失德孔子當爲改惡謚乎戎伐凡伯一條本在楚丘乃責魯失於防送以境外之事責之主人然則凡有使臣皆當大具甲卒衛入本國而後返乎以此說經恐非筆削之旨也其所自信在於以經解經然說刺公子買一條言魯無殺大夫者惟此一事則未檢成公十六年又刺公子偃也其說刺公子偃一條謂刺者非

明正其罪而隱殺之之謂刺又未檢殺買一條經書不卒戍刺之傳亦稱以不卒戍說於楚固明正其罪也是亦難言以經說經矣

春秋三傳同異考一卷 浙江巡撫採進本

國朝吳陳琰撰琰字寶崖錢塘人其書取三傳人名地名相異及事之不同者各著於篇又辨别三傳義例得失而斷以已意

春秋左傳事類年表一卷 浙江鮑士恭家藏本

國朝顧宗瑋撰宗瑋字廷敬吳江人其書每一年爲

半頁横分十格一曰周二曰魯三曰列國四曰灾異五曰郊祀六曰朝聘七曰會盟八曰征伐九曰城築十曰土田各以經文散書其內而傳文爲經所不載者亦附見焉據其凡例尚有三傳異同一卷春秋通例一卷春秋稽疑一卷春秋叅同一卷春秋提要發明一卷春秋提譜一卷春秋箋釋一卷春秋餘論一卷今皆未見葢非完書也

左繡三十卷通行本

國朝馮李驊陸浩同編李驊字天閑錢塘人浩字大

瀛定海人是篇首載讀左卮言十二公時事圖說春秋三變說列國盛衰說周十四王說書中分上下二格下格列杜預經傳集解及林堯叟左傳解杜解悉依原本林解則時多刪節又摘取孔氏正義及國朝顧炎武左傳補正二書與杜氏有異同者附於其後別無新義上格皆載李驊與浩評語則竟以時文之法商搉經傳矣

春秋剩義二卷 江西巡撫採進本

國朝應麟撰麟有易經粹言已著錄是編亦摘經文標題而各爲之說其論春王正月以爲夫子行夏之時改周正朔大端已失其他亦皆陳因之論

春秋義存錄十二卷浙江巡撫採進本

國朝陸奎勳撰奎勳有陸堂易學已著錄是編力破春秋一字褒貶之說頗能埽公穀拘例之失與宋儒深刻嚴酷之論而矯枉過直謂孔子全因舊史之文然則所謂筆削者安在所謂其義竊取者又安在況公羊著不修春秋之文左氏記河陽書狩

之語去聖未遠必有所受舉一二節可例其餘乃謂除此數條之外悉因魯國之成書然則必如倪思之班馬異同字字著原文改本郭茂倩之樂府詩集篇篇分本詞入樂而後信爲孔子有所修改耶其疑胡傳而信左氏亦足破以經解經之空談而乃别出新奇欲以孔子之言解春秋凡一切子書緯書所引不問真僞一槩闌入至於其文與春秋無關如莊公八年齊無知一條引坊記曰子云君不與同姓共車一節又引文言傳積善之家一

節註曰拔前條之義爲齊僖言也後條之義爲齊襄言也似乎孔子一生無一語不因春秋而發者有是理乎

春秋筆削微旨二十六卷 陝西巡撫採進本

國朝劉紹攽撰紹攽有周易詳說已著錄是編採公穀二傳附會之說與孫胡諸家臆斷之論彙爲一書而更以己意穿鑿之大旨惟以名字日月爲褒貶而掊擊左傳尤力其說謂左氏不過敘事於經義毫無發明不知有事迹而後有是非有是非而

後有褒貶但據書字爲褒矣其所以褒之故紹攽能研求其字而知之乎但據書人爲貶矣其所以貶之故紹攽能研求一人字而知之乎如宰咺賵惠公仲子爲貶設無左傳何由知仲子爲妾而貶之齊高子來爲褒設無左傳何由知爲高傒存魯而褒之幸藉傳而知其事又諱所自來以傳爲不足據是何異迷途之人藉人爲導得途之後鞭其人而逐之乎

春秋通論五卷 陝西巡撫採進本

國朝劉紹攽撰是書與所著筆削微旨相爲經緯而往往循文敷衍罕所發明如桓三年日有食之既一條云春秋日食三十六隱之食者一桓文成食者各二僖宣定食者各三莊之食者四襄之食者九昭之食者七其中食既者三此及宣八年七月襄二十四年七月皆變之甚者又莊十五年鄭人侵宋一條云外書侵五十有七始於此終哀十三晉魏曼多侵衛書伐二百一十三始隱二年鄭人伐衛終哀十三公子申伐鄭天下之無道甚矣僖

十九年邾人執鄫子用之一條云用人者二此年用鄫子昭十一年楚執蔡世子有用之其虐爲已甚矣夫日食之爲變侵伐之爲無道殺人以祭之爲虐亦何待贅言乎

空山堂春秋傳十二卷 通行本

國朝牛運震撰運震有空山堂易傳已著錄是編說經不信三傳動相駁難蓋宋劉敞孫復之流由其記誦淹通足以濟其博辨故異論往往而生也

春秋管見無卷數 奉天府尹採進本

國朝魏樞撰樞有東易問已著錄是書雜採春秋三傳及胡傳之文亦以已意附註於後然大抵用意苛深不出胡氏之門徑其自出新意者尤往往乖舛如春秋魯史以魯紀年故正月書王以明有統樞乃擅改經文以周紀年以魯附註是但知竊襲通鑑綱目之例而不知以周紀年則正月書王爲複與僞本元經既書某帝某年又書帝正月者同一失矣哀公十四年春西狩獲麟自當以獲麟爲重樞乃謂冬獵曰狩經雖絕筆於十四年之春而

實則十有三年之冬不没其春者所以奉正朔而大一統之尊必終於冬者所以明天道而順四時之序蓋隱寓行夏時之意是又節外生枝屈孔子以就已説矣如斯之類比比而然皆不足爲訓也

春秋義補註十二卷 江蘇巡撫採進本

國朝楊方達撰方達有易學圖説會通已著録初孫嘉淦作春秋義大旨祖胡安國之説後漸悟其非旋自燬板 按嘉淦自燬其板事見此書凡例第三條中 方達嘗受知於嘉淦因爲刪補其文以成是編大旨於三傳多取

公穀經文如裂繻作履綸矢魚作觀魚叔孫婼作叔孫舍定姒作定弋之類亦多從公穀其左傳事迹往往在所擯斥如天王狩于河陽傳有明文乃云或魯史本書狩或夫子書狩皆不可知是併其可取之說亦不信也於諸家多取宋以後其唐以前之說僅採劉向灾異一兩條如文公喪娶一條全用春秋繁露而不肯標董仲舒之名蓋諱言宗漢儒也其持論尤務爲深刻二百四十二年之中偶免譏彈者惟叔姬歸于紀紀季以酅入于齊紀

叔姬歸于鄫葬蔡桓侯齊師宋師曹師城邢齊侯伐楚次陘盟于召陵諸侯遂救宋宋公御說卒狄救齊楚人救衛甯俞來聘叔肸卒伯姬歸于宋仲孫蔑卒宋伯姬卒劉子單子以王猛入于王城叔孫舍卒宋公佐卒于曲棘劉卷卒十八九條而已而召陵之盟甯俞之聘嘉淦所許者方達又推論其失咎齊桓不聲楚僭王之罪咎甯俞知聘魯而不知朝周實則倖邀寬論者僅十五六事也其中自相矛盾者如既謂隱公爲簒又謂桓公爲弑是

以討簒爲弑也旣謂州吁弑桓公而王不問衛人立晉而王不問咎在天王於王人子突救衛又罪其知順逆而不知衆寡是爲天王者進退無不干咎也其最甚者拘泥常事不書之說於十二公之薨卽終於路寢合禮之正者亦必求其所以貶然則茍無所貶則國君易代史可不詳歟至於紀季姜歸于京師謂季姜非嫡長不可以爲王后許叔入于許謂許君有子叔不奉之而自立又不知其所據矣

春秋原經四卷副都御史黄登賢家藏本

國朝王心敬撰心敬有豐州易說已著錄是編不載經文亦不及經中所書之事惟泛論孔子之意分爲四篇一曰講讀八法二曰通論三曰原春秋之由作四曰諸儒論春秋其大旨本孟子之言以尊王抑伯爲主持論甚正其謂孔子不以一字爲褒貶亦足以破諸家紛紜轇轕之陋而矯枉過直加以懸揣臆斷不顧事理之安至謂左傳事迹皆聖人之所删不當復存其說考古者左史記言右史

記事尙書者左史類也春秋者右史類也劉知幾作史通敘述源流至爲明析必敬乃援尙書爲例謂事迹之可存者聖人必存如典謨訓誥是也事迹之不可存者聖人必刪如左傳所載是也因而盡廢諸傳惟以經解經不思經文簡質非傳難明卽如鄭伯克段於鄢一條設無傳文則段于鄭爲何人鄭伯克之爲何故經文旣未明書但據此六字之文抱遺經而究終始雖聖人復生沈思畢世無由知其爲鄭伯之弟以武姜內應作亂也是開

卷數行已窒碍不行無論其餘矣況自有六經以後歷漢至今通儒輩出其失經意者固多得經意者亦不少心敬乃一概排斥謂孔子之後惟孟子能知孟子之後直至心敬乃能知甚至謂孔門諸子未見春秋故論語無一字及之至孟子搜索闕里始見本經揆以事理豈其然乎

春秋深十九卷 湖北巡撫採進抄本

國朝許伯政撰伯政有易深已著錄是書謂孔子既因魯史作春秋其史中所載事實即爲之傳今左

傳中敘而不斷言約旨精者卽孔子所作其有加注解如段不弟故不言弟之類又加論贊如君子曰仲尼曰之類詞氣浮夸多與經旨相悖乃屬左氏增設書內皆刋之小注使不與本傳相混其有傳無經者則全刪不錄按近時河南張沐著春秋疏略以左傳爲刋於經左之義不爲人姓伯政蓋踵是說然又覺傳中論贊或稱孔子或稱仲尼究不類孔子自作故更變其說歸於左氏增加耳至春秋之用周正原無可疑其兼用夏正以便民事

則有周禮正月正歲之文顯然可據伯政但摭經書中夏正之文以相詰難蓋知其一不知其二其左傳王周正月一語尤爲確證伯政并此二字詆爲不通以爲後人所加則凡古書之害於已說者悉以後人竄入槪之天下無不可伸之論矣惟其考定每年十二月朔日甲子及節氣時刻俾二百四十年間置閏之得失干支之次序一一可見以申其合於夏正之說似乎可據不知周正夏正在月不在日其月雖相差六十日而其日則六十甲

子剛及一週不論周正夏正其朔望原未常改不足以爲建寅之據亦不揣本而齊末也

春秋集古傳注二十六卷或問六卷　兩江總督採進本

國朝郜坦撰坦淮安人是書成於乾隆乙丑首爲纂例十五篇末爲或問六卷言所以去取諸家之意經文皆遵左氏不遵左氏者惟紀子帛改從伯君氏卒改從尹鄭人來渝平改從輸三條耳其事迹亦據左氏其所集傳注多用杜預孔穎達啖助趙匡陸淳孫復劉敞孫覺程子許翰胡安國高閌陳

傳艮張洽趙鵬飛家鉉翁吳澄十七家之說而別採宋元諸家以輔之在說春秋家亦非純尚空談者然持論亦多深刻又時時好出新意而不盡允協如改君氏爲尹氏以爲即公囚於鄭之尹氏沿襲金履祥之說殊爲附會又如趙盾弒君越竟乃免趙匡劉敞孫覺朱子呂祖謙諸儒皆以爲必非孔子之言而但於或問中則云越境而不返乎晉國董狐又何言以正其弒於集古傳註中則云去國不返然後君臣之義絕越境乃免之言爲無今

將之心者開一門路云云夫春秋作而亂臣賊子懼曾謂聖人而爲後世開一門路使姦雄藉口乎至於城楚丘之説其傳注本主劉敞而或問則以爲王孫復二書之中不免偶傷牴牾猶其小節矣

春秋義解十二卷　湖北巡撫採進本

國朝劉夢鵬撰夢鵬字雲翼蘄水人乾隆辛未進士官饒陽縣知縣是書卷首列孟子朱子之論春秋者爲述孟述朱又爲王朝世次考列國世次考曾世次考以下十二公爲十二卷大旨遵公穀而斥

左氏其自序謂公穀比事屬詞義不詭於儒者而斤斤於日月名氏爵號以求例嘗謂春秋之旨盡如是乎若左氏紀事多而誤說經疏而謬如莒密州之事經不云世子展輿也而左以爲展輿莒庶其之事經不云世子僕也而左以爲僕蔡侯申之事經賤者書盜也而左以爲公孫翩晉州蒲之事經不云欒書中行偃也而左以爲欒書中行偃晉夷皐之事經以爲趙盾也而左以爲穿鄭伯夷之事經以爲歸生也而左以爲宋吳僚之事經不云

公子光也而左以爲公子光鄭髡頑經以爲卒也而左以爲公子騑之謀楚子麇經以爲卒也而左以爲公子圍之逆齊陽生經以爲卒也而左以爲陳乞以說於吳其他大夫奔殺經或止一二人而左增入數人會盟侵伐經各有其事而左或牽移他事滕薛杞宋蔡邾各二國經載分明而左誤合爲一緣陵城杞實繫兩地而左以爲俱繫淳于入祊假田各有情事而左以爲會鄭相易子帛君氏誤訛字也而左以爲名稱甲戌己丑兩存日也而

左以爲再赴葬桓王諱也而左以爲改葬子般卒也而左以爲殺子牙卒也而左以爲酖諸如世次增添事迹舛誤難以殫述其持論甚辨幾於季本郝敬毛奇齡然經乖書法傳述事實必以經所不書即爲增設則河陽之狩周天子眞巡狩矣其論似通而實謬至於深文過當憑臆率斷如以隱爲竊國欺桓幼而攘之乖涎十有餘年以子同生爲哀姜張本自子生至婦入見其過期不娶昏姻不時以季友志在奉僖援齊得復故賊閔公者乃季

友非慶父以齊崔杼之事亦因景公附杼故杼爲立景而生逆謀以昭公三十二年吳伐越乃南越芊姓非於越之越亦可謂果於自信者矣

**讀左補義五十卷**　浙江巡撫採進本

國朝姜炳璋撰炳璋有詩序補義已著錄是書欲破說春秋者屈經從例之弊謂春秋無例左傳所言之例皆史氏之舊文其凡有五一曰西周舊典二曰東遷後列國相沿之例三曰魯史自相傳授之例四曰霸國更定之例五曰魯君臣私定之例杜

預所謂凡例皆周公之禮經變例皆聖人之新意者未爲定論其援據頗典博叅考亦頗融貫然謂史氏相沿有此五例左氏遂據以推測聖經可也謂春秋全因五例之舊文則聖人直錄魯史不筆不削何以云其義竊取何以云知我罪我其惟春秋乎觀襄公二十年傳甯殖曰名藏在諸侯之策曰孫林父甯殖出其君而經書襄公十四年夏四月己未衛侯出奔齊是亦不盡用策書之明證矣所註用杜解者十之六七兼採他說并叅以己意

亦頗簡潔而傳後必附以說簡端又冠以評或論事或論文如坊選古文之例殊非註經之體也

春秋經傳類求十二卷　兩江總督採進本

國朝孫從添過臨汾同編從添號石芝常熟人臨汾長洲人是書始刻於乾隆己卯取春秋三傳及胡安國傳分爲一百二十門每門前列書法後載事類事類之中又自分經傳其自述謂本於蘇軾春秋當以類求一語雖亦欲發比事屬詞之旨然割裂繁碎彌難尋檢卷首列春秋諸國圖說一篇亦

取之蘇軾指掌圖不知指掌圖後人贋作非軾書也

春秋一得一卷編修周永年家藏本

國朝閻循觀撰循觀有尚書讀記已著錄然尚書讀記多推求文句未能闡帝王經世之大法是編則於筆削大義多所發明如曰胡氏夏時冠周月之說理所必無夫子作春秋以明文武之道文武之制而夫子更之可乎曰武氏子來求賻罪曾也曰州吁不稱公子絕之於衛也胡氏謂莊公不待以

公子之道以爲爲人君父之戒何以懼亂臣乎曰諸侯不得專殺大夫故凡大夫之殺春秋皆稱國舉官不論有罪無罪及殺當其罪否也此意先儒多誤會曰說者謂王不稱天爲春秋貶黜天子不亦甚乎春王正月不曰天王則天王王一也曰梁山崩穀梁氏曰君親縞素率羣臣而哭之既而祠焉斯崩山之壅河者流矣此術者之言也左氏曰君爲不舉降服乘縵徹樂出次祝幣史辭以禮焉此有司之存也胡氏曰古之遭變異而外爲此文

者必有恐懼修省之心生於內徒舉其文而無實以先之何以弭灾變乎此儒者之道也其言明白正大多類此惜止八十八條未能成書也

左傳評三卷 山東巡撫採進本

國朝李文淵撰文淵字靜叔益都人春秋左傳本以釋經自眞德秀選入文章正宗亦遂相沿而論文近時寧都魏禧桐城方苞於文法推闡尤詳文淵以二家所論尚有未盡乃自以己意評點之僅及僖公二十四年而文淵夭逝書遂未畢其兄文藻

袁次遺稿編爲三卷刊板於潮陽末有文藻跋稱其潛心易禮兩經取古人圖象傳註羅而繹之者數年以至於病且死故所評閱多未終卷云

春秋日食質疑一卷 編修程晉芳家藏本

國朝吳守一撰守一字萬先歙縣人是書推考歲差加減以證春秋所載日食之誤春秋日月以長歷考之往往有訛見於杜預釋例此更詳其進退遲速以求交限末附詩書日食考二條以互相參証但其云隱公三年春王二月己巳朔日有食之當

是三月已巳朔書二月者晦朔之誤桓公三年秋七月壬辰朔日有食之當是五月癸丑朔書三月者或夏正之譌近者陳厚耀作春秋長歷表以爲隱公元年以前非失一閏乃多一閏退一月就之隱公元年正月爲庚辰朔較長歷實退兩月推至僖公五年止以閏月小建爲之遷就則隱桓三年日食更不必疑矣僖公十五年夏五月日有食之守一以爲當是三月甲戌而顧棟高春秋長歷拾遺表以爲當是四月癸丑朔襄公二十四年七月

八月遞食守一與棟高皆從大衍歷以爲八月無食其他守一棟高說亦多同而皆不及厚耀之密生數千載之後必欲求歲差於杪忽之間亦未見其悉得姑存其說焉可矣

春秋不傳十二卷 江蘇巡撫採進本

國朝湯啓祚撰啓祚字迪宗寶應人其書自稱不傳者謂於四傳無所專從也今觀所說特不從左傳耳於公羊穀梁胡氏皆掇其餘論而日月之例信公穀尤篤然三家之傳雖皆以譏貶爲主而尙各

有所平反啓祚乃專取三家嚴刻鍛鍊之說合爲一書如其所論是聖人之立法更酷於商鞅韓非也

春秋集解讀本十二卷安徽巡撫採進本

國朝吳應申撰應申字文在歙縣人以春秋經解卷帙浩繁難於徧讀因會萃衆說擇其合於經旨者詳著經文之下以資記覽自序謂詞可計日而誦爲愚曾者計甚便蓋特鄉塾課讀之本也

春秋三傳事實廣證無卷數兩江總督採進本

不著撰人名氏採諸書所載春秋時事迹列於三傳之下意取互相參證然左氏親見國史公穀兩家已不及其確實乃兼採諸子雜說寓言欲以考校其是非亦徒成其龐雜而已矣於經義無補也

右春秋類一百十八部一千五百二十一卷內十一部無卷數皆附存目

按明科舉之例諸經傳註皆因元制用宋儒然程子作春秋傳未成朱子又未註春秋以胡安國學出程子張洽學出朱子春秋遂定

用二家蓋重其所出之淵源非眞有見於二人之書果勝諸家也後張傳以文繁漸廢胡傳竟得孤行則又考官舉子共趨簡易之故非律令所定矣且他經雖限以一說立言猶主經文春秋一經則惟主發揮傳義其以經文命題不過傳文之標識知爲某公某年某事而已觀張朝瑞貢舉考備列明一代試題他經皆具經文首尾惟春秋僅列題中兩三字如盟密夾谷之類其視經文不爲輕重可

知矣是春秋雖列在學官實以胡傳當一經孔子特擁其虛名而已經義之荒又何足怪乎

欽定春秋傳說彙纂總括衆說折衷聖言凡安國迂謬之談悉一一駁正此足見是非之公終有不能强掩者矣今檢校遺書於明代說春秋家多所刊削庶不以科舉俗學瞶蝕聖經之本旨云爾

# 欽定四庫全書總目卷三十二

## 經部三十二

### 孝經類

蔡邕明堂論引魏文侯孝經傳呂覽審微篇亦引孝經諸侯章則其來久矣然授受無緒故陳騤汪應辰皆疑其僞今觀其文去二戴所錄爲近要爲七十子徒之遺書使河間獻王採入一百三十一篇中則亦禮記之一篇與儒行緇衣轉從其類惟其各出別行稱孔子所作傳錄者

又分章標目自名一經後儒遂以不類繫辭論語繩之亦有由矣中間孔鄭兩本互相勝負始以開元御註用今文遵制者從鄭後以朱子刊誤用古文講學者又轉而從孔要其文句小異義理不殊當以黃震之言爲定論（語見黃氏日鈔）故今之所錄惟取其詞達理明有裨來學不復以今文古文區分門戶徒釀水火之爭蓋註經者明道之事非分明角勝之事也

古文孝經孔氏傳一卷附宋本古文孝經一卷（光祿寺卿陸錫

[illegible]家藏本

舊本題漢孔安國傳日本信陽太宰純音據卷末乾隆丙申歙縣鮑廷博新刊跋稱其友汪翼滄附市舶至日本得於彼國之長崎澳核其紀歲干支乃康熙十一年所刊前有太宰純序稱古書亡於中夏存於日本者頗多昔僧奝然適宋獻鄭注孝經一本今去其世七百餘年古書之散逸者亦不少而孔傳古文孝經全然尚存惟是經國人相傳之久不知歷幾人書寫是以文字訛謬魚魯不辨

純既以數本校讐且旁採他書所引苟有足徵者莫不參考十更裘葛乃成定本其經文與宋人所謂古文者亦不全同今不敢從彼改此傳中間有不成語雖疑其有誤然諸本皆同無所取正故姑傳疑以俟君子今文唐陸元朗嘗音之古文則否今因依陸氏音例並音經傳庶乎令讀者不誤其音云云考世傳海外之本別有所謂七經孟子考文者亦日本人所刊稱西條掌書記山井鼎輯東都講官物觀補遺中有古文孝經一卷亦云古文

孔傳中華所不傳而其邦獨存又云其眞僞不可
辨末學微賤不敢輒議云云則日本所傳原有是
書非鮑氏新刊贋造此本核其文句與山井鼎等
所考大抵相應惟山井鼎等稱每章題下有劉炫
直解其字極細寫之與注文麤細弗類又有引及
邢昺正義者爲後人附錄此本無之爲少異耳其
傳文雖證以論衡經典釋文唐會要所引亦頗相
合然淺陋冗漫不類漢儒釋經之體併不類唐宋
元以前人語殆市舶流通頗得中國書籍有桀黠

知文義者摭諸書所引孔傳影附爲之以自誇圖籍之富歟考元王惲中堂事紀曰中統二年高麗世子植來朝宴於中書省問曰傳聞汝邦有古文尚書及海外異書答曰與中國書不殊高麗日本比隣相接海東經典大槩可知使果有之何以奇然不與鄭注並獻至今日而乃出足徵彼國之本出自宋元以後觀山井鼎亦疑之則其事固可知矣特以海外秘文人所樂覯使不實見其書終不知所謂古文孝經孔傳不過如此轉爲好古者之

所惜故特錄存之而具列其始末如右

孝經正義三卷內府藏本

唐元宗明皇帝御注宋邢昺疏案唐會要開元十年六月上注孝經頒天下及國子學天寶二年二月上重注亦頒天下舊唐書經籍志孝經一卷元宗注唐書藝文志今上孝經制旨一卷注曰元宗其稱制旨者猶梁武帝中庸義之稱制旨實一書也趙明誠金石錄載明皇注孝經四卷陳振孫書錄解題亦稱家有此刻爲四大軸蓋天寶四載九

月以御注刻石於太學謂之石臺孝經今尚存西安府學中爲碑凡四故拓本稱四卷耳元宗御製序末稱一章之中凡有數句一句之內義有兼明具載則文繁畧之則義闕今存於疏用廣發揮唐書元行冲傳稱元宗自注孝經詔行冲爲疏立於學官唐會要又載天寶五載詔孝經書疏雖粗發明未能該備今更敷暢以廣闕文令集賢院寫頒中外是注凡再修疏亦再修其疏唐志作二卷宋志則作三卷殆續增一卷歟宋咸平中邢昺所修

之疏即據行冲書爲藍本然孰爲舊文孰爲新說今已不可辨别矣孝經有今文古文二本今文稱鄭元注其說傳自荀昶而鄭志不載其名古文稱孔安國注其書出自劉炫而隋書已言其僞至唐開元七年三月詔令羣儒質定右庶子劉知幾主古文立十二驗以駁鄭國子祭酒司馬貞主今文摘閨門章文句凡鄙庶人章割製舊文妄加子曰字及句中脫衣就功諸語以駁孔其文具載唐會要中厥後今文行而古文廢元熊禾作董鼎孝經

大義序遂謂貞去閨門一章卒啟元宗無禮無度之禍明孫本作孝經辨疑併謂唐宮闈不肅貞削閨門一章乃爲國諱夫削閨門一章遂啟幸蜀之衅使當時行用古文果無天寶之亂乎唐宮闈不肅誠有之至於閨門章二十四字則絕與武韋不相涉指爲避諱不知所避何諱也況知幾與貞兩議並上會要載當時之詔乃鄭依舊行用孔注傳習者稀亦存繼絕之典是未因知幾而廢鄭亦未因貞而廢孔迨時閱三年乃有御注太學刻石署

名者三十六人貞不預列御注既行孔鄭兩家遂併廢亦未聞貞更建議廢孔也不等徒以朱子刊誤偶用古文遂以不用古文爲大罪又不能知唐時典故徒聞中興書目有議者排毀古文遂廢之語遂沿其誤說憒憒然歸罪於貞不知以注而論則孔佚鄭亦佚孔佚罪貞鄭佚又罪誰乎以經而論則鄭存孔亦存古文並未因貞一議亡也貞又何罪焉今詳考源流明今文之立自元宗此注始元宗此注之立自宋詔邢昺等修此疏始衆說喧

吺旨揣摩影響之談置之不論不議可矣

古文孝經指解一卷（内府藏本）

不著編輯者名氏以宋司馬光范祖禹之說合爲一書案宋中興藝文志曰自唐明皇時議者排毀古文以閨門一章爲鄙俗而古文遂廢（按此說舛誤辨已見孝經正義條下）至司馬光始取古文爲指解又范祖禹進孝經說劄子曰仁宗朝司馬光在館閣爲古文指解表上之臣妄以所見又爲之說書錄解題載光書祖禹書各一卷此本始以二書相因而作故合

編也王應麟玉海載光書進於至和元年時爲殿中丞直秘閣與祖禹說小異然光集所載進表稱嘗撰古文孝經指解皇祐中獻於仁宗皇帝竊慮歲久不存今繕寫爲一卷上進云云則祖禹所說者初進之本應麟所說者重進之本耳孝經今文古文自隋志所載王劭劉炫以來即紛紛聚訟至今說經之家亦多遞相左右然所爭者不過字句之間觀光從古文而句下乃備載唐元宗今文之注使二本南轅北轍可移今文之注以注古文乎

宋黄震曰鈔有曰按孝經一爾古文今文特所傳微有不同如首章今文云仲尼居曾子侍古文則云仲尼閒居曾子侍坐今文云子曰先王有至德要道古文則曰子曰參先王有至德要道今文云夫孝德之本也教之所由生也古文則曰夫孝德之本教之所由生文之或增或減不過如此於大義固無不同至於分章之多寡今文三才章其政不嚴而治與先王見教之可以化民通爲一章古文則分爲二章今文聖治章第九其所因者本也

與父子之道天性通爲一章古文則分爲二章不愛其親而愛他人者古文又分爲一章章句之分合率不過如此此於大義亦無不同古文又云閨門之內具禮矣乎嚴父嚴兄妻子臣妾猶百姓徒役也此二十二字今文全無之而古文自爲一章與前之分章者三共增爲二十二所異者又不過如此非今文與古文各爲一書也其說可謂持平光所解及祖禹所說讀者觀其宏旨以求天經地義之源足矣其今文古文之爭直謂賢者之過可也

胡爌拾遺錄嘗譏祖禹所說以光注言之不通也句誤爲經文今證以朱子刊誤爌說信然然亦非大義所係今姑仍原本錄之而附載爌說以糾其失焉

按注孝經者駁今文而遵古文自此書始五六百年門戶相持則自朱子用此書作刊誤始皆逐其末而遺其本也今特全錄黃震之言發其大凡以著詬爭之無謂餘一切紛紛之說後不復載亦不復辨焉

孝經刊誤一卷通行本

宋朱子撰書成於淳熙十三年朱子年五十七主管華州雲臺觀時作也取古文孝經分爲經一章傳十四章刪舊文二百二十三字後有自記曰熹舊見衡山胡侍郎論語說按胡宏高宗時爲禮部侍郎居衡州故曰衡山所著有五峯論語指南一卷疑孝經引詩非經本文初甚駭焉徐而察之始悟胡公之言爲信而孝經之可疑者不但此也因以書質之沙隨程可久丈按可久程迥之字也程答書曰頃見玉山汪端明按汪應辰孝宗時爲端明殿學士亦

以此書多出後人附會於是乃知前輩讀書精審其論固已及此竊幸有所因述而得免於鑿空妄言之罪云云今以朱子語錄考之黄㽦記云孝經除了後人所添前面子曰及後面引詩便有首尾又云順則逆民無則焉是季文子之詞言斯可道行斯可樂一段是北宫文子論令尹之威儀在左傳中自有首尾載入孝經都不接續全無意思又葉賀孫記云古文孝經有不似今文順者如父母生之續莫大焉又著一个子曰字方説不愛其親

而愛他人者謂之悖德此本是一段以子曰分爲二恐不是又輔廣記云孝莫大於嚴父嚴父莫大於配天豈不害理如此則須是如武王周公方能盡孝道尋常人都無分豈不啟人僭亂之心是朱子詆毀此書已非一日特不敢自居於改經故托之胡宏汪應辰耳歐陽修詩本義曰刪詩云者非止全篇刪去也或篇刪其章或章刪其句或句刪其字引唐棣君子偕老節南山三詩爲證朱子蓋用是例也陳振孫書錄解題載此書注其下曰抱

遺經於千載之後而能卓然悟疑辨惑非豪傑特起獨立之士何以及此此後學所不敢仿效而亦不敢擬議也斯言允矣南宋以後作注者多用此本故今特著於錄見諸儒淵源之所自與門戶之所以分焉

**孝經大義一卷** 兩江總督採進本

元董鼎撰鼎有尚書輯錄纂注已著錄初朱子作孝經刊誤但爲釐定經傳刪削字句而未及爲之訓釋鼎乃因朱子改本爲之詮解凡改本圖記之

字悉爲芟除改本辨正之語仍存於各章之末所謂右傳之幾章釋某義者一一順文衍說無所出入第十二章十四章所謂不解經而别發一義者亦即以經外之義說之無所辨詰惟增注今文異同爲鼎所加耳其注稍參以方言如云今有一箇道理又云至此方言出一孝字之類畧如語錄之例其敷衍語氣則全爲尸義之體雖遣詞未免稍冗而發揮明暢頗能反覆以盡其意於初學亦不爲無益也前有熊禾序蓋大德九年鼎子真卿從

胡一桂訪禾於雲谷山中以此書質禾禾因屬其族兄熊敬刊行而自序其首序稱朱子為桓桓文公按書曰勗哉大子尚桓桓孔傳曰桓桓武貌爾雅曰桓桓烈烈威也均與著書明道之旨無關頗為杜撰又文公字跳行示敬而孔子曾子字乃均不跳行亦殊屬顛倒以原本所有姑仍其舊錄之焉

孝經定本一卷 兩江總督採進本

元吳澄撰澄有易纂言已著錄此書以今文孝經

爲本仍從朱子刊誤之例分列經傳其經則合今文六章爲一章其傳則依今文爲十二章而改易其次序至朱子所删一百七十二字按朱子刊悞凡删二百一十三字中有句删其字者此惟載所删之句故止一百七十二字與古文閨門章二十四字並附錄於後後有大德癸卯澄門人河南張恒跋稱澄觀邢疏而知古文之僞觀朱子所論知今文亦有可疑因整齊諸說附入己見爲家塾課子之書不欲傳之未嘗示人云云蓋心亦有所不安也其謂漢初諸儒未見此書蓋未考魏文

侯嘗爲作傳見於蔡邕明堂論中至其據許氏說文所引古文孝經仲尼居無閒字卽古文之仲尼閒居爲劉炫所妄增又據桓譚新論稱古文千八百七十二字與今文異者四百餘字今劉炫本止有千八百七字多於今文八字除增閨門一章二十四字外與今文異者僅二十餘字則較司馬貞之攻古文但泛稱文句鄙俗者特有根據所定篇第雖多分裂舊文而銓解簡明亦秩然成理朱子刊誤既不可廢則澄此書亦不能不存蓋至是而

孝經有二改本矣

孝經述註一卷（永樂大典本）

明項霦撰霦始末無可考惟江西志載項霦浙江臨海人洪武間爲按察司僉事與黃昭原序所言合當即其人也是編用古文孝經本其所詮釋不務爲深奥之論而循文衍義按章標旨詞意頗爲簡明猶說經家之不支蔓者明史藝文志不著錄朱彝尊經義考亦不載其名惟永樂大典僅存此本然編次脫佚以第七章註文入第六章經文下

遂使六章無註七章無經今以所佚經文按古文原本補入所佚註文則世無別本無從葺完矣以其沉埋蠹簡之內三百餘年世無能舉其名者今

幸際

昌期發其光耀亦萬世一時之遭遇故特採掇出之俾閱於後不以殘缺而廢焉

孝經集傳四卷　福建巡撫採進本

明黃道周撰道周有易象正已著錄是書作於廷杖下獄之時其作書之旨見於門人所筆記者曰

孝經有五大義本性立教因心爲治令人知非孝無教非性無道爲聖賢學問根本一也約教於禮約禮於敬敬以致中孝以導和爲帝王致治淵源二也則天因地常以地道自處履順行讓使天下銷其戾心覺五刑五兵無得力處爲古今治亂淵源三也反文尚質以夏商之道救周四也闢楊誅墨使佛老之道不得亂常五也以是五者別其章分然後以禮記諸篇條貫麗之其自序中所謂五微義十二著義者不出於此實其著書之綱領也

然其初說以引詩數處各屬下章如中庸尚絅章例今則仍附於各章之後蓋亦自知其說之不安又其初欲先明篇章次論孝敬淵源三論反文歸質似欲自立名目如大學衍義之體今本則仍依經文次第而雜引經記以証之亦與初例不同昔朱子作刊誤後序曰欲掇取他書之言可發此經之旨者別爲外傳顧未敢耳道周此書蓋與之闇合其推闡頗爲詳洽蓋起草於崇禎戊寅卒業於癸未屢變其例而後成故較所注禮記五篇成於

一歲之中者爲精密云

御注孝經一卷

順治十三年

世祖章皇帝御撰孝經辭近而旨遠等而次之自天子以至於庶人推而廣之自閨門可放諸四海專而致之卽愚夫愚婦可通於神明故語其平近則人人可知可行語其精微則

聖人亦覃思於闡繹是編

御注約一萬餘言用石臺本不用孔安國本息今文古文

門戸之爭也亦不用朱子刊誤本杜改經之漸也
義必精粹而詞無深隱朞家喻戸曉也考歷代帝
王注是經者晉元帝有孝經傳晉孝武帝有總明
館孝經講義梁武帝有孝經義疏今皆不存惟唐
元宗御注列十三經注疏中傳流於世司馬光范
祖禹以下悉不能出其範圍今更得
聖製表章使孔曾遺訓無一義之不彰無一人之不喻回
視元宗所注度而越之又不啻萬倍矣

御纂孝經集注一卷

雍正五年

世宗憲皇帝御定孝經書止一卷而虞淳熙稱作傳注者自魏文侯以下至於唐宋有名可紀者凡九十九部二百二卷元明兩代不預焉其書雖歲久多佚近時曹庭棟孝經通釋所引尚於唐得五家宋得十七家元得四家明得二十六家

國朝得十家然宋以前遺文緒論傳者寥寥宋以後之所說大抵執古文以攻今文又執朱子刊誤以攻古文於孔曾大義微言反視爲餘事注愈多而

去經愈遠
世宗憲皇帝以諸注或病庸膚或傷蕪雜不足闡天經地
義之理爰
指授儒臣精爲簡汰刊其糟粕存其菁華仿朱子論語孟
子集注之體纂輯此編凡斧藻羣言皆
親爲鑒定與
世祖章皇帝御注並發明聖教齊曜儀璘蓋我
世祖章皇帝四海會同道光纘緒我
世宗憲皇帝

九重問視禮備承

顏

孝治覃敷臚驩萬國以

聖契聖實深造至德要道之原故能

衡鑒衆論得所折衷於以建

皇極而立人紀固非儒生義疏所能比擬萬一矣

孝經問一卷 浙江巡撫採進本

國朝毛奇齡撰奇齡有仲氏易已著錄是編皆駁詰

朱子孝經刊誤及吳澄孝經定本二書設爲門人

張燧問而奇齡答凡十條一曰孝經非僞書二曰今文古文無二本三曰劉炫無僞造孝經事四曰孝經分章所始五曰朱氏分合經傳無據六曰經不宜刪七曰孝經言孝不是效八曰朱氏吳氏刪經無優劣九曰閒居侍坐十曰朱氏極論改文之弊然其第十條乃論明人敢詬劉炫不敢詬朱吳附及朱子之尊二程過於孔子與所標之目不相應蓋目爲門人所加非奇齡所自定故或失其本旨也漢儒說經以師傳師所不言則一字不敢更

宋儒說經以理斷理有可據則六經亦可改然守師傳者其弊不過失之拘憑理斷者其弊或至於橫決而不可制王柏諸人點竄尚書刪削二南悍然欲出孔子上其所由來者漸矣奇齡此書負氣叫囂誠不免失之過當而意主謹守舊文不欲啟變亂古經之習其持論則不能謂之不正也

右孝經類十一部十七卷皆文淵閣著錄

孝經類存目

孝經句解一卷內府藏本

元朱申撰申有周禮句解已著錄是編註釋極淺陋如仲尼閒居句下註曰孔子名某字仲尼閒居謂閒暇居處之時曾子侍句下註曰曾子孔子弟子名參字子輿侍孔子坐子曰句下註曰孔子言曰參字下註曰呼其名而告之蓋鄉塾課蒙之本不足以言詁經者也卷首題晦菴先生所定古文孝經句解而書中以今文章次標列其閒其字句又不從朱子刊誤本亦殊糅雜無緒通志堂經解刻之蓋姑以備數而已

孝經正誤一卷附錄一卷兩江總督採進本

明潘府撰府字孔修上虞人成化丁未進士官至太常寺卿事迹具明史儒林傳府以孝經皆孔子語不應分經傳因舊本而校正之或數章而合爲一章或一章而分作數章一節之内前後互移數節之中上下變置定爲一十三章其註則兼採諸儒之說附錄曾子孝實一卷卷首府自有序並載總說六條自謂幸復聖經之舊然亦孰見聖經之舊本而證其能復否乎

孝經宗旨一卷 通行本

明羅汝芳撰汝芳字維德南城人嘉靖癸丑進士官至布政使參政明史儒林傳附見王畿傳中此書皆發明孝經之大旨用問答以暢已說與依文詮釋者不同汝芳講良知之學書中專明此旨故以宗旨二字標題朱彝尊經義考以爲未見而陳繼儒秘笈中實有此本彝尊殆偶然失考黃虞稷千項堂書目又別引一說以爲羅洪先撰亦非也

孝經疑問一卷 浙江巡撫採進本

明姚舜牧撰舜牧有易經疑問已著錄是書以孝經語意聯貫不應分章尤不宜立章名如首章之開宗明義七章之三才十七章之事君無所取義因悉爲删去其所詮釋則皆老生常談也又謂經文多出漢儒附會如則天之經因地之利以順天下等語似類漢儒之言父子之道天性也以下義不接續並宜删去又病其各章皆引詩書爲結與韓詩外傳天祿閣外史相類夫孝經今文古文雖至今聚訟然自漢以來卽分章無合爲一篇者也

其字句異同雖以朱子之學因古文而作刊誤終不能厭儒者之心也舜牧何人乃更變亂古籍乎況惟聖人乃知聖人舜牧何所依據而能一一分别此爲孔子之語此非孔子之語若親見聖人之原本乎

孝經集講一卷 浙江范懋柱家天一閣藏本

原本首題直隸揚州府泰州端本社學教讀後學草茅臣熊兆集講又有直隸揚州府知府巡按直隸監察御史再呈看過收受字蓋鄉曲陋儒投獻

干進之書也其訓釋皆詞旨淺陋一無可觀前列一圖以圈內爲五品人倫之正圈外爲萬物之偏邪又以元爲天父君亨爲長男中男少男利爲長女中女少女貞爲地母后又演爲天經地義人行之圖修學致用推孝爲忠之圖皆迂謬穿鑿毫無義理蓋無知妄作之尤者也

孝經註義一卷 直隸總督採進本

國朝魏裔介撰裔介字石生號貞菴柏鄉人順治丙戌進士官至保和殿大學士乾隆元年追諡文毅

是書以孝經分章詮釋其訓詁字義者標題曰註其敷衍語意者標題曰義詞旨淺近蓋課蒙之作也

孝經集解一卷 江蘇巡撫採進本

國朝蔣永修撰永修字慎齋宜興人順治丁亥進士官至平越府知府是編順文詮釋以訓童蒙乃其官給事中督學湖廣時所作本與小學合刊名曰孝經小學集解大全以宋儒雜纂之本與聖經併爲一編擬不於倫難於著錄今分爲二書各存其

目焉

讀孝經四卷 江西巡撫採進本

國朝應是撰是字敬非號敬齋宜黃人康熙己酉舉人是書以唐宋註疏爲主參以陳選集註及各家之說其自爲之註者稱愚按多循文摘句無所發明

孝經類解十八卷 安徽巡撫採進本

國朝吳之騄撰之騄字耳公歙縣人康熙壬子舉人官績溪縣教諭遷鎭江府教授是書多引經史子

集以證經文然釋經在發揮微義不當旁引後代故實牽合比附若釋中於事君句所引之經則曲禮四十曰强而仕五十曰服官政等語所引之史則文天祥起兵入衛等事是每句之下皆可成類書一門典籍浩博豈復勝載乎

孝經正文一卷內傳一卷外傳三卷湖北巡撫採進本

國朝李之素撰之素字定菴麻城人是書成於康熙丙辰以朱子古文孝經刊誤爲本首爲正文一卷經文每章之後綴以註釋數語詞旨頗爲淺略次

爲內傳一卷雜引經史子集之言與孝經相證佐者次爲外傳三卷則大舜以下迄於明末孝子行實也

孝經詳說二卷 河南巡撫採進本

國朝冉覲祖撰覲祖有易經詳說已著錄是書遵用今文全載唐元宗之註節錄邢昺之疏兼採元董鼎明瞿罕陳士賢諸家之說末附以朱子刊誤而大旨則在辨定呂維祺所著孝經本義大全或問三書所附呂氏或問摘錄一篇既逐條闡發其義

復附餘義一篇以糾其誤蓋維祺之學兼入陸王覲祖則恪守程朱故所論有合有不合也顧所載維祺表章孝經疏後附錄擬題數目有單句題雙句題連句題摘段題搭截題全章合章搭章題諸名非詁經之體亦非講學之道覲祖顧深取之何耶

孝經一卷　江西巡撫採進本

國朝朱軾註軾有周易傳義合訂已著錄是編用吳澄考定之本而略爲推衍其義凡不題姓名者皆

澄原文凡稱軾按者皆所加也前有自序又有梁份殷元福二序份序稱其書不標目第自稱曰朱某學公大儒也大臣也而撝謙若是云云按漢儒傳經如梁邱氏易夏侯氏尚書之類多不立名目軾蓋從此例又何休註公羊傳稱何休學亦非軾所自刱也

孝經三本管窺一卷 江西巡撫採進本

國朝吳隆元撰隆元有易宮已著錄是編首爲孝經今古文考次爲古文本次爲今文本次爲朱子刊

誤本其大旨以古文爲是蓋以朱子刊誤用古文
本云

孝經集解一卷（福建巡撫採進本）

國朝張星徽撰星徽號北山永城人自朱子作孝經
刊誤始刪削字句分別經傳定爲經一章傳十四
章後儒已不能無疑至
國朝蔡衍鎤又合爲經一章傳十章以合於朱子更
定大學之本夫聖經賢傳其垂訓之意並同而文
章體例則非有　定今大學一經十傳孝經亦必

一經十傳以相配合是孔曾著作竟如時文程式必限以八比矣有如是之聖賢乎衍鋭所見殊惧星徽乃遵而用之即所解可知矣

孝經章句一卷江蘇巡撫採進本

國朝任啟運撰啟運有周易洗心已著錄是書一遵朱子刊誤本而於傳之十章增君子無不敬也云云一百一十二字其文與禮記小有異同而今本孝經皆無之啟運自序稱得之山西佛寺中疑爲熊安生所傳之本又云王肅於家語言本文有見

戴記者後人輒於家語除其文此章之闕亦必因本文見戴記而後人於此除其文也按熊安生爲北齊人其傳本安得至今猶在其說無徵且馬昭以家語爲王肅僞作其說今載禮記疏中言之鑿鑿啟運乃又引以爲證恐此章亦王肅家語之類矣

孝經通義一卷　浙江總督採進本

國朝華玉淳撰玉淳有禹貢約義已著錄是書成於雍正甲寅大旨謂孝經一篇首尾通貫不必分經

與傳其間字句刪削則從朱子刊誤簡文錯誤則
從吳澄所考定蓋孝經至王淳而又變一本矣

孝經本義一卷 浙江巡撫採進本

國朝姜兆錫撰兆錫有周易本義述蘊已著錄是書
隨文詮釋別無考訂僅塾師課蒙之本

孝經通釋十卷 浙江巡撫採進本

國朝曹庭棟撰庭棟有易準已著錄此書力主古文
而以今文附載於下其輯注則徵引頗備所錄凡
唐五家宋十七家元四家明二十六家

國朝十家旁証諸說者又十有二家然孝經詞義顯明不比他經之深隱諸說大同小異特多出名氏而已

右孝經類十八部五十三卷皆附存目

按虞淳熙孝經集靈舊列經部然侈陳神怪更緯書之不若今退列於小說家黃幹孝經本旨江直方孝經外傳李長桂孝經綱目朱鴻經書孝語絕不箋釋經文今別列於儒家若李之素孝經內外傳猶列孝經正文後則

姑附存焉

# 欽定四庫全書總目

經部

卷十三

# 欽定四庫全書總目卷三十三

## 經部三十三

### 五經總義類

漢代經師如韓嬰治詩兼治易者其訓故皆各自爲書宣帝時始有石渠五經雜義十八篇漢志無類可隷遂雜置之孝經中隋志錄許慎五經異義以下諸家亦附論語之末舊唐書志始別名經解諸家著錄因之然不見兼括諸經之義朱彝尊作經義考别目曰羣經葢覺其未安

而採劉勰正緯之語以砭之然又不見爲訓詁之文徐乾學刻九經解顧湄兼採總集經解之義名曰總經解何焯復斥其不通語見沈廷芳所刻何焯點校經解目錄中蓋正名若是之難也考隋志於統說諸經者雖不別爲部分然論語類末稱孔叢家語爾雅諸書併五經總義附於此篇則固稱五經總義矣今準以立名庶猶近古論語孝經孟子雖自爲書實均五經之流別亦足以統該之其校正文字及傳經諸圖併約畧附焉從其類也

駮五經異義一卷補遺一卷 山西巡撫採進本

漢鄭元所駮許慎五經異義之文也考後漢書許慎傳稱慎以五經傳說臧否不同於是撰爲五經異義傳於世鄭元傳載元所著百餘萬言亦有駮許慎五經異義之名隋書經籍志有五經異義十卷後漢太尉祭酒許慎撰而不及鄭元之駮議舊唐書經籍志五經異義十卷許慎撰鄭元駮新唐書藝文志並同蓋鄭氏所駮之文卽附見於許氏原本之內非別爲一書故史志所載亦互有詳畧

宋史藝文志遂無此書之名則自唐以來失傳久矣學者所見異義僅出於初學記通典太平御覽諸書所引而鄭氏駮義則自三禮正義而外所存亦復寥寥此本從諸書採掇而成或題宋王應麟編然無確據其閒有單詞隻句駮存而義闕者原本錯雜相參頗失條理今詳加釐正以義駮兩全者彙列於前其僅存駮義者則附錄以備參考又近時朱彝尊經義考內亦嘗旁引鄭駮數條而長洲惠氏所輯則蒐羅益為廣備往往多此本所未

及今以二家所採參互考證除其複重定著五十七條別爲補遺一卷附之於後其間有異義而鄭無駮者則鄭與許同者也兩漢經學號爲極盛若許若鄭尤皆一代通儒大敵相當輸攻墨守非後來一知半解所可望其津涯此編雖散佚之餘十不存一而引經據古猶見典型殘章斷簡固遠勝後儒之累牘連篇矣

鄭志三卷補遺一卷兩江總督採進本

案隋書經籍志鄭志十一卷魏侍中鄭小同撰鄭

記六卷鄭元弟子撰後漢書鄭元本傳則稱門生相與撰元答弟子依論語作鄭志八篇劉知幾史通亦稱鄭弟子追論師說及應答謂之鄭志分受門徒各述師言更不問答謂之鄭記案通典及初學記所引鄭記均有王贊答詞與知幾所云更不問答者不合考孝經疏引此文作各述師言更爲問答知不字乃爲字之訛王應麟玉海朱彝尊經義考並沿用誤本殊失訂正又通典所引鄭志皆元與門人問答之詞所引鄭記皆其門人互相問答之詞知志之與記其別在此曲禮正義引鄭志有崇精之問焦氏之答月令正義引鄭志有王權之問焦喬之答焦氏之問張逸之答疑本鄭記之文校刊者推據史通更不問答之說改爲鄭志也其說不同然范蔚宗去漢未遠

其說當必有徵隋志根據七錄亦阮孝緒等所考定非唐宋諸志動輒疎舛者比斷無移甲入乙之事疑追錄之者諸弟子編次成帙者則小同後漢書原其始隋書要其終觀八篇分爲十一卷知非諸弟子之舊本也新舊唐書載鄭記六卷尚與隋志相同而鄭志則作九卷已佚二卷至崇文總目始不著錄則全佚於北宋初矣此本三卷莫考其出自誰氏觀書中禮運註澄酒一條答趙商之問者前後兩見而詳畧小異又陳鑠之名前後兩見

而後一條註一作鏗知爲好鄭氏之學者惜其散佚於諸經正義裒輯而成然如所載彌成五服答趙商問一條不稱益稷而稱皐陶謨則正合孔疏所云鄭氏之本又卷首冷剛問大畜童牛之牿一條今周易正義中不見而周禮正義引之較此少冷剛問云以下六十餘字周禮正義引答孫皓問一條較此少夏二月仲春太蔟用事陽氣出地始溫故禮應開氷先薦寢廟五句其皐陶謨註與經典釋文及正義所引亦互有詳畧而堯典註一條

乃不載正義中則亦博採諸書有今日所不盡見者非僅剽剟正義又玉海十八卷引定之方中詩張逸問仲梁子何時答曰先師魯人此本先師之下多一云字方知先師非指仲梁子如此之類亦較他書所載爲長足證爲舊人所輯非近時所新編也間有蒐采未盡者諸經正義及魏書禮志南齊書禮志續漢書郡國志註藝文類聚諸書所引尚有三十六條又鄭記一書亦久散佚今可以考見者尚有初學記通典太平御覽所引三條併附

錄之以存鄭學之梗槩併以見漢代經師專門授受師弟子反覆研求而後筆之爲傳註其旣詳且慎至於如此昔朱子與胡紘爭寧宗持禫之禮反覆辨難終無據以折之後讀禮記喪服小記疏所引鄭志一條方得明白證驗因自書於本議之後記其始末有向使無鄭康成則此事終未有所斷決語是朱子議禮未嘗不折服於元矣後之臆斷談經而動輒排斥鄭學者亦多見其不知量也

經典釋文三十卷 內府藏本

唐陸元朗撰元朗字德明以字行吳人貞觀中官

國子博士兼太子中允事迹具唐書本傳此書前

有自序云癸卯之歲承乏上庠因撰集五典孝經

論語及老莊爾雅等音古今並錄經註畢詳訓義

兼辨示傳一家之學考癸卯爲陳後主至德元年

豈德明年甫弱冠即能如是淹博抑或積久成書

之後追紀其草創之始也首爲序錄一卷次周易

一卷古文尚書二卷毛詩三卷周禮二卷儀禮一

卷禮記四卷春秋左氏六卷公羊一卷穀梁一卷

孝經一卷論語一卷老子一卷莊子三卷爾雅二卷其列老莊於經典而不取孟子頗不可解蓋北宋以前孟子不列於經而老莊則自西晉以來爲士大夫所推尚德明生於陳季猶沿六代之餘波也其例諸經皆摘字爲音惟孝經以童蒙始學老子以衆本多乖各摘全句原本音經者用墨書音註者用朱書以示分別今本則經註通爲一例蓋刊板不能備朱墨又文句繁夥不能如本草之作陰陽字自宋以來已混而併之矣所採漢魏六朝

音切凡二百三十餘家又兼載諸儒之訓詁證各本之異同後來得以考見古義者註疏以外惟賴此書之存眞所謂殘膏賸馥沾溉無窮者也自宋代監本註疏卽析附諸經之末故文獻通考分見各門後又散附註疏之中往往與註相淆不可辨別此爲通志堂刻本猶其原帙何焯點校經解目錄頗嗤顧湄校勘之疎然字句偶訛規模自在研經之士終以是爲考證之根柢焉

七經小傳三卷 兩江總督採進本

宋劉敞撰敞有春秋傳已著錄是編乃其襍論經義之語其曰七經者尚書一毛詩二周禮三儀禮四禮記五公羊傳六論語七也然公羊傳僅一條又皆校正傳文衍字於傳義無所辨正後又有左傳一條國語一條亦不應獨以公羊標目葢敞本欲作七經傳惟春秋先成凡所創記已編入春秋傳意林權衡文權說例五書中此三條一校衍字一論都城百雉一論禘郊祖宗報於經文無所附麗故其文仍在此書中其標題當爲春秋故得兼

及外傳傳寫者見第一條爲公羊第二條末亦有公羊字遂題曰公羊而註曰國語附失其旨矣論語諸條有與諸經一例者又有直書經文而夾註句下如註疏體者亦註論語而未成以所註襍錄其中也吳曾能改齋漫錄曰慶歷以前多尊章句註疏之學至劉原甫爲七經小傳始異諸儒之說王荆公修經義葢本於原甫案讀書志亦載此文以爲元祐史官之說晁公武讀書志亦證以所說湯伐桀升自陑之類與新經義同爲王安石勦取做說之證大旨均不

滿於敞朱子語類乃云七經小傳甚好其說不同今觀其書如謂尙書愿而恭當作愿而荼此厥不聽當作此厥不德謂毛詩烝也無戎當作烝也無戍謂周禮誅以馭其過當作誅以馭其禍士田賈田當作工田賈田九簭五曰巫易當作巫陽謂禮記諸侯以貍首爲節當作以鵲巢爲節皆改易經字以就已說至禮記若夫坐如尸一節則疑有脫簡人喜則斯陶九句則疑有遺文禮不王不禘及庶子王亦如之則疑有倒句而尙書武成一篇考

定先後移其次序實在蔡沈之前蓋好以己意改經變先儒淳實之風者實自敞始又如解尚書鳥獸蹌蹌謂古者制樂或法於鳥或法於獸解毛詩葛之覃兮謂葛之茂盛則有人就而刈之以爲絺綌如后妃在家德美充茂則王者就而聘之以爲后妃解論語乘桴浮於海謂夫子周流列國如桴之在海流轉不定其說亦往往穿鑿與安石相同故流俗傳聞致遭斯謗然考所著弟子記排斥安石不一而足實與新學介然異趣且安石剛愎亦

亦非肯步趨於敞者謂敞之說經開南宋臆斷之弊敞不得辭謂安石之學由於敞則竊鈇之疑矣且畧其卮詞採其粹語疏通剔抉精鑿者多又何可以末流之失併廢敞書歟

程氏經說七卷通行本

不著編輯者名氏皆伊川程子解經語也書錄解題謂之河南經說稱繫辭一書一詩二春秋一論語一改定大學一又稱程氏之學易傳爲全書餘經具此其門目卷帙與此本皆合則猶宋人舊本

也其中若詩書解論語說本出平時所講論非專註之書春秋傳則專註而未成觀崇寧二年自序可見至繫辭說一卷文獻通考併於易傳共為十卷宋志則於易說九卷之外別著錄一卷然程子易傳實無繫辭故呂祖謙集十四家之說為繫辭精義以補之此卷疑或後人掇拾成帙以補其缺也改定大學兼載明道之本或以兄弟之說互相參考歟明徐必達編二程全書併詩解二卷為一卷而別增孟子解二卷中庸解一卷共為八卷然

經義考引康紹宗之言謂孟子解乃後人纂集遺書外書而成非程子手著至中庸解之出呂大臨朱子辨證甚明亦不得竄入程氏經說增此一種故今所錄仍用宋本之舊焉

六經圖六卷通行本

宋楊甲撰毛邦翰補甲字鼎卿昌州人乾道二年進士成都文類載其數詩而不詳其仕履其書成於紹興中邦翰不知何許人嘗官撫州教授其書成於乾道中據王象之輿地記勝碑目甲圖嘗勒

碑昌州郡學今未見拓本無由考其原目陳振孫書錄解題引館閣書目載邦翰所補之本易七十圖書五十有五圖詩四十有七圖周禮六十有五圖禮記四十有三圖春秋二十有九圖合爲三百有九圖此本惟易書二經圖與館閣書目數相合詩則四十有五禮記則四十有一皆較原數少二周禮則六十有八較原數多三春秋則四十有三較原數多十四不知何人所更定考書錄解題載有東嘉葉仲堪字思文重編毛氏之書定爲易圖

一百三十書圖六十三周禮圖六十一禮記圖六十三春秋圖七十二惟詩圖無所增損其卷則增爲七亦與此本不符然則亦非仲堪書葢明人刊刻舊本無不臆爲竄亂者其損益之源委無從究詰以其本出楊毛二家姑從始事之例題甲及邦翰名云爾

六經正誤六卷兩淮馬裕家藏本

宋毛居正撰居正字誼父或曰義甫義誼父甫古字通也衢州人晃解進士晃之子晃嘗著增注禮

部韻畧及禹貢指南居正承其家學研究六書嘉定十六年詔國子監刊正經籍當事者聘居正司校讐已釐定四經會居正目疾罷歸其禮記及春秋三傳遂未就然所校四經亦以工人憚煩詭竄墨本以紿有司板之誤字未改者猶十之二三居正乃裒所校正之字補成此編楊萬里爲作序述其始末甚詳陳振孫書錄解題謂其唯講偏旁之疑似今觀是書校勘異同訂正訛謬殊有補於經學其中辨論既多不免疎舛者如勑古文作敕隸

變作勑居正乃因高宗御書石經誤寫作勑遂謂來字中從兩入不從兩人亯字古文作亯隸變作享或省作亨居正乃謂享字訓祭亨字訓通兩不相溷坤古從土從申隸別爲巛居正乃謂巛是古字乾離坎等俱有古文如卦畫之形遲遲古文本一字說文以爲遲籀文作遟者是也居正乃謂兩字是非相半不敢擅改賴字古從貝從剌俗誤書作賴居正乃謂賴從束從負其於六書皆未確又禮大行人立當前疾疾乃矦字之誤矦在車轅前

鄭康成所謂車轅前胡下垂拄地者是也居正乃以爲應作軏軏前掩板實與矦不相涉如此類者於經義亦不合然許氏說文解字陸德明經典釋文亦不免小有出入爲後人所摭拾在居正又烏能求備論其大致則審定字畫之功固有不可泯沒者矣

刊正九經三傳沿革例一卷 兩江總督採進本

宋岳珂撰珂字肅之號倦翁湯陰人居於嘉興鄂忠武王飛之孫敷文閣待制霖之子也官至戸部

侍郎淮東總領制置使宋時九經刊板以建安余氏興國于氏二本爲善廖剛又釐訂重刻當時稱爲精審珂復取廖本九經增以公穀二傳及春秋年表春秋名號歸一圖二書校刊於相臺書塾並述校刊之意作總例一卷余仁仲左傳字辨嘗論其誤以杜注不皆與今說詩者同倒寫爲皆不與今說詩者同則尚見原刻今則諸經印本率已罕傳僅王弼易註有翻刻之本已失其眞春秋年表及名號歸一圖有重刻之本亦頗非其舊惟此總

例一卷尚行於世其目一曰書本二曰字畫三曰註文四曰音釋五曰句讀六曰脫簡七曰攷異皆參訂同異考證精博釐舛辨疑使讀者有所依據實爲有功於經學其論字畫一條酌古準今尤屬通人之論也

融堂四書管見十三卷 浙江吳玉墀家藏本

宋錢時撰時有融堂書解已著錄此編凡論語十卷孝經一卷大學一卷中庸一卷卽嘉熙二年喬行簡奏下嚴州取時所著書之一也俱先列經文

畧加音訓而詮釋其大旨於後孝經用古文大學但析爲六章不分經傳葢時之學出於楊簡簡之學出於陸九淵門戸迥殊故不用程朱之本其解論語崇德辨惑章謂誠不以富亦祇以異二句乃證愛欲其生惡欲其死者之爲異齊景公有馬千駟節合上文爲一章謂其斯之謂與句乃指夷齊便是求志達道而言又大學此謂知本此謂知之至也二句仍附第一章末謂是聖人承上厚本薄末反覆曉人之意亦俱根據舊文不肯信爲錯簡

朱子與陸九淵書所謂各尊其所聞各行其所知也然金谿之學惟憑心悟或至於恍惚窈冥時則以篤實爲宗故其詮發義理類多平正簡朴不爲離析支蔓之言又敖繼公儀禮集說後序所謂以曾男子之不可學柳下惠之可者矣卷首有紹興已丑時自序末有景定辛酉天台錢可則刊書跋宋史藝文志馬端臨經籍考皆不著錄獨張萱內閣書目有之雖以四書爲名所解不及孟子與朱子所稱四書者異故今列於五經總義類焉

四如講稿六卷 福建巡撫採進本

宋黃仲元撰仲元字善甫號四如莆田人咸淳七年進士授國子監簿不赴宋亡更名淵字天叟號韻鄉老人教授鄉里以終考福建通志暨莆田縣志皆載仲元有四書講稿今觀是書所講實兼及諸經不止四書其說多述朱子之緒論然亦時出新義發前儒所未發如行夏之時則據禮運孔子得夏時於杞註謂夏四時之書而不取三正之說周官井田則謂周時皆用井田而不取鄭氏畿內

用貢都鄙用助之說伯魚爲周南召南則據詩鼓鐘及內傳季札觀樂謂南卽是樂又謂周召爲二公采邑非因二公得名雖按之經義不必一一脗合要爲好學深思能自抒所見者也此本出其裔孫文炳家藏已有殘闕嘉靖丙午始雕板印行朱彝尊經義考但載其所著經史辨疑而不及是書當由刊在家塾閩中僻遠偶然未見傳本歟

六經奥論六卷 浙江總督採進本

舊本題宋鄭樵撰朱彝尊曝書亭集有是書跋曰

成化中盱江危邦輔藏本黎温序而行之云是鄭漁仲所著荆川唐氏輯稗編從之今觀其書議論與通志畧不合樵所上書自述其著作臚列名目甚悉而是書曾未之及非樵所著審矣後崑山徐氏刻九經解仍題樵名今檢書中論詩皆主毛鄭已與所著詩辨妄相反又天文辨一條引及樵說稱夾漈先生足證不出樵手又論詩一條引晦菴說詩考宋史樵本傳卒於紹興三十二年朱子詩傳之成在淳熙四年而晦菴之號則始於淳熙二

年皆與樵不相及論書一條併引朱子語錄且稱朱子之謚則爲宋末人所作具有明驗不知顧湄校九經解時何未一檢也第相傳既久所論亦頗有可采故仍錄存之綴諸宋人之末而樵之名則從刪焉

明本排字九經直音二卷江蘇巡撫採進本

不著撰人名氏書中春秋傳素王二字下引宋眞宗宣聖讚但標眞宗不稱宋又稱御製則爲宋人所著可知卷首題曰明本者宋時刊板多舉其地

之首一字如建本杭本之類此葢明州所刊本即今寧波府也末題歲次丁亥梅隱書堂新刊不著年號考丁亥爲元世祖至元二十四年是元初刊本矣其書不用反切而用直音頗染鄉塾陋習然所音俱根據經典釋文猶爲近古釋文一字數音者皆並存之如金縢辟字下云孔音闢法也說文音必鄭音辟大誥賁字下云音墳王讀爲賁卦之賁禮內則接以太宰接字下云鄭音捷王杜並以爲接待祭法相近於坎壇坎字下云詎作禳祈孔

叢子以爲祖迎祭義爓字下云徐廉反古音燖周禮太宰圃字下云布古反又音布牧字下云徐音目劉音茂頒字下云鄭音班徐音墳籩人茆字下云茆音卯又音柳遺人下云遺音位劉音遂乃與卷首序遺人音推異如此者不可枚舉固非後來坊本直音以意屬讀惟趨便捷者比也惟禮記敖不可長釋文敖依註五報反慢也王肅五高反遨遊也長竹丈反盧植馬融王肅並直亡反此書云敖王音平則釋文所云王五高反也而於長字下

又註云長張上又平則又兼用鄭註竹丈反一句之內於鄭註半從半違遂使敖字長字音義兩不相應又周禮太宰斿貢下云斿音留燕游也今考鄭註斿讀如燕游之游此書既用鄭義則斿當作以周反其作長周反音留者乃春秋傳鞶厲游纓之游更自相矛盾又月令審端徑術下云術註作遂方曰徑道之小術道之末則如字是今考學記術有序注術當爲遂水經註引學記術有序作遂有序春秋文公十二年秦伯使術來聘公羊傳漢

書五行志衞並作遂是古字衞遂本通此書反信

方氏之曲說殊爲未協又中庸壹戎衣下云書武

成作如字者是註讀爲殷者無據今考古依字作

㕆从反身殷字从此故讀殷爲㕆音與衣同白虎

通曰衣之爲言隱也所以隱身也則衣隱音近楚

詞新浴必振衣與汶塵合韻則衣殷二字音通是

書以爲無據亦爲失考然核其大致則多能決擇

是非如於三禮雖多守方慤註而於祭法幽宗註

讀如禜方慤宗作如字則兼存鄭義又書武成識

字下云陸無音漢翟酺疏引此作恭則補苴闕遺亦頗能有所考據又檀弓卜人師扶右下云卜讀爲如字者非考鄭註卜當爲僕聲之誤也僕人射人皆平時贊正君服位者若卜人則於義無取此書不用釋文所載前儒之說最當又周禮醢人菭字下云音治又音殆今考釋文云又丈之反未知所出不知說文治水衣本作菭从草治聲水衣之菭既以治爲聲則丈之反乃爲菭之古音矣故菭藫草名作澄之切可以相證是書用丈之切爲本

音而以殆爲又音較之釋文以丈之切爲無出考核尤精且釋文所載皆唐以前音而此書則兼取宋儒如於詩中庸論語孟子則多採朱子於易則兼採程朱於禮則多採方慤其他經引胡瑗司馬光音讀尤多與陸氏之書尤足相續在宋人經書音釋中最爲妥善若九經前後失次則當爲坊刻之誤既無關大旨固無無庸深論矣

五經說七卷 江蘇巡撫採進本

元熊朋來撰朋來字與可南昌人登宋咸淳十年

進士仕元爲福清縣判官事迹具元史儒學傳朋來之學恪守宋人故易亦言先天後天河圖洛書書亦言洪範錯簡詩亦不主小序春秋亦不主三傳葢當時老師宿儒相傳如是門戸所限弗敢尺寸踰也惠棟九經古義詆其論大學親民一條不知親新通用本馬鄭之解金縢爲夏蟲之見又詆其論言乃讙一條不考史記魯世家所引無逸及裴駰集解所引鄭註論周禮樂師臯字與大祝臯字不考臯告皡三字相同乃謂鄭氏先後異讀均

爲妄下雌黄蓋於古義古音亦多所出入然其書發明義理論頗醇正於禮經尤疏證明白在宋學之中亦可謂切實不支矣寸有所長固無妨錄備一家也

十一經問答五卷 兩江總督採進本

舊本題何異孫撰不著時代考其第二卷中論孟子徹法助法稱大元官制承宋職田則當爲元人第一卷中論論語莫春者稱王稼村先生於杭州府學講此一章稼村爲王義山之號義山宋景定

中進士入元官江西儒學提舉異孫及見其講經則當在元初故論孟子恒心恒產一條謂老儒猶讀恒為常避宋真宗諱今當讀胡登反是宋亡未久之證也所說凡論語孝經孟子大學中庸詩書周禮儀禮春秋三傳禮記十一經其敘次先後頗無倫理又以大學中庸各為一經亦為杜撰皆頗不可解其書皆仿朱子或問之體設為問答大學中庸論語孟子大致用章句集註而小有異同如君子居之何陋之有則以為箕子曾居其地至今

禮儀教化與中州同不可謂之爲陋案鄭汝諧論語意原已先有此說異孫蓋與之闇合至於日至之時皆熟矣則以爲夏至君子不亮惡乎執以惡字讀去聲皆不爲無理至於蕤竹猗猗因毛傳綠木賊之說遂以切磋琢磨爲用此草以治物父母惟其疾之憂謂孟武伯爲人多憂夫子寬以他事不必憂惟當憂父母之疾雍也可使南面謂孔子之言爲礙理人皆謂詆毀明堂謂當時七國皆僭造明堂則未免橫生異說他若以汲冢紀年爲淳于髡所作謂孝經十八章

次序爲唐元宗所定尤鑿空無據矣其餘說詩多據鄭元譜說書多據蔡沈傳說三禮三傳多撮舉註疏然其間隨文生義觸類旁通用以資幼學之記誦亦不爲無益其論趙岐註孟子曰六經論語孟子前後凡經幾手訓解宋儒不過集衆說以求一是之歸如說易便罵王弼講周禮便責鄭康成賈公彥解尚書便駁孔安國傷乎已甚畢竟漢儒亦有多少好處趙岐在夾柱中三年註一部孟子也合諒他勤苦云云尤平心之論也

五經蠡測六卷 兩江總督採進本

明蔣悌生撰悌生字叔仁福寧州人洪武初以明經官訓導是書乃其元季避兵藍田谷中所作嘉靖戊戌案原序內不題年號但稱戊戌以序中一百六十餘年語推之知爲嘉靖十七年浮梁閔文振纂修州志始得稿於其裔孫崇雨序而刻之前有洪武庚戌悌生自序凡易一卷書一卷詩三卷春秋一卷後有文振附記曰右五經詩說獨多易書次之春秋爲少禮記亡闕今猶題曰五經蠡測仍其舊也云云今觀其書或載經文或

但標章句之目所說或大書或夾註體例絕不畫一蓋猶未成之藁草又尚書大甲篇首有曰詩書小序前已詳言之矣然以前絕未論詩書序則不但禮記散佚併尚書亦有佚脫也其說易多斟酌程傳本義之異同如解頤卦虎視眈眈其欲逐逐謂大臣之求賢爲助如虎之求肉爲食穿鑿太甚如解龍戰于野謂坤不得稱龍龍即乾卦六爻之龍陰盛而與之戰嫌於无陽故稱龍以明陽未嘗无則立義特爲正大其說書於蔡沈集傳多所訂

正解盤庚疑有錯簡三章未免因王柏謬說又加推廣至於高宗肜日謂果爲高宗之事則當稱王不當首稱廟號用鄒氏音釋之說以爲祖庚祀高宗亦不爲無見其說詩謂小序固有紕繆而朱子疾之太甚於諸篇同異務持兩家之平在元明之間可謂屹然獨立無依門傍戶之私至其以鴟鴞爲美周公乃豳風之詩錯簡入於曹風則又臆斷之餘習矣春秋僅說滕子來朝子同生夫人姜氏遜于齊夫人姜氏會齊侯于禚公及夫人會齊侯

于陽谷齊仲孫來六條案遜于齊與會而仲孫一條與陽穀一條連合爲一條年月又復顛倒其說不甚主胡傳然既曰胡傳不合筆削之初意又曰聖人復生亦將有取於胡氏之言又何必一一盡合於筆削之初意則於胡傳亦尚在疑信間也大抵僻處窮山罕窺古籍於考據引證非其所長而覃精研思則往往有所心得名雖不及熊朋來書則實在朋來上也

簡端錄十二卷江蘇巡撫採進本

明邵寶撰寶有左觿已著錄是編皆其讀書有得即題識簡端積久漸多其門人天台王宗元鈔合成帙因以簡端爲名凡易三卷書二卷春秋三卷禮記一卷大學中庸合一卷論語孟子合一卷前有寶自敘又有雍正壬子華希閔重刊序稱格物一義頓悟者方欲掃除一切先生則曰格物猶言窮理也理即物之所以爲物也不曰窮理而曰物者要之於其實也云云蓋時方趨向良知以爲聖人秘鑰儒者日就虛無寶所學獨篤實不支故其

言如此全書大旨不外於斯雖步步趨趨尚未爲沈酣經窟然馬鄭孔賈之學至明殆絕研思古義者二百七十年內稀若晨星迨其中葉狂禪瀾倒異說飇騰乃併宋儒義理之學亦失其本旨實所劄記雖皆寥寥數言而大旨要歸於醇正亟錄存之亦不得已而思其次也

五經稽疑六卷　浙江巡撫採進本

明朱睦㮮撰睦㮮有易學識遺已著錄據明史睦㮮傳稱其萬歷五年舉周藩宗正領宗學約宗生

以三六九日午前講易詩書午後講春秋禮記雖盛寒暑不輟所撰有五經稽疑六卷藝文志載睦㮮五經稽疑六卷外又載睦㮮春秋諸傳辨疑四卷其春秋稽疑又有别行之本析爲四卷乃與明史所稱春秋經傳辨疑合考睦㮮自序稱少靡所好游心六經嘗作春秋稽疑餘未及爲也癸未四月案明史稱睦㮮以萬歷五年舉宗正又三年卒則其卒當在萬歷八年癸未乃萬歷十一年與史文不合疑史誤也杜門謝客乃取四經時披閱焉或有疑者參訂諸家而折衷之且述且作得若干卷云云

據其所言絕不及春秋經傳辨疑一字殆初註春秋四卷名以經傳辨疑先行於世後乃足成五經併爲一帙統改今名著錄家各據所見之本遂析而爲二耳明史睦㮮傳但稱作五經稽疑六卷不及春秋經傳辨疑從其最後之定本也春秋乃其初藳蓋以全力爲之大旨取直書其事美惡自見之義其中如誤以邾儀父爲邾命卿蓋沿程端學之曲說不思及晉處父盟經自有例未免傷於武斷然如春正月不書王王使桓叔來錫桓公命不

書天譚子不書名柯之盟不書日祭叔來聘不書使之類以爲傳寫脱誤非孔子有意筆削旁引曲證足破穿鑿附會之論又謂穀伯綏來朝鄧侯吾離來朝二朝字當作奔鄭游遬師師滅許滅當作入又辨左氏以城小穀爲城穀之非公羊謂晦不書事之誤則精核者居多易書詩禮所説殊畧易多誤採郭京之本書既以古文爲疑又以大禹謨臯陶謨篇首之語爲後人所加又用程子之説引文命允迪之文以駁放勳之非號亦頗涉矛盾詩

多採用小序亦王之新意禮則所辨後儒增益之詞頗爲有見而末附以所定藩府禮制八條則亘古說經無此體例矣以其考證古義尚時有可取亦併錄之抄本不分卷帙今約其篇頁以四經各爲一卷春秋爲兩卷仍合於明史所載之卷數焉

經典稽疑二卷江蘇巡撫採進本

明陳耀文撰耀文字晦伯確山人萬歷庚戌進士官至按察司副使此書取漢唐以來說經之異於宋儒者分條輯載上卷爲四書下卷爲易書詩春

秋禮記周禮先儒專門之學各有師承非同臆說耀文欲存諸經古訓但當採鄭王賈孔遺言不應襍以明人議論又如宰予晝寢但取七經小傳寢爲內寢之說而不引資暇集所載梁武帝繪畫寢室一條竊比老彭但取經典釋文所引鄭云老老聃彭彭祖之說而不引禮記疏文選註所載鄭註老聃周之太史彭彭咸也一條乾元亨利貞但取子夏傳始通和正之說而不引義海撮要所載梁武帝義始爲元遂爲亨益爲利不私爲貞一條此

類頗多亦傷漏畧又如周禮備載宋元諸儒攻駁之語則徒啟紛紜孟子備載筆談所紀王聖美因何郯見梁惠王之言則更涉諧謔蓋耀文因當時帖括之士墨守方隅稍爲裒集異同以存古義而不必一一悉從其朔故所採亦未盡精純然嘉隆之間心學盛而經學衰耀文獨能遠討遐搜潛心訓詁亦可云空谷之足音矣

欽定繙繹五經五十八卷四書二十九卷

乾隆二十年初

欽定繙譯四書續繙譯易書詩三經續又繙譯春秋禮記二經至乾隆四十七年而聖賢典籍釋以

國書者燦然備焉案鄭樵通志七音畧曰宣尼之書自中國而東則朝鮮西則涼夏南則交趾北則朔易皆吾故封也故封之外其書不通何瞿曇之書能入諸夏而宣尼之書不能至跋提河聲音之道有障礙耳其說良是然文字之聲音越數郡而或不同文字之義理則縱而引之千古上下無所異橫而推之四海內外無所異苟能宣其意旨通以

語言自有契若符節者又何聲音之能障礙乎哉
考隋書載魏氏遷洛未達華語孝文帝命侯伏侯
可悉陵以其言譯孝經之旨教於國人謂之國語
孝經經籍志載其書作一卷是古人已有行之者
特其學其識均未窺六藝之閫奧故所能譯者僅
文句淺顯之孝經而諸經則未之及耳我
國家肇興東土剏作十二字頭貫一切音復
御定清文鑑聯字成語括一切義精微巧妙實小學家所
未有故六書之形聲訓詁皆可比類以通之而

列聖以來表章經學天下從風莫不研究微言講求古義尤非前代之所及故先譯四書示初學之津梁至於五經易則畧象數之迹示其吉凶書則疏詰屈之詞歸於顯易詩則曲摹其詠嘆而句外之寄托可思春秋則細核其異同而一字之勸懲畢見禮記則名物度數考訂必詳精理名言推求必當尤足破講家之聚訟蓋先儒之詁經多株守其文故拘泥而鮮通此編之詁經則疏通其意故明白而無誤不立箋傳之名不用註疏之體而脣吻輕重

之間自然契刪述之微旨厥有由矣學者守是一編或因經義以通

國書而同文之

聖化被於四方或因

國書以通經義而明道之遺編彰於萬世其有裨於文教均爲至大雖堯帝之文章尼山之刪定又何以加於茲哉

經問十八卷經問補三卷浙江巡撫採進本

國朝毛奇齡說經之詞其門人錄之成編皆一問一

答故題曰經問其後三卷則其子遠宗所補錄也其中如論褚師聲子不解韈論肅容肅揖肅拜三者之分論婦人不稱欽袵論稽首頓首之誤用論杜預註丘甲之非論儀禮出二戴禮記不出二戴論甘盤不遯於荒野論姓分爲氏氏分爲族論以字爲氏不必定用王父論兄弟不相爲後破汪琬以弟後兄之說以史記諸侯年表正趙世家記屠岸賈之訛謂衛宣公無烝夷姜事謂孟子記齊楚伐宋時宋猶未滅滕謂春秋桓公多闕文論公行

子有子之喪論微子微仲論鄭康成誤註剿說爲雷同論孔子非攝相論孔子適周非昭公二十四年論畏厭溺論魯鼓薛鼓非無詞論媒氏禁遷葬嫁殤論子文三仕三已論束牲載書皆證佐分明可稱精核至其中所排斥者如錢丙蔡氏之類多隱其名而指名而攻者惟顧炎武閻若璩胡渭三人以三人皆博學重望足以攻擊而餘子則不足齒錄其傲睨可云已甚李塨序目稱仁和汪祭酒嘗答人書謂西河論經終不見有紬理似乎鄭康

成杜預孔穎達賈公彥輩皆有赢有絀而西河隨問隨答無是焉其推挹甚至而其以辨才求勝務取給一時不肯平心以度理亦於是見之可謂皮裏陽秋矣然以馬鄭之淹通濟以蘇張之口舌實足使老師宿儒變色失步固不可謂非豪傑之士也

九經誤字一卷 內府藏本

國朝顧炎武撰炎武有左傳杜解補正已著錄是書以明國子監所刊諸經字多譌脫而坊刻之誤又

甚於監本乃考石經及諸舊刻作爲此書其中所摘監本坊本之誤諸經尚不過一二字惟儀禮脱誤比諸經尤甚如士昏禮視諸衿鞶下脱壻之綏姆辭曰未教不足與爲禮也十四字鄉射禮各以其物獲下脱士鹿中翿旌以獲七字燕禮享于門外東方下脱其牲狗也四字特牲饋食禮長皆答拜下脱舉觶者祭卒觶拜長皆答拜十一字振之三下脱以授尸坐取簞興七字其一兩字之脱尚十九處皆賴炎武此書校明今本得以補正則於

典籍不爲無功矣惟所引石經子朝奔郊四字字體與唐不類考左傳昭公二十二年王師軍於京楚辛丑伐京注云京楚子朝所在又昭公二十三年王子朝入於尹註云自京入尹氏之邑則子朝無奔郊之事此四字爲王堯惠等妄加明矣炎武亦復采之未免泥古之過然不以一眚掩也

十三經義疑十二卷 江蘇巡撫採進本

國朝吳浩撰浩字養齋華亭人是書取諸經箋註標其疑義考訂之力頗勤如季本讀禮疑圖以萬人

爲一軍浩襲其說於詩公車千乘公徒三萬不主鄭箋舉成數之解而引司馬法文以一乘總三十人定千乘當三萬人而疑賈疏附會此法爲畿內之制今考大司馬萬有二千五百人爲軍小司徒五人爲伍五伍爲兩四兩爲卒五卒爲旅五旅爲師五師爲軍天子諸侯同制小司徒疏謂司馬法成百井三百家革車一乘士十人徒二十人至同方百里萬井三萬家革車百乘士千人徒二千人乃天子畿內采地法又司馬法甲士三人步卒七

十二人乃是畿外邦國法此周之定制也齊語管子制國五家爲軌故五人爲伍十軌爲里故五十人爲小戎四里爲連故二百人爲卒十連爲鄉故二千人爲旅五鄉爲師故萬人爲軍韋昭註萬人爲軍齊制也周則萬二千五百人爲軍此春秋列國之變制也僖公之頌正當齊桓之時或其時節用齊法亦未可知浩據以疑周禮則非也浩又於儀禮聘禮引崔靈恩之説謂諸侯三卿司徒兼冡宰司馬兼宗伯司空兼司寇諸侯雖正卿猶不敢

稱大史記謂魯以孔子爲大司寇若然豈魯有六
卿如天子耶宋二王之後故有大司馬楚之有大
司馬也因僭稱王耳今考管子王言篇甯戚藝粟
盡地利立爲大司徒王子城父爲大司馬則春秋
時諸侯正卿明稱大而稱大司馬者又不止宋楚
矣又左氏傳曰向爲人爲大司寇則宋稱大者又
不特司馬矣魯司寇爲司空兼官本非正卿或止
得稱司寇而槩謂諸侯正卿皆不得稱大則亦弗
之考也又周禮乃立春官宗伯鄭註引夏父弗忌

爲宗人浩謂春秋內外傳俱作我爲宗伯宗人雖亦掌禮之官但位卑權輕焉能擅爲逆祀今考宗人之名通於上下左傳哀公二十四年使宗人釁夏獻其立夫人之禮對曰無之公怒曰汝爲宗司尊之曰宗司是非卑位矣又文王世子公族其在宗廟之中則如外朝之位宗人授事以爵以官註宗人掌禮及宗廟與鄭氏周禮太宗伯註宗官典國之禮與其祭祀合又大戴禮諸侯遷廟例祝宗人及從者皆齊宗人擯與周禮大宗伯職掌王之

擯相合鄭註宗伯爲宗人葢卽據此此天子諸侯之宗人也魯語公文伯之母於室文伯饗其宗老韋昭註宗宗人晉語范文子謂其宗祝韋昭註亦曰宗宗人此卿大夫之宗人也浩以宗人爲位卑權輕是以卿大夫之宗人與天子諸侯之宗人合爲一也考核頗疎其他如釋左傳得祏於槖中謂大夫亦有主與蔡謨之說合而引說文謂大夫以石爲主則出前儒所引之外釋爾雅昏强也謂昏當作昬書不昬作勞昬音閔與暋同强也又爾雅

夏日復胙郭註未見所出浩引穀梁楊疏云復胙者復前日之禮有司徹賈疏云復胙者復昨日之胙祭則均可補郭注之闕其說亦頗有可採者蓋於註疏之學雖未能貫通融會而研究考證具有根柢視剽剟語錄枵腹談經徒以大言臆斷者則勝之遠矣

七經孟子考文補遺二百六卷 浙江汪啟淑家藏本

原本題西條掌書記山井鼎撰東都講官物觀校勘詳其序文蓋井鼎先爲考文而觀補其遺也二

入皆不知何許人驗其板式紙色蓋日本國所刊凡爲易十卷書十八卷詩二十卷禮記六十三卷論語二十卷孝經一卷孟子十四卷別孟子於七經之外者考日本自唐始通中國殆猶用唐制歟前有凡例稱其國足利學有宋板五經正義一通又有古本周易三通畧例一通毛詩二通皇侃論語義疏一通古文孝經一通孟子一通又有足利本禮記一通周易論語孟子各二通又有正德嘉靖萬歷崇禎十三經註疏本崇禎本卽汲古閣本

也其例首經次註次疏次釋文專以汲古閣本爲主而以諸本考其異同凡有五目曰考異曰補闕曰補脱曰謹案曰存舊按所稱古本爲唐以前博士所傳足利本乃其國足利學印行活字板今皆無可考信書中所稱宋板五經正義今以毛居正五經正誤及岳珂九經三傳沿革例所引宋本參核如尚書益稷篇註粉若粟冰六經正誤引紹興本作粟氷監本作粟氷與國軍本作粟米今汲古閣本作粟氷而此書不引粟氷粟米二條毛詩鴟

鴞章子尾翛翛經傳沿革例引監本蜀本越本作脩脩今汲古閣作翛翛而此書不引脩脩一條生民章箋訏謂張口嗚呼經傳沿革例引余仁仲本嗚作嗚今汲古閣本作嗚而是書不引嗚字一條春秋左氏傳隱四年老夫耄矣六經正誤引潭本耄作耄今汲古閣本作耄而此書不引老字一條襄三十一年天厲不戒六經正誤引臨川本天作天今汲古閣本作天而此書不引天字一條禮記曲禮二名不偏諱經傳沿革例引蜀大字本興國

本偏作徧今汲古閣本作偏而此書不引偏字一條悉與毛岳兩家所稱宋本不符不知所據宋本定出誰氏然如周易小過九四註不爲責主此書引宋板責作貴與六經正誤所引善本合又春秋傳昭十二年昔我先王熊繹與呂級此書引宋永懷堂本級作伋與六經正誤所引興國本合昭二十四年註不佞獻王此書引宋板王作玉與六經正誤所引臨川本合僖三十一年注濟水滎陽東過魯之西此書引宋永懷堂本滎作熒與經傳沿

革例所據之善本合僖二十三年懷其安實敗名此書引宋永懷堂本其作與與經傳沿革例所引監本蜀本及諸善本合禮記曾子問註則卒哭而致事此書引宋板則作周喪服小記殤無變文不縞此書謂縞乃縞字之誤皆與經傳沿革例所引興國本合考經傳沿革例所載宋板二十一種多不附釋文其附釋文者獨有建本及蜀中大字本此書載宋板毛詩左傳獨附釋文則或爲監本及蜀中大字本歟井鼎稱足利本乃統括古本而所

引古本如尚書舜典註云使各陳進治理之言古理作禮而六經正誤所引監本亦云理作禮則知古本非無稽也至所正釋文錯誤多稱元文不知元文爲何本今以通志堂所刊考之一一皆合蓋徐本未出以前其書已傳入彼國矣歐陽修作日本刀歌曰徐福行時書未焚遺書百篇今尚存今考此書所列尚書與中國之本無異又明豐坊僞造諸經皆稱海外之本今考此書與坊本亦無一同是亦足釋千古之疑也

九經古義十六卷 桂林府同知李文藻刊本

國朝惠棟撰棟有周易述已著錄是編所解凡周易尚書毛詩周禮儀禮禮記左傳公羊穀梁論語十經其左傳六卷後更名曰補註刊板別行故惟存其九曰古義者漢儒專門訓詁之學得以考見於今者也古者漆書竹簡傳寫爲艱師弟相傳多由口授往往同音異字輾轉多岐又六體孳生形聲漸備毫釐辨別後世乃詳古人字數無多多相假借沿流承襲遂開通用一門談經者不考其源每

以近代之形聲究古書之義旨穿鑿附會多起於斯故士生唐宋以後而操管摛文動作奇字則生今反古是曰亂常至於讀古人之書則當先通古人之字庶明其文句而義理可以漸求楝作是書皆蒐採舊文互相參證其中愛博嗜奇不能割愛者如易之需卦據歸藏作溽於象傳飲食之義固符於爻詞需泥需沙則義不相協書之曰若稽古用鄭康成之義實則訓古爲天經典更無証佐儀禮士昏禮之皇舅某子申註疏張子李子之義駁

顧炎武之說實則春秋傳所謂男女辨姓乃指婚姻不指稱號禮記檀弓之子夏喪明漢冀州從事郭君碑作喪名蕢係假借之字乃引爾雅目上爲名謂名爲目珠實則目珠不在眉目之間公羊隱十一年傳蔡邕石經以弑爲試引白虎通證之巳屬附會又引荀子議兵篇威厲而不試刑措而不用句爲證實則此試字又別一意蔡邕所書義不緣此成二年傳見土齊也自以何休註文爲正解而引周禮司馬法解土爲杜實則盡東其畝原非

杜塞隣國之交通論語之詠而歸據鄭康成王充之說以歸爲饋實則風雩無饋祭之理如斯之類皆不免曲循古人失之拘執又如據周禮牛人謂任器字出於經文不出子史駁宋祁筆記之誤則體同說部與經訓無關引荀子墨子證學記之撞鐘引荀子證秦穆公之能變引墨子證許止不嘗藥引楊方五經鉤沈證論語生知亦皆牽引旁文無關訓詁未免爲例不純然自此數條以外大抵元元本本精核者多較王應麟詩考鄭氏易註諸

書有其過之無不及也

經稗六卷 福建巡撫採進本

國朝鄭方坤撰方坤字則厚號荔鄉建安人雍正癸卯進士官至兖州府知府是編雜採前人說經之文凡易書詩春秋各一卷三禮共一卷四書共一卷以多摭諸說部之中故名曰稗言猶正史之外別有稗官耳漢代傳經專門授受自師承以外罕肯旁徵故治此經者不通諸別經即一經之中此師之訓故亦不通諸別師之訓故專而不雜故得

精通自鄭元淹貫六藝參互鉤稽旁及緯書亦多採摭言考證之學者自是始宋代諸儒惟朱子窮究典籍其餘研求經義者大抵斷之以理不甚觀書故其時博學之徒多從而探索舊文網羅遺佚舉古義以補其闕於是漢儒考證之學遂散見雜家筆記之內宋洪邁王應麟諸人明楊慎焦竑諸人

國朝顧炎武閻若璩諸人其尤著者也夫窮經之要在於講明大義得立教之精意原不以搜求奇秘

爲長然有時名物訓詁之不明事迹時地之不考遂有憑臆空談乖聖人之本旨者諸人於漢學放失之餘捃摭而存一綫亦未始非餼羊之遺也顧諸家無談經之專書篇帙紛繁頗難尋檢方坤能薈稡衆說部居州分於考核之功深爲有裨特錄存之亦朱子註中庸不廢沈括夢溪筆談之意也

十三經註疏正字八十一卷 浙江巡撫採進本

國朝沈廷芳撰廷芳字椒園仁和人乾隆丙辰召試博學鴻詞授翰林院編修官至山東按察使是編

校正十三經註疏以監本重修監本陸氏閩本毛氏汲古閣本參互考證而音義釋文則以徐氏通志堂本爲準凡周易三卷尚書五卷詩十四卷周禮十卷儀禮十一卷禮記十五卷左傳十卷公羊傳四卷穀梁傳二卷孝經一卷論語二卷孟子一卷爾雅三卷考諸經正義宋端拱咸平景德遞有校正而板本久湮明以來公私刻板亦有據宋本刊正者而所校往往不同廷芳是書每條標其本句而疏其訛誤於下其據某本改者並顯出之有

未定者則以疑存之或有據某人說者亦綴附焉於形聲六體尤所究詳然籀改而篆篆改而八分而隸書偏旁點畫或因或革不能限以許慎之所述又經師口授各據專門春秋則三傳異文詩則四家殊字而假借通用又復錯出於其間故曰若越若書自不同桑葚桑椹詩亦各體此一經自不相同者也周禮之簭不可通乎周易之筮儀禮之庿不可通於禮記之廟此諸經各不相謀者也鄭康成之屢稱舊書陸德明之多引別本更不論矣

故是書所舉或漏或拘尚未能毫髮無憾至於參

稽衆本考驗六書訂刊板之舛訛祛經生之疑似

註疏有功於聖經此書更有功於註疏較諸訓詁

未明而自謂能窮義理者固有虛談實際之分矣

朱子五經語類八十卷江蘇巡撫採進本

國朝程川編川字鄘渠號春曇錢塘人乾隆元年薦

舉博學鴻詞是書成於雍正乙巳乃川肄業敷文

書院時所刊取朱子語錄之說五經者州分部居

各以類從以便參考凡易四十卷書九卷詩七卷

春秋三卷禮二十一卷昔朱子之孫鑑嘗緝文公易說二十三卷又緝詩傳遺說六卷

國朝李光地又有朱子禮纂五卷而書與春秋卒無專書特諸家援引遺文據以折衷衆說而已且其間各以意爲去取不能盡睹其全又不著爲某氏某年所錄亦無以考其異同先後之由黎靖德所編語錄雖薈萃無遺然不及一一詮次亦猝不得其端緒川此編於每經皆以總論居前論舊說得失者次之其餘則以經文爲序並各著某人所錄

於下且註其年月及朱子是時年若干歲於首條條分縷析至爲明白雖其間記錄或失其眞前後偶異其說者亦爲一一辨明然比類而觀互相勘校其得失亦粲然具見矣三禮之末綴以大戴禮記似乎不倫考是書歷代史志皆著錄於禮類史繩祖學齋佔畢稱宋時常併大戴記於十三經末稱十四經雖繩祖不詳事在何朝然諒非誣說且其文與三禮多相出入可以爲參考之資附錄於末亦不得以泛濫爲疑矣

羣經補義五卷 安徽巡撫採進本

國朝江永撰永有周禮疑義舉要已著錄是書取易書詩春秋儀禮禮記中庸論語孟子九經隨筆詮釋末附雜說多能補註疏所未及惟有過矯鄭義者如禮記補義云主常在室朝事雖延尸坐尸而主不動故云詔主於室坐尸於堂堂上有尸無主也大司樂職云尸出入則令奏肆夏而司巫無奏主出入之文也今考郊特牲註曰朝事延尸於戶西南面布主席東面取牲膟膋燔於爐炭洗肝於

鬱鬯而燔之入以詔神於室又出以墮於主主人親制其肝所謂制祭也時尸薦以籩豆至薦熟乃更延主於室之奥尸來升席自北方坐於主北焉康成此註雖不見於經傳必有根據今亦謂坐尸於堂則堂上無主不知下文云直祭祝於主謂薦熟時也經亦但云祝於主不云祝於尸豈亦得謂薦熟時尸不在室乎葢言室則統有主言主則統有尸經以互文見義葢以見尸主之不相離也況大司樂尸出入奏肆夏註謂出入廟中如第據出

入廟中則曾子問曰主出廟入廟必蹕此不得以司巫不言主出入而遂不信曾子問也公羊傳曰祫祭者毀廟之主陳於太祖未毀廟之主皆升合食於太祖周旅酬六尸則毀廟有主而無尸若朝踐之節但有尸在堂而主皆在室則毀廟之主不得與於朝踐之禮矣曲禮曰措之廟立之主曰帝主所以識世系也尸之所在以主辨其昭穆故尸與主不相離白虎通曰主所以依神也淮南子曰神主所依者尸也若主在室而尸在堂則朝踐之

節神一依於在堂之尸又一依乎在室之主散而無統非所以明精專也論語補義又謂魯禘行於秋嘗之時周正之秋實是夏月故明堂位曰季夏六月禘周公於明堂也今考閔二年夏五月吉禘於莊公僖八年秋七月禘於太廟文二年八月大事於太廟宣八年夏六月有祀於太廟昭十五年二月禘於武宮定八年冬禘於僖公據此則魯之禘祭四時皆舉不得拘以嘗月也明堂位曰季夏六月以禘禮祀周公於明堂雜記孟獻子曰正月

日至可以有事於上帝七月日至可以有事於祖七月而禘獻子爲之也稱七月日至乃夏至建午之月則六月實建巳之月於周正爲夏不爲秋也永旣據明堂位六月爲禘月而以六月爲周正之秋則是以六月爲建未之月矣同一曾也記者於正月七月稱日至則用周正而於六月則又用夏正恐無是理永又引祭統內祭則大嘗禘書禘於嘗下明大禘在嘗月不知禘在嘗下不過錯舉之詞猶之傳曰烝嘗禘於廟嘗在烝前而錯舉之則

曰烝嘗也然則經文嘗在禘上原不謂禘在嘗月也永又因魯頌秋而載嘗夏而楅衡白牡騂剛爲禘在嘗月之證不知毛傳曰諸侯夏禘則不礿秋祫則不嘗惟天子兼之鄭箋曰秋嘗祭於夏則養牲是毛鄭皆不以此節爲禘祭也今據魯頌爲禘嘗同月尤爲未允然其他條則典確不磨若尚書補義以西海爲青海謂西海郡雖始立於王莽而山海經云西海之南流沙之濱則西海之名甚古並不始於莽也春秋補義謂兄終弟及宗廟昭穆

之世天子諸侯不得過四親而昭穆之廟不必限以四並斥萬斯大所據明堂五室之說又謂春秋之世兵農已分引管子制國二十一鄉工商之鄉六士鄉十五公帥五鄉國子高子各帥五鄉是在當時齊之三軍悉出近國都之十五鄉而野鄙之農不與論語補義謂先儒以麻冕用三十升布八十縷爲升三十升則二千四百縷布一尺二寸容一千二百縷朱子已謂其極細如今之細絹豈更可倍爲二千四百縷然則麻冕亦不過十五升辨

析尤爲精核其他於禹貢之輿地春秋之朔閏皆考證賅洽於經文註義均有發明固非空談者所及亦非捃拾爲博者所及也

經咫一卷 江蘇巡撫採進本

國朝陳祖范撰祖范字亦韓亦字見復常熟人雍正癸卯會試中式舉人未及殿試乾隆辛未薦舉經學特賜國子監司業銜是書皆其說經之文名經咫者用國語晉文公咫聞語也祖范膺薦時曾錄呈

御覽此其門人歸宣光等所刊凡易七條書十二條詩七條春秋十三條禮六條論語十三條中庸二條孟子十條而以雜文之有關禮義者八篇列於禮後其論書不取梅賾論詩不廢小序論春秋不取義例論禮不以古制違人情皆通達之論原序稱文不離乎六經四書說不叅乎支離怪僻視蕭山毛奇齡之專攻前人同一說經而純駁顯然今觀其書如駁公羊傳弟爲兄後之說而取其母以子貴之文駁婚禮不告廟之非論語無所取材主鄭

康成桴材之說謂甯武子不及仕衛文公謂瓜祭非必祭及政逮大夫四世之類取奇齡說者不一而足惟古文尚書顯然立異耳祖范學問篤實必非剽取人書者或奇齡之書盛氣叫囂肆行誹詆爲祖范所不欲觀故不知先有是說偶然闇合歟然如奇齡經說以諸賢配享爲多事而謂學宫祀文昌魁星爲有理則祖范終無是也

九經辨字瀆蒙十二卷 浙江巡撫採進本

國朝沈炳震撰炳震歸安人是書校正九經文字第

一卷爲經典重文如翩翩坎坎之類第二卷爲經無重文如褫字積字之類第三卷爲經典傳譌如文言傳重剛而不中重字本義疑衍象傳履霜堅冰魏志作初六履霜之類第四卷第五卷爲經典傳異以註疏本列於上以石經不同者列於下其諸書援引異文亦併附著第六卷爲經典通借如君子以順德順王肅本作慎磬桓利居貞磐釋文一本作盤之類第七卷第八卷第九卷爲先儒異讀如易大人造也造劉歆引作聚君子體仁仁董

遇本作信之類第十卷爲同音異義如豕本訓豕走而易之豕則訓爲斷毒本訓害而王弼註師卦毒天下訓爲役之類然其音不改第十一卷爲異音異義如元亨之亨在王亨於岐山則讀饗乾坤之乾在噬嗑乾胏則讀干之類併其音而改之矣併附以異字同義如易之鼫鼠卽詩之碩鼠易之臲卼卽書之杌隉之類第十二卷則註解傳述人也其排比鉤稽頗爲細密可以因文字之異同究訓詁之得失於經學頗爲有裨惟末卷註解傳述

人全錄陸德明釋文所載無所考證苟盈篇帙殊無可取駢拇支指姑置而不論可矣

古經解鉤沉三十卷 江蘇巡撫採進本

國朝余蕭客撰蕭客字仲林長洲人是編採錄唐以前諸儒訓詁首爲叙錄一卷次周易一卷尚書三卷毛詩二卷周禮一卷儀禮二卷禮記四卷左傳七卷公羊傳一卷穀梁傳一卷孝經一卷論語一卷孟子二卷爾雅三卷共三十卷而叙錄周易左傳均各分一子卷實三十三卷也自宋學大行唐

以前訓詁之傳率遭掊擊其書亦日就散亡沿及
明人說經者遂憑臆空談或蕩軼於規矩之外
國朝儒術昌明士敦實學復仰逢我
皇上稽古右文
詔校刊十三經註疏
頒行天下風教觀摩凡著述之家爭奮發而求及於古
蕭客是書其一也其敘錄備述先儒名氏爵里及
所著義訓其書尚存者不載或名存而其說不傳
者亦不載餘則自諸家經解所引旁及史傳類書

凡唐以前舊說有片語單詞可考者悉著其目雖有人名而無書名有書名而無人名者亦皆登載又以傳從經鈎稽排比一一各著其所出之書並仿資暇集龍龕手鏡之例兼著其書之卷第以示有徵又經文同異皆以北宋精本參校正前明監板之訛缺自序謂創始於己卯成稾於壬午晝夜手錄幾於左目青盲而後成帙其用力亦可謂勤矣至梁皇侃論語義疏日本尚有全帙又唐史徵周易口訣義今永樂大典尚存遺說是書列皇氏

書於佚亡而史氏書亦皆未採蓋海外之本是時尚未至中國而天祿之珍庋藏清秘非下里寒儒力所能睹也然經生耳目之所及者則捃摭亦可謂備矣

附錄

古微書三十六卷 江蘇巡撫採進本

明孫瑴編瑴字子雙華容人考劉向七畧不著緯書然民間私相傳習則自秦以來有之非惟盧生所上見史記秦本紀即呂不韋十二月紀稱某令

失則某災至伏生洪範五行傳稱某事失則某徵見皆讖緯之說也漢書儒林傳稱孟喜得易家候陰陽災變書尤其明證荀爽謂起自哀平據其盛行之日言之耳隋志著錄八十一篇燔燒之後湮滅者多至今僅有傳本者朱彝尊經義考稱易乾鑿度乾坤鑿度禮含文嘉猶存顧炎武日知錄又稱見孝經援神契然含文嘉乃宋張師禹所撰非其舊文援神契則自宋以來不著於錄殆炎武一時筆誤實無此書則傳於世者僅乾鑿度乾坤鑿

度二書耳我

皇上光崇文治四庫宏開二酉秘藏罔弗津逮又於永樂大典之中搜得易緯稽覽圖通卦驗坤靈圖是類謀辨終備乾元序制記六書爲數百年通儒所未見其餘則仍不可稽蓋遺編殘闕十不存其一矣瑴嘗雜採舊文分爲四部總謂之微書一曰樊微輯秦以前逸書一曰綫微輯漢晉閒箋疏一曰闕微徵皇古七十二代之文一曰刪微即此書今三書皆不傳惟此編在遂獨被微書之名實其中

之一種也所採凡尚書十一種春秋十六種易八種禮三種樂三種詩三種論語四種孝經九種河圖十種洛書五種以今所得完本校之𣪍不過粗存梗概又唐瞿曇悉達開元占經去隋未遠所引諸緯如河圖聖洽符孝經雌雄圖之類多者百餘條少者數十條𣪍亦未睹其書故多所遺漏又摘伏勝尚書大傳中鴻範五行傳一篇指爲神禹所作尤屬杜撰然其採摭編綴使學者生於千百年後猶見東京以上之遺文以資考證其功亦不可

毖經義考毖緯一門其所引據出鼓書者十之八九則用力亦甚勤矣緯與經名雖相輔實各爲書卦氣之說孟喜始據以詁易何休鄭元援引尤多宋歐陽修乞校正五經劄子欲於註疏中全削其文而說不果用魏了翁作九經正義始盡削除此實說經家謹嚴之旨與孫復說春秋而廢傳鄭樵說詩而廢序深文巧詆務排漢學者不同然義理則當尊正軌考證則不廢旁稽如鄭元註禮五天帝具有姓名此與道家符籙何異宋儒闢之是也

至於蔡沈書集傳所稱周天三百六十五度四分度之一實洛書增耀度尚書考靈耀之文黑道二去黃道北赤道二去黃道南白道二去黃道西青道二去黃道東實河圖帝覽嬉之文朱子註楚詞崑崙者地之中也地下有八柱互相牽制名山大川孔穴相通實河圖括地象之文三足烏陽精也實春秋元命包之文案此四條皆朱彝尊經義考之說以至七日來復自王弼以來承用六日七分之說朱子作易本義亦弗能易實易稽覽圖之文洛書四十五點

邵子以來傳爲秘鑰其法出於太乙九宮實易乾鑿度之文是宋儒亦未能盡廢之然則蒐輯此編於經義亦不無所裨未可盡斥爲好異故今仍附錄五經總義之末焉

右五經總義類三十一部六百八十一卷附錄一部三十六卷皆文淵閣著錄

案漢儒五經之學惟易先變且盡變惟書與禮不變詩與春秋則屢變而不能盡變蓋易包萬彙隨舉一義皆有說可通數惟人所推

象惟人所取理惟人所說故一變再變而不已書紀政事禮具器數具有實徵非空談所能眩亂故雖欲變之而不能詩則其美其刺可以意解其名物訓詁則不可意解也春秋則其褒其貶可以詞奪其事迹始末則不可以詞奪也故二經雖屢變而不盡變劉勰有言意翻空而易奇詞徵實而難巧此雖論文可例之於說經矣今所甄錄徵實者多不欲以浮談無根啟天下之捷徑也葢自王栢諸

人以下逞小辨而汩聖籍者其覆轍可一一

數矣

覆辨可一

欽定四庫全書總目 經部

卷三十四

# 欽定四庫全書總目卷三十四

經部三十四

五經總義類存目

五經圖六卷河南巡撫採進本

不著撰人名氏雍正癸卯襄城常定遠得明章達原本重刻達序稱是本得自盧侍御盧又得之信州鉛山爲鵞湖石刻本考明盧謙字默存廬江人萬歷甲辰進士官至江西布政使參政初官永豐縣知縣時得信州學五經圖石本廬江縣知縣章

達爲刻之其始末見李維禎序及謙孫雲英重編五經圖中此本稱章達刊當即謙所傳信州石本也前有萬邦榮序稱是書與信州石本對校前後參錯多所不同蓋又有所竄亂矣且原書兼圖周禮是以名爲六經此本仍存周禮諸圖而改題曰五經名實亦相舛迕又每經縮爲八頁而諸圖雜刻其間大圖之餘隙即塡小圖補之尤毫無體例矣

羣經辨疑錄三卷　浙江吳玉墀家藏本

明周洪謨撰洪謨字堯弼長寧人正統乙丑進士官至禮部尚書謚文安事蹟具明史本傳是編蓋其官祭酒時與諸生講論之語凡辨正四書五經訓釋與經旨違誤者百有四條又發明先儒言外之旨者百有九條自序稱寧爲朱子忠臣無爲朱子佞臣成化十五年嘗疏進於朝併請勅修諸經憲宗以大全諸書久爲學者所誦習不允所請觀此書頗可得其用意所在然其說以三光五行爲七政則不及古傳日月五星之確其辨周書八誥

及蘇軾之說以爲思殷叛周者皆紂所比暱之罪人則於當時情事未合仍不及蘇傳之允當至謂社稷之神龍柱農棄以前仍當有所謂稷者其言雖似有理然亦無所依據至下卷則多屬空言益無所取矣

石渠意見四卷拾遺二卷補闕二卷（兩淮鹽政採進本）

明王恕撰恕有玩易意見已著錄考明史恕本傳其初致仕在成化二十二年孝宗立復召用後與邱濬不合求去以宏治六年閏五月復致仕自是

家居凡十五年此本首篇自題云已未季秋據七卿表當在宏治十二年則是書作於再致仕時故自序稱作意見時八十四作拾遺時八十六作補闕時八十八可謂耄而好學矣其書大意以五經四書傳註列在學官者於理或有未安故以己意詮解而筆記之間亦有所發明而語無考證純以臆測如謂左傳爲子貢等所作之類殊游談無根也

五經心義無卷數 浙江巡撫採進本

明王崇慶撰崇慶有周易議卦已著錄此本又合所著書經說畧詩經衍義春秋斷義禮記約蒙與議卦共爲一編唯周易無序餘皆有自序大抵皆剽掇舊文罕所心得

十三經解詁五十六卷兩淮鹽政採進本

明陳深撰深有周禮訓雋已著錄是編凡易三卷書三卷詩四卷周禮六卷儀禮四卷禮記十卷左傳十四卷公羊傳三卷穀梁傳二卷論語一卷孝經一卷爾雅三卷孟子二卷其易惟取程傳及本

義各標其名書惟取孔傳蔡傳不復分別詩取小序及朱子集傳亦兼採子貢詩傳周禮分序官於各職之前使長屬相統用王應電本稱曰古本禮記增入夏小正一篇置曾子問前左傳主夏正之說謂用周正爲誣論語孝經孟子俱無註惟孟子加以評點用世所稱蘇洵本餘亦皆鈔錄舊註無所發明

說經劄記六卷 浙江巡撫採進本

明蔡汝楠撰汝楠字子木號白石德淸人嘉靖壬

辰進士官至南京工部侍郎明史文苑傳附見高叔嗣傳中是編說易說書說詩說春秋說禮記說論語說學庸說孟子各爲一卷末附太極問答數則史稱汝楠以憂歸聚諸生石鼓書院講求經義此書卽是時作也汝楠少嘗從湛若水游晚更友鄒守益羅洪先其學皆本於良知欲以治經爲治心之功故所說多如語錄罕博考之功云

五經異文十一卷　浙江汪啟淑家藏本

明陳士元撰士元有易象鉤解已著錄是編考訂

五經文字異同大抵以許慎說文陸德明經典釋文爲主而捃摭雜說附益之其所援據頗爲寒窘如易本義坤初爻小象順當作愼詩集傳景古影字之類亦縷載之又如宋本恒之作恒避眞宗諱猶貞之作貞避仁宗諱愼之作慎避孝宗諱而於恒卦注曰恒釋文作恒殊爲失考至雝雍一字而於書於變時雍注路史作時雝睂眉一字而於以介眉壽注呂氏讀詩記眉作睂益可以不必矣

五經釋十五卷 江西巡撫採進本

明鄧元錫撰元錫有三禮編繹已著錄是書凡易五卷書二卷詩三卷三禮四卷春秋一卷元錫先有三禮編繹二十卷別行故此編惟摘錄其中自作發明之語而删其經文及註書詩春秋亦不載經文惟存篇目其所詮釋多屬空談易則雖載經文而頗更其次第如乾卦乾元亨利貞句下繼以大哉乾元至萬國咸寧五十七字又繼以元者善之長也至故曰乾元亨利貞六十四字又繼以乾元者至天下平也五十七字又繼以天行健十字

乃繼以六爻及小象小象以後復繼以文言初九曰以下之文皆元錫以意更定其繫辭說卦序卦雜卦則全刪傳文而自撰天圖原等三卷以代之其憑臆杜撰亦畧與三禮編繹等也

經書音釋二卷 浙江汪啟淑家藏本

明馮保撰保字永亭號雙林深州人嘉靖中秉筆司禮太監隆慶及萬歷之初最用事事迹具明史宦官傳是編摭拾經典釋文說文廣韻諸書參以己意如解論語過則勿憚改憚字曰難也畏也則

已詳於朱注解宓不齊宓字曰三國時秦宓人名則更與音釋無關至其鈔襲舛誤更不可枚舉末有隆慶辛未保自跋其私印曰內翰之章尤可怪笑史稱保善琴能書是編當即所自撰意當時士大夫憚其權勢必有從而譽之者故竟至於災梨其人其書本均不足存以趙高爰歷六篇漢志著錄故存其目亦以見明代貂璫之橫至儼然以詞臣自居而無一人議之足爲萬世之炯戒也

孫月峯評經十六卷江蘇周厚堉家藏本

明孫鑛撰鑛字文融月峯其號也萬歷甲戌進士官至南京兵部尚書是編詩四卷書六卷禮記六卷每經皆加圈點評語禮記卷前載其所評書目自經史以及詩集凡四十三種而此止三種非其全書然詩經前有慈谿馮元仲序稱其舉詩書禮鼎足高峙葢元仲所別刻者以三經自爲一類也經不可僅以文論蘇洵評孟子本屬僞書謝枋得批點檀弓亦非眞本鑛乃竟用評閱時文之式一一標舉其字句之法詞意纎仄鍾譚流派此已兆

其先聲矣今以其無類可歸姑附之五經總義類焉

七經圖七卷副都御史黄登賢家藏本

明吳繼仕編繼仕字公信徽州人是書刊於萬歷已卯前有繼仕自序云得舊本摹校舊圖三百有九今加校正爲三百二十有一又增儀禮圖二百二十有七共爲圖五百四十有八所謂舊本即毛邦翰之書所謂儀禮圖即楊復之書均非繼仕所自撰也

九經考異十二卷附九經逸語一卷兩淮馬裕家藏本

明周應賓撰應賓鄞縣人萬歷癸未進士官至禮部尚書是編考證九經之異文九經者以五經四書合而爲九非古所謂九經又以四書居九經前益非古矣其書以陳士元五經異文爲藍本稍拓充之而舛漏彌甚如書浮于江沱潛漢下云陸一作潛於漢今釋文並無此文又如詩有渰萋萋知引韓詩作有弇而不引呂氏春秋之有晻興雨祁祁知引韓詩之興雲而不知呂氏春秋亦作興雲

如斯之類尤失之目睫之前也

談經九卷 江蘇巡撫採進本

明郝敬撰敬有周易正解已著錄此書一名經解緒言敬所著九經解凡一百六十五卷一百六十七萬餘言此則提其大要別爲九卷總題曰山草堂集蓋後來編入集中也凡易七十條書三十條詩五十四條春秋五十六條禮記十三條儀禮二十條周禮四十二條論語二十六條孟子三十二條敬天資高朗論多創闢而臆斷者亦復不少其

詳皆具經解中此亦可見所學之大概也

六經三注粹抄無卷數浙江巡撫採進本

明許順義撰順義字如齋晉江人是書前後無序跋不知何時所作驗其版式葢萬歷以後之坊本其書以易詩書春秋禮記周禮爲六經於經文多所刪節其註亦割裂餖飣所謂三注者亦不知三家爲誰殆書賈射利所刊也

五經纂注五卷江蘇周厚堉家藏本

舊本題竟陵鍾惺纂註有惺自序而書前又有舒

文鼎所爲凡例云今本朱蔡陳胡之統訓一就伯敬先生爲取衷則其書非惺所爲矣其書皆刪節經文易則一卦內刪數爻詩則一篇中刪數章書則一篇中刪數段春秋禮記刪節尤甚惺似不謬陋至此或亦書賈所託名歟

峚陽草堂說書七卷 浙江巡撫採進本

明鄭鄤撰鄤號峚陽武進人天啟壬戌進士改庶吉士崇禎中爲溫體仁所搆誣以杖母不孝磔於市是編首爲中庸說一卷次大學意一卷以中庸

冠大學前者其說謂中庸以明德終大學以明德始大學實繼中庸而作也論語詠一仿宋張九成之例以絶句代箋疏次孟子畧述隨意標舉而說之故曰畧焉四書皆崇禎十二年詔獄中作以授其子珽者次詩書論世三卷則雜論詩書二經大抵皆明末狂禪提唱心學無當於聖賢之本旨

拙存堂經質二卷兩江總督採進本

明冒起宗撰起宗字宗起如皐人崇禎戊辰進士官至湖廣布政使參議是書凡九十六篇分條考

辨其中頗有典核之處如辨書七政皆右旋蔡傳未爲實測詩小序與經傳多相符申公詩說不合於魯詩者凡數端國風非徒詩程大昌詩議頗誤引方言東齊土作謂之杼木作謂之柚證詩杼柚其空引史記國語證趙朔生年其他考書與春秋輿地者亦見根據他如謂大司徒小司徒等止言都鄙而不及鄉遂以都鄙即鄉遂也鄉師言六鄉遂人言六遂而不及都鄙以鄉遂即都鄙也且謂六鄉七萬五千家六遂亦如之則十五萬家一人

受百畝百里之國田九百萬畝除公田外僅八萬家其餘七萬家將於何處受田若都鄙在鄉遂外彼公侯伯等國卿大夫士之采地將何所受今考大司徒曰辨其邦國都鄙之數又曰帥六鄉之衆小司徒曰以稽國中及四郊都鄙之夫家九比之數又曰乃頒比法於六鄉之大夫則一職之內都鄙與六鄉並舉何得謂大司徒小司徒等止言都鄙而不及鄉遂耶至謂百里之國尚不能容六鄉六遂之夫田何得更有都鄙不知天子六鄉六遂

大國止有三鄉三遂次國二鄉二遂小國一鄉一遂費誓魯三郊三遂是其明証且鄉遂之制旣據周禮卽當以周禮封國之數爲正如公五百里開方百里者五五二十五侯四百里開方百里者四四十六大國三鄉止三萬七千五百家合三遂止七萬五千家二十五同而容七萬五千家僅得三十五分之一豈此外更不容有都鄙乎起宗誤以侯國亦六鄉六遂與天子同制而又不用周禮封國之數宜乎以百里之國不能容六鄉六遂也春

秋襄七年傳叔仲伯爲隧正隧與遂通則有遂之名又襄九年傳曰二師令四鄉正敬享則有鄉之名莊二十六年傳曰凡邑有宗廟先君之主曰都則有都之名莊二十八年傳曰羣公子皆鄙昭二十年傳曰縣鄙之人則有鄙之名襄三十年傳曰子產使都鄙有章則有都鄙之名何謂諸侯有鄉遂郎不得有都鄙乎起宗徒以遂官所統之縣正鄙師與稍縣之縣都鄙之鄙名稱相混遂謂都鄙統於鄉遂不知周禮名同者不一而足閭師之名

與閭胥同縣師之名與縣正同豈得謂閭師縣師即閭胥縣正乎又周禮有都宗人家宗人都司馬家司馬皆都鄙之官也而起宗謂周禮有鄉遂之官無都鄙之官誤矣又雜記曰大夫爲其父母兄弟之未爲大夫者之喪服如士服註大夫雖尊不以其服服父母兄弟嫌若踰之於禮其意最精而起宗乃以爲謍又於書則極尊古文尚書力詆梅鷟於春秋謂周不用子正并謂秦不用亥正此皆誤襲前人之說而不知所擇以致失其綱要也

五經讀五卷 浙江巡撫採進本

明陳際泰撰際泰有易經說意已著錄其平生以制藝傳經術非所專門故是編詮釋五經亦皆似時文之語所謂習慣成自然也

五經圭約 無卷數 浙江巡撫採進本

明蔣鳴玉撰鳴玉字楚珍號中完金壇人崇禎丁丑進士官台州府推官鳴玉於四書五經皆有講義解四書者名舌存今未見解五經者名圭約言如土圭之測日影以至約而賅至廣也其初每經

皆分總論別論緒論三編康熙九年其子編修超校正付梓以分析瑣屑難以檢閱乃循經文次第合三編而一之仍分標總論別論緒論之名以存其舊王崇簡魏裔介各爲之序其書皆采用舊文而不著前人之姓名超所述凡例稱嗚玉食貧之時借書撮抄故不及詳載書名理或然耳其說易先義理而後象數書則多本註疏詩多宗小序與朱傳時有異同春秋兼取三傳不主胡安國刻深之說禮惟闡發文義於考證頗疏附以周禮儀禮

二論亦皆推測之談蓋於明季經解之中猶不失爲平近易究者而精深則未之能也

經髓七卷兩淮鹽政採進本

明陳世濬撰世濬字學元閩縣人其書成於崇禎己卯前有自序稱題於九龍學署按淸流縣有九龍灘或卽是縣之學官歟五經各爲一卷益以周禮一卷皆摘錄經文之可入制藝者畧爲詮釋末爲孫子一卷蓋併以備對策之用而與聖籍同名曰經髓不倫尤甚也

墨菴經學無卷數 浙江巡撫採進本

國朝沈起撰起字仲方秀水人前明諸生後爲沙門此編皆其所著經說凡五種一曰大易測分圖象疏義字畫訂訛二篇二曰春秋經傳引分經引傳引十六篇三曰詩說凡四十五則四曰詩匡偶存起嘗著有詩匡一書因爲人借去遺失僅存十一則故曰偶存五曰四書慎思錄皆雜論四書之語其中亦間有新意而寥寥數條不能大有所發明也

五經翼二十卷 原任工部侍郎李友棠家藏本

國朝孫承澤撰承澤有尚書集解已著錄是編雜取前人諸經序跋論說以類相次得易四卷書二卷詩四卷春秋六卷禮記二卷餘杭嚴沆益以承澤所作周禮舉要二卷共爲一編刊之其書採摭未備不及朱彝尊經義考之淹洽至周禮舉要備舉五官大義亦頗有所發明然議論多而考證少亦異於先儒專門之學王士禎池北偶談記康熙辛亥與承澤論經學承澤自言五經翼是十五年前

所撰不過集諸經序論耳無當經學也是承澤亦有自知之明矣

稽古訂訛無卷數江蘇巡撫採進本

國朝龔廷歷撰廷歷字玉成書中稱震西氏者其別號也武進人順治壬辰進士嘗任湖南推官其官於何府則不可考矣是編首摘周禮鄭注之可疑及後人引用誤解周禮之文者次解釋儀禮次論朱子孝經刊誤之失及諸家解經之謬其論周禮謂祀昊天於南郊服裘固宜祀黃帝於季夏盛暑

之月豈亦服裘此論足破宋儒等加葛於裘之議又五服九服辨謂禹之五服各五百里自其一面數之此說雖本羅泌五服圖而辨析較暢至以周官之制冡宰統膳夫饔人及宿衞之士後世不宜分屬他職是則不知時世異宜未免泥古太甚又謂唐之門下省乃周官宮伯宮正之遺宋之閤門使内侍省亦掌宿衞不知唐之門下省專掌覆奏書制宋之閤門使專掌宣贊内侍省專掌承應奉御之事並非宿衞也至其儀禮各條皆抄撮注疏

無所辨正闡發惟士冠禮北面見于母母拜受引孔氏正義謂母拜其酒脯重尊者處來非拜子也差可存備一解耳至孝經專駁朱子刊誤之非所爭不過字句之末抑又細矣勘其標題體例似乎此本所存僅辨論此三經之語全書尚不止此今無别本相校姑以所存者著於錄焉

五經辨訛五卷　浙江巡撫採進本

國朝呂治平撰治平號愚菴海寧人順治中歲貢生官德清縣教諭是編考論五經疑義皆就坊本講

章辨駁語意之是非

勉菴說經十卷直隸總督採進本

國朝齊祖望撰祖望字望子號勉菴廣平人康熙庚戌進士官至南安府知府是書凡讀易辨疑三卷尙書一得錄一卷詩序參朱一卷說禮正誤三卷春秋四傳偶筆一卷續筆一卷大概易則辨程朱之誤書則正蔡氏之訛詩多遵小序而攻朱註禮則正陳氏之失春秋則糾駁胡傳而左氏公穀亦互有是非然率以臆斷不能原原本本根據古義

也

七經同異考三十四卷江蘇巡撫採進本

國朝周象明撰象明字懸著太倉人康熙壬子舉人是編凡易四卷書五卷詩六卷春秋六卷三禮十三卷皆裒集舊說亦間附以己意畧爲折衷然採摭之功多而攷證之功少其體例畧近黃震日抄章如愚山堂攷索也

經說一卷副都御史黃登賢家藏本

國朝冉覲祖撰覲祖有易經詳說已著錄是編或錄

其序或偶論一二條似乎偶抄成冊以質正於人非勒爲定本者也覩祖以講學自命惡漢唐諸儒如讐故是編宗旨皆深以研求註疏爲戒

此木軒經說彙編六卷江蘇巡撫採進本

國朝焦袁熹撰袁熹有春秋闕如編已著錄是編乃袁熹讀諸經註疏間有標識其門人掇拾成編凡易書詩三禮三傳爾雅十經而書僅三十四條周禮僅十六條儀禮僅一條公羊傳僅九條穀梁傳僅七條皆殊寥寥實止五經而已其說易主義理

惟末列說卦傳諸條推言卦象然其門人編輯凡例以爲雜抄諸書非所自撰說詩力排小序而兼主叶韻說禮記不考禮制惟推言禮意說左傳差詳末附評語如號叔死焉句下註怕人二字王曰無之句下註如何瞞得四字之類蓋從其讀本抄出爾雅頗有考證如嫁之訓往引列子將嫁于衛句爲證孟之訓進引班固幽通賦孟晉以迨羣句爲證則皆郭璞鄭樵所未及也大抵衷熹究心註疏時有所觸隨筆記錄本非有意著書故其說往

往泛及雜事如因左傳懿氏之卜有鳳凰字疏引山海經首文曰德翼文曰順之語遂譏崇禎甲戌進士文德翼之名爲割截因季友酖叔牙遂譏石崇以鴆鳥與王愷養之爲晉政不綱因長狄鄋瞞遂論其國女子亦必長大乃能配合生子否則八尺之婦不可配三丈之男因公子宋嘗黿染指遂記康熙中吳門進士顧三典因食一黿暴下不止遂殞其命皆偶然筆記非以談經其門人過尊師說一一錄而編之遂爲後人口實觀其於木瓜一

詩前後兩解但註前後不同不敢刪一存一狻童一詩說詩則以刺忽爲非說左傳又以刺忽爲是亦不訂正又論齊桓九合兵車之會原稿訛兵爲丘此無庸擬議而亦云丘車當作兵車但原稿作丘不敢擅改推信過甚至有此失反爲其師之累殆亦非袁熹意矣末附讀朱子語類一卷列之經說殊爲不類尤見編錄之無體例也

六經圖十六卷通行本

國朝江爲龍等編爲龍桐城人康熙庚辰進士官吏

部主事是編皆以前人舊圖鈔錄成書末附以四書圖亦自諸書摘入也

重編五經圖十二卷 浙江汪啟淑家藏本

國朝盧雲英編雲英盧江人明江西布政司參政盧謙之曾孫也以謙在永豐所刻五經圖原本行款參差復釐定增補以成是編凡例稱所改正凡五百餘處今以楊甲本與此相較楊於大易有象數鈎深圖七十此則存六十八於尚書有軌範撮要圖五十有五此則存七十三於毛詩有正變指南

圖四十有七此則存四十有八於春秋有筆削發微圖二十有九此則存十五於周禮有文物大全圖六十有五此則存五十七於戴記有制度示掌圖四十有三此則存五十有一增減多有不同然大抵以楊書爲藍本也

冬餘經說十二卷　編修邵晉涵家藏本

國朝邵向榮撰向榮字東葵餘姚人康熙壬辰會試中式舉人官鎮海縣教諭此書雜釋諸經凡易說二卷書說一卷詩說一卷春秋說二卷周禮說一

卷儀禮說一卷禮記說一卷論語說一卷孟子說一卷多引先儒成說而辨其同異如謂孔穎達兼領五經正義然五經分手編纂穎達未嘗綜覈詩般正義引鄭注九河周時齊桓公塞之同爲一稱鄭氏云齊桓公塞爲一者不知所出何書又禹貢正義亦引鄭注而釋之曰春秋緯寶乾圖云移河爲畧在齊呂塡閼八流以自廣鄭氏據此文爲齊桓公塞之是撰詩正義者不知有書正義也左氏哀十七年傳衛侯貈辭云如魚竀尾衡流而方羊

裔焉正義謂裔焉爲語助之辭不當以方羊斷句

詩汝墳正義又引左傳如魚赬尾衡流而彷徉以

鄭衆註爲證是撰左傳正義者不知有詩正義也

其言頗切中厯代官書雜出衆手之病其書則猶

未完之稿其子孫以簡端標識雜鈔而成也

三傳三禮字疑六卷附春秋大全字疑一卷禮記大全

字疑一卷江蘇巡撫採進本

國朝吳浩撰浩有十三經疑義已著錄明王鏊震澤

長語稱十三經註疏惟汀州板存今汀州板不槩

見世所行者惟明萬歷中北監板及毛晉汲古閣板均有訛誤而明代諸儒註疏皆庋閣不觀三傳三禮尤幾成絕學其板更乖舛不可讀浩因取監本毛本校其字畫之訛謬集錄成編凡三傳三卷大抵推尋文句未能有所考証亦未能博徵互考以定是非後附春秋大全禮記大全各一卷二書爲胡廣陋本何足訂正且坊本歧出校此一本之誤而他本之誤又不相同欲盡校之是畢世莫殫之功也尤敝精神於無用之地矣

經史辨疑一卷　兩江總督採進本

國朝朱董祥撰董祥有讀禮記畧已著錄是書前有目次載辨經者三十一條辨史者二十三條當爲五十五條此本僅五十一條蓋經史各缺二條其中辨繼父同居一條徐乾學讀禮通考嘗採用之然全書好爲新說未見根據如謂喪服大功章曰爲人後者降其昆弟則知伯叔父母不降小功章曰爲人後者降其姊妹適人者則知姑不降也凡人無子以嫡兄弟之子爲後本生父母降爲伯叔

父母本生兄弟姊妹降爲伯叔兄弟姊妹服大功禮也第伯叔父諸姑則仍嫡也曷爲而槩降之哉家禮大功槩及伯叔父母小功及姑適人於禮未當今考斬衰三年章曰何如而可爲之後同宗則可爲之後疏曰同宗謂同承別子一宗之內是雖族遠而宗同者亦得爲後本篇自有明文董祥獨據嫡兄弟之子何也至於經云爲人後者降其昆弟不及世叔父母降其姊妹適人者不及姑猶齊衰不杖期章但載世叔父母不及姑而鄭注則云

爲姑在室亦如之但載昆弟不及姊妹而鄭注則云爲姊妹在室亦如之但載爲衆子不及女子子而鄭注則云女子子在室亦如之又焉得謂經文偶省卽本未嘗有此服哉至小功降服弁及姑適人始於開元禮而董祥歸之家禮尤誤董祥又謂喪服小記曰妾母不世祭蓋言祀妾之禮當殺耳小記本文曰妾無妾祖姑者易牲而祔於女君禮有牲曰祭無牲曰薦易牲則不用牲矣不用牲則謂之薦不謂之祭豈絕之而不祀耶註家以爲子

祭孫不祭非也不世祭者非惟孫不爲祭卽子亦不得爲祭據董祥此說卽小記世字內兼統子孫言世世俱得薦特不得祭耳考雜記曰主妾之喪則自祔至於練祥皆使其子主之其殯祭不於正室是妾之子祭其母明曰祭不曰薦則何妾不得祭之有乎又隱五年考仲子之宮穀梁傳曰禮爲其築宮使公子主其祭註曰公子者長子之弟及妾之子是公子祀妾母禮得稱祭之顯証也而董祥謂不得祭尤爲不根又禮凡言易牲非謂不得

用牲也小記曰士祔於大夫則易牲註曰不敢以卑牲祭尊也大夫少牢據此則是易士之牲用大夫之牲義主隆不主殺故小記又曰妾無妾祖姑者易牲而祔於女君可也註易牲而祭則凡妾下女君一等是方易妾之牲用女君之牲而董祥反以易牲爲不用牲誤矣又小記疏曰妾與女君牲牢無文既云易牲故注云下女君一等若女君少牢妾則特牲若女君特牲妾則特豚據此則妾得有牲可知而董祥謂妾不得有牲總由誤會經文

易牲二字耳其他若以郊爲天地合祭中月而禫爲二十五月及三代不改時亦不改月太襲前人已廢之說至謂置閏當在四季之月及解螽斯揖揖爲拱揖之揖則又杜撰顯然者也

經玩二十卷山西巡撫採進本

國朝沈淑編淑有周官翼疏已著錄此書錄唐陸德明經典釋文中文字之異者爲六卷次以經傳中文字互異及錄春秋左傳中國土地名職官器物宮室之類爲四卷次輯注疏十三經瑣語爲四卷

其檢核之功頗爲勤篤然無所考證發明若毛詩異文補之全引僞申培詩說尤失考也

三經附義六卷浙江巡撫採進本

國朝李重華撰重華字君實號玉洲吳江人雍正庚戌進士官翰林院編修是編所說凡易經二卷書經二卷詩經二卷於易皆推求於反對正對之間中引閩本異文者十八條惟賁卦小利有攸往一條中孚卦信及豚魚一條既濟卦小亨一條重華不以爲然餘皆從之其所據實皆郭京周易舉正

之文不知何以稱閩本京書僞託王韓宋趙以夫王應麟諸人皆排其謬重華取之亦好奇之過歟又謂繫詞所釋十九爻皆文言傳之文王弼輩將經文參雜遂遺入繫詞傳中折中尚未歸正古本不如是也案王弼以前之古本無可考矣晁呂以來之古本一一可稽並無十九爻原在文言傳之本惟元吳澄作易纂言始以臆見移之而重華以爲古本誤之甚矣其說書亦多臆斷如謂堯典象恭滔天當作饕餮音聲相近由伏生之女口授而

訛然漢書藝文志稱秦燔書禁學濟南伏生獨壁藏之漢興亡佚獨得二十九篇以教齊魯之間儒林傳及王充論衡亦同是伏生本自有書獨遭亂亡失百篇僅存二十有九自衛宏定古文尚書序以今文詰屈始造爲伏生之女口授晁錯之說其事本無根據重華乃因此以改經未爲至當其於古文之僞亦灼然能解而又執後世文體揣度經文謂若無舜典之首二十八字則釐降以下徑接慎徽五典文勢究不和順必須此段另起一頭通

篇始有綱領則又騎墻之見他如謂竹書紀年成王十一年命周平公治東都沈約注平公卽君陳伯禽之弟鄭康成以君陳爲周公之子蓋據此按竹書及約注皆屬僞本固不必論卽姑以眞本論之約注作於梁代竹書出於晉太康中康成惡得而據之耶其說詩較二經爲詳頗欲推求言外之意勝於株守文句者而亦每以好生新意失之如燕燕篇謂戴嬀大歸莊姜送之恐其不忠不愼美之而實戒之又曰先君之思以朂寡人朂戴嬀也

而反言勗寡人此立言之妙也春秋時妾媵歸國鮮克有終懷嬴與焉其明徵已云云案史記年表魯隱公之元年當衛桓公之十三年桓公以隱公四年見弑在位已十七年計其年雖至幼弱已在二十以外則戴嬀之年已在四十外矣旣非盛顔諒不慮其改節不合者一且春秋妾媵見出而嫁者惟齊桓蔡姬有明文遽以爲無不鮮終亦涉武斷不合者二懷嬴秦穆公之女晉懷公之嫡妃實非妾媵其備奉匜之數乃在文公不合者三此豈

非循文生義不加深考之過乎至於晉風名唐亦猶邶鄘之因舊地而重華謂唐叔封唐號仍其舊其子孫雖有失德而猶狃主夏盟皆始封之遺澤亦傷穿鑿特以三經較之則所得視易書爲多耳

松源經說四卷 浙江吳玉墀家藏本

國朝孫之騄撰之騄所輯尚書大傳已著錄是編皆說經之文或提舉一義各立篇題大抵薈稡成說而不能自研經義其體例頗近於策畧又以所作擇山學記新荷賦括蒼山賦雜列於第一卷中尤

非說經之體

心園說二卷浙江巡撫採進本

國朝郭兆奎撰兆奎有書經知新已著錄是書於四書及易書春秋諸經各摘舉而詮釋之然所得頗淺如子在齊聞韶謂須知夫子之聞不是季札觀樂柳下惠不以三公易其介謂此章獨舉惠之和以明其介皆別無創獲又釋尚書敬授人時多論西洋推測之法爲臆造且議其所載月令僅取東風解凍一條而於迎春祈穀之大覆巢殺胎之禁

一切不載云云不知取月令分七十二候自逸周書已然非始自歐邏巴人也

六經圖六卷 江蘇巡撫採進本

國朝王皜撰皜字又皜號雪鳿 按鳿字見周伯琦六書正譌盖不知江字古亦音工遂別造此字取工字諧聲反以說文鴻字爲俗體皜不知其誤而從之亦好奇之過也 六安人是編刻於乾隆庚申取六經圖舊本稍加損益凡所補校具列於每卷之末其中如書經圖中所繪十二章服日爲三足烏形已自非古月作白兔擣藥形杵臼宛然曾唐虞而有此說乎周禮

圖中所繪壘車以四馬盡置兩轅之中亦全不解古車之制如此之類皆無所訂正其校補槩可見矣

十三經字辨 無卷數 兩江總督採進本

國朝陳鶴齡撰鶴齡字瑤賓南通州人初著五經四書字辨後又自爲補訂以成此書刻於乾隆乙酉前爲校畫後爲校音皆多舛漏所謂十三經者爲大學中庸論語孟子易書詩春秋禮記周禮儀禮爾雅無論古無此例即以所列計之如分三傳爲

三則加四書爲十四如併三傳總爲春秋則又爲十二於數亦不相合也

古學偶編一卷 安徽巡撫採進本

舊本題潛山張絅撰書中自註云本之御製周易述義云云知其爲近時人也書止三卷一曰觀物篇皆述易旨猶圖書家恒談一曰月令夏小正同異說參校頗詳而牽引先天易圖則横生枝節其言醫書九十二候不知所據考宋林億等校正素問有此文然億等所述乃唐月令非醫書也

春秋天王辨謂特書則稱天合書則稱王其特書而不稱天者乃闕文孔子無貶削天王之理其說甚正然亦先儒舊義也

九經圖無卷數福建巡撫採進本

國朝楊魁植編其子文源增訂魁植字輝斗文源字澤汪長泰人是書以信州學宫石刻易書詩禮記周禮春秋六經圖析春秋三傳爲三而益以儀禮爲九經其信州石刻原本殘脱者則仍缺之但其中如易既載河圖洛書又載古河圖洛書二圖一

爲旋毛一爲鼀坼據元吳澄之僞本殊爲失考未
復載邵子皇極經世司馬光潛虛關朗洞極揚雄
太元準易運會歷數等圖皆易外支流亦失之泛
濫書不載序而詩獨載序例不畫一所註地理皆
沿石本之舊如魯云今仙源縣荆山云今襄州之
類時代未明春秋列國表内增入孔子亦非體例
三禮皆勦聶崇義楊復諸圖而喪禮及行禮諸圖
又刪不載盖科舉對策之本不足以資考據也

說書偶筆四卷山東巡撫採進本

國朝丁愷曾撰愷曾字萼亭日照人是書一卷二卷說大學論語中庸三卷說孟子附以四書補遺及宗獻九獻歌括四卷一爲大學孟子王制周禮造士之制一爲虞書三苗辨一爲天官九賦斂財賄解一爲冬官考一爲古建國分田原非死法而附以說詩前有李在坊序稱愷曾之子東生就其寫於書文者撮錄成帙則愷曾偶然筆記本無意於著書故皆鄉塾課授之語而說行夏之時句至載時文二比以爲程式在坊序又稱明永樂間有崩

以詆朱註爲能者上其所著書成祖深加譴責急命火其書磔其人考楊士奇三朝聖諭錄載永樂二年饒州府士人朱季之獻所著專斥濂洛關閩之說上覽之怒甚勅行人押季之還饒州會布政司府縣官及鄉之士人明諭其罪笞以示罰而搜檢其家所著書會衆焚之則但火其書耳無磔人之事在坊意在尊朱故僞造此說不足據也

經解五卷經義䄙著一卷 浙江巡撫採進本

國朝黃文澍撰文澍字雨田一曰穀田又曰穀亭豐

城人是編每卷首題曰桃穀山房藁而側註其下曰石畦集經解石畦集經義䅘著盖桃穀山房藁者其集之總名石畦集者其藁中之一種經解諸書又其集中之子部也經解凡易二卷書一卷詩春秋共一卷禮一卷易多衍圖書之學書多辨禹貢山川因而蔓延於輿地形勝爲經所不載者詩最寥寥惟主廢小序而尊朱傳春秋多排擊三傳禮多拘泥古制糾世俗之非大抵皆衍宋儒舊說經義雜著凡序四篇說十一篇辨二篇大旨亦不

出所著經解之內其顏子心齋坐忘辨二篇乃莊子之文無關經義泛濫及之亦猶經解之中因解禹貢而及五嶺以南山川脈絡考也書祇一卷而標題乃曰卷之一或刊板未竟抑裝緝者有所遺歟

右五經總義類四十三部三百五十一卷內七部無卷數皆附存目

案先儒授受大抵專治一經其兼通諸經各有論說者鄭康成以下曠代數人耳宋以後

著作漸夥明以來撰述彌衆非後人學問遠過前修精研之則見難涉獵之則見易求實據則議論少務空談則卷軸富也孫承澤抄撮經解諸序寥寥數卷亦命之曰五經翼則孰非兼通五經者哉畧存其目而不錄其書古今人巧拙之異華實之分亦大槩可覩矣

12225

（清）紀昀等　纂

# 武英殿本四庫全書總目

第九册

國家圖書館出版社

# 第九册目録

欽定四庫全書總目 經部

卷三十八

欽定四庫全書總目卷二十八

經部二十八

春秋類三

春秋集傳釋義大成十二卷（內府藏本）

元俞皐撰皐字心遠新安人初其鄉人趙良鈞宋末進士及第授修職郎廣德軍教授宋亡不仕以春秋教授鄉里皐從良鈞受學因以所傳著是書經文之下備列三傳其胡安國傳亦與同列吳澄序謂兼列胡氏以從時尚而四傳之名亦權輿於

澄序中胡傳曰尊此其漸也然皐雖以四傳並列而於胡傳之過偏過激者實多所匡正澄序所謂玩經下之釋則四傳之是非不待辨而自明可謂專門而通者固亦持平之論矣觀皐自序稱所定十六例悉以程子傳爲宗又引程子所謂微詞隱義時措時宜於義不同而詞同事同而詞不同者反覆申明不可例拘之意又稱學者宜熟玩程傳均無一字及安國蓋其師之學本出於程子特以程傳未有成書而胡傳方爲當代所傳習故取與

三傳並論之統核全書其大旨可以概見固未嘗

如明代諸人竟尊胡傳爲經也

春秋纂言十二卷總例七卷兩淮鹽政採進本

元吳澄撰澄有易纂言已著錄是書采摭諸家傳

注而間以已意論斷之首爲總例凡分七綱八十

一目其天道人紀二例澄所創作餘吉凶軍賓嘉

五例則與宋張大亨春秋五禮例宗互相出入似

乎蹈襲然澄非蹈襲人書者蓋澄之學派兼出於

金谿新安之間而大亨之學派則出於蘇氏澄始

以門戶不同未覩其書故與之闇合而不知也然其縷析條分則較大亨為密矣至於經文行款多所割裂而經之闕文亦皆補以方空於體例殊為未協蓋澄於諸經率皆有所點竄不獨春秋為然讀是書者取其長而置其所短可也明嘉靖中嘉興府知府蔣若愚嘗為鋟木湛若水序之歲久散佚世罕傳本王士禛居易錄自云未見其書又云朱檢討曾見之吳郡陸醫其清家是朱彝尊經義考之注存亦僅一睹此本為兩淮所採進殆即傳

寫陸氏本歟久微而著固亦可寶之笈矣

春秋提綱十卷 兩江總督採進本

舊本題鐵山先生陳則通撰不著爵里亦不著時代其始末未詳朱彝尊經義考列之劉莊孫後王申子前然則元人也是書綜論春秋大旨分門凡四曰征伐曰朝聘曰盟會曰雜例每門中又區分其事以類相從題之曰例然大抵參校其事之始終而考究其成敗得失之由雖名曰例實非如他家之說春秋以書法為例者故其言閎肆縱橫純

爲史論之體蓋說經家之別成一格者也其雜例門中論春秋爲用夏正猶堅守胡安國之說然安國解文公十四年有星孛于北斗解昭公十七年有星孛于大辰全襲董仲舒劉向之義則通災異例中獨深排漢儒事應之謬則所見固勝於安國矣

春秋諸國統紀一卷目錄一卷 浙江吳玉墀家藏本

元齊履謙撰履謙字伯恒大名人官至太史院使事迹具元史本傳此書乃其延祐丁巳爲國子司

業時所作前有自序謂今之春秋葢聖人合二十國史記爲之自三傳專言褒貶於諸國分合與春秋所以爲春秋槩未之及故敘類此書以備諸家之闕凡二十有二篇首魯次周次宋次齊次晉次衛次蔡次陳次鄭次曹次秦次薛次杞次滕次莒次邾次許次宿次楚次吳自內魯尊周外各以五等之爵爲次其入春秋後降爵者則隨所降之爵列之而楚吳以僭王殿焉目錄謂此皆國史具在聖人據以作春秋者又以諸小國諸亡國釐爲二

篇附錄於末目錄謂此無國史因二十國事所及而載者皆先於各國下列敘大勢與其排比之意題曰某國春秋統紀葢據墨子有百國春秋徐彥公羊疏有孔子求周史記得百二十國寳書之文故不主因魯史從赴告之義也案春秋如不據魯史不應以十二公紀年如不從赴告不應僖公以後晉事最詳僖公以前晉乃不載一事此葢掇拾雜說不考正經且魯史不紀周年內魯可也履謙分國編次而魯第一周第二不曰王人雖微加於

諸侯之上乎况天王也至於隱公八年葬蔡宣公宣公十七年葬蔡文公並經有明文履謙漏此二條乃於桓公十七年葬蔡桓侯謂諸國皆僭稱公惟蔡仍舊章反引左傳爲證殊爲疎舛又經書桓公三年夫人姜氏至自齊六年九月丁卯子同生其事更無疑義穀梁傳疑故明之之說已爲不核事實履謙乃竟以莊公爲齊侯之子尤爲乖謬以其排比經文頗易尋覽所論亦時有可采故錄存之吳澄序稱其褸數旁通務合書法間或求之太

過要之不苟爲言蓋瑕瑜不掩澄已有微詞矣

春秋本義三十卷兩江總督採進本

元程端學撰端學字時叔號積齋慶元人至治元年舉進士第二官國子助教遷翰林國史院編修官事蹟附載元史儒學傳韓性傳中是書乃其在國學時所作所採自三傳而下凡一百七十六家卷首具列其目寧波府志及千頃堂書目均稱所採一百三十家未喻其故也首爲通論一篇問答一篇綱領一篇其下依經附說類次羣言間亦綴

以案語左傳事迹即參錯於衆說之中體例頗爲糅雜其大旨仍主常事不書有貶無褒之義故所徵引大抵孫復以後之說往往繳繞支離横加推衍事事求其所以貶如經書紀履緰來逆女伯姬歸于紀此自直書其事舊無褒貶端學必謂履緰非命卿紀不當使來逆曾亦不當聽其逆夫履緰爲命卿固無明文其非命卿又有何據乎紀叔姬之歸酅舊皆美其不以盛衰易志歸於夫族端學必以爲當歸魯而不當歸酅斯已刻矣乃復誣以

失節於紀季此又何所據乎至於宋儒之駁左傳不過摘其與經相戾如經曰楚子麇卒而傳曰遇弒之類耳端學乃事事皆云未知信否則天下無可據之古書矣以其尚頗能糾正胡傳又所採一百七十六家其書佚者十之九此書猶畧見其梗槩姑錄之以備參考焉

春秋或問十卷　浙江范懋柱家天一閣藏本

元程端學撰端學旣輯春秋本義復歷舉諸說得失以明去取之意因成此書葢與本義相輔而行

者也其中最紕繆者莫過於堅執周用夏正一條反覆引譬至於一萬餘言無一不郢書燕說甚至於隱公元年不書即位亦謂即位當在前年十一月故正月不書以爲改正不改月之証其陋殆不足與辨然其他論說乃轉勝所作之本義葢本義由誤從孫復之說根柢先乖故每事必穿鑿其文務求聖人所以貶即本條無可議彈亦必旁引一事或旁引一人以當其罪遂至於支離轇轕多與經義相違此書則歷舉諸家各加抨擊雖過疑三

傳未免乖方至於宋代諸儒一切深刻瑣碎之談附會牽合之論轉能一舉而摧陷之然則本義之失失於芟除糾結之後又自生糾結耳若此書所辨訂則未嘗盡不中理也棄短取長固亦未可竟廢焉

春秋三傳辨疑二十卷 永樂大典本

元程端學撰是書以攻駁三傳爲主凡端學以爲可疑者皆摘錄經文傳文而疏辨於下大抵先存一必欲廢傳之心而百計以求其瑕纇求之不得

則以不可信一語槩之葢不信三傳之說創於啖助趙匡按韓愈贈盧仝詩有春秋三傳束高閣獨抱遺經究終始之句仝與啖趙同時葢亦宗二家之說者以所作春秋摘微已佚故今據現存之書惟稱啖趙其後析爲三派孫復尊王發微以下棄傳而不駁傳者也劉敞春秋權衡以下駁三傳之義例者也葉夢得春秋讞以下駁三傳之典故者也至於端學乃兼三派而用之且併以左傳爲僞撰變本加厲罔顧其安至是而横流極矣平心而論左氏身爲國史記録最眞公羊穀梁去聖人未遠見聞較近必斥其一無

可信世寧復有可信之書此眞妄搆虛詞深誣先哲至於褒貶之義例則左氏所見原踈公穀兩家書由口授經師附益不免私增誠不及後來之精密端學此書於研求書法糾正是非亦千慮不無一得固未可惡其剛愎遂槩屏其說也通志堂經解所刊有本義有或問而不及此書據納喇性德之序葢以殘缺而置之此本爲浙江吳玉墀家所藏第一卷蠹蝕最甚有每行惟存數字者然第二卷以下則尚皆完整今以永樂大典所載校補其

文遂復爲全帙吳本於左氏所載諸軼事每條之
下俱註非本義不錄字疑爲端學定藁之時加以
簽題俾從刪削而繕寫者仍誤存之也以原本如
是今亦姑仍其舊焉

春秋讞義九卷浙江汪啟淑家藏本

元王元杰撰元杰字子英吳江人至正間領鄉薦
以兵興不仕教授鄉里以終昔程子作春秋傳未
成朱子之論春秋亦無專書元杰乃輯其緒言分
綴經文之下復刪掇胡安國傳以盡其意安國之

書在朱子前而其說皆列朱子後欲別所尊故不以時代拘也其間如隱公四年州吁條下備錄朱子邶風擊鼓篇傳於春秋書法無關亦以意所推崇一字不欲芟削耳三家之末元杰以巳意推闡別標曰讞如桓公四年紀侯大去條下程子以大爲紀侯之名意主責紀不責齊元杰之讞則委曲恕紀不從程子之說而全書之內於朱子無一異詞其宗旨槩可見矣恭讀

御題詩註以程朱之重儓目之允足破鄉曲豎儒守一

先生之錮見又其書襲葉夢得之謬以讞爲名亦

經

御題嚴闢尤足以戒刻深鍛鍊以法家說春秋者以其

謹守舊文尚差勝無師瞽說故仍錄存之而敬述

聖訓明正其失如右原書十二卷久無刊本今諸家所

藏皆佚脫其後三卷無從校補亦姑仍之焉

春秋諸傳會通二十四卷浙江范懋柱家天一閣藏本

元李廉撰廉字行簡廬陵人明楊士奇東里集云

廉於至正壬午以春秋舉於鄉擢陳祖仁榜進士

官至信豐令遇寇亂守節死時南北道梗未及旌褒明初修元史時故交無在當路者有司又不知採錄以聞故史竟遺之則廉貞忠義之士非以空言說經者矣此書以諸家之說薈萃成編自序謂先左氏事之案也次公穀傳經之始也次三傳注專門也次疏義釋所疑也總之以胡氏貴乎斷也陳張並列擇其長也又備采諸儒成說及他傳記畧加疏剔於異同是非始末之際每究心焉然是編雖以胡氏爲主而駁正殊多又參考諸家並能

掇其長義一事之疑一辭之異皆貫串全經以折衷之如謂仲子非嫡隱公不得謂之攝齊桓之霸基於僖襄三桓之盛兆於魯僖不書吳敗越夫椒責其不能復讎書葬昭公罪魯不以季氏為逆書葬劉文公罪畿內諸侯之僭書築蛇淵囿責定公受女樂而荒持論俱明白正大總論百餘條權衡事理尤得比事屬辭之旨故

欽定春秋傳說彙纂多採錄焉廉自序題至正九年己丑又稱讀經三十年竊第南歸叨錄劇司乃成是書

考元史陳祖仁榜在順帝至正二年葢廉於鄉舉之歳即登進士第而通籍頗晩閉戸著書故得潛心古義不同於科舉之學也

春秋經傳闕疑四十五卷 浙江鮑士恭家藏本

元鄭玉撰玉事蹟詳元史忠義傳其體例以經為綱以傳為目敘事則專主左氏而附以公穀立論則先以公穀而參以歴代諸儒之說經有殘缺則考諸傳以補其遺傳有舛誤則稽於經以證其謬大抵平心靜氣得聖人之意者為多所著師山集

中有屬王季温刊春秋闕疑書至被執就死之時
惟惓惓以此書爲念葢其平生精力所注也其序
謂常事則直書而義自見大事須變文而義始明
葢春秋有魯史之舊文有聖人之特筆不可字求
其義如酷吏之刑書亦不可謂全無其義如史官
之實錄又曰聖人之經詞簡義奥固非淺見臆說
所能窺測所以歲月既久殘缺滋多又豈懸空想
像所能補綴與其通所不可通以取譏於當世孰
若闕其所當闕以俟知於後人其論皆洞達光明

深得解經之要故開卷周正夏正一事雖其理易明而意有所疑即闕而不講慎之至也昔程端學作春秋本義等三書至正中官爲刊行而日久論定人終重玉此書豈非以玉之著書主於明經以立教端學之著書主於詆傳以邀名用心之公私迴不同哉玉字子美歙縣人元末除翰林待制以疾辭明兵入徽州守將迫之降玉不屈死與宋呂大圭及同時李廉均可謂能明大義不愧於治春秋矣明郎瑛七修類稿乃謂玉既不受元爵自當

仕明謂之當生而不生其説殊謬伯夷叔齊豈嘗受殷爵哉瑛所云云所謂小人好議論不樂成人之美者也

春秋集傳十五卷兩江總督採進本

元趙汸撰汸有周易文詮已著錄是書有汸自序及其門人倪尚誼後序尚誼稱是書初藁始於至正戊子一再刪創迄丁酉成編既而復著屬詞義精例密乃知集傳初藁更須討論而序文中所列史法經義猶有未至歲在戊寅重著是傳草創至

昭公二十八年乃疾疢難厄閣筆未續至洪武己酉遂卒自昭公二十八年以下尚誼據屬詞義例續之序中所謂策書之例十有五筆削之義八者亦尚誼更定而原本有訛誤疎遺者咸補正焉則此書實成於尚誼之手然義例一本於汸猶汸書也汸自序曰學者必知策書之例然後筆削之義可求筆削之義既明則凡以虛詞說經者皆不攻而自破可謂得說經之要領矣

春秋師說三卷　兩江總督採進本

元趙汸撰汸常師九江黃澤其初一再登門得六經疑義十餘條以歸已復往留二載得口授六十四卦大義與學春秋之要故題曰師說明不忘所自也汸作左傳補注序曰黃先生論春秋學以左丘明杜元凱爲主又作澤行狀述澤之言曰說春秋須先識聖人氣象則一切刻削煩碎之說自然退聽又稱嘗考古今禮俗之不同爲文十餘通以見虛詞說經之無益蓋其學有原本而其論則持以和平多深得聖人之旨汸本其意類爲十一篇

其門人金居敬又集澤思古十吟與吳澂二序及行狀附錄於後行狀載澤說春秋之書有元年春王正月辨筆削本旨諸侯取女立子通考魯隱不書卽位義殷周諸侯禘祫考周廟太廟單祭合食說作丘甲辨春秋指要葢卽所謂爲文十餘通者朱彝尊經義考又載有三傳義例考今皆不傳惟賴汸此書尚可識黃氏之宗旨是亦讀孫覺之書得見胡瑗之義者矣

春秋左氏傳補注十卷　兩江總督採進本

元趙汸撰汸尊黄澤之說春秋以左氏傳爲主注則宗杜預左有所不及者以公羊穀梁二傳通之杜所不及者以陳傅良左傳章指通之是書卽采傅良之說以補左傳集解所未及其大旨謂杜偏於左傳良偏於穀梁若用陳之長以補杜之短用公穀之是以救左傳之非則兩者兼得筆削義例觸類貫通傳注得失辨釋悉當不獨有補於杜解爲功於左傳卽聖人不言之旨亦灼然可見蓋亦春秋家持平之論也至杜預釋例自孔穎達散入

疏文久無單行之本永樂大典所採録得見者亦稀陳傅良之章指世尤罕睹汸所採録略存梗槩是固考古者所亟取矣

春秋金鎖匙一卷兩江總督採進本

元趙汸撰其書撮舉聖人之特筆與春秋之大例以事之相類者互相推勘考究其異同而申明其正變蓋合比事屬詞而一之大旨以春秋之初主於抑諸侯春秋之末主於抑大夫中閒齊晉主盟則視其尊王與否而進退之其中如謂聖人貶杞

之爵降侯爲子與毛伯錫命稱天王稱錫爲以君與臣之詞召伯賜命稱天子稱賜爲彼此相與之詞雖尙沿舊說之陋而發揮書法條理秩然程子所謂大義數十炳如日星者亦庶幾近之矣考宋沈棐嘗有春秋比事一書與此書大旨相近疑汸未見其本故有此作然二書體例各殊沈詳而盡趙簡而明固不妨於並行也

春秋屬辭十五卷 兩江總督採進本

元趙汸撰汸於春秋用力至深至正丁酉旣定集

傳初稿又因禮記經解之語悟春秋之義在於比事屬詞因復推筆削之旨定著此書其爲例凡八一曰存策書之大體二曰假筆削以行權三曰變文以示義四曰辨名實之際五曰謹內外之辨六曰特筆以正名七曰因日月以明類八曰辭從主人其說以杜預釋例陳傅良後傳爲本而亦多所補正汸東山集有與朱楓林書曰謂春秋隨事筆削決無凡例前輩言此亦多至丹陽洪氏之說出則此段公案不容再舉矣其言曰春秋本無例學

者因行事之迹以爲例猶天本無度歷家即周天之數以爲度此論甚當至黄先生則謂魯史有例聖經無例非無例也以義爲例隱而不彰則又精矣今汸所纂述却是比事屬詞法其間異同詳畧觸事貫通自成義例與先儒所纂所釋者殊不同然後知以例說經固不足以知聖人爲一切之說以自欺而漫無統紀者亦不足以言春秋也是故但以屬詞名書又有與趙伯友書曰承筆削行狀作黄先生傳特奉納師說一部屬詞一部尊兄既

熟行狀又觀師說則於六經復古之學艱苦之由已得大槩然後細看屬詞一過乃知區區抱此二十餘年非得已不已強自附於傳註家以徼名當世之謂也其書參互錯綜若未易觀然其入處祗是屬詞比事法無一義出於杜撰云云其論義例頗確其自命亦甚高今觀其書刪除繁瑣區以八門較諸家爲有緒而目多者失之糾紛目少者失之強配其病亦畧相等至日月一例不出公穀之窠臼尤嫌繳繞故仍爲卓爾康所譏語見爾康春秋辨義蓋

言之易而爲之難也顧其書淹通貫串據傳求經多由考證得之終不似他家之臆說故附會穿鑿雖不能盡免而宏綱大旨則可取者爲多前有宋濂序所論春秋五變均切中枵腹游談之病今併錄之俾憑臆說經者知情狀不可揜焉

春秋胡傳附錄纂疏三十卷 浙江吳玉墀家藏本

元汪克寬撰克寬有經禮補逸已著錄是書前有克寬自序稱詳註諸國紀年謚號可究事實之悉備列經文同異可求聖筆之眞益以諸家之說而

裨胡氏之闕疑附以辨疑權衡而知三傳之得失然其大旨終以胡傳為宗考元史選舉志延祐二年定經義經疑取士條格春秋用三傳及胡安國傳虞集序中亦及其事葢兼為科舉而設吳澄序俞皋春秋釋義所謂以胡傳從時尚者也陳霆兩山墨談譏其以魯之郊禘為夏正復以魯之烝嘗為周正是亦遷就胡傳不免騎牆之一証然能於胡傳之說一一考其援引所自出如注有疏於一家之學亦可云詳盡矣明永樂中胡廣等修春秋

大全其凡例云紀年依汪氏纂疏地名依李氏會通經文以胡氏爲據例依林氏其實乃全勦克寬此書原本具在可以一一互勘也

春王正月考二卷 兩江總督採進本

明張以寧撰以寧字志道古田人元泰定丁卯進士官至翰林侍講學士入明仍故官洪武二年奉使册封安南王還卒於道事迹具明史文苑傳史稱以寧以春秋致高第故所學尤專春秋多所自得撰胡傳辨疑最辨博惟春王正月考未就寓安

南踰半歲始卒業今胡傳辨疑已佚惟此書存考三正疊更時月並改經書正月繫之於王則爲周正不待辨正月正歲二名載於周禮兩正並用皆王制也左氏發傳特曰王周正月則正月建子亦無疑自漢以來亦無異議至唐劉知幾史通始以春秋爲夏正世無信其說者自程子泥於行夏之時一言盛名之下羽翼者衆胡安國遂實以夏時冠周月之說程端學作春秋或問更堅持門戶以梅賾僞書爲據而支離蔓引以證之愈辨而愈滋

顛倒夫左氏失之誣其閒偶爾失眞或亦閒有至於本朝正朔則婦人孺子皆知之不應左氏誤記即如程子之說以左氏爲秦人亦不應距周末僅數十年即不知前代正朔也異說紛紛殆不可解以寧獨徵引五經參以史漢著爲一書決數百載之疑案可謂卓識至於當時帝王之後許用先代正朔故宋用商正見於長葛之傳諸侯之國亦或用夏正故傳載晉事與經皆有兩月之差古書所記時有參互後儒執爲論端者蓋由於此以寧尚

未及抉其本原又伊訓泰誓諸篇皆出古文本不足據以寧尚未及明其僞託而周禮正歲正月之兼用僅載鄭註數語亦未分析暢言之以祛疑似於辨證尚爲未密然大綱既得則細目之少踈亦不足以病矣

春秋鉤元四卷　浙江吳玉墀家藏本

明石光霽撰光霽字仲濂泰州人張以寧之弟子也洪武十三年以薦爲國子監學正擢春秋博士明史文苑傳附載張以寧傳中史稱元故官來京

者危素及以寧名尤重素長於史以寧長於經素宋元史稿俱失傳而以寧春秋學遂行門人石光霽作春秋鉤元云云則此書猶以寧之傳也大旨本張大亨吳澄之意以春秋書法分屬五禮凡失禮者則書之以示褒貶因考周禮經注詳錄吉凶軍賓嘉五禮條目其有五禮不能盡括者如年月日時名稱爵號之類則別爲雜書法以冠於首每條書法之下採集諸傳之詞以切要者爲綱發揮其義者爲目大槩以左傳公穀胡氏張氏爲主義

有未備者亦間採啖趙諸儒之說而總以己意折衷之其所稱張氏者即以寧也以寧春秋胡傳辨疑今已散佚賴光霽能傳其說是編所引以寧之言爲最多尚可見其梗概前有序文一篇無撰人名氏言啖趙之纂例詳於經而畧於傳纂疏會通之書備於傳而畧於經茲能損益其所未備其稱許頗當朱彝尊經義考作四卷此本不分卷數疑傳寫者所合併今從彝尊之說仍析爲四卷著錄焉

春秋大全七十卷內府藏本

明永樂中胡廣等奉勅撰考宋胡安國春秋傳高宗時雖經奏進而當時命題取士實惟用三傳禮部韻畧之後所附條例可考也元史選舉志載延祐科舉新制始以春秋用胡安國傳定爲功令汪克寛作春秋纂疏一以安國爲主蓋尊當代之法耳廣等之作是編即因克寛之書稍爲點竄朱彝尊經義考引吳任臣之言曰永樂中勅修春秋大全纂修官四十二人其發凡云紀年依汪氏纂疏

地名依李氏會通經文以胡氏爲據例依林氏實則全襲纂疏成書雖奉勅纂修實未纂修也朝廷可罔月給可糜賜予可邀天下後世詎可欺乎云云於廣等之敗闕可謂發其覆矣其書所採諸說惟憑胡氏定去取而不復考論是非有明二百餘年雖以經文命題實以傳文立義至於元代合題之制尚考經文之異同明代則割傳中一字一句牽連比附亦謂之合題使春秋大義日就榛蕪皆廣等導其波也逆我

聖祖仁皇帝欽定春秋傳說彙纂於胡傳鍥刻不情迂濶鮮當之論始一一駁正頒布學宮我皇上又刊除場屋合題之例以杜穿鑿筆削微旨乃灼然復著於天下廣等舊本原可覆瓿置之然一朝取士之制既不可不存以備考且必睹荒途之榮翳而後見芟蕪除穢之功必經歧徑之迷惑而後知置郵樹表之力存此一編俾學者互相參証益以見前代學術之陋而聖朝經訓之明也

春秋經傳辨疑一卷 內府藏本

明童品撰品字廷式號慎齋蘭溪人宏治丙辰進士朱彝尊經義考稱其官至兵部員外郎朱國楨湧幢小品則稱其登第後爲兵部主事僅兩考引年致仕家居十九年以讀書喪明而卒其學問行誼不後於章懋而以有傳有不傳爲惜所述本末甚詳知經義考以傳聞誤也是書前有自序題成化戊戌冬十一月末又有宏治壬戌二月跋云是歲品以儒學生教授於陸生震汝亨之家成此一

帙距今二十五年云云考國楨所紀品以成化丙午始舉於鄉是書之成在前八年故自稱曰儒學生其登第在宏治丙辰下距壬戌七年止僅滿兩考之歲蓋序作於未第時跋作於致仕後也春秋三傳左氏採諸國史公穀授自經師草野傳聞自不及簡策之記載其義易明是編論左氏所載事迹凡九十三條於三傳異同者大抵多主左氏而駁公穀蓋由於此然於宋師圍曹則疑左氏所載不甚明曉於華元出奔晉一條亦有疑於左氏則

亦非堅持門戶偏黨一家者也刻本久佚故朱彝尊經義考註云未見此蓋傳鈔舊本幸未佚亡者固宜亟錄而存之矣

春秋正傳三十七卷 禮部尚書曹秀先家藏本

明湛若水撰若水有二禮經傳測已著錄此書大旨以春秋本魯史之文不可強立義例以臆說汩之惟當考之於事求之於心事得而後聖人之心春秋之義皆可得因取諸家之說釐正之其曰正傳者謂正諸傳之謬也其體例先引三傳次列諸

儒之言而以己意爲之折衷頗與劉敞權衡相近中間如論隱公不書即位則謂以不報故不書乃史之文非夫子之所削論宋公陳侯蔡人衛人伐鄭則謂若以稱爵稱人有褒貶則人衛可矣人蔡何爲其不人宋又何爲決非聖人之義其論衛人立晉則謂衛人者他國稱之之詞諸說皆不足泥其論滕侯卒則謂諸侯宜薨而書卒或葬或不葬皆魯史之舊聖人無所加損論宋公衛侯遇于垂則謂史因報而書之聖人因史而存之前後議論

率本此意春秋治亂世之書謂聖人必無特筆於其間亦不免矯枉過正然比事屬辭春秋之教若亦能舉向來穿鑿破碎之例一掃空之而核諸實事以求其肯猶說經家之謹嚴不支者矣

左傳附註五卷　浙江巡撫採進本

明陸粲撰粲字子餘長洲人嘉靖丙戌進士官至工科給事中以劾張璁桂萼謫都鎮驛驛丞終於永新縣知縣事迹具明史本傳是編前三卷駁正杜預之注義第四卷駁正孔穎達之疏文第五卷

駁正陸德明左傳釋文之音義多旁採諸家之論亦間斷以已意於訓詁家頗爲有裨顧炎武曰知錄於駁正左傳注後附書曰凡邵陸傅三先生所已辨者不錄邵者邵寶左傳觿傳者傅遜左傳屬事陸即粲也蓋炎武亦甚重此書矣粲又有春秋左傳鐫二卷大意以左傳爲戰國人作而劉歆又以意附益故往往卑淺不中道或爲奇言怪說鶩於末流考粲以左傳爲出戰國蓋因程子謂臘爲秦禮庶長爲秦官已爲膠固其以竄亂歸之劉歆

蓋因林栗謂左傳凡言君子曰是劉歆之詞尤無佐證未免務爲高論仍蹈明人臆揣之習所謂畫蛇添足者也故惟錄此編而左傳鐫則別存其目焉

## 春秋胡氏傳辨疑二卷 江蘇巡撫採進本

明陸粲撰前有自序謂胡氏說經或失於過求詞不厭煩而聖人之意愈晦故著此以辨論之大旨主於信經而不信例其言曰不以正大之情觀春秋而曲生意義將焉所不至矣又曰昔之君子有

言春秋無達例如以例言則有時而窮惟其有時而窮故求其說而不得從而爲之辭又曰春秋襃善貶惡不易之法今用此法以誅人又忽用此說以賞人使後世求之而莫識其意是直舞文吏所爲而謂聖人爲之乎其抉摘說經之弊皆洞中癥結其例皆先列胡傳於前而以己說糾正於後如以春秋始於隱公獨取歐陽氏之說以爲遠而難明者不修而不取胡氏罪平王之說於紀履緰來逆女以爲爲齊侯滅紀葬伯姬書而不取胡氏逆

女必親使大夫非正之說於遂以夫人婦姜至自齊以爲聲姜敬嬴穆姜皆稱婦以文宣成皆有母稱婦以別於君母而不取胡氏貶稱婦以見惡之說於齊人來歸鄆讙龜陰田以爲魯及齊平而歸田不必以夾谷之會悉歸功於孔子三傳家語及史說皆未足據而不取胡氏所稱攝相卻齊兵之說如此者凡六十餘條大抵明白正大足以破繁文曲說之弊自元延祐二年立胡傳於學官明永樂纂修大全沿而不改世儒遂相沿墨守莫敢異

同惟粲及袁仁始顯攻其失其後若俞汝言焦袁熹張自超等踵加論辨乃推闡無餘雖卷帙不多其有功於春秋固不尠也朱彝尊經義考作四卷注云未見此本祇上下二卷實無所闕佚殆彝尊考之未審歟

春秋明志錄十二卷 浙江吳玉墀家藏本

明熊過撰過有周易象指決錄已著錄其注周易頗不主先儒舊說此書亦多自出新意辨駁前人於公羊穀梁及胡安國傳俱有所糾正而攻左傳

者尤甚如以邢遷于夷儀爲邢自遷非桓公遷之以城楚丘爲魯備戎而城非桓公城以封衛以晉人執虞公爲存於其國制之使不得他去而非執以歸以甯母之會辭子華爲不實以洮盟謀王室爲誣說以用鄫子爲出自邾人非宋公之命以晉懷公爲卓子之謚文公未嘗殺子圉以趙盾亦未使先蔑逆公子雍于秦以衛石惡爲孫氏黨非甯氏黨以楚殺慶封非以罪討無負斧鉞徇軍事俱不免鑿空立說又如以郭公爲鳥名謂如螟蜮之

類書以𥚃異以梁亡爲曾大夫會盟所聞歸而言之不由赴告故不著其亡之由亦多出於臆斷大抵務黜三傳如程端學端學不過疑傳過乃至意造事迹其獘更甚於端學然端學多繳繞拘牽格格然不能自達過則斷制分明紕繆者極其紕繆平允者亦極其平允卓爾康春秋辨義謂其頗出新裁時多微中亦春秋之警策者語固不誣故今糾其廢傳之失以彰炯戒而仍不没其所長焉

春秋正旨一卷 安徽巡撫採進本

明高拱撰拱字肅卿新鄭人嘉靖辛丑進士官至吏部尚書中極殿大學士諡文襄事迹具明史本傳是編之作蓋以宋以來說春秋者穿鑿附會欲尊聖人而不知所以尊欲明書法而不知所以明乃推原經意以訂其謬首論春秋乃明天子之義非以天子賞罰之權自居次論孔子必不敢改周正朔而用夏時次論託之魯史者以其尚存周禮非以其周公之後而假之次論王不稱天乃偶然異文滕侯稱子乃時王所黜聖人斷無貶削天子

降封諸侯之理次論齊人歸鄆讙龜陰田非聖人自書其功深斥胡傳以天自處之非次論春秋作於哀公十四年乃孔子卒之前一歲適遇獲麟因而書之經非感麟而作麟亦非應經而至次論說經以左氏爲長胡氏爲有激而作餘諸家之紛紛皆由誤解天子之事一語其言皆明白正大足破說春秋者之痼疾卷帙雖少要其大義凜然多得經意固迥出諸儒之上矣

春秋輯傳十三卷春秋凡例二卷　直隸總督採進本

明王樵撰樵有周易私錄已著錄是編朱彝尊經義考作十五卷又別出凡例二卷註曰未見此本凡輯傳十三卷前有宗旨三篇附論一篇共爲一卷與十五卷之數不符葢彝尊偶誤又凡例二卷今實附刻書中彝尊亦偶未檢也其輯傳以朱子爲宗博采諸家附以論斷未免或失之冗然大旨猶爲醇正其凡例則比類推求不涉穿鑿較他家特爲明簡明人之說春秋大抵範圍於胡傳其爲科舉之計者固不足言其好持議論者又因仍苛

說彌用推求巧詆深文爭爲刻酷尤失筆削之微

旨樵作此書差爲篤實其在當日亦可云不移於

俗學者矣

春秋億六卷江蘇巡撫採進本

明徐學謨撰學謨字叔明嘉定人嘉靖庚戌進士

官至禮部尚書是編序題春秋億而卷首題曰徐

氏海隅集目錄又題曰外編葢其全集之一種十

二公各爲一篇不載經文而一一排比年月隨經

詮議葢漢代經傳別行原不相屬似乎創例實古

法也大旨以春秋所書皆據舊史舊史所闕聖人不能增益如隱莊閔僖不書即位桓三年以後不書王衛人陳人從王伐鄭不稱天以及日月之或有或無皆非聖人所筆削一掃公羊穀梁無字非例之說與孫復胡安國無事非譏之論夫春秋之作既稱筆削則必非全錄舊文漫無襃貶學謨持論雖未免矯枉過直然平心靜氣不事囂爭言簡理明多得經意實勝宋元諸儒之穿鑿其駁夏時周月之說曰爲下而先倍烏在其爲春秋也可謂

要言不煩者矣

春秋事義全考十六卷 浙江巡撫採進本

明姜寶撰寶有周易傳義補疑已著錄明史藝文志朱彝尊經義考俱載是書二十卷而此少四卷然檢其篇帙未見有所缺佚疑或別有附錄而佚之歟其大旨雖以胡傳爲本而亦頗參已意襄公昭公以下胡傳多缺亦胥爲補葺中間地名以今證古雖間有考訂皆無以甚異於諸家惟向來說春秋者以筆削褒貶爲例故如王不稱天公不書

即位之類皆爲孔子有意貶絕是褒譏之法且將上施於君父揆諸聖人明倫垂教之本意當必不然寶獨謂孔子於周王曾侯事有非者直著其非而已後人說經用惡字罪字譏貶字皆非聖人之意其言明白正大爲啖趙以來所未及可謂闡筆削之微意立名教之大防雖頗近科舉之學不以害其宏旨也

左傳屬事二十卷浙江巡撫採進本

明傅遜撰遜字士凱太倉人嘗遊歸有光之門困

頓場屋晩乃以歲貢授建昌縣訓導是書發端於其友王執禮而遂續成之倣袁樞紀事本末之體變編年爲屬事事以題分題以國分傳文之後各櫽括大意而論之於杜氏集解之未安者頗有更定而凡傳文之有乖於世教者時亦糾正焉遂嘗自云傳中文義頗竭思慮特於地理殊多遺憾恨不獲遍蒐天下郡縣志而精考之又云元凱無漢儒不能爲集解遂無元凱不能爲此註其用心深至推讓古人勝於文人相輕者多矣

春秋胡傳考誤一卷通行本

明袁仁撰。仁有尚書砭蔡編，已著錄。是書前有自序，謂宋胡安國懷王氏之不立春秋，承君命而作傳，志在匡時，多借經以申其說，其意則忠，而於經未必盡合。其說良是。至謂安國之傳非全書，則不盡然。安國是編自紹興乙卯奉勅纂修，至紹興庚申而後繕本進御，豈有未完之理哉？然其抉摘安國之失，如周月非冠夏時，盟宿非宿君與盟，宰渠伯糾宰非冢宰，伯非伯爵，夏五非舊史闕文，齊仲孫來之非貶召陵之役齊桓不得爲王德管仲不得爲王佐首止序王世子於末非以示謙晉卓子立已踰年非獨里克奉之爲君季姬之遇鄫子非愛女使自擇壻鼷鼠食牛角非三桓之應正月書襄公在楚非以存魯君之名吳子使札非罪其讓國左傳莒展輿事以攻當爲已攻齊豹非求名不得歸鄆讙龜陰非聖人自書其功獲麟而誇以簫韶河洛爲傳者之陋皆深有理解他若會防一條義不係於胡傳蔡桓侯一條謂葬以侯禮亦以意

為之別無顯証石之紛如本非大夫不應與孔父仇牧一例見經仁一槩排之則吹求太甚矣

左氏釋二卷 江蘇巡撫採進本

明馮時可撰時可字敏卿號元成華亭人隆慶辛未進士官至湖廣布政司叅政事迹附見明史馮恩傳此書皆發明左傳訓詁中如解莊公二十五年秋大水鼓用牲于社于門謂王者事神治民有祠而無祈有省而無禳用鼓已末何況於攻董仲舒杜預之說皆誤考周禮大祝六祈一曰類二曰

造三曰禬四曰祭五曰攻六曰說鄭康成注謂攻
說則以辭責之如其鳴鼓然則攻固六祈之一矣
時可所言殊爲失考至昭公二十九年賦晉國一
鼓鐵以鑄刑鼎杜註孔疏皆謂治石爲鐵用橐扇
火謂之鼓計會一鼓便足時可則引王肅家語註
云三十斤爲鈞四鈞爲石四石爲鼓蓋用四百八
十斤鐵以鑄刑書適給於用則勝註疏說多矣蓋
雖間有臆斷而精核者多固趙汸補註之亞也此
書舊與左氏討左氏論合爲一書總標曰元敏天

池集意當時編入集內故鈔本尚襲舊題今惟錄此編而所謂討與論者則別存目故各分著其名焉

**春秋質疑十二卷** 安徽巡撫採進本

明楊于庭撰于庭字道行全椒人萬歷庚辰進士官至兵部職方司郎中此書之旨以胡安國春秋傳意主納牖褒諱抑損不無附會於春秋大義合者十七不合者十三又於左氏公穀或採或駁亦不能悉當因條舉而論辨之如胡氏謂春王正月

乃以夏時冠周月于庭則引禮記孟獻子曰正月
日至可以有事於上帝七月日至可有事於其祖
證日至之爲冬至即知周以子月爲正月又胡氏
謂經不書公即位爲未請命於王于庭則引文公
元年春王正月公即位越四月天王使毛伯來錫
公命成公八年秋七月天子使召伯來賜公命據
此則錫命皆在即位之後數年或數月可知前此
之未嘗請命而皆書即位胡說未可通又胡氏以
從祀先公爲昭公至是始得從祀於太廟于庭則

謂季氏靳昭公不得從祀其事不見於三傳至馮山始創言之胡氏不免於輕信凡此之類議論多爲精確固非妄攻先儒肆爲異說者比也

春秋孔義十二卷　浙江汪啟淑家藏本

明高攀龍撰攀龍有周易易簡錄已著錄是書斟酌於左氏公羊穀梁胡安國四家之傳無所考證亦無所穿鑿意在以經解經凡經無傳有者不敢信傳無經有者不敢疑故名曰孔義明爲孔子之義而非諸儒之臆說雖持論稍拘較之破碎纖繞

横生異議猶說經之謹嚴者矣朱彝尊經義考此書之外別有李攀龍春秋孔義十二卷註曰未見今案書名卷數並同李攀龍之名又相同不應如是之巧合考李攀龍惟以詩名不以經術見其墓誌本傳亦不云嘗有是書豈諸家書目或有以攀龍之名同因而誤高爲李者彝尊未及考核誤分爲二歟

春秋辨義三十九卷 浙江巡撫採進本

明卓爾康撰爾康有易學已著錄是書大旨分爲

六義曰經義曰傳義曰書義曰不書義曰時義曰地義持論皆爲醇正其經文每條之下皆雜取舊說排比詮次而斷以己意每公之末又各附以列國本末一篇舉繫於盛衰興亡之大者别爲類敘亦頗有體要中間如甲戌己丑陳侯鮑卒以爲是甲戌年正月己丑史官偶倒其文不知古人紀歲自有閼逢攝提格等歲陽二十二名其六十甲子古人但用以紀日不以紀歲又如五石六鷁謂外災何以書爲其三恪且在中國不知晉之梁山崩

宋衛陳鄭災豈皆三恪乎又天王狩于河陽謂晉欲率諸侯朝王恐有畔去者故使人言王狩以邀之其心甚盛無可訾議尤爲有意翻新反於理有礙此類皆不可爲訓然如謂鄭人來渝平當依左氏訓更成其以爲墮成不果成者文義皆誤又解戎伐凡伯于楚丘謂一國言伐一邑亦言伐一家言伐一人亦言伐公羊以伐爲大乃不知侵伐之義強爲之辭則皆明白正大足破諸說之拘牽在明季說春秋家猶爲有所闡發焉

讀春秋畧記十卷　兩江總督採進本

明朱朝瑛撰。朝瑛有讀易畧記，已著錄。其學出自黄道周，頗不拘墟於俗見，而持論不必皆醇。是書輯錄舊文，補以己意。所採上自啖助、趙匡，下及季本、郝敬，大抵多自出新義，不肯傍三傳以說經者。朝瑛之所論斷，亦皆冥搜别解，不主故常。如謂甫父二字古文通用，爲男子之美稱，孔父之字嘉，猶唐杜甫之字美。此與程子以大爲紀侯之名，援欒大爲例者何異。又力斥漢書五行志穿鑿傅會之非而於恒星不見一條乃引何休之說以爲法度廢絶威信不行之驗與胡安國不談事應而星孛北斗大辰仍採董仲舒劉向義者亦同至於論隱公二年春王二月己巳日有食之乃三月非二月夫人子氏爲隱公之夫人而非仲子亦未嘗不考證分明大致似葉夢得之三傳讞而學不能似其博似程端學之三傳辨疑而論亦不至似其迂其於二書蓋皆伯季之間置其偏僻擇其警策要不失爲讀書者之說經也

春秋四傳質二卷　湖南巡撫採進本

明王介之撰介之字石崖衡陽人是書取三傳及胡安國傳異同斷以己意其無駭卒一條云春秋二百四十二年間事屢變文亦屢易四傳各成其說而斷以義則胡氏精而公穀尤正質以事則左氏有徵爲可信也蓋作書大指如此其中有本舊說者如隱公元年闢胡傳元即仁也之說本楊時答胡康侯書闢胡傳建子非春之說本熊朋來說是也有據一傳而去取互異者如王正月爲大一

統從公羊傳而闢其王謂文王之說是也有就四傳互質之者如文公逆婦姜于齊四傳異說舍左氏公羊胡傳而從穀梁有專據胡傳而亦不盡從者如定公從祀先公取其昭公始祀於廟之說而闢其事出陽虎而不可詳之說是也俱頗有所見不同勦說至於桓公之即位公羊以爲如其意也介之誤作胡傳而詆其巧而誣文公之四不視朔左氏公羊以爲疾穀梁以爲厭政胡傳從穀梁介之誤作三傳皆以爲疾而胡氏辨其無疾亦未免

時有舛誤然明之末造經傳俱荒介之尚能援據古義糾胡安國之失亦可謂拔俗千尋矣

左傳杜林合注五十卷　左都御史崔應階進本

明王道焜趙如源同編案朱彝尊經義考載宋林堯叟春秋左傳句解四十卷引鄭玥之言曰堯叟字唐翁崇禎中杭州書坊取其書合杜註行之又載此書五十卷引陸元輔之言曰王道焜杭州人中天啓辛酉鄉試與里人趙如源濬之共輯此書云云今書肆所行卷數與彝尊所記合而削去道

焜如源之名又首載凡例題爲堯叟所述而中引
永樂春秋大全殆足哈噱葢即以二人編書之凡
例改題堯叟也杜預註左氏號爲精密雖隋劉炫
已有所規元趙汸明邵寶傳遜陸粲
國朝顧炎武惠棟又遞有所補正而宏綱巨目終越
諸家堯叟之書徒以箋釋文句爲事實非其匹第
古註簡奥或有所不盡詳堯叟補苴其義使淺顯
易明於讀者亦不無所益且不似朱申句解於傳
文橫肆刊削故仍錄存之以備一解中附陸德明

音義當亦道焜等所加原本所有今亦並存焉

欽定四庫全書總目 經部

卷三十九之三十

# 欽定四庫全書總目卷二十九

經部二十九

春秋類四

日講春秋解義六十四卷

謹案是書爲
聖祖仁皇帝經筵舊稿
世宗憲皇帝復加考論乃編次成帙說春秋者莫夥於兩宋其爲進講而作者宋史藝文志有王葆春秋講義二卷今已散佚張九成橫浦集有春秋講義一

卷永樂大典有戴溪春秋講義三卷大抵皆演繹經文指陳政理與章句之學迥殊是非惟崇政邇英奏御之體裁如是亦以統馭之柄在慎其賞罰賞罰之要在當其功罪而別嫌疑明是非定猶豫者則莫精於春秋聖人筆削之旨實在於是也故孟子曰春秋天子之事也公扈子曰有國者不可以不學春秋春秋國之鑑也董仲舒推演公羊之旨得二百三十二條作春秋決事十六篇其義葢有所受矣是編因宋儒進御舊體以闡發微言每

條先列左氏之事迹而不取其浮夸次明公穀之義例而不取其穿鑿反覆演繹大旨歸本於王道允足明聖經之書法而探帝學之本原

聖祖仁皇帝

世宗憲皇帝

聖

聖相承鄭重分明以成此一編豈非以經世之樞要具在斯乎

欽定春秋傳說彙纂三十八卷

康熙三十八年奉

勅撰初胡安國作春秋傳張栻已頗有異議朱子編南軒集存而不刪蓋亦以栻說爲然至元延祐中復科舉法始以安國之傳懸爲功令而有明一代因之故元吳澄作俞皐春秋集傳序稱兼列胡氏以從時尚明馮夢龍作春秋大全凡例稱諸儒議論儘有勝胡傳者然業以胡傳爲宗自難並收以亂耳目豈非限於科律明知其悞而從之歟欽惟

聖祖仁皇帝道契天經

心符聖義於尼山筆削
洞鑒精微雖
俯念士子久誦胡傳難以驟更仍綴於三傳之末而
指授儒臣詳爲考證凡其中有乖經義者一一駁正多所
刊除至於先儒舊說世以不合胡傳擯棄弗習者
亦一一採錄表章闡明古學蓋以
聖人之德居
天子之位故能蕩除門戶辨別是非挽數百年積重之勢
而反之於正也自時厥後能不爲胡傳所錮者如

徐庭垣之春秋管窺焦袁熹之春秋闕如編響然並作不可殫數袞鉞之義遂皦若三光維風維草之效誠有自來矣臣等繕校之餘爲春秋幸尤爲天下萬世讀春秋者幸也

御纂春秋直解十五卷

乾隆二十三年奉敕撰十二公爲十二卷莊公僖公襄公篇頁稍繁各析一子卷實十五卷大旨在發明尼山本義而剷除種種迂曲之說故

賜名曰直解冠以御製序文揭胡安國傳之傳會臆斷以明誥天下與欽定春秋傳說彙纂宗旨同符考班彪之論春秋曰平易正直春秋之義也王充之論春秋曰公羊穀梁之傳日月不具輒爲意使平常之事有怪異之說徑直之文有曲折之義非孔子之心蘇軾之論春秋曰春秋儒者本務然此書有妙用儒者罕能領會多求之繩約中乃近法家者流苛細繳繞竟亦何用朱子之論春秋亦曰聖人作春秋不過直書其

事而善惡自見又曰春秋傳例多不可信聖人紀事安有許多義例然則聖經之法戒本共聞共見聖人之勸懲亦易知易從自啖助趙匡倡廢傳解經之說使人人各以臆見私相揣度務爲新奇以相勝而春秋以晦自孫復倡爲有貶無褒之說說春秋者必事事求其所以貶求其所以貶而不得則鍛鍊周内以成其罪而春秋益荒俞汝言春秋平義序謂傳經之失不在於淺而在於深春秋尤甚可謂片言居要矣是編恭承

訓示務斟酌情理之平以求聖經之微意凡諸家所說穿鑿破碎者悉斥不採而筆削大義愈以炳然學者恭讀

御纂春秋傳說彙纂以辨訂其是非復恭讀是編以融會其精要春秋之學已更無餘藴矣

左傳杜解補正三卷通行本

國朝顧炎武撰炎武一名絳字寧人崑山人博極羣書精於考證

國初稱學有根柢者以炎武爲最李光地嘗爲作小

傳今載榕村集中是書以杜預左傳集解時有缺失而賈逵服虔之注樂遜之春秋序義今又不傳於是博稽載籍作爲此書至邵寶左觿等書苟有合者亦皆采輯若室如懸罄取諸國語肉謂之羹取諸爾雅車之有輔取諸呂覽田祿其子取諸楚詞千畝原之在晉州取諸鄭康成祏爲廟主取諸說文石四爲鼓取諸王肅家語注祝其之爲萊蕪取之水經注凡此之類皆有根據其他推求文義研究詁訓亦多得左氏之意昔隋劉炫作杜解規

過其書不傳惟散見孔穎達正義中然孔疏之例務主一家故凡炫所規皆遭排斥一字一句無不劉曲而杜直未協至公炎武甚重杜解而又能彌縫其闕失可謂掃除門戸能持是非之平矣近時惠棟作左傳補註糾正此書尨涼一條大司馬固一條文馬百駟一條使封人慮事一條遇艮之八一條豆區釜鍾一條然其中文馬之說究以炎武爲是棟又摘其引古春秋左氏說但舉漢書五行志之名又摘其禮爲鄰國闕一條用服虔之說而

不著所自案徵引佚書當以所載之書爲據棟引世本不標史記注引京相璠土地名不標水經注正體例之疎未可反譏炎武至服虔一條當由偶忘出典棟注昭公二十九年賦晉國一鼓鐵證以王肅家語注亦明馮時可之說未標時可之名也是固不以掠美論矣

春秋稗疏二卷　湖南巡撫採進本

國朝王夫之撰夫之有周易稗疏已著錄是編論春秋書法及儀象典制之類僅十之一而考證地理

者居十之九其論書法謂閔公元年書季子仲孫
高子皆不名乃閔公幼弱聽國人之所爲故從國
人之尊稱然考襄公之立實止四歳昭公之出亦
非一年均未聞以君不與政書事或有變文何獨
閔公見存反從國人立義其論春秋書戎皆指徐
戎斥杜預陳留濟陽東有戎城之非且謂曹衛之
間不應有戎證以費誓似乎近理然周之戎如今
土司參錯於郡縣觀追戎濟西則去曹近而去徐
遠至於凡伯聘魯歸周而戎伐之于楚丘則凡伯

不涉徐方徐戎亦斷難越國安得謂曹衛之間戎不雜居如此之類未免失之臆斷至以鸜鵒爲寒號蟲反斥埤雅之訛以延廐爲延袤其廐亦爲穿鑿杜註郢亭在卲陵南不云卽在卲陵乃刪除南字而駁之尤爲文致其失然如莒人入向之向謂當從杜預在龍亢而駁水經注所引闞駰之說誤以邑名爲國名足以申杜注之義辨杞之東遷在春秋以前辨殺州吁于濮非陳地辨洮爲曹地非曾地音推小反不音他刀反辨貫字非貰字之誤

辨厲卽賴國非隨縣之厲鄉辨踐土非鄭地辨翟泉周時不在王城之內辨莒魯之間有二鄆辨仲遂所卒之垂非齊地辨次鄫之鄫非鄫國亦非鄭地辨春秋之祝其非漢之祝其皆足糾杜注之失據後漢郡國志謂郎在高平據括地志謂胡在郾城據漢書地理志謂重邱在平原據應劭漢書注謂陽在都陽皆足以補杜注之闕至於謂子糾爲齊襄公之子案劉瑾詩集傳通釋解何彼襛矣篇亦以桓公爲襄公子然瑾由誤記與夫之有所考辨者不同謂魯襄公時頻月日食由於誤視暈

弭亦足以備一解在近代說經之家尙頗有根柢其書向未刊行故予糾之說近時梁錫璵據爲新義暈不書族定姒非謚之說近時葉酉亦據爲新義殆皆未見其書也

春秋四傳糾正一卷 浙江巡撫採進本

國朝俞汝言撰汝言字石吉秀水人前明諸生康熙丙辰汝言撰春秋平義始脫藁乃作此書以綜括其大旨相傳其晚年失明口授而成之者也書中摘列春秋三傳及胡安國傳之失隨事辨正區爲

六類一曰尊聖而忘其僭計八條二曰執理而近
於迂計十五條三曰尚異而隣於鑿計二十三條
四曰臆測而近於誣計四十三條五曰稱美而失
實情計八條六曰摘瑕而傷鍥刻計六條末附春
王正月辨一篇申左氏公羊孔安國鄭元之說明
周正改時改月春秋正朔皆從周其中如華督奪
孔父之妻齊桓因蔡姬而侵蔡史家簡策相傳必
有所據即就傳文而論亦無以斷其必不然汝言
皆以爲臆測近誣轉未免自蹈臆測又公羊褒齊

襄之復讐固爲謬戾然紀侯譖齊哀公於周至於、見烹則實有其事汝言乃謂語言之故不足爲讐亦不甚可解至春王正月辨中謂左傳王周正月句王周二字猶漢稱皇漢宋稱皇宋之義則不知正月正歲並見周禮兼用夏正實亦王制故特言王周正月明非夏時無庸牽引漢宋横生曲說又一行衛朴推驗春秋日食皆合於建寅一條汝言無以難之遂泛謂不足深據不知日月交食推朔望不推時令建子建寅食限無殊一語可明亦不

必顢頇其說如斯之類雖或間有小疵然六類之中大抵皆立義正大持論簡明一卷之書篇帙無幾而言言皆治春秋者之藥石亦可謂深得經意者矣

春秋平義十二卷 浙江巡撫採進本

國朝俞汝言撰是書多引舊文自立論者無幾然自宋孫復以來說春秋者務以攻擊三傳相高求駕乎先儒之上而穿鑿煩碎之弊日生自元延祐以後說春秋者務以尊崇胡傳為主求利於科舉之

迻而牽就附合之弊亦遂日甚明張岐然嘗作五傳平文以糾其謬而去取尚未能皆允汝言此書亦與岐然同意而簡汰精審多得經意正不以多生新解爲長前有自序謂傳經之失不在於淺而在於深春秋爲甚可謂片言居要矣此本爲汝言手藁其中塗乙補綴朱墨縱横其用心勤篤至今猶可想見也朱彝尊經義考載繆泳之言稱汝言研精經史尤熟明代典故嘗撰有宰相列卿年表其詩古文曰漸川集今皆未見葢亦好學深思之

士所由與枵腹高談者異歟

讀左日鈔十二卷補二卷浙江巡撫採進本

國朝朱鶴齡撰鶴齡有尚書埤傳已著錄是書采諸家之說以補正杜預春秋經傳集解之闕訛於趙汸陸粲傅遜邵寶王樵五家之書所取爲多大抵集舊解者十之七出已意者十之三故以鈔名所補二卷多用顧炎武說炎武杜解補正三卷具有完帙此所採未及什一其凡例稱庚申之秋炎武自華陰寄左傳注數十則蓋是時杜解補正尚未

成也鶴齡斥林堯叟音義之陋所取僅三四條持論極允至孔穎達正義家弦戶誦久列學官斷無讀注而不見疏者乃連篇採掇殊屬贅疣至襄公九年傳閏月當作門五日本爲杜注乃引以補杜尤爲牀上牀矣他如定公八年傳謂公山不狃之意在於張公室陽虎之意不在公室但欲假公室以制三桓爲利而已定公十二年傳則云公山不狃叔孫輒之徒據費以畔說者謂叛季非叛魯其說非也彼稔見三家不臣之迹尤而效之藉口於

張公室耳云云是一事而臧否頓殊又如莊公二十二年傳引史記正義以未羊巽女爲姜姓之訓於昭公九年傳又續引汪琬說駁張守節失左氏之指是一義而去取迥異皆未免於小疵然其中如引鬭辛以駁伍員之復讐天經地義爲千古儒者所未發引定公五年文公十七年二傳證公壻池非晉侯之壻引檀弓越人弔衛將軍文子事證秦人歸僖公成風之襚引漢書王嘉傳證屈蕩尸之當作尸之之類亦具有考證雖瑕瑜並陳不及

顧炎武惠棟諸家之密而薈稡衆長斷以新義於讀左傳者要亦不爲無補焉

左傳事緯十二卷附錄八卷山東巡撫採進本

國朝馬驌撰驌字驄御又字宛斯鄒平人順治己亥進士官淮安府推官終於靈璧縣知縣是書取左傳事類分爲百有八篇篇加論斷首載晉杜預唐孔穎達序論及自作左丘明小傳一卷辨例一卷圖表一卷覽左隨筆一卷名字譜一卷左傳字奇一卷合事緯爲二十卷內地輿有說無圖葢未成

也王士禎池北偶談稱其博雅嗜古尤精春秋左氏學載所著諸書與此本並同惟無字奇及事緯豈士禎偶未見歟三傳之中左氏親覩國史事迹爲眞而褒貶則多參俗議公羊穀梁二家得自傳聞記載頗謬而義例則多有師承朱子語錄謂左氏史學事詳而理差公穀經學理精而事謬蓋篤論也驌作是書必謂左氏義例在公穀之上是亦偏好之言然驌於左氏實能融會貫通故所論具有條理其圖表亦皆考證精詳可以知專門之學

與涉獵者相去遠矣

春秋毛氏傳三十六卷 浙江巡撫採進本

國朝毛奇齡撰奇齡有仲氏易已著錄自昔說春秋者但明義例至宋張大亨始分五禮而元吳澄因之然粗具梗槩而已奇齡是書分改元即位生子立君朝聘盟會侵伐遷滅昏覲享唁喪期祭祀蒐狩興作甲兵田賦豐凶災祥出國入國盜殺刑戮凡二十二門又總該以四例曰禮例曰事例曰文例曰義例然門例雖分而卷之先後以經爲次無

割裂分隸之嫌較他家體例爲善其說以左傳爲主間及他家而最攻擊者莫若胡安國傳其論安國開卷說春王正月已辯窮理屈可謂確論然左傳元年春王周正月之文本以周禮正歲正日兼用夏正夏正亦屬王制故變文稱王周正月以爲建子之明文而奇齡乃讀春王爲一句周正月爲一句謂王字乃本王於春之王而非天王之王其爲乖謬殆更甚於安國又如鄭康成中庸注策簡也蔡邕獨斷亦曰策者簡也其制長二尺短者半

之春秋正義曰大事書於策者經之所書也小事
書於簡者傳之所載也又曰大事後雖在策其初
亦記於簡據此則經傳簡策並無定名故崔杼之
事稱南史氏執簡而華督之事稱名在諸侯之策
其文互見奇齡乃以簡書策書爲經傳之分亦爲
武斷然其書一反胡傳之深文而衡以事理多不
失平允之意其義例皆有徵據而典禮尤所該洽
自吳澄纂言以後說春秋者罕有論比非其說詩
說書好逞臆見者比至於喧呼叫呶則其結習所

成千篇一律置之不議不論可矣

春秋簡書刊誤二卷 浙江巡撫採進本

國朝毛奇齡撰是書刊正三傳經文之誤其以簡書爲名者蓋仍執其傳據策書經據簡書之說也大旨以左傳爲主而附載公穀之異文辨證其謬因胡安國傳多從穀梁併安國亦排斥之其舍左氏而從公羊者惟襄公十四年衛侯衎出奔齊一條耳考左傳雖晚出而其文實竹帛相傳公穀雖先立於學官而其初皆經師口授或記憶之失眞或

方音之遞轉勢所必然不足爲怪奇齡所考正者如會袲不當有齊侯畢伯送王姬不應作逆齊人來歸衛俘據書序知俘即是寶非經傳有異公伐齊納子糾不應無子字齊人殲于遂不應作瀸曹覊出奔陳赤歸于曹與鄭忽出奔衛突歸于鄭同例會洮不應有鄭世子華欒書救鄭不應作侵鄭召公來錫公命不應作賜命襄公五年救鄭不應有莒子邾子滕子薛伯會虢之衛齊惡不應作石惡齊欒施不應作晉欒施叔孫婼不應名舍公會

齊侯盟于黃不應作晉侯衛趙陽不應作晉趙陽
皆極精核至於經書冬宋人取長葛傳乃作秋但
知經傳不符而不知宋以先王之後用商正取以
建酉之月則此冬而彼猶秋實與晉用夏正經傳
皆差兩月一例又衛師入郕公羊郕作盛遂詆其
宋將作送衛將作慧不知穆天子傳所載盛姬郎
郕國之女考古圖許或作鄦曾或作鹵俱勒諸鐘
鼎斷非訛寫古字異文如斯者衆未可盡以今文
繩之又謂昔恒星不見夜中星隕如雨昔字訓夜

雖見列子然不應一作昔又一作夜不知列子稱夜則昏憊而熟寐者昔昔夢爲國君又稱夜亦昏憊而寐昔昔夢爲人僕正昔夜二字並用又謂皋陶可作咎由由於音同西乞術不可作西乞遂由於音異是以後世之平仄律古人之傳音不知檀弓以木爲彌牟戰國策以包胥爲勃蘇者不一而足也如斯之類特以偏主一家曲加排斥均爲未得其平甚至于作於饗作享經傳處處通用於公穀亦縷摘之益瑣屑矣然其可取者多瑕究不掩

其瑜也

春秋屬辭比事記四卷浙江巡撫採進本

國朝毛奇齡撰奇齡作春秋傳分義例爲二十二門而其書則仍從經史十二公之序此乃分門隸事如沈棐趙汸之體條理頗爲明晰考據亦多精核葢奇齡長於辨禮春秋據禮立制而是書據禮以斷春秋宜其秩然有紀也至周禮一書與左傳多不相合葢周禮爲王制而左傳則皆諸侯之事周禮爲初制而左傳則皆數百年變革之餘强相牽

附徒滋糾結奇齡獨就經說經不相繳繞尤爲特識矣是書爲奇齡門人所編云本十卷朱彝尊經義考惟載六卷且云未見此本於二十二門之中僅得七門而侵伐一門尚未及半蓋編次未竟之本雖非完書校其體要轉勝所作春秋傳也

春秋地名考畧十四卷浙江巡撫採進本

國朝高士奇撰士奇字澹人錢唐人居於平湖以諸生薦直

內廷授中書舍人改翰林院侍講官至內閣學士是

編乃康熙乙丑士奇奉
勑撰春秋講義因考訂地理併成是書奏
進據閻若璩潛邱劄記稱秀水徐勝敬可爲人作左傳地名詭問余成公二年鞌之戰云云則實士奇倩勝代作也其書以春秋經傳地名分國編次皆先列國都次及諸邑每地名之下皆先列經文傳文及杜預注而復博引諸書考究其異同砭正其疎舛頗爲精核惟時有貪多炫博轉致瑣屑者如魯莊公作臺臨黨氏遂立黨氏臺一條殊於地理無

闕又如晉以先茅之縣賞胥臣遂立先茅之縣一條既不能指爲何地但稱猶云蘇忿生之田則亦安貴於考耶是則過求詳備之失也

## 春秋管窺十二卷 浙江巡撫採進本

國朝徐庭垣撰據浙江遺書總錄庭垣秀水人官新昌縣縣丞然不言書成於何時前有庭垣自序亦無年月案庭垣爲朱彝尊同縣人而彝尊經義考不載是書則在彝尊以後矣自宋以來說春秋者尊聖人而不知所以尊遂以貶黜天王改易正朔

舉天下干名犯義之事皆誣稱爲孔子之特筆而不知已亂名教之大防庭垣自序駁諸儒之失有曰世但知推尊聖人而不知孔子當日故一魯大夫也於周天子則其大君於魯公則其本國之君於列國諸侯則俱周天子所封建與魯君並尊者也身爲人臣作私書以賞罰王侯君公此犯上作亂之爲而謂聖人肯爲之乎如謂所誅絶者非在位之王公豈先王先公遂可得而誅之乎昌言無忌禍之招也縱曰深藏其書不輕示人然聖人者

不欺屋漏明知犯上干禁而故作之又深匿之以圖幸免亦必無之事矣舉世襲先儒之論而不究其非藉有妄人亦曰我欲法春秋也亦削天子之號黜當代公卿其將何詞以遏之云云其持論最爲正大又自述注釋之例曰以左傳之事實質經以經之異同辨例於公羊穀梁二傳及諸儒論釋其合於義例先後無悖者不復置議如其曲說偏斷理有窒礙則據經文先後以駁正之云云其立義亦爲明坦其中如桓不書王之類間亦偶沿舊

說然其大旨醇正多得經意與焦袁熹之闕如編其說皆在啖趙諸儒之上正未可貴遠而賤近也舊帙蠹蝕字句間有殘闕無別本可以校補然大旨宏綱炳然無損正不以一二斷簡廢之矣

三傳折諸四十四卷 江蘇巡撫採進本

國朝張尚瑗撰尚瑗字宏蘧一字損持吳江人康熙戊辰進士改庶吉士散館外補興國縣知縣尚瑗初從朱鶴齡遊講春秋之學鶴齡作讀左日抄尚瑗亦作讀三傳隨筆積累既久卷帙遂夥乃排纂

而成是書曰折諸者取揚雄羣言淆亂折諸聖人語也凡左傳三十卷公羊穀梁各七卷而用力於左傳尤多如卷首所列郊禘五嶽考地名同考名諡同考名姓世表諸篇皆引據典核可資考證惟其書貪多務得細大不捐每据摭漢魏以下史事與傳文相證往往支離曼衍如因衞懿公好鶴遂涉及唐元宗舞馬之類不一而足與經義或渺不相關殊爲蕪雜然取材既廣儲蓄遂宏先儒訓詁之遺經師授受之奧微言大義亦多錯見於其中

所謂披沙簡金往往見寶固未可以其糠粃而盡棄其精英且春秋一經說者至夥自孫復劉敞之徒倡言廢傳後人沿其流派遂不究事實而臆斷是非胡安國傳自延祐以來懸爲功令而僖公十七年之滅項乃誤歸獄於季孫由於議論多而考證少也倘瑗是書雖未能刊削浮文頗乖體要而蒐羅薈稡猶爲摭實之言過而存之視虛談褒貶者固勝之遠矣

春秋闕如編八卷 江蘇巡撫採進本

國朝焦袁熹撰袁熹字廣期金山人康熙丙子舉人是編爲袁熹未成之書僅及成公八年而止每卷有袁熹名印蓋猶其稿本前有其孫鍾璜跋亦當時手迹也自穀梁發常事不書之例孫復衍有貶無褒之文後代承流轉相摹仿務以刻酷爲經義二百四十二年之中上至天王下至列國無一人得免於彈刺遂使游夏贊之而不能者申韓爲之而有餘流弊所極乃有貶及天道者呂柟春秋說志謂書季孫意如卒所以見天道之左春秋於是乎亂矣袁熹是書獨酌情

理之平立褒貶之準謹持大義而刊削繁苛如隱公盟蔑諸家皆曰惡私盟袁燾則謂繼好息民猶愈於相虞相詐至七年伐邾事由後起不容逆料而加貶詞又謂會潛之戎本雜處中國修好息民亦衰世之常事褒貶俱無可加謂無駭之書名若後世帝室之胄不繫以姓非貶而去之謂書齊侯弟年見齊之重我使其親貴非譏過寵其弟謂書螟爲蟲傷苗稼即當留意補助不以此一事便爲惡如此之類數十條皆一洗曲說至於武氏子求

聘乃魯不共命天王詰責豈敢反譏天王家父求車乃天子責貢賦有闕經婉其文曰求車不應舍其下責其上尤大義凜然非陋儒所及末附讀春秋數條論卽位或書或不書四時或備或不備有史所本無有傳爲脫佚非聖人增減於其間亦足破穿鑿之說近代說春秋者當以此書爲最雖編輯未終而義例已備於經學深爲有裨非其經說諸書出於門人雜錄者比也

春秋宗朱辨義十二卷 浙江巡撫採進本

國朝張自超撰自超字彝歎高淳人康熙癸未進士未仕而卒江南通志列之儒林傳中是書大意本朱子据事直書之旨不爲隱深阻晦之說惟就經文前後參觀以求其義不可知者則闕之篇首總論二十條頗得比事屬詞之旨其中如單伯逆王姬則從王氏之說以爲魯之大夫於秦獲晉侯辨所以不書名之故於宋師敗績辨所以不書公之故於司馬華孫來盟辨胡傳義不係乎名之說於盟宋罪趙武之致弱於楚公子比公子棄疾弒立

書法見春秋微顯之義於齊殺高厚謂非說晉而於衛人立晉一條尤得春秋深意雖以宗朱為名而參求經傳務求心得實非南宋以來穿鑿附會之說後方苞作春秋通論多取材此書近時解春秋者焦袁熹春秋闕如編外此亦其亞矣

春秋通論四卷　江蘇巡撫採進本

國朝方苞撰苞有周官集注已著錄是編本孟子其文則史其義則某竊取之矣貫穿全經按所屬之辭合其所比之事辨其孰為舊文孰為筆削分類

排比爲篇四十每篇之内又各以類從凡分章九十有九考筆削之迹自古無徵公羊傳曰不修春秋曰霣星不及地尺而復君子修之曰星隕如雨原本改本並存者此一條耳左傳甯殖曰載在諸侯之策曰孫林父甯殖出其君經文則曰衛侯衎出奔齊其爲聖人所改與否已不可定至左傳稱仲尼謂以臣召君不可以訓書曰天王狩于河陽則但有改本不知原本爲何語矣故黄澤曰春秋所以難看乃是失却不修春秋若有不修春秋互

相比證則史官記載仲尼所以筆削者正自顯然易見是自昔通儒已以不見魯史無從辨別爲憾苞乃於二千餘載之後據文臆斷知其孰爲原書孰爲聖筆如親見尼山之操觚此其說未足爲信惟其掃公穀穿鑿之談滌孫胡鍥薄之見息心靜氣以經求經多有協於情理之平則實非俗儒所可及譬諸前修其吳澄之流亞歟

春秋世族譜一卷　兩江總督採進本

國朝陳厚耀撰厚耀字泗源泰州人康熙丙戌進士

官蘇州府教授以通算入直
內廷改授檢討終右諭德春秋之世自王朝以迄諸
侯大夫得姓受氏各有源流其人之見於經傳者
不可殫數漢宋衷有世本四卷唐代尚傳今惟孔
氏正義中偶載其文而書則久佚隋書經籍志有
春秋左氏諸大夫世譜十三卷不知何人所撰今
亦無存杜預作春秋釋例中有世族譜一篇具載
其世系昭穆之詳而自宋以來湮沒不見今恭遇
聖朝表章遺籍釋例一書得於永樂大典中裒輯叢殘

復爲完帙獨世族譜僅存數條仍不免於闕畧厚耀當時既未覩釋例原本因據孔氏正義旁參他書作此以補之其體皆倣旁行斜上之例首周世次圖而以周之卿大夫附後次魯次晉次衛次鄭次齊次宋次楚次秦次陳次蔡次曹次莒次杞次滕次許次邾次吳次越次小國諸侯皆先敘其君之世系而附以卿大夫其偶見經傳而無世次可稽如周之凡伯南季魯之衆仲秦子之類則別曰雜姓氏名號另爲一篇附卿大夫世系之後搜採

頗爲該洽近時顧棟高作春秋大事表有世系表二卷其義例與此相近而考證互有異同如周卿大夫之周公忌父召莊公諸人此書徵引不及顧本之備又脫漏王叔氏世系不載亦爲遜於顧本然顧氏於有世系者敘次較詳其無可考者概闕而不錄此書則於經傳所載之人祇稱官爵及字者悉臚採無遺實爲顧本所未及讀春秋者以此二書互相考證則春秋氏族之學幾乎備矣

春秋長歷十卷 兩江總督採進本

國朝陳厚耀撰是書補杜預長歷而作原本不分卷帙今約略篇頁釐爲十卷其凡有四一曰歷證備引漢書續漢書晉書隋書唐書宋史元史及左傳注疏春秋屬詞天元歷理及朱載堉歷法新書諸說以證推步之異其引春秋屬詞載杜預論日月差訛一條爲注疏所無又引大衍歷數春秋歷考一條亦唐志所未錄尤足以資考證二曰古歷以古法十九年爲一章一章之首推合周歷正月朔日冬至前列算法後以春秋十二公紀年橫列爲

四章縱列十二公積而成表以求歷元三曰歷編舉春秋二百四十二年一一推其朔閏及月之大小而以經傳干支爲證佐皆述杜預之說而攷辨之四曰歷存以古歷推隱公元年正月庚戌朔杜氏長歷則爲辛巳朔乃古歷所推之上年十二月朔謂元年之前失一閏蓋以經傳干支排次知之厚耀則謂如預之說元年至七年中書日者雖多不失而與二年八月之庚辰三年十二月之庚戌四年二月之戊申又不能合且隱公三年二月巳

巳朔日食桓公三年七月壬辰朔日食亦皆失之葢隱公元年以前非失一閏乃多一閏因退一月就之定隱公元年正月爲庚辰朔較長歷實退兩月推至僖公五年止以下朔閏因一一與杜歷相符故不復續載焉杜預書惟以干支遞推而以閏月小建爲之遷就厚燿明於歷法故所推較預爲密葢非惟補其闕佚並能正其譌舛於考證之學極爲有裨治春秋者固不可少此編矣

半農春秋說十五卷 内府藏本

國朝惠士奇撰士奇有半農易說已著錄士奇父周惕長於說經力追漢儒之學士奇承其家傳考證益密於三禮核辨尤精是書以禮爲綱而緯以春秋之事比類相從約取三傳附於下亦間以史記諸書佐之大抵事實多據左氏而論斷多採公穀每條之下多附辨諸儒之說每類之後又各以己意爲總論大致出於宋張大亨春秋五禮例宗沈棐春秋比事而不立門目不設凡例其引據證佐則尤較二家爲典核雖其中災異之類反復辨詰

務申董仲舒春秋陰陽劉向劉歆洪範五行之說未免過信漢儒物而不化然全書言必據典論必持平所謂原原本本之學非孫復等之枵腹而談亦非葉夢得等之恃博而辨也

春秋大事表五十卷輿圖一卷附錄一卷兩江總督採進本

國朝顧棟高撰棟高有尚書質疑已著錄是書以春秋列國諸事比而爲表曰時令曰朔閏曰長歷拾遺曰疆域曰爵姓存滅曰列國地理犬牙相錯曰都邑曰山川曰險要曰官制曰姓氏曰世系曰刑

賞曰田賦曰吉禮曰凶禮曰賓禮曰軍禮曰嘉禮曰王迹拾遺曰魯政下逮曰晉中軍曰楚令尹曰宋執政曰鄭執政曰爭盟曰交兵曰城築曰四裔曰天文曰五刑曰三傳異同曰闕文曰呑滅曰亂賊曰兵謀曰引據曰杜註正譌曰人物曰列女其險要表後附以地形口號五禮表後附以五禮源流口號輿圖則用朱字墨字以分別古今地名附錄則皆諸表序并表中所未及者又爲辨論以訂舊說之譌凡百三十一篇考宋程公說作春秋分

紀以傳文類聚區分極爲精密刊板久佚鈔本流傳亦罕棟高蓋未見其書故體例之間往往互相出入又表之爲體昉於周譜旁行斜上經緯成文使參錯者歸於條貫若其首尾一事可以循次而書者原可無庸立表棟高事事表之亦未免繁碎至參以七言歌括於著書之體亦乖然條理詳明考證典核較公說書實爲過之其辨論諸篇皆引據博洽議論精確多發前人所未發亦非公說所可及其朔閏一表用杜預隱公元年正月起辛巳

朔之說與陳厚耀所推長厯退一閏者不合蓋厚耀之書棟高亦未之見故稍有異同云

## 春秋識小錄九卷 浙江巡撫採進本

國朝程廷祚撰廷祚有大易擇言已著錄是書凡春秋職官考畧三卷春秋地名辨義三卷左傳人名辨義三卷其考職官首爲數國共有之官次爲一國自有之官皆分列排纂凡與周禮異同者一一根據注疏爲之辨證頗爲精核末爲晉軍政始末表序晉軍八變之制而詳列其將佐之名又以御

戎戎右附表於後亦皆整密惟置諸國而獨詳晉則未知其例云何也其考地名首爲地同而名異次爲地異而名同末爲晉書地理志證今以杜預注左傳皆用晉代地名故也其辨人名自一人二名以逮一人八名者皆彙列而分注之大致與春秋名號歸一圖互相出入而較爲簡明雖似與經義無關然讀經讀傳者往往因官名地名人名之舛異於當日之事迹不能融會貫通因於聖人之褒貶不能推求詳盡如胡安國之誤執季孫橫生

異論毛奇齡之附會尹氏牽合正經者蓋有之矣則廷祚是書固讀春秋者所當知也

左傳補注六卷 桂林府同知李文藻刊本

國朝惠棟撰棟有周易述已著錄是書皆援引舊訓以補杜預左傳集解之遺本所作九經古義之一以先出別行故九經古義刊本虛列其目而無書目作四卷此本實六卷則後又有所增益也其中最典確者如隱五年則公不射引周禮射人祭祀則贊射牲司弓矢供射牲之弓矢及國語倚相之

言證旁引射蛟之誤案此朱子之說非杜注也蓋因補杜而類及之莊公十四年繩息嬀引呂覽周公作詩以繩文王之德及表記鄭注譽繩也證杜注訓譽之由二十八年臧孫辰告糴于齊禮也引周書糴匡篇年儉穀不足君親巡方卿告糴證爲古禮僖五年虞不臘矣引太平御覽舊注及風俗通月令章句證臘不始秦十年七輿大夫引王肅詩傳證七當作五二十二年大司馬固諫曰引晉語公子過宋與司馬公孫固相善證固爲人名二十七年夏書曰引墨子

明鬼篇證尚書但有夏書商書周書本無虞書文十八年在九刑不忘引周書嘗麥解證爲刑書九篇宣二年以視于朝引毛詩鹿鳴箋儀禮士昏禮注證視爲正字郭忠恕作示爲譔三年不逢不若引郭璞爾雅注作禁禦不若證以杜注逢字在下文知今本訛寫六年以盈其貫引韓非子以我滿貫證貫字成十六年徹七札焉引呂覽愛士篇證鄭康成一甲七札之說襄二十三年娶于鑄引樂記鄭注證鑄卽祝國又踞轉而鼓琴引許懷淮南

子注證轉卽軫二十五年愼始而敬終以不困引周書常訓解證不出古文蔡仲之命二十七年崔杼生成及彊而寡引墨子辭過篇證無妻曰寡昭元年具五獻之籩豆于幕下引禮記正義證杜注五獻之誤十五年一歲而有三年之喪二引墨子公孟非儒二篇證妻喪三年爲春秋末造之禮十六年鑿而乘于他車引說文證轚譌作鑿二十五年襪而登席引少儀證燕必解襪皆根據昭然不同臆揣至文二年廢六關引公羊傳注證廢訓置

則是又引韋昭國語注證置訓廢則非㕘置有二
義一爲建置之置公羊注所言是也一爲棄置之
置國語注所言是也此猶亂可訓治而亂離瘼矣
不可訓治臭可訓香而逐臭之夫不可訓香古之
設關在譏而不在征臧文仲廢六關以博寬大之
譽而使姦宄莫詰陰以厲民故誅其心而謂之不
仁棟但執反覆旁通之義殊爲偏駁又文十四年
其處者爲留氏孔穎達疏明言漢儒加此一句則
爲劉氏無疑而必謂原作留字漢儒改爲卯金刀

宣二年文馬百駟當以邱光庭兼明書所辨爲是而必引說文畫馬之訓成十七年澤門之晳謂古臯澤字通又謂諸侯有臯門其說固是然邑中澤門各指所居臯門非所居之地也二十一年公姑姊旣謂注疏皆非斷爲同宗之女然於姑可解於姊終無解也二十五年執簡而往引服虔說一簡八字證太史書崔杼事亦八字殊嫌牽合三十年亥有二首六身卽指爲孟子之亥唐尤爲附會昭七年余敢忘高圉亞圉引竹書紀年補杜預之闕

不知汲郡古文預所目覩預既不引知原書必無此文未可以後來僞本證其疏漏案書中屢引竹書紀年蓋未及詳考今本之僞至于二十五年鄭翩願爲鸛引陸佃埤雅之雜說案鸛井出酉陽雜俎非始於佃哀六年無疾而死引汲冢瑣語之野談十二年效齊言謂春秋時已重吳音不始於晉更非注經之體矣他如公即位之位必欲從古經作立屢豐年之屢必欲從說文作婁亦皆徒駴耳目不可施行蓋其長在博其短亦在於嗜博其長在古其短亦在於泥古也

春秋左氏傳小疏一卷　江蘇巡撫採進本

國朝沈彤撰。彤有尚書小疏，已著錄。是編以趙汸、顧炎武所補《左傳》杜註爲未盡，更爲訂正。其中得失互見。如文公二十六年傳"享子展賜之先路三命之服，先八邑；賜子產次路再命之服，先六邑"，彤謂八邑六邑，其數少，乃司勳所云賞地，非采邑之加田。疏亦誤。今考司勳曰："凡頒賞地，參之一食。"惟加田無國征。註曰："加田既賞之，又加賜之田，所以厚恩也。"據此則是特以賞田有所未盡，更加以賞。未

有賞田反少加田反多者今彤謂八邑六邑爲數
少當是賞地則加田爲數當多矣與周禮殊爲未
合蓋彤著周官祿田考誤以大司農注小都大都
旁加之數即爲司勲之加田故今以子展子產皆
國卿若受加田則約得小都旁加四里傳云八邑
者據注不過三十二井云六邑者不過二十四井
故疑其數少非加田其實皆不然也又如文公元
年傳歸餘于終彤謂積氣朔餘日以置閏在四季
月故曰歸餘于終經傳所書閏月皆不得其正惟

昭公二十年閏八月於夏時適爲閏六月偶合耳今考昭公二十年書春王正月傳曰二十年春二月己丑日南至杜註謂當言正月己丑日南至時史失閏更在二月後故經因史而書正月傳更具於二月疏謂歷之正法往年十二月後宜置閏月卽此年正月當是往年閏月此年二月乃是正月時史於往年錯不置閏閏更在二月之後傳於八月之下乃云閏月戊辰殺宣姜是也注不言在八月後者以正月之前當置閏二月之後卽不可也

據此則是年八月置閏正史官之失彤反以爲偶
合亦非也至如襄公二十八年傳令倍其賦孔疏
謂賞地之稅三分王食其一二入於王臣此采邑
貢王之數然則諸侯之臣受采地者亦當三分之
一歸於公言重倍其賦當以三分而二入公今考
采邑貢王大司徒注曰采地食者皆四之一百里
之國凡四都一都之田稅入於王五十里之國凡
四縣一縣之田稅入於王二十五里之國凡四甸
一甸之田稅入於王其賞地貢王則孔疏所引司

勲注三分計稅王食其一是也然則采地賞地貢數顯異今孔疏於侯國采地之賦不計四分之一而計三分之一是誤以賞地爲采地矣彤辨正其非足闢相沿之謬又如文公二十五年傳賦車兵徒兵杜注云車兵甲士孔疏云知非兵器者上云數甲兵下云甲楯之數故知此謂人也顧炎武謂執兵者之稱兵自秦始三代以上無之凡杜之以士卒解兵者皆非彤引隱公五年傳諸侯之師敗鄭徒兵襄公元年傳敗其徒兵于洧上云徒兵則

不得謂非士卒矣亦可以補正顧氏之失雖未完之書錄而存之於讀左傳者亦有所裨也

**春秋地理考實四卷** 安徽巡撫採進本

國朝江永撰永有周禮疑義舉要已著錄是編所列春秋山川國邑地名悉從經傳之次凡杜預以下舊說已得者仍之其未得者始加辨證皆確指今爲何地俾學者按現在之輿圖即可以驗當時列國之疆域及會盟侵伐之迹悉得其方向道里意主簡明不事旁摭遠引故名曰考實於名同地異

注家牽合混淆者辨證尤詳如謂隱公元年傳費伯帥師城郎其地在今廢魚臺縣去曲阜二百里許而九年經書城郎及桓十年齊侯衛侯鄭伯來戰于郎莊十年齊師宋師次于郎者則爲魯近郊地名則公羊傳所謂吾近邑左傳記公子偃自雩門出先犯宋師與哀十一年師及齊師戰于郊檀弓作戰于郎者皆無疑矣僖公三十年傳燭之武見秦伯曰許君焦瑕杜預以焦瑕爲晉河外列城二邑與傳所云晉惠公賂秦以河外列城之五東

盡號畧南及華山內及解梁者不合𠃔則謂之武所言乃於河外列城舉焦於內及解梁城者舉瑕以該所許之邑引水經注云涑水西逕郇城又西南逕解縣故城南解梁即斯城也又西南逕瑕城晉大夫詹嘉之故邑也云云且考定郇城在解故城東北二十四里瑕城在解西南五里二地相距三十里許杜預於成公六年絳大夫言郇瑕氏之地沃饒近盬合郇瑕爲一於僖公十五年瑕呂飴甥以瑕呂爲姓皆失之其訂訛補闕多有可取雖

卷帙不及高士奇春秋左傳地名考之富而精核則勝之多矣

三正考二卷 編修勵守謙家藏本

國朝吳鼐撰鼐有易象約言已著錄春秋以周正紀時原無疑義唐劉知幾始有春秋用夏正之說至宋儒泥行夏之時一言遂是非蠭起元李濂著夏周正辨疑明張以寧著春王正月考而經義始明鼐復取兩家之說節其繁冗益以近儒所論補所未備駁胡氏蔡氏改月不改時及諸儒時月俱不

攺之說以明左氏王周正月之旨辨證極有根據其中三正通於民俗一條所引陳廷敬蔡德晉諸說於三代諸書所紀年月差互之處一一剖其所以然更足破疑似之見雖篇帙無多而引證詳明判數百年紛紜轇轕之論於經學亦爲有功矣

春秋究遺十六卷 安徽巡撫採進本

國朝葉酉撰酉有詩經拾遺已著錄是編多宗其師方苞春秋通論而亦稍有從違其曰究遺者蓋用韓愈贈盧仝詩春秋三傳束高閣獨抱遺經究終

始語也於胡傳苛刻之說及公穀附會之例芟除殆盡於左氏亦多所糾正乃往往併其事迹疑之如開卷之仲子謂惠公違禮再娶以嫡禮聘之可也酉必據此謂諸侯可再娶則衞莊公於莊姜見在復娶於陳陳之厲嬀有娣戴嬀其正名爲嫡可知亦將據以爲諸侯之禮可並建兩嫡乎郎之戰距桓公之立已十年酉乃謂三國來討弒隱公之罪左傳周班後鄭之說爲誣鄫季姬之事左氏之爲歸寧見止於事理稍近公羊以爲使自擇配已

屬難據酉乃斷爲季姬已許鄫子而僖公悔婚故季姬義不改適私會鄫子天王狩于河陽左氏所傳必有所受此正筆削之微旨而酉以爲周王欲省諸侯殷見之費自往就之所傳仲尼之言不可信皆未免鑿空文公十二年之子叔姬與十四年之子叔姬酉以爲孿生之女已屬臆度又以齊人所執之子叔姬爲舍之妻傳誤以爲舍之母又以宣公五年齊高固所娶之子叔姬即以妻舍之子叔姬並非兩人輾轉牽合總以叔之一字不容有

兩生義不知女笄而字不過伯仲叔季四文益以
庶長之孟亦不過五設生六女何以字之是知未
笄以前用名爲別既笄而字字不妨複因此而駁
傳文未免横生枝節莒人滅鄫傳言恃賂酉以爲
襄公五年鄫已不屬魯傳爲失實而下文季孫宿
如晉又用傳晉以鄫故來討曰何故亡鄫之語使
鄫不屬魯其亡與魯何關亦爲矛盾他如王不稱
天桓無王之說因仍舊文不能改正而以趙岐孟
子注曹交曹君之弟語證左傳哀公八年宋人滅

曹之誤更爲倒置然大致準情度理得經意者爲多其凡例中所謂變例特文隱文缺文之說亦較諸家之例爲有條理統核全書瑕固不掩其瑜也

春秋隨筆二卷 洗馬劉權之家藏本

國朝顧奎光撰奎光字星五無錫人乾隆乙丑進士官瀘溪縣知縣是編不載經文但偶有所得則錄之故名隨筆其中如桓公會稷以成宋亂成自訓平其下取鼎納廟之事所謂美始而惡終也而奎光取劉敞之說以爲成就其亂春秋諱國惡二百

四十二年無此徑遂之筆也公子翬之寵自以翼戴之故華氏之立自以賂故兩不相謀而奎光謂立華氏爲翬之私華氏立而翬遂命爲公子夫國君樹其私人豈必援鄰國之例不立華氏翬將終身不命乎鄭滅虢檜晉滅魏霍其事舊矣而奎光謂滅國自齊桓始何不考也紀叔姬歸于酅自重叔姬之節而奎光謂以酅存紀是牽陳滅書陳災之傳莊公之娶哀姜奎光謂因其色美已爲臆度之詞而又謂莊公未聞好色彼築臺以臨黨氏割

臂以盟孟任非好色之明證與公子友敗莒于酈奎光以爲與翬帥師慶父帥師其專相等此無論莒人責賂而來居於必應之勢非出軍疆外者比且核以傳文絕無專行之証何所據而斷非君命也子卒不書弒自與隱公不書弒一例而奎光以爲史臣之曲筆豈春秋亦曲筆乎敬嬴雨不克葬自是適值其時公羊以爲咎徵已出附會而奎光乃借以明天道豈弒逆者葬必遇雨耶且春秋以褒貶爲賞罰不以果報爲勸戒此非經義也如斯

之類瑕類蓋所不免然如謂春秋例從義起非義從例生謂春秋有達例有特筆然亦須理會大處不可苛細繳繞謂春秋時天子僅守府方伯亦失職說者乃於小國見伐責其不告不足以服其心謂春秋將以治世之無王者而胡氏於宰咺歸賵則曰貶而書名於榮叔歸含及賵則曰王不稱天如此則無王自春秋始矣謂說春秋者自相矛盾既云爲賢者諱又曰責賢者備既曰隱公爲攝又曰桓公爲簒何者爲是皆深中春秋家苛刻迂謬

之弊故其所論多能得筆削之旨奎光嘗撰然疑錄所載説春秋諸條與此相同其爲先有此本又編於然疑錄中或先載錄中又摘出別爲此本均不可考然疑錄頗爲瑣雜論其菁華則已盡此兩卷中矣

附錄

春秋繁露十七卷 永樂大典本

漢董仲舒撰繁或作蕃蓋古字相通其立名之義不可解中興館閣書目謂繁露冕之所垂有聯貫

之象春秋比事屬辭立名或取諸此亦以意爲說
也其書發揮春秋之旨多主公羊而往往及陰陽
五行考仲舒本傳繁露玉杯竹林皆所著書名而
今本玉杯竹林乃在此書之中故崇文總目頗疑
之而程大昌攻之尤力今觀其文雖未必全出仲
舒然中多根極理要之言非後人所能依託也是
書宋代已有四本多寡不同至樓鑰所校乃爲定
本鑰本原缺三篇明人重刻又缺第五十五篇及
第五十六篇首三百九十八字第七十五篇中一

百七十九字第四十八篇中二十四字又第二十五篇顛倒一頁遂不可讀其餘訛脫不可勝舉蓋海內藏書之家不見完本三四百年於兹矣今以永樂大典所存樓鑰本詳爲勘訂凡補一千一百二十一字刪一百二十一字改定一千八百二十九字神明煥然頓還舊笈雖曰習見之書實則絶無僅有之本也倘非幸遇

聖朝右文稽古使已湮舊籍復發幽光則此十七卷者竟終沉於蠹簡中矣豈非萬世一遇哉

案春秋繁露雖頗本春秋以立論而無關經義者多實尚書大傳詩外傳之類向來列之經解中非其實也今亦置之於附錄

右春秋類一百十四部一千八百一卷附錄一部十七卷皆文淵閣著錄

案春秋三傳互有短長世以范甯所論爲允甯實未究其所以然也左氏說經所謂君子曰者往往不甚得經意然其失也不過膚淺而已公羊穀梁二家鈎棘月日以爲例辨別

名字以爲褒貶乃或至穿鑿而難通三家皆源出聖門何其所見之異哉左氏親見國史古人之始末具存故據事而言即其識有不逮者亦不至大有所出入公羊穀梁則前後經師遞相附益推尋於字句之間故憑心而斷各徇其意見之所偏也然則徵實迹者其失小騁虛論者其失大矣後來諸家之是非均持此斷之可也至於左氏文章號爲富豔殘膏賸馥沾丐無窮章冲聯合其始終徐晉

卿排比其對偶後人接踵編纂日多而概乎無預於經義則又非所貴焉

欽定四庫全書總目卷三十

經部三十

春秋類存目一

左傳節文十五卷兵部侍郎紀昀家藏本

舊本題宋歐陽修編明萬歷中刊板也取左傳之文畧爲刪削每篇之首分標敘事議論詞令諸目又標神品能品眞品具品妙品諸名及章法句法字法諸字前有慶歷五年修自序序中稱胡安國春秋傳及眞德秀文章正宗是不足與辨矣

春秋道統二卷（兩江總督採進本）

是書僅分上下二卷而抄本細字乃八巨冊不著撰人名氏惟冠以乾道八年晉江傅伯成序稱爲元祐間春秋博士劉絢質夫所作考陳振孫書錄解題載劉絢春秋傳無道統之名文獻通考作十二卷玉海作五卷與二卷之數亦不合又振孫稱所解明正簡切而此本並無解經之語止抄撮左氏傳間及公穀國語及畧採諸家一二條且不特傳文多所刪節即經文亦止摘錄一二字如明代

坊本之標題宋人經說亦無此例序中以何休學連爲人名其陋已極又稱後之有功於春秋者有杜預林堯叟林堯叟在南宋中年伯成此序作於南宋之初何由得見且杜林合註是明末坊間所刻伯成又何由以杜林並稱乎又伯成慶元初爲太府丞寶慶初始加龍圖閣學士此序旣曰乾道八年壬辰是時伯成方舉進士何得先以龍圖閣學士結銜訛謬種種不可殫述僞書之拙無過是矣其卷首收藏諸印亦一手僞造不足信也

左氏君子例一卷詩如例一卷詩補遺一卷內府藏本

宋李石撰石有方舟易學已著錄左氏春秋傳多有君子曰字林栗指爲劉歆所加其說無據案栗說見經義考所引石則以爲左氏傳有所謂君子曰者又有稱仲尼孔子曰者皆示後學以褒貶大法聖人作經之意義因錄爲例凡君子七十三條而以聖語三十二條附之皆無所發明又以左傳引詩不皆與今說詩者同因取所載一篇一句悉裒集而闡論之以蘄合於斷章取義之指凡一百六十八條

名曰詩如例復採左傳所載筮詞歌謠三十八事名曰詩補遺於經義悉無大裨益特當南北宋間正說春秋者掊擊三傳之時而石獨篤志古學爲足尚耳舊載方舟集中石門人劉伯熊合爲一編題曰左氏諸例實非石之舊名今仍各標本目其文則與方舟易學仍歸諸方舟集中不更錄焉

春秋通論二卷　兩江總督採進本

舊本題曰宋人撰不著名氏諸家書目亦不著錄其書統論周及列國大勢推其興廢之由周及魯

齊晉宋衞鄭楚秦各爲一篇吳越共爲一篇皆捃拾舊文爲事役成敗之論每句隸事而各引傳以爲之注其言膚淺無所發明

春秋握奇圖一卷（永樂大典本）

金利鸞孫撰鸞孫字士貴盱江人前有自序稱握奇圖者春秋家之學也二百四十二年而該之萬八千言編年以爲經而列五伯內外諸侯以緯之縱取則年與事類衡切則國之本末具在乃各序事畧於其後一覽而思過半矣云云據其所言則

此書所重在於年表今年表散佚祇存其論已非
鑾孫著書之本旨不足取矣

春秋左傳句解三十五卷兩淮馬裕家藏本

元朱申撰申有周禮句解已著録是書惟解左傳不參以經文蓋猶用杜預以前之本其一事而始末别見者各附注本文之下端委亦詳惟傳文頗有刪節是其所短如隱公之首刪惠公元配孟子一節則隱桓兄弟之故何自而明哉

春秋經疑問對二卷永樂大典本

元黃復祖撰復祖字仲篪廬陵人元史仁宗皇慶三年復科舉法漢人南人第一場明經經疑二問大學論語孟子中庸內出題經義一道各治一經元統以後少變其程式易漢人南人第一場四書爲本經復祖序云至正辛巳大科載復有經義之條即元史志所謂變程式之時也其書以經傳之事同辭異者求其常變察其詳畧以經覈傳以傳考經以待舉子之問葢亦比事屬辭之遺意其大旨則專爲場屋進取而作故議論多而義理則疎

焉

春秋合題著說三卷永樂大典本

元楊維楨撰維楨字廉夫號鐵崖山陰人泰定四年進士初署天台尹改錢清場鹽司令轉建德總管府推官擢江西儒學提舉未及上而兵亂遂不復仕放浪於詩酒歌舞之間明初命修禮樂書旋以老病辭歸事迹具明史文苑傳案宋禮部貢舉條式崇寧貢舉令春秋義題聽於三傳解經處出靖康元年改止用正經出題紹興五年禮部議春

秋正經詞語簡約比之五經爲畧問目所在易於周徧往往州郡問目重複甚多每遇程文鮮不相犯請仍聽於三傳解經處相兼出題元史選舉志所載元祐條例不言春秋出題之法以維楨是書考之葢亦以經文易複改爲合題明制春秋合題之法葢沿元舊也維楨自序曰春秋正變無定例故關合無定題筆削有微旨故會通有微意初學者不知通活法以求義場屋中往往不得有司之意今以當合題凡若干各題著說使推其正變無

常縱橫各出以禦場屋之敵又曰學者因是而得其活法則求經之微亦無出於此不止決科之計然其書究爲科舉而作非通經者所尚也

春秋透天關四卷（永樂大典本）

舊本題晏兼善撰不著時代據其兼及合題是元人也其書專爲場屋而作義殊膚淺如解元年春王正月云若就春字正月上用工則春者天之所爲聖人紀人道之始全以天道王道立說亦可云云則一書之大指可知矣

春秋四傳三十八卷 內府藏本

不知何人所編首載杜預何休范甯胡安國四序次春秋綱領述各家議論次春秋提要如周十二王魯十二公以及會盟戰伐之數並撮舉大凡次春秋列國圖說次春秋二十國年表次春秋諸國興廢說凡經文之下皆分註左氏公羊穀梁三傳而胡傳則別爲標出間加音注別無發明參考之處考元俞皐春秋集傳釋義大成始於三傳之後附錄胡傳吳澄序稱其兼列胡氏以從時尚而四

傳之稱亦即見於澄序中知胡傳躐躋三傳之列自元初已然此本驗其板式猶爲元槧蓋當時鄉塾讀本也

麟經指南一卷永樂大典本

不著撰人名氏前有自序署曰退修菴題亦不詳何人也序稱幼習是經以舉進士爲業投老山林兵火之餘先世遺書無復存者間因餘暇條分大義立題命意凡可引用之語各附於後又間引先儒破題蓋元末鄉塾之陋本也

春秋圖說無卷數浙江吳玉墀家藏本

不著撰人名氏前列目百二十有二始十二公年譜終諸儒傳授中間列國世次輿地山川名號以及經傳所載名物典故悉有圖有說其年表皆抄史記其名號歸一圖即馮繼先所撰而分爲十九圖至歲星八音四凶十六相諸圖則又掇之五經圖中春秋列國圖說則摭自東坡指掌圖又列鄭樵考定諸國地名及敘國邑地同異說敘山水同異說大抵雜駁不倫未見精核卷首題曰春秋筆

削發微考楊甲六經圖中有春秋筆削發微圖以此本互勘一一相合蓋攟取甲書春秋一卷而攙以襍說僞立此名卷首有竹垞二字朱文印蓋朱彝尊所藏而經義考不著此名是必後覺其贋託棄之不錄而所棄之本又爲吳氏所收耳

春秋提要四卷 江西巡撫採進本

明饒秉鑑撰秉鑑字憲章號雯峯廣昌人正統甲子舉人官至廉州府知府朱彝尊經義考載秉鑑春秋會通十五卷提要一卷今按此書實四卷與

春秋會通另爲一書，彝尊蓋未見其本，故傳聞訛異。其書以春秋書時書月，難於記誦，故錯綜而次序之，分十二公爲十二篇，先列經文於右，而總論其義於後，大旨以胡傳爲宗。

左觿一卷（通行本）

明邵寶撰。寶字國賢，號二泉，無錫人。成化甲辰進士，官至南京禮部尚書，謚文莊，事蹟具明史儒林傳。是編乃其讀左傳所記雜論書法及註解，然寥寥無多，蓋隨意標識於傳文之上，亦其簡端錄之

類也其中精確者數條顧炎武左傳補註已採之所遺者其糟粕矣

春秋經世一卷（安徽巡撫採進本）

明魏校撰校有周禮沿革傳已著錄是編名春秋經世者蓋取莊子春秋經世先王之志語也所註惟隱公一卷其注多從左氏然如公矢魚于棠全錄臧僖伯諫詞惟移傳末非禮也且言遠地也二句於傳首此亦何需校之鈔錄耶間有自出新意者如謂紀子伯莒子盟于密當作紀侯子帛以子

帛爲杞侯之名又謂挾卒乃異姓之卿則又皆杜撰之談矣

春秋說志五卷 浙江吳玉墀家藏本

明呂柟撰柟有周易說翼已著錄柟所著他書率篤實近理惟此書務爲新說苟論凡所譏則皆假他事以發之而所書之本事反置不論如以公及邾儀父盟于蔑祭伯來公及戎盟于唐鄭人伐衛衛人殺州吁皆爲平王之罪又如叔孫豹卒謂經不書餓死乃爲賢者諱謂郯子來朝以其知禮錄

之大抵持論迂刻不近情理至謂書季孫意如之卒爲見天道之左則聖人倂怨天矣其失不止於穿鑿也

春秋集要十二卷 浙江巡撫採進本

明鍾芳撰芳字仲實瓊山人正德戊辰進士官至戸部左侍郎是書以集要爲名故文殊簡畧中間如謂春王正月爲建子謂桓公三年書有年非紀異謂襄公二十八年書衛侯衎非㑄其改過謂昭公元年書敗狄大鹵非譏毁車崇卒與胡傳異者

不過數條餘大抵依違其說甚至如僖公二十七年滅項胡傳誤以爲季孫者亦因仍不變無所短長又多采董仲舒劉向劉歆災異之說穿鑿事應至以宣公八年之大旱爲十五年稅畝之由事在七年之後而應在七年之前尤爲乖謬其採用公穀月日之例既多附會而採用左傳尤無體例其最甚者莊公二十年陳殺公子御寇下忽註晉獻公患桓莊之族偪而士蔿譖去之十五字僖公二十二年宋公伐鄭下忽附錄被髮而祭于野夷俗

皆然十字二十三年楚人伐陳下忽附錄男女同姓其生不蕃八字此類不可殫數其采用左氏義者襄公四年叔孫豹如晉下惟辨古自歌工歌二義僖公九年會于葵丘下責宰孔不當阻晉侯成公五年梁山崩下責伯宗之攘善亦皆與經義渺不相關陳烈序乃稱其擴前人之所未發過矣

春秋私攷三十六卷 浙江汪啟淑家藏本

明季本撰本有易學四同已著錄本不信三傳故釋經處謬戾不可勝舉如言惠公仲子非桓公之

毋盜殺鄭三卿乃晉人使刺客殺之晉文公歸國非秦伯所納諸如此類皆無稽之談夫孫復諸人之棄傳特不從其褒貶義例而已程端學諸人之疑傳不過以所記爲不實而已未有於二千餘年之後杜撰事迹以改易舊文者蓋講學家之恣横至明代而極矣

豐坊春秋世學三十二卷 兩淮鹽政採進本

明豐坊撰坊有古易世學已著錄是書自稱即其先世宋御史中丞稷之案斷而爲之釋義故曰世

學然案斷之名宋人書目及宋藝文志皆不著錄向來說春秋者亦所未聞其僞蓋無足辨也

左氏春秋鐫二卷浙江巡撫採進本

明陸粲撰粲有左傳附注已著錄是編乃其由工科給事中坐劾張璁桂蕚謫都勻驛丞時途中所作皆糾正左氏議論之失亦柳宗元非國語之類然於左氏釋經之謬闢之可也至記事記言但各從其實事乖言謬咎在古人與紀載者無與也亦謂之鐫左則非其罪矣甚哉其固也

春秋讀意一卷 浙江汪啟淑家藏本

明唐樞撰樞有易修墨守已著錄其論春秋以爲不當以褒貶看聖人祇備錄是非使人自見蓋以救宋儒穿鑿之失然謂春秋字字褒貶固爲偏論謂春秋竟無褒貶則數十特筆亦灼然不可誣也讀者知其矯枉之意可矣

春秋錄疑十六卷 浙江范懋柱家天一閣藏本

明趙恒撰恒字志貞晉江人嘉靖戊戌進士官至姚安府知府是書本胡氏傳而敷衍其意專爲科

舉而設故經文可爲試題者每條各於講義之末總括二語如制藝之破題其合題亦附於後標所以互勘對舉之意

**春秋國華十七卷**兩淮馬裕家藏本

明嚴訥撰訥字敏卿常熟人嘉靖辛丑進士官至武英殿大學士謚文靖事迹具明史本傳是書以春秋所書周及列國之事分隸其國而仍以魯十二公之年編之雜采三傳附於經下亦間及國語史記諸書其甥陳瓚序稱訥請沐三月而成是書

則潦草編排取盈卷帙宜但抄錄舊文無所發明考證矣

春秋四傳私考十三卷　兩淮鹽政採進本

明徐浦撰浦字伯源浦城人官監察御史是書舉左氏公穀胡傳之異同衷以己意於胡傳之深刻者多所駁正持論頗平允然每就事論事不相貫串如宋公和卒謂不書甍以示褒不知外諸侯經皆書卒也又凡浦無所論斷之條皆不存經之原文似乎刪節聖經亦非體例

左傳注解辨誤二卷 江蘇巡撫採進本

明傅遜撰遜有左傳屬事已著錄是編皆駁正杜預之解間有考證而以意推求者多覩後來顧炎武惠棟所訂未堪方駕前有古字奇字音釋一卷乃左傳屬事之附錄裝緝者誤置此書中頗淺陋無可取後附古器圖一卷則其孫熙之所彙編亦勦襲楊甲六經圖無所考訂也

左氏討一卷左氏論一卷 江蘇巡撫採進本

明馮時可撰時可有左氏釋已著錄是書前有自

序稱先爲左氏討繼爲左氏釋後爲左氏論其釋則訓詁爲多討與論則皆評其事之是非不知分爲二書以何別其體例也然所討論皆以意爲之往往失於迂曲如謂陽虎之攻季氏爲必受命曾君是眞信其張公室也豈春秋書盜爲曲筆乎故今惟錄左氏釋而二書則附存其目焉

春秋翼附二十卷 浙江汪啟淑家藏本

明黃正憲撰正憲有易象管窺已著錄是書大旨以胡安國傳未免過於刻覈因博采舊聞自唐孔

頴達以下悉爲折衷於明世諸家則多取山陰季本私攷金壇王樵輯傳二書今觀其所論如謂尹氏卒爲吉甫之後非卽詩家父所刺者仲孫蔑會齊高固于無婁地非牟婁亦間有攷證然核其大體則未能悉精確也

春秋諸傳辨疑四卷 浙江范懋柱家天一閣藏本

明朱睦㮮撰睦㮮有易學識遺已著錄是編凡一百八十八條明史藝文志著錄卷數與此本相合然與睦㮮所撰五經稽疑中說春秋者文並相同

據睦㮚五經稽疑自序蓋此書先有別本行世後乃編入五經稽疑中今五經稽疑已別著錄則此本無庸複載故附存其原名備考核焉

春秋以俟錄一卷兩淮馬裕家藏本

明瞿九思撰九思字睿夫黃梅人萬歷癸酉舉人爲知縣張維翰所誣搆謫戍塞下張居正援之得釋後薦授翰林院待詔不赴詔有司歲廩給之終其身事迹具明史文苑傳是書多穿鑿附會之談如十二公配十二月二百四十年配二十四氣之

類皆迂謬不經與洪化昭周易獨坐談皆明儒之行怪者也

春秋疑問十二卷 浙江巡撫採進本

明姚舜牧撰舜牧有易經疑問已著錄是書不盡從胡傳亦頗能掃諸家穿鑿之說正歷來刻深嚴酷之論視所注諸經較多可取而亦不免於以意推求自生義例如列國之事承告則書左氏實爲定說舜牧於宿男卒不書名既云告不以名矣乃於鄭伯克段則曰此鄭事也魯春秋何以書見鄭

莊處母子兄弟之間忍心害理凡友邦必不可輕與之此一語專爲後日輸平歸祊助鄭伐宋起非謂此事極大漫書於魯之春秋也是不考策書之例但牽引經文橫生枝節至於解紀季姜歸京師謂自季姜歸後周聘不復加於魯乃知以前三聘特在謀婚此無論別無確據即以年月計之三聘之首是爲凡伯其事在隱公九年距祭伯之逆十四年矣有天子求婚惟恐弗得謀於十四年之前者乎此併經文亦不能牽合矣說經不應如是也

春秋匡解六卷 浙江巡撫採進本

明鄒德溥撰德溥有易會已著錄是書專擬春秋合題每題擬一破題下引胡傳作注又講究作文之法蓋鄉塾揣摩科舉之本德溥陋必不至是疑或坊刻僞托耶

春秋直解十五卷 浙江汪啟淑家藏本

明郝敬撰敬有周易正解已著錄是編前有讀春秋五十餘條其言曰今讀春秋勿主諸傳先入一字但平心觀理聖人之情自見蓋即孫復等廢傳

之學而又加甚焉。末一卷題曰非左，凡三百三十餘條，皆摘傳文之紕繆。其中如費伯城郎、駁左氏非公命不書之誤，其說甚辨。公爲天王請羅于四國，不書者諱之也，其說亦有理。凡此之類，不可謂非左氏諍臣。至於曲筆深文，務求瑕釁，如論賓媚人稱五霸一條，不信杜預豕韋昆吾之說，必以宋襄、楚莊足其數，而謂五霸之名非其時所應有。如此之類，則不免好爲議論矣。

讀左漫筆一卷　編修程晉芳家藏本

明陳懿典撰懿典字孟常秀水人萬歴壬辰進士官至中允乞假歸崇禎初起爲少詹事不赴此書葢其讀左傳時隨筆漫記凡二十七條嘉禾獻徵錄載懿典有讀左史二卷此即其讀左一卷也大抵如時文評語如開卷石碏殺州吁一條云石碏誘州吁離窟穴而執之大是高識又如孟僖子知孔子一條云孟僖子能知夫子且能稱其上世而知後有達者可謂具隻眼人此類亦何須贅論也

春秋闡義十二卷 浙江汪啟淑家藏本

明曹學佺撰。學佺有易經通論，已著錄。是書朱彝尊經義考注曰未見，蓋不甚傳。大抵捃摭舊文，無所闡發。

麟經統一篇十二卷（浙江巡撫採進本）

明張杞撰。杞字成夫，湖州人，萬歷丁酉舉人，官福清縣教諭。其書不載經文，惟以經文之可作試題者，截其中二三字爲目，各以一破題括其意，即注胡傳於下，後列合題數條，亦各擬一破題，并詮註作文之要。其體又在講章下矣。

春秋麟寶六十三卷浙江汪啟淑家藏本

明余敷中撰敷中不知何許人是書成於萬曆乙卯全錄左國公穀之文於經文之下左國則錄其全公穀則除其複國語事有在春秋前者別爲首卷於前無所訓釋亦無所論斷前有萬曆乙卯自序言夫子獲百二十國寶書作春秋而絕筆於獲麟故曰麟寶其命名取義殆於札闥鴻休矣

春秋續義發微十二卷兩淮馬裕家藏本

明鄭良弼撰良弼字子宗號肖巖淳安人萬曆中

舉人此編取胡安國傳所未及者拾遺補闕續明其義一步一趨皆由安國之義而推之故其得失亦與安國相等朱彝尊經義考載艮弼有春秋或問十四卷存疑一卷通續義三卷俱云未見今此本分十二卷與所記卷數不符殆彝尊以傳聞誤載歟

春秋心印十四卷兩江總督採進本

明鄭鉌撰鉌上海人萬歷中由貢生官青田縣訓導是編取林堯叟春秋句解中所爲提要而推廣

其門目依類摘取經傳疏列其下雜引諸儒之說而附以己意前列春秋總論十二篇語多凡陋率以私意窺測聖人其體例尤爲複沓如莊元年王使榮叔來錫桓公命列於錫命類定十四年天王使石尚來歸脤列周歸脤類而五始類中皆載之桓十一年柔會宋公陳侯蔡叔盟于折既列盟類又入會類僖九年九月戊辰盟于葵丘亦列盟類又入殊盟類舛互殆不勝舉其凡例末一條云書成之時夢齊桓公晉文公各持一單單開七事相

揖贈子若謝而辭之意覺而思之各開單七事者二七十四也卷完十四其義已盡以示不必再錄又隆慶初輯通史聚精八十卷亦夢文公朱先生慰余曰余綱目甚覺煩冗子能爲我刪葺深愜我意故茲致謝語殊怪妄是又吳與弼日錄之故智矣

春秋左翼四十三卷 浙江汪啟淑家藏本

明王震撰震字子省烏程人其書繫傳於經文之下凡先經起義後經終事者悉撮爲一左傳中稱

號不一者皆改從經文稱名有經無傳者采他書補之前後編次亦間有改易案朱彝尊經義考有王氏春秋左翼不著撰人名字亦不載卷數而所錄焦竑之序與此本卷首序合當即此書也

春秋衡庫三十卷　浙江吳玉墀家藏本

明馮夢龍撰夢龍字猶龍吳縣人崇禎中由貢生官壽寧縣知縣其書爲科舉而作故惟以胡傳爲主雜引諸說發明之所列春秋前事後事欲於經所未書傳所未盡者原其始末亦殊沓雜

別本春秋大全三十卷 內府藏本

明馮夢龍撰是書雖以春秋大全爲名而非永樂中官修之原本其體例惟胡安國傳全錄亦間附左傳事迹以備時文捃摭之用諸家之說則僅畧存數條其凡例有云大全中諸儒議論儘有勝胡氏者然業已宗胡自難並收以亂耳目是不亦明知其謬而爲之歟

春秋四傳通辭十二卷 浙江巡撫採進本

明陳士芳撰士芳字淸佩海寧人是書采輯左氏

公羊穀梁胡氏四傳削其繁冗其左氏傳之不附經文者咸刪汰無遺亦間附己意於其下因董仲舒有春秋無通辭隨變而移之語遂題曰通辭以明義例之有定然名曰四傳實則依附胡氏無所異同名曰考校經文去取三傳實則合胡氏者留不合胡氏者去未嘗以經正傳也

春秋左傳典畧十二卷 江蘇巡撫採進本

明陳許廷撰許廷字靈茂海鹽人萬歷中諸生以薦授兵部司務其書以十二公爲十二卷皆摘取

左氏中單文隻字可資考核者證以他書繁稱博引以詭麗爲宗不專主於疏通經義然就其所論亦往往失之穿鑿如衛懿公好鶴則取浮邱公之言秦人歸琴則指爲漢興之讖多未免於蕪雜也

春秋揆一卷 浙江汪啟淑家藏本

明黃道周撰道周有易象正已著錄是書以天人之故若表之於晷景春秋以天治人故以揆名書道爲一篇其說謂揆者晷也表晷也日南則其晷陰日北則其晷陽揆之則於其景也宣公之三年

景中也僖公之十七年而景乃南襄公之十年而景乃北景南者極近景北者極遠又謂春秋之紀二百四十有二其三之八十有一兩之一百二十自文王受命之年以及仲尼之沒參之而得七兩之而得五文王以四千三百二十年爲春秋仲尼以三千六百年爲春秋五文王之春秋有五文王者出六仲尼之春秋有六仲尼者出十一大聖人者以行其二統而天地爲再開闢云云蓋以皇極經世之學說春秋自三傳以來未之前聞即邵子

亦未發此義也道周禮記諸傳雖不必盡當於本旨而借經抒論於人事猶有所裨此則眞無用之數學不能以道周之故曲爲之說矣

春秋實錄十二卷　浙江吳玉墀家藏本

明鄧來鸞撰來鸞字繡青宜黃人天啟壬戌進士官至武昌府知府是編專爲科舉而作故其凡例曰春秋從胡凡左與胡觭者必刪定是非也又曰春秋左傳惟有關經題者載之從簡便也其書可不必問矣

春秋纂 無卷數 山西巡撫採進本

明朱之俊撰之俊有周易纂已著錄是書大抵隨文生義罕所根據如成風請救須句乃婦人左袒母家之常態遽以繼絕美之如斯之類所見頗淺又如芮伯萬母事引隋獨孤后以責其妒與經義了不相關至於災異必推事應尤多穿鑿

麟旨定 無卷數 浙江汪啟淑家藏本

明陳于鼎撰于鼎字爾新宜興人是書成於崇禎庚午以麟字代春秋字命名已陋又但標擬題各

以一破題爲式而畧爲詮釋於下即在舉業之中亦爲下乘矣

春秋三書三十二卷 副都御史黃登賢家藏本

明張溥撰溥有詩經註疏大全合纂已著錄是書第一編曰列國論凡一十四卷第二編曰四傳斷凡七卷第三編曰書法解凡一卷同時徐汧張采爲之序采又有例言稱列國論中尚缺雜國一題四傳斷中僖公闕十餘年文公全闕襄公以下亦全闕采間爲補之書法解爲目多端僅成一則溥

與采倡立復社聲氣交通蔓延天下爲明季部黨之魁其學問則多由涉獵未足專門其所撰述惟漢魏六朝一百三家集蒐羅放佚採摭繁富頗於蓺苑有功然在當時止與梅鼎祚文紀諸書齊驅並駕較之楊慎朱謀㙔考證已爲少遜矣至於經學原非所擅長此書爲未成之本亦別無與義采等以交游之故爲掇拾補綴而刊之實不足以爲溥重也

春秋說三十卷附錄三卷 山東巡撫採進本

明王寖大撰寖大字幼章合肥人崇禎丁丑進士是書雜採諸說斷以己意而本於卓爾康辨義者爲多其首爲諸家考敘古來春秋家及所著書次爲經傳大旨輯諸家議論之與己合者次紀傳輯周及列國事蹟分析經文各以類從而附以時義地義論次爲春秋總義次比事四十二則自跋附焉總爲三卷弁於首次乃詮釋經文分十二公爲三十卷朱彝尊經義考不載蓋此本爲寖大孫雲龍所錄未及刊板故也寖大以春秋本魯史原文

孔子修之蓋筆削史文以見義非變史文以起義自說經者不舉大義而求之名字爵號日月及會之類以爲義例蓋昉於公穀盛於胡氏詮說愈繁而經學愈亂故著是書以破諸家之言書法者然春秋固本魯史其間亦有聖人特筆如天王狩于河陽左傳具述改修之義坊記所引魯春秋公羊傳所引不修春秋及甯殖所稱載在諸侯之策者揆之聖經有同有異欲駁一字褒貶之說而謂聖經僅魯史之節文未免矯枉而過直其說經亦多

臆斷如解尹氏卒云公穀謂譏世卿鑿矣欒郤韓范世專晉七穆世專鄭曷爲不譏而特譏王朝大夫乎夫外大夫卒例不見經春秋何由譏之耶解肆大眚云文姜罪惡通天歿後必有陰禍莊公肆眚爲之求福免罪耳不知春秋時浮屠之教未入中土何得有罪福之說解鄭棄其師云此高克怨辭夫克一逋臣豈能以其事偏赴列國杜預所謂克狀其事以告魯者本無確證何得遽斷爲據克之言又比事中解城築一條云邑書城臺館囿書

築城土功也故須築南門雉門書作木功也故須
作夫南門雉門豈竟不須土功且兩觀何以亦書
作也凡此皆隨意生文不爲典要至其紀傳叙事
並始於隱元年訖於哀十四年其中止云某事書
於經某事不書又自齊晉以下皆以魯公年數紀
年卽周本紀亦然是屈天王之正朔就侯國之紀
年經解史裁葢兩無所當矣其諸家考中升胡傳
於西漢諸儒之前已爲無識卷後又自識云呂大
圭灌甫趙企明姜廷善未詳案灌甫明宗室朱睦

椁字已見考中而遽忘之呂大圭字圭叔南宋末人所著有春秋或問及五論企明宋趙鵬飛字所著有春秋經筌廷善明姜寶字所著有春秋事義考而寖大俱曰未詳是卽此數家尚未窺全帙甚至引杜預集解亦稱之爲杜疏尤爲無據蓋所見未博故議論多而考證少也

春秋義三十卷江蘇周厚堉家藏本

明顧懋樊撰懋樊有桂林點易丹已著錄是書朱彝尊經義考云未見前有懋樊自序稱以胡傳爲

宗參之左氏公穀三家佐以諸儒之說今觀其書直敷衍胡傳爲舉業計耳未嘗訂正以三傳亦未嘗訂正以諸儒之說也

鍾評左傳三十卷 內府藏本

是編爲毛晉汲古閣所刻惟錄杜預左傳集解較坊本兼刻林堯叟注者特爲近古然綴以鍾惺評點改其名爲鍾評左傳殊爲蛇足惺撰詩歸別開蹊徑尚能成一家之言詁經則非其所長也

春秋左傳評註測義七十卷 浙江吳玉墀家藏本

明凌稚隆撰稚隆字以棟烏程人是書詮釋左傳以杜預註爲宗而博採諸說增益之其於左氏之不合者亦間有辨正又取世次姓氏地名謚號封爵標於卷首以便檢閱然皆冗碎不足觀朱彝尊經義考作七十卷浙江通志作三十卷此本與彝尊所記合知通志爲傳寫誤矣

麟傳統宗十三卷浙江巡撫採進本

明夏元彬撰元彬本名虎字仲彌德清人其書餖飣成編漫無體例隱公之前冠以國語十數條以

志周東遷始末蓋仿馮夢龍春秋衡庫爲之而疎畧尤甚經文之下或錄左氏或取公穀國語隷之或標傳名或不標傳名其附錄者或有附字或無附字端緒茫然猝難究詰又如費伯之註誤在盟唐之下楚殺公子側傳上忽注云出宋楚平傳衛州吁弑君下祇載詩綠衣一章並無他注王午大閱全錄周官中春教振旅以下四則亦不置一詞如是者指不勝屈文震孟序乃稱其得於經術者深亦可異矣

春秋因是三十卷　浙江巡撫採進本

明梅之熉撰之熉字惠連麻城人是編專爲春秋制義比題傳題而作每題必載一破題而詳列作文之法蓋舊制以春秋一經可命題者不過一百餘條慮其易於弋獲因而搠爲合題及合題之說紛紜淆亂試官舉子均無定見於是此類講章出焉夫信傳不信經先儒以爲詬厲猶爲三傳言之也至於棄置經文而惟於胡傳之中推求語氣以行文經已荒矣其獘也又於胡傳之中摘其一字

兩字牽合搭配以聯絡成篇則併傳亦荒矣此類講章皆經學之蟊賊本不足錄特一以見場屋舊制所謂比題傳題者其陋如此並非別有精微一以見明季時文之弊名爲發揮經義實則割裂傳文於聖人筆削之㫖南轅北轍均可以爲炯鑑故附存其目爲學春秋者戒焉

春秋三傳衷考十二卷 浙江巡撫採進本

明施天遇撰天遇字昌辰武康人是編雖以三傳爲名實以胡傳爲去取凡胡傳所駁槩從刊削故

所存僅三傳之事迹又雜引詩書禮記及國語之文以足之特取備時文之捃摭而已

春秋左傳地名錄二卷 浙江巡撫採進本

明劉城撰城字伯宗貴池人是編前列國名後列地名各以十二公時代爲序地名之下各有註少僅一二字多亦不過六七字蓋隨手集錄姑備記誦無所考正視後來高士奇江永二家之書不及遠矣

春秋五傳平文四十一卷 內府藏本

明張岐然編岐然字秀初錢塘人其書采左傳公羊傳穀梁傳胡安國傳而益以國語國語亦稱春秋外傳故謂之五傳曰平文者明五傳兼取無所偏重之義也其自序曰嘗與虞子仲皜泛覽春秋七十二家之旨葢鮮有不亂者及觀近時經生家之說殆不可復謂之春秋究其獘率起於不平心以叅諸家而過尊胡氏久之惟知有胡氏傳更不知有他氏又久之惟從胡傳中牽合穿鑿併不知有經此所謂亂之極也云云考胡安國當高宗之

時以春秋進講皆準南渡時勢以立言所謂喪欲速貧死欲速朽有爲言之者也元明兩代時異勢殊乃以其源出程子遂用以取士已非安國作傳之初意元制兼用三傳明制兼用張洽傳蓋亦陰知胡安國之多僻而補救其偏永樂中修春秋大全襲用汪克寬纂疏乃尊胡傳又非延祐洪武立法之初意然胡廣等之大全雖偏主一家傷於固陋猶依經立義也其後剽竊相仍棄經誦傳僅摘經文二三字以標識某公某年迨其末流傳亦

不誦惟約畧傳意標一破題轉相授受而已蓋又併非修大全之初意矣岐然指陳流弊可謂深切著明故其書皆叅取四傳以救胡傳之失雖去取未必盡當要其鍼砭俗學破除錮習於春秋不爲無功惟五傳皆具有成編人所習誦不待此刻而傳故取其衛經之意而不復錄其書焉

春秋年考一卷 浙江巡撫採進本

不著撰人名氏後有自跋稱初成於天啟甲子重訂於崇禎辛未自署曰天畸人有三小印一曰三

嵗一曰仲先一曰且止菴居不知爲何許人也其書仿史記十二諸侯年表之例以年爲經以國爲緯各書大事於年下然體例頗爲叢雜如周爲第一格平王四十九年稱宰咺來賵仲子此內魯之詞當繫之魯不當繫之周也至五十九年稱武氏子來魯求賻則稱來似內魯稱魯又似外魯更無體例矣又瓦屋之盟列之於晉則排纂有訛晉獲秦諜增晉伐秦字則事實或誤均不足以爲據

(清)紀昀等 纂

# 武英殿本四庫全書總目

第八册

國家圖書館出版社

# 第八册目録

欽定四庫全書總目卷二十四

經部二十四

禮類存目二

批點檀弓二卷兵部侍郎紀昀家藏本

舊本題宋謝枋得撰枋得字君直號叠山信州弋陽人寶祐四年進士宋末爲江東制置使臨安破後卽弋陽起義兵兵潰後遁迹浦城元福建行省魏天佑迫脅送燕京遂絕食而卒事迹具宋史忠義傳是編莫知所自來明萬歷丙辰烏程閔齊伋

始以朱墨板刻之齊伋序稱得謝高泉所校舊本亦不言謝本出誰氏書中圈點甚密而評則但標章法句法等字似孫鑛等評書之法不類宋人體例疑因枋得有文章軌範依託為之又題楊升庵附註而與慎檀弓叢訓復不相同據齊伋序稱彙註疏集註集說諸書去其繁而存其要以著於簡端則齊伋之所加非慎原註也蓋明季刊本名實舛互往往如斯矣

月令七十二候集解一卷 通行本

舊本題元吳澄撰其書以七十二候分屬於二十四氣各訓釋其所以然考禮記月令本無七十二候之說逸周書時訓解乃以五日爲一候澄作禮記纂言亦引唐月令分著五日一候之義然不聞更有此書其說以經文所記多指北方非南方之所習見乃博考說文埤雅諸書兼訪之於農牧著爲此編然考證名物罕所發明又旣以螻蟈爲土狗又載鼫鼠五技之說自相矛盾旣以虹爲日映雨氣又引虹首如驢之說兼采雜書亦乖解經之

法疑託名也

檀弓叢訓二卷 浙江汪啟淑家藏本

明楊慎撰慎字用修號升庵新都人正德辛未進士第一授翰林院修撰以諫大禮謫戍滇中事迹具明史本傳此本前有慎自序後有永昌張含跋蓋慎在滇中採鄭孔賀陸黃吳諸家注義以補陳澔集說所未備然如胡寅以檀弓爲曾子門人與子思同纂修論說魏了翁又斷爲子游門人此書既單行何得於著書之人畧而不敘但引孔疏數

言無所訂正又言思爲子游之子注復遺之至大夫遣車五乘與周官典命之文不合者亦未置一語蓋邊地無書姑以點勘遣日原不足以言詁經也

就正錄禮記會要六卷 浙江巡撫採進本

明宗周撰周字維翰興化人嘉靖辛卯舉人官至馬湖府知府是編於先王之制先聖之言多以意斷制懸定是非其義皆不考於古其體亦近於語錄

禮記明音二卷 浙江巡撫採進本

明王覺撰覺江陰人江南通志作武進人嘉靖辛丑進士書末有南京禮部郎中巴郡劉起宗跋稱溝東王子溝東蓋其別號也是書大抵據陳澔集說專標字音因書而及其義因聲而及其形其所引諸書刪節詳略初無體例亦間有不著出典者雖於訂正俗讀不爲無功要亦鄉塾課蒙之本而已

禮記集說辨疑一卷 浙江鮑士恭家藏本

明戴冠撰冠字章甫長洲人以選貢授紹興府訓導是書所論凡曲禮六條檀弓九條王制三條曾子問二條文王世子一條禮器一條郊特牲一條內則五條玉藻二條大傳一條少儀一條喪大記二條祭義一條表記一條緇衣一條葢未竟之書也嘉靖丁未陸粲刋冠所作濯纓亭筆記附載於末然筆記爲雜說而此書究爲經解今仍析爲二各著錄焉

禮記集註三十卷 江蘇巡撫採進本

明徐師曾撰師曾有今文周易演義已著錄是書以陳澔集說爲未得經義故別採先儒舊訓以爲此註於鄭賈注疏間能體會然訾斥經文者不一而足如曾子問云至如將冠子而未及期日而有齊衰大功小功之喪則因喪服而冠除喪不改冠乎孔子曰天子賜諸侯大夫冕弁服於太廟歸設奠服賜服於斯乎有冠醮無冠醴師曾謂齊衰大小功待除而冠未爲遲何必因喪而冠冠禮三加而醮冠畢而醴若諸侯大夫服賜服不云三加安

得有醮而無醴遂指二句爲誤當云有冠醴無冠醮蓋師曾以儀禮士冠禮之三醮一醴并爲周人一代之制故謂三醮之時各有醮冠畢而又醴今經文既無三加則苐當有醴不當有醮不知周制三加之時並無三醮待冠畢而始一醴耳其三加三醮乃殷禮故經文次在冠畢而醴之後先本朝而後前代也士冠禮鄭注賈疏甚明此經因遭喪殺禮故改冠後之一醴爲一醮自用周制師曾不考註疏誤執殷禮故有是說蓋於三禮經義未能

融合僅隨文而生義宜其說之多謬也

禮記日錄三十卷浙江巡撫採進本

明黃乾行撰乾行字玉巖福寧人嘉靖癸未進士官至重慶府知府是書首有嘉靖乙卯鍾一元序言乾行以是經擢科第拜京秩膺命相禮衡藩乃以公之士類今觀其書割裂周禮儀禮散綴於禮記之中不復別識與朱子經傳通解之例已大相刺謬又以小學故實竄入經文混合爲一尤爲龐雜其註或一節附論一篇或十餘節附論一篇多

牽引道學語錄義皆膚廓

禮記輯覽八卷 兩淮鹽政採進本

明徐養相撰養相睢陽衛籍鳳陽人嘉靖丙辰進士其書蓋爲科舉而設不載經文惟以某章某節標目循文訓釋不出陳澔之緒論

禮記要旨補十卷 兩江總督採進本

舊本題戈九疇撰聞人德行增補蔡必大序又稱古陸守戈公以聞人先生舊所傳要旨板行先生獨弗是曰是吾土苴也因取舊稿改竄補綴以備

一家之言據此則是書始終出德行手九疇特刋行之耳與標題殊相矛盾又朱彝尊經義考載聞人德行禮記要旨補十六卷又載戈九疇禮記要旨十六卷戈氏書旣載其後不應聞人氏書先云補尤爲舛互此本僅有十卷而兼題二人之名其書乃鄉塾講章每節下綴以破題最爲猥陋殆書賈以二家之言合併竄亂以成此本歟明季坊本其不足信類如此不足深詰也九疇字雨泉錦衣衛人嘉靖己未進士據蔡必大序其官爲嚴州府

知府德行字越望餘姚人嘉靖戊戌進士據呂本

序其官乃由翰林外謫其詳則均不可考矣

禮記中說三十六卷內府藏本

明馬時敏撰時敏字晉卿陳留人隆慶中貢生是

編不載經文但如坊刻時文題目之式標某章某

節而敷衍其語氣其名中說者謂折衆說而得其

中也然大㫖株守陳澔集說未見其折中者安在

禮記新義三十卷江西巡撫採進本

明湯三才撰三才字中立丹陽人朱彝尊經義考

叙其書於王翼明趙宧光之前蓋隆慶萬歷間人也前有其子道衡序其書與先儒傳注多所牴牾如解純素謂純字不當讀準解負劍辟咡謂負劍爲長者背負童子皆不可爲訓惟於名物度數偶有考證間或可備一解耳

禮記疑問十二卷　浙江巡撫採進本

明姚舜牧撰舜牧有易經疑問巳著錄是書依文訓義多作語錄之體間有新說則多與經義違背如曲禮爲人子者父母存冠衣不純素孤子當室

冠衣不純采鄭氏注純緣也玉藻曰縞冠元武子姓之冠也縞冠素紕既祥之冠也深衣曰具父母衣純以青孤子衣純以素訓最明晰舜牧乃云論語麻冕禮也今也純儉此純字亦將作飾緣解乎是併字義未及詳考而漫與鄭孔爲難也

檀弓輯註二卷浙江巡撫採進本

明陳與郊撰與郊字子野海寧人萬歷甲戌進士官至太常寺少卿是書惟解檀弓上下二篇於鄭註全錄於孔疏則刪繁存簡謂之疏畧其陳澔諸

家之說則分行附書各畧以己意為論斷所論如檀弓名篇取首二字不從正義非門徒而達禮之說孔子少孤一條釋其愼也即如字謂必誠必信曰愼不從鄭氏改愼為引之訓皆有可取然於喪禮異同反無是正未免舉小而遺大耳

檀弓述註二卷 浙江巡撫採進本

明林兆珂撰兆珂有詩經多識編已著錄是書集鄭註及諸家之說而斷以己意如二三子羣居則經辨鄭注以為朋友之非速貧速朽取方希古之

言以爲傳者之繆皆爲有見惟經文加以評點非先儒訓詁之法如王廷相論立後笄榛與王應麟考証蒼梧之類皆事關經義而轉與論文剩語列在上方亦非體例也

禮記通解二十二卷 浙江汪啟淑家藏本

明郝敬撰敬有周易正解已著錄言禮記者當以鄭注爲宗雖朱子掊擊漢儒不遺餘力而亦不能不取其禮註蓋他經可推求文句據理而談三禮則非有授受淵源不能臆揣也敬作此注於鄭義

多所駁難然得者僅十一二失者乃十之八九如謂未仕者不稅人稅當爲禭國君七个遣車七乘个字同介月令冬祀行是祀井非祀道塗之行若祀道塗則祀土矣又謂鄉人裼是祖裼相逐不讀爲陽鄭訓爲強鬼非也又謂動乎四體爲人之四體非軀也凡此之類有前人已言者有自立義者固足以匡鄭氏之悞至於曲禮葱渫處末鄭訓渫爲熟葱本自不悞蓋上文有膾炙有醯醬膾爲細切之肉腥細者爲膾炙爲炮肉皆二物也葱渫分

生熟亦承上二物而來而敬引井渫不食謂渫即渫字通爲屑蓋葱屑也考之爾雅說文玉篇廣韻諸書古無訓渫爲屑者也又謂醆酒涗于清汁獻涗于醆酒猶明清于舊澤之酒本以茅泲醴盛於醆和之以水加鬱金汁以獻如今人以水和飲陳酒之類舊澤謂舊酒醲厚如膏澤鄭援周禮謂明酌爲事酒醆酒爲盎齊清爲清酒汁獻作汁沙舊澤當作舊醳皆悞今詳推鄭義皆援据精詳無可駁詰敬乃以意更易徒形臆斷又謂褻上有衣不

宜又加以裼多衣則果古義不明不知錦在裘上上有絅衣經典分明何可居今而議古又謂孚尹孚爲信尹爲割鄭作浮筠者非不知玉之浮光旁達猶誠信之及人若苐訓字爲信則下文固有信字在豈非重文累句乎大抵鄭氏之學其間附會讖文以及牽合古義者誠不能無所出入而大致則貫串羣籍所得爲多魏王肅之學百倍於鄭一生之力與鄭氏爲難至於僞造家語以助申己說然日久論定迄不能奪康成之席也敬乃恃其

聰明不量力而與之角其動輒自敗固亦宜矣

禮記新裁三十六卷 浙江巡撫採進本

明童維岩撰維岩字叔嶷錢塘人其書但標舉題目詮發作法蓋鄉塾課本專為制義而設者

檀弓原二卷 浙江吳玉墀家藏本

明姚應仁撰應仁字安之徽州人是編取檀弓上下二篇刪節陳氏集說益以諸家評注而參以已意亦往往失之臆斷如何居之居謂不應音姬當作何處講則併不知古義又君子有終身之憂故

忌日不樂蓋以喪期有限而思慕無窮故於此日戒之終身而應仁謂一日不足以槪終身唯曾子不忍食羊棗謂之日日忌尤曲說矣

禮記說義集訂二十四卷　浙江吳玉墀家藏本

明楊梧撰梧字鳳閣一字嶧珍涇陽人萬歷壬子舉人官青州府同知是書不載經文但如時文題目之式標其首句而下註曰幾節大旨以陳澔禮記集說胡廣禮記大全爲藍本不甚研求古義如鄭注說曾子弔於負夏一條謂塡池當作奠徹胡

氏銓謂池以竹爲之衣以青布所謂池視重霤者塡者縣也魚以貫之謂將行也與鄭大異而此書但云塡池當作奠徹不言本自康成亦不復考訂同異又如孺子䊮一條論設撥之制謂設撥是設置撥楡沈之人蓋以楡性堅忍所謂不剝不休十年成轂者性沈難轉故設撥以撥輴其說本諸陸佃與鄭註讀撥爲拂者逈殊亦不題出陸名及參校鄭義凡此之類不可勝數蓋鈔撮講章非一一採自本書故不能原原本本折衆說之得失也

禮記纂註三十卷　浙江汪啟淑家藏本

明湯道衡撰道衡字平子丹陽人萬歷丙辰進士官至僉都御史巡撫甘肅其父三才嘗作禮記新義三十卷已著於錄此本乃道衡居憂之時自採陳澔集說徐師曾集註掇其所長裒爲一編而以已所偶得附載書之下方故名纂註與新義截然二書卷首標題亦不名新義而李維禎胡士容二序皆稱曰禮記纂註新義竟合兩書而一之殊爲舛悞朱彝尊作經義考但載三才書而不及此書

殆亦悞以爲一也獨是刊書之時道衡尚在不應不一視維禎士容之序遽授之梓此則理所不可解耳

禮記手書十卷副都御史黄登賢家藏本

明陳鴻恩撰鴻恩黄岡人萬歴中舉人此書成於崇禎癸未乃鄉塾課蒙之本

檀弓通二卷浙江吴玉墀家藏本

明徐昭慶撰昭慶有考工記通已著録此編亦取便於初學體例與所解考工記同其釋曾子易簀

一章謂寢簟無定制不過大夫華而士樸案古制流傳雖不可悉考然以席之重數與夫紛純黼純之異及車旗衣服之別推之則大夫士之簟亦必有辨既明曰大夫之簟則簟爲大夫之制明矣不必好立異說也

禮記意評四卷 浙江巡撫採進本

明朱泰貞撰泰貞字道子海鹽人萬歷丙辰進士官至監察御史漢儒說禮考禮之制宋儒說禮明禮之義泰貞此書乃棄置一切惟事推求語氣某

字應某字某句承某句如場屋之講試題非說經之道也

說禮約十七卷 安徽巡撫採進本

明許兆金撰兆金字丙仲餘姚人天啓中貢生官弋陽縣知縣是書乃坊刻講章於名物制度絕無考證其註王制有曰三命元再命絺考周禮孤四命絺冕非再命也如此者比比而是亦太疏舛矣

禮記敬業八卷 江蘇周厚堉家藏本

明楊鼎熙撰鼎熙字緝庵京山人崇禎庚午舉人

是書專爲舉業而作徑以時文之法詁經文刪去曾子問明堂位喪服小記喪大記奔喪問喪間傳三年問喪服四制九篇宋人禮部韻略凡字出喪禮者不載已爲紕繆然未敢刪經也至明代而喪禮不命題士子亦棄而不讀乃併經文去之時文盛而經義荒此亦一驗矣宋人亦以檀弓爲喪禮故何居之居韻略不載楊伯嵒九經韻補欲增之此篇獨有檀弓蓋以坊選古文多錄之以爲有資於八比故不敢去也

讀禮記略記四十九卷 浙江巡撫採進本

明朱朝瑛撰朝瑛有周易略記已著錄是書以一篇爲一卷每段之下附以注無注亦存經文其研究典物有裨於實義者僅十之一餘皆詮釋文句而已至於三年一禘五年一祫之說謂不可信考證尤疏惟前有三禮總論言異同之故乃頗有可採

檀弓評二卷 江蘇巡撫採進本

明牛斗星撰斗星字杓司杭州人是編每章皆摘

錄陳澔集說而以評語載於上闌如唐韓愈宋謝枋得元吳澄明楊慎茅坤諸家悉采入之而謝氏之說獨多

禮記提綱集解四卷山東巡撫採進本

國朝邱元復撰元復字漢標號嵋庵諸城人是書不列經文但如時文題目之式標某章某節隨文衍義以陳氏集說爲主蓋經生揣摩之本也

禮記疏畧四十七卷河南巡撫採進本

國朝張沐撰沐有周易疏畧已著錄沐於易詩書春

秋皆有完書此經則但有禮運禮器樂記學記四篇其餘乃武進王渭登封馮五典上蔡李範世及其從子煓所分注而沐總其成書內又有張燧張烒所注者內則一篇則又全用陳澔註自序謂他經皆疏畧五經闕一不可又謂耄矣倦於勤不得已會同志而屬之以分注云云夫詁經本著所心得何必務取足數乎

禮記惜陰錄八卷 兩江總督採進本

國朝徐世沐撰世沐有周易惜陰錄已著錄是書合

曲禮檀弓雜記各爲一篇刪古本上下之目大學中庸二篇則仍從古本全錄以成完書每篇之首各註其大意每篇之末各評其得失所註多襲陳澔之文而簡畧彌甚如月令是月也天子乃以元日祈穀於上帝乃擇元辰天子親載耒耜錯之於參保介之御間世沐釋元日曰上辛釋元辰曰郊後吉日今考正義甲乙丙丁等謂之日郊用上辛故云元日子丑寅卯等謂之辰耕用亥日故云元辰蔡邕獨斷曰青帝以未臘卯祖赤帝以戌臘午

祖白帝以丑臘酉祖黑帝以辰臘子祖黃帝以辰臘未祖是皆祭之用元辰與用元日異者也今世沐知元日爲上辛而不知元辰之爲亥日是併未考正義也又月令令百工審五庫之量世沐云庫門設此五庫今考玉海引三禮義宗曰因其近庫卽以爲名非卽於庫門設此五庫也周書作雒篇應門庫臺元闔葢謂庫門亦爲臺門之制公羊傳註禮天子諸侯臺門外闕兩觀諸侯內闕一觀此兩觀一觀之地豈遂以爲可設五庫乎又玉藻曰

日中而餕奏而食世沐云疑朝食無樂至日中餕餘乃用樂勸飫今考膳夫曰王日一舉鼎十有二物皆有俎以樂侑食卒食以樂徹於造此非謂餕餘之食也而侑食皆有樂故玉藻孔疏曰言餕餘之時奏樂而食餕尚奏樂卽朝食奏樂可知此義甚顯而世沐疑其無樂疎矣觀其自序世沐手錄此稿時年七十四矣可謂耄而好學而其書如是蓋講學家之談經類以訓詁爲末務也

禮記偶箋三卷　浙江巡撫採進本

國朝萬斯大撰斯大有儀禮商已著錄是書與所爲學禮質疑相表裏皆欲獨出新義而多不能自通如謂士喪禮所云乘車道車槀車即是遣車則士亦有遣車鄭注謂士無遣車誤又謂牲體不載於遣車今考雜記遣車疏布輤四面有章注輤其蓋也四面皆有章蔽以陰翳牢肉而士喪記薦乘車鹿淺幦干笮革靾載旜纓轡貝勒縣於衡但稱鹿幦則僅覆式之章而無四面之章可知又凡喪車之有輤者經文必特著之雜記曰其輤有裧緇布

裳帷又曰大夫以布爲輤又曰士輤蒲席以爲裳帷其於遣車亦特著曰布輤士喪禮經文於乘車詳及幦笮靾旜及纓轡貝勒之細而不著輤及四面之章則異於遣車明矣又士喪禮乘車載皮弁道車載朝服稾車載簑笠而雜記曰遣車疏布輤四面有章置於四隅載粻蓋載牲兼載粻也與載皮弁朝服簑笠不同乃斯大謂遣車載粻而不載牲烏知載皮弁朝服之車又豈容兼載粻乎又鄭註置於四隅謂以此遣車置於椁之四隅故周禮

巾車云大喪飾遣車鄭亦云使人以次舉之以如墓葢遣車小故可以人舉之置諸槨中卽斯大亦信其說若士喪禮之乘車道車稾車賈疏云此三車皆當有馬故有纓轡勒則非人力之所能舉而槨之所能容也與遣車安得合而爲一檀弓曰諸侯七个遣車七乘大夫五个遣車五乘是遣車載牲之明証乃斯大謂个與介通七乘五乘乃視七介五介之數今考雜記曰遣車視牢具注言車多少各如所包遣奠牲體之數也遣奠天子太牢包

九个諸侯亦太牢包七个大夫亦太牢包五个士少牢包三个大夫以上乃有遣車據此則雜記所云牢具卽檀弓所云七个五个惟遣車載牢具故其數視牢具其牢具有七个五个故檀弓有七乘五乘斯大乃謂遣車不載牲於檀弓雜記顯相刺謬特牲禮曰佐食盛所俎俎釋三个鄭注个猶枚也有司徹曰乃摭于魚腊俎俎釋三个士虞禮曰舉魚腊俎俎釋三个少儀曰太牢則以牛左肩臂臑九个是个爲牲體諸經鑿鑿斯大於檀弓乃廢

个之正文而從介之借讀影響甚矣斯大又謂雜記大夫三月而葬五月而卒哭諸侯五月而葬七月而卒哭大夫以上間月卒哭若亦間日虞則終虞與卒哭相去日遠於檀弓所言必於是日也接不合大夫以上初虞皆是葬日自後或間五日或七日或九日令考檀弓曰其變而之吉祭也比至於祔必於是日也接不忍一日未有所歸注曰有所用接之處禮所謂他用剛日也賈疏喪服小記赴葬者赴虞三月而後卒哭彼據士禮而言速葬

速虞而後卒哭之前其日尚賒不可無祭謂之爲變大夫以上依時葬及虞者後卒哭雖遠其間不復祭據此則大夫以上虞與卒哭異月本是常禮爲赴葬赴虞者設並不爲大夫以上虞卒哭異月設也然則虞卒哭不相接於大夫以上何嫌哉檀弓曰葬日虞弗忍一日離也故再虞次虞止間日一舉若間五日七日九日一舉則與弗忍離之意太遠又喪服章大功三月受以小功衰即葛九月者注凡天子諸侯卿大夫既虞士卒哭而受服正

言三月者天子諸侯無大功主於大夫士也據此
大夫於虞訖受服經明云三月受服則大夫之卒
哭自在五月而初虞自在三月明矣斯大謂大夫
以上虞必與卒哭之日相接因延虞期以下就卒
哭之月殊屬臆測又斯大謂魯有周廟即頖宫也
魯立頖宫之學以后稷爲先聖文王爲先師後人
因頖宫祀文王故以周廟爲文王之廟今考文王
世子必釋奠於先聖先師鄭注先聖周公若孔子
又曰凡學春官釋奠於先師鄭注周禮曰凡有道

有德者使教國子死則以爲樂祖祭於瞽宗此先師之類也斯大謂魯頖宮以后稷爲先聖文王爲先師未之前聞也又考襄十二年傳曰吳王壽夢卒臨於周廟禮也凡諸侯之喪異姓臨於外同姓於宗廟同宗於祖廟同族於禰廟是故魯爲諸姬臨於周廟爲邢凡蔣茅胙祭臨於周公之廟杜注宗廟所出先王之廟又考檀弓兄弟吾哭諸廟若頖宮則鄭禮器注所謂郊之學也爲同姓哭臨不應在郊學則周廟非頖宮明矣昭十一年傳鄭使

祝史徙主祏於周廟豈亦曰頻宮乎是其尤不可通者也其他若謂周每年時祭皆祫儀禮覲禮與曲禮天子當宁而立曰朝本是一體深衣十二片四片屬於內衽四片屬於外衽其誤已於所爲儀禮商學春秋隨筆黃宗羲深衣考中辨之至謂祭天之圜丘卽覲禮之方明壇則尤駭見聞不足深詰已

曾子問講錄四卷浙江巡撫採進本

國朝毛奇齡撰奇齡有仲氏易已著錄是書載許輶

以下諸人質問之辭而各爲之答大抵掊擊鄭註孔疏獨標已見其中決不可通者如經文壻免喪女之父母使人請壻弗取而後嫁之禮也女之父母死壻亦如之孔疏曰女之父母已葬壻家使人請女家不許壻然後別取禮也蓋孔氏以女家不許而男別取與男家不許而女別嫁互文見義奇齡則謂壻辭婚後女家復請重理前說而男家反故以餘哀未忘弗敢卽取然後女家徐徐嫁之謂仍嫁此壻非別嫁也殆因何孟春餘冬序錄深疑

此記之有訛故奇齡解以此說然按之經文全不相合夫讀古人書當心知其立言之意而不可拘滯於其辭禮記此文蓋爲屆婚期而遭喪者男或以中饋之乏主不能待其女免喪而先議別娶女或以摽梅之過期不能待其壻免喪而先議別嫁故聖人明爲之制使必待三年免喪而復請明未三年免喪以前不容有異說也使必待壻不取而後別嫁必待女不嫁而後別取明苟非壻不取女不嫁則斷無別嫁別取之理也然則所謂壻不取

女不嫁乃充類至義之盡要以必無之事猶晉文公曰待我二十五年而後嫁耳何必作是曲說哉況左傳載齊桓公出蔡姬蔡人嫁之魏犨以嬖妾屬其子曰必嫁之則嫁之爲別嫁明矣何得解爲仍嫁此壻弗別嫁也是皆橫生臆見殊不可從惟謂三月廟見爲廟見舅姑謂除喪不復昏爲不復行昏禮數條尚能恪守經文注義不爲譎變之說耳

禮記詳說　無卷數　河南巡撫採進本

國朝冉覲祖撰覲祖有易經詳說已著錄是書自序謂明太祖時專以註疏衛士及成祖始用陳氏集說攷元史選舉志仁宗皇慶中已以禮記註疏取士不始於明覲祖考之未審也其書於註疏錄十之五兼採衛湜吳澄郝敬及諸家之說大旨取足與陳澔集說相發明者自序謂坊本諸講其標宗旨剔字句順口吻聯脈絡化板爲圓亦足醒人心目故編檢而分載之附先儒後則其作書之旨大畧可知矣

禮記章義十卷　浙江巡撫採進本

國朝姜兆錫撰兆錫有周易本義述藴已著錄是書大意謂禮記由漢儒掇拾而成章段繁碎說者往往誤斷誤連當分章以明義故曰章義其說謂如曲禮姑姊妹女子子已嫁而反當通下父子兄弟二條爲章儗人必於其倫當通下君大夫士庶各條爲章又有本非一篇而牽合爲篇者如經解之天子以下聘義之問玉之屬有簡篇互錯者如射義篇首之射必先燕節當是領起燕義鄉飲酒義

之總詞燕義篇首之秋合諸射節當是領起射義之詞逐條討論時有所見至於孔氏之不喪出母及降婦人而復行禮諸條皆徵引儀禮以駁前人之謬亦間有考證較之陳澔所注固爲稍密而大致循文推衍者多如檀弓子張死曾子有母之喪齊衰而往哭之此自孔子殁後之事兆錫乃註曰豈其未聞教之初則然歟是未詳子張少孔子四十八歲也疎畧如是而動輙排擊鄭孔談何容易乎

校補禮記纂言三十六卷 江西巡撫採進本

元吳澄原本

國朝朱軾重訂澄有易纂言軾有周易傳義合訂皆已著錄是書篇目註釋一仍原刻惟軾有所辨定發明者以軾案二字爲別附載於澄注之末然不及十分之一二其中間有旁涉他文者如註曲禮左青龍而右白虎一節云軾按此節一首絕好古詩急繕其怒四字摹寫入神予嘗閱兵壁壘森嚴旌旗四匝中建大纛鼓停金靜寂無人語已而風

動大轟如驚鴻乍起急不可引又如雷聲山鳴谷應奔濤駭浪澎湃衝擊乃知急繕其怒四字之妙殆偶有所見卽筆於書後來編錄校刊之時失於刪削歟

戴記緒言四卷 浙江巡撫採進本

國朝陸奎勲撰奎勲有陸堂易學已著錄是書大旨以禮記多出漢儒不免有附會古義之處而鄭康成以下諸家又往往牽合穿鑿以就其說乃參考諸經旁採衆說以正之每篇各以小序爲綱而逐

字逐句條辨於後，然自信太勇，過於疑經疑傳，牽合穿鑿，亦自不能免也。

禮記類編三十卷（浙江巡撫採進本）

國朝沈元滄編。元滄字麟洲，仁和人。康熙丁酉副榜貢生，以修書議敘官文昌縣知縣。是書取禮記四十七篇分類排纂，先五典，次五禮，而冠以通論、廣論。通論兼禮樂，廣論分敬、仁、行、學、治、政六條目，末附諸禮儀節。如曲禮「毋不敬」至「樂不可極」數語，列於廣論敬之首；「賢者狎而敬之」至「直而勿有」數語列於廣論行之首夫禮者所以定親疎至貧賤而知好禮則志不懾數段列於開卷通論禮之首頗爲繁碎自序云割截經文各依門類先儒有行之者且謂此書非誦習之書而考索之書也誦習則檀弓有檀弓之文緇衣有緇衣之文考索則曲禮有內則之事內則有少儀之事云云其書蓋取檢閱之便然而經文變爲類書矣

學禮闕疑八卷 河南巡撫採進本

國朝劉青蓮撰青蓮字華岳襄城人是書皆補正陳

澔禮記集說之訛漏凡有所辨定者咸著於篇其無所疑者則不載焉始於雍正戊申至乾隆己未僅成七卷自曲禮至奔喪篇止末一卷則其弟青芝所續成也其駁陳氏之悞者如入臨不翔集說謂臨哭也青蓮則引周禮注以尊適卑曰臨以駁之謂臨當解作莅禮不下大夫集說從黄氏之悞續大夫撫式士下之之下此謂先儒俱合下刑不上大夫爲一節詞句對屬皆頗有所據其拾陳氏之遺者如黄冠草服及好田好女者亡其國集說俱

云未詳此引周禮注及先儒舊說以補之亦多可取然詳於議論而畧於考据又時時横生臆說如以喪服之免爲明之綱巾與吳廷華之以免爲郎今之襯冠同一杜撰也

檀弓論文二卷兩江總督採進本

國朝孫濩孫撰濩孫字遼人高郵人雍正庚戌進士官至監察御史是書專論檀弓之文故圈點旁批以櫛疏其章法句法之妙每章之下復綴以總評亦附註其文義其凡例謂檀弓有益舉業凡制義

中大小題格局法律無一不備是爲時文而設非詁經之書也

禮記章句十卷 江蘇巡撫採進本

國朝任啟運撰啟運有周易洗心已著錄是編前有康熙戊戌自序蓋其未通籍時所輯也按禮記諸篇之分類自劉向别錄首肇其端如以內則屬子法文王世子屬世子法曲禮少儀王制禮器玉藻深衣屬制度之類今孔疏篇目猶備載之其後魏有孫炎復改易舊本以類相從而唐魏徵亦以戴

記綜彙不倫更作類禮二十篇上之秘府其書今皆不傳至宋朱子嘗與吕祖謙商訂三禮編次欲取戴記中有關於儀禮者附之經其不係於儀禮者仍別爲記其大綱存於文集而晚年編次儀禮經傳通解則其條例與前所訂又有不同元吳澄作三禮敘錄別投壺奔喪補儀禮之經冠婚鄉飲燕射聘義爲儀禮之傳其餘三十六篇爲通禮者九爲喪禮者十有一爲祭禮者四爲通論者十二此則啟運是書之所本也然啟運之意則以朱子

經傳通解一書中喪祭二禮續諸黃氏其於禮記不爲完書而僞本吳澄考註分合增減尚多未安惟

國初芮城所定三十八篇名禮記通識其條分規合遠過僞吳氏本然於啟運之意猶有異同因復更其後先補其鈌畧定爲四十二篇以大學中庸冠於首明倫敬身立政次之五禮又次之樂又次之通論又次之其移易章次如深衣篇全附入玉藻内而又取少儀之句以附之服問篇全附入小記

內檀弓則分其半合諸問喪三年問間傳喪服四制而總謂之喪義郊特牲則分其半入禮器篇內而其半分入冠昏祭義其餘補附參合或章或句尙非一處蓋與劉向別錄之以全篇分類者大不同矣

禮記彙編八卷浙江吳玉墀家藏本

國朝王心敬撰心敬有豐川易說已著錄是編取禮記四十九篇自以己意排纂分爲三編上編首孔子論禮之言曰聖賢訓拾遺次以大學中庸又次

以曾子拾遺諸子拾遺又次以樂記中編插禮之大體曰諸儒紀要次以月令又次以王制又次以嘉言善行下編聚列瑣節末事及附會不經之條曰紀錄雜聞其意蓋欲别勒一經據漢儒之上然自孫炎以來弗能也况心敬乎

附錄

夏小正解一卷江西巡撫採進本

國朝徐世溥撰世溥字巨源新建人前明諸生是編總題曰榆墩集選蓋其集中之一卷也其註鳴蜮

曰凡釋者貴以邇言士名通之釋扎以寧縣釋蜮

以屈造是猶釋荇菜以接余彌令人不可解矣其

注匽之興五日翁望乃伏曰六字以爲夏五可也

是亦不務與僻不尙穿鑿之旨然註爽死以爲爽

鳩祭鳥恐古文雖與不至此解俊風爲俊美之風

是又未考尙書大傳時有俊風俊者大也之文而

以意解之矣

夏小正註一卷 編修勵守謙家藏本

國朝黃叔琳撰叔琳有硯北易鈔已著錄夏小正一

書原載大戴禮中自隋志始别爲一卷宋傅崧卿始分别經傳而爲之註朱子沿用其例稍加考定附於儀禮經傳通解中而未言所本元金履祥亦未見傅氏之書遂以爲朱子舊本采附通鑑前編夏禹元年下而句爲之註與傳頗有異同國朝濟陽張爾岐合輯傳註爲一編附以已說叔琳以傳註多相重複乃汰其繁蕪以成是註亦以已說附之其稱傳者大戴禮之文其稱註者履祥之說註中稱張氏曰者爾岐說稱按者叔琳說也其

中如改種黍菽糜作菽麋而下菽麋作菽麋鹿八從引易卽鹿從禽丹鳥白鳥不主螢火蝙蝠及蚊蚋之說以匽爲蟬以納卵蒜爲二物皆與舊說不同至鳴蜮傳中屈造之屬引淮南子鼓造之文謂爲蝦蟆則牽合甚矣

大戴禮刪翼四卷 江蘇巡撫採進本

國朝姜兆錫撰兆錫有周易本義述蘊已著錄是編節錄大戴禮記而自爲之注其孫奭跋其後曰刪翼者因舊本而刪其繁冗翼其義理者也刪其繁

冗如保傅篇刪去魏公子無忌等文翼其義理如禮三本篇據荀子利爵以正利省之悞是也有注在家語而從畧者如王言五義五帝德盛德等篇是也有注在禮記而從畧者如哀公問禮察曾子大孝朝事投壺等篇是也有注在儀禮外編而畧互見其義者如夏小正武王踐祚等篇是也有舊本無註而箋解者如曾子立事本孝制言天圓與少間本命等篇是也其述兆錫之意頗悉然古書存者僅矣翼可刪不可也

## 夏小正詁一卷 浙江巡撫採進本

國朝諸錦撰錦有毛詩說已著錄是編解夏小正之文或採他說或出已意欲仿鄭元之說檀弓註簡於經故所註最畧然頗斷以臆見如正月雉震呴此自感陽氣而震動舊解謂雷在地中人不聞而雉聞之已爲穿鑿錦乃斷雉爲一句震爲一句呴爲一句意訓震爲雷正月安得有雷乎雞孚粥讀粥如字解爲祝雞聲引韓愈詩羣雌粥之爲証然則二月出初俊羔助厥母粥亦解粥爲祝雞聲乎

古文簡與傳寫多訛固不必一一強爲之詞必欲盡通之則不鑿不止耳

右禮類禮記之屬四十一部五百七十一卷內一部無卷數

附錄四部七卷皆附存目

12225

欽定四庫全書總目 經部

卷二十五

12225

# 欽定四庫全書總目卷二十五

經部二十五

## 禮類存目三

禮經奥旨一卷 編修程晉芳家藏本

舊本題宋鄭樵撰考其文即六經奥論之一卷也六經奥論本危邦輔託之鄭樵此更僞中作僞摘其一卷别立書名以炫世曹溶漫收之學海類編中失考甚矣

三禮考一卷 內府藏本

舊本題宋眞德秀撰諸家書目不著錄惟曹溶學海類編載之書止五頁引程朱諸儒之說凡九條條下係以案語然案語內引元泰定中邱葵更定周禮又引吳澄三禮考注德秀何由得見之其僞不待言矣

三禮考注六十四卷兩淮馬裕家藏本

舊本題元吳澄撰其書據尚書周官篇以改周禮六官之屬分大司徒之半以補冬官而考工記別爲一卷儀禮十七篇爲正經於大小戴記中取六

篇爲儀禮逸經取十五篇爲儀禮傳別有曲禮八篇然澄作尙書纂言不信古文何乃據周官以定周禮卽以澄三禮敘錄及禮記纂言考之所列篇目亦不合其經義混淆先後矛盾者不一而足虞集作澄墓誌宋濂元史澄本傳皆不言澄有此書相傳初藏廬陵康震家後爲郡人晏璧所得遂掩爲已作經楊士奇等抄傳改正然士奇序及成化中羅倫校刻序皆疑其爲璧所作則當時固有異論矣士奇又言聞諸長老澄晩年於此書不及考

訂擾意於其孫當當嘗爲之而未就朱彝尊經義考言曾購得當所補周官禮以驗今書多不合又張爾岐蒿菴閒話曰愚讀儀禮偶得吳氏考注其注皆採自鄭賈往往失其端末其不用鄭賈者四十餘事惟少牢篇尸入正祭章補出尸授祭肺四字爲有功於經餘皆支離之甚草廬名宿豈應疎謬至此後得三禮考註序云輒因朱子所分禮章重加倫紀其經後之記依經章次秩序其文不敢割裂一仍其舊今此書則割裂記文散附經內矣

序又云二戴之記中有經篇離之爲逸經禮各有義則經之傳也以戴氏所存兼劉氏所補合之而爲傳傳十五篇今此書十五篇則具矣士相見公食大夫二篇但採掇禮記之文以充數求所謂淸江劉氏之書無有也至於逸經八篇序詳列其目公冠遷廟釁廟取之大戴奔喪投壺取之小戴中霤禘於太廟王居明堂取之鄭氏注逸經雖曰八篇實具其書者五篇而已其三篇僅存篇題非實有其書也今此書大戴明堂列之第二蓋不知王

居明堂之與明堂爲有辨也三者與序皆不合其不出於吳氏也審矣序又云正經居首逸經次之傳終焉皆別爲卷而不相紊此外悉以歸諸戴氏之記朱子所輯及黃氏喪禮楊氏祭禮亦參伍以去其重複名曰朱氏記而與二戴爲三本書次第畧見於此今此書朱記了不可見而又雜取二戴之書名爲曲禮者八篇龐雜稡會望之欲迷與所云悉以歸諸戴氏之記者又不合何物妄人謬誣先儒至此云云然則是書之僞可以無庸疑似矣

二禮經傳測六十八卷 原任工部侍郎李友棠家藏本

明湛若水撰若水字元明增城人宏治乙丑進士歷官南京吏禮兵三部尚書事跡具明史儒林傳是編從孔子曲禮三千經禮三百之說故曰二禮以戴記曲禮附以少儀爲曲禮上經三卷以儀禮爲下經十七卷冠義等十六篇爲儀禮正傳十六卷王制等二十三篇爲二禮雜傳通傳二十三卷又别分小戴郊特牲等五篇與大戴公符等四篇爲儀禮逸經傳每節各爲章旨標目殊傷煩碎所

註亦皆空談

廟制考議無卷數浙江巡撫採進本

明季本撰本有易學四同已著錄是書總論凡七義附錄七十七圖其中如謂天子五廟周加文武二世室乃七廟其說主鄭康成注惟書咸有一德稱七世之廟可以觀德則似商以前已有七廟無以爲解乃謂自太甲逆溯至相土爲七世所謂七世之廟專指相土今考魯語曰商人禘舜而祖契郊冥而宗湯將觀列祖之德何遠不及契近不及

湯而獨舉相土又考殷本紀相土以下曰昌若曰
曹圉曰冥曰振曰微曰報丁曰報乙曰報丙曰主
壬曰主癸曰湯曰太丁曰太甲自太甲逆溯至相
土十四世而本謂太甲上溯相土爲七世其說舛
謬益因僞古文尚書之言七廟致生穿鑿不知呂
氏春秋引商書實作五世之廟無庸如是牽合也
本又謂禘非審諦昭穆惟有功德而廟不毀者則
當禘於所出之祖廟而以受命之祖配之長發之
詩小序曰大禘也而述契及相土以至於湯是特

審諦其賢君而以湯配也今考魯語曰上甲微能
帥契者商人報焉祭法曰冥勤其官而水死以死
勤事則祀之是湯以上惟微冥得永列祀典而未
聞商人列諸不毀之廟今本謂相土有功德而廟
不毀擬於三宗殊爲踳舛況相土本在毀廟之列
而長發爲大禘之詩得及相土則毀廟未毀廟之
主皆得與矣此正可以折本之說而本反引以爲
難乎至謂公劉太王王季廟皆不當毀不特文武
則益不經矣本又斥朱子考妣同祫之說謂禘祫

男主得入女主不得入故周公營洛邑特立文武廟父子同廟而其廟無妣主今考春秋僖公八年秋七月禘于太廟用致夫人左氏傳曰禘而致哀姜焉非禮也凡夫人不薨于寢不殯于廟不赴於同盟不祔于姑則弗致也據此則夫人薨于寢殯於廟赴于同盟祔于姑者皆得以禘致太廟矣何得云妣主不得與於禘祫乎祭統鋪筵設同几為依神也鄭註同之為言洞也祭者以其妃配亦不待几也據此則凡祭皆有配明矣洛誥烝祭歲文

王騂牛一武王騂牛一又曰王入太室祼孔傳曰
王賓異周公殺牲精意以享文武皆至其廟親告
曰據云皆至其廟則祭文武別廟可知本何得云
父子同廟雖詩序禘太祖也鄭箋太祖謂文王而
其詩曰既右列考亦右文母則明以文母配也本
又何得謂洛邑之文廟獨無文母乎本又謂七廟
之制太祖居中昭不必居左穆不必居右古人以
右爲尊當於太祖廟之東平行以次而東爲四親
廟今考廟以昭穆爲左右雖不見於經然考周禮

冢人曰先王之葬居中以昭穆爲左右註曰昭居左穆居右夾處東西則昭穆分左右之明證也故賈疏即以墓之昭穆推廟之昭穆今本謂廟之昭穆皆在祖廟之中又何以解於墓之昭穆别左右乎又考匠人曰左祖右社賈疏引祭義註云周尚左又考桓公二年取郜大鼎於宋納於太廟何休云文家左宗廟尚尊據此則於王宮之外立祖廟與社稷既尚左而立祖廟與羣廟則又尚右何同一地而所尚頓異耶眞無據之談也本又謂禘祫

在太廟容主多則太廟宜大高祖以下羣廟僅容考妣足矣故其制小周禮祭僕言小喪復于小廟隸僕言大喪復於小寢大寢是也今考閔公二年夏五月乙酉吉禘于莊公定公八年冬十月辛卯禘於僖公則春秋禘祭有于羣廟者矣而未見羣廟之不容多主則亦未見羣廟之必小於太廟也周禮言小寢大寢小廟非以規制之大小言特以尊卑言耳故鄭註但云高祖以下高祖以上考工記曰廟門容大扃七个於凡廟之門同可知凡廟

之室亦同矣而何大小之别乎本又不信商祖契周祖后稷今考周語明云我太祖后稷之所經緯也祭法明云祖契而宗湯而本不信之尤荒經蔑古之甚矣其論歷代廟制若謂漢光武但當立高祖舂陵節侯以上四世廟不當爲宣元成哀立廟則明世宗明倫大典之說時勢所牽又當别論者也前明三禮之學本最著稱後世儒者往往承其謬說故舉其最誤者辨之庶可得其是非之實焉

三禮纂注四十九卷 兩淮馬裕家藏本

明貢汝成撰汝成字玉甫宣城人嘉靖中官翰林院待詔其書周禮六卷主俞庭椿冬官不亡散在五官之說而變本加厲不惟移其次第且點竄其字句塗改其名目甚至於別造經文後附周禮餘二卷則禮記王制月令兩篇也儀禮十六卷以禮記冠義附士冠禮昏義附士昏禮鄉飲酒義附鄉飲酒禮射義附鄉射禮燕義附燕禮聘義附聘禮服問三年問喪服四制喪服小記四篇附士喪服問喪問傳二篇附士喪禮喪大記附既夕禮雜記

上下曾子問三篇附士虞禮祭義祭統祭法三篇附有司徹後附儀禮逸經四卷則投壺奔喪文王世子明堂位四篇也儀禮餘八卷則曲禮上下內則少儀玉藻深衣大傳郊特牲檀弓上下十篇也其禮記十二卷所存者禮運禮器經解哀公問仲尼燕居孔子閒居坊記表記緇衣儒行學記樂記十二篇而大學中庸不與焉大抵亦剽朱子及吳澄諸說其周禮序自稱如有用我執此以往葢襲文中子之言尤昧於時勢前有萬歷九年應天巡

撫宋儀望序乃詆賈鄭諸人用力愈勤大義愈晦而稱汝成是書周公復起不能易傎之甚矣

三禮編繹二十六卷兩淮鹽政採進本

明鄧元錫撰元錫字汝極南城人嘉靖乙卯舉人萬歷中以翰林待詔徵未至而卒事迹具明史儒林傳是編以三禮爲名而實非歷代相傳之三禮一曰曲禮以禮經所載雜儀細曲者爲經以表記坊記緇衣爲記二曰儀禮以十七篇爲經以射義諸篇爲記三曰周禮以周官爲經而考工記大戴

禮家語及禮記諸篇不可分入曲禮者皆彙列於後爲記句下夾註音訓頗簡蓋非所重其自爲發明者則大書而附經文下所謂繹也昔俞庭椿首亂周禮儒者所譏朱子作儀禮經傳通解雖列附禮記而仍以儀禮爲主不過引經證經至吳澄禮記纂言始刪削其文顛倒其次貢汝成因而更定三禮彌爲變亂紛紜已大乖先儒謹嚴之義至元錫此書則非惟亂其部帙併割裂經文移甲入乙別爲標目分屬之甚至採掇他書臆爲竄入古經

於是乎蕩盡矣非聖人而删定六籍不亦異乎

二禮集解十二卷浙江巡撫採進本

明李黼撰黼始末未詳黃虞稷千頃堂書目稱爲嘉靖間無錫人亦據卷首題錫山卷末題嘉靖十六年常州府刊行字耳無他證也是書以陳友仁周禮集說楊復儀禮圖爲藍本故周禮以序官分冠各官之首用陳氏例儀禮逐節分注各章之後用楊氏例其說率循文箋釋罕所考証發明陸元輔稱其自出新意者案元輔說見經義考如謂太宰卿一人

至旅下士三十二人凡六十三人而府史胥徒不

與焉除太宰與府史胥徒其餘六十二人自宮正

以下凡中大夫即此小宰中大夫也凡下大夫即

此宰夫下大夫也凡上中下士即此上中下士也

非此六十二人之外又有一項官也後五官倣此

云云一條葢欲以解設官太多之疑然使王朝之

內事事攝官恐亦非先王之體制又稱疑六官之

屬卿大夫之數與禮記王制二十七大夫八十一

元士多寡不同云云一條不知王制一篇漢文帝

博士所作各述所聞不能比而同之徒增轇轕也

禮經類編三十卷　江西巡撫採進本

明李經綸撰經綸字大經號寅清南豐人正嘉間諸生是編取周禮儀禮禮記合而彙之大意謂聖人之命禮有三曰經禮也曲禮也制度之禮也經禮所以接神人曲禮所以正言行制度之禮所以洽名物後儒昧於分辨知有經曲而不知有制度故以曲禮經禮制禮三者爲大綱而各繫以目曲禮之目分爲五一曰曲禮正經二曰曲禮別經三

曰曲禮逸經四曰曲禮之傳五曰曲禮增經諸目中又雜分子目其別經盛德篇皆大戴記之文逸經則兼採三傳國語及說苑列女傳其所謂增經則全錄鄉黨孝經文也經禮之目亦分爲五一曰經禮之經二曰經禮之變禮三曰經禮之曲禮四曰經禮之制禮五曰經禮之傳然仍以吉凶軍賓嘉爲經而以五者緯焉其經文有正經析經逸經補經增經之別傳亦如之正經者儀禮之正文析經者舊混爲一今析而出之他如郊天之採乎家

語籍田之採乎國語則名逸經又如取尚書康王之誥增天王即位禮取夏官司士之文補天王聽朝禮則名增經補經也制禮之目分爲二一曰制禮之經則王制月令周官之文并深衣考工等篇是也二曰制禮之傳學記樂記等篇是也三大綱之後又有三禮通傳謂經曲制度合而論者不可以强分如禮運禮器坊記表記及哀公問等篇是也合是數者又冠之以大學終之以中庸大學曰禮冒之經謂其規模節目之該括如五玉之有瑁

也故其下諸篇以明德新民格至誠正修齊治平分配焉中庸曰禮藉之經謂由博返約所以爲承藉猶四圭之有邸也其於大學以止至善配焉末又以明堂位儒行及諸篇之疵複者別爲外記一卷以示區別其條分縷析用力亦爲勤摯然而割裂經文參糅雜說取憑胸臆隨意增刪殊失先儒謹嚴之意是欲踵朱子儀禮經傳通解而失其初指者也

三禮合纂二十八卷 江蘇巡撫採進本

國朝張怡撰怡一名遺字自怡初名鹿徵號瑶星江寧人前明登萊總兵官可大之子崇禎中袁崇煥用陳繼儒之言殺皮島帥毛文龍邊兵乘機爲變可大死之蔭怡錦衣衛千戸李自成僭位逼之使降不從自成敗遁乃逃入深山中至康熙三十四年以壽終是書凡例稱從周子雪客借衛湜禮記集說雪客爲周在浚字則康熙初年所作也其書大體仿儀禮經傳通解而敘次微有不同首通禮次祭禮次王朝之禮次喪禮其通禮以大學中庸

爲首大學從王守仁所解古本不用朱子改定之次王朝之禮則首周官而以儀禮覲聘燕射諸篇附焉其言曰禮記坊於漢儒中間性道微言天人奥義時時吐露然真贋相雜瑕瑜不掩如月令王制諸篇皆未經夫子刪定者也周官多操切富强之術詳於政畧於教儀禮皆周旋升降之節儀則繁而義則疏先儒欲推二書爲經以記爲傳似非定論云云然儀禮禮記彼此相應周官所云頗與之遠强爲通之必成轇轕如因是而斥周官則大

不可且以周禮爲有政無教儀禮爲儀繁義疎則尤不得先王因事寓訓之旨大抵其解出於郝敬而又益以姚江之心學凡先王大典皆視爲粗迹無足怪也又其凡例云文義會通彼此互舉者悉照原篇不敢割裂今按儀禮一書有經有記恰於昏聘諸篇咸裁截記文分附經次較其發凡亦屬矛盾惟周官不用俞氏復古編之說差爲有見耳

讀禮竊註一卷 山東巡撫採進本

國朝孫自務撰自務字樹本號立菴安邱人歲貢生

是書撮舉三禮凡五十七條其中間有可採者若釋名字林皆以姪為兄弟之女稱自務引儀禮喪服經姪丈夫婦人報證姑於兄弟之子亦有姪稱引據頗為明確至謂祭法以王考皇考顯考祖考各稱為始祖及高曾之别為字義不清又斥坊記寡婦之子不有見焉則不友也為附會孔子之言皆以私意疑經並無明証又稱朱子以門屏之間為皋門今檢全集及各註並無此文若龔萬斯大之論以大祉為方丘不免好從異說又述斯大之

言曰曲禮天子當依而立諸侯北面而見天子曰
覲天子當宁而立諸公東面諸侯西面曰朝止是
一禮葢天子將入廟受覲至宁先下車而立諸公
於是分班朝見以通姓名即所謂朝也覲禮不具
文之畧也云云今考儀禮本篇未覲之前自郊勞
授館至於侯氏釋幣既覲之後自三享聽事至於
三勞及賜車馬雖縈文曲節無不詳載而獨謂畧
此朝禮殊考之未詳郊特牲曰覲禮天子不下堂
而見諸侯若天子先見諸侯於路門外則其失甚

於下堂矣自務甚推此說亦輕信也觀其篇首敘所見禮家諸書寥寥無幾蓋皆據理推測而以意斷制之耳

稽禮辨論一卷 江西巡撫採進本

國朝劉凝撰凝字二至南豐人由貢生官崇義縣訓導是書凡爲論者十六爲辨者六合二十二篇引證頗古而考核未精若月令論一篇謂太尉不始於秦即國語之元尉及夏官之軍司馬今考漢百官表太尉與大司馬更置黃霸傳亦云以丞相兼

之續漢志又云太尉公一人若夏官之軍司馬則位在小司馬之下與太尉尊卑懸絶又晉語曰知祁奚之果而不淫也使爲元尉韋昭註元尉中軍尉也又云知鐸遏寇之恭敬而信彊也使爲輿尉韋昭註輿尉上軍尉也葢古者三軍皆有尉繚子曰長伯敎成台之兵尉兵尉敎成合之禆將兵尉卽國語之元尉輿尉也其職位在軍將下今疑以元尉爲太尉尤屬不倫又若續唐仲友周禮武成孟子論一篇謂諸侯百里爲井者萬以十井起

乘天子千里爲井者百萬以百井起乘今考井田
以一甸起乘無分天子諸侯成公元年三月作丘
甲杜註長轂一乘甸所賦今魯使丘出之譏重斂
故書丘十六井也諸侯以十六井起乘尚乖於制
則謂以十井起乘者不尤謬乎又若公路公行公
族論一篇謂詩左傳之公行即周禮之諸子文王
世子之庶子專掌妾子之政令諸子文曰掌國子
之倅對適子與母弟言之故云副貳也今考諸子
職又云國有大事則帥國子而致於太子周禮全

經凡稱國子者無不統有適庶師氏以三德教國子保氏養國子以道大司樂以樂德樂語樂舞教國子樂師掌學之政以教國子小舞皆國子也今疑獨以諸子所師之國子爲妾子與全經無一可通且疑既知諸子即庶子而文王世子曰庶子以公族之無事者守於公宮正室守太廟鄭註正室適子也是庶子明掌適子之政而疑乃誤以國子之倅爲適子母弟之副貳遂誤以諸子所掌惟妾子之政使合於左傳之公行不特不會鄭註倅字

之義且并周禮全經及文王世子之文亦皆乖剌矣又若十二章服辨一篇謂郊天未至泰壇先服狐白裘次加衮服爲裼衣衮服上加大裘狐白與黑羔相爲表裏即家語所云天子大裘以黼之是也當祀之時脫裘而服狐白及衮即家語所云旣至泰壇王脫裘是也今考司服曰祀昊天上帝則服大裘如疑之說則是服狐白裘而冕矣又玉藻疏引劉氏說凡六冕之裘皆用羔引熊氏說謂六冕皆用狐青裘蓋冕服皆元羔及狐青裘色亦元

今以褎表狐白裘則裘裼異色又玉藻曰惟君有黼裘以省誓鄭註以羔與狐白雜爲黼文而疑乃以內服狐白外服黑羔爲黼文穿鑿尤甚疑是書於三禮之學頗勤亦間能致力於漢魏諸書而喜新好異故持論往往不確焉

昏禮辨正一卷浙江巡撫採進本

國朝毛奇齡撰奇齡有仲氏易已著錄是書力詆三禮經文引曲禮男女非有行媒不相知名而士昏禮乃不言行媒引曲禮齊戒以告鬼神謂親迎必

先告廟而士昏禮不言告廟引春秋桓公三年傳夫人至自齊朝至之文謂婦至之日當朝廟而士昏禮不言朝廟引春秋齊侯越境以送女謂女之父既迎壻于門外亦當送之門外而士昏禮乃言不降送引穀梁傳納采問名納徵告期謂止當有四禮而士昏禮乃誤增納吉一禮又誤入親迎於六禮之內引詩關雎琴瑟鐘鼓謂嫁娶亦當用樂而郊特牲乃謂昏禮不用樂其說頗爲辨博其中論告廟朝至之儀雖頗有根據而核其大致穿鑿

者多未足據爲定論也

廟制折衷三卷 浙江巡撫採進本

國朝毛奇齡撰是書大抵宗王肅而駁鄭康成康成謂天子五廟周加文武二祧爲七肅謂天子七廟周加文武二廟爲九漢唐以來言廟制者互相祖述禮以義起原不必膠執一說然未有淆亂舊文如此書之甚者夫天子七廟之見於禮器王制祭法穀梁傳者奇齡旣皆以爲不專言周矣然禮器稱周旅酬六尸則明明言周鄭註孔疏謂后稷之

尸發爵不受旅餘自文武及四親廟凡六尸周止七廟此爲確證奇齡乃謂六尸爲六廟昭穆之尸文武二尸不在內故祫祭出堂后稷尸與文武二尸俱南向餘東西向考禮器孔疏旅酬之時毀廟之主咸在特無尸耳又春秋文公二年傳曰文武不先不窋魯語亦曰周之烝也未嘗躋湯與文武奇齡乃謂文武二尸獨與后稷同向則毀廟之主自太王王季以上皆列在文武之旁是子孫得躋其父祖而謂文武歆此祀乎奇齡又謂曾子問七

廟無虛主明遷廟文武廟皆可虛主今考曾子問明云天子巡守以遷廟主行又云今也取七廟之主以行則失之矣當七廟五廟無虛主據此則得虛主者爲遷廟耳至於文武之廟卽奇齡亦知其爲百世不遷者也而乃於經文遷廟之外强增一文武廟是又以不遷之廟爲可虛主矣與經文遷廟二字顯相刺謬蓋奇齡謂周九廟而欲增高曾以上二世於七廟內卽不可不出文武二廟於七廟外又以其在七廟外卽不得云無虛主故鑿空

杜撰而爲此說也其餘因襲前人已廢之說者尤難枚舉蓋準以德厚流光德薄流卑之義則天子九廟於義未嘗有乖而一自奇齡言之援諸經傳反多未合甚矣其好強辯也

大小宗通釋一卷 浙江巡撫採進本

國朝毛奇齡撰是書謂鄭康成禮記大傳註以別子之世長子爲大宗別子庶子之長子爲小宗則是別子一世無大宗繼別一世無小宗凡國君繼世必有三世無大小宗者於是謂別子之身即爲大

宗今考大傳文曰別子爲祖繼別爲宗若別子即得爲大宗則經文曷不曰別子爲宗乎經文既明以祖與宗對舉即畫然不可相混而奇齡乃混之是叛經矣奇齡又謂康成以別子爲妾子萬一僅有一母弟而無庶將以無庶而反絕宗乎今考儀禮喪服傳曰庶子不得爲長子三年則兼據爲父後者之同母弟不專指妾子也故賈公彥疏云庶子妾子之號適妻所生第二者同名庶子遠別於長子則儀禮經文已以庶該嫡矣何獨於康成致

難焉至奇齡謂別子諸弟之子亦得各爲小宗不特別子庶子之子而已則其說頗有根據晉語曰黃帝之子二十五人又曰黃帝之子二十五宗韋昭註以爲小宗可與奇齡此說相證若如喪服要記別子之庶兄弟其嫡繼之各有一大宗則是別子有十大宗卽有十矣與宗子統族之義殊有未合奇齡謂要記各一大宗之說當爲各一小宗其義較允亦不可以好爲強辯遂併沒所長也

學校問一卷 浙江巡撫採進本

國朝毛奇齡撰前答門人張希良問學校之名繼以答門人吳鼎問廟學中稱先師設主因及鄉飲養老之禮考夏后氏之學名序與州學亦名序者其制一有室一無室兩不相蒙州學之序爾雅所謂無室曰榭是也字或作謝或作豫而爾雅又曰東西牆謂之序則室內曰墉堂上曰序堂下曰壁同爲牆名是序之名有三而義各殊奇齡乃曰五架之屋由戸牖以北爲室戸牖以南爲序爲堂而堂序之分則兩楹以北爲序以南爲堂學之楹東爲

東序楹西爲西序兼言庠序則有室單言序則不

及室殊爲牽合溷淆也

明堂問一卷 浙江巡撫採進本

國朝毛奇齡撰以門人姜垚問九室五室之辨發端

而終於九宮卦位其大意專訾鄭康成之主五室

爲非而言五室卽九室九室卽十二堂考之月令

四正之堂曰太廟其左右曰左个右个而最中一

室曰太廟太室明四正之堂同以此爲室則左右

堂以四隅之室爲室可知也太廟太室僅一月令

繫之中央土所居奇齡乃云太廟太室五是併月令之文不察且涵室與堂而一之輕議前儒未免反成舛漏矣

郊社考辨一卷 直隸總督採進本

國朝李塨撰塨有周易傳註已著錄是編立論主南北郊分祀大致皆本之毛奇齡

三禮約編十九卷 江蘇巡撫採進本

國朝汪基撰基字警齋休寧人是書取儀禮周禮禮記刪汰全篇節錄其文蓋取其便於誦習然若周

禮天官六十職刪宮正宮伯而宿衛之制缺地官七十八職存閭師而刪縣師則六鄉有徵稅之官而都鄙丘甸遂無職長此其關係之最大者周公制作固不容以意爲點竄也

三禮會通二卷 安徽巡撫採進本

國朝張必剛撰必剛字繼夫灊山人乾隆壬戌進士是書凡典制考一卷郊社辨一卷典制考謂禮本於天因而臚舉禮文之與天相應者以實之夫天秩天敘誰曰不然然於千百年後掇殘缺之古經

一名一物必錙銖比較以求其所以法天者何在則幾於鑿矣其間至以六門配六爻果周公本義耶郊社辨以祭莫大於事天地事天地莫大於郊社自郊社與圜丘方澤牽混而國內外之社又相牽混而其禮不明漢鄭氏以郊特牲之郊屬孟春不與圜丘混其說本確而王肅顧非之因据郊特牲及周禮以證王肅之誤其說是矣又辨周之始郊日以至至字乃辛字之誤引逸周書辛亥柴上帝漢史辛亥祀天位兩條以證之其論亦辨然於

周書丁未祀周廟之下云越三日庚戌其說又不可通遂謂五日誤爲三日辛亥誤爲庚戌操是術以往將義有所窒即改經文以就之天下無不可通之說天下亦竟無可據之經矣

右禮類三禮總義之屬二十部三百一十卷內一部無卷數皆附存目

禮樂合編三十卷兩淮馬裕家藏本

明黃廣撰廣無錫人是書成於崇禎癸酉以經典古訓與說部小史雜采成文且每事不詳其源流

本末但舉其一語又有並非禮樂而闌入者殊鮮條理所立門目分本紀統紀諸名亦皆漫無體例前有鄭鄖等九人序皆明末人標榜之詞不足據也

禮樂彙編七十卷浙江巡撫採進本

國朝應撝謙撰撝謙有周易集解已著錄是書蓋倣儀禮經傳通解續通解之例而稍變通之分爲六十一篇視朱子黄榦舊目或省或增或仍其文而變其名然往往參以臆見如王祭一篇鄭康成郊

特牲註謂朝踐在堂饋食在室後儒相承初無異說而撝謙乃謂朝踐在室饋食在堂引禮運元酒在室醴醆在戶粢醍在堂澄酒在下謂朝踐用醴醆醴醆在室戶內即知朝踐當在室饋食用粢醍粢醍在堂即知饋食當在堂今考儀禮特牲禮尊於戶東鄭註云室戶東少牢禮尊兩甒於房戶之間鄭註云房西室戶東也是皆在堂之明證即此知醴醆雖在室而朝踐自得在堂醍粢雖在堂而饋食自得在室亦猶士冠禮側尊一甒醴在服北

行禮之地與設尊之地異所耳又安得以設尊之地卽爲行禮之地耶又鄭註司尊彝謂王以圭瓚酌鬱鬯后以璋瓚酌亞祼則再祼也今撝謙乃據大雅殷士膚敏祼將于京之文增以賓祼爲三祼考周禮小宰云祭祀行祼將之事注云又從太宰助王祼也小宗伯云凡祭祀賓客以時將瓚祼註云將送也猶奉也祭事以時奉而授王賓客以時奉而授大宗伯然則殷士祼將亦第奉而助王祼耳豈自行祼祭乎至所謂郊天當有十二獻不特

爲經典所不載亦爲史志所不傳益不足辨矣夫三禮鄭註合經者十得八九而撝謙必一一反其說舍康莊而旁騖其惑於多岐亦宜也

儀禮節要二十卷 江西巡撫採進本

國朝朱軾撰軾有周易傳義合訂已著錄是編分冠昏喪祭四大綱而冠禮後附以學義昏禮後附以士相見鄉飲酒於喪祭二禮尤詳附圖三卷則其門人王葉滋所爲軾所訂定者也大旨以朱子家禮爲主雜採諸儒之說而斷以已意大旨欲權衡

於今古之間故於今禮多所糾正於古禮亦多所變通然如士相見鄉飲酒二篇朱子以爲今不可行葢通儒明晰事勢之言軾事事遵朱子惟是條所見與朱子相左必欲復之然其說迄不可行則終以朱子爲是也是書別有一本僅三卷乃軾之初稿此本成於康熙己亥葢其後來定本云

禮樂通考三十卷浙江巡撫採進本

國朝胡掄撰掄字應麟武進人掄以儀禮經傳通解五禮雜糅又不能各詳始終本末疑非朱子親筆

故作是書首以通論一卷次吉禮凶禮各六卷次賓禮二卷次軍禮一卷次嘉禮七卷而終以舉制七卷然其間雜引經史叢脞少緒且儀禮經傳通解本朱子未竟之書屬黄榦續成授受源流灼然可證掄欲竄改其書而又嫌於改朱子乃巧爲之詞謂非朱子之親筆蓋即宋儒删改諸經託言於漢儒竄亂之故智雖出爾反爾足驗好還然尤而效之夫亦可以不必矣

儀禮經傳内編二十三卷外編五卷 江蘇巡撫採進本

國朝姜兆錫撰兆錫有周易本義述蘊已著錄是書內編首嘉禮以上冠禮冠之大夫冠禮以下繼焉昏禮飲食饗燕賓射脤膰賀慶又次之次軍禮次賓禮次凶禮次古禮外編爲喪服本經又補喪服又採經四篇終之以圖考大率以儀禮爲主儀禮所未備則採他書以補之類多因襲前人發明寂少即如大夫冠禮在古禮本無可據此本但取禮記無大夫冠禮而有其昏禮古者五十而後爵何大夫冠禮之有又引國語趙文子冠一段以此爲

足以補大夫之冠禮是欲以空言當實義也揆其著書之義葢欲補正儀禮經傳通解然不及原書遠矣

重刊朱子儀禮經傳通解六十九卷大學士于敏中家藏本

國朝梁萬方撰萬方字廣菴絳州人朱子儀禮經傳通解本未竟之書至黃榦乃續成之此本名爲重刊實則改修大致據楊復序文謂朱子稱黃榦所續喪祭二禮規模甚善欲依以改定全書而未暇遂以榦之體例更朱子之體例與榦書合爲一編

補其闕文刪其冗複正其訛誤又採近代諸說參以己意發明之其中間有考證而亦頗失之蕪雜如所補學禮書數篇朱子原序本云取許氏說文序說及九章算經爲此篇萬方乃曼衍及五百四十部之首附以周伯琦之字原非略非詳已無裁制至於以楷書運筆諸法爲一章更爲泛濫又不採古人舊說而惟取近時傅山馮班之論其中傅山一條云亂嚷吾書好吾書好在那點波人應儘分數自知多漢隸中郎想唐眞魯國訛相如頌布

薆老腕一雙摩挲其書名而觀之殆莫能知爲儀禮經傳通解之文也

右禮類通禮之屬六部二百四十七卷皆附存目

鄭氏家儀 無卷數 浙江巡撫採進本

元鄭泳撰泳字仲潛浦江人官温州路總管府經歷義門八世孫濤之弟也其書依五禮分爲五篇蓋本司馬氏書儀朱子家禮而損益之並錄其家日用常行之式編次成書後附泳所作祭田祠堂記二首又附十五世崇岳祭田號畝記是書爲崇

岳所刊蓋即所附入也

家禮儀節八卷 少詹事陸費墀家藏本

明邱濬撰濬字仲深瓊山人景泰甲戌進士官至文淵閣大學士諡文莊事迹具明史本傳是書取世傳朱子家禮而損益以當時之制每章之末又附以餘註及考證已非原本之舊惟所稱文公家禮五卷不聞有圖今刻本載於卷首而不言作者多不合於本書通禮曰立祠堂而圖以爲家廟一也深衣緇冠冠梁包武而屈其末圖則安梁於武

之上二也本文黑屨而圖下註用白三也喪禮陳襲衣有深衣等物而不用儀禮質殺二冒圖乃陳之四也本文大斂無布絞之數而圖有之五也大斂無棺中結絞之文而圖下註則結於棺中六也尺式圖下載天台潘時舉說未識歲月曰嘉定癸酉是時距文公沒時慶元庚申十有三年矣豈可謂爲文公作哉又稱或曰信如此言圖固非朱子作何以祠堂章下有主式見喪禮及前圖八字愚案南雝舊本於立祠堂下註圖外止云主式見喪

禮治葬章並無見前圖三字不知近本何據改治葬章三字爲見前圖云云其辨證頗明然此本祠堂章神主一條下並無見治葬章字乃有詳具圖三字與濬所言不合又圖散於各章之中麗雜錯落殊無倫敍其香案圖前以二丫髻童子執旛前導如釋家之狀決非舊圖所有亦決非濬之所爲蓋又坊刻所竄亂者也

禮問二卷 浙江巡撫採進本

明呂柟撰柟有周易說翼已著錄是書雜論冠婚

喪祭之禮皆與門人問答之詞未載入學儀及渭陽公祭儀之類則此書之附錄也朱彝尊經義考載柟禮問內外篇二卷云未見今本卷數相符而不分內外篇或彝尊傳聞未確歟其中如正子夏傳妾不得體君爲其父母遂二語之誤本於鄭註解曾子問接祭之接爲接續之接本於衛湜禮記集說持擇頗爲有見至論廟制謂古之諸侯多出於天子其始祖天子祀之故諸侯五廟今考王制祭法諸侯五廟皆有始祖廟則諸侯原祀及始祖

不特天子祀之也況王制鄭註曰太祖別子始爵者孔疏曰凡始封之君謂王之弟封爲諸侯爲後世之太祖如以此始封之別子爲始祖天子安得祀之如以爲始封之君所自出之王則諸侯不得祖天子曾有文王廟鄭有厲王廟孔疏皆以爲非禮之正安得據以爲通例耶枘又謂儀禮喪服父卒繼母嫁從爲之服期則從生母嫁者當三年不知儀禮經文必特著從之一字是知繼母嫁必從乃服期不從即不服也檀弓子思之母死於衞鄭

註嫁母齊衰期則知生母嫁即不從亦必服期也生母之厚於繼母義在於此若必加服至三年豈不念嫁母有絕族之義安得與無故而服三年者同也今律文生母嫁者在期服章不别從與不從蓋準鄭義栴說似過於情其他條亦多循舊義少所闡發若全載家祭及焚黄文則更爲泛濫矣

別本家禮儀節八卷少詹事陸費墀家藏本

舊本題明楊慎編慎有檀弓叢訓已著錄是編前有慎序詞極鄙陋核其書即邱濬之本改題慎名

其圖尤爲猥瑣送葬圖中至畫四僧前導四樂工鼓吹而隨之眞無知之坊賈所爲矣

四禮初稿四卷 江蘇巡撫採進本

明宋纁撰纁字伯敬號栗菴商邱人嘉靖丙辰進士官至吏部尚書諡莊敏事蹟具明史本傳是編分冠昏喪祭四禮畧仿古經詞句而統用後世之法如適子冠於阼古制也纁以爲今制南面爲尊長子宗子皆宜西向以避父祖與賓昏有六禮今合納采問名爲一請期納幣爲一與家禮所刪併

者不同大都以意爲之也

鄉射禮儀節　無卷數　浙江巡撫採進本

明林烈撰烈福州人始末未詳據嘉靖丙寅烈自序稱嘗於其鄉之嵩陽社創射圃擇子弟一百七十三人每月朔望行古鄉射之禮因作是書前列嵩陽射圃記一篇述復古之義其書則節錄儀禮經文各畧爲詮釋而繫之以圖然意取簡明或往往刊削過甚晦其本旨如經文司射節將乘矢之下有云執弓不挾右執弦蓋司射既發乘矢之後

矢雖盡而有不釋其執弓之儀則右手執弦左執弣也烈於將乘矢之下刪此二語則執弓南面揖之節遂不知何所措施又經文初射節司射出于下射之南還其後降自西階下有云反由司射之南適堂西釋弓襲反位立于司射之南數語烈又刪去則降自西階之後其反位由何道立何方及由袒而襲之節皆不可考是書雖不主於釋經然經義不明則儀節俱爽於行事亦多違礙矣

四禮疑五卷　江蘇巡撫採進本

明呂坤撰坤字叔簡寧陵人萬歷甲戌進士官至刑部侍郎事迹具明史本傳是書首載通禮一卷冠婚喪祭各一卷意在酌通古今自成一家之學其大旨亦本於書儀家禮然好用臆說未可據爲典要如謂爲庶母之有子者杖期無子者當亦同制長幼尊卑未有不報者嫡與妾不報服猶云名分稱尊諸子不尊於父妾父妾爲之期而諸子不報非禮也今考儀禮喪服齊衰不杖期章曰公妾大夫之妾爲其子期又喪服記曰公子爲其母練

冠麻衣縓緣據此則公之妾自爲其子期其子且不得爲妾母服則諸子安得爲父妾報又喪服緦麻章曰士爲庶母傳曰何以緦也以明服也馬融曰以有母名爲之服緦蓋妾之子於已爲同父兄弟兄弟之生母於已亦得有母名故唐律以庶母爲妾之有子者蓋取儀禮之義唐會要載長孫無忌之奏謂已之庶昆弟爲其母不杖衰而已與之無服同氣之內凶吉頓殊求之禮情深非至理請依典故爲服緦麻則爲庶母服緦麻亦全從有子

起義妾若無子則無爲人母之道傳又安得云以名服乎自開元禮政和禮書儀家禮及明集禮皆本唐律坤乃橫生異議過矣坤又謂經既云日中而虞又云始虞用柔日再虞用柔日三虞卒哭用剛日葬日卽虞安問剛柔其意蓋謂虞葬同日葬既無剛柔定日則虞又安得擇剛柔也不知古制不可以繩今猶今制不可以推古古之葬恒用柔日故始虞自得柔日曲禮曰喪事先遠日註曰葬與練祥也蓋特於旬之外卜乙丁己辛癸等柔日

也考春秋經傳凡書葬三十有五而用柔日者三十有一其宣公八年十月己丑葬敬嬴雨不克葬庚寅乃葬定公十五年九月丁巳葬定公雨不克葬戊午乃葬其卜葬本日亦仍用柔日惟成公十五年八月庚辰葬宋共公左傳隱公元年十月庚申改葬惠公偶變此例耳則葬用柔日乃古定制虞葬同日其事相因故開元禮政和五禮書儀家禮明會典始虞再虞無不用柔日者坤不知古禮遽議經文其說亦乖其餘攻經文者不一而足如

戴記庶子攝祭不嘏不配不歸肉宗子死庶子代有爵稱介無爵稱子祭必告於宗子之墓三年之喪及齊衰大功之喪則因喪而冠不改冠爲次于中門之外三年之喪不弔哭諸條坤皆謂非孔子之言至儀禮士冠禮一篇則逐句詰難幾無完膚坤之講學在明代最爲篤實獨此一編輕於疑古白璧之瑕雖不作可矣

四禮翼四卷 浙江巡撫採進本

明呂坤撰自序謂以民間日用常行淺近鄙俗可

以家喻戶曉者析爲條目凡冠禮翼二曰蒙養曰成人婚禮翼二曰女子曰婦人喪禮翼二曰侍疾曰修墓祭禮翼二曰事生曰睦族

四禮輯一卷（兩淮馬裕家藏本）

明馬從聘撰從聘字起莘靈壽人萬歷己丑進士官至右僉都御史巡撫延綏崇禎十一年靈壽城破與三子同殉節乾隆乙未

賜謚忠節是書亦多以意爲之考儀禮士冠禮賈疏古者天子諸侯皆十二而冠士庶人二十而冠故曲

禮稱二十曰弱冠後漢書馬防傳年十六仍自稱

未冠此書冠禮目錄謂男子年十六至二十皆可

冠如此之類皆於古義未協未可據爲確論也

明四禮集說八卷 兩江總督採進本

明韓承祚撰承祚自署曰東魯不知何郡邑人也

是書成於萬歷壬子大約宗朱子家禮而參以明

會典冠婚喪祭以次分條雜述前人之儀而圖說

儀注祝文等因類附焉

四禮約言四卷 江西巡撫採進本

明呂維祺撰維祺字介孺號豫石河南新安人萬歷癸丑進士官至南京兵部尚書李自成陷開封抗節死事迹具明史本傳是編分冠昏喪祭四目皆因古禮之名而刪除儀節務趨簡易以通俗易行然施之一家則可不宜制爲程式以範天下也

讀禮偶見二卷 江蘇周厚堉家藏本

國朝許三禮撰三禮字典三湯陰人順治辛丑進士官至兵部右侍郎嘗受業於孫奇逢之門故書中雖多參講學語而於五禮亦頗有證核大抵據書

儀家禮會典諸書折衷一是以便於行其於俗禮解誤者八釋疑者十又若增哭奠家禮儀注及增定招魂葬服說諸篇皆頗有考據惟謂喪服古二十五月今二十七月則其說頗謬考喪服二十五月不過王肅一家之說士虞禮曰期而小祥又期而大祥中月而禫鄭註中間也喪服小記妾祔於妾祖姑亡則中一以上而祔又學記云中年考校皆以中爲間故二十七月而禫雜記父在爲母妻十三月大祥十五月禫爲母妻尚祥禫異月豈三

年之喪而祥禫反同月戴德喪服變除篇禮二十五月祥二十七月而禫白虎通德論三年之喪再期二十五月又云二十七月而禫釋名間月而禫是皆爲鄭註確證三年問云三年之喪二十五月而畢據喪事終去衰去杖其餘哀未忘更延兩月非喪之正故第據二十五月言之耳六朝諸儒多宗鄭註今律以二十七月而禫葢三年之喪萬世之通義也三禮乃以王肅一家之說爲古制豈宏通之論乎

學記五卷 直隸總督採進本

國朝李塨撰塨有周易傳注已著錄是編乃所定家儀一曰冠二曰婚三曰喪四曰祭五曰士相見塨學術出於顏元其禮樂之學則出自毛奇齡奇齡講禮好言諧俗故是編亦多主簡易其士相見禮一卷張潮摘錄於

昭代叢書中然天下迄無行之者也

家禮辨定十卷 浙江巡撫採進本

國朝王復禮撰復禮字需人號草堂錢塘人其書掇

於康熙壬午定本於丁亥因朱子家禮而增損之仍分冠婚喪祭四類每類之中首以事宜復禮所酌定者也次以辨論闡所以更定之意也次以人鑑引古事以証得失也次以律例申王法之所禁也次以擇日代卜筮也終以啟式為不嫻文詞者設也其刪去繁文則用呂維祺之說其刪去圖式則用邱濬之說其所辨定雖意在宜古宜今然純以臆斷乃至於非古非今又泛引律例且濫及五行家言尤為蕪雜中引罵詈鬬毆賭博諸律已為

不倫又引官吏宿娼律一條擅食田園瓜果律一條使掩其卷而思之是於四禮居何門哉

四禮寧儉編 無卷數浙江巡撫採進本

國朝王心敬撰心敬有豐川易說已著錄是書以冠婚喪祭四禮無貴乎繁重宜崇尚質樸始易遵行因取前人所傳家禮纂本更爲刪易務從省約又名豐川家規蓋所以教其子弟者與呂維祺四禮約言宋纁四禮初稿用意大畧相近而立法則尤爲簡畧焉

婚禮通考二十四卷浙江巡撫採進本

國朝曹廷棟撰。廷棟有易準，已著錄。是編詳考婚禮，冠以大清會典、大清律例，不入卷數，尊功令也。其下乃博考故實，以類編次。然核其體例，多有未合。夫通有二義：一則自天子達於庶人，通乎上下者也；一則自先王以迄後世，通乎古今者也。旣考婚禮，則當以貴賤各爲門目，知等威之所別古今各著沿革知異同之所自復各考核典文釐爲子目以理其緒而後以變禮（如曾子問所謂親迎遭喪之類）俗禮（如陰陽拘忌及催粧撒果之類）非禮（如元史所禁割襟指腹之類）别彙於後以備其全庶乎源委秩然足資考證延棟此書採摭雖富而端緒糅雜所分子目不古不今第十四卷至以糶資爲一門此於古居何禮也媒氏一門載索忱占氷下人語韋固見老人月下檢書是直類書非通禮矣

齊家寶要二卷（江蘇周厚堉家藏本）

國朝張文嘉撰文嘉字仲嘉錢塘人是書本書儀家禮諸書酌爲古今通禮曰居家禮曰童子禮曰義學約曰師範曰家誡曰家規曰宗講約曰鄉約曰社約曰冠禮曰婚禮曰喪禮曰祭禮每門前引經傳及新定儀注間有附論折衷頗爲詳慎但據沈堯中之說謂三年之喪當三十六月不知此說始於唐王元感而張柬之駁之其議遂寢載在唐書張柬之傳文嘉取之殊爲失考又謂宣公新宮災在薨後二十九月其時主猶在寢證古人喪不止

於二十七月尤爲誤中之誤考成公三年二月甲子新宮災杜註三年喪畢宣公神主新入廟故謂之新宮據此則宣公之主已入廟矣公羊傳曰新宮者宣公之宮也宣公則曷爲謂之新宮不忍言也穀梁傳曰新宮者禰宮也迫近不敢稱諡恭也據此則不稱宣公而稱新宮必不由於主不在廟至胡傳始引劉絢之說謂不稱宣宮以未遷主於三傳畧無所據然絢謂宣公薨至是二十有八月緩於遷主則以緩遷爲失明矣今文嘉乃引以爲

三十六月之證則是以二十八月主不遷廟爲持喪之正經其誤又甚於絢矣文嘉又謂凡期喪皆有禫今考雜記曰期之喪十一月而練十三月而祥十五月而禫注曰此爲父在爲母也喪服小記曰爲父母妻長子禫是期之喪得禫者止有母妻及長子耳小記曰庶子在父之室則爲其母不禫又曰宗子母在爲妻禫明父在爲妻不禫則是母妻期喪且有不得禫者矣今文嘉謂凡期皆得禫尤未詳考葢是書未能窮源於禮經注疏第從家

禮諸書畧求節目宜其說之有離合也

右禮類雜禮書之屬十七部八十七卷內三部無卷數皆附

存目

欽定四庫全書總目 經部

卷二十六之二十七

# 欽定四庫全書總目卷二十六

## 經部二十六

### 春秋類一

說經家之有門戶自春秋三傳始然迄能並立於世其間諸儒之論中唐以前則左氏勝啖助趙匡以逮北宋則公羊穀梁勝孫復劉敞之流名為棄傳從經所棄者特左氏事迹公羊穀梁月日例耳其推闡譏貶少可多否實陰本公羊穀梁法猶誅鄧析用竹刑也夫刪除事迹何由

知其是非無案而斷是春秋爲射覆矣聖人禁人爲非亦予人爲善經典所述不乏褒辭而操筆臨文乃無人不加誅絶春秋豈吉網羅鉗乎至於用夏時則改正朔削尊號則貶天王春秋又何僭以亂也沿波不返此類宏多雖舊說流傳不能盡廢要以切實有徵平易近理者爲本其瑕瑜互見者則别白而存之游談臆說以私意亂聖經者則僅存其目蓋六經之中惟易包衆理事事可通春秋具列事實亦人人可解一

知半見議論易生著錄之繁二經爲最故取之

不可不慎也

春秋左傳正義六十卷內府藏本

周左丘明傳晉杜預注唐孔穎達疏自劉向劉歆桓譚班固皆以春秋傳出左丘明左丘明受經於孔子魏晉以來儒者更無異議至唐趙匡始謂左氏非丘明葢欲攻傳之不合經必先攻作傳之人非受經於孔子與王柏欲攻毛詩先攻毛詩不傳於子夏其智一也宋元諸儒相繼並起王安石有

春秋解一卷證左氏非丘明者十一事陳振孫書錄解題謂出依託今未見其書不知十一事者何據其餘辨論惟朱子謂虞不臘矣爲秦人語葉夢得謂記事終於智伯當爲六國時人似爲近理然考史記秦本紀稱惠文君十二年始臘張守節正義稱秦惠文王始效中國爲之明古有臘祭秦至是始用非至是始剏閻若璩古文尚書疏證亦駁此說曰史稱秦文公始有史以記事秦宣公初志閏月豈亦中國所無待秦獨創哉則臘爲秦禮之

說未可據也左傳載預斷禍福無不徵驗葢不免
從後傳合之惟哀公九年稱趙氏其世有亂後竟
不然是未見後事之證也經止獲麟而弟子續至
孔子卒傳載智伯之亡殆亦後人所續史記司馬
相如傳中有揚雄之語不能執是一事指司馬遷
爲後漢人也則載及智伯之說不足疑也今仍定
爲左丘明作以祛衆惑至其作傳之由則劉知幾
躬爲國史之言最爲確論疏稱大事書於策者經
之所書小事書於傳者傳之所載觀晉史之書趙

盾齊史之書崔杼及甯殖所謂載在諸侯之籍者其文體皆與經合墨子稱周春秋載杜伯燕春秋載莊子儀宋春秋載祏觀辜齊春秋載王里國中里㬥其文體皆與傳合經傳同因國史而修斯爲顯證知說經去傳爲舍近而求諸遠矣漢志載春秋古經十二篇經十一卷注曰公羊穀梁二家則左氏經文不著於錄然杜預集解序稱分經之年與傳之年相附比其義類各隨而解之陸德明經典釋文曰舊夫子之經與丘明之傳相異杜氏合

而釋之則左傳又自有經考漢志之文既曰古經十二篇矣不應復云經十一卷觀公穀二傳皆十一卷與經十一卷相配知十一卷爲二傳之經故有是注徐彥公羊傳疏曰左氏先著竹帛故漢儒謂之古學則所謂古經十二篇即所傳之經故謂之古刻漢書者誤連二條爲一耳今以左傳經文與二傳校勘皆左氏義長知手錄之本確於口授之本也言左傳者孔奇孔嘉之說久佚不傳賈逵服虔之說亦僅偶見他書今世所傳惟杜注孔疏

爲最古杜注多強經以就傳孔疏亦多左杜而右劉案劉炫作規過以攻杜解凡所駁正孔疏皆以爲非是皆篤信專門之過不能不謂之一失然有注疏而後左氏之義明左氏之義明而後二百四十二年內善惡之迹一一有徵後儒妄作聰明以私意談褒貶者猶得據傳文以知其謬則漢晉以來藉左氏以知經義宋元以後更藉左氏以杜臆說矣傳與注疏均謂有大功於春秋可也

春秋公羊傳註疏二十八卷內府藏本

漢公羊壽傳何休解詁唐徐彥疏案漢書藝文志公羊傳十一卷班固自注曰公羊子齊人案漢藝文志不題顏師古名者皆固之自注顏師古注曰名高案此據春秋說題詞之文見徐彥疏所引徐彥疏引戴宏序曰子夏傳與公羊高高傳與其子平平傳與其子地地傳與其子敢敢傳與其子壽至漢景帝時壽乃與齊人胡母子都著於竹帛何休之注亦同休說見隱公二年紀子伯莒子盟于密條下今觀傳中有子沈子曰子司馬子曰子女子曰子北宮子曰又有高子曰魯子曰葢皆傳授之經師不盡

出於公羊子定公元年傳正棺于兩楹之間兩句穀梁傳引之直稱沈子不稱公羊是併其不著姓氏者亦不盡出公羊子且併有子公羊子曰尤不出於高之明證知傳確爲壽撰而胡母子都助成之舊本首署高名蓋未審也又羅璧識遺稱公羊穀梁自高赤作傳外更不見有此姓萬見春謂皆姜字切韻脚疑爲姜姓假托按鄒爲邾婁披爲勃鞮木爲彌牟殖爲舌職記載音訛經典原有是事至弟子記其先師子孫述其祖父必不至竟迷本

字別用合聲璧之所言殊爲好異至程端學春秋本義竟指高爲漢初人則講學家臆斷之詞更不足與辨矣三傳與經文漢志皆各爲卷帙以左傳附經始於杜預公羊傳附經則不知始自何人觀何休解詁但釋傳而不釋經與杜異例知漢末猶自別行今所傳蔡邕石經殘字公羊傳亦無經文足以互證今本以傳附經或徐彥作疏之時所合併歟彥疏文獻通考作三十卷今本乃作二十八卷或彥本以經文併爲二卷別冠於前後人又散

入傳中故少此二卷亦未可知也彥疏唐志不載崇文總目始著錄稱不著撰人名氏或云徐彥董逌廣川藏書志亦稱世傳徐彥不知時代意其在貞元長慶之後考疏中邲之戰一條猶及見孫炎爾雅注完本知在宋以前又葬桓王一條全襲用楊士勛穀梁傳疏知在貞觀以後中多自設問答文繁語複與邱光庭兼明書相近亦唐末之文體董逌所云不爲無理故今從逌之說定爲唐人焉

春秋穀梁傳註疏二十卷 內府藏本

晉范甯集解唐楊士勛疏其傳則士勛疏稱穀梁子名俶字元始一名赤受經於子夏爲經作傳則當爲穀梁子所自作徐彦公羊傳疏又稱公羊高五世相授至胡母生乃著竹帛題其親師故曰公羊傳穀梁亦是著竹帛者題其親師故曰穀梁傳則當爲傳其學者所作按公羊傳定公即位一條引子沈子曰何休解詁以爲後師按此注在隱公十一年所引子沈子條下此傳定公即位一條亦稱沈子曰公羊穀梁既同師子夏不應及見後師又初獻六羽一條稱

穀梁子曰傳既穀梁自作不應自引已說且此條又引尸子曰尸佼爲商鞅之師鞅既誅佼逃於蜀其人亦在穀梁後不應預爲引据疑徐彥之言爲得其實但誰著於竹帛則不可考耳漢書藝文志載公羊穀梁二家經十一卷傳亦各十一卷則經傳初亦別編范甯集解乃併經注之疑即甯之所合定公元年春王三月一條發傳於春王二字之下以三月別屬下文頗疑其割裂然考劉向說苑稱文王似元年武王似春王周公似正月向受穀

梁春秋知穀梁經文以春王二字別爲一節故向有此讀至公觀魚于棠一條葬桓王一條杞伯來逆叔姬之喪以歸一條曹伯廬卒于師一條天王殺其弟佞夫一條皆冠以傳曰字惟桓王一條與左傳合餘皆不知所引何傳疑甯以傳附經之時每條皆冠以傳曰字如鄭元王弼之易有彖曰象曰之例後傳寫者刪之此五條其削除未盡者也甯註本十二卷以兼載門生故吏子弟之說各列其名故曰集解晉書本傳稱甯此書爲世所重既

而徐邈復爲之註世亦稱之今考書中乃多引邈註未詳其故又自序有商畧名例之句疏稱甯別有畧例十餘條此本不載然注中時有傳例曰字或士勛割裂其文散入注疏中歟士勛始末不可考孔穎達左傳正義序稱與故四門博士楊士勛參定則亦貞觀中人其書不及穎達書之賅洽然諸儒言左傳者多言公穀者少既乏憑藉之資又左傳成於衆手此書出於一人復鮮佐助之力詳畧殊觀固其宜也其疏長狄眉見於軾一條連綴

於身横九畒句下與注相離蓋邢昺刊正之時又多失其原第亦不盡士勛之舊矣

箴膏肓一卷起廢疾一卷發墨守一卷山西巡撫採進本

漢鄭元撰後漢書元本傳稱任城何休好公羊學遂著公羊墨守左氏膏肓穀梁廢疾元乃發墨守鍼膏肓起廢疾休見而歎曰康成入吾室操吾矛以伐我乎其卷目之見隋書經籍志者有左氏膏肓十卷穀梁廢疾三卷公羊墨守十四卷皆注何休撰而又别出穀梁廢疾三卷注云鄭元釋張靖

箋似鄭氏所釋與休原本隋以前本自别行至舊唐書經籍志所載膏肓廢疾二書卷數並同特墨守作二卷爲稍異其下並注鄭元箴鄭元發鄭元釋云云則已與休書合而爲一迨於宋世漸以散佚惟崇文總目有左氏膏肓九卷而陳振孫所見本復闕宣定哀三公振孫謂其錯誤不可讀疑爲後人所錄已非隋唐志之舊其後漢學益微即振孫所云不全之左氏膏肓亦遂不可復見矣此本凡箴膏肓二十餘條起廢疾四十餘條發墨守四

條葢從諸書所引掇拾成編不知出自誰氏或題爲宋王應麟輯亦別無顯據殆因應麟嘗輯鄭氏周易注齊魯韓三家詩考而以類推之歟然玉海之末不附此書不應其孫不見而後來反有傳本也今以諸書校勘惟詩大明篇疏所引宋襄公戰泓一條尚未收入其餘並已蒐採無遺雖不出自應麟手要亦究心古義者之所爲矣謹爲掇拾補綴著之於錄雖視原書不及什之一二而排比薈萃畧存梗槩爲鄭氏之學者或亦有所考焉

春秋釋例十五卷永樂大典本

晉杜預撰預事跡詳晉書本傳是書以經之條貫必出於傳傳之義例歸總於凡左傳稱凡者五十其別四十有九皆周公之垂法史書之舊章仲尼因而修之以成一經之通體諸稱書不書先書故書不言不稱書曰之類皆所以起新緒發大義謂之變例亦有舊史所不書適合仲尼之意者仲尼卽以爲義非互相比較則襃貶不明故別集諸例及地名譜第歷數相與爲部先列經傳數條以包

通其餘而傳所述之凡繫焉更以己意申之名曰釋例地名本之泰始郡國圖世族譜本之劉向世本與集解一經一緯相爲表裏晉書稱預自平吳後從容無事乃著集解又參考衆家譜第謂之釋例又作盟會圖春秋長歷備成一家之學比老乃成今考土地名篇稱孫氏僭號於吳故江表所記特略則其屬稿實在平吳以前故所列多兩漢三國之郡縣與晉時不盡合至盟會圖長歷則皆書中之一篇非别爲一書觀預所作集解序可見史

所言者未詳晉書又稱當時論者謂預文義質直世人未之重惟秘書監摯虞賞之考嵇含南方草木狀稱晉武帝賜杜預蜜香紙萬番寫春秋釋例及經傳集解則當時固重其書史所言者亦未盡確也其書自隋書經籍志而後並著於錄均止十五卷惟元吳萊作後序云四十卷豈元時所行之本卷次獨分析乎自明以來是書久佚惟永樂大典中尚存三十篇並有唐劉蕡原序其六篇有釋例而無經傳餘亦多有闕文謹隨篇掇拾取孔穎

達正義及諸書所引釋例之文補之校其訛謬釐
爲二十七篇仍分十五卷以還其舊吳萊後序亦
併附焉按預集解序云釋例凡四十部崇文總目
云凡五十三例而孔頴達正義則云釋例事同則
爲部小異則附出孤經不及例者聚於終篇四十
部次第從隱卽位爲首先有其事則先次之世族
土地事既非例故退之終篇之前是土地名起於
宋衞遇於垂世族譜起於無駭卒無駭卒在遇垂
之後故地名在世族前今是書原目不可考故因

孔氏所述之大指推而廣之取其事之見經先後爲序長歴一篇則次之土地名世族譜後以集解序述歴數在地名譜第後也土地名篇釋例云據今天下郡國縣邑之名山川涂道之實爰及四表皆圖而備之然後以春秋諸國邑盟會地名附列之名曰古今書春秋盟會圖別集疏一卷附之釋例所畫圖本依官司空圖據泰始之初郡國爲正孫氏初平江表十四郡皆貢圖籍荆揚徐三州皆改從今爲正不復依用司空圖則是書應有圖而

今已佚又有附盟會圖疏臚載郡縣皆是元魏隋唐建置地名非晉初所有而陽城一條且記唐武后事當是預本書已佚而唐人補輯又土地名所釋亦有後人增益之語今仍錄原文而各加辨證於下方考預書頗有曲從左氏之失而用心周密後人無以復加其例亦皆參考經文得其體要非公穀二家穿鑿月日者比摯虞謂左丘明本爲春秋作傳而左傳遂自孤行釋例本爲傳設而所發明何但左傳故亦孤行案故字文義未明疑爲當字之訛以晉書原本如是

姑仍其舊文良非虛美且永樂大典所載猶宋時古本覯夫人內女歸寧例一篇末云凡若干字經傳若干字釋例若干字當時校讐精當槪可想見如長歷載文公四年十有二月壬寅夫人風氏薨杜云十二月庚午朔無壬寅近刻注疏本並作十有一月按十一月庚子朔三日得壬寅不可謂無壬寅也又襄公六年經文本云十有二月齊侯滅萊而近刻左傳本前則曰十有一月齊侯滅萊萊恃謀也後則曰晏弱圍棠十一月丙辰而滅之今考長

歷十一月丁丑朔是月無丙辰十二月丁未朔十日得丙辰杜預繫此日於十二月下不言日月有誤可見今本傳文兩言十一月皆十二月之訛也如此之類可以校訂舛訛者不可縷數春秋以左傳爲根本左傳以杜解爲門徑集解又以是書爲羽翼緣是以求筆削之旨亦可云考古之津梁窮經之淵藪矣

春秋集傳纂例十卷 浙江汪啟淑家藏本

唐陸淳撰蓋釋其師啖助并趙匡之說也助字叔

佐本趙州人徙關中官潤州丹陽縣主簿匡字伯循河東人官洋州刺史淳字伯沖吳郡人官至給事中後避憲宗諱改名質事迹具唐書儒學傳案二程遺書陳振孫書錄解題及朱臨作是編後序皆云淳師助匡舊唐書云淳師匡匡師助新唐書則云趙匡陸淳皆助高弟按呂溫集有代人進書表稱以啖助爲嚴師趙匡爲益友又淳自作修傳始終記稱助爲啖先生稱匡爲趙子餘文或稱爲趙氏重修集傳義又云淳秉筆執簡侍於啖先生

左右十有一年而不及匡又柳宗元作淳墓表亦稱助匡爲淳師友當時序述顯然明白劉晌以下諸家並傳聞之悮也助之說春秋務在考三家得失彌縫漏闕故其論多異先儒如論左傳非丘明所作漢書丘明授魯曾申申傳吳起自起六傳至賈誼等說亦皆附會公羊名高穀梁名赤未必是實又云春秋之文簡易先儒各守一傳不肯相通互相彈射其弊滋甚左傳序周晉齊宋楚鄭之事獨詳乃後代學者因師授衍而通之編次年月以

爲傳記又雜采各國諸卿家傳及卜書夢書占書縱橫小說故序事雖多釋經殊少猶不如公穀之於經爲密其論未免一偏故歐陽修晁公武諸人皆不滿之而程子則稱其絶出諸家有攘異端開正途之功蓋舍傳求經實導宋人之先路生臆斷之弊其過不可掩破附會之失其功亦不可沒也助書本名春秋統例僅六卷卒後淳與其子異裒錄遺文請匡損益始名纂例成於大歷乙卯定著四十篇分爲十卷唐書藝文志亦同此本卷數相

符蓋猶舊帙其第一篇至第八篇爲全書總義第九篇爲魯十二公併世緒第三十六篇以下爲經傳文字脫謬及人名國名地名其發明筆削之例者實止中間二十六篇而已袁桷後序稱此書廢已久所得爲寶章桂公校本聞蜀有小字本惜未之見吳萊柳貫二後序皆稱得平陽府所刊金泰和三年禮部尚書趙秉文家本是元時已爲難得其流傳至今亦可謂巋然獨存矣

春秋微旨三卷內府藏本

唐陸淳撰案陳振孫書錄解題稱唐志有淳春秋集傳二十卷今不存又有微旨一卷未見袁桷作淳春秋纂例後序稱來杭得微旨三卷乃皇祐間汴本蓋其書刻於開封故南渡之後遂罕傳本至桷得北宋舊槧乃復行於世也柳宗元作淳墓表稱春秋微旨二篇唐書藝文志亦作二卷此本三卷不知何時所分然卷首有淳自序實稱總為三卷或校刊柳集者誤三篇為二篇修唐書者因之歟是書先列三傳異同參以啖趙之說而斷其是

非自序謂事或反經而志協乎道蹟雖近義而意實蘊姦或本正而末邪或始非而終是介於疑似之間者並委曲發明故曰微旨其書雖淳所自撰而每條必稱淳聞之師曰不忘本也自序又謂三傳舊說亦並存之其義當否則以朱墨爲别今所行本於應用朱書者皆以方匡界畫其起訖意皇祐舊槧以木本不能具朱墨故用嘉祐本草之例以陰文陽文爲側後人傳寫又難於雙鉤遂以界畫代之以非大旨所繫今亦姑仍其式而附著舊

例於此焉

春秋集傳辨疑十卷（江蘇巡撫採進本）

唐陸淳所述啖趙兩家攻駁三傳之言也柳宗元作淳墓誌稱辨疑七篇唐書藝文志同吳萊作序亦稱七卷此本十卷亦不知何人所分刊本於萊序之末附載延祐五年十一月集賢學士克酬（原作曲出今改正）言唐陸淳所著春秋纂例辨疑微旨三書有益後學請令江西行省鋟梓云云其分於是時歟淳所述纂例一書蓋啖助排比科條自發筆削

之旨其攻擊三傳總舉大意而已此書乃舉傳文之不入纂例者縷列其失一字一句而詰之故曰辨疑所述趙說爲多啖說次之冠以凡例一篇計十七條但明所以删節經文傳文之故其去取之義則仍經文年月以次說之中如鄭伯克段傳啖氏謂鄭伯必不囚母殊嫌臆斷以是爲例豈復有可信之史況大隧故迹水經注具有明文安得指爲左氏之虛撰如斯之類不免過於泥古又如齊衛胥命傳其說與荀子相符當時去聖未遠必有

所受而趙氏以爲譏其無禮如斯之類多未免有意求瑕又如叔姬歸于紀傳穀梁以爲不言逆逆之道微淳則謂不言逆者皆夫自逆夫禮聞送媵不聞逆媵傳則失之禮聞親迎妻不聞親迎娣姪淳說亦未爲得如斯之類亦不免愈辨而愈非然左氏事實有本而論斷多疎公羊穀梁每多曲說而公羊尤甚漢以來各守專門論甘者忌辛是丹者非素自是書與微旨出抵隙蹈瑕往往中其窾會雖瑕瑜互見要其精核之處實有漢以來諸儒

未發者固與鑿空杜撰橫生枝節者異矣

春秋名號歸一圖二卷（兩江總督採進本）

蜀馮繼先撰陳振孫書錄解題載是書所列人名周一魯二齊三晉四楚五鄭六衛七秦八宋九陳十蔡十一曹十二吳十三邾十四杞十五莒十六滕十七薛十八許十九雜小國二十崇文總目謂其以官謚名字裒附初名之左文獻通考引李燾云昔丘明傳春秋於列國君臣之名字不一其稱多者或至四五始學者蓋病其紛錯難記繼先集

其同者爲一百六十篇以是二端推之是繼先舊本本爲旁行斜上如表譜之體故以圖爲名而分至一百六十篇也今本目次與振孫所言合其每一人爲一條旣非哀附初名之左亦無所謂一百六十篇者與崇文總目及李燾所說逈異按岳珂雕印相臺九經記云春秋名號歸一圖二卷刻本多訛錯嘗合京杭建蜀本參校有氏名異同實非一人而合爲一者有名字若殊本非二人而析爲二者有自某國適他國而前後互見者有稱某公

與某年而經傳不合者或以傳爲經或以注爲傳或偏旁疑似而有亥豕之差或行款牽連而無甲乙之別今皆訂其譌謬且爲分行以見別書然則今本蓋珂所刊定移易非復李燾以前之舊本觀燾所稱宋大夫莊菫秦右大夫詹傳未始有爻字而繼先輒增之若子韓晳者蓋齊頃公孫世族譜與傳同而繼先獨以爲韓子晳與楚鄭二公孫黑共篇今檢驗此本皆無此文則爲珂所刪改明矣

春秋年表一卷 浙江鮑士恭家藏本

不著撰人名氏陳振孫書錄解題云春秋二十國年表一卷不知何人作自周而下次以魯蔡曹衛滕晉鄭齊秦楚宋杞陳吳越邾莒薛小邾館閣書目有年表二卷元豐中楊參齡撰自周之外凡十三國又董氏藏書志有年表無撰人自周至吳越凡十國征伐朝覲會同皆書今此表正二十國與書錄解題所載同葢卽陳振孫所見也其書在宋本自單行岳珂雕印九經乃以附春秋之後珂記云春秋年表今諸國或闕號名或紊年月參之經

傳多有舛錯今皆爲刊正諸國君卒與立皆書惟魯闕今依經傳添補廖本無年表歸一圖今旣刊公穀并補二書以附經傳之後是此書經珂刊補與馮繼先之名號歸一圖同刻者通志堂經解不考岳珂之語乃與名號歸一圖連爲一書亦以爲馮繼先所撰誤之甚矣

春秋尊王發微十二卷 內府藏本

宋孫復撰復字明復平陽人事蹟詳宋史儒林傳案李燾續通鑑長編曰中丞國子監直講孫復治

春秋不惑傳注其言簡易得經之本義旣被疾樞密使韓琦言於上選書吏給紙札命其門人祖無擇即復家錄之得書十五卷藏秘閣然此書實十二卷考中興書目別有復春秋總論三卷蓋合之共爲十五卷爾今總論已佚惟此書尚存復之論上祖陸淳而下開胡安國謂春秋有貶無褒大抵以深刻爲主晁公武讀書志載常秩之言曰明復爲春秋猶商鞅之法棄灰於道者有刑步過六尺者有誅蓋篤論也而宋代諸儒喜爲苛議顧相與

推之沿波不返遂使孔庭筆削變爲羅織之經夫知春秋者莫如孟子不過曰春秋成而亂臣賊子懼耳使二百四十年中無人非亂臣賊子則復之說當矣如不盡亂臣賊子則聖人亦必有所節取亦何至由天王以及諸侯大夫無一人一事不加誅絕者乎過於深求而反失春秋之本旨者實自復始雖其間辨名分别嫌疑於興亡治亂之機亦時有所發明統而核之究所謂功不補患者也以後來說春秋者深文鍛鍊之學大抵用此書爲根

柢故特錄存之以著履霜之漸而具論其得失如右程端學稱其尊王發微總論二書外又有三傳辨失解朱彝尊經義考因之然其書史不著錄諸儒亦罕所稱引考宋史藝文志及中興書目均有王日休所撰春秋孫復解三傳辨失四卷或即日休之書端學誤以爲復作歟然則是駁復之書非復所撰也

春秋皇綱論五卷 內府藏本

宋王晳撰自稱太原人其始末無可考陳振孫書

錄解題言其官太常博士考龔鼎臣東原錄載眞宗天禧中錢惟演奏留曹利用丁謂事稱晏殊以語翰林學士王晳則不止太常博士矣王應麟玉海云至和中晳撰春秋通義十二卷據三傳注疏及啖趙之學其說通者附經文之下闕者用已意釋之又異義十二卷皇綱論五卷今通義異義皆不傳惟是書尚存凡爲論二十有三皆發明夫子筆削之旨而考辨三傳及啖助趙匡之得失（按趙匡書中皆作趙正蓋避太祖之諱其尊王下篇引論語作一正天下亦同此例）其言多明白

平易無穿鑿附會之習其孔子修春秋篇曰若專爲誅亂臣賊子使知懼則尊賢旌善之旨闕矣足破孫復等有貶無褒之說其傳釋異同篇曰左氏善覽舊史兼該衆說得春秋之事迹甚備然於經外自成一書故有貪惑異說採掇過當至於聖人微旨頗亦疎略而大抵有本末蓋出一人之所撰述也公穀之學本於議論擇取諸儒之說繫於經文故雖不能詳其事迹而於聖人微旨多所究尋然失於曲辨贅義鄙淺叢雜蓋出於衆儒之所講

說也又曰左氏好以一時言貌之恭惰與卜筮巫醫之事推定禍福靡有不驗此其蔽也固當裁取其文以通經義如玉之有瑕但棄瑕而用玉不可並棄其玉也二傳亦然亦足破孫復等盡廢三傳之說在宋人春秋解中可謂不失古義惟郊禘篇謂周公當用郊禘成王賜之不爲過魯國因之不爲僭殺大夫篇謂凡書殺大夫皆罪大夫不能見幾先去則偏駁之見不足爲訓矣

春秋通義一卷 兩江總督採進本

不著撰人名氏考宋史藝文志蹇遵品王晳家安國邱葵皆有春秋通義其書均佚不傳蹇氏王氏書各十二卷家氏書二十四卷邱氏書二卷此本僅存一卷凡四十八條編端冠以小序稱孔子之修春秋也因其舊文乘以新意正例筆之常事削之其有繆戾乖刺然後從而正之別彙之曰特筆而小序之後亦以特筆二字爲標題蓋此卷爲通義中之一種但不知四家中爲誰氏之書耳然如星隕如雨一條公羊引不修春秋曰隕星不及地

尺而復君子修之曰星隕如雨此特潤色舊文非關褒貶以爲特筆於義不倫至華督有無君之心而後動於惡故先書殤公後書孔父傳有明文眞特筆也而反不及之亦屬挂漏至於謂春秋二百四十二年而終之以獲麟明亂極必治而王者之迹卒不熄則其說高於諸家多矣

春秋權衡十七卷內府藏本

宋劉敞撰敞字原父臨江新喻人慶歷中舉進士官至集賢院學士事迹具宋史本傳據其弟攽作

敞行狀及歐陽修作敞墓誌俱稱敞春秋傳十五卷權衡十七卷說例二卷文權二卷意林五卷王應麟玉海所記亦同陳振孫書錄解題曰原父始爲權衡以平三家之得失然後集衆說斷以己意而爲之傳傳所不盡者見之意林然則傳之作在意林前此書又在傳前敞春秋之學此其根柢矣自序謂權衡始出世無有能讀者又謂非達學與通人則亦必不能觀之其自命甚高葉夢得作春秋傳於諸家義疏多所排斥尤詆孫復尊王發微

謂其不深於禮學故其言多自牴牾有甚害於經者雖槩以禮論當時之過而不能盡禮之制尤爲膚淺惟於敞則推其淵源之正葢敞邃於禮故是書進退諸說往往依經立義不似復之意爲斷制此亦說貴徵實之一驗也

春秋傳十五卷 內府藏本

宋劉敞撰敞所作春秋權衡及意林宋時即有刊本此傳則諸家藏弆皆寫本相傳近時通志堂刻入經解始有板本故論者或疑其僞然核其議論

體裁與啖所著他書一一脗合非後人所能贋作也其書皆節錄三傳事蹟斷以已意其襃貶義例多取公羊穀梁如以莊公圍郕師還爲仁義以公孫寧儀行父爲有存國之功以晉殺先縠爲疾過以九月用郊爲用人而趙鞅入晉陽以叛一條尚沿二傳以地正國之謬皆不免於膠固其經文雜用三傳不主一家每以經傳連書不復區畫頗病混淆又好減損三傳字句往往改竄失眞如左傳惜也越竟乃免句後人本疑非孔子之言啖改爲

討賊則免而仍以孔子曰冠之殊爲踳駁考黄伯思東觀餘論稱考正書武成實始於敞則宋代改經之弊敞導其先宜其視改傳爲固然矣然論其大致則得經意者爲多葢北宋以來出新意解春秋者自孫復與敞始復沿啖趙之餘波幾於盡廢三傳敞則不盡從傳亦不盡廢傳故所訓釋爲遠勝於復焉

春秋意林二卷 内府藏本

宋劉敞撰宋史藝文志作二卷王應麟玉海作五

卷馬端臨經籍考則併春秋權衡春秋傳春秋意林總題三十四卷今考權衡實十七卷傳實十五卷合以意林二卷正得三十四卷與宋志合則玉海作五卷傳寫誤也元吳萊常作是書後序云劉子作春秋權衡自稱書成世無有能讀者至意林猶未脫稿多遺闕今觀其書或僅標經文數字不置一字或草草數言文不相屬而下註云云二字或一條之下别標他目一兩字與本文迥不相關或佶屈聱牙猝難句讀或僅引其端而詞如未畢

其爲隨筆劄記屬稿未竟之書顯然可證蔡所說誠不誣也又敞既苦志研求運意深曲又好雕琢其詞使在可解不可解之間然考葉夢得石林春秋傳稱不知經者以其難入或詆以爲用意太過出於穿鑿然熟讀深思其間正名分別嫌疑大義微言灼然得聖人之意者亦頗不少文體之澁存而不論可矣

春秋傳說例一卷永樂大典本

宋劉敞撰案敞行狀墓誌俱稱春秋說例二卷陳

振孫書錄解題則以爲一卷蓋傳抄分合互有不同至宋史藝文志獨稱敞說例十一卷殆傳寫誤衍一十字或竟以十一篇爲十一卷也敞春秋傳權衡意林三書通志堂經解有刊板文權與說例二書則僅有其名絕無傳本今檢永樂大典尚雜引說例之文謹詳加綴輯仍釐爲一卷據書錄解題稱說例凡四十九條今之所裒僅二十五條止得其半且多零篇斷句不盡全文又惟公即位例與例使來例師行例大夫奔例殺大夫例弗不例

七條載有原文標目餘則說存而標目佚今並詳釋本文倣原存諸條體例爲之校補又諸書所載俱稱春秋說例惟永樂大典本加傳字按是編比事以發論乃其傳文褒貶之大旨永樂大典所載似尚屬宋刻之舊今亦從之敞說春秋頗出新意而文體則多摹公穀諸書皆然是編尤爲簡古惟說大夫帥師例一條稱魯不當有三軍而以周禮爲後人附會未免稍偏又宣公十八年經文歸父還自晉敞春秋傳從左氏作至笙而是編則從公

穀作至檉亦頗自相牴牾其餘則大致精核多得經意而宋元說經諸家都未徵引可知自宋以後已稱罕覯是編崖畧幸存固春秋家所當寶貴矣

春秋經解十三卷 兵部侍郎紀昀家藏本

宋孫覺撰覺字莘老高郵人擢進士第官至御史中丞事蹟具宋史本傳此書題曰龍學孫公莘覺致仕之時以龍圖閣學士兼侍講提舉醴泉觀也覺早從胡瑗遊傳其春秋之學大旨以抑霸尊王爲主自序稱左氏多說事迹公穀以存梗槩今以

三家之說較其當否而穀梁最爲精深且以穀梁爲本其說是非褒貶則襍取三傳及歷代諸儒啖趙陸氏之說長者從之其所未聞則以安定先生之說解之今瑗口義五卷已佚傳其緒論惟見此書周麟之跋稱初王安石欲釋春秋以行於天下而莘老之傳已出一見而有惎心自知不能出其右遂詆聖經而廢之邵輯序稱是書作於晚年謂安石因此廢春秋似未必盡然然亦可見當時甚重其書故有此說也宋史藝文志載覺春秋經解

十五卷又春秋學纂十二卷春秋經社要義六卷

朱彝尊經義考據以著録於經解注曰存於學纂

要義皆注曰佚然今本實十三卷自隱公元年至

獲麟首尾完具無所殘闕與宋志所載不符考陳

振孫書録解題載春秋經解十五卷春秋經社要

義六卷而無春秋學纂王應麟玉海載春秋經社

要義六卷春秋學纂十二卷而無春秋經解其學

纂條下注曰其說以穀梁爲本及采左氏公羊歷

代諸儒所長間以其師胡瑗之說斷之分莊公爲

上下云云與今本一一相合然則春秋學纂即春秋經解之别名宋志誤分爲二書並訛其卷數書錄解題亦訛十三卷爲十五卷惟玉海所記爲得其眞矣

春秋集解十二卷 浙江吳玉墀家藏本

宋蘇轍撰先是劉敞作春秋意林多出新意孫復作春秋尊王發微更舍傳以求經古說於是漸廢後王安石詆春秋爲斷爛朝報廢之不列於學宮轍以其時經傳並荒乃作此書以矯之其說以左

氏爲主左氏之說不可通乃取公穀啖趙諸說以足之蓋以左氏有國史之可據而公穀以下則皆意測者也自序稱自熙寧間謫居高安爲是書暇輒改之至元符元年卜居龍川凡所改定覽之自謂無憾蓋積十餘年而書始成其用心勤懇愈於奮臆遽談者遠矣朱彝尊經義考載陳宏緒跋曰左氏紀事燦然具備而亦間有悖於道者公穀雖以臆度解經然亦得失互見如戎伐凡伯于楚丘穀梁以戎爲衞齊仲孫來公穀皆以爲魯慶父魯

滅項又皆以爲齊實滅之顯然與經謬戾其失固
不待言至如隱四年秋翬率師會宋公陳侯蔡人
衛人伐鄭桓十有四年秋八月壬申御廩災乙亥
嘗莊二十有四年夏公如齊逆女諸如此類似公
穀之說妙合聖人精微而頼濵一槩以深文詆之
因噎廢食讀者掩其短而取其長可也其論是書
頗允此本不載蓋刻在宏緒前也宋史藝文志稱
是書爲春秋集傳文獻通考則作集解與今本合
如宋志爲傳寫誤矣

春秋辨疑四卷永樂大典本

宋蕭楚撰楚字子荆廬陵人紹聖中游太學貢禮部不第於時蔡京方專國楚憤疾其姦謂京且將爲宋王莽誓不復仕遂退而著書明春秋之學趙暘馮澥胡銓皆師事之建炎四年始卒曾敏行獨醒雜志稱所著春秋經辨行於廬陵宋史亦載其春秋經解十卷朱彝尊經義考謂其已佚僅摭錄胡銓之序此本所載銓序與經義考合惟題曰春秋辨疑爲小異或後來更定史弗及詳歟江西通

志及萬姓統譜皆云是書四十九篇今止四十四篇葢有佚脱宋志云十卷今永樂大典所載止二卷則明人編輯所合併也書之大旨主於以統制歸天王而深戒威福之移於下雖多爲權姦柄國而發而持論正大實有合尼山筆削之義與胡安國之牽合時事動乖經義者有殊與孫復之名爲尊王而務爲深文巧詆者用心亦别陳振孫書錄解題稱胡銓以春秋登第歸拜牀下楚告之曰學者非但拾一第身可殺學不可辱毋禍我春秋乃

隹厥後銓以孤忠讜論震耀千秋則其師弟之於春秋非徒以口講耳受者矣每篇各有注文皆楚自作亦間有胡銓及他弟子所附入謹以原注及胡銓附註別題之而以今所校正附其下俾各不相淆焉

# 欽定四庫全書總目卷二十七

## 經部二十七

### 春秋類二

春秋經解十二卷永樂大典本

宋崔子方撰子方字彦直號西疇居士晁說之集又稱其字伯直葢有二字也朱彜尊經義考稱其嘗知滁州曾子開爲作茶仙亭記經解諸書皆罷官後所作考子方宋史無傳惟李心傳建炎以來繫年要錄稱其於紹聖間三上疏乞置春

秋博士不報乃隱居眞州六合縣杜門著書者三十餘年陳振孫書錄解題所載大畧相同朱震進書劄子亦稱爲東川布衣彛尊之說不知何據惟永樂大典引儀眞志一條云子方與蘇黃游嘗爲知滁州曾子開作茶仙亭記刻石醉翁亭側黃庭堅稱爲六合佳士殆彛尊誤記是事故云然歟者子方著是書時王安石之說方盛行故不能表見於世至南渡以後其書始顯王應麟玉海載建炎二年六月江端友請下湖州取崔子方所著春秋

傳藏秘書紹興六年八月子方之孫若上之是時朱震爲翰林學士亦有劄子上請當時蓋甚重其書矣子方自序云聖人欲以繩當世之是非著來世之懲勸故辭之難明者著例以見之例不可盡故有日月之例有變例愼思精考若網在綱又後序一篇具述其疏解之宗旨大抵推本經義於三傳多所糾正如以晉文圍鄭謂討其不會翟泉以郕伯來奔爲見迫於齊以齊侯滅萊不書名辨禮記諸侯滅同姓名之誤類皆諸家所未發雖其中

過泥日月之例持論不無偏駁而條其長義實足自成一家所撰凡經解本例例要三書通志堂經解刊本僅有本例今從永樂大典裒輯成編各還其舊自僖公十四年秋至三十二年襄公十六年夏至三十一年永樂大典並闕則取黃震日抄所引及本例補之其他本例所釋有引伸此書所未發或與此書小有異同者並節取附錄而卷袠書名則並遵宋史至子方原書經文已不可見今以所解參證知大略皆從左氏而亦間有從公穀者

故與胡安國春秋傳或有異同以非宏旨之所繫

今亦各隨原文錄之焉

春秋本例二十卷內府藏本

宋崔子方撰是書大旨以爲聖人之書編年以爲體舉時以爲名著日月以爲例而日月之例又其本故曰本例凡一十六門皆以日月時推之而分著例變例二則州分部居自成條理考公羊穀梁二傳專以日月爲例固有穿鑿破碎之病然經書公子益師卒左傳稱公不與小斂故不書日則日

月爲例已在二傳之前疑其時去聖未遠必有所受但予奪筆削寓義宏深日月特其中之一例故二家所說時亦有合而推之以槩全經則支離轇轕而不可以盡通至於必不可通於是乎委曲遷就而變例生焉此非以日月爲例之過而全以日月爲例之過也亦猶易中有互體未嘗非取象之一義故繫辭稱雜物撰德辨是與非則非其中爻不備然使必卦卦以互體求象則牽合穿鑿其說遂至於難通王弼註易一掃互體咲助趙匡說春

秋亦一掃諸例而空之豈非有激而然乎子方此書陳振孫書錄解題稱其學辨正三傳之是非而專以日月爲例則正蹈其失而不悟所論甚允然依據舊傳雖嫌墨守要猶愈於放言高論逞私臆而亂聖經說春秋者古來有此一家今亦未能遽廢焉

春秋例要一卷永樂大典本

宋崔子方撰考宋史藝文志載子方春秋經解十二卷本例例要二十卷以本例例要統爲卷數知

子方所著原本此書與本例合併爲一矣朱彝尊經義考稱本例例要二十卷並存亦未爲分析今通志堂所刊之本例則析目錄別爲一卷以足二十卷之數而例要闕焉葢傳寫者佚其例要一卷後來遂誤以本例目錄爲例要而不知其別有一篇彝尊所見當卽此本故誤註爲並存也今考永樂大典尚多載其原文雖分析爲數十百條繫於各字之下而尋其端緒尚可相屬較通志堂本所載目錄一字不同灼然知通志堂本爲不全之帙

謹編綴前後畧依本例次序排纂成編以還子方所著三書之舊焉

春秋五禮例宗七卷 浙江吳玉墀家藏本

宋張大亨撰大亨字嘉父湖州人登元豐乙丑乙科何薳春渚紀聞王明淸玉照新志並載其嘗官司勳員外郎以王國侍讀侍講官名與朝廷相紊奏請改正事陳振孫書錄解題則稱爲直秘閣吳興張大亨撰蓋舉其所終之官也考左傳發凡杜預謂皆周公禮典韓起見易象春秋亦謂周禮在

曾孫復作春秋尊王發微葉夢得譏其不深於禮學故其言多自牴牾蓋禮與春秋本相表裏大亨是編以杜預釋例與經踳駁兼不能賅盡陸淳所集啖趙春秋纂例亦支離失真因取春秋事蹟分吉凶軍賓嘉五禮依類別記各爲總論義例賅貫而無諸家拘例之失振孫稱其詳洽殆非溢美吳澄春秋纂言分列五禮多與此書相出入朱彝尊經義考載此書十卷注曰存而諸家寫本皆佚其軍禮三卷然永樂大典凡引此書皆吉凶嘉賓四

禮之文軍禮絕無一字則此三卷之佚久矣彝尊偶未核檢也

春秋通訓六卷永樂大典本

宋張大亨撰是書自序謂少聞春秋於趙郡和仲先生考宋蘇軾年譜軾本字和仲又蘇洵族譜稱爲唐相蘇頲之裔孫系出趙郡今所傳軾題烟江疊嶂圖詩石刻末亦有趙郡蘇氏印然則趙郡和仲先生即軾也蘇籀雙溪集載大亨以春秋義問軾軾答書云春秋儒者本務然此書有妙用學者

罕能領會多求之繩約中乃近法家者流苛細繳繞竟亦何用惟左丘明識其用終不肯盡言微見端兆欲使學者自求之云云與大亨所序亦合蓋其學出於蘇氏故議論宗旨亦近之陳振孫書錄解題及宋史藝文志並作十六卷朱彝尊經義考云已佚此本載永樂大典中十二公各自爲卷而隱公莊公襄公昭公又自分上下卷與十六卷之數合然每卷篇頁無多病其繁碎今併爲六卷以便省覽其文則無所佚脫也

春秋傳二十卷浙江朱彝尊家曝書亭藏本

宋葉夢得撰夢得字少蘊號石林吳縣人紹聖四年進士南渡後官至崇信軍節度使事蹟具宋史文苑傳夢得以孫復春秋尊王發微主於廢傳以從經蘇轍春秋集解主於從左氏而廢公羊穀梁皆不免有弊故是書參考三傳以求經不得於事則考於義不得於義則考於事更相發明頗爲精核開禧中其孫筠刊於南劍州真德秀跋之稱其闢邪說黜異端有補世教不淺宋史藝文志又載

夢得別有春秋考三十卷讞三十卷指要總例二卷石林春秋八卷今讞考二書散見永樂大典中尚可得其大槩餘皆散佚惟此傳猶爲完書南窻記事載夢得爲春秋書其別有四解釋音義曰傳訂正事實曰考指擊三傳曰讞編列凡例曰例嘗語徐惇濟曰吾之爲此名前古所未見也惇濟曰吳程秉著書三萬餘言曰周易摘尚書駁論語弼得無近是乎云云案此傳不專釋音義其說已非至於以一字名書古人多有即以春秋而論傳爲

通名不必言矣如漢志所載鐸氏張氏皆有春秋

微公羊傳疏有閔因春秋序後漢書有鄭衆春秋

刪隋志有何休春秋議崔靈恩春秋序孫炎併先

有春秋例夢得博洽安得不見乃以爲古無此名

必非事實且宋志載夢得春秋指要總例亦不名

曰春秋例殆小說附會之詞不足據也

春秋考十六卷永樂大典本

宋葉夢得撰是書於寧宗開禧中與春秋傳春秋

讞同刻於南劍州元程端學作春秋三傳辨疑多

引其說則當時猶有傳本自明以來藏書家皆不著錄故朱彝尊經義考注曰已佚惟永樂大典頗載其文以次檢校尚可得什之八九今排比綴輯復勒成書其書大旨在申明所以攻排三傳者實本周之法度制作以爲斷初非有所臆測於其間故所言皆論次周典以求合於春秋之法其文辨博縱橫而語有本原率皆典核陳振孫書錄解題稱其辨定考究無不精詳殆不誣也原書前有統論其後乃列十二公逐條詮敘而不錄經文今悉

仍舊例其卷帙則約畧篇頁輯爲統論三卷隱公以下以次編爲十三卷不復拘宋志三十卷之數據夢得自序稱自其讞推之知吾所正爲不妄而後可以觀吾考自其考推之知吾所擇爲不誣而後可以觀吾傳然書錄解題已先列傳次列考次列讞葢傳其大綱而考讞其發明之義疏也今仍從陳氏之序次於傳後焉

春秋讞二十二卷（永樂大典本）

宋葉夢得撰是書抉摘三傳是非主於信經不信

傳猶沿啖助孫復之餘波於公羊穀梁多所駁詰雖左傳亦據傳末韓魏反而喪之之語謂智伯亡時左氏猶在斷以爲戰國時人（案經有續書傳亦有續書蒙得蓋未深考語詳左傳注疏條下）昌言排擊如辨諸侯世相朝爲衰世之事辨宰孔勸晉獻公及魯穆姜悔過之言皆出附會辨十二次分十二國之謬辨夾谷之會孔子沮齊景公事亦出假託辨墮郈墮費非孔子本意辨諸侯出入有善有惡辨諸侯之卒或日或不日非盡屬褒貶魯侯之至與不至亦不可拘牽成例

雖辨博自喜往往有瀾翻過甚之病於經旨或合或離不能一一精確而投之所向無不如志要亦文章之豪也惟古引春秋以決獄不云以決獄之法治春秋名書以讞於義既爲未允且左氏公羊穀梁皆前代經師功存典籍而加以推鞫之目於名尤屬未安是則宋代諸儒藐視先儒之錮習不可爲訓者耳考宋藝文志是書本三十卷又夢得自記左傳四百四十二條公羊三百四十條穀梁四百四十條今據永樂大典所載參以程端學春

秋辨疑通加檢核左傳闕九十條公羊闕六十五條穀梁闕八十四條葢已非完帙然其大較已畧具矣謹依類排次釐爲左傳讞十卷公羊穀梁讞各六卷

春秋集解三十卷內府藏本

宋呂本中撰舊刻題曰呂祖謙誤也本中字居仁好問之子宋史本傳載其靖康初官祠部員外郎紹興六年賜進士擢起居舍人八年遷中書舍人兼侍講權直學士院學者稱爲東萊先生故趙希

弁讀書附志稱是書爲東萊先生撰後人因祖謙與朱子遊其名最著故亦稱爲東萊先生而本中以詩擅名詩家多稱呂紫微東萊之號稍隱遂移是書於祖謙不知陳振孫書錄解題載是書固明云本中撰也朱彝尊經義考嘗辨正之惟以宋志作十二卷爲疑然卷帙分合古今每異不獨此書爲然況振孫言是書自三傳而下集諸儒之說不過陸氏兩孫氏兩劉氏蘇氏程氏許氏胡氏數家而採擇頗精全無自已議論以此本考之亦合知

舊刻誤題審矣惟宋志此書之外別出祖謙春秋集解三十卷稍爲牴牾疑宋末刻本已析其原卷改題祖謙故相沿譌異史亦因之重出耳祖謙年譜備載所著諸書具有年月而春秋集解獨不載固其確證不必更以他說疑也本中嘗撰江西宗派圖又有紫微詩話皆盛行於世世多以文士目之而經學深邃乃如此林之奇從之受業復以其學授祖謙其淵源蓋有自矣

春秋傳三十卷通行本

宋胡安國撰安國事蹟詳宋史儒林傳案玉海載
紹興五年四月詔徽猷閣待制胡安國經筵舊臣
令以所著春秋傳纂述成書進入十年三月書成
上之詔奬諭除寶文閣直學士賜銀幣是安國此
書久已屬稿自奉敕撰進又覆訂五年而後成也
俞文豹吹劍錄稱其自草創至於成書初稿不留
一字其用意亦勤矣顧其書作於南渡之後故感
激時事往往借春秋以寓意不必一一悉合於經
旨朱子語錄曰胡氏春秋傳有牵强處然議論有

開合精神亦千古之定評也明初定科舉之制大畧承元舊式宗法程朱而程子春秋傳僅成二卷闕畧太甚朱子亦無成書以安國之學出程氏張洽之學出朱氏故春秋定用二家蓋重其淵源不必定以其書也後洽傳漸不行用遂獨用安國書漸乃棄經不讀惟以安國之傳爲主當時所謂經義者實安國之傳義而已故有明一代春秋之學爲最獘馮夢龍春秋大全凡例有曰諸儒議論儘有勝胡氏者然業已尊胡自難並收以亂耳目則

風尚可知矣爰逮

本朝敦崇經術

欽定春秋傳說彙纂於安國舊說始多所駁正棄瑕取瑜擷其精粹已足以綜括原書第其書行世已久亦未可竟廢謹校而錄之以存一家之言若其中紕漏之處則

欽定彙纂中業已抉摘無遺昭示海內茲不復論辨焉

春秋集注四十卷 永樂大典本

宋高閌撰閌字抑崇鄞縣人紹興元年以上舍選

賜進士第歷官禮部侍郎事蹟具宋史儒林傳是書以程子春秋傳爲本故仍冠以程子原序其說則雜采唐宋諸家鎔以己意不復標舉其姓名史稱秦檜疑閎薦張九成出知筠州不赴卒而樓鑰序是書則云以直道忤時宰一斥不復家食累年畧不以事物自攖日有定課風雨不渝葢閎家居以後歷久始卒晚年精力盡在是書史文言之未詳也閎大旨雖宗程傳然如程子據漢薄昭與淮南王書有齊桓殺弟之語遂謂子糾爲弟齊桓爲

兄閔則仍用三傳史記荀子之文云子糾小白皆
襄公弟糾居長爲當立絶不依阿牽就務存門戸
之私他如解衛人立晉解夫人氏之喪至自齊解
取濟西田諸條皆深得聖人之微旨其解及向戍
盟于劉云凡因來聘而盟者必在國内劉王畿采
地豈有來聘魯而遠盟于劉者葢下文有劉夏傳
者以爲春夏之夏與文四年夏逆婦姜于齊文同
故誤增于劉二字又如以州蒲爲州滿之訛亦皆
足以備一解惟隱公元年會防之防在琅邪華縣

東南十年取防之防在高平昌邑縣西南文公十二年城諸及鄆之鄆在城陽姑幕南成公四年城鄆在東郡廩邱縣東閔皆混爲一地未免於考据少踈耳原書久佚惟散見永樂大典中謹按次排比薈稡成編其永樂大典原闕者則採各書所引閱說補之首尾完具復爲全帙陳振孫書錄解題稱是書十四卷今以篇頁繁重析爲四十卷又宋史本傳稱閱有春秋集解而永樂大典實作集注與書錄解題同當是宋本原題今並從之至所載

經文多從左氏而亦間有從公穀者蓋宋代諸儒

大都兼采三傳不盡如漢世專門之學也

春秋後傳十二卷 兩江總督採進本

宋陳傅良撰傅良字君舉 案傅良或作傳良諸本互有異同然其字曰君舉則爲傅說舉於版築之義故今定爲傅字 號止齋温州瑞安人乾道八年進士官至中書舍人寶謨閣待制諡文節事蹟具宋史本傳是編有其門人周勉跋稱傅良爲此書將脫藳而病學者欲速得其書俾傭書傳寫其已削者或留其帖於編增入是正者或揭去弗

存是今所傳已非傳晁完本矣趙汸春秋集傳自序於宋人說春秋者最推傳晁稱其以公穀之說參之左氏以其所不書實其所書以其所書推其所不書得學春秋之要在三傳後卓然名家而惜其誤以左氏所錄爲魯史舊文而不知策書有體夫子所據以加筆削者左氏亦未之見左氏書首所載不書之例皆史法也非筆削之旨公羊穀梁每難疑以不書發義實與左氏異師陳氏合而求之殊失其本故於左氏所錄而經不書者皆以爲

夫子所筆削則其不合於聖人者亦多云云考左氏爲春秋作傳非爲策書作傳其所云某故不書者不得經意或有之必以爲別發史例似非事實況不修春秋二條公羊傳尚有傳聞不應左氏反不見恐均不足爲傳良病惟以公穀合左氏爲切中其失耳自王弼廢象數而談易者日增自啖助廢三傳而談春秋者日盛故解五經者惟易與春秋二家著錄獨多空言易騁茲亦明效大驗矣傳良於臆說蠭起之日獨能根據舊文研求聖人之

徵旨樓鑰序稱其於諸生中擇能熟誦三傳者三人曰蔡幼學曰胡宗曰周勉游宦必以一人自隨遇有所問其應如響其考究可爲至詳又其書雖多出新意而每傳之下必注曰此據某說此據某文其徵引亦爲至博以是立制世之枵腹而談襃貶者庶有豸乎傅良別有左氏章指三十卷樓鑰所序葢兼二書言之朱彝尊經義考注曰未見今永樂大典中尚存梗概然已殘闕不能成帙故不復裒錄焉

春秋傳說二十卷 兩江總督採進本

宋呂祖謙撰祖謙有古周易已著録其生平研究左傳凡著三書一曰左傳類編一曰左傳博議一卽是編其類編取左氏之文分別爲十九目久無傳本惟散見永樂大典中頗無可采博議則隨事立義以評其得失是編持論與博議畧同而推闡更爲詳盡陳振孫書録解題稱其於左氏一書多所發明而不爲文似一時講說門人所抄録者其說良是朱子語録亦稱其極爲詳博然遺詞命意

頗傷於巧考祖謙所作大事紀朱子亦謂有纖巧處而稱其指公孫宏張湯姦狡處皆說得羞愧殺人云云然則朱子所謂巧者乃指其筆鋒頴利凡所指摘皆刻露不留餘地耳非謂巧於馳辨至或顚倒是非也書錄解題載是書爲三十卷此本僅二十卷考明張萱內閣書目所載傳說四冊外尚有續說四冊知陳氏所謂三十卷者實兼續說十卷計之今續說別於永樂大典之中裒采成帙以其體例自爲起訖仍分著於錄云

春秋左氏傳續說十二卷永樂大典本

宋呂祖謙撰是編繼左氏傳說而作以補所未及故謂之續說久無傳本今見於永樂大典者惟自僖公十四年秋八月至三十三年襄公十六年夏至三十一年舊本闕佚無從采錄其餘則首尾完具以傳文次第排比之仍可成帙其中如臾騈送狐射姑之孥孟獻子愛公孫敖二子兩條俱以博議所云爲非是則是書當成於晚年矣其體例主於隨文解義故議論稍不如前說之闊大然於傳

文所載闡發其蘊並抉摘其疵如所謂左氏有三病不明君臣大義一也好以人事附會災祥二也紀管晏事則盡精神說聖人事便無氣象三也云云雖亦沿宋儒好軋先儒之習然實頗中其失至於朝祭軍旅官制賦役諸大典及晉楚興衰列國向背之事機詮釋尤爲明暢惟子服景伯系本桓公而以爲出自襄公稍爲訛舛耳蓋祖謙邃於史事知空談不可以說經故研究傳文窮始末以核得失而不倡廢傳之高論視孫復諸人其學爲有

據多矣

詳註東萊左氏博議二十五卷 浙江巡撫採進本

宋呂祖謙撰相傳祖謙新娶於一月之內成是書今考自序稱屏處東陽之武川居半歲里中稍稍披蓬藋從予遊談餘語隙波及課試之文乃取左氏書理亂得失之蹟疏其說於下旬儲月積浸就篇帙又考祖謙年譜其初娶韓元吉女乃紹興二十七年在信州不在東陽後乾道三年五月持母喪居明招山學者有來講習者四年已成左氏博

議五年二月除母服五月乃繼娶韓氏女弟則是書之成實在喪制之中安有新娶之事流俗所傳誤也書凡一百六十八篇通考載作二十卷與此本不同葢此本每題之下附載左氏傳文中間徵引典故亦畧爲注釋故析爲二十五卷其注不知何人作觀其標題板式葢麻沙所刊考宋史藝文志有祖謙門人張成招標注左氏博議綱目一卷疑當時書肆以成招標注散入各篇也楊士奇稱別有一本十五卷題曰精選黃虞稷稱明正德中

有二十卷刊本今皆未見坊間所鬻之本僅十二卷非惟篇目不完併字句亦多妄削世久不見全書此本有董其昌名字二印又有朱彝尊收藏印亦舊帙之可寶者矣

春秋比事二十卷 浙江吳玉墀家藏本

舊本題宋沈棐撰棐始末無可考惟是書前有陳亮序稱其字文伯湖州人嘗爲婺之校官陳振孫書錄解題曰按湖有沈文伯名長卿號審齋居士爲常州倅忤秦檜貶化州不名棐也不知同父何

以云然豈別有名棐而字文伯者乎然則非湖人也云云其說與亮迥異都穆聽雨紀談又據嘉定辛未盧陵譚月卿序以爲莆陽劉朔撰併稱月卿親見劉氏家本此本不載月卿序亦未審穆何所據疑以傳疑無從是正以陳亮去棐世近姑從所序仍著棐名其書前以諸國類次後以朝聘征伐會盟事迹相近者各比例而爲之說持論頗爲平允本名春秋總論亮爲更此名元至正中嘗刊於金華其板久燬世罕傳本故朱彝尊經義考注曰

已佚此本前有中興路儒學教授王顯仁序葢猶從元刻傳錄者也

春秋左傳要義三十一卷 兩江總督採進本

宋魏了翁撰亦所輯九經要義之一也其書節錄注疏之文每條之前各爲標題而系以先後次第與諸經要義體例並同考了翁序李明復春秋集義云余嘗覽諸儒之傳至本朝先正謂此爲經世之大法傳心之要典余懼益深乃裒萃以附於經尚慮觀書未廣擇理未精故未敢輕出李君乃先

得我心而爲是書云云是了翁亦嘗裒輯衆說以注春秋其書未就而其取之於注疏者則尚見於是編凡疏中日月名字之曲說煩重瑣屑者多刊除不錄而名物度數之間則削繁舉要本末燦然蓋左氏之書詳於典制三代之文章禮樂猶可以考見其大凡其遠勝公穀實在於此了翁所輯亦可謂得其要領矣原本六十卷朱彝尊經義考注曰未見此本僅存三十一卷末有萬歷戊申中秋後三日龍池山樵彭年手跋一篇稱當時鏤帙不

全後世無原本可傳甘泉先生有此書三十一卷藏之懷古閣中出以相示因識數言於後則亦難覯之本矣然甘泉爲湛若水之號若水登宏治乙丑進士至萬歷戊申凡一百四十年不應尚在彭年與文徵明爲姻家王世貞序其詩稿稱年死之後家人鬻其遺稿則萬歷末亦不復存且九經要義皆刪節注疏而跋稱其訂定精密爲先儒所未論及尤不相合疑殘本偶存好事者僞爲此跋而未核其年月也

春秋分紀九十卷 兩淮馬裕家藏本

宋程公說撰公說字伯剛號克齋丹稜人居於宣化年二十五登第官邛州教授吳曦之亂棄官攜所著春秋諸書匿安固山中修之甫成而卒年僅三十七是書前有開禧乙丑自序淳祐三年其弟公許刊於宜春凡年表九卷世譜七卷名譜二卷書二十六卷周天王事二卷魯事六卷大國世本二十六卷次國二卷小國七卷附錄三卷其年表則冠以周及列國而后夫人以下與執政之卿皆

各爲一篇其世譜則王族公族以及諸臣每國爲一篇魯則增以婦人名仲尼弟子而燕則有錄無書葢原闕也名譜則凡名著於春秋者分五類列焉書則歷法天文五行疆理禮樂征伐職官七門其周魯及列國世本以及次國小國附錄則各以經傳所載分隸之條理分明敘述典贍所采諸儒之說與公說所附序論亦皆醇正誠讀春秋者之總滙也明以來其書罕傳故朱彝尊經義考注曰未見顧棟高作春秋大事表體例多與公說相同

棟高非剽竊著書之人知其亦未見也此本出揚州馬曰璐家與通考所載卷數相合內宋諱猶皆闕筆葢從宋刻影抄者劉光祖作公說墓誌稱所作尚有左氏始終三十六卷通例二十卷比事十卷葢刻意於左氏之學者宋自孫復以後人人以臆見說春秋惡舊說之害已也則舉三傳義例而廢之又惡左氏所載證據分明不能縱橫顛倒惟所欲言也則併舉左傳事迹而廢之譬諸治獄務燬案牘之文滅佐證之口而是非曲直乃可惟所

斷而莫之爭也公說當異說坌興之日獨能考核舊文使本末源流犂然具見以杜虛辨之口舌於春秋可謂有功矣

春秋講義四卷（永樂大典本）

宋戴溪撰溪有續呂氏家塾讀詩記已著錄開禧中溪爲資善堂說書累轉太子詹事時景獻太子命類易詩書春秋論語孟子通鑑各爲說以進此卽其春秋說也書中如以齊襄迫紀侯去國爲託復讐以欺諸侯以秦與楚滅庸爲由巴蜀通道以

屢書公如晉至河乃復為晉人啟季氏出君之漸以定公戊辰即位為季氏有不立定公之心皆具有理解而時當韓侂胄北伐敗衄和議再成故於內修外攘交鄰經武之道尤惓惓焉至卒葬之類並闕而不釋考宋代於喪服之制避忌頗深如何居居字語出檀弓禮部韻畧即不載其他可知溪之不釋此類蓋當時講幄之體也嘉定癸未五月溪長子柄鋟木金陵學舍沈光序之寶慶丙戌牛大年復刻於泰州其序稱是書期於啟沃君聽天

下學士不可得而聞葢非經生訓詁家言故流傳未廣陳氏書錄解題不著於錄殆以是歟宋史藝文志作十卷王瓚溫州志作三卷朱彝尊經義考注曰已佚今外間絶無傳本惟永樂大典所採尚散見經文各條之下今謹爲裒輯校正自僖公十四年秋至三十三年襄公十六年三月至三十一年永樂大典所闕則取黃震日抄所引補之仍從宋史釐爲四卷而每卷又各分上下其所釋經文多從左氏故其間從公穀者並附案語於下方焉

春秋集義五十卷綱領三卷　江蘇巡撫採進本

宋李明復撰明復亦名俞字伯勇始末無考據魏了翁序知爲合陽人嘉定中太學生爾是書首行題校正李上舍經進春秋集義次行又題後學巴川王夢應案朱彝尊經義考云宋藝文志載李明復春秋集義五十卷又載王夢應春秋集義五十卷嘗見宋季舊刻卽李氏原本而王氏刊行之非王氏别有集義也此本乃無錫鄒儀蕉綠草堂藏本核其題名與彝尊所見本相合知經義考所說

有據而宋志誤分爲二也張萱内閣書目稱其採

周程張三子或著書以明春秋或講他經以及春

秋或其說有合於春秋者皆廣收之然所採如楊

時謝湜胡安國朱子吕祖謙之說不一而足謝湜

尤多萱蓋考之未審耳經義考載是書前有綱領

二卷又有魏了翁序此本乃皆不載蓋傳寫佚之

然春王正月條下自注曰餘見綱領上中二卷則

綱領當有三卷故有上中下之分經義考作二卷

亦小誤矣今檢永樂大典明復所著綱領尚存謹

錄而補之仍釐爲三卷以還其舊焉

春秋集注十一卷綱領一卷江西巡撫採進本

宋張洽撰洽字元德清江人嘉定中進士官至著作佐郎端平元年朝廷知洽家居著書宣命臨江軍守臣以禮延訪賫紙札謄寫以進書既上除洽知寶章閣會洽卒謚之曰文憲以其書付祕閣書首有洽進書狀自言於漢唐以來諸儒之議論莫不考覈研究取其足以發明聖人之意者附於每事之左名曰春秋集傳既又因此書之粗備復倣

先師文公語孟之書會其精意論次其說以爲集
注云云考朱子語錄深駁胡安國夏時冠周月之
說洽此書以春爲建子之月與左傳王周正月義
合足破支離轇轕之陋車若水脚氣集乃深以洽
改從周正爲非門戸之見殊不足據至若水謂於
春秋一書質實判斷不得除非起孔子出來說當
時之事與所以褒貶去取之意方得今作集注便
是質實判斷此照語孟例不得語孟是說道理春
秋是紀事且首先數句便難明惠公仲子不知惠

公之仲子耶或惠公同仲子耶尹氏卒一邊道是婦人一邊道是天子之世卿諸儒譏世卿之說自是明訓恐是舉燭尚明之論理雖是而事則非也云云其論亦頗中洽之病要其合者不可廢也明洪武中以此書與胡安國傳同立學宮迨永樂間胡廣等剽襲汪克寬纂疏爲大全其說專主胡傳科場用爲程式洽書遂廢不行今此書遺本僅傳而所謂集傳則失之矣

春秋王霸列國世紀編三卷浙江范懋柱家天一閣藏本

宋李琪撰琪字伯開吳郡人官國子司業其書成於嘉定辛未以諸國爲綱而以春秋所載事蹟類編爲目前有序後有論斷第一卷爲王朝及霸國霸國之中黜秦穆楚莊而存宋襄又於晉文以下列自襄至定十君而特附以魯二卷爲周同姓之國而特附以三恪三卷皆周異姓之國而列秦楚吳越於諸小國後所論多有爲而發如譏晉文借秦抗楚晉悼結吳困楚則爲徽宗之通金滅遼而言譏杞侯隣於讎敵而不能自强則爲高宗之和

議而言其意猶存乎鑒戒至於稱曾已滅之後至秦漢猶爲禮義之國則自解南渡之弱霸國之中退楚莊秦穆而進宋襄則自解北轅之恥置秦楚與吳越於諸小國後則又隱示抑金尊宋之意葢借春秋以寓時事畧與胡安國傳同而安國猶堅主復讐之義琪則徒飾以空言矣流傳已久姑錄以備一家且以見南宋積削之後士大夫猶依經託傳務持浮議以自文國勢日頹其來漸矣存之亦足示炯戒也

春秋通說十三卷兩江總督採進本

宋黄仲炎撰仲炎字若晦永嘉人其進是書表稱肄舉業而罔功李鳴復奏舉狀稱科舉之外窮經篤古蓋老而不第之士也書成於紹定三年其奏進則在端平三年自序謂春秋爲聖人教戒天下之書非褒貶之書所書之法爲教所書之事爲戒自三傳以褒貶立意專門師授仍陋襲訛由漢以後類例益岐大義隱矣故其大旨謂直書事蹟義理自明於古來經師相傳王不稱天桓不稱王之

類一切闕之按朱子語錄云聖人據實而書是非得失有言外之意必於一字一辭間求褒貶所在竊恐未然仲炎表中所云酌朱熹之論者葢本於是何夢申作呂大圭春秋或問序謂傳春秋者幾百家大抵以褒貶賞罰爲主惟或問本朱子而盡斥之不知仲炎已先發之矣中如於南季來聘據三傳戴記謂天子無聘諸侯之禮周禮時聘之說不足信於滕薛來朝謂諸侯無私相朝之禮三傳俱謬則過於疑古以盟首止爲王世子立黨制父

則過於深文以子同生爲傳語誤入經文以塟蔡桓侯爲公字之訛以同圍齊爲圍字重寫之訛疑及正經亦未免臆爲推測然如謂季友爲巨姦竊交宮闈則成風私事傳有明文詞嚴義正足以爲千古之大防矣其論胡安國之書曰孔子雖因顏淵之問有取於夏時不應修春秋而遽有所改定也胡安國氏謂春秋以夏正冠月而朱熹氏非之當矣孔子之於春秋述舊禮者也如惡諸侯之强而存天子疾大夫之偪而存諸侯憤吳楚之横而

尊中國此皆臣子所得爲者若夫更革當代之王制竊用天子之賞罰決非孔子意也夫孔子修春秋方將以律當世之僭其可自爲僭哉其立義明白正大深得聖人之意蓋迥非安國所及也

春秋說三十卷 永樂大典本

宋洪咨夔撰咨夔字舜俞於潛人歷官端明殿學士事迹具宋史本傳是書有咨夔自序稱自考功罷歸杜門深省作春秋說按本傳稱理宗初咨夔爲考功員外郎以忤史彌遠又言李全必爲國患

爲李知孝梁成大所劾鐫秩家居者七年是書蓋是時所作也又本傳第稱咨夔所著有兩漢詔令擥抄春秋說等書而皆不載其卷數朱彝尊經義考引吳任臣之言云止三卷而永樂大典載吳潛所作咨夔行狀則謂春秋說實三十卷今考是書篇帙繁重斷非三卷所能盡潛與咨夔同官相契當親見其手定之本任臣所言蓋後來傳聞之誤耳其書議論明鬯而考據事勢推勘情僞尤多前人所未發如以書公子友如陳爲著季氏專魯之

始以晉侯執曹伯負芻而不爲曹立君正爲異日歸之之地以書大蒐昌間爲季氏示威於衆以脅國人皆得筆削微意惟謂慶父出奔爲季友故縱謂劉子單子以王猛入王城爲不知有君頗有紕繆然棄短取長其卓然可傳者不能沒也今兩漢詔令等書久已散佚此書亦無傳本惟永樂大典尚多載其文謹裒輯編次釐正訛舛仍分爲三十卷以還舊觀至春秋經文三傳各有異同今咨蘷原本經文已不得見就其所說推之知其大槩多

從左氏而間亦參取於公穀今並加案語附識其下又自僖公十四年秋至三十三年襄公十六年夏至三十一年永樂大典原本已佚而他家經解又絕無徵引無從輯補今亦姑闕之

春秋經筌十六卷 湖北巡撫採進本

宋趙鵬飛撰鵬飛字企明號木訥綿州人其意以說經者拘泥三傳各護師說多失聖人本旨故爲此書主於據經解經其自序曰學者當以無傳明春秋不可以有傳求春秋無傳以前其旨安在當

黜與心會矣又曰三傳固不足據然公吾心而評之亦有時得聖意者夫三傳去古未遠學有所受其間經師衍說漸失本意者固亦有之然必一舉而刊除則春秋所書之人無以核其事所書之事無以核其人即以開卷一兩事論之元年春王正月不書卽位其失在夫婦嫡庶之間苟無傳文雖有窮理格物之儒殫畢生之力據經文而沈思之不能知聲子仲子事也鄭伯克段于鄢不言段爲何人其失在母子兄弟之際苟無傳文雖有窮理

格物之儒殫畢生之力據經文而沈思之亦不能知爲武姜子莊公弟也然則舍傳言經談何容易啖助趙匡攻駁三傳已開異説之萌至孫復而全棄舊文遂貽春秋家無窮之弊蔡絛鐵圍山叢談載鹿溪生黃沆之説曰今時爲春秋者不探聖人之志逐傳則論會三桓鄭七穆窮經則會計書甲子者若干書侵書伐凡幾云云沆從學於陳瓘黃庭堅其授受尚有淵源而持論業已如此蓋皆沿復之説也鵬飛此書亦復之流派其最陋者至謂

經書成風不知爲莊公之妾僖公之妾付之闕疑張尚瑗三傳折諸譏其臆解談經不知左氏有成風事季友而屬僖公之事不值一噱頗爲切中其病然復好持苛論鵬飛則頗欲原情其平允之處亦不可廢寸有所長存備一說可矣

春秋或問二十卷附春秋五論一卷 兩江總督採進本

宋呂大圭撰大圭字圭叔號樸鄉南安人淳祐七年進士官至朝散大夫行尚書吏部員外郎兼國子編修實錄檢討官崇政殿說書出知興化軍嘗

撰春秋集傳今已散佚此或問二十卷卽申明集傳之意也大旨於三傳之中多主左氏穀梁而深排公羊於何休解詁斥之尤力考三傳之中事迹莫備於左氏義理莫精於穀梁惟公羊雜出衆師時多偏駁何休解詁牽合讖緯穿鑿尤多大圭所論於三家得失實屬不誣視諸家之棄傳從經固迥然有別所著五論一曰論夫子作春秋二曰辨日月褒貶之例三曰特筆四曰論三傳所長所短五曰世變程端學嘗稱五論明白正大而所引春

秋事時與經意不合今考或問之中與經意亦頗有出入大槩長於持論而短於考實然大圭後於德祐初由興化遷知漳州未行而元兵至沿海都制置蒲壽庚舉城降大圭抗節遇害其立身本末皎然千古可謂深知春秋之義其書所謂明分義正名實著幾微爲聖人之特筆者侃侃推論大義凜然足以維綱常而衛名教又不能以章句之學錙銖繩之矣

春秋詳說三十卷兩江總督採進本

宋家鉉翁撰鉉翁號則堂以蔭補官後賜進士出身官至端明殿學士簽書樞密院事事蹟具宋史本傳是書末有龔璛跋曰至元丙子宋亡以則堂先生歸置諸瀛州者十年成此書自瀛寄宣托於其友潘公從大藏之今考宋史本傳稱鉉翁在河間以春秋教授弟子河間即瀛州也又鉉翁則堂集中有爲其弟所作志堂說稱余自燕以來瀛卒爲春秋舊業成集傳三十卷篇末題甲申正望甲申爲至元二十一年上距宋亡凡十年與璛跋十年

之說合下距元貞元年賜號放歸復十年與璘跋成書於瀛之說亦合惟鉉翁自稱集傳而此曰詳說或後又改名歟其說以春秋主乎垂法不主乎記事其或詳或畧或書或不書大率皆抑揚予奪之所繫要當探得聖人心法所寓然後參稽衆說而求其是故其論平正通達非孫復胡安國諸人務爲刻酷者所能及其在河間作假館詩云平生著書苦不多可傳者見之春秋與周易蓋亦確然自信者今惟此書存其周易則不可考矣

讀春秋編十二卷 内府藏本

宋陳深撰深字子微平江人嘗題所居曰清全齋因以爲號朱彝尊經義考引盧熊蘇州志稱深生於宋宋亡篤志古學閉門著書天歷間奎章閣臣以能書薦潛匿不出考鄭元祐僑吳集有深次子植墓誌據其所稱植以至正二十二年卒年七十則植生於至元三十年癸巳又自稱長於植一年少於深三十餘年則深之生當在開慶景定間宋亡之時僅及弱冠故至天歷間尚存也所著有讀

易編讀詩編今並未見惟此書僅存其說大抵以胡氏爲宗而兼采左氏蓋左氏身爲魯史言必有據非公羊穀梁傳聞疑似者比自宋人喜以空言說春秋遂併其事實而疑之幾於束諸高閣深所推闡雖別無新異之見而獨能考據事實不爲虛憍恃氣廢傳求經之高論可謂篤實君子未可以平近忽之矣

（清）紀昀等 纂

# 武英殿本四庫全書總目

第一册

國家圖書館出版社

**圖書在版編目(CIP)數據**

武英殿本四庫全書總目:全六十册/(清)紀昀等纂.-- 北京:國家圖書館出版社,2019.1

(國學基本典籍叢刊)

ISBN 978-7-5013-6237-0

Ⅰ.①武… Ⅱ.①紀… Ⅲ.①《四庫全書總目》 Ⅳ.①Z833

中國版本圖書館 CIP 數據核字(2017)第 218793 號

**書　　名** 武英殿本四庫全書總目(全六十册)
**著　　者** (清)紀昀等　纂
**責任編輯** 南江濤
**特約編輯** 董岑仕
**助理編輯** 王　哲
**封面設計** 徐新狀

---

**出　　版** 國家圖書館出版社(100034　北京市西城區文津街7號)
(原書目文獻出版社　北京圖書館出版社)
**發　　行** 010-66114536　66126153　66151313　66175620
66121706(傳真)　66126156(門市部)
**E-mail** nlcpress@nlc.cn(郵購)
**Website** www.nlcpress.com→投稿中心
**經　　銷** 新華書店
**印　　裝** 北京市通州興龍印刷廠
**版　　次** 2019年1月第1版　2019年1月第1次印刷

---

**開　　本** 880×1230(毫米)　1/32
**印　　張** 548

---

**書　　號** ISBN 978-7-5013-6237-0
**定　　價** 1498.00 圓

# 《國學基本典籍叢刊》前言

國家圖書館出版社(原書目文獻出版社 北京圖書館出版社)成立三十多年來,出版了大量的中國傳統文化典籍。由於這些典籍的出版往往採用叢書的方式或綫裝形式,供公共圖書館和大學圖書館典藏使用,普通讀者因價格較高、部頭較大,不易購買使用。爲弘揚優秀傳統文化,滿足廣大普通讀者的需求,現將經、史、子、集各部的常用典籍,選擇善本,分輯陸續出版單行本。每書之前均加簡要説明,必要者加編目録和索引,總名《國學基本典籍叢刊》。歡迎讀者提出寶貴意見和建議,以使這項工作逐步完善。

編委會

二〇一六年四月

# 序一

武英殿位於紫禁城內太和殿西側的熙和門與西華門之間，與東側的文華殿構成左輔右弼之勢，爲明初所建。明末農民起義軍首領李自成曾在此殿登基，但於次日即撤離北京。清康熙十九年（一六八〇）武英殿開始作爲清朝的宫廷修書之所，初稱武英殿造辦處，隸屬於内務府，專司内府書籍的繕樣、刊刻、刷印與裝潢。雍正七年（一七二九）改爲修書處，直到清末。作爲宫廷御用出版機構，武英殿修書處在整個清代刊行各類殿本書籍達五百四十四種，五萬八千多卷，且用料考究，質地精良。

乾隆六十年（一七九五）十一月十六日，原户部尚書曹文埴爲刊刻《四庫全書總目》竣工刷印裝潢之事上奏：

臣曹文埴謹奏，爲刊刻《四庫全書總目》竣工，敬謹刷印裝潢，恭呈御覽事。

竊臣於乾隆五十一年奏請刊刻《四庫全書總目》，仰蒙俞允，並繕寫式樣，呈覽在案。續因紀昀等奉旨查辦四閣之書，其中提要有須更改之處，是以停工未刻。今經紀昀將底本校勘完竣，隨加緊刊刻畢工。謹刷印裝潢陳設書二十部、備賞書八十部，每部計十六函，共一千六百函，恭呈御覽。其版片八千二百七十八塊，現交武英殿收貯。

再，紀昀曾知會臣於書刊成之日，刷印四部，分貯四閣，兹一併印就，請飭交武英殿總裁照式裝潢，送四閣分貯。查是書便於翻閱，欲得之人自多，亦應聽武英殿總裁照向辦官書之例，集工刷印，發交京城各書坊領售，俾得家有其書，以仰副我皇上嘉惠藝林之至意。伏祈睿鑒。謹奏。〔二〕

乾隆帝硃批：『知道了。』是爲武英殿本《四庫全書總目》，通稱殿本《四庫全書總目》。

殿本《總目》共二百卷，卷首四卷。雕版印刷。封面題籤『欽定四庫全書總目×部卷×』。卷首四卷：一、聖諭；二、進表、職名；三、凡例；四、門目。卷端題『欽定四庫全書總目卷一』，次行縮進一格『經部總敘』，三行縮二格爲敘文，敘文之後縮一格『經部一』，次行縮二格『易類一』，另行縮三格爲易類小序，小序之後頂格題『子夏易傳十一卷』，次行縮進二格入《提要》正文。每半葉九行，每行二十一字，四周雙邊，白口，單魚尾，版口鐫書名、卷數、部類、頁碼，有横綫〔三〕。

---

〔二〕中國第一歷史檔案館編：《纂修四庫全書檔案》（下册），上海古籍出版社一九九七年，第二三七四—二三七五頁。《清實録·高宗實録》卷一四九三亦載曹文埴奏摺，但文字較簡略，時間爲十二月甲午（十七）日。

〔三〕崔富章：《〈四庫全書總目〉版本考辨》，《文史》第三十五輯，中華書局一九九二年，第一六一—一六二頁。

武英殿《總目》刊刻之前一年，即乾隆五十九年（一七九四），浙江署布政使司謝啓昆、署按察使司秦瀛、都轉鹽運使司阿林保等，因『四庫卷帙繁多，嗜古者未及遍覽，而《提要》一書，實備載時、地、姓名及作書大旨，承學之士，鈔録尤勤，毫楮叢集，求者不給』，『請於巡撫兼署鹽政臣吉慶，恭發文瀾閣藏本，校刊以惠士人』，『貢生沈青、生員沈鳳樓等咸願輸資，鳩工蕆事，以廣流傳』[一]。乾隆六十年，工竣。是爲浙本《四庫全書總目》。晚清以來，學界普遍認爲『浙本出於殿本』。二十世紀九十年代以來，崔富章致力於《四庫全書總目》的版本考證，他以一系列論文舉證，指出浙本《四庫全書總目》翻刻之時，武英殿本尚未發放至各省，浙江士紳遂以文瀾閣本爲底本翻印[二]。因此，浙本《四庫全書總目》是《四庫全書總目》第一個刻本。此論一出，遂爲定讞。『浙本翻刻殿本』論至是被顛覆。

據崔富章考證，《總目》頒發至文瀾閣的時間當在乾隆五十七、五十八年之間。殿本《四庫全

---

[一]（清）永瑢等撰：《四庫全書總目》，中華書局一九六五年，第一八三七頁。

[二]夏長樸認爲，浙本底本雖然非常可能是文瀾閣鈔本，但它似乎不是刊刻時的唯一依據。大致説來，浙江官民在刊刻《總目》的過程中，除了文瀾閣鈔本外，應該也參考了北京四庫全書館流出的《總目》較新的校訂稿本，也就是乾隆五十八年後，紀昀已經校訂卻未刊刻的稿本副本（《〈四庫全書總目〉『浙本出於殿本』説的再檢討》，《臺大中文學報》第四十期，二〇一三年三月）。

書總目》，即紀昀修訂『完竣』的稿本，刊竣刷印裝潢、呈送御覽的具體時間是在乾隆六十年十一月十六日〔一〕。在這個時間差中，《四庫全書總目》因某些書籍的抽出或補入，發現某些提要有違礙不妥文字，一直在校改增删之中。因此，從浙本《四庫全書總目》到殿本《四庫全書總目》，其間呈現的是《四庫全書總目》思考斟酌修改的綫索，對於四庫學研究來説，具有極高的價值。由於殿本是紀昀進一步校勘修訂完竣的最後定本，因此，『考據益臻詳贍，文體亦復暢達』，是《四庫全書總目》的成熟形態〔二〕。

《四庫全書總目》的編纂，集中了乾嘉時期的一流學者。雖然國家意志的掌控和滲透決定了《四庫全書總目》不可避免的意識形態色彩，但它的敏鋭透徹的學術眼光，卻穿透歷史，給予後來者以重要的學術指引。早在乾隆五十三年（一七八八）三月《四庫全書總目》尚未刊刻之時，不同時好、孤傲自信的章學誠接觸到在外流傳的《四庫全書總目》鈔本，便有『頗有感會，增長新解』之感觸〔三〕。《四庫全書總目》一經問世，更引致同時代和後世學者的矚目與推揚。

〔一〕崔富章：《〈四庫全書總目〉殿本刊竣年月考實》，《浙江大學學報（人文社會科學版）》二〇〇六年第一期。

〔二〕司馬朝軍比較浙本和殿本，認爲殿本更加簡明、更加典雅、更加平實。見司馬朝軍：《〈四庫全書總目〉殿本與浙本的比較》，《四川圖書館學報》二〇〇二年第六期。

〔三〕（清）章學誠：《與洪稚存博士書》，《章學誠遺書》卷二十二，文物出版社一九八五年，第二二三頁。

與紀昀交誼甚篤的王昶評説道：『《提要》二百卷，使讀者展閲瞭然。蓋自列史藝文、經籍志及《七略》《七録》《崇文總目》諸書以來，未有閎博精審若此者。』[一]周中孚評價《總目》説：『竊謂自漢以後簿録之書，無論官撰、私著，凡卷第之繁富，門類之允當，考證之精審，議論之公平，莫有過於是編矣。』[二]

與張之洞合編《書目答問》的繆荃孫在《錢塘丁氏〈八千卷樓藏書志〉序》中盛贊《四庫全書總目》説：『至於考撰人之仕履，釋作書之宗旨，顯徵正史，僻采稗官，揚其所長，糾其不逮，《四庫提要》實集古今之大成。』[三]

積平生精力研讀《四庫全書總目》的余嘉錫全面肯定《四庫全書總目》的學術價值：『今《四庫提要》敘作者之爵里，詳典籍之源流，别白是非，旁通曲證，使瑕瑜不掩，淄澠以别，持比向、歆，殆無多讓。至於剖析條流，斟酌今古，辨章學術，高挹群言，尤非王堯臣、晁公武等所能望其項背。故曰自《别録》以來纔有此書，非過論也。故衣被天下，沾溉靡窮。嘉、道以後，通儒輩出，莫不資

---

[一]（清）王昶：《蒲褐山房詩話》，《湖海詩傳》卷十六《紀昀》，清嘉慶癸亥（一八〇三）三泖漁莊刻本。

[二]（清）周中孚：《鄭堂讀書記》卷三十二，上海書店出版社二〇〇九年，第三六九頁。

[三]繆荃孫：《錢塘丁氏〈八千卷樓藏書志〉序》，《藝風堂文續集》卷五，《續修四庫全書》第一五七四册，上海古籍出版社二〇〇二年，第二二六頁。

其津逮，奉作指南，功既鉅矣，用亦弘矣。』[一]

《四庫全書總目》不僅凝結了中國古代學術和思想文化的精粹，成爲國學經典著作，而且在目録學上也具有重要價值和地位。

目録學素有『門徑學』之稱。清代學者王鳴盛在《十七史商榷》中稱：『目録之學，學中第一要緊事，必從此問途，方能得其門而入。』[二]又説：『凡讀書最切要者目録之學，目録明方可讀書，不明終是亂讀。』[三]《四庫全書總目》以其檢閲乾隆以前中國古代學術的氣魄以及對中國古代學術源流、歷代著作要旨的概評，指示著士子讀書、研究的方向。龔自珍稱他讀《總目》是『平生爲目録之學之始』[四]。陳澧向張維屏請教讀書之法，張氏告以《四庫提要》，挈其綱領，千門萬户，可從此識其途徑，漸可升其堂奥[五]。張之洞在《輶軒語》中向讀書士子們宣稱：『今爲諸生指一良師，將

---

[一] 余嘉錫：《四庫提要辨證·序録》，中華書局一九八〇年，第四八—四九頁。

[二]（清）王鳴盛：《十七史商榷》卷一《〈史記集解〉分八十卷》，上海書店出版社二〇〇五年，第一頁。

[三]（清）王鳴盛：《十七史商榷》卷七《漢書敘例》，同上，第四五頁。

[四]（清）龔自珍：《己亥雜詩·自注》，《龔自珍全集》第十册，上海人民出版社一九七五年，第五五一頁。

[五] 轉引自胡楚生：《經生與烈士：試論陳蘭甫與朱鼎甫之爲學路向》，《書目季刊》第十六卷第一期，一九八二年；收入胡楚生：《清代學術史研究》，臺灣學生書局一九八八年。

《四庫全書總目提要》讀一過，即略知學問門徑矣。』又説：『《四庫提要》爲讀群書之門徑。』〔二〕余嘉錫也認爲：『《提要》之作，前所未有，足爲讀書之門徑，學者捨此，莫由問津。』〔三〕時至今日，《四庫全書總目》依然是學者和大衆研習國學基本典籍的指南。

此次國家圖書館出版社編輯出版《國學基本典籍叢刊》，選入《四庫全書總目》的最後定本武英殿本，正是考慮到《四庫全書總目》兼具的國學基本典籍與國學典籍指南雙重價值，識見獨到。由於殿本《四庫全書總目》面世以來影印翻刻較爲有限，不如浙本廣泛，因此，殿本《四庫全書總目》的影印出版，爲《四庫全書總目》的系列增加了新的成員。

是爲序。

周積明

丁酉年八月初七

---

〔二〕（清）張之洞：《輶軒語·語學第二·通論讀書》。見：王樹楠編：《張文襄公全集》，民國十七年（一九二八）北平文華齋刻本。

〔三〕余嘉錫：《四庫提要辨證·序録》，中華書局一九八〇年，第五一頁。

# 序二

《四庫全書總目》(以下簡稱《總目》)是中國傳統目録學的巔峰之作。它是清代四庫館持續二十餘年學術活動的主要成果，代表國家的意志，代表國家的水平。它初成於戴震、邵晉涵、翁方綱、姚鼐、周永年、任大椿等衆多一流學者之手，有乾隆皇帝的深度參與，更是總纂官紀昀一生治學心得的結晶。它『以經、史、子、集提綱列目，經部分十類，史部分十五類，子部分十四類，集部分五類，或流别繁碎者又分析子目，使條理分明，所録諸書各以時代爲次』，包括古今，縱論百家，衡鑒千秋，品評萬卷，準公論以求至當，昭去取以達至公，誠所謂『辨章學術，考鏡源流』，開啓並成就了乾嘉漢學的盛世輝煌，是構建東方知識世界體系的典型代表。而放眼全球，十八世紀中葉以後，唯有法國的狄德羅(Denis Diderot)《百科全書》學派，及其所代表的西方知識世界體系，纔能與之媲美並肩。

《總目》的形成，經歷了分纂提要、書前提要、總目提要三個階段，前後二十餘年。分纂提要，是編纂初期，由四庫纂修官分工各自撰寫，屬於校閲圖書之整理記録及提要初稿，主要體現個人的見識與水平，影印本《翁方綱纂四庫提要稿》、點校本《四庫提要分纂稿》共收録千餘種，可以概見最初的面貌。書前提要，是辦理七閣《四庫全書》時，由總纂官紀昀、陸錫熊，孫士毅，總校官陸費墀等人共同簽定的提要，以『臣等謹案』起頭，以『乾隆某年某月恭校上』結尾。它是集體討論、反復修改的結果，原本分置各書書前，因此又叫原本提要、閣書提要、卷前提要。民國以來，現存文溯、文津、文淵、文瀾四閣，皆有輯録本書前提要印行，可資研究參考。總目提要，理論上由總纂官、總校官共同定稿，但最終則裁於紀昀一人之手。

《總目》有抄本、刻本之分。抄本實際上有七閣抄本、武英殿刊本之底本兩個系列傳世。據記載，七閣抄本《總目》是與抄本《四庫全書簡明目録》《四庫全書考證》一起辦理頒發的，最遲在乾隆五十八年皆已入閣收藏。北四閣是先後抄録，分別成書，內容間有差異，南三閣則一式三份，同時完成，內容没有不同。抄本《總目》近來時有發現。如現存臺北漢學研究中心的《四庫全書初次進呈存目》，收録一千七百九十條提要，當爲乾隆三十九年左右進呈《總目》初稿的彙編本，爲七閣抄本的前奏。藏於天津圖書館的文溯閣抄本《總目》，存一百四十三卷；藏於浙江圖書館的文瀾閣《總目》，存二十七卷；臺北漢學研究中心藏有文匯閣《四庫全書目録》；藏於國家圖書館的文津閣《總目》，存二百卷，無卷首，提要內容極簡。除此之外，還有一些可以歸於刊本前的稿本、底本、定本，如上海圖書館藏《總目》，存一百二十三卷，爲乾隆四十七至五十三年間紀昀、陸錫熊、張羲年等人的修改稿；國家圖書館藏《總目》，存六十三卷，爲乾隆五十七年以後修改稿，當屬武英殿刊本的底本；天津圖書館藏《紀昀删定〈四庫全書總目〉稿本》，存七十一卷并卷首、凡例、目録等，多有修改、删定、裁割痕跡，以及手書眉批等，是紀昀最後定稿《總目》的實物見證。

《總目》刻本有浙本、殿本、粵本之别。浙本由署浙江布政使謝啓昆刊刻，開雕於乾隆五十九年，竣工於六十年十月，全書二百卷卷首一卷。因字體較小，又稱杭州小字本。刊刻之初，即以『士林傳播，家有一編』爲目標，因而廣爲流傳。殿本由武英殿刊刻，始於乾隆五十一年，中間因紀昀奉旨查辦四閣之書，提要『有須更改之處，是以停工未刻』。待『底本校勘完竣，隨加緊刊刻畢工』，副總裁曹文埴於乾隆六十年十一月十六日上竣工摺。全書二百卷卷首四卷，當時祗刷印了一百零四部。粵本由廣東書局首刊於同治七年，實乃翻刻浙本，而又據殿本改正數百處文字、卷數錯誤，但殿本與浙本的重大差異皆不採入，可謂自成一系。

《總目》清代三刻本，各自流傳有序。浙本系列有：宣統二年上海存古齋石印本，民國十五年東方圖書館石印本，民國二十年上海商務印書館鉛印本，一九六五年中華書局剪輯縮印本，一九七一年臺北『商務印書館』鉛印本，一九九九年海南出版社整理本，二〇〇〇年河北人民出版社整理本。殿本系列有：光緒二十年福建書局刻本，光緒二十一年廣雅書局刻本，一九八三年臺北『商務印書館』縮印本，一九八八年上海古籍出版社縮印本，一九九七年中華書局整理本，二〇〇〇年臺北『商務印書館』整理本。粵本系列有：光緒十四年上海漱六山莊石印本，光緒二十年上海點石齋石印本，光緒年間粵東居稽書莊督造本、熔經鑄史齋印本。及至今日，浙本流傳最廣，影響最大，尤其是中華書局剪輯縮印本，多次重印，成了一般學子的首選，但三欄拼接，書口被切，字小傷眼，也飽受詬病。殿本乃皇家版式，質量最優，成就最高，深得學界好評，但冷宮端坐，難以親民。粵本則已不見流傳，僅以『校本』身份出現在專家案頭。

浙本《總目》卷末，刊有浙江學政阮元跋語，內有乾隆五十九年浙江署布政使司謝啓昆等『恭發文瀾閣藏本，校刊以惠士人』之語，而殿本的刊竣時間不詳，長期被假定在乾隆五十四至五十九年之間。故而人們由此推演，自清末以來，即有『浙本翻刻殿本』『浙本源出殿本』『浙本出於殿本』『浙本據殿本重刻』等種種説法流傳。於是，『浙本出於殿本』遂成學術界主流意見。面對如此主流觀點，崔富章先生提出了强烈質疑，發表系列文章，反復申論：浙本以文瀾閣所藏抄本《總目》爲底本，刊竣時間是乾隆六十年十月，呈現的是乾隆五十七年修訂的面貌；殿本刊竣時間在乾隆六十年十一月，以乾隆六十年紀昀『完竣』的稿本爲底本，多出了三年的修改時間，因而更成熟與精緻，殿本與浙本比較，字詞句勘磨、卷數修改等在四百處以上，大的改動，甚至整段改寫亦有多處；殿本的刊竣時間在浙本之後；浙本與殿本並非源出同一個底本。所論持之有據，言之有理，推演嚴謹，其結論雖不致每條都令人信服，但至少『浙本出於殿本』之説不能成立、殿本優於浙本這兩點可以成爲定論，遂得轉成學術主流觀點。

浙本與殿本的關係，成爲學術公案，聚訟多時，而且牽涉郭伯恭、王重民、昌彼得、崔富章等諸多名家，令人感慨：學無止境，此之謂也。尤有進者，受其影響，洪波一九九〇年代參與主持中華書局殿本《總目》整理時，也曾有『《欽定四庫全書總目》完成之後，於乾隆五十四年由武英殿首次刊印，是爲殿本。乾隆六十年浙江官府根據杭州文瀾閣所藏殿本重刻，是爲浙本』之誤。二〇一六年我奉命組建湖南大學中國四庫學中心，再與中華書局合作，準備出版繁體字《總目》整理本，而重操舊業，驚爲局外之人！於是，老老實實，從頭開始學術綜述之路，以期能夠順利進入相關研究工作。其間，久負盛名的國家圖書館出版社《國學基本典籍叢刊》決定收入殿本《總目》，主其事者爲好友南江濤先生，蒙其抬舉，令在下敘言於卷前。洪波何德何能，且正苦於如何再入書山，不敢造次，謹强爲《總目》各刻本之事，以應江濤差命。

鄧洪波

二〇一八年九月三日，記於湖南大學嶽麓書院勝利齋

# 總目録

## 第一册



## 第二册

## 第三册



## 第四册



## 第五册

## 第六册



## 第七册

## 第八册



## 第九册



## 第一〇册

## 第一一册



## 第一二册

## 第一三册



## 第一四册



## 第一五册

## 第一六册



## 第一七册



## 第一八册

## 第一九册



## 第二〇册

## 第二一册



## 第二二册

## 第二三册



## 第二四册



## 第二五册

## 第二六册



## 第二七册

## 第二八册



## 第二九册

## 第三〇册



## 第三一册



## 第三二册

## 第三三册



## 第三四册

## 第三五册



## 第三六册

第三七册



第三八册



第三九册

## 第四〇册



## 第四一册



## 第四二册

## 第四三册



## 第四四册

## 第四五册



## 第四六册



## 第四七册

第四八册



第四九册



第五〇册

## 第五一册



## 第五二册



## 第五三册

## 第五四册



## 第五五册



## 第五六册

## 第五七册



## 第五八册



## 書名筆畫索引

## 人名筆畫索引

# 第一册目録

據天津圖書館藏清乾隆武英殿刻本影印原書版框高十九點三厘米寬十三點七厘米

# 欽定四庫全書總目

聖諭 進表職名 卷

凡例 門目 首

欽定四庫全書總目卷首一

聖諭

乾隆三十七年正月初四日奉

上諭朕稽古右文聿資治理幾餘典學日有孜孜因思

策府縹緗載籍極博其鉅者羽翼經訓垂範方來固

足稱千秋法鑒卽在識小之徒專門撰述細及名物

象數兼綜條貫各自成家亦莫不有所發明可爲游

藝養心之一助是以御極之初卽詔中外搜訪遺書

並令儒臣校勘十三經二十一史徧布黌宮嘉惠後

學復開館纂修綱目三編通鑑輯覽及三通諸書凡藝林承學之士所當戶誦家絃者旣已薈萃各備策念讀書固在得其要領而多識前言往行以蓄其德惟蒐羅益廣則研討愈精如康熙年間所修圖書集成全部兼收並錄極方策之大觀引用諸編率屬因類取裁勢不能悉載全文使閱者沿流溯源一一徵其來處今內府藏書插架不爲不富然古今來著作之手無慮數千百家或逸在名山未登柱史正宜及時採集彙送京師以彰千古同文之盛其令直省督

撫學政等通飭所屬加意購訪除坊肆所售舉業時文及民間無用之族譜尺牘屏幛壽言等類又其人本無實學不過嫁名馳騖編刻酬倡詩文瑣屑無當者均無庸採取其歷代流傳舊書內有闡明性學治法關繫世道人心者自當首先購覓至若發揮傳注攷覈典章旁暨九流百家之言有裨實用者亦應備爲甄擇又如歷代名人洎本朝士林宿望向有詩文專集及近時沈潛經史原本風雅如顧棟高陳祖范任啟運沈德潛輩亦各著成編並非勦說卮言可比

均應概行查明在坊肆者或量為給價家藏者或官為裝印其有未經鐫刊祇係抄本存留者不妨繕錄副本仍將原書給還並嚴飭所屬一切善為經理毋使吏胥藉端滋擾但各省蒐輯之書卷帙必多若不加之鑑別悉令呈送煩複皆所不免著該督撫等先將各書敘列目錄注係某朝某人所著書中要旨何在簡明開載具摺奏聞候彙齊後令廷臣檢覈有堪備閲者再開單行知取進庶幾副在石渠用儲乙覽從此四庫七畧益昭美備稱朕意焉欽此

乾隆三十八年二月初六日奉
旨軍機大臣議覆朱筠條奏內將永樂大典擇取繕寫各自爲書一節議請分派各館修書翰林等官前往檢查恐責成不專徒致歲月久稽汗青無日蓋此書移貯年久既多殘缺又原編體例係分韻類次先已割裂全文首尾難期貫串特因當時採摭甚博其中或有古書善本世不恒見今就各門彙訂可以湊合成部者亦足廣名山石室之藏著即派軍機大臣爲總裁官仍於翰林等官內選定員數責令及時專司

查校將原書詳細檢閱並將圖書集成互爲校覈擇
其未經採錄而實在流傳已久尚可裒綴成編者先
行摘開目錄奏聞候朕裁定其應如何酌定規條即
著派出之大臣詳悉議奏至朱筠所奏每書必校其
得失撮舉大旨敘於本書卷首之處若欲悉仿劉向
校書序錄成規未免過於繁冗但向閱內府所貯康
熙年間舊藏書籍多有摘敘簡明畧節附夾本書之
內者於檢查洵爲有益應俟移取各省購書全到時
即令承辦各員將書中要指櫽括總敘厓畧粘開卷

副頁右方用便觀覽餘依議欽此

乾隆三十八年二月十一日奉

上諭昨據軍機大臣議覆朱筠條奏校核永樂大典一摺已降旨派軍機大臣爲總裁揀選翰林等官詳定條規酌量辦理茲檢閱原書卷首序文其言採掇蒐羅頗稱浩博謂足津逮四庫及攷之書中別部區函編韻分字意在貪多務得不出類書窠臼是以踳駁乖離於體例未能允協即如所用韻次不依唐宋舊部惟以洪武正韻爲斷已覺淩雜不倫況經訓爲羣

籍根源乃因各韻轇轕於易先列彖卦於詩先列大東於周禮先列冬官且採用各字不論易書詩禮春秋之序前後錯互甚至載入六書篆隸眞草字樣摭拾米芾趙孟頫字格描頭畫角支離無謂至儒書之外闌入釋典道經於古柱下史專掌藏書守先待後之義尤爲鑿枘不合朕意從來四庫書目以經史子集爲綱領裒輯分儲實古今不易之法是書旣遺編淵海若準此以採擷所登用廣石渠金匱之藏較爲有益著再添派王際華裘曰修爲總裁官卽令同遴

簡分校各員悉心酌定條例將永樂大典詳悉校核除本係現在通行及雖屬古書而詞義無關典要者不必再行採錄外其有實在流傳已少其書足資啟牖後學廣益多聞者即將書名摘出撮取著書大旨敘列目錄進呈俟朕裁定彙付剞劂其中有書無可採而其名未可盡滅者祇須注出簡明畧節以佐流傳考訂之用不必將全部付梓副朕裨補闕遺嘉惠士林至意再是書卷帙如此繁重而明代蒇役僅閱六年今諸臣從事釐輯更係棄多取少自當刻期告

竣不得任意稽延徒誚汗青無日仍將應定條例即
行詳議具奏欽此

乾隆三十八年五月十七日奉

上諭前經降旨博採遺編彙爲四庫全書用昭石渠美
備並以嘉惠藝林旋據浙江江南督撫及兩淮鹽政
等奏到購求呈送之書已不下四五千種並有稱藏
書家願將所有舊書呈獻者固屬踴躍奉公尚未能
深喻朕意方今文治光昭典籍大備恐名山石室儲
蓄尚多用是廣爲蒐輯俾無遺佚冀以闡疑補闕所

有進到各遺書並交總裁等同永樂大典內現有各種詳加核勘分别刊抄擇其中罕見之書有益於世道人心者壽之梨棗以廣流傳餘則選派謄錄彙繕成編陳之冊府其中有俚淺訛謬者止存書名彙爲總目以彰右文之盛此採擇四庫全書本指也今外省進到之書大小長短參差不一既無當於編列縹緗而業已或刻或抄其原書又何必復留內府且伊等將珍藏善本應詔彙交深爲可嘉若因此收藏不發轉使耽書明理之人不得保其世守於理未爲公

允朕豈肯爲之所有各家進到之書俟校辦完竣日仍行給還原獻之家但現在各省所進書籍已屬不少嗣後自必陸續加多其如何分別標記俾還本人不致淆混遺失之處著該總裁等妥議具奏仍將此

通諭知之欽此

乾隆三十八年八月二十五日奉

上諭辦理四庫全書處將永樂大典內檢出各書陸續

進呈朕親加披閱間予題評見其考訂分排具有條理而撰述提要粲然可觀則成於紀昀陸錫熊之手

二人學問本優校書亦極勤勉甚屬可嘉紀昀曾任學士陸錫熊現任郎中均著授爲翰林院侍讀遇缺即補以示獎勵欽此

乾隆三十九年五月十四日奉

上諭國家當文治休明之會所有古今載籍宜及時蒐羅大備以光冊府而裨藝林因降旨命各督撫加意採訪彙上於朝旋據各省陸續奏送而江浙兩省藏書家呈獻種數尤多廷臣中亦有紛紛奏進者因命詞臣分別校勘應刊應錄以廣流傳其進書百種以

上者並命擇其中精醇之本進呈乙覽朕幾餘親為
評詠題識簡端復命將進到各書於篇首用翰林院
印並加鈐記載明年月姓名於書面頁俟將來辦竣
後仍給還各本家自行收藏其已經題詠諸本並令
書館先行錄副將原書發還俾收藏之人益增榮幸
今閱進到各家書目其最多者如浙江鮑士恭范懋
柱汪啟淑兩淮之馬裕四家為數至五六七百種皆
其累世弆藏子孫克守其業甚可嘉尚因思內府所
有古今圖書集成為書城鉅觀人間罕覯此等世守

陳編之家宜俾專藏勿失以示留貽鮑士恭范懋柱
汪啓淑馬裕四家著賞古今圖書集成各一部以爲
好古之勸又如進呈一百種以上之江蘇周厚堉蔣
曾瑩浙江吳玉墀孫仰曾汪汝瑮以及朝紳中黃登
賢紀昀勵守謙汪如藻等亦俱藏書舊家並著每人
賞給内府初印佩文韻府各一部俾亦珍爲世寶以
示嘉獎以上應賞之書其外省各家著該督撫鹽政
派員赴武英殿領回分給其在京各員即令其親赴
武英殿祗領仍將此通諭知之欽此

乾隆三十九年七月二十五日奉

諭旨四庫全書處進呈總目於經史子集內分晰應刻應抄及應存書名三項各條下俱經撰有提要將一書原委撮舉大凡并詳著書人世次爵里可以一覽了然較之崇文總目蒐羅既廣體例加詳自應如此辦理第此次各省搜訪書籍有多至百種以上至六七百種者如浙江范懋柱等家其裒集收藏深可嘉尚前已降旨分別頒賞古今圖書集成及初印佩文韻府并擇其書尤雅者製詩親題卷端俾其子孫世

守以爲稽古藏書者勸今進到之書於纂輯後仍須發還本家而所撰總目若不載明係何人所藏則閱者不能知其書所自來亦無以彰家藏珍弆資益之善著通查各省進到之書其一人而收藏百種以上者可稱爲藏書之家卽應將其姓名附載於各書提要末其在百種以下者亦應將由某省督撫某人採訪所得附載於後其官板刊刻及各處陳設庫貯者俱載內府所藏使其眉目分明更爲詳細至現辦四庫全書總目提要多至萬餘種卷帙甚繁將來抄刻

成書繙閱已頗為不易自應於提要之外另刊簡明
書目一編祇載某書若干卷註某朝某人撰則篇目
不繁而檢查較易俾學者由書目而尋提要由提要
而得全書嘉與海內之士考鏡源流用昭我朝文治
之盛著四庫全書處總裁等遵照悉心妥辦並著通
諭知之欽此

乾隆四十年十一月十七日奉

上諭據四庫全書館總裁將所輯永樂大典散片各書
進呈朕詳加披閱內宋劉跂學易集十二卷擬請刊

刻其中有青詞一體乃道流祈禱之章非斯文正軌前因題胡宿集見其有道院青詞教坊致語之類命刪去刊行而抄本仍存其舊今劉跂所作則因已身服藥交年瑣事用青詞致告尤爲不經雖抄本不妨姑存刊刻必不可也葢青詞跡涉異端不特周程張朱諸儒所必不肯爲卽韓柳歐蘇諸大家亦正集所未見若韓愈之送窮文柳宗元之乞巧文此乃擬托神靈游戲翰墨不過借以喻言並非實有其事偶一爲之固屬無害又如時文爲舉業所習自前明以來

通人擅長者甚多然亦只可聽其另集專行不並登文集況青詞之尤乖典則者乎再所進書內有擬請抄錄之王質雪山集內如論和戰守疏及上宋孝宗書諸篇詞旨剴切頗當事理竟宜付之剞劂但其中亦有青詞一種並當一律從刪所有此二書著交該總裁等重加釐正分別削存用昭評隲之允至現在纂輯四庫全書部帙計盈數萬所採詩文既多自不能必其通體完善或大端可取原不妨棄瑕錄瑜如宋穆修集有曹操帳記語多稱頌謬於是非大義在

所必删而全集或錄存亦不必因此以廢彼惟當於提要內闡明其故使去取之義曉然諸凡相類者均可照此辦理該總裁等務須詳慎决擇使羣言悉歸雅正副朕鑑古斥邪之意欽此

乾隆四十一年六月初一日奉

上諭昨四庫館進呈裒集永樂大典散篇內有麟臺故事一編爲宋待制程俱撰具詳當時館閣之制所載典掌三館秘閣書籍以執政領閣事又有直秘閣秘閣校理等官頗稱賅備方今蒐羅遺籍彚爲四庫全

書每輯錄奏進朕親披閱釐正特於文華殿後文淵閣弆之以充策府而昭文治淵海縹緗蔚然稱盛第文淵閣國朝雖爲大學士兼銜而非職掌在昔並無其地茲既崇構鼎新琅函環列不可不設官兼掌以副其實自宜酌衷宋制設文淵閣領閣事總其成其次爲直閣事同司典掌又其次爲校理分司註冊點驗所有閣中書籍按時檢曝雖責之內府官屬而一切職掌則領閣事以下各任之於內閣翰詹衙門內兼用其每銜應設幾員及以何官兼充著大學士會

同吏部翰林院定議列名具奏候朕簡定令各分職
繫銜將來即爲定額用垂久遠至於四庫所集多人
間未見之書朕勤加採訪非徒廣金匱石室之藏將
以嘉惠藝林啟牖後學公天下之好也惟是鐫刻流
傳僅什之一而抄錄儲藏者外間仍無由窺覩豈朕
右文本意乎翰林原許讀中秘書即大臣官員中有
嗜古勤學者並許告之所司赴閣觀覽第不得携取
出外致有損失其如何酌定章程並著具奏以聞欽
此

乾隆四十一年七月二十六日奉

上諭關帝在當時力扶炎漢志節凛然乃史書所謚並非嘉名陳壽於蜀漢有嫌所撰三國志多存私見遂不爲之論定豈得謂公從前

世祖章皇帝曾降

諭旨封爲忠義神武大帝以褒揚盛烈朕復於乾隆三十二年降旨加靈佑二字用示尊崇夫以神之義烈忠誠海内咸知敬祀而正史猶存舊謚隱寓譏評非所以傳信萬世也今當抄録四庫全書不可相沿陋習

所有志內關帝之謚應改爲忠義第本傳相沿已久
民間所行必廣難於更易著交武英殿將此旨刊載
傳末用埀久遠其官板及內府陳設書籍並著改刊
此旨一體增入欽此
乾隆四十一年九月三十日奉
上諭昨四庫全書薈要處呈進抄錄各種書籍朕於幾
餘披閱見粘籤考訂之處頗爲詳細所有各籤向曾
令其附錄於每卷之末卽官板諸書亦可附刻卷尾
惟民間藏板及坊肆鐫行之本難以槩行刊入其原

書訛舛業經訂正者外間仍無由得知尚未足以公好天下也前經降旨令將四庫全書總目及各書提要編刊頒行所有諸書校訂各簽並著該總裁等另爲編次與總目提要一體付聚珍板排刊流傳旣不虛諸臣校勘之勤而海內承學者得以由此研尋凡所藏書皆成善本亦以示嘉惠士林至意欽此

乾隆四十一年十一月十七日奉

上諭前因彙輯四庫全書諭各省督撫遍爲採訪嗣據陸續送到各種遺書令總裁等悉心校勘分別應刊

應鈔及存目三項以廣流傳第其中有明季諸人書
集詞意牴觸本朝者自當在銷燬之列節經各督撫
呈進並飭館臣詳細檢閱朕復於進到時親加披覽
覺有不可不爲區別甄核者如錢謙益在明已居大
位又復身事本朝而金堡屈大均則又遁跡緇流均
以不能死節靦顏苟活乃托名勝國妄肆狂猖其人
實不足齒其書豈可復存自應逐細查明槩行燬棄
以勵臣節而正人心若劉宗周黃道周立朝守正風
節凜然其奏議慷慨極言忠藎溢於簡牘卒之以身

殉國不愧一代完人又如熊廷弼受任疆場材優幹濟所上封事語多剴切乃爲朝議所撓致使身陷大辟嘗閲其疏内有灑一腔之血於朝廷付七尺之軀於邊塞二語親爲批識云至此爲之動心欲淚而彼之君若不聞明欲不亡得乎可見朕大公至正之心矣又如王允成南臺奏稿彈劾權奸指陳利獘亦爲無慚骨鯁又如葉向高爲當時正人頗負重望及再入内閣值逆閹弄權調停委曲雖不能免責賢之備然視其綸扉奏草請補閣臣疏至七十上幾於痛哭

流涕一槩付之不答其朝綱叢脞可不問而知也以上諸人所言若當時能採而用之敗亡未必若彼其速是其書爲明季喪亂所關足資考鏡惟當改易違碍字句無庸銷燬又彼時直臣如楊漣左光斗李應昇周宗建繆昌期趙南星倪元璐等所有書籍並當以此類推即有一二語傷觸本朝本屬各爲其主亦止須酌改一二語實不忍並從焚棄致令湮没不彰至黄道周另有博物典彙一書不過當時經生家策料之類然其中紀本朝事蹟一篇於李成梁後設謀

甚害具載本末尤足徵我朝
祖宗行事正大光明實大有造於明人而彼轉逞狡謀陰
計以怨報德伏讀
實錄我
太祖高皇帝以七大恨告
天師直爲壯神戈所指肇建鴻基實自古創業者所莫及
雖彼之臣子亦不能變亂黑白曲爲隱諱存其言并
可補當年紀載所未備因命館臣酌加節改附載
開國方畧後以昭徵信近復閱江蘇所進應燬書籍內有

朱東觀編輯崇禎年間諸臣奏疏一卷其中多指言明季秕政漸至瓦解而不可救亦足取爲殷鑒雖諸疏中多有乖觸字句彼皆忠於所事實不足罪惟當酌改數字存其原書使天下後世曉然於明之所以亡與本朝之所以興俾我子孫永念

祖宗締造之艱難益思兢兢業業以祈

天而永

命其所稗益豈不更大又何必急燬其書乎又若彙選各家詩文內有錢謙益屈大均所作自當削去其餘原

可留存不必因一二匪人致累及衆或明人所刻類書其邊塞兵防等門所有觸礙字樣固不可存然祇須削去數卷或削去數篇或改定字句亦不必因一二卷帙遂廢全部他如南宋人書之斥金明初人書之斥元其悖於義理者自當從改其書均不必燬使無礙之書原聽其照舊流行而應禁之書自不致仍前藏匿方爲盡善著四庫全書總裁等妥協查辦粘簽呈覽候朕定奪並將此通諭中外知之欽此

乾隆四十二年十月初七日奉

上諭四庫全書館進呈李廌濟南集其詠鳳凰臺一首有漢徹方秦政何乃誤至斯之語於理不順因檢查北史文苑傳敘亦有頡頏漢徹跨躡曹丕之句韻府因而錄入均屬未協秦始皇焚書坑儒其酷虐不可枚舉號爲無道秦後之人深惡痛絕因而顯斥其名尚無不可若曹丕躬爲篡逆稱名亦宜至漢武帝在漢室尚爲振作有爲之主且興賢用能獨持綱紀雖黷武惑溺神仙乃其小疵豈得直書其名與秦政曹丕並論乎且自古無道之君至桀紂而止故有指爲

獨夫受者若漢之桓靈昏庸狂暴遂至滅亡亦未聞稱名指斥何於武帝轉從貶抑乎又如南北朝彼此互相詆毁南朝臣子稱北朝主之名北朝臣子稱南朝主之名宋之於金元金元之於宋亦然此皆局於其地之私心雖非天下之公尚無傷於正理若李延壽乃唐臣李膺乃宋臣其於中國正統之漢武帝伊祖未嘗不曾爲其臣豈應率逞筆端罔顧名義輕妄若此且朕御製詩文內如周程張朱皆稱爲子而不斥其名又如韓昌黎蘇東坡諸人或有用入詩文者

亦止稱其號而不名朕於異代之臣尚不欲直呼其名乃千古以下之臣轉將千古以上之君稱名不諱有是理乎朕命諸臣辦理四庫全書親加披覽見有不協於理者如關帝舊謚之類即降旨隨時釐正惟準以大中至正之道爲萬世嚴褒貶即以此衡是非此等背理稱名之謬豈可不爲改正以昭示方來著交武英殿將北史文苑傳敘改爲漢武韻府內删去此條酌爲改刊所有陳設之書悉心改補其李廌集亦一體更正並諭四庫全書館臣等於校勘書籍內

遇有似此者俱加籤擬改聲明進呈毋稍忽畧將此
通諭知之欽此

乾隆四十二年十一月十四日奉
上諭前日披覽四庫全書館所進宗澤集內將夷字改寫彝字狄字改寫敵字昨閱楊繼盛集內改寫亦然而此兩集中又有不改者殊不可解夷狄二字屢見於經書若有心改避轉爲非理加論語夷狄之有君孟子東夷西夷又豈能改易亦何必改易且宗澤所指係金人楊繼盛所指是諳達更何所用其避諱耶

因命取原本閲之則已改者皆係原本妄易而不改者原本皆空格加圈二書刻於康熙年間其謬誤本無庸追究今辦理四庫全書應抄之本理應斟酌妥善在謄錄草野無知照本抄謄不足深責而空格則係分校所填既知填從原文何不將其原改者悉爲更正分校覆校俱係職官豈宜失檢若此至總裁等身爲大臣於此等字面尤應留心細勘何竟未能逐一校正其咎更無所辭非他書總核記過者可比所有此二書之分校覆校及總裁官俱交部分別

議處除此二書改正外他書有似此者並著一體查明改正並諭該館臣嗣後務悉心詳校毋再輕率干咎欽此

乾隆四十四年二月二十六日奉

上諭四庫全書館節次彙進各省送到違礙應燬書籍朕親加抽閱內如徐必達南州草所載奸商奸璫結賄欺君諸疏俱持論不撓極爲伉直又如蕭近高疏草內載其劾大璫潘相等以礦稅擾民宋一韓掖垣封事亦有劾東廠及稅監李鳳梁永等蠹國病民諸

疏均屬詳明剴切又侯震暘天垣疏畧以客氏再入
禁中抗章極論幷及於沈㴶之交通內臣亦能侃侃
不阿雖其間若徐爾一之九八分疏極口詆斥孫承
宗而於温體仁霍維華等則曲加贊譽是非倒置以
圖熒聽此外亦不過摭拾陳言固無足取其餘讜論
危言切中彼時弊病者實俱無慚骨鯁前因明季諸
臣如劉宗周黃道周等立身行己秉正不回其抗疏
直諫皆意切於匡正時艱忠藎之忱溢於簡牘已降
旨將其違礙字句酌量改易毋庸銷燬因復思明自

神宗以後朝多粃政諸臣目擊國勢之阽危往往苦口極言無所隱諱雖其君置若罔聞不能稍收補救之效而遺篇具在凡一時廢弛瞀亂之迹痛切敷陳足資考鏡朕以爲不若擇其較有關係者別加編錄名爲明季奏疏勒成一書使天下萬世曉然於明之所以亡亦可垂示方來永爲殷鑒況諸臣彈劾權奸指摘利病至不憚再三入告實皆出自愛君體國之誠而其姓名章疏不盡見於明史朕方欲闡幽顯微又何忍令其湮沒弗彰況諸臣在勝國言事於我國

家間有干犯之語彼自爲其主不宜深責非若身入
本朝肆爲詆悖者可比原不妨就其應存諸疏將觸
背字面量爲改易選錄餘仍分别撤燬於辦理違礙
書籍似屬並行不悖著交該總裁遴選一二人詳悉
校閱編輯繕錄以次呈覽候朕鑒定並將此通諭中
外知之欽此

乾隆四十五年九月十七日奉

上諭國初設官分職不殊周官法制及定鼎中原參稽
前代不繁不簡最爲詳備其間因革損益名異實同

稽古唐虞建官惟百內有百揆四岳外有州牧侯伯奮庸熙載亮釆惠疇周則監於二代立三公三孤秦漢以後爲丞相爲中書門下平章知政事明洪武因胡惟庸之故改丞相爲大學士其實官名雖異職守無殊惟在人主太阿不移簡用得人則雖名丞相不過承命奉行卽改稱大學士而所任非人竊弄威福嚴嵩之流非仍名大學士者乎蓋有是君方有是臣惟后克艱厥后庶臣克艱厥臣昔人言天下之安危係乎宰相其言實似是而非也至六官卽今之六部

周禮典制綦詳要亦本於唐虞司徒秩宗諸職外而
督撫自秦漢以來所稱守牧節度行省即唐虞十二
牧之遺歷朝改革建置紛如難以縷數我國家文武
內外官職品級載在大清會典本自秩然至於援古
証今今之某官即前某代某官又或古有今無或古
無今有允宜勒定成書昭垂永久俾覽者一目了然
現在編列四庫全書遺文畢集著即派總纂總校之
紀昀陸錫熊陸費墀孫士毅等悉心校覈將本朝文
武內外官職階級與歷代沿襲異同之處詳稽正史

博叅羣籍分晰序說簡明精審毋冗毋遺其議政大臣領侍衛內大臣八旗都統護軍統領健鋭火器營內務府并駐防將軍及新疆增置各官亦一體詳晰考証分門別類纂成歷代職官表一書由總裁覆核陸續進呈候朕閱定書成後即以此旨冠於卷首不必講序列入四庫全書刊布頒行以昭中外一統古今美備之盛因首論丞相一官餘可類推覽是編者其各顧名思義凜然於天工人代兢兢業業夙夜靖共以庶幾克艱無曠之義欽哉特諭欽此

乾隆四十六年二月十三日奉

上諭據四庫全書總裁奏進所辦總目提要內請於經史子集各部冠以

聖義

聖謨等六門恭載

列聖欽定諸書及朕御製御批各種所擬殊屬棼繁從前

開館之初曾經降旨以四庫全書內惟集部應以本

朝

御製詩文集冠首至經史子三部仍照例編次不必全以

本朝官書爲首今若於每部內又特標
聖義諸名目雖爲尊崇起見未免又多增義例朕意如
列聖御纂諸經列於各本經諸家之前
御批通鑑綱目等書列於各家編年諸書之前
五朝聖訓
硃批諭旨方畧等書列於詔令諸門之前
御注道德經列於各家所注道德經之前其他以類仿照
編次俾尊崇之義與編纂之體並行不悖至閱其總
目特載朕前後修書諭旨及御題四庫諸書詩文爲

卷首所辦未爲盡協四庫全書體大物博將來書成
之日篇帙浩繁舉何爲序所有歷次所降諭旨刊之
總目首卷以當序事屬可行且官撰諸書亦有以諭
旨代弁言者自不得不如此辦理至朕題四庫諸書
詩文若亦另編卷首將來排列轉在
列聖欽定諸書之前心尤未安雖纂校諸臣尊君之意然
竟似四庫全書之緝端爲朕詩文而設者然朕不爲
也著將所進詩文六卷撤出仍分列入朕御製詩文
集內俾各爲卷首則編排在

列朝欽定諸書之後而四庫書內朕所題各書詩文列在
本集首卷庶眉目清而開帙了然將此諭令館臣遵
照辦理欽此
乾隆四十六年二月十五日奉
上諭昨據四庫全書總裁奏進總目請於經史子集各
部冠以
聖義
聖謨等六門業經降旨令將
列朝御纂

御批

御製各書分列各家著撰之前不必特標名目並令將卷首所錄御題四庫諸書詩文撤出分列御製詩文各集之前所以示大公也朕一再思維四庫全書之輯廣搜博採彙萃羣書用以昭垂久遠公之天下萬世如經部易類以子夏易傳冠首實爲說易家最古之書允宜弁冕羲經若以

欽定諸書列於各代之前雖爲纂修諸臣尊崇本朝起見而於編排體例究屬未協況經史子集各部內尚有

前代帝王論著以本朝
欽定各書冠之亦有未合在編輯諸臣自不敢輕議及此
朕則筆削權衡務求精當使綱舉目張體裁醇備足
爲萬世法制卽後之好爲論辨者亦無從置議方爲
盡善所有四庫全書經史子集各部俱照各按撰述
人代先後依次編纂至我朝
欽定各書仍各按門目分冠本朝著錄諸家之上則體例
精嚴而名義亦秩然不紊稱朕折衷詳慎之至意將
此諭令館臣遵照辦理欽此

乾隆四十六年十月十六日奉

上諭四庫全書館進呈書內有宋葉隆禮奉勅所撰契丹國志其說採摘通鑑等編及諸說部書按年臚載抄撮成文中間體例混淆書法訛舛不一而足如書既名契丹國志自應以遼爲主乃卷首年譜既標太祖太宗等帝而事實內又稱遼帝稱國主豈非自亂其例又是書既奉南宋孝宗勅撰而評斷引宋臣胡安國語稱爲胡文定公實失君臣之體甚至大書遼帝紀元於上而以宋祖建隆等年號分註於下尤爲

紕繆夫梁唐晉漢周僭亂之主享國日淺且或稱臣稱兒稱孫於遼分注紀元尚可若北宋則中原一統豈得以春秋分國之例槩分註於北遼之下又引胡安國論斷以封廹其父開門納晉軍之楊承勳謂變而不失其正時承勳同父被晉圍慮禍及身乃封其父致被晉戮而已受晉爵賞夫大義滅親父可施之子子不可施之父父既背叛子惟一死以答君親豈有滅倫背義尚得謂之變而不失其正此乃胡安國華夷之見芥蔕於心右逆子而亂天經誠所謂胡說

也其他乖謬種種難以枚舉朕詳加披覽經指駁者數十條館臣乃請撤出此部書朕以春秋天子之事是非萬世之公昨曾著正統辨論斷甚明今契丹國志既有成書紀載當存其舊惟體例書法訛謬於綱目大義有乖者不可不加釐正著總纂紀昀等詳加校勘依例改纂其志中之事蹟如祭用白馬灰牛毡中枯骨變形視事及戴野猪頭披皮之類雖迹涉荒誕然與詩書所載簡狄吞卵姜嫄履武復何以異葢神道設教古今胥然義正如此又何必信遠而疑近

乎其餘遼帝過舉如母后擅權諸事足爲後世鑒戒
者仍據志實書一字不可易該總裁等覆閱進呈候
朕親定錄入四庫全書並將此旨書於簡端以昭綱
常名教大公至正之義特諭欽此

乾隆四十六年十月二十七日內閣奉

上諭歷代明臣奏疏向有流傳選刻之本四庫全書內
亦經館臣編次進呈其中危言讜論關係前代得失
者固可援爲法戒因思勝國去今尤近三百年中藎
臣傑士風節偉著者實不乏人跡其規陳治亂抗疏

批鱗當亦不亞漢唐宋元諸臣而奏疏未有專本使當年繩愆糾繆忠君愛國之忱後世無由想見誠闕典也即或其人品誼未醇而其言一事陳一弊切中利病有裨時政者亦不可以人廢言至神宗以後諸臣奏疏內有因邊瀋用兵涉及本朝之處彼時主闇政昏太阿倒置閹人竊柄權倖滿朝以致舉錯失當賞罰不明其君綴旒於上竟置國事若罔聞遂至流寇四起兵潰餉絕種種秕政指不勝數若楊漣左光斗熊廷弼諸人或折衝疆埸或正已立朝俱能慷慨

建議剴切敷陳設明之君果能採而用之猶不致敗亡若是之極其事距今百十餘年殷鑒不遠尤當引爲炯戒則諸人奏疏不可不亟爲輯錄也除明史本傳外所有入四庫全書諸人文集均當廣爲蒐採裒集成編即有違碍字句祇須畧爲節潤仍將原文錄入不可刪改此事關係明季之所以亡與我朝之所以興敬怠之分

天人之際不可不深思遠慮觸目警心著派諸皇子同總師傅蔡新等爲總裁其皇孫皇曾孫之師傅翰林等

即著爲纂修校錄陸續進呈候朕親裁書成後即交
武英殿刊刻仍鈔入四庫全書將此旨冠於簡端所
有前派紀昀等選出神宗以後各奏疏即著歸入此
書按其朝代一體編纂特諭欽此

乾隆四十六年十一月初六日內閣奉
上諭昨閱四庫館進呈書有朱存孝編輯迴文類聚補
遺一種內載美人八詠詩詞意媟狎有乖雅正夫詩
以溫柔敦厚爲教孔子不刪鄭衛所以示刺示戒也
故三百篇之旨一言蔽以無邪即美人香草以喻君

子亦當原本風雅歸諸麗則所謂托興遥深語在此而意在彼也自玉臺新詠以後唐人韓偓輩務作綺麗之詞號爲香奩體漸入浮靡尤而效之者詩格更爲卑下今美人八詠內所列麗華髮等詩毫無寄托輒取俗傳鄙褻之語曲爲描寫無論詩固不工即其編造題目不知何所証據朕輯四庫全書當採詩文之有關世道人心者若此等詩句豈可以體近香奩槩行採錄所有美人八詠詩著即行撤出至此外各種詩集內有似此者亦著該總裁督同總校分校等

詳細檢查一併撤出以示朕釐正持體崇尚雅醇之

至意欽此

# 欽定四庫全書總目卷首二

## 進表

多羅質郡王臣永瑢等爲奉

敕編纂四庫全書告成謹奉

表上

進者伏以

天璣甄度書林占五緯之祥

帝鏡懸光藝苑定千秋之論

立綱維於鼇極函列雲珠

嬗刪述於龍蹲契昭虹玉理符心矩絜三古以垂謨
道叶神樞滙九流而證聖治資鑒古德洽敷文臣
等誠懽誠忭稽首頓首上言竊惟神霄九野太清
耀東壁之星懸圃三成上帝擴西崑之府文章有
象翠嬀遂吐其天苞繪畫成形白阜肇圖其地絡
書傳蒼頡初徵雨粟之祥籙授黃神始貯靈蘭之
典洞庭秘簡稽大禹所深藏柱下叢編付老聃以
世守秦操金策璽籍雖焚漢理珠囊遺經故在儒
生密寶維孔鮒之承家謁者旁求見陳農之奉使

蝌文以後篇章自是滋多麟閣所儲條目於焉漸備杖吹藜火夜讐別錄之編衣染鑪香坐校中經之簿王仲寶區其流別定新志之九條阮孝緒撮其叢殘括舊傳之五部勘書妙畫世摹展氏之圖捲幔飛仙史載隋宮之蹟唐武德訖乎天寶鈿軸彌增宋景祐繼以淳熙牙籤再錄南征俘玉元還三館之嚬北極營都明運十艘之櫝莫不前徵遂古丹壺瀰合維之蹤毖發空林靑簡犹頻斯之篆西州片札辨點漆於將磨南雍殘文檢穿絲於巳

斷竹編未朽名認師春瓠本猶擕稾存班固爬羅纖碎或得諸玉枕石函掇拾畸零均給以螺丸麻紙精鏐廣購一篇增十疋之酬華贉重緗三品別兩廂之等凡以窮搜放失獵文林辨囿之精互鏡瑕瑜立聖域賢關之訓結德輿而輨轄軌順經涂俵學海以沿波源通道筏然而掇餘易匱四千卷旣丙殘膏鶩廣彌蕪百兩篇更珍贋鼎丹青失實或貽誚於王充朱紫相淆孰齊蹤於鄭默甚乃別風淮雨惜奇字而偏留或如許綠紆紅踵駁文而

莫悟蘭臺庋貯多如賄攺漆經棗板摹傳遂至譌
尊閣本故秘書總目鄭夾漈復議校讎而文苑英
華彭叔夏重加辨證從未有重熙累洽雯華懸紫
極之庭稽古崇儒冊府闢丹宸之館彌綸宙合識
大識小之無遺榮鏡登閎傳信傳疑之有準金模
特建寶思周融如
今日者也欽惟
皇帝陛下
瑞席蘿圖

神凝松楝
播威棱於十曲響震靈夔
洽文德於四溟兆開神鶩
帝嫣歌詠已題九萬瓊牋臣向編摩更緝三千寶牘博
收竹素仍沿天祿之名珍比琳瑯永付長恩之守
乃猶尋端竟委溯支絡於詞源緯地經天探精微
於義海昭陽詔歲
特紬翰府之藏永樂遺編
俯檢文樓之帙例取諸吳興韻海割裂雖多體宏於孟

蜀書林蒐羅終富榛楛宜芟
命刊削其譌言瀝液堪珍
勅比排其墜簡焦桐漆斷重膠百衲之琴古罍銅斑合
鑄九金之鼎復以羽陵蠹剩或有存留宛委藏餘
不無佚漏十行
丹詔徧徵汲古之家七錄緗囊廣啓獻書之路逸經斷
策出自太航雜卦殘篇發從老屋錦帆捩舵孟家
東路之舡玉軑飛鈴吳氏西齋之軸鱗排玉字多
王粲之所未聞筍束金繩牽張華之所莫識光明

繭紙朱題芸帙之名蟠屈鸞章紫認楓廳之印紅梨隔院曹司對設於東西青鏤濡香品第詳分其甲乙天潢演派光連太史之河卿月澄暉彩接文昌之宿總司序錄叨楊億之華資分預校讐列任宏之清秩銀袍應召驤雲路以彈冠粉署徵才記仙郎而題柱懷鉛握槧學官願効其一長切線割圜博士亦研其九術遂乃別開書局特分署於

龍墀增置鈔胥競抽毫於虎僕圖與史並陳左右粉本鉤摹隸與蝌兼備古今絲痕𧓉扁曹連什五各隸屬於寫官工辨窳良均稽研於計簿提綱挈領董成者職總監修補闕拾遺覆勘者官兼詳定庀器預儲於將作棐几筠簾傳餐徧給於大官珉麋珠簹溫鑪圍炭紋凝鸜鵒之青朗甖涵冰色映玻璃之白花甎入直地同兠率天宮蓮炬分行人到嫏嬛福地瓊箱牒送全搜縢囊帷蓋之餘

芝殿籤排共刋木扇金華之謬程材效技各一一而

使吹累牘連篇遂多多而益辦香霏辟惡擁書何止百城瀋瀆隃糜削稾寧惟兩屋譬入衆香之國目眩瞀於花光宛遊羣玉之峯神愕眙於寶氣豈但鴻都多士駴聞見所未曾實令虎觀諸儒辨姸媸而莫決所賴恭承

睿鑒提玉尺以量才仰稟

天裁握銀華而鑒物初披卷軸共掇零璣郎荷

絲綸務襲完璧吳澄易翼辨顛倒乎陰陽楊簡詩音斥混淆乎周漢稗官勦說删馬角之荒唐譯史傳聞

摘象胥之譌異醮章祈福發凡於劉歧之詞語錄
參禪示例於齊應之記固已南車指路陟道岸而
衢亨
北斗旋杓揆文星而度正洎乎羣書大集品雜金沙
聖訓彌彰鑒澄珠礫詁經忌鑿黜錯簡於龜文論史從
公溯編年於麟筆立言乖體四明之錄必刪贗古
誣眞五柳之名宜辨七籤三藏汰除釋老之編五
蠹九奸排斥申韓之術毒深孔雀無容校寫其靑
詞巧謝璇璣未許增添其錦字小山艷曲削香奩

脂盞之篇金谷新詞刋酒肆歌樓之句凡皆詞臣

之奏進誤點丹黄一經

聖主之品題立分白黑至於銅籤報夜

紫殿

勤披

玉案開緘

丹毫

親詠五家易說岐塗附鬬其傳燈四氏書箋餘緒兼詳

乎括地前車後鑒陳風雅於經筵斜上旁行寓春

秋於世本盧陵處士特申僭上之防安定門人大
著尊王之義王元杰名同讞獄爲雲谷之重儓洪
谷夔跡類探囊竊玉川之餘瀋四箴誤註寧知顏
巷之心二佛同稱轉隘尼山之量六經作繪全收
諸楊甲圖中七緯成編知出自莊周書後五音分
配篆文互備其形聲二史交參奇字各通其假借
古香馣馤細辨班書碎腋穿連重刊薛史清流羣
釁示鑒戒於東林正統明尊存綱常於西蜀派沿
涑水袁朱之新例兼存俗記扶餘班范之訛傳並

訌黨碑再勒嗟揖盜而開門權餤彌張嗤教星而替月西湖游蹟殊憐野老之藏名北使賓筵深陋詞臣之校射宋鈔僅賸蒐舊志於臨安金刻稀聞寶遺聞於貞觀或攻或守徒存十鑑之兵謀相勝相生未信五行之德運建炎政草愧彼中興至正刑章斥其左袒李尊洛學辨道命於天原酈註桑書剖源流於地理史腴詳摘有逾漢雋之精經笥懸探更勝曹倉之富至於孔庭舊語首定儒宗蔡帳秘文嚴斥異說范祖禹之帝學具有淵源曾公

亮之武經姑存崖畧橫戈危堞節取陳規握策靈臺黍徵蘇頌算窮杪忽九章研鮑瀚之藏術雜縱橫十卷稽趙棨之撰楚中隱士互權韓柳之評婺郡名賢不廢吕唐之學臚登讖記衍洪範而原非妄議井田託周官而更悞錢唐遺事深譏首鼠於宋元曲洧舊聞微憾操戈於洛蜀紬聰有取旁通方朔之言指佞無難愼聽韓非之說陳思書苑列筆陣而成圖馬總意林搴詞條而擢秀黃伯思之博洽石墨精研孫逢吉之淹通雲龍遥溯多知舊

事病歌舞之銷金一洗清波笑詞章之諛墓太平
御覽徒粉飾乎嘉名困學紀聞偶抨彈其迂論晚
唐小史入厨寧取乎卮言南宋枝談按鞠深嫌其
曲筆十七卷騷人舊製更證以草木之名二百年
吏部清吟特賞其烟霞之氣兼推韓杜續來鳳觜
之膠並採郊祁擬以棠華之句文恭著作先歐尹
而孤行忠肅風裁抗蘇程而角立勤王留守呼北
渡者凡三殉節侍郎壯南朝者惟一學如和叔原
不限以宗朱詩到儀卿乃轉嫌其入墨讀書秘閣

明詹初論古之非從宦金淵賞仇遠皒吟之癖楊
維楨取其辨統而頌莽則當誅劉宗周閔其完忠
而吠堯爲可恕凡茲
獨斷咸稟
睿裁懿此同情實孚公義苞千齡而建極道出於
天綜百氏以歸型言衷諸
聖權衡筆削事通乎春賞秋刑絜度方圓法本乎
乾規坤矩是以儀璘懸耀揆景晁趨鏞棧先鳴聆音麕
集鯨鐘方警啓蓬館以晨登鶴籥嚴關焚蘭膏以

夜繼披文計數寧止於萬七千篇按月程功務得
夫四十五日裁縫無迹先成綴白之裘傳寫相爭
齊炙汗青之竹架羅黃卷積盈有似於添籌几攤
烏皮刋謬時防其掃葉畢昇活板漸看字是排成
曾鞏官書已見序稱校上加以

乾行至健
七旬之念典彌勤
離照無遺一字之褒譏恒審梁騶緑士庚郵遞初寫之
函

雲輅巡方乙夜展重修之卷至三至再戒玉楮之遲雕
數萬數千摘金根之屢誤坤原爲銓兼搜刊板之
訛芊或作羊細檢鈔書之謬毫釐不漏戩旁添待
補之戈塗黠必嚴羅上辨績加之网削除不盡時
飭以妄下雌黃輪郭空存常
指其竟同曳白
明周纖芥共欽
睿照無遺報之微涓彌覺愧心生奮若夫考勤校惰督
課雖詳荷寵邀榮

恩慈實渥風雲得路先登或列於九官

雨露均滋中考亦賜以一級栢臺聯句聽鳳律之新聲

芸署題名踵麟臺之故事墨勻蝶翅祖帖雙鈎帙

簇龍紋

天書五色猩毛擢穎膩魚子之華牋龍尾雕紋融麝煤

之芳氣銀罌翠管細縈百和之香錦段香羅交映

五明之扇繡囊香佩鋌貯朱提珍毳豐茸帕裁白

氎雕盤列飣果分西域之甘華俎嘗新瓜勝東陵

之種自

天宣賜多非夢寐所期無地酬

恩惟以文章爲報周賅始末擬勒長編別採英華先爲

縮本爰囊長庚之紀歲慶叶

嵩呼屬太乙之占祥象符奎聚八年敬繕挹古今四庫之精兩部分儲合大小二山之數惟全書之浩博實括羣言合衆手以經營倏逾數載香薰蘭櫝方粗就而未終閣聳雲楣已先成以有待文河疏瀹初如江別爲三筆海朝宗繼乃瀆增以四望洋無際慮創始之爲難登岸有期幸觀成之可冀較刪

繁之別帙又閱兩年勒總彙之鴻裁已盈一部揮籤分帙次按乎甲乙丙丁列架臚函色別其赤青白黑經崇世教貴實徵而賤虛談史繫人心削誣詞而存公論選諸子百家之粹博收而不悖聖賢懲十八九集之非嚴汰而寧拘門戸上沿虞夏咸挹海以求珠下采元明各披沙而見寶六千篋璋分圭合延閣儲珍二百卷部次州居崇文列目釋名訓義因李肇之解題考異參同近歐陽之集古事稽其實循文防誤於樹萱詞取其詳求益非同

於買菜人無全美比量其尺短寸長諳或微瘢辨
白其玉瑕珠纇一經採錄眞同鯉上龍門附載姓
名亦使蠅隨驥尾元元本本總歸
聖主之持衡是是非非盡掃迂儒之膠柱至其盈箱積
案或汗漫而難尋復以提要鉤元期簡明而易覽
譬諸典謨紀事別行小序之一篇類乎金石成書
先列諸碑之十卷分綱列目見義例之有條按籍
披圖信源流之大備水四瀆而山五岳侔此壯觀
前千古而後萬年無斯巨帙蓋非常之制作天如

留待於今而希有之遭逢人乃躬當其盛叨司校錄實忝光榮 臣 等功謝囊螢識同闚豹鑽研文字未能脈望之通仙延綏歲時僅類鞠通之食墨仰

蒙

訓示得聞六藝之源曲荷

寬容許假十年之限百夫决拾望學的而知歸一簣成山營書巖而幸就欣陳寶笈對

軒鏡之澄光恭進

璐階同義圖之永贊從此依模范狀若疊矩而重規

因之循軌知途益輕車而熟路先難後易一隅可
得而反三謀始圖終百里勉行乎半九精心刋誤
八行細檢朱絲協力鳩工萬指齊磨烏玉連綿告
蕆竚看四奏
天閶迅速先期不待六更歲籥人文成化
帝機運經緯之功
皇極敷言
王路示會歸之準觚棱雲構嵬峩乎銀牓璇題方策星
羅珍貴乎金膏水碧曰淵曰源曰津曰溯長流萬

古之江河紀世紀運紀會紀元恒耀九霄之
日月並五經以
垂訓道通乎丹書綠字之先合六幕以同文治超於元
律蒼牙之上臣等無任瞻
天仰
聖踴躍歡忭之至謹奉
表恭
進以
聞

欽定四庫全書勘閱繕校諸臣職名

總裁官職名

歴任正總裁官

皇六子多羅質郡王臣永瑢

皇八子多羅儀郡王臣永璇

皇十一子臣永瑆

經筵日講起居注官太子太保東閣大學士管吏部刑部事翰林院掌院學士臣劉統勲

經筵講官太子太保文淵閣大學士兼工部尚書臣劉綸

經筵日講起居注官太子太保武英殿大學士管吏部刑部事翰林院掌院學士文淵閣領閣事臣舒赫德

經筵日講起居注官　太子太保領侍衛內大臣　武英殿大學士臣阿桂
管吏部事翰林院掌院學士　文淵閣領閣事一等誠謀英勇公

經筵日講起居注官　太子太保　文華殿大學士管戶部事臣于敏中
翰林院掌院學士　文淵閣領閣事世襲一等輕車都尉

經筵講官　太子太保東閣大學士管刑部事內務府總管教習庶吉士臣英廉

經筵講官　文淵閣大學士兼吏部尚書　文淵閣領閣事臣程景伊

經筵日講起居注官　太子太保　文淵閣大學士臣嵇璜
兼吏部尚書翰林院掌院學士文淵閣領閣事

太子太保　御前大臣議政大臣領侍衛內大臣兵部尚書兼管臣福隆安
工部內務府總管　文淵閣提舉閣事一等忠勇公和碩額駙

太子太保　御前大臣議政大臣領侍衛內大臣戶部臣和珅
尚書內務府總管步軍統領世襲三等輕車都尉

經筵講官協辦大學士吏部尚書兼管國子監事務臣蔡新

經筵講官　太子少傅戶部尚書臣王際華

經筵講官太子少傅工部尚書臣裘曰修

歷任副總裁官

經筵講官太子少傅戶部尚書教習庶吉士臣梁國治

經筵講官禮部尚書臣曹秀先

都察院左都御史臣張若溎

內閣學士兼禮部侍郎臣劉墉

吏部侍郎臣王杰

吏部侍郎臣彭元瑞

戶部侍郎臣金簡

經筵講官戶部侍郎臣董誥

經筵講官戶部侍郎臣曹文埴

兵部侍郎臣沈初

經筵講官刑部侍郎臣錢汝誠

工部侍郎臣李友棠

翰林院勘閱編輯四庫全書官員職名

總纂官

文淵閣直閣事兵部侍郎臣紀昀

文淵閣直閣事大理寺卿臣陸錫熊

太常寺少卿臣孫士毅

提調官

日講起居注官司經局洗馬臣夢吉

翰林院編修臣祝德麟

掌河南道監察御史臣劉錫嘏

日講起居注官翰林院侍講臣王仲愚

文淵閣校理翰林院編修臣百齡

日講起居注官文淵閣校理翰林院侍讀臣張燾

翰林院編修臣宋銑

翰林院編修臣蕭際韶

日講起居注官文淵閣校理翰林院侍讀臣德昌

翰林院編修臣黃瀛元

翰林院編修臣曹城

日講起居注官文淵閣校理翰林院侍講臣瑞保

翰林院編修臣陳崇本

文淵閣校理翰林院檢討臣五泰

翰林院檢討臣運昌

軍機處行走工科給事中臣章寶傳

軍機處行走鴻臚寺卿臣馮應榴

軍機處行走都察院左副都御史臣孫永清

軍機處行走浙江道監察御史臣史夢琦

軍機處行走戶部郎中臣劉謹之

軍機處行走工部郎中臣蔣謝庭

軍機處行走翰林院修撰臣戴衢亨

協勘總目官

文淵閣校理原任洗馬候補侍講臣劉權之

文淵閣校理翰林院編修臣汪如藻

翰林院編修臣程晉芳

翰林院編修臣李潢

翰林院庶吉士臣梁上國

禮部候補主事臣任大椿

國子監助教臣張羲年

纂修官

日講起居注官文淵閣校理左春坊左庶子臣鄒奕孝

右春坊右庶子臣平恕

翰林院侍講臣劉亨地

文淵閣校理翰林院侍講臣莊承籛
文淵閣校理翰林院侍講臣吳壽昌
文淵閣校理司經局洗馬臣翁方綱
右春坊右中允臣劉校之
翰林院編修臣勵守謙
翰林院編修臣朱鈞
翰林院編修臣藍應元
翰林院檢討臣蕭芝
翰林院編修臣鄒玉藻

翰林院編修臣王嘉曾

翰林院編修臣劉躍雲

翰林院編修臣姚頤

翰林院編修臣黃良棟

翰林院編修臣陳昌圖

翰林院修撰臣陳初哲

翰林院編修臣劉湄

翰林院編修臣鄭際唐

翰林院編修臣吳典

翰林院檢討臣左周
司經局洗馬臣黃軒
翰林院編修臣王增
翰林院編修臣范衷
翰林院編修臣王爾烈
翰林院編修臣閔思誠
翰林院編修臣林樹蕃
文淵閣校理翰林院編修臣陳昌齊
翰林院編修臣孫辰東

翰林院編修臣俞大猷

文淵閣校理翰林院編修臣李堯棟

翰林院編修臣鄒炳泰

文淵閣校理翰林院編修臣莊通敏

翰林院編修臣黃壽齡

翰林院編修臣莫瞻菉

翰林院檢討臣王坦修

翰林院編修臣許兆椿

翰林院編修臣于鼎

翰林院編修臣王春煦

翰林院編修臣吳鼎雯

翰林院編修臣吳省蘭

翰林院修撰臣汪如洋

翰林院編修臣陳萬青

翰林院編修臣余集

翰林院編修臣邵晉涵

翰林院編修臣周永年

翰林院庶吉士臣蔡廷舉

翰林院庶吉士臣楊昌霖

翰林院庶吉士臣戴震

翰林院庶吉士臣祝堃

刑部郎中臣姚鼐

天文算法纂修官

欽天監中官正臣郭長發

欽天監靈臺郎臣陳際新

算學錄臣倪廷梅

收掌官

翰林院筆帖式臣安盛額

翰林院筆帖式臣文英

翰林院筆帖式臣富廉

翰林院筆帖式臣舒明阿

翰林院筆帖式臣白瑛

翰林院筆帖式臣英璽德

翰林院筆帖式臣榮安

翰林院筆帖式臣明福

翰林院筆帖式臣博良

翰林院筆帖式臣恒敬

翰林院筆帖式臣那善

翰林院筆帖式臣長亮

翰林院筆帖式臣經德

翰林院筆帖式臣慶明

翰林院筆帖式臣盛文

翰林院筆帖式臣張純賢

翰林院筆帖式臣福智

翰林院筆帖式臣承露

翰林院孔目臣熊志契
翰林院待詔臣馬蓁
武英殿繕寫校正四庫全書官員職名
總閱官
經筵講官禮部尚書兼管樂部太常寺鴻臚寺事務臣德保
兵部尚書臣周煌
經筵講官吏部侍郎臣謝墉
禮部侍郎臣莊存與
禮部侍郎臣達椿

署工部侍郎臣汪廷璵

工部侍郎臣胡高望

内閣學士兼禮部侍郎臣汪永錫

内閣學士兼禮部侍郎臣金士松

内閣學士兼禮部侍郎臣尹壯圖

内閣學士兼禮部侍郎臣李綬

宗人府府丞臣竇光鼐

通政使司通政使臣吉夢熊

太常寺卿臣倪承寬

日講起居注官翰林院侍讀學士臣李汪度

日講起居注官文淵閣直閣事翰林院侍講學士臣朱　珪

總校兼提調官

日講起居注官文淵閣直閣事詹事府少詹事臣陸費墀

提調官

日講起居注官文淵閣直閣事翰林院侍讀學士臣彭紹觀

翰林院編修臣查　瑩

翰林院編修臣劉種之

文淵閣校理左春坊左贊善臣韋謙恒

翰林院檢討臣彭元琉
翰林院編修臣吳裕德
翰林院編修臣關　槐
翰林院編修臣周興岱

覆校官

中允銜翰林院編修臣王燕緒
翰林院編修銜臣朱　鈐
翰林院檢討臣何思鈞
翰林院庶吉士銜臣倉聖脈

分校官

日講起居注官右春坊右中允臣張書勲

文淵閣校理右春坊右中允臣季學錦

翰林院修撰臣錢棨

翰林院修撰臣金榜

翰林院編修臣張秉愚

翰林院編修臣項家達

翰林院編修臣楊壽楠

翰林院編修臣裴謙

翰林院編修臣張能照

翰林院編修臣汪學金

翰林院編修臣嚴福

翰林院編修臣孫希旦

翰林院編修臣羅修源

翰林院編修臣朱攸

翰林院編修臣邱庭漋

翰林院編修臣錢樾

翰林院編修臣周瓊

翰林院編修臣吳錫麒
翰林院編修臣蔡廷衡
翰林院編修臣翟槐
翰林院編修臣施培應
翰林院編修臣吳舒帷
翰林院編修臣何循
翰林院編修臣顏崇溈
翰林院編修臣張九鐔
翰林院編修臣王天祿

翰林院編修臣馮敏昌

翰林院編修臣朱紱

翰林院編修臣閔惇大

翰林院編修臣劉汝謩

翰林院編修臣高棫生

翰林院編修臣范來宗

翰林院編修臣馬啟泰

翰林院編修臣戴聯奎

翰林院編修臣方煒

翰林院編修臣徐如澍

翰林院編修臣戴心亨

翰林院編修臣戴均元

翰林院編修臣許烺

翰林院編修臣沈孫漣

翰林院編修臣盧應

翰林院編修臣錢栻

翰林院編修臣胡榮

翰林院編修臣程昌期

翰林院編修臣何西泰
翰林院編修臣王嘉曾
翰林院編修臣盧　遂
翰林院編修臣沈清藻
翰林院檢討臣孫玉庭
翰林院檢討臣洪其紳
翰林院檢討臣李奕疇
翰林院檢討臣温常綬
翰林院檢討臣王福清

翰林院檢討臣德生
翰林院檢討臣李鼎元
翰林院檢討臣張位
翰林院檢討臣蕭廣運
翰林院檢討臣蕭九成
翰林院檢討臣王允中
翰林院檢討臣龔大萬
翰林院檢討臣羅國俊
翰林院檢討臣錢世錫

翰林院檢討臣饒慶捷

翰林院檢討臣汪彔

翰林院檢討臣郭寅

翰林院檢討臣王汝嘉

翰林院檢討臣王鍾健

翰林院庶吉士臣馮培

翰林院庶吉士臣李廷敬

翰林院庶吉士臣吳蔚光

翰林院庶吉士臣徐文幹

翰林院庶吉士臣曾廷椳

翰林院庶吉士臣祖之望

翰林院庶吉士臣范鏊

翰林院庶吉士臣胡必達

翰林院庶吉士臣陳墉

翰林院庶吉士臣陳文樞

翰林院庶吉士臣王受

翰林院庶吉士臣王朝梧

翰林院庶吉士臣蔡共武

翰林院庶吉士臣潘紹觀

翰林院庶吉士臣蔣予蒲

翰林院庶吉士臣馮集梧

翰林院庶吉士臣曾燠

翰林院庶吉士臣吳紹浣

翰林院庶吉士臣鍾文韞

翰林院庶吉士臣俞廷掄

翰林院庶吉士臣侍朝

吏部員外郎臣張慎和

起居注主事臣牛稔文

文淵閣檢閱宗人府主事臣吕雲棟

刑部主事臣胡敏

文淵閣檢閱工部主事臣王慶長

內閣中書臣龔敬身

內閣中書臣張培

內閣中書臣李棨

內閣中書臣汪日章

內閣中書臣吳俊

內閣中書臣方維甸

內閣中書臣王璸

內閣中書臣吳紹昱

內閣中書臣毛上炱

內閣中書臣盛惇崇

內閣中書臣杜兆基

內閣中書臣雷純

文淵閣檢閱內閣侍讀臣宋鎔

文淵閣檢閱內閣侍讀臣裘行簡

文淵閣檢閱內閣中書臣李斯咏

文淵閣檢閱內閣中書臣方大川

文淵閣檢閱內閣中書臣金光悌

文淵閣檢閱內閣中書臣劉圖南

內閣中書臣李荃

內閣中書臣胡紹基

內閣中書臣董聯殼

內閣中書臣程炎

內閣中書臣王學海

內閣中書臣楊世綸

內閣中書臣閔思毅

內閣中書臣邱桂山

內閣中書臣馬猶龍

內閣中書臣甄松年

內閣中書臣沈琨

內閣中書臣鮑之鍾

內閣中書臣王照

內閣中書臣王中地

內閣中書臣費振勳

內閣中書臣沈叔埏

內閣中書臣顧宗泰

內閣中書臣楊揆

內閣中書臣洪梧

內閣中書臣江璉

內閣中書臣孫球

內閣中書臣徐秉敬

內閣中書臣秦瀛

內閣中書臣黃秉元
內閣中書臣張敦培
內閣中書臣潘奕雋
內閣中書臣張曾效
內閣中書臣石鴻翥
內閣中書臣趙秉淵
內閣中書臣劉　英
內閣中書臣沈鳳輝
內閣中書臣温汝适

內閣中書臣賈鈇

內閣中書臣章煦

內閣中書臣毛鳳儀

內閣中書臣葉菼

內閣中書臣郭晉

內閣中書臣竇汝翼

內閣中書臣張塤

內閣中書臣汪師曾

內閣中書臣言朝標

內閣中書臣趙懷玉
內閣中書臣徐步雲
內閣中書臣宋枋遠
中書科中書臣吳翼成
中書科中書臣李元春
候補中書科中書臣劉源溥
國子監助教臣陳木
國子監助教臣周鋐
國子監助教臣卜維吉

國子監助教臣金學詩

國子監助教臣黃昌禔

國子監助教臣汪錫魁

內閣典籍臣袁文邵

詹事府主簿臣汪日贊

國子監監丞臣金兆燕

國子監監丞臣張曾炳

國子監學正臣沈培

國子監學正臣蔡鎮

國子監學正臣吳垣

國子監學錄臣常循

國子監學錄臣李巖

候補國子監監學正臣張志楓

通政司經歷臣劉光第

太常寺典簿臣劉景岳

太常寺博士臣郭祚熾

進士臣柴模

進士臣吳樹萱

篆隸分校官

翰林院庶吉士臣王念孫

國子監學正臣謝登儁

繪圖分校官

工部員外郎臣門應兆

編次黄簽考證官

候補國子監司業臣王太岳

候補國子監司業臣曹錫寶

督催官

翰林院編修臣祥慶

内務府郎中臣董椿

翰林院筆帖式臣楚維寧

收掌官

中書科中書臣田起莘

中書科中書臣吳應霞

武英殿收掌官

奉宸院筆帖式臣阿克敦

筆帖式臣敷註禮

筆帖式臣德光

筆帖式臣廣傅

七品庫掌臣陸達塞

七品庫掌臣海寧

七品庫掌臣準提保

七品庫掌臣伊昌阿

委署庫掌臣海福

委署庫掌臣德明

栢唐阿臣福慶

栢唐阿臣永清

栢唐阿臣惠保

營造司庫守臣八十

武英殿監造官

內務府郎中兼佐領臣劉淳

武英殿監造臣紹言

武英殿監造臣伊靈阿

# 欽定四庫全書總目卷首三

## 凡例二十則

一是書卷帙浩博爲亘古所無然每進一編必經

親覽宏綱巨目悉禀

天裁定千載之是非決百家之疑似

權衡獨運袞鉞斯昭

睿鑒高深迥非諸臣管蠡之所及隨時

訓示曠若發蒙八載以來不能一一殫記謹錄歷次恭

奉

聖諭爲一卷載諸簡端俾共知我
皇上稽古右文功媲删述懸諸日月昭示方來與歷代
官修之本泛稱御定者迥不相同
一是書以經史子集提綱列目經部分十類史部分十五類子部分十四類集部分五類或流別繁碎者又分析子目使條理分明所錄諸書各以時代爲次其歷代帝王著作從隋書經籍志例冠各代之首至於
列朝聖製

皇上御撰揆以古例當弁冕全書而我
皇上道秉大公義求至當以四庫所錄包括古今義在
衡鑒千秋非徒取尊崇
昭代
特命各從門目弁於
國朝著述之前此尤
聖裁獨斷義惬理精非館臣所能仰贊一詞者矣
一前代藏書率無簡擇蕭蘭並擷珉玉雜陳殊未
協別裁之義今

詔求古籍

特創新規一一辨厥妍媸嚴爲去取其上者悉登編錄

罔致遺珠其次者亦長短兼臚見瑕瑜之不掩其

有言非立訓義或違經則附載其名兼匡厥謬至

於尋常著述未越羣流雖咎譽之咸無究流傳之

已久準諸家著錄之例亦併存其目以備考核等

差有辨旌別兼施自有典籍以來無如斯之博且

精矣

一自隋志以下門目大同小異互有出入亦各具

得失今擇善而從如詔令奏議文獻通考入集部今以其事關國政詔令從唐志例入史部奏議從漢志例亦入史部東都事略之屬不可入正史而亦不可入雜史者從宋史例立別史一門香譜鷹譜之屬舊志無所附麗强入農家今從尤袤遂初堂書目例立譜錄一門名家墨家縱橫家歷代著錄各不過一二種難以成帙今從黄虞稷千頃堂書目例併入雜家爲一門又別集之有詩無文者文獻通考別立詩集一門然則有文無詩者何不

別立文集一門多事區分徒滋繁碎今仍從諸史之例併爲別集一門又兼詁羣經者唐志題曰經解則不見其爲羣經朱彝尊經義考題曰羣經又不見其爲經解徐乾學通志堂所刻改名曰總經解何焯又譏其杜撰今取隋志之文名之曰五經總義凡斯之類皆務求典據非事更張

一焦竑國史經籍志多分子目頗以餖飣爲嫌今酌乎其中惟經部之小學類史部之地理傳記政書三類子部之術數藝術譜錄雜家四類集部之

詞曲類流派至爲繁夥端緒易至茫如謹約分小學爲三子目地理爲九子目傳記爲五子目政書爲六子目術數爲七子目藝術譜錄各爲四子目雜家爲五子目詞曲爲四子目使條理秩然又經部之禮類史部之詔令奏議類目錄類子部之天文算法類小說家類亦各約分子目以便檢尋其餘瑣節繁爲删併

一古來諸家著錄往往循名失實配隸乖宜不但崇文總目以樹萱錄入之種植爲鄭樵所譏今並

考校原書詳爲釐定如筆陣圖之屬舊入小學類今惟以論六書者入小學其論八法者不過筆札之工則改隸藝術羯鼓錄之屬舊入樂類今惟以論律呂者入樂其論管絃工尺者不過世俗之音亦改隸藝術左傳類對賦之屬舊入春秋類今以其但取儷詞無關經義改隸類書孝經集靈舊入孝經類穆天子傳舊入起居注類山海經十洲記舊入地理類漢武帝內傳飛燕外傳舊入傳記類今以其或涉荒誕或涉鄙猥均改隸小說他如揚

雄太元經舊入儒家類今改隸術數俞琰易外別傳舊入易類今改隸道家又如倪石陵書名似子書而實文集陳埴木鍾集名似文集而實語錄凡斯之流不可殫述並一一考核務使不失其眞

一諸書刊寫之本不一謹擇其善本錄之增刪之本亦不一謹擇其足本錄之每書名之下欽遵

諭旨各註某家藏本以不沒所自其坊刻之書不可專題一家者則註曰通行本至其編次先後漢書藝文志以高帝文帝所撰雜置諸臣之中殊爲非體

隋書經籍志以帝王各冠其本代於義爲允今從其例其餘槩以登第之年生卒之歲爲之排比或據所往來倡和之人爲次無可考者則附本代之末釋道閨閣亦各從時代不復區分宦寺之作雖不宜厠士大夫閒然漢志小學家嘗收趙高之爰歷史游之急就今從其例亦閒存一二外國之作前史罕載然既歸王化卽屬外臣不必分疆絕界故木增鄭麟趾徐敬德之屬亦隨時代編入焉

一諸書次序雖從其時代至於箋釋舊文則仍從

所註之書而不論作註之人如儒家類明曹端太極圖述解以註周子之書則列於張子全書前

國朝李光地註解正蒙以註張子之書則列於二程遺書前是也他如史記疑問附史記後班馬異同附漢書後之類亦同此例以便參考至於汪晫所輯之曾子子思子則仍列於宋呂柟所輯之周子鈔釋諸書則仍列於明葢雖裒輯舊文而實自爲著述與因原書而考辨者事理固不同也

一劉向校理祕文每書具奏曾鞏刊定官本亦各

製序文然輩好借題抒議往往冗長而本書之始末源流轉從疎畧王堯臣崇文總目晁公武郡齋讀書志陳振孫書錄解題稍具崖畧亦未詳明馬端臨經籍考薈稡羣言較爲賅博而兼收並列未能貫串折衷今於所列諸書各撰爲提要分之則散弁諸編合之則共爲總目每書先列作者之爵里以論世知人次考本書之得失權衆說之異同以及文字增刪篇帙分合皆詳爲訂辨巨細不遺而人品學術之醇疵國紀朝章之法戒亦未嘗不

各昭彰癉用著勸懲其體例悉承
聖斷亦古來之所未有也

一四部之首各冠以總序撮述其源流正變以挈綱領四十三類之首亦各冠以小序詳述其分併改隸以析條目如其義有未盡例有未該則或於子目之末或於本條之下附註案語以明通變之由

一歷代勅撰官書如周易正義之類承詔纂修不出一手一一詳其爵里則末大於本轉病繁冗故

今但記其成書年月任事姓名而不縷陳其爵里又如漢之賈董唐之李杜韓柳宋之歐蘇曾王以及韓范司馬諸名臣周程張朱諸道學其書並家弦戶誦雖村塾童豎皆能知其為人其爵里亦不復贅至一人而著數書分見於各部中者其爵里惟見於第一部後但云某人有某書已著錄以省重複如二書在一卷之中或數頁之內易於省記者則第二部但著其名（如明戴原禮已見所校補朱震亨金匱鉤元條下其推求師意二卷僅隔五條之類）

一劉勰有言意翻空而易奇詞徵實而難巧儒者說經論史其理亦然故說經主於明義理然不得其文字之訓詁則義理何自而推論史主於示褒貶然不得其事迹之本末則褒貶何據而定如成風爲魯僖公之母明載左傳而趙鵬飛春秋經筌謂不知爲莊公之妾爲僖公之妾是不知其人之名分可定其禮之得失乎劉子翼入唐爲著作郎宏文館直學士明載唐書劉禕之傳而朱子通鑑綱目書貞觀元年徵隋秘書劉子翼不至尹起莘

發明稱特書隋官以美之與陶潛稱晉一例是未知其人之始終可定其品之賢否乎今所錄者率以考證精核論辨明確爲主庶幾可謝彼虛談敦兹實學

一文章流別歷代增新古來有是一家卽應立是一類作者有是一體卽應備是一格斯協於全書之名故釋道外教詞曲末技咸登簡牘不廢蒐羅然二氏之書必擇其可資考證者其經懺章咒並凜遵

諭旨一字不收宋人朱表青詞亦槩從删削其倚聲填
調之作如石孝友之金谷遺音張可久之小山小
令臣等初以相傳舊本姑爲錄存並蒙
皇上指示命從屏斥仰見
大聖人敦崇風教釐正典籍之至意是以編輯雖富而
謹持繩墨去取不敢不嚴
一聖賢之學主於明體以達用凡不可見諸實事
者皆屬卮言儒生著書務爲高論陰陽太極累牘
連篇斯已不切人事矣至於論九河則欲修禹迹

考六典則欲復周官封建井田動稱三代而不揆時勢之不可行至黃諫之流欲使天下筆札皆改篆體顧炎武之流欲使天下言語皆作古音迂謬抑更甚焉又如明之曲士人喜言兵二一麓正議欲掘坑藏錐以刺敵武備新書欲雕木爲虎以臨陣陳禹謨至欲使九邊將士人人皆讀左傳凡斯之類並闢其異說黜彼空言庶讀者知致遠經方務求爲有用之學

一漢唐儒者謹守師說而已自南宋至明凡說經

講學論文皆各立門戶大抵數名人爲之主而依草附木者囂然助之朋黨一分千秋吳越漸流漸遠并其本師之宗旨亦失其傳而讐隙相尋操戈不已名爲爭是非實則爭勝負也人心世道之害莫甚於斯伏讀

御題朱弁曲洧舊聞致遺憾於洛黨又

御題顧憲成涇皋藏稿示炯戒於東林誠洞鑒情僞之

至論也我

國家文教昌明崇真黜僞翔陽赫燿陰翳潛消已盡

滌前朝之敝俗然防微杜漸不能不慮遠思深故
甄别遺編皆一準至公剷除畛畦以預消芽蘗之
萌至詩社之標榜聲名地志之矜誇人物浮辭塗
飾不盡可憑亦併詳爲考訂務核其眞庶幾公道
大彰俾尚論者知所勸戒

一文章德行自孔門既已分科兩擅厥長代不一
二今所錄者如龔詡楊繼盛之文集周宗建黄道
周之經解則論人而不論其書耿南仲之説易吳
幵之評詩則論書而不論其人凡兹之類略示變

通一則表章之公一則節取之義也至於姚廣孝之逃虛子集嚴嵩之鈐山堂詩雖詞華之美足以方軌文壇而廣孝則助逆興兵嵩則怙權蠹國繩以名義非止微瑕凡茲之流並著其見斥之由附存其目用見

聖朝彰善癉惡悉準千秋之公論焉

一儒者著書往往各明一義或相反而適相成或相攻而實相救所謂言豈一端各有當也考古者無所別裁則多歧而太雜有所專主又膠執而過

偏左右佩劍均未協中今所採錄惟離經畔道顛倒是非者掊擊必嚴懷詐挾私熒惑視聽者屏斥必力至於闡明學術各擷所長品隲文章不名一格兼收並蓄如渤澥之納衆流庶不乖於全書之目

一七畧所著古書卽多依託班固漢書藝文志註可覆按也遷流泊於明季譌妄彌增魚目混珠猝難究詰今一一詳核並斥而存目兼辨證其非其有本屬僞書流傳已久或掇拾殘賸眞贋相參歴

代詞人已引爲故實未可槩爲捐棄則姑錄存而辨別之大抵灼爲原帖者則題曰某代某人撰灼爲贗造者則題曰舊本題某代某人撰其踵誤傳訛如呂本中春秋傳舊本稱呂祖謙之類其例亦同至於其書雖歷代著錄而實一無可取如燕丹子陶潛聖賢羣輔錄之類經

聖鑒洞燭其妄者則亦斥而存目不使濫登

一九流自七畧以來即已著錄然方技家遞相增益篇帙日繁往往僞妄荒唐不可究詰抑或卑瑣

微末不足編摩今但就四庫所儲擇其稍古而近理者各存數種以見彼法之梗槩其所未備不復搜求蓋

聖朝編錄遺文以闡聖學明王道者爲主不以百氏雜學爲重也

一是書主於考訂異同別白得失故辨駁之文爲多然大抵於衆說互殊者權其去取幽光未耀者加以表章至於馬班之史李杜之詩韓柳歐蘇之文章濂洛關閩之道學定論久孚無庸更贅一語

者則但論其刋刻傳寫之異同編次增刪之始末著是本之善否而已葢不可不辨者不敢因襲舊文無可復議者亦不敢横生别解凡以求歸至當以昭去取之至公

欽定四庫全書總目卷首四

門目

卷九　經部九

易類存目三

卷十　經部十

易類存目四

卷十一　經部十一

書類一

卷十二　經部十二

書類二

卷十三　經部十三

卷十八　經部十八

詩類存目二

卷十九　經部十九

禮類一　周禮

卷二十　經部二十

禮類二　儀禮

卷二十一　經部二十一

禮類三　禮記

卷二十二　經部二十二

禮類四 三禮通義 通禮 雜禮書

卷二十三 經部二十三

禮類存目一 周禮 儀禮

卷二十四 經部二十四

禮類存目二 禮記

卷二十五 經部二十五

禮類存目三 三禮通義 通禮 雜禮書

卷二十六 經部二十六

春秋類一

卷八十二　史部三十八

政書類二典禮　邦計　軍政　法令　營建

卷八十三　史部三十九

政書類存目一　通制　典禮

卷八十四　史部四十

政書類存目二　邦計　軍政　法令　營建

卷八十五　史部四十一

目錄類一　經籍

卷八十六　史部四十二

目錄類二 金石

卷八十七 史部四十三

目錄類存目 經籍 金石

卷八十八 史部四十四

史評類

卷八十九 史部四十五

史評類存目一

卷九十 史部四十六

史評類存目二

醫家類一
卷一百四　子部十四
醫家類二
卷一百五　子部十五
醫家類存目
卷一百六　子部十六
天文算法類一推步
卷一百七　子部十七
天文算法類二算書

雜家類存目十一　雜編

卷一百三十五　子部四十五

類書類一

卷一百三十六　子部四十六

類書類二

卷一百三十七　子部四十七

類書類存目一

卷一百三十八　子部四十八

類書類存目二

卷一百三十九　子部四十九

類書類存目三

卷一百四十　子部五十

小說家類一　雜事上

卷一百四十一　子部五十一

小說家類二　雜事下

卷一百四十二　子部五十二

小說家類三　異聞　瑣語

卷一百四十三　子部五十三

道家類存目

卷一百四十八　集部一

楚辭類

楚辭類存目

別集類一

卷一百四十九　集部二

別集類二

卷一百五十　集部三

別集類三

卷一百六十　集部十三

別集類十三

卷一百六十一　集部十四

別集類十四

卷一百六十二　集部十五

別集類十五

卷一百六十三　集部十六

別集類十六

卷一百六十四　集部十七

別集類十七

卷一百六十五　集部十八

別集類十八

卷一百六十六　集部十九

別集類十九

卷一百六十七　集部二十

別集類二十

卷一百六十八　集部二十一

別集類二十一

卷一百六十九　集部二十二
別集類二十二
卷一百七十　集部二十三
別集類二十三
卷一百七十一　集部二十四
別集類二十四
卷一百七十二　集部二十五
別集類二十五
卷一百七十三　集部二十六

別集類存目九

卷一百八十三　集部三十六

別集類存目十

卷一百八十四　集部三十七

別集類存目十一

卷一百八十五　集部三十八

別集類存目十二

卷一百八十六　集部三十九

總集類一

# 詞曲類存目

（清）紀昀等　纂

# 武英殿本四庫全書總目

第二四册

國家圖書館出版社

# 第二四册目録

# 欽定四庫全書總目卷八十三

史部三十九

## 政書類存目一

杜氏通典詳節四十二卷 浙江巡撫採進本

不知何人所編檢其板式猶宋時麻沙刻本所列引用諸儒姓氏止於呂祖謙陳傅良葉適三人皆注有文集見行字則南宋人所爲也於杜氏通典八門内汰其兵制一門於禮制門内又删去喪服之制故六朝諸儒議禮之文藉通典以傳者多不

見錄又其去取多不可解如通典卷一載後漢田制凡列荀悅崔寔仲長統三人之說而是書獨存荀悅蓋力求簡約而畧無義例者也

元典章前集六十卷附新集無卷數內府藏本

不著撰人名氏前集載世祖即位至延祐七年英宗初政其綱凡十曰詔令曰聖政曰朝綱曰臺綱曰吏部曰戶部曰禮部曰兵部曰刑部曰工部其目凡三百七十有三每目之中又各分條格新集體例畧倣前集皆續載英宗至治元二年事不分

卷數似猶未竟之本也此書始末元史不載惟載

至治二年金帶御史李端言世祖以來所定制度

宜著爲令使吏不得爲姦治獄有所遵守英宗從

之書成名曰大元通制頒行天下凡二千五百三

十九條計其時代正與此書相同而二千五百三

十九條之數則與此書不相應卷首所載中書省

劄亦不相合蓋各爲一編非通制也考元史以八

月成書諸志皆潦草殊甚不足徵一代之法制而

元經世大典又久已散佚其散見永樂大典者顛

倒割裂不可重編遂使百年掌故無成書之可考此書於當年法令分門臚載採掇頗詳固宜存備一朝之故事然所載皆案牘之文兼雜方言俗語浮詞妨要者十之七八又體例瞀亂漫無端緒觀省劄中有置簿編寫之語知此乃吏胥鈔記之條格不足以資考證故初擬繕錄而終存其目焉

明祖訓一卷　浙江巡撫採進本

明洪武二年命中書編次其目十有三一祖訓首章一持守一嚴祭祀一謹出入一愼國政一禮儀

一法律一內令一內官一職制一兵衛一營繕一

供用至六年五月書成太祖自為序復命宋濂序

之此本佚濂序惟太祖之序載篇首序稱開導後

人立為家法大書揭於西廡朝夕親覽以求至當

首尾六年凡七謄錄稿至今方定命翰林編輯成

書禮部刊印云云然則諸詞臣僅繕錄排纂而已

其文辭悉太祖御撰也其中多言親藩體制大抵

懲前代之失欲兼用封建郡縣以相牽制故親王

與方鎮各掌兵王不得與民事官吏亦不得預王

府事尤諄諄以姦臣壅蔽離間爲慮所以防之者甚至如云若大臣行姦不令王見天子私下傳致其罪而遇不幸者其長史司併護衛移文五軍都督府索取姦臣族滅其家又云如朝無正臣內有姦惡則親王訓兵待命或領正兵討平然則靖難之事肇釁於此高煦宸濠遂接踵效尤是亦矯枉過直作法於涼之弊矣皇甫錄明記畧云祖訓所以教戒後世者甚備獨無委任閹人之禁世以爲怪或云本有此條因版在司禮監削去耳然永樂

大典所載亦與此本相同則似非後來刪去錄所

云云葢以意揣之也

明朝典彙二百卷 浙江巡撫採進本

明徐學聚撰學聚有歷朝璫鑑已著錄是書採錄

明代典故自洪武訖隆慶分類編纂上自實錄下

訖稗乘條分類萃凡二百門卷一至三十三卷爲

朝政大端三十四卷以下則以六部分標記載頗

爲繁富然分隷不無錯雜如明制六部與卿寺院

監不相統攝此書則以宗人府都察院以下皆歸

入吏部又如廟號尊謚陵寢巡幸郊祀祈禱祠醮皆禮部職也校閲兵部職也耕籍莊田勳戚田土皆戸部職也此書則一切歸入朝政大端中於體例皆爲未協又採摭浩博而皆不著其出典亦未免無徵不信李燾續通鑑長編凡所引證必著書名不如是之莫知所本也

經世實用編二十八卷　江蘇周厚堉家藏本

明馮應京撰應京有六家詩名物疏已著録是編乃萬歷甲辰應京下詔獄時所成分乾元亨利貞

五集乾集十卷元集二卷亨集二卷利集四卷貞集九卷首載明太祖心法祖訓以迄取士任官重農經武禮樂射御書數而終之以諸儒語錄正學考大都稟祖訓爲律令而以歷朝沿革附之其用意不無可取至以乾元亨利貞分集取羑里演易之義則未免於僭矣

明典章無卷數浙江巡撫採進本

不著撰人名氏輯太祖吳元年以後世宗嘉靖十五年以前朝廷制誥典制大抵從實錄抄出編次

殊無體例

會典抄畧無卷數 內府藏本

不著編輯者名氏前有題詞稱會典一書卷逾二百鬻之價多携之囊重士有自操槧以至歷官不獲一睹者其在里巷齊民尤可知已但全書紀載雖夥其當訓行者槩有大畧因手抄畧節約十餘帙間附註通紀一二事以備參考云云是其書在陳建通紀之後矣

右政書類通制之屬七部三百三十一卷內二部無卷數皆

附存目

別本漢舊儀二卷 兩江總督採進本

舊本題漢議郎東海衛宏敬仲撰宏所撰漢官舊儀已於永樂大典內緝出著錄語詳本條下此本書名與後漢書宏本傳合而四篇之數仍不合併與書錄解題三卷之數亦不相應其中多引胡廣語廣爲安帝時人宏爲議郎則在光武帝時先後相隔六十餘年不應宏書之內先有廣名又時時稱衛宏曰亦必非宏自著書之體其注中併引及

周禮註疏註出鄭康成疏出唐賈公彥宏葢不得
見之矣葢原書久佚後人從漢書註中摘錄而成
觀其中竹宮去壇三里一句前後兩見則爲雜鈔
致復無疑矣今宋代舊本猶存永樂大典中業已
校錄刊刻重顯於世此後人裒集之本固可置而
不論矣

貢舉叙畧一卷編修程晉芳家藏本

舊本題宋陳彭年撰載曹溶學海類編中實册府
元龜貢舉一門之總序以彭年爲作序五人之

遂題彭年之名然原本不言此序出彭年也

通祀輯畧三卷兩淮鹽政採進本

不著撰人名氏載歷代崇祀孔廟禮儀起魯哀公迄宋咸淳三年疑爲元人作也凡三卷上卷分諡號廟祀殿額坐像冕服封爵位序配享八門中卷分從祀鄉賢二門下卷分釋奠樂章曲阜廟孝學謁廟告遷奉安五門

明堂或問一卷左都御史張若淮家藏本

明世宗肅皇帝御撰嘉靖十七年致仕同知豐坊

疏請復古禮建明堂加興獻帝廟號稱宗以配上帝詔下禮部會議尚書嚴嵩等皆以明堂爲應建而於稱宗配享二事則依違其辭戶部侍郎唐冑抗疏言宜以太宗配享帝怒下冑獄嵩乃再會廷臣議請以興獻帝稱宗配食帝以疏不言祔廟留中不下復設爲臣下問答之詞作或問一篇大畧言文皇遠祖不應嚴父之義宜以父配稱宗雖無定說尊親崇上義所當行既稱宗則當祔廟豈有太廟中四親不具之禮是年九月遂尊興獻帝爲

睿宗祔太廟又即元極寶殿爲明堂大享上帝以
睿宗配皆如帝指此本前有帝所自作小序後以
配享詔書一通附之

正孔子祀典說一卷左都御史張若溎家藏本

明世宗肅皇帝御撰嘉靖九年大學士張璁請正
先師祀典帝因言聖人尊天與尊親同今全用祀
天儀非正禮謚號章服悉宜改正璁遂請改孔子
稱先師不稱王用木主不用塑像籩豆用十樂用
六佾配位宜削公侯伯之號止稱先賢先儒帝命

禮部集議編修徐階疏陳不可帝怒謫階官因親製此文宣付史館大畧謂孔子以魯僭王爲非寧肯自僭天子之禮尋以羣臣爭執者衆復降諭曉示命禮部與祀典說通行刊布於是其議遂定案明史禮志尚有帝所製正孔子祀典申記一篇此本所附勑諭中亦有朕著說記之語而書中有說無記疑爲傳寫者所脫也

存心錄十卷 浙江朱彝尊家曝書亭藏本

不著撰人名氏皆記明初壇廟祭祀之制而附以

災祥物異其前有序稱臣等承命作此錄以堅誠敬之心是奉勑所撰而其文多殘損不完考明史藝文志有吳沈等編集存心錄十八卷精誠錄三卷皆在故事類中吳沈者蘭溪人元國子博士師道子洪武時官東閣大學士嘗著辨言孔子封王之非禮後嘉靖中更定祀典實祖其說則其人嫺於說禮可知而此書內所載禮節皆洪武三年以前之事則藝文志所謂存心錄者卽此書也惟此本止十卷與十八卷之數不合檢核書首有私印

一其文曰尙寶少卿袁氏忠徹印葢猶明初舊本

尙無脫佚又黄佐南廱志載嘉靖閒存心錄板存

者五十八面欠者三面所列亦止十卷與此本同

是史志誤衍一八字也

日本東夷朝貢考一卷浙江范懋柱家天一閣藏本

明張邈撰邈字文海華亭人所輯日本朝貢事頗

多缺畧如永樂二年封其國山爲壽安鎭國之山

兩遣使來貢等事悉佚不載書末全錄宋元二史

外國列傳以足其卷似是議日本封貢時偶爲考

紀云

臨雍錄一卷 浙江范懋柱家天一閣藏本

明費誾撰誾字廷言丹徒人成化己丑進士官至禮部侍郎宏治元年三月孝宗舉行臨雍釋奠禮誾時爲祭酒因錄其禮儀奏議及官禮部乃編次成書付淮安知府徐鏞刻之至宏治九年林瀚兼祭酒事又刻於國子監其書全錄吏牘之文無一字之刪潤詞不雅馴不足以稱崇儒大典考郊外農談曰鳳翔之麟游有虎臣者慷慨有節氣成化

末貢入太學適閣萬歲山架欃棚以備登眺臣上疏極諫憲廟奇之祭酒費誾不知也懼其賈禍乃會六堂鳴鼓聲罪銀鐺鎖之以待俄官校宣臣至左順門中官傳溫旨勞之曰爾言是也欃棚好拆卸矣命吏部予臣七品正官誾大慚云云則誾爲祭酒本不愜於公論其著作抑可知矣

大禮集議五卷　浙江范懋柱家天一閣藏本

明席書編書遂寧人宏治庚戌進士官至武英殿大學士諡文襄事蹟具明史本傳嘉靖初書爲南

京兵部侍郎大禮議起書揣知帝意方向張璁桂萼乃上疏力主其說帝大喜時汪俊代毛澄爲禮部尚書猶堅執澄議及俊以力爭建廟去位帝特旨用書代之此編即其爲禮部尚書時所編刻以進者也初侍讀學士方獻夫請刊大禮奏議二卷後吏部侍郎胡世寧復續增一卷至廟議已定書乃取原編定爲奏議一卷會議一卷續議一卷復增廟議一卷末又附諸臣私議一卷私議者議而未奏者也然皆不外璁萼等附合時局之說耳

科塲條貫一卷江蘇巡撫採進本

明陸深撰深有南巡日錄已著錄是書紀洪武至嘉靖間科舉條式於前後損益之制臚列頗詳

保和冠服圖一卷浙江范懋柱家天一閣藏本

明張璁撰璁有論對錄已著錄是書作於嘉靖七年在璁未更名以前故仍題原名先是世宗命璁製燕弁冠服爲燕居所御又製忠靜冠服以錫有位會光澤王請宗室冠服式命以燕弁爲準定爲此圖而勅璁爲之說前有諭旨及璁序其冠親王

九裓世子八裓郡王七裓服用青身青緣前後方
龍補襯用深衣玉色帶用青表綠裏綠緣履用皂
綠結白韈其鎭國將軍至奉國中尉左右長史至
伴讀咸從忠靜冠服以品官之制服之其儀賓則
不預焉名曰保和言各得其分則和也其冠圖爲
前後左右四面服圖爲前後二面較三禮諸圖繪
一面者爲詳可爲繪圖之式云

太廟勅議一卷 副都御史張若淮家藏本

明嘉靖中禮部頒行本也成祖旣遷都北平而南

京太廟仍舊不廢至嘉靖十三年南京太廟災禮部尚書湛若水疏請重建世宗勅羣臣集議尚書夏言及大學士張孚敬等會疏稱國不當有二廟請以南京太廟香火歸併奉先殿其太廟故址仿古壇墠遺意高築墻垣令所司謹其啟閉帝從其議言因取所奉勅旨及會議題稿彙成此帙奏請刊行

**攺元考一卷**　兩江總督採進本

明宗室朱當㴐撰前有自序載嘉靖壬午曾國當

瀕識考明史諸王世表不載其名葢曾荒王檀之
元孫而懷王當㴶之從兄弟也此書專考歷代年
號起漢建元迄明嘉靖自正統以及僭偽偏安無
不具載然其中訛誤之處不一而足如十六國春
秋載蜀李雄以晉永興元年僭稱成都王改元運
興次年即帝位改元晏平國號大成乃華陽國志
偶誤大成爲大武而晉書載記遂删晏平及國號
四字直曰改元大武此書竟以大武與晏平並列
殊爲疎舛又後秦姚萇初稱秦王改元白雀三年

僭帝號又改建初建初七年萇卒子興立即改爲皇初此書於白雀後誤增皇初而建初之號又誤移之姚興之下又西秦乞伏乾歸僭稱河南王改元太初後降於姚興尋又背之自稱秦王改元更始此書於太初之後更始之前誤增一宏始殊不知宏始乃姚興之年號非乾歸之年號也因乾歸降興時史册用興年紀事而遂屬之乾歸鹵莽甚矣其他輾轉訛謬如於乞伏熾盤則脫永康之號而於慕容皝則多永壽之號大抵沿襲別本之訛

而失於稽考至於明太祖以下至世宗皆直書名某而不避其諱當溯原本未必敢於如是或傳寫者所追加歟

重輯祖陵紀畧二卷（兩江總督採進本）

明宗室朱自新撰祖陵者明高帝祖熙祖陵也在泗上初高帝未知熙祖塟所有朱貴者繪圖以獻即命貴充奉祀其八世孫邦翰因輯祖陵紀畧一書述修繕祭祀之事嘉靖癸丑自新又重輯是編自新邦翰孫也

謚法通考十八卷 浙江朱彝尊家曝書亭藏本

明王圻撰圻有東吳水利考已著錄圻著續文獻通考於禮考之末增謚法一目補馬端臨之缺然於明代謚典猶未之及此書所載上考列朝下至萬歷自君后妃主王公卿相以逮百官至於聖賢隱逸旁及異端宦寺纂逆之黨凡有謚者皆備書以資考證其卷首冠以總紀釋義二目猶續通考之例又所以自補其缺也有趙可懷序稱就續通考中抽出謚法一種另梓殆未詳閱其書歟

太常總覽無卷數兩淮馬裕家藏本

明金賛仁撰賛仁嘉靖初道士以齋醮有寵官太常寺少卿是書嘗經奏進於典禮分别圖註條理頗詳然大抵其時之黷祀也

明臣謚類抄一卷內府藏本

明鄭汝璧撰汝璧有明帝后紀畧已著錄是書專載明代臣僚之得謚者始自劉基終於李珍凡六百六十一人各以謚法區分門類而不叙年代末附蘇祿朝鮮渤泥日本諸國王凡得謚者咸編入

焉其不載親藩者則以帝后紀畧已附藩封一門故也汝璧此書與功臣封爵考乃其官禮部儀制司及吏部驗封司時所作皆有案牘可考故紀載較他家爲確云

明貢舉考九卷浙江鮑士恭家藏本

明張朝瑞編朝瑞有忠節錄已著錄是書專考明代科舉之制首爲場屋事例一卷於沿革之故言之頗詳附以貢舉紀畧不入卷數二卷以下則起洪武三年庚戌迄萬歷十七年已丑其目錄止於

萬歷癸未蓋丙戌以後又以次而增也每科載會試考官試題及所刻程文之目殿試之榜首尾全錄會試之榜則惟錄前五人鄉試之榜則惟錄各省第一人其有名臣碩儒足傳於後者皆附注於制策之末名姓籍貫之異同亦附注焉其考據頗爲詳核惟貢舉紀畧載狀元年老年少之類類乎說部於體例爲未安第一卷事例之中雜引諸儒之論至於引桂有三種紅爲狀元黃爲榜眼白爲探花以證鼎甲三人名所自起尤爲蕪雜矣

諡苑二卷　浙江范懋柱家天一閣藏本

明朱睦㮮撰。睦㮮有易學識遺，已著錄。是編上卷輯古諡法十二家，曰史記諡法解，曰周書諡法，曰蔡邕獨斷諡法，曰蘇洵諡法，曰周公諡法，曰春秋諡法，曰廣諡法，曰沈約諡法，曰賀琛諡法，曰扈蒙諡法，曰鄭樵諡法，曰陳思諡法。其周公、春秋、廣諡、沈約、賀琛、扈蒙六家，因王圻續文獻通考之舊，餘六家則睦㮮增輯也。周亮工作書影，嘗疑漢蕭何諡曰文終，不知於諡法居何等。今考周公諡法下卷乃有終字亮工益考之未詳然其書最不可解堯舜禹湯謂之謚此猶相傳有說帝皇王侯君公亦列爲謚設帝當謚帝將曰帝帝王當謚王當曰王王乎又設帝當謚王侯當曰王帝侯帝王侯當謚帝當曰帝王帝侯乎此等宜有所辨正一槩因其原文不足以爲考證王圻續文獻通考舛漏百出其與古書不合者皆校刻之誤乃據之以註異同尤爲失考唐會要亦有謚法篇漏而不收亦爲疎畧下卷列明代王侯以下至於守令之謚不及

鮑應鼇書之賅備又頗舛誤參以諸書如徐溥謚
文靖而曰文穆顧鼎臣謚文康而曰文簡喬宇謚
莊簡而曰端簡馬昂謚恭襄而曰忠襄墨麟謚榮
毅而曰文毅不一而足則亦不盡可據矣

王國典禮八卷　江蘇周厚堉家藏本

明朱勤美撰勤美字伯榮開封人鎮國中尉睦㮮
子爲周藩宗正以文學世其家是書採輯宗藩成
憲勒爲一書分聖訓玉牒講讀冠禮婚禮爵秩冠
服宮室儀仗祿米田地祀禮之國錫命慶祝入覲

奏事宴饗喪禮事例管理宗子奬勸懲戒秩官儀

賓兵衞倉庾支鹽諱禁凡三十類每類又各有子

目

孔廟禮樂考六卷兩淮馬裕家藏本

明瞿九思撰九思有春秋以俟錄已著錄是書於

孔廟禮樂沿革同異考證頗詳勝他家抄撮舊文

有同簿籍者惟二卷以從祀諸弟子編爲歌括殊

乖體例

歷代貢舉志一卷編修程晉芳家藏本

明馮夢禎撰夢禎字開之秀水人萬歷丁丑進士官至國子監祭酒是書叙歷代貢舉之制如叙周官而於大司徒鄉老大宰內史選士之法不詳叙漢制而誤以董仲舒之舉賢良在建元之初魏晉以降中正九品之法盛行遼金元亦有進士科及薦舉制科載於各史志者甚悉夢禎一槩畧之未免過簡不足以資考證也

明典禮志二十卷　浙江巡撫採進本

明郭正域撰正域有批點考工記已著錄是書其

官禮部尚書時所輯第一卷爲登極儀二卷爲朝儀三卷爲宴享儀四卷爲尊號五卷至七卷爲冊封八卷爲冠禮九卷爲婚禮十卷爲喪禮十一卷爲耕耤十二卷爲親蠶十三卷爲經筵日講諸儀十四卷爲出閣讀書諸儀十五卷爲巡狩十六卷爲監國十七卷爲儀仗十八卷爲冠服十九卷爲宮室共子目一百二十有七二十卷爲雜典禮共子目六十有六叙次亦尚明簡而體例頗叢脞朝儀既自爲卷而外戚朝見入雜典禮中進實錄進

玉牒受降獻俘宣捷皆國之大事亦入雜典禮中至於郊祀宗廟乃闕而不載尤不喻其故也

學科考畧一卷　編修程晉芳家藏本

明董其昌撰其昌字元宰華亭人萬歷已丑進士官至禮部尚書謚文敏事跡具明史文苑傳是書叙歷代立學之制兼叙孔廟封贈配享之始而貢舉之志兼及焉如叙太公廟起於唐而宋以後不載叙明經起於漢而唐宋明經之選亦不載殿試親策祇載漢唐及宋而遼金元悉不載殊爲疎畧

此與馮夢禎歷代貢舉志俱載於學海類編中疑亦抄撮割裂而成也

明謚考三十八卷 山東巡撫採進本

明葉秉敬撰秉敬有字孿已著錄是書採集有明一代諸臣之謚創爲冠額之法以上一字爲冠下一字爲額復依四聲次第分列其例頗爲杜撰而所載之謚亦多舛誤如宋濂正德間追謚文憲而作文惠又載陶琰鄭世威俱謚恭介而不及陳有年有年得謚在萬歷二十六年書中載趙志皐謚

文懿在二十九年則不可謂非考据之疎矣末一卷所載屢世祖父子孫得謚者亦多所遺漏未爲詳贍

**饁堂考故一卷**　浙江巡撫採進本

明張鼐撰鼐有吳淞甲乙倭變志已著錄此其官司業時所述明代國學典故兼及軼事大旨主於端師範抑倖進其言多切要中理惟所載國學官陳言國事一條於義未允師儒之官掌教化而已必以與聞朝政爲美談是未考宋季三學之獘也

案黃佐南雍志入職官而此及辟雍紀事別入政書者佐所述者以大學官制職掌爲綱一書則但述故事也

謚法纂十卷 浙江汪啟淑家藏本

明孫能傳撰能傳字一之寧波人萬曆丙辰進士官至工部員外郎嘗與張萱同編內閣書目者此書詳考易名之制首功令次謚法次尊謚次臣謚而以叢議終焉大抵據內閣冊籍抄錄成書

秦璽始末一卷 編修程晉芳家藏本

明沈德符撰德符字景倩一字虎臣秀水人萬歷戊午舉人元世祖至元三十一年有獻傳國璽者御史兗州楊桓考辨定爲秦物見於輟耕錄德符以爲不確因歷引宋李心傳之說及五代會要并晉史通鑑等書以証元所得之非秦璽然傳國一璽歷代傳聞紛如聚訟恭讀我

皇上御製

國朝傳寶記折衷定論大哉

王言允足垂訓億禩若德符之斷斷爭辨猶不揣其本

而齊其末耳

年號韻編一卷 浙江汪啟淑家藏本

明陳懋仁撰懋仁有泉南雜志已著錄是書仿表譜之法横格分正統偏閏僭偽叛亂蠻夷五等直格下貫則同一年號年號前後之序則依韻部編次以便檢閱體例亦詳審其中凡前代年號有與明同者則削除不載如張重華方臘皆號永樂則以成祖故去之蓋不欲使僭亂之人與祖宗同號亦臣子之誼宜然不得訾以遺漏惟其所分之等

更始則立正統隋文乃居偏閏旣已未安又道經有龍漢中皇之類羽流妄說不載可也列之僭僞亦覺不倫視鍾廣漢歷代建元考不及遠矣書成於天啟中而中有崇禎年號當爲刊板於崇禎故又隨時補入歟

明三元考十四卷 浙江汪啟淑家藏本

明張宏道張凝道同撰宏道字成儒凝道字明儒武進人其書專紀明代鄉會殿試之得元魁鼎甲者或非元魁而後至貴顯及一門科名極盛者亦

咸載焉始於洪武三年庚戌鄉試終於萬歷四十七年己未會試每科具詳京省主試官大致與張朝瑞書互相出入

萬古法程一卷浙江巡撫採進本

明袁應兆撰應兆有大樂嘉成已著錄是書統載學宮從祀先賢先儒名氏位次而考證其是非如所辨複姓皆題一字之類自是下邑之謬不足以簡牘相爭其他所辨字畫則弇陋頗甚若辨句并疆句字謂當作勾宋人避康王諱始改勾爲句不

知說文句本從口廣韻註句從口不從厶具有明文也

辟雍紀事無卷數兩淮馬裕家藏本

明盧上銘撰上銘字爾新東莞人崇禎中官南京國子監典簿是編叙述明代太學典故起洪武訖崇禎十年詳於南監而北監亦附見焉

學典三十卷副都御史黃登賢家藏本

國朝孫承澤撰承澤有尚書集解已著錄是書所載皆歷代建學設官行禮講學科舉之事自虞訖明

分年編載惟前代僅居八卷而明代之事多至二十二卷如釋奠之禮凡各史志紀所載者皆未收入旣載國子監學興廢創置而各朝學官之職學官之制又皆闕焉至泮宫習射及各經列於學官者如漢之石經唐之寫經石經後唐之鋟版卷中皆未言及而明代一切章疏毫無關於學典者乃一槩濫入蓋門戶之見旣深無往不用其標榜也

文廟從祀先賢先儒考一卷 編修程晉芳家藏本

國朝郎廷極撰廷極字紫衡鑲黃旗漢軍此本題曰

廣寧其原籍也官至江西總督是編歷考從祀先賢先儒名字之同異如辨顏幸之作辛而不知通典之作柳咸淳臨安志之作韋辨南宫适之作鞱而不知一作縚一作括辨司馬耕之作黎耕而不知一作子耕未免考訂之疎唯所辨文翁之圖較家語多五人家語較文翁之圖多九人及正殿配享東西兩廡位數引据頗爲典核

頖宫禮樂全書十六卷兩淮馬裕家藏本

國朝張安茂撰安茂字蓼匪松江人順治丁亥進士

官至浙江提學僉事其事分學校褒崇廟制釋奠從祀祀禮釋詁祀樂樂律樂譜樂舞釋菜啓聖祠名宦鄉賢祠十四門大抵祖李之藻頖宮禮樂疏王焕如文廟禮樂書而少增損之

琉球入太學始末一卷山東巡撫採進本

國朝王士禛撰士禛有古懽錄已著錄先是康熙二十三年翰林院檢討汪楫中書舍人林麟焻冊封琉球歸奏中山王尚貞請以陪臣子入國學

聖祖仁皇帝俯允所請士禛因紀其始末其中追叙明代

琉球入國學事於洪武二十五年祇紀中山而失載山南又二十六年中山復遣寨官子入國學永樂八年山南遣官生三人入國學俱未及載葢沿舊本太學志之誤也其書已見士禎帶經堂集中此葢初出别行之本

國朝謚法考一卷 山東巡撫採進本

國朝王士禎撰始於國初下迄康熙三十四年大臣之賜謚者咸錄焉凡親王十八人郡王十五人貝勒十二人

貝子十二人鎮國公十一人輔國公十六人鎮國將軍五人輔國將軍七人妃三人公主二人額駙二人藩王七人民公九人侯伯十四人大學士二十七人學士四人詹事一人尚書二十七人侍郎九人都御史三人八旗大臣一百六人總督十七人巡撫十七人殉難監司三人提督十一人總兵官八人前代君臣二十六人外藩一人

辨定嘉靖大禮議二卷 浙江巡撫採進本

國朝毛奇齡撰奇齡有仲氏易已著錄是書力斥楊

廷和之議而又不屑與張桂相雷同謂張桂較廷和議爲正特不知根柢經傳凡爲辨二十四篇援据典確亦可備一說惟謂世宗旣嗣武宗卽當以武宗爲父引公羊傳爲人後者爲之子作證然奇齡於所著春秋毛氏傳及曾子問講錄內論仲嬰齊卒一條則又力闢公羊之誣謂嬰齊不得以兄子家爲父父仲遂爲祖又於經說中力排汪琬誤信公羊傳爲人倫之禍而此辨忽主此說前後矛盾殆不可解又謂世宗並當爲所生持服三年則

雖當時張桂諸人猶未敢創爲此論奇齡乃忽發之考儀禮喪服經曰爲人後者爲其父母報傳曰何以期也不貳斬也何以不貳斬也特重於大宗者降其小宗也若世宗又爲所生斬是貳斬矣即曰經文專爲宗子言之不知宗子之尊孰若天子言宗子則通於天子矣奇齡又謂經文明云爲人後者爲其父母報則於所生父母不改稱也既於父母不改稱即不得改三年服制然儀禮雖不易父母之名而仍降在齊衰期服章內則終不得服

以父母之服矣奇齡所引不足自證適以自攻耳考通典徐邈答孔注曰史皇孫皇考之名特稱謂耳未足以明服之輕重其論可與喪服傳相發明奇齡乃取徐邈已駁之說旼飾更張實乖典制其餘各條間有可采然不足救大本之乖謬也

制科雜錄一卷浙江巡撫採進本

國朝毛奇齡撰皆記康熙己未召試博學鴻詞始末中多露才揚己之詞且有恩怨是非之語猶是前代門戶餘習不盡足據也

彙征錄一卷 兵部侍郎紀昀家藏本

不著撰人名氏記康熙十七年薦舉博學鴻詞名氏爵里及

御試中選人數次第謹案是年正月

聖祖仁皇帝諭吏部曰自古一代之興必有博學鴻儒振起文運闡發經史潤色詞章以備顧問著作之選朕萬幾餘暇游心文翰思得博洽之士用資典學我朝定鼎以來崇儒重道培養人材四海之廣豈無奇材碩彥學問淵通文藻瑰麗可以追蹤前喆者凡有學行兼優文

詞卓越之人不論已仕未仕令在京三品以上及科道
官員在外督撫布按各舉所知朕將親試錄用其餘內
外各官果有真知灼見在內開送吏部在外開報督撫
代為題薦務令虛公延訪期得真才以副朕求賢右文
之意壽內外薦一百八十六人應
詔至京者一百四十三人十八年二月朔於
體仁閣
賜宴試璿璣玉衡賦省耕詩入選者一等二十人二等三
十人皆授翰林入館纂修明史其餘現任者回任

候補者歸部未仕者回籍年老者

命吏部議給職銜文運昌明人才蔚起

熙朝鉅典誠萬古爲昭其間與選者承明著作各有流傳卽未與選者亦皆觀感奮興不懈而及於古其所撰述今著錄於四庫者尚班班可考此編雖案牘之文然觀其所載亦足以見棫樸菁莪之盛也惟讀卷諸臣如杜臻李霨馮溥葉方靄俱不載及年老

賜職諸人具有姓名亦未一臚列則記錄之疎耳

國學禮樂錄二十四卷　浙江巡撫採進本

國朝李周望謝履忠同撰周望字渭湄蔚州人康熙丁丑進士履忠字方山昆明人康熙癸未進士是編乃周望官祭酒履忠官司業時所輯自孔子世系及先賢先儒列傳列朝祀典禮樂圖譜并石鼓潘廸音訓而以祭酒司業題名終焉所列頗多疎漏如祀典中旣載晉泰始七年皇太子講經釋奠而元康三年之講經釋奠乃佚不錄樂器之載於諸經註疏及歷代史志者甚詳茲僅列史記漢書

寥寥數則至石鼓自唐以來辨論甚多如楊愼所僞則字完於眞本周秦石刻釋音則補以圖方皆各有考據是編槩不徵引而僅載音訓一篇亦未免稍畧矣

紀元彙考三十五卷大學士程景伊家藏本

國朝黄琳撰琳有經學淵源録已著録是書取歷代紀元之號自漢至明悉以朝代次第纂輯分正統列國僭竊外夷四門凡史傳之外稗官野史有闗考訂者悉捜採補入其例以所紀之元爲綱以前

後所同者銓注於下採輯亦頗該洽然如後魏及遼金俱載入列國條下與西夏諸國相同殊屬比擬不倫又如紀遼太祖名爲耶律健德考遼史及契丹國志並無此名又遼興宗之改元景福次年即改重熙亦無崇興之號頗不免於疎舛

聖門禮樂統二十四卷山東巡撫採進本

國朝張行言撰行言字躬先江浦人是書卷首爲綱領不入卷數一卷至五卷詳載歷代祀典六卷載孔子世家及宗子世表七卷至十五卷爲四配十

哲先賢先儒列傳十六卷爲從祀啟聖祠先賢先儒列傳十七卷爲改祀罷祀諸儒列傳十八卷至二十三卷爲樂經樂志樂器律品譜圖二十四卷載孔子及四配林廟諸圖其裒輯極繁而徵引諸書仍不出尋常習見

學宮備考十卷浙江巡撫採進本

國朝彭其位撰其位字素君吳縣人是書前八卷自孔子以及從祀諸儒各爲之傳九卷則載歷代禮樂典制卷末附錄未從祀者申黨孺悲公孫尼子

公明子儀、公明子宣、樂正子春、檀弓、河間王德文

翁孔氏孟皮，凡十人。所考禮樂典制，頗多挂漏。

**四譯館考十卷** 浙江鮑士恭家藏本

國朝江蘩撰。蘩有奏議，已著錄。是書畧記外藩朝貢之目。恭載

列祖勅諭及

賜予數物，皆

實錄、會典之所有。其國俗土風，則捃摭前代史傳爲之，多不確實。後系以集字詩二卷，皆蘩所自作，而以諸

國字譯之詩既無關於外藩所譯之字又不能該

諸國之字則亦戲筆而已不足以資掌故也

太常紀要十五卷 江西巡撫採進本

國朝江蘩撰是編乃蘩爲太常寺卿時以太常寺攷

及太常續攷所載止於明代因考核近制勒爲一

書分祀訓祀議祀例祀禮祀官祀賦六門其書成

於康熙壬午於時

皇淸禮書尚未纂修故蘩有此著也

紀元要畧二卷補遺一卷 江蘇巡撫採進本

國朝陳景雲撰景雲有通鑑胡注舉正已著錄是書紀漢迄明帝王建元及歷年其子黃中又摭歷代僭偽之號附以外國為補遺一卷景雲於分據諸朝各為紀載彼此互註不分大書附書體例最公然皆史傳所習見取便檢閲而已

歷代帝系年號二十卷江西巡撫採進本

國朝劉宗魏撰宗魏字友韓號柚航贛州人乾隆戊辰進士官至監察御史是書以歷代帝系年號為名乃兼及割據僭竊下至李自成張獻忠亦入記

載而所列割據僭竊又不能詳備體例頗爲冗碎

右政書類典禮之屬四十八部三百五十七卷（內一部無卷數皆附存目）

欽定四庫全書總目 史部

卷十四之十五

欽定四庫全書總目卷八十四

史部四十

政書類存目二

邦計彙編一卷 編修程晉芳家藏本

舊本題宋李維撰維字仲方肥鄉人雍熙二年進士召試中書知制誥歷翰林學士工部尚書柳州觀察使事跡具宋史本傳是書載曹溶學海類編中實册府元龜邦計一門之總叙案晁公武讀書志載修册府元龜時預修者十五人維居第四又

載初撰編叙諸儒皆作眞宗以體制不一遂擇李維錢惟演陳彭年劉筠夏竦等付楊億竄定其剽剟此序詭題書名而以爲維之所撰葢以此云

拯荒事畧一卷（編修程晉芳家藏本）

舊本題元歐陽元撰元字原功瀏陽人延祐二年進士除同知平江州事調蕪湖武岡二縣尹召爲國子博士遷翰林待制天歷初授藝文少監纂修經世大典至正初以學士告歸詔修宋遼金三史起爲總裁官拜翰林學士承旨至正十七年卒謚

曰文事跡具元史本傳是書前有自序稱蕪湖本南方澤國比隣數邑並在水鄉每當春夏之交陽侯不戢遂成饑歲余忝爲令長因輯拯荒事畧一編云云與本傳稱嘗知蕪湖縣語相合然其書但引故實二十二條無一事之擘畫其唐天復甲子竹放花結米一條尤不近理竹米偶生非人力可致採食竹米亦何需官爲經理耶學海類編所載諸書十有五僞此書殆亦托名於元也

寶鈔通考八卷（永樂大典本）

元武祺撰祺里貫未詳至正十三年爲戸部尚書因當時鈔法漸壞浮議者但以不動鈔本爲名而不詳流通之實乃歷考中統以後八十餘年中鈔法撰爲此書大旨謂自世祖至元二十四年至武宗至大四年二十五年中印者多燒者少流轉廣而鈔法通自仁宗皇慶元年至延祐七年共九年印雖多而燒亦多流轉漸少鈔法始壞自英宗至治元年至三年印雖多而燒者寡流轉愈多鈔法愈壞自泰定元年至至順三年共八年印者少而

燒者多流轉絶無鈔法大壞復合計六十四年中總印鈔五千九百五萬六千餘錠總支五千六百二十餘萬錠總燒三千六百餘萬錠民間流轉不及二萬錠以經世大典所載南北戸口民數計之其無鈔可用者至二千萬戸之多民生安得而不匱財用安得而不絀乎其言可爲行鈔之戒元史食貨志所載鈔法僅詳其制度數目而於財之息耗民之貧富未之詳言似乎未見祺書存此一編亦可以補史之缺然此書在當日爲洞悉利弊之

言在今日則鈔法之不可行無智愚皆能知之無待縷陳矣故撮舉大要附存其目而書則不復錄焉

元海運志一卷 編修程晉芳家藏本

舊本題明危素撰素有草廬年譜已著錄是編載曹溶學海類編中驗其文乃邱濬大學衍義補之海運一條也亦不善作僞矣

漕政舉要錄十八卷 浙江范懋柱家天一閣藏本

明邵寶撰寶有左觹已著錄是編乃正德已巳寶

以副都御史總漕江北時所作卷一至卷六爲河渠之政卷七爲舟楫之政卷八爲倉厫之政卷九爲卒伍之政卷十卷十一爲轉輸之政卷十二爲統領之政卷十三至卷十五爲紀載之政卷十六爲稽古之政卷十七爲準令之政卷十八以禩錄終焉

鹽法考畧一卷錢法纂要一卷編修程晉芳家藏本

舊本皆題明邱濬撰濬有家禮儀節已著錄此二書諸家書目皆不載以其文考之卽濬大學衍義

補中之兩篇也曹溶割裂其文竝載學海類編中

較其以元海運志爲危素撰者猶爲近實然摘錄

巨帙之一篇即别立新名亦猶之乎作僞也

鐵冶志二卷浙江巡撫採進本

明傅浚撰浚字汝源南安人宏治己未進士官至

工部郎中正德癸酉浚督理遵化鐵廠創爲此志

自建置山場迄於雜職凡二十三目冠以公署鐵

廠二圖所紀皆歲辦出入之數頗瑣屑無裨考証

案明史職官志載工部分司祗有提督易州山廠

柴炭一員而浚所志遵化分司始委主事宏治中改用郎中奉勅董理列歷官姓名甚悉不知史志何以遺之殆其後又經裁汰耶

陽明鄉約法一卷浙江巡撫採進本

明王守仁撰守仁字伯安號陽明餘姚人宏治已未進士官至兵部尚書封新建伯事迹具明史本傳是書已載陽明全書中崇禎間嘉善陳龍正復錄出別行其法有約長約副約正約史知約約贊諸人已極繁瑣至爭鬬賦役諸事以至寄莊人戶

納糧當差皆約長主之蓋欲以約長代周官比長

黨正之法然古法實不盡宜於今也

陽明保甲法一卷浙江巡撫採進本

明王守仁撰悉載牌諭諸文亦見陽明全集中陳

龍正錄出别行而各附題識於其下

救荒活民補遺書三卷浙江范懋柱家天一閣藏本

明朱熊撰熊字維吉江陰人取宋從政郎董煟原

書而益以有明䘏賑制詔及前代好施獲福事蹟

其立意不爲不善然序述典故備錄經典重農之

語則迂而不切襍載諸史賑恤之文則繁而鮮要皆不免勦襲陳言無裨實政至於盛陳福報尤涉於有爲而爲蓋鄉里勸施之格言而非經國之碩畫二氏因果之緒論而非儒者之正理也

鹽政志十卷兩江總督採進本

明朱廷立撰廷立通山人嘉靖癸未進士官至禮部右侍郎嘉靖八年廷立以河南道監察御史奉使清理兩淮鹽政因博考古今鹽制以成此書凡分七門曰出産曰建立曰制度曰制詔曰疏議曰

鹽官曰禁令每門各分子目凡三百九十有四葢

制詔疏議每一篇列一目故其繁至是也

嘉靖清源關志四卷兩淮鹽政採進本

明劉璽撰璽字雙泉濟州衛籍唐縣人嘉靖壬辰

進士官至右副都御史廵撫宣府是編乃璽以戸

部主事監理臨淸關稅時所編即是關之條例也

序稱嘉靖九年以前案牘無徵故舊事皆不載是

猶可以散佚委也其凡例云凡例制不合於今者

亦棄不取則是徵課簿籍榜示商賈吏役者耳志

乘以存舊典寧計其現行否耶璽自序稱訪於僚屬或曰孫松山監清源有聲過通州會松山松山因出所集清源關榷政錄示余遂因而補葺爲此書則其原本實爲簿籍宜其如是矣璽任滿未及刊繼其事者爲莆田蕹潤乃授之梓書中凡署潤名者又所續增也

淮關志八卷兩淮馬裕家藏本

明馬麟撰麟巴縣人嘉靖戊戌進士官南京戶部員外郎是書凡分八門其建置不敘淮關之始末

而泛引歷代征商典故綴爲一卷殊爲汗漫又地志列藝文一門原爲風土而設此志不過徵榷之條格一關之外皆非所屬而亦濫載藝文尤非體例矣

茶馬類考六卷　兩淮馬裕家藏本

明胡彥撰彥沔陽人嘉靖辛丑進士官巡察茶馬御史因歷考典故及時事利弊作爲此書明制茶馬御史兼理寧夏鹽務故第三卷併記鹽政云

海運詳考一卷海運志二卷　浙江范懋柱家天一閣藏本

明王宗沐撰宗沐字新甫臨海人嘉靖甲辰進士
官至刑部左侍郎事迹具明史本傳是編乃隆慶
六年二月宗沐任山東布政使時議開海運而作
所載皆其議事呈文是年七月復錢海運志於詳
考之外增入海運圖並海運路程奏疏事宜考宗
沐官右副都御史總督漕運時請復海運其疏載
所著敬所文集中本傳亦載其畧然史載宗沐運
米十二萬石自淮入海抵天津南京給事中張煥
言比聞八舟漂沒失米三千二百石宗沐預計有

此私令人繼補米可補入命可補乎宗沐掩飾覩聽非大臣誼宗沐疏辨求勘詔行前議習海道以備緩急未幾海運至即墨颶風大作覆七舟都給事中賈三近御史鮑希顏及山東巡撫傅希摯俱言不便遂寢時萬歷元年也云云宗沐葢掇拾邱濬大學補之陳言以僥倖功名不知儒生紙上之經濟言之無不成理行之百不一效也觀於宗沐可以爲妄談海運之炯戒矣

洲課條例一卷　兩淮鹽政採進本

明王侹撰侹始末未詳其作此書時則官南京工部營繕司員外郎也明代自鎮江至九江沿江洲課皆隸南工部後以其有影射呑占之弊復設官以董之明史食貨志未詳其法葢以其併入地糧內也是編乃嘉靖中侹爲督理時所輯首載勅諭及課銀數目取用條例次載准奏事例八條部司酌議事宜九條可以考見一時之制千頃堂書目載蘆政條例一卷不著撰人註曰嘉靖己酉南京工部營繕司主事惠安莊朝賓序刊此書有朝賓

序與黃虞稷所載合殆即一書而異名蓋洲課即

鹺政也

兩淮鹽法志十二卷兩淮鹽政採進本

明史起蟄張矩同撰起蟄江都人矩儀徵人書成

於嘉靖庚戌因宏治舊志增損之董其事者巡按

御史楊選與運使陳暹也

漕書一卷兩淮鹽政採進本

明張鳴鳳撰鳴鳳有桂勝已著錄是書專論漕運

利弊分為八篇曰漕政漕司漕軍漕河漕海漕船

漕倉漕刑力主海運之利又以漕船工料不堅入水易破欲採木川湖大冶萬餘艘斤餘材以支數十年用又以丹陽京口并出於江水淺船多欲别開運道由孟瀆趨白塔河至揚州其說頗多難行

明通寶義一卷廣通寶義一卷 浙江范懋柱家天一閣藏本

明羅汝芳撰汝芳有孝經宗旨已著録前明錢鈔通行其弊百出汝芳督屯滇省以滇爲鑄錢之藪因作此書以明其利弊大旨以錢制大小輕重貴在持平乃足爲萬世之利歴引古來錢制始自太

昊軒轅下迄唐宋臚列具備其第一篇本義引據唐人錢譜謂秦世八銖失之太重漢初榆莢失之太輕按文獻通考秦兼天下銅錢質如周錢文曰半兩漢高后二年始行八銖錢是八銖之名定於漢謂秦世八銖非也又考唐武德四年廢五銖錢鑄開通元寶錢其文則歐陽詢所書迴環讀之曰開通元寶今書悉謂開元通寶亦非本義

海運新考三卷副都御史黄登賢家藏本

明梁夢龍撰夢龍有史要編已著錄隆慶末夢龍

巡撫山東適徐邳間漕河淤塞漕運總督王宗沐請復海運下夢龍任其事檄青州道潘允端等履勘試行之南自淮安至膠州北自海倉口至天津三千二百餘里運米二千石舟行無礙因爲條具以奏併取前後疏議奏記考說輯爲一編宗沐疏所謂巡撫都御史梁夢龍毅然試之底績無壅者也其論海道曲折頗爲詳備自邱濬大學衍義補極言海運之利然海運再遭飄溺宗沐亦叠被彈劾事竟不行此云既而運通報後夢龍亦遷秩去

其議遂寢者文飾之詞耳

海運編二卷 戶部尚書王際華家藏本

明崔旦撰旦字伯東平度人是書成於嘉靖甲寅時因運道艱阻議者欲開膠萊河以復海運由淮安淸江浦口歷新壩馬家壕至海倉口徑抵直沽止循海套可避大洋之險旦居海濱習知利害地方大吏咨以開濬之策旦亦以爲必可行惟欲改馬家壕道從麻灣口所條上工役之法堤閘之制甚具嗣以遣官勘視言水多沙磧其事遂寢旦因

檢所作議考諸篇錄而存之

山東鹽法志四卷 兩淮鹽政採進本

明查志隆撰譚耀詹仰庇忝修志隆字鳴治海寧人嘉靖己未進士官至山東布政司左忝政耀東莞人萬歷丁丑進士官至監察御史仰庇安溪人嘉靖乙丑進士官至刑部侍郎是編乃志隆官山東鹽司同知時所作耀時巡鹽長蘆仰庇時為山東按察司副使正統中命長蘆巡鹽御史兼理山東鹽法隆慶五年又令山東驛傳副使兼管鹽法

故皆得與志隆裁訂焉

八閩政議三卷　浙江范懋柱家天一閣藏本

不著撰人姓氏亦無序跋皆載明嘉靖三十二年福建布政使及福建道叅政條議中文曰鹽法綱銀運脚各爲一卷葢當時布政司所刋則例也

海運圖說一卷　浙江范懋柱家天一閣藏本

明鄭若曾撰若曾有鄭開陽襍著已著錄是編前列二圖後系以說末附海運故道海運之說古無其事杜甫後出塞詩所謂漁陽歡樂地擊鼓吹笙

竿雲帆轉遼海粳稻來東吳者不過盛陳邊帥驕
奢能遠致難至之物以供飲食非謂其時果泛舶
以資軍儲也明人懲元末中原梗阻運道不通之
弊多喜講求海運以備不虞不知政理修明則四
海一家何虞轉輸之不達如其中原失馭盜賊縱
横雖遠涉波濤供粟億萬亦何裨於敗亡哉至邱
濬考校歷年漂没之數以爲省漕渠之所費足以
補海道之所失不思歲有沉溺篙工舵師之命動
輒千百又以何者抵之歟若曾此書亦狃是見皆

可謂不求其本者也

蘇松浮賦議一卷　浙江范懋柱家天一閣藏本

明鄭若曾撰其說已具其所撰萬里海防編內此則縷析地畝科徵之數而詳悉陳之嘉靖中嘗條上當事力請入告會稽於倭變不果行此其遺稿也

重修兩浙鹺志二十四卷　浙江巡撫採進本

明王圻撰圻有東吳水利考已著錄是書圖說二卷詔令一卷鹽政十三卷職官表一卷列傳一卷

奏議三卷藝文三卷前有自序謂武陵楊鶴巡按

浙江以鹽規類畧酉戌沿草行鹽事宜三書並舊

志授圻增訂遂采其要約綴入各欵令引票之損

益價值之低昂課額之盈縮徵解之緩急商竈之

疾苦犂然具載於浙中鹺務紀錄頗詳然多一時

補苴之法不盡經久之制也

漕運通志十卷浙江范懋柱家天一閣藏本

明楊宏撰宏字希仁海州大河衞人嘉靖中以指

揮使署都督同知總運江北舊有漕運志宏病其

未備乃捃摭羣書手自紀錄延暟寧謝純考古今沿草作表六卷首漕渠次漕職次漕卒次漕船次漕倉次漕數又作畧三卷首漕例次漕議次漕文序謂表立則經見畧輯則緯彰書凡十卷而序云九卷者葢漕渠文繁分爲二卷故也

救荒事宜一卷江西巡撫採進本

明周孔教撰孔教有中丞疏稿已著錄是編乃其官應天巡撫時以三吳被水而作分目二十三條附議九條大旨不出周官荒政之意葢當時所頒

條教而其屬官爲之刋行也

長蘆鹽法志十三卷 浙江汪啟淑家藏本

明何繼高馮學易閔遠慶同撰繼高字汝登山陰人萬歷癸未進士官至江西布政司參政學易字韋卿臨海人隆慶丁卯舉人官至長蘆鹽運司運同遠慶字基厚烏程人萬歷丙戌進士官至四川按察使僉事纂是書時繼高方爲運使遠慶方爲運判故三人以現行鹽法事例參稽典故共相酌定云

通漕類編九卷浙江汪啟淑家藏本

明王在晉撰在晉有歷代山陵考已著録是書先漕運次河渠附以海運海道前有自序并作書凡例大抵採自官府册籍無所考証在晉爲經畧時值時事方棘一籌莫展逡巡移疾而去蓋好談經濟而無實用者是書殆亦具文而已

粵東鹽政考二卷兩淮鹽政採進本

明李檈撰檈字長儒鄞縣人萬歷辛丑進士官至兵部侍郎事迹具明史本傳是書乃檈官廣東按

察使僉事統理鹽法時所作上卷載鹽律鹽官鹽署鹽產鹽課鹽餉鹽廠鹽牙鹽包鹽斤下卷載鹽秤鹽單鹽票鹽旗鹽船鹽限鹽籍鹽會鹽界鹽運於鹺政利弊頗爲詳悉其於鹽官題銜之後不紀宦績并不具全前後居官者姓名蓋專爲鹽政而作與他志體例不同也繼標任者張邦翼楊瑩鍾龔承薦皆有所續刻各見所撰序文中然於原書體例則無所改易焉

北新鈔關志十六卷 兩淮馬裕家藏本

明荆之琦撰之琦丹陽人萬歷甲辰進士仕履未詳是書分十六門其建置命遣禁令經制則例課額責委鈐轄區行利弊因革官蹟公署人役十四門皆關政之所當考其藝文一門亦沿淮關志之例非所應有也

開荒十二政一卷直隸總督採進本

明魏純粹撰純粹栢鄉人官永城縣知縣因萬歷三十六年純粹在永城開墾荒田招集流民條上十二議併以其事繪爲圖其時上官批答及士民

授中書舍人左遷南京國子監丞福王召爲禮部

明陳龍正撰龍正字惕龍嘉善人崇禎甲戌進士

救荒策會七卷 浙江巡撫採進本

元璐耳學海類編所收大抵此類也

狀必非元璐所爲殆亦抄撮類書策畧數條嫁名

是書載古來賦稅諸法每類引故實一條陳區畫萬

舊本題明倪元璐撰元璐有兒易内外儀已著錄

國賦紀畧一卷 編修程晉芳家藏本

歌頌皆附焉純粹則大學士裔介祖也

祠祭司員外郎事迹具明史本傳宋董煟輯古今救荒活民書三卷元張光大續之明朱熊復加補綴龍正是編則合三家之言删其繁複而附以崇禎庚辰辛巳嘉善救荒之事其斥朱熊之書襍陳詭異之事持論頗正然大旨不出董煟書也龍正喜談經世之術此亦其一崇禎末嘗建議開墾畿輔河南山東荒田以省轉運史謂是時中原殘破有田不得耕龍正守常理而已則其所議亦僅紙上之談矣

古今鹺畧九卷鹺畧補九卷 浙江汪啟淑家藏本

明汪砢玉撰案明詩綜作珂玉字之悞也砢玉字玉水徽州人寄籍嘉興崇禎中官山東鹽運使判官是書前後兩編卷首皆有自序鹺畧九卷凡分生息供用職掌會計政令利弊法律徵異禨考九門名曰九府鹺畧補亦按九門分類拾遺砢玉當明季匱乏之時欲復漢牢盆之制而用宋轉般之法案般字今案牘皆書爲搬考李燾通鑑長編凡轉般皆作此般字砢玉蓋因其原文其意雖善而於勢恐不可行其所徵引務爲浩博多蒐古典亦不切

後世時勢至旁及邉荒尤無闗於中國之鹽政矣

救荒事宜一卷 編修程晉芳家藏本

明張陛撰陛字登子山陰人崇禎庚辰歳大饑劉宗周及祁彪佳皆里居宗周倡議煑粥彪佳倡議平糶陛更出其家粟五百石佐二人所不及慮賑或未周貲或虚糜於是斟酌情形創爲十法一聚米二踏勘三優恤四分别五散米六核實七漸及八激勸九平糶十協力擘畫具有條理多所全活因疏其綱要爲此書

鹽法考十卷 江蘇周厚堉家藏本

不著撰人名氏亦無序目首總論次兩淮次兩浙次長蘆次山東次福建次河東次陜西次廣東所載事迹至崇禎初年而止疑為明末人所作也

淮鹺本論二卷 兩江總督採進本

國朝胡文學撰文學有疏稿已著録是書乃文學於順治庚子辛丑間官兩淮廵鹽御史時作上卷分十篇曰停免會曰附銷不帶鹽曰復三府曰闗橋掣規曰釐所掣曰掣江都食鹽曰淮北改所曰撤

分司曰廢興莊臨湖蕩曰草蕩不加稅下卷分十五篇曰恤株連曰緩倒追曰禁私販曰除鏇棍曰謝遊客曰簡關防曰祛吏獘曰不任承役曰寬追比曰便銷批曰公僉報曰均僉公窩引曰去江掣獘曰酌歸綱曰省繁費曰修書院是時尚當國朝定鼎之初百度新舉往往尚沿明制文學所論葢祗其一時之利獘云爾

明漕運志一卷編修程晉芳家藏本

舊本題

國朝曹溶撰溶有崇禎五十宰相傳已著錄此書溶自載於所輯學海類編中今考其文與谷應泰明史記事本末河漕轉運篇無一字之異溶斷斷不至此知學海類編決非溶家原本也

蘇松歷代財賦考一卷 江蘇巡撫採進本

不著撰人名氏其大畧謂蘇松二郡之田僅居天下八十五分之一而所出之賦竟任天下一十三分之二其始也因張士誠之負固明太祖以租額爲官糧其繼也因萬歷之後有司官以耗增充正

數相沿既久民困未蘇於是摘其大要彙成一書

并恭錄

世祖章皇帝

聖祖仁皇帝歷年蠲欠減額諸

聖諭及載巡撫韓世琦至湯斌十八人奏疏伏考蘇松浮糧

之弊業經

特沛

恩綸普蠲舊額東南士女久已歌咏

皇仁恬熙化日此書所載奏疏止於康熙二十四年其情

形與今全異矣謹存其目以見

列聖以來留心民瘼閭閻疾苦無不上達

天聽者所以

厚澤深仁淪肌浹髓迥非前代之所及也

歷代山澤征稅記一卷編修程晉芳家藏本

國朝彭寧求撰寧求字文洽長洲人康熙壬戌進士

官至左春坊左中允其書臚叙歷代山澤征稅諸

政然海租之加不知起於漢宣帝鹽鐵之稅不知

起於管子既彙叙歷代稅法而遼代之置銀冶鐵

冶金之和買金銀冶及大定中罷金銀坑冶之稅與採買隨處金銀銅冶之法元之鐵冶銅冶銀冶淘金諸政特置官司載於史志者皆畧而不及殊未爲賅備

左司筆記二十卷江蘇巡撫採進本

國朝吳暻撰暻字西齋太倉人康熙戊辰進士是編乃其官戸部時所作分疆域戸口田地正賦漕運錢法鹽課茶馬關稅雜稅物產三庫十倉常平官俸兵食經費設官廨署褋識二十門所載皆戸部

掌故亦兼及他部事每門叙事俱自漢唐至
國朝其稱左司者據襍識內一條云時官戸部者稱
廣東山西二司爲左右二大司暻適官廣東司而
所摭拾多一曹遺事故以左司筆記名書云

泉刀滙纂無卷數 浙江巡撫採進本

國朝邱峻撰峻有南湖記畧稿已著錄錢譜創自顧
烜見於隋書經籍志其後封演諸人相繼有作並
已散佚今惟洪遵之書存然遵特考其形制繪其
文字而未及於政典沿革之詳峻是書則自邃古

訖於有明典故藝文悉爲採錄分六門一曰沿革二曰利弊三曰建元四曰圖異五曰官監六曰雜編搜採頗詳亦多考證而編次雜亂無緒亦未分卷蓋未成之本也

錢錄十二卷江蘇巡撫採進本

國朝張端木撰端木字崑喬上海人乾隆壬戌進士官至諸暨縣知縣此書卷一至卷七具載歷代錢弊并及僞朝僭號所鑄卷八至卷十載錢之不知年代者卷十一專載外國錢名卷十二則叙述古

來作志之人而以洪遵泉志序終焉書中頗引遵

說宋元以後則端木所自蒐羅伏考

御定西清古鑑中錢錄一編圖繪精妙考據典核足折

衷百代無以復加端木葢未及見官書故摭拾殘

賸有此編錄耳

右政書類邦計之屬四十五部二百四十九卷內一部無

卷數皆附存目

馬政志四卷兩淮鹽政採進本

明陳講撰講字子學遂寧人正德辛巳進士官至

山西提學副使此書乃其嘉靖三年以御史巡視陝西馬政時所作凡茶馬一卷爲目九紀以茶易番馬之制鹽馬一卷爲目七紀納馬中鹽之制牧馬一卷爲目八紀各寺苑監畜牧之制點馬一卷爲目三紀行太僕寺各軍衛稽覈馬匹之制摭叙源委頗詳明史食貨志載講嘗以商茶低僞乃第茶爲上中·一品印烙篦上書商名而考之蓋亦勤於爲政者然明代茶馬之政至末造而姦商私販官吏冒支其弊不可究詰掣鹽中馬改爲納銀名

在實亡亦無裨於邊計志中所列大抵皆具文而已

歷代武舉考一卷 浙江巡撫採進本

國朝譚吉璁撰吉璁有延綏鎮志已著錄是書叙歷代武舉之制間引唐宋諸儒奏議參証之如叙唐試武舉長垜諸例而失載穿札宋武舉之法屢變其出官之法亦極詳皆畧而不叙又如遼之統和十二年詔諸道軍有勇健者具以名聞金皇統時特設武舉之科至貞祐時又賜敕命章服與進士

同例其科特重載於諸史紀志者甚詳亦未及徵引不足以云賅備也

右政書類軍政之屬一部五卷皆附存目

永徽法經三十卷永樂大典本

元鄭汝翼撰汝翼字鵬舉河南人喬從善跋謂其束髮讀書學刑名家罔不涉獵得法外意中金朝律科選官刑部檢法迨壬辰革命徙居順德州節度趙公識其有平反譽擢詳議中書省尋舉授大理丞後以奉直大夫左三部郎中致仕是書作於

中統癸亥意主發明唐律故名之曰永徽法經自序稱唐永徽因隋制定爲十二章三十卷其法詳備金朝嘉尚制科皇統大定權定大畧未成章目道陵敕設詳定校定兩所自明昌至太和以隋唐遼宋遺文叅定篇目卷帙全依唐制其間度時增損者十有一二遼宋皇統大定文籍更革無存永徽泰和遺文足徵因閱此書以隨欵異同者分析編類庶便於觀覽其目仍用十二章之舊每篇目下有議自李悝以後同異分合前後之次各析其

沿革源流其書則列唐律於前而附金律於後或有或無或同或異或增或減俱詳爲之注頗爲精審文淵閣書目載此書一部五册不著卷數永樂大典所載者併爲四卷今從之著錄

至正條格二十三卷永樂大典本

元順帝時官撰凡分目二十七曰祭祀曰戸令曰學令曰選舉曰宮衛曰軍防曰儀制曰衣服曰公式曰祿令曰倉庫曰廐牧曰田令曰賦役曰關市曰捕亡曰賞令曰醫藥曰假寧曰獄官曰雜令曰

僧道曰營繕曰河防曰服制曰站赤曰榷貨案元史刑法志載元初平宋簡除繁苛始定新律至元二十一年中書省咨各衙門將原降聖旨條律頒之有司號曰至元新格仁宗時又以格例條畫類集成書號曰風憲宏綱英宗時復加損益書成號曰大元通制其書之大綱有三一曰詔制二曰條格三曰斷制自仁宗以後率遵用之而不及此書據歐陽元序則此書乃順帝至元四年中書省言大元通制纂集於延祐乙卯頒行於至治之癸亥

距今二十餘年朝廷續降詔條法司續議格例簡牘滋繁因革靡常前後衡決有司無所質正往復稽留吏或舞文請擇老成耆舊文學法理之臣重新刪定上乃勅中書專官典治其事遴選樞府憲臺大宗正翰林集賢等官編閱新舊條格叅酌增損書成爲制詔百有五十條格千有七百斷例千五十有九至正五年書成丞相阿魯圖等入奏請賜名曰至正條格其編纂始末釐然可考元史遺之亦疎漏之一證矣原本卷數不可考今載於永

樂大典書凡二十三卷

金玉新書二十七卷 永樂大典本

不著撰人名氏蓋元時坊本也其書凡大綱三十一門一曰民庶二曰商旅三曰僧道四曰官制五曰州縣六曰監司七曰皇族八曰遣使九曰職任十曰薦舉十一曰選試十二曰推鞫十三曰公吏十四曰軍防十五曰督捕十六曰倉庫十七曰場務十八曰綱運十九曰功役二十曰功賞二十一曰推賞二十二曰職田二十三曰朝饗二十四曰

恩封二十五曰儀制二十六曰禮制二十七曰給賜二十八曰文書二十九曰請給三十曰急遞三十一曰貢獻每門皆以二字爲題中又分子目皆以六字爲題繁襍瞀亂殊不足觀其曰金玉新書者殆取金科玉律之意立名亦未雅馴也

官民凖用七卷永樂大典本

不著撰人名氏前有徐天麟序曰元不尚苛細故不用太和舊例然隨事立法前後所降格例文墨之吏不能盡覩及蒙省臺降令內外衙門編類置

簿檢舉適有好事君子出一編書示余曰官民準用云云則是書乃留心法律者鈔集案牘而爲之非官撰也前列詔勅中分三十二目一曰官制二曰吏員三曰公牘四曰禮儀五曰學校六曰僧道七曰戶役八曰田產九曰婚娶十曰良賤十一曰債負十二曰俸給十三曰錢糧十四曰課程十五曰倉庫十六曰榷禁十七曰舖驛十八曰軍兵十九曰臺察二十曰訴訟二十一曰警捕二十二曰斷獄二十三曰禁約二十四曰禩犯二十五曰盜

賊二十六曰毆殺二十七曰贓婪二十八曰姦汙二十九曰詐僞三十曰拾遺三十一曰工作三十二附以唐律諸圖葢元初罷科舉而用掾吏故官制之下即次以吏員又其時三教並重故學校之後即次以僧道也此書明文淵閣書目作四冊不言幾卷今見於永樂大典者凡七卷已合併舊帙非其原數矣

明律三十卷永樂大典本

明太祖時勅修初太祖平武昌即議律令吳元年

命左丞相李善長爲律令總裁官楊憲陶安等爲議律官諭之曰法貴簡當使人易曉若條緒繁多或一事兩端可輕可重吏得因緣爲姦非法意也遂御西樓召諸臣賜坐從容講論律意書成又恐小民不能周知命大理卿周禎等自禮樂制度錢糧選法之外凡民間所行事宜類聚成編訓釋其義頒之郡縣名曰律令直解洪武元年又命儒臣四人同刑官講唐律日進二十條六年夏刊律令憲綱頒之諸司然皆隨宜草創未及詳備此書乃

六年之冬詔刑部尚書劉惟謙詳定凡近代比例之繁姦吏可資爲出入者咸痛芟之每一篇成繕書上奏揭於西廡之壁親爲裁定明年二月書成篇目一準於唐采用已頒舊律三十六條因事制律三十一條掇唐律以補遺者又一百二十二條合六百有六條然明代斷獄不甚遵用故其書亦罕傳本此猶永樂大典所載明初之舊本也

右政書類法令之屬五部一百十七卷皆附存目

元內府宮殿制作一卷永樂大典本

不著撰人名氏所記元代門廊宮殿制作甚詳而
其辭鄙俚冗贅不類文士之所為疑當時營繕曹
司私相傳授之本也

造甎圖說一卷（浙江巡撫採進本）

明張問之撰問之慶雲人嘉靖癸未進士官至工
部郎中自明永樂中始造磚於蘇州責其役於長
洲窯戶六十三家磚長二尺二寸徑一尺七寸其
土必取城東北陸墓所產乾黃作金銀色者掘而
運運而硐而椎而砻而磨而斮凡七轉

而後得土復澄以三級之池濾以三重之羅築地
以晾之布瓦以晞之勒以鐵弦踏以人足凡六轉
而後成泥揉以手承以托板砑以石輪椎以木掌
避風避日置之陰室而日日輕築之閱八月而後
成坯其入窯也防驟火激烈先以穅草薫一月乃
以片柴燒一月又以棵柴燒一月又以松枝柴燒
四十日凡百三十日而後窨水出窯或三五而選
一或數十而選一必面背四旁色盡純白無爆紋
無墜角叩之聲震而清者乃為入格其費不貲嘉

靖中營建宮殿間之往督其役凡需磚五萬而造至三年有餘乃成窯戸有不勝其累而自殺者乃以採鍊燒造之艱每事繪圖貼説進之於朝冀以感悟亦鄭俠繪流民意也其書成於嘉靖甲午而明之弊政已至於此蓋法度陵夷民生塗炭不待至萬歴之末矣

西槎彙草一卷 浙江范懋柱家天一閣藏本

明龔輝撰輝有全陝政要畧已著錄嘉靖時營仁壽宮輝以營繕司主事奉使督木四川得大木五

千餘株板枋如之部劄欲再倍其數公私俱困民情洶洶輝乃繪山川險惡轉運艱苦等狀爲十五圖前後各作圖說具奏竟得旨停止後列劄子三篇又附載詩文數首其曰西槎彙草者輝嘗使浙東故此名西槎以别之也其圖說劄子皆剴切酸楚使人感動與張問之造甎圖說相等自當以採木圖說爲名不當更贅附詩文名以彙草其編次殊無體例且詩文寥寥數首又皆不工益爲無謂矣今仍著錄政書中從所重也

南船紀四卷 江蘇巡撫採進本

明沈啓撰啓有吳江水考已著錄是編乃啓嘉靖中以南工部營繕司主事署監督龍江提舉司時所撰按明史兵志太祖於新江口設船四百永樂初又命鎮江各府衛造海風船皆江船也又職官志所載各船有黃船遮洋船淺船馬船風快船備倭船戰船諸名內惟遮洋備倭二種爲海中所用故啓不之及其餘各船圖形工料數目暨因革典司諸例無不詳悉備載

國朝江寧府設同知一員專管督造戰船參考損益未始非船政之權輿然今昔異宜其制已不盡合矣

水部備考十卷浙江巡撫採進本

明周夢暘撰夢暘字啟明南漳人萬歷甲戌進士官至工部都水司郎中以工曹職掌冗襍又前後多所更革難於稽考因檢校案牘以類編次各立綱目分爲職官河渠橋道舟車織造器用權量徵輸供億叢事凡十考末附吏典承行事件書成於

萬歷丁亥

浮梁陶政志一卷 編修程晉芳家藏本

國朝吳允嘉撰允嘉有吳越順存集已著錄是書皆記江西景德鎮官窰始末凡七條疎畧殊甚後爲景德舊事十四條而㫖十九一條重出又時代顚舛容齋隨筆一條以宋事列明後池北偶談一條以國朝事列宋前殊無條理

右政書類考工之屬六部十八卷皆附存目

# 欽定四庫全書總目卷八十五

## 史部四十一

### 目錄類一

鄭元有三禮目錄一卷此名所昉也其有解題胡應麟經義會通謂始於唐之李肇案漢書錄七畧書名不過一卷而劉氏七畧別錄至二十卷此非有解題而何隋志曰劉向別錄劉歆七畧剖析條流各有其序推尋事迹自是以後不能辨其流別但記書名而已其文甚明應麟誤

也今所傳者以崇文總目爲古晁公武趙希弁陳振孫並準爲撰述之式惟鄭樵作通志藝文畧始無所詮釋併建議廢崇文總目之解題而尤袤遂初堂書目因之自是以後遂兩體並行今亦兼收以資考核金石之文隋唐志附小學宋志乃附目錄今用宋志之例並列此門而別爲子目不使與經籍相淆焉

崇文總目十二卷　永樂大典本

宋王堯臣等奉勅撰蓋以四館書併合著錄者也

宋制以昭文史館集賢爲三館太平興國三年於左升龍門東北建崇文院謂之三館新修書院端拱元年詔分三館之書萬餘卷别爲書庫名曰秘閣以别貯禁中之籍與三館合稱四館景祐元年閏六月以三館及秘閣所藏或謬濫不全命翰林學士張觀知制誥李淑宋祁等看詳定其存廢訛謬者删去差漏者補寫因詔翰林學士王堯臣史館檢討王洙館閣校勘歐陽修等校正條目討論撰次定著三萬六百六十九卷分類編目總成六

十六卷於慶歷元年十二月已丑上之賜名曰崇文總目後神宗改崇文院曰秘書省徽宗時因改是書曰秘書總目然自南宋以來諸書援引仍謂之崇文總目從其朔也李燾續通鑑長編云崇文總目六十卷麟臺故事亦同中興書目云六十六卷江少虞事實類苑則云六十七卷文獻通考則云六十四卷宋史藝文志則据中興書目作六十六卷其說參差不一考原本於每條之下具有論說逮南宋時鄭樵作通志始謂其文繁無用紹興

中遂從而去其序釋故晁公武讀書志陳振孫書
錄解題著錄皆云一卷是刋除序釋之後全本已
不甚行南宋諸家或不見其原書故所記卷數各
異也考漢書藝文志本劉歆七畧而作班固已有
自註隋書經籍志參考七錄互註存佚亦沿其例
唐書於作者姓名不見紀傳者尚間有注文以資
考核後來得畧見古書之崖畧實緣於此不可謂
之繁文鄭樵作通志二十畧務欲凌跨前人而藝
文一畧非目睹其書則不能詳究原委自揣海濵

寒畯不能窺中秘之全無以駕乎其上遂惡其害已而去之此宋人忌刻之故智非出公心厥後托克托等作宋史藝文志紕漏顛倒瑕隙百出於諸史志中最爲叢脞是卽高宗誤用樵言删除序釋之流弊也宋人官私書目存於今者四家晁氏陳氏二目諸家藉爲考證之資而尤袤遂初堂書目及此書則若存若亡幾希湮滅是亦有說無說之明效矣此本爲范欽天一閣所藏朱彝尊抄而傳之始稍見於世亦無序釋彝尊曝書亭集有康熙

庚辰九月作是書跋謂欲從六一居士集暨文獻通考所載別抄一本以補之然是時彝尊年七十二矣竟未能辦今以其言考之其每類之序見於歐陽修集者秖經史二類及子類之半馬端臨文獻通考所載論說亦然晁公武讀書志陳振孫書錄解題皆在通考之前惟公武所見多通考一條陳氏則但見六十六卷之目題曰紹興改定者而已永樂大典所引亦即從晁陳二家目中採出無所增益已不能復睹其全然蒐輯排比尚可得十

之三四是亦較勝於無矣謹依其原次以類補入

釐爲一十二卷其六十六卷之原次仍注於各類

之下又續宋會要載大觀四年五月祕書監何志

同言慶歷間集四庫爲籍名曰崇文總目今按籍求之十纔六七

宜頒其名類於天下總目之外別有異書並借傳

寫紹興十二年十二月權發遣盱眙軍向子固言

乞下本省以唐藝文志及崇文總目所闕之書註

闕字於其下付諸州軍照應搜訪云云今所傳本

每書之下多注闕字蓋由於此今亦仍之王應麟

王海稱當時國史謂總目序錄多所謬誤黃伯思東觀餘論有校正崇文總目十七條鄭樵通志校讐畧則全爲攻擊此書而作李燾長編亦云總目或有相重亦有可取而謬棄不錄者今觀其書載籍浩繁紙墨所難保然數千年著作之目總滙於斯百世而下藉以驗存佚辨眞贋核同異固不失爲册府之驪淵藝林之玉圃也

郡齋讀書志四卷後志二卷考異一卷附志一卷兩江總督採進本

讀書志四卷宋晁公武撰後志二卷亦公武所撰
趙希弁重編附志一卷則希弁所續輯也公武字
子止鉅野人冲之之子官至敷文閣直學士臨安
少尹岳珂桯史記隆興二年湯思退罷相洪适草
制作平語侍御史晁公武擊之則亦骨鯁之士希
弁袁州人宋宗室子自題稱江西漕貢進士祕書
省校勘以輩行推之蓋太祖之九世孫也始南陽
井憲孟爲四川轉運使家多藏書悉舉以贈公武
乃躬自讐校疏其大畧爲此書以時方守榮州故

名郡齋讀書志後書散佚而志獨存淳祐己酉鄱
陽黎安朝守袁州因令希弁即其家所藏書目參
校刪其重複摭所未有益爲附志一卷而重刻之
是爲袁本時南充游鈞守衢州亦取公武門人姚
應績所編蜀本刊傳是爲衢本當時二書並行於
世惟衢本分析至二十卷增加書目甚多卷首公
武自序一篇文亦互有詳畧希弁以衢本所增乃
公武晚年續裒之書而非所得井氏之舊因别摘
出爲後志二卷又以袁衢二本異同别爲考異一

卷附之編末蓋原志四卷爲井氏書後志二卷爲
晁氏書並至南渡而止附志一卷則希弁家書故
兼及於慶元以後也馬端臨作經籍考全以是書
及陳氏書錄解題爲據然以此本與經籍考互校
往往乖迕不合如京房易傳此本僅注三十餘字
而馬氏所引其文多至十倍又如宋太祖實錄太
宗實錄建康實錄汲冢周書之類此志本僅述其
撰人時代及卷數而止而馬氏所引尚有考据議
論凡數十言其餘文之多寡詞之增損互異者不

可勝數又希弁考異稱袁本毗陵易傳衢本作東坡易傳袁本芸閣先生易解衢本作呂氏章句今經籍考所題並同衢本似馬端臨原據衢本採掇然如丁晉公談錄六祖壇經之類希弁考異稱袁本所載而衢本所遺者今經籍考實並引晁氏之說則當時亦兼用袁本疑此書巳經後人删削不特衢本不可復見即袁本亦非盡舊文故與馬氏所引不能一一符合歟又前志子部敘錄稱九曰小說類十曰天文歷算類十一曰兵家類十二曰

類家類十三曰雜藝類十四曰醫家類十五曰神仙類十六曰釋書類而志中所列小說類鷄跖集後即爲羣仙會真記王氏神仙傳葛洪神仙傳三種是天文歷算等五類全佚而神仙類亦脫其標目則其他類之殘缺蓋可例推矣然書雖非舊而梗概仍存終爲考證者所取資也

遂初堂書目一卷兩江總督採進本

宋尤袤撰袤字延之無錫人紹興十八年進士官至禮部尚書謚文簡事迹具宋史本傳陳振孫書

錄解題稱其遂初堂藏書爲近世冠楊萬里誠齋
集有爲袁作益齋書目序其名與此不同然通考
引萬里序列遂初堂書目條下知卽一書今此本
無此序而有毛扆一序魏了翁陸友仁二跋其書
分經爲九門曰經總類周易類尙書類詩類禮類
樂類春秋類論語孝經孟子類小學類分史爲十
八門曰正史類編年類雜史類故事類雜傳類僞
史類國史類本朝雜史類本朝故事類本朝雜傳
類實錄類職官類儀注類刑法類姓氏類史學類

目錄類地理類分子爲十二門曰儒家類雜家類道家類釋家類農家類兵家類數術家類小說類雜藝類譜錄類類書類醫書類分集爲五門曰別集類章奏類總集類文史類樂典類其例畧與史志同惟一書而兼載數本以資互考則與史志小異耳諸書皆無解題檢馬氏經籍考無一條引及袤說知原本如是惟不載卷數及撰人則疑傳寫者所刪削非其原書耳其子部別立譜錄一門以收香譜石譜蟹錄之無類可附者爲例最善間有

分類未安者如元經本史而入儒家錦帶本類書而入農家琵琶錄本雜藝而入樂之類亦有一書偶然複見者如大歷浙東聯句一入别集一入總集之類又有姓名訛異者如玉瀾集本朱槔作而稱朱喬年之類然宋人目錄存於今者崇文總目已無完書惟此與晁公武志爲最古固考證家之所必稽矣

子畧四卷目錄一卷內府藏本

宋高似孫撰似孫有剡錄已著錄是書卷首冠以

目錄始漢志所載次隋志所載次唐志所載次庾仲容子鈔馬總意林所載次鄭樵通志藝文畧所載皆削其門類而存其書名畧注撰人卷數於下其一書而有諸家注者則惟列本書而注家細字附錄焉其有題識者凡陰符經握奇經八陣圖鬻子六韜孔叢子曾子曾仲連子晏子老子莊子列子文子戰國策管子尹文子韓非子墨子鄧析子亢桑子鶡冠子孫子吳子范子鬼谷子吕氏春秋素書淮南子賈誼新書鹽鐵論論衡太元經新序

說苑抱朴子文中子元子皮子隱書凡三十八家其中說苑新序合一篇而八陣圖附於握奇經實共三十六篇惟陰符經握奇經錄其原書於前餘皆不錄似乎後人刪節之本未必完書也馬端臨通考多引之亦頗有所考證發明然似孫能知亢倉子之僞而於陰符經握奇經三畧諸葛亮將苑十六策之類乃皆以爲眞則鑒別亦未爲甚確其盛稱鬼谷子尤爲好奇以其會稡諸家且所見之本猶近古終非焦竑經籍志之流輾轉販鬻徒搆

虛詞者比故錄而存之備考證焉

直齋書錄解題二十二卷永樂大典本

宋陳振孫撰振孫字伯玉號直齋安吉人厲鶚宋詩紀事稱其端平中仕爲浙西提舉改知嘉興府考周密癸辛雜識莆田楊氏子婦一條稱陳伯玉振孫時以倅攝郡又陳周士一條稱周士直齋侍郎振孫之長子則振孫始仕州郡終官侍郎不止浙江提舉鶚蓋考之未詳也癸辛雜識又稱近年惟直齋陳氏書最多蓋嘗仕於莆傳錄夾漈鄭氏

此書久佚僅永樂大典尚載其完帙惟當時編輯
惟據此書及讀書志成編然讀書志今有刻本而
類凡七實仍不外乎四部之說也馬端臨經籍考
經之類凡十史之類凡十六子之類凡二十集之
失故曰解題雖不標經史子集之目而核其所列
十三類各詳其卷帙多少撰人名氏而品題其得
在宋末已為世所重矣其例以歷代典籍分為五
且仿讀書志作解題極其精詳云云則振孫此書
方氏林氏吳氏舊書至五萬一千一百八十餘卷

潦草訛脫宏多又卷帙割裂全失其舊謹詳加校
訂定為二十二卷方今
聖天子稽古右文蒐羅遺籍列於四庫之中者浩如淵
海此區區一家之書誠不足以當萬一然古書之
不傳於今者得藉是以求其崖畧其傳於今者得
藉是以辨其真偽核其異同亦考證之所必資不
可廢也原本間於解題之後附以隨齋批註隨齋
不知何許人然補缺拾遺於本書頗有所裨今亦
仍其舊焉

漢藝文志考證十卷通行本

宋王應麟撰應麟有周易鄭康成註已著錄漢書藝文志因劉歆七畧而修凡句下之注不題姓氏者皆班固原文其標某某曰者則顏師古所集諸家之說然師古注班固全書藝文特其八志之一故僅畧疏姓名時代所考證者如漢著記即起居注家語非今家語鄧析非子產所殺莊葱奇嚴助之駁文逢門即逢蒙之類不過三五條而止應麟始捃摭舊文各爲補註不載漢志全文惟以有所

辨論者摘錄爲綱畧如經典釋文之例其傳記有此書名而漢志不載者亦以類附入易類增連山歸藏子夏易傳詩類增元王傳禮類增大戴禮小戴禮王制漢儀樂類增樂記樂元語春秋類增冥氏春秋道家增老子指歸素王妙論法家增漢律漢令縱横家增鬼谷子天文增夏氏日月傳甘氏歲星經石氏星經巫咸五星占周髀星傳歷譜增九章算術五紀論五行增翼氏風角經方增本草凡二十六部各疏其所註於下而以不著錄字別

之其間如子夏易傳鬼谷子皆依託顯然而一槩泛載不能劃愛又庾信哀江南賦稱栩陽亭有離別之賦實由誤記藝文志與所用桂華馮馮誤讀郊祀志者相等應麟乃因而附會以栩陽爲漢代亭名亦未免問失之嗜奇然論其該洽究非他家所及也

文淵閣書目四卷內府藏本

明楊士奇編士奇有三朝聖諭錄已著錄是編前有正統六年題本一通稱各書自永樂十九年南

京取來一向於左順門北廊收貯未有完整書目
近奉旨移貯文淵閣東閣臣等逐一打點清切編
置字號寫完一本總名文淵閣書目請用廣運之
寶鈐識備照庶無遺失蓋本當時閣中存記冊籍
故所載書多不著撰人姓氏又有冊數而無卷數
惟畧記若干部爲一櫥若干櫥爲一號而已考明
自永樂間取南京藏書送北京又命禮部尚書鄭
賜四出購求所謂鋟板十三抄本十七者正統時
尚完善無缺此書以千字文排次自天字至往字

凡得二十號五十櫥今以永樂大典對勘其所收之書世無傳本者往往見於此目亦可知其儲庋之富士奇等承詔編錄不能考訂撰次勒爲成書而徒草率以塞責較劉向之編七略荀勗之敘中經誠爲有愧然考王肯堂鬱岡齋筆塵書在明代已殘缺不完王士禎古夫于亭雜錄亦載

國初曹貞吉爲内閣典籍文淵閣書散失殆盡貞吉檢閲見宋槧歐陽修居士集八部無一完者今閲百載已放失無餘惟藉此編之存尚得畧見一代

秘書之名數則亦考古所不廢也舊本不分卷數黃虞稷千頃堂書目作十四卷不知所據何本殆傳寫者以意分析今釐定爲四卷云

授經圖二十卷兩江總督採進本

明朱睦㮮撰睦㮮有易學識疑已著錄是編所述經學源流也案崇文總目有授經圖三卷叙易詩書禮春秋三傳之學其書不傳宋章俊卿山堂考索嘗溯其宗派各爲之圖亦未能完備且頗有舛譌睦㮮乃因章氏舊圖而增定之首叙授經世系

次諸儒列傳次諸儒著述歷代經解名目卷數每經四卷五經共爲二十卷睦桴自序稱薑爲四卷疑傳寫有脫文也舊無刊板惟黃虞稷家有寫本康熙中虞稷乃同錢塘龔翔麟校而刻之虞稷序稱西亭舊本案西亭即睦桴之別號先後不無參錯予與龔子蘅圃重爲釐正易則以復古爲先書則以今文爲首其他經傳之闕軼者復取歷代史藝文志及通志通考所載咸爲補入而近代傳註可傳者亦間錄焉視西亭所輯庶幾少備云云又睦桴義例

稱周漢而下至金元作者凡一千一百三十二人

國朝三十九人經解凡一千七百九十八部二萬

一千七十一卷虞稷等附註其下稱新增入古今

作者二百五十五人經解凡七百四十一部六千

二百一十八卷則虞稷等大有所竄改非復睦㮚

之舊矣今以所竄改者觀之易稱以復古爲先而

列子夏易傳實王弼本非古易也書稱以今文爲

首而所列朱子書古經實孔安國本非今文也以

是例推殆未能盡允且睦㮚之作是書大旨病漢

學之失傳因溯其專門授受欲儒者飲水思源故所述列傳止於兩漢其子勤美哉秦美字原本誤作美今改正亦稱秦燼之餘六經殘滅漢興諸儒頗傳不絕之緒於是專門之學甚盛至東京則授受鮮有次第而經學亦稍稍衰矣故是編所列多詳於前漢云云其著書之意粲然明白虞稷等乃雜採諸家以補之與睦樗所見正復相反然朱彝尊經義考未出以前能條析諸經之源流此書實爲之嚆矢正不以有所黜竄併其原書而廢之矣

欽定天祿琳琅書目十卷

乾隆四十年奉

勅撰初乾隆九年

命內直諸臣檢閱

秘府藏書擇其善本進呈

御覽於

昭仁殿列架庋置

賜名曰天祿琳琅迄今三十餘年秘笈珍函蒐羅益富

又以

詔求遺籍充四庫之藏宛委叢編嫏嬛墜簡咸出應

昌期因掇其菁華重加整比併

命編爲目錄以垂示方來冠以丁卯

御題昭仁殿詩及乙未

重華宮茶宴用天祿琳瑯聯句詩其書亦以經史子

集爲類而每類之中宋金元明刊板及影寫宋本

各以時代爲次或一書而兩刻皆工緻則兩本並

存尤袤遂初堂書目例也一板而兩印皆精好亦

兩本並存漢秘書有副例也（案事見漢書敘傳）每書各有

解題詳其鋟梓年月及收藏家題識印記並一一
考其時代爵里著授受之源流援張彥遠歷代名
畫記有論十六篇其十一記鑒識收藏閱玩十二
記自古跋尾押署十三記自古公私印記自後賞
鑒諸家遞相祖述至鐵網珊瑚所載書畫始於是
事特詳然藏書著錄則未有辨訂及此者即錢曾
於也是園書目之外別出讀書敏求記述所藏舊
刻舊鈔亦粗具梗概不能如是之條析也至於每
書之首多有

御製詩文題識並恭錄於舊跋之前
奎藻光華增輝簡冊旁稽舊典自古帝王惟唐太宗有
賦尚書一篇詠司馬彪續漢志一篇宋徽宗有題
南唐舊本金樓子一篇而已未有
乙覽之博
宸章之富
鑒别之詳明
品題之精確如是者臣等繕錄之下盥頌
聖學高深超軼乎三古也

千頃堂書目三十二卷　浙江巡撫採進本

國朝黄虞稷撰虞稷字俞邰先世泉州人崇禎末流寓上元書首自題曰閩人不忘本也所錄皆明一代之書經部分十一門旣以四書爲一類又以論語孟子各爲一類又以說大學中庸者入於三禮類中葢欲畧存古例用意頗深然明人所說大學中庸皆爲四書而解非爲禮記而解卽論語孟子亦因四書而說非若古人之别爲一經專門授受其分合殊爲不當樂經雖亡而不置此門則律吕

諸書無所附其删除亦未允也史部分十八門其

簿錄一門用尤袤遂初堂書目之例以收錢譜蟹

錄之屬古來無類可歸者最爲允協至於典故以

外又立食貨刑政二門則贅設矣子部分十二門

其墨家名家法家縱横家併爲一類總名雜家雖

亦簡括然名家墨家縱横家傳述者稀遺編無幾

併之可也併法家删之不太簡乎集部分八門其

别集以朝代科分爲先後無科分者則酌附於各

朝之末視唐宋二志之糅亂特爲清晰體例可云

最善惟制舉一門可以不立明以八比取士工是技者隸首不能窮其數即一日之中伸紙搦管而作者不知其幾億萬篇其不久而化爲故紙敗燼者又不知其幾億萬篇其生其滅如烟雲之變現泡沫之聚散虞稷乃徒據所見而列之不亦偵耶每類之末各附以宋金元人之書既不賅備又不及於五代以前其體例特異亦不可解然焦竑國史經籍志既誕妄不足爲憑傅維鱗明書經籍志尤冗雜無緒考明一代著作

者終以是書爲可據所以

欽定明史藝文志頗採錄之畧其舛駁而取其賅贍可

也

經義攷三百卷通行本

國朝朱彝尊撰彝尊字錫鬯號竹垞秀水人康熙己

未薦舉博學鴻詞

召試授檢討入直

內廷彝尊文章淹雅初在布衣之内已與王士禎聲

價相齊博識多聞學有根柢復與顧炎武閻若璩

頒頒上下凡所撰述具有本原是編統考歷朝經
義之目初名經義存亡考惟列存亡二例後分例
曰存曰闕曰佚曰未見因改今名凡

御注

勅撰一卷易七十卷書二十六卷詩二十二卷周禮十卷
儀禮八卷禮記二十五卷通禮四卷樂一卷春秋
四十三卷論語十一卷孝經九卷孟子六卷爾雅
二卷羣經十三卷四書八卷逸經三卷毖緯五卷
擬經十三卷承師五卷宣講立學共一卷刊石五

卷書壁鏤板著録各一卷通說四卷家學自述各
一卷其宣講立學家學自述三卷皆有録無書蓋
撰輯未竟也每一書前列撰人姓氏書名卷數其
卷數有異同者則註某書作幾卷次列存佚闕未
見字次列原書序跋諸儒論說及其人之爵里彝
尊有所考正者即附列案語於末惟序跋諸篇與
本書無所發明者連篇備録未免少冗又隋志著
録凡於全經之內專說一篇者如易類之繫辭註
乾坤義書類之洪範五行傳古文舜典禮類之夏

小正月令章句中庸傳等皆與說全經者通敘先後俾條貫易明彝尊是書乃以專說一篇者附錄全經之末遂令時代參錯於例亦爲未善然上下二千年間元元本本使傳經源委一一可稽亦可以云詳贍矣至所註佚闕未見今以四庫所錄校之往往其書具存彝尊所言不盡可據然

冊府儲藏之秘非人間所得盡窺又恭逢我

皇上稽古右文蒐羅遺逸嫏嬛異笈宛委珍函莫不乘時畢集圖書之富曠古所無儒生株守殘編目嘗

掌錄窮一生之力不能測學海之津涯其勢則然

固不足爲彞尊病也

右目錄類經籍之屬十一部四百二十四卷皆文淵

閣著錄

案隋志以下皆以法書名畫列入目錄今書

畫列入子部藝術類惟記載金石者無類可

歸仍入目錄然别爲子目不與經籍相參盖

目錄皆爲經籍作金石其附庸也

目錄也[illegible]金石其[illegible]也

例以入目錄別為子目不與諸家相參

[illegible]入子[illegible]並載金石[illegible]

錄[illegible]以[illegible]名[illegible]入目錄今書

國書錄

右目錄類經籍之屬十一部四百二十四卷皆文淵閣著錄

圖不足[illegible]也

[illegible]十[illegible]不[illegible]浙[illegible]本

# 欽定四庫全書總目 史部

卷八十六

# 欽定四庫全書總目卷八十六

## 史部四十二

### 目錄類二

**集古錄十卷**通行本

宋歐陽修撰。修有詩本義，已著錄。古人法書惟重真蹟，自梁元帝始集錄碑刻之文爲碑英一百二十卷，見所撰金樓子，是爲金石文字之祖。今其書不傳。曾鞏欲作金石錄而未就，僅製一序，存元豐類稿中。修始採摭佚逸，積至千卷，撮其大要，各爲

之說至嘉祐治平間修在政府又各書其卷尾於
是文或小異蓋隨時有所竄定也修自書其後題
嘉祐癸卯至熙寧二年己酉修季子棐復摭其畧
別爲目錄上距癸卯蓋六年而棐記稱錄既成之
八年則是錄之成當在嘉祐六年辛丑其眞蹟跋
尾則多係治平初年所書亦間有在熙寧初者知
棐之目錄固承修之命而爲之也諸碑跋今皆具
修集中其跋自爲書則自宋方崧卿裒聚眞蹟刻
於廬陵曾宏父石刻鋪叙稱有二百四十六跋陳

振孫書錄解題稱有三百五十跋修子棐所記則曰凡二百九十六跋修又自云凡四百餘篇有跋近日刻集古錄者又爲之說曰世所傳集古跋四百餘篇而棐乃謂二百九十六雖是時修尚無恙然續跋不應多逾百篇因疑寫本誤以三百爲二百以今考之則通此十卷乃正符四百餘跋之數蓋以集本與真蹟合編與專据集本者不同宋時廬陵之刻本今已不傳無從核定不必以棐記爲疑矣是書原本但隨得隨錄不復詮次年月故修

之自序曰有卷帙而無時世先後蓋其取多而未已也近來刻本乃以時代先後爲序而於每卷之末附列原本卷帙次第轉有年月倒置更易補正之處錢曾讀書敏求記以爲失其初意然考毛晉跋是書曰自序謂上自周穆王以來則當以吉日癸巳石刻爲卷首毛伯敦三銘是作序目後所得宜在卷末即子棐亦未敢妄爲詮次蓋周益公未能精於考訂云云據此則周必大時之本已按時世爲次則其由來久矣今刻修文集者但序時代

不復存每卷末之原次則益爲疎耳今仍依見行

篇次著於錄焉

金石錄三十卷 兩淮馬裕家藏本

宋趙明誠撰明誠字德父密州諸城人歷官知湖州軍州事是書以所藏三代彝器及漢唐以來石刻仿歐陽修集古錄例編排成帙紹興中其妻李清照表上於朝張端義貴耳集謂清照亦筆削其間理或然也有明誠自序並清照後序其前十卷皆以時代爲次自第一至二千咸著於目每題下

注年月撰書人名後二十卷爲辨證凡跋尾五百
二篇中邢義李證義興茶舍般舟和尙四碑目錄
中不列其名或編次偶有疎舛或所續得之本未
及補入卷中歟初鋟板於龍舒開禧元年浚儀趙
不譾又重刻之其本今已罕傳故歸有光朱彝尊
所見皆傳抄之本或遂指爲未完之書其實當日
有所考證乃爲題識故李淸照跋稱二千卷中有
題跋者五百二卷耳原非卷卷有跋未可以殘缺
疑也淸照跋據洪邁容齋四筆原爲龍舒刻本所

不載邁於王順伯家見原稿乃撮述大概載之此本所列乃與邁所撮述者同則後人補入非清照之全文矣自明以來轉相抄錄各以意爲更移或删除其目內之次第又或竄亂其目之年月第十一卷以下或併削毎卷之細目或竟佚卷末之後序沿譌踵謬彌失其眞顧炎武日知錄載章邱刻本至以後序壯月朔爲牡丹朔其書之舛謬可以槩見近日所傳惟焦竑從秘府抄出本文嘉從宋刻影抄本崑山葉氏本閩中徐氏本濟南謝氏重

刻本又有長洲何焯錢塘丁敬諸校本差爲完善
今揚州刻本皆爲採錄又於注中以隸釋隸續諸
書增附按語較爲詳核别有范氏天一閣惠氏紅
豆山房諸校本皆稍不及故今從揚州所刊著於
錄焉

法帖刊誤二卷內府藏本

宋黄伯思撰伯思有東觀餘論已著錄初米芾取
淳化閣帖一一評其眞僞多以意斷制罕所考證
伯思復取芾之所定重爲訂正以成此書前有大

觀戊子自序稱芾疎畧甚多或僞跡甚著而不覺者若李懷琳所作衛夫人書逸少潤别稍久帖之類有審其僞而譏評未當者若知伯英大人諸草帖爲唐人書而不知乃書晉人帖語之類有譏評雖當主名昭然而不能辨者若以田疇字爲非李斯書而不知乃李陽冰明州碑中字之類有誤著其主名者若以晉人章草諸葛亮傳中語遂以爲亮書之類其論多確其他亦指摘真僞率有依據末有政和中王珍許翰二跋據珍跋乃伯思官洛

中時觀珍家所藏閣帖作也其書本自爲一編故至今有別行之本諸家書目亦別著錄後其子訒乃編入東觀餘論中耳湯垕畫鑒曰宋人賞鑒精妙無如米元章然此公天資極高立論時有過處後有黃伯思長睿者出作法帖刊誤專攻米公之失僕從而辨析其詳作法帖正誤專指長睿之過今未見垕書不知所正者何誤然垕亦空談鑒別而不以考證爲事者恐所正亦未必確也

法帖釋文十卷　兩淮鹽政採進本

宋劉次莊撰次莊字中叟長沙人崇寧中嘗官御史曹士冕法帖譜系云臨江戲魚堂帖元祐間劉次莊以家藏淳化閣帖十卷摹刻其上除去卷尾篆題而增釋文曾敏行獨醒雜志曰劉殿院次莊自幼喜書嘗寓於新淦所居民屋窓牖牆壁題寫殆徧臨江郡庫有法帖十卷釋以小楷他法帖之所無也觀二書所記則次莊之作法帖釋文本附註石刻之中未嘗别為一集此本殆後人於戲魚堂帖中鈔合成帙而仍以閣本原第編之者也陳

振孫書錄解題又稱武岡人嘗傳刻絳州潘氏帖
嘉定中汪立中又取劉本分入二十卷中官帖所
無者增附之蓋絳帖本閣帖而廣之故立中釋文
亦因次莊釋文而廣之與此又別一書矣

籀史一卷編修汪如藻家藏本

宋翟耆年撰耆年字伯壽參政汝文之子別號黄
鶴山人是書首載宣和博古圖有紹興十有二年
二月帝命臣耆年云云蓋南宋初所作本上下二
卷歲久散佚惟嘉興曹溶家尚有鈔本然已僅存

上卷今藏弆家所著録皆自曹本傳寫者也王士
禎嘗載其目於居易録欲以訪求其下卷卒未之
獲知無完本久矣其以籀名史特因所載多金石
欵識篆隸之體爲多實非專述籀文所録各種之
後皆附論説括其梗槪於岐陽石鼓不深信爲史
籀之作與唐代所傳特異亦各存所見然未至如
金馬定國堅執爲宇文周所作也所録不及薛尚
功鐘鼎彝器欵識備載篆文而所述源委則較薛
爲詳二書相輔而行固未可以偏廢其中所云趙

明誠古器物銘碑十五卷稱商器三卷周器十卷秦漢器二卷河間劉跂序洛陽王壽卿篆据其所說則十五卷皆古器物銘而無石刻當於金石錄之外别爲一書而士禎以爲即金石錄者其說殊誤豈士禎偶未檢金石錄歟

隸釋二十七卷兩淮鹽政採進本

宋洪适撰适初名造後更今名字景伯饒州鄱陽人皓之長子紹興壬戌中博學宏詞科官至尚書左僕射同中書門下平章事謚文惠事蹟具宋史

本傳是書成於乾道二年丙戌迺以觀文殿學士知紹興府安撫浙東時也明年正月序而刻之周必大誌其墓道云耽嗜隸古爲纂釋二十七卷者即指此書其弟邁序婁機漢隸字原云吾兄文惠公區別漢隸爲五種書曰釋曰纘曰韻曰圖曰續四者備矣惟韻書不成又迺自跋隸續云隸釋有續凡漢隸碑碣二百八十有五又跋淳熙隸釋後云淳熙隸釋目錄五十卷乾道中書始萌芽十餘年間拾遺補闕一再添刻凡碑版二百五十有八

然乾道三年洪邁跋云所藏碑一百八十九譯其文又述其所以然爲二十七卷又淳熙六年喻良能跋云公頃帥越嘗誉梓漢隸一百八十九爲二十七卷是二跋皆與是書符合則其自題曰淳熙隸釋者乃兼後所續得合爲一編今其本不傳傳者仍隸釋隸續各自爲書此本爲萬曆戊子王鷺所刻凡漢魏碑十九卷水經注碑目一卷歐陽修集古錄一卷歐陽棐集古目錄一卷趙明誠金石錄三卷無名氏天下碑錄一卷與二十七卷之數

合每碑標目之下具載酈歐趙三書之有無歐趙之書第撮其目不錄其文而是書爲考隷而作故每篇皆依其文字寫之其以某字爲某字則具疏其下兼核其闕切史事者爲之論證自有碑刻以來推是書爲最精博其中偶有遺漏者如衛尉卿衡方碑以寛憀爲寛慄以聲香爲馨香以邵虎爲召虎以疕爲庬諲爲謚以尅長尅君爲克長克君以謇謇爲蹇蹇以樂旨爲樂只白石神君碑以幽讚爲幽贊以無疅爲無疆潛研堂金石文跋尾均

舉其疎又其小有紕繆者如鄭固碑逡遁退讓廼引秦紀逡廵遁逃釋之按管子桓子蹵然逡遁漢書平當傳贊逡遁有恥蓋廵與循同而循轉爲遁集古錄云遁當爲循其說最協廼訓爲遁逃殊誤武梁祠堂畫像武氏不著名字廼因武梁碑有後建祠堂雕文刻畫之語遂定爲武梁祠堂按梁卒於桓帝元嘉元年而畫像文中有魯莊公字不諱改嚴則當是明帝以前所作金石錄作武氏石室畫像較爲詳審廼未免牽合其詞至唐扶頌分郲

之治語按公羊傳自陝而東者周公主之陸德明釋文曰陝一云當作郟古洽反王城郟鄏則古有以分陝爲郟者迺以爲用字之異非也李翊夫八碑三五朿兮衰左姬據山海經剛山多柒木水經注漆水下有柒縣柒水柒渠字皆作柒隸從柒省去水爲朿迺以爲卽朿字者亦非也然百醇一駁究不害其宏旨他如楊君石門頌楊慎譏其不識遂字攷之碑文正作鑿石別無遂字是則慎杜撰之文又不足以爲迺病矣

隸續二十一卷 浙江巡撫採進本

宋洪适撰适既爲隸釋又輯錄續得諸碑依前例釋之以成是編乾道戊子始刻十卷於越其弟邁跋之淳熙丁酉范成大又爲刻四卷於蜀其後二年己亥德淸李彥頴又爲增刻五卷於越喻良能跋之其明年庚子尤袤又爲刻二卷於江東倉臺跋之明年辛丑适復合前隸釋爲一書屬越帥刊行适又自跋之所謂前後增加律呂乖次命掾史輯舊

板去留移易首末整整一新者是也然辛丑所刻
世無傳本隸釋尚有明萬歷戊子所刻隸續遂幾
希散佚朱彝尊曝書亭集有是書跋曰范氏天一
閣曹氏古林徐氏傳是樓含經堂所藏皆止七卷
近客吳訪得琴川毛氏舊抄本雖殘闕過半而七
卷之外增多一百十七翻末有乾道三年适弟邁
後序云云蓋自彝尊始合兩家之殘帙參校成編
後刊板於揚州即此本也據喻良能跋云續有得
者刻之十卷曰隸續旣壘於板復冥搜旁取又得

九卷則當時所刻實止一十九卷朱彝尊因疑其餘二卷是所謂隸韻隸圖者然洪邁跋稱亦既釋之而又得之列於二十七卷以往云云則隸續當亦如隸釋之體專載碑文此本乃第五卷六卷忽載碑圖第七卷載碑式第八卷又爲碑圖第九卷十卷闕第十一卷至二十卷又皆載碑文第二十一卷殘闕不完而适自跋乃在第二十卷尾蓋前後叅錯已非當日原書之舊矣考彝尊所云七卷之本乃元泰定乙丑寧國路儒學所刻較今所行

揚州本訛誤差少然殘闕太甚今仍錄揚州之本而以泰定本詳校異同其殘闕者無可考補則姑仍之焉

絳帖平六卷 兩江總督採進本

宋姜夔撰夔字堯章鄱陽人按曹士冕法帖譜系云絳本舊帖尚書郎潘師旦以官帖私自摹刻者世稱潘駙馬帖又稱潘氏析居法帖石分而爲二其後絳州公庫乃得其一於是補刻餘帖是名東庫本逐卷各分字號以日月光天德山河壯帝居

太平何以報願上登封書爲别今夔所論每卷字號與士冕所說相合然則夔所得者即東庫本也宋之論法帖者米芾黄長睿以下互有疎密夔欲折衷其論故取漢官廷尉平之義以名其書首有嘉泰癸亥自序云帖雖小技而上下千載關涉史傳爲多觀是書考据精博可謂不負其言惟第五卷內論智果書梁武帝評書語武帝藏鍾張二王書嘗使虞龢陶隱居訂正按虞龢宋人其上法書表在宋孝武帝之世去梁武帝甚遠斯則考論之

偶疎耳據墨莊漫錄其書本二十卷舊止抄本相傳未及雕刻所載字號止於山字其河字以下亡佚十四卷竟不可復得然殘珪斷璧終可寶也

石刻鋪敘二卷 副都御史黃登賢家藏本

宋曾宏父撰宏父字幼卿自稱鳳墅逸客廬陵人是書雖遠引石經及秘閣諸本而自述其所集鳳墅帖特詳凡所徵摭皆有典則而藏書家見者頗稀

國朝初年朱彝尊得射瀆抄本自爲之跋有珊瑚木

難之喻此本末有此跋及彝尊名字二印蓋猶其手迹然跋中謂宏父名惇以字行則未免舛誤考宋有兩曾宏父其一名惇字宏父爲曾布之孫曾紆之子後人避寧宗諱多以字行遂與此宏父混而爲一實則與作此書者各一人也跋又謂陳思寶刻叢編援據頗廣顧不及此考鳳墅帖刻於嘉熙淳祐間鋪叙諸石刻斷手於戊申仲春亦在淳祐八年若叢編則成於紹定辛卯實理宗即位之七年相距凡十七八年何由預見曾刻彝尊亦偶

誤記也近厲鶚等刻南宋雜事詩直題此書爲曾

惇撰是又承彞尊之譌矣

法帖譜系二卷 浙江鮑士恭家藏本

宋曹士冕撰按書史會要士冕字端可號陶齋昌

谷之後昌谷爲曹彥約別號則都昌人也其仕履

無考惟三山木板帖條下自稱三山帥司庫有歷

代帖板本嘉熙庚子備員帥幕倘及見之之語綠

本舊帖條下有淳祐甲辰霅川官滿之語蓋由幕

僚而仕州郡者耳其書序宋代法帖源流首爲譜

系圖上卷淳化法帖以下爲二王府帖紹興國子
監本淳熙修內司本大觀太清樓帖臨江戲魚堂
帖利州帖慶歷長沙帖劉丞相私第本長沙碑匠
家本長沙新刻本三山木板黔江帖北方印成本
烏鎭本福清本澧陽帖鼎帖不知處本長沙別本
蜀本廬陵蕭氏本凡二十二種下卷絳本舊帖以
下爲東庫本亮字不全本新絳本北本又一本武
岡舊本武岡新帖福清本烏鎭本彭州本資州本
木本前十卷又木本前十卷凡十四種蓋以淳化

閣帖爲大宗而絳帖爲別子諸本皆其支派也每

條敘述摹刻始末兼訂其異同工拙頗足以資考

證書史會要稱士旹博參書法服習蘭亭宜其鑒

別不苟矣古今法帖皆搨本惟此書載有印本法

帖亦廣異聞書成於淳祐乙巳前有自序以書中

自記考之蓋雪川官滿之第二年也

蘭亭考十二卷浙江鮑士恭家藏本

舊本題宋桑世昌撰世昌淮海人世居天台陸游

之甥也案陳振孫書錄解題載蘭亭博議十五卷

註曰桑世昌撰葉適水心集亦有蘭亭博議跋曰字書自蘭亭出上下數千載無復倫擬而定武石刻遂爲今世大議論桑君此書信足以垂名矣君事事精習詩尤工其即事云翠添鄰塹竹紅照屋山花蓋著色畫也書錄解題又載蘭亭考十二卷註曰即前書浙東庾司所刻視初本頗有删改初十五篇今存十三篇去其集字篇後人集蘭亭字作書帖詩銘之類者又附見篇兼及右軍他書迹於樂毅論尤詳其書始成本名博議高內翰文虎

炳如爲之序及其刊也其子似孫圭爲删改去此二篇固當而其他務從省文多失事實或戾本意其最甚者序文本亦條達可觀亦竄改無完篇首末鈌漏文理斷續於其父猶然深可怪也云云是此書經高似孫竄改已非世昌之舊矣今未見博議原本無由驗振孫所論之是非然是書爲王羲之蘭亭序作集字爲文其事無預於羲之羲之他書其事無預於蘭亭似孫所删深合斷限振孫亦不能不以爲當也其中評議不同者如或謂梁亂

蘭亭本出外陳天嘉中爲智永所得又或謂王氏子孫傳掌至七代孫智永此蘭亭真蹟流傳之不同也又如或謂石晉之亂棄石刻於中山宋初歸李學究李死其子摹以售人後負官緡宋祁爲定武帥出公帑買之置庫中又或謂有遊士携此石走四方其人死營妓家伶人取以獻宋祁又或謂唐太宗以搨本賜方鎮惟定武用玉石刻之世號定武本薛紹彭見公厨有石鎮肉乃别刻石易之此又定武石刻流傳之不同也其據王羲之生於

晉惠帝大安二年癸亥則蘭亭修禊時年五十有一辨筆陣圖所云羲之年三十三書蘭亭之誤是矣然前卷既引王銍語以劉餗之說爲是而又云於東墅閱高似孫校書畫見蕭翼宿雲門留題二詩云使御史不有此行烏得是語則雜錄舊文亦未能有所斷制至八法一門以書苑禁經諸條專屬之蘭亭尤不若姜夔禊帖偏傍考之爲精密是以曾宏父陶宗儀諸家皆稱姜攷而不用是書然其徵引諸家頗爲賅備於宋人題識援据尤詳世

昌之原本既佚存此一編尚足見禊帖之源流固不得以陳氏之排擊遽廢是書矣

蘭亭續考二卷 浙江鮑士恭家藏本

宋俞松撰松字壽翁（案俞庭椿亦字壽翁二人同姓同字同在宋末而實非一人謹附識於此）自署曰吳山蓋錢塘人後有自跋稱甲辰書於景歐堂蓋淳祐四年也其仕履無考惟高宗臨本跋內有承議郎臣松之語其終於是官與否亦莫得而詳焉是書蓋繼桑世昌而作故名曰續考跋內所稱近歲士人作蘭亭攷凡數萬言名流

品題登載畧盡者卽指世昌之書然書中體例與

世昌迥異上卷兼載松所自藏與他家藏本下卷

則皆松所自藏經李心傳題跋者其跋皆淳祐元

年至三年所題以宋史心傳本傳考之蓋其罷祠

之後寓居臨安時也前卷所載跋語知辨永嘉之

誤而仍沿筆陣圖所云羲之三十三歲書蘭亭之

說其無所斷制與世昌相等然朱彞尊曝書亭集

有是書跋稱其跋語條暢不類董逌輩之晦澁則

賞鑒家固亦取之至心傳諸跋尤熟於史事如宋

祁摹碑靑社諡法諸條皆足以備攷核非徒紀書畫也又宋史心傳本傳載其淳祐元年罷祠而其初入史館因言者論罷則不載其歲月今是書跋內有紹定之季罷史職歸喦居語則知其罷在紹定末年亦足以補史闕焉

寶刻叢編二十卷河南巡撫採進本

宋陳思撰思臨安人所著小字錄前有結銜稱成忠郎緝熙殿國史實錄院秘書省蒐訪又有海棠譜自序題開慶元年則理宗時人也是書蒐錄古

碑以元豐九域志京府州縣爲綱其石刻地理之可考者按各路編纂未詳所在者附於卷末兼採諸家辨證審定之語具著於下今以元豐九域志及宋史地理志互相參核其中改併地名往往未能畫一即卷內所載與目錄所題亦不盡相合如目稱鎮江而卷內稱潤州目稱建康而卷內稱昇州之類不一而足蓋諸家著錄多據古碑之舊額思所編次又皆仍諸家之舊文故有是訛異至於所引諸說不稱某書某集但稱其字如蔡君謨王

厚之之類又有但稱其別號如碧㠗野人養浩書室之類茫不知爲何人者尤宋元坊肆之陋習然當南北隔絶之日不得如歐趙諸家多見拓本而能紬繹前聞博稽力志於徵文考獻之中寓補苴圖經之意其用力良勤且宋時因志地而兼志碑刻者莫詳於王象之輿地碑目而河淮以北槩屬闕如惟是書於諸道郡邑綱分目析沿革釐然較象之特爲賅備朱彝尊嘗欲取所引隸續諸條以補原書二十一卷之闕今考所引如曾南豐集古

錄施氏大觀帖總釋序集古後錄諸道石刻錄復齋碑錄京兆金石錄訪碑錄元豐碑目資古紹志錄諸種今皆散佚不傳猶藉是以見崖畧又汝帖十二卷慈恩鴈塔唐人題名十卷以及越州石氏帖目則他書所不載而亦藉是書以覘其大凡亦可云有資考證者矣鈔本流傳第四卷京東北路第九卷京兆府下十一卷廉鳳路河東路十二卷淮南東路西路十六卷荆湖南路北路十七卷成都路並已闕佚十五卷江南東路饒州以下至江

輿地碑記目四卷 兩淮馬裕家藏本

誤今一一釐正其闕卷則無從考補姑仍其舊焉
趙明誠石藏高紳家云云蓋未詳究原書故沿其
謬尊經義放於刊石門內魏石經條下引歐陽棐
乃是王象之書樂綴論跋語傳寫者竄置於是宋
竟忽接石藏高紳家紳死其子弟以石質錢云云
其餘亦多錯簡如魏三體石經遺字條下文義未
文三州而錯入京東西路京西北路淮南路諸碑
南西路亦佚其半十八卷梓州利州路惟有渠巴

宋王象之撰象之金華人嘗知江寧縣所作有輿地紀勝二百卷今未見傳本此即其中之四卷也以天下碑刻地志之目分郡編次而各注其年月姓氏大畧於下起臨安訖龍州皆南渡後疆域其中頗有考訂精確者如鎮江府丹徒梁太祖文皇神道碑辨其爲梁武帝父成都府殿柱記作於漢興平初年知其非鍾會書嘉定府移水記有嘉州二字知其非郭璞書台州臨海慶恩院定光院明智院明恩院婺州義烏眞如院諸碑福州烏石宣

威感應王廟碑並書會同則知吳越實曾用契丹年號皆確有證據至如上霄峰夏禹石刻南康軍已載之又載於江州孔子延陵十字碑鎮江府既兩載又載於江陰軍又載於昌州又如嶽州則載歙州折絹本末一事澧州則載柹木成文太平字皆於碑志無涉頗屬不倫又思州下獨載夏總幹墓誌畧一篇大書附入體例更爲龐雜然所採金石文字與他書互有出入可以訂正異同而圖經輿記亦較史志著錄爲詳雖殘缺之本要未嘗無

裨於考證也

寶刻類編八卷永樂大典本

不著撰人名氏宋史藝文志不載其名諸家書目亦未著錄惟文淵閣書目有之然世無傳本僅見於永樂大典中核其編脊次第斷自周秦迄於五季並記及宣和靖康年號知爲南宋人所撰又宋理宗寶慶初始改筠州爲瑞州而是編多以瑞州標目則理宗以後人矣其書爲類者八曰帝王曰太子諸王曰國主曰名臣曰釋氏曰道士曰婦人

曰姓名殘缺每類以人名爲綱而載所書碑目其下各係以年月地名且於名臣類取歷官先後之見於石刻者臚載姓氏下方以備參考詮次具有條理其閒如書碑篆額之出自二手者卽兩係其人近於重複又如歐陽詢終於唐而係之隋郭忠恕終於宋而係之五季祇就所書最初一碑爲定時代歲月前後未免混淆於體例皆爲未密然金石目錄自歐陽修趙明誠洪适三家以外惟陳思寶刻叢編頗爲該洽而又多殘佚不完獨此書蒐

採贍博叙述詳明視鄭樵金石畧王象之輿地碑目增廣殆至數倍前代金石著錄之富未有過於此者深足爲考據審定之資固嗜古者之所取證也原本屢經傳寫訛脱頗多謹詳加訂證釐次如左其名臣類十三之三永樂大典原闕故自唐天寶迄肅代兩朝碑目未全今亦仍其舊焉

古刻叢鈔一卷 浙江吳玉墀家藏本

明陶宗儀編宗儀有國風尊經已著錄是編前後無序跋所抄碑刻凡七十一種漢一後漢二晉一

宋三梁三隋二唐四十九南唐一北宋二南宋一無年月者六皆全錄其文以原額爲題無所考辨亦無先後次序蓋隨得隨抄非著書也然所載諸碑傳於世者甚罕惟漢建平郫縣刻石見於隸續漢隸字源唐薛王府典軍李無慮墓誌見於金石錄其餘如宋之臨灃侯劉襲墓誌梁之永陽敬太妃王氏墓誌唐之汝南公主墓誌尉州刺史馬紆墓誌多與史傳相發明又載唐人曹汾等别東林寺徐浩題寶林寺及謁禹廟釋元孚與王謩遊天

台詩共七首亦前代錄唐詩者所未及古人著作託金石以垂於後然金石有時而銷泐其幸而存者不貴存目貴錄其文而後可傳於無窮故洪适隸釋隸續較金石集古諸錄更爲有資於考證是書摭拾佚文首尾完具非惟補金石家之缺漏即讀史談藝亦均爲有所裨矣

名蹟錄六卷附錄一卷 浙江鮑士恭家藏本

明朱珪編珪字伯盛崑山人舊本或題曰元人觀其首列洪武二年崑山城隍神誥升於元代璽書

之上即徐堅作初學記以唐太宗詩冠前代諸詩之例又顧阿瑛至洪武中尙隨其子徙臨濠而書中有其墓誌銘其爲明人確矣稱元人者誤也珪善篆籀工於刻印楊維楨爲作方寸鐵志鄭元祐李孝光張翥陸友仁謝應芳倪瓚張雨顧阿瑛諸人亦多作詩歌贈之又工於摹勒石刻因裒其生平所鐫編爲此集題曰名蹟者其序謂取穆天子傳爲名蹟於弇茲石上之義考穆天子傳稱乃爲銘迹於元圃之上其字作銘不作名珪殆以說文

無銘字故改銘爲名然銘非弇茲至所稱乃記其迹於弇山之石又無名字不知珪所據何本也漢代諸碑多不著撰人書人刻工尤不顯名氏自魏受禪碑邯鄲淳撰文梁鵠書鍾繇刻字是爲士大夫自鐫之始歐陽修趙明誠等輯錄金石僅標題跋尾而已自洪适隸續備列碑文是爲全錄刻詞之始若自刻其字而自輯其文爲一書則古無此例自珪是編始也首誥一篇御製祭文五篇璽書七篇蓋尊帝王之作不敢與臣庶相雜雖篇頁無

多而自爲一卷用元好問中州集冠以御製兩頁自爲一卷例也次碑十四篇記二十九篇墓表一篇墓碣五篇行狀一篇壙志二十三篇墓誌銘二十四篇雜刻字畫二十六種末爲附錄一卷則皆一時贈言也原目註鈌者凡石室銘三佳銘靈槎詩柯敬仲題桃花鳥詩四篇今有錄無書者又御製祭文五篇璽書七篇碑八篇記十四篇碣一篇行狀一篇壙誌十四篇墓誌銘二篇雜刻六種其元故處士易府君壙志一篇在故宜人李氏壙志

證史傳姓譔者尤不一而足是編所録皆拄手搆
文與正亦皆以石本為據而歐陽趙洪諸家以碑
固洹上亭長碑知毋柦曾爲毋柦宋方崧卿作韓
水在其陽之義唐司馬貞注史記高祖本紀據班
據山上碑知黎陽在黎山之陰其曰陽者兼取河
儒林傳據伏生碑知其名勝晉灼注漢書地理志
目不載蓋傳爲訛脫非其舊本矣魏張晏注史記
道人顧君墓誌銘後有故王子厚墓誌銘一篇而
前而目録列吉陽村廢曲史沈公壙誌後又金粟

固愈於年祀綿邈搜求於磨滅之餘者如元末郭翼諸書載其洪武中出爲學官非得是書載盧熊所作翼墓誌不知其卒於至正二十四年未嘗改節仕明也足見其有資考證矣

吳中金石新編八卷浙江范懋柱家天一閣藏本

明陳暐撰暐字耀卿河南人宏治中官蘇州通判與吳縣知縣鄺璠舉人浦應祥祝允明等采郡中石刻彙而錄之自學校官宇倉驛水利橋梁以及祠廟寺觀諸碑碣分類編輯區爲七目凡一百餘

篇皆具載全文用朱珪名蹟錄之例採輯金石文字者原主於搜剔幽隱考核舊聞故歐陽趙洪諸家惟主於搜求古刻是編以漢唐舊跡多見諸書獨取明初諸碑體例雖不免少隘然其所錄如濟農永農倉諸記則備陳積貯之經許浦湖川塘諸記亦具列疏濬之要皆取其有關郡中利弊者而於頌德之文諛墓之作並削而不登其用意頗爲謹嚴且多有志乘文集所未載獨賴此以獲傳者亦頗足爲守土者考鏡之資以是作與祀外篇固

未嘗無所裨益也

金薤琳琅二十卷 浙江汪啟淑家藏本

明都穆撰穆有壬午功臣爵賞錄已著錄是書仿隸釋之例取金石文字蒐輯編次各爲辨證凡周刻二秦刻六漢刻一十三隋刻五唐刻二十七於古碑皆錄原文其剝落不完者則取洪适隸釋補之不盡據石本也潛研堂金石文跋尾論其載韓勅造孔廟禮器碑不知隸釋所錄但有碑陰而無兩側乃誤合兩側於碑陰更譏洪适之闕漏又論

其所釋兩側之文以河南匽師爲河浦退師任城亢父爲侯成交父舛謬殊甚今考其中若第七石鼓內斿字下一字石鼓作𩃟薛尚功作憂此乃作夏會稽石刻無辠之辠即罪字此作辠字書體頗誤又泰山石刻既天下句秦篆譜既字下有平字與史合而此碑於既字下不註闕文疎畧亦往往而有然所錄碑刻具載全文今或不能悉見金石文跋尾謂所載貞元九年姜嫄公劉廟碑今已損失三十餘字是亦可備參核矣穆別有南濠文畧

六卷其後二卷即此書所載諸碑跋蓋用集古錄跋尾編入本集之例然穆之文章在可傳可不傳之間不若以此本孤行也

法帖釋文考異十卷 副都御史黃登賢家藏本

明顧從義撰從義字汝和上海人嘉靖中詔選善書者入直授中書舍人直文華殿隆慶初以預修國史成擢大理寺評事此乃所作淳化閣帖釋文於前人音注辨其訛謬析其同異依帖本原次勒爲十卷手自繕寫而刊行之閣帖自米芾黃長睿

而後踵而考訂者寥寥無幾從義始參彙羣說輯

成一編評書者毎以爲据然考證頗疎又不得善

本校勘故搜羅雖廣而精審未臻今恭逢我

皇上幾暇臨池折衷藝苑特取

内府所儲閣帖遴其淳化四年賜畢士安者爲初搨

最佳之本

命内廷諸臣詳加校訂選工摹勒復還舊觀其間蒐集

諸家釋文至爲賅備凡是非得失之故仰荷

睿鑒勘核精詳凡從義之說其是者已悉資採取其誤

者亦已駁正無遺是書原不過白茅之藉特行世既久其用心勤至亦頗有可取者故仍錄而存之以不沒其薈稡之功焉

金石林時地考二卷　浙江汪啟淑家藏本

明趙均撰均字靈均吳縣人寒山趙宧光之子也宧光六書之學雖强作解事所著說文長箋頗爲論者所非而篆隸筆法尚能講解故均承其家學亦喜蒐求金石是編取東觀餘論宣和書譜金石略墨池編集古錄隸釋金石總要菉竹堂碑目王

世貞金石跋以及各家書目所載與近代續出耳目所及者倣陳思寶刻叢編之例編次郡省分别時代以便訪求其中如南直隸唐碑失載岑君德政碑等五種頗有疎漏福建玉枕蘭亭作褚遂良書之類亦不免失於考核然亦有足訂他書之訛者明代去今未遠較陳思所記固多可依據也

石墨鐫華六卷附錄二卷安徽巡撫採進本

明趙崡撰崡字子函盩厔人萬歷乙酉舉人崡家近漢唐故都多古石刻性復好事時挾楮墨訪搨

並乞於朋友之宦遊四方者積三十餘年故所蓄舊碑頗夥自序稱所收過於都穆楊慎而視歐陽修才三之一視趙明誠才十之一然宋元以上多歐趙所未收者欲刊其全文而力不足以供匠氏故但刻其跋尾凡一百五十三種其曰石墨鐫華者取劉勰文心雕龍誄碑篇句以所收有石無金故也每碑目錄之下仿陳思寶刻叢編之例各註其地金元國書世不多見亦仿集古錄摹載鐘鼎之例鉤勒其文體例頗爲詳備惟所跋詳於筆法

而畧於考證故岣嶁碑比干墓銘之類皆持兩端而所論筆法於柳公權夢英蘇軾黃庭堅皆有不滿亦僻於一家之言然一時題識語有出入自集古錄以下皆所不免不能獨爲岷咎也至所載古碑頗多未備則由岷本貧士其力止於如斯觀附錄二卷所載三記及詩其求索之勞亦云備至不必以挂漏爲譏矣

金石史二卷 浙江汪啟淑家藏本

明郭宗昌撰宗昌字允伯華州人平生喜談金石

之文所居沚園在白厓湖上常構一亭柱礎珷碣皆有款識銘贊手書自刻之凡三十年而迄不成蓋迂僻好異之士也與同時盩厔趙崡皆以搜剔古刻爲事崡著石墨鐫華宗昌著此書而所載止五十種僅及趙書五分之一上卷起周迄隋唐下卷唐碑二十餘而以宋繹州夫子廟記一篇閒雜其中殆倣原本集古目錄不叙時代之例歟其論石鼓文主董逌廣川書跋之說據左傳定爲成王所作已爲好異又謂以石爲鼓無所取義石又不

類鼓形改爲岐陽石碣文則乖僻更甚矣其論嶧山碑一條引唐封演說謂其石爲曹操所排倒而云拓䟦𦗟又排倒之何一石而兩遭踣云云考封演聞見記云秦始皇刻石李斯小篆後魏太武帝登山使人排倒之無曹操排倒之語殆宗昌所見之本或偶脫太字因誤讀爲魏武帝遂謬云兩次排倒其援引疎舛亦不足據然宗昌與趙崡均以論書爲主不甚考究史事無足爲怪觀其論衡岳碑比干墓銅盤銘季札碑天發神讖碑碧落碑諸

條皆灼指其僞頗爲近理其論懷仁集聖教序勝

於定武蘭亭蓋出於鄉曲之私自矜其關中之所

有不爲定論故後來孫承澤深不滿之然承澤作

庚子銷夏記其論列諸碑實多取此書之語則固

不盡廢宗昌說也惟其好爲大言冀以駭俗則明

季山人譎誕取名之慣技置之不問可矣

欽定校正淳化閣帖釋文十卷

乾隆三十四年

詔以

內府所藏宋畢士安家淳化閣帖賜本詳加釐正重

勒貞珉首冠以

御題寓名藴古四字及

御製淳化軒記

命諸臣校正摹勒

諭旨末載原帖舊跋及諸臣書後其中古帖次第一從

舊刻而於朝代之先後名字之標題皆援證史文

裁以書法俾不乖於春秋之義每卷皆恭摹

御筆論斷昭示權衡又叅取劉次莊黄伯思姜夔施宿

顧從義王澍諸說而以大觀太清樓諸帖互相考校凡篆籀行草皆注釋文於字旁復各作訂異以辨正是非別白疑似誠爲墨林之極軌書苑之大觀乾隆四十三年侍郎金簡以石刻貯在

禁庭自

宣賜以外罕得仰瞻乃恭錄釋文請以聚珍板摹印俾共窺八法之精微由是流布人間遂衣被於海內

考張彥遠法書要錄末有右軍書記一卷所載王羲之帖四百六十五附王獻之帖十七並一一爲

之釋文劉次莊之釋閣帖蓋卽以是爲藍本然彥遠書傳寫多訛次莊書至南北宋間陳與義已奉勅作法帖釋文刋誤一卷今附刻韋續墨藪之末則次莊所釋不盡足據可知第諸家雖知其有訛而辨訂未能悉當遞相駁詰轉益多岐恭逢我

皇上天縱聰明游心翰墨裁成頡籀陶鑄鍾王

訓示儒臣詳爲釐定書家乃得所指南是不惟臨池者之幸抑亦漢晉以來能書者之至幸矣

求古錄一卷 兩淮鹽政採進本

國朝顧炎武撰炎武有左傳杜解補正已著錄炎武性好遠遊足迹幾徧天下搜金石之文手自抄纂凡已見方志者不錄現有拓本者不錄近代文集尚存者不錄上自漢曹全碑下至明建文霍山碑共得五十五種每刻必載全文蓋用洪适隸釋之例仍皆誌其地理攷其建立之由古字篆隸一一註釋其中官職年月多可與正史相參如茶荼準准張弡等字亦可以補正字書之訛炎武別有金石文字記但載跋尾不若此編之詳明也惟曹全

碑題中平二年十月丙辰造以後漢書考之靈帝本紀是年十月有庚寅距丙辰前二十六日天文志是年十月有癸亥距丙辰後七日其間不得有丙辰頗疑是碑之僞據潛研堂金石文跋尾以長歷推之始知是年十月丙申朔丙辰爲月之二十一日癸亥爲月之二十八日實無庚寅併證以譙敏碑稱中平二年三月九日戊寅靈帝本紀及五行志並稱中平三年五月壬辰晦干支日數一一相符乃本紀之誤非碑之僞炎武猶未及詳辨是

則考證之偶疎耳

金石文字記六卷兩淮馬裕家藏本

國朝顧炎武撰前有炎武自序謂抉剔史傳發揮經典頗有歐陽趙氏二錄之所未具者今觀其書裒所見漢以來碑刻以時代爲次每條下各綴以跋其無跋者亦具其立石年月撰書人姓名證據今古辨正譌誤較集古金石二錄實爲精核亦非過自標置也所錄凡三百餘種後又有炎武門人吳江潘耒補遺二十餘種碑字間有異者又別爲摘

錄於末亦猶洪适隸釋每碑之後摘錄今古異文某字爲某之遺意潛研堂金石文跋尾嘗摘其舛誤六條一曰齊隴東王孝感頌炎武未見其碑額臆題爲孝子郭巨墓碑一曰唐寂照和尚碑本無刻石年月炎武誤記爲開成六年正月且未考開成無六年一曰元賜冥福禪院地土牒趙延壽范延光皆押字炎武視之未審誤以爲無押字一曰周中書侍郎平章事景範碑本行書而炎武以爲正書本題孫崇望書而炎武失載其名皆中其失

一曰後漢蕩陰令張遷頌炎武誤以既且二字合爲暨字一曰後漢州從事尹宙碑書鉅鹿爲鉅鏕證以廣韻注後魏弔比干文及北史皆作鉅鏕炎武誤謂不當從金案張遷頌碑拓本既且二字截然不屬炎武誠爲武斷然字畫分明而文義終不可解當從闕疑金石文跋尾所釋亦未爲至確至於鉅鹿之鹿自史記以下古書皆不從金說文亦不載鏕字自玉篇始載之其爲顧野王原本或爲孫强所加或爲宋大廣益會玉篇所竄入已均不

可知然其註曰鉅鹿鄉名俗作鏕則從金實俗書具有明證北朝多行俗字顔氏家訓嘗言之此書亦頗摘其訛北魏人書似不可據爲典要廣韻注尤不甚可憑如開卷東字註謂東宮複姓齊有大夫東宮得臣亦可據以駁左傳乎是固未足以服炎武也惟其斥石鼓之僞謂不足儕於二雅未免勇於非古釋校官之碑謂東漢時有校官亦未免疎於考據是則其失之臆斷者耳然在近世著錄金石家其本末源流燦然明白終未能或之先也

石經考一卷　兩淮馬裕家藏本

國朝顧炎武撰考石經七種裴頠所書者無傳開元以下所刻亦無異議惟漢魏二種以後漢書儒林傳之訛遂使一字三字爭如聚訟歐陽修作集古錄疑不能明趙明誠作金石錄洪适作隸釋始詳爲核定以一字爲漢三字爲魏然考證雖精而引據未廣論者尚有所疑炎武此書博列衆說互相參較其中如據衛恒書勢以爲三字石經非邯鄲淳所書又據周書宣帝紀隋書劉焯傳以正經籍

志自鄭載入長安之誤尤爲發前人所未發至於洪适隸續尚有漢儀禮一碑魏三體石經數碑又開封石經雖已汩於河水然世傳拓本尚有二碑炎武偶然未考竟置不言是則千慮一失耳

石經考一卷 副都御史黄登賢家藏本

國朝萬斯同撰斯同有聲韻源流考已著錄石經之沿革異同唐宋以來論者齟齬不一崑山顧炎武始輯諸家之說爲石經考實有掇始之功斯同是編悉載炎武之說又益以吳任臣席益范成大吾

衍董逌諸家之論并及炎武所作金石文字記亦間附以已見雖不若杭世駿石經考異之詳辨而視顧氏之書已爲較備且炎武詳於漢魏而畧於唐宋斯同則於唐宋石經引據特詳又斯同雖在世駿前而世駿作考異時未見此書故此書之所詳者考異或轉未之及要之合三家之書參互考證其事乃備固未可偏廢其一也

來齋金石考三卷　福建巡撫採進本

國朝林侗撰侗字同人侯官人侗喜錄金石之文嘗

游長安求得漢甘泉宮瓦又攜拓工歴唐昭陵陪

葬地得英公李勣以下十有六碑當時稱其好事

是編乃總錄古今碑刻凡夏商周六秦漢十九魏

一吳一晉五梁一後魏三北齊一後周二隋八唐

一百七十三皆據目見者書之中間辨證大抵取

之顧炎武金石文字記而頗以已意為折衷多所

考據又錄唐諸帝御書碑十四種獨斥武后不與

亦深合排抑僭偽之義惟首列夏禹岣嶁碑載其

友劉鼇石說謂當在祝融峰頂未免失之好奇又

於各碑後載入賦詠詩篇亦非歐趙以來題跋之體特其搜羅廣博鑒别尚頗詳審故考金石者亦有取焉

嵩陽石刻集記二卷浙江汪啓淑家藏本

國朝葉封撰封字井叔黄州人順治己亥進士官至工部虞衡司主事是編乃康熙癸丑封官登封知縣時作也登封地在嵩山南故其所錄碑刻以嵩陽爲名考此書初出之時顧炎武潘耒皆嘗議之炎武之言曰開母廟石闕銘重曰二字出楚辭遠

遊篇所謂言之不足而長言之也井叔誤以爲重曰而言是年月一行按此一行今存六字二年之下重曰之上空石未鐫益明其非紀日矣未之言曰太安二年後魏中嶽廟碑今在登封縣天寶十四載少陵寺還天王師子記今在少林寺井叔石刻集記不知何以遺此其說誠然然炎武金石文字記采此記者不一而足而景日昣說嵩金石類亦全用此記古今金石之書其備載全文者在宋惟洪适之隸釋隸續在明惟陶宗儀之古刻叢鈔

朱珪之名蹟錄都穆之金薤琳瑯在

國朝惟顧炎武之求古錄陳奕禧之金石遺文錄葉

萬之續金石錄其餘不過題跋而已此書錄取碑

文便於參考漢嵩山太室神闕銘開母廟石闕銘

少室神道石闕銘以及唐之則天封祀壇碑夏日

遊石淙詩歐陽趙洪皆失載而此記能收之洪書

但載漢魏歐趙二錄僅迄五代此書載及宋金元

明東魏嵩陽寺碑文東謁東矩謁短馴謁廵苑謁

苑洋謁庠此書能是正之王士禎蠶尾集有封墓

誌稱其精爾雅說文訓詁工於篆隸又稱其手輯

嵩志二十一卷復旁求漢唐以來碑板文字別爲

石刻集記二卷辨證精博人比之劉原父薛尚功

則當時亦重其書矣

觀妙齋金石文考畧十六卷浙江巡撫採進本

國朝李光暎撰光暎字子中嘉興人嘉興之收藏金

石者前有曹溶古林金石表後有朱彝尊吉金貞

石志彝尊所藏金石刻又歸於光暎遂裒輯所得

集諸家之論而爲此書前有雍正七年金介復序

稱其不減曹氏古林之富然古林金石表間有參差揩拄且無論說不及此書之有條理而吉金貞石志久無成帙或疑彛尊當日本未成書然此書內乃有引吉金貞石志一條則或存其殘藁之什一未可知也所採金石之書凡四十種文集地志說部之書又六十種可謂勤且博矣惟於瘞鶴銘不引張弨釋文於天發神讖碑不引周在浚釋文蘭亭序不引俞松續考是爲漏畧耳自昔著錄金石之家皆自据見聞爲之評說惟宋陳思寶刻叢

編則雜取金石錄復齋碑錄諸書薈稡爲之是書亦同此式每條下各注所出之書間有光暎自識者什一而已金石著錄之富無過歐陽趙洪三家而是書於隸釋所引不及十之一於集古金石二錄所引亦不甚詳至隸續暨婁機漢隸字原則皆未之及蓋諸書以攷證史事爲長而是書則以品評書迹爲主故於漢隸則宗鄭簠之評於唐碑則取趙崡之論雖同一著錄而著書之宗旨則固區以别矣

分隸偶存二卷　浙江巡撫採進本

國朝萬經撰經字授一號九沙鄞縣人康熙癸未進士官翰林院編修是編上卷首作書法次作分隸書法次論分隸次論漢唐分隸同異次漢魏碑考下卷爲古今分隸人名氏始於程邈終於明末馬如玉自酈露以前皆引據諸書惟如玉不著載何書則經所自增矣集錄金石之書梁元帝所輯不可見歐趙以下罕有論及分隸筆法者經所錄頗詳晰有門徑所列漢魏諸碑雖止所有二十一種

而考證剔抉比諸家務多者亦較精核至云唐以後隷與八分分爲二隷即今楷書八分即古隷書以八分爲隷趙明誠已譏之

國朝顧炎武金石文字記幷漢碑無不名八分以楷爲正書正恐仍蹈歐陽之失其說亦明白可據也

淳化秘閣法帖考正十二卷兩江總督採進本

國朝王澍撰澍有禹貢譜已著錄初宋元祐中米芾作法帖題跋以辨别真僞然芾精於賞鑒特據其筆跡以意斷之而已雖錙銖不爽究未能確指其

所以然也大觀中黄伯思作法帖刊誤始援據史

籍訂其舛迕徵實有據昭昭然白黑分矣明嘉靖

中上海顧從義更細勘其字畫曲折如姜夔校蘭

亭序之例

國朝何焯更摭姜夔絳帖平增註其上而徐葆光又

雜採諸書附益之於是閣帖之得失異同漸以明

備澍作是編復研究諸説衡其當否兼米黄顧三

家之意而用之以史傳正訛誤以筆跡辨依託而

行款標目以及釋文之類亦一一考核仍依法帖

原目分爲十卷又别爲古今法帖考一卷淵閣帖之緣起及諸帖之沿流而作者又自以所得筆法一卷併附其後雖其考正鑒别析疑辨訛不足窺欽定釋文之萬一而大輅之造肇自椎輪泰山之高不辭土壤如是編者固亦不妨旁資參證爾

竹雲題跋四卷 江蘇巡撫採進本

國朝王澍撰皆其臨摹古帖題跋裒合成編澍本工書故精於鑒别而於源流同異考證尤詳如論西岳華山廟碑郭香察書爲校勘刻石鍾繇薦季直

表祝希哲誤作焦季直及縣結銜與史異蘭亭序
派别聖教序始末王羲之裹鮓帖釋文誤作十九
字瘞鶴銘非顧況亦非陶宏景同州聖教序稱龍
朔三年時褚遂良卒已五年魏棲梧善才寺碑僞
題遂良名遂良高士贊誤題永徽二年爲甲寅岳
珂跋寶章集誤以竇泉爲竇泉朱巨川誥非徐浩
書李陽冰縉雲城隍廟碑篆文訛字靈飛經非鍾
紹京書裴耀卿等奏狀非耀卿書唐明皇批荅中
桓山之頌乃用王獻之事顏眞卿宋廣平碑考異

乞米帖所稱太保是李光弼非光顔爭坐位帖年
月顧炎武金石文字記未考祭姪文𠯁伯父文結
銜與史異江淮帖爲集字僞作李紳告身與史異
葉慧明碑非韓擇木書撰皆引據有根柢惟謂褚
遂良書出於曹全碑則殊臆度此碑近代始出明
以前未有言之者也又排鄭簠蔣衡而自稱腕有
元章鬼亦未免文人相輕之習焉

金石經眼録一卷 兵部侍郎紀昀家藏本

國朝褚峻摹圖牛運震補說運震有空山堂易解已

著錄峻字千峰邵陽人工於鐫字以販鬻碑刻爲業每裹糧走深山窮谷敗墟廢址之間搜求金石之文凡前人所未及錄與雖錄而非所目擊未能詳悉言之者皆據所親見繪其形狀摹其字畫併其剥蝕刓缺之處一一手自鉤勒作爲縮本鐫於棗板纖悉逼真自太學石鼓以下迄於曲阜顏氏所藏漢無名碑陰爲數四十有七運震各係以說詳其高昇廣狹及所在之處其假借通用之字亦畧訓釋雖所收頗狹而較向來金石之書或僅見

拓本或僅據傳聞者特爲精核書成於乾隆元年峻自爲序後運震又即峻此書增以巴里坤新出裴岑紀功碑改名金石圖運震未至西域僅得模糊拓本所摹頗失其真又仿岳珂之例於說後各贅以贊亦爲蛇足峻復自益以唐碑別爲下卷體例迥然各別尤病糅雜今以此本著錄而續刻之本則別存目焉

石經考異二卷　浙江巡撫採進本

國朝杭世駿撰世駿有續方言已著錄是編因顧炎

武石經考猶有採摭未備辨正未明者乃爲糾訛補缺勒爲二卷上卷標十五目曰延熹石經曰書碑姓氏曰書丹不止蔡邕曰三字一字曰正始石經非邯鄲淳書曰魏文帝典論曰漢魏碑目曰隋書經籍志正誤曰鴻都學非太學曰魏太武無刻石經事曰顧考脫洛北齊二條曰唐藝文志載石經與隋志不同曰唐石臺孝經曰唐石經曰張參五經文字下卷標三目曰蜀石經曰宋開封石經曰宋高宗御書石經考證皆極精核前有厲鶚全

祖望符元嘉序三首鶚序稱其五經六經七經之
核其實一字三字之定其歸二十五碑四十八碑
之析其數堂東堂西之殊其刻自洛入鄴自汴入
燕之分其地駁鴻都門學非太學魏石經非邯鄲
淳書直發千古之蒙滯而又引何休公羊傳註證
漢石經爲一字引孔穎達左傳疏稱魏石經爲三
字以補世駿所未及祖望序亦引魏畧晉書隋志
證邯鄲淳非無功於石經引魏書崔浩高允傳證
魏太武時未嘗無立經事與世駿之說互存參考

而汪祚趙信符曾諸人復各抒所見互相訂正今並列於書中蓋合數人之力參訂成編非但據一人之聞見其較顧炎武之所考較爲完密亦有由也然尤袤遂初堂書目所列成都石刻稱論語九經孟子爾雅較晁公武曾宏父所記少一經亦當爲辨正世駿乃偶遺不載是則失之眉睫之前者亦足見考證之難矣

右目錄類金石之屬二十六部二百七十六卷皆文淵閣著錄

案隋志以秦會稽刻石及諸石經皆入小學宋志則金石附目錄今以集錄古刻條列名目者從宋志入目錄其博古圖之類因器具而及款識者别入譜錄石鼓文音釋之類從隋志别入小學蘭亭考石經考之類但徵故實非考文字則仍隸此門俾從類焉

（清）紀昀等　纂

# 武英殿本四庫全書總目

第一五册

國家圖書館出版社

# 第一五册目録

欽定四庫全書總目 史部

卷四八
之四九

# 欽定四庫全書總目卷四十八

## 史部四

### 編年類存目

考定竹書十三卷（浙江巡撫採進本）

國朝孫之騄撰之騄有尚書大傳已著錄是編以沈約所注竹書紀年未爲詳備因採摭諸書別爲之注然之騄愛博嗜奇多所徵引而不能考正眞僞如帝癸十年地震引華嚴合論大地有六種震動所謂遍動遍起遍涌遍震遍吼遍擊者爲說殊爲

蕪穢又劉知幾史通疑古篇中排詆舜禹以末世
莽操心事推測聖人至爲乖謬而一概引用漫無
辨正沈約註出依託尚能知伊尹自立之誣太甲
殺伊尹之妄之縣乃旁取異說以熒耳目云能補
正沈注未見其然惟拾遺記商均暴天下之類辨
別誣妄路史帝杼遷老王之類考訂訛謬間有數
處可取耳至所補逸文採摭頗備然如晉幽公會
曾季孫一條今本有之而註曰無又如湯十九年
至二十四年皆書大旱葢作書者依託墨子湯五

年旱之文此本竟脱去二十一年大旱鑄金幣二

條則亦不可盡據也

五代春秋二卷兩江總督採進本

宋尹洙撰洙字師魯河南人天聖二年進士授絳

州正平主簿以薦爲館閣校勘累遷右司諫知渭

州兼領涇原路經畧公事以爭永樂城事徙慶州

復爲董士廉所訟貶崇信軍節度副使監均州酒

稅卒事迹具宋史本傳考邵伯温聞見錄載歐陽

修作五代史嘗約與洙分撰此書或即作於是時

然體用編年與修書例異豈本約同撰而不果後乃自著此書歟所載始梁太祖開平元年甲子迄周顯德七年正月甲辰鄭樵通志藝文略作二卷與今本合趙希弁讀書附志則作五卷或別本流傳以一代爲一卷歟穆修春秋之學稱受之於洙然洙無說春秋之書惟此一編筆削頗爲不苟多得謹嚴之遺意知其春秋之學深矣已載入所作河南集中此蓋其別行之本以初原自爲一書故仍存其目焉

少微通鑑節要五十卷 內府藏本

宋江贄編贄字叔直崇安人政和中太史奏少微星見朝命舉遺逸之士有司以贄應詔贄辭不赴賜號少微先生是書取司馬光資治通鑑刪存大要然首尾賅貫究不及原書此本爲明正德中所刊前有武宗御製序考羅願鄂州小集末載王瓚月山錄跋結銜稱通鑑節要纂修官疑正德時又爲重修非復贄之舊本又明史李東陽傳稱東陽奉命編通鑑纂要既成瑾令人摘其筆畫小疵除

謄錄官數人名欲因以及東陽東陽大窘屬焦芳與張綵爲解乃已又張元禎傳稱爲通鑑纂要副總裁纂要當即節要蓋史偶異文然則此書東陽及元禎所定也

續宋編年資治通鑑十八卷（浙江鮑士恭家藏本）

舊本題朝散郎尚書禮部員外郎兼國史院編修官李燾經進考宋史藝文志及燾本傳惟載所著續通鑑長編無此書之名此本目錄末有武夷主奉劉深源校定一行亦不知爲何許人書中所記

皆北宋事迹體例與宋史全文約畧相似而闕漏
殊甚葢亦當時麻沙坊本因燾有續通鑑長編託
其名以售欺也

增節音註資治通鑑一百二十卷内府藏本

宋陸唐老編唐老會稽人淳熙中進士第一故此
書亦稱陸狀元通鑑皆於司馬光書内鈔其可備
科舉策論之用者閒有音註然淺陋頗甚亦寥寥
不詳首有總例云學者未能徧曉出處則於詞賦
一場未敢引用足以見其大旨矣

通鑑綱目測海三卷 江蘇巡撫採進本

元何中撰中字太虚一字養正撫樂人事迹具元史儒學傳是書以糾通鑑綱目書法之同異卷末有大德丙午自跋曰朱子作綱目續春秋然其間書法可商畧者猶多間附已意緝成綱目測海三卷示兒輩云云葢不知綱目出趙師淵之手猶悞以爲朱子書也書中所列凡三例一辨胡呂二家所註如魏徙都大梁條胡氏謂魏王不恨不用孟子而恨不聽公叔之言中以爲徙都之後六年孟

子方至魏之類是也一發明二家所未註如秦人

誅衛鞅條下中補註曰書秦人何鞅得罪於衆猶

共誅之之類是也一乃糾正本書之訛異於全書

之中不過十之二三耳其中如秦魏冉出其故君

之妃歸于魏一條中謂諸侯之妻宜稱夫人不宜

稱妃不知元妃孟子固左傳文也又漢元狩六年

封三王一條中謂宜載誥策之詞不知綱目紀事

之書非載文之書也又莽廢孺子一條中謂旣書

始建國元年則不必書莽不知孺子廢而後成爲

始建國也又秦王世民殺太子建成一條中謂宜削秦王字此泥以爵字爲褒貶例也又張柬之等舉兵討武氏一條中謂多之亂二字不知書法在討字此二字刪之固可存之亦無害也又晉主重貴發大梁一條中謂宜書北遷不知朱子宋人避二帝北遷之事變其文也其他間有可取不過摭拾細碎不能深裨於史學綱目非無可糾如中此書尚未足以糾綱目也

通鑑綱目釋地糾繆六卷補註六卷　浙江巡撫採進本

國朝張庚撰庚字浦山秀水人是書以通鑑綱目集覽質實謬誤不少惟胡三省通鑑註頗屬精當可以正二書之謬又校以顧祖禹讀史方輿紀要及輿圖等書爲糾繆以正其失又爲補註以拾其遺用力頗爲勤摯然集覽質實之荒陋本不足與辨今既與之辨矣則宜原原本本詳引諸書使沿革分合言言有據庶幾以有證之文破無根之論而所糾所補乃皆不著出典則終不能關其口也

帝王紀年纂要一卷 戸部尚書王際華家藏本

元察罕撰明黃諫補察罕官至平章事事迹具元

史本傳諫有從古正文已著錄其書本皇極經世

爲準自太皥以下諸帝王各載其在位年數而畧

述興廢大旨於每代之前察罕成此書在皇慶元

年嘗奏進於朝程鉅夫爲之序至明景泰中諫復

爲續輯改原本每代下至延祐戊午若干年爲下

至洪武戊申若干年并補入元代諸帝紀年然簡

畧太甚不足以資考訂也

明本紀一卷左都御史張若淮家藏本

不著撰人名氏紀明太祖事蹟自起兵濠梁迄建
國金陵皆分年排載頗爲詳備蓋亦自實錄中摘
出編次者惟自洪武三年正月以後並闕或草創
未竟之本歟

世史正綱三十二卷副都御史黃登賢家藏本

明邱濬撰濬有家禮儀節已著錄是書本明方孝
孺釋統之意專明正統起秦始皇帝二十六年訖
明洪武元年以著世變事始之所由於各條之下
隨事附論然立說多偏駁不經如紀年干支之下

皆規以一圈中書國號至元代則加以黑圈迨至正十五年明太祖起兵則爲白圈其說以爲本之太極圖之陰陽至是天運轉而陽道復陰翳消也牽臆妄作爲史家未有之變例可謂謬誕王士禎池北偶談稱其議論嚴正殊爲太過陶輔桑榆漫志稱其義嚴理到括盡幽隱深得麟經之旨胡應麟史學佔畢稱春秋之後有朱氏而綱目之後有邱氏更乖舛矣

通鑑綱目前編三卷　江蘇巡撫採進本

明許誥撰誥自號函谷山人靈寶人吏部尚書進之子文淵閣大學士讚之兄兵部尚書論之弟宏治己未進士官至南京戸部尚書謚莊敏事迹附見明史許進傳是書以司馬光通鑑朱子綱目皆不直接春秋中間闕七十餘年之事金履祥通鑑前編書法又多舛迕乃重輯是編以訂訛補闕其中如辨宋昭公非周元孫魏文侯未弑晉幽公趙鞅趙無卹之卒歲史記並誤亦小有考証而摹仿春秋過甚拘文牽義往往畫虎不成又或生例於

春秋之外如春秋書衛侯燬滅邢說者謂惡其滅同姓又或以爲因下衛侯燬卒之文而訛已非成例而誥於楚子章滅陳書名於越勾踐滅吳併削爵史記越世家越致貢于周周元王使人賜勾踐胙命爲伯所謂伯者葢爲方伯非由子爵晉爲伯爵也誥乃自是俱書越伯至於春秋無事必書時例也於春特書王正月明正朔也誥於無事之年既不備書又不書王正月必於年下别標一春字自序謂行夏時重歲首也亦不善於學步矣

經世策一卷安徽巡撫採進本

明魏校撰校有周禮沿革傳已著錄是書編年紀事起漢高祖奉楚懷王命伐秦之歲止文帝末年似於通鑑綱目中偶拈一二卷以已意筆削之大旨欲仿春秋而既非經體又非傳體如高帝元年書曰沛公掾蕭何收丞相府圖籍不及收博士所藏先王典籍遂滅齊魯諸儒傳習自孔氏者不復全此仿春秋何例也

八代紀要三十卷兩淮馬裕家藏本

明顧應祥撰應祥字惟賢號箬溪長興人宏治乙丑進士官至南京刑部尚書是書以編年紀事雖無事必書其年蓋合甲子會紀大事記而一之然繁簡失倫多未盡當其中無年可編者亦往往隱意科配如荀悅漢紀申鑒自强係之獻帝乙酉年恐必不然也

嘉隆兩朝聞見紀十二卷 浙江巡撫採進本

明沈越撰越字韓峰南京錦衣衛人嘉靖壬辰進士官至監察御史是編以薛應旂憲章錄鄭曉吾

學編諸書止載武宗以前事故續取世穆兩朝政
典彙次成編起正德十六年世宗即位止於隆慶
六年朱之蕃謂其為野史之良然所採書目自明
倫大典以下僅四十一種未為贍備而所附案之
文如五元臣皆不利之類亦體雜說部

明大政記二十五卷內府藏本

明雷禮撰禮字必進豐城人嘉靖壬辰進士官至
工部尚書明史藝文志載禮大政記三十六卷此
本為萬曆中應天周時泰所刊其中禮所輯者至

武宗而止僅二十卷其世宗四卷卽范守已之肅皇外史穆宗一卷則譚希思所續編卷目與史志不符蓋時泰已有所合併也禮明習朝典以史學自任而所記多採撮實錄詳畧未能得中異同亦尠能考據

明六朝索隱十六卷兩江總督採進本

舊本題明雷禮撰何應元校應元不知何許人其書以正統景泰天順成化宏治正德六朝事蹟編年紀錄考明史藝文志不載是書疑後人從實錄

抄撮而成托名於禮其稱索隱亦不知何所取義也

通鑑綱目前編二十五卷編修邵晉涵家藏本

明南軒撰軒字叔後渭南人據軒自序題吏部文選司郎中前翰林院庶吉士明史附見南居益傳亦云官吏部郎中嘗著綱目前編然又有其門人楊光訓序稱軒爲渭上先生壯遊金馬閱銓曹歷藩臬是其官不終於郎中陝西通志稱其終山東參議與光訓序合當得其實然太學進士題名碑

錄載軒爲嘉靖癸丑進士而通志作甲辰進士則
通志又傳寫之誤矣此書以金履祥通鑑前編陳
桱通鑑前編外紀合併刪削共爲一編起自伏羲
終於周威烈王然不明提綱分目之法冗瑣糅雜
殊無可取至於引爾雅曰熊羆貔貅貙虎六者猛
獸可以教戰引左傳曰龍角亢星也建戌之月見
於東方故戒民以土工之事爾雅左傳皆無其文
蓋有明一代八比盛而古學荒諸經註疏皆以不
切於時文庋置高閣故雜采類書以訛傳訛至於

如此又金履祥受業王柏故徵引師說稱子王子

此書旣盡變履祥之例而引王柏之說仍稱爲子

王子是更與不去葛龔同一例矣

龍飛紀畧八卷 兩江總督採進本

明吳樸撰樸字華甫詔安人是編仿綱目體例紀

明太祖事蹟初名征伐禮樂書後改今名自壬辰

至壬午共五十一年葢據元史及明初武冑貼黄

列傳則例紀載旁蒐博采而成前有嘉靖甲辰林

希元序及樸自編通例是時建文年號未復故於

已卯以後四年仍以洪武紀年旁註建文於下自
屬當時功令未足爲譏若自壬辰至丙午明號未
建順帝儼存猶是元之天下乃削去至正年號惟
書甲子則偏僻太甚於公議爲不協矣至所謂成
化間續編綱目托克托用兵六合有賊勢大蹙之
句不知彼時明祖正在六合罔識諱避云云律以
臣子之義鑿然正論雖起商輅於九原無詞以解
也

宋元資治通鑑一百五十七卷內府藏本

明薛應旂撰應旂有四書人物考已著錄是編續司馬光資治通鑑而作朱彝尊靜志居詩話嘗譏其孤陋寡聞如王偁李燾楊仲良徐夢莘劉時舉彭百川李心傳葉紹翁陳均徐自明諸家之書多未寓目并遼金二史亦削而不書惟道學宗派特詳爾今核其書大抵以商輅等通鑑綱目續編爲藍本而稍摭他書附益之於宋元二史未嘗參考其表志故於元豐之吏官制至元之定賦法一切制度語多闇畧於本紀列傳亦未條貫凡一人兩

傳一事互見者異同詳畧無所考證往往文繁而事複如永寧公主衣貼繡鋪翠襦入宮中請以金飾肩輿爲藝祖所戒既載於開寶五年矣復見於開寶八年而訛爲永康公主丁謂誣譖寇準王曾疑其太重丁謂曰居停主人勿復言既載於天禧四年矣復見於乾興元年越州升爲府既載於建炎四年矣復見於紹興元年甚至真德秀兼宮教勸濟王孝敬以俟天命語一篇之中前後兩見其餘重沓竄易之誤不可枚舉所紀元事尤爲疎漏

惟所載道學諸人頗能採據諸家文集多出於正史之外然雜列制誥贈言寄札祭文鋪敘連篇有同家牒律以史法於例殊乖至於引用說部以補正史之闕者又不辨虛實徒求新異如載吳曦之誅云初曦未叛時嘗校獵塞上一日夜歸笳鼓競奏轔載雜襲曦方垂鞭四視時盛秋天宇澄霽仰見月中有一人騎而垂鞭與己惟肖問左右所見皆符殊以爲駭嘿自念曰我當貴月中人其我也揚鞭而揖之其人亦揚鞭乃大喜異謀由是决云

云其事雖見岳珂桯史小說家無稽之語可入諸編年之史乎雖多亦奚以爲此之謂矣

甲子會紀五卷 江蘇巡撫採進本

明薛應旂撰前四卷以六十甲子紀年上自黃帝八年下至嘉靖四十二年爲七十二甲子又每年之下亦畧紀大事以備檢閲第五卷則取邵子以元經會之語畧論洪荒以來而以邵子觀化詩附焉

憲章錄四十七卷 內府藏本

明薛應旂撰所載上起洪武下迄正德用編年之
體葢以續所作宋元通鑑然採摭雜書頗失甄别
如惠帝遜國事本傳疑應旂乃於正統五年十二
月書思恩州土知州岑瑛送建文入京號爲老佛
豈史氏闕文之義耶

考信編七卷江蘇周厚堉家藏本

明杜思撰思字子睿鄞縣人嘉靖丙辰進士官至
青州府知府是書皆載上古之事其目有二曰原
始考始自盤古氏迄於燧人氏曰讀墳考始自庖

犧氏迄於帝魁編年紀月記動記言全作策書之體如珥筆其側親注起居又不言其何所據乃題曰考信名實可謂舛迕矣

昭代典則二十八卷江蘇周厚堉家藏本

明黃光昇撰光昇字明舉晉江人嘉靖乙丑進士官至刑部尚書是書起元至正壬辰明太祖起兵至穆宗隆慶二年而止編年紀事每條皆提綱列目其前四卷自至正壬辰迄洪武建元以前以明紀年而元事則隨年附見雖當時臣子之詞然順

帝北行以後以明紀年可也若至正戊申以前非惟元祚未移儼然共主即韓林兒龍鳳紀年明主亦自奉其朔乃於其初起兵時即削元號究非萬世之公論也

成憲錄十一卷 浙江范懋柱家天一閣藏本

不著撰人名氏記明太祖至英宗五朝之事考明太宗廟號至嘉靖十七年始改曰成祖此書仍稱太宗是作於成化後嘉靖前也書中所載事實少而誥勅多如洪武元年二月詔以太牢祀先師孔

子于國學仍遣使詣曲阜致祭並載太祖遣祭之
諭今本紀乃止書祀國學而不及闕里又本紀載
洪武十年十二月高麗使五至以嗣王未立卻之
十二年十一月高麗貢黃金百斤白金萬兩以不
如約卻之而此書又載洪武十二年五月諭遼東
守將潘敬葉旺勿納鄭白一事亦足以補史傳之
闕然存文妨要者曰綴參也

秘閣元龜政要十六卷浙江孫仰曾家藏本

不著撰人名氏書中已稱成祖則嘉靖以後人作

也所紀皆明太祖事然起於元順帝至正十六年張士德取常熟終於洪武二十八年首尾皆不完具殆前後各佚一冊今本卷第又傳寫者所改題歟大致與太祖實錄相出入亦無異聞也

明通紀述遺十二卷（浙江汪啟淑家藏本）

舊本一卷二卷四卷五卷八卷九卷十卷十二卷皆題繡水卜世昌校訂三卷六卷七卷十一卷皆題繡水屠衡校訂前有馮夢禎序惟稱世昌又有卜萬祺屠隆二序則兼稱衡蓋二人合作仿新唐

書各署姓名例也其書補東莞陳建明通紀之遺起元至正十一年終明隆慶六年編年紀載多捃拾稗史之言冗雜特甚如首卷多載元順帝荒淫瑣事與明無關殊失斷限之義又如以成祖征漠北時太監沐敬進諫之事竄入建文四年之末則紀載之無法可以概見矣

世穆兩朝編年史六卷內府藏本

明支大綸撰大綸字華平嘉善人萬曆甲戌進士由南昌府教授擢泉州府推官謫江西布政司理

問終於奉新縣知縣是編成於萬曆丙申所載自
嘉靖元年至四十五年凡四卷自隆慶元年至六
年凡二卷前有項維楨序但稱永陵信史據大綸
自序蓋先成世宗編年後乃續以穆宗云

**明大政纂要六十卷** 浙江巡撫採進本

明譚希思撰希思茶陵人萬曆甲戌進士官至四
川巡撫是書所記自洪武元年至隆慶六年凡大
事皆編年紀載每帝皆有論贊卷首載萬曆己未
修撰韓敬序有云侍御方壺劉公持斧纖輔捐俸

刻之是此書向曾刊刻今鈔本卷首仍存巡撫直隸監察御史印則當爲未刊以前藏本其中多塗乙增損之處似即希思之原稿也

大政記三十六卷　兩江總督採進本

明朱國楨撰國楨字文寧烏程人萬歷己丑進士官至文淵閣大學士謚文肅事迹附見明史朱國祚傳是書始洪武元年戊申終隆慶六年壬申編年紀載繁簡多有未當殊乏史裁

兩朝憲章錄二十卷　浙江朱彝尊家曝書亭藏本

明吳瑞登撰瑞登字雲卿武進人由貢生官光州訓導先是薛應旂纂洪武至正德九朝事爲憲章錄瑞登因輯嘉靖隆慶兩朝以續應旂之書大抵抄撮邸報而成有巡撫河南御史陳登雲李時華二序一作於萬歷癸巳一作於甲午又有瑞登自序惟頌世宗初政及遺詔併費宏調燮之勳徐階受顧之蹟葢謂嘉靖中年壞於任用嚴嵩而不欲顯言也

國史紀聞十二卷 江蘇周厚堉家藏本

明張銓撰銓字宇衡沁州人萬歷甲辰進士官至監察御史巡按遼東天啟元年

大兵破遼陽殉節死贈兵部尚書諡忠烈事蹟具明史忠義傳是編起元至正十二年明太祖起兵濠州迄於武宗之末編年紀載有綱有目名曰紀聞者銓自以職非史官不得見實錄記注僅取各家之書討論異同編次成帙所謂得之傳聞而不敢據以爲信也書成於萬歷庚戌至天啟甲子始刊行之徐揭先爲之序其子道濬又重爲校訂云

綱鑑正史約三十六卷內府藏本

明顧錫疇撰錫疇字九疇號瑞屏崑山人萬歷已未進士崇禎末官至南京禮部侍郎福王時進尚書後爲總兵官賀君堯所殺事蹟具明史本傳是書編年紀載於歷代故實粗存梗概葢鄉塾課蒙之本至綱鑑之名於綱目通鑑各摘一字稱之又顛倒二書之世次尤沿坊刻陋習也

歷年二十一傳殘本十二卷浙江巡撫採進本

明程元初撰元初有律古詞曲賦叶韻已著錄是

書畧仿資治通鑑綱目之例以二十一史各編年爲傳故曰二十一傳然非傳體也此本惟存季周傳十一卷羸秦傳一卷其爲刊刻未竟抑傳本缺佚均不可知據所存者觀之大抵疎漏百出漫無體例其佚亦不足惜也

春秋編年舉要無卷數兩江總督採進本

明楊時偉撰時偉有正韻牋已著錄是書成於崇禎甲戌凡前後二編皆仿史記年表之例以國爲經以事爲緯前爲春秋列國編年舉要起周平王

四十九年己未訖敬王三十九年庚申以括春秋
大要後爲獲麟後七十七年編年舉要起敬王三
十九年庚申迄威烈王二十三年戊寅以補通鑑
前編首有春秋託始論據洪邁容齋隨筆之說謂
春秋始隱公爲治鄭莊以强侯跋扈實自寤生始
也次爲春秋列國君臣總論三篇隨意斷制未爲
精確其謂無季氏則魯不昌無二氏則季孫立頗
爲乖刺又有獲麟後編年總論辨魏文侯師子夏
在未命爲諸侯以前亦無關大義二編惟後編有

引稱竊於諸書中采十一於千百私爲編年舉要既而深思恐開後人以懶惰之端遂舉覆瓿不復災木止存七十七年事然則當時僅刊其後編今則二編俱在葢猶其家藏未刻之稿矣

皇王史訂四卷（陝西巡撫採進本）

國朝李學孔撰學孔字贍黃渭州人順治中嘗官大寧衛斷事是編以劉恕外紀義類未確端緒難明因訂正其文上自盤古氏下訖周幽王東遷而後春秋既作則不復錄焉大抵摭拾羅泌路史之說

加以臆斷耳

此木軒紀年畧五卷 江蘇巡撫採進本

國朝焦袁熹撰袁熹有春秋闕如編已著錄康熙甲午故戶部尚書王鴻緒纂輯明史袁熹預其事開局月餘以持論齟齬辭去乃自以其意著此書紀事始於帝堯編年則始於春秋撮其治亂興亡之大端而各繫以論亦頗考證其異同未及卒業僅及漢順帝而止其門人徐逵照裒輯賸稿編爲此本首卷及第三卷皆袁熹手自標識提其綱要二

卷四卷五卷則達仿袁熹之例補爲標識者也其書叙述簡明非他家史畧不冗即漏者比持論亦多平允而愛奇嗜博好取異說如周文王商末受命稱王九年衛武公攻殺其兄共伯而自立𥚽書訛異皆不以爲非甚至何休註公羊傳謂平王之四十九年爲魯隱公受命之元年而比周於二王之後亦以爲其理謬而其意善殊爲乖舛其訂正事實多所糾正然好以明人所刻竹書紀年爲據不知其僞如周威烈王十四年公孫會以廩丘叛

安王十九年田侯剡立之類皆執以駁史記亦爲失考至於孟子所載之曹交本不云曹君之弟稱曹君之弟者乃漢趙岐註朱子偶然因之失於詳核袁熹不考舊文誤執之以疑史記併疑春秋所見更左矣

讀史綱要一卷直隸總督採進本

國朝王植撰植有四書參註已著錄此書紀歷代帝王年號而附錄僭僞諸國排比舊文有如簿籍不足以當著書其以西夏遼金并列尤爲紕繆

右編年類三十七部八百四十七卷內一部無卷數皆附存目

案綱鑑正史約之類坊刻陋本不足以言史矣然五經四書講章雖極陋劣不能不謂之經解也故亦附存其目此類至駁姑就所見者載之如經書講章之例

# 欽定四庫全書總目卷四十九

## 史部五

### 紀事本末類

古之史策編年而已周以前無異軌也司馬遷作史記遂有紀傳一體唐以前亦無異軌也至宋袁樞以通鑑舊文每事爲篇各排比其次第而詳敘其始終命曰紀事本末史遂又有此一體夫事例相循其後謂之因其初皆起於創其初有所創其後即不能不因故未有是體以前

微獨紀事本末創卽紀傳亦創編年亦創旣有是體以後微獨編年相因紀傳相因卽紀事本末亦相因因者旣衆遂於二體之外別立一家今亦以類區分使自爲門目凡一書備諸事之本末與一書具一事之本末者總彙於此其不標紀事本末之名而實爲紀事本末者亦併著錄若夫偶然記載篇帙無多則仍隸諸雜史傳記不列於此焉

通鑑紀事本末四十二卷通行本

宋袁樞撰樞字機仲建安人孝宗初試禮部詞賦第一歷官至工部侍郎以右文殿修撰知江陵府尋提舉太平興國宫事蹟具宋史本傳案唐劉知幾作史通敘述史例首列六家總歸二體自漢以來不過紀傳編年兩法乘除互用然紀傳之法或一事而複見數篇賓主莫辨編年之法或一事而隔越數卷首尾難稽樞乃自出新意因司馬光資治通鑑區别門目以類排纂每事各詳起訖自爲標題每篇各編年月自爲首尾始於三家之分晉

終於周世宗之征淮南包括數千年事迹經緯明晰節目詳具前後始末一覽了然遂使紀傳編年貫通為一實前古之所未有也王應麟玉海稱淳熙三年十一月參政龔茂良言樞所編紀事有益見聞詔嚴州摹印十部仍先以繕本上之宋史樞本傳又稱孝宗讀而嘉歎以賜東宮及分賜江上諸帥曰治道盡在是矣朱子亦稱其書部居門目始終離合之間皆曲有微意於以錯綜溫公之書乃國語之流蓋樞所綴集雖不出通鑑原文而去

取翦裁義例極爲精密非通鑑總類諸書割裂撏撦者可比其後如陳邦瞻谷應泰等遞有沿倣而包括條貫不漏不冗則皆出是書下焉

春秋左氏傳事類始末五卷江蘇巡撫採進本

宋章冲撰冲字茂深章惇之孫也淳熙中嘗知台州其妻乃葉夢得女夢得深於春秋故冲亦頗究心於左傳取諸國事蹟排比年月各以類從使節目相承首尾完具前有冲自序及謝諤序考冲與袁樞俱當孝宗之時樞排纂資治通鑑創紀事本

末之例使端緒分明易於循覽其書刊於淳熙丙申冲作是書亦同斯體據自序刊於淳熙乙巳在樞書之後九年殆踵樞之義例而作雖篇帙無多不及樞書之淹博其有裨學者則一也惟通鑑本屬史家樞不過理其端緒春秋一書經則比事屬辭義多互發傳文則或先經以始事或後經以終義或依經以辨理或錯經以合異絲牽繩貫脈絡潛通冲但以事類裒集遂變經義爲史裁於筆削之文渺不相涉舊列經部未見其然今與樞書同

隸史類庶稱其實焉

三朝北盟會編二百五十卷 左都御史張若溎家藏本

宋徐夢莘撰夢莘字商老臨江人紹興二十四年進士爲南安軍教授改知湘陰縣官至知賓州以議鹽法不合罷歸事蹟具宋史儒林傳夢莘嗜學博聞生平多所著述史稱其恬於榮進每念生靖康之亂思究見顚末乃網羅舊聞會稡同異爲三朝北盟會編自政和七年海上之盟迄紹興三十一年上下四十五年凡勅制誥詔國書書疏奏議

記序碑志登載靡遺帝聞而嘉之擢直祕省云云今其書鈔本尚存凡分上中下三帙上爲政宣二十五卷中爲靖康七十五卷下爲炎興一百五十卷其起訖年月與史所言合所引書一百二種雜考私書八十四種金國諸錄十種共一百九十六種而文集之類尚不數焉史所言者殊未盡也凡宋金通和用兵之事悉爲詮次本末年經月緯按日臚載惟靖康中帙之末有諸錄雜記五卷則以無年月可繫者別加編次附之於末其徵引皆全

錄原文無所去取亦無所論斷蓋是非並見同異互存以備史家之採擇故以會編爲名然自汴都喪敗及南渡立國之始其治亂得失循文考證比事推求已皆可具見其所以然非徒飣餖瑣碎已也雖其時說部糅雜所記金人事迹往往傳聞失實不盡可憑又當日臣僚劄奏亦多夸張無據之辭夢莘槪錄全文均未能持擇要其博贍淹通南宋諸野史中自李心傳繫年要錄以外未有能過之者固不以繁蕪病矣考夢莘成此書後又以前

載不盡者五家續編次於中下二帙以補其闕靖康炎興各爲二十五卷名曰北盟集補今此本無之殆當時二本各行故久而亡佚歟

蜀鑑十卷兩淮鹽政採進本

不著撰人名氏前有方孝孺序稱宋端平中紹武李文子嘗仕於蜀蒐採史傳起秦取南鄭至宋平孟昶上下千二百年事之繫乎蜀者爲書十卷云云世遂題爲文子作考亭淵源錄亦載李文子字公瑾光澤人案光澤卽紹武之屬縣今尙仍古名李方子之弟紹興

四年進士官至知太安軍綿閬州潼州府著蜀鑑十卷然考端平三年文子所作序中稱燕居深念紬繹前聞因俾資中郭允蹈緝爲一編云云則此書爲資州郭允蹈所撰文子特總其事耳世即以爲文子作亦猶大易粹言本曾穜命方聞一作而直齋書錄解題遂悞以爲穜作也其書每事各標總題如袁樞通鑑紀事本末之例每條有綱有目有論如朱子通鑑綱目之例其兼以考證附目末則較綱目爲詳贍焉宋自南渡後以荆襄爲前障

以興元漢中爲後戸天下形勢恒在楚蜀故允蹈是書所述皆戰守勝敗之迹於軍事之得失地形之險易恒三致意而於古人用兵故道必詳其今在某處其經營擘畫用意頗深他如辨荆門之浮橋引水經注以證荆州記之誤陳倉之馬鳴閣引蜀志以證寰宇記之誤斜谷之遮要引興元記以補裴松之注之缺諸葛亮之築樂城引通鑑以辨華陽國志寰宇記之異同於地理亦頗精核又所載羅尙之抗李雄張羅之據犍爲亦較晉書載記

及十六國春秋爲詳皆足裨史乘之考證唯所論
蜀之地勢可以北取中原引漢高祖爲證則與李
舜臣江東十鑑同意姑以勵恢復之氣耳諸葛亮
所不能爲而謂後人能之乎末二卷敘西南夷始
末其載犍爲郡之置始於漢代不知唐之莊琰播
郎等州卽其故地又所載南詔始末謂驃信敗於
韋皋而南蠻始衰不知敗於高駢而蠻乃不振所
記未免稍略然其時方慮內訌無暇外攘著書之
志主於捍拒秦隴之師振控巴渝之險其他邊徼

之事固在所署亦其時勢爲之矣

炎徼紀聞四卷　浙江巡撫採進本

明田汝成撰汝成字叔禾錢塘人嘉靖丙戌進士官至廣西布政司右叅議事迹具明史文苑傳史稱其博學工古文尤善敘述歷官西南諳曉先朝遺事撰炎徼紀聞即此編也書凡十四篇首紀王守仁征岑猛事次紀岑璋助擒岑猛事次紀趙楷李寰事次紀黃瑢請立東宫事次紀征大藤峽事次紀奢香事次紀安貴榮事次紀田琛事次紀楊

賊侯公丁爲亂所據成羣賊與相應汝成復偕萬
李賁合叔主自立與副使翁萬達密討誅之務攤
稱汝成分守右江時龍州土酋趙楷憑祥州土酋
咎於于謙之隱忍亦持不平之議不蹈門戶之見史
田州之事歸咎於王守仁之姑息論黃琯之事歸
皆起於撫綏鈌狀賞罰無章切中明代之弊其論
較史爲詳前有汝成自序稱自嘗從役所聞諸事
紀猛密孟養次雜紀諸蠻夷每篇各繫以論所載
輝事次紀阿溪事次紀阿向事次紀雲南諸夷次

達設策誘擒公丁而進兵討峽賊大破之又與萬達建善後七事一方遂靖云云則汝成於邊地情形得諸身歷是書據所見聞而記之固與講學迂儒貿貿而談兵事者迥乎殊矣

宋史紀事本末二十六卷兩淮鹽政採進本

明陳邦瞻撰邦瞻字德遠高安人萬歷戊戌進士官至兵部左侍郎事蹟具明史本傳初禮部侍郎臨朐馮琦欲仿通鑑紀事本末例論次宋事分類相比以續袁樞之書未就而沒御史南昌劉曰梧

得其遺稿因屬邦瞻增訂成編大抵本於琦者十之三出於邦瞻者十之七自太祖代周迄文謝之死凡分一百九目於一代興廢治亂之迹梗概畧具袁樞義例最爲賅博其鎔鑄貫串亦極精審邦瞻能墨守不變故銓敘頗有條理諸史之中宋史最爲蕪穢不似資治通鑑本有脉絡可尋此書部列區分使一一就緒其書雖亞於樞其尋繹之功乃視樞爲倍矣惟是書中紀事既兼及遼金兩朝當時南北分疆不能統一自當稱宋遼金三史紀

事方於體例無乖乃專用宋史標名殊涉偏見至元史紀事本末邦瞻已別有成書此內如蒙古諸帝之立蒙古立國之制諸篇皆專紀元初事實即應析歸元紀之中使其首尾相接乃以臨安未破一槩列在宋編尤失於限斷此外因仍宋史之舛訛疎漏未及訂正者亦所不免然於記載冗雜之內實有披榛得路之功讀通鑑者不可無袁樞之書讀宋史者亦不可無此一編也

元史紀事本末四卷江蘇巡撫採進本

明陳邦瞻撰凡列目二十有七其律令之定一條下注一補字則歸安臧懋循所增也明修元史僅八月而成書潦草殊甚後商輅等撰續綱目不能旁徵博采於元事亦多不詳此書採掇不出二書之外故未能及宋史紀事之該博又於元明間事皆以爲應入明國史遂於徐達破大都順帝駐應昌諸事皆畧而不書夫元初草創之迹邦瞻既列於宋編又以燕京不守元帝北徂爲當入明史是一代興廢之大綱皆沒而不著揆以史例未見其

然至至正二十六年韓林兒之死乃廖永忠沈之瓜步洪武中寧王權作通鑑博論已明著其事不過以太祖嘗奉其年號嫌於項羽義帝之事歸其獄于永忠耳邦瞻更諱之書卒尤爲曲筆庫庫特穆爾自順帝北還之後尚爲元盡力屢用兵以圖興復故太祖稱王保保眞男子以爲勝常遇春後秦王樉妃卽納其女邦瞻乃以爲不知所終亦不免於失實特是元代推步之法科舉學校之制以及漕運河渠諸大政措置極詳邦瞻於此數端紀

載頗爲明晰其他治亂之迹亦尚能撮舉大槩攬
其指要固未嘗不可以資考鏡也

平定三逆方畧六十卷

康熙二十一年大學士勒德洪等奉
勅撰紀平定逆藩吳三桂尚之信耿精忠事初孔有德尚
可喜耿仲明均以故明將佐於
太祖時率衆來歸隨八旗征討多立戰功有德封定南王
可喜封平南王仲明封靖南王吳三桂本明總兵
世祖驅除流寇定鼎燕京亦以效命執殳得邀

榮錫封平西王後有德死殉孤城至今廟食惟仲明分藩於福建可喜分藩於廣東三桂亦分藩於雲南膺股肱心膂之寄

恩最洪深後仲明先殁以其子精忠嗣封可喜年老乞閒以其子之信攝軍事吳三桂遂獨稱宿將列重鎮於西南乃怙毒潛吹狠心叵測於康熙十二年十一月稱戈抗

命進薄衡湘與官軍相距於常德之信精忠亦乘機蠢動

聖祖仁皇帝特簡八旗勁旅迅掃欃槍

相度機宜
指授方畧勦撫並用以次戡平三桂勢蹙憂怖旋伏冥誅
僅孽孫世璠游魂釜底旣而之信精忠窮迫歸正
均正刑章至康熙二十年十月世璠惶懼自戕三
逆並滅葢
開國之初殷頑未靖其勢易於煽惑其地皆襟帶山海勢
逾於唐之藩鎮其黨羽皆百戰之餘嫺習攻守力
逾於漢之七國故一時蠭起敢肆披猖我
聖祖時在沖齡乃從容鎮定而掃蕩之自兹以後大定永

清豈非亘古所未有歟伏讀

實錄載康熙二十五年十一月大學士勒德洪以此書進

呈蒙

諭其中舛錯如王輔臣由雲南拔勦總兵官授爲陝西提

督今謂由陝西總兵官陞任至論贊中拔朱太祖

杯酒釋兵權事兒三桂非宋功臣可比乃唐藩鎮

之流飭酌改之仰見深籌遠慮事事皆經

聖心即一二小節亦毫髮無遺益徵

神謨獨斷非廷臣所能參贊者矣當時未奉刊布僅有寫

本尊藏

大内今蒙

皇上宣示

特命繕錄編入四庫臣等校錄之餘既欣睹

聖祖仁皇帝實兼守成創業之隆亦彌仰我

皇上覲揚

光烈之盛云

親征朔漠方畧四十八卷

康熙四十七年大學士温達等撰

進

聖祖仁皇帝御製序文深著不得已而用兵之意蓋噶爾

丹凶頑爽誓寖爲邊患因於康熙三十五年二月

親統六師往征鋒蝟斧螳慴慄遠遁噶爾丹僅以身免大

軍凱旋是年九月再

幸塞北諭噶爾丹以束身歸罪並納其所屬之歸降者迨

明年二月復

統大軍親征刑天之技既窮貳負之尸遂桎於是廓清沙

漠輯定邊陲爲萬古無前之偉績書中所紀始於

康熙十六年六月厄魯特噶爾丹奉表入貢及
賜勅諭令與喀爾喀修好以爲縁起訖於三十七年十月
策妄阿拉布坦獻噶爾丹之尸而止其間簡鍊將
卒經畫糧餉翦除黨惡曲赦脅從以及設奇制勝
之方師行緩急之度凡稟之
睿算者咸據事直書語無增飾首載
御製紀畧一篇後載告成太學及勒銘察罕七羅拖諾昭
木多狼居胥山諸碑文恭誦之餘仰見
大聖人不恃崇高不懷燕逸櫛風沐雨與士卒同甘苦用

能於浹歲之中建非常之業竹冊昭垂非獨比隆

訓誓矣

欽定平定金川方畧三十八卷

乾隆十三年大學士來保等恭撰

奏進凡三十二卷後恭錄

御製詩文一卷又附載諸臣紀

功詩文五卷金川土司在四川徼外本吐蕃之遺種即明

史所謂金川寺者是也

國朝康熙中其土舍色勒奔初慕化歸誠奉職維謹

雍正中

頒給印信號紙俾世守故疆其子郎卡襲職漸肆鴟張稍

搏噬其族類守臣請加征討以寧九姓之宗我

皇上以荒憬蠻陬自相蠶食不足以勞我六師惟

勅慎固邊圉以防其變而沙羅奔狠性原貪鴞音弗改

不思綏行九伐爲寛以悔過之途仍肆凶殘自干

天討乃於乾隆十三年冬

特簡大學士傅恒爲經畧董率熊羆翦除蚘豕靈夔聲

震山鬼伎窮掃穴焚巢在於指顧始知螳螂之臂

不足抗拒雷霆窮蹙乞降籲呼請命於時桓桓七

萃猶思直斬樓蘭而我

皇上聖度符天宏開湯網閔其知罪許以自新

特詔班師貸存餘息計自禡牙以迄飲至往返一二萬

里爲期不及兩年蓋終沙羅奔之身跧伏荒巖莫

敢吹虺毒厲貙牙焉雖文王因壘而崇降舜帝舞

干而苗格

豐功盛德何以加於兹乎其間決機制勝悉禀

睿謨是編所載

詔諭之指授章奏之

批答隨在可見

神武不殺之至意併以見厥後索諾木夜郎自大終戮

藁街實辜

德逞凶禍由自取於理於勢皆不可姑容非

聖人之有意於用兵也

御定平定準噶爾方畧前編五十四卷正編八十五卷

續編三十三卷

乾隆三十七年大學士傅恒等恭撰

奏進凡分三編考準噶爾部落系出元阿魯台譯語

轉音故稱厄魯特

太祖高皇帝時嘗遣使入貢

世祖章皇帝時

錫以封爵俾自領其衆迨噶爾丹肆其豕心侵擾喀爾喀

諸部

聖祖仁皇帝親討平之北邊於以敉寧其姪策妄阿拉布

坦先與噶爾丹搆釁跳而西遁跧伏伊犂後生息

漸蕃稍爲邊患我

聖祖仁皇帝

世宗憲皇帝屢申撻伐折其逆萌澤旺阿拉布坦之子噶

爾丹策凌震我

天聲始戢鋒受命我

皇上化周六幕

威惠交孚示以綏柔許通貢市用廣

幬載之仁後達瓦齊妝噶爾丹策之子喇嘛達爾札攡

衆自立部曲不附紛紛然内向款關準噶爾遂大

亂是書前編五十四卷所紀自康熙三十九年七

月乙未至乾隆十七年九月壬申卽詳述其緣起
也嗣杜爾伯特台吉策凌策凌烏巴什輝特台吉
阿睦爾撒納等先後來歸籲請
天討以人心之大順知
帝命之式臨
特詔六師分行兩道降蕃負弩怵舞前驅餘黨倒戈駢
羅膜拜兵不血刃五月而定伊犂俘達瓦齊於圖
爾滿旣而阿睦爾撒納豺狼反噬旋見函顱波羅
尼都霍集占梟獍齊鳴亦隨獻馘天山南北桴鼓

不鳴展拓黃圖凡二萬餘里是書正編八十五卷所紀自乾隆十八年十一月甲戌至二十五年三月戊申卽備錄其始末也至續編三十三卷則乾隆二十五年三月庚戌以後至三十年八月乙亥凡一切列戍開屯設官定賦規畫久遠之制與討定烏什及絕域諸蕃占風納賮者咸載焉自有書契以來未有

威弧之所震如是其遠

皇輿之所括如是其廓者亦未有龍沙葱雪之間控制

撫綏一如中冀如是之制度周詳者而運籌策於
幾先計久長於事後一一出
睿謨之獨斷豈非
天錫勇智以光
列聖之緒而貽奕世之謨哉伏讀是編知舜德之賓王母
禹迹之被流沙均不足與
聖功比也
欽定平定兩金川方畧一百五十二卷
乾隆四十六年大學士阿桂等恭撰

奏進凡

御製序文紀畧一卷

天章八卷冠於前臣工詩文八卷附於末所紀平定兩

金川事自乾隆二十年六月癸亥起至乾隆四十

四年十一月壬午止金川自郎卡歸命之後

威棱所懾已不敢復逞凶鋒而狼更生貙野心不改其

子索諾木與其頭人丹巴沃雜爾煽惑小金川酋

僧格桑鯨吞九姓無故稱戈諭之不從彌滋狂悖

蓋十稔之將盈故兩堦之弗格也且夫貪殘無厭

谿壑難盈啓邇維州將生窺伺與其後來貽患待之於邊疆不如先發制人蹙之於巢穴是以力排

浮議

天斷獨行再舉六師重申九伐雖逆酋恃其地險暫肆披猖而震我雷硠終歸魚爛僧格桑專車之骨先獻旌門既而轉鬬千盤剷平三窟索諾木力窮勢蹙亦泥首而就俘焉蓋自三古以來中國之兵力未有能至其地者惟我

皇上睿算精詳

天聲震疊始開闢化外之草昧是以語其道里視河源

萬里爲近考其疆界視天山兩道爲狹計其生齒

不能敵三十六國之一而頌

聖武者乃覺與乙亥西征擴地二萬餘里後先同軌豈

非以涉歷之遠至伊犁而極山川之險至兩金川

而極均爲克千古之所不能克哉恭讀是編具詳

決機制勝之始末益知戊辰之役爲

天心仁愛不欲窮兵非力有所不能至也

欽定臨清紀畧十六卷

乾隆四十二年大學士于敏中等恭撰

奏進乾隆三十九年九月山東壽張逆寇王倫反突

掠陽穀趨臨淸直隸山東合兵殲之而大學士舒

赫德奉

詔統八旗勁旅亦至王倫窮迫自焚死盡俘其黨械送

京師磔於市因

命述截定始末爲此編我

朝自

列聖以來醲化懿綱重熙累洽普天率土含識知歸我

皇上念切痌瘝

德符幬載求寧求瘼

宵旰憂勞恒恐一夫之不獲

深仁厚澤縷數難窮即田賦之蠲除動千百萬漕粟之

寬貸亦動千百萬水旱偶沴賑卹頻仍更不知其

幾千百萬數十年來述

聖政者亦不勝其記載四瀛之內徧沃衢尊蓋莫不食

福飲和熙春泳化無論圓顱方趾具有彝良即悍

戾鷙忍之徒亦皆當革彼鴞音化其鷹眼王倫等

乃肆萌逆節敢亂天常遂煩鄭澤之攻自取貝州之戮蓋天地之大無所不生狠貪實出於性成虺毒自爲其種類初則事魔喫菜託以斂財繼乃聚衆焚香因而成黨自知妖言左道

聖世不容遂僥倖苟延鋌而走險變生意外蓋以此也然而

運策九重

指揮七萃不旋踵而斧螳鋒蝟殘滅無遺奏功之速未有過於是役者豈非人心之所共憤卽

天道之所必誅乎是編所錄詳述

制勝之機宜並明倡亂之緣起所以為天下萬世白外

生成之炯戒也至於安輯流亡撫綏困乏兵燹之餘所

以善籌其後者謀畫無所不周惠養無所不至益

足見

聖德如天而王倫等之辜

恩謀逆為罪深於梟獍矣

欽定蘭州紀畧二十一卷

乾隆四十六年奉

勅撰考回人散處中國介在西北邊者尤獷悍然其教法則無異劉智天方典禮擇要解即彼相沿之規制也其祖國稱默德那其種類則居天山之南北後準噶爾據有山北乃悉避處於山南今自哈密吐魯番以外西暨和闐葉爾羌皆所居也迨我皇上星弧遥指月窟咸歸諸回部並隸版圖爲我臣僕中國回人亦時時貿遷服賈來往其間姦黠之徒遂詭稱傳法於祖國別立新教與舊教搆爭守臣狃於晏安不早爲防微杜漸互相讐殺乃馴至嘯

聚稱戈辛丑四月循化廳逆回蘇四十三等突陷
河州復擁衆犯蘭州會援師既集斷其歸路而羽
林勍卒益部蕃兵亦皆奉
詔遄征尅期並赴逆回飛走路絶乃退據城南十里龍
尾山扼險死守然釜魚暫活稛𦉥終殲塡塹焚巢
百道俱進殲之於華林寺或俘或馘無一人倖漏
網焉蓋是役也平日釀釁之漸在大吏之積薪厝
火故猝發而不及防臨時制勝之方在
聖主之省括張機故一舉而無不克是編所錄始末釐

然至於規畫兵制慎固邊防一切敷陳
批答亦皆備書併足見長駕遠馭之謀杜漸防微之畧
所以貽萬世之安者
睿慮尤深且遠也
欽定石峯堡紀畧二十卷
乾隆四十九年奉
勅撰初撒拉爾逆回之變渠魁蘇四十三等雖全就殲
戮而馬明心餘孽猶多我
皇上天地爲心兼包並育不欲盡翦其族類

特命陝甘總督李侍堯密爲經理以杜亂萌務曲導其
自新而陰鋤其怙惡乃李侍堯籌畫未周疎於防
制致逆回田五嘘馬見心已燼之焰詭稱官軍將
盡勦新教恐脅回衆轉相煽惑醜黨遂繁因而據
險營巢伏戎于莽以乾隆四十九年四月十五日
猝起變於小山逌田五爲提督剛塔所敗勢蹙自
戕餘黨張文慶馬四娃等復乘機嘯聚與剛塔相
拒於馬家堡剛塔不能仰承
指示預斷其飛走之路致翻山宵遁遂蔓延四出肆其

猖獗頼我

皇上魁柄親操

威弧遐指赫然

天斷易將臨戎

特命兵部尚書福康安爲陝甘總督統兵進討復

詔大學士阿桂督師剿衆應摧鋒轉戰捷書旅來逆回無

路可逃釜底游魂羣聚守於石峯堡石峯堡者通

渭之所屬也萬山環抱孤峯雲舉羊腸鳥道詰屈

僅通自前代號天險阿桂福康安等恭承

方畧先列柵樹砦使聲勢相連以防衝突復斷其水道
使困暍難存生路旣窮迫而脅潰是歲七月初五
日焚巢掃穴並俘致
行殿明正典刑鯨鯢梟獍所殲戮幾及萬人而後淨盡
根株西陲大定館臣因恭錄
諭旨奏章編次月日勒為一編以昭
睿謨之廣遠臣等鞠䟡恭讀而深繹㦸定之
聖算葢秦隴左右跬步皆山深巖巨谷繚繞潛通雖土
著或不得其端緒而逆回陰鷙狡黠又其天性故

力足抗則鴟張勢不敵則鼠竄藉幽蹊曲徑爲蔽藏得以出入無常聚散不定或方在於此忽移而在彼方在於前忽轉而在後諸臣用兵之始但躡其蹤而尾追之是以左右周章卒莫得其要領我

皇上坐照如神通籌全局先

命斷其去路然後合圍而殲之故賊之險阻不足據賊之詭譎無所施本欲求爲流寇以牽制官軍至是乃窮而負嵎苟延殘喘遂一鼓而無噍類仰見

睿鑒無遺超乎萬古凡

聖諭所預籌一一炳燭先幾驗如操券益信前此之囊括濛汜底定冉駹皆早握萬全之畧非一時偶致也勒諸

冊府洵足垂範千古矣

欽定臺灣紀畧七十卷

乾隆五十三年奉

勅撰臺灣孤懸海外自古不入版圖然實閩粤兩省之屏障明代爲紅毛所據故外無防禦禦倭患蔓延後鄭芝龍據之亦負嵎猖獗誠重地也

聖祖仁皇帝七德昭宣剷平鯨窟
命靖海侯施琅等俘鄭克塽而郡縣其地設官置戍屹為
海上金城徒以山箐叢深百產豐溢廣東及漳州
泉州之民爭趨其地雖繁富日增而姦宄亦因以
竄迹故自朱一桂以後針蝟斧螳偶或竊發然旋
亦撲滅惟林爽文莊大田等逆惡鴟張凶徒蟻附
致稽藁街之誅仰賴
神謨指揮篤馭乃渠首就檻炎海永清蓋始由官吏之
貪黷司封疆者未察巢穴而其所以蕩平者則仰

藉

皇上坐照幾先於鮫室鯨波視如指掌事事皆預為策

及早設周防又

睿鑒精詳物無匿狀申明賞罰百度肅清弛者改而奮

怯者改而勇並凛凛

天威近猶咫尺而重臣宿將乃得以致力其間生縛猰

貐以申國憲

威棱所慴併內臺生番亘古未通中國者亦先驅效命

助翦元凶稽首闕廷虔修職貢中外臣民跽讀

御製紀事語二篇咸以手加額謂軒轅之戮蚩尤猶親
在行間武丁之克鬼方非路經海外今
皇上運籌九天之上而
坐照萬里之外亘古聖帝明王更無倫比至江漢常武
諸什僅在近地者更無足道矣奏凱之後廷臣敬
輯
諭旨
批答奏章分析月日編排始末勒成是編以垂示萬古
臣等回環跽讀仰見

聖神文武經緯萬端雖地止一隅而險阻重深委曲
籌畫實與伊犁回部金川三大事
功烈相等載筆之下彌覺歌頌之難罄也

綏寇紀畧十二卷 江蘇巡撫採進本

國朝吳偉業撰偉業字駿公號梅村太倉人崇禎辛未進士授翰林院編修入
國朝官至國子監祭酒是編專紀崇禎時流寇迄於明亡分爲十二篇曰澠池渡曰車箱困曰眞寧恨曰朱陽瀆曰黑水擒曰穀城變曰開縣敗曰汴渠

墊曰通城擊曰監亭誅曰九江哀曰虞淵沉每篇後加以論斷其虞淵沉一篇皆記明末災異與篇名不相應考朱彝尊曝書亭集有此書跋云梅村以順治壬辰舍館嘉興之萬壽宮輯綏寇紀畧久之其鄉人發雕是編僅十二卷而止虞淵沉中下二卷未付棗木傳刻明史開局求天下野史盡上史館於是先生是本出予抄入百六叢書歸田之後爲友人借失云云意者明末降闖勸進諸臣子孫尚存故當時諱而不出歟此本爲康熙甲寅鄒

式金所刻在未開史局之前故亦無虞淵沈中下二卷而彝尊所輯百六叢書爲人借失者雖稱後十八年從吳興書賈購得今亦不可復見此二卷遂佚之矣彝尊又稱其書以三字標題仿蘇鶚杜陽雜編何光遠鑑戒錄之例考文章全以三字標題始於繆襲魏鐃歌詞鶚光遠沿以著書偉業敘述時事乃用此例頗不免小說纖仄之體其回護楊嗣昌左良玉亦涉恩怨之私未爲公論然記事尚頗近實彝尊所謂聞之於朝雖不及見者之確

切而終勝草野傳聞可資國史之采輯亦屬公論也

滇考二卷浙江巡撫採進本

國朝馮甦撰甦字再來臨海人順治戊戌進士官至刑部侍郎是書乃康熙元年甦為永昌府推官時作凡一切山川人物產皆削不載惟自莊蹻通滇至明末

國初據其沿革之舊迹治亂之大端標題記述為三十七篇每事皆首尾完具端緒分明非採綴瑣聞

條理不相統貫者比其名似乎與記其實則紀事
本末之體也其中建文遜跡一篇雖不免沿致身
錄之說至其征麓川三宣六慰鎭守太監金沙江
諸篇皆視史傳爲詳且著書之時距今僅百餘年
所言形勢往往足以資考證愈於標題名勝徒供
登臨吟詠者多矣

明史紀事本末八十卷通行本

國朝谷應泰撰應泰字賡虞豐潤人順治丁亥進士
官至浙江提學僉事其書仿袁樞通鑑紀事本末

之例纂次明代典章事蹟凡八十卷每卷爲一目當應泰成此書時明史尚未刊定無所折衷故紀靖難時事深信從亡致身諸錄以惠帝遜國爲實於滇黔游跡載之極詳又不知懿安皇后死節而稱其青衣蒙頭步入成國公第俱不免沿野史傳聞之悞然其排比纂次詳畧得中首尾秩然於一代事實極爲淹貫每篇後各附論斷皆仿晉書之體以駢偶行文而遣詞抑揚隸事親切尤爲曲折詳盡考邵廷采思復堂集明遺民傳稱山陰張岱

嘗輯明一代遺事爲石匱藏書應泰作紀事本末以五百金購請岱慨然予之又稱明季稗史雖多體裁未備罕見全書惟談遷編年張岱列傳兩家具有本末應泰並採之以成紀事據此則應泰是編取材頗備集衆長以成完本其用力亦可謂勤矣

繹史一百六十卷通行本

國朝馬驌撰驌有左傳事緯已著錄是編纂錄開闢至秦末之事首爲世系圖年表不入卷數次太古

十卷次三代二十卷次春秋七十卷次戰國五十卷次別錄十卷仿袁樞紀事本末之例每一事各立標題詳其始末惟樞書排纂年月鎔鑄成篇此書則惟篇末論斷出驌自作其事迹皆博引古籍排比先後各冠本書之名其相類之事則隨文附註或有異同譌舛以及依託附會者並於條下疏通辨證與朱彝尊日下舊聞義例相同其別錄則一爲天官二爲律呂通攷三爲月令四爲洪範五行傳五爲地理志六爲詩譜七爲食貨志八爲攷

工記九爲名物訓詁十爲古今人表蓋以當諸史之表志其九篇亦薈稡諸書之文惟古今人表全仍漢書之舊以所括時代與漢書不相應而與此書相應也雖其疏漏牴牾間亦不免而蒐羅繁富詞必有徵實非羅泌路史胡宏皇王大紀所可及且史例六家古無此式與袁樞所撰均可謂卓然特創自爲一家之體者矣

左傳紀事本末五十四卷浙江巡撫採進本

國朝高士奇撰士奇有春秋地名考畧已著錄此書

因章沖左傳事類始末而廣之以列國事蹟分門件繫其例有曰補逸則雜採諸子史傳與左氏相表裏者曰考異則與左氏異詞可備參訂者曰辨誤則糾其傳聞失實踳駁不倫者曰考證則取其事有依據可爲典要者又時附以已見謂之發明凡周四卷魯十一卷齊七卷晉十一卷宋三卷衛四卷鄭四卷楚四卷吳三卷秦二卷列國一卷目各如其卷之數大致亦與沖書相類然沖書以十二公爲記此則以國爲紀義例畧殊又沖書門目

太傷繁碎且於左氏原文頗多裁損至有裂句摘字聯合而成者士奇則大事必書而畧於其細部居州次端緒可尋與沖書相較雖謂之後來居上可也

平臺紀畧一卷附東征集六卷（江西巡撫採進本）

國朝藍鼎元撰鼎元字玉霖號鹿洲漳浦人由貢生官至廣州府知府是編紀康熙辛丑平定臺灣逆寇朱一貴始末始於是年四月迄於雍正元年四月凡二年之事前有自序稱有市靖臺實錄者惜

其未經身歷目覩得之傳聞其地其人其時其事多謬誤舛錯乃詳述其實爲此編蓋鼎元之兄廷珍時爲南澳總兵官與福建水師提督施世驃合兵進討七日而恢復臺灣旋擒一貴俄世驃卒於軍其後餘孽數起廷珍悉勦撫平之事後經畫亦多出廷珍之議鼎元在廷珍軍中一一親見故記載最悉其敘述功罪亦無所避忌頗稱直筆所論半線一路地險兵寡難於鎮壓後分立彰化一縣竟從其說至今資控制之力亦可謂有用之書非

紙上談兵者矣東征集六卷皆進討時公牘書檄

雖廷珍署名而其文則皆鼎元作舊本別行今附

載是書之後俾事之原委相證益明其第六卷中

紀地形七篇於山州險要尤言之井井可資考證

雍正壬子鼎元旅寓廣州始鋟板天長王輔序之

又有廷珍舊序一篇作於康熙壬寅稱擇可存者

百篇而此刻之文止六十篇蓋鼎元又加刪削存

其精要也

右紀事本末類二十二部一千二百五卷皆文淵閣

著錄

紀事本末類存目

鴻猷錄十六卷（通行本）

明高岱撰。岱字伯宗，京山人。嘉靖庚戌進士，官景王府長史。是書乃岱官刑部主事時作，仿紀事本末之體，所錄凡六十事，每事標四字爲題，前敘後論。起於龍飛淮甸，終於追戮仇鸞，皆事之關於用兵者也。前有自序曰：歷代實錄祕不可見，惟是諸臣傳誌書疏參質考訂，稍得要領，暇日論次錄而

成帙云

永陵傳信錄六卷江蘇巡撫採進本

明戴笠撰笠字耘野吳江人是書用紀事本末之體一曰興獻大禮一曰更定郊祀一曰欽明大獄一曰二張之獄一曰曾夏之獄一曰經畧倭寇事各爲卷每卷皆先敘後斷其論河套事謂爲難劾之功幸觸犯上怒其事中止不然請兵轉餉工役騷擾禍患將有大於是者云云則自宋以來儒者因循苟且之見所以終明之世無一日無邊患也

高廟紀事本末無卷數浙江汪啟淑家藏本

舊本不著名氏黃虞稷千頃堂書目載有是書亦云不知撰人王鴻緒明史例議引紀事本末辨太祖甍孝陵之日爲閏五月辛酉而此編無之則鴻緒所引又別一書矣其書仿通鑑紀事本末之例載明祖事蹟爲四十篇大抵鈔撮實錄之文如載韓林兒以太祖與張天祐爲左右副元帥太祖不受及懿文太子卒太祖欲立第四子爲太子劉三吾對何以處秦晉二王此皆實錄之說永樂諸臣

之誣詞非可以傳信者也

三藩紀事本末四卷 浙江巡撫採進本

國朝楊陸榮撰陸榮有易互已著錄是編成於康熙丁酉首紀福王康王桂王始末及四鎮兩案馬阮之姦次紀順治初年平浙平閩平粵平江右事蹟及魯王益王之亂饒州死難諸人金聲桓之亂及大兵南征何騰蛟瞿式耜之死孫可望李延齡之變次爲桂王入緬蜀亂閩亂及雜亂其凡例自云搜羅未廣頗有疎漏又間有傳聞異辭者如明史文

苑傳載艾南英以病死而此載其自縊殉節亦僅據其耳目所及未一一詳核也

右紀事本末類四部二十六卷內一部無卷數皆附存目

12225

欽定四庫全書總目 史部

卷五十

# 欽定四庫全書總目卷五十

## 史部六

### 別史類

漢藝文志無史名戰國策史記均附見於春秋厥後著作漸繁隋志乃分正史古史霸史諸目然梁武帝元帝實錄列諸雜史義未安也陳振孫書錄解題創立別史一門以處上不至於正史下不至於雜史者義例獨善今特從之蓋編年不列於正史故凡屬編年皆得類附史記漢

書以下已列爲正史矣其岐出旁分者東觀漢記東都事畧大金國志契丹國志之類則先資草創逸周書路史之類則互取證明古史續後漢書之類則檢校異同其書皆足相輔而其名則不可以並列命曰別史猶大宗之有別子云爾包羅旣廣六體兼存必以類分轉形瑣屑故今所編錄通以年代先後爲敘

逸周書十卷 內府藏本

舊本題曰汲冢周書考隋經籍志唐藝文志俱稱

此書以晉太康二年得於魏安釐王冢中則汲冢之說其來已久然晉書武帝紀及荀勗束晳傳載汲郡人不準所得竹書七十五篇具有篇名無所謂周書杜預春秋集解後序載汲冢諸書亦不列周書之目是周書不出汲冢也攷漢書藝文志先有周書七十一篇今本比班固所紀惟少一篇陳振孫書錄解題稱凡七十篇敘一篇在其末京口刊本始以序散入諸篇則篇數仍七十有一與漢志合司馬遷紀武王克商事亦與此書相應許慎

作說文引周書大翰若翬雉又引周書有爪而
不敢以擬馬融注論語引周書月令鄭元註周禮
引周書王會註儀禮引周書比黨州閭皆在汲冢
前知爲漢代相傳之舊郭璞註爾雅稱逸周書李
善文選注所引亦稱逸周書知晉及唐初舊本尚
不題汲冢其相沿稱爲汲冢者殆以梁任昉得竹
簡漆書不能辨識以示劉顯顯識爲孔子刪書之
餘其時南史未出流傳不廣遂誤合汲冢竹簡爲
一事而修隋志者誤採之耶鄭元祐作大戴禮後

序稱文王官人篇與汲冢周書官人解相出入汲
冢書出於晉太康中未審何由相似云云殊失之
不考文獻通考所引李燾跋及劉克莊後村詩話
皆以爲漢時本有此書其後稍隱賴汲冢竹簡出
乃得復顯是又心知其非而巧爲調停之說惟舊
本載嘉定十五年丁黼跋反覆考證確以爲不出
汲冢斯定論矣其書載有太子晉事則當成於靈
王以後所云文王受命稱王武王周公私計東伐
俘馘殷遺暴殄原獸輦括寶玉動至億萬三發下

車懸紂首太白又用之南郊皆古人必無之事陳振孫以爲戰國後人所爲似非無見然左傳引周志勇則犯上不登於明堂又引書慎始而敬終終乃不困又引書居安思危又稱周作九刑其文皆在今書中則春秋時已有之特戰國以後又輾轉附益故其言駁雜耳究厥本始終爲三代之遺文不可廢也近代所行之本皆闕程寤秦陰九政九開劉法文開保開八繁箕子耆德月令十一篇餘亦文多佚脫今考史記楚世家引周書欲起無先

主父偃傳引周書安危在出令存亡在所命貨殖傳引周書農不出則乏其食工不出則乏其事商不出則三寶絕虞不出則財匱少漢書引周書無爲創首將受其咎又引周書天子不取反受其咎唐六典引周書湯放桀大會諸侯取天子之璽置天子之座今本皆無之蓋皆所佚十一篇之文也觀李燾所跋已有脫爛難讀之語則宋本已然矣

東觀漢記二十四卷永樂大典本

案東觀漢記隋書經籍志稱長水校尉劉珍等撰

今考之范書珍未嘗爲長水校尉且此書創始在明帝時不可題珍等居首按范書班固傳云明帝始詔班固與睢陽令陳宗長陵令尹敏司隸從事孟異共成世祖本紀因又撰功臣平林新市公孫述事作列傳載記二十八篇此漢記之初創也劉知幾史通古今正史篇云安帝詔史官謁者僕射劉珍諫議大夫李尤雜作紀表名臣節士儒林外戚諸傳起建武訖永初范書劉珍傳亦稱鄧太后詔珍與劉騊駼作建武以來名臣傳此漢記之初

續也史通又云劉珍等卒復令侍中伏無忌與諫
議大夫黃景作諸王王子功臣恩澤侯表與單于
西羌傳地理志元嘉元年復令大中大夫邊韶大
軍營司馬崔寔議郎朱穆曹壽雜作孝穆崇二皇
及順烈皇后傳又增外戚傳入安思等后儒林傳
入崔篆諸人寔壽又與議郎延篤雜作百官表順
帝功臣孫程郭願鄭衆蔡倫等傳凡百十有四篇
號曰漢記范書伏湛傳亦云元嘉中桓帝詔伏無
忌與黃景崔寔等共撰漢紀延篤傳亦稱篤與朱

穆邊韶共著作東觀此漢記之再續也蓋至是而史體粗備乃肇有漢記之名史通又云熹平中光祿大夫馬日磾議郎蔡邕楊彪著作東觀接續紀傳之可成者而邕別作朝會車服二志後坐事徙朔方上書求還續成十志董卓作亂舊文散逸及在許都楊彪頗存注紀按范書蔡邕傳邕在東觀與盧植韓說等撰補後漢記所作靈紀及十志又補諸列傳四十二篇因李傕之亂多不存盧植傳亦稱熹平中植與邕說並在東觀補續漢記又劉

昭補注司馬書引袁崧書云劉洪與蔡邕共述律
歷紀又引謝承書云胡廣博綜舊儀蔡邕因以爲
志又引謝沈書云蔡邕引中興以來所修者爲祭
祀志章懷太子范書注稱邕上書云臣科條諸志
所欲刪定者一所當接續者四前志所無臣欲著
者五此漢記之三續也其稱東觀者後漢書注引
雒陽宮殿名云南宮有東觀范書竇章傳云永初
中學者稱東觀爲老氏藏室道家蓬萊山蓋東漢
初著述在蘭臺至章和以後圖籍盛於東觀修史

者皆在是焉故以名書隋志稱書凡一百四十三卷而新舊唐書志則云一百二十六卷又錄一卷葢唐時已有闕佚隋志又稱是書起光武訖靈帝今考列傳之文間紀及獻帝時事葢楊彪所補也晉時以此書與史記漢書爲三史人多習之故六朝及初唐人隸事釋書類多徵引自唐章懷太子集諸儒注范書盛行於代此書遂微北宋時尚有殘本四十三卷趙希弁讀書附志邵博聞見後錄並稱其書乃高麗所獻葢已罕得南宋中興書目

則止存鄧禹吳漢賈復耿弇寇恂馮異祭遵景丹蓋延九傳共八卷有蜀中刊本流傳而錯誤不可讀上蔡任洸始以秘閣本讐校羅願爲序行之刻板於江夏又陳振孫書錄解題稱其所見本卷第凡十二而闕第七第八二卷卷數雖似稍多而核其列傳之數亦止九篇則固無異於書目所載也自元以來此書已佚永樂大典於鄧吳賈耿諸韻中並無漢記一語則所謂九篇者明初即已不存矣

本朝姚之駰撰後漢書補逸曾蒐集遺文析爲八卷然所採秖據劉昭續漢書十志補注後漢書注虞世南北堂書抄歐陽詢藝文類聚徐堅初學記五書又往往掇拾不盡挂漏殊多今謹據姚本舊文以永樂大典各韻所載參考諸書補其闕逸所增者幾十之六其書久無刊板傳寫多訛姚本隨文鈔錄謬戾百出且漢記目錄雖佚而紀表志傳載記諸體例史通及各書所載梗概尚一一可尋姚本不加考證隨意標題割裂顚倒不可殫數今悉

加鼇正分爲帝紀三卷年表一卷志一卷列傳十七卷載記一卷其篇第無可考者别爲佚文一卷而以漢紀與范書異同附錄於末雖殘珪斷壁零落不完而古澤斑斕罔非瑰寶書中所載如章帝之詔增修羣祀杜林之議郊祀東平王蒼之議廟舞並一朝大典而范書均不詳載其文他如張順預起義之謀王常賛昆陽之策楊正之嚴正趙勤之潔清亦復槩從闕如殊爲疎畧惟賴兹殘笈讀史者尚有所稽則其有資考證良非淺鮮尤不可

不亟爲表章矣

建康實錄二十卷 江蘇巡撫採進本

唐許嵩撰嵩自署曰高陽蓋其郡望其始末則不可考書中備記六朝事迹起吳大帝迄陳後主凡四百年而以後梁附之六朝皆都建康故以爲名其積算年數迄唐至德元年丙申而止則肅宗時人也前有自序謂今質正傳旁採遺文具君臣行事事有詳簡文有機要不必備舉若土地山川城池宮苑各明處所用存古跡其異事別聞辭不相

屬則皆注記以蓋見知使周覽而不煩約而無失

云云蓋其義例主於類敘興廢大端編年紀事而

尤加意於古蹟其間如晉以前諸臣事實皆用實

錄之體附載於薨卒條下而宋以後復沿本史之

例各爲立傳爲例未免不純又往往一事而重複

牴牾至於名號稱謂畧似世說新語隨意標目漫

無一定於史法尤乖然引據廣博多出正史之外

唐以來考六朝遺事者多援以爲徵如張彥遠歷

代名畫記引以證曹不興顧愷之陸探微畫品鄭

文寶南唐近事引以證元武湖劉羲仲通鑑問疑載宋書高祖紀景平二年書日食舛悮劉恕修長編定日食在是年二月癸巳朔皆取此書爲據又陳後主時覆舟山及蔣山松柏常出木醴俗呼雀餳之類陳書遺漏不載王鞏甲申雜錄亦取此書爲據謝尚謂蔡謨讀爾雅不熟幾爲勸學死案勸學荀子第一篇蟹有六跪晉書誤作勸學姚寬西溪叢語亦據此書駁正又裴子野宋畧當時所稱良史沈約自以爲不及者今已不傳資治通鑑載有論

贊數條亦多首尾不具而是書於劉宋一代全據爲藍本並子野論贊之詞尚存什一是亦好古者所宜參證矣新唐書志載入雜史類蓋以所載非一代之事又不立紀傳之名尙爲近理郡齋讀書志載入實錄類已不免循名失實馬端臨經籍考載入起居注類則乖舛彌甚至鄭樵藝文畧編年一類本按代分編乃以此書系諸劉宋之下與宋春秋宋紀並列尤爲紕繆今考所載惟吳爲僭國然三國志已列正史故隸之於別史類焉

隆平集二十卷　兩江總督採進本

舊本題宋曾鞏撰鞏字子固南豐人嘉祐二年進士調太平州司法參軍召爲集賢校理出知福明諸州神宗時官至中書舍人事蹟具宋史本傳是書紀太祖至英宗五朝之事凡分目二十有六體似會要又立傳二百八十四各以其官爲類前有紹興十二年趙伯衛序其記載簡畧瑣碎頗不合史法晁公武讀書志摘其記太平御覽與總類爲兩書之誤疑其非鞏所作今考鞏本傳不載此集

曾肇作行狀及韓維撰肇神道碑臚述所著書甚備亦無此集據玉海元豐四年七月肇充史館修撰十一月肇上太祖總論不稱上意遂罷修五朝史肇在史館首尾僅五月不容遽撰此本以進其出於依托殆無疑義然自北宋之末已行於世李燾作續通鑑長編如李至拜罷等事間取其說則當時固存而不廢至元修宋史袁桷作搜訪遺書條例亦列及此書以爲可資援證蓋雖不出於肇要爲宋人之舊笈故今亦過而存之備一說焉

古史六十五卷　副都御史黄登賢家藏本

宋蘇轍撰。轍有詩傳，已著錄。轍以司馬遷史記多不得聖人之意，乃因遷之舊，上自伏羲、神農，下訖秦始皇，爲本紀七、世家十六、列傳三十七。自謂追錄聖賢之遺意，以明示來世，至於得失成敗之際，亦備論其故。以今考之，如於三皇紀增入道家者流，謂黄帝以無爲爲宗，其書與老子相出入；於老子傳附以佛家之説，謂釋氏視老子體道愈遠，而立於世之表。於孟子傳謂孟子學於子思，得其説而漸失之反稱譽田駢慎到之徒又謂其爲佛家所謂鈍根聲聞者班固論遷之説首在先黄老而後六經輙所更定烏在其能正遷耶朱子語録曰伯恭子約宗太史公之學某嘗與之痛辨子由古史言馬遷淺陋而不學疎畧而輕信此二句最中馬遷之失伯恭極惡之古史序云古之帝王其必爲善如火之必熱水之必寒其不爲不善如騶虞之不殺竊脂之不穀此語最好某嘗問伯恭此豈馬遷之所及然子由此語雖好却又有病處如云

帝王之道以無爲爲宗之類他只說得箇頭勢大然下面功夫又皆空疎云云蓋與呂祖謙議論相激故平日作雜學辨以攻轍此時反爲之左袒然其混合儒墨之失亦終不能爲之掩也平心而論史至於司馬遷猶詩至於李杜書至於鍾王畫至於顧陸非可以一支一節比擬其長短者也轍乃欲點定其書殆不免於輕妄至其糾正補綴如史記載堯典妻舜之後瞽瞍尚欲殺舜轍則本尚書謂妻舜在瞽瞍允若之後史記載伊尹以負鼎說

湯造父御周穆王見西王母事輒則刪之史記不載禱雨桑林事輒則增之宋世家史記贊宋襄公泓之戰爲禮讓輒則貶之辨管子之書爲戰國諸子所附益於晏子傳增入晏子處崔杼之變知陳氏之篡與諷諫數事於宰我則辨其無從叛之事於子貢則辨其無亂齊之事又據左氏傳爲柳下惠曹子臧吳季札范文子叔向子產等傳以補史記所未及曾連傳附以虞卿刺客傳不載曹沫其去取之間亦頗爲不苟存與遷書相參考固亦無

不可矣書中間有附註以葉大慶考古質疑考之蓋其子遜之所作舊本不載其名今附著焉

通志二百卷內府藏本

宋鄭樵撰樵有爾雅註已著錄通史之例肇於司馬遷故劉知幾史通述二體則以史記漢書共爲一體述六家則以史記漢書別爲兩家以一述一代之事一總歷代之事也其例綜括千古歸一家言非學問足以該通文章足以鎔鑄則難以成書梁武帝作通史六百二十卷不久卽已散佚故後

有作者率莫敢措意於斯樵負其淹博乃網羅舊
籍參以新意撰爲是編凡帝紀十八卷皇后列傳
二卷年譜四卷畧五十一卷列傳一百二十五卷
其紀傳刪錄諸史稍有移掇大抵因仍舊目爲例
不純其年譜仿史記諸表之例惟間以大封拜大
政事錯書其中或繁或漏亦復多岐均非其注意
所在其平生之精力全帙之精華惟在二十畧而
已一曰氏族二曰六書三曰七音四曰天文五曰
地理六曰都邑七曰禮八曰謚九曰器服十曰樂

十一曰職官十二曰選舉十三曰刑法十四曰食
貨十五曰藝文十六曰校讐十七曰圖譜十八曰
金石十九曰災祥二十曰草木昆蟲其氏族六書
七音都邑草木昆蟲五畧爲舊史之所無案史通
書志篇曰可以爲志者其道有三一曰都邑志二
曰氏族志三曰方物志樵增氏族都邑草木昆蟲
三畧葢竊據是文至於六書七音乃小學之支流
非史家之本義矜奇炫博泛濫及之此於例爲無
所取矣餘十五畧雖皆舊史所有然諡與器服乃

禮之子目校讎圖譜金石乃藝文之子目析爲别
類不亦冗且碎乎且氏族畧多挂漏六書畧多穿
鑿天文畧祇載丹元子步天歌地理畧則全抄杜
佑通典州郡總序一篇前雖先列水道數行僅雜
取漢書地理志及水經注數十則即禹貢山川亦
未能一一詳載諡畧則别立數門而沈約扈琛諸
家之諡法悉删不錄即唐會要所載杲字諸諡亦
並漏之器服畧器則所載尊彝爵觶之制制既不
詳又與金石畧複出服則全抄杜佑通典之嘉禮

其禮樂職官食貨選舉刑法六畧亦但刪録通典
無所辨証至職官畧中以通典注所引之典故悉
改爲按語大書更爲草率矣藝文畧則分門太繁
又韓愈論語解論語類前後兩出張弧素履子儒
家道家兩出劉安淮南子道家雜家兩出荆浩筆
法記乃論畫之語而列於法書類吳興人物志河
西人物志乃傳記之流而列於名家類段成式之
玉格乃酉陽雜俎之一篇而列於寶器類尤爲荒
謬金石畧則鐘鼎碑碣核以博古考古二圖集古

金石一錄脫畧至十之七八災祥畧則悉抄諸史五行志草木昆蟲畧則并詩經爾雅之注疏亦未能詳核蓋宋人以義理相高於考證之學罕能留意樵恃其該洽睥睨一世諸無人起而難之故高視闊步不復詳檢遂不能一一精密致後人多所譏彈也特其採摭既已浩博議論亦多警闢雖純駁互見而瑕不掩瑜究非游談無根者可及至今資爲考鏡與杜佑馬端臨書並稱三通亦有以焉

東都事畧一百三十卷 浙江孫仰曾家藏本

宋王偁撰偁字季平眉州人父賞紹興中爲實錄修撰偁承其家學旁搜九朝事蹟采輯成編洪邁修四朝國史奏進其書以承議郎知龍州特授直秘閣其書爲本紀十二世家五列傳一百五附錄八敘事約而該議論亦皆持平如康保裔不列於忠義張方平王拱辰不諱其瑕疵皆具史識熙寧之啟釁元符之紹述尤三致意焉朱勔傳後附載僧祖秀艮岳記蓋仿三國志諸葛亮傳後附載文集目錄及陳壽進表之例雖非史法亦足資考證

而南宋諸人乃多不滿其書葢偁閉門著述不入講學之宗派黨同伐異勢所必然未可據爲定論也近時汪琬復謂元修宋史實據此書爲稿本以今考之惟文藝傳爲宋史所資取故所載北宋爲多南宋文人寥寥無幾其餘事迹異同如符彥卿二女爲周室后而宋史闕其一劉美本姓龔冒附於外戚事畧直書其事宋史諱其家傳轉爲之諱趙普先閱章奏田錫極論其非而宋史誤以爲羣臣章奏必先白錫楊守一以涓人補右班殿直遷

翰林副使而宋史誤作翰林學士新法初行坐倉
糴米吳申等言其不便宋史誤以爲司馬光之言
至地名謚法宋史尤多舛謬元人修史葢未嘗考
證此書琬之言未得其實也其中如張齊賢以雍
熙三年忤旨出外而誤作自請行邊以副使王履
所作楚辭誤屬之李若水又不載王履於忠義傳
雖不免間有牴牾然宋人私史卓然可傳者唯偁
與李燾李心傳之書固宜爲考宋史者所寶貴矣

路史四十七卷　兩江總督採進本

宋羅泌撰泌字長源廬陵人是書成於乾道庚寅凡前紀九卷述初三皇至陰康無懷之事後紀十四卷述太昊至夏履癸之事國名紀八卷述上古至三代諸國姓氏地理下逮兩漢之末發揮六卷餘論十卷皆辨難考證之文其國名紀第八卷載封建後論一篇究言一篇必正匑子一篇國姓衍慶紀原一篇葢以類相附惟歸愚子大衍數一篇大衍說一篇四象說一篇與封建渺無所涉考發揮第一卷之首有論太極一篇明易彖象一篇易

之名一篇與大衍等三篇爲類疑本發揮之文校刊者以卷帙相連誤竄入國名紀也泌自序謂皇甫謐之世紀譙周之史考張愔之系譜馬總之通歷諸葛耽之帝錄姚恭年之歷帝紀小司馬之補史劉恕之通鑑外紀其學淺狹不足取信蘇轍古史第發明索隱之舊未爲全書因著是編餘論之首釋名書之義引爾雅訓路爲大所謂路史葢曰大史也句下註文題其子苹所撰核其詞義與泌書詳畧相補似出一手殆自註而嫁名於子歟皇

古之事本爲茫昧泌多采緯書已不足據至於太
平經洞神經丹壺記之類皆道家依託之言乃一
一據爲典要殊不免龎雜之譏發揮餘論皆深斥
佛教而說易數篇乃義取道家其青陽遺珠一條
論大惑有九以貪仙爲材者之惑諛佛爲不材之
惑尤爲偏駁然引據浩博文采瑰麗劉勰文心雕
龍正緯篇曰羲農軒皞之源山瀆鍾律之要白魚
赤烏之符黃金紫玉之瑞事豐奇偉詞富膏腴無
益經典而有助文章是以後來詞人採摭英華泌

之是書殆於此類至其國名紀發揮餘論考證辨難語多精核亦頗有祛惑持正之論固未可盡以好異斥矣

契丹國志二十七卷　浙江鮑士恭家藏本

宋葉隆禮撰隆禮號漁林嘉興人淳祐七年進士由建康府通判歷官秘書丞奉詔撰次遼事爲此書凡帝紀十二卷列傳七卷晉降表宋遼誓書議書一卷南北朝及諸國饋貢禮物數一卷雜載地理及典章制度二卷行程錄及諸雜記四卷錢曾

讀書敏求記稱其書法謹嚴筆力詳贍有良史風而蘇天爵三史質疑則謂隆禮不及見國史其說多得於傳聞譏其失實甚多今觀其書大抵取前人紀載原文分條採摘排比成編穆宗以前紀傳則本之資治通鑑穆宗以後紀傳及諸雜記則本之李燾長編等書其胡嶠陷北記則本之歐陽修五代史記四夷附錄諸番記及達錫伊都等傳則本之洪皓松漠記聞雜記則本之武圭燕北雜記案圭書今不傳其言畧見曾慥類說皆全襲其詞無所更改間有節

錄亦多失當如通鑑載太祖始立爲王事上云侍
彊不受代故下云七部求如約今此書删去不受
代之文則所謂如約者果何事乎又長編載聖宗
南侵事云天雄軍聞契丹至闔城惶遽契丹潛師
城南設伏狄相廟遂南攻德清王欽若遣將追擊
伏起天雄兵不能進退其情事甚明今此書於闔
城惶遽下即接伏起云云而盡删其潛師設伏之
文則所伏者果誰之兵乎又松漠記聞載黄頭女
眞金人每當出戰皆令前驅葢洪皓所親見其爲

金人事甚明今此書乃徑改金人爲契丹採入遼
志則益爲顛倒事實矣又帝紀中凡日食星變諸
事皆取長編所記按年臚載然遼宋歷法不齊朔
閏往往互異如聖宗開泰九年遼二月置閏宋十
二月置閏宋之七月在遼當爲八月而此書仍依
宋法書七月朔日食此類亦俱失考葢隆禮生南
渡後距遼亡已久北土載籍江左亦罕流傳僅據
宋人所修史傳及諸說部抄撮而成故本末不能
悉具蘇天爵所論深中其失錢曾葢未詳核也特

諸家目錄所載若遼庭須知使遼圖抄遼遺事契丹疆宇圖契丹事迹諸書隆禮時尚未盡佚故所錄亦頗有可據如道宗壽隆紀年此書實作壽昌與遼世所遺碑刻之文並合可以證遼史之誤又天祚紀所載與金攻戰及兵馬漁獵諸事較遼史紀志爲詳存之亦可備參考惟其體例參差書法顛舛忽而內宋則或稱遼帝或稱國主忽而內遼則以宋帝年號分註遼帝年號之下既自相矛盾至楊勳刼父叛君蔑倫傷教而取胡安國之謬說

以爲變不失正尤爲無所別裁又書爲奉宋孝宗
勅所撰而所引安國說乃稱安國之謚於君前臣
名之義亦復有乖今並仰遵
聖訓改正其訛用以昭千古之大公垂史冊之定論焉
大金國志四十卷兩江總督採進本
舊本題宋宇文懋昭撰前有端平元年進書表一
通自署淮西歸正人改授承事郎工部架閣而不
詳其里貫表中有偷生淮浦少讀父書等語亦不
知其父何人也書中取金太祖至哀宗九主一百

十七年事迹哀集彙次凡紀二十六卷開國功臣傳一卷文學翰苑傳二卷雜錄三卷雜載制度七卷許亢宗奉使行程錄一卷似是雜採諸書排比而成所稱義宗即哀宗金史謂息州行省所上謚而此則云金遺臣所上與史頗不合又懋昭既降宋即當以宋爲內詞乃書中分注宋年又直書康王出質及列北遷宗族於獻俘殊爲失體故錢曾讀書敏求記嘗稱爲無禮於君之甚者然其可疑之處尚不止此詳悉檢勘紕漏甚多如進書表題

端平元年正月十五日而金亡卽在是月十日相
距僅五日豈遽能成書進獻又紀錄蔡州破事如
是之詳於情理頗不可信又端平正當理宗時而
此書大書宋寧宗太子不得立立其姪爲理宗於
濟邸廢立畧無忌諱又生而稱謚舛謬顯然又懋
昭以金人歸宋乃於兩國俱直斥其號而獨稱元
兵爲大軍又稱元爲大朝轉似出自元人之辭尤
不可解又開國功臣傳僅寥寥數語而文學翰苑
傳多至三十二人驗其文皆全錄元好問中州集

中小傳而畧加刪削考好問撰此書時在金亡之後原序甚明懋昭更不應預襲其文凡此皆疑竇之極大者其他如愛王作亂等事亦多輕信僞書冗雜失次恐已經後人竄亂非復懋昭原本故抵牾若此然其首尾完具間有與金史異同之處者足以資訂證所列制度服色俱頗詳備亦能與金史及各志相參考故舊本流傳至今不廢今亦著其僞而仍錄其書焉

古今紀要十九卷　安徽巡撫採進本

宋黄震撰震字東發慈谿人官至浙東提舉事蹟具宋史儒林傳是書撮舉諸史括其綱要上自三皇下迄哲宗元符每載一帝之事則以一帝之臣附之其僭竊割據亦隨時附見詞約事該頗有條貫非曾先之十八史畧之類粗具梗槩傷於踈陋者比所叙前代諸臣各分品目惟北宋諸臣事蹟較歷代稍詳而無忠佞標題葢不敢論定之意也

朱子作通鑑綱目始遵習鑿齒漢晉春秋之例黜魏帝蜀同時張栻作經世紀年蕭常作續後漢書

持論並同震傳朱子之學故是書亦用綱目之例其謂論昭烈者每以族屬疏遠爲疑使昭烈果非漢子孫曹操蓋世姦豪豈不能聲其罪而誅其僞今反去之千百載下而欲疑其譜牒耶一語决疑可謂簡而盡矣

續後漢書四十七卷編修莊承籛家藏本

宋蕭常撰常廬陵人鄉貢進士初常父壽朋病陳壽三國志帝魏黜蜀欲爲更定未及成書而卒常因述父志爲此書以昭烈帝爲正統作帝紀二卷

年表二卷列傳十八卷以吳魏爲載記凡二十卷
又别爲音義四卷義例一卷於蜀志增傳四十二
廢傳四移魏志傳入漢十吳志廢傳二十魏志廢
傳八十九多援裴注以入傳其增傳亦皆取材於
注間有注所未及者建安以前事則據范書建安
以後則不能復有所益蓋其大旨在書法不在事
實也然其義例精深實頗得史法如魏吳諸臣本
附見二國載記之後而中有一節可名如孟宗陳
表等則别入孝友傳杜德張悌等則别入忠義傳

管寧吳範等則別入隱逸方技傳其體實本之晉書又曹操封魏公加九錫等事陳志皆稱天子命公而此乃書操自爲云云則本之范蔚宗後漢書本紀其他筆削亦類多謹嚴惟陳志先主傳稱封涿縣陸城亭侯而常於昭烈紀但云封陸城侯陳志建安十四年魏延爲都督而常則云拔魏延爲鎮遠將軍裴注既無此語不知常何所本然常之所長不在考證殆偶然筆悞非別有典據也常成此書時嘗以表自進於朝所列但有本紀表傳載

記而無音義至周必大序始并音義言之或成書之後又續輯補入歟

續後漢書九十卷永樂大典本

元郝經撰經字伯常陵川人官至翰林侍讀學士贈昭文館大學士榮祿大夫追封冀國公謚文忠事迹具元史本傳經以中統元年使宋爲賈似道所拘留居儀眞者十六年於使館著書七種此卽七種之一也時蕭常續後漢書尚未行於北方故經未見其本特著此書正陳壽帝魏之謬卽三國

志舊文重爲改編而以裴注之異同通鑑之去取參校刊定原本九十卷中間各分子卷實一百三十卷升昭烈爲本紀黜吳魏爲列傳其諸臣則以漢魏吳別之又別爲儒學文藝行人義士高士死國死虐技術狂士叛臣篡臣取漢平吳列女四夷諸傳復以壽書無志作八錄以補其闕各冠以序而終以議贊別有義例以申明大旨持論頗爲不苟而亦不能無所出入如士燮太史慈皆委質吳廷而入之漢臣李密初仕漢終仕晉晉書以陳情

一表列之孝友而入之高士則於名實爲乖又黄

憲卒於漢安之世葛洪顯於晉元之朝而皆入此

書則時代並爽其他漢晉諸臣以行事間涉三國

而收入列傳者不一而足又八錄之中往往雜採

史記前後漢書晉書之文紀載冗沓亦皆失於限

斷揆諸義例均屬未安然經敦尚氣節學有本原

故所論說多有裨於世教且經以行人被執困苦

艱辛不肯少屈其志故於氣節之士低徊往復致

意尤深讀其書者可以想見其爲人又非蕭常謝

陛諸家徒推衍紫陽緒論者比也是書與經所撰陵川集皆延祐戊午官爲刊行然明以來絶少傳本惟永樂大典所載尚多核以原目惟年表一卷刑法錄一卷全佚不傳其全篇完好者猶十之六七其序文議贊存者亦十之八九今各據原目編輯校正所分子卷悉仍其舊間有殘缺其文皆已具於陳志均不復採補以省繁複又經所見乃陳志舊本其中字句與今本往往異同謹各加案語標明以資考證書中原注乃書狀官河陽苟宗道

所作經集載壽正甫詩有新書總付徐無黨半臂誰添宋子京句正甫卽宗道之字元史所謂經留宋久書佐皆通於學苟宗道後至國子祭酒者是也宗道序中有繾綣患難十有三年之語考經以庚申使宋則是書與註皆當成於至元壬申矣其註於去取義例頗有發明而列傳中或有全篇無註者殆傳寫有所佚脫歟

春秋別典十五卷 兩淮鹽政採進本

明薛虞畿撰前有虞畿自序不署年月稱嘗閱注

牒見春秋君臣往迹不下千事散著百家皆三氏所未録間或微掇其端而未究其緒存其半而不採其全因不自度畧仿左例分十二公以統其世稽三傳人名以繫其事凡十五卷末又有其弟虞賓跋稱先仲氏輯春秋别典未脱稿而不幸下世不無掛甲漏乙年代倒置之病故特廣閲博蒐參互考訂世懸者更數殊者析删其繁複者十一苴其闕畧者十三云云則此書乃虞畿兄弟二人相續而成也舊無刊板此本爲朱彝尊家所藏有康

熙辛巳十月彝尊題字借其抄撮具有苦心惟各
條之末不疏明出何書明人之習大都若是所譏
誠中其病然網羅繁富頗足以廣見聞要亦博洽
之一助也虞畿序自署曰粤瀛彝尊跋稱其字里
通志不載莫得其詳虞賓跋中稱仲氏列章縫治
博士家言蓋廣東諸生也考胡恂潮州府志曰薛
虞畿字舜祥海陽人初爲諸生後棄去隱韓山之
麓以農圃自娛郡長吏欲致之鑿垣而遁著有聽
雨蓬稿云云當即其人又考潮州在梁爲東陽州

後改曰瀛州與粤瀛之稱亦合惟志不言其有此
書疑偶未見耳虞羲序又稱書目凡例列在左方
今卷首有凡例七條而無書目則傳寫者佚之矣

歷代紀事年表一百卷
康熙五十一年

聖祖仁皇帝御定初康熙四十六年
聖駕南巡布衣龔士炯獻歷代年表所載至隋而止乃
詔工部侍郎周清源重修未蕆事而清源没復
詔内閣學士王之樞踵修而以清源子嘉禎佐之乃相續

成編所載事迹上起帝堯元載甲辰下迄元順帝至正二十八年戊申首末凡三千七百二十五年其表以年爲經以國爲緯惟以正統居第一格爲全書之通例其餘時殊世異不可限以一法則每代變例而各以例說繫表首大抵準史記年表月表司馬光資治通鑑目錄惟每條多附史評又每代各冠以地理圖世系圖而總冠以三元甲子紀年圖爲小變舊式耳考南史王僧虔傳稱太史公年表旁行斜上體仿周譜則史表實三代之舊法

然史記以下率以一類自爲一表未能貫通資治通鑑目錄亦粗舉大綱未能詳備近時萬斯同作歷代史表頗稱賅洽而其大旨惟考核於封爵世系之間亦未能上下數千年使條目分明脉絡連屬也是書包羅歷代總括始終記錄無遺而義例至密剪裁得體而書法至明誠韓愈所稱紀事必提其要歐陽脩所稱春秋之文簡而有法者也讀史者奉此一書亦可以知所津逮矣

欽定續通志五百二十七卷

乾隆三十二年奉
勅撰紀傳譜畧一仍鄭氏之舊惟鄭氏列傳因諸史舊文標題錯互而又稍有所改竄如史記無隱逸傳則析伯夷四皓諸人以當之史記無方術傳則析司馬季主扁鵲諸人以當之後漢書無孝友傳則析毛義江革諸人以當之三國志無忠義傳則析典韋諸人以當之體例自相矛盾不因不瘢乃至於非馬非羸今參考異同折衷沿革定爲二例一曰異名者歸一如五代史家人傳析入后妃宗室

一行傳析入隱逸孝友元史儒學傳析入儒林文苑宋史道學傳併入儒林元史釋老傳併入方技唐書明史公主傳附綴宗室庶各核其實無致多岐一曰未備者增修如唐書之姦臣叛臣逆臣傳明史之閹黨流賊土司傳皆諸史所無而其目實不可易今考核事迹亦分立此門又孔氏世系封爵明史附入儒林傳今則從鄭氏原書孔子列傳例補立孔氏後傳至於五朝國史以貳臣別爲列傳新出

聖裁於旌別淑慝之中寓扶植綱常之意允昭褒貶之

至公實爲古今之通義今亦恪遵

彛訓於前代別立此門以昭彰癉較諸原書體例實詳

且核焉二十畧中變其例者亦有三一爲藝文畧

鄭氏但列卷數書名今各補撰人名氏爵里一爲

圖譜畧鄭氏原以索象原學明用三篇辨其源流

又以記有記無二篇考其存佚今刪除諸名別以

經學天文地理世系兵刑食貨算術儒學醫藥爲

子目一爲昆蟲草木畧所記動植之類不比文章

典制有時代可分考鄭氏原書惟以所撰詩名物志爾雅補註本草外類約而成編如百蔬未列瓠匏九穀不收虋秬釋魚則存鱣遺鮪釋獸則有虎無貔混萵當於瓊茅之蔔合芸薹於夫須之臺𦯔漏不一而足今惟於未載者補其缺遺已載者正其訛誤至其煉石煮丹之類事涉迂怪則槩不續增葢雖同一傳而條理倍爲分明雖同一畧而考證益爲精核斯由於仰承

睿鑒得所折衷與鄭氏之徒爲大言固迥然異矣

歷代史表五十三卷 副都御史黃登賢家藏本

國朝萬斯同撰斯同有廟制圖考已著錄是編以十七史自後漢書以下惟新唐書有表餘皆闕如故各爲補撰宗史記前漢書之例作諸王世表外戚侯表外戚諸王世表異姓諸王世表將相大臣及九卿年表宗新唐書之例作方鎮年表諸鎮年表其宦者侯表大事年表則斯同自創之例也其書自正史本紀志傳以外參考唐六典通典通志通鑑冊府元龜諸書及各家雜史次第彙載使列朝

掌故端緒蠶然於史學殊爲有助考自宋以前唯後漢書有熊方所補年表他如鄭樵通志年譜僅記一朝大事及正閏始末其於諸王將相公卿大臣興廢拜罷之由率略而不書近人作十六國年表亦多舛漏其綱羅繁富類聚區分均不及斯同此書之賅備惟晉書既補功臣世表則歷代皆所當補十六國如成趙燕秦既有將相大臣年表則十國如南唐南漢北漢閩蜀不當獨闕又魏將相大臣中不載上大將軍五代諸王世表獨闕後漢

註謂後漢子弟未嘗封王然考承訓追封魏王承勳追封陳王與後周鄭杞越吳諸王事同一例何以獨削而不登是皆其偶有脫畧者然核其大體則精密者居多亦所謂過一而功十者矣

後漢書補逸二十一卷 兩江總督採進本

國朝姚之駰撰之駰字魯斯錢塘人康熙己丑進士官至監察御史是編蒐輯後漢書之不傳於今者八家凡東觀漢記八卷謝承後漢書四卷薛瑩後漢書張璠後漢記華嶠後漢書謝沈後漢書袁崧

後漢書各一卷司馬彪續漢書四卷劉知幾史通稱范蔚宗所採凡編年四族紀傳五家今袁宏書尚有傳本故止於八也其捃拾細瑣用力頗勤惟不著所出之書使讀者無從考證是其所短至司馬彪書雖佚而章懷太子嘗取其十志以補范書之遺今後漢書內劉昭所註卽彪之書而之騆不究源流謂之范志乃別採他書之引司馬志者錄之字句相同曾莫之悟其謬實爲最甚然洪邁博極羣書而所作容齋隨筆亦以司馬志爲范志則

其誤有所承矣至東觀漢記核以永樂大典所載
較之駰所錄十尚多其五六蓋
秘府珍藏非草茅之士所能睹亦不能以疏漏咎之
駰也

春秋戰國異辭五十四卷通表二卷摭遺一卷兩江總督採進本

國朝陳厚耀撰厚耀有春秋長歷已著錄是編採羣
書所載與春秋三傳國語戰國策有異同者分國
編次以備考證亦間爲辨定又取史記十二諸侯

表六國年表合而聯之爲通表二卷其諸談瑣記神仙藝術無關體要難以年次者别爲摭遺一卷以附於後其通表排比詳明頗有條理異詞以切實可據者爲正文而百家小說悠謬荒唐之論皆降一格附於下亦頗有體例雖其間真贗雜糅如莊列之寓言亢倉子之僞書皆見采錄未免稍失裁斷而采摭浩繁用力可稱勤至又所引諸書多著明某篇某卷蓋仿李涪刊誤程大昌演繁露之例令觀者易於檢核亦無明人杜撰炫博之弊蓋

馬驌繹史用袁樞紀事本末體厚耀是書則用齊

履謙諸國統記體而驌書兼采三傳國語戰國策

厚耀則皆摭於五書之外尤獨爲其難雖涉蕪雜

未可斥也厚耀所著春秋長歷及春秋世族譜皆

與是編相表裏而自言平生精力用於是書者多

云

尚史一百七卷兵部侍郎紀昀家藏本

國朝李鍇撰鍇字鐵君鑲白旗漢軍卷首自署曰襄

平考襄平爲漢遼東郡治今爲

盛京遼陽州地蓋其祖籍也康熙中鄒平馬驌作繹史採摭百家雜說上起鴻荒下迄秦代仿袁樞紀事本末之體各立標題以類編次凡所徵引悉錄原文雖若不相屬而實有端緒是編以驌書爲藁本而離析其文爲之翦裁連絡改爲紀傳之體作世系圖一卷本紀六卷世家十五卷列傳五十八卷繫傳六卷表六卷志十四卷序傳一卷仍於每段之下各註所出書名其遺文瑣事不入正文者則以類附註於句下蓋體例準諸史記而排纂

之法則仿路史而小變之自序謂始事於雍正庚戌卒業於乾隆乙丑閱十六載而後就其用力頗勤考古來漁獵百家勒爲一史實始於司馬遷今觀史記諸篇其出遷自撰者率經緯分明疏密得當操縱變化惟意所如而其雜采諸書以成文者非惟事迹異同時相牴牾亦往往黠竄補綴不能隱斧鑿之痕知鎔鑄衆說之難也且排比鱗次一用舊文體如詩家之集句求其翦裁諸說使聯貫如出一手比呂東萊之讀詩記尤難之又難今觀

其書於殘膏賸馥掇拾成文時露湊合之迹者固在所不免而聯絡融貫位置天然如百衲之琴不乖音律如千狐之腋不露裁縫者亦往往而有不可謂非因難見巧爲史家特出之創格存之亦足備一體也若晉逸民傳中列杜蕡狼瞫鉏麑提彌明靈輒逆臣傳中列趙穿而不列趙盾亂臣傳中列郤芮呂飴甥嬖臣傳中列頭須㑹列女傳中列施氏婦予奪多所未允又諸國公子皆別立傳而魯宋蔡曹莒邾六國則襍列諸臣中叛臣傳中如

巫狐庸叛楚入吳吳楚兩見公山不狃叛魯入吳

吳魯兩見已爲重出而屈巫見於楚不見於晉苗

賁皇見於晉不見於楚又復自亂其例如斯之類

不一而足均不能不謂之瑕纇然史漢且不免駁

文司馬光作資治通鑑亦稱其中牴牾不能自保

固亦不能獨爲錯咎矣

右別史類二十部一千四百八十五卷皆文淵閣著

錄

案東觀漢記後漢書補逸之類本皆正史也

然書已不完今又不列於正史故槩入此門其先後從作者時代亦與編年類例同

別史類存目

歷代帝王纂要譜括一卷 永樂大典本

不著撰人名氏其書敘歷代帝王世系年號歲數亦畧及賢否各以數語括之簡陋殊甚蓋村塾俗書也永樂大典載之亦可云漫無持擇矣以其爲宋人舊帙姑附存其目焉

蜀漢本末三卷 浙江范懋柱家天一閣藏本

元趙居信撰居信字季明許州人至治中官至翰
林學士承旨是書宗資治通鑑綱目之説以蜀為
正統起桓帝延熹四年昭烈之生終晉太始七年
後主之亡未有總論一篇稱至元九年戊子所作
其成書則至元十二年辛卯也前序一篇不知誰
作稱朱子出而筆削綱目有以合乎天道而當乎
人心信都趙氏復因之廣其未備之文參其至當
之論然是書所取議論不出胡寅尹起莘諸人之
內所取事實則載於三國志者尚十不及五特於

資治通鑑綱目中斷取數卷畧爲點竄字句耳不
足當著書之目也

十八史畧二卷浙江巡撫
採進本

元曾先之撰先之字從野廬陵人自稱曰前進士
而江西通志選舉中不載其名蓋前明之制會試
中式稱進士鄉試中式者稱舉人皆得銓注授官
自唐宋至元則貢於鄉者皆稱進士試禮部中選
始謂之登第不中選者次舉仍由本貫取解南宋
之季始以三舉不中選者一體徑試於禮部謂之

免解進士先之所謂進士葢鄉舉而試不入選者

故志乘無名也然李肇國史補稱唐時進士登第

者遇舊題名處增前字今先之自稱前進士則又

相沿失考矣其書抄節史文簡畧殊甚卷首冠以

歌括尤爲弇陋葢鄉塾課蒙之本視同時胡一桂

古今通畧遜之遠矣

讀史備忘八卷 浙江范懋柱家天一閣藏本

明范理撰理字道濟天台人宣德庚戌進士官至

南京吏部右侍郎其書自西漢迄唐代先列諸帝

於前而以諸臣事實摘敘於後大畧皆因正史而參以綱目其所分謀臣丞相名將名臣等目割裂煩碎殊無體要如季布入名臣而曹參入名將之類義例尤不可解

天潢玉牒一卷（戸部尚書王際華家藏本）

不著撰人名氏載明太祖歷代世系及其自微時以至卽位後事畧以編年爲次凡皇后太子諸王謚號封爵皆詳列之書中稱成祖爲今上則永樂時編也其紀懿文太子爲諸妃所生而高皇后所

生者祇成祖及周王二人與史不合蓋當時諛妄之詞不足據爲實錄者矣

案此書述明代世系於例當入譜牒然譜牒傳本寥寥不能自爲門目故附著別史類中蓋其文與本紀世表相出入也

宋史質一百卷 衍聖公孔昭煥家藏本

明王洙撰洙字一江臨海人正德辛巳進士其仕履未詳是編因宋史而重修之自以臆見別刱義例大旨欲以明繼宋非惟遼金兩朝皆列於外國

卽元一代年號亦盡削之而於宋益王之末卽以明太祖之高祖追稱德祖元皇帝者承宋統大德三年以太祖之曾祖追稱懿祖恒皇帝者繼之延祐四年以太祖之祖追稱熙祖裕皇帝者繼之後至元五年以太祖之父追稱仁祖淳皇帝者繼之至正十一年卽以爲明之元年且於瀛國公降元以後歲歲書帝在某地云云仿春秋書公在乾侯綱目書帝在房州之例荒唐悖謬縷指難窮自有史籍以來未有病狂喪心如此人者其書可焚其

板可斧其目本不宜存然自明以來印本已多恐其或存於世熒無識者之聽爲世道人心之害故辭而闢之俾人人知此書爲狂吠庶邪說不至於誣民焉

宋史新編二百卷 浙江孫仰曾家藏本

明柯維騏撰維騏字奇純莆田人嘉靖癸未進士授南京戸部主事未任事而歸事迹具明史文苑傳史稱其家居三十載乃成是書沈德符敝帚軒剩語稱其作是書時至於發憤自宮以專思慮可

謂精勤之至凡成本紀十四卷志四十卷表四卷列傳一百四十二卷糾謬補遺亦頗有所考訂然托克托等作宋史其最無理者莫過於道學儒林之分傳其最有理者莫過於本紀終瀛國公而不錄二王及遼金兩朝各自爲史而不用島夷索虜互相附錄之例葢古之聖賢亦不過儒者而已無所謂道學者也如以爲儒者有悖於道則悖道之人何必爲之立傳如以爲儒者雖不悖道而儒之名不足以盡道則孔子之詔子夏其誤示以取法

乎下耶妄生分别徒滋門戸且太平御覽五百十

卷中嘗引道學傳二條一爲樂鉅一爲孔總乃清

淨棲遁之士襲其舊目亦屬未安此必宜改者也

而維騏仍之至於元破臨安宋統巳絶二王崎嶇

海島建號於斷檣壞櫓之間偷息於魚鼈黿鼉之

窟此而以帝統歸之則淳維遠遁以後武庚搆亂

之初彼獨非夏商嫡冡神明之胄乎何以三代以

來序正統者不及也他如遼起滑鹽金興肅慎並

受天明命跨有中原必似元經帝魏盡黜南朝固

屬一偏若夫南北分史則李延壽之例雖朱子生於南宋其作通鑑綱目亦沿其舊軌未以爲非元人三史並修誠定論也而維騏强援蜀漢增以景炎祥興又以遼金二朝置之外國與西夏高麗同列又豈公論乎大綱之謬如是則區區補苴之功其亦不足道也已

徵吾錄二卷浙江汪啟淑家藏本

明鄭曉撰曉有禹貢圖說已著錄曉初撰吾學編記當時之事又縷分條析爲今言三百四十餘條

復刊汱二書撮其指要以成是編體例與紀事本末相近凡三十一篇然事迹不繁而篇帙太簡荀悅刪班固之書尚不能至三十卷而欲以寥寥兩卷包括一朝此雖左氏司馬之史才恐亦不能綜括也

史畧詳註補遺大成十卷 內府藏本

明李紀撰紀字大正金谿人初元廬陵曾先之撰十八史畧至宋而止明初臨川梁孟寅益以元事名十九史畧嘉靖戊戌紀復以舊註未備爲增補

以成是編然舛陋亦甚據所列引用書目十餘種曰萬氏史畧箋蹟曰郭氏帝王世紀曰朱子四書曰倪氏四書輯釋曰蔡氏書傳曰鄒氏音釋曰陳氏禮記集說曰朱子詩傳曰資治通鑑曰呂氏集註曰劉氏翰墨全書曰左氏春秋傳曰林朱音訓曰李氏劉氏宋鑑是惡足以談史乎

荒史六卷兩淮鹽政採進本

明陳士元撰士元有易象鉤解已著錄是書述洪荒開闢之事九頭等十紀之前增以元始本紀言

盤古二靈本紀言天皇地皇共爲十二紀疏仡紀則至帝摯止焉共爲三卷帝師帝臣叛臣三傳各一卷大抵以羅泌路史爲藍本而稍附益之皆恍惚無稽之說胡宏皇王大紀未至侈談神異陳振孫書錄解題已有無徵不信之疑況動引道藏以爲史乎

藏書六十八卷兩江總督採進本

明李贄撰贄有九正易因已著錄是編上起戰國下迄於元各採摭事迹編爲紀傳紀傳之中又各

立名目前有自序曰前三代吾無論矣後三代漢唐宋是也中間千百餘年而獨無是非者豈其人無是非哉咸以孔子之是非爲是非固未嘗有是非耳然則予之是非人也又安能已又曰藏書者何言此書但可自怡不可示人故名曰藏書也而無奈一二好事朋友索覽不已予又安能以已耶但戒曰覽則一任諸君覽但無以孔夫子之定本行賞罰也則善矣云云贄書皆狂悖乖謬非聖無法惟此書排擊孔子別立褒貶凡千古相傳之善

惡無不顛倒易位尤爲罪不容誅其書可燬其名
亦不足以汚簡牘特以贄大言欺世同時若焦竑
諸人幾推之以爲聖人至今鄉曲陋儒震其虛名
猶有尊信不疑者如置之不論恐好異者轉矜捌
獲貽害人心故特存其目以深暴其罪焉

續藏書二十七卷兩江總督採進本

明李贄撰贄所著藏書爲小人無忌憚之尤是編
又輯明初以來事業較著者若干人以續前書之
未備其書分開國名臣開國功臣遜國名臣靖難

功臣內閣輔臣勲封名臣經濟名臣理學名臣忠節名臣孝義名臣文學名臣郡縣名臣諸目因自記其本朝之事故議論背誕之處比藏書為畧少然冗雜顛倒不可勝舉如一劉基也既列之開國名臣又列之開國功臣一方孝孺也既列之遜國名臣又列之文學名臣經濟本無大小安見守令設施不足以當經濟乃於經濟名臣外别立郡縣名臣又王禕殉節滇南不入之忠節傳中而列之開國臣內種種踳駁毫無義例總無一長之可取

也

函史上編八十一卷下編二十一卷 江西巡撫採進本

明鄧元錫撰元錫有三禮繹已著錄是編葢仿鄭樵通志而作上編卽其紀傳下編卽其二十畧也然樵之紀傳病於因故體例各隨舊史不能畫一其二十畧病於㧜故多夸大不根之論元錫是編則又紀傳病於太㧜諸志病於太因如紀傳分立多名以古初至商爲表自周以下正統謂之紀偏霸列國謂之志后妃謂之內紀宰相謂之謨儒者

謂之述大儒謂之訓尊如孔子則別名曰表次則西漢經學及王通則並稱訓餘則總名曰列傳列傳之中又分大臣貞臣良臣爭臣忠節名將循吏獨行諸子目又以經學行義文學篤行道學儒學循良各別立一傳分附歷代之末以隱逸方技貨殖列女各合立一傳總附全編之末己爲糅雜至物性一志或歸之下編之中尚爲有例而綴於上編與人並列更屬不倫其尤誕者南北史中南朝全載吳晉宋齊梁陳而北朝但有北魏其北齊周

隋俱削其君臣不錄惟隋錄王通一人宋金遼元四史中惟錄宋元亦不涉遼金一字而十六國乃得立志舛謬顛倒殆難僕數下編凡天官方域人官時令歷數災祥土田賦役漕河封建任官學校經籍禮儀樂律財賄刑法兵制邊防戎狄異教二十一門而名書者三名考者八名志者八名記者二亦蕪雜可厭其所敘述亦僅類書策畧之陳言毫無所發明考訂與所作五經繹均無可取也

明書四十五卷 浙江鮑士恭家藏本

明鄧元錫撰是書所紀起於太祖終於世宗凡帝典十卷后妃內紀一卷外戚傳一卷宦官傳一卷臣謨五卷名臣九卷循吏三卷能吏一卷忠節一卷將謨一卷名將一卷理學三卷文學三卷篤行一卷孝行義行貨殖方技共一卷心學三卷列女一卷按二十二史皆列后妃於傳惟後漢書以后爲紀爲後儒所譏元錫獨尊用之殊爲乖刺他如分臣謨名臣將謨名將又別篤行義行於孝行之外則皆元錫之創例繁碎亦甚至於道學之外別

立心學一門考元錫之學淵源於王守仁而不盡
宗其說當心學盛行之時皆謂學惟求覺不必致
力羣書元錫力排其說別心學於道學之外其說
固是然史者紀一代之政事其他皆在所輕宋史
別道學於儒林已爲門戶此更別心學於道學是
學案而非國史矣若夫史家之例必列外戚宦官
於各傳之後茲先外戚次宦者而臣謨諸傳又次
之次序顛倒尤不可解至以張璁桂蕚列於臣謨
則曲筆更不免矣

綵線貫明珠秋檠錄一卷浙江巡撫採進本

不著撰人名氏所紀歷代帝王自伏羲至明武宗止則是嘉靖以後書也亦史畧蒙求之類而言不雅馴觀其立名可知矣

明帝后紀畧一卷內府藏本

明鄭汝璧撰汝璧縉雲人隆慶戊辰進士官至兵部侍郎兼僉都御史總督宣大是編皆紀明代帝后即位册立年月及生辰壽數謚號山陵之類而不載其事蹟故云紀畧上自德祖懿祖熙祖仁祖

四代下迄穆宗而止首冠以帝系圖末以藩封附焉諸王惟錄其有國者餘則一見其名於帝系而已

遂古記八卷浙江鮑士恭家藏本

明朱謀㙔撰謀㙔有周易通已著錄是書所記始於盤古迄於有虞提綱紀事而襍引諸書以爲目大抵出入於劉恕外紀胡宏皇王大紀羅泌路史前紀金履祥通鑑前編之間所引多緯書荒誕之說既非信史又勦異聞謀㙔號爲博洽平生著述

一百餘種今不盡傳其傳者此爲最劣矣

季漢書五十六卷內廷藏本

明謝陛撰陛字少連歙縣人其書遵朱子綱目義例尊漢昭烈爲正統自獻帝迄少帝爲本紀三卷附以諸臣爲內傳吳魏之君則別爲世家而以其臣爲外傳復以董卓袁紹袁術公孫瓚公孫度及呂布張揚陶謙諸人爲載記凡更事數姓與依附董袁諸人者則爲雜傳又別作兵戎始末人物生殁二表以括一書之經緯卷首冠正論五條答問

二十二條凡例四十四條以揭一書之宗旨中間義例既繁創立名目往往失當如晉之劉石苻姚擅號稱尊各爲雄長自當列之載記董袁之屬旣非其倫五季更五姓十主爲之臣者不能定以時代自當編爲襍傳董袁之賓客僚屬亦殊是例陛乃沿襲舊名實不免於貌同心異又西京之祚迄於建安續漢之基開於章武雖緒延一線實事判兩朝陛乃於帝紀中兼及山陽其後漢書晉書已有專傳者陛亦槩取而附入之尤爲駢拇枝指傷

於繁複薛岡天爵堂筆餘稱其改蜀爲季漢爲今人作事偶勝古人然陳壽季漢輔臣贊已在其前未爲刱例沈德符敝帚軒剩語稱世之議陛者謂吳中吳尚儉已曾爲此書不知元時郝經宋時蕭常俱先編葺案宋史藝文志又有李杞改修三國志六十七卷不止蕭常此未詳考不特謝書非出創見即吳之舊本亦徒自苦其言誠當矣

晉史删四十卷浙江巡撫採進本

明茅國縉撰國縉字薦卿歸安人萬歷癸未進士

官至監察御史謫淅川縣知縣終於南京工部主
事是書之名載浙江通志中卷數與此本相合大
旨以晉書原本繁冗故刪存其要然不深知史例
刊削者多不甚當如諸志槩行刪去使一朝制度
典章無可攷證是以新五代史繩諸史而不知新
五代史先非古法也至所併紀傳尤往往乖於體
例如羊祜杜預同傳以其同鎮荆州涉吳事也郭
璞葛洪同傳以同爲方技之流也陸機陸雲同傳
以同爲文士也阮籍嵇康諸人同傳以同爲放達

也陳壽王隱諸人同傳以同有記述也此斷不可移易者而國縉隨意改併甚至以庾亮入於葛洪傳後以謝安入於陶侃傳後其尤疎舛者如阮嵇諸人傳後史臣論詞專爲放達之流而言國縉以傳元諸人俱合於阮嵇傳而其卷末仍載史臣論曰云云矛盾殊甚且晉書所以猥襍者正爲喜採小說耳而國縉所取乃多在瑣碎故實及清談詭語與房喬等所見正同是如塗塗附矣至於以一傳原文而前後移置又有節錄傳中數語移爲他

傳之分注大都徒見紛更而毫無義例以是而改

晉書恐無以服修晉書者之心也

南宋書六十卷浙江鮑士恭家藏本

明錢士升撰士升有周易揆已著錄是編以宋史

繁冗故爲删薙然所刊削者不過奏疏及所歷官

階而已別無事增文省之處亦不見翦裁鎔鑄之

功又去姦臣叛臣之例仍列於衆人之中按隋書

以前姦臣叛臣本不別傳新唐書始另列之後來

作者多仍其例亦足見彰癉之公今併而一之殊

失示戒之意未足以言復古至所增鄭思肖數人列傳亦疎畧不詳惟遵循古例不以道學儒林分傳能埽除門戸之見爲短中之一長耳

晉書別本一百三十卷浙江巡撫採進本

明蔣之翹撰之翹字楚穉秀水人朱彛尊靜志居詩話稱其嘗詳對晉書鏤板以行而嘉禾獻徵錄則又稱其有晉書注一百三十卷此本又題作刪補晉書標目不同今考之翹所作釋例謂旣刪定此書數十卷質之陳繼儒繼儒曰此可爲晉書別

本矣曷以是顏之且引孫盛作晉陽秋先寫别本

之語爲證是晉書别本乃其定名也唐修晉書本

據臧榮緒等舊史而益以諸家小說煩碎猥雜及

牴牾錯互之處皆所不免劉知幾史通古今正史

篇已極言其病之翹因芟其冗複正其遺闕别爲

此本凡節原文者十之四全刪者十之二正其舛

誤者十之三其文義漏畧者則據元經十六國春

秋世說注華陽國志等書各加潤色而稍細書以

别之其事有異同亦仿通鑑考異之例詮註於下

其間如職官志藝術傳則全删之武十三王傳删其七簡文四王傳删其二四夷諸國删其十甚至明穆皇后孫惠等傳有關國是者亦多所刊削未免矯枉過直又踵宋祁之說汰去駢體詔令而於他文亦多評隲優劣凡文選所已載者卽不具錄殊非史體又首載列籍志全用焦竑經籍志年表全用鄭樵通志年譜尤無謂也

閱史約書五卷副都御史黃登賢家藏本

明王光魯撰光魯字漢恭淮安人是書專爲讀史

者考訂之用地圖一卷皆朱書今地名而墨書古地名以著古今沿革之異地理直音二卷圖所不能具者又詳於此歷代事變官制圖譜一卷則世表年表百官表之類古語訓畧一卷元史備忘錄一卷以元代同名人最多易相混淆故紀錄重名以便區別自敘稱商評人物者易語名物制度者難頗自矜其用力之勤然其書秪取便於初學尋檢未爲精深又不無舛誤至訓畧一篇用釋名廣雅體以訓釋史文旣不能賅備則徒然支贅而已

讀史圖纂一卷　編修杏家藏本

明俞煥章撰。管一駿刪正。煥章字文伯。一駿字左仲。並宣城人。是書成於萬歷辛亥。凡列圖五十有七。上起三皇。下迄明之神宗。各以世系地域列而爲圖。其割據僭僞之國。亦依各代附見。而歷年甲子附焉。金元二代無地圖。疑長城以外考之未詳。然遼代則有地圖。其義例殊不可解。明代帝系之外。又增一世系圖。敘所自出。亦春秋詳内之意。惟自明太祖以下廟諱及神宗御名。一一明註於下。

非惟不避亦併不闕筆則於禮殊爲悖謬矣

唐紀無卷數　編修勵守謙家藏本

明孫慤撰慤字士先華容人作古微書之孫瑴即其弟也是書以新舊唐書皆爲踳駁其所指摘如舊書楊朝晟一人兩傳新書既立武后本紀又復立傳舊書列薛懷義於外戚新書附張易之昌宗兄弟於張行成傳舊書於元和四年麟德元年皆缺不書穆宗即位之年桂仲武誅楊清收安南事六月八月再見李光弼傳擒周贄事亦再見李光

弼弟光進從郭子儀收西京事誤入李光顏弟光
進傳中代宗生時李林甫尚未仕而新書語涉林
甫安祿山至洛陽卽不能睹物而新書紀其至長
安祖孝孫之樂律僧一行之算術新書皆不入方
技傳又譚忠之效忠王室沈既濟之議立中宗紀
申春秋之義新書皆不立傳其說大抵皆當其體
例參取於編年紀傳之間以諸臣列傳分附於本
紀之後蓋仿前代實錄附載諸臣列傳之例亦未
爲特創至刪宰相世系表惟存宰相方鎭公主三

表義例亦允然宰相方鎮皆甚畧公主仍是刪節

新書之文殊非表體葢散附本紀則不能各成一

傳總爲一傳又自亂其例改題曰表亦不得已之

變例也至刪除諸志而云欲通漢唐宋合爲一志

其意葢仿宋書隋書然宋去漢晉不遠事多相因

不得不原其沿革唐享國三百餘載自有一代之

典制其事迥殊隋志則本名五代史志不過附編

於隋書益不可爲例矣前列引用書目下至明人

文集一一備載而吳縝新唐書糾謬五代史纂誤

至爲切要獨不見引王銍僞龍城錄乃屢據以考異同宜其龐襍冗漫也簡端及字旁多有批評乃其姪禔瞿之筆頗多失考如徐勣賜姓一條上批曰賜姓一事唐爲尤甚其弊至明代始革是併江彬錢寧不知矣

書系十六卷浙江巡撫採進本

明唐大章撰大章字士一仙遊人天啟中貢生此書摘漢以來詔令奏疏及前人事略迄元而止以爲史家善惡並傳法戒胥備此錄善而不及惡所

以養其善心而惡自消蓋春秋之義褒貶並存尚書所錄則多以垂法此編名曰書系實欲續尚書故其例如是也昔劉知幾序列六體尚書原列一家然王通擬經儒者猶議其僭此書去取舛駁而自命續書亦太高自位置矣

稽古編五十五卷江蘇巡撫採進本

明郭之奇撰之奇揭陽人崇禎戊辰進士類姓登科考載之奇官副使擢授詹事府詹事而此書結銜則稱武英殿大學士考明莊烈帝五十相傳無

之奇名而集中所載年月上有鈌文第云著雍閹茂乃戊戌歲當爲順治十五年案梧獄紀畧載桂王諸臣有詹事府禮部右侍郎郭之奇則所云大學士者亦桂王所授之官蓋是時雲南未入版圖故猶題其私署也所載自古至秦而止以各代君臣分爲表傳夏以前則全抄路史禪通諸紀三代至秦則多用史記漢書其所敘君臣各表有聖賢大賢希賢諸名麗襍殊甚漢書立古今人表後儒多訾其失倫是書義例多乖更沿流而失之者矣

識大錄 無卷數 浙江汪啟淑家藏本

明劉振撰振字自成宣城人其書紀明一代君臣事蹟畧倣各史之例惟改本紀爲帝典自太祖至穆宗凡二十四卷其列傳則不分卷自母后儲宮宗室宰輔以至四裔皆以類分編大抵以實錄爲本而旁采諸家文集銘誌之類然敘述踈舛義例襍糅不足自名一史也

從龍譜 無卷數 兩江總督採進本

原本題錫山莘公李澤長編集澤長不知何時人

書中多引邱濬語又元陸正傳末稱正曾孫宗秀編入大明臣譜知其爲明人也其書諸家書目皆不著錄前無序例大槩抄撮宋元通鑑綱目續編而爲之從龍之名不知義何所取宋譜則題歷朝從龍譜首載譜系圖而名之曰南北宋趙氏譜系稱名已誤又以夏元昊竊據譜系與宋並列更爲參錯次太祖紀次爲家譜載宣祖及太后皇后太子皇弟次前朝附譜專載周恭帝及諸臣事次藩國譜載南漢劉鋹蜀孟昶北漢劉鈞南唐李煜吳

越錢俶及周行逢符彥卿二人次文武人才譜則載太祖時諸臣事太宗以下至宋末則皆先帝紀次藩國或曰藩寇或曰鎮國叛寇譜文武人才譜或曰文武臣譜或曰文武大臣譜或曰諸臣士行譜或曰文武官士民譜皆隨筆起例茫無定法金元譜系圖則列於嶽宗之前金遼兩朝事實散附於嶽欽以後及南渡各帝之末元憲宗以上亦散附焉又有南宋黑白譜則又專紀元太祖以至憲宗及諸臣事以黑●白○黑丶白。為標識元世祖則獨立一譜止名曰從龍黑白譜亦不標元國號而諸臣之譜則又稱元朝從龍黑白譜成宗以下九帝則並不立譜進退顛倒體例淆襍全無倫理而驗其細字密行朱墨甲乙尚是當年手抄之稿亦可謂勞而罔功矣

明書一百七十一卷　浙江孫仰曾家藏本

國朝傅維鱗撰維鱗初名維楨靈壽人順治丙戌進士官至工部尚書是書為其子汀州府知府夔調所鐫冠以務取名逆諸葉纘益康熙十八年

詔修明史徵其書入史館凡本紀十九卷世家三十三卷

宫闈紀二卷表十二卷志二十二卷記五卷世家

列傳七十六卷敘傳二卷自謂搜求明代行藏印

抄舊書與家乘文集碑誌聚書三百餘種九千餘

卷參互實錄考訂異同可謂博矣然體例舛襍不

可縷數學士祭酒表已病其繁矣乃又有制科取

士年表上列考官下列會試第一人殿試一甲三

人此以志乘之例施之國史也司天歷法分二志

以一主占候一主推步也而象緯之變既已載於

司天又別立一禨祥志不治絲而棼乎嘉靖時更定祀典最爲紛呶倣漢書別志郊祀可也綸渙一志惟載詔令此劉知幾之糾說史家未有用之者循是而往不用其載文之例不止矣土田賦役食貨分三志服璽輿衛分二志此通典文獻通考類書之體非史法也所謂記者蓋沿東觀漢記載記之名而皇子諸王與元末羣雄合爲一類未免不倫世家止列王公其侯伯以下則別入勳臣傳不知史記蕭相國世家曹相國世家皆侯爵也豈王

公世及侯以下不世及與列傳分勳臣忠節儒林名臣孝義循良武臣隱逸襍傳文學權臣藝術列女外戚殘酷姦回宦官異教亂賊四國元臣二十一門無一專立之傳已與古體全乖其分隸尤爲不允忠節傳列遜國諸臣至盈四卷而梁良玉雪菴和尚補鍋匠乃別入隱逸傳中如曰以死不死爲別則忠節傳中之程濟葉應賢楊應能固未嘗死隱逸傳中之東湖樵夫又未嘗不死是何例也劉基不入勳臣宋濂不入文學以嘗仕元均與危

素等入之稗傳是也納哈出元色目人何以又入
勳臣傳乎張玉譚淵以其爲靖難佐命入之亂賊
傳與唐賽兒聯名已不倫矣朱能邱福事同一例
何以又入武臣傳中姚廣孝首倡逆謀尤爲亂首
何以又入異教傳中乎儒林傳中列邱濬名臣傳
中列嚴震直胡廣徐有貞李東陽吕本成基命其
於儒林名臣居何等也嚴嵩入權臣傳與張居正
並列温體仁周延儒薛國觀併泯其姓名而劉吉
萬安尹旻焦芳則入姦回傳嵩等罪乃減於四人

耶石亨石彪實有戰功但跋扈耳仇鸞交結嚴嵩冒功縱惡亦未嘗得幸世宗與馬昂錢寧同入佞倖則非其罪陸炳有保全善類之事乃入之殘酷而許顯純田爾耕竟不著名此亦未足服炳也葢一代之史記載浩繁非綜括始終不能得其條理而維鱗節節葉葉湊合成編動輒矛盾固亦勢使之然矣

廿二史紀事提要八卷 江西巡撫採進本

國朝吳綏撰綏字韓章無錫人是書成於順治中於

諸史中擇其大事爲綱而櫽括原文以爲之目起自太古迄於明末故以廿二史爲名然實取之坊刻綱鑑非採諸全史也

春秋紀傳五十一卷 浙江巡撫採進本

國朝李鳳雛撰鳳雛字梧岡東陽人康熙中由拔貢生官曲江縣知縣是書變編年之體從史遷之例以周爲本紀列國及孔子爲世家卿大夫爲列傳又爲周魯列國世系圖其徵引以左傳國語爲主輔之以公穀檀弓國策家語等書蒐羅考核頗爲

詳備惟采摭繁富而皆不著其出典是其所短其

列國世系圖全取馬驌繹史亦嫌諱所自來也

讀史津逮四卷江蘇巡撫採進本

國朝潘永圜撰永圜字大生金壇人是書成於康熙

丙午自三皇五帝迄於有明屬正統者標曰世紀

屬偏霸者標曰世次僭偽叛亂及藩鎮標曰本末

皆詳其世系畧標事實冠以甲子編年及年號考

同末附傳國璽考古今都會考

季漢五志十二卷江西巡撫採進本

國朝王復禮撰復禮有家禮辨定已著錄是編以陳壽三國志昭烈止於作傳諸葛關張趙雲等傳亦失之簡畧他如王隱蜀記諸書荒謬尤多乃參考羣籍重爲纂述首昭烈本紀次諸葛以下四傳前冠以總記中附禨事禨文將以補陳志之闕獨是陳壽之失儒者類能言之無煩辨駁昭烈君臣名懸日月亦不待表章至於三國演義乃坊肆不經之書何煩置辨而諄復不休適傷大雅亦可已而不已矣

半窻史畧四十二卷江西巡撫採進本

國朝龍體剛撰體剛號鐵芝永新人是編輯歷朝史事各撰爲歌每歌綴以畧言其三十八卷以前則起上古以訖於明其三十九卷至四十二卷則分乾象坤輿官制經史等七類而撮其要以隸之亦課蒙之本無關考據也

晉記六十八卷浙江巡撫採進本

國朝郭倫撰倫字凝初號西山蕭山人乾隆丙子舉人是書前有倫自序稱讀晉書荀勗傳至高貴鄉

公欲爲變一語以爲大悖於理又如宣景文及身不帝而列諸本紀孫旂牽秀助亂之徒乃與繆播閻鼎同列賈充姚長傳述鬼神事竟如優俳諸國載記不年不月複襍而無章譙登許肅之忠義闕而不載潘岳諸人之文無關治亂乃皆臚之本傳其閒謀臣碩士如張華羊祜杜預王濬劉琨祖逖陶侃王導温嶠謝安之謨猷以及劉石諸人之雄武而本傳蕪冗曾不足發其不可磨滅之槪至淸言娓娓乃司馬氏所以亂亡而縷述不衰皆取舍

失衷是非瞀亂因重爲刊定勒成此編其中唯諸志稍有可觀悉仍舊貫其餘皆删其冗瑣更易舊文爲世系一本紀三內紀一志列傳四十一十六國錄十四積十五年乃成較原本頗明簡然亦有體例未善者如司馬懿父子改爲世系是已至於呂后本紀見於史紀實以臨朝范史沿流已失編年之本義倫改傳爲紀於例殊乖平吳功臣別立名目史家亦無此法推其根據葢襲史記高祖功臣然彼自表例非傳例也五行志散入本紀固足

破附會之論若刪除列女使因事附見於諸傳設
如陶嬰之類黃鵠不雙既與時事無關又無族屬
可繫者將竟遺之乎阮籍雖未仕晉然勸進一牋
本集具載此其意存黨篡百喙無辭自當以徐昂
發畏壘筆記所論爲是載之晉史所以誅心乃附
之阮咸傳中俾與陶潛稱晉爲一例非至公也桓
溫雖未親篡而跋扈不臣至擅廢立其先導桓元
何啻曹操之開曹丕律以無將之義書叛何辭倫
故未減之亦爲好持異論他如史家之難莫過表

志晉書既不立表自宜補作諸志漏畧頗多地理尤無端緒亦應掇拾放逸爲之葺完乃憚於改作竟仍其舊是亦未免因陋就簡者矣

遼大臣年表一卷金大臣年表一卷 浙江汪啟淑家藏本

不著撰人名氏前列諸帝統系圖後爲遼金二表俱系年於上而以諸臣名爵編列其下大抵據二史本紀所載命官年月編次成書但取便檢尋無所考訂

右別史類三十六部一千三百四卷 內三部無卷數皆附存

目

案晉宋及明皆帝王之正傳其郭倫晉記柯維騏宋史新編鄧元錫傳維鱗明書亦均一代之紀傳今並存目於別史者或私撰之本或斥汰不用之書也舊唐書舊五代史之類雖本列正史者已廢之後有朝廷之功令乃得復之則其餘可知矣

12225

（清）紀昀等　纂

# 武英殿本四庫全書總目

第一四册

國家圖書館出版社

# 第一四册目録

欽定四庫全書總目 史部

卷四十五

# 欽定四庫全書總目卷四十五

## 史部總敘

史之爲道撰述欲其簡考證則欲其詳莫簡於春秋莫詳於左傳魯史所錄具載一事之始末聖人觀其始末得其是非而後能定以一字之襃貶此作史之資考證也丘明錄以爲傳後人觀其始末得其是非而後能知一字之所以襃貶此讀史之資考證也苟無事迹雖聖人不能作春秋苟不知其事迹雖以聖人讀春秋不知所以襃貶儒者好

爲大言動曰舍傳以求經此其說必不通其或通者則必私求諸傳詐稱舍傳云爾司馬光通鑑世稱絕作不知其先爲長編後爲考異高似孫緯畧載其與宋敏求書稱到洛八年始了晉宋齊梁陳隋六代唐文字尤多依年月編次爲草卷以四丈爲一卷計不減六七百卷又稱光作通鑑一事用三四出處纂成用襍史諸書凡二百二十二家李燾巽巖集亦稱張新甫見洛陽有資治通鑑草稿盈兩屋（按燾集今已佚此據馬端臨文獻通考述其父廷鸞之言）今觀其書如

淳方成禍水之語則採及飛燕外傳張彖冰山之
語則採及開元天寶遺事並小說亦不遺之然則
古來著錄於正史之外兼收博採列目分編其必
有故矣今總括羣書分十五類首曰正史大綱也
次曰編年曰別史曰雜史曰詔令奏議曰傳記曰
史鈔曰載記皆參考紀傳者也曰時令曰地理曰
職官曰政書曰目錄皆參考諸志者也曰史評參
考論贊者也舊有譜牒一門然自唐以後譜學殆
絕玉牒既不須於外家乘亦不上於官徒存虛目

故從刪焉考私家記載惟宋明兩代爲多蓋宋明人皆好議論議論異則門戸分門戸分則朋黨立朋黨立則恩怨結恩怨既結得志則排擠於朝廷不得志則以筆墨相報復其中是非顛倒頗亦熒聽然雖有疑獄合衆證而質之必得其情雖有虛詞參衆說而核之亦必得其情張師棣南遷錄之妄鄰國之事無質也趙與旹賓退錄證以金國官制而知之碧雲騢一書誣謗文彥博范仲淹諸人晁公武以爲真出梅堯臣王銍以爲出自魏泰邵

博又證其眞出堯臣可謂聚訟李燾卒參互而辨定之至今遂無異說此亦考證欲詳之一驗然則史部諸書自鄙倍冗雜灼然無可採錄外其有裨於正史者固均宜擇而存之矣

史部一

正史類

正史之名見於隋志至宋而定著十有七明刊監板合宋遼金元四史爲二十有一

皇上欽定明史又

詔增舊唐書爲二十有三近蒐羅四庫薛居正舊五代

史得裒集成編欽稟

睿裁與歐陽脩書並列共爲二十有四今並從官本校

錄凡未經

宸斷者則悉不濫登蓋正史體尊義與經配非懸諸

令典莫敢私增所由與稗官野記異也其他訓釋音義

者如史記索隱之類掇拾遺闕者如補後漢書

年表之類辨正異同者如新唐書糾謬之類校

正字句者如兩漢刊誤補遺之類若別爲編次

尋檢爲繁即各附本書用資參證至宋遼金元四史譯語舊皆舛謬今悉改正以存其眞其子部集部亦均視此以考校釐訂自正史始謹發其凡於此

## 史記一百三十卷 内府刊本

漢司馬遷撰褚少孫補遷事迹具漢書本傳少孫據張守節正義引張晏之說以爲潁川人元成間博士又引褚顗家傳以爲梁相褚大弟之孫宣帝時爲博士寓居沛事大儒王式故號先生二說不

同然宣帝末距成帝初不過十七八年其相去亦未遠也案遷自序凡十二本紀十表八書三十世家七十二傳共爲百三十篇漢書本傳稱其十篇缺有錄無書張晏注以爲遷殁之後亡景帝紀武帝紀禮書樂書兵書漢興以來將相年表日者列傳三王世家龜策列傳傅靳列傳劉知幾史通則以爲十篇未成有錄而已駁張晏之說爲非今考日者龜策二傳並有太史公曰又有褚先生曰是爲補綴殘稿之明證當以知幾爲是也然漢志春

秋家載史記百三十篇不云有缺蓋是時官本已以少孫所續合爲一編觀其日者龜策二傳並有臣爲郎時云云是必常經奏進故有是稱其褚先生曰字殆後人追題以爲別識歟周密齊東野語摘司馬相如傳贊中有揚雄以爲靡麗之賦勸百而諷一語又摘公孫宏傳中有平帝元始中詔賜宏子孫爵語焦竑筆乘摘賈誼傳中有賈嘉最好學至孝昭時列爲九卿語皆非遷所及見王懋竑白田雜著亦謂史記止紀年而無歲名今十二諸

侯年表上列一行載庚申甲子等字乃後人所增則非惟有所散佚且兼有所改易年祀綿邈今亦不得而考矣然字句竄亂或不能無至其全書則仍遷原本焦竑筆乘據張湯傳贊如淳註以爲續之者有馮商孟柳又據後漢書楊經傳以爲嘗刪遷書爲十餘萬言指今史記非本書則非其實也其書自晉唐以來傳本無大同異惟唐開元二十三年勑升史記老子列傳於伯夷列傳上錢曾讀書敏求記云尚有宋刻今未之見南宋廣漢張材

又嘗刊去褚少孫所續趙山甫復病其不全取少孫書别刊附入今亦均未見其本世所通行惟此本耳至偽孫奭孟子疏所引史記西子金錢事今本無之葢宋人詐託古書非今本之脱漏又學海類編中載偽洪遵史記眞本凡例一卷於原書臆爲刊削稱即遷藏在名山之舊稾其事與梁鄱陽王漢書眞本相類益荒誕不足爲據矣註其書者今惟裴駰司馬貞張守節三家尚存其初各爲部帙北宋始合爲一編明代國子監刊板頗有所刊

除點竄南監本至以司馬貞所補三皇本紀冠五帝本紀之上殊失舊觀然彙合羣說檢尋較易故今錄合併之本以便觀覽仍別錄三家之書以存其完本焉

史記集解一百三十卷 江蘇巡撫採進本

宋裴駰撰駰字龍駒河東聞喜人官至南中郎參軍其事迹附見於宋書裴松之傳駰以徐廣史記音義粗有發明殊恨省畧乃采九經諸史并漢書音義及衆書之目別撰此書其所引證多先儒舊

說張守節正義嘗備述所引書目次然如國語多

引虞翻注孟子多引劉熙注韓詩多引薛君注而

守節未著於目知當日援據浩博守節不能遍數

也原本八十卷隋唐志著錄並同此本爲毛氏汲

古閣所刊析爲一百三十卷原第遂不可考然註

文猶仍舊本自明代監本以索隱正義附入其後

又妄加刪削訛舛遂多如五帝本紀昔高陽氏有

才子八人句下高辛氏有才子八人句下均脫名

見左傳四字秦始皇本紀輕車重馬東就食句下

脱徐廣曰一無此重字八字項羽本紀其九月會稽守句下脱徐廣曰爾時未言太守九字武帝紀祠上帝明堂句下脱徐廣曰常五年一修耳今適二年故但祀明堂十八字然其效可覩矣句下脱又數本皆無可字七字河渠書岸善崩句下脱如淳曰河水岸六字司馬相如傳傍徨乎海外句下此引郭璞云青邱山名上有田亦有國出九尾狐在海外太史公自序易大傳句下此引張晏曰謂易繫辭監本均誤作正義至於字句異同前後互

見如夏本紀九江入賜大龜句下孔安國曰出於九江水中監本作山中孝文本紀昌至渭橋句下引蘇林曰在長安北三里監本多渭橋二字祁侯賀爲將軍句下引徐廣曰姓繒監本多一賀字當有玉英見句下引瑞應圖云玉英五帝並修則見監本作五常（案五帝並修語不可解似當以監本爲是）屬國悍爲將屯將軍句下引徐廣曰姓徐監本多一悍字孝景本紀封故御史大夫周苛孫平爲繩侯句下引徐廣曰一作應監本多一平字武帝紀自太主句下引

徐廣曰武帝姑也監本多太主二字龜策列傳蝟辱於鵲句下引郭璞曰蝟憎其意心惡之也監本作而心惡之凡此之類當由古注簡質後人以意爲增益已失其舊至坊本流傳脱誤尤甚如夏本紀灃水所同句下引孔安國曰灃水所同同于渭也坊本缺一同字項羽本紀乃封項伯爲射陽侯句下脱徐廣曰項伯名纏字伯九字是又出監本下矣惟貨殖傳蘖麴鹽豉千瓵句下監本引孫叔敖云瓵瓦器受斗六升合爲瓵音貽當是孫叔然

之訛此本亦復相同是校讐亦不免有踈然終勝

明人監本也

史記索隱三十卷 江蘇巡撫採進本

唐司馬貞撰貞河内人開元中官朝散大夫宏文館學士貞初受史記於崇文館學士張嘉會病褚少孫補司馬遷書多傷踳駁又裴駰集解舊有音義年遠散佚諸家音義延篤章隱鄒誕生柳顧言等書亦失傳而劉伯莊許子儒等又多疏漏乃因裴駰集解撰爲此書首注駰序一篇載其全文其

註司馬遷書則如陸德明經典釋文之例惟標所註之字蓋經傳別行之古法凡二十八卷末二卷爲述贊百三十篇及補史記條例欲降秦本紀項羽本紀爲系家而呂后孝惠各爲本紀補曹許鄭吳芮吳濞淮南系家而降陳涉於列傳蕭何曹參張良周勃五宗三王各爲一傳而附國僑羊舌肸於管晏附尹喜莊周於老子附韓非於商鞅附魯仲連於田單附宋玉於屈原附鄒陽枚乘於賈生又謂司馬相如汲鄭傳不宜在西南夷後大宛傳

不合在游俠酷吏之間欲更其次第其言皆有條理至謂司馬遷述贊不安而别爲之則未喻言外之旨終以三皇本紀自爲之註亦未合闕疑傳信之意也此書與裴駰張守節書同散入史記句下者明代刊刻監本恣意刪削如高祖本紀母媪母温之辨有關考證者乃以其有異舊說除去不載又如燕世家啓攻益事貞註曰經傳無聞未知其由雖失於考據竹書案今本竹書不載此事此據晉書束晳傳所引亦當存其原文乃以爲冗句亦刪汰之此類不一漏畧

殊甚然至今沿爲定本與成矩所刊朱子周易本
義人人明知其非而積重不可復返此單行之本
爲北宋秘省刊板毛晉得而重刻者錄而存之猶
可以見司馬氏之舊而正明人之踈舛焉

史記正義一百三十卷（內閣學士紀昀家藏本）

唐張守節撰守節始末未詳據此書所題則其官
爲諸王侍讀率府長史也是書據自序三十卷晁
公武陳振孫二家所錄則作二十卷蓋其標字列
註亦如索隱後人散入句下已非其舊至明代監

本採附集解索隱之後更多所删節失其本旨如守節所長在於地理故自序曰郡國城邑委曲詳明而監本於周本紀子帶立爲王句下脱左傳云周與鄭人蘇忿生十二邑温其一也十七字秦本紀反秦於淮南句下脱楚淮北之地盡入於秦九字項羽本紀項王自立爲西楚霸王句下脱孟康云舊名江陵爲南楚吳爲東楚彭城爲西楚十九字呂后本紀呂平爲扶柳侯句下脱漢扶柳縣也有澤七字孝景本紀遂西圍梁句下脱梁孝王都

雎陽今宋州九字立楚元王子平陸侯句下脫應劭云平陸西河縣八字孝武本紀見五時句下脫或曰在雍州雍縣南孟康云時者神靈上帝也十八字晉世家是爲晉侯句下脫其城南半入州城中削爲坊城牆北半見在十七字趙世家吾國東有河薄洛之水句下脫案安平縣屬定州也八字餓死沙邱宮句下脫括地志云趙武靈王墓在蔚州靈邱縣東三十里應說是也二十三字韓世家得封於韓原句下脫古今地名云韓武子食采於

韓原故城也十六字淮陰侯列傳家在伊廬句下脫韋昭及括地志皆說之也十字貨殖列傳殷人都河西句下脫盤庚都殷墟地屬河西也十字周人都河南句下脫周自平王以後都洛陽九字自序尼困鄱句下脫漢末陳蕃子逸爲魯相改音反田褒魯記曰靈帝末汝南陳子游爲魯相陳蕃子也國人爲諱而改焉三十九字又如秦本紀樗里疾相韓句下此本作福昌縣東十四里監本脫十四里三字貨殖傳夫燕亦勃碣之間句下此本作

碣石渤海在西北監本脫北字又守節徵引故實頗爲賅博故自序曰古典幽微竊探其美而監本夏本紀皋陶作士句下脫士若大理卿也六字於是夔行樂句下脫若今太常卿也六字周本紀作羿命句下脫應劭云太僕周穆王所置蓋大御衆僕之長中大夫也二十一字以應爲太后養地句下脫太后秦昭之母宣太后芊氏十一字秦始皇本紀爲我遺鎬池君句下脫張晏云武王居鎬鎬池君則武王也伐商故神云始皇荒淫若紂矣今

武王可伐矣三十二字敘論孝明皇帝句下脫班固典引云後漢明帝永平十七年詔問班固太史遷贊語中寧有非耶班固上表陳秦過失及賈誼言奏之四十二字項羽本紀會稽守句下脫守音狩景帝中二年七月更郡守爲太守十六字孝景本紀伐馳道樹殖蘭池句下脫案馳道天子道秦始皇作之丈而樹十四字孝武本紀是時上求神君句下脫漢武帝故事云起柏梁臺以處神君長陵女子也先是嫁爲人妻生一男數歲死女子悼

痛之歲中亦死而靈宛若祠之遂聞言宛若爲主民人多往請福說家人小事有驗平原君亦事之至後子孫尊貴及上卽位太后延於宮中祭之聞其言不見其人至是神君求出爲營柏梁臺舍之初霍去病微時自禱神君及見其形自修飾欲與去病交接去病不肯謂神君曰吾以神君精潔故齋戒祈福今欲婬此非也自絕不復往神君慚之乃去也一百七十字見安期生句下脫列仙傳云安期生瑯琊阜鄉亭人也賣藥海邊秦始皇請語

三夜賜金數千萬出於阜鄉亭皆置去留書以赤玉舄一重爲報曰後千歲求我於蓬萊山下五十九字李少君病死句下脱漢書起居注云李少君將去武帝夢與共登嵩高山半道有使乘龍時從雲中云太一請少君帝謂左右將舍我去矣數月而少君病死又發棺看唯衣冠在也六十一字史寬舒受其方句下脱姓史名寬舒五字禮書疏房牀第句下脱疏謂窻也四字律書其於十二支爲丑句下脱徐廣曰此中闕不說大吕及丑也案此

下闕文或一本云丑者紐也言陽氣在上未降萬物厄紐未敢出也四十一字天官書氐爲天根句下脫星經云氐四星爲露寢聽朝所居其占明大則臣下奉度合誠圖云氐爲宿宮也三十一字其内五星五帝坐句下脫羣下從謀也五字楚世家伐申過鄧句下脫服虔云鄧曼姓也七字趙世家事有所止句下脫爲人君止於仁爲人臣止於敬爲人子止於孝爲人父止於慈與國人交止於信三十一字封廉頗爲信平君句下脫言篤信而平

和也七字韓世家公何不爲韓求質於楚句下脫質子蟣虱四字又脫公叔嬰知秦楚不以蟣虱爲事必以韓合於秦楚王聽入質子於韓二十六字又脫次下云知秦楚不以蟣虱爲事重明脫不字十七字田叔列傳相常從入苑中句下脫堵牆也三字田蚡列傳其春武安侯病句下脫然夫子作春秋依夏正九字衞將軍列傳平陽人也句下脫漢書云其父鄭季河東平陽人以縣吏給事平陽侯之家也二十三字至守節於六書五音至爲詳

審故書首有論字例論音例二條而監本於周本紀懼太子釗之不任句下脫釗音招又古堯反任而針反十一字秦始皇本紀彗星復見句下脫復扶富反見行見反八字以發縣卒句下脫子忽反下同五字佐弋竭句下脫弋音翊三字二十人皆梟首句下脫梟古堯反懸首於木上曰梟十一字體解軻以狗句下脫紅賣反三字東收遼東而王之句下脫王于放反四字故歸其質子句下脫質音致三字衣服旄旌節旗句下脫旌音精旄音毛

旗音其九字祗誦功德句下脫祗音脂三字赭其山句下脫赭音者三字僕射周青臣句下脫音夜二字上樂以刑殺爲威句下脫五孝反三字二世紀以安邊境句下脫音竟二字敘論爲君討賊句下脫于僞反三字項羽本紀將秦軍爲前行句下脫胡郎反三字高祖本紀時時冠之正義音館句下脫下同二字孝景紀天下乂安句下脫乂音魚廢反五字龍顙拔墮句下脫徒果反三字攀龍胡顙號句下脫戶高反下同五字爲且用事泰山句

下脫爲于僞反將爲封禪也九字鄭世家段出奔鄢句下脫音偃一字田叔列傳喜遊諸公句下脫喜許記反諸公謂丈人行也十一字其他一兩字之出入殆千有餘條尤不可毛舉茍非震澤王氏刊本具存無由知監本之妄刪也

讀史記十表十卷　副都御史黄登賢家藏本

國朝汪越撰徐克范補越字師退康熙乙酉舉人克范字堯民皆南陵人是書有後記一篇記越初作此書成以書抵克范曰有讀史記十表一帙徧求

友人商榷殊無一人按定子長原表通首訖尾印証鄙說之是非者不解何故仰惟細加推勘示明紕繆以便改訂有補義則亦書於篇將來授梓云云蓋古來增減前人舊本多在其人之身後惟此書則同時商榷而補之故考校頗爲精密於讀史者尚屬有裨考史家之難在於表志而表文經緯相牽或連或斷可以考證而不可以誦讀學者往往不觀劉知幾考正史例至爲詳悉而史通已有廢表之論則其他可知越等獨排比舊文鉤稽徵

義雖其間一筆一削務以春秋書法求之未免或失之鑿而訂訛砭漏所得爲多其存疑諸條亦頗足正史記之牴牾異乎贖捧一書纖毫必爲回護者於史學之中可謂人署我詳矣

史記疑問一卷兩淮馬裕家藏本

國朝邵泰衢撰泰衢有檀弓疑問已著錄史記採衆說以成書徵引浩博不免牴牾班固嘗議其宗旨之乖劉知幾頗摘其體例之謬至其敘述之罅漏先儒雖往往駁正然未有專著一書抉其疎舛者

泰衢獨旁引異同而一一斷之以理如謂高祖紀解縱罪人坦然回沛之非情實留侯世家諸將偶語沙中之不可信李陵傳兵矢既盡尚殺匈奴萬餘人之言爲誇誕據功臣表漢九年呂澤已死而駮留侯世家所紀漢十一年不應又有呂澤大抵皆參互審勘得其間隙故所論多精確不移不但如吳縝之糾新唐書祇求諸字句間也是書本與所作檀弓疑問合爲一編今以檀弓疑問入經部而是書析入史部俾各從其類焉

漢書一百二十卷　内府刊本

漢班固撰其妹班昭續成之始末具後漢書本傳是書歷代寶傳咸無異論惟南史劉之遴傳云鄱陽嗣王範得班固所撰漢書眞本獻東宮皇太子令之遴與張纘到溉陸襄等參校異同之遴錄其異狀數十事以今考之則語皆謬妄據之遴云古本漢書稱永平十年五月二十日已酉郎班固上而今本無上書年月日子案固自永平受詔修漢書至建初中乃成又班昭傳云八表并天文志未

竟而卒和帝詔昭就東觀藏書踵成之是此書之
次第續成事隔兩朝撰非一手之遴所見古本既
有紀表志傳乃云總於永平中表上殆不考成書
之年月也之遴又云古本敘傳號爲中篇今本爲
敘傳又今本敘傳載班彪事行而古本云彪自有
傳夫古書敘皆載於卷末固自述作書之意故謂
之敘追溯祖父之事迹故謂之傳後代史家皆沿
其例之遴謂原作中篇亥繫篇末中字竟何義也
至云彪自有傳語尤荒誕彪在光武之世舉茂才

爲徐令以病去官後數應三公之名實爲東漢之人惟附於敘傳故可於況伯斿稱之後詳其生平若自爲一傳列於西漢則斷限之謂何奚不考敘傳所云起元高祖終於孝平王莽之誅乎之遴又云今本紀及表志列傳不相合爲次而古本相合爲次總成三十八卷案固自言紀表志傳凡百篇篇卽卷也是不爲三十八卷之明證又言述紀十二述表八述志十述列傳七十是各爲次第之明證且隋志作一百十五卷今本作一百二十卷皆

以卷帙太重故析爲子卷今本紀分一子卷表分二子卷志分八子卷傳分九子卷若併爲三十八卷則卷帙更重古書著之竹帛殆恐不可行也之遴又云今本外戚在西域後古本次帝紀下又今本高五子文三王景十三王孝武六子宣元六王雜在諸傳中古本諸王悉次外戚下在陳項傳上夫紀表志傳之序固自言之如之遴所述則傳次於紀而表志反在傳後且諸王旣以代相承宜總題諸王傳何以敘傳作高五王傳第八文三王傳第十七景十三王傳第二十

三武五子傳第三十三宣元六王傳第五十耶且漢書始改史記之項羽本紀陳勝世家爲列傳自應居列傳之首豈得移在諸王之後其述外戚傳第六十七元后傳第六十八王莽傳第六十九明以王莽之勢成於元后史家微意寓焉若移外戚傳次於本紀是惡知史法哉之遴又引古本述云淮陰毅毅仗劍周章邦之傑子實惟彭英化爲侯王雲起龍驤然今芮尹江湖句有張晏注是晏所見者即是今本况之遴傳所云獻太子者謂昭明

太子也文選載漢書述贊云信惟餓隸布實黥徒越亦狗盜芮尹江湖雲起龍驤化爲侯王與今本同是昭明亦知之遴所謂古本者不足信矣自漢張霸始撰僞經至梁人於漢書復有僞撰古本然一經考証紕繆顯然顏師古註本冠以指例六條歷述諸家不及之遴所說當時已灼知其僞李延壽不諷端末遽載於史亦可云愛奇嗜博茫無裁斷矣固作是書有受金之謗劉知幾史通尚述之然文心雕龍史傳篇曰徵賄鬻筆之愆公理辨之

究矣是無其事也又有竊據父書之謗然韋賢翟方進元后三傳俱稱司徒掾班彪曰顏師古註發例於韋賢傳曰漢書諸贊皆固所爲其有叔皮先論述者固亦顯以示後人而或者謂固竊盜父名觀此可以免矣是亦無其事也師古註條理精密實爲獨到然唐人多不用其說故猗覺寮襍記稱師古註漢書魁梧音悟票姚皆音去聲杜甫用魁梧票姚皆作平聲楊巨源詩請問漢家誰第一麒麟閣上識酇侯亦不用音贊之說殆貴遠賤近自

古而然歟要其疏通證明究不愧班固功臣之目固不以一二字之出入病其大體矣

## 班馬異同三十五卷 浙江汪汝瑮家藏本

舊本或題宋倪思撰或題劉辰翁撰楊士奇跋曰班馬異同三十五卷相傳作於須溪觀其評泊批點臻極精妙信非須溪不能而文獻通考載爲倪思所撰豈作於倪而評泊出於須溪耶其語亦兩持不決案通考之載是書實據直齋書錄解題使果出於辰翁則陳振孫時何得先爲著錄是固可

不辨而明矣是編大旨以班固漢書多因史記之舊而增損其文乃考其字句異同以參觀得失其例以史記本文大書凡史記無而漢書所加者則以細字書之史記有而漢書所删者則以墨筆勒字旁或漢書移其先後者則注曰漢書上連某文下連某文或漢書移入别篇者則注曰漢書見某傳二書互勘長短較然於史學頗爲有功昔歐陽棐編集古錄跋尾以眞跡與集本並存使讀者尋删改之意以見前人之用心思撰是書蓋即此意

特棊所列者一人之異同思所列者兩人之異同遂爲創例耳其中如戮力作勠力沉船作湛船由是作繇是無狀作亾狀鈇質作斧質數却作數卻之類特今古異文芈菽作芋菽蛟龍作交龍之類特傳寫訛舛至於秦軍作秦卒人言作人謂三兩人作兩三人之類尤無關文義皆非有意竄改思一一贅列似未免稍傷繁瑣然旣以異同名書則隻字單詞皆不容畧失之過密終勝於失之過疏也至英布陳涉諸傳軼而未錄明許相卿作史漢

方駕始補入之則誠千慮之一失矣思字正甫湖州歸安人乾道二年進士歷官寶文閣學士謚文節事蹟具宋史本傳

後漢書一百二十卷 内府刊本

後漢書本紀十卷列傳八十卷宋范蔚宗撰唐章懷太子賢註蔚宗事迹具宋書本傳賢事迹具唐書本傳考隋志載范書九十七卷新舊唐書則作九十二卷互有不同惟宋志作九十卷與今本合然此書歷代相傳無所亡佚考舊唐志又載章懷

太子註後漢書一百卷今本九十卷中分子卷者凡十是章懷作註之時始併爲九十卷以就成數唐志析其子卷數之故云一百宋志合其子卷數之故仍九十其實一也又隋唐志均別有蔚宗後漢書論贊五卷宋志始不著錄疑唐以前論贊與本書別行亦宋人散入書內然史通論贊篇曰馬遷自序傳後歷寫諸篇各敘其意旣而班固變爲詩體號之曰述蔚宗改彼述名呼之以贊固之總述合在一篇使其條貫有序蔚宗後書乃各附本

事書於卷末篇目相離斷絶失序夫每卷立論其煩已多而嗣論以贊爲黷彌甚亦猶文士製碑序終而續以銘曰釋氏演法義盡而宣以偈言云云則唐代范書論贊已綴卷末矣史志别出一目所未詳也范撰是書以志屬謝瞻蔚宗敗後瞻悉蠟以覆車遂無傳本今本八志凡三十卷别題梁剡令劉昭註據陳振孫書錄解題乃宋乾興初判國子監孫奭建議校勘以昭所註司馬彪續漢書志與范書合爲一編按隋志載司馬彪續漢書八十

三卷唐書亦同宋志惟載劉昭補註後漢志三十卷而彪書不著錄是至宋僅存其志故移以補後漢書之闕其不曰續漢志而曰後漢志是已併入范書之稱矣或謂酈道元水經注嘗引司馬彪州郡志疑其先已別行又謂杜佑通典述科舉之制以後漢書續漢志連類而舉疑唐以前已併八志入范書似未確也自八志合併之後諸書徵引但題後漢書某志儒者或不知為司馬彪書故何焯義門讀書記曰八志司馬紹統之作案紹統彪之字也本

漢末諸儒所傳而述於晉初劉昭注補別有總敘緣諸本或失載劉敘故孫北海藤陰劄記亦誤出蔚宗志律歷之文云云考洪邁容齋隨筆已誤以八志爲范書則其悞不自孫承澤始今於此三十卷並題司馬彪名庶以祛流俗之訛焉

補後漢書年表十卷編修汪如藻家藏本

宋熊方撰方字廣居豐城人由上舍生官至右迪功郎權澧州司戶參軍是書前有進表不著年月表中有皇帝陛下奮神武以撥亂致太平而中興

仰稽聖功同符光武之語又有灑宸翰於九經一永光庠序煥雲章於八法冠絕鍾王之語御書太學石經乃高宗時事則方爲南渡初人矣昔司馬遷作史記始立十表梁書王僧虔傳稱其旁行斜上體仿周譜蓋三代之遺法也班固八表實沿其例范蔚宗作後漢書獨闕斯製遂使東京典故散綴於范傳之內不能緜連繩貫開帙犂然方因作此編補所未備凡同姓侯王表二卷異姓諸侯表六卷百官表二卷其所證據一本范氏舊文義例則

倣之前書而稍爲通變如王子外戚恩澤諸侯表皆不復分析惟各書其狀於始封之下而以功以親自可瞭如指掌又百官雖因西漢而廢置不一方取劉昭之志自太傅至河南尹凡二十有三等以繫於年而除拜薨免之實悉見其貫穿鉤考極爲精詳綱目條章亦俱燦然有法惟中間端緒繁密故踳駁之處亦間有之如海昏侯會邑安衆侯松其肇封因自西漢而前書皆云今見爲侯則明章以後尚嗣封弗絶自應在東京列侯之數雖史

文闕畧不能得其傳世之詳亦當標其國號名屬而注云後闕始合史法方乃因其世系無徵遂黜其名僅以見前書王子侯表一語附識篇末審如是則城陽恭王祉亦見前書王子侯表何以此書又得載入乎此其爲例不純者也又如伏完乃伏湛七世孫襲封不其侯見於湛傳及皇后紀者甚明惟袁宏漢紀有建安元年封董承伏完十三人爲列侯之文范史誤採入本紀中方不加考辨於伏湛下既書侯完嗣爵而孝獻時諸侯表內又別

出一列侯伏完殊爲複舛又皇后紀稱完爲屯騎校尉建安十四年卒子典嗣是曹操弒伏后時完已先卒故史但稱操殺后兄弟宗族而不及完方乃誤以爲曹操所誅國除而於侯典一代竟不列入又如漢壽亭侯世但稱壽亭侯沿習舊訛未能糾正此其考核偶疏者也又漢制以太傅至將軍爲五府自大將軍車騎將軍度遼將軍以外其餘雜將軍號隨時建置見於紀傳者尚多乃於百官表內槩不之及頗傷闕漏此其採摭之未備者也

凡此數端皆爲所短要其經緯周密敘次井然使讀者按部可稽深爲有裨於史學豐城縣志稱方作是書自題其堂曰補史其深自矜重殆亦非徒然矣

兩漢刊誤補遺十卷 兩淮馬裕家藏本

宋吳仁傑撰仁傑有易圖說已著錄是書前有淳熙己酉曾絳序稱仁傑知羅田縣時自刊板又卷末有慶元己未林瀛跋稱陳虔英爲刊於全州郡齋殆初欲刊而未果抑虔英又重刊歟舊刻久佚

此本乃朱彝尊之子昆田抄自山東李開先家因傳於世據其標題當爲劉攽兩漢書刊誤而作而書中乃兼補正劉敞劉奉世之說考趙希弁讀書附志載西漢刊誤一卷東漢刊誤一卷稱劉攽撰文獻通考載東漢刊誤一卷引讀書志之文亦稱劉攽撰又載三劉漢書標注六卷引讀書志之文稱劉敞劉攽劉奉世同撰又引陳振孫書錄解題稱别本題公非先生刊誤其實一書徐度郄掃編引攽所校陳勝田橫傳二條稱其兄敞及兄子奉

世皆精於漢書每讀隨所得釋之後成一編號三劉漢書以是數說推之蓋攽以前後漢書初各爲刊誤一卷趙希弁所記是也後以攽所校漢書與敞父子所校合爲一編徐度所記是也然當時乃以攽書合於敞父子書非以敞父子書合於攽書故不改敞父子漢書標注之名而東漢一卷無所附麗仍爲別行則馬端臨所列是也至別本乃以攽書爲主而敞奉世說附入之故仍題刊誤之名則陳振孫所記是也厥後遂以東漢刊誤併附以

行而兩漢刊誤名焉仁傑之兼補三劉蓋據後來之本而其名則未及改也文獻通考載是書十七卷宋史藝文志則作十卷今考其書每卷多者不過十四頁少者僅十二頁勢不可於十卷之中析出七卷而十卷之中補前漢者八卷補後漢者僅二卷多寡亦太相懸殆修宋史時已佚其七卷以不完之本著錄歟劉氏之書於舊文多所改正而隨筆標記率不暇剖析其所以然仁傑是書獨引據賅洽考證詳晰原原本本務使明白無疑而後

己其淹通實勝於原書雖中間以麟止爲麟趾之類間有一二之附會要其大致固瑕一而瑜百者也曾緝序述周必大之言以博物洽聞稱之固不虛矣

三國志六十五卷內府刊本

晉陳壽撰宋裴松之註壽事迹具晉書本傳松之事迹具宋書本傳凡魏志三十卷蜀志十五卷吳志二十卷其書以魏爲正統至習鑿齒作漢晉春秋始立異議自朱子以來無不是鑿齒而非壽然

以理而論壽之謬萬萬無辭以勢而論則鑿齒帝漢順而易壽欲帝漢逆而難蓋鑿齒時晉已南渡其事有類乎蜀爲偏安者爭正統此孚於當代之論者也壽則身爲晉武之臣而晉武承魏之統僞魏是僞晉矣其能行於當代哉此猶宋太祖篡立近於魏而北漢南唐迹近於蜀故北宋諸儒皆有所避而不僞魏高宗以後偏安江左近於蜀而中原魏地全入於金故南宋諸儒乃紛紛起而帝蜀此皆當論其世未可以一格繩也惟其慨沿史記

周秦本紀之例不托始於魏文而托始曹操實不及魏書敘紀之得體是則誠可已不已耳宋元嘉中裴松之受詔爲注所註雜引諸書亦時下已意綜其大致約有六端一曰引諸家之論以辨是非一曰參諸書之文以核訛異一曰傳所有之事詳其委曲一曰傳所無之事補其闕佚一曰傳所有之人詳其生平一曰傳所無之人附以同類其中往往嗜奇愛博頗傷蕪雜如袁紹傳中之胡母班本因爲董卓使紹而見乃注曰班嘗見太山府君

及河伯事在搜神記語多不載斯已贅矣鍾繇傳中乃引陸氏異林一條載繇與鬼婦狎昵事蔣濟傳中引列異傳一條載濟子死爲泰山伍伯迎孫阿爲泰山令事此類鑿空語怪凡十餘處悉與本事無關而深於史法有礙殊爲瑕纇又其初意似亦欲如應劭之注漢書考究訓詁引證故實故於魏志武帝紀沮授字則注沮音菹獷平字則引續漢書郡國志注獷平縣名屬漁陽甬道字則引漢書高祖二年與楚戰築甬道贅旒字則引公羊傳

先正字則引文侯之命釋位字則引左傳致屆字則引詩綏爰字卒俾字昏作字則皆引書糾虔天刑字則引國語至蜀志郤正傳釋誨一篇句句引古事爲注至連數簡又如彭羕傳之革不訓老華佗傳之專本似專秦宓傳之棘革異文明帝紀之叟更異字亦間有所辨證其他傳文句則不盡然然如蜀志廖立傳首忽注其姓曰補救切魏志涼茂傳中忽引博物記注一繦字之類亦間有之蓋欲爲之而未竟又惜所已成不欲刪棄故或詳或

畧或有或無亦頗爲例不純然綱羅繁富凡六朝舊籍今所不傳者尚一一見其厓畧又多首尾完具不似酈道元水經注李善文選注皆翦裁割裂之文故考證之家取材不竭轉相引據者反多於陳壽本書焉

三國志辨誤三卷兩淮鹽政採進本

不著撰人名氏亦莫詳時代蘇州府志載陳景雲字少章吳江縣學生長洲人少從何焯遊博通經史淹貫羣籍長於考訂凡譌謬處能剖析毫芒所

著書凡九種其四爲三國志校誤似即此書然考
義門讀書記中有何焯所校三國志三卷其魏志
楊阜傳阜嘗見明帝著帽披縹綾半褎袖一條稱
褎袖古今字少章疑下一字衍檢宋書五行志果
然云云此書不載此條則又似非景雲作疑不能
明闕所不知可也三國志簡質有法古稱良史而
牴牾亦所不免如孫權之攻合肥魏吳二志先後
不同當時已爲孫盛所議明以來南北監本傳寫
刊刻脫誤尤多是書所辨陳書及裴註之誤凡魏

志二十八條蜀志八條吳志二十一條其間於字之訛異者如三少帝紀定陵侯繁繁當作緐少府褒褒當作袠之類於文之倒置者如正元二年八月戊辰不當在辛未後之類於正文與註淆亂者如王肅傳評末附劉寔語本裴註所引之類於原本之缺佚者如徐詳不當附胡綜傳之類並參校異同各有根據雖所辨僅數十條不能如何焯書校正之詳而不似焯之泛作史評又大抵以前後文互相考證兼以後漢書晉書不能如杭世駿書

徵據之博而亦不似世駿之蔓引雜說其抉摘精審之處要不減三劉之於西漢書吳縝之於五代史也

三國志補註六卷附諸史然疑一卷（兵部侍郎紀昀家藏本）

國朝杭世駿撰世駿有續方言已著錄是書補裴松之三國志注之遺凡魏志四卷蜀志吳志各一卷松之注捃摭繁富考訂精詳世無異議世駿復掇拾殘賸欲以博洽勝之故細大不捐瑕瑜互見如某人宅在某鄉某人墓在某里其體全類圖經處

荔之鼎錄陶宏景之刀劍錄皆按年編入而鍾繇等傳書評書品動輒連篇其例又如雜記至於神怪妖異如嵇康見鬼諸葛亮祭風之類稗官小說累牘不休尤誕謾不足爲據他如魏文帝角巾彈棊裴註已引博物志而又引世說曹操之發邱摸金裴註已載陳琳檄而又引宋書廢帝紀書各有異而事迹不殊亦何取乎屋上之屋至於崔琰捉刀劉孝標世說注中已辨裴啓語林之誤乃棄置劉語而別引史通之文張飛豹月烏本出葉廷珪

海錄碎事乃明標葉書又冠以彙苑之目大抵愛博嗜奇故蔓引巵詞多妨體要又異苑王粲識礜石事佚其荆州劉表數言諸葛亮梁甫吟不載出藝文類聚輾轉稗販疏漏亦多然如魏文帝紀之王凌謝亭侯一條明帝紀之孔晏又一條陳泰年三十六一條臧洪傳之徐衆一條崔琰傳之陳煒一條華歆傳之東海郡人一條嚴包交通一條蔣濟傳之奬勉一條張遼傳之大呼是名一條楚王彪傳之徙封白馬一條蜀志先主傳之譙周爲從

事一條後主傳之不置史官一條諸葛亮傳之躬耕南陽一條鄧芝傳之廖化襄陽人一條吳志孫休傳二子之名一條太史慈傳之神亭一條黃蓋傳之黃子廉一條賀齊傳之徐盛失矛一條皆參校異同頗爲精核餘如黃初五經課試之法王昶考課五事之目司馬芝之復錢之議王肅祕書監之表王象繆襲之撰皇覽引正義辨鄭元解稽古同天之訛引後漢書註證宗賊之義引風俗通證周生爲複姓引困學紀聞證兒長寧爲蜀人亦皆足

以資考證故書雖蕪雜而亦未可竟廢焉末附諸史然疑一卷亦世駿所撰皆糾史文之疎漏凡後漢書十四條三國志六條晉書三條宋書二條魏書八條北史六條陳書三條葢後人抄其遺稿錄之成帙其中引史通一條云習鑿齒以劉爲僞國者葢定邪正之途明順逆之理爾而檀道鸞稱其當桓氏執政故撰此書欲以絶彼瞻烏防兹逐鹿審若所言則鑿齒似未嘗尊蜀者案此條見史通探賾篇核其上下文義葢傳寫史通者誤於以劉

二字之上脫一不字其稱謂篇中自註有曰習氏漢晉春秋以蜀爲正統其敘事皆謂蜀先主爲昭烈帝本書之內證佐甚明近時浦起龍刻史通以此句文義違背改劉爲魏猶無大害世駿竟據誤本遽發創論殊失之不考牛繼馬後一條責晉書不當襲舊史全因史通之說亦不免勦襲至於三老五更一條據楊賜伏恭周澤三傳補杜佑通典之缺則蔓延於本書之外於後漢書絕不相關亦爲自亂其例然大致訂訛考異所得爲多於史學

不為無補以篇頁無多附載三國志補注之後今亦併錄存之以資參訂云

晉書一百三十卷 内府刊本

唐房喬等奉勅撰劉知幾史通外篇謂貞觀中詔前後晉史十八家未能盡善勑史官更加纂撰自是言晉史者皆棄其舊本競從新撰然唐人如李善注文選徐堅編初學記白居易編六帖於王隱虞預朱鳳何法盛謝靈運臧榮緒沈約之書與夫徐廣干寶鄧粲王韶曹嘉之劉謙之之紀孫盛之

晉陽秋習鑿齒之漢晉陽秋檀道鸞之續晉陽秋並見徵引是舊本實未嘗棄毋乃書成之日即有不慊於衆論者乎考書中惟陸機王羲之兩傳其論皆稱制曰葢出於太宗御撰夫典午一朝政事之得失人才之臧否不知凡幾而九重掞藻宣王言以彰特筆者僅一工文之士衡一善書之逸少則全書宗旨大槩可知其所褒貶畧實行而獎浮華其所採擇忽正典而取小說波靡不返有自來矣即如文選注馬汧督誄引臧榮緒王隱書稱馬

敦立功孤城死於非罪後加贈祭而晉書不爲立
傳亦不附見於周處孟觀等傳又太平御覽引王
隱書云武帝欲以郭琦爲佐著作郎問尚書郭彰
彰憎琦不附已答以不識上曰若如卿言烏丸家
兒能事卿即堪郎矣及趙王倫篡位又欲用琦琦
曰我已爲武帝吏不能復爲今世吏終於家琦葢
始終亮節之士也而晉書亦削而不載其所載者
大抵宏奬風流以資談柄取劉義慶世說新語與
劉孝標所註一一互勘幾於全部收入是直稗官

之體安得目曰史傳乎黃朝英緗素雜記詆其引世說和嶠峩峩如千丈松礧砢多節目既載入和嶠傳中又以嶠字相同並載入温嶠傳中顛倒舛迕竟不及檢猶其枝葉之病非其根本之病也正史之中惟此書及宋史後人紛紛改撰其亦有由矣特以十八家之書並亡考晉事者舍此無由故歷代存之不廢耳音義三卷唐何超撰超字令升自稱東京人楊齊宣爲之序其審音辨字頗有發明舊本所載今仍附見於末焉

宋書一百卷 内府刊本

梁沈約撰約事迹具梁書本傳約表上其書謂本紀列傳繕寫已畢合志表七十卷所撰諸志須成續上今此書有紀志傳而無表劉知幾史通謂此書爲記十志三十列傳六十合百卷不言其有表隋書經籍志亦作宋書一百卷與今本卷數符合或唐以前其表早佚今本卷帙出於後人所編次歟以志序考之稱凡損益前史諸志爲八門曰律歷曰禮曰樂曰天文曰五行曰符瑞曰州郡曰百

官是律歷未嘗分兩門今本總目題卷十一志第一志序卷十二志第二歷上卷十三志第三歷下而每卷細目作志第一律志序志第二歷上志第三歷下則出於後人編目強爲分割非約原本之舊次此其明證矣八志之中惟符瑞實爲疣贅州郡惟據太康地志及何承天徐爰原本於僑置剏立併省分析多不詳其年月亦爲疏畧至於禮志合郊祀祭祀朝會輿服總爲一門以省支節樂志詳述八音衆器及鼓吹鐃歌諸樂章以存義訓如

鐸舞曲聖人制禮樂篇有聲而詞不可解者每一句爲一斷以存其節奏義例尤善若其追述前代晁公武讀書志雖以失於限斷爲譏然班固漢書增載地理上敘九州創設五行演明洪範推原溯本事有前規且魏晉並皆短祚宋承其後歷時未久多所因仍約詳其沿革之由未爲大失亦未可遽用糾彈也觀徐爰傳述當時修史議爲桓元等立傳約則謂桓元盧循等身爲晉賊非關後代吳隱謝混等義止前朝不宜濫入劉毅何無忌等志

在興復情非造宋並爲刊除歸之晉籍其申明史例又何嘗不謹嚴乎其書至北宋已多散失崇文總目謂闕趙倫之傳一卷陳振孫書錄解題謂獨闕到彥之傳今本卷四十六有趙倫之王懿張邵傳惟彥之傳獨闕與陳振孫所見本同卷後有臣穆附記謂此卷體同南史傳末無論疑非約書其言良是蓋宋初已闕此一卷後人雜取高氏小史及南史以補之耳卷帙然南史有到彥之傳獨佚而不取又張邵傳後附見其兄子暢直用南史

之文而不知此書卷五十九已有張暢傳忘其重出則補綴者之疎矣臣穆當即鄭穆宋史有傳嘉祐中嘗校勘宋書其所考證僅見此條蓋重刊之時削除偶賸亦足見明以來之刻本隨意竄改多非古式云

南齊書五十九卷 内府刊本

梁蕭子顯撰子顯事蹟附載梁書蕭子恪傳章俊卿山堂考索引館閣書目云南齊書本六十卷今存五十九卷亡其一劉知幾史通曾鞏叙錄則皆

云八紀十一志四十列傳合爲五十九卷不言其有闕佚然梁書及南史子顯本傳實俱作六十卷則館閣書目不爲無據考南史載子顯自序似是據其叙傳之詞又晁公武讀書志載其進書表云天文事秘戶口不知不敢私載疑原書六十卷爲子顯叙傳末附以表與李延壽北史例同至唐已佚其叙傳而其表至宋猶存今又併其表佚之故較本傳闕一卷也又史通序例篇謂令升先覺遠述丘明史例中興於是爲盛沈宋之志序蕭齊之

序錄雖以序爲名其實例也子顯雖文傷蹇躓而義甚優長爲序例之美者今考此書良政高逸孝義倖臣諸傳皆有序而文學傳獨無叙殆亦宋以後所殘闕歟齊高好用圖讖梁武崇尚釋氏故子顯於高帝紀卷一引太乙九宫占祥瑞志附會緯書高逸傳論推闡禪理蓋牽於時尚未能釐正又如高帝紀載王蘊之撫刀袁粲之郊飲連綴瑣事殊乖紀體至列傳尤爲冗褻然如紀建元創業諸事載沈攸之書於張敬兒傳述顏靈寶語於王敬

則傳直書無隱尚不失是非之公高十二王傳引陳思之表曹冏之論感懷宗國有史家言外之意焉未嘗無可節取也自李延壽之史盛行此書誦習者尠日就訛脫州郡志及桂陽王傳中均有闕文無從補正其餘字句舛誤如謝莊傳南史作詔徙越巂此書作越州崔懷愼傳南史作臣子兩遂此書作兩節者又不可勝乙今裒合諸本參核異同正其灼然可知者其或無考則從闕疑之義焉

梁書五十六卷　內府刊本

唐姚思廉奉勅撰唐書思廉本傳稱貞觀三年詔思廉同魏徵撰藝文志亦稱梁書陳書皆魏徵同撰舊本惟題思廉蓋徵本監修不過參定其論讚按此據史通古今正史篇魏徵總知其務凡有讚論徵多預焉之文獨標思廉不沒秉筆之實也是書舊唐書經籍志及思廉本傳俱云五十卷新唐書作五十六卷考劉知幾史通謂姚察有志撰勒施功未周其子思廉憑其舊藁加以新錄述爲梁書五十六卷則新唐書所據爲思廉編目之舊舊唐書誤脫六字審矣思廉本推其

父意以成書每卷之後題陳吏部尚書姚察者二十五篇題史官陳吏部尚書姚察者一篇蓋仿漢書卷後題班彪之例其專稱史官者殆思廉所續纂歟思廉承藉家學旣素有淵源又貞觀二年先已編纂及詔入祕書省論撰之後又越七年其用力亦云勤篤中如簡文紀載大寶二年四月丙子侯景襲郢州執刺史蕭方諸而元帝紀作閏四月丙午則兩卷之內月日參差侯景傳上云張彪起義下云彪寇錢塘則數行之間書法乖舛趙與旹

賓退錄議其於江革傳中則稱何敬容掌選序用多非其人於敬容傳中則稱其銓序明審號為稱職尤是非矛盾其餘事迹之複互者前後錯見證以南史亦往往牴牾蓋著書若是之難也然持論多平允排整次第猶具漢晉以來相傳之史法要異乎取成衆手編次失倫者矣

陳書三十六卷 內府刊本

唐姚思廉奉勅撰劉知幾史通謂貞觀初思廉奉詔撰成二史彌歷九載方始畢功而曾鞏校上序

謂姚察錄梁陳之事其書未就屬子思廉繼其業武德五年思廉受詔爲陳書貞觀三年論撰於祕書內省十年正月壬子始上之是思廉編緝之功固不止於九載矣知幾又謂陳史初有顧野王傅縡各爲撰史學士太建初中書郎陸瓊續撰諸篇姚察就加刪改是察之修史實兼採三家考隋書經籍志有顧野王陳書三卷傅縡陳書三卷陸瓊陳書四十二卷殆即察所據之本而思廉爲傅縡陸瓊傳詳述撰著獨不言其修史篇第殊爲疎畧

至顧野王傳稱其撰國史紀傳二百卷與隋志卷帙不符則疑隋志舛訛思廉所記得其真也察傳見二十七卷載其撰梁陳二史事甚詳是書爲奉詔所修不同私撰故不用序傳之例無庸以變古爲嫌惟察陳亡入隋爲祕書丞北絳郡開國公與同時江總袁憲諸人並稽首新朝歷踐華秩而仍列傳於陳書揆以史例失限斷矣且江總何人乃取與其父合傳尤屬自汚觀李商隱贈杜牧詩有前身應是梁江總句乃借以相譽豈總之爲人唐

時尚未論定耶書中惟二卷三卷題陳吏部尚書姚察他卷則俱稱史臣蓋察先纂梁書此書僅成二卷其餘皆思廉所補撰今讀其列傳體例秩然出於一手不似梁書之參差亦以此也惟其中記傳年月間有牴牾不能不謂之疵累然諸史皆然亦不能獨責此書矣

魏書一百十四卷內府刊本

北齊魏收奉勅撰收表上其書凡十二紀九十二列傳分爲一百三十卷今所行本爲宋劉恕范祖

禹等所校定恕等序錄謂隋魏澹更撰後魏書九十二卷唐又有張太素後魏書一百卷今皆不傳魏史惟以魏收書爲主校其亡逸不完者二十九篇各疏於逐篇之末然其據何書以補缺則恕等未言崇文總目謂澹書纔存紀一卷太素書存志二卷陳振孫書錄解題引中興書目謂收書闕太宗紀以魏澹書補之志闕天象二卷以張太素書補之又謂澹太素之書既亡惟此紀志獨存不知何據是振孫亦疑未能定也今考太平御覽皇王

部所載後魏書帝紀多取魏收書而芟其字句太宗紀亦與今本首尾符合其中轉增多數語永興四年宴羣臣於西宮使各獻直言下多弗有所諱四字泰常八年廣西宮起外牆垣周回二十里下多是歲民饑詔所在開倉賑給十一字案此數語北史有之然北史前後之文與御覽所引者絕異夫御覽引諸史之文有刪無增而此紀獨異其爲收書之原本歟抑補綴者取魏澹書而間有節損歟然御覽所引後魏書實不專取一家如此書卷十二孝靜帝紀亡後人所補而御覽所載孝靜紀與此書體例絕殊又有西魏孝武紀文帝紀廢帝紀

恭帝紀則疑其取諸魏澹書隋書魏澹傳自道武下及恭帝爲十二紀

劉知幾史通云澹以西魏爲真故文帝稱紀

又此書卷十三皇后傳亡亦後人所補今以御覽相校則字句多同惟中有刪節而末附西魏五后當亦取澹書以足成之蓋澹書至宋初尚不止僅存一卷故爲補綴者所取資至澹書亦闕始取北史以補之如崔彧蔣少游及西域傳故崇文總目謂魏澹魏史李延壽北史與收史相亂卷第殊舛是宋初已不能辨定矣惟所補天象志二卷爲唐太宗避諱可信爲唐人之書無疑義耳

收以是書爲世所詬厲號爲穢史今以收傳考之如云收受爾朱榮子金故減其惡其實榮之凶悖收未嘗不書於冊至論中所云若修德義之風則韓彭伊霍夫何足數反言見意正史家之微詞指以虛襃似未達其文義又云楊愔高德正勢傾朝野收遂爲其家作傳其預修國史得陽休之助因爲休之父固作佳傳案愔之先世爲楊椿楊津德正之先世爲高允高祐椿津之孝友亮節允之名德祐之好學實爲魏代聞人寧能以其門祚方昌

遂引嫌不錄況北史陽固傳稱固以譏切聚歛爲
王顯所嫉因奏固剩請米麥免固官從征硤石李
平奇固勇敢軍中大事悉與謀之不云固以貪虐
先爲李平所彈也李延壽書作於唐代豈亦媚陽
休之乎又云盧同位至儀同功業顯著不爲立傳
崔綽位止功曹本無事跡乃爲首傳夫盧同希元
乂之旨多所誅戮後以乂黨罷官不得云功業顯
著綽以卑秩見重於高允稱其道德固當爲傳獨
行者所不遺觀盧文訴辭徒以父位儀同綽僅功

曹較量官秩之崇卑爭專傳附傳之榮辱（魏書初定本盧同附見盧元傳崔綽自有傳後奉勅更審同立專傳綽改入附傳）是亦未足服收也蓋收恃才輕薄有驚蛺蝶之稱其德望本不足以服衆又魏齊世近著名史籍者並有子孫孰不欲顯榮其祖父既不能一一如志遂譁然羣起而攻平心而論人非南董豈信其一字無私但互考諸書證其所著亦未甚遠於是非穢史之說無乃已甚之詞乎李延壽修北史多見館中墜簡參核異同每以收書爲據其爲收傳論云勒成魏籍婉

而有章緐而不蕪志存實錄其必有所見矣今魏澹等之書俱佚而收書終列於正史殆亦恩怨併盡而後是非乃明歟收叙事詳贍而條例未密多爲魏澹所駁正北史不取澹書而澹傳存其叙例絶不爲掩其所短則公論也

北齊書五十卷 内府刊本

唐李百藥奉勅撰葢承其父德林之業纂緝成書猶姚思廉之繼姚察也大致仿後漢書之體卷後各繫論贊然其書自北宋以後漸就散佚故晁公

武讀書志已稱殘闕不完今所行本蓋後人取北史以補亡非舊帙矣今核其書本紀則文襄紀脊集冗雜文宣紀孝昭紀論辭重複列傳則九卷十卷十一卷十四卷十五卷二十六卷二十七卷二十九卷至四十卷俱無論贊二十八卷有贊無論十二卷四十六卷四十七卷四十八卷四十九卷有論無贊又史通引李百藥齊書論魏收云若使子孫有靈竊恐未挹高論又云足以入相如之室游尼父之門志存實錄詆訐姦私今魏收傳無此

語皆掇拾者有所未及也至如庫狄干傳之連及其子士文元斌傳之稱齊文襄則又掇拾者刊削未盡之辭矣北齊立國本淺文宣以後綱紀廢弛兵事俶擾既不及後魏之整飭疆圉復不及後周之修明法制其倚任爲國者亦鮮始終貞亮之士均無奇功偉節資史筆之發揮觀儒林文苑傳敘去其已見魏書及見周書者寥寥數人聊以取盈卷帙是其文章萎苶節目叢脞固由於史材史學不及古人要亦其時爲之也一代興亡當有專史

典章之沿革政事之得失人材之優劣於是乎有徵焉未始非後來之鑒也

周書五十卷 内府刊本

唐令狐德棻等奉勅撰貞觀中修梁陳周齊隋五史其議自德棻發之而德棻專領周書與岑文本崔仁師陳叔達唐儉同修晁公武讀書志稱宋仁宗時出太清樓本合史館秘閣本又募天下書而取夏竦李巽家本下館閣是正其文字其後林希王安國上之是北宋重校尚不云有所散佚今考

其書則殘鈌殊甚多取北史以補亡又多有所竄亂而皆不標其所移掇者何卷所剟改者何篇遂與德棻原書混淆莫辨今按其文義粗尋梗概則二十五卷二十六卷三十一卷三十二卷三十三卷俱傳後無論其傳文多同北史惟更易北史之稱周文者爲太祖韋孝寬傳連書周文周孝閔帝則更易尚有未盡至王慶傳連書大象元年開皇元年不言其自周入隋尤剽取北史之顯證矣又如韋孝寬傳末刪北史兄敻二字則韋敻傳中所

云與孝寬並馬者事無根源盧辯傳中删去其曾事節閔帝事則傳中所云及帝入關者語不可曉是皆率意刊削遂成疎漏至於遺文脱簡前後叠出又不能悉爲補綴蓋名爲德棻之書實不盡出德棻且名爲移掇李延壽之書亦不盡出延壽特大體未改而已劉知幾史通曰今俗所行周史是令狐德棻等所撰其書文而不實雅而不檢真迹甚寡客氣尤繁尋宇文開國之初事由蘇綽軍國詞令皆準尚書太祖勅朝廷他文悉準於此蓋史

臣所記皆稟其規柳虬之徒從風而靡案綽文雖
去彼淫麗存茲典實而陷於矯枉過正之失乖乎
適俗隨時之義苟記言若是則其謬愈多爰及牛
宏彌尚儒雅即其舊事因而勒成務累清言罕逢
佳句而令狐不能別求他述用廣異聞惟憑本書
重加潤色遂使周氏一代之史多非實錄又議其
以王劭蔡允恭蕭韶蕭大圜裴政杜臺卿之書中
有俚言故致遺畧其詆諆德棻甚力然文質因時
紀載從實周代既文章爾雅仿古製言載筆者勢

不能易彼妍辭改從俚語至於敵國詆謗里巷謗誣削而不書史之正體豈能用是爲譏議哉況德棻旁徵簡牘意在摭實故元偉傳後於元氏戚屬事迹湮没者猶考其名位連綴附書固不可槩斥爲疎畧庾信傳論倣宋書謝靈運傳之體推論六義源流於信獨致微辭良以當時儷偶相高故有意於矯時之弊亦可見其不尚尚虛詞矣知幾所云非篤論也晁公武讀書志祖述其語掩爲已說聽聲之見尤無取焉

隋書八十五卷 內府刊本

唐魏徵等奉勅撰貞觀三年詔徵等修隋史十年成紀傳五十五卷十五年又詔修梁陳齊周隋五代史志顯慶元年長孫無忌上進據劉知幾史通所載撰紀傳者爲顏師古孔穎達案集古錄據穎達墓碑謂碑稱與魏鄭公同修隋書而傳不著蓋但據舊唐書言之未考知幾書也撰志者爲于志寧李淳風韋安仁李延壽令狐德棻案宋刻隋書之後有天聖中校正舊跋稱同修紀傳者尚有許敬宗同修志者尚有敬播至每卷分題舊本十志

內惟經籍志題侍中鄭國公魏徵撰五行志序或云褚遂良作紀傳亦有題太子少師許敬宗撰者今從衆本所載紀傳題以徵志題以無忌云云是此書每卷所題撰人姓名在宋代已不能畫一至天聖中重刊始定以領修者爲主分題徵及無忌也其紀傳不出一手間有異同如文帝本紀云善相者趙昭而藝術傳則作來和又本紀云以賀若弼爲楚州總管而弼本傳則作吳州蓋卷帙浩繁牴牾在所不免至顧炎武日知錄所摘突厥傳中

上言沙鉢畧可汗擊阿波破擒之下言雍虞閭以隋所賜旗鼓西征阿波敵人以爲隋兵所助多來降附遂生擒阿波一條則疑上文本言擊阿波破之傳寫誤衍一擒字炎武以爲一事重書似未必然也其十志最爲後人所推而或疑其失於限斷考史通古今正史篇稱太宗以梁陳及齊周隋氏並未有書乃命學士分修仍以秘書監魏徵總知其務始以貞觀三年創造至十八年方就合爲五代紀傳併目錄凡二百五十二卷書成下於史閣

惟有十志斷爲三十卷尋擬續奏未有其文太宗崩後刊勒始成其篇第編入隋書其實别行俗呼爲五代史志云云是當時梁陳齊周隋五代史本連爲一書十志卽爲五史而作故亦通括五代其編入隋書特以隋於五史居末非專屬隋也後人五史各行十志遂專稱隋志實非其舊乃譏其兼載前代是全不核始末矣惟其時晉書已成而律歴志所載備敷和聲審度嘉量衡權五篇天文志所載地中晷景漏刻經星中宫二十八舍十煇諸

篇皆上溯魏晉與晉志複出殊非史體且同出李淳風一人之手亦不應自剿已說殆以晉書不在五史之數故不相避歟五行志體例與律歷天文二志頗殊不類淳風手作疑宋時舊本題褚遂良撰者未必無所受之地理志詳載山川以定疆域百官志辨明品秩以別差等能補蕭子顯魏收所未備惟經籍志編次無法述經學源流每多舛誤如以尚書二十八篇爲伏生口傳而不知伏生自有書教齊魯間以詩序爲衛宏所潤益而不知傳

自毛亨以小戴禮記有月令明堂位樂記三篇爲馬融所增益而不知劉向別錄禮記已載此三篇在十志中爲最下然後漢以後之秕文惟藉是以考見源流辨別眞僞亦不以小疵爲病矣

欽定四庫全書總目 史部

卷四十六

欽定四庫全書總目卷四十六

史部二

正史類二

南史八十卷內府刊本

唐李延壽撰延壽事蹟附載新唐書令狐德棻傳延壽承其父大師之志爲北史南史而南史先成就正於令狐德棻其乖失者嘗爲改定宋人稱延壽之書刪煩補闕爲近世佳史顧炎武日知錄又摘其李安民諸傳一事兩見爲紀載之疎以今考

之本紀删其連綴諸臣事跡列傳則多删詞賦意存簡要殊勝本書然宋齊梁陳四朝九錫之文符命之說告天之詞皆沿襲虛言無關實證而備書簡牘陳陳相因是芟削未盡也且合累朝之書勒爲通史發凡起例宜歸畫一今延壽於循吏儒林隱逸傳既遞載四朝人物而文學一傳乃因宋書不立此目遂始於齊之邱靈鞠豈宋無文學乎孝義傳搜綴湮落以備闕文而蕭矯妻羊氏衛敬瑜妻王氏先後互載男女無别將謂史不當有列女

傳乎况北史謂周書無文苑傳遂取列傳中之庾信王褒入於文苑則宋之謝靈運顔延之何承天裴松之諸人何難移冠文苑之前北史謂魏隋有列女傳齊周並無此篇今又得趙氏陳氏附備列女則宛陵女子等十四人何難取補列女之闕書成一手而側出兩歧尤以矛㿤盾萬萬無以自解者矣葢延壽當日專致力於北史南史不過因其舊文排纂删潤故其減字節句每失本意間有所增益又緣飾爲多如宋路太后傳較宋書爲詳然

沈約修史工於詆毀前朝而不載路太后飲酒置毒之事當亦揆以前後恩慈不應存此異說也延壽采雜史爲實錄又豈可盡信哉然自宋畧齊春秋梁典諸書盡亡其備宋齊梁陳四史之參校者獨賴此書之存則亦何可竟廢也

北史一百卷內府刊本

唐李延壽撰延壽表進其書稱本紀十二卷列傳八十八卷爲北史與今本卷數符合文獻通考作八十卷者誤也延壽既與修隋書十志又世居北

士見聞較近參覈同異於北史用力獨深故叙事詳密首尾典贍如載元韶之姦利彭樂之勇敢郭琰沓龍超諸人之節義皆具見特筆出酈道元於酷吏附陸法和於藝術離合編次亦深有別裁視南史之多仍舊本者迥如兩手惟其以姓爲類分卷無法南史以王謝分支北史亦以崔盧繫派故家世族一例連書覽其姓名則同爲父子稽其朝代則各有君臣參錯混淆殆難辨別甚至長孫儉附長孫嵩傳薛道衡附薛辨傳遥遥華胄下逮雲

仍隔越抑又甚矣考延壽之敘次列傳先以魏宗室諸王次及魏臣又次以齊宗室及齊臣下逮周隋莫不皆然凡以勒一朝始末限斷分明乃獨於一二高門自亂其例深所未安至於楊素父子有關隋室興亡以其系出宏農遂附見魏臣楊敷傳後又魏收及魏長賢諸人本非父子兄弟以其同爲魏姓遂合爲一卷尤爲舛迕觀延壽敘例凡累代相承者皆謂之家傳豈知家傳之體不當施於國史哉且南北史雖曰二書實通爲一家之著述

故延壽於裴藴傳云祖之平父忌南史有傳王頒傳云父僧辨南史有傳即互相貫通之旨也乃南史既有晉熙王昶傳矣北史復有劉昶傳南史既有鄱陽王寶寅傳矣北史復有蕭寶寅傳南史既有豫章王綜樂良王大圓傳矣北史復有蕭贊蕭綜入魏改名贊蕭大圓傳朱修之薛安都諸人南史則取諸宋書北史則取諸魏書不爲删併殆專意北史無暇追删南史以致有此誤乎然自宋以後魏書北齊書周書皆殘缺不全惟此書僅麥鐵杖傳有

闕文荀濟傳脫去數行其餘皆卷帙整齊始末完具徵北朝之故實者終以是書爲依據故雖八書具列而二史仍並行焉

舊唐書二百卷內府刊本

晉劉昫等奉勅撰五代史記昫本傳不言昫撰此書史漏畧也自宋嘉祐後歐陽修宋祁等重撰新書此書遂廢然其本流傳不絕儒者表昫等之長以攻修祁等之短者亦不絕今觀所述大抵長慶以前本紀惟書大事簡而有體列傳敘述詳明贍

而不穢頗能存班范之舊法長慶以後本紀則詩話書序婚狀獄詞委悉具書語多支蔓如文宗紀云上每誦杜甫曲江行云江頭宮殿鎖千門細柳新蒲爲誰綠乃知天寶以前曲江四岸皆有行宮臺殿百司廨署又云戶部侍郎判度支王彥威進所撰供軍圖畧其序云云武宗紀云右庶子呂讓進狀亡兄溫女太和七年嫁左衛兵曹蕭敏生二男開成三年敏心疾乖忤因而離婚今敏日愈却乞與臣姪女配合又云御史臺奏據三司推勘吳湘獄謹具逐人罪狀如後揚州都虞候盧行立劉羣於會昌二年五月十四日于阿顏家喫酒云云列傳則多敘官資曾無事實或但載寵遇不具首尾如夏侯孜傳祇載歷官所至及責讓詔詞不及一事朱朴傳祇載其相昭宗而不及其始末所謂繁畧不均者誠如宋人

之所譏按崇文總目初吳兢撰唐史自剏業訖於
開元凡一百一十卷韋述因兢舊本更加筆削刊
去酷吏傳爲紀志列傳一百十二卷至德乾元以
後史官于休烈又增肅宗紀二卷史官令狐峘等
復於紀志傳隨篇增緝而不加卷帙爲唐書一百
三十卷是唐書舊稿實出吳兢雖衆手續增規模
未改昫等用爲藍本故具有典型觀順宗紀論題
史臣韓愈憲宗紀論題史臣蔣係此因仍前史之
明證也至長慶以後史失其官無復善本昫等自

採雜說傳記排纂成之動乖體例良有由矣至於卷一百三十二既有楊朝晟傳卷一百四十四復爲立傳蕭穎士既附見於卷一百二復見於卷一百九十文苑傳宇文韶諫獵表既見於卷六十二復見於卷六十四蔣乂諫張茂宗尚主疏既見於卷一百四十一復見於卷一百四十九輿服志所載條議亦多同列傳之文葢李崧賈緯諸人各自編排不相參校昫掌領修之任曾未能鉤稽本末使首尾貫通舛漏之譏亦無以自解平心而論葢

瑕瑜不掩之作黨新書者必謂事事勝舊書黨舊書者又必謂事事勝新書皆偏見也我

皇上獨秉

睿裁定於正史之中二書並列相輔而行誠千古至公之道論史諸家可無庸復置一議矣

新唐書二百二十五卷內府刊本

宋歐陽修宋祁等奉勅撰其監修者則曾公亮故書首進表以公亮爲首陳振孫書錄解題曰舊例修書止著官高一人名銜歐公曰宋公於我爲前

輩且於此書用力久何可沒也遂於紀傳各著之宋公感其退遜故書中列傳題祁名本紀表志題修名然考隋書諸志已有此例實不始於修與祁又宋史吕夏卿傳稱宰相世系表夏卿所撰而書中亦題修名則仍以官高者爲主特諸史多用一人此用二人爲異耳是書本以補正劉昫之舛漏自稱事增於前文省於舊劉安世元城語錄則謂事增文省正新書之失而未明其所以然今卽其說而推之史官記錄具載舊書今必欲廣所未備

勢必蒐及小說而至於猥雜唐代詞章體皆詳贍今必欲減其文句勢必變爲澁體而至於詰屈妄世之言所謂中其病源者也若夫史漢本紀多載詔令古文簡質至多不過數行耳唐代王言率崇縟麗駢四儷六累牘連篇宋敏求所輯唐大詔令多至一百三十卷使盡登紀傳天下有是史體乎祁一例刊除事非得已過相訾議未見其然至於呂夏卿私撰兵志見晁氏讀書志宋祁別撰紀志見王得臣麈史則同局且私心不滿書甫頒行吳

縝糾謬即踵之而出其所攻駁亦未嘗不切中其失然一代史書網羅浩博門分類別端緒紛拏出一手則精力難周出衆手則體裁互異爰從三史以逮八書牴牾參差均所不免不獨此書爲然呂宋之書未知優劣吳縝所糾存備考證則可因是以病新書則一隅之見矣

新唐書糾謬二十卷兩淮鹽政採進本

宋吳縝撰縝字廷珍成都人嘗以朝散郎知蜀州後歷典數郡皆有惠政其著此書專以駁正新唐

書之訛誤凡二十門四百餘事初名糾謬後改爲辨證而紹興間長樂吳元美刊行於湖州仍題曰糾謬故至今尚沿其舊名王明清揮麈錄稱歐陽修重修唐書時縝嘗因范鎭請預官屬之末修以其年少輕佻拒之縝鞅鞅而去及新書成乃指摘瑕疵爲此書晁公武嘗引張九齡爲相事謂其誤有詆訶今觀其書實不免有意掊擊如第二十門字書非是一條至歷指偏傍點畫之訛以譏切修等夫修史者但能編撰耳至繕錄刊刻責在校讐

績槩歸過於修等誠未免有意索瘢然歐宋之作
新書意主文章而踈於考證牴牾舛駁本自不少
縝自序中所舉八失原亦深中其病不可謂無裨
史學也今世所行刊本第二十卷柳宗元傳至蘇
定方傳凡六條皆全脫而錯入第六卷鄭潛曜姓
不同以下四條之文重複舛誤已非完書獨兩淮
所進本尚屬南宋舊槧其柳宗元傳六條原文具
在謹據以訂正焉

舊五代史一百五十卷目錄二卷永樂大典本

宋薛居正等奉勅撰考晁公武讀書志云開寶中詔修梁唐晉漢周書盧多遜扈蒙張澹李昉劉兼李穆李九齡同修宰相薛居正等監修玉海引中興書目云開寶六年四月戊申詔修五代史七年閏十月甲子書成凡百五十卷目錄二卷爲紀六十一志十二傳七十七多據累朝實錄及范質五代通錄爲稿本其後歐陽修別撰五代史記七十五卷藏於家修歿後官爲刊印學者始不專習薛史然二書猶並行於世至金章宗泰和七年詔學

官止用歐陽史於是薛史遂微元明以來罕有援
引其書者傳本亦漸就湮没惟明内府有之見於
文淵閣書目故永樂大典多載其文然割裂淆亂
已非居正等篇第之舊恭逢
聖朝右文稽古網羅放佚零縑斷簡皆次第編摩臣等
謹就永樂大典各韻中所引薛史甄録條繫排纂
先後檢其篇第尚得十之八九又考宋人書之徵
引薛史者每條采録以補其闕遂得依原書卷數
勒成一編晦而復彰散而復聚殆實有神物呵護

以待時而出者遭逢之幸洵非偶然也歐陽修文章遠出居正等上其筆削體例亦特謹嚴然自宋時論二史者卽互有所主司馬光作通鑑胡三省作通鑑注皆專據薛史而不取歐史沈括洪邁王應麟輩爲一代博洽之士其所著述於薛歐二史亦多兼採而未嘗有所軒輊蓋修所作皆刊削舊史之文意主斷制不肯以紀載叢碎自貶其體故其詞極工而於情事或不能詳備至居正等奉詔撰述本在宋初其時秉筆之臣尚多逮事五代見

聞較近紀傳皆首尾完具可以徵信故異同所在
較核事迹往往以此書爲長雖其文體平弱不免
敘次煩冗之病而遺聞瑣事反藉以獲傳實足爲
考古者參稽之助又歐陽止述司天職方二考而
諸志俱闕凡禮樂職官之制度選舉刑法之沿革
上承唐典下開宋制者一槩無徵亦不及薛史諸
志爲有裨於文獻葢二書繁簡各有體裁學識兼
資難於偏廢昔修與宋祁所撰新唐書事增文省
足以括劉昫舊書而昫書仰荷

皇上表章今仍得列於正史況是書文雖不及歐陽而事迹較備又何可使隱沒不彰哉謹考次舊文釐爲梁書二十四卷唐書五十卷晉書二十四卷漢書十一卷周書二十二卷世襲列傳二卷僭僞列傳三卷外國列傳二卷志十二卷共一百五十卷別爲目錄二卷而蒐羅排纂之意則著於凡例茲不贅列焉

新五代史記七十五卷內府刊本

宋歐陽修撰本名新五代史記世稱五代史者省

其文也唐以後所修諸史惟是書爲私撰故當時
未上於朝修歿之後始詔取其書付國子監開雕
遂至今列爲正史大致褒貶祖春秋故義例謹嚴
敘述祖史記故文章高簡而事實則不甚經意諸
家攻駁散見他書者無論其特勒一編者如吳縝
之五代史纂誤楊陸榮之五代史志疑引繩批根
動中要害雖吹求或過要不得謂之盡無當也然
則薛史如左氏之紀事本末賅具而斷制多疎歐
史如公穀之發例褒貶分明而傳聞多謬兩家之

並立當如三傳之俱存尊此一書謂可兼賅五季是以名之輕重爲史之優劣矣且周官太史掌國之六典漢法亦天下計書先上太史史之所職兼司掌故八書十志遷固相因作者沿波遞相撰述使政刑禮樂沿革分明皆所謂國之大紀也修作是書僅司天職方二考寥寥數頁餘槩從删雖曰世衰祚短文獻無徵然王溥五代會要蒐輯遺編尚裒然得三十卷何以經修編錄乃至全付闕如此由信史通之謬談劉知幾欲廢表志見史通表歷書志二篇成兹偏

見元纂宋遼金三史明纂元史

國朝纂明史皆仍用舊規不從修例豈非以破壞古法不可以訓乎此書之失此爲最大若不考韓通之褒贈（案宋太祖褒贈韓通勅令載宋文鑑中）有所諱而不立傳者一節偶誤諸史類然不足以爲修病也修之文章冠冕有宋此書一筆一削尤具深心其有裨於風教者甚大惟其考證之疎則有或不盡知者故具論如右俾來者有所别白其詿爲徐無黨作頗爲淺陋相傳已久今仍並錄之焉

五代史記纂誤三卷永樂大典本

宋吳縝撰。案周密齊東野語曰：劉義仲，道原之子也，案道原劉恕之字也。道原以史學自名，義仲世其家學，摘歐公五代史之訛爲糾謬一書，以示坡公。公曰：往歲歐公著此書初成，荆公謂余曰：歐公修五代史而不修三國志，非也，子盍爲之乎？余固辭不敢當。夫爲史者網羅千百載之事，其間豈無小得失邪？余所以不敢當荆公之托者，正畏如公之徒掇拾於其後耳云云。據其所說，似乎此書爲劉義仲作然晁公武讀書志陳振孫書錄解題載此書五卷宋史藝文志載此書三卷雖卷數小異然均題績作不云義仲又窗引揮麈錄之言亦稱績有此書而不辨其爲一爲二（案揮麈錄所云乃新唐書糾謬此引爲五代史誤）則窗亦自疑其說蓋傳聞異詞不足據也是書南渡後嘗與新唐書糾謬合刻於吳興附唐書五代史末今糾謬尚有槧本流傳而是書久佚惟永樂大典頗載其文採掇裒集猶能得其次序晁公武稱所列二百餘事今檢驗僅一百十二事約存原書

十之五六然梗概已畧具矣歐陽修五代史義存褒貶而考證則往往疎舛如司馬光通鑑考異所辨晉王三矢付莊宗等事洪邁容齋三筆所摘失載朱梁輕賦等事皆訛漏之甚者至徐無黨注不知參核事蹟寥寥數語尤屬簡陋績一一抉其缺誤無不疏通剖析切中癥結故宋代頗推重之章如愚山堂考索亦具列紀傳不同各條以明此書之不可以不作未可遽以輕議前修斥其浮薄至如所稱唐明宗紀趙鳳罷條徐無黨注中忘其日

三字檢今本無之又晉出帝紀射鴈于繁臺句今本並無鴈字周太祖紀之甲辰當作甲申今本亦正作甲申不作甲辰縝既糾修誤不應竟搆虛詞或後來校刻五代史者因其說而追改之耶謹依宋史目次釐爲三卷其間有與薛史同異者並畧加附識於下以備考證焉

宋史四百九十六卷內府刊本

元托克托等奉勅撰案托克托原作脫脫今改正其總目題本紀四十七志一百六十二表三十二列傳二百五

十五然卷四百七十八至卷四百八十三實爲世家六卷總目未列蓋偶遺也其書僅一代之史而卷帙幾盈五百檢校既已難周又大旨以表章道學爲宗餘事皆不甚措意故舛謬不能殫數柯維騏宋史新編僅引容齋五筆辨正向敏中李中謗數事未能旁及其後沈世泊撰宋史就正編綜覈前後多所匡糾如謂高宗紀紹興二十年八月戊戌洪皓至自燕而洪皓傳作七月見於內殿朱倬傳宣和五年登進士第據徽宗紀則宣和六年策

進士是爲甲辰科實非五年此紀傳之互異也宋準傳云李昉知貢舉擢準甲科會貢士徐士廉擊登聞鼓訴昉取捨非當太宗怒召準覆試後遂行殿試據選舉志則開寶六年御殿給紙筆别賜殿試遂爲常制是太祖時事誤作太宗蘇舜欽傳云康定中河東地震舜欽詣匭通疏據五行志則地震在寶元元年康定止一年無地震事此志傳之互異也杜太后傳云母范氏生五子三女太后居長而杜審琦傳則云審琦昭憲皇太后之兄太后

昆仲五人審琦居長又太后傳云生太祖太宗秦王廷美據廷美傳則其母爲陳國夫人耿氏張浚傳云浚擢殿中侍御史駕幸東南後軍統制韓世忠所部逼逐諫臣墜水死浚奏奪世忠觀察使據韓世忠傳世忠乃左軍統制非後軍統制（案本紀後軍統制爲張煥紀又云後軍將孫琦等作亂逼左正言盧臣中墜水死不言世忠）又滕康傳世忠以不能戢所部坐贖金康復論世忠無赫赫功詔降世忠一官是奏奪世忠觀察使者乃滕康非張浚此傳文前後之互異也譏宋史者謂諸傳

載祖父之名而無事實似誌銘之體詳官階之遷
除而無所刪節似申狀之文然好之者或以爲世
系官資轉可藉以有考及証以他書則宋史諸傳
多不足憑如晁補之傳云太子少傅迥五世孫宗
慤之曾孫也父端友據黃庭堅爲補之父端友撰
誌銘云晁氏世載遠矣有諱迥者以太子少保致
仕謚文元君之曾王父諱迪贈刑部侍郎王父諱
宗簡贈吏部尚書父諱仲偃庫部員外郎刑部視
文元母弟也是補之實非迥五世孫又晁迥傳云

迥子宗愨據會鞏南豐集宗愨父名邁是補之實非宗愨曾孫謝絳傳云祖懿文父濤據范仲淹撰謝濤誌銘懿文生崇禮崇禮生濤濤生絳是謝絳實爲懿文曾孫然則所述世系豈足盡信哉洪邁傳云乾道二年知吉州六年知贛州辛卯歲飢十一年知婺州十三年拜翰林學士淳熙改元進煥章閣學士據本紀淳熙十四年有翰林學士洪邁言則淳熙改元當作紹熙改元乾道無十三年傳云辛卯歲飢爲乾道七年則十三年上宜加淳熙

二字又邁以淳熙十年知太平州今瑞麻讚姑孰
帖尚在太平而傳文闕載然則所叙官資又豈可
盡信哉至於宋師伐遼高鳳以易州來歸見北盟
會編而宋史誤作郭藥師紹興中趙鼎以奉國軍
節度使出知紹興府見宰輔編年錄而宋史誤作
忠武軍失載王堅之守城不降與林同之題壁自
盡忠義之士尚多闕落尤爲疎漏之大者矣其所
攻駁皆一一切中其失然其前後複沓牴牾尚不
止此世泊亦不能悉舉也葢其書以宋人國史爲

稿本宋人好述東都之事故史文較詳建炎以後稍畧理度兩朝宋人罕所紀載故史傳亦不具首尾文苑傳止詳北宋而南宋僅載周彥邦等數人循吏傳則南宋更無一人是其明證至於南唐劉仁贍之死節歐陽修五代史記司馬光通鑑俱爲之證明而此書仍作以城降李澣終於遼未嘗入宋見遼史本傳而此書仍附於李濤傳是於久列學官之書共在史局之稿尚不及互相勘證則其他抑可知矣自柯維騏以下屢有改修然年代縣

遜舊籍散亡仍以是書爲稿本小小補苴亦終無以相勝故考兩宋之事終以原書爲據迄今竟不可廢焉

遼史一百十六卷內府刊本

元托克托等奉勅撰至正三年四月詔儒臣分撰四年三月書成爲本紀三十卷志三十一卷表八卷列傳四十六卷國語解一卷考遼制書禁甚嚴凡國人著述惟聽刊行於境內有傳於鄰境者罪至死見沈括夢溪筆談僧行均龍龕手鏡條下蓋國之虛實不以示敵

用意至深然以此不流播於天下迨五京兵燹之後遂至舊章散失澌滅無遺觀袁桷修三史議蘇天爵三史質疑知遼代載籍可備修史之資者寥寥無幾故當時所據惟耶律儼陳大任二家之書見聞旣隘又蒇功於一載之內無暇旁搜潦草成編實多疏畧其間左支右詘痕跡灼然如每年遊幸旣具書於本紀矣復爲遊幸表一卷部族之分合旣詳述於營衛志矣復爲部族表一卷屬國之貢使亦具見於本紀矣復爲屬國表一卷義宗之

弃唐章肅之爭國既屢見於紀志表矣復累書於列傳文學僅六人而分爲兩卷伶官宦官本無可紀載而强綴三人此其重複瑣碎在史臣非不自知特以無米之炊足窮巧婦故不得已而縷割分隸以求卷帙之盈勢使之然不足怪也然遼典雖不足徵宋籍非無可考東都事畧載遼太宗建國號大遼聖宗即位改大遼爲大契丹國道宗咸雍二年復改國號大遼考重熙十六年釋迦佛舍利鐵塔記石刻今尚在興中故城今名古爾板蘇巴爾漢譯言三塔也

其文稱維大契丹國興中府重熙十五年丙戌歲十一月丁丑朔云云與王偁所記合而此書不載是其於國號之更改尚未詳也文獻通考稱遼道宗改元壽昌洪遵泉志引李季興東北諸蕃樞要云契丹主天祚年號壽昌又引北遼通書云天祚即位壽昌七年改爲乾統而此書作壽隆殊不思聖宗諱隆緒道宗爲聖宗之孫何至紀元而犯祖諱考今興中故城東南七十里柏山有安德州靈巖寺碑稱壽昌初元歲次乙亥又有玉石觀音像

唱和詩碑稱壽昌五年九月又易州有興國寺太子誕聖邑碑稱壽昌四年七月均與洪遵所引合又老學菴筆記載聖宗改號重熙後避天祚嫌名追稱重熙曰重和考興中故城鐵塔旁記有天慶二年釋迦定光二佛舍利塔記稱重和十五年鑄鐵塔與陸游所記亦合而此書均不載是其於改元之典章多舛漏也潛研堂金石文跋尾又稱據太子聖誕邑碑諸人結銜知遼制有知軍州事通判軍州事知縣事之名而百官志亦不載是其於

制度有遺闕也至厲鶚遼史拾遺所摭更不可以僕數此則考証未詳不得委之文獻無徵矣然其書以實錄爲憑無所粉飾如宋史載太平興國七年戰於豐州據此書則云宋使請和宋史忠義傳有康保裔據此書則云保裔被擒而降後爲昭順軍節度使審其事勢遼史較可徵信此三史所由並行而不可偏廢歟

遼史拾遺二十四卷　浙江巡撫採進本

國朝厲鶚撰鶚字太鴻錢塘人康熙庚子舉人是書

拾遼史之遺有註有補均摘錄舊文爲綱而參考他書條列於下凡有異同悉分析考證綴以按語國語解先後次第與目錄有不合者亦悉爲釐正又補輯遼境四至及風俗物産諸條於後其中如劉守光自爲節度使唐書及五代史列傳載之最詳乃獨取資治通鑑一條李嗣源之救幽州不引契丹國志亦僅引通鑑王都破唐兵五代史與諸書互有同異而不加考辨金克中京大金國志叙次最悉乃獨取松漠紀聞數言保大以後遼事載

於宋史紀傳者最多皆畧而不取似此之類皆頗有所遺又蘭亭石刻之類蔓延鋪叙與史事毫無所關亦未免嗜博愛奇傷於泛濫然元修三史莫繁冗於宋莫疎畧於遼鶚採摭羣書至三百餘種均以旁見側出之文參考而求其端緒年月事迹一一鈎稽其補唐中和諸人之傳及禮志之補幡勝樂志之補聒帳輿服志之補金冠窄袍食貨志之補賦稅名目皆採輯散佚足備考證鶚樊榭詩集中自稱所注遼史比於裴松之之三國史注亦

有以也至於卷末國語解對音舛誤名義多乖由作史者昧於翻譯故因仍故牘致失其眞觽雖釐正其次第而索倫舊語旣非所知故舊史駁文未能考定今三史國語悉蒙

欽定一洗前代之訛足以昭示萬古觽所附贅存而不論可矣

金史一百三十五卷內府刊本

元托克托等奉勅撰凡紀十九卷志三十九卷表四卷列傳七十三卷金人肇基東海奄有中原制

度典章彬彬爲盛徵文考獻具有所資即如大金弔伐一錄自天輔七年交割燕雲及天會三年再舉伐宋五年廢宋立楚至康王南渡所有國書誓詔册表文狀指揮牒檄以載於故府案牘者具有年月得以編次成書是自開國之初即已遺聞不墜文藝傳稱元好問晚年以著作自任以金源氏有天下典章法制幾及漢唐國亡史作已所當任時金國實錄在順天張萬戸家乃言於張願爲撰述既因有阻而止乃搆野史亭著述其上凡金源

君臣遺言往行采摭所聞有所得輒以片紙細字爲記錄至百餘萬言纂修金史多本其所著又稱劉祁撰歸潛志於金末之事多有足徵是相承纂述復不乏人且考阿魯台等進書表稱張柔歸金史於其前王鶚輯金事於其後是以纂修之命見諸敕遺之謀延祐申舉而未遑天歷推行而弗竟是元人之於此書經營已久與宋遼二史取辦倉卒者不同故其首尾完密條例整齊約而不疏贍而不蕪在三史之中獨爲最善如載世紀於卷首

而列景宣帝睿宗顯宗於世紀補則酌取魏書之例歷志則采趙知微之大明歷而兼考渾象之存亡禮志則掇韓企先等之大金集禮而兼及雜儀之品節河渠志之詳於二十五埽百官志之首叙建國諸官咸本本元元具有條理食貨志則因物力之微而嘆其初法之不慎選舉志則因令史之正班而推言仕進之末弊交聘表則數宋人三失而惜其不知守險不能自强皆切中事機意存殷鑒卓然有良史之風惟其列傳之中頗多疎舛如

楊朴佐太祖開基見於遼史而不爲立傳晉王宗翰之上書乞免見北盟會編濬王宗弼之遺令處分見建炎以來繫年要録皆有關國政而本傳不書海陵之失德旣見於本紀而諸嬖之猥褻復詳述於后妃傳王倫以奉使被留未嘗受職而傳列於鄜瓊李成之後張邦昌傳旣云宋史有傳事具宗翰等傳而後復引本紀之文列於劉豫之前皆乖體例至昌本之南走施宜生之泄謀宇文虛中之謗訕傳聞異辭皆未能核定亦由於祇據實録

未暇旁考諸書然宋史載兩國兵事多採摭宋人所記不免浮詞如采石之戰其時海陵士卒聞大定改元離心自潰虞允文據以爲功殊非事實此書所載獨得其眞泰和以後諸臣傳尤能悉其情事葢好問等得諸目睹與傳聞異詞者殊也卷三十三卷七十六中有闕文葢明代監板之脫誤今以

內府所藏元板校補仍爲完帙云

元史二百十卷內府刊本

明宋濂等奉勅撰洪武二年得元十三朝實錄命修元史以濂及王禕爲總裁二月開局天寧寺八月書成而順帝一朝史猶未備乃命儒士歐陽佑等往北平採其遺事明年二月詔重開史局閱六月書成爲紀四十七卷志五十三卷表六卷列傳一百十四卷書始頒行紛紛然已多竊議迨後來遞相考証紕漏彌彰顧炎武日知錄摘其趙孟頫諸傳備書上世贈官仍誌銘之文不知芟削河渠志言耿參政祭祀志言田司徒引案牘之語失於

翦裁朱彝尊曝書亭集又謂其急於成書故前後複出因舉其一人兩傳者條其篇目為倉猝失檢之病然元史之舛駁不在於藏事之速而在於始事之驟以後世論之元人載籍之存者說部文集尚不下一二百種以訂史傳時見牴牾不能不咎考訂之未密其在當日則重開史局距元亡二三年耳後世所謂古書皆當日時人之書也其時有未著者有著而未成者有成而未出者勢不能裒合衆說參定異同考徐一夔始豐稿有重開史局

時與王禕書云近代論史者莫過於日歷日歷者史之根柢也至起居注之設亦專以甲子起例蓋紀事之法無踰此也元則不然不置日歷不置起居注獨中書置時政科遣一文學掾掌之以事付史館及易一朝則國史院據所付修實錄而已其於史事固甚疎畧幸而天歷間虞集做六典法纂經世大典一代典章文物粗備是以前局之史既有十三朝實錄又有經世大典可以參稽釐而成書若順帝二十六年之事既無實錄可據又無參

稽之書惟憑採訪以足成之竊恐事未必覈言未必馴首尾未必貫穿也云云則是書之疎漏未經屬草以前一夔已預知之非盡濂等之過矣惟是事蹟雖難以遽詳其體例則不難自定其訛脫則不難自校也今觀是書三公宰相分爲兩表禮樂合爲一志又分祭祀輿服爲兩志列傳則先及釋老次以方技皆不合前史遺規而刪除藝文一志收入列傳之中遂使無傳之人所著皆不可考尤爲乖迕又帝紀則定宗以後憲宗以前闕載者三

年未必實錄之中竟無一事其爲漏落顯然至於姚燧傳中述其論文之語殆不可曉証以元文類則引其送暢純甫序而互易其問答之辭殊爲顛倒此不得委諸無書可檢矣是則濂等之過無以解於後人之議者耳解縉集有與吏部侍郎董倫書稱元史舛誤承命改修云云其事在太祖末年豈非太祖亦覺其未善故有是命歟若夫歷志載許衡郭守敬之歷經李謙之歷議而并及庚午元歷之未嘗頒用者以証其異同地理志附載潘昂

霄河源考而取朱思本所繹梵字圖書分註於下河渠志則北水兼及於盧溝河御河南水兼及於鹽官海塘龍山河道並詳其繕濬之宜未嘗不可爲考古之證讀者參以諸書而節取其所長可也

欽定遼金元三史國語解四十六卷

乾隆四十六年奉

勅撰考譯語對音自古已然公羊傳所稱地物從中國邑人名從主人是也譯語兼釋其名義亦自古已然左傳所稱楚人謂乳穀謂虎於菟穀梁傳所稱

吳謂善伊謂稻綏號從中國名從主人是也間有
音同字異者如天竺之爲捐篤身毒印度烏桓之
爲烏丸正如中國文字偶然假借如歐陽漢碑作
歐羊包胥戰國策作勃蘇耳初非以字之美惡分
别愛憎也自魏書改柔然爲蠕蠕比諸蠕動已屬
不經唐書謂回紇改稱回鶻取輕健如鶻之意更
爲附會至宋人武備不修鄰敵交侮力不能報乃
區區修隙於文字之間又不通譯語竟以中國之
言求外邦之義如趙元昊自稱兀卒轉爲吾祖遂

謂吾祖爲我翁蕭鶻巴本屬蕃名乃以與曾淳甫作對以鶻巴鶉脯爲惡謔積習相沿不一而足元托克托等修宋遼金三史多襲舊文不加刊正考其編輯成書已當元末是時如台哈布哈號爲文士今所傳納新（案納新原本誤作迺賢今改正）金臺集首有所題篆字亦自署曰泰不華居然訛異蓋舊俗已漓併色目諸人亦不甚通其國語宜諸史之訛謬百出矣迨及明初宋濂等纂修元史以八月告成事迹挂漏尚難殫數前代譯語更非所諳三史所附國

語解顛舛支離如出一轍固其宜也我

皇上聖明天縱邁古涵今洞悉諸國之文灼見舊編之

誤

特命館臣詳加釐定併一

親加指示務得其真以索倫語正遼史凡十卷首君名附以后妃皇子公主次宮衛附以軍名次部族附以屬國次地理次職官次人名次名物共七門以滿洲語正金史凡十二卷首君名附以后妃皇子次部族次地理次職官附以軍名次姓氏次人名

附以名物共六門以蒙古語正元史凡二十四卷首帝名附以后妃皇子公主次宮衛附以軍名次部族附以國名次地理次職官次人名次名物共七門各一一著其名義詳其字音字音爲漢文所無者則兩合三合以取之分析微茫窮極要窅即不諳繙譯之人繹訓釋之明悟語聲之轉亦覺釐然有當於心而恍然於舊史之誤也葢自

欽定三合切音清文鑑出而

國語之精奧明至此書出而前史之異同得失亦明

不但宋明二史可據此以刊其訛即四庫之書凡
人名地名官名物名涉於三朝者均得援以改正
使音訓皆得其真
聖朝考文之典洵超軼乎萬禩矣
明史三百三十六卷內府刊本
國朝保和殿大學士張廷玉等奉
勅撰乾隆四年七月二十五日書成表
進凡本紀二十四卷志七十五卷表一十三卷列傳
二百二十卷目錄四卷其進表有曰仰惟

聖祖仁皇帝搜圖書於金石羅耆俊於山林創事編摩寬
其歲月葢康熙十八年始
詔修明史並
召試彭孫遹等五十八人入館纂修以紀載浩繁異同岐出
遞相考証未遽定也又曰我
世宗憲皇帝重申公慎之旨載詳討論之功臣等於時奉
勑充總裁官率同纂修諸臣開館排輯十有五年之內幾
經同事遷流三百餘卷之書以次隨時告竣葢雍
正二年

詔諸臣續藏其事至是乃成書也又曰籤帙雖多牴牾互見惟舊臣王鴻緒之史稿經名人三十載之用心進在彤幃頒來秘閣首尾畧具事實頗詳爰即成編用爲初稿葢康熙中戸部侍郎王鴻緒撰明史稿三百十卷惟帝紀未成餘皆排比粗就較諸家爲詳贍故因其本而增損成帙也其間諸志一從舊例而稍變其例者二歴志增以圖以歴生於數數生算算法之句股面線今密於古非圖則分刌不明藝

文志惟載明人著述而前史著錄者不載其例始於宋孝王關中風俗傳劉知幾史通又反覆申明於義爲允唐以來弗能用今用之也表從舊例者四曰諸王曰功臣曰外戚曰宰輔創新例者一曰七卿蓋明廢左右丞相分其政於六部而都察院糾核百司爲任亦重故合而七也列傳從舊例者十三創新例者三曰閹黨曰流賊曰土司蓋貂璫之禍雖漢唐以下皆有而士大夫趨勢附羶則惟明人爲最夥其流毒天下亦至酷別爲一傳所以

著亂亡之源不但示斧鉞之誅也闖獻二寇至於亡明剿撫之失足爲炯鑒非他小醜之比亦非割據羣雄之比故別列之至於土司古所謂羈縻州也不內不外釁隙易萌大抵多建置於元而滋蔓於明控馭之道與牧民殊與禦敵國又殊故自爲一類焉若夫甲申以後仍續載福王之號乙酉以後仍兼載唐王桂王諸臣則

頒行以後宣示

綸綍

特命改增

聖八大正至公之心上洞三光下照萬禩尤自有史籍以來所未嘗聞見者矣

右正史類三十八部三千六百八十一卷皆文淵閣

著錄

案註釋諸史之書皆各從其類惟班馬異同附漢書後以有漢書而後考及史記是由漢書作也兩漢刊誤補遺附後漢書後及見前前尚未及見後也若茅國縉蔣之翹之晉

書刪改原文宋史新編之屬非其本書五代史補五代史闕文亦增益於本書之外如斯之類則均入別史焉

正史類存目

訂正史記眞本凡例一卷 編修程晉芳家藏本

舊本題宋洪遵撰遵字景嚴鄱陽人皓仲子官同知樞密院事諡文安事迹具宋史本傳是編載曹溶學海類編中前有自序稱手錄司馬遷史記一帙盡汰去楊惲褚少孫等所補十篇并去其各篇

中增益之語而以已所校定者錄於下方此其書前凡例也考諸家目錄皆不載遵有此書諸家言史學者如漢書刊誤新唐書糾謬五代史纂誤俱表表於世自宋以來亦從無引及此本者今觀其所刊正不盡無理而云得司馬遷名山所藏眞本與今本核其異同知其孰爲楊惲所增孰爲褚少孫所補則三洪皆讀書人斷不謬妄至此豈有由漢及宋尚有司馬遷眞本藏於山中遵忽然得之者耶其爲明季妄人托名僞撰殆無疑義且旣謂

之凡例矣而某篇同某篇異某篇自某處至某處删若干句某篇某句下删若干字直以全書悉載例中可使人按例而塗乙之即得眞本無庸更有全書矣此尤作僞之一證也

史記瑣瑣二卷山東巡撫採進本

明郝敬撰敬有周易正解已著錄黃虞稷千頃堂書目載敬山草堂集不詳卷數今亦未見全本此其集中外篇之第十八種也取史記疑義畧爲考正訓釋然多臆撰如殷本紀西伯伐饑國葢黎饑

古字假借乃云書作伐黎黎饑色也書曰黎民阻飢爲其民失養而弔伐之然則黎民於變時雍又當何解又周本紀輕呂之劍謂卽赤刀龍蔡謂卽龍溺項羽本紀楚歌爲激楚之音皆漫無根據不足信也

史詮五卷 內府藏本

明程一枝撰一枝字巢父休寧人是編專釋史記字句校考諸本頗有發明惟參襍時人評語頗近鄉塾陋本體例亦有過於膠固者如欲据荀子樂

記刪改禮書樂書之類皆不可據爲定論也

班馬異同評三十五卷 浙江汪汝瑮家藏本

宋倪思撰劉辰翁評辰翁字會孟廬陵人景定壬戌廷試對策忤賈似道置丙第遂以親老請掌濂溪書院後召入史館及除太常博士皆不就宋亡後隱居以終其文集散佚僅存四景詩及須溪記鈔蓋不及十分之一今從永樂大典裒輯遺篇始稍成卷帙惟所評諸書尙傳此本亦其一也辰翁人品頗高潔而文章多涉僻澁其點論古書尤好

爲纖詭新頴之詞實於數百年前預開明末竟陵之派此書據文義以評得失尚較爲切實然於顯然共見者往往贅論而筆削微意罕所發明又倪思原書本較其文之異同辰翁所評乃多及其事之是非大抵以意斷制無所考証既非論文又非論古未免兩無所取楊士奇跋以爲臻極精妙過矣舊無專刻僅附倪思書以行然究爲以辰翁之書亂思之書故有疑班馬異同即爲辰翁作者語詳班馬異同條下今各著錄俾兩不相淆焉

史漢方駕三十五卷兩江總督採進本

明許相卿編相卿字台仲海寧人正德丁丑進士官至兵科給事中事迹具明史本傳是編因倪思原本稍爲釐訂改題此名陳勝英布二傳思書偶遺此補綴所闕他如衛青霍去病傳附錄諸將漢書别自立傳與史記文不相襲者思書刪去此皆掇拾所遺其先後次第改從司馬貞索隱亦稍更其序然所益不及百分之一惟思書史記大書漢書細書文相連屬但以字形廣狹爲分頗易混淆

又字旁鈎勒傳寫尤舛誤相卿變其體例以史漢相同者直書行中不同者分行夾註凡史記有而漢書無者偏列於右漢書有而史記無者偏列於左條理井然較思書爲勝所列評語亦因劉辰翁之本稍爲損益頗不及舊文又舊文皆標置簡端相卿意取便覽或移附句旁如批點時文之例反參錯難觀則未免於不善變矣

五代史志疑四卷 江蘇巡撫採進本

國朝楊陸榮撰陸榮有易互已著錄歐陽修作五代

史多仿春秋書法自謂是非之旨不謬於聖人然褒貶謹嚴而事迹或在所畧故重複舛漏間亦不免吳縝作五代史纂誤頗糾其訛其本久佚惟永樂大典中尚存梗概今奉

詔編纂始排比成帙陸榮此編成於康熙庚子蓋未睹縝書故以意研求摘其踈謬如梁太祖本紀謂洹水之戰擒李克用子落落而家人傳不載其名唐昭宗遷難以後不書立昭宣帝則紀中前後所稱天子不可辨別晉出帝紀謂馬全節戰於榆林兩

軍俱潰其一軍不知爲誰又與附錄所載榆林之戰全不相合瀛州之戰書梁漢璋敗績王淸戰死附錄則書漢璋戰死而不及淸唐太祖兄弟傳所載太祖有四弟克讓克修克恭克寧而李嗣昭傳乃有太祖弟克柔唐莊宗諸子傳謂五子繼岌繼潼繼嵩繼蟾繼嶢而劉后傳乃多一幼子滿喜晉出帝家人傳漏延煦母楚國夫人丁氏而張廷澤傳中乃有之漢隱帝家人傳漏耿夫人而楊邠傳中乃有之王景仁傳以朗王存之子友寧爲梁太

祖子羅紹威傳以兄守文爲弟守文白再榮傳李
崧和凝留鎮州時契丹已北歸不應云隨契丹留
安重榮傳謂其祖父皆爲刺史不應云暴至富貴
劉昫傳不應漏修唐書皆頗有考訂然其餘不過
爭文句之繁簡論進退之當否毛舉細故往往失
當大抵惟就本書之中互相較勘所引他書僅茅
坤五代史抄評一條此外更無旁證也

宋史偶識三卷　浙江巡撫採進本

明項夢原撰夢原字希憲秀水人萬歷己未進士

官至刑部郎中管河張秋其書乃讀宋史時隨筆摘錄又他書所見可以參考者附之間加評斷亦甚寥寥蓋當時强援梨棗以充書帕之本非有意於著述也

右正史類七部八十五卷皆附存目

案凡考証一代之史者雖工拙有殊然非淹貫全書則不能論著不比語錄之類人人皆可成編故撰述者無多即存目之書亦寥寥可數

欽定四庫全書總目 史部

卷四十七

欽定四庫全書總目卷四十七

史部三

編年類

司馬遷改編年爲紀傳荀悅又改紀傳爲編年劉知幾深通史法而史通分敘六家統歸二體則編年紀傳均正史也其不列爲正史者以班馬舊裁歷朝繼作編年一體則或有或無不能使時代相續故姑置焉無他義也今仍蒐羅遺帙次於正史俾得相輔而行隋志史部有起居

注一門著錄四十四部舊唐書載二十九部併實錄爲四十一部新唐書載二十九部存於今者穆天子傳六卷温大雅大唐創業起居注三卷而已穆天子傳雖編次年月類小說傳記不可以爲信史實惟存温大雅一書不能自爲門目稽其體例亦屬編年今併合爲一猶舊唐書以實錄附起居注之意也

竹書紀年二卷 內府藏本

案晉書束晳傳晉咸和七年汲縣人發魏襄王冢

得古書七十五卷中有竹書紀年十三篇今世所行題沈約注亦與隋志相符顧炎武考證之學最爲精核所作日知錄中往往引以爲據然反覆推勘似非汲冢原書考平王東遷以後惟載晉事三家分晉以後惟載魏事是魏承晉史之明驗然晉靈公桃園之事董狐所書明見左傳孔子稱趙盾爲法受惡足知未改史文乃今本所載仍以趙穿弑獄則非晉史之舊也束晳傳稱竹書載夏年多殷益干啟位殺之今本皆無此文又杜預註左傳

攜王奸命句引服虔說以爲伯服疏併引束晳以爲伯盤今本乃有余由之說使竹書原有此文不應二人皆未睹則非束晳杜預所見本也郭璞註穆天子傳引紀年七條以今本核之相同者三條璞稱紀年而今在註中者三條璞時不應先有註且三條併爲一條文亦不屬其穆天子見西王母西王母止之曰有鳥䳌人一條今本無之則非郭璞所見本也隋書經籍志曰紀年皆用夏正建寅月爲歲首今本自入春秋以後時月並與經同全

從周正則非隋時所見本也水經注引竹書七十六條皆以晉國紀年如春秋之爲魯史而此本晉國之年皆附周下又引出公六年荀瑶城宅陽梁惠王元年鄴師邯鄲師次于平陽魏襄王六年秦取我焦及齊師伐趙東鄙圍中牟諸條今本皆無其他年月亦多舛異則非酈道元所見本也史通引竹書文王殺季歷今本作文丁又引竹書鄭桓公厲王之子今本錫王子多父命居洛在宣王二十二年王子多父爲鄭公在幽王二年皆不云厲

王子則非劉知幾所見本也文選註引竹書五條今惟有太甲殺伊尹一條則非李善所見本也開元占經引竹書四條今本皆無則非瞿曇悉達所見本也史記索隱引竹書晉出公二十三年奔楚乃立昭公之孫是爲敬公今本作出公薨又引秦與衛戰岸門惠王後元十一年會齊于平阿十三年會齊于甄齊桓公君母齊宣王后宋易成肝廢君自立楮里疾圍蒲七條今本皆無則非司馬貞所見本也穀梁傳疏引竹書紀年周昭王膠舟之

事以駁呂氏春秋今本但曰王陟無膠舟事則非楊士勛所見本也元豐九域志引竹書陰司馬敗燕公子翌于武垣一條今本亦無則非王存所見本也路史引竹書周武王年五十四辨武王非年九十三今本乃作九十三又註引竹書夏后不降六十九年證世紀五十九年之異今本乃亦作五十九路史又引梁惠王八年雨骨于赤䴵註又引夏桀末年社坼裂今本並無則非羅泌羅苹所見本也戰國策註引竹書魏救中山塞集胥口今本

無之則非鮑彪所見本也廣川書跋引竹書秦穆公十一年取靈丘今本無之則非董逌所見本也雖其他證以竹書往往相合然允征稱辰弗集于房說命稱舊學于甘盤均出梅賾古文尚書在西晉之後不應先見竹書豈亦明人鈔合諸書以爲之如十六國春秋類歟觀其以春秋合夏正斷斷爲胡傳盛行以後書也沈約註外又有小字夾行之註不知誰作中殷小庚一條稱約案史記作太庚則亦當爲約說考元和郡縣志魏武定七年始

置海州隋煬帝時始置衛縣而註舜在鳴條一條稱今海州夏啓十一年放武觀一條稱今頓邱衛縣則非約語矣又所註惟五帝三王最詳他皆寥寥而五帝三王皆全鈔宋書符瑞志語約不應既著於史又不易一字移而爲此本之註然則此註亦依託耳自明以來流傳已久姑錄之以備一說其僞則終不可掩也

竹書統箋十二卷 安徽巡撫採進本

國朝徐文靖撰文靖有禹貢會箋已著錄是編蓋作

於孫之騄考定竹書以後亦因僞沈約註爲之引證推闡首倣司馬貞補史記例作伏羲神農紀年題曰前編而自爲之註多據毛漸僞三墳殊失考正次爲雜述述竹書源流皆不入卷數其箋則依諸經註疏之例發明於各條之下蓋文靖誤以紀年爲原書又誤以其註眞出沈約故以箋自名如鄭元之於毛公也然其引證諸書皆著出典較孫之騄爲切實而考正地里訂正世系亦較之騄爲詳晰如坊本誤於外丙元年後係以小庚五年小

甲十七年雍巳十二年太戊三十五年乃繼以二年陟盎舊本顛倒一頁重刻者因而仍之陳仁錫作四書考遂據以駁難異同文靖以殷本紀排比知其脫誤亦較之騄爲密也

漢紀三十卷安徽巡撫採進本

漢荀悅撰悅字仲豫潁陰人獻帝時官秘書監侍中後漢書附見其祖荀淑傳稱獻帝好典籍以班固漢書文繁難省乃令悅依左氏傳體爲漢紀三十篇詞約事詳論辨多美張璠漢記亦稱其因事

以明臧否致有典要大行於世唐劉知幾史通六家篇以悅書為左傳家之首其二體篇又稱其歷代寶之有踰本傳班荀二體角力爭先其推之甚至故唐人試士以悅紀與史漢為一科文獻通考載宋李燾跋曰悅為此紀固不出班書亦時有所刪潤而諫大夫王仁侍中王閎諫疏班書皆無之又稱司馬光編資治通鑑書太上皇事及五鳳郊泰畤之月皆舍班而從荀蓋以悅修紀時固書猶未舛訛又稱其君蘭君簡端瑞興譽寬竟諸字與

漢書互異者先儒皆兩存之王銍作兩漢紀後序亦稱荀袁二紀於朝廷紀綱禮樂刑政治亂成敗忠邪是非之際指陳論著每致意焉反復辨達明白條暢啓告當代而垂訓無窮是宋人亦甚重其書也其中若壺關三老茂漢書無姓悅書云姓令狐朱雲請尚方劍漢書作斬馬悅書乃作斷馬證以唐張渭詩願得上方斷馬劍斬取朱門公子頭句知漢書字誤者考証者亦不一近時顧炎武日知錄乃惟取其宣帝賜陳遂璽書一條及元康三

年封海昏侯詔一條能改正漢書三四字其餘則病其敘事索然無意味間或首尾不備其小有不同皆以班書爲長未免抑揚過當又曰紀王莽事自始建國元年以後則云其二年其三年以至其十五年以别於正統而盡没其天鳳地皇之號云云其語不置可否然不曰盡削而曰盡没似反病其疏畧者不知班書莽自爲傳自可載其僞號茍書以漢系編年豈可以莽紀元哉是亦非確論不足爲悅病也是書考李燾所跋自天聖中已無善

本明黃姬水所刊亦間有舛訛康熙中襄平蔣國祥蔣國祚與袁宏後漢紀合刻後附兩漢紀字句異同考一卷今用以參校較舊本稍完善焉

後漢紀三十卷 安徽巡撫採進本

晉袁宏撰宏字彥伯陽夏人太元初官至東陽太守事迹具晉書文苑傳是書前有宏自序稱嘗讀後漢書煩穢雜亂聊以暇日撰集爲後漢紀其所綴會漢紀 案此漢紀蓋指荀悅之書涉及東漢初事者非張璠書也 謝承書司馬彪書華嶠書謝沈書漢山陽公記漢靈獻起居

注漢名臣奏旁及諸部耆舊先賢傳凡數百卷前史闕畧多不次序錯繆同異誰使正之經營八年疲而不能定頗有傳者始見張璠所撰書其言漢末之事差詳故復探而益之云云蓋大致以漢紀爲準也案隋志載璠書三十卷今已散佚惟三國志註及後漢書註閒引數條今取與此書互勘璠記所有此書往往不載其載者亦多所點竄互有詳畧如璠記稱盧芳安定人屬國夷數十畔在參蠻芳從之詐姓劉氏此書則作劉芳安定三川人

本姓盧王莽末天下咸思漢芳由是詐稱武帝後變姓名爲劉文伯及莽敗芳與三川屬國羌胡起兵北邊以及朱穆論梁冀池中舟覆吳祐諫父寫書事皆較璠記爲詳璠記稱明德馬皇后不喜出遊未嘗臨御窗牖此書則作性不喜出入遊觀璠記稱楊秉嘗曰我有三不惑酒色財也天下以爲名公此書刪下一句又如序王龔與薛勤喪妻事璠記先敘龔而追敘勤此書則先敘勤而後敘龔敘呂布兵敗勸王允同逃事璠記敘在長安陷時

此書追敘於後亦頗有所移置而核其文義皆此書爲長其體例雖仿荀悅書而悅書因班固舊文翦裁聯絡此書則抉擇去取自出鑒裁抑又難於悅矣劉知幾史通正史篇稱世言漢中興史者惟袁范二家以配蔚宗要非溢美也

元經十卷江蘇巡撫採進本

舊本題隋王通撰唐薛收續并作傳宋阮逸注其書始晉太熙元年終隋開皇九年凡九卷稱爲通之原書末一卷自隋開皇十年迄唐武德元年稱

收所續晁公武讀書志曰案崇文無其目疑阮逸依托爲之陳振孫書錄解題曰河汾王氏諸書自中說以外皆唐藝文志所無其傳出阮逸或云皆逸僞作也唐神堯諱淵其祖景皇諱虎故晉書戴淵石虎皆以字行薛收唐人於傳稱戴若思石季龍宜也元經作於隋世大興四年亦書曰若思何哉今考是書晉成帝咸和八年書張公庭爲鎮西大將軍康帝建元元年書石虎侵張駿公庭即駿之字猶可曰書名書字例本互通至於康寧三年

書神虎門爲神獸門則顯襲晉書更無所置辨矣且於周大定元年直書楊堅輔政通生隋世雖妄以聖人自居亦何敢於悖亂如是哉陳師道後山談叢何薳春渚紀聞邵博聞見後錄並稱逸作是書嘗以稿本示蘇洵薳與博語未可知師道則篤行君子斷無妄語所記諒不誣矣逸字天隱建陽人天聖五年進士官至尚書屯田員外郎宋史胡瑗傳景祐初更定雅樂與鎮東軍節度推官阮逸同校鐘律者即其人也王鞏甲申雜記又載其所

作詩有易立太山石難芳上林柳句爲怨家所告流竄以終生平喜作僞書此特其一耳文獻通考載是書十五卷此本止十卷自魏太和以後往往數十年不書一事葢又非阮逸僞本之全矣明鄧伯羔藝彀稱是書爲關朗作朗北魏孝文帝時人何由書開皇九年之事或因宋人記關朗易傳與此書同出阮逸偶然誤記耶其書本無可取以自宋以來流傳已久姑錄存之而參考諸說附糾其依托如右

大唐創業起居注三卷 浙江巡撫採進本

唐溫大雅撰大雅字彥寵并州祁人官禮部尚書封黎國公事迹具唐書本傳是書唐志宋志皆作三卷惟文獻通考作五卷此本上卷記起義旗至發引四十八日之事中卷記起自太原至京城一百二十六日之事下卷記起攝政至即眞一百八十三日之事與書錄解題所云記三百五十七日之事者其數相符首尾完具無所佚闕不應復有二卷通考殆誤三爲五也大雅本傳稱高祖兵興

引爲記室參軍主文檄則此書得諸聞見記錄當

眞今取與高祖本紀相較若劉仁恭爲突厥所敗

煬帝驛繫高祖此書稱高祖側耳謂秦王曰隋運

將盡吾家繼膺符命所以不早起兵者爲爾兄弟

未集耳今遭羑里之厄爾昆季須會盟津之師是

與師由高祖而本紀則謂舉事由秦王又此書載

隋少帝以夏四月詔曰今遵故事遜於舊邸而本

紀則繫之五月戊午凡此之類皆頗相牴牾書中

所謂大郎即建成二郎即太宗於太宗殊無所表

異胡震亨跋謂大抵載筆之時建成方爲太子故凡言結納賢豪攻畧城邑必與太宗並稱殆其然歟抑或貞觀十七年敬播房元齡許敬宗等所修高祖實錄欲以創業之功獨歸太宗不能無所潤色也觀大雅所諱獨宮婢私侍一事耳至於稱臣突厥則以不用書而用啓隱約其詞而於煬帝命爲太原道安撫大使則載高祖私喜此行以爲天授於煬帝命擊突厥則載高祖私謂人曰天其或者將以畀余俱據事直書無所粉飾則凡與唐史

不同者或此書反爲實錄亦未可定也

資治通鑑二百九十四卷 內府藏本

宋司馬光撰元胡三省音注光以治平二年受詔撰通鑑以元豐七年十二月戊辰書成奏上凡越十九年而後畢光進表稱精力盡於此書其採用之書正史之外雜史至二百二十二種其殘稿在洛陽者尚盈兩屋既非掇拾殘賸者可比又助其事者史記前後漢書屬劉攽三國南北朝屬劉恕唐五代屬范祖禹又皆通儒碩學非空談性命之

流故其書網羅宏富體大思精爲前古之所未有而名物訓詁浩博奥衍亦非淺學所能通光門人劉安世嘗撰音義十卷世已無傳南渡後註者紛紛而乖謬彌甚至三省乃滙合羣書訂訛補漏以成此書元袁桷清容集載先友淵源錄稱三省天台人寶祐進士賈相館之釋通鑑三十年兵難藁三失乙酉歲留袁氏家塾日手抄定注己丑寇作以書藏窖中得免案三省自序稱乙酉徹稿與桷所記正合惟桷稱定注而今本題作音注疑出三

省所自改三省又稱初依經典釋文例爲廣注九十七卷後失其書復爲之註始以考異及所注者散入通鑑各文之下歷法天文則隨目錄所書而附注焉此本惟考異散入各文下而目錄所有之歷法天文書中並未附注一條當爲後人所刪削或三省有此意而未及爲歟通鑑文繁義博貫串最難三省所釋於象緯推測地形建置制度沿革諸大端極爲賅備故唐紀開元十二年內注云温公作通鑑不特紀治亂之迹而已至於禮樂歷數

天文地理尤致其詳讀者如飲河之鼠各充其量
葢本其命意所在而於此特發其凡可謂能見其
大矣至通鑑中或小有牴牾亦必明著其故如周
顯王紀秦大良造伐魏條注云大良造下當有衛
鞅二字唐代宗紀董晉使回紇條注云此韓愈狀
晉之辭容有溢美又嚴武三鎮劍南條注云武只
再鎮劍南葢因杜甫詩語致誤唐穆宗紀冊回鶻
嗣君條注云通鑑例回鶻新可汗未嘗稱嗣君文
宗紀鄭注代杜悰鎮鳳翔條注云如上卷所書杜

悰鎭忠武不在鳳翔凡若此類並能參証明確而不附會以求其合深得注書之體較尹起莘綱目發明附和回護如諂臣媚子所爲者心術之公私學術之眞僞尤相去九牛毛也雖徵摭旣廣不免檢點偶疎如延廣之佚姓出師表敗軍之事庾亮此手何可著賊之語劉懷珍之軍洋水阿那瓌之趨下卩烏丸軌宇文孝伯之誤句周太祖詔令兄之作令兄顧炎武日知錄並糾其失近時陳景雲亦摘地理訛舛者作舉正數十條然以二三百卷

之書而蹉失者僅止於此則其大體之精密益可概見黃溥簡籍遺聞稱是書元末刊於臨海洪武初取其板藏南京國學其見重於後來固非偶矣

資治通鑑考異三十卷 安徽巡撫採進本

宋司馬光撰此書於元豐七年隨通鑑同奏上高似孫緯畧載光編集通鑑有一事用三四出處纂成者文獻通考載司馬康所述有司馬彪荀悅袁宏崔鴻蕭方等李延壽及太清記唐歷之類洪邁容齋隨筆所記有河洛記魏鄭公諫錄李司空論

事張中丞傳涼公平蔡錄鄴侯家傳兩朝獻替記後史補金鑾密記彭門紀亂平剡錄廣陵妖亂志之類不過偶舉其數端不止是也其間傳聞異詞稗官既喜造虛言正史亦不皆實錄光既擇可信者從之復參考同異別爲此書辨證謬誤以祛將來之惑昔陳壽作三國志裴松之注之詳引諸書錯互之文折衷以歸一是其例最善而修史之家未有自撰一書明所以去取之故者有之實自光始其後李燾續通鑑長編李心傳建炎以來繫年

要錄皆沿其義雖散附各條之下爲例小殊而考訂得失則一也至陳桱王宗沐薛應旂等欲追續光書而不能網羅舊籍僅據本史編排參以他書往往互相牴牾不能遽定其是非則考異之法不講致留遺議於本書滋疑竇於後來者矣其中如唐闗播平章事拜罷專引舊唐書而不及引新唐書紀傳年表以証其誤者小小滲漏亦所不免然卷帙既繁所謂牴牾不敢保者光固已自言之要不足爲全體累也其書原與通鑑别行胡三省作

音注始散入各文之下然亦頗有漏畧此乃明初所刊單本猶光原書卷第故錄之以存其舊焉

通鑑釋例一卷內府藏本

宋司馬光撰皆其修通鑑時所定凡例後附與范祖禹論修書帖二通有光曾孫尚書吏部員外郎伋跋語稱遺稿散亂所藏僅存脫畧已甚伋輒掇取分類爲三十六例末題丙戌仲秋乃孝宗乾道二年胡三省通鑑釋文辨誤序謂光沒後通鑑之學其家無傳後因金使問司馬光子孫朝廷始訪

其後之在江南者得從曾孫伋使奉公祀凡言書出於司馬公者必鋟梓行之蓋伋之始末如此其編此書時嘗有浙東提舉常平茶鹽司板本惟伋跋稱三十六例而今本止分十二類蓋并各類中細目計之也伋又稱文全字闕者伋亦從而闕之而今本並無所闕則已非原刻之舊胡三省又云温公與范夢得修書二帖得於三衢學宮與劉道原十一帖則得於高文虎氏伋取以編於前例之後今本止有與夢得二帖而道源十一帖無之殆

後人以通鑑問疑別有專本而削去不載歟其書雜出於南渡後恐不無以意損益未必盡光本旨而相傳已久今故與問疑並著於錄以備參考焉

資治通鑑目錄三十卷 大理寺卿陸錫熊家藏本

宋司馬光撰此書亦與通鑑同奏上卽進書表所謂略舉事目以備檢閱者也其法年經國緯著其歲陽歲名於上而各標通鑑卷數於下又以劉羲叟長歷氣朔閏月及列史所載七政之變著於上方復撮書中精要之語散於其間次第釐然具有

條理益通鑑一書包括宏富而篇帙浩繁光恐讀者倦於披尋故於編纂之時提綱挈要併成斯編使相輔而行端緒易於循覽其體全仿年表用史記漢書舊例其標明卷數使知某事在某年某年在某卷兼用目錄之體則光之創例通鑑爲紀志傳之總會此書又通鑑之總會矣至五星凌犯之類見於各史天文志者通鑑例不備書皆列上方亦足補本書所未及書錄解題稱光患本書浩大難領畧而目錄無首尾晚著通鑑舉要歷八十卷

其稿在晁說之以道家紹興初謝克家任伯得而上之今其本不傳讀書志又別載通鑑節文六十卷亦稱光所自鈔今亦不傳惟此書以附通鑑得存尚足爲全書之綱領云

通鑑地理通釋十四卷 江蘇巡撫採進本

宋王應麟撰應麟有周易鄭氏註已著錄是書以通鑑所載地名異同沿革最爲糾紛而險要阨塞所在其措置得失亦足爲有國者成敗之鑒因各爲條列釐訂成編首歷代州域次歷代都邑次十

道山川次歷代形勢而終以唐河湟十一州石晉十六州燕雲十六州書本十四卷宋史本傳作十六卷疑傳刻之訛也其中徵引浩博考核明確而敘列朝分據戰攻尤一一得其要領於史學最爲有功原書無序後人以書後應麟自跋移冠於前所云上章執徐橘壯之月乃元世祖至元十六年庚辰八月是時宋亡已三年葢用陶潛但書甲子之義書內稱梓愼爲梓謹亦猶爲宋諱云

資治通鑑釋文辨誤十二卷內府藏本

元胡三省撰通鑑釋文本南宋時蜀人史炤所作
淺陋特甚時又有海陵所刊釋文稱司馬康本又
蜀廣都費氏進修堂板行通鑑亦以注附之世號
龍爪通鑑皆視史炤本差畧而實相蹈襲三省既
自爲通鑑音注復以司馬康釋文本出僞託而史
炤所作訛謬相傳恐其疑誤後學因作此書以刊
正之每條皆先舉史炤之誤而海陵本龍爪本與
之同者則分注其下其已見於此書者音注之中
即不復著其說然如唐德宗紀韓旻出駱驛一條

音注云史炤謂駱谷關之驛余按韓昱若過駱谷之驛則已通奉天而西南矣炤說非也此類隨文考正者亦不盡見於辨誤蓋二書本相輔而行故各有詳畧以便互爲考證也其書援據精核多足爲讀史者啟發之助所云音訓之學因文見義各有攸當不可滯於一隅又云晉宋齊梁陳之疆理不可以釋唐之疆理其言實足爲千古註書之法又不獨爲史炤一人而設矣

通鑑胡注舉正一卷浙江巡撫採進本

國朝陳景雲撰景雲里貫已附見三國辨誤條下是書皆參訂胡三省資治通鑑音注之誤凡六十三條而所正地理居多頗爲精核然如周赧王五十七年大梁夷門監者注以夷門爲大梁北門不知史記信陵君傳本作東門又隋煬帝大業元年奇章公牛宏注但引隋書新唐書作其章縣不知舊唐書本作奇章謂以縣東八里奇章山得名又漢明帝永平十四年隧鄉名見漢書地理志泰山郡虵邱縣條下唐高祖武德三年溱州見隋書煬帝

紀大業元年及地理志汝南郡條下後晉高祖天福四年康化軍見陸游南唐書烈祖本紀而注皆云無考凡斯之類尚未悉舉考書後附載王峻所作景雲墓誌稱作通鑑胡注舉正十卷而卷末黄子黄中跋亦稱書本十卷屋漏鼠齧之餘僅存什一然則是編乃殘缺之稿其多所挂漏宜矣要此所存諸條亦未始不足資考據也

稽古錄二十卷 大理寺卿陸錫熊家藏本

宋司馬光撰光既撰資治通鑑及目錄考異又有

舉要歷有歷年圖有百官表歷年圖仍依通鑑起於三晉終於顯德百官表止著宋代是書則上溯伏羲下訖英宗治平之末而爲書不過二十卷葢以各書卷帙繁重又歷年圖刻於他人或有所增損亂其卷帙故芟除繁亂約爲此編而諸論則仍歷年圖之舊元祐初表上於朝陳振孫書錄解題曰越本彙聚諸論於一卷潭本則分係於各代之後此刻次第葢依潭本較越本易於循覽朱子語錄曰稽古錄一書可備講筵官僚進讀小兒讀六

經了令讀之亦好末後一表其言如蓍龜一一皆驗今觀其諸論於歷代興衰治亂之故反覆開陳靡不洞中得失洵有國有家之炯鑑有裨於治道者甚深故雖非洛學之派朱子亦不能不重之足見其不可磨滅矣南渡以後龔頤正嘗續其書今永樂大典尚有全本然是非頗乖於公議陳振孫深不取之蓋其心術學問皆非光比故持論之正亦終不及光也

通鑑外紀十卷目錄五卷　少詹事陸費墀家藏本

宋劉恕撰恕字道原其先京兆萬年人祖受爲臨川令葬於高安因家焉宋史本傳稱其舉進士入高等不著何年考司馬光作此書序稱恕卒於元豐元年九月年四十七則當生於明道元年又稱其登第時年十八則皇祐元年進士也初授鉅鹿主簿遷知和川翁源二縣會司馬光受詔修資治通鑑奏以恕同司編纂轉著作郎熙寧四年以忤王安石乞終養改秘書丞仍令就家續成前書遂終於家此書乃其臨沒所成也蓋修資治通鑑時

恕欲與司馬光採宋一祖四宗實錄國史爲後紀而摭周威烈王以前事迹爲前紀會遭憂遘疾右肢痺廢知遠方不可得國書後紀必不能就乃口授其子羲仲以成此書改名曰外紀凡包羲以來紀一卷夏紀商紀共一卷周紀八卷又目錄五卷年經事緯上列朔閏天象下列外紀之卷數悉與司馬光通鑑目錄例同金履祥作通鑑前編頗詆其好奇今觀其書周成王元年丙戌稱周公攝王之元年越七年癸巳始稱成王元年則周公殆類

新莽之為又稱曾惠公為隱公娶於宋見其女好而自納之生桓公是惠公先有衛宣之醜如斯之類頗為不經又如齊桓觀龍殆如戲劇熊渠射虎何預勸懲雖曰細大不捐亦未免貪多務得履祥所論未可謂之吹求然外紀於上古之事可信者大書其異同并互以及荒遠茫昧者或分註或細書未嘗不具有別裁目錄於共和以後據史紀年表編年共和以前皆謂之疑年不標歲陽歲陰之名併不縷列其數亦特為審慎且其自序稱陶潛

豫爲祭文杜牧自撰墓誌夜臺甫邇歸心若飛不能作前後紀而爲外紀他日書成公爲前後紀則可刪削外紀之繁冗而爲前紀以備古今一家之言云云則恕作此書特擬爲草藁儲材備用如通鑑之有長編以待司馬光之刊定耳履祥不察當日書局編纂之例遽加輕詆操之未免已蹙矣

皇王大紀八十卷 浙江范懋柱家天一閣藏本

宋胡宏撰宏字仁仲號五峯崇安人安國之季子也以蔭補承務郎紹興中嘗上書忤秦檜久不調

檜死始召用辭疾不赴事蹟附載宋史儒林傳胡
安國傳中是書成於紹興辛酉紹定間嘗宣取入
秘閣所述上起盤古下迄周末前二卷皆粗存名
號事迹帝堯以後始用皇極經世編年博採經傳
而附以論斷陳振孫書錄解題譏其誤取莊子寓
言及敘邃古之初無徵不信然古帝王名號可考
統系斯存典籍相傳豈得遽為芟削至其採摭浩
繁雖不免小有出入較之羅泌路史則切實多矣
未可以一眚掩也朱彝尊曝書亭集有是書跋稱

近時鄒平馬驌撰繹史體例頗相似疑其未見是書正可並存不廢今考驌書多引路史而不及皇王大紀一字彝尊以爲未見理或有然至於此書體用編年繹史則每事標題而雜引古書之文排比倫次略如袁樞紀事本末之法體例截然不同不知彝尊何以謂其相似殆偶未詳檢驌書歟

中興小紀四十卷永樂大典本

宋熊克撰克字子復建陽人孝宗時官至起居郎兼直學士院出知台州事迹具宋史文苑傳是編

排次南渡以後事迹首建炎丁未迄紹興壬午年經月緯勒成一書宋制凡累朝國史先修日紀其曰小紀蓋以别於官書也陳振孫書録解題稱克之爲書往往疎畧多牴牾不稱良史岳珂程史亦摘其記金海陵南侵誤以薰風殿之議與武德殿之議併書於紹興二十八年合而爲一蓋以當時之人記當時之事耳目既有難周是非尚未論定自不及李心傳書纂輯於記載詳備之餘然其上援朝典下參私記綴緝聯貫具有倫理其於心傳

之書亦不失先河之導創始難工固未可一例論也宋史藝文志載克所著尚有九朝通畧一百六十八卷今永樂大典僅存十有一卷首尾零落已無端委僅此書尚爲完本惟原書篇第爲編纂者所合併舊目已不可尋今約畧年月依宋史所載原數仍勒爲十卷

續資治通鑑長編五百二十卷永樂大典本

宋李燾撰燾有說文解字五音韻譜已著錄燾博極羣書尤究心掌故以當時學士大夫各信所傳

不考諸實錄正史家自爲說因踵司馬光通鑑之例採一祖八宗事跡薈稡討論作爲此書以光修通鑑時先成長編燾謙不敢言續通鑑故但謂之續資治通鑑長編文獻通考載其進書狀四篇一在隆興元年知榮州時先以建隆迄開寶年事一十七卷上進一在乾道四年爲禮部郎時以整齊建隆元年至治平四年閏三月五朝事迹共一百八卷上進一在淳熙元年知瀘州時以治平後至靖康凡二百八十卷上進一在淳熙元年知遂寧

府時重別寫呈并舉要目錄計一千六十三卷六百八十七冊上進故周密癸辛雜識稱韓彥古盜寫其書至盈二廚然文獻通考所載僅長編一百六十八卷舉要六十八卷與進狀多寡迥殊考陳振孫書錄解題稱其卷數雖如此而冊數至逾三百蓋逐卷又分子卷或至十餘云云則所稱一千六十三卷者乃統子卷而計之故其數較夥矣又據燾進狀其書實止於欽宗而王明清玉照新志稱紹興元年胡彥修疏在長編一百五十九卷注

後則似乎兼及高宗或以事相連屬著其歸宿附於註末如左傳後經終事之例歟癸辛雜識又稱燾爲長編以木廚十枚每廚抽替匣二十枚每替以甲子誌之凡本年之事有所聞必歸此匣分日月先後次第之井然有條云云則其用力之專且久可槩見矣其書卷帙最多當時艱於傳寫書坊所刻本及蜀中舊本已有詳畧之不同又神哲徽欽四朝之書乾道中祇降秘書省依通鑑紙樣繕寫一部未經鏤板流播日稀自元以來世鮮傳本

本朝康熙初崑山徐乾學始獲其本於泰興季氏凡
一百七十五卷嘗具疏進之於
朝副帙流傳無不珍為秘乘然所載僅至英宗治平
而止神宗以後仍屬闕如檢永樂大典宋字韻中
備錄斯編以與徐氏本相較其前五朝雖大槩相
合而分注考異往往加詳至熙寧迄元符三十餘
年事迹徐氏所闕而朱彝尊以為失傳者今皆粲
然具存首尾完善實從來海內所未有惟徽欽二
紀原本不載又佚去熙寧紹聖間七年之事頗為

可惜然自哲宗以上年經月緯遂已詳備無遺以數百年來名儒碩學所欲見而不得者一旦頓還舊物覩現行諸本增多幾四五倍斯亦藝林之鉅觀矣昔明成化中詔商輅等續修通鑑綱目時永樂大典庋藏內府外庭無自而窺竟不知燾之舊文全載卷內乃百方別購迄不能得論者以爲遺憾今恭逢我

皇上稽古右文編摩四庫乃得復見於世豈非顯晦有

時待

聖世而發其光哉燾原目無存其所分千餘卷之次第已不可考謹參互校正量其文之繁簡別加釐析定著爲五百二十卷燾作此書經四十載乃成自實錄正史官府文書以逮家錄野紀無不遞相稽審質驗異同雖採摭浩博或不免虛實並存疑信互見未必一一皆衷於至當不但太宗斧聲燭影之事於湘山野錄考據未明遂爲千古之疑竇即如景祐二年三月賜鎮東軍節推毛洵家帛米一事核以余靖所撰墓銘殊不相符爲曾敏行獨醒

雜志所糾者亦往往有之然熹進狀自稱寧失之繁毋失之畧蓋廣蒐博錄以待後之作者其淹貫詳贍固讀史者考証之林也

綱目續麟二十卷校正凡例一卷附錄一卷彚覽三卷江西巡撫採進本

明張自勳撰自勳字卓菴南昌人是編成於崇禎癸未首爲校正凡例一卷列朱子凡例與劉友益書法凡例而各著所疑次爲附錄一卷備列朱子論綱目手書十二篇及李方子綱目後序王柏書

綱目大全後徐昭文綱目考證序證綱目一書非惟分註非朱子手定即正綱亦多出趙師淵手併證劉友益誤以晚年未定之本爲中年已定之本遂不求端訊末强辨誣眞其續麟二十卷則按原書次第摘列綱目及考異書法發明考證之文而一一辨正其是非彙覽三卷則列增删正綱者三千六百四十餘字增删分注者四百四十餘字蓋彙覽爲改正之本而續麟則發明改正之所以然分注之文彙覽僅改其年號君名諡號之類而其

他所當改者以其文太繁則散見於續麟中蓋二書詳畧互見相輔爲用者也其宗方孝孺之論不以統予秦晉隋未免儒生膠固之見然其他參互比校每能推其致誤之所以然如唐以前太子卽位皆書名至唐獨不書名劉友益曲爲之說自勲則以爲太子卽位前史皆書名至唐書本紀獨不書名綱目不過誤從史文不必強爲穿鑿又如漢景帝中元年十二月晦日食綱目漏書三年九月晦日食既綱目漏書既字自勲以爲皆漢書本紀

先漏綱目但據本紀而未考五行志故有此失别無他義皆足破陋儒附會之說他若唐太宗貞觀元年書徵隋秘書監劉子翼不至劉友益書法稱書不至何美子翼也尹起莘發明亦以特書隋官爲美之自勳則據唐書劉禕之傳載子翼後復召拜吳王府功曹參軍終著作郎宏文館直學士謂綱目失考誤以爲陶潛一例如是之類其說皆鑿鑿有徵非故與朱子爲難者比至於凡例稱曹丕劉裕書姓而綱目書宋王裕乃無劉字又凡例稱

官者封爵皆加官者字如鄭衆之屬而綱目書鄭衆封鄛鄉侯乃無官者字用證綱目傳寫刊刻不免譌脫不必以鈔胥刻工之失執爲朱子之筆削尤爲洞悉事理之言視徒博尊朱子之名而牽合迂謬反晦朱子之本旨者相去遠矣

謹案四庫編纂之例凡箋註古書者仍從所箋所註之時代爲次是書本爲朱子綱目而作綱目經

聖祖仁皇帝御批當以

御批爲主已恭錄於史評類中故編年類中不錄綱目而是書及芮長恤陳景雲書則仍從綱目之次序列諸此焉

綱目分註拾遺四卷（浙江巡撫採進本）

國朝芮長恤撰長恤字蒿子原名城字巖尹溧陽人前明諸生初朱子因司馬光通鑑作綱目以分註浩繁屬其事於天台趙師淵師淵訥齋集中載其往來書牘甚詳蓋分註之屬師淵猶通鑑之佐以劉范在朱子原不諱言因流傳刊板未題師淵之

名後人遂誤以爲分註亦出朱子間有舛漏皆委
曲強爲之詞長恤考究本原知不出朱子之手故
凡分註之删削通鑑以至失其本事者悉列原文
某句某字之内有某句某字於前而推求事理爲
之考辨於後使證佐分明具有條理昔元汪克寬
力崇道學篤信新安而作考異一編訂訛正舛至
今與綱目並刊蓋是非者天下之公苟一間未達
於聖人不能無誤而大儒之心廓然無我亦必不
以偶然疎漏生回護之私是卽眞出朱子亦决不

禁後儒之考訂況門人代擬之本哉且其說皆引據舊文原書具在亦非逞臆私談憑虛肆辨如姚江末流所爲者是亦可爲綱目之功臣矣陳鼎留溪外傳列長恤於理學部中稱其手著綱目存遺等書蓋嫌於朱子尚有所遺待人之補故改補爲存以諱其事門戶之見又何其陋歟

綱目訂誤四卷 江蘇巡撫採進本

國朝陳景雲撰是書因朱子通鑑綱目纂述舊文頗多譌舛而尹起莘所作發明凡有疑義率委曲回

護至周密作癸辛雜識始辨其中宗武后並書年號一條然其說不甚確後作齊東野語又辨綱中北齊高緯殺其從官六十人一條郭威弒隱帝書殺弒湘陰王書弒一條開元九年冬十一月罷諸王都督刺史等四條貞元二年十一月皇后不書氏一條目中開皇十七年赦蕭摩訶一條貞觀元年太宗詰杜淹一條則頗中其失後明末張自勳

國朝芮長恤亦遞有訂正景雲是書又捃摭諸家所未及悉引據前史原文互相考證其中毛舉細故

雖未免稍涉吹求然如漢蕭望之誤書下獄漢中王即位條下誤載司馬光論雍闓之叛誤四郡爲二郡鍾會過王戎誤書其祖官曹志免官誤作除名拓拔賀傉誤爲鬱律之子石虎擒劉曜誤以爲殺王導論劉允語誤脫布在江州四字乞伏步頽之叛誤在苻堅敗後孫恩走郁州誤作陷廣陵宋高祖誠義符語誤刪非如兒韶有五字始與王濬在西州誤刪朱法瑜事沈文季爲僕射誤與蕭坦之並書賀拔岳誤書雍州刺史高洋誤漏還晉陽

西魏洛陽平陽以東地入於齊誤删以東字陳武帝祔祖於廟誤作周事隋文帝斬問事誤作斬所捶之人柴紹爲長史誤連下文作諮議李吉甫漏書罷相李行言殺強盜誤作殺北司官軍亂焚殺李克恭誤作自焚羅紹威表詞誤以設言爲實事梁以錢鏐爲吳越國王誤複上卷王峻以樞密使同平章事兼領平盧誤作出鎮皆指摘精確足正傳訛附糾汪克寬考異誤讀高寄王恢陳濟正誤誤解太興殿後廳胡寅讀史管見誤指宇文孝伯

譏王軏及誤論安史劉友益書法誤論削高侃名諸條亦皆允當其於摭實之學亦可云愈推愈密矣

大事記十二卷通釋三卷解題十二卷（浙江吳玉墀家藏本）

宋呂祖謙撰祖謙有古周易已著錄是書取司馬遷年表所書編年系月以紀春秋後事復采輯諸書以廣之始周敬王三十九年迄漢武帝征和三年書法皆祖太史公所錄不盡用策書凡例朱子語錄所謂伯恭子約宗太史公之學以爲非漢儒

所及者此亦一證也其書作於淳熙七年每以一日排比一年之事本欲起春秋後迄於五代會疾作而罷故所成僅此然亦足見其大凡矣講學之家惟祖謙博通史傳不專言性命宋史以此黜之降置儒林傳中然所學終有根柢此書亦具有體例即如每條之下各註從某書修云云一一具載出典固非臆爲筆削者可及也通釋三卷如說經家之有綱領皆錄經典中要義格言解題十二卷則如經之有傳畧具本末而附以已見凡史漢同

異及通鑑得失皆縷析而詳辨之又於名物象數旁見側出者並推闡貫通夾註句下朱子語錄每譏祖謙所學之雜獨謂此書爲精密又謂解題煞有工夫只一句要包括一段意思觀書中周愼靚王二年載魏襄王問孟子事取蘇轍古史之論後孟子集註卽引用其說蓋亦心服其淹通知非趙師淵輩所能望其項背也所附通釋文獻通考作一卷此本乃宋嘉定壬申吳郡學舍所刻實分三卷通考蓋傳寫之誤云

建炎以來繫年要錄二百卷永樂大典本

宋李心傳撰心傳字微之井研人官至禮部侍郎事迹具宋史儒林傳是書述高宗朝三十六年事蹟仿通鑑之例編年繫月與李燾長編相續寧宗時嘗被旨取進永樂大典別載賈似道跋稱寶祐初曾刻之揚州而元代修宋遼金三史時廣購逸書其目具見袁桷蘇天爵二集並無此名是當時流傳已絕故修史諸臣均未之見至明初始得其遺本亦惟文淵閣書目載有一部二十冊諸家書

目則均不著錄今明代秘府之本又已散亡其存於世者惟永樂大典所載之本而已其書以國史日歷為主而參之以稗官野記家乘誌狀案牘奏議百司題名無不臚採異同以待後來論定故文雖繁而不病其冗論雖岐而不病其雜在宋人諸野史中最足以資考證宋史本傳稱其重川蜀而薄東南然如宋人以張栻講學之故無不堅持門戶為其父張浚左袒心傳獨於淮西富平之僨事曲端之枉死岳飛之見忌一一據實直書雖朱子

行狀亦不據以爲信初未嘗以鄉曲之私稍爲囘獲則宋史之病是書者殆有不盡然矣大抵李燾學司馬光而或不及光心傳學李燾而無不及燾其宏博而有典要非熊克陳均諸人所能追步也原本所載秦熺張滙諸論是非顛倒是不待再計而刪者而並存以備叅稽究爲瑕纇至於本注之外載有留正中興聖政草呂中大事記何俌龜鑑諸書似爲修永樂大典者所附入然今無別本可校理貴闕疑姑仍其舊其中與宋史互異者則各

爲辨證附注下方所載金國人名官名地名音譯均多舛誤謹遵

欽定金史國語解詳加訂正別爲考證附載各卷之末仍依原第析爲一百卷至其書名文獻通考作繫年要記宋史本傳作高宗要錄互有不同今據永樂大典所題與心傳朝野雜記自跋及王應麟玉海相合故定爲繫年要錄著於錄焉

宋九朝編年備要三十卷 兩淮鹽政採進本

宋陳均撰均字平甫號雲巖莆田人端平初有言

是書於朝者敕下福州宣取賜均官迪功郎馬端臨文獻通考載均編年舉要三十卷備要三十卷又有中興舉要十四卷備要十四卷今中興舉要備要皆佚此書前有紹定二年眞德秀序稱皇朝編年舉要與備要合若干卷則當時本共爲一書今其舉要亦佚存者惟此編耳其書取日歷實錄及李燾續通鑑長編删繁撮要勒成一帙兼採司馬光徐度趙汝愚等十數家之書博考互訂始太祖至欽宗凡九朝事迹欲其篇帙省約便於尋閱

故苟非大事則畧而不書林𪟝序謂取司馬氏之綱而時有修飾取李氏之目而頗加節文足以括其體例然實以通鑑綱目爲式特據事直書不加褒貶耳觀均自序其宗旨可見也

續宋編年資治通鑑十五卷浙江巡撫採進本

宋劉時舉撰時舉里貫無考其結銜稱通直郎戶部架閣國史實錄院檢討兼編修官宋季三朝政要載史嵩之父喪去位詔以右丞相起復時舉爲庠學生有與王元野黃道等九十四人上疏力爭

一事其始末則末之詳也是書所記始高宗建炎元年迄寧宗嘉定十七年當成於理宗之世而書末附論一條稱理宗撑拄五十年而後亡不可謂非幸云云其言乃出於宋亡以後似非時舉原文案舊本目錄後有書坊題識一則稱是編繫年有考據載事有本末增入諸儒集議三復校正一新刊行云云則書中所附議論有元時刊書者所增入非其舊矣其中紀載惟以簡約爲主或首尾未具於事蹟間有脫遺然如論張浚不附和議而不

諱其黨汪黃攻李綱引秦檜之罪辨李綱之被謗遠謫而不諱其庇翁彥國陷宋齊愈之失褒貶頗協至公無講學家門戶之見卷端有朱彝尊題詞稱其過於王宗沐薛應旂所撰殆不誣云

西漢年紀三十卷永樂大典本

宋王益之撰益之字行甫金華人官大理司直所著有漢官總錄職源等書見馬端臨經籍考蓋能熟於兩漢掌故者今它書散佚惟此本以載入永樂大典獨存考益之自序稱年紀三十卷考異十

卷鑑論若干卷各自爲書今此本不載鑑論而考異則散附年紀各條之下與序不合殆後人離析其文如胡三省之於通鑑考異歟又序稱自高祖迄王莽之誅而此本終於平帝居攝以後闕焉且其文或首尾不完中間已有脫佚葢編入永樂大典之時已殘缺矣司馬光通鑑所載西漢事皆本班馬二書及荀紀爲據其餘鮮所採掇葢之獨旁取楚漢春秋說苑諸書廣徵博引排比成書視通鑑較爲詳密至所作考異於一切年月舛誤紀載

異同名地錯出之處無不參稽互覈折衷一是多出二劉刊誤吳仁傑補遺之外尤通鑑考異所未及其考證亦可謂精審矣今依盐之自序目次釐爲三十卷其考異亦即從舊本仍附各條之下以便檢核不復拘自序之文別爲編次焉

靖康要錄十六卷兩淮鹽政採進本

不著撰人名氏陳振孫書錄解題曰靖康要錄五卷不知作者記欽宗在儲時及靖康一年之事按日編次凡政事制度及詔誥之類皆詳載焉其與

金國和戰諸事編載尤詳云云是振孫之時已莫知出誰手矣今觀其書記事具有日月載文具有首尾决非草野之士不睹國史日歷者所能作考書錄解題又載欽宗實錄四十卷乾道元年修撰洪邁等進此必實錄旣成之後好事者撮其大綱以成此編故以要錄名也宋人雜史傳於今日者如熊克中興小紀李心傳建炎以來繫年要錄之類大抵於南宋爲詳其詳於北宋者惟李燾續資治通鑑長編然長編已多佚缺今以永樂大典所

載補之亦僅及哲宗而止徽宗欽宗兩朝之事遂以無徵徐夢莘三朝北盟會編起政和迄建炎雖較他書為賅備而所錄事迹章疏惟以有涉金人者為主餘則畧焉此書雖敘事少畧載文太繁而一時朝政具有端委多有史所不詳者卽以補李燾長編亦無不可也

兩朝綱目備要十六卷　永樂大典本

不著撰人名氏所紀自宋光宗紹熙元年迄寧宗嘉定十七年事迹諸家書目皆不著錄考元吳師

道禮部集有答陳衆仲問吹劍錄云續宋編年於吳曦誅數月後載李好義遇毒死又有題年成父所作鄧平仲小傳及濟邸事畧後云吳曦之誅實楊巨源結李好義之功爲安丙輩媢忌掩没近有續陳均宋編年者頗載巨源事雖能書安丙殺其參議官楊巨源而復以擅殺孫忠鋭之罪歸之大抵當時歸功於丙故其事不白云云核其所引與此書所載相合疑此書在元時嘗稱爲續宋編年然師道亦未嘗明言其撰自何人也觀其載嘉定

十四年六月乙亥與莒補秉義郎其目云郎理宗皇帝考宋代條制舊名亦諱此乃直斥不避似乎元人然其書內宋而外元又敘元代得國緣始多敵國傳聞之詞或宋末山林之士不諳體例者所作歟陳均編年備要因通鑑長編而刪節之此書則本兩朝實錄參以李心傳所論中如稱趙鼎爲趙丞相安丙爲安觀文錢象祖爲錢參政李壁爲李參政史彌遠爲史丞相多仍當時案牘之文未盡刊正紀金元啟釁之事追敘金源創業譜牒職

官具載顛末似單行之書非增續舊史之體然敘次簡明議論亦多平允如蜀中之減重額湖北之行會子范祖禹之補謚何制之罷制科胥足補宋史所未備其紀年互異者宋史韓侂胄傳載薛叔似宣諭京湖程松吳曦同赴四川鄧友龍宣慰兩淮徐邦憲罷知處州皆在開禧四年而開禧實無四年此書載於二年丙寅當得其實其姓氏互異者如宋史趙彥逾傳有中郎將范任此書作范仲任趙汝愚傳有宣贊舍人傅昌朝此書作昌期步

帥閻仲夜此書作王仲先本紀副都統翟朝宗得寶璽此書作輿宗俱足以互證異同惟於史彌遠廢立濟王事畧而不書或時代尚近衆論不同其事未經論定故闕所疑歟然彌遠之營家廟求起復一一大書於簡知非曲筆隱諱也其書世罕傳本惟見於永樂大典者尚首尾完具謹校正繕錄以備參稽原書卷目已不可考今按年編次釐爲十有六卷其中間有序述失次端委相淆者

睿鑒指示曠若發蒙謹仰遵

聖訓詳爲核正各加案語以明之俾首尾秩然不惟久
湮陳筴得以表章且數百年未補罅漏一經
御覽義例益明尤爲是書之幸矣
宋季三朝政要六卷編修汪如藻家藏本
不著撰人名氏卷首題詞稱理宗國史爲元載入
北都無復可考故纂集理度二朝及幼主本末附
以廣益二王事其體亦編年之流蓋宋之遺老所
爲也然理宗以後國史修宋史者實見之故本紀
所載反詳於是書又是書得於傳聞不無舛誤其

最甚者謂寶慶元年趙葵趙范全子才建守河據關之議遣楊誼張迪據洛陽與北軍戰潰歸按寶慶元年葵范名位猶微其後五年范始爲安撫副使葵始爲淮東提刑討李全子才乃爲參議官至端平元年滅金子才乃爲關陝制置使知河南府西京留守有洛陽潰敗之事上距寶慶元年九年矣所紀非實也其餘敘次亦乏體要然宋末軼事頗詳多有史所不載者存之亦可備參考也其以理宗度宗瀛國公稱爲三朝而廣益二王則從附

錄體例頗公卷末論宋之亡謂君無失德歸咎權相持論亦頗正而忽推演命數兼陳因果轉置人事爲固然殊乖勸戒之旨殆欲附徐鉉作李煜墓誌之義而失之者歟

宋史全文三十六卷內府藏本

不著撰人名氏原本題曰續通鑑長編而以李燾進長編表冠之於前是直以爲燾之長編矣案燾成書在孝宗時所錄止及北宋此本實載南宋一代之事其非出燾手明甚檢勘此書每卷標題皆

有宋史全文四字而永樂大典宋字韻內亦多載宋史全文與長編截然二書又此本目錄前有坊間原題稱本堂得宋鑑善本乃名公所編前宋已盛行再付諸梓云云蓋本元人所編而坊賈假託燾名詭稱前宋盛行耳惟永樂大典所收之書皆載入文淵閣書目乃宋鑑多至六部獨不見宋史全文之名或亦楊士奇等編輯時因標題而致誤歟又別本之末有商邱宋犖跋曰宋李燾有通鑑長編百六十八卷續長編集要六十八卷續宋編

年十八卷今世藏書家往往求之甚渴此三十六卷是元人所刻卷首割去著書人姓名卷末割去大元字其爲元胡宏續通鑑長編無疑云云則又臆斷之語未見其有確證也其書自建隆以迄咸淳用編年之體以次排纂其靖康以前亦本於燾之長編而頗加刪節高孝二代則取諸留正之中興聖政草今以永樂大典所載聖政草相與參校其文大同小異留正等所附案語亦援引甚多至光寧以後則別無藍本可據爲編書者所自綴輯

故永樂大典於光寧二宗下亦全收此書之文勘對並合其於諸家議論採錄尤富如呂中講義何俌龜鑑李沆太祖實錄論足國論富弼等釋呂源等增釋陳瓘論大事記諸書雖其立說不盡精醇而原書世多失傳亦足以資參考也惟原本第三十六卷內度宗少帝及益王廣王事蹟俱有錄無書永樂大典亦未採今姑仍其闕焉

通鑑前編十八卷舉要三卷 編修邵晉涵家藏本

宋金履祥撰履祥有尙書表註已著錄案柳貫作

履祥行狀曰司馬文正作資治通鑑繫年著代秘書丞劉恕作外紀以記前事顧其志不本於經而信百家之說不足傳信乃用邵氏皇極經世書胡氏皇王大紀之例損益折衷一以尚書爲主下及詩禮春秋旁採舊史諸子表年繫事復加訓釋斷自唐堯以下接於資治通鑑勒爲一書旣成以授門人許謙曰二帝三王之盛其微言懿行後王所當法戰國申韓之術其苛法亂政亦後王所當戒自周威烈王二十三年以後司馬公旣已論次而

春秋以前無編年之書是編固不可少之著也云云蓋履祥撰述之意在於引經據典以矯劉恕外紀之好奇惟履祥師事王栢栢勇於改經履祥亦好持新說如釋桑土既蠶引後所謂桑間爲證釋封十有二山濬川謂營州當云其山碣石其川遼水以篤公劉七月二篇爲豳公當時之詩非周公所追述又以七月爲豳詩篤公劉卽爲豳雅皆不免於臆斷以春秋書尹氏卒爲卽與隱公同歸於魯之鄭大夫尹氏尤爲附會至於引尙書記異於

周昭王二十二年書釋氏生則其徵引羣籍去取失當亦未必遽在恕書上也然援據頗博其審定羣說亦多與經訓相發明在講學諸家中猶可謂究心史籍不爲游談者矣履祥自撰後序謂旣編年表例須表題故别爲舉要三卷凡所引經傳子史之文皆作大書惟訓釋及案語則以小字夾註附綴於後蓋避朱子綱目之體而稍變通鑑之式後來浙江重刻之本列舉要爲綱以經傳子史之文爲目而訓釋仍錯出其間已非其舊又通鑑綱

目刊本或以此書爲冠題曰通鑑綱目前編亦後來所改名今仍從原本與綱目别著於錄以存其眞焉

通鑑續編二十四卷 左副都御史黃登賢家藏本

舊本題元陳桱撰桱字子經奉化人流寓長洲後入明爲翰林編修以附楊憲遷待制見明史憲本傳題元人者悞也桱祖著宋時以秘書少監知台州嘗作書名歷代紀統其父泌爲校官又續有撰述世傳史學桱以司馬氏通鑑朱子綱目並終於

五代其周威烈王以上雖有金履祥前編而亦斷自陶唐因著此書首述盤古至高辛氏以補金氏所未備爲第一卷次撫契丹在唐及五代時事以志其得國之故爲第二卷其二十二卷皆宋事始自太祖終於二王以繼通鑑之後故以續編爲名然大書分註全仿綱目之例當名之曰續綱目仍襲通鑑之名非其實也沈周客座新聞載桱著此書時書宋太祖云匡允自立而還未輟筆忽迅雷擊其案桱端坐不慴曰雷雖擊吾手終不爲之改

易也云云此雖小說附會之談亦足見桱以襃貶自任乃造作此說今觀其義例於宋自太平興國四年平北漢後始爲大書繫統鄭瑗井觀瑣言稱其本晦翁語錄持論已偏至於金承麟稱末帝爲之紀年西遼自德宗以下諸主年號亦詳爲分注雖各本史文然承麟立僅一日未成爲君西遼並無事蹟可紀而必縷列其間亦不免循名失實蓋委曲以存昰昺二王使承宋統故輾轉相牽生是義例非千古之公評明史何喬新傳載喬新年十

一時侍父京邸修撰周旋過之喬新方讀通鑑續編旋問書法何如對曰呂文煥降元不書叛張世傑溺海不書死曹彬包拯之卒不書其官而紀義軒多採怪妄似未有當云云亦未始不中其失也他如取宋太祖燭影斧聲之訛載文天祥黃冠故鄉之語皆漫無考正輕信傳聞陳躍文學林就正又謂桱誤以范中淹赴桐廬郡至淮遇風詩爲唐介作又改詩中強楚爲狂楚盡室爲今日蛟黿爲魚龍則引據未免疎舛黃溥簡籍遺聞又謂桱紀

其先戶部尚書顯吏部尚書伸工部尚書德綱諸事爲宋史所不載成化閒續綱目者亦皆削去疑其或出於妄託則挾私濫載尤不恊至公然自通鑑綱目以後繼而作者實始於桱其後王宗沐薛應旂等雖遞有增修而才識卒亦無以相勝姑存以備參考亦未爲不可也

大事記續編七十七卷　兩江總督採進本

明王禕撰禕字子充義烏人少遊柳貫黃溍之門明初徵爲中書省掾修元史成拜翰林待制使雲

南抗節死贈翰林學士追謚忠文事跡具明史忠義傳此書乃續呂祖謙大事記而作體例悉遵其舊惟解題即附各條之下不別爲一書俞恂稱其書自征和迄宋德祐二年凡一千三百六十五年而今所傳本實自漢武帝征和四年至周恭帝顯德六年不知恂何所據而云然或是書抄本僅藏蜀王府中至成化間始刊板傳寫有所佚脫歟考何喬新集嘗稱褘此書予奪褒貶與綱目不合如綱目以昭烈紹漢統章武紀年直接建安此書乃

用無統之例以漢與魏吳並從分註又綱目斥武后之號紀中宗之年每歲書帝所在用春秋公在乾侯例而此書乃以武后紀年又李克用父子唐亡稱天祐年號以討賊爲辭名義甚正故綱目紀年先晉後梁此書乃先梁後晉皆好奇之過所言亦頗中其失然其間考訂同異如通鑑載漢武帝仙人妖妄之言淖方成禍水之說以爲出於漢武故事飛燕外傳譏司馬光輕信之失紀光武帝省并十三國以地志正本紀之誤此類考證辨别皆

爲不苟又宋庠紀年通譜久無傳本劉羲叟長歷僅通鑑目錄用以紀年書亦散佚此書間引及之亦可以備參稽至前賢議論薈萃尤多瑕瑜不掩讀者節取其長焉可矣

元史續編十六卷 浙江汪汝瑮家藏本

明胡粹中撰粹中名由以字行山陰人永樂中官楚府長史此書大旨以明初所修元史詳於世祖以前攻戰之事而略於成宗以下治平之迹順帝時事亦多闕漏因作此以綜其要起世祖至元十

三年終順帝至正二十八年編年繫月大書分注有所論斷亦隨事綴載全仿通鑑綱目之例然綱目訖五代與此書不能相接其曰續編蓋又續陳桱書也黄虞稷千頃堂書目載有此書十六卷又别出元史評而不著卷數疑當時或析其評語别爲一本以行如後漢書贊之例歟其中書法如文宗之初知存泰定太子天順年號而於明宗元年轉削而不紀仍書文宗所改之天歷二年進退未免無據又英宗南坡之變書及其丞相云云蓋欲

仿春秋之文而忘其當爲內辭亦劉知幾所謂貌同心異者其他議論雖尺尺寸寸學步宋儒未免優孟衣冠過於刻畫然如謂張世傑奪舟斷港未能决性命於義利之間謂吳直方勸托克托大義滅親爲不知春秋之義持論亦未嘗不正至於文宗陰謀害兄更能據故老傳聞揭史家未發之隱尤爲有關於懲戒商輅等修續綱目全取此書爲藍本並其評語亦頗採之至明太祖起兵稱王以後續綱目即分注元年斥其國號而粹中獨大書

至正直至二十八年八月而止內外之辭未嘗少紊其持論之公非輅等之所及又宋末二主不予以統亦協其平鄭瑗井觀瑣言乃曰胡粹中元史續編又下於陳桱續編德祐北遷閩廣繼立宋之統緒猶未絕也乃遽抑景炎祥興之年於分書非綱目書蜀漢東晉之例云云何其偏歟

御批通鑑輯覽一百十六卷附明唐桂二王本末三卷

乾隆三十二年奉

勅撰是書排輯歷朝事蹟起自黃帝訖於明代編年紀

載綱目相從目所不該者則別爲分註於其下而
音切訓詁典故事實有關考證者亦詳列焉蓋
內府舊藏明正德中李東陽等所撰通鑑纂要一書
皇上幾暇披尋以其褒貶失宜紀載蕪漏不足以備
乙覽因
命重加編訂發凡起例咸稟
睿裁每一卷成卽繕稿進
御
指示書法悉準麟經又

親灑丹毫詳加評斷
微言大義燦若日星凡
特筆昭垂皆天理人情之極則不獨詞臣載筆不能窺
見
高深即涑水紫陽亦莫能鑽仰於萬一所謂原始要終
推見至隱者文成數萬其指數千不可一一縷陳
而尤於系統年表著
筆削之大旨
予奪進退悉準至公故大業冠號則義等於存陳至正

書年則指同於在鄆知景炎祥興之不成爲宋而後遯荒棄國者始不能以濫竊虛名知泰定天順之相繼爲君而後乘釁奪宗者不得以冒干大統凡向來懷鉛握槧聚訟而不決者一經燭照無不得所折衷用以斥彼偏私著爲明訓仰見聖人之心體如鑑空衡平聖人之制作如天施地設惟循自然之理而千古定案遂無復能低昂高下於其間誠聖訓所謂此非一時之書而萬世之書也至明季北都

淪覆大命已傾福王竊號江東僅及一載
皇上如天聖度謂猶有疆域可憑
特命分註其年從建炎南渡之例又唐桂二王跡同昰
昺雖黜其僞號猶
軫念其遺臣亦
詔別考始終附綴書後俾不致湮沒無傳大哉
王言量同天地尤非臣等所能仰贊一辭矣

御定通鑑綱目三編四十卷

乾隆四十年奉

勑撰初大學士張廷玉等奉

勑採明一代事迹撰通鑑綱目三編以續朱子及商輅之書然廷玉等惟以筆削褒貶求書法之謹嚴於事迹多所挂漏又邊外諸部於人名地名多沿襲舊文無所考正尤不免於舛訛夫朱子𠛬例之初原以綱仿春秋目仿左傳春秋大義數十炳若日星然不詳核左傳之事迹於聖人予奪之旨尚終不可明况史籍編年僅標梗槩於大書而不具始末於細註其是非得失又何自而知耶

聖諭所指福藩田土一條其他條之疏略皆可以例推至於譯語原取對音唐以前書凡外邦人名地名見於史冊者班班可考惟兩宋屈於強鄰日就削弱一時秉筆之人既不能決勝於邊圉又不能運籌於帷幄遂譯以穢語洩其怨心實有乖紀載之體沿及明代此習未除如聖諭所指朶顏青海諸人名書圖爲兔之類亦往往而有鄙倍荒唐尤不可不亟釐正是編仰稟睿裁於大書體例皆遵

欽定通鑑輯覽而細註則詳核史傳補遺糾謬終使端
委秩然復各附發明以闡衮鉞之義各坿質實以
資考證之功而譯語之誕妄者亦皆遵
欽定遼金元國語解一一改正以傳信訂訛較張廷玉
等初編之本實倍爲精密
聖人制事以至善爲期義有未安不以已成之局而憚
於改作此亦可仰窺萬一矣
皇清開國方略三十二卷
乾隆三十八年奉

勅撰洪惟我
國家
世德緜延篤承
眷顧白山天作朱果靈彰十有五王聿開周祚肇基所自
遐哉源遠而流長矣迨我
太祖高皇帝以軒轅之敦敏當榆罔之衰微丕建
鴻圖受
天明命
帝出乎震萬物知春所以提挈天樞經綸草昧亨屯而濟

險保大而定功者

謨烈昭垂實書契以來所未有洎我

太宗文皇帝纘承

前緒益擴昄章日月高衢煥乎繼照成湯秉鉞十一征罔

弗奏功周武臨河八百國莫不來會

聲靈遐播制作更新

文德

武功繩

先啓

後麟麟炳炳亦史冊之所未聞然事閱
五朝時逾十紀舊臣之所誦說故老之所歌吟口耳相傳
或不能盡著於竹帛而
實錄
寶訓尊藏金匱自史官載筆以外亦非外廷所得而窺是
以
特詔館臣恭錄
締造規模勒成
帝典冠以

發祥世紀一篇猶商頌之陳元鳥周雅之詠公劉雖時代
緜邈年月不可盡詳而事旣有徵理宜傳信所以
明啓佑之自來也其餘並編年紀月列目提綱自
太祖高皇帝癸未年夏五月起兵討尼堪外蘭克圖倫城
始至天命十一年秋七月
訓誡羣臣編爲八卷自
太宗文皇帝御極始至順治元年
世祖章皇帝入關定鼎以前編爲二十四卷葢
神功

聖德史不勝書惟恭述
勳業之最顯著政事之最重大
謨猷之最宏遠者已累牘連篇積為三十二卷矣唐虞之
治具於典謨文武之政布在方策臣等繕校之餘
循環跪讀
創業之艱難
貽謀之遠大尚可一一仰窺也豈非萬世所宜聽聽者哉

資治通鑑後編一百八十四卷　江蘇巡撫採進本

國朝徐乾學撰乾學有讀禮通考已著錄是編以元

明人續通鑑者陳桱王宗沐諸本大都年月參差事蹟脫落薛應旂所輯雖稍見詳備而如改宋史周義成軍爲周義以胡瑗爲朱子門人疎謬殊甚皆不足繼司馬光之後乃與鄞縣萬斯同太原閻若璩德清胡渭等排比正史參考諸書作爲是編草創甫畢欲進於朝未果而没今原稿僅存惟闕第十一卷書中多塗乙刪改之處相傳猶若璩手蹟也其書起宋太祖建隆元年迄元順帝至正二十七年凡事蹟之詳畧先後有應參訂者皆依司

馬光例作考異以折衷之其諸家議論足資闡發者並採系各條之下間附己意亦依光書之例標臣乾學曰以別之其時永樂大典尚庋藏秘府故熊克李心傳諸書皆未得窺所輯北宋事迹大都以李燾殘帙爲稿本援據不能賅博其宋自嘉定以後元自至順以前尤爲簡畧至宋末昰昺二王皆誤沿舊史系年紀號尤於斷限有乖又意求博贍頗少剪裁如西夏姻戚之盛備敘世系慶元僞學之禁詳載謝表元末事蹟多採輟耕錄鐵崖樂

府敘書藝則稱其日寫三萬字紀隱居則述其懷抱幾時開無關勸懲徒傷煩冗又載元順帝初生之事過信庚申外史尤涉鑿空然其裒輯審勘用力頗深故訂誤補遺時有前人所未及如宋史富弼傳以樞密使出判揚州今據宰輔編年錄改作河陽余介傳淳祐十三年及元人戰於嘉定今據家傳改作十二年元末寇陷淮安本紀首尾不具今從王逢梧溪集定作趙國用至正十六年張士誠陷湖州本紀作二月今從明實錄作四月皆按

文聚實信而有徵又是時乾學方領一統志局多見宋元以來郡縣舊志而若璩諸人復長於地理之學故所載輿地尤爲精核如宋王堅之守合州則采四川總志牟子才之諫張燈則采西湖遊覽志而明人紀事之書若劉辰國初事蹟吳寬平吳錄之類亦並從附載以資考證年經月緯犁然可觀雖不能遽稱定本而以視陳王薛三書則過之遠矣

右編年類三十八部二千六十六卷皆文淵閣著錄

案有歷代之編年竹書紀年以下是也有一代之編年漢紀以下是也其間或有或無既不相續今亦各以作者時代編之不復以統系爲先後其通鑑地理通釋之類則仍附本書之後便參閱也

(清)紀昀等 纂

# 武英殿本四庫全書總目

第一三册

國家圖書館出版社

# 第一三册目録

欽定四庫全書總目 經部

卷四十二

[illegible]

# 欽定四庫全書總目卷四十二

經部四十二

小學類三

廣韻五卷（內府藏本）

不著撰人名氏考世行廣韻凡二本一爲宋陳彭年邱雍等所重修一爲此本前有孫愐唐韻序注文比重修本頗簡朱彝尊作重修本序謂明代內府刊板中涓欲均其字數取而删之然永樂大典引此本皆曰陸法言廣韻引重修本皆曰宋重修

廣韻世尚有麻沙小字一本與明內府板同題曰
乙未歲明德堂刊內匡字紐下十二字皆闕一筆
避太祖諱其他宋諱則不避邵長衡古今韻畧指
爲宋槧雖未必然而平聲東字注中引東不訾事
重修本作舜七友此本訛作舜之後熊忠韻會舉
要已引此本則當爲元刻矣非明中涓所删也又
宋人諱殷故重修本改二十一殷爲欣此尚作殷
知非作於宋代且唐人諸集以殷韻字少難於成
詩間或附入眞諄臻韻如杜甫東山草堂詩李商

隱五松驛詩不一而足說文所載唐韻翻切殷字作於身切欣字作許巾切亦借真韻中字取音並無一字通文此本注殷獨用重修本始註欣與文通尤確非宋韻之一徵考唐志宋志皆載陸法言廣韻五卷則法言切韻亦兼廣韻之名又孫愐以後陳彭年等以前修廣韻者尚有嚴寶文裴務齊陳道固三家重修本中皆列其名氏郭忠恕佩觿上篇尚引裴務齊切韻序辨其老考二字左回右轉之訛知三家之書宋初尚存此本葢即三家之

一故彭年等所定之本不曰新修而曰重修明先有此廣韻又景德四年敕牒稱舊本注解未備明先有此注文簡約之廣韻也彛尊精於考証乃以此本爲在後不免千慮之一失矣惟新舊廣韻皆在集韻之前而上去二聲乃皆用集韻移併之部分平入二聲又不從集韻移併疑賈昌朝奏併十三部以後校刻廣韻者以儼豏檻釅陷鑑六部字數太窄改從集韻以便用咸銜嚴業洽狎六部字數稍寬則仍其舊而未改觀徐鍇說文韻譜上聲

以湛艦儼相次去聲以陷鑑醶相次則唐人舊第可知也此於四聲次序前後乖違殊非體例以宋槧如是今姑仍舊本錄之而附訂其誤如右

重修廣韻五卷兩淮馬裕家藏本

宋陳彭年邱雍等奉勅撰初隋陸法言以呂靜等六家韻書各有乖互因與劉臻顏之推魏淵盧思道李若蕭該辛德源薛道衡八人撰爲切韻五卷書成於仁壽元年唐儀鳳二年長孫訥言爲之註後郭知元關亮薛峋王仁煦祝尚邱遞有增加天

寶十載陳州司法孫愐重爲刊定改名唐韻後嚴
寶文裴務齊陳道固又各有添字宋景德四年以
舊本偏旁差訛傳寫漏落又注解未備乃命重修
大中祥符四年書成賜名大宋重修廣韻卽是書
也舊本不題撰人以丁度集韻考之知爲彭年䧳
等爾其書二百六韻仍陸氏之舊所收凡二萬六
千一百九十四字考唐封演聞見記載陸法言韻
凡一萬二千一百五十八字則所增凡一萬四千
三十六字矣此本爲蘇州張士俊從宋槧翻雕中

間已缺欽宗諱蓋建炎以後重刊朱彝尊序之力
斥劉淵韻合殷於文合隱於吻合焮於問之非然
此本實合殷隱焮於文吻問彝尊未及檢也註文
凡一十九萬一千六百九十二字較舊本為詳而
冗漫頗甚如公字之下載姓氏至千餘言殊之翦
裁東字之下稱東宮得臣為齊大夫亦多紕繆考
孫愐唐韻序稱異聞奇怪傳說姓氏原田土地物
產山河草木禽獸蟲魚備載其間已極蔓引彭年
等又從而益之宜為丁度之所譏潘耒序乃以註

文繁複爲可貴是將以韻書爲類書也著書各有體例豈可以便於勦剟遂推爲善本哉流傳既久存以備韻書之源流可矣

集韻十卷（兩淮馬裕家藏本）

舊本題宋丁度等奉敕撰前有韻例稱景祐四年太常博士直史館宋祁太常丞直史館鄭戩等建言陳彭年邱雍等所定廣韻多用舊文繁畧失當因詔祁戩與國子監直講賈昌朝王洙同加修定刑部郎中知制誥丁度禮部員外郎知制誥李淑

爲之典領晁公武讀書志亦同然考司馬光切韻
指掌圖序稱仁宗皇帝詔翰林學士丁公度李公
淑增崇韻學自許叔重而降凡數十家總爲集韻
而以賈公昌朝王公洙爲之屬治平四年余得旨
繼纂其職書成上之有詔頒焉嘗因討究之暇科
別清濁爲二十圖云云則此書奏於英宗時非仁
宗時成於司馬光之手非盡出丁度等也其書凡
平聲四卷上聲去聲入聲各二卷共五萬三千五
百二十五字視廣韻增二萬七千三百三十二字

案廣韻凡二萬六千一百九十四字應增二萬七千三百三十一字於數乃合原本悮以二萬為一萬今改正熊忠韻會舉要稱舊韻但作平聲一二三四集韻乃改爲上下平今檢其篇目乃舊韻作上下平此書改爲平聲一二三四忠之所言殊爲倒置惟廣韻所注通用獨用封演見聞記稱爲唐許敬宗定者改併移易其舊部則實自此書始東齋紀事稱景祐初以崇政殿說書賈昌朝言詔度等改定韻窄者十三處許令附近通用是其事也今以廣韻互校平聲併殷於文併嚴於鹽添併凡於咸

衘上聲併隱於吻去聲併廢於墜代併焮於問入聲併迄於物併業於葉帖凡得九韻不足十三然廣韻平聲鹽添咸銜嚴凡與入聲葉帖洽狎業乏皆與本書部分相應而與集韻互異惟上聲併儼於琰忝併范於豏檻去聲併釅於豔㮇併梵於陷鑑皆與本書部分不應而乃與集韻相同知此四韻亦集韻所併而重刊廣韻者誤據集韻以校之遂移其舊第耳其駁廣韻注凡姓望之出廣陳名系既乖字訓復類譜牒誠為允協至謂兼載他切

徒釀細文因併删其字下之互注則音義俱别與義同音異之字難以遽明殊爲省所不當省又韻主審音不主辨體乃篆籀兼登雅俗並列重文複見有類字書亦爲繁所不當繁其於廣韻蓋亦互有得失故至今二書並行莫能偏廢焉

切韻指掌圖二卷附檢例一卷永樂大典本

宋司馬光撰其檢例一卷則邵光祖所補正光有温公易說已著錄光祖字宏道自稱洛邑人其始末未詳考江南通志儒林傳載元邵光祖字宏道

吳人研精經傳講習垂三十年通三經所著有尚書集義當郎其人洛邑或其祖籍歟據王行後序作於洪武二十三年稱其殁已數年則元之遺民入明尚在也光書以三十六字母科別清濁爲二十圖首獨韻次開合韻每類之中又以四等字多寡爲次故高爲獨韻之首干官爲開合韻之首舊有檢例一卷光祖以爲全背圖旨斷非光作因自撰爲檢圖之例附於其後考光自序實因集韻而成是圖光祖乃云廣韻凡二萬五千三百字其中

有切韻者三千八百九十文正取其三千一百三十定爲二十圖餘七百六十字應檢而不在圖者則以在圖同母同音之字備用而求其音則是據廣韻也然光祖據光之圖以作例則其例仍與圖合所註七百六十字之代字及字母亦足補原圖所未備光例既佚卽代以光祖之例亦無不可矣光書反切之法據嘉定癸亥董南一序云遞用則名音和傍求則名類隔同歸一母則爲雙聲同出一韻則爲疊韻同韻而分兩切者謂之憑切同音

而分兩韻者謂之憑韻無字則點窠以足之謂之
寄聲韻闕則引鄰以寓之謂之寄韻所謂雙聲疊
韻諸法與今世所傳劉鑑指南諸門法並同惟音
和類隔二門則大相懸絶檢例云取同音同母同
韻同等四者皆同謂之音和取脣重脣輕舌頭舌
上齒頭正齒三音中清濁同者謂之類隔是音和
統三十六母類隔統脣舌齒等二十六母也劉鑑
法則音和專以見溪羣疑爲説而又别立爲一四
音和四一音和兩門類隔專以端知八母爲説又

別出輕重重輕交互照精精照互用四門似乎推而益密然以兩法互校實不如原法之簡該也其廣韻類隔今更音和一條皆直以本母字出切同等字取韻取字於音和之理至爲明了獨其辨來日二母云日字與泥娘二字母下字相通辨匣喻二字母云匣闕三四喻中覓喻虧一二匣中窮卽透切之法一名野馬跳澗者其法殊爲牽强又其法兼疑泥羣明等十母此獨舉日泥匣喻二母亦爲不備是則原法之疎不可以立制者矣等韻之

說自後漢與佛經俱來然隋書僅有十四音之說
而不明其例華嚴四十二字母亦自爲梵音不隸
以中國之字玉篇後載神珙一圖廣韻後列一圖
不著名氏均粗舉大綱不及縷舉節目其有成書
傳世者惟光此書爲最古孫奕示兒編辨不字作
逋骨切惟據光說知宋人用爲定韻之祖矣第光
傳家集中下至投壺新格之類無不具載惟不載
此書故傳本久絶今惟永樂大典尚有完本謹詳
爲校正俾復見於世以著等韻之舊譜其例不過

如此且以見立法之初實因集韻而有是書非因是書而有集韻凡後來紛紜轇轕均好異者之所爲焉

韻補五卷　兩淮鹽政採進本

宋吳棫撰棫字才老武夷徐蕆爲是書序稱與蕆本同里而其祖從家同安王明清揮麈三錄則以爲舒州人疑明清悞也宣和六年第進士召試館職不就紹興中爲太常丞以爲孟仁仲草表忤秦檜出爲泉州通判以終蕆序稱所著有書稗傳詩

補音論語指掌考異續解楚辭釋音韻補凡五種陳振孫書錄解題詩類載棫毛詩補音十卷註曰棫又别有韻補一書不專爲詩作小學類載棫韻補五卷註曰棫又有毛詩補音一書别見詩類今補音已亡惟此書存自振孫謂朱子註詩用棫之說朱彝尊作經義考未究此書僅五卷於補音十卷條下誤註存字世遂謂朱子所據卽此書莫敢異議考詩集傳如行露篇二家字一音谷一音五紅反騶虞篇二虞字一音牙一音五紅反漢廣篇

廣音古曠反泳音于誑反綠衣篇風音孚愔反之類爲此書所無者不可殫舉兔罝篇仇音渠之反以與逵叶此書乃據韓詩逵作馗音渠尤反以與仇叶顯相背者亦不一又朱子語錄稱棫音務爲蒙音嚴爲莊此書有務而無嚴周密齊東野語稱朱子用棫之說以艱音巾替音天此書有艱而無替則朱子所據非此書明甚蓋棫音詩音楚辭皆據其本文推求古讀尚能互相比較粗得大凡故朱子有取焉此書則泛取旁搜無所持擇所引書

五十種中下逮歐陽修蘇軾蘇轍諸作與張商英
之僞三畧旁及黄庭經道藏諸歌故叅錯宂雜漫
無體例至於韻部之上平註文殷元𡨋痕通眞寒
桓删山通先下平忽註侵通眞覃談咸銜通先鹽
沾嚴凡通删上聲又註梗耿靜迥拯等六韻通軫
寢亦通軫感敢琰忝豏檻儼范通銑去聲又註問
焮通震而願慁恨自爲一部諫襇通霰而翰換自
爲一部勘闞通翰豔栝歛通霰陷覽梵通諫𠜇爲
三部入聲又註勿迄職德緝通質爲一部曷末黠

戛屑薛葉帖業乏通月為一部顛倒錯亂皆亘古所無之臆說世儒不察乃執此書以誣朱子其傎殊甚然自宋以來著一書以明古音者實自棫始而程迥之韻式繼之迥書以三聲通用雙聲互轉為說所見較棫差的今已不傳棫書雖牴牾百端而後來言古音者皆從此而推闡加密故闕其謬而仍存之以不沒篳路藍縷之功焉

附釋文互註禮部韻畧五卷附貢舉條式一卷 兵部侍郎紀昀家藏本

禮部韻畧舊本不題撰人晁公武讀書志云丁度撰今考所併舊韻十三部與度所作集韻合當出度手其上平聲三十六桓作歡則南宋重刊所改觀卷首載郭守正重修條例稱紹興本尚作桓是其證也考曾慥類說引古今詞話曰眞宗朝試天德清明賦有閩士破題云天道如何仰之彌高會試官亦閩人遂中選是宋初程試用韻尚漫無章程自景祐以後勅撰此書始著爲令式迄南宋之末不改然收字頗狹如歡韻漏判字添韻漏尖字

之類嘗爲命文豹吹劍錄所議故元祐中博士孫
諤紹興中朝散大夫黃積厚福州進士黃啓宗淳
熙中吳縣主簿張貴謨嘉定中嘉定府教授吳杜
皆屢請增收而楊伯嵒亦作九經補韻以拾其遺
然每有陳奏必下國子監看詳再三審定而後附
刊韻末其間或有未允者如黃啓宗所增躋一作
齊䲭一作矜之類趙彥衛雲麓漫鈔尚駁詰之蓋
既經廷評又經公論故較他韻書特爲謹嚴然當
時官本已不可見其傳於今者題曰附釋文互註

禮部韻畧每字之下皆列官註於前其所附互註
則題一釋字别之凡有二本一本爲康熙丙戌曹
寅所刻冠以余文焴所作歐陽德隆押韻釋疑序
一篇郭守正重修序一篇重修條例十則淳熙文
書式一道考守正所重修者名紫雲韻今尚有傳
本已别著錄則此本非守正書又守正條例稱德
隆註病僂其掜之辨似失之拘今此本無此註則
亦非德隆書觀守正序稱書肆板行漫者凡幾一
漫則一新必增數註釋易一標題然則當日韻畧

非一本此不知誰氏所刻而仍冠以舊序及條例
其條例與書不相應而淳熙文書式中乃有理宗
御名是則移掇添補之明證也一本爲常熟錢孫
保家影抄宋刻前五卷與曹本同但首無序文條
例而末附貢舉條式一卷凡五十三頁所載上起
元祐五年下至紹興五年凡一切增删韻字廟諱
祧諱書寫試卷格式以及考校章程無不具載多
史志之所未備猶可考見一代典制視曹本特爲
精善惟每卷之末各以當時避諱不收之字附錄

一頁據跋乃孫保所加非原書所有今削去不載以存其舊至曹寅所刻不完之本則附見於此不別著錄焉

增修互註禮部韻畧五卷 江蘇巡撫採進本

宋毛晃增註其子居正校勘重增諸家所稱增韻即此書也晃嘗作禹貢指南居正嘗作六經正悞皆已著錄是書因禮部韻畧收字太狹乃蒐采典籍依韻增附又韻畧之例凡字有別體別音者皆以墨闌圈其四圍亦往往舛漏晃併爲釐定於音

義字畫之誤皆一一辨證凡增二千六百五十五字增圈一千六百九十一字訂正四百八十五字居正續拾所遺復增一千四百二字各標總數於每卷之末而每字之下又皆分註其曰增入曰今圈曰今正者皆晃所加曰重正者皆居正所加其辨論考證之語則各署名以别之父子相繼以成一書用力頗爲勤摯其每字疊收重文用集韻之例每字别出重音用廣韻之例然不知古今文字之别又不知古今聲韻之殊如東部通字紐下據

漢樂府增一桐字是以假借爲本文同字紐下據幽風增一重字是以省文爲正體又如先部先字紐下據漢樂府增一西字是以古音入律詩煙字紐下據杜預左傳註增一殷字是以借聲爲本讀皆所謂引漢律斷唐獄者不古不今殊難依據較歐陽德隆互註之本殆不止上下床之別特其辨正訓詁考正點畫亦頗有資於小學故後來字書韻書多所徵引而洪武正韻之註據是書者尤多焉錄而存之亦足以備簡擇也明代刊板頗多訛

舛此本凡宋代年號皆空一格猶從舊式末題太歲丙午仲夏秀巖山堂重刊楹理宗淳祐四年蜀中所刻視近本特爲精善云

增修校正押韻釋疑五卷江蘇巡撫採進本

押韻釋疑宋紹定庚寅廬陵進士歐陽德隆撰景定甲子郭守正增修守正字正已自號紫雲山民永樂大典所引紫雲韻即此書也初德隆以禮部韻畧有字同義異義同字異者與其友易有開因監本各爲互註以便程試之用辰陵余文焴爲之

序後書肆屢爲刊刻多所舛亂守正因取德隆之
書參以諸本爲删削增益各千餘條以成此書前
載文焴序次守正自序次重修條例次紹興新制
次韻字沿革次前代名姓有無音釋之疑次韻畧
音釋與經史子音釋異同之疑次韻畧字義與經
史子字義異同之疑次經史子訓釋音義異同之
疑次本韻字異義異經史子合而一之之疑次兩
韻字同義同而無通押明文者次押韻經前史後
之疑次經史用古字今字之疑次有司去取之疑

次世俗相傳之誤次賦家用韻之疑次疑字次字同義異次正誤次俗字皆列卷首其每字之下先列監註次列補釋次列他韻他紐互見之字詳其音義點畫之同異而辨其可以重押通用與否多引當時程試詩賦某年某人某篇曾押用某字考官看詳故事以證之每韻之末列紹興中黃啟宗淳熙中張貴謨等奏添之字或常用之字而官韻不收者如㭨幪之幪諸字則註曰官韻不收宜知考證頗爲詳審但孰爲德隆原註孰爲守正之所

加不復分别未免體例混淆耳别本禮部韻畧註文甚簡與此不同而亦載文燆守正二序及重修條例十則然其書與條例絕不相應疑本佚其原序而後人移掇此書以補之也所載淳熙文書式數條列當時避諱之例甚詳如慶元中議宏字殷字已祧不諱可押韻不可命題紹興中指揮以威字代桓字如齊威曾威之類可用不可押丁丑福州補試士人押齊威字見黜諸條尤爲明白名曰釋疑可謂不忝其名矣其書久無刊板此本猶從

宋槧鈔出曹寅所刻別本序中闕六字條例中闕二字此本皆完知寅未見此本也

九經補韻一卷（兩江總督採進本）

宋楊伯喦撰伯喦字彥思號泳齋自稱代郡人然南宋時代郡已屬金蓋署郡望也淳祐間以工部郎守衢州周密雲烟過眼錄載伯喦家所見古器列高克恭胡泳之後似入元尚在矣宋禮部韻畧自景祐中丁度修定頒行與九經同列學宮莫敢出入其有增加之字必奏請詳定而後入然所載

續降六十三字補遺六十一字猶各於字下註明
其音義勿順及喪制所出者仍不得奏請入韻故
校以廣韻集韻所遺之字頗多伯喦是書蓋因官
韻漏畧擬摭九經之字以補之周易尚書各一字
毛詩六字周禮禮記各三十一字左傳五字公羊
傳孟子各二字凡七十九字各註合添入某韻內
或某字下又附載音義勿順喪制所出者八十八
字蓋當時於喪制一條拘忌過甚如檀弓何居之
居本爲語詞亦以爲涉於凶事不敢入韻故附載

之然自序稱非敢上於官以求增補則并所刻應補之字亦未行用也其書考據經義精確者頗多惟其中如周禮司尊彝修爵之修音滌禮記聘義孚尹之孚音浮之類乃古字假借不可施於今韻又如詩泮水之䮾字周禮占人之簭字公羊傳成五年之沗字乃重文別體與韻無關一槩擬補未免少失斷限耳

五音集韻十五卷内府藏本

金韓道昭撰道昭字伯暉真定松水人世稱以等

韻顛倒字紐始於元熊忠韻會舉要然是書以三十六母各分四等排比諸字之先後已在其前所收之字大抵以廣韻爲藍本而增入之字則以集韻爲藍本考廣韻卷首云凡二萬六千一百九十四言集韻條例云凡五萬三千五百二十五言新增二萬七千三百三十一言是書亦云凡五萬三千五百二十五言新增二萬七千三百三十言合計其數較集韻僅少一字殆傳寫偶脫廣韻注十九萬一千六百九十二字是書云注三十三萬五

千八百四十言新增十四萬四千一百四十八言其增多之數則適相符合是其依據二書足爲明證又廣韻注獨用同用實仍唐人之舊封演聞見記言許敬宗奏定者是也終唐之世下迄宋景祐四年功令之所遵用未嘗或改及丁度編定集韻始因賈昌朝請改併窄韻十有三處合廣韻各本儼移鹻檻之前釅移陷鑑之前獨用同用之注如通殷於文通隱於吻皆因集韻頒行後竄改致舛是書改二百六韻爲百六十而併忝於琰併檻於

謙併儼於范併㮇於艷併鑑於陷併釅於梵足證

廣韻原本上去聲末六韻之通爲二與平聲入聲

不殊其餘如廢不與隊代通殷隱焮迄不與文吻

問物通尚仍唐韻之舊未嘗與集韻錯互故十三

處犂然可考尤足訂重刊廣韻之訛其等韻之學

亦深究要眇未可以世不行用而置之也

古今韻會舉要三十卷浙江巡撫採進本

元熊忠撰忠字子中昭武人案楊慎丹鉛錄謂蜀

孟昶有書林韻會元黄公紹舉其大要而成書故

以爲名然此書以禮部韻畧爲主而佐以毛晃劉淵所增併與孟昶書實不相關舊本凡例首題黃公紹編輯熊忠舉要而第一條郎云今以韻會補收缺遺增添注釋是韻會别爲一書明矣其前載劉辰翁韻會序正如廣韻之首載陸法言孫愐序耳亦不得指舉要爲公紹作也自金韓道昭五音集韻始以七音四等三十六母移易唐宋之字紐而韻書一變南宋劉淵景定壬子新刊禮部韻畧始合併通用之部分而韻書又一變忠此書字紐

遵韓氏法部分從劉氏例兼二家所變而用之而韻書舊第至是盡變無遺其字母通考之首拾李涪之餘論力排江左吳音洪武正韻之鹵莽此已胚其兆矣又其中今韻古韻漫無分別如東韻收窻字先韻收西字之類雖舊典有徵而施行頗駭子注文繁例雜亦病榛蕪惟其援引浩博足資考證而一字一句必舉所本無臆斷偽撰之處較後來明人韻譜則尚有典型焉

四聲等子一卷　浙江范懋柱家天一閣藏本

不著撰人名氏錢曾讀書敏求記謂即劉鑑所作之切韻指南曾一經翻刻特易其名今以二書校之若辨音和類隔廣通偈狹内外轉攝振救正音憑切寄韻憑切喻下憑切日寄憑切及雙聲疊韻之例雖全具於指南門法玉鑰匙内然詞義詳畧顯晦迥有不侔至内攝之通照遇果宕曾流深外攝之江蟹臻山效麻梗咸十六攝圖雖亦與指南同然此書曾攝作内八而指南作内六流攝此書作内六而指南作内七深攝此書作内七指南作

内八皆小有不同至以江攝外一附宕攝內五下梗攝外七附曾攝內六下與指南之各自爲圖則爲例迥殊雖指南假攝外六附果攝內四之下亦間併二攝然假攝統歌麻二韻歌麻本通故假得附果若此書之以江附宕則不知江諧東冬不通陽剛以梗附曾則又悞通庚蒸爲一韻似不出於一手矣又此書七音綱目以幫滂並明非敷奉微之脣音爲宫影曉匣喻之喉音爲羽頗變玉篇五音之舊指南五音訣具在未嘗以脣爲宫以喉爲

羽亦不得混爲一書切韻指南卷首有後至元丙子熊澤民序稱古有四聲等子爲傳流之正字然而中間分析尚有未明關西劉士明著書曰經史正音切韻指南則劉鑑之指南十六攝圖乃因此書而革其宕攝附江曾攝附梗之悞此書實非鑑作也以字學中論等韻者司馬光指掌圖外惟此書頗古故並錄存之以備一家之學焉

經史正音切韻指南一卷　浙江汪啟淑家藏本

元劉鑑撰鑑字士明自署關中人關中地廣不知

隷籍何郡縣也切韻必宗等子司馬光作指掌圖

等韻之法於是始詳鑑作是書卽以指掌圖爲粉

本而參用四聲等子增以格子門法於出切行韻

取字乃始分明故學者便之至於開合二十四攝

內外八轉及通廣侷狹之異則鑑皆畧而不言殆

立法之初已多挂礙糾紛故姑置之耶然言等韻

者至今多稱切韻指南今姑錄之用備彼法沿革

之由原本末附明釋眞空直指玉鑰匙一卷驗之

卽眞空篇韻貫珠集中之第一門第二門不知何

入割裂其文綴於此書之後又附若愚直指門法一卷詞旨拙澁與貫珠集相等亦無可採今並删不錄焉

洪武正韻十六卷江蘇周厚堉家藏本

明洪武中奉勅撰時預纂修者爲翰林侍講學士樂韶鳳宋濂待制王僎修撰李叔允編修朱右趙壎朱廉典簿瞿莊鄒孟達典籍孫蕡答祿與權預評定者爲左御史大夫汪廣洋右御史大夫陳寧御史中丞劉基湖廣行省參知政事陶凱書成於

洪武八年濂奉勅爲之序大旨斥沈約爲吳音一
以中原之韻更正其失併平上去三聲各爲二十
二部入聲爲十部於是古來相傳之二百六部併
爲七十有六其註釋一以毛晃增韻爲藁本而稍
以他書損益之蓋歷代韻書自是而一大變考隋
志載沈約四聲一卷新舊唐書皆不著錄是其書
至唐已佚陸法言切韻序作於隋文帝仁壽元年
而其著書則在開皇初所述韻書惟有呂靜夏侯
該陽休之周思言李季節杜臺卿六家絕不及約

是其書隋時已不行於北方今以約集詩賦考之上下平五十七部之中以東冬鍾三部通魚虞模三部通庚耕清青四部通蒸部登部各獨用與今韻分合皆殊此十二部之仄韻亦皆相應他如八詠詩押葦字入微韻與經典釋文陳謝嶠讀合梁大壯舞歌押震字入眞韻與漢書敘傳合早發定山詩押山字入先韻君子有所思行押軒字入先韻與梁武帝江淹詩合冠文祝文押化字入麻韻與後漢書馮衍傳合與今韻收字亦頗異濂序乃

以陸法言以來之韻指爲沈約其謬殊甚法言切

韻序又曰昔開皇初有儀同劉臻等八人同詣法

言門宿論及音韻以今聲調既自有别諸家取捨

亦復不同吳楚則時傷清淺燕趙則多傷重濁秦

隴則去聲爲入梁益則平聲似去江東取韻與河

北復殊因論南北是非古今通塞欲更捃選精切

削除疏緩蕭顏多所決定魏著作謂法言曰向來

論難疑處悉盡我輩數人定則定矣法言卽燭下

握筆畧記云云今廣韻之首列同定八人姓名曰

劉臻顏之推魏淵盧思道李若蕭該辛德源薛道衡則非惟韻不定於吳人且序中江左取韻諸語已深斥吳音之失安得復指爲吳音至唐李涪不加深考所作刊誤橫肆譏評其誣實甚濂在明初號爲宿學不應沿訛踵謬至此蓋明太祖既欲重造此書以更古法如不誣古人以罪則改之無名濂亦曲學阿世强爲舞文耳然源流本末古籍昭然天下後世何可盡掩其目乎觀廣韻平聲三鍾部恭字下註曰陸以恭蜙縱等入冬韻非也蓋一

紐之失古人業已改定又上聲二腫部湩字下註曰此冬上聲蓋冬部上聲惟此一字不能立部附入腫部之中亦必註明不使相亂古人分析不苟至於如此濂乃以私臆妄改悍然不顧不亦傎乎李東陽懷麓堂詩話曰國初顧祿為宮詞有以為言者朝廷欲治之及觀其詩集乃用洪武正韻遂釋之此書初出亟欲行之故也然終明之世竟不能行於天下則是非之心終有所不可奪也又周賓所識小編曰洪武二十三年正韻頒行已久上

以字義音切尚多未當命詞臣再校之學士劉三吾言前後韻書惟元國子監生孫吾與所纂韻會定正音韻歸一應可流傳遂以其書進上覽而善之更名洪武通韻命刊行焉今其書不傳云云是太祖亦心知其未善矣其書本不足錄以其爲有明一代同文之治削而不載則韻學之沿革不備猶之記前代典制者雖其法極爲不善亦必錄諸史册固不能泯滅其迹使後世無考耳

古音叢目五卷古音獵要五卷古音餘五卷古音附錄

一卷 浙江巡撫採進本

明楊慎撰慎有檀弓叢訓已著錄是四書雖各為卷帙而核其體例實本一書特以陸續而成不及待其完備每得數卷即出問世故標目各別耳觀其古音獵要東冬二韻共標鞠朋眾務調夢窻誦雙明萌用江十三字與古音叢目東冬二韻所標者全複與古音餘東冬二韻所標亦複五字是即隨所記憶觸手成編參差互出未歸畫一之明證矣其書皆仿吳棫韻補之例以今韻分部而以古

音之相協者分隸之然條理多不精密如周易渙六四渙有丘匪夷所思丘與思爲韻无妄六三无妄之災或繫之牛行人之得邑人之災災古音菑牛古音尼與災爲韻繫詞乾以易知坤以簡能能古音奴來反與知爲韻愼於古音叢目支韻内丘字下但注云詩牛字下但注云楚詞能字下則並不註出典又繫詞神而化之使民宜之愼於古音叢目五歌韻内知宜字之爲牛何切下注云易而化之爲毁禾切則但注云見楚詞又易彖傳爻爻

子子兄兄弟弟夫夫婦婦婦與子及弟字爲韻愼於古音叢目四紙韻内婦字下但引西京賦作房詭切豐六二豐其蔀日中見斗蔀古音蒲五切斗古音滴主切故九四蔀斗二字與主爲韻愼於古音叢目語麌韻内斗字下但注云毛詩凡此皆不求其本隨意捃摭又古音皆其本讀非可隨意諧聲輾轉分隷如江韻之江窻雙控四字古音獵要皆收入冬韻是也而古音叢目又以東韻之紅冬韻之封龍三字收入江韻考易說卦傳震爲雷爲

龍虡翻千寶並作駹周禮巾車革路龍勒注駹也駹車故書作龍車犬人凡幾珥沈辜用駹可也註故書作龍則駹本音龍以在東韻爲本音不容改龍以叶駹封與邦通邦之古音諧丰聲紅與江通江之古音諧工聲亦以東冬爲本韻不得改封紅以入江也蓋愼博洽過陳第而洞曉古音之根柢則不及之故蒐緝秦漢古書頗爲該備而置之不得其所遂往往舛漏牴牾以其援据繁富究非明人空疎者所及故仍錄其書以備節取焉

古音畧例一卷 兩江總督採進本

明楊慎撰是書取易詩禮記楚詞老莊荀管諸子有韻之詞標爲畧例若易例日昃之離離音羅與歌嗟爲韻三歲不覿覿音徒谷切與木谷爲韻並受其福福音偪與食汲爲韻吾與爾靡之靡音磨與和爲韻頗與古音相合他如嘒彼小星維參與昴舊叶力求切慎據史記天官書徐邈音昴爲旄下文抱衾與裯之裯音調實命不猶之猶音搖今考郭璞註方言裯丁牢反檀弓咏斯猶鄭註猶當

作搖則二音實有所據慎又謂吳棫於詩棘心夭
夭母氏劬勞勞必叶音僚我思肥泉茲之永歎歎
必叶他涓切出自北門憂心殷殷門必叶眉貧切
四牡有驕朱幩儦儦儦必叶音高不思古韻寛緩
如字讀白可叶何必勞脣齒費簡册其論亦頗爲
得要至如老子朝甚除田甚蕪倉甚虛服文彩帶
利劍厭飲食資財有餘是謂盜夸慎據韓非解老
篇改夸爲竽謂竽方與餘字叶柳子厚詩仍押盜
夸均悞今考說文夸从大于聲則夸之本音不作

枯瓜切明矣故楚詞大招朱唇皓齒嫭以姱只比
德好閑習以都只集韻姱或作夸又吳都賦刻寺
七里俠棟楊路屯營櫛比廨署碁布橫塘查下邑
屋隆夸長干延屬飛甍舛互是夸與餘爲韻正得
古音而愼反斥之殊爲失考又易晉晝也明夷誅
也愼謂古誅字亦有之由切與晝爲韻孫奕改誅
爲昧昧叶音幕殊悞今考周禮甸祝禂牲禂馬亦
如之鄭讀禂爲誅則愼說似有所據但晝字古音
讀如註張衡西京賦徼道外周千廬內附衞尉八

屯警夜巡晝又易林井之復晝與據爲韻井之渙晝與故爲韻渙之蠱晝與懼爲韻則古韻晝不作涉救切可知何得舍其本音而反取誅之別音爲叶他若莊子竊鉤者誅竊國者爲諸侯愼讀誅爲之由切而不知侯之古音胡正與誅爲韻又易林蜘蛛之務不如蠶之緰愼讀務爲蝥緰爲鉤不知緰古音俞正與務爲韻蓋其文由掇拾而成故其說或離或合不及後來顧炎武江永諸人能本末融貫也

轉注古音畧五卷 江蘇巡撫採進本

明楊慎撰是書前有自序大旨謂毛詩楚詞有叶韻其實不越保氏轉注之法易經疏云賁有七音始發其例宋吳才老作韻補始有成編學者知叶韻自叶韻轉注自轉注是猶知二五而不知十也考協韻之說始於沈重毛詩音義見經典釋文後顔師古注漢書李善注文選並襲用之後人之稱叶韻自此而誤然與六書之轉注則渺不相涉慎書仍用叶韻之說而移易其名於轉注是朝三暮四改

爲朝四暮三也如四江之釭字說文云從金工聲
窻字說文云从穴悤聲則釭讀工窻讀悤皆其本
音無所謂轉亦安所用其注乎姑即就愼書論之
所注轉音亦多舛誤如二冬之龍字引周禮龍勒
雜色謂當轉入三江不知玉人上公用龍鄭司農
云龍當爲尨而左傳狐裘尨茸即詩之狐裘蒙戎
則尨當從龍轉龍不當作莫江反也又如蒸韻之
朋字愼引逸詩翹翹車乘招我以弓豈不欲往畏
我友朋謂當轉入一東不知弓古音肱有小戎采

綠閟宫及楚詞九歌諸條可證則弓當從朋轉朋
不當讀爲蓬也如此之類皆昧於古音之本以其
引證頗博亦有足供考證者故顧炎武作唐韻正
猶有取焉

毛詩古音考四卷福建巡撫採進本

明陳第撰第有伏羲圖贊已著錄言古韻者自吳
棫然韻補一書龐雜割裂謬種流傳古韻乃以益
亂

國朝顧炎武作詩本音江永作古韻標準以經證經

始廓清妄論而開除先路則此書實爲首功大旨以爲古人之音原與今異凡今所稱叶韻皆卽古人之本音非隨意改讀輾轉牽就如母必讀米馬必讀姥京必讀疆福必讀偪之類歴考諸篇悉截然不紊又左國易象離騷楚詞秦碑漢賦以至上古歌謡箴銘頌贊往往多與詩合可以互證於是排比經文參以羣籍定爲本證旁證二條本證者詩自相證以探古音之原旁證者他經所載以及秦漢以下去風雅未遠者以竟古音之委鉤稽參

驗本末秩然其用力可謂篤至雖其中如素音爲蘇之類不知古無四聲不必又分平仄家又音歌華又音和之類不知爲漢魏以下之轉韻不可以通三百篇皆爲未密然所列四百四十四字言必有徵典必探本視他家執今韻部分妄以通轉古音者相去蓋萬萬矣初第作此書自焦竑以外無人能通其說故刊板旋佚此本及屈宋古音義皆建寧徐時作購得舊刻復爲刊傳雖卷帙無多然欲求古韻之津梁舍是無由也

屈宋古音義三卷福建巡撫採進本

明陳第撰第既撰毛詩古音攷復以楚辭去風入未遠亦古音之遺乃取屈原所著離騷等二十五篇除其天問一篇得二十四篇又取宋玉九辨九篇招魂一篇益以文選所載高唐賦神女賦風賦登徒子好色賦四篇得十四篇共三十八篇其中韻與今殊者二百三十四字各推其本音與毛詩古音考互相發明惟每字列本證其旁證則間附字下不另爲條體例小異以前書已明故也書本

一卷其後二卷則舉三十八篇各爲箋註而音仍
分見諸句下葢以參考古音因及訓詁遂附録其
後兼以音義爲名實則卷帙相連非别爲一書故
不析置集部仍與毛詩古音考同入小學類焉

欽定音韻闡微十八卷

康熙五十四年奉

勑撰雍正四年告成

世宗憲皇帝御製序文具述

聖祖仁皇帝指授編纂之旨刊刻頒行自漢明帝時西域

切韻之學與佛經同入中國所謂以十四音貫一切字是也然其書不行於世至漢魏之間孫炎叔爲翻切齊梁之際王融乃賦雙聲等韻漸萌實闊合其遺法追神珙以後其學大行傳於今者有司馬光指掌圖鄭樵七音略無名氏四聲等子劉鑑切韻指南條例日繁而格礙亦日多惟我

國書十二字頭用合聲相切緩讀則爲二字急讀則爲一音悉本乎人聲之自然證以左傳之丁寧爲鉦句瀆爲穀國語之勃鞮爲披戰國策之勃蘇爲

胥於三代古法亦復相協是以

特詔儒臣以斯立準首刻韻譜定四等之輕重每部皆從

今韻之目而附載廣韻之子部以存舊制因以考

其當合當分其字以三十六母爲次用韓道昭五

音集韻熊忠韻會舉要之例字下之音則備載諸

家之異同協者從之不有心以立異不協者改用

合聲亦不遷就以求同大抵以上字定母皆取於

支微魚虞歌麻數韻以此數韻能生諸音即

國書之第一部也以下字定韻清聲皆取於影母濁

聲皆取於喻母以此二母乃本韻之喉音凡音皆出於喉而收於喉也其或有音無字者則借他韻他母之字相近者代之有今用協用借用三例使宛轉互求委曲旁證亦即漢儒訓詁某讀如某某音近某之意惟辨别毫芒巧於比擬非古人所及耳自有韻書以來無更捷徑於此法者亦更無精密於此書者矣

欽定同文韻統六卷

乾隆十五年奉

竺二之音惟佛號地名多用西番之音故別出以備

母所生之字凡四百三十有四蓋佛經諸咒皆天

所有者六條與天竺一同者所生之字亦同外其六

字母凡三十天竺所有者一十四天竺所無西番

千二百一十二字為西番字母配合十四譜其

字母音韻十六字翻切三十四字錯綜相配成一

切三十四字為天竺音韻翻切配合十二譜以

漢字譜其音為天竺字母譜凡音韻十六字翻

切擬以西番字母參考天竺字母貫合其異同而各以

用也次爲天竺西番陰陽字二譜各分陰字陽字
可陰可陽字可陽可陰字四例次大藏字母同異
譜以
欽定天竺字母爲經而以僧伽波羅等十二家所譯字
母爲緯以互證其分合增減次爲華梵字母合璧
譜則中西諸音新舊諸法一一條貫集厥大成焉
其西域有是音中國無是字者悉以合聲之法取
之二合者卽以二字並書三合者卽以三字並書
前有發聲後有餘聲者卽以其字疊書其中音有

輕重者則重者大書輕者細書併詳注反切及睺
牙齒脣舌諸音於下皆辨别分刌窮極毫芒考聲
韻之學實肇於西域自漢明帝時與佛書同入中
國以文字互異故中國不行其緣起僅見隋書經
籍志所謂十四聲貫一切字者其法已不可詳晉
太始初沙門竺曇摩羅察譯光讚般若經始傳四
十一字母其後諸僧所譯互有異同然皆自行於
彼教唐貞觀中吐蕃宰相阿努始以西番字譯天
竺五十字母亦自行於彼土自沙門神珙作四聲

五音九弄反紐圖收於大廣益會玉篇之末始流入儒書自鄭樵得西域僧七音韻鑑始大行於中國然西域之音無窮而中國之字有數其有音而無字者十之六七等韻諸圖或記以虛圈或竟爲空格使人自其上下左右連類排比而求之非心悟者弗能得也故鄭樵六書畧謂華有二合之音無二合之字梵有二合三合四合之音亦有其字因舉箄縛之二合囉馱曩之三合悉底哩野之四合爲證沈括夢溪筆談亦謂梵語薩嚩訶三字合

言之卽楚詞之些字然括無成書樵所作七音畧

於無字之音仍爲空格豈非知其法而不充其類

哉我

皇上天聲遐播紺園龍象慕

德東來梵筴唄音得諸親譯旣能不失其眞至編校此

書又以

國書十二字頭之法補所未備而發凡起例更屢經

聖裁改定而後成故古所重譯而不通者今一展卷而

心契聲聞韻通歌頌同文之盛眞亘古之所無矣

欽定叶韻彙輯五十八卷

乾隆十五年奉

勅撰字數部分皆仍佩文詩韻惟以今韻之離合別古韻之同異如江韻獨用則一韻爲一部東冬兩韻同用則兩韻爲一部支微齊三韻同用則三韻爲一部是也每部皆附叶韻畧如吳棫韻補惟韻補於今韻每部各載叶韻此則一部獨用者附本部末諸部同用者即總附諸部末如蒙字叶莫邦切則獨附江部後江字叶戶公切則總附東冬二部

後魚字叶魚羈切則總附支微齊三部後是也夫古今聲音之遞變亦如大小篆隸八分之遞變或相因或迥不相因或相近或迥不相近以迥不相近之音施於歌詠於古雖有徵而於今不能悉協唐人古詩大抵皆相近之音故東冬江古音雖同而此書東冬自爲部江自爲部支微齊佳灰古音雖同而此書支微齊自爲部佳灰自爲部皆取不戾於古而可行於今也至於叶韻之說宋以來紏紛彌甚謂庚收穿鼻眞收舐齶兩不相叶然嘉名

靈均乃見於屈原之騷謂江本通東陽本通庚兩不相叶然成雙鴛鴦乃見於徐陵之賦此異而彼同此通而彼礙各執一理勝負互形所謂愈治而愈棼也此書所錄惟據古書注有是音者使以類相從明前有所承即後爲有本不復旁牽博辨致枝蔓横生解結釋紛尤爲得要於數百年講古韻者誠爲獨酌其中矣

欽定音韻述微三十卷

乾隆三十八年奉

敕撰其合聲切字一本

御定音韻闡微其稍變者闡微以三十六母爲字紐之次序故東韻首公字之類與部首標目或相應或不相應在所不拘今則部首一字屬何母卽以其母爲首其下諸母所領字以次相從使歸於畫一其部分仍從

御定佩文詩韻其稍變者從音韻闡微分文殷爲兩部而以殷部附眞部不附文部其字數自佩文詩韻所收一萬二百五十二字外凡所續收每紐之下以

今訓斜彈礮本飛石而今訓火器摘本氾隊而今
入陽韻又如沓本浮木而今訓祭稔本稽考而
收入庚韻今則酒器兼此名而軍器有此字則增
國書十二字頭之音則收入麻韻鎗字舊訓爲酒器
爲
所恒用者如阿字舊惟作陵阿之義收入歌韻今
而音實不可移押者則刪不錄至於舊韻所無而今
增者又次之或有點畫小異音訓微殊舊韻兩收
據音韻闡微增者在前據廣韻增者次之據集韻

訓樧茭既已萬口同音即屬勢不可廢此如麻韻之字古音皆與魚虞相從自字母出中國始有麻韻一呼遂不能不增此一韻姬本周姓自戰國以後始以爲妾御之名亦遂不能不增此一解蓋從宜從俗義各有當又不可以古法拘也其互注之例凡一字兩部皆收義同者注曰又某韻義異者注曰與某韻義異體例與禮部韻畧同其與他韻一同一異者註曰又某韻與某韻義異或字有數訓而僅一解可通者則注曰惟某義與某韻同餘

異則較韻畧為加密其詮釋之例凡說文玉篇廣韻集韻所有者書非稀睹無庸贅著篇名其他則一字一句必著所出以明有據亦諸韻書之所無蓋音韻闡微所重在字音故訓詁不欲求詳此書所重在字義故考證務期核實兩書相輔而並行小學之蘊奥眞毫髮無遺憾矣

音論三卷安徽巡撫採進本

國朝顧炎武撰炎武有左傳杜解補正已著錄自陳第作毛詩古音考屈宋古音義而古音之門徑始

明然創闢榛蕪猶未及研求邃密至炎武乃探討本原推尋經傳作音學五書以正之此其五書之一也上卷分三篇一古曰音今曰韻二韻書之始三唐宋韻譜異同中卷分六篇一古人韻緩不煩改字二古詩無叶音三四聲之始四古人四聲一貫五入爲閏聲六近代入聲之誤下卷分六篇一六書轉注之解二先儒兩聲各義之說不盡然三反切之始四南北朝反語五反切之名六讀若共十五篇皆引據古人之說以相證驗中惟所論入

聲變亂舊法未爲甚確餘皆原原本本足以訂俗
學之譌葢五書之綱領也書成於崇禎癸未其時
舊本集韻與别本廣韻皆尚未出故不知唐宋部
分之異同由於陳彭年丁度又唐封演見聞記其
時亦未刊行故亦不知唐人官韻定自許敬宗然
全書持論精博百餘年來言韻學者雖愈闡愈密
或出於炎武所論之外而發明古義則自陳第之
後炎武屹爲正宗陳萬策近道齋集有李光地小
傳稱光地音學受之炎武又萬策作李光地詩集

後序稱光地推炎武音學妙契古先故所註古音
不用吳棫韻補而用炎武詩本音則是書之爲善
本可槩見矣

詩本音十卷 安徽巡撫採進本

國朝顧炎武撰音學五書之二也其書主陳第詩無
叶韻之說不與吳棫補音爭而亦全不用棫之例
但即本經所用之音互相參考證以他書明古音
原作是讀非由遷就故日本音每詩皆全列經文
而註其音於句下與今韻合者註曰廣韻某部與

今韻異者卽註曰古音某大抵審於陳第而疏於江永故永作古韻標準駁正此書者頗多然合者十九不合者十一南宋以來隨意叶讀之謬論至此始一一廓清厥功甚鉅當以永書輔此書不能以永書廢此書也若毛奇齡之逞博爭勝務與炎武相詰難則文人相輕之習益不爲定論矣

易音三卷　安徽巡撫採進本

國朝顧炎武撰音學五書之三也其書卽周易以求古音上卷爲彖辭爻辭中卷爲彖傳象傳下卷爲

繫辭文言說卦雜卦其音往往與詩不同又或往往不韻故炎武所註凡與詩音不同者皆以爲偶用方音而不韻者則闕焉考春秋傳所載繇詞無不有韻說者以爲連山歸藏之文然漢儒所傳不過周易而史記載大横之兆其繇亦然意卜筮家别有其書如焦贛易林之類非易之本書而易之本書則如周秦諸子之書或韻或不韻本無定體其韻或雜方音亦不能盡求其讀故彖詞爻詞不韻者多韻者亦間有十翼則韻者固多而不韻者

亦錯出其間非如詩三百篇協詠歌被管絃非韻不可以成章也炎武於不可韻者如乾之九二九四中隔一爻謂義相承則韻相承之類未免穿鑿又如六十四卦彖辭惟四卦有韻殆出偶合標以爲例亦未免附會然其考核精確者則於古音亦多有裨固可存爲旁證焉

唐韻正二十卷安徽巡撫採進本

國朝顧炎武撰音學五書之四也其書以古音正唐韻之訛書首有凡例曰凡韻中之字今音與古音

同者卽不註其不同者乃韻譜相傳之誤則注云古音某並引經傳之文以證之其一韻皆同而中有數字之誤則止就數字註之一東是也一韻皆誤則每字註之四江是也同者半則同者註其畧不同者註其詳且明其本二韻而誤併爲一五支是也一韻皆同無誤則不註二冬三鍾是也蓋逐字以求古音當移出者移而出當移入者移而入視他家謬執今韻言古音但知有字之當入而不知有字之當出以至今古糾牽不可究詰者其體

例特爲明晰與所作韻補正皆爲善本然韻補誤叶古音可謂之正至唐韻則本爲四聲而設非言古韻之書聲隨世移是變非誤槩名曰正於義未協是則炎武泥古之過其偏亦不可不知也

古音表二卷安徽巡撫採進本

國朝顧炎武撰音學五書之五也凡分十部以東冬、鍾江爲第一支脂之微齊佳皆灰咍爲第二魚虞模侯爲第三眞諄臻文殷元魂痕寒桓刪山先仙爲第四蕭宵肴豪幽爲第五歌戈麻爲第六陽唐爲第七耕清青爲第八蒸登爲第九侵覃談鹽添咸銜嚴凡爲第十皆以平聲爲部首而三聲隨之其移入之字與割併之部卽附見其中考以古法多相脗合惟入聲割裂分配其說甚辨然變亂舊部論者終有異同其門人潘耒作類音八卷深爲李光地榕村語錄所詆厲其濫觴卽從此書也以與所著五書共爲卷帙當並存以具一家之言且其配隸古音實有足糾吳棫以來之謬者故仍錄備參考焉

韻補正一卷安徽巡撫採進本

國朝顧炎武撰案宋志吳棫有毛詩叶韻補音十卷又韻補五卷自朱子作詩集傳用其毛詩叶韻補音儒者因朱子而不敢議棫又因毛詩叶韻補音并不敢議其韻補炎武此書於棫雖亦委曲迴護有安得如才老者與之論韻之言然所作詩本音已不從棫說至於此書則更一一糾彈不少假借蓋攻韻補者其本旨推棫者其巽詞也案朱子語錄稱吳才老補音甚詳然亦有推不去者則朱子

於棫之書原不謂盡無遺議馬端臨經籍考特錄
朱子此條於毛詩叶韻補音之下亦具有深心焉
武此書絕不爲叫囂攻擊之詞但於古音叶讀之
舛誤今韻通用之乖方各爲剖自注之而得失自
見可謂不悖是非之正亦不涉門戶之爭者矣

古今通韻十二卷江蘇巡撫採進本

國朝毛奇齡撰奇齡有仲氏易已著錄是書爲排斥
顧炎武音學五書而作創爲五部三聲兩界兩合
之說五部者東冬江陽庚青蒸爲一部支微齊佳

灰爲一部魚虞歌麻蕭肴豪尤爲一部眞文元寒
删先爲一部侵覃鹽咸爲一部三聲者平上去三
聲相通而不與入通其與入通者謂之叶兩界者
以有入聲之東冬江陽庚青蒸眞文元寒删先侵
覃鹽咸十七韻爲一部無入聲之支微齊佳灰魚
虞歌麻蕭肴豪尤十三韻爲一部兩不相通其相
通者謂之叶兩合者以無入十三韻之去聲與有
入十七韻之入聲通用而不與平上通其與平上
通者謂之叶按奇齡論例既云所列五部分配五

音雖欲增一減一而有所不可乃又分爲兩界則
五音之例亂矣既分兩界又以無入十三韻之去
聲與有入十七韻之入聲同用則兩界之例又亂
矣至三聲之例本云平上去通而不與入通而兩
合之例又云去入通而不與平上通則三聲兩合
不又自相亂乎葢其病在不以古音求古音而執
今韻部分以求古音又不知古人之音亦隨世變
而一槩比而合之故徵引愈博異同愈出不得不
多設條例以該之迨至條例彌多矛盾彌甚遂不

得不遁辭自解而叶之一說生矣皆逞博好勝之念牽率以至於是也然其援據浩博頗有足資考證者存備一家之說亦無不可故已黜而終存之焉

易韻四卷浙江巡撫採進本

國朝毛奇齡撰古人繇詞多諧音韻周易爻象亦大抵有韻而往往不拘故吳棫作韻補引易絕少至明張獻翼始作讀易韻考七卷然獻翼不知古音或隨口取讀或牽引附會殊龐雜無緒奇齡此書

與顧炎武易本音皆置其無韻之文而論其有韻之文故所言皆有條理兩家所撰韻書互有出入故其論易韻亦時有異同大抵引證之博辨析之詳則奇齡過於炎武至於通其可通而闕其所不可通則奇齡之書又不及炎武之詳愼如乾卦上九用九爲一節本奇齡臆說而此併牽古韻以實之則尤爲穿鑿且所謂兩界兩合蓋韻者其中皆自申其古今通韻之例亦不及炎武偶雜方言之說爲通達而無弊然炎武書太簡畧而奇齡則徵

引賅洽亦頗足互證以韻讀易者以炎武書為主而參之是書以通其變畧短取長未始不可相輔而行也

唐韻考五卷兵部侍郎紀昀家藏本

國朝紀容舒撰容舒字遲叟號竹厓獻縣人康熙癸巳舉人官至姚安府知府初隋陸法言作切韻唐禮部用以試士天寶中孫愐增定其書名曰唐韻後宋陳彭年等重修廣韻丁度等又作禮部韻畧為一代場屋程式而孫氏之書漸佚唐代舊韻遂

無復完帙惟雍熙三年徐鉉校定許慎說文在大
中祥符重修廣韻以前所用翻切一從唐韻見於
鉉等進書表咨餘以爲翻切之法其上字必同母
其下字必同部謂之音和間有用類隔法者亦僅
假借其上字而不假借其下字因其翻切下一字
參互鉤稽輾轉相證猶可以得其部分乃取說文
所載唐韻翻切排比分析各歸其類以成此書始
知廣韻部分仍如唐韻但所收之字不同有唐韻
收而廣韻不收者如東部詷字𡨝字烘字之類是

也有唐韻在此部而廣韻在彼部者如賨字廣韻作藏宗切在冬部唐韻作祖紅切則在東部瓏字廣韻作盧紅切在東部唐韻作力鍾切則在鍾部之類是也有唐韻兩部兼收而廣韻止存其一者如虞部庢字廣韻註又子余切與唐韻合而魚部子余切乃不收庢字之類是也有廣韻移其部分而失於改其翻切如諄部麕筠囷贇四字移入眞部而仍用唐韻諄部翻切刪部鰥字移入山部仍用刪部翻切之類是也有唐韻本有重音而徐鉉

祇取其一者如規字作居追切宜在脂部而證以
隓字作許規切闚字作去隓切知規字當有居隨
一切兼入支韻之類是也其推尋考校具有條理
唐韻分合之俲與宋韻改併之迹均可由是得其
大凡亦小學家所當參證者矣

古韻標準四卷桂林府同知李文藻刊本

國朝江永撰永有周禮疑義舉要已著錄自昔論古
音者不一家惟宋吳棫明楊慎陳第

國朝顧炎武柴紹炳毛奇齡之書最行於世其學各

有所得而或失於以今韻部分求古韻或失於以漢魏以下隋陳以前隨時遞變之音均謂之古韻故拘者至格閡而不通泛者至叢脞而無緒承是書惟以詩三百篇爲主謂之詩韻而以周秦以下音之近古者附之謂之補韻視諸家界限較明其韻分平上去聲各十三部入聲八部每部之首先列韻目其一韻岐分兩部者曰分某韻韻本不通而有字當入此部者曰別收某韻四聲異者曰別收某聲某韻較諸家體例亦最善每字下各爲之

注而每部末又爲之總論書首復冠以例言及詩韻舉例一卷大旨於明取陳第於

國朝取顧炎武而復補正其訛鈌吳棫楊愼毛奇齡之書間有駁詰柴紹炳以下則自鄶無譏焉古韻之有條理者當以是編爲最末可以晚出而輕之也

右小學類韻書之屬三十三部三百十三卷皆文淵閣著錄

案韻書爲小學之一類而一類之中又自分

三類曰今韻曰古韻曰等韻也本各自一家之學至金而等韻合於今韻韓道昭五音集韻始以等韻改易今韻之字紐至南宋而古韻亦合於今韻吳棫韻補始以古韻分隸今韻又註今韻某部古通某部之類至
國朝而等韻又合於古韻如劉凝熊士伯諸書三類遂相牽而不能分今但通以時代次之其篆韻之類本不爲韻而作者則仍歸之於字書

附錄

六藝綱目二卷　兵部侍郎紀昀家藏本

元舒天民撰天民字執風鄞縣人是書取周禮保氏六藝之文因鄭元之註標爲條目各以四字韻語括之其子恭爲之註同郡趙宜中爲之附註均能考證精核於小學頗有發明惟其中論六書轉注一門以轉注者乃轉形互用有倒有側有反有背今求其說若云倒䀠爲県反正爲乏雖本傳記然究屬會意字至謂尸爲側人匚爲側凵則誤從周伯琦說文字原之論於制字之意反乖耳至其九數一門以密術推鄭註頗爲詳至以之補正賈

疏亦考禮之一助也恭字自謙號說齋宜中字彥

夫其書刊於至正甲辰前有張翥胡世佐揭汯劉

仁本四序皆未言及宜中附註事末有舒睿後序

題戊申歲已爲洪武元年亦不及宜中則宜中疑

爲明人其始末則不可考矣

案六藝皆古之小學而自漢志以後小學一

類惟收音聲訓詁之文此書轉無類可歸今

附錄於小學之末存古義也

12225

欽定四庫全書總目 經部

卷十三

欽定四庫全書總目卷四十三

經部四十三

小學類存目一

爾雅補注六卷 江蘇巡撫採進本

國朝姜兆錫撰兆錫有周易本義述蘊已著錄是注多以後世文義推測古人之訓詁如釋詁在終也則注曰凡物有定在亦有終竟之意今人云不知所在亦云不知所終又好以意斷制如釋訓子子孫孫三十二句則注曰每語皆以三字約舉其義

與經書小序略相似而又皆以韻叶之此等文疑先賢卜氏受詩於聖人而因爲之也云云葢因詩序首句之文而推求及於子夏然考周易彖傳全爲此體王逸注楚詞抽思諸篇亦用此體是又安足爲出自子夏之證乎

小爾雅一卷通行本

案漢書藝文志有小爾雅一篇無撰人名氏隋書經籍志唐書藝文志並載李軌注小爾雅一卷其書久佚今所傳本則孔叢子第十一篇抄出別行

者也㕕廣詁廣言廣訓廣義廣名廣服廣器廣物
廣鳥廣獸十章而益以度量衡爲十三章頗可以
資考據然亦時有舛迕如廣量云豆四謂之區區
四謂之釜本諸春秋傳四升爲豆各自其四以登
于釜之文下云釜二有半謂之藪與儀禮十六斗
曰藪合其下又云藪二有半謂之缶缶二謂之鍾
則實八斛乃春秋傳所謂陳氏新量非齊舊量六
斛四斗之鍾是豆釜區用舊量鍾則用新量也廣
衡曰兩有半曰捷倍捷曰舉倍舉曰鋝公羊傳疏

引賈逵稱俗儒以鋝重六兩者葢卽指此使漢代小學遺書果有此語逵必不以俗儒目之矣他如謂鵠中者謂之正則併正鵠之名不辨謂四尺謂之仞則考工記澮深二仞與洫深八尺無異矣漢儒說經皆不援及迨杜預注左傳始稍見徵引明是書漢末晚出至晉始行非漢志所稱之舊本晁公武讀書志以爲孔子古文殆循名而失之相傳已久姑存其目若其文則已見孔叢子不復錄焉

崔氏小爾雅一卷　戸部尚書王際華家藏本

舊本題明崔銑撰銑有讀易餘言已著錄此書凡
分十篇核檢其文實即孔叢子中之小爾雅也閱
元衢歐餘漫錄曰小爾雅漢孔鮒撰汝郡袁氏金
聲玉振集誤爲崔仲鳧著收入撰述部以漢爲本
朝以崔易孔豈其不詳考耶抑以世可欺也則是
僞題姓名明人已言之矣

彙雅二十卷續編二十八卷兩淮馬裕家藏本

明張萱撰萱字孟奇博羅人萬歷壬午舉人由中
書舍人官至戸部郎中此書每篇皆列爾雅次以

小爾雅廣雅方言之屬下載注疏附以萱所自釋亦頗有發明然如釋詁肅延誘薦餕晉寅蓋進也郭注寅未詳萱於他注義未詳者無所證據而晉之爲進人人皆解者乃反詳之殊失體要又若釋詁詭祖也萱釋之曰詭遠祖也親在高尊之上危矣此義尤爲未安蓋明人不尚確據而好出新論其流弊往往如此也續編二十八卷則皆割裂陸佃埤雅羅願爾雅翼合爲一集每條以佃願之名別之惟第一卷説鳳一門有一條題張萱曰爲所

自釋耳蓋未成之本後人不察而誤刊之陸氏羅氏原書具在亦安用此鈔胥爲哉是尤畫蛇之足矣

方言據二卷 福建巡撫採進本

明魏濬撰濬有易象古義通已著錄是書乃紀四方語言之異而求其可據者凡二百餘條多見考據然其中亦有字出經史本非方言如張口笑曰哆頤下曰頦足背曰跗毛多曰毹之類小學諸書義訓甚明毋煩更爲索解又如畔牢之與畔愁兒

叵之爲叵皆聲音之轉亦非因方域而殊乃一槩闌入於輶軒絶代語體例頗不類也

方言類聚四卷浙江巡撫採進本

明陳與郊撰與郊有檀弓集註已著錄是編取揚雄原本依爾雅篇目分爲釋詁釋言等十六門別爲編次使以類相聚如原本第三卷氓民也至根隨也數語移入卷首爲釋詁其原本卷首黨曉也兩節則列爲釋言反載於敦豐龐夵一節之後郭璞原注則總附每節後低一格以别之間有雙行

夾注爲與郊所考訂者僅略及音切字畫之異同

而已

越語肯綮錄一卷 浙江巡撫採進本

國朝毛奇齡撰奇齡有仲氏易已著錄是篇皆記其

鄉之方言而證以古音古訓以爲與陸法言韻多

相合因宋趙叔向有肯綮錄故襲其名然叔向書

多述朝制此則但一隅之里諺耳昔揚雄方言多

關訓詁歷代史志及諸家書目均入之經部小學

類中是編皆里巷常談似未可遽廁六經之末然

舊唐書經籍志載李少通俗語難字新唐書藝文志載張推證俗音顏愍林證俗音略李虔續通俗文皆在小學類中以類相從古有此例故今仍列之小學焉

連文釋義一卷（通行本）

國朝王言撰言字慎旃仁和人是編凡二字連文及一名而兼兩義與兩字各為一義者均分別訓釋釐為十門詞頗淺近蓋為課蒙而作視方以智通雅所載相去遠矣

右小學類訓詁之屬八部六十四卷皆附存目

別本干祿字書一卷直隸總督採進本

唐顏元孫撰其原本已著錄此本乃栢鄉魏裔介所刊卷端加以考證其題炎武按者當爲顧炎武語亦有不標姓名者不知出於誰手或即裔介所加歟元孫是書本依韻編次而不標韻部之目石本可據此依廣韻加之然原本與廣韻次序實不相同如覃談列陽唐之前蒸列鹽之後仄聲亦並相應考夏竦古文四聲韻稱用唐韻部分者其次

序亦與此同知非謬誤葢當時韻書非一本炎武

議其顛倒亦非通論也

說文解字五音韻譜十卷通行本

宋李燾撰燾字仁父眉州丹稜人紹興八年進士官至敷文閣學士贈光祿大夫謚文簡案文獻通考作謚文定事蹟具宋史本傳初徐鍇作說文韻譜十卷音訓簡畧粗便檢閲而已非改許慎本書也燾乃取說文而顛倒之其初稿以類篇次序於每部之中易其字數之先後而部分未

移後復改從集韻移自一至亥之部爲自東至甲說文舊第遂蕩然無遺考徐鍇說文繫傳仿易序卦傳例作部敘二篇述五百四十部以次相承之故雖不免有所牽合而古人學有淵源要必有說未可以臆見紛更又徐鉉新附之字本非許慎原文一槩混淆亦乖體例後人援引往往以鉉說爲慎說實燾之由其中惟手部㩅字徐鉉作許歸切一條能糾本書之謬其餘如[illegible]字本作似醉切乃改爲房九切頁字本模結切乃改爲徒結切則多

所竄亂說文酉部有酓字音咽嗛切而燾刪去不載則有所遺漏甚至麷字本里之切而誤作莫交切麷字本莫交切而誤作里之切顛倒錯亂全乖其本義本音尤爲疏舛顧其書易於省覽故流俗盛行明人刊文獻通考又偶佚此書標題而連綴其前後序文於徐鍇繫傳條下世遂不知燾有此書明陳大科作序竟誤以爲許愼舊本茅溱作韻譜本義遂推闡許愼說文所以始於東字之意殊爲附會顧炎武博極羣書而所作日知錄亦曰說

文原本次第不可見今以四聲列者徐鉉等所定也是雖知非許慎書而又以燾之所編悞歸徐鉉信乎考古之難矣

續千文一卷通行本

宋侍其良器撰良器里貫未詳官左朝散大夫知池州軍事是編皆摭周興嗣千字文所遺之字仍仿其體製編爲四言韻語詞采亦頗可觀其孫嘗刻石浯溪後有乾道乙酉鄉貢進士謝褒跋

四聲篇海十五卷通行本

金韓孝彥撰孝彥字允中真定松水人是編以玉篇五百四十二部依三十六字母次之更取類篇及龍龕手鏡等書增雜部三十有七共五百七十九部凡同母之部各辨其四聲爲先後每部之内又計其字畫之多寡爲先後以便於檢尋其書成於明昌承安間迨泰和戊辰孝彥之子道昭又改併爲四百四十四部韓道昇爲之序殊體僻字靡不悉載然舛謬實多徒增繁碎道昇序稱泰和八年歲在强圉單閼攷泰和八年乃戊辰而曰强圉

單閼則丁卯矣刻是書者又記其後云崇慶已丑新集雜部至今成化辛卯刪補重編攷崇慶元年壬申明年即改元至寧曰已丑者亦誤道昭又因廣韻改其編次爲五音集韻十五卷明成化丁亥僧文儒等校刊二書合稱篇韻類聚篇謂孝彥所編以玉篇爲本韻謂道昭所編以廣韻爲本二書共三十卷較之他本多五音類聚徑指目錄餘無所增損云

**六書統溯原十二卷** 江蘇巡撫採進本

元楊桓撰桓有六書統已著錄六書統備錄古文篆籀此書則專取說文所無或附見於重文者錄之六書統所載古文自憑胸臆增損改易其字已多不足信至於此書皆說文不載之字本無篆體乃因後世增益之譌文爲之推原作篆卷一以會意起僅一十一字次指事僅十四字合轉注爲兩卷其卷三至卷十二皆諧聲字獨缺象形一門名之曰六書實止五也桓好講六書而不能深通其意所說皆妄生穿鑿不足爲憑其論指事轉注尤

爲乖異大抵從會意形聲之内以已見强爲分别故其指事有以形指形以注指形以聲指形以意指形以聲指意之屬其轉注有從二文三文四文及從一文一字從二文一字從一文二字之屬葢字學至元明諸人多改漢以來所傳篆書使就己見幾於人人可以造字戴侗導其流周伯琦揚其波猶間有可採未爲太甚至桓與魏校而横溢旁决矯誣尤甚是固宜懸諸戒律以杜變亂之源者矣

增修復古編四卷　浙江汪啓淑家藏本

舊本題吳均撰。但自署其字曰仲平，不著爵里，亦不著時代。其凡例稱注釋用黃氏韻會，而書中分部全從周德清中原音韻，則元以後人也。初，張有作復古編，辨別篆隸之訛異，持論甚平。又惟主辨正字畫，而不復泛引訓詁，其說亦頗簡要。均乃病其太畧，補輯是編。所分諸部，皆以俗音變古法。而所載諸字，又皆以古文繩今體，其拘者如童子必從人作僮之類，率滯礙而不可行；其濫者如仝字

之類引及道書又蕪雜而不盡確所分六書尤多
舛誤如般字爲國名孫字爲人姓皆字訓等差賓
字訓客環字訓繞之類皆謂之假借則天下幾無
正字矣其書自平聲至入聲首尾完具而每韻皆
題曰上卷殆尚有下卷而佚之然其佚亦無足惜
也

蒙古譯語一卷永樂大典本

不著撰人名氏前有自序稱言語不通非譯者無
以達其志今詳定譯語一卷好事者熟之則問答

之間隨叩隨應而無鯁喉之患云云似乎元代南人所記然其書分類編輯簡畧殊甚對音尤似是而非殊無足取

華夷譯語一卷 永樂大典本

明洪武二十二年翰林侍講火源潔奉勅撰錢曾讀書敏求記作史源潔字之訛也前有劉三吾序稱元初未制文字借高昌之書後命番僧造蒙古字反復紐切然後成文繁複爲甚翰林侍讀火源潔乃朔漠之族遂命以華文譯之聲音諧和隨用

各足云云其分類編輯與蒙古譯語畧同而差爲
詳備然粗具梗槩訛漏孔多
欽定元國語解已有成書源潔此編直付之覆瓿可矣
讀書敏求記又別載華夷譯語二卷云爲回回館
所增定今雖未見其本然明人於繙繹之學依稀
影響十不得一其書亦可想像而知也
篇海類編二十卷江蘇周厚堉家藏本
舊本題明宋濂撰屠隆訂正濂字景濓浦江人元
至正末召爲國史院編修官不就洪武中官至翰

林學士承旨事迹具明史本傳隆字長卿鄞縣人萬歷丁丑進士官至禮部主事明史文苑傳附見徐渭傳中其書取韓道昭五音篇海以部首之字分類編次舛漏萬狀無論宋濂本無此書即以所引之書而論如田汝耔都俞李登湯顯祖趙銘章𪻐楊時喬劉孔當趙宧光皆明正德至萬歷時人濂何從見之至於以趙撝謙列林罕李陽冰間既有一鄭樵注曰著六書畧又有一鄭漁注曰字仲明夾漈人他如以玉篇爲陳新作以韻會箋爲黃

紹作以高似孫爲高衍孫以洪武正韻爲毛晃作以古文字號爲馬融作鄭元注以五聲韻爲張有作以別字十三篇爲孫強作以六書精蘊爲孫愐作殆於醉夢顛倒病狂譫語屠隆雖不甚讀書亦不至於此殆謬妄坊賈所托名也

童蒙習句一卷通行本

明趙撝謙撰撝謙有六書本義已著錄焦竑筆乘載撝謙著書十種此書居第八惟六書本義及學範行世餘書則邱濬李東陽謝遷先後訪於嶺南

不獲則此書爲明人所未見亦僅存之本矣其例凡列一字必載篆隸眞草四體然小篆及眞書各有定格而隸草變體至多不能賅備姑見崖畧而已𤔡謙本以小學名此則鄉塾訓課之作非其精義所在也

從古正文五卷禮部尚書曹秀先家藏本

明黃諫撰諫字世臣蘭州人天順壬戌進士官至翰林院侍講學士後坐與石亨交謫廣州府通判其書考正字畫之訛以洪武正韻隸字每字大書

正文而分疏訓詁註作某某非於其下所推論六書之義未嘗不確而篆變八分八分變楷相沿既久勢不能同故楷之不可繩以小篆猶小篆之不可繩以籀文謙乃一一以小篆作楷奇形怪態重譯乃通而究其底藴實止人人習見之說文九千字非僻書也無裨義理而有妨施用所謂其言成理而其事必不可行者此類是矣

六書精藴六卷音釋一卷 兩淮馬裕家藏本

明魏校撰校有周禮沿革傳已著錄是書自序謂

因古文正小篆之訛擇小篆補古文之缺又謂惟祖頡而參諸籀斯篆可者取之其不可者釐正之云云然字者孳也輾轉孳生如子孫之於祖父血脉相通而面目各别校必以古文正小篆是子孫之貌有不似祖父者即謂非其子孫也又擇小篆以補古文是子孫之貌有偶似其祖父者即躋之於祖父之列以補其世系之缺也元以來好異之流以篆入隸如熊忠韻會舉要所譏者已爲駭俗校更層累而高求出其上以籀改小篆之文而所

用籀書都無依據名曰復古實則師心其說恐不可訓也末附音釋一卷乃其門人徐官所作以釋註中奇字者書有難解假注以明而其注先需重譯則乖僻無用可知矣

集古隸韻五卷兩淮馬裕家藏本

明方仕撰案是時有二方仕一爲固始人正德戊辰進士一即此方仕字伯行寧波人也其書以漢碑隸書分四聲編次全襲宋婁機漢隸字源而變其一二三四等目以千字文天地元黄諸字編之

體例甚陋又摹刻拙謬多失本形前有嘉靖丙戌市舶太監賴恩序葢仕爲恩題射廳榜恩因爲捐貲刻之又有浙江進士章滔序亦頌恩之功葢均不足道云

石鼓文音釋三卷附錄一卷浙江范懋柱家天一閣藏本

明楊慎撰慎有檀弓叢訓已著錄是編第一卷爲石鼓古文第二卷爲音釋第三卷爲今文附錄則自唐韋應物至明李東陽所作石鼓詩凡五篇前有正德辛巳慎自序稱東陽嘗語慎及見東坡之

本篆籀特全將爲手書上石未竟而卒慎因以東陽舊本錄而藏之金石古文亦言升庵得唐時拓本凡七百二字乃其全文馮惟訥詩紀遂據以載入古逸詩中當時蓋頗有信之者後陸深作金臺紀聞始疑其以補綴爲奇至朱彝尊日下舊聞考證古本以六轡下沃若二字靈雨上我來自東四字皆慎所強增第六鼓第七鼓多所附益咸與小雅同文又鼓有帠文郭氏云恐是臭字白澤也慎遂以惡獸白澤入正文中尤爲欺人明證且東陽

石鼓歌云拾殘補缺能幾何若本有七百餘字東陽不應爲是言云云其辨託名東陽之僞更無疑義今考蘇軾石鼓歌自註稱可辨者僅維鱮貫柳數句則稱全本出於軾者妄又韓愈石鼓歌有年深缺畫之語則稱全本出唐人者亦妄即眞出東陽之家亦不足據況東陽亦僞託歟

六書索隱五卷江蘇巡撫採進本

明楊愼撰自序謂取說文所遺彙萃成編以古文籀書爲主若小篆則舊籍已著子得而畧云云蓋

專於爲古篆之學者然其中所載古文籀書實多畧而未備卽以首卷而論如東韻工字考之鐘鼎釋文若乙酉父丁彝穆公鼎尨敦九工鑑之類各體不同而是書均未載及又如共字止載汾陰鼎而好畤鼎上林鼎綏和鼎之類亦均不取且古文罕見者必著所自來乃可傳信而是書不注所出者十之四五使考古者將何所據依乎

經子難字二卷浙江吳玉墀家藏本

明楊慎撰上卷乃讀諸經注疏所記凡易書詩三

傳三禮爾雅十書下卷乃讀諸子所記凡老子莊子列子荀子法言中說管子十洲記戰國策太元經逸周書楚詞文選十三書或摘其字音或摘其文句絕無異聞蓋隨手雜錄之本本非著書其孫宗五過珍手澤編輯成帙而王尚修序刻之均失愼本意也

石鼓文正誤二卷兩淮馬裕家藏本

明陶滋撰滋字時雨絳州人正德甲戌進士是編以薛尚功鄭樵施宿等石鼓訓釋不免舛譌因親

至太學石鼓旁抉剔刻文一一校定然年深鈌畫
仍多彯響揣摩其後序踵楊愼之説謂曾見蘇軾
摹本六百一十一字亦失考也

金石遺文五卷兩淮鹽政採進本

明豐道生撰道生卽豐坊所更名也所著古易世
學已著錄坊頗能篆籀其諸經僞本多以古文書
之至今爲世所詬厲此書雜采奇字分韻編次但
以眞書一字直音於下無所考證亦不注所出體
例畧近李登摭古遺文雖未必全出依托然以道

生好撰僞書凡所論撰遂無不可疑故世無遵而用之者此本又傳寫失眞益不足據矣

同文備考八卷附聲韻會通韻要粗釋二卷浙江范懋柱家天一閣藏本

明王應電撰應電有周禮傳已著錄是編考辨文字聲音其學出於魏校而乖僻又過其師前有自序謂洪武正韻間以小篆正楷書之譌而未嘗以古文正小篆之謬於是著爲是書取古文篆書而修定之并欲以定正許慎說文之失襲戴侗之遺

法分爲八類曰天文曰地理曰人倫曰人道曰人體曰動物曰植物曰用物舉是八綱以領其目又舉諸目以附綴偏旁系屬諸字攷書有古文有大篆有小篆三代以下得以考見六書大畧者惟賴小篆之存得以考見小篆本旨者惟賴說文始一終亥之目州居部次不相褒亂是以上通古籀下貫隸楷猶可知其異同因革之由若大篆則見於說文者不及二百字郋岐陽石鼓傳爲籀書尚不能盡目爲大篆況古文見於說文與出於鐘鼎者

已自不同必欲併合論之名爲復古實則鑿空遂至杜撰字體臆造偏傍竟於千百世後重出一製字之倉頡不亦異乎且既不信說文矣而於說文引述諸經文句互異者乃反據以駁正經文不知漢代經師多由口授被諸竹帛往往異文馬鄭以來諸儒商摧折衷乃定爲今本慎書所據如易用孟喜之類其序本有明文不過當時一家之學應電乃執爲古經拘泥殊甚至所附聲韻會通韻要粗釋二卷改字母爲二十八改韻類爲四十五爲

横圖以推衍之其於古今異宜南北異讀皆所不考合其所不當合分其所不當分又每字合以篆體端緒叢雜如治亂絲亦可云勞而鮮功矣

古俗字畧七卷 兩江總督採進本

明陳士元撰士元有易象鉤解已著錄是編標題之下題曰歸雲別集與所注周易同葢亦其別集之一種也其例仿顔元孫干祿字書而小增損之亦以韻分字所列首一字即元孫所謂正也所列古體及漢碑借用字即元孫所謂通也所列俗用

雜字即元孫所謂俗也古字多以鐘鼎之文改爲隸體已失其眞又不註所出爾爲難據他如悤之爲䐉㕞之爲䈏則周伯琦之訛文儵之爲天卍之爲萬則釋典之謬體一槩濫收殊乏考正其有已見經典者如左傳民生敦厖毛詩民之方殿屎等字皆斥爲俗字而徐鉉校正說文所云俗書如亹亇等二十八字反未刊正棄取亦殊失倫士元撰述之富幾與楊愼朱謀㙔相埒而是編疎舛不一而足亦貪奇愛博之過歟

字考啓蒙十六卷 浙江巡撫採進本

明周宇撰宇字必大自署關中人前有萬歷十一年自序考太學進士題名碑萬歷癸丑科有周宇崇禎初所定逆案中亦有其名然碑稱四川成都人與自題關中不合序作於萬歷十一年己自稱老且病則不應尚及媚魏忠賢惟咸寧縣志載周宇西安左衛人嘉靖己酉舉人官戸部主事精識古文奇字云云當卽其人也是編辨字學之訛分爲四考曰正形曰殊音曰辨似曰通用前三門俱

以洪武正韻分部編次惟通用一門分實名虛聲疊字三篇别爲一例其正形多以篆繩隸如東字同字皆以起鈎爲譌體字如其所說必八法全廢殊拘礙難通殊音即韻書之互注然辨古音今音及雙聲轉讀均不甚精核辨似一門尤爲瑣屑如壺之與壼傳之與傅稍把筆者皆知之何必縷縷乎通用一門雜收假借之字既多挂漏又頗泛濫均不足以言小學也

六書賦音義三卷 兩江總督採進本

明張士佩撰士佩號據濱韓城人嘉靖丙辰進士官至南京戸部尚書明史鄒元標傳載其與禮部尚書徐學謨倶爲元標劾罷其事迹始末則史未詳也是書取洪武正韻所收諸字依偏旁分爲八十五部每部之字皆仿周興嗣千字文體以四言韻語聯貫之文義或屬或不屬取便誦讀而已每字皆粗具訓詁疏明大義凡字有數體者惟載一體而各體皆附於後有數音者亦然葢專爲初學而設然其所分諸部不遵說文玉篇之舊如月字

入肉部戸字入尸部支字入攴部之類皆與六書不合又如源字音于權切江字音居艮切沂字音延知切之類亦皆沿正韻之誤於聲音多乖其注釋亦多譌舛

古器銘釋十卷浙江巡撫採進本

明卞蓑撰蓑揚州人是書成於嘉靖中皆抄襲博古圖及薛尚功鐘鼎款識之文前後失次摹刻舛訛殊不足依據

字義總畧四卷浙江巡撫採進本

明顧充撰充字回瀾上虞人隆慶丁卯舉人官至南京工部都水司郎中是書辨諸字音義點畫分四十四門體例最爲冗碎又不明六書本旨與古字假借之例如字始門註爾朱字云百千家姓皆無始見唐神仙爾朱洞是併魏書亦未考矣避忌門註𦵏字云張萬歲牧馬衆以張諱因以馬歲爲𦵏是併公羊傳禮記亦未考矣甚至字始門註回文字云始於溫嶠註雲土字云雲土夢作乂舊誤作雲夢土宋太宗得古本始詔改正已與字義無

涉至避忌門註海棠字云杜子美母名海棠故集中無詩注道字云師道淵避蕭道成諱稱師淵註崇字云姚元之避開元年號改名崇是與字義不更風馬牛乎半字通用門中如廋廋彌弥瀰瀰汚汙𢢝𢢝之類本一字而體分今古乃區别爲二强指曰通各音門中如庚桑作亢倉裂繻作履𦈉本音之轉非庚桑卽音亢倉裂繻卽音履𦈉俠累作韓傀本名之訛更非俠累卽音韓傀乃又混合爲一謂上字卽讀下音凡斯之類不可縷數他若一

字分書門旣收旱旿星甠諸字而別卷又以愈愉怠怡等字立心小各開一門則互相重複正音門積字註旣云音恣非動靜門中積字註又云凡指所聚之物音恣取物而積聚之音迹字始門車字註云尺遮切自漢以來始有居音正音門下字註又云古音虎魏了翁云六經無下馬一韻故下皆音虎則自相矛盾其餘如俎豆當作俎斗周人避文王諱讀昌爲去聲者更不知其何据也

問奇集一卷 兩江總督採進本

明張位撰位字明成新建人隆慶戊辰進士官至吏部尚書武英殿大學士事迹具明史本傳是書考論諸字形聲訓詁分十九門一六書大義一三十六字母一早梅詩切字例一好雨詩切字例一辨聲音要訣一辨五音訣一四聲三聲例一分毫字辨一誤讀諸字一奇字考一假借圈發字音一畫同音異舊不旁發諸字一音義同而書畫異諸字一音義異而可通用諸字一一字數音例一誤習已久難改字音併正韻不載諸字一相近字音

一各地鄉音辨論頗詳而不免舛陋如合併字母已非古法所用直音如龜音圭冰音兵之類併部分不辨又如倒景之景即影本字而誤云音影虫即虹之別體而誤云音虹李陽冰之名出木華海賦而泥於所篆之碑自書爲仌誤云音佞甚至臺駘誤音胡苔而註曰左傳人名考左傳子產稱臺駘汾神註無胡苔之音又臧之狐裘敗我于狐駘註云駘音臺亦無苔音惟檀弓引之作敗于臺駘註云臺音壺又非左傳人名殊爲刺謬如此之類

不可毛舉不足以言小學也

大明同文集五十卷浙江巡撫採進本

明田藝衡撰藝衡字子藝錢塘人以歲貢生官休寧縣訓導明史文苑傳附見其父汝成傳中是編割裂說文部分而以其諧聲之字爲部母如東字爲部母即以棟凍之屬從之顛倒本末務與古人相反又自造篆文詭形怪態更在魏校六書精蘊之上考沈括夢溪筆談曰王聖美治字學演其義以爲右文如水類其右皆從水所謂右文者如戔

小也水之小者曰淺金之小者曰錢貝之小者曰賤如斯之類皆以戔爲義也云云夢溪筆談非僻書藝衡不應不見殆剿襲其說而諱所自來不知王聖美之說先不可通也

正韻彚編四卷 浙江巡撫採進本

明周嘉棟撰嘉棟字隆之貴州人萬歷己丑進士官至監察御史其書取洪武正韻以偏旁分八十部所分之部與部中所列之字皆以字畫多少爲序每字之下仍各註曰某韻特因韻書之本文編

爲字書以便檢尋其分部頗多乖迕至於乃字丹字之類以爲無偏旁可歸編爲雜部附於末尤不考古矣

六書指南二卷浙江巡撫採進本

明李登撰登字士龍自號如眞居士上元人官新野縣知縣是書成於萬歷壬辰用千字文體以四字爲句辨俗傳訛體之字以誨童蒙

摭古遺文二卷補遺一卷浙江巡撫採進本

明李登撰是書本夏竦篆韻之體取鐘鼎古文以

韻分編其韻併冬於東併江於陽併侵於眞併肴於蕭分齊微二韻之字於支灰分覃咸鹽三韻之字於寒先分蒸韻之字於青庚而從廣韻分眞諄桓寒各爲二大抵皆以意杜撰所列古文亦皆不著所出未可執爲依據又出金石韻府之下矣

諸書字考二卷江蘇周厚堉家藏本

明林茂槐撰茂槐字稺虛福清人萬歴乙未進士官至吏部郎中是編辨別字音分四十四類其例有八一字有異音而讀訛者如格澤音鶴鐸之類

一偏旁譌者如㐱音戾之類一假借通用者如霸本音魄之類一音同可通用者如辟歴爲霹靂之類一以譌書而讀譌者如颾音貝之類一字有動靜二音如解音蟹壞音怪之類一二音通用如孛有佩音之類一古今音異如鴻臚音盧太守音狩之類然於古字古音皆未明其根柢故捃摭成編頗傷疎畧如詩南音尼心反風音孚金反天音汀因反此自古今韻異非關字有重音若斯之類浩如烟海何爲僅收三五字又如擁篲之擁音湧北

邛之邛音萍此自入人能曉何必作音至於謂張

翰之名當作平聲是未見李商隱詩越桂留烹張

翰膾也謂寧馨之寧當音甯是未見劉禹錫詩幾

人雄猛得寧馨也觀其訓哉爲始不引爾雅而引

韻會謂烟熅曰氤氳不引班固賦而引周易註知

其爲餖飣之學未能悉考源流矣

五侯鯖字海二十卷安徽巡撫採進本

不著撰人名氏題曰湯海若訂正考湯顯祖號曰

若士亦曰海若臨川人萬歷辛丑進士官至禮部

主事終於遂昌縣知縣明史有傳則當爲顯祖所作矣前有陳繼儒序云取海篇原本遵依洪武正韻參合成書然其註釋極爲簡畧體例亦頗蕪雜每字皆用直音尤多訛謬至卷首以四書五經難字別爲一篇則弇陋彌甚顯祖猶當日勝流何至於此葢明末坊賈所依託也

字學指南十卷 浙江巡撫採進本

明朱光家撰光家字謙甫上海人是書成於萬歷辛丑首二卷一曰辨體辨音次曰同音異義三曰

古今變體四曰同音互體五曰駢奇解義六曰同體異義七曰正誤舉例八曰假借從譯自三卷以下則以韻隸字併爲二十二部每一部以一字調四聲如東董涷篤之類各標一字爲綱而同音之字列於其下如蝀從東懂從董棟從涷督從篤之類葢本諸章黼韻學集成惟黼聚四聲於一韻仍各自爲部此則四聲參差聯貫併爲一部爲小變其例耳其前二卷所列大抵漫無考證如斷斷燈灯來来皆上正下俗而此書斷音短断音段燈爲

燈籠灯爲灯火來爲往來来爲來牟均以臆自爲分別非有根據也

字學訂譌二卷　浙江巡撫採進本

明李當泰撰當泰字元祉泗州人是書乃萬歷丁未殷城黄吉士督學江南命當泰合張位問奇集焦竑字學二書纂爲一編首六書大畧而終以俗用雜字共二十四門義例殊爲錯雜至分門訂譌內所載若甘露名天酒酒名紅友之類直是類書豈復小學訓詁乎

合併字學集篇集韻二十三卷內府藏本

明徐孝編張元善校孝順天布衣元善永城人彭城伯騏之後襲封惠安伯是書凡集篇十卷分二百部附拾遺一卷皆不究說文玉篇之旨偏旁多誤若稄稶二字从禾禾讀若稽木曲頭也與禾稼之禾迥異而乃并稄稶入禾部則於六書本義茫無考據可知又集韻十卷分一百部附四聲類率譜一卷等韻一卷亦不究陸法言孫愐舊法如并扃登等字於東韻合箴簪與眞臻同入根韻之類

皆乖舛殊甚又删十六攝爲十四攝改三十六母爲二十二母且改濁平濁入爲如聲事事皆出翔造較篇海正韻等書變亂又加甚焉

字考二卷 浙江汪啟淑家藏本

明夏宏撰宏字用德號銘乾海陽人是書上卷凡三類曰誤寫字曰疑似字曰誤讀字下卷凡二類曰通用古字曰通用聯字意在訂六書之訛而不能深研古義但稗販於近代韻書字書之間如謂雞字必從隹不知古文實從鳥見於說文謂豸字

連獬則稱呰不知本字實作鳫其豸乃蟲豸字亦見於說文頗爲失考　𡗗字於誤寫字條下註音梭楚歌聲於通用聯字條下以楚𡗗標目而註曰梭去聲亦自相矛盾又不通翻切多用直音如攙搶之搶云音當臨邛之邛云音穹者尤不一而足其去佩觿字鑑諸書葢不可以道里計矣

類纂古文字考五卷安徽巡撫採進本

明都俞撰俞字仲良錢唐人仕履未詳考其序跋葢萬歷間人也是書以古文爲名而實則取洪武

正韻之字以偏旁分類編之凡爲部三百一十有四冠以辨疑一篇切字一篇而末附以雜字其字皆用直音直音不得則用四聲四聲不得乃用翻切如鈞音君銘音明全乖沈陸之舊又分部別叾於舟別灬於火揆之六書亦多失許顧之本義惟其每部之中以字畫多少分前後較說文玉篇類篇頗易檢尋故後來字書皆用其體例云

六書正義十二卷　江蘇巡撫採進本

明吳元滿撰元滿字敬甫歙縣人萬歷中布衣焦

玆筆乘曰新安吳敬甫博雅士也精意字學所著有六書正義十二卷今觀是書大抵指摘許慎而推祟戴侗楊桓根本先已顛倒又體例冗瑣旣畧仿六書故分數位天文地理人倫身體飲食衣服宮室器用鳥獸蟲魚草木十二門分隸五百三十四部又畧仿六書統而蔓延之象形指事會意諧聲廣爲二十九體轉注假借敷衍爲一十四門殆於紛若亂絲其附會存疑闕疑備考楷書備用俗借俗轉諸條亦多舛漏所論轉注以曲逆讀去遇

之類當之所論假借以一本數名借爲太一貴神九本數名借爲陽九眞本僞之對借爲眞州眞姓之類當之尤爲不確至於以帀爲帝以卍爲萬昴字上加三圖火字直排四畫或誤採梵書或造作僞體乃動輙云說文篆訛尤可異矣

六書總要五卷　江蘇巡撫採進本

明吳元滿撰是書亦分數位天文地理人倫身體飲食衣服宮室器用鳥獸蟲魚草木十二部葢承戴侗楊桓之緒餘而變本加厲所分部首皆以象

形爲主謂之正生而指事會意以下則有正生變生兼生之别不取許慎說文槩爲諧聲之說其字皆以柳葉篆寫之謂其有鳥跡遺意足排斥小篆方整姸媚之態然所謂古文大抵出於杜撰又往往自相矛盾如於三字下註云俗作叁弎是以說文之弎爲俗字矣於一字下云或加弋作弌又用說文之說豈三從弋則俗一從弋則不俗乎至所引經傳諸文率以意改如二字下引詩衣服不二論語不二過米字下引左傳不米菽麥之類尤爲

疎舛矣

六書泝原直音二卷（江蘇周厚堉家藏本）

明吳元滿撰。是書主於辨别字體，所分十二門亦與六書正義同。其龎雜瞀亂，亦同所用直音，尤多舛誤。如凡音煩，千音僉，必音碧，禎音真，皆參雜方言，有乖舊讀。至於士是本皆上聲，既注士音是矣，又注叶上聲，尤自相牴牾也。

諧聲指南一卷（浙江汪啟淑家藏本）

明吳元滿撰。其說六書以諧聲爲多，而古有數字

同從一字諧聲而數字之讀乃迥異者於是爲之

說曰諧本聲諧叶聲諧本音諧叶音諧轉聲諧轉

叶聲諧轉音諧轉叶音有是八者之別夫古字本

止一聲所從諧聲之字其讀要不相遠後人讀字

自與古殊乃謂古作字時有所謂諧叶諧轉之聲

祇憑臆說故設多岐實非六書之本旨也

說文長箋一百四卷安徽巡撫採進本

明趙宧光撰宧光字凡夫吳縣人是書前列解題

一卷載其平生所著字學之書七十餘種其虛實

存佚皆不可考次列凡例一卷次列說文原序宋初官牒附以自撰通誤釋文及徐鍇部敘二篇合爲卷首上次列其少時所撰子母原一篇泛論字學大意又取說文五百四十部原目竄亂易置區分門類撰說文表一篇合爲卷首下其書用李燾五音韻譜之本而凡例乃稱爲徐鍇徐鉉奉南唐敕定殊爲牴牾於源流所列諸字於原書多所增刪增者加方圍於字外刪者加圓圍於字外其字下之注謂之長語所附論辨謂之箋文故以長箋爲

名然所增之字往往失畫方圓與原書淆亂所注
所論亦疎舛百出顧炎武日知錄摘其以論語虎
兕出於柙誤稱孟子爲四書亦未嘗覩雖詆之太
甚然炎武所指摘者如詩錦衾爛兮本有衾字乃
以爲青青子衿之衿即衾字爪分字見史記虞卿
傳及漢書賈誼傳乃以爲爪當作爪竄突字見漢
書霍光傳乃以爲突當作突民愁則墊隘見左傳
鶻鵰醜其飛也嵏驌馬白州也並見爾雅而以爲
未詳顧野王陳人也而以爲晉之虎頭陸龜蒙唐

人也而以爲宋之象山王鈞梁人也而以爲晉王禹偁宋人也而以爲南朝防風氏身橫九畝本穀梁傳之文而引於野字注下誤以爲身橫九野又誤以爲左傳後漢書劉虞傳故吏尾敦于路刼虞首歸葬之而以爲後漢尾敦路刼劉虞首歸之恭晉書虞嘯父傳爲孝武帝所親愛侍飲大醉拜不能起帝顧曰扶虞侍中而以爲晉獻帝醉虞侍中命扶之漢宣帝諱詢乃以爲諱恂漢平帝諱衎乃以爲諱衍以至簿正祭器見孟子而以爲唐中晚

詩文始見簿字前此無之夏州至唐始置而以爲
中國稱華夏從此起卬地在京兆藍田而以爲地
近京口故從口禰衡漁陽三撾本音七紺反而以
爲當作摻凡十餘條皆深中其失然則炎武以宧
光爲好行小慧不學墻面不爲太過矣

六書長箋七卷安徽巡撫採進本

明趙宧光撰此書與說文長箋合刻本一書也以
許氏敘內釋六書之義者分爲前六卷之首又備
列班固衛恒賈公彥徐鍇張有鄭樵戴侗楊桓劉

秦余謙周伯琦趙古則王應電王鏊僧眞空朱謀瑋張位熊朋來吳元滿十九家之說逐條辨論更以己說列於後其中轉注一條許氏引考老二字證之裴務齊切韻謬言考字左迴老字右轉本非許氏之旨𥩟光乃慎以左迴右轉爲許氏之說譏其自相矛盾殊爲疎舛末又列六書餘論一卷亦支離敷衍於制字之精意皆無當也

集鐘鼎古文韻選五卷通行本

明釋道泰撰黃虞稷千頃堂書目載此名註曰字

來峯泰州人其書分韻集鐘鼎古文然所收頗雜秦權漢鑑與三代之文並載之殊乖條貫他如滕公石槨銘本屬僞迹收之已失别裁又鉤摹全非其本狀則傳寫失眞者多矣

正字通十二卷通行本

舊本或題明張自烈撰或題

國朝廖文英撰或題自烈文英同撰考鈕琇觚賸粤觚下篇載此書本自烈作文英以金購得之因掩爲已有敘其始末甚詳然其前列

國書十二字母則自烈之時所未有殆文英續加也裘君宏妙貫堂餘談又稱文英殁後其子售板於連帥劉炳有海幢寺僧阿字知本爲自烈書爲炳言之炳乃改刻自烈之名諸本互異葢以此也其書視梅膺祚字彙考據稍博然徵引繁蕪頗多舛駁又喜排斥許慎說文尤不免穿鑿附會非善本也自烈字爾公南昌人文英字百子連州人康熙中官南康府知府故得鬻自烈之書云

篆韻五十卷　江蘇巡撫採進本

不著撰人名氏其書每頁右側印欽賜商河王勉
學書樓之記十一篆字上下與朱綠闌齊考明史
諸王表衡王祐楎之孫載埁於嘉靖三十五年襲
封商河王萬歷二十五年其長子翊鏜襲封至四
十四年薨無子國除書無序跋不知爲載埁所鈔
翊鏜所鈔也首題篆書正韻四字而考其部分乃
用壬子新刊禮部韻與洪武正韻截然不同書中
別無考證惟據周伯琦六書正譌註俗作某某非
而已蓋藩邸偶錄以備檢閱非著書也

字韻合璧二十卷內府藏本

不著撰人名氏但題明鄱東朱孔陽訂正刊行編中分上下二層上辨音韻下别偏旁而謬悠舛誤不可枚舉如天音添則以兩韻爲一聲吳作吴則以俗字爲正體分韻則從洪武併合之本分部則紊許慎說文之例葢於六書之義茫乎其未解者也

廣金石韻府五卷浙江巡撫採進本

國朝林尚葵李根同撰尚葵字朱臣莆田人根字阿

靈晉江人是書用朱墨二色校以四聲部次朱書

古文籀篆之字墨書楷字領之亦各註其所出乃

因明朱時望金石韻府而作故名曰廣然所引諸

書今已什九不著錄尚葵等何自得觀今核所列

之目實即夏竦四聲韻而稍摭薛尚功之書以附

益之觀其備陳羣籍而獨遺竦書之名則諱所自

來故滅其迹可知也

他山字學二卷安徽巡撫採進本

國朝錢邦芑撰邦芑字開少丹徒人晚爲僧號大錯

其書辨正字畫及音讀之誤凡四十三目大抵本於郭忠恕佩觿及李文仲字鑑諸書而蒐輯未廣如一字數音考內直字重至十五音爲書中極多之數而韻會小補載此字實有十八音倪若廣韻集韻所載重音開卷可見者亦百不得其一二

六書準四卷內府藏本

國朝馮調鼎撰調鼎字雪鷗華亭人其書分象形指事會意諧聲四類每類分平上去入而假借轉注則見於四類之中然其書雖力闢古義而於六書

本旨多所未明如社之一字說文繫傳从示土聲

此書不見繫傳乃以社爲會意字又如風之一字

說文从虫凡聲此書不知風之古音而以爲从蟲

省聲則其他槩可知矣

六書通十卷江蘇巡撫採進本

國朝閔齊伋撰齊伋字寓五烏程人世所傳朱墨字

板五色字板謂之閔本者多其所刻是書成於順

治辛丑齊伋年八十二矣大致仿金石韻府之例

以洪武正韻部分編次說文而以篆文別體之字

類從於下其但有小篆而無別體者則謂之附通
亦併列之不收鐘鼎文而兼采印譜自稱通許慎
之執不知所病正在以許慎爲執也

韻原表一卷　兩淮馬裕家藏本

國朝劉凝撰凝有稽禮辨論已著錄凝初作文字韻
原一編謂說文以形相次韻原以聲相從又以韻
原限於篇幅其層次排列未免間斷而生生之序
不見乃倣史記諸表之例從各字偏旁序其世系
分其支派以濟韻原之窮然篆隸屢更變化不定

必一一謂某生於某終未免失於穿鑿也

石鼓文定本二卷兩江總督採進本

國朝劉凝撰是書上卷爲石鼓音訓釋文下卷爲附錄古今人辨說及詩歌石鼓刻文且以殘闕搨本漸不可辨惟以摹本及釋文相傳釋文之中潘廸最著摹本之中薛尚功楊慎最著案宋金以前爭石鼓之時代斷斷不休元以來眞僞論定矣而爭文字者又鬨而聚訟凝作此書旣不以今日所存之三百二十餘字以考定其眞又不詳列諸家之

本以糾其異徒以楊慎僞本猶屬全文而據以爲主根本先謬又加以意爲增減彌起糾紛如第四鼓其寫上之吾字第五鼓霝雨下之蔆字爲各本所無莫知何以增入至於後卷辨說第一條即載薛尚功云云而薛尚功跋語內亦無其文皆不可解又以石鼓之文強合於說文之籀體案趙師尹石鼓文考注所摭說文與石鼓相同之字員辭皮樹西則旁中圍九字而已然旁字石鼓無之乃楊慎以壬鼓辭其用導用字妄改爲旁其餘諸字亦

均有同異凝必欲附會其文亦鄭樵以秦權一二

字之合定爲秦鼓之類矣

黃公說字無卷數 湖北巡撫採進本

國朝顧景星撰景星字黃公蘄州人康熙己未薦舉

博學鴻詞其學自稱推本許慎而大抵以梅膺祚

字彙廖文英正字通爲稿本仍以楷字分編如丑

字从ヨ从丨象手有所執也而列之一部於六書

之義未免有乖至於西域梵文尤自别爲一體儒

書所載已改爲楷畫非其本眞一槩收載亦爲泛

濫其註皆雜采諸書不由根柢所列各書唐說文蜀說文葛洪字苑何承天纂文呂靜韻集李啟聲韻呂忱字林陽休之夏侯該韻畧孟昶書林韻會林罕字源等目不知何從見之又以李燾說文五音譜爲徐鉉以楊桓六書泝原爲吳元滿以趙明誠金石錄爲歐陽修以張守節史記正義爲六書正義以司馬貞史記索隱爲六書索隱舛誤不一而足至於司馬光集韻解諸家目錄未著斯名米芾大宋五音正韻僅名見所著畫史中葢欲爲之

而未成亦非真有其書也

讀書正音四卷 浙江巡撫採進本

國朝吳震方撰震方字青壇石門人康熙己未進士官至監察御史是書卷一以一音異讀者分門編輯其無類可歸者附以通用一門卷二别爲六類曰字音淸濁辨曰同音借義曰借同音不借義曰因義借音曰音借而借曰語詞之借卷三以四聲編錄僻字卷四則各依部分編習見字樣以正時師誤讀前有毛奇齡序頗稱其精審然實於六書

音韻源流多所舛漏其謂本字不讀本字者如隋時去辵爲隋本文帝之臆造在說文隋裂肉也徐鉉音徒果切乃其本音他如在支韻者作旬爲切順裂肉也又翾規切周禮大祝隋釁通作綏是也在歌韻者作土禾切集韻中高四下是也在寘韻者作呼恚切周禮守祧既祭則藏其隋是也此所謂本字不讀本音者也今震方誤以隋隨爲一音反以音妥者爲非本音而在支歌寘三韻者乃不見錄未免失考又如厘之爲僅厶之爲隣氷之爲

摮俱列在本字不讀本音卷內考漢書賈誼傳曰
其次廛得舍人註曰廛與僅同揚雄傳曰纍既丞
夫傅說兮奚不信而行註曰丞古攀字敘傳曰東
从虐而殲仁兮王合位乎三五註从古隣字震方
槩附諸同字異讀亦未悉今字古字之殊至於景
爲影之本字曐爲晴之本字丣丣爲卯酉之本字
顯著說文震方亦與古字不讀本音者一例列之
盎乖迕矣若此類者不一而足其餘耳目之前亦
多遺失漢地里志曰屯留師古屯音純替亭師古

替音潛修亭應劭修音條計斤師古音介根旬氏道李奇旬音滕畀水孟康畀音班樸劉孟康音蒲環澤索師古澤音鐸驪靬李奇音遲虔祖厲師古音置賴莫黖師古音忉怛遼隊師古隊音遂黏蜩蟬服虔蟬音提[illegible]令孟康音螟蛉師古音麖零芍陂師古芍音鵲凡此皆字同音異之顯然者震方俱弗收輯則僻書槩可知也蓋以正塾師之謬讀則所得爲多以言古人之小學則又當別論耳

篆文纂要四卷　浙江江啟淑家藏本

國朝陳策撰策字嘉謀錢塘人其書亦依韻分編每字下首列說文次大篆次鐘鼎文然不載所引書名注亦率畧於字體無所辨證殆僅爲鐫刻印章之用也

字辨七卷安徽巡撫採進本

國朝熊文登撰文登字于岸南昌人是書詳辨字音字義字形分爲十門一曰誤寫辨二曰誤讀辨三曰一字數音數義辨四曰宜寫古文奇字辨五曰宜讀經史眞字辨六曰形相類字辨七曰聲相類

字辨八曰形聲相類字辨九曰從今從古辨十曰楷篆異體辨皆從梅膺祚字彙分部大意在糾俗學之誤反之於古然不知古文亦不知古音遂至不古不今進退無據如謂回本作回不知篆文作回本一筆旋轉若變而五筆已非本義謂冊本作冊不知篆文作㣝本象以韋貫簡僅縮其一畫彌失真形又如謂洚音降又音紅不知東江古本一音也謂彭音朋又音滂不知庚陽古亦一音也至謂逍遙必當作消搖伏羲必當作虙戲渤海必作

渤澥躊躇必當作籑著皆見一古字之省文遂謂凡書是字者無不當省見一古字之假借遂謂凡書是字者無不當借所謂知其一不知其二者也殆愈辨而愈遠矣

六書分類十二卷 兩江總督採進本

國朝傅世垚撰世垚字賓石歸德人其書分部一依梅膺祚字彙之例每字以小篆古文次於楷書之後古文之學漢魏後久已失傳後人所釋鐘鼎之文什九出於臆度確然可信者無幾況古器或出

剝爛之餘或出僞作尤不足爲依據謂之好古則可謂有當於古義則未然也

說文廣義十二卷 浙江巡撫採進本

國朝程德洽撰德洽字學瀾長洲人是書本許氏說文而旁採諸家篆文並列於下然不著出處蓋李登摭古遺文之流又不及金石韻府尚云某字本某書矣

篆字彙十二卷 通行本

國朝佟世男編世男滿洲鑲黃旗人康熙中官知縣

其書本梅膺祚字彙各繫以篆文篆文所無之字則依楷書字畫以意造之不可以爲典據也

鐘鼎字源五卷 河南巡撫採進本

國朝汪立名編立名婺源人官工部主事是編成於康熙丙申自序稱金石雖皆傳自三代而銘器與篆碑之文不容強同乃專採鐘鼎文以今韻編次爲五卷其石刻之類於銘欵者惟附錄石鼓文其他碑篆則皆不收然立名知鑄金刻石古文體制有殊而不知鐘鼎之中又有時代之分音釋之異

與眞僞之別三代固均爲古文矣至秦權秦斤如𣂋字𠯈字皆字肯字之類已頗近小篆漢鐙漢壺如綏和壺之供字汾陰宮鼎之共字汾字首山宮鐙之年字併時參隸體一槩目爲鐘鼎之文混淆殊甚又如歐陽修集古錄所載晉姜毛伯諸鼎楊南仲劉敞訓釋互異者不一而足旣莫能考定是非嘯堂集古錄所載比干銅槃銘宋人顯斥其僞托亦不免併載且卷末列二合三合四合之字並不注出典尤無根據

天然窮源字韻九卷 兩江總督採進本

國朝姜日章撰日章字日葦如皇人是編成於康熙丁酉分日月水火木金土七部又冠以首部曰字說綴以末部曰韻說詩易二叶日月二部爲字書不以偏旁分部而以筆畫多寡分部自一畫至四十八畫止水火木金四部爲韻書併爲天星風山官上地支陰陽波夫下十四韻每韻分爲中平上去入五音土部則古文奇字也自明以來字書莫陋於字彙正字通而日章遵以講字畫韻書莫

乖於洪武正韻而日章執以分韻等收字之妄濫無稽莫甚於篇海而日章據以談奇字其餘偶有援引不過從此四書採出而已宜其不合於古也

六書辨通五卷浙江巡撫採進本

國朝楊錫觀撰錫觀字顒若無錫人是書大旨謂六書假借於義可通為變而不失其正其不可通者即不得不著辨以明之因分韻編次於每字之下各標出處并著本字之義而於其誤通者則一一辨正然古人假借多取音同不求義合若是書所

載漢孟郁碑借舟爲周堯廟碑云委曲舟帀亦借

舟爲周是其例也而錫觀謂周借舟於義不通漢

碑舟字當匋字之誤匋音周帀徧也不知經典釋

文鶻鵃之鵃與雕字通類編五月鳴蜩之蜩一作

蜩則周舟二字本通是其顯證鵃蜩非有周帀之

義豈亦得指爲從匋耶又如家語望羊左傳則作

望陽漢書歐陽漢碑則作歐羊之類近在耳目之

前乃多失載亦未爲賅備也

六書例解一卷附六書雜說一卷八分書辨一卷浙江巡撫

採進本

國朝楊錫觀撰是書首冠黃之雋篆學三書序蓋錫觀嘗作秦篆韻編正字啟蒙短箋二書與此書爲三也書凡六篇分論六書以鄭元注周禮六書以象形爲首失制字之序改從許慎說文之次首以指事其論指事謂有籠統言之者有指其一點一畫言之者其論象形謂小篆日月作日𠃜已不如古文之作⊖𠕁又謂凡字之从舟旁者皆當改爲月旁以象倉限其論形聲謂爲因形而附聲不取

周禮註諧聲之說併謂三百篇之韻皆不足據其論會意列字至三百之多至謂宜下从六乃取六爲老陰名上从夕爲陰晦之義其論轉注則從許慎之說而廣之一爲意可相通老字轉爲耆壽之類一爲兩字相反如可轉爲叵正轉爲乏與半木爲片連水爲川之類一爲輾轉註釋而後可通如元轉爲仁仄轉爲丸之類其論假借極論隸書之非併經典通用之字如恭作共齋作齊而作如者皆斥爲乖謬大抵陽尊許慎說文而陰以魏校六

書精蘊爲藍本故於制字之義多所未明其六書雜記論六書分界亦多強生辨別至八分書說一卷申歐陽修洪适之說以八分爲隸而謂今之楷書爲八分引據牽合亦失於考證也

五經字學考五卷　山西巡撫採進本

國朝成端人撰端人字友端陽城人此書分五經各一卷每字先以訓詁並及形聲兼辨俗寫之譌然引據未能淹博考證亦未能精審如春秋隱公之彄字此爲公子彄名訓也而註曰從弓區聲音摳

又人名公子彄文公之頯字此爲楚成王名訓也

而註曰從頁君聲徐曰頭大也又楚成王名此反

以本義爲旁義也又如易坤卦䮫字註曰音同旬

字彙引徐邈讀作訓蛇足案徐邈之說出陸德明

經典釋文以爲出自字彙已不求其本至經師異

讀自古並存乃以爲蛇足更不確矣

六經字便無卷數 江蘇巡撫採進本

國朝劉臣敬撰臣敬字恭邵江陰人是書載六經字

體自一畫至二十九畫頗能辨正偏旁點畫又於

諸字之轉音不轉音者分類釐訂亦易於省覽特

所見古籍無多故舛誤時復不免如謂易亢龍之

亢音剛非康去聲不知說文人頸之亢及角亢龍

亢亢爻固均音剛而亢龍之亢見於經典釋文者

止苦浪切一讀又謂易觀卦之觀正韻附去聲爲

非解卦之解正韻讀音蟹爲非然經典釋文載觀

官喚反示也解音蟹緩也先儒授受於二卦各止

一讀迄今未改正韻收之附音猶爲近古臣敬皆

以爲非是未考古之失也至謂陰疑於陽疑字不

當轉擬考禮記前疑後丞或作擬周官司服云大夫疑衰鄭元注云疑之言擬也又漢書食貨志遠方之能疑者顏師古註云疑讀爲擬則疑之爲轉擬顯有義例又讀社字不當有杜音考史記秦本紀蕩社明作蕩杜社杜字通其爲一音可知而以爲社無杜音尤誤葢自漢以後經史各有專家卽各分音讀遞稟師傳不能偏廢臣敬以敔廸掌稱難於博引繁徵固不妨止取一音其所不取則置之不論可矣槩斥爲誤豈通方之論乎

字學正本五卷（江蘇巡撫採進本）

國朝李京撰。京字元伯，陽高人。是書凡例謂以小篆爲本，而正偏旁之不正者，故名正本。凡所根據，多得之周伯琦六書正譌、張有復古編、如復古編崇字下註云：別作嵩，俗。不知漢郊祀志曰：封嵩山。又曰：莽遂嵩淫鬼神祀。又漢隸字源載韓
良碑亦有嵩字，未可云俗。是書能引郊祀志以證其誤，頗爲近古。又於周伯琦杜撰之說時爲駁正，亦間有可採。然如東韻戎字，復古編謂隸作戎，而此書乃謂

俗作戎不知泰山都尉孔宙碑戒已作戎與復古編所云隸作戎合京謂之俗字則考之不審矣又於周氏書採摭頗備而張氏書反多挂漏卽以東之一韻考之復古編載襱誤作裢櫳誤作𩌏䆍誤作𥡥𥢾誤作穋𥢒誤作𩂯襛誤作穠功誤作㓛此書均逸不載亦殊疎畧且誤依中原音韻分部全乖唐宋之舊法旣有變古之嫌而以說文篆體盡改隸字或窒礙而不可行又不免泥古之過均不可以爲訓者也

字學同文四卷 江蘇巡撫採進本

國朝衛執穀撰執穀字子覲韓城人是書凡分十三目曰上類下類上下中類上下左右類上下左類上下右類上左類下左類上右類下右類左類右類左右類轇轕破碎皆從古未有之例其中又多所謬誤如元在一部从一兀聲今入儿部夐在目部从目攴在穴上今入文部南字本在𣎵部从𣎵𢆉聲今入十部壹字本爲部首从壺从吉今入士部今字本在亼部从亼从乛今入人部吳字本在

夬部从矦从口今入口部知於六書偏旁未之深講也

文字審一卷（浙江巡撫採進本）

不著撰人名氏亦無序跋中間頗有塗乙相其紙墨葢近人手稿也其書取李燾說文五音譜鈔其大畧仍以燾之部分爲序而不標部分之名篆文筆意頗圓潤字下隸書字字皆从古體葢亦留心六書者特偶然鈔錄自備檢核非欲著書問世故漫無體例耳

右小學類字書之屬六十八部六百二卷內二部皆無卷數

附存目

欽定四庫全書總目 經部

卷十四

欽定四庫全書總目卷四十四

經部四十四

小學類存目二

韻經五卷安徽巡撫採進本

舊本題梁吳興沈約撰類宋會稽夏竦集古明宏農楊愼轉注江夏郭正域校前有正域自序曰近體詩惟宗沈韻今所傳韻非沈也唐禮部韻也故唐詩宗之沈韻上平有九咍十八痕下平有二十二凡上有十六混十九豏去有八祭十代十七爀

入有十六昔而今韻無之其凡例又稱家藏有四聲韻乃約故本案梁書南史沈約傳並載約撰四聲譜隋志載其書一卷而唐志已不著錄觀陸法言切韻序歷述呂靜夏侯該陽休之周思言李季節杜臺卿六家之韻獨不及約書是隋開皇時其書已不顯唐李涪作刊誤但詆陸韻而不及沈書則僖宗時已佚矣正域何由於數百年後得其故本且沈韻雖不可見而其集猶存今以所用之韻一一排比鉤稽之惟東冬鍾三韻同用魚虞模三

韻同用庚耕清青四韻同用而蒸登兩韻各獨用與廣韻異餘則四聲並同又安得如正域所云九咍之類其爲贋託殆不足辨至夏竦古文四聲五卷本采鐘鼎奇字分韻編次以便檢尋乃字書非韻書乃古文非今文正域乃稱夏竦集古尤爲乖迕觀其首列徐蒧所作吳棫韻補序楊慎轉注古音畧自序而不及竦序知並未見其書而但以名勦說也王宏撰山志乃指此爲沈約眞本譏屠隆未見韻經誤指平水韻爲約書不亦傎乎又朱彝

尊重刊廣韻序曰近有嶺外妄男子僞撰沈約之書信而不疑者有焉考王士禎居易錄記康熙庚午廣東香山縣監生楊錫震自言得沈約四聲譜古本於廬山僧令幡因合吳棫韻補而詳考音義博徵載籍爲古今詩韻注凡二百六十一卷赴通政司疏上之奉
旨付內閣與毛奇齡所進古今通韻訂其同異彝尊所指當卽其人今
內府書目但有奇齡之書而錫震之書不錄未知其

門目何如疑其所據卽正域此本也

書學正韻三十六卷安徽巡撫採進本

元楊桓撰桓既著六書統六書泝原又依韻編次是書兼以字母等韻各分標一二三四以辨其聲之高下然或有或缺體例不一所列之字兼存篆隷二體逐字之下注云統指統形統聲統意統注者見於六書統者也注云原指原形原聲原意原注者見於六體泝原者也指卽指事形卽象形聲卽諧聲意卽會意注卽轉注省其文耳其所分韻

目大槩因集韻之舊而稍有訂改如眞韻三等合口呼麕囷𧷤筠等字移入於諄諄韻四等開口呼趣字移入於眞則眞與諄一爲開口呼一爲合口呼兩不淆雜陸法言以魂痕次元後許敬宗等遂注三韻同用是書移痕魂於前與眞諄文欣爲一類移元於後與寒桓刪山先仙爲一類於古音以侈斂分二部者亦各從其類然一以今讀移舊部一以古音移今韻雖言之有故執之成理究不免變亂之嫌至於平聲併臻於眞少一韻目而入聲

不併櫛於質且隱韻㤈韻內二等開口呼𪘲齜等字不知其卽臻櫛之上去聲是四聲一貫之故猶未盡知其亦好爲解事矣

蒙古字韻二卷兩淮鹽政採進本

元朱宗文撰宗文字彥章信安人前有劉更序又稱爲朱巴顏葢宗文嘗充蒙古字學弟子故別以蒙古語命名也按元史釋老傳元初本用威烏爾字按威烏爾原作畏吾兒今改正以達國言至世祖中統元年始命帝師製蒙古新字其字僅千餘其母凡四十有

一其相關紐而成字者則有韻關之法其以二合三合四合而成字者則有語韻之法而大要以諧聲爲宗字成詔頒行天下又於州縣各設蒙古字學教授以教習之故當時頗有知其義者宗文以蒙古字韻字與聲合而諸家漢韻率多譌誤莫知取舍因重爲校正首列各本誤字及重入漢字次列總括變化之圖次字母三十六字次篆字母九十八字次則以各蒙古字分韻排列始一東迄十五麻皆上冠蒙古文下注漢文對音先平聲而附

以上去入聲每一蒙古字以漢字音注自四五字至二三十字末附迴避字樣一百六十餘字葢文移案牘通行備檢之本也元代國書國語音譯久已傳訛宗文生於至大間雖自謂能通音譯而以南人隔膜之見比附推尋實多不能脗合卽如陶宗儀輟耕錄載元國字以可侯字爲首而是書又依韻會以見經堅乩字爲首其字母已不相合而元史旣稱有二合三合四合之法而此書乃用直對而不用切音甚至累數字以釋一音清濁重輕

毫無分别又字皆對音而不能翻譯成語觀元史及諸書所載蒙古字詔旨行移皆能以國語聯屬成文是當日必别有翻譯之法而是書槩未之及遂致湮没而不可復考蓋其時朝廷旣無須行定式官司胥史輾轉傳鈔舛謬相仍觀於國姓之𨚫特而訛作奇渥温載之史冊則其他錯互大槩可知且刊本久佚今所存者惟寫本其點畫旣非鈔胥所能知其舛誤亦非文士所能校不過彷彿鉤摹依稀形似尤不可據爲典要我

國家同文盛治邁越古今

欽定元史蒙古國語解考訂精確凡相沿之踳謬盡已

闢剔無遺傳譌之本竟付覆瓿可矣

正韻牋四卷江西巡撫採進本

明楊時偉撰時偉有春秋編年舉要已著錄是書

前有崇禎辛未自序大旨以洪武正韻不行於當

代故因其原本增注於下謂之補箋又取吳棫韻

補陳第古韻攷諸書所據古書之音附於各韻之

後謂之古音又取熊忠韻會舉要楊愼丹鉛錄諸

書所收字增附於韻後謂之逸字其用意頗勤然洪武正韻分合舛誤窒礙難通雖以天子之尊傳國十餘世懸是書爲令甲而終不能使行於天下二百六七十年之中若存若亡無人置議時偉乃於舉世不用之中出奇立異冀以匹夫之力顚倒千古之是非抑亦難矣且所著古音雜取吳棫陳第二家不知其體例各別所收逸字不能究廣韻集韻之源僅據楊慎等之書尤爲疎畧所補箋亦皆轉輾稗販如日在木中爲東此許慎所引官溥

說明載於說文而乃引鄭樵通志足知非根本之
學矣

**聲音文字通三十二卷** 浙江范懋柱家天一閣藏本

明趙撝謙撰撝謙有六書本義已著錄是書乃所
定韻譜也考皇極經世聲音唱和圖日月星辰凡
一百六十聲爲體數去太陰少陰太柔少柔之體
數四十八得一百一十二爲日月星辰之用數水
火土石凡一百九十二音爲體數去太陽少陽太
剛少剛之體數四十得一百五十二爲水火土石

之用數撝謙此書則取音爲字母聲爲切韻各自相配而註所切之字於上凡有一音和以十聲葢因邵子之圖而錯綜引伸之然以一卦配一音又以一卦配十聲使音與聲爲唱和卦與卦爲唱和欲於邵子經世圖之外增成新義而不知於聲音之道彌滋穿鑿殊無足取焦竑筆乘載撝謙殁後其門人柴廣敬以是書進於朝未及板行明史藝文志載是書爲·百卷此本尚存三十二卷葢別本之流傳者然卷首起自一之四亦殘缺之書不

足取證以敗楮視之可矣

韻學集成十三卷 浙江鮑士恭家藏本

明章黼撰黼字道常嘉定人是書分部一準洪武正韻每部之中以平仄相從四聲具者九部三聲無入者十一部其隸字先後則從韻會舉要之例以字母爲序其分配五音以影曉二母從玉篇舊圖屬宮不從韻會舉要屬羽通喻二母從韻會舉要屬羽不從玉篇圖屬宮幫滂並明四母從玉篇屬宮不從韻會舉要屬羽非敷二母則以舊譜均

誤屬宮而改爲屬徵其字多收篇海龍龕手鑑之
怪體其音兼載中原音韻之北聲凡四萬三千餘
字自記稱始於宣德壬子成於天順庚辰計其用
力凡二十九年可謂專精於是然以正韻爲主根
本先謬其他不足言矣

韻略易通二卷（兩淮馬裕家藏本）

明蘭廷秀撰廷秀字止庵正統中人爵里未詳其
書併平聲爲二十部三聲隨而隸之以東洪江陽
真文山寒端桓先全庚晴侵尋緘咸廉纖有入聲

者十部爲上卷以支齊西微居魚呼模皆來蕭豪戈何家麻遮蛇幽樓無入聲者十部爲下卷又併字母爲二十攝以東風破早梅向暖一枝開冰雪無人見春從天上來二十字盡變古法以就方音其凡例稱惟以應用便俗字樣收入讀經史者當取正於本文音釋不可泥此則固已自言之矣

韻學大成四卷 江蘇巡撫採進本

明濮陽淶撰淶字貞庵廣德人嘉靖丁酉舉人官南昌府通判是書大抵本之中原音韻而不取其

入聲隸三聲之說又廣其十九部爲二十如魚模之分爲須魚蘇模江陽之分爲江黄姜陽是也其字母則尋以新鮮仁然等立法稍增益之爲三十母而不用見溪羣疑四等門法意在簡捷然新鮮等母仍即字母之變不識字母又烏從而識之其所分各部亦無義例既云宏萌不宜入東鍾又不附之庚青且分京青爲庚生京青二部眞所謂進退失據者也

讀易韻考七卷　浙江吴玉墀家藏本

明張獻翼撰獻翼有讀易紀聞已著錄此書專考易中之韻案易象傳實有韻至於彖詞繫詞之類則無常格亦如淮南子諸書偶然叶讀耳獻翼一槩而韻之非惟漢魏以下之音雜然並陳甚至釋氏之偈言道家之章咒亦泛引以證聖經殊傷蕪雜卽如爻詞潛龍龍字忽以爲勿用之用音庸是從本音也文言傳則謂龍當音性與遯世無悶叶又曰龍當音龐與不成乎名叶顛倒瞀亂豈復有體例乎此眞不知而作也

古今韻分注撮要五卷（江蘇巡撫採進本）

明甘雨撰陳士元注雨字子開永新人萬歷丁丑進士由翰林院檢討謫德安府推官遷南京刑部郎中士元有易象鉤解已著錄是書首列今韻而以古韻附後今韻誤稱沈約古韻又誤執通轉之說既云東通冬轉江陽則四韻爲一部矣而東後韻所列之古韻與冬韻江韻陽韻後所列之古韻乃各有其字是其隨叶取讀知有通而不知所以通徵引愈繁愈治絲而棼之矣

書文音義便考私編五卷附難字直音一卷浙江巡撫採進本

明李登撰登有六書指南已著錄此書刻於萬歷丁亥前有姚汝循焦竑王兆雲序并登自序及例論其部分既不合於古法又不盡合於洪武正韻如灰皆既分支微齊反不分庚青既分江陽反不分而且眞之兼侵寒之兼覃咸先之兼鹽尤錯亂無緒至於三十六母中知徹澄孃非五母之復出前人亦有疑之者然竟去之而又改并母爲平母定母爲廷母則未免勇於師心若如其說卽敷奉

二母端定穿牀二母心邪二母亦皆歸併矣而何以仍不併乎又字之平仄雖分而紐之從來無二入聲部分雖少而上去轉軸則同今謂平則三十一母仄則二十一母以臆改創誰其信之其謂仄聲純用清母似爲直截然清濁相配猶陰陽律呂之義六律可該六呂而不容盡刪六呂之名如平聲之清濁既分則四聲依轉自可從流溯源如葉從枝枝從幹不可以平聲而廢仄也所論殊爲偏枯又其每韻所收古字多沿篆籀之體雖其例剏

自集韻然亦不怪僻至此登嘗作摭古遺文捃摭

龐襍加以杜撰以爲字書尚不可以爲韻書益以

傎矣其難字直音尤爲舛漏如佟音同傎音稱之

類皆杂襍方言豈可以注韻書乎

併音連聲字學集要四卷浙江巡撫採進本

不著撰人名氏明萬歴二年會稽陶承學得此書

於吳中屬其同邑毛曾刪除繁冗以成是編承學

自爲之序其書併上下平爲二十二部以上去入

三聲分隸平聲之下併畧爲箋釋字義前列切字

要法刪去羣疑透牀禪知徹孃邪非微匣十二母又增入勤逸嘆三母葢以勤當羣以逸當疑以嘆當透而省併其九母又無說以申明之殊爲師心自用承學序乃疑爲徐鍇說文韻譜與李燾說文五音譜作者刪者與刻者均可謂漫無考證矣

交泰韻一卷左都御史張若淮家藏本

明呂坤撰坤有四禮疑已著錄是編乃所立切韻簡要之法僅有序文凡例總目而未及成書然書之體要則已具括于是其法於平聲之字各以陰

陽相切如同字舊用徒紅切通字舊用他紅切坤則以爲他紅二字仍切同字不切通字改通字爲他翁切又上去二聲各以本聲爲母如寵字用楚龍切送字用素瓮切之類平入二聲則互相爲母如空字用酷翁切酷字用空屋切之類其交泰韻之名卽以平入互爲終始之義也葢因古來合聲之法更加以辨别故不用字母攝法而於字母攝法相輔而不相礙其論定首領一條謂東董凍篤何等明白乃舊譜相沿領韻則以東董送屋領聲

則以公孔貢穀殊爲淆亂其說亦極中理惟其分部純用河南土音併鹽於先併侵於眞併覃於山支微齊佳灰五部俱割裂分隸則太趨簡易於無入之部强配入聲復以强配之入聲轉而離合平聲之字則太涉糾纏未免變亂古法不足立訓矣

音聲紀元六卷通行本

明吳繼仕撰繼仕有六經圖已著錄是書大旨以沈約以來諸韻書但論四聲七音而不以律呂風氣爲本未爲盡善惟邵子皇極經世書李文利律

呂元聲爲能窮天地之原而正律呂之誤於是根
據二家作爲此書綜以五音合以八風加以十二
律應以二十四氣有圖有表有論有述而以風雅
十二詩附焉然所見未精得失參半如八風之配
八卦本之服虔左傳註十二律之配十二支八風
之分爲十二風以及十二支十二律之配二十四
氣本之鄭康成周禮註其說尚有根据至於黃鍾
律長九寸歷代相傳初無異說惟李文利獨據呂
氏春秋謂黃鍾之長三寸九分而以司馬遷九寸

之說爲誤又即其三寸九分之說推之以爲黃鍾極清而以宮聲極濁之說爲誤單文孤證乖謬難憑而此書獨以之爲本遂致宮羽舛錯淸濁逆施以是審音未睹其可又論與表自相矛盾亦爲倒不純他如以風雅十二詩譜爲傳自漢儒以禮部韻爲毛晃作以平水韻爲韻會以禮部韻畧爲唐韻又云是今所傳詩韻失於考據之處不一而足更不必論矣

字學元元十卷 內府藏本

明袁子讓撰子讓字仔肩郴州人萬歷辛丑進士
官至眉州知州是編因劉鑑切韻指南所載音和
類隔二十門出切行韻參差不一其取字有憑切
者有憑韻者學者多所轇轕因爲疏明使有條理
又廣等子門法爲四十八類較玉鑰匙貫珠集諸
書頗爲分明名曰元元蓋取班固元元本本語也
然惟憑脣吻未見古書至謂禮部韻畧爲陸明德
作故分元䰟爲二而合東冬凊青爲一又忽論七
音忽論六書體例糅襍茫無端緒所論六書亦純

以臆測不考許顧以來之舊義所謂聰明過於學問者其子讓之謂乎

韻表無卷數浙江鮑士恭家藏本

明葉秉敬撰秉敬有字孿已著錄是編凡韻表三十又聲表三十其韻表用劉淵舊部而以東冬江陽魚虞佳灰支微齊寒删先蕭肴豪歌麻尤二十部爲居中開口音謂之中韻以庚青蒸三部爲向內開口音謂之內韻以眞文元三部爲向外開口音謂之外韻以侵覃鹽咸四部爲向外合口音謂

之合韻故顛倒其次序不與舊同其聲表於三十
六字母中刪除知徹澄孃敷疑六母僅存三十其
法以輕清爲陰重濁爲陽以齶舌脣齒喉半舌半
齒七音爲經以納尸出尸半出尸三陰聲半出尸
出尸半納尸三陽聲爲緯改舊譜四等爲二等而
以粗大細尖圓滿圓尖分庚干經堅觥官扃涓四
紐爲四派祖宗以筦攝之又以眞文元諸部向外
之韻非四祖宗所能統又於庚干派中附以根干
一派經堅派中附以巾堅一派觥官派中附以昆

官一泒扃涓泒中附以君涓一泒其用法不爲不密然亦自爲葉氏之法而已乃自云聖人復起不易吾言談何容易乎舊稱無入十三部分配入聲自章黼始然考黼韻學集成皆仍舊譜其以意分配實始自秉敬此書說者誤以爲黼也

音韻日月燈七十卷河南巡撫採進本

明呂維祺撰維祺有四禮約言已著錄是書凡韻母五卷同文鐸三十卷韻鑰三十五卷其說譏沈約知縱有四聲而不知衡有七音司馬光知衡有

七音而不知縱有四等故作此三書以正其謬總名音韻日月燈象三光也亦名正韻通以遵用洪武正韻及續刊洪武通韻二書也其韻母以一百六韻爲經以三十六母四等爲緯而以開口合口標於部上獨音衆音註於字旁其同文鐸舉一百六部之字以三十六母易其先後大致本之韻會而註則稍減蓋通韻即孫吾與韻會定正之改名也所註古韻通轉則吳棫韻補之緒餘耳其韻鑰則仍以同文鐸所收之字删其細註但互註其字

共幾音幾叶以便檢尋故名曰鑰自序稱同文鐸如編年此如紀傳是也維祺於等韻之學頗有所見而今韻古韻之源流未能深考觀其稱古韻二百六部沈約併爲一百六部則其他可知矣

律古詞曲賦叶韻十一卷江蘇周厚堉家藏本

明程元初撰元初字全之歙縣人是編成於萬歷甲寅首有自序及凡例大旨以古韻律韻詞韻曲韻賦韻叶韻合爲一書其例每部以四聲相從而緯以三十六母諸通轉之法則冠於各部之首體

例冗雜詩論亦無根據其凡例稱沈休文因律詩分四聲作詩韻夫齊梁時安有律詩又安有詩韻乎

韻譜本義十卷　江蘇巡撫採進本

明茅溱撰溱字平甫丹徒人其書成於萬歷間就世所通行韻書每字下作一篆文略採說文原註列於其下故云本義然說文所有之篆文此書或取或否皆無義例又每韻後附以通叶不標出典亦沿無根據也

韻總持三卷　浙江汪啓淑家藏本

明朱簡撰。簡字修能，萬歷中人。其書一卷爲古韻，以干葛該等十四字標全韻，使各歸其類；又取安干丁等三十八字爲陰陽平之準，分註於各類中，與陳第、顧炎武所考古韻未嘗有一字之合，不知其何以稱古韻也。二卷爲唐韻，乃世傳平水韻，本以爲唐韻，尤誤。三卷爲元韻，即周德清《中原音韻》也。其前例謂古人有上平、入下平三聲，而無上去，舉《詩》《離騷》上去之讀爲平者作證，不知此乃四聲

通用非必無上去二音也釋文一字數讀多兼四聲類篇集韻亦同簡未之詳考耳

韻會小補三十卷 江蘇巡撫採進本

明方日升撰日升字子謙永嘉人萬歷間館於京山李維楨家成此書維楨門人周世顯令建陽時刻之韻會原收一萬二千六百五十二字是書一從其舊無所增減惟每字考其某音爲本音某義爲本義其餘音義次第附後註文多所增益凡一字有數音者列於前如止有一音者則云獨音列

於後若字在他韻而可讀入此韻者則云古讀可叶入此韻者則云古叶亦並附於後其搜討頗勤於原書之外多有援引辨正然亦時有譌誤如一東曈字犝字曨字之類皆引說文不知爲徐鉉新附字實說文本書所無又如韻會稯字注引周禮注四秉曰筥十筥曰稯十稯曰秅不知此儀禮聘禮之文鍐字注引後漢輿服志金鍐不知輿服志本作鋄音亡范切凡此之類多未能駁正其他古音古讀舛謬尤多顧炎武音論詆其勞脣吻費簡

册有甚於前人者亦非無故云然矣

篇韻貫珠集一卷 兩淮馬裕家藏本

明釋眞空撰眞空號淸泉萬歷中京師慈仁寺僧也是書分爲八門編成歌訣一曰五音篇首歌訣二曰五音借部免疑海底金三曰檢五音篇海捷法總目四曰貼五音類聚四聲篇海捷法五曰訂四聲集韻卷數並韻頭總例六曰貼五音四聲集韻捷法總目七曰創安玉鑰匙捷徑門法歌訣八曰類聚襍法歌訣大旨以五音集韻篇海爲本二

書卷帙稍繁門目亦碎故立捷法檢尋之無所發明致證又俗僧不知文義而强作韻語讀之十九不可曉註中語助之詞亦多誤用其難通更甚於篇韻也

西儒耳目資 無卷數 兩江總督採進本

明金尼閣撰金尼閣字四表西洋人其書作於天啟乙丑成於丙寅以西洋之音通中國之音中分三譜一曰譯引首譜二曰列音韻譜皆因聲以隸形三曰列邊正譜則因形以求聲其說謂元音有

二十九自鳴者五曰了額依阿午同鳴者二十曰則測者檜格克百䰟德忒日物弗額勒麥捌色石黑無字者四自鳴者爲萬音之始無字者爲中國所不用也故惟以則測至石黑二十字爲字父其列音分一了二額三依四阿五午六愛七澳八盎九安十歐十一硬十二恩十三鴉十四葉十五藥十六魚十七應十八音十九阿紀切二十阿惑切二十一厄二十二五石切二十三尾二十四厘二十五而二十六翁二十七至二十九非中國所有

之聲皆標西字而無切三十監三十一蕘三十二陽三十三有三十四烟三十五月三十六用三十七雲三十八阿蓋切三十九無切四十阿剛切四十一阿于切四十二阿限切四十三歪四十四咸四十五王四十六孿四十七五庚切四十八温四十九碗五十遠皆謂之字母其輾轉切出之字則曰子曰孫曰曾孫皆分清濁上去入五聲而五聲又各有甚次與本聲爲三大抵所謂字父卽中國之字母所謂字母卽中國之韻部所謂清濁卽中

國之陰平陽平所謂甚次卽中國之輕重等子其三合四合五合成音者則西域之法非中國韻書所有矣考句瀆爲穀丁寧爲鉦見左氏傳彌牟爲木見於檀弓相切成音蓋聲氣自然之理故華嚴字母出自梵經而其法普行於中國後來雖小有增損而大端終不可易由文字異而聲氣同也鄭樵七音畧稱七音之韻出自西域雖重百譯之遠一字不通之處而音義可傳所以瞿曇之書能入諸夏而宣尼之書不能至跋提河聲音之道有障

礙耳是或一說歟歐邏巴地接西荒故亦講於聲音之學其國俗好語精微凡事皆刻意研求故體例頗涉繁碎然亦自成一家之學我

皇上耆定成功拓地總嶺

欽定西域同文志兼括諸體巨細兼收歐邏巴驗海占風久修職貢固應存錄是書以備象胥之掌惟此本殘缺頗多列音韻譜惟存第一攝至十七攝自十八攝至五十攝皆佚已非完書故附存其目焉

元韻譜五十四卷浙江巡撫採進本

明喬中和撰中和有說易已著錄是書以上平爲陽下平爲陰上聲爲陰去聲爲陽入聲則陰極而陽生删三十六母爲十有九四重之爲七十六去㸚音四得七十有二而七十二母之中又析之爲柔律柔吕剛律剛吕又據律法十二宫分十有二佸以佸統母以母統各韻之字凡始英終㲉五十有四韻條分縷析似乎窮極要眇而實則純用俗音沈陸以來之舊法蕩然俱盡如以東佟併入英韻岑林併入寅韻之類雖洪武正韻之合併尚未

至是也

皇極圖韻一卷江西巡撫採進本

明陳藎謨撰藎謨字獻可嘉興人黄道周之門人也是書本邵子皇極經世聲音倡和之說而推衍之專以經緯子母之說實即邵子之言陰陽剛柔也其說以爲天數九地數十二平上去入爲四聲每聲各有闢闔闢翕翕翕闢之翕翕之闢四等每等九聲得三十六聲則四天九也開發收閉爲四音每音有純清次清純濁次濁四等每等十二音

共得四十八音則四地十二也又推其數合於九宮八卦九疇雖理有相通然聲氣之原實不在於是也

元音統韻二十八卷浙江巡撫採進本

明陳藎臣撰其門人胡邵瑛增修凡通釋二卷類音六卷統韻十卷古韻疏二卷唐韻疏二卷共二十二卷其後六卷爲字彙補則

國朝吳任臣所撰范廷瑚補入者也其通釋詳論七音三十六母本邵子皇極經世天聲地音之法推

爲四聲經緯圖以標舉條貫其類音取梅膺祚字彙諸部刪其訓釋而各註以韻部音紐以便檢核其統韻平上去三聲各分三十六部入聲分二十部每部之字各以三十六母爲序其部母改用一弓二杒三乩四居之屬分合易置全改廣韻以來之舊其古韻疏用吳棫叶音之說實非古韻唐韻疏用近韻一東一冬三江之部而以字母顛倒之亦非唐韻葢於辨别等韻或偶有所得而於音學源流則未之有考也其字彙補六卷多收俗字未

爲精核旣附此書以見今亦不別著録焉

青郊襍著一卷文韻考衷六聲會編十二卷湖南巡撫採進本

明桑紹良撰紹良字遂叔零陵人是編前列青郊襍著一卷發凡起例併舊韻爲東江侵覃庚陽真元歌麻遮皆灰支模魚尤蕭十八部又以重次重輕次輕分爲四科以喉舌齶齒脣分爲五位以啟承進止衍分爲五品以浮平沉平上仄去仄淺入深入分爲六聲以國開王向德天乃賚禎昌仁壽增千歲苞盤民弗忘分爲二十母又衍爲三十母

七十二母之說皆支離破碎憑臆而談觀其尊蘭廷秀韻畧易通而詆徐鉉兄弟爲說文之蟊賊韓道昭父子爲集韻之蟲蠹旣是非顛倒輕肆譏彈又稱廣韻每聲分五十餘部唐韻約爲三十則於韻書沿革尚未詳考矣

古叶讀五卷通行本

明龔黃撰黃爵里無考是書考究古韻自屈原離騷及漢晉以後詞賦皆徵引𠫭證而大抵以吳棫韻補爲指歸其紕繆在於根柢其餘不必深詰矣

詩音辨畧二卷 編修汪如藻家藏本

明楊貞一撰貞一字孟公新都人是書以朱子毛詩叶韻未爲盡善因取吳棫韻補熊忠韻會舉要之説參攷成書其實皆以洪武正韻爲準於音韻源流未能博考

重訂馬氏等音外集一卷內集一卷 江蘇巡撫採進本

此本爲康熙戊子宣城梅建所刊內自稱槃什馬氏自援建序惟稱得自霑益州明經張聖功亦不知自援何許人今考其書引梅膺祚字彙則當在

明末又自稱籍本秦而生於滇則雲南人得自需
益蓋其鄉里也又稱所學得自江右楊夫子嘉與
李夫子不著名字則莫知為誰矣其書自立新意
併三十六母為見溪疑端透泥邦滂明精清心照
穿審曉影非微來日二十一母而緯以光官公䚾
口垂口規戈國抓骨瓜十三韻以舊譜四聲為未
備增為五聲曰平上去入全又謂舊譜有無入之
韻皆為錯誤立借入之法以通之其刪併字母即
蘭廷秀韻畧易通括以早梅詩之說也其四聲外

增一全聲卽周德淸中原音韻陰平陽平之說也其借用入聲卽葉秉敬韻表之說也其末附傳響射字法矜爲神妙者卽宋趙與時賓退錄擊鼓射字法也而實皆未見諸書檢所引證不過據洪武正韻及字彚韻法横直二圖私心揣測以成是編其中惟平分陰陽稍合古法米芾畫史嘗明此義而晉李登聲類以宮商角徵羽各爲一篇當卽其源然以全聲列入聲後如通桶痛宊同㳕坦炭忒壇則究非先發後歛之序總之一知半解自生妄

見而已矣

古韻通八卷（兩淮馬裕家藏本）

國朝柴紹炳撰紹炳字虎臣仁和人其書大旨郎今韻部分立三法以求古韻之通一曰全通東冬江之類是也二曰半通元入寒刪先䰟痕入真文之類是也三曰旁通則俗所謂叶韻是也分平上去爲十一部分入聲爲七部其引據甚繁其攷證亦甚辨然今韻以今音讀之則一部之内字字相諧如以古音讀之則字字各歸本音難復齊以今部

如支部之儀字古實音俄齊部之西字古實音先
檕曰支與齊通實已使俄與先叶則紹炳所謂全
通半通者與古韻皆不免牴牾又今韻固與古殊
古韻亦自與古別如東冬江自爲部至漢而東已
通陽魚虞尤自爲部至魏晉而虞兼通灰𩋆轉漸
移各隨時代紹炳乃上薄風雅下迄晉宋凡未定
四聲以前總名之曰古韻襍然並編此讀甫諸彼
音已礙條例益廣蹊徑滋繁所謂旁通者淆亂古
音尤甚至於以許敬宗之所定指爲沈約以陳彭

年之所音指爲孫愐又其小節矣

古韻叶音六卷　陝西巡撫採進本

國朝楊慶撰慶字憲伯泰州人前明諸生是書首爲類從詿部分之通轉次爲審音列每部相叶之字次爲集引則襍采古書以證之其凡例稱類從仿之焦弱侯陳季立吳才老周伯温不知四家之中惟焦竑陳第其論相合餘則南轅北轍慶合而一之自不得不棼如亂絲又分上平東至山二十三部下平仙至嚴二十三部上聲董至范四十四部

去聲送至梵四十八部入聲屋至乏二十六部共
一百六十四部與廣韻之二百六部壬子禮部韻
畧之一百七部俱不相符亦不知其所據也

佐同錄五卷陝西巡撫採進本

國朝楊慶撰是編據其自序當有四集共百餘卷此
本題曰潛齋更刪補釋佐同錄類要集冠以五音
圖次爲更刪補釋舉要則皆論六書偏旁欲改隸
從篆次爲釋畧次爲發例次爲俚噡體例龎襍無
自尋其端緒次乃爲新定等韻考原等子舊法白

果字至流字十六攝分開口爲二十四有通廣狹偈內外六門各有四聲每等分四層秩然不紊慶則統以如是觀二字分爲前後六攝其字母敷奉二字改爲凡𢎘二字凡敷母諸字歸之非母而以奉母諸字收入凡母𢎘母下止收𢎘威𡇪𥩟𥩟汪盎七字至分韻輯呼合圖共分四十三轉前二十八轉皆平上去三聲後十五轉皆入聲未免好事新奇轉滋淆亂蓋有志於小學而既無師授又未多見古書徒率臆以爲之者也

聲韻叢說一卷韻問一卷 浙江巡撫採進本

國朝毛先舒撰先舒字稚黃一名騤字馳黃仁和人是編襍論三百篇及古來有韻之文凡四十條所見畧與柴紹炳古韻通同其韻問一卷則設爲問答以自暢其說也

韻學通指一卷 浙江汪汝瑮家藏本

國朝毛先舒撰是編與柴紹炳古韻通沈謙詞韻同時而出三人本相友善故兼舉二家之說其得失離合亦畧相等如謂風字可以入侵韻非東韻之

字全可入侵舒字可以入支韻非魚韻之字全可入支謂古韻之差等有三今韻之差等有四所見皆視前人爲確惟所稱沈約韻孫愐韻及唐人韻入聲表孫愐二百六部唐人一百七部之說則多無依據以意爲之夫沈約四聲久佚不必言矣語詳韻經條下孫愐唐韻惟廣韻之首僅存其序徐鉉校正說文僅存其反切書則久佚又安得以宋人韻目爲司法本書且二百六部之分據其末則陳彭年等之書有廣韻可考原其初則沈約之舊有約集

諸詩賦可考孫愐但增加其字補綴其註並無分
部之說忽舉而歸之於愐古無典記也至其同用
獨用之註在唐則許敬宗所定見封演見聞記在
宋則賈昌朝移併窄韻十三部見東齋記事亦見
玉海自昌朝以前無一百七部之說也又唐人程
試則用官韻自爲詠歌則多用私韻如東與冬鍾
爲二部官韻也其他如孟浩然田家元日詩杜甫
雨晴詩魏兼恕送張兵曹赴營田詩之類皆近體
律詩以東冬鍾通押則私韻也蕭宵肴豪爲三部

官韻也李商隱送從翁赴東川尙書幕詩之類亦
五言長律以蕭宵肴豪通押則私韻也晝字在卦
部官韻也李商隱無題詩與衩同押婦字在有部
官韻也白居易琵琶行與故同押亦皆私韻也是
其時自程試以外韻原不一安有所謂徧考唐人
無不合於一百七韻者哉尤可異者上下平聲五
十七部有入者三十四無入者二十三自唐以來
絶無異說至明葉秉敬作韻表始以後世方音割
裂分配使部部有入先舒祖其說而小損益之乃

標曰唐人韻入聲表則不但考之不詳併依託古人如郭正域之沈約韻經矣

韻白一卷 浙江汪汝瑮家藏本

國朝毛先舒撰皆雜論古韻今韻詞韻曲韻葢其韻學道指之緒餘也其中駁古詩三聲相通一條最爲失考古無四聲聲近者卽可諧讀諸書不一而足卽以習見者而論古詩上山採蘼蕪一首素餘同押劉琨握中有元璧一首璆叟並用豈亦未檢耶駁蘇軾屈原廟賦謂東部本不與陽合此拘於

三百篇之例不知易象傳固中諧當老子固盲諧聾也又謂宋人塡詞韻始江與陽合是又泥魏晉以前之例不知沈濵之嘉禾頌徐陵鴛鴦賦江已通陽久矣大抵審定今韻之功多而考證古書之力少故往往知其一不知其二焉

韻統圖說無卷數兩江總督採進本

國朝耿人龍撰人龍字書升號岵雲江陰人是書於三十六母删知徹澄娘敷微六母定爲三十位以呼呵嘻嘘四聲分配宮商角羽一聲之中兼攝平

上去入而又分清針濁針別爲十二通析爲四十八韻又於十二通之中別爲三轉其圖有横直二母以直母統三十位横母統四十八韻故名韻統其苦思密審亦竭一生之力然千古之音隨時而異一時之音隨地而異一地之音隨人而異一人之音隨年而異一父之子宜其音同當其隔垣而語相習者能別爲某某其必有不同者在矣况乎古今之遠南北之遥而欲同以一人之脣吻哉故周公以聖人之才行天子之事而周禮保氏以六

書教國子小史掌達書名於四方皆以同天下之文而不能同天下之音三百篇中今有不能得其韻者非本無韻韻不同也歷代韻書大抵守其大綱以存古通其小節以隨時以漸而變莫知其然未有能毅然决裂盡改前代舊法者知聲音萬變不可以一人之私意定也人能乃欲以一人之口吻强天下萬世而從我其自謂窮極精妙者以叩他人則扞格矣豈能行之事乎其不用見溪羣疑等字爲字母而以一英軒二英烟至三十焚煩爲

聲母不過改頭換面其用實同其所論反切之法
以爲切密於反切可通反而反不可通切反爲翻
讀其途易泛切爲疾讀其用尤的不知自孫炎以
來但稱某字某反唐人諱反乃皆稱切唐元度九
經字樣具有明文其後乃兼稱反切不必穿鑿字
義横生分别其謂徵音不立專部寄之角部轉音
唏韻之中而宫商各部皆雜入正徵變徵諸音此
即徵音爲事散見於君臣民物之理亦殊爲附會
至論今韻無入十三部古皆有入今韻有入之部

古皆無入此卽同互通轉之所由生則又故示顛倒蕺聾俗聽者矣

韻蕞一卷江蘇巡撫採進本

國朝徐世溥撰世溥有夏小正解已著錄此其所著韻書前有自序其所謂華嚴字母如曲澗泉行諸韻遞及如九歷重階四聲順次如司天刻漏經世交切如機中織錦後復爲圖以釋之所見未嘗不合至其論韻則以洪武正韻爲主而於廣韻似未寓目者第執今所行平水韻以上下古今之韻學

隘矣又欲於三十六母影喻之外增以烏汪等母

與其辨上下平之說大抵皆師心自用之學也

詩韻更定五卷內府藏本

國朝吳國縉編國縉字玉林全椒人順治壬辰進士

韻書之作所以辨别聲音不專為詩而設流俗名

曰詩韻莫知所本毛奇齡古今通韻以為詩韻者

試韻之訛然唐宋以來並無試韻之名奇齡不免

於臆說考吳澄支言集有張壽翁事韻擷英序曰

荆國東坡山谷始以用韻奇險為工葢其胸中蟠

萬卷書隨取隨有倘記覽之博不及前賢則不能免於檢閱於是乎有詩韻等書然其中往往陳腐用之不能起人意云云然則其始以韻府之類便於作詩押用遂謂之詩韻其後但收韻字不載詞藻者亦遂沿用其名耳國緇此本以詩韻爲名已失於不考又每部之字分一選二選三選汰字四類大抵以最熟易押者爲上選稍難用者次之不常用者則汰除如一東汰潼字二冬汰淞字是併臨潼吳淞亦爲僻字禁用也其詩當作何等語耶

聲韻源流考無卷數　浙江巡撫採進本

國朝萬斯同撰斯同有廟制圖考已著錄其作此編蓋欲詳考聲韻之沿革首列歷代韻書之可考者次列歷代韻書之無考者而採摭其序文凡例目錄以存梗概上起魏李登聲類下迄

國朝顧炎武毛奇齡邵長蘅之書無不採錄而草創未終畧無端緒匡廓粗具挂漏宏多如首列李登呂靜周顒沈約蕭該陽休之陸法言唐元宗孫愐顏元孫顏眞卿李丹李涪徐鍇陳彭年丁度吳棫

毛晃劉淵周德清韓道昭黃公紹陰時夫宋濂孫吾與楊𪗋案韻學集成著者章𪗋此作楊𪗋誤張之象潘恩之書已爲不備而李涪刊誤不過偶論韻一條並非韻書尤爲循名失實續列歷代韻書總目自周研至張貴謨凡三十二家皆宋以前人註云已見前篇者不錄然其中有名可考者如唐僧智猷辨體加字切韻五卷見於唐志宋志宋僧鑒聿韻總五篇見於歐陽修集皆前篇所遺竟漏不載又載李啟聲類十卷註曰魏校書令隋唐二志俱無不知斯同

何所本殆輾轉稗販誤左校令爲校書令誤李登
爲李啟而未能考正耶所列諸韻目錄僅廣韻平
水韻韻會正韻韻經五家其他卽姑勿論廣韻緐
簡二本有殷文各獨用欣文同用之分集韻與唐
韻有改併窄韻十二部之别乃韻書沿革之大者
亦竟遺之至於論古韻則吳棫陳第顧炎武毛奇
齡邵長蘅諸說南轅北轍互相攻擊而並全錄其
文無一字之考訂知爲襍抄之本不過儲著書之
材而尙未能著書後人以其名重遂錄傳之故觸

處鑄漏如是也

諧聲品字箋無卷數內府藏本

國朝虞德升撰德升字聞子錢塘人其書以字韻之學向來每分爲二不相統攝因取六書諧聲之義品列字數其法總五十七聲分三十九字合九十六音共千六百母而六萬有奇之字畢歸之使學者可因聲以檢字葢本其父咸熙草創之本而復爲續成之者也不知諧聲僅六書之一不能綜括其全故自來字書韻書截然兩途德升必強合而

一之其破碎支離固亦宜矣

類音八卷編修汪如藻家藏本

國朝潘耒撰耒字次耕號稼堂吳江人康熙己未召試博學鴻詞授翰林院檢討耒受業於顧炎武炎武韻學欲復古人之遺耒之韻學則務窮後世之變其法增三十六母爲五十母每母之字横播爲開口齊齒合口撮口四呼四呼之字各縱轉爲平上去入四聲四聲之中各以四呼分之惟入聲十類餘三聲皆三十四類凡有字之類二十二有聲無字

之類二以有字者排爲韻譜平聲得四十九部上聲得三十四部去聲得三十八部入聲得二十六部共爲一百四十七部葢因等韻之法而又推求以己意於古不必合於今不必可施用亦獨成一家之言而已李光地榕村語錄曰潘次耕若肯將其師所著音學五書撮總纂訂令其精當豈不大快却自出意見欲駕亭林之上反成破綻以自己土音影響意揣便欲武斷從來相傳之緒言豈可乎是亦此書之定評也

韻學要指十一卷 浙江巡撫採進本

國朝毛奇齡撰奇齡有仲氏易已著錄先是奇齡撰古今通韻十二卷進呈

御覽久經刊板單行因其卷帙繁重乃櫽括其議論之尤要者以爲此書李天馥序之然較通韻特削去各部所收之字而存其條例及考證耳意在簡徑易明而韻字不存等於有斷而無案欲究其說彌費檢閱編西河合集者廢通韻而存此書非其韻學之全矣

韻雅五卷 兩淮馬裕家藏本

國朝施何牧撰何牧蘇州人康熙乙丑進士其書仍用劉淵之部分以收字必從經典故以雅爲名所載古通不甚謬誤而引據皆非其根柢其襍論十條則語多影射至謂元之取士不以詩而以曲無稽殊甚又末附識餘數十條每韻下襍采故事掛一漏萬似乎欲爲韻府而不成者益無體例矣

古音正義一卷 江西巡撫採進本

國朝熊士伯撰士伯字西牧南昌人官廣昌縣教諭

是書成於康熙丙子又重訂於戊寅板心書首皆題卷一似乎尚有别卷而核其目錄已首尾完具且附錄三篇亦在焉則刊板誤也是書所論大抵以說文諧聲爲古音之原以後世方言爲古音之轉而以等韻經緯於其間言之似乎成理而其實不然夫韻始諧聲其來古矣然許慎說文主於解字不主於辨聲所謂某字某聲不過約畧近似如鄍今音雙顛切而云讀若寧寧年雙聲之轉也虔今音渠焉切而云讀若矜矝鰥古字之通也此本

不可據以定韻且以今韻古韻互相參考其間有可解者有不可解者如江杠工聲此諧聲之字已變而所諧之字未變者也鬮龜聲波皮聲此諧聲之字未變而所諧之字已變者也龜古音邱皮古音婆儀議義聲此諧聲之字與所諧之字俱變者也義儀議古並音俄祖且聲姐亦且聲此諧聲之字與所諧之字俱半變半不變者也且字入虞韻又入馬韻諸渚者聲奢亦者聲此所諧之字全變而諧聲之字半變半不變者也者古音主今讀諸渚諧此聲而奢字則入麻韻風鳳凡聲汎亦凡聲此

所諧之字不變而諧聲之字半變半不變者也皆
與今說古韻者絶不相異又如梏告聲讀若晧此
蕭肴豪尤之通用也魔麻聲此歌麻之通用也哇
圭聲讀若醫此支佳齊之通用也䰟云聲此文元
之通用也茜西聲移多聲此古今音别一字之通
用者也西古音先多古音夷槐鬼聲遺貴聲此古無平仄三
聲之通用者也亦與今說古韻者絶不相異凡此
可以解者何必待說文諧聲而後知若夫衮公聲
輅賂路各聲訏干聲莙君聲而云讀若威摯執聲

而云讀若晉此已難解至於熊爲炎省聲旬爲勻省聲杏爲可省聲更茫不知其所云甚至如革𢆉卑聲卑又甲聲則革𢆉皆當讀若甲䨓需聲需又而聲則䨓當讀若而䨓羊豆切去而音絶遠更輾轉至於不可通凡此不可解者或爲傳寫訛誤或爲漢時方音均不可知又豈可據以定古音哉況經典初皆古文許慎所説乃小篆字體轉變或相同或不相同如慎眞聲而古文作𡲬津𦘔聲而古文作𨑣續賣聲而古文作賡虹工聲而古文作蚺圓有聲而

古文作圖皆無可諧之聲卽說文所載已不可枚
舉而欲據小篆偏旁以究三代之音其亦左矣至
方言則脣吻之間隨時漸變亦隨地頓殊其時同
者其地未必同劉熙釋名所載天坦天顯之别五
方異呼之證也其地同者其時又未必同左傳稱
楚謂乳穀謂虎曰於菟穀梁傳稱吳謂善伊謂稻
曰緩狄謂賁泉曰失台今驗諸土俗皆無一合是
古今異語之證也偶執其一字二字援以爲證則
曾慥類說載眞宗時闔人作賦以何高相叶嶺南

入作詩以先添並押者亦將曰宋韻如是乎若夫等韻之辨尤似是而非考隋書經籍志曰自後漢佛法行於中國又得西域書能以十四字貫一切音文省而義廣謂之婆羅門書與八體六文之義殊别是等韻久入中國而審音者弗之用唐以前無取以定韻者自宋以後其說漸行乃以字母入韻書實因韻而分等非因等而定韻古書所載源委甚明以等韻核今韻已言人人殊至以等韻定古韻益本末倒置全迷端緒矣乃詆陳第古音考

不知等韻是猶恠斷漢獄者不能引唐律也大抵三代去今數千年當日音聲但可以據經典有韻之文約其大畧猶之考地理者可以據名山大川知某省當爲古冀州某省當爲古揚州耳必以今之州縣村堡犬牙相錯之處定古某州之疆界則萬無是事矣故士伯此書引証愈博辨駁愈巧而不合於古法乃愈甚總由於不揣其本故也至謂經典皆北人所作即屈宋亦北學於中國是以古無入聲如周德清之中原音韻攤入三聲則益爲

臆斷之談矣

等切元聲十卷 江西巡撫採進本

國朝熊士伯撰是編成於康熙癸未又其講明今韻之書也案等韻之法約三十六母爲二十三行排端精於一四知照於二三是以出切行韻彼此轇轕元劉鑑以類隔交互等二十門法取字後人咸遵其說士伯是書於等子門法頗有駁正至內外八轉通廣偈侷之類辨論尤爲詳悉然等韻之學唯憑脣吻雖精究此事者不能不雜以方音故彼

亦一是非此亦一是非左右佩劍相笑不休自以爲豪髮無憾而聽之又未嘗不别有說也即如此書内外以照二爲限内門二等惟照有字俱切入三等所謂内轉切三也外門則牙舌脣齒喉二等俱有字仍切二等所謂外轉切二也内三外二門法不過如此然臻之開合二攝二等止照有字何以謂之外轉耶通廣偈狹等子明列四門而切法以三等切及第四爲通廣一門四等切及第三爲偈狹一門此外又有小通廣偈狹門又有通廣偈

狹不定門是門法與等子互異也又謂知徹澄同照穿床泥同孃敷同非皆可省按照穿床係齒音知徹澄係舌音士伯云莊之與章是照與照别非與知有異不知章與章自别惟中原音韻中鐘追錐之類皆不分别不可以律等子也然則泥孃以上下等爲别非敷以清濁之次爲别又安可廢乎獨其雙聲疊韻及五音九弄反紐圖剖析徵至足証前人之誤不可没耳

古今韻表新編五卷兩淮鹽政採進本

國朝仇廷模撰廷模字季亭寧波人康熙辛卯舉人官知縣其書每韻分舌齒喉脣牙聲至其末卷論古韻則多遵毛奇齡兩界互通之說奇齡古今通韻欲以博辨勝顧炎武已不免汗漫支離廷模沿其緒論又造爲經通緯通變正叶變叶外通叶諸例尤爲枝蔓古人用韻之法軌轍可尋又安有是紛紛也

八矢注字圖說一卷 兩江總督採進本

國朝顧陳垿撰陳垿有鐘律陳數已著錄是編乃其

所定韻書八矢者譬字爲的以八矢注之一分四聲二經聲三定清濁之界四審五音五分陰陽六分正變七分輕重八分留送凡八門也經聲分先天九聲後天九聲凡四聲直下爲先天其二九幷入圖枯苦庫酷伊倚意乙之類是也四聲旁轉爲後天空恐控酷因引印一之類是也四聲之外又增一下聲則亘古之所未聞矣其緯音清濁正變陰陽輕重留送圖分宫爲濁商爲清實皆喉音角徵羽皆分清濁而清濁二徵之外又增淺中深三

徵音其外又有清閏濁閏二音實卽非敷二母之輕脣音也其所謂正變者正卽開口呼變卽合口呼又分輕重留送爲三成皆變幻面目别立名字而反謂三十六母爲亂道過矣

聲韻圖譜無卷數浙江巡撫採進本

國朝錢人麟撰人麟字鑄庵武進人康熙庚子舉人官蕭山縣知縣是書卽等韻舊法而變通之以三十五母定韻刪徵音四輕脣音二析齒頭音五母以十四攝定韻併江於宕併會於梗剔蟹之三等

入正以四十五韻爲圖譜併愷於光併黙於兼併肱於觥併諸四等字於三等首列諸母陰陽均變之圖及諸韻正閏內外等第之圖末爲韻法八條叢論十八條附翻切古韻轉音例及詞曲韻通轉例

類字本意無卷數浙江巡撫採進本

國朝莫宏勳撰宏勳字誠齋錢塘人前有康熙庚子自序其書取梅膺祚字彙之字依其卷末所列韻法橫直二圖一一分隸平上去三聲爲一類入聲

自爲一類盡改古來韻部之舊并盡乖古來等韻之舊不足據爲典要也

韻學臆說一卷直隸總督採進本

國朝王植撰植有四書參註已著錄此書前列唐韻目吳棫古韻目及所爲臆說十條次列光官公昆高乘鈞規過皆孤基瓜等十三字首羣字譜大抵不知韻學因革源流而惟恃唇吻之間以等韻辨別猶之以近日詞曲之工尺而評定夔曠之樂章其辨愈精其說愈畬而愈南轅北轍畢世不得其

所適其所引據不過宋吳棫近時毛奇齡馬自援之說而抗詞以攻顧炎武所見左矣

韻學五卷直隸總督採進本

國朝王植撰音韻之學自古迄今變而不常亦推而愈密古音數變而爲今韻歷代各殊此變而不恒者也今韻既定又剖析而爲等韻此推而益密者也古韻與今韻音讀各異部分亦殊吳棫不知其故而以音讀之異名爲叶部分之殊注爲轉通而古韻遂亂今韻之定在前等韻之分在後實因韻

字而分等非因韻等而分字韓道昭熊忠不知其故於是以字母顛倒韻字而今韻又變自明以來惟陳第顧炎武及近日江永識其源流他若馬自援之講今韻愈細而舊法愈失毛奇齡之講古韻愈辨而端緒愈淆植作此書不能從源而分流而乃執末以議本攻所必不能攻而遵所必不可遵故用力彌勤而彌於古法未合也

五方元音二卷浙江巡撫採進本

國朝樊騰鳳撰騰鳳字凌虛堯山人是書論切字之

法以陰平陽平析四聲爲五猶屬舊例其部分則併爲十二曰一天二人三龍四羊五牛六獒七虎八駝九蛇十馬十一豺十二地字母則併爲二十曰梆匏木風斗土鳥雷竹虫石日剪鵲系雲金橋火蛙皆純用方音不究古義如覃鹽咸之併入天庚青蒸之併入龍其變亂韻部又甚於洪武正韻矣

詩經叶音辨訛八卷 通行本

國朝劉維謙撰維謙字讓宗自號雙虹半士松江人

是書首列等子圖次爲分隸字母總音次爲音叶互異彙辨次爲叠韻雙聲次爲辨論顧炎武音學五書毛奇齡古今通韻及發明康熙字典其三百五篇之叶韻則一一逐句詳註考論頗勤然古音之學自宋吳棫而晦自明陳第乃漸明

國朝顧炎武諸家闡發其旨久有定論維謙欲䎃爲異說以駕乎前人之上反以吳棫爲是陳第爲非業已黑白倒置而又以等韻三十六母牽合古音夫等韻所別爲今音而詩三百篇則古音音隨世

變截然不同維謙乃執後以繩前是何異執行草偏旁而釋倉頡史籀之篆文哉至於雙聲叠韻乃永明以來之法古人或偶爾相合實非有意維謙牽合經文亦多附會充其量之所至將靚閲既多受侮不少亦且謂古詩有對偶乎

詩傳叶音考三卷江蘇巡撫採進本

國朝吳起元撰起元字復一震澤人是書專論三百篇叶音如關雎服古音匐引禮記扶服救之爲証亦間有可采至如吁嗟乎騶虞不知爲無韻之句

乃謂虞乎相叶然則周南之吁嗟麟兮鄭風之狂童之狂也且又以何法叶之乎大抵其病由於不知古音自有部分惟以今韻部分取讀又不知古無四聲更以華嚴字母分等故愈辨而愈遠也

四聲切韻表一卷 兵部侍郎紀昀家藏本

國朝江永撰永有周禮疑義舉要已著録是書前列凡例六十二條備論分析考定之意而列表於後其論古法七音三十六母不可增減移易凡更定者皆妄作最爲有見其論入聲尤詳大旨謂顧炎

武古音表務反舊說之非然汞亦不遵古法頗以臆見改變夫字有數而音無窮故無無音之字而有無字之音汞既知冬韻無上聲字臻韻無上去二聲字祭泰夬廢四韻無平上二聲字而入聲乃必使之備或一部之字使分入於數部或數部之字使合入於一部自謂窮極精微其用心不爲不至然如伐之一字公羊自有兩呼天之一字釋名亦復異讀陸法言亦云吳楚時患輕浮燕趙多傷重濁顧炎武至謂孔子傳易亦不免於方音其說

求亦深取之而乃欲以一人一地之音改古來入聲之部分豈沈陸諸人惟能辨三聲不能辨四聲乎至其襍引偏旁諧聲以申交互之說雖有理可通而牽合亦甚求作古韻標準知不以今韻定古韻獨於此書乃以古韻定今韻亦可謂不充其類矣

本韻一得二十卷浙江巡撫採進本

國朝龍爲霖撰爲霖字雨蒼成都人由拔貢生官至潮州府知府是書爲所定新韻卷首載答趙國麟

論韻書有此道自漢以後如漆室長夜千數百年於兹之語其自命甚高故歷代相傳之舊法無一不遭詆斥亦無一不遭變亂大抵以十二律分平聲以七音分入聲又以四聲不備五音分陽平陰平爲二以合五聲之數驟而觀之以樂律定聲音以聲音定部分端緒井然言之成理似乎得聲氣之自然其附會不能遽見亦不能遽攻然探其本而論之律之作也應陰陽之氣而寫之以音此出乎天者也至於文字之作其始用以記載别而爲

形因而宣諸語言別而爲聲其聲由點畫而起不

由律呂而起此定於人者也故古人律呂之妙窮

析毫芒而音則並無平仄此韻不與律俱生之明

證矣顔之推家訓音辭篇曰鄭元註六經高誘解

呂覽淮南許慎造說文劉熙製釋名始有譬況假

借以證音字而古語與今殊別其閒輕重清濁猶

未可曉孫叔然創爾雅音義是漢末獨知反語此

韻之始萌不言配律也封演見聞記曰魏時有李

登者撰聲類十卷凡一萬一千五百二十字以五

聲命字此乃漸配五聲然每聲之中尚未析平仄也南齊書陸厥傳曰沈約等文皆用宮商以平上去入爲四聲以此製韻梁書沈約傳曰撰四聲譜自謂入神之作此今韻平仄之始亦不言叶樂也自釋神珙始作等韻其圖今載宋本玉篇之末相傳爲北魏人而其自序中乃稱昔梁沈約搬紐字之圖又有南陽釋處忠撰元和韻譜元和爲唐憲宗年號則當爲晚唐時人故唐一代詩人未言字母至宋而其說乃大行以韻配律漸起於是矣然

沈括夢溪筆談曰樂家所用隨律命之本無定音常以濁者爲宮稍清爲商最清爲角清濁不常爲徵羽切韻家則定脣齒牙舌喉爲宮商角徵羽其間又有半徵半商者如來日二字是也是盛談等韻之時尚以韻與樂律截然分爲兩事今爲霖乃因字母有七音之例遂更廣其例以十二律爲斷舉隋陸法言以來上下平聲五十七部併爲十二部夫樂之有十二律不猶天之有十二宮乎古聖人畫地分州建侯樹國各因其山川之勢初不取

象於天迨其後測驗之術興乃以列宿分野隷十二宮之次聲韻之始隨呼取讀亦猶分州建國也及其配以音律亦猶列宿分野也其理不必不相通而其勢不能以彼改此今以韻通於律遂併爲一十二部以應律亦將以地理通於星野而合併天下之千百郡縣割裂天下之疆界合爲十二州以應天乎況自漢以來有韻之書不一有韻之文亦不一一旦盡舉而廢之獨標一爲霖之書爲千古韻學之聖即其說果通亦斷斷難行於天下況

倒置本末併其理亦牽合乎至於入聲併十二爲七尤爲乖理聲生於口一呼皆備四聲字生於六書非有所取義則無其字故二百六部之中無入聲者二十七此二十七部無平上二聲者又四非無其聲無其字也爲霖必一一配合使無入者皆有入亦謬以字生於聲而不知聲生於字復倒置其本末也今撮其大概畧爲駁正如右庶講韻學者不至以新說改古法焉

音韻源流五十卷河南巡撫採進本

國朝潘咸撰咸有易著圖說已著錄其書分三部一曰倉沮元韻凡三十六卷分翁鴦罌安阿丫衣埃烏隈謳爊諳屋竪搕遏匼一十八韻而以其翕音闟音謂之諧字以其本音轉音謂之分音一曰詩騷通韻一曰中都雅韻各十卷亦以十八韻分合之元韻又有卷首二卷通韻雅韻亦各有卷首一卷大抵皆以意杜撰戾於古而乖於今其敘述古韻源流如魏李登聲類周顒四聲隋志僅列其名唐志已不著錄而咸云獨得見之其書皆分東陽

耕眞寒侵覃支佳魚蕭歌尤十三類陸法言之切韻孫愐之唐韻今皆不傳惟愐之音切尚散見徐鉉所校說文中而咸亦云獨得見之共二百六部爲法言所分其獨用通用爲愐所定多與今不同韓愈著作班班可考獨不聞其有韻書而咸云獨見韓愈唐韻其同用獨用與今廣韻同又列禮部韻畧毛晃增韻劉淵平水韻於陳彭年廣韻之前而謂廣韻比禮部韻畧多數部又謂丁度集韻分七音東部首公不首東核以諸書亦不相合葢鄉

曲之士不知古書之存亡姑以意說之而已

韻岐四卷編修程晉芳家藏本

國朝江昱撰昱有尚書私學已著錄是編於官韻之中擇其一字數音者各分别字義異同蓋亦宋人押韻釋疑之類

音韻鑑三卷江蘇巡撫採進本

國朝王祚禎撰祚禎字楚珍大興人是書以金韓道昭五音集韻元劉鑑切字玉鑰匙與周德清中原音韻合爲一書而以巳意竄改之夫道昭書配三

十六母鑑書配内外十六攝德清書則北曲之譜
以入聲配入三聲祚禎既狃於方音併四聲爲三
混淆古法而乃屑屑然區分門目辨别等攵非今
非古非曲譜非等韻莫喻其意將安取其序自稱
博極諸家如揚雄訓纂許慎説文玉篇唐韻廣韻
韻會篇海集韻正韻吕氏同文鐸日月燈無不繹
其論説證其異同説文玉篇以下其書俱在不知
揚雄訓纂孫愐唐韻祚禎何從見之又稱隱侯四
聲宣城字彙正字通戶誦家吟又不知祚禎何由

見沈約書也

聲音發源圖解一卷 江蘇巡撫採進本

國朝潘遂先撰遂先句容人是書爲遂先草創其子命世續成之分四聲爲六聲曰初平次平終平初仄次仄終仄初平屬少陽出舌根次平屬陽明出舌後終平屬太陽出舌中初仄屬少陰居舌前次仄屬太陰屬舌梢終仄屬厥陰出舌尖謂五音羽出在下之門牙徵出在上之門牙角出上下之槽牙商出上下之盡牙宮出上下之虎牙而皆通於

舌以成五音又分舌根舌後舌中舌前舌梢舌尖

六舌爲十二舌以黃鍾大吕爲一舌二舌則舌根

之一後一前也主冬至以後太蔟夾鍾爲三舌四

舌則舌後之一後一前也主雨水以後以姑洗仲

吕爲五舌六舌則舌中之一後一前也主穀雨以

後以蕤賓林鍾爲七舌八舌則舌前之一後一前

也主夏至以後以夷則南吕爲九舌十舌則舌梢

之一後一前也主處暑以後以無射應鍾爲十一

舌十二舌則舌尖之一後一前也主霜降以後又

以宫分五音音分五位則二十五位以韻五乘之則一百二十五位位具六聲則七百五十聲商分五音音繞九位則四十五位以韻四乘之則百八十位位具六聲則千有八十聲角分五音音繞八位以韻三乘之則百有二十位位有六聲則七百二十聲徵分五音音繞七位以韻七乘之爲二百四十五位位具六聲爲千四百七十聲羽分五音音繞六位以韻六乘之爲百有八十位位具六聲爲千有八十聲總計五音之韻共二十有五分音

百二十有五位凡八百五十聲凡五千一百而皆

統之於元宗今考遂先所稱初平以上聲之濁音

當之不知指南謂濁上當讀如去實而有徵即如

臻攝羣母奇上爲技蟹攝匣母孩上爲亥遇攝旁

母蒲上爲部咸攝奉母凡上爲范果攝從母矬上

爲坐效攝澄母朝上爲肇中音皆别作去今讀之

實有此音而遂先乃指以爲初平未見其能合也

惟皇極經世多以上爲平如通攝泥母農上爲穠

邵以穠爲平入乃母蟹攝來母雷上爲磊邵以磊

爲平入呂母臻攝徵母文上爲吻卲以吻爲平入武母宕攝來母頁上爲兩卲讀兩爲平入呂母今遂先以舌根爲初平而上之爲平不必皆舌根則亦不得據以爲初平明矣自六聲之說既誤而支離穿鑿盡廢齒腭唇舌而專以牙之一音定宮商角徵羽又盡廢齒牙腭唇而以十二舌定平仄六聲至以雨水後立夏前中商音立夏後大暑前中角音與月令管子逸周書全反尤無據也

右小學類韻書之屬六十一部五百三十七卷內七部無

卷數皆附存目

12225

（清）紀昀等 纂

# 武英殿本四庫全書總目

第一二册

國家圖書館出版社

# 第一二册目録

# 欽定四庫全書總目

經部

卷三十八

欽定四庫全書總目卷三十八

經部三十八

樂類

沈約稱樂經亡於秦考諸古籍惟禮記經解有樂教之文伏生尚書大傳引辟雝舟張四語亦謂之樂然他書均不云有樂經隋志樂經四卷蓋王莽元始三年所立賈公彦考工記磬氏疏所稱樂曰當即莽書非古樂經也大抵樂之綱目具於禮其歌詞具於詩其鏗鏘鼓舞則傳在伶官漢初制氏所記蓋其遺譜非別有一經爲

聖人手定也特以宣豫導和感神人而通天地厥用至大厥義至精故尊其教得配于經而後代鐘律之書亦遂得著錄於經部不與藝術同科顧自漢氏以來兼陳雅俗艷歌側調並隸雲韶於是諸史所登雖細至箏琶亦附於經末循是以往將小說稗官未嘗不記言記事亦附之書與春秋乎悖理傷教於斯爲甚今區別諸書惟以辨律吕明雅樂者仍列於經其謳歌末技絃管繁聲均退列雜藝詞曲兩類中用以見大

樂元音道侔天地非鄭聲所得而奸也

皇祐新樂圖記三卷兩淮馬裕家藏本

宋阮逸胡瑗奉勅撰仁宗景祐三年二月以李照

樂穿鑿特詔較定鐘律依周禮及歷代史志立議

範金至皇祐五年樂成奏上此其圖記也舊本從

明文淵閣錄出後有宋陳振孫嘉定已亥跋云借

虎邱寺本錄葢當時所賜藏之名山者又有元天

歷二年吳壽民跋明萬歷三十九年趙開美跋敘

此書原委頗詳考初置局時逸瑗與房庶等皆驛

召預議詔命諸家各作鐘律以獻而持論互異司馬光主逸瑗之說范鎮則主庶之說往反爭議卒不能以相一其往返書牘具光傳家集中而鎮所作東齋記事亦畧存其槩大抵逸瑗以爲黃鐘之管積八百一十分容一千二百黍又以九章圜田算法計之黃鐘管每長一分積九分容十三黍三分黍之一空徑三分四釐六毫圍十分三釐八毫圍徑用徑三圍九古率而改圍九分爲九方分則遷就之術也司馬光曰古律已亡非黍無以見度

非度無以見律律不生於度與黍將何從生非謂太古以來律必生於度也特以近世古律不存故返從度法求之耳其論最明范鎮譏其以度起律誠爲過當然鎮以秬黍律尺龠龣斛算數權衡鐘聲十者必相合而不相戾然後爲得亦不爲無見也以律起度與以度起律源流本無異同而二家算術不精逸瑗等得之於横黍而失之於圍徑又以大黍累尺小黍實管自相乖反至庶以千二百黍實之管中隨其長短斷之以爲九寸之管取三

分以度空徑則空徑不生於黍而別有一物爲度以起分竟不必實黍於管未見其爲通論也是書上卷具載律呂黍尺四量權衡之法皆以橫黍起度故樂聲失之於高中下二卷考定鐘磬晉鼓及三牲鼎鸞刀制度則精核可取云

樂書二百卷 福建巡撫採進本

宋陳暘撰暘字晉叔閩清人紹聖中登制科官禮部侍郎事迹具宋史本傳此書乃建中靖國間暘爲祕書省正字時所進自第一卷至九十五卷引

三禮詩書春秋周易孝經論語孟子之言各為之訓義其第九十六卷至二百卷則專論律呂本義樂器樂章及五禮之用樂者為樂圖論引據浩博辨論亦極精審視其兄祥道禮書殆相伯仲第禮書所載祗詳於三代器數是書則又推其律呂本原及後世雅俗諸部故陳振孫書錄解題謂樂書博則博矣未能免於蕪穢也然晹書包括歷代總述前聞既欲備悉源流自不得不兼陳正變使振孫操筆而修史將舉古來秕政亂法一切刪之不

載乎此南宋人迂謬之見不足據也其中惟辨二變四清二條實爲紕繆自古論四清者以民臣相避以爲尊卑立說本屬附會暘則曰黃鐘至夾鐘四清聲以附正聲之次其意蓋爲夷則至應鐘四宮而設既謂黃鐘至夾鐘爲清又謂爲夷則至應鐘而設是兩四清也不知每均必具五聲夷則一均以夷南無應爲次而闕角聲必須黃鐘清爲角南呂一均以南無應爲次而闕羽角二聲必須黃清爲羽大清爲角以調而論則謂夷南無應四律

以聲而言則爲黃大太夾四清非有二也其不用正聲而用清聲者樂之高下以漸無驟高驟下之理以夷則一均言之如用夷南無應四正律則其聲以次而高而忽用黃鐘正律雖同在一均而高下不協故必以黃清協之也賜引李照十二鐘之說殊爲舛誤又論二變曰五聲者樂之指拇也二變者五聲之駢枝也五聲可益爲七音則五星五行五常亦可益而七之乎二變之說始於尚書而蔓衍於左傳國語書傳漢志是不知書之在治忽

有五聲而無七始國語之七同有四宮而無徵也左氏爲七音之說葢八音耳八音以土爲主而七音非土不和故書之益稷禮之樂記其言八者皆虛其一猶大衍虛其一也云云不知二變之生由於高下之次蔡元定相去二律則音節遠之說最有根據若不究其理之所由然而但以數相較則七較之五而多其二者將十二較之五而亦多其七是音不得有其七而律亦不得有其十二乎且五聲二變有管律絃度之不同半太蔟與正黃鐘

應半夾鐘與正大呂應此理尤爲暘所不知也至以七音爲八音虛土而言尤爲牽强矣又其釋周官三宮之樂以圜鍾黄太姑爲宮之旋而在天者故其合別而爲四函太姑南爲宮之旋而在地者故其合降而爲三黄大太應爲宮之旋而在人者故其合降而爲二若然則天宮用八律地宮用六律人宮用四律以多少爲差別也而圜丘樂六變方丘樂八變宗廟樂九變又何以解耶凡此之類皆不可據爲典要然唐以來樂書無傳北宋樂書惟

皇祐新樂圖記及此書存耳遺文緒論條理可徵又安可以一眚廢耶

律呂新書二卷 編修李潢家藏本

宋蔡元定撰元定字季通建陽人慶元中坐黨禁流道州卒事迹具宋史道學傳朱子稱其律書法度甚精近世諸儒皆莫能及又云季通理會樂律大段有心力看得許多書及爲是書作序又曰黃鍾圍徑之數則漢斛之積分可考寸以九分爲法則淮南太史小司馬之說可推五聲二變之數變

律半聲之例則杜氏之通典具焉變宮變徵之不得爲調則孔氏之禮疏固亦可見至於先求聲氣之元而因律以生尺則尤所謂卓然者而亦班班雜見於兩漢之制蔡邕之說與夫國朝會要以及程子張子之言葢是書實朱蔡師弟子相與共成之者故獨見許如此書分二卷一爲律呂本原凡十三篇黃鐘第一黃鐘之實第二黃鐘生十一律第三十二律之實第四變律第五律生五聲圖第六變聲第七八十四聲圖第八六十調圖第九候

氣第十審度第十一嘉量第十二謹權衡第十三
其一卷爲律呂證辨凡十篇造律第一律長短圍
徑之數第二黃鐘之實第三三分損益上下相生
第四和聲第五五聲大小之次第六變宮變徵第
七六十調第八候氣第九度量權衡第十今考元
定之說多截竹以擬黃鐘之管皆即以其長權爲
九寸而度其圍徑如黃鐘之法更迭以吹則中聲
可得淺深以列則中氣可驗是截管之法必本之
候氣也而候氣之說最爲荒渺後漢晉隋志所載

又各異同既云以木為案加律其上又云埋之上與地平又云置於案上而以土埋之上平於地此置律有淺深高下之不一也既云以葭莩灰抑其內端氣至者灰去又云以竹莩灰實律以羅縠覆律口氣至吹灰動縠有小動大動不動三說又云灰飛動素散出於外而氣應有早晩灰飛有多少其說又不一也然則候氣既不足憑人聲又無左驗是蔡氏所謂聲氣之元者亦徒為美聽而已非能見之實事也劉歆銅斛具詳漢志而隋志又詳

載其銘曰律嘉量斛方尺而圜其外庣旁九釐五毫冪百六十二寸深尺積一千六百二十寸容十斗祖沖之所議以爲漢世斛銘劉歆詭謬其數爲算氏之劇疵者是也元定乃併漢志取之以定黃鐘積實爲八百一十分何也荀勗之尺隋志所謂晉前尺也當晉之時阮咸已譏其高而元定以爲此尺出於汲冢之律與劉歆之斛最爲近古樂聲高急不知當時之圍徑果爲何如夫古人所云徑三分圍九分者言圍徑三分而周九分也空圍卽

圓周也胡瑗疑其管狹不足容千二百黍遂大其空徑四釐六毫而周爲十分三釐八毫是亦徑三圍九之率也因以空圍爲管內之面冪爲容九方分矣元定從之而以圓田術起算黃鐘積實又失之太大則不精算術之誤也至若謂黃鐘六變律不與本均之聲相應而不知當用淸聲又謂二變不可以爲調而不知二變之調具足五音若以二變音爲每調之七音則反爲出調凡此皆元定之所未及詳者故特著之以糾其失焉

瑟譜六卷永樂大典本

元熊朋來撰朋來有五經說已著錄是書大旨以爲在禮堂上侑歌惟瑟而已他絃莫侑爲古人所最重自瑟教廢而歌詩者莫爲之譜旣作瑟賦二篇發明其理復援据古義參以新意定爲一編首爲瑟絃律圖次爲旋宮六十調圖次爲雅律通俗譜例次爲指法次爲詩舊譜凡鹿鳴四牡皇皇者華魚麗南有嘉魚南山有臺關雎葛覃卷耳鵲巢采蘩采蘋十二篇卽趙彦肅所傳開元十二詩譜

次曰詩新譜凡騶虞淇澳考槃黍離緇衣伐檀蒹葭衡門七月菁菁者莪鶴鳴白駒文王抑崧高烝民駉十七篇皆朋來所補次曰樂章譜爲學宮釋奠樂章終以瑟譜後錄則古來論瑟之語也其瑟絃律圖以中絃爲極清之絃虛而不用駁姜氏瑟圖二十五絃全用之非案聶崇義三禮圖雅瑟二十三絃其常用者十九絃其餘四絃謂之番番贏也頌瑟二十五絃盡用之又莊子淮南子均有鼓之二十五絃皆動之文則姜氏之說於古義有徵

未可盡斥其旋宮圖內所列六十調皆據蔡氏律呂新書所推其十二宮則用禮記正義黃鐘一林鐘二之次與蔡氏黃鐘一大呂二之次不同又改二變爲二少少與老相應變與正不相應實不如律呂新書之確又黃鐘一均惟黃鐘宮用七正律無射商則一正一半五變半夷則角則二正二半三變半朋來列七正律於黃鐘宮之前而無射商以下不書正變及半律變半律亦爲疏畧其樂章譜既用唐樂三和之法注曰如大呂爲角則於大

呂均取中呂起調畢曲太蔟爲徵則於太蔟均取南呂起調畢曲應鐘爲羽則於應鐘均取夷則起調畢曲然於黃鐘爲宫無意又曰今釋奠迎神或祇用黃鐘爲宫一曲疊奏之云云案范鎮皇祐新樂圖記曰黃鐘爲角者夷則爲宫黃鐘之角者姑洗爲角十二律之於五聲皆如此率而世俗之說乃去之字謂太蔟曰黃鐘商姑洗曰黃鐘角林鐘曰黃鐘徵南呂曰黃鐘羽其論至明今因大呂爲角而取中呂起調畢曲太蔟爲徵而取南呂起調

畢曲應鐘爲羽而取夷則起調畢曲則是大吕之角太蔟之徵應鐘之羽而非大吕爲角太蔟爲徵應鐘爲羽矣至於黄鐘爲宫與黄鐘之宫則同一黄鐘無以異也朋來既用唐制而又云祇用黄鐘爲宫一曲疊奏豈非於意亦有所未安而爲騎牆之論歟他如後録中以堯作十五絃之瑟見於吕覽者誤爲樂記記憶偶疎又其小疵矣然樂律一門諸家著録琴譜爲多瑟則東晉之初尚有桓伊歌曹植詩事以後傳者寥寥錢起所云二十五絃

彈夜月李商隱所云錦瑟無端五十絃者特詩人寄興之詞不必眞有其事古調之僅存者不過郊廟朝會備雅樂之一種而已朋來於舊譜放失之餘爲之考訂蒐羅尚存梗概史稱其通曉樂律尤善鼓瑟則與儒者不通宮調而坐談樂理者尚屬有殊存之亦足見古樂之遺也

韶舞九成樂補一卷永樂大典本

元余載撰載始末無考惟據其進書原序自稱三山布衣前福州路儒學錄又據其門人新安朱模

進樂通韶舞補畧序卬爲仁宗天歷中人其字曰大車以養親辭官篤行授徒自甘嘉遯而已是編文淵閣書目著錄世無傳本惟永樂大典所載篇帙猶完首爲九德之歌音圖次爲九德之歌義圖次爲九磬之舞綴兆圖次爲九磬之舞采章圖其歌圖以五聲五言相配所謂平濁平清者與沈約徐景安分平聲爲上下以配五音者異（沈約說見米芾畫史徐景安說見王應麟困學記聞）與司馬光劉鑑諸家以喉舌脣齒牙配五音者亦異又以六律六呂分用與諸家樂

書以十二律相生之次爲旋宮七音之次者尤截然不同然考周德清中原音韻所謂陰平陽平即截平濁平清之説也周官大司樂鄭氏注所謂六律合陽聲六呂合陰聲即載律呂分用之説也則雖自出新意亦不爲無據至於準大衍之數以製河圖準太乙行九宮法以造洛書皆起於陳摶以後后夔典樂之日實無是文載所定舞圖皆根河洛以起數尤不免附會牽合然數不外於奇偶奇偶不外於陰陽易道廣大事事可通亦未始不言

之成理束晳之補六詩皮日休之補九夏不必其定合於古要猶存古義於萬一終勝於側調么絃導欲增悲者也則載是書亦不妨存備一說矣其書屢經傳寫訛誤宏多如音圖第八章至哉坤元之坤字據後義圖應在第八格而舊本誤在第七格又如綴兆始成圖中層左右皆闕兩位據舞用八佾當得六十四人不應再减以下皆六十四始成乃止六十且復綴即始成之位次後采章圖內亦各有黃衣二人之位則此圖之佚脫顯然今並

校正使復其舊其以朱圈墨圈記舞人之位者亦
間有淆亂並釐正焉

律呂成書二卷永樂大典本

元劉瑾撰瑾有詩集傳通釋已著錄是書以候氣
爲定律之本因而推其方圓周徑以考求其積分
蓋瑾之學篤信宋儒故其注詩守朱子之說不踰
尺寸其論樂守蔡氏彭氏之說亦不踰尺寸也考
管子地圓篇稱呼音中徵中羽之數及吕氏春秋
古樂篇稱伶倫先制黃鐘之宫次制十有二筩咸

不言候氣至司馬彪續漢書志始載其法相傳爲出於京房然別無顯證隋書載後齊信都芳能以管候氣仰觀雲色嘗與人對語即指天曰孟春之氣至矣人往驗管而飛灰果應又稱毛爽草候氣法述漢魏以來律尺稍長灰悉不飛其先人柄誠與其兄喜所爲律管皆飛灰有徵應然後來均不用其法蔡邕有言古之爲鐘律者以耳齊其聲後人不能假器以定其度以度量者可以文載口傳然不如耳治之明決也然則舍可辨之音而求諸

杳芒不可知之氣斯亦末矣至蔡氏律呂新書推衍舊文仍言候氣其數以徑一圍三立度爲算頗踈彭氏覺其未合改用祖沖之徑七圍二十二之率然稽諸隋志此猶約率非密率也瑾合二家之書反覆推衍以成是編較諸古人之神解誠未必窺其精微然宋儒論樂所見不過如此有元一代著述尤稀此書猶不甚支離者長短兼存以資考訂固亦不妨姑備一說云爾

苑洛志樂二十卷 浙江汪啟淑家藏本

明韓邦奇撰邦奇有易學啟蒙意見已著錄是書首取律呂新書爲之直解凡二卷前有邦奇自序後有衛淮序第三卷以下乃爲邦奇所自著其於律呂之原較明人所得爲密而亦不免於好奇如雲門咸池大章大夏大韶大濩六樂名雖見於周官而音調節奏漢以來無能傳者邦奇乃各爲之譜謂黃帝以土德王雲門象天用火起黃鐘之徵以生爲用則林鐘也咸池象地用水起大吕之羽以土所尅爲用則無射也大章大韶皆起於黃鐘

夏以金德王林鐘律屬金商聲故大夏用林鐘之商南吕用南吕起聲商以水德王應鐘律屬水羽聲故大濩用應鐘之羽夷則用夷則起聲今考旋宫之法林鐘一律以黄鐘之徵爲火以仲吕之商爲金若以月律論之則是六月之律而非金也故邦奇於大夏下自注云相緣如此還用夷則爲是則夷則爲七月之律屬金與大濩用應鐘爲十月之律屬水者一例矣然則林鐘夷則不已兩岐其說乎又謂大司樂圜鐘爲宫以南吕起聲一變在

姑洗至六變在圜鐘故云若樂六變則天神皆降函鐘爲宮以應鐘起聲一變在蕤賓至八變在函鐘故云若樂八變則地祇皆出黃鐘爲宮以南呂起聲一變在姑洗至九變在黃鐘故云若樂九變則人鬼可得而禮今考左氏傳謂五降之後不容彈矣則宮徵商羽角五聲也前漢書禮樂志曰八音七始則宮徵商羽角變宮變徵七聲也凡譜聲者率不越此二端此書圜鐘爲宮初奏以黃鐘之羽南呂起聲順生至黃鐘收宮凡得十聲次奏用

林鐘之羽姑洗起聲而姑洗實爲前奏黃鐘之角所謂用宮逐羽而清角生也函鐘爲宮用太蔟之羽應鐘起聲順生至本宮太蔟又順生徵商二律復自商逆轉徵宮二律收宮凡得十四聲商不順生羽而逆轉爲徵所謂引商刻羽而流徵成也黃鐘爲宮凡陽律之奏用宮逐羽陰呂之奏引商刻羽是以十聲與十四聲各五奏也至謂周樂皆以羽起聲本於咸池而於黃鐘爲宮起南呂則用黃鐘本宮之羽函鐘爲宮起應鐘應鐘爲太蔟之羽

太蔟爲林鐘之徵則又用徵之羽矣圜鐘爲宮起南呂南呂爲黃鐘之羽黃鐘爲圜鐘之羽則又用羽之羽矣同一用羽起聲而所用之法又岐而爲三推其意不過誤解周禮八變九變之文以函鐘爲宮當在初奏之第九聲方與八變合即不得不以應鐘爲第一聲而應鐘非函鐘之羽也以圜鐘爲宮當在初奏之第七聲方與六變合即不得不以南呂爲第一聲而南呂非圜鐘之羽也即又不得不謂應鐘爲羽之羽南呂爲徵之羽矣由杜撰

而遷就由遷就而支離此數卷最爲偏駁其他若謂凡律空圍九分無大小之異其九分爲九方分蕤賓損一下生大吕優於益一上生大吕以黃鐘至夾鐘四清聲爲可廢以夷則至應鐘四律圍徑不當遞減雖其說多本前人然決擇頗允又若考定度量權衡樂器樂舞樂曲之類皆能本經據史具見學術與不知而妄作者究有逕庭史稱邦奇性嗜學自諸經子史及天文地理樂律術數兵法之書無不通究所撰志樂尤爲世所珍亦有以焉

末有嘉靖二十八年其門人楊繼盛序據繼盛自作年譜蓋嘗學樂於邦奇所云夜夢虞舜擊鐘定律之事頗爲荒渺然繼盛非妄語者亦足見其師弟覃精是事寤寐不忘矣

鐘律通考六卷　浙江范懋柱家天一閣藏本

明倪復撰復有詩傳纂義已著錄是書凡二十七章始於黃鐘本原終於風雅十二詩圖譜其中或標卷目或不標卷目疑傳寫者有所佚脫非其舊也卷首有嘉靖丙戌張邦奇序謂其本之儀禮經

傳參之西山蔡氏之說歷考古今制度辨正百家之得失以求合乎聲氣之元今考是書大端不失古法其中如呂氏春秋黃鐘三寸九分與歷代律書九寸之說不合是書則謂三寸者三三九寸也九分者九方分也後何瑭及鄭世子載堉皆用是說至於五聲二變明有國語伶州鳩之說可證而是書乃謂宮屬君周加變宮因誅紂也徵屬事周加變徵示革商之舊政也殊杜撰無稽又所載六十調圖若黃鐘五調以無射爲商夷則爲角仲呂

爲徵夾鐘爲羽之故同時韓邦奇於蔡氏舊圖䟽解甚詳而此書乃不之及尤不免於漏畧然其中亦頗有可採者如左氏傳中聲以降五降之後不容彈矣蔡元定謂五聲之後二變不容爲調朱子謂蕤賓以下不可爲宮是書則謂朱子之說與禮記所云旋相爲宮似有未合故特從元定又若黃鐘生十一律倍其實四其實參其法及角音六十四生變宮變徵類能並列朱蔡異同之法參互詳審頗爲不苟亦可謂勤於此事者矣

樂律全書四十二卷浙江巡撫採進本

明朱載堉撰載堉鄭恭王厚烷世子也是書萬歷間嘗進於朝明史藝文志作四十卷今考此本所載凡書十一種惟律呂精義內外篇各十卷律學新說四卷鄉飲詩樂譜六卷皆有卷數其樂學新說算學新說操縵古樂譜六代小舞譜二佾綴兆圖靈星小舞譜旋宮合樂譜七種則皆不分卷與藝文志所載不符疑史誤也載堉究心律數積畢生之力以成是書卷帙頗爲浩博而大旨則盡於

律呂精義一書其說謂度本起於黃鐘之長就此黃鐘而均分爲十寸寸十分命曰一尺當橫黍百粒是爲度尺若以此黃鐘分爲八寸一分寸九分凡八十一分當縱黍八十一粒是爲律尺又橫黍百粒縱黍八十一粒當斜黍九十粒是黃鐘之長以橫黍尺度之則爲一尺寸十分凡百分以縱黍尺度之則爲八寸一分寸九分凡八十一分以斜黍尺度之則爲九寸寸十分凡九十分也其十二律長短之數則據㮚氏爲量內方尺而圜其外之

文謂圓徑即方斜命黃鍾正律爲一尺用句股求弦術得弦爲蕤賓倍律蓋黃正爲句股則蕤倍爲弦蕤正爲句股則黃正爲弦黃蕤二律互爲句股也其生南吕應鍾諸律非句股所能御蓋本於諸乘方比例相求法載堉云句股術者飾詞也律管長短由於尺有大小其云黃鍾九寸者蓋算術設率如此亦猶鄭康成注十二律分寸釐毫絲之數破一寸以爲十分乃審度之正法太史公約十爲九則欲其便於損益而爲假設之權制也或者訶

其以一尺爲黄鐘與九寸之文相戾可謂不達其意矣仲呂反生黄鐘自何承天劉焯胡瑗皆有是說蔡氏論之以爲惟黄鐘一律成律他十一律皆不成律不知律生於聲不生於數吹之而應應則成律矣若遷就其聲以就數則五音且不和矣尚得謂之律耶又或者以其開方乘除有不盡之數爲病夫理之當用開方乘除而數有畸零者雖秒忽不盡何害假令句股求弦而句方股方相併以平方開之不盡亦將謂之不成弦耶此不知算術

者也是書所論横黍百粒當縱黍八十一粒之尺
度及半黄鐘不與黄鐘應而半太蔟與黄鐘應之
說皆精微之論
聖祖仁皇帝律吕正義一書備採其說不可以其與蔡氏
有異同而置之也至其十二律相生之法以黄鐘
正律一尺爲第一率倍黄鐘二尺爲第十三率則
蕤賓倍律爲第七率故仲吕可以返生黄鐘左旋
右旋皆可徑求次律即諸乘方用連比例相求之
法也試列十三率明之以眞數一爲首率即第一

率方邊二爲二率平方四爲三率立方八爲四率三乘方十六爲五率四乘方三十二爲六率五乘方六十四爲七率六乘方一百二十八爲八率七乘方二百五十六爲九率八乘方五百一十二爲十率九乘方一千零二十四爲十一率十乘方二千零四十八爲十二率十一乘方四千零九十六爲末率卽十三率以首率一乘末率四千零九十六開平方而得七率六十四卽黄鐘求𧺆賓法以七率六十四乘首率一開平方得八爲四率卽𧺆

賓求南吕法也以首率一自之又以四率八乘之開立方得二率方邊二即南吕求應鐘法也若四率八自之再以首率一乘之開立方得三率四即南吕求無射法也其比例則首之於二猶二之於三二之於三猶三之於四依次至第十三率比例皆同或前隔一位隔二三位與後隔一位隔二三位比例亦同即各律求各次律法也書中未明言其立法之根又黄鐘正律倍律相乘開方有類句股求弦與方求斜二術自蕤賓求南吕法以下非

勾股法所能御而亦以勾股言之未免過於秘惜以塗人耳目耳江永著律呂闡微一書專解載堉之法永最深悉算術而猶不能得其立法之意餘可知矣

御定律呂正義五卷

康熙五十二年

聖祖仁皇帝御定律歷淵源之第三部也凡分三編上編二卷曰正律審音以發明黃鐘起數及縱長體積面冪周徑律呂損益之理管絃律度旋宮之法下

編二卷曰和聲定樂以明八音制器之要器各有圖有說而於各篇之中詳考古今之同異續編一卷曰協均度曲則取波爾都哈兒國人徐日升及壹大里呀國人德禮格所講聲律節奏證以經史所載律呂宮調諸法分配陰陽二均字譜亦有圖有說案造律之法必先累黍漢魏以後迄無定論尺既不定則黃鐘眞度亦無由得恭惟

聖祖仁皇帝天縱神明以縱橫二黍相較橫黍百粒適當縱黍八寸一分之限用四率比例推得古黃鐘九

寸爲今尺之七寸二分九釐其體積面冪周徑皆用密率乘除至爲精密此千古難明之絕學待

聖人而明者也又言樂者率宗司馬遷淮南子之說以三分損益之術誤爲管音五聲二變之次復執管子絃音五聲度分牽合於十二律呂之中故管律絃度俱不可得而明而陽律陰呂又錯互用之益滋訛謬不知律呂分用顯有周官六律合陽聲六呂合陰聲及國語六間之文可據而絃管之生聲取分各有不同絃度全半相應管音半律較全律則

下一音呂覽以三寸九分之管爲聲中黃鐘之宫即半太蔟合黃鐘之義若不問管絃全半之分而槪以三分損益所得之黃林太南姑應蕤爲七音又以半黃鐘爲淸宫失之遠矣至旋宫之法宫自爲宫調自爲調管子徵羽之數大於中國語宫逐羽音是其遺法故以宫主宫羽主調則當二變者不起調而與調首不合之徵音亦不起調一均凡羽宫商角四調七均凡二十八調至絃度自首音至第八音得六全分與管律之得全分者不同若

以律呂之分索之絃音則陰陽相雜聲隨度移卽隋志所云七聲之內三聲乖應者是也故但以絃音奏之而不和以管音亦止有宮商徵羽之四調而已凡此皆自來論樂家所昧昧者非

聖人心通制作之原烏能立均出度妙合造化有如是之精微廣大耶若夫播之聲器則和聲定樂論竹音以律呂相和而設孔琴以倍徵爲第一絃協均度曲論絃音淸濁二均遞轉合聲之法皆迥出昔人議論之外而一一莫不與經史所載相發明斯誠

聰明天亶度越千古者矣

御製律呂正義後編一百二十卷

乾隆十一年奉

勅撰律呂之書人各異說

聖祖仁皇帝累黍而得黃鐘眞度陰陽分用各加以一半律而成七音共爲淸濁一十四音又以管律絃度生聲取分各有不同明絃音不可以律呂之度取分凡所以定尺考度制器審音與夫五聲五變應和之原剖析微芒發千古未有之精義而樂器樂

章則尚未及釐定葢欲俟審比樂音之法具有成
書而後考證古今勒爲定制以徵大樂之明備也
我
皇上德藴中和業隆繼述凡太常之襲謬承譌者音節
篇章
親加釐定合則仍其故不合則易其詞更其調字櫛句
比盡美盡善爰
命廷臣詮次以成是編凡分十類曰祭祀樂曰朝會樂
曰宴饗樂曰導引樂曰行幸樂並詳其用樂節次

隨月旋宮之法而備及曲詞調譜佾數舞勢鼓拍疾徐之節次曰樂器考器各有圖圖各有說而

御製諸銘具載焉次曰樂制考溯自上古若雲門大卷以降迄於前明博採經義徧徵史志凡其制作命名之由因革損益之故靡不殫述次曰樂章考亦自上古迄明依類臚舉次曰度量權衡考制器定律之本也次曰樂問則設爲問答以窮竟其義而前人舊說可采者間亦附錄葢

御製律呂正義殫窮理數之蘊妙契聲氣之元者至是而

被諸金石形諸歌詠一一徵實用焉

神聖制作洵先後同揆矣至於首載歷奉

諭旨及館臣諸奏議積盈二卷於古今同異之辨名物

度數之詳並

指示是非考詢得失務協於伶倫榮猨之舊又豈皇祐

定樂但聽司馬光范純仁等盈庭聚訟莫能稱制

臨决者所可比擬萬一哉古者六經並重而樂無

專書漢魏而下歷代沿革之故具在史冊先儒殫

精推測究莫能以相一者一則尺度不同莫能定

黃鐘之眞數一則無制作之權而空談其理未能
實諧諸管絃也是編本
御製律呂正義正律審音和聲定樂之法而審訂源流驗
諸器數揚雄法言所謂羣言淆亂折諸
聖鄭氏禮記注所謂作禮樂者必
聖人在
天子之位也依永和聲之盛蔑以加於此矣

欽定詩經樂譜三十卷
乾隆五十三年奉

敕撰我
皇上啟六義不傳之秘示千秋大樂之原
特命
皇子暨樂部諸臣據文義以定宮商援古證今
親加指示而於永言之微旨
御定爲一字一音合於大音希聲之義並遵
御製律呂正義體例分列八音譜旋宮表字色各異而
聲律則同可謂盡美盡善足以識性情之正而建
中和之極矣考歌詩之見於史冊者漢宗廟樂用

登歌而猶仿清廟遺音晉正會樂奏於赫而不改
鹿鳴聲節則知古樂雖屢變而其音節不能盡變
也唐開元鄉飲樂雖不著宮譜而獨取一字一音
朱子蓋嘗言之豈非古有其法而不能用我
皇上深究其本而適合於古哉後世譜詩者明朱載堉
樂律全書所載關雎數篇琴瑟至用一字十六彈
皇上親命樂工按譜試之俱不成聲屢降
諭旨駁正之復撰樂律正俗一書以糾其誤又考嘉靖
十五年國子祭酒呂柟著詩樂圖譜共六集分為

六譜以教六館諸生而其譜專取黃鍾一調即朱載堉以笛合字爲宮聲之法也歌字不論平仄亦不取某字起某字止之例鐘磬止用黃大仲林南清黃六音而虛其十二不用琴瑟止用六絃蓋以意爲之不知而作者也且自周南至商頌僅八十餘譜烏足與語全詩之盛美

聖皇之作述哉總計原詩三百五篇增入

御製補笙詩六篇凡三百十一篇簫笛鐘琴瑟凡一千五百五十五譜云

古樂經傳五卷　左副都御史黄登賢家藏本

國朝李光地撰光地有周易觀彖已著錄是書取周禮大司樂以下二十官爲經以樂記爲之記又有附樂經附樂記統爲五卷樂經樂記爲光地所自訂其樂教樂用三篇則其孫清植以遺稿輯成者也樂經之最不易通者莫若大司樂一篇蓋賈公以後久失其傳鄭氏之注亦自隱奥難曉學者各爲之說遂至紛紜轇轕聚訟無休光地之論謂經文圜鐘爲宫當作黄鐘爲宫蓋即以黄鐘爲宫也

黄鐘爲角則黄鐘角調也其起調畢曲之律以姑洗太蔟爲徵則太蔟徵調也其起調畢曲之律以南吕姑洗爲羽則姑洗羽調也其起調畢曲之律以大吕據此則黄鐘爲角乃姑洗爲黄鐘之角太蔟爲徵乃南吕爲太蔟之徵姑洗爲羽乃大吕爲姑洗之羽經文似當云黄鐘之角太蔟之徵姑洗之羽不得云黄鐘爲角太蔟爲徵姑洗爲羽光地錯綜比附亦未免迂曲而不可通然其以上文祀天神四望所用之律爲證亦自有意義正不妨存

此一解以補前人所未備也其他立說亦多考核確當議論精詳蓋其究心此事用力甚深與一切師心臆度者固自有間矣

古樂書二卷浙江巡撫採進本

國朝應撝謙撰撝謙字嗣寅仁和人是書上卷論律呂本原大指本蔡氏新書而參以注疏及朱子之說下卷論樂器制度則本陳祥道禮書及李之藻頖宮禮樂疏者為多議論醇正考訂簡核頗得要領其間立說之未合者如六十聲圖以宮為最濁

之音謂十二律旋宮自黃鐘而下林鐘均則太姑二律爲陵宮南呂均則太姑㽔三律爲陵宮其意蓋以太姑二律長於林鐘之六寸太姑㽔三律長於南呂之五寸餘故應鐘爲最短之律應鐘均則徵商羽角四律皆爲陵宮也不知旋宮之法本於十二律之相生不以長短爲相生之次至長生短爲下生短生長爲上生不過以上下爲别非謂徵必短於宮商必短於徵也其失總由於宮爲最濁之一言而不知宮爲中聲故致此誤撝謙又謂古

八既云黃鐘九寸則其制度必加以寸而爲尺謂黃鐘九寸竟作一尺者固非謂黃鐘九寸止得八寸一分者亦非云云夫黃鐘九寸爲本造律度十分之九而折九寸爲一尺則横黍之度約九寸爲八寸一分則縱黍之度是云九寸與云一尺云八寸一分者非有異也撝謙强加分析尤屬未合然其他精審處亦往往足資考証如考工記鳧氏爲鐘兩欒謂之銑銑間謂之鼓鼓上謂之鉦鉦上謂之舞十分其銑去二以爲鉦以其鉦爲之銑間去

二分以爲鼓間以其鼓間爲之舞脩去二分以爲舞廣記文不言鉦間及鼓徑之度鄭注云鉦間亦當六故又云鉦六鼓六舞四此鐘口十者其長十六然鉦間鼓間既同方六而記又云大鐘十分其鼓間以其一爲之厚小鐘十分其鉦間以其一爲之厚則鼓間鉦間不得同度𢹂謙云鉦間與舞廣同爲四較之鄭注頗爲可通又銑間謂之于先儒皆無明訓𢹂謙作正體二圖則鼓間下段兩角之下垂者即銑間葢古之鐘制如鈴而不圓兩角相

距之中徑爲十分其自兩角至鼓間之長體爲八分至兩角相距之外體獨缺故鄭注鐘長十六不算銑間而又以于鼓征舞四名爲皆鐘體則銑間自有體長之度可知撝謙此二圖固爲最明晰也

聖諭樂本解說二卷 浙江巡撫採進本

國朝毛奇齡撰奇齡有仲氏易已著錄是書成於康熙三十一年五月擬進呈未果至三十八年三月聖祖仁皇帝南巡奇齡迎

駕於嘉興乃以是書恭進故卷首載三十五年一疏而卷末又有三十八年附記其書因大學士伊桑阿論樂原疏本於徑一圍三隔八相生之聖諭故推闡考證分條註釋其進書原疏稱合三書十三卷首為樂本解說一卷今此本乃分二卷蓋全書文義相屬本為一篇刊板之時乃以論徑一圍三者為前卷論隔八相生者為後卷取其條例明晰當迎

駕恭進之時即此刊本則仍奇齡所自分矣

皇言定聲錄八卷浙江巡撫採進本

國朝毛奇齡撰書內推本

聖祖仁皇帝論樂而自附其九聲七調之說合五聲及宮清商清角清徵清爲九聲合五聲及變宮變徵爲七調謂曲聲不用二變而器色以七調之色字應之故九聲爲聲七調爲調因又辨昔人以變宮在宮前變徵在徵前爲非而移二變於二正後蓋熟

於吹簫笛者翻宮換調以宮逐羽聲則羽爲宮而宮當商商當角角當徵徵當羽皆差一位故變宮本在羽後宮前者變而居宮後商前矣變徵本在角後徵前者變而居徵後羽前矣此今管色字所常用非奇齡以獨創得之者也其餘自行已意攻駁古人辭氣往往太過姑存之以備參考可矣

**竟山樂錄四卷**　浙江巡撫採進本

國朝毛奇齡撰是書據明寧王權唐樂笛色補爲準以四乙上尺工凡六字循環成七調如四爲領調

則乙爲變宮上爲商尺爲角工爲徵凡爲變徵六爲羽又除羽無淸聲置乙凡二字不用復從六而推高四爲宮淸高上爲商淸高尺爲角淸高工爲徵淸合之宮爲九聲葢簫笛色字譜及金元曲調其動盪曲折總不出此九聲之環轉伶官遞相授受稱爲唐樂之遺法奇齡遂據以解五音十二律還相爲宮以攻司馬遷律書蔡元定律呂新書之說欲舉古來所謂三分損益隔八相生者一切廢之倂伶州鳩所對亦斥爲妄言夫寧王笛色譜果

否爲唐人之舊未可知也即眞出唐人而唐之雅樂固未聞能與三代比乃執其優伶賸譜以定天地之元音舉漢氏以來諸儒授受去古未遠者悉指爲謬撰以事理似乎未然惟寧王譜今已不傳存錄是編俾唐以來教坊舊調金以來院本遺音猶有考焉亦技藝之一種也是書本奇齡所作而託於其父鏡所傳故題曰竟山樂錄竟山者鏡之字也末一卷爲采衣堂論學淺說十四條稱出自其兄仁和教諭萬齡而詞氣亦宛似奇齡無可佐

證亦姑妄聽之焉

李氏學樂錄二卷 浙江巡撫採進本

國朝李塨撰塨有周易傳注已著錄塨嘗學五音七聲十二律以器色相配之說於毛奇齡作宮調圖七調全圖及十二律旋相爲宮隔八相生合圖器色七聲還相爲宮隔八相生圖簫色下生上生圖五音七聲十二律器色七字爲七調還相爲宮隔八相生全圖六律正五音圖而皆爲之論其說主於四上尺工六五字除一領調字餘字自領調一

聲遞高又自領調一聲遞低圓轉爲用雖於黃鐘之宫所以爲律本者無所發明然亦可備一家之說是書本埽所編以皆述其聞於奇齡者奇齡又手定之故後人編入西河合集中而題奇齡之名於首然實非奇齡所自著趙汸春秋師說未嘗題黃澤之名古之例也故今改題埽名以不没其真焉

樂律表微八卷浙江巡撫採進本

國朝胡彦昇撰彦昇字竹軒德清人雍正庚戌進士

官定陶縣知縣是書凡度律二卷審音二卷製調二卷考器二卷多糾正古人之謬如謂十二律相生終於仲呂其復生黃鐘之清聲以爲仲呂之徵夷則之角者淮南所謂變宮生徵變徵生商變商生羽變羽生角變角生宮也其音由五音之變生非由仲呂之數生若欲由仲呂還生黃鐘則其數有所不足五音相生窮於角其又生變宮遞相生以至仲呂之爲角者淮南所謂角生姑洗姑洗生應鐘應鐘生蕤賓而七音備也其音由律生非由

角之數生若欲由角更生變宮再生變徵則其數
有所不盡故十二律相生不計餘數五音相生不
計變音其論甚正蓋旋宮之法清濁以漸而淸極
則反濁濁極則反淸亦一定之理仲呂爲宮其黃
淸之爲徵者在絃音則黃鐘之半音在管音則太
蔟之半音由絲竹之生聲取分各有不同但取高
下之相協不必計其數之損益者盡與不盡也必
欲數之適盡則京房之六十律亦有不盡之數矣
至錢樂之三百律杜佑之十二變律蔡西山之六

變律則又皆襲京房之謬說而失之者也古人之十二律旋宮最爲簡便即如琴之七絃每絃必有三準其音皆與全絃散音合簫笛六孔並出音孔爲七而四字高吹即五合字高吹即六此其聲之高下淸濁自然相應豈假於變律耶至於變宮變徵二音本皆在五音之外故以變目之今因仲呂以下之十律而皆如地形訓之說目以變宮變商恐黃鐘變律縱與變律有分亦必不能獨成一聲彥昇是論可謂精且審矣彥昇又謂荀勗十二笛

是古人遺法今但作黃鐘大吕二笛而十二畢具其法黃鐘笛用黃林太南姑應蕤七律大吕笛用大夷夾無仲黃林七律作大吕笛之法但以黃鐘笛相較其黃林二律之孔無所挪移餘四孔及出音孔皆下黃鐘笛半孔其七調除黃林二調相同外其大夾仲夷無五調合黃鐘笛之七調爲十二律調較古人之云六十調及八十四調者亦爲簡易可從在近代講樂諸家猶爲有所心得者也

律吕新論二卷　山東巡撫採進本

國朝江永撰永有周禮疑義舉要已著錄是編上卷首論蔡氏律書次論五聲次論黃鐘之宮次論黃鐘之長次論黃鐘之積次論十一律次論三分損益次論二變聲次論變律下卷首論琴次論四清聲次論旋宮次論樂調次論造律次論候氣次律呂餘論其大旨以琴音立說考古人皆以管定律漢京房始造爲均由十二律生六十律因而生三百六十律此用絃求聲之始永之說殆源於是然管音絃音其生聲取分微有不合故不免有所牽

合而其論黃鐘之積論宋儒算術之誤論律生於歷諸條皆能自出新意蓋律歷皆由算積故漢書併爲一志永深於算法故於律度能推其微渺也至於定黃鐘之宮則據蔡邕月令章句以校呂氏春秋之訛併糾漢志删削之誤辨損益相生以爲均勻截管則不致枉而不返亦能發前人所未發固亦可存備一家之學者矣

律呂闡微十卷兩江總督採進本

國朝江永撰是書引

聖祖仁皇帝論樂五條爲
皇言定聲一卷冠全書之首而
御製律呂正義五卷永實未之見故於西人五線六名八刑號三遲速多不能解其作書大旨則以明鄭世子載堉爲宗惟方圓周徑用密率起算則與之徵異載堉之書後人多未得其意或妄加評隲今考載堉命黃鐘爲一尺者假一尺以起勾股開方之率非於九寸之管有所益也其言黃鐘之律長九寸縱黍爲分之九寸也寸皆九分凡八十一分是

爲律本黃鐘之尺長十寸横黍爲分之十寸也寸皆十分凡百分正爲度母縱黍之律横黍之度名數雖異分劑實同語最明晰而昧者猶執九寸以辨之不亦惑乎考工記㮚氏爲量內方尺而圓其外則圓徑與方斜同數方求斜術與等邊勾股形求弦等今命內方一尺爲黃鐘之長則勾股皆爲一尺各自乘併之開方得弦爲內方之斜即外圓之徑亦即蕤賓倍律之率蓋方圓相函之理方之內圓必得外圓之半其外圓必得內圓之倍圓之

內方亦必得外方之半其外方亦必得內方之倍
今圓內方邊一尺其冪一百外方邊二尺其冪四
百若以內方邊一尺求斜則必置一尺自乘而倍
之以開方是方斜之冪二百得內方之倍外方之
半矣㽔賓倍律之冪得黃鐘正律之倍倍律之半
是以圓內方爲黃鐘正律之率外方爲黃鐘倍律
之率則方斜卽㽔賓倍律之率也於是以勾乘之
開平方得南呂倍律之率以勾股再乘之開立方
得應鐘倍律之率旣得應鐘則各律皆以黃鐘正

數十寸乘之爲實以應鐘倍數爲法除之即得其次律矣其以勾股乘除開方所得之律較舊律僅差毫釐而稍羸而左右相生可以解往而不返之疑且十二律周徑不同而半黃鐘與正黃鐘相應亦可以解同徑之黃鐘不與半黃鐘應而與半太蔟應之疑承於載堉之書疏通證明具有條理而以蕤賓倍律之率生夾鐘一法又能補原書所未備惟其於開平方得南呂之法知以四率比例解之而開立方得應鐘法則未能得其立法之根而

暢言之葢連比例四率之理一率自乘用四率再乘之與二率自乘再乘之數等今以黃正爲首率應倍爲二率無倍爲三率南倍爲四率則黃正自乘又以南倍乘之開立方即得二率爲應鐘倍律之率也其實載堉之意欲使仲呂返生黃鐘故以黃正爲首率黃倍爲末率依十二律長短之次列十三率則應鐘爲二率南呂爲四率甤賓爲七率也其乘除開平方立方等術皆連比例相求之理而特以方圓勾股之說隱其立法之根故永有所

不覺耳

琴旨二卷 兩江總督採進本

國朝王坦撰坦字吉途南通州人自來言琴律者其誤有五一在不明管子三因九開之法而以管音律呂定絃音一在不知以五聲二變明絃音之度分而以律呂分徽位一在不知管子一百八爲徵及白虎通離音尚徵之意泥於大不踰宮之說而以大絃爲宮一在不知三絃爲宮而以一絃十徽爲仲呂一在據正宮一調論律呂謂隋廢旋宮止

存黃鐘一均而不知五聲旋宮轉調之全惟
御製律呂正義一書考定詳明發古人所未發坦作是書
一一本正義之旨而反復推闡其五聲數論琴說
謂絲樂絃音其體本實當以五聲之數定其絲綸
多寡之數爲之體徽分疎密之數爲之用不可以
黃鐘九寸大蔟八寸爲準蓋管音全半不相應絃
音全半相應以管律與徽分較之欲取其聲之同
則其分不同欲取其分之同則其聲不同即正義
以五聲二變定絃音之度及管音絃音全半應聲

不同二篇之旨也其釋黃鐘均以仲呂為角之疑說謂一絃全度散聲為林鐘徵則十徽乃黃鐘宮位故應三絃散聲如以一絃全度散聲為黃鐘則十徽乃仲呂之位不能應三絃之姑洗角卽正義絲音尚徵一絃非宮之義也其三絃獨下一徽說謂十分之徽為全度四分之三宮聲三絃之全度八十一分三因之則為二百四十三以二百四十三而四分之則六十零七五為十徽之分而五絃之全度則為角聲六十四之分必按三絃六十四

之分姊與之應故在十一徽其五絃獨上半徽說謂五聲以倍半取應凡九徽之分為全度三分之二其聲為本絃相生之聲五絃角聲角生變宮其三絃為宮聲故不能與九徽變宮聲變而必在上半徽即正義宮聲三絃之角位在十一徽與角絃之宮位在八徽九徽正中之義也其泛音四準說謂全絃以七徽為界自七徽上至岳山得聲之清所出五聲二變度分之聲與實音相應八徽至十三徽得聲之濁泛音不與實音相應乃從焦尾至

各嶽而出其旋宮轉調說謂角調之角絃緊一聲而爲宮聲卽爲旋宮角既爲宮則宮轉徵徵轉商商轉羽羽轉角皆以次而移於正義諸圖說尤能精思闡發在近時言琴諸家可謂不失其宗者矣

右樂類二十二部四百八十二卷皆文淵閣著錄

案天文樂律皆積數之學也天文漸推漸密前不及後樂律則愈久愈失後終不得及前蓋天文有象可測樂律無器可憑也宋儒不得其器因遁辭於言樂理又遁辭於言樂本

夫樂生於人心之和而根於君德之盛此樂理樂本也備是二者莫過堯舜而后夔所典尚規規於聲音器數何哉無聲音器數則樂本樂理無所附使十二律之長短不揆陰陽八音之宮調不分亢墜雖奏諸唐虞之廷知其不能成聲也泛談樂本樂理豈非大言寡當歟今所採錄多以發明律呂者爲主蓋制作之精以徵諸實用爲貴焉耳

欽定四庫全書總目

經部

卷三十九之四十

欽定四庫全書總目卷三十九

經部三十九

樂類存目

雅樂發微八卷兩淮馬裕家藏本

明張敔撰考明有兩張敔其一字伯起合肥人永樂中貢入太學除廣東道監察御史官至陝西按察使僉事所著有京氏易考見朱彝尊經義考此張敔饒州人朱載堉律呂精義第五卷中載有其名又明史陸粲傳載粲劾張璁桂萼疏有禮部員

外郎張敔假律歷而緒知之語與此書亦相合蓋即其人也敔論樂大旨以人聲最低者命爲黃鐘其最高者爲應鐘之變宮是書自元聲正半律諸法以逮樂器樂歌懸圖舞表分門畢具後又作雅義三卷附之六十律八十四調十六鐘以及累黍生尺之法無不悉究其序謂論琴律本之朱子論笛制本之杜夔論旋宮本之周禮論鐘鎛本之國語於樂制頗有考証然如論甤賓生大呂主呂覽淮南子上生之說不知律呂相生定法上生與下

生相間故左旋與右旋相乘今應鍾既上生㽔賓而㽔賓又上生大呂與上下相生之序極爲錯迕乃先儒已廢之論殊不足據也

大樂律呂元聲六卷附律呂考注四卷兩淮鹽政採進本

明李文利撰文利字乾遂號兩山莆田人成化庚子舉人官思南府教授是書據呂氏春秋黃鍾長三寸九分之說駁司馬遷黃鍾長九寸之誤明史藝文志又載黃積慶作樂律管見二卷駁文利之誤考呂氏春秋仲夏適音篇言黃帝令伶倫自大

夏之西阮隃之陰取竹嶰溪之谷空竅厚勻者斷兩節間其長三寸九分而吹之以爲黃鐘之宮曰含少次制十一筒以聽鳳凰之鳴以别十二律其雄鳴爲六雌鳴亦六以比黃鐘之宮而皆可以生之故曰黃鐘之宮律吕之本其季夏六月紀又曰黃鐘生林鐘林鐘生太蔟太蔟生南吕南吕生姑洗姑洗生應鐘應鐘生蕤賓蕤賓生大吕大吕生夷則夷則生夾鐘夾鐘生無射無射生仲吕三分所生益之一分以上生三分所生去其一分以下

生黃鐘大吕太蔟夾鐘姑洗仲吕蕤賔爲上林鐘
夷則南吕無射應鐘爲下是其損益相生與史記
同也假令以三寸九分爲黃鐘而如其上下相生
之法而三分損益之至於應鐘止長一寸八分四
釐有奇何以成聲耶又按吳韋昭注國語曰黃鐘
陽之變言陽氣變而爲黃鐘耳猶漢志云黃鐘爲
乾之初九也與蕤賔無與也其言黃鐘爲管長九
寸徑三分圍九分而又舉蕤賔成數云管長六寸
三分所以分别黃鐘蕤賔者尋文按數甚爲明了

其不以九寸本蕤賓之律而爲黃鐘之變者亦甚明矣至呂覽先言三寸九分爲黃鐘之宮又云次制十二筒以比黃鐘之宮而皆可以生之則黃鐘之宮非卽黃鐘與月令云六月律中黃鐘之宮十一月律中黃鐘者正同也文利誤解呂覽韋昭之意而堅執三寸九分爲黃鐘并以黃鐘之九寸爲蕤賓不亦舛乎至於以三寸九分起數循環升降自大呂以至蕤賓五陽辰皆以陽升而進九分惟黃鐘陽氣尚微故止進六分自林鐘以至黃鐘五

陰辰皆以陰降而退九分惟林鐘陰氣未盛故止退六分夫陰陽進退皆由馴致或多或少以漸而加不得進退先以六分而後驟增至九分也又五聲生數次第宮五十商八十角九十徵七十羽六十多少之數毫無法象又云變宮五十變徵七十二變與正律同數尤不可解也其六十調圖雖本律吕新書改其次序以從左旋而每五調之後又列一宮與大司樂奏歌之說相附其雙宮對調圖則止據奏歌二律分配之更為牽強矣

六樂說 無卷數 江蘇巡撫採進本

明劉績撰績有三禮圖說已著錄此其論樂之書也前有自序謂蔡氏律呂新書不合者多因以古義求已亡之器以古器推未言之義作爲此書然持論偏執且多踈畧如云七音漢以前但謂之和繆不能立名又云天地自然之聲每律有極清聲清多濁少聲五聲未盡故又生變徵極清變商清多濁少以盡之而不取先儒變宮之說夫變宮之說漢以前固無有矣若變商之說則淮南以後亦

無有也斯亦杜撰之甚者矣又云凡字能調爲他字者爲陰聲不能調爲他字者爲陽聲如黄陽荒陰之類按字分陰陽自周德清中原音韻以聲之高下論之非謂其能調他聲否也以字母言之則見有陰無陽疑有陽無陰卽純清純濁字也見之陽疑之陰雖有聲而無其字溪羣二母則卽一聲而溪陰羣陽自爲清濁劉氏所言於音韻殊爲隔閡至於鐘磬等制多據博古圖以變亂古人舊說尤不可訓矣

古樂經傳三卷 兩淮鹽政採進本

明湛若水撰若水有二禮經傳測已著錄是書補樂經一篇若水所擬古樂正傳十篇則錄其門人呂懷之書古樂本傳一篇卽樂記原文別傳一篇皆周禮所言樂事雜傳一篇律傳一篇則雜採孟子以下及歷代論樂語也其大旨以論度數爲主以論義理爲後故以已所作者反謂之經而樂記以下古經反謂之傳然古之度數其器率已不可知非聖人聲律身度者何由於百世之下闇與古

合而用以播諸金石管絃之器若水遽定爲經未
免自信之過矣

樂律纂要一卷 兩淮馬裕家藏本

明季本撰本有易學四同已著錄是書凡十三篇
其論聲氣之源欲舍古尺而治以耳亦不甚取候
氣之法其論律管圍徑頗以祖冲之密率疑胡瑗
三分四釐六毫有奇之說其論黃鐘生十一律以
蕤賓生大呂非本法其論十二律寸法以六變律
補鐘律解之闕其論正變倍半駁但用四清聲之

非其論五聲相生不取沈括筆談論二變聲不取杜佑通典後附趙彥肅所傳開元詩譜十二章則舊文也本承姚江之學派其持論務欲掃滌舊文獨標心得至於論禮論樂亦皆自出新裁一知半解雖不無可取而大致不根於古義觀其自序亦言無所師承以意考究而得之也

蔡氏律同二卷　浙江吳玉墀家藏本

明蔡宗兖撰宗兖字我齋山陰人正德丁丑進士官興化府教授是書以本性稽數候氣三篇爲上

卷以文聲協律制器正度量權四篇爲下卷其稽數所据史記生鍾分演爲圖說皆人所同有其以古人半律當元定蔡氏變律不如仍古人之名爲是其謂變律之不必增設亦似有所見而未盡其奧文聲一篇不用二變古亦有此論驗之於今南曲如此北曲則必有二變矣皆其宮調之乙凡二字也至謂五聲則有二變如樓之梯堂之階則殊未協又以疊字散聲之說而當二變則益不合矣制器篇皆古人樂書中所有而漏畧未全正度量

權篇亦律呂新書之舊文其候氣之說尤拘泥而不驗者也協律篇牽引四聲究古人歌法不知近起水磨腔乃斤斤於此前人以平上去入配宮商角徵羽分爲舌居中口開張等說實於五聲無與不可混并爲一宗堯雖小變其意然以公隆麻禾等韻配十二律則亦尚沿誤耳

樂律舉要一卷編修程晉芳家藏本

明韓邦奇撰邦奇有易學啓蒙意見已著錄此書爲曹溶學海類篇所載核校其文乃從邦奇苑洛

志樂中摘錄十餘條爲立此名也

樂經元義八卷 直隸總督採進本

明劉濂撰濂有易象解已著錄是書第一卷曰律呂篇二卷曰八音篇三卷曰萬舞篇四卷至七卷曰古詩音調篇八卷曰微言篇其論律呂也專駁樂記與周禮大司樂其論音調也謂三百篇之中宮商近雅徵羽近淫每篇每章分出某宮某律又於其中分列有和有亂其論頌又極駁圜鐘函鐘大都自任臆見無所師承前有嘉靖二十九年自

序稱上下數千年閱歷聖哲不知凡幾皆見不及此亦傎之甚矣

樂典三十六卷（副都御史黃登賢家藏本）

明黃佐撰佐有泰泉鄉禮已著錄是編自一卷至十二卷爲樂均自十三卷至二十一卷爲樂義自二十二卷至二十四卷爲大司樂義自二十五卷至三十五卷爲樂記三十六卷爲詩樂其所重者則尤在樂均其言律呂之數以爲每律虛三分吹口黃鐘之管其數七十八半之爲含少以求合於

呂氏春秋黃鐘之宫三寸九分之說又引史記律書黃鐘大蔟姑洗林鐘南呂五律之數以爲虚三分之證不知律書中諸七分字皆爲十分字之譌司馬貞索隱已辨之而三寸九分亦爲四寸五分之譌近時江永律呂闡微辨之尤詳佐據此誤本爲宗故其說愈推愈謬又古者吹律本爲無孔之管後乃一律一呂各爲一聲每管設孔備五聲二變之數兼旋宫换調之法佐乃疑爲無孔之管氣從下洩欲每管設孔以爲律始亦殊臆撰至於解

釋經義往往支離若解大司樂奏黃鐘歌大呂舞雲門以祀天神謂黃鐘七變蕤賓爲繆羽應合大呂大呂七變函鐘爲繆羽應合太蔟其圖列黃鐘大呂各正聲三調變聲九調合爲十二調然謂正聲第一調七聲俱備第二調則有變宮而無變徵第三調則變宮變徵全無至變聲第六調則自宮至羽并無角音第七調則自宮至商并無羽音第八調則自宮至徵并無商音第九調則惟宮之一聲夫天下安有一聲而可列爲一調者乎徒爲異

說而已明史本傳載佐自稱此書洩造化之秘殆不然乎

琴瑟譜三卷 浙江巡撫採進本

明汪浩然撰浩然始末未詳自稱廣東瓊州府正樂生員殆樂生也第一卷言琴瑟之制以及圖說指法下二卷則各分諸調浩然能協琴瑟之聲爲八音嘗譜大成樂奏之廣州學宮湛若水嘗爲作記其自序謂與其子合作之蓋專門世業故言之特詳耳

八音摘要二卷 兩淮鹽政採進本

明汪浩然撰是書凡二十五目上卷自歷代樂議旋相爲宮議以下爲十五目下卷分列八音及舞圖歌譜爲十目大抵摭拾舊論如制氏之記其鏗鏘而已

律呂新書分註圖算十三卷 安徽巡撫採進本

明許珍撰珍字時聘號靜菴天長人卷首葉良佩序有掌教吾庠之語據太學題名碑良珮嘉靖癸未進士浙江太平人則珍乃太平學官也是編以

蔡氏律呂新書分前後二卷前爲律呂本原後爲證辨前後隔越不便初學乃以後卷證辨分入前卷各章之末又取性理大全三註集覽補註諸書分疏於前章各段之下以便觀覽大抵依文爲訓無所發明

簫韶考逸二卷 浙江巡撫採進本

明呂懷撰懷有周易卦變圖傳已著錄懷律呂之學受之於湛若水若水嘗採所論入古樂經傳中是書則又懷與其門人胡來輩問答而作也其說

以黃大太夾姑仲蕤林夷九均爲韶之九成雜引五行納音以相配合其論韶舞則仿周八四表之制以黃林太夾南姑應蕤夷爲九成其論樂器則據風俗通笙柷鼓簫瑟塤鐘磬爲八音之器卷末又雜錄問答之語所載十二律積數繁衍無當又以陰陽術數之說附會其間益雜糅矣

律呂古義三卷（兩淮鹽政採進本）

明呂懷撰此編前載總序後列七圖分律本律變候氣納音等門並載雜說內外篇及答問數條其

中心統之說頗近釋氏所論亦時多牽合未能得律呂之本也

律呂分解二卷律呂發明二卷浙江巡撫採進本

明孫應鼇撰應鼇有淮海易談已著錄是書考辨律呂多出臆斷如旋宮之法以十二律相生爲次每調用五聲二變止得七聲如通計一均五調所用之七律則三十五聲祇十一律今以黃鐘一均言之自黃鐘而上用夷則夾鐘無射仲呂四律自黃鐘而下用林鐘太蔟南呂姑洗應鐘蕤賓六律

併黃鐘爲十一律其不用大呂者以旋宫之法所不及也應鼇不解其義乃云大呂助黃鐘宣氣后妃之象地道無成而代有終故虚而不用穿鑿殊甚其算漢斛銘文之徑尤爲踈舛嘉量方尺圖其外方斜卽圓徑也方求斜術以方尺自乘倍之開方得斜卽以之爲圓徑用祖氏密率得圓周乃不易之法今應鼇以徑一圍三最踈之率起算命斜徑爲一尺四寸有奇周四尺二寸是以開方乘除所得之數無一不謬與祖氏所有徑一一四周三

五五客率相去殊遠乃自云依祖氏布算何也況即以徑一圍三論之則斜徑一尺四寸有奇者周亦不止於四尺二寸總之根柢不明故無往而不牴牾也

舞志十二卷 浙江鮑士恭家藏本

明張敉撰敉初名獻翼有讀易紀聞已著錄是書凡十二篇一曰舞容二曰舞位三曰舞器四曰舞服五曰舞八六曰舞序七曰舞名八曰舞音九曰舞什十曰舞述十一曰舞議十二曰舞例大旨以

韓邦奇志樂爲本而雜引史傳以暢其旨頗爲詳備然多闌入後世俗樂未免雅鄭雜糅至援山海經刑天舞干戚之類以証古義尤爲貪多嗜奇擇焉不精矣

**李氏樂書十九卷** 山東巡撫採進本

明李文察撰文察里貫未詳嘉靖十七年官遼州同知時表進此書於朝授太常寺典簿其書凡古樂筌蹄九卷律呂新書補注一卷青宮樂調三卷典樂要論三卷樂記補說一卷四聖圖解二卷文

寮生平所學具見於古學筌蹄大旨本史記律書與周官大司樂職文而自爲之說律書生鐘術上九商八羽七角六宫五徵九置一而九三之以爲法實如法得長一寸凡得九寸命曰黄鐘之宫文寮解之曰上九者以九爲尙尺取九寸取九分去十而存九之謂也以下八七六五九之數皆自酉而定蓋酉爲寸法其位當乎十也商八太蔟爲商居寅自寅數酉當八羽七南吕爲羽居酉酉衝在卯自卯數酉當七角六姑洗爲角居辰自辰數

酉當六宮五黃鐘爲宮居子自子數酉當十十者二其五也是亦五焉徵九林鐘爲徵居未未衡在丑自丑數酉當九今以其言考之酉爲寸法而位居十已與上九之義不合八七六五九之數羽酉徵未皆取衡位雖可以六陽當位自得六陰則居其衡解之而自宮子至酉實爲十數不得云宮五乃云十者二其五也勉强牽合莫此爲甚六十調圖率以羽聲起調如黃鐘宮起南呂黃鐘徵起姑洗黃鐘商起應鐘黃鐘羽起甤賓黃鐘角起大呂

之類皆以羽聲數至黃鐘而止以合宮五徵九商八羽七角六之數今以黃鐘言之黃鐘林鐘太蔟南呂姑洗應鐘蕤賓七律即宮徵商羽角變宮變徵一均之數黃鐘爲宮則七律自蕤賓止矣文察不用黃鐘林鐘太蔟三律而以其南呂羽起調至蕤賓以下乃取大呂夷則夾鐘無射仲呂黃鐘六律繼之共得十聲而合宮五之數大呂夷則等律於黃鐘宮不相干涉而第十聲之黃鐘亦非黃鐘爲宮之原律至黃鐘徵調林鐘爲宮七律以林鐘

太蔟南吕姑洗應鍾蕤賓大吕爲次文祭不用林鍾太蔟南吕三律而以其姑洗羽起調至大吕下取夷則夾鍾無射仲吕黄鍾五律繼之共得九聲以合徵九之數其謬與黄鍾宫同而更有甚者黄鍾宫雖不用黄鍾本律而有第十聲之變律猶可言也黄鍾徵調以林鍾徵爲宫今棄之不用而自姑洗至黄鍾九聲並無林鍾之律得命之爲宫而仍名之爲黄鍾徵是名實錯亂也大司樂三大祀樂天神之樂文祭以黄鍾林鍾太蔟南吕姑洗應

鐘蕤賓大呂夷則夾鐘順行爲十奏之次大呂蕤賓應鐘姑洗南呂太蔟林鐘黃鐘仲呂無射逆行爲十歌之次姑洗應鐘蕤賓大呂夷則夾鐘爲六變之次六變之樂夾鐘爲宮則黃鐘爲羽起聲在羽之羽則爲南呂故一變姑洗至六變仍得夾鐘合南呂六變數之則羽七也夫經文明言黃鐘爲角太蔟爲徵文察因其不合則云黃鐘乃夾鐘羽在第九奏爲夷則之角太蔟乃夾鐘變宮在第二奏爲林鐘之徵至姑洗爲羽萬不得通乃云姑洗

在夾鐘前一位乃黃鐘之角黃鐘乃夾鐘之羽其氣相關在第三奏爲林鐘之羽夫六十調八十四聲旋宮之法每一律皆含五聲二變特以宮調不同其律之爲其聲乃一定之次而不相假借若彼此移易而仍不可通亦徒爲好異而已矣其律呂新書補注青宮樂調與樂要論三書大旨不出乎此樂記補記因陳澔之注而補之以發明禮先樂後之旨不及於器數四聖圖解上卷四圖一爲伏羲先天卦圖一爲文王後天卦圖一爲夏禹九疇

圖一爲箕子洪範圖下卷四圖一曰用保聖躬二曰用明聖心三曰用一聖動四曰用直聖政更一字不及於樂據其自序欲以德政爲作樂之本也然當世宗學仙之日而引蔡沈之說稱老彭得之以養身云云毋亦欲希時好乎

雅樂考二十卷兩淮鹽政採進本

明韋焕撰焕常熟人嘉靖中官福建仙游縣教諭是書雜引前代論樂之事抄撮成編前三卷題曰經書皆引六經言樂之文論語孟子亦皆詳載而

左傳惟引初獻六羽季札來聘二條儀禮則不錄一字四卷題曰諸子自太公六韜以至莊子列子皆取一二條五卷爲五聲六卷七卷爲六律八卷九卷爲律制十卷至十二卷爲八音十三卷至十六卷爲樂制皆剽剟習見之言十七卷至末皆明之樂章併教坊曲令亦載焉全書無所發明惟六羽條下稱祀孔子當增武舞耳

律呂正聲六十卷 內府藏本

明王邦直撰邦直字子魚即墨人李維禎序以爲

曾官鹽山縣縣丞林增志序則以爲鉛山縣縣丞二序同時自相矛盾考明世宗實錄實作鹽山則增志序誤也其書以卦氣定律呂推步準之太元經分寸準之呂覽故大旨主李文利黄鐘三寸九分之說而獨糾其誤以左律爲右律又以三分損一隔八相生截然兩法而力辨古來牽合爲一之非援引浩繁其說甚辨自漢司馬遷至明韓邦奇諸家皆有節取而無一家當其意蓋邦直當嘉靖間上書論時政坐是閒廢閉戸二十年乃成此書

王士禎池北偶談記萬歷甲午詔修國史翰林周如砥嘗上其書於史館蓋亦篤志研思之作然維禎序述其欲比孔子自衞反魯使雅頌得所抑直自序亦稱千載之謬可革往聖之絶學不患於無繼則未免過夸矣

律呂正論四卷浙江巡撫採進本

明朱載堉撰是書掃除古法自生新意謂史記稱黃鐘八寸十分一乃約十分爲寸管子稱九九以是生黃鐘乃約九分爲寸自京房劉歆始以九寸

爲九十分以空圍相乘得八百一十分宋蔡元定
祖之其說皆謬因創爲縱黍斜黍橫黍三等尺圖
謂元定誤以斜黍之積爲橫黍之積故諸律尺度
皆謬於是每律長短皆列三等新法以糾其失又
以密術推內外周徑面冪及積實而終之以琴律
圖譜大抵皆掊擊前人之說也以載堉所撰律呂
精義與是書相考是書大呂橫黍長九寸四分三
釐九毫而律呂精義則載大呂橫黍律長九寸四
分三釐八毫七絲四忽三微一纖是書太蔟橫黍

律長八寸九分一釐九毫而律呂精義載太蔟横黍律長八寸九分一釐八毫九絲八忽七微一纖是書夾鐘横黍律長八寸四分一釐九毫而律呂精義夾鐘横黍律長八寸四分一釐八毫九絲六忽四微一纖其餘絲毫以下收零作整者甚多蓋此書爲載堉草剏之本而律呂精義後出其算術與年俱進故得數不同也

律呂質疑辨惑無卷數　浙江巡撫採進本

舊本題曰句曲山人伯勤甫撰伯勤者明鄭世子

載堉字也書中有云律呂精義內篇備載各律內外周徑面冪積實乘除算術已詳今恐文煩故不細解只將倍正半三十六律內外徑數開如左蓋載堉既爲律呂精義又爲此書以約其義也其說謂前漢志度本起於黃鐘之長黃鐘之長便是一尺若外加一寸然後成尺則不可謂度本起於黃鐘之長矣故全書俱從黃鐘長一尺立算與所謂律呂精義及正論互相闡發千頃堂書目不著錄蓋未之見今抄本附於律呂正論之後而以王所

用律呂正論序冠於卷端則二書一時傳寫裝潢者誤移也

樂經以俟錄無卷數兩江總督採進本

明瞿九思撰九思有春秋以俟錄已著錄是編首以十二律衍爲十二月令摹仿禮記之文頗爲蕪雜其解用宮逐羽而清角生引商刻羽而流徵成以爲凡樂調每均自下而上初律謂之宮次二謂之商次三謂之角次四謂之徵次五謂之羽則五乃羽位非宮與商之位因下宮居於羽調之羽位

似乎以宮逐羽而宮下間一之陽律即是角故曰用宮逐羽而清角生以下商居於羽調之羽位似乎引商刻羽而商下間一之陰律即是徵故曰引商刻羽而流徵成云云按下宮之名見國語伶州鳩所論七律下商之名則亘古未聞殆由九思杜撰又以四清爲清宮清商清角清徵如商調之數少宮調之數多則宮調謂之正宮宮調之數少而商調之數多則宮調謂之下宮其法以宮與商相較商與角相較角徵徵羽莫不皆然惟羽居五調

之末更無他調相較以知其孰爲正羽孰爲清羽然宮商商角角徵徵羽既以次相較羽調獨不可與宮相較乎且古人有少羽繆羽清羽諸說管子又有倍羽之律九思不知凡一律皆有正倍半三聲遂謂羽無清調誤矣又論蔡元定旋相爲宮圖黃律雖在黃鐘宮調之首而黃律不在黃鐘羽調之末不得謂之以黃鐘起調畢曲按樂律始終條理出於自然起調畢曲必用本律本屬臆度蔡元定以黃太姑蕤林南應爲黃律宮者乃合五聲二

變而計之黃鐘既在一均之內自可以爲起調畢
曲九思乃分十二律爲五段每調止用五聲而其
所用者乃長短大小之次非相生之律已屬乖舛
又謂一均以十二律周而復始不知五聲二變可
以該括萬聲亦爲淺陋至謂十二律之黃大太夾
等字卽爲切脚尤不知而作矣

律呂解注二卷 浙江汪啟淑家藏本

明鄧文憲撰文憲號念齋新會人官晉江縣教諭
是書成於萬歷癸未全錄律呂新書舊注所自爲

詮解者殊不及十之一至蔡書六十調一圖於旋宮之法已爲賅備文憲又每調各爲一圖附於蔡圖之後尤徒爲繁碎矣

樂經集注二卷 山東巡撫採進本

明張鳳翔撰鳳翔有禮經集註已著錄是書取春官大司樂以下二十官爲樂經謂漢竇公獻古樂經文與大司樂合是其明證今以所述二十官之義證之註疏多相符合惟大司樂一官序樂制最詳而文亦最奧鄭註圜鐘爲宮以下文謂天宮夾

鐘陰聲其相生從陽數其陽無射無射上生中呂中呂與地宮同位不用中呂上生黃鐘黃鐘下生林鐘林鐘地宮又不用林鐘上生太蔟太蔟下生南呂南呂與無射同位又不用南呂上生姑洗其林鐘爲宮黃鐘爲宮相生之例亦然其義頗奧故宋元人多不從是書於此類要義多未發明徒事牽衍文句殊無足深取

大樂嘉成一卷 浙江巡撫採進本

明袁應兆撰應兆字瑜石江寧人崇禎中舉人官

休寧縣教諭明自洪武二十六年頒大成雅樂於天下令學宮依式制造然奉行者或舉或不舉其舉者或久而廢故明之季年休寧學尚不備樂應兆乃與知縣王佐考核定制編爲此書實明一代享祭先師之樂譜非一縣之樂譜也

古樂義十二卷湖南巡撫採進本

明邵儲撰儲此書明史藝文志不著錄書中考辨節樂尤詳大槩據虞書戛擊鳴球搏拊琴瑟以詠爲堂上之樂合止柷敔笙鏞以間爲堂下之樂篇

韶九成爲樂之始終節奏又據漢志樂歌九德顏師古注九功之德皆可歌也之語以水火金木土穀惟修至勸之以九歌俾勿壞自天敘有典至政事懋哉懋哉自庶頑讒說至於否則威之自股肱喜哉至百工熙哉自元首明哉至庶事康哉爲九德之歌據舞蹈宣八風之氣及文始五行舞諸說推之爲九韶之舞不知經傳所云韶樂本寥寥數語毫無聲律器數可推而儲乃敷衍之以爲當時韶樂如是其勉强附會自不待言至其論十二律

皆具正管正聲子管子聲爲二十四律其十律衍唱之法如黃鐘宫衍唱以黃林太南姑應爲一均應蕤大夷夾爲一均皆用正管無仲黃林太一均四律皆用正管獨黃鐘用子管南姑應蕤太一均獨大吕用子管不知聲音之道高下以漸諸高之中而忽雜一下或諸下之中而忽雜一高則律不成律歌不成歌矣是於尋常聲音之道尚未能辨也

大成樂律一卷山東巡撫採進本

國朝孔貞瑄撰貞瑄字璧六號歷洲晚號聊叟曲阜人順治庚子舉人官大姚縣知縣是編乃貞瑄為濟南教授時作推洞簫七調以明三分損益上生下生之旨尤詳於琴瑟譜其節奏大概本之闕里廟中其辨鄭世子瑟以合宮命之别於旋宮之說有五不可通頗多訂正然謂樂亡而求諸俗至以箏為瑟之遺制未免亂鄭聲於雅樂矣

律呂新書衍義一卷 浙江巡撫採進本

國朝呂夏音撰夏音字大昭新昌人雍正丙午舉人

官知縣是編取蔡元定之書更爲推闡凡爲說五圖六圖後又合附以論及歌訣其論律呂相生之次與元定頗有異同元定謂六律在子寅辰午申戌六陽辰者皆損而下生六呂在丑卯巳未酉亥六陰辰者皆益而上生至蕤賓生大呂損而下生其管只四寸一分八釐三毫夷則生夾鐘損而下生其管只三寸六分六釐三毫無射生仲呂損而下生其管只三寸二分八釐六毫於是謂三呂在陰無所增損三呂在陽則用倍數使與十二月之

氣相應夏音不從專主呂氏春秋及淮南子之說謂自子至巳前六辰爲陽皆下生下生則損自午至亥後六辰爲陰皆上生上生則益子之生未一陽生二陰未之生寅二陰生三陽寅之生酉三陽生四陰酉之生辰四陰生五陽辰之生亥五陽生六陰午之生丑一陰生二陽丑之生申二陽生三陰申之生卯三陰生四陽卯之生戌四陽生五陰戌之生巳五陰生六陽自矜其說爲前人未發然應鐘生蕤賓以亥之六陰生午之一陰與陰陽相

生之例不合則終未若元定之書深有合於司馬

遷班固諸家古法也

律呂圖說九卷陝西巡撫採進本

國朝王建常撰建常字仲復渭南人是書成於康熙

戊辰自謂殫四十餘年之功大抵依蔡氏律呂新

書次第爲之圖說尤力申候氣之法歷引隋志及

明人韓邦奇王邦直之說爲之發明案候氣之說

雖詳具於續漢志然隋開皇九年高祖遣毛爽蔡

子元候氣於普明寺其法已不能應其事具詳隋

志卽蔡氏所謂多截管以求黃鐘者亦究未之能得建常所論亦泥古而不知變通者矣末有王宏撰後序歷稱黃宗羲梅文鼎毛奇齡諸家以爲與建常此書皆不合其惑滋甚安得聚諸人於一堂窮其本而究其變則亦深有微詞矣

**鍾律陳數一卷** 兩江總督採進本

國朝顧陳垿撰陳垿字玉停太倉人康熙己酉舉人官行人司行人自孟康韋昭皆有黃鐘管徑三分圍九分之說算家以其周徑相求之率於術最疏

久廢不用陳埩仍本舊說以徑三分爲生律之數又云即九爲寸律之九度之十也取徑之三十因九歸得三分又三分分之一爲律生之度黃鍾管徑三分又三分分之一以九還原即三周十分又三百三十九分分之一十六以九還原爲九分又一百一十三分之四十八則是徑九分者乃虛立之率而非實數其說與蔡氏約十爲九之論合然圍九之率終爲疎舛即陳埩究不能强解也隋書律志載祖冲之密率徑一百一十三周三百三十

五陳埒用此率以算周徑較徑三圍九之法爲密如以新率四率比例推之徑一爲一率周三一四一五九二六五爲二率徑一百一十三爲三率推得四率之周爲三五五九九九九六九四五比祖氏三五五密率尾數尚多八位又陳埒所未知矣

樂經內編二十卷 江蘇巡撫採進本

國朝張宣猷撰雜採諸經書言樂之文排纂成書無所考正自序又稱採諸史者謂之外編今外編未見非完書也

律呂新書註三卷河南巡撫採進本

國朝周模撰模儀封人是書成於雍正甲辰所註皆依文訓義惟於魯齋彭氏所算黃鐘圍徑字畫訛舛者能訂正其失耳自序云不得黃鐘則十一律無由而正然不究黃鐘之眞度而徒以在聲爲中聲在氣爲中氣在人爲喜怒哀樂未發與發而中節等理語解之此所謂言之可聽而用之無當者也

賡和錄二卷廣東巡撫採進本

國朝何夢瑤撰夢瑤字報之南海人雍正庚戌進士是書恭錄
聖祖仁皇帝律呂正義爲述要上下二卷又以所纂蔡氏律呂新書訓釋曹庭棟琴學纂要附入下卷謹案正義所論琴律據管子白虎通諸書以大絃爲倍徵三絃爲宮與諸家云一絃爲宮者迥異蔡曹二
書尚仍舊說夢瑤依文訓釋尚未能推闡
御製之精微以糾正流傳之舛誤也

易律通解八卷 浙江巡撫採進本

國朝沈光邦撰光邦臨海人雍正中官中書舍人易道陰陽律吕亦本陰陽易爲天地自然之數律吕亦本天地自然之數故推而衍之其理可以相通然易不爲律作律亦不爲易作無容牽合而一之也是書引律以合易以天地五十有五之數畫爲三角圖與算家開方廉率立成之法相類所用過揲之數以九八不以九六策數以五十五不以五十於經義頗多牴牾至律管不同圍徑又以十二律之外增小吕舍少二律於無射之後亦自我作

古也

樂律古義二卷 福建巡撫採進本

國朝童能靈撰能靈有周易剩義已著錄是書謂洛書爲五音之本河圖爲洛書之源河圖圓而爲氣洛書方而爲體五音者氣也氣凝爲體體以聚氣然後聲音出焉蔡氏律呂新書沿淮南子漢書之說誤以亥爲黃鐘之實惟所約寸分釐絲忽之法其數合於史記律書因取其說爲之推究源委以成是書夫萬事萬物不離乎數故旁牽蔓引無不

可比附於圖書而律歷兩家以數爲根尤易於假借其文敷衍成理然非聖人作樂之本旨也伶倫製律何嘗一字及圖書哉

大樂元音七卷 山東巡撫採進本

國朝潘士權撰士權號龍菴黔陽人官太常寺博士是書成於乾隆己丑前五卷據琴定樂大旨本管子下徵之數一百八下羽之數九十六白虎通絃音離故首徵之說而通之按絃審音以首絃爲下徵二絃爲下羽三絃爲宮四五六七爲商角徵羽

并附以儀禮樂譜十二篇圖說頗繁然實本
欽定律呂正義琴以首絃爲下徵之說旁爲推演其由琴
聲而推諸樂與近時江永律呂新論所見畧同但
不及永書之精密耳六卷附以琴譜曲譜七卷附
歷學音調類例甚詳惟合四乙上尺工凡唐人新
法茲既不取而又兼以凡字代變宮乙字代變徵
則矛盾在所不免矣

律呂新書箋義二卷附八音考畧一卷湖南巡撫採進本

國朝羅登選撰登選衡山人是編取蔡元定書爲之

訓釋亦有强爲之説者如八十四聲圖箋云合爲黄鐘六爲黄鐘清本之宋志所載燕樂字譜合六皆頭管翕聲非笛色也六十調圖箋云今民間俗樂亦有調法如用六字調是古清黄鐘調不知俗樂以笛色正宫之字定調頭管之翕聲爲合是加上字哨吹之而爲合若去哨吹之則祇是上字也且唐宋時燕樂高於雅樂三律以夾鐘清爲宫蔡氏新書云緊五者夾鐘之清聲俗樂以爲宫是也燕樂之黄鐘其聲當雅樂夾鐘新唐書云宫聲應

夾鐘之律是也然則笛色六字已非雅樂黃鐘其非古黃鐘益可知矣至於書中所引推步算術之類尤爲牽合末附八音考畧一卷亦無大闡明云

律呂圖說一卷 江蘇巡撫採進本

國朝張紫芝撰紫芝字鷺山一字秀山杭州人是書首引朱子鐘律篇次列黃鐘圖自此以下凡三十八圖以月建日躔圖終焉每圖皆爲之說大都不出蔡元定韓邦奇及鄭世子載堉舊說

音律節畧考一卷 兩江總督採進本

國朝潘繼善撰。繼善號本菴，婺源人。是編首列律呂損益上下相生之法，次列正半變半諸律長短之法，次列十二律還相爲宮之法，後列黃宮七管至應宮七管十二圖，卽律呂新書所謂八十四聲，蓋旋宮譜也。其中所云本朱子儀禮經傳通解者，乃局於所見而云然。朱子亦考據舊文，非自立新法也。

黃鐘通韻二卷 翰林院筆帖式都保家藏本

國朝都四德撰。都四德字乾文，號秋莊，滿洲鑲紅旗凡是書凡十篇曰律度量衡第一五音位次第二六律第三七均第四五音六律相生第五律呂名義第六律本第七循環爲宮第八聲字第九律數第十末又附以琴圖共爲上下二卷多本蔡元定律呂新書而附益以已意如聲字一篇於國書十二字頭獨取第一第二第四第五第十二章之字而其餘皆不之及而五章中又雜取第四章之ᠠᠨ安ᡝᠨ恩二字以配宮第五章之ᠠᠩ昂ᡝᠩ鞥二字以配商第一章之ᠠ阿ᡝ額二字以配角第十

章之[illegible]敖[illegible]歐二字以配徵第二章之[illegible]愛平聲額依二字以配羽以上十字分之配十干又取首章之[illegible]依[illegible]烏兩字共爲十二字分配十二律作爲橫直方圓之圖且謂人之言語聲音止此數字殊不知我

國家十二字頭整齊肅括無音不備無韻不該非可偏舉其五字頭以爲分配也據其所論蓋以此五章可用漢字對音其餘七章雙聲疊韻爲漢文所無故不用耳然

國書有二合三合切音之不同推其原本則自首句六字而外其餘何一非雙聲疊韻而謂止於七章而已乎今以漢文字有無為
國音之區別漢文之有者則取配五音十二律而漢文所無者概置弗論是未究
國書制作之本也且字頭十二雖曰平列其實十一章皆以第一章為綱領而第一章又以第一句為綱領觀
國語中並無以他字加於ᠠ阿ᡝ額ᡳ依ᠣ鄂ᡠ烏

之上者其偶遇此音亦以他字代之葢此數字總貫十二章如臣之有君子之有母其體統實爲最尊不宜與衆音並列又所列丅阿丏愛平聲丅安丂鼎丂敖等字反居丁額丂額依丅恩丂翰丂歐等字之下亦多未安伏稽

欽定國書新語即以丅阿爲陽以丁額爲陰以此可見丅阿之類皆陽位也丁額之類皆陰位也陰不可以先陽乃

國書之義例不可以隨章布列矣至其以五章字頭

統詩韻三十部雖亦近似然限以前所拈之數字亦不足以盡清文之蘊惟所論清字切音之法皆中竅要爲有益於學者耳

樂原　無卷數　江蘇巡撫採進本

舊本題囂囂子撰不著名氏相其紙色板式蓋近時人也首爲總論一篇泛摭聲律身度之常談書中亦錄通典玉海之舊文其他若謂陽律有二變陰律無二變不知十二律旋相爲宮各有五聲二變故得八十四聲若陰律無二變則十二律旋宮

止得七十二聲矣又謂吉事用九寸起律則黄鐘也凶事用八寸起律則大吕也考周禮大司樂凡日月食四鎭五岳崩大傀異烖諸侯薨令去樂從未見有凶事用樂亦未見先王特别八寸之管爲凶事用者至史記述漢制始有吹簫給喪之語然豈可以論古樂歟

律吕纂要二卷內府藏本

不著撰人名氏前後亦無序跋分上下二篇每篇各十有三説大意以律吕之要在辨其聲音之高

下長短上篇則發明高下之節下篇則發明長短

之度似乎近人節錄

御定律呂正義以便記誦者也

右樂類四十二部二百九十卷（内四部無卷數）皆附存目

案樂爲古制宜遵古法阮咸荀勗之爭不過尺之長短房庶范鎮之爭不過黍之縱橫耳宋魏漢津以嶽宗指節定尺明李文利以黃鍾爲長三寸九分盡改古法皆世衰而邪說作也今於詭詞新論悉斥不錄庶不失依永

和聲之本旨焉

欽定四庫全書總目卷四十

經部四十

小學類一

古小學所教不過六書之類故漢志以弟子職附孝經而史籀等十家四十五篇列爲小學隋志增以金石刻文唐志增以書法書品已非初旨自朱子作小學以配大學趙希弁讀書附志遂以弟子職之類併入小學又以蒙求之類相參並列而小學益多岐矣考訂源流惟漢志根

據經義要爲近古今以論幼儀者別入儒家以論筆法者別入雜藝以蒙求之屬隸故事以便記誦者別入類書惟以爾雅以下編爲訓詁說文以下編爲字書廣韻以下編爲韻書庶體例謹嚴不失古義其有兼舉兩家者則各以所重爲主如李燾說文五音韻譜實字書袁子讓字學元元實論等韻之類悉條其得失具於本篇

爾雅註疏十卷內府藏本

晉郭璞註宋邢昺疏璞字景純河東聞喜人官至

宏農太守事迹具晉書本傳昺有孝經疏已著錄案大戴禮孔子三朝記稱孔子教魯哀公學爾雅則爾雅之來遠矣然不云爾雅爲誰作據張揖進廣雅表稱周公著爾雅一篇案經典釋文以揖今所稱一篇爲釋詁俗所傳三篇案漢志爾雅三卷此三篇謂三卷也或言仲尼所增或言子夏所益或言叔孫通所補或言沛郡梁文所考皆解家所說疑莫能明也於作書之人亦無確指其餘諸家所說小異大同今參互而考之郭璞爾雅註序稱豹鼠既辨其業亦顯邢昺疏以爲漢

武帝時終軍事七錄載犍爲文學爾雅註三卷案七錄久佚此據隋志所稱梁有某書亡知爲七錄所載陸德明經典釋文以爲漢武帝時人則其書在武帝以前曹粹中放齋詩說曰按此書今未見傳本此據永樂大典所引爾雅毛公以前其文猶略至鄭康成時則加詳如學有緝熙于光明毛公云光廣也康成則以爲學於有光明者而爾雅曰緝熙光明也又齊子豈弟康成以爲猶發夕也而爾雅曰豈弟發也薄言觀者毛公無訓振古如茲毛公云振自也康成則以觀爲多以振爲古其說

皆本於爾雅使爾雅成書在毛公之前顧得爲異哉則其書在毛亨以後案詩傳乃毛亨作非毛萇作語詳詩正義條下大抵小學家綴緝舊文遞相增益周公孔子皆依託之詞觀釋地有鶼鶼釋鳥又有鶼鶼同文複出知非纂自一手也其書歐陽修詩本義以爲學詩者纂集博士解詁高承事物紀原亦以爲大抵解詁詩人之旨然釋詩者不及十之一非專爲詩作揚雄方言以爲孔子門徒解釋六藝王充論衡亦以爲五經之訓故然釋五經者不及十之三四更非

專爲五經作今觀其文大抵採諸書訓詁名物之同異以廣見聞實自爲一書不附經義如釋天云暴雨謂之涷釋草云卷施草拔心不死此取楚詞之文也釋天云扶搖謂之猋釋蟲云蒺藜蝍蛆此取莊子之文也釋詁云嫁往也釋水云瀵大出尾下此取列子之文也釋地云西至西王母釋獸云小領盜驪此取穆天子傳之文也釋地云東方有比目魚焉不比不行其名謂之鰈南方有比翼鳥焉不比不飛其名謂之鶼此取管子之文也又云

卭卭岠虛負而走其名謂之蟨此取呂氏春秋之文也又云北方有比肩民焉迭食而迭望釋地云河出崑崙墟此取山海經之文也釋言云天帝皇王后辟公侯又云洪廓宏溥介純夏幠釋天云春爲青陽至謂之醴泉此尸子之文也釋鳥曰爰居雜縣此取國語之文也如是之類不可殫數蓋亦方言急就之流特說經之家多資以證古義故從其所重列之經部耳璞時去漢未遠如遂幠大東稱詩釗我周王稱逸書所見尚多古本故所註多

可據後人雖迭爲補正然宏綱大旨終不出其範圍昺疏亦多能引證如尸子廣澤篇仁意篇皆非今人所及睹其犍爲文學樊光李巡之註見於陸氏釋文者雖多所遺漏然疏家之體惟明本註註所未及不復旁搜此亦唐以來之通弊不能獨責於昺惟既列註文而疏中時複述其文但曰郭註云云不異一字亦更不別下一語殆不可解豈其初疏與註別行歟今未見原刻不可復考矣

爾雅注三卷　兩淮鹽政採進本

宋鄭樵撰樵字漁仲莆田人居夾漈山中因以爲號又自稱西溪逸民紹興間以薦召對授右迪功郎兵部架閣尋改監潭州南嶽廟給札歸鈔所撰通志書成入爲樞密院編修事蹟具宋史儒林傳南宋諸儒大抵崇義理而疎考證故樵以博洽傲睨一時遂至肆作聰明詆諆毛鄭其詩辨妄一書開數百年杜撰說經之捷徑爲通儒之所深非惟作是書乃通其所可通闕其所不可通文似簡畧而絕無穿鑿附會之失於說爾雅家爲善本中間

駁正舊文如後序中所列饘餬訊言襺袍衮黼四
條義義丁丁嚶嚶三條註中所列釋詁台朕陽之
予爲我賚畀卜之予爲與一條閱閱嗺嗺當入釋
訓一條釋親據左傳辨正娣姒一條釋天謂景風
句上脫文一條星名脫實沈鶉首鶉尾三次一條
釋水天子造舟一條釋魚鯉鱣一條釋蟲食根蟊
一條蝮虺首大如臂一條皆極精確惟魚謂之丁
一條務牽引假借以就其六書畧之說又堅執作
爾雅者江南人凡郭璞所云蜀語河中語者悉駁

辨之是則偏僻之過習氣猶未盡除又汪師韓集有書此書後一篇駁其誤改郭註者以劉劉杙爲安石榴以齧雕蓬爲其米雕胡二條補郭註而未確者孟勉也以爲孟卽暨於代也以爲更詞二條仍郭註之悞未改者訓郵過也爲道路所經過不知郵古字同尤訓比目魚爲王餘不知吳都賦雙則比目片則王餘二條亦頗中其失至於議其釋言篇內經文脫弇同也三字釋水篇內經文脫水之由滕以下爲揭至爲厲十八字釋草篇內經文

脱葦䶒芀三字釋魚篇内經文脱蛭蟣二字釋鳥篇内脱倉庚鵹黄也五字皆當爲毛氏刊本之悞併以詆樵則過矣

方言十三卷　永樂大典本

舊本題漢揚雄撰晉郭璞註考晉書郭璞傳有註方言之文而漢書揚雄傳備列所著之書不及方言一字藝文志亦惟小學有雄訓纂一篇儒家有雄所序三十八篇注云太元十九法言十三樂四箴二雜賦有雄賦十二篇皆無方言東漢一百九

十年中亦無稱雄作方言者至漢末應劭風俗通義序始稱周秦常以歲八月遣輶軒之使求異代方言還奏籍之藏於秘室及嬴氏之亡遺棄脫漏無見之者蜀人嚴君平有千餘言林閭翁孺才有梗概之法揚雄好之天下孝廉衞卒交會周章質問以次注續二十七年爾乃治正凡九千字又劭注漢書亦引揚雄方言一條是稱雄作方言實自劭始魏晉以後諸儒轉相沿述皆無異詞惟宋洪邁容齋隨筆始考證漢書斷非揚雄作然邁所摘

劉歆與雄往返書中既稱在成帝時不應稱孝成皇帝一條又東漢明帝始諱莊不應西漢之末即稱莊遵爲嚴君平一條則未深中其要領考書首成帝時云云乃後人題下標注之文傳寫舛訛致與書連爲一實非歆之本詞文義尚犂然可辨書中載楊莊之名不作嚴字實未嘗預爲明帝諱其嚴君平字或後人傳寫追改亦未可知皆不足斷是書之僞惟後漢許愼說文解字多引雄說而其文皆不見於方言又愼所注字義與今方言相同

者不一而足而皆不標揚雄方言字知當慎之時此書尚不名方言亦尚不以方言爲雄作故馬鄭諸儒未嘗稱述至東漢之末應劭始有是說魏孫炎註爾雅莫貈螳螂蛑字晉杜預註左傳授師孑焉句始遞相徵引沿及東晉郭璞遂註其書後儒稱揚雄方言葢由於是然劭序稱方言九千字而今本內一萬一千九百餘字則字數較原本幾溢三千雄與劉歆往返書皆稱方言十五卷郭璞序亦稱三五之篇而隋志唐志乃並載揚雄方言十

三卷與今本同則卷數較原本缺其二均爲牴牾不合考雄答歆書稱語言或交錯相反方復論思詳悉集之如可寛假延期必不敢有愛云云疑雄本有此未成之書歆借觀而未得故七略不載漢志亦不著録後或侯芭之流收其殘稿私相傳述閲時既久不免於輾轉附益如徐鉉之增說文故字多於前厥後傳其學者以漢志無方言之名恐滋疑竇而小學家有别字十三篇不著撰人名氏可以假借影附證其實出於雄遂併爲一十三卷

以就其數故卷減於昔歟反覆推求其眞偽皆無
顯據姑從舊本仍題雄名亦疑以傳疑之義也雄
及劉歆二書據李善文選注引懸諸日月不刊之
書句已稱方言則自隋唐以來原附卷末今亦仍
之其書世有刊本然文字古奧訓義深隱校讐者
猝不易詳故斷爛訛脫幾不可讀錢曾讀書敏求
記嘗據宋槧駁正其誤然曾家宋槧今亦不傳惟
永樂大典所收猶爲完善檢其中秦有𣘻娥之臺
一條與錢曾所舉相符知卽從宋本錄入今取與

近本相校始知明人妄行改竄顛倒錯落全失其初不止錢曾所舉之一處是書雖存而實亡不可不亟爲釐正謹參互考訂凡改正二百八十一字删衍文十七字補脫文二十七字神明煥然頓還舊觀併逐條援引諸書一一疏通證明具列案語庶小學訓詁之傳尚可以具見崖略併以糾坊刻之謬俾無迷悞後來舊本題曰輶軒使者絕代語釋別國方言其文冗贅故諸家援引及史志著錄皆省文謂之方言舊唐書經籍志則謂之別國方

言實即一書又容齋隨筆稱此書爲輶軒使者絕域語釋別國方言以代爲域其文獨異然諸本並作絕代書中所載亦無絕域重譯之語洪邁所云蓋偶然誤記今不取其說焉

**釋名八卷** 內府藏本

漢劉熙撰熙字成國北海人其書二十篇以同聲相諧推論稱名辨物之意中間頗傷於穿鑿然可因以考見古音又去古未遠所釋器物亦可因以推求古人制度之遺如楚辭九歌薜荔拍兮蕙綢

王逸註云拍搏辟也搏辟二字今莫知爲何物觀是書釋牀帳篇乃知以席搏著壁上謂之搏辟孔頴達禮記正義以深衣十二幅皆交裁謂之袵是書釋衣服篇云袵襜也在旁襜襜然也則與玉藻言袵當旁者可以互證釋兵篇云刀室曰削室口之飾曰琫下末之飾曰琕又足証毛詩詁訓傳之訛其有資考證不一而足吳韋昭嘗作辨釋名一卷糾熙之誤其書不傳然如經典釋文引其一條曰釋名云古者車音如居所以居人也今曰車音

尺遮反舍也案釋名本作古者曰車聲如居言行所以居人也今日車車舍也行者所處若居舍也此蓋陸德明約舉其文又取文義顯明增入音尺遮反四字耳韋昭云車古皆因尺奢反後漢以來始有居音案何彼穠矣之詩以車韻華桃夭之詩以華韻家家古音姑華古音敷則車古音居更無疑義熙所說者不訛昭之所辨亦未必盡中其失也別本或題曰逸雅蓋明郎奎金取是書與爾雅小爾雅廣雅埤雅合刻名曰五雅以四書皆有雅名遂改題逸雅以從類非其本目今不從之又後漢書劉珍傳稱珍撰釋

名五十篇以辨萬物之稱號其書名相同姓又相同鄭明選作秕言頗以爲疑然歷代相傳無引劉珍釋名者則珍書久佚不得以此書當之也明選又稱此書爲二十七篇與今本不合明選萬歷中人不應別見古本殆一時失記悞以二十爲二十七歟

廣雅十卷 內府藏本

魏張揖撰揖字稚讓清河人太和中官博士其名或從木作楫然證以稚讓之字則爲揖讓之揖審

矣後魏江式論書表曰魏初博士清河張揖著埤倉廣雅古今字詁究諸埤廣增長事類抑亦於文爲益者也然其字詁方之許篇或得或失矣是式謂埤倉廣雅勝於字詁今埤倉字詁皆久佚惟廣雅存其書因爾雅舊目博採漢儒箋註及三倉說文諸書以增廣之於揚雄方言亦備載無遺隋秘書學士曹憲爲之音釋避煬帝諱改名博雅故至今二名並稱實一書也前有揖進表稱凡萬八千一百五十文分爲上中下隋書經籍志亦作三卷

與表所言合然註曰梁有四卷唐志亦作四卷館閣書目又云今逸但存音三卷憲所註本隋志作四卷唐志則作十卷卷數各參錯不同葢揖書本三卷七録作四卷者由後來傳寫析其篇目憲註四卷即因梁代之本後因文句稍繁析爲十卷又嫌十卷煩碎復併爲三卷觀諸家所引廣雅之文皆具在今本無所佚脫知卷數異而書不異矣然則館閣書目所謂逸者乃逸其無註之本所謂存音三卷者即憲所註之本揖原文實附註以存未

嘗逸亦未嘗缺惟今本仍爲十卷則又後人析之以合唐志耳考唐元度九經字樣序稱音字改反爲切實始於唐開成間憲雖自隋入唐至貞觀時尚在然遠在開成以前今本仍往往云某字某切頗爲疑竇殆傳刻臆改又非憲本之舊歟

## 匡謬正俗八卷 安徽巡撫採進本

唐顔師古撰師古名籀以字行雍州萬年人歷官秘書監事迹具唐書本傳是書永徽二年其子符璽郎揚庭表上於朝高宗勅錄本付秘閣卷首載

揚庭表稱藁草纔半部帙未終蓋猶未竟之本又稱謹遵先範分爲八卷勒成一部則今本乃揚庭所編宋人諸家書目多作刊謬正俗或作糾謬正俗蓋避太祖之諱錢曾讀書敏求記作列謬正俗則刻本偶誤也前四卷凡五十五條皆論諸經訓詁音釋後四卷凡一百二十七條皆論諸書字義字音及俗語相承之異攷據極爲精密惟拘於習俗不能知音有古今其註漢書動以合聲爲言遂與沈重之音毛詩同開後來叶音之說故此書謂

葬音臧誼議音義反音扶萬反歌音古賀反彝音
上聲怒有上去二聲壽有授受二音懸有元炫二
音迥音戶鎣反皆誤以今韻讀古音謂穠音而成
反上音盛又音市郢反先音西逢音如字不讀龐
皆誤以古音讀今韻均未免千慮之一失然古人
攷辨小學之書今皆失傳自顏之推家訓音證篇
外實莫古於是書其邱區禹宇之論韓愈諱辨即
引之知唐人已絕重之矣戒山堂讀史漫筆解都
鄙二字詑爲獨解不知爲此書所已駁毛奇齡引

書序俘厥寶玉解春秋衛俘誤爲特見不知爲此書所已引洵後人證据終不及古人有根柢也鄭樵通志校讐略曰刊謬正俗乃雜記經史爲第一卷起論語而崇文總目以爲論語類知崇文所釋只看帙前數行率意以釋之耳今檢崇文總目樵說信然當時館閣諸人不應荒謬至此檢是類所列以論語三種家語一種居前次爲白虎通次爲五經鉤沉次卽此書次爲六說次爲經史釋題次爲授經圖次爲九經餘義次爲演聖通論皆統解

羣經之文蓋當時仿隋志之例以五經總義附之論語類中雖不甚允要不可謂之無據樵不考舊文而務爲苛論遽以只看數行詆之失其旨矣

羣經音辨七卷 通行本

宋賈昌朝撰昌朝字子明獲鹿人天禧初賜同進士出身慶歷中同中書門下平章事英宗初加左僕射封魏國公諡文元事迹具宋史本傳此書其侍講天章閣時所上凡羣經之中一字異訓音從而異者彙集爲四門卷一至卷五曰辨字同音異

仿唐張守節史記正義發字例依許慎說文解字部目次之卷六曰辨字音清濁曰辨彼此異音曰辨字音疑混皆即經典釋文序錄所舉分立名目卷七附辨字訓得失一門所辨論者僅九字書中沿襲舊文不免謬誤者如卷一言部謙慊也下云鄭康成說謙以慊慊厭也厭爲閉藏貌據禮記註曰謙讀爲慊慊厭也此解正文自謙注又曰厭讀爲黶閉藏貌也此乃解正文厭然與上注厭足之厭絕不相蒙昌朝混而一之殊爲失考又卷二爪

部典堅刃貌也據考工記輈欲頎典注曰頎典堅刃貌以頎典爲形容之辭不得單舉一典字卷三巾部幓頭括髮也幓本幧字之訛據儀禮注一以解婦人之髽以麻申之曰以麻者如著幓頭焉一以解括髮以麻免而以布申之曰此用麻布爲之狀如今著幓頭矣是括髮免髽皆如著幓頭幓頭自是吉服揚雄方言帕頭自河以北趙魏之閒曰幧頭劉熙釋名作綃頭又有鬒帶鬃帶等名豈可以括髮釋之是皆疎於考証之故然釋文散見各

經頗難檢核昌朝會集其音義絲牽繩貫同異粲然俾學者易於尋省不爲無益小學家至今不廢亦有以也自序云編成七卷凡五門紹興中王觀國後序亦云凡五門七卷惟宋史藝文志作三卷此本爲康熙中蘇州張士俊從宋槧翻雕實爲七卷則宋志所載爲字畫之誤明矣

埤雅二十卷　浙江巡撫採進本

宋陸佃撰佃字農師越州山陰人少從學於王安石熙寧三年擢進士甲科授蔡州推官選爲鄆州

教授召補國子監直講歷轉至左丞未幾罷爲中大夫出知亳州卒於官事蹟具宋史本傳史稱其精於禮家名數之學所著埤雅禮象春秋後傳之類凡二百四十二卷王應麟玉海又記其修說文解字其子宰作此書序又稱其有詩講義爾雅注今諸書並佚其爾雅新義僅散見永樂大典中文句譌鈌亦不能排纂成帙傳於世者惟此書而已凡釋魚二卷釋獸三卷釋鳥四卷釋蟲二卷釋馬一卷釋木二卷釋草四卷釋天二卷刊本釋天之

末注後缺字然則併此書亦有佚脫非完本矣宰序稱佃於神宗時召對言及物性因進說魚說木二篇後乃益加筆削初名物生門類後注爾雅畢更修此書易名埤雅言爲爾雅之輔也其說諸物大抵略於形狀而詳於名義尋究偏旁比附形聲務求其得名之所以然又推而通貫諸經曲證旁稽假物理以明其義中多引王安石字說葢佃以不附安石行新法故後入元祐黨籍其學問淵源則實出安石晁公武讀書志謂其說不專主王氏

亦似特立殆未詳檢是編俱以論其人者論其書歟觀其開卷說龍一條至於謂曾公亮得龍之脊王安石得龍之睛是豈不尊安石者耶然其詮釋諸經頗據古義其所援引多今所未見之書其推闡名理亦往往精鑿謂之駁雜則可要不能不謂之博奧也

爾雅翼三十二卷 浙江巡撫採進本

宋羅願撰元洪焱祖音釋願字端良號存齋歙縣人以蔭補承務郎乾道二年登進士第通判贛州

淳熙中知南劒州事遷知鄂州卒於官事蹟附載宋史羅汝楫傳焱祖字濳夫亦歙縣人天歷中官遂昌縣主簿以休寧縣尹致仕是書卷端有願自序又有王應麟後序方回跋及焱祖自跋應麟後序稱以咸淳庚午刻此書郡齋而玉海所列爾雅諸本乃不著於錄據方回跋稱序見鄂州小集世未見其書回始得副本於其從孫裳蓋其出在玉海後也越五十年爲元延祐庚申郡守朱霽重刻乃屬焱祖爲之音釋而願序及應麟後序隸事稍

僻者亦併註焉焱祖跋稱釋草八卷凡一百二十名釋木四卷凡六十名釋鳥五卷凡五十八名釋獸六卷凡七十四名釋蟲四卷凡四十名釋魚五卷凡五十五名今勘驗此本名數皆合惟釋獸七十四名此本內有八十五名與原跋互異豈字畫傳寫有誤歟其書考據精博而體例謹嚴在陸佃埤雅之上應麟後序稱其即物精思體用相涵本末靡遺殆非溢美後陳櫟刪削其書別為節本謂其好處可以廣人之識見處儘多可恨處牽引失

其精當者不少內引三百篇之詩處多不是云云案櫟著作傳於今者尚有書集傳纂疏歷朝通略定字集三書核所聞見曾不能望願之項背遽糾其失似不自量至願書成於淳熙元年甲午朱子詩集傳作於淳熙四年丁酉在願書後三年而櫟乃執續出新說繩願所引據之古義尤屬拘墟今願書流傳不朽而櫟之節本片字無存則其曲肆詆諆無人肯信而傳之略可見矣

駢雅七卷 浙江巡撫採進本

明朱謀㙔撰謀㙔有周易象通已著錄此書皆剌取古書文句典奧者依爾雅體例分章訓釋自釋詁釋訓以至蟲魚鳥獸凡二十篇其說以爲聯二爲一駢異爲同故名曰駢雅謀㙔淹通典籍其一齋書目所載往往爲諸家所未窺故徵引詳博頗具條理非鄉塾陋儒捃拾殘剩者可比中間如藻井乃屋上方井刻爲藻文西京賦注引風俗通訓義甚明而謀㙔以爲刻扉之屬改易舊文殊爲未確又謂都御史爲大司憲詹事爲端尹乃流俗之

稱亦之典據至如釋天內之歲陽月名釋地內之五邱四荒太平太蒙丹穴空桐之類皆爾雅所已具更爲複引尤病冗蕪然奇文僻字搜輯良多摭其膏腴於詞章要不爲無補也

字詁一卷安徽巡撫採進本

國朝黃生撰生字扶孟歙縣人前明諸生是編取魏張揖字詁以名其書於六書多所發明每字皆有新義而根據博奧與穿鑿者有殊間有數字未安者如謂靃說文呼郭切飛聲也而諸書用靃靡處

又音髓今書地名人姓之類多用霍獨樊噲傳之霍人正義註先累蘇果山寡三反先累反卽髓音也韻會諸家紙藥二韻兼收靃而霍則止一音葢霍從隹其音當爲髓靃本飛鳥聲借爲地名因又借爲人姓後省便作霍旣爲借義所奪其本音本訓遂失而於字之當用霍音髓者反作靃此霍之所以轉爲呼郭切而靃之所以轉爲先累反也據其所說則霍但有先累反之本音靃但有呼郭反之本音矣今考音切之古莫過玉篇廣韻玉篇靃

字下註云息委切露也呼郭切飛聲廣韻於四紙靃字下註云靃靡草於十九鐸靃字下註云地名說文飛聲也則是靃本有髓之一讀並不因省借爲霍始音髓也又玉篇霍字下註云呼郭切揮霍廣韻霍字下註云虛郭切揮霍爾雅霍山爲南岳又姓則是霍之一字在玉篇廣韻原止有呼郭反一音並無髓音惟史記正義註有息累反而要不得爲止有息累反一音也況白虎通曰南方霍山者霍之爲言護也護乃呼郭反之轉音非先累反

之轉音然則班固讀霍已爲呼郭反矣豈漢音猶不足據乎生又謂打字始於六朝今考後漢王延壽夢賦曰捎魍魎拂諸渠撞縱目打三顱又易林曰口饑打手則打字不始於六朝明矣此類殊爲失考其他若謂大鼏七个之鼏當從冃諧聲與從冂者不同似蛇之鱓旣借徒何切之鱓又借張演切之鱣而皆轉爲常演切漢書註誤以張連切之鱣爲鱓又謂周禮玉人註瓚讀爲餈餍之餍說文饡以羹澆飯釋文膏餍作膏饡故篇海餍即饡字

內則釋文酏讀爲餰之然反饘本又作餰並之然反此蓋明酏饘當並讀爲餰非謂饘卽餰字若以諸延切饘何以處玉人註之餰饘乎又謂干乾字通引後漢書獨行傳云明堂之奠干飯寒水又在晉帖所云淡悶干嘔之前此類則最爲精核其他條似此者不可枚舉蓋生致力漢學而於六書訓詁尤爲專長故不同明人之剿說也

續方言二卷 浙江巡撫採進本

國朝杭世駿撰世駿字大宗號堇浦仁和人乾隆丙

辰

召試博學鴻詞授翰林院編修是書採十三經註疏說

文釋名諸書以補揚雄方言之遺前後類次一依

爾雅但不明標其目耳蒐羅古義頗有裨於訓詁

惟是所引之書往往耳目之前顯然遺漏如玉篇

引倉頡篇云楚人呼竈曰寤列子黃帝篇註引何

承天纂文云吳人呼瞬目爲眴目古今韻會引魏

李登聲類云江南曰辣中國曰辛爾雅釋草釋文

宋庠國語補音引晉呂忱字林云楚人名蔆曰芰

鶿秦名雅鳥鵜青州人呼鮎鵜初學記及太平御覽引纂文云梁州以豕爲豬河南謂之䝐漁陽以豬爲豝齊徐以小猪爲豯太平御覽又引纂文云秦以鈷鉧爲銼鑹爾雅釋草釋文引纂文云妹娟也初學記引服虔通俗文曰南楚以美色爲娃初學記及山堂考索又引通俗文云晉曰舶埤雅引廣志小學篇云螻蛄會稽謂之蟵蛄北戸錄引張推證俗音云南人謂牛羊血爲䘓⿺辶麥⿺辶麥內國呼爲糫餅亦呼寒具粰䊀今江南呼曰饊飦蝘蜓山東

謂之蝀蝢鰿吳人呼爲鯽魚也凡此諸條皆六朝以前方言正可以續揚雄之著而俱佚之豈舉遠者反畧近歟又如書中引說文秦晉聽而不聞聞而不達謂之聹引史記集解齊人謂之穎汝南淮泗之間日顏諸條本爲揚雄方言所有而複載之亦爲失檢然大致引據典核在近時小學家猶最有根柢者也

別雅五卷 江蘇巡撫採進本

國朝吳玉搢撰玉搢字山夫山陽人廪貢生官鳳陽

縣訓導是書取字體之假借通用者依韻編之各註所出而爲之辨證於考古深爲有功惟是古人用字有同聲假借有轉音變異有别體重文同聲轉音均宜入之此書至於郊鄷一作岐豐之類則郊乃岐之本字說文明云郊一作岐實屬重文偶然别體說文玉篇以後累千盈百何可勝收未免自亂其例又徵引雖博而挂漏亦夥即以開卷東冬二韵覈之若大戴禮一室而有四戶八牕牕即窗楚詞九歎登逢龍而下隕兮註古本逢作蓬荀

子榮辱篇引詩下國駿蒙註今詩作駿厖莊子盜跖篇士皆蓬頭突鬢註蓬本作鏠吳越春秋吳王壽夢傳使公子蓋餘燭傭註左傳傭作庸史記秦始皇本紀秦王爲人蜂準徐廣曰蜂一作隆龜策傳雄渠蠭門註新序有熊渠子漢書古今人表鬼臾區師古註云卽鬼容區陳豐師古註云卽陳鋒衞青傳青至籠城師古註云籠讀爲龍皆目前習見者乃佚而不載則推之儀禮之古文周禮之故書及漢人箋註某讀作某之類一一攷之所漏多

矣然就所徵引足以通古籍之異同疏後學之疑滯猶可以攷見漢魏以前聲音文字之槩是固小學之資糧藝林之津筏非俗儒剽竊之書所能彷彿也

右小學類訓詁之屬一十三部一百二十二卷並文淵閣著録

舊唐書經籍志以詁訓與小學分爲二家然詁訓亦小學也故今仍從漢志列爲小學之子目又爾雅首釋詁釋訓其餘則雜陳名物

蓋析其類而分之則蟲魚草木之屬與字義門目各殊統其類而言之則解說名物亦即解釋其字義故訓詁者通名也方言釋名相沿繼作大體無殊至埤雅爾雅翼務求博洽稍泛濫矣要亦訓詁之支流也故亦連類編之埤雅廣要之屬蕪雜已甚則退之小說家焉

欽定四庫全書總目 經部

卷四十

欽定四庫全書總目卷四十一

經部四十一

小學類二

急就章四卷通行本

漢史游撰漢書藝文志註稱游爲元帝時黃門令蓋宦官也其始末則不可考矣是書漢志但作急就一篇而小學類末之敘錄則稱史游作急就篇故晉夏侯湛抵疑稱鄉曲之徒一介之士曾諷急就通甲子北齊書稱李鉉九歲入學書急就篇或

有篇字或無篇字初無一定隋志作急就章一卷魏書崔浩傳亦稱人多托寫急就章是改篇爲章在魏以後然考張懷瓘書斷曰章草者漢黃門令史游所作也王愔云案此葢引王愔文字志之語漢元帝時史游作急就章解散隸體漢俗簡惰漸以行之是也然則所謂章草者正因游作是書以所變草法書之後人以其出於急就章遂名章草耳今本每節之首俱有章第幾字知急就章乃其本名或稱急就篇或但稱急就乃偶然異文也其書自始至終

無一複字文詞雅奥亦非蒙求諸書所可及玉臺新詠載梁蕭子顯烏栖曲有帬邊雜佩琥珀龍句馮氏校本改龍爲紅今檢此書有鞶臂琅玕虎魄龍句乃知子顯實用此語馮氏不知而誤改之則遺文瑣事亦頗賴以有徵不僅爲童蒙識字之用矣舊有曹壽崔浩劉芳顔之推注今皆不傳惟顔師古注一卷存王應麟又補注之釐爲四卷師古本比皇象碑多六十三字而少齊國山陽兩章止三十二章應麟藝文志考證標眞定常山至高邑

句以爲此二章起於東漢最爲精確其注亦考證典核足補師古之闕別有黃庭堅本李燾本朱子越中本字句小有異同應麟所註多從顏本葢以其考證精深較他家爲可據焉

說文解字三十卷通行本

漢許慎撰慎字叔重汝南人官至太尉南閣祭酒是書成於和帝永元十二年凡十四篇合目錄一篇爲十五篇分五百四十部爲文九千三百五十三重文一千一百六十三註十三萬三千四百四

十字推究六書之義分部類從至爲精密而訓詁簡質猝不易通又音韻改移古今異讀諧聲諸字亦每難明故傳本往往譌異宋雍熙三年詔徐鉉葛湍王惟恭句中正等重加刊定凡字爲說文注義序例所載而諸部不見者悉爲補錄又有經典相承時俗要用而說文不載者亦皆增加別題之曰新附字其本有正體而俗書譌變者則辨於註中其違戾六書者則別載卷末或註義未備更爲補釋亦題臣鉉等按以別之音切則一以孫愐唐

韻爲定以篇帙繁重每卷各分上下即今所行毛
晉刊本是也明萬歷中宮氏刻李燾說文五音韻
譜陳大科序之誤以爲即鉉校本陳啟元作毛詩
稽古編顧炎武作日知錄並沿其謬豈毛氏所刊
國初猶未盛行歟書中古文籀文李燾據唐林罕之
說以爲晉弦令呂忱所增考愼自序云今序篆文
合以古籀其語甚明所記重文之數亦復相應又
法書要錄載後魏江式論書表曰晉世義陽王典
祠令任城呂忱表上字林六卷尋其況趣附託許

愼說文而按偶章隱別古籀奇惑之字文得正隸不差篆意則忱書並不用古籀亦有顯證如罕之所云呂忱字林多補許愼遺闕者特廣說文未收字耳其書今雖不傳然如廣韻一東部烔字䂆字四江部𪇇字之類云出字林者皆說文所無亦大畧可見矗以說文古籀爲忱所增誤之甚矣自魏晉以來言小學者皆祖愼至李陽冰始曲相排斥未協至公然愼書以小篆爲宗至於隸書行書草書則各爲一體孳生轉變時有異同不悉以小篆

相律故顔元孫干祿字書曰自改篆行隸漸失其眞若總據說文便下筆多礙當去泰去甚使輕重各宜徐鉉進說文表亦曰高文大冊則宜以篆籒著之金石至於常行簡牘則草隸足矣二人皆精通小學而持論如是明黃諫作从古正文一切以篆改隸豈識六書之旨哉至其所引五經文字與今本多不相同或往往自相違異顧炎武日知錄嘗摭其汜下作江有汜涯下又作江有涯啚下作赤舄啚啚堅下又作赤舄堅堅是所云詩用毛氏

者亦與今本不同蓋雖一家之學而宗派既别亦各不相合好奇者或據之以改經則謬戾殊甚能通其意而又能不泥其迹庶乎爲善讀說文矣

案愼序自稱易孟氏書孔氏詩毛氏禮周官春秋左傳論語孝經皆古文考劉知幾史通稱古文尚書得之壁中博士孔安國以校伏生所誦增多二十五篇（案此亦據梅賾古文而言實則孔氏原本僅增多十六篇）更以隸古字寫之編爲四十六卷司馬遷屢采其事故遷多有古說至於後漢孔

氏之本遂絕其有見於經典者諸儒皆謂之逸書是孔氏壁中之書愼不得見說文未載愼子冲上書稱愼古學受之賈逵而後漢書儒林傳又稱扶風杜林傳古文尚書林同郡賈逵爲之作訓馬融作傳鄭元註解由是古文尚書遂顯於世是愼所謂孔氏書者即杜林之本顧隋志稱杜林古文尚書所傳僅二十九篇又雜以今文非孔舊本案古文除去無師說者十六篇正得伏生二十九篇之數非雜以今文隋志此文亦據梅賾古文未及與漢書互校

自餘絶無師說陸德明經典釋文採馬融注甚多皆今文尚書無古文一語即說文註中所引亦皆在今文二十八篇之中朱彛尊經義考辨之甚明案彛尊又謂惟若藥不瞑眩一句出古文說命始因孟子所引而及之然此句乃徐鍇說文繫傳之語非許慎之原注彛尊偶爾誤觀移甲爲乙故今不取其說則愼所謂孔氏本者非今五十八篇本矣以意推求漢書藝文志稱劉向以中古文校歐陽大小夏侯三家經文酒誥脫簡一召誥脫簡二文字異者七百有餘脫字數十

云云所謂中古文卽孔氏所上之古文存於中秘者是三家之本立在博士者皆經劉向以古文勘定改其訛脫其書已皆與古文同儒者據其訓詁言之則曰大小夏侯歐陽尚書據其經文則亦可曰孔氏古文尚書第三家解說只有伏生二十八篇遞相授受餘所增十六篇不能詮釋遂置不言故馬融書序稱十六篇絕無師說也案融序今不傳此語見孔穎達尚書正義中使賈逵所傳杜林之本卽今五十八篇之

本則融嘗因之作傳矣安有是語哉又後漢書杜林傳稱林前於西州得漆書古文尚書嘗寶愛之雖遭艱困握持不離身云云是林所傳者乃古文字體故謂之漆書是必劉向校正三家之時隨二十八篇傳出以字非隸古世不行用林偶得之以授逵逵得之以授慎故慎稱爲孔氏本而亦止二十八篇非慎見安國舊本也論尚書者惟說文此句最爲疑竇閻若璩尚書古文疏證牽於此句遂誤

以馬鄭所註爲孔氏原本亦千慮之一失故
附考其源流如此

說文繫傳四十卷 兵部侍郎紀昀家藏本

南唐徐鍇撰鍇字楚金廣陵人官至右內史舍人宋兵下江南卒於圍城之中事迹具南唐書本傳是書凡八篇首通釋三十卷以許愼說文解字十五篇篇析爲二凡鍇所發明及徵引經傳者悉加臣鍇曰及臣鍇按字以別之繼以部敘二卷通論三卷袪妄類聚錯綜疑義系述各一卷袪妄斥李

陽氷臆說疑義舉說文偏旁所有而闕其字及篆體筆畫相承小異者部敘擬易序卦傳以明說文五百四十部先後之次類聚則舉字之相比爲義者如一二三四之類錯綜則旁推六書之旨通諸人事以盡其意終以系述則猶史記之自敘也錯嘗別作說文篆韻譜五卷宋孝宗時李燾因之作說文解字五音譜燾自序有曰韻譜當與繫傳並行今韻譜或刻諸學官而繫傳迄莫光顯余蒐訪歲久僅得其七八闕卷誤字無所是正每用太息

則繫傳在宋時已殘闕不完矣今相傳僅有抄本錢曾讀書敏求記至詫爲驚人秘笈然脫誤特甚卷末有熙寧中蘇頌記云舊闕二十五三十共二卷倏別求補寫此本卷三十不闕或續得之以補入卷二十五則直錄其兄鉉所校之本而去其所附之字殆後人求其原書不獲因摭鉉書以足之猶之魏書佚天文志以張太素書補之也其餘各部闕文亦多取鉉書竄入考鉉書用孫愐唐韻而鍇書則朝散大夫行秘書省校書郎朱翺別爲反

切鉉書稱某某切而鍇書稱反今書內音切與鉉
書無異者其訓釋亦必無異其稜掇之迹顯然可
見至示部竄入鉉新附之祧祆祚三字尤鑿鑿可
證者鍇綜篇末其文亦似未完無可采補則竟闕
之矣此書成於鉉書之前故鉉書多引其說然亦
時有同異如鉉本福祐也此作備也鉉本萊耕多
草此作耕名鉉本迎前頡也此作前頓也鉉本䴉
大鶵也此此從爾雅作天鸙也又鉉本禜字下引禮
記禂字下引詩之類此作臣鍇按禮記曰臣鍇按

詩曰則鍇所引而鉉本淆入許氏者甚多又如甍字下云闕此作家本無注臣鍇按疑許慎子許冲所言也是鉉直刪去家本無注四字改用一闕字其憑臆刪改非賴此書之存何以證之哉此書本出蘇頌所傳篆文爲監察王聖美翰林祗候劉允恭所書卷末題子容者即頌字也乾道癸巳尤袤得於葉夢得家寫以與李燾詳見袤跋書中有稱臣次立案者張次立也次立官至殿中丞嘗與寫嘉祐二字石經陶宗儀書史會要載其始末云

案是書在徐鉉校說文之前而刻其後者鉉

校許愼之原本以愼爲主而鉉附之此書鍇

所論著以鍇爲主故不得而先愼也

說文繫傳考異四卷附錄一卷浙江巡撫採進本

國朝汪憲撰憲號魚亭仁和人乾隆丁丑進士候選

主事未就銓而卒南唐徐鍇作說文繫傳四十卷

歲久散佚自明以來方以智號精於小學而通雅

稱楚金所繫今皆遺失則世罕傳本已非一日好

事者秘相傳寫魚魯滋多或至於不可句讀憲所

見者猶屬影宋鈔本然已訛不勝乙因參以今本說文旁參所引諸書證其異同以成是編訛者正之其不可解者則並存以俟核定焉考洪适隸釋載漢石經論語碑末有而在於蕭牆之内盍包毛周無於一行是則考異之鼻祖經典釋文以下沿流而作者頗衆惟韻書字書節目繁碎從未有縷析舊文徹首徹末訂舛互而彙爲一編者憲作是書亦可云留心小學者矣末有附錄二卷乃朱文藻所編上卷爲諸家評論繫傳之詞下卷載錯詩

五首及其兄弟軼事亦頗費蒐羅然所收李燾序一篇採自文獻通考本所作說文五音韻譜序因通考刻本悮脫標題一行遂聯屬於說文繫傳下乃不辨而收之殊失考訂至於二徐璵記於繫傳更爲無關以是爲例將郭璞爾雅方言註末亦附載游仙詩乎今存其上卷以資考核其下卷則竟從删汰庶不以貪博嗜奇破著書之體例焉

說文解字篆韻譜五卷 兩江總督採進本

南唐徐鍇撰其書取許慎說文解字以四聲部分

編次成書凡小篆皆有音訓其無音訓者皆愼書所附之重文注史字者籒書注古字者古文也所注頗爲簡畧蓋六書之義已具於說文繫傳中此特取便簡閱故不更複贅耳據李燾五音說文韻譜序此書篆字皆其兄鉉所書鉉集載有此書序二篇後序稱韻補旣成廣求餘本孜孜讐校頗有刊正今承詔校定說文更與諸儒精加研覈又得李舟所著切韻殊有補益其閒有說文不載而見於序例注義者必知脫漏並從編錄疑者則以李

氏切韻爲正是此書鉉又更定不僅出錯一手其以序例注義中字添入亦鉉所爲也前序稱命錯取叔重所記以切韻次之聲韻區分開卷可睹云云考後序稱又得李舟切韻則所謂切韻次之者當即陸法言書即唐韻廣韻所因也然錯所編部分與廣韻稍異又上平聲內痕部併入魂部下平聲內一先二仙後别出三宣一部又魂部之下注痕部附字宣部則不著别分似乎切韻原有此部殆不可曉或此書部分鉉亦以李舟切韻定之故

分合不同歟是書傳本甚少此爲明巡撫李顯所刻寒部籣瀾漣灡闌五字當在乾蘭讕調四字之後豪部高皐草羔膏五字當在獆謕號虢鄂五字之後皆訛前一行麻部媧譁譇觰䰈五字當在秅麃詺侉夸家加茄葭九字之前訛後二行蓋刻其書者失於校覈其後序一篇亦佚去不載今從鈕騎省集錄出補入以成完帙焉

重修玉篇三十卷 兵部侍郎紀昀家藏本

梁大同九年黃門侍郎兼太學博士顧野王撰唐

上元元年富春孫强增加字宋大中祥符六年陳彭年吳銳邱雍等重修凡五百四十部今世所行凡三本一為張士俊所刊前有野王序一篇啓一篇後有神珙反紐圖及分毫字樣朱彝尊序之稱上元本一為曹寅所刊與張本一字無異惟前多大中祥符勅牒一道稱重修本一為明內府所刊字數與二本同而每部之中次序不同註文稍畧亦稱大中祥符重修本按文獻通攷載玉篇三十卷引晁公武讀書志曰梁顧野王撰唐孫强又嘗

增字釋神珙反紐圖附於後又載重修玉篇三十卷引崇文總目曰翰林學士陳彭年與史館校刊吳銳直集賢院邱雍等重加刊定是宋時玉篇原有二本彭年等進書表稱肅奉詔條俾從詳閱訛謬者悉加刊定敷淺者仍事討論其勑牒所列字數稱舊一十五萬六百四十一言新五萬一千一百三十九言新舊總二十萬九千七百七十言註四十萬七千五百有三十字是彭年等大有增删已非孫強之舊故明内府本及曹本均稱重修張

本既與曹本同則亦重修本矣乃刪去重修之牒詭稱上元本而大中祥符所改大廣益會之名及卷首所列字數仍未及削改可謂拙於作僞彝尊序乃謂勝於今行大廣益本殆亦未見所刊而以意漫書歟元陸友研北襍志稱顧野王玉篇惟越本最善末題會稽吳氏三一孃寫楷法殊精又考永樂大典每字之下皆引顧野王玉篇云云又引宋重修玉篇云云二書並列是明初上元本猶在而其篇字韻中所載玉篇全部乃仍收大廣益會

本而不收上元舊本顧孫原帙遂不可考殆以重修本註文較繁故以多為貴耶當時編纂之無識此亦一端矣卷末所附沙門神珙五音聲論及四聲五音九弄反紐圖為言等韻者所祖近時休寧戴氏作聲韻考力辨反切始魏孫炎不始神珙其說良是至謂唐以前無字母之說神珙字母乃剽竊儒書而託詞出於西域則殊不然考隋書經籍志稱婆羅門書以十四音貫一切字漢明帝時與佛經同入中國則遠在孫炎前又釋藏譯經字母

自晉僧伽婆羅以下可考者尚十二家亦遠在神珙前蓋反切生於雙聲雙聲生於字母此同出於喉吻之自然華不異梵梵不異華者也中國以雙聲取反切西域以字母統雙聲此各得於聰明之自悟華不襲梵梵不襲華者也稽其源流具有端緒特神珙以前自行於彼教神珙以後始流入中國之韻書亦如利瑪竇後推步測驗參用西法耳豈可謂歐羅巴書全剽竊洛下鮮于之舊術哉藏氏不究其本徒知神珙在唐元和以後遂據其末

而與之爭欲以求勝於彼教不知聲音之學西域實爲專門儒之勝於釋者別自有在不必爭之於此也

干祿字書一卷兩淮馬裕家藏本

唐顏元孫撰元孫杲卿之父眞卿之諸父也官至滁沂濠三州刺史贈秘書監大歷九年眞卿官湖州時嘗書是編勒石開成四年楊漢公復摹刻於蜀中今湖本已泐缺蜀本僅存宋寶祐丁巳衡陽陳蘭孫始以湖本鋟木

國朝揚州馬曰璐得宋槧翻刻之即此本也然證以蜀本率多謬誤如卷首序文本元孫作所謂伯祖故秘書監乃師古也蘭孫以元孫亦贈秘書監遂誤以爲眞卿稱元孫而以序中元孫二字改爲眞卿以就之曰璐亦承其訛殊爲失考其他缺誤亦處處有之今以蜀本互校補缺文八十五字改訛體十六字删衍文二字始稍還顔氏之舊是書爲章表書判而作故曰干祿其例以四聲隸字又以二百六部排比字之後先每字分俗通正三體頗

爲詳核其中如虫蟲咼圖商商凍湅截然兩字而以爲上俗下正又如皃古貌字而云貌正皃通韭之作韮芻之作菑葘直是俗字而以爲通用雖皆不免千慮之失然其書酌古準今實可行用非詭稱復古以奇怪釣名言字體者當以是爲酌中焉至二百六部之次序與廣韻間有不同或元孫所用乃陸法言之舊第而廣韻次序乃宋人所改歟

五經文字三卷 兩淮馬裕家藏本

唐張參撰參里貫未詳自序題大歷十一年六月

七日結銜稱司業蓋代宗時人唐書儒學傳序稱
文宗定五經劉之石張參等是正訛文誤也考後
漢書熹平四年春三月詔諸儒正五經文字刻石
立於太學門外參書立名蓋取諸此凡三千二百
三十五字依偏旁爲百六十部劉禹錫國學新修
五經壁記云大歷中名儒張參爲國子司業始詳
定五經書於講堂東西廂之壁積六十餘載祭酒
皡博士公肅再新壁書乃析堅木負墉而比之其
製如版牘而高廣背施陰關使衆如一觀此言可

以知五經文字初書於屋壁其後易以木版至開成間乃易以石刻也朱彝尊跋云五經文字獨無雕本爲一闕事考册府元龜稱周顯德二年尚書左丞兼判國子監事田敏獻印版書五經文字奏稱臣等自長興三年校勘雕印九經書籍然則此書刻本在印版書甫創之初已有之特其本不傳耳今馬曰璐新刻板本跋云舊購宋拓石經中有此因舊樣繕寫雕版於家塾然曰璐雖稱摹宋拓本今以石刻校之有字畫尚存而其本改易者又

下卷幸部脫去睪字註十九字盭字併註凡八字

令悉依石刻補正俾不失其眞焉

九經字樣一卷 兩淮馬裕家藏本

唐唐元度撰元度里籍未詳惟據此書知其開成中官翰林待詔考唐會要稱太和七年二月敕唐元度覆定石經字體十二月敕於國子監講論堂兩廊創立石九經元度字樣蓋作於是時凡四百二十一字依倣五經文字爲七十六部前載開成二年八月牒云准太和七年十二月敕覆九經字

體者今所詳覆多依司業張參五經文字爲准諸經之中别有疑闕古今體異隸變不同如總據說文則古體驚俗若依近代文字或傳寫乖訛今與校勘官同商較是非取其適中纂錄新加九經字樣一卷請附於五經文字之末蓋二書相輔而行當時即列石壁九經之後明嘉靖乙卯地震二書同石經並損缺焉近時馬曰璐得宋拓本而刊之猶屬完善其閒轉寫失眞及校者意改往往不免今更依石刻殘碑詳加覆訂各以案語附之下方

五經文字音訓多本陸德明經典釋文或注某反或注音某元度時避言反字無同音字可注者則云某平某上就四聲之轉以表其音是又二書義例之異云爾

汗簡三卷目錄叙畧一卷 兩淮馬裕家藏本

宋郭忠恕撰忠恕字恕先洛陽人是書首有李建中題字後有附題兩行稱忠恕仕周朝爲朝散大夫宗正丞兼國子書學博士疑亦建中所記然據郭若虛圖畫見聞志及蘇軾集所載忠恕小傳並

稱宋太宗時名忠恕爲國子監主簿後流登州道卒則不得爲周人又陶岳五代史補載周祖入京師時忠恕爲湘陰公推官面責馮道之賣國則先已仕漢題周更誤矣宋史藝文志以此書與佩觿並載而晁陳諸家書目皆不著錄則在宋代亦罕見此本乃宋李建中得之秘府大中祥符五年李直方得之建中初無撰人名字建中以字下註文有臣忠恕字證以徐鉉所言定爲忠恕所作其分部從說文之舊所徵引古文凡七十一家前列其

目字下各分注之時王球呂大臨薛尚功之書皆未出故鐘鼎欵焉其分隸諸字即用古文之偏旁與後人以真書分部按韻繫字者不同鈍吟襍錄載馮舒嘗論此書以沔汸膌駛諸字援文就部爲疑然古文部類不能盡繩以隸楷猶之隸楷轉變不能盡繩以古文舒之所疑蓋不足爲累且所徵七十一家存於今者不及二十分之一後來談古文者輾轉援据大抵從此書相販鬻則忠恕所編實爲諸書之根柢尤未可以忘所自來矣

佩觿三卷 兩淮馬裕家藏本

宋郭忠恕撰此書上卷備論形聲訛變之由分爲三科曰造字曰四聲曰傳寫中下二卷則取字畫疑似者以四聲分十段曰平聲自相對曰平聲上聲相對曰平聲去聲相對曰平聲入聲相對曰上聲自相對曰上聲去聲相對曰上聲入聲相對曰去聲自相對曰去聲入聲相對曰入聲自相對末附與篇韻音義異者十五字又附辨證舛誤者一百十九字不署名字不知何人所加以其可資考

證仍並存之惠棟九經古義嘗駁忠恕以示字爲視而反以視爲俗字今考其中如謂車字音尺遮反本無居音蓋因韋昭辨釋名之說未免失於考訂又書號入分久有舊訓蔡文姬述其父語自必無訛乃以爲八體之外別分此體强爲穿鑿亦屬支離至於以天承卩爲吳已見越絕書而引三國志爲徵景爲古影字已見高誘淮南子註而云葛洪字苑加彡案此沿顏氏家訓之誤又陶侃本字士行而誤作士衡東方朔以來來爲棗本約畧近似而遂造

桼字均病微疎然忠恕洞解六書故所言具中條理如辨逄姓之逄音皮江反不得讀如逢遇本字証之漢隸字源逄字下引逢盛碑通作逄則姓氏之逄雖通作逢亦仍作皮江反可証顏師古之訛又若辨角里本作角里與角亢字無異亦不用顏師古恐人誤讀故加一拂之說證之漢四老神位神胙几石刻角里實作角里與此書合則知忠恕所論較他家精確多矣

古文四聲韻五卷 戶部郎中汪啟淑家刊本

宋夏竦撰竦字子喬江州德安人景德三年舉賢良方正官至武寧軍節度使謚文莊事迹具宋史本傳據吾衍學古編稱夏竦古文四聲韻五卷前有序併全銜者好別有僧翻本不可用又據全祖望鮚埼亭集有是書跋稱借鈔於范氏天一閣爲紹興乙丑浮屠寶達重刊蓋即吾衍所謂僧翻本也此本從汲古閣影寫宋刻翻雕有慶歷四年竦自序卷首題開府儀同三司行吏部尚書知亳州軍州事夏竦集是吾衍所謂前有序及全銜者矣

其書以四聲分隸古篆全祖望跋稱所引遺書八十八家以校郭氏汗簡未嘗多一種實卽取汗簡而分韻錄之絕無增減異同雖不作可也其說固是然汗簡以偏旁分部而偏旁又全用古文不從隸體猝不易尋此書以韻分字而以隸領篆較易於檢閱此如旣有說文而徐鍇復作篆韻譜相輔而行固未可廢其一也惟其書由襍綴而成多不究六書之根柢如竊卽古親字也親字下旣云古尚書作䫔又別出一竊字訛從宀爲從穴云卽古

雲字也雲字既云說文作[illegible]云字下又云王存乂切韻作[illegible]朖即古瞿字也朖字下引汗簡作䀠瞿字下又引崔希裕纂古作㮚以及朝鼂閒閿協叶之類不可殫數龕字引古尚書是西伯戩黎之戩古字通也乃不併於戩字而自爲一條是由不知古文誤以一字爲二也澄即澂字之別體澄字下引雲臺碑作𢾊澂字下引王庶子碑作𢽴彩即釆字之別體釆字下引雲臺碑作𠂢彩字下引義雲章作彩以及桐㮚崇㟪窺闚暮謨仙僊員圓熙熈

奉捧准準帽冒覺競之類不可殫數是又由不辨俗書誤以一字爲二也覃韻之函乃函蓋字咸韻之函乃函谷字而並引南岳碑作[illegible]仙韻之鮮乃腥鮮字於古當從三魚獮韻之鮮乃鮮少字於古當從甚從少乃並云古老子作[illegible]顔黃門說作[illegible]古尚書作鱻說文訓㐬爲大訓荒爲荒蕪本爲兩字而以古尚書之荒字籀韻之㐬字並列荒字下是不辨音義以二字合爲一也弌弍弎三字並出說文乃惟云弌字出說文弌弍弎字則云出貝邱長

碑古老子三字則云出天臺經幢谿字出石鼓文乃云出王存乂切韻鎦字出說文廇字出儀禮瀍字獻字䫻字簪字出周禮乃並云出崔希裕纂古沵字出荀子公羊傳乃云出古文是不求出典隨所見而捃摭也簀字說文本作臾乃云出唐韻夢字說文本作㝱乃云出汗簡燒字說文本作燒乃云出崔希裕纂古以及兮囘氷井丑志之類全與說文相同者亦不可殫數是併不辨小篆也至於室字云季札墓銘作𡧪季札墓銘無室字怕字云

古孝經作𡖃古孝經無怕字葢杜撰矣他如𩕄鱻䥫銕[illegible][illegible]之類相連並列猶一篆文一改篆爲隸也至保字下云崔希裕纂古作保鴈字下云籀韻作鴈則全作隸書點畫不異更不解其何故讀是書者亦未可全據爲典要也所列韻目據自序云本唐切韻仙韻下增一宣韻與徐鍇韻譜同覃談二韻列於麻後陽前蒸登二韻列於添後咸前與顔元孫干祿字書同葢唐制如是至齊韻之後佳韻之前增一移韻與二書又不同殆唐韻亦非一

本歟是則不可考矣

類篇四十五卷兩淮馬裕家藏本

舊本題司馬光撰嘉定癸亥董南一作光切韻指掌圖序亦稱光嘗被命修纂類篇古文奇字蒐獵殆盡然書後有附記曰寶元三年十一月翰林院學士丁度等奏今修集韻添字既多與顧野王玉篇不相參協欲乞委修韻官將新韻添入別為類篇與集韻相副施行時修韻官獨有史館檢討王洙在職詔洙修纂久之洙卒嘉祐二年九月以翰

林學士胡宿代之三年四月宿奏乞光祿卿直秘閣掌禹錫大理寺丞張次立同加校正六年九月宿遷樞密副使又以翰林學士范鎮代之治平三年二月范鎮出鎮陳州又以龍圖閣直學士司馬光代之時已成書繕寫未畢至四年十二月上之然則光於是書特繕寫奏進而已傳爲光修非其實也書凡十五卷每卷各分上中下故稱四十五卷末一卷爲目錄用說文解字例也凡分部五百四十三其編纂之例有九一曰同音而異形者皆

兩見二曰同意而異聲者皆一見三曰古義之不可知者四曰變古而有異義者皆從今五曰變古而失真者皆從古六曰字之後出而無據者皆不特見七曰字之失故而遂然者皆明其由八曰集韻之所遺者皆載九曰字之無部分者皆以類相聚考集韻所收併重文爲五萬三千五百二十五字此書凡文三萬一千三百一十九重音二萬一千八百四十六僅五萬三千一百六十五字較集韻所收尚少三百六十字而例云集韻所遺皆載

者蓋集韻重文頗爲襍濫此書凡字之後出而無據者皆不特見故所删之數多於所增之數也其所編錄雖不及說文玉篇之謹嚴然字者孳也輾轉相生有非九千舊數所能盡者玉篇已增於說文此書又增於玉篇時會所趨久則爲律有不知其然而然者固難以一格拘矣

鐘鼎款識二十卷 兩江總督採進本

宋薛尚功撰尚功字用敏錢塘人紹興中以通直郎僉定江軍節度判官廳事是書晁公武讀書志

宋史藝文志均作二十卷與今本相同惟陳振孫書錄解題作鐘鼎法帖十卷卷數互異似傳寫脫二字然吾邱衍學古編亦作十卷所云刻於江州與振孫之說亦符蓋當時原有二本也所錄篆文雖大抵以考古博古二圖爲本而蒐輯較廣實多出於兩書之外其中如十六卷中載比干墓銅槃銘之類未免眞僞襍糅然大致可稱博洽郎以卷首商鼎一類考之若箕鼎及維揚石刻之出於古器物名濟南鼎之出於向瀚刻本皆非舊圖之所

有至其箋釋名義考據尤精如攷古圖釋蠆鼎云周景王十三年鄭獻公蠆立此書獨從博古圖以爲商鼎夔鼎銘五字博古圖云上一字未詳此書以上一字爲夔字父乙鼎銘亦五字博古圖云未一字未詳此書以末一字爲彝字又如博古圖釋召夫鼎銘詞有午刊二字此書作家刊博古圖釋父甲鼎作立戈父甲此書作子父甲又凡博古圖所云立戈横戈形者此多釋爲子字其立說並有依據蓋尚功嗜古好奇又深通篆籀之學能集諸

家所長而比其同異頗有訂訛刊悞之功非鈔撮蹈襲者比也佝功所著别有鐘鼎篆韻七卷葢卽本此書而部分之今其本不傳然梗槩已具於此矣舊刻久佚此本爲明崇禎中朱謀垔所刊自序稱購得佝功手書本雖果否眞跡無可證明然鈎勒特爲精審較世傳寫本爲善云

案此書雖以鐘鼎款識爲名然所釋者諸器之文字非諸器之體製改隸字書從其實也至博古圖中之因器及銘者則宜入譜錄不

在此例隋志併石經入小學以刻文同異可資參考之故然萬斯大石經考之類皆但溯源流不陳字體與小學無涉今仍附之金石焉

復古編十一卷兵部侍郎紀昀家藏本

宋張有撰有字謙中湖州人張先之孫出家爲道士是書根據說文解字以辨俗體之訛以四聲分隸諸字於正體用篆書而別體俗體則附載註中猶顔元孫干祿字書分正俗通三體之例下卷入

聲之後附錄辨證六篇一曰聯緜字二曰形聲相類三曰形相類四曰聲相類五曰筆迹小異六曰上正下譌皆剖析毫釐至爲精密然惟以說文正小篆而不以小篆攺隸書故小篆之不可通於隸者則曰隸作某亦顏元孫所謂總據說文則下筆多礙當去泰去甚使輕重合宜者也樓鑰集有此書序稱其常篆楊時踵息菴記以小篆無菴字竟作隸體書之知其第不以俗體入篆爾作隸則未嘗不諧俗鑰序又記其爲林攄母撰墓碑書魏字

作巍終不肯去山字陳振孫所記亦同然考此書巍字下注曰今人省山以爲魏國之魏不言爲俗體別字是其說復古而不戾今所以爲通人之論視魏校等之詭僻盜名强以篆籀入隸者其識趣相去遠矣此本爲明萬歷中黎民表所刊字畫頗爲清析惟不載鑰序然鑰所云陳瓘程俱前後序則皆相符蓋猶從舊本傳刻者也

班馬字類五卷 內府藏本

宋婁機撰機字彥發嘉興人乾道二年進士寧宗

朝畀官禮部尚書兼給事中權知樞密院事兼太子賓客進參知政事提舉洞霄宮事迹具宋史本傳是書前有樓鑰序稱爲史漢字類案司馬在前班固在後倒稱班馬起於杜牧之詩於義未合似宜從鑰序之名然機跋實自稱班馬今姑仍之其書采史記漢書所載古字僻字以四聲部分編次雖與文選雙字兩漢博聞漢雋諸書大槪畧同而考證訓詁辨別音聲於假借通用諸字臚列頗詳實有裨於小學非僅供詞藻之撏撦末有機自跋

二則辨論字義亦極明析其中有如降古音洪眉古作眚之類可以不載者亦有如璇璣玉衡本尚書袀服振振本左傳之類不得以史漢爲出典者與幾至刑措之幾不茹園葵之茹音義與今並同者一概捃拾未免小失簡汰又袁文甕牖閒評議其引史記禮書不稟京師之稟當從示不當從禾漢書西域傳須諸國稟食之稟當從禾不當從示二字交誤亦中其失然古今世異往往訓詁難通有是一篇區分類聚雖間有出入固不失爲考古

之津梁也

漢隸字源六卷內府藏本

宋婁機撰是書前列攷碑分韻辨字三例次碑目一卷凡漢碑三百有九魏晉碑三十有一各記其年月地里書人姓名以次編列即以其所編之數注卷中碑字之下以省繁文次以禮部韻畧二百六部分爲五卷皆以眞書標目而以隸文排比其下韻不能載者十四字附五卷之末終焉其文字異同亦隨字附註如後漢修孔子廟器碑內韓明

府名勑字叔節歐陽修謂前世見於史傳未有名勑者而此書引繁陽令楊君碑陰亦有杜勑以證集古錄考核之疎又若曲江之爲曲紅引周憬碑遭罹之爲遭離引馬江碑陂障之爲波障引孫叔敖碑委蛇之爲禕隋引衡方碑於古音古字亦多存梗概皆足爲考證之資不但以點畫波磔爲書家模範已也

六書故三十三卷 兩江總督採進本

宋戴侗撰考姓譜侗字仲達永嘉人淳祐中登進

士第由國子監簿守台州德祐初由秘書郎遷軍器少監辭疾不起其所終則莫之詳矣是編大旨主於以六書明字義謂字義明則貫通羣籍理無不明凡分九部一曰數二曰天文三曰地理四曰人五曰動物六曰植物七曰工事八曰雜九曰疑盡變說文之部分實自侗始其論假借之義謂前人以令長爲假借不知二字皆從本意而生非由外假若韋本爲韋背借爲韋革之韋豆本爲俎豆借爲豆麥之豆凡義無所因特借其聲者然後謂

之假借說亦頗辯惟其文皆從鐘鼎其註既用隸書又皆改從篆體非今非古頗礙施行元吾邱衍學古編曰侗以鐘鼎文編此書不知者多以爲好以其字字皆有不若說文與今不同者多也形古字今雜亂無法鐘鼎偏旁不能全有却只以小篆足之或一字兩法人多不知如⊗本音囂加宀不過爲寰字乃音作官府之官邨字不從寸木乃書爲村引杜詩無村眺望賒爲證甚悞學者許氏解字引經漢時猶用篆隸乃得其宜今侗亦引經而

不能精究經典古字反以近世差誤等字引作正據鎊鍾黎鋸尿屎等字以世俗字作鐘鼎文卵字解尤爲不典到此書爲一厄矣云云其詆諆甚至雖不爲不中其病然其苦心考據亦有不可盡泯者畧其紕繆而取其精要於六書亦未嘗無所發明也

字通一卷兩淮鹽政採進本

宋李從周撰從周始末未詳據嘉定十三年魏了翁序但稱爲彭山人字曰肩吾末有寶祐甲寅虞

兟刻書跋亦但稱得本於了翁均不及從周之仕履莫能考也是書以說文校隸書之偏旁凡分八十九部爲字六百有一其分部不用說文門類而分以隸書之點畫既乖古法又既據隸書分部乃仍以篆文大書隸書夾註於體例亦頗不協且如水字火字既入上兩點類而下三點內又出水字火字旁三點示字類又再出水字下四點內又出火字水字如此之類凡一百二十三字破碎冗雜殊無端緒至於十字收於上兩點類獨從篆而不

從隸既自亂其例回字收於口字類臣字巨字臣字收於自字類東字收於里字類併隸書亦不相合均爲乖剌然其大者出於明隸書之源流而非欲以篆文改隸猶顏元孫所謂去泰去甚使輕重合宜者宋人舊帙流傳已久存之亦可備檢閱也卷末別附糾正俗書八十二字其中如壅塞必作邕塞芝之草必作之草衣裳必作衣常添減必作沾滅規矩必作規巨心膂必作心呂鐙炷必作鐙主袒裼必作但裼負荷必作負何巾帨必作巾帥

竭力必作渴力肘腋必作肘亦是雖於古有據而今斷斷不能行其前題詞有復古編字通尚未及之畧具如左文云云似非從周之語又虍字類虛字條下既稱今别作墟非是而此又出虛作墟非一條指爲字通所未及使出從周不應牴牾如此其或後人所竄入歟

龍龕手鑑四卷 浙江吳玉墀家藏本

遼僧行均撰行均字廣濟俗姓于晁公武讀書志謂此書卷首僧智光序題云統和十五年丁酉七

月一日沈括夢溪筆談乃謂熙寧中有人自契丹得此書入傳欽之家蒲傳正取以刻版其序末舊云重熙二年五月序蒲公削去之云云今按此本爲影抄遼刻卷首智光原序尚在其紀年實作統和不作重熙與晁公武所説相合知沈括誤記又文獻通考載此書三卷而此本實作四卷智光原序亦稱四卷則通考所載顯然誤四爲三殆皆隔越封疆傳聞紀載故不免失實歟其書凡部首之字以平上去入爲序各部之字復用四聲列之後

南宋李燾作說文五音韻譜實用其例而小變之每字之下必詳列正俗今古及或作諸體則又行均因唐顏元孫干祿字書之例而小變之者也所錄凡二萬六千四百三十餘字注一十六萬三千一百七十餘字并注總一十八萬九千六百一十餘字於說文玉篇之外多所搜輯雖行均尊其本教每引中阿含經賢愚經中諸字以補六書所未備然不專以釋典爲主沈括謂其集佛書中字爲切韻訓詁殊屬不然不知括何以云爾也括又謂

契丹書禁至嚴傳入别國者法皆死故有遼一代之遺編諸家著録者頗罕此書雖頗參俗體亦間有舛譌然吉光片羽幸而得存固小學家所宜寶貴矣

六書統二十卷 浙江汪啓淑家藏本

元楊桓撰桓字武子號辛泉兖州人中統四年以郡諸生補濟州教授累官太史院校書監察御史終國子監司業事蹟具元史本傳是書至大丙申其子守義進於朝詔下江浙鏤板前有翰林直學

士硯堅序又有國子博士劉泰後序而桓自序爲尤詳大㫖以六書統諸字故名曰統凡象形之例十會意之例十有六指事之例九轉注之例十有八形聲之例十有八（案說文本作諧聲此作形聲蓋從周禮之文）假借之例十有四其象形會意轉注形聲四例大致因戴侗六書故門目而衍之指事假借二例則桓以意鉤稽自生分别所列先古文大篆次鐘鼎文次小篆其說謂文簡意足莫善於古文大篆借其數少不足於用文字備用者莫過小篆而訛謬於後

入之傳寫者亦所不免今以古文證之悉復其舊蓋桓之自命在是然桓之紕繆亦即在於是故其說至於不可通則變一例所變之例復不通則不得不又變一例數變之後紛如亂絲於是一指事也有直指其事有以形指形有以意指意有以形指意有以意指形有以注指形有以注指意有以聲指形有以聲指意一假借也有聲義兼借有借聲不借意有借意不借聲有借諧聲兼義有借諧聲有借近聲兼義有借近聲有借諧近聲有因借

而借有因省而借有借同形有借同體有非借而借輾轉迷瞀幾於不可究詰蓋許慎說文爲六書之祖如作分隸行草必以篆法繩之則字各有體勢必格閡而難行如作篆書則九千字者爲高曾之矩矱矣桓必欲偭而攺錯其支離破碎不足怪也以六書論之其書本不足取惟是變亂古文始於戴侗而成於桓侗則小有出入桓乃至於横決而不顧後來魏校諸人隨心造字其弊實濫觴於此置之不錄則桓穿鑿之失不彰故於所著三書

之中錄此一編以著變法所自始朱子所謂存之正以廢之者茲其義矣

周秦刻石釋音一卷 編修汪如藻家藏本

元吾邱衍撰衍字子行錢塘人初宋淳熙中有楊文昺者著周秦刻石釋音一書載石鼓文詛楚文泰山嶧山碑至是衍以所取瑯琊碑不類秦碑不應收入因重加刪定以成是書前有至大元年衍自序謂石鼓以所藏甲秀堂圖譜爲之而削去鄭樵音訓又正詛楚文二字合泰山嶧山石刻字共

爲一卷而仍其書名又列諸家音注書評於後其敘石鼓次第與薛尚功楊愼本合而與今本異其曰文幾行行幾字重文闕文幾字者卽朱彝尊據以編石鼓考者也然其所謂闕文幾字者仍第執一時所見之本而言卽潘迪音訓與衍書同作於元時其音釋亦不盡同蓋金石之文摹搨有明晦裝潢有移掇言人人殊不足異也至所正詛楚文二字絆之爲縫其說於古無所據以文義字體按之皆未可信遝之爲遂則遝遂二字詛楚文石本

板本皆無其文不知衍所據何本然衍距今日四百年其所見之本或有異同未可執今本相詰難錄備一說要亦足廣異聞耳

字鑑五卷 兩淮馬裕家藏本

元李文仲撰文仲長洲人自署吳郡學生其始末則無考也文仲從父世英以六書惟假借難名因輯類韻二十卷以字爲本音爲榦義訓爲枝葉自一而二井然不紊凡十年始成而韻內字畫尚有未正者文仲因續爲是書依二百六部之韻編次

之辨正點畫刊除俗謬於諸家皆有所駁正中間如稾从禾高聲而悮作藁隙从阜从𡭴而悮作隟則糾干祿字書之失肈肇原有二字而止收肇字反以肇爲俗豎字悮从立作竪徹字悮从去作徹析字悮从片作析則糾五經文字之失如屯本訓難借爲屯聚字而郭忠恕以屯音迍別出屯爲屯聚字於假借之義不合則糾佩觿之失他若增韻韻會諸本則舉正之處尤多大㫖悉本說文以訂後來沿襲之謬於小學深爲有裨至若茇字變爲

孛陊字變爲堕隓字變爲㒸之類則以爲承譌既久難於遽改而但於本字下剖析其所當然深得變通之宜亦非泥古駭俗者所可比也其書久無傳本康熙中朱彝尊從古林曹氏抄得始付長洲張士俊刊行之云

說文字原一卷六書正譌五卷 大學士于敏中家藏本

元周伯琦撰伯琦字伯溫饒州人官至兵部侍郎明郎瑛七修類稿載其降於張士誠士誠破後爲明太祖所誅謂元史稱其後歸鄱陽病卒爲誤考

徐禎卿翦勝野聞先有此說然宋濂修史在太祖時使伯琦果與士誠之黨同誅濂等不容不知至翦勝野聞本出依托不足爲據瑛所言殆傳聞失實也是二書前有至正乙未國子監丞宇文公諒總序說文字原之首有伯琦自序題至正己丑而六書正譌則無序意其佚脫也明嘉靖元年滁陽于器之重刊於浙中璦州黄芳爲序崇禎甲戌胡正言又重刊之正言字曰從海陽人官中書舍人工於鐫篆有十竹齋印譜爾集此二書篆文即所

手書也昔許慎說文凡分五百四十部其先後之序或有義或無義不盡可考徐鍇作說文繫傳仿周易序卦之例一一明其次第連屬之故未免失之牽合伯琦是書又以慎之部分增廿丣㠯亍斗𠬞斤厤尒㫗也牽乀乂毋尤丬一十七部又改𦣻爲百改箕爲其改危爲㐆改雲爲云變其字者四部刪其飛几㢧凶卤矛辛壴鼓臼有弓蓐㓞酋丂亣十七部移其原第使以類相從以明輾轉孳生之義分爲一十二部如禿字說文从人在禾中伯

琦則謂从木諧聲从禾爲謬尸字小篆一筆三折屈曲相連伯琦則謂爲傳寫之悞當从臥人之形作二筆書之與慎亦頗有異同至於以側山爲𠂤倒㞢爲帀之類訓爲轉注則仍與會意無分未免自我作古耳其六書正譌以禮部韻畧部分分隸諸字列小篆爲注先注制字之義而以隸作某某俗作某某辨别於下畧如張有復古編之意其間如芙蓉之蓉必書爲頌枝幹之幹必書爲干多牽强而不可行且全書皆用今韻而宜字則以篆文

從多諧聲移於歌韻全書皆用小篆而香字乃從古文作皀别注小篆作香如斯之類尤未免爲例不純大抵伯琦此二書推衍說文者半參以已見者亦半瑕瑜互見通蔽相仿不及張有復古編之精審而亦不至如楊桓六書統之糅襍采葑采菲無以下體姑存以備一解亦兼收並蓄之意云爾

漢隸分韻七卷 江蘇巡撫採進本

不著撰人名氏亦無時代考其分韻以一東二冬三江等標目是元韻非宋韻矣其書取洪适等所

集漢隷依次編纂又以各碑字迹異同縷列辨析考吾邱衍學古編有合用文集品目一門其第七條隷書品中列有隷韻兩冊麻沙本與隷韻爲一副刊（案此隷韻謂劉球碑本隷韻十卷）字體不好以其冊數少乃可常用之故列目於此云云疑即此本顧藹吉隷辨序稱別有漢隷分韻字旣乖離迹復醜惡其誣譏此書與吾邱衍畧同然二人第以書迹筆法論耳要其比校點畫訂正舛互亦有足資考證者前人舊本寸有所長要未可竟從屏斥也

六書本義十二卷江蘇巡撫採進本

明趙撝謙撰撝謙原名古則餘姚人宋秦悼惠王之後明初徵修洪武正韻持議不協出爲中都國子監典簿罷歸尋以薦爲瓊山縣教諭事迹具明史文苑傳焦竑筆乘稱其字學最精行世者惟六書本義及學範六篇學範蕪穢殊無可取是編六書論及六書相生諸圖大抵祖述鄭樵之說其凡例有曰說文原作五百四十部今定爲三百六十部不能生者附各類後今以其說考之若說文畕

字爲一部以畺字爲子而撝謙則併入田部說文包字爲一部以胞匏字爲子而撝謙則併入勹部說文𢆶字爲一部以幾幽字爲子而撝謙則併入幺部凡若此類以母生子雖不過一二而未嘗無所生之子與凡例所云不能生者不同乃一槩併之似爲未當又若說文儿部儿讀若人充兊諸字從之與人字異體而撝謙則併入人部說文本部臯字從本從白而撝謙誤以從白爲從自附入自部則于字體尤舛第於各部之下辨别六書之體

頗爲詳嘶其研索亦具有苦心故錄而存之以不没所長焉

奇字韻五卷 浙江巡撫採進本

明楊愼撰愼有檀弓叢訓已著錄是編標字體之稍異者類以四聲故曰奇字考六書以說文所載小篆爲正若衛宏揚雄所學則别有古文奇字以非六書偏旁所可推也此書以奇字標名而若說文引經豐其屋豐作寷克岐克嶷嶷作㠜靜女其姝姝作㚣庶草蕃廡廡作無天地絪緼作壹壷營

營青蠅止于樊樊作棥故源源而來源源作謜謜泣血漣如漣作㦁之類雖與今經文小異而皆有六書偏旁可求則正體而非奇字且此類甚多亦不勝載如說文引尚書嵎夷作嵎銕引論語友便辟便作諞引詩赫兮喧兮喧作愃引周禮膳膏臊臊作鱢孤乘夏巡巡作䢺引易包荒用馮河荒作㳅引詩在河之洲洲作州引易服牛乘馬服作犕引書濬畎澮距川畎澮作𡿨巜引春秋傳翫歲而愒日翫作忨愒作𣞤引易夫乾確然確作寉引春

秋傳執玉惰惰作憜引詩納于凌陰夌作滕引論語白圭之玷玷作㓊引書闢四門闢作闕異同之處不可殫數此書所載殊不及十之二三至於岷之作汶禱之作調皆假借字而亦概列爲奇字尤屬不倫又如薔字下但注一災字而不云本鹽鐵論罕被寇薔薔音災廧字下但注一墻字而不云本管子地員篇行廧落房元齡注爲行廧及籬落闓字下但注一開字而不云本漢書匈奴傳乃遣闓陵侯將兵別圍車師及今欲與漢闓大關顏師

古注闔與閞同茬字下但注一槎字而不云本漢書貨殖傳然猶云山不茬蘖師古注茬古槎字闔字下但注一閭字而不云本漢書揚雄傳東鄰昆崙西馳閭闔師古注闔與閭同則全迷其所出萁字下注音該但引曹植詩而不知淮南子爨萁燧火高誘註其音該㳅字下注音流但引賈誼傳朝廷之視端㳅平衡而不知考荀子榮辱篇其㳅長矣楊倞注㳅古流字則不溯其所始又如冬韻載梥字引說文而不知漢書地理志蒼梧師古曰梧

古松字與𥰭同一古今字賁字下注云古文斑而不知荀子疆國篇曰如此下比周賁潰以離上矣楊倞注賁讀如墳漢書翟方進傳賁麗善爲星師古曰賁音肥蝯字下注與猿同而不知漢書李廣傳又作爰臂如淳曰臂如猿臂其闕佚又不可枚舉蓋愼充於腹笥特就所記憶者錄之故於諸書不暇詳考然於秦漢載籍亦已十得三四講六書者去其疵而取其醇或亦不無所助焉

古音駢字一卷續編五卷 江蘇巡撫採進本

古音駢字一卷明楊慎撰續編五卷

國朝莊履豐莊鼎鉉仝撰古人字少而韻寬故用字往往假借是書取古字通用者以韻分之各註引用書名於其下由字體之通求字音之通於秦漢以前古音頗有考證但遺鈌過多牽合亦復時有即以開卷東冬韻論之如荀子議兵篇云案角鹿埵隴動種東籠而近耳註曰隴動新序作龍種禮論篇曰彌龍註曰彌如字又讀爲弭楚詞九章曰蓀詳聾而不聞補註云詳與佯同九嘆曰登逢龍

而下隕兮逢故都之漫漫註云逢龍一作逄古本作蓬吳越春秋越王無餘外傳曰大夫曳庸註曰左傳作后庸國語舌庸史記五帝本紀曰其後有劉累擾龍應劭曰擾音柔故五帝本紀又曰擾而毅徐廣曰擾一作柔則擾柔字通倉公列傳曰臣意胗其脈曰迥風注曰迥音洞言洞入四肢漢書地里志曰都龐應劭曰龐音龍師古曰音龔揚雄傳曰奮六經以攄頌師古曰頌讀若容大戴禮衛將軍文子篇曰詩云受小共大共爲下國恂蒙註

曰今詩爲駿龐五帝德篇曰鳥獸昆虫考說文以虫爲虺然漢代碑刻即用虫爲蟲則虫蟲通此書原本續本均未舉及則採摭之未備也又如原本於蠭門二字註出荀子而史記龜策列傳亦作蠭門乃不註續本於虋冬滿冬門冬引爾雅註而山海經曰其草多芍藥虋冬乃不註又引廣雅膺匈二字謂匈胷通而管子內政篇曰平正擅匈註曰和氣獨擅匈中亦古胷字乃亦不註則訓釋之未詳也他如圜鍾函鍾是黃鐘林鐘別名非黃通爲

圜林通爲函其浸盧維讀作盧濰恐亦鄭元之改字未可盡概以古音乃一例定爲通用未免附會然大勢徵引賅洽足資考證古字之見於載籍者十已得其四五矣

俗書刊誤十二卷 江蘇巡撫採進本

明焦竑撰竑有易筌已著錄是書第一卷至第四卷類分四聲刊正訛字若丰之非丯容不從谷是也第五卷考字義若赤之通尺䶨之同猶是也第六卷考駢字若句婁之不當作岣嶁辟歷之不當

作霹靂是也第七卷考字始若對之改口從士本於漢文疊之改晶從畾本於新莽是也第八第九卷考音同字異若庖犧之爲炮羲神農之爲神由是也第十卷考字同音異若敦有九音苴凡兩讀是也第十一卷考俗用襍字若山岐曰岔水岐曰汊是也第十二卷考字形疑似若禾之與禾支之與攴是也其辨最詳而又非不可施用之僻論愈於拘泥篆文不分字體者多矣

字孿四卷 江蘇巡撫採進本

明葉秉敬撰秉敬字敬君衢州西安人萬歷辛丑進士官至荆西道布政司叅議尋移南瑞未行而卒秉敬學頗淹通著書四十餘種是編乃取字形似而義殊者分類註之與郭忠恕佩觿大旨畧同每字綴以四言歌訣則秉敬自創之體例凡例謂䜌子眉目髮膚雖無別而伯仲先後弗淆當察乎子母相生之微而引伸觸類故其說悉根柢說文毫釐辨析於偏旁點畫分别了然又該以韻語便於記誦亦小學入門之津筏也其書爲杭人潘之

淙所刻前有篆體辨訣一篇乃以七言歌括辨篆文偏旁之同異不知何人所撰由來已久之淙以其與此書可互相參究故附刊以行其區別形體亦頗有資於六書惟其末此舊本增多一百二十四句則紕繆杜撰不一而足如謂抽字不當從由咽字不當從因已顯與說文相背甚且臆造篆文如瑟上加一對内從于均極譌謬至勇本從甬而云角力爲勇稷古文省畟而云與櫻柳同此類尤爲乖舛蓋無識者所竄入不足依據今姑從原本

錄之而糾正其失於此庶不疑悞後學焉

康熙字典四十二卷

康熙五十五年

聖祖仁皇帝御定古小學存於今者惟說文玉篇爲最舊說文體皆篆籀不便施行玉篇字無次序亦難檢閱類篇以下諸書則惟好古者藏弆之世弗通用所通用者率梅膺祚之字彙張自烈之正字通然字彙疎舛正字通尤爲蕪雜均不足依據康熙四十九年乃

諭大學士陳廷敬等刪繁補漏辨疑訂訛勒爲此書仍兩家舊目以十二辰紀十二集而每集分三子卷凡一百一十九部冠以總目檢字辨似等韻各一卷殿以補遺備考各一卷部首之字以畫之多寡爲序部中之字亦然每字之下先列唐韻廣韻集韻韻會正韻之音唐韻久佚今能一一徵引者徐鉉校說文所用即唐韻之翻切也次訓釋其義次列別音別義次列古音均引證舊典詳其始末不使一語無稽有所考辨即附於注末又每字必載古

體用說文例改從隸書用集韻例兼載重文别體俗書訛字用干祿字書例皆綴於注後用復古編例仍從其字之偏旁别出於諸部用廣韻互見例至於增入之字各依字畫多寡例於其數之末則說文之新附禮部韻畧之續降例也其補遺一卷收稍僻之字備考一卷收不可施用之字凡古籍所載務使包括無遺蓋拘泥古義者自說文九千字外皆斥爲僞體遂至音韻必作音均衣裳必作衣尚韓愈書爲韓瘉諸葛亮書爲諸葛諒動生滯

礙於事理難通固爲不可若夫孫休之所自造王起之所未識傅奕之稱遲人段成式之作䅚字皆考之古而無徵用之今而多駭存而並列則通儒病其荒唐削之不登則淺識疑其挂漏別爲附錄等諸外篇尤所謂去取得中權衡盡善者矣

御製序文謂古今形體之辨方言聲氣之殊部分班列開卷了然無一義之不詳無一音之不備信乎六書之淵海而七音之準繩也

御製淸文鑑三十二卷補編四卷總綱八卷補總綱二

卷

乾隆三十六年奉

敕撰我

國家發祥長白實金源之舊疆金史章宗本紀載明

昌五年以葉魯谷神始製國字詔依倉頡立廟例

祀於上京又選舉志稱進士科以策論試國人用

國字爲程文陶宗儀書史會要則稱金太祖命完

顏希尹撰國字其後熙宗亦製字並行希尹所製

謂之大字熙宗所製謂之小字其字波磔繁密頗

類籀文當時必有字書今已無考惟趙崡石墨鐫華所載天會十二年都統經略郎君行記一篇僅存其形製而已蓋有元一統之後其法漸不傳也

我

太祖高皇帝肇建丕基

命巴克什額爾德尼以蒙古字聯綴

國語成句尚未別爲書體

太宗文皇帝始

命巴克什庫爾纏刱造

國書以十二字頭貫一切音因音而立字合字而成
語今內閣所貯舊籍今謂之老檔即其初體厥後增加
圈點音義益詳亦如籀變小篆隸變八分踵事而
增以日趨於精密我
聖祖仁皇帝慮口傳筆受或有異同乃
命別類分門一一排纂勒爲清文鑑一書以昭法守惟未
及音譯其文
皇上復
指授館臣詳加增定爲部三十有五子目二百九十有

二每條皆左爲
國書右爲漢語
國書之左譯以漢音用三合切韻漢書之右譯以
國書惟取對音以
國書之聲多漢字所無故三合以取之漢字之聲則
國書所具故惟用直音也至於
欽定新語一一載入尤爲詳備蓋字者孳也許慎說文
九千餘字揚雄方言已增至一萬一千九百餘字
陸法言切韻一萬二千五十六字陳彭年等重修

廣韻已增至二萬六千一百九十四字呂忱字林丁度集韻以下更莫能殫記是由名物日繁記載遂不能不備

聖人制作亦因乎勢之自然爲事之當然而已伏而讀之因漢文可以通

國書因

國書可以通漢文形聲訓詁無所不具亦可云包羅巨細辨别精微者矣書中體例兼列字體字音宜入訓詁類中然譯語得音騈音爲字與訓詁之但

解音以義者不同故仍列諸字書類焉

御定滿洲蒙古漢字三合切音清文鑑三十三卷

乾隆四十四年奉

勅撰初

聖祖仁皇帝勅撰清文鑑

皇上既

命補注漢字各具翻切釋文嗣以蒙古字尚未備列因

再命詳加考校續定是編以

國書爲主而貫通於蒙古書漢書每

國語一句必兼列蒙古語一句漢語一句以明其義
文以蒙古字漢字各對
國語之音以定其聲漢字之音不具則三合以取之
蒙古字之音不具則分各種讀法寫法收法以取
之經緯貫穿至精審而至明顯循文伏讀無不一
覽了然考遼史太祖本紀稱神册五年始製契丹
大字天贊三年詔礲闢遏可汗故碑以契丹突厥
漢字紀其功云云然則三體互通使彼此共喻實
本古義許慎作說文小篆之下兼列籀文古文以

互證其字揚雄作方言每一語一物亦具載某地謂之某以互證其語則三體彙爲一編使彼此相釋亦因古例用達書名於四方雖成周大同之盛亦無以踰於斯矣

欽定西域同文志二十四卷

乾隆二十八年奉

勅撰先是乾隆二十年

威弧遙指戡定伊犁續又削平諸回部崑崙月窟咸隸

黄圖琛賮旅來狄鞮重譯乃

命考校諸番文字定著是編其部族之别曰天山北路曰天山南路曰青海曰西番其門目之别曰地曰山曰水曰人其文字之别首列
國書以爲樞紐次以漢書詳注其名義次以三合切音曲取其音聲次列蒙古字西番字托忒字回字排比連綴各注其譯語對音使綱舉目張絲連珠貫考譯語之法其來已久然國語謂之舌人特通其音聲而已不能究其文字左傳稱楚人謂乳爲穀謂虎爲於菟公羊傳稱吳人謂善爲伊謂道爲

綏亦於附近中國者通其聲音之異非於遐荒絕域識其書體辨其音讀也惟脩志載有蕃爾雅其書不傳度其所載亦不過天曰撑犁子曰孤塗之類未必能知旁行右引之文且書止一卷疏畧尤可想見又輟耕錄載元杜本編五聲韻自大小篆分隸眞艸以至外蕃書蒙古新字靡不收錄題曰華夏同音然統以五聲則但能載其單字不能聯貫以成文且外國之音多中國所不具而本以中國之字領韻乖舛必多蓋前代帝王聲教未能遠

播山川綿邈輾轉傳聞自不免於訛漏有元雖混一輿圖而未遑考正其文字杜本以山林之士區區掇拾亦未能通其語言我

國家重熙累洽含識知歸我

皇上又神武奮揚濛汜以東皆爲屬國旣臣星使來往駢闐旣一一諳其字形悉其文義迨編摩奏

進又一一

親御丹毫

指示改正故能同條共貫和會諸方一展卷而異俗殊

音皆如面語非惟功烈之盛爲千古帝王所未有即此一編亦千古帝王所不能作矣

隸辨八卷 內府藏本

國朝顧藹吉撰藹吉號南原長洲人是書鈎摹漢隸之文以宋禮部韻編次每字下分注碑名併引碑語前有自序云銳志精思采摭漢碑所有字以爲解經之助有不備者求之漢隸字源又云字源多錯謬舩船再再體或不分血皿朋多形常莫別悉

從隸釋隸續詳碑定字指摘無餘今考此書字形廣狹與世所刻婁機漢隸字源相同是陰以機書爲藁本且漢碑之出於機後者僅魯孝王刻石太室少室開母諸石闕及尹宙孔褒曹全張遷韓仁數種視機書所列不過百分之一二機所見三百九種其存於今者不過景君孔和史晨韓勑孔謙孔宏魯峻鄭固孔宙蒼頡衡方張壽孔彪潘乾武榮王渙鄭季宣白石神君西狹頌郙閣頌二十餘種較其碑目所列已不及十分之一此二十餘種

之外縱舊拓流傳亦斷璧零璣偶然一遇决不能如是之多藹古何由得見原碑一一手摹其字則所云不備之字始求之字源殆不足憑又每字下所引碑語亦多舛錯如忠字下引孔宙碑躬忠恕以及人誤去躬字宿字下引孔彪碑諾則不宿誤連上文如毛二字爲句奎字下引史晨前碑得在奎婁句悞以爲後碑泰字下引華山碑攺泰淫祀句悞以爲韓勑碑此或讀碑時偶不及檢至通字下引唐扶頌通天之祐而唐扶頌實無此語葢以

隸釋所載受天之祜句與前行通天三統句適相齊而誤寫之是尤僅據隸釋未見原碑之一證洪适之書具在安得諱所自來乎卽以原碑尚存者如韓勑造孔廟禮器碑并碑陰碑兩側字數較多文義尚大概可考碑云莫不驩思嘆卬師鏡而師字下引之誤截師鏡二字連下文顏氏二字爲句碑云更作二輿朝車威熹而車字下引之誤以作二輿朝車爲句碑云仁聞君風燿敬咏其德而聞字下引之誤以聞君風燿爲句其君字下所引亦

然碑云長期蕩蕩於盛而長字下引之誤截去於盛二字碑云於是四方士而方字下引之誤連下文仁字爲句碑陰有陳國苦虞崇之文苦者縣名虞崇者人姓名也而虞字下引之誤作陳國苦虞碑陰有雒陽李申伯之文而申字下引之誤截去伯字又有蕃加進子高之文而進字下引之誤截去蕃字碑側有河南匽師度徵漢賢之文其旁別有河南匽師骨鄉通國一人顯然可證乃匽字泐痕似厚字遂悞以爲厚又不知匽偃通用復贅辨

河南有偃師無厚師至於鄉字下引碑側題名金鄉師耀不知此乃碑陰小字後人所加非漢字亦非碑側又於卒字下引碑陰曾孔方廣卒不知碑文明是廣平惟明王雲鷺刊隸釋始誤爲廣卒是併現存之碑亦僅沿襲舊刻未及詳考乃云採摭漢碑其亦誣矣惟其於婁機以後續出之碑盡爲摹入修短肥瘠不失本真則實足補字源之闕所纂偏旁一卷五百四十部能依說文次第辨正精核又附碑考二卷碑之存者注今在某處亡者引

某書云在某處具有引證以年代先後爲次條理頗爲秩然則較字源碑目爲詳核後附隸八分考筆法二篇採輯舊說亦均有裨後學與婁氏書相輔而行固亦不必盡以重儓譏也

## 篆隸考異二卷　兩淮鹽政採進本

國朝周靖撰靖字敉寧吳縣人明吏部文選司郎中周順昌之曾孫也是書辨別篆隸異同用意與張有復古編相類具小異者有書以篆文爲綱而附列隸字之正俗此則以隸字爲綱於合六書者註

曰隸不合六書者註曰俗於隸相通而篆則不相假借者註曰別如隸字好醜之好與好惡之好爲一字篆則分好政二字之類而各列篆文於其下又說文分部五百四十此則以隸字點畫多少爲次分部二百五十有七俾讀者以所共知通其所未知較易於尋檢大旨斟酌於古今之間盡斥鄙俚杜撰之文而亦不爲怪僻難行之論其凡例有曰庖犧畫卦已開書契之宗降至小篆無慮幾變然許叔重以前雖有周鼓秦碑究無成書可據故鄭樵曰六書無傳惟藉說文此

考以說文爲主鐘鼎欵識一槩不錄又曰如𨮁萆等字止載說文而剛曲見於經史反覺簡易此攷寧取其簡無取其繁故去牛與艸是非悖謬說文實欲羽翼經史閱者可舉一以例百云云汪琬作是書序亦以泥古變古二者交譏而稱是書上引六經旁及子史究其本末析其是非至詳至悉而未嘗有詭異之說其論允矣其書未有刊板此本爲康熙丙辰長洲文倉所手錄篆文頗爲工整迥非鈔胥所能驗其私印有小停雲字蓋文徵明之

裔故筆法猶有家傳歟今錄存其書以著顏元孫去泰去甚之義俾從俗而戾古與從古而不可行於今者均知爲別擇焉

右小學類字書之屬三十六部四百七十八卷皆文淵閣著錄

案字體與世爲變遷古文籀文不可以繩小篆小篆不可以繩八分八分不可以繩隷隷即今之楷書然其相承而變則源流一也故古今字書統入此門至急就章之類但有文字而不

講六書然漢志列之小學家觀陸羽茶經所引司馬相如凡將篇亦以韻語成句知古小學之書其體如是說文解字猶其後起者也故仍與字書並列焉

（清）紀昀等　纂

# 武英殿本四庫全書總目

第二五册

國家圖書館出版社

# 第二五册目録

欽定四庫全書總目 史部

卷七七之七八

欽定四庫全書總目卷八十七

史部四十三

目錄類存目

寧藩書目一卷 浙江范懋柱家天一閣藏本

不著撰人名氏初寧獻王權以永樂中改封南昌日與文士往還所纂輯及刊刻之書甚多嘉靖二十年弋陽王世子多焜求得其書目因命教授施文明校刊行之所載書凡一百三十七種詞曲院本道家煉度齋醮諸儀俱附焉前有多焜序及啓

一通後有施文明跋多焜啓中所稱父王者乃弋陽端惠王拱槽以嘉靖初受命攝寧府事多焜後亦襲封謚曰恭懿見明史諸王世表

秘閣書目　無卷數　兩淮鹽政採進本

明錢溥撰溥有使交錄已著錄是編前有自序蓋其致仕歸里後所作稱自選入東閣爲史官日閱中秘書凡五十餘大廚因錄其目藏以待考近見子山自京授職回又錄未收書目芟其重複併爲一集所載書祇有冊數而無卷數大抵多與文淵

閣書目相出入正統六年楊士奇等奏疏一篇亦附於後黃虞稷千頃堂書目載此書爲馬愉撰而溥别有内閣書目一卷然溥序實載此書卷首疑虞稷所紀誤也

菉竹堂書目六卷 兩淮鹽政採進本

明葉盛撰盛有葉文莊奏議已著錄此其家藏書之目首卷曰制乃官頒各書及賜書賜勅之類中爲經史子集各一卷末卷曰後錄則其家所刋及自著書前有成化七年自序謂先之以制尊朝廷

也葉氏書獨以爲後錄是吾一家之書也其敘列體例大率本之馬端臨經籍考然如集部別出舉業類亦畧有所增改所載凡爲冊者四千六百有奇爲卷者二萬一千七百有奇在儲藏家稱極富故於舊書著錄爲多獨其不載撰人姓名頗傷闕畧又別有新書目一卷附於後中載夏言王守仁諸人集皆不與盛同時蓋其子孫所續入也

文苑春秋敘錄一卷（兩江總督採進本）

明崔銑撰銑有讀易餘言已著錄是書自序稱夫

子刪書百篇以寓懲勸後來選文家未有繼夫子之志而法尚書者乃錄漢詔疏以迄明太祖檄元文共爲百篇名曰文苑春秋爲敘錄一卷畧表作者之志自漢文以下凡十一目今已散入文苑春秋各冠本篇之首此則其単行别本也大抵皆仿尚書小序之文欲自比於王通擬經未免近妄其所去取專主明理惟漢文稍多餘則代各數篇更不足盡文章之變矣

寶文堂分類書目三卷 編修程晉芳家藏本

明晁瑮撰瑮字君石號春陵開州人宋太子太傅迥之後嘉靖辛丑進士官至國子監司業其子東吳字叔權嘉靖癸丑進士選翰林院庶吉士父子皆喜儲藏嘗刊行諸書有飲月圃百忍堂諸板此本以御製爲首上卷分總經五經四書性理史子文集詩詞等十一目中卷分類書子雜樂府四六經濟舉業等六目下卷分韻書政書兵書刑書陰陽醫書農圃藝譜算法圖誌年譜姓氏佛藏道藏法帖等十五目其著錄極富雖不能盡屬古本而

每書下間爲注明某刻亦足以考見明人板本源流特其編次無法類目叢襍複見錯出者不一而足殊妨簡閱蓋愛博而未能精者也

經序錄五卷 浙江巡撫採進本

明朱睦㮮撰睦㮮既作授經圖又取諸家說經之書各采篇首一序編爲一集以誌其槩頗嫌挂漏

國史經籍志六卷 兩江總督採進本

明焦竑撰竑有易筌已著錄是書首列制書類凡御製及中宮著作記註時政敕修諸書皆附焉餘

分經史子集四部末附糾繆一卷則駁正漢書隋書唐書宋書諸藝文志及四庫書目崇文總目鄭樵藝文畧馬端臨經籍考晁公武讀書志諸家分門之誤蓋萬歷間陳于陛議修國史引竑專領其事書未成而罷僅成此志故仍以國史爲名顧其書叢抄舊目無所考核不論存亡率爾濫載古來目錄惟是書最不足憑世以竑負博物之名莫之敢詰往往貽誤後生其譌詞炫世又甚於楊慎之丹鉛錄矣

經厰書目一卷 編修汪如藻家藏本

明內府所刊書目也黃虞稷千頃堂書目有此書亦作一卷經厰卽內繙經厰明世以宦官主之書籍刊板皆貯於此所列書一百十四部凡册數頁數紙幅多寡一一詳載蓋卽當時通行則例好事者錄而傳之然大抵皆習見之書甚至神童詩百家姓亦厠其中殊爲猥雜今印行之本尚有流傳往往舛錯疑誤後生蓋天祿石渠之任而以寺人領之此與唐魚朝恩判國子監何異又不止辟陽

長信指揮馬鄭之前周勃張飛彈壓雷祠之右如劉知幾之所云矣明政不綱此亦一端而當時未有論及之者宜馮保刻私印其文曰內翰之章也按馮保印文見所作經書輯音序文末

讀書敏求記四卷江蘇巡撫採進本

國朝錢曾撰曾字遵王自號也是翁常熟人家富圖籍多蓄舊笈此書皆載其最佳之本手所題識彷彿歐陽修集古錄之意凡分經史子集四目經之支有六曰禮樂曰字學曰韻書曰書曰數書曰小

學史之支有十曰時令曰器用曰食經曰種藝曰豢養曰傳記曰譜牒曰科第曰地理輿圖曰別志子之支有二十曰雜家曰農家曰兵家曰天文曰五行曰六壬曰奇門曰歷法曰卜筮曰星命曰相法曰宅經曰塟書曰醫家曰鍼灸曰本草方書曰傷寒曰攝生曰藝術曰類家集之支有四曰詩集曰總集曰詩文評曰詞其分別門目多不甚可解如五經併爲一而字學韻書小學乃歧而三紀傳編年襍史之類併爲一而器用食經之類乃多立

子目儒家道家墨家縱橫家併爲一而雜家農家兵家以下乃又縷析諸名皆離合未當又如書法數書本藝術而入經種藝豢養本農家而入史皆配隸無緒至於朱子家禮入禮樂而司馬氏書儀韓氏家祭禮則入史吾衍續古篆韻入字書而夏竦古文四聲韻則入韻書以至北夢瑣言本小說而入史元經本編年碧雞漫志本詞品而皆入子編列失次者尤不一而足其中解題大畧多論繕寫刊刻之工拙於考證不甚留意如韻畧易通至

謬之本而以爲心目了然東坡石鼓文全本實楊慎僞託而以爲篆籀特全臞仙史畧載元順帝爲瀛國公子誣妄無據而以爲修元史者見不及此了證歌稱杜光庭太素脉法稱空峒仙翁本皆僞託而以爲實然元珠密語最爲妄誕而以爲申素問六氣之隱奥李商隱留贈畏之詩後二首本爲誤失原題而强生曲解聲畫集本孫紹遠撰而以爲無名氏歲寒堂詩話本張戒撰而以爲趙戒魏校六書精藴最穿鑿而謂徐官音釋六書之學極

佳四聲等子與劉鑑切韻指南異同不一而以爲即一書古三墳書及東家雜記之琴歌僞託顯然而依違不斷蕭常續後漢書正三國史之誤而大以爲非王弼註老子世有刻本而以爲不傳龐安常聖散子方宋人已力辨蘇軾之誤信而復稱道其說屈原賦宋玉賦漢藝文志有明文而斥錢杲之謂離騷爲賦之非歐陽詹贈妓詩眞迹至邵伯温時猶在而以爲寄懷隱士之作皆不爲確論然其述授受之源流究繕刻之同異見聞既博辨别

尤精但以板本而論亦可謂之賞鑒家矣

述古堂書目無卷數　浙江巡撫採進本

國朝錢曾撰曾此編乃其藏書總目所列門類瑣碎冗雜全不師古其分隸諸書尤舛謬顛倒不可名狀較讀書敏求記更無條理如楊伯嵒九經補韻乃摭九經之字以補禮部韻畧非九經音釋而列之於經玉篇龍龕手鏡篇海從古正文皆字書也而列之韻學嘯堂集古錄乃博古圖之類而列之六書東觀餘論乃雜編題跋寶章待訪錄乃蒐求

書畫而列之於金石班馬異同兩漢刊誤補遺後漢書年表乃正史之支流兩漢博聞乃類書唐闕史乃小說而列之雜史資治通鑑入正史而所謂編年一門乃收甲子紀元之類政和五禮新儀入禮樂而大金集禮入政刑五木經李翺所作本爲博戲禁扁王士點所作雜記宮殿而均入之營造東國史畧之類入外夷而高麗圖經眞臘風土記安南志畧越嶠書西洋番國志又入別志瀫水志本地理而入之於掌故釋名本小學而入之雜子

伯牙琴本别集入蜀記本傳記而入之小說土牛經本五行而入之鳥獸帝範唐太宗作而入之疏諫容齋五筆本說部羣書歸正集本儒家滄海遺珠本總集而入之類書詩律武庫本類書滄浪吟卷本别集而入之詩話文章軌範本總集而入之詩文評大抵但循名目不檢本書鄭樵所譏以樹萱錄入農家者殆於近之至於以汪藻浮溪文粹爲汪應辰以王燾外臺秘要爲林億撰人乖舛者尤不可以毛舉曾號多見古書而荒謬至此眞異不

可解之事矣

讀書蕞殘三卷　湖北巡撫採進本

國朝王鉞撰鉞有粵遊日記已著録是書舊題長洲顧嗣立大興王兆符合編前一卷皆跋漢魏叢書後二卷皆跋說郛别有刋本在任菴五書中以前一卷自爲一書題曰墨餘筆記後二卷則仍名讀書蕞殘而删其每書之標目頗憒憒不可辨别此葢其原本也

别本讀書蕞殘二卷　山東巡撫採進本

國朝王鉞撰所跋漢魏叢書於眞僞多不能辨別如跋易林謂焦延壽易得之孟喜不知劉向記施讐證延壽妄言事謂漢武內傳出班固不知晁公武所記本無撰人秘辛不知出楊愼續齊諧記不知出東陽無疑謂古無其書特借莊周之文西京雜記不知出吳均率襲舛因訛無所訂正其品評諸書謂白虎通爲文情詭激時出快語謂獨斷爲奇情快筆之類尤與其書全不相似惟辨吳越春秋及天祿閣外史二條差有考證爾

明藝文志五卷 兵部侍郎紀昀家藏本

國朝尤侗撰侗字展成號悔菴又稱艮齋又號西堂長洲人由拔貢生任永平府推官康熙己未

召試博學鴻詞授翰林院檢討官至侍講是編即其初入翰林纂修明史之志稿也凡易類二百六十八部書類一百五部詩類九十部禮類一百六十一部樂類八十四部春秋類一百五十七部孝經類三十部諸經類八十二部四書類一百七十七部小學類一百八十三部正史類四百七十一部稗史

類一百十部傳紀類二百五十一部典故類二百四十六部地理類五百九十一部譜系類一百四部儒家類五百十一部道家類一百十部釋家類二百二十部農家類八十七部法家類五十一部兵家類六十六部小說類三百七十一部五行類八十二部藝術類二百十三部奏議類二百九十八部詩文類一千六百四十五部選纂類三百七十八部所摭拾既多挂漏又往往不載卷數及撰人姓名其例惟載有明一代著作而前史所載則不

錄蓋用劉知幾之說然如朱鑑朱子易說薛季宣書古文訓案原本作薛士龍卽季宣之字也鄭敷文書說段昌武毛詩集解張虙月令解傳崧卿夏小正解余允文尊孟辨楊伯嵒九經韻補案原本誤作楊嵒蓋偶脫一字徐子光蒙求補註胡舜陟孔子編年陳塤木鐘集案原本誤作陳植邱濬牡丹榮辱志案此邱濬與明大學士邱濬同姓名故偶誤以爲明陳思海棠譜龐元英談藪陳郁藏一話腴陳應行吟窻雜錄潘用牧記纂淵海蕭恭文錦繡萬花谷章如愚山堂考索皆灼然宋人朱公遷詩傳疏義四

書通旨史伯璿四書管窺毛應龍周禮集傳程端禮程氏家塾讀書分年日程陸輔之吳中舊事王惲中堂紀事玉堂嘉話潘昂霄河源志（按原本誤作潘昂）王禎農書張養浩三事忠告盛如梓老學叢談李冶測圓海鏡危亦林得效方范梈木天禁語以及周伯琦楊允孚李存吳海陳基諸集皆灼然元人甚至袁昂書評收及南齊之人而荀悅漢紀袁宏後漢紀爲黃省曾所刻管子韓子爲趙用賢所刻皆但有刊板之功並無注書之事而以爲黃省曾

兩漢紀趙用賢管子韓子是某人所刊即署某人恐有明一代之書板志不勝收矣諸史之志惟宋史蕪雜荒謬不足爲憑此志又出宋志之下後來

欽定明史削侗此稿重加編定固至允之鑒也

易傳辨異四卷　浙江巡撫採進本

國朝翟均廉撰均廉字春沚錢塘人乾隆乙酉舉人官內閣中書舍人其書考自漢訖元諸家易註源流得失凡一百一十四條中間惟辨朱彝尊誤引張氏易毛奇齡誤引劉表易及彝尊誤荀煇爲長

倩宋咸不及見鮮于侁易四條差有考證其餘一百一十條皆剌取經義考之文而排比聯貫之者也

右目錄類經籍之屬十四部四十一卷內二部無卷數皆附存目

吳下塚墓遺文三卷兩淮鹽政採進本

明都穆撰穆有壬午功臣爵賞錄已著錄穆好金石遺文所作西使記金薤琳琅諸書載古碑爲多此書專錄吳中銘志之文凡三十四首皆諸家集

中所不概見故謂之遺文

水經注碑目一卷　浙江范懋柱家天一閣藏本

明楊慎撰慎有檀弓叢訓已著錄昔宋洪适作隸釋嘗以水經注所載諸碑類爲三卷慎偶然未檢遂復著此編未免爲牀上之牀且精審亦不及适其中梵經仙笈荒邈難稽如阿育王巴達佛邑大塔石柱銘泥犁城師子柱銘王母崑崙銅柱銘希有鳥銘皆不見採錄是固傳信之道然覆釜山金簡玉字書豈果有遺刻可徵何自亂其例也又其

他註中所有而遺漏者甚多卽以河水一篇而論海門口大禹祠三石碑夏陽城西北司馬遷廟二碑郃陽城南文母廟碑臨洮金狄胸碑陜縣五戶祠銘洛陽縣北河平侯祠碑黎陽縣南黎山碑涼城縣伍子胥廟碑濮陽城南鄧艾廟碑一槩闕如何所見而删之也至每條下所註忽有標識忽用酈道元語如郎山君碑云在今保定府是愼語也盧龍九崢山刋石碑稱其銘尚存是道元本文矣混淆不分亦無體例後附王象之輿地紀勝碑目

曾鞏金石錄跋尾所載唐以前碑其病亦同且象之南宋人輩北宋人以象之列鞏前尤爲失考嘉靖丁酉雲南按察副使永康朱方爲之刋板蓋未察其疎舛也

蒼潤軒碑跋紀一卷續紀一卷（江蘇巡撫採進本）

明盛時泰撰時泰字仲交上元人以諸生貢太學善畫水墨竹石居近西冶城家有小軒文徵明題曰蒼潤蓋以時泰畫倣倪瓚而沈周題倪畫詩有筆蹤要是存蒼潤句也是紀所著碑板於金陵六

朝諸蹟爲多率皆借觀於人非盡出所自藏又多但据墨本而不復詳考原石即如孔廟漢史晨碑後有武周時諸人題字乃疑爲於別刻得之則並未見全碑又如唐元和六年刻晉王羲之書周孝侯碑爲陸機文陸機之文既不應羲之書且其中於唐諸帝諱皆缺筆其僞可不辨而明而是紀乃信爲羲之所書則於考證全疎矣

瘞鶴銘考 無卷數 江蘇巡撫採進本

明顧元慶撰元慶有雲林遺事已著錄元慶爲都

穆弟子是書所錄銘詞跋語蓋從穆得之頗與今玉烟堂帖相類按穆自云可讀者僅二十字因搨以歸又云銘殘缺而錄其全文然銘既殘缺則非全文可知宋人如黃伯思東觀餘論董逌廣川書跋元人如陶宗儀輟耕錄所載雖互有異同總非首尾完具之本

國朝張弨作瘞鶴銘辨僅於董黄之外復得八字至陳鵬年始出此石於江益證佐鑿鑿無可假借穆於何處得全文耶至所列諸家之說紛紜舛結究

不能斷其是非尤無取乎有此考也

金陵古金石考一卷 兩淮鹽政採進本

明顧起元撰起元字太初江寧人萬歷戊戌進士官至吏部左侍郎兼翰林院侍讀學士謚文莊其書於金陵所有古金石以年代排纂各紀所在及撰人書人姓名無所考證

碑目三卷 編修汪如藻家藏本

明孫克宏撰克宏華亭人萬歷戊戌進士官至漢陽府知府其書畧倣陳思寶刻叢編之例統載天

下碑目舛謬頗多如所載順天府下有漢北岳安天王碑考金石錄集古錄漢隸字源諸書漢無北岳安天王碑惟金石錄載有唐安天王碑陰乃天寶七年五月所立則不但誤題朝代併碑之字畫亦訛又石墨鐫華載宋亦有安天聖帝碑云在岳廟宋時岳廟當屬眞定之曲陽而亦屬之順天如此之類不可縷舉殊不足依據也

唐碑帖跋四卷 浙江巡撫採進本

明周錫珪撰錫珪字禹錫會稽人是書所載皆唐

碑惟末附五代楊凝式一人皆就錫珪所見各爲題跋如尉遲敬德碑其石尚存乃遺不載知其不主求備矣其中如辨鍾紹京靈飛六甲經爲玉眞公主奉敕檢校寫公主於天寶元年卒天寶三年始改年爲載卷中所說與史不符亦頗見考證至辨肚痛帖爲僞作非張旭書辨停雲館帖所刻顏眞卿書朱巨川告身及多寶塔碑皆徐浩書謂書有性情如人之老少肥瘠不同而性情不易此書較顏諸碑毫髮無似者格律嚴而法度謹東海之

家學也人少嫌其近佐史以此推究更無可疑云

云則別無顯證直以已意斷之矣黃伯思米芾精

鑒入神所定閣帖眞偽後人尚有異同此事亦談

何容易也

金石備考十四卷　浙江鮑士恭家藏本

舊本題關中來濬撰自署其字曰梅岑不著時代

陝西地志亦均不載其姓名考太學進士題名碑

陝西有來聘來儼然來復皆三原人濬豈其族歟

書中有萬歷間禎井出蘭亭事則是明萬歷後人

又稱國學蘭亭即定武本則是趙孟堅柯九思所藏肥瘦二本尚未著錄流傳之日其書殆著於明末原本未標卷次以其分省之序當爲一十三卷合附載一卷共爲十四卷其曰備考者葢以祇据前人所著錄者存其名目以資檢括非比歐趙諸書薈萃論次者也然既撮爲一編則亦應畧爲考證俾存亡眞贋釐然可考方足成書而槩無别擇視孫克宏于奕正諸書詳則過之而訛謬亦復不減其最甚者如周穆王贊皇壇山吉日癸巳字誤

爲史籀書濟寧王安石詩碑誤爲党懷英詩慈恩寺塔褚遂良書聖教序誤爲臨王羲之書釋夢英傳千文誤爲李陽氷書此人名之舛也皇象篆書吳紀功碑誤爲八分書此字體之舛也唐高正臣書明徵君碑誤爲宋人辰州桐柱記誤爲晉刻以謝靈運誤爲唐人此時代之舛也房元齡碑在西安曾峻碑在濟寧而皆誤云在章邱衡方碑在汶上張九齡碑在韶州而皆誤云在西安又若漢周憬碑則湖廣桂陽與廣東樂昌兩載房山隋石經

許州上尊號碑嵩山徐浩碑永州中興頌長沙嶽麓寺李邕碑則一處而兩見此地理之舛也卽其注於條下曰今斷曰今殘鈌者亦是所据之書如此非得自目見雖備攷不妨存疑然於裒輯亦太草畧矣

天下金石志 無卷數山東巡撫採進本

明于奕正撰奕正有帝京景物畧已著錄是書具載古來金石之所在畧註撰書人姓名年月亦間有所考證其中如衡方碑在山東而以爲在陝西

唐顏氏家廟碑今在西安府儒學而以為在曲阜又杭州府學有宋高宗御書石經古刻猶存而此編不載未免疏漏蓋奕正生長京師平生未出國門晚年始一游江南遂以旅卒其耳目所及者隘其不能詳者亦宜也書前有金鉉序又有劉侗畧述六則詞頗儇佻蓋染竟陵公安之習者獨其稱孫雪居誤以李翕郙閣頌在冀郡穎川荀淑碑在潁上周少魯不載董仲舒漢贊於眞定天寧寺隋碑於宛平均為舛謬奕正此書正孫本者十四正

周本者十七則尚爲公論云

禊帖綜聞一卷　浙江巡撫採進本

國朝胡世安撰世安有大易則通已著錄是書薈萃古今禊帖題識皆習見陳言後旁考同會諸人仕履尤與書法無關至指摘帖中歲會蘭亭禊絃快倦撰等字不合六書是又別爲一家之學不宜以論古帖也

金石表一卷　編修汪如藻家藏本

國朝曹溶撰溶有崇禎五十宰相傳已著錄是書雜

列所蓄碑帖之目前有自序稱余行塞上見古碑橫莽草間偶一動念古人遺跡歷千百年自吾世而湮没之爲可惜搜自境內以至遠地積五年得八百餘本經以碑緯以撰者書者之姓名及所立之地與世與年合而成表然其書與他家碑目相等無所謂體仿周譜旁行斜上之式以表爲名殊不相稱其間既不從歐趙不分時代之例而所列時代不以年序亦不以地序六朝以前合而爲一尤爲雜糅似乎未經編次之本且八百餘本之中

惟楊珣殘碑註疑非是再考五字餘皆不置一詞亦不足以資考證又王羲之書曹娥碑樂毅論諸條下皆註宋搨字是雜錄古帖並非金石之存於今者矣

閒者軒帖考一卷　浙江巡撫採進本

國朝孫承澤撰承澤有尚書集解已著錄是編所記自蘭亭而下至文徵明之停雲館帖凡三十有八種一一考其源流品其次第書成於順治丁亥在庚子銷夏記之前故所記互有詳畧

天發神讖碑釋文一卷　浙江汪啓淑家藏本

國朝周在浚撰在浚字雪客祥符人流寓江寧是碑本在江寧城南之巖山後在天禧寺門外至宋胡宗愈移置轉運司後圃元楊益又移置府學中一名三段碑吳天璽元年刻石黃伯思以爲皇象書或以爲蘇建其字怪偉兼以碑斷裂頗難辨識在浚合其石貫以鉅鐵重爲釋文而以諸家題跋附之考吳志及許嵩建康實錄皆謂天璽元年吳郡言臨平湖得石函中有小石青白色長四寸廣四

寸刻上作皇帝字於是改元天璽立石刻於巖山紀功德卽此碑也而趙明誠金石錄載天發神讖碑乃謂天璽元年秋八月鄱陽言歷陽石理成字凡二十明年改元大赦以協石文今此碑乃在金陵莫可考究不知吳志載秋八月獲石歷陽在獲石臨平湖之後別自一事明誠誤以此碑當之宜其牴牾又歐陽修集古錄載吳國山碑謂孫皓天冊元年禪於國山改元天璽考吳志吳既改元天璽之後又於吳興陽羨山獲石長十餘丈名曰石

寶遂禪於國山明年改元天紀其事亦在此碑之後故金石錄旣載天發神讖碑又載吳國山碑修誤合爲一亦未考也此書前列斷碑殘字後列金石輿地之書有可考證者凡數十條而金石集古二錄獨不見採殆以其舛異不取歟所列碑中殘文較金石錄多一百七十七字葢明誠所據乃不完之搨本而在後則親至其地勘驗原石也

昭陵六駿贊辨一卷　兩江總督採進本

國朝張弨撰弨字力臣山陽人博學嗜古尤究心金

石之文後以龔廢而考證彌勤以昭陵六馬圖贊或以爲太宗御撰或以爲殷仲容撰或以爲歐陽詢書或以爲殷仲容書趙崡諸家輾轉訛異因親至其側勘驗繪圖以趙明誠金石錄爲據定以六馬贊爲歐陽詢書諸降將姓名爲殷仲容書文已盡泐確爲誰撰㫖亦不能考矣

瘞鶴銘辨一卷兩江總督採進本

國朝張弨撰弨親至焦山搨原銘較宋黄長睿董逌所載者多得八字所辨亦較顧起元書爲詳核

瘞鶴銘考一卷浙江吳玉墀家藏本

國朝汪士鋐撰士鋐字文升長洲人康熙丁丑進士官至右春坊右中允瘞鶴銘在鎮江府焦山之下以雷震墮入江其石破碎不完故字多殘缺傳本往往不同又作書者或以爲王羲之或以爲陶宏景或以爲顧況自宋歐陽修集古錄以後著錄者數十家彼此譏駁幾如聚訟而海昌陳氏玉煙堂帖本尤爲輾轉失真康熙丁未淮安張弨親至水濱仰卧而手搨之共得六十九字較諸本獨多因

爲考證成書後四十六年陳鵬年守鎮江乃募工出石於江中曶之焦山亭壁間其石分而爲五所存七十七字又不全九字其無字處以空石補之按其辭義補綴聯合益爲完善士鉉因備採昔人之論并引留說而折衷之以鵬年所出石本爲圖列諸卷首彙爲此考搜羅頗稱詳盡案元郝經陵川集載焦山寺僧寄瘞鶴銘考證一卷又明司馬泰家藏書目內亦有瘞鶴銘考之目今皆不傳此書當原石出水之後視張弨所錄較更詳也

金石遺文錄十卷 兩江總督採進本

國朝陳奕禧撰奕禧字子文號香泉海寧人由貢生官至南安府知府奕禧以書著名是書爲書法而作就所得金石採錄其文彙輯成帙王士禛分甘餘話稱奕禧於秦漢唐宋以來金石文字收藏尤富皆爲題跋辨證而以爲米元章黄伯思一流人蓋卽指是書然其採輯前人論說及奕禧自綴論者僅漢碑數種而已唐碑以後十不逢一則是意在錄文而不全在跋也卽以錄文而論亦尠體例

如漢碑中錄侯成唐扶逢盛諸篇皆拓本之不存於今者不知奕禧果見其拓本抑或僅於金石書中錄之若果見拓本則是希有之蹟必當詳注所自來若僅從金石書抄取則挂漏在所不免矣至於碑之原額原題頗有改竄又於題下標列姓氏類坊刻時文之式篇內譌脫更復不可枚舉若碑有傳摹先後之不同有存字多寡拓本傳寫之不同而此書亦復不加審擇甚至少林寺戒壇銘一篇眞贋二本並存又如明皇之孝經注顏元孫之

干祿字書則連篇全載浯溪中興頌則於王士禎浯溪考一字不遺而漢唐諸碑前人剖辨最有關係者乃一字不錄後載奕禧自書諸碑蓋用宋曾宏父載鳳墅帖於石刻鋪敘卷尾之意然其於本朝人諸石刻僅載傅山鄭簠二通即接以自書諸碑而於元明碑亦寥寥無幾皆體例之不相稱者又其書旣爲書法而作則每碑自應詳著其字體而書內或著或否參差不一其諸碑所在地名亦不詳著皆非輯錄之體似是裒輯未成之書也

續金石錄無卷數編修翁方綱家藏本

國朝葉萬撰萬字石君常熟人卷前有汪士鋐何焯顧有典同校名氏其書著錄金石用洪适隸釋例多載全文並著其闕字之數行列之式欲以續趙明誠之書所載古碑於金薤琳瑯諸書缺文漏字亦間有補益然金與石既雜糅不倫石刻與法帖又偏枯不備甚至婁堅所作戲鴻堂帖諸跋亦闌入石刻之內雖曾宏父石刻鋪敘嘗有此例不知石刻鋪叙大指以鳳墅帖爲主專爲法帖而作故

自淳化大觀以來歷歷纏述此書編錄金石例迥殊也至如鏡硯剛卯自宜另列古器一門乃雜然竝收亦無編次所載古今聚金石刻諸姓氏前後叢脞又復漏不一甚至訛劉攽之先秦古器記爲先秦奇器錄殆未睹原書轉相稗販致有此失矣

金石續錄四卷　浙江鮑士恭家藏本

國朝劉青藜撰青藜字太乙襄城人康熙丙戌進士改庶吉士是編卽其家藏金石諸刻各爲題跋其子伯安纂錄成帙其弟青震序之所見旣乏奇秘

所跋亦罕考證

中州金石考八卷副都御史黄登賢家藏本

國朝黄叔璥撰叔璥有南征記程已著錄是書則其官河南開歸道時所輯也成於乾隆辛酉所錄中州金石自商周以至元明蒐采頗富然旣以十府三州分目則疆域井然不容牽混而郟縣蘇軾蜀岡詩石刻第八卷內乃兩收此類未免失檢又所載金石皆不著其存亡卽如自序中明言漢碑秖存其七而所載漢時金石乃至百二十種則是據

前人所述概爲錄入其中重刻者傳疑者又不盡著其由來殊非記實之意又每種之下宜一一具載立石年月撰書人姓名其不可考者則著其闕文方足徵信而是書或著或否則體例亦未畫一至於郡縣地名古今沿革之殊或前人著錄稱某碑在某州縣而今改其名者亦宜疏明以資考核如石梁今已爲縣而稱徐庶母碑在州城東之類尤端委未明是皆由輯書時未嘗親見原碑或据金石舊書或据郡縣諸志故也

石蹟記一卷 兩淮鹽政採進本

不著撰人姓氏觀其所載碑刻雖訖於金元而稱江南不稱南直隸稱江寧不稱應天府是國朝人所著矣其書分地編載殊多挂漏如順天載金國子學石經而杭州府南宋石經則不錄階州之西狹頌人所共知亦復不載有絳帖而無潭帖汝帖凡此之類不可殫記或就其家所藏者著錄耶

金石圖二卷 兵部侍郎紀昀家藏本

國朝褚峻摹圖牛運震補說初峻先刻此書上卷名金石經眼錄尚未載後漢永和二年燉煌太守裴岑紀功碑後與運震重編是圖運震始以副使郭朝祚所貽摹本補入然此一碑其出最晚又遠在玉門陽關以外非所親覩故字體頗失其眞卽字畫亦多舛異如灰字碑本從广此乃從疒碑本云邊竟乂安此乃作又安碑本云立德祠此乃作立海祠皆顯然之誤其刊刻亦不及諸圖之工豈此碑非峻所摹而運震於續得之時別令拙工補之

歟其下卷則自吳天發神讖碑魏受禪碑以下迄於唐顏眞卿家廟碑凡六十圖每碑繪其形製而具說於其上其文則但於一碑之中鉤摹數十字或數字以存其筆法不似漢以前碑之全載葢欲省縮本之工遂致變其體例其字又隨意摘錄詞不相屬於義殊無所取且拓本多行於世亦不藉此數十字以傳徒涉買菜求益之誚故今仍以經眼錄著錄而此刻附存其目焉

右目錄類金石之屬二十二部六十卷（內三部無卷數）皆附

存目

欽定四庫全書總目卷八十八

史部四十四

史評類

春秋筆削議而不辨其後三傳異詞史記亦自為序贊以著本旨而先黄老後六經退處士進姦雄班固復異議焉此史論所以繁也其中考辨史體如劉知幾倪思諸書非博覽精思不能成帙故作者差稀至於品隲舊聞抨彈往迹則繙史畧郎可成文此是彼非互滋簧鼓故其

書動至汗牛又文士立言務求相勝或至鑿空生義僻謬不情如胡寅讀史管見譏晉元帝不復牛姓者更往往而有故瑕纇叢生亦惟此一類爲甚我

皇上綜括古今折衷衆論

欽定評鑑闡要及全韻詩昭示來兹日月著明爝火可息百家讕語原可無存以古來著錄舊有此門擇其篤實近理者酌錄數家用備體裁云爾

史通二十卷 內府藏本

唐劉子元撰子元本名知幾避明皇嫌名以字行彭城人弱冠擢進士第調獲嘉尉遷鳳閣舍人兼修國史中宗時擢太子率更令累遷秘書監太子左庶子崇文館學士開元初官至左散騎常侍後坐事貶安州别駕卒於官事迹具唐書本傳此書成於景龍四年凡內篇十卷三十九篇外篇十卷十三篇葢其官秘書監時與蕭至忠宗楚客等爭論史事不合發憤而著書者也其內篇體統紕繆弛張三篇有錄無書考本傳已稱著史通四十九

篇則三篇之亡在修唐書以前矣內篇皆論史家體例辨別是非外篇則述史籍源流及雜評古人得失文或與內篇重出又或牴牾觀開卷六家篇首稱自古帝王文籍外篇言之備矣是先有外篇乃擷其精華以成內篇故刪除有所未盡也子元於史學最深又領史職幾三十年更歷書局亦最久其貫穿今古洞悉利病實非後人之所及而性本過剛詞復有激詆訶太甚或悍然不顧其安疑經惑古諸篇世所共詬不待言矣即如六家篇譏

尙書爲例不純載言篇譏左氏不遵古法人物篇譏尙書不載八元八愷寒浞飛廉惡來閎夭散宜生譏春秋不載由余百里奚范蠡文種曹沫公儀休甯戚穰苴亦殊謬妄至於史家書法在褒貶不在名號昏暴如幽厲不能削其王號也而稱謂篇謂晉康穆以下諸帝皆當削其廟號朱雲之折檻張綱之埋輪直節凛然而言語篇斥爲小辨史不當書蘧瑗位列大夫未嘗棲隱而品藻篇謂高士傳漏載其名孔子門人欲尊有若事出孟子定不

虛誣而鑿識篇以史記載此一事其鄙陋甚於褚少孫皆任意抑揚偏駁殊甚其他如雜說篇指趙盾魚飧不爲菲食議公羊之誣并州竹馬非其土産議東觀漢記之謬亦多瑣屑支離且周禮太史掌國之六典小史掌邦國之志則史官兼司掌故古之制也子元之意惟以褒貶爲宗餘事皆視爲枝贅故表歷書志兩篇於班馬以來之舊例一一排斥多欲刪除尤乖古法餘如譏後漢書之採雜說而自據竹書紀年山海經譏漢書五行志之舛

誤而自以元暉之科錄爲魏濟陰王暉業作以後漢書劉虞傳爲在三國志中小小踈漏更所不免然其縷析條分如別白黑一經抉摘雖馬遷班固幾無詞以自解亦可云載筆之法家著書之監史矣自明以來註本凡三四家而訛脫竄亂均如一轍此本爲

內府所藏舊刻未有注文視諸家猶爲近古其中點煩一篇諸本並佚其朱點此本亦同無可校補姑仍之焉

史通通釋二十卷（江蘇巡撫採進本）

國朝浦起龍撰起龍字二田無錫人雍正甲辰進士官蘇州府教授史通註本舊有郭延年王維儉二家近時又有黃叔琳註補郭王之所闕遞相增損互有短長起龍是註又在黃註稍後故亦採用黃註數條然頗糾彈其疎舛其中如曲筆篇稱秦人不死驗符生之厚誣蜀老猶存知葛亮之多枉三家皆不註起龍亦僅引困學紀聞謂王應麟不知所出定爲無者而不知秦人事出洛陽伽藍記蜀

老事出魏書毛修之傳又如闞單失力但引盧照鄰賦旁証而不知淸異錄實有訓釋不煩假借小小踈漏亦不能無然大致引據詳明足稱該洽惟疑經惑古諸篇更助頹波殊爲好異又輕於改竄古書往往失其本旨如六家篇尙書條中語無可述四字之下若此二字之上顯有脫句而改此字爲止字更臆增一有字又如列傳篇項王立傳而以本紀爲名句立字不誤而乃臆改爲宜字此類至多皆失詳愼至於句解章評參差連寫如坊刻

古文之式於註書體例亦乖使其一評一註釐爲二書則庶乎離之雙美矣

唐鑑二十四卷 副都御史黄登賢家藏本

宋范祖禹撰呂祖謙註祖禹字淳父華陽人嘉祐八年進士歷官龍圖閣學士出知陝州事蹟附載宋史范鎮傳祖謙有古周易已著錄初治平中司馬光奉詔修通鑑祖禹爲編修官分掌唐史以其所自得者著成此書上自高祖下迄昭宣撮取大綱繫以論斷爲卷十二元祐初表上於朝結銜稱

著作佐郎葢進書時所居官也後祖謙爲作註乃分爲二十四卷蔡絛鐵圍山叢談曰祖禹子温遊大相國寺諸貴璫見之皆指目曰此唐鑑之子葢不知祖禹爲誰獨習聞有唐鑑也則是書爲當世所重可知矣張端義貴耳集亦記高宗與講官言讀資治通鑑知司馬光有宰相度量讀唐鑑知范祖禹有臺諫手段惟朱子語錄謂其議論弱又有不相應處然通鑑以武后紀年祖禹獨用沈旣濟之說取武后臨朝二十一年繫之中宗自謂比春

秋公在乾侯之義且曰雖得罪君子亦所不辭後朱子作通鑑綱目書帝在房州實仍其例王懋竑白田雜著亦曰范淳父唐鑑言有治人無治法朱子嘗鄙其論以爲苟簡而晚年作社倉記則亟稱之以爲不易之論而自述前言之誤葢其經歷旣多故前後所言有不同者讀者宜詳考焉未可執一說以爲定也然則朱子語錄之所載未可據以斷此書矣

唐史論斷三卷 浙江鮑士恭家藏本

宋孫甫撰甫字之翰陽翟人舉進士歷官右正言遷天章閣待制河北轉運使兼侍讀事蹟具宋史本傳陳振孫書錄解題稱甫以劉昫唐書煩冗遺畧多失體法乃改用編年體創始於康定元年歲事於嘉祐元年勒成唐紀七十五卷其間善惡分明可為龜鑑者各繫以論凡九十二篇甫沒後唐紀宣取留禁中其從子察嘗錄副本遺司馬光世亦罕見惟論斷獨傳紹興二十七年嘗鋟板於劒州後蜀板不存端平乙未黃準復刻於東陽宋史

藝文志作二卷文獻通考作十卷此本僅三卷蓋本從唐紀鈔出別行非其舊帙故卷數多寡隨意分合實無二本也前爲自序一篇末附司馬光䟦曾鞏歐陽修所作墓志行狀蘇軾答李廌書張敦頤後序皆推重是書甚至朱子亦稱其議論勝唐鑑云

唐書直筆四卷 浙江巡撫採進本

宋呂夏卿撰夏卿字縉叔泉州晉江人舉進士爲江寧尉歷官宣德郎守秘書丞以預修唐書告成

擢直秘閣同知禮院後出知潁州卒於官事迹具宋史本傳案曾公亮進唐書表所列預纂修者七人夏卿居其第六本傳亦稱夏卿學長於史貫穿唐事博采傳記雜說數百家折衷整比又通譜學刱爲世系諸表於新唐書最有功是其位雖出歐陽修宋祁下而編摩之力實不在修祁下也據晁公武讀書志是書乃其在書局時所建明前二卷論記傳志第三卷論舊史繁文闕誤第四卷爲新例須知卽所擬發凡也惟晁氏作唐書直筆四卷

新例須知一卷而此本共爲四卷或後來合併歟晁氏稱夏卿此書歐宋間有取焉所有未符乃歐宋所未取者然是丹者非素論甘者忌辛著述之家各行所見其取者未必皆是其不取者亦未必皆非觀晁氏別載夏卿兵志三卷稱得於宇文虛中季蒙題其後曰夏卿修唐史別著兵志三篇自秘之戒其子弟勿妄傳鮑欽止吏部好藏書苦求得之其子無爲太守恭孫偶言及因懇借抄錄於吳興之山齋云云然則夏卿之於唐書蓋別有所

見而志不得行者特其器識較深不肯如吳縝之顯攻耳今兵志已不可見兼存是書以資互考亦未始非參訂異同之助矣

通鑑問疑一卷 浙江范懋柱家天一閣藏本

宋劉羲仲撰羲仲筠州人祕書丞恕之長子宋史附見恕傳末但稱恕死後七年通鑑成追錄其勞官其子羲仲案宋史原本作義仲癸辛雜識亦作義仲均傳寫之譌今改正爲郊社齋郎其始末則未詳也史稱司馬光編次資治通鑑英宗命自擇館閣英才共修之光對曰館閣

文學之士誠多至於專精史學臣得而知者惟劉恕耳即召爲局僚遇史事紛雜難治者輒以諉恕恕於魏晉以後事考證差謬最爲精詳羲仲此書即裒錄恕與光往還論難之詞據書末稱方今春秋尚廢況此書乎云云葢成於熙寧以後邵伯温聞見錄稱通鑑以史記前後漢屬劉攽以唐逮五代屬范祖禹以三國歷九朝至隋屬恕故此書所論皆三國至南北朝事也凡所辨論皆極精核史所稱篤好史學自太史公所記下至周顯德末私

記雜説無所不覽上下數千載間鉅細之事如指
諸掌者殆非虛語通鑑帝魏朱子修綱目改帝蜀
講學家以爲闡明大義上繼春秋今觀是書則恕
嘗以蜀比東晉擬紹正統與光力爭而不從是不
但習鑿齒劉知幾先有此説即修通鑑時亦未嘗
無人議及矣末附羲仲與范祖禹書一篇稱其父
在書局止類事迹勒成長編其是非予奪之際一
出君實筆削而羲仲不及見君實不備知凡例中
是非予奪所以然之故范淳父亦嘗預修通鑑乃

書所疑問焉所舉凡八事復載得祖禹答書具爲剖析乃深悔其詰難之誤且自言恐復有小言破言小道害道如已之所云者故載之使後世有考焉其能顯先人之善而又不自諱其所失尤足見涑水之徒猶有先儒質直之遺也

三國雜事二卷　浙江范懋柱家天一閣藏本

宋唐庚撰庚字子西眉州丹稜人紹聖中登進士第調利州治獄掾遷閬中令入爲宗學博士張商英薦除提舉京畿常平後坐爲商英賦內前行謫

居惠州大觀五年赦歸道卒事蹟具宋史文苑傳是書雜論三國之事凡三十六條併自序一篇後人皆編入庾文集考宋志載庾集二十二卷與今本同似此書原在集內然晁氏陳氏書目皆載庾集十卷知今本析其一卷爲兩卷又益以此書二卷爲二十二卷實非原本故永樂大典載此書亦別爲一編不著文集之目今仍別爲二卷以還其舊陳振孫書錄解題稱庾之文長於議論今觀其論諸葛亮寬待法正及不踰年改元事論苟彧爭

曹操九錫事皆故與前人相反至亮之和吳本爲權計而以爲王道之正亮拔西縣千餘家本以招安而以爲擾累無辜皆不中理又謂商無建丑之說謂張掖石圖即河洛之文而惜無伏羲神農以識之尤爲紕繆然其他議論可采者頗多醇駁並存瑕瑜不掩固亦尚論者之所節取爾

經幄管見四卷永樂大典本

宋曹彥約撰彥約字簡甫都昌人淳熙八年進士

薛叔似宣撫京湖辟爲主管機宜文字累官寶謨

閣待制知成都府寶慶元年擢兵部侍郎遷禮部
旋授兵部尚書力辭不拜以華文閣學士致仕卒
謚文簡事迹具宋史本傳是書葢彥約侍講筵時
所輯皆取三朝寶訓反覆闡明以示效法葢卽范
祖禹帝學多陳祖宗舊事之義考仁宗天聖五年
允監修王曾之請采太祖太宗眞宗事蹟不入正
史者命李敬等別爲三朝寶訓三十卷寶元二年
十二月詔以進讀嗣是講幄相沿遂爲故事彥約
是書於進讀符瑞諸篇雖不免有所回護要亦當

時臣子之詞不得不爾其餘諸篇則皆能旁證經史而歸之於法誠亦可謂不失啓沃之職者矣舊刻散佚久無傳本惟永樂大典尚載其全文今詳爲校讐釐成四卷間有辨證各依文附著焉

涉史隨筆一卷兩江總督採進本

宋葛洪撰洪字容甫自號蟠室老人婺州東陽人淳熙十一年進士嘉定間官至參知政事觀文殿學士卒謚端簡事迹具宋史本傳是書前有自序大畧謂微官泊布衣求進謁於廟堂者自匄進乞

憐外往往託無他說是直相與爲欺而已洪不敢
爲欺比以憂居取歷代史温繹間有所見隨而筆
之因擇其可裨廟論者二十六篇以獻則是編乃
洪官未達時獻於時相之作故所論皆古大臣之
事其中論田歆一條謂歆果介然自立人自不敢
干之以私貴戚敢於請託仍歆之罪論韋澳一條
謂是非雖當順乎人情亦當斷以己見所言殊鑿
然有理其他多因時勢立論亦胡寅讀史管見之
流而持論和平不似寅之苛刻偏駁惟論申屠嘉

一條反覆明相權之宜重然宋之宰執實無奄豎擅權以掣其肘與漢唐事勢截然不同如王安石如蔡京章惇如秦檜韓侂胄史彌遠賈似道皆患其事權太重故至於盡鋤善類斲喪國家洪所云云是徒知防宦官之弊而不知防姦臣之弊未免失之一偏況獻書相門而力言相權之宜重是不亦投其所欲乎惜哉無是可矣

六朝通鑑博議十卷　浙江鮑士恭家藏本

宋李燾撰燾有說文五音韻譜已著錄此書詳載

三國六朝勝負攻守之迹而繫以論斷案燾本傳
載所述著無此書之名而有南北攻守錄三十卷
其同異無可考見核其義例葢亦江東十鑑之類
專爲南宋立言者然十鑑徒侈地形飾虛詞以厲
戰氣可謂夸張無實此則得失兼陳法戒具備主
於修人事以自强視李舜臣所論較爲切實史稱
燾嘗奏孝宗以即位二十餘年志在富彊而兵弱
財匱與敎民七年可以即戎者異又孝宗有功業
不足之嘆燾復言功業見於變通人事旣修天應

乃至蕃其納規進誨惟拳拳以立國根本爲先而不修陳恢復之計是書之作用意頗同後其子壁不能守其家學附合韓侂胄之意遂生開禧之兵端然後知燾之所見固非主和者所及亦非主戰者所及也

大事記講義二十三卷 浙江鮑士恭家藏本

宋呂中撰中字時可泉州晉江人淳祐中進士遷國子監丞兼崇政殿說書徙肇慶教授其書卷一論三篇卷二紀宋太祖事卷三至卷五記太宗事

卷六至卷七記眞宗事卷八至卷十二記仁宗事卷十三記英宗事卷十四至十七記神宗事卷十八至二十記哲宗事卷二十一至二十二記徽宗事卷二十三記欽宗事以類敘問加論斷凡政事制度及百官賢否具載於編論中所議選舉資格及茶鹽政制諸條頗切宋時稗政又所載銓選之罷常參任子之多裁汰三司之有二司稅茶之易芻糧皆宋史各志及馬端臨文獻通考所未備者又所載朋黨諸人事實及議新法諸人辨論皆

與宋史列傳多有異同亦足資史學之參證前有興國軍教授劉實甫序謂水心以其師講貫之素發明我朝聖君賢相之心則是書乃中平日講論稿本葉適等爲之編次云

兩漢筆記十二卷浙江范懋柱家天一閣藏本

宋錢時撰時有融堂書解已著錄此書皆評論漢史嘉熙二年嘗經奏進前有尚書省劄稱十二卷與此本合葉盛水東日記以爲不完之本非也其例以兩漢書舊文爲綱而各附論斷於其下前一

二卷頗染胡寅讀史管見之習如蕭何收秦圖籍則責其不收六經又何勸高帝勿攻項羽歸漢中則責其出於詐術以曹參文帝爲陷溺於邪説而歸其過於張良於陸賈新語則責其不知仁義皆故爲苛論以自矜高識三卷以後乃漸近情理持論多得是非之平其中如於張良諫封六國後論封建必不可復郡縣不能不置於董仲舒請限民名田論井田必不可行於文帝除肉刑亦不甚以爲過尤能滌講學家胸無一物高談三代之窠臼

至其論董仲舒對策以道之大原不在天而在心則金谿學派之宗旨論光武帝閉關謝西域極稱其能忍善讓則南渡和議之飾詞所謂有爲言之者置而不論可矣

舊聞證誤四卷 永樂大典本

宋李心傳撰心傳有建炎以來繫年要錄已著錄要錄於諸書訛異多隨事辨正故此書所論北宋之事爲多或及於南宋之事則要錄之所未及此補其遺也凡所見私史小說上自朝廷制度沿革

下及歲月之參差名姓之錯互皆一一詳徵博引以折衷其是非大致如司馬光之通鑑考異而先列舊文次爲駁正條分縷析其體例則如孔叢之詰墨其間決疑訂舛於史學深爲有裨非淹通一代掌故者不能爲也宋史藝文志載此書作十五卷自明代已無傳本故薛應旂王宗沐等續修通鑑商輅續修綱目皆未見其書今從永樂大典所載蒐羅裒輯尚得一百四十餘條謹畧依時代先後編次排纂析爲四卷雖非心傳之全帙然就所

存者觀之其資考證者已不少矣原書於所辨諸條各註書名永樂大典傳寫脫漏僅存其十之三四謹旁加搜討凡有可考者悉爲補註無可考者則仍其舊心傳所辨間有脫文今無別本可校亦不敢意爲增損焉

通鑑答問五卷通行本

宋王應麟撰應麟有周易鄭康成註已著錄此書乃玉海之末附刊十三種之一始自周威烈王終於漢元帝蓋未成之本也書以通鑑答問爲名而

多涉於朱子綱目蓋綱目本因通鑑而作故應麟
所論出入於二書之間其所評隲惟漢高白帝子
事以爲二家偶失刊削孔臧元朔三年免太常一
條疑誤採孔叢子其餘則尊崇新例似尹起莘之
發明刻覈古人似胡寅之管見如漢高帝過魯祀
孔子本無可貶乃反譏漢無眞儒文帝除盜鑄之
令本不可訓乃反稱仁及天下與應麟所著他書
殊不相類其眞贋蓋不可知或南宋末年洛閩道
盛勢足以傾動一世莫不依草附木假借末光王

厚孫刻玉海時遂僞作此編以附其祖於道學歟然別無顯證無由確驗其非姑取其大旨之不詭於正可矣

歷代名賢確論一百卷 浙江巡撫採進本

不著撰人名氏前有明吳寬序稱皆唐宋人所著其說散見文集中或病其不歸於一輯成此篇以便觀覽錫山錢孟濬因其書不能家有刊以傳世云云亦不詳作者爲誰近世所行刊本或有題爲華亭錢福所輯者然福以宏治三年庚戌登第寬

序作於宏治十七年甲子二人同時不應不知爲
福作殆後來書賈重刻以福廷對第一托名以行
歟所採諸家論著皆至北宋而止其書蓑宏作蓑
洪猶避宋宣祖廟諱則理宗以前人所作也考宋
史藝文志有名賢十七史確論一百四卷蓋卽此
書惟此本較少四卷稍爲不合或史衍四字或刋
本併爲百卷以取成數均未可知觀其評隲人物
自三王以迄五季按代分系各標列主名其總論
一代者則稱通論以別之雖不標十七史之名而

核其始末恰應十七史之數其爲即宋志之所載益足証矣所引唐人之文如羅隱論子高梅子眞盧藏用論紀信張謂論劉宋代晉諸篇皆唐文粹諸書所未錄蓋宋時經義詩賦兩科皆試策論故書坊多刻此種以備揣摩之用然去取較有翦裁視陳繼儒古論大觀之龎雜叢脞者固不可同年語矣

歷朝通畧四卷 浙江巡撫採進本

元陳櫟撰櫟有書傳纂疏已著錄是編敘歷代興

廢得失各爲論斷每一代爲一篇自伏羲至五代爲二卷北宋南宋則各占一卷蓋詳近畧遠之意也南宋止於寧宗卷末檪自跋謂理度二朝無史可據也舊本題增廣通畧而不言因誰氏之書千頃堂書目有通畧句解五卷亦不言作者檪自跋謂金事廷方雖畧述亦以未見其史不敢輕筆然則廷方其原撰是書之名字歟其人姓氏爵里則無考矣書成於至大庚戌明正統壬戌檪孫盤之壻漢陽知府王靜得本於鄉人方勉始刊行之此

本爲袁應兆所刻題乙亥歲不著年號書末附錄有萬歷戊子紀年則崇禎八年之乙亥也後附櫟棠求一篇及櫟行狀墓志之類其棠求末四韻兼及明初句下註曰此八句爲朱楓林所增然原文迄於匡山句下註宋爲元逼云云殊不類當時之語殆亦有所改竄矣是書雖撮敘大綱不免簡畧而持論醇正以資考證則不足以論是非則讀史者固有取焉

十七史纂古今通要十七卷 內府藏本

元胡一桂撰一桂有易本義附錄纂疏已著錄是書自三皇以迄五代裒集史事附以論斷前有大德壬寅自序并地理世系等十三圖錢曾讀書敏求記曰宋以來論史家汗牛充棟率多龐雜可議以其不討論之過也此書議論頗精允絕非宋儒隅見者可比一覽令人於古今興亡理亂了然胷次朱子稱稽古錄其言如桑麻菽粟小兒六經了好令讀去予於此書亦云其推許是書甚至至議其當從資治通鑑帝魏不當從朱子綱目帝蜀則

又以久經論定之事務持異議以駭聽不足爲一桂病也熊禾勿軒集有胡庭芳史纂通要前序卽爲此書而作庭芳一桂字也其稱史纂通要省文耳此本不載禾序殆偶佚歟

學史十三卷 浙江范懋柱家天一閣藏本

明邵寶撰寶有左觽已著錄寶嘗爲江西提學副使是書卽其提學時所作爲卷十有二以象月又餘其一以象閏每卷或三十條或二十九條以象月之有大小盡取程子今日格一物明日格一物

之義名之曰日格子巡撫吳廷舉嘗上於朝書中

取自周迄元史事分條論列詞簡意該筆力頗遒

健其間如記後漢書譏元用弟服去官戴封用伯

父喪去官事以爲辟世與人不知後漢人情淳樸

其以期功解官持喪者見於史冊不一而足實疑

爲託故而逃未免失之不考又論荀彧以爲志似

管仲心似召忽非揚雄之比亦爲失當然實平生

湛深經術持論平正究非胡寅輩之刻深尹起莘

輩之黨附所可擬也

史糾六卷　浙江巡撫採進本

明朱明鎬撰明鎬字昱苞太倉人是編考訂諸史書法之謬及其事迹之牴牾上起三國志下迄元史每史各爲一編元史不甚置可否自言仿鄭樵通志不敢刪削唐書之例其晉書五代史亦闕而不論則未審爲傳寫所佚爲點勘未竟觀篇末別附書史異同一篇新舊唐書異同一卷與前體例截然不同知爲後人掇拾殘稿編次成帙也明代史論至多大抵徒侈遊談務翻舊案不能核其始

終明鎬名不甚著而於諸史皆鉤稽參貫得其條
理實一一從勘驗本書而來較他家爲有根據其
書三國志以及八史多論書法之誤而兼核事實
唐書宋史則大抵考證同異指摘複漏中頗沿襲
裴松之三國志註劉知幾史通吳縝唐書糾謬司
馬光通鑑考異之文又如隋書蘭陵公主忍恥再
醮乃以身殉後夫而取冠列女宋史包恢以肉刑
行公田法媚賈似道乃以源出朱子而列名道學
顯然乖謬者亦未能抉剔無遺至徐夢莘三朝北

盟會編本雜採諸書案而不斷以備史家之採擇故義取全收無所去取蔓華實未旁置一詞而明鎬誤以記述之文爲蔓華論斷之語大加排詆尤考之未詳要其參互考證多中肯綮精核可取者十之六七亦可謂留心史學者矣

御批通鑑綱目五十九卷通鑑綱目前編一卷外紀一卷舉要三卷通鑑綱目續編二十七卷

康熙四十七年吏部侍郎宋犖校刊皆

聖祖仁皇帝御批也朱子因司馬光資治通鑑以作綱目

惟凡例一卷出於手定其綱皆門人依凡例而修其目則全以付趙師淵後疏通其義旨者有遂昌尹起莘之發明永新劉友益之書法箋釋其名物者有望江王幼學之集覽上虞徐昭文之考證武進陳濟之集覽正誤建安馮智舒之質實辨正其傳寫差互者有祁門汪克寛之考異明宏治中莆田黃仲昭取諸家之書散入各條之下是爲今本皆尊崇朱子者也故大抵循文敷衍莫敢異同明末張自勳作綱目續麟始以春秋舊法糾義例之

訛芮長恤作綱目拾遺始以通鑑原文辨刪節之
失各執所見屹立相爭我
聖祖仁皇帝睿鑒高深獨契尼山筆削之旨因陳仁錫刊
本
親加評定
權衡至當袞鉞斯昭乃釐正羣言折衷歸一又金履祥因
劉恕通鑑外紀失之嗜博好奇乃蒐采經傳上起
帝堯下逮周威烈王作通鑑前編又括全書綱領
撰爲舉要殿於末復摭上古軼聞撰爲外紀冠於

首陳仁錫稍變其體例改題曰通鑑綱目前編與
綱目合刊以補朱子所未及亦因其舊本
御筆品題至商輅等通鑑綱目續編因朱子凡例紀宋元
兩代之事頗多舛漏六合之戰誤稱明太祖兵爲
賊兵尤貽笑千秋後有周禮爲作發明張時泰爲
作廣義附於條下其中謬妄更不一而足因陳仁
錫綴刊綱目之末亦得同邀
乙覽并示
別裁乾隆壬寅我

皇上御製題詞糾正其悖妄乖戾之失以闢誣傳信復詔廷臣取其書詳加刋正以協於至公尤足以昭垂千古爲讀史之指南矣

御製評鑑闡要十二卷

乾隆三十六年大學士劉統勳等編次恭進皆通鑑輯覽中所奉御批也始館臣恭纂輯覽時分卷屬稿排日進呈皇上乙夜親披

丹毫評隲隨條發論燦若日星其有
勅館臣撰擬黏籤同進者亦皆蒙
睿裁改定塗乙增損十存二三全書旣成其間體例事
實奉有
宸翰者幾及數千餘條旣已刋刻簡端宣示弈禩館臣
等飫聆
指授以微文奥義皆出自
聖人獨斷之精心而章句較繁觀海者或難窺涯涘因
復詳加甄輯勒爲此書凡分卷十二計恭錄

御批七百九十八則大抵
御撰者十之三
改竄者十之七閎綱鉅指炳著琅函仰惟
聖鑑精詳無幽不燭譬諸鼎鑄九金神姦獻狀不能少
遁錙毫故論世知人無不抉微而發隱所爲斥前
代矯誣之行闢史家誕妄之詞辨覈舛訛折衷同
異其義皆古人所未發而
敷言是訓適協乎人心天理所同然至乃
特筆所昭嚴於袞鉞如賈充褚淵等之書死狄仁傑之

書周正南北稱侵稱寇之文訂遼金元人名官名
地名之誤而紀年系統再三
申誡尤兢兢於保邦凝命之原洵足覺聵震聾
垂教萬世葢千古之是非繫於史氏之褒貶史氏之是
非則待於
聖人之折衷 臣 等編輯史評敬錄是編不特唐宋以來
偏私曲袒之徒無所容其喙卽千古帝王致治之
大法實已包括無餘尊
讀史之玉衡併以闡

傳心之寶典矣

欽定古今儲貳金鑑六卷

乾隆四十八年

特命

諸皇子同軍機大臣

上書房總師傅等取歷代冊立太子事蹟有關鑑誡者按代纂輯自周訖於前明得三十有三事又附見五事而自春秋以後諸侯王建立世子事非儲貳可比者間敘其概於按語中而不入正條其他

偏據竊位無關統緒之正並畧而不論若宋之太
弟明之太孫尤足爲萬世炯鑑則備論之紀事取
之正史論斷衷諸資治通鑑綱目
御批及通鑑輯覽
御批卷首恭載節奉
諭旨如羣書之有綱要焉伏見我
國家萬年垂統
睿慮深長
家法相承不事建儲冊立

皇上準今酌古備覽前代覆轍灼知建儲一事斷不可

行屢頒

宸諭深切著明伏讀

御製職官表聯句詩注於詹事府條下云自古書生拘迂之見動以建儲爲本其實皆自爲日後身家之計無裨國是誠以立儲之後宵小乘間伺釁釀爲亂階其弊有不可勝言者朕於此往復熟籌知之甚審我

子孫當敬凜此訓奉爲萬年法守

聖訓煌煌日星昭揭證以是編所載往蹟旣曉然於前

事之當懲益以知

聖朝貽謨宏遠實爲綿福祚而基萬年之要道也

右史評類二十二部三百八十二卷皆文淵閣著錄

欽定四庫全書總目 史部

卷八十九之九十

欽定四庫全書總目卷八十九

史部四十五

史評類存目一

史通會要三卷江蘇巡撫採進本

明陸深撰深有南巡日錄已著錄深嘗以唐劉知幾史通刋本多誤爲校定之凡補殘刓謬若干言又以其因習上篇缺佚乃訂正曲筆鑒識二篇錯簡類爲一篇以還之復采其中精粹者别纂爲會要三卷而附以後人論史之語時亦以已見參之

深集中別載史通二跋大畧言知幾是非任情往往捃摭賢聖是其所短至於評隲文體亦可謂當又言知幾嘗謂國史叙事以簡爲主而其書之冗長乃不少觀其議論可以見其去取之旨矣

史通評釋二十卷（編修勵守謙家藏本）

明李維楨評郭孔延附評併釋維楨字本寧京山人隆慶戊辰進士官至南京禮部尚書事迹具明史文苑傳孔延始末未詳史通舊刻傳世者稀故永樂大典網羅繁富而獨遺是書其後有蜀本吳

本文句脫畧互有異同萬歷中復有張氏刻本增七百三十餘字删六十餘字復於曲筆因習二篇補其殘缺遂爲完書不知其所增益果據何本然自是以後皆以張本爲祖矣維楨因張氏之本畧爲評論孔延因續爲評釋雜引諸書以證之凡每篇之末標評曰字者皆維楨語標附評字者則孔延所補也維楨所評不出明人游談之習無足置論孔延所釋較有引據而所徵故事率不著其出典亦頗有舛漏故王維儉以下註史通者數家皆

嫌其未愜多所糾正焉

史通訓故二十卷 編修勵守謙家藏本

明王維儉撰維儉字損仲祥符人萬歷乙未進士官至山東巡撫事迹具明史文苑傳是編因郭孔延所釋重爲釐正又以華亭張之象藏本參校刊定卷端有維儉題識稱除增因習一篇及更定直書曲筆二篇外共校正一千一百四十二字然以二本相校惟曲筆篇增入一百一十九字其因習直書二篇並與郭本相同無增入之語不知何以

云然也孔延注本漏畧實甚維儉所補引證較詳

然黃叔琳浦起龍續注是書倘多所駁正蓋劉知

幾博極史籍於斯事爲耑門又唐以前書今不盡

見後人捃摭殘賸比附推求實非一二人之耳目

所能徧考輾轉相承乃能賅備固亦勢所必然耳

史通訓故補二十卷 編修勵守謙家藏本

國朝黃叔琳撰叔琳有研北易抄已著録是書補王

維儉註所未及與浦起龍史通通釋同時而成而

此本之出畧前故起龍亦間摭用所稱北平本者

卽此書也浦本註釋較精核而失之於好改原文又評註夾襍儼如坊刻古文之例是其所短此本註釋不及起龍而不甚改竄猶屬謹嚴其圈點批語不出時文之式則與起龍畧同惟起龍於知幾原書多所迴護卽疑惑古經之類亦不以爲非此書頗有糾正差爲勝之耳

四明尊堯集十一卷浙江范懋柱家天一閣藏本

宋陳瓘撰瓘有了翁易說已著錄是書書錄解題著錄止一卷此本十一卷乃後人并其原表序跋

合而編之者也瓘以紹聖史官專據王安石日錄改修神宗實錄變亂是非不可傳信因作是書以辨其妄其初竄廉州時所著名合浦尊堯集但著十論猶未直攻安石及北歸後乃改作此書分為八門曰聖訓論道獻替理財邊機論兵處己寓言始力斥王安石之誣皆摘實錄原文而各著駁論其下共六十五條坐此羈管台州其總論中所云安石退居鍾山著此訕書以授蔡卞卞當元祐之時增損潤色九年筆削云云大抵主於掊擊卞故

史稱京卞兄弟最所忌恨得禍最酷然朱子尙病其有所避就未能直中安石隱微云

讀史管見三十卷內府藏本

宋胡寅撰寅字明仲號致堂崇安人官至禮部侍郎謚文忠事蹟具宋史本傳是編乃其謫居之時讀司馬光資治通鑑而作前有嘉定丙寅其猶子大壯序稱書成於紹興乙亥又稱其父安國受知高宗奉詔修春秋傳宏綱大義日月著明二百四十二年之後至於五代司馬光所述資治通鑑事

雖備而立義少實因用春秋經旨尚論詳評云云案胡安國之傳春秋於筆削大旨雖有發明而亦頗傷於深刻是以

欽定春秋傳說彙纂於其已甚之詞多加駁正以持褒貶之平寅作是書因其父說彌用嚴苛大抵其論人也人人責以孔顏思孟其論事也事事繩以虞夏商周名爲存天理遏人欲崇王道賤霸功而不近人情不揆事勢卒至於窒礙而難行王應麟通鑑問答謂但就一事詆斥不究其事之始終識篤論

也又多假借論端自申巳說凡所論是非往往枝蔓於本事之外趙與旹賓退錄曰胡致堂著讀史管見主於譏議秦會之開卷可見也如桑維翰雖因契丹而相其意特欲與晉而巳固無挾敵以自重劫國以盜權之意猶足爲賢尤爲深切致堂本文定從子其生也父母欲不舉文定夫人舉而子之及貴遭本生之喪士論有非之者（案寅以不持本生之服遭劾見宋史本傳其自辨之書則見所撰斐然集中）攷漢宣帝立皇考廟晉出帝封宋王敬儒兩章專以自解而於漢哀帝立

定陶後一節直謂爲人後者不顧私親安而行之猶天性也吁甚矣首卷論豫讓報仇曰無所爲而爲善雖大學之道不是過若致堂者其亦有所爲而著書者歟則在當時論者亦有異同者矣至

國朝朱直作史論初集專駁是書其間詆訶之詞雖不免於過當然亦寅之好爲高論有以激之至於出爾反爾也

三國紀年一卷浙江范懋柱家天一閣藏本

宋陳亮撰亮字同甫婺州永康人紹熙四年進士

第一官至建康軍節度判官事迹具宋史本傳是書大旨主於右蜀而貶魏吳名爲紀年實史家論斷之體已載亮所著龍川集中此其别行之本也

議史摘要四卷浙江吳玉墀家藏本

舊本題曰新刋祖謙呂先生議史摘要又題曰議史摘粹一書之中其名已自相矛盾今檢其文即呂祖謙左氏博議但增以註釋耳然註釋亦極淺陋惟板式頗舊葢元明間麻沙書坊所僞刻也

三國六朝五代紀年總辨二十八卷江蘇蔣曾瑩家藏本

不著撰人名氏惟前有開禧丁卯吳奐然序稱魏君仲舉比求到永嘉朱先生三國六朝五代紀年總辨循通鑑按前史而爲之辨論詞語警拔侍郎葉公正則亦稱此書事理融會今昔貫通云云案文獻通考載紀年統論一卷紀年備遺一百卷永嘉朱黼撰引陳振孫書錄解題謂其起陶唐終顯德與此本不符又載葉適序稱其書三千餘篇述吕武王莽曹丕朱温皆削其紀年今此本三國始於漢昭烈帝章武元年不列曹丕五代始於唐天

祐四年迄十九年下接後唐同光元年不列朱温其例又復相合考魏仲舉乃建陽書賈今所傳五百家註韓柳文集卽出其家蓋以刊書射利者又吳奐然序首以用兵立言中復有靈旗北指諸君封侯之秋語蓋開禧丁卯正韓侂胄肇釁敗盟之時時方競講北征故仲舉於紀年備遺之中摘刊割據戰伐之二十八卷以備程試答策之用觀序末有上可發前人未盡之蘊下可以爲學者進取之階語則書肆之曲投時局以求速售其大旨了

然著矣卷端冠以三國兩晉南北朝五代世系與
地理攻守之圖又甲子紀元總要一卷於曹丕朱
温皆紀其年號與本書乖刺郛亦仲舉所加非黼
之舊也案平陽縣志黼字文昭隱居南蕩山終於
布衣嘗受業陳傅良之門傅良喜議論有止齋論
祖一書爲當時舉子所重故黼亦研心史事以作
是編其原書雖不可盡睹然二十八卷中大抵憤
南渡之積弱違心立論强作大言謂南可併北北
不可以併南侂胄輕舉攻金浮動者譁然和之卒

召敗衂未必非黼等偏僻之說有以熒惑衆聽矣

小學史斷二卷續集一卷附通鑑總論一卷　浙江巡撫採進本

宋南宮靖一撰靖一字仲靖自號坡山主人南昌人是書上起周平王下迄五代敘述史事而裒集宋儒論斷聯絡成文所採讀史管見說齋講義爲多通鑑及程朱語錄呂祖謙集次之至邵子之詩亦摘句綴入其他蘇洵父子之屬則寥寥數則而已知爲講學家也前有端平丙申自序其中持論最悖者如謂始皇當別爲後秦晉元帝當復姓牛

氏皆祖胡寅之說不能糾正蓋其書全取舊文有如集句遇先儒之論則收之不敢有所異同故也

續集一卷明盧陵晏彥文所編宋元二代之事附以遼金又附以西夏安南殊無義例其以宋之南渡爲道學之功宋之不能恢復由僞學之禁又以理宗能尊周程爲知復古帝王之治其大旨以道學之盛衰定帝王之優劣而一切國計民生皆視爲末務視靖一原書尤迂而寡當矣是書舊無刋本明嘉靖中嘉興府知府趙瀛文始爲授梓而以

陽節潘榮通鑑總論附焉蓋鄉塾課蒙之本也

史學提要一卷江西巡撫採進本

宋黄繼善撰繼善字成性盱江人其書以四言韻語編貫諸史始自上古迄於宋末以便初學記誦然舊本題繼善宋人而述宋亡且稱德祐幼主降於大元何耶寧都魏禧集有是書序併云重訂其譌闕又屬盱江涂大訒允恒補撰二篇復爲之註考宋人所述宜止於五代此本既止於宋則僅補一篇且又無註未必即禧之所序觀大元之稱當

爲元人所增也

承華事畧一卷浙江汪啟淑家藏本

元王惲撰惲字仲謀東平人世祖時官至翰林學士事迹具元史本傳此書成於至元十八年時裕宗爲太子惲官燕南河北道副使因作此進於東宫載前代爲太子者之事加以論斷裕宗甚喜是書令諸皇孫共傳觀焉已載所著秋澗集中此後人抄出别行之本進書啟稱二十篇釐爲六卷今止一卷亦後人所合併也

叙古頌二卷　永樂大典本

元錢天祐撰天祐履籍未詳是書前有延祐五年三月進表稱臣於延祐元年作大學經傳直解進獻皇太子明年復作孝經直解進獻承令命翰林官以威烏爾原作畏吾兒今改正字語譯訖奏上皇帝陛下太后殿下奉旨將孝經鏤板命臣陪侍皇太子備員說書給賜廪餼敢獻盲歌瞽頌采摭經史成言效荀卿成相之體叶以聲韻著爲一編凡帝王之道起自唐虞訖於有宋總八十六章章二十四字

仍隨文引事實注於其下目曰叙古頌可以謳吟歌咏掇前史於片紙之間云云又有禮部牒稱說書臣范可仁衍以增義蕭貞疏以音釋蓋三人共成此書也然詞意鄙俚殊不足採

史義拾遺二卷（内府藏本）

元楊維楨撰維楨有春秋合題著說已著錄據孫作所作維楨傳稱其生平論史之書有太平綱目四十冊歷史鉞二百卷今俱亡佚此書傳中不載明皇甫汸始爲刊行大抵襍舉史事自爲論斷上

自夏商下迄宋代中有作補辭者如子思薦苟變書齊威王寶言是也有作擬辭者如孫臏祭龐涓文梁惠王送衛鞅還秦文是也有作設辭者如毛遂上平原君書唐太宗責長孫無忌是也大都借題游戲無關事實考同時王禕集中亦多此體蓋一時習尚如斯非文章之正格亦非史論之正格以小品視之可矣每篇下有跋語蓋其門人所作自稱其名曰本不著其姓亦不知其爲何許人也

事偶韻語一卷 永樂大典本

舊本題錢塘凌緯撰不詳時代是書凡五言絶句一百首前自序稱唐李翰蒙求約言成編誠便記覽是後文士往往效而爲之未有增至五言者余因暇日觀歷代君臣言行多有補於世教由是撮舉其要以類相偶萃爲絶句百章各章之下仍取得失事附註焉蓋即蒙求而稍變其體爾

通鑑博論三卷兩江總督採進本

明寧王權撰權有漢唐秘史已著録此書以洪武二十九年九月表上蓋奉太祖勅撰者前二卷論

歷代史事大畧後一卷倣史家年表名之爲天運記其上中二卷所云外記者劉恕陳桱之書也正記者司馬光之書也錢曾讀書敏求記曰下卷圖格中於至正二十六年丙午書廖永忠沈韓林兒於瓜步大明惡永忠之不義後賜死此非寧王之書法而太祖之書法也德慶一案盡此二十一字又何他詞之說云云夫林兒之死猶義帝之死也明初奉龍鳳年號永忠之死亦猶淮陰之死也諉過永忠一語而解兩失此眞舞文之曲筆曾乃以爲定案

於義殊乖下卷之末有永樂五年御製文一篇題曰歷代受命報復之驗蓋官爲刊行因而附著其文純舉報應輪迴之說最爲淺陋後有成祖自跋云觀其革命之際報復屠戮之慘或亂生於內或患生於外自相魚肉又云察其歷代報復之由以明天道好還之理觀其所言似乎尚畏天道者而革除時屠戮之慘乃無復人理天下後世之耳目可以是言掩耶又案明史權本傳曰權常奉勅輯通鑑博論又作史斷一卷今考是書凡例云一取

史斷爲法加諸筆削下卷之末云取史斷之首章以銘是書史斷者宋端平三年南宫靖一所作今尚有傳本非權作也

宋論三卷 浙江范懋柱家天一閣藏本

明劉定之撰定之有易經圖釋已著錄此書取宋史自太祖迄衛王事迹每條節文提要各爲論於其後凡二十八篇持論頗正故鄭瑗井觀瑣言以爲勝於宋史筆斷然亦取太宗弑奪之說至謂尼瑪哈尼瑪哈原作粘罕今改正爲太祖復生委巷鄙言何可訓

也

蔗山筆塵一卷編修程晉芳家藏本

明商輅撰輅有商文毅奏議已著錄是編雜論史事僅三十三條頗好持異論如謂宋天書事亦有深意不可盡加訾議是何言歟

政監三十二卷兩淮馬裕家藏本

明夏寅撰寅字正夫華亭人正統戊辰進士官至山東右布政使是書首列經傳倘書春秋次自漢迄元史事分條件繫各加評斷皆前人緒言無大

闡發又間或不免於偏駁

雪航膚見十卷 兩淮馬裕家藏本

明趙弼撰弼字輔之南平人雪航乃其號也是書成於正統景泰間襍論史事上自羲農下及有宋論多迂闊亦頗偏駁其中如論項羽殺宋義爲是先儒斷其矯殺爲非又論殺秦王子嬰屠其宗族伐其陵墓爲是先儒論其暴橫爲非又論項羽不殺沛公有人君之度先儒不能表而出之又論項羽獲太公呂后二年無淫殺之心聞吾翁卽若翁

之言卽捨太公則篤於朋友之義而先儒不能察

又論羽之才美亘古無倫烏江之死本實天亡而

非羽罪司馬遷揚雄所論皆謬殊乖剌不協於理

宜爲陶輔桑榆漫志所駁然輔不駁此條之顚倒

而别舉羽弑義帝一事謂雖有善無足稱則所見

亦與弼等矣

新舊唐書雜論一卷 兩淮馬裕家藏本

明李東陽撰東陽有東祀錄已著錄是編摘唐史

事跡辨其是非所論太宗明皇之事爲多持論亦

皆平允然東陽依違避禍固位取容其論宋璟不與反正之功無害宰相之體實陰以自解其論狄仁傑褚遂良優劣謂二人易地仁傑必能強諫於武后初立之時遂良必不能成功於武后既篡之後及論德宗猜忌元載凶嫉李泌能周旋其間亦隱然自以調停爲功其駁胡寅論高力士一條及論姚崇任諂用許一條亦欲以持論之正自蓋其所爲也

宋紀受終考三卷編修汪如藻家藏本

明程敏政撰敏政有宋遺民錄已著錄其篁墩集中有宋太祖太宗授受辨一篇專辨僧文瑩湘山野錄誣太宗燭影斧聲之事末自注云猶恐考核未精故別成是書然觀文瑩所言實無確指徒以李燾長編誤解文瑩之言遂成疑案宋濂黃溍始首辨其誣敏政是書又博採諸書同異一一辨証然仍宋黃二家之緒論也

宋史闡幽二卷 江蘇巡撫採進本

明許浩撰浩字復齋餘姚人宏治中以貢生官桐

城縣教諭與作通鑑綱目前編之許浩同姓名又同時實各一人也是編因與邱濬讀宋史而作其是非皆不謬於聖賢然特舉古來論定之說敷衍成篇如司馬光諸人爲君子蔡京諸人爲小人亦何待於浩而始知乎

元史闡幽一卷浙江鮑士恭家藏本

明許浩撰大抵皆取續綱目所書而論斷之凡五十二條持論雖正而亦不免於偏駁

世史積疑二卷浙江范懋柱家天一閣藏本

舊題元李士實撰前有自序稱至正七年壬申三月朔書按至正七年歲在乙亥非壬申與史不合而元代亦未聞有李士實惟明有新建李士實成化丙戌進士官至右都御史致仕正德間寧王宸濠圖不軌引之同謀事起時以士實與舉人劉養正爲左右丞相宸濠就擒士實併伏法事見明史而正德七年正值壬申與此書序内紀年適合屠隆考槃餘事又稱士實有善書名而此本内自書序文筆勢頗雄放亦足相証其爲明李士實所撰

無疑書首有衡山及天籟閣印記乃文徵明項元汴兩家舊本此必在當時以士實爲黨逆叛臣嫌於私存其著作故改竄紀年以掩其迹而後來著錄者遂誤以爲元人也其書採摘史事分條立說迄於東漢之末而止以喪心從亂之人而妄議古今其說蓋不足深論矣

兀涯西漢書議十二卷浙江范懋柱家天一閣藏本

舊本題明張邦奇撰實則因霍韜舊稿而增修之兀涯者韜别號也所輯明良集已著錄邦奇字常

甫鄞縣人宏治乙丑進士官至南京兵部尚書謚文定事迹具明史本傳其書皆摘西漢之事編次年月先錄漢書原文而附以評斷多引明代故事諮其得失蓋嘗經奏御之書其每條標臣案者韜原文有別標侍郎臣張邦奇曰者則續修之文也

史評十卷 內府藏本

明范光宙撰光宙字霽陽石門人是書自春秋迄南宋人各爲評多襲前人緒論罕出心裁

責備餘談二卷 浙江范懋柱家天一閣藏本

明方鵬撰鵬有續觀感錄已著錄是書雜取古人行事爲世所稱者摘其瑕疵自序謂賢知之過立言制行或不近人情不合中道往往載諸典籍學者喜談而誤效之故直指而極論焉以自附於春秋責備之意然持論刻覈時多乖謬如穀梁謂隱公可謂輕千乘之國蹈道則未其言允矣今並謂輕千乘之國爲非至陳師道不肯假趙挺之之衣亦排詆之所謂不樂成人之美者歟

東源讀史錄無卷數　浙江巡撫採進本

明田維祐撰維祐字裕夫號東源居士蕭山人正德戊辰進士官至肇慶府知府是書採集史事及前人史評衷以己意其自跋謂於正德丁丑取少微通鑑節要讀之偶有所見輒錄於楮殊無出人議論或似有所蹈襲今觀書中斷制雖無大疵謬而蹈襲之弊誠如自序所云且少微通鑑節要雖出宋人實村塾陋本據以立論亦安足以言讀史乎

翼正錄四卷 江蘇巡撫採進本

明何思登撰。思登字一舉，武昌人。正德甲戌進士，官翰林院編修。是書標舉歷代史事而論其得失，大旨主於黜佛老之虛誕，故以翼正爲名。其持論不爲不醇，而言煩詞複，一書惟此一意，未免失之冗瑣，與胡寅《崇正辨》得失相同。至其意見偏駁，如許衡爲國子監祭酒乞休事，必削元世祖年號，繫於宋度宗咸淳九年之類，尤舛謬至極，不足與辨者矣。

尚論編二十卷　山東巡撫採進本

明鄒泉撰泉字子静崑山人正德中諸生是編所載自三代以至宋元悉删削諸史本傳存其梗概間引他說考証又仿諸史論贊附以已意亦頗有可采之處非明人輾轉稗販者可比但以二十一史欲縮歛於二十卷中此雖班馬之才亦必不能鎔鑄包括時傷踈漏固其所耳

# 欽定四庫全書總目卷九十

## 史部四十六

### 史評類存目二

世譜增定二卷 浙江范懋柱家天一閣藏本

明呂顒編顒字夔賓陝西寧州人嘉靖癸未進士官至應天府尹是編因陳璘所刊世譜一書益以司馬光歷年圖梁氏總論而以黃繼善提要割屬歷代之下以上古至東晉爲前卷劉宋至元爲後卷蓋鄉塾課蒙之本也

帝鑑圖說無卷數　內府藏本

明張居正呂調陽同撰居正有書經直解已著錄調陽臨桂人嘉靖庚戌進士官至建極殿大學士諡文簡事迹具明史本傳是編乃二人奏御之書取堯舜以來善可爲法者八十一事惡可爲戒者三十六事每事前繪一圖後錄傳記本文而爲之直解前有隆慶六年十二月進疏一篇葢當神宗諒闇時也疏云善爲陽爲吉故數用九九惡爲陰爲凶故數用六六取唐太宗以古爲鑑之語名之

書中所載皆史册所有神宗方在冲齡語取易曉不免於俚俗

羣史品藻三十卷安徽巡撫採進本

明戴璟撰璟有廣東通志初稿已著錄是編取司馬光通鑑摘其事蹟爲之論斷其凡例云以通鑑節要爲主而摘其可爲論策命題者按千頃堂書目有宋江贄所撰資治通鑑節要又有元劉剡所撰資治通鑑節要皆三十卷未知璟所指何本然止爲命題而設則不出兔園册子之積習也

漢唐通鑑品藻三十卷 江蘇巡撫採進本

明戴璟撰是書明史藝文志著錄然即璟所著讀史品藻坊本改易其名也書中起周威烈王終周世宗與通鑑首尾相應而以漢唐名書璟未必謬陋至此其出自庸妄書賈明矣

兩漢解疑二卷 浙江巡撫採進本

明唐順之撰順之有廣右戰功錄已著錄是編摘兩漢人物論其行事設爲問難而以已意解之大抵好爲異論務與前人相左如以紀信之代死爲

不足訓以漢高之斬丁公爲悖恩欺世之類皆乖平允不足爲訓也

兩晉解疑一卷 浙江巡撫採進本

明唐順之撰持論與所作兩漢解疑相類而乖舛尤多如賈充一條稱秦檜有息民之功故得善終馮道和藹溫柔故有長樂老之榮悖理殊甚順之學問文章具有根柢而論史之紕繆如此蓋務欲出奇勝人而不知適所以自敗前明學者之通病也

覺山史說二卷　浙江鮑士恭家藏本

明洪垣撰垣字峻之婺源人覺山其號也嘉靖壬辰進士官至温州府知府事蹟具明史本傳又湛若水傳末稱湛氏門人最著者永豐李懷德安何遷婺源洪垣德安唐樞懷之言變化氣質遷之言知止樞之言求眞心大約出入王湛兩家之間而自爲一義垣則主於調停兩家而互救其失皆不盡守師說云云其講學之書今未之見是編其論史之書也所論起上古迄宋末如論伍員鞭墓之

類頗能主持名教他如論管叔蔡叔合於義而不知天命詆紀信代死爲呂祿辨寃之類則不免文士好奇務爲新論至於論余闕死節一條斥闕不當仕元且以全家併命爲非是則紕繆至極無論闕本色目人實非南宋遺民垣於事實爲不考即使闕之祖父果爲南宋遺民而是時元混一天下已届百年踐土食毛久爲黎庶垣乃於數世之後使爲宋守故臣之節此於理不更悖乎

太史史例一百卷 浙江汪啟淑家藏本

明張之象撰之象字元超華亭人嘉靖中官浙江按察司知事明史文苑傳附載文徵明傳中是編取史記所書分類標列為二百八十七例摘其文以繫於各類之後名目皆極瑣屑夫文字詳畧勢無定體本不可以例言況太史公成一家之書往往意在文外尤不得盡以定法拘之而之象乃毛舉細微以為事事有例此又以說春秋家之窠臼移而論史矣

史乘考誤十卷（兩江總督採進本）

明王世貞撰世貞有弇山堂別集已著錄是書一曰二史考凡八卷二曰家乘考凡二卷二史者國史野史也皆臚舉訛傳一一考證已載入弇山堂別集中此其單行之本也

洗心居雅言集二卷江蘇巡撫採進本

明范檟撰檟字養吾會稽人嘉靖庚戌進士官至知府其所官之地則未之詳也是編凡史論二百四十一條陶望齡爲之序書之上方及行旁皆有評語序前標曰新鐫史綱論題雅言旁注評林目

錄前標曰新刻閣會元舉業史綱論題皆坊本之陋式其爲眞出櫎手與否尚在疑似之間矣

古史要評五卷江西巡撫採進本

明吳崇節撰崇節字介甫弋陽人嘉靖甲子舉人官武岡縣知縣是編所載起周靈王迄南宋每事先標題目後載史文而斷以己意葢坊刻鑑纂鑑畧之類而掛一漏萬茫無始末并不足以裨初學於元朝不載事實但附許衡吳澄二人題曰元朝人物尤爲偏謬

史取十二卷浙江汪啟淑家藏本

明賀祥撰祥號長白長沙人是編凡分六類曰世詮曰世評曰經世曰性行曰成務曰雜記六類之中分子目四十有八葢史評之流而其體則說部類也觀其駁孟子益避禹子之言爲無稽稱呂氏春秋一書與孟子相表裏斥嚴光爲光武之罪人贊丁謂爲榮辱兩忘之異人皆所謂小言破道者書中數稱李贄豈非氣類相近歟

讀史漫錄十四卷內府藏本

明于慎行撰慎行字可遠更字無垢東阿人隆慶戊辰進士官至禮部尚書事蹟具明史本傳是書評論歷代史事起伏羲氏至遼金元所論無甚乖舛亦無所闡發目錄後有門人郭應寵題識稱是書本先梓於閩本經讐校後其子君圖與筆塵同鋟以行應寵又於慎行遺稿中搜得讀史五十通補入云

史韻二卷江蘇周厚堉家藏本

明趙南星撰南星有學庸正說已著錄是編摘錄

史事儷以四言韻語凡西漢東漢三國兩晉南北朝唐五代宋元各爲一首詞簡而該蓋其謫戍代州以後借以遣日之筆後人重其忠義因錄而傳之順治丁亥高邑李士邵刋於杭州版旋散佚乙未又刋於淮海道署

餘言二卷 江蘇巡撫採進本

明徐三重撰三重字伯同華亭人萬歷丁丑進士官刑部主事是編乃其語錄之一種皆衡論古人得失與發揮理氣性命者有異故以餘言爲名所

評上起唐堯下迄宋末大抵儒者之常談然尚無講學家不情之苛議

涉世雄談八卷（直隸總督採進本）

明朱正色撰正色字應明南和人萬歷己丑進士官至右副都御史巡撫寧夏是書乃其備兵甘肅時所著取諸史記傳所載事蹟之有關兵法及才智明決足啟發人意者分門摘錄而各附評語於條末每類中又各分奇品正品詞氣纖譎學陳亮而不成者也

讀史漫筆一卷編修程晉芳家藏本

明陳懿典撰懿典有讀左漫筆已著錄此編摘史記本紀世家列傳事蹟隨意論列數語皆陳因膚廓之言

蘭曹讀史日記四卷副都御史黃登賢家藏本

明熊尚文撰尚文字益中豐城人萬歷乙未進士官至工部右侍郎是編雜採史傳舊文上起唐堯下迄元代隨事論斷全類時文評語頗乖著書之體

史談補五卷 兩江總督採進本

明楊一奇撰陳簡增補二人均不詳始末所可考者簡書成於萬歷中一奇書又當在前耳一奇書五卷本名史談於諸史中摘錄事迹加以論斷皆無所闡明簡又補入百餘條雜於一奇舊編之內仍爲五卷改題曰史談補所見更出一奇下

尚友齋論古 無卷數 浙江巡撫採進本

明涂一榛撰一榛字廷薦漳州鎮海衞人萬歷甲辰進士官至通政司通政使其書取春秋時范蠡

迄宋文天祥六十八人各錄本傳而自爲評語綴於其末去取絶無義例議論亦多陳因其於吕誨彈王安石事謂臺諫不可隨衆占風則爲當時朝局而發也

人物論三十四卷内府藏本

明鄭賢編賢字元直莆田人官震澤縣教諭是書成於萬歷戊申掇諸史論贊及唐宋以來各家文集取其論古之文裒爲一編而以時代編敘之賢亦附評於篇末率兼論其文不專論其事其體例

蓋在史評總集之間也所採元以前人之說僅一百二十七家所採明人之說至二百四十七家則冗雜可知矣

讀史商語四卷江蘇巡撫採進本

明王志堅撰志堅字弱生更字淑士亦字聞修崑山人萬歷庚戌進士官至湖廣提學僉事明史文苑傳載其爲南京兵部郎中時要同舍郎爲讀史社撰讀史商語即是編也以十七史之文與資治通鑑參核隨事論斷較他家史論抱殘守匱者頗

殊如論茅焦稱假父二一弟謬於理而悖於事論劉向爲漢宗室諫外家封事不當以任用宗室爲言招爭權之嫌論後漢黨錮中岑晊劉表胡母班皆謬負虛名論通鑑帝魏故漢獻帝用魏諡綱目帝蜀則宜用蜀諡曰孝愍論劉琰撻妻小過至於棄市諸葛亮不能辭責論山簡嗜酒釀亂不應以習池爲美談論漢昭烈帝非棄荆州蘇軾之言失考皆爲有理其謂秦始皇在趙之時生僅兩歲無由與燕太子丹相善謂漢史所紀征討斬獲動以萬

計皆非實數以漢故事破賊文書以一報十爲證謂魏書爾朱榮傳韓彭乃韋彭之訛以金石錄爲證謂南史何敬容傳北史后妃傳崔暹傳與齊文宣帝本紀矛盾謂胡寅讀史管見誤讀通鑑宇文孝伯事謂房琯無請親王領軍事司空圖詩註不足憑亦皆有考據惟好爲高論動輒蹐駁如謂桑宏羊有補於國計謂曹操所行實文王之事謂諸葛亮不善用兵陳壽所評爲確謂謝靈運爲晉之忠臣可比陶潛謂李林甫在安祿山必不敢叛謂

王叔文爲忠臣有功無罪皆紕繆之甚又頗不論是非而論果報於佛法信之尤篤謂袁宏漢紀不知佛法之精微廣大謂傅奕闢佛爲淺陋司馬光取入通鑑所見與奕相等尤非論史之道矣

史懷十七卷內府藏本

明鍾惺撰惺有詩經圖史合考已著錄是書上自左傳國語下及三國志隨事摘錄斷以己見明史文苑傳稱惺官南都僦秦淮水閣讀史恒至丙夜有所見卽筆之名曰史懷卽是編也其說雖間有

創獲而偏駁者多蓋評史者精核義理之事非掉弄聰明之事也

左羽外編四十六卷浙江巡撫採進本

明張大齡撰大齡眉州人凡史論四卷首正統論次雜論延陵季子晏平仲等二十餘人又說史雋言十八卷分二十四類雜采史文斷以已說又晉十六國指掌六卷唐藩鎮指掌六卷皆抄撮晉書載記唐書藩鎮傳而成隨筆八卷支離漫語四卷評隲史事大都穿鑿附會無所發明其論正統欲

以漢配夏以唐配商以明配周而盡黜晉與宋尤爲紕繆

詩史十五卷 副都御史黃登賢家藏本

舊本題明顧正誼撰正誼松江人萬歷中官中書舍人考錢希言戲瑕曰昔嘗於太原齋頭見雲間刻顧氏詩史閱之乃中翰正誼名也余與王先生相顧驚嘆王先生曰此豈虎頭公所能辦哉後余過雲間乃知華亭有詞人唐汝詢仲言者目雙瞽著成是書顧氏以三十金詭得之嗟乎唐生之文

誠賤何至此甚也千古不白之寃俟異世子雲者起故當有定論耳云云據此則是書爲唐汝詢作正誼乃買其稿而刻之耳然是書以列朝紀傳編爲韻語各爲之註以便記誦不過蒙求之類不知正誼何取而竊據之也

測史剩語六卷 江西巡撫採進本

明馮士元撰士元字廷對新昌人萬歷中由貢生授靖安縣訓導遷河南府教授是書雜取春秋至唐代史事爲之論斷以八標題者二十四篇以事

標題者三篇間得蘇軾之一體附以擬書三篇連珠雜說各十篇則小品伎倆矣

史拾載補 無卷數 江蘇周厚堉家藏本

明吳宏基撰宏基字柏持仁和人是編取史記八書及儒林循吏游俠酷吏滑稽日者龜策貨殖匈奴西南夷大宛列傳十一篇加以圈點並略附箋註評語於篇後前有自序似乎先著一書名史拾而此補之者又冠以蘇轍古史跋似乎補所未收者其體例殊不可解又有郎璧金序稱其旅摭稗

收凡天經地志昆蟲草卉之事彙纂成書綴之簡裔更與本書不相應亦莫能詳也

史砭二卷 浙江巡撫採進本

明程至善撰至善字于止休寧人是書所論上起三皇下迄於宋然論兩漢者十之八餘皆寥寥數則大抵迂濶之談其偶出新意則往往乖剌如謂岳飛得金牌之召當還戈南指誅秦檜以清君側是豈可行之事乎

評史心見十二卷 浙江汪啟淑家藏本

明郭大有撰大有字用亨江寧人是書取古人事迹標題每事爲論其凡例云凡可以爲策論者擇取以利於舉業則其書可知矣

古質疑一卷安徽巡撫採進本

明鄭賡唐撰賡唐有讀易蒐已著錄是編評論史事凡三十八條自宓犧至周平王止竊其微意似欲爲春秋前編也中如論女媧補天乃張湛列子注之緒言論黃帝鑄鼎乃宋人僞子華子之舊說以至姜嫄履武元鳥生商亦多先儒所已論無庸

勦襲陳言至太甲中條稱竹書爲僞高宗幽王二條又引竹書爲證數頁之中自相矛盾王季一條前後文義不相屬其殆傳寫訛脫歟

**讀書鏡十卷**　浙江孫仰曾家藏本

明陳繼儒撰繼儒有邵康節外紀已著錄是書乃所作史論或一人遞舉數事或一事歷舉數人而以已見折衷其間欲使學者得以古証今通達世事故以鏡爲名所言亦不甚精切特持論尚頗平正視所著他書差爲彼善於此至所稱人主宮闈

中事臣子不可妄有攀援亦不可過爲排擊而少年喜事形之章奏刻之書帙至遍於輦轂市肆之間此在布衣交友尚不能堪而況天子乎此言葢爲萬歷間爭國本者而發於明季臺省之弊可云切中不以繼儒而廢其言也

青油史漫二卷 副都御史黃登賢家藏本

明茅元儀撰元儀有嘉靖大政類編已著錄是書雜論史事多爲明季而發如稱漢高祖令吏敬高爵則爲當時輕武而言詆魏徵抑法以沽直太宗

矯情以聽諫則爲當時科道橫議而言論西漢亡於元帝東漢亡於章帝則爲神宗而言亦胡寅讀史管見借事抒議之類而矯枉過正故其詞多失之偏僻

史疑四卷　浙江巡撫採進本

明宋存標撰存標字子建華亭人崇禎間貢生候補翰林院孔目是編取三傳國策史記漢書及諸雜史摘其事迹而論列之如以項羽爲智士仁人以漢高帝爲木偶之類殊嫌乖謬措語尤多輕佻

卷首題陳繼儒選定則習氣所染由來者漸矣

歷代史論二編十卷安徽巡撫採進本

明張溥撰溥有詩經注疏大全合纂已著錄是書總論史事起三家分晉至周世宗征淮南議論凡近而筆力尤弱殊爲不稱其名題曰二編蓋尚有前編今未之見

讀史書後一卷江西巡撫採進本

明胡夢泰撰夢泰字友蠡鉛山人崇禎丁丑進士官鄞縣知縣是編前有順治辛丑張逵序稱其大

節耿然不愧首陽卒與其配李媛稱雙節而湮沒不傳云云則亦明末死義之士遂不詳其始末不可考矣是書皆讀史記而跋其後文體晦澁幾不可讀殆亦劉鳳之流又有文德翼序語意亦相類蓋明季僞體橫行士大夫以是相高而不知故爲詰曲適爲後人笑也

拙存堂史括三卷（兩江總督採進本）

明昌起宗撰起宗有拙存堂經質已著錄是書成於崇禎壬午乃其自襄陽罷歸之時讀史偶記多

隨意間評不必盡關褒貶間有考證亦未甚精核

葢文士閒居姑以資談柄消永日耳

孟叔子史發無卷數浙江巡撫採進本

明孟稱舜撰稱舜字子塞會稽人崇禎間諸生是

書凡爲史論四十篇其文皆曲折明𢈔有蘇洵蘇

軾遺意非明人以時文之筆論史者惟其以屢舉

不第發憤著書不免失之偏駁如項羽論謂其敗

兵由乎天亡非戰之罪商鞅論謂秦用商鞅之法

六世以至於帝始皇不用商鞅之法二世以至於

亡樂毅論謂其非仁非智雖毅不走趙騎刼不代將亦終必敗皆失之過激李陵論論陵必報漢漢待之寡恩則害義尤甚崇禎末降賊諸臣無不以李陵藉口者豈非此類僻論有以倡之乎至於王通韓愈王安石張浚諸論則能破門戸之見晁錯趙苞魏徵史浩諸論亦能持事理之平蓋瑕瑜互見之書也前有崇禎辛未自序述不得志而立言之意稱李衛公能相歸著論數十首名曰窮愁志蘇文忠公謫居儋耳亦著論數十首今所傳平王

范增諸篇是也云云案李德裕窮愁志作於崖州無罷相歸之事蘇軾諸論雖集中不著年月亦無作於海外之明文所引皆爲舛誤知其聰明用事而考證多疎矣

狂狷裁中十卷 江蘇巡撫採進本

明楊時偉撰時偉有春秋編年舉要已著錄是編上起戰國下迄金元取忠臣孝子志士仁人之事而論說之其自序曰憑虛不如履實異撰不如庸行又云考覽千古未聞志士仁人忠臣孝子之外

別有所謂進取不爲者私爲尚論取實代虛凡忠孝志仁正骨奇氣雖不襲狂名不矜狷迹而强名爲狂狷焉即於孔孟之旨茫無取裁而律以成章進取則庶乎不悖爾矣此其撰述之大意也然其中所載如豫讓聶政諸人猶謂節取其義烈而魏延馬謖華歆郗慮亦並收入未免蕪雜不倫矣

廿一史獨斷二十一卷 江西巡撫採進本

明張自勳撰自勳有綱目續麟已著錄是書於二十一史各糾其失每一史爲一卷其中糾體例之

失者十之三四糾議論之失者十之六七而所謂體例之失者不過某人之傳不當在某人前某人之傳不當在某人後及某人當與某人合傳某人不當與某人合傳而已大抵取其篇目論贊互相比勘而斷以已意非能旁引曲證一一究其異同核其虛實也其凡例謂先儒已駁者不復置喙性耻蹈襲絶無勦說然如開卷論史記項羽本紀陳涉世家即皆劉知幾史通之說是亦未及博徵之一驗矣

宋史筆斷十二卷　浙江鮑士恭家藏本

舊本題正誼齋編集不著撰人名氏所論始宋太祖建隆元年至衛王溺海之事論皆迂闊

尚論編六卷　副都御史黃登賢家藏本

不著撰人名氏但自稱曰卬須子中有近日熊經略語則明末人所輯也其書皆摘前人論史之語起於堯舜迄文天祥明人議論採摘尤多大抵拉雜無緒每篇皆有跋語亦俳纖無可取序凡三首一稱夢博道人一稱狎鷗翁一稱六宜亭長亦不

知爲何許人也

賣菜言一卷 浙江鮑士恭家藏本

舊本題曰匪齋撰不知何許人書中取明一代人物各加詳斷自宋濂以下凡六十餘人以及律呂推步之說亦並爲考辨蓋亦史論之類書中稱莊烈帝爲思皇帝疑福王時人也

綱鑑附評二卷 江西巡撫採進本

舊本題

國朝劉善撰善號匪齋吉水人考江西通志有劉善

臨川人洪武丁卯舉人是書所論自夏帝啓迄晉代爲上卷自南北朝迄明太祖即位爲下卷時代亦與相應又似了即明初之劉善疑不能明也所評多勦襲舊文大抵不出胡寅尹起莘之說其自立新意者往往縱談害理如謂漢高當立趙王如意爲太子諸臣爭之爲非又謂即立惠帝亦當如鈎弋夫人先殺其母可謂不揆於理不近於情他如因王珪子尚公主珪令行婦禮一事忽牽及珪昔事建成今事太宗猶婦之再醮於人而忘所醮

之郎戕夫者尤節外生枝非其本事矣

漢史億二卷山東巡撫採進本

國朝孫廷銓撰廷銓有顏山雜記已著錄是編取司馬班范三史所載事實隨筆論斷共二百餘條中多與于慎行讀史漫錄議論相同者自序謂與之暗合故不復刪其論留侯子辟彊始謀分王諸呂謂辟彊深沉多智無忝厥父有安劉氏之功夫諸呂分王劉氏危於累卵特以祿產庸才遽釋兵柄諸大臣得而誅之辟彊以一孺子首倡亂謀幾覆

邦國乃以能安劉氏稱之不亦傎乎

論世八編十二卷浙江巡撫採進本

國朝華慶遠編慶遠無錫人是書輯前人論古之說各區以時代卷首有自序四篇初序於崇禎庚辰再序於甲申三序於己丑四序於己酉己丑爲順治六年己酉爲康熙八年其庚辰原序謂略仿竟陵鍾氏史懷或正史或野史或集或說不專一史久之盈冊題曰冀窻歎後改名爲論世八編自一卷至四卷爲初編論自古迄三代五卷爲二編則

專論孔子六卷爲三編專論西漢七八兩卷爲四編論東漢後漢九卷爲五編論晉至隋十卷爲六編論唐十一卷爲七編論北宋十二卷爲八編論南宋至明初大抵綴輯陳言間有附評亦寥寥偶見

歷代甲子考一卷 編修程晉芳家藏本

國朝黄宗羲撰宗羲有易學象數論已著錄曾隱公

以上甲子漢志與史記不同黄道周主史記宗羲以其與尚書不合嘗與朱朝瑛反覆辨論謂當從

班氏以武王克商爲巳卯歲歷引尚書及竹書記年以証之此編即答朝瑛之書巳載於南雷文定中曹溶收入學海類編改題此名實非其舊也

鑑語經世編二十七卷直隸總督採進本

國朝魏裔介撰裔介有孝經注義巳著錄是編以通鑑卷帙浩繁學者難以卒讀於是摘錄司馬光資治通鑑及王宗沐宋元資治通鑑凡有關經世者加以案語其議論尚皆平正然亦不能無因謬襲誤之弊如信宋太宗燭影斧聲之事而曰燭影搖

紅心田變黑殊爲失考又謂明永樂四書五經大全爲不刊之典亦未免儒生章句之見也

讀史吟評一卷 大學士英廉購進本

國朝黃鵬揚撰鵬揚字遠公晉江人順治丁酉舉人是編雜詠史事每詩之後附以論斷畧如元宋无啽囈集例而詞之工則不及无玩其意旨似借諷明季之事不爲品第古人也

史評辨正四卷 福建巡撫採進本

國朝黃鵬揚撰是書取歷代史評斷其是非每條皆

先列前人之說次申己見卷首自序所論評史三病四宜等說頗爲切中然如伊尹兩截人之類仍哓哓於一字一句之間爭無關之得失則亦未改迂儒論古之習矣

讀史纉疑十卷　山東巡撫採進本

國朝張彥士撰彥士字龍弼定陶人順治初歲貢生官黃縣訓導其書評論史事自上古至元凡四百餘條多作韻語大約欲倣史家贊體而體例冗雜議論迂拘不出鄉塾儒生之見

史折三卷續一卷 湖南巡撫採進本

國朝賀裳撰裳字黄公丹陽人康熙初諸生是書取明人評史諸書義有未當者折衷其是凡史懷狂夫之言史說贅言湧幢小品談史藏書史裁史餘讀史漫錄劄記外篇等共十一家謂之後語又各繫小序於前凡三卷古今論史言人人殊所謂彼亦一是非此亦一是非也裳所駁正頗屬持平然其中可一兩言決者必連篇累牘覺浮文妨要至於陳繼儒之淺陋李贄之狂謬復爲之反復辨論

更徒增詞費矣卷後附史折續編乃裳所自為史論蓋折衷唐宋諸儒之說已刊入本集內此又以類附於史論者也

澂景堂史測十四卷江蘇巡撫採進本

國朝施鴻撰鴻字則威邵武人康熙中由歲貢生官至奉天府經歷是編取通鑑中自晉至隋事蹟各為評論共一百七十七則其專取晉宋以至六代者自序云歲在甲辰署篆羅源未攜書籍借得溫公通鑑自晉至隋數十册日夜讀之因而有所論

議則亦偶然劄記也

垂世芳型十三卷浙江巡撫採進本

國朝金維寧撰維寧字德藩華亭人康熙丙午舉人初維寧取歷代事迹人立一傳各系以論名連珠彙校蓋通史流也鄭重欲爲刻之不果後删掇其論三分之一以成此書所論上起孔子下迄明季共七百八十五人而明一代居一百四十八其爻章原亦與焉

資治通鑑述無卷數兩江總督採進本

國朝陳詵撰詵有易經述已著錄是編凡論三十二篇始於范蠡終於陸贄裴度末附史官論一篇所論戰國時事居十之七秦漢以後間及一二事末編卷帙其次第亦參差不一蓋刊刻未竟之本全書當不止此也

通鑑大感應錄二卷 山西巡撫採進本

國朝秦鏡撰鏡字井臺翼城人此集前有鏡自序謂資治通鑑乃古今來一大感應篇錄其彰明較著者俾覽之者有所觀感云云大抵如迪吉錄勸善

圖說等書取以醒世非史學也如論皐陶謂之士而兼師全柄生殺之權故子孫不王則尤附會之論矣唐虞至治堯舜至明皐陶之刑果干天罰能見用於二帝之世乎

讀史辨惑 無卷數 直隸總督採進本

國朝王建衡撰建衡號月蘿威縣人歲貢生候選教諭是書成於康熙四十一年雖以讀史爲名而考其所引實皆坊刻鳳洲綱鑑也

史論初集 無卷數 浙江巡撫採進本

國朝朱直撰。直字少文，江蘇人。是集爲駁正胡寅讀史管見而作。其中頗有持平之論，如牛晉論等篇，雖寅復生不能辨。然而詞氣太激，動乖雅道。每詆寅爲腐鼠，爲曚瞍未視之狗，爲雙目如瞽滿腹皆痰，爲但可去註三字經百家姓不應作史論，爲癡絕呆絕雅氣腐臭。雖寅書刻酷鍛鍊，使漢唐以下無完人，實有以激萬世不平之氣，究之讀古人書，但當平心而論是非，不必若是之毒詈也。

詩史十二卷　浙江鮑士恭家藏本

國朝葛震撰震字星巖句容人是書於歷代帝王各以四言韻語括其始末起自盤古終於有明據康熙癸未鍾國壐序其書尚有全注此特先刊其正文然讀史之學在於周知其原委此書如爲童穉設則事無注釋斷乎不解爲何語誦之何益如曰成人讀之可不須注世烏有成人而誦此種書者乎所謂進退無據也

四言史徵十二卷內府藏本

國朝葛震撰即葛氏詩史曹荃爲之注釋改題此名

也據荃自序題康熙庚辰尚在癸未前四年殆鍾國璽刻詩史時尚未見此本歟

班范肪截四卷編修勵守謙家藏本

國朝張篤慶撰篤慶字歴友號厚齋又號崑崙外史淄川人康熙丙寅拔貢王士禎漁洋詩話稱其淹博華贍千言可以立就是書即兩漢史事稍加論斷大抵皆屬常談亦有僅節錄數語不置一詞者其中旁掇風俗通獨斷東觀漢記之類則顔師古李賢劉昭註中所引也似史評而非史評似說部

而非說部殆隨筆偶記之書故漫無體例歟

五代史肪截四卷 編修勵守謙家藏本

國朝張篤慶撰是書摘取歐史之文間附已意爲論斷與班范肪截體例畧同而持論尤多無謂如論朱全忠張全義賜名事則曰可謂忠不忠而義不義矣此亦何須復道又論昭宗椒蘭殿何后積善宮事曰椒蘭不以延嗣積善不以流慶置其本事而旁論宮殿之名不幾時文之掉弄筆墨乎至論馮道兔園冊事曰此冊流傳至今遂廣不特翰苑

諸公奉爲秘書而帖括家亦以爲金科玉律矣更太傷輕薄也

增定史韻四卷附讀史小論一卷 浙江巡撫採進本

國朝仲宏道撰宏道字開一嘉興人是書成於康熙辛未以趙南星史韻前載年號浮文妨要註又寥寥不詳所以不行於世乃删其繁冗補其闕畧以成是編復上續以羲軒至秦下續以明代之事其他晉之十六國五代之十一國以及遼金西夏亦各爲韻語以補之每紀之末宏道各爲總論明紀

評語則採谷應泰紀事本末之文

十七史論九卷年表一卷 江蘇巡撫採進本

國朝夏敦仁撰敦仁字調元武進人是書論斷史事始於漢終於五代大抵陳言每代各列世系於前僭僞之國皆然末爲年表一卷亦帝王與僭僞並列而所紀始漢終元與十七史數不相符未喻其故

芝壇史案五卷 湖北巡撫採進本

國朝張鵬翼撰鵬翼字誓菴連城人其書取史籍舊

事倣讞獄之法每一條爲一案而以己意斷之論多迂濶

史學正藏五卷 江西巡撫採進本

國朝宋士宗撰士宗字司秩星子人雍正丙午舉人其書自三皇下訖昭烈各有辨論凡二百三十八條自序云不獲竣事姑取其就緒者亟爲錄出蓋未竟之本也

讀史評論六卷 兩江總督採進本

國朝費宏灝撰宏灝號愚軒湖州人是書前有雍正

戊申自序前四卷曰史評後二卷曰史論評則分條劄記論則因人因事各自成篇評多瑣屑論多臆斷如王戎石崇論謂戎之得預竹林以多財之故嵇阮等利其所有引而入之冀分餘潤崇旣富人必不識丁其金谷園集序殆有寒士爲之捉刀雖有激之談亦僨之甚矣

十七朝史論一得一卷 浙江巡撫採進本

國朝郭倫撰倫有晉記已著錄是編爲論八篇一曰秦漢二曰晉宋齊梁陳三曰隋四曰唐五曰梁唐

晉漢周六曰宋七曰元八曰明凡十七朝故以爲名每朝各論其得失大致不悖於理

石溪史話八卷江西巡撫採進本

國朝劉鳳起撰鳳起字蘭村睢寧人是編起自三皇五帝至明福王止所論凡百餘條或一事而以數事證之或一代而以歷代參之立說頗見詳辨而前後時有矛盾又如以王佐才許荀彧而詆王導爲虛聲美武后之保護賢臣而咎岳飛之不知進退其是非臧否亦不能無所謬也

唐鑑偶評四卷編修周厚轅家藏本

國朝周池撰池字商濂湖口人是書因讀通鑑綱目而評其得失多駁正發明書法及胡寅讀史管見之說頗中其失然以唐鑑為名而卷一起高宗上元元年卷三終武宗會昌四年於唐代首尾不能完具疑為未成之稿其子孫錄之成帙也卷四為論二首辨四首說一首則以各自為篇與批綴簡端者體例不同故別為一卷云

右史評類一百部八百六十八卷內八部無卷數皆附存目

欽定四庫全書總目 子部

卷九十一

欽定四庫全書總目卷九十一

子部總敘

自六經以外立說者皆子書也其初亦相淆自七略區而列之名品乃定其初亦相軋自董仲舒别而白之醇駁乃分其中或佚不傳或傳而後莫爲繼或古無其目而今增古各爲類而今合大都篇帙繁富可以自爲部分者儒家以外有兵家有法家有農家有醫家有天文筭法有術數有藝術有譜錄有雜家有類書有小說家其别教則有釋家

有道家敘而次之凡十四類儒家尚矣有文事者有武備故次之以兵家兵刑類也唐虞無臯陶則寇賊姦宄無所禁必不能風動時雍故次以法家民國之本也穀民之本也故次以農家本草經方技術之事也而生死繫焉神農黄帝以聖人爲天子尚親治之故次以醫家重民事者先授時授時本測候測候本積數故次以天文算法以上六家皆治世者所有事也百家方技或有益或無益而其說久行理難竟廢故次以術數游藝亦學問之

餘事一技入神器或寓道故次以藝術以上二家皆小道之可觀者也詩取多識易稱制器博聞有取利用攸資故次以譜錄羣言岐出不名一類總爲薈稡皆可采摭菁英故次以襍家隸事分類亦襍言也舊附於子部今從其例故次以類書稗官所述其事末矣用廣見聞愈於博奕故次以小說家以上四家皆旁資參考者也二氏外學也故次以釋家道家終焉夫學者研理於經可以正天下之是非徵事於史可以明古今之成敗餘皆襍學

也然儒家本六藝之支流雖其間依草附木不能免門戶之私而數大儒明道立言炳然具在要可與經史旁參其餘雖眞僞相雜醇疵互見然凡能自名一家者必有一節之足以自立即其不合於聖人者存之亦可爲鑒戒雖有絲麻無棄菅蒯狂夫之言聖人擇焉在博收而愼取之爾

子部一

儒家類一

古之儒者立身行己誦法先王務以通經適用

而已無敢自命聖賢者王通教授河汾始摹擬尼山遞相標榜此亦世變之漸矣迨托克托等修宋史以道學儒林分為兩傳而當時所謂道學者又自分二派筆舌交攻自時厥後天下惟朱陸是爭門戶別而朋黨起恩讐報復蔓延者垂數百年明之末葉其禍遂及於宗社惟好名好勝之私心不能自克故相激而至是也聖門設教之意其果若是乎今所錄者大旨以濂洛關閩為宗而依附門牆藉詞衞道者則僅存其

目金谿姚江之派亦不廢所長惟顯然以佛語解經者則斥入雜家凡以風示儒者無植黨無近名無大言而不慙無空談而鮮實則庶幾孔孟之正傳矣

孔子家語二十一卷 內府藏本

魏王肅註肅字子雍東海人官至中領軍散騎常侍事跡具三國志本傳是書肅自序云鄭氏學行五十載矣義理不安違錯者多是以奪而易之孔子二十二世孫有孔猛者家有其先人之書昔相

從學頃還家方取以來與予所論有若重規疊矩云云是此本自肅始傳也考漢書藝文志有孔子家語二十七卷顔師古注云非今所有家語禮樂記稱舜彈五弦之琴以歌南風鄭注其詞未聞孔頴達疏載肅作聖證論引家語阜財解愠之詩以難康成又載馬昭之說謂家語王肅所增加非鄭所見故王柏家語考曰四十四篇之家語乃王肅自取左傳國語荀孟二戴記割裂織成之孔衍之序亦王肅自爲也獨史繩祖學齋佔畢曰大戴一

書雖列之十四經然其書大抵雜取家語之書分析而爲篇目其公冠篇載成王冠祝辭內有先帝及陛下字周初豈曾有此家語止稱王字當以家語爲正云云今考陛下離顯先帝之光曜已下篇內已明云孝昭冠辭繩祖誤連爲祝雍之言殊未之考蓋王肅襲取公冠篇爲冠頌已誤合孝昭冠辭於成王冠辭故刪去先帝陛下字竄改王字家語襲大戴非大戴襲家語就此一條亦其明證其割裂他書亦往往類此反覆考證其出於肅手無

疑特其流傳既久且遺文軼事往往多見於其中故自唐以來知其僞而不能廢也其書至明代傳本頗稀故何孟春所註家語自云未見王肅本王鏊震澤長語亦稱家語今本爲近世妄庸所刪削惟有王肅註者今本所無多具焉則亦僅見之也明代所傳凡二本閩徐𤊹家本中缺二十餘頁海虞毛晉家本稍異而首尾完全今徐本不知存佚此本則毛晉所校刊較之坊刻猶爲近古者矣

荀子二十卷 内府藏本

周荀況撰。況趙人，嘗仕楚爲蘭陵令，亦曰荀卿。漢人或稱曰孫卿，則以宣帝諱詢，避嫌名也。漢志儒家載荀卿三十三篇，王應麟考證謂當作三十二篇。劉向校書序錄稱孫卿書凡三百二十三篇，以相校除重復二百九十篇，定著三十二篇，爲十二卷，題曰新書。唐楊倞分易舊第，編爲二十卷，復爲之註，更名荀子，即今本也。考劉向序錄，卿以齊宣王時來游稷下，後仕楚，春申君死而卿廢。然史記六國年表載春申君之死，上距宣王之末凡八十七年史記稱卿年五十始游於齊則春申君死之年卿年當一百三十七矣於理不近晁公武讀書志謂史記所云年五十爲年十五之訛意其或然宋濂荀子書後又以爲襄王時游稷下亦未詳所本總之戰國時人爾其生卒年月已不可確考矣況之著書主於明周孔之教崇禮而勸學其中最爲口實者莫過於非十二子及性惡兩篇王應麟困學紀聞據韓詩外傳所引卿但非十子而無子思孟子以今本爲其徒李斯等所增不知子思孟子

後來論定爲聖賢耳其在當時固亦卿之曹偶是猶朱陸之相非不足訝也至其以性爲惡以善爲僞誠未免於理未融然卿恐人恃性善之說任自然而廢學因言性不可恃當勉力於先王之教故其言曰凡性者天之所就也不可學不可事禮義者聖人之所生也人之所學而能所事而成者也不可學不可事而在人者謂之性可學而能可事而成之在人者謂之僞是性僞之分也其辨白僞字甚明楊倞註亦曰僞爲也凡非天性而人作爲

之者皆謂之僞故僞字人旁加爲亦會意字也其說亦合卿本意後人昧於訓詁誤以爲眞僞之僞遂譁然掊擊謂卿蔑視禮義如老莊之所言是非惟未睹其全書卽性惡一篇自篇首二句以外亦未竟讀矣平心而論卿之學源出孔門在諸子之中最爲近正是其所長主持太甚詞義或至於過當是其所短韓愈大醇小疵之說要爲定論餘皆好惡之詞也楊倞所註亦頗詳洽唐書藝文志以倞爲楊汝士子而宰相世系表則載楊汝士三子

一名知温一名知遠一名知至無名倞者表志同出歐陽修手不知何以互異意者倞或改名知温庭筠之一名岐歟

孔叢子三卷 内府藏本

舊本題曰孔鮒撰所載仲尼而下子上子高子順之言行凡二十一篇又以孔臧所著賦與書上下二篇附綴於末別名曰連叢鮒字子魚孔子八世孫仕陳涉爲博士臧高祖功臣孔聚之子嗣爵蓼侯武帝時官太常其書文獻通考作七卷今本三

卷不知何人所併晁公武讀書志云漢志無孔叢子儒家有孔臧十篇襍家有孔甲盤盂書二十六篇其獨治篇鮒或稱孔甲意者孔叢子即孔甲盤盂連叢即孔臧書案漢書藝文志顏師古注謂孔甲黃帝之史或云夏后孔甲似皆非則孔叢非盤盂又志於儒家孔臧十篇外詩賦家別出孔臧賦二十篇今連叢有賦則亦非儒家之孔臧公武未免附會朱子語類謂孔叢子文氣軟弱不似西漢文字葢其後人集先世遺文而成之者陳振孫書

錄解題亦謂按孔光傳孔子八世孫鮒魏相順之子爲陳涉博士死陳下則固不得爲漢人而其書記鮒之没則又安得以爲鮒撰其說當矣隋書經籍志論語家有孔叢七卷註曰陳勝博士孔鮒撰其序錄稱孔叢家語並孔氏所傳仲尼之旨則其書出於唐以前然家語出王肅依托隋志旣悮以爲眞則所云孔叢出孔氏所傳者亦未爲確證朱子所疑蓋非無見即如舜典禋於六宗何謂也子曰所宗者六皆絜祀之也埋少牢於泰昭所以祭

時也祖迎於坎壇所以祭寒暑也主於郊宮所以祭日也夜明所以祭月也幽禜所以祭星也雩禜所以祭水旱也禋于六宗此之謂也其說與僞孔傳僞家語並同是亦晚出之明證也其中第十一篇卽世所傳小爾雅注疏家往往引之然皆在晉宋以後惟公羊傳疏所引賈逵之說謂俗儒以六兩爲鋝正出此書然謂之俗儒則非漢藝文志之小爾雅矣又水經注引孔叢子曰夫子墓塋方一里在魯城北六里泗水上諸孔邱封五十餘所人

名昭穆不可復識有碑銘三所獸碣具存云云今本無此文似非完帙然其文與全書不類且不似孔氏子孫語或酈道元誤記抑或傳寫有訛以他書誤題孔叢歟

新語二卷 內府藏本

舊本題漢陸賈撰案漢書賈本傳稱著新語十二篇漢書藝文志儒家陸賈二十七篇蓋兼他所論述計之隋志則作新語二卷此本卷數與隋志合篇數與本傳合似為舊本然漢書司馬遷傳稱遷

取戰國策楚漢春秋陸賈新語作史記楚漢春秋張守節正義猶引之今佚不可考戰國策取九十三事皆與今本合惟是書之文悉不見於史記王充論衡本性篇引陸賈曰天地生人也以禮義之性人能察已所以受命則順順謂之道今本亦無其文又穀梁傳至漢武帝時始出而道基篇末乃引及穀梁傳時代尤相牴牾其殆後人依托非賈原本歟考馬總意林所載皆與今本相符李善文選註於司馬彪贈山濤詩引新語曰楩柟仆則爲

世用於王粲從軍詩引新語曰聖人承天威承天功與之爭功豈不難哉於陸機日出東南隅行引新語曰高臺百仞於古詩第一首引新語曰邪臣之蔽賢猶浮雲之蔽日月於張載褉詩第七首引新語曰建大功於天下者必垂名於萬世也以今本核校雖文句有詳畧異同而大致亦悉相應似其僞猶在唐前惟玉海稱陸賈新語今存於世者道基術事輔政無爲資賢至德懷慮纔七篇此本十有二篇乃反多於宋本爲不可解或後人因不

完之本補綴五篇以合本傳舊目也今但據其書論之則大旨皆崇王道黜覇術歸本於修身用人其稱引老子者惟思務篇引上德不德一語餘皆以孔氏爲宗所援據多春秋論語之文漢儒自董仲舒外未有如是之醇正者流傳旣久其眞其贗存而不論可矣所載衞公子鱄奔晉一條與三傳皆不合莫詳所本中多闕文亦無可校補所稱文公種米曾子駕羊諸事劉晝新論馬總意林皆全句引之知無訛誤然皆不知其何說又據犁嗝報

之語訓詁亦不可通古書佚亡今不盡見闕所不知可也

新書十卷 通行本

漢賈誼撰漢書藝文志儒家賈誼五十八篇崇文總目云本七十二篇劉向刪定爲五十八篇隋唐志皆九卷別本或爲十卷考今隋唐志皆作十卷無九卷之說蓋校刊隋書唐書者未見崇文總目反據今本追改之明人傳刻古書往往如是不足怪也然今本僅五十六篇又問孝一篇有錄無書

實五十五篇已非北宋本之舊又陳振孫書錄解題稱首載過秦論末爲弔湘賦且畧節誼本傳於第十一卷中今本雖首載過秦論而末無弔湘賦亦無附錄之第十一卷且併非南宋時本矣其書多取誼本傳所載之文割裂其章段顛倒其次序而加以標題殊瞀亂無條理朱子語錄曰賈誼新書除了漢書中所載餘亦難得粹者看來只是賈誼一雜記藁耳中間事事有些個陳振孫亦謂其非漢書所有者輒淺駁不足觀決非誼本書今考

漢書誼本傳贊稱凡所著述五十八篇掇其切於世事者著於傳應劭漢書註亦於過秦論下註曰賈誼書第一篇名也則本傳所載皆五十八篇所有足爲顯證贊又稱三表五餌以係單于顏師古注所引賈誼書與今本同又文帝本紀註引賈誼書衞侯朝於周周行人問其名亦與今本同則今本卽唐人所見亦足爲顯證然決無摘錄一段立一篇名之理亦決無連綴十數篇合爲奏疏一篇上之朝廷之理疑誼過秦論治安策等本皆爲五

十八篇之一後原本散佚好事者因取本傳所有
諸篇離析其文各爲標目以足五十八篇之數故
餖飣至此其書不全眞亦不全僞朱子以爲褋記
之藁固未核其實陳氏以爲决非䕶書尤非篤論
也且其中爲漢書所不載者雖往往類說苑新序
韓詩外傳然如靑史氏之記具載胎教之古禮修
政語上下兩篇多帝王之遺訓保傅篇容經篇並
敷陳古典具有源本其解詩之騶虞易之潛龍亢
龍亦深得經義又安可盡以淺駁不粹目之哉雖

殘闕失次要不能以斷爛棄之矣

鹽鐵論十二卷 內府藏本

漢桓寬撰寬字次公汝南人宣帝時舉爲郎官至盧江太守丞昭帝始元六年詔郡國舉賢良文學之士問以民所疾苦皆請罷鹽鐵榷酤與御史大夫桑宏羊等建議相詰難寬集其所論爲書凡六十篇篇各標目實則反覆問答諸篇皆首尾相屬後罷榷酤而鹽鐵則如舊故寬作是書惟以鹽鐵爲名葢惜其議不盡行也書末襍論一篇述汝南

朱子伯之言記賢良茂陵唐生文學魯萬生等六十餘人而最推中山劉子雍九江祝生於桑宏羊車千秋深著微詞蓋其著書之大旨所論雖食貨之事而言皆述先王稱六經故諸史列之儒家黃虞稷千頃堂書目收隷史部食貨類中循名而失其實矣明嘉靖癸丑華亭張之象爲之註雖無所發明然事實亦粗具梗概今並錄之以備考核焉

說苑二十卷 江蘇巡撫採進本

漢劉向撰向字子政初名更生以父任爲輦郎歷

官中壘校尉事蹟具漢書本傳是書凡二十篇隋唐志皆同崇文總目云今存者五篇餘皆亡曾鞏校書序云得十五篇於士大夫家與舊爲二十篇晁公武讀書志云劉向說苑以君道臣術建本立節貴德復恩政理尊賢正諫法誡善說奉使權謀至公指武談叢雜言辨物修文爲目陽嘉四年上之闕第二十卷曾子固所得之二十篇正是析十九卷作修文上下篇耳今本第十法誡篇作敬慎而修文篇後有反質篇陸游渭南集記李德芻之

言謂得高麗所進本補成完書則宋時已有此本

晁公武偶未見也其書皆錄遺聞佚事足爲法戒

之資者其例畧如詩外傳葉大慶考古質疑摘其

趙襄子賞晉陽之功孔子稱之一條諸御己諫楚

莊王築臺引伍子胥一條晏子使吳見夫差一條

晉太史屠餘與周桓公論晉平公一條晉勝智氏

後闔閭襲郢一條楚左史倚相論越破吳一條晏

子送曾子一條晉昭公時戰郯一條孔子對趙襄

子一條皆時代先後邈不相及又介子推舟之僑

並載其龍蛇之歌而之僑事尤舛黃朝英緗素雜記亦摘其固桑對晉平公論養士一條新序作舟人古乘對趙簡子又楚文王爵筦饒一條新序作楚共王爵筦蘇二書同出向手而自相矛盾殆捃拾衆說各據本文偶爾失於參校也然古籍散佚多賴此以存如漢志河間獻王八篇隋志已不著錄而此書所載四條尚足見其議論醇正不愧儒宗其他亦多可採擇雖間有傳聞異辭固不以微瑕累全璧矣

新序十卷　江蘇巡撫採進本

漢劉向撰案班固漢書藝文志稱向所序六十七篇新序說苑世說列女傳頌圖也隋書經籍志新序三十卷錄一卷唐書藝文志其目亦同曾鞏校書序則云今可見者十篇鞏與歐陽修同時而其所言卷帙懸殊葢藝文志所載據唐時全本爲言鞏所校錄則宋初殘闕之本也晁公武謂曾子固綴輯散逸新序始復全者誤矣此本雜事五卷刺奢一卷節士二卷善謀二卷葢卽曾鞏校定之舊

崇文總目云所載皆戰國秦漢間事以今考之春秋時事尤多漢事不過數條大抵採百家傳記以類相從故頗與春秋內外傳戰國策太史公書互相出入高似孫子略謂先秦古書甫脫燼劫一入向筆采擷不遺至其正紀綱迪教化辨邪正黜異端以爲漢規監者盡在此書固未免推崇已甚之詞要其推明古訓以衷之於道德仁義在諸子中猶不失爲儒者之言也葉大慶考古質疑摘其昭奚恤對秦使者一條所稱司馬子反在奚恤前二

百二十年葉公子高令尹子西在奚恤前一百三十年均非同時之人又摘其悞以孟子論好色好勇爲對梁惠王皆切中其失至大慶謂黍離乃周詩新序誤云衛宣公之子壽閔其兄且見害而作則殊不然向本學魯詩而大慶以毛詩繩之其不合也固宜是則未考漢儒專門授受之學矣

法言集註十卷 通行本

漢揚雄撰宋司馬光集注雄有方言光有易說皆已著錄考漢書藝文志儒家揚雄所序三十八篇

注曰法言十三雄本傳具列其目曰學行第一吾子第二修身第三問道第四問神第五問明第六寡見第七五百第八先知第九重離第十淵騫第十一君子第十二孝至第十三凡所列漢人著述未有若是之詳者蓋當時甚重雄書也自程子始謂其蔓衍而無斷優柔而不决蘇軾始謂其以艱深之詞文淺易之說至朱子作通鑑綱目始書莽大夫揚雄死雄之人品著作遂皆爲儒者所輕若北宋之前則大抵以爲孟荀之亞故光作潛虛以

擬太元而又採諸儒之說以註此書考自漢以來有侯芭注六卷宋衷注十三卷李軌解一卷辛德源注二十三卷又有柳宗元注宋咸注吳秘注至光之時惟李軌柳宗元宋咸吳秘之注尚存故光裒合四家增以己意原序稱各以其姓別之然今本獨李軌注不署名餘則以宗元曰咸曰秘曰光曰爲辨蓋傳刻者所改題也舊本十三篇之序列於書後蓋自書序詩序以來體例如是宋咸不知書序爲僞孔傳所移詩序爲毛公所移乃謂子雲

親旨反列卷末甚非聖賢之旨今升之章首取合經義其說殊謬然光本因而不改今亦仍之焉

潛夫論十卷　江蘇巡撫採進本

漢王符撰符字節信安定臨涇人後漢書本傳稱和安之後世務游宦當塗者更相薦引而符獨耿介不同於俗以此遂不得升進志意蘊憤乃隱居著書二十餘篇以譏當時得失不欲章顯其名故號曰潛夫論今本凡三十五篇合敘錄爲三十六篇蓋猶舊本卷首讚學一篇論勵志勤修之旨卷

末五德志篇述帝王之世次志氏姓篇考譜牒之源流其中卜列相列夢列三篇亦皆雜論方技不盡指陳時政范氏舉其著書大旨爾符生卒年月不可考本傳之末載度遼將軍皇甫規解官歸里符往謁見事規解官歸里據本傳在延熹五年則符之著書在桓帝時故所說多切漢末弊政惟桓帝時皇甫規段熲張奐諸人屢與羌戰而其救邊邊議二篇乃以避寇爲憾殆以安帝永初五年嘗徙安定北地郡順帝永建四年始還舊地至永和

六年又內徙符安定人故就其一鄉言之耶然其謂失涼州則三輔爲邊三輔內入則宏農爲邊宏農內入則洛陽爲邊推此以相況雖盡東海猶有邊則灼然明論足爲輕棄邊地之炯鑒也范氏錄其貴忠浮侈實貢愛日述赦五篇入本傳而字句與今本多不同晁公武讀書志謂其有所損益理或然歟范氏以符與王充仲長統同傳韓愈因作後漢三賢贊今以三家之書相較符書洞悉政體似昌言而明切過之辨別是非似論衡而醇正過

之前史列之儒家斯爲不愧惟賢難篇中稱鄧通吮癰爲忠於文帝又稱其欲昭景帝之孝反以結怨則紕繆最甚是其發憤著書立言矯激之過亦不必曲爲之諱矣

申鑒五卷 兩江總督採進本

漢荀悅撰悅有漢紀已著錄後漢書荀淑傳稱悅侍講禁中見政移曹氏志在獻替而謀無所用乃作申鑒五篇其所論辨通見政體既成奏上帝覽而善之其書見於隋經籍志唐藝文志者皆五卷

卷爲一篇一曰政體二曰時事皆制治大要及時所當行之務三曰俗嫌皆禨祥讖緯之說四曰雜言上五曰雜言下則皆泛論義理頗似揚雄法言後漢書取其政體篇爲政之方一章時事篇正當主之制復內外註記二章載入傳中又稱悅別有崇德正論及諸論數十篇今並不傳惟所作漢紀及此書尚存於世漢紀文約事詳足稱良史而此書剖析事理亦深切著明蓋由其原本儒術故所言皆不詭於正也明正德中吳縣黃省曾爲之註

凡萬四千餘言引据博洽多得悦旨其於後漢書所引間有同異者亦並列其文於句下以便考訂然如政體篇眞實而已句今本後漢書實作定不肅而治句今本後漢書治作成而省會均未之及則亦不免於偶疎也

中論二卷通行本

漢徐幹撰幹字偉長北海劇人建安中爲司空軍謀祭酒掾屬五官將文學事蹟附見魏志王粲傳故相沿稱爲魏人然幹殁後三四年魏乃受禪不

得遽以帝統予魏陳壽作史托始曹操稱爲太祖遂併其僚屬均入魏志非其實也是書隋唐志皆作六卷隋志又注云梁目一卷崇文總目亦作六卷而晁公武讀書志陳振孫書錄解題並作二卷與今本合則宋人所併矣書凡二十篇大都闡發義理原本經訓而歸之於聖賢之道故前史皆列之儒家曾鞏校書序云始見館閣中論二十篇及觀貞觀政要太宗稱嘗見幹中論復三年喪篇今書獨闕又考之魏志文帝稱幹著中論二十餘篇

乃知館閣本非全書而晁公武又稱李獻民所見別本實有復三年制役二篇李獻民者李淑之字嘗撰邯鄲書目者也是其書在宋仁宗時尚未盡殘闕聳特据館閣不全本著之於録相沿旣久所謂別本者不可復見於是二篇遂佚不存又書前有原序一篇不題名字陳振孫以爲幹同時人所作今驗其文頗類漢人體格知振孫所言爲不誣惟魏志稱幹卒於建安二十二年而序乃作於二十三年二月與史頗異傳寫必有一訛今亦莫考

其孰是矣

傅子一卷（永樂大典本）

晉傅元撰。元字休奕，北地人，官至司隸校尉，封鶉觚子。晉書本傳稱元撰論經國九流及三史故事，評斷得失，各爲區別，名爲傅子，爲內外中篇，凡有四部六錄，合百四十首，數十萬言，行世。元初作內篇成，以示司空王沈，沈與元書曰：省足下所著書，言富理濟，經綸政體，惟重儒教，足以塞楊墨之流遁，齊孫孟於往代。其爲當時所重如此。隋書經籍志唐書藝文志皆載傅子一百四十卷馬總意林亦同是唐世尚爲完本宋崇文總目僅載二十三篇較之原目已亡一百一十七篇故宋史藝文志僅載有五卷其後惟尤袤遂初堂書目尚見其名元明以後藏書家遂不著錄葢已久佚今檢永樂大典中散見頗多且所標篇目咸在謹采掇裒次得文義完具者十有二篇曰正心曰仁論曰義信曰通志曰舉賢曰重爵祿曰禮樂曰貴教曰檢商賈曰校工曰戒言曰假言又文義未全者十二篇

曰問政曰治體曰授職曰官人曰曲制曰信直曰矯違曰問刑曰安民曰刑法曰平役賦曰鏡總敘篇目視崇文總目較多其一疑問刑刑法本屬一篇永樂大典誤分爲二耳其宋志五卷原第已不可考謹依文編綴總爲一卷其有永樂大典未載而見於他書所徵引者復蒐輯得三十餘條別爲附錄繫之於後晉代子家今傳於世者惟張華博物志干寶搜神記葛洪抱朴子稽含草木狀戴凱之竹譜尚存然博物志搜神記皆經後人竄改已

非原書草木狀竹譜記錄瑣屑無關名理抱朴子又多道家詭誕之說不能悉軌於正獨元此書所論皆關切治道闡啟儒風精意名言往往而在以視論衡昌言皆當遜之殘編斷簡收拾於缺佚之餘者尚得以考見其什一是亦可爲寶貴也

中說十卷副都御史黃登賢家藏本

舊本題隋王通撰唐志文中子中說五卷通考及玉海則作十卷與今本合凡十篇末附序文一篇及杜淹所撰文中子世家一篇通子福畤錄唐太

宗與房魏論禮樂事一篇通弟續與陳叔達書一
篇又錄關子明事一篇卷末有阮逸序又有福畤
貞觀二十三年序晁公武郡齋讀書志嘗辨通以
開皇四年生李德林以開皇十一年卒通方八歲
而有德林請見歸援琴鼓蕩之什門人皆沾襟事
關朗以太和丁巳見魏孝文帝至開皇四年通生
已相隔一百七年而有問禮於朗事薛道衡以仁
壽二年出爲襄州總管至煬帝卽位始召還又隋
書載道衡子收初生卽出繼族父儒及長不識本

生而有仁壽四年通在長安見道衡道衡語其子收事洪邁容齋隨筆又辨唐書載薛收以大業十三年歸唐而世家有江都難作通有疾召薛收共語事王應麟困學紀聞亦辨唐會要載武德元年五月始改隋太興殿爲太極殿而書中有隋文帝名見太極殿事皆證以史傳牴牾顯然今考通以仁壽四年自長安東歸河汾即不復出故世家亦云大業元年一徵又不至而周公篇内乃云子遊太樂聞龍舟五更之曲阮逸注曰太樂之署煬帝

將遊江都作此曲隋書職官志曰太常寺有太樂署是通於大業末年復至長安矣其依托謬妄亦一明証考楊炯集有王勃集序稱祖父通隋秀才高第蜀郡司戸書佐蜀王侍讀大業末退講藝於龍門其卒也門人謚之曰文中子炯爲其孫作序則記其祖事必不悞杜牧樊川集首有其甥裴延翰序亦引文中子曰言文而不及理王道何從而興乎二語亦與今本相合知所謂文中子者實有其人所謂中說者其子福郊福畤等纂述遺言虛

相夸飾亦實有其書第當有唐開國之初明君碩輔不可以虚名動又陸德明孔穎達賈公彥諸人老師宿儒布列館閣亦不可以空談惑故其人其書皆不著於當時而當時亦無斥其妄者至中唐以後漸遠無徵乃稍稍得售其說耳宋咸必以爲實無其人洪邁必以爲其書出阮逸所撰誠爲過當講學家或竟以爲接孔顔之傳則僨之甚矣據其僞迹炳然誠不足採然大旨要不甚悖於理且摹擬聖人之語言自揚雄始猶未敢冒其名摹擬

聖人之事迹則自通始乃併其名而僭之後來聚徒講學釀爲朋黨以至禍延宗社者通實爲之先驅坤之初六履霜堅氷姤之初六繫於金柅錄而存之亦足見儒風變古其所由來者漸也

帝範四卷 永樂大典本

唐貞觀二十二年太宗文皇帝御撰以賜太子者也新舊唐書皆云四卷晁公武讀書志僅載六篇陳振孫書錄解題亦題曰一卷此本載永樂大典中凡一十二篇首尾完具後有元吳萊跋謂征雲

南㝠夷時始見完書考其事在泰定二年葢此書
南宋佚其半至元乃復得舊本故明初轉有全文
也唐書藝文志載有賈行注而舊唐書敬宗本紀
稱寶歷二年秘書省著作郎韋公肅注是書以進
特賜錦綵百疋是唐時已有二注今本注無姓名
觀其體裁似唐人注經之式而其中時稱楊萬里
呂祖謙之言葢元人因舊注而補之其詞雖不免
冗贅而援引頗爲詳洽足資叅考惟傳寫多所脫
悞謹旁考諸書一一釐訂各附案語於下方仍依

舊史蘧爲四卷以復其舊焉

續孟子二卷 福建巡撫採進本

唐林慎思撰慎思字虔中長樂人咸通十年進士十一年又中宏詞拔萃魁授秘書省校書郎興平尉尋除尚書水部郎中守萬年縣令黃巢之亂抗節不屈死崇文總目及鄭樵通志藝文畧皆載是書二卷與今本合崇文總目載慎思之言曰孟子七篇非軻自著書而弟子共記其言不能盡軻意因傳其說演而續之今觀其書十四篇大抵因孟

子之言推闡以盡其義獨其不自立論而必假借姓氏類乎莊列之寓言又如與民同樂本莊暴齊王之事而移於隔章之樂正子魯君義頗無取然其委曲發明亦時有至理不可廢也昔揚雄作太元以擬易王通作中說以擬論語儒者皆有僭經之譏蔡沈作洪範九疇數

御纂性理精義亦以其僭經斥之不錄愼思此書頗蹈此弊然唐時孟子不號爲經故馬總意林與諸子之書並列而韓愈亦與荀揚並稱固不能以後來論

定之制爲愼思責矣

伸蒙子三卷 福建巡撫採進本

唐林愼思撰前有愼思自序曰舊著儒範七篇辭艱理僻不爲時人所知復研精覃思一旦齋沐禱心靈是宵夢有異焉明日召蓍祝之得蒙之觀曰伸蒙入觀通明之象也因自號伸蒙子又曰嘗與二三子辨論興亡覈陳古今編成上中下三卷槐里辨三篇象三才敘天地人之事澤國紀三篇象三人敘君臣人之事 案唐人避太宗諱故以君臣民爲君臣人 時喻二

篇象二一教敘文武之事今觀其書上卷設爲干祿先生知道先生求已先生問答中卷設爲宏文先生如愚子盧乳子問答下卷則自抒己說惟上卷揄時一篇釋仲尼小天下之義詞不近理其餘皆持論醇正非唐時天隱無能諸子所可彷彿崇文總目列之儒家蓋爲不忝惟其所列六人之名書干祿爲岦𥝱書知道爲㴬䢺書求已爲𥝢𥕐書宏文爲弢敀書如愚爲𢚩𪏮書盧乳爲𪓰𪓰而各註所以增改偏旁之故皆怪而近妄是則好奇之過

矣

素履子三卷兩淮馬裕家藏本

唐張弧撰凡十四篇新唐書藝文志晁公武讀書志陳振孫書錄解題尤袤遂初堂書目皆未著錄惟鄭樵藝文畧宋史藝文志有之葢其詞義平近出於後代不能與漢魏諸子抗衡故自宋以來不甚顯於世宋濂作諸子辨亦未之及然其援引經史根極理道要皆本聖賢垂訓之旨而歸之於正葢亦儒家者流也弧唐書無傳宋晁說之學易堂

記謂世所傳子夏易傳乃弧僞作舊題其官爲大理評事而里貫已不可考藝文畧宋志皆作一卷今本三卷殆後人所分析歟

家範十卷兩淮鹽政採進本

宋司馬光撰光有易說已著錄是書見於宋史藝文志文獻通考者卷目俱與此相合葢猶原本首載周易家人卦辭及節錄大學孝經堯典詩思齊篇語以爲全書之序其後自治家至乳母凡十九篇皆襍採史事可爲法則者亦間有光所論說與

朱子小學義例差異而用意畧同其節目備具簡而有要似較小學更切於日用且大旨歸於義理亦不似顏氏家訓徒揣摩於人情世故之間朱子嘗論周禮師氏云至德以爲道本明道先生以之敏德以爲行本司馬溫公以之觀於是編猶可見一代偉人修已型家之梗槩也

帝學八卷 內府藏本

宋范祖禹撰祖禹有唐鑑已著錄是書元祐初祖禹在經筵時所進皆纂輯自古賢君迨宋祖宗典

學事迹由伏羲迄宋神宗每條後間附論斷自上
古至漢唐二卷自宋太祖至神宗六卷於宋諸帝
敘述獨詳葢亦本法祖之意以爲啓迪也祖禹初
侍哲宗經幄因夏暑罷講卽上書論今日之學與
不學係他日治亂而力陳宜以進學爲急又歷舉
人主正心修身之要言甚切至史稱其在邇英時
守經據正獻納尤多又稱其長於勸講平生論諫
數十萬言其開陳治道區别邪正辨釋事宜平易
明白洞見底蘊雖賈誼陸贄不是過今觀此書言

簡義明敷陳剴切寔不愧史臣所言雖哲宗惑於黨論不能盡用祖禹之說終致更張初政國是混淆而祖禹忠愛之忱惓惓以防微杜漸爲念觀於是書千載猶將見之矣

儒志編一卷浙江巡撫採進本

宋王開祖撰開祖字景山永嘉人皇祐五年進士試秘書省校書郎佐處州麗水縣旣而退居郡城東山設塾授徒年僅三十二而卒其著作亦多湮沒是編乃其講學之語舊無刊本據其原序乃明

王循守永嘉時始爲蒐訪遺佚編輯成帙因當時有儒志先生之稱故題曰儒志編然考宋史藝文志儒家類中有王開祖儒志一卷則非循之所輯或原本殘缺循爲釐訂而刻之歟其書久湮復出眞僞雖不可考然當時濂洛之說猶未大盛講學者各尊所聞孫復號爲名儒而尊揚雄爲模範司馬光三朝耆宿亦疑孟子而重揚雄開祖獨不涉岐趨相與講明孔孟之道雖其說輾轉流傳未必無所附益而風微人往越數百年官是土者猶爲

掇拾其殘帙要必有所受之固異乎王通中說出於子孫之夸飾者矣循字進之休寧人宏治丙辰進士官至順天府通判所著有仁峯集今未見傳本不知存佚惟此書尚行於世云

案以上諸儒皆在濂洛未出以前其學在於修己治人無所謂理氣心性之微妙也其說不過誦法聖人未嘗别尊一先生號召天下也中惟王通師弟私相標榜而亦尚無門戶相攻之事今併錄之以見儒家之初軌與其

漸變之萌蘗焉

(清)紀昀等 纂

# 武英殿本四庫全書總目

第三〇册

國家圖書館出版社

# 第三〇册目録

# 欽定四庫全書總目

子部

卷一百八之一百九

永樂大典[illegible]

# 欽定四庫全書總目卷一百八

## 子部十八

### 術數類一

術數之興多在秦漢以後要其旨不出乎陰陽五行生尅制化實皆易之支流傅以雜說耳物生有象象生有數乘除推闡務究造化之源者是爲數學星土雲物見於經典流傳妖妄寖失其眞然不可謂古無其說是爲占候自是以外末流猥雜不可殫名史志總概以五行今參驗

古書旁稽近法析而別之者三曰相宅相墓曰占卜曰命書相書併而合之者一曰陰陽五行雜技術之有成書者亦別爲一類附焉中惟數學一家爲易外別傳不切事而猶近理其餘則皆百僞一眞遞相煽動必謂古無是說亦無是理固儒者之迂談必謂今之術士能得其傳亦世俗之惑志徒以冀福畏禍今古同情趨避之念一萌方技者流遂各乘其隙以中之故悠謬之談彌變彌夥耳然衆志所趨雖聖人有所弗

能禁其可通者存其理其不可通者姑存其說可也

太元經十卷 編修勵守謙家藏本

漢揚雄撰晉范望注漢書藝文志稱揚雄所序三十八篇太元十九其本傳則稱太元三方九州二十七部八十一家二百四十三表七百二十九贊分爲三卷曰一二三與太初歷相應又稱有首衝錯測攡瑩數文掜圖告十一篇皆以解剝元體離散其文章句尚不存焉與藝文志十九篇之說已

相違異桓譚新論則稱太元經三篇傳十二篇合之乃十五篇較本傳又多一篇案阮孝緒稱太元經九卷雄自作章句隋志亦載雄太元經章句九卷疑漢志所云十九篇乃合其章句言之今章句已佚故篇數有異至桓譚新論則世無傳本惟諸書遞相援引或訛十一為十二耳以今本校之其篇名篇數一一與本傳皆合固未嘗有脫佚也注其書者自漢以來惟宋衷陸績最著至晉范望乃因二家之注勒為一編雄書本擬易而作以家準

卦以首準彖以贊準爻以測準象以文準文言以攡瑩掜圖告準繫辭以數準說卦以衝準序卦以錯準雜卦全仿周易古本經傳各自爲篇望作注時析元首一篇分冠八十一家之前析元測一篇分繫七百二十九贊之下始變其舊至今仍之其書唐藝文志作十二卷文獻通考則作十卷均名曰太元經注此本十卷與通考合而卷端標題則稱晉范望字叔明解贊考元測第一條下有附注曰此是宋陸二家所注即非范望注也蓋范望採

此注意自解經賛儒有近習罔知本末妄將此注升於測曰之上以雜范注混亂義訓今依范望正本移於測曰之下免誤學者已下七百二十九測注並同云云考望自序亦稱因陸君爲本錄宋所長捐其所短並首一卷本經之上散測一卷注文之中訓理其義以測爲據然則望所自注特其賛詞其他文則酌取二家之舊故獨以解賛爲文今概稱望注要其終而目之耳卷端列陸續述元一篇據陳振孫書錄解題爲范本所舊有又列王涯

說元五篇又列釋文一卷則不知何人附入其太元圖旁范望序末及元首元測之首尾凡附記九條卷末又有一跋均不著名氏考序後附記稱近時林瑀瑀與賈昌朝同時則此九條當出北宋人手又王涯說元之末附題一行云右廸功郎充兩浙東路提舉茶鹽司幹辦公事張實校勘則附記或出於實歟其釋文一卷亦不著名氏考鄭樵通志太元經釋文一卷亦林瑀撰疑實刊是書時併以涯之說瑀之釋文冠於編首也

太元本旨九卷　江蘇巡撫採進本

明葉子奇撰子奇字世杰號靜齋龍泉人明初以薦官巴陵縣主簿揚雄以元擬易卷首所列舊圖具七十二候晁說之易元星紀譜亦以星候爲機括子奇獨謂太元附會律歷節候而强其合不無臆見歷舉所求而未通者八條以明未足盡易之旨而又稱其能自成一家之學在兩漢不可多得因別爲詮釋以正宋陸舊註之訛蓋亦如說易之家廢象數而言義理也考太元大意雖不盡涉乎

飛伏互應與焦京之說有別然漢書雄本傳稱元首四重者非卦也數也其用自天元推一晝一夜陰陽數度律歷之紀九九大運與天終始與太初歷相應亦有顓頊之歷焉漢儒所述其說至明子奇必以爲不協律歷其說殊戾然元文艱澁子奇能循文闡發使讀者易明亦有一節之可取數百年來註是書者寥寥存以備一家可也

元包五卷附元包數總義二卷 浙江汪啟淑家藏本

北周衞元嵩撰唐蘇源明傳李江注宋韋漢卿釋

音其總義二卷則張行成所補撰也楊楫嘗序其書云元嵩益州成都人明陰陽歷算獻策後周賜爵持節蜀郡公胡應麟四部正譌則云元嵩後周人所撰述有齊三教論七卷見鄭樵通志及隋志釋氏類稱蜀郡沙門衞元嵩上書言僧徒猥濫周武帝下詔一切廢毀卽其人也楊楫本序頗與隋志合序稱元嵩有傳考北史無之楊氏誤也案應麟謂元嵩先爲沙門所考較楫爲詳然北史載元嵩藝術傳中應麟求之於專傳不見其名遂以爲

北史不載則楫不誤而應麟反誤至崇文總目以爲唐人通志通考並因之則踈舛更甚矣唐釋道宣廣宏明集於元嵩深有詆詞蓋以澄汰僧徒故緇流積恨然溫大雅創業起居注載元嵩造謡讖裴寂等引之以勸進則亦妖妄之徒也是書體例近太元序次則用歸藏首坤而繼以乾兌艮離坎巽震卦凡七變合本卦共成八八六十四自繫以辭文多詰屈又好用僻字難以猝讀及究其傳注音釋乃別無奧義以艱深而文淺易不過效太元

之翬宋紹興中臨卭張行成以蘇李二氏徒言其理未知其數復徧采易說以通其旨著爲總義元嵩書唐志作十卷今本五卷其或併或佚蓋不可考楊楫序稱大觀庚寅前進士張昇景初攜元包見遺曰自後周歷隋唐迄今五百餘載世莫得聞頃因楊元素內翰傳秘閣本俾鏤板以傳然此書唐志崇文總目並著錄何以云五百餘年世莫得聞王世貞疑爲依托似非無見今術數家從無用以占卜者徒以流傳既久姑錄存之行成書玉海

作二卷與今本合與元包本别著録然考昇子張洸跋已稱以行成疏義與臨邛葦漢卿釋音合爲一編則二書之併其來已久毛晉刊板蓋有所本今亦仍之其釋音漏題漢卿名則晉之疎耳

潛虛一卷附潛虛發微論一卷 浙江巡撫採進本

宋司馬光撰光有温公易說已著録是編乃擬太元而作晁公武讀書志曰此書是五行爲本五行相乘爲二十五兩之爲五十首有氣體性名行變解七圖然其辭有闕者蓋未成也其手寫草稿一

通今在子建姪房朱子跋張氏潛虛圖亦曰范仲彪炳文家多藏司馬文正公遺墨嘗示予潛虛別本則其所闕之文甚多問之云温公晚著此書未竟而薨故所傳止此近見泉州所刻乃無一字之闕始復驚疑讀至數行乃釋然曰此贋本也其說與公武合此本首尾完具當即朱子所謂泉州本非光之舊又公武言氣體性名行變解七圖熊朋來則言潛虛有氣圖其次體圖其次性圖其次名圖其次行圖其次命圖其目凡六而張氏或言八

圖者行圖中有變圖解圖也是命圖爲後人所補公武言五行相乘爲二十五兩之爲五十首而今本實五十五行是其中五行亦後人所補不止增其文句已也吳師道禮部集有此書後序稱初得潛虛全本又得孫氏闕本續又得許氏闕本歸以參校用朱子法非其舊者悉以朱圈別之然其本今亦不傳林希逸嘗作潛虛精語一卷今尚載鬳齋十一稿中凡有存者皆闕本之語而續者不載尚可畧見大概然於闕本中亦不全取究無以知

某條爲贋本蓋世無原書久矣姑以源出於光而存之耳陳淳譏其所謂虛者不免於老氏之歸要其吉臧平否凶之占以氣之過不及爲斷亦不失乎聖賢之旨也張敦實論凡十篇據吳師道後序則元時已附刻於後今亦併存敦實婺源人官左朝奉郎監察御史其始末無考考太元經末有右廸功郎充浙江提舉鹽茶司幹辦公事張實校勘字疑卽一人或南宋避寧宗諱重刻太元經時删去敦字歟是不可得而詳矣

皇極經世書十二卷 通行本

宋邵子撰據晁説之所作李之才傳邵子數學本於之才之才本於穆修修本於种放放本陳摶蓋其術本自道家而來當之才初見邵子於百泉即授以義理物理性命之學皇極經世蓋即所謂物理之學也其書以元經會以會經運以運經世起於帝堯甲辰至後周顯德六年己未凡興亡治亂之迹皆以卦象推之厥後王湜作易學祝泌作皇極經世解起數訣張行成作皇極經世索隱各傳

其學朱子語錄嘗謂自易以後無人做得一物如此整齊包括得盡又謂康節易看了都看別人的不得其推之甚至然語錄又謂易是卜筮之書皇極經世是推步之書經世以十二辟卦管十二會綳定時節却就中推吉凶消長與易自不相干又謂康節自是易外別傳蔡季通之數學亦傳邵氏者也而其子沈作洪範皇極內篇則曰以數爲象則畸零而無用太元是也以象爲數則多耦而難通經世是也是朱子師弟於此書亦在然疑之間

矣明何塘議其天以日月星辰變爲寒暑晝夜地以水火土石變爲風雨露雷涉於牽强又議其乾不爲天而爲日離不爲日而爲星坤反爲水坎反爲土與伏羲之卦象大異至近時黄宗炎朱彛尊攻之尤力夫以邵子之占驗如神則此書似乎可信而此書之取象配數又往往實不可解據王湜易學所言則此書原不盡出於邵子流傳既久疑以傳疑可矣至所云學以人事爲大又云治生於亂亂生於治聖人貴未然之防是謂易之大綱則

粹然儒者之言非術數家所能及斯所以得列於周程張朱間歟

皇極經世索隱二卷　永樂大典本

宋張行成撰行成字文饒一作子饒臨邛人始末不甚可考其進所著易說七種表稱自成都府路提轄司幹辦公事丐祠而歸玉海稱乾道二年六月以行成進易可採除直徽猷閣汪應辰玉山集有論鄧深按知潼川府張行成狀始由直閣出守歟此編即所進七書之一朱彝尊經義考注云未

見今見永樂大典中者別載序文總要及機要二圖而所解觀物諸篇乃散綴於邵伯溫解各段之下蓋割裂分附殊失其舊今摘錄敘次以還其原第遂復爲完書邵子數學源出陳摶於羲文周孔之易理截然異途故嘗以其術授程子而程子不受朱子亦稱爲易外別傳非專門研究其說者不能得其端緒儒者或引其書以解易或引易以解其書適以相淆不足以相發明也行成於邵子之學用力頗深以伯溫之解於象數未詳復爲推衍

其意義故曰索隱宋史藝文志作一卷考行成進書原表自稱二卷宋史顯爲字悞今以原表爲據釐爲二卷云

皇極經世觀物外篇衍義九卷永樂大典本

宋張行成撰是書專明皇極經世外篇之義亦所進七易之一也皇極經世内篇前四卷推元會運世之序後四卷辨聲音律吕之微外篇則比物引類以發揮其藴奥行成以内篇理深而數略外篇數詳而理顯學先天者當自外篇始因補鈌正誤

使其文以類相從而推繹其旨以成是編上三篇皆言數中三篇皆言象下三篇皆言理皆行成以意更定非復舊第然自明以來刻本率以外篇居前題爲內篇未免舛互失序賴行成此本尚可正俗刻之譌且原書由雜纂而成本無義例行成區分排比使端緒易尋亦頗有條理雖乾坤闔闢變化無窮行成依據舊圖循文生義於造化自然之妙未必能窺至於邵氏一家之學則可謂心知其意矣魏了翁嘗稱其能得易數之詳而書不盡傳

則宋代已不免散佚朱彝尊經義考但載皇極經世索隱而不及此書則沈湮已久惟永樂大典所載尚爲完本今據原目仍釐爲九卷著於錄

易通變四十卷（永樂大典本）

宋張行成撰亦所進易說七種之一也其說取陳摶至邵子所傳先天卦數等十四圖敷演解釋以通其變故謂之通變案以數言易本自漢儒然孟喜之易言六日七分而已至京房之易言飛伏納甲而已費直之易言乘承比應而已至魏伯陽作

叅同契借易以明丹訣始言甲壬乙癸之方位而易緯是類謀亦謂冬至日在坎春分日在震夏至日在離秋分日在兌易通卦驗又謂乾西北主立冬坎北方主冬至艮東北主立春震東方主春分巽東南主立夏離南方主夏至坤西南主立秋兌西方主秋分蓋易之支流有此衍說至宋而陳摶作圖由穆修以遞授於邵子始借儒者之力大行於世故南宋之後以數言易者皆以陳邵爲宗又以陳本道家遂諱言陳而惟稱邵行成於蜀中作

籍吏人之家得邵子所傳十四圖因著此書其自序謂康節之學主於交泰既濟二圖而二圖尤以卦氣爲根柢參伍錯綜以求之而運世之否泰人物之盛衰皆莫能外其自許甚高其中如人之五臟亦以易數推之謂當重幾斤幾兩殊爲穿鑿故李心傳譏其牽合視泌謂其發明處甚多而支蔓處亦甚多然其說亦自成理自袁樞薛季宣以下雖往往攻之迄不能禁其不傳也此本流傳甚少外間僅有宋刻本及明費宏家抄本今以永樂大

典所載參互勘校錄而存之以備術數之一家是書之名永樂大典作易通變費宏本作皇極經世通變朱本但題曰通變而無易字亦無皇極經世字蓋原刻其全書七種此乃其一故有細目而無大名不能據以斷兩本之是非以永樂大典所題在費氏本前當爲舊本今姑據以著錄焉

觀物篇解五卷 兩江總督採進本 附皇極經世解起數訣一卷 浙江汪啟淑家藏本

宋祝泌撰泌字子涇鄱陽人自號觀物老人書首

署銜稱承直郎充江淮荆浙福建廣南路都大提點坑冶鑄錢司幹辦公事而起數訣內又自署提領所幹辦公事不知其終於何官也案朱彛尊經義考有泌所撰皇極經世鈐十二卷此本題作觀物篇解又止五卷與彛尊所記目次不合而別載泌自序一篇所陳大旨又頗與此本義例相近或一書兩名而後人合併之歟又案泌自序末署端平乙未而起數訣序內題淳祐辛丑上距乙未六年在皇極經世鈐已成之後且今起數訣乃單本

别行而觀物篇解第四卷中亦有併以起法用法
別載成卷語是當與用法別爲一書而用法已佚
卽起數訣所存亦僅聲韻一譜已非其舊今姑附
入觀物篇解後以存其概泌所言大小運數雖皆
歸宿於卦圖其斷法則不專在卦而在四象大旨
先用四爻藏閏次用四爻直事大運起泰小運起
升於牛思純寶局張行成通變多所駁正然如邵
子言四象相交而成十六事泌遂創爲二十五變
之說邵子言姤復小父母泌遂創爲同人起分秒

之說皆與經世書乖異不合其推大小運一變不協則再變至三變四變以求協者尤非出於自然至於聲音律呂之學邵子得之其父古古書備見正音敘錄軌轍可尋泌乃取三十六字母之翻切以聲起數以數合卦僅與王湜同用求深反淺且聲音韻譜所說以夫普旁母字當字母之用旣屬支離至所云入用分數物用秒數數起同人之類尤爲迂曲難解似非盡出於邵氏本意然永樂大典別載有祝氏占例所言實皆奇中陶宗儀輟耕

錄載泌精皇極數其甥傅立傳其術為元世祖占卜尚能前知則亦小道之可觀者蓋其學雖宗康節而亦自別有所得故其例頗與經世書不符而其推占亦往往著驗方技之家各挾一術邵子不必盡用易泌亦不必盡用邵子無庸以異同疑也二書世所抄傳間有譌脫諸本並同無從訂正今亦姑仍之云

皇極經世解十四卷　直隸總督採進本

國朝王植撰植有四書參註已著錄案皇極經世書

邵伯溫以爲共十二卷一至六則元會運世七至十則律呂聲音十一二爲觀物篇趙震又分元會運世之六卷爲三十四篇律呂聲音之四卷爲十六篇性理大全則合內篇十二外篇二共爲六十四篇又謂律呂聲音十六篇共圖三千八百四十明嘉與徐必達所刻邵子全書細目復以元經會分十二會爲十二篇以會經運分二百四十運爲十二篇以運經世分爲九篇律呂聲音則合有字有聲及無字無聲平上去入各九百六十圖植爲

此書則并元會運世爲三卷律吕聲音爲一卷內篇外篇共爲卷者八而又標蔡元定原纂圖十及所補錄圖五新附圖三於卷首其於舊本多所更定如午會之六世之巳書秦奪宣太后權黃畿註未錄入此補錄之聲音篇之配以卦黃畿以爲出於祝氏鈐此一切芟汰之又廣引諸家之說以相發明其考究頗爲勤摯邵子之數雖於易爲别派然有此一家之學亦不可磨滅於天地之間植之所說雖未必盡得本旨而自宋以來註是書者不

過數家存之亦足資旁證也

易學一卷　內府藏本

宋王湜撰是書宋志不著錄其名見晁公武讀書志但稱同州王湜而不詳其始末張世南游宦紀聞稱康節先生皇極經世其學無傳此外有所謂太乙數渡江後有北客同州免解進士王湜潛心是書作太乙肘後備檢三卷爲陰陽二遁繪圖一百四十有四上自帝堯以來至紹興六年丙辰云云是南宋初人矣今太乙肘後備檢未見傳本此

書則通志堂經解刋之書中首論太極兩儀四象八卦而以夜半日中心脅升降之氣明之又有取於莊子肅肅出乎天赫赫發乎地之語全本於道家之說其自序則稱於陳摶穆修李之才劉牧之書兼而思之是亦先天之學出於鑪火之證也然其論先天之圖謂希夷而前莫知其所自來其時距邵子未遠而其言如是可以知傳自伏羲遭秦焚書流於方外之說出於後儒之附會其末爲皇極經世節要自序有云康節遺書或得於家之草

槀或得於外之傳聞間有訛謬於是夾擇是非以成此書示讀皇極者以門戸亦可知皇極經世一書不盡出於邵子其言可謂皎然不欺有先儒淳實之遺矣

洪範皇極內外篇五卷永樂大典本

宋蔡沈撰沈父元定究心洪範之數未及論著嘗曰成吾書者沈也沈反覆數十年然後成書分內外篇而釋數之辭尙未備故各條之下有但標數曰二字而無其文者永樂大典及性理大全皆作

洪範內篇惟熊宗立注本以論三篇爲內篇數八十一章爲外篇考是書數八十一章擬易六十四卦當爲內篇論三篇擬易繫辭說卦等傳當爲外篇今各本皆以論三篇列於前而八十一章列於後倫序頗爲不協疑性理大全與永樂大典同時纂輯所據同一誤本未及詳考歟明余深著洪範疇解曹嵱稱爲釋蔡氏內篇疇即八十一章之數也陳宗舜作洪範內篇釋其自序曰釋八十一數亦不指三篇之論韓邦奇引論中象以偶爲用數

語作洪範傳以別於經即外篇矣意其時必有流傳善本與永樂間書局所據不同故諸家之言如此其說似無可疑然余深等所據之本今不復見未敢輕改古書姑仍其舊第編之又考王應麟玉海載此書名洪範數王圻續通考作洪範皇極內外篇朱彝尊經義考作洪範內外篇今詳考其書當以續通考所名爲是續通考不載卷數經義考作七卷今以類相從編爲五卷考洛書之名見於易不見於書洪範之文以明理非以明數其事絕

不相謀後人以乾鑿度太乙行九宫法指爲洛書案史記日者列傳所載占月七家太乙家居其一漢書載太乙諸術亦列於五行家明爲方技之說事不出於經義矣盧辯注大戴禮記明堂篇始附合於龜文案盧辯北齊人其說最爲晚出朱子引此註以證龜書指爲鄭康成撰朱子傳極羣書豈不知康成未註大戴禮記特欲申龜文之說別無古証故不得不移之鄭康成耳至宋而圖書之說大興遂以爲洪範確屬洛書洛書確屬龜文龜文確爲戴九履一等九數而聖人敘彝倫之書變爲術家談奇耦之書矣沈作是書附會劉歆河圖洛書相爲表裏八卦九章相爲經緯之說借

書之文以擬易之貌以九九演爲八十一疇倣易卦八八變六十四之例也取月令節氣分配八十一疇陰用孟喜解易卦氣值日之術也其揲蓍以三爲綱積數爲六千五百六十一陰用焦贛六十四卦各變六十四卦之法也大意以太元元包潛虛旣以擬易不足以見新奇故變幻其說歸之洪範實則朝三暮四朝四暮三同一僭經而已矣此在術數之家已爲重儓之重儓本不足道以自沈以後又開演範之一派支離轇轕踵而爲之者頗

多旣有其末不可不著其本故錄而存之而別著錄於術數類明非說經之正軌儒者之本務也

天原發微五卷 兩淮鹽政採進本

宋鮑雲龍撰雲龍字景翔歙縣人景祐中鄉貢進士入元不仕以終是書以秦漢以來言天者或拘於數術或淪於空虛致天人之故鬱而不明因取易中諸大節目博考詳究先列諸儒之説於前而以已見辨論其下擬易大傳天數二十有五立目二十五篇曰太極以明道體曰動靜以明道用曰

靜道以明用本於體曰辨方言一歲運行必胎坎位曰元渾言萬物終始總攝天行曰分二言動靜初分曰衍五言陰陽再分曰觀象言四象生兩儀之故曰太陽曰太陰曰少陽曰少陰以日月星辰分配用邵子之說與大傳旨異曰天樞言北辰曰歲會言十二次曰司氣言七十二候曰卦氣言焦京學爲太元所出曰盈縮言置閏曰象數言圖書曰先後言先後天曰左右言左旋右旋曰二中言五六爲天地中曰陽復言復爲天心曰數原言萬

變不出一理曰鬼神言後世所謂鬼神多非其正曰變化言天有天之變化人有人之變化而以朱子主敬之說終之其中或泛濫象數多取揚雄舊說不免稍近於雜要其條縷分明於數學亦可云貫通矣元元貞間鄭昭祖刊行其書方回戴表元皆有序至於明初其族人鮑寧本趙汸之說附入辨正百餘條剖析異同多所推闡又作篇目名義及採雲龍與方回問答之語爲節要一卷冠之於首蓋亦能發明雲龍之學者然於原文頗有所刪

攷非復元貞刊本之舊矣

大衍索隱三卷（永樂大典本）

宋丁易東撰易東有周易象義已著錄是書專明大衍之數臚採先儒緒論而以己意斷之王宏撰山志曰丁氏萃五十七家之說爲稽衍又自爲原衍翼衍據易東自序云旣成原衍翼衍二書復爲稽衍則王氏未見原本也其書篇第蓋自大衍之數五十其用四十九以下三十六圖爲原衍自圖五十五數衍成五十位以下二十九圖爲翼衍自

乾鑿度以下列諸家之說而系以論斷者爲稽衍凡三卷卷各有序永樂大典旣脫去目錄及原衍之序又訛翼衍爲翼衍而錯稽衍篇題於翼衍內前後至爲紊雜朱彝尊經義考則誤以原衍序爲全書自序而世所傳別本又全佚去稽衍一篇蓋流傳旣稀益滋譌謬幸別本所載原目尚有全文謹據永樂大典補足稽衍一卷其次序之舛亂者則據原目釐正仍爲完帙焉

易象圖說內篇三卷外篇三卷　兩江總督採進本

元張理撰理有大易象數鉤深圖已著錄是書內篇凡三曰本圖書曰原卦畫曰明著策外篇亦三曰象數曰卦爻曰度數其於元會運世之升降歲時寒暑之進退日月行度之盈縮以及治亂之所以倚伏理欲之所以消長先王制禮作樂畫井封疆一切推本於圖書蓋與張行成易通變相類皆皇極經世之支流也圖書之學王湜以爲自陳摶以前莫知所自來而說者則謂爲秘於道家至摶乃顯此書引參同契與辛見平明十五乾體就云

云以明圓圖引朔旦爲復陽氣始通姤始紀緒履霜最先云云以明方圖其說頗相脗合意所謂遭秦焚書此圖流於方外者即影附此類歟黃虞稷謂鄧錡大易圖說與理此書俱爲道藏所錄今以白雲霽道藏目錄考之實在洞眞部靈圖類靈字號中則其說出道家可知矣

三易洞璣十六卷 福建巡撫採進本

明黃道周撰道周有易象正已著錄是編蓋約天文歷數歸之於易其曰三易者謂伏羲之易文王

之易孔子之易也曰洞璣者璣衡古人測天之器謂以易測天毫忽不爽也一二三卷爲伏羲經緯上中下卽陳邵所傳之先天圖四五六卷爲文圖經緯上中下卽周易上下經次序七八九卷爲孔圖經緯上中下卽說卦傳出震齊巽之方位十卷十一二卷爲雜圖經緯上中下則雜卦傳之義十三卷爲餘圖總緯則因周官太卜而及於占夢之六夢眡祲之十煇以及後世奇門太乙之術十四十五十六卷爲貞圖經緯上中下與雜圖相準有

衡有倚有環衡者平也倚者立也環者圖也其自述曰夫子有言書不盡言言不盡意凡易之言語文字僅修辭尚玩之一端郎焦京管郭幽發微中取驗不過一時揲扐不過數策聖人之不爲此鑽仰亦已明矣舍此二條夫子所謂三極並立窮變極賾範圍曲成與天地相似者果爲何物蓋天地人之象數皆具於易布而爲圖次而爲歷統而爲易去其圖著别其虛實以爲春秋詩又以孟子所言千歲之日至五五百興王爲七十二相承之歷故

是書之作意欲網羅古今囊括三才盡入其中雖其失者時時流於禨祥入於駁雜然易道廣大不泥於數而亦不離於數不滯於一端而亦不遺於一端縱橫推之各有其理唐李鼎祚周易集解序云鄭多叅天象王全釋人事天道難明人事易習易之爲道豈偏滯於天人哉故道周此書乍觀似屬創獲然鄭康成解隨之初九云震爲大塗又爲日門當春分陰陽之所交此道周言歲氣之所本也故云晷盈則日損晷損則日益康成解比之初

六云有孚盈缶爻辰在未上值東井井之水人所汲故用缶此道周言星名之所本也故云坤爲箕復爲尾斗之翕舌則爲噬嗑牛之任重致遠則爲隨卦氣值日始於京房充之則爲元會之運推策定歷詳於一行衍之則爲章蔀之紀推其源流各有端緒史稱其殁後家人得其小冊自推終於丙戌年六十二則其於藏往知來之道蓋非徒托空言者然旁見側出究自爲一家之學以爲經之正義則不可退而列諸術數從其類也

右術數類數學之屬一十六部一百四十七卷皆文淵閣著錄

案太元經稱準易而作其揲法用三十六策王讜唐語林曰王相涯注太元嘗取以卜自言所中多於易筮則太元亦占卜書也然自涯以外諸儒所論不過推其數之窮理之深耳未聞用以占卜者亦未有稱其可以定吉凶決疑惑者自王充以下諸儒遞有嗤點亦未有詆以占卜無驗者則仍一數學而已故

今仍隸之數學不入占卜元包潛虛以下亦以類附焉皇極經世雖亦易之餘緒而實非作易之本義諸家著錄以出於邵子遂列於儒家然古之儒者道德仁義誦說先王後之儒者主敬存誠闡明理學均無以數爲宗之事於義頗屬未安夫著述各有體裁學問亦各有派別朱子晦菴大全集皆六經之旨也而既爲詩文不得不列爲集通鑑綱目亦春秋之義也而既爲編年不得不列爲史此體

例也陰符經刊誤參同契刊誤均朱子手著而既爲黃老神仙之說不得不列爲道家此宗旨也邵子既推數以著書則列之術數其亦更無疑義矣

靈臺秘苑十五卷 浙江鮑士恭家藏本

北周太史中大夫新野庾季才原撰而宋人所重修也季才之書見於隋志者一百十五卷周書季才本傳又作一百十卷此爲北宋時奉勅刪訂之本祗存十五卷目錄後題編修官司天監丞管勾

測驗渾儀刻漏于大吉司天中官正權判司天監丁洵同看詳官奉議郎輕車都尉歐陽發看詳官翰林學士承議郎知制誥權判尚書吏部判集賢院提舉司天監公事上騎都尉王安禮諸臣銜名案發字伯和修之長子史稱其天文地理靡不悉究官至殿中丞而不言其嘗爲此書安禮字和甫安石之弟其爲翰林學士在元豐初乃未改官制以前故太史局猶稱司天監宋史藝文志有安禮所撰天文書十六卷殆以其研究是術故俾司看

詳歟錢曾讀書敏求記載有是書之目稱其考核精確非聊爾成書者朱彝尊跋則謂季才完書必多奧義諸人芟削僅摘十一若作酒醴去其漿而糟醨在矣今觀所輯首以步天歌及圖次釋星驗次分野土圭次風雷雲氣之占次取日月五星三垣列宿逐次詳注大抵頗涉占驗之說不盡可憑又篤信分野次舍以州郡强爲分析亦失之穿鑿附會然其所條列首尾詳貫亦尚能成一家之言宋世司天臺所修各書如乾象新書大宋天文書

天經星史等類見於文獻通考者今俱佚弗傳惟蘇頌儀象法要與此本僅存一則詳渾儀測驗之製一則誌日官占候之方雖禨祥小術不足言觀文察變之道顧隋志所載天象諸書今無一存此書既據季才所撰爲藍本則周以前之古帙尚藉以畧見大凡存爲考證之資亦無不可也

唐開元占經一百二十卷 浙江巡撫採進本

唐瞿曇悉達撰唐書藝文志載一百十卷玉海引唐志亦同又注云國史志四卷崇文目三卷此本

一百二十卷與諸書所載不符當屬後人分卷之異自一卷天占至一百十卷星圖均占天象自一百十一卷八穀占至一百二十卷龍魚蟲蛇占均占物異或一百十卷以前爲悉達原書故與唐志及玉海卷數相符其後十卷後人以雜占增附之歟卷首標銜悉達曾官太史監事考玉海開元六年詔瞿曇悉達譯九執歷則悉達之爲太史監當在開元初卷首又標奉勅撰而奉勅與成書年月皆無可考惟其中載歷代歷法止於唐麟德歷且

云李淳風見行麟德歷考唐一行以開元九年奉詔創大衍歷以開元十七年頒之其時麟德歷遂不行此書仍云見行麟德歷知其成於開元十七年以前矣所言占驗之法大抵術家之異學本不足存惟其中卷一百四一百五全載麟德九執二歷九執歷不載於唐志他書亦不過標撮大旨此書所載全法具著爲近世推步家所不及窺又玉海載九執歷以開元二年二月朔爲歷首今考此書明云今起明慶二年丁巳歲（案改顯慶爲明慶葢避中宗之諱）

二月一日以爲歷首亦足以訂玉海所傳之誤至麟德歷雖載唐志而以此書校之多有異同若推入蝕限術月食所在辰術日月蝕分術諸類唐志俱未之載又此書載章歲章月半總章閏閏分歷周月法弦法氣法歷法諸名與新唐書所載全不合其相合者惟辰率總法等目蓋悉達所據當爲麟德歷見行本唐志違出其後不無傳聞異詞是又可訂史傳之訛有裨於考証不少矣又徵引古籍極爲浩博如隋志所稱緯書八十一篇此書尚

存其七八尤爲罕覯然則其術可廢其書則有可采也卷首有萬歷丁巳張一熙識語謂是書歷唐迄明約數百年始得之挹元道人鈎沈起滯非偶然已

右術數類占候之屬二部一百三十五卷皆文淵閣著錄

案作易本以垂教而流爲趨避禍福占天本以授時而流爲測驗灾祥皆末流遷變失其本初故占候之與天文名一而實則二也王

者無時不敬天不待示變而致修省王者修德以迓福亦不必先期以告符命後世以占候爲天文蓋非聖人之本意七畧分之其識卓矣此類本不足錄以靈臺秘苑開元占經皆唐以前書古籍之不存者多賴其徵引以傳故附收之非通例也

# 欽定四庫全書總目卷一百九

## 子部十九

### 術數類二

宅經二卷 兩江總督採進本

舊本題曰黃帝宅經案漢志形法家有宮宅地形二十卷則相宅之書較相墓爲古然隋志有宅吉凶論三卷相宅圖八卷舊唐志有五姓宅經二卷皆不云出黃帝是書蓋依託也考書中稱黃帝二宅經及淮南子李淳風呂才等宅經二十有九種

則作書之時本不僞稱黃帝特方技之流欲神其說詭題黃帝作耳其法分二十四路考尋休咎以八卦之位向乾坎艮震及辰爲陽巽離坤兌及戌爲陰陽以亥爲首巳爲尾陰以巳爲首亥爲尾而主於陰陽相得頗有義理文辭亦皆雅馴宋史藝文志五行類有相宅經一卷疑卽此書在術數之中猶最爲近古者矣

葬書一卷通行本

舊本題晉郭璞撰璞有爾雅註已著錄葬地之說

莫知其所自來周官冢人墓大夫之職稱皆以族葬是三代以上葬不擇地之明證漢書藝文志形法家始以宫宅地形與相人相物之書並列則其術自漢始萌然尚未專言葬法也後漢書袁安傳載安父沒訪求葬地道逢三書生指一處當世爲上公安從之故累世貴盛是其術盛傳於東漢以後其特以是擅名者則璞爲最著考璞本傳載璞從河東郭公受青囊中書九卷遂洞天文五行卜筮之術璞門人趙載嘗竊青囊書爲火所焚不言

其嘗著葬書唐志有葬書地脈經一卷葬書五陰一卷又不言爲璞所作惟宋志載有璞葬書一卷是其書自宋始出其後方技之家競相粉飾遂有二十篇之多蔡元定病其蕪雜爲刪去十二篇存其八篇吳澄又病蔡氏未盡蘊奧擇至純者爲內篇精粗純駁相半者爲外篇粗駁當去而姑存者爲雜篇新喻劉則章親受之吳氏爲之註釋今此本所分內篇外篇雜篇蓋猶吳氏之舊本至注之出於劉氏與否則不可考矣書中詞意簡質猶術

士通文義者所作必以爲出自璞手則無可徵信或世見璞葬母暨陽卒遠水患故以是書歸之歟其中遺體受蔭之說使後世惑於禍福或稽留而不葬或遷徙而不恒已深爲通儒所闢然如乘生氣一言其義頗精又所云葬者原其起乘其止乘風則散界水則止諸條亦多明白簡當王禕青巖叢錄曰擇地以葬其術本於晉郭璞所著葬書二十篇多後人增以謬妄之說蔡元定嘗去其十二而存其八後世之爲其術者分爲二宗一曰宗廟

之法始於閩中其源甚遠至宋王伋乃大行其爲說主於星卦陽山陽向陰山陰向不相乖錯純取八卦五星以定生尅之理其學浙中傳之而用之者甚鮮一曰江西之法肇於贛人楊筠松曾文辿及賴大有謝子逸輩尤精其學其爲說主於形勢原其所起即其所止以定位向專指龍穴砂水之相配而他拘泥在所不論今大江以南無不遵之者二宗之說雖不相同然皆本於郭氏者也云云是後世言地學者皆以璞爲鼻祖故書雖依託終

不得而廢歟據宋志本名葬書後來術家尊其說者改名葬經毛晉汲古閣刻本亦承其譌殊爲失考今仍題舊名以從其朔云

撼龍經一卷疑龍經一卷葬法倒杖一卷通行本

舊本題唐楊筠松撰筠松不見於史傳惟陳振孫書錄解題載其名氏宋史藝文志則但稱爲楊救貧亦不詳其始末惟術家相傳以爲筠松名益竇州人掌靈臺地理官至金紫光祿大夫廣明中遇黄巢犯闕竊禁中玉函秘術以逃後徃來於虔州

無稽之談蓋不足信也然其書乃爲世所盛傳撼龍經專言山龍脈絡形勢分貪狼巨門祿存文曲廉貞武曲破軍左輔右弼九星各爲之說疑龍經上篇言幹中尋枝以關局水口爲主中篇論尋龍到頭看面背朝迎之法下篇論結穴形勢附以疑龍十問以闡明其義葬法則專論點穴有倚蓋撞黏諸說倒杖分十二條卽上說而引伸之附二十四砂葬法亦臨穴時分寸毫釐之辨案陳振孫書錄解題有疑龍經一卷辨龍經一卷云吳炎錄以

見遺皆無名氏是此書在宋並不題筠松所作今本不知何據而云然其撼龍之卽辨龍與否亦無可考證然相傳已久所論山川之性情形勢頗能得其要領流傳不廢亦有以也舊本有李國木註併所附各圖庸陋淺俗了無可取今並加刊削不使與本文相溷焉

青囊奥語一卷青囊序一卷通行本

青囊奥語舊本題唐楊筠松撰其序則題筠松弟子曾文辿所作相傳文辿贛水人其父求已先奔

江南節制李司空砰行南康軍事文廸因得筠松之術後傳於陳摶是書卽其所授師說也案趙希弁讀書後志有青囊本旨一卷云不記撰人演郭璞相墓經陳氏書錄解題有楊公遺訣曜金歌幷三十六圖象一卷注云楊卽筠松也今是書以陰陽順逆九星化曜辨山水之貴賤吉凶未審與曜金歌爲一爲二惟鄭樵通志藝文畧別載有曾氏青囊子歌一卷又曾楊二家青囊經一卷或卽是書之原名歟其中多引而不發之語如坤壬乙巨

門從頭出一節歷來註家罕能詳其起例至序內二十四山分順逆一條則大旨以木火金水分屬甲丙庚壬乙丁辛癸互起長生如甲木生於亥庫於未乙木生於午庫於戌之類因以亥卯未寅午戌巳酉丑申子辰爲四局反覆衍之得四十八局陽用左旋陰從右轉葢本之說卦陽順陰逆之例爲地學理氣家之權輿明人僞造之吳公教子書劉秉忠玉尺經葢即竊其緒餘衍爲圖局遂僭徹瑩作直指元眞專以三元水口隨地可以定向於

是談地學者舍形法而言理氣剽竊傅會俱以是編爲口實然不以流派多岐併咎其剏法之始也舊本有註託名劉基李國本復加潤色蕪蔓殊甚又妄據僞玉尺經竄改原文尤爲誕妄今據舊本更正併削去其註以無滋淆惑焉

天玉經內傳三卷外編一卷　通行本

舊本題唐楊筠松撰考鄭樵通志藝文畧陳振孫書錄解題楊曾二家書無天玉經之名相傳楊氏師弟秘之不行於世至宋吳見誠遇異人始授以

此經其子景鸞乃發明其義然則是書亦至宋始出其爲鈎松所撰與否更在影響之間矣特其流傳稍遠詞旨亦頗有義意故言理氣者至今宗之其真僞可置勿論也內傳首言江東一卦江西一卦南北八神一卦術者罕通其說近時潘思榘作天玉經箋許清奇作天玉經註始推繹下文有父母三般卦又有天卦江東掌上尋之語疑所謂江東者卽天卦所謂江西者卽地卦所謂南北者卽父母卦大抵以甲丙庚壬四陽干左旋起長生者

爲東卦陽數奇故曰天卦曰八神四一以乙丁辛癸四陰干右旋起長生者爲西卦陰數耦故曰地卦曰八神四二又以山家之坐向爲南北一卦由天地而及人故曰父母卦蓋自神其說故爲隱奧之詞使人惝怳迷離驟不得其指要方技家之論智往往如斯不獨此書爲然也外篇專言四經五行其以子寅辰乾丙乙爲金午申戌坤壬辛爲木卯己丑艮庚丁爲水酉亥未巽甲癸爲火又謂之元空卦亦莫能名其所以然舊有天谷散人註未

詳其名詞意尚屬明顯今併錄之以備考證焉

靈城精義二卷兩淮鹽政採進本

舊本題南唐何溥撰溥字令通履貫未詳是編上卷論形氣主於山川形勢辨龍辨穴下卷論理氣主於天星卦例生尅吉凶自宋以來諸家書目皆不著錄觀其言宇宙有大闔合氣運爲主又言地運有推移而天氣從之天運有轉旋而地氣應之葢主元運之說者考元運之說以甲子六十年爲一元配以洛書九宮凡歷上中下三元爲一周更

歷三周五百四十年爲一運凡爲甲子九每元六十年爲大運一元之中每二十年爲小運以卜地氣之旺相休囚如上元甲子一白司運則坎得旺氣震巽得生氣乾兌得退氣離得死氣坤艮得鬼氣大抵因皇極經世而推演之其法出自明初甯波慕講僧五代時安有是說其非明以前書確矣其註題曰劉基撰前列引用書目凡二十二種如八式歌之類亦明中葉以後之僞書則出於贋作亦無疑義但就其書而論則所云大地無形看氣

槩小地無勢看精神水成形山上止山成形水中止龍爲地氣水爲天氣諸語於彼法之中頗爲近理註文亦發揮條暢勝他書之弇鄙猶解文義者之所爲術數之書無非依託所言可採即錄存以備一家眞僞固無庸辨亦不足與辨也

催官篇二卷 通行本

宋賴文俊撰文俊字太素處州人嘗官於建陽好相地之術棄職浪遊自號布衣子故世稱曰賴布衣所著有紹興大地八鈐及三十六鈐今俱未見

是書分龍穴砂水四篇各爲之歌龍以二十四山分陰陽以震庚亥爲三吉巽辛艮丙兌丁爲六秀而著其變換受穴吉凶之應穴仍以龍爲主而受氣有挨左挨右之異砂水二篇亦以方位爲斷其說頗具懸解如謂寅甲二龍出瘋跛者木盛生風又星應尾箕而好風震爲足風淫末疾故主瘋跛丙方上應星馬故有蠶絲之祥丁方上應壽星故多壽考之兆兌龍辰水辰有金殺兌爲口舌爲毀折故主缺唇露齒又辰酉逢合土塞金聲故主重

舌含糊其言雖頗涉於神怪而於陰陽五行生尅制化實能言之成理視悠謬無根之談侈言休咎而不能明其所以然者勝之多矣書中舊有註解不知何人所作闡發頗爲詳盡其傳已久併錄之以資考訂焉

發微論一卷通行本

宋蔡元定撰元定字季通建陽人游於朱子之門慶元中僞學禁起坐黨籍竄道州卒於謫所後韓侂胄敗追贈廸功郎賜謚文節事蹟具宋史儒林

傳元定之學旁涉術數而尤究心於地理是編即其相地之書大旨主於地道一剛一柔以明動靜觀聚散審向背覯雌雄辨強弱分順逆識生死察微著究分合别浮沈定淺深正饒減詳趨避知裁成凡十有四例遞爲推闡而以原感應一篇明福善禍淫之理終焉葢術家惟論其數元定則推究以儒理故其説能不悖於道如云水本動欲其靜山本靜欲其動聚散言乎其大勢向背言乎其性情知山川之大勢默定於數里之外而後能推順

逆於咫尺微茫之間善觀者以有形察無形不善觀者以無形蔽有形皆能抉摘精奥非方技之士支離誕謾之比也地理大全亦載此書題曰蔡牧堂撰考元定父發自號牧堂老人則其書當出自發手或後人誤屬之元定亦未可知然勘核諸本題元定撰者爲多今故仍以元定之名著於錄焉

右術數類相宅相墓之屬八部十七卷皆文淵閣著錄

案相宅相墓自稱堪輿家考漢志有堪輿金

匱十四卷列於五行顔師古注引許慎曰堪天道輿地道其文不甚明而史記日者列傳有武帝聚會占家問某日可娶婦否堪輿家言不可之文隋志則作堪餘亦皆日辰之書則堪輿占家也又自稱曰形家考漢志有宫宅地形二十卷列於形法其名稍近然形法所列兼相人相物則非相宅相地之專名亦屬假借今題曰相宅相墓用隋志之文從其質也

靈棋經二卷浙江范懋柱家天一閣藏本

舊本題漢東方朔撰或又以爲出自張良本黄石公所授後朔傳其術漢書所載朔射覆無不奇中恐用此書或又謂淮南王劉安所撰其説紛紜不一大抵皆術士依托之詞惟考隋書經籍志卽有十二靈棋卜經一卷而南史所載客從南來遺我良材寶貨珠璣金盌玉盃之繇實爲今經中第三十七卦象詞則是書本出自六朝以前其由來亦已古矣卦凡一百二十有四合以純陰鏝卦十二

棋皆覆者爲混沌未明尚不在此數晁公武讀書志僅載一百二十繇殆不及檢而偶遺之也舊傳晉顏幼明宋何承天皆爲之注李遠爲之叙元盧山陳師凱又爲作解而宋志别有李進注靈棋經一卷則今已失傳明初劉基復仿周易象傳體作注以申明其義見於明史藝文志其後序稱靈棋象易而作以三爲經四爲緯三以上爲君中爲臣下爲民四以一爲少陽二爲少陰三爲太陽四爲老陰少與少爲耦老陰與太陽爲敵得耦而悦得

敵而爭或失其道而耦反爲仇或得其行而敵反爲用陽多者道同而助陰盛者志異而乖數語足盡茲經之要大抵與易筮相爲表裏雖所存諸家疏解或詞旨淺俚不無後人之緣飾而靑田一註獨爲馴雅或實基所自作亦未可知觀其詞簡義精誠異乎世之生尅制化以爲術者矣故錄而存之以備古占法之一種焉

易林四卷 江蘇巡撫採進本

漢焦延壽撰延壽字贛梁人昭帝時由郡吏舉小

黃令京房師之故漢書附見於房傳黃伯思東觀餘論以爲名贑字延壽與史不符又據後漢小黃門譙君碑稱贑之後裔疑贑爲譙姓然史傳無不作焦漢碑多假借通用如歐陽之作歐羊者不一而足亦未可執爲確證至舊本易林首有費直之語稱王莽時建信天水焦延壽其詞葢出僞托鄭曉嘗辨之審矣贑嘗從孟喜問易然其學不出於孟喜漢書儒林傳記其始末甚詳葢易於象數之中别爲占候一派者實自贑始所撰有易林十六

卷又易林變占十六卷並見隋志變占久佚惟易林尚存其書以一卦變六十四六十四卦之變共四千九十有六各繫以詞皆四言韻語考漢藝文志所載易十三家蓍龜十五家不及焦氏隋經籍志始著錄於五行家唐王俞始序而稱之似乎後人所附會故鄭曉古言疑其明夷之咸林似言成帝時事節之解林似言定陶傅太后事皆在延壽後顧炎武日知錄亦摘其可疑者四五條然一二家所云某林似指某事者皆揣摩其詞炎武所指彭

離濟東遷之上甫者語雖出漢書而事在武帝元鼎元年不必漢書始載又左傳雖西漢未立學官而張蒼等已久相述說延壽引用傳語亦不足致疑惟長城既立四夷賓服交和結好昭君是福四句則事在元帝竟寧元年名字炳然顯爲延壽以後語然李善注文選任昉竟陵王行狀引東觀漢記曰沛獻王輔永平五年秋京師少雨上御雲臺詔尚席取卦具自卦以周易卦林占之其繇曰蟻封穴戶大雨將集明日大雨上即以詔書問輔曰

道寧有是耶輔上言曰案易卦震之蹇蟻封穴戸大雨將集蹇艮下坎上艮爲山坎爲水出雲爲雨蟻穴居而知雨將雲雨蟻封穴故以蟻爲興文云云今書蹇繇實在震林則書出焦氏足爲明證昭君之類或方伎家輾轉附益竄亂原文亦未可定耳崇文總目言其推用之法不傳而黃伯思記王佖占程迥記宣和紹興二占皆有奇驗則其術尚有知之者惟黃伯思謂漢書稱延壽易分六十四卦更直日用事者乃變占法非易林法薛季宣易

林序則謂易林正用直日法辨伯思之說爲謬並爲圖例以明之其說甚辨今錄季宣序與王俞序以存一家之言俞序本名大易通變與諸本不同疑爲後來卜筮家所改非其舊也此書隋唐宋志俱作十六卷故季宣序稱每卷四林每林六十四變今本四卷不知何時所併無關宏旨今亦姑仍之焉

案漢書儒林傳曰孟喜受易於田王孫得易家候陰陽災變書詐言田生且死時枕喜膝

獨傳同門梁邱賀疏通證明之曰田生絶於施讐手中時喜歸東海安得此事焦延壽案原文無焦字蓋承上而言今節錄其文故補此字使名姓完具嘗從孟喜問易京房以爲延壽卽孟氏學翟牧白生不肯皆曰非也劉向校書以爲諸家易說皆祖田何楊叔丁將軍大義畧同惟京氏爲異黨延壽獨得隱士之說托之孟氏不與相同然則陰陽災異之說始於孟喜别得書而托之田王孫焦延壽又别得書而托之孟喜其源實

不出於經師朱彝尊經義考備列焦京二家之書蓋欲備易學宗派不得不爾實則以隋志列五行家爲允也今退置術數類中以存其真

京氏易傳三卷江蘇巡撫採進本

漢京房撰吳陸績註房本姓李吹律自定爲京氏字君明東郡頓邱人受易於焦延壽元帝時以言災異得幸爲石顯等所嫉出爲魏郡太守卒以譖誅事蹟具漢書本傳績有易解已著錄房所著有

易傳三卷周易章句十卷周易錯卦七卷周易妖占十二卷周易占事十二卷周易守林三卷周易飛候九卷又六卷周易飛候六日七分八卷周易四時候四卷周易混沌四卷周易委化四卷周易逆刺占災異十二卷易傳積算法襍占條例一卷今惟易傳存考漢志作十一篇文獻通考作四卷均與此本不同然漢志所載古書卷帙多與今互異不但此編通考所謂四卷者以晁陳二家書目考之蓋以襍占條例一卷合於易傳三卷共爲四

卷亦不足疑惟晁氏以易傳爲卽錯卦襍占條例爲卽逆刺占災異則未免臆斷無據耳其書雖以易傳爲名而絶不詮釋經文亦絶不附合易義上卷中卷以八卦分八宮每宮一純卦統七變卦而註其世應飛伏游魂歸魂諸例下卷首論聖人作易揲蓍布卦次論納甲法次論二十四氣候配卦與夫天地人鬼四易父母兄弟妻子官鬼等爻龍德虎刑天官地官與五行生死所寓之類盖後來錢卜之法實出於此故項安世謂以京易考之世

所傳火珠林，卽其遺法以三錢擲之兩背一面爲

拆兩面一背爲單俱面爲交俱背爲重此後人務

趨捷徑以爲卜肆之便而本意尚可考其所異者

不以交重爲占自以世爲占故其占止於六十四

爻而不能盡三百八十四爻之變張行成亦謂衞

元嵩元包其法合於火珠林火珠林之用祖於京

房陸德明經典釋文乃於周易六十四卦之下悉

註某宫一世二世三世四世游魂歸魂諸名引而

附合於經義悞之甚矣

六壬大全十二卷 編修勵守謙家藏本

不著撰人名氏卷首題懷慶府推官郭載騋校蓋明代所刊也六壬與遁甲太乙世謂之三式而六壬其傳尤古或謂出於黃帝元女固屬無稽要其爲術固非後世方技家所能造大抵數根於五行而五行始於水舉陰以起陽故稱壬焉舉成以該生故用六焉其有天地盤與神將加臨雖漸近奇遁九宮之式而由干支而有四課則亦兩儀四象也由發用而有三傳則亦一生三三生萬物也以

至六十四課莫不原本羲爻蓋亦易象之支流推而衍之者矣考國語伶州鳩對七律以所稱夷則上宮大呂上宮推之皆有合於六壬之義然特以五音十二律定數未可卽指爲六壬之源吳越春秋載伍員及范蠡雞鳴日出日昳禺中四課則時將加乘與龍蛇刑德之用一如今世所傳而越絕書載公孫聖亦有今日壬午時加南方之語其事雖不見經傳似出依托然趙煜袁康皆後漢人知其法著於漢代也其書之見於史者隋志二家唐

志六家宋志三十家而焦竑經籍志所列多至八十三家然多散佚不傳其存者如徐道符心鏡蔣日新開雲觀月歌淩福之畢法賦及五變中黄經術家奉爲著蔡而流傳旣久其說多歧或專論課體而失之拘或專主類神而失之粗或襍取神煞而失之支又皆不可以爲法是書總集諸家遺文首載入手法總鈐及貴神月將德煞加臨喜忌旁采唐宋以來諸論若括囊雲霄賦課經之類而緯以心鏡觀月諸篇採撮頗爲詳備案明史藝文志

有袁祥六壬大全三十三卷名目相同而卷帙不符未必即祥所輯要其博綜簡括固六壬家之總滙也惟是六壬所重莫過於天乙貴神陰陽順逆爲吉凶所自出如匠者之準繩矩矱而先天之德起於子後天之德起於未以五千德合神取貴承學之士多未究其源我

聖祖仁皇帝御定星歷考原一書貫串璣衡權輿圭臬以訂曹振圭晝丑夜未之訛實足立千古之標準我

皇上御纂協紀辨方書復申暢斯旨謹案吳越春秋所

載子胥之占三月甲戌時加鷄鳴而以爲青龍在酉是甲日丑爲陰貴也范蠡石室之占十二月戊寅時加日出而亦以爲青龍臨酉功曹爲螣蛇是戊日丑爲陽貴也沿溯古義皆與

聖謨垂示先後同符是書所取天乙尚沿俗例卷中僅載先天貴人一圖而不用未免失之舛漏又所載十二宮分野亦多拘牽舊說未能訂正今以原本所有姑仍其舊錄之而附訂其失如右

卜法詳考四卷　浙江吳玉墀家藏本

國朝胡煦撰煦有周易函書約註已著錄考古者大事多用卜故尚書言龜者居多漢書藝文志載龜書五十二卷夏龜二十六卷南龜書二十八卷巨龜三十六卷雜龜十六卷則漢時其書猶多漢文帝大横之兆卽其繇詞褚少孫補龜策傳所述卽其占法也隋書經籍志僅載龜經一卷註晉掌卜大夫史蘇撰又龜卜五兆動摇訣一卷不註姓名則漢志所錄巳亡矣舊唐書經籍志絶不載及龜卜新唐書藝文志乃載孫思邈龜經一卷又五兆

筭經一卷龜卜五兆動搖經訣一卷已多於前宋史藝文志又頗增史蘇以下十九部其爲輾轉依託可以槩見今其書亦率不傳傳於世者惟元陸森玉靈聚義最著然其書蕪雜殊乏雅馴煦輯此編首列周禮尚書之文本經訓也次列史記龜策傳以其猶近古也次列古龜經（案此經不著名氏葢亦出自後人非史蘇孫思邈書也）次列仝賜三圖次列楊時喬龜卜辨次列龜繇詞皆參考以求古義也次列玉靈秘本次列古法彙選皆近代術士之所傳旁稽以盡其變

也葢古占法之傳於今與今占法之不悖於理者大畧已具於此雖非周官太卜之舊然較之卜肆鄙俚之本則具有條理其駁唐李華明季本楊時喬卜用生龜之說亦極爲明析存此一家亦可以見古人鑽灼之梗概也舊附所纂周易函書中考其所說與解易之書究爲不類今別著録於術數家焉

右術數類占卜之屬五部二十五卷皆文淵閣著録

案漢志隋志皆立著龜一門此爲古法言之

也後世非惟龜卜廢併蓍亦改爲錢卜矣今於凡依托易義因數以觀吉凶者統謂之占卜

李虛中命書三卷永樂大典本

舊本題鬼谷子撰唐李虛中註虛中字常容魏侍中李冲八世孫進士及第元和中官至殿中侍御史韓愈爲作墓誌銘見於昌黎文集後世傳星命之學者皆以虛中爲祖愈墓誌中所云最深五行書以人之始生年月日所値日辰支干相生勝衰

死王相斟酌推人壽夭貴賤利不利輒先處其年時百不失一二者是也然愈但極稱其說之汪洋奥美萬端千緒而不言有所著書唐書藝文志亦無是書之名至宋志始有李虚中命書格局二卷鄭樵藝文畧則作李虚中命術一卷命書補遺一卷晁公武讀書志又作李虚中命書三卷焦氏經籍志又於命書三卷外别出命書補遺一卷名目卷數皆參錯不合世間傳本久絶無以考正其異同惟永樂大典所收其文尚多完具卷帙前後亦

頗有次第並載有虛中自序一篇稱司馬季主於壺山之陽遇鬼谷子出遺文九篇論幽微之理虛中爲掇拾諸家注釋成集云云詳勘書中義例首論六十甲子不及生人時刻干支其法頗與韓愈墓誌所言始生年月日者相合而後半乃多稱四柱其說實起於宋時與前文殊相謬戾且其他職官稱謂多涉宋代之事其不盡出虛中手尤爲明甚中間文筆有古奧難解者似屬唐人所爲又有鄙淺可嗤者似出後來附益眞僞雜出莫可究詰

疑唐代本有此書宋時談星學者以己說闌入其間托名於虛中之注鬼谷以自神其術耳今以其議論精切近理多得星命正旨與後來之窈渺恍惚者不同故依晁氏原目釐爲三卷著之於錄以存其法而於其依托之顯然者則各加案語隨文糾正俾讀者毋爲所惑焉

玉照定眞經一卷 永樂大典本

舊本題晉郭璞撰張顒註考晉書璞傳不言璞有此書隋志唐志宋志以及諸家書目皆不著錄惟

葉盛菉竹堂書目載有此書一册亦不著撰人蓋晚出依托之本張顒亦不知何許人勘驗書中多涉江南方言疑書與注文均出自張顒一人之手而假名於璞以行術家影附往往如此不足辨也其書世無傳本惟元明人星命書偶一引之今檢永樂大典所載首尾備具猶爲完帙雖文句不甚雅馴而大旨頗簡潔明析猶有珞琭子及李虛中命書遺意所言吉凶應驗切近中理亦多有可採如論年儀月儀六害三奇三交四象之類尤多所

闡發惟推及外親女壻以曲說穿鑿不免牽强附會耳蓋舊本相傳要有所受究非後來杜撰者所能及故錄而存之以備星命家之一種焉

星命溯源五卷 浙江范懋柱家天一閣藏本

不著編輯者名氏第一卷爲通元遺書襍錄唐張果之說凡三篇第二卷爲果老問答稱明李憕遇張果所口授凡四篇第三卷爲元妙經解稱張果撰元鄭希誠註第四卷爲觀星要訣第五卷爲觀星心傳口訣補遺均不云誰作詳其題詞似要訣

爲鄭希誠編補遺又術士掇拾增希誠所未備也考明皇襍錄載果多神怪之迹不言其知祿命獨是編以五星推命之學依托於果術者遂以果老五星自名一家考韓愈作李虛中墓誌稱其推命倘止用年月日不用時則開元天寶之間且無八字似不應有五星然王充論衡稱天施氣而衆星布精天所施氣而衆星之氣在其中矣人禀氣而生含氣而長得貴則貴得賤則賤貴或秩有高下富或貲有多少皆星位尊卑大小之所授也是漢

未巳以星位言祿命又韓愈三星行云我生之辰月宿南斗牛奮其角箕張其口杜牧自作墓誌銘曰余生於角星昴畢於角爲第八宮曰病厄宮亦曰八殺宮土星在焉火星繼木星工楊晞曰木在張於角爲第十一福德宮木爲福德大君子救於其旁無虞也余曰自湖守不遇歲遷舍人木還福於角足矣土火還死於角宜哉是唐時實以五星宮度推休咎其托名於果亦有所因爾希誠自署其官曰主簿其籍曰瑞安其號曰滄洲始末未詳

愷自稱中都人遇果在嘉靖二年九月尤怪妄不足辨總之術家務神其說而已然世所傳五星之書以此本為鼻祖別有所謂果老星宗者實因此而廣之其後又有天官五星術與此頗異據理而論化氣當從天官正氣當從果老二家之術亦可互參其論星度乘除生剋及兼取值年神煞亦未可盡廢也

徐氏珞琭子賦注二卷 永樂大典本

宋徐子平撰珞琭子書為言祿命者所自出其法

專以人生年月日時八字推衍吉凶禍福李淑邯鄲書目謂其取琭琭如玉珞珞如石之意而不知撰者爲何人朱弁曲洧舊聞云世傳珞琭子三命賦不知何人所作序而釋之者以爲周世子晉所爲然考其賦所引有秦河上公又如懸壺化杖之事皆後漢末壺公費長房之徒則非周世子晉明矣是書前有楚頤序又謂珞琭子者陶宏景所自稱然祿命之說至唐李虛中尚僅以年月日起算未有所謂八字者宏景之時又安有是說乎考其

書始見於宋藝文志而晁公武讀書志亦云宣和
建炎之間是書始行則當爲北宋人所作舊稱某
某皆依託也自宋以來注此賦者有王廷光李同
釋曇瑩及子平四家子平事蹟無可考獨命學爲
世所宗今稱推八字者爲子平葢因其名劉玉巳
瀌編曰江湖談命者有子平有五星相傳宋有徐
子平者精於星學後世術士宗之故稱子平又云
子平名居易五季人與麻衣道者陳圖南呂洞賓
俱隱華山葢異人也今之推子平者宋末徐彥昇

非子平也云云其説不知何所本然術家之言百無一眞亦無從而究詰也其注久無傳本惟見於永樂大典者尚為完帙謹加裒輯釐為上下二卷以符宋志之舊其中論運氣之向背金木剛柔之得失青赤父子之相應亦言皆近理間有古法不合於今者是則在後人之善於别擇耳又考三命通會亦載有珞琭子寥寥數語與此本絶不相合葢由原書散佚談命者又依托為之僞中之僞益不足據要當以此本為正也

珞琭子三命消息賦注二卷（永樂大典本）

案錢曾讀書敏求記稱珞琭子三命消息賦二卷王廷光李同釋曇瑩徐子平四家注解今考永樂大典所載凡有二本一本即徐子平註一即此本獨題曇瑩之名王廷光與仝之說悉在焉或錢氏之本乃後人輯四家之說合爲一書故所題撰人之名互異抑此本爲曇瑩撮王李之注附以已說故其文兼涉二家歟廷光之書進於宣和癸卯曇瑩之書成於建炎丁未在廷光後五年知非與廷

光等仝注而卷首董巽楚頤二序亦惟稱曇瑩一人則當以永樂大典獨題其名爲是也其說往往以命理附合易理似不及徐子平註爲明白切實然如所列王廷光推演命限一條頗爲精確曇瑩自論孤虛一條亦有可採擇與徐氏之書並行亦可謂驂之靳矣上卷之中三家之注並載下卷之中則曇瑩之注多而廷光與仝之注少又曇瑩自序以李仝鄭潾並稱而卷中無潾一語疑傳寫脫佚或永樂大典有所删節亦未可定也廷光與仝

爵里事迹俱無可考李仝之名讀書敏求記作同晁公武讀書志作仝亦莫詳孰是曇瑩號蘿月嘉興人以談易名一時洪邁容齋隨筆載之稱曰易僧其以易理言命蓋由於是云

三命指迷賦一卷（永樂大典本）

舊本題宋岳珂補注珂有九經三傳沿革例已著錄其他撰述如媿郯錄桯史金陀粹編寶眞齋法書贊玉楮集皆尚有傳本獨不聞其有是書宋史藝文志亦不載其名惟桯史中有珂與蓍者楊艮

論韓侂胄禄命及論幕官袁韶禄命一條其說頗
詳則珂亦頗講是事或術家因而依托歟自元明
以來諸家命書多引用其文以此本檢勘並相符
合知猶宋人所爲也文淵閣書目載是書一部一
冊葉盛菉竹堂書目亦有是書一冊是明初其書
尚存今則久無單帙行世惟永樂大典所錄尚首
尾完具謹採掇釐訂編爲一卷附之術數類中以
備參考書中所論大抵專主子平於夾馬夾禄拱
庫拱貴辨論詳盡往往爲他家所未發而拱庫一

條尤稱精晰其他文義通達亦多有可取惟專以月建及胎元爲推測之本則不爲定論葢月建是行運所主要必當以日時參之人生十月而產固爲常期然氣禀不齊亦有逾期不及期者若悉以十月爲限則刻舟求劍未免轉失之支離是又在學者之決擇矣

**星命總括三卷** 永樂大典本

舊本題遼耶律純撰有純原序一篇末署統和二年八月十三日自稱爲翰林學士奉使高麗議地

界因得彼國國師傳授星躔之學云云按統和爲遼聖宗年號遼史本紀是年無遣使高麗事其二國外紀但稱統和三年詔東征高麗以遼澤沮洳罷師亦無遣使議地界之文遼代貴仕不出耶律氏蕭氏二族而徧檢列傳獨無純名殆亦出於依托也文淵閣書目載有是書一部不著冊數菉竹堂書目作五冊又不著卷數外間別無傳本惟永樂大典所載始末完具然計其篇頁不足五冊之數或葉盛所記有訛歟中間議論精到剖析義理

往往造微爲術家所宜參考惟所稱宫有偏正則立說甚新而驗之殊多乖迕葢天道甚遠非人所能盡測故言命者但當得其大要而止苟多出奇思曲意揣度以冀無所不合反至於窒塞而不可通矣術家流弊往往坐此讀者取其所長而畧其繁瑣可也

演禽通纂二卷　浙江范懋柱家天一閣藏本

不著撰人名氏乃以演禽法推人祿命造化之書也相傳謂出於黃帝七元之說唐時有都利聿斯

經本梵書五卷貞元中李彌乾將至京師推十一
星行歷知人貴賤至宋而又有秤星經者演十二
宮宿度以推休咎亦以爲出於梵學晁公武讀書
志復有鮮鶚經十卷以星禽推知人吉凶言其性
情嗜好說者謂本神仙之說故載於道藏其書均
已失傳而詳溯源流要皆爲談演禽者所自祖今
世亦頗有通其術者則以爲本於明之劉基然其
中如甲子寶瓶之類與回回歷所載名目相近似
其源亦出於西域葢即秤星鮮鶚之支流傳者忘

其自來遂舉而歸之於基非其實也其書上卷載三十六禽喜好吞啗干支取化及旬頭胎命流星十二宮行限入手之法下卷鑒形賦具論窮達夭壽吉凶變幻之理其詞爲俗師所綴集大抵鄙俚不文而其法則相承已久可與三命之學相爲表裏故存之以備一家至鑒形賦世或别爲一書名之曰星禽直指其實上卷提其綱下卷竟其用爲說相輔今仍合爲一集云

星學大成十卷　兩淮鹽政採進本

明萬民英撰民英字育吾大寧都司人嘉靖庚戌進士歷官河南道監察御史出爲福建布政司右叅議是編取舊時星學家言以次編排間加註釋論斷卷一曰星躔圖例卷二曰觀星節要官度主用十二位論卷三曰諸家限例琴堂虛實卷四曰耶律秘訣卷五至卷七曰仙城望斗三辰通載卷八曰總龜紫府珍藏星經雜著卷九曰碧玉眞經鄧史喬廟卷十曰光喬淵微星躔格局其於星家古法纖鉅不遺可稱大備自來言術數者惟章世

純所云其法有驗有不驗驗者人之智計所及不驗者天之微妙斯存其言最爲允當而術家必欲事事皆驗故多出其途以測之途愈多而愈不能中其尤難信者無過於喬廟一說其說以火土二星相反而相成晝火參軫及箕壁无咎乃大吉夜土角斗及井奎降福亦如之不知五行之理惟主生尅如季土坐於凋零之木本自借其疏通旺火臨於瀰濔之流亦轉樂其滋益若乃冬火坐水鄉春土居木位豈可目爲喬廟而定其吉乎且土雖

盛而木已被其沉埋火卽熾而水已虞其涸枯有利於此卽不利於彼是皆好奇求驗而不計五行生尅之故者民英於此大抵沿襲舊聞未能駁正其謬且今之五星躔度歲差既異於古亦難必其盡合然其鳩集衆說多術家不傳之本實爲五星之大全與子平之三命通會並行不悖後來言果老術者參互考證要必於是取資焉明史藝文志及黃虞稷千頃堂書目皆以此書爲陸位撰而别出萬民育三命會通十二卷今檢此書卷首自序

及凡例確爲民英所撰藝文志葢沿黃氏之誤故仍以民英名著錄云

三命通會十二卷 編修程晉芳家藏本

不著撰人名氏卷首但題曰育吾山人明史藝文志有萬民育三命會通十二卷與此本卷數相合惟以通會作會通爲稍異考世所傳星學大成一書爲萬民英所撰英字育吾與此本所題合當亦出民英之手藝文志葢誤以民英爲民育又通會二字傳寫互倒耳自明以來談星命者皆以此本

爲總彙幾於家有其書中間所載仕宦八字往往及明季之人益後來坊刻所攙入已非其舊然其闡發子平之遺法於官印財祿食傷之名義用神之輕重諸神煞所係之吉凶皆能採撮羣言得其精要故爲術家所恒用要有未可遽廢者至其立論多取正官正印正財而不知偏官偏印偏財亦能得力知食神之能吐秀而不知傷官之亦可出奇是則其偏執之見未爲圓徹且胎元等論施之今日亦多有不驗言命學者但當得其大意而變

通之可矣若所引珞琭子與今永樂大典中所輯完本其文迥殊則其時秘冊僅存外間末由窺見遂誤信依託之本固未足以爲病也

月波洞中記二卷（永樂大典本）

案月波洞中記見於宋鄭樵通志藝文畧者一卷稱老君記於太白山月波洞凡九篇晁公武讀書志亦載此書一卷序稱唐任逍遥得之於太白山月波洞石壁上凡九篇相形術也與藝文畧所記並合宋史藝文志載月波洞中龜鑑一卷又月波

洞中記一卷皆無撰人姓氏其爲一書異名抑或兩本別行已無可考自來術家亦罕有徵引惟永樂大典所載尚存核其體例葢猶據宋時刊本錄入並有原序一篇稱老君題在太白山鴻靈溪月波洞中七星南龕石壁間其說與藝文略相符而序中不及任逍遥之名則亦非晁氏所見之舊矣序末又題赤烏二十年七月二十三日案相術自左傳已載而序中乃獨稱鍾呂二眞人鍾離權生於漢代其事已屬渺茫呂則唐之洞賓傳記鑿然

何由三國時人得以預知其名姓且赤烏紀號盡十三年又安得有二十年明爲不學之徒依託附會其妄殆不足與辨特以其所論相法視後來俗本較爲精晰當必有所傳授篇目自仙濟至玉枕九章其詞亦頗古奧葢即鄭樵晁公武所言之九篇疑原本實止於此故諸家著錄皆稱一卷九篇以下或爲後人所附益未可知也然相傳已久今亦不復刪汰以篇頁稍多析爲二卷以便循覽且徵示原本與續入之別焉

玉管照神局三卷 永樂大典本

舊本題南唐宋齊邱撰齊邱字超回改字子嵩廬陵人初以布衣事李昪授殿直軍判官擢右司員外郎累遷同平章事兼知尚書省事李璟嗣立以太傅領劍南東川節度使封楚國公尋得罪被廢自經死事蹟具南唐書本傳齊邱生五季傾擾之世以權譎自喜尤好術數凡挾象緯青烏姑布壬遁之術居門下者常數十輩皆厚以資之是書專論相術疑即出其門下客所撰集而假齊邱名以

行世者也宋史藝文志焦竑經籍志皆稱玉管照神局二卷其名與此本同陳振孫書錄解題則稱玉管照神而無局字且僅有一卷疑所見本非完帙吳任臣十國春秋則載齊邱有玉管照神經十卷名目稍異而卷數亦與宋志不符錢曾讀書敏求記所載與十國春秋相合且稱上局所論皆人之體貌有形可見故謂之陽局下局所論皆出形之外無象可觀故謂之陰局其言體例甚悉此本爲永樂大典所載大指皆以形狀立論與錢氏所

云有陰陽二局者不符疑此本即宋志所稱之二卷故與十卷之本多所同異歟術家之書爲後人緣飾增損彼此牴牾往往如此不足深詰特以其議論頗爲精晰而所取各書尤多世所未覩猶屬相傳舊文故稍加訂正釐爲三卷錄備一家焉

太清神鑑六卷 永樂大典本

舊本題後周王朴撰乃專論相法之書也考朴事周世宗爲樞密使世宗用兵所向克捷朴之籌畫爲多歐陽修新五代史稱朴爲人明敏多材質非

獨當世之務至於陰陽律法莫不通焉薛居正舊五代史亦謂朴多所該綜星緯聲律莫不畢殫然皆不言其善於相法且此書前有自序稱離林屋洞下山三載編搜古今集成此書考朴家世東平入仕中朝遊跡未嘗一至江左安得有隱居林屋山事其爲依托無疑葢朴以精通術數知名故世所傳奇異詭怪之事往往皆歸之於朴如王銍默記所載朴與周世宗微行中夜至五丈河旁見火輪小兒知宋將代周其事絶誕妄不可信而小說

家顧樂道之宜作此書者亦假朴名以行矣然其間所引各書篇目大都皆宋以前本其綜核數理剖析義蘊亦多微中疑亦出宋人非後來術士之妄談也其書宋史藝文志不載諸家書目亦罕著錄惟永樂大典頗散見其文雖間有缺脫而掇拾排比猶可得十之七八謹裒輯成編釐爲六卷朴之名則剷而不題以祛其僞焉

人倫大統賦一卷 永樂大典本

金張行簡撰行簡字敬甫莒州日照人禮部侍郎

暐之子大定十九年進士累官禮部尚書翰林學士承旨太子太傅贈銀青榮祿大夫謚文正事蹟具金史本傳行簡世爲禮官於天文術數之學皆所究心史稱其文章十五卷禮例纂一百二十卷會同朝獻禘祫喪葬皆有記錄及清臺皇華戒嚴爲善自公等記藏於家而獨不載是書之目黃虞稷千頃堂書目有人倫大統賦一冊亦不著撰人姓名惟永樂大典所錄皆題行簡所撰且有薛延年字壽之者爲之注序末稱皇慶二年皇慶乃元

仁宗年號與金時代相接所言當必不悮葢本傳偶然脫漏也其書專言相法詞義頗爲明簡延年序謂其提綱挈領不三二千言囊括相術殆盡條目疏暢而有節艮非虛譽惟意欲自神其術中間不無語涉虛夸此亦五行家附會之常不足爲病至延年之注雖推闡詳盡而於不待注而明者亦復概行贅入冗蔓過甚轉不免失之淺陋耳原本卷帙無多然檢勘首尾完具當爲足本金源著述傳世者稀今特加釐訂著之於錄庶考術數者尚

得以窺見崖畧云

右術數類命書相書之屬十四部五十三卷皆文淵閣著錄

案相人見左傳漢志形法有相人二十四卷人生時値星貴賤見王充論衡隋志有祿元辰祿命二卷溢河祿命三卷則其來已久特書之傳於今者大抵附會依託耳謹擇其稍古與稍近理者錄存數家以見梗概其說亦本五行故古與相宅相墓之屬均合爲一今

別爲類蓋命言前知主於一定不可移他術則皆言可趨避其持論殊也

太乙金鏡式經十卷 浙江巡撫採進本

唐王希明撰希明不詳其里貫開元時以方技爲內供奉待詔翰林是書乃其奉勅所編見於新唐書藝文志故書中多自稱臣而其間推太乙積年有至宋景祐元年者則後人已有所增入非盡希明之舊也史記日者傳術數七家太乙家居其一史記天官書中宮天極星其一明者爲太乙常居

而封禪書亳人謬忌奏祠太一方名天神貴者太一鄭康成以爲北辰神名又或以爲木神而屈原九歌亦稱東皇太一則自戰國有此名漢志五行家有泰壹陰陽二十三卷當即太乙家之書然已佚不傳惟周易乾鑿度有太乙行九宮法而今所傳次序乃特右旋以乾巽爲一九希明謂太乙知未來故聖人爲之蹉一位以示先知之義郭璞則謂地缺東南故蹉九以塡之樂產又謂太乙之理后王得之以統天下故蹉一以就乾其說頗參差

而皆近於附會故黃宗羲至詆爲經緯混淆行度無稽蓋術家又有所汩亂矣核其大旨乃仿易歷而作其以一爲太極因之生二目二目生四輔猶易之兩儀四象也又有計神與太乙合之爲八將猶易之八卦也其以歲月日時爲綱而以八將爲緯三基五福十精之類爲經亦猶夫歷也其法以八將推其掩廹四擊關格之類占內外災福又推四神所臨分野占水旱兵喪饑饉疾疫又推三基五福大小遊二限易卦大運占古今治亂術士傳

習其來甚久故漢書已載有陽九百六之語南齊書高帝紀贊所引太乙九宮占自漢高祖五年推至宋禎明元年幾數百年而其術遂大顯於世至希明承詔纂次參校衆法益爲詳備觀李燾續通鑑長編稱夏主元昊通蕃漢文字嘗推太乙金鑑則其書且行於外國矣然其所論徵應實多錯謬如東周逢陽九而不及於夏癸商辛少昊帝舜皆以靈神首出周之成宣唐之太宗其時亦可稱治安乃謂與秦始皇同逢百六其說殊不可通其凶

神吉星所會皆以分野爲憑而割裂牽配尤爲渺茫無據故宋時劉㦸亦嘗極議其非宋史劉㦸傳㦸言佞者謂太乙所臨分野則有福近歲自吳移蜀信如其說坤維按堵可也今五六十州安全者不能十數福何在耶蓋術數之學如星平壬遁之類所推止及於一身一時匹夫之精神志氣不能與造化相通故韓蘇箕斗蠡種龍蛇亦間爲數所操而不能遁然已爲聖人所罕言至歷代之治忽興亡則所爲克享天心者實在主德以爲凝承之本故聖王御世而八荒賓服九穀順成時有和甘物無疵癘其太

和洋溢自有歛疇錫福之所以然夫豈演紀尋元之可得而推測是書所列乃秦漢間緯書之遺禨祥小數之曲說不衷於正宜聖人所必斥特以其術爲三式之一所傳尚古其書亦出自唐人故附著於錄而詳加辨正以袪千古之惑焉

遁甲演義二卷　兩江總督採進本

明程道生撰道生字可生海寧人言遁甲者皆祖洛書然河圖以圖名當有奇偶之象洛書以書名當有文字之形故班固以爲六十五字見漢書五行志劉

向以爲三十八字劉歆以爲二十字並見尚書正義洪範篇
是皆先漢以來洛書無圖之明證若如宋以後所傳四十五點之狀與河圖不殊則當名洛圖不名洛書矣考大戴禮載明堂古制有二九四七五三六一八之文此九宮之法所自昉而易緯乾鑿度載太乙行九宮尤詳遁甲之法實從此起方技家不知求其源故妄託也其法以九宮爲本緯以三奇六曜八門九星視其加臨之吉凶以爲趨避以日生於乙月明於丙丁爲南極爲星精故乙丙丁

皆謂之奇而甲本諸陽首戊已下六儀分麗焉以配九宮而起符使故號遁甲其離坎分宮正授超神閏奇接氣與歷律通開休生之取北方三向與太乙通龍虎蛇雀刑四旺墓之義不外於乘承生尅與六壬星命通至風雲緯候無不賅備故神其說者以為出自黃帝風后及九天元女其依托固不待辨而要於方技之中最有理致考漢志所列惟風鼓六甲風后孤虛而已於奇遁尚無明文至梁簡文帝樂府始有三門應遁甲語陳書武帝紀

遁甲之名遂見於史則其學殆盛於南北朝隋志載有伍子胥遁甲文信都芳遁甲經葛祕三元遁甲圖等十三家其遺文世不槪見唐李靖有遁甲萬一訣胡乾有遁甲經俱見於史志至宋而傳其說者愈多仁宗時嘗命修景祐樂髓新經述七宗二變合古今之樂參以六壬遁甲又令司天正楊維德撰遁甲玉函符應經親爲製序故當時壬遁之學最盛談數者至今多援引之自好奇者援以談兵遂有靖康時郭京之輩以妖妄誤國後人又

攙雜以道家符籙之法益怪誕不可究詰於是六壬盛行而遁甲之學幾廢究之遁通於壬壬於人事爲切遁於天文爲優實亦未有以軒輊也世所傳五總龜烟波釣叟訣稍存梗槪而是編旨約詞該於用奇置閏之要頗爲詳具至論本命行年謂欲乘本局中吉星生旺其說亦他書所未及存之以備三式之一殆亦五行家所不廢歟

禽星易見一卷　浙江范懋柱家天一閣藏本

明池本理撰本理贛州人明史藝文志載所著有

禽遁大全四卷禽星易見四卷此本僅作一卷蓋傳抄者所合併也禽星之用不一此專取七元甲子局用翻禽倒將之法推時日吉凶以利於用或以爲其法始於張良本風后神樞鬼藏之旨爲兵家秘傳蓋好事者附會之說其實於一切人事得失趨避無所不占凡行營立寨吉時特間一及之而已所論禽宮性情喜好吞啗進退取化之理較他書爲簡明而以時日禽爲彼我公用之禽專取翻禽爲我倒將爲彼乃其獨得之解尤爲可採惟

不載治曜較異於他書至以斗木爲蟹故其性最弱靜而安間非獅豸之獬亦足訂星家之訛異存之以與王逎諸書參覽猶不失爲古之遺法焉

御定星歷考原六卷

康熙五十二年

聖祖仁皇帝御定初康熙二十二年

命廷臣會議修輯選擇通書與萬年書一體頒行而二書未能畫一餘相沿舊說亦多未能改正是年因

簡命諸臣明於數學音學者在

內廷蒙養齋纂輯算法樂律諸書乃併取曹振圭歷事明原

詔大學士李光地等重爲考定以成是編凡分六目一曰象數考原二曰年神方位三曰月事吉神四曰月事凶神五曰日時總類六曰用事宜忌每一目爲一卷考古者外事用剛日內事用柔日其日以卜不以擇趙岐孟子註謂天時爲孤虛王相則戰國時已漸講之然神煞之說則莫知所起易緯乾鑿度有太乙行九宮法太乙天之貴神也漢志兵家

陰陽類亦稱順時而發推刑德隨斗擊因五勝假鬼神而爲助又陰陽家類稱出於羲和之官拘者爲之則牽於禁忌拘於小數舍人事而任鬼神則神煞之說自漢代已盛行矣夫鬼神本乎二氣二氣化爲五行以相生相尅爲用得其相生之氣則其神吉得其相尅之氣則其神凶此亦自然之理至其神各命以名雖似乎無稽然物本無名凡名皆人之所加如周天列宿各有其名亦人所加非所本有則所謂其神某神不過假以記其方位別

其性情而已不必以詞害意也歷代方技之家所傳不一輾轉附益其說愈繁要以不悖於陰陽五行之理者近是是書簡汰諸家刪其部倍而括其綱要於以順天之道宜民之用

大聖人之於百姓事事欲其趨利而遠害誠無微之不至矣

欽定協紀辨方書三十六卷

乾隆四年奉

勅撰越三年告成進

呈

欽定凡本原二卷義例六卷立成宜忌用事各一卷公規二卷年表六卷月表十二卷日表一卷利用二卷附錄辨訛各一卷舉術家附會不經繁碎多礙之說一訂以四時五行生剋衰旺之理蓋欽天監舊有選擇通書體例猥襍動多矛盾我

聖祖仁皇帝嘗纂星歷考原一書以糾其失而於通書舊本尚未改定是書乃一一駁正以袪羣疑如通書所載子月巳月天德之誤五月十二月月恩之誤

甲日丑時爲喜神之誤正月庚日七月甲日爲復日之誤九空大敗等日之誤並條分縷析指陳其謬甚至荒誕無稽如男女合婚嫁娶大小利月及諸妄託許眞君玉匣記者則從刪削於趨吉避凶之中存崇正闢邪之義於以破除拘忌允足以利用前民至於

御製序文特標敬天之紀敬地之方二義而以人之禍福洪於敬不敬之間因習俗而啟導之尤仰見

聖人牖民覺世開示以修吉悖凶之理者至深切矣

右術數類陰陽五行之屬五部五十五卷皆文淵閣著錄

案五行休咎見於洪範蓋以徵人事之得失而反求其本非推測禍福預爲趨避計也後世寖失其初遂爲術數之所託史記日者列傳載武帝聚占者論娶婦之日有五行家堪輿家建除家叢辰家歷家天文家太乙家凡七家漢志併爲陰陽五行二家而兵家又出陰陽十六家陰陽家所列諸書不甚可考隋

志以下並有五行而無陰陽殆二家之理本相出入末流合而一之習其技者亦不能自分別矣今總題曰陰陽五行以存舊目其書則畧以類聚不復瑣屑區分云

欽定四庫全書總目 子部

卷一百十

# 欽定四庫全書總目卷一百十

子部二十

術數類存目一

正易心法一卷 兩淮鹽政採進本

舊本題宋麻衣道者撰凡四十二章章四句句四言又題希夷先生受并消息文獻通考載李潛序云得之廬山異人馬端臨註曰或云許堅又載張栻跋亦信爲陳搏所傳惟朱子語錄曰此書詞意凡近不類一二百年文字如所謂雷自天下而發

山自天上而墜皆無理之妄談所謂一陽生於子月而應於卯月乃術家之小數所謂曲破體之乃成全體則爐火之末技所謂人間萬事悉是假合乃佛者之幻語必近年術數末流道聽塗說掇拾老佛醫卜諸說之陋者以成此書後二年守南康有前湘陰主簿戴師愈者求謁卽及麻衣易因復扣之宛然此老所作欲馳報敬夫敬夫已下世時當塗守李侍郎壽翁雅好此書亟以書來曰卽如君言斯人而能爲此書亦吾所願見幸爲津致之

戴不久卽死而壽翁亦得請西歸矣又曰麻衣易是戴師愈所作太平州刊本第二跋卽其人也昨親見之甚稱此易以爲得之隱者問之不肯明言其人某適到其家見有一冊䄅錄乃戴公自作其言皆與麻衣易說相類及戴死其子弟將所謂易圖來看乃知眞戴所自作也觀此二則則是書之僞妄審矣

翼元十二卷 永樂大典本

宋張行成撰行成有易通變已著錄案行成進書

狀曰始得邵氏書既得司馬氏書潛思力索久乃貫通考之於易無所不合因著翼元十二卷以明揚雄之易又曰揚雄作太元義本連山自著言之易用七二極少陽也太元用三十三五六之合十一而三天也自象言之周易體八用六天包地之數也太元體四用三地承天之數也云云蓋所進七易之一也朱彝尊經義考注云未見今檢永樂大典尚載其本然太元已贅翼更蛇之足矣

太元別訓五卷 兩江總督採進本

國朝劉斯組撰斯組有撥易堂易解已著錄是編解釋揚雄太元各以韻語發揮其義意欲以奥嶇配雄然原書詞意艱深所以待註註又僻澁使人不解是亦何取於註乎

皇極經世書類要九卷 永樂大典本

宋鍾過撰過字益齋廬陵人其書作於咸淳中吳應丑序云鍾君取邵子之書類之圖即書書即圖矣其類之目曰道曰太極曰陰陽而以外篇之文分附之考皇極經世外篇本邵子門人所記故張

行成亦別爲編次此書摭拾排纂初無所發明更不及行成之索隱矣

皇極經世節要無卷數浙江范懋柱家天一閣藏本

不著撰人名氏浙江遺書目錄題元周爽撰案朱彝尊經義考載經世節要宋周奭著奭湘鄉人乾道間嘗與胡安國張栻游潛心於易云云則是周奭非周爽是宋人非元人也然書中推步元會運世至於明嘉靖辛巳登極壬午改元則又非奭之舊本矣蓋明人所附益也

皇極經世書說十八卷內府藏本

明朱隱老撰隱老字子方號濤峯豐城人洪武中大學士朱善之父蓋元末明初人也隱老以邵子皇極經世義趣深奧學者猝不能得其說因以已意訓解凡邵子所未及者皆折衷而論定之若邵子所自爲說者則又姑取至淺近之理以爲之指示欲令讀者易得其津涯然邵子作此書其大旨主於推步隱老乃多講義理而於數學罕所發明則仍未能得其綱領也

皇極經世書傳八卷 河南巡撫採進本

明黃畿撰畿字宗大香山人黃佐父也是書有佐附記曰皇極經世未有全書先君得諸道藏手自錄之今性理所載乃蔡西山指要非其全也祝泌氏鈐以泰爲元六十四卦皆用四爻與邵子異矣廖應淮元元集從之惟朱隱老始宗本旨爲之說然未盡也先君自成化乙巳隱居粵洲草堂始悟氣以六變體以四分用九則三十六宮用六則二十四閏聲音律呂圓唱方和而後乾坤坎離用焉

天地萬物之理貫於一矣又稱凡所注釋有未備者佐附以膚見則推步也年月日時分杪晝夜進退積成一元消長則命算工補其闕焉然則是書佐所續成也又稱緐有自序此本無之殆傳寫佚脫矣

皇極經世心易發微八卷 江蘇巡撫採進本

明楊向春撰向春字體元號野厓普洱人是書推衍皇極經世舊說立占卜之法惟論干支生尅五行制化蓋方技家言非說易之書也自稱六卷而

隆慶二年鄧世芳序稱八卷與此本合據世芳序是書一刻於大理再刻於京師及在武定又集前刻之未備者刻之蓋自序乃初刻時作此則增定之本耳

皇極經世攷三卷 安徽巡撫採進本

國朝徐文靖撰文靖有禹貢會箋已著錄是編首列邵子起算之術括爲二圖一曰數皆不離於五圖一曰皇極經世一元圖皆檃括王湜節要爲之末附三十六宮解引鄭康成乾鑿度注及黃帝素問

太乙游九宫之說爲證皆因論邵子之學偶及之其大旨則以竹書紀年駁經世紀年之誤上起唐堯甲子下迄秦始皇甲寅備列干支訂其同異考顧炎武日知錄備論自王莽以前古人不以甲子名歲歷引爾雅周禮注左傳史記呂氏春秋賈誼鵩賦漢書許愼說文考據甚明今本竹書不用歲陽歲名而如後世題甲子是即明人作僞非汲冢舊文之證邵子之學無所不窺而所推帝王年數無不與竹書相左絕無一言之攷正是又今本晚

出邵子未見之證乃文靖不以經世疑竹書而反以竹書攻經世蓋文人愛奇嗜博不加詳攷遂至顛倒是非毛漸三墳自鄭樵之外宋以來人人知其僞而文靖乃據以作竹書前編其信竹書亦猶是矣

洪範九疇數解三卷兩淮鹽政採進本

明熊宗立撰宗立有素問運氣圖括定局立成已著錄朱彝尊經義考載是書作八卷與此本不符然彝尊註曰未見恐傳聞訛異也初蔡沈作洪範

九疇數未竟而卒今載於性理大全及永樂大典中者皆非完本故天台謝無梂序稱其享數弗退釋數未備猶有遺恨宗立訓釋其書復因沈之法而廣之如沈書釋數之詞僅有滔之一數餘但虛標數曰字而並闕其文宗立皆一一補作又沈書以原沖從公中用分戎終九數爲九疇之綱宗立則因而重之各衍爲八十一數如焦贛易林以一卦衍六十四卦之例排定緝綴遂爲完書所註推闡易義曲相比附百方牽合使之成理亦頗能自

申其說惟不詿孰爲沈之原文孰爲宗立之續補體例龎襍茫無端緒非沈原書尚存幾不知是書爲誰作是亦自明以來刋古書者之積習矣

洪範圖解二卷 浙江吳玉墀家藏本

明韓邦奇撰邦奇有易學啟蒙意見已著錄是編因蔡沈洪範皇極內外篇復爲圖解於每疇所分之九字係以斷語俾占者易明其揲蓍之法與易之蓍卦相同所言休咎皆本於洪範亦與易象相表裏葢萬物不離乎數而數不離乎奇偶故隨意

牽合無不相通云

洪範皇極注四卷 江西巡撫採進本

明李經綸注

國朝湯倓增注經綸有禮經類編已著錄倓號漫湖南豐人經綸先注此書名曰範數觀通倓又改此名凡書中稱漫湖曰者皆倓說也其書首卷著揲法筮占說辨諸條以下則分內外篇末綴以範數之分而每卷皆系以圖蓋專爲占筮而作朱彝尊經義考載經綸有詩教考極駁其宗王柏之說删

攷聖經蓋亦好異之士此書則彝尊不載不知原本之卷數中間經倓更定殆亦非其舊帙矣

皇極數鈔二卷（江西巡撫採進本）

國朝陶成撰成南城人康熙己丑進士官翰林院編修其書以洛書印合河圖而推其數以占卜上卷採掇蔡沈之說下卷採掇李經綸之說而推衍以己意大旨重一爲三重三爲九九復合一爲十以通河洛之數夫奇偶相乘無不可以成數成遽謂蓍之生也每一莖而百根可爲大衍之數者二筴

易已用其一安知非儲其一以待蔡子數筮之用是剽易之旁支儼然欲以配易矣蔡沈何人乃可與羲文周孔並言也

洪範皇極補六卷　江西巡撫採進本

國朝劉世衢撰世衢字何甫永新人是書成於康熙甲子以蔡沈洪範數爲未竟之書謝無綝之注釋亦未詳備因補圖數釋二篇序數釋三篇對數釋一篇彖數原本闕疇傳豫數原本闕注釋皆一一補之又補繫九小數詞凡書中低一格者皆世衢

所續也書本四卷別以凡例雜論原序各圖數總名爲一卷冠於首又以五行等十二圖及其弟世履所作五六天地之中合賦一篇爲一卷附於末

易範同宗錄　無卷數　江西巡撫採進本

國朝李灝撰灝字柱文卷首自署曰南豐而前有雍正丁未自序又自署曰嘉禾未之詳也其說取劉歆河圖洛書相爲經緯之義以易與洪範合而一之分三篇一曰河洛其總綱也二曰易卦三曰範數其兩目也河洛列圖書表裏之圖易象列伏羲

卦圖文王之易周公之易孔子之易而終以揲法占法範數列箕子之範九峯蔡氏之範寅清李氏之範附以所作數詞又附改定蔡氏占法夫圖書之說糾紛極矣牽洛書以解易已爲附會又必取洪範以合於易其說於是益支且以易爲蓍筮範爲龜卜是又因龜文之說而綴合爲一於古亦無據也

洪範補注五卷 兩江總督採進本

國朝潘士權撰士權有大樂元音已著錄是編增補

蔡沈之書而於原書之外復多所附益首卷爲疇詞蔡沈原本自潛而下無數曰云云其理曰云云以下則全無之皆士權所增入二卷爲蔡氏內篇分章析節闡其大旨外篇三卷則皆士權自撰合著龜卜筮五行卦氣聲音律呂交互言之

易十三傳十三卷　浙江汪啟淑家藏本

不著撰人名氏朱彝尊經義考亦云未詳誰作第知爲嘉靖間人其說以乾上九爻爲一傳次以姤及大過十二爻每爻爲一傳合十三爻共成十三

傳各證以歷代紀年蓋倣皇極經世而作然於六十四卦相生圖則又不主邵子之說邵博聞見後錄記有邱濬者以易數推元豐元年當豐卦意其學即此術也論多穿鑿其於歷代事蹟亦皆附會蓋術數家之支談渺無關於經義者矣

性理三書圖解九卷 江蘇巡撫採進本

明韓萬鍾撰萬鍾有象緯彙編已著錄此云三書者易學啟蒙律呂新書洪範皇極內篇也皆本無性理之名萬鍾蓋以永樂中修性理大全載此三

書故從其後而追題之也原序稱此書於啟蒙有遇卦之卦之殊於律呂有管孔之異於皇極辨正我之訛明象占之義今按其書於啟蒙考變占之三十二圖每爻必自一爻變至六爻皆變者依爻位逐次列之而各繫爻辭於下蓋本之韓邦奇啟蒙意見殊爲繁複其於遇卦之卦並無發明律呂管孔仍徑一圍三最疏之率亦毫無是正至燕樂字譜大呂太蔟夾鍾淸各用五字而以上下緊別之蓋唐宋相傳之舊法所以取夾鍾爲二十八調

之準萬鍾於四淸祗列黃太夾而遺大吕淸聲又云旋宮之法未考是其於燕樂尚茫茫無據何論雅樂耶皇極內篇係八之八戎小數縱横當以悔凶休祥平灾咎吉吝爲次列本誤以止之縱數列爲戎縱萬鍾據數正之則所考良是然蔡沈此書非聖人而作易

御定性理精義已以僭經斥之世亦無用以占者其謬否正無庸深辨耳

範衍十卷 浙江巡撫採進本

明錢一本撰一本有像象管見已著錄是編以聖人則書敘疇以龜坼爲卜法後世著重而龜卜不傳太元皇極皆根據洛書而作朱子譏其爲零星補湊因摹倣易象以龜求洛書之舊契原數以爲兆綜九章以考占演爲繇詞並自爲音釋卷首冠以衍法仿靈棊經之例而小變之又總論疇數之義綴於卷末其意欲以補蔡沈書所未備然蔡沈書亦何必補也

謹按推演洪範始自蔡沈故凡因沈書而作

者並類從編次惟此及顧昌祚舒俊鯤書雖以範衍衍範洪範圖說爲名而與蔡氏各自爲說故仍以作者之時代爲次

**太微經二十卷** 河南巡撫採進本

明文翔鳳撰翔鳳字天瑞號太青三水人萬歷庚戌進士官至太僕寺少卿其作此書蓋以擬易凡四經十二贊十二圖六十四緯四表爲一百篇其卦畫以白黑代連斷每卦分上中下始於四象重之爲十六星參之爲六十四像三百八十四斯又

參其畫爲十爲乂爲丄爲丅凡策數二萬四千五百六十以參兩之法乘河圖之數推之爲日數十八萬兆以太微之變爻爻太元之變爻推之爲月數一萬億兆四經者一曰昱經以律天道二曰靡經以律王道三曰堯經以律聖道四曰顥經以律神道以四經會八卦列之贊圖合以緯表爲二十卷大旨以周子太極圖說言無極爲未安故據虞書道心惟微語命此名又以揚雄太元與歷數合而易理未協司馬光潛虛則參差不倫邵子開物

閉物之數止推至八萬餘年猶有所極因旁通交闢積二十六年而其書始成其用力亦云勤至然易象之精微六十四卦具闡之矣所應發揮者十翼已發揮之矣外此皆聖人所不言也聖人所不言而術數家必强言之其支離轇轕也固宜如翔鳳者所謂誤用其心者歟

說疇一卷 江蘇巡撫採進本

明喬中和撰中和有說易已著錄是編凡分五目一曰正誤皆踵宋元諸儒錯簡之說顛倒經文之

序二曰釋次明五行之序其云五星惟金水三十度殊不可解按金水附日而行日行一度而又有遲疾順逆之差此云三十度是統以月計之矣三曰廣形推衍五行之類其云百餌爲金薑汁爲金之類分配牽强毫無確據四曰辨是以十爲洛書九爲河圖申劉牧之說亦空言聚訟五曰卜繇以雨霽蒙驛克錯綜相乘爲二十有五分屬五方每方得五九四十五疇各係以詞如易林之體末爲用骰代龜說殆與盧氏籤易同一兒戲如其說則

神祠珓盃其法更捷何必紛紛然徼繞河洛乎

河圖發微無卷數　江蘇巡撫採進本

明陳士槐撰士槐字植甫莆田人明季諸生是書大義以天一地二至天九地十爲河圖之位因位而後有數位變五數變十凡干支卦爻皆以十數推之又自二畫推之至千六百七十七萬有奇而止又云有河圖之卦斯有伏羲之卦其法以五陰五陽彼此交變而成者謂之位變以一至十之數乘一而得者謂之數變以三畫積至十畫云用三

用四至用十者爲河圖之卦皆零星補奏非出天然至作河圖卦於羲卦之上益杜撰矣襍說二篇謂歷家種種不一總之以九百四十分爲一度不知日法各家不同九百四十分特太初法耳士槐不明歲差之理取十九年一章奇零不盡之數以爲定率殊未考盈縮之變謂握機八陣前後邊各四日風雲左右邊各四日天衝並爲定局亦不知奇正相生之妙矣至云孔子爲一世佛伯魚二世佛子思三世佛育聖以上過去佛衍聖以下未來

佛尤不經之甚矣

䃤庵槧一卷 浙江汪啟淑家藏本

明陳藎謨輯。藎謨有皇極圖韻，已著錄。此本乃所集與黄道周往復書札四篇，首爲崇禎甲戌藎謨論洞璣書，次爲道周答書，次亦道周所作三易皇極答，而以藎謨論律呂一書附之。其說不一，無類可入。以所論多律歷之學，姑附之術數家焉。

參兩無卷數 浙江巡撫採進本

不著撰人名氏。凡四十一目，起參兩圖說，訖靜生圖說大約仿太元潛虛元包洞極之類而益加以詭異其圖天止一白圓圈圖地於白圈中加一黑方圖人於黑方中又一白圈郎以是爲卦畫其中曰粤者猶易之有爻元之有測虛之有辭也其曰譓者猶易之有彖元之有贊虛之有變解也大旨以日月星漢雲霞風雨露霜雷電霧虹雪爲在天成象山石金火水田木穀絲鹽爲在地成形而以參天兩地括形象之賾率煩碎支離不可究詰

衍範二卷 江蘇巡撫採進本

國朝顧昌祚撰昌祚號忍園婁縣人康熙中舉人官江夏縣知縣降補萊州府經歷是編附刻其子成天文集之前首爲三圖一曰皇極圖中爲小圈其狀如轂圈內書一誠字外爲大圈其狀如輞而界畫以三十二線其狀如輻一曰老子之極圖三圈相函如射的而中一小圈書一虛字一曰佛氏之極圖兩圈如月之暈而虛其中別畫一小圈於外書一空字上卷自爲之說下卷引經以証之大旨以洪範皇極貫注萬理萬事故名曰衍範自朱子

傳周子太極圖儒者尊爲道學正脈上接孔子後來講學者遂紛紛作圖以希追配此亦其一矣

畫前易衍無卷數江西巡撫採進本

國朝徐爕撰爕字邸亭號玉峯崑山人乾隆辛酉舉人其書以太極函三兼綜河洛理數取周子太極圖說引而伸之以爲爻兆又採古今格言復益以已說爲占詞法用太極化十六事爲綱曰順曰矯曰潛曰建曰照曰勁曰近曰約曰折曰止曰冋曰宜曰煉曰脫曰經曰緯以十六事相錯得二百五

十六每事各爲五兆曰合五曰八三曰九二曰七四曰六五皆有占詞合爲一千二百八十兆其占法以一百二十子陰黑陽白各半揉和先拈一字居中以應天一之數倘虛中位四數俟後積數補之次於前後左右按次列十一數衍之謂十六兆內消象純黑圈息象純白圈交兆純陽數者陽極生陰下半圈黑純陰數者陰極生陽下半圈白若方數不符消息犯重者不列又以十六綱配二十四氣前此言數學者所未有也自序謂夢周子二

程子各書一三字見示又授筆一枝冊一帙顏曰畫前易因衍爲此書云云可謂語怪矣

濬元十六卷 兩江總督採進本

國朝張必剛撰必剛有三禮會通已著錄是編以歲時氣候著爲論說先爲五圖首元運圖次立數圖次平數圖次平數奇圖次平數偶圖次乃以一歲二氣三元四時五行六運十二月二十四氣三十六旬四十八弦六十子午七十二候爲目每目發端立義爲正文次爲系說次爲贊辭必剛自言其

著述之意謂易之卦爻彖象先事立文春秋之征伐會盟後事立文至於歲時節候終古共是事即共是文幽明俯仰遠取近徵參伍錯綜抉摘發揮於觀象玩辭觀變玩占之義可以竊附云云其議論宛轉闗生大致本張行成易通變之說而益漫衍之未嘗不執之成理而以爲易之本旨則非也至所云天地輪磑之象也日月者行輪磑之蚍蜉也即古人蟻磨之喻又云時與節令鏤畫輪磑之寸度齒行也物候輪磑中之轂滓也即太元陰陽

相磑物成雕離若是若非之旨特小變其字句又其前所載諸圖由一歲而二氣而三元四時五行六運累之爲圖算家尖堆法也六角全圖以六起數四角奇偶二圖一以四起數一以八起數算家平堆法也亦改易其名目爾

洪範圖說四卷（侍講劉亨地家藏本）

國朝舒俊鯤撰俊鯤字潛夫潄浦人其自序云因欽定易圖說得洪範九疇之數兼得八十一疇之全數於欽定書圖說得洪範九疇之名兼得八十一疇之本名從

此衍之分元會運世四卷元曰述舊聞會曰形今意運曰釋名義世曰通數占各爲之圖附以論說述舊聞以河圖洛書爲主形今意以衍範數爲之釋名義則自五行以至六極皆有詮解通數占則仿皇極經世之意推元會之數蓋自爲一家之學非經文本義如是也

演極圖說四卷 浙江巡撫採進本

國朝秦錫淳撰錫淳字沐雲臨海人是書推演周子太極之說第一卷爲機極圖衍極圖發明太極初

生陰陽之旨卷二爲六陽六陰十二節氣卷三論天象卷四論天象而終以潮候亦各爲圖論發明陰陽變合之理於萬事萬物一一求其所以然大抵皆以臆見推測也

右術數類數學之屬二十九部一百六十六卷內五部無卷數皆附存目

黃石公行營妙法三卷浙江范懋柱家天一閣藏本

不著撰人名氏後有總論稱黃石公以授張子房者蓋亦術家所假托也上卷論日月星辰風雲氣

候中卷論鳥雀禽獸下卷間取六壬天罡遊都之說詞義殊爲淺陋卷首有望江南詞百餘首卽世所稱李衛公望江南而又襍以他占法尤爲叢襍

東方朔占書三卷 浙江范懋柱家天一閣藏本

原本前後無序跋所載皆測候風雲星月及太歲六十年豐凶占驗之法其詞皆鄙俚不文按隋書經籍志有東方朔占一卷東方朔書二卷東方朔書鈔二卷東方朔占候水旱卜人善惡一卷蓋古來襍占之書託於朔者甚多然考蔡絛西淸詩話

曰都人劉克者窮該典籍之事多從之質嘗謂杜詩元日到人日未有不陰時人知其一不知其二惟杜子美與克會耳起就架上取書示余東方朔占書也歲後八日一日雞二日犬三日豕四日羊五日牛六日馬七日人八日穀其日晴所主之物育陰則災云云今本無此語知非劉克所見之舊又考北史魏收傳云魏帝宴百僚問何故名人日皆莫能知收曰晉議郎董勛荅問禮俗云正月一日爲雞二日爲狗三日爲猪四日爲羊五日爲牛

六日爲馬七日爲人云云不言出東方朔則劉克所見之占書已出依託此又僞本中之僞本也

乙巳占畧例十五卷兩淮鹽政採進本

舊本題唐李淳風撰皆雜占天文雲氣風雨並及分野星象之說按淳風有乙巳占十卷蓋以貞觀十九年乙巳在上元甲子中書作於是時故以爲名唐志宋志所載卷數並同惟宋志別出有乙巳指占圖經三卷不言何人所撰而無此書尤袤遂初堂書目焦竑國史經籍志亦僅載乙巳占不云

別有畧例檢永樂大典絕無一字之徵引可知明以前無此書矣錢曾述古堂書目始以乙巳占乙巳畧例二書並列而又不言其所自來考朱彝尊曝書亭集有乙巳占跋是其書近時尚存今特偶未之見耳彝尊所論分野以此本相較皆參錯不合且所占至於天寶九載其非淳風所作甚明書中援引亦多龐雜無緒疑後人取開元占經與乙巳占之文參互成書而別題此名託之淳風也

玉歷通政經二卷　浙江巡撫採進本

舊本題唐李淳風撰歷代史志及諸家書目皆不載惟陳振孫書錄解題有之卷數與今本合蓋南宋人所依託也天文占驗多不足憑此書不過採摭唐以前各史天文五行諸志畧損益之即眞出淳風亦無可取況僞本乎

觀象玩占五十卷 浙江吳玉墀家藏本

舊本題唐李淳風撰凡日月五緯經星雲漢彗孛客流雜氣以及山川陸澤城郭宮室營壘戰陣皆著於占而陰晴風雨雹露霜霧咸附錄焉於日月

之交會五星之退留今所預爲推步歲有常經者亦往往斷以占候卽日月所不至五星所不經者亦虛陳其象殊不足憑考舊唐書經籍志有淳風乙巳占十卷皇極歷一卷河西甲寅元歷一卷緝古算術四卷綴術五卷新唐書藝文志有淳風注周髀二卷注五經算術二卷注張邱建算術經三卷注海島算經一卷注五曹孫子等算經二十卷注甄鸞孫子算經三卷天文占一卷大象元文一卷乾坤秘奥七卷法象志七卷太白通運逆兆通

代記圖一卷宋史藝文志有淳風太陽太陰賦一卷日月氣象圖五卷上象二十八宿纂要訣一卷日行黃道圖一卷九州格子圖一卷陳振孫書錄解題有淳風玉歷通政經三卷尤袤遂初堂書目有淳風運元方道不載卷數錢曾讀書敏求記有淳風天文占書類要四卷乾坤變異錄四卷夫古書日亡而日少淳風之書獨愈遠而愈增其爲術家依託大槩可見矣

元珠密語十七卷 浙江巡撫採進本

舊本題唐王冰撰冰有黃帝素問注已著錄素問序稱詞理秘密難粗論述者别撰元珠以明其道則冰實有元珠一書然考冰爲寳應時人官至太僕令而此書序中有因則天理位而乃退志休儒之語時代事迹皆不相合其書本素問五運六氣之說而敷衍之始言醫術浸淫及於測望占候前有自序稱爲其師元珠子所授故曰元珠密語又自謂以啟問於元珠故號啟元然考冰所注素問義藴宏深文詞典雅不似此書之迂怪且序末稱

傳之非人殃墮九祖乃粗野道流之言序中又謂余於百年之間不逢志求之士亦不隱没聖人之言遂書五本藏之五岳深洞中是直言藏此書時其年已在百歲之外居然自號神仙矣尤怪妄不可信也宋高保衡等校正內經云詳王氏元珠世無傳者今之元珠乃後人附託之文耳雖非王氏之書亦於素問十九卷二十四卷頗有發明則宋時已知其僞明洪武間吕復作羣經古方論云密語所述乃六氣之說與高氏所指諸卷全不侔則

呂復所見者併非高保衡所見又僞本中之重僞且鄭樵通志畧稱元珠密語十卷呂復亦稱十卷而此本乃十七卷則後人更有所附益又非明初之本矣術家假託古人往往如是不足詰也其書舊列於醫家今以其多涉禨祥故存其目於術數家焉

通占大象歷星經六卷 浙江范懋柱家天一閣藏本

不著撰人名氏首題原缺文一張書末亦有脫佚每卷第一行有薑七薑八等字用千字文記數葢

道藏殘本也大抵每星爲圖而附以占説有宋汴蔡幽諸州名似是唐人之詞始於紫微垣之四輔由角亢歷二十八舍至壁宿而止然多舛誤次第亦顛倒不倫蓋已爲傳抄者所竄亂矣

天文鬼料竅無卷數兩江總督採進本

不著撰人名氏考鄭樵通志稱步天歌只傳靈臺不傳人間術家秘之名曰鬼料竅即步天歌也而錢曾讀書敏求記稱天文機要鬼料竅十卷前半詳解丹元子之説後則兼采衆論附列諸圖而終

以汪默渾天註疏張素宗渾象圖說合二說觀之葢步天歌稱鬼料竅特轉相珍秘之隱語而未嘗竟改書名後人因樵此言遂輯鬼料竅一書而摭步天歌於其內以實而論則鬼料竅該步天歌步天歌不該鬼料竅以名而論則步天歌兼鬼料竅鬼料竅不兼步天歌也此本所載與步天歌多有異同所註占語亦多冗濫又不載汪張二家之書已非錢曾之所見葢儒者講求古義務得源流稍篤實者皆不敢竄亂舊文方技家一知半解則必

以新說相附益此不知何人所改而仍冒原名耳

天文主管一卷 浙江范懋柱家天一閣藏本

首題明昌元年司天臺少監賜紫金魚袋臣武亢重行校正蓋金章宗時經進之書按金史百官志司天少監秩從六品而武亢姓名不見於紀傳惟王鶚汝南遺事曰哀宗天興二年右丞仲德奏前司天臺管勾武禎男亢原註曰徐州人氏習父之業精於占候上遣人召之既至與語大悅卽命爲司天長行亢數言災咎動合上意是年九月敵人圍蔡亢

預奏十二月初二日攻城及期果然上復問何日當解亢曰直至明年正月十三日城下無一人一騎明年正月城陷十三日撤營去其數精妙如此云云則亢乃哀宗末人不應章宗時已爲司天臺少監校正此書疑其出於託名故時代舛異也其書諸家皆未著錄惟晁氏寶文堂書目有之所載恒星及五星次舍占說皆頗明析而繪圖舛錯者多末附周天立象賦一篇及五星休咎賦各一篇

題曰李淳風撰其詞亦不類唐人錢曾讀書敏求

記有明李泰天文主管釋義三卷稱依丹元子步天歌分布垣舍之星爲主當即詮釋此書而作然不言及此書殆曾偶未之見耶

戎事類占二十一卷 浙江巡撫採進本

元李克家撰考江西通志李克家字肖翁南昌富州人至正末任本學教諭遷遼陽儒學提舉即其人也是書取兵家占候采輯成編卷首爲天象圖分野圖中分天類日類月類星野類星類風類雲氣類蒙霧類虹霓類雨雹類雷電類霜露類氷雪

類五行類時日類厭勝類凡十五門夫天遠人邇非私智小數所能窺此甲彼乙徒熒衆聽至於厭勝尤屬鬼謀郭京六甲神兵豈足以拒金源耶此眞妖妄之言法所必斥者也

天文秘畧 無卷數 浙江吳玉墀家藏本

舊本題新安胡氏撰不著名字其書雜採占候之說而附以步天歌所陳測驗大抵牽引傅會純駁溷淆不出術士之技前有劉基序詞旨膚淺基集亦不載殆妄人所依托也

清類天文分野之書二十四卷 兩江總督採進本

明劉基撰基有國初禮賢錄已著錄此書乃洪武中奉勑所作案星土之說本於周禮保章氏而其占錯見左氏傳中其法以國分配漢晉諸志少變其例以州郡分配以天之廣大而僅取中國輿地分析隸屬本不足信基作此書更以一州一縣推測躔度剖析毫釐尤不免於破碎特其不載占驗爲差勝術家附會之說然既不占驗何用更測分野於理均屬難通葢附會相沿雖以基之學識亦

不能盡破拘墟之見也

白猿經風雨占候說　卷浙江范懋柱家天一閣藏本

舊本題明劉基註是書前有洪武四年基自序案明史藝文志天文類載有白猿經一卷不著撰人疑即是書書中專論風雨雷電霧旱晦明之兆末附以日星雲氣圖殆好事者於天文祥異書中掇拾而成註文及序亦淺陋決非基作考沈士謙明良錄畧曰基以洪武八年四月辛以天文書授子璉使俟服闋進且戒之曰無令後人習也然則基

之術數且不肯傳其子孫又安有此種註釋流傳於世乎

神樞鬼藏經二卷 浙江巡撫採進本

不著撰人名氏首題南極冲虚妙道眞君葢道家所依托前有自序稱輯爲三卷分十一章條陳一百一十九事今此本祇分上下二卷殆又傳抄者所併也上卷載風雲陰晴之占以知歲時豐歉下卷䆁述靑烏家言相第宅吉凶推小兒年命末及觀物拆字斬三尸驗神光所言極冗雜不倫自序

又謂內篇有神遁天奇之秘勿敢輕泄附諸別錄亦誇誕不足信書中有皇明洪武語蓋明初人所爲也

象緯全書 無卷數 兩淮鹽政採進本

不著撰人名氏觀卷末自跋蓋明萬歷中人跋稱監臺疇人子弟分科各習一藝算者昧於象占占者不達數意須用象數相參考其同異則亦司天之官也其書前列七政二十八宿變異及風角星氣諸術分類頗詳然大抵雜引諸占書參以史事

無所考正未爲太陽行度立成諸表蓋即所謂象數相參者然言象者逾十之九言數者不及十之一也

參籌秘書十卷 浙江巡撫採進本

明汪三益撰三益字漢謀貴溪道士是編采禽遁奇門諸書裒合成編以備兵家之占成於崇禎己卯楊廷樞爲之序己卯崇禎十二年也是時流氛方熾廟堂主招撫而草澤則競談兵乃至方外者流亦炫鬻其術託於異人之傳夫天時之說見於

孟子則孤虛旺相亦屬舊文然周與紂滅同一干支我往彼亡難易宜忌軍政不修而規規以小術求勝負末矣

星占三卷 浙江巡撫採進本

明劉孔昭撰案明史功臣世表孔昭劉基十三世孫天啟三年襲封誠意伯是書因基所撰在齊餘政爲之註釋其一卷論恒星繪三垣二十八宿星座形式於前附步天歌於後於諸星悉加占語類皆勦襲舊文稍爲損益二卷論日月五星飛流彗

孛天形怪異以及分野宿次言月蝕不及日食三卷論陰晴風雨占候亦皆雜采觀象玩占天元玉歴諸書無所發明考證惟所載測天賦較觀象玩占所載之本頗有條理而孔昭之註則仍不免於支蔓疑其本别有所受爲熟於干支宫卦者所訂也末列雨師雷煞金虎火鈴太乙天罡訪察使者諸名全採道家之說又附日月星象雲氣諸圖亦占書之陳迹均無足采

**天文書** 無卷數 江西巡撫採進本

明柯洽撰。洽字九疑，天台人。是書乃其手錄天官家言，故無卷帙次序。第一冊論垣宿諸星，第二冊論分野，第三冊論五星，皆雜采史傳，綴以諸家占候之法。第四冊論天地列曜交食衝犯，多采草象新書而附以己意。大抵與今法違異，不足以資考核。

**靈臺秘苑一百二十卷**　河南巡撫採進本

不著撰人名氏。考北史庾季才傳稱所著有靈臺秘苑一百二十卷、垂象志一百四十二卷、地形志

八十七卷並行於世此書書名卷數皆與相合然
書中所徵引故實迄於元末又所記冬至以日躔
箕宿四度起算則明人所編輯仍襲季才之名耳
其書首一卷至五卷論天六卷至十二卷論日月
十三卷至十七卷論五星十八卷至二十七卷論
三垣二十八卷至五十三卷論二十八宿五十四
卷論雜星五十五卷至六十卷論望氣六十一卷
至六十六卷爲天象雜占六十七卷至七十卷論
風角七十一卷至一百二十卷爲雜占候大抵推

步緯度者少測驗祥異者多體例亦頗冗沓蓋方技之流雜抄占書爲之耳

**註解祥異賦七卷**　浙江范懋柱家天一閣藏本

不著撰人名氏專言天象祥異凡賦七篇占天地者曰元黃賦占日者曰炎光賦占月者曰元精賦占五緯者曰躔經賦占彗孛飛流者曰瑞妖賦占宮室城郭營壘氣象者曰雱零賦占風角者曰飈飈賦各爲之註大致與明仁宗所製天元玉歷祥異賦相類

天漢全占二卷浙江范懋柱家天一閣藏本

不著撰人名氏上卷爲步天歌下卷爲天漢經各繪圖於上而載其說及禨占於下諸家書目皆不錄星圖各施采色頗工整可觀疑亦明代內府本也

海上占候一卷浙江范懋柱家天一閣藏本

不著撰人名氏所記潮汐風雨晴晦日月虹霧之類皆有定驗乃爲泛海占視者而設故以海上爲名

軍占雜事一卷　浙江范懋柱家天一閣藏本

不著撰人名氏所載多行兵占候之法其書前半已有闕帙而後半別題神武金鑑自相舛異蓋斷爛不完之本也

占候書十卷　浙江范懋柱家天一閣藏本

不著撰人名氏首列步天歌系以星象各圖次即詳載諸占法每一占爲一圖而以占驗附於下所引不出史志及京房易傳乙巳占諸書大抵附會穿鑿殊爲猥雜

天文諸占一卷 浙江范懋柱家天一閣藏本

不著撰人名氏亦莫詳時代書中襍占半出抄襲半出臆斷如所註日影一則謂用竿八尺立於地中以度其影每於當節之日午時測影之長短以定豐歉疾疫人畜夭傷不知太陽太陰午正高度隨時隨地在在不同豈能限以成法泛言占驗又其註月影一則謂正月元宵夜月到午中立七尺竿子以度其影八尺水澇六尺歲稔一尺饑疫云云是並不知日月之度數而妄陳休咎不亦傎乎

天文大成管窺輯要八十卷浙江范懋柱家天一閣藏本

國朝黃鼎撰鼎字玉耳六安人明末以諸生從軍積

功至總兵官入

國朝官至提督是書乃其晚年所集以古今天文占

候分門編錄大學士范文程序之大旨主災祥而

不主推步繁稱博引多參以迂怪荒唐之說

右術數類占候之屬二十六部三百八十卷內四部無卷數

皆附存目

12225

欽定四庫全書總目 子部

卷一百十一

欽定四庫全書總目卷一百十一

子部二十一

術數類存目二

漢原陵秘葬經十卷永樂大典本

不著撰人名氏前有自序稱昔因還樓敬先生傳陰陽書三本其用甚驗直指休咎之理出生入死遁甲之法乾兌坎離遷宅之法辨年月日時加臨運式余因暇日述斯文五十四篇分爲十卷備陳奧旨立塚安墳擇地斬草塚穴高深喪庭門陌碑

碣旒旒無不備矣云云葢術家所依托所云樓敬

先生豈假名於婁敬而其姓誤加木旁歟

葬經一卷　兩江總督採進本

題云青烏先生葬經大金丞相兀欽仄注考青烏

子名見晉書郭璞傳唐志有青烏子三卷已不知

爲眞古書否此本文義淺近經與注如出一手殆

又後人所依託矣郭璞葬書引經曰者若干條皆

見於此本然字句頗有異同葢作僞者獵取璞書

以自證而又稍易其文以泯剽襲之迹耳未可據

爲符驗也

天機素書四卷 通行本

舊本題唐邱延翰撰延翰字翼之聞喜人通志藝文畧載延翰玉函經一卷黄囊大卦訣一卷無此書名惟堪輿類纂載宋吳景鸞進陰陽天機書序云唐開元中河東星氣有異朝廷患之遣使斷其山究其實則邱延翰所作之山也捕之弗得詔原其罪乃詣闕進師授天機書并自撰理氣心印三卷元宗賜之爵以玉函藏其書內廷禁勿傳唐末

兵亂曾求己楊益於瓊林庫獲玉函發之得天機書由是楊曾之名始著曾授陳摶摶授景鸞父克誠景鸞於慶歷辛巳承詔進天機心印二書然則玉函天機本一書而二名也然其說頗誕已不足爲據是書尤詞旨猥鄙不類唐以前書二卷以下圖說叅半所謂三仙講五虎講諸圖冗複牽綴皆無意義大抵明代地師因景鸞之說所爲又非宋人相傳之本矣

內傳天皇鼇極鎮世神書三卷　浙江巡撫採進本

舊本題邱延翰正傳楊筠松補義吳景鸞解蒙核檢其文實出僞託其大例以天星二十八宿附於二十四山龍之下以乾坤艮巽爲四鼇極配以炁羅計孛四星以角亢奎婁斗牛井鬼分爲四候不知其何所取義案青囊序有先看金龍一語後人以亢牛婁鬼四星當之原屬臆解是書又云四金不以方位言專以在地之形應在天之象考星野見於周禮其占候畧見於左傳唐書載僧一行亦以山河兩戒配列宿然第就方輿大勢言之初非

沾沾於一邱一壟指其某宿某垣也楊賴諸家間借天星以代干支字向如亥曰紫微兌曰少微之類特欲變文以示深隱後人誤會其意浸以天星立說於是亥爲貴龍艮爲富曜踵譌襲謬異說紛綸遂至離方位而言星象斷非楊賴之舊法無論邱延翰也

地理玉函纂要二卷　浙江巡撫採進本

不著撰人名氏案玉函之名相傳本於邱延翰然其書久已不傳是本託名纂要設爲諸圖襍以三

合長生之說末附黑囊經口訣捉穴心印造理賦數條大抵剽取坊本僞書隨意竄入不足據爲定論

天玉經外傳一卷四十八局圖一卷通行本

舊本題宋吳克誠撰其子景鸞續成之一名吳公教子書按克誠父子名氏古籍無徵惟術家相傳謂克誠德興人嘗從學於陳摶景鸞承其指授慶歷中應薦入都授司天監正以論牛頭山山陵事下獄遇赦後佯狂削髮於天門西岸白雲山洞治

平初遺書與女而終女即虞倅張道明之妻以其書授廖瑀者也今觀是書大半剿襲青囊催官詞句而陰據玉尺經三合爲本如以寅午戌爲火局遂爲寅龍左旋屬丙右旋屬丁非但以木爲火違其本性即論三合丁火當生酉旺巳墓丑正與寅午戌相反又如因艮近寅辛近戌遂併以艮辛爲火坤乙爲水乾丁爲木巽癸爲金屈天干以就地支泝流忘源併失三合緣起之意宋人議論尚無此派斷爲明人贋作無疑次卷四十八局圖即衍

前說李國木序云傳爲嘉隆間歐陽氏鸞筆所書附以經驗各圖如朱國祚黄洪憲祖地之類皆明萬歷時人其僞託之迹尤顯然也

九星穴法四卷通行本

舊本題宋廖瑀撰地理家以楊曾廖賴並稱而瑀書獨佚不傳故諸家著錄皆無其目是書莫知所自來葢依託也其法專以九星辨穴體所謂九星者太陽太陰金水紫炁天財凹腦雙腦平腦三體合天罡燥火爲九其中又分正體開口懸乳弓脚

雙臂單股側腦没骨平面爲九等各系以圖與說已不免强無定之形以就一定之格至其雙臂太陰一條云若兩臂太尖名夾刃主殺人至毒須人力鋤去尖頭使令圓淨則變凶爲吉是人不受氣於地地轉受形於人矣但擇一吉地之圖依其高下而培築劖削之固不難尺寸悉符曲折相肖也然有是理歟

玉尺經四卷通行本

舊本題元劉秉忠撰明劉基注秉忠初名侃字仲

晦其先瑞州人曾祖官邢州因徙家焉少補邢臺節度府令史旋棄去隱武安山中從浮屠法更名子聰世祖在潛邸僧海雲邀與入見大悅之留贊大計人稱聰書記及世祖即位始創議建國號規模制作皆所草定至元元年拜光祿大夫太保參預中書省事更賜今名十一年卒贈太傅趙國公謚文貞後改謚文正追封常山王事蹟具元史本傳基有淸類天文分野之書已著錄秉忠精於陰陽術數世祖稱其占事知來若合符契嘗相地建

上都於龍岡又建大都城其規制皆秉忠所定顧史不載其著有是書永樂大典備收元以前地理之書亦無是編明嘉隆以前人語地學者皆未嘗引及知其晚出特依託於秉忠耳注中有貴州北界之語貴州在元季爲順元宣慰司明初改貴州宣慰司永樂間始置貴州布政司其當太祖時何由與廣東雲南並稱是注之僞託亦不問可知其書言萬山起自崑崙其入中華分五嶽者爲艮震巽三條又云黃河界而西北丑艮行龍長江限而

東南巽辰起祖不知黃河自西北而東南依形家言當云乾亥行龍長江自西南而東北依形家言當云坤申起祖葢承上文而自忘其謬又以金臨火爲自焚木入金爲絶命離龍見兌坎爲自廢震龍見離兌爲傷刼不知山川蟠鬱千里百里初無定形必如所云自起祖以至落脈兌不可以入離離不可以趨兌將褒斜之谷不可以入終南九華之峯不可以趨鍾阜拘而鮮通莫此爲甚其論向篇謂龍穴之善惡從水而以生旺三合爲主是轉

以巒體之形勢繫於水口之吉凶舍本齊末益復支離自此書盛行江南地學率皆以三合爲正宗趨生趨旺從向從龍糾紛不已葢三吳澤國言水口則易於傅會是以輾轉相承末流益熾

國朝華亭蔣平階作地理辨正始攻之甚力雖平階欲盡變理氣家言未免過當然其竊楊賴兩家龍分順逆砂辨貴賤之緒論參以臆說詞雖瀾翻意實膚淺平階所糾要不得謂之吹索也

披肝露膽經一卷 通行本

舊題明劉基撰明史藝文志亦載有其目然觀書中所分龍訣穴情兩篇大半剽剟撼龍葬法諸書砂訣水訣歌亦皆淺俗如筆架科名應有分滿床牙笏世爲官等句基必不若是之陋後附南北平陽論數條則李國木雜取他家之書附入者尤爲弇鄙殆嫁名於基者也

地理大全一集三十卷二集二十五卷（通行本）

明李國木撰國木字喬伯漢陽人是書一集之一卷二卷爲郭璞葬經三卷至六卷爲唐邱延翰天

機素書七卷至十卷爲楊筠松撼龍經疑龍經葬法倒杖十一卷至十四卷爲宋廖瑀九星穴法十五卷爲蔡元定發微論十六卷爲明劉基披肝露膽經十七至三十卷爲搜元曠覽稱遯庵彙古者國本自撰也二集一卷爲唐曾文辿靑囊序二卷爲楊筠松靑囊奧語三卷至六卷爲楊筠松天玉經內傳外編七卷至十一卷爲元劉秉忠玉尺經附遯庵原經圖說十二卷至十四卷爲宋賴文俊催官篇附遯庵理氣穴法十五至十六卷爲宋吳克

誠天玉外傳四十八局圖說十七卷至二十五卷爲索隱元宗亦國木自撰是書凡例一集專論巒體二集專論理氣以多爲富眞僞錯糅又國木自撰附圖附說者居其半陳因泛衍絕無取裁如玉尺經向稱劉秉忠著已屬傳會是書標題爲陳希夷著劉秉忠集跋云與師友講論已成一帙幸得伯溫先生原本與予注若出一揆因爲補其闕遺仍附圖說乃知所謂劉注卽國木假爲之以欺世也每卷首率題李某刪定是卽其所集諸家之書

亦已多所竄改矣

地理總括三卷 浙江巡撫採進本

明羅珏撰珏字世美鄱陽人是書刻於萬歷二年前二卷以二十四山分陰陽局龍穴砂水各爲之圖又及造命分金躔度諸法珏自序專爲理氣而設顧楊曾二氏之論理氣詞約義豐隨地通變賴氏雖分龍穴砂水爲四亦撮舉一二確鑿可據者爲言珏乃定爲格式某龍某方爲吉某方爲凶二十四山執一不化不知山川賦形卦氣消息萬有

不齊用意雖勤可謂不善學古者矣其第三卷爲平原三法附以諸家雜論三法者一曰特生墩阜二曰眠亘形局三曰翦水裁局不著其所自來按葉泰平陽全書後有嘉靖時汪標跋稱此書出自幕講僧秘傳今觀其墩阜圖內所載龍虎朝應率皆板法眠亘圖有靈蛇搶蛤老蚌吐珠等名亦多臆造未必出幕講之手惟雜論內所引楊筠松之遍地鈴如水邊花發水中紅牎外月明牎內白之句寓言氣感頗具名理惜又雜以他說如海角經

青龍六合宜高大白虎朦蛇莫起峯之類仍不離乎庸術也

羅經頂門針二卷 內府藏本

明徐之鏌撰之鏌建陽人萬歷中諸生是書專論指南針法以當時堪輿家羅經之制僅主二十四向而畧先天十二支之位爲非因著論詳辨復繪之爲圖分三十三層各有詳說後附圖解一卷則其門人朱之相所作也

堪輿類纂人天共寶十二卷 安徽巡撫採進本

明黃慎撰慎字仲修海陽人其書刊於崇禎癸酉分經傳論狀書記篇說詩賦歌訣問荅雜錄辨斷六法葬法序表二十目大抵割裂舊書分門編次舛錯紛淆漫無持擇如何溥靈城精義一書因無門可歸改曰論氣正訣入之訣類他可知矣

羅經消納正宗二卷 兩淮鹽政採進本

明沈昇撰昇始末未詳是書前分七十二龍用納音五行以斷消納得氣及消納失氣爲一卷次分六十龍叅取星度三百六十五及三奇八門官貴

祿馬刑傷剋殺爲一卷其門人史自成序稱廖瑀得楊筠松曾文辿曾求巳吳頴吳景鸞相傳之術以授丁應星應星授譚某譚授吳舜舉舜舉授劉師文師文授余芝之孫芝孫授黃仲理仲理授程義剛義剛授劉時輝時輝授劉應奇應奇授顧乃德乃德授何震儒震儒授昇昇廣演圖局曰授是書自來論羅經者三家一主八卦九宮所謂氣從八方是也一主十二地支一支五千重而六十名胎骨六十龍又名透地六十龍以之定格來龍入首

於兩支接縫間空去癸甲壬乙之界成七十二名穿山七十二龍以之立向收水而皆取納音五行六十納音起於金故曰分金然如以六十爲得則空其十二支接縫以成七十二者非矣如以七十二爲得則干支強排以成六十者非矣況言六十龍又有二一則甲子起壬初從卦不從支而爲平分六十龍一則甲子起壬之半從支不從卦而爲胎骨六十龍說愈岐而愈謬徒足滋惑而已

寸金穴法二卷 浙江巡撫採進本

不著撰人名氏其書以俗本廖瑀九星穴法爲宗謂穴法之外當有異穴怪穴別爲之圖所見葢又出於穴法九變之下內一條云汀州王氏墓眞武大坐形龜蛇俱足郭景純爲龜眼上下一穴蛇眼上下一穴子孫富貴不絕其荒誕可知矣

畫筴圖一卷撼龍經一卷兩淮鹽政採進本

國朝孫光昺撰光昺字丹扶餘姚人順治辛卯副榜貢生官藁城縣知縣其書託之楊筠松以授曾劉諸人實約取諸家之論氣脈者而附以已說起原

脈終火燿爲目二十有四自稱有二十四圖今惟動氣一條有圖有說餘皆有說而無圖葢已佚缺前載洪武六年劉基上畫筴圖疏似依託所爲後附撼龍經一卷題云余真如解孫光曷刪補其說與畫筴圖相表裏二書皆專論龍脈非游談無根者比然出於掇拾勦襲不足名一家之言也

定穴立向開門放水墳宅便覽要訣四卷 浙江巡撫採進本

國朝梅自實撰自實字有源宣城人是書專以二十四山向用正五行辨每年旺氣節候又以年遁方

支論納音生尅每山下各附天符經金精鼇極天河轉運等書所定吉凶日又附陽宅開門放水諸訣於後但詳宜忌並不著其所以然葢術家鈔輯之本以備檢閱者也

山法全書十九卷江蘇周厚堉家藏本

國朝葉泰撰泰字九升婺源人自序謂先輯平陽全書復輯是編皆裒集前人堪輿之說而以已意評註之亦間附以已作大旨以楊筠松吳景鸞二家為主其論巒頭陰陽尤尊楊氏而闢廖金精之說

其龍法論九星不取五星之說其凡例謂山法流傳既久其正形正象俱葬去無遺故曰有遺穴無遺龍若言遺龍惟奇形怪穴人所不能識人所不敢下者耳於今日而言山穴舍奇怪無從也斯亦非平易篤實之道矣

附錄

尚書天地圖說六卷 河南巡撫採進本

國朝潘咸撰咸有易著圖說已著錄是書雖借尚書爲名以堯典經文冠前五卷之首以禹貢經文冠

末一卷之首而實則支離曼衍自抒其說與經義渺無所涉而其說又皆自逞私臆如謂月食非地影所隔謂陽全陰半月之圍徑當減日體之半皆據理而談不知測算爲何事故新法古法兩不能通圖說彌多糾牽彌甚其地圖以山海經所列諸名不分真妄按四方四隅排比駢聯齊如布算又以水經注所列諸名不分今古屈曲鉤貫紛若亂絲至所繪今之輿圖顛倒南北易置東西者十之八九至其天圖之末附以羅經圖說甲子納音地

圖之末附以元劉秉忠玉尺經盛談相地之術尤爲不經列之經部實爲不倫故附存目於術數類焉

右術數類相宅相墓之屬十八部一百三十二卷附錄一部六卷皆附存目

九天元女六壬課一卷（永樂大典本）

舊本題唐袁天綱撰天綱事蹟具新唐書方技傳前有序文不著名氏稱伏羲受河洛之秘而畫卦文王重之孔子備之後世卜筮者惟鬼谷子得其

要妙至唐太史天綱袁公得其要旨今鏤梓以廣其傳末題大德十年丙午蓋元人所僞托也

六壬軍帳賦一卷（浙江范懋柱家天一閣藏本）

舊本題河南劉啟明撰不著時代案崇文總目有劉啟明占候雲賦式一卷宋史藝文志有劉啟明雲氣測候賦一卷蓋北宋以前人是書見於焦竑經籍志錢曾讀書敏求記所言臨戎傳式之法以四時識神之雌雄亦玉帳經之流明人已刻入六壬兵占中此其別行之本也

河洛真數二卷 浙江范懋柱家天一閣藏本

舊本題宋陳摶撰摶事蹟具宋史隱逸傳其說以易之卦爻配合人生年月日時八字以定休咎前有摶自序又有邵子序詞皆鄙倍殆術士不學者所爲下卷載晉管輅述洛書篇首曰夫河龍負圖者非龍也乃大黿也又曰羲皇畫八卦後有大撓明之尤極謬陋不足與之辨也

邵子加一倍法一卷 浙江范懋柱家天一閣藏本

不著撰人名氏考二程遺書載邵子與程子言數

程子稱只是加一倍法蓋指算數言之非占驗祿命之謂也此書以六十甲子積數以卜貴賤吉凶亦以加一倍法託之邵子殊相矛盾楊慎丹鉛錄曰張横渠喜論命因問康節疾曰先生推命否康節曰若天命已知之矣世俗所謂命則不知也康節之言如此今世游食術人妄造大定數蠢子術託名康節豈不厚誣前賢則妄相假借其來已久矣

六壬心鏡要三卷後集一卷　浙江巡撫採進本

宋徐道符撰道符自號無欲子東海人所著别有六壬六經歌一卷今已亡佚惟此書尚存焦竑經籍志又作六壬心鑑歌則字之訛也自序謂取神樞靈轄連珠式花瓶記元堂璧玉龍首雕科諸書遍求奥旨攢畧爲歌凡一百八十一篇分成三卷上卷九門中卷十七門皆論課象及一切日用事物占斷下卷十六門皆軍占其雜占及十二神將論凡十三篇别爲後集立說簡該使讀者昭然易曉在壬書中最爲善本今已全收入六壬大全中

故不更復錄而特存其目於此

六壬畢法賦一卷 浙江鄭大節家藏本

宋凌福之撰福之履貫未詳核其自序蓋理宗寶慶間人也始徐道符作六壬心鏡建炎中又有邵彥和者著書名曰口鑒以闡明徐氏之說後多為俗學所竄亂福之因用彥和法作七言百句註釋之以成此書融貫舊說而綴以心得獨為精當自序謂雖言詞鄙拙實決斷之幽微可為定論世之言壬術者多奉為秘鑰亦載六壬大全中故與心

鏡並存目焉

皇極大定動數得一論一卷 永樂大典本

元吳正撰正字大初不知何許人有大德庚子自序稱康節先生集成大定論數不以示人一日訪隱者龔老於山間見其孫方襁褓曰此子神色凝重將來可傳吾學即出袖中書以遺龔老龔以授其孫即所謂西峯先生也先生諱端禮嘗鬻數於潭州城西日纔自給便不復算乃演爲三十六類以授石渠先生石渠增爲四十門以授黃先生後

爲白玉蟾得之作觀物筌蹄一論以授蔡叔明叔明傳蔡習卿習卿傳傅君玉君玉傳許伯約伯約以降傳者浸寂余游方外與野舟吳先生會於秋浦先生名準鄱江人余就學其數按圖而索間亦多驗舊藁無存今再爲是編與同志者共討論之原始要終意明詞簡名之曰得一論蓋有取於天向一中分造化之義云爾蓋宋以後術數之家大抵托邵子以神其說然邵伯温作易學辨惑稱邵子惟傳王天悅張子望二人又皆早死鄭夬竊得

天悅之書伯温尙斥其依托此紛紛者何自來乎

周易尙占三卷兵部侍郎紀昀家藏本

不著撰人名氏前有大德丁未寶巴序稱爲瑩蟾子李淸庵作按元李之純號淸庵又號瑩蟾子有中和集別著錄則此書乃之純撰也其書分十八部皆論易課斷法與今卜肆術相類惟於六神之外兼論神煞吉凶則與今稍別按寶巴有易體用十卷中分三書其第三書爲周易尙占三卷書名卷數皆與此書相同然世無傳本或因寶巴之序

疑此卽實巴之佚書則悞甚矣

玉靈聚義五卷　浙江巡撫採進本

元陸森撰森字茂林平江路人官陰陽教諭是書前有延祐二年森自序又有天歷二年刊書緣起亦森所述稱申奉平江路陰陽司校正無差及移准本路儒學訓導考究總管府指揮鋟梓則當日官刻之書也所述皆龜卜之法其曰玉靈者按史記龜筴傳祝龜之詞有玉靈夫子語司馬貞索隱謂尊神龜而玉之其名當取此義也第一卷全錄

徐堅初學記龜部故實詩文及對偶之句第二卷全錄龜筴傳三卷以下乃及於圖式訣法詞旨鄙俚不出術家之習其書久無刊板此本傳寫頗脫誤證以永樂大典所載全書卷首佚趙孟頫駱天祐范濂三序卷三之末佚龜經秘訣三條卷四佚自然清平一圖卷五之末佚推六神行法配八五鄉一章自然卦頌一章及所列十圖蓋殘缺之本自孔子繫易極贊蓍德而龜卜漸以不傳後世術家所用皆別立名目以意斷制非復古法蓋無足

貫今亦姑存其目所佚諸條不復採掇葺補焉

六壬五變中黃經二卷 浙江巡撫採進本

不著撰人名氏中黃本道家之言道藏有太清中黃眞經二卷亦名胎藏論稱九仙君撰中黃眞人注共十八章皆服氣要訣是書題嵩嶽眞人凝神子與所稱九仙君者不相合蓋術家竊道經之名以示神奇與吐納導引本無涉也焦竑經籍志載有此書二卷其來已久故言六壬者多援以爲証今觀其書傳寫譌謬注釋亦多互異殆後人已有

所增損書中自釋巳身至疾病爲正經釋盜賊至來意爲後集所釋亦畧無詮次如釋五行下先逃亡次遠行次雜類又次爲求官忽又閒晴雨於婚姻疾病之閒殊爲叢雜又如六壬大全所引首載釋十二將而是卷無之乃附貴人太常天空白虎元武陰后等七將之說於釋官訟章而敘次亦復顛倒至卷末題釋來意章而所列乃靑龍螣蛇朱雀六合勾陳五將之說與篇題殊不相應葢必淺學者支離剽竊從他說牽合成文已非原本之舊

矣其五行章內謂本於元門寶鑑一百六十卷且謂今河中府龍門縣有寶鑑全書河中府爲唐時之制此殆舊本原文變竄未盡者歟

六壬開雲觀月經一卷 浙江范懋柱家天一閣藏本

不著撰人名氏考焦竑經籍志有蔣日新開雲觀月歌一卷而六壬大全所引亦與此合當即日新遺本分爲八門始於元首終於五福凡六十五卦占斷簡要頗行於時其文已全載入六壬大全中今別存其目

大六壬無惑鈐一卷 浙江鄭大節家藏本

不著撰人名氏考宋史藝文志馬端臨經籍考及焦竑經籍志但載有六壬課鈐一卷或即以此書當之其是否莫能詳也六壬大全所載總鈐具列六十甲子七百二十課三傳名目與此頗合而此更益以斷詞四語其大旨與課經集多相出入

六壬行軍指南 無卷數 浙江范懋柱家天一閣藏本

不著撰人名氏蓋即玉帳軍占之遺法按課鈐成局演三傳配以遊都會都加十二將以決軍中攻

守藏伏之用每日爲十二課凡七百二十課局條理分明其意頗爲周密惟是兵之爲用情形萬變不可端倪故恃成法者斷不足以制勝又豈能預占時刻決以一定之吉凶即以壬術而論時將先鋒爲一切神機所現參以四時休旺之不同固有同此課傳神將而所驗迥乎不一者又況晝治夜治神將悉殊趨避益當有異又安可爲此刻舟以求劍乎今是書所用惟遊都魯都根於日干不論節氣及晝夜而卷中注遊魯每局易一位與自古

軍占之書獨異不知其何所據依然從未有神煞不由年月日時而獨視課局而移者其爲好事者臆撰無疑也

奇門遁甲賦一卷 浙江范懋柱家天一閣藏本

不著撰人名氏考焦竑經籍志遁甲書七十二家以賦名者宋邱濬天乙遁甲賦及員卓遁甲專征賦而已是編論奇門而不及於天乙亦不主於用兵殆非濬卓遺本然詞意簡明尙不至於荒誕末附以烟波釣叟歌明程道昌皆已採入遁甲演義

中其賦中注釋則大抵江湖術士摭拾浮談無所闡發也

六壬兵占二卷編修勵守謙家藏本

不著編輯者名氏凡六壬百鍊金六壬軍帳賦金鳳歌行軍占異為一卷其兵占自時事休咎至凱旋鬪詔共五十篇為一卷六壬非為用兵而作而五行生尅制化與夫王相死生之用理可相通故兵家亦多取為占驗唐志有李靖玉帳經一卷李筌六壬大玉帳歌十卷彭門玉帳歌三卷其餘若

胡萬頃軍鑒式之類不可勝數然流傳既久大抵出自術士僞托非其本真新唐書李靖傳贊謂世言靖精風角鳥占雲祲孤虛之術故善用兵是不然特以臨機果料敵明根於忠智而已可謂知言爲將者苟能如靖之決策制勝即一切遊都天目玉帳軍占之說俱可存而不論矧其出自後來之附會者乎是書爲明人所刊所採諸家亦多未備兵占末條稱太歲與太陰旺生大將年命主後宫有暗助之力其說尤爲鄙謬矣

皇極數三卷　永樂大典本

不著撰人名氏其術以八卦之數推人禍福吉凶占子孫一條有云此祖宗後代之數先天不傳之秘司馬温公得之於康節康節子伯温又得之於司馬公從而流傳今得之者幾希予不得已而傳之云云牽及邵子猶數學之慣技牽及司馬光妄益甚矣

皇極生成鬼經數一卷　永樂大典本

不著撰人名氏其法以手掌四指節起十二時而

以正節當生數爲化星一爲貴二爲刼三爲支依此推之而參以甲子納音以斷吉凶世無傳其術者亦數學之横生支節者也

九天元女課一卷 永樂大典本

不著撰人名氏專以先天八卦後天八卦圖推測吉凶其祝辭有曰一心虔請九天元女帝君伏羲周公一切演易先聖云云鄙陋殊甚考陶宗儀輟耕錄曰九天元女課其法折草一把不計莖數多寡兩手隨意分之左手在上豎放右手在下横放

以三除之不及者爲卦一竪一横曰太陽二竪一横曰靈通二竪二横曰老君二竪三横曰太昊三竪一横曰洪石三竪三横曰祥雲皆吉兆也一竪二横曰太陰一竪三横曰懸厓三竪二横曰陰中皆凶兆也其法又與此不同總之術家所依託而已

易占經緯四卷　江蘇巡撫採進本

明韓邦奇撰邦奇有易學啓蒙意見已著錄玆編專闡卜筮之法以三百八十四變爲經四千九十

六變爲緯經者易之爻辭緯取焦氏易林附之占則以孔子占變爲主蓋言數而流於藝術者也經義考載其門人王賜紱序畧此本不錄別有濟南金城序殊不及原序之詳

籤易一卷 浙江巡撫採進本

明盧翰撰翰有易經中說已著錄是書以六十四卦加太極兩儀四象進退離合大小遠近衍爲七十九數易蓍策而用竹籤每籤有辭又各系以贊釋以擬易林太元元包潛虛諸書實則方技者流

以錢代蓍之變法耳雖依稀卦義於經義邈無關也前有張鶴鳴所撰翰小傳及翰自序又有嘉靖辛亥曹金序萬歷己亥李右諫序皆稱許甚至然至今術數之家未聞有用其法者則無驗可知矣

周易懸鏡一卷 浙江吳玉墀家藏本

明喻有功撰有功字若無又字混初高安人其書專言軌策之數序稱其術出邵子然別無証驗蓋方技家依託也大旨以皇極經世爲宗而雜及於後世占卜之法雖有依傍卦爻立說者然皆非經

文本義邵子之易朱子已稱爲易外別傳此又別傳之別傳矣末纂左氏傳繇象并郭氏洞林皆主占驗之學卷首有甘士价序稱爲七卷而此書實十卷其第九卷帝王經世甲子內載至

國朝康熙二十三年甲子則當是後人有所增入故卷數加多耳

大易通變六卷 浙江巡撫採進本

明喬中和撰中和有說易已著録是書一名焦氏易林補取焦贛易林刪其詞之重複者以己意補

綴其闕凡一千餘首焦易四千九十六變傳世既久字多訛誤如以夬爲快以羊爲缶之類宋黄伯思薛季宣已極論之然古書訛誤豈後人所可續貂況焦氏之學雖所稱源出孟喜者施讐等力斥其誣而占驗無訛要於易外别傳自有專門授受非儒生研求卦畫所可臆推中和之術不聞出贛以上乃竟刊補其文殊昧於度德量力之義矣其曰大易通變者焦氏舊本有唐王俞序稱曰大易通變故中和用以爲名云

易數總斷 無卷數 兩江總督採進本

舊本題新安和玉山人程汝文撰不著時代詳其板式紙色葢明人書也其書分一千八十局立三奇八門而上方則附以易卦爻詞葢方技之家以六壬奇門假易義以立法非易之本法也

易冒十卷 江蘇巡撫採進本

國朝程良玉撰良玉字元如歙縣人是書所論皆以錢代蓍之法自序稱五歲喪明究心卜筮初作筮類五十篇康熙已卯適楚遇枯匏老人得其秘旨

因增定爲九十章然皆術家常論無他妙旨至家宅章以六爻兼斷六親榮枯得喪如兄弟旺則刼財父母旺則尅子官爻旺則災病其說膠固難通所論鬼神諸星兩章穿鑿支離尤無理解婚姻章內不根五行生尅不究用神衰旺惟據卦名之美惡而論則更乖謬矣

右術數類占卜之屬二十四部五十三卷（內二部無卷數）皆附存目

易衍二卷（永樂大典本）

舊本題漢東方朔撰而其歌括皆作七言律詩則僞妄不待辨也其法推言祿命以六十甲子值日一日分十二時如甲子日子時命如何丑時命如何蓋今世所謂八字者此書僅用其四考唐李虛中推祿命尚論日不論時朔乃先論時乎

五星要錄 無卷數 浙江巡撫採進本

不著撰人名氏書中多載梁成大喬行簡華岳眞德秀等星命蓋南宋人所輯也其布宮推象皆前代舊法故危月兼得子宮亢金且在辰位此在當

時亦或有所驗而以今法例之則全不可施用矣書首有缺文其星象賦一篇銓述頗詳而奥義精言闡發尚尠如一主臨財主富官福居垣主貴此則星家所共見何待縷陳至其論時人星命雖間有特見而附會者亦復不少

康節內祕影一卷永樂大典本

舊本題宋邵子撰亦依託也其術以八卦之數定人貧富貴賤後有總論一篇雜引古今事而有張南軒北門視草柳翠拜佛參禪云云則南宋以後

人作矣

子平三命淵源注一卷 浙江范懋柱家天一閣藏本

元李欽夫撰書末題大德丁未孟冬朔日長安道人李欽夫仁敬註解前有泰定丙寅翰林編修官王瓚中序稱子平三命淵源得造化之妙自錢塘徐大升後知此者鮮五羊道人李欽夫取子平喜忌繼善二篇特加註解括以歌訣消息分明脈絡貫通云云蓋專釋徐子平之書其說視後來星家亦多相仿

九宮八卦遁法秘書二卷永樂大典本

不著撰人名氏其說以支干配天德貴人等星推人休咎蓋以陰陽家神煞之說竄入祿命者也

成數大定一卷永樂大典本

不著撰人名氏其法以生人干支合八卦之數推壽夭富貴貧賤蓋術士變幻之談以易數與祿命併爲一法耳

寸金易鑑無卷數浙江范懋柱家天一閣藏本

首題西蜀易鑑先生撰不著姓名後有洪武甲子

跋語一則稱其書爲日者松山得異人所授世傳類多舛訛此本乃楊謙德補注發明不少謙德亦不知何許人也書中以月令爲提綱按其四柱之五行配其陰陽取其用神分官財印煞食神傷官六格察其生旺死絶定其强弱貴賤說理頗明在術家爲平正通達之本然皆人所共知别無精義也

演禽圖訣 無卷數 浙江范懋柱家天一閣藏本

舊本題明劉基撰明史藝文志不載亦近代所依

託也其書取二十八禽各爲之圖先以四時憂喜進退次隸六甲定其取化吉凶斷人祿命凡一切旬頭胎命身宮入門起例之說概不之及

範圍數無卷數　浙江范懋柱家天一閣藏本

明趙迎撰迎鞏縣人嘉靖丙戌進士官南京工部主事是書前有嘉靖壬辰自序其法本之河洛以干支配合先後天成數推人祿命相傳以爲出於陳摶蓋取甲己子午九乙庚丑未八之數爲先天爲範天一生水地六成之之數爲後天爲圖故用

易繫辭範圍天地之意以命名起於一百一十一數而極於二千三百五十四數其起大小運流年悉如星平家例葢又以圖書之學竄入祿命者也考元賈顗先有此法集諸家論說爲書其文頗繁今猶存永樂大典中是書自圖式至流年斷訣凡十五門詳其體例葢卽約賈書以成編耳

百中經 無卷數 浙江巡撫採進本

不著撰人名氏考陳振孫書錄解題有信齋百中經一卷安慶府本不著名氏又貽齋百中經一卷

東陽術士曹東野撰其述東野之言曰今世言五星者皆用唐顯慶歷歷法無慮十餘變而百中經猶守舊安得不差於是用現行歷推算云云此書所列十一曜躔次用宋之統天開禧會天元之授時四數爲準而其紀年至明嘉靖中殆術者以次續補轉相沿用而未改舊名歟

呂氏摘金歌　無卷數　浙江范懋柱家天一閣藏本

舊本但題呂氏撰不著其名其書論列五星專以身主命主爲重按星命所係以立命之宮命所躔

度爲最其次命主其次度主又其次身主身主所以次於命度者以凡人皆以月爲身也篇中於度主不甚重未爲得要其立論間有可採者星平大成諸書已多取之矣

五曜源流二卷 浙江巡撫採進本

不著撰人名氏前有自序云遇一老僧所傳其書專論子平曰五曜者卽指五行而言非五星術也其法以日干爲主推五行之衰旺宜忌十干又以時分斷其休咎持論頗平正三命通會及星平會

海諸書全錄用之

五星考三卷　浙江巡撫採進本

不著撰人名氏首言安命分宫之法次及大小行限次及吉凶星曜神煞次論拱夾沖鈞以及窮通壽夭諸局多列圖說觀其義例當出自明人之手其中精當者星平會海俱已採掇無遺至於二十八宿如女自屬土牛自屬金無可疑者而此書於一宿之中五行互用如角初度至三度以爲屬水四度至八度以爲屬木九度至十三度以爲屬金

他宿仿此此則務爲新奇而不當於理矣且角止有十度而演至十四度他宫諸宿畧同亦不知其何所本也

星平會海十卷通行本

不著撰人名氏黄虞稷千頃堂書目載有其名蓋明人所編前有自題稱武當山玉虚宫三逢甲子日金山人如果甲子三逢則年已一百八十矣術家故爲虚誕以惑人聽不足憑也其書兼論子平五星所撮取者不一家而亦有合有不合如加盤

裔廟諸法持論非不詳密而推衍家宗之往往十失其九且印行旣久糢糊舛誤幾不可句讀在坊本中又出星平大成之下矣

**相掌金龜卦一卷** 永樂大典本

舊本題鬼谷子撰其法用草一莖五指各自尖量至窮抗復自拇指比至中紋逐一截斷排列成龜用以推斷其成格左右共圖三十四以格之全與不全判人禍福益俚俗猥鄙之談託之古人也

**貴賤定格三世相書一卷** 永樂大典本

舊本題鬼谷子撰其法以十二辰分屬貪狼巨門廉貞文曲破軍武曲祿存而各爲之像又冠帶臨官帝旺諸星亦有像在術數之家亦最俚淺

貴賤定格五行相書一卷永樂大典本

舊本題唐袁天綱撰蓋依托也其說謂春夏秋冬十二時各變移部位而曰某時生居黃帝之頭某時生居黃帝之手某時生居黃帝之足怪妄殊甚又一條記所相一人云正月生人四月受胎前生京西路來會捨牛一頭入僧寺今生衣食豐足云

云益誕謬不足詰矣

古今識鑒四卷　浙江范懋柱家天一閣藏本

明袁忠徹編忠徹鄞縣人父珙字庭玉號柳莊精於相法嘗決成祖當有天下及即位擢官太常寺丞忠徹傳其父術亦仕至尚寶少卿明史方技傳附見珙傳中史稱所著有人相大成今未見是編乃宣宗命採古來相人有驗者裒爲一書至景泰二年始奏進所錄上自三皇下迄明代又自作象人賦一首附之大相術精微心傳神會捃拾典故

僅得其粗且其編次體例頗嫌淆混如以季友老聃以上屬之三代以孔子顏曾而下係之列國殊爲強生分別至宓羲蛇身人首神農人身牛首諸說緯書妄記本屬荒唐亦併列之尤失持擇若乃文君臉似芙蓉眉如遠山亦入相法則幾於笑具矣

右術數類命書相書之屬十八部二十九卷內六部無卷數皆附存目

元女經一卷兩江總督採進本

舊本題云黃帝授三子元女經葢術數家依托所爲隋書經籍志有元女式經要法一卷列之五行家此書詳於論嫁娶日辰其發端以太乙所在占日之吉凶以天罡加臨占與人期會亦屬五行家言然無以證其卽元女式經要法否也此本爲毛晉所刻字多脫誤殆不可讀

洪範政鑒十二卷永樂大典本

宋仁宗皇帝撰前有御製序曰宸宮餘暇汜覽史籍洪範之說緬然可尋而伏鄭所編靡聞全錄前

則歆向作傳散布羣篇後則京夏諸儒衍釋證兆簡牘廣記頗未弗齊不有彙分何從質信亦嘗取書林之奏合日官之藏叅咨邇臣覆究𦣞例遂采五行六沴前世察候最稽應者次爲十二卷名曰洪範政鑑若語非典要過涉怪譎則畧而不載若占有差別互存考驗則析而詳言君人者承天子民必逆知未萌前慮諸應庶乎嗣祖宗之構順陰陽之權故因題辭兼以自勵云云玉海云康定元年十一月丙辰內出御製洪範政鑒十二卷示輔

臣即此本也其書以五行分類自春秋以迄歷代事應採摭頗詳蓋亦古帝王敬畏修省之意然聖人欽崇永保無刻不然不必遇變而始警即上天垂戒亦從無一定之格不移尺寸洪範庶徵約舉感應之理亦大凡耳漢儒推衍條目愈繁稽其所談率以某災應某事而不能先言某事當有某災故劉知幾史通書志篇曰肇彰先覺取驗將來言必有中語無虛發苟志之竹帛誰曰不然若乃前事已往後來追證課彼虛說成此游詞多見其老

生常談徒煩翰墨又穿鑿既甚同異彌多知幾所謂董京之說前後相反向歆之解父子不同言無準的事益煩費者尤篤論也雖仁宗令主其書當存而所言無裨於實政今謹附存其目焉

禮緯含文嘉三卷 浙江吳玉墀家藏本

不著撰人名氏目錄後有題詞曰巳上天鏡地鏡人鏡皆萬物變異但有所疑無不具載此乃三才之書共六十篇易名禮緯含文嘉三卷紹興辛巳十一月二十九日東南第三正將觀察使張師禹

授考宋兩朝藝文志曰今緯書存者獨易而含文嘉乃後人著爲占候兵家之說與諸家所引禮緯乖異不合故以易緯附經以含文嘉入五行云云則其書實出南宋初然張師禹記特稱易名禮緯含文嘉則此名實師禹所改原本稱卽其本書兩朝藝文志疑其乖異不合葢偶未詳核也朱彝尊經義考旣歷引諸書所引含文嘉證其不合又云所見凡二本一本畫雲氣星煇之象而附以占詞一本分天鏡地鏡人鏡皆非原書而於含文嘉標

旦之下仍注存字則舛誤甚矣

丙丁龜鑑五卷續錄二卷　兩江總督採進本

宋柴望撰望字仲山江山人嘉定紹興間爲太學上舍除中書特奏名淳祐六年歲在丙午正旦日食望因上此書逮下詔獄尋放歸景炎二年薦授廸功郎史館國史編校宋亡後不仕而終爲柴氏四隱之一是書大旨以丙午丁未爲國家厄會因歷摭秦莊襄王以後至晉天福十二年凡值丙午丁未者二十有一皆有事變應之而歸本於修省

戒懼以人勝天逼考著錄作十卷此本止五卷然首尾完具葢明人所合併也續錄二卷一爲元人所撰記宋真宗景德三年至理宗淳祐七年值丙午丁未者五一爲明人所續記元世祖大德十年至順帝至正二十七年值丙午丁未者二亦各舉時事實之如望書之例均不著姓名考陽九百六元二之說自漢以來即有之丙丁之說則倡於望元人續錄序引陰陽家之言曰丙丁屬火遇午未而盛故陰極必戰亢而有悔也又曰丙祿在巳午

爲刃煞丁祿居午未爲刃煞其說純用術數家言不出經典夫王者敬天勤民無時可懈豈待六十年一逢厄會始議修省且史傳所書亂多治少亦不必盡係於丙丁望徒見靖康之變適在是二年中故附會其文冀以悚聽實則所列事迹多涉牽就宜其言之不行也且論涉禨祥易熒民聽輟耕錄所載龍蛇跨馬之妖言豈非至正二十七年適當丙午遂借是說以惑衆歟後世重其節義又立言出於忠愛之誠故論雖不經至今傳錄實則不

可以爲訓也

黃帝奇門遁甲圖一卷 浙江范懋柱家天一閣藏本

不著撰人名氏所載惟陰陽十八局及入門凡例而餘法皆不詳前有序一篇末題景祐己亥七月兵部尚書楊惟德案陳氏書錄解題景祐間修遁甲玉函符應經爲司天春官正楊惟德撰而仁宗御製序文今此序又稱惟德自撰其官階旣不相合而文辭鄙拙亦不類宋人殆依託也

太乙統宗寶鑑二十卷 浙江汪啟淑家藏本

舊題元曉山老人撰不知其姓名前有大德七年自序錢曾讀書敏求記稱其家藏舊抄統宗寶鑑有二本其一後附起例真數淘金歌二書各一卷其一後附數林籌數專征集畧神機三鏡三書各一卷今檢此本並無所附或爲傳錄者所刪削也其書以太乙周行統運六十四卦與夫五福三基之貴神八門十精之星使經緯錯綜標類成編凡分二百餘目大約本王希明金鏡式經而推擴之頗爲該備案王肯堂鬱岡齋筆麈云太乙之術世

所宗尙者惟統宗寶鑑其求積年術置演上元甲子距元大德七年癸卯歲積一千零一十五萬五千二百一十九年以爲七曜齊元之法然用此積算逆推至上元甲子得氣應三十四萬七千八百七十五分乃戊戌日酉正三刻非甲子年甲子月甲子日甲子時也其非七曜齊元明矣作太乙書者不精算法故譌舛如此行之數百年莫爲是正可歎也云云是其於演記尋元之術殊未足據矣

太乙成書八卷　浙江范懋柱家天一閣藏本

不著撰人名氏是書以太乙五將奇偶一一算演七十二局視歲神吉凶其法以上元甲子歲太乙起乾行八宮每三年一徙計神起寅逆行十二辰天目起甲順行十六神又以計神加艮求天目所在爲始擊將而天目始擊又各以其算立大將參將故必七十二局而五將遊行變動之格始周凡五周爲三百六十局而甲子之太乙始復歸於乾其每月者爲月局陰陽順逆畧如遁甲法復約之爲日局而太乙之用乃具書中所列諸局雜引淘金

歌金鏡福應紫庭諸經及樂產王佐秘珠諸說以証之不爲詮次往往冗雜無緒又其論兵家主客先後以筭之和長者勝若闕因掩迫宜固守而筭少者不利深入亦爲牽於成局殆新唐書方技傳序所謂迂而入諸拘擬泥而弗通大方者也

演禽總法　無卷數　浙江巡撫採進本

不著撰人名氏言八門休旺及二十八宿降伏厭禳之法其論禽宿多援引古人以自神至謂周公制禮時遇房日兔夫子在陳絶糧遇昴日雞以救

術者之荒誕無稽大率類此末載遁甲符咒諸圖尤鄙俚不足據

黃帝演禽七元三傳心法一卷浙江范懋柱家天一閣藏本

不著撰人名氏其書乃以七元之翻禽倒將論戰陣主客之用者大畧以兵氣在內利爲主兵氣在外利爲客而比和則利招安不交則利退保值時之壬癸爲截路與旬空時皆在所避其文頗亦簡明然所列條目有倒將而無翻禽且標題稱七元三傳而此書僅一元又三傳爲壬家言或本叅用

王術而卷中並未之及非完書也

七元六甲天書一卷　浙江范懋柱家天一閣藏本

不著撰人名氏雜取星禽衰旺論藏兵立寨及出行之吉凶而參以六甲青龍之圖及掌中門似又旁採遁甲之術其論每月値日星咸池月厭往亡之類又與近世選擇家相同大都剽竊成書夸誕無取末附以觀雲日月圖及占旗歩風之說至謂敵用青旗則我用白旗必勝風從南來爲緩風陣不宜動從北來爲勝風我軍不戰大勝此尤術士

悠謬無稽之說矣

奇門要畧一卷 浙江范懋柱家天一閣藏本

不著撰人名氏大都摭拾奇門五總龜之說畧加詮次於得奇得門得使毫無所發明卽超神接氣亦未之及而以爲得宋平章趙公之傳書末復援劉基徐達以自神其術此術家誕妄之習不足究詰也

太乙遁甲專征賦一卷 浙江范懋柱家天一閣藏本

不著撰人名氏考焦竑經籍志有明員卓遁甲專

征賦其名與此相合或即卓書或後人所擬作莫能詳也其書以遁甲論行軍趨避之用不外烟波釣叟歌中之意别無所發明且以太乙命名而篇中絶無一語及太乙九宮計神主客者尤爲不可解矣

佐元直指圖解十卷安徽巡撫採進本

舊本題明劉基撰汪元標訂江之棟輯益世有佐元直指賦一篇傳爲基所著天啟丁卯之棟因演爲圖式而纂注之元標則爲刊刻以行者也其書

以相地爲主於山運卦位星宮弔替之說畧具八卷以下詳選擇之要末附上官出行吉凶間採六壬遁甲遊僧奇儀之說視術家遊談不根者尚爲簡當云

肘後神經大全三卷 浙江范懋柱家天一閣藏本

舊本題涵虛子臞仙撰臞仙者明寧獻王權號也權有漢唐秘史已著錄其平生頗講神仙方技之書所著肘後神樞二卷運化元樞一卷見明史藝文志又高儒百川書志亦云臞仙肘後神樞二卷

九章七十七條今是編所載皆推算諸星煞吉凶以爲趨避上卷爲值日圖中卷爲值時傍圖下卷爲值日時斷例卷帙篇章與明史志及高儒書志俱不相合圖說亦皆疎陋疑已爲後人增益非原本矣

遁甲吉方直指一卷　浙江范懋柱家天一閣藏本

明王巽撰巽自號秦臺子蘭陽人官欽天監五官司歷是書前有自序謂永樂中上巡狩北京增大統王遁歷書命巽及冬官正皇甫仲和靈臺郎湯

銘等推演遁甲删諸凶時專注吉門以利用因集爲此書葢亦壬遁歷之畧例也然術家主趨避未有不明於所避而可以獲吉者專選吉方以求驗非古法矣

類編歷法通書大全三十卷兩淮鹽政採進本

不著編輯者名氏考明史藝文志載歷法通書三十卷注金谿何士泰景祥歷法臨江宋魯珍輝山通書合編令觀是書於何宋兩家外另標鼇峰熊宗立道軒類編一行不知何時增入十九卷以前

目錄析爲三節分標何宋熊三人之名自二十卷以下別起目錄似又另爲一書而不註何人所纂卷首原序亦無姓名稱宋輝山通書集先賢之秘而何景祥歷法集成又輝山所未見故以二書合之其說與藝文志相合疑即志所稱歷法通書而坊間又有所增益也其所載選擇之要皆術家常法初無秘義至紕繆之處則

欽定協紀辨方書駁正詳矣

原本五行類事占徵驗九卷　浙江范懋柱家天一閣藏本

舊本題明李淑逼撰前有正統庚申自序其結銜稱賜進士前詹事府通事舍人其里貫稱河南考太學明進士題名碑正統庚申以前無所謂李淑逼者疑不能明也然錢春作五行類應已稱淑逼有此書則其來久矣大旨祖漢書五行志所引董仲舒劉向劉歆之說而衍之故其體例近古不似五行家之猥鄙然其爲穿鑿附會則一也

五行類事占徵驗六卷 安徽巡撫採進本

不著撰人名氏案錢春五行類應凡例稱其書初

成於中州李氏淑通重修於張氏賁通名曰五行類事占徵應因爲參訂而改題之考李淑通書凡九卷尚有范氏天一閣寫本傳於世今檢此書類目次序俱與錢本相同殆卽張賁通之書矣惟春稱書名作徵應而此本實作徵驗稍有不合或傳寫有一誤也其書歷紀古今災異之事惟元代闕焉所列門目悉本之諸史五行志大抵與馬端臨物異考相近惟分析標題少異其面目耳

通書捷徑 無卷數浙江范懋柱家天一閣藏本

明樓楷撰楷號南沙鄞縣人是書成於嘉靖癸亥以世行選擇通書有彼此背馳棄取違戾者故作此以正之其似吉而有犯本凶而多解者咸爲之辨析

選擇集要六卷 兩淮鹽政採進本

明黄一鳳撰一鳳字時鳴峽江人萬歷丙戌進士以術家通書多改竄古人成法以致選擇謬誤因取楊救貧造命千金歌爲主而以吳景鸞郭景純曾文辿諸說參考成書詞意簡明頗爲得法前有

一鳳原序

國朝雍正中余朝相爲之重刊并附鐫其所作齊安堂辨疑及續補於末

五行類應九卷江蘇巡撫採進本

明錢春撰春有湖湘五畧已著錄此書乃春以御史巡按湖廣時取李淑遍及張貢遍所輯五行類事占徵應一書稍爲參訂而刊行之自春秋迄於南宋皆仍原書之例自稱於徵驗之事牽合附會者畧爲芟薙然以原書相較大畧相同亦未嘗有

所訂正也

大統皇歷經世三卷 江蘇巡撫採進本

明胡獻忠撰獻忠自號六六道人婺源人其書以明代大統歷所列九宫紫白圖俗師多有訛異故特揭而明之大指推本洛書弁以八卦法象三十六宫序卦之圖並取丹書圖象而以敬與義爲一白怠與欲爲二黑謂卽九宫紫白之原其立說不免過高次及九星中宫欵歌黄黒道列宿一切吉凶消息之要中卷爲十二月直日星煞之圖下卷

爲六甲直時星煞之圖蓋當時選擇通行之本也

奇門說要一卷 浙江范懋柱家天一閣藏本

明郭仰廉編仰廉始末未詳是書卽陰陽十八局起例立成之說別無要指蓋亦從諸書抄撮而成

將門秘法陰符經三卷 浙江巡撫採進本

不著撰人名氏但稱爲陳摶所傳分前後別三集前集取星平家三刑方爲安營要訣旁及占風候氣並用壬家生死烝二神以爲按十二月節背生擊死必勝後集以坐孤取虛術爲言而廣其說爲

萬人用年千人用月百人用旬輔以六用青龍之圖末復載金威玉女符咒暨六甲隱身法爲别集殊詭誕不可信也

禽遁七元成局書十四卷 兩江總督採進本

國朝汪漢謀編康熙癸酉陳鋸錄而傳之鋸自題曰雲門不知其何地也其書亦用翻禽倒將之法有氣將日將時將彼將我將時制日我制彼者爲吉反是爲凶以二十八宿按每日十二時考其吉凶論行軍主客勝負之幾自一元甲子日行禽虛日

鼠日易一禽闘七甲子禽凡十五周而復循其始故有七元成局所條列亦頗井井世之為兵家言者每稱之然考其所列翻禽倒將之法亦俱舛互失次據池本理論翻倒法以翻覆為翻禽為我取上禽下之意故居時將之下倒轉為倒將為彼取下伏上之義故居氣將之上翻宜制倒而此槩沿俗說以倒將為翻禽卽此可見所學之未精矣

陳子性藏書十二卷 江西巡撫採進本

國朝陳應選撰應選字子性廣州人康熙中諸生是

書首列理氣天體論太極圖說及諸圖次論羅經繼言選擇多取舊說斷其得失亦自發新論然於太陽太陰過度皆用古法由今推之多所未合推衍後來流年亦頗訛舛又如何尚公煞等名亦多不可信唯用真太陽到向到坐法及六氣元幾定局尚爲合理耳

右術數類陰陽五行之屬二十六部一百六十三卷內二部無卷數皆附存目

太素脈法一卷通行本

不著撰人名氏其書以診脈辨人貴賤吉凶原序稱唐末有樵者於崆峒山石函得此書凡上下二卷云仙人所遺其說荒誕蓋術者所依托此本祇一卷或經合併或佚其下卷也按太素脈自古無聞宋史載僧智緣隨州人嘉祐末召至京師每察脈知人貴賤禍福休咎診父之脈而能道其子吉凶所言若神王珪疑古無此術王安石曰昔醫和診晉侯而知其良臣將死則視父知子亦何足怪哉云云其引據亦自有理然推繹傳文醫和亦以

人事斷之料其當爾故其對晉侯曰疾不可為也是謂近女室疾如蠱非鬼非食惑以喪志良臣將死天命不祐其對趙武曰國之大臣榮其寵祿任其大節其菑禍興而無改焉必受其咎何常一字及於脈且傳曰視之亦不云診是特良醫神解望其神色知之安石所云殊為附會大抵此術興於北宋故智緣以前不聞有此而羅擴作張擴傳稱擴少好醫從龐安時游後聞蜀有王朴善脈又能以太素知人貴賤禍福從之期年得衣領中所藏

素書盡其訣乃辭去擴徽宗時人則王朴當與智緣同時足證其並出於嘉祐間觀此書原序亦僅稱唐末所得其非古法審矣此本所載皆七言歌括至爲鄙淺未必即領中之素書殆方技之流又從而依托耶

神幾相字法一卷永樂大典本

一名景齊字至理集景齊不知何許人自序稱偶信步山石忽見一異人箕踞於盤石詢某曰子非景齊乎僕驚其頭知姓名疑是神人異人曰此乃

東華洞文上卷奇篇嘗付安石今日以中卷授於子密窺乃陰陽秘記釋字神機之書云云似是南北宋間人矣葢淺陋術士耳聞有王安石字說遂假借其名也

龜鑑易影皇極數一卷（永樂大典本）

舊本題邵居敬撰不著時代亦不知何許人永樂大典載之則元以前書矣其法以字之偏旁定吉凶如云二口一犬哭泣臨身牛角安刀情事解散之類葢今所謂測字術也

紀夢要覽三卷 浙江范懋柱家天一閣藏本

明童軒撰軒字士昂鄱陽人景泰辛未進士官至吏部尚書是書夢論一卷歷代紀夢事實二卷卷末禳夢符及占夢法則鄙俚荒唐爲異端邪說之尤矣周官占夢其法不傳漢志有黃帝長柳占夢十一卷甘德長柳占夢二十卷今亦久佚軒乃摭村巫瞽說以當之不亦陋乎

夢占類考十二卷 內府藏本

明張鳳翼撰鳳翼字伯起長洲人嘉靖甲子舉人

明史文苑傳附見皇甫涍傳末是編取六經子史及稗官野乘所言夢兆之事排比成書分為三十四類大抵摭集原文畧採後人之論及以已見附之然亦僅據其善惡已然之迹而於所謂占事知來者茫乎未得其術則亦僅抄撮故事之書而不可據以候睬吉凶於占之名頗無當也

夢林元解三十四卷 兩淮鹽政採進本

明陳士元撰何棟如重輯士元有易象鉤解棟如有明祖四大法皆已著錄士元初作夢書元解棟

如因而廣之分夢占二十六卷夢禳二卷夢原一卷夢徵五卷前有凡例稱是書在宋景祐間名圓夢秘策為晉葛洪原本而宋邵雍輯之者其言無可證據又有孫奭序一篇辭氣纖俗蓋術家依托之文士元等不及辨也

右術數類雜技術之屬六部五十二卷皆附存目

案占夢見周禮又詩其事最古然漢志已列之雜占相字太素脈之類並出後世益不足道矣今統名曰雜技術錄其名以備數耳非

有所取也

（清）紀昀等　纂

# 武英殿本四庫全書總目

第二九册

國家圖書館出版社

# 第二九册目録

# 欽定四庫全書總目 子部

卷一百五

# 欽定四庫全書總目卷一百五

## 子部十五

### 醫家類存目

素問運氣圖括定局立成一卷（兩淮鹽政採進本）

明熊宗立撰宗立字道軒建陽人劉剡之門人也（剡永樂中人有四書通義已著錄）好講陰陽醫卜之術是書以素問五運六氣之說編爲歌辭又有天符歲會之說以人生年之甲子觀其得病之日氣運盛衰決其生死醫家未有用其法者葢本五運六氣以生尅

制化推其王相休囚而已初無所徵驗也

素問鈔補正十二卷浙江巡撫採進本

明丁瓚編瓚字點白鎮江人嘉靖丁丑進士官至温州府知府初滑壽著素問鈔歲久傳寫多訛瓚因其舊本重爲補正復兼采王冰原注以明之凡十二門悉依壽書舊例又以五運六氣主客圖并診家樞要附於後

續素問鈔九卷兩淮鹽政採進本

明汪機撰機有針灸問對已著録是編因滑壽素

問鈔釆王冰原註太畧因重爲補錄凡所增入以續字别之九卷之中分上中下三部上四卷中一卷下四卷其標目悉依滑氏之舊

素問註證發微九卷 浙江巡撫採進本

明馬蒔撰蒔字仲化會稽人其說據漢志內經十八篇之文以素問九卷靈樞九卷當之復引離合眞邪論中九鍼九篇因而九之之文定爲九九八十一篇以唐王冰分二十四卷爲誤殊非大旨所關其註亦無所發明而於前人著述多所訾議過

矣

素問懸解十三卷編修周永年家藏本

國朝黃元御撰元御有周易懸象已著錄是書謂素問八十一篇秦漢以後始著竹帛傳寫屢更不無錯亂因爲參互校正如本病論刺志論刺法論舊本皆謂已亡元御則謂本病論在玉機眞藏論中刺志論則誤入診要經中論刺法論則誤入通評虛實論未嘗亡也又謂經絡論乃脾部論之後半篇脾部論乃十二正經經絡論之正文如此則三

奇經與氣府論之前論正經後論奇經三脈無異故取以補闕仍復八十一篇之舊考言經文錯簡者起於劉向之校尚書（見漢書藝文志）猶有古文可據也疑經文脫簡者始於鄭元之註玉藻（見禮記註）然猶不敢移其次第至北宋以後始各以已意改古書有所不通輒言錯簡六經遂幾無完本餘波所漸劉夢鵬以此法說楚詞迨元御此註併以此法說醫經而漢以來之舊帙無能免於黜竄者矣揆諸古義殆恐不然其注則間有發明如五運六氣之南

政北政舊注以甲己爲南政其餘八干爲北政元御則謂天地之氣東西對待南北平分何南政之少而北政之多也一日之中天氣晝南而夜北一歲之中天氣夏南而冬北則十二年中三年在北三年在東三年在南三年在西在北則南面而布北方之政是謂北政天氣自北而南升在南則北面而布南方之政是謂南政天氣自南而北升則自卯而後天氣漸南總以南政統之自酉而後天氣漸北總以北政統之東西者左右之間氣故不

可以言政此南北二極之義其論爲前人所未及然運氣之說特約舉天道之大凡不能執爲定譜以施治療則亦有如太極無極之爭耳

靈樞懸解九卷編修周永年家藏本

國朝黄元御撰是書亦以錯簡爲說謂經别前十三叚爲正經後十五叚爲别經乃經别之所以命名而後十五叚却誤在經脈中標本而誤名衛氣四時氣大半誤入邪氣藏府病形論津液五别誤名五癃津液别此類甚多乃研究素問比櫛其辭使

之脈絡環通究靈樞晚出又非素問之比說者謂唐人剽取甲乙經爲之不應與古書一例錯簡也

**圖註難經八卷** 浙江巡撫採進本

明張世賢撰世賢字天成寧波人正德中名醫也難經舊有吳呂廣唐楊德操諸家註宋嘉祐中丁德用始於文義隱奥者各爲之圖元滑壽作本義亦有數圖然皆不備世賢是編於八十一篇篇篇有圖凡註所累言不盡者可以披圖而解惟其中有文義顯然不必待圖始解者亦強足其數稍爲

冗贅其註亦循文敷衍未造深微

難經經釋二卷 江蘇巡撫採進本

國朝徐大椿撰大椿有神農本草經百種錄已著錄是書以秦越人八十一難經有不合內經之旨者援引經文以駁正之考難經漢藝文志不載隋志始著於錄雖未必越人之書然三國已有呂博望註本而張機傷寒論平脈篇中所稱經說今在第五難中則亦後漢良醫之所爲歷代以來與靈樞素問並尊絕無異論大椿雖研究內經未必學出

古人上遠相排斥未見其然況大椿所據者內經而素問全元起本已佚其第七篇唐王冰始稱得舊本補之宋林億等校正已稱其天元紀大論以下與素問餘篇絕不相通疑冰取陰陽大論以補所亡至刺法本病二論則冰本亦闕其間字句異同億等又復有校改註中題曰新校正皆是則素問已爲後人所亂而難經反爲古本又滑壽難經本義列是書所引內經而今本無之者不止一條則當時所見之本與今亦不甚同即有舛互亦宜

兩存遽執以駁難經之誤是何異談六經者執開

元改隷之本以駁漢博士耶

難經懸解二卷編修周永年家藏本

國朝黄元御撰亦謂舊本有訛多所更定均所謂我

用我法也

傷寒懸解十五卷編修周永年家藏本

國朝黄元御撰是書大旨謂漢張機因鍼灸刺法已

亡而著傷寒論以治外感之疾其理則岐黄越人

之理其法則因岐黄越人之鍼刺而變通之立六

經以治傷寒從六氣也製湯丸以療感傷守五味也凡脈法八十三章六經經證以及入府傳藏之裏證誤行汗吐下之壞病三百六十八章外感之類證汗吐下宜忌八十六章共五百三十七章合百十三方自晉王叔和混熱病於傷寒後來坊本雜出又有傳經爲熱直中爲寒之說而傷寒亡矣且簡編亦多失次因爲解其脈法詳其經絡考其常變辨其宜忌凡舊文之訛亂者悉爲更定末載駁正叔和序例一卷以糾其失其持論甚高考傷

寒論舊本經王叔和之編次已亂其原次元御以爲錯簡較爲有據與所改素問靈樞難經出自獨斷者不同然果復張機之舊與否亦別無佐證也

傷寒說意十一卷編修周永年家藏本

國朝黄元御撰元御既作傷寒懸解謂論文簡奥非讀者所能遽曉乃會通大意復著此書以開示初學之門徑

金匱懸解二十二卷編修周永年家藏本

國朝黄元御撰元御謂張機著金匱玉函經以治內

傷襍病大旨主於扶陽氣以爲運化之本自滋陰之說勝而陽自陰升陰由陽降之理迄無解者因推明其意以成此書於四診九候之法言之頗詳

長沙藥解四卷 編修周永年家藏本

國朝黃元御撰張機傷寒論共一百十三方金匱玉函經共一百七十五方合二書所用之藥共一百六十種元御各爲分析排纂以藥名藥性爲綱而以某方用此藥爲目各推其因證主療之意頗爲詳悉然藥有藥之性味此不易者也用藥有用藥

之經緯此無定者也此當論方不容論藥但云某方有此藥爲某證而用某方有此藥又爲某證而用是猶求之於筌蹄也

圖註脈訣四卷附方一卷浙江巡撫採進本

明張世賢撰是編因世傳王叔和脈訣而爲之圖註考晁公武讀書志曰脈經十卷晉王叔和撰唐甘伯宗名醫傳曰叔和西晉高平人博通經方精意審處尤好著述其書纂岐伯華陀等論脈要訣而成叙陰陽表裏辨三部九候分人迎氣口神門

條十二經二十四氣奇經八脈五臟六腑三焦四時之病凡九十七篇讀書志又曰脈訣一卷題曰王叔和撰皆歌訣鄙淺之言後人依托者然最行於世云云據此則脈經爲叔和作脈訣出於僞撰今脈經十卷尚有明趙邸居敬堂所刊林億校本知公武之言不誣世賢不考誤以脈訣爲真叔和書而圖註之根柢先謬其他可不必問矣書末附方一卷皆因脈以用藥然脈止七表八裏九道而病則變現無方非二十四格所能盡限以某脈某

方亦非圓通之論也

杜天師了證歌一卷 浙江巡撫採進本

舊本題唐杜光庭撰光庭字聖賓晚自號東瀛子括蒼人應百篇舉不第入天台山爲道士僖宗幸蜀召見賜紫衣充麟德殿文章應制王建據蜀賜號廣成先生除諫議大夫進戶部侍郎後歸老於青城山此書題曰天師據陶岳五代史補亦王建時所稱也考光庭所著多神怪之談不聞以醫顯此書殆出僞托其詞亦不類唐末五代人錢曾讀

書敏求記以爲眞出光庭殊失鑒别其註稱宋人高氏伍氏所作而不題其名後附持脈備要論三十篇亦不知誰作多引王叔和脈訣而不知叔和有脈經則北宋以後人矣

瘡瘍經驗全書十三卷浙江巡撫採進本

舊本題宋竇漢卿撰卷首署燕山竇漢卿而申時行序乃稱漢卿合肥人以瘍醫行於宋慶歴祥符間曾治太子疾愈封爲太師所著有竇太師全書其裔孫夢麟亦工是術因增訂付梓云云考宋史

藝文志不載此書僅有竇太師子午流注一卷亦不詳竇爲何名疑其說出於附會且其中治驗皆夢麟所自述或即夢麟私撰託於乃祖也

國朝康熙丁酉歙人洪瞻巖重刊乃云得宋刻秘本校之殆亦虛詞

大本瓊瑤發明神書二卷 浙江鄭大節家藏本

舊本題賜太師劉眞人撰不著其名前有崇寧元年序則當爲宋徽宗時人然序稱許昌滑君伯仁嘗看經絡專專 案專專二字疑誤姑仍原本錄之 手足三陰三陽

及任督也觀其圖彰訓釋案圖彰二字未詳今亦姑仍舊本綱舉目張云云伯仁滑壽字也元人入明明史載之方技傳崇寧中人何自見之其僞可知矣書中所言皆鍼灸之法及方藥蓋庸妄者所托名也

崔真人脈訣一卷江蘇巡撫採進本

舊本題紫虛真人撰東垣老人李杲校評考紫虛真人爲宋道士崔嘉彥陶宗儀輟耕錄稱宋淳熙中南康崔紫虛隱君嘉彥以難經於六難專言浮沉九難專言遲數故用爲宗以統七表八裏而總

萬病即此書也宋以來諸家書目不載焦竑國史經籍志始載之東垣十書取以冠首李時珍已附入瀕湖脈學中至其旁註之評語真出李杲與否則無可徵信矣

東垣十書二十卷江蘇巡撫採進本

不著編輯者名氏其中辨惑論三卷脾胃論三卷蘭室秘藏三卷實李杲之書崔真人脈訣一卷稱杲批評其餘六書惟湯液本草三卷此事難知二卷爲王好古所撰其學猶出於東垣至朱震亨局

方發揮一卷格致餘論一卷王履醫經泝洄集一卷齊德之外科精義二卷皆與李氏之學淵源各別槩名爲東垣之書殊無所取葢書肆刊本取盈卷帙不計其名實乖舛耳

珍珠囊指掌補遺藥性賦四卷 侍郎金簡購進本

舊本題金李杲撰考珍珠囊爲潔古老人張元素著其書久已散佚世傳東垣珍珠囊乃後人所僞托李時珍本草綱目辨之甚詳是編首載寒熱溫平四賦次及用藥歌訣俱淺俚不足觀葢庸醫至

陋之本而亦托名於杲妄矣

傷寒心鏡一卷通行本

一名張子和心鏡別集舊本題鎮陽常德編德不知何許人亦不詳其時代考李濂醫史張從正傳後附記曰儒門事親十四卷葢子和草創之麻知幾潤色之常仲明又攟其遺爲治法心要子和即從正之字知幾爲麻革之字仲明字義與德字相符常仲明者其即德歟若然則金興定中人也書凡七篇首論河間雙解散及子和增減之法餘亦

皆二家之緒論

傷寒心要一卷 通行本

舊本題都梁鎦洪編洪始末未詳大旨敷演劉完素之說所列方凡十八又有病後四方與常德傷寒心鏡皆後人裒輯附入河間六書之末者然掇拾殘剩無所發明

流注指微賦一卷 永樂大典本

元何若愚撰若愚爵里未詳原註有云指微論三卷亦是何公所作探經絡之賾原鍼刺之理明榮

衛之淸濁別孔穴之部分然未廣傳於世於内自取義以成此賦則若愚先著指微論又自約其義爲此賦便記誦也今指微論不傳惟此賦載永樂大典中

如宜方二卷 浙江巡撫採進本

元艾元英撰元英東平人始末無考此本爲三山張士寧所刊前有二序一爲至正乙未林興祖作一爲至治癸亥吳德昭作其書首列藥石炮製總論不過數十味未免簡畧第一卷述證自中風至

雜病凡三十類第二卷載方凡三百有餘其曰如宜者如某證宜用某湯某證宜用某圓散是也其說一定不移未免執而不化焦氏經籍志高氏百川書志俱不著錄然相其板式猶元代閩中所刊非依託也

泰定養生主論十六卷 兩淮鹽政採進本

舊本題元洞虛子王中陽撰其書論婚孕老幼陰陽氣運節宣之宜並摘錄脈證方劑以資調攝取莊子宇泰定者發乎天光及養生主之語名之前

有中陽自序及至元戊寅叚天祐序蓋正德間兵部郎中冒鸞所重刊也後有楊易跋謂吳寬集中載中陽爲吳人名珪字均章自號中陽老人生元盛時年四十棄官歸隱虞山之下慕丹術尤邃於醫

類編南北經驗醫方大成十卷 兩淮鹽政採進本

舊本題元文江孫允賢撰本名醫方集成此本爲錢曾也是園所藏猶元時舊刻目錄末題至正癸未菊節進德書堂刊行前有題識曰醫方集成一

書四方尚之久矣本堂今得名醫選取奇方增入孫氏方中俾得貫通名曰醫方大成云云則坊賈所爲非允賢之舊矣

傷寒醫鑒一卷 通行本

元馬宗素撰宗素始末未詳是書載河間六書中皆采劉完素之説以駁朱肱南陽活人書故每條之論皆先朱後劉大旨皆以熱病爲傷寒而喜寒涼忌溫熱然活人書往往用麻桂於夏月發洩之時所以貽禍若冬月眞正傷寒則非此不足以散

陰邪豈可專主於涼洩未免矯枉過直各執一偏之見矣

雜病治例一卷 浙江范懋柱家天一閣藏本

明劉純撰純有玉機微義已著錄是書成於永樂戊子末附蘭室誓戒四則叙其父橘泉翁受醫術於朱震亨純承其家學又從其鄉馮庭幹許宗曾邱克容游盡得其法因撮舉綱要著爲一編分七十二證每證各標其攻補之法蓋皆其相傳口訣故畧而弗詳初無刊本成化己亥上元縣知縣長

安蕭謙觀政戶部時奉命賞軍甘州始從純後人得其本爲鋟板以傳

傷寒治例一卷　通行本

明劉純撰其體例與雜病治例相同不標六經亦不分表裏但以現證九十五種爲綱而每證推其病源與其治法亦成化己亥蕭謙所刻也

醫方選要十卷　兩淮鹽政採進本

明周文采編李時珍本草綱目引作周良采字之訛也其里貫未詳是書乃其爲蜀獻王椿侍醫時

承獻王之命所作則洪武中人也每門皆抄錄古方而各冠以論嘉靖二十三年通政使顧可學奏進詔禮部重錄付梓仍行兩京各省翻刻前有獻王序及文采自序併載禮部尚書費宷題覆疏二篇蓋亦翻刻本也

袖珍小兒方十卷 浙江范懋柱家天一閣藏本

明徐用宣撰用宣衢州人藝文志稿作嚴州人蓋字形相近而訛其書以脈訣爲首方論鍼灸圖形次之總七十二門六百二十四方蒐采頗備惟論

斷多襲舊文無所發明耳是書作於永樂中嘉靖十一年贛撫錢宏重刊以是書原本宋錢乙也

安老懷幼書四卷 浙江朱彝尊家曝書亭藏本

明劉宇編宇字志大河南人成化壬辰進士官至山西按察司副使初宋咸淳中陳直撰養老奉親書元大德間鄒鉉續爲壽親養老新書黃應紫合爲一篇刻之宇於成化戊戌得其本宏治庚戌重爲刊行改名安老書仍爲三卷後六年丙辰復得雪川婁氏䘏幼集又補刻於後總爲四卷題曰安

老懷紉書雪川婁氏明洪武永樂間御醫也字得之於其曾孫云

醫學管見一卷 通行本

明何瑭撰瑭號柏齋懷慶人宏治壬戌進士官至南京右副都御史諡文定事迹具明史儒林傳是書凡二十二篇自記謂因讀素問及玉機微義二書而作其說皆主於大補大攻非中和之道其第十九篇論久病元氣太虛病氣太盛當以毒藥攻之尤不可訓其論金石藥一條則名言也

保嬰撮要八卷　浙江巡撫採進本

明薛鎧撰鎧字良武吳縣人宏治中官太醫院醫士是編分門纂輯於幼科證治最為詳悉其論乳下嬰兒有病必調治其母母病子病母安子安且云小兒苦於服藥亦當令母服之藥從乳傳其効自捷皆前人所未發其子太醫院院使己又以其所治驗附於各門之後皆低一格書之後人集己遺書為薛氏醫案此書亦在其中考卷首蘇州府知府林懋舉序有請己纂而約之之語疑鎧但草

創此書其編纂成帙則實出己手後人收入己書
蓋由於此此本爲嘉靖丙辰所刊猶未編醫案以
前單行之帙也

神應經一卷 浙江朱彝尊家曝書亭藏本

明陳會撰劉瑾補輯會字善同稱宏綱先生瑾字
永懷號恒菴均不知何許人瑾所附論皆冠以臣
字亦不知何時進御本也案宦官劉瑾武宗時流
毒海內終以謀逆伏誅斷無人肯襲其姓名者此
書當在正德前矣所論皆針灸之法有歌訣有圖

有說傳寫訛謬不甚可據前有宗派圖一頁稱梓桑君席宏達九傳至席華叔十傳至席信卿十一傳至會會傳二十四人嫡傳者二人一曰康叔達一即瑾也又有席宏達誓詞謂傳道者必盟天歃血立誓以傳當於宗派圖下注其姓名如或妄傳非人私相付度陰有天刑明有陽譴云云是直道家野談耳

醫開七卷 浙江范懋柱家天一閣藏本

明王世相撰世相字秀鄰號淸溪蒲州人呂柟之

門人也官延川縣知縣是書凡分二十四類首載或問數條謂醫學至丹溪而集大成蓋亦主滋陰降火之說者

醫史十卷 浙江范懋柱家天一閣藏本

明李濂撰濂有祥符人物志已著錄是編採錄古來名醫自左傳醫和以下迄元李杲見於史傳者五十五人又采諸家文集所載自宋張擴以下迄於張養正凡十人其張機王叔和王冰王履戴原禮葛應雷六人則濂爲之補傳每傳之後濂亦各

附論斷然如醫和診晉侯而知趙孟之死據和所稱主不能禦吾是以云蓋以人事天道斷之而濂以爲太素脈之祖扁鵲傳中趙簡子齊桓公號君各不同時自爲史記好奇之誤而濂不訂正葛洪自屬道家但偶集方書不聞治驗乃一概收入則陶宏景之撰名醫別錄有功本草何以見遺褚澄遺書僞托顯然乃不能辨別反證爲真本至於宋僧智緣本傳但有善醫二字別無治驗特以太素脈知名與張擴之具有醫案者逈別載之醫家尤

爲濫及遼濟曾古案濟曾古原作直古魯今改正亦更無一事可述但以長亦能醫專事鍼灸二語遽爲立傳則當立傳者又何限乎濂他書頗可觀而此書乃冗襍特甚殊不可解惟其論倉公神醫乃生五女而不生男其師公乘陽慶亦年七十餘無子以証醫家無種子之術其理爲千古所未發有足取焉

藥鏡四卷 浙江巡撫採進本

明蔣儀撰儀嘉興人正德甲戌進士其歷官未詳是編前後無序跋惟凡例謂醫鏡之鐫駢車海內

今梓藥性仍以鏡名其載藥性分溫熱平寒爲四部名以儷語括其主治後附拾遺疏原滋生三賦以補所未備詞句鄙淺徒便記誦而已

醫學正傳八卷　浙江范懋柱家天一閣藏本

明虞摶撰摶字天民自號花溪恒德老人義烏人是書成於正德乙亥其學以朱震亨爲宗而參以張機孫思邈李杲諸家之說各選其方之精粹者次於丹溪要語之後復爲或問五十條以申明之

衛生集四卷　兩淮鹽政採進本

明周宏撰宏始末未詳前有正德庚辰宏自序復繫以五言律詩一章詞頗近俚其論外感法仲景內傷法東垣濕熱法河間雜病法丹溪尚屬持平之論然亦大畧如是未可執為定法也

萬氏家抄濟世良方六卷浙江巡撫採進本

明萬表編其孫邦孚增輯表有海寇議已著錄邦孚字汝永官都督僉事是編原本抄集古方分門別類凡五卷邦孚又益以經驗諸方及脈訣藥性共為六卷亦頗有可用之方至首載呂仙降乩贈

詩五首以美是書則語怪而不可訓矣

攝生衆妙方十一卷　兩淮鹽政採進本

明張時徹編時徹字維靜鄞縣人嘉靖癸未進士官至南京兵部尚書事迹附見明史張邦奇傳是編分四十七門標目繁碎自序云每見愈病之方輒錄而藏之蓋隨時抄集而成未爲賅備

急救良方二卷　兩淮鹽政採進本

明張時徹編分三十九門專爲荒村僻壤之中不諳醫術者而設故藥取易求方皆簡易不甚推究

脈證也

靈秘十八方加減一卷浙江巡撫採進本

舊本題德府良醫所良醫濟南胡嗣廉校編前有嘉靖十七年可泉子序云不知何人所輯則嗣廉但校正編次耳非所撰也其書以世人多用和劑局方不知加減之用因以此十八方各詳其因證加減之法以便於用然病機萬變相似者多但據證以加減藥味似非必中之道仍與執局方者等也十八方後又附補中益氣湯等四方共爲二十

二方亦不知何人所加或即嗣廉續入歟

心印紺珠經二卷（兩淮鹽政採進本）

明李湯卿撰湯卿不知何許人是書爲嘉靖丁未嘉興府知府趙瀛所校刊上卷曰原道統曰推運氣曰明形氣曰評脈法下卷曰察病機曰理傷寒曰演治法曰辨藥性曰十八劑融會諸家之說議論頗爲純正惟以十八劑爲主而欲以輕清暑火解甘淡緩寒調奪濕補平榮澀和溫數字該之未免失之拘泥

運氣易覽三卷 兩淮鹽政採進本

明汪機撰機有鍼灸問對已著錄是編取素問中五運六氣之說詳加辨論所衍各圖亦頗有發明然治病自以脈證爲主拘泥司天在泉終無當於經旨也

痘證理辨一卷附方一卷 兩淮鹽政採進本

明汪機撰前列諸家治痘方法後引浙中魏氏之說以辨之自序云嘉靖庚寅痘灾盛行因探索羣書見有論痘瘡者纂爲一編其論痘皆主於火然

瘧雖胎火之毒而虛實異禀則攻補異宜又多兼襍證不可拘以一說也

養生類要二卷 兩淮鹽政採進本

明吳正倫撰正倫字子叙自號春巖子歙縣人鄭若庸常爲作小傳則嘉靖中人也是書上卷載導引訣衛生歌及煉紅鉛秋石之法下卷分春夏秋冬諸證宜忌合用方法蓋兼涉乎道家之說者也

志齋醫論二卷 浙江范懋柱家天一閣藏本

明高士撰士字志齋鄞縣人是書作於嘉靖中上

卷專論痘疹下卷襍論陰陽六氣血脈虛實其說云今之醫者多非丹溪而偏門方書盛行則亦以朱氏爲宗者矣

經驗良方十一卷 通行本

明陳仕賢編仕賢字邦憲福清人嘉靖壬戌進士官至副都御史其書首載醫指脈訣藥性别爲一卷次爲通治諸病門如太乙紫金丹牛黄清心丸之類次分襍證五十二門皆抄錄舊方無所論說自序稱與通州醫官孫宇考定而成云

丹溪心法附餘二十四卷 內府藏本

明方廣撰。廣字約之，號古齋，休寧人。是書成於嘉靖丙申。因程用光所訂朱震亨《丹溪心法》贅列附錄，與震亨本法或相矛盾，乃削其附錄，獨存一家之言，別以諸家方論與震亨相發明者分綴各門之末。然均非震亨之原書矣。

避水集驗要方四卷 浙江巡撫採進本

明董炳撰。炳字文化，泗州人。是編以常用有驗之方分類裒輯，無所闡發。其所用之藥有積雪草者，本草所未詳特爲具其圖形述其功效然藥類至多惟在善用正無取乎搜羅新異自誇祕授也其以避水名者葢隆慶丙寅淮水決炳避居樓上以成是書末附柳應聘撰玉鶴翁傳一篇備載炳父相治醫事玉鶴相之自號故炳又號懐鶴云

上池䧺說一卷 編修程晉芳家藏本

明馮時可撰時可有左氏釋已著錄此乃其襍論醫學之書大意主於温補仲東垣而抑丹溪亦偏於一隅之見者也

傷寒指掌十四卷 浙江巡撫採進本

明皇甫中撰中字雲洲仁和人其書原本內經發明仲景立法之意於諸家議論獨推陶華第十三卷載節菴殺車槌法中識於後云先君菊泉與陶翁厥嗣廷桂善嘗得其所著傷寒瑣言及殺車槌法傳心之秘旨云云然節菴六書至今爲傷寒家所詬厲則此書抑可知也

鍼灸大全十卷 內府藏本

明楊繼洲編繼洲萬歷中醫官里貫未詳據其刊

板於平陽似即平陽人也是書前有巡按山西御史趙文炳序稱文炳得痿痺疾繼洲針之而愈因取其家傳衛生鍼灸元機秘要一書補輯刊刻易以今名

本朝順治丁酉平陽府知府李月桂以舊板殘缺復爲補綴其書以素問難經爲主又肖銅人像繪圖立說亦頗詳賅惟議論過於繁冗

醫學六要十九卷　浙江巡撫採進本

明張三錫撰三錫字叔承應天人是編成於萬歷

乙酉以醫學大端有六分別論列首四診法一卷次經絡考一卷次病機部二卷次本草選六卷次治法彙八卷次運氣畧一卷自謂博采羣書各彙其要然雜錄舊文無所折衷王肯堂敘以醫聖稱之過矣

删補頤生微論四卷　浙江巡撫採進本

明李中梓撰中梓字士材華亭人是編初稿定於萬歷戊午已刊板行世崇禎壬午又因舊本自訂之勤爲此編凡二十四篇曰三奇曰醫宗曰先天

曰後天曰辨妄曰審象曰宣藥曰運氣曰臟腑曰別證曰四要曰化源曰知機曰明治曰風土曰虛癆曰邪祟曰傷寒曰膚嗣曰婦科曰藥性曰醫方曰醫藥曰感應門類頗爲冗雜三奇論中兼及道書修煉如去三尸行呵吸等法皆非醫家本術也

雷公炮製藥性解六卷通行本

舊本題明李中梓撰凡金石部三十三種果部十八種穀部十一種草部九十六種木部五十七種人部十種禽獸部十八種蟲魚部二十六種每味

之下各有論案其稱雷公云者蓋采炮炙論之文別附於末攷宋雷斅炮炙論三卷自元以來久無專行之本惟李時珍本草綱目載之差詳是篇所采猶未全備不得冒雷公之名又江南通志載中梓所著書有傷寒括要內經知要本草通原醫宗必讀頤生微論凡五種獨無是書卷端太醫院訂正姑蘇文喜堂鐫補字亦坊刻炫俗之陋習殆庸妄書賈隨意裒集因中梓有醫名故託之耳

醫府秘方四卷　兩淮鹽政採進本

明劉應泰編應泰嘗爲魯王府侍醫其里貫未詳是書分福壽康寧四集首載五言贊一首以頌魯王其餘皆分類隸方亦罕奇秘未載延生勸世等箴尤與醫藥無關前有萬歷甲午魯王序考明史諸王傳魯荒王檀八世至敬王壽鏳於萬歷二十二年嗣封是年歲在甲午益即壽鏳故其序自稱魯王八代孫也

普門醫品四十八卷附醫品補遺四卷浙江巡撫採進本

明王化貞撰化貞字肖乾諸城人萬歷癸丑進士

官至僉都御史巡撫遼東以僨事伏誅事迹附見明史熊廷弼傳是編摘錄本草綱目諸方參以諸家論述詳列病證分類彙編每門冠以總論但有證候而不載診法其凡例謂是書爲不知醫者設然望聞問切猶或審證未真用藥多舛况舍脈而論方則虛實寒熱之相似者其誤必多執影響之見而苟冀一效其貽誤封疆亦此學問矣

孫氏醫案五卷　浙江巡撫採進本

明孫泰來孫明來同編二人皆休寧孫一奎之子

是編即所輯一峯醫案也凡三吳治驗二卷新都治驗二卷宜興治驗一卷不分證而分地蓋以治之先後爲次一峯深究醫理其議論多見於赤水元珠醫旨緒餘皆已著錄是編宗旨具載二書之中且旁文多於正論亦爲冗漫蓋大意主於標榜醫名而不主於發揮醫理也

河間六書二十七卷通行本

明吳勉學編勉學字肖愚歙縣人是編裒輯金劉完素之書凡原病式一卷宣明論十五卷保命集

三卷傷寒醫鑑一卷傷寒直格三卷傷寒標本二卷附傷寒心要傷寒心鏡各一卷名爲六書實八書也其中多非完素所作已分别各著於錄今存其總目於此以不没勉學綴輯刊刻之功焉

折肱漫錄六卷兩淮鹽政採進本

明黄承昊撰承昊字履素號闇齋秀水人黄洪憲之子也萬歷丙辰進士官至福建按察使承昊體羸善病因參究醫理疏其所得以著是書分養神養氣醫藥三門其論専主於補益未免一偏

運氣定論一卷 浙江巡撫採進本

明董說撰。說有易發，已著錄。是編凡四論、八圖，辨素問所論運氣，當在六元正紀大論，原文久佚，故晉皇甫謐作甲乙經，隋全元起註素問，皆云亡失。唐王冰始私採陰陽大論七篇成之，詭云秘藏舊本。劉守眞、楊子建遞變其說，亦皆乖謬。因著此書以闢之。定以六氣爲經，五運爲緯，氣靜運動，上下周流，天始於甲，地始於子，數窮六十，循環無端。其說甚辨。然運氣之主病，猶之分野之占天，以爲不

驗亦有時而中以爲必驗又有時不然天道遠人事邇治病者求之望聞問切參以天時地氣亦足得其槩矣正不必辨無證無形之事也

針灸聚英四卷兩淮鹽政採進本

明高武撰武始末未詳是書以經絡穴類聚爲一卷各病取穴治法爲一卷諸論針艾法爲一卷各歌賦爲一卷凡諸書與素問難經異同者取其同而論其異故以聚英名書其所蒐采惟銅人明堂子午及竇氏流注等書餘皆不錄

鍼灸節要三卷 兩淮鹽政採進本

明高武撰是書以難經素問爲主難經首取行鍼補瀉次取井滎俞經合次及經脈素問首九鍼次補瀉次諸法次病刺次經脈空穴俱顛倒後先於經文多所割裂

簡明醫彀八卷 內府藏本

明孫志宏撰志宏字台石杭州人是書卷首冠要言一十六則議論亦平正其餘按門列方淺顯易解然未能盡醫道之變化也

金鎞秘論十二卷 兩淮鹽政採進本

舊本題梁谿流寓李藥師撰不知何許人自序稱唐李靖以三等法教士故亦以三等法治病藥師之稱適符靖字殆亦寓名歟其書分十二門皆論醫目之法故曰金鎞蓋取佛書金鎞刮眼之義也

扁鵲指歸圖一卷 兩淮鹽政採進本

不著撰人名氏以脈證形色編爲歌括以便記誦蓋坊市俗醫所爲

證治大還四十卷 浙江巡撫採進本

國朝陳治撰治字三農華亭人是書凡診視近纂二卷藥經近考二卷濟陰近編四卷幼幼近編四卷醫學近編二十卷傷寒近編前集四卷後集四卷前有喻昌及治自序治自謂五世業醫所著書有璜溪醫約解醫師寤言外臺秘典脈藥驪珠各種皆斟酌盡善擇其近要者付之梨棗然是書雜錄諸家議論證治門類繁碎殊少折衷

馬師津梁八卷 浙江巡撫採進本

國朝馬元儀撰元儀蘇州人是編前有雍正壬子汪

濂夫序稱元儀受學於雲間李士材西昌喻嘉言士材李中梓之字嘉言喻昌之字二人皆

國初人則元儀著書當在康熙初矣其曰馬師津梁者蓋元儀門人姜思吾傳其抄本濂夫追題此名非其本目也所論多原本舊文大抵謹守繩尺不敢放言高論亦不能有所發明所載諸方或與所論不甚符如中風一門既知病本內虛不屬外邪而附方仍多驅風滌痰一切峻利之藥知其亦見寒醫寒見熱醫熱隨時補救之技非神明其意運

用自如者矣

張氏醫通十六卷 浙江巡撫採進本

國朝張璐撰璐字路玉號石頑吳江人是編取歷代名家方論彙次成編門類先後悉依王肯堂證治準繩方藥主治多本薛己醫案張介賓景岳全書而以己意參定之凡古來相傳之說稍有晦滯者皆削不錄其辭氣未暢者皆潤色發揮務闡其意康熙乙酉

聖祖仁皇帝南巡璐子以柔以璐所著本經逢原診宗三

昧傷寒纘緒論及此書彚輯恭進得
旨留覽考璐自序是書初名醫歸未及刊行佚其目科痘
疹二冊晚年命其子以倬重輯目科治例以柔重
輯痘疹心傳補成完帙改題此名時韓氏醫通已
久行於世璐書名與相複自序謂元氏集名長慶
白氏集亦名長慶未嘗混也今刊本題張氏醫通
葢亦以别於韓氏云

傷寒纘論二卷緒論二卷 浙江巡撫採進本

國朝張璐撰取張機傷寒論重分其例采喻昌尚論

篇及各家之注爲之發明而參以己見是曰纘論又以原書殘佚既多證治不備博搜前人之論以補之是曰緒論纘論先載原文次附注釋末錄正方一百十三首緒論首載六經傳變合病併病標本治法及正傷寒以下四十證又分别表裏如發熱頭痛結胸自利之類末錄雜方一百二十餘道其醫通十六卷內諸證畢備不立傷寒一門自序謂先有此二書别行故不復衍也康熙甲寅林起龍刻方有執傷寒論條辨其序有曰鈐槌活人類

證者出而斯道日茅塞矣近之準繩金鎞續焰叅註宗印圖經緒論五法手援諸刻衍奇鬭異弔詭承訛逞意簧鼓任口杜撰如狂犬吠如野狐鳴又曰更可異者本無一長又未夢見條辨止將尚論篇割裂紛更稱續論者譬之推糞蜣蜋自忘其臭此書必不能傳卽傳不過供人笑罵塗抹云云其詆諆是書不遺餘力然亦不至如是之甚也

本經逢原四卷　浙江巡撫採進本

國朝張璐撰其書以神農本經爲主而加以發明兼

及諸家治法部分次第悉依李氏本草綱目而疏通大義較爲明顯自序云瀕湖博洽今古尚爾舍本逐末僅以本經主治冠列於首以爲存羊之意繆氏仲淳開鑿經義迥出諸家之上而於委曲難明之處則旁引別錄等說疏作經言未免朱紫之混蓋時珍書多主考訂雍書頗喜博辨璐書則惟取發明性味辨別功過使制方者易明云

診宗三昧一卷 浙江巡撫採進本

國朝張璐撰是書專明脈理首宗旨次醫學次色脈

次脈位次脈象次經絡次師傳次口問次逆順次異脈次婦人次嬰兒其醫學篇有云王氏脈經全氏太素多拾經語溷廁雜說於中偶一展卷不無金屑入眼之憾他如紫虛四診丹溪指掌攖寧樞要瀕湖脈學士材正眼等要皆刻舟求劍案圖索驥之說夫得心應手之妙如風中鳥迹水上月痕苟非智慧辨才悪能測其微於一毫端上哉其言未免太自詡也

石室祕籙六卷（大學士英廉購進本）

國朝陳士鐸撰士鐸字遠公山陰人是書托名岐伯所傳張機華佗等所發明雷公所增補凡分一百二十八法議論詭異所列之方多不經見稱康熙丁卯遇岐伯諸人於京都親受其法前有岐伯序自題中清殿下宏宣秘籙無上天大帝真君又有張機序自題廣蘊真人方術家固多依托然未有怪妄至此者亦拙於作偽矣

李氏醫鑑十卷續補二卷 內府藏本

國朝李文來編文來字昌期婺源人初休寧汪桓作

醫方集解本草備要二書淺顯易明頗行於世康熙丙子文來撮合兩書條分縷析分類排纂以成是書名曰李氏醫鑑實則汪氏書也又以襍證及傷寒有未備者更輯為續補二卷末附桓所作三焦命門辨一篇稱醫鑑成請正於桓詳校差訛玉成完璧更授以是篇附刻卷末則文來輯是書時桓尚無恙與所手定無異矣

醫學彙纂指南八卷安徽巡撫採進本

國朝端木縉撰縉字儀標當塗人是書成於康熙丁

亥摘取古今醫書薈萃成帙每病之下先詳脈理次病因次現證次治法頗爲明析惟於素問五運六氣拘執過甚未免失於泥古又第七卷所列醫案惟載近人治驗而古法一槩不錄雖醫貴因時又不免局於目見矣

濟陰綱目十四卷大學士英廉家藏本

國朝武之望撰汪淇箋釋之望字叔卿自署關中人淇字澹漪一字右子錢塘人是書所分門目與證治準繩之女科相同文亦全相因襲非别有所發

明蓋卽王肯堂書加以評釋圈點以便檢閱耳

保生碎事一卷 大學士英廉家藏本

國朝汪淇撰是書又名濟陰慈幼外編錄小兒墮地時至七日內醫療之事如拭口斷臍浴兒稀痘各法寥寥數則大約取其便於檢用非保嬰之全書也卷末一條云隨有濟陰綱目及慈幼綱目卽鐫行則是書之成猶在濟陰綱目之前其慈幼綱目自謂卽證治準繩之幼科加以評釋今未見其本

釋骨一卷 浙江巡撫採進本

國朝沈彤撰彤有周官祿田考已著錄是編取內經所載人身諸骨參以他書所說臚而釋之中間多所辨正如謂經筋篇足少陽之脈循耳後上額角額字乃頭字之訛謂曲角之角經文刊本皆誤作周據氣府論注改定謂頷字說文作顄與頤同訓顄盍自口內言之若從口外言則兩旁爲頷頷前爲頤兩不相假故內經無通稱者謂或骨之或乃古域字引說文爲證謂齒數奇當爲牡偶當爲牝說文玉篇並以牙爲牡齒恐誤謂曲牙二穴俠口

旁四分王冰以爲頰車穴恐非經意謂高骨遍指脊骨不專指命門穴上一節謂膺中有六穴穴在骨間則骨當有七謂張介賓誤以脇下爲骸謂骺骨即肩端骨謂經脈篇斜下貫胛之胛乃胂字之訛謂本腧篇肘內大骨內字乃外字之訛掌後兩骨骨字乃筋字之訛謂掌後兌骨非手髁謂壅骨在魚際旁寸口前非掌後高骨謂楗即髀骨之直者謂骨空論頰下爲輔下字乃上字之訛謂刺腰痛論成骨在膝外廉膝字乃䯒字之訛其考證皆

極精核非惟正名物之舛並可以糾針砭之謬已載入所著果堂集此其別行之本序稱爲吳文球講明經穴而作則其本旨以談醫而起今附存其目於醫家焉

醫學求真錄總論五卷 江西巡撫採進本

國朝黃宮繡撰宮繡宜黃人是書成於乾隆庚午據其凡例稱嘗著醫學求真錄十六卷別鈔其篇首總論勒爲五卷以標明其宗旨議論亦明白易解然不無臆脫如論風土不齊而云西北人不可溫

補則未免膠柱而鼓瑟矣

成方切用十四卷 浙江巡撫採進本

國朝吳儀洛撰儀洛字遵程海鹽人此書爲其醫學述之第四種取古今成方一千三百餘首本經按證加以論斷卷首載內經一十二方第一卷至第十二卷每卷各有上下分治氣理血補養濇固表散湧吐攻下消導和解表裏祛風祛寒消暑燥濕潤燥瀉火除痰殺蟲經帶胎產嬰孩癰瘍眼目救急凡二十四門卷末載勿藥元詮七十四條大旨

謂古方不宜今用故所錄皆切於時用之方凡例於汪桓醫方集解頗有微詞然桓書淺畧亦可無庸掊擊也

傷寒分經十卷 浙江巡撫採進本

國朝吳儀洛撰此書爲其醫學述之第五種取喻嘉言所撰尚論篇重爲訂正凡太陽經三篇陽明經三篇太陰經一篇少陰經二篇厥陰經一篇春溫三篇夏熱一篇脈法二篇諸方一篇補卒病論一篇秋燥一篇共十有九篇

醫貫砭二卷　江蘇巡撫採進本

國朝徐大椿撰。大椿有神農本草百種錄，已著錄。初明趙獻可作醫貫，發明薛氏醫案之說，以命門真水真火爲主，以八味丸、六味丸二方通治各病。大椿以其偏駁，作此書闢之。攷八味丸卽金匱要畧之腎氣丸，本後漢張機之方。後北宋錢乙以小兒純陽，乃去其肉桂、附子，以爲幼科補劑，名六味丸。至明太醫院使薛己，始專用二方爲補陽補陰要藥，每加減以治諸病。其於調補虛損，未嘗無效。獻可傳其緒論而過於主持遂盡廢古人之經方殆如執誠意正心以折衝禦侮理雖相貫事有不行大椿攻擊其書不爲無理惟詞氣過激肆言辱詈一字一句索垢求瘢亦未免有傷雅道且獻可說不能多驗今其書已不甚行亦不必如是之詬爭也

臨證指南醫案十卷　浙江巡撫採進本

國朝葉桂撰桂字天士吳縣人以醫術名於近時然生平無所著述是編乃門人取其方藥治驗分門

別類集爲一書附以論斷未必盡桂本意也

得心錄一卷兵部侍郎紀昀家藏本

國朝李文淵撰文淵有左傳評已著錄是編皆所製新方前有自題云古方不能盡中後人之病後人不得盡泥古人之法故名曰得心錄凡十九方其敝參膏四方按應補之證委曲調劑以他藥代之爲貧不能具參者計雖未必果能相代然其用志可尚也

傷寒論條辨續註十二卷大學士英廉購進本

國朝鄭重光撰重光字在辛歙縣人明萬歷中方有執作傷寒論條辨號爲精審後喻昌因之作尚論篇張璐因之作傷寒纘論程嘉倩因之作後條辨互有發明亦各有出入然諸書出而方氏之舊本遂微重光爲有執之里人因取條辨原本刪其支詞復旁參喻昌等三家之說以已意附益之名曰續註卷首仍題執中之名不忘所本之意也

醫津筏一卷通行本

國朝江之蘭撰之蘭字含微歙縣人是書凡十四篇

每篇以內經數語爲主而分條疏論於其後

四聖心源十卷編修周永年家藏本

國朝黃元御撰四聖者黃帝岐伯秦越人張機也元御於素問靈樞難經傷寒論金匱玉函經五書已各爲之解復融貫其旨以爲此書其文極爲博辨而詞勝於意者多

四聖懸樞四卷編修周永年家藏本

國朝黃元御撰是書謂寒疫溫疫痘病疹病皆由於歲氣世皆以小兒之痘爲胎毒非也若能因其將

發而急表散之則痘可以不出其說爲宋以來所
未有夫痘病之發每一時而遍及遠近且輕則大
槩皆輕重則大槩皆重則謂爲歲氣亦非無理然
究由胎毒伏於內歲氣感於外相觸而發必謂不
係胎毒何以小兒同感歲氣而未出痘者乃病痘
已出痘者不病痘乎是又未可舉一廢百也

素靈微藴四卷（編修周永年家藏本）

國朝黃元御撰其書以胎化藏象經脈營衛藏候五
色五聲問法診法醫方爲十篇又病解十六篇多

附以醫案其說詆訶歴代名醫無所不至以錢乙爲悖謬以李杲爲昏蒙以劉完素朱震亨爲罪孽深重擢髮難數可謂之善罵矣

玉楸藥解四卷 編修周永年家藏本

國朝黄元御撰玉楸者元御别號也是書謂諸家本草其議論有可用者有不可用者乃别擇而爲此書大抵高自位置欲駕千古而上之故於舊說多故立異同以矜獨解

脈因證治八卷 浙江巡撫採進本

不著撰人名氏其書按四時氣候詳列諸病先脈次因次證次治頗有條理而分屬處未免牽强如霍亂泄瀉屬夏三月傷寒屬冬三月已爲拘滯至於以顛狂驚癇痔漏脫肛分屬冬夏益爲無說矣春三月之證分別真陰元陰真陽元陽其意主先後天立說亦牽合不能了了按元朱震亨有脈因證治一書

國朝喻昌嘗惜其不行說見所撰寓意草是書卷首無序後有嘉禾石氏一跋稱岐黃家久奉爲枕秘

因訛脫甚多借得藏書家善本校錄似乎即震亨之書然所載各方如左歸丸右歸丸之類皆出自張介賓景岳全書而亦以古方目之知其斷非震亨所著矣

附錄

水牛經三卷永樂大典本

舊本題唐造父撰造父未詳何許人原序有云唐則天垂拱二年八月收得水牛有病證造父奏言水牛與黃牛形貌相同治法不等若依黃牛用藥

誤矣造父別立醫書共四十五證有方有論並無差誤矣其詞俚陋葢方技家聞古有善御之造父誤以爲唐人而託之也

安驥集三卷（永樂大典本）

不著撰人名氏前有僞齊劉豫時刋書序曰尚書兵部阜昌五年準內降付下都省奏朝散大夫尚書戸部郎中馮長寧等劄子成忠郎皇城司准備差遣盧元賓進呈司牧安驥集方四冊奉齊旨可看詳開印施行長寧等竊謂國家乘宋後不得已

而用兵故遣官市馬於隴右詔修馬政始命有司看詳司牧安驥集方開印以廣其傳云云詳其序意則舊有此書僞齊刊之耳凡病各有圖藥方附末其所載王良百一歌及伯樂畫烙圖十二經絡圖馬師皇五臟論八邪論大抵方技依托之言然其來則已久矣

類方馬經六卷 兩江總督採進本

不著撰人名氏首有刑部員外郎姚江舒春序稱太監錢公總掌御馬監命本監中官之善於馬者

取馬經舊本參以羣書日加考訂究脈絡鍼穴之源委校經方藥石之君臣極歌訣之周盡方術之備又增馬援所進銅馬表銅馬相法及騰駒牧養法諸條書成命壽諸梓云云考太學題名碑成化已丑有進士舒春武功衛人則所謂太監錢公者當即憲宗朝之錢能也

司牧馬經痊驥通元論六卷 浙江范懋柱家天一閣藏本

舊本題東原獸醫卞管勾集注有三十九論四十六說於馬之病源治訣簡明賅備前有正德元年

陝西苑馬寺卿太原車霆序明史藝文志不著錄惟高儒百川書志有之卷帙與此本合所謂卞管勾者其名則不可考矣

療馬集四卷附錄一卷（內府藏本）

明喻仁喻傑同撰仁傑皆六安州馬醫其書方論頗簡明附錄一卷則醫駝方也

痊驥集二卷（永樂大典本）

不著撰人名氏前載通元三十九論病分五臟治之各有方論復附雜病諸方今世療馬之劑其源

大畧皆本此

右醫家類九十四部六百八十一卷附錄六部二十五卷皆附存目

欽定四庫全書總目 子部

卷一百六

# 欽定四庫全書總目卷一百六

## 子部十六

### 天文算法類

三代上之制作類非後世所及惟天文算法則愈闡愈精容成造術顓頊立制而測星紀閏多述帝堯在古初已修改漸密矣洛下閎以後利瑪竇以前變法不一泰西晚出頗異前規門戶搆爭亦如講學然分曹測驗具有實徵終不能指北爲南移昏作曉故攻新法者至

國初而漸解焉

聖祖仁皇帝御製數理精蘊諸書妙契天元精研化本於中西兩法權衡歸一垂範億年海宇承流遞相推衍一時如梅文鼎等測量撰述亦具有成書故言天者至於

本朝更無疑義今仰遵

聖訓考校諸家存古法以溯其源秉新制以究其變古來疏密釐然具矣若夫占驗禨祥率多詭說鄭當再火裨竈先誣舊史各自為類今亦別入之術

數家惟算術天文相爲表裏明史藝文志以算術入小學類是古之算術非今之算術也今核其實與天文類從焉

周髀算經二卷音義一卷（永樂大典本）

案隋書經籍志天文類首列周髀一卷趙嬰注又一卷甄鸞重述唐書藝文志李淳風釋周髀二卷與趙嬰甄鸞之注列之天文類而歷算類中復列李淳風注周髀算經二卷蓋一書重出也是書內稱周髀長八尺夏至之日晷一尺六寸蓋髀者股

也於周地立八尺之表以爲股其影爲勾故曰周髀其首章周公與商高問答實勾股之鼻祖故

御製數理精蘊載在卷首而詳釋之稱爲成周六藝之遺文榮方問於陳子以下徐光啓謂爲千古大愚今詳考其文惟論南北影差以地爲平遠復以平遠測天誠爲臆說然與本文已絕不相類疑後人傳說而誤入正文者如夏小正之經傳參合傳崧卿未訂以前使人不能讀也其本文之廣大精微者皆足以存古法之意開西法之源如書內以璇璣

一晝夜環繞北極一周而過一度冬至夜半璇璣起北極下子位春分夜半起北極左卯位夏至夜半起北極上午位秋分夜半起北極右酉位是爲璇璣四游所極終古不變以七衡六間測日躔發歛冬至日在外衡夏至在內衡春秋分在中衡當其冬至日在外衡間爲節氣亦終古不變古蓋天之學此其遺法蓋渾天如毬寫星象於外人自天外觀天蓋天如笠寫星象於內人自天內觀天笠形半圓有如張蓋故稱蓋天合地上地下兩半圓

體即天體之渾圓矣其法失傳已久故自漢以迄元明皆主渾天明萬歷中歐邏巴人入中國始別立新法號爲精密然其言地圓即周髀所謂地法覆槃滂沱四隤而下也其言南北里差即周髀所謂北極左右夏有不釋之冰物有朝生暮穫中衡左右冬有不死之草五穀一歲再熟是爲寒暑推移隨南北不同之故春分至秋分極下常有日光秋分至春分極下常無日光是爲晝夜永短隨南北不同之故也其言東西里差即周髀所謂東方

日中西方夜半西方日中東方夜半晝夜易處如四時相反是爲節氣合朔如時早晚隨東西不同之故也又李之藻以西法製渾蓋通憲展晝短規使大於赤道規一同周髀之展半衡使大於中衡其新法算書述第谷以前西法三百六十五日四分日之一每四歲之小餘成一日亦即周髀所謂三百六十五日者三三百六十六日者一也西法多出於周髀此皆顯証特後來測驗增修愈推愈密耳明史歷志謂堯時宅西居昧谷疇人子弟散

入遐方因而傳爲西學者固有由矣此書刻本脫誤多不可通今據永樂大典內所載詳加校訂補脫文一百四十七字改訛舛者一百一十三字刪其衍複者十八字舊本相承題云漢趙君卿注其自序稱爽以暗蔽注內屢稱爽或疑爲爽未之前聞蓋即君卿之名然則隋唐志之趙嬰殆即趙爽之訛歟注引靈憲乾象則其人在張衡劉洪後也舊有李籍音義別自爲卷今仍其舊書內凡爲圖有五而失傳者二訛舛者一謹據正文及注爲之

補訂古者九數惟九章周髀二書流傳最古故訛誤亦特甚然溯委窮源得其端緒固術數家之鴻寶也

新儀象法要三卷 內府藏本

宋蘇頌撰頌字子容南安人徙居丹徒慶歷二年進士官至右僕射兼中書門下侍郎累爵趙郡公事蹟具宋史本傳是書爲重修渾儀而作事在元祐間而尤袤遂初堂書目稱爲紹聖儀象法要宋藝文志有儀象法要一卷亦注云紹聖中編蓋其

書成於紹聖初也案本傳稱時别製渾儀命頌提舉頌既邃於律算以吏部令史韓公廉有巧思奏用之授以古法爲臺三層上設渾儀中設渾象下設司辰貫以一機激水轉輪不假人力時至刻臨則司辰出告星辰躔度所次占候測驗不差晷刻晝夜晦明皆可推見前此未有也葉夢得石林燕語亦謂頌所修制造之精遠出前古其學略授冬官正袁惟幾今其法蘇氏子孫亦不傳云云案書中有官局生袁惟幾之名與燕語所記相合其説

可信知宋時固甚重之矣書首列進狀一首上卷自渾儀至水趺共十七圖中卷自渾象至冬至曉中星圖共十八圖下卷自儀象臺至渾儀圭表共二十五圖圖後各有說蓋當時奉勅撰進者其列璣衡制度候視法式甚爲詳悉南宋以後流傳甚稀此本爲明錢曾所藏後有乾道壬辰九月九日吳興施元之刻本於三衢坐嘯齋字兩行蓋從宋槧影摹者元之字德初官至司諫嘗注蘇詩行世此書卷末天運輪等四圖及各條所附一本云云

皆元之據别本補入校核殊精而曾所抄尤極工緻其撰讀書敏求記載入是書自稱圖樣界畫不爽毫髮凡數月而後成楮墨精妙絕倫不數宋本良非誇語也我

朝儀器精密夐絕千古須所創造固無足輕重而一時講求制作之意頗有足備參考者且流傳秘冊閱數百年而摹繪如新是固宜爲寶貴矣

六經天文編二卷 直隷總督採進本

宋王應麟撰應麟有鄭氏周易注已著錄是編裒

六經之言天文者以易書詩所載爲上卷周禮禮記春秋所載爲下卷三代以上推步之書不傳論者謂古法疎而今法密如歲差里差之辨皆聖人所未言晉虞喜始知歲差唐人作覆矩圖始知地有東西南北里差然堯典豳風月令左傳國語所言星辰前後已相差一次是歲差之法可卽是例推周禮土圭之法日南景短日北景長日東景夕日西景朝是里差之法亦可卽是而見六經所載未始非推步之根特古文簡約不能如後世推演

詳密耳此編雖以天文爲名而不專主於星象凡陰陽五行風雨以及卦義悉彙集之採錄先儒經說爲多義有未備則旁涉史志以明之亦推步家所當考證也宋史藝文志作六卷至正四明續志作二卷今此書分上下二編則二卷爲是

國朝吉水李振裕補刊玉海序稱應麟著述逾三十種已刻者玉海附詞學指南又有遺書十三種自詩考至通鑑答問共五十餘卷板皆朽蝕悉爲補刊之是編亦與焉此本前後無序跋紙墨甚舊蓋

猶至元六年王俊孫所刊也

原本革象新書五卷永樂大典本

不著撰人名氏宋濂作序稱趙緣督先生所著先生鄱陽人隱遯自晦不知其名若字或曰名敬字子恭或曰友欽弗能詳也王禕嘗刊定其書序稱名友某字子公其先於宋有屬籍攷宋史宗室世系表漢王房十二世以友字聯名書中稱歲策加減法自至元辛巳行之至今其人當在郭守敬後時代亦合然語出傳聞未能確定都卬三餘贅筆

稱嘗見一雜書云先生名友欽字敬夫饒之德興人其名敬字子恭及字子公者皆非亦不言其何所本唯其爲趙姓則灼然無疑也其書自王禕刪潤之後世所行者皆禕本趙氏原本遂佚惟永樂大典所載與禕本參校互有異同知姚廣孝編纂之時所據猶爲舊帙禕序頗譏其蕪冗鄙陋然術數之家主於測算未可以文章工拙相繩又禕於天文星氣雖亦究心而儒者之兼通終不及專門之本業故二本所載亦互有短長並錄存之亦足

以資參考其中如日至之景一條周髀謂夏至日值內衡冬至值外衡中國近內衡之下地平與內衡相際於寅戌外衡相際於辰申二至長短以是爲限其寒暑之氣則以近日遠日爲殊而此書謂日之長短由於日行之高低氣之寒暑由於積氣之多寡天周歲終一條天左旋其樞名赤極日右旋其樞名黄極經星亦右旋宗黄極以成歲差而此書謂天體不可知但以經星言之左旋謂自東而西南北不移右旋謂自西而東南北有出入截

然殊致而此書謂如艮爲二焉爲不及艮一週遭則復遇一處日道歲差一條歲差由於經星右旋凡考冬至日躔某星幾度幾分爲一事至授時法所立加減謂之歲實消長與恒氣冬至定氣冬至又爲一事迥乎不同而此書合而一之又天地正中一條日中天則形小出地入地則形大乃蒙氣之故而此書謂天頂遠而四旁近又南北度必測北極出地東西度必測月食時刻別無他術而此書欲以北極定東西之偏正以東西景定南北之

偏正地域遠近一條地球渾圓隨處皆有天頂而此書拘泥舊說謂陽城爲天頂之下又元史所記南北海晝夜刻數各有盈縮而此書謂南方晝夜長短不較多又時刻由赤道度而景移在地平故早晚景移遲近午景移疾愈南則遲者愈遲疾者愈疾而此書謂偏西則早遲而晚疾偏東則早疾而晚遲月體半明一條凡日月相望必近交道乃入闇虛遠於交道則地不得而掩之而此書謂隔地受光如吸鐵之石其論皆失之疏舛他如以月

孛之孛爲彗孛之孛謂地上之天多於地下之天謂黃道歲歲不由舊路謂月駁爲山河影謂月食爲受日光多陽極反亢謂日月圓徑相倍謂闇虛非地影或拘泥舊法或自出新解於測驗亦多違失然其覃思推寛頗亦發前人所未發於今法爲疎於古法則爲巳密在元以前談天諸家猶爲實有心得者故於訛誤之處並以今法加案駁正而仍存其說以備一家之學焉

重修革象新書二卷 浙江范懋柱家天一閣藏本

明王禕刪定元趙氏本也禕有大事記續編已著錄是書併趙氏原本五卷爲二一卷前有禕自序稱原書涉於蕪冗鄙陋反若昧其指意之所在因爲之纂次削其支離證其訛舛釐其次等挈其要領云云今以原書相校其所潤色者頗多刋除者亦復不少然於改定之處不加論辨使觀者莫能尋其增損之迹以究其得失之由又其中舛謬之處亦未能芟除淨盡特其字句之蕪累一經修飾斐然可觀抑亦善於黜竄者矣平心而論原本詞雖

稍沓而詳贍可考改本文雖頗畧而簡徑易明各有所長未容偏廢故今仿新舊唐書之例並著於錄焉

七政推步七卷　浙江范懋柱家天一閣藏本

明南京欽天監監副貝琳修輯即焦竑國史經籍志載瑪沙伊赫原作馬沙亦黑今改正之回回歷也考明史歷志回回歷法乃西域默德訥原作默狄納今改正國王瑪哈穆特原作馬哈麻今改正所作元時入中國而未行洪武初得其書於元都十五年命翰林李翀吳伯宗同

回回大師瑪沙伊赫等譯其書遂設回回歷科隷
欽天監而貝琳自跋又稱洪武十八年遠夷歸化
獻土盤法預推六曜干犯名曰經緯度時歷官元
統去土盤譯爲漢筭而書始行於中國與史所載
頗不合案書中有西域歲前積年至洪武甲子歲
積若干筭之語甲子爲洪武十七年其時書已譯
行則琳之說非也其書首釋用數次曰躔次月離
次五星求法并太陰出入時刻淩犯五星恒星度
分末載日食月食筭術餘皆立成表其法以隋開

皇巳未歲爲歷元不用閏月以白羊金牛等十二宮爲不動之月以一至十二大小月爲動月各有閏日所推交食之分寸晷刻雖亦時有出入而在西域術中視九執萬年二歷實爲精密梅文鼎勿菴歷算書記曰回回歷法刻於貝琳其布立成以太陰年而取距算以太陽年巧藏根數雖其子孫隷臺官者弗能知然回歷卽西法之舊率泰西本回歷而加精耳亦公論也明一代皆與大統歷參用明史頗述其立法大畧然此爲原書更稱詳晰

惟其法本以土盤布算用本國之書明初譯漢之後傳習頗寡故無所校讎訛脫尤甚今以兩本互校著之於錄用存術家之一種而補明史所未備焉

聖壽萬年歷八卷附律歷融通四卷浙江巡撫採進本

明朱載堉撰載堉有樂書已著錄明史歷志曰明之大統歷實即元之授時承用二百七十餘年未嘗改憲成化以後交食往往不驗議改歷者紛紛如俞正已冷守中不知妄作者無論已而華湘周

濂李之藻邢雲路之倫頗有所見鄭世子載堉撰律歷融通進聖壽萬年歷其說本之南京都御史何瑭深得授時之意而能匡所不逮臺官泥於舊聞當事憚於改作並格不行云云卽指此二書也其書進於萬歷二十三年疏稱授時大統二歷考古則氣差三日推今卽時差九刻蓋因授時減分太峻失之先天大統不減失之後天因和會兩家酌取中數立爲新率編撰成書其步發斂步朔閏步晷漏步交道步五緯諸法及歲餘日躔漏刻日

食月食五緯諸議史皆詳採之蓋於所言頗有取也今觀其書雖自行所見齗齗而爭不免有主持太過之處其測驗亦未必過郭守敬等之精然史載崇禎二年以日食不驗切責監官五官正戈豐年言郭守敬以至元十八年造歷越十八年爲大德三年八月巳當食不食六年六月又食而失推是時守敬方知院事亦付之無可奈何況斤斤守法者哉今若循舊向後不能無差則當時司歷之人巳自有公論無怪載堉等之攻擊不巳也況其

書引據詳明博通今古原原本本實有足資考證者又不得以後來實測之密遂一切廢置矣載堉數學史稱本之何瑭瑭其舅氏也而載堉進疏乃稱本之許衡蓋恐瑭在同時不爲徵信故託衡以重其書耳

古今律歷考七十二卷 浙江巡撫採進本

明邢雲路撰雲路字士登安肅人萬歷庚辰進士官至陝西按察司副使是書詳於歷而畧於律七十二卷中言律者不過六卷亦罕所發明惟辨黄

鍾三寸九分之非頗爲精當而編在歷代日食之後步氣朔之前不知何意歷法六十六卷則自六經以下迄於明代大統歷一一考訂其論周改正卽改月大抵本於張以寧春王正月考惟於書惟元祀十有二月則指爲建丑之月謂商雖以丑爲正而紀數之月仍以寅爲首與春王正月考之說不同然均之改正而於周則云改月於殷則云不改月究不若張以寧說之爲允也六十五卷中有駁授時歷八條駁大統歷七條其駁大統歷謂斗

指析木日躔娵訾非天星分野之次乃月辰所臨之名而大統歷乃以天星次舍加為地盤月建殊襲趙緣督之誤又謂授時歷至元辛巳黃道躔度十二交宮界郭守敬所測至今三百餘年冬至日躔已退五度則宜新改日躔度數而大統歷乃用其十二宮界不合歲差又謂大統歷廢授時消長之法以至中節相差九刻蓋雲路工於推筭多創新術大統為當時見行之歷故辨之尤力又大統僅廢授時消長一術其餘多所承襲故因而并及

授時也梅文鼎勿菴歷算書記曰從黃俞邰借讀邢觀察古今律歷考驚其卷帙之多然細考之則於古法殊略所疏授時法意亦多未得其旨又曰邢氏書但知有授時而姑援經史以張其說古歷之源流得失未能明也無論西術矣是文鼎於雲路此書蓋有未滿然推步之學大抵因已具之法而更推未盡之奧前人智力之所窮正後人心思之所起故其術愈闡愈精後來居上雲路值歷學壞敝之時獨能起而攻其誤其識加人一等矣創

始難工亦不必定以未密譏也

乾坤體義二卷 兩江總督採進本

明利瑪竇撰利瑪竇西洋人萬歷中航海至廣東是爲西法入中國之始利瑪竇兼通中西之文故凡所著書皆華字華語不煩譯釋是書上卷皆言天象以人居寒煖爲五帶與周髀七衡說畧同以七政恒星天爲九重與楚詞天問同以水火土氣爲四大元行則與佛經同佛經稱地水風火至以地即土風即氣也日月地影三者定薄蝕以七曜地體爲比例倍數

日月星出入有映蒙則皆前人所未發其多方罕
譬亦委曲詳明下卷皆言算術以邊線面積平圓
撱圜互相容較亦足以補古方田少廣之所未及
雖篇帙無多而其言皆驗諸實測其法皆具得變
通可謂詞簡而義賅是以
御製數理精蘊多採其說而用之當明季歷法乖舛之餘
鄭世子載堉邢雲路諸人雖力爭其失而所學不
足以相勝自徐光啟等改用新法乃漸由疏入密
至

本朝而益爲推闡始盡精微則是書固亦大輅之椎輪矣

表度說一卷 兩江總督採進本

明萬歷甲寅西洋人熊三拔撰三拔有泰西水法已著錄是書大旨言表度起自土圭今更創爲捷法可以隨意立表凡欲明表景之義者先須論日輪周行之理及日輪大於地球比例彼法別有全書此復舉其要畧分爲五題一謂日輪周天上向天頂下向地平其轉於地面俱平行故地體之景

亦平行一謂地球在天之中若令地球不在天中則在地之景必不能隨日周轉且遲速不等矣今春秋二分日輪六時在地平上爲晝六時在地平下爲夜非在正中而何一謂地小於日輪從日輪視地球止於一點若令地非一點則隨在地面不得見天體之半必上半恒小下半恒大而爲半地之厚所礙矣一謂地本圓體故一日十二辰更疊互見如正向日之處得午時其正背日之處得子時處其東三十度得未時處其西三十度得巳時

若以地為方體則惟對日之下者其時正處左處右者必長短不均矣一謂表端為地心凡立表取景必於兩平面之上求得兩種景其一立表平面上與地平成直角其所得景直景也如山岳樓臺樹木等景在地平者是也其一橫表之景倒景也如向日有墻於其平面橫立一表於地平為平者是也未言表式表度并節氣時刻推筭之法繪畫日晷術皆具有圖說指証確實夫立表取影以知時刻節氣歷法中之至易至明者然非明於天地

之運行習於三角之算術則不能得其確準是時地圓地小之說初入中土驟聞而駭之者甚衆故先舉其至易至明者以示其可信焉

**簡平儀說一卷**（兩江總督採進本）

明西洋人熊三拔撰據卷首徐光啓序蓋嘗參証於利瑪竇者也大旨以視法取渾圓爲平圓而以平圓測量渾圓之數也凡名數十二則用法十三則其法用上下兩盤天盤在下所以取赤道經緯故有兩極線赤道線節氣線時刻線地盤在上所

以取地平經緯故有天項有地平有高度線有地平分度線皆設人目自渾體外遠視其正對大圓爲平圓斜倚於內者爲橢圓當圓心者爲直線其與大圈平行之距等小圈亦皆爲直線地盤空其半圓使可合視二盤中挾樞紐使可旋轉用時依其地北極高度安定二盤則赤道地平兩經緯交錯分明凡節氣時刻高度偏度皆可互取其數天盤用方板上設兩耳表以測日影地盤中心繫墜線以視度分立用之可以得太陽高弧度既得太

陽高弧則本時諸數亦皆可取蓋是儀寫渾於平如取影於燭雖云借象而實數出焉弧三角以量代算之法實本於此今復推於測量法簡而用捷亦可云數學之利器矣

天問畧一卷 兩江總督採進本

明萬歷乙卯西洋人陽瑪諾撰是書於諸天重數七政部位太陽節氣晝夜永短交食本原地影麤細蒙氣映漾曚影留光皆設爲問答反覆以明其義末載曚影刻分表并詳解晦朔弦望交食淺深

之故亦皆具有圖說指證詳明與熊三拔所著表度說次第相承淺深相繫蓋互爲表裏之書前有陽瑪諾自序舍其本術而盛稱天主之功且舉所謂第十二重不動之天爲諸聖之所居天堂之所在信奉天主者乃得升之以歆動下愚蓋欲借推測之有驗以證天主堂之不誣用意極爲詭譎然其考驗天象則實較古法爲善今置其荒誕售欺之說而但取其精密有據之術削去原序以免熒聽其書中間涉妄謬者如刊除之則文義或不相

續姑存其舊而闢其邪說如右焉

新法算書一百卷編修陳昌齊家藏本

明大學士徐光啟太僕寺少卿李之藻光祿寺卿李天經及西洋人龍華民鄧玉函羅雅谷湯若望等所修西洋新歷也明自成化以後歷法愈謬而臺官墨守舊聞朝廷亦憚於改作建議者俱格而不行萬歷中大西洋人龍華民鄧玉函等先後至京俱精究歷法五官正周子愚請令參訂修改禮部因舉光啟之藻任其事而庶務因循未暇開局

至崇禎二年推日食不驗禮部乃始奏請開局修改以光啓領之時滿城布衣魏文魁著歷元歷測二書令其子獻諸朝光啓作學歷小辨以斥其謬文魁之說遂絀於是光啓督成歷書數十卷次第奏進而光啓病卒李天經代董其事又續以所作歷書及儀器上進其書凡十一部曰法原曰法數曰法算曰法器曰會通謂之基本五目曰日躔曰恒星曰月離曰日月交會曰五緯星曰五星交會謂之節次六目書首爲修歷緣起皆當時奏疏及

考測辨論之事書末歷法西傳新法表異二種則

湯若望入

本朝後所作而附刻以行者其中有解有術有圖有
考有表有論皆鈎深索隱密合天行足以盡歐邏
巴歷學之蘊然其時牽制於廷臣之門戶雖詔立
兩局累年測驗明知新法之密竟不能行迨

聖代龍興乃因其成帙用備疇人之掌豈非
天之所佑有開必先莫知其然而然者耶越我
聖祖仁皇帝天亶聰明乾坤合契

御製數理精蘊歷象考成諸編益復推闡微茫窮究正變如月離二三均數分爲二表交食改黃平象限用白平象限方位以高弧定上下左右又增借根方法解對數法解於點線面體部之末皆是書所未能及者八線表舊以半徑數爲十萬各線數逐分列之今改半徑數爲千萬各線數逐十秒列之用以步算尤爲徑捷至

欽定歷象考成後編日月以本天爲橢圓交食以日月兩經斜距爲白道以視行取視距推步之密垂範

萬年又非光啟等所能企及然授時改憲之所自
其源流實本於是編故具錄存之庶論西法之權
輿者有考於斯焉

測量法義一卷測量異同一卷勾股義一卷兩江總督採進本

明徐光啟撰首卷演利瑪竇所譯以明勾股測量
之義首造器器卽周髀所謂矩也次論景景有倒
正卽周髀所謂仰矩覆矩卧矩也次設問十五題
以明測望高深廣遠之法卽周髀所謂知高知遠
知深也次卷取古法九章勾股測量與新法相較

証其異同所以明古之測量法雖具而義則隱也然測量僅勾股之一端故於三卷則專言勾股之義焉序引周髀者所以明立法之所自來而西術之本於此者亦隱然可見其言李冶廣勾股法爲測圓海鏡已不知作者之意又謂欲說其義而未遑則是未解立天元一法而謬爲是飾說也古立天元一法即西借根方法是時西人之來亦有年矣而於冶之書猶不得其解可以斷借根方法必出於其後矣三卷之次第大畧如此而其意則皆

以明幾何原本之用益古法鮮有言其義者卽有之皆隨題講解歐邏巴之學其先有歐几里得者按三角方圓推明各類之理作書十三卷名曰幾何原本按後利瑪竇之師丁氏續爲二卷共十五卷自是之後凡學算者必先熟習其書如釋某法之義遇有與幾何原本相同者第註曰見幾何原本某卷某節不復更舉其言惟幾何原本所不能及者始解之此西學之條約也光啟旣與利瑪竇譯得幾何原本前六卷並欲用是書者依其條約故作此以設例焉其

測量法義序云法而系之義也自歲丁未始也曷待乎於時幾何原本之六卷始卒業矣至是而傳其義也可以知其著書之意矣

渾蓋通憲圖說二卷 兩江總督採進本

明李之藻撰之藻有頖宮禮樂疏已著錄是書出自西洋簡平儀法蓋渾天與蓋天皆立圓而簡平則繪渾天爲平圓渾天爲全形人目自外還視蓋天爲半形人目自內還視而簡平止於一面則以人目定於一處而直視之之所成也其法設人目

自南極或北極以視黃道赤道及晝長晝短諸規憑視線所經之點歸界於一平圓之上次依各地北極出地以視法取天頂及地平之周亦歸界於前平圓之內次依赤道經緯度以視法取七曜恒星亦歸於前平圓之內赤道爲中圈赤道以內愈近目則圈愈大而徑愈長赤道以外愈遠目則圈愈小而徑愈短之藻取晝短規爲最大圈乃自南極視之晝短規近目而圈大其意以爲中華之地北極高凡距北極百一十三度半以內者皆在其

大圜內也卷首總論儀之形體上卷以下規畫度分時刻及制用之法後卷諸圖咸根柢於是梅文鼎嘗作訂補一卷其說曰渾蓋之器以蓋天之法代渾天之用其製見於元史扎瑪魯鼎（原作扎馬魯丁今改正）所用儀器中竊疑爲周髀遺術流入西方然本書黃道分星之法尚缺其半故此器甚少蓋無從得其制也茲爲完其所缺正其所誤可以依法成造云云又有璇璣尺解一卷皆足與此書相輔而行以已見文鼎書中茲不復贅焉

圜容較義一卷兩江總督採進本

明李之藻撰亦利瑪竇之所授也前有萬歷甲寅之藻自序稱凡厥有形惟圜爲大有形所受惟圜至多渾圜之體難名而平面之形易析試取同周一形以相參考等邊之形必鉅於不等邊形多邊之形必鉅於少邊之形最多邊者圜也最等邊者亦圜也析之則分秒不漏是知多邊聯之則圭角全無是知等邊不多邊等邊則必不成圓惟多邊等邊故圜容最鉅昔從利公研窮天體因論圜容

拈出一義次爲五界十八題借平面以推立圜設角形以徵渾體云云蓋形有全體視爲一面從其一面例其全體故曰借平面以測立圜面必有界界爲線爲邊兩線相交必有角析圜形則各爲角合角形則共成圜故曰設角以徵渾體其書雖明圜容之義而各面各體比例之義胥於是見且次第相生於周髀圓出於方方出於矩之義亦多足發明焉

歷體略三卷　安徽巡撫採進本

明王英明撰英明字子晦開州人萬歷丙午舉人是編成於萬歷壬子上卷六篇曰天體地形曰二曜曰五緯曰辰次曰刻漏極度曰襍說中卷三篇曰極宫曰象位曰天漢下卷則續見歐邏巴書撮其體要曰天體地度曰度里之差曰緯曜曰經宿曰黄道宫界曰赤道緯躔曰氣候刻漏凡七篇又附論日月交食一篇然其上中二卷所講中法亦皆與西法相脗合蓋是時徐光啓新法算書雖尙未出而利瑪竇先至中國業有傳其說者故英明

陰用之耳所論皆天文之梗槩不及後來梅文鼎薛鳳祚諸人兼備測量推步之法然學天文者必先知象緯之文與運行之故而後能因其度數究其精微是書說雖淺近固初學從入之門徑也卷首冠以五圖據翁漢麐序英明原著書而不著圖此本乃順治丙戌英明之子懩官江南督糧道時以原本重刊屬漢麐所補懩跋稱位置編帙與前刻少異考書中步天歌第一章下有附註稱步天歌無善本茲從先生訂正庶鮮魚魯之訛云云核

其文義亦漢麐之語則是書蓋經漢麐重訂非其
原本矣

御定歷象考成四十二卷

康熙五十二年

聖祖仁皇帝御定律歷淵源之第一部也案推步之術古法無徵所可考者漢太初術以下至明大統術而已自利瑪竇入中國測驗漸密而辨爭亦遂日起終明之世朝議堅守門戶訖未嘗用也

國朝聲教覃敷極西諸國皆累譯而至其術愈推愈

精又與崇禎新法算書圖表不合而作新法算書時歐羅巴人自秘其學立說復深隱不可解

聖祖仁皇帝乃

特命諸臣詳考法原定著此書分上下二編上編曰揆天察紀下編曰明時正度集中西之大同建天地而不悖精微廣大殊非管蠡之見所能測今據其可以仰窺者與新法算書互校如黃道斜交赤道而出其內外其相距之度即二至太陽距赤道之緯度新法算書用西人第谷所測定爲二十三度三

十一分三十秒今則累測夏至午正太陽高度得黄赤大距為二十三度二十九分三十秒較第谷所測減少二分蓋黄赤二道由遠而近其所以古多今少漸次移易之故非巧算所能及故當隨時密測以合天行者也又時差之根其故有二一因太陽之實行而時刻為之進退蓋以高卑為加減之限也一因赤道之升度而時刻為之消長蓋以分至為加減之限也新法算書合二者以立表名曰日差然高卑每年有行分則宫度引數必不能

相同合立一表歲久必不可用今分爲二表加減二次而於法爲密矣又新法算書推算日食三差以黄平象限爲本然三差並生於太陰而太陰之經緯度爲白道經緯度當以白平象限爲本太陰在此度即無東西差而南北差最大與高下差等若在此度以東則差而早宜有減差在此度以西則差而遲宜有加差其加減有時而與黄平象限同有時而與黄平象限異故定交角有反其加減之用也又歷來算術定限食初虧復圓方位東西

南北圭黄道之經緯言非謂地平經度之東西南北也惟月實行之度在初宫六宫望時又爲子正則黄道經緯之東西南北與地平經度合否則黄道升降有邪正而加時距午有遠近兩經緯迥然各别所推之東西南北必不與地平之方位相符今實指其在月體之上下左右爲衆目所共睹較舊法更爲親切又新法算書言五星古圖以地爲心新圖以日爲心然第谷推步均數惟火星以日爲心若以地爲心立算其得數亦與之同知第谷

乃虛立巧算之法而五星本天實皆以地爲心蓋金水二星以日爲心者乃其本輪非本天也土木火三星以日爲心者乃次輪上星行距日之跡亦非本天也至若弧三角之法新法算書所載圖說殊多厖雜而正弧又遺黃赤互求之法今以正弧約之爲對邊對角及垂弧矢較三比例則周天經緯皆可互求而操之有要矣此皆訂正新法算書之大端其餘與新法算書相同者亦推衍精密無差累黍洵乎

大聖人之制作萬世無出其範圍者矣

御定歷象考成後編十卷

乾隆二年奉

勅撰新法算書推步法數皆仍西史第谷之舊其圖表之參差解說之隱晦者

聖祖仁皇帝歷象考成上下二編研精闡微窮究理數因已極一時推步之精示萬世修明之法矣第測驗漸久而漸精算術亦愈變而愈巧自康熙中西洋噶西尼法蘭德等出又新製墜子表以定時千里

鏡以測遠以發第谷未盡之義大端有三其一謂太陽地半徑差舊定爲三分今測止有十秒蓋日天半徑甚遠測量所係秖在秒微又有蒙氣雜乎其內最爲難定因思日月星之在天惟恒星無地半徑差若以日星相較可得其準而日星不能兩見是測日不如測五星也土木二星在日上地半徑差愈微金水二星雖有時在日下而其行繞日逼近日光均爲難測惟火星繞日而亦繞地能與太陽衝故夜半時火星正當子午線於南北兩處

測之同與恒星相較其距恒星若相等則是無地半徑差若相距不等卽爲有地半徑差其不等之數卽兩處地半徑差之較且火星衝太陽時其距地較太陽爲近則太陽地半徑差以比例算之必更小于火星地半徑差也其一謂淸蒙氣差舊定地平上爲三十四分高四十五度止有五秒今測地平上止三十二分高四十五度尚有五十九秒其說謂蒙氣繞乎地球之周日月星照乎蒙氣之外人在地面爲蒙氣所映必能視之使高而日月

星之光線入乎蒙氣之中必反折之使下故光線與視線在蒙氣之內則合而爲一蒙氣之外則岐而爲二所岐雖有不同而相合則有定處自地心過所合處作線抵圜周則此線即爲蒙氣之割線視線與割線成角光線與割線亦成一角二角相減即得蒙氣差角也其一謂日月五星之本天舊說爲平圓今以爲橢圓兩端徑長兩腰徑短蓋太陽之行有盈縮由於本天有高卑春分至秋分行最高半周故行縮而歷日多秋分至春分行最

甲半周故行盈而歴日少其説一爲不同心天一爲本輪而不同心天之兩心差即本輪之半徑故二者名雖異而理則同也第谷用本輪推盈縮差惟中距與實測合而最高最卑前後則差因用均輪以消息之然天行不能無差刻白爾以來屢加精測又以均輪所推高卑前後漸有微差乃設本天爲撱圓均分撱圓而積爲逐日平行之度則高卑之理既與舊説無異而高卑前後盈縮之行乃俱與實測相符也據此三者則第谷舊法經緯俱

有微差雍正六年六月朔日食以新法較之纖微
密合是以
世宗憲皇帝特允監臣戴進賢之請命修日躔月離二表
續於歷象考成之後然有表無說亦無推算之法
吏部尚書顧琮恐久而失傳奏請增修表解圖說
仰請
睿裁垂諸永久凡新法與舊不同之處始抉剔底蘊闡
發無餘而其理仍與
聖祖仁皇帝御製上下二編若合符節益足見

聖

聖相承先後同揆矣

御定儀象考成三十二卷

乾隆九年奉

勅撰乾隆十七年告成

御製序文須行卷首上下爲

御製璣衡撫辰儀卷第一之十三爲總紀恒星及恒星

黃道經緯度表卷第十四之二十五爲恒星赤道

經緯度表卷第二十六爲月五星相距恒星黃赤

道經緯度表卷第二十七之三十爲天漢經緯度表案璣衡之制馬融鄭元注尚書皆以爲渾儀是其遺法唐宋而後日以加詳然規環既多遮蔽隱映之患勢不能免郭守敬析之爲簡仰二儀人稱其便康熙十三年

聖祖仁皇帝命監臣南懷仁新製六儀赤道黃道分爲二器皆不用地平圈而地平象限紀限天體諸儀則地平之經緯與黃赤之錯綜皆已畢具又

命監臣紀利安製地平經緯儀合地平象限二儀而爲一

其用尤便
皇上親莅靈臺徧觀儀象以渾天制最近古而時度信
宜從今改制新儀
錫名曰璣衡撫辰誠酌古準今損益盡善儀制凡三重
其在外者即古之六合儀而不用地平圈其正立
雙環爲子午圈斜倚单環爲天常赤道圈其南北
二極皆設圓軸軸本貫於子午雙環中空而軸內
向以貫內二重之環又依京師北極高度而上五
十度五分爲天頂於天頂拖垂線以代地平圈故

不用地平圈也其內卽古之三辰儀而不用黃道圈其貫於二極之雙環爲赤極經圈結於赤極經圈之中要與天常赤道平運者爲遊旋赤道自經圈之南極作兩象限弧以承之測得三辰之赤道經緯度則黃道經緯可推且黃赤距緯古遠今近縱或日久有差而儀器無庸改制故不用黃道圈也又在其內卽古之四游儀貫於二極之雙環爲四游圈定於游圈之兩極者爲直距綰於直距之中心者爲窺衡游圈中要設直表以指經度及時

窺衡右旁設直表以指緯度此則古今所同也又星辰循黃道行每七十年差一度黃赤大距亦數十年而差一分靈臺儀象志中所列諸表皆據曩時分度今則逐時加修得歲差真數其三垣二十八宿以及諸星今昔多少不同者並以乾隆九年甲子爲元驗諸實測比舊增一千六百一十四星亦前古之所未聞裔考天行隨時消息所以示萬年修改之道者舉不越乎是編之範圍矣

曉菴新法六卷 山東巡撫採進本

國朝王錫闡撰錫闡字寅旭號餘不又號曉菴又號天同一生吳江人是書前一卷述勾股割圜諸法後五卷皆推步七政交食凌犯之術觀其自序蓋成於明之末年故以崇禎元年戊辰爲歷元以南京應天府爲里差之元其分周天爲三百八十四更以分弧爲逐限以加減爲從消創立新名雖頗涉臆撰然其時徐光啟等纂修新法聚訟盈庭錫闡獨閉戶著書潛心測算務求精符天象不屑屑於門戶之分鈕琇觚賸稱其精究推步兼通中西

之學遇天色晴霽輒登屋卧鴟吻閒仰察星象竟夕不寐蓋亦覃思測驗之士梅文鼎勿菴歷書記曰從來言交食只有食甚分數未及其邊惟王寅旭則以日月圓體分爲三百六十度而論其食甚時所虧之邊凡幾何度今爲推演其法頗爲精確又稱近代歷學以吴江爲最識解在青州之上云云（按青州謂薛鳳祚鳳祚益都人爲青州屬邑故也）其推挹錫闡甚至迨

康熙中

御製數理精蘊亦多採錫闡之說蓋其書雖疎密互見而

其合者不可廢也書中於法有未備者每稱别見補遺然此本止於六卷實無所謂補遺者意其有佚篇歟

中星譜一卷　浙江巡撫採進本

國朝胡亶撰亶號勵齋仁和人王晫今世說稱其博綜羣書尤精天官家言日月薄蝕星辰躔度推測毫髮無遺在長安與監中西洋專家反覆辯論羣皆嘆伏所著有中星譜周天現界圖步天歌行世今所見者惟是編所訂經星凡四十有五乃於二

十八舍之外益以大角貫索天市帝座織女河鼓天津北落師門土司空天囷五車參左肩參右足天狼南北河軒轅大星等十七星用以較午中遲早綴諸時刻首京師附浙江其餘以類而推所論晝夜永短寒暑循環地殊勢異與所引經傳記載考定歲差躔分昏旦皆簡明詳切與今儀象考成中星更錄頗相表裏觀其自序撰自康熙八年是此書在

欽定筭書以前前明徐光啟新法筭書以後存其度數以

校証盈縮於恒星歲差之數亦不爲無所裨矣

天經或問前集一卷 福建巡撫採進本

國朝游藝撰藝字子六建寧人是書凡前後二集此其前集也凡天地之象日月星之行薄蝕朒朓之故與風雲雷電雨露霜霧虹霓之屬皆設爲問答一一推闡其所以然頗爲明晰至於占驗之術則悉屏不言尤爲深識昔班固作漢書律歷志言治歴當兼擇專門之裔明經之儒精算之士正以儒者明於古義欲使互相參考究巳往以知未來非

欲其說太極論陰陽也邵子歷理歷數之說亦謂知其當然與知其所以然耳儒者誤會其旨遂以爲歷數之外别有歷理孫承澤春明夢餘錄因以元授時歷全歸於許衡之明理所載崇禎十四年禮部議改歷法一疏不能决兩家之是非因推原歷本掃除測筭尤屬遁詞案疏稱堯舜之歷以釐工熙績爲欽天成周之歷以無逸豳風爲月令非如保章挈壺斤斤於時刻分秒之末而已此歷數始於河圖五十有五以十乘之爲五百五十以五乘之爲二百七十有五自洪武元年戊申距今壬午蓋二百七十有五年矣實爲河圖中候宜修明禮樂先德後刑勸民農桑敦崇仁厚其斯爲治歷之本務乎夫天

下無理外之數亦無數外之理授時歷密於前代正以多方實測立法步算得之使但坐談造化即七政可齊則有宋諸儒言天鑿鑿何以三百年中歷十八變而不定必待郭守敬輩乎藝作此書亦全明歷理雖步算尚多未諳然反覆究闡具有實徵存是一編可以知即數即理本無二致非空言天道者所可及也

天步真原一卷 浙江汪啟淑家藏本

國朝薛鳳祚所譯西洋穆尼閣法也鳳祚有聖學心

傳已著錄順治中穆尼閣寄寓江寧喜與人談算術而不招人入耶蘇會在彼教中號爲篤實君子鳳祚初從魏文魁游主持舊法後見穆尼閣始改從西學盡傳其術因譯其所説爲此書其法專推日月交食中間繪弧三角圖三一則有北極出地有日距赤道有時刻而求高弧一則有日距天頂有正午黃道有黃道與子午圈相交之角而求黃道高弧交角一則有黃道高弧交角有高下差而求東西南北二差未繪日食食分一圖鳳祚譯是

書時新法初行又中西文字輾轉相通故詞旨未能盡暢梅文鼎嘗訂証其書稱其法與崇禎新法算書有同有異其似異而同者布算之法對數之表與算書迥別然得數無二惟黃道春分二差則根數大異非測候無以斷其是非然其書在未修數理精蘊之前錄而存之猶可以見步天之術由疎入密之漸也

天學會通一卷 浙江汪啟淑家藏本

國朝薛鳳祚撰是書本穆尼閣天步真原而作所言

皆推算交食之法按推算交食凡有兩例一用積月積日以取應用諸行度數由平三角弧三角等法逐次比例而得食分時刻方位者一用立成表按年月日時度數逐次檢取角度加減而得食分時刻方位者鳳祚此書蓋用表算之例殊為簡捷精密梅文鼎訂注是書亦稱其以西洋六十分通為百分從授時之法實為便用惟仍以對數立算不如直用乘除為正法惜所訂註之處未獲與之相質云

歷算全書六十卷 浙江汪啟淑家藏本

國朝梅文鼎撰文鼎字定九宣城人篤志嗜古尤精歷算之學康熙四十一年大學士李光地嘗以其歷學疑問進呈會

聖祖仁皇帝南巡於德州

召見

御書積學參微四字賜之以年老遣歸嗣

詔修樂律歷算書下江南總督徵其孫瑴成入侍及律呂正義書成復舉致

命校勘後年九十餘終於家

特命織造曹頫爲經紀其喪至今傳爲稽古之至榮所著

歴筭諸書李光地嘗刻其七種餘多晚年纂述或

已訂成帙或畧具草稿魏荔彤求得其本以屬無

錫楊作枚校正作枚遂附以已說並爲補所未備

而刊行之凡二十九種名之曰歴筭全書然序次

錯雜未得要領謹重加編次以言歴者居前而以

言筭者列於後首曰歴學疑問論歴學古今疏密

及中西二法與回回歴之異同即嘗蒙

聖祖仁皇帝親加點定者謹以冠之簡編次曰歷學疑問補亦雜論歷法綱領次曰歷學答問乃與一時公卿大夫以歷法往來問答之辭次曰弧三角舉要乃用渾象表弧三角之形式次曰環中黍尺乃弧三角以量代算之法次曰歲周地度合考乃考高卑歲實及西國年月地度弧角里差次曰平立定三差說推七政贏縮之故次曰冬至考用統天大明授時三法考春秋以來冬至次曰諸方日軌乃以北極高二十度至四十二度各地日軌授時節

爲立成表次曰五星紀要總論五星行度次曰火星本法專論火星遲疾次曰七政細草載推步日月五星法及恒星交宫過度之術次曰揆日候星紀要列直隸江南河南陝西四省表景並三垣列宿經緯定爲立成表次曰二銘補註解仰儀銘簡儀銘次曰歷學駢枝乃所註大統歷法次曰交會管見乃以交食方位向稱南北東西者改爲上下左右次曰交食蒙求乃推算法數次曰古算衍畧次曰籌算次曰筆算次曰度算釋例俱爲步算之

根源次曰方程論次曰勾股闡微次曰三角法舉要次曰解割圜之根次曰方圓冪積次曰幾何補編次曰少廣拾遺次曰塹堵測量皆以推闡算法或衍九章之未備或著今法之面形或論中西形體之變化或釋弧矢勾股八線之比例蓋曆算之術至是而大備矣我

國家修明律數探賾索隱集千古之大成文鼎以草野書生乃能覃思切究洞悉源流其所論著皆足以通中西之旨而折今古之中自郭守敬以來罕

見其比其受

聖天子特達之知固非偶然矣

大統書志十七卷兩淮鹽政採進本

國朝梅文鼏撰初元郭守敬作授時歷其法較古爲密明初所頒大統歷郎用其舊法歲久漸差知歷者恒有異議至崇禎間徐光啟推衍西法分局測驗踈舛益明欽天監五官正戈豐年無以復爭乃諉其過於守敬孫承澤作春明夢餘錄又力辨守敬爲歷中之聖惜不能盡用其法聚訟迄無定論

康熙丙午開局纂修明史史官以文鼎精於算數就詢明歷得失之源流文鼎因卽大統舊法詳爲推衍註釋輯爲此編以持其平分原書爲法原立成推步三部法原之目七曰勾股測量曰弧矢割圓曰黃赤道差曰黃赤道內外曰白道交周曰日月五星平立定三差曰里差漏刻立成之目四曰太陽盈縮曰太陰遲疾曰晝夜刻分曰五星盈縮推步之目六曰氣朔曰日躔曰月離曰中星曰交食曰五星法原所以取數立成所以紀數推步所

以紀法皆剖析分明具有條理葢文鼎於象緯運行實能究極其所以然與疇人子弟沿世業而守成法者所見固不同也歷算之家測未來者當以新法推已往者則當各求以本法知其所以疎而後可以得其密知其所以舛而後可以得其真知其所以漸差而後可以窮其至變則是書雖明郭氏之法亦測天者前事之師矣其書舊不分卷今以所立十七目一目定爲一卷以便循覽焉

勿菴歷算書記一卷 浙江吳玉墀家藏本

國朝梅文鼎撰文鼎歷算諸書僅刊行二十九種此乃合其已刊未刊之書各疏其論撰之意凡推步測驗之書六十二種算術之書二十六種雖亦目錄解題之類而諸家之源流得失一一標其指要使本末釐然實數家之總滙也如古今歷法通考一條曰不讀耶律文正之庚午元歷不知授時之五星不讀統天歷不知授時之歲實消長不考王朴之欽天歷不知斜正升降之理不考宣明歷不知氣刻時三差非一行之大衍歷不知歲自爲歲

天自爲天非李淳風之麟德歷不知用定朔非何承天祖冲之劉焯諸歷無以知歲差非張子信無以知交道表裏日行盈縮非姜岌不知以月蝕驗日躔非劉洪之乾象歷不知月行遲疾然非洛下閎等肇啟其端雖有善悟之人亦無自而生其智又曰西法約有九家一爲唐九執歷二爲元扎瑪魯鼎萬年歷三爲明瑪沙伊赫回回歷四爲陳壤袁黄所述歷法新書五爲唐順之周述學所撰歷宗通議歷宗中經皆舊西法也六曰利瑪竇天學

初函湯若望崇禎歷書南懷仁儀象志永年歷七曰穆尼閣天步眞原薛鳳祚天學會通八曰王錫闡曉菴新法九曰揭暄寫天新語方中通揭方問答皆新西法也非深讀其書亦不能知其故又周髀補註一條曰觀其所言里差之法卽西人之說所自出也回回歷補注一條曰回回歷卽西法之舊率泰西本回回歷而加精是皆於中西諸法融會貫通一一得其要領絕無爭競門戶之見故雖有論無法仍錄之天文算術類中爲諸法之綱領焉

中西經星同異考一卷 安徽巡撫採進本

國朝梅文鼐撰文鼐字爾素宣城人與其兄文鼎皆精研歷算之學互相商確多所發明此其所訂中西恒星名數也星經之最古者莫如巫咸甘石三家而其學失傳雖殘編尚存已不能知其端緒惟隋丹元子步天歌所列星象特為簡括故自宋以來天官家多據為準繩迨明季歷法不驗而歐邏巴之法始行利瑪竇所撰經天該其名亦與中國相同而位座有無數目多寡與步天歌往往不合

文鼎因據南懷仁儀象志所載星名依步天次序臚列其目而以有無多寡之故分行詳注其下其古歌西歌亦各載原文於後以便檢核南極諸星爲古所未及者則併據湯若望歴書及儀象志爲考証補歌附之於末葢七政之運行必憑恒星爲考驗然在天成象天本無言隨人所標目爲指名卽據人所指名爲測驗指名不一則測驗多岐矣文鼎此編獨詳稽異同參考互証使名實不淆於參差是亦中西兩法互相貫通之要領也

全史日至源流三十三卷湖南巡撫採進本

國朝許伯政撰伯政有易深已著錄此書遵

御製歷象考成前編之法遡稽經史傳注所載至朔氣閏質其合否糾其謬誤首三卷皆論步算之術如謂天周宜用三百六十度日法宜用九十六刻宮次非恒星一定之居歲實奇零積久始覺損益不宜槩爲四分日之一其論皆爲確當惟所論歲實期以二百一十六年遞減二十秒及日在高卑二日平行實行適等揆以歷理未免滯碍至後三十卷

中排纂長歷分代紀年上起軒皇下迄明季四千年之中緜牽繩貫使星躔節候一一按譜而稽亦可爲後來考測之資焉

算學八卷續一卷 安徽巡撫採進本

國朝江永撰永有周禮疑義舉要已著錄是編因梅文鼎歷算全書爲之發明訂正而一準

欽定歷象考成折衷其異同一卷曰歷學補論皆因文鼎之說而推闡所未言二卷曰歲實消長文鼎論歲實消長以爲高衝近冬至而歲餘漸消過冬至而

復漸長永則以爲歲實本無消長消長之故在高衝之行與小輪之改兩歲節氣相距近高衝者歲實稍嬴近最高者稍朒又小輪半徑古大今小則加減差亦異三卷曰恒氣註歷攷鼎論冬至加減謂當如西法用定氣不用恒氣而所作疑問補等書又謂當如舊法用恒氣註歷永則以爲冬至既不用恒氣則諸節亦皆當用定氣不用恒氣故此二卷皆條列文鼎之說而以所見辨於下四卷曰冬至權度元史六歷冬至載晉獻公以來四十九

事文鼎因作春秋冬至考刪去晉獻公一事各以其本法推求其故永則以爲算術雖明而未有折衷更因文鼎之法考證歷法史志之誤五卷曰七政術文鼎論七政小輪之動由本天之動七政之動由小輪之動永則以恭按

欽定歷象考成五星有三小輪而月更有次均輪且更有負圈文鼎說雖精當而各輪之左旋右旋與帶動自動不動之異尙未能詳剖因各爲圖說以明之六曰金水發微文鼎初仍舊法以金水二星伏見

輪同於歲輪後因門人劉允恭悟得金水二星自有歲輪而伏見輪乃其繞日圓象因詳爲之說後楊學山乃頗以爲疑承謂文鼎說是學山疑非因爲圖說以明之七曰中西合法擬草明徐光啟酌定新法凡正朔閏月之類從中不從西定氣整度之類從西不從中然因用定氣遂以每月中氣時刻爲太陽過宮時刻繫以中法十二宮之名而西法十二宮之名又用之於表承病其錯互又整度一事承亦病其言之未盡故著此論以辨之亦多

推文鼎之說八曰算賸則推衍三角諸法求其捷要續編一卷曰正弧三角疏義以補算賸所未盡故八卷各有小序此卷獨無也文鼎歷算推爲絕技此更因所已具得所未詳踵事而增愈推愈密其於測驗亦可謂深有發明矣

右天文算法類推步之屬三十一部四百三十五卷皆文淵閣著錄

案言天三家惟周髀有書然周人不甚講推步故動輒失閏左傳所記可考也漢以後雖

測算漸精又往往得諸神解其法多見於史志書亦罕傳傳者惟宋元以下數家而已故今所著錄新法爲多諸家算術爲天文而作者入此門其專言數者則別立爲算書一類

# 欽定四庫全書總目 子部

卷一百七

欽定四庫全書總目卷一百七

子部十七

天文算法類

九章算術九卷永樂大典本

謹按九章算術蓋周禮保氏之遺法不知何人所傳永樂大典引古今事通曰王孝通言周公制禮有九章之名其理幽而微其形秘而約張蒼刪補殘缺校其條目頗與古術不同云云今考書內有長安上林之名上林苑在武帝時蒼在漢初何緣

預載知述是書者在西漢中葉後矣舊本有注題曰劉徽所作考晉書稱魏景元四年劉徽注九章然注中所云晉武庫銅斛則徽入晉之後又有增損矣又有注釋題曰李淳風所作考唐書稱淳風等奉詔注九章算術爲算經十書之首國子監置算學生三十人習九章及海島算經共限三歲蓋即是時作也北宋以來其術罕傳自沈括夢溪筆談以外士大夫少留意者書遂幾於散佚洎南宋慶元中鮑澣之始得其本於楊忠輔家因傳寫以

入秘閣然流傳不廣至明又亡故二三百年來算術之家未有得睹其全者惟分載於永樂大典者依類裒輯尚九篇具在考鮑澣之後序稱唐以來所傳舊圖至宋已亡又稱盈不足方程之篇咸缺淳風注文今校其所言一一悉合知卽慶元之舊本葢顯於唐晦於宋亡於明而幸逢

聖代表章之盛復完於今其隱其見若有數默存於其間非偶然矣謹排纂成編併考訂譌異各附案語於下方其注中指狀表目如朱實青實黃實之類

皆就圖中所列而言圖既不存則其注猝不易曉今推尋注意爲之補圖以成完帙算數莫古於九數九數莫古於是書雖新法屢更愈推愈密而窮源探本要百變不離其宗錄而傳之固今古算學之弁冕矣

孫子算經三卷 永樂大典本

案隋書經籍志有孫子算經二卷不注其名亦不著其時代唐書藝文志稱李淳風注甄鸞孫子算經三卷於孫子上冠以甄鸞蓋如淳風之注周髀

算經因鸞所注更加辨論也隋書論審度引孫子算術蠶所吐絲爲忽十忽爲秒十秒爲毫十毫爲釐十釐爲分本書乃作十忽爲一絲十絲爲一毫又論嘉量引孫子算術六粟爲圭十圭爲秒十秒爲撮十撮爲勺十勺爲合本書乃作十圭爲一撮十撮爲一秒十秒爲一勺考之夏侯陽算經引田曹倉曹亦如本書而隋書中所引與史傳往往多合蓋古書傳本不一校訂之儒各有據證無妨參差互見也唐之選舉算學孫子五曹共限一歲習

肆於後來諸算術中特爲近古第不知孫子何許人朱彝尊曝書亭集五曹算經跋云相傳其法出於孫武然孫子別有算經考古者存其說可爾又有孫子算經跋云首言度量所起合乎兵法地生度度生量量生數之文次言乘除之法設爲之數十三篇中所云廓地分利委積遠輸貴賣兵役分數比之九章方田粟米差分商功均輸盈不足之目往往相符而要在得算多多算勝以是知是編非僞託也云云合二跋觀之彝尊之意蓋以爲確

出於孫武今考書內設問有云長安洛陽相去九百里又云佛書二十九章章六十三字則後漢明帝以後人語孫武春秋末人安有是語乎舊本久佚今從永樂大典所載裒集編次仍爲三卷其甄李二家之注則不可復考是則姚廣孝等割裂刊削之過矣

數術記遺一卷 兩江總督採進本

舊題漢徐岳撰北周甄鸞注岳東萊人晉書律歷志所稱吳中書令闞澤受劉洪乾象法於東萊徐

岳者是也隋書經籍志具列岳及甄鸞所撰九章算經七曜術算等目而獨無此書之名至唐藝文志始著於錄書中稱於泰山見劉會稽博識多聞偏於數術余因受業時問曰數有窮乎會稽曰吾曾游天目山中見有隱者云云大抵言其傳授之神秘然案後漢志注引袁山松書曰劉洪泰山蒙陰人延熹中以校尉應太史徵拜郎中後爲會稽東部都尉徵還未至領丹陽太守卒官是洪官會稽後未嘗家居不得言於泰山見之且洪在會稽

乃官都尉其爲太守實在丹陽而注以爲官會稽太守錯互殊甚又舊本皆題漢徐岳撰據晉書所載岳魏黄初中與太史丞韓翊論難日月食五事則岳已仕於魏不得繫之於漢攷古尤爲疎謬至天門金虎等語乃道家詭誕之說亦爲隱僻不經注所言算式數位按之正文多不相蒙唐代選舉之制算學九章五曹之外兼習此書此必當時購求古算經好事者因托爲之而嫁名於岳耳然流傳既久學者或以古本爲疑故仍録存之而詳斥

其僞以袪後人之惑焉

海島算經一卷永樂大典本

晉劉徽撰唐李淳風等奉詔注據劉徽序九章算術有云徽尋九數有重差之名凡望極高測絶深而兼知其遠者必用重差輙造重差并爲注解以究古人之意綴於勾股之下度高者重表測深者累矩孤離者三望離而又旁求者四望據此則徽之書本名重差初無海島之目亦但附於勾股之下不别爲書故隋志九章算術增爲十卷下云劉

徽撰蓋以九章九卷合此而爲十也而隋志唐志又皆有劉徽九章重差圖一卷蓋其書亦另本單行故別著於錄一書兩出至唐志兼列劉向九章重差一卷則徽之重差既自爲卷因遂訛劉徽爲劉向而一書三出耳今詳爲考證定爲劉徽之書至海島之名雖古無所見不過後人因卷首以海島之表設問而改斯名然唐選舉志稱算學生九章海島共限習三年試九章三條海島一條則改題海島自唐初已然矣其書世無傳本惟散見永

樂大典中今裒而輯之仍爲一卷篇帙無多而古法具在固宜與九章算術同爲表章以見算數家源流之有自焉

五曹算經五卷 永樂大典本

案隋書經籍志有九章六曹算經一卷而無五曹之目其六曹篇題亦不傳唐書藝文志始有甄鸞五曹算經五卷韓延五曹算經五卷李淳風注五曹孫子等算經二十卷曾續新集五曹時要術三卷甄韓二家皆注是書者也其作者則不知爲誰

考漢書梅福傳福上書言臣聞齊桓之時有以九九見者顏師古注云九九算術若今九章五曹之輩蓋算學雖多不出乘除二者而乘除不出自一至九因而九之之數故舉九九爲言而師古即以其時所有九章五曹等書實之非梅福時有是書也朱彝尊曝書亭集有五曹算經跋云相傳其法出於孫武然彝尊第曰相傳無所引證益不足據觀唐書選舉志稱孫子五曹共限一歲既曰共限則五曹不出孫子明矣姑斷以甄鸞之注則其書

確在北齊前耳自元明以來久無刻本藏書家傳寫訛舛殆不可通今散見永樂大典內者甄鸞韓延李淳風之注雖亦散佚而經文則逐條完善謹參互考校俾還舊觀遂爲絕無僅有之善本考夏侯陽算經引田曹倉曹者二引金曹者一而此書皆無其文然此書首尾完具脈絡通貫不似有所亡佚疑隋志之九章六曹其目亦同陽所引田曹倉曹金曹等名乃別爲一書而非此書之文故不敢據以補入以溷其真焉

五經算術二卷永樂大典本

北周甄鸞撰唐李淳風注鸞精於步算仕北周爲司隸校尉漢中郡守嘗釋周髀等算經不聞其有是書而隋唐經籍志有五經算術一卷五經算術錄遺一卷皆不著撰人姓名唐藝文志則有李淳風注五經算術二卷亦不言其書爲誰所撰今考是書舉尚書孝經詩易論語三禮春秋之待算方明者列之而推算之術悉加甄鸞按三字於上則是書當即鸞所撰又考淳風當貞觀初奉詔與算

學博士梁述助教王貞儒等刊定算經立於學官唐選舉志暨百官志並列五經算爲算經十書之一與周髀共限一年習肄及試士各舉一條爲問此書注端悉有臣淳風等謹案字然則唐時算科之五經算卽是書矣是書世無傳本惟散見於永樂大典中雖割裂失次尚屬完書據淳風注於尙書推定閏條自言其解釋之例則知造端於此又如論語千乘之國周官蓋弓宇曲並用開方之術詳於前而畧於後循其義例以各經之敘推之其

舊第尚可以考見謹依唐藝文志所載之數釐爲上下二卷其中采摭經史多唐以前舊本如引司馬彪志序論十二律各統一月當月者各月爲宫今本後漢志統訛作終月訛作日草木之聲今志訛作草木陽下生陰陰下生陽始於黄鐘終於仲吕今志脱始於黄鐘四字律爲寸於準爲尺律爲分於準爲寸下文承準寸言不盈者十之所得爲分今悉脱律爲分於準爲寸二句禮記義疏引志脱誤亦然又兩引上生不得過黄鐘之濁下生不

得及黃鐘之清中之日是則上生不得過九寸下生不得減四寸五分與蔡邕月令章句謂黃鐘少宮管長四寸五分合且足證中央土律中黃鐘之宮乃黃鐘清律不得溷同於仲冬月律中黃鐘爲最長之濁律呂氏春秋先製黃鐘之宮次製十有二筒亦黃鐘有清律之證今志作上生不得過黃鐘之清濁下生不得及黃鐘之數實因清字訛衍在上後人改竄其下揆諸律法遂不可通蓋是書不特爲算家所不廢實足以發明經史覈訂疑義

於考證之學尤爲有功焉

夏侯陽算經三卷 永樂大典本

案隋書經籍志有夏侯陽算經二卷唐書藝文志載夏侯陽算經一卷直齋書錄解題載元豐京監本乃云三卷葢傳寫互有分合故卷帙各異然皆不言陽爲何代人考唐志載是書爲甄鸞注則當在甄鸞之前而此本載陽自序有云五曹孫子述作滋多甄鸞劉徽爲之詳釋書內又稱宋元嘉二年徐受重鑄銅斛至梁大同元年甄鸞校之則又

似在甄鸞後其辨度量衡云在京諸司及諸州各給稱尺并五尺度斗升合等樣皆銅爲之倉庫令諸量函所在官造大者五斛中者三斛小者一斛以鐵爲緣勘平印書然後給用及課租庸調章稱賦役令論步數不等章稱雜令田令之屬亦皆據隋制言之尤不可解疑傳其學者又有所竄亂附益不盡陽之舊義矣唐書選舉志所列算經十種此居其一蓋當時本懸之令甲肄習考課今傳本久佚惟永樂大典內有之然諸條割裂分附九章

算術各類之下幾於治絲而棼猝不得其端緒幸所載原序原目猶可以尋繹編次條貫其文今裒輯排比仍依元豐監本釐爲三卷其十有二門亦從原目其法務切實用雖九章古法非官曹民事所必需亦畧而不載於諸算經中最爲簡要且於古今制度異同尤足考證云

張邱建算經三卷 吏部侍郎王杰家藏本

原本不題撰人時代唐志載張邱建算經一卷甄鸞注則當在甄鸞之前書首邱建自序引及夏侯

陽孫子之術則當在夏侯陽之後也隋志載此書作二卷唐志甄鸞注外别有李淳風注張邱建算經三卷鄭樵通志藝文畧張邱建算經二卷又三卷李淳風注宋史藝文志中興書目亦俱作三卷則析爲三卷自淳風注始此本乃毛晉汲古閣影抄宋槧云得之太倉王氏首題漢中郡守前司隸甄鸞注經朝議大夫行太史令上輕車都尉李淳風等奉勅注釋算學博士劉孝孫撰細草蓋猶北宋時祕書監趙彥若等校定刊行之本其中稱術

曰者乃鸞所注草曰者孝孫所增其細字夾注稱臣淳風等謹案者不過十數處蓋有疑則釋非節節爲之注也其書體例皆設爲問答以校叅而申明之凡一百條簡奥古質頗類九章與近術不同而條理精密實能深究古人之意故唐代頒之算學以爲顓業今詳加校勘其上卷起自乘除之數至第十二問爲勾股測望十三問爲勾股和較十四問爲重勾股顛倒測望十五問爲臥勾股左右進退測望此四問皆藉圖以明舊本所無今特依

義補入自十六問以下皆取差分和較均輸叅雜爲目間附以方圓冪積至中卷之第六問乃入商功後復及貴賤差分倍半衰分方田諸術惟弧矢一問原本不完未可以他術增補姑仍其缺下卷首問失題又細草下亦脫二十餘字以有後文可据謹爲補足其鹿垣倉三條亦各爲之圖系諸原問之左俾學者得以考見其端委焉

緝古算經一卷 吏部侍郎王杰家藏本

唐王孝通撰其結銜稱通直郎太史丞其始末未

詳惟舊唐書律歷志戊寅歷條下有武德九年校歷人算歷博士臣王孝通題銜即其人也是書一名緝古算術唐書藝文志崇文總目俱稱李淳風注今案此本卷首實題孝通撰并注則唐志及總目爲誤又宋志作一卷唐志鄭樵藝文畧俱作四卷王應麟玉海謂今亡其三案孝通原表稱二十術檢勘書內條目相同並無缺佚不知應麟何所据而云也書中大旨以九章商功篇有平地役功受袤之術其於上寛下狹前高後卑闕而不論世

人多不達其理因於平地之餘續狹斜之法凡推朔夜半時月之所離者一術推仰觀臺及羡道高廣袤者一術推築堤授工上下廣及高袤不同者一術推築龍尾堤者一術推穿河授工斜正袤上廣及深并滑上廣不同者一術推四郡輸粟窖上下廣袤餘郡别出入及窖深廣者一術推亭倉上下方高者一術推芻甍圓囤者各一術推方倉圓窖對待者五術推勾股邊積互求者六術共合二十術之數中間每以人戸道里大小遠近及材物

之輕重工作之時日乘除進退叅伍以得其法頗不以深淺爲次第故讀者或不能驟通而卒篇以後由源竟委端緒足尋洵爲思極毫芒曲盡事理唐代明算立學習此書者以三年爲限亦知其術之精妙非旦夕所克竟其義矣其書世罕流播此乃宋元豐七年秘書監趙彦若等校定刋行舊本常熟毛扆得之章邱李氏而影抄傳之者今詳加勘正其文間有脫闕不敢妄補謹撮取其義別加圖說附諸本文之左以便觀覽云

數學九章十八卷（永樂大典本）

宋秦九韶撰。九韶始末未詳，惟據原序自稱其籍曰魯郡。然序題淳祐七年，魯郡已久入於元，九韶蓋署其祖貫，未詳實爲何許人也。是書分爲九類：一曰大衍，以奇零求總數，爲九類之綱；二曰天時，以步氣朔晷影及五星伏見；三曰田域，以推方圓冪積；四曰測望，以推高深廣遠；五曰賦役，以均租稅力役；六曰錢穀，以權輕重出入；七曰營建，以度土功；八曰軍旅，以定行陣；九曰市易，以治交易。雖以九章爲名而與古九章門目迥別蓋古法設其術九部則別其用耳宋代諸儒尚虛談而薄實用數雖聖門六藝之一亦鄙之不言卽有談數學者亦不過推衍河洛之奇偶於人事無關故樂屢爭而不決歷亦每變而愈舛豈非算術不明惟憑臆斷之故歟數百年中惟沈括究心是事而自夢溪筆談以外未有成書九部當宋末造獨崛起而明絕學其中如大衍類蓍卦發微欲以新術改周易揲蓍之法殊乖古義古歷會稽題數旣誤且爲設

問以明大衍之理初不計前後多少之歷過尤非實據天時類綴術推星本非方程法而術曰方程復於草中多設一數以合方程行列更爲牽合所載皆平氣平朔凡晷影長短五星遲疾皆設數加減不過得其大槩較今之定氣定朔用三角形推算者亦爲未密然自秦漢以來成法相傳未有言其立法之意者惟此書大衍術中所載立天元一法能舉立法之意而言之其用雖僅一端而以零數推總數足以盡奇偶和較之變至爲精妙苟得

其意而用之凡諸法所不能得者皆隨所用而無不通後元郭守敬用之於弧矢李冶用之於勾股方圓歐邏巴新法易其名曰借根方用之於九章八線其源實開自九韶亦可謂有功於算術者矣至於田域測望賦役錢穀營建軍旅市易七類皆擴充古法取事命題雖條目紛紜曲折往復不免瑕瑜互見而其精確者居多今即永樂大典所載於其誤者正之疎者辨之顛倒者次第之各加案語於下庶得失不掩俾算家有所稽考焉

測圓海鏡十二卷 編修李潢家藏本

元李冶撰冶字鏡齋欒城人金末登進士入元官翰林學士事蹟具元史本傳其書以勾股容圓爲題自圓心圓外縱横取之得大小十五形皆無奇零次列識別雜記數百條以窮其理次設問一百七十則以盡其用探賾索隱參伍錯綜雖習其法者不能驟解而其草則多言立天元一按立天元一法見於宋秦九韶九章大衍數中厥後授時草及四元玉鑑等書皆屢見之而此書言之獨詳其

闕乎數學者甚大然自元以來疇人皆株守立成習而不察至明遂無知其法者故唐順之與顧應祥書謂立天元一漫不省爲何語顧應祥演是書爲分類釋術其自序亦云立天元一無下手之術則是書雖存而其傳已泯矣明萬歷中利瑪竇與徐光啟李之藻等譯爲同文算指諸書於古九章皆有辨訂獨於立天元一法闕而不言徐光啟於勾股義序中引此書又謂欲說其義而未遑是此書已爲利瑪竇所見而猶未得其解也迨我

國家醲化翔洽梯航鱗萃歐邏巴人始以借根方法

進

呈

聖祖仁皇帝授

蒙養齋諸臣習之梅瑴成乃悟即古立天元一法於赤水遺珍中詳解之且載西名阿爾熱巴拉（案原本作阿爾熱巴達謹據西洋借根法改正）即華言東來法知即冶之遺書流入西域又轉而還入中原也今用以勘驗西法一一脗合瑴成所說信而有徵特錄存之以爲算

法之秘鑰且以見中法西法互相發明無容設畛域之見焉

測圓海鏡分類釋術十卷浙江范懋柱家天一閣藏本

明顧應祥撰應祥有人代紀要已著録李冶測圓海鏡所設一百七十問中皆有草有法案前數十題中甚易者或無草後皆有草草用立天元一爲虚數合問數推之法專用問數推之皆歸於帶縱諸乘方而止應祥得冶書於唐順之於立天元一語互相推求不得其解遂去其細草專演算法改爲是書自謂便於下

學殊不知立天元一之妙能使諸法不能求者可以得其法若無其草即吾已有不能得其法者而徒沾沾於加減開方之數可謂循枝葉而失本故唐順之與應祥書云此書形下之數太詳而形上之義或畧使觀之者尚不免其數可陳而義難知有與人以鴛鴦枕而不度人以金鍼之疑僕意欲明公於緊要處提掇一二作法源頭出來使後世為數學者識其大者得其義識其小者得其數則此書尤更覺精采耳其不足於應祥者誠是第作

法源頭卽立天元一一語應祥旣去之又將何以爲提掇乎然九章之中惟少廣諸乘方之數爲甚繁故立方帶縱之法古已不見有和較者冶所用有至三乘方四乘方及五乘方者且兼加減諸乘方廉隅不爲之詳其算式初學誠有難於取數者冶雖專爲發明立天元一術得應祥所演諸乘方之式亦可爲求立天元一法者之一助云

益古演段二卷 永樂大典本

元李冶撰據至元壬午硯堅序稱冶測圓海鏡旣

已刻梓其親舊省掾李師徵復命其弟師珪請冶是編刊行是成在測圓海鏡之後矣其曰益古演段者蓋當時某氏算書（案冶序但稱近世有某是冶已不知作者名氏）以方圓周徑冪積和較相求定爲諸法名益古集冶以爲其蘊猶匿而未發因爲之移補條目釐定圖式演爲六十四題以闡發奧義故踵其原名其中有草有條段有圖有義草卽古立天元一法條段卽方田少廣等法圖卽繪其加減開方之理義則隨圖解之蓋測圓海鏡以立天元一法爲根此書

卽設爲問答爲初學明是法之意也所列諸法文皆淺顯葢此法雖爲諸法之根然神明變化不可端倪學者驟欲通之茫無門徑之可入惟因方圓冪積以明之其理猶屬易見故治於方圓相求各題下皆以此法步之爲草俾學者得以易入自序稱今之爲算者未必有劉李之工而褊心踞見不肯曉然示人惟務隱互錯糅故爲溟涬黯黮惟恐學者得窺其彷彿云云可以見其著書之旨矣至其條段圖義觸類雜陳則又以必習於諸法而後

可以通此法故取以互相發也其書世無傳本顧應祥唐順之等見測圓海鏡而不解立天元一法遂謂祕其機以爲奇則明之中葉已散佚今檢永樂大典尚載有全編特錄存之俾復見於世以爲算家之圭臬硯堅序稱三卷今約畧篇頁釐爲二卷其文則無所增損惟傳寫訛謬者各以本法推之咸爲校正焉

弧矢算術一卷　浙江范懋柱家天一閣藏本

明顧應祥撰弧矢之法始于元郭守敬授時歷草

其有弧背求矢草立天元一爲矢云云反覆求之祇得三乘方積數及廉隅縱數而止不載開方算式欵開諸乘方法殆以尚爲當時疇人所習故不贅言抑或别爲專書故不復演歟且弦矢相求及弧容直濶諸法皆以勾股法御之明唐順之謂爲步日躔月離源頭作弧矢論以示應祥應祥遂演爲是書名曰弧矢算術應祥未明立天元一法故置之不論惟補其開帶縱三乘方之式並詳各弦矢相求之法與測圓海鏡分類釋術所失略同至

其可資初學之講肄亦畧相等也

同文算指前編二卷通編八卷 兩江總督採進本

明李之藻演西人利瑪竇所譯之書也前編上下二卷言筆算定位加減乘除之式及約分通分之法通編八卷以西術論九章卷一曰三率準測即古異乘同除曰變測即古同乘異除曰重測即古同乘同除卷二卷三曰合類差分曰和較三率曰洪衰互徵即古差分又謂之衰分卷四曰疊借互徵即古盈朒卷五曰雜和較乘即古方程卷六曰

測量三率即古勾股曰開平方曰奇零開平方即古少廣卷七曰積較和開平方卷八曰帶縱諸變開平方曰開立方曰廣諸乘方曰奇零諸乘方亦皆即古少廣按九章乃周禮之遺法其用各殊爲後世言數者所不能易西法惟開方即古少廣勾股各有專術餘皆以三率御之若方田粟布差分商功均輸五章本可以三率御之至於盈朒以御隱雜互見方程以御錯糅正負則三率不可御矣蓋中法西法固各有所長莫能相掩也是書欲以西法

易九章故較量長短俱有增補其論三率比例視中土所傳方田粟布差分諸術實爲詳悉至盈朒方程二術則皆仍舊法少廣畧而未備且法與數多出入之處梅文鼎方程餘論曰幾何原本言勾股三角備矣同文算指於盈朒方程取古人之法以傳之非利氏之所傳也又曰諸書之謬誤皆沿之而不能察其必非知之而不用能言之而不悉亦可見矣誠確論也然中土算書自元以來散失尤甚未有能起而蒐輯之者利氏獨不憚其煩積

曰累月取諸法而合訂是編亦可以爲算家考古之資矣

幾何原本六卷 兩江總督採進本

西洋歐几里得撰利瑪竇譯而徐光啓所筆受也歐几里得未詳何時人據利瑪竇序云中古闇士其原書十三卷五百餘題利瑪竇之師丁氏爲之集解又續補二卷於後共爲十五卷今止六卷者徐光啓自序云譯受是書此其最要者遂刊之其書每卷有界說有公論有設題界說者先取所用

名目解說之公論者舉其不可疑之理設題則據所欲言之理次第設之先其易者次其難者由淺而深由簡而繁推之至於無以復加而後已是爲一卷每題有法有解有論有系法言題用解述題意論則發明其所以然之理系則又有旁通者焉卷一論三角形卷二論線卷三論圓卷四論圓內外形卷五卷六俱論比例其於三角方圓邊線面積體積比例變化相生之義無不曲折盡顯纖微畢露光啓序稱其窮方圓平直之情盡規矩準繩

之用非虛語也又按此書為歐邏巴算學專書且利瑪竇序云前作後述不絕於世至歐几里得而為是書蓋亦集諸家之成故自始至終毫無疵纇加以光啓反復推闡其文句尤為明顯以是弁冕西術不為過矣

御定數理精蘊五十三卷

康熙五十二年

聖祖仁皇帝御定律歷淵源之第二部也上編五卷曰立綱明體其別有五曰數理本源曰河圖曰洛書曰

周髀經解曰幾何原本曰算法原本下編四十卷曰分條致用其別亦有五曰首部曰線部曰面部曰體部曰末部又表八卷其別有四曰八線表曰對數闡微表曰對數表曰八線對數表皆通貫中西之異同而辨訂古今之長短如舊傳方程分二色爲一法三色爲一法四色五色以上爲一法頭緒紛然所立假如僅可施之本例而不可移之他處至於正負加減法實併分母諸例率皆謬誤今則約之爲和數較數和較兼用和較交變四例而

和數不分正負較數任以一色爲正卽以相當之一色爲負皆以異名相併同名相減實足正舊法之訛誤又割圜術古以徑一圍三爲周徑之率宋祖沖之用圓容六邊起算元趙友欽用圓容四邊起算皆屢求勾股得徑一者周三一四一五九六二五泰西法亦同其率古今周率之密無逾於此而舊所傳弧矢諸術周徑皆用古率又弧弦弦背互求諸術立法極爲疏舛今則以六宗三要二簡法求得一象限內弦矢割切正餘八線立爲一表

洵極勾股弧矢之變又幾何原本止於測面七卷以下徐光啓李之藻後無譯之者新法算書往往有雜引之處讀者未之能詳且理分中末線但有求作之法而莫知所用今則求得各等面體及球內容外切各等面體之積至十二等面及二十等面之體皆以理分中末線爲之比例足以補測量全義量體諸率之簡略至末部借根方法卽古立天元一之術唐宋諸算家咸用之至明而失傳是以顧應祥唐順之於元李冶測圓海鏡一書所立

天元一皆茫然不解今則具明其加減乘除之例而後根與平方以下諸乘方之多少者咸得其開法與古所云帶縱立方三乘方諸變同歸一揆且線面體一以貫之而本法所不能求者皆可以借根而得至爲精妙他若對數表以假數求眞數比例規解以量代算皆西法之迥異於中法者咸爲疏通證明繪圖立表粲然畢備實爲從古未有之書雖專門名家未能窺高深於萬一也

幾何論約七卷內府藏本

國朝杜知耕撰知耕字臨甫號伯瞿柘城人是書取利瑪竇與徐光啟所譯幾何原本復加刪削故名曰論約光啟於幾何原本之首冠雜議數條有云此書有四不必不必疑不必揣不必試不必改有四不可得欲脫之不可得欲駁之不可得欲減之不可得欲前後更置之不可得知耕乃刊削其文似乎蹈光啟之所戒然讀古人書往往各有所會心當其獨契不必喻諸人人并不必印諸著書之

人幾何原本十五卷光啟取其六卷歐几里得以絕世之藝傳其國遞授之秘法其果有九卷之冗贅待光啟去取乎各取其所欲取而已知耕之取所欲取不足異也梅文鼎算數造微而所著幾何摘要亦有所去取於其間且稱知耕是書足以相證則是書之删繁舉要必非漫然矣

數學鑰六卷 內府藏本

國朝杜知耕撰其書列古方田粟市衰分少廣商功均輸盈朒方程勾股九章仍取今線面體三部之

法隸之載其圖解並摘其要語以爲之注與方中通所撰數度衍用今法以合九章者體例相同而每章設例必標其凡於章首每問答有所旁通者必附其術於條下所引證之文必著其所出蒐輯尤詳梅文鼎勿菴歷算書記曰近代作者如李長茂之算海詳說亦有發明然不能具九章惟方位伯數度衍於九章之外蒐羅甚富杜端伯數學鑰圖注九章頗中肯綮可爲算家程式其說固不誣矣世有二一本其一爲妄人竄亂殊失本眞此本猶

當日初刊今據以校正以復知耕之舊云

數度衍二十四卷（兩江總督採進本）

國朝方中通撰中通字位伯桐城人明檢討以智之子也以智博極羣書兼通算數中通承其家學著爲是書有數原律衍幾何約珠算筆算籌算尺算諸法復條列古九章名目引

御製數理精蘊法推闡其義其幾何約本前明徐光啟譯本其珠算做程大位算法統宗筆算籌算尺算採同文算指及新法算書惟數原律衍未明所自大

抵裒輯諸家之長而增減潤色勒爲一編者也其尺算之術梅文鼎謂其三尺交加取數故祇能用平分一綫其比例規解之本法惜僅見其弟中履但稱中通得舊法於豫章而不知其法何如竟未獲與中通深論又稱見嘉興陳藎謨尺算用法一卷亦祇平分一綫豈中通所據之法與藎謨同出一源歟葢不可考矣

勾股引蒙五卷　浙江巡撫採進本

國朝陳訏撰訏字言揚海寧人由貢生官淳安縣教

諭是書成於康熙六十一年壬寅首載加減乘除之法雜引諸書如加法則從同文算指列位自左而右減法則從梅文鼎筆算列位自上而下易橫爲直乘法則用程大位算法統宗鋪地錦法畫格爲界除法則用梅文鼎籌算直書列位至定位則又用西人橫書之式葢兼採諸法故例不畫一至開帶縱平方但列較數而不列和數開帶縱立方但列帶一縱而不列帶兩縱相同及帶兩縱不同皆爲未備所論勾股諸法謂勾股和自乘方與弦

積相減所餘之積轉減弦積爲股弦較不知以勾股和自乘積與倍弦積相減所餘爲勾股較積不得爲股弦較也又謂勾股相乘以勾股較除之亦得容方不知旣用勾股容方本法以勾股和除勾積股相乘矣則用此一勾股相乘之積而勾股和與勾股較除之皆得容方無是理也又謂勾股相乘之積爲容方者四斜弦內爲容方者兩不知勾股形內以弦爲界止容一方試以勾三股四之容方積較之尚不及勾股積四分之一而股愈長則

容方愈小者更無論矣又謂勾股弦之長恒兩倍於容圓之周不知平圓積以半周除之而得半徑勾股相乘積以總和除之而得半徑根旣不同不得牽混爲一也如斯之類亦多未協其三角法則全錄梅文鼎平三角舉要畧加詮釋所用八線小表以餘線可以正弦正切正割三線加減得之故不備列其半徑止用十萬亦測量全義所載泰西之舊表無所發明然算法精微猝不易得其門徑此書由淺入深循途開示於初學亦不爲無功觀

其名以引蒙宗旨可見錄存其說亦足爲發軔之津梁也原本不分卷數今畧以類從以算法爲一卷開方爲一卷勾股爲一卷三角爲一卷正餘弦切割表爲一卷

勾股矩測解原二卷　浙江汪啓淑家藏本

國朝黃百家撰百家有體獨私抄已著錄是書言勾股測望並詳繪矩度之形與熊三拔矩度表說大概相同而此書專明一義其說尤詳考勾股測望自古有之其法或用方矩或立矩表或用重矩引

繩如表以測高深廣遠所不能至者總以近者小者與遠者大者相準世傳劉徽海島算經即此法也及

本朝

御製割圜八線表出又儀器制作悉備始有三角形測量益測量用三角度低昂甚便視步算檢表數密而功省雖其理與勾股無殊而徑捷簡易則不可同日而論矣然必儀與表兼備而後其術可施苟缺其一即精於是術者無從措手故勾股之法亦不

可廢也是書雖僅具古法亦足備測量之資焉

少廣補遺一卷 兩江總督採進本

國朝陳世仁撰世仁海寧人康熙乙未進士其書以一面尖堆及方底三角底六角底尖堆各半堆等題分爲十二法復有抽奇抽偶諸目蓋堆垛之法也按堆垛乃少廣中之一術與尖堆體臺體相似而實不同葢尖堆體臺體外平而中實堆垛爲衆體所積面有巉巗中多空隙故二法相較煩簡頓殊古少廣中僅具以邊數層數求積數法亦未有

解其故者至以積求邊數層數之法則未備焉又其為用甚少故算家率略而不詳世仁有見於此專取堆垜諸形反覆相求各立一法雖圖說未具不能使學者窺其立法之意而於少廣之遺法引伸觸類實於數學有裨不可以其一隅而少之也

莊氏算學八卷 福建巡撫採進本

國朝莊亨陽撰亨陽字元仲南靖人康熙戊戌進士官至淮徐海道是編乃其自部曹出董河防於高深測量之宜隨事推究設問答以窮其變因筆之

於書其後人取其殘藁裒輯成帙中間大旨皆遵
御製數理精蘊而參以幾何原本梅氏全書分條採摘各
加剖析頗稱明顯末爲七政步法亦本之新法算
書而節取其要其於推步之法條目賅廣縷列星
羅無不各有端緒恭案
御製數理精蘊線面體三部凡三十餘卷幾何原本五卷
梅氏全書卷帙亦爲浩博學算者非出自專門不
能驟窺蹊徑今亭陽撮舉精要別加薈萃簡而不
漏括而不支可爲入門之津筏雖未能大有所發

明而以爲初學者啟蒙之資則殊有裨益矣

九章錄要十二卷 浙江巡撫採進本

國朝屠文漪撰文漪字蒓洲松江人其書因古九章之術參以今法與杜知耕所著數學鑰體例相似而互有詳略疎密知耕詳於方田文漪則詳於勾股知耕論少廣備及形體文漪推少廣則併及廉隅之辨知耕參以西法每於設問之下附著其理文漪則采錄梅文鼎諸書推闡以盡其用大致皆綴集今古之法以成書而取舍各異合而觀之亦

可以互相發明也是書有借徵一條專明借衰疊借之術爲知耕之所未及考其所載雖未及精密然於借數之巧固已得其大端矣

右天文算法類算書之屬二十五部二百八卷皆文淵閣著錄

案數爲六藝之一百度之所取裁也天下至精之藝如律呂推步皆由是以窮要眇而測量之術尤所取資故天文無不根算書算書雖不言天文者其法亦通於天文二者恒相

出入蓋流別而源同今不入小學而次於天文之後其事大從所重也不與天文合爲一其用廣又不限於一也

## 天文算法類存目

星經二卷兩江總督採進本

不著撰人名氏晁公武讀書志載甘石星經一卷註曰漢甘公石申撰以日月五星三垣二十八舍恒星圖象次舍有占訣以候休咎隋書經籍志石氏星簿經讚一卷星經二卷甘氏四七法一卷是

書卷數雖與隋志合而多舉隋唐州名必非秦漢間書也所載星象今亦殘缺不全不足以備考驗

步天歌七卷 兩江總督採進本

陳振孫書錄解題曰步天歌一卷未詳撰人二十八舍歌也三垣頌五星凌犯賦附於後或曰唐王希明撰自號丹元子鄭樵通志天文畧則曰隋有丹元子隱者之流也不知名氏作步天歌王希明纂漢晉志以釋之唐書誤以爲王希明案樵天文畧全采此歌故推之甚至然丹元子爲隋人不見

他書不知樵何所據使果隋時所作不應李淳風
不知其人隋書經籍志中竟不著錄至唐書乃稱
王希明也疑以傳疑闕所不知可矣其書以紫微
太微天市分上中下三元宮仍以四方之星分屬
二十八舍皆以七字爲句條理詳明歷代傳爲佳
本
本朝
御製及
欽定天文儀象諸書咸采錄之復有專刻官本考度繪

圖測驗星躔一一脗合此本圖度未工句多增減所注占語亦未詳出自誰手未爲善本又唐志文獻通考並稱一卷而此本乃有七卷其爲後人所竄亂審矣鄭樵亦稱世有數本不勝其訛此或卽其一也

青羅歷無卷數　浙江范懋柱家天一閣藏本

不著撰人名氏考陳振孫直齋書錄解題云青羅立成歷一卷司天監朱鳳奏據其稱貞元十年甲戌入歷至今乾寧丁巳則是唐末人似卽此書然

稽其年代不甚相合卷數亦多少互異疑不能明也其書列一年十二月爲定表用節氣紀太陽太陰宿次又以年經月緯縱橫立表各定年數爲五星周而復始之期案日月經天有常度亦有差分故月有大小閏有常期若一槩限以節氣太陽倘連値十五日之節尚可遷就太陽用三十日爲定策則必不能齊至五星躔度各有遲速其周天之數贏縮不能畫一拘以定數亦類刻舟又日月五星謂之七曜曜者光曜之謂也月孛羅計紫炁雖

有躔次實無其形此書立十一曜之名已爲未協至論月孛一條乃有披金甲及背上揷箭之語一若親睹其形者大抵勦襲道家符籙等書而不知其荒唐已甚也

官歷刻漏圖二卷永樂大典本

宋王普撰自序謂官歷漏刻以岳臺爲定九服之地冬夏至晝夜刻數或與岳臺不同則二十四氣前後易箭之日亦皆少差又有蔡知方序謂刻漏圖邵陽刊本最詳備建陽林氏復加鐫定稍小分

於四刻之前覗昔尤爲精密又有鈕蘭居士序謂林君衍四刻餘分均諸衆時之先後作小漏欵識覗王普爲尤備則此書又林氏所重修非普之舊也然其法已畧具宋史中此雖稍詳究無大異普字伯照里籍未詳官左朝散大夫行太常博士林氏名字俱佚其朝代亦無可考

星象考一卷 編修程晋芳家藏本

原本題宋鄒淮撰後有魏了翁跋稱淮以進士提領造歷所演算歷書其所撰載如此云云考陳振

孫書錄解題載天文考異二十五卷昭武布衣鄒淮撰大抵襲景祐新書之舊淮後入太史局今此書僅四頁似從天文考異中錄出而別題此名又書錄解題既稱淮爲昭武布衣而了翁跋又稱爲進士亦相牴牾殆書賈所僞托也

天文精義賦四卷 浙江范懋柱家天一閣藏本

舊題管勾天文岳熙載撰并集注而不著其時代案注中多引宋史天文志當爲元末人考元太史院有管勾二員秩從九品而歷志載郭守敬會南

北日官考論歷法有岳鉉之名或即其家子孫也其書皆論推測占驗之術而以韻語儷之首天體次分野次太陽太陰次槩舉七政及於恒星而以凌抵鬬食之說附於其末大都摭拾史傳不能有所發明錢曾讀書敏求記載熙載尚有天文占書類要注四卷今未見

天心復要三卷 浙江范懋柱家天一閣藏本

明鮑泰撰泰徽州人是書作於成化中專言歷法而於歲實朔策漢以來所定小餘疏密或增或損

之故茫然不解徒主四分法歲三百六十五日三時之整數分二十四氣每一氣得十五日二時五刻參用奇門數五日滿甲子六十爲一候三候爲一氣不及氣策二時五刻每歲有一候三時之差奇門於是設立超神接氣置閏適二十年而閏二十一候泰乃名之爲一致四致凡八十年名之爲一序三序凡二百四十年名之爲一限三限凡七百二十年名之爲一合十九合凡萬三千六百八十年名之爲一會又以舊法十九年七閏月爲一

章之整數八十章凡千五百二十年名之爲一乘三乘凡四千五百六十年名之爲一運三運亦萬三千六百年爲一會此最疎之數推步家自漢張衡以後久棄不用泰粗涉乎此遂矜爲獨得之秘紛紛創立名目衍成是書因附會邵子冬至子之半天心無改移二語以爲書名殊舛陋無足道也

太陽太陰通軌 無卷數 浙江鮑士恭家藏本

明戈永齡撰永齡宛平人正德中官欽天監保章正是書取元代所輯大統歷七政交食通軌循其

法而重演之原本不題卷數僅分三冊葢其細草稿也考明史載大統歷即元授時歷當時測驗舛異已多得其全書猶不足用此本篇帙殘缺僅存推算數法益不足據爲定準矣

象緯彙編二卷 浙江范懋柱家天一閣藏本

明韓萬鍾撰萬鍾蘄州人是書成於嘉靖壬辰採丹元子步天歌逐段分釋並爲之圖以馬氏通考所記彗孛客流淩犯之屬分隸各星之下合三垣二十八宿爲三十一條而五緯附於其後其自序

謂便學者之考索非有所作大槼與天元玉歷相同蓋當時未覩官本故又爲此裒輯耳

戊申立春考證一卷 兩江總督採進本

明邢雲路撰雲路有古今律歷考已著錄萬歷三十六年戊申欽天監推十二月二十一日己卯子正立春雲路立表推之謂當在二十日戊寅亥初由元統大統歷輕改郭守敬授時法測驗俱差遂詳爲考證以成此書蓋其官蘭州時所作也陶珽續說郛亦載此書但題曰立春考證删其戊申二

字已爲姅謬又因雲路字士登遂誤以邢雲爲地名删此二字但題曰路士登撰益足資笑噱矣

星歷釋義二卷 浙江鮑士恭家藏本

明林祖述撰祖述字道卿鄞縣人萬歷丙戌進士官至廣西提學僉事是編上卷爲七曜二十八宿十干十二支及年歲載祀朔弦望晦盈虛閏餘諸條下卷爲二十四氣七十二候及歲時令節諸條皆雜引經史及先儒論說以詮解之故曰釋義然多抄撮舊文於授時要旨殊無當也

折衷歷法十三卷 直隸總督採進本

明朱仲福撰仲福靈壽人初元郭守敬作授時歷明洪武中因其書作大統歷而去其上考下求歲實消長之法是以嘉靖中以大統授時二歷相較考古則氣差三日推今則時差九刻何瑭邢雲路鄭世子載堉諸人紛紛攻詰迄無定論仲福是書成於萬歷二十二年用萬歷九年爲歷元折衷二歷强弱之間以爲活法然大抵勉强牽就非能密合天行且授時所定歲實其小餘爲二千四百二

十五分已爲不密以史所載考之丁丑年冬至在戊戌日夜半後八刻半又定戊戌冬至在癸卯日夜半後三十三刻己卯冬至在戊申日夜半後五十七刻庚辰冬至在癸丑日夜半後八十一刻辛巳冬至在己未日夜半後六刻夫一歲小餘二十四刻二十五分積之四歲正得九十七刻無餘無欠而丁丑至辛巳四年已多半刻其積算未精已槩可見仲福步日躔術乃定日平行一度躔周爲三百六十五度二十五分仍是後漢時四分最疎

之率是名爲折衷授時大統二法實較二法爲尤舛矣

緯譚一卷 福建巡撫採進本

明魏濬撰濬有易義古象通已著錄此書首題曰拙存齋筆錄而子目則曰緯談葢其劄記之一種也首論太一三式源委次括元次太陽斗建陰陽南北次干支納卦次干支內藏次五行十二變次六合取義皆引援質證斷以己意中極詆利瑪竇天論爲荒唐末又附記萬歷天啟時推步之訛凡

十三事然觀其以朔方交趾北極出地論中國据地之大小則知度而不知里又謂交趾二月初三日日未昏而新月乃在天心與夫夜觀北極在子分者則其國當居正中實非深知歷法者也

宣夜經 無卷數 江蘇巡撫採進本

明柯仲炯撰仲炯始末未詳是書前有崇禎元年自序謂宣夜本諸帝堯即羲和所授其後失傳因作此以復其舊且歷詆丹元子李淳風僧一行等之變更古法其說絕無根據又分中宮宣夜南宮

宣夜東宫宣夜北宫宣夜西宫宣夜諸名尤爲荒誕至於每星之下必引經文以釋之若河鼓謂之牽牛證以執牛耳雞二星證以春官雞人夜呼旦亦類皆割裂經傳以助其無稽之談也

九圜史圖一卷附六匌曼一卷　浙江汪啟淑家藏本

明趙宧光撰宧光有說文長箋已著錄又著有圖誌譜考辨說六部此書卽六部之一也其圖曰三儀謂日月地也曰須彌謂四大州也曰六合平卽以四州之地平鋪而觀之曰六匌轉卽以四州之

地從地球兩面觀之曰北極出地從勾陳大星與北極五星之間作識以爲北辰曰合朔遠近謂衞岳和林鐵勒北海諸處時刻不同也曰春秋晝夜謂日南日北早晚不一也惟北極一圖與渾天儀合餘皆摭拾陳編參以浮屠之說其六合曼則泛論天地之廣荒誕不經益無可徵驗矣

蓋載圖憲一卷　編修勵守謙家藏本

明許胥臣撰胥臣有禹貢廣覽已著錄是書以天圖爲蓋地圖爲載大意以天文藉圖不藉書其所

錄圖一十有七曰全儀乃子午地平黃赤道所由分也曰日出日入遠近乃南海北海應天順天嶽臺平陽之同異也曰紫微垣見界諸星曰黃赤道見界諸星曰二十八宿占度曰赤道北見界諸星曰赤道南見界諸星曰黃道北見界諸星曰黃道南見界諸星擬堯典四仲中星附萬歷四仲中星其餘則各按垣次爲圖而以步天歌分綴於下末繪地輿全圖皆按度計宮然其天圖皆出於湯若望自有崇禎新法歷書亦無庸復載其地圖則粗

分疆界多失其實亦無可采焉

天官翼 無卷數 浙江巡撫採進本

明董說撰說有易發已著錄是編以章蔀紀元元會運世立論謂歷數出於卦爻頗譏漢太初三統之失所列恒星過宮年干入卦二表以星次遞相排比至帝堯甲子適值張心昴虛居四仲之中與堯典中星相合遂據以為上遡下推之證然天形轉運積歲恒差始自秒分漸移度數其遷流之故甚微算家測驗星躔隨時修改尚往往有過踈過

審之處不能與天行相應說作是書不著步算贏縮之法但以長歷遞推恐未免刻舟求劍也

天經或問後集 無卷數 福建巡撫採進本

國朝游藝撰藝有天經或問前集已著錄是編復發明天象以廣所未備首述前人歷法及七政行度未舉雜氣雜象神怪變幻出於常度之外者一一辨正衷之以理雖其說間有可采而出於臆斷者頗多未可據爲典要不及其前集之謹嚴也

璇璣遺述七卷 兩江總督採進本

國朝揭暄撰。暄字子宣，江西廣昌人。是書又名爲寫天新語，言天地人象七曜運旋，兼採歐邏巴義，雜以理氣之說。康熙已巳，嘗以草稿寄梅文鼎，文鼎抄其精語爲一卷，稱其深明西術而又別有悟入，又稱其謂七政小輪皆出自然，亦如盤水之運旋，而周遭以行疾而生旋渦，遂成留逆一條，爲古今之所未發。今觀其全書，大抵與游藝天經或問相表裏，然藝書切實平正，詞意簡明，暄則持論新奇，頗傷龐雜。其考歷變、考潮汐、辨分野、辨天氣地氣所發育方以智嘗謂其於易道有所發明然如論日月東行如槽之滚丸而月質不變又謂天堅地虛舊蛋白蛋黃之喻徒得形似而喻爲餅中有餅其說殊自相矛盾至五星有西行之時日月有盈縮之度雖設譬多方似乎言之成理而揆以實占多屬牽强均不足據爲典要也

秦氏七政全書 無卷數 江蘇巡撫採進本

國朝秦文淵撰文淵爵里未詳書凡八册第一册論天行地體經緯交錯之大象以及七政交食步算

之大端謂之經大要畧亦稍附勾股開方重測諸法二冊言歲差及各表用法謂之七政諸表說三冊以下全取成數分條臚列謂之二百恒年表考二百恒年表本前明徐光啟等所集載在新法歷書中文淵不過采掇其法參以己意遂據以爲推步之譜蓋其時歷法初變測驗猶疎故所見止於如是也今

御製歷象考成凡新法歷書之詳而有據者俱經引入其數目驗諸實測有分秒之不合者俱經定正文淵

此帙特西法之糟粕撰以天行多所違失固無庸於採錄矣

歷算叢書六十二卷安徽巡撫採進本

國朝梅瑴成重定其祖文鼎之書也瑴成宣城人康熙乙未進士官至左都御史文鼎初作歷算書各自爲部後魏荔彤屬楊作枚校刊作枚遂合之爲一名曰歷算全書並附以已說及辨論之語目爲訂補瑴成謂前書校讐編次不善而名爲全書亦非實錄因重加編次合爲六十卷改題叢書而附

穀成所作赤水遺珍操縵卮言二卷於後觀其義例與全書辨證者凡五一以歲周地度合考作爲雜著一謂火星本法彙爲一卷殊欠理會一謂五星紀要原名管見今仍其舊一以籌算七卷原書單行今併筆算彙入叢書一謂歷算並稱歷法事重然不明算術則歷書無從而讀故稱名仍以歷居算前而序書則以歷居算後其字句訛舛亦細加校駁又序稱作校編次不善故其書不能流傳此穀成重刊是書之大略也雖編次不同於文鼎

書實無損益且二刻已並行於世均爲著錄殊嫌重複故仍錄其先刻者而此本則附存其目焉

萬青樓圖編十六卷 國子監助教張義年家藏本

國朝邵昂霄撰昂霄字麗寰餘姚人拔貢生乾隆元年薦舉博學鴻詞其書專論天文算數之術分十四目曰天體曰儀象曰官度曰二曜曰五緯曰雲氣曰煇氣曰經星曰歷案曰歷理曰歷數曰測景曰測時曰定時皆援引漢晉以來天官家言及歐邏巴之說而各以已見附之於推測之術頗有所

得其量天景尺及漏碗諸法悉用意自造亦頗精密惟禨祥占驗雜引史志舊文龐雜無要是其所短也

八線測表圖說一卷兩江總督採進本

國朝余熙撰熙字晉齋桐城人是編欽遵

御製數理精蘊由勾股和較割圜八線六宗三要諸法括爲圖說以便初學之研究大旨主於明淺易入非別有新解也

右天文算法類推步之屬二十三部一百二十七卷

丙六部

無卷數皆附存目

算法統宗十七卷 內府藏本

明程大位撰大位字汝思徽州人珠算之名始見甄鸞周髀注則北齊已有之然所說與今頗異梅文鼎謂起於元末明初不知宋人三珠戲語已有算盤珠之說則是法盛行於宋矣此書專為珠算而作其法皆適於民用故世俗通行惟拙於屬文詞多支蔓未免榛楛勿翦之譏

勾股述二卷 浙江吳玉墀家藏本

國朝陳訏撰。訏有勾股引蒙，已著錄。因其中和較之法未備，復述此以舉其槩。前有黃宗羲序，頗稱道之。然和較一法，自李冶、顧應祥、唐順之、李之藻等相繼闡繹成書，至今殆無遺蘊。學者苟能遵守成法，觸類而引伸之，自可得其會通。若不遡本原，而徒以耳食師心，自矜創獲，則去之益遠。如是書較求股弦一條附論，謂勾積中除較積所餘必合股積之半，不知股積可容勾積，勾積必不能容股積，不當強合其半。又和求股弦一條附論，謂勾弦和積必四倍於股積不知勾弦和積中有股積一勾積二勾乘弦積二亦不能强之爲四其意不過用勾股弦之數參合而得設遇勾股修廣不齊則不特於理難通卽於數亦斷不能脗合矣

隱山鄙事四卷 浙江巡撫採進本

國朝李子金撰子金柘城人隱山其號也與梅文鼎游藝揭暄王寅旭輩互以算術相高然核其所著文鼎論醇而學博藝理明而詞達暄與寅旭雖各持所見亦頗有新意子金是編惟采幾何原本及

幾何要法二書稍繁已見無大發明不能與諸家抗衡也

圜徑眞旨無卷數安徽巡撫採進本

國朝顧長發撰長發字君源江蘇人是編因圜周圜徑古無定率有高捷者翦紙爲積補湊方圓得窺梗概而不得周數長發因以爲徑一者周三一二五謂之智術又謂甄鸞劉徽祖沖之邢雲路湯若望諸人所定周徑皆謂吻合殊不知圓出於方方出於矩傳自周髀古人徑一圍三之術固疎至劉

祖輩所推已近密而湯若望之周徑定率乃用內弦外切屢求勾股之法漸近圓周合成一線與周髀所傳圓出於方之義暗合所定徑一周三一四一五九六二五自六以上又皆與劉祖之密率合是以

御製數理精蘊采用之今長發以爲猶疏未免强生異議不足據也

右天文算法類算書之屬四部二十三卷內一部無卷數皆附存目

（清）紀昀等 纂

# 武英殿本四庫全書總目

第二八册

國家圖書館出版社

# 第一八册目録

欽定四庫全書總目 子部

卷百一之百二

欽定四庫全書薈要

# 欽定四庫全書總目卷一百一

## 子部十一

### 法家類

刑名之學起於周季其術為

聖世所不取然流覽遺篇兼資法戒觀於管仲諸家可以知近功小利之隘觀於商鞅韓非諸家可以知刻薄寡恩之非鑒彼前車即所以克端治本曾鞏所謂不滅其籍乃善於放絕者歟至於凝嵘所編和凝和嵘父子相繼撰疑獄集闡明疑獄桂吳所錄桂萬

榮吳訥相續撰棠陰比事矜慎祥刑並義取持平道資弼教雖類從而錄均隸法家然立義不同用心各異於虞廷欽恤亦屬有裨是以仍準舊史錄此一家焉

管子二十四卷 大理寺卿陸錫熊家藏本

舊本題管仲撰劉恕通鑑外紀引傅子曰管仲之書過半便是後之好事所加乃說管仲死後事輕重篇尤復鄙俗葉適水心集亦曰管子非一人之筆亦非一時之書以其言毛嬙西施吳王好劍推

之當是春秋末年今考其文大抵後人附會多於仲之本書其他姑無論卽仲卒於桓公之前而篇中處處稱桓公其不出仲手已無疑義矣書中稱經言者九篇稱外言者八篇稱內言者九篇稱短語者十九篇稱區言者五篇稱雜篇者十一篇稱管子解者五篇稱管子輕重者十九篇意其中孰爲手撰孰爲記其緒言如語錄之類孰爲述其逸事如家傳之類孰爲推其義旨如箋疏之類當時必有分別觀其五篇明題管子解者可以類推必

由後人混而一之致滋疑竇耳晁公武讀書志曰劉向所校本八十六篇今亡十篇考李善註陸機猛虎行曰江邃文釋引管子云夫士懷耿介之心不蔭惡木之枝惡木尚能恥之況與惡人同處今檢管子近亡數篇恐是亡篇之內而邃見之則唐初已非完本矣明梅士享所刊又復顛倒其篇次如以牧民解附牧民篇下形勢解附形勢篇下之類不一而足彌爲竄亂失眞此本爲萬歷壬午趙用賢所刊稱由宋本翻雕前有紹興己未張嵲後

跋云舛脱甚衆頗爲是正用賢序又云正其脱誤
者逾三萬言則屢經黠竄已非劉向所校之舊然
終逾於他氏所妄更者在近代猶善本也舊有房
元齡註晁公武以爲尹知章所託然考唐書藝文
志元齡注管子不著録而所載有尹知章注管子
三十卷則知章本未託名殆後人以知章人微元
齡名重改題之以炫俗耳案舊唐書知章絳州翼
城人神龍初官太常博士睿宗即位拜禮部員外
郎轉國子博士有孝經注老子注今並不傳惟此

注藉元齡之名以存其文淺陋頗不足采然蔡絛鐵圍山叢談載蘇軾蘇轍同入省試有一題軾不得其出處轍以筆一卓而以口吹之軾因悟出管子註則宋時亦採以命題試士矣且古來無他注本明劉績所補注亦僅小有糾正未足相代故仍舊本錄之焉

管子補注二十四卷 編修勵守謙家藏本

明劉績撰績有三禮圖已著錄管子舊註頗爲疎畧故宋張嵲跋其後曰管子書多古字如專作搏

忒作貣宥作侑况作兄釋作澤此類甚衆大臣載召忽語曰雖得天下吾不生也兄與我齊國之政也註乃謂召忽呼管仲爲兄曰澤命不渝注乃以爲恩澤之命不可偏舉黄震日抄亦曰管子注釋最多牴牾四傷之篇誤名百匿而以四傷名七法之篇幼官篇首章云若因夜虛守靜人物則皇其後方之圖本可覆也乃衍人物二字不知參對以夜虛爲句守靜人物自爲句方以人物則皇爲句而曲爲之說曰聽侯人物也幼官五圖以形生理

爲句而中央之註獨以形生屬上文明法篇以比周以相匿爲句而下又云忘主死交其後方之明法解可覆也乃以相爲匿是爲句而曲爲之說曰匿公是而不行也五法之章曰天下不患無財患無人以分之分如分地之利之分乃釋云可以分與財者賢人也立政之章曰道塗無行禽指人言之謂其爲能行之禽耳乃釋云無禽獸之行版法篇云悅在施愛有衆在廢私今因鈌文而云悅在施有衆在廢私不成文矣云云其抉摘皆中理績

本之以作是註故於舊解頗有匡正皆附於原註之後以績按別之雖其循文詮解於訓詁亦罕所考訂而推求意義務求明愜較原註所得則已多矣案明有兩劉績一爲山陰人字孟熙千頃堂書目載此書於績名下注江夏人則爲字用熙者無疑坊刻或題曰宋劉績誤也

鄧析子一卷　少詹事陸費墀家藏本

周鄧析撰析鄭人列子力命篇曰鄧析操兩可之說設無窮之詞子產執政作竹刑鄭國用之數難

子產之治子產屈之子產執而戮之俄而誅之劉歆奏上其書案尚似孫子畧誤以此奏爲劉向今據書錄解題改正則曰於春秋左氏傳昭公二十年而子產卒子太叔嗣爲政定公八年太叔卒駟歂嗣爲政明年乃殺鄧析而用其竹刑然則列子爲誤矣其書漢志作二篇今本仍分無厚轉辭二篇而併爲一卷然其文節次不相屬似亦掇拾之本也其言如天於人無厚君於民無厚父於子無厚兄於弟無厚勢者君之輿威者君之策則其旨同於申韓如令煩則民詐

政擾則民不定心欲安靜慮欲深遠則其旨同於黄老然其大旨主於勢統於尊事覈於實於法家爲近故竹刑爲鄭所用也至於聖人不死大盜不止一條其文與莊子同析遠在莊周以前不應預有勦說而莊子所載又不云鄧析之言或篇章殘缺後人摭莊子以足之歟

商子五卷 兩江總督採進本

舊本題秦商鞅撰鞅事迹具史記鞅封於商號商君故漢志稱商君二十九篇三國志先主傳註亦

稱商君書其稱商子則自隋志始也陳振孫書錄解題云漢志二十九篇今二十八篇已亡其一晁公武讀書志則云本二十九篇今亡者三篇讀書志成於紹興二十一年既云已缺三篇書錄解題成於宋末乃反較晁本多二篇殆兩家所錄各據所見之本故多寡不同歟此本自更法至定分目凡二十有六似即晁氏之本然其中第十六篇第二十一篇又皆有錄無書則併非宋本之舊矣史記稱讀鞅開塞書在今本爲第七篇文義甚明而

司馬貞作索隱乃妄爲之解爲晁公武所譏知其書唐代不甚行故貞不及睹又文獻通考引周氏涉筆以爲鞅書多附會後事擬取他詞非本所論著然周氏特據文臆斷未能確證其非今考史記稱秦孝公卒太子立公子虔之徒告鞅欲反惠王乃車裂鞅以徇則孝公卒後鞅即逃死不暇安得著書如爲平日所著則必在孝公之世又安得開卷第一篇即稱孝公之謚殆法家者流掇鞅餘論以成是編猶管子卒於齊桓公前而書中屢稱桓

公耳諸子之書如是者多旣不得撰者之主名則亦姑從其舊仍題所託之人矣

韓子二十卷 內府藏本

周韓非撰漢書藝文志載韓子五十五篇張守節史記正義引阮孝緒七錄載韓子二十卷篇數卷數皆與今本相符惟王應麟漢藝文志考作五十六篇殆傳寫字誤也其注不知何人作考元至元三年何犿本稱舊有李瓚註鄙陋無取盡爲削去云云則註者當爲李瓚然瓚爲何代人犿亦之言

王應麟玉海已稱韓子註不知誰作諸書亦别無
李瓚註韓子之文不知犴何所據也犴本僅五十
三篇其序稱内佚姦刼一篇説林下一篇及内儲
説下六微内似煩以下數章明萬歷十年趙用賢
購得宋槧與犴本相校始知舊本六微篇之末尚
有二十八條不止犴所云數章説林下篇之首尚
有伯樂教二人相踶馬等十六章諸本佚脱其文
以説林上篇田伯鼎好士章逕接此篇蟲有蚘章
和氏篇之末自和雖獻璞而未美未爲王之害也

以下脫三百九十六字姦劫篇之首自我以清廉事上以上脫四百六十字其脫葉適在兩篇之間故其次篇標題與文俱佚傳寫者各誤以下篇之半連於上篇遂求其下篇而不得其實未嘗全佚也今世所傳又有明周孔教所刊大字本極爲清楷其序不著年月未知在用賢本前後考孔教舉進士在用賢後十年疑所見亦宋槧本故其文均與用賢本同無所佚缺今即據以繕錄而校以用賢之本考史記非本傳稱非見韓削弱數以書諫

韓王韓王不能用悲廉直不容於邪枉之臣觀往者得失之變故作孤憤五蠹內外儲說說林說難十餘萬言又云人或傳其書至秦秦王見其孤憤五蠹之書則非著書當在未入秦前史記自叙所謂韓非囚秦說難孤憤者乃史家駁文不足爲據今書冠以初見秦次以存韓皆入秦後事雖似與史記自叙相符然傳稱韓王遣非使秦秦王悅之未信用李斯姚賈害之下吏治非李斯使人遺之藥使自殺計其間未必有暇著書且存韓一篇終

以李斯駁非之議及斯上韓王書其事與文皆爲未畢疑非所著書本各自爲篇非歿之後其徒收拾編次以成一帙故在韓在秦之作均爲收錄併其私記未完之槀亦收入書中名爲非撰實非非所手定也以其本出於非故仍題非名以著於錄焉

疑獄集四卷補疑獄集六卷 浙江范懋柱家天一閣藏本

疑獄集四卷五代和凝與其子㠓同撰凝字成績鄆州須昌人初爲梁義成軍節度從事唐天成中

官翰林學士唐亡入晉官至左僕射晉亡入漢拜
太子太傅封魯國公漢亡入周至顯德二年乃卒
事迹具五代史雜傳嵘據此書題其官曰中允其
始末則不可詳矣書前有嵘序及至正十六年杜
震序陳振孫書錄解題稱疑獄三卷上一卷爲凝
書中下二卷爲嵘所續今本四卷疑後人所分也
補疑獄集六卷明張景所增共一百八十二條所
記皆平反寃濫抉摘姦慝之事俾司憲者觸類旁
通以資啟發雖人情萬變事勢靡恒不可限以成

法而推尋故迹舉一反三師其意而通之於治獄亦不無禆益也書中間有按語稱訥曰者不著其姓又包拯杖吏一條稱桂氏取以載入篇中愚特取以終篇云云亦不言桂氏爲誰蓋剽掇桂萬榮吳訥之書不著所出又復刊削不盡是亦不去葛龔之類矣景號西墅汝陽人嘉靖癸未進士此書乃其官監察御史時作也

折獄龜鑑八卷 永樂大典本

宋鄭克撰是書宋志作二十卷晁公武讀書志陳

振孫書錄解題俱題作決獄龜鑑葢一書而異名者也大旨以五代和凝疑獄集及其子㠓所續均未詳盡因採摭舊文補苴其闕分二十門其間論斷雖意主尚德緩刑而時或偏主於寛未能悉協中道所輯故實務求廣博多有出於正史之外者而亦或兼收猥瑣未免庬雜然究悉物情用以廣見聞而資觸發較和氏父子之書特爲賅備晁公武讀書志稱其依劉向晏子春秋舉其綱要爲之目錄體例井然亦可謂有條不紊者矣書錄解題

載其目凡二百七十六條三百九十五事今世所傳鈔本祇存五門餘皆散佚惟永樂大典所載尚為全書而已經合併連書二十卷之界限不復可考謹詳加校訂析為八卷卷數雖減於舊其文則無所缺失也

棠陰比事一卷附錄一卷浙江巡撫採進本

宋桂萬榮撰明吳訥刪補萬榮鄞縣人由餘干尉仕至朝散大夫直寶章閣知常德府訥字敏德號思菴常熟人永樂中以知醫薦仁宗監國聞其名

使教功臣子弟洪熙元年擢監察御史官至右都御史謚文恪事蹟具明史本傳是集前有嘉定四年萬榮自序稱取和魯公父子疑獄集參以開封鄭公折獄龜鑑比事屬詞聯成七十二韻又有端平甲午重刻自序稱以尚右郎陛對理宗諭以嘗見是書深相褒許因有求其本者以鋟梓星江遠莫之致是用重刻流布其書彷唐李瀚蒙求之體括以四字韻語便於記讀而自爲之註凡一百四十四條皆古來剖析疑獄之事明景泰間吳訥以

其徒拘聲韻對偶而叙次無義乃刪其不足爲法及相類複出者存八十條以事之大小爲先後不復以叶韻相從其註亦稍爲點竄又爲補遺二十三事附錄四事別爲一卷萬榮書中附論七條首五條辨析律意末二條則推論他事然不應僅首尾有此五條中間全置不議或傳寫又有所刪佚歟第四條下註云存中宋人不書時代後同不類萬榮之語當亦訥所加也訥所續二十七條每條各有評語附於題下其書雖畧於和㠓諸家而叙

述明白較嚎等乃爲簡切亦折獄者所宜取裁也

右法家類八部九十四卷皆文淵閣著錄

法家類存目

管子榷二十四卷 内府藏本

明朱長春撰長春字大復烏程人萬歴癸未進士官刑部主事是書卽趙用賢本而增釋之故凡例文評俱仍其舊惟每篇各加敘釋在篇首者曰評多論作文之法在篇中者曰通則隨文訓解其義在篇末者曰演乃統論一篇大旨皆出長春一手

創立異名無所闡發其七法篇評云是注意之作可爲文式後之分段者神弛氣懈周末秦先病如此千年來文家及學其病支之壞由韓蘇以來云云亦可稱敢於大言矣

詮叙管子成書十五卷內府藏本

明梅士享編士享字伯獻宣城人管子原目三十卷已不可考明代舊本皆二十四卷士享此本合爲十五卷而以已意詮叙之如牧民形勢立政九敗版法明法諸解皆移附本篇之後已亂其次第

又謂其文繁冗不倫乃於一篇之中分上下二格其定爲管子本分者列之上格疑爲後人攙雜及義有未安者列之下格其自爲發明者别稱梅生曰以别之如牧民篇國之四維一段則云朱晦翁解繇不仁故不智不智故不知禮義所在斯爲一貫之旨若此節維絶則傾及傾可正也等語於理有乖恐非管子之言故列下層又權修篇天下者國之本一段則云與大學孟子之旨相悖故列下層讀諸子之書而必以經義繩之何異閩晉唐行

草之跡而糾以說文之偏傍耶

韓子迂評二十卷內府藏本

舊本題明門無子評前列元何犿校上原序署至元三年秋七月庚午結銜題奎章閣侍書學士考元世祖順帝俱以至元紀年而三年七月以紀志干支排比之皆無庚午日疑子字之誤奎章閣學士院設於文宗天歷二年止有大學士侍讀學士承旨供奉等官順帝至元六年始罷奎章閣爲宣文閣學士院始有侍書學士則犿進是書在後至元時矣觀其序中稱今天下所急者法度之廢所少者韓

子之一臣正順帝時事勢也門無子自序稱坊本至不可句讀最後得何犿本字字而讐之皆不失其舊乃句爲之讀字爲之品間取何氏注而折衷之以授之梓人云云蓋趙用賢翻刻宋本在萬歷十年此本刻於萬歷六年故未見完帙仍用何氏之本然犿序稱李瓚注鄙陋無取盡爲削去而此本仍間存瓚注已非何本之舊且門無子序又稱取何注折衷之則併犿所加旁註亦有增損非盡其原文蓋明人好竄改古書以就已意動輒失其本

來萬歷以後刻板皆然是書亦其一也門無子不知爲誰陳深序稱門無子俞姓吳郡人篤行君子然新舊志乘皆不載其姓名所綴評語大抵皆學究八比之門徑又出於注之下所見如是宜其敢亂舊文矣

刑統賦二卷 兩淮鹽政採進本

宋傅霖撰霖里貫未詳官律學博士法家書之存於今者惟唐律最古周顯德中竇儀等因之作刑統宋建隆四年頒行霖以其不便記誦乃韻而賦

之併自爲注晁公武讀書志稱或人爲之註葢未審也其後註者不一家金泰和中李祐之有刪要元至治中程仁壽有直解或問二書至元中練進有四言纂註尹忠有精要至正中張汝楫有畧註並見永樂大典中此本則元祐中東原郄氏爲韻釋按趙孟頫原序但稱郄君不著其名其鄉人王亮又爲增注然於霖所自註竟削去之已非完本亮註亦類皆剽襲前人無所發明且傳寫訛誤第四韻第七韻內脫簡特多殊不足取

刑法叙略一卷 編修程晋芳家藏本

舊本題宋劉筠撰筠字子儀大名人咸平元年進士累擢司諫知制誥翰林學士承旨進龍圖閣學士加禮部侍郎是編載曹溶學海類編中今考其文即冊府元龜刑法一門之總叙也

洗冤錄二卷 永樂大典本

宋宋慈撰慈字惠父始末未詳是書自序題淳祐丁未結銜題朝散大夫新除直祕閣湖南提刑充大使行府參議官序中稱四權臬司於獄案審之

又審博採近世諸書自內恕錄以下凡數家會稡
釐正增以已見爲一編名曰洗冤集錄刊於湖南
憲治後來檢驗諸書大抵以是爲藍本而遞相考
究互有增損則不及後來之密也

無冤錄二卷浙江巡撫採進本

不著撰人名氏亦無序跋永樂大典載此書題元
王與撰與不知何許人卷中自稱昔任鹽官檢二
孕婦事蓋嘗官海鹽縣令永樂大典載其自序一
篇題至大改元之歲是武宗戊申年作也所載多

至元元貞大德間官牒條格又多引平寃錄洗寃錄之文而稍爲駁正上卷皆官吏之章程下卷皆屍傷之辨別其論銀釵試毒非眞銀則觸穢色必變論自縊勒死之分皆發二錄所未發至今猶遵用之至上卷駁洗寃錄食顙在前氣顙在後之誤而下卷自割條中乃仍用洗寃錄一寸七分食氣系並斷一寸五分食系斷氣系微破之說則亦未爲精密矣

政刑類要一卷 永樂大典本

元彭天錫撰天錫字仁仲湖州人其始末無考原序謂其通才明吏專於法家能成書如此必有推轂者殆吏胥之流歟其書以當時法令區別科類大字標目於其上細字分記於其下益因舊文繁重變爲簡易以便於記覽耳

名公書判清明集十七卷永樂大典本

不著撰人名氏輯宋元人案牘判語分類編次皆署其人之别號蓋用文選稱字之例然名不甚顯者其人遂不可知矣其詞率以文采儷偶爲工益

當時之體如是也

唐律文明法會要錄　卷永樂大典本

不著撰人名氏前有原序亦不署名後有沈侃序署其字曰和卿署其官曰陵州同知案陵州始設於元則元人作也其說皆膚廓迂腐殆無足觀

祥刑要覽二卷浙江巡撫採進本

明吳訥撰訥有棠陰比事已著錄此書乃其致仕後所作上卷經典大訓十六條次爲先哲議論十五條下卷善可爲法十三人惡可爲戒十人其經

典大訓中引及論語大學而開卷尙書一條臯陶下註舜臣字蓋爲通俗之文以戒不甚讀書者故淺近如是也

王恭毅駁稿二卷 兩江總督採進本

明王槩撰高銓編槩字同節廬陵人正統壬戌進士官至刑部尙書謚恭毅銓字宗選江都人成化己未進士官至南京戸部尙書江右名賢編云槩先爲大理寺卿與兩法司會讞多所平反是書卽其官大理寺時案牘之文時銓方爲左評事因爲

編次成帙首列參駁文書式九條而以所駁諸案分載於後

法家裒集 無卷數 浙江范懋柱家天一閣藏本

不著撰人名氏明蘇祐題辭稱從史陳永以是集見曰司臺司籍潘智手錄因命補綴付之梓則是編永所輯定矣書中設爲問答剖析異同頗得明愼之意其論拒毆追攝人并罪人拒捕二條與唐律疏義相合疑其嘗見唐律也

折獄巵言一卷 編修程晉芳家藏本

國朝陳士鑛撰士鑛有江南治水記已著錄是篇摭取四書諸經慎刑之語兼及漢詔一二條徵引疎略無所發明曹溶載之學海類編中姑盈卷帙而已不足以言著書也

巡城條約一卷直隸總督採進本

國朝魏裔介撰裔介有孝經注義已著錄順治丁酉裔介爲左都御史立此約以釐清五城之事凡四十條然其中有瑣屑過甚者如禁舖戶唱曲禁擊太平鼓禁小兒踢石拋毽之類皆必不能行之法

卽令果能禁絶於民生國計亦復何裨徒滋吏役之擾而已

風憲禁約一卷 直隸總督採進本

國朝魏裔介撰皆巡按條約凡五十四條考五朝國史裔介本傳載其由庶吉士授工科給事中轉吏科兵科給事中累遷太常寺少卿左都御史吏部尚書保和殿大學士不載其巡按外省不知此書何時所作也

讀律佩觿八卷 江蘇周厚堉家藏本

國朝王明德撰明德字金樵高郵人官刑部陜西司郎中是編成於康熙甲寅取現行律例分類編輯各爲箋釋附以洗寃錄及洗寃錄補每門先載大清律本注次明律舊注而以已意辨證之其說好爲駁難而不免穿鑿所作洗寃錄補雜記異聞旁及鬼神醫藥之事尤近小說家言

續刑法叙略一卷 編修程晉芳家藏本

國朝譚瑄撰瑄字子羽嘉興人康熙乙酉舉人官至給事中是書叙宋元明三代刑法𢓜略殊甚其曰

續刑法叙畧者以曹溶學海類編取冊府元龜中叙文爲題爲劉筠刑法叙畧也然筠書既僞續者可知又不知掇何類書數頁贋題此名耳

疑獄箋四卷 浙江巡撫採進本

國朝陳芳生撰芳生有捕蝗考已著錄此書自序謂晉和魯公凝著疑獄集二卷其子宋太子中允㠓增之爲四卷明巡按御史張景廣之爲六卷兹復增汰之統爲三卷而附和㠓及元杜震明李崧原序於卷後末又輯昔賢論說讞獄成法別爲一卷

統名疑獄箋大旨主於全活亦古人欽恤之意然如張差梃擊一案以主瘋顛者爲是主究姦者爲非則又矯枉過直矣其論妊娠過期至引佛經脇尊者之處胎六十年神仙傳老明之處胎七十二年是亦未可爲典要也

右法家類一十九部一百五卷 內一部無卷數皆附存目

# 欽定四庫全書總目卷一百二

## 子部十二

### 農家類

農家條目至爲蕪雜諸家著錄大抵輾轉旁牽因耕而及相牛經因相牛經及相馬經相鶴經鷹經蟹錄至於相貝經而香譜錢譜相隨入矣因五穀而及圖史因圖史而及竹譜荔支譜橘譜至於梅譜菊譜而唐昌玉蕊辨證揚州瓊花譜相隨入矣因蠶桑而及茶經因茶經及酒史

糖霜譜至於疏食譜而易牙遺意飲膳正要相隨入矣觸類蔓延將因四民月令而及算術天文因田家五行而及風角鳥占因救荒本草而及素問靈樞乎今逐類汰除惟存本業用以見重農貴粟其道至大其義至深庶幾不失豳風無逸之初旨茶事一類與農家稍近然龍團鳳餅之製銀匙玉盌之華終非耕織者所事今亦別入譜錄類明不以末先本也

齊民要術十卷 浙江巡撫採進本

後魏賈思勰撰思勰始末未詳惟知其官爲高平太守而已自序稱起自耕農終於醯醢資生之樂靡不畢書凡九十二篇今本乃終於五穀果蓏非中國物者自序又稱商賈之事闕而不錄今本貨殖一篇乃列於第六十二莫知其義中第三十篇爲襍說而卷端又列襍記數條不入篇數一名再見於例殊乖其詞亦鄙俗不類疑後人所竄入然陳振孫書錄解題稱其治生之道不仕則農爲名言正見於卷端襍說中則宋本已有之矣思勰序

不言作注亦不云有音今本句下之注有似自作然多引及顏師古者考文獻通考載李燾孫氏齊民要術音義解釋序曰賈思勰著此書專主民事又旁摭異聞多可觀在農家最嶢然出其類奇字錯見往往艱讀今運使秘丞孫公為之音義解釋略備其正名小物蓋與揚雄郭璞相上下不但借助於思勰也則今本之注蓋孫氏之書特宋藝文志不著錄其名不可考耳董穀碧里襍存以注中一石當今二斗七升之文疑其與魏時長安童謠

百升飛上天句不合案斛律光齊人非魏人此語殊誤益未知註非思勰作也錢曾讀書敏求記云嘉靖甲申刻齊民要術於湖湘首卷簡端周書曰云云原係細書夾註今刊作大字毛晉津逮秘書亦然今以第二篇至六十篇之例推之其說良是葢唐以前書文詞古奥校勘者不盡能通輾轉譌脫因而譌異固亦事所恒有矣

農書三卷附蠶書一卷江蘇巡撫採進本

此書影宋抄本題曰陳旉撰宋史藝文志亦同陳

振孫書錄解題作西山隱居全眞子陳旉撰未詳何人永樂大典所載則作陳敷考漢郊祀歌朱明旉與顏師古注曰旉古敷字永樂大典葢改古文從今文陳氏作旉則字形相似而誤也首有自序佚其前二頁末有洪興祖後序及旉自跋興祖序稱山西陳居士於六經諸子百家之書釋老氏黃帝神農氏之學貫穿出入往往成誦下至術數小道亦精其能平生讀書不求仕進所至即種藥治圃以自給又稱其紹興己巳年七十四則南北宋

閒處士也自跋稱此書成於紹興十九年眞州雖曾刊行而當時傳者失其眞首尾顛倒意義不貫者甚多又爲或人不曉旨趣妄自刪改徒事絺章繪句而理致乖越故取家藏副本繕寫成帙以待當世之君子採取以獻於上則與祖所刊之本有所黜竄旉盍不以爲然其自序又稱此書非騰口空言誇張盜名如齊民要術四時纂要迂疎不適用之比其自命殊高今觀其書上卷泛言農事中卷論養牛下卷論養蠶大抵泛陳大要引經史以

證明之處論多而實事少殊不及齊民要術之典核詳明遽詆前人殊不自量然所言亦頗有入理者宋人舊帙久無刊本姑存備一家可也末有蠶書一卷宋秦湛撰湛字處度高郵人秦觀之子所言蠶事頗詳宋志與專書各著錄不知何人綴專書後合爲一編其說與專書下篇可以互相補苴今亦仍並錄之焉

農桑輯要七卷 永樂大典本

元世祖時官撰頒行本也前有至元十年翰林學

士王磐序稱詔立大司農司不治他事專以勸課農桑爲務行之五六年功效大著農司諸公又慮夫播植之宜蠶繅之節未得其術於是徧求古今農家之書删其繁重摭其切要纂成一書鏤爲板本進呈將以頒布天下云云案元史司農司設於至元七年分布勸農官巡行郡邑察舉農事成否達於戸部以殿最牧民長官史又稱世祖即位之初首詔天下崇本抑末於是頒農桑輯要之書於民均與王磐所言合惟至元七年至十年不足五

六年之數磐蓋據建議設官之始約略言之耳焦
竑國史經籍志錢曾讀書敏求記皆作七卷永樂
大典所載僅有二卷蓋編纂者所合併非有闕佚
永樂大典又載有至順三年印行萬部官牒蘇天
爵元文類又載有蔡文淵序一篇稱延祐元年仁
宗特命刊板於江浙行省明宗文宗復申命頒布
蓋有元一代以是書爲經國要務也書凡分典訓
耕墾播種栽桑養蠶瓜菜果實竹木藥草孳畜十
門大致以齊民要術爲藍本芟除其浮文瑣事而

襍採他書以附益之詳而不蕪簡而有要於農家之中最爲善本當時著爲功令亦非漫然矣

農桑衣食撮要二卷永樂大典本

元魯明善撰明善元史無傳其始末未詳此本有其幕僚導江張㮚序一篇稱明善威烏爾人舊作畏吾兒今依元國語解改正以父字魯爲氏名鐵柱以字行於延祐甲寅出監壽郡始撰是書且鋟諸梓又有明善自序則稱叨憲紀之任取所藏農桑撮要刊之學宮末署至順元年六月㭍自壽陽刊板之後閱十

有七年而重付剞劂者也考豳風所紀皆陳物候夏小正所記亦多切田功古來四民月令四時纂要諸書益其遺意而今多不傳至元中頒行農桑輯要於耕種樹畜之法言之頗詳而歲用禨事僅列爲卷末一篇未爲賅備明善此書分十二月令件繫條別簡明易曉使種藝斂藏之節開卷了然蓋以隂補農桑輯要所未備亦可謂留心民事講求實用者矣

農書二十二卷 永樂大典本

元王禎撰禎字伯善東平人官豐城縣尹文淵閣書目曰王禎農書一部十冊讀書敏求記曰農桑通訣六穀譜四農器圖譜十二總名曰農書永樂大典所載併爲八卷割裂綴合已非其舊今依原序條目以類區分編爲二十二卷其書典贍而有法蓋賈思勰齊民要術之流圖譜中所載水器尤於實用有裨又每圖之末必系以銘贊詩賦亦風雅可誦今外間所有王禎農務集即從是書摘抄者也唐中和節所進農書世無傳本宋人農書惟

陳旉所作存元人農書存於今者三本農桑輯要農桑衣食撮要二書一辨物產一明時令皆取其通俗易行惟禎此書引據賅洽文章爾雅繪畫亦皆工緻可謂華實兼資明人刊本舛譌漏落疑誤宏多諸圖尤失其眞永樂大典所載猶元時舊本今據以繕寫校勘以還其舊觀焉

救荒本草二卷 兩淮鹽政採進本

明周王橚撰橚太祖第五子洪武十一年封十四年就藩開封建文中廢徙雲南永樂初復爵洪熙

元年薨謚曰定明史本傳稱橚好學能詞賦以國土夷曠庶草蕃廡考核其可佐饑饉者四百餘種繪圖上之卽此書也李時珍本草綱目以此書及普濟方俱云洪武初周憲王著考憲王有燉於仁宗初始嗣封其說殊誤是編爲嘉靖乙卯陸東所重刊每卷又分爲前後共成四卷其見諸舊本草者一百三十八種新增者二百七十六種皆詳核可據前有東序亦稱周憲王著葢當時以親藩貴重刊書皆不題名故輾轉傳訛有所不免今特爲

糾正焉

農政全書六十卷 兵部侍郎紀昀家藏本

明徐光啓撰光啓有詩經六帖已著錄是編總括農家諸書裒爲一集凡農本三卷皆經史百家有關民事之言而終以明代重農之典次田制二卷一爲井田一爲歷代之制次農事六卷自營制開墾以及授時占候無不具載次水利九卷備錄南北形勢兼及灌漑器用諸圖譜後六卷則爲泰西水法考明史光啓本傳光啓從西洋人利瑪竇學

天文歷算火器盡其術崇禎元年又與西洋人龍

華民鄧玉函羅雅谷等同修新法歷書故能得其

一切捷巧之術筆之書也次爲農器四卷皆詳繪

圖譜與王禎之書相出入次爲樹藝六卷分穀蓏

蔬果四子目次爲蠶桑四卷又蠶桑廣類二卷廣

類者木棉蔴苧之屬也次爲種植四卷皆樹木之

法次爲牧養一卷兼及養魚養蜂諸細事次爲製

造一卷皆常需之食品次爲荒政十八卷前三卷

爲備荒中十四卷爲救荒本草末一卷爲野菜譜

亦類附焉其書本末咸該常變有備蓋合時令農圃水利荒政數大端條而貫之滙歸於一雖采自諸書而較諸書各舉一偏者特爲完備明史稱光啟編修兵機屯田鹽筴水利諸書又稱其負經濟才有志用世於此書亦略見一斑矣

泰西水法六卷　兩江總督採進本

明萬歷壬子西洋熊三拔撰是書皆記取水蓄水之法一卷曰龍尾車用挈江河之水二卷曰玉衡車附以專筩車曰恒升車附以雙升車用挈井泉

之水三卷曰水庫記用蓄雨雪之水四卷曰水法附餘皆尋泉作井之法而附以療病之水五卷曰水法或問備言水性六卷則諸器之圖式也西洋之學以測量步算爲第一而奇器次之奇器之中水法尤切於民用視他器之徒矜工巧爲耳目之玩者又殊固講水利者所必資也四卷之末有附記云此外測量水地度形勢高下以決排江河蓄洩湖淀别爲一法或於江湖河海之中欲作橋梁城垣宫室永不圮壞别爲一法或於百里之遠疏

引源泉附流灌注入於國城分枝析脈任意取用别爲一法皆别有備論茲者專言取水未暇多及云云則其法尚有全書今未之見也

野菜博錄四卷浙江鮑士恭家藏本

明鮑山撰山字元則號在齋婺源人嘗入黃山築室白龍潭上七年備嘗野蔬諸味因次其品彙別其性味詳其調製著爲是編分草部二卷木部一卷草部葉可食者自大藍至秋角苗一百四十二種木部葉可食者自茶樹柯至藩籬枝五十九種

花可食者自臘梅至欛齒五種實可食者自青舍子條至野葡萄二十五種花實可食者槐樹欒華木房木三種葉實可食者杏樹至石榴十九種花葉實俱可食者松樹至旁其五種葉皮實俱可食者榆錢至老兒樹四種並圖繪其形以備荒歲葢明之末造饑饉相仍山作此書亦仁者之用心乎自序記所得凡四百數十種而是編所載僅二百六十二種葢又有所去取歟所錄廣於王磐野菜譜較周定王救荒本草亦互有出入木饑金穰理

可先知堯水湯旱數亦莫逼有備無患不厭周詳

苟其有益於民命則王道不廢焉書雖淺近要亦

荒政之一端也

欽定授時通考七十八卷

乾隆二年奉

勅撰乾隆七年進

呈

欽定

御製序文頒行凡八門曰天時分四子目明耕耘收穫

之節也曰土宜分六子目盡高下燥濕之利也曰穀種凡九子目别物性也曰功作分十子目盡人力也曰勸課分九子目重農之政也曰蓄聚分四子目備荒之制也曰農餘分五子目種植畜養之事也曰蠶桑分十子目簇箔織絍之法也天時冠以總論餘七門各冠以彙考而

詔諭

御製詩文並隨類恭錄焉昔周公作書以無逸爲永年之本而所謂無逸在先知稼穡之艱難故重農貴

粟治天下之本也管子呂覽所陳種植之法並文句典奥與其他篇不類益古者必有專書故諸子得引之今已佚不可見矣劉向七略綜别九流以農家自爲一類其書亦無一存今所傳者以賈思勰齊民要術爲最古而名物訓詁通儒或不盡解無論耕夫織婦也沿而作者不可殫數惟王禎徐光啟書爲最著而疎漏冗雜亦不免焉我

皇上御極之次年卽深維堯典授時之義虞廷命稷之心

特詔刪纂諸書編爲此帙準今酌古務期於實用有裨

又詳考舊章臚陳政典不僅以自生自息聽之閭

閻尤見

軫念民依之至意非徒農家言矣

右農家類十部一百九十五卷皆文淵閣著錄

農家類存目

耒耜經一卷內府藏本

唐陸龜蒙撰龜蒙字魯望吳江人事迹具唐書隱

逸傳是編記犂製特詳犂與耒耜今古異名也次

及鑱因叉及爬與礰礋而以磟碡終焉敘述古雅其詞有足觀者舊載笠澤叢書中故唐宋藝文志皆不載陳振孫書錄解題始自出一條意宋末乃別行也

耕織圖詩 無卷數 浙江巡撫採進本

宋樓璹撰璹鄞縣人鑰之伯父也文獻通考載是書引陳氏之言曰於潛令鄞樓璹玉撰今檢永樂大典所載陳振孫書錄解題乃作於潛令鄞樓璹壽玉撰是壽玉乃璹之字刊通考者誤落一壽字

也此本後有嘉定庚午璹孫洪跋又有作霖跋不著其姓謂公孫洪跋語未載公名引樓鑰後序及宋濂題耕織圖後以證此書爲璹所作益作霖併未見通考耳璹原書凡耕圖二十一織圖二十四各係以詩今

內府所藏畫本尚在業經

御題勒石此本僅存詩三十五首不載其圖益非原本矣

經世民事錄十二卷浙江范懋柱家天一閣藏本

明桂萼編萼有桂文襄奏議已著録是書乃萼爲武康知縣時按明大統歷所載逐月節氣各註事宜刊布曉諭故每卷之首皆稱湖州府武康縣據本縣陰陽生某時爲某節當奉時令施行云云後嘉靖七年蔣瑜知鄱陽縣萼以是本授之瑜遂重刊以行其中每月貫以月令全文一段與民事無關且居青陽左个云云與明制亦絶不相合也

野菜譜一卷 兩江總督採進本

舊本題高郵王磐鴻漸撰磐明正德嘉靖間人嘗

誦詠老人燈詩以譏李夢陽者非元之王磐也前有存白山人序不著年月姓名辨其私印微似季官二字不知爲何許人所記野菜凡六十種題下有注注後繫以詩歌又各繪圖於其下其詩歌多寓規戒似謠似諺頗古質可誦然所收錄不及鮑山書之賅博也

農說一卷 浙江鮑士恭家藏本

明馬一龍撰一龍字負圖溧陽人嘉靖丁未進士官至國子監司業自序謂農不知道知道者又不

明農故天下不務此業而他圖賈入之利閭閻之間力倍而功不半十室九空知道者之所深憂因就田廬作農說一章逐條自爲之註文頗簡略

別本農政全書四十六卷 山東巡撫採進本

明徐光啟撰陳子龍刪補子龍有詩問略已著錄初光啟作農政全書凡六十卷光啟沒後子龍得本於其孫爾爵與張國維方岳貢共刊之旣而病其稍冗乃重定此本子龍所作凡例有曰文定所集雜採衆家兼出獨見有得卽書非有條貫故有

略而未詳者有重複而未及刪定者中丞公屬子龍以潤飾以友人謝廷正張密皆博雅多識使任旁搜覆校之役而子龍總其大端大約刪者十之三增者十之二其評點俱仍舊觀恐有深意不敢臆易云云所謂文定者光啟之謚所謂中丞公者郎國維也今原書有刊板而此本乃出傳鈔併其評點失之核其體例較原書頗爲清整然農圃之事本爲瑣屑不必遽厭其詳而所資在於實用亦不必以考核典故爲優劣故今仍錄原書而此本

則附存其目焉

沈氏農書一卷 編修程晉芳家藏本

案此編爲桐鄉張履祥所刊稱漣川沈氏撰不知沈氏爲誰也其書成於崇禎末履祥以其有益於農事因重爲校定具列藝穀栽桑育蠶畜牧諸法而首載月令以辨趨事赴功之宜沈氏爲湖州人故所述皆吳中土宜與陳旉王禎諸本互有出入近時朱坤已刻入楊園全書中曹溶學海類編亦備載之云

梭山農譜三卷 江西巡撫採進本

國朝劉應棠撰應棠字又許奉新人梭山其所居地也其書分耕耘穫三卷詳其器與其事而每條綴以贊詞每卷又各有小序詞多借題抒憤不盡切於農事也

豳風廣義三卷 江西巡撫採進本

國朝楊屾撰屾字雙山西安人其書述樹桑養蠶織紝之法備繪諸圖詳說其制而雞豚畜字之法亦附見焉考蠶月條桑豳風所述則其地非不可蠶

桑而近代其法久廢故貧民恒以無衣爲虞卹之所述葢秦民之切務近時頗解織絍故所作之帛世稱秦紗俗曰繭子四方往往有之或亦講求之力歟

右農家類九部六十八卷內一部無卷數皆附存目

欽定四庫全書總目 子部

卷一百三

12225

子部十三

醫家類一

儒之門戶分於宋醫之門戶分於金元觀元好問傷寒會要序知河間之學與易水之學爭觀戴良作朱震亨傳知丹溪之學與宣和局方之學爭也然儒有定理而醫無定法病情萬變難守一宗故今所敘錄兼衆說焉明制定醫院十三科頗爲繁碎而諸家所著往往以一書兼數

科分隸爲難今逼以時代爲次漢志醫經經方二家後有房中神仙二家後人誤讀爲一故服餌導引歧途頗雜今悉刪除周禮有獸醫隋志載治馬經等九家雜列醫書間今從其例附錄此門而退置於末簡貴人賤物之義也太素脈法不關治療今別收入術數家茲不著錄

黃帝素問二十四卷 內府藏本

唐王冰注漢書藝文志載黃帝內經十八篇無素問之名後漢張機傷寒論引之始稱素問晉皇甫

謐甲乙經序稱鍼經九卷素問九卷皆爲內經與漢志十八篇之數合則素問之名起於漢晉閒矣故隋書經籍志始著錄也然隋志所載祇八卷全元起所注已闕其第七冰爲寶應中人乃自謂得舊藏之本補足此卷宋林億等校正謂天元紀大論以下卷帙獨多與素問餘篇絕不相通疑卽張機傷寒論序所稱陰陽大論之文冰取以補所亡之卷理或然也其刺法論本病論則冰本亦闕不能復補矣冰本頗更其篇次然每篇之下必注全

元起本第幾字猶可考見其舊第所注排抉隱奧多所發明其稱大熱而甚寒之不寒是無水也大寒而甚熱之不熱是無火也無火者不必去水宜益火之源以消陰翳無水者不必去火宜壯水之主以鎮陽光遂開明代薛己諸人探本命門之一法其亦深於醫理者矣冰名見新唐書宰相世系表稱爲京兆府參軍林億等引人物志謂冰爲太僕令未知孰是然醫家皆稱王太僕習讀億書也其名晁公武讀書志作王砯杜甫集有贈重表姪

王砅詩亦復相合然唐宋志皆作冰而世傳宋槧本亦作冰字或公武因杜甫詩而誤歟

靈樞經十二卷 大理寺卿陸錫熊家藏本

案晁公武讀書志曰王冰謂靈樞即漢志黃帝內經十八卷之九或謂好事者於皇甫謐所集內經倉公論中鈔出之名爲古書未知孰是又李濂醫史載元呂復羣經古方論曰內經靈樞漢隋唐志皆不錄隋有鍼經九卷唐有靈寶註及黃帝九靈經十二卷而已或謂王冰以九靈更名爲靈樞又

謂九靈尤詳於鍼故皇甫謐名之爲鍼經苟一經而二名不應唐志别出鍼經十二卷是靈樞不及素問之古宋元人已言之矣近時杭世駿道古堂集亦有靈樞經跋曰七畧漢藝文志黄帝内經十八篇皇甫謐以鍼經九卷素問九卷合十八篇當之隋書經籍志鍼經九卷黄帝九靈十二卷是九靈自九靈鍼經自鍼經不可合而爲一也王冰以九靈名靈樞不知其何所本余觀其文義淺短與素問之言不類又似竊取素問而鋪張之其爲王

冰所僞託可知後人莫有傳其書者至宋紹興中錦官史崧乃云家藏舊本靈樞九卷除已具狀經所屬申明外准使府指揮依條申轉運司選官詳定其書送秘書省國子監是此書至宋中世而始出未經高保衡林億等校定也其中十二經水一篇黄帝時無此名冰特據身所見而妄臆度之云云其考證尤爲明晳然李杲精究醫理而使羅天益作類經兼採素問靈樞吕復亦稱善學者當與素問並觀其旨義互相發明葢其書雖僞而其言

則綴合古經具有源本譬之梅賾古文雜採逸書聯成篇目雖牴牾罅漏贗託顯然而先王遺訓多賴其蒐輯以有傳不可廢也此本前有紹興乙亥史崧序稱舊本九卷八十一篇增修音釋附於卷末又目錄首題鼇峯熊宗立點校重刊末題原二十四卷今併爲十二卷是此本爲熊氏重刊所併呂復稱史崧併是書爲十二卷以復其舊殆誤以熊本爲史本歟

難經本義二卷　兩淮鹽政採進本

周秦越人撰元滑壽註越人卽扁鵲事迹具史記本傳壽字伯仁明史方技傳稱爲許州人寄居鄞縣案朱右攖寧生傳曰世爲許州襄城大家元初祖父官江南自許徙儀真而壽生焉又曰在淮南曰滑壽在吳曰伯仁氏在鄞越曰攖寧生然則許乃祖貫鄞乃寄居實則儀真人也壽卒於明洪武中故明史列之方技傳然戴良九靈山房集有懷滑攖寧詩曰海日蒼涼兩鬢絲異鄉飄泊已多時欲爲散木居官道故託長桑說上池蜀客著書人

豈識韓公賣藥世偏知道途同是傷心者只合相從賦黍離則壽亦抱節之遺老託於醫以自逃耳是書首有張翥序稱壽家去東垣近早傳李杲之學攖寧生傳則稱學醫於京口王居中學鍼法於東平高洞陽考李杲足迹未至江南與壽時代亦不相及翥所云云殆因許近東明附會其說歟難經八十一篇漢藝文志不載隋唐志始載難經二卷秦越人著吳太醫令呂廣嘗註之則其文當出三國前廣書今不傳未審即此本否然唐張守節

註史記扁鵲列傳所引難經悉與今合則今書猶古本矣其曰難經者謂經文有疑各設問難以明之其中有此稱經云而素問靈樞無之者則今本內經傳寫脫簡也其文辨析精微詞致簡遠讀者不能遽曉故歷代醫家多有註釋壽所採摭凡十一家今惟壽書傳於世其書首列彙考一篇論書之名義源流次列闕誤總類一篇記脫文誤字又次圖說一篇皆不入卷數其註則融會諸家之說而以己意折衷之辨論精核考証亦極詳審攖寧

生傳稱難經本靈樞素問之旨設難釋義其間滎衛部位藏府脉法與夫經絡腧穴辨之博矣而闕誤或多愚將本其指義註而讀之即此本也壽本儒者能通解古書文義故其所註視他家所得爲多云

**甲乙經八卷** 兩淮鹽政採進本

晉皇甫謐撰謐有高士傳已著錄是編皆論鍼灸之道隋書經籍志稱黃帝甲乙經十卷註曰音一卷梁十二卷不著撰人姓名考此書首有謐自序

稱七略藝文志黃帝內經十八卷今有鍼經九卷素問九卷二九十八卷即內經也又有明堂孔穴鍼灸治要皆黃帝岐伯選事也三部同歸文多重複錯互非一甘露中吾病風加苦聾百日方治案此四字文義未明疑有脫誤今仍舊本錄之謹附識於此要皆淺近乃撰集三部使事類相從刪其浮詞除其重複至爲十二卷案至字文義未明亦疑有誤云云是此書乃裒合舊文而成故隋志冠以黃帝然刪除謚名似乎黃帝所自作則於文爲謬舊唐書經籍志稱黃帝三部針經十三

卷始著謚名然較梁本多一卷其併音一卷計之
與新唐書藝文志旣有黃帝甲乙經十二卷又有
皇甫謐黃帝三部鍼經十三卷兼襲二志之文則
更舛誤矣書凡一百一十八篇內十二經脉絡脉
支別篇疾形脉診篇鍼灸禁忌篇五藏傳病發寒
熱篇陰受病發痺篇陽受病發痺篇各分上下經
脉篇六經受病發傷寒熱病篇各分上中下實一
百二十八篇句中夾注多引楊上達太素經孫思
邈千金方王冰素問注王惟德銅人圖參考異同

其書皆在謚後蓋宋高保衡孫奇林億等校正所加非謚之舊也考隋志有明堂孔穴五卷明堂孔穴圖三卷又明堂孔穴圖三卷唐志有黃帝內經明堂十三卷黃帝十二經脉明堂五臟圖一卷黃帝十二經明堂偃側人圖十二卷黃帝明堂三卷又楊上善黃帝內經明堂類成十三卷楊元孫黃帝明堂三卷今併亡佚惟賴是書存其精要且節解章分具有條理亦便於尋省較端緒易尋至今與內經並行不可偏廢蓋有由矣

金匱要畧論註二十四卷通行本

漢張機撰

國朝徐彬註機字仲景南陽人嘗舉孝廉建安中官至長沙太守是書亦名金匱玉函經乃晉高平王叔和所編次陳振孫書錄解題曰此書乃王洙於館閣蠹簡中得之曰金匱玉函要畧上卷論傷寒中論雜病下載其方幷療婦人乃錄而傳之今書以逐方次於證候之下以便檢用其所論傷寒文多簡畧故但取雜病以下止服食禁忌二十五篇

二百六十二方而仍其舊名云云則此書叔和所編本爲三卷洣抄存其後二卷後又以方一卷散附於二十五篇內葢已非叔和之舊然自宋以來醫家奉爲典型與素問難經並重得其一知半解皆可以起死回生則亦岐黃之正傳和扁之嫡嗣矣機所作傷寒卒病論自金成無巳之後注家各自爭名互相竄改如宋儒之談錯簡原書端緒久巳瞀亂難尋獨此編僅僅散附諸方尚未失其初旨尤可寶也漢代遺書文句簡奥而古來無注醫

家猝不易讀彬注成於康熙辛亥註釋尚爲顯明今錄存之以便講肄彬字忠可嘉興人江西喻昌之弟子故所學頗有師承云

傷寒論註十卷附傷寒明理論三卷論方一卷（内府藏本）

傷寒論十卷漢張機撰晉王叔和編金成無巳註明理論三卷論方一卷則無巳所自撰以發明機說者也叔和高平人官太醫令無巳聊攝人生於宋嘉祐治平間後聊攝地入於金遂爲金人至海陵王正隆丙子年九十餘尚存見開禧元年歷陽

張孝忠跋中明吳勉學刻此書題曰宋人誤也傷寒論前有宋高保衡孫奇林億等校上序稱開寶中節度使高繼冲曾編錄進上其文理舛錯未能考正國家詔儒臣校正醫書今先校定張仲景傷寒論十卷總二十二篇合三百九十七法除重複定有一百一十三方（案一十三原本誤作一十二今改正）今請頒行又稱自仲景於今八百餘年惟王叔和能學之云云而明方有執作傷寒論條辨則詆叔和所編與無已所註多所改易竄亂併以序例一篇爲叔和

僞託而刪之

國朝喻昌作尙論篇於叔和編次之舛序例之謬及無已所註林億等所校之失攻擊尤詳皆重爲考定自謂復長沙之舊本其書盛行於世而王氏成氏之書遂微然叔和爲一代名醫又去古未遠其學當有所受無已於斯一帙研究終身亦必深有所得似未可槩從屏斥盡以爲非夫朱子改大學爲一經十傳分中庸爲三十三章於學者不爲無裨必以爲孔門之舊本如是則終無確證可憑也

今大學中庸列朱子之本於學官亦列鄭元之本於學官原不偏廢又烏可以後人重定此書遂廢王氏成氏之本乎無已所作明理論凡五十篇又論方二十篇於君臣佐使之義闡發尤明嚴器之序稱無已撰述傷寒義皆前人未經道者指在定體分形析證若同而異者明之似是而非者辨之釋戰慄有內外之診論煩燥有陰陽之別讝語鄭聲令虛實之灼知四逆與厥使淺深之類明云云其推挹甚至張孝忠跋亦稱無已此二集自北而

南先以紹興庚戌得傷寒論註十卷於醫士王光廷家後守荆門又於襄陽訪得明理論四卷因為刊板於郴山則在當時固已深重其書矣

肘後備急方八卷　浙江范懋柱家天一閣藏本

晉葛洪撰洪字稚川句容人元帝為丞相時辟為掾以平賊功賜爵關內侯遷散騎常侍自乞出為句漏令後終於羅浮山年八十一事迹具晉書本傳是書初名肘後卒救方梁陶宏景補其闕漏得一百一首為肘後百一方金楊用道又取唐愼微

證類本草諸方附於肘後隨証之下爲附廣肘後方元世祖至元間有烏某者得其本於平鄉郭氏始刻而傳之段成巳爲之序稱葛陶二君共成此編而不及楊用道此本爲明嘉靖中襄陽知府呂顒所刊始並列葛陶楊三序於卷首書中凡楊氏所增皆別題附方二字列之於後而葛陶二家之方則不加分析無可辨別案隋書經籍志葛洪肘後方六卷梁二卷陶宏景補闕肘後百一方九卷亡宋史藝文志止有葛書而無陶書是陶書在隋

巳亡不應元時復出又陶書原目九卷而此本合楊用道所附衹有八卷篇帙多寡亦不相合疑此書本無百一方在內特後人取宏景原序冠之耳書凡分五十一類有方無論不用難得之藥簡要易明雖頗經後來增損而大旨精切猶未盡失其本意焉

褚氏遺書一卷　浙江范懋柱家天一閣藏本

舊本題南齊褚澄撰澄字彥道陽翟人褚淵弟也尚宋文帝女廬江公主拜駙馬都尉入齊爲吳郡

太守官至左民尚書事迹具南齊書本傳是書分受形本氣平脉津潤分體精血除疾審微辨書問子十篇大旨發揮人身氣血陰陽之奥宋史始著於錄前有後唐清泰二年蕭淵序云黄巢時羣盜發塚得石刻棄之先人偶見載歸後遺命即以褚石爲槨又有釋義堪序云石刻得之蕭氏塚中凡十有九片其一即蕭淵序也又有嘉泰元年丁介䟦稱此書初得蕭氏父子護其石而始全繼得僧義堪筆之紙而始存今得劉義先鋟之木而始傳

二云云考周密癸辛雜識引其非男非女之身一條則宋代已有此本所謂刻於嘉泰中者殆非虛語其書於靈樞素問之理頗有發明李時珍王肯堂俱采用之其論寡婦僧尼必有異乎妻妾之療發前人所未發而論吐血便血飲寒凉百不一生尤千古之龜鑑疑宋時精醫理者所著而僞託澄以傳然其言可采雖贋本不可廢也中頗論精血化生之理所以辨病源戒保嗇耳高儒百川書志列之房中類則其誤甚矣

巢氏諸病源候論五十卷 浙江巡撫採進本

隋大業中太醫博士巢元方等奉詔撰考隋書經籍志有諸病源候論五卷目一卷吳景賢撰舊唐書經籍志有諸病源候論五十卷吳景撰皆不言巢氏書宋史藝文志有巢元方巢氏諸病源候論五十卷又無吳氏書惟新唐書藝文志二書並載書名卷數並同不應如是之相複疑當時本屬官書元方與景一爲監修一爲編撰故或題景名或題元方名實止一書新唐書偶然重出觀晁公武

讀書志稱隋巢元方等撰足證舊本所列不止一名然則隋志吳景作吳景賢或監字之誤其作五卷亦當脫一十字如止五卷不應目錄有一卷矣此本爲明汪濟川方鑛所校前有宋綬奉勅撰序考玉海載天聖四年十月十二日乙酉命集賢校理晁宗慤王舉正校定黃帝內經素問難經巢氏病源候論五年四月乙未令國子監摹印頒行詔學士宋綬撰病源序是其事也書凡六十七門一千七百二十論陳振孫書錄解題稱王燾外臺

秘要諸論多本此書今勘之信然又第六卷解散病諸候爲服寒食散者而作惟六朝人有此證第二十六卷猫鬼病候見於北史及太平廣記者亦惟周齊時有之皆非唐以後語其爲舊本無疑其書但論病源不載方藥蓋猶素問難經之例惟諸證之末多附導引法亦不言法出誰氏考隋志有導引圖三卷註曰立一坐一卧一或即以其說編入歟讀書志稱宋朝舊制用此書課試醫士而太平興國中集聖惠方每門之首亦必冠以此書蓋

其時去古未遠漢以來經方脉論存者尚多又裒集衆長共相討論故其言深密精邃非後人之所能及內經以下自張機王叔和葛洪數家書外此爲最古究其指要亦可云證治之津梁矣王禕靑巖叢錄嘗議其惟知風寒二濕而不著濕熱之說以爲疎漏然病機萬變前人所未及言經後人闡明者甚多未可以一節病是書也

千金要方九十三卷　兩淮馬裕家藏本

唐孫思邈撰思邈華原人唐書隱逸傳稱其少時

周洛州刺史獨孤信稱爲聖童及長隱居太白山隋文帝輔政以國子博士徵不起則思邈生於周朝入隋已長然盧照鄰病梨樹賦序稱癸酉歲於長安見思邈自云開皇辛酉歲生今年九十二則思邈生於隋朝照鄰乃思邈之弟子記其師言必不妄惟以隋書考之開皇紀號凡二十年止於庚申次年辛酉已改元仁壽與史殊不相符又由唐高宗咸亨四年癸酉上推九十二年爲開皇二年壬寅實非辛酉干支亦不相應然自癸酉上推九

十三年正得開皇元年辛丑蓋照鄰集傳寫訛異以辛丑爲辛酉以九十三爲九十二也史又稱思邈卒於永淳元年年百餘歲自是年上推至開皇辛丑正一百二年數亦相合則生於後周隱居不仕之說爲史誤審矣思邈嘗謂人命至重貴於千金一方濟之德踰於此故所著方書以千金名凡診治之訣針灸之法以至導引養生之術無不周悉猶慮有缺遺更撰翼方輔之攷晁陳諸家著錄載千金方千金翼方各三十卷錢曾讀書敏求記

所載卷數亦同又謂宋仁宗命高保衡林億等校正刊行後列禁經二卷合二書計之止六十二卷此本增多三十一卷疑後人併爲一書而離析其卷帙葉夢得避暑錄話稱思邈作千金前方時已百餘歲妙盡古今方書之要獨傷寒未之盡以未盡通仲景之言故不敢深論後三十年（案百餘歲及後三十年之說皆因仍舊誤今姑仍原本錄之）作千金翼論傷寒者居半葢始得之其用志精審不苟如此云云則二書本相因而作亦相濟爲用合之亦未害宏旨也太平廣

記載思邈曾救昆明池龍得龍宮仙方三十首散入千金方各卷之中葢小說家附會之談固無足深辨焉

銀海精微二卷　内府藏本

舊本題唐孫思邈撰唐宋藝文志皆不著錄思邈本傳亦不言有是書其曰銀海者葢取目爲銀海之義考蘇軾雪詩有凍合玉樓寒起粟光摇銀海眩生花句瀛奎律髓引王安石之說謂道書以肩爲玉樓目爲銀海銀海爲目僅見於此然迄今無

人能舉安石所引出何道書者則安石以前絕無此說其爲宋以後書明矣前有齊一經序稱管河北道時得於同僚李氏亦不著時代年月莫知何許人也其辨析諸證頗爲明晰其法補瀉兼施寒温互用亦無偏主一格之弊方技之家率多依託但求其術之可用無庸核其書之必真本草稱神農素問言黃帝固不能一一確也此書療目之方較爲可取則亦就書論書而已

外臺秘要四十卷通行本

唐王燾撰燾郿人王珪孫也唐書附見珪傳稱其性至孝爲徐州司馬母有疾彌年不廢帶視絮湯劑案視絮二字未詳然玉海所引亦同是宋本已然姑仍其舊數從高醫游遂窮其術因以所學作外臺秘要討繹精明世寶焉歷給事中鄴郡太守藝文志載外臺秘要四十卷又外臺要畧十卷今要畧久佚惟秘要尚傳此本爲宋治平四年孫兆等所校明程衍道所重刻前有天寶十一載燾自序又有皇祐二年內降劄子及兆校上序其卷首乃題林億等名考書錄解題

引朱會要稱嘉祐二年置校正醫書局於編修院以直集賢院掌禹錫林億校理張洞校勘蘇頌等並爲校正後又命孫奇高保衡孫兆同校正每一書畢即奏上億等皆爲之序則卷首題林億名乃統以一局之長故有等字也燾居館閣二十餘年多見宏文館圖籍方書其作是編則成於守鄴時其結銜稱持節鄴郡諸軍事兼守刺史故曰外臺案猗覺寮雜記曰外臺見唐高元裕傳故事三司監院官帶御史者號外臺書錄解題作外臺秘要方自序亦同唐書及孫兆序中皆無

方字葢相沿省其文耳書分一千一百四門皆先論而後方其論多以巢氏病源為主每條之下必詳註原書在某卷世傳引書註卷第自李涪刊誤及程大昌演繁露而不知例創於燾可以見其詳確其方多古來專門秘授之遺陳振孫在南宋末已稱所引小品深師崔氏許仁則張文仲之類今無傳者猶間見於此書今去振孫四五百年古書益多散佚惟賴燾此編以存彌可寶貴矣其中間及禁術葢千金翼方已有此例唐小說載賈耽以

千年梳治蝨癥爲異聞其方乃出此書第十二卷中宋小說載以念珠取誤吞漁鉤爲奇技其方乃在今八卷中又唐制臘日賜口脂面藥今不知爲何物其方亦具在三十一卷中皆足以資博物三十七卷三十八卷皆乳石論世說載何晏稱服五石散令人神情開朗玉臺新詠有姬人怨服散詩葢江左以來用爲服食之術今無所用又二十八卷載猫鬼野道方與巢氏病源同亦南北朝時鬼病唐以後絶不復聞然存之亦足資考訂也衍道

刻此書頗有校正惟不甚解唐以前語與後世多異如痢門稱瘵痢稍較衍道註曰較字疑誤考唐人方言以稍可爲校故薛能黃蜀葵詩有記得玉人春病校句馮班校才調集辨之甚明衍道知其有誤而不知較爲校誤猶爲未審然大致多所訂定故今亦並存焉

顱顖經二卷永樂大典本

不著撰人名氏世亦別無傳本獨永樂大典內載有其書考歷代史志自唐藝文志以上皆無此名

至宋藝文志始有師巫顱顖經二卷今檢此書前有序文一篇稱王母金文黄帝得之昇天秘藏金匱名曰内經百姓莫可見之後穆王賢士師巫於崆峒山得而釋之云云其所言師巫與宋志相合當即此本疑是唐末宋初人所爲以王冰素問注第七卷内有師氏藏之一語遂託名師巫以自神其説耳其名顱顖者案首骨曰顱腦蓋曰顖殆因小兒初生顱顖未合證治各别故取以名其書首論脉候至數之法小兒與大人不同次論受病之

本與治療之術皆極中肯綮要言不煩次論火丹證治分列十五名目皆他書所未嘗見其論雜證亦多秘方非後世俗醫所可及蓋必別有師承故能精析如此宋史方技傳載錢乙始以顱顖經著名至京師視長公主女病授翰林醫學錢乙幼科冠絕一代而其源實出於此書亦可知其術之精矣謹據永樂大典所載裒而輯之依宋志舊目釐爲二卷俾不至無傳於後焉

**銅人鍼灸經七卷** 浙江范懋柱家天一閣藏本

不著撰人名氏按晁公武讀書後志曰銅人腧穴

鍼灸圖三卷皇朝王惟德撰仁宗嘗詔惟德攷次

鍼灸之法鑄銅人爲式分臟腑十二經旁注腧穴

所會刻題其名併爲圖法及主療之術刻板傳於

世王應麟玉海曰天聖五年十月壬辰醫官院上

所鑄腧穴銅人式二詔一置醫官院一置大相國

寺仁濟殿先是上以鍼砭之法傳述不同命尚藥

奉御王惟一考明堂氣穴經絡之會鑄銅人式又

纂集舊聞訂正訛謬爲銅人腧穴鍼灸圖經三卷

至是上之摹印頒行翰林學士夏竦序所言與晁氏畧同惟王惟德作惟一人名小異耳此本卷數不符而大致與二家所言合疑或天聖之舊本而後人析爲七卷歟周密齊東野語曰嘗聞舅氏章叔恭云昔倅襄州日嘗獲試鍼銅人全像以精銅爲之腑臟無一不具其外腧穴則錯金書穴名於旁凡背面二器相合則渾然全身蓋舊都用此以試醫者其法外塗黃蠟中實以水俾醫工以分折寸按穴試鍼中穴則鍼入而水出稍差則鍼不可

人矣亦奇巧之器也後趙南仲歸之內府叔恭嘗寫二圖刻梓以傳焉今宋銅人及章氏圖皆不傳惟此書存其梗概爾

明堂灸經八卷 浙江范懋柱家天一閣藏本

題曰西方子撰不知何許人與銅人針灸經俱刊於山西平陽府其書專論灸法銅人惟有正背左右人形此則兼及側伏較更詳畧考唐志有黃帝十二經明堂偃側人圖十二卷茲或其遺法歟其曰明堂者錢曾讀書敏求記曰昔黃帝問岐伯以

人之經絡盡書其言藏於靈蘭之室洎雷公請問乃坐明堂授之後世言明堂者以此今醫家記鍼灸之穴爲偶人點志其處名明堂非也今考舊唐書經籍志以明堂經脉别爲一類則曾之說信矣古法多鍼灸並言或惟言鍼以該灸靈樞稱鍼經是也自王燾外臺秘要始力言誤鍼之害凡鍼法鍼穴俱刪不錄惟立灸法爲一門此書言灸不言鍼蓋猶燾志也

博濟方五卷永樂大典本

宋王衮撰衮太原人其仕履未詳惟鄖簡原序稱其嘗爲錢塘酒官而已此書諸家書目皆著錄惟宋史藝文志陳振孫書錄解題俱作三卷晁公武讀書志作五卷稍有不同葢三五字形相近傳寫者有一訛也公武又稱衮於慶歷間因官滑臺暇日出家藏七十餘方擇其善者爲此書名醫云其方用之無不效如草還丹治大風太乙丹治鬼胎尤奇驗今案衮自序有云鼎侍家君之任滑臺道次得疾遇醫之庸者妄投湯劑疾竟不瘳據此則

官滑臺者乃衮之父而公武卽以爲衮殊爲失考衮又言博採禁方逾二十載所得方論凡七千餘道因於中擇其尤精要者得五百餘首而公武乃云家藏七十餘方則又傳寫之誤也原書久無傳本惟永樂大典內載有其文裒輯編次共得三百五十餘方視衮序所稱五百首者尚存十之七謹分立三十五類依次排比從讀書志之目釐爲五卷其中方藥多他書所未備今雖不盡可施用而當時實著有奇效足爲醫家觸類旁通之助惟頗

好奇異往往雜以方術家言如論服杏仁則云彭祖夏姬商山四皓煉杏仁爲丹王子晉服四十年而騰空丁令威服二十年而身飛此類殊誕妄不足信今故取服食諸法編附卷末以著其謬俾讀者知所持擇焉

蘇沈良方八卷 永樂大典本

宋沈括所集方書而後人又以蘇軾之說附之者也考宋史藝文志有括靈苑方二十卷良方十卷而別出蘇沈良方十五卷注云沈括蘇軾所著陳

振孫書錄解題有蘇沈良方十卷而無沈存中良方尤袤遂初堂書目亦同晁公武讀書志則二書並列而於沈存中良方下云或以蘇子瞻論醫藥雜說附之蘇沈良方下亦云括集得效方成一書後人附益以蘇軾醫學雜說葢晁氏所載良方卽括之原本其云或以蘇子瞻論醫藥雜說附之者卽指蘇沈良方由其書初尚並行故晁氏兩載其後附蘇說者盛行原本遂微故尤氏陳氏遂不載其原本今永樂大典載有蘇沈良方原序一卷亦

括一人所作且自言予所作良方云云無一字及軾是亦後人增附之後併其標題追改也案明晁瑮寶文堂書目有蘇沈二內翰良方一部是正嘉以前傳本未絶其後不知何時散佚今據永樂大典所載掇拾編次釐爲八卷史稱括於醫藥卜筭無所不通皆有所論著今所傳括夢溪筆談末爲藥議一卷於形狀性味眞僞同異辨别尤精軾雜著時言醫理於是事亦頗究心蓋方藥之事術家能習其技而不能知其所以然儒者能明其理而

又往往未經試驗此書以經效之方而集於博通物理者之手固宜非他方所及矣

壽親養老新書四卷　浙江汪啟淑家藏本

第一卷爲宋陳直撰本名養老奉親書第二卷以後則元大德中泰寧鄒鉉所續增與直書合爲一編更題今名直於元豐時爲泰州興化令文獻通考載有直所著奉親養老書一卷而此本則題曰養老奉親書其文互異然此本爲至正中浙江刊本猶據舊帙翻雕不應標題有悞葢通考傳寫倒

置也鉉號冰壑又號敬直老人書中稱其曾祖曰南谷叔祖曰樸菴以福建通志考之南谷爲宋參知政事應龍樸菴爲宋江西提刑應博皆有名於時據周應紫序稱爲總管鄒君又稱其官中都時則鉉亦曾登仕版者特通志不載其行履不可詳考矣直書自飲食調治至簡妙老人備急方分爲十五篇二百三十三條節宣之法甚備明高濂作尊生八牋其四時調攝牋所錄諸藥品大抵本於是書鉉所續者前一卷爲古今嘉言善行七十二

事後兩卷則凡寢興器服饘粥飲膳藥石之宜更爲賅具而附以婦人小兒食治諸方凡二百五十六條其中如祝壽詩詞連篇載入不免失於冗雜又敘述閒適之趣往往詞意纖仄採掇瑣碎明季清言小品實亦濫觴於此然徵引方藥類多奇秘於高年頤養之法不無小補固爲人子所宜究心也

腳氣治法總要二卷　永樂大典本

宋董汲撰汲字及之東平人始末未詳錢乙嘗序

其癍疹論則其著書在元豐元祐之間書錄解題作一卷宋史藝文志亦同久無傳本今從永樂大典所載排纂成帙以篇頁稍繁分爲二卷上卷論十二篇大旨謂脚氣必由於風濕風濕兼有冷熱皆原本腎虛陰陽虛實病之別也春夏秋冬治之異也高燥卑濕地之辨也老壯男女人之殊也說賅備矣下卷方四十六獨活湯木香散傳信方防風粥桑枝煎專治風天麻丸茴香丸烏蛇丸趁痛丸專治濕薏苡仁湯海桐皮散木瓜丸治風濕相

兼獨活寄生湯石楠丸牛膝丸治風濕挾虛金牙酒治風濕瘴癘八味丸腎瀝湯地黃粥治虛神功丸麻仁丸三脘散大黃湯治實屬陰者兼冷木香飲子治其偏於陰也屬陽者兼熱紅雪治其偏於陽也絳宮丸白皮小豆散木通散治其屬於陰陽而兼淋閉者也松節散食前丸食後丸橘皮丸治尋常法也三仁丸潤腸丸五柔丸治老人血枯法也天門冬大煎則爲總治法淋渫蒸熨五方則爲外治法而以針灸法爲始原序方有一十九門大

約不出於此即鈌佚亦匪矣考脚氣即素問所謂厥疾至唐始有此名治法亦漸以詳備然李暄及蘇敬徐玉唐侍中諸家之書今多不傳獨汲此帙尚存頗爲周密醇正觀其自述稱嘗患此疾至劇因深思其源遂得秘要殆所謂三折肱而爲良醫者歟今特錄而存之以備專門之一種焉

旅舍備要方一卷（永樂大典本）

宋董汲撰陳振孫書錄解題載有董汲小兒斑疹論脚氣治法不及此書然宋史藝文志載之卷帙

亦同蓋陳氏偶未見也汲因客途猝病醫藥尤難特集經效之方百有餘道內如蚰蜒入耳及中藥毒最爲險急而所用之藥至爲簡易其雜傷五方古書中不少槩見今亦罕傳尤見奇特蓋古所謂專門禁方用之則神驗至求其理則和扁有所不能解卽此類也至於小半夏湯五苓散兩方本於漢之張機今以半夏湯治濕痰仍其本法至五苓散本治傷寒汗後不解及有水氣之病今書中引爲通行利水之劑殆亦變通用之如河間益元散

本雙解半表半裏之傷寒而後人取以醫暑歟其治中暑一方似即李杲清暑益氣湯之藍本其無比香薷散與後來局方稍有出入葢亦本古方爲加減然云治兩脚轉筋疼痛而反去主治之木瓜則不解其故矣小兒一門大概與同時錢乙藥証眞訣相出入第以柔脆之腸胃而多用膩粉硃砂諸峻藥古人氣厚服之無妨在後來亦未可概施也原本久佚今從永樂大典收掇排纂得方尚幾五十仍舊目分爲一十有二類其觸寒心痛厥風

涎潮等証有錄無書無從校補則亦闕焉

素問入式運氣論奧三卷附黄帝内經素問遺篇一卷

兩江總督採進本

宋劉温舒撰温舒里居未詳前有元符已卯自序題朝散郎太醫學司業葢以醫通籍者也晁公武讀書志云温舒以素問氣運爲治病之要而答問紛糅文辭古奥讀者難知因爲三十論二十七圖上於朝今詳考其圖實二十九葢十干起運十二支司天二圖原本别題曰訣故公武不以入數僅

曰二十有七其論實爲三十一篇末五行勝復論一篇原本别注附字故公武亦不以入數僅曰三十也卷末别附刺法論一卷題曰黄帝内經素問遺篇按刺法論之亡在王冰作註之前温舒生北宋之末何從得此其註亦不知出自何人殆不免有所依託未可盡信焦竑經籍志載此書四卷合此論爲一書益舛誤矣

傷寒微旨二卷 永樂大典本

宋韓祇和撰是書宋史藝文志不載陳振孫書録

解題載有其名亦不著作者名氏但據序題元祐丙寅知其爲哲宗時人而已今檢永樂大典各卷內此書散見頗多每條悉標韓祇和之名而元戴良九靈山房集亦稱自後漢張機著傷寒論晉王叔和宋成無已案無已乃金人說見前傷寒論條下龐安常朱肱許叔微韓祇和王實之流皆互相開發所稱祇和姓名與永樂大典相合是祇和實北宋名醫以傷寒爲專門者特宋史方技傳不載其履貫遂不可考耳書凡十五篇間附方論大抵皆推闡張機之旨

而能變通於其間其書下篇不立湯液惟以早下爲大戒葢爲氣質羸弱者言然當以脉證相參知其邪入陽明與否以分汗下不宜矯枉過直竟廢古方至如辨脉篇據傷寒例桂枝下咽陽盛乃斃承氣入胃陰盛乃亡之義以攻楊氏之謬誤可汗篇分陰盛陽虛陽盛陰虛陰陽俱盛三門則俱能師張氏而神明其意矣又如汗下溫三法分按時候辰刻而參之脉理病情乃因張機正傷寒之法而通之於春夏傷寒更通之於冬月傷寒亦頗能

察微知著又如以陽黃歸之汗溫太過陰黃歸之過下亡津則於金匱發陽發陰之論研析精微不特傷寒之黃切中竅要即雜病之黃亦可以例推矣其書向惟王好古陰證略例中間引其文而原本久佚今採掇薈稡復成完帙謹依原目釐爲上下二卷陳振孫所稱之原序則永樂大典不載無從採補殆編纂之時舊本已闕歟

傷寒總病論六卷附音訓一卷修治藥法一卷大學士于敏中家藏本

宋龐安時撰安時字安常蘄水人案袁文甕牖閒評載蘇軾稱蜀人龐安常未詳孰是安時本士人習與蘇軾黃庭堅游第六卷末附與軾書一篇論是編之義甚悉卷首載軾答安時一帖猶從手跡鉤摹形模略具又以黃庭堅後序一篇冠之於前序末稱前序海上人諾爲之故虛其右以待署元符三年三月作時軾方謫儋州至五月始移廉州七月始渡海至廉故是年三月猶稱海上人也然軾以是年八月北歸至次年七月即卒於常州前序竟未及作故即移後序

爲弁也序中剗去庭堅名帖中亦剗去軾名考卷末附載音訓一卷修治藥法一卷題政和癸巳閏人董炳編字知正當禁絶蘇黃文字之日諱而闕之此本猶從宋本鈔出故仍其舊耳宋史藝文志但載安時難經解前後兩見而不載此書文獻通考載龐氏家藏祕寶方五卷引陳振孫之言謂安時以醫名世者惟傷寒而已此書南城吳炎晦叔錄以見遺似乎別爲一書而下列庭堅之序與此本同疑當時已無刻本故傳寫互異歟又載張耒

一跋云張仲景傷寒論病方纖悉必具又爲之增損進退之法以預告人嗟夫仁人之用心哉自非通神造妙不能爲也安常又竊憂其有病證而無方者續著爲論數卷淮南人謂安常能與傷寒說話豈不信哉此本未載此跋殆傳寫偶失歟又未作明道襍志記安時治驗極其推挹而葉夢得避暑錄話乃頗不滿於安時蓋未蘇軾客夢得蔡京客其門戸異也然曾敏行獨醒襍志亦記其治泗州守王公弼中丹石毒甚奇又記其治公弼之女

尤神異敏行於元祐紹聖兩局均無恩怨則所記當爲公論矣

聖濟總錄纂要二十六卷浙江巡撫採進本

宋政和中奉勅編

國朝程林刪定林字雲來休寧人初徽宗御製聖濟經十卷四十二章又詔集海內名醫出御府所藏禁方祕論纂緝成編凡二百卷其書久而佚脫林購求殘帙凡得三本互相補苴尚闕一百七十三卷至一百七十七卷不可復見以其繁重難行乃

撮其指要重爲纂輯門類悉依其舊所闕小兒方五卷則倩其友項睿補之仍冠以徽宗原序大德四年集賢學士焦惠校上序及校刊諸臣銜名考晁陳二氏書目但有徽宗聖濟經不載是書觀焦惠序稱始成於政和重刊於大定殆汴京破後隨內府圖籍北行南渡諸人未睹其本歟今未見其原書然宋代崇尚醫學搜羅至富就所採錄古來專門授受之方尚可以見其大略其每類冠論一篇亦皆詞簡而理明均足以資考訂原本之末有

神仙服餌三卷或言烹砂煉石或言嚼柏咀松或言吐納清和或言斬除三尸葢是時道教方興故有是妄語林病其荒誕一概汰除惟約取其尋常頤養之藥三十餘方其別擇具有條理故所錄諸方多可行用與膠執古法者異焉

證類本草三十卷（兩淮江廣達家藏本）

宋唐愼微撰案陳振孫書錄解題載此書三十卷名大觀本草晁公武讀書志則作證類本草三十二卷亦題唐愼微撰是宋時巳有兩本矣玉海載

紹興二十七年八月十五日王繼先上校定大觀本草三十二卷釋音一卷詔祕書省修潤付冑監鏤板行之則南宋且有官本然皆未見其原刊今行於世者亦有兩本一爲明萬歷丁丑翻刻元大德壬寅宗文書院本前有大觀二年仁和縣尉艾晟序稱其書三十一卷目錄一卷集賢孫公得其本而善之命官校正鏤板以廣其傳愼微不知何許人傳其書者失其邑里族氏故不載焉陳氏所見葢此本故題曰大觀本草一爲明成化戊子翻

刻金泰和甲子晦明軒本前有宋政和六年提舉醫學曹孝忠序稱欽奉玉音使臣楊戩總工刊寫繼又命孝忠校正潤色之其改稱政和本草蓋由於此實一書也書末又有金皇統三年翰林學士宇文虛中跋稱愼微字審元成都華陽人治病百不失一爲士人療病不取一錢但以名方祕籙爲請以此士人尤喜之每於經史諸書中得一藥名一方論必錄以告遂集爲此書尚書左丞蒲傳正欲以執政恩例奏與一官拒而不受又稱元祐間

盧中爲兒童時見愼微治其父風毒預期某年月日再發緘方以俟臨期服之神驗則愼微始末盧中述之甚明蓋靖康以後內府圖籍悉入於金故陳振孫未見此本不知愼微何許人而晁公武所云三十二卷者殆合目錄計之亦未見政和所刻也然考趙與旹賓退錄則稱唐愼微蜀州晉原人世爲醫深於經方元祐間蜀帥李端伯招之居成都嘗著證類備急本草三十二卷艾晟序其書謂愼微不知何許人故爲表出蜀州今爲崇慶府云

云所序履貫小異豈慮中兒時見之但知其寄籍歟大德中所刻大觀本作三十一卷與艾晟所言合泰和中所刻政和本則以第三十一卷移於三十卷之前合爲　卷巳非大觀之舊又有大定巳酉麻革序及劉祁跋並稱平陽張存惠增入寇宗奭本草衍義則並非慎微之舊然考大德所刻大觀本亦增入宗奭衍義與泰和本同葢元代重刻又從金本錄入也今以二本互校大德本於朱書墨葢案原本每條稱墨葢以下爲慎微所續其式如今刻工所稱之魚尾較爲分明

泰和本則多與條例不相應然刊刻淸整首末序跋完具則泰和本爲勝今以泰和本著錄大德本則附見其名於此不別存目焉

全生指迷方四卷 永樂大典本

宋王貺撰案書錄解題貺字子亨考城人名醫宋毅叔之婿宣和中以醫得幸官至朝請大夫是書宋史藝文志作三卷傳本久絕故醫家罕所徵引或至不知其名今檢永樂大典所收援條掇拾雖未必盡符原本然大要已略具矣方書所載大都

皆標某湯某丸主治某病詳其藥品銖兩而止獨既此書於每證之前非惟具其病狀且一一論其病源使讀者有所據依易於運用其脉論及辨脉法諸條皆明白曉暢凡三部九候之形病證變化之象及脉與病相應不相應之故無不辨其疑似剖析微茫亦可爲診家之樞要謹詳加訂正分爲二十一門依類編次而以論脉諸篇冠之於首因篇頁稍繁釐爲四卷不復如其原數焉

小兒衛生總微論方二十卷　大學士英廉家藏本

不著撰人名氏凡論一百條自初生以至成童無不悉備論後各附以方前有嘉定丙午和安大夫特差判太醫局何大任序稱家藏是書六十餘載不知作者爲誰博加搜訪亦未嘗聞此書之流播因鋟於行在太醫院（案南宋雖定都臨安而當時猶稱行在以示恢復之意咸淳臨安志所載甚明）以廣其傳按北宋錢乙始以治小兒得名其藥證眞訣一書僅有傳本亦不免缺略其他如晁陳二氏所著錄者有嬰童寶鏡小兒靈祕方小兒至訣小兒醫方妙選小兒斑疹論諸書皆不

可得見是書詳載各證如梗舌鱗瘡之類悉近時醫書所未備其議論亦篤實明晰無明以來諸醫家黨同伐異自立門戶之習誠保嬰之要書也此本爲明宏治己酉濟南朱臣刻於寧國府者改名保幼大全今考嘉定本原序復題本名臣序又稱得之醫者鄭和和稱得之古塚中其說迂怪蓋方技家自神其授受亦無取焉

類證普濟本事方十卷 浙江巡撫採進本

宋許叔微撰叔微字知可或曰揚州人或曰毘陵

人惟曾敏行獨醒襍志作眞州人二人同時當不誤也紹興二年進士醫家謂之許學士宋代詞臣率以學士爲通稱不知所歷何官也是書載經驗諸方兼記醫案故以本事爲名朱國楨湧幢小品載叔微嘗獲鄉薦春闈不利而歸舟次平望夢白衣人勸學醫遂得盧扁之妙凡有病者診候與藥不取其直晚歲取平生已試之方併記其事實以爲本事方取本事詩之例以名之云云卽指此書然考獨醒襍志叔微雖有夢見神人事而學醫則

在其前不知國楨何本也叔微於診治之術最爲精詣故姚寬西溪叢語稱許叔微精於醫載其論肺蟲上行一條以爲微論其書屬詞簡雅不諧於俗故明以來不甚傳播此本從宋槧鈔出其中凡丸字皆作圓猶是漢張機傷寒論金匱要略舊例也國楨又記叔微所著尚有擬傷寒歌三卷凡百篇又有治法八十一篇及仲景脉法三十六圖翼傷寒論二卷辨類五卷今皆未見傳本疑其散佚矣

太平惠民和劑局方十卷指南總論三卷兩淮鹽政採進本

舊本題宋庫部郎中提轄措置藥局陳師文等奉勑編案王應麟玉海云大觀中陳師文等校正和劑局方五卷二百九十七道二十一門晁公武讀書志云大觀中詔通醫刊正藥局方書閱歲書成校正七百八字增損七十餘方又讀書後志曰太醫局方十卷元豐中詔天下高手醫各以得效祕方進下太醫局驗試依方製藥鬻之仍摹本傳於世是大觀之本實因神宗時舊本重修故公武有

校正增損之語也然此本止十四門而方乃七百八十八考玉海又載紹興十八年閏八月二十三日改熟藥所爲太平惠民局二十一年十二月十七日以監本藥方頒諸路此本以太平惠民爲名是紹興所頒之監本非大觀之舊矣其中又有寶慶淳祐續添諸方更在紹興之後兼附用藥總指南三卷皆從圖經本草抄撮增入亦不知何時所加陳振孫書錄解題稱和劑局方其後時有增補殆指此類歟戴良九靈山人集有丹溪翁朱震亨

傳曰時方盛行陳師文裴宗元所定大觀一百九十七方翁窮晝夜是習既而悟曰操古方以治今病其勢不能以盡合苟將起度量立規矩稱權衡必也素難諸經乎又稱震亨得羅知悌之學以歸諸醫泥陳裴之學者聞其言大驚而笑且排及治許謙末疾良驗笑且排者乃各皆心服是此書盛行於宋元之間至震亨局方發揮出而醫學始一變也又岳珂桯史曰和劑局方乃當時精集諸家名方凡幾經名醫之手至提領以從官內臣參校

可謂精矣然其間差訛者亦自不少且以牛黃清心丸一方言之凡用藥二十九味寒熱訛雜殊不可曉常見一名醫云此方祗前八味至蒲黃而止自乾山藥以下凡二十一味乃補虛門中山芋丸當時不知緣何誤寫在此方之後因循不曾改正余因其說而考之信然如此之類必多有之云云是併不能無所舛誤矣然歷代相傳專門禁方多在是焉在用者詳審而已必因噎而廢食則又一偏之見矣

傳信適用方二卷 兩淮鹽政採進本

不著撰人名氏宋史藝文志載此書亦不云誰作而別有劉禹錫傳信方二卷考此書每方之下皆註傳自某人中有引及和劑局方者必非禹錫書也書錄解題有傳道適用方二卷稱拙菴吳彥夔淳熙庚子撰與此本卷帙正同知此即彥夔之書傳寫譌信爲道也此本由宋槧影寫前後無序跋所錄皆經驗之方中有八味圓問難一條尤深得制方之旨其餘各方雖經後人選用而採擇未盡

者尚多末附夏子益治奇疾方三十八道其書罕見單行之本明李時珍本草綱目所載疑或從此鈔出也

衞濟寶書二卷永樂大典本

舊本題東軒居士撰不著名氏陳振孫書錄解題宋史藝文志皆列其目爲一卷久無傳本惟永樂大典內尚有其文並原序一篇稱予家藏癰疽方論二十二篇圖證悉具可傳無窮故記之曰家傳衞濟寶書序中具述方論之所自來而復言憑文

註解片言隻字皆不妄發云云然則是書所載本以經驗舊方裒輯成帙惟中間註語乃東軒居士所增入耳又别有董璉序一篇紀其得此書於妻家汪氏始末中有乾道紀年知東軒居士尚當爲孝宗以前人特其姓名終不可考至徐文禮不過校正刊行而所作後序亦有舉諸家治法集成一書之語乃當時坊本售名欺世之陋習不足信也

其書首列論治諸條皆設爲問答之詞原序以爲傳之不老山高先生其說頗荒誕不可稽而剖析

精微深中奥妙非實有所師授者不能其後臚列諸方附以圖說於藥物之修製針灸之利害抉摘無遺多後來醫流所未見謹因其舊文掇拾排比析爲上下二卷著之於錄以備醫家之一種其乳癰軟癤二門則別系之卷末俾各從其類焉

醫說十卷　浙江巡撫採進本

宋張杲撰杲字季明新安人其伯祖張擴嘗受業於龐安時以醫名京洛間羅願鄂州小集有擴傳敘其治驗甚詳此書前有淳熙己酉羅頊序亦稱

擴授其弟子發子發授其子彥仁杲彥仁子也承其家學亦喜談醫嘗欲集古來醫案勒爲一書初期滿一千事猝不易足因先採掇諸書據其見聞所及爲是編凡分四十七門前七門總叙古來名醫醫書及針灸診視之類次分雜證二十八門次雜論六門次婦人小兒二門次瘡及五絶痺疝三門而以醫功報應終焉其閒雜採說部頗涉神怪又旣載天靈蓋不可用乃復收陳藏器本草人肉一條亦爲駁雜然取材旣富奇疾險證頗足以資

觸發而古之嵩門禁方亦往往在焉葢三世之醫淵源有自固與道聽塗說者殊矣

鍼灸資生經七卷兩淮鹽政採進本

舊本題葉氏廣勤堂新刊葢麻沙本也不著撰人名氏前有嘉定庚辰徐正卿初刊序稱東嘉王叔權作又有紹定四年趙綸重刊序稱澧陽郡博士王執中作而疑叔權爲執中字以字義推之其說是也其書第一卷總載諸穴二卷至末分論諸證經緯相資各有條理頗爲明白易曉舊本冠以嶽

宗崇寧中陳承裴宗元陳師文等校奏醫書一表
與序與書皆不相應考裴宗元陳師文等即校正
太平惠民和劑局方之人殆書賈移他書進表置
之卷端欲以官書取重歟然宋代官書自有王惟
德銅人鍼灸經曷可誣也

婦人大全良方二十四卷大學士英廉購進本

宋陳自明撰自明字良父臨川人官建府醫學教
諭是編凡分八門首調經次衆疾次求嗣次胎教
次妊娠次坐月次産難次産後每門數十證總二

百六十餘論論後附方按婦人胎產之書如李師聖之保慶集陸子正之經驗方大抵卷帙簡略惟自明此書採摭諸家提綱挈領於婦科證治詳悉無遺明薛己醫案曾以己意刪訂附入治驗自爲一書是編刻於勤有書堂猶爲自明原本前有嘉熙元年自序稱三世學醫家藏醫書若干卷又徧行東南所至必求方書以觀其用心亦可云勤矣

太醫局程文九卷 永樂大典本

宋時考試醫學之制也其命題有六一曰墨義試

以記問之博二曰脉義試以察脉之精三曰大義試以天地之奥與藏府之源四曰論方試以古人製方佐輔之法五曰假令試以證候方治之宜六曰運氣試以一歲陰陽客主與人生感應之理考宋史醫學初隸太常寺元豐間始置提舉判局設三科以教之曰方脉科鍼科瘍科凡方脉以素問難經脉經爲大經以巢氏病源龍樹論千金翼方爲小經鍼科瘍科則去脉經而增三部鍼灸經常以春試學生願與者聽迨崇寧間改隸國子監分

上舍內舍外舍共考試法第一場問三經大義五道次場方脈及臨證運氣各二道鍼科瘍科試小學大義三道運氣二道三場假令治病法三道中格高等爲尚藥局醫師以下職乾道中罷局而存御醫諸科後更不置局僅存醫學科淳熙中又稍變其制焉此太醫局係紹熙二年後所置程文以墨義爲第一道較舊制又稍異矣其裒爲一集不知何人所編世亦別無傳本今從永樂大典中排纂得墨義九道脈義六道大義三十七道論方八

道假令十八道運氣九道謹釐次爲九卷其文皆通貫三經及三部鍼灸之法暨金石之品草木之性辨析精微足資啟發蓋有宋一代於醫學最爲留意自皇祐中於古來經方脉論皆命孫兆林億高保衡等校刊頒行垂爲程式故學者沿波討流各得以專門名家觀於是編可以見當時討論之詳矣

產育寶慶方二卷 永樂大典本

不著撰人名氏宋史藝文志以爲郭稽中撰考陳

振孫書錄解題稱濮陽李師聖得產論二十一篇有說無方醫學教授郭稽中爲時良醫以方附諸論末遂爲完書則稽中特因師聖所得舊本增以新方非所自撰宋史所載似未見陳氏說也然稽中所增合原論共爲一卷與此本不合以卷首諸序考之益括蒼陳言撰三因方嘗取其方論各評得失婺醫杜荍因採其所評附入各條之下後趙瑩得產乳備要增以楊子建七說合於產論爲一集有冀致君者又掇御藥院雜病方論及八月產

圖體元子借地法安產藏衣方位綴於其末是輾轉增益已非郭氏之舊特沿其舊名耳其書世罕傳本今載於永樂大典者得論二十一陳言評十六方三十四爲一卷產乳備要暨經氣妊娠等證方六十二爲一卷其體元子借地法永樂大典佚不載今亦闕焉按胎教之法古人所重賈誼新書所引靑史氏之記劉向列女傳所記太任育文王之事尚可見其崖略惟產育方藥則罕專書唐書藝文志有昝殷產寶一卷始別立一門今其書不

傳則講妊育者當以是書爲最古矣卷中惟陳言之評標識姓名餘皆不標爲誰說今以原本體例推之上卷之方皆出郭氏下卷娩乳安產經氣三條外殆即楊氏之說所附方藥殆即龔致君所採御藥院方也陳言即撰三因方者楊子建名倓有楊氏家藏方今未見李師聖等皆南宋人龔致君序稱諸人爲宋儒又稱近在燕趙間葢元人云

三因極一病證方論十八卷　大學士英廉購進本

宋陳言撰言字無擇莆田人是書分別三因歸於

一治其說出金匱要略三因者一曰內因爲七情發自臟腑形於肢體一曰外因爲六淫起自經絡舍於臟腑一曰不內外因爲飲食飢飽叫呼傷氣以及虎狼毒蟲金瘡壓溺之類每類有論有方文詞典雅而理致簡該非他家鄙俚冗雜之比蘇軾傳聖散子方葉夢得避暑錄話極論其謬而不能明其所以然言亦指其通治傷寒諸證之非而獨謂其方爲寒疫所不廢可謂持平吳澄集有易簡歸一序稱近代醫方惟陳無擇議論最有根柢而

其藥多不驗嚴子禮剽取其論而附以平日所用經驗之藥則兼美矣是嚴氏濟生方其源出於此書也宋志著錄六卷陳振孫書錄解題亦同此本十八卷葢何鉅所分第二卷中太醫習業一條有五經二十一史之語非南宋人所應見然證以諸家所引實爲原書其詞氣亦非近人所及疑明代傳錄此書者不學無術但聞有廿一史之說遂妄改古書不及核其時代也

集驗背疽方一卷（永樂大典本）

宋李迅撰迅字嗣立泉州人官大理評事以醫著名此書見於陳振孫書錄解題稱所集凡五十三條其議論詳盡曲當馬端臨經籍考亦著於錄而題作李逸撰與書錄解題不合今案此書前有郭應祥序亦云嗣立名迅則通考誤也背疽爲患至鉅俗醫剽竊一二丹方或妄施刀針而於受病之源發病之形及夫用藥次第節宣禁忌之所宜俱置不講故夭閼者十恒八九今迅所撰於集方之前俱系以論說凡診候之虛實治療之節度無不

斟酌輕重辨析毫芒使讀者瞭如指掌中如五香連翹湯內補十宣散加料十全湯加減八味丸立效散之類皆醇粹無疵足稱良劑至忍冬丸與治乳癰發背神方皆祗金銀花一味用藥易而收功多於窮鄉僻壤難以覓醫或貧家無力服藥者尤爲有益洵瘍科中之善本矣謹從永樂大典中採掇裒訂仍爲一卷其麥飯石膏及神異膏二方乃諸方中最神妙者而永樂大典乃偶佚之今據蘇沈良方及危亦林得效方補入又亦水元珠亦載

有神異膏方與得效方稍有不同今並列之以備參考焉

濟生方八卷永樂大典本

宋嚴用和撰用和始末未詳吳澄集有易簡歸一序稱嚴子禮剽陳氏三因方之論而附以經驗之藥以其名推之子禮似即用和字其人蓋在陳言後矣澄又有古今通變仁壽方序曰世之醫科不一惟有所傳授得之嘗試者多驗予最嘉嚴氏濟生方之藥不泛不繁用之輒有功蓋嚴師於劉其

方乃平日所嘗試而驗者也則澄益甚重此書矣其書分門别類條列甚備皆立論於前而以所處諸方次列於後自序稱論治凡八十製方凡四百總爲十卷用之十五年收效甚多因鋟梓以傳明以來傳本頗稀又大抵脫佚錯謬失其本眞故醫家亦罕相研究今據永樂大典所載補闕訂譌釐爲八卷書中議論平正條分縷析往往深中肯綮如論補益云藥惟平補柔而不僭專而不雜間有藥用羣隊必使剛柔相濟佐使合宜又云用藥在

乎穩重論欬嗽云今人治嗽喜用傷脾之劑服之未見其效穀氣先有所損論吐衄云寒凉之劑不宜過進諸方備列參而用之葢其用藥主於小心畏愼雖不善學之亦可以模棱貽誤然用意謹嚴固可與張從正劉完素諸家互相調劑云

產寶諸方一卷（永樂大典本）

不著撰人名氏宋藝文志不載惟陳振孫書錄解題有之自明以來諸家書目亦罕有著錄者今檢永樂大典所載尚得七十餘方又有十二月產圖

一篇與振孫所記並合蓋猶屬宋時之原本又別有序論一首王卿月序一首文皆殘缺當亦原書之佚簡也其方於保產之法頗爲賅備而原第爲永樂大典所亂已不可復考謹詳加釐訂以類分排首調經養血次安胎次胎中諸病次催生次產後次雜病仍爲一卷其中所引各方多爲後人所承用如人參飲子一方與朱震亨所製達生散雖品味多寡不同而以大腹皮爲君人參爲輔命意無異知震亨實本此而增損之又如張元素以枳

殼白朮爲束胎丸後人以爲不宜於藜藿之軀易以白朮黄芩相沿至今爲便産良藥而不知亦本是書所載之枳殼湯又今時治産後血風有所謂舉卿古拜者核其所用惟荆芥一味即此書之青金散蓋荆芥主治風素問東方主風而肝屬於木平肝木即所以助肺金故以青金爲名後人竊用其方而又翻切荆芥字音詭名以炫俗耳凡此之類皆可以證古今傳授之由惟所用多降氣破血之品辛熱震動之劑則古人禀厚可受攻伐有未

可概施於後來者此則神而明之存乎其人矣

仁齋直指二十六卷附傷寒類書活人總括七卷浙江巡撫採進本

宋楊士瀛撰士瀛字登父仁齋其號也福州人始末無考前有自序題景定甲子甲子爲景定五年次年即度宗咸淳元年則宋末人矣此本爲明嘉靖庚戌所刻前有余鏻序稱直指列爲二十八卷析七十九條今考七十九條之數與序相符而其書實止二十六卷焦竑國史經籍志載有此書亦

作二十六卷蓋序文偶誤然士瀛所撰本名仁齋直指其每條之後題曰附遺者則明嘉靖中朱崇正所續加崇正字宗儒號惠齋徽州人即刊此本者也焦志既題曰仁齋直指附遺方乃惟註楊士瀛撰則併附遺屬之士瀛亦未免小誤也其傷寒類書活人總括七卷焦志不著錄據仁齋直指自序其成書尚在直指前此本以卷帙較少故附刻於後卷首標題亦稱朱崇正附遺然核其全編每條皆文義相屬絕無所謂附遺者惟卷一活人證

治賦後有司天在泉圖五運六氣圖傷寒脈法指掌圖目錄中注附字耳或因此一卷有附遺而牽連題及七卷或因直指有附遺而牽連題及此書均未可定宋槧舊本旣已不存無從證其虛實疑以傳疑可矣

急救仙方六卷永樂大典本

不著撰人名氏其書宋志及諸家書目均未著錄惟焦竑國史經籍志載有救急仙方十一卷註云見道藏亦不言作者爲誰考白雲霽道藏目錄太

元部惻字號中有急救神方與永樂大典所載合則焦氏誤倒其文爲救急也瘍醫自周禮即自爲一科然傳習其術者多不能通古人之意是編於背瘡疔瘡眼科痔證四者所載證治尤詳蓋作者所擅長在此中間如論背瘡條內所載蓮子蜂窠散走流注腎俞諸發名目猥衆乃能一一討論各詳其證之形狀與得病之因療治之法條分縷析爲自來瘍科所未及其疔瘡門內所立追疔奪命湯一方備詳加減之法學者苟能觸類旁通亦足

以資博濟之用非精於是術者不能作也雖雜瘡雜證諸門稍有闕佚然綱要具存正不以不完爲病矣

# 欽定四庫全書總目

子部

卷一百四

欽定四庫全書總目卷一百四

子部十四

醫家類二

素問元機原病式一卷 通行本

金劉完素撰完素字守眞河間人事蹟具金史方技傳是書因素問至眞要論詳言五運六氣盛衰勝復之理而以病機一十九條附於篇末乃於十九條中采一百七十六字演爲二百七十七字以爲綱領而反復辨論以申之凡二萬餘言大旨多

主於火故張介賓作景岳全書攻之最力然完素生於北地其人秉賦原強兼以飲食醇醲久而蘊熱與南方風土原殊又完素生於金時人情淳樸習於勤苦大抵充實剛勁亦異乎南方之脆弱故其持論多以寒涼之劑攻其有餘皆能應手奏功其作是書亦因地因時各明一義補前人所未及耳醫者拘泥成法不察虛實概以攻伐戕生氣譬諸檢譜角觝宜其致敗其過實不在譜也介賓憤嫉力排盡歸其罪於完素然則參桂誤用亦可殺

人又將以是而廢東垣書哉張機傷寒論有曰桂枝下咽陽盛乃斃承氣入胃陰盛以亡明藥務審證不執一也故今仍錄完素之書並著偏主之弊以持其平焉

宣明方論十五卷 通行本

金劉完素撰是書皆對病處方之法首諸證門自煎厥薄厥飧泄䐜脹以及諸痺心疝凡六十一證皆採用內經諸篇每證各有主治之方一宗仲景次諸風次熱次傷寒次積聚次水濕次痰飲次勞

次洩痢次婦人次補養次諸痛次痔瘻次眼目次小兒次雜病共十七門每門各有總論亦發明運氣之理兼及諸家方論於軒岐奥㫖寔多闡發而多用凉劑偏主其說者不無流弊在善用者消息之耳攷原病式自序云作醫方精要宣明論一部三卷十萬餘言今刊入河間六書者乃有十五卷其二卷之菊葉洗薄荷白檀湯四卷之妙功藏用丸十二卷之蓽澄茄丸補中丸楮實子丸皆注新增字而七卷之信香十方青金膏不注新增字者

據其方下小序稱灌頂法王子所傳併有偈咒金時安有灌頂法王顯爲元明以後之方則竄入而不注者不知其幾矣卷增於舊殆以是歟

傷寒直格方三卷傷寒標本心法類萃二卷通行本

舊本皆題金劉完素撰傷寒直格方大旨出入於原病式而於傷寒證治議論較詳前序一篇不知何人所撰馬宗素傷寒醫鑒引平城翟公宵行遇燈之語與此序正相合殆卽翟公所撰歟醫鑒又云完素著六經傳變直格一部計一萬七千零九

字又於宣明論中集緊切藥方六十道分六門亦名直格此書有方有論不分門類不能確定原爲何種卷首又題爲臨川葛雍編蓋經後人竄亂未必完素之舊矣傷寒標本心法類萃上卷分別表裏辨其緩急下卷則載所用之方其中傳染一條稱雙解散益元散皆爲神方二方卽完素所製不應自譽至此考完素原病式序稱集傷寒雜病脈證方論之文目曰醫方精要宣明論今檢宣明論中已有傷寒二卷則完素治傷寒法已在宣明論

中不別爲書二書恐出於依託然流傳已久姑存之以備參考焉

病機氣宜保命集三卷 兩淮鹽政採進本

金張元素撰元素字潔古易州人八歲應童子舉二十七試進士以犯廟諱下第乃去而學醫精通其術因抒所心得述爲此書凡分三十二門首原道原脉攝生陰陽諸論次及處方用藥次第加減君臣佐使之法於醫理精蘊闡發極爲深至其書初罕傳播金末楊威始得本刊行而題爲河間劉

完素所著明初寧王權重刊亦沿其誤并僞撰完素序文詞調於卷首以附會之至李時珍作本草綱目始糾其謬而定爲出於元素之手於序例中辨之甚明考李濂醫史稱完素嘗病傷寒八日頭痛脉緊嘔逆不食元素往候令服某藥完素大服如其言遂愈元素自此顯名是其造詣深邃足以自成一家原不必託完素以爲重今特爲改正其僞託之序亦並從刪削焉

儒門事親十五卷 大學士英廉家藏本

金張從正撰從正字子和號戴人睢州考城人興定中名補太醫尋辭去事蹟具金史方技傳從正與麻知幾常仲明輩講求醫理輯爲此書劉祁歸潛志稱麻知幾九疇與之善使子和論説其術因爲文之則此書實知幾所記也其例有說有辨有記有解有誡有箴有詮有式有斷有論有疏有述有衍有訣有十形三療有六門三法名目頗煩碎而大旨主於用攻其曰儒門事親者以爲惟儒者能明其理而事親者當知醫也從正宗河間劉守

眞用藥多寒凉其汗吐下三法當時已多異議故書中辨謗之處爲多丹溪朱震亨亦譏其偏後人遂并其書置之然病情萬狀各有所宜當攻不攻與當補不補厥弊維均偏執其法固非竟斥其法亦非也惟中間負氣求勝不免過激欲矯庸醫恃補之失或至於過直又傳其學者不知察脉虛實論病久暫槩以峻利施治遂致爲世所藉口要之未明從正本意耳

內外傷辨惑論三卷 江蘇巡撫採進本

金李杲撰杲字明之自號東垣老人眞定人嘗以納貲得官監濟源稅案元硯堅作東垣老人傳稱杲以辛亥年卒年七十二則當生於世宗大定二十年庚子金亡時年五十五入元十七年乃終故舊本亦或題元人而元史亦載入方技傳也初杲母嬰疾爲衆醫襍治而死訖莫知爲何證杲自傷不知醫理遂捐千金從易州張元素學盡得其法而名乃出於元素上卓爲醫者大宗是編發明內傷之證有類外感辨別陰陽寒熱有餘不足而大

旨總以脾胃爲土故特製補中益氣湯專治飲食勞倦虛人感冒法取補土生金升清降濁得陰陽生化之旨其闡發醫理至爲深微前有自序題丁未歲序中稱此論束之高閣十六年以長歷推之其書蓋出於金哀宗之正大九年辛卯也

脾胃論三卷 江蘇巡撫採進本

金李杲撰杲既著辨惑論恐世俗不悟復爲此書其說以土爲萬物之母故獨重脾胃引經立論精鑿不磨明孫一奎醫旨緒餘云東垣生當金元之

交中原擾攘士失其所人疲奔命或以勞倦傷脾或以憂思傷脾或以饑飽傷脾病有緩急不得不以急者爲先務此眞知杲者也前有元好問序攷遺山文集有杲所著傷寒會要引一篇備載其所治驗元史方技傳全取之而此序獨不見集中意其偶有散佚歟又有羅天益後序一篇天益字謙父杲晚年弟子盡得其傳元硯堅東垣老人傳稱杲臨終取平日所著書檢勘卷帙以次相從列於几前囑謙父曰此書付汝者卽其人也

蘭室秘藏三卷 江蘇巡撫採進本

金李杲撰其曰蘭室秘藏者蓋取黃帝素問藏諸靈蘭之室語前有至元丙子羅天益序在杲沒後二十五年疑即硯堅所謂臨終以付天益者也其治病分二十一門以飲食勞倦居首他如中滿腹脹如心腹痞如胃脘痛諸門皆諄諄於脾胃蓋其所獨重也東垣發明內傷之類外感實有至理而以土爲萬物之母脾胃爲生化之源脾虛損論一篇極言寒凉峻利之害尤深切著明蓋預睹劉張

兩家末流攻伐之獘而早防其漸也至於前代醫方自金匱要畧以下大抵藥味無多故唐書許允宗傳紀允宗之言曰病之於藥有正相當惟須單用一味直攻彼病藥力既專病即立愈今乂不能別脉莫識病證以情臆度多安藥味譬之於獵未知兎所多發人馬空地遮圍或冀一人偶然逢也如此療病不亦踈乎其言歷代醫家傳爲名論惟杲此書載所自製諸方動至一二十味而君臣佐使相制相用條理井然他人罕能效之者斯則事

由神解不涉言詮讀是書者能喻法外之意則善矣

此事難知二卷 江蘇巡撫採進本

元王好古撰好古字進之趙州人官本州教授是編專述李杲之緒論於傷寒証治尤詳其問三焦有幾分別手足明孫一奎極稱其功惟謂命門包絡於右尺同論又謂包絡亦有三焦之稱未免誤會經旨耳史稱杲長於傷寒而會要一書元好問實序之今其書已失傳則杲之議論尤賴此以存

其一二前有至大元年自序稱得師不傳之秘旬儲月積浸就篇帙益好古自爲裒輯今本東垣十書竟屬之杲殊爲謬誤考明李濂醫史亦以是書爲杲作則移甲爲乙已非一日矣

醫壘元戎十二卷 兵部侍郎紀昀家藏本

元王好古撰據此事難知序好古淵源李杲然此書海藏黄耆湯條下稱杲爲東垣李明之先生易老大羌活湯條下稱先師絜古老人則好古實受業張元素殆如趙匡陸淳同受春秋於啖助而淳

又從匡講問歟自跋稱是書已成於辛卯（金哀宗正大八年）至丁酉春（元滅金之第四年）爲人陰取之原藁已絕更無餘本予職州庠杜門養拙虀鹽之暇無可用心想像始終十得七八試書首尾僅得復完前有自序亦題丁酉歲益初成於金末而重輯於元初也其書以十二經爲綱皆首以傷寒附以襍證大旨祖長沙緒論而參以東垣易水之法亦頗採用和劑局方與丹溪門徑小異然如半硫丸條下註云此丸古時用今時氣薄不用則斟酌變通亦未始

不詳且愼矣其曰醫壘元戎者自序謂良醫之用藥若臨陣之用兵也此本爲嘉靖癸卯遼東巡撫右都御史餘姚顧遂所刻萬歷癸巳兩淮鹽運司鄞縣屠本畯又重刻之體例頗爲參差蓋書帕之本往往移易其舊式今無原本可校亦姑仍屠本錄之焉

湯液本草三卷江蘇巡撫採進本

元王好古撰曰湯液者取漢志湯液經方義也上卷載東垣藥類法象用藥心法附以五宜五傷七

方十劑中下二卷以本草諸藥配合三陰三陽十二經絡仍以主病者爲首臣佐使應次之每藥之下先氣次味次入某經所謂象云者藥類法象也心云者用藥心法也珍云者潔古珍珠囊也其餘各家雖有採輯然好古受業於潔古而講肄於東垣故於二家用藥尤多徵引焉考本草藥味不過三品三百六十五名陶宏景别錄以下遞有增加往往有名未用即本經所云主治亦或古今性異不盡可從如黃連今惟用以清火解毒而經云能

厚腸胃醫家有敢遵之者哉好古此書所列皆從名醫試驗而來雖爲數無多而條例分明簡而有要亦可云適乎實用之書矣

瑞竹堂經驗方五卷 永樂大典本

元沙圖穆蘇 原作薩理彌實今改正 撰沙圖穆蘇元史無傳其事蹟不可考以吳澂王都中二序核之則其字爲謙齋嘗以御史出爲建昌太守是書卽其在郡時所撰集也原書本十五卷楊士奇等文淵閣書目載有一部一册而晁瑮寶文堂書目內亦列其

名則是明中葉以前原帙尚存其後遂尠傳本今據永樂大典所載捜採編輯計亡闕已十之五六而所存者尚多謹依方詮次分立二十四門釐爲五卷中間如調補一門不輕用金石之藥其處方最爲醇正又女科之八珍散卽四君子湯四物湯之併方其用尤廣明薛己醫案已詳著之至瘡科所載返魂丹與今世瘍醫所用梅花點舌丹奪命丹相類內托千金散以治癰毒亦見殊功是皆可資利濟之用惟幼科之褐丸子與蘇沈良方中所

列褐丸名目相類治療亦同特彼用烏頭桂香附乾薑陳皮配合攻補兼行頗爲周密此乃用黑牽牛京三稜蓬莪朮諸品殊病其過於峻利蓋金元方劑往往如斯由北人氣稟壯實與南人異治故也此在於隨宜消息不可以成法拘矣

世醫得效方二十卷 兩淮鹽政採進本

元危亦林撰亦林字達齋南豐人官本州醫學教授是編積其高祖以下五世所集醫方合而成書一曰大方脈科分子目九十有一二曰小方脈科

分子目七十有三曰風科分子目十四曰產科兼婦人雜病科分子目三十有三五曰眼科分子目十二六曰口齒兼咽喉科分子目六七曰正骨兼金鏃科分子目二十九八曰瘡腫科分子目二十四共十九卷附以孫眞人養生法節文一卷其總目針灸一科有錄無書校檢其文皆散附各科之中葢標題疎舛實非闕佚自序稱艸始於天歷元年訖功於後至元三年其用力亦云勤篤前有至元五年太醫院題識備列院使十一人同知院

事二人僉院事二人同僉院事二人判官二人經歴二人都事二人掾史一人銜名葢江西官醫提舉司以是書牒醫院下諸路提舉司重校覆白於醫院而後刊行亦頗矜慎序中稱其高祖遇仙人董奉二十五世孫傳其秘方雖技術家依託之言不足深詰而所載古方至多皆可以資考據未可以罕所發明廢之也

格致餘論一卷 江蘇巡撫採進本

元朱震亨撰震亨字彦修金華人受業於羅知悌

得劉守眞之傳其說謂陽易動陰易虧獨重滋陰降火創爲陽常有餘陰常不足之論張介賓等攻之不遺餘力然震亨意主補益故諄諄以飲食色欲爲箴所立補陰諸丸亦多奇效孫一奎醫旨緒餘云丹溪生當承平見人多酗酒縱欲精竭火熾復用剛劑以至於斃因爲此救時之說後人不察遂以寒涼殺人此不善學丹溪者也其說可謂平允矣是編前有自序云古人以醫爲吾儒格物致知之一事故特以是名書蓋震亨本儒者受業於

許謙之門學醫特其餘事乃性之所近竟不以儒名而以醫名然究較方技者流爲能明其理故其言如是戴良九靈山人集有丹溪翁傳敘其始末甚詳云

局方發揮一卷 江蘇巡撫採進本

元朱震亨撰以和劑局方不載病源止於各方下條列證候立法簡便而未能變通因一一爲之辨論大旨專爲闢温補戒燥熱而作張介賓景岳全書云局方一書宋神宗詔天下高醫奏進而成雖

其中或有過於粉飾者神効之方亦必不少豈可輕議其意頗不以震亨爲然考震亨之學出於宋內官羅知悌知悌之學距河間劉完素僅隔一傳完素主於瀉火震亨則主於滋陰雖一攻其有餘其劑峻利一補其不足其劑和平而大旨不離其淵源故於局方香竄燥烈諸藥諄諄致辨明以來沿其波者往往以黃蘗知母戕傷元氣介賓鑒其末流故惟以益火爲宗掊擊劉朱不遺餘力其以氷雪凜冽爲不和以天晴日暖爲和取譬固是然

凊風凉雨亦不能謂之不和鑠石流金亦不能強謂之和各明一義而忘其各執一偏其病實相等也故介賓之說不可不知而震亨是編亦未可竟廢焉

金匱鈎元三卷 江蘇巡撫採進本

元朱震亨撰明戴原禮校補中稱戴云者原禮說也末附論六篇不列於目錄中一曰火豈君相五志俱有論一曰氣屬陽動作火論一曰血屬陰難成易虧論一曰滯下辨論一曰三焦之疾燥熱勝

陰論一曰泄瀉經濕治有多方論皆不題誰作觀其滯下辨論引震亨之言則亦原禮所加也震亨以補陰爲宗實開直補真水之先其以鬱治病亦妙闡内經之旨開諸家無窮之悟雖所用黄蘗知母不如後人之用六味丸直達本原所製越鞠丸亦不及後人之用逍遥散和平無弊然蕐路藍縷究以震亨爲首庸是書詞旨簡明不愧鈎元之目原禮所補亦多精確明史方技傳載此書於原禮傳中卷數與今本同稱其附以己意人謂不愧其

師其爲醫家善本可知矣原禮浦江人洪武中御醫本名思恭以字行故史作戴思恭朱國楨湧幢小品曰戴元禮國朝之聖醫也太祖稱爲仁義人太孫卽位拜院使云云元禮卽原禮蓋國楨得諸傳聞故音同字異耳

扁鵲神應針灸玉龍經一卷 浙江范懋柱家天一閣藏本

元王國端撰國端婺源人其書專論鍼灸之法首爲一百二十穴玉龍歌八十五首次爲註解標幽賦一篇次爲天星十一穴歌訣十二首次爲人神

尻神太乙九宮歌訣次爲六十六穴治證次爲子午流注心要秘訣次爲時日配合六法圖次爲盤石金直刺秘傳次又附以鍼灸歌及雜錄切要後有天歷二年國端弟子周仲良序稱託名扁鵲者重其道而神之其中名目頗涉鄙俚文義亦多淺近不出方技家之鄙習而專門之學具有授受剖析簡要循覽易明非精於斯事者亦不能言之切當若是也

外科精義二卷 江蘇巡撫採進本

元齊德之撰德之始末未詳惟其結銜稱醫學博士充御藥院外科太醫是編先論後方於瘡腫診候淺深虛實最爲詳盡考周禮天官瘍醫掌腫瘍潰瘍金瘍折瘍之祝藥劀殺之齊注曰劀謂刮去膿血殺謂以藥食其惡肉又曰凡療瘍以五毒攻之注曰今醫方有五毒之藥合黃堥置石膽丹砂雄黃礬石慈石其中燒之三日三夜其烟上著以鷄羽埽取之以注創惡肉破骨則盡出又曰以五氣養之以五藥療之以五味節之注曰旣劀殺而

須盡其宿肉乃養之也五氣當作五穀字之誤也節節成其藥之力云云是則古者瘍醫攻補兼施之明證後之瘍醫惟持攻毒之方治其外而不治內治其末而不治本故所失恒多德之此書務審病之所以然而量其陰陽强弱以施療故於瘍科之中最爲善本書中無一字及李杲李杲平生亦不以外科著原本附東垣十書之末蓋坊刻襍合之本取以備十書之數與所載朱震亨書均爲濫入孫一奎赤水元珠引之竟稱東垣外科精義不

考甚矣

脉訣刊誤二卷附錄二卷（兩淮鹽政採進本）

元戴啟宗撰啟宗字同父金陵人官龍興路儒學教授考隋書經籍志載王叔和脉經十卷唐志並同而無所謂脉訣者呂復羣經古方論曰脉訣一書乃六朝高陽生所撰託以叔和之名謬立七表八裏九道之目以惑學者通眞子劉元賓爲之注且續歌括附其後詞既鄙俚意亦滋晦其說良是然以高陽生爲六朝人則不應隋志唐志皆不著

錄是亦考之未審文獻通考以爲熙寧以前人僞託得其實矣其書自宋以來屢爲諸家所攻駁然泛言大畧未及一一核正其失且淺俚易誦故俗醫仍相傳習啟宗是書乃考證舊文句句爲辨原書僞妄殆抉摘無遺於脈學殊爲有裨明嘉靖間祁門汪機刋之又以諸家脈書要語類爲一卷及所撰矯世惑脈論一卷並附錄於後以其說足相發明仍並載之資參考焉

醫經泝洄集二卷　浙江汪啟淑家藏本

元王履撰履字安道崑山人學醫於金華朱震亨盡得其術至明初始卒故明史載入方技傳中其實乃元人也嘗以傷寒論中陽明篇無目痛少陰篇言胸背滿不言痛太陰篇無嗌乾厥陰篇無囊縮必有脫簡乃取三百九十七法去其重複者二百三十八條復增益之仍爲三百九十七法因極論內外傷經旨異同併中風中暑之辨撰爲此書凡二十一篇其間闡發明切者如亢則害承乃制及四氣所傷皆前人所未及他若溫病熱病之分

三陰寒熱之辨以及瀉南補北諸論尤確有所見又以素問云傷寒爲病熱言常不言變至仲景始分寒熱然義猶未盡乃備列常與變作傷寒立法考一篇李濂醫史有履補傳載其著書始末甚詳觀其歷數諸家俱不免有微詞而內傷餘議兼及東垣可謂少可而多否者然其會通研究洞見本源於醫道中實能貫徹源流非漫爲大言以夸世也

普濟方四百二十六卷 浙江范懋柱家天一閣藏本

明周定王橚撰橚有救荒本草已著錄是書取古今方劑彙輯成編橚自訂定又命教授滕碩長史劉醇等同攷論之李時珍本草綱目所附方採於是書者至多然時珍稱爲周憲王則以爲橚子有燉所作未免舛誤明史藝文志作六十八卷與此不合葢傳寫脫誤也凡一千九百六十論二千一百七十五類七百七十八法六萬一千七百三十九方二百三十九圖採摭繁富編次詳析自古經方無更賅備於是者其書蒐羅務廣頗不免重複

牴牾醫家病其雜糅罕能卒業又卷帙浩博久無刊板好事家轉相傳寫舛謬滋多故行於世者頗罕善本尤稀然宋元以來名醫著述今散佚十之七八橚當明之初造舊籍多存今以永樂大典所載諸秘方勘驗是書往往多相出入是古之專門秘術實藉此以有傳後人能參考其異同而推求其正變博收約取應用不窮是亦仰山而鑄銅煑海而爲鹽矣又烏可以繁蕪病哉

玉機微義五十卷　兩淮鹽政採進本

明徐用誠撰劉純續增用誠字彥純會稽人純字宗厚咸寧人用誠本名醫學折衷分中風痿傷風痰飲滯下泄瀉瘧頭痛頭眩欬逆痞滿吐酸痓癎風癎破傷風損傷十七類純以其條例未備又益以欬嗽熱火暑濕燥寒瘡瘍氣血內傷虛損積聚消渴水氣脚氣諸疝反胃脹滿喉痺淋閟眼目牙齒腰痛腹痛心痛癍疹黃疸霍亂厥痺婦人小兒三十三類始改今名仍於目錄各注續添字以相辨識或於用誠原本十七類中有所附論亦注續

添字以別之是二人相繼而成本書可據明史藝文志惟著劉純之名蓋失考也其書雖皆採掇諸家舊論舊方而各附案語多所訂正非餖飣抄撮者可比嘉靖庚寅延平黃焯刻於永州首載楊士奇序知二人皆明初人士奇序謂二人皆私淑朱震亨今觀其書信然又謂北方張元素再傳李杲三傳王好古南方朱震亨得私淑焉則於宗派源流殊爲舛迕張李王之學皆以理脾爲宗朱氏之學則以補陰爲主去河間一派稍近而去潔古東

垣海藏一派稍遠遺書具存可以覆按王禕青巖叢錄曰李氏弟子多在中州獨劉氏傳之荆山浮圖師師至江南傳之宋中人羅知悌南方之醫皆宗之云云其宗派授受亦極明白士奇合而一之誤之甚矣

仁端錄十六卷 浙江巡撫採進本

明徐謙撰其門人陳葵删定謙字仲光嘉興人葵字藎夫武水人是書專論治痘諸法分别五臟所主及經絡傳變觀形察色條例方論末卷附治疹

之法案痘瘡之症古所不詳惟書錄解題載董汲小兒斑疹論二卷作於宋元祐中然其書不傳未知所謂斑者即痘否錢乙藥證真訣於小兒諸病皆條列至詳亦不及於是事惟周密齊東野語曰小兒痘瘡固是危事然要不可擾之趙實暘曰或教以酒麪等物發之非也或以消毒飲升麻湯等解之亦非也大約在固臟氣之外任其自然耳然或有變證則不得不資於藥云云所列本事方捻金散四君子湯加黃耆及狗蠅七枚擂細酒服治

倒黶天花粉蛇蜕同煮羊肝治目翳證藥乃皆與今同葢人情之嗜慾日深故其毒根於先天而其發感於時氣自元明以來遂爲人生之通病而著方立論者亦自元明以來始詳其間以固元氣爲主者謂元氣既盛自能驅毒氣使出以攻毒氣爲主者謂毒氣既解始可保元氣無恙於是攻補異途寒温殊用痘家遂分爲兩岐斷斷執門戶之見是編獨審證施療無所偏主推原本始備載治驗頗能持兩家之平較之先立成法至於膠柱而鼓

瑟者殆不可以道里計矣

薛氏醫案七十八卷通行本

明薛己撰己字立齋吳縣人是書凡十六種己所自著者爲外科樞要四卷原機啟微三卷內科摘要二卷女科撮要二卷癘瘍機要三卷正體類要二卷保嬰粹要一卷口齒類要一卷保嬰金鏡錄一卷其訂定舊本附以己說者爲陳自明婦人良方二十四卷外科精要三卷王綸明醫雜著六卷錢乙小兒眞訣四卷陳文中小兒痘疹方一卷杜

本傷寒金鏡錄一卷及其父鎧保嬰撮要二十卷初刻於秀水沈氏板已殘缺天啟丁卯朱明爲重刋之前有明紀事一篇載明病困時夢己教以方藥服之得愈又夢己求刻此書其事甚怪然精神所注魂魄是憑固亦理之所有不妨存其說也己本瘍醫後乃以内科得名其老也竟以瘍卒詬之者以爲温補之弊終於自戕然己治病務求本原用八味丸六味丸直補真陽真陰以滋化源實自己發之其治病多用古方而出入加減具有至理

多在一兩味間見神明變化之妙厥後趙獻可作醫貫執其成法遂以八味六味通治各病甚至以六味丸治傷寒之渴膠柱鼓瑟流弊遂多徐大椿因并集矢於薛氏其實非己本旨不得以李斯之故歸罪荀卿也世所行者別有一本益以十四經發揮諸書實非己所著亦非己所校蓋坊賈務新耳目濫爲增入猶之東垣十書河間六書泛收他家所作以足其數固不及此本所載皆己原書矣

推求師意二卷　浙江巡撫採進本

明戴原禮撰原禮卽校補朱震亨金匱鉤元者也是編本震亨未竟之意推求闡發筆之於書世無傳本嘉靖中祁門汪機得其本於歙縣始錄之以歸機門人陳桷校而刊之其名亦機所題也考李濂醫史有原禮補傳稱平生著述不多見僅有訂正丹溪先生金匱鉤元三卷間以己意附於後又有證治要訣證治類方類證用藥總若干卷皆檃括丹溪之書而爲之然則此二卷者其三書中之一歟原禮本震亨高弟能得師傳故所錄皆秘旨

微言非耳剽目竊者可比震亨以補陰爲主世言直補眞水者實由此開其端書中議論大率皆本此意然俗醫不善學震亨者往往矯枉過直反致以寒涼殺人此書獨能委曲圓融俾學者得其意而不滋流弊亦可謂有功震亨者矣

鍼灸問對三卷 兩淮鹽政採進本

明汪機撰機字省之祁門人明史方技傳稱吳縣張頤祁門汪機杞縣李可大常熟繆希雍皆精通醫術治病多奇中即其人也是書成於嘉靖壬辰

前有程鐘序上中二卷論鍼法下卷論灸法及經絡穴道皆取靈樞素問難經甲乙經及諸家鍼灸之書條析其說設爲問答以發明其義措語頗爲簡明其論鍼能治有餘之病不能治不足之病詳辨內經虛補實瀉之說爲指虛邪實邪非指病體之虛實又論古人充實病中於外故鍼灸有功今人虛耗病多在內鍼灸不如湯液又論誤鍼誤灸之害與巧立名目之誣皆術家所諱不肯言者其說尤爲篤實考機石山醫案凡所療之證皆以藥

餌攻補無僅用鍼灸奏功者葢惟深知其利病故不妄施所由與務矜奇技者異也

外科理例七卷附方一卷 兩淮鹽政採進本

明汪機撰是書成於嘉靖辛卯凡分一百四十七類又補遺七類共爲一百五十四門後附方一卷凡一百五十六適前有自序稱外科必本諸內知乎內以求乎外其如視諸掌乎治外遺內所謂不揣其本而齊其末可謂探原之論其曰理例者謂古人所論治無非理欲學者仿其例而推廣之也

大旨主於調補元氣先固根柢不輕用寒凉攻利之劑又分爲舍脉從證舍證從脉及治之不應别求其故三例用法變通亦異於膠執之談惟措語拙澁驟讀之或不了了是其所短然方技之書不能責以文章之事存而不論可矣書中多引外科精要案此書載薛己醫案中不著撰人名氏戴良九靈山人集中丹溪翁傳記朱震亨著作有此名然機引此書乃皆與丹溪曰别爲一條又似不出震亨者今亦姑闕所疑謹附識於此及朱震亨論又稱輯已成編得新甫薛先生心法發揮復采其說參於其中考新甫爲薛己之字己父

鎧宏治時官太醫則爲宏治正德間人是書杖瘡門中記療治武宗時廷杖諫官事則機在正德中早以醫名二人同時而虛心從善如是其持論平允良亦有由也

石山醫案三卷　兩淮鹽政採進本

明陳桷編桷字惟宜祁門人學醫於同邑汪機因取機諸弟子所記機治療效驗裒爲一集每卷之中畧分門類爲次自宋金以來太平惠民和劑局方行於南河間原病式宣明論方行於北局方多

温燥之藥河間主瀉火之說其流獘亦適相等元朱震亨始矯局方之偏通河間之變而補陰之說出焉機所校推求師意一書實由戴原禮以溯震亨故其持論多主丹溪之法然王氏明醫雜著株守丹溪至於過用寒苦機復爲論以辨之其文今附醫案之末則機亦因證處方非拘泥一格者矣其隨試輒效固有由也舊本又有機門人陳鑰所作病用參耆論一篇又有機所作其父行狀及李汎所作機小傳今亦併錄之備參考焉

名醫類案十二卷 通行本

明江瓘編其子應宿增補瓘字民瑩歙縣諸生因病棄而學醫應宿遂世其業其書成於嘉靖已酉所採治驗自史記三國志所載秦越人淳于意華佗諸人下迄元明諸名醫捃摭殆徧分二百五門各詳其病情方藥瓘所隨事評論者亦夾註於下如傷寒門中許叔微治秘結而汗出一案衆醫謂陽明自汗津液已漏法當用蜜煎而叔微用大柴胡湯取效瓘則謂終以蜜煎爲穩又如轉胞門中

朱震亨治胎壓膀胱一案稱令產媪托起其胎𤓰則謂無此治法其言不確凡斯之類亦多所駁正發明頗爲精審第尸厥門中附載鍼驗引及酉陽雜俎所載高句驪人言髮中虛事與治病毫無所涉難産門中引焦氏類林載于法開令孕婦食肥羊十餘臠鍼之卽下事旣不明食羊何義又不明所鍼何穴亦徒廣異聞無裨醫療皆未免務博嗜奇然可爲法式者固十之八九亦醫家之法律矣𤓰初成是編未及刊刻𤓰没之後應宿又以𤓰之

醫案分類附之而應宿醫案亦附焉歲久板刓近時歙縣鮑廷博又爲重刊其中間附考證稱琇案者乃魏之琇所加之琇字玉橫錢塘人也

赤水元珠三十卷　浙江巡撫採進本

明孫一奎撰一奎字文垣號東宿又號生生子休寧人是編分門七十每門又各條分縷析如風門則有傷風眞中風類中風瘖痱之别寒門則有中寒惡寒之殊大旨專以明證爲主故於寒熱虛實表裏氣血八者諄諄致意其辨古今病證名稱相

混之處尤爲明晰惟第十卷怯損勞瘵門附方外還丹專講以人補人採煉之法殊非正道蓋一奎以醫術遊公卿間不免以是投其所好遂爲全書之大瑕是足惜耳原本卷末附醫旨緒餘二卷醫案五卷今別自爲帙焦氏經籍志載孫一奎赤水元珠十卷醫旨緒餘二卷而不及醫案或所見非全本歟

醫旨緒餘二卷 浙江巡撫採進本

明孫一奎撰大旨發明太極陰陽五行之理備於

心身分别臓腑形質手足經上下宗氣衛氣營氣三焦包絡命門相火及各經絡配合之氣又引黄庭經以證丹溪相火屬右腎之非引脉訣刋誤以駁三因方三焦有形如脂膜之謬分噎膈翻胃爲二證辨癲狂癇之異治皆卓然有特識其議論諸家長短謂仲景不徒以傷寒擅名守眞不獨以治火要譽戴人不當以攻擊蒙譏東垣不專以内傷奏績陽有餘陰不足之論不可以訾丹溪而攖寧生之技亦可並臻不朽尤千古持平之論云

證治準繩一百二十卷 通行本

明王肯堂撰肯堂有尚書要旨已著錄是編據肯堂自序稱先撰證治準繩八冊專論雜證分十三門附以類方八冊皆成於丁酉戊戌間其書採摭繁富而參驗脈證辨別異同條理分明具有端委故博而不雜詳而有要於寒溫攻補無所偏主視繆希雍之餘派虛實不問但談石膏之功張介賓之末流診候未施先定人參之見者亦爲能得其平其諸傷門內附載傳尸勞諸蟲之形雖似涉乎

語怪然觀北齊徐之才以死人枕療鬼疰則專門授受當有所傳未可槩疑以荒誕也其傷寒準繩八冊瘍醫準繩六冊則成於甲辰幼科準繩九冊女科準繩五冊則成於丁未皆以補前書所未備故仍以證治準繩爲總名惟其方皆附各證之下與雜證體例稍殊耳史稱肯堂好讀書尤精於醫所著證治準繩該博精詳世競傳之其所著鬱岡齋筆塵論方藥者十之三四葢於兹一藝用力至深宜其爲醫家之圭臬矣

本草綱目五十二卷 大學士于敏中家藏本

明李時珍撰時珍字東璧蘄州人官楚王府奉祠正事迹具明史方技傳是編取神農以下諸家本草薈稡成書複者芟之闕者補之譌者糾之凡一十六部六十二類一千八百八十二種每藥標正名爲綱附釋名爲目次以集解辨疑正誤次以氣味主治附方其分部之例首水火次土次金石次草穀菜果木次服器次蟲鱗介禽獸終之以人前有圖三卷又序例二卷百病主治藥二卷於陰陽

標本君臣佐使之論最爲詳析考諸家本草舊有者一千五百一十八種時珍所補者又三百七十四種搜羅羣籍貫串百氏自謂歲歷三十書采八百餘家稿凡三易然後告成者非虛語也其書初刻於萬歷間王世貞爲之序其子建元又獻之於

朝有進疏一篇冠於卷首至

國朝順治間錢塘吳毓昌重訂付梓於是業醫者無不家有一編明史方技傳極稱之蓋集本草之大成者無過於此矣

奇經八脈考一卷 大學士于敏中家藏本

明李時珍撰其書謂人身經脈有正有奇手三陰三陽足三陰三陽爲十二正經陰維陽維陰蹻陽蹻衝任督帶爲八奇經正經人所共知奇經醫所易忽故特詳其病源治法並參考諸家之說薈稡成編其原委精詳經緯貫徹洵辨脈者所不可廢又創爲氣口九道脈圖暢發內經之旨而詳其診法尤能闡前人未洩之秘考明初滑壽嘗撰十四經發揮一卷於十二經外益以督任二脈舊附刊

薛己醫案之首（案薛己醫案凡二本其一本不載此書）醫家據爲繩墨時珍此書更加精核然皆根據靈樞素問以究其委曲而得其端緒此以知徵實之學由於考證遞推遞密雖一技亦然矣

瀕湖脈學一卷（大學士于敏中家藏本）

明李時珍撰宋人剽竊王叔和脈經改爲脈訣其書之鄙謬人人知之然未能一一駁正也至元戴啓宗作刊誤字剖句析一一與之辨難而後僞妄始明其書之精核亦人人知之然但斥贋本之非

尙未能詳立一法明其何以是也時珍乃撮舉其父言聞四診發明著爲此書以正脉訣之失其法分浮沉遲數滑濇虛實長短洪微緊緩芤弦革牢濡弱散細伏動促結代二十七種毫釐之別精核無遺又附載宋崔嘉彥四言詩一首及諸家考証脉訣之說以互相發明與所作奇經八脉考皆附本草綱目之後可謂既能博考又能精研者矣自是以來脉訣遂廢其廓淸醫學之功亦不在戴啟宗下也

傷寒論條辨八卷附本草鈔一卷或問一卷痙書一卷

內府藏本

明方有執撰有執字中行歙縣人是書刻於萬歷壬辰前有己丑自序一篇又有辛卯後序一篇又有癸巳所作引一篇則刻成時所加也大旨以後漢張機傷寒卒病論初編次於晉王叔和已有改移及金成無己作注又多所竄亂醫者或以爲不全之書置而不省或沿襲二家之誤彌失其眞乃竭二十餘年之力尋求端緒排比成編一一推作

者之意爲之考訂故名曰條辨其原本傷寒例一篇不知爲何人所加者竟削去之而以本草鈔一卷或問一卷附綴於末又以醫家誤痙爲驚風多所夭枉乃歷引素問金匱要畧傷寒卒病論諸說爲痙書一卷併附於後有執既歿其板散佚江西喻昌遂採掇有執之說參以已意作傷寒尚論篇盛行於世而有執之書遂微

國朝康熙甲寅順天林起龍得有執原本惡昌之剿襲舊說而諱所自來乃重爲評點刊板併以尚論

篇附刊於末以證明其事即此本也起龍序文於昌壽詈醜詆頗非雅道其所評論亦皆贊美之詞於病證方藥無所發明今並削而不載所附刻之尚論篇原本具存已著别録其異同得失可以互勘不待此本之複載今亦削之而附存原目於此焉

先醒齋廣筆記四卷　戶部尚書王際華家藏本

明繆希雍撰希雍字仲醇常熟人明史方技傳附見李時珍傳中天啟中王紹徽作點將録以東林

諸人分配水滸傳一百八人姓名稱希雍爲神醫安道全以精於醫理故也是編初名先醒齋筆記乃長興丁元薦取希雍所用之方裒爲一編希雍又增益羣方兼采本草常用之藥增至四百餘品又增入傷寒溫病時疫治法故曰廣筆記希雍與張介賓同時介賓守法度而希雍頗能變化介賓尙溫補而希雍頗用寒凉亦若易水河間各爲門徑然實各有所得力朱國禎湧幢小品記天啟辛酉國禎患膈病上下如分兩截中痛甚不能支希

雍至用蘇子五錢即止是亦足見其技之工矣

**神農本草經疏三十卷** 浙江巡撫採進本

明繆希雍撰明史方技傳載希雍嘗謂本草出於神農譬之五經其後又復增補別錄譬之註疏惜朱墨錯互乃沉研剖析以本草為經別錄為緯第本草單方一書行於世而不及此書未審即是書否也其書分本草為十部首玉石次草次木次人次獸次禽次蟲次魚次果次米穀次菜皆以神農本經為主而發明之附以名家主治藥味禁忌次

序悉依宋大觀證類本草部分混雜者爲之移正首爲序例二卷論三十餘首備列九方十劑及古人用藥之要自序云據經以疏義緣義以致用參互以盡其長簡誤以防其失是也考王懋竑白田雜著有用石膏辨一篇篇末附記極論是書多用石膏之非其說良是至云繆仲醇以醫名於近世而其爲經疏議論甚多紕繆前輩云經疏出而本草亡非過論也是則已甚之詞矣

類經三十二卷 內府藏本

明張介賓編介賓字會卿號景岳山陰人是書以素問靈樞分類相從一曰攝生二曰陰陽三曰藏象四曰脉色五曰經絡六曰標本七曰氣味八曰論治九曰疾病十曰鍼刺十一曰運氣十二曰會通共三百九十條又益以圖翼十一卷附翼四卷雖不免割裂古書而條理井然易於尋覽其註亦頗有發明考元劉因靜修集有內經類編序曰東垣李明之得張氏之學者鎭人羅謙甫嘗從之學一日遇予言先師嘗教予曰夫古雖有方而方則

有所自出也子爲我分經病證而類之則庶知方之所自出矣予自承命凡三脱藁而先師三毁之研摩訂定三年而後成名曰內經類編云云則以內經分類實自李杲創其例而羅天益成之今天益之本不傳介賓此編雖不以病分類與杲例稍異然大旨要不甚相遠卽以補其佚亡亦無不可矣

景岳全書六十四卷 通行本

明張介賓撰是書首爲傳忠錄三卷統論陰陽六

氣及前人得失次脉神章三卷錄診家要語次爲傷寒典雜證謨婦人規小兒則痘疹詮外科鈐凡四十一卷又本草正二卷採藥味三百種以人參附子熟地大黃爲藥中四維更推人參地黃爲良相大黃附子爲良將次新方二卷古方九卷皆分八陣曰補曰和曰寒曰熱曰固曰因曰攻曰散又别輯婦人小兒痘疹外科方四卷終焉其命名皆沿明末纖佻之習至以傷寒爲典雜證爲謨既僭經名且不符字義尤爲乖謬其持論則謂金元以

來河間劉守眞立諸病皆屬於火之論丹溪朱震亨立陽有餘陰不足及陰虛火動之論後人拘守成方不能審求虛實寒凉攻伐動輒貽害是以力救其偏謂人之生氣以陽爲主難得而易失者惟陽既失而難復者亦惟陽因專以溫補爲宗頗足以糾鹵莽滅裂之弊於醫術不爲無功至於沿其說者不察證候之標本不究氣血之盛衰槩補槩溫謂之王道不知誤施參桂亦足戕人則矯枉過直其失與寒凉攻伐等矣大抵病情萬變不主一

途用藥者從病之宜亦難拘一格必欲先立一宗旨以統括諸治未有不至於偏者元許衡魯齋集有論梁寛甫病證書曰近世諸醫有主易州張氏者有主河間劉氏者張氏用藥依準四時陰陽而增損之正內經四時調神之義醫而不知此妄行也劉氏用藥務在推陳致新不使少有拂鬱正造化新新不傷之意醫而不知此無術也然而主張氏者或未盡張氏之妙則瞑眩之劑終不敢投至失幾後時而不救者多矣主劉氏者或未悉劉氏

之蘊則刼效目前陰損正氣貽禍於後日者多矣能用二家之長而無二家之弊則治庶幾乎其言至爲明切夫扶陽抑陰天之道也然陰之極至於龍戰陽之極亦至於亢龍使六陰盛於坤而一陽不生於復則造化息矣使六陽盛於乾而一陰不生於姤則造化亦息矣素問曰亢則害承乃制聖人立訓其義至精知陰陽不可偏重攻補不可偏廢庶乎不至除一弊而生一弊也

瘟疫論二卷補遺一卷 通行本

明吳有性撰有性字又可震澤人是書成於崇禎壬午以四時不正之氣發爲瘟疫其病與傷寒相似而迥殊古書未能分別乃著論以發明之大抵謂傷寒自毫竅而入中於脉絡從表入裏故其傳經有六自陽至陰以次而深瘟疫自口鼻而入伏於膜原其邪在不表不裏之間其傳變有九或表或裏各自爲病有但表而不裏者有表而再表者有但裏而不表者有裏而再裏者有表裏分傳者有表裏分傳而再分傳者有表勝於裏者有先表

而後裏者有先裏而後表者其間有與傷寒相反十一事又有變證兼證種種不同並著論制方一一辨別其顯然易見者則脉在不伏不沈之間中取之乃見舌必有胎初則白甚則黄太甚則黑而芒刺也其謂數百瘟疫之中乃偶有一傷寒數百傷寒之中乃偶有一陰證未免矯枉過甚然古人以瘟疫爲雜證醫書往往附見不立專門又或誤解素問冬傷於寒春必病溫之文妄施治療有性因崇禎辛巳南北直隸山東浙江大疫以傷寒法

治之不效乃推究病源參稽醫案著爲此書瘟疫一證始有繩墨之可守亦可謂有功於世矣其書不甚詮次似隨筆劄錄而成今姑存其舊其下卷勞復食復條中載安神養血湯小兒時疫條中載太極丸竝有方而無藥又疫痢兼證一條亦有錄而無書故別爲補遺於末又正名一篇傷寒例正誤一篇諸家瘟疫正誤一篇原目不載葢成書以後所續入今亦併錄爲一卷成完書焉

疹瘧論疏一卷　浙江巡撫採進本

明盧之頤撰之頤字子繇錢塘人是書論痎瘧證治於虛實寒熱四者最爲詳盡足以發明素問瘧論刺瘧法諸篇微意大旨爲瘧屬陽痎屬陰日作者屬陽間日間數日作者屬陰而曰温曰寒曰癉曰牝皆可以痎瘧該之其主方多取王肯堂證治準繩其餘所列諸方亦多簡當雖爲書不過一卷然治瘧之法約畧盡乎是矣杭世駿道古堂集有之頤小傳稱所著初有金匱要畧摸象爲其父所焚續著有本草乘雅半偈今行於世後著有摩索

金匱九卷又有傷寒金鎞鈔醫難析疑二書今未見傳本獨無此書之名或世駿作傳之時未見其本故亦疎漏歟

本草乘雅半偈十卷浙江巡撫採進本

明盧之頤撰其說謂神農本經三百六十五種應周天之數無容去取但古有今無者居三之一因於本經取二百二十二種又於歷代名家所纂自陶宏景別錄至李時珍綱目諸書内采取一百四十三種以合三百六十五之數未免拘牽附會然

考據該洽辨論亦頗明晰於諸家藥品甄録頗嚴雖辭稍枝蔓而於本草究爲有功其曰乘雅者四數爲乘此書初例有覈有參有衍有斷每藥之下其目有四故曰乘也又曰半偈者明末兵燹佚其舊藁之頤追憶重修乃以覈參該衍斷已非原書之全故曰半也立名亦可謂僻澁矣案杭世駿所作之頤傳稱其父復精於醫理嘗著本草綱目博議有椒菊雙美之疑不能决得之頤私評而决因令面判諸藥皆有至理病亟趣令之頤成之歷十

八年而本草乘雅始出中冠以先人字者即博議也則此書實繼其父書而作惟此本十卷而世駮傳作十二卷則不知其何故矣

御定醫宗金鑑九十卷

乾隆十四年奉勅撰首爲訂正傷寒論注十七卷次爲訂正金匱要畧注八卷葢醫書之最古者無過素問次則八十一難經然皆有論無方（案素問有半夏湯等一二方然偶然及之非其通例也）其有論有方者自張機始講傷寒及雜證者亦以

機此二書爲宗然傷寒論爲諸醫所亂幾如爭大學之錯簡改本愈多而義愈晦病其說之太穠金匱要畧雖不甚聚訟然注者罕所發明又病其說之不詳是以首訂二書糾訛補漏以標證治之正軌次爲刪補名醫方論八卷輯醫方者往往僅題某丸某散治某病不知病狀相似者病本多殊古人隨證消息君臣佐使有其宜攻補緩急有其序或以相輔爲用或以相制爲功甚或以相反相激巧投而取效必明制方之意而後能詳審病源以

進退加減故方論並載也次爲四脉要訣一卷取崔紫虛脉訣參以內經闡虛實表裏之要紫虛者宋道士崔嘉彥之號也其書簡括而精密李時珍瀕湖脉學嘗錄以弁首故茲亦取以爲準次運氣要訣一卷闡素問五運六氣之理葢運氣雖不可拘泥亦不可竟廢故次於診法次爲諸科心法要訣五十四卷以葢雜證之變次爲正骨心法要旨五卷則古有是術而自薛己正體類要以外無專門之書故補其遺皆有圖有說有歌訣俾學者旣

易考求又便誦習也自古以來惟宋代最重醫學然林億高保衡等校刋古書而已不能有所發明其官撰醫書如聖濟總錄太平惠民和劑局方等或博而寡要或偏而失中均不能實裨於治療故聖濟總錄惟行節本而局方尤爲朱震亨所攻此編仰體

聖主仁育之心根據古義而能得其變通參酌時宜而必求其徵驗寒熱不執成見攻補無所偏施於以拯濟生民同登壽域

涵濡培養之澤眞無微之不至矣

尙論篇八卷 通行本

國朝喻昌撰昌字嘉言南昌人崇禎中以選貢入都卒無所就往來靖安間後又寓常熟所至皆以醫術著名是書本名尙論張仲景傷寒論重編三百九十七法其文過繁難舉世稱尙論篇者省文也首爲尙論大意一篇謂張仲景著卒病傷寒論十六卷其卒病論六卷已不可復睹即傷寒論十卷亦刼火之餘僅得之口授其篇目先後差錯頗有

三百九十七法一百一十三方之名目可爲校正晉太醫令王叔和附以己意編集成書共二十二篇今世所傳乃宋直秘閣林億所校正宋人成無己所詮注案成無己乃金人此云宋人誤謹附訂於此二家過於尊信叔和往往先傳後經以叔和緯翼之詞混編爲仲景之書如一卷之平脉法二卷之序例其文原不雅馴反首列之則所爲校正詮註乃仲景之不幸也程德齋因之作傷寒鈐旣多不經王履又以傷寒例居前六經病次之類傷寒病又次之至若雜

病雜脉與傷寒無預者皆畧去定爲二百八十三法亦無足取惟方有執作傷寒條辨削去叔和序例大得尊經之旨太陽三篇改叔和之舊以風寒之傷榮衛者分屬尤爲卓識而不達立言之旨者尚多於是重定此書以冬傷於寒春傷於温夏秋傷於暑爲主病之大綱四序之中以冬月傷寒爲大綱傷寒六經之中以太陽爲大綱太陽經中又以風傷衛寒傷榮風寒兩傷榮衛爲大綱蓋諸家所註至昌而始變其例矣次爲辨叔和編次之失

一篇次爲辨林億成無已校註之失一篇次爲駁正王叔和序例一篇皆不入卷數其於傷寒論原文則六經各自爲篇而以合病併病壞病痰病四類附三陽經末以過經不解差後勞復病陰陽易病三類附三陰經末每經文各冠以大意綱舉目析頗有條理故醫家稱善本原書自爲八卷乾隆癸未建昌陳氏併爲四卷而別刻昌尚論後篇四卷首論溫證次合論次眞中次小兒次會講次問答次六經諸方共成八卷爲喻氏完書焉考康熙

甲寅順天林起龍重刻方有執之書以昌此書附後各施評點極論昌之所註全出於剽竊方氏醜詞毒詈無所不加夫儒者註書尚相祖述醫家融會舊論何可遽非況起龍所評方氏則有言皆是喻氏則落筆即非亦未免先存成見有意吹毛殆門戶之見別有所取未可據爲定論故今仍與方氏之書並著於錄焉

醫門法律十二卷附寓意草四卷江西巡撫採進本

國朝喻昌撰昌既著尚論篇發明傷寒之理又取風

寒暑濕燥火六氣及諸雜證分門別類以成是編每門先冠以論次為法次為律法者治療之術運用之機律者明著醫之所以失而判定其罪如折獄然葢古來醫書惟著病源治法而多不及施治之失卽有辨明舛誤者亦僅偶然附論而不能條條備摘其咎昌此書乃專為庸醫誤人而作其分別疑似既深明毫釐千里之謬使臨證者不敢輕嘗其抉摘瑕疵并使執不寒不熱不補不瀉之方苟且依違遷延致變者皆無所遁其情狀亦可謂

思患預防深得利人之術者矣後附寓意草四卷皆其所治醫案首冠論二篇一曰先議病後用藥一曰與門人定議病證次爲治驗六十二條皆反覆推論務闡明審證用藥之所以然較各家醫案但泛言某病用某藥愈者亦極有發明足資開悟焉

傷寒舌鑑一卷 浙江巡撫採進本

國朝張登撰登字誕先吳江人是書備列傷寒觀舌之法分白胎黃胎黑胎灰色紅色紫色黴醬色藍

色八種末附姙娠傷寒舌爲圖一百二十各有總論案古經於診候之外兼及辨色聆音而未嘗以舌觀病舌白胎滑之說始見張機傷寒論其傳亦古然其法不詳亦未嘗言及種種之別後金鏡錄推至三十六圖末爲賅備觀舌心法衍至三十有七圖又頗病繁蕪爰以己所閱歷參證於二書之間削煩正舛以成是編較之脉候隱微尤易考驗固診傷寒者所宜參取也

傷寒兼證析義一卷 浙江巡撫採進本

國朝張倬撰倬字飛疇吳江人張登弟也是書專論傷寒而挾雜病者分中風虛勞中滿腫脹噎膈反胃內傷宿食咳嗽咽乾閉塞頭風心腹痛亡血多汗積聚動氣疝氣淋濁瀉痢胎產凡十七種設爲問答以發明之按傷寒論所論合病併病止言六經兼證而不及雜病醫家不明兼證之意往往於脉證參差之際或顧彼而失此或治此而妨彼爲害頗深此書一一剖析使治病者不拘於一隅不惑於多岐亦可謂有功於傷寒矣

絳雪園古方選注三卷附得宜本草一卷 浙江巡撫採進本

國朝王子接撰子接字晉三長洲人自古集經方者不過註某丸某散主治某證而已其兼論病源脉候者已不多見至於製方之意則未有發明之者近始有醫方集解然所見較淺亦未盡窺運用之本旨是書所選之方雖非秘異而其中加減之道銖兩之宜君臣佐使之義皆能推闡其所以然前有自序稱釐爲三卷上卷獨明仲景一百一十三方三百九十七法中下二卷發明內科女科外科

幼科眼科及各科之方末附雜方藥性以書按之則和寒温汗吐下六劑及内科以下諸科上中下三品本草俱各自爲帙不題卷數葢其門人葉桂吳蒙等所分非子接之舊也今仍定爲三卷以還其舊而得宜本草則附於末焉

續名醫類案六十卷編修邵晉涵家藏本

國朝魏之琇撰之琇旣校刋江瓘名醫類案病其尚有未備因續撰此編雜取近代醫書及史傳地志文集說部之類分門排纂大抵明以來事爲多而

古事爲瓘書所遺者亦間爲補苴故綱羅繁富細大不捐如疫門載神人教用香蘇散二條猶曰存其方也至脚門載張文定患脚疾道人與綠豆兩粒而愈一條是斷非常食之綠豆豈可錄以爲案又如金瘡門載薛衣道人接已斷之首使人回生一條無藥無方徒以語怪更與醫學無關如斯之類往往而是殊不免蕪雜又蟲獸傷門於薛立齋蟲入耳中一條註曰此案耳門亦收之非重出也恐患此者不知是蟲便檢閱耳云云而腹疾門中

載金臺男子誤服乾薑理中丸發狂入井一條隔五六頁而重出又是何義例乎編次尤未免潦草然採摭既博變證咸備實足與江瓘之書互資參考又所附案語尤多所發明辨駁較諸空談醫理固有實徵虛揣之別焉

蘭臺軌範八卷 江蘇巡撫採進本

國朝徐大椿撰大椿字靈胎號洄溪吳江人其持論以張機所傳爲主謂爲古之經方唐人所傳已有合有不合宋元以後則彌失古法故是編所錄病

論惟取靈樞素問難經金匱要畧傷寒論隋巢氏病源唐孫思邈千金方王燾外臺秘要而止所錄諸方亦多取於諸書而宋以後方則採其義有可推試多獲效者其去取最爲謹嚴每方之下多有附註論配合之旨與施用之宜於疑似出入之間辨別尤悉較諸家方書但云主治某證而不言其所以然者特爲精審獨其天性好奇頗信服食之說故所註本草於久服延年之論皆無所駁正而此書所列通治方中於千金方鍾乳粉和劑局方

玉霜圓之類金石燥烈之藥往往有之是其通中之一蔽覩是書者亦不可不知所短焉

神農本草經百種錄一卷 江蘇巡撫採進本

國朝徐大椿撰自漢代迄宋金元明世所傳神農本草經三卷共載藥三百六十五味分上中下爲三品今單行之本不傳惟見於唐慎微本草所載其刊本以陰文書者皆其原文也大椿以舊註但言其當然不言其所以然因於三品之中採摭一百種備列經文而推闡主治之義有常用之藥而反

不收入者其凡例謂辨明藥性使人不致誤用非備品以便查閱也凡所箋釋多有精意較李時珍本草綱目所載發明諸條頗爲簡要然本草雖稱神農而所云出產之地乃時有後漢之郡縣則後人附益者多如所稱久服輕身延年之類率方士之說不足盡信大椿尊崇太過亦一一究其所以然殊爲附會又大椿所作藥性專長論曰藥之治病有可解者有不可解者其說最爲圓通則是書所論猶屬筌蹄之末要於諸家本草中爲有啟發

之功者矣

傷寒類方二卷江蘇巡撫採進本

國朝徐大椿撰世傳後漢張機傷寒論乃晉王叔和蒐採成書本非機所編次金聊城成無已始爲作註又以已意移易篇章自後醫家屢有刋定如治尚書者之爭洪範武成註大學者之爭古本今本迄於有明終無定論大椿以爲非機依經立方之書乃救誤之書當時隨證立方本無定序於是刪除陰陽六經門目但使方以類從證隨方註使人

可按證以求方而不必循經以求證雖於古人著書本意未必果符而於聚訟紛呶之中亦芟除葛藤之一術也其中如大青龍湯下註云脉浮緩身不疼但重乍有輕時無少陰證者此湯主之大椿則以爲病情甚輕不應投以麻黃桂枝石膏此條必有舛誤又甘草茯苓湯下註云傷寒汗出而渴者五苓散主之不渴者此湯主之大椿則以爲此汗出者乃發汗後汗出不止非傷寒自汗其辨證發明亦多精到凡分一十二類計方一百一十有

三末附六經脉注又論正證之外有别證變證附以刺法皆有原委可尋自謂七年之中五易草稿乃成云

**醫學源流論二卷**　江蘇巡撫採進本

國朝徐大椿撰其大綱凡七曰經絡臟腑曰脉曰病曰藥曰治法曰書論曰古今分子目九十有三持論多精鑿有據如謂病之名有萬而脉之象不過數十種是必以望聞問三者參之又如病同人異之辨兼證兼病之别亡陰亡陽之分病有不愈不

死有雖愈必死又有藥誤不卽死藥性有今古變遷內經司天運氣之說不可泥針灸之法失傳其說皆可取而人參論一篇涉獵醫書論一篇尤深切著明至於有欲救俗醫之弊而矯枉過直者有求勝古人之心而大言失實者故其論病則自岐黃以外秦越人亦不免詆排其論方則自張機金匱要畧傷寒論以外孫思邈劉守眞李杲朱震亨皆遭駁詰於醫學中殆同毛奇齡之說經然其切中庸醫之弊者固不可廢也

右醫家類九十六部一千八百十三卷皆文淵閣著錄

（清）紀昀等　纂

# 武英殿本四庫全書總目

第二七册

國家圖書館出版社

# 第一一七册目録

# 欽定四庫全書總目

子部

卷九十六

# 欽定四庫全書總目卷九十六

## 子部六

### 儒家類存目二

**後渠庸書一卷**編修程晉芳家藏本

明崔銑撰銑有讀易餘言已著錄此其筆記之文如論春王正月為周正幽贊於神明而生蓍為用策論易之不本於先天圖在今日為已定之論在明人則為卓識矣又曰圖象繁而易荒矣小序廢而詩蕪且淺矣左氏輕而春秋虛矣喜新變古君子

無樂乎斯焉耳又曰宋人之說古事也多以其意億之始猶昭然也習之久遂若真者誣矣哉尤講學家所諱不肯言者銑獨不巧言回護亦絕無門戶之私然諸條皆見所作士翼中殆後人摘抄僞立此名曹溶不及詳核誤收入學海類編耳

同異錄二卷 浙江鮑士恭家藏本

明陸深撰深有南巡日錄已著錄是書採漢以來名臣奏疏雜文有關於典章政事之大者節而錄之分爲二卷上篇曰典常下篇曰論述每條之末

各附以論斷大旨欲取古人成說相其緩急而通之於當世之務其書始脫稿於閩中及提學山西重加詮次欲奏上之既而不果其進書原序猶存卷首書中凡原文有陛下云云者俱空白二字而註其下云前朝臣子尊稱君上之文義當避闕然古來傳寫舊文實無此例世所見石經尚書於帝字王字均未有避闕者也

心性書　無卷數　浙江巡撫採進本

明湛若水撰若水有二禮經傳測已著錄是書首

列心性圖圖後有說復集心性通三十五章其門人黃民準鍾景星周學心袁鄆郭肇乾謝錫命湛天潤共爲之註與贊霍任又著或問數十條以發明之益欲仿周子太極圖說通書也

楊子折衷六卷　浙江鄭大節家藏本

明湛若水撰宋儒之學至陸九淵始以超悟爲宗諸弟子中最號得傳者莫如楊簡然推衍九淵之說變本加厲遂至全入於禪所著慈湖遺書以心之精神是謂聖一語爲道之主宰而以不起一意

使此心虛明洞照爲學之功夫其極至於斥大學非聖言而謂子思孟子同一病源開後來心學之宗至於窅冥恍惚以爲獨得眞傳其弊實成於簡若水因當時有梓其書者乃卽其所言條析而辨之凡書中低一格者簡之說平格者若水之論也

遵道錄八卷 江蘇巡撫採進本

明湛若水撰所輯皆明道程子之說其曰遵道者自序謂遵明道也若水與王守仁同講學而守仁主致良知若水主隨處體驗天理守仁言若水之

學求之於外若水亦謂守仁格致之說不可信者四遂各分門戶斷斷然相爭是編因若水之學出陳獻章獻章之學每教人靜坐使此心灑然獨得於宋儒中獨推尊明道故闡明師說追溯淵源此本凡八卷衍聖公孔昭煥所進本則作十卷葢當時原有兩刻明史藝文志作十卷所據即孔氏本也

甘泉新論一卷編修程晉芳家藏本

明湛若水撰若水之學以虛明爲宗故其論心則

以爲主一而無物其論性則以宋儒理氣對舉爲非視程朱所論頗殊千頃堂書目載甘泉明論十卷又甘泉新論一卷其明論今未見此本則曹溶學海類編所載也

劉兩峰集四卷江西巡撫採進本

明劉陽撰陽字一舒安福人由舉人授碭山縣知縣官至監察御史是編凡論學要語一卷洞語一卷接善編一卷人倫外史一卷陽初從族人劉曉授經曉告以王守仁之學遂往謁守仁於贛州故

要語洞語大率不離良知之旨其接善編多採儒先粹語非所自作其人倫外史卽墓誌傳狀詩詠等作以其係於孝弟忠義貞節之大故以外史爲名雖總爲一集實未可著錄於集部故仍以語錄爲主隸之儒家類焉

閑闢錄十卷 浙江巡撫採進本

明程曈撰曈有新安學系錄已著錄是編錄朱子集中辨正異學之語以闢陸王之説凡九卷其末一卷則雜取宋史以下諸家之論朱陸者立説不

爲不正而門戶之見太深詞氣之間激烈已甚殊非儒者氣象與陳建學蔀通辨均謂之善罵可也江南通志載曈所著尚有新安文獻紫陽風雅二書今並未見然大畧可睹矣

苑洛語錄六卷（副都御史黄登賢家藏本）

明韓邦奇撰邦奇有易學啟蒙意見已著錄是書皆平日論學之語及所紀錄時事輯爲一編本名見聞攷隨錄已編入所著苑洛集中惟集本五卷此本作六卷所載雖稍有出入而大畧皆同葢此

本乃邦奇門人山西參議白璧所刊前有璧序稱刻而題之曰苑洛先生語錄疑又爲璧所重編矣

願學編二卷（陝西巡撫採進本）

明胡纘宗撰纘宗有安慶府志已著錄此編乃其講學之語成於嘉靖甲寅時纘宗已七十五矣關中之學大抵源出河東三原無矜奇弔詭之習纘宗又師羅欽順而友魏校湛若水何瑭呂柟馬理故所論頗爲篤實其解大學雖用古本而不廢朱子格物之說雖與王守仁異趣而稱其如程門之

有游楊亦無門戶詬爭之習然核其全書大抵皆

先儒所已言也

近取編二卷 陝西巡撫採進本

明胡纘宗撰是編取朱子要語釐成二卷名曰近

取者謂取諸日用切近以救宗金谿者之弊殆爲

王守仁發也

海樵子一卷 編修程晉芳家藏本

明王崇慶撰崇慶有周易議卦已著錄是編僅二

十六則多摹仿王通中說周子通書張子正蒙之

體大抵老生常談末一條論爲將必用儒者謂有張良之楚歌則項羽之覓自破有諸葛之雲鳥則南人之反自定大渡瀘之役未必徒恃陣圖至於四面楚歌出自張良史記漢書皆不載不知其何所本矣

東石講學錄十一卷浙江范懋柱家天一閣藏本

明王蓂撰蓂有忠義錄已著錄是集爲其門人黄文龍所編皆平生講學之語蓂與陸九淵爲鄉人故其說一以九淵爲本云

心學錄四卷 浙江范懋柱家天一閣藏本

明王蓂撰。是編乃蓂養親家居之時，取陸九淵之言擇其發明心學者彙為一編，凡五百二十條，而以己意推闡之。大旨亦主王守仁晚年定論。

大儒心學語錄二十七卷 江蘇巡撫採進本

明王蓂撰。是編亦其歸養之時所輯諸儒語錄，凡周子、程子、張子、邵子、楊時、謝良佐、呂大臨、尹焞、羅從彥、李侗、胡宏、朱子、陸九淵、張栻、呂祖謙、黃榦、蔡沈、陳淳、真德秀、薛瑄、吳與弼、陳獻章、胡居仁二十

四家皆論心學之語也

性理羣書集覽七十卷江蘇巡撫採進本

不著撰人名氏但題瓊山玉峯道人集覽不知爲誰其書取永樂性理大全中人名地名年號訓詁之類依王幼學通鑑綱目集覽之例各爲註釋有增注者卽别標爲附錄然淺陋殊甚如太極圖說後遂寧傅耆伯成句於遂寧下則詳註傅耆下則註未詳出處又如律呂新書內於梁武帝之通則註於晉荀勗之笛則不註葢出不學者所爲卷尾

有大德辛未刊行字尤爲舛謬是書本註性理大全安得大德中先有刊本考辛未爲明正德六年此售僞者以板式近麻沙舊本故削補正字僞冒元刻也

三難軒質正 無卷數 浙江巡撫採進本

明戴金編金字純夫漢陽人正德甲戌進士官至兵部尚書金自以力行責已克終三者甚難因取以名軒而徵集同時士大夫所贈詩辭序記論說銘贊彙成是編然學在實踐既知三者之難則自

勉而已矣徵文刻集何爲也且以是三者爲難雖聖賢不以爲非本無疑義又安用質正乎

正學編二卷 浙江范懋柱家天一閣藏本

明陳琛撰琛有易經淺説已著錄是書已編入所著紫峯集中此其别行之本凡二十一篇各立篇名全擬通書正蒙之體未免刻畫之嫌然依傍先儒不敢出入持論尚無疵謬末附秋夜感興詩十絶句亦力摹康節擊壤之派其宗尚可知矣

説理會編十五卷 浙江巡撫採進本

明季本撰本有易學四同已著錄本爲王守仁門
人自序謂親聞姚江之傳而同門之士傳布師說
遍天下恐其爲說既長或乖典則故輯此書凡疑
難之說悉辨明之其意蓋擬守仁於濂洛而此書
則倣近思錄而作近思錄分類十四此分類十二
其先之以性理聖功者猶錄之首及道體論也繼
之以實踐賢才者猶錄之次及於致知存養克治
也推之於政治者猶錄之有治道治法也終之以
異端諸子者猶錄之辨別異端總論聖賢也其間

巧借程朱之言以證良知之說則猶守仁朱子晚年定論之旨耳

困辨錄八卷 浙江巡撫採進本

明聶豹撰豹字文蔚永豐人正德丁丑進士官至兵部尚書謚貞襄事蹟具明史本傳豹之學出於姚江是編乃其嘉靖丁未繫詔獄時所劄記分辨中辨易辨心辨素辨過辨仁辨神辨誠八類羅洪先爲之批註

燕居荅述二卷 浙江巡撫採進本

明戴經撰經德清人聶豹之門人也是編皆述豹
講授之語下卷又別題曰疑總問曰見條問曰見
條註疑問諸目大抵困辨錄中所已具經特以已
所獲聞者別加編綴故往往複出焉

研幾錄無卷數河南巡撫採進本

明薛侃撰侃有圖書質疑已著錄是書乃侃門人
鄭三極所編侃承姚江餘緒故屢稱引良知之說
其儒釋辨謂世疑先生之學類禪者三曰廢書曰
背考亭曰虛侃一一辨之黃宗羲明儒學案謂此

淺於疑陽明者皆不足辨也況言寂靜言虛無愈辨愈支並王氏本旨亦爲侃所累矣

庸言十二卷 江蘇巡撫採進本

明黃佐撰佐有泰泉鄉禮已著錄是編乃其致仕後講學語錄分學道修德求仁游藝制禮審樂政教事業著述象數天地聖賢十二類佐不取王守仁良知之說故所論雖無奧義而不失爲篤實之言

慎言集訓二卷 浙江鮑士恭家藏本

明敖英撰英字子發淸江人正德辛巳進士官至河南右布政使是書上卷二十二目二百四十二條以戒多言爲首下卷十目九十二條以言貴簡爲首採經史子集分類編次而間附已說於其下葢英督學陝西時刋以示諸生者也

辨惑續編七卷附錄二卷浙江巡撫採進本

明顧亮撰亮字寅仲長洲人正德中況鍾爲蘇州府知府嘗聘至幕中是書以世俗養生送死大抵爲吉凶拘忌師巫之說所惑因輯古今書傳分爲

七門首曰原理言人之所以爲邪說所惑者由於此理之不明次曰事生言事親之要曰應變曰奠祭曰擇墓曰送葬曰拘忌則皆論喪葬之事也又爲附錄二卷論死生輪迴壽夭貧富貴賤吉凶禍福諸事及師巫邪術之害專爲鄉俗之弊而作故註釋字義詞皆淺近取其易曉其稱辨惑續編者元謝應芳先有辨惑編此申明其說也

擬學小記六卷續錄一卷 浙江巡撫採進本

明尤時熙撰時熙字季美自號西川居士洛陽人

嘉靖壬午舉人官國子監博士事迹具明史儒林傳時熙師事劉魁傳王守仁良知之學有所心得輒爲筆記其壻李根裒其雜著編次之時熙自序謂名擬學者言擬如此爲學而未知其是否也書中於魁稱晴川師於守仁則稱老師不忘所本也凡分六目一經擬二餘言三格訓通解四質疑五雜著六紀聞末有附錄數則明史稱時熙議論切於日用不爲空虛隱怪之談今觀其書大抵以心爲宗即董仲舒道之大原出於天語亦以爲舍心

言天即爲義外而中庸之中直訓爲中外之中以與心學相比附又謂中庸論道理多分兩截具兩景不如孟子之直截又謂子夏子游之言皆主務本皆有支離之病又謂危行言孫及文質彬彬皆非聖人之言猶是姚江末派敢爲高論者也

心齋約言一卷 編修程晉芳家藏本

明王艮撰艮字汝止泰州人王守仁之門人明史儒林傳附載王畿傳中此書皆發明良知之旨中有稱先生者皆指守仁明史藝文志載心齋語錄

二卷此本改其名曰約言又止一卷亦學海類編之節本也

一菴遺集二卷 兩江總督採進本

明王棟撰棟字隆吉號一菴泰州人嘉靖中由歲貢生補江西南城訓導遷深州學正初王守仁良知之學有泰州一派始於王艮棟爲艮從弟故獨得其傳所至皆以講學爲事集分二卷上卷曰會語正集續集下卷曰論學雜吟及各體詩文并其門人李㮙所記誠意問答之語黃宗羲明儒學案

嘗稱棟意非心之所發一語爲獨得宗旨而又謂泰州之學時時不滿師說益啓瞿曇之秘致躋陽明而爲禪云

緒山會語二十五卷 江蘇周厚堉家藏本

明錢德洪撰德洪有平濠記已著錄明史儒林傳稱四方士從王守仁學者皆德洪與王畿先爲疏通其大旨而後卒業於守仁事守仁四十年嘗刻陽明文錄故稱王氏學者以錢王爲首又稱德洪徹悟不及畿畿持循亦不如德洪然畿竟入於禪

而德洪猶不失儒者矩矱是編爲其子應樂所刋前四卷爲會語講義五六兩卷爲詩七卷以下爲雜文第二十五卷則附錄墓表誌銘雖其詩文全集而大致皆講學之語故仍總名曰會語今亦著錄於儒家焉

東溪蔓語一卷 浙江范懋柱家天一閣藏本

明曹煜撰煜浮梁人嘉靖丙戌進士其仕履未詳據書中自言則嘗爲縣令者也其書皆講學之語持論頗醇正然多抄撮二程之言以鄉曲之私推

與弼過甚於石亨一事至以孟子稱孔子者稱之殊爲曲筆又如居家友愛居官德感及近來進益諸條皆自暴所長殆淺之乎爲人矣

諸儒語要二十卷 浙江巡撫採進本

明唐順之編順之有廣右戰功錄已著錄是編採諸儒之言十四卷以前以人分凡周子二程子張子謝良佐楊時胡宏朱子張栻陸九淵楊簡王守仁十有一家十五卷以下以類分其爲某人之言或註或不註閱之殊不甚了了

洨濱語錄二十卷 直隸總督採進本

明蔡靉撰靉字天章號洨濱寧晉人嘉靖己丑進士官至監察御史巡按河南靉少從韓邦奇湛若水游故講學宗旨不出二家其論周禮謂遺公孤而詳細職詳畧失宜又謂六卿之上皆有惟王建國體國經野數語亦覺繁複則一隅之見也

廉矩一卷 編修程晉芳家藏本

明王文祿撰文祿字世廉海鹽人嘉靖辛卯舉人此編凡十八章皆以訓廉爲主其文似箴似銘欲

摹古而適成贋體其義則了不異人其必十八章者殆欲合孝經之數爲忠經之重儓特未敢自題曰經耳

道林諸集無卷數浙江巡撫採進本

明蔣信撰信字卿實武陵人嘉靖壬辰進士官至貴州提學副使嘗師王守仁又師湛若水明史儒林傳附載若水傳末是編乃其卜築桃岡時與諸弟子講學之書而其門人章評所刋者首古大學義專釋大學次桃岡講義摘取論孟諸條附以論

斷又桃岡日錄則與門人問答語錄也桃岡訓規則讀書日程也傳疾錄則疾痛時記也史稱信初從守仁游時未以良知教後從若水游最久其學得之若水者爲多又稱其踐履篤實不尚虛談葢猶未盡入於禪者卷末有附譚一則稱斗陽子讀書九山者二十年有太乙丈人者哂之無名先生者論之惝怳無憑斯則末流放失全入於二氏者矣

西田語畧二十三卷續集二十九卷 内府藏本

明樊深撰深有河間府志已著錄此書皆雜抄先儒語類以多爲貴無所發明

識仁定性註解二卷　浙江巡撫採進本

明何祥撰祥字克齋內江人嘉靖甲午舉人是編後有羅節跋稱祥以丁未入太學時歐陽德爲祭酒傳陽明之學祥獲師事之日究奧義嘗閱性理得明道先生識仁論定性書好之不忘遂爲註解今檢此書卷一爲識仁定性解卷二則自警語十條自警箴七則南野語錄七段大洲語錄六段復

麻城劉曾橋書一篇據王任重序尚有恤刑箴勸反觀諸論及五官問答等篇而書中無之蓋非完本其總名惟稱識仁定性註解亦不該括莫詳其義也祥之學出於姚江此書所論皆發明心學

薛方山紀述一卷 浙江鮑士恭家藏本

明薛應旂撰應旂有四書人物考已著錄此其平日所鈔先正格言前有自識稱凡所聞於師友輙爲紀之間有自得亦附書焉置之几案少裨循省曰述者明非已作不敢冒立言之責書分上下二

篇上篇皆論性命之理下篇則論治道也

薛子庸語十二卷浙江巡撫採進本

明薛應旂撰是編乃其講學之語分二十四篇各以首二字爲篇名而每條冠以薛子曰大意欲如揚雄之擬論語其門人向程爲之音釋

二谷讀書紀二卷編修程晉芳家藏本

明侯一元撰一元字舜舉樂清人嘉靖戊戌進士官至江西布政使此編乃其讀書雜記多推闡四書之義大抵前人所已言中間謂陽明之學遺却

格致本旨又謂朱子談理過於分析陽明起而病之由於相激而成亦頗有見也

禮要樂則二卷浙江巡撫採進本

明阮鶚撰鶚桐城人嘉靖甲辰進士官至右副都御史巡撫福建事迹附見明史胡宗憲傳此書乃其以御史督學直隸時所作以教諸生者禮要分冠昏喪祭飲射六門引三禮原文於前凡四書中涉及禮制者亦酌取之皆人所共知別無發明之處樂則分五倫爲五門取詩經數章以實之如君

臣則載鹿鳴皇華諸篇父子則載凱風小弁諸篇先列經文而節取集傳數語附其下後又有所須僚屬吏民約一篇

學蔀通辨十二卷內府藏本

明陳建撰大旨以佛與陸王爲學之三蔀分前編後編續編終編每編又自分上中下而採取朱子文集語類年譜諸書以辨之前有嘉靖戊申自序云專明一實以抉三蔀前編明朱陸早同晚異之實後編明象山陽儒陰釋之實續編明佛學近似

惑人之實而以聖賢正學不可妄議之實終焉按朱陸之書具在其異同本不待辨王守仁輯朱子晚年定論顛倒歲月之先後以牽就其說固不免矯誣然建此書痛詆陸氏至以病狂失心目之亦未能平允觀朱子集中與象山諸書雖負氣相爭在所不免不如是之毒詈也葢詞氣之間足以觀人之所養矣

格物圖一卷 陝西巡撫採進本

明孫丕揚撰丕揚富平人嘉靖丙辰進士官至吏

部尚書謚恭介事迹具明史本傳是編分四篇一曰格物圖二曰明物解三曰原物辨四曰入物鏡意其原有總名傳寫佚之而以第一篇爲總名也其圖分物始物格物終爲三物始物終皆畫一圓圈如周子之無極物格則大圈中畫一小圈小圈之中書聖人成能字小圈四旁分列天清地寧物阜民安八字大吉闢王守仁良知之說而謂道無可名名之曰物然守仁求之無定之心而丕揚又求之無物之道其說雖變其實一也

論學篇一卷 陝西巡撫採進本

明孫丕揚撰丕揚既撰格物圖復爲論學三篇一爲格物工夫一爲良知明辨一爲心學始終皆申明格物圖中之意也

耿子庸言二卷 浙江巡撫採進本

明耿定向撰定向有碩輔寶鑑要覽已著錄是編爲所著語錄凡七篇首繹經次冲言次輯聞次比弦次學筌次牧要次切偲定向之學出於泰州王艮本近於禪然有鑒於末流之狂縱不甚敢放言

高論故初請李贄至黃安旣而惡之而贄亦屢短定向然議論多而撿履少遂不免有迎合張居正事爲淸議所排講學之家往往言不顧行是亦一證矣

胡子衡齊八卷　浙江鄭大節家藏本

明胡直撰直字正甫泰和人嘉靖丙辰進士官至福建按察使直之學出於歐陽德及羅洪先故以王守仁爲宗嘗與門人講學螺水上輯其問答之語爲是書分言末理問亡錮博辨明中徵孔談言

續問申言九篇篇有上下其名衡齊者意謂譚理者視此爲均平云爾其大要以理在心不在天地萬物意在疏通守仁之旨然守仁本謂我與天地萬物一氣流通無有碍隔故人心之理即天地萬物之理而直乃謂吾心所以造天地萬物匪是則黝没荒忽而天地萬物熄矣是竟指天地萬物爲無理與守仁亦不相合未免太失之高遠其文章則縱横恢詭頗近子書與他家語錄稍異蓋直少攻古文詞年二十餘始變而講學故頗能修飾章

句無諸家語錄弇陋粗鄙之狀云

大儒學粹九卷　江西巡撫採進本

明魏時亮編時亮字敬吾南昌人嘉靖己未進士官至工部侍郎事迹具明史本傳史稱時亮初好交游負意氣中遭挫抑潛心性理是書取周子二程子張子朱子及陸九淵薛瑄陳獻章王守仁九家之言人各為卷大旨謂孔子之道顏以敏悟曾以魯得濂溪明道象山白沙陽明則顏子之入道可幾焉伊川橫渠晦菴敬軒則曾子之入道可幾

爲要之道無二學無二其所至亦無二也葢主調

停之說者本傳稱其官兵科給事中時請以薛瑄

陳獻章王守仁並從祀文廟猶是志也

三儒類要五卷 江蘇巡撫採進本

明徐用檢編用檢字魯源蘭溪人嘉靖壬戌進士

官至南京太常寺卿是書彙錄薛瑄陳獻章王守

仁語錄分類排纂釐爲五門曰志學曰爲仁曰政

治曰性命曰游藝其大旨亦與魏時亮同

李見羅書二十卷 江蘇巡撫採進本

明李復陽編皆其師李材講學之語材字孟誠豐城人嘉靖壬戌進士官至右僉都御史廵撫鄖陽事迹具明史本傳材嘗患世之學者毎以朱王兩家格物致知之說爭衡聚訟因揭修身爲本一言以爲孔曾宗傳而謂知止即知本又謂格物之功散見八條目中以朱子補傳爲誤其學較姚江末派稍爲近實故顧憲成頗稱之然材在鄖陽侵營地爲書院至於激變諸軍狠狽棄城僅以身免及被劾遣戍猶用督撫儀從赴謫所爲當代所非黄

宗羲明儒學案記之最詳則亦何貴乎講學耶是編凡大學古義一卷論語大意四卷書問九卷門人記述四卷而以舊本序別綴於末爲一卷復陽爲無錫知縣時所刊也

心學宗四卷 浙江巡撫採進本

明方學漸撰學漸有桐彝已著錄是書專明心學自堯舜至於明代諸儒各引其言心之語而附以已註其自序云吾聞諸舜人心惟危道心惟微聞諸孟子仁人心也聞諸陸子心卽理也聞諸王陽

明至善心之本體一聖三賢可謂善言心也矣蓋學漸之說本於姚江故以陸王並稱而書中解人心惟危爲高大意解不愧屋漏爲喻心曲隱微解格物爲去不正以歸於正大意皆主心體至善一闢虛無空寂之宗而力斥王畿天泉證道記爲附會故其言皆有歸宿憲成序其首曰假令文成復起亦應首肯蓋雖同爲良知之學較之龍溪諸家猶爲近正云

日言一卷 衍聖公孔昭煥家藏本

明孔承倜撰承倜字永冠曲阜人先聖六十代孫官保定縣知縣終於荆王府長史是書乃承倜劄記之文其學出於王守仁故以鐘析喻性明其本空又云朱晦翁中年學尚未悟至晚年則甚悔今人不於悟處用功卻於其悔處執迷惑矣是即守仁晚年定論之説也

性理圖説一卷 浙江巡撫採進本

明徐中撰中字成中鄱陽人是書分無極天道性命諸類大抵皆陳因之語

一書增刪四卷　浙江巡撫採進本

明俞邦時撰邦時號敬軒新昌人是編名曰一書者以一爲本也第一卷曰元卷爲傳四曰一元兩儀三才四象第二卷曰副卷爲傳四曰一天兩地三人四物第三卷曰參卷爲傳四曰一期兩至三和四時第四卷曰輔卷爲傳二曰河洛律呂總三百六十六章以當周天之數大意欲配張子正蒙邵子皇極經世而刻畫皮毛去之轉遠書成於隆慶丁卯刊於萬歷癸酉再刊於

國朝康熙壬子皆名一書此本爲第三刊乃康熙已卯呂夏音所增删故題曰一書增删云

性理抄二十卷 副都御史黄登賢家藏本

明楊道會撰道會字惟宗晉江人隆慶戊辰進士歷官至湖廣左布政使是編取性理大全删節繁冗前有萬歷戊子王道顯序稱其更定者十之一而裁割者十之九然去取多未得當葢亦書帕本耳

諸儒學案八卷 江西巡撫採進本

明劉元卿撰元卿有大象觀已著錄是書輯周子二程子張子邵子謝良佐楊時羅從彥李侗朱子陸九淵楊簡金履祥許謙薛瑄胡居仁陳獻章羅欽順王守仁王艮鄒守益王畿歐陽德羅洪先胡直羅汝芳二十六家語錄而益以耿定向之說元卿定向弟子也其學本出姚江於程朱一派特擇其近於陸氏者存之耳

憲世編六卷　浙江巡撫採進本

明唐鶴徵撰鶴徵有周易象義已著錄是編發明

心性之學首列孔子顏子仲弓子貢曾子子思孟子次列周子二程子張子邵子楊時朱子張栻次列陸九淵楊簡薛瑄陳獻章王守仁王艮羅洪先唐順之羅汝芳王時槐各述其言行而論之大旨主於牽朱就陸合兩派而一之

羣書歸正集十卷 副都御史黄登賢家藏本

明林昺撰昺號方塘鄞縣人隆慶中諸生此書爲昺八十四歲時作本四十二卷其從孫御史祖述刪爲十卷其十六門則仍其故書中皆援引舊文

斷以正理然不過老生常談人所共知者也

呻吟語六卷（副都御史黄登賢家藏本）

明呂坤撰坤有四禮質疑已著錄此編上三卷爲內篇下三卷爲外篇蓋萬歷壬辰刊本也晚年又手自删補爲呻吟語摘二卷彌爲簡要故此本附存其目焉

呂子節錄四卷補遺二卷（兩江總督採進本）

國朝陳宏謀編宏謀有大學衍義輯要已著錄此編亦呻吟語之節本初刻於乾隆丙辰後於戊午八

月復得坤原書知從前所據乃摘鈔之本多所挂漏因採錄初刋所遺者復爲補遺二卷然摘抄之本實坤所自定宏謀掇拾其所棄葢未考也

囈言十卷 江蘇巡撫採進本

明范淶撰淶有兩浙海防類考已著錄是編隨筆劄記亦語錄之類前有小引稱所著筆記二十卷起辛巳迄戊申以年爲次每年有囈言附其後因錄出別爲一冊凡八卷其後二卷起己酉迄癸丑葢所續增也

中詮六卷 安徽巡撫採進本

明汪應蛟撰應蛟有古今彝語已著錄是編皆其講學之語起萬歷丁亥至乙卯凡二十年多詳於儒釋之辨而於王守仁所云無善無惡心之體一語論之尤詳以當日諸儒各立門戶應蛟欲無所偏倚故以中詮爲名云

王門宗旨十四卷 浙江巡撫採進本

明周汝登編汝登有聖學宗傳已著錄是編首載王守仁講學之語並其奏疏雜著詩文而以王艮

徐曰仁錢德洪王畿之說次焉葢督學陳大綬之意而汝登編次之書成之後陶望齡又爲校定汝登嘗供羅汝芳像節日必祭祀之南都講會拈天泉證道一篇相發明又嘗作九解以伸無善無惡之說首載汝登自序云首稱宗者明爲千聖之嫡嗣也敷門人語附見而繫系之王門者統於宗無二旨之義也然姚江再傳以後去其師之本旨益遠汝登是編徒爭王學之門戶實不足以發明王學也

信古餘論八卷 江蘇巡撫採進本

明徐三重撰三重有餘言已著錄是編乃其講學語錄江南通志稱所著庸齋日記及此書皆可垂世範俗然理氣性命之說幾居其半以道之大原言之固屬推究根本以學者之實踐言之又不免爲枝葉矣

庸齋日記八卷 江蘇巡撫採進本

明徐三重撰是書前一卷說易後七卷說四書皆隨意標舉非循文箋註蓋借經義以發揮其講學

之旨耳

鄒南臯語義合編四卷 浙江巡撫採進本

明鄒元標撰元標字爾瞻吉水人萬歷丁丑進士官至左都御史謚忠介事迹具明史本傳是編乃其門人所輯以講學者曰會語說經者曰解義故總名曰語義合編元標以氣節重一時其立首善書院卒釀門戸之爭功不補過其學亦源出姚江不能一一淳實然其人則不愧於儒者故仍存其目於儒家焉

**道學正宗十八卷**　副都御史黃登賢家藏本

明趙仲全撰其子健校補前列河洛諸圖而以古今聖賢分正宗羽翼兩門大旨以道德純粹功業並隆及學術醇正者尊爲正宗首伏羲神農以迄明羅欽順羅洪先諸人其造詣未至見道未的功業雖隆而所學未純者附爲羽翼首顓頊高辛以迄明湛若水呂柟諸人其平時言論有片語涉禪寂者皆刪置弗存持擇似乎甚嚴然實則隨意分別絕無義例他姑無論如羅洪先羅欽順等俱列

之顓頊高辛之上而伯夷伊尹子夏子貢子游子路反不及楊時胡安國此果不易之評乎仲全字梅峯涇縣人仕履未詳健字行吾萬歷丁丑進士官至通政司使是編乃其爲太僕寺卿時所作標題稱後學管窺不肖男亦可異也

小心齋劄記十六卷 江蘇巡撫採進本

明顧憲成撰憲成字叔時無錫人萬歷庚辰進士官至吏部文選司郎中削籍歸起南京光祿寺少卿移疾不赴終於家崇禎初贈吏部右侍郎諡端

文事蹟具明史本傳憲成里居與弟允成修宋楊時東林書院偕同志高攀龍錢一本薛敷教史孟麟于孔兼輩講學其中朝士慕其風者多遥相應和聲氣旣廣標榜日增於是依草附木之徒爭相趨附均自目爲清流門户角爭遞相勝敗黨禍因之而大起恩怨糾結輾轉報復明遂以亡雖憲成等主持淸議本無貽禍天下之心而旣已聚徒則黨類衆而流品混旣已講學則議論多而是非生其始不過一念之好名其究也流弊所極遂禍延

宗社春秋責備賢者憲成等不能辭其咎也特以領袖數人大抵風節矯矯不愧名臣尚爲瑕瑜不掩云爾是書於萬歷戊申同安蔡獻臣始爲刻板其後刻於崑山然兩本皆始於萬歷甲午終於乙巳止十二卷此本乃其子與渟所刻益以丙午至辛亥所記增多四卷卷數與明史藝文志合當爲足本矣

顧端文公遺書三十七卷附年譜一卷 副都御史黄登賢家藏本

明顧憲成撰是編爲其曾孫貞觀所彙刻首即小

心齋劄記十八卷次證性編六卷次東林會約一卷次東林商語二卷次虞山商語三卷次經正堂商語一卷次志矩堂商語一卷次當下商語一卷次南岳商語一卷次當下繹一卷次還經錄一卷次自反錄一卷末附年譜四卷則其孫樞所編而貞觀訂補者外別有以俟錄涇臯藏稿大學重訂大學質言大學通考五書在初刻十種內者與未刻之桑梓錄皆不列於是編以卷帙頗繁尚待續刻故也

黽記四卷編修勵守謙家藏本

明錢一本撰一本有像象管見已著錄東林方盛之時一本雖與顧憲成分主講席然潛心經學罕談朝政不甚與天下爭是非故亦不甚為天下所指目是編乃其隨手劄記取詩黽勉從事之義故題曰黽記自萬歷甲午以迄癸丑凡二十年意有所得輒筆之於書其發明性道排斥二氏頗為深切其中間有過當者如引學記求之也佛句以闢佛未免附會李日華六研齋筆記謂曲禮獻鳥者

佛其首句註訓佛爲違戾闢佛先生得之大喜云云二人同時似聞一本之論故有此戲雖文人輕薄之詞亦講學者好爲異說有以召其侮也

聖學範圍圖無卷數 浙江鮑士恭家藏本

明岳元聲撰元聲字之初號石帆嘉興人萬歷癸未進士官至兵部侍郎此書一名範圍象教圖大旨以儒教統攝二氏以易中一陽一陰之卦併入剝復卦爲剝復圖以範釋二陽二陰之卦併入坎離卦爲坎離圖以範老三陽三陰之卦併入否泰

卦爲否泰圖以爲儒宗其自序謂昉於孟子指點
楊墨歸儒之義葢宗王氏良知之學而好爲新奇
者爾

南雍誠勗淺言一卷（山西巡撫採進本）

明傅新德撰新德字元明又字商盤定襄人萬歷
己丑進士官至國子監祭酒贈禮部右侍郎謚文
恪是編乃其官南京國子監司業署祭酒時訓導
諸生之文凡誠言八條曰滛蕩酣酒鬬狠罔利詞
訟詭服黨比傲惰勗言八條則孝弟忠信禮義廉

恥也

馮子節要十四卷安徽巡撫採進本

明馮從吾撰從吾有元儒考畧已著錄從吾以風節著而亦喜講學無錫高攀龍高邑趙南星皆稱之時官京師會講都城至環聽者院宇不能容終亦以此招謗是編即其各地會講之語也

殘本文華大訓箴解三卷浙江巡撫採進本

明吳道南撰道南有河渠志已著錄初憲宗成化十八年十二月以御撰文華大訓二十八卷賜皇

太子嘉靖八年世宗御製序文頒行道南因拔其篇章前爲之序次爲之解次爲之箴以嘉靖十四年正月表上此本僅存三卷已非完書

荷薪義八卷內府藏本

明方大鎮撰大鎮字君靜桐城人萬歷己丑進士官至大理寺少卿始大鎮父學漸講學桐川大鎮追述父訓及與同社諸人問答之語詮次成帙名曰荷薪葢亦不忘繼述之意其大旨在闢良知之說於儒釋分別辨論極詳

增訂論語外篇四卷 浙江巡撫採進本

明潘士達編士達字在聞安吉州籍烏程人萬歷壬辰進士官至廣東提學僉事是書取諸子百家所載孔氏之言分類排纂倣論語二十篇之數以皆論語所不載故曰外篇以因南昌李栻舊稿而葺之故曰增訂所採既罕異聞又莊列寓言亦復闌入朱子語錄嘗稱孔門弟子留下家語至今作病痛況雜家依托之言乎

龍沙學錄六卷 江蘇巡撫採進本

明王在晉撰在晉有歷代山陵記已著錄是編輯宋儒程朱以下及明王守仁羅汝芳諸人之說而詮釋之大率抄撮語錄無所發明其論良知格致仍以姚江爲宗特假程朱爲重耳在晉誤國庸臣而亦著書講學明季風氣觀此可知矣

聖學啟關臆說三卷 浙江巡撫採進本

明龍遇奇撰遇奇字才卿號紫海吉安人萬歷辛丑進士官至監察御史是編乃其巡按陝西時與諸生講學之語分爲八關一曰迷悟二曰濃淡三

曰剝復四曰窮達五曰死生六曰聖凡七曰內外安勉八曰門戶異同又於八關之中別爲子目雜引諸篇語錄以証之雖衆說兼陳而大旨則姚江一派也

經書孝語 無卷數浙江巡撫採進本

明朱鴻編鴻字于漸仁和人萬歷間諸生是書摭五經四書中言孝之語爲一帙而各爲之發明附錄曾子孝實於末文旣餖飣論亦凡近殊無可取鴻嘗刻孝經而以此附之今旣別本單行不可復

淵於經部姑置之儒家類焉

證人社約言一卷 浙江巡撫採進本

明劉宗周撰宗周有周易古文抄已著錄宗周初以順天府尹罷歸與陶奭齡講學王守仁祠以證人名堂此其所爲條誡也首冠以社學檄題辛未三月葢崇禎四年所作次爲約言十則次爲約戒十則所載凡三十條題曰癸未秋日爲崇禎十六年次爲社會儀七則不題年月次爲宗周自書後而附以答管而抑論遷改格書其書後中所稱石

梁子者即夷齡之別號夷齡字君夷國子監祭酒望齡弟也

劉子節要十四卷　浙江巡撫採進本

明惲日初編日初號遜菴武進人劉宗周之門人也宗周生平著述曰劉子全書曰儀禮經傳曰古學經曰家語考次曰古易鈔義曰讀易圖說曰論語學案曰曾子章句曰十三子曰古小學集記小學通記曰孔孟合璧曰五子聯珠曰聖學宗要曰明儒道統錄曰人譜曰人譜雜記曰中興金鑑錄

曰保民要訓曰鄉約小相編其子洵彙而訂之凡
百餘卷以篇帙繁富未易盡觀因倣近思錄例分
類輯錄一道體二論學三致知四存養五克治六
家道七出處八治體九治法十居官處事十一教
人之法十二警戒改過十三辨別異端十四總論
聖賢每一類爲一卷其排纂頗爲不苟然亦有一
時騁辨之詞不及詳檢而收之者如曰天命一日
未絕則爲君臣一日既絕則爲獨夫故武王以甲
子日興若先一日癸亥便是篡後一日乙丑便是

失時違天云云此語非爲臣子者所宜言且癸亥師在商郊矣實非甲子與師卽甲子滅紂先一日之說亦未免過於求快如斯之類其去取尙未當也

朱先賢讀書法一卷 內府藏本

不著撰人名氏所采宋儒之說凡十二家而朱子爲多其法始以熟經繼以玩味終以身體力行明萬歷丙午莆田訓導江震鯉序而重刊之亦不云誰所輯也

諸儒要語九卷 浙江巡撫採進本

明王化振編化振字宇春滁州人萬歷己酉舉人官至戸部主事周汝登之門人也是編節取諸儒語錄編次而成於宋則周程張朱而外取陸九淵楊簡二人於明則取薛瑄羅汝芳及汝登三人而已其宗旨則不出於姚江一派葢汝登本傳王氏學也

存古約言六卷 浙江巡撫採進本

明呂維祺撰維祺有四禮約言已著錄是書凡十

二篇首敦本次閒家次厚俗次冠昏喪祭次服式次宴會次交際次揖讓次東箚大畧以朱子家禮爲主並採擇諸家之言爲條例註釋而以箴誡格言附於後亦司馬氏書儀呂氏鄉約之支流也

眞儒一脈 無卷數 江蘇巡撫採進本

明吳桂森編桂森有周易像象述已著錄是編前列從祀四先生語錄薛瑄胡居仁陳獻章王守仁也後列東林三先生語錄顧憲成錢一本高攀龍也前有天啓丙寅桂森自序千頃堂書目載桂森

著述二種江南通志載四種皆無是書殆偶然鈔
錄當時未著於世耶

論語逸編三十一卷浙江吳玉墀家藏本

明鍾韶編韶字牙臺海鹽人是編集諸書所載孔
子問答之語分三十一篇前有其甥鄭心材序稱
其根據六經節取百家然家語自有全書禮記列
於經典重爲割裂殊屬牀上之牀孔叢子既屬僞
書詩外傳說苑新序亦多依托未可據爲典要至
於承蜩弄丸乃莊子寓言而執爲實事赤虹黃玉

尤讖緯誕語而信爲古書他若楊簡先聖大訓亦裒合諸書而成乃引爲出典尤非根柢之學也

閑道錄十六卷 浙江巡撫採進本

明沈壽民撰壽民字眉生號耕巖宣城人崇禎中行保舉法巡撫張國維以壽民應詔甫入都即劾楊嗣昌奪情熊文燦撫賊留中不報乃移疾歸疏中語侵阮大鋮福王時大鋮柄國必欲殺之變姓名遁跡以免事迹附見明史田一儁傳是書爲排斥佛老而作故名以閑道取先儒格言分條節錄

凡不惑於二氏者咸載之以爲世訓不能無惑者亦錄以示戒雍正戊申其孫廷璐校刊之復取壽民詩文雜記等條補諸卷末

印正稿六卷 江西巡撫採進本

明張信民撰信民澠池人孟化鯉之門人也傳姚江良知之學從游者頗衆其門人馮奮庸等錄其平日問答議論爲是書

衙門芹一卷 山西巡撫採進本

國朝雍正丙午澠池縣知縣王箴輿爲校訂而刊之

明辛全撰全字復元號天齋絳州人萬歴末貢生以特薦授知府未及赴官而卒全爲曹于汴門人故亦喜講學是書皆論治天下之法分治本三綱治具八目三綱曰君志君心君學八目曰遷賢才以轉士習破資格以定臣品行限田以足民生定里甲以防姦宄驅游民以務本業正禮樂以興教化其宗藩軍政二目則有錄無書自序稱屏伏衡門芹曝之獻不能自已故名其書曰衡門芹然全意主匡救時弊而實勦襲舊文其限田之法於事

理尤斷不可行亦祇儒生之迂論而已

經世碩畫三卷山西巡撫採進本

明辛全撰此書輯前代事蹟議論之有關治道者分爲二門一曰聖典採據皆紀明太祖至英宗五朝善政二曰定論採據皆宋明諸儒之說而以北魏至唐共四條附焉書爲其門人所刊故卷末并載全試策一首其論取士不過調停於科目保舉之間别無創見當事者遽稱其學術經濟俱於是見殆未必然

思聰錄一卷 湖北巡撫採進本

明賀時泰撰時泰字叔亥一字陽亨陳鼎留溪外傳作字叔文以時泰之名推之亥字有義文字誤也江夏人少爲諸生以聾廢因自號曰聾人是書爲其子大學士逢聖所編皆其講學語錄大旨宗良知之說

作師編一卷 湖北巡撫採進本

明賀時泰編首列易蒙卦次列大學聖經一章次列禮記學記一篇次列白鹿洞規五節六十九字

次列陳董學則一節九十一字終以興文會條件兩頁有奇皆無一字之發明又屬天下所習見亦何必爲此鈔胥也

**人模樣一卷** 湖北巡撫採進本

明賀時泰撰是編以人身五官四體之類分目標題往往牽强如元氣一條引唐柳公權語是攝養之法非學問之事兩肘一條引楊時兩肘不離案語脚一條引宋璟有脚陽春事皆鬭合字面而已其骨頭一條引陳獻章除却此心此理渾是一包

膿血裹一塊骨頭語亦是論心非論骨也不及劉宗周人譜遠矣陳鼎留溪外傳乃稱一時學者俱奉此書爲法則因稱璀泰爲人模樣先生葢講學家標榜之談不足據也

傳習錄論述參一卷 安徽巡撫採進本

明王應昌編其子鉄續成之應昌有宗譜纂要已著錄是編皆發明傳習錄之旨葢姚江之學弊於明末至國初而攻者彌衆故應昌父子力爲回護云

留書別集二卷 江蘇巡撫採進本

明章世純撰。世純有四書留書，已著錄。是編內集一卷，分四十三篇，篇各有名，多摹倣周秦諸子。散集一卷，皆內集之緒餘，不立篇名，故謂之散。前有世純自序，總謂之別集，以有說四書者故也。兩書自序甚明，明史合為一編，殊非世純之意，今分載之。又此書內集散集各一卷，合四書六卷，僅得八卷，而明史乃作十卷。然四書六卷無所闕佚，內集列有目錄，無所散失，散集亦首尾完具，蓋是集初

名已未留亦編爲二卷周鍾序之張煒如以列本未善因爲編定先後考正標題訂爲此本雖有小異實即一書明史殆以兩本並行故合之稱十卷歟

己未留二卷 浙江巡撫採進本

明章世純撰此本前有周鍾序其文與張煒如所編留書別集相出入但次序小異又不標篇名煒如所謂坊刻訛舛零失篇目者蓋即此本也

性理綜要二十二卷 浙江巡撫採進本

舊本題明詹淮輯陳仁錫訂正而前有凡例一條云性理有詹柏山諸理齋黃葵陽李九我董思白諸刻或病其太簡畧茲刻從大全增益之云云柏山即詹淮之號則凡例必非淮語殆仁錫取淮原本稍增輯之又卷首並存李廷機詹淮及仁錫序皆稱其所自輯而仁錫序中亦不稱爲據淮本即其開卷數頁已自相牴牾則是書爲庸俗坊本決矣書中各家標識於可作闈試題者從○可作小試題者從、可作策題者從△並見之凡例序中

大抵爲場屋剽竊之用於性理本旨實無所闡也淮自署新安人仕履未詳仁錫有繫辭十篇已著錄

性理標題彙要二十二卷 江蘇巡撫採進本

舊本亦題明詹淮陳仁錫同編核檢其文與性理綜要相同蓋坊賈以原刻習見改新名以求速售非兩書也

家誡要言一卷 編修程晉芳家藏本

明吳麟徵撰麟徵字來皇號磊齋海鹽人天啟壬

戊進士官至太常寺少卿明亡殉難

世祖章皇帝賜謚忠節事迹具明史本傳是編皆麟徵居官時寄訓子弟之書其子蕃昌摘錄其語輯爲一帙故曰要言蕃昌字仲木劉宗周之門人也

讀書劄記四卷 江蘇巡撫採進本

明喬可聘撰可聘字君徵一字勝任寶應人天啟壬戌進士官至河南道監察御史是書自序謂始讀王文成全書知有知行合一之學又與潤山葉子幾亭陳子互相切劘知有居敬窮理之學晚年

讀性理大全近思錄諸儒語錄知有理一分殊之學蓋可聘之學初從陸王入晚乃兼信程朱故其說出於兩派之間然生於明季頗染佻薄之習如其中一條云中庸其至矣乎無極而太極又一條云中庸首言天命之謂性終言上天之載無聲無臭無極而太極此其詞氣與叢林方丈掉弄機鋒何異乎

弟經一卷 直隸總督採進本

明林允昌撰允昌有易史象解已著錄是書仿孝

經分十八章篇末引詩亦仿孝經之體大抵掇拾陳言徒供覆瓿又僞忠經之重儓矣

經史耨義二十二卷 江蘇巡撫採進本

明林允昌撰莆田有金石社乃林氏宗人講肄之所允昌集子弟月三會於其中之棲綠堂每會講五經及諸史自崇禎庚辰四月始爲第一期至十一月凡二十二期而經史義俱講畢門人張拱宸等因輯而成編允昌以講學爲圃自題所居故復引禮記講學以耨之之語名之曰耨義

消閒錄十卷 浙江范懋柱家天一閣藏本

明成勇編勇字仁有安樂人天啟乙丑進士官至南京監察御史崇禎十一年以劾楊嗣昌遣治戍寧波衛福王時起爲原官不赴披緇而終事迹具明史本傳是編乃其講學之語皆纂輯諸儒論說而發明以己意史稱勇初授饒州府推官謁鄒元標於吉水從之受業故多傳其緒論云

顔子繹五卷 浙江巡撫採進本

明張星撰星永城人崇禎甲戌進士官光祿寺署

丞是編取論孟中所載顏子事實語言釐爲十則每標題下係以四言四句若釋家之偈每則之下係以繹說頌語謂之內篇又取家語中所載釐爲八則謂之外篇取韓詩外傳所載十四則謂之繹餘均有繹無頌復取諸家之論顏子者四十則謂之統繹末以陶宗儀所輯顏子九篇附焉謂之舊本其大旨皆入於禪葢自心齋坐忘之說倡於莊子皇侃論語義疏遂以屢空爲心虛無累焦竑因之顏子之學爲異端所假借久矣星當心學橫決

之時又著爲此書言之加詳耳此所謂陽儒陰釋講學之極弊也於理當入釋家以所載皆顏子言行姑附之儒家類而糾正其繆焉

**性理會通七十卷續編四十二卷** 江蘇巡撫採進本

明鍾人傑撰人傑字瑞先錢塘人是書成於崇禎甲戌即性理大全而增以明人之說袁宏道陳繼儒皆躋諸理學儒先之列則其去取可知矣

**學脈正編五卷** 浙江巡撫採進本

明李公柱編公柱初名松字子喬嘉善人崇禎庚

辰進士官歙縣知縣是書取薛瑄胡居仁顧憲成錢一本高攀龍五人語錄彙輯成帙人各一卷末各係以傳贊葢欲標篤實之學以抗姚江之末派也

道學迴瀾八卷 江蘇巡撫採進本

明王尹撰尹字莘民號覺齋安福人嘗從鄒元標高攀龍講學於首善書院會黨禍起乃歸里崇禎末大學士陳演欲薦之辭不就葢薄演之爲人也是編乃其門人所錄大旨力闢心學辨陽儒陰釋

之誤所取惟薛瑄胡居仁羅欽順霍韜四家而於王守仁朱子晚年定論則反覆掊擊雖鄒元標爲所信從而於其完養吾心到純熟處義理自然流出之說亦不少假借其持論甚正但文繁不殺意重語複衍至百六十二條未免冗蔓耳末附覺齋詩編一卷皆談理之作又附錄李長春所作尹傳其時尹尙無恙仍未免明末標榜之習矣

西疇日抄二卷　江蘇巡撫採進本

明顧樞撰樞字庸菴無錫人天啟中舉人顧憲成

之孫高攀龍之門人也此書主程朱而闢陸王又謂考亭之學得姚江而明又謂文成之學從程子來惜矯枉過正遂啟後來之弊皆不甚確各條之下間有其子貞觀識語蓋刊板時所附入也

求仁錄十卷 浙江巡撫採進本

明潘平格撰平格字用徵慈谿人是書共分七目曰學脈曰格致曰性理曰孝悌曰讀書曰學問曰篤志力行而其立說大綱總以吾性渾然天地萬物一體爲求仁之宰毛文强爲作小傳稱其少時

念程朱王羅之學皆不合於孔孟因竭力參求慚痛交廹者四十日始得親證孔孟之學然聖門大旨惟尊德性道問學二途平格一槩棄置別闢門徑則所云證孔孟之學者亦仍流入禪宗而已文强乃謂其功不在孟子下何其傎歟

卓菴心書四卷　江西巡撫採進本

明張自勲撰自勲有綱目續麟已著録其論學以求放心爲本謂陽明言良知是偶有所見故從此推出遂主張立說不若言正心尤爲探本窮源之

論然自勳之學實沿陽明之餘波觀其自跋可見故書中於象山白沙甘泉龍溪之說多所採掇焉

罍菴雜述二卷 浙江巡撫採進本

明朱朝瑛撰朝瑛有讀易略記已著錄茲編則隨其所偶得雜書成帙每喜以數言理蓋其學本出黃道周也

孔子遺語一卷 浙江范懋柱家天一閣藏本

不著編輯者名氏皆裒集羣書所引孔子之言觀其孔子卜得賁一條自記云已見漆雕氏第與此

少異孔子曰吾志在春秋一條自記云已刻再查曾哀公使人穿井一條自記云已見集語五卷葢欲補宋薛據孔子集語之遺而尚未成書中引楊慎丹鉛錄則近代人也

欽定四庫全書總目 子部

卷九十七之九十八

12225

# 欽定四庫全書總目卷九十七

## 子部七

### 儒家類存目三

藤陰劄記 無卷數 副都御史黄登賢家藏本

國朝孫承澤撰承澤有尚書集解已著錄是編乃其講學之語共一百餘條大抵以程朱爲宗而深詆金谿姚江亦頗涉及史事其論元許衡劉因一條謂衡不對世祖伐宋之問爲是而以因作渡江賦有我有名而衆彼無義而小留我奉使讐我大邦

云云過於尊元抑宋爲非不知二人生長北方由金入元自其高曾祖父皆非宋之臣子乃於一百餘年之後使背其踐土食毛之國而遙尊邈不相關之南宋是率天下而爲逆也可謂紕繆之至矣

學約續編十四卷　直隸總督採進本

國朝孫承澤編初承澤嘗輯周程張朱之言爲學約一編是編又以明薛瑄胡居仁羅欽順高攀龍四家之語倣近思錄之例訂爲一集以續之前有自記稱學約於二程同時不入蕘夫考亭同時不入

南軒東萊故茲編亦不入月川楓山後渠涇野念菴涇陽少墟諸家云

考正晚年定論二卷江蘇巡撫採進本

國朝孫承澤撰是書以王守仁所作朱子晚年定論不言晚年始於何年但取偶然謙抑之詞或隨問而答之語及早年與人之筆錄之特欲借朱子之言以攻朱子不足爲據乃取朱子年譜行狀文集語類等語詳爲考正以宋孝宗淳熙甲午爲始朱子是時年四十有五其後乃始與陸九淵兄弟相

會以次逐年編輯實無一言合於陸氏亦無一字涉於自悔因逐條辨駁輯爲是編考晚年定論初出之時羅洪先致書守仁所辨何叔京黃直卿二書已極爲明晰是書特申而明之大旨固不出羅書之外至謂守仁立身居家並無實學惟事智術籠罩乃吾道之莽懿又取明世宗時請奪守仁封爵會勘疏及不准卹典之詔以爲口實則摭拾他事以快報復之私尤門戶之見矣

明辨錄二卷　副都御史黃登賢家藏本

國朝孫承澤撰是書取諸儒闢佛之言彙載成帙上卷首載昌黎原道及佛骨表而傳奕疏及太宗斥蕭瑀詔轉列於後其餘辨論陸九淵楊簡王守仁之說者亦備記之下册則皆諸儒語錄辨駁佛氏之學者

紫陽通志錄四卷江蘇巡撫採進本

國朝高世泰編世泰有五朝三楚文獻錄已著錄是編本徽州汪知默等輯其紫陽書院講會之語名曰理學歸一寄示世泰適孫承澤以學約續編魏

齋介以知統翼録先後寄至世泰因合刁包潛室劄記陳揆省心日記諸條并梓行之其曰通志者葢謂通彼此應求之志以明爲學之出於一源卷末自附格致講學講各一篇又有講畢送難之語頗涉禪宗窠臼葢猶沿明季書院之餘習也

聖學入門書無卷數　江西巡撫採進本

國朝陳瑚撰瑚字言夏號確菴太倉人前明崇禎壬午舉人是書分大學日程小學日程二種大學日程曰格致之學誠意之學正心之學修身之學齊

家之學治平之學於八條目之中復分條目各爲疏解小學日程曰入孝之學出弟之學謹行之學信言之學親愛之學文藝之學其條目較之大學爲簡其用功之要曰日省敬怠日省善過末附日程格式於後每日爲空格以四格記晨起午前午後燈下以二格總記敬怠善過又有半月總結之法葢即仿袁黃功過格意惟不言果報稍異乎有爲而爲然科條密於秋荼非萬緣俱謝靜坐觀心不能時時刻刻操管繕錄也

學言三卷　山西巡撫採進本

國朝白允謙撰允謙字子益陽城人前明崇禎癸未進士改庶吉士入國朝授祕書院檢討官至刑部尚書此書皆其講學之語上卷五十九條下卷六十條又續一卷凡八十一條其曰無我之我是謂真我無知之知是謂良知又曰聖人無內無外仁可智也智可仁也皆語涉惝怳非篤實之學也

此菴語錄十卷　浙江巡撫採進本

國朝胡統虞撰統虞字孝緒武陵人前明崇禎癸未
進士入
國朝官至國子監祭酒此書前二卷爲成均語錄乃
官祭酒時與諸生講論者附原性或問學規三種
三卷至七卷爲四書語錄八卷爲萬壽宫語錄末
二卷爲此菴語錄以别乎成均萬壽宫也其學爾
姚江而祖象山專持良知之説於朱子頗不能盡
合如記陸子靜鵞湖講喻義一章滿座爲之揮淚
講畢朱晦菴長跪以謝曰熹平生學問實實未嘗

看到此處其軒輊類多如此亦可謂深於門戶之見者矣

理學傳心纂要八卷　湖北巡撫採進本

國朝孫奇逢撰漆士昌補奇逢有讀易大旨已著錄士昌江陵人奇逢之門人也奇逢原書錄周子二程子張子邵子朱子陸九淵薛瑄王守仁羅洪先顧憲成十一人以爲直接道統之傳人爲一篇皆前敘其行事而後節錄其遺文凡三卷又取漢董仲舒以下至明末周汝登各略載其言行以爲羽

翼理學之派凡四卷奇逢殁後士昌復刪削其語錄一卷攙列於顧憲成後共爲八卷奇逢行誼不愧古人其講學叅酌朱陸之間有體有用亦有異於迂儒故湯斌慕其爲人至解官以從之遊然道統所歸談何容易奇逢以顧憲成當古今第十一人士昌又以奇逢當古今第十二人醇儒若董仲舒等猶不得肩隨於後其猶東林標榜之餘風乎

歲寒居答問二卷附錄一卷 浙江范懋柱家天一閣藏本

國朝孫奇逢撰皆自錄朋友答問之語奇逢之學主

於明體達用宗旨出於姚江而變以篤實化以和平兼採程朱之旨以彌其闕失故其言有曰門宗分裂使人知反而求之事物之際晦翁之功也然晦翁殁而天下之實病不可不瀉詞章繁興使人知反而求之心性之中陽明之功也然陽明殁而天下之虛病不可不補是其宗旨所在也舊本前有附錄一卷爲奇逢所作格物說及楊東明興學會約八條既曰附錄不應弁首或裝輯時誤置卷端耳

潛室劄記二卷 直隸總督採進本

國朝刁包撰包有易酌已著錄其書以平日所見隨筆劄記王士禎池北偶談嘗稱其中爲葢世豪傑易爲愜心聖賢難一條又稱其趨吉避凶葢言趨正避邪若認作趨福避禍便誤一條然所言心性及格致誠敬類多拾前人緒餘其謂讀春秋而不知胡傳之妙不可以言春秋亦不出里塾拘墟之見又稱吾輩第一座名山在大學知止一節且謂此山又不在書本上還在腔子裏語殊虛渺尤不

免墮入姚江門徑矣

張界軒集八卷 江西巡撫採進本

國朝張時爲撰時爲字景明餘干人前明福王時貢生是編乃其族孫司直所刻目列十六卷首序傳目錄一卷次爲學約言四卷次讀近思錄紀言一卷次六一寤言一卷次喪禮去非一卷次讀左言一卷次語錄一卷次詩文六卷故總以集名然讀左言語錄詩文皆未刻刻者皆講學之書仍以集名非其實也江右之學大抵以陸氏爲宗時爲生

胡居仁之鄉乃獨從居仁宗朱子故其言平正篤實者居多然頗有主持太過者如曰六經載道之書非止為治天下之書是徒知尊崇性命菲薄事功而不知大人之學由格致而治平中庸之理自中和而位育也又謂程子雲淡風輕一詩與陰陽四時相準四句分配四時之氣一句亦分配四時之氣如雲淡二字是春氣風輕二字是夏氣近午二字是秋氣天字是冬氣恐程子吟詩之時斷無此意即伶倫製律后夔典樂周公輯頌亦斷無此

法也他如擬奏疏於朝請
旨定天下傳奇爲六等古今無此政體又擬定假名著書
者視殺人之罪加一等古今亦無此律令其於程
朱之學殆猶食而未化歟

性圖一卷江西巡撫採進本

國朝黃采撰采字亮公號復堂南城人是書立爲六
圖以發明心性之旨一曰性圖二曰心圖三曰情
質圖四曰氣質圖五曰性心情氣質總圖六曰中
和圖附以辛未會語及再復陶企夫書皆辨論六

圖之義其大旨以孟子四端爲說力矯靜觀未發之失論頗篤實惟以心與性分爲二物則究爲未協也

學案一卷 兩江總督採進本

國朝王甡撰甡字無量金壇人是編大旨主於救姚江末流之失首錄四書之文列爲孔子顏子曾子子思孟子學案即繼以朱子白鹿洞規次以程端蒙董銖學則而終以朱子敬齋箴蓋因雙峰饒魯之書而爲之其四書及敬齋箴則甡所加也

存性編二卷　直隸總督採進本

國朝顏元撰。元字渾然，號習齋，博野人。明末其父戍遼東，殁於關外。元貧無立錐，百計拮据，覓其骨歸葬，故世以孝子稱之。其學主於勵實行、濟實用，大抵源出姚江，而加以刻苦，亦介然自成一家，故往往與宋儒立同異。是書爲其四存編之一。大旨謂孟子言性善，卽孔子言性相近習相遠，語異而意同。宋儒誤解相近之義，以善爲天命之性，相近爲氣質之性，遂使爲惡者諉於氣質，不知理卽氣之理氣即理之氣淸濁厚薄純駁偏全萬有不齊總歸一善其惡者即蔽習染耳其以目爲譬則謂光明能視即目之性其視之也則情之善視之詳略遠近則才之強弱皆不可謂之惡惟有邪色引動然後有淫視是所謂非才之罪是即所謂習又謂性之相近如眞金輕重多寡雖不同其爲金俱相若也惟其有差等故不曰同惟其同一善故曰近舉天下不一之資以性相近一言包括是即性善是即人皆可以爲堯舜舉世人引蔽習染無窮之

罪惡以習相遠一言包之是卽非才之罪是卽非天之降才爾殊其說雖稍異先儒而於孔孟之旨會通一理且以杜諉過氣質之弊正未可謂之立異也至下卷分列七圖以明氣質非惡之所以然則推求於孔孟所未言使天地生人全成板法是則可以不必耳

存學編四卷浙江巡撫採進本

國朝顏元撰是書爲其四存編之二以辨明學術爲主大旨謂聖賢立教所以别於異端者以異端之

學空談心性而聖賢之學則事事徵諸實用原無相近之處自儒者失其本原亦以心性爲宗一切視爲末務其學遂於異端近而異端亦得而雜之其說於程朱陸王皆深有不滿蓋元生於

國初目擊明季諸儒崇尚心學放誕縱恣之失故力矯其弊務以實用爲宗然中多有激之談攻駁先儒未免已甚又如所稱打諢猜拳諸語詞氣亦叫囂粗鄙於大雅有乖至謂性命非可言傳云云其視性命亦幾類於禪家之恍惚持論尤爲有疵殆

懲羹吹虀而不知其矯枉之過正歟

存治編一卷　直隸總督採進本

國朝顏元撰是書爲其四存編之三大旨欲全復井田封建學校徵辟肉刑及寓兵於農之法夫古法之廢久矣王道必因時勢時勢旣非雖以神聖之智藉帝王之權亦不能强復强復之必亂天下元所云殆於瞽談黑白使行其說又不止王安石之周禮矣

存人編一卷　直隸總督採進本

國朝顏元撰是書爲其四存編之四前二卷一名喚迷途皆以通俗之詞勸喻僧尼道士歸俗及戒儒者談禪愚民尊奉邪教三卷爲明太祖釋迦佛贊解一篇太祖本禪家機鋒語元執其字句而解之非其本旨且闢佛亦不必借此贊恐反爲釋子借口四卷附錄束鹿張鼎彝毁念佛堂議及元所撰闢念佛堂說擬更念佛堂諭則元尋父骨至錦州應鼎彝之請而作時鼎彝爲奉天府尹也

教民恒言一卷 直隸總督採進本

國朝魏裔介撰裔介有孝經注義已著錄是書本
聖諭十六條衍爲通俗之詞反覆開闡以訓愚蒙前列講約二圖葢其家居時所作也

致知格物解二卷 直隸總督採進本

國朝魏裔介撰是編上卷載程子朱子格致之說下卷列諸儒格致之說而附以裔介所作辨二篇一曰致知格物非幷物欲幷格一曰致知格物非去不正以全其正又與孫承澤論學書一篇或問一篇

周程張朱正脈無卷數 直隸總督採進本

國朝魏裔介編是編首録周子太極圖說次張子西銘東銘次周汝登所輯程門微旨次國朝孫承澤所輯考正晚年定論及朱子與廖德明問答題曰正脈以諸儒之脈在是也其自序謂周海門所輯程門微旨王陽明所輯朱子晚年定論未足發蒙啟迷於微旨取十之五於王陽明所輯則盡刪之而取北海考正定論云云然微旨內如覺悟便是性一條及漢江老父云心存誠敬固善不若無心一條依然王門之宗旨則持擇猶未審

也

論性書二卷　直隸總督採進本

國朝魏裔介撰是書引書易孝經論語家語左傳禮記中庸孟子孔叢子子華子荀卿子論衡老子以及唐宋以來諸家論性之語而衷以己說末自附性說二篇

約言錄二卷　直隸總督採進本

國朝魏裔介撰是編乃順治甲午冬裔介在告時所筆記內篇多講學外篇則兼及雜論

續近思錄二十八卷 兩江總督採進本

國朝鄭光羲撰光羲字夕可無錫人是編前集十四卷采薛瑄胡居仁陳獻章高攀龍四人之說後集十四卷采王守仁顧憲成錢一本吳桂森華貞元及其父儀曾六人之說前有光羲自序云不有朱子孔子之道不著不有高子朱子之道不著朱子依然一孔子高子依然一朱子朱子功不在孟子下高子功不在朱子下然講學之家申明聖賢之緒論以引導後學則有之矣動擬之於孔子孔子

豈若是易爲哉

朱子聖學考略十卷副都御史黄登賢家藏本

國朝朱澤澐撰澤澐字止泉寶應人朱陸二派在宋已分洎乎明代宏治以前則朱勝陸久而患朱學之拘正德以後則朱陸爭詬隆慶以後則陸竟勝朱又久而厭陸學之放則仍伸朱而絀陸講學之士亦各隨風氣以投時好是編詳敘朱子爲學始末以攻金谿姚江之説葢澤澐生於

國初正象山道學廃鹿洞教興之日也

朱子爲學考三卷 福建巡撫採進本

國朝童能靈撰能靈有周易剩義已著錄是編考朱子爲學之次第分年記載而於講學諸書各加案語以推闡辨論之葢繼學蔀通辨而作也與朱澤澐書大致皆互相出入

理學疑問四卷 福建巡撫採進本

國朝童能靈撰首卷言心二卷言性三卷言仁四卷言情其論心曰氣之精爽爲神明神明之渣滓爲氣氣之渣滓爲形心其精而形氣其渣滓也其論

性謂氣質中亦有義理其論仁謂仁先須理會愛之理未發之愛是爲愛之本體而得名之曰仁其論情謂思慮是心之用而情行其中又以孟子四端爲逆觸吾性而發者其情屬陰中庸喜怒哀樂爲順吾性而出者其情屬陽自序謂專心於聖賢先儒之旨閱十餘年日用體驗間有所見輒自劄記而成是編然多師心臆說不能一一愜理也

廣祀典議一卷 兩江總督採進本

國朝吳肅公撰肅公有讀禮問已著錄是書力闢二

氏及諸淫祀持議甚正然皆儒者之常談可以無

庸複述

二程學案二卷 兩江總督採進本

國朝黃宗羲撰其子百家續成之宗羲有易學象數

論已著錄是編以二程造德各殊因輯二程語錄

及先儒議論二程者各爲一卷百家又以已意附

論各條之下然黃氏之學出王守仁雖盛談伊洛

姚江之根柢終在也

讀書質疑二卷 安徽巡撫採進本

國朝王鉁撰鉁有宗譜纂要已著錄是書仿諸儒語錄隨筆劄記不出前人緒論或故爲恍惚之語如云歷家以布算論天不是理亦不是數儒者數在理中却布算不得布算數之巧非數之正亦殊支離也

欲從錄十卷 安徽巡撫採進本

國朝王鉁撰是編之名葢取顏子欲從末由之意摘錄孔子子思顏子曾子孟子周子二程子張子朱子之言而廣引諸家以闡發之於孔子則取易繫

辭及論語於子思則取中庸於顏子則取易繫辭一條論語數條於曾子則取論語大學於孟子則取不忍養氣性善諸條於周子則取太極圖說通書於二程則取遺書於張子則取西銘正蒙於朱子則取近思錄然皆寥寥數則自謂聖賢祕奥已盡於此似不然也

臆言四卷 浙江巡撫採進本

國朝朱顯祖撰顯祖有希賢錄已著錄是編乃其劄記之語論皆醇正而亦患陳因如云行莫大於仁

德無加於孝之類雖聖人不易斯言矣然何必顯

祖始能言也

儒宗理要二十九卷內府藏本

國朝張能鱗編能鱗有詩經傳說取裁已著錄是書

取宋五子著述分類編錄周子二卷張子六卷程

子六卷朱子十五卷書前各有小序一首本傳一

篇别無發明

理學辨一卷浙江巡撫採進本

國朝王庭撰庭字言遠嘉興人順治己丑進士官至

山西布政使司是書以宋明諸儒互有得失因以已意訂正之意在掃衆說之轇轕破諸家之門戶然過於自用往往不醇譚旭謀道續錄曰偶過坊間見王言遠理學辨悅其名也購得之時一披覽百孔千瘡殊不可耐据其所言宋代直無完儒異哉邪說之害道一至此乎如以混沌言太極以心知言性以用言道以心言理天人看作兩股內外判成兩截甚至周子無極等說程子性卽理等說邵子道爲太極等說張子鬼神二氣良能等說都

一例譏彈而其闢朱子也尤甚又謂釋氏見性成佛與中庸未發之中相似又謂吾儒體認未發以前氣象與禪家不思善不思惡時看本來面目相近又謂老子是易之坤道儒者是易之乾道和合三教全無義理其他支離破碎非聖叛經并取陸王之學者尤難縷述最不通者羅整菴一生闢禪深得儒學源流之正與章楓山同莅南廱極爲相得胡敬齋歿時整菴年方弱冠讀書本里雙龍觀內尚未知名迺謂楓山目以禪學敬齋攻之尤力

竟以二公之議白沙者坐於整菴眞可笑也云云其詆訶雖未免稍過要亦庭之好爲異論有以致之也

常語筆存一卷 編修程晉芳家藏本

國朝湯斌撰斌有洛學編已著錄斌學術出於孫奇逢介在朱陸二派之間而有體有用號曰醇儒是書凡二十餘條於存心養性稽古敬身之道皆抒所心得未有斌子溥跋蓋此乃斌平時常語以教子弟生徒溥及斌門人姚岳生等所追記者今編

入湯子遺書改題曰語錄此蓋初出別行之本也

**理學要旨**　無卷數　河南巡撫採進本

國朝耿介編介有中州道學編已著錄是書輯周程張朱五子之書爲一帙書首各列小傳其於周子錄太極圖說復摘錄通書六章於明道程子錄定性書識仁說論氣質之性及語錄於伊川程子錄顏子所好何學論四箴及語錄於張子錄西銘及語錄於朱子之書亦止採仁說一篇及語錄四十條

朱子學歸二十三卷 浙江巡撫採進本

國朝鄭端編端有政學錄已著錄是書成於康熙癸亥採擷朱子緒論分類編輯列爲二十三門門爲一卷自序稱少讀朱子近思錄而求明儒高攀龍所編朱子節要數年不得及此書既成復得節要一冊取以相質亦不至大相刺謬云

溯流史學鈔二十卷 河南巡撫採進本

國朝張沐撰沐有周易疏略已著錄是編乃其講學之語首曰敦臨堂錄其初自內黃罷歸時作次曰

關中錄遊臨潼時作次曰嵩高錄遊嵩山時作侯重喜序稱二錄作於避薦潛迹之時考沐前後兩任縣令不知中間數年何以忽爲隱士也次曰釣談錄因歲歉流寓禹州作次曰燕邸錄重至京師求官時作次曰蜀中錄官貧縣時作次曰天中錄再罷官後主天中書院時作以上共爲十八卷其第十九卷則論昏喪葬祭處女死節廬墓諸事其二十卷則游梁講語也其曰溯流者自取謂取水哉水哉之義其曰史學則是書實非史論沐亦自

無明文命名之意不可得而知矣

閑道錄三卷 湖北巡撫採進本

國朝熊賜履撰賜履有學統已著錄是書大旨以明善爲宗以主敬爲要力闢王守仁良知之學以申朱子之說故名曰閑道葢以楊墨比守仁也其間辨駁儒禪之同異頗爲精核惟詞氣之間抑揚太過以朱子爲兼孔子顏子曾子孟子之長而動詈象山姚江爲異類殊少和平之意則猶東林之餘習也其中如云一箇分爲萬箇萬箇又分萬箇萬

箇合一箇一箇又合一箇然既巳合爲一箇不知所云又合之一箇竟指何物又云無方無方之方無體無體之體無外無外之外無內無內之內無終無終之終無始無始之始又云自寂自感自感自寂恒寂恒感恒感恒寂又云無斷無續無出無入皆不免故爲杳冥恍惚之詞又云食知味行知步知性知天亦不外此尤不免仍涉良知之說其謂老氏無止無理不曾無欲佛氏空止空理不曾空欲亦不甚中其病至謂學不聞道雖功彌六合

澤及兩間止是私意以陰抑姚江之事功尤爲主張太過轉以心性爲虛無矣

下學堂劄記三卷 湖北巡撫採進本

國朝熊賜履撰賜履既重訂所作閑道錄乃舉向所劄記摘其與是錄相發明者三百三十有三條定爲此編前有康熙乙丑自序末條自記成是書時年已五十矣大旨仍以辨難攻擊爲本其說有曰是陸而非朱者不可不辨是朱而並是陸者不可不爲之深辨又曰孟子本靜重簡默之人今日距

楊墨明日闢告許辨論衍衍迄無寧日時爲之也朱子之在淳熙也亦然闢五宗之狂禪訂百家之訛舛殫力竭精舌敝頴禿豈得已哉亦時爲之也當今日而有衞道其人者乎孟朱之徒也其自負亦不淺矣然引蕭企昭之言詈王守仁爲賊未免已甚且其中如論易之類謂六十四卦也說不盡乾坤二卦也不消是亦不免叅襍恍惚之論矣

性理譜五卷　湖北巡撫採進本

國朝蕭企昭撰企昭字文超漢陽人順治丁酉副榜

貢生縣志稱其喜講性命之學與熊賜履友善故賜履著書嘗引其說所著有客窗隨筆一卷再筆二卷闇修齋日記一卷襍筆一卷企昭卒後其兄廣昭裒爲一編總名之曰性理譜亦曰蕭季子語錄其書大旨在於伸程朱而闢陸王與賜履閑道錄所見同

大儒粹語二十八卷 江蘇巡撫採進本

國朝顧棟南撰棟南字季任又字耒餘吳江人是書摘錄周子二程子張子楊時謝良佐呂大臨尹焞

羅從彥李侗胡宏朱子陸九淵張栻呂祖謙黃榦蔡沈陳淳真德秀許衡薛瑄王守仁陳獻章胡居仁顧憲成高攀龍劉宗周二十八家講學之語彙爲一編諸儒門徑各殊棟南合而一之大旨援新安以合金谿爲調停之說者也

紫陽大指八卷 江蘇巡撫採進本

國朝秦雲爽撰雲爽字開地號定叟錢塘人是編成於順治辛丑歲爲王守仁朱子晚年定論而作分八門一曰朱子初學二曰論已發未發三曰論涵

養本原四曰論居敬窮理五曰論致知格物六曰論性七曰論心八曰論太極大約以第一卷所載實爲未定之論二卷以下則眞知灼見粹然一出於正守仁之論亦間附載以互證其何叔京書顛倒年月之類羅欽順等所已駁者不復糾焉

會語支言四卷 浙江巡撫採進本

國朝陸鳴鼇撰鳴鼇字石菴仁和人嘗官河陽縣知縣與趙士麟友善鳴鼇罷官歸會士麟巡撫浙江延入書院講學因輯錄平日議論問答之語以爲

此編大要在闡明心性而往往以習靜養生闌入二氏之說如謂儒家亦作禪和機鋒語非釋氏之私牽合殊甚又引沙門竺公與王坦之約先死者當相報語後經年王於廟中見師來言惟當勤修道德以昇躋神明謂此一則數善備焉亦涉語怪不能盡衷於醇正也

性理大中二十八卷　浙江孫仰曾家藏本

國朝應撝謙撰撝謙有周易應氏集解已著錄是書因性理大全而增損之更其篇籍删其繁支補其

閼略初創稿於康熙庚寅越六年復爲訂正至辛酉始定爲今本故卷端有自序又有重訂一序其退太極圖說於末卷蓋即吕祖謙題近思錄以陰陽性命之說錄於首卷而致知力行之方反錄於後懼學者騖於高遠意其凡例稱自聖學失傳以後開闢洪荒豈無所自嘉言自漢唐以來累累而有亦平心之公論然既稱薛瑄守朱學之成王守仁間有異同矣所敘道統又明代止錄守仁一人而瑄反見黜何也

憤助編二卷 浙江巡撫採進本

國朝蔡方炳編。方炳有廣輿記，已著錄。其父懋德嘗取前人格言，分條輯錄，以自砥礪。方炳得其手稾，每攜以自隨，未及編次，而爲人竊去。至年六十餘，因採擇諸儒緒論，仿懋德原編體例，復爲此書以補之。

體獨私鈔四卷 浙江巡撫採進本

國朝黃百家撰。百家字主一，餘姚人。康熙中嘗以薦預修明史。其父宗羲爲劉宗周門人，故百家是編皆發明宗周之說首揭宗周慎獨宗旨一一考辨曰闡章次以專言獨者曰明句又採取古聖賢能慎獨之人曰證人又取先儒舊訓有合於慎獨之義者曰證言皆參以其父宗羲所論而推闡以己意

王劉異同五卷 浙江巡撫採進本

國朝黃百家撰是書大旨在以劉宗周慎獨之說補王守仁良知之罅漏首述二家立說之異繼證二家之同末採擇兩家文集中語以類次之而終以

其父宗義所撰王劉兩傳

學術辨一卷 編修程晉芳家藏本

國朝陸隴其撰隴其有古文尚書考已著錄是書凡上中下三篇皆辨姚江之學上篇發其端中篇實其病之所在下篇究其弊之所極已載入三魚堂集中此曹溶學海類編摘錄別行之本也

問學錄四卷 浙江巡撫採進本

國朝陸隴其撰是編大旨主於力闢姚江之學以尊朱子然與王守仁辨者少而於近代之說調停於

朱陸之間及雖攻良知而未暢者駁之尤力其中有抑揚稍過者如高攀龍遭逢黨禍自盡以全國體其臨終遺表有君恩未報願結來生二語此自老臣戀主惓惓不已之至情而譏其以來生之說流於佛氏爲疑未免操之已蹙朱子文集有與鞏仲至書曰仍更洗滌得腸胃間夙生葷血脂膏夙生二字與來生何異譏其何竟不糾耶王守仁開金谿之派其末流至於決裂猖狂誠爲有弊至其事業炳然自不可掩而譏其謂守仁之道不得大

行繼守仁而行其道徐階也使守仁得君其功業亦不過如階似亦未足以服守仁之心至於朱子之學上接洙泗誠宋以來儒者之宗隴其必謂讀論語固能興起善意然聖言簡略又不若小學近思錄朱子行狀尤能使人興起善意似亦過於主持蓋明之末年學者以尊王詆朱爲高其勢幾不可遏隴其篤守宋儒力與之辨不得不甚其詞然亦稍失和平之氣且隴其官靈壽時已自摘此書要語入之松陽抄存中則所未摘取者雖不存可

矣

信陽子卓錄八卷編修勵守謙家藏本

國朝張鵬翮撰鵬翮有忠武志已著錄是書凡分七目曰道體曰致和曰存省曰修己曰治人曰閑道曰博物俱采輯前言往行附以己說名曰卓錄取如有所立卓爾之義也

王學質疑一卷附錄一卷浙江巡撫採進本

國朝張烈撰烈有讀易日抄已著錄是書攻擊姚江之學凡分五篇一辨性即理之說一辨致知格物

之說一辨知行合一之說一爲雜論一爲總論其附錄則首爲朱陸異同論次爲史法質疑通論史體次爲讀史質疑五篇一論明孝宗時閹官之勢一論李東陽之巧宦一論宋史以外不當濫立道學傳亦爲王學而發一論王守仁宜入功臣傳而以明之亂亡全歸罪於守仁一論萬歷時爭東宮爭挺擊諸臣之非當王學極濫之日其補偏救弊亦不爲無功然以明之亡國歸罪守仁事隔一百餘年較因李斯而斥荀卿相距更遠未免鍛鍊周

納夫明之亡亡於門戶門戶始於朋黨朋黨始於講學講學則始於東林東林始於楊時其學不出王氏也獨以王氏爲禍本恐宗姚江者亦有詞矣至以守仁宏治己未登第是年孔廟災建陽書院亦火爲守仁所致之天變尤屬鑿空誣衊是皆持之過急轉不足以服其心者也若挺擊一案當以孫承宗事關國本不可不辨事關宮闈不可深辨之說爲正而烈以抗論諸臣多出王學遂謂主瘋顛者爲是殊不思福王奪嫡途人皆知即事關鄭

妃不能行法亦不可無此窮究之論坐罪於其羽翼以陰折再發之逆萌如其默默相容僅以瘋顛坐張差則彼計得逞可以坐擅天下即計不成不過僅捐一刺客何憚而不重試乎故諸臣之爭雖明知其不行而於事不爲無益未可黨同伐異顛倒天下之是非也陸隴其跋於此條再三剖析蓋亦深覺其失矣夫學以克制其私也烈所云云於門戶之私其尚有未能克制者乎

太極圖說遺議一卷 浙江巡撫採進本

國朝毛奇齡撰奇齡有仲氏易已著錄周子太極圖說本易有太極一語特以無極二字啟朱陸之爭奇齡又以其圖與參同契合併引唐元宗御製上方大洞眞元妙經序無極二字爲證因及於篇中陰陽動靜互根等語謂皆非儒書所有立議原不爲無因惟是一元化爲二氣二氣分爲五行而萬物生息於其間此理終古不易儒與道共此天地則所言之天地儒不能異於道道亦不能異於儒猶之日月麗天萬方並覩不能謂彼教所見日月

非我日月也苟其說不悖於理何必定究所從出奇齡此論不論所言之是非而但於圖繪字句辨其原出於道家所謂舍本而爭末者也

教習堂條約一卷編修程晉芳家藏本

國朝徐乾學撰乾學有讀禮通考已著錄此書乃其教習庶吉士時所定學規曹溶收之學海類編者也考乾學教習庶吉士時爲康熙二十四年乙丑其條約雖極早出亦當在四五月間溶卽以是年病卒且遠在嘉興不應得見其條約編入叢書或

溶沒之後傳鈔者又有所竄入也學海類編眞僞糅雜有謬至不可理解者頗爲讀者所詬病觀於此卷則其眞出溶手與否固在疑似之間矣

萬世玉衡錄四卷江蘇巡撫採進本

國朝蔣伊撰伊字謂公常熟人康熙癸丑進士由翰林院庶吉士改陝西道監察御史官至河南提學副使是編乃其初登第後恭進

御覽之書也前有進書奏疏其書分門編次共六十四類每類之中又自分法戒二類所採上起唐虞下迄

明季其曰萬世玉衡者葢取司馬遷天官書之說以玉衡爲北斗杓也

儒門法語無卷數江蘇巡撫採進本

國朝彭定求編定求有周忠介公遺事已著錄是編凡錄宋朱子陸九淵明薛瑄吳與弼陳獻章王守仁鄒守益王敬臣羅洪先王畿顧憲成高攀龍蔡懋德魏校羅倫馮從吾呂坤孟化鯉劉宗周陳龍正黃道周二十一家講學之語少或一二條多至十數條定求自有所見即附識於後其卷首題詞

有云功殊博約條分頓漸自朱陸立言始要之入門異而歸墟同無容偏舉也云云可以見其宗旨矣

三子定論五卷浙江巡撫採進本

國朝王復禮撰復禮有家禮辨定已著錄王守仁作朱子晚年定論顛倒年月以就已說久爲諸儒所駁復禮欲伸陸王而又揣公論既明斷斷不能攻朱子故噓守仁已燼之焰仍爲調停之說凡朱子定論一卷陸子定論一卷王子定論一卷後附學

辨論斷共一卷皆採諸家之言附論一卷則復禮自爲說也因紬之餘仍巧爲翻案之計蓋所謂不勝不止者也

正修錄三卷齊治錄三卷浙江巡撫採進本

國朝于準撰準字萊公永寧人江南總督成龍子也官至江蘇巡撫是編因成龍襍抄之稿與蔡方炳編次增益之正修錄所採凡一百三十八家之言不分門目齊治錄所採則分幼學養蒙閑家善後士子守身縉紳居鄉以道事君任職居官勸諭愚

民愼重刑獄善俗戢姦儆科撫字備荒救災十一門亦雜采諸家之說所取不拘一格其凡例稱成龍不從理學中立名絕無胸中彼此異同之見又稱成龍不佞佛亦不闢佛謂身爲儒者方憂聖賢道理𢩥取不盡何暇探討宗教律觀諸書以資辨駁其言明白正大無一毫黨同伐異娼嫉求勝之私斯成龍所以爲成龍歟

續近思錄十四卷浙江巡撫採進本

國朝張伯行編伯行有道統錄已著錄是編因近思

錄門目採朱子之語分隸之而各爲之註然自宋以來如近思續錄文公要語朱子學的朱子節要朱子近思錄之類指不勝屈幾於人著一編核其所載實無大同異也

學規類編二十七卷 江蘇巡撫採進本

國朝張伯行撰是編乃康熙丁亥伯行官福建巡撫建鼇峰書院因併刻學規以示諸生卷首載

聖祖仁皇帝訓飭士子文而宋元明諸儒講學條約以次類編併以所自作讀書日程附焉自二十三卷以

下題曰補編又所以補原本未備之門目也

性理正宗四十卷 河南巡撫採進本

國朝張伯行撰伯行自序謂性理大全一書雜採天文地志律歷兵機讖緯術數之學及釋家參同契縱橫家言概有取焉未免失之駁而不純因刪其繁蕪補其缺略尊道統以清其源述師傳以別其派爰取周程張朱五子以下及元明諸儒之言分類次之卷一論道統卷二卷三總論聖賢自四卷至六卷則論孔子及顏淵曾子子思孟子至十哲

則惟閔子冉子端木子子路子游子夏益以曾點其餘聖門諸賢皆不及也七卷以下爲周張二程及程子門人十一卷以下論朱子張栻及朱子門人於元則許衡一人於明則取薛瑄胡居仁羅欽順三人十四卷以下雜論性命氣質道德仁義禮智等目二十四卷以下論爲學之要三十五卷以後則辨其學術之詭於正者如荀卿揚雄王通蘇軾陸九淵陳獻章王守仁之學皆採先儒論辨之言大旨在闢陸王以尊程朱

廣近思錄十四卷 副都御史黄登賢家藏本

國朝張伯行撰伯行是編采集宋張栻吕祖謙黄榦元許衡明薛瑄胡居仁羅欽順七家之遺書以續朱子近思錄分十四門仍如朱子原書之目

濂洛關閩書十九卷 副都御史黄登賢家藏本

國朝張伯行編取宋五子之書粗存梗概各爲之註凡周子一卷張子一卷二程子十卷朱子七卷每條皆以某子曰字冠之

困學錄集粹八卷 副都御史黄登賢家藏本

國朝張伯行撰其書摹讀書居業二錄之體一二卷題曰河干公餘三四五卷題曰閩署公餘六七八卷題庚寅至甲辰年六卷以上皆述其自得之語七卷以下頗辨陸九淵王守仁高攀龍劉宗周諸人之誤

理學正宗十五卷河南巡撫採進本

國朝竇克勤編克勤字敏修號敬菴柘城人康熙戊辰進士官翰林院檢討是編列宋周子張子二程子楊時胡安國羅從彥李侗朱子張栻呂祖謙蔡

沈黃幹元許衡明薛瑄共十五人人各一傳併取其語錄咨問及著作之切於講學者錄之附以已見而於太極通書釋之更詳大旨以朱子爲宗李侗以上開其緒者也黃幹以下衍其傳者也胡安國等皆互相羽翼者也克勤自序又云尚有邵康節蔡元定二公之書俟學者旣通六經四書而後可及葢二人之學皆主於數與主理者又小別耳

欽定四庫全書總目卷九十八

子部八

儒家類存目四

大學辨業四卷聖經學規纂二卷論學二卷直隸總督採進本

國朝李塨撰塨有周易傳注已著録是編發明古大學之法以辨俗學之非大旨與其大學傳注同首總論大學次辨後儒所論小學大學次論小學次辨後儒改易大學原本次大學原文及全篇解次大學之道至致知格物解次辨後儒格物解次其

本亂至此謂知之至也解次申論格物次所謂誠其意者至末解次申解全篇其所爭在以格物爲周禮三物其謂孔子之時古大學教法所謂六德六行六藝者規矩尚存故格物之學人人所習不必再言惟以明德親民標其宗要以誠意指其入手功夫而已格物一傳可不必補其說較他家爲巧故當時學者多稱之聖經學規纂二卷則摘錄四書五經之言學者申明其說論學二卷則錄朋友問難之語其凡例所謂辨業意有不盡者入之

學規學規意有不盡者入之論學是也

小學稽業五卷 直隸總督採進本

國朝李塨撰其序謂朱子小學所載天道性命上達也親迎朝覲年及壯強者也以及居相告老諸條皆非幼童事且無分於大學乃別輯此編卷一爲小學四子韻語括其總綱以便誦讀卷二爲食食能言六年教數方名七年別男女八年入小學教讓九年教數目十年學幼儀諸條卷三爲學書卷四爲學記卷五爲十有五學樂誦詩舞勺大旨以

禮樂書數爲綱其中如引曲禮屨不上堂一節在今日並無解屨之事引內則凡路男子由右婦人由左車從中央一節在今日亦跬步不可行此處陳古禮者也又誦詩一條自造詩譜舞勺一條自造舞譜此又杜撰古樂者也惟學書一篇辨篆楷之分極爲精核然亦非童子之所急其膚廓正與親迎朝覲等耳

性理纂要八卷　河南巡撫採進本

國朝冉覲祖撰覲祖有易經詳說已著錄是書前四

卷爲性理纂要附訓五卷至八卷爲性理纂要附評自序謂附訓者周子太極圖通書張子西銘東銘程子定性書五者之訓詁太極圖通書西銘本朱子之註諸儒之說東銘定性書則雜考朱子及諸儒之說而參以已意附評者以程子之言爲經朱子之言爲傳諸儒爲之羽翼而以已意爲之評推覲祖之意蓋以性理所載太極圖諸書爲周張程所手著故尊爲經典名之曰訓其性理諸條以下則胡廣等裒集之言故儕諸文史目之曰評然

同一先儒之言何必分疆别界况許中所引程子之説不一而足何所見忽尊而訓忽卑而許也

天理主敬圖一卷河南巡撫採進本

國朝冉覲祖撰其圖上標天理二字明性道之重中列存養省察講學力行四項爲體道之功下書一敬字以示心法之要蓋爲姚江之學言超悟者而發然古人著書必言不能盡其意者乃圖以明之若體認天理而存養省察講學力行以歸於主敬此可以言詮者也何必託諸繪畫乎

程功錄五卷兩江總督採進本

國朝楊名時撰名時有周易劄記已著錄是編乃其講學劄記體例全仿薛瑄讀書錄然中間頗涉雜論第四卷中剖析鉛汞之說尤於儒理無關其亦鄒訢註參同契意耶以大旨醇實故仍列之儒家焉

嵩陽學凡六卷副都御史黃登賢家藏本

國朝景日昣撰日昣有嵩岳廟史已著錄是書依大學八條目排纂諸家語錄意取通俗故言皆淺近

蓋曹端夜行燭之類每門中分析子目至數百條亦不免於蕪雜

續小學六卷 浙江巡撫採進本

國朝葉鈖編鈖號潛夫嘉善人是書成於康熙辛未以朱子小學一書所采至宋淳熙而止因續采自宋迄明諸儒言行可爲師法者仍以内外篇目分條類敘自爲之注其立教第一篇末附幼儀三十則則鈖所自撰也

心印正說三十四卷 江蘇巡撫採進本

國朝吳台碩撰台碩字位三嘉定人陸隴其之門人也是書成於康熙壬申以學術治功之要分立篇目而各爲論以發明之凡三十四類每類又各有子目於洛閩緒言及歷代史論多所徵引又間有註釋不知何人所增入其曰心印當取心心相印之義然二字乃佛語非儒語也其說存二篇則仿序卦傳體述其次第亦涉擬經陸隴其爲之作序不一糾正何耶

尊道集四卷 湖北巡撫採進本

國朝朱搴撰搴字艮一黃陂人是書成於康熙丁丑第一卷爲聖賢前編自孔子至孟子事蹟及後人論說第二卷節取伊洛淵源錄第三卷節取伊洛淵源續錄第四卷爲前明五子錄紀薛瑄胡居仁羅欽順顧憲成高攀龍五人行誼而兼及其言論大指主於攻擊陸王

近思續錄四卷 副都御史黃登賢家藏本

國朝劉源淥撰源淥字崑石自號直齋安邱人是書因朱子近思錄篇目采輯朱子或問語類文集分

門編輯前有康熙辛巳其門人陳舜錫馬恒謙二序舜錫序稱其每祭朱子品物豐潔極其誠敬恒謙序稱其於朱子文集或問語類三書沉潛反覆撮輯纂敘席不暇煖手不停筆二十餘年凡三創草三脫稿乃成是書云

冷語三卷 副都御史黃登賢家藏本

國朝劉源淥撰其門人馬恒謙編其書仿語類之體大旨本朱子之說而衍之其三卷中一條詆劉安世爲邪人謂其害甚於章惇邢恕以其與伊川不

協也然宋史具在安世盡言集亦具在果章惇邪恕之不若乎不問其人品之醇疵但以附合道學者爲正稍相齟齬者爲邪則蔡京之薦楊時當爲北宋第一正人矣佛家以敬信三寶與否定人之罪福儒者不常如是也

**讀書日記六卷** 山東巡撫採進本

國朝劉源淥撰凡記疑五卷冷語一卷皆讀書劄記之言其記疑本二十四卷冷語本五卷後歸安陸師爲之刪定更以今名然冷語又有三卷一本蓋

天下之至易作者莫如語錄偶逢紙筆即可成編故諸本錯出如是也

**性理辨義二十卷** 直隸總督採進本

國朝王建衡撰建衡有讀史辨惑已著錄是書分二十篇而列目凡十有五曰原理原氣原天原生物原性原命原道原德原倫原學原鬼神原人鬼原祭原妖厲禨祥論其第一篇與十二篇皆題曰原理自註謂前統論天地之理後以在物之理言第二篇第三篇皆題曰原氣第四篇第五篇第六篇皆

題曰原天而不自言其所以分推究其文則原氣二篇一言陰陽一言五行原天三篇一言天行及日月一言星辰及推算一言風雨露雷諸事也大旨皆複衍宋儒而加以膠固其原天三篇則純述歐羅巴語而諱所自來焉

靜用堂偶編十卷兩江總督採進本

國朝涂天相撰天相字燮菴號存齋一號迂叟孝感人康熙癸未進士官至工部尚書天相從熊賜履講學所著有謹庸齋劄記守待錄存齋閒話等書

茲編又從諸書之中撮其大要上編爲學言政言學辨凡五卷下編爲家訓幼儀雜箴雜銘雜誡古今體詩存齋詩話亦五卷

廣字義三卷浙江巡撫採進本

國朝黄叔璥撰叔璥有南征記程已著錄初宋陳晉作字義凡一百五十三字孫承澤嘗爲增訂叔璥復取陳淳北溪字義及程逵原字訓合承澤所訂裒爲一書每條之首題原字者晉之舊題廣義者皆續增也

朱子晚年全論八卷　江西巡撫採進本

國朝李紱編紱字巨來號穆堂臨川人康熙己丑進士官至內閣學士兼禮部侍郎朱陸之徒自宋代即如水火厥後各尊所聞轉相詬厲於是執學問之異同以爭門戶之勝負其最著者王守仁作朱子晚年定論引朱以合陸至萬歷中東莞陳建作學蔀通辨又尊朱以攻陸程瞳朱子之鄉人也因作閑闢錄以申朱子之說紱陸氏之鄉人也乃又作此書以尊陸氏之學大旨謂陳建之書與朱子

之論援据未全且語錄出門人所記不足爲據乃取朱子正續別三集所載自五十歲至七十一歲與人答問及講義題詞之類排比編次逐條各附考證論辨於下以成是書其說甚辨案韓愈送王秀才序稱孔子之道大而能博學焉而各得其性之所近故子貢之敏悟曾子之篤實皆得聞一貫之旨而當時未嘗相非後之儒者各明一義理亦如斯何必引而同之使各失故步乎

陸子學譜二十卷 江西巡撫採進本

國朝李紱撰是編發明陸九淵之學首列八目曰辨志曰求放心曰講明曰踐履曰定宗仰曰闢異學曰讀書曰爲政次爲友教次爲家學次爲弟子次爲門人次爲私淑而終之以附錄考陸氏學派之端委蓋莫備於是書惟必欲牽朱入陸則可以不必耳

學舫無卷數 山東巡撫採進本

國朝吳雲撰雲有雲谷寺志已著錄是編每條標目各載門人某述而玩其文辭乃出一手大抵雲有

所講論輒筆於書特分署門人之名以摹仿程朱語錄體例耳其議論頗多迂誕如論河圖謂嬰兒首有髮漩爲人之河圖黃河居中衆水分流爲地之河圖三垣五行日月列宿爲天之河圖未免穿鑿論周易大旨謂易字從日從月日月往來卽易聖人非作易乃抄易耳陰取參同契之說又未免勦襲至詩學一條謂詩必以賡歌擊壤爲歸尤萬不可行之高論也

白鹿洞規條目二十卷 江蘇巡撫採進本

國朝王澍撰澍有禹貢譜已著錄是編取朱子白鹿洞規爲綱而分類條析證以經史百家之語自序云始自戊寅四月迄癸未十月中更六年凡三易稿云

集程朱格物法一卷集朱子讀書法一卷 兩江總督採進本

國朝王澍撰陸王之學主於靜悟故以讀書爲粗迹而所謂格物者亦以爲格去物欲還虛明之本體故澍取程朱格物之要語與朱子讀書章程排比聯絡融會其意各爲一篇以救其弊其詞澍所自

撰其理則洛閩之緒言故皆謂之集焉

經書性理類輯精要錄六卷兵部侍郎紀昀家藏本

國朝王士陵撰士陵有易經纂言已著錄是編採五經四書與性理大全之文分類編次凡道體一卷爲學一卷爲政二卷實履一卷聖賢一卷別爲子目四十三子目之中又別爲子目二十各襍採坊本講章之文而附以已見

謀道續錄二卷江西巡撫採進本

國朝譚旭撰旭字東白新建人康熙丁酉副榜貢生

是書末有其門人呂步青跋稱旭先有謀道錄故此稱續錄其學恪守程朱持論甚正而不免於好辨每爭競於一字一句之間其細已甚又友朋以書相質詳爲批閱是也所見不合兩存以待論定亦可也乃往往註其人已改而仍載其原本之疵謬以見駁正之功此近於暴巳之長形人之短矣

讀周子劄記無卷數江蘇巡撫採進本

國朝崔紀撰紀有成均課講周易已著錄是書以中庸之旨發明太極圖說通書之理大意謂太極即

中庸上天之載其陰中有陽者是太極之靜而中即中庸所謂人心未發之中陽中有陰者是太極之動而和即中庸所謂人心已發之和其變四象而言五行用意尤在於主以明太極即不貳之誠蓋本明薛瑄之說而益推衍之紀所解中庸以主靜爲主亦此意也

知非錄一卷 山東巡撫採進本

國朝鄧鍾岳撰鍾岳字東長號悔廬聊城人康熙辛丑進士第一官至禮部左侍郎是編蓋其晚年講

學所記故取蘧伯玉事爲名猶其自號悔廬之意也

餘山遺書十卷 浙江巡撫採進本

國朝勞史撰史字麟書號餘山餘姚人是書謂易之爲道細無不該遠無不屆故多本易理以推人物之性其說亦或偶似近理然如推飛禽上升屬陽陽象圓圓者徑一而圍三故鳥足三爪而圍三除去上一旱爪爲徑下本乎地者爲植物故走獸不能飛屬陰陰象方爲坤坤爲牛牛之蹄爪四四合

而二偶故除去上二小旱爪惟大爪著地是兩地而爲二萬物衆矣恐不能一一準數而生也

虛谷遺書三卷 江西巡撫採進本

國朝何國材撰國材字維楚江西新城人是編凡分四種祖陸九淵求放心之說而爲心學釋疑本王守仁致良知之說而爲格物質疑採魏伯陽參同契之說而爲易圖測仿岳元聲研幾私乘之說而爲研幾錄大旨爲堅護陸王門戶而著書非爲學問而著書也

筆記二卷 湖北巡撫採進本

國朝程大純撰大純字漢舒孝感人康熙中由貢生官黄岡縣教諭是書皆講學之語其謂陸王之學雖矯枉過正然用以救口耳之學不爲無功所見頗爲平允若以程子配孔子朱子配孟子則聖賢之於大儒自有分際未必二子所敢居矣

日省編一卷 浙江巡撫採進本

國朝馮昌臨撰昌臨有易學彙記已著錄是書取太極圖說西銘及劉宗周人極圖三篇以爲體道修

身之本後有玩日省編附語取先儒舊說閒以已意附釋焉

聖學輯要一卷 兩江總督採進本

國朝潘繼善撰繼善有音律節略考已著錄是書爲目凡六論致知力行存養愼獨爲一篇論誠一篇論仁義禮智爲一篇論學思知行爲一篇論主敬存省爲一篇論生質氣象爲一篇前有江永序稱其學以敬爲主蓋新安爲朱子之鄉無不宗法洛閩者繼善亦隨其土俗云

載道集六十卷 浙江巡撫採進本

國朝許焞編。焞字純也，海寧人，雍正癸丑進士，官翰林院編修。此編錄歷代之文，大旨以道學諸儒爲主，而其餘類及焉。冠以大學聖經一章、中庸哀公問政一章，次以家語三章，次爲孔子弟子門人、子思、孟子、孟母、樂克、東周賢士之言，又次爲東周論著。自漢至唐，大體分王言、臣言、論著三類，而隋則增王門弟子之言一類，尊王通也。宋元明則論著之外增言行一類，以有講學諸儒也。終以張履祥之書其凡例謂千古之聖人莫尊於洙泗有明之儒者莫醇於楊園以孔子始以張子終垂希聖希賢之則也然於百世之下尊一人與孔子相終始談何容易乎

耽亭遺書十卷浙江巡撫採進本

國朝周宗濂撰宗濂字簡菴華亭人雍正癸卯拔貢生官潛山縣教諭是書於易書詩春秋禮記周禮儀禮偶有所得皆隨筆記錄末附日省錄一卷其說經諸條多講章習見之語至斥禮記祭法王立

七廟凡有六謬祭義天子巡守先見百年於理難通尤爲臆見惟日省錄語多切實葢疏於考古而熟於講學者也

棉陽學準五卷　江西巡撫採進本

國朝藍鼎元撰鼎元有平臺紀略已著錄雍正戊申鼎元以普寧縣知縣署理潮陽因經理其學校作是編以訓士卷一曰同人規約卷二曰講學禮儀丁祭禮儀書田志卷三卷四曰閑存錄卷五曰道學源流太極要義西銘要義棉陽者潮陽古地名

也

女學六卷 福建巡撫採進本

國朝藍鼎元編鼎元以周禮天官有九嬪掌婦學之法謂婦人不可不學然自班氏女誡以外若劉向列女傳擇而不精鄭氏女孝經精而不詳至女訓女史閨範女範等書尤爲鄙陋淺卒因採經傳格言叅摭史傳分爲德言容工四篇章區類別間綴論斷其體例皆本之朱子小學

張子淵源錄十卷 山東巡撫採進本

國朝張鏐編。鏐號紫峰，樂陵人，雍正壬子舉人。是書以儀封張伯行所刻張子全書不無訛誤，因彷近思淵源二錄之遺意，擇張子粹言以程朱論定者彙爲一集。間有刪節，皆從程朱所辨而張子晚年所未及改者也。凡西銘一卷、正蒙二卷、經學理窟二卷、語錄文集一卷、遺文一卷、拾遺文一卷、遺事一卷、弟子一卷。

女教經傳通纂二卷 江蘇巡撫採進本

國朝任啟運撰。啟運有周易洗心，已著錄。是編仿宋朱子小學之例採諸經傳及女誡女訓女史箴等書分十三類曰立教曰敬身曰笄禮曰昏禮曰事父母舅姑曰謹夫婦曰辨内外曰逮妾媵曰生子曰勤職曰祭禮曰喪禮曰貞節其子翔爲之注未有其門人傳洛等跋稱尚有女教史傳通纂一書倣小學外篇之意今未之見據翔所附記此書立教等十一門乃啟運之妻所輯笄禮喪禮二門乃其妻没後啟運所補然啟運序中不及之且其妻名氏翔亦未著故仍以啟運之名著録焉

躬行實踐錄十五卷浙江巡撫採進本

國朝桑調元撰調元有論語說已著錄調元初以文章馳騁一時晚乃講學作爲語錄其門人沈世煒及其姪經邦編而次之以成是書大旨以程朱爲宗

讀書小記三十卷山西巡撫採進本

國朝范爾梅撰爾梅字梅臣號雪庵洪洞人雍正中貢生是編乃其隨筆札記教授生徒者其弟爾輯顏之曰讀書小記其目爲大學中庸論語孟子札

記者凡六卷爲周易札記易論易卦考者凡七卷爲尚書札記者一卷爲毛詩札記者二卷爲春秋札記者五卷爲禮記周禮札記者三卷又樂律考一卷琴律考一卷語錄一卷明儒考一卷詩文三卷据卷首凡例謂易尚書詩爲完書春秋禮記周禮等皆有殘佚重複葢其書非手訂故多缺略其所爲諸經札記皆隨意綴語初非依經立訓易論易卦考則專主圖書卦變之義樂律琴律考則采自明鄭世子載堉樂書無他發明

南阿集二卷　陝西巡撫採進本

國朝康呂賜撰呂賜有讀大學中庸日錄已著錄是編以集爲名實則劄記一爲論易問答一爲愼獨齋日錄皆題曰卷一據雍正壬子王心敬序稱問答語錄凡十冊則非全書矣

淑艾錄十四卷　江西巡撫採進本

國朝祝洤撰洤字人齋原名游龍海寧人乾隆丙辰舉人是書本張履祥備忘錄而增刪之凡三百九十五條仿朱子近思錄例分十四門持論頗爲純

正而其後序則門戶之見尚堅持而不化必欲滅盡陸王一派而後已如有不共戴天之讐是未免於已甚矣

下學編十四卷江西巡撫採進本

國朝祝淦撰淦以蔡氏所纂朱子近思續錄及近代朱子近思續錄朱子文語纂朱子節要諸書皆爲未善乃掇取文集語類分十四門編次之門爲一卷凡六百九十二條其去取頗有苦心然多竄易其原文雖所改之處皆註其下曰原作某句然先

儒之書意有所契簡擇取之可也意所不合附論是非破除門戶無所曲阿亦可也學未必能出其上而遽改古書其意雖善其事則不可訓矣

東莞學案　無卷數　浙江巡撫採進本

國朝吳鼎撰鼎有易訓舉要已著錄是書大旨以陳建學蔀通辨全爲阿附閹臣排陸以陷王甚至取象山語錄割裂湊合而誣之以禪因條列其說一一詰難一曰誣朱子學禪二曰撰禪名色三曰以遮掩禪機咎象山四曰撰養神二字誣象山五曰

删節象山文字誣象山六曰錯解象山語罪象山七曰嘲象山闢禪八曰自禪九曰駡先儒十曰自譽十一曰譽朝貴十二曰總論學蔀通辨三十謬十三曰諸儒評學蔀通辨末附象山讀書法五十七條論三魚堂荅秦定叟書一則陳建爲東莞人故題曰東莞學案案明以來朱陸之徒互相詬厲名則託於衛道實則主於尋讐建之書以善駡爲長旣非儒者氣象鼎又從而報復之葢門戶之爭非一朝一夕之故矣

逸語十卷 江蘇巡撫採進本

國朝曹庭棟撰庭棟有易準已著錄是書前有自序謂慮羣書沿襲疑信相參用是殫心潛體削誣正誤以傳其信云云夫自秦漢而後百家多述孔子之言眞僞參半庭棟雖稱削誣正誤亦未見一一必出於孔子又其序說行欵及每節註文分圈內圈外儼然朱子論語集註體例亦未免過於刻畫也

困勉齋私記四卷 編修周永年家藏本

國朝閻循觀撰循觀有尚書讀記已著錄是編乃其劄記之文初爲三書一曰困勉齋私記一曰困勉齋記忘一曰求心錄循觀殁後其同學韓夢周刪除繁複定爲四卷總名之曰私記其學主於主敬克己時時提醒此心刻苦自立而諄諄致戒於近名於河津之派爲近

思通集二卷隨意吟一卷 江蘇巡撫採進本

國朝秦望撰望字元宮無錫人思通集皆襍論義理自太極陰陽天地鬼神飛潛動植之類凡有會悟

隨筆記之隨意吟乃所作襍詩皆五言古體亦多涉理路

敘天齋講義四卷陝西巡撫採進本

國朝賀文炳撰文炳字質民長安人是書首純一圖說次學約次中庸撮總次禮樂緒言凡四種因乾隆三十三年其稿曾咨送

五朝國史館遂題曰進呈敘天齋講義且備錄文牒累牘連篇幾乎末大於本可謂村塾迂儒毫不知

朝廷體制者矣

明儒講學考一卷　浙江巡撫採進本

國朝程嗣章撰嗣章字元樸號南耕上元人明代儒者洪永以來多守宋儒矩矱自陳獻章王守仁湛若水各立宗旨分門別戶其後愈傳愈遠益失其眞入主出奴互興毀譽嗣章爲綜括大略合爲一篇而各注仕履於其下於源流授受宗派甚明然如貝瓊等本明初文士於六經無所發明未足當儒林之目槩加牽引不免失之氾濫矣

業儒臆說一卷編修程晉芳家藏本

國朝陶圻撰圻字甸方秀水人是編皆論學之語末有其弟越跋語稱其生平於性命之學最所究心然觀所論議大率仍明人講學之習務以空談相勝也

砭身集六卷江蘇巡撫採進本

國朝劉鳴珂撰鳴珂有易圖疏義已著錄陝西通志謂鳴珂有志聖賢之道隨處體認有所得輒錄之凡六卷即此書也其書雖以集名實則語錄持論

亦頗醇正然其中多駁經之說如疑儀禮喪服傳父在不得爲母三年妾生之子適母在不得爲其母服及叔嫂無服皆逆於人心自然之理又疑禮記抱孫不抱子爲厚於孫而薄於子凡此之類皆據臆見以測聖人執後世以疑前代順人情而不揆正名定分別嫌明微之意蓋講學而未能窮經者耳卷首有臨潼教諭王修所作鳴珂傳其標題曰大茂才理學名儒伯容劉公傳亦不知文章體例至稱鳴珂學行載於

大清國史尤鄉曲陋儒妄相誇耀不知
國家典制者矣

愚齋反經錄十六卷　陝西巡撫採進本

國朝王寵撰寵字愚齋陝西人是書卷一至卷四爲論語尊註解意卷五爲小學大學中庸兩孟指要四種卷六爲孝經述朱卷七爲忠經擇要卷八爲明倫錄卷九爲理學入門卷十爲知性錄卷十一爲尋孔顏樂處卷十二爲易學指要卷十三爲善利圖說補卷十四爲學要卷十五爲治要卷十六

爲荒政錄總名爲反經錄皆陳因之說無所發明

講學二卷 浙江范懋柱家天一閣藏本

國朝陳祖銘編皆其師李培講學語也培號此菴嘉興人其說皆闡姚江餘緒上卷曰溯源委同人我端學術定志趣認本體議功夫求悟門先默識崇實際重悟輕修脫世味凡十一條下卷則皆襍論性理四書大旨觀其立論以悟爲宗而又譏世之講學者重悟而輕修特巧掩其迹杜人攻詰而已矣

三立編十二卷安徽巡撫採進本

國朝王梓編梓字岑伯郃陽人官崇寧縣知縣是編取明王守仁著述分類編輯以講學者爲立德以論事者爲立功以詩文爲立言立德編摘述傳習錄及文錄立功編載奏疏咨文行牒批呈告諭立言編載古今體詩襍文末附年譜

性理析疑十五卷福建巡撫採進本

國朝蔡洛撰洛武平人此書皆舉宋儒之說摘條設問分二十七門或引先儒之言或出己意以解之

引伸觸類辨析頗詳然大抵如坊刻高頭講章之說也

童子問一卷 浙江巡撫採進本

國朝黃文澍撰文澍有經解經義襍著已著錄是編刊本題石畦集童子問蓋其集中之一種也設爲童子問而文澍荅以駁王守仁之學凡十四章

敬義錄一卷 浙江巡撫採進本

國朝黃文澍撰亦石畦集中之一也大旨述程朱之緒言駁陸王之高論無所發明亦無所乖剌惟其

中一條云莊子尚有見地荀子則茫然無所見止識得一個學名乃轉似金谿姚江所說與全書南轅北轍則不解其何故也

理解體要二卷　江西巡撫採進本

國朝黃爲鶚撰爲鶚宜黃人其書凡一百三十八條繪圖列說皆襍採宋人講學之語融貫成篇

讀白鹿洞規大義五卷　江蘇巡撫採進本

國朝任德成撰德成字象元吳江人是書取朱子白鹿洞規原文各分段落標於每卷之首而引歷代

諸儒名言附於後凡二百四條前有讀白鹿洞規文約舉邵周程張吕陸諸家之說以冠之則一篇之綱領也

朱子書要無卷數（兩江總督採進本）

不著編輯人名氏取朱子語類文集抄撮成帙前無序目每條下又各以硃筆注道體天命等子目葢欲分類編排手錄未竟之本也

右儒家類三百七部二千三百六十九卷（內二十部無卷數）皆附存目

欽定四庫全書總目 子部

卷九十九之一百

12225

欽定四庫全書總目卷九十九

子部九

兵家類

史記穰苴列傳稱齊威王使大夫追論古者司馬兵法是古有兵法之明證然風后以下皆出依託其間孤虛王相之說雜以陰陽五行風雲氣色之說又雜以占候故兵家恒與術數相出入術數亦恒與兵家相出入要非古兵法也其最古者當以孫子吳子司馬法爲本大抵生聚

訓練之術權謀運用之宜而已今所採錄惟以論兵爲主其餘雜說悉別存目古來僞本流傳既久者詞不害理亦併存以備一家明季遊士撰述尤爲猥雜惟擇其著有明效如戚繼光練兵實紀之類者列於篇

握奇經一卷 浙江范懋柱家天一閣藏本

一作握機經一作幄機經舊本題風后撰漢丞相公孫宏解晉西平太守馬隆述讚案漢書藝文志兵家陰陽風后十三篇班固自註曰圖二卷依託

也並無握奇經之名且十三篇七畧著錄固尚以爲依託則此經此解七畧不著錄者其依託更不待辨矣馬隆述讚隋志亦不著錄則猶之公孫宏解也考唐獨孤及毘陵集有八陣圖記曰黃帝順煞氣以作兵法文昌以命將風后握機制勝作爲陣圖故八其陣所以定位也衡抗於外軸布於內風雲附其四維所以備物也虎張翼以進蛇向敵而蟠飛龍翔鳥上下其旁所以致用也至若疑兵以固其餘地游軍以案其後列門具將發然後合

戰弛張則二廣迭舉犄角則四奇皆出云云所說乃一一與此經合疑唐以來好事者因諸葛亮八陣之法推演爲圖托之風后其後又因及此記推衍以爲此經併取記中握機制勝之語以爲之名宋史藝文志始著於錄其晚出之顯證矣高似孫子畧曰馬隆本作幄機序曰幄者帳也大將所居言其事不可妄示人故云幄機則因握幄字近而附會其文今本多題曰握奇則又因經中有四爲正四爲奇餘奇爲握奇之語改易其名也似孫又

云總有三本一本三百六十字一本三百八十字葢呂尚增字以發明之其一行間有公孫宏等語今本衍四字校驗此本分爲三章正得三百八十四字葢即似孫所謂衍四字本也經後原附續圖據書錄解題亦稱馬隆所補然有目而無圖殆傳寫佚之歟

六韜六卷 通行本

舊本題周呂望撰考莊子徐無鬼篇稱金版六弢經典釋文曰司馬彪崔譔云金版六弢皆周書篇

名本又作六韜謂太公六韜文武虎豹龍犬也案今本以文武龍虎豹犬爲次與陸德明所註不同未詳孰是謹附識於此則戰國之初原有是名然即以爲太公六韜未知所據漢書藝文志兵家不著錄惟儒家有周史六弢六篇班固自註曰惠襄之間或曰顯王時或曰孔子問焉則六弢別爲一書顏師古註以今之六韜當之毋亦因陸德明之說而牽合附會歟三國志先主傳註始稱閒暇歷觀諸子及六韜商君書益人志意隋志始載太公六韜五卷註曰梁六卷周文王師姜

望撰唐宋諸志皆因之今考其文大抵詞意淺近不類古書中間如避正殿乃戰國以後之事將軍二字始見左傳周初亦無此名案路史有虞舜時伯益爲百蟲將軍之語雜說依託不足爲據其依托之迹灼然可驗又龍韜中有陰符篇云主與將有陰符凡八等克敵之符長一尺破軍之符長九寸至失利之符長三寸而止蓋僞撰者不知陰符之義誤以爲符節之符遂粉飾以爲此言尤爲鄙陋殆未必漢時舊本故周氏涉筆謂其書並緣吳起漁獵其詞而綴輯以近代軍

政之浮談淺駁無可施用胡應麟筆叢亦謂其文代陰書等篇爲孫吳尉繚所不屑道然晁公武讀書志稱元豐中以六韜孫子吳子司馬法黃石公三畧尉繚子李衛公問對頒行武學號曰七書則其來已久談兵之家恒相稱述今故仍錄存之而畧論其踳駁如右

孫子一卷通行本

周孫武撰考史記孫子列傳載武之書十三篇而漢書藝文志乃載孫子兵法八十二篇圖九卷故

張守節正義以十三篇爲上卷又有中下二卷杜牧亦謂武書本數十萬言皆曹操削其繁剩筆其精粹以成此書然史記稱十三篇在漢志之前不得以後來附益者爲本書牧之言固未可以爲據也此書注本極夥隋書經籍志所載自曹操外有王凌張子尚賈詡孟氏沈友諸家唐志益以李筌杜牧陳皞賈林孫鎬諸家馬端臨經籍考又有紀燮梅堯臣王晳何氏諸家歐陽修謂兵以不窮爲奇宜其說者之多其言最爲有理然至今傳者寥

寥應武舉者所誦習惟坊刻講章鄙俚淺陋無一可取故今但存其本文著之於錄武書爲百代談兵之祖葉適以其人不見於左傳疑其書乃春秋末戰國初山林處士之所爲然史記載闔閭謂武曰子之十三篇吾盡觀之矣則確爲武所自著非後人嫁名於武也

吳子一卷　通行本

周吳起撰起事蹟見史記列傳司馬遷稱起兵法世多有而不言篇數漢藝文志載吳起四十八篇

然隋志作一卷賈詡注唐志並同鄭樵通志畧又有孫鎬注一卷均無所謂四十八篇者葢亦如孫武之八十二篇出於附益非其本書世不傳也晁公武讀書志則作三卷稱唐陸希聲類次爲之凡說國料敵治兵論將變化勵士六篇今所行本雖仍併爲一卷然篇目並與讀書志合惟變化作應變則未知孰誤耳起殺妻求將齧臂盟母其行事殊不足道然嘗受學於曾子耳濡目染終有典型故持論頗不詭於正如對魏武侯則曰在德不在

險論制國治軍則曰教之以禮勵之以義論爲將之道則曰所慎者五一曰理二曰備三曰果四曰戒五曰約大抵皆尚有先王節制之遺高似孫子畧謂其尚禮義明教訓或有得於司馬法者斯言允矣

## 司馬法一卷通行本

舊題齊司馬穰苴撰今考史記穰苴列傳稱齊威王使大夫追論古者司馬兵法而附穰苴於其中因號曰司馬穰苴兵法然則是書乃齊國諸臣所

追輯隋唐諸志皆以爲穰苴之所自撰者非也漢志稱軍禮司馬法百五十五篇陳師道以傳記所載司馬法之文今書皆無之疑非全書然其言大抵據道依德本仁祖義三代軍政之遺規猶藉存什一於千百蓋其時去古未遠先王舊典未盡無徵摭拾成編亦漢文博士追述王制之類也班固序兵權謀十三家形勢十一家陰陽十六家技巧十三家獨以此書入禮類豈非以其說多與周官相出入爲古來五禮之一歟胡應麟筆叢惜其以

穰苴所言參伍於仁義禮樂之中不免懸疣附贅然要其大旨終爲近正與一切權謀術數迥然別矣隋唐志俱作三卷世所行本以篇頁無多併爲一卷今亦從之以省繁碎焉

尉繚子五卷 通行本

周尉繚撰其人當六國時不知其本末或曰魏人以天官篇有梁惠王問知之或又曰齊人鬼谷子之弟子劉向別錄又云繚爲商君學未詳孰是也漢志雜家有尉繚二十九篇隋志作五卷唐志作

六卷亦並入於雜家鄭樵譏其見名而不見書馬端臨亦以爲然然漢志兵形勢家內實別有尉繚三十一篇故胡應麟謂兵家之尉繚卽今所傳而雜家之尉繚並非此書今雜家亡而兵家獨傳鄭以爲孟堅之誤者非也特今書止二十四篇與所謂三十一篇者數不相合則後來已有所亡佚非完本矣其書大指主於分本末別賓主明賞罰所言往往合於正如云兵不攻無過之城不殺無罪之人又云兵者所以誅暴亂禁不義也兵之所加

者農不離其田業賈不離其肆宅士大夫不離其官府故兵不血刃而天下親皆戰國談兵者所不道晁公武讀書志有張載註尉繚子一卷則講學家亦取其說然書中兵令一篇於誅逃之法言之極詳可以想見其節制亦非漫無經畧高談仁義者矣其書坊本無卷數今酌其篇頁仍依隋志之目分為五卷

黃石公三畧三卷（通行本）

案黃石公事見史記三畧之名則始見於隋書經

籍志云下邳神人撰成氏注唐宋藝文志所載並同相傳其源出於太公圯上老人以一編書授張良者即此葢自漢以來言兵法者往往以黃石公爲名史志所載有黃石公記三卷黃石公畧註三卷黃石公陰謀乘斗魁剛行軍秘一卷黃石公神光輔星秘訣一卷又兵法一卷三鑑圖一卷兵書統要一卷今雖多亡佚不存然大抵出於附會是書文義不古當亦後人所依托鄭瑗井觀瑣言稱其剽竊老氏遺意迂緩支離不適於用其知足戒

貪等語葢因子房之明哲而爲之辭非子房反有得於此其非圯橋授受之書明甚然後漢光武帝詔引黃石公柔能制剛弱能制强之語實出書中所載軍讖之文其爲漢詔援據此書或爲此書剽竊漢詔雖均無可考疑以傳疑亦姑過而存之焉

三畧直解三卷 浙江范懋柱家天一閣藏本

明劉寅撰寅始末未詳自題前辛亥科進士考太學進士題名洪武辛亥有劉寅崞縣人葢即其人張綸林泉隨筆稱太原劉寅嘗作六書直解謹據經

史辨析舛訛然則寅所註者凡六書此其一種也三畧一書漢志不著於錄張商英僞作素書而以稱三畧出黃石公者爲悮寅辨其雜取子書中語更換字樣聯屬之詆商英言涉虛無其說當矣然必以三畧爲眞出太公至黃石公始授張良於書中越王句踐投醪飲士一事無以爲解則指爲黃石公所附益又遁其說以爲句踐以前或別有投醪之事今不可考則其誣與商英等矣眞德秀西山集有是書序亦以爲雖非太公作而當爲子房

之所受則寅說亦有所自來其大旨出於黃老務在沉幾觀變先立於不敗以求敵之可勝操術頗巧兵家或往往用之寅之所註亦頗能發明此意又能參校諸本註其異同較他家所刻亦特為詳贍中有闕字無可考補今亦姑仍之焉

素書一卷江蘇巡撫採進本

舊本題黃石公撰宋張商英註分為六篇一曰原始二曰正道三曰求人之志四曰本德宗道五曰遵義六曰安禮黃震日抄謂其說以道德仁義禮

五者爲一體雖於指要無取而多主於卑謙損節
背理者寡張商英妄爲訓釋取老子先道而後德
先德而後仁先仁而後義先義而後禮之說以言
之遂與本書說正相反其意蓋以商英之註爲非
而不甚斥本書之僞然觀其後序所稱圯上老人
以授張子房晉亂有盜發子房冢於玉枕中得之
始傳人間又稱上有秘戒不許傳於不道不仁不
聖不賢之人若非其人必受其殃得人不傳亦受
其殃尤爲道家鄙誕之談故晁公武謂商英之言

世未有信之者至明都穆聽雨紀談以爲自晉迄宋學者未嘗一言及之不應獨出於商英而斷其有三僞胡應麟筆叢亦謂其書中悲莫悲於精散病莫病於無常皆仙經佛典之絶淺近者蓋商英嘗學浮屠法於從悅喜講禪理此數語皆近其所爲前後注文與本文亦多如出一手以是核之其卽爲商英所僞撰明矣以其言頗切理又宋以來相傳舊本姑錄存之備參考焉

李衛公問對三卷通行本

唐司徒并州都督衛國景武公李靖與太宗論兵之語而後人錄以成書者也案史稱所著兵法世無完書惟通典中畧見大概此書出於宋代大㫖因杜氏所有者而附益之何薳春渚紀聞謂蘇軾嘗言世傳王通元經關子明易傳及此書皆阮逸所僞撰蘇洵曾見其草本馬端臨據四朝國史兵志謂神宗熙寧間嘗詔樞密院校正此書似非逸所假托胡應麟筆叢則又稱其詞旨淺陋猥俗最無足采阮逸亦不應鄙野至此當是唐末宋初村

儒俚學掇拾貞觀君臣遺事而爲之諸說紛紜多不相合今考阮逸僞撰諸書一見於春渚紀聞再見於後山談叢又見於聞見後錄不應何薳陳師道邵博不相約會同搆誣詞至熙寧元豐之政但務更新何嘗稽古尤未可據七書之制斷爲唐代舊文特其書分別奇正指畫攻守變易主客於兵家微意時有所得亦不至遂如應麟所詆耳鄭瑗井觀瑣言謂問對之書雖僞然必出於有學識謀畧者之手斯言近之故今雖正其爲贋作而仍著

之於錄云

太白陰經八卷 浙江范懋柱家天一閣藏本

唐李筌撰筌里籍未詳惟集仙傳稱其仕至荆南節度副使仙州刺史著太白陰經又神仙感遇傳曰筌有將畧作太白陰符十卷入山訪道不知所終太白陰符當即此書傳寫訛一字也考唐書藝文志宋史藝文志皆云太白陰經十卷而此本止八卷疑非完帙然核其篇目始於天地陰陽險阻終於雜占首尾完具又似無所闕佚殆後人傳寫

有所合併故卷數不同歟兵家者流大抵以權謀相尙儒家者流又往往持論迂濶諱言軍旅蓋兩失之筌此書先言主有道德後言國有富强內外兼修可謂持平之論其人終於一郡其術亦未有所試不比孫吳穰苴李靖諸人以將畧表見於後世然杜佑通典兵類取通論二家一則李靖兵法一即此經其攻城具篇則取爲攻城具守城具篇築城篇鑿濠篇弩臺篇烽燧臺篇馬鋪土河篇游奕地聽篇則取爲守拒法水攻具篇則取爲水戰

具濟水具篇則取爲軍行渡水火攻具篇火戰具篇則取爲火兵井泉篇則取爲識水泉宴娛音樂篇則取爲聲感人是佑之採用此書與李靖之書無異其必有以取之矣靖之兵法宋時已殘闕舛訛阮逸所傳又亂以僞本筌此經至今猶存惟篇首陰經總序及天地無陰陽篇有錄無書不知佚於何時今則無從校補矣

武經總要四十卷 江蘇巡撫採進本

宋曾公亮丁度等奉勅撰晁公武讀書後志稱康

定中朝廷恐羣帥昧古今之學命公亮等採古兵法及本朝計謀方畧凡五年奏御仁宗御製序文其書分前後二集前集制度十五卷邊防五卷而十六卷十八卷各分上下後集故事十五卷占候五卷仁宗爲守成令主然武事非其所長公亮等亦但襄贊太平未嫺將畧所言陣法戰具其制彌詳其拘牽彌甚大抵所謂檢譜角觝也至於諸番形勢皆出傳聞所言道里山川以今日考之亦多刺謬然前集備一朝之制度後集具歷代之得失

亦有足資考證者讀書後志別載王洙武經聖畧十五卷乃寳元中西邊用兵詔洙編祖宗任將用兵邊防事迹爲十二門今已佚南渡以後又有御前軍器集模一書今惟造甲法二卷造神臂弓法一卷尚載永樂大典中其餘亦佚宋一代朝廷修講武備之書存者惟此編而已固宜存與史志相叅也

虎鈐經二十卷 安徽巡撫採進本

宋許洞撰洞字淵夫吳興人咸平三年進士爲雄

武軍推官免歸壽召試中書改烏江縣簿坐事變姓名隱中條山龔明之中吳紀聞謂洞平生以文章自負所著詩篇甚多歐陽修嘗稱爲俊逸之士者是也是書卷首有洞進表及自序大意謂孫子兵法奥而精學者難於曉用李筌太白陰符經論心術則秘而不言談陰陽又散而不備乃演孫李之要而撮天時人事之變備舉其占凡六壬遁甲星辰日月風雲氣候風角鳥情以及宣文設奠醫藥之用人馬相法莫不具載積四年書成凡二百

十篇分二十卷名曰虎鈐經大都彙輯前人之說而參以己意惟第九卷所載飛鶚長虹重覆八卦四陣及飛轅寨諸圖爲洞自創耳其四陣統論自以爲遠勝李筌所纂其間亦多迂濶誕渺之說不足見諸施行然考漢書藝文志兵家者流有兵權謀兵形勢陰陽諸類凡七百餘篇蓋古來有此專門之學今漢志所錄者久已亡佚而洞獨能掇拾遺文撰次成帙不可謂非一家之言錄而存之亦足以備一說也

何博士備論一卷 浙江鮑士恭家藏本

宋何去非撰去非字正通浦城人元豐五年以特奏召廷試除右班殿直武學教授博士元祐四年以蘇軾薦換承奉郎五年出爲徐州教授軾又奏進所撰備論薦爲館職不果行是編即軾奏進之本軾狀稱二十八篇此本僅二十六篇蓋佚其二也去非本以對策論兵得官故是編皆評論古人用兵之作其文雄快踔厲風發泉涌去蘇氏父子爲近蘇洵作六國論咎六國之賂秦蘇轍作六國

論咎四國之不救去非所論乃兼二意其旨尤相近故軾屢稱之卷首惟載軾薦狀二篇所以誌是書之緣起也卷末有明歸有光跋深譏是論之謬且以元符政和之敗歸禍本於去非夫北宋之釁由於用兵而致釁之由則起於狃習晏安廢弛武備驅不可用之兵而戰之故一試而敗再試而亡南渡以後卒積弱以至不振有光不咎宋之潰亂由士大夫不知兵而轉咎去非之談兵明代通儒所見如是明所由亦以弱亡歟

守城錄四卷永樂大典本

宋右正議大夫陳規在德安禦寇事蹟也規字元則密州安邱人中明法科靖康末金兵南下荆湖諸郡所在盜起規以安陸令攝守事連敗劇寇建炎元年除知德安府擢鎭撫使羣盜先後來攻隨機捍禦皆摧破去尋召赴行在又出知順昌與劉錡同郤金兵又移知廬州兼淮西安撫使卒乾道中追封忠利智敏侯立廟德安事蹟具宋史本傳是書凡分三種首爲規所撰靖康朝野僉言後序

朝野僉言本夏少曾作備載靖康時金人攻汴始末規在順昌見之痛當日大臣將帥捍禦失策因條列應變之術附於各條下謂之後序徐夢莘嘗採入北盟會編一百三十九卷中然其文與此大同小異疑傳錄者有所刪潤也次曰守城機要亦規所作皆論城郭樓櫓制度及攻城備禦之方宋史本傳載規有攻守方畧傳世疑即此書次曰建炎德安守禦錄乃劉陽湯璹所作璹淳熙十四年進士官德安教授尋訪規守城遺事作爲此書紹

熙四年除太學錄乃表上之案規本傳載乾道八年詔刻規德安守城錄頒天下爲諸守將法藝文志亦別有劉荀建炎德安守禦錄三卷而無璹書之名疑荀所撰者即乾道所頒之本璹書上於紹熙時距乾道已二十餘年或又據荀書而重加增定歟三書本各自爲帙不知何人始併爲一編觀書末識語則寧宗以後人所輯矣宋自靖康板蕩寓內淪胥規獨能支拄經年不可謂非善於備禦然此僅足爲守一城乘一障者應變之圖而不足

爲有國有家者固圉之本當時編爲程式原欲令沿邊肄習蘄保殘疆然至元師南下直破臨安復爲東京之續卒未聞有一人登陴以抗敵者豈非本根先撥雖有守禦之術亦無所用歟伏讀

睿題闡析精微抉汴梁喪敗之由申守在四夷之訓然後知保邦謀命自有常經區區輸攻墨守之技固其末務矣謹錄存是帙以不没規一事之長並恭錄

宸翰弁於簡端俾天下萬世知

聖人之所見者大也

武編十卷 江蘇巡撫採進本

明唐順之編順之有廣右戰功錄已著錄是書皆論用兵指要分前後二集前集六卷自將士行陣至器用火藥軍需雜術凡五十四門後集徵述古事自料敵撫士至堅壁攉標凡九十七門體例畧如武經總要所錄前人舊說自孫吳穰苴李筌許洞諸兵家言及唐宋以來名臣奏議無不摭集史稱順之於學無所不窺凡兵法弧矢壬奇禽乙皆

能究極原委故言之俱有本末其應詔起爲淮揚巡撫剿倭也負其宿望虛憍恃氣一戰而幾爲寇困賴胡宗憲料其必敗伏兵豫救得免殆爲宗憲玩諸股掌之上然其後部署既定亦頗能轉戰蹙賊捍禦得宜著有成效究非房琯劉秩迂謬僨轅者可比是編雖紙上之談亦多由閱歷而得固未可概以書生之見目之矣

陣記四卷　浙江鮑士恭家藏本

明何良臣撰良臣字惟聖會稽人弱冠棄諸生從

軍嘉靖間官至薊鎮遊擊是編皆述練兵之法一卷曰募選束伍教練致用賞罰節制二卷曰奇正虛實衆寡卒伍技用三卷曰陣宜戰令戰機四卷曰摧陷因勢車戰騎戰步戰水戰火戰夜戰山林谷澤之戰風雨雪霧之戰凡二十三類共六十六篇明之中葉武備廢弛疆圉有警大抵鳩烏合以赴敵十出九敗故良臣所述切切以選練爲先其所列機要亦多卽中原野戰立說夫事機萬變應在一心蘇軾所謂神兵非學到自古不留訣也明

代談兵之家自戚繼光諸書外往往捃摭陳言横生鄙論如湯光烈之掘穽藏錐彭翔之木人火馬殆如戲劇惟良臣當嘉靖中海濵弗靖之時身在軍中目睹形勢非憑虛理斷攘袂坐談者可比在明代兵家猶爲切實近理者矣

江南經畧八卷 兩江總督採進本

明鄭若曾撰若曾有鄭開陽雜著已著錄是編爲江南倭患而作兼及防禦土寇之事八卷之中每卷又分二子卷卷一之上爲兵務總要卷一之下

為江南內外形勢總考卷三之上至卷六之下分蘇州常州松江鎮江四府所屬山川險易城池兵馬各附以土寇要害卷七上下論戰守事宜卷八上下則雜論戰具戰備而終以水利積儲與蘇松之浮糧明季武備廢弛法令如戲倭寇恒以數十人橫行數千里莫敢攖鋒土寇亦乘之不靖若曾此書蓋專為當時而言故多一時權宜之計福建林潤時為應天巡撫為評而刊之所評亦多遷就時勢之言然所列江海之險要道路之衝僻守禦

之緩急則地形水勢今古畧同未嘗不足以資後來之考證究非紙上空談檢譜而角觝者也

紀效新書十八卷山東巡撫採進本

明戚繼光撰繼光字元敬世襲登州衛指揮僉事歷官薊州永平山海等處地方總兵官中軍都督府左都督進太子太保事蹟具明史本傳是書乃其官浙江參將時前後分防寧波紹興台州金華嚴州諸處練兵備倭時作首爲申請訓練公移三篇所謂提督院者阮一鶚所謂總督軍門胡者胡

宗憲也次爲或問題下有繼光自註云束伍既有成法信於衆則令可申苟一字之種疑則百法之是廢故爲或問以明之葢明人積習惟務自便其私而置國事於不問故已在事中則攘功避過以身之利害爲可否以心之愛憎爲是非已在事外則嫉忌成功惡人勝已吹聲結黨倡浮議以掣其肘繼光恐局外阻撓敗其成績故反覆論辨冠之簡端葢爲當時文臣發也其下十八篇曰束伍曰操令曰陣令曰諭兵曰法禁曰比較曰行營曰操

練曰出征曰長兵曰牌筅曰短兵曰射法曰拳經曰諸器曰旌旗曰守哨曰水兵各系以圖而爲之說皆閱歷有驗之言故曰紀效其詞率如口語不復潤飾蓋宣諭軍衆非如是則不曉耳或問第一條云開大陣對大敵比場中較藝擒捕小賊不同千百人列陣而前勇者不得先怯者不得後只是一齊擁進轉手皆難焉能容得左右動跳一人回頭大衆同疑焉能容得或進或退可謂深明形勢不爲韜畧之陳言第四篇中一條云若犯軍令便

是我的親子姪也要依法施行厥後竟以臨陣回顧斬其長子可謂不愧所言矣宜其所向有功也

練兵實紀九卷雜集六卷江蘇巡撫採進本

明戚繼光撰考隆慶二年繼光以都督同知總理薊州昌平保定三鎮練兵事至鎮上疏請浙東殺手礮手各三千再募西北壯士馬軍五枝步軍十枝專聽訓練此書乃載其練兵實效一練伍法二練膽氣三練耳目四練手足五練營陣六練將其附載雜集一儲練通論二將官到任三登壇口授

四軍器制解五車步騎解荅繼光為將精於訓練臨事則飈發電舉當世稱為戚家軍今以此書考其守邊事蹟無不相符非泛摭韜畧常談者比繼光初到鎮疏有云教兵之法美觀則不實用實用則不美觀此書標曰實紀徵實用也考登壇口授云時惟庚午夏六月諸邊新臺肇建過半奏奉暫停以舉練事庚午為隆慶四年又考繼光請刋此書移文云擬定教練已經二年今將條約逼集成帙則是書成於隆慶五年辛未矣明史本傳稱薊

鎮十七年中易大將十八率以罪去繼光在鎮十六年邊備修整薊門宴然繼之者蹕其成法數十年得無事又稱所著紀效新書練兵事實談兵者遵用焉此本題曰練兵實紀與史不同或史偶惧一字歟

右兵家類二十部一百五十三卷皆文淵閣著錄

欽定四庫全書總目卷一百

子部十

兵家類存目

握機經三卷握機緯十五卷浙江巡撫採進本

明曹允儒撰允儒字曾川太倉人是書首載風后古文一十九字次載太公望增衍三百六十五字次載宋阮逸所撰李衛公問對中六十七字採輯諸家註釋於衡衝風雲諸陣皆繪爲圖凡三卷又以孫子十三篇吳子六篇爲握機緯孫子輯諸家

訓釋凡十三卷吳子惟用劉寅註凡二卷考千頃堂書目有元人孫子握機緯十三卷劉寅吳子握機緯二卷書名卷數與此書一一相合其即得此書之殘本誤爲標目歟據王世貞序稱崑山明齋王氏與念菴羅公荆川唐公因倭變力研窮之而以其說盡授之會川曹君曹君向與戚大將軍商之戚深以爲然數數向予稱道之云云則確非元人及劉寅作矣然以孫吳二子加以緯名亦殊杜撰二子之書名明一義與握機不相發明也

握機經解一卷 山西巡撫採進本

國朝王曒撰曒字始旦絳州人是編据李衛公問對以握機經三百八十四字皆太公增衍之文因捃摭往說並攄已見爲之集註考李衛公問對三卷本宋阮逸僞撰曒乃据以定此書爲太公之文殊不足信後附增衍握奇經六十八字自註云相傳宋阮逸擬作則亦明知其僞矣

太公兵法一卷 浙江范懋柱家天一閣藏本

案此書首列天陣地陣人陣之名其說出於六韜

而風雲日星等占皆以七言詩句爲歌訣辭甚鄙
俚其僞托不待辨也

孫子參同五卷（江蘇巡撫採進本）

此本不知何人所輯前有凡例又有萬歷庚申吳興松筠館主人序亦不署姓名其板用朱墨二色與世所稱閔板者同疑爲烏程閔氏刻也所採註釋列曹操李筌杜牧王晳張預賈林梅堯臣陳皥杜佑孟氏何氏解元張鏊李材黃治徵十五家所採批評列蘇洵王圻唐順之王世貞陳深李贄梅

國楨焦竑郎文煥陸宏祚十家而卷中不盡見卷中所見如茅坤王鏊之類卷首又不列名其凡例稱卓吾子以吳子司馬法李靖問答六韜三畧集其品類分列十三篇後今悉從之又稱今旁集諸書廣采事實以補前人所未備又稱批點悉係鳳洲了凡原筆而評則蘇王諸家並存又稱卓吾參同具載叢書中原有梅司馬評點並不擅改所言輾轉糾紛無從得其端緒蓋坊賈湊合之本故漫無體例如是也

孫子彙徵四卷 直隸總督採進本

國朝鄭端撰端有政學編已著錄攷孫子十三篇舊註見於史志及諸家書目者今多不傳傳者亦多散見諸書罕專行之完本端此編彙集衆說兼采古來談兵之言足與孫子發明者附錄於各句之下頗爲詳備然徵引太冗如作戰篇公家之費節注內所錄車馬器械之論於車則全載考工記於馬則悉引相馬經於弓矢戈戟牌棒鈀鐵等類則縷陳演習攻打之法極其瑣細亦博而不精者也

其書每卷皆標曰孫武子集解廣義而端自序則又題曰孫子彙徵未詳二名孰先孰後今姑從端自序之名焉

十六策一卷 永樂大典本

此本載永樂大典中舊題漢諸葛亮撰考亮所著作陳壽三國志詳列於本傳之後初無是書之名故晁公武讀書志疑附託者所爲又晁志曰有序稱謹進便宜十六事是尚有僞撰亮序文今本不載而末有李革跋云泰和五祀中秋日閱圖書得

此集因錄一本既竟而題於此革字君美河津人登大定二十五年進士貞祐中爲吏部尚書葢晁氏所據宋人本此則金人本耳又晁氏稱六曰治民今本作治八十二曰治亂今本作治政十六曰陰察今本作陰誡亦小小異同然皆不足究詰也

將苑一卷　浙江范懋柱家天一閣藏本

舊本題漢諸葛亮撰前有明僉都御史甯仲升序謂出於士人周源所藏考此書諸家不著錄至尤袤遂初堂書目乃載其名亦稱亮撰葢僞書之晚

出者又明焦竑經籍志更有亮心書六軍鏡心訣兵機法諸書蓋爲依託蓋宋以來兵家之書多託於亮明以來術數之書多託於劉基委巷之談均無足與深辨者耳

心書一卷 陝西巡撫採進本

舊本題漢諸葛亮撰書中皆言爲將用兵之法陶宗儀說郛作新書明宏治間關西劉讓鋟之於木始改名心書附以出師二表嘉靖中夔人張鋭重刊增入夔門圖前載讓序後有郎鄉進士寇韋跋

皆以爲眞出於亮考五十篇內之文大都竊取孫子書而附以迂陋之言至不足道蓋妄人所僞作又出於將苑之後也

兵要望江南詞一卷 浙江巡撫採進本

是書詳述兵家占候凡三十二門各以望江南詞括之崇文總目題武安軍左押衙易靜撰蓋唐人也晁公武讀書志則稱舊題黃石公以授張良其妄殆不待辨此本又題唐李靖撰案段安節樂府雜錄望江南詞本李德裕爲亡妓謝秋娘作則其

調起於中唐世傳海山記隋煬帝作實出僞託靖在唐初安得預製是詞推厥所由葢以望江南調始德裕德裕實封衛國公言兵者多稱靖靖亦封衛國公此書以望江南談兵遂合兩衛公而一之耳末附李淳風占風法諸葛亮氣候歌前有梁楨明三年安邱劉鄩序均詞意凡鄙亦僞託也

**武經體註大全會解七卷** 内府藏本

國朝夏振翼撰振翼字遜闇蕪湖人孫子等七書武科用以試士故相傳謂之武經振翼因依五經講

章例作體註以訓釋之冠以胡秉中射學摘要一篇益坊間通俗之本也

謹案四庫編纂之例凡註古書者仍以古書之時代爲次則此書當列孫子彙徵後然七書合爲一編實始於宋元豐中又與自爲一書者不同故今移冠宋人兵書之前

將鑑論斷十卷 兩淮鹽政採進本

舊本題宋戴少望撰考沈光作戴溪岷隱春秋傳序稱其字曰少望則此書當爲溪作然溪以淳熙

五年登第開禧中尚官資善堂說書而此書自序題紹興辛酉爲高宗十一年下距其登第之歲三十八年距開禧元年更六十五年溪不應如是之老壽疑别一人其名偶與溪字同也是書採輯古來善用兵者始於孫武終於郭崇韜凡九十三人各以時代爲次每人之下皆以一語標目評其得失而反覆論其所以然大抵多爲南渡後時事而發如第一條誠孫武之徒能滅楚終於恃强以亡吳葢隱以比金兵破汴之事第二條稱范蠡能復

吳仇爲春秋人夫第一則又隱激諸將恢復之心而耿弇一條寶憲一條尤三致意焉然大旨主於尚仁義賤權謀尊儒者抑武臣至以能讀三畧之書者始可以立功則又衣冠而拯焚溺與南渡事勢迥乎不合矣此本爲宋麻沙板明武定侯郭勛嘗重刻之前有正德十年達賓序題曰將鑑博議與宋板不同考永樂大典巳引爲將鑑博議則其來久矣

江東十鑑一卷 兩淮鹽政採進本

宋李舜臣撰舜臣字子思井研人乾道二年進士官成都府教授擢宗正寺主簿事蹟具宋史本傳是編蒐輯江東戰勝之迹上起三國下至六朝共得十事一曰周瑜赤壁之戰二曰祖逖譙城之戰三曰褚裒彭城之戰四曰桓温灞水之戰五曰謝元淝水之戰六曰劉裕關中之戰七曰到彦之河南之戰八曰蕭衍義陽之戰九曰陳慶之洛陽之戰十曰吳明徹淮南之戰皆先敘其事次加論斷葢宋自高宗南渡偏據一隅地處下游外臨勍敵

岌岌乎不能自保故舜臣特作此編以勵戰氣然自古以來無以偏安江左而能北取中原者舜臣徒爲大言未核事勢也明姚廣孝等編緝永樂大典特錄其書殆以廣孝吳人故借以誇鄉邦之形勝又成祖詔修是書之時猶在南都故廣孝等遷就其說不知明太祖之得天下實緣起於江北與漢高祖畧同又以崛起方新之氣乘元綱縱弛盜賊蠭起之後故席捲長驅混一海內非地形可據之故也成祖篡立之後終於北遷則金陵之不爲

勝地審矣恭讀

皇上御題綜括南北之大勢洞燭往古之得失用以闢舜臣之虛談揭廣孝之私意經緯天地

睿鑒高深爲萬古定評非尋常管蠡之見所能窺測萬一也考永樂大典所載尚有地圖此本無之葢傳寫佚脫然舜臣持論既謬則其圖之有無固亦不足計矣

美芹十論一卷 浙江鮑士恭家藏本

舊本題宋辛棄疾撰棄疾字幼安歷城人官至龍

圖閣待制進樞密都承旨卒謚忠敏是書皆論恢復之計其審勢察情觀釁三論所以明敵之可勝其自治守淮屯田致勇防徵久任詳戰七論所以求己之能勝卷末又載上光宗疏一篇論荆襄上流爲東南重地疏一篇論江淮疏一篇議練民兵守淮疏一篇則後人所附入也然史不言棄疾有此書考江西通志載臨川黃兌字悦道紹興進士官至朝議大夫嘗獻美芹十策進取四論此或兌書後人僞題棄疾歟

江東十考一卷永樂大典本

宋李道傳撰道傳字貫之舜臣子也官至太常博士知果州謚文節事迹具宋史儒林傳是書前有自序曰孝宗元年方事恢復時先君初仕討論南北間事著江東勝後之鑑十篇上之竊謂戰勝存乎備具退守存乎人心因復考六朝備具之實曰屯兵之地曰統兵之任曰取兵之制曰財賦之出曰出師之途曰饋運之方曰舟師之利曰出騎之用曰守城之規曰守江之要凡十篇叅之古今論

其大畧云云蓋以補其父之書然皆儒生坐談之見也

南北十論一卷 永樂大典本

案此書載永樂大典題曰許學士撰不著其名蓋亦南宋人也十論僅存其八曰吳曰蜀曰東晉曰宋曰齊曰梁曰陳曰元魏末曰天下之物本吾所有而吾取之則其理順非吾所有而吾爭之則其事逆又曰晉氏啟土六合爲家子孫雖播遷而天下與之爭衡者皆其故臣地吾地民吾民城邑吾

之城邑因其有以用之如反覆手之易褚裒北伐青兗之民襁負來歸桓溫至灞上父老爭迎牛酒踵至劉裕入長安秦民咸相告語指咸陽宮殿爲晉人第宅而數子之無成者皆其自失之嗚呼民心如此境土不復君子不以責晉而誰責也其隱諷南渡君臣可謂切矣然東晉中原雲擾羣雄各據一隅建炎紹興以來則金憑全盛之勢宋當積弱之餘其勝負又當別論耳

百將傳一百卷 浙江范懋柱家天一閣藏本

宋張預撰翟安道註預字公立東光人安道字居仁安陽人其書采歷代名將百人始於周太公終於五代劉鄩各爲之傳而綜論其行事凡有一節與孫武書合者皆表而出之别以孫子兵法題其後蓋欲述古以規時亦戴少望將鑑論斷之類然其分配多未確當立說亦未免迂迂仍爲宋人之談兵而已矣

八陣合變圖說無卷數兩淮鹽政採進本

明龍正撰正武都人正德中萊陽藍章巡撫四川

駐兵漢中遣人至魚復江圖八陣壘石正時在章幕中遂推演爲圖說刊於蜀中

北邊事跡一卷 戶部尚書王際華家藏本

明王瓊撰瓊有晉溪奏議已著錄瓊在嘉靖初總督三邊軍務因集歷代守邊得失及所條畫奏疏合爲一書大旨主於花馬池一路三百里及環縣至蘭州八百里皆築牆掘塹以爲臨邊設險之計又欲倣趙充國故策於甘肅屯田以備戰守蓋當時兵力不能及遠故其所設施止於如此後附設

險守邊圖則所起邊牆及剷削崖谷之道里尺寸也

**西番事蹟一卷**（戶部尚書王際華家藏本）

明王瓊撰瓊總督三邊時出兵討土魯番撫定其部族而誅其不順命者因爲此書歷叙漢先零宋岷洮諸羌叛服之事而以當時用兵始末附之其論王安石遣王韶西征事許其能詰兵戎以強宋室而斥史臣以安石爲開邊生事之非蓋亦有見於明世邊備之不修而爲是言歟前有王九思序

稱關中士大夫作爲詩歌以紀其盛題曰元老靖邊屬九思序之而書中實無詩歌序與書頗不相應疑刊書者誤取他序以冠此冊也

海冦議一卷（戸部尚書王際華家藏本）

明萬表撰表字民望鄞縣人正德末武進士累官都督同知僉書南京中軍都督府時値海冦出沒爲江浙患表推原禍本以爲姦民通番者所致因爲此議上之當事歷叙逋逃嘯聚始末甚詳其後倭亂大起表結少林僧習格鬬法屢殲其衆葢本

能以才畧自顯者宜其所言之具有先見也案黄虞稷千頃堂書目載表海冦前後議一卷此乃袁褧採入金聲玉振集者所録僅一卷疑已佚其後議又訛萬爲范尤爲失考矣

塞語一卷 浙江范懋柱家天一閣藏本

明尹耕撰耕有南泰紀畧已著録是書作於嘉靖庚戌皆言捍禦塞北諸部之術一曰邊情二曰形勢三曰城塞四曰乘塞五曰出塞六曰抽丁七曰官軍戸八曰練習九曰保馬十曰民堡十一曰審

幾耕以邊才自負其言頗縱横博辨然亦書生紙上之談也

備倭記二卷 編修程晉芳家藏本

明卜大同撰大同字吉夫秀水人嘉靖戊戌進士由刑部主事歷任湖廣按察司僉事弭蘄黄盜有功陞布政司叅議又有平苗功終於福建巡海副使是編即其官福建時講求備倭之術而作也上卷分八篇曰制置曰方畫曰將領曰士卒曰烽堠曰險要曰戰艊曰邊儲下卷分二篇曰奏牘曰策

議所言頗簡畧不足以資考核又喜徵古事尤屬空談其書本名備倭圖記原本卷首尚有海圖此本佚之遂併書名刪去圖字然浙江鮑士恭家舊本尚題備倭圖記也

兩浙兵制四卷浙江巡撫採進本

明侯繼國撰繼國號龍泉金山衛人世襲指揮使是書第一卷首列全浙海圖附以說並及沿革兵制又析杭嘉湖三府爲一圖寧紹二府爲一圖台金嚴三府爲一圖温處二府爲一圖圖後均有說

併詳列其兵制烽堠倭犯第二卷載造戰船福船鳥船沙船唬船火器軍器及營操甲操哨操伍操等圖第三卷載倭警始末第四卷爲日本風土記於一時海防軍政最爲詳悉惟日本風土記有錄無書疑裝緝者偶佚之也考明世宗本紀二十年五月倭犯朝鮮陷王京朝鮮王李昖奔義州求救二十一年正月李如松攻倭於平壤克之四月倭棄王京逃使小西飛請欵二十三年正月封平秀吉爲日本國王二十四年九月平秀吉抗不受封

復倭朝鮮此書中倭警始末載朝鮮國王奏二十一年九月十月十一月倭賊仍於慶州機張縣蔚山郡麗陽縣梁山郡等處肆意攻掠而經畧宋應昌爲倭奏請封貢乃即在此數月內則倭之請貢非實可知又載充龍港船商許豫偵知倭賊初敗於平壤即食盡矢窮思逃無路乃以封貢議和是墮其計又稱倭賊素詐議和後新造大艘十餘隻將欲爲亂恐和非實與李聡所奏情事相符乃應昌力主和議反斥李聡妄奏是二十四年日本之

叛應昌罪無可辭此書實可以曲證史事而應昌所著經略復國要編於李聡之奏許豫之偵遼東巡按之訐概不錄入則自張其功而匿其短也此書又可以勘其謬矣

將將紀二十四卷 內府藏本

明李材撰材有李見羅書已著錄是書大旨專重御將而首卷至九卷詳載漢唐宋七帝本紀之文牽連並書殊無斷制十卷至二十一卷分别得失用爲法戒自虞夏迄於南宋各綴數條亦未完備

二十二卷至二十四卷援摭經文旁及子史議論尤迂據明史本傳材於隆慶中官廣東按察使僉事嘗破羅旁賊屢殲倭寇萬歷中官雲南按察使備兵金騰時又屢破緬甸之衆則非全不知兵者而其書乃拘腐如是葢材以講學著名恐儒者以不談王道病之故也

運籌綱目八卷決勝綱目十卷浙江巡撫採進本

明葉夢熊撰夢熊字南兆歸善人嘉靖乙丑進士官至南京工部尚書事迹附見明史魏學曾傳此

編乃其以都御史兼兵部侍郎總督三邊時所作
運籌綱目凡八卷爲綱八爲目八十綱目之下俱
有統論各採史事以證之決勝綱目凡十卷俱以
二字標目不立總綱目凡百條亦前綴統論證以
史事惟運籌綱目列史事而評之決勝綱目先立
說而以史事證之爲體例小異耳夢熊官陝西巡
撫時曾請討撦力克與經畧不合朝廷右經畧而
絀其議後移甘肅有討賊功蓋亦留心韜鈐者然
兵機萬變轉瞬勢移田單火牛再用則敗是固不

可以成法拘耳

軍權四卷 浙江巡撫採進本

明何良臣撰良臣有陣紀已著錄是書分國本國禁兵本兵祕禮士士遇馭士士品握機揣情必慮必克將事將誠任將軍範術占凡十七目一百七十四篇中間有云募選之事付諸有司欺昧朦朧上下交蔽又云將不識兵兵不識將卒然有事實無以支皆譏切時政之語自序稱早歲事戎行足跡徧寰宇而累於談忌困於貪胥益亦發憤而著

書者也

倭情考畧一卷 兩淮鹽政採進本

明郭光復撰光復武昌人官揚州府知府考萬歷已丑進士別有一郭光復順天固安人官至右副都御史遼東巡撫姓名偶同非一人也嘉靖中東南屢中倭患而揚州當江海之衝被害尤甚光復以爲必得其情始可籌備禦之術因攷次所聞爲此編首總論次事畧次倭患次倭術次倭語次倭好次倭船次倭刀載其情狀頗詳葢亦知己知彼

之意而得諸傳聞未必一一確實也

長子心鈐無卷數兩江總督採進本

舊本題明戚繼光撰繼光有練兵實紀已著錄考書中對壘號令一條云南塘戚少保謂此爲束伍第一陣法屢戰屢勝皆由於此則非繼光所自爲矣又車營一條云一放厠所節不錄又取散長蛇陣一條云以板子鳴一聲註曰其制未詳則明爲後人抄撮繼光舊文僞題此名以繼光練兵實紀校之皆一一具載也

蒞戎要畧一卷編修程晉芳家藏本

舊本題明戚繼光撰即練兵實紀中之條約或先有此冊後乃載入書中或後人於書中鈔出別行則均不可知矣

武備新書十四卷江蘇巡撫採進本

舊本題明戚繼光撰與繼光紀效新書大同小異仍冠以繼光紀效新書序其手足篇中火器諸圖下題曰崇禎庚午仲秋羽南彭翊謹錄祕藏考繼光卒於萬歷丁亥則必非繼光手著矣首有四明

謝三賓訂正字當即三賓所損益改此名也其中如火龍捲地飛礮雕木爲虎豹之形以輪駕之使口中出火飛馬天神及木人火馬天雷砲並以木爲人縛於馬上餙以紙甲胄而藏砲於腹以火爇馬尾使之衝敵殆於兒戲明季談兵者如是其亡國非不幸也

古今將畧四卷　江蘇巡撫採進本

案明史藝文志黄虞稷千頃堂書目載此書皆作馮孜撰孜字原泉桐鄉人隆慶戊辰進士官至湖

廣布政使此刊本則題馮時寧以一甫撰前有李維楨序亦稱時寧所作維楨登隆慶戊辰進士與孜同年似不應有誤然孜六世孫浩有此書跋稱孜生三子次曰時寧孜沒時僅六歲及年漸長忽有志習武乃妄竊父書鑿改已名且求父之同年李維楨爲序維楨詭隨狥物竟不爲之是正云云其語出馮氏子孫當必有據然則此書實孜所撰刊本及序皆作僞不足信也書分元亨利貞四集採自黃帝迄明代以戰功顯者錄其事蹟而以孫

吳諸書所載兵法證之體例與宋張預百將傳相近特隨事節錄不立全傳爲異耳

嶺西水陸兵紀二卷浙江巡撫採進本

明盛萬年撰萬年字恭伯秀水人萬歷癸未進士官至江西按察使遷雲南布政使未上卒是編乃萬年官廣西按察使時值倭入寇萬年擊破之因增設戰船繕治營壘益兵練卒爲善後計以電白吳川東南濱海番舶內犯二地先受其害遂審度地勢布置堡寨圖其兵弁制度及巡船欵式以成

此書其陸路則由電白吳川至於高州添置員弁凡郵傳之政及攻守之器悉載焉歲久板佚此本乃

國朝雍正辛亥其裔孫熙祚署吳川縣知縣卽萬年駐兵之地因校其舊本重梓以行

劍草一卷　兩淮鹽政採進本

明熊明遇撰明遇字子良進賢人萬歷辛丑進士官至兵部尚書事蹟具明史本傳是編摘取古今名將事蹟爲之論斷凡百餘條蓋隨筆劄記之文

不足以當著述之目

嶺南客對一卷　浙江范懋柱家天一閣藏本

舊本題粤西舜山子撰，不著姓名。所紀有王守仁事，則嘉隆以後人也。其書以粤中猺獞嘯聚，時出刼掠，爲居民行旅之害，有司不能制，故設爲賈客問答，以推究其得失，大畧謂官軍畏怯，好利，將帥營求冒功，必得老成而任之，合四省兵力，明賞罰，嚴號令，始可成功。其云府江之賊，東則荔浦，西則宣威、古田、修仁、兩江等處亦間有之，葢指桂林、平樂二府所屬猺人而言即明史土司傳所稱設防置戍世世爲患者也是編所陳方畧雖未必切中事機然亦可見當時疆吏措置乖方不能綏靖致起草茅之竊議矣

左氏兵畧三十二卷　浙江巡撫採進本

明陳禹謨撰禹謨有經籍異同已著錄是編乃其任兵部司務時所撰嘗疏進於朝其例取左傳之敘及兵事者以次排纂仍從十二公之序其事相類者則不拘時代類附於前又襍引子史證明之

而斷以己意謂之捫蝨談非惟無關於春秋併無關於左傳特借以談兵而已考五代史敬翔傳曰梁太祖問翔曰聞子讀春秋春秋所紀何等事翔曰諸侯戰爭之事耳太祖曰其用兵之法可以為吾用乎翔曰兵者應變出奇以取勝春秋古法不可用於今云云是左氏兵法至五代已不可用而禹謨進疏乃請勅下該部將副本梓行俾九邊將領人手一編是與北向誦孝經何異明季士大夫之迂謬至於如是欲不亡也得乎

類輯練兵諸書十八卷 浙江巡撫採進本

明董承詔編承詔武進人萬歷丁未進士天啟中官至浙江左布政使是書輯錄戚繼光談兵之言繼光所著有紀效新書練兵實紀儲練通論哨守條約四書承詔薈萃其說刪除繁複編爲十六類曰奏疏曰條議曰將畧曰兵紀曰賞罰曰陣曰營曰戰曰操曰哨守曰長兵曰短兵曰聲類曰色類曰什器曰儀節而以汪道昆所作繼光墓誌及承詔所作小傳冠於首

火器圖一卷　浙江巡撫採進本

明顧斌撰斌字質夫晉江人萬歷己酉舉人官廣東信宜縣知縣調蜀府左長史是編言軍中火攻之具甚詳然大抵斌以意造之如所製木人騎馬之類頗近兒戲其火藥器具皆取天地星宿之數太極兩儀之象亦殊爲迂濶前有火器原火攻要二篇多書生紙上之談又末有風雨賦一篇謂孰此以占天文百無一失是尤不必然之事也

兵機類纂三十二卷　江蘇巡撫採進本

明張龍翼撰龍翼字羽明松江人是書取古今言兵事者自春秋左氏傳而下至於元明分爲三十二類每類中又各析子目所載明事尤詳大抵書生紙上談也第三十一卷專言陣勢然陣法未載圖式殊爲闕畧其凡例云篇中如陣法器械之類不詳圖說者慮或冗濩亦爲文飾其詞葢是書之作本爲武闈答策之用故可畧則畧耳

廣名將譜十七卷 浙江巡撫採進本

不著撰人名氏卷首題黃道周註斷前有崇禎癸

未道周序稱即舊本芟其繁文出其精要入妙旁批有疑夾註又總斷結其智勇之所在云云詞意弇陋決不出道周之手殆坊肆所依托其目錄後幅割裂亦似非足本

左畧一卷 浙江汪啟淑家藏本

明曾益撰益字子謙山陰人其書專摘左傳所言兵事凡五十六篇每條標以名目陳禹謨左氏兵畧尚援引他書疏通證解此但摘錄傳文益無可采矣

談兵髓七卷安徽巡撫採進本

題西浙嚻嚻生撰不著名氏首爲談兵髓說稱自黃帝用兵以來兵法不廢天時故日月星辰風雲節候皆用兵者所宜知然其所載如黃赤道渾天儀寒暑晝夜長短諸說多涉律歷家言於兵事無可徵驗蓋亦襍綴成書初無秘授也前有王洽序洽字和仲臨邑人萬歷甲辰進士官至兵部尚書序作於天啟甲子蓋其巡撫浙江之時則所爲嚻嚻生者亦明末人矣

殘本金湯十二籌八卷 江蘇周厚堉家藏本

明李盤撰盤字小有揚州人是書以十二籌爲名而今所存者一曰籌修備二曰籌訓練三曰籌積貯四曰籌制器五曰籌淸野六曰籌方畧七曰籌水戰八曰籌制勝已闕其四籌蓋斷爛不完之本矣所言皆團練鄉勇扞禦土寇之計襍引古事以証之多不切合亦頗支蔓如無糧無水不可以守三尺童子能知之而臚列前代絶糧絶水之故實以爲鑒戒連篇累牘殊爲浪費筆墨所列飛鎗飛

刀諸法及以桐油雞卵拋擲敵船使滑不能立諸計亦頗近戲劇也

左氏兵法測要二十卷 江蘇周厚堉家藏本

明宋徵璧撰徵璧原名存楠字尚木華亭人是書節畧左氏所紀兵事而論其得失春秋車戰事與後世逈異徵璧引以談兵殊不達時變

兵鏡十一卷 兩江總督採進本

國朝鄧廷羅撰廷羅字叔奇號偶樵江寧人順治中拔貢生官至湖廣荊南道是編凡孫子集註一卷

十三篇各爲評釋其作戰一篇移爲第三九變一篇改爲軍變而删其與地形篇重出五句九地一篇謂原本重複爲之改正殊嫌竄亂舊文次爲兵鏡或問上下卷各十五篇次爲兵鏡備考八卷則於十三篇中摘其要語爲綱而羅列史事以互證其說頗爲叢雜

武備志畧五卷 内府藏本

國朝傅禹撰禹字服水義烏人是編惟抄撮武經諸書及明茅元儀武備志別無特見

歷代車戰叙畧一卷 兩江總督採進本

國朝張泰交撰泰交字洎谷陽城人康熙壬戌進士官至浙江巡撫是書皆剽宋章俊卿山堂考索後集車戰篇之文而稍附益之别無考正如述列國車戰而齊侯伐衛之先驅申驅失載叙唐代而裴行儉之糧車李光弼之楯車亦失載叙明代而給事中李侃所奏之贏車總兵官張泰所造之獨馬小車定襄伯郭登之做古偏箱車皆不能徵引蓋不免於疎漏

練閱火器陣記一卷（兩江總督採進本）

國朝薛熙撰。熙字孝穆，蘇州人。是書記康熙三十五年江南提督張雲翼演教礮弩之事。所言陣法頗詳，然皆訓練常制也。

右兵家類四十七部，三百八十八卷（內二部無卷數），皆附存目。

# 武英殿本四庫全書總目

（清）紀昀等 纂

第二六册

國家圖書館出版社

# 第二六册目録

# 欽定四庫全書總目

子部

卷九十二之九十三

# 欽定四庫全書總目卷九十二

## 子部二

### 儒家類二

太極圖說述解一卷通書述解一卷西銘述解一卷河南巡撫採進本

明曹端撰端字正夫號月川澠池人永樂戊子舉人官霍州學正後改蒲州事迹具明史儒林傳史稱其學務躬行實踐而以靜存爲要讀太極圖說通書西銘曰道在是矣篤志研究坐下著足處兩

輙皆穿蓋明代醇儒以端及胡居仁薛瑄爲最而端又開二人之先是編箋釋三書皆抒所心得大旨以朱子爲歸而太極圖末附載辨戾一條乃以朱子所論太極陰陽語錄與注解互異而考定其說蓋注解出朱子之手而語錄則門人之所記不能無訛端得於朱子者深故能辨別微茫不肯雷同附和所由與依草附木者異也前有端自序作於宣德戊申惟論太極圖說及以詩贊辨戾附末之意而不及西銘卷末有正德辛未黎堯卿跋始

兼西銘言之通書前後又有孫奇逢序及跋跋但言通書而序則言澠池令張燝合刻三書蓋堯卿始以太極圖說西銘合編燝又增以通書也據端本傳其書本名釋文所注孝經乃名述解此本亦題曰述解不知何人所改刊板頗拙惡排纂亦無體例每句皆以正文與注連書字畫大小相等但以方匡界正文每句之首尾以爲識別殊混淆難讀今離而析之使注與正文别行以便省覽焉

張子全書十四卷附錄一卷 編修勵守謙家藏本

宋張載撰考載所著書見於宋史藝文志者有易說三卷正蒙十卷經學理窟十卷文集十卷虞集作吳澄行狀稱嘗校正張子之書以東西銘冠篇正蒙次之今未見其本此本不知何人所編題曰全書而止有西銘一卷正蒙二卷經學理窟五卷易說三卷語錄抄一卷文集抄一卷又拾遺一卷又採宋元諸儒所論及行狀等作爲附錄一卷共十五卷自易說西銘以外與史志卷數皆不相符又語錄文集皆稱曰抄尤灼然非其完帙蓋後人

選錄之本名以全書殊爲乖舛然明徐時達所刻已屬此本嘉靖中吕柟作張子抄釋稱文集已無完本惟存二卷康熙己亥朱軾督學於陜西稱得舊稿於其裔孫五經博士繩武家爲之重刊勘其卷次篇目亦卽此本則其來已久矣張子之學主於深思自得本不以著作繁富爲長此本所錄雖卷帙無多而去取謹嚴橫渠之奥論微言其精英業已備採矣

注解正蒙二卷 江蘇巡撫採進本

國朝李光地撰光地有周易觀彖已著錄正蒙一書張子以精思而成故義博詞奧註者多不得其涯涘又章句既繁不免偶有出入或與程朱之說相牴牾註者亦莫知所從不敢置議光地是書疏通證明多闡張子未發之意又於先儒互異之處如太虛之說與周子太極不同清神濁形之分為程子所議太極陰陽為三之說啟胡氏三角太極之學地有升降一條黃瑞節以為執四遊舊說又如六經之中釋孟子之過化為不滯於物釋中庸之

敦化爲體厚用神釋易繼善爲不已其善釋論語上智下愚爲習成釋中庸仁者爲生安智者爲學利釋論語空空無知爲無思無爲釋易蒙以養正爲養蒙以正釋論語先進後進爲急行緩行洋洋盈耳爲樂失其次與朋友共敝之而無憾句以共字屬下釋好勇疾貧章二亂字爲迷謬釋易險阻爲聖德之高堅釋論語素絢後素二素字異義釋詩勿翦勿拜爲拜跪之拜棠棣爲文王之詩而周公有所加晨風爲勞而不休釋禮禘祫之義牵用

註疏舊說殤祭之義又改易舊說皆一一別白是非使讀者曉然不疑於明以來諸家註釋之中可謂善本矣

正蒙初義十七卷直隸總督採進本

國朝王植撰植有四書參註已著錄是編詮釋正蒙於性理大全所收集釋補註集解外取明高攀龍徐德夫

國朝冉覲祖李光地張伯行之註列程朱諸說之後並採張子經學理窟語錄性理拾遺三書相發明

者附錄之而各以已見參訂於後其大旨謂張子見道原從儒釋異同處入故其言太虛皆與釋氏對照又謂太虛有三義又謂程朱多不滿此書太虛二字然斷其本旨殊塗同歸正不必執程朱諸論以詆之又謂詩箋書序禮疏舊說張子所用為多今人習見習聞皆程朱遺澤遂詫而怪之但當分別讀之不宜橫生訾議論皆持平頗能破門戶之見其謂張子自託惟見於參兩神化至當三十樂器者各一見於王禘者五乾稱者四諸本或以

集釋誤爲自註又謂十七篇爲蘇昞所傳張子手定李光地本多割裂其辨析皆爲不苟至所稱張伯行註出於他人之假名非所自註云得諸伯行面言亦足資考訂也

二程遺書二十五卷附錄一卷 江西巡撫採進本

宋二程子門人所記而朱子復次錄之者也自程子旣歿以後所傳語錄有李籲呂大臨謝良佐游酢蘇昞劉絢劉安節楊迪周孚先張繹唐棣鮑若雨鄒柄暢大隱諸家頗多散亂失次且各隨學者

之意其記錄往往不同觀尹焞以朱光庭所鈔伊川語質諸伊川伊川有若不得某之心所記者徒彼意耳之語則程子在時所傳已頗失其眞（案此事見朱子後序中）故朱子語錄謂游錄語慢上蔡語險劉質夫語簡李端伯語宏肆永嘉諸公語絮也是編成於乾道四年戊子乃因家藏舊本復以類訪求附益畧據所聞歲月先後編第成爲二十五卷又以行狀之屬八篇爲附錄一卷語錄載陳淳問第九卷介甫言律一條何意曰伯恭以凡事皆具惟律

不說偶有此條遂漫載之又鄭可學問遺書有古言乾坤不用六了一段如何曰此一段却主張是自然之理又有一段却不取又晦庵文集內有答呂伯恭書曰遺書節本已寫出愚意所刪去者亦須用草紙抄出逐條畧著刪去之意方見不草草處若暗地刪却久遠却惑人云云今觀書內如劉安節所錄謹禮者不透須莊子一條語涉偏矯則註云別本所增又暢大隱所記道豈有可離而不可離一條純入於禪則註云多非先生語其去取

亦深爲不苟矣考文獻通考載遺書卷目與此本同而黄震日抄所載則至十七卷而止與此互異又震所載遺書卷目呂與叔東見錄及附東見錄均次爲第二卷而此本則次附東見錄爲第三卷殆傳本有異同歟至附錄中年譜一篇朱子自謂實錄所書文集內外書所載與凡他書之可證者震則謂朱子訪其事於張繹范棫孟厚尹焞而成蓋朱子舉其引證之書震則舉其參考之人各述一端似矛盾而非矛盾也

二程外書十二卷 江西巡撫採進本

亦二程子門人所記而朱子編次之成於乾道癸巳六月在遺書之後五年後序稱遺書二十五篇皆諸門人當時記錄之全書足以正俗本紛更之謬而於二先生之語則不能無所遺於是取諸人集錄參伍相除得此十二篇以爲外書凡採朱光庭陳淵李參馮忠恕羅從彥王蘋時紫芝七家所錄又胡安國游酢家本及建陽大全集印本三家又傳聞雜記自王氏塵史至孔文仲疏凡一百五

十二條均採附焉其語皆遺書所未錄故每卷悉
以拾遺標目其稱外書者則朱子自題所謂取之
之雜或不能審所自來其視前書學者尤當精擇
審取者是也中間傳聞異詞頗不免於叢脞如程
氏學拾遺卷內以望道未見爲望治道太平一條
黃震日抄謂恐於本文有增又時氏本拾遺卷內
以老子天地不仁萬物芻狗之說爲是一條震亦
謂其說殊有可疑蓋皆記錄既繁自不免或失其
本旨要其生平精語亦多散見於其中故但分別

存之而不能盡廢如呂氏童蒙訓記伊川言僧家讀一卷經要一卷經道理受用儒者讀書都無用處一條又明道至禪寺見趨進揖遜之盛歎曰三代威儀盡在是一條朱子語錄嘗謂其記錄未精語意不圓而終以其言足以警切學者故並收入傳聞雜記中無所刊削其編錄之意亦大畧可見矣

二程粹言二卷 兩江總督採進本

宋楊時撰時字中立南劍州將樂人熙寧九年進

士官至國子祭酒高宗卽位除工部侍郎兼侍讀以龍圖閣直學士提舉杭州洞霄宫卒諡文靖事蹟具宋史本傳時始以師禮見明道於頴昌相得甚歡明道殁又見伊川於洛南渡以後朱子及張栻等皆誦説程氏屹然自闢一門戸其源委脉絡實出於時是書乃其自洛歸閩時以二程子門人所記師説採撮編次分爲十篇朱子嘗稱明道之言發明極致善開發人伊川之言卽事明理尤耐咀嚼然當時記錄旣多如遺書外書雅言師説雜

說之類卷帙浩繁讀者不能驟窺其要又記者意爲增損尤不免牴牾龐雜朱子嘗欲刪訂爲節本而未就世傳張栻所編伊川粹言二卷又出依托惟時師事二程親承指授所記錄終較剽竊販鬻者爲眞程氏一家之學觀於此書亦可云思過半矣

公是先生弟子記四卷　浙江巡撫採進本

宋劉敞撰敞有春秋傳已著錄是編題曰弟子記者蓋託言弟子之所記而文格古雅與敞所註春

秋詞氣如出一手似非其弟子所能故晁公武讀書志以爲敞自記其問答之言當必有據也公武又稱書中於王安石楊慥之徒書名王深甫歐陽永叔之徒書字以示褒貶今考公武所說亦大槪以意推之卽如王同一人論四岳薦鯀一條論聖人一條則書其名論泰伯一條論晉武公一條則書其字是於褒貶居何等乎且其書固多攻王氏新學而亦兼寓鍼砭元祐諸賢之意故其言曰滛聲出乎律呂而非所以正律呂也小道生乎仁義

而非所以明仁義也又曰八音不同物而同聲同聲乃和賢能不同術而同治同治乃平又曰忘情者自以爲達悖情者自以爲難直情者自以爲眞三者異趨而同亂又曰學不可行者君子不取也言不可用者君子弗詢也又曰智不求隱辨不求給名不求難行不求異又曰無爲而治者因堯之臣襲堯之俗用堯之政斯孔子謂之無爲也又曰夫賢者爲人所能爲而已矣人所不能爲賢者不爲也又曰君子恥過而欲改之小人恥過而欲遂

之君子欲善而自反小人欲善而自欺又曰矜小名以售大僞飾小廉以釣大利者惟鉅孱爾葢是時三黨交訌而敞獨蕭然於門戶之外故其言和平如是至於稱老子之無爲則爲安石之新法發辨孟子之人皆可以爲堯舜則爲安石之自命聖人發其說稍激則有爲言之者也又王守仁謂無善無惡者性之體有善有惡者意之用明人斷斷辨正稱爲衞道今觀是書乃知王安石先有是說敞已辭而闢之是其發明正學又在程朱之前其

或謂仁義禮智不若道之全一條謂道固仁義禮智之名仁義禮智弗在焉安用道亦預杜後來狂禪之弊所見甚正徒以獨抱遺經澹於聲譽未與伊洛諸人傾意周旋故講學家視爲異黨抑之不稱耳實則元豐熙寧間卓然一醇儒也其書宋時蜀中有刻板乾道十年豫章謝諤得之於劉文濬付三衢江溥重刊淳熙元年趙不黯又於徵從曾孫子和及子和從叔椿家得二舊本較正舛脱就江本改刻十八頁補三百七十字此本即從不黯

所刻抄出者末有譌溥不顯三贩証以永樂大典所引一一符合知爲原書亦可謂罕覯之笈矣傲墓志及宋史本傳俱稱弟子記五卷讀書志則作一卷葢南宋之初已病其繁碎合併爲一今以篇頁稍多釐爲四卷以酌其中又錢曾讀書敏求記載極没要緊一卷註曰卽劉原父弟子記也考浙江所進遺書有極没要緊一卷亦題公是先生撰其文皆採掇郭象莊子註語似出依託與此顯爲二書今别存其目於道家中庶眞贋不相淆焉

節孝語錄一卷 兩江總督採進本

宋徐積撰積字仲車山陽人登進士第元祐初以薦授揚州司戶參軍爲楚州教授歷和州防禦推官改宣德郎監中岳廟卒政和六年賜謚節孝處士事蹟具宋史卓行傳是書爲其門人江端禮所錄文獻通考載一卷與今本合其中說經之條如釋唐棣之華偏其反而謂偏當音徧言開徧而復合今考禮二名不偏諱注偏讀爲徧則偏徧二字原相通然以釋偏其反而則曲說矣其釋春秋壬

中御廩災乙亥嘗謂說者皆言先言御廩災是火災之餘而嘗志不敬其實曾子問言天子諸侯之祀遇日食火災喪服則皆廢祀今御廩災則嘗可廢而不廢是爲不敬何必謂火災之餘而嘗今考曾子問曰當祭而日食太廟火乃廢祭他火災不廢也積概言火災則廢反斥公穀二傳亦殊失經意他若以論語三嗅爲三歎謂春秋西狩獲麟重書借狩非禮不重書獲麟亦皆穿鑿至於商論古人推揚雄而譏賈誼至以陳平爲秦漢以來第一

人殊乖平允而誤解禮記塈欲速朽以近世用厚棺爲非尤爲紕繆然積篤於躬行粹於儒術所言皆中正和平無宋代刻核古人之習大致皆論事論人無空談性命之說蓋猶近於古之儒家焉

## 儒言一卷 永樂大典本

宋晁說之撰說之字以道鉅野人少慕司馬光之爲人光晚號迂叟說之因自號曰景迂元豐五年進士蘇軾以著述科薦之元符中以上書入邪等靖康初召爲著作郎試中書舍人兼太子詹事建

炎初擢徽猷閣待制高宗惡其作書非孟子勒令致仕是書已編入景迂生集然晁公武讀書志已别著録葢當時亦集外别行也公武以是書爲辨王安石學術違僻而作今觀所論大抵新經義及字説居多而託始於安石之廢春秋公武所言良信然序稱作於元默執徐實徽宗政和二年壬辰在崇寧二年安石配享孔子後故其中孔孟一條名聖一條祀聖一條皆直斥其事則實與紹述之徒辨非但與安石辨也又不奪一條心迹一條及

流品以下凡數條併兼斥安石之居心行事亦非但為學術辨也當紹述之說盛行而侃侃不撓誠不愧儒者之言至於因安石附會周禮而詆周禮因安石尊崇孟子而抑孟子則有激之談務與相反惟以恩怨為是非殊不足為訓蓋元祐諸人實有負氣求勝攻訐太甚以釀黨錮之禍者賢智之過亦不必曲為諱也取其大旨之正可矣

童蒙訓三卷 兩淮鹽政採進本

宋呂本中撰本中有春秋集解已著錄是書其家

塾訓課之本也本中北宋故家及見元祐遺老師友傳授具有淵源故其所記多正論格言大抵皆根本經訓務切實用於立身從政之道深有所裨中間如申顏李潛田腴張琪侯無可諸人其事蹟史多失傳賴此猶可以考見大畧固不僅爲幼學啟迪之資矣考朱子答吕祖謙書有舍人丈所著童蒙訓極論詩文必以蘇黄爲法之語此本無之其他書所引論詩諸説亦皆不見於書內故何焯跋疑其但節錄要語而成已非原本然刪削舊文

不過簡其精華除其枝蔓何以近語錄者全存近詩話者全汰以意推求殆洛蜀之黨既分傳是書者輕詞章而重道學不欲以眉山緒論錯雜其間遂刊除其論文之語定爲此本歟其書初刊於長沙又刊於龍溪譌舛頗甚嘉定乙亥婺州守邱壽雋重校刊之有樓昉所爲跋後紹定己丑眉山李𡌴守郡得本於提刑吕祖烈復鋟木於玉山堂今所傳本卽明人依宋槧翻雕行欵字畫一一仍其舊最爲善本今亦悉從之焉

省心雜言一卷 永樂大典本

宋李邦獻撰邦獻懷州人太宰邦彥之弟官至直敷文閣是書在宋有臨安刊本題爲林逋撰或又以爲尹焞撰至宋濂跋其書則謂逋固未嘗著焞亦因和靖之號偶同而誤皆非其實而王侊所編朱子語錄續類內有省心錄乃沈道原作之文必有所據當定爲沈本陶宗儀說郛錄其數條仍署爲林逋所作迄無定論今考永樂大典俱載是書共二百餘條蓋依宋時槧本全帙錄入前有祁寬

鄭望之沈濬汪應辰王大實五序後有馬藻項安世樂章三跋并有邦獻孫耆岡及四世孫景初跋三首皆謂此書邦獻所作耆岡且言曾見手稿不誣又考王安禮爲沈道原作墓誌具列所著書傳論語解等並無省心襍言之名足證非道原所作實朱子語錄之舛誤宋濂執爲定論亦考之未審矣其書切近簡要質而能該於範世勵俗之道頗有發明謹釐正舛誤定爲李氏之書而考證其異同如右

上蔡語錄三卷 浙江巡撫採進本

宋曾恬胡安國所錄謝良佐語朱子又爲刪定者也良佐字顯道上蔡人登進士第建中靖國初官京師召對忤旨出監西京竹木場復坐事廢爲民事蹟具宋史道學傳恬字天隱溫陵人安國有春秋傳已著錄是書成於紹興二十九年朱子年三十歲監潭州南岳廟時生平論著此爲最早據朱子後序稱初得括蒼吳任寫本二篇皆曾天隱所記最後得胡文定公寫本二篇凡書四篇以相參

校胡氏上篇五十五章記文定公問答下篇四十九章與版本吳氏本畧同然時有小異輒因其舊定著爲二篇視版本所增多猶百餘章或失本旨襍他書其尤者五十餘章至詆程氏以助佛學輒放而絕之其餘亦頗刋去而得先生遺語三十餘章别爲一篇凡所定著書三篇云云是朱子於此書芟薙特嚴後乾道戊子重爲編次益以良佐與安國手簡數條定爲今本又作後記稱胡憲於呂祖謙家得江民表辨道錄見所删五十餘章首尾

次序無一字之差然後知果爲江氏所著非謝氏之書則去取亦爲精審觀語錄稱某二十年前得上蔡語錄觀之初用朱筆畫出合處及再觀則不同乃用粉筆三觀則又用墨筆數過之後全與原看時不同則精思熟讀研究至深非漫然而定也艮佐之學以切問近思爲要其言論閎肆足以啟發後進惟才高意廣不無過中之弊故語錄云看道理不可不仔細程門高弟如謝上蔡游定夫楊龜山下梢皆入禪學去又云上蔡觀復齋記中說

道理皆是禪底意思又云程子諸門人上蔡有上蔡之病龜山有龜山之病和靖有和靖之病也是合下見得不周遍差了其論皆頗以艮佐近禪爲譏然爲艮佐作祠記則又云以生意論仁以實理論誠以常惺惺論敬以求是論窮理其命意皆精當而直指窮理居敬爲入德之門尤得明道教人之綱領乃深相推重葢艮佐之學醇疵相半朱子於語錄舉其疵於祠記舉其醇似矛盾而非矛盾也合而觀之艮佐之短長可見矣

袁氏世範三卷永樂大典本

宋袁采撰案衢州府志采字君載信安人登進士第三宰劇邑以廉明剛直稱仕至監登聞鼓院陳振孫書錄解題稱采嘗宰樂清修樂淸志十卷王圻續文獻通考又稱其令政和時著有政和雜志縣令小錄今皆不傳是編卽其在樂淸時所作分睦親處已治家三門題曰訓俗府判劉鎭爲之序始更名世範其書於立身處世之道反覆詳盡所以砥礪末俗者極爲篤摯雖家塾訓蒙之書意求

通俗詞句不免於鄙淺然大要明白切要使覽者易知易從固不失爲顏氏家訓之亞也明陳繼儒嘗刻之秘笈中字句訛脫特甚今以永樂大典所載宋本互相校勘補遺正誤仍從文獻通考所載勒爲三卷云

延平答問一卷附錄一卷 浙閩總督採進本

宋朱子撰程子之學一傳爲楊時再傳爲羅從彥又再傳爲李侗侗字愿中延平其所居也侗於朱子爲父執紹興二十三年朱子二十四歲將赴同

安主簿任往見侗於延平始從受學紹興三十年冬同安任滿再見侗僅留月餘又閱四載而侗沒計前後相從不過數月故書札往來問答爲多後朱子輯而錄之又載其與劉平甫二條以成是書朱子門人又取朱子平昔論延平語及祭文行狀別爲一卷題曰附錄明非朱子原本所有也後侗裔孫葆初別掇拾侗之諸文增入一卷改題曰延平文集且總題爲朱子所編殊失其舊今仍錄原本而葆初竄亂之本別存目於集部焉

近思錄十四卷 直隸總督採進本

宋朱子與呂祖謙同撰案年譜是書成於淳熙二年朱子年四十六矣書前有朱子題詞曰淳熙乙未之夏東萊呂伯恭來自東陽過余寒泉精舍留止旬日相與讀周子程子張子之書歎其廣大宏博若無津涯而懼夫初學者不知所入也因共掇取其關於大體而切於日用者以爲此編云云是其書與呂祖謙同定朱子固自著之且併載祖謙題詞又晦菴集中有乙未八月與祖謙一書又有

丙申與祖謙一書戊戌與祖謙一書皆商榷改定
近思錄灼然可證宋史藝文志尚並題朱熹吕祖
謙類編後來講學家力爭門戶務黜衆說而定一
尊遂沒祖謙之名但稱朱子近思錄非其實也書
凡六百六十二條分十四門實爲後來性理諸書
之祖然朱子之學大旨主於格物窮理由博反約
根株六經而參觀百氏原未暖暖姝姝守一先生
之言故題詞有曰窮鄉晚進有志於學誠得此而
玩心焉亦足以得其門而入矣然後求諸四君子

之全書以致其博而返諸約焉庶乎其有而盡得之若憚煩勞安簡便以爲取足於此而止則非纂集此書之意然則四子之言且不以此十四卷爲限亦豈教人株守是編而一切聖經賢傳束之高閣哉又呂祖謙題詞論首列陰陽性命之故曰後出晩進於義理之本原雖未容驟語苟茫然不識其梗概則亦何所底列之篇端特使知其名義有所向往而已至於餘卷所載講學之方日用躬行之實自有科級循是而進自卑升高自近及遠庶

不失纂集之旨若乃厭畢近而騖高遠躐等夌節流於空虛迄無所依據則豈所謂近思者耶其言著明深切尤足藥連篇累牘動談未有天地以前者矣其集解則朱子歿後葉采所補作淳熙十二年采官朝奉郎監登聞鼓院兼景獻府教授時嘗賫進於朝前有進表及自序采字仲圭號平巖建安人其序謂悉本朱子舊註參以升堂記聞及諸儒辨論有缺畧者乃出臆說又舉其大旨著於各卷之下凡閱三十年而後成云

近思錄集註十四卷 編修徐天柱家藏本

國朝茅星來撰朱子近思錄宋以來註者數家惟葉采集解至今盛行星來病其粗率膚淺解所不必解而稍費擬議者則闕又多彼此錯亂字句訛舛因取周張二程全書及宋元近思錄刊本參校同異凡近刻舛錯者悉從朱子考正錯簡之例各註本條之下又薈萃衆說參以已見爲之支分節解於名物訓詁考證尤詳更以伊洛淵源錄所載四子事跡具爲箋釋冠於簡端謂之附說書成於康

熙辛丑有星來自序又有後序一篇作於乾隆丙辰去書成時十五年蓋殫一生之精力爲之也其後序有曰自宋史分道學儒林爲二而言程朱之學者但求之身心性命之間不復以通經學古爲事蓋嘗竊論之馬鄭賈孔之說經譬則百貨之所聚也程朱諸先生之說經譬則操權度以平百貨之輕重長短者也微權度則貨之輕重長短不見而非百貨所聚則雖有權度亦無所用之故欲求程朱之學者其必自馬鄭諸傳疏始愚於是編備

著漢唐諸家之說以見程朱諸先生學之有本俾彼空疎寡學者無得以藉口云云其持論光明洞達無黨同伐異爭名求勝之私可謂能正其心術矣

近思錄集註十四卷（安徽巡撫採進本）

國朝江永撰永有周禮疑義舉要已著錄近思錄雖成於淳熙二年其後又數經刪補故傳本頗有異同至各卷之中惟以所引之書爲先後而未及標立篇名則諸本不殊至淳祐間葉采纂爲集解尙

無所竄亂於其間明代有周公恕者始妄加分析各立細目移置篇章或漏落正文或淆混註語謬誤幾不可讀丞以其貽誤後學因仍原本次第爲之集註凡朱子文集或問語類中其言有相發明者悉行採入分註或朱子說有未備始取葉采及他家之說以補之間亦附以己意引據頗爲詳洽蓋丞邃於經學究心古義穿穴於典籍者深雖以餘力爲此書亦具有體例與空談尊朱者異也

雜學辨一卷附記疑一卷 副都御史黃登賢家藏本

宋朱子撰以斥當代諸儒之雜於佛老者也凡蘇軾易傳十九條蘇轍老子解十四條張九成中庸解五十二條吕希哲大學解四條皆摘錄原文各爲駁正於下末有乾道丙戌何鎬跋鎬字京叔何兌之子丙戌爲乾道二年朱子三十七歲監嶽廟家居時也記疑一卷前有朱子題詞稱偶得雜詞一冊不知何人所記懼其流傳久遠上累師門云云葢程子門人記錄師說傅以已意因而流入二氏者亦摘錄而與之辨凡二十條其書作於淳熙

二年丙申三月朱子方在婺源距作雜學辨時十年矣後人附刻雜學辨後以類相從今亦仍舊本錄之焉

小學集註三卷 通行本

宋朱子撰明陳選註選字士賢臨海人天順庚辰進士官至廣東布政使追贈光祿寺卿謚恭愍事迹具明史本傳朱子是書成於淳熙丁未三月凡內篇四曰立教曰明倫曰敬身曰稽古外篇二曰嘉言曰善行考晦菴集中有癸卯與劉子澄書蓋

編類此書實託子澄其初有文章一門故書中稱文章尤不可泛如離騷一篇已自多了欽古蒙求亦太多兼奥澁難讀非啓蒙之具郤是古樂府及杜子美詩意思好可取者多又有乙巳與子澄書稱小學見此修改凡定著六篇云云是淳熙十二年始改定義例又越二年乃成也案語類陳淳錄曰或問小學明倫篇何以無朋友一條曰當時是衆人編類偶欠此爾又黄義剛錄曰曲禮外言不入於梱内言不出於梱一條甚切何以不編入小

學曰這樣處漏落也多王懋竑朱子年譜考異謂據此則編類不止子澄一人而於兩錄又可見古人著書得其大者小小處亦不屑尋究其說最確後人或援引古書證其疎畧或誤以一字一句皆朱子所手錄遂尊若六經皆一偏之論也選註爲鄉塾訓課之計隨文衍義務取易解其說頗爲淺近然此書意取啓蒙本無深奥又雜取文集子史不盡聖言註釋者推衍支離務爲高論反以晦其本旨固不若選之所註尤有裨於初學矣是書自

陳氏書錄解題卽列之經部小學類考漢書藝文志以弟子職附孝經而小學家之所列始於史籀終於杜林皆訓詁文字之書今案以幼儀附之孝經終爲不類而入之小學則於古無徵是書所錄皆宋儒所謂養正之功教之本也改列儒家庶幾協其實焉

朱子語類一百四十卷內府藏本

宋咸淳庚午導江黎靖德編初朱子與門人問答之語門人各錄爲編嘉定乙亥李道傳輯廖德明

等三十二人所記爲四十三卷又續增張洽錄一卷刻於池州曰池錄嘉熙戊戌道傳之弟性傳續蒐黃榦等四十二人所記爲四十六卷刋於饒州曰饒錄淳祐乙酉蔡杭又裒楊方等二十三人所記爲二十六卷亦刋於饒州曰饒後錄咸淳乙丑吳堅採三錄所餘者二十九家又增入未刋四家爲二十卷刋於建安曰建錄其分類編輯者則嘉定己卯黃士毅所編凡百四十卷史公說刋於眉州曰蜀本又淳祐壬子王佖續編四十卷刋於徽

州曰徽本諸本既互有出入其後又翻刻不一訛舛滋多靖德乃裒而編之刪除重複一千一百五十餘條分爲二十六門頗清整易觀其中甚可疑者如包楊錄中論胡子知言以讀書爲溺心志之大穽之類槩爲刊削亦深有功於朱子靖德目錄後記有曰朱子嘗言論語後十篇不及前六言六蔽不似聖人法語是孔門所記猶可疑而況後之書乎觀其所言則今他書間傳朱子之語而不見於語類者蓋由靖德之刪削鄭任鑰不知此意乃

以四書大全所引不見今本語類者指爲或問小註之證其亦不考之甚矣

戒子通錄八卷 永樂大典本

宋劉淸之撰淸之字子澄號靜春臨江人紹興二年進士光宗時知袁州宋史本傳稱其生平著述甚多是書其一也其書博採經史羣籍凡有關庭訓者皆節錄其大要至於母訓閨教亦備述焉史稱其甘貧力學博極羣書故是編採摭繁富或不免於冗雜然其隨事示教不憚於委曲詳明雖瑣

語碎事莫非勸戒之資固不以過多爲患也元虞集甚重其書嘗勸其後人刻諸金谿後崔棟復爲重刻顧自宋以來史志及諸家書目皆不著錄惟文淵閣書目載有二冊亦無卷數外間傳本尤稀今謹據永樂大典所載約畧篇頁釐爲八卷所引諸條原本於標目之下各粗舉其人之始末其中間有未備者今並爲考補增注以一體例惟自宋以前時代錯出頗無倫次蓋一時隨手摘錄未經排比之故今亦姑仍其舊焉

## 知言六卷附錄一卷（永樂大典本）

宋胡宏撰宏有皇王大紀已著錄是編乃其論學之語隨筆劄記屢經改訂而後成呂祖謙嘗以爲勝於正蒙然宏之學本其父安國安國之學雖出於楊時而又兼出於東林常總總嘗謂本然之性不與惡對言安國沿習其說遂以本然者與善惡相對者分成兩性宏作此書亦仍守其家傳其所謂性無善惡心以成性天理人欲同體異用同行異情指名其體曰性指名其用曰心性不能不動

動則心矣云云朱子力詆其非至作知言疑義與呂祖謙及宏門人張栻互相論辨卽栻亦不敢盡以其師說爲然其論治道以井田封建爲必不可廢亦泥古而流於迂謬然其他實多明白正大足以闡正學而闢異端朱子亦嘗稱其思索精致處殊不可及固未以一二瑕疵盡廢其書也自元以來其書不甚行於世明程敏政始得舊本於吳中後坊賈遂有刊板然明人傳刻古書好意爲竄亂此本亦爲妄人强立篇名顛倒失序字句舛謬全

失其眞惟永樂大典所載尚屬宋槧原本首尾完備條理釐然謹据其章目詳加刊正以復其舊其朱子語類各條亦仍依原本別爲附錄一卷繫之於末以備考證焉

明本釋三卷永樂大典本

宋劉荀撰荀東平人尚書左僕射摯之孫書中所稱先文肅公卽謂摯也孝宗時嘗知盱眙軍其事迹則不可考矣是書乃其講學之語大旨謂致力當求其本因舉其切要者三十三條各爲標目而

著論以發明之論所不盡者又自爲之註中多稱
引元祐諸人程門諸子及同時胡宏張九成朱子
之言持論頗醇正其文率詳明愷切務達其意而
止北宋諸名臣之言行出處亦附注焉蓋黨籍子
孫尊其先世之舊聞也宋史藝文志晁公武讀書
志皆不載陳振孫書錄解題馬端臨經籍考但載
荀所撰建炎德安守禦錄而是書亦畧焉惟明文
淵閣書目國史經籍志有之蓋其書在宋不甚顯
元明間始行於世也楊士奇焦竑皆作明本二卷

劉荀撰然永樂大典所載實皆題曰明本釋疑其書原名明本或後人因其註而增題釋字歟

少儀外傳二卷永樂大典本

宋呂祖謙撰祖謙有古周易已著錄是書末有雲谷胡巖起跋及其弟祖儉後序丹陽譚元獻嘗刻之於學宮歲久散佚久無刊本故朱彝尊經義攷註曰未見此本載永樂大典中尚端末完整無所訛缺今仍釐爲二卷以還其舊其書爲訓課幼學而設故取禮記少儀爲名然中間襍引前哲之懿

行嘉言兼及於立身行已應世居官之道所該繁富不專於洒掃進退之末節故命之曰外傳猶韓嬰引事說詩自題曰外傳云爾呂本中舊有童蒙訓皆自爲詁誡之語此書則採輯舊文體例近朱子小學小學盛行於世童蒙訓亦有刋本而此書湮沒不彰蓋書之傳不傳亦有幸不幸焉未可以是定優劣也永樂大典別載辨志錄一卷亦題呂祖謙撰其文全與此同蓋一書二名編纂者不出一手因而兩收今附著於此不復重錄其文亦不

復别存其目焉

麗澤論說集錄十卷 浙江孫仰曾家藏本

宋吕祖謙門人雜錄其師之說也前有祖謙從子喬年題記稱先君嘗所裒輯不可以不傳故今仍據舊錄頗附益次比之喬年爲祖謙弟祖儉之子則蒐錄者爲祖儉喬年又補綴次第之矣凡易說二卷詩說拾遺一卷案詩說獨曰拾遺以祖謙著有家塾讀詩記也周禮說一卷禮記說一卷論語說一卷孟子說一卷史說一卷雜說二卷皆冠以門人集錄字明非祖謙

所手著也祖謙初與朱子相得後以爭論毛詩不合遂深相排斥黎靖德所編語類以論祖謙兄弟者別爲一卷（第一百二十二卷）其中論祖謙者凡三十一條惟病中讀論語一條稍稱其善答項平甫書與曹立之書一條搆編其集者誤收他文其餘三十條於其著作詆繫辭精義者二詆讀詩記者二詆大事記者五詆少儀外傳者一詆宋文鑑者五詆東萊文集者三其餘十一條則皆詆其學問如云東萊博學多識則有之矣守約恐未也又云伯恭

之獘盡在於巧又云伯恭說義理太多傷巧未免
杜撰又云伯恭教人看文字也粗又云東萊聰明
看文理却不仔細緣他先讀史多所以多粗著眼
又云伯恭於史分外仔細於經却不甚理會又云
伯恭要無不包羅只是怕過多不精可謂抵隙攻
瑕不遺餘力托克托等修宋史因置祖謙儒林傳
中使不得列於道學呂喬年記亦稱講說所及而
門人記錄之者祖謙無恙時嘗以其多舛戒無傳
習殆亦陰解朱子之說欲歸其失於門人也然當

其投契之時則引之同定近思錄使預聞道統之傳當其牴牾以後則字字譏彈身無完膚毋亦負氣相攻有激而然歟語類載李方子所記云伯恭更不教人讀論語而此書第六卷爲門人集錄論語說六十八條又何以稱焉道學之譏儒林也曰不聞道儒林之譏道學也曰不稽古斷斷相持至今未已夫儒者窮研經義始可斷理之是非亦必博覽史書始可明事之得失故云博學反約不云未博而先約朱氏之學精矣呂氏之學亦何可盡

廢耶

曾子一卷安徽巡撫採進本

宋汪晫編晫字處微績溪人是書成於慶元嘉泰間咸淳十年其孫夢斗與子思子同獻於朝得贈通直郎考漢志載曾子十八篇隋志有曾子二卷目一卷唐志亦載曾子二卷晁公武郡齋讀書志著錄二卷十篇稱卽唐本高似孫子畧稱其與大戴禮四十九篇五十八篇及襍見小戴記者無異同後人掇拾以爲之陳振孫書錄解題併稱有慈

湖楊簡註是宋時原有曾子行世殆卑偶未見故輯爲此書凡十二篇仲尼閒居第一明明德第二養老第三周禮第四有子問第五喪服第六中闕第七第八晉楚第九守業第十三省身第十一忠恕第十二明明德獨標云內篇養老以下皆標外篇而仲尼閒居篇不言內外疑本有內篇字而傳寫佚之也其第一篇卽孝經而削去經名别爲標目未免自我作古第二篇卽大學考自宋以前有子思作大學之傳而無曾子作大學之說歸之曾

子已屬疑似又改其篇目與前篇武斷亦同至外篇十篇亦往往割裂經文以就門目如曾子問師行必以遷廟主行乎至老眀云孔疏曰此一節論出師當取遷廟主及幣帛皮圭以行廟無虛主之事蓋首問師行必以遷廟主論其常也師行無遷主又籌其變也二問相承意實相濟故孔疏通爲一節今割古者師行無遷主至蓋貴命也入周禮篇割古者師行必以遷廟主行乎至老眀云入喪服篇文義殆爲乖隔若云以其文有涉喪服是以

分屬則周禮篇內又明載三年之喪弔乎數節爲例尤屬不純然漢本久佚唐本今亦未見先賢之佚文緒論頗可借此以考見則過而存之猶愈於過而廢之矣卷首冠以夢斗進表稱有晫自序而此本佚之僅有元汪澤民俞希魯翟思忠明朱文選序四篇明詹潢後序一篇皆合二書稱之葢晫本編爲一部也今以前代史志二子皆各自爲書故分著於錄焉

子思子一卷 安徽巡撫採進本

宋汪晫編攷晁公武讀書志載有子思子七卷晫葢亦未見其本故别作是書凡九篇内篇天命第一鳶魚第二誠明第三外篇無憂第四胡母豹第五喪服第六曾繆公第七任賢第八過齊第九其割裂中庸别列名目與曾子載孝經大學同又晫輯曾子用朱子改本大學至孔叢子一書朱子反覆辨其僞而晫采之獨多已失鑒别又往往竄亂原文如孔叢子子上雜所習請於子思註曰雜者諸子百家故下文子思答曰雜説不存焉此書引

之改曰子上請所習於子思則與子思答義全不相貫孔叢子仲尼曰由乎心心之精神是謂聖推教究理不以疑此書引之聖字下多一區字疑字上多一物字又孔叢子云伋於進贍亟聞夫子之教此書引之進贍作進善輕改舊文均失先儒詳慎之道且與曾子所引均不著其出典亦非輯錄古書之體較薛據孔子集語蓋瞠乎後矣特以書中所錄雖眞贋互見然多先賢之格言故雖編次踳駮至今不得而廢焉

邇言十二卷 浙江范懋柱家天一閣藏本

宋劉炎撰炎字子宣括蒼人是書分十二章曰成性存心立志踐行天道人道君道臣道今昔經範習俗志見其立言醇正篤實而切於人情近於事理無迂濶難行之說亦無刻核過高之論如曰井田封建成之非一日其壞也亦非朝夕之故不必泥其制也能存其意亦可以爲治矣又曰或問節義之士如之何而黨錮曰自取之也君子百是必有一非小人百非必有一是天下士至不少矣豈

必登龍仙舟者皆賢不在此選者皆不肖耶更相題表自立禍的者也人豈能禍之哉又曰或問學聖賢之道者其流亦有偏乎曰近聞之真公學而至之烏得偏學而不至雖孔孟門人不能無偏能遡其源歸於正矣不然毫釐之差其謬逾遠是足爲學二程而不至者之戒也如此之類皆他儒者心知其然而斷不出之於口者炎獨筆之於書可謂光明磊落無纖毫門戶之私矣此本爲嘉靖乙丑光澤王所刊考明史諸王世表光澤王寵瀼以

成化二十三年封嘉靖二十五年薨乙丑爲嘉靖八年當卽寵瀼前有梅南生序稱得抄本於棠陵方思道梅南生卽寵瀼別號也又有嘉泰甲子炎自序嘉定壬午眞德秀後序嘉定癸未葉克跋書中君道篇第一條第二條習俗篇第十一條志見篇第九條寵瀼注俱有脫誤今無別本可校亦仍其舊又經籍篇唐無全史一條中亦有訛脫寵瀼未註今補註之經籍篇第二條下有夾註止菴曰一段駁尊揚雄陶潛蘇軾而抑屈原之非其言有

理亦併附錄考寵瀼序末有私印曰止菴則此註亦寵瀼所加矣

木鐘集十一卷 浙江巡撫採進本

宋陳埴撰埴字器之永嘉人嘗舉進士授通直郎致仕其學出於朱子永樂中修五經大全所稱潛室陳氏即埴也是編雖以集爲名而實則所作語錄凡論語一卷孟子一卷六經總論一卷周易一卷尚書一卷毛詩一卷周禮一卷禮記一卷春秋一卷近思襍問一卷史一卷其說大學中庸列禮

記之中葢其時四書章句集註雖成猶私家之書未懸於國學之功令故仍從古本史論惟及漢唐則伊洛之傳不以史學爲重偶然及之非專門也其體例皆先設問而答之故卷首自序謂取禮善問者如攻堅木善待問者如撞鐘義名曰木鐘刋帙久佚明宏治十四年温州知府鄧淮始得舊本重刻自第五卷至十一卷皆題曰某卷下疑或各佚其上半卷而核其所列則書始二典詩始比興賦春秋始隱元年近思襍問始理氣史始漢皆不

似尙有前文惟周禮不始天官而始府史禮記不始曲禮而始王制似有所佚然府史之名先見於序官而王制亦禮記第三篇卽從此託始亦無不可宋本旣不可見姑闕所疑焉可矣

經濟文衡前集二十五卷後集二十五卷續集二十五卷安徽巡撫採進本

不著編輯者名氏初刻於正德辛巳有楊一淸序但稱先儒所集再刻於萬歷丙午有朱吾弼序但稱爲董崇相家藏本亦不能指作者何人黃虞稷

千頃堂目亦皆相合乾隆己未南昌楊雲服重刊
程恂序之稱爲宋滕珙編考滕珙字德章號蒙齋
婺源人淳熙十四年進士官合肥令與兄璘俱遊
朱子之門朱子銘其父墓稱二子皆有聲州縣間
又稱珙廷對甚佳葢亦新安高弟也今觀是書取
朱子語錄文集分類編次前集皆論學後集皆論
古續集則兼二集所遺而補之每一論必先著其
緣起次標其立論之意條分縷析條理秩然視他
家所編經世大訓之類或簡而不詳或繁而少緒

者迥乎不同卽不出於拱手要非學有淵源者不辨也惟是朱子平生學問大端具見於此而獨以經濟爲名殆不可曉卽以開卷一篇論之太極無極有何經濟可言卽其門目亦太煩碎多不應分而分之前集尤甚亦爲一瑕讀者取其宏旨可矣

大學衍義四十三卷 兵部侍郎紀昀家藏本

宋眞德秀撰德秀有四書集編已著錄是書因大學之義而推衍之首曰帝王爲治之序帝王爲學之本次以四大綱曰格物致知曰正心誠意曰修

身曰齊家各繫以目格物致知之目四曰明道術辨人材審治體察民情正心誠意之目二曰崇敬畏戒逸欲修身之目二曰謹言行正威儀齊家之目四曰重妃匹嚴內治定國本教戚屬中惟修身一門無子目其餘分子目四十有四皆徵引經訓參證史事旁采先儒之論以明法戒而各以已意發明之大旨在於正君心肅宮闈抑權倖蓋理宗雖浮慕道學之名而內實多欲權臣外戚交煽為姦卒之元氣凋弊閱五十餘年而宋以亡德秀此

書成於紹定二年而進於端平元年皆陰切時事以立言先去其有妨於治平者以爲治平之基故大學八條目僅舉其六然自古帝王正本澄源之道實亦不外於此若夫宰馭百職綜理萬端常變經權因機而應利弊情僞隨事而求其理雖相貫通而爲之有節次行之有實際非空談心性即可坐而致者故邱濬又續補其闕也

讀書記六十一卷江西巡撫採進本

宋眞德秀撰案陳振孫書錄解題謂西山讀書記

有甲乙丙丁甲言性理中述治道末言出處大抵本經史格言而述以已意今但有甲三十七卷丁二卷乙丙未見故載於文獻通考者僅三十九卷今世所傳明時舊刊本甲丁二記卷數與書錄解題合中多乙記二十二卷前有開慶元年德秀門人湯漢序稱讀書記惟甲乙丁爲成書甲丁二記先刊行乙記上卽大學衍義久進於朝其下未及繕寫而德秀没漢從其子仁夫鈔得釐爲二十二卷而刊之福州據此則丙記原書本闕乙記爲湯

漢所續刋振孫惟見初行之本故止於甲丁二記也甲記自論天命之性至論鬼神各分標目前有綱目一篇具詳論次先後之旨乙記載虞夏以來名臣賢相事業畧仿編年之體前亦有綱目一篇謂訖於五閏而書中至唐李德裕而止葢撰次未完者丁記上卷皆論出處大義下卷分處貧賤處患難處死生安義命審重輕諸目與上卷互相發明德秀大學衍義羽翼聖經此書又分類銓錄自身心性命天地五行以及先儒授受源流無不臚

析名言緒論徵引極多皆有裨於研究至於致治之法衍義所未及詳者則於乙記中畧著其事雖於古今興衰治忽之故尚未能綜括無遺然在宋儒諸書之中亦可謂有實際矣

心經一卷 安徽巡撫採進本

宋眞德秀撰是編集聖賢論心格言而以諸家議論爲之註末附四言贊一首端平元年顏若愚鋟於泉州府學有跋一首稱其築室粵山之下雖晏息之地常如君父之臨其前淳祐二年大庾令趙

時棣又以此書與政經合刻前有德秀門人王邁序云心經一書行於世至徹禁中端平乙未公薨後兩月從臣洪公咨夔在經筵上出公心經曰眞某此書朕乙夜覽而嘉之卿宜爲之序其見重也如此文獻通考作心經法語與書錄解題相合蓋一書而二名耳明程敏政嘗爲作註而疑其中有引及眞西山讀書記者非德秀之原文殆後人又有所附益非舊本矣

政經一卷　安徽巡撫採進本

宋眞德秀撰采典籍中論政之言列於前而以行政之迹列於後題曰傳以别之末附當時近事六條謂之附錄其後載德秀帥長沙咨呈及知泉州軍事時勸諭文帥長沙時勸民間置義倉文帥福州曉諭文諸篇蓋後人所益如心經之引讀書記耳德秀雖自命大儒斷不敢以巳之條教題曰經也按宋史道學傳德秀任湖南安撫使知潭州以廉仁公勤四字厲僚屬復立惠民倉置社倉其知福州戒所部無濫刑横歛無徇私贖貨蓋德秀立

朝日淺其政績多在居外任時故留心民瘼著爲此編其門人王邁序謂先生再守溫陵日著政經考德秀再守泉州在理宗紹定五年蓋晚年之作邁又言趙時棣爲法曹朝夕相與遂得此經實在四方門人之先而四方門人亦未必盡見之書錄解題載心經而不及此書豈心經行世早而此書晚出歟抑或德秀名重好事者依託之也眞僞旣不可詰而其言能不悖於儒者故姑與心經並存焉

項氏家說十卷附錄二卷永樂大典本

宋項安世撰安世有周易玩辭已著錄此葢其讀經史時條記所得積以成編者也案嘉定辛未樂章撰周易玩辭後序曰項公昔忤權臣擯斥十年杜門却掃足迹不涉戶限耽思經史專意著述成書數篇迨兵端旣開邊事告急被命而起獨當一面外禦憑陵內固根本成就卓然陳振孫書錄解題亦稱其當慶元中得罪時謫居江陵杜門潛心起居不出一室送迎賓友未嘗踰閾諸書皆有論

說然則是書乃慶元間斥居江陵時所作也安世學有體用通達治道而說經不尚虛言其訂覈同異考究是非往往洞見本原迥出同時諸家之上是書見於宋史藝文志者十卷附錄四卷又別出孝經說一卷中庸說一卷書錄解題並同自明初以來其本久佚今惟散見永樂大典各韻內核其所載多兼及說經說事說政說學等篇名而逐條又各有標題其原書體例約畧可見篇帙亦尚多完善謹依類排纂經則按各經之文次之卷一卷

二並易說卷三書說卷四詩說卷五周禮卷六禮記卷七論語孟子等是爲說經篇凡七篇其八九十三卷則先以說事篇次說政篇次說學篇雖原目無存未必悉符其舊然陳振孫言是書有云九經皆有論著其第八卷以後雜說文史政學則序次大致當亦不甚懸殊振孫又云附錄孝經中庸詩篇次邱乘圖則各爲一書重見諸類似附錄之四卷本分爲四種單行而復取以附於家說後也今檢永樂大典但有孝經說中庸臆說二書而詩

篇次邱乘圖未經收入疑當時即已散佚無可考
補謹據其存者仍合爲附錄二卷次之於末以畧
還原書之舊焉

先聖大訓六卷　衍聖公孔昭煥家藏本

宋楊簡撰簡有慈湖易傳已著錄是編蒐葺孔子
遺言排比成五十五篇而各爲之註錢時作簡行
狀曰其歸自冑監也家食者十四載築室德潤湖
上更名慈湖始取先聖大訓間見諸雜說中者刊
訛別誣萃成六卷而爲之解即此書也簡之學出

陸九淵其嘉泰二年擬陛辭劄子稱臣願陛下即此虚明不起意之心以行勿損勿益自然無所不照嘉定三年面對稱舜曰道心明心即道孔子曰心之精神是爲聖案此據孔叢子之文其實尚書大傳先有此言不云孔子僞撰孔叢子者剽剟其文駕言先聖耳謹附訂於此孟子曰仁人心也此心虚明無體廣大無際日用云爲無非變化無思無爲而萬物畢照其立言宗旨已開新會餘姚之派故註是書往往借以抒發心學未免有所牽附然秦漢以來百家詭激之談緯候怪誕之說無一不依

託先聖爲重厖雜蕪穢害道滋深學者愛博嗜奇不能一一决擇也簡此書削除僞妄而取其精純刋落瑣屑而存其正大其閒字句異同文義舛互者亦皆參訂斟酌歸於一是較之薛據集語頗爲典核求洙泗之遺文者固當以是爲驪淵矣

黃氏日抄九十五卷 安徽巡撫採進本

宋黃震撰震有古今紀要已著錄是書本九十七卷凡讀經者三十卷讀三傳及孔氏書者各一卷讀諸儒書者十三卷讀史者五卷讀雜史讀諸子

者各四卷讀文集者十卷計六十八卷皆論古人其六十九卷以下凡奏劄申明公移講義策問書記序跋啟祝文祭文行狀墓志著錄者計二十九卷皆所自作之文其中八十一卷八十九卷原本倂缺其存者實九十五卷也震與楊簡同鄉里簡爲陸氏學震則自爲朱氏學不相附和是編以所讀諸書隨筆劄記而斷以己意有僅摘切要數語者有不摘一語而但存標目者倂有不存標目而采錄一兩字者大旨於學問排佛老由陸九淵張

九成以上澜楊時謝艮佐皆議其雜禪雖朱子校正陰符經參同契亦不能無疑於治術排功利詆王安石甚力雖朱子謂周禮可致太平亦不敢遽信其他解說經義或引諸家以翼朱子或舍朱子而取諸家亦不堅持門戶之見葢震之學朱一如朱之學程反復發明務求其是非中無所得而徒假借聲價者也

北溪字義二卷副都御史黄登賢家藏本

宋陳淳撰淳字安卿號北溪龍溪人嘉定十年授

廸功郎泉州安溪主簿未上而卒事迹具宋史本傳此編爲其門人清源王雋所錄以四書字義分二十有六門每拈一字詳論原委旁引曲證以暢其論初刻於永嘉趙氏又有淸漳本刻於宋淳祐間卽九華葉信厚本也舊板散佚明宏治庚戌始重刻復有四明豐慶本增減互異近惟桐川施氏本爲較詳然亦有大全所引而施氏本未收者此本乃

國朝顧秀虎校正諸本之異同復取散見於他書者

錄爲補遺一卷又附以嚴陵講義四條曰道學體統曰師友淵源曰用工節目曰讀書次第乃淳嘉定九年待試中歸過嚴陵郡守鄭之悌延講郡庠時作也考淳同時有程端蒙者亦撰性理字訓一卷其大旨亦與淳同然書頗淺陋故趙汸答汪德懋性理字訓疑問書（案汸東山集誤作性理字義）稱其爲初學者設今惟錄淳此書而端蒙之書則姑附存其目焉

準齋雜說二卷（永樂大典本）

宋吳如愚撰如愚字子發錢塘人少以父任補承信郎監福州連江商稅再調常熟解職歸嘉熙二年以丞相喬行簡奏薦改授承信郎差充秘閣校勘三疏辭免特轉秉義郎與祠其仕履見於館閣續錄及趙希弁讀書附志而宋史不為立傳惟徐元杰棋埜集有所作如愚行狀臚載事蹟極詳大畧言如愚孝友忠恕安貧樂道理明行修凡所著述於學問自得甚深别有易詩書說大學中庸論孟及陰符經解諸種並佚不傳此書亦久無行世

之本獨散見永樂大典中者尚得四十餘篇大抵皆研究理學之文元杰又稱如愚早年留心清淨之教凡三四年旣而幡然盡棄所學刻意講道是如愚學術其初亦稍涉於禪悅其解大學格物以正爲訓明王守仁傳習錄所謂格物如孟子格君心之格其說實創於如愚似欲毅然獨行一家之言者然如愚平日嘗稱塞乎天地者皆實理行乎萬世者皆實用惟盡心知性則實理融而實用貫其用功致力實以體用兼備爲主而不墜於虛無

故其剖析義理如天理人欲之辨三畏四勿之論無不發揮深至於宋末諸儒中所造較爲平實元杰又言永嘉陳昉親炙不倦得所著述退輒錄之刻爲一編臨川羅愚復刊於廣右漕臺所傳益廣蓋是編即昉所輯久經刊布在當時甚重其書今檢行狀載如愚別有踐形踐迹諸說已不在永樂大典中則所錄亦不免闕佚然崖畧具存謹編次成帙釐爲二卷猶可考見其槩焉

性理羣書句解二十三卷 兩江總督採進本

宋熊節編熊剛大注節字端操建陽人官至通直郎知閩清縣事剛大亦建陽人受業於蔡淵黃榦嘉定中登進士自稱覺軒門人掌建安書院朱文公諸賢從祀祠其仕履則不可考注中稱適年皇上親洒白鹿洞規以賜南康則理宗時人也節受業於朱子是書採摭有宋諸儒遺文分類編次首列濂溪明道伊川橫渠康節涑水考亭遺像並傳道支派次贊次訓次戒次箴次規次銘次詩次賦次序次記次說次錄次辨次論次圖次正蒙次皇

極經世次通書次文而以七賢行實終焉其列司馬光一人與後來講學諸家持論迥異考朱子於紹熙五年冬築竹林精舍率諸生行舍菜之禮於先聖先師以周程邵張司馬延平七先生從祀集中載其祝文有曰邵曰張爰及司馬學雖殊轍道則同歸之語則朱子序列學統本自有光後來門戸日分講學者乃排而去之節親受業於朱子故猶不敢恣爲高論也所錄之文亦以七賢爲主而楊時羅仲素范浚呂大臨蔡元定黄幹張栻胡宏

眞德秀所作亦間及焉其上及范質者以朱子作小學嘗錄其詩旁及蘇軾者則以司馬光行狀之故非因軾也明永樂中詔修性理大全其錄諸儒之語皆因近思錄而廣之其錄諸儒之文則本此書而廣之併其性理之名似亦因此書之舊是其文雖習見固亦作樂者之蕢籥造車者之椎輪矣剛大所註蓋爲訓課童蒙而設淺近之甚殊無可採以其原附此書以行姑並錄之以存其舊焉

東宮備覽六卷　浙江吳玉墀家藏本

宋陳謨撰謨字中行泉州永春人慶元二年進士嘉泰二年除秘書省正字三年兼國史院編修官開禧三年又兼實錄院檢討官嘉定二年除校書郎仍兼檢討其歷官始末見於館閣續錄中是書乃其爲正字時所上取經史舊文有關於訓儲者彙成一編凡分二十條曰始生曰入學曰立教曰師傅曰講讀曰宮寮曰擇術曰廣誨曰謹習曰主器曰正本曰問安曰友悌曰戒逸曰崇儉曰辨分曰正家曰規諫曰幾諫曰監國支分縷析節次詳

明前有遺書表一篇敘一篇又有上宰相劄子申言二十餘條中擇妃嬪簡宮寮謹遊習三條尤爲切務又冠以改官省劄及誥詞以溫嶠侍臣箴比之蓋當時甚重其書也按宋史藝文志載陳謨東宮備覽一卷然核進表及敘皆稱分爲六卷則宋史字誤矣其第二卷講讀條缺一頁宮僚條缺一頁第六卷監國條缺一頁今無別本可校亦姑仍其舊錄之焉

孔子集語三卷 兩江總督採進本

宋薛據撰據字叔容永嘉人官至浙東常平提舉林德暘霽山集有二薛先生文集序曰薛氏世學蓋三百年玉成公學於慈湖楊敬仲刋華據實猶程門緒餘僞學禁興隻手衞道著伊洛源流各爲譜傳又以弓冶授其子叔容公志宏力毅負荷千年念聖遠言湮爲孔子集語二十卷卽是書也此本但分二十篇僅有三卷殆舊以一篇爲一卷後人併之歟所列書凡三十餘種其凡例爲曾子大戴禮孔叢子孔子家語四全書及左氏莊子荀子

列子槩不採及惟見於他古書者採之然孔子世家列在正史不僻於孔叢家語且既云不錄大戴禮記而顏叔子第十二乃引其一條亦自亂其例至引說文黍可爲酒禾入水也一貫三爲王推一合十爲士等語并數條爲一條義不相貫尤爲失倫他若韓非子說林下内儲說上内儲說下外儲說左上外儲說右下難一難三諸篇可採者幾二十條而此書所引僅三條若淮南子道應訓主術訓下齊俗訓修務訓泰俗訓要畧諸篇所可採者

不下十餘條而此所引者亦僅三條則其餘挂漏可以槩知又文翔鳳雲夢藥溪談摘其五酉一條引搜神記而諱其所出又訛五酉為五酋則駁襍舛錯亦所不免特所錄尚多秦漢古書殘篇斷句或可藉此以僅存故考古者亦不能廢焉

朱子讀書法四卷永樂大典本

宋張洪齊熙同編洪字伯大熙字充甫皆鄱陽人事蹟無可考據洪自序咸淳中分教四明熙適客遊浙東遂相與商榷是書而刻諸鄞泮其書本朱

子門人輔廣所輯巴川度正嘗屬遂寧於和之校刊鄱陽王氏復廣爲後編洪與熏又因而補訂之以輔氏原本爲上卷而以所續增者列爲下卷皆以文集語類排比綴緝分門隸屬雖捃拾抄撮稗販舊文不足以言著述而條分縷析綱目井然於朱子一家之言亦可云覃思研究矣元時板已不存至順中江南行臺御史趙之維重鏤於集慶路學故永樂大典全帙收入原編卷次已不可考今酌其篇帙釐爲四卷俾講新安之學者有所考證

焉

家山圖書一卷 永樂大典本

不著撰人名氏永樂大典題爲朱子所作今考書中引用諸說有文公家禮且有朱子之稱則非朱子手定明矣錢曾讀書敏求記曰家山圖書晦菴私淑弟子之文（案弟子二字刊本誤倒其文今改正）蓋逸書也李晦顯翁得之於劉世常平父劉得之於曾齋許文正公其書以易中庸古大學古小學參列於圖而於修身之指歸綱領條分極詳此本惜不多覯宜刊

布之以廣其傳云云曾家所藏舊本久已不傳世無刊版書遂散失惟永樂大典尚備載其原文然首列小學本旨圖中多典禮內則少儀之事與曾所謂以易中庸古大學小學參列於圖者體例稍異意是書諸儒相傳互有增損行世者非一本歟然要其旨歸則一也其書先圖後說根據禮經依類標題詞義明顯自入學以至成人序次冠昏喪祭賓禮樂射御書數諸儀節至詳且備而負劍辟咡以及鄉飲五御諸圖尤足補聶崇義所未及蓋

朱子小學一書詳於義理而此則詳於名物度數之間二書相輔而行本末互資內外兼貫均於蒙養之學深有所裨有不容以偏廢者焉

# 欽定四庫全書總目卷九十三

## 子部三

### 儒家類三

**讀書分年日程三卷**　編修勵守謙家藏本

元程端禮撰。端禮字敬叔，號畏齋，鄞縣人。以薦為建平教諭，遷台州路教授。事蹟具元史儒學傳。是書有延祐二年自序，謂一本輔漢卿所萃朱子讀書法修之。考朱子讀書法六條：一曰居敬持志，二曰循序漸進，三曰熟讀精思，四曰虛心涵泳，五曰切己體察六曰著緊用力端禮本其法而推廣之雖每年月日讀書程限不同而一以六條爲綱領史稱所著有讀書工程國子監以頒示郡縣即此書也然書末又有端禮自跋歷叙崇德吳氏平江陸氏池州馮氏及江浙諸處鈔刊各本而不及國子監頒示事則本傳所云或端禮身後之事歟跋作於元統三年十一月朔考順帝以元統三年十一月辛丑改元至元此標十一月朔則尚在辛丑改元之前故仍稱元統云

辨惑編四卷 兩江總督採進本

元謝應芳撰應芳有思賢錄已著錄是編作於至正中因吳俗信鬼神多拘忌乃引古人事迹及先儒議論一一條析而辨之其目凡十五一曰死生二曰疫癘三曰鬼神四曰祭祀五曰淫祀六曰妖怪七曰巫覡八曰卜筮九曰治喪十曰擇葬十一曰相法十二曰祿命十三曰方位十四曰時日十五曰異端末一卷附錄書及襍著八篇皆力闢俗見齗齗然據理以爭與是編相發明者也昔宋儲

泳作祛疑說原本久佚惟左圭百川學海中載其節本應芳此書持論雖似乎淺近而能因風俗而藥之用以開導愚迷其有益於勸戒與泳書相等而持論較泳尤正大正不得以平易忽之曹安讕言長語曰毘陵謝子蘭取聖賢問答之詞闢異端者爲書名曰辨惑編經書子史先儒扶正抑邪之言備載眞可以正人心蓋深取之也惟葉盛水東日記曰毘陵謝子蘭氏辨惑編一書誠亦闢邪植正有益於世其中援據經法深怪世人惑於淫祀

當矣乃云自其先人亡後卽以所事神影火之以其非義之故此獨惜其過當春秋書毀泉臺君子以爲臺之存毀非安危治亂所繫雖勿居可也何必暴揚其失非之毀之至是耶子蘭之闢淫祀先儒成說甚多正不必此雖不言可也愛子蘭者須削而去之云云其言切中應芳之失蓋講學之家往往矯枉過直此亦其一讀者取其大旨之正可矣

治世龜鑑一卷　浙江鄭大節家藏本

元蘇天爵撰天爵有名臣事畧已著錄此書爲成化丙午吳江知縣太和陳堯弼所刊篇首天爵結銜題中奉大夫浙江等處行中書省參知政事考元史天爵本傳凡兩拜是官一在至正七年一在至正十二年此書前有林興祖趙汸二序皆標至正十二年壬辰正月則作於再任之日是時妖寇自淮右延及江東詔天爵總兵饒信克復一路六縣正干戈倥偬之際乃能留心於治理所採皆宋以前善政嘉言而大旨歸於培養元氣其目凡六

一曰治體一曰用人一曰守令一曰愛民一曰爲政而終之以止盜殆有深意也天爵著述載於本傳者名臣事畧十五卷文類七十卷松廳章疏五卷春風亭筆記二卷詩七卷文三十卷又載有遼金紀元黃河源委二書未及脫稿而不載此書然趙汸序今載東山存稿第二卷中與此本一一相合知非僞託本傳葢偶遺之亦足証元史之多疎矣

管窺外篇二卷 浙江鮑士恭家藏本

元史伯璿撰伯璿有四書管窺已著錄是書成於至元丁未葢繼管窺而作皆條記友人問答以闡發其餘義大抵皆辨証之文不主於詮釋文句故曰外篇實卽伯璿之語錄經義考四書類中惟列管窺而不載此書葢由於此非彝尊疎漏也然管窺所論猶僅於胡炳文陳櫟之流絫稽同異此書於天文歷算地理田制言之頗詳多有所援据考證則較炳文及櫟見聞稍博尚非暖暖姝姝守一家之語錄者惟論天象疑月星本自有光不待日

以受光之類未免仍涉臆斷是則宋元閒儒者之積習消除未盡耳自明以來未有刊本康熙乙亥其邑人吕宏誥始以付梓雍正壬子王靈露等復續補成之乃得行於世云

內訓一卷　兩江總督採進本

明仁孝文皇后撰案成祖以篡逆取國淫刑肆暴無善可稱后乃特以賢著是書凡二十篇曰德性曰修身曰愼言曰謹行曰勤勵曰警戒曰節儉曰積善曰遷善曰崇聖訓曰景賢範曰事父母曰事

君曰事舅姑曰奉祭祀曰母儀曰睦親曰慈幼曰逮下曰待外戚前有永樂三年正月望日自序內有肅事今皇上三十餘年之語考明史后妃傳后以洪武九年冊爲燕王妃至永樂三年正月甫及三十年云三十餘年蓋約畧大數耳又考本傳載后撰此書頒行天下在永樂三年而明朝典彙載五年十一月以仁孝皇后內訓頒羣臣俾教於家若五年以前已頒行天下不應至五年之末始賜羣臣又考名山藏坤則記載后初爲此書不過示

皇太子諸王而已至永樂五年七月以後成祖乃出后內訓勸善二書頒賜臣民與典彙相合此本爲明初刊板首標大明仁孝皇后考后於永樂五年七月乙卯崩甲午謚曰仁孝則此本刊於五年七月以後無疑至十一月特賜臣民正屬刊行之始明史本傳偶未及檢耳各章之下繫以小註多涉頌揚當爲儒臣所加明史藝文志不著其名今遂無考又藝文志載內訓一卷高皇后撰勸善書一卷文皇后撰與本傳所載不同亦偶誤也

理學類編八卷 浙江巡撫採進本

明張九韶撰九韶字美和後以字行故明史附見宋訥傳作張美和清江人元末累舉不仕洪武三年以薦爲縣學教諭遷國子監助教改翰林編修致仕歸後復徵入校書書成遣還茲編成於至正丙午年乃未入明時所作初名格物編臨川吳當見之以爲所輯天地鬼神人物性命之說乃格物之一端不足以盡格物之義因爲易今名凡天地一卷天文二卷地理一卷鬼神一卷人物一卷性命

一卷異端一卷以周程張邵朱六子之言爲主而以荀子以下五十三家之說輔之復於每篇之末繹以已見其所採擷大都摘取精要不事博引繁稱故條理次序頗爲精審前代如揚雄谷永淮南子之說近世如洪邁容齋五筆羅大經鶴林玉露之說並加摭集以參觀互證亦不蹈講學家門戶之見其異端一門於陰陽相術讖緯諸家斥駁明切尤足以破世俗之惑史載明初司國子監者有宋訥王家會龔斆而九韶與聶鉉貝瓊亦皆名儒

當洪武時先後爲博士助教學錄以故諸生多所成就知其躬行導率無忝師範與徒爲高論者異矣

性理大全書七十卷兵部侍郎紀昀家藏本

明胡廣等奉勅撰是書與五經四書大全同以永樂十三年九月告成奏進故成祖御製序文稱二百二十九卷統七部而計之也考自漢以來弟子錄其師說者始於鄭記鄭志是卽後世之語錄其裒諸儒之言以成一書者則古無是例近思錄其

權輿矣宋景定端平間周程張朱諸儒皆蒙褒贈
眞德秀亦以講學有名得叅大政天下趨朝廷風
尚纂述日多王孝友作性理彚訓三卷熊節作性
理羣書二十三卷於是性理之名大著於世廣等
所採宋儒之說凡一百二十家其中自爲卷帙者
爲周子太極圖說一卷通書二卷張子西銘一卷
正蒙二卷邵子皇極經世書七卷朱子易學啓蒙
四卷家禮四卷蔡元定律呂新書二卷蔡沈洪範
皇極內篇二卷共二十六卷自二十七卷以下据

拾羣言分爲十三目曰理氣曰鬼神曰性理曰道統曰聖賢曰諸儒曰學曰諸子曰歷代曰君道曰治道曰詩曰文大抵厖襍冗蔓皆割裂襞積以成文非能於道學淵源眞有鑒别

聖祖仁皇帝特命儒臣刪其支離存其綱要

欽定爲性理精義一書菁華旣擷所存者僅其糟粕矣以後來刻性理者汗牛充棟其源皆出於是書將舉其末必有其本姑錄存之著所自起云爾

讀書錄十卷續錄十二卷　浙江巡撫採進本

明薛瑄撰瑄字德溫河津人永樂辛丑進士官至禮部右侍郎入閣預機務贈禮部尚書謚文清事迹具明史儒林傳其書皆躬行心得之言兩錄之首皆有自記言其因程子心有所開不思則塞之語是以自錄隨時所得以備屢省其後萬歷中有侯鶴齡者因所記錯雜更爲編次刪去重複名讀書全錄然去取之間頗失瑄本意今仍錄原書以存其舊瑄嘗言樂有雅鄭書亦有之小學四書六經濂洛關閩諸聖賢之書雅也嗜者常少以其味

之淡也百家小說淫詞綺語怪誕不經之書鄭也莫不喜談而樂道之蓋不待教督而好之矣以其味之甘也淡則人心平而天理存甘則人心迷而人欲肆觀瑄是錄可謂不愧所言矣

大學衍義補一百六十卷 兵部侍郎紀昀家藏本

明邱濬撰濬有家禮儀節已著錄濬以宋真德秀大學衍義止於格致誠正修齊而闕治國平天下之事雖所著讀書乙記採錄史事稱爲是書之下編然多錄名臣事迹無與政典又草創未完乃採

經傳子史輯成是書附以已見分爲十有二目於
孝宗初奏上之有詔嘉奬命錄副本付書坊刋行
濬又自言衍義補所載皆可見之行事請摘其要
者下內閣議行帝亦報可至神宗復命梓行親爲
製序蓋皆甚重其書也然濬聞見雖富議論乃不
甚醇故王鏊震澤紀聞稱其學該洽尤熟於國家
掌故議論高奇務於矯俗能以辨博濟其說如譏
范仲淹多事奏檜有再造功評隲皆乖正理又力
主舉行海運平時屢以爲言此書更力申其說所

列從前海運抵京之數謂省內河挽運之貲即可抵洋面漂亡之粟似乎言之成理然一舟覆沒舟人不下百餘糧可抵以轉輸之費人命以何爲抵乎其後萬恭著議謂爲有大害而無微利至以好事斥之非苟論也又明之中葉正閹豎恣肆之時濬既欲陳誨納忠則此條尤屬書中要旨乃獨無一語及宦寺張志淳南園漫錄詆其有所避而不書殆亦深窺其隱以視眞氏原書殊未免瑕瑜互見然治平之道其理雖具於修齊其事則各有制

置此猶土可生禾禾可生穀穀可爲米米可爲飯本屬相因然土不耕則禾不長禾不穫則穀不登穀不舂則米不成米不炊則飯不熟不能遞溯其本謂土可爲飯也真氏原本實屬闕遺濬博綜旁搜以補所未備兼資體用實足以羽翼而行且濬學本淹通又習知舊典故所條列原原本本貫串古今亦復具有根柢其人雖不足重其書要不爲無用也

居業錄十二卷 江西巡撫採進本

明胡居仁撰居仁有易象鈔已著錄是書皆其講學語錄分十二類曰道體曰為學曰主敬曰致知曰力行曰出處曰治體曰治法曰教人曰警戒曰辨異端曰觀聖賢共一千一百九十九條居仁與陳獻章皆出吳與弼之門與弼之學介乎朱陸之間二人各得其所近獻章上繼金谿下啟姚江居仁則恪守新安不踰尺寸故以敬名其齋而是書之中辨獻章之近禪不啻再三蓋其人品端謹學問篤實與河津薛瑄相類而是書亦與瑄讀書錄

並爲學者所推黄宗羲明儒學案乃謂其主言靜
中之涵養與獻章之靜中養出端倪同門冥契特
牽引附合之言非篤論也正德中有張吉者嘗刪
其書爲要語又有吳廷舉者刪其書爲粹言此本
爲宏治甲子余祐所編猶爲原帙祐年十九時受
業於居仁居仁以女妻之而卷首序文乃稱門人
葢用黄幹編朱子集例幹又用李漢編韓愈集例
然考皇甫湜作愈墓誌稱愈女初適於漢後乃離
婚嫁樊氏漢稱門人而不稱婿葢緣於此幹及祐

沿襲其稱殊爲不考閻若璩潛邱劄記乃以爲重道統而輕私親曲說甚矣

楓山語錄一卷　浙江范懋柱家天一閣藏本

明章懋撰懋字德懋別號闇然子蘭溪人成化丙戌會試第一改庶吉士授編修會上元內宴命作鼇山燈詩不奉詔且以疏諫黜爲臨武知縣宏治正德間累官南京禮部尚書致仕事迹具明史本傳崔銑明臣十節曰成化中白沙陳獻章學禪而疎一峯羅倫尚直而率定山莊昶好名而無實皆

負巨望焉楓山章公懋質約淳雅潛修黙成年甫四十棄官還鄉賀諫議欽鄭御史已皆責公交疏於陳莊公遜謝之後白沙受清秩而交泛一峯行鄉約而戮族人莊晩年又仕而敗唯章公德行無瑕云云其在明代可云不愧醇儒是編卷帙不多分爲五類曰學術曰政治曰藝文曰人物曰拾遺其學術政治雖人人習見之理而明白醇正不失爲儒者之言藝文諸條持論亦極平允不似講學家動以載道爲詞其評隲人物於陳獻章獨有微

詞則懋之學主篤實而獻章或入虛無也然獻章出處之間稍有遺議而懋人品高潔始終負一代重望則篤實鮮失之明驗矣又謂胡居仁不適於用似亦有見惟推尊吳與弼太過則頗有所不可解耳

東溪日談錄十八卷 湖北巡撫採進本

明周琦撰琦字廷璽馬平人成化辛丑進士官至南京戶部員外郎琦之學出於薛瑄是編記所心得分十三類凡性道談二卷理氣談一卷祭祀談

二卷學術談一卷出處談一卷物理談一卷經傳談三卷著述談一卷史系談二卷儒正談一卷文詞談一卷異端談一卷闢異談一卷廣西通志載其著日談錄十八卷又著儒正篇論薛河東之學今考儒正卽此書之第十五卷非别有儒正篇也前有呂景蒙序謂書刻於嘉靖丁酉而此本乃係傳寫或其板已佚後人錄存之歟琦爲人以端直謹厚見重鄉里其書亦一本濂洛之說不失醇正蓋河東之學雖或失之拘謹而篤實近理故數傳

之後尚能恪守師說不至放言無忌也

困知記二卷續記二卷附錄一卷 左都御史張若溎家藏本

明羅欽順撰欽順字允升號整菴泰和人宏治癸丑進士官至南京吏部尚書謚文莊事蹟具明史儒林傳是書皆其晚年所作前記成於嘉靖戊子凡一百五十六章續記成於嘉靖辛卯凡一百一十三章附錄一卷皆與人論學之書凡六首欽順自稱初官京師與一老僧論佛漫舉禪語爲答意其必有所得爲之精思達旦恍然而悟既而官南

雍取聖賢之書潛玩久之漸覺就實始知所見者乃此心虛靈之妙而非性之理自此研磨體認積數十年始確然有以自信蓋其學由積漸體驗而得故專以躬行實踐爲務而深斥姚江良知之非嘗與王守仁書辨朱子晚年定論於守仁顛倒年月之處考證極詳此書明白篤實亦深有裨於後學蓋其學初從禪入久而盡知其利弊故於疑似之介剖析尤精非泛相訶斥不中窾要者比高攀龍嘗稱自來排斥佛氏未有若是之明且悉者可

謂知言矣

讀書劄記八卷 江蘇巡撫採進本

明徐問撰問字用中號養齋武進人宏治壬戌進士官至南京戶部尚書諡莊裕事迹具明史本傳是書乃問巡撫貴州時與門人問答隨時劄記而成所論天文厤象山川性理六經四子書皆守先儒成說其論學則一本程朱而力黜姚江之學如古本大學親民格物知行合一各說皆逐條辨正嘗與羅欽順書云王氏之學本諸象山至今聴惑

人聽讀書劄記第二册實闕其說蓋以廣中侍讀黃才伯促而成之才伯者黃佐字也所云第二册者卽指此本第五卷今核其所闕各條大都托之或謂又稱爲近學世學而並未斥言蓋是時王學盛行羽翼者衆故問不欲顯加排擯然所摘發多能切中癥結迥異乎陳建諸人叫囂毒詈如不共戴天者史稱問官長蘆鹽運使終任不取一錢則與言淸行濁者異又載問官貴州巡撫時破獨山州賊蒙鉞則與迂疏無用者亦異宜其言篤實切

近無講學家之積習矣

士翼四卷副都御史黃登賢家藏本

明崔銑撰銑有讀易餘言已著錄是書前三卷曰述言皆語錄之類後一卷曰說象則專論六十四卦象義自序謂退居相臺十祀非聖人之志不存非翼經之文不閱乃劄記所明稍修章句名曰士翼蓋以輔彝典也其中如論高宗夢傅說事涉於恠誕韓子原道蓋先乎養二氏之徒之繁由君無以養而安之也又云談理至宋人而精然而滋蔓

講學至宋人而切然而卽空又曰漢唐之小人易見宋之小人難知漢唐之君子可信宋之君子當攷又曰去序而言詩背左氏而言春秋必荒謬矣蓋道可以智窮事必以實著況千載之下乎其言皆講學家之所深諱而侃侃鑿鑿直抒無隱可謂皎然不自誣其心矣至於以蕭何之薦曹參爲克已歸仁盧懷慎之讓姚崇爲一个臣之有容雖意有所寓然未免品題失當謂之白璧微瑕可也

涇野子內篇二十七卷 陝西巡撫採進本

明呂柟撰柟有周易說翼已著錄柟師事渭南薛敬之其學以薛瑄爲宗是書乃其門人所編語錄凡雲槐精舍語二卷東林書屋語一卷端溪問答一卷解梁書院語柳灣精舍語二卷鷲峯東所語十二卷太常南所附邵伯舟中語三卷大學語二卷春官外署語二卷禮部北所語一卷其子昀等類而刻之柟爲學在格物以窮理先知而後行其所謂窮理不是泛常不切於身只在語默作止處驗之所謂知者即從聞見之知以通德性之知但

事事不肯放過其踐履最爲篤實嘗斥王守仁言良知之非以爲聖人教人未嘗規規一方今不論資禀造詣刻數字以必人之從不亦偏乎觀於所言可謂不失河津之淵源矣

周子抄釋三卷兩江總督採進本

明呂柟撰宋五子中惟周子著書最少而諸儒辨論則惟周子之書最多無極太極之說朱陸兩家齗齗相軋至今五六百年門戶之分甚於氷炭太極圖說與通書表裏之說元何虛中至特著一書

辨此一語論者亦遞相攻擊究無定評至於主靜之說明代詬爭尤甚是編蓋因周子全書而摭其精要一卷爲太極圖說通書二卷爲遺文遺詩而附以襍記三卷則本傳墓碣事狀也較全書特爲簡潔每條之下各釋以一二語或標其大旨或推所未言之意較諸家連篇累牘之辨亦特淳實其釋荀子元不識誠一條謂貶荀子太過以大學中庸之言比擬荀子之言誠未免駁襍釋養心亭記一條謂寡欲亦允執厥中之義若至於無恐難通

行於衆亦不免詞不達意然大旨要爲不悖觀周子之書者其精華畧具於此矣

張子抄釋六卷 兩江總督採進本

明呂柟撰是編摘錄張子之書以西銘東銘爲冠次正蒙十九篇次經學理窟十一篇次語錄次文集而終以行狀亦每條各附以釋如周子抄釋之例首有嘉靖辛丑柟自序稱張子書存者止二銘正蒙理窟語錄文集而文集又未完止得二卷於馬伯循氏諸書皆言簡意實出於精思力行之後

顧其書散見漫衍渙無統紀而一義重出亦容有之暇嘗稡抄成帙注釋數言畧發大旨以便初學觀省蓋其謫官解州時作也案虞集作吳澄行狀稱澄校正張子之書挈東西銘於篇首而正蒙次之大意與柟此本合澄本今未見柟此本簡汰不苟較世所行張子全書亦頗爲精要矣

二程子抄釋十卷 左都御史張若溎家藏本

明呂柟撰前有自序稱初得二程全書於崔銑以其中解說六經四書之語與門弟子問答行事之

言統爲一書浩大繁博初學難於觀覽因抄出心所好者集爲八卷凡二十九篇而卷首所列程子門人姓氏後有嘉靖辛卯柟門人休寧程爵重刊跋乃稱涇野先生鈔釋程氏書凡十卷此本爲嘉靖丙申柟門人鄧詰所刊卷數與爵跋相合豈柟作序時其書尙止八卷後或有所增益而序則未改歟其書不分門類亦不敘先後仍以二程遺書原載門人某某所記分編每條之末皆以一二語標其大意昔朱子編遺書嘗病其眞贋相襍柟是

書削駁留醇頗爲不苟蓋柟之學源於河津最爲篤實故去取皆有所見惟其文原出李夢陽全集辛詰屈不可讀故每條下所釋詞旨往往晦澁非初學所能洞曉云

朱子抄釋二卷 兩江總督採進本

明呂柟撰是編乃嘉靖丙申柟爲國子監祭酒時所定宋儒之中惟朱子著述最富辨論亦最多其時諸弟子所述者有池錄饒錄饒後錄建錄諸刋黎靖德刋除重複分類編次尚得一百四十卷則

浩博可知矣柟此本所抄止於二卷乃較張子二程子爲少然朱子之學無所不通與門人亦無所不講黎氏語類以二十六目舉其大凡包括尙有未盡讀者茫無津涯又早年晚年持論或異門人所記或以己意增損亦往往彼此不同讀者多莫決其去取明人遞相選錄幾於人有一編其大意乃在於勝負相爭區分門戶不過借朱子爲名未嘗眞爲明道計也柟作是編惟摘切要之詞而不甚以攻擊爲事於學問大旨轉爲簡明然於與陸

子靜論意見一條注其下曰陸氏終近禪則是非之辨亦未嘗不謹嚴矣

中庸衍義十七卷 兩淮馬裕家藏本

明夏良勝撰良勝字于中南城人正德戊辰進士官至太常寺少卿事蹟具明史本傳自宋以來取古經之義括舉條目而推衍其說者始葉時禮經會元嗣則眞德秀大學衍義良勝又因德秀之例以闡發中庸其書成於嘉靖閒蓋以大禮疏稿事謫戍遼海時作也自性道教達道達德九經三重

之屬一一援据古今推廣演繹至於崇神仙好符瑞改祖制抑善類數端尤究極流弊惓惓言之蓋皆爲世宗時事而發然務抒獻納之忱而無一毫怨懟譏訕之意斯所以爲純臣之言也中頗採邱濬大學衍義之說考覈勝於正德嘉靖閒兩以鯁直杖謫風節凜然爲當世所重其書雖近於濬書至其人品則非濬所可企及矣

格物通一百卷廣東巡撫採進本

明湛若水撰若水有二禮經傳測已著錄是編乃

嘉靖七年若水任南京禮部侍郎時所進體例畧倣大學衍義以致知併於格物而以格物統貫誠意正心修身齊家治國平天下六條凡誠意格十七卷分審幾立志謀慮感應儆戒敬天敬祖考畏民八子目正心格三卷無子目修身格九卷分正威儀慎言語進德業三子目齊家格十三卷分謹妃匹正嫡庶事親長養太子嚴內外恤孤幼御臣妾七子目治國格十四卷分事君使臣立教興化事長慈幼使衆臨民正朝廷正百官正萬民七子

目平天下格四十四卷分公好惡用人理財三子
目而用人之中又分學校舉錯課功任相任將六
官六目理財之中又分修虞衡抑浮末飭百工屯
田馬政漕運勸課禁奪時省國費慎賞賜蠲租薄
斂恤窮賑濟十四目皆襍引諸儒之言參以明之
祖訓而各以己意發明之大致與邱濬大學衍義
補相近而濬書多徵舊事以爲法戒之資此書多
引前言以爲講習之助二書相輔而行均於治道
有裨也

世緯一卷江蘇巡撫採進本

明袁袠撰袠字永之號胥臺吳縣人嘉靖丙戌進士官至廣西提學僉事明史文苑傳附見文徵明傳中是書凡二十篇曰官宗曰遴傳曰簡輔曰降交曰誘諫曰廣薦曰崇儒曰貴士曰裁閹曰汰異曰拒僞曰抑躁曰久任曰惜爵曰懲墨曰節浮曰節奢曰正典曰實塞曰均賦其言皆指陳無隱切中時弊雖立說不免過激而憂時感事發憤著書亦賈誼痛哭之流亞也當時狃於晏安文恬武嬉

朝廷方以無事爲福故裒自序有鑿枘異用竽瑟殊好空言無益祇增多口之語而拒僞一篇講學者尤深嫉之然裒之言曰今之僞者其所誦讀者周孔之詩書也其所講習者程朱之傳疏也而其所談者則佛老之糟粕也黨同而伐異尊陸而毀朱云云蓋指姚江末流之獘有激言之觀於明季裒可謂見微知著矣又烏得惡其害已指爲排抑道學乎

呻吟語摘二卷 直隸總督採進本

明呂坤撰坤有四禮疑已著錄明史藝文志載呻吟語凡四卷此止二卷考卷末萬歷丙辰其子知畏跋則此乃坤從四卷中手自刪削並取知畏所續入者若干條存十之二三距萬歷壬辰郭子章作序之時又二十四年蓋坤晚年之定本也其內篇分七門曰性命曰存心曰倫理曰談道曰修身曰問學曰應務外篇分九門曰世運曰聖賢曰品藻曰治道曰人情曰物理曰廣喻曰詞章大抵不侈語精微而篤實以為本不虛談高遠而踐履以

爲程其在明代講學諸家似乎粗淺然尺尺寸寸務求規矩而又不違戾於情理視陸學末派之猖狂朱學末派之迂僻其得失則有間矣

聖學宗要一卷學言三卷 浙江巡撫採進本

明劉宗周撰宗周有周易古文抄已著錄是編凡聖學宗要一卷載周子太極圖說張子東銘西銘程子識仁說定性書朱子中和說王守仁良知問答等篇各爲註釋蓋本其友人劉去非宋學宗源一書而增益之加以詮解改爲今名學言三卷則

宗周講學語錄其門人姜希轍所刻也宗周生於山陰守其鄉先生之傳故講學大旨多淵源於王守仁蓋目染耳濡其來有漸然明以來講姚江之學者如王畿周汝登陶望齡陶奭齡諸人大抵高明之過純涉禪機奭齡講學白馬山至全以佛氏因果爲說去守仁本旨益遠宗周獨深鑒狂禪之弊築證人書院集同志講肄務以誠意爲主而歸功於慎獨其臨沒時猶語門人曰爲學之要一誠盡之而主敬其功也云云蓋爲良知末流深砭痼

疾故其平生造詣能盡得王學所長而去其所短卒之大節炳然始終無玷爲一代人倫之表雖祖紫陽而攻金谿者亦斷不能以門戶之殊併詆宗周也知儒者立身之本末惟其人不惟其言矣

人譜一卷人譜類記二卷浙江巡撫採進本

明劉宗周撰姚江之學多言心宗周懲其末流故課之以實踐是書乃其主蕺山書院時所述以授生徒者也人譜一卷首列人極圖說次紀過格次改過說人譜類記二卷曰體獨篇曰知幾篇曰凝

道篇曰考旋篇曰作聖篇皆集古人嘉言善行分類錄之以爲楷模每篇前有總記後列條目間附以論斷主於啓廸初學故詞多平實淺顯兼爲下愚勸戒故或參以福善禍淫之說然偶一及之與袁黄功過格立命之學終不同也或以蕪穢病之則不知宗周此書本爲中人以下立教失其著作之本旨矣

榕壇問業十八卷　福建巡撫採進本

明黄道周撰道周有易象正已著錄此編乃其家

居時講學之語道周自崇禎壬申削籍歸石養山守墓是年講學於浦之北山越二年甲戌夏始入郡就芝山之正學堂爲講舍至乙亥冬以原官召用始罷講故此書自甲戌五月至乙亥仲冬者凡十六卷其十七卷有云丙子春者則道周已罷講還家取他方友人書牘問難之詞當時未即答者續爲發明綴入其十八卷則同年蔣德璟所問之詞道周屬諸弟子代答間亦衷以己說併以德璟原問十八條附錄於後其書每卷分載所編弟子

　三

姓氏卷之前後道周復各綴以題識其大旨以致知明善爲宗大約左祖考亭而益加駿厲書內所論凡天文地志經史百家之說無不隨問闡發不盡作性命空談蓋由其博洽精研靡所不究故能有叩必竭響應不窮雖詞意間涉深奧而指歸可識不同於禪門機括幻窅無歸先儒語錄每以陳因迂腐爲博學之士所輕道周此編可以一雪斯誚矣

**温氏母訓一卷** 編修程晉芳家藏本

明温璜錄其母陸氏之訓也璜初名以介字於石號石公後以夢兆改今名而字曰寳忠烏程人崇禎癸未進士官徽州府推官事迹附見明史邱祖德傳乾隆四十一年

賜謚忠烈璜有遺集十二卷此書其卷末所附錄語雖質直而頗切事理末有跋語不署名氏稱原集繁重不便單行乃錄出再附之梓案璜於順治乙酉起兵與金聲相應以拒

王師凡四閲月城破抗節以死其氣節震耀一世可

謂不愧於母教又高承埏忠節錄載璜就義之日慨然語妻茅氏曰吾生平學爲聖賢不過求今日處死之道耳因繞屋而走茅氏曰君之遲留得無以我及長女寶德在乎時女已寢母呼之起女問何爲母曰死耳女曰諾即延頸受死璜手刃之茅氏亦卧床引頸待刃璜復斫死乃自剄知其家庭之間素以名教相砥礪故皆能臨難從容如是非徒託之空言者矣故雖女子之言特錄其書於儒家示進之也

欽定四庫全書總目 子部

卷九十四之九十五

欽定四庫全書總目卷九十四

子部四

儒家類四

御定資政要覽三卷後序一卷

順治十二年

世祖章皇帝御撰凡三十章曰君道曰臣道曰父道曰子道曰夫道曰婦道曰友道曰體仁曰宏義曰敦禮曰察微曰昭信曰知人曰厚生曰教化曰儉德曰遷善曰務學曰重農曰睦親曰積善曰愛民曰慈

幼曰養生曰懲忿曰窒欲曰履儉曰謹言曰慎行
曰愛物每篇皆有箋注亦
御撰也體裁雖仿周秦諸子而鎔鑄古籍闡爲
聖謨義理一本於經法戒兼裁於史大旨闡明修身齊家
之道又多爲羣臣百姓而言伏考堯典有曰平章
百姓百姓昭明協和萬邦黎民於變時雍又說命
有曰惟天聰明惟聖時憲惟臣欽若惟民從乂葢
治天下者治臣民而已矣使百官咸禔躬飭行以
奉其職守萬姓咸講讓型仁以厚其風俗則唐虞

三代之治不過如斯明之季年三綱淪而九法斁

讒妄興於上姦宄生於下日偷日薄人心壞而國

運隨之天數乃終

世祖章皇帝監夏監殷深知勝國之所以敗故丁寧

誥誡

親著是書俾朝野咸知所激勸而共躋太平

御題曰資政要覽見澄敘官方敦崇世教爲保邦之切務

聖人之情見乎詞矣傳諸萬年所宜聰聽而敬守也

庭訓格言一卷

雍正八年

世宗憲皇帝追述

聖祖仁皇帝天語

親錄成編凡二百四十有六則皆

實錄

聖訓所未及載者蓋我

世宗憲皇帝至孝承

顏特掌

眷注

宮闈問視之暇從容
温諭
指示獨詳而
帝德同符
心源默合聆受亦能獨契故紬繹
舊聞編摩
寶帙敷由
皇極方軌六經粤考三皇五帝以逮於禹湯文武其佚文
遺教散見於周秦諸書而紀錄失眞醇疵互見故

司馬遷有百家稱黃帝其文不雅馴之說蓋其識不足以知聖人故所述不盡合本旨也是編以
聖人之筆記
聖人之言傳述既得精微又以
聖人親聞於
聖人授受尤爲親切垂諸萬世固當與典謨訓誥共昭法守矣

## 聖諭廣訓一卷

謹案

聖諭十六條

聖祖仁皇帝所頒廣訓一萬餘言則我
世宗憲皇帝推繹
聖謨以垂範奕世者也粤稽虞代命契爲司徒敬敷五教
當時必有誥誡之文今佚不可考周禮州長正月
之吉各屬其州之民而讀法以考其德行道藝而
勸之糾其過惡而戒之又族師月吉則屬民而讀
教法書其孝弟睦婣有學者其法今亦不傳然而
聖帝明王膺作君作師之任其啟迪愚蒙必反覆

丁寧申以文告則其制章章可考故書稱皇極之敷言是彝是訓于帝其訓也惟是歷代以來如家訓世範之類率儒者私教於一家琴堂諭俗編之類亦守令自行於一邑罕聞九重揮翰爲愚夫愚婦特撰一編獨明太祖所著資治通訓諸書具載永樂大典中而義或不醇詞或不雅世亦無述焉

洪惟我

聖祖仁皇帝體

天牖下民之意

親揮宸翰示億兆以典型我

世宗憲皇帝復欽承

覺世之旨鄭重明申俾家弦戶誦

聖有謨訓詞約義宏括為十有六語不為少演為一萬餘言不為多迄今朔望宣讀士民肅聽人人易知易從而皓首不能罄其藴誠所謂言而世為天下則矣

御製日知薈說四卷

乾隆元年

皇上取舊制各體文刪擇精要得二百六十則釐爲四卷第一卷論帝王治化之要第二卷論天人性命之旨第三卷論禮樂法度之用第四卷論古今得失之迹考三代以前帝王訓誡多散見諸子百家中眞贋相參不盡可據漢書所載黃帝以下諸目班固已注爲依託亦不足憑惟所載高帝八篇文帝十二篇爲帝王御製著錄儒家之始今其書不傳然高帝當戰伐之餘政兼霸術文帝崇清淨之學源出道家其詞未必盡醇久而散佚或以是歟

梁元帝金樓子體儕說部抑又次焉夫詞人所著

作盛陳華藻而已帝王之學則必歸於傳心之要

義儒生所論說高談性命而已帝王之學則必徵

諸經世之實功故必以聖人之德居天子之位而

後吐詞爲經足以垂萬世之訓也我

皇上亶聰首出念典彌勤紬繹舊聞發揮新得所謂爲

天地立心爲生民立命爲往聖繼絶學爲萬世開

太平者具備於斯迄今太和翔洽

久道化成無逸作所之心與天行同其不息而百度修

明八紘砥屬

天聲赫濯光簡册之所未聞豈非內聖外王之道文經

武緯之原一一早握其樞要歟臣等校錄鴻編循

環跪誦欽

聖學之高深益知

聖功之有自也

御定孝經衍義一百卷

謹案是書爲順治十三年奉

勅所修至康熙二十一年告成

聖祖仁皇帝親爲鑒定製序頒行體例全仿眞德秀大學衍義首冠以衍經之序述經之旨二篇不入卷數次衍至德之義以五常分五子目次衍要道之義以五倫分五子目次衍教所由生之義以禮樂政刑分四子目次天子之孝以愛親敬親爲綱愛親分子目十二敬親分子目十四次諸侯之孝分子目四次卿大夫之孝分子目五次士之孝分子目四次庶人之孝分子目三亦皆以愛親敬親爲首末二卷以大順之徵終焉大旨以一心一理推而

廣之貫通乎萬事萬物自上以及下篤近而舉遠源流本末無所不賅而於天子之孝推演尤詳凡例謂經稱先王以發端明是爲君天下之天子陳孝道也誠得孔曾授受之本旨矣眞德秀大學衍義僅及修身齊家而止治平之事待邱濬而後補焉不及此編體用兼備也

孝治之淵源

聖功之繼述樞要蓋具在斯矣

御定內則衍義十六卷

順治十三年

世祖章皇帝御定冠以

御製序文以禮記內則篇爲本援引經史諸書以佐證推

闡之分八綱三十二子目一曰孝之道分事舅姑

事父母二子目二曰敬之道分事夫勸學佐忠贊

廉重賢五子目三曰教之道分教子勉學訓忠三

子目四曰禮之道分敬祭祀肅家政定變守貞殉

節端好尚崇儉約謹言愼儀九子目五曰讓之道

分崇謙退和妯娌睦宗族待外戚四子目六曰慈

之道分逮下慈幼敦仁愛民宥過五子目七曰勤之道分女工飲食二子目八曰學之道分好學著書二子目考古西周盛運化起宮闈周南始關雎而桃夭漢廣丕變乎民風召南始鵲巢而采蘋采蘩具嫺乎禮教蓋正其家而天下正天下各正其家而風俗淳美民物泰平故先王治世必以內政爲本也此編出自

聖裁用以端人倫之始握風化之原疏通經義使知所遵循引證史文使有所法戒用以修明閫教永著典

型以視豐鎬開基之治有過之無不及矣班昭女
誡以下區區爝火之明又何足仰擬日月歟

御纂性理精義十二卷

康熙五十六年

聖祖仁皇帝御定初朱子門人陳淳撰性理字義熊剛大
又撰性理羣書性理之名由是而起明永樂中遂
命胡廣等雜鈔宋儒之語湊泊成編名曰性理大
全書與五經四書大全同頒於天下列在學官然
廣等以斗筲下才濫膺編錄所纂五經四書大全

並剽竊坊刻講章改竄姓名苟充卷帙語詳各本條下其性理大全書尤龐雜割裂徒以多爲貴無復體裁我

聖祖仁皇帝接唐虞之治統契孔孟之心傳原本六經權衡百氏凡宋儒論著於其見道之淺深立言之醇駁並究知微曖坐照無遺病胡廣等所編徒博講學之名不過循聲之舉支離冗碎貽誤後來乃

命大學士李光地等刊正其書復

親加釐定如蔡沈洪範數之類既斥之以防僭擬所附詩

賦之類亦削之以戒浮文其餘諸門皆精汰嚴收十分取一卷帙雖減於前而義蘊之宏深別裁之精密以較原書司空圖所謂如礦出金也羣言淆亂折諸聖豈不信歟

御纂朱子全書六十六卷

康熙五十二年

聖祖仁皇帝御定南宋諸儒好作語錄卷帙之繁尤無過於朱子咸淳中黎靖德刪除重複編爲一集尚得

一百四十卷又南宋文集之富無過周必大楊萬里陸游而晦菴大全集卷帙亦與相埒其記載雜出衆手編次亦不在一時故或以私意潤色不免失眞或以臆說託名全然無據卽確乎得自師說者其中早年晚歲持論各殊先後異同亦多相矛盾儒者務博篤信朱子之名遂不求其端不訊其末往往執其一語奉若六經而朱子之本旨轉爲尊朱子者所淆考朱子語錄稱孔門諸子留下家語至今作病痛㦸其擇之不精也然則讀朱子之

書者不問其眞贋是非隨聲附和又豈朱子之意

乎哉

聖祖仁皇帝表章朱子之學而

睿鑒高深獨洞燭語錄文集之得失乃

特詔大學士李光地等汰其榛蕪存其精粹以類排比分

爲十有九門金受鍊而質純玉經琢而瑕去讀朱

子之書者奉此一編爲指南庶幾可不惑於多岐

矣

御定執中成憲八卷

雍正六年春

世宗憲皇帝勅撰雍正十三年夏書成奏

進仰蒙

裁定

宣付

武英殿校刊乾隆三年告蕆

御製序文頒行前四卷錄帝堯以來至明孝宗嘉言善

政後四卷皆唐虞至明諸臣論說有所裨於治道

者其或奧旨未顯疑義未明則折衷以

御論以闡發其理藴評斷其是非昔孔子删書斷自唐虞始著帝王經世之法後來遞相推衍互有發明御製之書惟唐之帝範敷陳得失爲最悉官撰之本惟明之君鑒縷舉事迹爲最詳然帝範頗參雜說詞意或不深醇君鑑旁摭諸書義例亦爲冗雜至於宋之洪範政鑒以焦贛京房之說附會於武王箕子之文益離其宗葢聖人之道統惟聖人能傳之聖人之治法亦惟聖人能述之非可以强而及也我

世宗憲皇帝聖德神功上超三古闡明帝學
論定是編汰駁存精刪繁舉要凡遺文舊籍一經
持擇卽作典謨猶虞帝傳心親闡執中之理殷宗典學自
述成憲之監也雖百篇之裁於洙泗何以加茲
家法貽留以聳萬世之丕基者豈偶然歟

御覽經史講義三十一卷

乾隆十四年奉
勅編考講義之作莫盛於南宋其解經者如袁燮毛詩
講義之類其論史者如曹彥約經幄管見之類皆

經筵所陳也其更番奏御者謂之故事李曾伯可齋襍稿孫夢觀雪窗集中皆有之其體徵引古書於前附列論斷於後主於發揮義理評議是非與講義之循文衍說者爲例小殊而即古義以抒所見則其意一也我

皇上深造聖域而俯察邇言海岳高深不遺塵露乾隆

二年

特詔翰林詹事六科十三道諸臣輪奏講義或標舉經文下列先儒義疏而闡明其理蘊或節取史事下

列先儒評品而辨析其得失畧如宋人故事之例其敷陳中理者
温綸嘉勉或持論未當者即
召對開示命復繕以進則宋世未聞是事豈非前代帝王徒循舊制我
皇上先登道岸足以折衷羣言歟積累既多因
勅大學士蔣溥等編為此帙併以
訓諭改定者恭錄簡端葢都俞吁咈罔非
聖教之裁成而諸臣管蠡之見仰蒙

採擇得以流傳於萬世尤非常之榮幸矣

思辨錄輯要三十五卷江蘇巡撫採進本

國朝陸世儀撰世儀字道威號桴亭太倉人江南通志列之儒林傳中是書乃其劄記師友問答及平生聞見而成儀封張伯行爲汰其繁冗分類編次故題曰輯要明非世儀之完本也凡分小學大學立志居敬格致誠正修齊治平天道人道諸儒異學經子史籍十四門世儀之學主於敦守禮法不虛談誠敬之旨主於施行實政不空爲心性之功

於近代講學諸家最爲篤實故其言曰天下無講學之人此世道之衰天下皆講學之人亦世道之衰嘉隆之間書院徧天下呼朋引類動輒千人附影逐聲廢時失事甚有借以行其私者此所謂處士横議也又曰今所當學者正不止六藝如天文地理河渠兵法之類皆切於用世不可不講俗儒不知內聖外王之學徒高談性命無補於世所以來迂拙之誚也其言皆深切著明足砭虛憍之病雖其中如修齊類中必欲行區田治平類中必欲

行井田封建不免迂濶之失而大端旣切於日用不失爲有裨之言惟伯行意主貪多往往榛楛勿翦甚至如頭容直一條王周臣書屋警語一條之類前後重出亦失於刋除儻擷采英華汰其枝蔓則彌爲精善矣

正學隅見述一卷 陝西巡撫採進本

國朝王宏撰撰宏撰有周易筮述已著錄是編以周子無極之説陸九淵爭之於前朱子格物之説王守仁軋之於後諸儒聚訟數百年而未休大抵尊

朱者則全斥陸王爲非尊陸王者則全斥朱子爲謬迄無持是非之平者宏撰此書則以爲格物之說當以朱子所註爲是無極之說當以陸九淵所辨爲是持論頗爲平允其中雖歷引諸說以相詰難而詞氣皆極和平凡崇朱氏學者稱先朝之亂由於學術不正其首禍爲王陽明崇陸氏學者稱無極二字出於老子爲周子眞贓實犯之類宏撰皆指爲太過其言曰予素信朱子惟於無極太極之說小異誠不敢以心之所不安者徒勦襲雷同

以蹈於自欺欺人之爲其亦異於好爲異論者矣

雙橋隨筆十二卷 浙江巡撫採進本

國朝周召撰召字公右號拙菴衢州人康熙初官陝西鳳縣知縣是編乃其甲寅乙卯間値耿精忠搆逆避兵山中所作雙橋者其山中所居地也卷端標曰受書堂集而以雙橋隨筆爲子目殆全集中之一種歟前有自序稱老生常談誠不足採而藥石之言原以鍼砭兒輩與世無關所自矜者集中大意在於信道而不信邪事人而不事鬼言理而

不言數崇實而不崇虛竊以爲獨立之見若中流一砥云云雖自詡似乎太過而所言皆崇禮教斥異端於明末士大夫陽儒陰釋空談性命之弊尤爲言之深切於人心風俗頗有所裨惟其隨筆記錄意到卽書不免於重複冗漫又適逢寇亂流離奔走不免有憤激之詞是則其學之未粹耳

榕村語錄三十卷福建巡撫採進本

國朝李光地撰光地有周易觀彖已著錄是編爲其門人徐用錫及其孫清植所輯有光地所自記者

有子弟門人所記者各注於諸條之後冠以經書總論與論四書者爲八卷論易書詩三禮春秋孝經者爲九卷論六子諸儒諸子道統者爲三卷論史者爲一卷論歴代者爲一卷論學者爲二卷論性命理氣者爲二卷論治道者爲二卷論詩文者爲二卷而韻學附焉光地於律呂算術皆所究心而是編一語不載殆以别爲專門爲儒者所當知而非儒者之所急歟抑或律呂惟授王蘭生算術惟授魏廷珍而清植等不及聞也光地之學源於

朱子而能心知其意得所變通故不拘墟於門戶之見其詁經兼取漢唐之說其講學亦酌採陸王之義而於其是非得失毫釐千里之介則辨之甚明往往一語而決疑似以視黨同伐異之流斥姚江者無一字不加排詆攻紫陽者無一語不生訕笑其相去不可道里計蓋學問旣深則識自定而心自平固宜與循聲佐鬬者迥乎異矣

讀朱隨筆四卷　浙江巡撫採進本

國朝陸隴其撰隴其有讀禮識疑已著錄是編乃其

讀朱子大全集時取所心得隨筆標記於正集二十九卷以前凡詩賦劄子人所共知者即不復置論自正集三十卷起至別集五卷止則摘其精蘊分條纂錄而各加案語以申之其書初無雕本康熙戊子儀封張伯行從隴其之婿曹宗柱索得稿本因爲刊行於福州隴其之學一以朱子爲宗在近儒中最稱醇正是編大意尤在於闢異說以羽翼紫陽故於儒釋出入之辨金谿姚江彙混之弊凡朱子書中有涉此義者無不節取而發明之其

剖析疑似分別異同頗爲親切其他一字一句亦多潛心體察而深識其用意之所以然蓋於朱子之書誠能融會貫徹而非徒以口耳佔畢爲事者雖不過一時簡端題識之語本非有意著書而生平得力所在亦槪可見矣

三魚堂賸言十二卷 編修勵守謙家藏本

國朝陸隴其撰本名日抄皆平時劄記之文未分門目其甥金山陳久排次成編雖亦不立標題而推求其例則一卷至四卷皆說五經五卷六卷皆說

四書而附太極圖說近思錄小學數條七卷八卷皆說諸儒得失九卷至十二卷皆說子史而亦間論禨事昔朱子博極羣書於古今之事一一窮究原委而别白其是非故凡所考論率有根據朧其傳朱子之學爲

國朝醇儒第一是書乃其緒餘而於名物訓詁典章度數一一精核乃如此凡漢注唐疏爲講學諸家所不道者亦皆研思探索多所取裁可知一代通儒其持論具有本末必不空言誠敬屏棄詩書自

謂得聖賢之心法其於朱陸異同非不委曲詳明剖析疑似而詞氣和平使人自領亦未嘗堅分壁壘以詬厲相爭蓋諸儒所得者淺故爭其名而不足隴其所得者深故務其實而有餘觀於是編可以見其造詣矣

松陽抄存二卷浙江巡撫採進本

國朝陸隴其撰是編乃其爲靈壽知縣時於簿書之暇取所輯問學錄日抄二書摘其中切要之語錄爲一編以示學者靈壽古松陽地故以松陽抄存

爲名本七十八條儀封張伯行嘗爲刊板刪其與問學錄重複者僅存二十八條殊失隴其之意此本刊於乾隆辛未乃金山楊開基所重編分道體爲學處事教學辨學術觀聖賢六門仍以原第幾條注於本條之下以存其舊而別以已見附識於後前有開基序稱問學錄爲中年之書此本爲晚年手定之書極論伯行之刪本爲非又有隴其孫申憲跋亦謂伯行刻隴其遺書四種惟讀禮識疑讀朱隨筆爲足本此書及問學錄均刪節失眞云

讀書偶記三卷 福建巡撫採進本

國朝雷鋐撰鋐字貫一寧化人雍正癸丑進士官至副都御史是編乃其讀書劄記大旨惟以朱子為宗然能不爭競門戶如卷一中一條云古人心最平如孟子謂夷惠隘與不恭君子不由而又謂其為百世之師是也後世如陸子靜王陽明陳白沙論學術者必辨之謂其非孔孟程朱之正派也然其砥節礪行以之針砭卑鄙俗夫不亦百世之師耶其持論特平較諸講學之家侈談存理遏欲而

實不能自克其門戶之私者可謂不失是非之心矣書中論易者幾及其半大致多本李光地其論禮則多本方苞一則其鄉前輩一則其受業師也所記方苞駁蘇軾一條引曾子問及檀弓曾申之事謂親在不妨學喪禮

國初汪琬與閻若璩以論禮詬爭琬以是攻若璩若璩援以駁琬者其始末具見若璩潛邱劄記中苞殆偶述舊文而鉉誤以爲師說蓋當鉉在時潛邱劄記尚未出故未見也惟太極一圖經先儒闡發

已無剩義而繪圖作說累牘不休殊爲支蔓夫八事邇天道遠日月五星有形可見儒者所論自謂精微推步家實測驗之其不合者固多矣況臆度諸天地之先乎是則不免於習氣耳

右儒家類一百一十二部一千六百九十四卷皆文淵閣著錄

案八儒三墨見於荀子非十二子亦見於荀子是儒術搆爭之始矣至宋而門戶大判讐隙相尋學者各尊所聞格鬭而不休者遂越

四五百載中間遞興遞滅不知凡幾其最著者新安金谿兩宗而已明河東一派沿朱之波姚江一派噓陸之燄其餘千變萬化總出入於二者之間脈絡相傳一一可按故王圻續文獻通考於儒家諸書各以學脈分之以示區別然儒者之患莫大於門戶後人論定在協其平圻仍以門戶限之是率天下而鬭也於學問何有焉今所存錄但以時代先後爲序不問其源出某某要求其不失孔孟之

旨而已各尊一別子爲祖而置大宗於不問是惡識學問之本原哉

欽定四庫全書總目卷九十五

子部五

儒家類存目一

孔子家語註八卷 湖南巡撫採進本

明何孟春撰孟春有何文簡疏議已著錄古本家語久佚今本家語撰自王肅其註亦肅所作名註古書實自註也故其本於諸家為善然明代罕傳至崇禎末毛晉始得北宋本刻之故崇禎以前明人無見舊本者孟春以元王廣謀家語註庸陋荒

疏又正文多所漏畧乃爲此註其考訂補綴不爲無功而由未見肅註故臆測亦所不免其序謂今本不同於唐未必非廣謀之妄庸有所刪除其論近理而近時重刊孟春註者因顏師古註漢書藝文志家語條下有非今所有家語之文遂謂唐以前本業已不同烏知孟春所據非古本顏師古但云唐時家語非古家語不云其時別有古家語也隋志孔子家語二十一卷王肅註梁有當家語二卷魏博士張融撰亡舊唐書經籍志孔子家語十

卷王肅註新唐書藝文志亦同孟春安得古家語此假借之詞非篤論也至近本所校補孟春闕誤凡數百條皆引據精確則孟春是註之舛漏抑可知矣

家語正義十卷 江蘇巡撫採進本

國朝姜兆錫撰兆錫有周易本義述蘊已著錄是書首列至聖年表正譌其四十四篇之次則從葛鼒本以正論與三典禮篇爲卷九以本姓終記與七十二弟子篇爲卷十案明毛晉汲古閣本自跋謂

初從吳興賈人得一編乃北宋王肅注本惜二卷十六葉以前皆蠹蝕從錫山酒家得一函亦宋刻王氏注也所逸者僅末二卷因急倩能書者一補其首一補其尾二冊儼然雙璧縱未必夫子舊堂壁中故物已不失王肅本注矣是汲古閣刊本其篇目次第胥仍王本之舊即徐㶿家宋本家語亦僅與毛本小異不云卷目有所易置也兆錫乃從葛鼐之本竄亂舊次殊爲勇於變古其訓釋亦似俗下講章之體不足以資考證

孔叢子正義五卷 江蘇巡撫採進本

國朝姜兆錫撰是編即世傳孔叢子刪去連叢子上下篇又刪去小爾雅詰墨二篇但以記孔氏言行者編爲五卷每條之下畧仿詩序之例註曰此言某義也謂之正義其中偶有考訂者如納於大錄作大錄萬幾之政此自舊說而引蔡沈傳以駁之其他凡引經與宋儒傳注不合者悉謂之斷章未免拘墟之見至於子順說趙王以歸齊尸助嫪毐以存魏國兆錫亦頗疑之然徃徃回護其詞不肯

竟斥爲依託也

曾子全書三卷　江蘇周厚堉家藏本

明曾承業編承業爲曾子六十二代孫序稱博士蕃襲職之宗子也案宋汪晫嘗輯曾子一卷分十二篇割裂補綴已非唐以來之舊本是編又分主言一篇爲卷一修身事父母制言上中下疾病天圓七篇爲卷二本孝立孝大孝三篇爲卷三與王應麟玉海所云今十篇自修身至天圓皆見於大戴禮者又多出主言一篇而分合迥異不知其何

所依據殆亦以意爲之也

忠經一卷 江蘇巡撫採進本

舊本題漢馬融撰鄭元註其文擬孝經爲十八章經與註如出一手考融所述作具載後漢書本傳元所訓釋載於鄭志目錄尤詳孝經註依托於元劉知幾尚設十二驗以辨之其文具載唐會要烏有所謂忠經註哉隋志唐志皆不著錄崇文總目始列其名其爲宋代僞書殆無疑義玉海引宋兩朝志載有海鵬忠經然則此書本有撰人原非贋

造後人詐題馬鄭掩其本名轉使眞本變僞耳

女孝經一卷 內府藏本

唐鄭氏撰鄭氏朝散郎侯莫陳邈之妻侯莫陳三字複姓也前載進書表稱姪女冊爲永王妃因作此以戒唐書藝文志不載宋史藝文志始載之宣和畫譜載孟昶時有石恪畫女孝經像八則五代時乃盛行於世也其書倣孝經分十八章章首皆假班大家以立言進表所謂不敢自專因以班大家爲主其文甚明陳振孫書錄解題直以爲班昭

所撰誤之甚矣

千秋金鑑錄一卷 江蘇周厚堉家藏本

舊本題唐張九齡撰按王士禎皇華紀聞曰隆慶間曲江刻張文獻千秋金鑑錄一卷又僞撰序表平湖陸世楷爲南雄守著論辨之此等謬僞凡畧識之無者亦不肯爲而粤中新刻曲江文集竟收入故孝山謂急應火其書碎其板云云今此書序中所謂非吾子孫不得記錄非人而傳必遭刑憲學則素衣之人爲上達不學則赭衣之人爲白士

此錄一千年後方許流布諸語皆與世楷所指駁者合士禎又言別有金鑑錄一冊乃嘉靖閒文獻裔孫張希祖所撰康熙甲辰曲江令淩作聖重刻士禎所摘謬妄不經之處如安祿山爲野豬之精史思明爲翮鳥之精楊貴妃爲白鷳之精又立子旦爲相王武后太子先爲中宗皇后廢之又名哲宗又蜀州司戶楊元琰女爲上子壽王妃今上寵之賜名楊貴妃又宮室未委肅宗也諸語今亦皆在錄中則兩本亦大槩畧同也末一章頌作讖語

言及狄青諸人尤爲妖妄益粗識字義而不通文理者所爲本不足存以其出於九齡之子孫恐惑流俗故存而闢之俾無熒衆聽焉

漁樵對問一卷 兩江總督採進本

舊本題宋邵子撰晁公武讀書志又作張子劉安上集中亦載之三人時代相接未詳孰是也其書設爲問答以發明義理所稱有溫泉而無寒火者楊愼丹鉛錄嘗引葛洪抱朴子蕭邱寒焰以駁之不知儒者論理論其常耳其偶異者卽使有之不

足爲據執松栢而謂冬不肅殺執靡草而謂夏不茂育則拘墟之見也且蕭邱誰得而見之葛洪又何自而知之摭百家迂怪之言以曲相詰難則道經釋典理外之事亦多矣可援以爲證乎至天何依曰依乎地地何附曰附乎天天地何依何附曰自相依附一條愼亦駁之然地處天中大氣包而舉之所以不墜卵黃脬豆厥譬甚明是卽依附之明證愼不知歷術所以獻疑均不足爲是書病然書中所論大抵習見之談或後人摭其緒論爲之

如二程遺書不盡出於口授歟

太極圖分解一卷（浙江范懋柱家天一閣藏本）

不著撰人名氏天一閣書目作羅鶴撰然書中自稱鶚曰則名鶚非名鶴矣考江西通志羅鶚宜黃人嘉靖辛酉舉人官至思南府同知當即其人范氏誤以鶚爲鶴也（案嘉靖中別有羅鶴泰和人所著有應菴任意錄詳雜家類中本條下）其書列周子太極圖說與朱子之註而申陸九淵之說以駁之案聖人立教使天下知所持循而已未有辨也孟子始辨性善亦闡明四端而已

未爭諸受生以前也至宋儒因性而言理氣因理氣而言天因天而言及天之先輾轉相推而太極無極之辨生焉朱陸之説既已連篇累牘衍朱陸之説者又復充棟汗牛夫性善性惡關乎民彝天理此不得不辨者也若夫言太極不言無極於陽變陰合之妙修吉悖凶之理未有害也言太極兼言無極於陽變陰合之妙修吉悖凶之理亦未有害也顧舍人事而爭天又舍共睹共聞之天而爭耳目不及之天其所爭者毫無與人事之得失而

曰吾以衛道學問之醇疵心術人品之邪正天下國家之治亂果繫於此二字乎醫家之論三焦也或曰有名而無形或曰上焦如霧中焦如漚下焦如瀆實有名而有形轇轕喧闐動盈卷帙及問其虛實之診則有形與無形一也問其補瀉之方則有形與無形亦一也然則非爭病之生死特爭說之勝負耳太極無極之辨適類於是故今於兩家之說卒置不錄謹發其例於此後不縷辨焉

太極圖說論十四卷 浙江吳玉墀家藏本

國朝王嗣槐撰嗣槐字仲昭錢塘人康熙己未薦舉博學鴻詞老不與試授內閣中書舍人以歸其書論聖人言易有太極未嘗言無不應於太極之上復加無極二字疑此圖授自陳摶非周濂溪作朱陸互相辨析朱子不得已止作無形有理以解之而無極二字總流入二氏之說又謂其言天道則曰動而生陽靜而生陰乃老氏道生天地之說言人道則曰聖人定之以仁義中正而主靜主靜二字尤爲老氏根本所在又謂其原始要終故知生

死二語乃二氏言道之根原而不死無生之樞紐逐條辨駁各爲一篇亦力申陸九淵之説者也

太極圖説集注一卷 山西巡撫採進本

國朝孫子昶撰子昶號主一聞喜人康熙己未進士官垣曲縣知縣是書取朱子之解分配周子之圖列爲十章分裂原圖各繫於下又解周子原説亦分爲十章而句解字釋所釋各註右解之幾章釋某義全摹朱子大學章句之體圖之後附以子昶所演易圖説之後附以諸家之説大抵皆可已而

不已前有康熙丁卯范鎬序亦頗著微詞云

太極圖說註解無卷數　浙江巡撫採進本

國朝陳兆成撰兆成字慎亭常熟人是書作於康熙初以發明朱子太極圖說之註其云性雖夾和在氣禀中而苟無習染之累亦第於善之中微分差別若謂之有惡則不可足以補正程子善固性也惡亦不可謂之非性之說惟其談五行干支語多轇轕至於以一歲四時每一時九十日分爲十八日者五以五行各分主十八日尤爲新異末有乾

隆戊辰其子曾附記凡例稱是書與參同契互有異同是刻可分爲二可合爲一云云葢與所註參同契並刊者宜其惟講陰陽五行之説矣

通書問一卷江西巡撫採進本

元何中撰中有通鑑綱目測海已著錄是書因朱子謂周子通書乃發明太極圖說之義故所註通書皆比附於太極陰陽五行中則謂二書各自爲義不必字字牽合故作此書以辨之前有自序謂自天地以來止有一理理之同者雖百世之上百

世之下九州之內四荒之外無不同也而况一人之心一人之言豈有不相通者乎朱子釋通書顯微闡幽有功於學者至矣然必欲以通書發明圖說則恐非周子著書之本意云云其持論頗精核所疑各條亦皆中理卷末附記稱竊窺朱子之意同時學者固有疑圖說非周子之書而朱子主張甚力遂以圖說為主而以通書為發明圖說而作云云尤深得當時有激而立言之故然二書分而解之固各有義理合而解之於本意亦無所害旣

非宏旨所關又何必字句之間徒滋聚訟耶

太極繹義一卷通書繹義一卷（兩江總督採進本）

明舒芬撰芬有周易箋已著錄此其所著梓溪內集之二種也其說太極大抵以太極圖不本於易而本於河圖謂秋冬非肅殺乃百物之所胎土之寄王惟夏秋之交火烈金剛水緩土柔性之所以相近火散金遒木上火下習之所以相遠皆與先儒之說不同亦往往有難通之處通書則不過隨文解義而已其釋顏子章謂陋巷陋俗之巷也其

人習不善而能夏顏子之貧乃顏子德之所化其說亦殊怪異也

**正蒙釋四卷** 浙江巡撫採進本

舊本題明高攀龍集註徐必達發明攀龍有周易易簡說必達有南京都察院志均已著錄葉向高序稱正蒙精深浩渺朱子訓釋未盡錫山高雲從緣其指廣爲集註檇李徐德夫篤好此書嘗條其所見謂之發明以質雲從之說同者去之異者存之異而此失彼得者去之短長互見者存之云云

則此書爲必達所自定非攀龍之本矣

周張全書二十二卷內府藏本

明徐必達編周子書自太極圖說通書而外僅得詩文尺牘數首附以年譜傳誌及諸儒之論爲七卷張子書正蒙理窟易說而外兼載語錄文集其散見於性理近思錄二程書者蒐輯薈粹別爲拾遺附錄通十五卷

太極解拾遺一卷通書解拾遺一卷後錄一卷西銘解拾遺一卷後錄一卷湖南巡撫採進本

國朝李文炤撰文炤有周易本義拾遺已著錄是書以太極圖說通書西銘朱子祇解其大義因於原註下別加按語發揮其說故名曰拾遺

正蒙集解九卷湖南巡撫採進本

國朝李文炤撰是編解張子正蒙粗具訓釋無所發明其乾稱篇以朱子取西銘自爲一書故删除不載此與陳澔註禮記删除大學中庸亦何異乎至其解參兩篇七政交食之理皆據黃瑞節舊文尤爲疏畧

周子疏解四卷 陝西巡撫採進本

國朝王明弼撰明弼有易象已著錄是書成於康熙癸巳凡解太極圖說一卷解通書三卷皆列朱子之註於前而以己意敷衍之大意取便初學而已

濂關三書無卷數 直隸總督採進本

國朝王植撰植有四書參註已著錄是書取太極圖說通書西銘三書以朱子之註列前採諸家之說附於後亦時時參以己意植於宋五子書皆有註然皇極經世正蒙其書註者差稀故頗有所考訂

此三書則人人熟讀無可發揮亦如宋以來註孝經者隨文演義而已

伊川粹言二卷江蘇巡撫採進本

舊本題宋張栻編考宋濂潛溪集有此書跋謂前序不著姓氏相傳爲張南軒栻撰則明初此書尚不著栻之名此本當爲後人據濂語補題也其序題乾道丙戌正月十有八日然栻南軒集但載二程遺書跋而無此序使果栻作不應諱而削之也葢併編次之說皆在影響之間矣

二程節錄四卷文集鈔一卷附錄一卷 江蘇巡撫採進本

明高攀龍編取二程語錄擇其精粹先辨性次論學次治事次釋經每類各爲一卷末載文集抄及附錄各一卷前有康熙癸未陸楣序稱攀龍官行人時爲是書其手抄本藏同邑秦松齡家顧鏊欲刻之未果鏊子楝高乃踵其父志刊行云

程子詳本二十卷 浙江朱彝尊家曝書亭藏本

明陳龍正編龍正有救荒策會已著錄龍正以二程遺書雖朱子所手編而其記載之重複字句之

同異以至議論之出入均未暇是正乃排比刊削分類編次定爲此本其經說之別行者亦併載入又益以元譚善心之傳聞續記自序視全書頗約而實不敢不加詳故不曰約本而曰詳本其間於二子之說多所辨駁不出明末講學家詬爭之習

二程語錄十八卷 河南巡撫採進本

國朝張伯行編伯行有道統錄已著錄初朱子輯程氏遺書二十五篇皆程子門人記其所見聞答問之詞又取諸集錄爲程氏外書十二篇又附錄一

卷爲行狀墓誌之類凡八篇是書篇目次第悉依朱子原本而稍加删訂合爲遺書十五卷外書二卷附錄一卷其少日所聞諸師友說一卷己巳冬所聞一卷悉删不錄外書亦删馮氏本拾遺一卷又附錄一卷內以明道先生行狀一篇墓誌一篇門人朋友叙述序一篇皆伊川所作已入二程文集故不復載而邢恕一篇謂其自絶於程門亦不錄焉其遺書第六卷中伯行注云此一卷朱子原分三卷今爲一卷又下二卷專說孟子者已與經

說易傳另行別錄槩不載集中考朱子原本卷六以下本四卷無篇名卷九本一卷專說論孟今伯行以四卷爲三卷以說論孟一卷爲二卷又第九卷兼說論孟而伯行云專說孟子殆偶然筆誤列板者失於校讐歟

程書五十一卷內府藏本

國朝程湛編湛爵里未詳是編所錄惟程氏遺書外書而益以明道文一卷惟書中序次改竄朱子之舊第而已

## 浩齋語錄二卷 江西巡撫採進本

舊本題宋過源撰。卷末有源行實一編，稱源字道源，號浩齋。其先浙東人，至高祖徙於臨川。源生有異徵，篤志聖賢之學，以斯文自任。嘉祐間召爲國子直講，不赴。卒於崇寧丙戌九月。併載所著述甚富，今皆不傳，惟此書僅存。上卷爲其門人丞新龍圖所錄，下卷爲其門人白城章偉所錄。其從孫昜祖刊之。然所列書名，宋史及諸家書目皆不著錄。其中疑竇尤多，如行實稱源生於丙子，不著年號以召於嘉祐卒於崇寧推之當生於仁宗景祐丙子則卒時年七十一召時年二十餘是於邵周張程皆爲行輩當時所稱不過曰堯夫茂叔子厚伯淳正叔而已諸家之書可考而此曰邵子周子張子程子非同時語也李燾長編凡有所徵召如胡瑗孫復常秩之類無不具書源見徵旣在嘉祐中何以嘉祐首尾八年長編皆不見其事伊川易傳據楊時跋則臨沒以稿授張繹至政和初時乃排比成書源卒於崇寧五年在伊川前其時易傳未

出何以論程傳之得失自朱子以前無以大學爲曾子作者故攻朱子者以章句爲口實此書乃巳稱曾子何以自北宋以來無人引及大學中庸自二程子始表章其書於禮記中取出別行後人辨難者惟引梁武帝有中庸義疏宋仁宗嘗書大學賜進士以爲先於程子而已此書乃先有大學定本中庸定本又何以宋儒無一語及之耶觀其論樂以黃鐘爲三寸九分是呂氏春秋之文李文利不得其解衍爲異說者也萬歷以前安有是僻論

乎其跋稱有秦觀謝無逸二序觀淮海集具在實無此文無逸溪堂集雖佚而詩文散見永樂大典中今已裒輯成帙亦無此文其依托可以概見又末附其從孫昺祖光賦稱宣和乙巳余在遼陽乙巳爲靖康前一年兩國兵交信使且艱於往來游學之士安能越國至是其僞尤不問而知矣

唐氏遺編四卷江蘇巡撫採進本

宋唐棣編棣字彥思宜興人嘗受業於伊川程子與門人共記平日問荅之語爲此書已載入二程

遺書康熙中其裔孫一學等重刊於家塾乃易以遺編之名末附桐友遺編一卷則一學之父所作一學又與其弟詩及開緒各附已見綴列各條之下

通言一卷永樂大典本

宋吳沆撰沆有易璇璣已著錄此書亦語錄之類如曰不求過於人而人不能及之者善道也不求合於人而人不能離之者善德也又曰立朝廷而後見山林之志享富貴而後見貧賤之節論亦間

有可取然其自序有曰孟軻談仁義至楊墨而不通其道小不足以容楊墨故也孔子則無所否矣韓愈原道德至佛老而不通其道小不足以容佛老故也王通則有所可矣其論似高而實謬不可訓也

道南三先生遺書十一卷浙江巡撫採進本

不著編輯者名氏摘錄楊時羅從彥李侗三家語錄及雜著楊氏四卷羅氏六卷李氏一卷三人皆南劍州人疑其鄉人所編也千頃堂書目載莆田

宋端儀有道南三先生遺書或卽是編歟

崇正辨三卷 兩淮馬裕家藏本

宋胡寅撰寅有讀史管見已著錄是書專爲闢佛而作每條先引釋氏之說於先而辨正於後持論最正其剖析亦最明然佛之爲患在於以心性微妙之詞汨亂聖賢之學問故不可不辨至其經典荒誕之說支離矛盾妄謬灼然皆所謂不足與辨者必一一較其有無是亦求勝之過適以自褻矣

小學分節二卷 浙江巡撫採進本

國朝高熊徵撰熊徵字渭南岑溪人順治庚子副榜貢生官至浙江都轉鹽運使是書隨章按節略爲分解特使童子讀之易於明曉而已

小學集解六卷直隸總督採進本

國朝張伯行撰是編以坊刻小學數十種纂註標題止爲試論剽竊之具無當於朱子親切指點引人身體力行之意因集諸家註釋融會其說以成是編伯行歿後其門人樂亭李蘭梓行之

小學集解六卷福建巡撫採進本

國朝黃澄撰澄字庭聞莆田人康熙中諸生其書取
朱子小學內外篇參會舊註附以已見章分句釋
援引頗爲賅洽然亦不免於過冗

小學集解六卷 江蘇巡撫採進本

國朝蔣永修撰永修有孝經集解已著錄是編卽其
提督湖廣學政時與孝經合刊者註釋甚畧而先
賢爵里事蹟與小學無關者乃載之頗詳於朱子
著書之旨似乎倒置矣

小學纂注六卷 編修勵守謙家藏本

國朝高愈撰愈有高注周禮已著錄是書因天台陳選舊注畧删訂之後附總論及朱子年譜

小學句讀記六卷　陝西巡撫採進本

國朝王建常撰建常有律呂圖說已著錄是書因陳選小學註本而雜採諸書疏於其下畧如孔頴達正義之例文頗煩蕪

近思錄集解十四卷　湖南巡撫採進本

國朝李文炤撰是編取朱子之說散見各書者附於近思錄各條之下其未備者則益以諸家之說間

亦自附已意前有綱領數條末附感應詩解一卷訓子詩解一卷感應詩見朱子大全集訓子詩稱傳自黄榦而無可證據其詩淺俗決非朱子所爲也

紫陽宗吉二十四卷兩江總督採進本

舊本題宋王佖撰佖東陽人卽淳祐壬子作朱子年譜序者也其書採輯朱子文集語類分謝人析理明經論事四門每門又各分子目其中注語有出朱子原文者亦有出佖所增識者考趙希弁讀

書附志載晦菴先生朱文公語後錄二十卷注曰右東陽王佖記楊方黃榦劉琰黃灝邵浩劉砥李煇黃卓汪德輔陳芝吳振吳雉林子蒙林學履劉礪鍾震蕭佐舒高魏椿楊至所錄也其說謂池錄初成勉齋猶未免有遺恨於刋行之後況饒本又出於其後乎此二十卷皆池饒所未及刋者云云其書名各異卷數復殊據其所言乃續刋之語錄體例亦與此書不合惟內閣書目有佖紫陽宗旨三十八卷千頃堂書目則作二十八卷書名撰人

均與此本相合而卷數復異未詳其故然浙江通志經籍門中以佀朱文公語後錄列爲一條而以此書附載於下不入標目則亦疑非佀作矣

朱子語類纂十三卷 山東巡撫採進本

國朝王鉞撰鉞有粵遊日記已著錄是書其世德堂遺書之第五種也取黎靖德所編朱子語類一百四十卷摘理氣鬼神性理論學四門餘皆不取四門之外又各刪存大畧而間附以已說如朱子謂理氣本無先後語原無病鉞必謂先有天地之理

然後太極生兩儀如其所說是理又別是一物可以生氣然則氣未生時理又安在此主理太過之弊又如謂雨是鬱蒸之氣有時龍能爲之者龍亦是鬱蒸之氣雹是不和之氣有時蜥蜴能爲之者蜥蜴亦是不和之氣尤執一理以該天下之變不至於穿鑿附會不止矣

朱子文語纂編十四卷編修勵守謙家藏本

不著編輯者名氏其書取朱子文集語類約畧以類相從而不分門目前後亦無序跋蓋草創未完

之本

玉溪師傳錄一卷附錄一卷兩江總督採進本

舊本題宋童伯羽撰伯羽字蜚卿甌寧人朱子之門人也是編所錄朱子語在語錄饒本內繫以庚戌庚戌爲紹熙元年伯羽時年四十七也本名晦庵語錄明成化中其九世孫訓以語類諸本參校補訂改題今名前列道學統宗一圖上溯羲孔而以伯羽直接朱子之下葢亦訓之所爲後附墓表行實載朱子詩二首及敬義堂銘考朱子文集及

續刊諸集皆所未載莫詳所自其稱伯羽撰四書集成孝經衍義羣經訓解三書宋志不著錄朱彝尊經義考亦惟載伯羽有四書訓解無此諸名又前有邱濬序其文不類復有龔道後序作於萬歷甲午而稱皇宋淳熙跳行出格尤爲舛迕疑即訓捃拾語類附益之非必果出伯羽也

分類標註朱子經濟文衡七十五卷 江蘇巡撫採進本

宋滕珙編其原本已著錄此本爲明朱吾弼重刊即珙之書而各標其要語於簡端以備答策之用

性理字訓一卷 湖南巡撫採進本

舊本題宋程端蒙撰程若庸補輯端蒙字正思德興人淳熙七年鄉貢補太學生若庸字達原休寧人咸淳四年進士嘗充武夷書院山長端蒙所作凡三十條若庸廣之爲造化性情學力善惡成德治道六門凡百八十三條門目糾紛極爲冗雜明初朱升又增善字一條摭袁甫之說以補之共爲一百八十四條皆以四字爲句規仿李瀚蒙求而不諧聲韻不但多棘脣吻且亦自古無此體裁端

蒙游朱子之門未必陋至於此疑或村塾學究所託名也

聖門事業圖一卷（編修勵守謙家藏本）

宋李元綱撰元綱字國紀錢塘人孝宗時上庠生是書凡分十圖曰傳道正統曰大本達道曰進修倫類曰爲學之序曰存心要法曰求仁捷徑曰聚散常理曰傳心密旨曰一氣通感曰帥氣良方曰心性本體前有自序後有自跋其大旨以存心爲主以謹獨爲要而以窮理爲用力之始大抵皆儒

生習見之說

庸言一卷永樂大典本

宋楊萬里撰萬里有易傳已著錄是編乃其語錄大致規摹揚雄法言頗極修飾之力較其詩文又自爲一體而詞工意淺亦畧近於雄

明倫集三卷永樂大典本

宋塗近正撰近正字尊爵筠陽人歐陽偉跋謂其隱德弗耀以私淑諸人爲已任謝樞跋則稱致政塗公自序亦題嘉定六年承務郎致仕塗近正則

近正固嘗通籍矣是集雜採前言往行分爲十類一曰盡事二曰養志三曰弗辱四曰移忠五曰移治六曰因睦七曰廣孝八曰念德九曰家學十曰揚名自序有曰考諸載籍隨事而書衣冠之族必志其家法而不問閥閱文章之錄必志其行實而不取浮華其論周公曰嘗讀金縢之書棠棣之詩見周公之仁兄弟而不見周公之誅管蔡後世信以爲周公自誅管蔡者起於孔安國傳書之妄與漢儒序詩之誤我之書辟辟者避也言節曰以家

宰之事付之召公畢公而身乃避居東都以待命安國訓辟爲法遂使周公之志不白於天下其於經亦間有發明惟所錄多習見之事未免爲牀上牀屋下屋耳

子家子一卷（永樂大典本）

宋家頤撰頤字養正眉山人其始末未詳衛湜禮記集說嘗引其語則亦研經之士也此書趙希弁讀書附志著錄世罕傳本此本載永樂大典中蓋語錄之類亦頗明白平正而率皆習語案公羊傳

有子公羊子子沈子子司馬子子女子子北宫子何休注發例於子沈子下曰子沈子後師稱子冠氏上者著其爲師也此書果顗自撰不應自稱子家子殆其門人所題歟然劉禹錫集中亦自稱子劉子或偶然沿誤亦未可知也

言子三卷永樂大典本

宋王𤌧編𤌧字伯晦會稽人陳振孫書録解題云言子相傳所居在常熟縣慶元間邑宰孫應時始爲之祠近王𤌧復裒諸書爲此書梁維樞内閣書

目云宋嘉熙間平江守王爚輯子游言行及祠廟事蹟自序以言子生是邑嘉言懿行散在經傳爰輯是書其本末可以考見蓋以言子吳人故爲此編而刻之以存於祠其書分內篇外篇附錄爲三卷所採不出論語禮記家語孔叢子諸書無異聞也

心經附注四卷 浙江巡撫採進本

明程敏政撰敏政有宋遺民錄已著錄其書以真德秀心經僅書一條詩二一條易五條論語三條中

庸二條大學二條樂記三條孟子十二條接以周子二條程子一條范氏一條朱子三條末爲賅備又其註中或稱西山讀書記疑非德秀自作乃補輯釐爲四卷名曰附註前後皆有敏政序末私印文曰伊洛淵源蓋敏政自以爲程子裔云

大學衍義通畧三十卷（內府藏本）

明王諍編諍號竹巖永嘉人嘉靖庚戌進士官至右僉都御史巡撫貴州其書取楊廉大學衍義節畧邱濬大學衍義補合爲一編凡節畧十卷補畧

二十一卷問亦釋字訓詁義取便檢閱無所闡明

大學衍義輯要六卷大學衍義補輯要十二卷江蘇巡撫採進本

國朝陳宏謀撰宏謀字汝咨號榕門臨桂人雍正癸卯進士官至大學士謚文恭是編乃宏謀官雲南布政使時所刊取眞德秀大學衍義四十三卷纂爲六卷邱濬大學衍義補一百六十卷纂爲十二卷蓋爲邊方之士艱購全書者設也

研幾圖一卷浙江巡撫採進本

舊本題宋王柏撰柏有書疑已著錄是書前有自序稱溫習舊書有未解者因畫成圖沈潛玩索萬理悠然而輻輳云云考宋史柏本傳雖載柏嘗撰研幾圖然其本不傳元代諸儒亦未嘗一字及是書至明永樂中突出此本自二五變運以下爲圖者凡七十三又衍聖公孔昭煥家别傳一本增綴以李元綱聖門事業圖徐毅齋性命心說諸圖共爲圖八十五大抵支離破碎徒亂視聽即真出於柏亦無足採更無論其僞撰也

太極辨三卷 永樂大典本

元孫自强撰自强會稽人仕履未詳是書大旨謂聖人之言約而明先儒之論詳而汨又謂漢唐以來語焉而弗明濂洛諸賢明焉而未純學者因其辭之紛紜不以異端傳會於聖經者鮮矣故條舉太極圖說正蒙及朱子四書集註諸書言性命者而辨之其謂經典未嘗離氣質以言性蓋駁張子義理之性氣質之性之說後來李光地孟子劄記榕村語錄皆與自强所論同然自强之書外間實

無傳本光地蓋闇與合耳

魯齋心法一卷 浙江巡撫採進本

元許衡撰衡有讀易私記已著錄是書刻於嘉靖元年前有懷慶府知府洪洞韓士奇序稱正德庚辰得魯齋全書其行實文章備之矣既而得其寫本心法細閱之的然見我魯齋行實文章所以重於世者悉自斯錄中流出則斯錄視全書之補於世何如酷愛之惜弗傳因廣以梓云云今考此書即全書中語錄之下卷而摘其語錄上卷之三十

二條亂其次第竄入其中非全書之外别有此書

也士奇所云失考甚矣其斯以爲書帕本歟

聖賢語論二卷 浙江朱彝尊家曝書亭藏本

元王廣謀編廣謀始末未詳其書以禮記家語史記諸書所載孔子言行始於相魯終於公西赤分四十四篇卷首有孔子像素王事實又載至元十年所定廟制及祭祀儀注樂章後有嘉靖癸巳書林余氏自新齋跋語葢明人所重刊也卷端題曰新刊標題明解聖賢語論豈當時各路或以孔子

遺語命題試士歟元史選舉志延祐條格所不載莫之詳矣其書體例龐雜註亦淺陋雖元人舊本殊不足錄何孟春註家語稱有元王廣謀本多所竄亂今未之見此書當即一時所成也

聖學心法四卷　江蘇巡撫採進本

明成祖文皇帝撰前有永樂七年御製序謂以君道父道子道臣道揭其綱其下分而爲目有統言者焉有專言者焉今按首三卷及第四卷之前半皆言君道自統言以外分子目二十有五第四卷

之後半卷則以父道子道臣道附之父道子道有綱無目臣道亦首爲統言而分列四子目所採皆經史子集之文每條後各有附註考實録載永樂七年二月甲戌上出一書示翰林學士胡廣等曰朕因閒暇採録聖賢之言今已成書卿等試觀之有不善更爲朕言廣等觀覽畢奏曰帝王之要備載此書請刊印以賜上曰然遂名曰聖學心法命司禮監刊行上親爲之序則此書實成祖所自編不由詞臣擬進其序以唐文皇作帝範十二篇自

比案成祖稱兵簒位悖亂綱常雖幸而成事傳國子孫而高煦宸濠寘鐇之類接踵稱戈咸思犯上實身教有以致之乃依附聖賢侈談名教欲附於逆取順守自序委曲繁重至五千餘言抑亦言之不怍矣至於殺戮諸忠蔓延十族淫刑酷暴桀紂之所不爲者夷然爲之可謂無復人理而其序乃曰秦隋之君用法慘酷倚苛暴之吏執深刻之文法外加法刑外施刑曾何有忠厚惻怛之意死人之血漂流於市受刑之徒比肩而立此仁人君子

所以痛傷也云云天下萬世豈受此欺乎

性理備要十二卷安徽巡撫採進本

明王三極撰三極號少墩仙遊人是書成於萬歷丁亥取性理大全摘其要語以便誦習仍冠以成祖御製序去取不甚中理蓋坊刻陋本也

謹案此書因性理大全而刪削之皆永樂中所纂之原文故仍列永樂中所纂原第若楊道會之性理鈔鍾人傑之性理會通詹淮陳仁錫性理綜要性理標題彙要皆顛倒竄亂

非復原文則仍各從其時代編之

顔子鼎編二卷浙江巡撫採進本

明徐達左編高陽删補并注達左字良夫平江人元季遁迹鄧尉山洪武初起爲建寧縣學訓導舊本題爲元人誤也陽嘉興人始末未詳觀其持論益李贄何心隱之流派也考歷代史志無顔子書胡應麟甲乙剩言稱明太祖時朝鮮國進顔子書郄之知其僞託也惟宋張栻採經文爲䟽顔録元高安李純仁河北李龜遞相補益達左此編成於

至正庚子前有自序稱鼒所編未及見純仁所編集亦有未然因更定以成此編陽又因達左之書重爲點竄首列達左舊目各注其當刪之由次列新目各注其增入之數末有陽自識稱損益私裁先後妄叅蓋已非達左之舊矣考達左原序譏二家於莊列之寓言雜取而不擇伊雒考亭之緒論猶未盡舉而此本所引莊列連篇累牘且所注提唱心學剌剌不休與達左之旨全乖蓋姚江末派借顏子以闡禪宗遂使先儒編輯之本志竄亂無

存斯非特輕改古書抑亦厚誣先賢矣其曰鼎編益即鼎新之義即其命名亦明季纖詭之習也

**西村省己錄二卷**　浙江范懋柱家天一閣藏本

明顧諒撰諒字希武上虞人西村其別號也洪武中以薦爲無錫縣教諭錄中皆論修省之道大旨醇正詞亦平近易曉然持論未免稍迂其書一刻於正統再刻於嘉靖萬歷九年其十六世孫充復訪求舊本手寫而刊之

**雜誠一卷**　浙江范懋柱家天一閣藏本

明方孝孺撰孝孺字希直一字希古號正學天台人以薦召授漢中府學教授建文中官至翰林侍講學士改文學博士燕王篡位抗節死事迹具明史本傳乾隆四十一年

賜謚忠文是書分三十八章所言皆立身行已之道於日用爲切近已編入遜志齋集第一卷此乃宏治辛酉蜀人鄒魯摘出别行之本也

夜行燭無卷數　副都御史黄登賢家藏本

明曹端撰端有太極圖說述解已著録明初理學

以端爲冠而其父崇事佛老端因採經傳格言切於日用者輯爲此書名夜行燭以進其父其書分類編輯爲目十有五大抵取淺顯易解之語

月川語錄一卷　河南巡撫採進本

明曹端撰端講學之書有理學要覽一卷性理論一卷又有儒家宗統譜存疑錄亡其卷數並載千頃堂書目今皆未見是編乃真寧趙邦清輯其講學之語爲一卷非端之全書亦非端所自著不足以盡其底蘊然千頃堂書目載月川語錄作一卷

則所見亦即此本矣

從政名言二卷（江蘇巡撫採進本）

明薛瑄撰瑄有讀書錄已著錄案瑄年譜宣德元年四十服闋至都上章願就教職宣宗特擢爲御史尋差監沅州銀場此書第二條稱吾居察院第四條稱余始自京師來湖南則作於奉使沅州時也其言皆切實通達然精要已見讀書錄中此其緒餘矣

薛子道論一卷（編修程晉芳家藏本）

舊本題明薛瑄撰皆自瑄讀書錄中摘出別立此名以眩俗聽蓋明末詭誕之習凡屬古書多改易其面目以求售雖習見如讀書錄尚不免删竄以市欺也

明良交泰錄十八卷　江西巡撫採進本

明尹直撰直有名臣贊已著錄是編爲其致仕以後所作成於宏治十七年而表上於正德六年書中皆援引經史附以論斷一卷易三篇書十二篇二卷詩五篇春秋傳五篇禮二篇孔子二篇孟子

五篇三卷以下則備述歷代君臣問答之語治忽興衰之故始自漢高迄明孝宗而明事當古事二之一葢亦范祖禹帝學多述宋代祖宗之意惟末卷自錄其獻納之詞連篇累牘雖序中引夏侯勝魏徵韓琦司馬光歐陽修楊士奇李賢爲例然勝未嘗著書徵事爲王方慶所集琦特自編奏議修與光與士奇與賢皆自爲記載非自附諸古名臣後表進於朝也明史直本傳載孝宗薄其爲人令致仕宏治九年表賀萬壽併以太子當出閣上承

華嶶引先朝少保黄淮事冀召對帝却之此書或亦是意歟

案直之進退未合儒者之道然其言則儒家之言列之儒家從其書也

朱子學的二卷副都御史黄登賢家藏本

明邱濬編濬有家禮儀節已著録是編上卷分下學持敬窮理精藴須看鞭策進德道在天德韋齋等十篇下卷分上達古者此學仁禮爲治紀綱聖人前輩斯文道統等十篇蔡衍鎤序曰上編自下

學以至天德由事而達理而終之以韋齋所以紀朱子之生平言行猶論語之有鄉黨也下編自上達以至斯文由理而散事而終之以道統所以紀濂洛關閩之學之所由來猶論語之有堯曰也然濬闡朱子之言以示學者卽仿朱子編近思錄小學之體足矣何必摹擬論語使之貌似聖人況揚雄王通之僭經朱子嘗深譏之濬之是編豈朱子所樂受乎

居業錄類編三十一卷 兩江總督採進本

明胡居仁撰陳鳳梧編居仁有易象抄已著錄鳳梧字文鳴廬陵人宏治丙辰進士官至右都御史巡撫應天是編凡分三十一類類爲一卷序云錄舊無銓次不便觀覽頃自山東巡撫改佐南臺舟次之暇輒手自編訂以類相從付門人無錫陳大尹名世校而刻之以廣其傳此本葢從刻本傳寫者昔薛瑄讀書錄續錄亦有原本及分類二刻然論者謂分類失瑄意此本亦猶是也

道一編六卷 浙江汪汝瑮家藏本

不著撰人名氏編朱陸二家往還之書而各爲之論斷見其始異而終同考陳建學蔀通辨曰程篁墩著道一編分朱陸異同爲三節始焉如冰炭之相反中焉則疑信之相半終焉若輔車之相依朱陸早異晚同之說於是乎成矣王陽明因之遂有朱子晚年定論之錄與道一編輔車之說正相唱和云云然則此書乃程敏政作也敏政有宋遺民錄已著錄

性理要解二卷 浙江鄭大節家藏本

明蔡清撰。清有易經蒙引，已著錄。是編以性理要解爲名，而上卷題虛齋看太極圖說，下卷題虛齋看河圖洛書說。前有蘇濬序，稱其冥搜之暇，神遊太極，左圖右書，字字而櫛之，言言而綜之，亦但舉二書。其序詞氣拙陋，殆出依託。疑清本有此殘稿，其後人彙爲一編，强立此名，又僞撰濬序於前也。

**虛齋三書**　無卷數　浙江巡撫採進本

明蔡清撰。是編卽以看太極圖說改名太極圖說，以看河圖洛書說改名河洛私見，而增以艾庵密

箴五十條故曰三書乾隆壬戌其裔孫蔡廷魁所刋其名亦非淸所自題也

白沙遺言纂要十卷衍聖公孔昭煥家藏本

明張詡編詡字廷實南海人成化甲辰進士官至南京通政司左叅議嘗受業於陳獻章明史儒林傳附載獻章傳末是編採獻章白沙文集中語倣南軒傳道粹言例分爲十類以闡新會之本旨獻章之學當時胡居仁章懋等皆以爲禪詡溺禪尤深即獻章亦頗訾之畧見於羅欽順湛若水問答

書中云

文公先生經世大訓十六卷禮部尚書曹秀先家藏本

明余祐編祐字子積鄱陽人宏治庚戌進士官至雲南布政使內召爲太僕寺卿未及行又擢吏部侍郎未聞命而病卒明史儒林傳附見胡居仁傳中祐居仁之門人又其壻也是書成於正德甲戌採朱子文集語類二書分類排纂爲三十六門別無一字之發揮其曰大訓蓋取與天球河圖並重之義然書所稱者乃古聖先王之教典非大賢以

下所敢受恐未必合朱子意也

近言一卷山西巡撫採進本

明顧璘撰璘有國寶新編已著錄是書凡十三篇而末一篇爲序志其體例仿揚雄法言王符潛夫論其篇名則取之劉勰文心雕龍也所論皆持身涉世之道大致平正無疵而亦無深義

傳習錄畧一卷編修程晉芳家藏本

不著編輯者名氏取王守仁傳習錄刪存大畧曹溶收入學海類編者明史藝文志載王守仁傳習

錄四卷聚樂堂書目有戴經傳習錄節要一卷會稽縣志有劉宗周陽明傳習錄選皆無傳習錄畧之名末有鄒元標跋語然亦但云嘗讀傳習錄不云有所刪輯益以傳習錄跋移綴之均非其舊也

慎言十三卷　衍聖公孔昭煥家藏本

明王廷相撰廷相字子衡儀封人宏治壬戌進士官至兵部尚書事迹具明史本傳是編前有嘉靖丁亥自序稱仰觀俯察驗幽核明有會於心即記於冊二十餘年言積數萬類分為十三篇附諸集

以藏於家又論諸儒之失有曰擬議過貪則援取必廣性靈弗神則詮擇失精由是旁涉九流淫及緯術卒使牽合附會之妄以迷乎聖人中庸之軌云云持論大抵不詭於正然以擬議過貪詆諸儒故罕考羣言以性靈弗神詆諸儒故多憑臆見甚至併五行分屬四時亦以爲必無之理則愈辨而愈傎矣本傳稱廷相博學好議論以經術稱於星歷輿圖樂律河圖洛書及周程朱張之書皆有所論駁然其說頗乖僻良得其實云

12225

（清）紀昀等 纂

# 武英殿本四庫全書總目

第一九册

國家圖書館出版社

# 第一九册目録

欽定四庫全書總目 史部

卷六十二之六十三

欽定四庫全書總目卷六十二

史部十八

傳記類存目四

歷代相臣傳一百六十八卷直隸總督採進本

明魏顯國撰顯國字汝忠南昌人隆慶丁卯舉人是書明史藝文志著錄卷數與此本相合大抵全鈔史傳原文無所褒貶亦無所考正所敘歷代相臣職名如南朝一條以梁初罷相國置丞相罷丞相置司徒後又置相國位列丞相上不知置相國

列丞相上乃陳制非深制又謂唐魏徵以秘書監參預朝政始有參議得失參知政事之名不知其時先以吏部尚書杜淹參議朝政故有是名又謂開元以後宰相爲鹽鐵轉運延資庫使名尤不正不知其時以宰相兼攝是官非以是官爲宰相況其時太微宫使太淸宫使多以宰相兼之不僅延資庫使也又以李光弼列於宰相不知光弼爲河中節度惟加平章不治政事乃唐之使相唐末節度加侍中中書令三公三師者甚多皆使相非宰

相載於史志者甚詳元之參議中書省事乃六曹管轄官止四品亦非宰相故元史宰相表不列是官又元制三公非相職故別立三公三師表今俱列於宰相舛譌既甚挂漏尤多至於各史宰相列傳或採或置茫無義例更未免疎脫矣

儒林全傳二十卷 浙江汪啓淑家藏本

明魏顯國撰所錄自孔子至元吳澄亦皆鈔錄前史與相臣傳同

歷代守令傳二十四卷 兩淮馬裕家藏本

明魏顯國撰自宓不齊仲由至劉秉直爲歷代循吏二十一卷又自郅都至敬羽爲歷代酷吏三卷於史傳原文之外間有所增而又多蕪雜

元相臣傳十二卷 兩淮鹽政採進本

明魏顯國撰其書紀元代丞相自耶律楚材至布延巴哈 原作普顏不花今改正 二十六人各自爲傳全襲元史之文又前後淩亂脫誤如元史宰相表載安圖 原作安童今改正 爲右丞相始世祖至元二年乙丑訖於二十七年庚寅布呼密 原作不忽木今改正 爲平章政事始

至元二十八年辛卯訖成宗元貞二年丙申是布呼密後於安圖凡二十七年此書列布呼密於安圖前殊爲倒置又如世祖庚申元年王文統趙璧爲平章政事尤在史天澤諸人之前其相業俱見本傳而此書均汰之葢不特於正史之外無所徵引且於正史之中亦多所挂漏矣

忠節錄六卷浙江鄭大節家藏本

明張朝瑞撰朝瑞字子禎海州人隆慶戊辰進士官至南京鴻臚寺卿朝瑞以宋端儀革除錄至鄖

瑛萃忠集記遜國諸臣事者凡十七家互有舛漏因輯此書載當時昭雪之旨於卷首明非私撰自第一卷至五卷記徐輝祖以下凡一百六十三人附錄十六人以官階爲敘不分差等第六卷曰考誤如辨建文於天順中由滇至京唯太監吳亮識之當時三楊皆其舊臣不應僅一吳亮能識舊主而建文時年六十四亦不得有九十餘歲其考證最爲明確所列十七家書外尚有高璧之幽光錄陸時中之遜史姜淸之祕史王會之野史袁褧之

奉天刑賞錄諸書朝瑞未及蒐考然大槩已備於此矣

吳中人物志十二卷 浙江巡撫採進本

明張昶撰昶字景春長洲人是編成於隆慶庚午所輯吳中人物上自成周迄於明代分孝友忠義吏治薦舉宦蹟儒林文苑閨秀逸民流寓列仙方外十二門各係以論贊同郡皇甫汸爲之序吳中人物自王賓楊循吉祝允明朱存理等遞有撰述此本因而廣之較諸家稍備然事皆不著出典未

免無徵不信也

輔世編六卷 江蘇周厚堉家藏本

明唐鶴徵撰鶴徵有周易象義已著錄是書取明代諸臣次其行事起洪武初李善長劉基訖嘉靖中曾銑胡宗憲凡五十二人崇禎間其門人陳睿謨巡撫湖廣爲評校刋板其敘稱戎務孔亟之時輒取名臣傳畧倣其行事多得變通之法間嘗抄書有得多與我師凝菴唐先生輔世編合者因綜其成稿翼以已意勒成一書則是編已不盡鶴徵

原本矣其所採諸人事實多主戰畧葢睿謨身在戎行意切時用有所爲而爲之者也

聖門人物志十二卷 江西巡撫採進本

明郭子章撰子章有蠙衣生易解已著錄是書則子章官晉陽時所輯凡遊於聖門與私淑而得從祀廟廡者各爲之小傳附以贊論首孔子世家次先賢次先儒而以有明之會典祀儀終焉其中雜以周汝登羅汝芳諸人之論其時心學橫流故子章多主張其說孟子傳論謂孔子之學以從心所

欲不踰矩爲的顏子從之末由而孟子云能者從之又云心之官則思即孔子從心之旨猶主持門戶之見也

豫章書一百二十二卷江西巡撫採進本

明郭子章撰是書葢江西之總志全用史體爲之分大記二十卷志二十二卷表十卷事紀二卷列傳六十八卷前無序而有總目其總目以爲列傳六十六卷刊本誤也其體例葢本諸華陽國志然冗雜太甚去常璩所撰遠矣

國士懿軌十卷浙江巡撫採進本

明余養蒙撰。養蒙，臨海人。自序謂稟大中丞耿公之命而爲之者。案明史耿定向傳，弟定力，隆慶辛未進士，官至南京兵部右侍郎，時方爲南京都御史，故稱大中丞也。書前有定力序，復有諭官屬文一首，大旨以當時專重科目，名實不副，故取古今來士子出於太學及以貲郎起家者，自列國訖明初，凡一百二十七人，刪節諸史及志乘，各爲之傳，意欲以矯偏重之弊。然舉一代之進士槩以籠鷹

檻駒目之不免於矯枉過直矣

春秋名臣傳十三卷 浙江汪啓淑家藏本

明姚咨撰咨字舜咨無錫人初其邑人邵寶爲是書未畢咨續成之始於周之辛伯迄於虞之宮之奇凡一百四十八人傳末各附以小讚大吉與宋王當春秋列國臣傳相出入而其義例乃譏當書用魯史編年之非然既標以春秋則自應用春秋之年月若各從列國轉致錯互難明以是議當未允也

戰國人才言行錄十卷浙江范懋柱家天一閣藏本

明秦瀹撰瀹無錫人是書成於隆慶中類次戰國人物起魏文侯迄荆軻凡一百四十九人皆抄錄戰國策史記之文而稍删節之

鎮平世系記二卷浙江范懋柱家天一閣藏本

明朱睦㮮撰睦㮮有易學識遺已著錄永樂元年封周定王第八子有爌爲鎮平王睦㮮其六世孫也以明代玉牒於正德以後多畧遂纂述有爌以下八世支派以成此書前曰例義次世系次世傳

次內傳次述訓

江右名賢編二卷 浙江巡撫採進本

明喻均劉元卿同撰均新建人隆慶戊辰進士官至按察使副使元卿有易大象觀已著錄萬歷中巡按江西御史臨清陳大蘷議修通志因先欲輯名賢一門屬均與元卿司其事分名臣節義理學忠諫方正清介隱逸儒行治功文學孝友十一目所紀凡二百四十有八人門類太多頗涉瑣碎又所載有明一代人物尤爲泛濫前有巡撫都御史

邊維垣及大夔序後有元卿序元卿謂理一而已安得紛紛區目則知分目冗複出於均意卽元卿亦心非之矣

宗譜纂要一卷安徽巡撫採進本

明王應昌撰其子錟續成之應昌字亮之嵊縣人萬歷癸酉舉人錟字長頴入

國朝官上海縣知縣是書敘歷代理學源流分開天一世祖承天第一宗達天第一宗翼天第一宗標目已近乎二氏至以荀卿揚雄與孔子並列尤爲

失倫其分載諸儒支派大率與黃宗羲明儒學案相出入蓋爲門戶而設不爲學問而設也

貂璫史鑑四卷 兩淮鹽政採進本

明張世則撰世則諸城人萬歷甲戌進士官至四川安許兵備副使是書嘗於萬歷二十年進呈得旨下禮部禮部復疏附焉書凡六條一曰主君首載明太祖禁抑內臣不得干預外事然後敘歷代寵閹之弊二曰弼臣載歷朝相臣與宦寺離合之迹三曰妍範載閹之賢者四曰媸戒載閹之惡者

五曰國祚載秦漢以來寺人之尤能亂國者六曰沿革則閹宦職官志也宦寺賢者萬中不得一二世則方指陳炯戒將以啓迪君心而所列妍範一條如勃鞮之斬袪繆賢之薦士裴寂之宫人私侍高力士之贊立太子皆目爲佳事殊多謬戾又列及明代寺人而以阮安預其間益不可訓矣

聖學宗傳十八卷兩淮馬裕家藏本

明周汝登編汝登字繼元又字海門嵊縣人萬歷丁丑進士官至南京尚寶司卿明史儒林傳附載

王畿傳末稱王守仁傳王艮艮傳徐樾樾傳顏鈞鈞傳羅汝芳汝芳傳楊起元及汝登起元清修姱節然其學不諱禪汝登更欲合儒釋而會通之輯聖學宗傳盡採先儒語類禪者以入蓋萬歷以後士大夫講學者多類此云云即此書也首載黃卷正系圖其序自伏羲傳至伊川程子下分二支一支朱子以下不系一人一支則陸九淵之下系以王守仁並稱卷是圖信陽明篤敘統系明與聖學宗傳足相發明云

歷朝瑺鑑四卷編修汪如藻家藏本

明徐學聚撰學聚字敬輿蘭谿人萬歷癸未進士官至副都御史巡撫福建是編輯錄歷代宦官事蹟自周秦以迄於明分善可爲法惡可爲戒二種而於明代紀載尤詳第所錄僅至世宗朝而止則仍不免有所避忌又元李邦寧卽嘗入太學代祀孔子致大風滅燭之異者其狂妄可知乃入之善可爲法中進退亦未甚允也

鹽梅志二十卷內府藏本

明李茂春撰。茂春字蔚元，杞縣人。萬歷癸未進士。是編採取歷代賢相嘉言善行錄成一編，始於臯陶，終於范純仁，凡六十六人。

**漢唐宋名臣錄五卷**（兩江總督採進本）

明李廷機撰。廷機字爾張，晉江人。萬歷癸未進士，官至禮部尚書東閣大學士，謚文清。事迹具明史本傳。是書所錄自漢文翁至宋杜衍凡六十八人。黃吉士序謂其錄取嚴而用意微，蓋借以諷當時廷臣，有爲而發，故不求全備云。

棲眞志四卷 浙江巡撫採進本

明夏樹芳撰樹芳字茂卿江陰人萬歷乙酉舉人是編取周秦至元代之修眞棲靜者各詳其事蹟陳繼儒爲之序其中時代頗顛舛至於江淹謝靈運李賀歐陽修蘇軾黃庭堅秦觀朱子諸人凡談論詞章語意偶類釋老者卽引而入志尤牽合不倫

獻徵錄一百二十卷 浙江巡撫採進本

明焦竑撰竑有易鑒已著錄是書採明一代名人

事蹟其體例以宗室戚畹勳爵內閣六卿以下各官分類標目其無官者則以孝子義人儒林藝苑等目分載之自洪武迄於嘉靖蒐採極博然文頗泛濫不皆可據又於引據之書或注或不注亦不免疎畧考竑在萬歷中嘗應陳于陛聘同修國史既而罷去此書殆即當時所輯錄歟

熙朝名臣實錄二十七卷　浙江巡撫採進本

明焦竑撰此書明史藝文志不著錄前有自序謂明代諸帝有實錄而諸臣之事不詳因撰此書自

王侯將相及士庶人方外緇黃僮僕妾伎無不備載人各爲傳蓋宋人實錄之體凡書諸臣之卒必附列本傳以紀其始末而明代實錄則廢此例故兹補修之其書郭子興諸子之死及書靖難諸臣之事皆畧無忌諱又如紀明初有通曉四書等科皆明史選舉志及明會典所未載韓文劾劉瑾事有太監徐智等數人爲之内應亦史傳所未詳頗足以資考證然各傳中多引寓圃雜記及瑣綴錄諸書皆稗官小說未可徵信又或自敘事或僅列

舊文標其書目於體裁亦乖所附李贄評語尤多妄誕不足據爲定論也

四侯傳四卷 江蘇巡撫採進本

明王士騏撰士騏有馭倭錄已著錄是編撫文成侯張良忠武侯諸葛亮武侯王猛鄴侯李泌四人行事以正史及稗官野乘相參而成蓋隱寓尚友之意也

歷代內侍考十卷 兩淮鹽政採進本

明毛一公撰一公字震卿遂安人萬歷己丑進士

官至給事中其書取古來閹寺事蹟輯爲一編自春秋及宋以時代次之各序其善惡而加以論斷大旨褒少而貶多一公天啟末蘇州巡撫一鷺之兄也一鷺黨魏忠賢事具明史其兄此書儻亦有爲而作乎

友于小傳二卷 兵部侍郎紀昀家藏本

明紀廷相撰廷相字桂石獻縣諸生是書成於萬歷甲申前有自序稱孝友皆天性而人情日薄往往知愛其親而不推其愛於兄弟故摭拾舊迹以

感發其彝良不錄帝王之事分位殊也不錄聖賢之事亦不錄奇行異節舍生蹈義之事不强以所不能也分二卷上曰循常下曰處變皆士庶人家庭細務末有其子堯卿跋稱族有鬩墻者託詞避暑借其書室日日揮汗錄此編竟愧而復睦云

明十六種小傳四卷 浙江巡撫採進本

明江盈科撰盈科字進之號綠蘿山人湖廣桃源人萬歷壬辰進士官至四川提學副使是書採輯明代軼事分四綱十六目一曰四維分忠孝廉節

四目二曰四常分慈寬明愼四目三曰四奇分隱怪機俠四目四曰四凶分奸諂貪酷四目大抵委巷之談自序曰因閲國乘摘出三百餘年新異事者妄也如方孝孺之滅族由殺蛇之報國史安有是事哉其分配諸目如薛瑄入節類于謙入廉類姚廣孝姊入隱類亦往往無義例也

毀壞封疆錄一卷 江蘇巡撫採進本

明魏應嘉撰應嘉興化人萬歷戊戌進士官至兵部左侍郎是書前有應嘉自序稱取劉方壺所臚

列未盡者具名於左皆天啟中諸臣之不附魏忠賢者也其詞狂謬之甚所列執政一人司禮太璫一人部堂五人卿寺三人翰林七人臺諫十六人部署二人書後有跋不知何人所作詆應嘉爲京卞惇確然應嘉依附奄黨代爲搏噬觀其自序殆不知世有廉耻事實京卞惇確之所不爲者也

東林點將錄一卷 江蘇巡撫採進本

明王紹徽撰紹徽陝西咸寧人萬歷戊戌進士官至吏部尚書事迹具明史閹黨傳其書以水滸傳

晁蓋宋江等一百八人天罡地煞之名分配當時縉紳今本缺所配孔明樊瑞宋萬三人蓋後人傳寫佚之卷末有跋稱甲子乙丑於毘陵見此錄傳爲鄒之麟作所列尚有沈應奎繆希雍二人與此本不同蓋其時門戸蔓延各以恩怨爲增損不足爲怪又稱許其孝陳保泰楊春茂郭鞏四人後列逆案不知何以厠名或作此書時四人尚未附忠賢耶閻若璩潛邱劄記亦有與王宏撰書曰頃問點將錄果出貴鄉王紹徽手否先生以此書實出

阮大鋮王偶失閹歡謀所以解之術於阮阮授以是書而王上之而世遂以名之細思之殊不然兒時讀點將錄記沒遮攔穆宏乃大鋮豈有自作此錄而竄入已姓名者云云則當時已傳聞異詞然崇禎欽定逆案以此錄屬之紹徽於時公論方明諒非誣衊明史本傳亦以此書屬紹徽然則輾轉傳寫雖或有竄改其造謀之人要終不能以浮詞他說解也

東林籍貫一卷　江蘇巡撫採進本

不著撰人名氏所列北直八人南直四十一人浙江十一人江西十六人湖廣二十人河南七人福建五人山東十三人山西十五人陝西十八人四川五人廣東雲南貴州各一人其北直郭鞏陝西薛貞後皆名麗逆案是又當考其究竟不當以一時之記錄爲斷矣

案此書及東林同志錄東林朋黨錄天鑒錄盜柄東林夥皆天啟中書其作者雖不可考要皆萬歷時舊人也今附諸魏應嘉王紹徽

後從其類也

東林同志錄一卷　江蘇巡撫採進本

不著撰人名氏題下註曰續點將錄所列政府韓爌以下六人詞林孫慎行以下十九人部院李三才以下五十七人卿寺顧憲成以下七十三人臺省魏大中以下七十六人部曹王象春以下四十一人藩臬郡邑顧大章以下二十六人貴郎武弁山人吳養春以下二十一人

東林朋黨錄一卷　江蘇巡撫採進本

不著撰人名氏前載趙南星等九十四人後列東林脅從顧秉謙等五十三人各繫以科分籍貫座主姓名而註以已處未處及在籍現任字考明史閹黨傳稱盧承欽餘姚人由中書舍人擢御史請以黨人姓名罪狀榜示海內魏忠賢大喜敕所司刊籍凡黨人已罪未罪者悉編名其中後承欽官至太僕寺少卿云云此書中已處字與所言已罪未罪相合其是時之官本歟

天鑒錄一卷江蘇巡撫採進本

不著撰人名氏題下註曰真心爲國不附東林橫被排斥久抑林野及泠局外轉者凡一百三人皆魏忠賢之黨也

盜柄東林夥一卷江蘇巡撫採進本

不著撰人名氏分初盛中晚四門詳列其姓名官爵而各註其罪狀詞極醜詆楊漣左光斗諸人名下已註斃獄字則此書成於天啟末年也

事編內篇八卷江蘇巡撫採進本

明孫慎行撰慎行字聞斯武進人萬歷乙未進士

官至禮部尚書謚文介事迹具明史本傳是書采史傳中名臣事蹟自公孫僑至王守仁凡十八人隱逸六人以隱寓行藏之旨附以張瑋薛寀評語慎行自序云尚有外篇雜篇檢其子士元所作凡例則但刊內篇其外篇雜篇未刊也

廉吏傳無卷數 浙江巡撫採進本

明黃汝亨撰汝亨有古奏議已著錄是書以宋費樞所作廉吏傳自春秋迄五季止百十有四人尚爲闕畧因捜採諸史五季以前增入三十三人又

考宋元二史續載六十四人各以時代爲序復以舊傳不分優劣乃定爲三等於傳首姓名之上各署上中下字以別之正編之外又有廉蠹一編所載爲郅都張湯等十八人亦有評語姓名之上則署以酷諸陋忍賊姦奴諸字體例頗爲杜撰傳末附評一二語亦皆膚淺且汝亨既因費樞舊本增輯成編自當以孰爲原書孰爲續補分别標識乃混而爲一但署已名尤不免於掠美矣

歷代名臣芳躅二卷浙江巡撫採進本

明金汝諧撰汝諧字敔宸平湖人萬歷甲辰進士是編采摭前人事蹟自周秦以迄於明分忠貞節義良吏恬退純孝友于範俗仁恕學術言行九類大抵詳於明人而略於前代挂漏已不待言且排比失倫品題多謬學術類以子貢師曠同稱殊嫌龐襍甚至以楊溥李東陽歸之節義一門溥固長者東陽亦不失文士然一則遷就於靖難革除之間一則依違於奄豎擅權之日目以節義豈足厭後世之心乎

聖學嫡派四卷（內府藏本）

明過庭訓撰。庭訓字成山，平湖人。萬歷甲辰進士，官至福建按察使，擢應天府丞，未及上而卒。其書自漢董仲舒至明羅洪先，所取纔三十六人，各畧錄其言行，皆昭昭耳目，無煩復爲表章者也。

大臣譜十六卷（直隷總督採進本）

明范景文撰。景文字夢章，一字質公，號思仁，吳橋人。萬歷癸丑進士，官至東閣大學士，殉流寇之難。

國朝

賜謚文忠事迹具明史本傳其書皆紀明代大臣內閣七卿各爲二卷起自洪武迄於泰昌皆用編年之體而不分列傳凡例稱一憑實錄不加褒貶其銓除去就國史有佚者則採傳誌補之或人非大臣而章奏事與大臣相關者亦附見焉此本世罕流傳前後無序跋而有景文二私印中多墨筆添改之處蓋即其家初印覆校之稿本也

宰相守令合宙十三卷 江蘇巡撫採進本

明吳伯與撰伯與字福生宣城人萬歷癸丑進士

官至廣東按察司副使是書序文題曰宰相守令合宙而此本十三卷乃有宰相而無守令蓋非完書矣所錄雖多採史傳而不免雜以稗官又刪節本傳往往遺其大而識其小體例殊爲冗瑣至於以李斯爲禮賢尚德而以趙高附斯傳尤爲乖舛又唐初不載裴寂劉文靜竇抗陳叔達諸人而先敘蕭瑀宋曹彬同平章事蓋沿唐五代使相之制實不預政乃列於眞宰相中亦爲失考也

毘陵人品記十卷 兩淮鹽政採進本

明吳亮撰亮字采于武進人吳中行之長子也萬歷辛丑進士官至大理寺少卿事迹附見明史中行傳是書因毛憲舊本而增修之自商迄明采摭頗富然十卷之中歷代居六而明乃居其四雖曰時近易詳亦少乖謹嚴之旨矣至於泰伯仲雍未免借材梁武子孫亦殊泛載皆未免地志之舊習也

名世編八卷 江蘇巡撫採進本

明吳亮撰初亮罷官歸田嘗輯古高隱事爲遯世

編及再起又輯此編皆不採於史傳惟𠜾劉唐順之左編李贄藏書李廷機名臣記三書而成去取絕無義例編次亦多顛倒如首列大禹乃帝王而非人臣以例推之何以刊除虞舜程嬰乃趙氏之臣魯仲連侯嬴乃平原信陵之客皆未登官籍以例推之此類何可勝收百里奚蹇叔列管仲前蘧瑗列百里奚前屈原列蘧瑗前尤瞀亂失次也

安危注四卷　兩江總督採進本

明吳甡編甡字鹿友南直隸興化人萬歷癸丑進

士官至禮部尚書兼東閣大學士事迹具明史本傳是書輯漢晉唐宋將相之事用陸賈言天下安注意相天下危注意將之語以名其書意在諷時事也

明表忠記十卷 浙江巡撫採進本

明錢士升撰士升有周易揆已著錄是書載建文死難諸臣首列二親臣次殉難次死義次死事次死戰次從亡次隱遯次後死次三不忠次正譌並附載表忠祠碑記大旨堅主建文帝出亡之說非

疑以傳疑之義也

壺天玉露四卷　浙江巡撫採進本

明錢陞撰。陞字元履，海鹽人，萬歷戊午舉人。其書亦費樞廉吏傳之流，而兼收隱逸爲例小殊。所載始於春秋，終於明之萬歷，所錄凡二百九十六人。去取踳駁，頗無義例。如解揚、申包胥當以忠論，尉遲敬德當以勇論，莊周、列禦寇當以隱論，田基當以節論，江上丈人、侯嬴當以俠論，趙括母當以識論，西門豹當以術論，概以廉稱，未當其實。又公孫宏之詐僞揚雄之失節華歆之佐逆濫與斯列亦殊混淆至舟之僑介之推合爲一事則誤從說苑嚴君平嚴遵分爲二人則不考後漢書尤疏舛之顯然者也是書以壺天玉露爲名而序文題爲壺天玉露廉鑑每卷之首亦各別標廉鑑字豈壺天玉露乃其著書之總名廉鑑乃其一種歟末又附清士一卷自醫鈌而下六十餘人各爲小傳而繫以詩卷端亦題壺天玉露字殆其中之又一種也

**浙學宗傳** 無卷數 浙江巡撫採進本

明劉鱗長撰鱗長字孟龍號乾所晉江人萬歷己未進士官至南京戸部郎中是編乃其爲浙江提學副使時所編以周汝登所輯聖學宗傳頗詳古哲畧於今儒遂采自宋訖明兩浙諸儒錄其言行排纂成帙大旨以姚江爲主而援新安以入之故首列楊時次以朱子陸九淵並列陳亮則附載於末題曰推豪别錄又以蔡懋德論學諸條及鱗長所自撰掃背圖諸篇綴於卷後懋德鱗長非浙人入之浙學已不類而自撰是書自稱劉乾所先生

與古人一例尤於理未安也

榕陰新檢八卷 兩淮鹽政採進本

明徐𤊹撰𤊹初字惟起更字興公閩縣人聚書數萬卷並手自丹黃以博洽名一時竟終於布衣明史文苑傳附見鄭善夫傳中茲編採摭古事分考行忠義貞烈仁厚高隱方技名儒神仙入門所載多閩中事大旨在表章其鄉人也

爲臣不易編 無卷數 內府藏本

明黃廷鵠撰廷鵠爵里未詳書前周延儒序稱與

廷鵠定交此編即夙昔所共討論則萬歷末人也所錄古來名臣自皐陶至文天祥凡百人各爲之傳而系以序贊

令史高山集七卷 兩江總督採進本

舊本題曰臨川令江左吳用先體中編纂不著時代核其紙板乃明萬歷中式也其書輯古賢令事蹟以寓高山景行之意爲目十七爲事三百八十有九皆不注所出之書其標目如循令廉令之類徇戚文義如自淸令薦舉令之類則拙鄙甚矣第

一卷別名令譜而隸事與諸卷例同尤不可解

晉陵先賢傳二卷浙江巡撫採進本

明歐陽東鳳編東鳳字千仞潛江人萬歷己丑進士官至常州府知府謝病歸起山西按察司副使又起南京太僕寺少卿並不赴事迹附見明史顧憲成傳是編取常州先哲寓賢自吳延陵季子訖明錢一本共六十九人採史傳郡志人各爲傳傳末各附以頌其傳於古人必詳所據之書於近人則率注其文爲某某撰以明有據體例頗謹嚴然

亦間有不注者疑爲疎漏云

明詞林人物考十二卷 浙江巡撫採進本

明王兆雲撰兆雲字元楨麻城人是編錄明一代文士起於洪武迄萬歷倣昭明文選之例其人見在者不登每人各詳其事迹與所著作凡四百二十三人又補遺四十四人共四百六十七人其敘述頗無法則如劉基一傳至二千言所記皆望氣占夢委巷流傳之事惟傳末附所著有劉誠意伯集一語並所著犂眉公集亦漏載此自小說家言

何闕文苑又凌稚隆傳稱其纂輯五車韻瑞大爲詞林諸公所鑒賞亦未免溢美矣

弇州史料三十卷左都御史張若溎家藏本

明董復表編復表字章甫華亭人是書皆採掇王世貞文集說部中有關朝野紀載者裒合成書無所考正非集非史四庫中無類可歸約畧近似姑存其目於傳記中實則古無此例也然世貞本不爲史强尊爲史實復表之意胡維霖墨池浪語稱弇州史料凡請弇州作傳志者雖中才亦得附名

未請傳志雖葢代勳名節義亦所不載後之耳食未可以此爲定案云云是又誤以爲出世貞之意非其實矣

兩浙名賢錄五十四卷外錄八卷（浙江巡撫採進本）

明徐象梅撰象梅字仲和錢塘人其書取兩浙先賢自唐虞迄明隆慶别爲二十二門又外錄元元空空二門以載釋道二家名目旣多體遂冗雜如輔弼經濟無故區分文苑儒碩過加軒輊又諸傳皆標題官爵獨道學一門稱先生而不書其官於

體例亦未畫一至所列之人本正史者十僅二三本地志者乃十至六七以鄉閭粉飾之語依據成書殆亦未盡核實矣

古今貞烈維風什四卷兩淮馬裕家藏本

明許有穀撰有穀字子仁宜興人其書大旨爲表揚貞烈而作按輿志區分各以人繫其地由古迄明每地分列傳標題列名不標題二類其標題者各題七言絕句不標題者粗舉事迹而已凡例稱詞雖淺俚意取勸揚是書長短有穀已自道之矣

忠義存褒什二卷 兩淮馬裕家藏本

明許有穀撰是書記建文殉難諸臣事蹟每一傳後繫七言絶句一首

續列女傳九卷 浙江鮑士恭家藏本

明邵正魁撰正魁字長孺休寧人是書以續劉向列女傳仍其體例分別七門惟其中節義賢明各分一子卷大抵採摭各史后妃列女傳分類彙敘間有畧益以他書者不過十之二三每傳末必引諸經爲詠嘆之詞以求肖向書之體可謂王之學

華皆在形骸之外末附汪涯所作正魁母鄭氏傳一篇尤古無此例也

逸民史二十二卷 內府藏本

明陳繼儒編繼儒有邵康節外紀已著錄是書雜採自周至元史傳郡志隱逸之士爲二十卷其末二卷以元史隱逸不詳搜取誌銘之類輯爲元史隱逸補然是書所載如張良兩龔之類皆策名登朝未嘗隱處者若吾邱衍王冕之類皆淹蹇不遇並非高逸者皆濫入之未免擇之不精也

東越文苑六卷 兩淮馬裕家藏本

明陳鳴鶴撰鳴鶴字汝翔侯官人天崇間諸生福建通志稱其早棄舉業與徐𤊹兄弟共攻聲律是編紀閩中文人行實起唐神龍迄明萬歷爲四百十一篇唐五代十五人宋元三百八十五人明百六人

姑蘇名賢小記二卷 兩淮馬裕家藏本

明文震孟撰震孟字文起長洲人天啟壬戌進士第一官至東閣大學士謚文肅事迹具明史本傳

是書大意以當世目吳人爲輕柔浮靡而不知清修苦節之士可爲矜式者不少故擇長洲吳縣人物卓絕者各爲之傳而系以贊首高啟終王敬臣凡五十人葢既以表前賢又以勵後進也震孟以天啟二年及第而是書成於萬歷甲寅葢其未遇時命意已如此其立朝清介有自來矣

崇禎閣臣行畧一卷 浙江巡撫採進本

明陳盟撰盟號鶴灘富順人天啟壬戌進士官至吏部右侍郎兼翰林院學士加禮部尚書是編首

列崇禎一朝五十閣臣年表次各爲小傳據其載及姜瓖叛逆李建泰伏誅之事則其書當成於桂王未滅時也所列小傳各有評斷而大抵深致憾於門戶夫明以門戶亡國其憾之是也然稱溫體仁小心謹慤兢兢自持旣與門戶不協眈眈伺隙遂絕私交謝情面稱薛國觀之賜死士論寃之稱李建泰以人望薦舉督師無一貶詞顚倒是非至於如是其襃貶尚可信乎亦仍一門戶而已矣

王謝世家三十卷江蘇巡撫採進本

明韓昌箕撰昌箕字仲弓烏程人是書成於天啟壬戌考南朝王謝二家人物各爲之傳冠以譜系圖及同名考王氏分四派一曰瑯琊凡十四卷二曰太原正派凡四卷三曰太原支派凡二卷四曰太原別派凡二卷謝氏則惟陽夏一派皆止於六朝唐以後不預焉

名臣志鈔二十四卷 浙江巡撫採進本

明吳孝章撰孝章字平子嘉興人是書前有天啟癸亥吳中偉序謂其鈔鄭曉吾學編王世貞四部

稿而稍節之然如孫一元傳乃殷雲霄所作則亦不全據鄭王矣所錄始於洪武迄於隆慶凡一百五十三人卷中有自爲贊詞者如李善長傳末是也有襲弇州史稿者如湯和傳末是也然若劉基與李善長同卷而贊詞獨不及於劉馮勝傅友德藍玉同卷而贊詞獨不及於馮藍則未知命意之所存其所載事實頗爲缺畧而徐達傳之附增壽李文忠傳之附景隆此自史家備詳世系之體若惟志名臣烏容及此至于謙傳之附石亨益無理

矣中偉序全仿史記自序漢書敘傳之例行以韻語殊乖體裁謂之不善學步可也

歷代相業軍功考二卷明代相業軍功考二卷浙江巡撫採進本

明沈夢熊撰夢熊字兆揚歸安人是書成於天啟癸亥所錄歷代相業自伊尹至陸秀夫四十七人軍功自呂望至孟珙五十人明代相業自楊士奇至申時行十三人軍功自徐達至王崇古三十人所載事實大抵節錄史文別無考證評語亦皆陳

因之談

銀鹿春秋一卷 浙江巡撫採進本

明陸嘉穎撰嘉穎字子垂又字明吾嘉定人天啟中嘗官主簿是編輯古來義僕事迹其以銀鹿爲名者銀鹿爲唐顏峴家僮事顏眞卿終身至禍患不避去故也然奴不負主古來不止一銀鹿銀鹿亦不必爲義僕第一取以立名不甚可解殆以二字新穎故採爲標目殊無理也所列自欒布以下凡七人女奴十一人頗多漏畧如蕭穎士僕人人

耳熟之事而遺之不載則無論他僻事也其中有嘉頴裔孫鑽續補一十六條然雜列其間不可分別尤無義例所載史後漢劉武卽嘉頴家僕徐永淸卽鑽家僕事皆不足傳而躋之古人之列亦不倫甚矣

孝友傳二十四卷江蘇巡撫採進本

明郭凝之撰凝之字正中海寧人天啟甲子舉人官至兗東兵備副使是書採摭商至元末孝義事迹按代編次然體例猥雜如君陳絕無事迹以成

王孝友一言列之猶有說也顏子並不專以孝稱而亦虛載其名晉文公對秦使乃舅犯之謀而亦浪標厥目至論語問孝四人以子夏爲主子游附傳已屬妄分賓主孟懿子孟武伯亦與子游同附則不知二人之孝以何爲據矣

明孝友傳八卷　浙江巡撫採進本

明郭凝之撰此書採摭明代之事以續所作孝友傳上自士大夫下迄沙彌乞丐人各爲傳共四百二十九人

遜國忠記十八卷 浙江巡撫採進本

明周鑣撰鑣字仲馭金壇人崇禎戊辰進士官至刑部員外郎福王時爲馬士英阮大鋮所殺事迹附見明史姜曰廣傳是書統載建文死事諸臣而以職官分類體例小殊然篤信從亡之事於諸臣名姓備錄無遺又如錢士升表忠記載建文潛出西華門沿河得空舟而此載舟子夢高皇帝命艤舟以待更神其説矣

古今宗藩懿行考十卷 內府藏本

舊本題曰潞王編不著其名按明史諸王年表穆宗隆慶五年封第四子翊鏐爲潞王萬歷四十六年翊鏐庶子常淓襲封此書成於崇禎九年則當爲常淓所輯也所采皆歷代宗臣之賢者自周迄明凡百餘人各著事迹梗概加以評論中間如劉歆依附王莽傾覆宗邦而得與其數殊乖衮鉞之公又曹彰司馬孚等雖非無可節取而儼然與周名並列亦儗不於倫矣

明經濟名臣傳四卷江西巡撫採進本

明賀中男撰中男永新人是編載明代名臣自洪武迄萬歷之季凡文臣五十五人武臣二十一人據其子善來所述凡例稱爲未竟之本其挂漏猶爲有說至於李東陽之固位取容張孚敬桂萼之希旨求媚其經濟安在而濫列於名臣不亦傎乎

宗聖譜十四卷 江蘇巡撫採進本

明鄒泉撰泉字子靜常熟人是書分八目曰孔聖譜曰四配譜曰十哲譜曰羣賢譜曰理學譜曰經儒譜曰史氏譜曰著作譜葢欲合儒林道學源流

本末彙爲一書以便檢閱而體例叢脞編次多乖如經儒譜內書傳列伏生歐陽夏侯不列孔安國而別列安國於儒拾遺之內史氏譜內列李燾續通鑑長編不列司馬光資治通鑑而別列通鑑於史拾遺之內進退失倫絕無義理其著作譜雜錄書名皆取材於經籍考中又十不存一蓋隨意抄撮之本也

辨隱錄四卷浙江汪啟淑家藏本

明趙鳳翀撰鳳翀字文舉爵里未詳自序稱十載

爲郎一麾出守葢官至知府也此書爲歸田後所作列古人之隱居者分龍隱高隱知隱神隱石隱癡隱仕隱七門强生分别殊無義例高隱列張翰殆忘其屈節蔡京石隱列郭璞殆忘其見戮王敦癡隱以屈原雪菴和尚與焦光朱桃椎連名仕隱以胡廣譙周馮道與柳下惠同傳皆幾於黑白不分至李泌入龍隱張良又入神隱莊周入高隱列禦寇又入知隱亦不知其何以分優劣也

陸氏世史鈔六卷 浙江巡撫採進本

明陸濬源撰濬源平湖人自稱陸贄二十九世孫是書采陸氏名見正史者自漢迄元得一百二十人各錄其本傳冠為一編亦自誦清芬之意然氏族源流最為叢雜唐人世傳譜牒以門第相高而白居易自述姓源且不免以蹇叔之子指為出自芊勝況自宋以來此學不講支分派別尤莫能稽濬源是書既首列唐書世系表明吳郡之陸出自田齊為媯姓之後又引王應麟姓氏急就篇註謂出自陸終又引陳留風俗傳謂出自陸渾之國是

本原先已傳疑又稱唐陸鴻漸姓由卜筮北魏步陸孤氏亦複姓省文是末派尤難考信乃取上下數千年中陸姓之人不問異同聯爲一譜然則尼山殿後可與孔圉稱宗懿仲齊卿可與國僑合族此亦千古譜牒之通病矣

衡門晤語六卷兩江總督採進本

明潘京南撰京南自號壽櫟生新都人是編摘錄古今隱逸閒適之事分前後續别四集前集廣成子而下七十五人自上古逮魏後集孫登而下七

十五人自晉逮元續集伯成子高而下百五十人別集則摭其議論及所作詩賦亦皇甫謐高士傳之支流其日晤語則千載一堂之意云爾

楚寶四十五卷 湖南巡撫採進本

明周聖楷撰聖楷字伯孔湘潭人是書編錄楚中人物名勝分二十五門曰大臣曰名臣曰大將曰智謀曰諫諍曰文苑曰良史曰命使曰典故曰眞儒曰諸子曰孝友曰忠義曰獨行曰眞隱曰列女曰方伎曰異人曰宦績曰遷寓曰山水曰名祀曰

列仙曰名釋曰祖燈悉錄史志原文亦間有考證前有總論四條一曰定區域以尊王二曰別人物以徵傳三曰約論註以歸雅四曰考遺牘以缺疑高世泰序稱其人物十九名勝十一古文十九今文十一大致以人物爲主而稍以山水古蹟附之旣非傳記又非輿圖在地志之中別爲一例姑從其多者爲主附之傳記類焉

道南錄五卷　江蘇巡撫採進本

不著撰人名氏亦無序跋道南書院在福州疑閩

人所爲也其書節錄明道程子楊時羅從彥李侗朱子言行末附祠祀始末道者公器傳道者亦統爲天下萬世之計不僅求爲一鄉一邑之榮况五大儒事蹟著述照耀古今亦不復藉此以顯是特夸耀桑梓非爲表章道學也所見亦云小矣

國殤紀畧一卷　浙江巡撫採進本

不著撰人名氏以書中所自敘考之葢郭姓湘鄉人前明崇禎丙子舉人也是編紀明末楚中死節之士前爲何騰蛟堵允錫章曠傅作霖四人遺事

各係以詩蓋用靖康小雅之體後附周充張世英
王士璞何應瑞李有斐五人小傳允錫以病卒於
軍不得援死綏之義士璞爲其弟士琳所搆死於
囹圄亦非充等四人死於張獻忠者比未免爲例
不純也

欽定四庫全書總目卷六十三

史部十九

傳記類存目五

崇禎五十宰相傳一卷浙江巡撫採進本

國朝曹溶撰溶字潔躬號秋嶽秀水人前明崇禎丁丑進士官監察御史入

國朝官至戸部侍郎出爲廣東布政使左遷山西陽和道此傳皆崇禎時入閣諸臣事迹凡六篇前有年表一篇明代自胡惟庸以後不立丞相然自後

入閣辦事者亦相沿以相國呼之此書題曰宰相從俗稱也崇禎十六年閒輔臣至五十八人其行事皆見於明史說者謂其輕進易退不收實用溶篇末總論獨謂其私心朋比門戶相承邪正雖殊植黨則一斯誠探本之說矣傳雖分列五十八人而所錄事實皆取賢否懸殊關係治亂之大者其成基命以下十四人但叙官閥黃立極以下四人亦極簡畧蓋以爲無關勸戒不足書也溶門人陶越乃取陳盟所作崇禎內閣行畧補之非溶意矣此書

檇李詩系作崇禎五十輔臣傳五卷其實爲傳六篇加以年表一篇非五卷也

五十輔臣編年錄殘本一卷浙江吳玉墀家藏本

不著撰人名氏板心有檇李曹氏倦圃藏書字蓋曹溶家舊本疑溶常作崇禎五十輔臣傳此其稿本之一册爾始於天啓七年八月中間惟崇禎元年一月差詳崇禎二年則惟韓爌調停沈維炳薛國觀申救任贊一事而卷尾題曰五十輔臣編年錄殆不可曉書中文理斷續率不可讀繕寫惡劣

亦幾不成字

歷代循良錄一卷 山東巡撫採進本

國朝孫蕙撰蕙字樹百號泰巖又號笠山淄川人順治辛丑進士官至給事中是書彙歷代循良事蹟惟載縣令而不及他官其意謂令與民最近也自秦漢以迄近代僅盈一卷去取可謂謹嚴然掛漏亦所不免

古人幾部六卷 兩江總督採進本

國朝陳允衡撰允衡字伯璣南昌人是書所錄皆明

哲保身之士與急流勇退之人允衡自序云平湖陸叔度著古人幾部始管夷吾終史天澤凡八十一人古之成大功定大策者咸在焉而其人亦有功成而身死名立而毀至者定是不變無以語權因更集古人顏曰幾部然其書首載堯舜以堯之傳舜舜之逃象皆目爲知幾亦淺之乎窺聖人矣豈姑以寓防患之意不規規於品題之當否耶

歷代黨鑑五卷 浙江汪啟淑家藏本

國朝徐賓撰賓字用王常熟人是書蓋因明季朋黨

之禍爰採輯史傳作爲此書上自東漢黨錮次及魏之曹爽晉之賈充唐之王伾王叔文牛僧孺李德裕宋之洛蜀朔三黨元祐黨籍慶元僞學以及明之東林魏黨靡不詳載又採各家論朋黨之語附之於後而以范祖禹唐鑑終焉卷首冠以東林黨籍論三篇亦寅所自作也

孔庭神在錄八卷 江蘇巡撫採進本

國朝胡時忠撰時忠原名時亨字慎三無錫人崇禎丙子舉人是錄以祀典爲主故先列位次而於聖

賢諸儒各爲著録其第八卷則考證辨論之詞凡十五篇

畿輔人物志二十卷浙江吳玉墀家藏本

國朝孫承澤撰承澤有尚書集解已著録是編專志有明一代畿輔人物然如李東陽之類究涉假借不出地志之積習又如成基命無所瑕疵亦實無所樹立承澤以其子克鞏方官大學士而盛相推重則亦非盡信史矣

四朝人物畧六卷副都御史黄登賢家藏本

國朝孫承澤撰自漢至唐宋爲五卷全襲名臣錄之文明一代總爲　卷皆用劉孟雷所爲翊運碩輔名卿正學等傳爲之蓋承澤所長在於習掌故精賞鑒故所撰春明夢餘錄庚子銷夏記諸書皆考證詳明而史筆敘述則非其專門也

益智錄二十卷 副都御史黃登賢家藏本

國朝孫承澤撰起周迄明凡聖賢名人言行可錄者銓次爲二十卷而載明人事居三之一間有敘事之後附以論斷者承澤崇禎庚午鄉試出姚希孟

之門辛未會試出何如寵之門故其附東林也甚力是書爲萬歷天啟間諸人傳尤詳然承澤門戶深固大抵以異同爲愛憎以愛憎爲是非不必盡協於公道也

顧氏譜系攷一卷 兩江總督採進本

國朝顧炎武撰炎武有左傳杜解補正已著錄是書於顧氏世系攷據最詳然姓氏之書最爲叢雜自唐以後譜學失傳掇拾殘文未必源流盡合姑存其說可也

檇李往哲續編一卷 浙江巡撫採進本

國朝項玉筍撰玉筍字和父秀水人是書續戚元佐之傳而作補萬歷以前元佐所未載者又益以天啓崇禎兩朝凡十二人而以孝子魏學洢附於其父大中傳每傳各系以論與元佐例小異

金華徵獻畧二十卷 浙江巡撫採進本

國朝王崇炳撰崇炳字虎文東陽人嘗於蘭溪唐氏輯其郡人著述爲金華文畧此則所採金華先賢事蹟也分十有一類曰孝友曰忠義曰儒學曰名

臣曰文學曰政績曰卓行曰貞烈曰仙釋曰方技曰來宦曰遊寓自元以前則本之史傳及吳師道敬鄉錄宋濂人物志自明以後則更蒐採諸書以補之然鄉曲之私所錄不免氾濫其序例謂事迹或無可稱而列之名臣者乃序爵之義不知鄉閭耆碩原不當以祿秩爲重輕若槩加採錄則是公卿表而非耆舊傳矣

聖學知統錄二卷 直隸總督採進本

國朝魏裔介撰裔介有孝經注義已著錄是錄凡載

伏羲神農黃帝堯舜禹皋陶湯伊尹萊朱文王太公望散宜生周公孔子顏子曾子子思孟子周子二程子張子朱子許衡薛瑄二十六人博徵經史各爲紀傳復引諸儒之說附於各條之下而裒以已說其自序謂見知聞知之統具載於此然惟聖知聖惟賢知賢惟接道統之傳者能知道統之所傳孟子末章惟孟子能言之耳奈何遽以自任乎

聖學知統翼錄二卷 直隸總督採進本

國朝魏裔介撰裔介既作知統錄復作此錄以翼之

自序謂以之羽翼聖道鼓吹六經亦猶淮泗之歸於江海黿鼉之儕於岱宗也凡錄伯夷柳下惠董仲舒韓愈胡瑗邵雍楊時胡安國羅從彥李侗呂祖謙眞德秀趙俊金履祥劉因曹端胡居仁羅倫蔡淸羅欽順顧憲成高攀龍二十二人其去取之故亦莫得而詳焉

希賢錄五卷直隷總督採進本

國朝朱顯祖撰顯祖號雪鴻江都人順治丙戌副榜貢生其書載自周至明諸儒言行各繫以論斷其

意蓋欲仿伊洛淵源錄然去取多不可解退邵子司馬光於朱子後升張栻呂祖謙於范仲淹前未免輕於予奪其列明儒以薛曹邱胡爲冠配宋之周張程朱邱者邱濬也斯則更屬異聞矣

洛學編四卷　浙江巡撫採進本

國朝湯斌撰斌字孔伯號潛菴睢州人順治己丑進士官至工部尚書諡文正是書述中州學派分爲二編首列漢杜子春鄭衆服虔唐韓愈宋穆修謂之前編次列二程子以下十三人附錄二人

元許衡以下三人附錄一人明薛瑄以下二十八人附錄七人謂之正編各評其學問行誼葢雖以宋儒爲主而不廢漢唐儒者之所長後耿介作中州道學編乃舉唐以前人悉删之則純乎門戸之私所見又與斌異矣

續表忠記八卷 副都御史黄登賢家藏本

國朝趙吉士撰吉士字恒夫號漸岸又號寄園休寧人順治辛卯舉人官至戸科給事中是書記明萬歷以後忠義之士以明錢士升有表忠記記遜國

諸臣故此以續爲名所載凡一百二十三人然前所載皆死魏忠賢之禍者後所載皆明末殉節者而參雜以葉向高顧憲成趙南星鄒元標馮從吾諸傳體例不純蓋其時去明未遠猶存標榜之風不知諸人致命遂志取義成仁其事自足千古正不必牽附東林而後足以爲重也

天中景行集　無卷數　江蘇周厚堉家藏本

國朝邵燈撰燈字無盡一字薪傳常熟人順治壬辰進士官至河南河道是編乃燈康熙九年奉檄防

河因取中州名宦鄉賢上自春秋下訖宋元彙爲一編或全錄本傳或摘抄數事無所考證亦無所臧否

中州道學編二卷補編一卷（浙江巡撫採進本）

國朝耿介編介字介石號逸菴登封人初名冲璧讀北山移文至耿介拔俗之句遂更今名順治壬辰進士官至直隸大名道後以湯斌薦授詹事府少詹事是編專載中州道學自宋二程子至

國朝陳鎔等五十七八人各有傳傳後或附語錄及

所著書末附補編一卷乃乾隆庚午登封知縣晉江施奕簪所編兼收漢杜子春以下傳經諸儒介亦與焉然介於漢儒宋儒門戶判如氷炭韓愈諸人乃所特黜非其偶漏奕簪不自爲一書而附之介書之後非其志也

古懽錄八卷 江西巡撫採進本

國朝王士禛撰士禛字貽上號阮亭又自號漁洋山人山東新城人順治乙未進士官至刑部尚書謚文簡士禛原名下一字與

世宗憲皇帝廟諱袑同故傳刻其書者皆改爲士正乾隆

丁酉奉

諭旨追賜今名是編皆述上古至明林泉樂志之人蓋

皇甫謐高士傳之意其自序稱取古詩良人惟古

懽句爲名案此句見文選古詩第十六首李善注

曰良人念昔之歡愛則所謂良人者乃棄妻指其

故夫所謂惟者思維也古者舊時也歡者夫婦之

私昵也不識士禎何據乃以爲高隱之目無乃解

爲與古爲徒之意耶果若是則誤之甚矣

大成通志十八卷　陝西巡撫採進本

國朝楊慶撰慶有古韻叶音已著錄是書成於康熙己酉摭拾歷代制度不盡闕於孔庭其年表世家列傳大抵剽掇舊文第十七卷爲理齋說要第十八卷爲理齋節要乃慶講學之書而綴於聖賢之後總名曰大成通志似亦未安也

續高士傳五卷　浙江鮑士恭家藏本

國朝高兆撰兆字雲客侯官人王晫今世說曰高雲客少遭喪亂自江左還舊鄉布衣蔬食塊處蓬室

中宋摭隱逸輯爲續高士傳鑒别精嚴論者謂其才識不讓士安即此編也據卷首陶澂序稱其始晉皇甫士安斷於有明之穆廟中間千餘年共得一百四十三人徵顯闡幽循名責實起辛丑八月至壬寅二月始告成蓋創稿於順治十八年蕆事於康熙元年也其去取頗不苟故陳日浴序稱其凡名入仕籍後挂冠者黜迷溺於老佛之學者黜然宋种放隱節不終反登簡牘元褚伯秀實道士所註莊子義海纂微今尚著録也

理學備考三十四卷江西巡撫採進本

國朝范鄗鼎撰鄗鼎字彪西洪洞人康熙丁未進士以養親不仕終於家是編備列有明一代講學諸儒初刻於康熙辛酉卷一至卷六摭取辛全理學名臣錄卷七至卷十摭取孫奇逢理學宗傳十一卷至十六卷乃鄗鼎所續補也續刻於己巳再續刻於甲戌十七十八卷摭取熊賜履學統十九卷至二十九卷摭取張夏雒閩淵源錄三十卷至三十四卷摭取黃宗羲明儒學案計所自作者僅六

卷而已其說不出於一家其文不出於一手宜其
體例之參差矣

勝朝彤史拾遺記六卷浙江巡撫採進本

國朝毛奇齡撰奇齡有仲氏易已著錄是書皆明一代后妃列傳自稱初得其父所藏宮闈紀聞一卷載事不確文不雅馴後預修明史分撰天順成化宏治正德四朝后妃傳因搜考史宬闕畧特甚乃仍取外史所記與實錄參修而掇其賸稿合之宮闈紀聞撰爲此書凡六十五傳其中如鄭金蓮王

滿堂於史例不得立傳崇禎末宮人費氏青霞女子等於史例當別入列女傳即是書以拾遺爲名不得拘以史例亦應隨事附錄不得自爲一傳雜於后妃中也其叙述則頗有法然大端已采入正史此無庸複錄矣

留溪外傳十八卷 江蘇周厚堉家藏本

國朝陳鼎撰鼎有東林列傳已著錄是書凡分十三部曰忠義曰孝友曰理學曰隱逸曰廉能曰義俠曰遊藝曰苦節曰節烈曰貞孝曰閫德曰神仙曰

緇流所紀皆明末

國初之事其間畸節卓行頗足以闡揚幽隱然其事蹟由於徵送觀卷首徵事啟末附載二行云凡有事實可寄至江寧承恩寺前刻匠蔡舟敬家或揚州新盛街岱寶樓書坊轉付云云則仍然徵選詩文標榜聲氣之風未可據爲實錄如張潮諸人生而立傳殊非蓋棺論定之義其間怪異諸事尤近於小說家言不足道也

明儒林錄十九卷 兩淮鹽政採進本

國朝張恒撰恒字北山松江人朱彝尊之中表也而彝尊志在稽古恒則志在講學所見頗歧是集紀明代兩浙諸儒言行所載未爲詳備附宋語錄之類亦過於繁冗

雒閩源流錄十九卷江蘇巡撫採進本

國朝張夏撰夏有楊文靖年譜補遺已著錄是書取有明一代講學之儒分別其門戶成於康熙壬戌大指闡雒閩之緒而力闢新會餘姚之說自一卷至十三卷列爲雒閩之學者正宗十六人羽翼二

十九人儒林一百九十二人併合傳附傳者共二百五十餘人十四卷爲新會之學十五卷爲餘姚之學所列羽翼八人儒林三十九人而正宗則缺十八十九二卷謂之補編所列僅儒林五十八人併羽翼之名亦不予之矣自明以來講學者釀爲朋黨百計相傾王守仁作朱子晚年定論程敏政作道一編欲援朱子以附陸氏論者譏其舞文張烈作王學質疑熊賜履作閑道錄又詆斥陸王幾不使居於人類論者亦譏其好勝雖各以衛道爲

名而本意所在天下得而窺之也夏此書以程朱之派爲主而於陸氏之派亦節取所長以示不存門戶之見用意較爲深密然卷首稱明太祖以理學開國諛頌幾四五百言以爲直接堯舜禹湯文武之統殊非篤論亦非事實其凡例稱人品自人品學術自學術如趙南星楊漣繆昌期李應昇諸人可謂之忠臣不可列之於儒林立說尤僻豈程朱之傳惟教人作語錄乎

錫山宦賢考畧三卷 江蘇周厚堉家藏本

國朝張夏胡永禔同撰永禔字鴻儀與夏同里是編取無錫名宦鄉賢二祠及崇正書院所祀諸先儒起宋訖明皆詳其仕履撮其事實彚爲一編上卷名宦中卷崇正諸儒下卷鄉賢書成於康熙甲子在雒閩源流錄後二年

吳越順存集三卷外集一卷兩淮鹽政採進本

國朝吳允嘉撰允嘉字志上錢塘人是書輯吳越錢氏誥冊逸事併詳攷其子孫之以文學仕宦顯者薈萃成書蓋允嘉本錢姓吳越王之裔也

道南正學編三卷 浙江巡撫採進本

國朝錢肅潤撰肅潤有尙書體要已著錄是書成於康熙辛未所錄皆從祀東林書院諸人自序謂不拘世代不敘年數不論地位不限科目率以入祠之先後爲次第故元人列明人後焉其末以國朝孫承澤王崇簡二人終承澤傳首曰崇禎辛未進士官至吏部侍郎使不知承澤始末者不將以爲明之吏部侍郎乎

又尙集二卷 江西巡撫採進本

國朝何屬乾撰屬乾字不息江西廣昌人由副榜貢生官永新縣訓導是書纂輯永新名宦鄉賢事蹟以已入祀典者各撰小傳自三國分疆迄國朝康熙中分爲上下二卷其傳末論斷多附見軼事與傳意不相重複頗得史記遺意云

聖宗集要八卷兩江總督採進本

國朝費緯禕撰緯禕字約齋鄞縣人是書上溯皇古下迄有明凡大聖大賢及講學之儒輯爲一編取大宗之義故以聖宗爲名然如穆修傳後盛推陳

搏躋之於儒宗謂伏羲神農黃帝皆一二百歲顓頊舜禹皆百餘歲伊尹百歲文武九十餘歲可以識修煉之道在於凝道淡泊栖志和平時動靜以固元神宣慈惠以培陰德清心寡慾以培養天年又謂道家者流施之於治則結繩之治可復云云古來有此道學乎

卓行錄四卷 浙江巡撫採進本

國朝黃容撰容字叙九吳江人是書成於康熙庚辰所錄多明末

國初之事後有自序稱集中體例主於表彰潛德蒐輯逸事其事迹赫赫在天壤他書具載者反不多錄然而孫承宗之死節史籍彰彰似不在潛德之列而龔佩潛女一條云九龍龔佩潛以進士遇國難投秦淮以死有才女能詩云云此在佩潛爲卓行其女能詩未爲卓行也

荆門耆舊紀畧三卷列女紀畧一卷浙江巡撫採進本

國朝胡作柄撰作柄荆門人荆門舊有志明季兵燹散佚無存作柄於康熙戊戌己亥間初爲耆舊一

編志其鄉之人物續又以宋以來列女別爲一編附焉兩編皆自爲之序其於老萊子後次以黃歇但曰爲李園所制不著所終歇之怙權盜國果可列鄉賢俎豆間乎其論宋王大用死難一條據土人祠廟以辨宋史記其降元之誣固善善從長之義然無徵不信也

學統五十六卷湖北巡撫採進本

國朝熊賜履撰賜履字敬修孝感人康熙戊戌進士官至大學士是書以孔子顏子曾子子思孟子周

子二程子朱子九人爲正統以閔子以下至明羅欽順二十三人爲翼統以冉伯牛以下至明高攀龍一百七十八人爲附統以荀卿以下至王守仁七人爲襍統以老莊楊墨告子及二氏之流爲異統夫尚論古人辨其行事之醇疵立言之得失俾後人知所法戒足矣必錙錙銖銖較其品第而甲乙之未免與班固古今人表同一悠謬况薛瑄胡居仁羅欽順俱尊之稱字稱先生而伯牛子路諸賢乃皆畀之而書名軒輊之間不知何所確據又

荀况揚雄王通蘇軾均以襍統而稱子陸九淵陳獻章王守仁又以襍統而書字褒貶之間亦自亂其例也

道統錄二卷附錄一卷江蘇巡撫採進本

國朝張伯行撰伯行字孝先儀封人康熙乙丑進士官至禮部尚書謚清恪是書自序謂曩於故書肆中購得道統傳一帙乃仇熙所著因更爲增輯上卷載伏羲神農黃帝堯舜禹湯文武周公孔子及顏曾思孟下卷載周程張朱其附錄中則載皐稷

契益伊尹萊朱傅說太公召公散宜生及楊時羅從彥李侗謝良佐尹焞人各一傳述其言行而以總論冠於卷端

道南源委六卷河南巡撫採進本

國朝張伯行編是編本明朱衡道南源委錄舊本重加考訂首卷自楊時至江杞三十六人次卷自羅從彥至陳紹叔八十一人三卷自朱子至陳總龜八十八人四卷自李東至劉季裴九十六人外附朱子弟子張顯甫等十九人又著述可考者李琪等

五十九人五五卷自歐陽佖至黃三陽五十九人六卷自林希元至李逢基四十五人復以張書紳等五十一人有著述者類附焉

伊洛淵源續錄二十卷 兩江總督採進本

國朝張伯行撰是編因明謝鐸伊洛淵源續錄採輯未備薛應旂考亭淵源錄去取未嚴因重爲考訂以補正二家之闕失然書甫出而譚旭謀道續編又反覆千百言糾其漏胡寅眞德秀矣講學如聚訟亶其然乎有朱子之學識而後可定程子門人

之得失此中進退恐非後學所易言也

嘉禾徵獻錄四十六卷兩淮馬裕家藏本

國朝盛楓撰楓字丹山秀水人是書所紀皆明一代嘉興人物冠以妃主一卷後以職官分紀凡京朝官二十二卷外吏十八卷世職及死事諸將三卷附以儒學一卷文苑一卷其子孫不能自爲傳者則以史例附其祖父之下若無事蹟顯著者則備列其官階遷除而止若人非善類如施鳳來之附魏忠賢吳昌時之黨周延儒者則僅於目中列其

名而特闕其傳以示戒如史仲彬之類亦間附以辨證其卜大同傳末又附洪武三年給頒戶帖一道以資考訂敘述頗爲詳贍惟其錄名徵獻而首冠以妃主殊乖義例又如趙文華傳盛稱其平倭功績又於其家祖父各爲立傳盛加推挹亦不免鄉曲之私也

人瑞錄一卷 衍聖公孔昭煥家藏本

國朝孔尚任撰尚任號東塘又號云亭山人曲阜人官至戶部郎中是書記康熙二十七年天下奏報

壽民自七十歲至百歲以上者統三十七萬有奇以著太平生息之盛

修史試筆二卷　江西巡撫採進本

國朝藍鼎元撰鼎元有平臺紀畧已著錄是編凡爲傳三十六篇起唐房杜終五代王朴各綴以論前有雍正戊申衡山曠敏本序謂鼎元欲修宋史而以此試筆先叙有唐名臣擇其忠節經濟之炳著者列爲傳云

道學淵源錄一卷　直隸總督採進本

國朝王植撰。植有四書參註，已著錄。是書取從祀孔廟先賢先儒，條其事狀官爵，並攷其從祀世代。大約襲闕里志諸書爲之。前有自序，於朱陸流派爭之甚力。

節婦傳十五卷（江西巡撫採進本）

國朝楊錫紱撰。錫紱字方來，清江人。雍正丁未進士，官至漕運總督，謚勤愨。是編蒐采近時節烈事迹，各爲小傳。惟據其耳目所及，故未能賅備。又每得一人卽爲續刊，故印行之本卷帙多寡往往不同

云

黌祀紀蹟十卷福建巡撫採進本

國朝康偉然撰偉然字中江漳州人由拔貢生官羅源縣教諭遷興化府教授是編取文廟崇祀先聖先賢各爲譜傳後附以春秋祀典禮樂器圖自明以來輯聖門事迹者最多此書成於雍正五年正值釐正祀典之後故所載位次一一遵本朝定制校他本爲有體例然所輯事畧實不出諸書之外未能有所考訂也

關學編五卷 江蘇巡撫採進本

國朝王心敬撰心敬有豐川易說已著錄初明馮從吾作關學編心敬病其未備乃採摭諸書補其闕畧成此書從吾原編始於孔門弟子秦祖終於明代王之士心敬所續輯者於秦祖之前增伏羲泰伯仲雍文王武王周公六人於漢增董仲舒楊震二人明代則增從吾至單允昌凡六人又附以周傳誦党還醇白希彩劉波王侶諸人

國朝惟李顒一人則心敬之師也明世關西講學其

初皆本於薛瑄王恕又别立一宗學者稱爲三原支派大抵壘守主敬窮理之説而崇尙氣節不爲空談黄宗羲所謂風土之厚而加之以學問者從吾所紀梗槩已具心敬所廣推本羲皇以下諸帝王未免溯源太遠又董仲舒本廣川人心敬以其卒葬皆在關中因引入之亦未免郡縣志書牽合附會之習也

蜀碧四卷江西巡撫採進本

國朝彭遵泗撰遵泗字磬泉丹稜人乾隆丁巳進士

官翰林院編修是書紀蜀亂始末及一時死節士女其曰蜀碧者取萇宏之血三年化碧意也起明崇禎元年戊辰至我朝康熙二年癸卯末有附記及楊展劉道貞鐵脚板余飛等傳其書大旨以沈雲祚稱獻逆殘蜀由風俗之惡故爲此書備書死難者姓名以雪斯恥而體例冗襍如載桐城二老事與蜀事無關又如賊夢梓潼神以宗弟紅柬來謁諸事亦太涉神怪也

閩學志畧十七卷 福建巡撫採進本

國朝李清馥撰清馥有閩中理學淵源考已著錄是編取自唐迄明閩中之有關講學者人各系傳以志其畧蓋仿湯斌洛學編之例大旨以朱子爲宗朱子以後傳其教者皆錄之朱子以前則自歐陽詹以後亦仿斌例爲前編然隱逸之流似不在講學之例收之稍濫且唐宋元共八卷而明一代至九卷其時代先後亦多棼淆不及其閩中理學淵源考也

**太學典祀彙考十四卷** 直隸總督採進本

國朝張璿撰璿字玉衡宛平人官國子監典簿是書自孔子而下四配十哲以及先賢先儒凡祀於太學者悉裒其言行各爲之傳然意在務博多失詳考如子夏易傳子貢詩傳皆後人僞作而引作事實槩無辨正又歷代祀典如金石錄所載後魏太和元年立孔子廟延興四年太上皇帝祭孔子文之類皆佚不錄元設管勾一官見元文類歐陽元序準此書附註百石史卒碑例亦所當收是又不免於疏漏也

循良前傳約編四卷 江蘇巡撫採進本

國朝張先嶽撰先嶽字北拱晉江人是書一名歷代名吏錄採諸史循吏傳各以時代先後編次亦有旁取於他書者然爲數無幾也其所論斷亦罕新裁

學宫輯畧六卷 河南巡撫採進本

國朝余丙撰丙字敬墀禹州人是書於先師孔子及從祀先賢先儒俱攷其事蹟及世系里居編次成帙其祀於崇聖祠者皆併錄其言行其攷祀於鄉

者自鄭衆以下三人罷祀者公伯寮以下十三人亦皆附入焉間加案語以志從祀進退歲月叙述頗爲簡畧

吉州人文紀畧二十六卷江蘇巡撫採進本

國朝郭景昌編景昌字旭瑞奉天人是書仿莆陽文獻志之例取吉安人物各爲之傳又以諸人撰著分類編次故統名曰人文列傳凡爲十三類曰理學名臣曰忠節名臣曰經濟名臣曰文學名臣曰內閣輔臣曰才力曰孝義曰死事曰清正曰儒行

曰隱逸曰科名曰列女撰著凡爲十九類曰詔曰冊曰制曰策曰表曰狀曰疏曰議曰論曰序曰記曰檄曰書曰跋曰傳曰贊曰墓誌銘墓表曰祭文曰歌賦頌說襍著

孝史十卷 兩江總督採進本

國朝錢尚衡撰尚衡字雲林烏程人是書編次古人孝行上自唐虞下迄明季以朝代先後爲次其所採錄本之正史及一統志爲多其子鳳文復蒐訪稗官小說續補成編各傳之後亦或附以論斷其

自序謂割股刲肝臥冰埋兒之類雖於不敢毁傷之義有乖然愚孝之人忘身事親又不忍使之泯没是尚屬原情之論善善從長至於建德農人以踐虎約而甘蹈亡身之危尚衡稱爲守信達命則所見太偏矣

右傳記類總録之屬二百九部二千三百三十七卷内六部無卷數皆附存目

# 欽定四庫全書總目

史部

卷六十四之六十五

欽定四庫全書總目卷六十四

史部二十

傳記類存目六

西征記一卷浙江巡撫採進本

宋盧襄撰襄字贊元觀其自序蓋衢州人此書載於錦繡萬花谷前集之末不知何人鈔出别行乃襄赴京春試時紀行之作末題庚辰仲春元日案北宋凡三庚辰吳自牧所作歷科狀元表太宗太平興國五年庚辰暨仁宗康定元年庚辰皆不見

有進士科惟哲宗元符三年庚辰有李釜榜進士則是人應試或在此年所敘述皆無關考据又雜載詩歌詞多鄙俚雖出宋人無可採錄也

乙巳泗州錄一卷 浙江巡撫採進本

宋胡舜申撰舜申績溪人舜陟之兄官至舒州通判宣和乙巳舜申在泗州親見朱勔父子往來及徽宗幸泗州事因為此錄紀載寥寥無可采擇

己酉避亂錄一卷 浙江巡撫採進本

宋胡舜申撰建炎己酉金兵攻平江宣撫周望出

走舜申之兄舜陟時爲參謀舉家避難舜申次爲此錄其言頗詆韓世忠末復載世忠攜妓一事似有宿憾之言未必實錄此書與乙巳泗州錄王明清玉照新志皆全載其文蓋即後人於明清書內鈔出别行也

逢辰記一卷永樂大典本

不著撰人名氏宋史藝文志著錄注云吕頤浩歷官次序此書末有附記云公平昔所爲文及奏議並載之别集此外又有公之勤王記及遺事可考

故爲家傳以紀事則此記乃頤浩後人所撰矣

勤王記一卷（永樂大典本）

舊本題宋臧梓撰梓里貫未詳此書結銜題左宣教郎荆湖南路安撫制置大使司幹辦公事蓋作書時所居之官其始末亦不可考矣案原序稱紹興五年史館修纂建炎日歷令勤王臣僚呂頤浩等各錄建炎三年金人攻泗州諸路勤王事蹟梓因即頤浩所述以成此書則梓特編次頤浩之文非所自撰也

西征道里記一卷 永樂大典本

宋鄭剛中撰剛中有周易窺餘已著錄是書乃剛中爲左宣敎郎試祕書少監充樞密行府叅謀時記行之作前有自序稱紹興己未陝西初復命簽書樞密樓公諭以朝廷安輯之意某以祕書少監預叅謀所過道里集而記之雖搜覽不能周盡而耳目之際亦可以驗遺蹤而知往古與夫兵火凋落之後人事興衰物情向背時有可得而窺者同行者右通直郎尚書員外李若虛等九十五八云

烏臺詩案一卷（編修汪如藻家藏本）

舊本題宋朋九萬編卽蘇軾御史臺獄詞也案周必大二老堂詩話曰元豐己未東坡坐作詩訕謗追赴御史獄當時所供詩案今已印行所謂烏臺詩案是也靖康丁未歲臺吏隨駕挈眞案至維揚張全眞參政時爲中丞南渡取而藏之後張丞相德遠爲全眞作墓誌諸子以其半遺德遠充潤筆其半猶在全眞家余嘗借觀皆坡親筆凡有塗改卽押字於下而用臺印云云是必大親見眞迹然

不言與刋板有異同陳振孫書錄解題載是書十三卷胡仔漁隱叢話所錄則三卷有奇皆與此本不合仔稱其父舜陟靖康間嘗爲臺端臺中子瞻詩案具在因錄得其本視近時所刋行烏臺詩話爲尤詳今節入叢話是仔書所載已爲節本今考叢話諸條不過較此本少一二事其餘則條目皆同則未必仔所見本振孫稱九萬錄東坡下御史獄公案附以初舉發章疏及謫官後表章書啟詩詞此本但冠以章疏而無謫官後表章書啟詩詞

則亦非振孫所見本或後人摭拾仔之所錄稍附益之追題朋九萬名以合於振孫之所錄非九萬本書歟

客杭日記一卷　光祿寺卿陸錫熊家藏本

元郭畀撰畀字天錫號雲山京口人是編乃其所作日記原本共四冊眞蹟在揚州程氏家雍正乙巳厲鶚遊揚州得見之鶚杭人也因手錄其中客杭一冊以歸其書自至大戊申九月初一日至次年二月初九日逐日瑣記交遊聞見中頗多請託

吏胥之事蓋畀於江浙行省求充學正山長時作也鶚稱其所記白塔以進士題名碑爲基銅鐘有淳熙改元曾覿篆銘爲他書所未載而寺壁一詩與程史所記康與之題徽宗畫扇詩亦可參考異同云

**使西域記一卷** 編修程晉芳家藏本

明陳誠撰誠吉水人洪武甲戌進士永樂中官吏部員外郎誠嘗副中使李達使西域諸國所歷哈烈撒馬兒罕等凡十七國述其山川風俗物產撰

成此記永樂十一年返命上之明史藝文志載有陳誠西域行程記即此書也末有秀水沈德符跋其所載音譯既多訛舛且所歷之地不過涉嘉峪關外一二千里而止見聞未廣大都傳述失真不足徵信

使交錄十八卷浙江范懋柱家天一閣藏本

明錢溥撰溥字原溥華亭人正統巳未進士官至南京吏部尚書謚文通是書乃其天順六年爲翰林院侍讀學士時出使安南所作多載贈答詩文

而其山川形勢土俗人情乃畧而不詳

東祀錄一卷 兩淮馬裕家藏本

明李東陽撰東陽有燕對錄已著錄此錄乃宏治十七年重建闕里廟成東陽奉使往祭裒其途中所作記序銘文奏疏詩章等篇共爲一編而冠以勑文祝詞又以記行志附於後已載懷麓堂集中此其別行之本也

七人聯句詩記一卷 江蘇巡撫採進本

明楊循吉撰循吉有蘇州府纂修識畧已著錄是

編乃循吉與王仁甫徐寬陳章王弼侯直趙寬六人會飲聯句因成是記後列六人小傳而以自撰小傳附其後復以會中盛事系之卷末蓋偶然寄興作也所載勝事以六官一隱者爲大奇亦未能免俗矣

歸田雜識二卷　兩江總督採進本

明毛紀撰紀有密勿稿已著錄紀於成化丁未通籍嘉靖甲申賜休自以位登台輔全節完名製爲四朝恩遇圖一册凡十有六幀每幀皆先敘作圖

始末而以制詞敕旨具錄左方又闡壽樂軒與二一三故老立忘形會軒有記會有約有敍與恩遇圖并刊之分爲上下二卷總題此名云

歸閒述夢一卷 浙江范懋柱家天一閣藏本

明趙璜撰璜字廷實號西峯安福人宏治庚戌進士官至工部尚書謚莊敏事迹具明史本傳是書追述其平生居官事迹卷首載自序一篇詩數首詞皆朴俚然其所述核以史傳不甚相遠與粉飾失眞者差異

淮封日記一卷　江蘇巡撫採進本

明陸深撰。深有南巡日録，已著録。是編乃其正德七年以編修充册封淮府副使，途中所記其紀程至蘇州而止，不言所封者為何人。據深子楫所為年譜，乃封淮王於饒州。而明史諸王世表淮定王祐棨，宏治十八年已襲封，至嘉靖三年卒，不應正德中始行册禮，與深年譜不同，莫能詳也。記中録馬中錫撫賊事，較史所載尤備，可旁資參攷云。

南遷日記一卷　江蘇巡撫採進本

明陸深撰嘉靖中深以祭酒侍經筵因爭閣臣改竄講章謫延平府同知是編紀其南行道路所經以舟中日讀漢書故評史之語亦雜載其間

使西日記二卷 浙江范懋柱家天一閣藏本

明都穆撰穆有壬午功臣爵賞錄已著錄穆於正德八年奉使册封慶藩壽陽王妃自京師至寧夏因記其道路所經江南通志稱其奉使秦中訪其靈勝形勢故宮遺壤作西使記即此書也於碑碣古蹟載之頗詳然大抵多據見聞罕所考證時雜

齊東之語如趙州石橋稱張果騎驢處獲嘉故地稱妲已梳粧臺皆可笑噱惟辨黃粱夢事爲謬傳呂洞賓頗爲典核所記石龍渦金崇慶二年靜難軍節度判官張瑋詩亦爲志金石者所未及云

斷碑集一卷 編修汪如藻家藏本

明方豪撰豪字思道開化人正德戊辰進士官至湖廣按察司副使明史文苑傳附載鄭善夫傳中此其知沙河縣事時案明史載豪由崑山縣知縣遷刑部主事不言嘗知沙河縣蓋偶然失載重立顏眞卿所書宋璟神道碑而記其始

末者也是碑在沙河食膳鋪宋崇寧中有編修國
史會要所檢閱文字范致君者別書一碑易之而
舊碑遂不顯正德中豪始求得原石已斷爲二乃
錮以鐵而復建之併裒一時題咏及案牘之文以
成是集編次冗瑣不出地志之陋體惟其所載眞
卿之文與世所傳魯公集頗有異同如集本云嘗
夢大鳥銜書吐口中而咽之遂來而上石本吐作
吐來作乘集本云襟懷益爽石本懷作靈集本云
年十六七時或讀易曠時不精石本於六字之下

讀字上惟缺二字集本云有司特聞石本特作時集本云異而召還石本異字上多一后字集本云吾比欲優游自免石本自免作鄉里集本云不宜與執政通同石本通同作通問集本云元宗將幸西蜀石本作中宗將幸西京集本云又復遷相州石本無復字集本云東宮有大功宗廟社稷主也石本作春宮有大功主安得異議集本云無敢不蔇石本蔇作畏集本云變以陶瓦石本陶瓦作陶旄集本云燕國公張說者石本無者字集本云尋

入爲洛州長史石本作又爲洛州刺史集本云思勗以將軍貴幸泣訴於帝石本幸作逹訴作辭集本云改號侍中石本作復兼侍中集本云明年駕幸洛陽石本洛陽作東都集本云馳道險隘行不得前石本作馳道隘稽市騎不得前集本云必若致罪二臣石本無必字集本云以臣言免之石本無言字集本云上嘉而從之石本上作遂集本云母寵子愛石本愛作異集本云恐非正家之道王化所不宜石本無不字集本云上上藥異殊石本作

殊異集本云躡公而殁石本躡作僶集本云河西節度行軍司馬石本河西作河南集本云忠孝之盛人倫之綱石本作人倫紀綱集本云功成生讓事軼屠牟石本生作牢集本云畧無交言石本畧作路集本云讜論泱泱石本讜論作右揆一篇之中舛異者凡二十八處皆足以訂傳寫之誤故其書雖不足存而一節之長特爲附著於此以資考證焉

東觀錄一卷 兩江總督採進本

明舒芬撰芬有周易箋已著錄此其所著梓溪內集之一也芬於嘉靖二年被召復官道出濟寧謁闕里孔林修釋菜禮因錄所撰謁廟記及闕里形勝圖夫子宮牆圖又釋菜禮儀士相見禮儀并附問答五章與伍餘福聯句三十韻彙爲一帙

滇程記一卷 兩淮鹽政採進本

明楊慎撰慎有檀弓叢訓已著錄此編乃其謫戍永昌時紀程之作其中惟記祟寧寺僧滿空遺像記段思平遺蹟記吽狗山故事諸條可備異聞辨

晃州非夜郎一條可資考證其餘不過誌山川表里俗採風謠而已末有附錄一篇則又慎得於醫士張姓以補此書所未及者云

却金傳一卷 兩淮鹽政採進本

明王世懋撰世懋字敬美太倉人世貞弟也嘉靖乙未進士官至太常寺少卿明史文苑傳附見其兄世貞傳中是編乃其官福建提學副使時值叅政王懋德病革同僚醵金贈之懋德堅不受及懋德卒同官又括六百金遣使渡海致於家其父艮

弼亦堅不受世懋高其淸節爲敘始末作此傳又以同時士大夫歌詠附之蓋意以風示貪吏也懋德瓊州文昌人隆慶戊辰由南京刑部郎中出守金華擢江西按察司副使遷福建布政使叅政所至皆以廉著云

南內記一卷 浙江范懋柱家天一閣藏本

不著撰人姓名南內卽明英宗所居之南城復辟後增置殿宇皆極華麗此記乃嘉靖庚子所作敘列規制頗備與彭時可齋筆記朱國禎湧幢小品

所載互有詳畧書末自稱韋布之士蓋以布衣遊京師從太常卿李開先等入覲而私錄之者朱彝尊日下舊聞失採殆偶未見也

奇遊漫記四卷 浙江汪啟淑家藏本

明董傳策撰傳策有奏疏輯畧已著錄此書之作則其疏劾嚴嵩爲所搆陷謫戍南寧時也一卷曰出戍道經二卷曰楚南結攬乃自京赴粵經行之地三卷曰粵徼征次四卷曰行役載途則在粵時所遊歷其稱奇遊者蓋取蘇軾謫儋耳渡海詩老

死南荒吾不恨兹遊奇絶冠平生語也末附方瑜南寧青山記吳時來混混亭記陳大綸洞虛亭記三首亦其在粵所居也

**西遷注一卷** 兩淮鹽政採進本

明張鳴鳳撰鳴鳳字羽王豐城人嘉靖壬子舉人官桂林府通判此編乃鳴鳳謫官利州時自京赴蜀復自蜀還京記其道路所見名勝古跡於碑誌多載全文頗裨考証前有自序後有其子揆跋稱其在道不挈書自隨但直寫所記憶故徵引亦多

牴牾如以艮鄉料石岡爲遼石岡之類是也

歷仕錄一卷 山東巡撫採進本

明王之垣撰之垣號見峯山東新城人嘉靖壬戌進士是編自記其歷官行事自荆州府推官歷御史給事中太僕寺少卿鴻臚卿順天府尹湖廣巡撫至戶部左侍郎止後附錄二條又紀友紀夢紀異各一條之垣即劾誅何心隱者是編詳紀其事萬歷中御史趙崇善論其殺心隱爲媚張居正故其曾孫士禎雜著中屢辨之是編之成亦惟爭此

事云

黄粱遺蹟志一卷 兩淮馬裕家藏本

明楊四知撰據太學題名碑明有兩楊四知其一萬歷甲戌進士祥符人其一崇禎戊辰進士六安人此書題廵按直隸御史開封楊四知則萬歷中人也黄粱遺蹟已詳唐沈既濟枕中記四知復增以明人序記數篇元明詩數十首次成是書殊寥寥無可採録蓋當時書帕本耳

恩命世録十卷 浙江廵撫採進本

明張國祥編。國祥於萬歷丁丑襲爵爲五十代天師，因彙輯明太祖以來至神宗二十五年誥勅，以時代次序彙爲此書，而以四十二代天師勸進太祖箋附焉。蓋其家乘也。

**饑民圖說一卷** 江西巡撫採進本

明楊東明撰。東明有青瑣藎言，已著錄。是編乃萬歷中東明官刑科右給事中時所上。明史王紀傳稱東明上河南饑民圖，卽指此也。凡十四圖，前十三圖備繪流民之狀，各繫以說，皆以俚語紀實事蓋取其易明耳一圖乃東明拜疏之像疑爲其後人所加然圖末亦有一跋稱這望闕叩頭的就是刑科右給事中小臣楊東明云云則亦原本所有殆以神宗宴安深宮無由知外廷之迫切故併繪此窘急入告之形歟首冠以奏疏批答及戶部議賑疏併兩宮出內帑百官捐俸之諭蓋是時神宗猶未全不事事也此圖本以告君原不必鋟板行世涉於居功近名觀卷末有男春育春融刊及六世孫榴重刊字知其子孫表章先人非東明所自

爲矣

視履類編二卷 浙江巡撫採進本

明李同芳撰同芳字濟美號晴原崑山人萬歷庚辰進士官至山東巡撫是編自錄其生平善蹟凡四十門皆以佳名標目自古以來自作傳者有之大抵敘述閱歷始末耳至於著一書以自譽則自有文籍未之前聞也

宮省賢聲錄四卷 兩淮馬裕家藏本

明高曰化撰曰化澄海人萬歷中官楚府右長史

是書以楚府承奉嵫陽郭倫事楚王華奎佐理有功因紀其前後乞休挽留之事凡啟請文牒及時人稱頌之作並錄之華奎以非楚恭王子爲宗人所訐郭正域力主其事內外交訌者數年始定其眞僞迄不能明是書體例猥雜所言倫佐理之功亦未可盡信

綉斧西征錄一卷 兩江總督採進本

明何鏜編鏜泰興人萬歷戊子舉人是編載其祖何棐正德間以御史監軍征蜀寇鄢本恕藍廷瑞

之事所錄皆序記贈詠之類開卷即題第十二卷第二十二頁其標目則題泰興何氏家乘中間又題曰西征提音西征圖詠名目紛然蓋本刻於家乘中此乃析出半卷別行耳

禮白岳記一卷 禮部尚書曹秀先家藏本

明李日華撰日華有梅墟先生別錄已著錄是書自紀其萬歷庚戌禮神白岳之事卷末又題曰蓬櫳夜話殆是書有二名耶

璽召錄一卷 禮部尚書曹秀先家藏本

明李日華撰自記其天啓乙丑召爲尚寶司司丞赴京途中所經始二月二十四日終四月十五日畧仿吳船錄入蜀記之例而寥寥無所記載

兩宮鼎建記二卷 編修程晉芳家藏本

明賀仲軾撰仲軾字敬養獲嘉人萬歷庚戌進士初萬歷二十四年建乾清坤寧兩宮仲軾父工部營繕司郎中賀盛瑞董役後京察坐冒銷工料罷官仲軾因詳述其綜覈節省之數作此書以鳴父寃下卷並附以歷年所修諸工末錄盛瑞京察辨

宛疏陳繼儒嘗刻入普秘笈中改題曰冬官記事而佚其辨宛疏一篇此本爲朱彝尊曝書亭所鈔猶完帙也

北行日譜一卷　兩淮鹽政採進本

明朱祖文撰祖文字完夫自號三復居士長洲人都督先之孫少負氣節與周順昌善順昌以閹禍被逮祖文間行詣都爲納饘粥湯藥及徵贓令急又爲之奔走稱貸順昌櫬歸祖文哀痛發病死後人以配食順昌祠明史亦附載順昌傳中此書乃

其北行時所記其子壽陽所刻也

鑒勞錄一卷山西巡撫採進本

明孫傳庭撰傳庭字伯雅小說或書其名爲傳庭字之誤也代州鎮武衛人萬歷乙未進士官至兵部尚書督師征流寇沒於南陽之戰事蹟具明史本傳傳庭自崇禎九年三月受命撫秦至十一年十二月其間攘寇清屯自以爲所有勞績無不仰邀帝鑒隨時紀錄積以成帙因題曰鑒勞錄卷前後俱有傳庭自識語知當時業經付梓今惟存抄本耳傳庭以功

高叢忌數爲樞部督過雖朝命賜褒廢格不行卒以蜚語被逮觀於是編可以見明政之不綱矣

定變錄六卷 浙江鄭大節家藏本

明許嶽編凡六種皆副都御史銅梁張佳允事跡也滑縣擒盜記一卷黎陽盧柟撰靖皖紀事一卷雲間莫如忠撰宣撫降罰記一卷太原王道行撰定浙二亂志一卷吳郡王世貞撰浙鎮民變傳一卷姑蘇錢有威撰浙鎮兵變始末一卷山陰鄭舜民撰其中關於浙江者三嶽浙人也故序而彙梓

焉

南征紀畧二卷　編修勵守謙家藏本

國朝孫廷銓撰廷銓字伯度又字次道益都人前明崇禎庚辰進士入國朝官至大學士謚文定順治辛卯廷銓奉使祭告禹陵及南海此乃其紀程之書上卷自出都至杭州下卷自杭州至會稽迄祀南海而止其間遊覽古蹟多因以追論史事同時酬贈諸詩亦並載其間

李贄一卷 兩江總督採進本

國朝胡文學撰文學有疏稿已著錄是編乃其爲眞定推官日自叙其政績十八事推官稱司李故題曰李贄每事多先舉古人遺跡一二條而後自敘使若先後媲美者縱言不盡誣亦頗嫌於自譽也

蜀道驛程記二卷 內府藏本

國朝王士禎撰士禎有古懽錄已著錄康熙壬子士禎爲四川鄉試正考官記其來往所經上卷自京至成都下卷自成都至河南新鄉縣止蓋士禎是

年於新鄉聞訃旋里未及還京故也中多辨證古事較士禛他行記頗爲精核蓋他行記一時筆錄此則越二十年至康熙辛未始補成之檢閱修改歷時既久考訂自爲詳密耳

南來志一卷 內府藏本

國朝王士禛撰是書乃康熙甲子士禛官少詹事時奉使祭告南海記其驛程所經全仿范成大吳船錄體所載自京師至廣州而止故曰南來

北歸志一卷 內府藏本

國朝王士禎撰是書乃士禎於康熙乙丑二月至廣州四月初一日始還記其歸途所經至六月十六日至其家新城而止是時其父與敕猶在以便途歸省也所記山水名勝較南來志爲詳蓋使事已竣沿途得以遊覽云

秦蜀驛程後記二卷（內府藏本）

國朝王士禎撰康熙丙子士禎以戶部左侍郎奉使祭告西岳西鎮江瀆續記其往返所經爲此書上卷自京至華陰过道至汧陽吳山所謂西鎮也由

汧陽乃至成都下卷自成都至其家新城止

粵遊日記一卷山東巡撫採進本

國朝王鉞撰鉞號任庵諸城人順治己亥進士官廣東西寧縣知縣是編爲其世德堂遺書之第二種記其自家赴西寧任時途中所經始於康熙己酉正月二十四日終於四月初八日仿陸游入蜀記之體按日記載敘述頗簡潔而無所考證

使琉球記一卷大學士英廉購進本

國朝張學禮撰學禮字立庵鑲藍旗漢軍官至廣西

道監察御史是編乃康熙元年學禮以兵科副理
事官與行人司行人王垓奉使
冊封琉球國王時所記前敘請封遣使始末及往來道路
之險後爲中山紀畧則載其土風也是時琉球國
王尚質繳故明勅印舉國內附故學禮等有是役
蓋
國家遣使東瀛此爲始事云

治禾紀畧五卷 內府藏本

國朝盧崇興撰崇興字斗瞻廣寧人康熙二年官嘉

興府知府尋遷台州巡道因輯其在郡文移條約
讞語及禾民籲留狀牒合爲此編

粵西偶記一卷大學士英廉購進本
國朝陸祚蕃撰祚蕃字武園平湖人康熙癸丑進士
官至貴州貴東道是編多述其督學廣西時道路
險阻之苦及爲守土有司所不禮事大抵皆瑣屑
細故不足紀載者也

海岱日記一卷直隸總督採進本
國朝張榕端撰榕端字樸園磁州人康熙丙辰進士

官至內閣學士兼禮部侍郎是編乃康熙丙子榕端奉

命祭告所作以是年正月出都登泰山歷東鎮沂山東海往返凡四閱月逐日記其道路所見附以詩歌於山川古蹟無所考證而工於點綴景物敘致時有可觀其詩則已刋入寶壽堂集此爲複出矣

何御史孝子祠主復位錄一卷 浙江巡撫採進本

國朝毛奇齡撰奇齡有仲氏易已著錄初蕭山有德惠祠祀宋縣令楊時以報開湘湖之功明尚書魏

驥以修築有勞亦附祀於祠後御史何舜賓以清釐侵佔被禍其子兢殺身以復讐亦並得祔祀歲久祠圮併僑祀於門廡下迨修祠之後楊魏二主入祠而何氏父子主未入奇齡建議復舊章魏氏子孫遂與奇齡互愬於官此其案牘訟牒奇齡錄而存之者也

滇行日記二卷 通行本

國朝李澄中撰澄中字渭清號漁村又號雷田諸城人原籍成都康熙己未

召試博學鴻詞官至翰林院侍讀是編乃康熙庚午澄中典試雲南時途中所記凡八十有四日於山川風土古蹟故實無不詳載而考証之處差少殆行篋無書之故耶

塞程別記一卷 通行本

國朝余寀撰寀字同野山陰人其書記自京出古北口至喀爾倫一千五百餘里其時道路初開未能有所攷証僅述風土氣候山川草木之屬而已

塞北小抄一卷 大學士英廉購進本

國朝高士奇撰士奇有春秋地名考畧已著錄是書
乃康熙癸亥六月癸未士奇扈從
聖駕北巡會士奇遘疾行至鞍匠屯而返記其途中
恩遇及往來所經以成是編自鞍匠屯以後
駐蹕之地仍按日恭載至閏六月丁酉
回鑾
宣示塞外所得盤羊夜光木諸事亦並錄焉自序稱奉職
七年
巡幸所至各有紀錄次第成編而

上所諮詢以及

恩遇之隆則愼而不書偶檢明金幼孜北征錄見其凡有

賜予織悉必載亦不忘君恩之意故是編載

錫賚

顧問比他記特爲詳悉至所考塞外古跡以今核之多不甚確如以喇嘛洞爲臥如來館之類尤涉附會蓋身所未經而僅據明以前人之典籍宜其依稀影響爾

滇遊記一卷附記一卷 兵部侍郎紀昀家藏本

國朝畢曰澪撰曰澪字秋岐益都人康熙中由貢生官任縣知縣是編乃曰澪父忠谷官雲南布政司叅議曰澪省親時所作按日記載道路見聞及旅中雜事自三月十六日起至十月十一日止而序文及卷首俱不詳其爲何年殊嫌疎漏考曰澪所作蒼洱小記有孫寶文題詞其序稱丙子臘日曰澪邀飲欲讀滇記云云則作於康熙丙子以前也其附記一卷則途中所見土風不可分繫某日者故總錄於末云

滇行紀程一卷續抄一卷東還紀程一卷續抄一卷大學士英廉購進本

國朝許纘曾撰纘曾字孝修號鶴沙華亭人順治已丑進士官至雲南按察使滇行紀程其赴雲南時所作東還紀程則自雲南歸途所作皆述所見山川古蹟物產土風大抵志乘所有也

南征紀程一卷編修勵守謙家藏本

國朝黃叔璥撰叔璥號玉圃大興人康熙已丑進士官至常鎮揚通道是編乃其爲監察御史時巡視

臺灣自京師至閩所記始於康熙後壬寅正月而
迄於是年六月分日紀載

鹿洲公案二卷 江西巡撫採進本

國朝藍鼎元撰鼎元有平臺紀畧已著錄此其知普寧縣時所讞諸案自敘其推鞫始末爲二十四篇

念貽賸紀一卷 侍講劉亨地家藏本

國朝周宣智編宣智自號鏡亭老人長沙人初張獻忠躪湖廣時宣智曾祖繼聖聚鄉勇自守獻忠招授僞官繼聖不從刼繫其母馬氏妻吳氏及其弟

繼珩妻陳氏繼隨妻項氏以脅之馬氏及三婦皆罵賊死繼聖亦被斷腕後潛逃以免卒伺隙破賊復讐湖廣總督何騰蛟上其功授教授事載湖廣通志中乾隆壬午宣智裒其行狀墓銘之類共為一編而以繼聖遺詩十二首附焉

東遊紀畧二卷 鴻臚寺少卿曹學閔家藏本

國朝張體乾撰體乾字確齋浮山人官刑部郎中是編乃其家居時自山西河南東游泰山往來紀行之作逐日記載見聞於古蹟頗有考訂途中吟詠

二百餘首亦即附於逐日之後其詩規仿白陸時
亦具體
右傳記類雜錄之屬五十八部一百十三卷皆附存
目

安祿山事蹟三卷 兩淮鹽政採進本

唐姚汝能撰汝能始末未詳陳振孫書錄解題稱
其官華陰縣尉未詳里居則宋時已無可考矣是
書上卷序祿山始生至元宗寵遇起長安三年盡
天寶十二載事中卷序天寶十三四載祿山搆亂

事下卷序祿山僭號被殺並安慶緒史思明史朝義事下盡寶應元年記述頗詳世所傳祿山櫻桃詩即出此書葉夢得避暑錄話嘗摭以爲笑其瑣雜可知矣

張邦昌事畧一卷 編修程晉芳家藏本

舊本題宋王稱撰核其文即東都事畧僭僞傳也摘其一卷別立名目又改王偁爲王稱可謂愈僞愈拙曹溶收之學海類編蓋偶未考也

僞豫傳一卷 兩淮鹽政採進本

宋楊克弼撰述劉豫降金僭號始末其序稱以豫逆臣不當稱僞齊故削其國號而名稱之以示貶也傳中載豫阜昌八年遣宣義郎楊克弼乞師大金克弼他辭乃改差韓元美是克弼亦嘗仕豫豫廢後乃復歸宋耳陳振孫書錄解題作逆臣劉豫傳楊堯弼楊載等撰與此本不同克堯字形相近未知孰是也

徐海本末一卷戶部尚書王際華家藏本

明茅坤撰坤字順甫歸安人嘉靖戊戌進士官至

大名兵備副使事蹟具明史文苑傳坤好談兵罷官後值倭事方急嘗爲胡宗憲招入幕與共籌兵計此編乃紀宗憲誘誅寇首徐海之事皆所親見故敘述特詳與史所載亦多相合袁褧以此書與汪直傳合刻入金聲玉振集中題曰海寇後編今析出各著於錄焉

汪直傳一卷 戶部尚書王際華家藏本

不著撰人名氏記嘉靖中汪直引倭入寇海上及總督胡宗憲以計誘殺直事所以歸功於宗憲者

甚至或其幕客所爲也

劉豫事迹一卷兩淮鹽政採進本

國朝曹溶撰溶有崇禎五十宰相傳已著錄是書本楊克弼僞豫傳又雜採他書附益之視原傳所述較詳

右傳記類别錄之屬六部八卷皆附存目

案以上皆逆亂之人自爲一傳者命曰别錄示不與諸傳比也其割據僭竊之雄别附載記征討削平之事别入雜史均不與此同科

# 欽定四庫全書總目卷六十五

## 史部二十一

### 史鈔類

帝魁以後書凡三千二百四十篇孔子刪取百篇此史鈔之祖也宋志始自立門然隋志雜史類中有史要十卷註漢桂陽太守衛颯撰約史記要言以類相從又有三史畧二十卷吳太子太傅張溫撰嗣後專鈔一史者有葛洪漢書鈔三十卷張緬晉書鈔三十卷合鈔衆史者有阮

孝緒正史削繁九十四卷則其來已古矣沿及宋代又增四例通鑑總類之類則離析而編纂之十七史詳節之類則簡汰而刊削之史漢精語之類則採摭文句而存之兩漢博聞之類則割裂詞藻而次之迨乎明季彌衍餘風趨簡易利剽竊史學荒矣要其含咀英華刪除冗贅即韓愈所稱記事提要之義不以末流蕪濫責及本始也博取約存亦資循覽若倪思班馬異同惟品文字婁機班馬字類惟明音訓及三國志

文類總滙文章者則各從本類不列此門

兩漢博聞十二卷兩淮鹽政採進本

明嘉靖中黄省曾刋本不著撰人名氏案晁公武讀書志乃宋楊侃所編也侃錢塘人端拱中進士官至集賢院學士晚爲知制誥避真宗舊諱更名大雅是編摘錄前後漢書不依篇第不分門類惟簡擇其字句故事列爲標目而節取顔師古及章懷太子注列於其下凡前漢書七卷後漢書五卷雖於史學無關然較他類書撫採雜說者究爲雅

馴後漢書中間有引及前漢書者必標顔師古字而所引梁劉昭續漢志註乃與章懷註無別體例未免少疎至所列紀傳篇目亦往往名有訛舛然如四皓條下引顔師古註曰四皓稱號本起於此更無姓名可稱蓋隱居之人匿迹遠害不自標顯秘其氏族故史傳無得而詳至於皇甫謐圈稱之徒及諸地理書說竟爲四人安姓字自相錯互語又不經班氏不載於書諸家皆臆說今並棄畧一無取焉云云明監本漢書註竟佚此條惟賴此書

幸存則亦非無資考證者矣

通鑑總類二十卷安徽巡撫採進本

宋沈樞撰樞字持要德清人紹興間進士官至太子詹事光祿卿諡憲敏是書乃其致仕時所編取司馬光資治通鑑事迹倣冊府元龜之例分爲二百七十一門每門各以事標題略依時代前後爲次亦間採光議論附之所分門目頗有繁碎如賞罰門外又立貶責功賞二門外戚門外又立貴戚一門近習門外又立寵倖一門隱逸門外又立高

尚一門積善門外又立陰德一門者不一而足又如安重榮奏請踰分不過驕蹇乃以此一條別立僭竊一門則配隸不確東周下迄五代興廢不一乃獨取中徽論燕必亡黃潞論燕必復二條立爲興廢一門則疎漏太甚然通鑑浩博猝難盡覽司馬光嘗言惟王勝之曾讀一過餘人不能數卷即已倦睡則採撷菁華區分事類使考古者易於檢尋其書雖陋亦不妨過而存之也嘉定中鋟板潮陽樓鑰嘗爲之序元至正中浙江行省重刊周伯

琦又序之二人皆博物君子而肯以文章弁其首殆以操觚數典尚有一壺千金之用歟

南史識小錄八卷北史識小錄八卷浙江巡撫採進本

國朝沈名蓀朱昆田同編名蓀字澗芳錢塘人昆田字文盎秀水人彝尊之子也是書倣兩漢博聞之例取南北二史摘其字句之鮮華事跡之新異者摘錄成編不分門目惟以原書次第臚列而各著其篇名亦不加訓釋惟括舉數字標目以原文載於其下著是語之緣起而已文獻通考載陳正敏

之言曰李延壽作南北史粗得作史之體故唐書本傳亦謂其刪略穢詞過本書遠甚然好述妖異兆祥謠讖特爲繁猥又引司馬光之言亦謂李延壽書於禨祥詼嘲小事無所不載蓋自沈約宋書以下大抵競標藻采務摭異聞詞每涉乎儷裁事或取諸小說延壽因仍舊書未盡湔除宜爲論者之所惜然揆以史體固曰稍乖至於賦手取材詩人隸事則樵蘇漁獵捃拾靡窮此譬如柟瘤爲病而製枕者反貴其文理也名蒸等擷其精華以備

選用使遣文瑣事披卷燦然其書雖作自近人其所採錄則皆唐以前事與藝文類聚諸書約畧相似存以備考愈於冗雜之類書多矣

右史鈔類三部四十八卷皆文淵閣著錄

史鈔類存目

史記法語八卷 浙江巡撫採進本

宋洪邁編邁字景盧鄱陽人紹興乙丑中博學宏詞科官至端明殿學士謚文敏事迹具宋史本傳是編於史記百三十篇內自二字以上句法古雋

者依次標出亦間錄舊注蓋與經子法語等編同以備修詞之用書錄解題載之類書類稱十八卷此本乃止八卷似非完書然卷末有題識一行云淳熙十二年二月刊於婺州是當時刊本實止八卷書錄解題所載衍一十字明矣

南朝史精語十卷 浙江汪啟淑家藏本

宋洪邁撰邁於諸書多有節本其所纂輯自經子至前漢皆曰法語自後漢至唐書皆曰精語此所摘宋齊梁陳四朝史中之語也凡宋書四卷齊書

三卷梁書二卷陳書一卷其去取多不可解即以
卷首宋本紀考之如桓元與劉邁書有云北府人
情云何近見劉云何所道乃獨摘北府人情云何
句宋順帝反正詔曰故順聲一唱二溟卷波英風
振路宸居清翳乃獨摘二溟卷波句高祖北討加
領征將軍司豫二州刺史以世子爲徐兖二州刺
史下書有云今當奉辭西旆有事闗中弱嗣叨蒙
復忝今授乃獨摘復忝今授四字又如加高祖九
錫策文駢詞麗句疊出不窮乃獨摘出藩入輔鋒

無前對二句蓋南宋最重詞科士大夫多節錄古書以備遣用其排比成編者則有王應麟玉海章俊卿山堂考索之流若巾箱祕本本非著書不幸而爲人所傳者則有如此類後人以其名重存之實非其志也惟其中所錄宋書本紀第一列傳第二第三志第四志反在列傳之後考劉知幾史通曰舊史以表志之帙分於紀傳之間降及蔚宗肇加釐革沈魏繼作相與因循今北監板魏書志在列傳後是其顯證與史通合而宋書則移其次第

列於紀傳之間觀邁所序猶從古本知幾之言不妄是則可資考證之一端十卷之中惟此一節足取耳

十七史詳節二百七十三卷浙江巡撫採進本

宋呂祖謙編祖謙有古周易已著錄此蓋其讀史時刪節備檢之本而建陽書坊為刻而傳之者凡史記二十卷西漢書三十卷東漢書三十卷三國志二十卷晉書三十卷南史二十五卷北史二十八卷隋書二十卷唐書六十卷五代史十卷前冠

以疆理世系紀年之圖所錄大抵隨時節抄不必盡出精要如東漢晉二史內四言贊語於本書已屬贅拇駢枝乃一槩摘存殊爲冗褻又如北史紀傳爲隋代而作者業已併入隋書乃獨西夷一傳仍及隋事而隋書內遂刪去之爲例亦間有不純然南宋諸儒大抵研究性命而輕視史學故朱子作貢舉私議欲分年試士以史記兩漢爲一科三國晉書南北史爲一科新舊唐書五代史爲一科蓋慮談無實之弊朱子亦深慮之矣祖謙雖亦從

事講學而淹通典籍不肯借程子玩物喪志之說以文飾空疎故朱子稱其史學分外子細附存其目俾儒者知前人讀書必貫徹首尾即一删節之本而用功深至已如此足以爲宋儒不廢史學之明證也

東漢精華十四卷衍聖公孔昭煥家藏本

宋吕祖謙撰是編乃其兩漢精華之一即范氏之書摘其要語而論之或比類以明之於光武明章和四帝紀尤爲詳悉所略者惟表志耳然不具事

之始末所論每條僅一二語略抒大意亦不申其所以然蓋閱史之時摘錄於冊以備文章議論之用後人重祖謙之名因而刊之與洪邁經史法語均非有意著書者也

諸史提要十五卷（內府藏本）

宋錢端禮撰端禮字處和臨安人吳越王俶六世孫榮國公忱之子少以恩蔭入仕累官至參知政事兼權知樞密院事以莊文太子妃父罷爲資政殿大學士再知寧國紹興復以觀文殿學士提舉

洞霄宮卒謚忠肅事蹟具宋史本傳是書乃取諸史之文可資詞藻者按部採摘彙輯成編各以一二語標題而分注其首尾於下凡史記一卷前漢書二卷後漢書二卷三國志一卷晉書三卷南史一卷北史一卷新唐書三卷五代史一卷其著錄於宋史藝文志者與此本卷目相同前有其門人劉孝韙序不著年月詳其詞意葢端禮爲參政時所刊行也其體例頗與洪邁史漢法語諸史精語相近陳振孫書錄解題譏其泛然鈔錄毫無義例

殆不誣焉

漢雋十卷 江蘇巡撫採進本

宋林越撰按陳振孫書錄解題載此書卷數與今相符而註稱括蒼林鉞處州府志亦作林鉞此本則皆作林越未詳孰是也其書取漢書中古雅之字分類排纂爲五十篇每篇即以篇首二字爲名亦間附原註前有紹興壬午越自序稱大可以詳其事次可以玩其詞然割裂字句漫無端緒而曰可詳其事其說殊誇後有延祐庚申袁桷重刻跋

稱漢儁之作益爲習宏博便利斯爲定論矣

元史節要十四卷兩淮鹽政採進本

明張九韶撰九韶字美和淸江人洪武十年以薦爲國子助教陞翰林院編修是編因當時所修元史板藏內府人閒多不得見於是倣曾先之十八史略例節其要爲一書其編年繫事則仍用通鑑之體前有洪武甲子自序一篇然紀載多不具首尾未爲該備且此書成於洪武閒而順帝紀內多有稱明太祖高皇帝者疑其經後人所改竄非九

韶原本矣

兩晉南北奇談六卷　兩江總督採進本

舊本題宋王渙撰渙爲仁宗慶歷末睢陽五老之一王闢之澠水燕談稱其官爲太子賓客祝穆事文類聚載錢明逸五老會詩序稱爲太原人其事跡則未詳然世僅傳渙五老會詩一首不聞其著此書鄭樵以下諸家書目亦不著錄考太學進士題名碑宏治丙辰科有王渙象山人明史藝文志有渙所著墨池手錄三卷此本自稱墨池王渙與

墨池之號相合知此書爲明王渙所撰其稱太原蓋舉郡望耳其書摘錄晉書以下八史瑣語雜事王士禎居易錄稱嘗見書賈攜兩晉奇談不云誰作疑即此書也

分類通鑑四卷 兩江總督採進本

不著撰人名氏明宏治中河間知府施槃刋於郡齋亦不云誰作其書分類猥雜標題舛陋蓋即通鑑總類之節本又沈樞之重儓矣

讀書漫筆十八卷 兩淮馬裕家藏本

明方灦撰灦莆田人正德丁丑進士官禮部郎中是書上自漢書下迄唐書隨筆採摘其字句兼及訓詁亦時論斷其是非發明殊尠

諸史品節三十九卷兩江總督採進本

明陳深編深有周禮訓雋已著錄是書所采自國語以及後漢書皆隨意雜鈔漫無體例

史纂左編一百二十四卷安徽巡撫採進本

明唐順之撰順之有廣右戰功錄已著錄是書以歷代正史所載君臣事蹟纂集成編別立義例分

君相名臣謀臣后公主戚儲宗宦幸姦篡亂莽鎮夷儒隱逸獨行烈婦方技釋道凡二十四門其意欲取千古興衰治亂之大者切著其所以然故其體與他史稍異然其間詳畧去取實有不可解者如君紀祇列漢唐宋三朝偏安者皆不得與而隗囂公孫述李筠李重進諸人乃反附入於歷代宦官酷吏叙之極詳固將以垂鑑戒而唐之楊復恭來俊臣周興等尤爲元惡巨憝乃反見遺又以房琯爲中興之相高駢爲平亂之將褒貶既已失平

以赫舍哩案原作紇石烈今改正爲人名姓氏幾於莫辨其他妄爲升降顛倒乖錯之處不可勝言殆與李贄之藏書狂誕相等乃贄書猶多相詬病而是編獨未有糾其失者殆震於順之之名不敢輕議歟

史記鈔六十五卷兩江總督採進本

明茅坤編坤有徐海本末已著錄是編刪削史記之文亦略施評點然坤雖好講古文恐未必能刊正司馬遷也

史要編十卷浙江范懋柱家天一閣藏本

明梁夢龍編夢龍字乾吉真定人嘉靖癸丑進士官至吏部尚書諡貞敏事迹具明史本傳其書雜採諸史之文爲正史三卷編年三卷雜史三卷史評一卷自序謂學者罕睹全史是編上下數千載盛衰得失之跡大凡具在葢爲鄉塾無書者設也

左國腴詞八卷內府藏本

明凌廸知撰廸知字穉哲烏程人嘉靖丙辰進士官至兵部員外郎是編採左傳國語字句分類編輯凡左傳五卷爲類四十國語三卷爲類四十有

三所摘皆僅存一二語既不具其始末又不標爲何人之言且注與正文混淆不辨非惟不足以資考證併不可以供撏撦與所撰太史華句兩漢雋言文選錦字諸書體例皆仿林越漢雋而冗雜破碎又出漢雋之下如以從欲鮮濟一語列之澗溪類中蓋誤以爲濟川之濟也是尚足與論乎

太史華句八卷 浙江汪啟淑家藏本

明凌廸知編是編成於萬歷丁丑明史藝文志著錄卷數與此本相同皆摘史記字句以類編次司

馬遷史家巨擘其文豈可以句摘句又豈可以華目盡王李剽剝秦漢之風至明季而未殄故書肆尚鐫此等書以投時好耳

兩漢雋言十六卷 内府藏本

明淩廸知編宋林越作漢雋所采止於西漢廸知因仿越體例輯後漢故實與越書合爲一編改題今名自第一卷至十卷皆林氏之舊題曰前集十一卷至十六卷廸知所續者題曰後集采摭亦備然不自爲一書而補葺舊本擅立新名是則明人

之結習矣

四史鴻裁四十卷（通行本）

明穆文熙編文熙有七雄策纂已著錄是編選錄左傳十二卷國語八卷戰國策八卷史記十二卷皆略注字義無所發明批點尤爲弇陋其括此四書曰四史亦杜撰無稽也

全史論贊八十卷（江蘇巡撫採進本）

明項篤壽編篤壽有小司馬奏草已著錄是書以諸史浩繁難於尋究特撮其論贊以備觀覽凡史

記七卷漢書六卷後漢書五卷三國志三卷晉書四卷宋書南齊書各三卷梁書二卷陳書魏書各三卷北齊書後周書南史各二卷北史三卷隋書二卷唐書七卷五代史五卷宋史六卷遼史金史元史各四卷然讀史必先知其事之始末而後可斷其人之是非今篤壽惟存其論使稱善者不知其所以善稱惡者不知其所以惡仍於讀史者無益也

案此書皆取論贊宜入史評然皆摘錄於諸

史非所目評也故仍入之史鈔類焉

宋史纂要二十卷 江蘇巡撫採進本

明王思義撰思義字允明松江人宋史極爲煩冗是書僅刪存二十卷可謂約矣然班范皆號謹嚴而兩漢書卷帙猶富宋之歷年幾於匹漢而縮爲寥寥參數卷謂事增文省殆必不然至以遼金史附宋之後等諸晉書之載劉石尤南北史臣互相詬厲之見非公論也

古今彝語十二卷 浙江巡撫採進本

明汪應蛟撰應蛟字潛夫婺源人萬歷甲戌進士官至戸部尚書謚清簡事迹具明史本傳是書雜錄史文上起唐虞下迄於元去取漫無義例特與之所至而已

史書纂畧二百二十卷 浙江巡撫採進本

明馬維銘撰維銘字新甫平湖人萬歷庚辰進士官至兵部職方司主事是書取二十一史本紀列傳各撮取大畧彙成一編葢亦通史之例然去取失宜踈畧太甚非博非約殆兩無所居

史裁二十六卷 江蘇巡撫採進本

明吳士奇撰士奇字無奇歙縣人萬歷壬辰進士官至太常寺卿是書節錄史文始自春秋迄於宋元雜采舊論亦間以己意斷之旣非編年又非紀傳惟隨意抄撮而已

史觽十七卷 浙江巡撫採進本

明謝肇淛撰肇淛字在杭福建長樂人萬歷壬辰進士官至廣西右布政使明史文苑傳附見鄭善夫傳中是書摘十七史中隱僻字句標列成編凡

一史爲一卷謂之觽者自序以爲解結之義人之有疑甚於結故求其解而筆之也然於史漢三國諸書原有舊注者所載尚爲明晰於晉書以下原本無註者亦僅錄舊文絶無考證仍不足以釋學者之疑則所云求其解者亦徒虛語矣

讀史快編四十四卷內府藏本

明趙維寰撰維寰字無聲平湖人萬歷庚子舉人是書於諸史之中摘錄其新異之事始於史記迄新唐書割裂翦裁漫無義例

史觿二十五卷 兩江總督採進本

明余文龍編文龍字起潛古田人萬歷辛丑進士官南京工部主事其書雜錄舊史餖飣殊甚與讀史快編正同但快編止於唐此則抄至金元耳

南北史抄 無卷數兩江總督採進本

明周詩雅撰詩雅字廷吹武進人萬歷己未進士是編摘錄南北史新奇纖佻之事以爲談助然不及後來沈名蓀朱昆田書之有條理

二十一史論贊輯要三十六卷 浙江巡撫採進本

明彭以明編以明廬陵人萬歷中諸生是編采錄諸史論贊以課其子抄撮之學非讀史之正法也

史品赤函四卷 浙江巡撫採進本

明陳仁錫編仁錫有繫詞十篇書已著錄是編所錄上起古初下迄於晉書或採其文或節錄一二事茫無義例尤時時參以僞撰如雲長遇害不屈一篇不知其從何來而劉聰辱懷愍一篇稱聰爲漢昭烈元孫云出續三國志亦未見有是書也

讀史集四卷 江蘇周厚堉家藏本

明楊以任撰以任字維節瑞金人崇禎辛未進士官國子監博士是編摘諸史中事蹟之可快可恨及有膽有識者分爲快恨膽識四集每條下畧綴評語詞多佻纖頗近竟陵一派

宋史存二卷　浙江鮑士恭家藏本

明文德翼撰德翼字用昭德化人崇禎甲戌進士官嘉興府推官是編採掇宋史列傳而刪潤其文始於宗澤終於文天祥蓋福王時所作故獨寓意於紹興以後云

讀史漢翹二卷 浙江吳玉墀家藏本

明施端教編端教字匪莪泗州人是書取史漢中字句新異者編錄成帙蓋仿林越漢雋洪邁史記法語例然卷帙無多分類繁瑣殊無益於考証

二十一史論贊三十六卷 浙江巡撫採進本

明沈國元編國元字飛仲吳縣人是書摘錄二十一史論贊加以圈點評識全如批選時文之式以爲評史則記傳所載非論贊所能該事無始末何由信其是非以爲論文則晉書以下八史以及宋

遼金元四史豈可以爲文式哉眞兩無取也

三國史瑜八卷浙江巡撫採進本

明張毓睿撰毓睿字聖初錢塘人是書成於崇禎癸未取陳壽三國志中擇其事蹟較著者條分件繫綴以評語自漢獻帝初平元年迄建安二十五年分國未定仍稱季漢自魏黄初元年迄咸熙元年三國並建則稱三國凡晉書中事屬魏朝者亦採入以補其闕既非紀傳又非編年了無倫緒又於曹操既改稱名而編年又以爲魏主體例亦自

相矛盾評語多取鍾惺之說其所宗尚可知也

史書十卷（浙江巡撫採進本）

明姚允明撰允明字汝服休寧人是書自三皇以訖元代摭採史文節縮成編前有張溥吳應箕二序蓋亦依附復社者故書止十卷而卷首列參閱姓氏至二百八十三人其聲氣標榜可以槩見應箕序至謂其撰言簡與近尚書是何言歟

廿一史識餘三十七卷（浙江汪啟淑家藏本）

明張墉撰墉字石宗錢塘人是編一名竹香齋類

書摘錄二十一史佳事雋語分類排纂共五十七門末又附補遺一門略仿世說之體而每條下皆注原史之名其發凡譏何氏語林濫及稗官然世說新語古來本列小說家實稗官之流而責其濫及稗官是猶責弓人不當爲弓矢人不當爲矢也且所重乎正史者在於叙興亡明勸戒核典章耳去其大端而責其瑣事其去稗官亦僅矣

史異編十七卷 兩江總督採進本

明俞文龍撰文龍晉江人其書以諸史所載災祥

神怪彙爲一編既非占驗之書又無與學問之事徒見其好怪而已

讀史掌拾一卷副都御史黃登賢家藏本

國朝王士祿編士祿字子底號西樵新城人順治壬辰進士官至吏部考功司員外郎是書取諸史新穎之語標數字爲題而錄其本文於後亦洪邁經史法語之類然書止一卷聊以寓意而已實未竟其事曰掌拾者取劉勰文心雕龍辨騷篇童蒙者拾其香草句也

史緯三百三十卷（內府藏本）

國朝陳允錫撰。允錫字亹齋，晉江人。順治己未以薦舉授平湖縣知縣。是書蓋仿呂祖謙十七史詳節之意，然祖謙但擷取菁華以便省覽，允錫則多所改竄於其間。有合併重複者，如周秦以前入史記，而漢高祖以至武帝則割入漢書，宋齊梁陳魏齊周隋八史則與南北二史參考歸一，其餘表志紀傳互見者亦悉從汰除之類是也。有刪削繁冗者，如宋史宗室世系但系族譜，元史刑法志全抄律文及但叙官閥無關褒貶之列傳是也有更易舊第者如退魏於蜀後削二牧於昭烈之前移呂布二袁劉表於東漢之類是也有竄改舊名者如項羽呂后武后不稱本紀宋留從效陳洪進不稱世家之類是也其他如新唐書則點正其文句元史食貨志則連屬其篇次者爲數尤多卷帙浩繁用力可謂勤至然其中繁簡失度分合無義者亦尙不少葢網羅百代其事本難梁武帝作通史六百卷劉知幾深以爲譏司馬光進通鑑表亦稱其中

牴牾不能自保允錫此書積畢生之力爲之而卒之不協於體要固其所矣

兩晉南北集珍六卷 浙江巡撫採進本

國朝陳維崧撰維崧字其年宜興人康熙己未召試博學鴻詞授翰林院檢討以四六擅名此書採南北朝故實各加標目蓋即以備駢體採掇之用前有自序作於康熙丙辰乃未舉制科之前四年也

右史鈔類四十部一千六百十九卷 內一部無卷數 皆附存目

（清）紀昀等 纂

# 武英殿本四庫全書總目

第二一册

國家圖書館出版社

# 第二册目録

欽定四庫全書總目 史部

卷七十

# 欽定四庫全書總目卷七十

## 史部二十六

### 地理類三

南嶽小錄一卷浙江汪汝瑮家藏本

唐道士李冲昭撰卷首有自序稱弱年悟道近歲依師泊臨嶽門頻訪靈跡徧閱古碑及衡山圖經湘中記仍致詰於師資長者嶽下耆年或得一事旋貯篋笥撮而直書總成一卷案書中有咸通年號當作於懿宗以後序末所題壬戌歲蓋昭宗天

復二年也舊唐書經籍志新唐書藝文志皆不著錄鄭樵通志藝文畧始載有此名與此本卷數相合惟冲昭作仲昭或傳刻誤歟書中先列五峯三洞次敘宮觀祠廟壇院之屬而以歷代得道飛昇之跡附之雖黃冠自張其教不無夸誕之詞而唐世名山洞府之書如盧鴻一嵩山記張密盧山雜記令狐見堯玉笥山記杜光庭武夷山記今並無存此獨以舊本流傳勝境靈跡足資掌故是亦考圖經者所宜徵据矣此本爲明蔡汝楠守衡州時

所刻前有小引亦謂所載事蹟名物悉與今本不同云

廬山記三卷附廬山記畧一卷兵部侍郎紀昀家藏本

宋陳舜俞撰舜俞字令舉烏程人所居曰白牛村因自號白牛居士慶歷六年進士嘉祐四年又中制科第一歷官都官員外郎熈寧中出知山陰縣以不奉行青苗法謫南康監稅事迹具宋史本傳舜俞謫官時與致仕劉渙游覽廬山嘗以六十日之力盡南北山水之勝毎恨慧遠周景武輩作山

記踈畧而渙舊嘗雜録聞見未暇詮次舜俞因採其說參以記載者舊所傳畫則山行夜則發書考證泓泉塊石具載不遺折衷是非必可傳而後已又作俯仰之圖尋山先後之次以冠之人服其勤自記云余始遊廬山問山中塔廟興廢及水石之名無能爲予言者雖言之往往襲謬失實因取九江圖經前人雜録稽之本史或親至其處考驗銘志參訂耆老作廬山記其湮沕蕪沒不可復知者則闕疑焉凡唐以前碑記因其有歲月甲子爵里

之詳故并錄之庶或有補史氏云云其目有總敘山篇第一敘北山篇第二敘南山篇第三而無第四五篇圖亦不存勘驗永樂大典所鈌亦同然北宋地志傳世者稀此書考据精核尤非後來廬山紀勝諸書所及雖經殘鈌猶可寶貴故特錄而存之釋惠遠廬山記畧一卷舊載此本之末不知何人所附入今亦併錄存之備參考焉

赤松山志一卷 兩淮馬裕家藏本

宋道士倪守約撰守約未詳何許人惟書前自敘

稱捨家辭父母來投師資又自署松山羽士知爲黄冠書中稱眞廟神廟孝廟寧廟知爲宋人人物之末稱咸淳年號知作於度宗時矣其書首敘皇初起皇初平兄弟仙迹以著是山靈異爲全書綱領次丹類次洞穴類次山類次水類次宫宇類次人物類次制誥類次碑籍類書末又有正統四年明英宗御製敷行非詩非文似乎聯額與此書篇頁不相屬蓋後人所附入明代刊本喜於竄亂古書往往如是今刪汰不錄以存守約之舊焉

西湖遊覽志二十四卷志餘二十六卷浙江汪啓淑家藏本

明田汝成撰汝成有炎徼紀聞已著錄是書雖以遊覽爲名多紀湖山之勝實則關於宋史者爲多故於高宗而後偏安逸豫每一篇之中三致意焉宋乾道間周淙撰臨安志十五卷咸淳間潛說友又續成一百卷湖山特其中之一目例不當詳吳自牧作夢粱錄周密作武林舊事於歲時風俗特詳而山川古跡又在所畧惟汝成此書因名勝而附以事蹟鴻纖鉅細一一兼該非惟可廣見聞併

可以考文獻其體在地志雜史之間與明人遊記徒以觴詠登臨流連光景者不侔其志餘二十六卷則摭拾南宋軼聞分門臚載大都杭州之事居多不盡有關於西湖故别爲一編例同附錄蓋有此餘文以消納其冗碎而後本書不病於蕪雜此其義例之善也惟所徵故實悉不列書名遂使出典無徵莫能考證其眞僞是則明人之通弊汝成亦未能免俗者矣

桂勝十六卷　浙江鮑士恭家藏本　附桂故八卷　兩淮鹽政採進本

明張鳴鳳撰鳴鳳有西遷注已著錄是二書並成於萬歷癸丑桂勝序題五月六日桂故序題七月朔劉繼文序稱前十六卷爲桂勝志桂槩也後八卷爲桂故志故實也鳴鳳桂勝自序亦稱外桂故八卷用輔以行桂故自敘稱余志桂勝竊迹前事云云則二書相因而作實一書也桂勝以山水標目各引證諸書敘述於前郎以歷代詩文附本條下而於石刻題名之類搜採尤詳又隨事附以考證多所訂正董斯張吳興備志朱彝尊日下舊聞

即全仿其體例於地志之中最爲典雅桂故分郡國官名先政先獻游寓襍志六門郡國考歷代沿革詳列史志辨今之桂林非古之桂林官名則臚舉歷代之制蓋疆域明則先獻有所斷限職制明則先政有所徵驗乃不至如他志書人物名宦附會牽合故以冠於首也其先政先獻人各爲傳大抵鎔鑄舊文剪裁蔓語務取其有關是土而不濫涉其生平又多採金石之文不盡取諸史籍故其詞簡而不支博而有據其游寓襍志亦多據題名

碑碣姓名年月歷歷可稽在明代輿記之中於康
海武功志韓邦靖朝邑志外自爲别調可以鼎立
而三他家莫之逮也二書所載皆止於南宋葢年
遠者易湮時近者易濫詳人所畧畧人所詳其書
乃博贍而有體是又鳴鳳創例之微意歟

欽定盤山志二十一卷

國朝大學士蔣溥等奉

勅撰盤山在薊州城北二十五里爲漢末田疇隱居之
地五峯三盤林壑幽邃單椒秀澤雄甲畿東自

聖祖仁皇帝四度臨幸
宸章題詠照爍巖阿然舊無山志青溝釋智朴始草創成
編詞旨冗蔓體例尚多未備我
皇上宸遊莅止靈境日開乾隆九年始
命發內帑建
靜寄山莊於山之陽天闢名區全攬勝概歲春秋有
事於
祖陵每駐蹕
行宮

幾餘靜悟智仁樂趣暢洽

宸襟山水效靈益增神秀乾隆十九年二月因

行幸山莊爰

命蔣溥汪由敦董邦達裒纂新志溥等承

詔屬稿詳加裒輯分圖考名勝寺宇流寓方外藝文物

産雜綴八門釐為十六卷首冠以

巡典

天章五卷至十二月書成奉表恭進焉臣等敬繹

睿製勞考舊文惟茲山之靚深奧足與鎮嶽觀秀而

其名不大顯於前世以是知天地清淑之氣扶輿
磅礴固必待時而出以奉
大聖人泮奐之娛而
天筆昭回鏤耀谷品題甲乙榮幸無涯允自古所未
有敬録斯編亦以慶茲山之遭也

西湖志纂十二卷（內府藏本）

國朝大學士梁詩正禮部尚書銜沈德潛等同撰初
雍正中浙江總督李衛修西湖志延原任編修傅
王露總其事而德潛以諸生爲分修凡成書四十

八卷雖敘次詳明而徵引浩繁頗嫌冗蔓至乾隆

十六年恭逢

聖駕南巡

淸蹕所臨湖山生色德潛因取舊志復與王露重加纂

錄芟繁就簡別爲十卷而梁詩正亦

奏請重輯西湖志會德潛書稿先成繕錄進

御覽

皇上優加錫賚

特製詩篇以弁其首並

勑詩正即以德潛此稿合成之詩正復偕王露叅考釐

訂爲十二卷於乾隆十八年十二月奏

進首名勝各圖次西湖水利次孤山南山北山吳山西

溪諸勝蹟而終以藝文雖門目減於舊志而大綱

已包括無餘且仰荷

宸翰親題榮光下燭尤從來輿記所未有固非田汝成

輩區區記載所得並稱矣

右地理類山川之屬七部一百十三卷皆文淵閣著

錄

洛陽伽藍記五卷編修勵守謙家藏本

後魏楊衒之撰劉知幾史通作羊衒之晁公武讀書志亦同然隋志亦作楊與今本合疑史通悮也其里貫未詳據書中所稱知嘗官撫軍司馬耳魏自太和十七年作都洛陽一時篤崇佛法剎廟甲於天下及永熙之亂城郭邱墟武定五年衒之行役洛陽感念廢興因捃拾舊聞追敘故蹟以成是書以城內及四門之外分敘五篇敘次之後先以東面三門南面三門北面二門各署其新舊之名

以提綱領體例絶爲明析其文穠麗秀逸煩而不厭可與酈道元水經注肩隨其兼叙爾朱榮等變亂之事委曲詳盡多足與史傳參證其他古蹟藝文及外國土風道里採摭繁富亦足以廣異聞劉知幾史通云秦人不死知苻生之厚誣蜀老猶存知葛亮之多枉蜀老事見魏書毛修之傳秦人事即用此書趙逸一條知幾引據最不苟知其說非鑿空也他如解魏文之苗茨碑糾戴延之之西征記考据亦皆精審惟以高陽王雍之樓爲即古詩

所謂西北有高樓上與浮雲齊者則未免固於說詩爲是書之瑕纇耳據史通補註篇稱除煩則意有所悋畢載則言有所妨遂乃定彼榛楛列爲子注若蕭大圜淮海亂離志羊衒之洛陽伽藍記是也則衒之此記實有自註世所行本皆無之不知何時佚脫然自宋以來未聞有引用其註者則其刊落已久今不可復考矣

吳地記一卷附後集一卷江蘇巡撫採進本

舊本題唐陸廣微撰宋史藝文志作一卷與今本

合書中稱周敬王十六年丁亥至今唐乾符三年庚申凡一千八百九十五年則廣微當爲僖宗時人然書中虎嘐一條稱唐諱虎錢氏諱鏐改爲滸墅考五代史吳越世家乾符二年董昌始表錢鏐爲偏將光啓三年始拜鏐左衛大將軍杭州刺史景福二年始拜鏐爲鎮海軍節度使潤州刺史乾寧元年始加鏐同中書門下平章事二年始封鏐爲彭城郡王天祐元年封吳王至朱温篡立始封鏐爲吳越王安得於乾符三年以董昌一偏將能使

八諱其嫌名且乾符三年亦安得預稱吳越至錢俶於宋太平興國三年始納土入朝當其有國之時蘇州正其所隸豈敢斥之曰錢氏尤顯為宋人之詞則此書不出廣微更無疑義王士禎香祖筆記嘗摘其語兒亭馮驩宅公孫挺陳開疆顧冶子墓三條又摘其琴高宅一條於地理事實皆為舛繆又案乾符三年歲在丙申實非庚申上距周敬王丁亥僅一千三百九十年實非一千八百九十五年於年數亦復差舛觀其卷末稱纂成圖書以

俟後來者添修而此本無圖前列吳長洲嘉興崑山常熟華亭海鹽七縣而後列吳縣長洲縣事爲多殆原書散佚後人採綴成編又竄入他說以足卷帙故訛異若是耶以今世所行別無善刻故姑仍吳琯此本錄之以存梗概而附訂其牴牾如右

又吳地記後集一卷蓋續廣微之書者不著撰人名氏前有題詞稱自唐王郢叛亂市邑廢毀或傳記無聞或廢興不一僅采摘縣錄據圖經選其確實者列於卷後所記建置年號止於祥符元年疑

北宋人作舊本附録今亦併存備考焉

長安志二十卷兩淮馬裕家藏本

宋宋敏求撰敏求有唐大詔令已著録是編皆考訂長安古蹟以唐韋述西京記疎畧不備因更博採羣籍參校成書凡城郭官府山川道里津梁郵驛以至風俗物產宮室寺院纎悉畢具其坊市曲折及唐盛時士大夫第宅所在皆一一能舉其處粲然如指諸掌司馬光常以爲考之韋記其詳不啻十倍今韋氏之書久已亡佚而此志精博宏贍

舊都遺事藉以獲傳實非他地志所能及程大昌
雍錄稱其引類相從最爲明析然細細校之亦不
免時有駁複如曲臺既入未央而又入之三雍是
分一爲二矣長門宫在都城之外長門亭畔而列
諸長信宫内則失其位置矣况宫殿園囿又多空
存其名不著事蹟則無可尋繹矣云云其說雖不
爲無見實則凌雲之材不以寸朽爲病也敏求尚
有河南志與此凡例稍異而並稱贍博今已不存
又楊慎丹鉛錄謂杜常華清宫詩見長安志詩中

曉風乃作曉星檢今本實無此詩蓋慎喜僞托古書不足爲據非此志有所殘缺惟晁公武讀書志載有趙彥若序今本無之則當屬傳寫佚脫耳

洛陽名園記一卷 兩江總督採進本

宋李格非撰格非字文叔濟南人元祐末爲國子博士紹聖初進禮部郎提點京東刑獄以黨籍罷是書記洛中園囿自富弼以下凡十九所格非自跋云天下之治亂候於洛陽之盛衰洛陽之盛衰候於園囿之興廢蓋追思當時賢佐名卿勳業盛

隆能享其樂非徒誇臺榭池館之樂也書錄解題郡齋讀書志俱載李格非撰惟津逮秘書題曰華州李廌考邵博聞見後錄第十七卷全載此書不遺一字題標格非之名同時之人不應有誤知毛晉之誤題審矣王士禎居易錄記是書前有紹興中張琰德和序首曰山東李文叔云云此本亦佚之殆又後人因標題姓名與序不符而刊除其文歟

雍錄十卷大學士于敏中採進本

宋程大昌撰大昌有古周易占法已著錄是編考訂關中古迹以三輔黃圖唐六典宋敏求長安志呂大防長安圖記及紹興秘書省圖（案書中稱閣圖者即秘書省圖）諸書互相考証於宮殿山水都邑皆有圖有說謂三輔黃圖由唐人增續初非親生漢時目睹漢事故隨事立辨不以其名古而不敢置議長安志最爲明析然亦時有駁複呂大防圖凡唐世邑屋宮苑已自不存特其山川地望悉是親見今故本而言之若與古記不合亦復訂正其參校亦可謂

勤矣今考其書如函谷關參都邑之中太子宮序職官之次地圖之後忽列書目數條都邑之前忽出山名一處驟然尋之不得端緒體例稍爲叢襍又集古諸錄所列碑刻自獵碣以外罕登記載考古圖有輂酌宮亦不著其名蓋但憑圖籍而未考金石之文故未免於疎漏然其蒐羅旣富辨証亦詳在輿記之中固爲善本也明代陝西諸志皆號有法其亦以是數書者在前歟考大昌之時關中已爲金土而隔越江表爲隣國著書殊爲無謂蓋

孝宗鋭思恢復有志中原大昌所作北邊備對一書即隱寓經畧西北之意此書猶此志焉耳第五卷中特稱漢唐用兵攻取守避要地一圖其圖說多舉由蜀入秦之迹與郭允蹈蜀鑑所謂由漢中取關陜者大旨相合其微意固可見矣

洞霄圖志六卷 浙江孫仰曾家藏本

宋鄧牧撰牧字牧心錢唐人宋亡後隱居屏跡惟與謝翺友善翺臨終時牧適出遊翺絶筆詩所謂九鎖山人歸不歸者即爲牧作其志趣可以想見

矣洞霄宫在餘杭縣大滌洞天巖壑深秀爲七十二福地之一宋世嘗以舊宰執之奉祠者領提舉事政和中唐子霞作眞境錄紀其勝後不傳端平間有續錄今亦無考牧於大德己亥入洞霄止超然館住持沈多福爲營白鹿山房居之遂屬牧偕本山道士孟宗寶搜討舊籍作爲此志凡六門曰宫曰觀曰山水曰洞府曰古蹟附以異事曰人物分列仙高道二子目曰碑記門各一卷前有元教嗣師吳全節及多福二序後有錢塘葉林台州李

洧孫二跋牧文章本高曠絕俗故所錄皆詳畧有法惟不載宋提舉官姓名近時朱彝尊始作記以補之然宋代奉祠率皆遥領與兹山古蹟不甚相闗正如魏晉以下之公侯名繫郡縣而事殊茅土志乘之中載之不爲贅削之亦不爲闕也牧成此書在大德乙巳至明年丙午春而牧卒此書第五卷後附住持知宫等題名有及丙午六月後事者疑爲道流所增入又人物門有牧及葉林二傳前題續編二字亦不知續之者爲誰舊本所有姑併

存之又書稱圖志而此本乃有志無圖當為傳寫所脫佚無可校補亦姑仍其闕焉

長安志圖三卷安徽巡撫採進本

元李好文撰好文字惟中東明人至治元年進士官至光祿大夫河南行省平章政事致仕給翰林學士承旨一品祿終其身事蹟具元史本傳此書結銜稱陝西行臺御史考本傳稱好文至正元年自國子祭酒改陝西行臺治書侍御史尋遷河東道廉訪使又稱至正四年仍除陝西行臺治書侍

御史六年始除侍讀學士此書葢再任陜西時作
也自序稱圖舊有碑刻元豐三年吕大防為之跋
謂之長安故圖葢即陳振孫所稱長安圖記大防
知永興軍時所訂者好文因其舊本芟除訛駁更
為補訂又以漢之三輔及元奉元所屬者附入凡
漢唐宫闕陵寢及渠涇沿革制度皆在焉總為圖
二十有二其中渠涇圖說詳備明析尤有裨於民
事非但考古蹟資博聞也本傳載所著有端本堂
經訓要義十一卷歷代帝王故事一百六篇又有

大寶錄大寶龜鑑二書而不及此圖元史疎漏此亦一端矣此本乃明西安府知府李經所鋟列於宋敏求長安志之首合爲一編然好文是書本不因敏求而作强合爲一世次紊越旣乖編錄之體且圖與志兩不相應尤失古人著書之意今仍分爲二書各著於錄千頃堂書目載此編作長安圖記於本書爲合此本題曰長安志圖疑李經與長安志合刊改題此名然今未見好文原刻而千頃堂書目傳寫多譌不盡可據故今仍以長安志圖

著錄而附載其異同於此備考核焉

汴京遺蹟志二十四卷 河南巡撫採進本

明李濂撰濂有祥符先賢傳已著錄是書以歴代都會皆有專志獨汴京無之又宋孟元老東京夢華錄蕪穢猥瑣無足觀案元老書記風俗瑣事與地志體殊此語過當謹附訂於此遂摭拾舊聞編次成帙義例整齊頗有體要徵引典核亦具見根據在輿記之中足稱善本雖其精博辨析不及長安志雍錄諸書而自宋梁以迄金源數百年間建置沿革之由廢興存亡之迹

皆爲之彙考臚編畧存端緒亦復粲然如指掌宋敏求東京記今已不傳得濂此書亦足以補其闕矣

武林梵志十二卷 浙江汪汝瑮家藏本

明吳之鯨撰之鯨字伯裔錢塘人萬歷中舉人官浮梁縣知縣是編以杭州梵刹盛於南宋至明而殘廢者多恐遺跡漸湮乃博考乘牒分城内城外南山北山及諸屬縣凡得寺院四百二十六所俱詳誌創置始末及其山川形勢後分天朝寵錫宰

官護持古德機緣歷代勳績四門備紀名流勝蹟
高僧支派各編小傳序錄井然頗有條理其中採
輯宋元明人詩文如仙林崇先二寺記見曹勛松
隱集智果寺記見徐一夔始豐集而志俱失載不
免稍有漏脫又如宋張敦禮捨鐘之法雲寺非杭
之法雲寺而以名同悞入又撰法相寺碑記者前
作范楷後作沈楷亦有駁文然其搜剔幽隱實多
武林遺事西湖遊覽志所未載如明遠堂詩次於
蘇軾諸作之後而東坡集無之張九成喻彌陀塔

銘亦不見於橫浦集張伯雨天池樓詩與本集互異可以參攷其遺聞軼事亦足爲考古談藝之資正不徒爲伽藍增故實矣

江城名蹟二卷江西巡撫採進本

國朝陳宏緒撰宏緒字士業新建人明末以薦授晉州知州時劉宇亮以閣臣督師欲移兵入晉州宏緒拒不納坐謫爲湖州府經歷鼎革後終於家是書以南昌省會爲南昌新建二縣地因攷其名蹟以城之內外爲限凡去城遠者則不及多詳於樓

觀祠宇梵刹園亭之類卷上爲考古卷下爲證今自序謂古與今不以時代爲斷而一以興廢存亡爲斷葢事皆目歷非徒按籍而登也宏緒文章淹雅在明末號能復古故作是書敘次頗有條理考證亦多精核惟喜載雜事多近小說且多曼衍旁涉如天寧寺條下載寺僧淫褻之類頗乖大雅亦非地志之體是則體例未嚴不免爲白璧之瑕矣

營平二州地名記一卷 兩淮鹽政採進本

國朝顧炎武撰炎武有春秋杜解補正已著錄按爾

雅營州孫炎註爲殷制孔穎達尚書疏謂舜十二州有營州殷本虞制分青州地爲之凡在遼水東者東至朝鮮之境皆古營州地也平州卽今永平府在虞時亦爲營州地秦時爲右北平遼西地後漢洎晉皆爲遼西地後漢末公孫度自號平州牧於是平州之名始見於史炎武遊永平時郡人以志屬之炎武未應其求因摭古來營平二州故實纂爲六卷付之題曰營平二州史事今其書不存

此書出自惠棟紅豆齋惟載二州古地名至五代

而止又僅一卷意其爲六卷之一也其中畢耳之
谿一條既引管子最後一頁又載俞兒一事全文
當是隨筆襍鈔失於刪削不但非其完書並爲未
定之稿本矣然炎武嫻於地理所纂述多可依据
書雖殘缺要於考證之學不爲無補焉

金鼇退食筆記二卷 刑部尚書英廉採進本

國朝高士奇撰士奇有春秋地名考畧已著錄是編
乃其康熙甲子官侍講學士入侍
內廷時所作前有自序稱自丁巳

賜居太液池之西朝夕策馬過金鼇玉蝀橋望苑中景物
七閲寒暑退食之頃偶訪曩時舊制約畧得之傳
聞又彷彿尋其故址離宫别館廢者多矣脱復十
數老監已盡遺蹟漸湮無以昭我
皇上卑宫室約園囿之儉德因率筆記之詳於西而畧於
東以所居在苑西故也紀其興廢而復襍以時事
欲見
昭代之盛存爲太平嘉話也又稱衙署監局載在會典
者不書訪聞未確者不書外人所罕窺者亦不敢

書葢其時距明末四十年前朝宦豎存者猶多士

奇出入

禁庭得以詢訪又久寓其旁朝夕考校故所記往往

可據朱彝尊日下舊聞多採掇之今奉

詔考定彝尊之書徵據詳明纎悉必備此編已在包括

之中然其草創記録之功亦不可没仍録存之以

備參稽焉

石柱記箋釋五卷 浙江巡撫採進本

國朝鄭元慶撰元慶字芷畦歸安人吳興山水清佳

自六朝以來稱東南名郡自唐時刻有石柱記樹之杼山載其山川陵墓古蹟古器甚詳迨傳世既久歲月名字遂漫漶不可考歐陽修作集古錄以爲筆畫奇偉非顏眞卿不能書孫覺知湖州聚境內碑碣築墨妙亭貯之凡三十二通石柱記亦居其一後人因府治卑濕墨妙亭諸石盡取以填淤泥而石柱記遂淪沒不復見康熙辛巳元慶重修府志既成復訪得宋槧石柱記爲世所罕覯惟湖州五縣原本祇載其三秀水朱彝尊仍依仿體例

摭德清武康二縣事蹟輯而補之元慶採掇諸書爲之註釋其徵据考証頗爲贍博雖於一郡之勝尚未能包括無餘而軼典遺詞其梗概亦已畧具固亦徵文考獻者所不廢矣

關中勝蹟圖志三十二卷（陝西巡撫採進本）

乾隆四十一年巡撫陝西兵部侍郎兼都察院右副都御史畢沅所進也關中爲雍州舊壤班固所稱神皐奥區周秦漢唐並建都作邑遺聞舊事見於典籍者至多多可以循覽前編考求故址而河

山表裏形勢尤雄奇蹟靈踪亦往往而在諸家撰
述之存於今者三輔黃圖以下如宋敏求長安志
程大昌雍録李好文長安志圖何景明雍大記李
應祥雍畧之類未易一二殫數而山水游記州郡
志乘尚不與焉然體例各殊純駁互見披圖按籍
牴牾實繁未有會稡羣言歸於畫一者我
國家醲化覃敷桐生茂豫周原膴土慶告屢豐華岳
之祠太白之湫俱仰荷
宸翰褒題光燭霄宇其秦漢涇渠故道亦皆次第興修

守土之臣得乘邊圉寧謐民氣和樂之餘行部川原詢求舊跡訂訛釐舛勒成是編以上呈

乙覽視儒生著述披尋於斷碑碎碣之間研索於脫簡殘編之內者其廣狹固有殊矣其書以郡縣爲經以地理名山大川古蹟四子目爲緯而以諸圖附於後援據考證各附本條具有始末臣等謹爲錄副登諸秘閣亦古者郡國地志藏在太史之義也

右地理類古蹟之屬十四部一百二十五卷皆文淵閣著錄

南方草木狀三卷 兩江總督採進本

晉嵇含撰含事蹟附載晉書嵇紹傳考隋志舊唐志俱有含集十卷隋志云其集已亡但附載郭象集下舊唐志仍著錄而不載此書至宋志始著錄觀此書載指甲花自大秦國移植南海是晉時已有是花而唐段公路北戶錄乃云指甲花本出外國梁大同二年始來中國知公路未見此書蓋唐時尚不甚顯故史志不載也諸本但題譙國嵇含惟宋麻沙舊板前題曰永興元年十一月丙子振威將軍襄陽太守嵇含撰

云云載其年月仕履頗爲詳具蓋舊本如是明人始刊削之然晉書惠帝本紀永寧二年正月改元永安七月改建武十一月復爲永安十二月丁亥立豫章王熾爲太弟始改永興是永興元年不得有十一月又永興二年正月甲午朔以干支推之丙子當在上年十二月中旬尚在改元前十二日其時亦未稱永興或其時改元之後併十二月一月皆追稱永興而輾轉傳刻又誤十二月爲十一月歟惟隋志稱廣州太守嵇含而此作襄陽太守

考書中所載皆嶺表之物則疑襄陽或誤題也其書凡分草木果竹四類共八十種敘述典雅非唐以後人所能僞不得以始見宋志疑之其本亦最完整蓋宋以後花譜地志援引者多其字句可以互校故獨尠訛闕云

荆楚歲時記一卷　兩江總督採進本

舊本題晉宗懍撰書錄解題作梁人考梁書元帝本紀載承聖三年秋七月甲辰以都官尚書宗懍爲吏部尚書又南史元帝本紀武陵之平議者欲

因其舟艦遷都建鄴宗懍黃羅漢皆楚人不願移此書皆記楚俗當即其人舊本題晉人誤也唐宋志皆作一卷與今本合而通考乃作四卷考書錄解題載懍自序曰傅元之朝會杜篤之上巳安仁秋興之敘君道娛蜡之述其屬辭則已洽其比事則未宏率爲小說以錄荊楚歲時風物故事自元日至除日凡二十餘事然則必無四卷知通考爲傳寫之誤又檢今本實有三十六事并知陳振孫所記懍序亦以三字訛爲二然周密癸辛襍識引

張騫乘槎至天河見織女得支機石事云出荆楚歲時記今本無之則三十六事尚非完本也其註相傳爲隋杜公瞻作故多引開皇中杜臺卿玉燭寶典然唐志宗懍荆楚歲時記一卷下又出杜公瞻荆楚歲時記二卷豈原書一卷公瞻所註分二卷後人又合之歟

北戸錄三卷 兩淮鹽政採進本

唐段公路撰學海類編作公璐蓋字之訛新唐書藝文志稱爲宰相文昌之孫則當爲臨淄人學海

類編作東牟人亦未詳所本歷仕始末不可考惟
據書首結銜知官京兆萬年縣尉據書中稱咸通
十年知爲懿宗時人而已是書當在廣州時作載
嶺南風土頗爲賅備而於物產爲尤詳其徵引亦
極博洽如淮南萬畢術廣志南越志南裔異物會
要茘枝圖說陳藏器本草唐韻郭緣生述征記臨
海異物志陶朱公養魚經名苑毛詩義船神記字
林廣州記扶南傳諸書今皆散佚藉此畧見一二
即所引張華博物志多今本所無亦藉此以考証

眞僞條下註文頗爲典贍題登仕郎前叅軍龜圖撰不題其姓似爲公路之族然唐書宰相世系表不載其名莫知其審矣唐書藝文志作北戸雜錄疑傳寫悞衍一襍字其作三卷與此本合學海類編所載惟存一卷凡物產五十一條不爲完本曹溶所錄古書往往如是不足深詰也

桂林風土記一卷兵部侍郎紀昀家藏本

唐莫休符撰休符里貫未詳作此記時在昭宗光化二年休符以檢校散騎常侍守融州刺史其終

於何官亦莫能考也此記新唐書藝文志作三卷今存者一卷卷中目錄四十六條今鈌火山採木二條蓋殘鈌之餘非完書矣朱彝尊曝書亭集有此書跋云闞謝在杭小草齋所錄舊藏徐惟起家跋稱獲自錢唐沈氏是洪武十五年抄傳此本小草亭題識及洪武年月與彝尊所言合蓋即彝尊所見本也彝尊跋又稱中載張固盧順之張叢元晦路單韋瓘歐陽膂李渤諸人詩向未著於錄亟當發其幽光今觀諸詩外尚有楊尚書陸宏休二

首亦唐代佚篇爲他書之所未載今全唐詩採錄諸篇卽據此本則其可資考證者又不止於譜民風記土產矣

嶺表錄異三卷永樂大典本

舊本題唐劉恂撰宋僧贊寧筍譜稱恂於唐昭宗朝出爲廣州司馬官滿上京擾攘遂居南海作嶺表錄陳振孫書錄解題亦云昭宗時人然考書中云唐乾符四年又云唐昭宗卽位唐之臣子宜有內詞不應直稱其國號且昭宗時人不應預稱謚

號殆書成於五代時歟粵東輿地之書如郭義恭
廣志沈懷遠南越志皆已不傳諸家所援據者以
恂是編爲最古而百川學海及說郛所載寥寥數
頁首尾不完葢僅從類書抄撮數條以備一種而
恂之原本則已久佚宋代太平寰宇記太平廣記
太平御覽諸書徵引頗夥然尚多挂漏惟散見永
樂大典者條理較詳尚可編次謹逐卷裒輯而佐
以旁見諸書者排比其文仍成三卷以復唐志之
舊雖永樂大典鈌卷數函無從考驗或不免一二

之遺而證以諸書似已十得其八九唐人著述傳世者稀斷簡殘編已足珍惜此更於放失之餘復成完帙使三四百年博物君子所未睹者一旦頓還其舊觀彌足寶矣惟書體例不可考今不敢强爲分門僅使各以類聚庶便省覽其中記載博贍而文章古雅於蟲魚草木所錄尤繁訓詁名義率多精核葉廷珪海錄碎事釋爾雅魁陸引此書凡隴以證之張世南游宦紀聞引郭璞爾雅注犀有三角之文據此書稱犀二角以辨之歷來考據之

家皆資引證蓋不特圖經之圭臬抑亦著雅之支流有裨小學非淺尠也諸書所引或稱嶺表錄或稱嶺表記或稱嶺表異錄或稱嶺表錄異記或稱嶺南錄異核其文句實皆此書殆以舊本不存轉相稗販故流傳訛異致有數名惟永樂大典所題與唐志合今特從之以存其眞焉

益部方物畧記一卷兩淮鹽政採進本

宋宋祁撰祁字子京雍邱人天聖二年進士官至翰林學士承旨謚景文事蹟具宋史本傳是編乃

嘉祐二年祁由端明殿學士吏部侍郎知益州時所作因東陽沈立所撰劍南方物二十八種補其缺遺凡草木之屬四十一藥之屬九鳥獸之屬八蟲魚之屬七共六十五種列而圖之各繫以贊而附注其形狀於題下贊居前題列後古書體例大抵如斯今本爾雅猶此式也其圖已佚贊皆古雅葢力摹郭璞山海經圖贊往往近之注則頗傷謇澁亦每似所作新唐書葢祁敘記之文類如是也胡震亨跋引范成大聖瑞花詩證是花開於春夏

間祁注稱率以秋開爲非殆由氣候不齊各據所

見又引謝濤鴛鴦草詩但娛春日長不管秋風早

句證祁注是草春葉晩生之非則横生枝節夫春

日已長非春晩而何歟至虞美人草自屬借人以

名物如菊號西施之類必改爲娛美人草曲生訓

釋是則支離無所取耳

岳陽風土記一卷 兩江總督採進本

宋范致明撰致明字晦叔建安人元符中登進士

是編乃其以宣德郎謫監岳州商稅時所作不分

門目隨事載記書雖一卷而於郡縣沿革山川改易古蹟存亡考證特詳如樂史太平寰宇記謂大江流入洞庭致明則謂洞庭會江江不入洞庭惟荆江夏秋暴漲乃逆泛而入三五日即還名曰翻流水圖經以鄭王廟爲鄭德璘致明則謂爲隋末鄭文秀與董景珍同立蕭銑者故其北又有董王廟沈亞之湘中怨記岳陽樓聞汜人之歌致明則核以地形謂舟中之歌樓上不辨杜佑通典謂巴邱湖中有曹洲即曹公爲吳所敗燒船處在今縣

南四十里致明則謂今縣西但有曹公渡考之地
理與周瑜曹操相遇處絶不相干漢陽圖經謂赤
壁卽烏林致明則謂曹操巳至巴邱則孫劉宜拒
之於巴陵江夏閒所謂烏林卽烏黎口不當在漢
陽界世傳華容爲章華臺致明則謂舊臺在景陵
界華容隋縣乃取古容城名之酈道元水經注謂
澧水會沅然後入湖致明則謂澧沅雖相通而各
自入湖澧所入處名澧口沅所入處名鼎江口皆
確有引據異他地志之附會其他軼聞逸事亦頗

賛採擇敘述尤爲雅潔在宋人風土書中可謂佳
本矣

東京夢華錄十卷 編修汪如藻家藏本

宋孟元老撰元老始末未詳蓋北宋舊人於南渡
之後追憶汴京繁盛而作此書也自都城坊市節
序風俗及當時典禮儀衛靡不該載雖不過識小
之流而朝章國制頗錯出其間核其所紀與宋志
頗有異同如宋志南郊儀注郊前三日但云齋於
大慶殿大廟及青城齋宮而是書載車駕宿大慶

殿儀駕宿太廟奉神主出室儀駕詣青城齋宫儀
委曲詳盡又如郊畢解嚴宋志但云御宣德門肆
赦而是書載下赦儀亦極周至又行禮儀注宋志
有皇帝初登壇上香奠玉幣儀既降盥洗再登壇
然後初獻而是書奏請駕登壇即初獻無上香獻
玉帛儀又太祝讀冊宋志列在初獻時是書初獻
之後再登壇始稱讀祝亦小有參差如此之類皆
可以互相考證訂史氏之訛舛固不僅歲時宴賞
士女奢華徒以怊悵舊遊流傳佳話者矣

六朝事迹編類二卷　兩江總督採進本

宋張敦頤撰敦頤字養正婺源人紹興八年進士由南劍州教授歷官知舒衡二州致仕是編前有紹興庚辰自序結銜稱左奉議郎充江南東路安撫司幹辦公事蓋登第後之二十二年也其書爲補金陵圖經而作首總敘次形勢次城闕次樓臺次江河次山岡次宅舍次讖記次靈典次神仙次寺院次廟宇次墳陵次碑刻凡十四門引据頗爲詳核而碑刻一門尤有資於考據惟書以六朝爲

名而古迹之中自南唐以逮於北宋如丁謂王安石所建亦具載之殊失斷限又總敘門內六朝保守一篇歷數自吳以來南朝不可北伐北伐必敗即倖勝亦不能守蓋亦南渡之初力主和議之說者然核諸情事其說亦不爲無因固與江東十鑑之虛張形勢者較爲切實矣

會稽三賦三卷禮部尚書曹秀先家藏本

宋王十朋撰十朋字龜齡樂清人紹興二十七年進士第一官龍圖閣學士謚忠文事迹具宋史本

傳所著有梅溪集此賦三篇又於集外别行一曰會稽風俗賦仿三都賦之體歷敘其地山川物産人物古蹟一曰民事堂賦民事堂者紹興中添差簽判廳之公堂也元借寓小能仁寺歲久圮廢十朋始重建於車水城一曰蓬萊閣賦其閣以元稹詩謫居猶得住蓬萊句得名皆在會稽故統名曰會稽三賦初嵊縣周世則嘗爲註會稽風俗賦郡人史鑄病其不詳又爲增注併注後二賦末有嘉定丁丑鑄自跋十朋文章典雅足以標舉兹邦之

勝鑄以當時之人注當時之作耳聞目見言必有

徵視後人想像考索者亦特爲詳贍且所引無非

宋以前書尤非近時地志杜撰故實牽合名勝者

可比與十朋之賦相輔而行亦劉逵張載分注三

都之亞也

中吳紀聞六卷浙江鮑士恭家藏本

宋龔明之撰明之字希仲號五休居士崑山人紹

興間以鄉貢廷試授高州文學淳熙初舉經明行

修授宣教郎致仕是書採吳中故老嘉言懿行及

其風土人文爲新舊圖經范成大吳郡志所不載者仿范純仁東齋紀事蘇軾志林之體編次成帙書成於淳熙九年明之年已九十有二亦可謂耄而好學者矣宋末書已罕傳元至正間武寧盧熊修蘇州志訪求而校定之明末常熟毛晉始授諸梓亦多舛謬其子扆後得葉盛菉竹堂藏本相校第六卷多翟超一條其餘頗有異同何焯假以勘定極爲精審然盧熊跋稱其子昱所撰行實附後今兩本皆無之則葉本亦不免於脫佚也

## 桂海虞衡志一卷 兩江總督採進本

宋范成大撰乾道二年成大由中書舍人出知靜江府淳熙二年除敷文閣待制四川制置使是編乃由廣右入蜀之時道中追憶而作自序謂凡所登臨之處與風物土宜方志所未載者萃爲一書蠻陬絕徼見聞可紀者亦附著之共十三篇曰志巖洞志金石志香志酒志器志禽志獸志蟲魚志花志果志草木襍志志蠻毎篇各有小序各志其土之所有惟志巖洞僅去城七八里內嘗所遊者

志金石準本草之例僅取方藥所須者志蠻僅錄聲問相接者故他不備載志香多及海南以世稱二廣出香而不知廣東香自舶上來廣右香產海北者皆凡品志器并及外蠻兵甲之制以爲司邊制者所宜知故不嫌旁涉諸篇皆序述簡雅無夸飾土風附會古事之習其論辰砂宜砂地脈不殊均生白石牀上訂本草分別之訛邕州出砂融州實不出砂證圖經同音之誤零陵香產宜融諸州非永州之零陵唐書稱林邑出結遼鳥卽邕州之

秦吉了佛書稱象有四牙六牙其說不實桂嶺在
賀州不在廣州亦頗有考證成大石湖詩集凡經
歴之地山川風土多記以詩其中第十四卷自註
皆桂林作而詠花惟有紅豆蔻一首詠果惟有盧
橘一首詠遊覽惟有栖霞洞一首佛子巖一首其
見於詩註者亦僅蠻茶老酒蚺蛇皮腰鼓象皮兠
鍪四事不及他處之詳疑以此志已具故不更記
以詩也其盧橘一種志果不載觀其志花小序稱
北州所有皆不錄或志果亦用此例蠻茶一種志

草木中亦無之考詩註稱蠻茶出修仁大治頭風而志草木中有鳳膏藥亦云葉如冬青治太陽痛頭目昏眩或一物一名耶然檢文獻通考四裔考中引桂海虞衡志幾盈一卷皆志蠻之文而此本悉不載其餘諸門檢永樂大典所引亦多在此本之外蓋原書本三卷而此本併為一卷已刊削其大半則諸物之或有或無亦非盡原書之故矣

嶺外代答十卷 永樂大典本

宋周去非撰去非字直夫永嘉人隆興癸未進士

淳熙中官桂林通判是書即作於桂林代歸之後自序謂本范成大桂海虞衡志而益以耳目所見聞錄存二百九十四條葢因有問嶺外事者倦於應酬書此示之故曰代答原本分二十門今有標題者凡十九一門存其子目而佚其總綱所言則軍制戶籍之事也其書條分縷析視嵇含劉恂段公路諸書敘述爲詳所紀西南諸夷多据當時譯者之詞音字未免舛譌而邊帥法制財計諸門實足補正史所未備不但紀土風物產徒爲談助已

也書錄解題及宋史藝文志並作十卷永樂大典所載併爲二卷蓋非其舊今從原目仍析爲十卷

都城紀勝一卷內府藏本

不著撰人名氏但自署曰耐得翁其書成於端平二年皆記杭州瑣事分十四門曰市井曰諸行曰酒肆曰食店曰茶坊曰四司六局曰瓦舍衆伎曰社會曰園苑曰舟船曰鋪席曰坊苑曰閑人曰三教外地敘述頗詳可以見南渡以後土俗民風之大畧考高宗駐蹕臨安謂之行在雖湖山宴樂已

無志於中原而其名未改故乾道中周淙修臨安志於宮苑及百官曹署尚著舊稱潛說友志亦因之此書直題曰都城蓋官司案牘流傳僅存故事民間則耳目濡染久若定居矣又史載端平元年孟珙會元師滅金是時舊敵已去新釁未形相與燕雀處堂無復遠慮是書作於端平二年正文武恬嬉苟且宴樂之日故競趨靡麗以至於斯作是書者既欲以富盛相誇又自知苟安可愧故諱而自匿不著其名伏讀

御題仰見

聖鑒精深洞其微曖起作者而問之當亦無所置詞以其中舊迹遺聞尚足以資考核而宴安鴆毒亦足以垂戒千秋故糾正其失以示炯鑑而書則仍錄存之焉

夢粱錄二十卷兩江總督採進本

宋吳自牧撰自牧錢塘人仕履未詳是書全仿東京夢華錄之體所紀南宋郊廟宮殿下至百工雜戲之事委曲瑣屑無不備載然詳於敘述而拙於

文采俚詞俗字展笈紛如又出夢華錄之下而觀其自序實非不解雅語者毋乃信劉知幾之說欲如宋孝王關東風俗傳方言世語由此畢彰乎案語見史通言語篇要其措詞質實與武林舊事詳畧互見均可稽考遺聞亦不必責以詞藻也自牧自序云緬懷往事殆猶夢也故名夢粱錄末署甲戌歲中秋日考甲戌爲宋度宗咸淳十年其時宋尚未亡不應先作是語意甲戌字傳寫誤歟王士禎漁洋文畧有是書跋云夢粱錄二十卷不著名氏葢士禎

所見抄本又脫此序故不知爲自牧耳今檢永樂大典所引條條皆題自牧之名與此本相合知非影附古書僞標撰人姓字矣

武林舊事十卷内府藏本

宋周密撰密字公謹號草窻先世濟南人其曾祖隨高宗南渡因家湖州淳祐中嘗官義烏令宋亡不仕終於家是書記宋南渡都城雜事蓋密雖居弁山實流寓杭州之癸辛街故目睹耳聞最爲眞確於乾道淳熙問三朝授受兩宮奉養之故蹟敘

述尤詳自序稱欲如呂滎陽雜記而加詳如孟元
老夢華而近雅今考所載體例雖仿孟書而詞華
典贍南宋人遺篇剩句頗賴以存近雅之言不謬
呂希哲歲時雜記今雖不傳然周必大平園集尚
載其序稱其上元一門多至五十餘條不爲不富
而密猶以爲未詳則是書之賅備可知矣明人所
刻往往隨意刊除或僅六卷或不足六卷惟存故
都宮殿教坊樂部諸門殊失著書之本旨此十卷
之本乃從毛氏汲古閣元板傳抄首尾完具其間

逸文軼事皆可以備參稽而湖山歌舞靡麗紛華著其盛亚著其所以衰遺老故臣惻惻興亡之隱實曲寄於言外不僅作風俗記都邑簿也第十卷末恭待詔以下以是書體例推之當在六卷之末疑傳寫或亂其舊第然無可考證今亦姑仍之焉

歲華紀麗譜一卷附牋紙譜一卷蜀錦譜一卷（兩江總督採進本）

元費著撰著華陽人嘗舉進士授國子監助教官至重慶府總管成都自唐代號爲繁庶甲於西南

其時爲之師者大抵以宰臣出鎮富貴優閒歲時燕集寖相沿習故張周封作華陽風俗錄盧求作成都記以誇述其勝遨頭行樂之說今尚傳之迨及宋初其風未息前後太守如張詠之剛方趙抃之清介亦皆因其土俗不廢娛游其侈麗繁華雖不可訓而民物殷阜歌咏風流亦往往傳爲佳話爲世所艷稱南宋季年蜀中兵燹井閭凋敝乃無復舊觀因追述舊事集爲此書自元旦迄冬至無不備載其體頗近荆楚歲時紀而盛衰俯仰追溯

陳迹亦不無東京夢華之思焉唐韓鄂有歲華紀麗爲類事之書此譜葢偶同其名實則地志也末附牋紙蜀錦二譜葢漢唐以來二物爲蜀中所擅而未有專述其原委者著因風俗而及土產稽求名品臚列頗詳是亦足資考證者矣

吳中舊事一卷永樂大典本

元陸友仁撰友仁字輔之吳郡人此書紀其鄉之軼聞舊迹以補地志之闕而體例則頗近於小說其中如辨吳會吳下之名及陸贄墓張翰宅和令

坊高彪碑之類皆足以資考證紀陳長坊潘兌事紀朱勔事亦足以資法戒其他如范純祐慕容嵓卿事頗爲不經李璋事亦頗猥瑣蓋雜記之書誌神怪資諧笑自唐已然不足爲友仁訾也惟所載鹿苑臺銘紀云永和七年陸機建碑王羲之書則二人時代邈不相及殊失之於不考耳此書刊本頗譌脫今以永樂大典所載互校補正備元人說部之一種雖篇帙無多要與委巷之談異也

平江記事一卷 浙江鮑士恭家藏本

元高德基撰德基平江人嘗官建德路總管書中記干文傳修遼金宋史事則當成於至正中矣所載皆吳郡古蹟而亦兼及神仙鬼怪詼諧謠諺之事可裨圖志佚聞其間如引圖經虞山者巫咸所居而不知其語出越絶書引吳越春秋稻蟹不遺種而不知其語出春秋外傳又胥蘇二字古本通用左傳申包胥戰國策作勃蘇是其明證故國語史記皆作姑蘇德基以蘇爲後人之訛字均爲失考然其序次詳贍條理秩然足供採擷者甚多亦

龔明之中吳紀聞之流亞也其體不全爲地志亦不全爲小說例頗不純無類可隸以其多述古迹姑附之地理類雜記中焉

江漢叢談二卷 兩淮鹽政採進本

不著撰人名氏惟卷首題曰環中迂叟前後無序跋其著書年月及作者時代亦無考按陶珽續說郛載有此書題陳士元撰當卽作易象鉤解之陳士元也其書於楚地故實凡衆說異同者各設爲答問以疏通證明故曰叢談若童士疇沔志以楚

之風城非伏羲後士元則引路史伏羲之後封國者十有九而風國居其首不得謂伏羲之後無風國又山海經舊稱伯益作士元則摭其中長沙零陵乃秦漢郡名知其爲後人附益後漢書載南方諸夷爲盤瓠犬種士元則以爲人名非犬名如斯之類持論皆極精確惟隋侯得珠孟宗得笋之類舊籍相傳事涉神怪正可存之不論士元必輾轉徵引以實之未免失於附會蓋夸飾土風標榜鄉賢乃明地志之陋習士元亦未免是要其引据賅

洽論斷明析則非明人地志所及也觀所著易象

鉤解多發明漢學知其留心古籍非空談無根者

比矣

閩中海錯疏三卷浙閩總督採進本

明屠本畯撰本畯字田叔鄞縣人以門蔭入仕官

至福建鹽運司同知是書詳誌閩海水族凡鱗部

二卷共一百六十七種介部一卷共九十種又附

非閩產而閩所常有者海粉燕窩二種後有自跋

稱將入閩時太常少卿余公君房曰狀海錯來吾

徵閩越而逼之因疏以復云云君房者余寅之字與本晙同里爲前輩書中本晙所附案語多引四明土產以爲證蓋即徵閩越而逼之之意中間又有註補疏二字者則徐渤所續也其書頗與黃衷海語相近而敘述較備文亦簡核惟其詞過畧故徵引不能博贍舛漏亦未免如鯊魚一條海語謂鯊有二種而此書列至十二種固可稱賅具然海語所謂海鯊虎頭鯊常以春晦陟於海山旬日化而爲虎者此書反遺之又海鰌一條海語謂其魚

長百里牡蠣聚族其背曠歲之積崇十許丈鰌負以遊峍屼水面如山其形容最爲曲盡而此但以移若山嶽一語槩之殊未明析然其辨别名類一覽了然頗有益於多識要亦考地產者所不廢也

蜀中廣記一百八卷兩淮馬裕家藏本

明曹學佺撰學佺有易經通論已著錄學佺嘗官四川右叅政遷按察使是書蓋成於其時目凡十二曰名勝曰邊防曰通釋曰人物曰方物曰仙曰釋曰游宦曰風俗曰著作曰詩話曰畫苑蒐採宏

富頗不愧廣記之名其中如敘州府之高州明史地理志云洪武五年由州改縣正德十三年復爲州珙及筠連三縣隷焉此書仍稱高州爲縣二縣亦不爲之屬又成都府之資陽縣明史地理志屬簡州此書不繫簡州而列於仁壽井研二縣後皆未免編次偶疎王士禎古夫于亭雜錄曰丹鉛錄載東坡贈靑神楊棟詞云允文事業從容了要岷峨人物後先相照見說君王曾有問似此人才多少而引小說高宗問馬騏蜀中人才如允文者有

幾二云云案允文采石之功在南渡後東坡之没久矣安得先有此詞而曹能始蜀中十志亦載之畧無駁正又曰蜀中十志以物類相感志十八卷爲東坡撰謬甚則訛舛牴牾亦時時間出蓋援據既博則精粗畢括同異兼陳亦事勢之所必至要之不害其大體談蜀中掌故者終以全蜀藝文志及是書爲取材之淵藪也

益部談資三卷　兩淮鹽政採進本

明何宇度撰宇度里貫未詳萬歷中官夔州府通

判是書所紀皆四川山川物產及古今軼事分上
中下三卷以體例不似圖經故署曰談資實亦地
志之支流也蜀雖僻處一隅而蠶叢魚鳧以下古
蹟爲多長卿子雲以後文士爲衆又地形奧衍百
產繁饒富庶之餘溢爲奢麗歲時游樂亦自古爲
盛故其見於記載形於歌咏者自揚雄蜀王本紀
譙周三巴記李克益州記以下圖籍最多遺事佚
聞皆足資採摭是書掇拾蒐羅尚未能一一賅備
然詮釋不苟去取頗嚴其後曹學佺作蜀中廣記

徵引較博不免稍涉氾濫轉不若此本之雅潔在

明人雜說之中尚可稱簡而有要者原本有李維

楨跋亦極推爲善本蓋不誣云

顏山雜記四卷山東巡撫採進本

國朝孫廷銓撰廷銓字伯度又字枚先號沚亭益都

人前明崇禎庚辰進士入

國朝以薦授河間府推官擢吏部主事歷官內秘書

院大學士諡文定益都有顏神鎮形勢險阨明代

嘗建城設官以治之廷銓世居其地康熙丙午予

告在籍因蒐輯舊聞作爲此書分山谷水泉城市官署鄉校逸民孝義風土歲時長城考靈泉廟災祥物變物產物異遺文諸目敘次簡核而造語務求雋異王士禎居易錄稱田雯黔書七十六篇有似爾雅者有似考工記者有似公穀檀弓者有似越絕書者故相孫文定公廷銓作顏山雜記記山蠶琉璃窑器煤井鐵冶等文筆奇峭亦如此者云云今考琉璃窑器煤井鐵冶俱此書所載其山蠶一條則在廷銓南征記畧中士禎蓋偶然悞記又

士禎香祖筆記引此書所載鳳凰嶺玉皇宮石刻宋太祖太宗眞宗御押與周密癸辛雜識所載不同云並載以備參考案癸辛雜識爲明代重刊此石爲宋代原刻木板易訛當以碑本爲據士禎兩存亦非也惟香祖筆記又據黃瓚雪洲集議礦盜一疏謂顏神設官之議起於瓚而駁此書正德十二年巡按黃某奏請之說爲非是則誠廷銓考核之疎矣

嶺南風物紀一卷 江蘇巡撫採進本

國朝吳綺撰宋俊增補江闓刪訂綺字園次號聽翁江都人順治甲午拔貢生官至湖州府知府俊字長白山陰人闓字辰六自署貴陽人而王士禎蠶尾集書繡頭道人事一篇稱門人新安江闓辰六前知均州曰云云未審實籍何地也綺本文士故是書所敘述率簡雅不支與范成大桂海虞衡志可相伯仲首二條敘氣候次十條敘石次六十條敘草木花竹次十七條敘鱗介次三條敘布次三條敘香次二條敘酒次四條敘蔬穀次十五條敘

雜事其敘研敘香特詳核惟碣石衛品字不一條宜入卷末雜事中則分類編次偶然失序耳俊所增補凡七條皆別識之其論米芾所賞之石本出浛洭縣地秋深水涸之時於沙坑中取之謂之脫沙後浛洭併入英德遂以英德石當之實皆贋物亦前人所未發惟閻所删者今不可見其刊除當否遂不可考矣

龍沙紀畧一卷 內閣中書方維甸家藏本

國朝方式濟撰式濟字屋源號沃園康熙己丑進士

官中書舍人是編乃式濟之父澄嶧謫居黑龍江時式濟往省因據所見聞考核古蹟勒爲九門一曰方隅二曰山川三曰經制四曰時令五曰風俗六曰飲食七曰貢賦八曰物產九曰屋宇總名曰龍沙紀畧考後漢書班超傳贊曰坦步葱雪咫尺龍沙章懷太子註曰謂葱嶺雪山龍堆沙漠也漢書匈奴傳曰康居烏孫豈能踰白龍堆而寇西邊孟康註曰龍堆形如土龍高大者二三丈卑者丈餘在西域中又酈道元水經註曰鄯善國東垂當

白龍堆則龍堆在西不在東又漢書武帝本紀曰衛青復將六將軍絶幕顔師古注曰沙上曰幕直度曰絶後漢書西域傳曰孝武深維長久之計命遣虎臣浮河絶幕又竇憲燕然山銘稱絶大漠李陵別歌稱經萬里兮渡沙漠則沙漠迤繞西北亦不在東自劉孝標有賦得龍沙宵月明詩李白有將軍分虎竹戰士卧龍沙之句始悞以龍沙爲一地而詩家遂沿爲塞外之通稱式濟記東北之事而以龍沙爲書名葢沿用舊文之故不知自唐以

來渤海大氏奄有斯土已久爲城郭宫室之國豈
可以龍沙爲目哉然白山黑水之間古來輿記大
抵得諸傳聞卽近時修志乘者秉筆之人亦未必
親至其地式濟久住於斯又閒居多暇得以遊覽
詢訪究其詳悉如辨混同江源出長白山土人呼
爲松阿里江松阿里江北與諸尼江合流東北受
黑龍江又南受烏蘇里江滙注於海因其納三江
之大故名混同葢松阿里自南而北黑龍江自北
而南歴二千五百里之遥兩江不得混稱其上游

未會時仍當稱松阿里江云云此足證金史混同

江一名黑龍江之誤又辨金志宋瓦之訛松花又

搜討黑龍江源與塞外入江諸小水及精奇尼江

諾尼江諸派亦多

盛京通志所未載固志輿圖者所必考舊附述本堂

諸詩集後今以所載悉屬地理故析而録諸史部

焉

臺海使槎録八卷 原任編修廝守謙家藏本

國朝黃叔璥撰叔璥有南征記已著録茲編乃康熙

壬寅叔璥爲御史時巡視臺灣所作故以使槎爲名凡分三子目卷一至卷四爲赤嵌筆談卷五至卷七爲番俗六考卷八爲番俗雜記臺灣自康熙癸亥始入版圖諸書紀載或疎畧不備或傳聞失真叔璥裒輯諸書參以目見以成此書於山川風土民俗物產言之頗詳而於攻守險隘控制機宜及海道風信亦皆一一究悉於諸番情勢尤爲賅備雖所記止於一隅而亘古以來輿記之所不詳者蒐羅編綴源委燦然固非無資於考證者矣

東城雜記二卷浙江巡撫採進本

國朝厲鶚撰鶚有遼史拾遺已著錄杭城東地曰東園者宋故園也其名見於宋史鶚家於此爲考里中舊聞遺事輿記所不及者八十五條釐爲上下二卷大抵畧於古而詳於今然所載九宮貴神壇紅亭醋庫諸條考據頗爲典核又紀高雲閣蘭菊草堂竹深亭及金石中之慈雲寺宋刻劍石銘諸舊蹟俱浙江通志及武林各舊志所未詳他如灌園生以下諸人皆系以小傳使後之修志乘者有

所徵引其用力亦可謂勤矣鶚素博覽並工於詩詞故是書雖偏隅小記而敘述典雅彬彬乎有古風焉

右地理類雜記之屬二十八部二百一十三卷皆文淵閣著錄

# 欽定四庫全書總目 史部

卷七十一之七十三

12225

欽定四庫全書總目卷七十一

史部二十七

地理類四

遊城南記一卷 編修汪如藻家藏本

宋張禮撰禮字茂中浙江人元祐元年與其友楚人陳微明遊長安城南訪唐代都邑舊址因作此記而自爲之注凡門坊寺觀園囿村墟及前賢遺迹見於載籍者叙錄甚備如嘉話錄載慈恩寺題名始於張莒禮則引唐登科記謂進士中有大中

十三年及第之張台而無張莒又長安志載章敬寺本魚朝恩莊後爲章敬皇后立寺故以爲名禮則以宋代寺基與志所載地理不同而疑其已非古址皆能據所目見而考辨之其徵据頗爲典核所列金石碑刻名目亦可與集古錄諸書互相參証每條下間有續注不知何人所增中有金代年號其薦福寺一條又有辛卯遷徙之語案辛卯爲金哀宗正大八年史載是年四月元兵克鳳翔兩行省棄京兆遷居民於河南所云遷徙當即此事

葢金末元初人也

河朔訪古記二卷（永樂大典本）

不著撰人名氏明焦竑國史經籍志著錄亦不云誰作考元劉仁本羽庭集有是書序曰今翰林國史院編修官郭囉洛氏納新（案郭囉洛原作葛邏祿納新原作迺賢今改正）易之自其先世徙居鄞至正五年挈行李出浙渡淮溯大河而濟歷齊魯陳蔡晉魏燕趙之墟弔古山川城郭邱陵宮室王霸人物衣冠文獻陳迹故事暨近代金宋戰爭疆場更變者或得於圖經

地志或聞諸故老傳家流風遺俗一皆考訂夜還旅邸筆之於書又以其感觸興懷慷慨激烈成詩歌者繼之總而名曰河朔訪古記凡一十六卷云云則此書實納新作焦氏考之未審序稱十六卷焦氏作十二卷亦誤也納新族出西北郭囉洛因以爲氏郭囉洛者以

欽定西域圖志考之即今塔爾巴哈台也元時色目諸人散處天下故納新寓居南陽後移於鄞縣初辟爲浙東東湖書院山長以薦授翰林編修官出叅

桑戳實哩原作桑前失里今改正軍事卒於軍所著金臺集

尚有刊本惟此書久軼今散見永樂大典中者惟

一百三十四條所紀皆在真定河南境内而其餘

不存又仁本所稱繼以詩歌者亦不復可見然據

今所存諸條其山川古蹟多向來地志所未詳而

金石遺文言之尤悉皆可以爲考証之助謹彙而

編之核其道里疆界各以類從真定路爲一卷河

南路爲一卷仍錄劉仁本原序冠之雖殘缺之餘

十存一二而崖畧宛在條理可尋講輿地之學者

猶可多所取資焉

徐霞客遊記十二卷 兩江總督採進本

明徐宏祖撰宏祖江陰人霞客其號也少負奇氣年三十出遊攜一襆被遍歷東南佳山水自吳越之閩之楚北歷齊魯燕冀嵩雒登華山而歸旋復由閩之粵又由終南背走峩嵋訪恒山又南過大渡河至黎雅尋金沙江從瀾滄北尋盤江復出嘉峪關數千里窮星宿海而還所至輒爲文以志遊蹟沒後手稿散逸其友季夢良求得之而中多闕

失宜興史氏亦有抄本而譌異尤甚此則楊名時
所重加編訂者也第一卷自天台雁蕩以及五臺
恒華各爲一篇第二卷以下皆西南遊記凡二十
五篇首浙江江西一篇次湖廣一篇次廣西六篇
次貴州一篇次雲南十有六篇所鈌者一篇而已
自古名山大澤秩祀所先但以表望封圻未聞品
題名勝逮典午而後遊迹始盛六朝文士無不托
興登臨史冊所載若謝靈運居名山志遊名山志
之類撰述日繁然未有累牘連篇都爲一集者宏

祖耽奇嗜僻刻意遠遊旣銳於搜尋尤工於摹寫遊記之夥遂莫過於斯編雖足跡所經排日紀載未嘗有意於爲文然以耳目所親見聞較確且黔滇荒遠輿志多疎此書於山川脉絡剖析詳明尤爲有資考證是亦山經之别乘輿記之外篇矣存兹一體於地理之學未嘗無補也

右地理類游記之屬三部十五卷皆文淵閣著錄

佛國記一卷內府藏本

宋釋法顯撰杜佑通典引此書又作法明葢中宗

諱顯唐人以明字代之故原註有國諱改爲四字

也法顯晉義熙中自長安遊天竺經三十餘國還

到京與天竺禪師參互辨定以成是書胡震亨刻

入秘冊函中從舊題曰佛國記而震亨附跋則以

爲當名法顯傳今考酈道元水經注引此書所云

於此順嶺西南行十五日以下八十九字又引恒

水上流有一國以下二百七十六字皆稱曰法顯

傳則震亨之說似爲有據然隋志雜傳類中載法

顯傳二卷法顯行傳一卷不著撰人地理類載佛

國記一卷註曰沙門釋法顯撰一書兩收三名互見則亦不必定改法顯傳也其書以天竺爲中國以中國爲邊地蓋釋氏自尊其教其誕謬不足與爭然六朝舊笈流傳頗久其叙述古雅亦非後來行記所及存廣異聞亦無不可也書中稱宏始三年歲在已亥案晉書姚萇宏始二年爲晉隆安四年當稱庚子所紀較前差一年然晉書本紀載趙石虎建武六年當咸康五年歲在已亥而金石錄載趙橫山李君神碑及西門豹祠殿基記乃均作

建武六年庚子復後差一年葢其時諸國紛爭或

踰年改元或不踰年改元漫無定制又南北隔絶

傳聞異詞未可斷史之必是此之必非今仍其舊

文以從闕疑之義焉

大唐西域記十二卷浙江鮑士恭家藏本

唐釋元奘譯辨機撰元奘事蹟具舊唐書列傳晁

公武讀書志載是書作元奘撰不及辨機鄭樵通

志藝文略則作大唐西域記十二卷元奘撰西域

記十二卷辨機撰又分爲兩書惟陳振孫書錄解

題作大唐三藏法師元奘譯大總持寺僧辨機撰與今本合考是書後有辨機序畧云元奘法師以貞觀三年褰裳遵路杖錫遐征薄言旋軔謁帝洛陽肅承明詔載令宣譯辨機爲大總持寺弟子撰斯方志則陳氏所言爲得其實矣昔宋法顯作佛國記其文頗畧唐書西域列傳較爲詳核此書所序諸國又多唐書所不載則史所錄者朝貢之邦此所記者經行之地也讀書志載有元奘自序此本佚之惟前有尙書左僕射燕國公張說序後有

辨機自序句下間有註文或曰唐言某某或曰某
印度境疑爲原註又有校正譯語云舊作某某訛
者及每卷之末附有音釋疑爲後人所加第十一
卷僧伽羅國條中有明永樂三年太監鄭和見國
王阿烈苦柰兒事是今之錫蘭山即古之僧伽羅
國也至祈福民庶作無量功德共三百七十字亦
註者附記之語吳氏刋本誤連入正文也所列凡
一百三十八國中摩揭陀一國釐爲八九兩卷記
載獨詳所述多佛典因果之事而舉其地以實之

晁公武讀書志稱元奘至天竺求佛書因記其所歷諸國凡風俗之宜衣服之制幅幀之廣隘物産之豐嗇悉舉其梗概蓋未詳檢是書特姑據名爲說也我

皇上開闢天西咸歸版籍

欽定西域圖志徵實傳信凡前代傳聞之說一一釐正此書侈陳靈異尤不足稽然山川道里亦有互相證明者姑錄存之備參考焉

宣和奉使高麗圖經四十卷　兩淮馬裕家藏本

宋徐兢撰兢字明叔號自信居士是書末附其行狀稱甌寧人文獻通考則作和州歷陽人思陵翰墨志又作信州徐兢似當以行狀爲確通考又稱兢爲鉉之裔自題保大騎省世家考王銍默記稱徐鉉無子惟鍇有後居攝山前開茶肆號徐十郎鉉鍇誥勅尚存則通考亦悮傳也據兢行狀宣和六年高麗入貢遣給事中路允廸報聘兢以奉議郎爲國信使提轄人船禮物官因撰高麗圖經四十卷還朝後詔給札上之召對便殿賜同進士出

身擢知大宗正事兼掌書學後遷尚書刑部員外郎其書分二十八門凡其國之山川風俗典章制度以及接待之儀文往來之道路無不詳載而其自序尤拳拳於所繪之圖此本但有書而無圖已非完本然前有其姪蔵題詞一首稱書上御府其副藏家靖康丁未兵亂失之後從醫者得其本惟海道二卷無恙又述兢之言謂世傳其書往往圖亡而經存欲追畫之不果就乃以所存者刻之澂江郡齋周煇清波雜志亦稱兢彷元豐中王雲所

撰雞林志爲高麗圖經物圖其形事爲其說蓋徐素善丹青也宣和末老人在歷陽案此老人字疑爲先人之訛蓋指其父邦彥也雖得見其書但能抄其文畧其繪事乾道中刊於江陰郡齋者卽家間所傳之本圖亡而經存蓋兵火後徐氏亦失元本云云是宋時已無圖矣又張世南游宦記聞曰高麗是年有請於上願得能書者至國中於是以徐兢爲國信使禮物官則兢之行特以工書遣而留心記載乃如是今其篆書無一字傳世惟此編僅存考魏了翁鶴山集

稱麃篆於說文解字以外自爲一家雖其名麃字見於印文者亦與篆法不同云云則其篆乃滅裂古法者宜不爲後人所藏弆然此編已足以傳麃雖不傳其篆可也

諸蕃志二卷（永樂大典本）

宋趙汝适撰汝适始末無考惟據宋史宗室世系表知其爲岐王仲忽之元孫安康郡王士說之曾孫銀青光祿大夫不柔之孫善待之子出於簡王元份房上距太宗八世耳此書乃其提舉福建路

市舶時所作於時宋已南渡諸蕃惟市舶僅通故
所言皆海國之事宋史外國列傳實引用之核其
叙次事類歲月皆合但宋史詳事蹟而畧於風土
物産此則詳風土物産而畧於事蹟蓋一則史傳
一則雜志體各有宜不以偏舉為病也所列諸國
賓瞳龍史作賓同隴登流眉史作丹流眉阿婆羅
拔史作阿蒲羅拔麻逸史作摩逸蓋譯語對音本
無定字龍隴三聲之通登丹蒲婆麻摩雙聲之轉
呼有輕重故文有異同無由核其是非今亦各仍

其舊惟南宋僻處臨安海道所通東南爲近志中乃兼載大秦天竺諸國似乎隔越西域未必親覩其人然考冊府元龜載唐時祆教稱大秦寺桯史所記廣州海獠卽其種類又法顯佛國記載陸行至天竺附商舶還晉知二國皆轉海可通故汝适得於福州見其市易然則是書所記皆得諸見聞親爲詢訪宜其敘述詳核爲史家之所依据矣

溪蠻叢笑一卷編修程晉芳家藏本

宋朱輔撰輔字季公桐鄉人不詳其仕履惟虎邱

志載所作咏虎邱詩一首知爲南宋末人耳溪蠻者卽後漢書所謂五溪蠻章懷太子註稱武陵有雄溪樠溪酉溪潕溪辰溪悉是蠻夷所居故謂五溪蠻今在辰州界者是也輔蓋嘗服官其地故據所見聞作爲是書所記諸蠻風土物産頗備如闌干布之傳於漢代三脊茅之出於包茅山數典亦爲詳贍至其俗尚之異種類之别曲折纖悉臚列明晰事雖鄙而詞頗雅可謂工於叙述用資考證多益見聞固不容以瑣屑廢焉

真臘風土記一卷　浙江范懋柱家天一閣藏本

元周達觀撰達觀溫州人真臘本南海中小國爲扶南之屬其後漸以强盛自隋書始見於外國傳唐宋二史並皆紀錄而朝貢不常至故所載風土方物往往疎略不備元成宗元貞元年乙未遣使招諭其國達觀隨行至大德元年丁酉乃歸首尾三年諳悉其俗因記所聞見爲此書凡四十則文義頗爲賅贍惟第三十六則內記瀆倫神譴一事不以爲天道之常而歸功於佛則所見殊陋然元

史不立眞臘傳得此而本末詳具猶可以補其佚
闕是固宜存備叅訂作職方之外紀者矣達觀作
是書成以示吾邱衍衍爲題詩推挹甚至見衍所
作竹素山房詩集中蓋衍亦服其敘述之工云

島夷志略一卷 浙江范懋柱家天一閣藏本

元汪大淵撰大淵字煥章南昌人至正中嘗附賈
船浮海越數十國紀所聞見成此書今以明馬觀
瀛涯勝覽互勘如觀所稱占城之人頂三山金花
冠衣皆縈綵帨産伽南香觀音竹降眞香之屬瓜

哇之厮村沽灘新村蘇馬魯隘港口諸處風俗各異又其國人有三等其土産有白芝蔴綠豆蘇木金剛子白檀肉荳蔻龜筒玳瑁紅綠鸚䳇之屬舊港有火鷄神鹿之屬皆爲此書所未載又所載真臘風土記亦僅十之四五蓋殊方絶域偶一維舟斷不能周覽無遺所見各殊則所記各别不足異也至云爪哇即古闍婆考明史明太祖時爪哇闍婆二國並來貢其二國國王之名亦不同大淵併而爲一則傳聞之悮矣然諸史外國列傳秉筆之

至正年間河東張翥三山吳鑒之序今考此本

爲元人舊鈔本則此書久無刊板傳播亦稀又稱

經籍志皆不載是書惟錢曾讀書敏求記載之稱

足資考證也考黃虞稷千頃堂書目及焦竑國史

一記述皆載於史者亦不及所言之詳錄之亦

大半爲史所不載又於諸國山川險要方域疆里

究非空談無徵者比故所記羅衛羅斛針路諸國

得於市舶之口傳大淵此書則皆親歷而手記之

八皆未嘗身歷其地即趙汝适諸蕃志之類亦多

二人之序俱存然吳鑒序乃有二篇前一篇題至正巳丑乃此書原序後一篇題至正十一年在前序後二年乃所作清源續志之序悞入此書蓋吳鑒修志之時以泉州爲海道所通賈船所聚因附刊此書於志末摘錄者併志序鈔之也又有嘉靖戊申袁袠跋頗議其漏載日本蓋未悉大淵此書惟紀所見非海國全志云

朝鮮賦一卷　浙江范懋柱家天一閣藏本

明董越撰越字尚矩寧都人成化巳丑進士官至

南京工部尚書謚文僖孝宗即位越以右春坊右庶子兼翰林院侍講同刑部給事中王敞使朝鮮因述所見聞以作此賦又用謝靈運山居賦例自爲之註所言與明史朝鮮傳皆合知其信而有徵非鑿空也考越自正月出使五月還朝留其地者僅一月有餘而凡其土地之沿革風俗之變易以及山川亭館人物畜産無不詳錄自序所謂得於傳聞周覽與彼國所具風俗帖者恐不能如是之周匝其亦奉使之始預訪圖經還朝以後更徵典

籍參以耳目所及以成是製乎越有文僖集四十二卷今未見其本又別有使東日錄一卷亦其往返所作詩文不及此賦之典核別本孤行此一卷固已足矣

海語三卷　浙江鄭大節家藏本

明黄衷撰衷字子和南海人宏治丙辰進士官至兵部右侍郎是書乃其晚年致政家居就海洋番舶詢悉其山川風土裒錄成編自序稱鐵橋病叟者其別號也廣東通志載是書作一卷此本實三

卷分爲四類曰風俗凡二目曰物產凡二十九目曰異途凡五目曰物怪凡八目所述海中荒忽奇譎之狀極爲詳備然皆出舟師舵卒所親見非山海經神異經等純搆虛詞誕幻不經者比每條下閒附論斷詞致高簡時寓勸戒亦頗有可觀書中別有附註乃其族子學準增加原本所載今併存焉案明史滿剌加傳稱正嘉閒爲佛郎機所滅而此書則稱佛郎機破其國王退依陂隄里佛郎機整衆而去王乃復所云云與史稍有不同此書成

於嘉靖初海賈所傳見聞較近似當不失其實是尤可訂史傳之異不僅博物之資矣

東西洋考十二卷江蘇巡撫採進本

明張燮撰燮字紹和龍溪人萬歷甲午舉人考明史黃道周傳載其三罪四恥七不如疏在崇禎十八年距燮鄉薦之時已四十四年尚稱志尚高雅博學多通不如龍溪舉人張燮則燮以舉人終於家也是書成於萬歷丁巳仿宋趙汝适諸蕃志例惟載海國之通互市者首西洋考凡十五國又附

錄者四次東洋考凡七國又附錄者十二次外紀考爲日本及紅毛番不通貢市故別著之次稅餉考分水編陸編職官公署四子目次舟師考分內港水程二洋針路祭祀占驗水醒水忌定日惡風潮汐七子目次稅璫考紀神宗時內官高宷通番蠹國刼官擾民始末最詳次藝文次逸事考其例於交阯占城暹羅彭亨呂宋蘇祿名與古同者仍用古名他若瓜哇之爲下港東埔塞之爲真臘大泥之爲勃泥舊港之爲三佛齊麻六甲之爲滿剌

加啞齊之爲蘇門答剌思吉港之爲蘇吉丹遲悶之爲吉里地悶文郎之爲婆羅猫里務之爲合猫里則並從新名使通俗易檢每國先列沿革事蹟多與諸史相出入如占城即古林邑而五代史以爲自古未通之類亦頗有改正大致與明一統志畧同而稍益以諸書如閩部疏之誤記燕窩菜及小葛羅誤稱吉蘭丹之類咸附辨之次列海船交易之例則皆采自海師賈客之口爲傳記之所未詳其稅璫一篇言利弊最悉水程針路諸篇尤切

於實用惟明代控制外番至爲無術無事則百計以漁利有變則委曲以苟安事事可爲炯戒而篇末諸論乃稱功頌德曲筆實多蓋當時臣子之詞置而不論可矣

職方外紀五卷 兩江總督採進本

明西洋人艾儒畧撰其書成於天啓癸亥自序謂利氏賫進萬國圖誌龐氏奉命翻譯儒畧更增補以成之蓋因利瑪竇龐我廸舊本潤色之不盡儒畧自作也所紀皆絶域風土爲自古輿圖所不載

故曰職方外紀其說分天下爲五大州一曰亞細亞州其地西起那多理亞離福島六十二度東至亞尼俺峽離福島一百八十度南起瓜哇在赤道南十二度北至冰海在赤道北七十二度二曰歐邏巴州其地南起地中海北極出地三十五度北至冰海北極出地八十餘度經一萬一千二百五十里西起西海福島初度東至阿北河距福島九十二度經二萬三千里三曰利未亞州西南皆至利未亞海東至西紅海北至地中海極南南極出

地三十五度極北北極出地三十五度東西廣七
十八度四曰亞墨利加地分南北中路一峽峽南
之地南起墨瓦蠟泥海峽南極出地五十二度北
至加納達北極出地十度半西起福島二百八十
六度東至三百五十五度峽北之地南起加納達
南極出地十度半北至冰海其北極出地度數則
未之測量西起福島一百八十度東盡三百六十
度五曰墨瓦蠟泥加則彼國與之初通疆域道里
尚莫得詳焉前冠以萬國全圖後附以四海總說

所述多奇異不可究詰似不免多所夸飾然天地之大何所不有錄而存之亦足以廣異聞也

赤雅三卷　浙江巡撫採進本

明鄺露撰露字湛若南海人鈕琇觚賸載其爲諸生應歲試時題爲文行忠信乃四比立格以眞草隸篆四體書之坐是被斥蓋亦放誕之士王士禎池北偶談又載其少游金陵客阮大鋮之門嘗爲大鋮作集序大鋮亦爲露作集序其人殊不足重迨

國朝順治初

王師入粵露義不改節竟抱平生所寶古琴不食而死士

禎詩所謂南海畸人死抱琴者即爲露作其志節

乃爲世所稱然露託契閹兒所作嶠雅屢稱大鋮

爲石巢夫子實貽譏於名教後雖晚蓋僅足自贖

固不能與黃淳耀等皦然日月爭光也是書乃露

遊廣西之時徧歷岑藍胡侯槃五姓土司因爲猺

女雲嚲孃留掌書記歸而述所見聞所記山川物

産皆詞藻簡雅序次典核不在范成大桂海虞衡

志下可稱佳本惟中閒叙岑氏猺女祓服名目溪峒中必無此綺麗露蓋摭古事以文飾之又叙猩猩一條大不近情叙木客一條旣稱爲秦時採木之人何以能作律詩所稱細雨詩劍閣鈴逾動長門燭更深一聯何以能用漢唐故事是則附會塗飾不免文士之積習矣

朝鮮志二卷 浙江范懋柱家天一閣藏本

不著撰人名氏書中稱大明一統志則成於明代也卷首略叙疆域沿革而不標其目以下分六大

綱為經曰京都曰風俗曰古都曰古迹曰山川曰
樓臺以所屬八道為緯中曰京畿西南曰忠清東
南曰慶尚南曰全羅西曰黃海東曰江源西北曰
平安東北曰咸鏡皆畧如中國地志惟京都但載
宮殿曹署而不及城市風俗多載其國典制與故
事混而為一又諸道皆無四至八到古迹多雜以
神怪頗同小說於體例皆為未協然遺聞瑣事為
中國史書所未詳者往往而在頗足以資考證其
敘述亦皆雅潔較諸州郡輿圖冗漫無緒者轉為

勝之宋王雲嘗撰雞林志其書不傳徐兢高麗圖經於山川古迹亦畧此書出其國人所述當不失真我

國家

威德覃敷八紘砥屬朝鮮一國道里既近歸化尤先雖號藩封實同郡縣其山川疆域皆宜隸籍於職方錄而存之亦足備輿記之一種也

皇清職貢圖九卷

乾隆十六年奉

勅撰以朝鮮以下諸外藩爲首其餘諸藩諸蠻各以所
隸之省爲次會
聖武遠揚戡定西域拓地二萬餘里河源月窟之外梯
航鱗集琛賮旅來乃增繪伊犁哈薩克布魯特烏
什巴達克山安集延諸部共爲三百餘種分圖系
說共爲七卷告成於乾隆二十二年迨乾隆二十
八年以後愛烏罕霍罕啟齊玉蘇烏爾根齊諸部
咸奉表入覲土爾扈特全部自俄羅斯來歸雲南
整欠景海諸土目又相繼內附乃廣爲續圖一卷

每圖各繪其男女之狀及其部長屬衆衣冠之別
凡性情習俗服食好尚罔不具載考南史載梁武
帝使裴子野撰方國使圖廣述懷來之盛自荒服
至海表凡二十國張彥遠歷代名畫記載梁元帝
有職貢圖史繩祖學齋佔畢引李公麟云元帝鎭
荆州作職貢圖狀其形而識其土俗凡三十餘國
其爲數較今所繪不及十分之一至山海經所載
諸國多出虛撰槪不足憑漢書西域傳以下史家
所述多出傳聞核以道里山川亦往往失實又不

及今之所繪或奉贄貢篚親覲其人或仗鉞秉軺

實經其地允攝提合雒以來所未覩之隆軌然伏

讀

御題長律方以

保泰承庥殷殷咨儆此

景命所以重申

天聲所以益播也自今以往占風驗海而至者當又不

知其凡幾珥筆之臣且翹佇新圖之更續矣

謹案此書及西域圖志皆以紀

盛德昭宣無遠弗屆爲亘古之所未有西域圖志恭錄於都會郡縣類中此則恭錄於外紀者西域雖本外國而列戍開屯築城建邑已同內地之一省入於都會郡縣所以著闢地之廣彰聖武也職貢諸方多古來聲教所不及重譯所未通入於外紀所以著格被之遠表聖化也

坤輿圖說二卷內府藏本

國朝南懷仁撰懷仁西洋人康熙中官欽天監監正

川云云此書所載有銅人跨海而立巨舶往來出
不食不畏寒暑須黃河清當復使其夫婦導護百
其夫婦導開百川嬾不用意謫之並立東南不飲
里腹圍案此下當有腹圍之里數原本脫佚今姑仍之自輔天初立時使
神異經曰東南大荒之中有樸父焉夫婦並高千
方外紀互相出入而亦時有詳略異同案東方朔
大州而終之以西洋七奇圖說大致與艾儒略職
生下卷載海外諸國道里山川民風物產分爲五
是書上卷自坤輿至人物分十五條皆言地之所

其膀下者似影附此語而作又神異經曰北方層冰萬里厚百丈有磎鼠在冰下土中焉形如鼠肉重千斤可以作脯食之已熱云云此書記此物全與相合又周密癸辛雜識曰西域有沙海正據要津其水熱如湯不可向近此天之所以限華夷也終古未嘗通中國忽一日有巨獸浮水窒其骨長數十里横於兩涘如津梁然骨中有髓竅可容並馬於是西域之地始通中國謀往來者每以膏油塗其骨懼其枯朽而折則無復可通故耳云云此

書記此事亦全與相合疑其東來以後得見中國
古書因依仿而變幻其說不必皆有實跡然核以
諸書所記賈船之所傳聞亦有歷歷不誣者蓋雖
有所粉飾而不盡虛搆存廣異聞固亦無不可也
異域錄一卷 兵部侍郎紀昀家藏本
國朝圖理琛撰圖理琛姓阿顏覺羅氏先世葉赫人
由考取內閣中書官至兵部職方司郎中是編乃
康熙五十一年五月圖理琛以原任內閣侍讀奉
命出使土爾扈特由喀爾喀越俄羅斯國至其地五十四

年三月回京師復

命因述其道里山川民風物產以及應對禮儀恭呈

御覽冠以輿圖次隨日紀載見聞其體例畧如宋人行記

但宋人行記以月日爲綱而地理附見此則以地

理爲綱而月日附見所歷俄羅斯境曰楚庫柏興

曰烏的柏興曰柏海爾湖曰尼爾庫城曰昂噶拉

河曰伊聶謝柏興曰麻科斯科曰揭的河曰那里

木柏興曰蘇爾呼忒柏興曰薩馬爾斯科曰狄木

演斯科曰托波爾曰鴉班沁曰費耶爾和土爾斯

科城曰賫耶爾和土爾斯科佛落克顏嶺曰索里喀穆斯科曰畋果羅多曰黒林諾付曰喀山曰西穆必爾斯科曰薩拉托付曰塔喇斯科曰托穆斯科曰伊里木城皆其大聚落也其地爲自古輿記所不載亦自古使節所未經如史記述匈奴北海頗作疑詞故儒者類言無北海今據圖理琛所記知伊聶謝柏興距北海大洋一月程又唐書稱薛延陀夜不甚暗猶可博奕僅得之於傳聞圖理琛以五月至其地知夏至前後確有是事皆我

聖祖仁皇帝德化覃敷
威稜震疊故輶車所至莫不具譯傳供芻糧涉越三四萬
里如行闤闠故得以從容遊覽見所未見聞所未
聞纂述成編以補亘古黃圖所未悉今備錄其文
使天下萬世知
聖化彌綸迴出於章亥所步之外且所記俄羅斯土爾扈
特畏懷恭順之忱允足見
堯天之日所覆無垠凡在方趾圓顱無不嚮集仰流效誠
悉後為三五以求所未有今土爾扈特已全部內

附而所記俄羅斯南路十四國乾隆乙亥以後又

已盡入版圖併以見

武烈

文謨顯承啟佑所由拓億禩之丕基者非偶然也

海國聞見錄二卷 浙江巡撫採進本

國朝陳倫炯撰倫炯字資齋同安人父昂康熙二十

一年從靖海侯施烺平定臺灣烺又使搜捕餘黨

出入東西洋五年叙功授職官至廣東副都統 案副

都統為滿洲額缺陳昂得是官蓋出特典 倫炯少從其父熟聞海道

形勢及襲父蔭復由侍衛歷任澎湖副將臺灣鎮總兵官移廣東高雷廉江南崇明狼山諸鎮又爲浙江寧波水師提督皆濵海地也故以平生閱見著爲此書上卷記八篇曰天下沿海形勢錄曰東洋記曰東南洋記曰南洋記曰小西洋記曰大西洋記曰崑屯記曰南澳氣記下卷圖六幅曰四海總圖曰沿海全圖曰臺灣圖曰臺灣後山圖曰澎湖圖曰瓊州圖凡山川之扼塞道里之遠近沙礁島嶼之夷險風雲氣候之測驗以及外蕃民風物

產一一備書雖卷帙無多然積父子兩世之閱歷
參稽考驗言必有徵視勦傳聞而述新奇據故籍
而談形勢者其事固區以別矣其南澳氣記中稱
萬里長沙者即列子所謂歸墟莊子所謂尾閭抱
朴子所謂沃焦宋史琉球傳所謂落漈但諸書皆
言注之不盈倫炯則推以潮長而此溜落潮落而
此溜長知水自上入仍自下出其言確切近理足
以決千古耳食之疑又史稱舟落漈者一去不返
倫炯則謂乘潮長之時求出則外高內下反不得

出如潮落乘南風棹船尙可出雍正丙午有閩船落漈者果如其說得還此語亦前人所未發惟所記七洲洋帶箭鳥謂由鄭和呼鳥插箭爲記以導海船又記暹羅鬼與鄭和鬬法夜建寺塔今尙在焉則蕃俗信鬼有此附會之談倫炯不爲辨正是亦少疎然是書主於記海道不主於考故實彼國既有此說據而錄之固亦無害宏旨爾

右地理類外紀之屬十七部九十八卷皆文淵閣著錄

欽定四庫全書總目卷七十二

史部二十八

地理類存目一

華陽宮記事一卷浙江汪啟淑家藏本

宋僧祖秀撰祖秀蜀人靖康元年閏十一月汴京陷時隨都人避兵艮岳因記其邸壑池館之勝叙述極詳末歸其過於朱勔梁師成而推原禍本於蔡京王黼東都事畧全載之此本蓋即從黼書錄出也

艮嶽記一卷編修汪如藻家藏本

宋張淏撰淏有會稽續志已著錄是書取徽宗御製艮嶽記及蜀僧祖秀所作華陽宫記各撮其畧首叙朱勔擾民之事又稱越十年金人南侵臺榭宫室悉皆拆毁官不能禁其大意亦與祖秀同

故宫遺録一卷兩淮馬裕家藏本

明蕭洵撰洵廬陵人洪武初爲工部郎中奉命毁元故宫因記其制度洵後爲湖州長與令欲刋未果其本歸於吕山高氏家洪武丙子松陵吴節從

高氏鈔傳萬歷中武進趙琦美得之以張澍門家鈔本互校因行於世其書序次典核朱彝尊日下舊聞全載之故今不重錄焉

右地理類宮殿疏之屬三部三卷皆附存目

新定九域志十卷 浙江汪啟淑家藏本

此書與宋王存等所撰元豐九域志文並相同惟府州軍監縣下多出古蹟一門詳畧失宜視原書頗爲蕪雜蓋卽晁公武讀書志所云新本朱彝尊跋以爲是民間流行之書者也首卷四京及京東

東路俱已闕次卷亦有訛脫彝尊曾見崑山徐氏家藏宋槧本所紀闕文與此本同蓋即從徐氏錄出者張淏雲谷雜記稱南渡後閩中刻九域志誤改睦州爲嚴州今檢毛晉家影鈔九域志舊本睦字未改而此本則已作嚴州足知其出於南宋閩中刊本而古蹟一門當即其時坊賈所增入矣王士禎居易錄載所見九域志與此本合而誤以爲即元豐經進之書則亦未見王存原本也

歷代地理指掌圖一卷（兩淮鹽政採進本）

舊本題宋蘇軾撰始自帝嚳迄於宋代爲圖凡四
十有四前有序後有總論其序云據元豐九域志
然書中乃有建炎二年改江寧爲建寧府紹興三
十二年升洪州爲隆興府諸語案費衮梁溪漫志
曰今世所傳地理指掌圖不知何人所作其考究
精詳詮次有法上下數千百年一覽而盡非博學
洽聞者不能爲自足以傳遠何必托之東坡其序
亦云東坡所爲觀其文淺陋乃舉子對策手段東
坡安有此語最後有本朝陞改廢置州郡一圖乃

有崇寧以後迄於建炎紹興所廢置者此豈出於東坡之手哉云云則此書之僞南宋人固已言之而流傳刊本仍題軾名刊胡安國春秋傳者皆摘其列國一圖爲冠亦仍題曰東坡謬之甚矣其書雖簡明而疎畧殊甚費衮所稱殊爲過當亦不足據也

寰宇通衢一卷 內府藏本

明洪武中官撰案黄虞稷千頃堂書目曰寰宇通衢一卷洪武二十七年九月書成先是太祖以輿

地之廣不可無書以紀之乃命翰林儒臣以天下道里之數編類爲書其方隅之目有八所言皆與此本合

輿圖記叙二卷江西巡撫採進本

明桂萼撰萼有桂文襄奏議已著錄是編卽嘉靖八年爲大學士時所上首爲總圖次則兩京十三省各爲一圖附以四夷圖但畧具兵馬錢糧之總數併府州縣衛之名亦不具列所述利病亦皆敷衍之詞其奏進疏乃稱披此圖如祖宗之親歷地

方者然世宗批荅亦稱其明白要切具見體國經濟皆不可解也

**志畧十六卷** 編修汪如藻家藏本

明廖世昭撰世昭福建懷安人正德丁丑進士官國子監博士是書首題南京兵部武庫司刊行蓋當時官本前載周禮職方氏九州全文其後每省爲一圖而終以四裔各畧載其沿革山川人物古蹟土產舛訛缺畧殊無可觀其四裔一卷傳聞附會尤多失真地志中之最劣者也

皇輿考十二卷副都御史黄登賢家藏本

明張天復撰天復號内山山陰人嘉靖丁未進士官至雲南按察司副使事跡附見明史文苑傳其子元忭傳中是書取閩本志畧稍加潤飾其自序云文襄桂公輿地圖志宫諭念庵羅公廣輿圖司馬許公九邊論詞約而事該故往往引三家之説冠於篇端文襄桂公者桂蕚念庵羅公者羅洪先司馬許公者許論也其大意在規明一統志之失但貪列人物依然挂一漏萬至若四至八到郡縣

沿革皆畧而不詳未爲善本

圖註水陸路程途八卷 浙江鮑士恭家藏本

明黃汴撰汴不知何許人是書前列南北二京及各省路途後序道路分合里數遠近其山川夷險亦言之頗詳書成於隆慶四年而猶載廣東至安南驛路蓋未棄交趾以前所設舊站亦樂史太平寰宇記載燕雲十六州之例也

郡縣釋名二十六卷 浙江鮑士恭家藏本

明郭子章撰子章有蠙衣生易解已著錄其書以

郡縣地名一一詮釋其文義文義可通則畧爲訓
詁如福州則云取百順之名永清則云取邊境永
清之類皆固陋之甚至其不可解者則置而不言
亦何取於釋名乎

目營小輯四卷浙江鮑士恭家藏本

明陸化熙撰化熙有詩通已著錄是書以十三省
布政司爲綱而繫以所屬府州縣衛所凡土貢之
宜鹽課之增損屯田之稅鈔悉隨地詮叙至太僕
寺行太僕寺并各苑馬寺監馬數增耗及邊關堡

寨之廢置武弁員額駐屯之處多有明會典所未載者前有自序題辛酉仲夏辛酉爲天啟元年而書中永平府條下有天啟五年八月現在官兵十一萬七千八十六員名馬騾駝牛五萬三千八百五十一匹隻及所支月餉之數則序作於辛酉書成又在乙丑後矣其曰目營者自序謂取目若營四海之意蓋亦有志時務者也

輿地名勝志一百九十三卷 江蘇巡撫採進本

明曹學佺撰學佺有易經通論已著錄學佺以博

洽聞著述甚富是書則由雜采而成頗無倫次時
亦舛訛又多不著出典未爲善本

今古輿地圖無卷數 江蘇巡撫採進本

不著撰人名氏首列明一統圖由明溯元層累而
上至帝嚳九州凡爲圖五十又别爲古今區域總
要歷代山名歷代水名辰次分野列國分野天象
分野山河兩戒八圖共爲五十有八凡明郡縣用
墨書而歷代沿革異同俱以五色筆界畫細註又
各附說於圖中考錢曾讀書敏求記曰古今輿地

圖二卷起帝嚳九州至元末羣雄悉以明朝區域爲總要復以朱界其間標舉歷代地理於上凡古今山水名及一行山河兩戒咸載焉據其所言與此本合惟曾云二卷此不分卷曾云起帝嚳九州至元末羣雄此起元末羣雄至帝嚳九州爲小異蓋此書本無卷數曾所藏蓋以篇頁稍繁分爲二冊故以二卷著錄又每頁各自爲圖不相聯屬裝潢者以時代先後敘之故始自帝嚳耳然書名今古不名古今是自後溯前之明證圖旁亦細註某

圖第幾字則會所藏本爲誤移其次序審矣其書
於明代郡縣不能計里開方又不能上測經緯二
度其方向皆在影響之間根柢先已不確歷代沿
革遂皆從之而移會以謝莊左傳圖比之非其倫
也

天下郡國利病書一百二十卷兩江總督採進本

國朝顧炎武撰炎武有左傳杜解補正已著錄是書
蓋雜取天下府州縣志書及歷代奏疏文集並明
代實錄輯錄成編其中采掇舊文同異兼收間有

矛盾之處編次亦絕無體例蓋未成之藁本也

增訂廣輿記二十四卷 兩江總督採進本

國朝蔡方炳撰方炳字九霞號息關崑山人明山西巡撫懋德之子也是編因明陸應暘廣輿記而稍刪補之大抵鈔撮明一統志無所考正自列其爻於人物中亦乖體例懋德不愧於人物宜待天下後世記之不可出自方炳方炳自作家傳亦無不可特不可載於輿記也

閱史津逮 無卷數 江西巡撫採進本

國朝朱約淳撰約淳字博成餘姚人順治辛丑進士
官泰安縣知縣是書以閱史不諳地理無由識其
形勢乃考訂往牒正其舛譌各繪以圖前有自序
稱首禹貢從其朔也職方所載代有殊名作歷代
疆域圖十有一海寓瓜分英雄角逐作歷代割據
圖八行臺分建元創明因作省會圖十有七玉門
西限長城北起作九邊圖十有一羌人畢至百粤
胥通作鎮番圖二鎮蠻圖三神京都燕輸將及焉
作漕河海運圖各一古河北播今逼淮泗作黄河

圖一交命四敷明堂咸亨作域外圖九既有省會必詳分野作天文圖一今考其省會圖內有北直隸南直隸等圖福建省圖尚無臺灣澎湖蓋成於明之末年入國朝未及改修云

歷代輿地徵信編殘本十六卷 兩江總督採進本

國朝錢邦寅撰邦寅字馭少丹徒人是編成於雍正中前無總目不知原本卷帙幾何此所存殘稿題曰前集自第一卷至第四卷叙歷代疆域分合第

五卷至第六卷之上半爲形勝紀畧第六卷之下半爲水道紀畧以下則全佚焉其考據議論亦頗博辨而脫落斷爛卽此所存之六卷已不盡可讀矣

山河兩戒考十四卷安徽巡撫採進本

國朝徐文靖撰文靖有禹貢會箋已著錄星野之說見於周禮保章氏以星土辨九州之地所封封域皆有分星以觀妖祥鄭康成注云大界則九州州中諸國之分域於星亦有分焉其書亡矣堪輿雖

有郡國所入度非古數也如鄭氏所言以九州爲大限而諸國地域違於國都者其上應之星自不得盡同是星野不主列國而主乎其地漢書地理志於漢時郡縣略著梗槩至唐而僧一行又據山河以分於義尤近然其說有云魏徙大梁則西河合於東井秦拔宜陽而上黨入於輿鬼彼此遷就益涉支離特其文辭綜博足以自達所見故後代言分野者悉宗之文靖廣採羣書以爲之註此八卷是也自卷九至卷十四則文靖所續補亦引羣

書爲之注自漢以降星野之書已亡說者徒就春
秋內外傳以其所及推其所不及牽合附會皆所
不免是書雖詳於考古不涉占驗然博引曲證以
資談論則可於實用毫無所當也

古今約說無卷數 兩江總督採進本

國朝邵元龍編自署曰古九峯蓋松江人其書節鈔
古今輿地故實詩文排輯成編漫無體例兼有塗
乙空缺處猶未完之稿也

右地理類總志之屬十七部四百三十七卷 內二部無卷數

皆附存目

# 欽定四庫全書總目卷七十三

## 史部二十九

### 地理類存目二

成化山西志十六卷 兩淮鹽政採進本

不著撰人名氏考

國朝雍正甲寅宜興儲大文所纂山西志云舊志成於成化甲午督學僉事胡謐創修則此本爲胡謐所撰矣其後有嘉靖周斯盛志萬歷李維禎志皆本此志而增修者也謐四川馬湖沐川長官司人

永樂辛丑進士見太學題名碑修志之時距其登第之歲已五十四年矣

寧波府簡要志五卷兩淮馬裕家藏本

明黃潤玉撰潤玉有四明文獻錄已著錄是編以舊志太冗乃刪除繁贅定爲是編體例簡潔亦康海武功志之亞然武功志藝文散入各類中此則僅存其篇題而文皆不錄則欲矯志乘濫載之失而未免太簡矣

成化杭州府志六十三卷浙江范懋柱家天一閣藏本

明夏時正撰時正字季爵仁和人正統乙丑進士
官至大理寺卿是書成於成化乙未因洪武中徐
一夔志及永樂景泰續志增修分封畛山川公署
風土學校水利軍政詔赦郵政壇廟名宦科貢人
物墳墓寺觀書籍碑碣紀遺十八門所收頗冗濫
如載凌雲翰嘲析産小詞之類皆非地志之體其
凡例稱引用諸書皆簡節全文或因而足以已意
故皆不著所出其大畧可睹矣

建陽縣志四卷雜誌三卷續志一卷 兩淮馬裕家藏本

明黃瑨撰瑨建陽人是書成於景泰庚午卷首於興圖之外增以先賢畫像十二傳刻失真殆可不必雜誌三卷亦瑨所作而題曰知非子黃景衙集景衙即瑨之字見前志劉章目錄序中蓋其書乃修志之餘摭拾佚事自同於小說家流故署其號也續志一卷乃宏治甲子邑人袁銛所撰名繼前志實則體例各殊

毘陵志四十卷江蘇巡撫採進本

明王與撰與字廷貴武進人景泰辛未進士官至

南京吏部尚書謚文肅是編體例頗詳整惟齊高
梁武雖從斯郡發祥然奄有江東各存國史修郡
志者但可載其軼聞舊蹟以備考徵乃於人物之
首冠以二帝附以諸王揆以斷限之法於義爲濫
蓋輿記務侈土風而不知著書各有體例也

中都志十卷 浙江范懋柱家天一閣藏本

明柳瑛撰瑛字廷玉臨淮人天順丁丑進士官至
河南按察使僉事初明太祖吳元年改濠州爲臨
濠府洪武三年改爲中立府定爲中都立宗社建

宮室七年又改爲鳳陽此志不曰鳳陽而曰中都用太祖制也其書成於成化丁未體例龎雜最爲冗濫

金華府志三十卷兩淮馬裕家藏本

不著撰人名氏前列成化庚子商輅序稱爲知府周宗智撰而志中乃載及隆萬時事豈後來又因宗智之本益以近事耶宗智大冶人天順庚辰進士

赤城新志二十三卷浙江范懋柱家天一閣藏本

明謝鐸撰鐸有赤城論諫錄已著錄台州自嘉定以後建置沿革宋陳耆卿志已具鐸因其體例續輯此編時台州已陞爲府又析黃巖爲太平縣故鐸爲太平人云

宏治八閩通志八十七卷兩淮鹽政採進本

明黃仲昭撰仲昭名潛以字行成化丙戌進士官至江西提學僉事事蹟具明史本傳其書於輿記之中較爲詳整然以戸口水利列之食貨門中則牽强不倫亦創例之未協者也

嘉興府志三十二卷 兩淮馬裕家藏本

明柳琰撰琰儀真人成化丙戌進士官嘉興府知府是編成於宏治壬子以府與所屬七縣各爲一志其例皆分二十一門序述參差詳畧失當殊未見體要

宏治湖州府志二十四卷 兩淮鹽政採進本

明王珣撰珣曹縣人成化己丑進士官至右副都御史巡撫寧夏是志乃宏治辛亥珣官湖州知府時所重修初宋談鑰嘗輯吳興志而文頗蕪陋明

景泰間訓導陳碩乃因舊志續爲一編成化甲午
知府允江勞鉞又合郡人張淵補所未備增爲一
十二卷珦以郡縣續有分析復屬郡人汪翁儀居
應徵陳定等論次增輯刻爲三十二目分禮樂射
御書數六集舊本因前有勞鉞序遂題爲成化志
非也

重修毗陵志四十卷 江蘇巡撫採進本

明宋旦撰旦字懋易武進人初成化己丑常州知
府卓天錫聘旦修郡志書成未刻越十有三年戊

寅新淦孫仁來知府事仍屬昱增修之其書先圖次表次志凡十有七門昱後序云以宋咸淳志爲本次以洪武十年續志及永樂十六年景泰五年敕天下郡縣纂輯志書之副稿按咸淳毘陵志爲史能之撰洪武續志爲謝應芳撰其原書皆有體例故所修比他志爲善惟命周忱賑荒以王恕爲巡撫諸敕諭不專爲常州一府而牽連載之未免失於氾濫云

三原縣志十六卷　兩淮馬裕家藏本

明朱昱撰其書分類太繁例多叢脞如戶口列之食貨門參維不倫縣治官制俱列之公署門亦綱目倒置人物分十七類甲科鄉貢封贈蔭敘悉隸焉而獨以顯達一類別爲一卷冠於前其識趣可知矣遠不及所修毘陵志也

徽州府志十二卷兩淮馬裕家藏本

明汪舜民撰舜民婺源人成化乙未進士官至右副都御史巡撫鄖陽是書成於宏治壬戌分目過多如沿革之外又出郡名一門人物至分爲十四

類皆傷煩碎又風俗形勝二門皆標題夾註有似類書亦乖體例

常州府志續集八卷（兩淮鹽政採進本）

明張愷撰愷無錫人成化甲辰進士仕履未詳初王俱撰常州府志四十卷止於成化二十年此續修之凡見於舊志者不錄其叙事止於正德七年則其書當成於是歲後也江南通志載無錫張愷常郡續志八卷與此本卷數相合其所載惟官署人物藝以沿革山川各門已載前志故也

吳邑志十六卷浙江巡撫採進本

明楊循吉撰循吉有蘇州府纂修識畧已著錄是編成於嘉靖八年較他志乘爲典核然首叙吳國本末爲史考已非一邑之事又引春秋所載吳事爲經考又併非吳地之事矣仍不免志書牽引之習也

常熟縣志四卷兩淮馬裕家藏本

明楊子器撰子器字名父慈谿人成化丁未進士宏治中官常熟知縣因舊琴川志而葺之改題今

名帥其標目賢於舊志遠矣

**赤城會通記二十卷**　浙江范懋柱家天一閣藏本

明王啟撰。啟號柏山，黃巖人。成化丁未進士，官至刑部尚書。是編取陳耆卿《赤城志》、謝鐸《赤城續志》諸書彙爲一帙，而變其體例。自夏后氏迄明，每朝各爲一紀。唐以後則一帝爲一紀。其載官吏則分名宦、死難、儒臣、有事實、官無事實、官有疵官諸目。紀人物則分鄉獻、死節、孝子、烈女、鄉僇諸目。散入各紀之下。又有異聞、祠廟、鄉試、貢薦等目，分析破

碎殊無體要至山川分野無可附麗則舉而列之

夏后氏紀亦可見其例之窒而難通矣

松江府志三十二卷內府藏本

明顧清撰清字士廉華亭人宏治癸丑進士官至

南京禮部尚書事蹟具明史本傳其書頗詳悉有

體稍勝他輿記之冗濫

嘉靖江西通志三十七卷兩淮鹽政採進本

明林庭㭿周廣同撰庭㭿字利瞻閩縣人宏治已

未進士官至工部尚書諡康懿事蹟附見明史林

瀚傳廣字充之崑山人宏治乙丑進士官至南京刑部右侍郎事蹟具明史本傳是編乃嘉靖中庭榻官江西布政司參政廣官按察司副使時所作凡藩省志三卷諸府志三十四卷藩省志分十三門諸府志分二十七門體例畧同他志惟姦宄一門仿諸史姦臣酷吏傳例以示鑑戒獨爲小異史載廣在正德中以劾錢寧獲罪幾死又載其平生嚴冷無笑容巡撫江西墨吏皆望風而去其嫉惡之嚴可以想見此門其廣所刱意歟

雍大記三十六卷 浙江汪啟淑家藏本

明何景明撰景明字仲默信陽人宏治壬戌進士
官至陝西提學副使事蹟具明史文苑傳是編爲
所作陝西總志乃其督學時開局立例召學官生
徒分輯成編者訂改甫就景明以病去官僉事周
宗化攝學政爲續成之始末具詳於段炅序中關
中自三輔黃圖以後宋敏求程大昌所作最簡雅
有法景明廣事蒐採意欲突過前人而嗜博務多
如歷代史贊之類臚爲收入未免氾濫又文字多

摹古而失真如改沿革志曰考易改藝文志曰志貢名目皆出臆創幾於鷗閣虬戸篠驂銑溪七子末派爲世所詬厲亦有由矣

崇安縣志四卷浙江范懋柱家天一閣藏本

明李讓撰讓天台人官崇安訓導書末有宏治癸亥崇安縣丞錢塘沈相刻書跋而科第門中所載乃至正德十四年已卯蓋書成之後又有所續附也其書凡分五十七門猥雜殊甚卷首列諸儒圖像自胡安國以下凡十六人皆畧具眉目不可别

爲某某僅以題識辨姓名不知何取與建陽縣志

所繪同一鄙陋也

彰德府志八卷兩淮馬裕家藏本

明崔銑撰銑有讀易餘言已著錄是書成於嘉靖

壬午自序謂本宋相臺志元相臺續志而益以諸

縣之輿記其書頗爲謹嚴蓋銑本儒者故也

嘉靖惟揚志三十八卷浙江范懋柱家天一閣藏本

明盛儀撰儀字德章江都人宏治乙丑進士官至

太僕寺卿揚州輿記宋代有紹熙廣陵志嘉泰廣

陵志寶祐惟揚志歳久散佚高宗本有惟揚新志而採錄未備嘉靖二十年知府歸安朱懷幹請於巡按御史胡植屬儀輯爲是書沿寶祐舊名以惟揚爲稱且謂禹貢淮海惟揚州寶祐志本此今作維揚者誤也首郡邑古今圖次建革以下十八志又秩官人物二列傳纂次頗有端緒在明代地志中差爲完善惟以古今關涉揚州事蹟仿綱目編年紀載別爲歷代一志則體例殊嫌刱造

嘉興志補十二卷　浙江巡撫採進本

明鄒衡撰衡嘉善人初宋嘉定甲戌岳珂守嘉木始命闕栻創郡志未成元至元間郡博士徐碩續爲三十二卷明宏治中郡守柳邦用再加纂輯衡復取宋元諸志增所未備其已見於柳志者不錄故謂之志補書成於正德元年卷首並載徐碩舊志唐天麟郭晦二人序蓋欲表舊志義例故存其原序以見端末也

嘉靖安慶府志三十卷 兩淮鹽政採進本

明胡纘宗撰纘宗字世甫自號鳥鼠山人泰安人

正德戊辰進士官至左副都御史廵撫河南事蹟附見明史劉訒傳是編乃嘉靖元年纘宗爲安慶知府時所作爲記二表二志十二傳十二不分細目其門人王漢序之曰今郡縣志分門立類撮要標目爲類書之體而非史之例是志一循古文無復分門立類規規也然第四卷已作職官表第七卷又作職官志則於例亦頗不純又顧炎武日知錄曰胡纘宗作安慶府志於正德中劉七事大書曰七年閏五月賊七來寇江境而分註於賊七之

下曰姓劉氏舉以示人無不笑之不知近日之學爲秦漢文者皆賦七之類也是亦好古之過矣

嘉靖廣信府志二十卷（兩淮鹽政採進本）

明費寀撰寀字子和鉛山人正德辛未進士官至禮部尚書事蹟附見明史費宏傳廣信自成化初始有志嘉靖乙酉寀以編修家居與同郡江汝璧楊麟等增修此本凡八門

正德大同府志十八卷（兩淮鹽政採進本）

明張欽撰欽字敬之號心齋正德辛未進士官至

工部左侍郎太學題名碑作通州衛人而此書自
署曰潞郡葢通州爲潞河所經也事蹟具明史本
傳是編乃正德癸酉欽官行人奉使代藩時所作
凡四十門其沿革門紀大同晉置始與郡後魏徙
都平城不知北魏始爲新興至天輿中乃徙平城
山川門白帝山祇載白登臺爲古蹟不知白登有
緐峙宫室武廟諸蹟載於水經注及通典者甚詳
又黄河在大同府東勝州南八里自榆林北塞經
此乃折而南書中僅云自東勝界南流至太原徃

徃失之舛畧蓋邊地少書又倉卒脫稿故也其別立烽堠一門又卷首圖說中有車營戰車諸圖爲他志書所無之例蓋大同在明代爲巖邊故尤詳於武備云

商畧 無卷數 浙江范懋柱家天一閣藏本

明任慶雲撰慶雲商州人正德癸酉舉人官至陜州知州其書首州志次鎮安洛南山陽商南四邑志各分地理建置學校典禮官師選舉人士雜述八門目錄之前有題詞曰今之郡邑古之國也國

可以言語言策郡邑不可以言紀故言畧蓋本之華嶠若文選之典引云爾然國語國策原非地志班固典引亦符命之流引類殊爲紕繆至於華嶠曰畧語出史通亦史志之别名非地志之名也則其書可知矣

**澉浦續志九卷**　浙江巡撫採進本

明董穀撰穀字碩甫正德丙子舉人官安義漢陽二縣知縣罷官後自號碧里山樵又曰漢陽歸叟居海鹽之澉水鎮嘗得宋常棠澉水舊志校而刋

之因採元明事蹟續成此編小變棠之體例分地理職官公署貢賦兵衛祠宇人品雜記藝文九門規矩在前弗能偭錯較他邑志之冗濫尚有典型然能知棠書之善而必欲改紘易轍稍出入之猶不免明人自用之習故精簡古雅亦終不逮棠書焉

金陵古今圖考無卷數 浙江范懋柱家天一閣藏本

明陳沂撰沂有維楨錄已著錄是編紀金陵建置自列國以迄明代爲圖一十有五又以城郭規制

隨世興態復作互見圖以辨之每圖並附有說首有正德丙子自序

金陵世紀四卷　浙江范懋柱家天一閣藏本

明陳沂撰分都邑城郭宮闕郊廟官署雝泮衢市第宅樓宇山川驛路津梁臺苑陵墓祠祀寺觀讖遺賦咏十八門粗具大畧不爲詳贍沂金陵古今圖考乃未登第時所作後官翰林侍講時乃續爲此書隆慶中太僕少卿史際始刊之

隨志二卷　安徽巡撫採進本

明顏木撰木字維喬應山人正德丁丑進士官亳州知州明史文苑傳附見王廷陳傳末是志乃木罷歸後隨州知州澧溪任德屬木所作上卷編年紀事始自羲皇迄於明代下卷皆錄詩文雖以隨志爲名而木籍隸應山與隨接壤志中所載皆合二邑收之其編年之例全仿春秋經文稱隨爲我而以地之沿革官之遷除士之中鄉會試貢太學者按年紀載皆地志未有之例也史稱嘉靖十八年詔修承天大志巡撫顧璘以王廷陳顏木王格

薦書成不稱旨賜銀幣而已其書今未之見觀於

是志亦約畧可知矣

陜西志三十卷（兩淮鹽政採進本）

明伍餘福撰餘福字天錫臨川人正德丁丑進士

官陜西按察司副使是編成於成化乙未以府州

縣衛所寺監爲綱而各繫門目於其下如一統志

之例陜西爲古都會地舊蹟頗多金石尤富諸書

記載頗詳其所採摭尚未能詳備

浦江志畧八卷（浙江汪啟淑家藏本）

明毛鳳韶撰鳳韶字瑞成麻城人正德辛巳進士官至雲南按察司僉事是編乃嘉靖丙戌鳳韶爲浦江知縣時所作分疆域民物官守城社財賦學校人物雜志八門又分子目四十有五較他志頗爲簡質而大旨欲仿通鑑綱目以名字爵謚爲褒貶又仿尹起莘例自爲發明而散署邑人之名已非志體至於正傳之外間有附錄自云仿春秋大全不知春秋大全何與志書之例蓋明之中葉士大夫已如是之陋矣

嘉靖廣西通志六十卷　兩淮鹽政採進本

明黄佐撰。林富參修。佐有泰泉鄉禮，已著錄。富，莆田人，宏治壬戌進士，官至兵部侍郎兼僉都御史，總理兩廣。是編凡圖經二卷、表八卷、志三十卷、列傳九卷、外紀十一卷，大致頗謹嚴。其沿革、分野、職官、選舉皆作表，以省簡牘，體例亦善。惟土官已隸職方，命以爵秩，而列之外紀，非大一統之義。寺觀亦列外紀，云闢異端。然仙釋則入之列傳中，不外其人而外其人之所居，傎矣。藝文苟無關於土風

則可不錄既以其有關錄之而列之於外紀中尤不允也

山東通志四十卷兩淮鹽政採進本

明陸釴撰按明有兩陸釴其一崑山人見明史文苑傳此陸釴字舉之號少石子鄞縣人正德辛巳進士官至山東提學副使與其兄銓並附見明史王慎中傳是編在地志之中號爲佳本體例不務新奇而詳核有法惟海市常變圖稍嫌枝蔓幻化無定之形豈繪畫所可該括耶

12225

欽定四庫全書總目 史部

卷七十四

12225

# 欽定四庫全書總目卷七十四

史部三十

地理類存目三

全陝政要畧四卷 浙江范懋柱家天一閣藏本

明龔輝撰輝餘姚人嘉靖癸未進士官至工部左侍郎是書首陝西省治次自西安府以下分府紀錄有藩封公署官師戸口田賦河防關隘馬政屯田諸目末爲邊鎮圖於山川形勢關隘汛地道里遠近皆繪而列之輝初承巡按御史登州浦鋐檄

纂輯全陝政要總督三邊軍務楊守禮爲之序後以卷帙繁重復節爲此本僅存梗概故名曰畧焉

吳興掌故集十七卷兩淮鹽政採進本

明徐獻忠撰獻忠字伯臣一號長谷華亭人嘉靖乙酉舉人官奉化縣知縣明史文苑傳附見文徵明傳中是編乃其寓居湖州時所作分類十三曰宦業曰鄉賢曰遊寓曰著述曰金石刻曰藝文曰名園曰古蹟曰山墟曰水利曰風土曰物產曰雜考考訂多未詳審如所載寓賢以作漁隱叢話之

胡仔列入明代尤爲舛誤也

廣東通志初稿四十卷兩淮鹽政採進本

明戴璟撰璟字孟光號石屏奉化人嘉靖丙戌進士官至僉都御史巡撫廣東是書乃璟於嘉靖乙未以臨代之時兩月而成未免涉於潦草其門類亦多未當如人物之外别立道學一門介於學校風俗之間雖本之宋史而於地志爲創聞位置先後亦非其所又政紀一門凡歷代黨流嶺表之人皆備書之此自朝政何與輿圖又行次一門惟紀

宋末厓山之事此在史氏爲大綱在地志則軼事矣别爲標目更未允愜也

平涼府通志十三卷陝西巡撫採進本

明趙時春撰時春字景仁號浚谷平涼人嘉靖丙戌進士官至右副都御史巡撫山西事跡具明史本傳是書以平涼爲西北要地舊未有志因創修之分十七門曰建革曰山川曰戸口曰田賦曰物產曰壇祠曰藩封曰官師曰兵制曰學校曰人物曰孝節曰風俗曰河渠曰寇戎曰寺觀曰祥異其

考証敘述具有史法在關中諸志之內最為有名

惜其漫漶磨滅已不可繕寫故僅存其目於此焉

南畿志六十四卷浙江汪啓淑家藏本

明聞人詮撰詮字邦正餘姚人嘉靖丙戌進士官

至湖廣按察司副使明以應天府為南京稱根本

重地有京城圖志僅載都城未詳郡縣詮以監察

御史提督南畿學政因與南京太僕寺卿陳沂纂

輯是書沂即撰金陵古今圖考及金陵世紀者也

前三卷為總志分子目凡八次列十四府四州分

子目凡十二採掇尚爲簡核而亦不免於訛漏

湖州府志十四卷兩淮馬裕家藏本

明唐樞撰樞有易修墨守已著錄是書分土地人民政事三門每門各綴以子目與他志小異然如沿革之中參述祥異體例亦未能精當

嘉興府圖記二十卷浙江巡撫採進本

明趙文華撰文華慈谿人嘉靖己丑進士官至工部尚書明史姦臣傳附見嚴嵩傳中是書乃文華官通政使時遭憂家居應郡守之請而作分方畫

邦制物土人文凡四門而附以叢記敘述頗有體例其方畫每朝爲一地圖殊可爲法然文華小人之尤其姓名人羞稱之故傳本頗稀此殆毀棄之餘歟

滁州志四卷浙江范懋柱家天一閣藏本

明胡松撰松字汝茂滁州人嘉靖己丑進士官至南京吏部尚書謚恭肅事迹具明史本傳同時又有績溪胡松字茂卿正德甲戌進士官至工部尚書明史以二人合傳以名姓相同故也是編乃松

官禮部精膳司郎中以使事歸里郏州林元倫屬成此志先述天文山川物産各爲一篇次則皆以編年紀事間附論斷與他地志分目者不同然傳記與圖各有本例以志名而用史體文雖創而義則乖矣

嘉靖全州志六卷（兩淮鹽政採進本）

明謝少南撰少南上元人嘉靖壬辰進士官至廣西提學僉事全州置於石晉洪武元年改州爲府九年復爲州領灌陽縣

國朝始以全州灌陽同隸桂林府此志輯於嘉靖己酉其時灌陽為州屬故名門皆載灌陽也全州舊有志小南重加修輯凡為綱七為目五十有八其建置門所載沿革云隋平陳改洮陽為湘源不知隋改隸永州載於隋書地理志甚詳又不載後周時地屬南唐又洮水出洮陽縣載於水經注亦未徵引均未免脫略也

嘉靖邵武府志十五卷 兩淮鹽政採進本

明陳璉撰璉字以禮嘉靖壬辰進士官至監察御

史是編成於嘉靖癸卯分天文地理王制人物外志五大綱繫以二十八子目附以三國三表其特創之例在以應候附星野遂使農家占驗冠於郡邑建置之前蓋牽於天文自爲一門不得不爾其實分野之說以二十八宿割屬九州既已聚訟以嶺外蠻荒之地引而測驗於揚州益茫然矣揚州占牛女既已疑似郡武一郡而亦占牛女更牛之一毛矣故劉基淸類天文分野之書今推步家不用近時李光地注禹貢亦主閩屬揚州之說是猶

楊僕移關耳非篤論也又人物門中别立李忠定世家一篇何李二氏世家一篇亦爲創例世家者以爵土世其家也司馬遷以特筆尊孔子葢以子孫世守其祀顏曾孟以下無不列傳矣李綱等雖曰賢者豈可僭用孔子例乎

嘉靖眞定府志三十三卷　兩淮鹽政採進本

明雷禮撰禮有六朝索隱已著錄是編乃禮以吏部考功司郎中謫大名通判時奉檄所修爲圖一表四紀四志九傳十五法綱目體大書以敘事分

注以載言又分立諸侯王表帝系傳后妃傳世家傳均與地志之例不合又表傳所載事皆複出尤非體也

嘉靖河間府志二十八卷兩淮鹽政採進本

明樊深撰深號西田河間人嘉靖壬辰進士官至通政司通政使事迹附見明史楊思忠傳其以深爲大同人則因深以軍籍登第也是編成於嘉靖庚子凡十六門分子目六十有一是時天津衛未分爲府興濟縣亦尚未廢河間所屬凡州二縣十

六故今天津滄州靜海青縣鹽山慶雲南皮皆併載志中深自序稱一方之山川墳土習俗往蹟咸蒐輯罔遺若夫述怪誕以表奇特著事應以實祥異增仙釋以備觀覽名教之所禁者皆得而畧焉其體例頗謹嚴而採掇古事不免貪多假借附會均所不免仍不出明人地志之積習也

陝西行都司志十二卷 浙江巡撫採進本

不著撰人名氏千頃堂書目作包節撰考節字元達華亭人占籍嘉興嘉靖壬辰進士官監察御史

出按湖廣劾守陵大璫廖斌不法反被誣下詔獄謫莊浪衛卒於戍所隆慶初追贈光禄寺少卿事迹具明史本傳此書紀事止於嘉靖且莊浪衛正陝西地當卽節書矣凡分地理建置官師兵防歲計人物六門而以所屬各衛分載其中能闕所不知故簡陋而不荒謬凡例謂學校祀典不立類以建置大端惟此二事故統置於建置之下例殊未允自郡縣山川人物以外無一不從建置起能全附之建置乎

嘉靖貴州通志十二卷兩淮鹽政採進本

明張道撰謝東山刪正道里貫未詳官貴州宣慰司訓導東山射洪人嘉靖辛丑進士官至右副都御史巡撫山東其刊定此書時則官貴州按察司副使也書頗簡畧以孝義隱逸別於人物之外而如陸京張伯安諸人又以孝友入人物志亦無體例也

北地紀四卷安徽巡撫採進本

明汪來撰來字君復天津衛人嘉靖辛丑進士官

慶陽府知府慶陽爲漢北地郡故以名書不分門
目惟以時代先後爲序採事迹詩文之有關慶陽
者得八十一人以后稷居首次以淳維而自附其
名於末故實藝文錯雜互編人物名宦混淆並列
爲從來志乘所未有其前三卷題來名而四卷獨
標北地舉人孫偺撰葢末卷皆來之文章嫌於自
炫故託之偺云

括蒼彙紀十五卷兩淮鹽政採進本

明何鏜撰鏜字振卿號賓巖處州衛人嘉靖丁未

進士官至江西提學僉事鏜以處州舊志十邑各爲一編體例不當又自成化以後記載闕如因彙爲是編考隋代始置處州治括蒼縣本以括蒼山得名今爲處州全府之志不應以一縣冠一郡又不應以一山該一境名實相乖於義未允然宋無吳郡而范成大爲吳郡志則訛誤相沿亦不自鏜輩始矣

萬歷開封府志三十四卷兩淮鹽政採進本

明曹金撰金祥符人嘉靖丁未進士官至兵部右

侍郎兼僉都御史巡撫陝西是書與他志體例畧同惟以仙釋居前官蹟居後而仙釋官蹟之間又介以藝文編次殊爲無法

嘉靖仁和縣志十四卷浙江巡撫採進本

明沈朝宣撰朝宣字三吾仁和人官江陵知縣此志撰於嘉靖己酉凡例謂義類悉依洪武府志案西湖游覽志云洪武初徐一夔著杭州府志頗稱簡明則所據者一夔本也體例頗謹嚴勝他地志之冗濫其稱杭州府舊志備載詔赦蓋用咸淳臨

安志例不知其時臨安爲都城所以備錄明代已
非都城即爲贅文其說最協至於碑刻之文祗載
其目使後世無從考證則失之太簡又引用諸書
或足以已意皆不著其所出則益啓杜撰之門矣
其書舊未刊板萬歷中諸生鄭圭有抄本爲邑令
周宗建攜去
國朝順治丁酉錢塘知縣沈某於宗建家求得之邑
人朱之浩始爲傳寫之浩跋稱其時贅細詿畧而
不詳倘需增輯云

萬歷湖廣總志九十八卷　兩淮鹽政採進本

明徐學謨撰學謨有春秋億已著錄學謨四仕湖廣習其故事此其萬歷中爲左布政使時作也不以州郡分卷惟以事類編輯分三十二門命曰總志其例去各志所書禮樂一門紀事一門以會典通行不爲一地而設國史事秘本非外臣所窺其論亦頗有裁制然通行之典制本不專繫於一地刪之可也至於朝廷政令專爲一地而發者有詔諭可稽有奏議可考亦有案牘可尋實不待披求

國史然後能知此則欲省編輯之力姑爲託詞者

矣

定遠縣志十卷兩淮馬裕家藏本

明高鶴撰鶴字若齡山陰人嘉靖庚戌進士官定

遠縣知縣是書自序稱杜門三日而成世無此理

或刊本訛月爲日歟其記載甚簡畧而體例乃頗

冗雜列疆域道路於建置沿革之前是未出縣名

先臚縣境所謂四界八至不知爲何地而言端緒

殊覺倒置至於屯田一門僅四行惠政一門僅三

行又職官題名之下各書其人之字號如書肆官籍之式亦皆非體也

續朝邑縣志八卷 陝西巡撫採進本

明王學謨撰學謨字子揚朝邑人嘉靖癸丑進士官至大同左衛兵備道初正德己卯韓邦靖作朝邑縣志當時號為佳本學謨此志成於萬歷甲申繼邦靖之志而作故以續名然名為續邦靖書而邦靖所錄此志仍錄葢病邦靖之畧而欲以詳贍勝之特以邦靖名重不敢訟言相攻故諱曰續耳

自序謂匠意綴詞稍稍自異其大吉可見觀所敘

錄視冗濫之輿記尙爲有法然筆力去邦靖遠矣

三郡圖說一卷兩淮鹽政採進本

明王世懋撰世懋有刦金傳已著錄是編乃其官

分守九江道時所作三郡者一饒州二南康三九

江皆所隸也凡地之衝僻俗之澆淳民之利病皆

撮舉其大端而不以山川古蹟登臨題詠爲重葢

猶有古輿圖之遺法末有世懋自跋稱直指使者

東萊趙公命郡縣長吏圖其地境而系說於圖後

既而以所說失實屬世懋改定之故以圖說爲名而不具其圖云

萬歷廣東通志七十二卷兩淮鹽政採進本

明郭棐王學曾袁昌祚同撰棐南海人嘉靖壬戌進士官至布政使加光祿寺卿學曾履貫未詳官光祿寺丞昌祚東莞人隆慶辛未進士官布政司參議是書成於萬歷壬寅凡爲藩省志十三卷郡縣志四十九卷藝文志三卷外志七卷其藩省志輿圖之後卽列事紀五卷茫無端緒惟仙釋寺觀

列之外志較他志體例爲協又增罪放貪酷二門以示譏貶則彷彿嘉靖江西志例也

嘉靖貴州圖經新志十八卷 兩淮鹽政採進本

明趙讚撰讚葉榆人官貴州宣慰使司儒學教授是編成於嘉靖中其凡例謂舊志考究採掇掛漏可笑然此書亦殊舛陋如第二卷内所載題詠每詩皆取一句大書於上而以全詩細字分注於下是何體例也

萬歷四川總志三十四卷 兩淮鹽政採進本

明魏㯖如游㯖童艮同撰提學副使南海郭棐裁正之㯖如題敘州府同知艮題諸生皆不知其里貫㯖福寧人萬歷甲戌進士官成都府推官是書凡省志四卷郡縣志十四卷經畧志附以雜記共十四卷文八卷詩四卷其書於尹吉甫商瞿董永楊畤之類舊志悮收者頗有駁正於趙戒張商英之類舊志濫美者亦頗有簡汰惟職官不載守令未免疎畧而以先代帝紀列於前亦非輿記之體也

安邱縣志二十八卷兵部侍郎紀昀家藏本

明馬文煒撰文煒字仲韜號定宇安邱人嘉靖壬戌進士官至右都御史巡撫江西是志成於萬歷己丑體例頗爲謹嚴其沿革封建秩官貢舉貤封俱列爲表藝文惟列古人著述較他志亦爲清省惟典禮雅樂國家通制非安邱所獨有而各爲一考此劉知幾所論天文諸志誤學史記者也史記括黃帝以來故可立天官一書至歷代非各有一天無庸複志其說具史通表志篇中藝文之末附詩二十首文九篇可謂删除冗濫矣然何不

用范成大吳郡志例散載各條之下乎總記二篇尤多泛濫漢惠帝七年日食于危文帝七年水土合于危後七年有星孛于西方其末指虛此果爲安邱垂象耶漢封劉常爲安邱侯此就國者也於法當書唐封張說爲安邱侯此與安邱風馬牛矣可入說傳不必入安邱志也葢雖稍廓清地志之惡習而猶未能免俗云

嘉靖江都縣志八卷 兩淮鹽政採進本

明葛㵎撰㵎字近園江都人初江都以附郭無專

志嘉靖壬戌知縣趙訥屬洞因府志而增葺之凡八門藝文用吳郡志例附各門之內其人物一門則訥所裁定也草創之初記載殊爲簡畧每條末所繫論贊皆以知縣趙曰四字冠之是縣令諭示鄉民之體也以入志書不學甚矣

紹興府志五十卷（兩淮馬裕家藏本）

明張元忭孫鑛同撰元忭字子藎山陰人隆慶辛未進士官至左諭德事迹具明史儒林傳鑛有月峯評經已著錄是志分十八門每門以圖列於書

後較他志易於循覽體例頗善末爲序志一卷凡紹興地志諸書自越絕書吳越春秋以下一一考核其源流得失亦爲創格

豐潤縣志十三卷（兩淮馬裕家藏本）

明石邦政撰邦政豐潤人其書成於隆慶庚午門目冗雜絕無義例且於歷代帝王妄爲區別以行款高下示其尊尤爲無理

隆慶永州府志十七卷（兩淮鹽政採進本）

明史朝富陳良珍同撰朝富晉江人嘉靖癸丑進

士官永州府知府艮珍南海人官永州府推官永州志編於成化續於嘉靖朝富謂前志核而簡後志詳而雜因斟酌其間以爲此志成於隆慶庚午凡圖經一紀一表三志七傳五惟旣作郡邑紀復作郡邑表殊爲繁複又人物表一卷自漢訖明第其差等雖宗漢書之例亦非志書之體

萬歷江都縣志八卷兩淮鹽政採進本

明陸君弼撰君弼江都人萬歷中貢生是書因嘉靖壬戌葛洞舊志重修而以史法變其體例曰紀

曰表曰志曰傳紀之目一表之目五志之目七傳之目十夫史之有紀爲帝王作也稱之一邑則僭矣其表較他志頗善然既作郡縣紀又作郡縣表其繁複與永州志同提封萬井周制也以名疆域不免甌閣虬户之譏其郡縣紀中稱建興中吳主亮使衛尉馮朝城廣陵三年冬十月魏主以舟師擊吳登廣陵故城案吳城廣陵在五鳳二年當魏正始二年曹丕擊吳則在黄初三年先後顛倒三十年何以舛悮至是也

萬歷衡州府志十五卷兩淮鹽政採進本

明伍讓撰讓衡陽人萬歷甲戌進士官至貴州提學僉事是志成於萬歷乙酉舊本簽題宏治衡州府志誤也凡十一門又各有附錄然如併天文於地理用漢書例可也統詞章於學校是何例乎其沿革門云宋元嘉中以衡陽湘東爲王國不知宋時祇衡陽國爲衡州地又云唐天寶元年改爲衡陽郡不知先已改衡山郡大抵草畧成編耳

天啓贛州府志二十卷兩淮鹽政採進本

明謝詔撰詔贛縣人萬曆甲戌進士官至四川左布政使贛州舊志修於嘉靖丙申天啓元年辛酉詔續修之爲類十四爲目七十九其體例頗爲舛互亦多錯悞如亭館舊蹟例應敘於古蹟門乃悉歸之營建志則古來勝地似悉建於明代矣又鄉賢志分行業忠義孝友各門又別立實行一門亦未免繁複也

萬曆德州志十二卷兩淮鹽政採進本

明李綸撰綸長洲人萬曆二年以貢生官德州學

正是編爲目凡十一明制德州領德平平原二縣而志惟載本州不及屬邑凡例謂二邑各自有志故不載是猶可也於建置志特立坊表一門已覺淺陋至寓賢卽屬流寓並非盡通籍之人乃敘於官績更爲龐雜且德州爲漕運孔道山川一門不載運河則脫畧已甚矣是書所列職官至天啓中止卽學正一官檢後尚有二十八人則又續有增益非檢舊本矣

通州志八卷 兩淮馬裕家藏本

明沈明臣撰明臣字嘉則鄞縣人嘉靖中諸生常與徐渭同參胡宗憲幕府明史文苑傳附見徐渭傳中明南直隸北直隸皆有通州此編南通州志也書成於萬歷丁丑其秩官科第諸門皆括之以表於例頗善

萬歷應天府志三十三卷兩淮鹽政採進本

明王一化撰一化里貫始末皆未詳其作此書時則官應天府教授也應天在明爲南京而舊無府志萬歷丁丑一化始創是編凡爲紀三表九志十

一傳九如郡紀門引金陵志水經注荆州記諸書以證揚州之三江又引括地志以証丹陽之屬秦鄣郡援據頗爲該洽又如引宋景定志及通鑑注謂丹陽治所即漢之宛陵亦足證舊志之誤又明會典及明史職官志諸書皆載明封爵惟公侯伯三等志中封爵表詳載孫炎之追封男爵頗足補史傳之缺佚然如靈谷諸寺創自齊梁舊蹟見於景定志建康志丹陽記諸書者甚詳乃遺漏不載則疎漏亦尚未免也

閩書一百五十四卷福建巡撫採進本

明何喬遠撰喬遠字穉孝號匪莪晉江人萬歷丙戌進士官至南京工部右侍郎事迹附見明史洪文衡傳閩自唐林諝有閩中記宋慶歷中林世程重修之歷南宋及元皆無總志明成化間莆人黄仲昭始爲八閩通志王應山復爲閩大記閩都記全閩記畧皆草創未備喬遠乃薈萃郡邑各志參考前代載記以成是書分二十二門曰方域曰建置曰風俗曰版籍曰扞圉曰前帝曰君長

曰文莅曰武軍曰英舊曰方技曰宦寺曰方外曰
閭閻曰島夷曰靈祀曰祥異曰萑葦曰南產曰蓄
德曰我私其標目詭異多乖志例拜圍志載兵防
及將弁兵士額數而復有武軍志以詳其人文莅
志則合職官名宦而爲一分併均失其當前帝志
載宋端宗及少帝昺端宗雖卽位於福州然正史
已詳不宜復入志中且帝昺卽位於粤之碙洲尤
與閩無涉英舊志載人物而復分縉紳弁韐闗㭊
韋布閭巷僑寓裔派爲七類轉覺淆雜宦寺志專

載五代林延遇明張敏蕭敬三人亦非志中所應有蓄德志雜載叢談逸事並及詩話文評於名爲不稱我私志則裔遠自志其宗族雖倣古人自敘之例而稱名不典語多鄙野其文辭亦好刋削字句往往不可句讀蓋不能出明人纖佻矯飾之習明史本傳亦稱所撰閩書一百五十卷（案書實一百五十四卷蓋刋本誤脫一四字）頗行於世然援据多舛云

萬歷濟寧州志八卷（兩淮鹽政採進本）

明王國楨撰國楨字翼廷安邑人萬歷己丑進士

官至濟寧河道副使以州志舊本殘缺屬諸生朱夢得張維屏分纂而國楨爲之裁定列目凡八又分子目五十僅三月而成書故其間踳駮挂漏不一而足

南康志十二卷兩淮馬裕家藏本

明田琯撰琯大田人隆慶辛未進士官南康府知府是書成於萬歷癸巳門目雖繁而條貫有序猶輿記中之不甚猥雜者

順天府志六卷兩淮馬裕家藏本

明謝杰撰沈應文續成之杰有使琉球錄已著錄應文字徵甫餘姚人隆慶戊辰進士官至南京吏部尚書是書成於萬歷癸巳頗為簡畧所立金門圖京兆圖諸名粉飾求新尤明季纖佻之習

萬歷信陽州志八卷（兩淮鹽政採進本）

明劉尚朴撰尚朴信陽人萬歷乙未進士官至山東布政司叅政先是州人禮部侍郎何洛文撰州志未成尚朴采其遺稿續作此書凡為類十九成於萬歷丁巳序次冗雜殊乖體要

萬歷饒州府志四十五卷（兩淮鹽政採進本）

明陳大綬撰大綬浮梁人萬歷乙未進士官至福建布政使參議饒州自正德辛未劉錄撰志以後百有餘年大綬始撰此志分十三門又分子目八十書成於萬歷乙卯其中如寺觀之建自唐宋者應敘於古蹟乃歸於秩祀門二氏非秩祀也輿地志既分山水爲二門而古蹟門內又載石城山殊無條理沿革門載漢建安十五年孫權置鄱陽郡治舊縣不知初治在鄱陽後徙治吳芮故城亦考

之未詳也

岳郡圖說一卷浙江巡撫採進本

明黃元忠撰元忠字整菴鄞縣人萬歷中由國子監學正出爲岳州府通判是編具述岳州郡城及所屬一州七縣三衛形勝然題曰圖說而此本有說無圖疑佚其半也

海鹽縣圖經十六卷浙江汪啓淑家藏本

明胡震亨撰震亨字孝轅晚自稱遯叟海鹽人萬歷丁酉舉人由故城縣教諭歷官兵部員外郎是

書凡七篇首方域次食貨次戍海次隄海次官師次人物次雜識蓋與姚士粦參修而成然不署士粦之名僅見卷首樊維城序中其不曰志而曰圖經者用北宋州縣圖經例也

萬歷容城縣志七卷 兩淮鹽政採進本

明蔣如苹撰如苹字賓王益都人由貢生官容城縣知縣初隆慶間邑令李蓁春創爲縣志自隆慶三年以後事蹟無徵萬歷甲辰如苹增補爲是編凡十類其創立宮室門已失縣志之例又輿地志

所載唐復置縣後罷宋代復置不知五代晉時歸於遼宋時僅置縣於拒馬河此沿革之大者不應脫畧又濡水在縣西亦曰北易水雹水在縣南即鮑水載於水經注及寰宇記諸書者甚詳亦脫漏不載則其疎舛亦可見矣

萬歷嘉定縣志二十卷兩淮鹽政採進本

明韓浚撰浚字邃之淄川人官嘉定縣知縣元至元中秦輔之始創縣志明自洪熙至嘉靖凡經四修浚於萬歷乙巳復續爲是編頗勝他志之鄙陋

然亦時有疎舛如以水利列於人物之後已覺不倫以古蹟及寺觀敘於雜記門中更爲非例又如疆域考稱自宋分崑山之東境以置縣不知南畿志載宋割崑山安亭等五鄉於練祁市置縣輿地考載嘉定縣原名疁城鄉也

萬歷嚴州府志二十四卷 兩淮鹽政採進本

是書爲萬歷甲寅所修首頁題名叢雜無緒或曰主修或曰同修或曰纂修或曰續修或曰彙集莫知撰人爲誰葢與事者爭欲附名故瞀亂如是前

載舊志凡例頗見體裁是志乃不肯遵用之多所更張務求諧俗則其書可知矣

天台縣志二十卷兩淮馬裕家藏本

明張宏代撰胡來聘續修宏代靈壁人來聘全州人皆天台知縣也宏代書不知成於何年來聘所續則成於萬歷乙卯前十三卷隨事立類爲大目十一小目五十有八詩文别爲七卷附於後

泰州志十卷兩淮馬裕家藏本

明劉萬春撰萬春字公孕泰州人萬歷丙辰進士

官至浙江布政司叅政是書成於崇禎癸酉與他志體例畧同而意主黜僞存眞頗不狥其鄉曲其論學究而驀理學之堂方技而剳隱君之席及諛墓之文雖工不錄者皆切中州郡志書之弊也

萬歴餘杭縣志十卷兩淮鹽政採進本

明戴日强撰日强蒙城人官餘杭縣知縣是編成於萬歴丙辰分十門子目六十有二中間紀載多舛誤如沿革門云漢高帝時屬荆吳國不知漢時餘杭爲西部都尉治仍屬會稽郡城壖門云古城

在今縣溪南莫詳所始不知咸淳臨安志載漢熹平二年所改經兩次遷移至後唐時號爲清平軍殊爲疎於考訂至第一卷既立山川一門而九卷又別立徑山志既有古蹟一門又別立洞霄志更爲冗複矣

萬歷温州府志十八卷兩淮鹽政採進本

明王光藴撰光藴字季宣温州人官至寧國府同知是編成於萬歷丁巳凡爲類十二爲目七十四頗多舛畧如形勝門祇畧敘舊志數行而梁邱遲

永嘉郡教所稱控山帶海云云祝穆方輿勝覽所
稱郡當甌越之衝云云皆未之載此皆失諸眉睫
之前學校門祇載梅溪鴈山兩書院而永嘉書院
之建於宋時載於王圻續文獻通考者亦不及詳
其挂漏可想又治行志中分郡頁吏邑頁吏爲二
門體例亦嫌繁碎也

萬歷襄陽府志五十一卷兩淮鹽政採進本

不著撰人名氏卷首宜城胡價序稱郡守吳公勒
成凡爲目二十有六明封襄藩於襄陽故敘歷代

藩封別作襄世家一卷於闕應爾至以孔子曾適楚國遂於古蹟之外別出聖蹟一門則冗碎甚矣

清江縣志八卷兩淮馬裕家藏本

明秦鏞撰鏞無錫人崇禎丁丑進士官清江縣知縣清江向無志崇禎壬午鏞始創修凡分八目視他志稍爲簡明

崇禎碭山縣志二卷兩淮鹽政採進本

明劉芳撰芳字石子石屏人官碭山縣知縣先是萬歷戊午知縣陳秉良屬邑人王文煥撰縣志二

旬而成崇禎己卯芳復與邑人汪用霖續修此編

其沿革載東漢爲梁國碭山縣不知東漢時沛國

亦分界其地又云晉省歸夏邑不知南畿志載晉

下邑郎碭地非省併也又以下邑作夏邑更誤矣

又分門至四十二率多冗雜如旣以水土爲一門

又以風俗爲一門以古蹟爲一門又以八景爲一

門殊紛紜少緒也

海昌外志無卷數 浙江巡撫採進本

國朝談遷撰遷字孺木一字仲木海寧人是志題曰

海昌以海寧爲吳海昌郡從古名也書不分卷帙所列凡輿地食貨職官建置選舉人物叢談藝文八門以篇頁計之當爲八卷偶未標題耳遷學頗博涉較舊志多所考證而人物瑣分門類典籍不詳卷帙猶沿地志之積習

西寧志七卷內府藏本

國朝蘇銑撰銑交河人順治丙戌進士由衛輝府推官行取監察御史巡按山西裁缺改補西寧道又調嶺東道是編即其順治十二年官西寧道時所

作西寧在

國初為軍民指揮使司本臨邊之地文獻罕徵故其書亦潦草冗雜絕無體例蓋創始者難工也

續安邱志二十五卷兵部侍郎紀昀家藏本

國朝王訓撰訓字敷彝安邱人順治丁亥進士官萬全縣知縣是編續馬文煒之書體例相近凡例稱馬志二十八卷今續二十五卷者地理封建本無可續如俷德不至害及一邑則亦畧之惡惡短也

永平府志二十四卷內府藏本

國朝宋琬撰琬字玉叔號荔裳萊陽人順治丁亥進士官至四川按察使琬與施閏章齊名時號南施北宋而此志不見所長卷端題永平府知府蕭山張朝琮重修其竄亂失眞歟

杞紀二十二卷河南巡撫採進本

國朝張貞撰貞字起元號杞園安邱人康熙壬子拔貢官翰林院孔目是書以安邱東北界接高昌諸邑爲杞國舊地爰採史傳之有關於杞者綜其條目曰圖考曰星土曰輿地曰山川曰繫年曰沿革

曰封建曰年表曰世次曰原古曰分國曰系家案司馬貞史記索隱改世家爲系家乃避唐諱此慢襲其名曰苗裔曰春秋經傳曰經傳別解曰人物曰遺書曰藝林曰雜綴王士禎序稱其有良史才以安邱一隅上溯太康斟鄩之故居下迄

國朝數千年事蹟所採之書凡四百餘種可謂勤矣然以爲杞之故墟既於繫年錄春秋經文之載杞事者復爲年表世次系家不幾於疊床架屋乎且又全錄春秋經傳及經傳別解爲四卷不更贅乎

於遺書錄夏小正於人物收姮娥其泛濫抑又甚矣藝林內錄齊風汶水湯湯之詩則以徐州入濟之汶爲青州入濰之汶至如振鷺有瞽顧炎武大禹陵詩皆一例採入尤不免地志之錮習也

杭志三詰三誤辨一卷浙江巡撫採進本

國朝毛奇齡撰奇齡有仲氏易已著錄是編因杭州舊志稱今地本皆江水由隋唐來人力畚築而成因爲此辨三詰者一詰秦定會稽郡有海鹽餘杭錢塘富春四縣何以錢塘獨無地二詰西部都尉

爲重鎭何以僻處靈隱山中三詰由富春以至海
寧無不兩岸平地緣江如綫何以上一折南接吳
山忽西翻靈隱下一折不走龕赭忽北越臨平三
誤者一由劉道眞錢塘記誤讀漢書西部都尉治
武林山武林水所出東入海之文不以西部都尉
治爲句而以治武林山爲句二由不考劉昭註郡
國志已駁秦始皇由餘杭渡江之說而仍襲其誤
三由江水東合臨浦而劉氏誤以臨浦爲臨湖又
誤以臨湖爲臨平湖又附載宋之問靈隱寺詩吳

越王鐵幢浦二條以爲不足辨者不在所詰所辨之數焉

蕭山縣志刊誤三卷浙江巡撫採進本

國朝毛奇齡撰以蕭山新修縣志踳駁失考因逐各條爲之釐正凡沿革之誤二條稱名之誤一條封屬之誤二條坊里之誤二條古蹟之誤三十八條人物之誤三十五條

案毛奇齡此二編本非郡縣志書而列於郡縣志書中者以所刊正者乃郡縣志書猶新

唐書糾繆附於正史之例也

臺灣紀畧一卷（大學士英廉採進本）

國朝林謙光撰謙光字芝楣長樂人是編乃康熙二十三年平定鄭克塽以後所作分十三篇一曰形勢二曰沿革三曰建置四曰山川五曰沙線礁嶼六曰城郭七曰戸役賦稅八曰學校選舉九曰津梁十曰天時十一曰地理十二曰風俗十三曰物產而附以澎湖版圖開闢之初規模草創故其文皆畧存梗槩不及新志之詳明然固新志之椎輪

也

登封縣志十卷內府藏本

國朝張聖誥撰聖誥字紫書號葦菴廣寧人官登封縣知縣初順治五年聖誥之叔父朝端知登封始創修縣志康熙十八年聖誥族兄壎亦知是縣又續增之康熙三十一年聖誥又知是縣復因舊本重修一姓相承遞相纂輯其事頗異書分九門曰圖繪曰輿地曰嶽祀曰建置曰山川曰職官曰方外曰物產曰藝文體例與他志畧同惟他志景必

有八八景之詩必七律最爲惡習聖諳力破是例

差有識云

琅鹽井志四卷浙江巡撫採進本

國朝沈鼐撰鼐字枚臣長洲人由貢生官雲南琅鹽

井鹽課提舉是書成於康熙壬辰因來度舊志重

爲增輯首列圖考次分天文地理建設賦役官師

學校選舉祠祀人物藝文凡十類

師宗州志二卷兩淮馬裕家藏本

國朝管棆撰棆武進人官師宗州知州是書成於康

熈丁酉分九圖五紀畧九考四傳師宗舊無志是書草創簡畧粗具大綱附藝文於各門中用宋人舊例惟多錄已作殆成紀遊之集則未免輿記之結習耳

遼載前集二卷　兩淮馬裕家藏本

國朝林本裕撰本裕字益長奉天人是編備盛京故事自序云折衷於盛京志前集則仿龍門志乘後集則仿涑水編年今後集未見此其前集也首總論次圖考餘分二十

一門亦頗勤於蒐采然

留都記載而地名仍題前代之稱於體例終爲乖迕

是亦不檢之過也

揚州府志四十卷兩淮鹽政採進本

國朝張萬壽撰萬壽字鶴秋浮山人康熙中官揚州

府知府揚州府志自明成化至萬壽凡經五修而

益繁蕪考書首載萬歷中楊洵舊志序歷敘門目

其端緒尚爲清整萬壽多所增益其體例轉不及

原書也

河套志六卷 江西巡撫採進本

國朝陳履中撰履中字執夫商邱人官至分巡寧夏兵備道是志成於乾隆壬戌凡河套之建置沿革山川城堡關塞古蹟物產悉分門彙載末附以藝文二卷如引魏書以証涿邪山之為榆林府地引冊府元龜藥彥稠為邠州節度使補五代沿革之闕又証後魏代郡之即漢朔方郡據通鑑注大城之屬朔方以証漢書列傳之大城塞徵引頗為繁富

湖南通志一百十四卷 通行本

國朝大學士陳宏謀等監修湖南省治即唐之武安軍原與荆鄂兼立節鎮宋代亦分荆湖南北兩路至明代始併隸湖廣布政使而幅幀廣濶形勢各殊

本朝康熙三年始析置湖南布政司以控制嶺嶠其後修通志者仍合湖南北為一編又書局開於武昌未免詳近而畧遠故湖南事迹未能賅備乾隆二十一年宏謀巡撫湖南因與藩臬諸臣創修此書

志以補其闕共分三十七門其中如山川一門全志每縣祇載數條此則分列方隅職官一門全志文職至知府武職至遊擊而止此則同知通判守備具錄無遺選舉一門全志詳文而畧武此則兩途並登故所載雖止九府四州而卷帙則較全志贏幾十之四五云

續河南通志八十卷河南巡撫採進本

國朝河南巡撫阿思喀監修河南通志修於雍正九年阿思喀以乾隆三十一年奉

詔纂修一統志徵諸省志書送館乃續修此編事迹皆

與前志相接惟前志分四十二目不立總綱此編

則分輿地河渠食貨學校武備職官人物藝文八

志而各系以子目爲小異云

澳門記畧二卷安徽巡撫採進本

國朝印光任張汝霖同撰光任字𪊲昌寶山人官至

太平府知府汝霖字芸墅宣城人由拔貢生官至

澳門同知考濠鏡澳之名見於明史其南有四山

離立海水交貫成十字曰十字門今稱澳門屬香

山縣乾隆九年始置澳門同知光任汝霖相繼爲此職光任初作是書未竟至汝霖乃踵成之凡爲三篇首形勢次官守次澳番形勢篇爲圖十二澳番篇爲圖六考明史地理志祇載南頭屯門雞栖佛堂門十字門冷水角老萬山零丁洋澳諸名與虎頭山關之類其他皆未記其詳此書於山海之險要防禦之得失言之最悉葢史舉大綱志詳細目載筆者各有體裁耳

右地理類都會郡縣之屬一百八部二千四百六十

七卷內三部無卷數皆附存目

12225

（清）紀昀等　纂

# 武英殿本四庫全書總目

第二〇册

國家圖書館出版社

# 第二〇冊目録

# 欽定四庫全書總目 史部

卷六十六之六十七

# 欽定四庫全書總目卷六十六

## 史部二十二

### 載記類

五馬南浮中原雲擾偏方割據各設史官其事迹亦不容泯滅故阮孝緒作七錄僞史立焉隋志改稱霸史文獻通考則兼用二名然年祀綿邈文籍散佚當時僭撰久已無存存於今者大抵後人追記而已曰霸曰僞皆非其實也案後漢書班固傳稱撰平林新市公孫述事爲載記

史通亦稱平林下江諸人東觀列爲載記又晉書附叙十六國亦云載記是實立乎中朝以叙述列國之名今採錄吳越春秋以下述偏方僭亂遺迹者準東觀漢記晉書之例總題曰載記於義爲允惟越史略一書爲其國所自作僭號紀年眞爲僞史然外方私記不過附存已聲罪示誅足昭名分固無庸爲此數卷別區門目焉

吳越春秋十卷　兵部侍郎紀昀家藏本

漢趙煜撰煜山陰人見後漢書儒林傳是書前有

舊序稱隋唐經籍志皆云十二卷今存者十卷殆非全書又云楊方撰吳越春秋削繁五卷皇甫遵撰吳越春秋傳十卷此二書今人罕見獨煜書行於世史記注有徐廣所引吳越春秋語而索隱以爲今無此語他如文選注引季札見遺金事吳地記載闔閭時夷亭事及水經注嘗載越事數條類皆援据吳越春秋今煜本咸無其文云云攷證頗爲詳悉然不著名姓漢魏叢書所載合十卷爲六卷而削去此序併注亦不題撰人彌失其初此本

爲元大德十年丙午所刊後有題識云前文林郎國子監書庫官徐天祐音注然後知注中稱徐天祐曰者即注者之自名非援引他書之語惟其後又列紹興路儒學學錄留堅學正陳昺伯教授梁相正議大夫紹興路總管提調學校官劉克昌四人不知序出誰手耳煜所述雖稍傷曼衍而詞頗豐蔚其中如伍尚占甲子之日時加於巳范蠡占戊寅之日時加日出有螣蛇青龍之語文種占陰畫六陽畫三有元武天空天關天梁天一神光諸

神名皆非三代卜筮之法未免多所附會至於處女試劒老人化猿公孫聖三呼三應之類尤近小說家言然自是漢晉閒稗官襍記之體徐天祜以爲不類漢文是以馬班史法求之非其倫也天祜注於事迹異同頗有考證其中如季孫使越子期私與吳爲市之類雖猶有未及詳辨者而原書失實之處能糾正者爲多其旁核衆說不徇本書猶有劉孝標注世說新語之遺意焉

越絕書十五卷兵部侍郎紀昀家藏本

不著撰人名氏書中吳地傳稱勾踐徙瑯琊到建武二十八年凡五百六十七年則後漢初人也書末叙外傳記以庾詞隱其姓名其云以去爲姓得衣乃成是袁字也厥名有米覆之以庚是康字也禹來東征死葬其疆是會稽人也又云文詞屬定自於邦賢以口爲姓承之以天是吳字也楚相屈原與之同名是平字也然則此書爲會稽袁康所作同郡吳平所定也王充論衡按書篇曰東番鄒伯奇臨淮袁太伯袁文術會稽吳君高周長生之

輩位雖不至公卿誠能知之囊橐文雅之英雄也

觀伯奇之元思太伯之易童句案童疑作章文術之咸

銘君高之越紐錄長生之洞歷劉子政揚子雲不

能過也所謂吳君高殆郎平字所謂越紐錄殆郎

此書歟楊愼丹鉛錄胡侍珍珠船田藝衡留青日

札皆有是說核其文義一一脗合隋唐志皆云子

貢作非其實矣其文縱橫曼衍與吳越春秋相類

而博麗奥衍則過之中如計倪內經軍氣之類多

襍術數家言皆漢人專門之學非後來所能依託

也此本與吳越春秋皆大德丙午紹興路所刊卷
末一跋諸本所無惟申明復仇之義不著姓名詳
其詞意或南宋人所題耶鄭明選秕言稱文選七
命注引越絶書大翼一艘十丈中翼九丈六尺小
翼九丈又稱王鏊震澤長語引越絶書風起震方
云云謂今本皆無此語疑更有全書惜未之見案
崇文總目稱越絶書舊有內記八外傳十七今文
題闕舛裁二十篇是此書在北宋之初已佚五篇
選注所引蓋佚篇之文王鏊所稱亦他書所引佚

篇之文以爲此本之外更有全書則明選誤矣别有續越絶書二卷上卷曰內傳本事吳內傳德序記子游內經外傳越絶後語西施鄭旦外傳下卷曰越外傳襍事别傳變越上别傳變越下經內雅琴考序傳後記朱彝尊經義考謂爲錢㽘僞撰詭云得之石匣中㽘與彝尊友善所言當實今未見傳本其僞妄亦不待辨以其續此書而作又卽托於撰此書之人恐其幸而或傳久且亂眞又恐其或不能傳而好異者耳聞其說且疑此書之眞有

續編故附訂其僞於此釋來者之惑焉

華陽國志十二卷附錄一卷 浙江汪啓淑家藏本

晉常璩撰璩字道將江原人李勢時官至散騎常侍晉書載勸勢降桓温者即璩蓋亦譙周之流也隋書經籍志霸史類中載璩撰漢之書十卷華陽國志十二卷漢之書唐志尚著錄今已久佚惟華陽國志存卷數與隋志舊唐志相合新唐志作十三卷疑傳寫誤也其書所述始於開闢終於永和三年首爲巴志次漢中志次蜀志次南中志次公

孫劉二牧志次劉先主志次劉後主志次大同志
大同者紀漢晉平蜀之後事也次李特雄期壽勢
志次先賢士女總讚論次後賢志次序志次三州
士女目錄宋元豐中呂大防嘗刻於成都大防自
爲之序又有嘉泰甲子李𡌴序稱呂刻刓缺觀者
莫曉所謂嘗博訪善本以證其誤而莫之或得因
摭兩漢史陳壽蜀書益部耆舊傳互相參訂以决
所疑凡一事而前後失序本末舛迕者則考正之
一意而詞旨重複句讀錯𥿄者則刊而去之又第

九卷末有塈附記稱李埶志傳寫脫漏續成以補其闕則是書又於殘缺之餘李塈爲之補綴竄易非盡璩之舊矣塈刻本世亦不傳今所傳者惟影寫本又有何鏜漢魏叢書吳琯古今逸史及明何宇度所刊三本何吳二家之本多張佳允所補江原常氏士女志一卷而佚去蜀中士女以下至犍爲士女共二卷盖塈本第十卷分上中下鏜等僅刻其下卷也又惟後賢志中二十人有讚其餘並缺塈本則蜀郡廣漢犍爲漢中梓潼士女一百九

十四人各有讚宇度本亦同葢明人刻書好以意為刊削新本既行舊本漸泯原書遂不可覩宇度之本從至本錄出此二卷偶存亦天幸也惟至本以序志置於末而宇度本升於簡端考至序稱首述巴中南中之風土次列公孫述劉二牧蜀二主之興廢及晉太康之混一以迄於特雄壽勢之僭竊以西漢以來先後賢人梁益寧三州士女總讚序志終焉則序志本在後宇度不知古例始誤移之又總讚相續成文至序亦與序志並稱宜别為

一篇而至本亦割冠各傳之首殊不可解殆如毛公之移詩序李鼎祚之分序卦傳乎今姑從至本錄之而附著其改竄之非如右其張佳允所續常氏士女十九人亦併從何鏜吳琯二本錄入以補璩之遺焉

鄴中記一卷永樂大典本

謹案鄴中記舊有二本其一本二卷見隋書經籍志稱晉國子助教陸翽撰其一本一卷見陳振孫書錄解題稱不知撰人名氏又稱唐志有鄴都故

事二卷肅代時馬温撰今書多引之是以爲肅代
後人作矣今考是書所記有北齊高歡高洋二事
上距東晉之末已一百三四十年又寒食一條引
隋杜臺卿玉燭寶典時代尤不相蒙陳氏不以爲
鄴書似乎可據然唐歐陽詢藝文類聚作於太宗
貞觀時徐堅初學記作於元宗開元時所引鄴書
皆一一與今本合又鄴都故事唐志雖稱肅代時
人而史通書志篇曰遠則漢有三輔典近則隋有
東都記南則有宋南徐州記晉宫闕名北則有洛

陽伽藍記鄴都故事則鄴都故事在劉知幾之前唐志所言亦不足爲證以理推之殆翽書二卷惟記石虎之事後人稍摭鄴都故事以補之併爲一卷猶之神農本草郡列秦名漢氏黃圖里標唐號輾轉附益漸失本眞而要其實則一書觀高歡高洋二條與全書不類而與郭茂倩樂府詩集所引鄴都故事文體相同則此二條爲後人摭入翽書明矣不得以小小舛異盡舉而歸之唐以後也原書久佚陶宗儀說郛所載寥寥數頁亦非完本今

以散見永樂大典者蒐羅薈稡以諸書互證删除重複共得七十二條排比成編仍爲一卷以石虎諸事爲鄴本書其續入諸條亦唐以前人所紀棄之可惜則殿居卷末别以附錄名焉是書雖篇帙無多而敘述典核頗資考證如王維和賈至早朝大明宫詩朝罷須裁五色詔句李頎鄭櫻桃歌官軍女騎一千匹及百尺金梯倚銀漢句不得此書皆無從而訓詁也六朝舊籍世遠逾稀斷璧殘璣彌足爲寶佚而復存是亦罕覯之祕笈矣

十六國春秋一百卷 安徽巡撫採進本

舊本題魏崔鴻撰實則明嘉興屠喬孫項琳之僞本也鴻作十六國春秋一百二卷見魏書本傳隋志唐志皆著錄宋初李昉等作太平御覽猶引之崇文總目始佚其名晁陳諸家書目亦皆不載是亡於北宋也萬歷以後此本忽出莫知其所自來證以藝文類聚諸書所引一一相同遂行於世論者或疑鴻身仕北朝而仍用晉宋年號今考劉知幾史通探賾篇曰鴻書之紀綱皆以晉爲主亦猶

班書之載吳項必繫漢年陳志之述孫劉皆宗魏世喬孫等正巧附斯義以售其欺所摘者未中其疾惟魏書載鴻子子元奏稱刊著越燕秦夏梁蜀遺載爲之贊序而此本無贊序史通表歷篇稱晉氏播遷南據揚越魏宗勃起北雄燕代其間諸僞十有六家不附正朔自相君長崔鴻著表頗有甄明而此本無表是則檢閲偶疎失於彌縫耳然其文皆聯綴古書非由杜撰考十六國之事者固宜以是編爲總滙焉

別本十六國春秋十六卷　浙江孫仰曾家藏本

舊本亦題魏崔鴻撰載何鏜漢魏叢書中其出在屠喬孫本之前而亦莫詳其所自十六國各爲一錄惟列僭僞之主五十八人其諸臣皆不爲立傳全爲載記之體其非一百二卷之舊已不待言證以晉書載記大致互相出入而不以晉宋紀年與史通所說迥異豈好事者摭類書之語以晉書載記排比之成此僞本耶然考崇文總目有十六國春秋略二卷不著撰人名氏司馬光通鑑考異所

引諸書亦有十六國春秋鈔之名則或屬後人節

錄鴻書亦未可定也屠氏所刻百卷之本既爲依

托此本亦疑以傳疑未能遽廢姑並存之以備參

考焉

蠻書十卷 永樂大典本

唐樊綽撰新唐書藝文志著於錄宋史藝文志則

有綽所撰雲南志十卷而不稱蠻書永樂大典又

題作雲南史記名目錯異今考司馬光通鑑考異

程大昌禹貢圖蔡沈書集傳所引蠻書之文並與

是編相同則新唐書志爲可信惟志稱綽爲嶺南西道節度使蔡襲從事而通鑑載襲實官安南經略使與綽所紀較合則新書失考也綽成此書在懿宗咸通初書中多自稱臣又稱錄六詔始末纂成十卷於安南郡州江口附張守忠進獻蓋當時嘗以奏御者交州境接南詔綽爲幕僚親見蠻事故於六詔種族風俗山川道里及前後措置始末撰次極詳實與志中最古之本宋祁作新史南蠻傳司馬光通鑑載南詔事多採用之程大昌等復

引所述蘭滄江以證華陽黑水之說葢宋時甚重其書而自明以來流傳遂絶雖博雅如楊愼亦稱綽所撰爲有錄無書則其亡佚固已久矣今此本因錄入永樂大典僅存文字已多斷爛不盡可讀又世無別本可校考洪武中程本立作雲南西行記稱麗江通守張翥出示樊綽雲南志字多謬誤則當時已然謹以諸書叅考旁證正其訛脫而姑闕不可通者各加案語於下方釐爲十卷仍依新唐書志題曰蠻書從其朔也

釣磯立談一卷 江蘇巡撫採進本

是書世有兩本此本爲葉林宗從錢曾家宋刻抄出後題臨安府太廟前尹家書籍舖刊行不著撰人名氏前有自序云叟山東一無聞人也清泰年中隨先校書避地江表始營釣磯於江渚割江之後先校書不祿叟嗣守敝廬不復以進取爲念王師弔伐時移事往將就蕪没隨意所向跡之於紙得二百二十許條題之曰釣磯立談云云别一本爲曹寅所刊卷首佚其自序又卷首有楊氏奄有

江淮趙王李德誠二一條其餘亦多異同而題曰史
虛白撰蓋據宋史藝文志之文考馬令南唐書虛
白山東人中原多事同韓熙載渡淮以詩酒自娛
不言其有所著述觀書中山東有隱君子者一條
稱與熙載同時渡淮以書干烈祖擢爲校書郎非
其所願遂卒不仕又唐祚中興一條云有隱君子
作割江賦以諷又有隱士詩云風雨揭却屋渾家
醉不知云云與虛白傳悉合則隱君子當卽虛白
序中兩稱先校書則作書者當爲虛白之子宋志

荒謬不足爲據曹氏新本竟題盧臼名殊未考也又南宋費樞亦嘗撰釣磯立談今尚載陶宗儀說郛中其文與此迥別則又名同而實異者矣其書襍錄南唐事迹附以論斷其中徐鉉一條稱鉉方奉詔與湯悅書江南事慮鉉與潘佑不協或誣以他詞則亦襍史中之不失是非者也

江南野史十卷江蘇巡撫採進本

宋龍袞撰袞爵里未詳其書皆記南唐事用紀傳之體而不立紀傳之名如陳壽之志吳蜀第一卷

爲先主昇第二卷爲嗣主璟第三卷爲後主煜而
附以宜春王從謙及小周后第四卷以下載宋齊
丘以下僅三十人陳陶孟賓于諸人有傳而查文
徽韓熙載諸人乃悉不載攷鄭樵通志略載此書
原二十卷此本闕十卷晁公武讀書志載此書凡
八十四傳而此本闕五十傳殆輾轉傳寫佚脫其
半錢曾讀書敏求記亦作十卷則明以來已無完
本不自今始也曾稱其行文贍雅今觀諸傳皆叙
次冗襍頗乖史體陳振孫書錄解題載無名氏江

南餘載序排詆此書頗甚是當時已譏其踈黃朝英靖康緗素雜記摘其叙江爲世系與史不符又摘其記伶人李家明苑中詠牛及皖公山兩詩與楊億談苑所記王感化對嗣主李璟事名姓時代互異又摘其記家明對嗣主雨懼抽稅事與南唐近事以爲申漸高者亦復牴牾王楙野客叢書摘其記陳陶仙去而曹松方干皆有哭陶詩是傳聞異詞亦所不免然其中如孫晟林文肇諸傳與五代史頗有異同可資考證馬陸二書亦多採之流

卷此本一卷疑後人所合併也其書頗好語怪如

藝文志晁公武讀書志俱作四卷當以一代爲一

編蓋私相纂述以補所未備故以別錄爲名宋史

四代事實時湯悅徐鉉等奉詔撰江南錄彭年是

宋史本傳此書所紀爲南唐義祖烈祖元宗後主

中進士官至兵部侍郎參知政事謚曰文事蹟具

宋陳彭年撰彭年字永年撫州南城人太平興國

江南別錄一卷 安徽巡撫採進本

傳既久固亦未可廢焉

徐知誨妻呂氏爲祟陳仁杲得神助趙希操聞鬼
語諸條皆體近稗官又元宗初名景通卽位後改
名璟既稱臣於周避周諱又改名景此書乃謂初
名景與史不合又烈祖遷吳讓皇於潤州一年而
殂又一年始遷其族於泰州而此書併敘於烈祖
受禪之初端緒亦未分明然其他可取者多葢彭
年年十三卽著皇綱論萬餘言爲江左名輩所賞
李後主嘗召入宮中令與其子仲宣遊處故於李
氏有國時事見聞最詳又冊府元龜亦彭年所預

輯其僭僞部中李昪一條稱昪自云永王璘之裔未免附會此書但言唐之宗室亦深得傳疑之義以資治通鑑相參校其爲司馬光所採用者甚夥固異乎傳聞影響之說也

江表志三卷福建巡撫採進本

宋鄭文寶撰文寶字仲賢寧化人南唐鎭海節度使彦華之子初仕爲校書郎入宋舉太平興國八年進士歴官至陝西轉運使兵部員外郎東都事略載入文藝傳中始徐鉉湯悦奉詔集李氏事作

江南錄多所遺落文寶因爲此編上卷紀烈祖事中卷紀元宗事下卷紀後主事不編年月於諸王大臣並標其名亦無事實記載甚簡又獨全錄韓熙載歸國狀張佖諫疏各一首去取亦頗不可解然文寶爲南唐舊臣硯北襍志載其歸宋後常披蓑荷笠作漁者以見李煜深加寬譬煜甚忠之鐵圍山叢談又載其初受業於徐鉉及爲陝西轉運使時鉉方謫居仍叩謁執弟子禮鉉亦坐受其拜葢惓惓篤故舊之誼者故其紀後主亡國亦祗以

果於自信越人肆謀爲言與徐鉉墓碑相類其意
尚有足取其記李煜時貢獻賦斂一條王鞏隨手
襍錄全取之且注其下曰江表志鄭文寶撰則亦
頗重其書又如江南江北舊家鄉一詩文寶以爲
吳讓皇楊溥所作而馬令南唐書則直以爲後主
作然文寶親事後主所聞當得其真是亦可以訂
馬書之誤也晁氏讀書志稱文寶有序題庚戌乃
大中祥符三年此本無之今從學海類編補錄成
完帙焉

江南餘載二卷　永樂大典本

不著撰人名氏宋史藝文志載之霸史類中亦不云誰作馬端臨文獻通考戚光南唐書音釋並作江南館載字之訛也陳氏書錄解題載是書原序略曰徐鉉始奉詔爲江南錄其後王舉路振陳彭年楊億皆有書大概六家皆不足以史稱而龍袞爲尤甚熙寧八年得鄭君所述於楚州其事迹有六家所遺或小異者删落是正取百九十五段以類相從云云振採謂鄭君者莫知何人考鄭文寶

有南唐近事二卷作於太平興國二年丁丑又江
表志三卷作於大中祥符三年庚戌不在此序所
列六家之內則所稱得於楚州者當即文寶之書
檢此書所錄櫟事亦與文寶江表志所載互相出
入然則所謂刪落是正者實據江表志爲稿本矣
今世所行江表志名爲三卷實止二十四頁蓋殘
缺掇拾已非完書此書所謂一百九十五段者今
雖不可全見而永樂大典內所引尚夥多有江表
志所不載者則江表志雖存而實佚此書雖佚尚

有大半之存也宋志載此書二卷書錄解題及諸家書目並同今採輯其文仍爲二卷以補江表志之闕焉

三楚新錄三卷 浙江吳玉墀家藏本

宋周羽翀撰羽翀里貫未詳自署稱儒林郎試祕書省校書郎前桂州修仁令蓋宋初人也其稱三楚者以長沙馬殷武陵周行逢江陵高季興皆據楚地稱王故論次其興廢本末以一國爲一卷其中與史牴牾不合者甚多如馬殷本爲武安節度

使劉建鋒先鋒指揮使佐之奪湖南及建鋒爲陳
贍所殺軍中迎殷爲留後亦未嘗爲邵州刺史今
羽翀乃稱殷隨渠帥何氏南侵何命爲邵州刺史
何氏卒衆軍迎殷爲主其說皆鑿空無據又謂馬
希範入覲桑維翰旅遊楚泗求貨不得拂衣而去
及希範立維翰已爲宰相奏削去其半仗云云今
考希範嗣立在唐明宗長興三年時晉未立國安
得有維翰爲宰相之事亦爲誣罔又如王逵爲潘
叔嗣所襲與戰敗没而羽翀以爲敗於南越僅以

身免竟死於路與諸書所紀並有異同葢羽翀未覩國史僅据故老所傳述纂錄成書故不能盡歸精審然其所聞軼事為史所不載者亦多可採稗官野記古所不廢固不妨錄存其書備讀五代史者參考焉

錦里耆舊傳四卷 兩江總督採進本

一名成都理亂記宋句延慶撰延慶字昌裔自稱前榮州應靈縣令並見於書中惟不著其里貫其書乃紀王氏孟氏據蜀時事宋史藝文志作八卷

陳振孫書錄解題謂開寶三年祕書丞劉蔚知榮州得此傳請延慶修之起咸通九載迄乾德乙丑案今本止四卷起僖宗中和五年無懿宗咸通閒事振孫又稱自平蜀後迄祥符已酉朝廷命令政事因革以至李順等作亂之迹皆略載之張約爲之序延慶在開寶時去祥符尚遠似不能續記至是而平蜀後事及張約序此本亦無之疑振孫所見即宋志八卷之本出於後人所增益此本四卷或猶延慶之舊也書雖以耆舊傳爲名而不以人

系事其體實近編年所錄兩蜀興廢之迹亦頗簡略惟於詔敕章表書檄之文載之獨詳中閒如前蜀咸康元年唐兵至成都王宗弼刼遷王衍於西宮通鑑在十一月甲辰而此書作乙巳又宋太祖賜後蜀主孟昶詔一首其文多與宋史不同如此之類亦皆可以備參考也陳振孫稱爲平陽句延慶案書中於後蜀主多所稱美疑出蜀人之詞孟昶時有校書郎華陽句中正者後入宋爲屯田郎中延慶疑即其族則平陽或華陽之誤歟

五國故事二卷 浙江鮑士恭家藏本

不著撰人名氏南漢條下稱劉晟本二名上一字犯宣祖諱去之則北宋人又南唐條下稱嘗以其事質於江南一朝士則猶在宋初得見李氏舊臣也中於南漢稱彭城氏於留從効姓稱婁錢塘厲鶚跋以爲吳越後人入宋所作避武肅王諱然閩王延翰條下稱其妻爲博陵氏則又何爲而諱崔乎年代綿邈葢不可考矣其書紀吳楊氏南唐李氏蜀王氏孟氏南漢劉氏閩王氏之事稱曰五國

然以其地而論當爲四國以其人而論當爲六國未審其楊李併爲一抑孟王併爲一也鄭樵通志略列之霸史類中實則小說之體記錄頗爲繁碎中如徐知誥斥進黃袍諸事爲史所不載又李煜爲李璟第六子而此云璟之次子與史亦小有異同然考古在於博徵固未可以瑣雜廢也前有萬歷中太常寺少卿余寅題詞議其四國俱加僞字於蜀獨否今考書中明書僞蜀王建又書孟知祥以長興五年遂僭大號何嘗不著其僞卷首總綱

既以前蜀後蜀爲分再加僞字則或曰前僞蜀後僞蜀或曰僞前蜀僞後蜀詞句皆嫌於贅是以省之公羊傳所謂避不成文是也謂不僞蜀殊失其旨至南漢條下稱僞漢先主名巖後名俊又名龑龑之字曰儼本無此字龑欲自大乃以龍天合成其字以其不典故不書之寅援唐史書武后名曌以駁之則其說當矣

蜀檮杌二卷 浙江吳玉墀家藏本

一名外史檮杌宋張唐英撰唐英字次功自號黄

松子蜀州新津人丞相商英之兄熙寧中官至殿中侍御史事蹟附載宋史張商英傳其書本前蜀開國記後蜀實錄仿荀悅漢紀體編年排次於王建孟知祥據蜀事迹頗爲詳備歐陽修五代史世家删削太略得此可補其所遺今世官署戒石所刻爾俸爾祿民膏民脂下民易虐上蒼難欺四語自宋代以黄庭堅書頒行州縣者實摘錄孟昶廣政四年所製官箴中語其文全載於此書凡此之類皆足以資考證唐英嘗撰嘉祐名臣傳及此書今

名臣傳已佚惟此書存然考樓鑰攻媿集引外史

檮杌王建四年書張琳始末有大順初愷實爲黔

南節度辟爲判官一條今本無之則亦非完帙矣

南唐書三十卷兵部侍郎紀昀家藏本

宋馬令撰令宜興人陳振孫書錄解題載令自序

稱其祖太博元康世家金陵多知南唐故事未及

撰次令纘先志而成之實崇寧乙酉云云則令乃

北宋末人此本不載令自序葢偶佚也元趙世延

所作陸游重修南唐書序稱馬元康胡恢等迭有

所述今復罕見竟以爲令祖元康所作殆當時未
睹其本故傳聞致悞歟其書首爲先主書一卷嗣
主書三卷後主書一卷葢用蜀志稱主之例次女
憲傳一卷列后妃公主而附錄列女二人次宗室
傳一卷列楚王景遷等十二人而從度從信二人
有錄無書次義養傳一卷列徐温及其子六人附
錄二人次爲列傳四卷次儒者傳二卷次隱者傳
一卷次義死傳二卷次廉隅傳次苛政傳共二卷
次誅死傳一卷次黨與傳二卷次歸明傳二卷次

方術傳一卷談諧傳一卷皆優人也而附以迂儒

彭利用次浮屠傳次妖賊傳共一卷次叛臣傳一

卷次滅國傳二卷閩王氏楚馬氏也次建國譜次

世系譜共一卷建國譜者卽地理志世系譜者叙

李氏所自出也每序贊之首必以嗚呼發端葢欲

規彷五代史記頗類效顰於詩話小說不能割愛

亦不免蕪穢瑣碎自穢其書又如建國譜之叙地

理僅有軍州而無縣則省不當省世系譜不過出

自唐吳王恪於先主書首一句可畢而複述於唐

書以前尤繁不當繁亦乖史體均不及陸游重修之本然椎輪之始令亦有功且書法亦謹嚴不苟故今從新舊唐書之例並收錄焉

南唐書十八卷音釋一卷內府藏本

宋陸游撰游有入蜀記已著錄宋初撰錄南唐事者凡六家大抵簡略其後撰南唐書者三家胡恢馬令及游也恢書傳本甚稀王士禎池北偶談記明御史李應昇之叔有之今未之見惟馬令書與游書盛傳而游書尤簡核有法元天歷初金陵戚

光爲之音釋而博士程孰等校刊之趙世延爲序
錢曾讀書敏求記稱舊本遵史漢體首行書某紀
某傳卷第幾而注南唐書於下王士禎古夫于亭
襍錄又稱其門人大名成文昭寄以宋槧本凡十
五卷與今刻十八卷編次小異今其本均不可見
所行者惟毛晉汲古閣本刻附渭南集後者已改
其體例析其卷數矣南唐元宗於周顯德五年即
去帝號稱江南國主胡恢從晉書之例題曰載記
不爲無理游乃於烈祖元宗後主皆稱本紀且於

烈祖論中引蘇頌之言以史記秦莊襄王項羽本
紀爲例深斥胡恢之非考劉知幾史通本紀篇嘗
謂姬自后稷至於西伯嬴自伯翳至於莊襄爵乃
諸侯而名隸本紀又稱項羽僭盜而死未得成君
假使羽竊帝名正可抑同羣盜况其名曰西楚號
止霸王諸侯而稱本紀循名責實再三乖謬則司
馬遷之失前人已深排之游乃引以藉口謬矣得
非以南渡偏安事勢相近有所左袒於其間乎他
如后妃諸王傳置之羣臣之後禨藝方士傳列於

忠義之前揆以體例亦爲未允讀其書者取其敘述之簡潔可也

吳越備史四卷補遺一卷浙江汪汝瑮家藏本

舊本題宋武勝軍節度使掌書記范坰巡官林禹撰載錢鏐以下累世事蹟據舊目卷首列年號世系圖諸王子弟官爵封謚表十三州圖十三州考今唯存十三州考一篇其圖表俱佚後附補遺一卷則不載作者名氏考陳振孫書錄解題載錢俶之弟儼著吳越遺事有開寶五年序又謂備史亦

儼所作託名林范今是書四卷之末有跋二首一題嘉祐元年四代孫中孚一題紹興二年七代孫休渙如據書中所記而言則當從錢繆起算不當從錢俶起算所稱四代七代顯據作書者而言則振孫以備史爲儼撰似得其實錢曾敏求記云今本爲繆十七世孫德洪案吳越世家疑辨作十九世孫未詳孰是嘉靖間刊本序稱補遺爲其門人馬藎臣所續序次紊亂如衣錦城建金籙醮及迎釋迦等事皆失載今是書於是數事咸備無闕則非德洪重刊之本其

以補遺爲馬藎臣所續亦别無證據藎臣曾撰吳越世家疑辨自序謂曾作備史圖表亦不云又續其書考此補遺之首有序一篇不題名氏年月序中有家王故事之語當郎中孚等所題亦云不知作自何人則不出於藎臣審矣備史所記訖太祖戊辰補遺所記訖太宗丁亥與中興書目所載前十二卷盡開寶元年後增三卷盡雍熙四年者正合特併十二卷爲四併三卷爲一耳陳振孫謂今書起石晉開運前缺三卷勘驗此本所佚亦同則

是書自宋季以來已非完帙今無從校補亦姑仍其舊焉

安南志略十九卷兩淮馬裕家藏本

元黎崱撰崱字景高號東山安南國人東晉交州刺史阮敷之後世居愛州幼與黎琫爲子因從其姓九歲試童科仕其國至侍郎遷佐靜海軍節度使陳鍵幕至元中世祖伐安南鍵率崱等出降其國邀擊之鍵歿於軍崱入朝授奉議大夫居於漢陽以鍵志不伸而名泯乃撰此志以致其意元明

善許有王歐陽元皆爲之序所紀安南事實與元

史列傳多有異同如李公藴所奪是黎非丁張懷

俟爲國叔張憲俟爲日烜兄子俱非婿遭與道王

之難者乃明誠俟而非義國俟皆可證史氏之訛

又史於至元二十三年詔書內數安南罪有戕害

遺愛語而不著其事今志載至元十九年授柴椿

元帥以兵千人送遺愛就國至永平界安南勿納

遺愛懼夜先逃歸世子廢遺愛爲庶人更足明史

有脫漏其他山川人物叙述亦皆詳贍洵可爲參

稽互考之功益安南文字通於中國其開科取士

制亦略同故此書叙述彬彬然具有條理不在高

麗史下云

十國春秋一百十四卷浙江孫仰曾家藏本

國朝吳任臣撰任臣字志伊仁和人康熙已未

召試博學鴻詞授翰林院檢討任臣以歐陽修作五代史

於十國倣晉書例爲載記每略而不詳乃採諸霸

史雜史以及小說家言並證以正史彙成是書凡

吳十四卷南唐二十卷前蜀十三卷後蜀十卷南

漢九卷楚十卷吳越十三卷閩十卷荆南四卷北漢五卷十國紀元世系表各一卷地理志二卷藩鎮表一卷百官表一卷其諸傳本文之下自爲之注載别史之可存者葢用蕭大圜淮海亂離志楊衒之洛陽伽藍記宋孝王關東風俗傳王劭齊紀之例劉知幾史通補注篇所謂躬爲史臣手自刊削除繁則意有所恡畢載則言有所妨遂乃定彼榛楛列爲子注者也其間於舊說虛誣多所辨證如田頵擒孫儒年月則從吳錄而不從薛史呂師

周奔湖南年月則從通鑑而不從九國志南唐烈祖家世則從劉恕十國紀年及歐史而不從江南野史吳越備史皆確有所見他類是者甚多五表考訂尤精可稱淹貫惟無傳之人僅記名字列諸卷末雖用陳壽蜀志附載無傳諸人之例然壽因楊戲有季漢輔臣贊故繫之戲傳之末非自列其名字於中虛存標目也是則貌同心異不免於自我作古矣

附錄

朝鮮史畧六卷浙江鮑士恭家藏本

一名東國史畧不著撰人名氏乃明時朝鮮人所紀其國治亂興廢之事始於檀君終於高麗恭讓王王瑶自新羅朴氏以前稍畧而高麗王建以後則皆編年紀載事蹟頗具其稱李成桂李芳遠爲太祖太宗乃其臣子之詞又間附史臣論斷及歷年圖等書葢鄭麟趾高麗史仿紀傳之體而此則仿編年之體者故其國中兩行之錢曾讀書敏求記以其於王氏遺臣鄭夢周等欲害李成桂事不

沒其實稱爲良史今觀其序事詳畧雖不盡合體要而裒輯遺聞頗爲賅具讀列史外國傳者亦可以資參考焉書末有萬歷庚戌趙琦美䟦稱借録於馮仲纓家葢倭陷朝鮮出師東援時所得之本也

越史畧三卷山東巡撫採進本

不著撰人名氏紀安南國事上卷曰國初沿革爲趙佗以下諸王曰歷代守任爲西漢至石晉交州牧守姓名曰吳紀乃五代末吳權及其子昌岌昌

文等事蹟曰十二使君乃昌文沒後牙將杜景碩等爭立事蹟曰丁紀則丁部領以下諸王曰黎紀則黎恒以下諸王中卷下卷皆曰阮紀則自李公蘊得國後諸王事蹟紀述特詳惟以李爲阮與史不合案黎崱安南志畧稱陳氏代立凡李氏宗族及齊民姓李者皆令更爲阮以絶民望則此書當爲陳氏之臣所作崱志又載陳普嘗作越志黎休嘗修越志俱陳太王時人太王者陳日煚之謚則此書或卽出普休二人手未可知也安南自漢迄

唐並爲州郡五季末爲土豪竊據宋初始自立國
此書自唐以前大抵全襲史文自丁部領以下則
出其國人之詞與史所載殊有同異葢史臣但承
赴告之辭故如甍卒之類往往較差一年至名號
官爵或祇自行國中而不以通於大朝故亦有所
錯互其牴牾之處頗可與正史相參證又史稱陳
日尊自帝其國尊公蘊爲太祖神武皇帝國號大
越此書原題大越史畧葢舉國號爲名而所列公
蘊至昊昰八王皆僭帝號不獨陳日尊一代則尤

史所未詳又玉海記交趾天䏍寶象神武彰聖嘉

慶諸年號此書皆與相合特所列黎阮諸王無不

改元者而史家並未悉載則必當時深自諱之故

中國不能盡知耳書末又載陳日煚以下紀年一

篇但錄所僭謚號改元而不具事蹟其中所稱太

上者以史按之當為陳叔明其稱今上者當為陳

煒而史載日煚至煒十二世此書乃僅得十世未

詳其故又考廉州府志紀康熙十三年海濱得鐘

題皇越昌符九年乙丑說者疑為宋時李乾德以

後僭號今此書稱今上昌符元年丁巳當明洪武十二年其九年正值乙丑則爲陳煒僭號無疑是亦足資考證矣安南自宋以後世共職貢乃敢乘前代失馭之際輒竊號國中至著之簡策以妄自誇大實悖謬不足採然吳楚僭王春秋絕之而作傳者亦不沒其實故特依僞史例錄之以著其罪且以補宋元二史外國傳之所未備焉

右載記類二十一部三百八十卷附錄二部九卷皆文淵閣著錄

載記類存目

晉史乘一卷楚史檮杌一卷浙江鮑士恭家藏本

不著撰人名氏前有大德十年吾邱衍序稱晉史乘於劉向校讐未之聞近年與楚史檮杌併得之觀其篇目次第與晏子春秋相似疑出於一時云云乘凡四十二篇檮杌凡二十七篇皆摭左傳國語說苑新序及諸子書彙而次之其僞不待辨考王褘集有吾子行傳記衍所著各書甚悉中有晉文春秋楚史檮杌二書之名張習孔雲谷卧餘續

亦云衍作俱未嘗言衍得此二書然則衍特摭拾舊事偶補二書之闕原非作僞傳其書者欲以新異炫俗因改晉文春秋爲晉乘以合孟子所述之名併僞撰衍序冠之耳序文淺陋亦決不出衍手也

十六國考鏡一卷 編修程晉芳家藏本

舊本題宋石延年撰延年字曼卿宋城人官至太子中允此編舉晉書載記中所列五涼四燕三秦二趙并成夏等十六國考其始終傳世幾代歷年

若干通篇不及二千言自宋以來諸家俱不著錄惟曹溶學海類編收之其依託不待辨也

西夏事略一卷 編修程晉芳家藏本

舊本題承議郎權知龍州軍兼管內勸農事沿邊都巡檢使借紫臣王稱撰考驗其文即王偁東都事略中之西夏傳作僞者鈔出別題此名曹溶學海類編收之失考甚矣

明氏實錄一卷 浙江吳玉墀家藏本

明楊學可撰學可新都人是書記明玉珍父子始

末玉珍當元末起兵竊據巴蜀一傳而滅然無大淫虐故明昇之降論者以孟昶比之是書所述雖不無溢美而敘次頗詳亦足與正史相參考實錄之名古人通用故涼劉昞有燉煌實錄唐許嵩記六代之事稱建康實錄而李翺集有皇祖實錄乃其大父之行狀學可此作葢沿古名非尊明氏父子爲正史也然五代十國記載如林不過曰志曰記曰傳曰錄宋以來相沿久矣何必定用此目乎

高麗史二卷 編修汪如藻家藏本

舊本題正獻大夫工曹判書集賢殿大提學知經筵春秋館事兼成均大司成臣鄭麟趾奉敕撰考明實錄景泰二年高麗使臣鄭麟趾嘗表進是書於朝凡世家四十六卷志三十九卷表二卷列傳五十卷目錄二卷朱彝尊曝書亭集有是書題跋稱爲體例可觀有條不紊此本僅世系一卷后妃列傳一卷蓋偶存之殘帙非完書矣

唐餘紀傳十八卷 浙江巡撫採進本

明陳霆撰霆字聲伯德清人宏治壬戌進士官至

山西提學僉事是書凡圖紀三卷列傳十卷家人傳一卷忠節傳一卷義行傳一卷隱逸傳一卷藩附傳一卷列女傳一卷方技傳一卷伶人傳一卷别傳一卷志略一卷附錄一卷大旨以南唐承唐之正統葢與姚士粦後梁春秋均欲竊取通鑑綱目帝蜀之意而不知其似是而非者考陸游南唐書謂唐憲宗第八子建王恪生超超生志仕爲徐州判司志生榮榮生昪而歐陽修五代史則云家世微賤與游說迥殊則其系出唐後與否宋代已

多異議且自李璟已附於周李煜又始終奉宋正

朔當時已以藩臣自居後世忽以正統歸之尤爲

乖刺其體例多學步新五代史如唐莊宗亡於伶

人事關興廢故歐陽修別傳伶官至申漸高等四

人其事微矣乃亦別立傳將修唐書者必爲黄幡

綽等立傳乎唐六臣新五代史別傳以其賣國也

乃亦摭徐鉉殷崇義張洎張佖周惟簡查元方以

足六臣之數不知其隨主而降與許善心一例也

如此之類皆有效顰之失況旣以南唐繼唐自應

正其爲帝而昇曰先主璟曰中主煜曰後主復倣陳壽蜀志之例尤進退無據至於雜採稗官漫無刊削又其小失矣胡恢之書雖佚馬令陸游二書具在何必作此屋下屋也

南詔事略一卷 浙江范懋柱家天一閣藏本

明顧應祥撰應祥有人代紀要已著錄是書乃應祥巡撫雲南時所撰大約摭拾各史蠻夷傳及滇中舊志參訂而成其諸書與史互異者皆别作按語詳爲考證詮注叙次頗爲簡潔至所載鄭氏世

次及一切事實皆五代史及五代會要文獻通考諸書所未載亦足裨史氏之闕也惟六詔創置載於各史者名號俱符滇中志乘悉引為依據茲書以越析詔作治麽些遻聯詔作鄧聧并炎閣子盛羅皮之作晟羅皮與史傳悉異而未著其所出葢明人著書之疎漏往往如斯矣

吳越紀餘五卷附雜吟一卷浙江鮑士恭家藏本

明錢貴撰貴字元抑長洲人是編採輯吳越故實分題編錄亦多附以論斷前有正德庚午自記稱

摭其大綱爲三首雜擬其事之可信者又三十五首所謂三大綱者一編年一書法一世家所謂三十五事者季札觀樂之類也其編年有吳而無越餘亦越略而吳詳葢貴爲吳人故以吳爲主亦各私其鄉之錮習也所載皆習見之事無一新異而又皆不著所出且以吳越爲名而别出伍尚一篇申包胥一篇陶朱公一篇申包胥尚有關於入郢陶朱公之子事雖在楚而范蠡猶有關於霸越至伍尚則入爲楚人事爲楚事與吳越如風馬牛綴

之伍員傳旨以爲緣起已嫌其贅乃別立一題則伍奢亦員之父楚平王費無極等皆員之讐又何不可類及乎其亦昧於斷限之例矣末附雜吟一卷亦貴所作以詠吳越舊跡者詞旨淺近亦無取焉

滇載記一卷（兩淮鹽政採進本）

明楊愼撰愼有檀弓叢訓已著錄是書乃其謫戍雲南時所作統紀滇域原始及各部雄種類舊本與滇程記合爲一篇今以一爲行記一爲地志析

之各著錄焉

陳張本末略一卷附方國珍本末略一卷編修程晉芳家藏本

明吳國倫撰國倫字明卿興國人嘉靖庚戌進士官至河南布政司參政明史文苑傳附見李攀龍傳中是書於陳友諒得姓爲吏諸事張士誠與李伯昇等起事之由方國珍弟國瑛國珉諸人俱未臚叙所載明初攻戰諸事更爲疎漏前有國倫自序曰每聞祖父言國初陳友諒張士誠事甚悉因誌其始末大略而以方國珍附焉後閱洪武日錄

及諸野史所記載往往不符尚冀熟於掌故者爲

我正之則國倫先不自信矣

越嶠書二十卷浙江范懋柱家天一閣藏本

明李文鳳撰文鳳字廷儀宜山人嘉靖壬辰進士

官至雲南按察司僉事是書皆記安南事迹朱彝

尊曝書亭集有越嶠書跋稱爲有倫有要於彼國

山川郡邑風俗制度物產以及書詔制敕移文表

奏之屬無不備載而建置興廢之故亦皆編次詳

明然大致以黎崱安南志畧爲藍本益以洪武至

嘉靖事耳

孤忠小史十八卷 兩江總督採進本

不著撰人名氏核其所載卽李文鳳粵嶠書也文鳳書本二十卷首尾完具此本抄寫殘缺佚其前二卷起於第三卷之第三頁而空其前半頁以下每卷皆空其標題不知何人妄塡以孤忠小史之名又僞撰序文塡於前半頁之空處復贋刻焦竑一印用於簡端名與書不合書與序文又不合序尤鄙俚足資笑具殆坊肆書賈之所爲收藏家不

辨而售之耳

朝鮮國紀一卷 編修程晉芳家藏本

明黄洪憲撰洪憲字懋中秀水人隆慶辛未進士官至少詹事掌翰林院事嘗奉使朝鮮獲覩其國先世實紀因次其傳受次序及興廢大要為此書然所錄甚畧不及史傳之詳備也

吳越世家疑辨一卷 編修汪如藻家藏本

明馬藎臣撰藎臣始末未詳歐陽修五代史於吳越世家極言其汰侈暴斂之事說者或以為修有

憾於錢惟演故以此言毁之並非實錄藎臣之師錢德洪爲錢鏐十九世孫因令藎臣歷考通鑑綱目及他書所載錢氏愛民政蹟逐條臚列以証吳越世家之妄其書雖題藎臣名實則德洪意也其間援引雖富類多以空言爭論至如吳越改元之事尚有石刻可據昭然難掩乃亦必喋喋而爲之辨且謂其本中國紀元而史失之尤可謂鑿空妄說矣

後梁春秋二卷　浙江汪啓淑家藏本

明姚士粦撰士粦所輯陸氏易解已著録是書以後梁主蕭詧爲武帝冡孫宜嗣梁祚武帝奪嫡而立簡文卒致覆滅而詧附魏立國凡歷三主三十三年乃亡能保其祀北史及周隋二史載記頗畧故作此書欲以詧續梁正統用編年之法採取史傳傍摭文集因時表事因事附人排比具詳中間如詧通魏後卽用北魏紀年而不書太清之號以絕元帝於梁又於陳諸帝皆直書其名以示黜貶之意然詧爲昭明第三子原非必應得國之人其

立也又非受國於武帝値是時弟兄搆釁同氣相屠借魏朝兵力獲奉宗祧僅區區守江陵三百里之地身為附庸北面事入其事實無可稱士粦此書與以南唐為正統者同一偏僻王士禎居易錄稱士粦有此書惜未見之殊不知其無可取也士粦又嘗為西魏春秋若干卷蓋亦以補魏收書之缺今佚不傳

韓氏事蹟一卷方氏事蹟一卷 兩淮鹽政採進本

明劉文進撰文進爵里未詳所記乃韓林兒方國

珍二家事蹟分年編載畧如紀事本末體例而引吳朴張時泰邵相周德恭諸人論斷系之各條之下凡詔檄奏疏之文皆跳行另書如坊間所行演義之式葢明人陋習如此又以明太祖奉韓林兒年號比之事殷之德取喻亦病其不倫

南詔野史一卷兩江總督採進本

舊本題曰昆明倪輅集成都楊慎標目滇中阮元聲删潤前無序目後有崇禎六年姜午生跋云新都楊用修先生遊其地乃原其世系著爲載記滇

中阮元聲霞嶼簡及斯記惜其佚脱欲更讐之以付剞劂而不言輅作今考書中叙事下逮萬歴十三年愼不及見既又稱大畧始於沙壹觸沈木而生九龍此書乃始於南詔星野其沈木一事僅附見於南詔源流某語中前後矛盾不可究詰大抵元聲之所爲倪輅楊愼皆依託也前半冊逐條標目頗嫌叢瑣後半冊大蒙國以下則歴紀蒙氏始據南詔以迄於段明頗似世家列傳之體末則總叙明代平定雲南始末而於歴代竊據諸家皆稱

其僞號僞謚尤爲乖剌元聲馬龍州人崇禎戊辰

進士官金華府推官

南唐拾遺記一卷江蘇巡撫採進本

國朝毛先舒撰先舒有聲韻叢說已著錄是編前有

自序稱畧採宋江南遺事諸不見正史者附於馬

陸二書鄭文寶近事陳彭年別錄陳霆唐餘記傳

之後然實皆習見之事無一異聞又後主却登高

文全篇載於陸書從善傳中而訛爲登高賦惟存

二句烏在其爲拾遺也紫竹評李後主詞一條見

龍輔女紅餘志不詳所出其人之眞僞未可知且是紫竹之語何與南唐遺事以此條爲例則詞話詩話連篇不盡矣師子國王一條鬼魅現形乃小說荒唐之語豈可以補正史將太平廣記載秦莊襄王就僧乞食亦可補史記秦本紀耶李煜殺諫臣溺浮屠荒於酒色缺失非一先舒序中以爲守文令辟亦非篤論也

十六國年表一卷　浙江汪啓淑家藏本

國朝張愉會撰愉會字庭碩嶽州人是書以崔鴻所

錄十六國事仿史記十二諸侯年表之例年經國緯條理分明頗便於尋覽其從父張潮收之昭代叢書乙集中後有潮跋謂不識崔鴻何以不列年表今得此書可以補其缺畧考劉知幾史通崔鴻原書實有表屠喬孫等作僞本時偶漏撰此篇潮未及考耳前又有潮序一篇文格純效尚書其意欲擬夏侯元昆弟誥殊爲詭僻尤無取焉

中山沿革志二卷 安徽巡撫採進本

國朝汪楫撰楫字舟次休寧人康熙己未

召試博學宏詞授檢討是編乃其册封琉球國王時作按輯別有使琉球錄備載册封典禮及山川景物此則專紀中山世系附以考據前有自序稱諭祭故王入其祖廟因密錄其神主又得琉球世纘圖參以明代實錄約畧詮次葢琉球之沿革具是矣

十六國年表二十二卷浙江巡撫採進本

國朝孔尚質撰尚質字元長武陵人是編雖以年表爲名而實非司馬遷旁行斜上之體特以爲本崔鴻十六國春秋列傳改爲編年猶之排纂班書更

爲苟紀然體例多不允協如每年但大書甲子而以晉宋年號與僭號分注則統緒全乖又首列所僭之廟號而書中仍復書名則綱目互異又魏氏已定位中原列於正史此乃分標代魏與仇池楊難敵吐谷渾一例轉附錄於十六國後尤爲未協惟末附輿圖考一卷古名今地排比頗明差爲易於尋覽云

右載記類二十一部一百六卷皆附存目

# 欽定四庫全書總目卷六十七

## 史部二十三

### 時令類

堯典首授時舜初受命亦先齊七政後世推步測算重爲專門已别著錄其本天道之宜以立人事之節者則有時令諸書孔子考獻徵文以小正爲尚存夏道然則先王之政茲其大綱歟後世承流遞有撰述大抵農家日用閭閻風俗爲多與禮經所載小異然民事即王政也淺識

者岐視之耳至於選詞章隸故實誇多鬬靡寖失厥初則踵事增華其來有漸不獨時令一家爲然汰除鄙倍採擷典要亦未始非豳風月令之遺矣

歲時廣記四卷編修程晉芳家藏本

宋陳元靚撰元靚不知其里貫自署曰廣寒仙裔而劉純作後序稱爲隱君子其始末亦未詳言莫之考也書前又有知無爲軍巢縣事朱鑑序一篇鑑乃朱子之孫即嘗輯詩傳遺說者後仕至湖廣

總領元靚與之相識則理宗時人矣其書宋志不
著錄惟見於錢曾讀書敏求記稱前列圖說分四
時為四卷今此本乃曹溶學海類編所載卷首並
無圖說葢傳鈔者佚之書中摭月令孝經緯三統
歴諸書為綱而以雜書所說關於節序者按月分
隸凡春令四十六條夏令五十條秋令三十二條
冬令三十八條大抵為啓劄應用而設故於稗官
說部多所徵据而爾雅淮南諸書所載足資考證
者反多遺鈌未可以稱善本特其於所引典故皆

備錄原文詳記所出未失前人遺意尚與後來類書隨意删竄者不同姑錄存之以備參考焉

欽定月令輯要二十四卷圖說一卷

康熙五十四年

聖祖仁皇帝御定初明馮應京與戴任共輯月令廣義二十五卷體例粗備而所錄繁簡失中雅俗弗別頗不免於蕪雜未可以前民利用我

聖祖仁皇帝欽崇大道敬授人時

特命儒臣別爲編纂門目雖仍其舊而刊除無稽之論增

補未備之文定爲圖說一卷歲令二卷每月令一卷春夏秋冬令及土王令五卷十二月令及閏月令十三卷晝夜令二卷時刻令二卷每類分天道政典民用物候占驗雜紀六子目每月令則六子目外增日次一子目十二月令閏月令則六子目外增節序日次二子目各援引圖籍注明出典具有根據其爲舊本所有者標題原字今本所加者標題增字亦不掩古人所長本本元元條分縷析用以乘時布政順五氣之宜趨事勸功裨四民之

業敬

天出治敬本重農之

淵衷具見於是固不僅點綴歲華採擷詞藻徒供翰墨之

資焉

右時令類二部二十九卷皆文淵閣著錄

時令類存目

四時宜忌一卷 編修程晉芳家藏本

明瞿佑撰佑字宗吉錢塘人洪武初官國子助教

永樂間官周王府右長史謫戍保安洪熙初赦還

此書記十二月所宜所忌歷引孝經緯荆楚歲時記玉燭寶典而兼及於濟世仁術法天生意指月錄白雲雜忌諸書甚至道家符籙亦皆載入徵引雖博究不免傷於蕪雜

四時氣候集解四卷 江西巡撫採進本

明李泰撰泰字淑通鹿邑人洪武丁丑進士姚福青溪漫筆稱其官爲詹事府通事舍人其事迹則無考也是書成於洪熙元年大旨以月令諸書紀載時物僅得其太畧前人訓釋又互有異同因蒐

采羣籍以爲考證然篇幅太隘未能詳覈

月令通考十六卷內府藏本

明盧翰撰翰有易經中說已著錄此書以一歲十二月每月雜採故事兼及流俗舊聞首記天道次治法次地利次民用次攝生次涓吉次占候次跡往次考言次擴聞謂之十例頗爲龐雜其自序云因見家塾事親一書而廣之爲此則託始已爲俗學其不能精核宜矣

月令廣義二十五卷直隸總督採進本

明馮應京撰戴任續成之應京有六家詩名物疏已著錄任始末未詳惟卷端有二私印一曰肩吾父一曰新安布衣而已是書前有任叙由一篇稱應京初爲士民月令一卷凡十有二令令葢以閏月而增五紀篇冠以圖統之以歲總約十二月文義之同者括爲每月令領於春令之前復槩每月三十日所同者立晝夜令而一十二時區爲時令系諸篇終共爲卷二十有五則應京原書祇一卷此本皆任所增加而卷首馮需紀畧乃稱應京在

鎮撫司作此書二十四卷應京自序又稱任僅增三之二大抵二人先後成之而彼此均欲據以爲功故其說矛盾也其書較盧氏月令通考差詳備而亦多猥雜

節宣輯四卷內府藏本

明上洛王朝𡏖撰朝𡏖周定王橚七世孫成化三年橚曾孫同鏴始分封上洛萬歷三十二年朝𡏖襲封其書專記時令多襲舊文

養餘月令二十九卷浙江巡撫採進本

明戴羲撰羲字駇長里貫未詳崇禎中官光祿寺
典簿其書分紀歲序而附以蠶魚竹牡丹芍藥蘭
菊諸譜鈔撮舊籍無所發明

日涉編十二卷內府藏本

明陳堦撰堦字升也應城人是書雜采故實詩歌
按時令編次每一月爲一卷先叙月令節候而三
十日以次列之皆以故實居前詩歌居後所采頗
爲蕪雜前有康熙二十七年聾昌知府文安紀元
重刊序乃惜其列代事跡有關勸戒者尚未詳錄

非也至謂其不載閏月爲疎漏則所言當矣

廣月令三卷後集二卷　安徽巡撫採進本

明王勳撰後集則其子璞所補勳字曰放璞字伯懷黟縣人其書採掇傳記欲爲月令通考諸家廣所未備而好取新奇轉成淺陋如十二月云大茅君降白鶴吐火烘客老子降九十六種魔皆道家無稽之談尤爲荒誕其標目曰别有天曰有本如是曰山外山曰衆香國逸史皆佻纖尖巧亦不出明季小品習徑也

古今類傳歲時部四卷 浙江巡撫採進本

國朝董穀士董炳文同編穀士字農山炳文字霞山烏程人是書前有潘耒序稱其兄弟共撰類書分天地人物爲四部名曰古今類傳先以歲時日次一編見示乃天部中之一種然則未成之書也其例首爲歲序總類次爲春夏秋冬四時類每於一時一月又先爲總類後以一月分三十日各纂輯典故詩文畧注所出而以通用麗句附諸簡末其所出則咸不注焉蒐採頗爲繁富然隸事在其意

義不在其字句是書所擴往往乖其本旨如王羲之春蚓秋蛇本論書法乃以春秋二字入之歲序類中是豈得古人之意哉

節序同風錄無卷數衍聖公孔昭煥家藏本

國朝孔尚任撰尚任有人瑞錄已著錄是書仿荆楚歲時記爲之以十二月爲綱而以佳辰令節分列爲目各載其風俗事宜於下頗爲詳備然人事今古不同方隅各異尚任不分其時其地比而同之又不著其所出未免失之淆雜不足以爲典據也

時令彙紀十六卷餘日事文四卷兩淮馬裕家藏本

國朝朱濂編濂爵里未詳是編所采皆四時十二月事實詩賦全用藝文類聚之體復以是書但分節候而無日次故更作餘日事文四卷每月三十日皆摭拾事實詩賦以補之然所引神仙降誕飛昇之期既爲荒誕又多以古人行記如范成大吳船錄之類所載每日至某處者取爲其日之故實尤爲假借也

右時令類十一部一百二十卷內一部無卷數皆附存目

欽定四庫全書總目　史部

卷
六六

12225

# 欽定四庫全書總目卷六十八

## 史部二十四

### 地理類一

古之地志載方域山川風俗物產而已其書今不可見然禹貢周禮職方氏其大較矣元和郡縣志頗涉古蹟蓋用山海經例太平寰宇記增以人物又偶及藝文於是為州縣志書之濫觴元明以後體例相沿列傳侔乎家牒藝文溢於總集末大於本而輿圖反若附錄其間假借夸

飾以俊風土者抑又甚焉王士禎稱漢中府志載木牛流馬法武功縣志載織錦璇璣圖此文士愛博之談非古法也然踵事增華勢難遽返今惟去泰去甚擇尤雅者錄之凡蕪濫之篇皆斥而存目其編類首宮殿疏尊宸居也次總志大一統也次都會郡縣辨方域也次河防次邊防崇實用也次山川次古蹟次雜記次遊記備考核也次外紀廣見聞也若夫山海經十洲記之屬體雜小說則各從其本類茲不錄焉

三輔黃圖六卷編修勵守謙家藏本

不著撰人名氏晁公武讀書志據所引劉昭續漢志註定爲梁陳閒人作程大昌雍錄則謂晉灼所引黃圖多不見於今本而今本漸臺彪池高廟元始祭社稷儀皆明引舊圖知非晉灼之所見又據改槐里爲興平事在至德二載知爲唐肅宗以後人作其說較公武爲有據此本惟高廟一條不引舊圖滄池一條引舊圖而大昌未及其餘三條並同葢即大昌所見之本偶悞滄池爲高廟也其書

皆記長安古迹間及周靈臺靈囿諸事然以漢爲主亦間及河間日華宫梁曜華宫諸事而以京師爲主故稱三輔黃圖三輔者顏師古漢書註謂長安以東爲京兆以北爲左馮翊渭城以西爲右扶風也所紀宫殿苑囿之制條分縷析至爲詳備考古者恒所取資惟兼取西京雜記漢武故事諸僞書洞冥記拾遺記諸雜說愛博嗜奇轉失精核不免爲白璧微瑕耳

禁扁五卷　兩江總督採進本

元王士點撰士點字繼志東平人是書凡爲目百一十有六篇一十有五釐爲甲乙丙丁戊五卷考何晏景福殿賦云爰有禁楄勒分翼張注引說文扁從戶册者署門戶也扁與楄同此書詳載歷代宮殿門觀池館苑籞等名故取義於此卷首有歐陽元至順庚午序虞集至順癸酉序皆以詳贍推之其中如釋東西箱以西淸附之葢本前漢司馬相如傳注謂西淸卽西箱也而其釋東西序則與東西箱別爲一類不知景福殿賦西箱踟蹰以開

宴東序重深而秘奥註西箱西序也東序東箱也本屬互文而析爲兩地則於宫室之制殊未能詳考又如釋秦雲陽宫一名林光一名甘泉考程大昌雍錄漢之甘泉在渭北之雲陽秦之甘泉在渭南之鄠縣謂秦甘泉一名雲陽殊誤又孟康郊祀志注漢甘泉一名林光師古謂漢於秦林光宫旁别起甘泉宫謂漢甘泉一名林光亦非則於地理之學亦不免偶疎至於秦祈年宫三輔黄圖以爲穆公作此書獨本漢書及水經註之說以爲作於

惠公似非無見又若曲臺宮之類兼採雜錄以補

黃圖之所遺頗可藉以參考末附名釋一篇訓詁

亦極典核雖時有疎密要於史學不爲無補矣

右地理類宮殿疏之屬二部十一卷皆文淵閣著錄

案太平御覽所引有漢宮殿疏劉知幾史通

所引有晉宮闕名皆自爲記載不與地志相

雜今別立子目冠於地理類之首

元和郡縣志四十卷浙江巡撫採進本

唐李吉甫撰吉甫字宏憲趙州人御史大夫栖筠

之子以蔭補左司禦率府倉曹參軍貞元初爲太常博士官至中書侍郎同中書門下平章事卒諡忠懿事迹具唐書本傳是書據宋洪邁跋稱爲元和八年所上然書中更置宥州一條乃在元和九年葢其事爲吉甫所經畫故書成之後又自續入之也前有吉甫原序稱起京兆府盡隴右道凡四十七鎭成四十卷每鎭皆圖在篇首冠於叙事之前並目錄兩卷共成四十二卷故名曰元和郡縣圖志後有淳熙二年程大昌跋稱圖至今已亡獨

志存焉故書錄解題惟稱元和郡縣志四十卷此本又闕第十九卷二十卷二十三卷二十四卷二十六卷三十六卷其第十八卷則闕其半二十五卷亦闕二頁又非宋本之舊矣篇目斷續頗難尋檢考水經註本四十卷至宋代佚其五卷故水名闕二十有一南宋刊版仍均配爲四十卷使相聯屬今用其例亦重編爲四十卷以便循覽仍註其所闕於卷中以存舊第其書唐志作五十四卷證以吉甫之原序葢志之誤又按唐六典及新舊唐

書地理志貞觀初分天下爲十道一關内道二河南道三河東道四河北道五山南道六隴右道七淮南道八江南道九劍南道十嶺南道此書移隴右爲第十殆以中葉後陷沒吐蕃故退以爲殿至淮南一道在今本闕卷之中以唐志淮南道所屬諸州考之今本河南道内有所屬申光二州列蔡州之後江南道内有所屬之蘄黄安三州列鄂沔二州之後似乎傳寫之錯簡然考唐書方鎮表大歷十四年淮西節度使復治蔡州尋更號申光蔡

節度使又永泰元年蘄黃二州隸鄂岳節度升鄂

州都團練使爲觀察使增領岳蘄黃三州元和元

年升鄂州觀察使爲武昌軍節度使增領安黃二

州則申州光州嘗由淮南道割隸河南道蘄州安

州黃州亦嘗由淮南道割隸江南道唐志偶失移

併非今本錯亂也輿記圖經隋唐志所著錄者率

散佚無存其傳於今者惟此書爲最古其體例亦

爲最善後來雖遞相損益無能出其範圍今錄以

冠地理總志之首著諸家祖述之所自焉

太平寰宇記一百九十三卷 浙江汪啟淑家藏本

宋樂史撰。史有廣卓異記，已著錄。宋太宗時始平閩越，并北漢，史因合輿圖所隸，考尋始末，條分件繫，以成此書。始於東京，迄於四裔。然是時幽燕營檀等十六州晉所割以賂遼者，實未入版章，史乃因賈耽十道志、李吉甫元和郡縣志之舊，概列其名，蓋太宗置封椿庫，冀復燕雲，終身未嘗少置，史亦預探其志，載之於篇，非無所因而漫錄也。史進書序譏賈耽、李吉甫爲漏缺，故其書采摭繁富，惟取賅博於列朝人物一一並登至於題詠古蹟若張祐金山詩之類亦皆並錄後來方志必列人物藝文者其體皆始於史蕃地理之書記載至是書而始詳體例亦自是而大變然史書雖卷帙浩博而考據特爲精核要不得以末流冗雜追咎濫觴之源矣原本二百卷諸家藏本並多殘缺惟浙江汪氏進本所闕自一百十三卷至一百十九卷僅佚七卷又每卷末附校正一頁不知何人所作辨析頗詳較諸本最爲精善今據以著錄文獻通考

作太平寰宇志此本標題實作太平寰宇記諸書所引名亦兩岐今考史進書原序亦作記字則通考爲傳寫之誤不足據也

元豐九域志十卷兩江總督採進本

宋承議郎知制誥丹陽王存等奉勅撰存字敬仲丹陽人登進士第調嘉興主簿歷官尚書右丞事蹟具宋史本傳初祥符中李宗諤王曾先後修九域圖至熙寧八年都官員外郎劉師旦以州縣名號多有改易奏乞重修乃命館閣校勘曾肇光祿

丞李德芻刪定而以存總其事以舊書名圖而無
繪圖請改曰志迄元豐三年閏九月書成此本前
有存等進書原序稱國朝以來州縣廢置與夫鎮
戍城堡之名山澤虞衡之利前書所畧則謹志之
至於道里廣輪之數昔人罕得其詳今則一州之
內首叙州封次及旁郡彼此互舉弗相混殽總二
十三路京府四次府十州二百四十二軍三十七
監四縣一千二百三十五釐爲十卷王應麟稱其
文見於曲阜集藴會肇之詞也其書始於四京終

於省廢州軍及化外覊縻州凡州縣皆依路分隸首具赤畿望緊上中下之名次列地理次列戸口次列土貢每縣下又詳載鄉鎮而名山大川之目亦併見焉其於距京距府旁郡交錯四至八到之數縷析最詳深得古人辨方經野之意叙次亦簡潔有法趙與旹賓退錄尤稱其土貢一門備載貢物之額數足資考核為諸志之所不及自序所稱文直事核洵無愧其言矣其書最為當世所重民間又有别本刊行内多古蹟一門故晁公武讀書

後志有新舊九域志之目此爲明毛晉影抄宋刻乃元豐間經進原本後藏徐乾學傳是樓中字畫清朗訛闕亦少惟佚其第十卷今以蘇州朱奐家抄本補之仍首尾完具案張淏雲谷雜記稱南渡後閩中刊書不精如睦州宣和中始改嚴州而新刊九域志直改爲嚴州今檢此本内睦州之名尚未竄改則其出於北宋刻本可知矣近時馮集梧校刊此書每卷之末具列考證其所據亦此本也

輿地廣記三十八卷 浙江鮑士恭家藏本

宋歐陽忞撰晁公武讀書志謂實無其人乃著書者所假託陳振孫書錄解題則以爲其書成於政和中忞歐陽修從孫以行名皆連心字爲據按此書非觸時忌何必隱名疑振孫之說爲是然修廬陵人而此本有忞自序乃自稱廣陵豈廣廬字形相近傳寫致訛歟其書前四卷先叙歷代疆域提其綱要五卷以後乃列宋郡縣名體例特爲清析其前代州邑宋不能有如燕雲十六州之類者亦附各道之末名之曰化外州亦足資考證雖其時

土宇狹隘不足括輿地之全而端委詳明較易尋覽亦輿記中之佳本也

方輿勝覽七十卷兩淮鹽政採進本

宋祝穆撰穆字和甫建陽人建寧府志載穆父康國從朱子居崇安穆少名丙與弟癸同受業於朱子宰執程元鳳蔡杭錄所著書以進除廸功郎爲興化軍涵江書院山長是書前有嘉熙已亥吕午序葢成於理宗時所記分十七路各係所屬府州軍於下而以行在所臨安府爲首葢所述者惟南

渡疆域而已書中體例大抵於建置沿革疆域道
里田賦戶口關塞險要他志乘所詳者皆在所畧
惟於名勝古蹟多所臚列而詩賦序記所載獨備
葢爲登臨題詠而設不爲考證而設名爲地記實
則類書也然採摭頗富雖無裨於掌故而有益於
文章摛藻掞華恒所引用故自宋元以來操觚家
不廢其書焉考葉盛水東日記稱元絳閔忠詩石
刻在康州方輿勝覽乃載在封州又誤以爲魏杠
作亦譌數字幸眞蹟石刻尚存三洲巖中則小小

炳錯亦所不免，要不害其大致之詳贍爾。

明一統志九十卷 內府藏本

明吏部尚書兼翰林院學士李賢等奉勅撰。案沈文《聖君初政志》稱洪武三年命儒臣魏俊等六人編類天下郡縣地理形勢為《大明志》，今其書不傳。後成祖採天下郡縣圖經，命儒臣纂輯為一書，亦未及成而中輟。至英宗復辟後，乃命賢等重編。天順五年四月書成奏進，賜名《大明一統志》，御製序文冠其首，發板頒行。考輿志之書出自官撰者，自唐元和郡縣志宋元豐九域志外惟元岳璘等所修大元一統志最稱繁博國史經籍志載其目共爲一千卷今已散佚無傳雖永樂大典各韻中頗見其文而割裂叢碎又多漏脱不能復排比成帙惟浙江汪氏所獻書內尚存原刋本二卷頗可以考見其體製知明代修是書特其義例一仍元志之舊故書名亦沿用之其時纂修諸臣既不出一手舛錯牴牾疎謬尤甚如以唐臨洵爲漢縣遼無章宗而以爲陵在三河金宣宗塟大梁而以爲陵

在房山以漢濟北王興居爲東漢名宦以箕子所封之朝鮮爲在永平境内俱乖互不合極爲顧炎武日知錄所譏至摘王安石處州學記地最曠大山長谷荒之語則併句讀而不通矣此本内多及嘉靖隆慶時所建置葢後人已有所續入亦不盡出天順之舊我

國家辨方定位首重輿圖

大清一統志近復奉

詔重修起例發凡彌臻盡善此書之舛畧本無可採特

是職方圖籍爲有國之常經歷朝俱有成編不容至明而獨缺故仍録存以備一代之掌故焉

大清一統志五百卷
乾隆二十九年奉

勅撰是書初於乾隆八年纂輯成書每省皆先立統部冠以圖表首分野次建置沿革次形勢次職官次戸口次田賦次名宦皆綜括一省者也其諸府及直隷州又各立一表所屬諸縣系焉皆首分野次建置沿革次形勢次風俗次城池次學校次戸口

次田賦次山川次古蹟次關隘次津梁次堤堰次
陵墓次寺觀次名宦次人物次流寓次列女次仙
釋次土產各分二十一門共成三百四十二卷而
外藩及朝貢諸國別附錄焉迨乾隆二十年
天威震疊平定伊犂拓地二萬餘里爲自古輿圖所未
紀而府州縣之分併改隸與職官之增減移駐亦
多與舊制異同乃
特詔重修定爲此本嗣乾隆二十八年西域愛烏罕霍
罕啟齊玉蘇烏爾根齊諸回部滇南整欠景海諸

土目咸相繼内附乾隆四十年又討定兩金川開
屯列戍益廣幅員因並載入簡編以昭大同之
盛軌蓋版圖廓於前而蒐羅彌博門目仍其舊而體例
加詳一展卷而九州之砥屬八極之會同皆可得
諸指掌間矣昔唐分天下爲十道隴右道本居第
六李吉甫元和郡縣志乃退列爲第十以其地已
入吐蕃故也宋之疆域最狹歐陽忞輿地廣記於
所不能有者别立化外州之名已爲巧飾至祝穆
方輿勝覽則併淮北亦不及一字矣蓋衰弱之朝

土宇日蹙故記載不得不日減
聖明之世版章日擴故編摩亦不得不日增今志距
詔修舊志特僅數十載而職方所隸已非舊志所能該
威德遐宣響從景附茲其明驗矣虞舜益地之圖僅區
九州爲十二亦何足與
昭代比隆哉
右地理類總志之屬七部九百四十一卷皆文淵閣
著錄
吳郡圖經續記三卷江蘇巡撫採進本

宋朱長文撰長文字伯原蘇州人未冠登進士乙科以足疾不仕後以蘇軾薦充本州教授召爲太常博士遷秘書省正字樞密院編修書成於元豐七年上卷分封域城邑戶口坊市物產風俗門名學校州宅南園倉務海道亭館牧守人物十五門中卷分橋梁祠廟宮觀寺院山水六門下卷分治水往迹園第冢墓碑碣事志雜錄七門徵引博而叙述簡文章爾雅猶有古人之風首有長文自序一篇末有後序四篇一爲元祐元年常安民作一

爲元祐七年林虙作一爲元符二年祝安上作一

爲紹興四年孫佑作州郡志書五代以前無聞北

宋以來未有古於長安志及是記者矣朱彝尊跋

咸淳臨安志歷數南北宋地志不及是記知彝尊

未見其書爲希覯之本也長文自序稱古今文章

别爲吴門總集書中亦屢言某文見總集今其書

已不傳是記亦幸而僅存耳

乾道臨安志三卷浙江巡撫採進本

宋周淙撰淙字彦廣湖州長興人乾道五年以右

文殿修撰知臨安府創爲此志原本凡十五卷見宋史藝文志其後淳祐間施諤咸淳間潛說友歴事編纂皆有成書今惟潛志尚存抄帙周施二志世已無傳此本爲杭州孫仰曾家所藏宋槧本卷首但題作臨安志而中間稱高宗爲光堯太上皇帝稱孝宗爲今上紀牧守至淙而止其爲乾道志無疑惟自第四卷以下俱已缺佚所存者僅什之一二爲可惜耳第一卷紀宫闕官署題曰行在所以别於郡志體例最善後潛志實遵用之二卷分

沿革星野風俗州境城社戶口廨舍學校科舉軍營坊市界分橋梁物產土貢稅賦倉場館驛等諸子目而以亭堂樓觀閣軒附其後敘錄簡括深有體要三卷紀自吳至宋乾道中諸牧守詳畧皆極得宜淙尹京時擦湖浚渠頗留心於地利故所著述亦具有條理今其書雖殘缺不完而於南宋地志中爲最古之本考武林掌故者要必以是書稱首焉

淳熙三山志四十二卷兩淮馬裕家藏本

宋梁克家撰克家字叔子泉州晉江人紹興三十年廷試第一授平江簽判召爲秘書省正字乾道中累官右丞相封儀國公卒謚文靖事迹具宋史本傳史稱其爲文深厚明白自成一家制命尤温雅多行於世今所作已罕流傳惟此書尚有寫本凡分九門一曰地理二曰公廨三曰版籍四曰財賦五曰兵防六曰秩官七曰人物八曰寺觀九曰土俗朱彝尊曝書亭集有是書跋議其附山川於寺觀未免失倫今觀其人物惟收科第土俗時出

謡讖亦皆於義未安然其志主於紀録掌故而不在誇耀鄉賢後陳名勝固亦核實之道自成志乘之一體未可以常例繩也其所紀十國之事多有史籍所遺者亦足資攷證視後來何喬遠閩書之類門目猥雜徒溷耳目者其相去遠矣

吳郡志五十卷兵部侍郎紀昀家藏本

宋范成大撰成大有驂鸞録已著録是書爲成大末年所作郡人龔頤滕茂周南相與賛成之時有求附於籍不得者會成大没乃騰謗謂不出成大

手遂寢不行故至元嘉禾志序謂吳郡志以妄議不得刊也紹定初廣德李壽朋始爲鋟板趙汝談爲之序以周必大所撰成大墓志定是書實所自爲併中明龔頤正入者嘗爲成大蒐訪故謗有自來其論乃定壽朋又以是書止紹興三年其後諸大建置如百萬倉嘉定新邑許浦水軍顧逕移屯皆未及載復令校官汪泰亨補之自謂仿褚少孫補史記例然少孫補史記雖爲妄陋猶不混本書泰亨所續當時不別署爲續志遂與本書淆亂體

例殊乖其書凡分三十九門徵引浩博而叙述簡核爲地志中之善本刊板久佚此本猶紹定舊槧往往於夾注之中又有夾注考成大以前惟姚宏補註戰國策嘗有此例而不及此書之多亦可云著書之刱體矣

新安志十卷　兩江總督採進本

宋羅願撰願有爾雅翼已著錄初梁蕭幾作新安山水記王篤又作新安記唐亦有歙州圖經及宋大中祥符中李宗諤撰次州郡圖經頒之天下於

是舊志皆佚洎經方臘之亂新圖經亦隨散失願甞雜採諸書創爲稿本而未就淳熙二年趙不悔爲州守乃俾願續成之其書第一卷爲州郡第二卷爲物產貢賦第三卷至五卷爲所屬之歙休寧祁門婺源績溪黟六縣第六卷七卷爲先達第八卷爲進士題名凡賢良明經賜策獻策特奏名武舉皆附之義民仙釋亦併在是卷九卷爲牧守十卷爲雜錄叙述簡括引據亦極典核於先達皆書其官别於史傳較爲有體其物產一門乃願專門

之學徵引尤爲該備其所志貢物如乾蘋蘗臘芽
茶細布之類皆史志所未載所列先達小傳具有
始末如汪藻曾爲符寶郎之類亦多史傳所遺趙
不悔序稱其博物洽聞故論載甚廣而其序事又
自得立言之法願自序亦自以爲儒者之書具有
微旨不同抄取記簿皆不愧也程敏政新安文獻
志記願所作胡舜陟墓誌後曰鄂州新安志於王
黼之害王俞秦檜之殺舜陟皆畧而不書非杏庭
虛谷一白之則其蹟泯矣然則是書精博雖未易

及至其義類取舍之間疑有大可議者姑記一二事以驗觀者云云案劉克莊後村詩話謂舜陟欲爲秦檜父建祠高登不可因劾登以媚檜會舜陟别以他事忤檜下獄死登乃得免則舜陟之死乃欲附檜而反見擠耳願之不書殆非無意未可遽以爲曲筆也

剡録十卷　江蘇巡撫採進本

宋高似孫撰似孫字續古號疎寮餘姚人淳熙十一年進士歷官校書郎出倅徽州遷守處州陳振

孫書錄解題稱似孫爲館職時上韓侂胄生日詩九首每首皆暗用錫字寓九錫之意爲清議所不齒知處州尤貪酷其讀書以奥僻爲博以怪澁爲奇至有甚可笑者就中詩猶可觀周密癸辛雜識亦記其守處州日私挾官妓洪渠事其人品蓋無足道其詩有疎寮小集尙傳於世文則不少概見此乃其所作嵊縣志也嵊爲漢剡縣地故名曰剡錄前有嘉定甲戌似孫自序及嘉定乙亥嵊縣令史之安序蓋成於甲戌而刋於乙亥故所題先後

差一年其書首爲縣紀年次爲城境圖次爲官治志附以令丞簿尉題名次爲社志學志附以進士題名次爲寮驛樓亭放生池版圖兵籍次爲山水志次爲先賢傳次爲古奇蹟古阡次爲書次爲文次爲詩次爲畫次爲紙次爲古物次爲物外記次爲草木禽魚徵引極爲該洽唐以前佚事遺文頗賴以存其先賢傳每事必註其所據之書可以爲地志紀人物之法其山水記仿酈道元水經註例脈絡井然而風景如覩亦可爲地志紀山水之法

統核全書皆序述有法簡潔古雅迴在後來武功
諸志之上殊不見其怪澁可笑陳振孫云云殆不
可解豈其他文奇僻又異於此書歟

嘉泰會稽志二十卷開慶續志八卷浙江范懋柱家天一閣藏本

會稽志二十卷宋施宿等撰續志八卷宋張淏撰
宿字武子湖州人司諫元之子嘗知餘姚縣遷紹
興府通判淏字清源本開封人僑居婺州官至奉
議郎其履貫畧見金華志而所作續志序乃自稱
僑寓是邦則又嘗卜居會稽矣宋自南渡以後升

越州爲紹興府其牧守每以宰執重臣領之稱爲大藩而圖志未備直龍圖閣沈作賓爲守始謀纂輯華文閣待制趙不迹寶文閣學士袁説友等相繼編訂而宿一人實始終其事書成於嘉泰元年陸游爲之序其不稱紹興府志而稱會稽志者用長安河南成都柏臺諸志例也其後二十五年淏以事物沿革今昔不同因彙次嘉泰辛酉後事作爲續編復於前志內補其遺逸廣其疎畧正其譌誤釐爲八卷書成於寶慶元年淏自爲之序所分

門類不用以綱統目之例但各以細目標題前志爲目一百十七續志爲目五十不漏不支叙次有法如姓氏送迎古第宅古器物求遺書藏書諸條皆他志所弗詳宿獨能蒐採輯比使條理秩然湨所續亦簡核不苟皆地志中之有體要者其刊板歲久不傳明正德庚午郡人王綖復訪求舊本校刻今又散佚故藏書之家罕見著錄蓋亦僅存之本矣

嘉定赤城志四十卷 兩淮馬裕家藏本

宋陳耆卿撰耆卿字壽老號篔窻台州臨海人登嘉定七年進士官至國子司業其事蹟不見於宋史惟謝鐸赤城新志稍著其仕履而亦不詳今以所著篔窻集考之則嘉定十一年嘗爲青田縣主簿嘉定十三年爲慶元府府學教授又趙希弁讀書附志稱耆卿集中沂邸箋表爲多案宋史孝宗孫吳興郡王柄追封沂王其嗣子希瞿寧宗嘗立爲皇子卽濟王竑耆卿必嘗爲其府記室而希弁畧其文也此爲所撰台州總志以所屬臨海黄巖

天台仙居寧海五縣條分件繫分十五門其曰赤
城者文選孫綽天台山賦稱赤城霞起以建標李
善註引支遁天台山銘序曰往天台嘗由赤城山
爲道徑又引孔靈符會稽記曰赤城山名色皆赤
狀似雲霞又引天台山圖曰赤城山天台之南門
也梁始置赤城郡葢因山爲名耆卿此志即用梁
郡名耳耆卿受學於葉適文章法度具有師承故
叙述咸中體裁明謝鐸嘗續其書去之遠甚舊與
耆卿書合編今析出別存其目陳氏書錄解題載

此志之前有圖十三此本乃無一圖殆傳寫者艱於繪畫久而佚之矣

寶慶四明志二十一卷開慶續志十二卷兩淮鹽政採進本

宋羅濬撰濬廬陵人官贛州錄事叅軍文獻通考作羅璿蓋傳寫誤也先是乾道中知明州張津始纂輯四明圖經而搜採未備寶慶三年煥章閣學士通議大夫知慶元府兼沿海制置使廬陵胡榘復命校官方萬里因圖經舊本重加增訂如唐刺史韓察之移州城唐及五代郡守姓名多據碑刻

史傳補入其事未竟會萬里赴調中輟濬與渠同

里適遊四明遂屬之編定凡一百五十日而書成

前十一卷爲郡志分叙郡叙山叙水叙產叙賦叙

兵叙人叙祠叙遺九門各門又分立四十六子目

第十二卷以下則爲鄞奉化慈谿定海昌國象山

各縣志每縣俱自爲門目不與郡志相混葢當時

明州雖建府號而不置倚郭之縣州與縣各領疆

土如今直隸州之體故與他郡不同也宋史藝文

志僅有張津圖經十二卷及四明風俗賦一卷不

載是書惟陳振孫書錄解題載之其卷數與此本相合蓋猶從宋槧抄存者志中所列職官科第名姓及他事蹟或下及咸淳距寶慶三四十年蓋後人已有所增益非盡羅濬之舊然但逐條綴附而體例未更故叙述謹嚴不失古法元袁桷延祐四明志亦據爲藍本多採用焉續志十二卷則開慶元年慶元府學教授梅應發添差通判鎮江府劉錫所撰共分子目三十有七其自序稱續志之作所以志大使丞相履齋先生吳公三年治鄞之政

績其已作而述者不復志故所述多吳潛在官事實而山川疆域已詳於舊志者則槩未之及是因一人而別修一郡之志名爲輿圖實則家傳於著作之體殊乖然案宋史吳潛傳載潛以右丞相罷爲觀文殿大學士尋授沿海制置大使判慶元府至官條其軍民遠久之計告於政府奏皆行之又積錢百十七萬三千八百有奇代民輸帛前後所蠲五百四十九萬一千七百有奇是潛涖鄞以後宦績頗有可觀二人所述尚不盡出於諛頌至潛

所著文集世久無傳後人掇拾叢殘編爲遺稿亦殊傷闕畧此志載潛吟稿一卷共古今體詩一百九首詩餘一卷共詞一百三十首皆世所未覩雖其詞不必盡工而名臣著作藉以獲存固亦足資援据故今仍與羅濬書並錄存焉

**澉水志八卷**（浙江巡撫採進本）

宋常棠撰棠字召仲號竹窻海鹽人仕履未詳澉水在海鹽縣東三十六里水經所謂谷水流出爲澉浦者是也唐開元五年張廷珪奏置鎮宋紹定

三年監澉浦鎮稅修職郎羅叔韶使棠爲誌凡十五門曰地理曰山曰水曰廨舍曰坊巷曰坊場曰軍寨曰亭堂曰橋梁曰學校曰寺廟曰古跡曰物產曰碑記曰詩詠而冠以輿圖前有叔韶及棠二序敘述簡核綱目該備而八卷之書爲頁止四十有四明韓邦靖撰朝邑縣志言約事盡世以爲絕特之作今觀是編乃知其源出於此可謂體例精嚴藻不妄抒者矣

謹案澉水雖見水經注然是書乃志地非志

水不可入之山水中以鎮亦郡縣之分區故附綴於都會郡縣類焉

景定嚴州續志十卷兩淮鹽政採進本

宋鄭瑶方仁榮同撰瑶時官嚴州教授仁榮時官嚴州學錄其始末則均未詳也所紀始於淳熙訖於咸淳標題惟曰新定續志不著地名蓋刊附紹興舊志之後而舊志今佚也嚴州於宋爲遂安軍度宗嘗領節度使卽位之後升爲建德府故卷首載立太子詔及升府省劄體裁視他志稍殊惟物

產之外別增瑞產一門但紀景定麥秀四岐一條鄉飲之外別增鄉會一門但紀楊王主會一條則皆乖義例耳然叙述簡潔猶輿記中之有古法者其戶口門中載寧宗楊皇后爲嚴人而鄉會門中亦載主集者爲新安郡王永寧郡王新安者楊谷永寧者楊石皆后兄楊次山之子也而宋史乃云后會稽人當必有悞此可訂史傳之訛矣

景定建康志五十卷 兩淮馬裕家藏本

宋周應合撰應合武寧人自號溪園先生淳祐間

舉進士官至實錄院修撰以疏劾賈似道謫饒州通判是書乃其以承直郎差充江南東路安撫司幹辦公事時所作也初建炎三年建行宫於金陵改爲建康府設江南東路安撫司以治之爲沿江重鎮乾道慶元間屢輯地志而記載尚多闕畧景定中寶章閣學士江東安撫使知建康府馬光祖始屬應合取乾道慶元二志合而爲一增入慶元以後之事正譌補鈌别編成書首爲留都四卷次爲圖表誌傳四十五卷末爲拾遺一卷援据該洽

條理詳明凡所考辨俱見典覈如論丹陽之名本出建業論六朝揚州嘗治建業後始爲廣陵一郡之名皆極精核光祖序稱其博物洽聞學力充贍不誣也明嘉靖萬歷間是書尚有刊本在南京國子監見黄佐南廱志中然所存板止七百五十九面則亦已闕佚不全其後流傳幾絶朱彝尊曝書亭集有是書跋稱周在浚嘗語以曾覩是書闕本訪之三十年未得後從曹寅處借歸録之始復傳於世云

咸淳臨安志九十三卷浙江巡撫採進本

元潛說友撰說友字君高處州人宋淳祐甲辰進士咸淳庚午以中奉大夫權戸部尚書知臨安軍府事封縉雲縣開國男時賈似道勢方熾說友曲意附和故得進越四年以誤捕似道私秫罷明年起守平江元兵至棄城先遁及宋亡在福州降元受其宣撫使之命後以官軍支米不得王積翁以言激衆遂爲李雄剖腹死其人殊不足道而其書則頗有條理前十五卷爲行在所錄記宫禁曹司

之事自十六卷以下乃爲府志區畫明晰體例井然可爲都城紀載之法其宋代詔令編於前代之後則用徐陵玉臺新詠置梁武於第七卷例也他所叙錄亦縷析條分可資攷据故明人作西湖志諸書多採用之朱彞尊謂宋人地志幸存者若宋次道之志長安梁叔子之志三山范致能之志吳郡施武子之志會稽羅端良之志新安陳壽老之志赤城每患其太簡惟潛氏此志獨詳然其書流傳既久往往闕佚不全舊無完帙彞尊從海鹽胡

氏常熟毛氏先後得宋槧本八十卷又借抄一十三卷而其碑刻七卷終闕無可考補今亦姑仍其舊焉

至元嘉禾志三十二卷（兩淮馬裕家藏本）

元徐碩撰碩里貫未詳始末亦無可考其作此書時則方官嘉興路教授也秀州自宋初未有圖經淳熙中知州事張元成始延聞人伯紀刱為之後岳珂守郡復延郡人闕栻續修會珂改調事遂中輟僅存五卷至元中嘉興路經歷單慶屬碩纂輯

因踵栻舊本續成之廣其門爲四十三而卷數增多至二十有七郭晦唐天麟各爲之序嘉興路總管劉傑與郡官共刊行之志中兼及松江府華亭縣蓋元時本隸嘉興路明初始析置也其書敘次甚詳每條下間繫以考證尤爲典核而碑碣一門多至十一卷自三國六朝以迄南宋凡石刻之文悉全載無遺如吳征北將軍陸禕碑梁泰駐山碑唐黃山司馬陸元感陳府君環墓銘宗城令顧謙墓誌皆歐趙所未著錄吳越靜海鎮遏使朱行先

碑吳任臣十國春秋實据以立行先傳其他零篇斷什爲耳目所未覩者尚多殊足爲攷獻徵文之助惟書中但有人物及進士題名而不立官師一志使前人宦績欽然無傳未免漏畧又江海湖泖浦潊溪潭陂塘河港涇溝堰牐分爲八類使源流支絡開卷井然體例甚當而樓閣堂館亭宇亦分爲三類則强析名目未免失之瑣碎是其所短焉

大德昌國州圖志七卷 浙江范懋柱家天一閣藏本

元馮復京郭薦等同撰復京潼川人官昌國州判

官薦里貫未詳官鄞縣教諭昌國州即今定海縣
宋熙寧六年置昌國縣元至元十五年始升爲州
此書成於大德二年七月凡分八門曰叙州曰叙
賦曰叙山曰叙水曰叙物產曰叙官曰叙人曰叙
祠前有州官請耆儒修志牒一篇末有郭薦等繳
申文牒一篇冠以復京序據序中所述始末葢復
京求得舊志屬薦等訂輯而復京爲之審定者也
其大旨在於刊削浮詞故其書簡而有要不在康
海武功志韓邦靖朝邑志下海書邦靖書爲作者

盛推而此書不甚稱於世殆年代稍遠鈔本稀傳
歟據原目所載卷首當有環山環海及普陀山三
圖圖志之名實由於是此本有錄無圖葢傳寫者
佚之矣

延祐四明志十七卷浙江巡撫採進本

元袁桷撰桷字伯長慶元人宋知樞密院事韶之
曾孫少爲麗澤書院山長以薦攺翰林國史院檢
閲官累遷侍講學士卒贈江浙行省参知政事追
封陳留郡公謚文清事蹟具元史本傳桷文章博

贍爲一時臺閣之冠所著易說春秋諸書見於蘇天爵墓誌銘者世久無傳惟凊容居士集及此志尚存書成於延祐七年蓋慶元路總管馬澤屬桷撰次者也凡分十二考曰沿草曰土風曰職官曰人物曰山川曰城邑曰河渠曰賦役曰學校曰祠祀曰釋道曰集古條例簡明最有體要桷先世在宋多以文學知名稱東南故家遺獻没後會朝廷修史遣使求郡國軼文故事惟袁氏所傳爲多故其於鄉邦舊典尤多貫串志中考核精審不支不

濫頗有良史之風視至元嘉禾至正無錫諸志更爲賅洽惟自第九卷至第十一卷爲傳寫者所脫佚已非全帙然元時地志鈔帙無多存之亦足以資考究固未可以不完廢也

齊乘六卷 浙江范懋柱家天一閣藏本

元于欽撰欽字思容益都人歷官兵部侍郎是書專記三齊輿地凡分八類曰沿革曰分野曰山川曰郡邑曰古蹟曰亭館曰風土曰人物叙述簡核而淹貫在元代地志之中最有古法其中間有舛

誤者如宋建隆三年改濰州置北海軍以昌邑縣隸之乾德三年復陞濰州又增昌樂隸之均見宋地理志而是書獨遺又壽光爲古紀國亦不詳及其他如以華不注爲靡笄山以臺城爲在濟南東北十三里顧炎武山東考古錄皆嘗辨之然欽本齊人援據經史考證見聞較諸他地志之但據輿圖憑空言以論斷者所得究多故向來推爲善本卷首有至元五年蘇天爵序亦推挹甚至蓋非溢美矣

至大金陵新志十五卷　兩江總督採進本

元張鉉撰鉉字用鼎陜西人嘗為奉元路學古書院山長至正初江南諸道行御史臺諸臣將重刊宋周應合所撰建康志而其書終於景定中嗣後七八十年紀載闕畧雖郡人戚光於至順間嘗修有集慶續志而任意改竄多變舊例未為詳審復議增輯以繼景定志之後因聘鉉主其事凡六閱月而書成首為圖考次通紀次世表年表次志譜列傳而以摭遺論辨終焉令本路儒學雕本印行

至明嘉靖中黃佐修南雍志尚載有此書板一千一百六十四面是今所流傳印本猶出自原刻也其書畧依周志凡例而元代故實則本之戚光續志及路州司縣報呈事蹟其間如官屬姓名已入前志者不復具錄而世譜列傳則前志所有者仍捃載無遺體例殊自相矛盾又其凡例中以戚志刪去地圖不合古義譏之良是至於世表年表則地志事殊國史原不必仿旁行斜上之法轉使氾濫無稽戚志刪除深合體例鉉乃一槩訾之亦爲

失當然其學問博雅故薈粹損益本末燦然無後來地志家附會叢雜之病其古蹟門中所載梁始興忠武王安成康王二碑朱彝尊皆嘗爲之跋而不引是書爲證豈其偶未見歟

無錫縣志四卷兩江總督採進本

不著撰人名氏考千頃堂書目有元王仁輔無錫縣志二十八卷與此本卷數不符葢別一書也考明史地理志洪武二年四月始改無錫州爲縣是志古今郡縣表末雖止於陞無錫縣爲州然標題

實稱無錫縣已爲明初之制又郡縣表止元貞而學校類中已載至正辛巳鄉舉陞以衛則所紀已下逮元末是洪武中書矣第一卷爲邑里第二卷爲山川第三卷爲事物分上下二子卷第四卷爲詞章亦分上中下三子卷中又分小類二十一詞簡而事該亦地志之善本惜首卷原序已佚其撰次本末不可得而考也元史地里志稱成宗元貞元年陞無錫爲州此志乃云二年作志者紀錄時事歲月必確以是推之知元史疎漏多矣是亦書

貴舊本之一驗也

姑蘇志六十卷兩江總督採進本

明王鏊撰鏊有史餘已著錄蘇州自宋范成大明盧熊二志後纂輯久缺宏治中吳寬嘗與張習都穆續修未竟惟遺稿僅存後廣東林世遠爲蘇州守以其事屬鏊鏊乃與郡人杜啟祝允明蔡羽文璧等共相討論發凡舉例咸本於寬而芟繁訂譌多所更益凡八月而書成首列沿革守令科第三表自沿革分野以下分爲三十一門而人物門中

又分子目十三繁簡得中考核精當在明人地志之中猶爲近古陳繼儒見聞錄稱鏊修志時以楊循吉喜詆諆不欲與之同局志成遣使送之循吉循吉方櫛沐不暇抽看但顧簽票云不通不通使者還述其語鏊以問之循吉曰府志修於我朝原當以蘇州名志姑蘇吳王臺名也以此名志可乎鏊始大服云云考鏊自序紀其初修志時有欲屬諸楊儀部而楊儀部固辭之語是鏊未嘗擯去循吉不與共事繼儒所載恐不足信至志書題古地

名自宋代已有是例核以名實良有未安無論是言之眞僞其說要不爲無理固不必曲爲鳌譁矣

武功縣志三卷兩江總督採進本

明康海撰海字德涵武功人宏治壬戌進士第一授翰林院修撰以救李夢陽事坐劉瑾黨削籍明史文苑傳附見李夢陽傳中是志僅七篇曰地理曰建置曰祠祀曰田賦曰官師曰人物曰選舉凡山川城郭古蹟宅墓皆括於地理官署學校津梁市集則歸於建置祠廟寺觀則總以祠祀戶口物

嘗刻璇璣圖讀法前有題識云余錄先太史縣志稍稱武功志載璇璣圖而此本無之考海孫呂暘刊其圈點細評皆出景烈之手頗嫌疣贅又王士六年武功知縣瑪星阿得抄本於孫景烈因為重正德己卯萬歷間再經刊行旋復散佚乾隆二十尤嚴而公鄉國之史莫良於此非溢美也志刻於謂其文簡事核訓詞爾雅石邦教稱其義昭勸鑒下以除冗濫官師則善惡並著以寓勸懲王士禎産則附於田賦藝文則用吳郡志例散附各條之

眞本悉依原編惟蘇氏詩未錄非敢輕有變置故附數語錄本之末述先太史之意冀來者之鑒余志也然則此本乃呂賜所刊除矣遺文軼事志乘中原可兼收士禎以具錄是圖爲此書之佳處固非定論呂賜必刊而去之亦於義無取也

朝邑縣志二卷兵部侍郎紀昀家藏本

明韓邦靖撰邦靖字汝慶號五泉朝邑人正德戊辰進士官至工部員外郎事迹附見明史韓邦奇傳是書成於正德己卯上卷四篇曰總志曰風俗

日物產曰田賦下卷三篇曰名宦曰人物曰雜記上卷僅七頁下卷僅十七頁古今志乘之簡無有過於是書者而宏綱細目包括畧備葢他志多誇飾風土而此志能提其要故文省而事不漏也然叙次點綴若有餘閒寛然無局促束縛之迹自明以來關中輿記惟康海武功縣志與此志最爲有名論者謂武功志體例謹嚴源出漢書此志筆墨疎宕源出史記然後來志乘多以康氏爲宗而此志莫能繼軌葢所謂不可無一不容有二者也前

有邦靖自序又有康海序末有呂柟後序及朝邑知縣陵川王道跋並文格高潔與志適相配云

嶺海輿圖一卷 浙江鄭大節家藏本

明姚虞撰虞字潯山莆田人嘉靖壬辰進士官至淮安府知府是編乃其官監察御史時廵按廣東所作凡爲圖十有二首爲全省圖次十府十圖終以南夷圖圖各有叙叙之例首述沿革形勢利病次州縣次戸口次田糧課稅次官兵馬匹其總圖則首以職官以布政按察二司分統之蓋其時撫

按皆爲使臣尙未定爲守土官也其南夷諸國列
通貢者於前而通市者亦附後爲海防之計不論
其奉朔否也大旨畧於前代而詳於當代畧於山
川而詳於扼塞畧於職官而詳於兵馬錢糧畧於
文事而詳於武備於志乘之中别爲體例然較之
侈山水誇人物輯詩文者其有用無用則迥殊矣
意古者輿圖不過如是後來者踵事增華失其本
耳前有嘉靖壬寅湛若水序極稱之錢曾讀書敏
求記亦稱其簡而要云

滇畧十卷　浙江巡撫採進本

明謝肇淛撰肇淛有史觿已著錄此書乃其官雲南時所作分爲十門一曰版畧志疆域也二曰勝畧志山川也三曰產畧志物產也四曰俗畧志民風也五曰績畧志名宦也六曰獻畧志鄉賢也七曰事畧志故實也八曰文畧志藝文也九曰夷畧志苗種也十曰雜畧志瑣聞也雖大抵本圖經舊文稍附益以新事然肇淛本屬文士記誦亦頗博洽故是書引據有徵叙述有法較諸家地志體例

特爲雅潔薛承矩序稱其上以搜楊終常璩之所未及下以補辛顯恰李京楊愼田汝成諸紀載之漏遺杭世駿道援堂集有是書跋亦謂其詳遠畧近博觀而約取蒼山洱水之墟稱善史焉均非溢詞也

吳興備志三十二卷兩淮鹽政採進本

明董斯張撰斯張字遐周烏程人是編輯錄湖州故事分二十六徵曰帝胄曰宮闈曰封爵曰官師曰人物曰筓褘曰寓公曰象緯曰建置曰巖澤曰

田賦曰水利曰選舉曰戰守曰賑恤曰祥孽曰經籍曰遺書曰金石曰書畫曰濤闘曰方物曰璵曰詭曰匡籍采摭極富於吳興一郡遺聞瑣事徵引畧備每門皆全錄古書載其原文有所攷正則附著於下葢張鳴鳳桂故桂勝體例如是而斯張因之雖意主博奥不無以泛濫爲嫌然當時著書家影響附會之談剽竊撏撦之習實能一舉而空之故所摘錄類皆典雅確核足資考据明季諸書此猶爲差有實際黃茅白葦之中可以謂之翹楚矣

欽定熱河志八十卷

乾隆四十六年奉

勅撰熱河卽古武列水

避暑山莊在焉舊設熱河道領四廳今置承德府領

平泉一州灤平豐寧赤峯建昌朝陽五縣此志猶

以熱河名者神臯奧區

鑾輿歲蒞蒐狩朝覲中外就瞻地重體尊不可冠以府

縣之目故仍以

行殿所在爲名也凡分二十四門

華蓋時臨
奎文日富敬錄弁首曰
天章
省方觀民厲精無逸編年紀載曰
巡典琛賮鱗集梯航旅來
威德式彰曰徠遠
軒衛隨行
明堂斯建詳陳規制曰
行宮肄武習勞三秋大獮周阹原麓曰圍場地接堯封

界分周索四至八到曰疆域周秦以來或爲荒服
或爲甌脫或爲覊縻或爲僑置或爲郡縣或爲京
邑引據史傳辨訂是非兼列八表十二圖曰建置
沿革删星野之談天測斗極之出地曰晷度已流
爲經泉川爲緯曰水區列方隅標舉形勢曰山涵
泳
聖化澤以詩書曰學校喀喇沁翁牛特土默特奈曼敖
漢巴林喀爾喀右翼諸部隸於境內者表其世系
曰藩衛紺字金地或以奉

勅而建或以效祝而營曰寺廟畫疆分職臂指相維曰
文秩羽衛連營以迨察哈爾四旗曰兵防
國朝官斯地者遷除歲月以次臚載曰職官題名前
代官是地者不可盡詳錄其有功可紀者曰宦蹟
靈秀挺生垂光史冊曰人物山澤膏沃金粟豐贏
曰食貨草木禽魚正名百類曰物產故址流傳遺
文有證曰古蹟前朝舊典曰故事諸部軼聞曰外
紀詩歌制作關於風土者曰藝文並考古證今辨
疑傳信旣精且博蔚爲輿記之大觀案熱河所屬

自漢魏以前皆鮮卑烏桓地也慕容氏崛起龍城

始置郡縣魏書地形志約畧可稽齊周以後大抵

與契丹庫莫奚參錯而居前朝諸史務侈幅員每

以邊境郡名移置長城之外核驗地理殊不足憑

後惟遼金元三朝實奄有其地然無所紀載故輿

記靡徵明棄大寧渺如絕域其所叙録益傳聞失

其眞矣我

國家肇造區夏統括寰瀛

太宗文皇帝日擒十四台吉先定其地

聖

祖仁皇帝校獵七萃初田松亭後喀爾喀汗貢厥上腆

盍宏

文囿刈蘭之界北踐臨潢遂

仙苑天開文閒畢集我

皇上法

天不息率

祖攸行

時邇其邦地同三輔四方大宜其和會百產迤以蕃昌郡

邑區分膠庠鼎建民般俗美研然與三代同風其

盛爲自古所未有故詞臣珥筆敬述斯編亦自古
之所未聞豈非地秘其靈天珍其奥自開闢以至
今日越千萬載待
聖朝而發其光哉
欽定日下舊聞考一百二十卷
乾隆三十九年奉
勅撰因朱彝尊日下舊聞原本删繁補闕援古證今一
一詳加考覈定爲此本原書分星土世紀形勝宫
室城市郊坰京畿僑治邊障戸版風俗物産雜綴

十三門其時城西玉泉香山諸處

臺沼尚未經始故列郊坰門中與

今制未協諸廨署入城市門中太學石鼓獨别爲三

卷於體例亦屬不倫今增列

苑囿官署二門并前爲十五門而石鼓考三卷則併

於官署門國子監條下又原本城市京畿二門五

城及各州縣分屬之地今昔不同一一以新定界

址爲之移正原本所列古蹟皆引據舊文誇多務

博不能實驗其有無不免傳聞訛舛彼此互歧亦

皆一一履勘遺蹤訂妄以存眞闕疑以傳信所引
藝文或益其所未備或刪其所可省務使有關考
證不漏不支至於
列聖宸章
皇上御製凡涉於
都京風土者悉案門恭載尤足以昭垂典實藻繪山
川古來誌都京者前莫善於三輔黃圖後莫善於
長安志爰尊原本蒐羅詳洽已駕二書之上今仰
承

睿鑒爲之正訛補漏又駕𡙇尊原本而上之千古輿圖當以此本爲準繩矣

欽定滿洲源流考二十卷

乾隆四十三年奉

勅撰洪惟我

國家朱果發祥肇基東土白山黑水實古肅慎氏之舊封典籍遺文班班可考徒以年祀綿長道途修阻傳聞不免失眞又文字互殊聲音屢譯記載亦不能無悞故歷代考地理者多莫得其源流是編

仰稟

聖裁參考史籍證以地形之方位驗以舊俗之流傳博徵詳校列爲四門一曰部族自肅愼氏以後在漢爲三韓在魏晉爲挹婁在元魏爲勿吉在隋唐爲靺鞨新羅渤海百濟諸國在金爲完顏部竝一一考訂異同存眞辨妄而索倫費雅喀諸部毗連相附者亦竝載焉二曰疆域凡渤海之上京龍泉府靺鞨之黑水府燕州勃利州遼之上京黃龍府金之上京會寧府元之肇州竝考驗道里辨正方位

而一切古蹟附見焉三曰山川凡境内名勝分條臚載如白山之或稱太白山徒太山黑水或稱完水或稱室建河以及松花江即粟末水寧古塔即忽汗水今古異名者皆詳爲辨證其古有而今不可考者則别爲存疑附於末四曰

國俗如左傳所載楛矢貫隼可以見騎射之原松漠紀聞所載軟脂蜜膏可以見飲食之概而後漢書所載辰韓生兒以石壓頭之類妄誕無稽者則訂證其謬至於渤海以來之文字金源以來之官制

亦皆並列其體例每門以
國朝爲綱而詳述列朝以溯本始其援据以
御製爲據而博採諸書以廣參稽允足訂諸史之訛而
傳千古之信非諸家地志影響附會者所能擬也

欽定皇輿西域圖志五十二卷
乾隆二十一年奉
勅撰乾隆二十七年創成初稿嗣以版章日闢規制益
詳進
呈

御覽之時隨事

訓示復增定爲今本首四卷爲

天章我

皇上平定西域

題詠至多地勢兵機皆包羅融貫惟恭錄統論西師全局者弁冕簡端其因地紀事即物抒懷者則仍分載於各門次圖考三卷自幅員所屆以及符節所通共新圖一二十有一又附歷代舊圖十有二古今互校益昭

聖朝拓宇之功次列表二卷上起秦漢下訖元明以明

國土之分合建置之沿革次晷度二卷川陸迂回

道里之遠近多不足據惟以日景定北極之高度

以中星驗右界之偏度爲得其眞古法所謂飛鳥

圖也次疆域十二卷分爲四路一曰安西南路嘉

峪關外州縣隸焉一曰安西北路哈密至鎭西府

廸化州隸焉一曰天山北路庫爾喀喇烏蘇至塔

爾巴哈台伊犂隸焉一曰天山南路闢展至和闐

諸回部隸焉次山四卷次水五卷玉門以外連峯

疊嶂巨浸洪流往往延袤千百里不可以劃屬一
地故各以山水爲類也次官制二卷次兵防一卷
臺站附焉次屯政二卷戸口附焉次貢賦錢法學
校各一卷次封爵二卷皆長駕遠馭之
睿畧揆文奮武之
鴻模也次風俗音樂名一卷服物二卷土産一卷皆如
地志之例惟音樂一門爲刱體以其隷在協律備
禁休兠離之數故也次藩屬三卷皆奉朔朝貢之
國梯航新達者次雜錄二卷以瑣聞軼事終焉記

流沙以外者自史記大宛列傳漢書西域列傳始詳而異域傳聞訛謬亦復不少至法顯元奘之所記附會佛典更多屬子虛葱龍沙葱雪道里迢遥非前代兵力所能至即或偶涉其地而終弗能有故記載者依稀影響無由核其實也我
皇上遠奮天弧全收月𡸣既使二萬里外咸隸版圖又列戍開屯畫疆置郡
經綸宏遠足以鞏固於萬年每歲虎節往來鴈臣出入耳聞目見皆得其真故

詔輯是編足以補前朝輿記之遺而正歷代史書之悞

聖人威德之昭宣經綸之久遠事事爲二帝三王所不

及玆其左驗矣豈徒與甘英諸人侈誇珍怪歟

欽定盛京通志一百二十卷

乾隆四十四年奉

勅撰我

國家發祥長白實

肇基於俄朶里城後

肇祖原皇帝始遷赫圖阿拉是爲

興京

太宗文皇帝戡定遼東實作周邑暨

世祖章皇帝定鼎順天遂以奉天爲

盛京

兩都並建垂萬萬世之丕基非惟山海形勝控制八

紘凡

締造之規模

征伐之功烈麟麟炳炳亦具在於斯舊有志書三十二卷

經營草創敘述未詳因

命補正其書定爲此本發凡起例一一皆稟

睿裁

聖製

御製舊本僅載十之三今悉補錄又以

御製分

綸音

天章二門各從體製

京城門中舊本不載

盛京

興京

東京創建修葺之由及

太祖

太宗制勝定都始末

壇廟門中舊本不載營造制度及重修年月又不載尊藏

册

寶及

堂子歲祭諸儀

宮殿門中舊本亦不載重修年月

御題聯額及尊藏

聖容

聖訓

實錄

玉牒

戰圖及乾隆四十三年設立諫木事

山陵門中舊本不載謁

陵及歲事儀注所述

三陵官制亦多舛誤山川城池兩門中舊本均不載

太祖
太宗戰蹟人物門中不載
開國宗室王公又諸勲臣事蹟亦不悉具今併詳考增修
其餘星土建置沿革疆域形勝祠祀古蹟陵墓禨
志風俗土產八門並援据經史糾訛補漏闕郵戶
口田賦職官學校官署選舉兵防八門舊本所載
止於乾隆八年今並按年續載名宦歷代忠節孝
義文學隱逸流寓方技仙釋列女藝文十門亦悉
訂刪補俾不冗不漏其官名人名地名舊本音譯

往往失眞今併一一釐正體裁精審考證詳明溯

豐邑之

初基述阪泉之

鴻績經綸開創

垂裕無疆

啟佑規模萬年如覩固與偏隅輿記徒侈山川人物者區

以別矣

畿輔通志一百二十卷通行本

國朝兵部尚書直隸總督李衛等監修自元以來如

析津志諸書所紀祗及於京師至明代以畿內之地直隸六部與諸省州縣各統於布政司者體制不侔故諸省皆有通志而直隸獨闕

本朝定鼎京師特置直隸巡撫以專統轄康熙十一年大學士衛周祚奏令天下郡縣分輯志書

詔允其請於是直隸巡撫于成龍格爾古德等始創為之屬翰林院侍講郭棻董其事僅數月而書成討論未為詳確雍正七年

世宗憲皇帝命天下重修通志上諸史館以備一統志之

採擇督臣唐執玉祗奉

明詔乃延原任辰州府同知田易等設局於蓮花池蒐羅纂集其後劉於義及李衛相繼代領其事至雍正十三年而書成凡分三十一目人物藝文二門又各爲子目訂訛補闕較舊志頗爲完善云

案通志皆以總督廵撫董其事然非所纂錄與總裁官之領修者有别故今不題某撰而題某監修從其實也監修每閱數官惟題經進一人唐宋以來之舊例也謹於此書發其

凡後皆仿此

江南通志二百卷 通行本

國朝兵部尚書兩江總督趙宏恩等監修先是康熙二十二年總督于成龍與江蘇廵撫余國柱安徽廵撫徐國相等奉部檄創修通志凡七十六卷雍正七年署兩江總督尹繼善等奉

詔重修乃於九年之冬開局江寧屬原任中允黃之雋等司其事因舊志討論潤色刊除踳駁補苴罅漏凡閱五載至乾隆元年書成總督宏恩及江蘇巡撫

顧琮安徽巡撫趙國麟等具表上之卷首恭錄

聖諭及

御製詩文以尊謨典次輿地次河渠次食貨次學校次武備次職官次選舉次人物次藝文次雜類發凡起例較舊志頗有體裁惟纂輯不出一手微有牴牾黃之雋㾓堂集中嘗稱是書刻本與原纂多有舛互如灊山在六安州之霍山而仍謂即元時所置之潛山縣黃積程元譚俱東晉時新安守而誤入西晉其他遺漏重複者甚多皆之雋離局以後爲

他人所竄改者也司馬光修資治通鑑以史記以

下屬劉攽三國以下屬劉恕唐以下屬范祖禹始

終不易其知此意歟

江西通志一百六十二卷通行本

國朝江西巡撫都察院右副都御史謝旻等監修江

西省志創於明嘉靖間叅政林庭㭿其後久未纂

輯舊聞放失至

本朝康熙二十二年巡撫安世鼎始續修之康熙五

十九年巡撫白潢又增修之名曰西江志其體例

條目雖多本諸舊志而廣蒐博訪訂舛正譌在地

記之中號爲善本雍正七年廵撫謝旻奉

詔纂修省志乃與原任檢討陶成等開局編輯其規模一

本之白志而間加折衷文簡事核釐然有序其志

人物如宋之京鏜章鑑一以其身爲宰輔依附權

姦一以其位列鈞衡棄主私遁俱削去不載亦頗

有合於大義惟元劉秉忠其先世雖瑞州人而自

遼及金北遷已久乃援其祖貫引入鄉賢將孔子

自稱殷人亦可入中州志乘乎是則圖經之積習

淸除未盡者矣

浙江通志二百八十卷通行本

國朝文華殿大學士兼吏部尚書兼管浙江總督嵇曾筠等監修浙江自明嘉靖中提學副使薛應旂始輯爲通志七十二卷至

國朝康熙二十一年總督趙士麟巡撫王國安復因薛志增修斟酌損益義例粗備此本於雍正九年辛亥總督李衛開局編纂訖乙卯而告竣曾筠等具表上進司其事者原任侍讀學士沈翼機編修

傳王露檢討陸奎勳也總爲五十四門視舊志增目一十有七所引諸書皆具列原文標列出典其近事未有記載者亦具列其案牘視他志體例特善其有見聞異詞者則附加考證於下方雖過求賅備或不無繁複叢冗然信而有徵之目差爲不愧矣

福建通志七十八卷通行本

國朝閩浙總督兵部尚書郝玉麟等監修福建自宋梁克家三山志以後記輿地者不下數十家惟明

黃仲昭八閩通志頗稱善本而亦不免闕畧又自
明立福建布政司分建屬郡以福興泉漳爲下四
府延建邵汀爲上四府
國家德威遠届鯨海波恬臺灣旣入版圖而福州所
屬之福寧亦升州爲府泉州所屬之永春漳州所
屬之龍巖又各析置爲直隸州建置沿革多與昔
異以舊志相較每與今制不合且福建三面環海
港汊內通島嶼外峙一切設險列戍之要舊志亦
多未詳雍正七年承

詔纂輯通志因取舊志之煩蕪未當者删汰冗文别增新事其疆域制度悉以現行者爲斷至乾隆二年書成玉麟等具表上之自星野至藝文爲類三十爲卷七十有八視舊志增多十四卷如沿海島嶼諸圖舊志所不載者皆爲詳繪補入足資考鏡於體例亦頗有當焉

湖廣通志一百二十卷 通行本

國朝總督湖廣等處地方兵部尚書兼都察院右副都御史邁柱等監修楚中輿記見於前史者如盛

宏之荆州記庾仲雍湘州記漢水記梁元帝荆南地志郭仲彦湘州記湘州副圖記陶岳零陵總記韋宙零陵録范致明巴陵古今記吳從政襄沔記類多湮没不傳即傳者亦殘缺失次魏裳湖廣通志廖道南楚大紀陳士元楚故畧出自近代又往往闕漏冗襍不足依據是志成於雍正十一年乃邁柱及湖北廵撫德齡湖南廵撫趙宏恩奉

詔纂輯以湖南湖北合爲一書與江南通志合上江下江爲一者體例相同大致据康熙甲子舊志爲本而

以類附益之其目或增或併總爲三十一門又附見者十三門人物門內又別爲四子目條分縷析按籍可稽惟長沙遠隔洞庭當時開局武昌採訪未周故所載稍畧不及湖北之詳備云

河南通志八十卷通行本

國朝總督河南山東軍務兵部右侍郎王士俊等監修河南之名宋代惟屬洛陽一郡故宋敏求作河南志僅記西都典故而不及他州自明初設河南布政司所屬八府實跨河以北封疆於古稍殊故

郡邑雖各有偏記而未有統爲一書者嘉靖中始
創爲之僅具崖畧徵引未能賅洽考證亦未能精
確
國朝順治十八年復加續修條理精備黄之雋謂康
熙中嘗
頒諸天下以爲式後閲六七十年未經修葺郡邑分併與
新制多不相合雍正九年河東總督田文鏡承
命排纂乃延編修孫灝進士顧棟高等開局蒐討文鏡殁
後王士俊代爲總督乃成書表上考古證今體例

頗爲整密惟書成之後陳許二州升爲府鄭州改隸開封盧氏改隸陝州南召復立縣治因刋本已竣皆未及增改云

山東通志三十六卷通行本

國朝巡撫山東都察院右副都御史岳濬等監修初明嘉靖中山東巡按御史方遠宜始屬副使陸釴等創修通志四十卷爲目五十有二附目十

本朝康熙十二年巡撫張鳳儀布政使施天裔重爲修輯大抵仍舊文者十之八九新增十之一二而

已此本乃雍正七年岳濬奉
詔重修延檢討杜詔等開局排纂至乾隆元年始告成後
任巡撫法敏表進於
朝中間體例於舊志多有改革如宦績人物舊志於
列國卿大夫禮載無遺此本則以經傳所有者槩
從刋削而斷自漢始又田賦兵防舊志疎畧不具
運道海疆則併闕如此本悉爲補輯又人物之外
舊志别分隱逸孝義儒林文苑諸目往往配隸失
宜此則悉從刪削又如以北蘭陵爲南蘭陵以今

濟陽爲唐宋之濟陽以復舊之新泰爲兩設之新泰皆沿訛之尤甚者此本均爲辨明亦多所考證焉

山西通志二百三十卷通行本

國朝巡撫山西都察院右副都御史覺羅石麟等監修山西之有通志始於明成化中督學僉事胡謐後嘉靖中副使周斯盛萬歷中按察使李維楨皆踵事排纂至

本朝康熙壬戌督學道劉梅又因舊本重編凡五易

稿而始成分類共三十有二所增輯甚賅而訛複者亦頗不少雍正七年石麟等奉詔纂輯乃開局會城因舊本續加增訂旁咨博訪廣其類爲四十凡遺聞故事比舊加詳其發凡起例者爲原任庶吉士儲大文大文於地理之學頗能研究所著存硯樓集訂正輿記者爲多故此志山川形勢犂得其要領其特立經籍一門乃用施宿會稽志袁桷四明志之例亦有資考据云

陝西通志一百卷 通行本

國朝署理陝西總督吏部尚書劉於義等監修陝西舊通志爲康熙中巡撫賈漢復所修當時皆稱其簡當而閲時既久因革損益頗不相同雍正七年
勅各省大吏纂輯通志陝西督撫以其事屬之糧儲道沈青崖青崖因據漢復舊本參以明代馬馮二家之書斟酌增删釐成百卷分爲三十二類雍正十二年於義等始表上之陝西省治本漢唐舊都故紀載較多如三輔黃圖長安志皆前人所稱善本而卷帙既繁異同亦夥至其隸轄支郡若綏德鳳興

之類則又地近邊隅志乘荒畧不免沿習傳譌是編訂古證今詳畧悉當視他志之撏撦附會者較為勝之書中間有案語以參考同異亦均典核可取云

甘肅通志五十卷通行本

國朝巡撫甘肅都察院右副都御史許容等監修甘肅所領八府三州明代皆隸於陝西布政司至本朝康熙二年始以陝西右布政司分駐鞏昌轄臨洮等府後又改為甘肅布政司增置甘涼諸郡設

巡撫以莅之於是甘肅遂别爲一省雍正七年各

直省奉

勑纂修通志撫臣許容以甘肅與陝西昔合今分宜創立

新稿而舊聞缺畧案牘無存其衛所新改之州縣

向無志乘尤難稽考因詳悉蒐採擇其可據者依

條綴集分爲三十六類乾隆元年刊刻竣工文華

殿大學士仍管川陝總督査郎阿等具表上之其

書雖據舊時全陝志爲藍本而考核訂正增加什

幾六七與舊志頗有不同其制度之係於兩省者

如總督學政題名及前代之藩臬糧驛各道俱駐

西安兼治全陝不能強分則亦多與陝志互見焉

四川通志四十七卷通行本

國朝總督四川兵部右侍郎兼都察院右副都御史

黃廷桂等監修四川通志在明代凡四修惟藝文

出楊慎手最爲雅贍而其他則未能悉中體要

國朝康熙十二年總督蔡毓榮巡撫張德地又續事

纂輯以兵燹之後文獻無徵亦多所脫漏是編乃

雍正七年廷桂等奉

勑重修凡分四十九類舊志之缺者補之畧者增之較爲詳備其中沿舊志之誤未及盡汰者如唐韋昭度征陳敬瑄無功而還宋岳雲爲忠州防禦使乃遥授之官俱不應入名宦虞允文爲四川宣撫乃總制全蜀應入統部不當僅入保寧府唐之鮮于仲通依附楊國忠喪師南詔新舊唐書所載甚明乃反以爲忤國忠被貶載入人物此類尚不免地志附會緣飾之習然其甄綜排比較舊志則可據多矣

廣東通志六十四卷通行本

國朝巡撫廣東兵部右侍郎兼都察院右副都御史郝玉麟等監修嶺南爲炎海奥區漢魏以還輿圖可考然如南方草木狀但誌物宜嶺表錄異僅徵襍事而山川阨塞或未之詳明代有戴璟郭棐謝肇淛張雲翼諸家之書大輅椎輪又不過粗具崖略

國朝康熙二十二年始輯有通志視舊本漸具條理此爲雍正七年玉麟等承

命所輯採掇補苴較爲賅備開局於雍正八年六月竣事於九年五月告成視他省爲獨先故中間或沿襲舊文失之冗蔓或體例不一彼此牴牾皆未能悉加訂正然全書三十五門內新增者四葺舊者三十有一大都首尾詳明可資檢閱至外番一門爲他志所罕見然粤中市舶駢集韓愈所謂東南際天地以萬數者莫不瞻星戴斗會極朝宗裒而錄之足見

聖朝聲教之遠亦通典述邊防而兼及海外諸國之例

也

廣西通志一百二十八卷通行本

國朝廵撫廣西都察院右副都御史金鉷等監修自桂林象郡之名著於史記厥後南荒輿志漸有成編其存於今者如唐莫休符之桂林風土記叚公路之北戸錄宋范成大之桂海虞衡志明魏濬之嶠南瑣記張鳳鳴之桂故桂勝皆叙述典雅掌故可稽惟其間郡縣沿草前代既損益不一而

本朝版圖式廓建置周詳若泗城鎮安東蘭歸順寧

明諸府州皆已改土歸流凡昔所稱羈縻州者無不隸王官而登戸籍與前代半隸蠻獠者形勢迥殊未可執舊文以談新制此書成於雍正十一年亦當時奉

詔所纂集其遺聞故事雖頗以諸家遺籍爲憑而於

昭代良規分析具載指掌釐然尤足爲稽考之助固不比驂鸞錄等僅主模山範水已也

雲南通志三十卷　通行本

國朝大學士鄂爾泰等監修雲南在漢本屬益州後

爲南詔所據至元代始入版籍其有地志則始見於唐然傳於今者僅有樊綽之蠻書所紀皆六詔山川歷年既久舊迹多湮證之於今相合者十無一二明史藝文志載太祖初平雲南詔儒臣考定爲志書六十一卷今已散佚他如楊慎之滇程記滇載記諸書掇拾成編不免挂一漏萬謝肇淛所輯滇畧號爲善本然所述止於明代

本朝康熙三十年始草創通志稍具規模猶多舛畧

雍正七年鄂爾泰總督雲貴奉

勅纂輯乃屬姚州知州靖道謨因舊志增修凡爲門三十
門爲一卷乾隆元年書成後任總督尹繼善等具
表進之其間視舊志增併不一如圖之有說及府
州縣題名皆補舊志之所無大事考使命師命諸
目舊志所有而冗複失當者則刪去之又課程原
附鹽法閘壩堰塘原附城池今皆別自爲門綱領
粲然視原本頗有條理焉

貴州通志四十六卷通行本

國朝大學士鄂爾泰等監修其書與雲南通志同時

纂次司其事者亦姚州知州靖道謨繼之者則仁懷知縣杜硂也其視各省通志成書最後至乾隆六年刋刻始竣總督管廵撫事張廣泗等奉表上之貴州僻在西南苗蠻雜處明代始建都指揮司以前不過羈縻弗絶尚未能盡闢狉獉故古來紀載寥寥最爲荒畧明趙瓚始創修新志其後謝東山郭子章及

本朝衛旣齊等遞事增修漸有輪廓終以文獻難徵

不免缺漏惟田雯之黔書筆力頗稱奇偉而意在修飾文采於事實亦未臚具此書綜諸家著述彙成一編雖未能淹貫古今然在黔省輿記之中則詳於舊本遠矣

歷代帝王宅京記二十卷 湖北巡撫採進本

國朝顧炎武撰所錄皆歷代建都之制上起伏羲下訖於元仿雍錄長安志體例備載其城郭宮室都邑寺觀及建置年月事蹟前爲總論二卷後十八卷則各按時代臚載本末徵引詳賅考据亦頗精

審蓋地理之學炎武素所長也此書寫本不一浙
江所採進者僅總序二卷而較之此本則多唐代
宗時廣德元年十月吐蕃犯京畿上幸陝州一條
元順帝至元二十五年改南京路爲汴京路北京
路爲武平路西京路爲大同路東京路爲遼陽路
一條蓋舊無刊板輾轉傳鈔訛缺異同固所不能
免爾

右地理類都會郡縣之屬四十七部二千七百五十
二卷皆文淵閣著錄

12225

欽定四庫全書總目 史部

卷六十九

欽定四庫全書總目卷六十九

史部二十五

地理類二

水經注四十卷永樂大典本

後魏酈道元撰道元字善長范陽人官至御史中尉事迹具魏書酷吏傳自晉以來注水經者凡二家郭璞注三卷杜佑作通典時猶見之今惟道元所註存崇文總目稱其中已佚五卷故元和郡縣志太平寰宇記所引滹沱水涇水洛水皆不見於

今書然今書仍作四十卷蓋宋人重刊分析以足原數也是書自明以來絕無善本惟朱謀㙔所校盛行於世而舛謬亦復相仍今以永樂大典所引各案水名逐條參校非惟字句之譌層出疊見其中脫簡錯簡有自數十字至四百餘字者其道元自序一篇諸本皆佚亦惟永樂大典僅存蓋當時所據猶屬宋槧善本也謹排比原文與近本鉤稽校勘凡補其闕漏者二千一百二十八字刪其妄增者一千四百四十八字正其臆改者三千七百

一十五字神明焕然頓還舊觀三四百年之疑竇

一旦曠若發蒙是皆我

皇上稽古右文經籍道盛鄉嬛宛委之秘響然並臻遂

使前代遺編幸逢

昌運發其光於蠹簡之中若有神物撝呵以待

聖朝而出者是亦曠世之一遇矣至於經文注語諸本

率多混淆今考驗舊文得其端緒凡水道所經之

地經則云過注則云逕經則統舉都會注則兼及

繁碎地名凡一水之名經則首句標明後不重舉

注則文多旁涉必重舉其名以更端凡書內郡縣
經則但舉當時之名注則兼考故城之迹皆尋其
義例一一釐定各以案語附於下方至塞外羣流
江南諸派道元足迹皆所未經紀載傳聞間或失
實流傳既久引用相仍則姑仍舊文不復改易焉
又水經作者唐書題曰桑欽然班固嘗引欽說與
此經文異道元注亦引欽所作地理志不曰水經
觀其涪水條中稱廣漢已爲廣魏則決非漢時鐘
水條中稱晉寧仍曰魏寧則未及晉代推尋文句

大抵三國時人今既得道元原序知並無桑欽之文則據以削去舊題亦庶幾闕疑之義云爾

水經注集釋訂訛四十卷浙江巡撫採進本

國朝沈炳巽撰炳巽字繹旃歸安人其書據明嘉靖間黃省曾所刊水經注本而以己意校定之多所釐正又以道元徵引之書極爲博贍傳寫既久訛誤相仍因徧檢史記漢書志表及諸史各志取其文字異同者錄於下方以備參考其無他書可校者則闕之間附以諸家考訂之說凡州縣沿革則

悉以今名釋焉中間於地理方位往往有不能詳審而漫爲臆度者如漳水注稱絳瀆逕九門城南又東南逕南宮城北炳巽釋云九門城今在藁城縣西北二十里而不知一在滹沱之南一在滹沱之北中隔新河寧晉束鹿晉州相去甚遠水經沁水過穀遠縣東又南過陭氏縣東此陭氏在潞安府屯留縣西南卽北魏之寄氏陭譌作猗而炳巽釋云今屬平陽府則不知漢志有上黨之陭氏非卽河東之猗氏他若河水過高唐縣南道元言河

水於縣溧水注之此下有地理志曰溧水出東武
陽今溧水上承河水於武陽縣東南西北逕武陽
新城東云云炳巽以其重見於前删此存彼不知
下文水自城東北逕東武陽縣故城南所謂自城
者承武陽新城言也使如所删則自城直接高唐
不可通矣此類皆爲舛誤然炳巽作此書凡歷九
年而成丹鉛矻矻手自點定其初未見朱謀㙔本
後求得之而所見大畧相同亦可知其用心之勤
至雖不能盡出前人範圍而鈎索考證之功亦未

可没也

水經注釋四十卷刊誤十二卷浙江巡撫採進本

國朝趙一清撰一清字誠夫仁和人酈道元水經注傳寫舛訛其來已久諸家藏本互有校讐而大致不甚相遠歐陽元功王禕諸人但稱經註混淆而已於注文無異詞也近時寧波全祖望始自稱得先世舊聞謂道元注中有注本雙行夾寫今混作大字幾不可辨一清因從其說辨驗文義離析其注中之注以大字細字分别書之使語不相雜而

文仍相屬考沈約宋書稱漢鐃歌本大字爲詞細
字爲聲後人聲詞合寫是以莫辨是傳錄混淆古
有是事又如明嘉靖中所刻齊民要術簡端周書
曰神農之時天雨粟云云一條崇禎中刻孔子家
語本姓解中微國名子爵五字間以注文刻作大
字者亦時有之至於巨帙連篇盈四十卷而全部
夾注悉誤寫爲正文揆以事理似乎不近姚宏補
注戰國策范成大作吳郡志並於注中夾注前人
嘗舉以爲例而自宋以來未嘗有舉及水經注者

祖望所云先世舊聞不識傳於何代載在何書殆
出於以意推求而詭稱授受然倪思作班馬異同
以大字細字連書猝難辨析明許相卿改爲史漢
方駕以班馬相同者書於中以馬有而班無者側
注於左以班有而馬無者側注於右遂使增删之
意開卷釐然而原書仍無改易最爲善變一清此
書殆亦類是但使正文旁義條理分明是亦道元
之功臣矣何必託諸原本效豐坊之故智乎又唐
六典注稱桑欽所引天下之水百三十七江河在

焉今本所列僅一百一十六水考崇文總目載水經注三十五卷蓋宋代已佚其五卷今本乃後人離析篇帙以合原數此二十一水蓋即在所佚之中一清證以本注雜採他籍得滏洛滹沱泒滋伊瀍澗洛豐涇汭渠獲洙滁日南弱黑十八水於㶟水下分㶟餘水又考驗本經知清漳水濁漳水大遼水小遼水皆原分爲二共得二十一水與六典注原數相符其考據訂補亦極精核卷首列所據以校正者凡四十本雖其中不免影附誇多如所稱黃

宗羲本原無成書顧炎武本顧祖禹本閻若璩本皆所著書引用考辨實無刻本又黃儀本稱其書今歸新城王氏池北書庫考王士禎跋後池北書庫所藏皆已散佚見趙執信因園集是其子孫斷無收書之事若士禎存時所收則書歸王氏在康熙辛卯以前一清年齒亦斷不及見也然旁引博徵頗爲淹貫訂疑辨訛是正良多自官校宋本以外外間諸刻固不能不以是爲首矣

吳中水利書一卷 兩江總督採進本

宋單鍔撰鍔字季隱宜興人嘉祐四年進士歐陽修知舉時所取士也得第以後不就官獨留心於吳中水利嘗獨乘小舟往來於蘇州常州湖州之

間經三十年凡一溝一瀆無不周覽其源流考究其形勢因以所閱歷著爲此書元祐六年蘇軾知杭州日嘗爲狀進於朝會軾爲李定舒亶所劾逮赴御史臺鞫治其議遂寢明永樂中夏原吉疏吳江水門濬宜興百瀆正統中周忱修築溧陽二壩皆用鍔說嘉靖中歸有光作三吳水利錄則稱治太湖不若治松江鍔欲修伍堰開夾苧于瀆以截西來之水使不入太湖不知揚州藪澤天所以瀦東南之水也水爲民之害亦爲民之利今以人力

遏之就使太湖乾枯於民豈爲利哉其說稍與鍔異蓋歲月綿邈陵谷變遷地形今古異宜各據所見以爲論要之舊法未可全執亦未可全廢在隨時消息之耳蘇軾進書狀載東坡集五十九卷中此書即附其後書中有併圖以進之語而於其上加貼黃云其圖畫得草畧未敢進上乞下有司計會單鍔別畫此本刪此貼黃惟存別畫二字自爲一行蓋此書久無專刻志書從東坡集中錄出此本又從志書錄出故輾轉舛漏如是也

四明它山水利備覽二卷 浙江吳玉墀家藏本

宋魏峴撰峴鄞縣人官朝奉郎提舉福建路市舶鄞故有它山一水其始大溪與江通流鹹潮衝接耕者弗利唐太和七年邑令王元暐始築堰以捍江湖於是溪流灌注城邑而鄞西七鄉之田皆蒙其利歲久廢壞宋嘉定間峴言於府請重修且董興作之役因爲是書記之上卷雜志源流規制及修造始末下卷則皆碑記與題咏詩也按新唐書地理志載明州鄮縣按鄞縣唐爲鄮縣南二里有小江湖

溉田八百頃開元中令王元緯置東二十五里有西湖溉田五百頃天寶二年令陸南金開廣之今此編稱它山水入於南門瀦爲日月二湖其日湖即小江湖月湖即西湖謂二湖皆王元暐所浚而不言有天寶之陸南金似有鈌畧至於以元暐爲元緯以太和七年爲開元中則此編所載諸碑記及唐僧元亮詩證佐顯然足以糾正唐志之謬不得以史異文爲疑矣此書在地志之中頗爲近古宋四明郡志嘗採其說然傳本頗稀幾於泯沒明

崇禎辛巳郡人陳朝輔始得舊帙梓行板亦散佚首有峴及朝輔二序而末以四明志序附焉蓋即從陳本錄出者也

河防通議二卷永樂大典本

元沙克什撰案沙克什原本作贍思今改正沙克什色目人官至秘書少監事迹具元史本傳是書具論治河之法以宋沈立汴本及金都水監本彙合成編本傳所稱重訂河防通議是也沙克什系出西域邃於經學天文地理鍾律算數無不通曉至元中嘗召議

河事蓋於水利亦素所究心故其爲是書分門者
六門各有目凡物料功程丁夫輸運以及安樁下
埽發掃修堤之法條列品式粲然咸備足補列代
史志之闕昔歐陽元嘗謂司馬遷班固記河渠溝
洫僅載治水之道不言其方使後世任斯事者無
所考是編所載雖皆前代令格其間地形改易人
事遷移未必一一可行於後世而準今酌古矩矱
終存固亦講河務者所宜參考而變通矣

治河圖略 卷一 永樂大典本

元王喜撰喜爵里無考其書首列六圖圖末各系以說而附所爲治河方畧及歷代決河總論二篇於後其文稱臣謹敘臣謹論云云疑爲經進之本考元史順帝紀及河渠志至正中河決白茅堤金堤大臣訪求治河方畧喜書殆作於其時歟大旨取李尋因其自然之說惟以浚新復舊爲主厥後卒用賈魯之策疏塞並舉挽河東行以復故道與是編持論相合則當時固已採錄其言矣特史文闕畧未著其進書本末耳卷中所圖河源頗多訛

紆蓋崑崙星宿遼隔窮荒自我

國家底定西陲葱嶺于闐悉歸版籍於是河有重源之蹟始確然得其明徵元人所述憑潘昂霄之所記昂霄所記憑篤什（案篤什舊作都實今改正）之所傳輾轉相沿率由耳食撰元史者且全錄其文於河渠志以爲亘古所未聞喜之踵訛襲謬又何怪乎取其經畧之詳而置其考據之疎可也

**浙西水利書三卷**（兩淮馬裕家藏本）

明姚文灝撰文灝貴溪人成化甲辰進士官工部

主事考明孝宗實録載宏治九年七月提督松江等處水利工部主事姚文灝言治水六事上從之則是書當爲是時作也大旨以天下財賦仰給東南南直隸之蘇松常三府浙江之杭嘉湖三府環居太湖之傍尤爲卑下太湖綿亘數百里受諸州山澗之水散注澱山等湖經松江以入海其稍高昂者則受杭禾之水達黃浦以入海淫潦時至輒泛溢爲患蓋以圍田掩遏水勢無所發洩而塘港湮塞故也因取宋至明初言浙西水利者輯爲一

編大義以開江置閘圍岸爲首務而河道及田圍則兼修之其於諸家之言間有筆削棄取如單鍔水利書及任都水水利議答之類則詳其是而畧其非而宋郟氏諸議則以其鑿而不錄蓋斟酌形勢頗爲詳審不徒採紙上之談云

河防一覽十四卷江蘇巡撫採進本

明潘季馴撰季馴有司空奏議已著錄季馴在嘉靖萬歷間凡四奉治河之命在事二十七年著有成績嘗於萬歷七年工成時彙集前後章奏及諸

人贈言纂成一書名塞斷大工錄既而以其猶未
賅備復加增削輯爲是編首勅諭圖說一卷次河
議辨惑一卷次河防險要一卷次修守事宜一卷
次河源河決考一卷次前人文章之關係河務及
諸臣奏議凡八十餘篇分爲九卷明代仰東南轉
漕以實京師又泗州祖陵逼近淮泗故治水者必
合漕運與陵寢而兼籌之中葉以後潰決時聞議
者紛如聚訟季馴獨力主復故道之說塞崔鎮隄
歸仁而黃不北築高家堰黃浦八淺而淮不東創

爲減水順水壩遥隄縷隄之制而蓄洩有所賴其大旨謂通漕於河則治河即以治漕會河於淮則治淮即以治河合河淮而合入于海則治河淮即以治海故生平規畫總以束水攻沙爲第一義考漢書載王莽時徵治河者大司馬史張戎已有水自刮除成空語是借水刷沙古人已露其意特從未有見諸行事者季馴乃斟酌相度神而明之永爲河渠利賴之策後來雖時有變通而言治河者終以是書爲準的閻若璩潛邱劄記有與劉紫函

書曰考萬歷六年潘司空季馴河工告成其功近
比陳瑄遠比賈魯無可移易矣乃十四年河決范
家口又決天妃壩二十三年河淮決溢邳泗高寶
等處皆患水災天啟元年河決王公堤安得云潘
司空治後無水患六十年大抵司空成規具在縱
有天災縱有小通變治法不出其範圍之外故曰
河防一覽爲平成之書云云若璩居於山陽於河
渠利病得之目睹斯可謂平情之論矣

三吳水利錄四卷 江蘇巡撫採進本

明歸有光撰有光有易經淵旨已著錄是書大旨以治吳中之水宜專力於松江松江既治則太湖之水東下而他水不勞餘力當時隄防廢壞漲沙幾與崖平水旱俱受其病因採集前人水議之尤善者七篇而自作水利論二篇以發明之又以三江圖附於其後蓋浙江爲震澤尾閭全湖之水皆從此赴海所謂塞則六府均其害通則六府同其利者前人已備言之尋其湮塞之源則張弼水議所謂自夏原吉濬范家浜直接黃浦浦勢湍急洩

水益徑而江潮平緩易致停淤故黃浦之濶漸倍於舊吳淞狹處僅若溝渠其言最爲有理有光乃槩以爲湖田圍占之故未免失於詳究然有光居安亭正在松江之上故所論形勢脈絡最爲明析其所云宜從其湮塞而治之不可別求其他道者亦確中要害言蘇松水利者是書固未嘗不可備考核也

北河紀八卷紀餘四卷 江西巡撫採進本

明謝肇淛撰肇淛有史觽已著錄此書乃其以工

部郎中視河張秋時所作明史藝文志著錄卷數亦同首列河道諸圖次分河程河源河工河防河臣河政河議河靈八記詳疏北河源委及歷代治河利病搜採頗備條畫亦頗詳明至山川古蹟及古今題詠之屬則別為四卷附後名曰紀餘蓋河道之書以河為主與州郡輿圖體例各不侔也

國朝順治中管河主事閻廷謨益以新制作北河續紀四卷雖形勢變遷小有同異要其大致仍皆以是書為藍本蓋其發凡起例具有條理故續修者

莫能易焉肇淛著作甚夥而明史於文苑傳中獨載此書稱其具載河流原委及歷代治河利病其必有以取之矣

敬止集四卷 江蘇汪汝瑮家藏本

明陳應芳撰應芳字元振泰州衛人萬歷辛未進士官福建布政司參政淮南夙稱澤國而泰州與化尤甚應芳家於泰州因講求水道之源委與河之利害悉其形勢集當時奏疏公移私札言河道者爲一書名敬止重桑梓也又各繪爲圖曰泰州

上河曰泰州下河曰高興下河曰興化下河曰寶應下河曰鹽城下河附論十三首兼及漕運田賦雖今昔異宜形勢遞變核以水道與所圖已不相符然其書議論詳明以是地之人言是地之利病終愈於臨時相度隨事揣摩因其異同以推求沿革之故於疏濬築防亦未爲無補矣

三吳水考十六卷浙江巡撫採進本

明張內蘊周大韶同撰內蘊稱吳江生員大韶稱華亭監生其始末則均未詳也初萬歷四年言官

諭蘇松常鎮諸府水利久湮宜及時修濬乞遣御史一員督其事乃命御史懷安林應訓往應訓相度擘畫越六載蕆功屬內藴等編輯此書前有萬歷庚辰徐栻序稱爲水利圖說而辛巳劉鳳序壬午皇甫汸序則稱三吳水考蓋書成而改名也汸序稱應訓命諸文學作而栻鳳序皆稱應訓自著亦復不同考書中載應訓奏疏條約皆署銜署姓而不署其名似不出於應訓手殆內藴等纂輯之而應訓董其成爾其書分十二類凡詔令考一卷

水源考一卷水道考三卷水年考一卷水官考一卷水議考三卷水疏考三卷水移考一卷水田考一卷水績考一卷水文考一卷雖體例稍冗標目亦多杜撰而諸水之源流諸法之利弊一一詳賅蓋務切實用不主著書固不必以文章體例繩之矣

吳中水利書二十八卷浙江巡撫採進本

明張國維撰國維字九一號玉笥東陽人天啟壬戌進士福王時官至吏部尚書南京破後從魯王

於紹興事敗投水死事迹具明史本傳是書凡例
東南七府水利總圖凡五十二幅次標水源水脈
水名等目又輯詔勅章奏下逮論議序記歌謠所
記雖止明代事然指陳詳切頗爲有用之言凡例
謂崇明靖江二邑浮江海之中地脈不相聯貫自
昔不混東南水政之內今按二邑形勢所說不誣
足以見其明確明史本傳稱國維為江南巡撫時
建蘇州九里石塘及平望內外塘長洲至和等塘
修松江捍海隄濬鎮江及江陰漕渠並有成績遷

工部右侍郎兼右僉都御史總督河道時值歲旱漕流涸濬諸水以通漕又稱崇禎十六年八總兵師潰國維時爲兵部尚書坐解職下獄帝念其治河功得釋則國維之於水利實能有所擘畫是書所記皆其閱歷之言與儒者紙上空談固迥不侔矣

欽定河源紀畧三十六卷

乾隆四十七年奉

勑撰是年春以中州有事於河工

特命侍衛阿彌達祭告西寧河神因西溯河源繪圖具

奏言星宿海西南三百餘里有阿勒坦郭勒水色獨

黄又西有阿勒坦噶達素齊老流泉百道入阿勒

坦郭勒是爲黄河眞源爲自古探索所未及

皇上因考徵實驗參訂舊文

御製河源詩一章詳爲訓釋系以

案語又

御製讀宋史河渠志一篇以正從來之譌誤復

命兵部侍郎臣紀昀大理寺卿臣陸錫熊等尋繹史傳

旁稽衆說綜其向背定其是非輯爲一書首冠以

圖凡開方分度悉準

欽定輿圖而以河流所逕及諸水之瀦通顯會者各依方隅繪畫以著其詳次列以表以分合伏見四例該水道之脉絡俾旁行斜上經緯相貫綱目相從以提其要次曰質實詳核水道之源流兼仿水經及酈道元注之例旁支正榦一一疏通證明次曰證古凡載籍所陳與今所履勘相符者並條列原文各加案語以互相參定次曰辨譌凡舊說之紕

繆亦條列原文各爲糾駁以袪惑釋疑次曰紀事
凡撻伐所經部族所聚職貢所通及開屯列戍與
靈源相值者一一臚載其前代軼聞亦以類附見
次曰雜錄凡名山古蹟物產土風介在洪流左右
者皆博采遺文以旁資稽核而恭錄
御製詩文弁冕全書用以挈綱領定權衡焉考自古談
河源者或以爲在西域或以爲在吐蕃各持一說
紛如聚訟莫能得所折衷推索其由大抵所記之
眞妄由其地之能至不能至所考之疎密由其時

之求詳不求詳山海經稱禹命豎亥步自東極至於西極紀其億選之數其事不見於經傳見經傳者惟導河積石灼爲禹跡所至而已故禹本紀諸書言河源弗詳儒者亦不以爲信漢通西域張騫僅得其梗概以二十六國不入版圖故也元世祖時嘗遣篤什窮探乃僅至星宿海而止不知有阿勒坦郭勒之黃水又不知有鹽澤之伏流豈非以開國之初倥偬草創不能事事責其實故雖能至其地而考之終未審歟我

國家重熙累洽荒儌咸歸

聖祖仁皇帝平定西藏黄圖括地已大擴版章我

皇上七德昭宣

天弧耆定天山兩道拓地二萬餘里西通濛汜悉主悉

臣月𡸣以東皆我疆索星軺虎節絡繹往來如在

戸闥之内與張騫之轉徙絶域潛行竊覘畧得彷

佛者其勢迥殊且自

臨御以來無逸永年恒久不已

乾行彌健

睿照無遺所綜核者無一事不得其眞所任使者亦無
一人敢飾以僞與篤什之探尋未竟遽顢頇報命
者更復迥異是以能沿溯眞源祛除謬說
親加釐定勒爲一帙以昭示無窮臣等載筆之餘仰頌
聖功之無遠弗届又仰頌
聖鑒之無微弗周也
崑崙河源考一卷浙江鮑士恭家藏本
國朝萬斯同撰斯同有廟制圖考已著録是書以元
篤什言河源崑崙與史記漢書不合水經所載亦

有謬誤因歷引禹貢禹本紀爾雅淮南子及各史之文以考証之考張騫言河源出鹽澤司馬遷又言河源出于闐天子案古書圖名河所出山曰崑崙後來諸書都無異說唐書吐谷渾傳始有李靖望積石山覽觀河源之言而亦未確有所指迨篤什奉命行求稱得之朶甘思西鄙潘昻霄等妄爲附會經傳音譯舛訛遂以鄂敦塔拉之潛行復見者指爲河源以阿木尼瑪勒占木遜山卽古積石山者指爲崑崙元史因而採入地理志中耳食相

沿混淆益甚我

國家德威遐播天山兩道盡入版圖月竁以西皆我

戸闥案圖考索知河有重源篤什所訪僅及其伏

地再出者而河水之出葱嶺于闐注鹽澤潛行至

積石者則篤什皆未之見伏讀

御批通鑑輯覽攷核精詳河源始確有定論斯同此書

作於康熙之初核以今所目驗亦尚不盡脗合然

時西域未通尚未得其實據而斯同穿穴古書參

稽同異即能灼知張騫所說之不誣而極論潘昂

霄等之背馳舛亂凡所指陳俱不甚相違亦可謂工於考證不汩没於舊說者矣錄存其書益以見睿鑒折衷超軼萬古也

兩河清彙八卷山東巡撫採進本

國朝薛鳳祚撰鳳祚有聖學宗傳已著錄鳳祚雖亦從講學者遊而其學出鹿善繼孫奇逢講求實用故其算術受於西洋穆尼閣以天文名家

國初言歷法者推爲獨絶梅文鼎勿庵歷算書記所謂青州之學也亦究心於地理故詳究兩河利病

以著是書卷首列黄河運河兩圖一卷至四卷爲運河修築形勢北自昌平通州南至浙江等處河湖泉水諸目皆詳載之五卷六卷則專記黄河職官夫役道里之數及歷代至
本朝治河成績七卷則輯錄前明潘季馴河防辨惑
國朝崔維雅芻議或問二書八卷則鳳祚所自著也曰芻論曰修守事宜曰河防緒言曰河防永賴書中援據古今於河防得失疏證頗明惟海運一篇欲訪元運故道與漕河並行葢猶祖邱濬之舊說

則迂謬而遠於事情遂爲白璧之微瑕無是可矣

居濟一得八卷河南巡撫採進本

國朝張伯行撰伯行有道統錄已著錄是編乃伯行爲河道總督時相度形勢錄之以備參考者前七卷條議東省運河壩閘隄岸及修築疏濬蓄洩啟閉之法於諸水利病條分縷析疏證最詳後附河漕類纂一卷則通撮大槩蓋伯行惟督河工故漕政在所畧也大旨謂河自宿遷而下河博而流迅法宜縱之宿遷而上河窄而流舒法宜束之徐邳

水高而岸平泛溢之患在上宜築隄以制其上河南水平而岸高衝刷之患在下宜捲埽以制其下又有三禁三束四防八因諸條皆得諸閱歷非徒爲紙上之談者伯行平生著述惟此書切於實用迄今六七十載雖屢經疏濬形勢稍殊而因其所記以考因革損益之故亦未爲無所裨焉

治河奏績書四卷　浙江鮑士恭家藏本　附河防述言一卷　內廷藏本

國朝靳輔撰輔有奏疏已著錄是書卷一爲川澤考漕運考河決考河道考卷二爲職官考堤河考及

修防汛地埽規河夫額數閘壩修規船料工值皆附焉卷三爲輔所上章疏及部議卷四爲各河疏濬事宜及施工緩急先後之處其川澤考所載於黄河自龍門以下至淮徐注海凡分滙各流悉考古証今頗爲詳盡於注河各水及河所瀦蓄各水亦縷陳最悉其漕運考亦然河道考於臨河要地及距河遠近分條序載較志乘加詳至於堤工修築事宜則皆輔所親驗立爲條制者矣輔自康熙十六年至三十一年凡三膺總河之任故疏議獨

多其專以治上河爲治下河之策雖據一時所見

與後來形勢稍殊然所載修築事宜亦尚有足資

採擇者與張伯行居濟一得均尚非紙上之空談

也又河防述言一卷爲張靄生所撰皆追述其友

陳潢之論故曰述言潢字天一號省齋錢塘人爲

輔之幕客輔治河多資其經畫康熙甲子

聖駕南巡輔以潢功上聞

特賜參贊河務按察司僉事銜其書凡十二篇一曰河性

主於順而利導之二曰審勢謂凡有所患當推其

致患之所以然三曰估計謂省工省料其壞必速所費較所省爲更大四曰任人主於慎選擇明賞罰而歸本於正已以率屬五曰源流謂河水本清其淤漲皆由挾中國之水六曰隄防主潘季馴以隄束水以水刷沙之說而尤以減水壩爲要務七曰疏濬主於潰決之處先固其兩旁不使日擴乃修復故道而借引河以注之八曰工料工主於覈實料主於豫備九曰因革言今昔形勢之不同十曰善守謂黃河無一勞永逸之策在時時謹小慎

徽而歸重於河員之久任十一曰雜誌述治河之委曲十二曰辨惑則駁當時之異議也其言往往中理與靳輔書足相發明今録附輔書之末以資參考書前冠以黄河全圖乃靄生所自作雖不及欽定河源紀畧之明確而遠勝篤什等之所記又靳輔奏疏一篇雖專爲潢而發然頗足見當日治河之始末今亦併存之焉

直隸河渠志一卷 直隸總督採進本

國朝陳儀撰儀字了翁號一吾文安人康熙乙未進

士官至翰林院侍講學士充霸州等處營田觀察使是編即其經理營田時作所列凡海河衛河白河淀河東淀永定河清河會同河中亭河西淀趙北口子牙河千里長堤滹沱河滏陽河寧晉泊大陸澤鳳河牤牛河窩頭河鮑邱河薊河還鄉河塌河淀七里海二十五水皆洪流巨浸也雖敘述簡質但載當時形勢而不詳古蹟又數十年來屢經
皇上軫念民依經營疏濬久慶安瀾較儀作書之日水道之通塞分合又已小殊然儀本土人又身預水

利諸事於一切水性地形知之較悉故敷陳利病之議多而考證沿革之文少錄而存之亦足以參考梗概也

行水金鑑一百七十五卷 通行本

國朝傅澤洪撰澤洪字穉君鑲紅旗漢軍官至分巡淮揚道按察司副使是書成於雍正乙巳全祖望作鄭元慶墓誌以爲出元慶之手疑其客遊澤洪之幕或預編摹然別無顯證未之詳也敘水道者禹貢以下司馬遷作河渠書班固作溝洫志皆全

史之一篇其自爲一書者則刱始於水經然標舉

源流疏證支派而已未及於疏濬隄防之事也單

鍔沙克什王喜所撰始詳言治水之法有明以後

著作漸繁亦大抵偏舉一隅專言一水其綜括古

今臚陳利病統前代以至

國朝四瀆分合運道沿革之故彙輯以成一編者則

莫若是書之最詳卷首冠以諸圖次河水六十卷

次淮水十卷次漢水江水十卷次濟水五卷次運

河水七十卷次兩河總說八卷次官司夫役漕運

瀆規凡十二卷其例皆摘錄諸書原文而以時代

類次俾各條互相證明首尾貫串其有原文所未

備者亦間以已意考核附注其下上下數千年間

地形之變遷人事之得失綜牽繩貫始末犂然至

我

國家敷土翕河百川受職仰蒙

聖祖仁皇帝翠華親莅指授機宜

睿算周詳永昭順軌實足垂法於萬年澤洪於康熙六十

一年以前所奉

諭旨皆恭錄於編以昭
謨訓尤爲疏瀹之指南談水道者觀此一編宏綱巨目亦
見其大凡矣

水道提綱二十八卷浙江巡撫採進本

國朝齊召南撰召南字次風台州人乾隆丙辰
召試博學鴻詞授翰林院編修官至禮部侍郎歷代史
書各志地理而水道則自水經以外無專書郭璞
所注久佚不傳酈道元所注詳於北而畧於南且
距今千載陵谷改移即所述北方諸水亦多非其

舊

國初餘姚黄宗羲作今水經一卷篇幅寥寥粗具梗

槩且塞外諸水頗有舛訛不足以資考證召南官

翰林時預修

大清一統志外藩蒙古諸部是所分校故於西北地

形多能考驗且天下輿圖備於書局又得以博考

旁稽乃參以耳目見聞互相鉤校以成是編首以

盛京至京東諸水次爲直沽所滙諸水次爲北運河

次爲河及入河諸水次爲淮及入淮諸水次爲江

及入江諸水次爲南河及太湖源流次爲浙江閩江次雲南諸水次爲西藏諸水次西北阿爾泰以南水及黑龍江松花諸江次東北海朝鮮諸水次塞北漠南諸水而終以西域諸水大抵通津所注往往袤延數千里不可限以疆域召南所敘不以郡邑爲分惟以巨川爲綱而以所會衆流爲目故曰提綱其源流分合方隅曲折則統以今日水道爲主不屑屑附會於古義而沿革同異亦卽互見於其間其自序譏古來記地理者志在藝文情侈

觀覽或於神仙荒怪遥續山海或於洞天梵宇揄揚仙佛或於游踪偶及逞異炫奇形容文飾祗以供詞賦之用故所敘錄頗爲詳核與水經注之模山範水其命意固殊矣然非召南生逢聖代當敷天砥屬之時亦不能於數萬里外聞古人之所未聞言之如指諸掌也

海塘錄二十六卷　浙江巡撫採進本

國朝翟均廉撰均廉有周易章句證異已著錄浙江海塘在海寧州南漢唐以來遞有修築至

國朝軫念民依講求尤備

聖祖仁皇帝暨我

皇上均

親臨相度用建萬年保障之基是編綜括古今恭錄

詔諭

聖製以弁冕於卷首次爲圖說一卷疆域一卷建築四卷

名勝三卷古蹟二卷祠祀二卷奏議五卷藝文八

卷雜志一卷徵引各史紀志及玉海乾道咸淳臨

安志四朝聞見錄明實錄諸書考訂辨證頗爲該

洽如訂正鹽官海塘長百二十四里唐開元所築

舊志作二百二十四里者誤引泊宅編載宋制有

鐵符鎮海皆史傳所未載他如海寧之隄築於沈

議諸又志乘所未備考浙江通志雖有海塘事宜

一門然僅至雍正十一年而止是編詳叙至乾隆

二十九年凡

聖謨指示

睿慮周詳以及臣工奏議皆謹爲詮叙尤足以昭示後

來其中如建築門敘述宋制而不及引咸淳臨安

志所載林大鼐之議明安然之作石隄明實錄載於洪武十年而書中誤作十一年間有脫畧然不足累其全書云

右地理類河渠之屬二十三部五百七卷皆文淵閣著錄

籌海圖編十三卷安徽巡撫採進本

明胡宗憲撰宗憲字汝貞號梅林績溪人嘉靖戊戌進士官至兵部尚書督師勦倭寇以言官論劾下獄瘐死萬歷初追復原官謚襄懋事跡具明史

本傳是書首載輿地全圖沿海沙山圖次載王官使倭畧倭國入貢事畧倭國事畧次載廣東福建浙江直隸登萊五省沿海郡縣圖倭變圖兵防官考及事宜次載倭患總編年表次載寇踪分合圖譜次載大捷考次載遇難殉節考次載經畧考明史稱趙文華督察浙江軍務宗憲深附之總督張經破倭於王江涇文華盡掩經功歸宗憲經遂得罪又陷撫臣李天寵文華還朝力薦宗憲遂擢顯秩宗憲又因文華結納嚴嵩以爲内援其喜功名

而尚權詐誠有如傳贊所云者黷蒙垢者書中載
胡松撰王江涇捷事畧專述宗憲之功不及張經
與本傳符合是其攘功之實證然其他若載嘉靖
三十四年五月平望之捷陸涇壩之捷十一月後
屯之捷清風嶺之捷三十五年仙居之捷七月乍
浦之捷十一月龕山之捷及金塘淮揚寧台温之
捷又紀剿徐海及擒王直始末大端與明史紀傳
均相符合則宗憲之保障東南尚不爲無功經畧
考三卷內凡會哨鄰援招撫城守團結保甲宣諭

間諜貢道互市及一切海船兵仗戎器火器無不

周密又若唐順之張時徹俞大猷茅坤戚繼光諸

條議是書亦靡不具載於明代海防亦云詳備葢

其人雖不醇其才則固一世之雄也

鄭開陽雜著十一卷（浙江巡撫採進本）

明鄭若曾撰若曾字伯魯號開陽崑山人嘉靖初

貢生是書舊分籌海圖編江南經畧四隩圖論等

編本各自爲書

國朝康熙中其五世孫起泓及子定遠又删汰重編

合爲一帙定爲萬里海防圖論二卷江防圖考一
卷日本圖纂一卷朝鮮圖說一卷安南圖說一卷
琉球圖說一卷海防一覽圖一卷海運全圖一卷
黃河圖議一卷蘇松浮糧議一卷其海防一覽圖
即萬里海防圖之初藁以詳畧互見故兩存之若
曾尚有江南經畧一書獨鈌不載未喻其故或裝
輯者偶佚歟若曾少師魏校又師湛若水王守仁
與歸有光唐順之亦互相切磋數人中惟守仁順
之講經濟之學然守仁用之而效順之用之不甚

效若曾雖不大用而佐胡宗憲幕平倭寇有功蓋
順之求之於空言若曾得之於閱歷也此十書者
江防海防形勢皆所目擊日本諸考皆咨訪考究
得其實據非剽掇史傳以成書與書生紙上之談
固有殊焉

右地理類邊防之屬二部二十四卷皆文淵閣著錄

12225

（清）紀昀等　纂

# 武英殿本四庫全書總目

第二三册

國家圖書館出版社

# 第二三册目録

# 欽定四庫全書總目

史部

卷七十九之八十

欽定四庫全書總目卷七十九

史部三十五

職官類

前代官制史多著錄然其書恒不傳南唐書徐鍇傳稱後主得齊職制其書罕覯惟鍇知之今亦無舉其名者世所稱述周官以外惟唐六典最古耳蓋建官爲百度之綱其名品職掌史志必撮舉大凡足備參考故本書繁重反爲人所倦觀且惟議政廟堂乃稽舊典其間如元豐變

法事不數逢故著述之家或通是學而無所用習者少則傳者亦稀焉今所採錄大抵唐宋以來一曹一司之舊事與儆戒訓誥之詞今釐爲官制官箴二子目亦足以攷稽掌故激勸官方明人所著率類州縣志書則等之自鄶矣

唐六典三十卷浙江汪汝瑮家藏本

唐元宗明皇帝御撰李林甫奉勅注其書以三師三公三省九寺五監十二衛列其職司官佐敘其品秩以擬周禮書錄解題引韋述集賢記注曰開

元十年起居舍人陸堅被旨修是書帝手寫白麻紙六條曰理教禮政刑事令以類相從撰錄以進張說以其事委徐堅思之經歲莫能定又委毋煚徐欽韋述始以令式入六司其沿革並入注中後張九齡又委苑咸二十六年奏草上迄今在直院亦不行用程大昌雍錄則曰唐世制度凡最皆在六典或曰書成未嘗頒用今案會要則牛僧孺奏升諫議爲三品用六典也貞元二年定著朝班次序每班以尚書省官爲首用六典也又其年賓叅

論祠祭當以監察涖之亦援六典也此類殆不勝述草制之官每入院必首索六典則時制盡在故也二說截然不同考吕温集有代陳相公請刪定施行六典開元禮狀一篇稱宣示中外星紀六周未有明詔施行遂使喪祭冠昏家猶疑禮等威名分國靡成規請於常參官內選學藝優敏者三五人就集賢院各盡異同量加刪定然後特降德音明下有司云云與韋述之言相合唐人所說當無訛誤大昌所引諸事疑當時討論典章亦相引據

而公私科律則未嘗事事遵用如明代之會典云

爾范祖禹唐鑑論其既有太尉司徒司空又有尚書省是政出於二也既有尚書省又有九寺是政出於三也蓋自唐虞至周有六官而無寺監自秦迄陳有寺監而無六官獨此書兼之故官多重複今考是書如林甫注中以諸州祥瑞預立條格以待奏報之類誠爲可嗤然一代典章釐然具備祖禹之所論或以元豐官制全祖是書有所激而云然歟又唐會要載開元二十三年九齡等撰是書

而唐書載九齡以開元二十四年罷知政事則書成時九齡猶在位後至二十七年林甫乃注成獨上之宋陳騤館閣錄載書局有經修經進經修不經進經進不經修三格說與九齡皆所謂經修不經進者卷首獨著林甫蓋即此例今亦姑仍舊本書之不復追改焉

翰林志一卷　兩江總督採進本

唐李肇撰案肇所作國史補結銜題尚書左司郎中此書結銜則題翰林學士左補闕王定保摭言

又稱肇爲元和中中書舍人新唐書藝文志亦云肇爲翰林學士坐薦柏耆自中書舍人左遷將作少監以唐官制考之蓋自左司改補闕入翰林後爲中書舍人坐事左遷國史補及此書各題其作書時官也唐時翰林院在銀臺門內麟德殿西重廊之後爲待詔之所新唐書百官志謂乘輿所在必有文詞經學之士下至卜醫伎術之流皆直於別院以備燕見者是也韋執誼翰林院故事亦謂其地乃天下以藝能伎術見召者之所處蓋其始

本以延引雜流原非爲文學侍從而設至明皇置翰林待詔供奉與集賢學士分掌制誥其職始重後又改爲學士別置學士院謂之東翰林院於是舊翰林院雖尚有以伎能入直如德宗時術士桑道茂之類而翰林之名實盡歸於學士院歷代相沿遂爲儒臣定職肇此書成於元和十四年唐宋藝文志皆著於錄其記載賅備本末粲然於一代詞臣職掌最爲詳晰宋洪遵輯翰苑羣書已經收入今以言翰林典故者莫古於是書故仍錄專本

以存其朔焉

麟臺故事五卷永樂大典本

宋程俱撰俱字致道衢州開化人舉進士試南宫第一廷試中甲科歷官徽猷閣待制封新安縣伯事蹟具宋史文苑傳玉海載元祐中宋匪躬作館閣錄紹興元年程俱上麟臺故事淳熙四年陳騤續爲館閣錄葢一代翰林故實具是三書今宋錄已亡陳錄僅存而亦稍譌闕是書則自明以來惟說郛載有數條别無傳本今考永樂大典徵引是

書者特多排比其文猶可成帙其書多記宋初之事典章文物燦然可觀蓋紹興元年初復秘書省首以俱爲少監故俱爲是書得諸官府舊章最爲詳備如東都事畧邢昺傳載由侍讀學士遷工部侍郎不著加中散大夫宋綬傳載召試中書不著遷大理評事宋史韓琦傳載由通判淄州入直集賢院不著爲太常寺丞及太子中允王陶傳載爲太子中允不著編校昭文館書籍孫洙傳亦不著洙嘗爲於潛令及編校秘閣書籍而皆見於是書

又如玉海引謝泌傳泌上言請分四庫書籍人掌一庫事在端拱初而其一百六十八卷又載此事於天聖五年前後自相剌謬據此書所載則在咸平之初又續通鑑長編載咸平二年七月甲寅幸國子監還幸崇文院而此日之後又有癸丑則是月之内不容先有甲寅顯然牴牾據是書乃是七月甲辰如此之類凡百餘條皆足以考證異同補綴疏畧於掌故深爲有裨原書文獻通考作五卷今所裒錄仍符此數疑當時全部收之通考又稱

凡十二篇而不詳其篇目其見於永樂大典者有官聯職掌廩祿三門皆與陳騤書標題相合疑騤書即因俱舊目修之今即以騤之篇目分隸諸條莫不一一條貫無所齟齬亦可謂神明煥然頓還舊觀矣騤錄載曝書會餞會及大宴學士院三條俱云出麟臺故事然引其事不載其詞殆姚廣孝等排纂之時刊除重複誤削前而存後當時編輯無緒即此可見一端今亦無從補入惟俱北山集中載有後序一篇並附錄之以存其舊焉

翰苑羣書十二卷浙江巡撫採進本

宋洪遵編遵字景嚴鄱陽人皓之仲子也與兄适同中紹興十二年博學鴻詞科賜進士出身歴官徽猷閣直學士出知平江府孝宗時召除翰林學士承旨拜同知樞密院事江東安撫使資政殿學士提舉洞霄宫卒謚文安事蹟具宋史本傳是書後有乾道九年遵題記曰翰苑秩清地近泝唐及今爲薦紳榮遵世蒙國恩父子兄弟接武而進爲千載幸遇曩嘗裒遺事一編揭來建業以家舊藏

李肇元稹韋處厚韋執誼楊鉅丁居晦洎我宋數公凡有紀於此併刋之木仍以國朝年表中興題名附陳振孫書錄解題曰自李肇而下十一家及年表中興後題名共爲一書此本上卷爲李肇翰林志元稹承旨學士院記韋處厚翰林學士記韋執誼翰林院故事楊鉅翰林學士院舊規丁居晦重修承旨學士壁記李昉禁林宴會集凡七家下卷爲蘇易簡續翰林志蘇耆次續翰林志學士年表翰苑題名翰苑遺事凡五種其遺事爲遵所續

不在其數實止四家除年表題名外所收不過九家與振孫所記不合考宋史藝文志載是書本三卷此本止上下二卷又文獻通考所載尚有唐張著翰林盛事一卷宋李宗諤翰苑雜記一卷若合此二家正足十一家之數豈原本有之而今本佚其一卷耶

南宋館閣錄十卷續錄十卷永樂大典本

南宋館閣錄十卷宋陳騤撰續錄十卷無撰人名氏騤字叔進台州臨海人紹興二十四年進士第

一慶元初官至知樞密院事兼參知政事忤韓侂胄提舉洞霄宮卒謚文簡事迹具宋史本傳陳氏書錄解題謂淳熙中騤長蓬山與同僚錄建炎以來事爲此書李燾爲之序續錄者後人因舊文而增附之今攷是錄所載自建炎元年至淳熙四年續錄所載自淳熙五年至咸淳五年皆分沿革省舍儲藏修纂撰述故實官秩廩祿職掌九門典故條格纖悉畢備亦一代文獻之藪也世所傳本訛闕殆不可讀惟永樂大典所載差爲完具今互相

考訂補其脫漏者三十一條正其舛錯者一十六條而其紀載諸人爵里有與宋史互異者並爲臚注以資參考惟前錄中沿革一門續錄中廩祿一門永樂大典所載亦全卷皆佚無從補葺蓋是書殘缺已在明以前矣今亦姑仍其舊焉

玉堂雜記三卷 浙江鮑士恭家藏本

宋周必大撰必大字子充一字洪道廬陵人紹興二十一年進士中宏詞科權中書舍人孝宗朝歷右丞相拜少傅進益國公寧宗朝以少傅致仕卒

謚文忠事蹟具宋史本傳此書皆記翰林故事後編入必大文集中此乃其别行之本也宋代掌制最號重職往往由此致位二府必大受知孝宗兩入翰苑自權直院至學士承旨皆徧爲之凡鑾坡制度沿革及一時宣召奏對之事隨筆紀錄集爲此編所紀如奉表德壽署名賜安南國王嗣子詔書之類皆能援引古義合於典禮其他瑣聞遺事亦多可資談柄洪遵翰院羣書所錄皆唐代及汴都故帙程俱麟臺故事亦成於紹興間其隆興以

後翰林故實惟稍見於館閣續録及洪邁容齋隨筆中得必大此書互相稽考南渡後玉堂舊典亦庶幾乎釐然具矣

宋宰輔編年錄二十卷兩淮鹽政採進本

宋徐自明撰自明字誠甫號慥堂永嘉人嘗官太常博士終零陵郡守初北宋時神宗命陳繹爲拜罷圖一卷樞府拜罷錄一卷元豐間司馬光復作百官公卿拜罷年表十五卷其後曾鞏譚世勣蔡幼學李燾各有撰述而不能無所缺畧自明因摭

拾舊事補其遺漏續作此書以宋世官制中書樞密爲二府俱宰輔之職故自平章事叅知政事樞密使知樞密院事同知簽書樞密院事皆著其名位而詳其除罷黜陟之由編年系日起建隆戊午迄嘉定乙亥大都本之通鑑長編繫年要錄乙未錄東都事畧而又旁採他書以附益之本末賅具最爲詳核又據宋朝大詔令玉堂制草備錄其鎖院制詞更有裨於文獻以宋史宰輔年表互相考校如建隆元年趙普拜樞副此錄在八月甲申而

年表在戊子太平興國四年石熙載拜簽樞此錄
在正月庚寅而年表在癸巳太平興國八年宋琪
拜叅政此錄在三月庚申而年表在癸亥雍熙三
年辛仲甫拜叅政此錄在六月戊戌而年表在甲
辰此類極多亦足爲讀史者考異之助至宋世所
降麻制例載某人所行之詞此錄間存姓名亦可
備掌故其中如熙寧四年陳升之起復入相制乃
元絳之詞載於宋文鑑中以升之力辭不拜其事
未行併其制詞不錄是也至如端拱元年呂蒙正

拜相制爲李沆詞治平二年文彦博除樞密使制熙寧二年陳升之拜相制皆爲王珪之詞元符三年曾布拜相制爲曾肇之詞亦並見於宋文鑑而此反闕註皆不免有所挂漏然二百五十年間賢姦進退畢具是編於以考國政而備官箴亦可云諳習典故者矣寶祐間自明子居誼宰永福嘗刻之縣學後漸亡佚明嘉靖間大興呂邦燿始得抄本於焦竑家而缺其兩卷後周藩宗室勤美以所藏殘本補足復梓以傳蓋亦僅存之本也

秘書監志十一卷 編修汪如藻家藏本

元王士點商企翁同撰士點有禁扁已著錄企翁字繼伯曹州人官著作佐郎其書成於順帝至正中凡至元以來建置沿革典章故事無不具載司天監亦附錄焉葢元制司天監隸秘書省猶漢制以太史令兼職天官之義也後列職官題名與南宋館閣錄例同其兼及直長令史皆纎悉詳錄則以金源以後以掾吏爲士人登進之階往往由此起家洊至卿相其職重於前代耳其所紀錄多可

以資考核朱彝尊嘗據以辨吳鄖卽張應珍以大德九年改名歷仕秘書少監非宋遺民證吉安府志之誤則於史學亦多所裨矣

翰林記二十卷 浙江汪啓淑家藏本

不著撰人名氏案明史藝文志載黃佐翰林記二十卷而廖道南殿閣詞林記序有與泰泉黃佐纂翰林雜記六册之語則是書自當出於佐手佐卽撰泰泉鄉禮著錄於經部禮類者也所載皆明一代翰林掌故始自洪武迄於正德嘉靖間每事各

有標目凡二百二十六條本末賅具首尾貫串敘次頗爲詳悉如所紀殿閣卿寺轉銜與明會典諸書互有同異又會議繕寫諸條制度甚詳均足以備考核其十七十八兩卷具列館閣題名尤足以見一代人材升降之槪廖道南撰殿閣詞林記自九卷以後多採佐書以足成之今以此本互相檢核其文不盡相合葢道南又有所點竄以歸一家之體例此則佐之原本耳其文與道南之書互有詳畧可以參考證明以繼李肇程俱陳騤王士點

諸人所作唐宋元明以來詞林故事亦大畧具備矣

禮部志稿一百一十卷浙江巡撫採進本

明泰昌元年官修首列纂修姓氏自禮部尚書林堯俞至司務顧民嵒等四十八人次列批委纂修自東閣大學士前禮部尚書孫如至儀制司員外郎張光房等六人次列巡按直隸蘇松等處御史據松江府知府揭薦生員俞汝楫纂修禮部志書公移併禮部准聘赴書局批文則此書實出汝楫之

手明史藝文志有俞汝楫禮儀志一百卷當即此書此題曰禮部志稿蓋其草創初成尚未定名之本也卷首汝楫名後併列上海生員俞廷教名爲公移所無殆入局以後續招協修故初揭不載歟其書首爲聖訓六卷爲洪武至隆慶詔諭次建官建署一卷次總職掌一卷次儀司職掌十六卷次祠司職掌十卷次客司職掌十卷次膳司職掌及司務職掌共二卷次歷官表四卷次奏疏五卷次列傳八卷次儀司事例二十一卷次祠司事例九

卷次客司事例九卷次膳司事例一卷次總事例七卷共爲一百一十卷前列凡例三則其溯初制一則稱研討典故要在沿流溯源其理條貫一則稱典故之編不急於薈萃而急於貫通其愼稽考一則稱綱羅舊聞匪獨拄漏是懼而考正謬誤亦編摩第一義其言皆深得纂輯要領故其書敘述詳贍首尾該貫頗有可觀如釋菜薦舉諸詔爲明實錄所不載祈雪建宮諸諭爲嘉靖祀典所未錄王妃冠服百官常服及大宴樂章較明史禮志爲

詳貢舉起送之額誥勅表章之式較明會典爲備經筵傳班員額拾明集禮之所遺朝覲賞賚諸制補星槎勝覽西域行程之闕雖案牘之文稍傷冗雜而取備掌故體例與著書稍殊固不能以是病之也

太常續考八卷 江蘇巡撫採進本

不著撰人名氏考書中所錄蓋明崇禎時太常寺官屬所輯也凡祭祀典禮皆詳悉具載雖不免爲案牘簿籍之文而沿革損益之由名物度數之細

條分縷晰多明史禮志明會典明集禮及嘉靖祀典之所未載蓋總括一代之掌故則體貴簡要專錄一官之職守則義取博賅言各有當故詳畧逈不同也況集禮作於洪武會典作於成化嘉靖祀典惟載一時更張之事自世宗以後百餘年之典制記載闕如此書職官題名終於崇禎十六年則一代儀章始末尤為完具固數典者所不可廢矣

土官底簿二卷　浙江汪啓淑家藏本

不著撰人名氏朱彝尊曝書亭集有是書跋但云

抄之海鹽鄭氏亦不言作者爲誰其書備載明正德以前諸土司官爵世系承襲削除觀其命名與繕寫之式疑當時案牘之文而好事者錄存之也所載雲南土司百五十一家廣西土司百六十七家四川土司二十家貴州土司一十五家湖廣土司五家廣東土司一家共三百五十九家其官雖世及而請襲之時必以並無世襲之文上請所奉進止亦必以姑准任事仍不世襲爲詞蓋其相沿體式如此欲以示駕馭之權不容其據譜而索故

物也然明自中葉後撫綏失宜威柄日弛諸土司
叛服不常僅能羈縻勿絕而已我
國家聲靈赫濯逆命者必誅舊籍所載大半皆已改
土歸流其存者亦無不革心順化比於郡縣此書
中所列皆前代一時苟且之制本不足道以明史
土司列傳祇記其征伐刑政之大端而於支派本
末未能具晰是編詞雖俚淺而建置原委一一可
徵存之亦足資考証焉其地雖在中外之間與郡
縣牧守稍殊而受勅印襲爵祿納租賦供力役隨

征調實與官吏不殊故明史不與外國同傳今亦
附載於明代職官之末焉

詞林典故八卷

乾隆九年重修翰林院落成

聖駕臨幸

賜宴賦詩因

命掌院學士鄂爾泰張廷玉等纂輯是書乾隆十二年

告成奏進

御製序文刊行凡八門一日

臨幸盛典二曰官制三曰職掌四曰恩遇五曰藝文六
曰儀式七曰廨署八曰題名
臨幸盛典卽述乾隆甲子燕飮賡歌諸禮以爲是書所
緣起故弁冕於前官制職掌皆由西漢以至
國朝以待詔之選寫書之官皆自漢肇其端也恩遇
斷自唐代以專官自唐始也於
列聖及我
皇上寵渥之典別分優眷遷擢侍宴賚予詞科考試議
敘贈卹八子目著

聖代右文遠愈前古也藝文惟收唐以來御製及應制諸作而詞館唱和不與焉美不勝收也儀式廨署亦皆斷自唐代與恩遇門同例題名則惟載

國朝近有徵而遠難詳也攷翰林有志自唐李肇始洪遵輯而錄之凡十一家然皆雜記之類也其分條列目彙爲一編者自程俱麟臺故事始陳騤以下作者相仍然皆僅記一代之事朱彝尊作瀛洲道古錄又於

今制弗詳故張廷玉等進書表稱槐廳芸署不少前

聞劉井柯亭獨饒故事但記載非無散見而薈萃罕有全書今仰蒙

聖裁始成巨帙元元本本上下二千載始末釐然稽古

崇儒之盛洵前代之所未有矣

欽定國子監志六十二卷

乾隆四十三年奉

勅撰先是國子祭酒陸宗楷等輯太學志進呈而所述沿革故實濫載及唐宋以前殊失限斷乃

詔重爲改定斷自元明盃

本朝國子監及
文廟皆因前代遺址其締搆實始於元初也首爲
聖諭二卷以紀
褒崇先聖
訓示儒林之大法次
御製詩文七卷備錄
列朝聖文
皇上宸翰次
詣學二卷紀

親祀

臨雍之禮次廟制二卷前列圖說後志建葺年月規制

次祀位二卷詳載殿廡及崇聖祠諸位號次禮七

卷分記釋奠釋菜釋褐獻功告祭諸儀及祭器圖

說次樂六卷分記樂制樂章律呂舞節二表及禮

樂諸器圖說次監制一卷詳述條規次官師五卷

載設官典守儀制銓除題名表次生徒七卷載員

額考校甄用及外潘之入學者次經費四卷

恩賚歲支俸給備載焉次金石五卷冠以

欽頒彝器圖說

御製諸碑併元以來進士題名碑而殿以石鼓圖說次

經籍二卷具載

賜書及板刻之目次藝文二卷則列諸臣章奏詩文及

諸論著識餘二卷曰紀事曰綴聞並捃摭雜記以

備考核識大識小罔弗詳賅於以誌

國家重道崇儒作人訓俗之盛較諸監臣之初編如

葦籥土鼓攺而爲韶鈞之奏矣

欽定歷代職官表六十三卷

乾隆四十五年奉
敕撰粤自龍鳥水火肇建官名然夏商以前書缺有間遺制不盡可考其可考者惟周禮爲最詳迨秦漢内設九卿外置列郡而官制一變東京以後事歸臺閣雖分置尚書六部而政在中書其權獨重漢魏之制至唐宋而又一變明太祖廢中書省罷丞相盡歸其職於六部永樂間復設内閣而叅以七卿唐宋之制至是而又一變矣其間名號品數改革紛繁大抵勢足以相維則乾綱不失權有所偏

屬則魁柄必移故官制之得失可以知朝政之盛衰也我

國家稽古建官循名核實因革損益時措咸宜我

皇上朗照無私

權衡獨秉舉直錯枉宮府肅清尤從來史冊所未有復念歷朝官制典籍具存宜備溯源流明其利弊庶前規可鑑法戒益昭乃

特命四庫全書館總纂官臣紀昀臣陸錫熊臣孫士毅總校官臣陸費墀等考證排次輯綴是編分目悉

準

今制凡長貳僚屬具列焉明綱紀也其兼官無正員而所掌綦重亦别有專表崇職守也八旗及新疆爵秩前所未有者並詳加臚考著

聖代之𥘉建遠邁邃古也或古有而今無或先置而後廢並爲採掇别附於篇備參訂也每門各冠以表表後詳敘建置首列

國朝畧如唐六典之例次以歷代則節引諸書各附案語以疏證其異同上下數千年分職率屬之制

元元本本罔弗具焉考將相及百官公卿之有表始自馬班二史後如唐書之宰相表宋史之宰輔表明史之內閣七卿表俱沿其例然所紀僅拜罷年月與官制無關且斷代爲書不相通貫尋檢頗難至抄撮故實如孫逢吉職官分紀之類又但供詞藻於實政無裨是書發凡起例悉禀

睿裁包括古今貫串始末旁行斜上援古證今經緯分明叅稽詳審不獨昭垂奕禩爲董正之鴻模即百爾臣工各明厥職用以顧名而思義亦益當知所

徵尠矣

右職官類官制之屬十五部三百七十五卷皆文淵閣著録

州縣提綱四卷永樂大典本

不著撰人名氏楊士奇文淵閣書目題陳古靈撰古靈者宋陳襄别號也襄字述古侯官人慶歷二年進士官至右司郎中樞密直學士事迹具宋史本傳史稱其莅官所至必講求民間利病殁後友人劉彝視其篋得手書數十幅皆言民事則此書

似當出於襄然襄所著古靈集尚傳於世無一字及此書又所著易講義郊廟奉祀禮文校定夢書等見宋史藝文志福建通志說郛中不言更有此書晁陳二家書目亦皆不著錄書内有紹興二十八年語又有昔呂惠卿昔劉公安世語考襄卒於元豐三年距南渡尚遠不應載及紹興且劉呂皆其後進不應稱昔其非襄撰明甚今永樂大典所載本蓋據元初所刻前有吳澄序止言前修所撰不著其名氏蓋澄亦疑而未定知文淵閣書目所

題當出訛傳不足據矣其書論州縣蒞民之方極為詳備雖古今事勢未必盡同然於防姦釐弊之道抉摘最明而首卷推本正己省身凡數十事尤為知要亦可為司牧之指南雖不出於裏手要非究心吏事洞悉民情者不能作也

官箴一卷　浙江鮑士恭家藏本

宋呂本中撰本中有春秋集解已著錄此乃其所著居官格言凡三十三則宋史本中列傳備列其著作之目不載是書然藝文志雜家類中乃著錄

一卷此本載左圭百川學海中後有寶祐丁亥承嘉陳昉跋葢卽昉所刋行或當日偶然題記如歐陽修試筆之類本非有意於著書後人得其手稿傳寫鐫刻始加標目故本傳不載歟本中以工詩名家然所作童蒙訓於修已治人之道具有條理葢亦頗留心經世者故此書多閱歷有得之言可以見諸實事書首卽揭清愼勤三字以爲當官之法其言千古不可易王士禎古夫于亭雜錄曰

上嘗

御書清慎勤三大字刻石

賜內外諸臣案此三字呂本中官箴中語也是數百年後

尚蒙

聖天子採擇其說

訓示百官則所言中理可知矣至其論不欺之道明白深

切亦足以資儆戒雖篇帙無多而詞簡義精固有

官者之龜鑑也

百官箴六卷內府藏本

宋許月卿撰月卿字太空後更字宋士婺源人始

以軍功補校尉理宗時換文資就舉以易魁江東廷對賜進士及第官至浙江西運幹賈似道當國召試館職語不合罷去閉門著書自號泉田子宋亡不仕遁跡十年乃卒亦志節之士也是書仿揚雄官箴分曹列職各申規戒攷宋史百官志經筵乃言路兼官二府掾乃樞密中書屬吏叅知政事以門下中書侍郎爲之登聞院隷諫議進奏院隷給事中俱轄於門下省軍器監文思院俱轄於工部是書皆各自爲箴蓋以所掌之事區分故既列

本職又及其兼官既列總司又及其所分掌非複出也又考永樂大典所載宋何異中興百官題名雖殘闕不完而所標官署職掌與此書頗有異同蓋自元豐變制以後品目至爲淆雜南渡以後分析併省益以靡恒此書據一時之制言之故互有出入也前有月卿進表稱百官箴併發凡言例共七帙而今止六卷校以次第實無遺漏殆原本凡例自爲一卷傳錄者合併之歟虞人之箴遠見左傳繩闕匡違其風自古月卿效法其體雖申明職

守僅託空言而具列官邪風戒有位指陳善敗觸

目警心亦未嘗無百一之裨焉

晝簾緒論一卷浙江鮑士恭家藏本

宋胡太初撰太初天台人端平乙未其外舅陶某

出宰香溪太初因論次縣令居官之道凡十五篇

以貽之後十七年爲淳祐壬子太初出守處州越

明年復得是稿於其戚陶雲翔遂鋟諸板以授屬

縣其目首曰盡已次曰臨民曰事上曰寮宷曰御

吏曰聽訟曰治獄曰催科曰理財曰差役曰賑恤

曰行刑曰期限曰勢利而終之以遠嫌條目詳盡區畫分明葢亦州縣提綱之類也書中臚列事宜雖多涉宋代條格與後來職制不盡相合然其大旨以潔已清心愛民勤政爲急務言之似乎平近而反覆推闡實無不切中事情世說新語載傅氏有理縣譜其書不傳牧民者能得是編之意而變通之則此一卷書亦足以補其缺矣

三事忠告四卷 桂林府同知李文藻刊本

元張養浩撰養浩字希孟號雲莊濟南人官至禮

部尚書參議中書省事天歷中拜陝西行臺中丞卒謚文忠事迹具元史本傳養浩爲縣令時著牧民忠告二卷凡十綱七十二子目爲御史時著風憲忠告一卷凡十篇入中書時著廟堂忠告一卷亦十篇其言皆切實近理而不涉於迂濶蓋養浩留心實政舉所閲歷者著之非講學家務爲高論可坐言而不可起行者也明張綸林泉隨筆曰張文忠公三事忠告誠有位者之良規觀其在守令則有守令之式居臺憲則有臺憲之箴爲宰相則

有宰相之謨醇深明粹眞有德者之言也考其爲人能竭忠徇國正大光明無一行不踐其言云云其推挹可謂至矣三書非一時所著本各自爲編明洪武二十二年廣西按察司僉事揚州黃士宏合爲一卷刻之總提曰爲政忠告陳璉爲序案此本序文中稱爲政忠告而其標題亦稱三事忠告序葢重刻所追改宣德六年河南府知府李驥重刻改名三事忠告考書稱任人準夫牧作三事詩稱三事大夫皆在王左右之尊階施於廟堂忠告猶爲近之御史縣尹不在是列如曰

以三職所治爲三事則自我作古轉不及爲政之名爲該括一切矣蓋明人書帕之本好立新名而不計其合於古義否也相沿已數百年不可復正今姑以通行之名著錄而附訂其乖舛如右

御製人臣儆心錄一卷

順治十二年

世祖章皇帝御撰凡八篇一曰植黨二曰好名三曰營私四曰狥利五曰驕志六曰作僞七曰附勢八曰曠官前有

御製序蓋因勲臣譚泰右漢大學士陳名夏等先後以驕

怙伏法因推古來姦臣惡迹

訓誡羣臣俾共知炯鑑也夫一氣流行化生萬品鸞梟並

育穀稗同滋實理數之不得不然故有君子必有

小人雖唐虞盛時四凶亦厠名於朝列無論秦漢

以下也不幸而遇昏亂之世則匪人得志其禍遂

中於國家前明諸權倖是也幸而遇綱紀修明之

時則翔陽所照物無匿形雖百計彌縫終歸敗露

則陳名夏諸人是也在我

世祖章皇帝聖裁果斷
睿鑒英明足以駕馭羣材照臨萬象雷霆一震鬼蜮潛蹤
雖有僉壬諒不敢復蹈覆轍而
聖人慮周先事杜漸防微恐小人惟利是營多昏其智於
陳名夏等不以爲積愆已稔自取誅夷反以爲操
術未工别圖擠蓋因
特頒宸翰普示班聯曲推其未發之謀明繪其欲施之策
俾共知所聚黨而私議者已畢在
洞照之中如九金鑄鼎先圖魑魅之形儻逢不若皆可以

指而目之名而吁之山鬼之伎倆自窮而無所逞

也

國家重熙累洽百有餘年

列聖相承並

乾綱獨斷從無如前代姦臣得以盜竊魁柄者豈非

祖宗貽謀有以垂萬年之

家法哉

右職官類官箴之屬六部十七卷皆文淵閣著錄

欽定四庫全書總目卷八十

史部三十六

職官類存目

歷代銓政要畧一卷 編修程晉芳家藏本

舊本題宋楊億撰億字大年浦城人雍熙初年十一召試詩賦授秘書省正字淳化中命試翰林賜進士第天禧中官至工部侍郎翰林學士兼史館修撰卒謚曰文事蹟具宋史本傳此書宋史藝文志不著錄億本傳亦不載惟曹溶學海類編收之

細核其文乃冊府元龜銓政一門總序也已為割裂作偽又億雖預修冊府元龜而據晁氏讀書志總其事者尚有王欽若同修者更有錢惟演等十五人作序者亦有李維等五人億於諸序不過奉勅點竄何所見而此序出億手此真隨意支配者矣

太常沿革二卷（永樂大典本）

元任栻撰栻始末未詳此書乃其為太常博士時所修前有危素序素時亦為太常博士故也上卷

志沿革下卷皆職官題名始自中統迄於至正所載當時奏牘文移皆從國語譯出未經修潤又案元太常集禮一書中載官屬職掌曰都監曰祭祠局曰鑾儀局曰法物庫曰神廚局皆有事於太廟之官而以署令一人丞一人統之此上下兩卷中俱未載及轉以典書附於卷末義例殊不可解危素序云寺升院有正從二品之異其增損官吏祿秩弗同具載此書然大要已具於元史矣

南臺備要二卷 永樂大典本

元劉孟保等撰前有江南行御史臺都事索元岱序稱至元十四年立行臺於維揚以式三省統諸道卽今江南諸道行御史臺之在集慶者也中臺嘗併其官屬除拜合爲一書刊布中外所謂憲臺通紀是已至正癸未藁城董公守簡授湖廣行省中丞欲別爲載籍以便觀覽迺命掾屬劉孟保等披牘歷案稽覈故實裒集成編則此書乃補憲臺通紀之遺者也考憲臺通紀久已散佚永樂大典亦僅存其卷首故不著於錄而惟存此書之目焉

官職會通二卷安徽巡撫採進本

明魏校撰校有周禮沿革傳已著錄此書又敷衍其說以明之六部配周之六官其所屬官因以附焉僅有天官地官春官夏官四篇葢亦未成之稿每述一官必曰今欲正某官之職云云然言之則成理行之則必窒自漢以來未有以周禮致太平者也

南廱志二十四卷浙江汪啓淑家藏本

明黃佐撰佐有泰泉鄉禮已著錄南都太學建於

明太祖吳元年景泰中祭酒吳節嘗撰志一十八卷嘉靖初祭酒崔銑重纂未就佐得其遺牘因復加修訂以吳志為本而增損成之凡事紀四職官表二雜考十二列傳六書法一準史例頗為詳備惟音樂考一門多泛論古樂皆佐一己之見於太學制度無涉殊失限斷其第十八卷經籍考當時以委助教梅鷟成之鷟學問淹貫故敘述亦具有本末書成於嘉靖二十三年而中有萬歷中事蓋後人隨時續添者也

虔臺志十二卷　浙江范懋柱家天一閣藏本

明蕭根等撰。根爵里未詳。宏治甲寅，汀漳盜起，楚粵之不逞者和之，於是設巡撫都御史治贛州，以控制諸省。至甲子罷置。正德庚午盜攻武平縣，乃復建焉。嘉靖壬寅，巡撫虞守愚命根等編撰虔臺始末為此書。序文草創，略備故事而已。贛州在陳以前曰南康，至隋改為虔州。宋紹興二十二年，校書董德元上言虔州號虎頭城，非佳名。廷議以虔有虔劉之義，因改名贛州。後人詞翰兼用古名，然

施於詩賦則可此記明代職官而用南宋以前之地名殊於體例未安且名虞州時無御史臺於文義亦爲杜撰明人著述往往如斯糾之不可勝糾也

呂梁洪志一卷 戶部尚書王際華家藏本

明馮世雍撰世雍江夏人嘉靖癸未進士官工部主事明時運道自徐州泝呂梁洪入濟設洪夫以牽輓歲命工部屬官一員董其事謂之呂梁分司世雍嘗領其職因述前後建置始末及官署祠廟

歷任姓氏以成斯志凡八篇篇首各有序末復繫以贊語

鄖臺志畧九卷浙江范懋柱家天一閣藏本

明徐桂撰桂潛山人嘉靖乙未進士官鄖陽府知府先是成化初原傑撫定荆襄流民置鄖陽府設提督撫治一員鎮之嘉靖二十五年慈谿葉照以右副都御史領其任桂等輯此事畧爲此書前二卷載建置輿地公廨官職後七卷爲劄奏政賦兵防著述所載有嘉靖以後事則金臺于湛等繼爲

撫治又附益之也

虔臺續志五卷 浙江范懋柱家天一閣藏本

明陳燦撰燦里貫未詳官贛州府教諭此書乃嘉靖中巡撫南贛等處右副都御史談愷屬燦等所輯紀宏治以後設官沿革及分地統轄之制以續蕭根之書首一卷為輿圖考後四卷則編年紀事據其凡例稱於虔臺志悉仍其舊凡所損益別為一編蓋視舊志又稍變其例矣

南京太常寺志十三卷 浙江巡撫採進本

明汪宗元撰宗元號春谷崇陽人嘉靖己丑進士官至總理河道右副都御史是書乃宗元爲南京太常寺卿時所輯分謨訓規制職官禮書樂書舊制薦獻祭告祭器祿食夫役列傳爲十二門所記各祀祝文陳設及樂章樂器皆較明會典集禮諸書爲備至於薦獻品物應祀宫觀及署中藏經字號存貯什器皆條列不遺焉

南京太僕寺志十一卷 浙江巡撫採進本

明雷禮撰禮有明六朝索隱已著錄是書乃其官

南京太僕寺少卿時所作據其凡例稱首載洪武以後歷朝諭旨次以事例官司轄屬規制官田種馬草場冊籍俸稿九志而列傳遺文終焉兹本祇十一卷草場以下全佚非完書矣

太僕寺志十四卷浙江巡撫採進本

明顧存仁撰存仁字伯剛太倉人嘉靖壬辰進士官至太僕寺卿是書分官職題名馬政事例錙貨苑馬祠祀官署庫藏點調軍馬圖文錄十一門然脫略太多如馬政一門上沿歷代而漢以後各史

所載如梁之南牧左右牧北齊之乘黃左右龍各署皆闕而不敘文錄一門載漢之天馬歌唐杜甫之驄馬行是類何預太僕寺詩集充棟又烏可勝收乎

浙省分署紀事本末六卷 兩淮鹽政採進本

明茅坤撰坤有徐海本末已著錄是書之作蓋以湖州烏戌一鎮界連六縣跨帶兩省姦盜易於竄宂郡人致仕副使施儒以嘉靖十七年疏於朝請設縣不果議置通判後因通判權輕不足以彈制

諸屬旋亦汰除萬歷元年始設同知以統之因作是書以紀其始末

留臺雜記八卷 兩淮鹽政採進本

明符驗撰驗有革除遺事已著錄是編乃其爲巡按南直隸御史時所作專記南京御史臺故事因以上溯列朝設官命職之由分爲十類曰天文曰院址曰院臺曰官制曰職守曰俸秩曰廨宇曰職官表曰宸翰曰碑記驗自爲序述其凡例然輿地之書動陳星野已屬影響之談一官一署而首志

天文其亦迂而鮮要矣

南京吏部志十五卷浙江巡撫採進本

明汪宗伊撰宗伊字子衡崇陽人嘉靖戊戌進士官至南京吏部尚書是編乃其爲文選郎中時所作首聖訓次建官次公署次職掌次列官表傳次藝文前有宗伊所作之引謂白之尚書吳嶽創爲部志又諮之會官吏部者侍郎李棠大理卿杜拯太僕卿殷邁鴻臚卿孫鑨應天府丞邱有嵓郎中顧闕鄒國儒袁尊尼傳艮諫主事蔡悉聶廷璧網

羅散失以成此編頗爲詳悉黃氏千頃堂書目載宗伊尚有留銓志餘二卷蓋卽補志中所遺者今其書未見云

吏部職掌無卷數兩淮馬裕家藏本

明黃養蒙撰方九功王篆續修養蒙南安人嘉靖辛丑進士官至戸部右侍郎九功南陽人嘉靖丙辰進士官至南京工部右侍郎篆有江防考已著錄是編於明嘉隆以前吏部制度沿革載之最悉蓋排纂案牘而爲之猶今之六部則例也

念初堂集十二卷 江西巡撫採進本

不著撰人名氏首題念初堂集其書則志太學之畧也案鄧元錫函史下編載嘉靖間王祭酒材官司業時考典稽訓作太學志六編編爲之序序各有志並抄撮其畧云云蓋即是書也書列典制謨訓禮樂政事論議人材六門門各分上下二卷材江西新城人嘉靖辛丑進士官至太常寺卿掌國子監祭酒事元錫竟稱爲祭酒非也

公侯簿三卷 浙江范懋柱家天一閣藏本

不著撰人名氏前有嘉靖九年公牘一篇又有嘉靖二十六年公牘一篇蓋吏部驗封司所存冊籍相續編纂者也鄭汝璧明功臣封爵考稱舊有底簿殆即指是書矣

詞林典故一卷附翰苑須知一卷　浙江巡撫採進本

明張位撰位有問奇集已著錄此乃其官翰林學士時所輯詞館通行典例自經筵日講以迄輿從服色凡分三十二門翰苑須知則庶常館規及俸祿錢糧數目當時刊板置院中入館者人給一冊

然率據案牘原文不加潤飾往往鄙俚可笑不足
以繼翰林志翰苑羣書後也乾隆十有二年我
皇上嘉惠詞垣徵求文獻
特命輯詞林典故一書本末源流粲然具備木天佳話
榮冠古今是編殘缺之餘葢不足以為典據今姑
附存其目焉

明功臣封爵考八卷 浙江范懋柱家天一閣藏本

明鄭汝璧撰汝璧有明帝后紀畧已著錄是編成
於萬歷丙子乃其為吏部驗封司郎中時所輯紀

明代諸臣封爵凡分類二十曰開國曰靖難曰征西曰征交趾曰征南曰征北曰征蠻曰征番曰禦寇曰捕反曰倭曰戰勝曰戰歿曰歸附曰推戴曰海運曰營建曰迎立曰奪門曰外戚其以恩澤恩幸方術及追贈封者並附錄之分世封除封爲二類而採券文宗圖及鄭曉吾學編本傳附入間以所見聞補其缺畧起於洪武迄於隆慶據其自序蓋以驗封司舊有功臣底簿病其弗全因續爲補綴成此帙云

館閣漫錄無卷數浙江范懋柱家天一閣藏本

不著撰人名氏據焦竑國史經籍志載是書十卷題張元忭撰二人相去不遠必有據也元忭有紹興府志已著錄是書所錄皆明成祖至武宗時翰林除授遷改之事編年紀載亦間有論斷首題洪武三十五年者成祖革除建文四年年號仍稱洪武三十五年故也

掖垣人鑑十七卷附錄一卷兩淮鹽政採進本

明蕭彥撰彥字思學涇縣人隆慶辛未進士官至

湖廣總督是書乃萬曆二十年彥爲兵科給事中時與同官王致祥等同輯明代六科名姓鄉貫出處始末共爲一編以天順以前爲前集成化以後迄萬歷爲後集首冠以官制沿革及兩朝謨訓各一卷而以題名碑記諸篇附於其末

職官志一卷附后紀妃嬪傳外戚傳三篇 副都御史黃登賢家藏本

不著撰人名氏所紀惟部院寺監諸司職掌不及武臣及外官蓋非足本也其敘歷朝官制至穆宗而止間有稱今上云云者蓋書成於萬歷中記載

寥寥不足以存掌故末附后紀稱史官楊繼禮撰此書殆卽繼禮史局殘本偶留於世歟繼禮華亭人萬歷庚辰進士

楚臺記事七卷 浙江汪啟淑家藏本

明李天麟撰天麟字公振武定人萬歷庚辰進士由牧馬千戶所軍籍中式故自稱燕人官至監察御史巡按湖廣是書卽在湖廣所作分地里圖說爲四卷兵糧圖說爲三卷又雜載章奏禮儀堂規供應等舊例猥雜煩瑣與書吏簿籍無異其載牘

餽賀儀銀數多寡以官階大小爲準可見當時苞苴陋習而公然載之簡牘毫無顧憚尤足徵明政之不綱也

符司紀六卷 副都御史黃登賢家藏本

明劉日升撰日升廬陵人萬歷庚辰進士官至應天府尹是編乃其官尚寶司卿時所輯具載典璽事規及各官牙牌各府衛金牌令牌之制後有附錄一卷爲秦嘉楨所續輯嘉楨德清人續此書時官尚寶司丞其始末未詳

舊京詞林志六卷內府藏本

明周應賓撰應賓有九經考異已著錄應賓嘗以左諭德少詹事兩掌南京翰林院事故著此書專記南院故事永樂以後定都北京事有關於南院者亦錄之分紀事紀典紀官三門洪武初建翰林國史院於皇城內賜扁曰詞林洪武十四年改翰林國史院爲翰林院又别建廨舍非故地矣獨詞林之稱自洪武以後皆沿之故應賓取以爲名焉

南京鴻臚寺志四卷江蘇周厚堉家藏本

明桑學夔撰學夔濮州人萬歷壬辰進士官光祿寺少卿攝鴻臚寺事明初置侍儀司洪武九年改殿廷儀禮司三十年始改爲鴻臚寺永樂北遷乃以故署之在留都者加南京二字而儀禮亦因之有繁簡隆殺其後競習簡易故學夔創爲寺志以復典章之舊然昧於取裁不諳體例屬官考語備載於冊而卿丞諸人之傳率全錄焦竑獻徵錄舊文漫無刪節至以王守仁曾官此職遂以良知講學語書之累牘尤支蔓之甚矣

官制備攷二卷 浙江汪啟淑家藏本

舊本題明李日華撰日華有梅墟先生別錄已著錄是書因明代官制而上溯歷代之沿革大抵取備書啟之用舛漏頗多不足以備攷証末附文武爵秩數條並著京外官之稱呼尤未免於弇陋疑日華未必至此殆坊賈托名也

續宋宰輔編年錄二十六卷 安徽巡撫採進本

明呂邦燿撰邦燿字元韜錦衣衛籍順天人萬歷辛丑進士官至通政司右參議邦燿既刊行宋徐

自明宰輔編年錄復作是編以續之起寧宗嘉定九年終衛王昺祥興二年其體例皆仿原書而詳畧失宜遠不及自明之精核葢此書大旨在紀拜罷歲月以備攷証至其人行事本末則史家自有專傳原無庸複引繁稱自明於每人畧述梗概最爲得體邦燿乃并朝廷之事廣爲摭錄正史以外並据諸說以附益之泛濫殊甚又自明每人具載命官及罷免制詞足徵一朝典故嘉定以後雖無專書可攷而見於南宋文集者尚有流傳邦燿不

能蒐輯考補而反斥其有無不足重輕尤爲寡識至如元順帝爲瀛國公子不獨說本荒唐亦與宰輔編年全無關涉乃亦累牘連篇詞繁不殺眞可謂漫無體要者矣

南京工部志十八卷 兩淮馬裕家藏本

明朱長芳撰長芳上海人南京國子監生天啓初編輯神宗光宗兩朝實錄博採志乘諸部寺舊無志者咸創爲之南京工部尚書何熊祥因使長芳輯舊牘爲此編

南京都察院志四十卷（兩淮馬裕家藏本）

明施沛撰沛始末未詳其修此書時則爲南京國子監生時董其事者爲操江副都御史徐必達亦天啟初因修兩朝實錄而作也

南京行人司志十六卷（浙江巡撫採進本）

明翁逢春撰逢春吳縣人南京國子監生分詔命建官公署儀注奏疏年表列傳藝文八門董其事者爲南京行人司左司副彭維成前有維成序序末私印作萬曆給諫四字攷維成字元性廬陵人

萬歷辛丑進士以刑科給事中謫是官故自標此目然旣志行人宜以行人爲斷是書乃載維成爲給事時奏疏是六科志非行人司志矣又載維成一切來往書牘居藝文十之五六是維成之別集非官書矣殆全不知體例爲何事也

留都武學志五卷兩淮鹽政採進本

明徐伯徵撰伯徵字孺臺海寧人萬歷巳未進士官至揚州府知府明之武學建於正統壬戌因御史彭勗之請選教授訓導等官以專教京衛武官

之子有南京國子監祭酒陳敬宗所撰碑備載始末是編乃天啓三年伯徵官南京武衛教授時所著分建置典禮制令職官選舉人物藝文七門

明文武諸司衙門官制五卷江西巡撫採進本

不著撰人名氏前有題詞稱官制舊有成書久而多訛近兩淮運司翻刻者彼善於此而未嘗訂正亦非善本因照會典一統志及現行事宜採輯成編以廣其傳末署新喻縣丞陶承慶校正廬陵縣末學葉時用增補乃江西書賈刊行之本也所列

官制大抵以萬歷初年爲斷第五卷内附載上任
選擇日期而並列天體赤口日等圖彌爲猥雜殆
不足議

官爵志三卷浙江吳玉墀家藏本

明徐石麒撰石麒字寶摩嘉興人天啓壬戌進士
授工部主事忤魏忠賢削籍崇禎中官至吏部尚
書南都破後不食死事迹具明史本傳是志述有
明一代官制歷引前代沿革互相參証引據頗爲
詳核然大抵爲通典文獻通考所已具

古今官制沿革圖無卷數　兩江總督採進本

明王光魯撰光魯有閱史約書已著錄是書載秦漢迄於宋元凡官制之升降沿革頗詳悉而限於尺幅攷据亦多所未備明宜興路進校刊金履祥通鑑前編首列古今官制未著撰人姓名今校之悉與此合葢卽光魯本也

明官制五卷　浙江巡撫採進本

不著撰人名氏備錄明代直省各府州縣文武官員品秩暨道里遠近編戸多寡到任限期皆採之

明會典及一統志諸書葢坊間所刋以便仕宦之檢閱不足以言著書也

歷代銓選志一卷 編修程晉芳家藏本

國朝袁定遠撰定遠里貫未詳此書其官吏部文選司郎中時作也歷敘各朝銓政選舉之法略而寡當如敘魏晉九品官人之制而失載漢志限年之沿革宋分四郡餘郡之歲舉梁代中正之廢置後魏之中正與吏部並銓皆歷朝銓選之制悉略而不敘金元銓政載於史志甚詳亦概畧之至謂明

興立制入仕之途有三進士監生吏員不知明初三途並用乃科舉薦能吏員三途其時應薦者或以賢良方正或以儒士或以秀才或以人才皆官至卿輔非盡在監之監生也

歷代宰輔彙攷八卷 浙江巡撫採進本

國朝萬斯同撰斯同有聲韻源流攷已著錄是編取秦漢以迄元明宰輔分職繫名以便檢核其於官制增損異同之處亦間附案語頗爲簡明然不著拜罷年月視諸史表例頗爲簡略又如唐代使相

以其爲藩鎮加官俱不載錄是也然如李克用朱全忠王智興李載義韓建等之位冠三師亦祇屬優以空名並未嘗入輔左右而顧一概列之則義例亦未能盡歸畫一也

銓政論畧一卷 江蘇巡撫採進本

國朝蔡方炳撰方炳有增訂廣輿記已著錄是書專論唐宋二代銓政頗爲淺略如謂侍郎起於隋不知梁天監三年已有侍郎之設謂唐選官必試於吏部不知五品以上之不試至接承他姓以應調

乃五代時弊政唐時鮮有宋時科目甚多專舉經明行修賢良方正二科更見挂漏唯所議明末專拘進士資格之弊立論頗確云

文武金鏡律例指南十六卷 內府藏本

國朝凌銘麟撰銘麟字天石杭州人是書成於康熙辛酉自文武儀注品級以及涖任居官事宜無不備載又發律例大旨而以相傳之案牘爲之証據蓋亦爲初仕者設也

南臺舊聞十六卷 浙江巡撫採進本

國朝黃叔璥撰叔璥有南征記程已著錄是書詳述御史典故凡十三門每事各注所出之書其曰南臺者據王士禎分甘餘話今都察院可稱南臺不可稱西臺語也

右職官類官制之屬四十二部三百五十四卷（內三部無卷數皆附存目）

牧民忠告一卷（直隸總督採進本）

元張養浩撰養浩有三事忠告已著錄此即三事中之一種魏裔介摘出別行非完書也

官箴一卷 左都御史張若溎家藏本

明宣宗章皇帝御製自都督府至儒學凡三十五篇前有宣德七年六月諭旨一道稱取古人箴儆之義凡中外諸司各著一篇使揭諸廳事朝夕覽觀庶幾君臣交儆之道蓋當時嘗以頒行者嘉靖戊戌南京國子監祭酒倫以訓復刊布之後載宣宗御製廣寒殿記一首玉簪花賦一首詩二十七首詞曲二首不知何人所附叢雜不倫殊乖編錄之體

牧津四十四卷 浙江巡撫採進本

明祁承㸁撰承㸁字爾光山陰人萬歷甲辰進士官至江西布政司參政其書採輯歷代循吏事實分類編次首列緝槩一卷分爲五目一攷名二稽制三述意四論世五辨類以下凡四十四卷分經濟消弭匡定節義當機惠愛化導勤節集事政才政術眞誠清德砥躬風力守正嚴肅敦厚忠信明決得情察奸矜愼平恕執持識見崇體任人治賦救荒詰盜儒治三十二類每類前各有小序徵采

飫廣不無煩碎叢雜之病

明職一卷 浙江巡撫採進本

明呂坤撰坤有四禮翼已著錄坤於萬歷壬辰以僉都御史巡撫山右作此篇以申飭屬吏自弟子員之職至督撫之職統十八篇於省府州縣職官利弊得失言之甚悉

仕學全書三十五卷 江西巡撫採進本

明曾論撰論有四書通議已著錄是書初名聞見錄以明代官制法令仿周禮六官分類編載各附

論斷蓋亦備場屋對策之用者分上下二編上編

爲六部大政下編則自京朝直省各官職守終於

掖庭宗藩

政學錄五卷直隸總督採進本

國朝鄭端撰端字司直棗强人順治己亥進士官至

江南巡撫是編原本吕坤余自强兩家之書而參

酌之內而閣部科道外而督撫司道守令應行事

宜咸載利弊

爲政第一編八卷內府藏本

國朝孫鋐撰鋐字可菴錢塘人其書所載皆州縣職事分時宜刑名錢穀文治四類條目瑣碎議論亦鄙蓋幕客之兔園冊不足資以爲治也

百寮金鑑十二卷內府藏本

國朝牛天宿撰天宿字覲薇章邱人康熙中官瓊州府知府是編前爲總論七卷以中外職官爲次取古之稱職者略載事迹而以歷代官職沿革弁諸條之首八卷至十卷別列廉潔度量用人刑賞恬退忠烈武功七門亦畧摭事實挂一漏萬十一卷

則載古來箴銘訓頌之類而以已作參錯其中至十二卷則自敘其粵中政績而以去思碑終焉未免近於自炫矣

右職官類官箴之屬八部一百七卷皆附存目

欽定四庫全書總目 史部

卷八十一

# 欽定四庫全書總目卷八十一

## 史部三十七

### 政書類一

志藝文者有故事一類其間祖宗創法奕葉慎守者爲一朝之故事後鑒前師與時損益者爲前代之故事史家著錄大抵前代事也隋志載漢武故事濫及稗官唐志載魏文貞故事横牽家傳循名愋列義例殊乖今總核遺文惟以國政朝章六官所職者入於斯類以符周官故府

之遺至儀注條格舊皆別出然均爲成憲義可
同歸惟我
皇上制作日新垂模冊府業已恭登新笈未可仍襲舊
名考錢溥秘閣書目有政書一類謹據以標目
見綜括古今之義焉

通典二百卷 內府藏本

唐杜佑撰佑字君卿京兆萬年人以蔭補濟南參軍事歷官至檢校司徒同中書門下平章事守太保致仕謚安簡事蹟具唐書本傳先是劉秩倣周

官之法摭拾百家分門詮次作政典三十五卷佑以爲未備因廣其所闕參益新禮勒爲此書凡分八門曰食貨曰選舉曰職官曰禮曰樂曰兵刑曰州郡曰邊防每門又各分子目自序謂旣富而教故先食貨行教化在設官故次職官任官在於審材故次選舉人才得而治以理乃興禮樂故次禮次樂教化隳則用刑罰故次兵次刑設州郡分領故次州郡而終之以邊防所載上溯黃虞訖於唐之天寶肅代以後間有沿革亦附載注中其中如

食貨門之賦稅載周官貢賦而太宰所掌九貢之法失載載北齊租調之法河清三年令民十八受田輸租調而露田之數失載錢幣不載陳永定元年制四柱錢法榷酤不載後周榷酒坊法選舉門不載齊明帝時制士人品第有九品之科小人之官復有五等法考績不載宋齊間治民之官以三年六年爲小滿遷換法職官門如周禮地官有舍人上士二人掌宮中之政乃云中書舍人魏置又隋書大業時改內史監爲內書監乃僅云改內史

侍郎爲內書侍郎又集賢殿書院載梁有文德殿藏書不知宋已有聰明觀藏書之所似此之類未免間有挂漏兵門所列諸子目如分引退取之引退佯敗取之爲二門分出其不意擊其不備攻其不整爲三門未免稍涉繁冗而火獸火鳥之類尤近於戲劇州郡門分九州以敘沿革而信都郡冀州當屬兗而誤屬冀又極詆水經及酈道元水經注爲僻書詭誕不經未免過當邊防門所載多數萬里外重譯乃通之國亦有僅傳其名不通朝貢

者既不臨邊亦無事於防題曰邊防名實亦舛然其博取五經羣史及漢魏六朝人文集奏疏之有裨得失者每事以類相從凡歷代沿革悉爲記載詳而不煩簡而有要元元本本皆爲有用之實學非徒資記問者可比考唐以前之掌故者茲編其淵海矣至其各門徵引尚書周書諸條多存舊詁如食貨門引尚書下土墳壚注謂壚疏也與孔疏所引說文黑剛土也互異又瑶琨篠簜注篠竹箭簜大竹亦傳疏所未備職官門引周官太宰之屬

有司會逆羣吏之治而聽其會計注云逆謂受也受而鉤考之可知得失多少較賈公彥疏頗爲明晰似此之類尤頗有補於經訓宋鄭樵作通志與馬端臨作文獻通考悉以是書爲藍本然鄭多泛雜無歸馬或詳畧失當均不及是書之精核也

唐會要一百卷 浙江汪啟淑家藏本

宋王溥撰溥字齊物并州祁人漢乾祐中登進士第一周廣順初拜端明殿學士恭帝嗣位官右僕射入宋仍故官進司空同平章事監修國史加太

子太師封祁國公卒謚康定事迹具宋史本傳初唐蘇冕嘗次高祖至德宗九朝之事爲會要四十卷宣宗大中七年又詔楊紹復等次德宗以來事爲續會要四十卷以崔鉉監修段公路北戶錄所稱會要即冕等之書也惟宣宗以後記載尚缺溥因復採宣宗至唐末事續之爲新編唐會要一百卷建隆二年正月奏御詔藏史館書凡分目五百十有四於唐代沿革損益之制極其詳核官號內有識量忠諫舉賢委任崇獎諸條亦頗載事蹟其

細瑣典故不能概以定目者則别爲雜錄附於各條之後又間載蘇冕駁議義例該備有裨考證今僅傳抄本脱誤頗多八卷題曰郊儀而所載乃南唐事九卷題曰雜郊儀而所載乃唐初奏疏皆與目錄不相應七卷十卷亦多錯入他文蓋原書殘缺而後人妄摭竄入以盈卷帙又一别本所闕四卷亦同而有補亡四卷採摭諸書所載唐事依原目編類雖未必合溥之舊本而宏綱細目約畧粗具猶可以見其大凡今據以錄入仍各註補字於

標目之下以示區别焉

五代會要三十卷 兩江總督採進本

宋王溥撰五代干戈俶擾百度淩夷故府遺規多未暇修舉然五十年間法制典章尚畧具於累朝實錄溥因檢尋舊史條分件繫類輯成編建隆二年與唐會要並進詔藏史館後歐陽修作五代史僅列司天職方二考其他均未之及如晉段顒劉昫等之議廟制周王朴之議樂皆事關鉅典亦畧而不詳又如經籍鏤板昉自長興千古官書肇端

於是崇文善政豈宜削而不書乃一概刊除尤爲漏畧賴溥是編得以收放失之舊聞厥功甚偉至於租稅類中載周世宗讀長慶集見元微之所上均田表因令製素成圖頒賜諸道而歐史乃云世宗見元微之均田圖是直以圖爲元微之作乖舛尤甚微溥是編亦無由訂歐史之謬也葢歐史務談襃貶爲春秋之遺法是編務核典章爲周官之舊例各明一義相輔而行讀五代史者又何可無此一書哉

宋朝事實二十卷（永樂大典本）

宋李攸撰文獻通考作李攸按攸字好德義從洪範若作攸字與好德之意不符宋史藝文志亦作李攸通考葢傳寫誤也陳振孫書錄解題稱其官爲承議郎而不詳其里貫原序稱政和初編輯西山圖經九域志等書瀘帥孫義叟招之書上轉一官張浚入朝約與俱以家事辭攷西山屬成都府瀘州屬潼川路則攸當爲蜀人其曰張浚入朝葢紹興四年浚自川陝宣撫使召還時也其書據原

序蓋上起建隆下迄宣和凡六十卷其三十卷先聞於時後以餘三十卷上之因語觸秦檜寢其書不報故晁陳二家書目俱作三十卷與序相合而趙希弁讀書附志宋史藝文志乃俱作三十五卷今書中有高孝兩朝登極赦詔及紹興間南郊赦詔而紀元亦迄於紹興殆又有所附益兼及南宋之初歟攸熟於掌故經靖康兵燹之後圖籍散佚獨汲汲搜輯舊聞使一代典章粲然具備其用力頗爲勤摯所載歷朝登極南郊大赦詔令太宗親

製趙普碑銘西京崇福宮記景靈西宮記大晟樂記往往爲宋文鑑名臣碑傳琬琰集播芳大全諸書所闕漏他如宗室換官之制不見於宋史職官志郊祀勘箭之儀不詳於禮志太廟崇寧廟圖紫宸殿集英殿上壽賜宴再坐立班起居諸圖宮架鼓吹十二按圖尤爲記宋代掌故者所未備至其事蹟之異同年月之先後紀載之詳畧尤多可與東都事畧續通鑑長編及宋史互相參訂又如石晉賂契丹十六州分代北山前山後足訂薛歐五

代史稱山後十六州之誤周世宗兵下三關并載淤口關亦足補薛歐二史祇載瓦橋益津二關之闕當時如江少虞事實類苑錦繡萬花谷多引用之宋史亦多採用其文第原本久佚惟散見於永樂大典各韻下者尚存梗概而割裂瑣碎莫由考見其體例惟趙希弁讀書附志稱祖宗世次登極紀元詔書聖學御製郊廟道釋玉牒公主官職爵邑勛臣配享宰執拜罷科目儀注兵刑律歷籍田財用削平僭僞陞降州縣經畧幽燕之類具載本

末云云蓋即當日之門目今據以分類編次釐爲二十卷雖未悉復原書之舊而綱舉目從咸歸條貫亦得其十之七八矣攸別有通今集二十卷宋史藝文志入故事類今佚不傳又嘗上書秦檜戒以居寵思危尤爲侃侃不阿則其人亦足重不獨以博洽見長矣

建炎以來朝野雜記四十卷 兩淮鹽政採進本

宋李心傳撰心傳有建炎以來繫年要錄已著錄心傳長於史學凡朝章國典多所諳悉是書取南

渡以後事跡分門編類甲集二十卷分上德郊廟典禮制作朝事時事故事雜事官制取士財賦兵馬邊防十三門乙集二十卷少郊廟一門而末卷別出邊事亦十三門每門各分子目雖以雜記爲名其體例實同會要蓋與建炎以來繫年要録互相經緯者也甲集成於嘉泰二年乙集成於嘉定九年書前各自有序周密齊東野語嘗論所載趙師睪犬吠乃鄭斗所造以報撻武學生之憤許及之屈膝費士寅狗竇亦皆不得志報私讐者撰造

醜詆所謂韓侂胄僭逆之類悉無其實云云蓋掇拾羣言失真者固亦不免然於高孝光寧四朝禮樂刑政之大以及職官科舉兵農食貨無不該具首尾完贍多有馬端臨文獻通考章俊卿山堂考索及宋史諸志所未載故通考稱爲南渡以來野史之最詳者王士禎居易錄亦稱其大綱細目粲然悉備爲史家之巨擘言宋事者當必於是有徵焉其書在宋有成都辛氏刊本并冠以國史本傳暨宣取繫年要錄指揮數通今惟寫本僅存案張

端義貴耳三集序稱心傳告以朝野雜記丁戊二集將成則是書尚不止於甲乙二集而書錄解題及宋史本傳均未之及殆以晚年所輯書雖成而未出故世不得見歟

西漢會要七十卷 浙江汪啓淑家藏本

宋徐天麟撰天麟字仲祥臨江人開禧元年進士調撫州教授歷武學博士通判惠潭二州權知英德府事蹟附見宋史徐夢莘傳傳稱天麟爲通直郎得之之子夢莘之從子晁公武讀書志則稱爲

夢莘之子考樓鑰攻媿集有西漢會要序曰徐思叔爲左氏國紀其兄秘閣商老爲北盟錄已而思叔之子孟堅著漢官考次子仲祥又作漢會要商老夢莘之字思叔得之之字也然則史不誤而晁氏誤矣其書仿唐會要之體取漢書所載制度典章見於紀志表傳者以類相從分門編載其無可隸者亦依蘇冕舊例以雜錄附之凡分十有五門共三百六十七事嘉定四年具表進之於朝有旨付尚書省藏之秘閣班固書最稱博贍於一代禮

樂刑政悉綜括其大端而理密文繁驟難得其體要天麟爲之區分别白經緯本末一一犂然其詮次極爲精審惟所採秖據本史故於漢制之見於他書者槩不採掇未免失之於隘又如輿服門中於司馬相如揚雄諸賦鋪張揚厲之語一槪摘入殊非事實亦爲有乖義例然其貫串詳洽實未有能過之者昔人稱顏師古爲漢書功臣若天麟者固亦無愧斯目矣

東漢會要四十卷 浙江范懋柱家天一閣藏本

宋徐天麟撰天麟官撫州教授時旣奏進西漢會要後官武學博士時續成此書於寶慶二年復奏進之其體例皆與前書相合所列亦十五門分三百八十四事惟西漢會要不加論斷而此書則間附以案語及雜引他人論說蓋亦用蘇冕駁議之例也東漢自光武中興明章嗣軌皆汲汲以修舉廢墜爲事典章文物視西京爲盛而當時載筆之事如東觀記及華嶠司馬彪袁宏之類遺編斷簡亦間有流傳他若漢官儀漢雜事漢舊儀諸書爲

傳註所徵引者亦頗犂然可攷故東漢一代故事較西漢差爲詳備天麟据范書爲本而旁貫諸家悉加裒次其分門區目排比整齊實深有裨於考証中間如獻帝子濟陰王熙山陽王懿濟北王邈東海王敦雖爲曹氏所置旋卽降爲列侯然旣以封建立國自當著之帝系皇子條下以表其實乃因范書無傳遂削而不書未免闕漏又天麟自序中稱劉昭因范氏遺緒注補八志而不知其爲司馬彪續漢書志實非范書晁公武已譏之則亦偶

然失檢然其大體詳審卽稍有踳駁固不足以爲累也其書世所傳者皆据宋本傳抄第三十七三十八兩卷全缺二十六三十九兩卷亦各佚其半無可攷補今亦並仍之焉

漢制考四卷　兩江總督採進本

宋王應麟撰應麟有周易鄭康成注已著錄是編因漢書續漢書諸志於當日制度多詳於大端畧於細目因摭采諸家經注及說文諸書所載鈎稽排纂以補其遺頗足以資考証又以唐時賈孔諸

疏去古已遠方言土俗時異名殊所謂某物如今某物某事如今某事者往往循文箋釋於舊文不必悉符亦一一詳爲訂辨如周禮疏不知步揺假紒及五夜儀禮疏不知偃領之類不一而足應麟皆爲旁引証明又周禮大史職注云大史抱式疏曰占文謂之式應麟則别引藝文志羡門式法以解之考式者候時之儀器史記日者列傳旋式正棊漢書王莽傳天文郎按式於前日時加某皆指此器所引亦較舊義爲長其中偶失考定者如土

師職注云三公出城郡督郵盜賊道葢漢時郡掾分部屬縣爲督郵其分治各曹者亦名督郵故朱博傳云爲督郵書掾此督郵盜賊葢掾主捕盜賊者其不加掾字猶巴郡太守張納碑陰書督盜賊枳李街也此職又主爲三公導行故云督郵盜賊道道導字古通用也賈公彥疏乃謂使舊爲盜賊之人督察郵行往來於義爲誤應麟沿用其說未免千慮之一失要其大致精核具有依據較南宋末年諸人侈空談而鮮實徵者其分量相去遠矣

文獻通考三百四十八卷內府藏本

元馬端臨撰端臨字貴與江西樂平人宋宰相廷鸞之子也咸淳中漕試第一會廷鸞忤賈似道去國端臨因留侍養不與計偕元初起爲柯山書院山長後終於台州儒學教授是書凡田賦考七卷錢幣考二卷戸口考二卷職役考二卷征榷考六卷市糴考二卷土貢考一卷國用考五卷選舉考十二卷學校考七卷職官考二十一卷郊社考三十三卷宗廟考十五卷王禮考二十二卷樂考三

十一卷兵考十八卷刑考十二卷經籍考七十八卷帝系考十卷封建考十八卷象緯考二十七卷物異考二十卷輿地考十八卷四裔考二十四卷其書以杜佑通典爲藍本田賦等十九門皆因通典而離析之經籍帝系封建象緯物異五門則廣通典所未及也自序謂引古經史謂之文參以唐宋以來諸臣之奏疏諸儒之議論謂之獻故名曰文獻通考中如田賦考載唐租庸調之制而據唐會要則自開元十六年以後其法屢改載五代田

賦之制而據五代會要尚有天成四年戸部奏定三京諸府夏秋稅法一事乃一概畧之楊炎定兩稅法奏疏最闗沿革亦佚不載賦役考載口算之制而漢書永建四年除三輔三年逋租過更口算芻稾詔書不載征榷考詳載鹽鐵而五代會要後唐長興四年諸道鹽鐵轉運使奏定鹽鐵條例不載又雜稅載果菜之稅而漢書永元六年流民販賣勿出租稅詔不載國用門載漕運興廢而後漢書建武七年罷護漕都尉建初三年罷常山諸處

河漕不載其載唐代東都及鄭州諸處漕運措置亦不及唐會要之詳歷代賑恤於漢旣載本始四年之詔而畧三年郡國傷旱甚者民毋出租賦之詔選舉考詳載兩漢之選舉而漢書元封四年詔舉茂才異等始元元年遣廷尉持節行郡國舉賢良永光元年詔舉樸質敦厚遜讓有行者光祿歲以此科第郎從官俱不載學校考辨先聖先師之分而唐會要貞觀二十一年詔以孔子爲先聖顏囘等爲先師之制不載至職官考則全錄杜佑通

典五代建置尤敘述寥寥參核以王溥五代會要孫
逢吉職官分紀僅得其十之一二郊社考多引經
典而尚書之肆類于上帝不載逸周書白虎通三
輔黄圖所載周明堂之制最詳亦不及徵引又載
歷代明堂之制而梁武帝改作明堂詳於隋書禮
儀志者不載地祇之祭秖引周官及禮記郊特牲
而禮運祭地瘞繒及考工記玉人兩圭五寸祀地
之文不載漢祀后土之制秖載漢舊儀祭地河東
而漢官儀北郊壇在城西北諸制不載又雩祭引

左傳周禮注疏而禮記祭法雩宗祭水旱也爾雅
舞號雩也皆不載祭日月秪引禮記周禮而大戴
禮天子春朝朝日秋暮夕月及尚書大傳古者帝
王以正月朝迎日於東郊皆不載於漢制既載宣
帝時成山祠日萊山祠月而建始時罷此祠復立
於長安城事又不載社稷門引各經注疏所論社
制而周書作雒篇建社之制及蔡邕獨斷所載天
子大社之制皆不載祀山川亦引經傳而儀禮覲
禮祭山丘陵升祭川沈爾雅祭山曰庪縣祭川曰

浮沈皆不載又分代詳載而獨畧北齊天保元年分遣使人致祭於五岳四瀆宗廟者載後魏七廟之制秪引禮志改七廟之詔不知興建沿革詳於孫惠蔚本傳又唐初建七廟新唐書禮樂志多畧而不參用舊唐書禮儀志王禮考載周之朝儀而不引周書王會解又詳載歷代朝儀而不載史記秦本紀始皇三十五年營作朝宮載漢代朝儀而不載續漢書禮儀志所載常朝之制又輿服之載於史志者必詳敘卿士大夫如漢制二千石卑朱

兩廡之類所以明差等也而一槩從畧樂考載五代廟樂不如五代會要之詳兵考載晉兵制至悼公四年而止其後治兵郛南甲車四千乘不載載魯兵制自昭公蒐紅始而成公元年作丘甲襄公十一年作三軍昭公五年舍中軍俱不載經籍考卷帙雖繁然但據晁陳二家之目參以諸家著錄遺漏宏多輿地考亦本歐陽忞輿地廣記罕所訂補大抵門類既多卷繁帙重未免取彼失此然其條分縷析使稽古者可以按類而考又其所載宋

制最詳多宋史各志所未備按語亦多能貫穿古今折衷至當雖稍遜通典之簡嚴而詳贍實爲過之非鄭樵通志所及也

明會典一百八十卷江蘇巡撫採進本

明宏治十年奉勅撰十五年書成正德四年重校刊行故卷端有孝宗武宗兩序其總裁官爲大學士李東陽焦芳楊廷和副總裁官爲吏部尚書梁儲纂修官爲翰林院學士毛紀侍講學士傅珪侍讀毛澄朱希周編修潘辰並列銜卷首然皆武宗

時重校諸臣其原修之大學士徐溥等竟不列名未詳當日何意也其體例以六部爲綱吏禮兵工四部諸司各有事例者則以司分戶刑二部諸司但分省而治共一事例者則以科分故一百八十卷中宗人府自爲一卷弁首外餘第二卷至一百六十三卷皆六部之掌故一百六十四卷至一百七十八卷爲諸文職末二卷爲諸武職特附見其職守沿革而已南京諸曹則分附北京諸曹末不別立條目惟體例與北京異者乃別出焉其官制

前後不同者如太常司改爲太常寺之類則書其舊名而注曰後改爲某官其別開公署者如鴻臚寺本爲儀禮司之類則書其新名而注曰本爲某官其戶口貢賦之盈縮制度科條之改易亦相連併載以見變通剏建之由大抵以洪武二十六年諸司職掌爲主而參以祖訓大誥大明令大明集禮洪武禮制禮儀定式稽古定制孝慈錄教民榜文大明律軍法定律憲綱十二書於一代典章最爲賅備凡史志之所未詳此皆具有始末足以備

後來之考証其後嘉靖八年復命閣臣續修會典五十三卷萬歷四年又續修會典二百二十八卷今皆未見其本莫知存佚殆以嘉靖時祀典太濫萬歷時秕政孔多不足為訓故世不甚傳歟

七國攷十四卷 兩淮馬裕家藏本

明董說撰說有易發已著錄是編載秦齊楚趙韓魏燕七國制度分職官食貨都邑宮室國名羣禮音樂器服雜記喪制兵制刑法災異瑣徵十四門皆採掇諸書以相佐證畧如會要之體大致以戰

國策史記爲本而以諸子雜史補其遺鈌其所援
引如劉向列仙傳張華感應類從志子華子符子
王嘉拾遺記之類或文士之寓言或小說之雜記
皆據爲典要而月令所載太尉大酋之屬注者明
曰秦官乃反遺漏未免去取不倫又旣以七國爲
名自應始自分晉以後而秦之寺人上引車轔楚
之兩廣遠徵左傳則於斷限有乖新序載魏王欲
爲中天之臺許綰諫止未必實有其事卽有之亦
議而未行而魏宮室門中乃出一中天臺莊子載

無盛鶴列於麗譙蓋城闕之通名非魏所獨有乃於魏宮室中標一目曰麗譙琴操載韓殺聶政之父乃古來之常制非韓所獨乃於韓刑法中標一目曰殺亦嫌於苟盈卷帙至於秦水心劍事本見續齊諧記乃云白帖秦舍晉侯於靈臺本見左傳乃云列女傳亦往往不得其出典觀其前後無序跋而齊職官門注封君后妃附乃祇有封君而無后妃殆說未成之稿偶爲後人傳錄歟然春秋以前之制度有經傳可稽秦漢以下之故事有史志

可考惟七雄雲擾策士縱横中間一二百年典章制作實蕩然不可復徵說能參考諸書排比鈎貫倘一一各得其崖畧俾考古者有徵焉雖間傷蕪漫固不妨過而存之矣

欽定大清會典一百卷

乾隆二十九年奉

勅撰伏考

國朝會典初修於康熙三十三年續修於雍正五年至是凡三經釐定典章彌備條目彌詳考昔成周

之制百度分治以六官六官統彙於周禮聖人經
世之樞要於是乎在雖越數千載時勢異宜政令
不能不增法制不能不改職守亦不能不分難復
拘限以六官而其以官統事以事隸官則實萬古
之大經莫能易也故歷代所傳如唐六典元典章
明會典遞有損益而宏綱巨目不甚相遠然其書
之善否則不盡繫編纂之工拙而繫乎政令之得
失蓋一朝之會典卽記一朝之故事故事之所有
不能刪而不書故事之所無亦不能飾而虛載故

事有善有不善亦不能有所黜竄變易如唐六典中先頒祥瑞之名目分爲三等以待天下之奏報殆於上下相罔然當時有此制秉筆者不能不載也又如至正條格中偏駮不公之令經

御題指摘者人人咸喩其非然亦當時有此制秉筆者不能不載也國多粃政安恠書多駁文乎至於周禮一經朱子稱其盛水不漏亦其時體國經野事事爲萬世開太平故其書亦傳之萬世尊爲法守非周公有所塗飾於其間也我

國家
列聖相承
文謨武烈垂裕無疆
規畫既皆盡善我
皇上執兩用中隨時損益又張弛皆衷於道增刪悉合
其宜則是書之體裁精密條理分明足以方駕周
禮者實
聖主鴻猷上軼豐鎬也夫豈歷代規條所能望見涯涘
乎

欽定大清會典則例一百八十卷

乾隆二十九年奉

勑撰與

大清會典同時告成會典原本以則例散附各條下蓋沿歷代之舊體至是乃各爲編錄使一具政令之大綱一備沿革之細目互相經緯條理益明考周禮爲一代之典制而六官所職其文頗畧其見於諸書者如都城之廣狹左傳稱先王之制大都不過參國之一中五之一小九之一逸周書作雒

解稱大縣城方王城三之一小縣城方王城九之一其文相合當爲周之舊典而周禮無之又太子生之禮左傳稱接以太牢卜士負之士妻食之禮記內則所載文雖稍詳其事並同當亦爲周之舊典而周禮亦無之知周禮舉其要而度數節次之詳則故府别有其記載與六典相輔又左傳載王以鞏伯宴而私賄之使相告之曰非禮也勿籍知當日王室之禮或改於舊必籍而記之以爲故事其書雖不傳其文則旁見側出散在古籍者尚灼

然可考也然則會典之外別爲則例正三代之古

義矣其間隨時損益之迹悉出

聖人之化裁蓋帝王剏制顯庸有百世不變之大經詩

所謂不愆不忘率由舊章是也有因事制宜之大

用記所謂一張一弛文武之道是也卽政典之因

草以仰窺

皇心之運量精一執中具昭於是豈徒備掌故而已哉

欽定續文獻通考二百五十二卷

乾隆十二年奉

勑撰馬端臨文獻通考斷自宋寧宗嘉定以前採摭宏富體例詳該元以來無能繼作明王圻始捃拾補綴爲續文獻通考二百五十四卷體例糅雜顛舛叢生遂使數典之書變爲兔園之策論者病焉然終明之世亦無能改修豈非以包括歷朝委曲繁重難於蒐羅而條貫之哉我
皇上化洽觀文道隆稽古
特命博徵舊籍綜述斯編黜上海之野文補鄱陽之巨帙採宋遼金元明五朝事迹議論彙爲是書初議

於馬氏原目之外增朔閏河渠氏族六書四門嗣

奉

勅修續通志以天文畧可該朔閏地理畧原首河渠氏族六書更鄭樵之舊部旣一時並撰即無容兩笈複陳故二十四門仍從馬氏之原目其中如錢幣考之載鈔銀象緯考之詳推步於所必增者乃增物異考之不言徵應經籍考之不錄佚亡於所當減者乃減亦不似王氏之横生枝節多出贅疣大抵事迹先徵正史而參以說部襍編議論博取文

集而佐以史評語錄其王圻舊本閒有一長可取者沙中金屑亦不廢搜求然所存者十分不及其一矣至於考證異同辨訂疑似王本固爲疎陋即馬本亦畧而未詳茲皆本元元各附案語一折衷於

聖裁典核精密纖悉不遺尤二書所不逮焉蓋王圻著述務以煩博故所續通考及稗史彙編三才圖會之類動盈二三百卷而無所取材此書則每成一類即先呈

御覽隨事
指示務使旣博且精故非惟可廢王氏之書卽馬氏之
書歷來推爲絕作亦陶鑄之而有餘也
欽定皇朝文獻通考二百六十六卷
乾隆十二年奉
勅撰初與五朝續文獻通考共爲一編乾隆二十六年
以前朝舊事例用平書而述
昭代之典章錄
列朝之

詔諭
尊稱
鴻號於禮當出格跳行體例迥殊難於畫一遂
命自
開國以後别自爲書後續通典續通志皆古今分帙卽用
此書之例也其二十四門初亦仍馬氏之目嗣以
宗廟考中用馬氏舊例附錄羣廟因而載入
勅建諸祠仰蒙
睿鑒周詳

綸音訓示申明禮制釐定典章載筆諸臣始共知尊卑
有分名實難淆恍然於踵謬沿訛之失乃恪遵
聖諭別立羣廟一門增原目爲二十五其中子目田賦
增八旗田制錢幣增銀色銀直及回部普兒戸口
增八旗壯丁土貢增外藩學校增八旗官學
宗廟增崇奉
聖容之禮封建增蒙古王公皆以今制所有而加市糴刪
均輸和買和糴選舉刪童子科兵考刪車戰皆以
今制所無而省至象緯增推步物異刪洪範五行

國用分爲九目尊號册封之典自帝系移入王禮則斟酌而小變其例者也考馬氏所敘宋事雖以世家遺廕多識舊文然計其編摩實在入元以後故典章放失踈畧不詳理宗以下三朝以國史北移更闕無一字（案理宗以後國史元兵載以北歸事見宋季三朝政要序）今則

聖

聖相承功成文煥

實錄

記注具錄於史官公牘奏章全掌於籍氏每事皆尋源

竟委賅括無遺故卷帙繁富與馬氏原本相埒夫尚書兼陳四代而周書爲多禮記亦兼述三王而周禮尤備蓋監殷監夏百度修明文獻足徵蒐羅自廣有不必求博而自博者矣

欽定續通典一百四十四卷

乾隆三十二年奉

勅撰杜佑通典終於天寶之末是書所續自唐肅宗至德元年訖明崇禎末年凡選舉六卷職官二十二卷禮四十一卷樂七卷兵十二卷刑十六卷州郡

十八卷邊防四卷食貨十八卷篇目一仍杜氏之舊惟杜氏以兵制附刑後今則兵刑各爲一篇稍有不同考古者虞廷九官有士而無司馬凡蠻夷寇賊一隸於士魯語臧文仲稱大刑用甲兵其次用斧鉞中刑用刀鋸其次用鑽笮薄刑用鞭朴則兵刑可以爲一又左傳紀少昊以祝鳩爲司馬爽鳩爲司寇而秋官夏官周禮亦分兩職則兵刑亦可爲二以事迹多寡卷帙繁簡酌爲門目之分合其宏旨仍不異也至於編纂之例唐代年祀稍遠

舊典多亡五代及遼文獻靡徵史書太畧則旁搜
圖籍以求詳明代見聞最近雜記實繁宋金及元
著作本多遺編亦夥則嚴核異同以傳信總期於
既精既博不濫不遺按宋史藝文志有宋白續通
典二百卷今其書已亡陳振孫書錄解題載其咸
平三年奉詔四年九月書成起唐至德初迄周顯
德末又載王欽若言杜佑通典上下數千載爲二
百卷而其中四十卷爲開元禮今之所載二百餘
年亦如前書卷數畤論非其重複茲編仰禀

聖裁酌乎繁簡之中而九百七十八年內典制之源流
政治之得失條分件繫綱舉目張誠所謂記事必
提其要較諸杜氏原書實有過之無不及宋白所
續更區區不足道矣

欽定皇朝通典一百卷

乾隆三十二年奉
勅撰以八門隸事一如杜佑之舊其中條例則或革或
因如錢幣附於食貨馬政附於軍禮兵制附於刑
法於理相通於義有取者今亦無所更易至於古

今異志不可強同如食貨典之榷酤算緡禮典之
封禪前朝弊法久已爲
聖代所除即一例從刪不復更存虛目又地理典以統
包歷代分併靡常疆界參差名稱舛互故推原本
始以九州提其大綱今既專述
本朝自宜敬遵
今制況乎
威弧震疊式廓版章東届出日之邦西括無雷之國山
河兩戒並隸職方近復戡定冉駹開屯列戍

皇輿廣濶更非九州舊界所能包故均以
大清一統志爲斷不更以禹貢州域紊
昭代之黄圖至杜氏述唐朝掌故與歴代共爲一書
故皆分綴篇終其文簡畧亦體裁所限不得不然
今則專勒一編式昭
國典當法制修明之世
鴻猷善政史不勝書故卷目加繁溢於舊笈且杜氏所
採者惟開元禮爲詳今則
謨烈昭垂各成完帙禮有

大清通禮

皇朝禮器圖式樂有

聖祖御製律呂正義

皇上御製律呂正義後編刑有

大清律例兵有中樞政考地理有

皇輿表

大清一統志

欽定日下舊聞考

盛京通志熱河志滿洲源流考

皇輿西域圖志又有
大清會典及則例總其綱領八旗及六部則例具其條
目故縷分件繫端委詳明用以昭示萬年誠足媲
美乎官禮又豈杜氏之掇拾殘文裒合成帙所可
同日語哉

欽定皇朝通志二百卷
乾隆三十二年奉
勅撰二十畧之目亦與鄭樵原本同而紀傳年譜則省
而不作蓋

實錄

國史尊藏金匱與考求前代刪述舊文義例固不侔也

至於二十畧中有原本繁而今汰者三都邑畧中

樵兼載四裔所居非但約畧傳聞地多無據且外

邦與帝京並列義亦未安今惟恭錄

興京

盛京

京師城闕之制以統於尊謚畧中樵分三等二百十

品多所臆定今惟恭錄

賜謚以昭其慎金石畧中樵所採頗雜今惟恭錄
列聖寶墨
皇上奎章兼及
御定西清古鑑三希堂帖淳化軒帖蘭亭八柱帖諸刻
餘悉不登以滌其濫有原本疎而今補者二天文
畧中樵惟載步天歌今則敬遵
聖祖仁皇帝御製儀象考成靈臺儀象志
皇上御製儀象考成後編會通中西之法以究象緯之
運行地理畧中樵以四瀆統諸水而州縣郡道以

水爲别今則於其不入四瀆者大河以北如

盛京

京畿諸水大江以南如浙閩甌粵諸水以及滇南漠北諸水自入南北海者並一一補載而河有重源今底定西域而始知者亦恭錄

聖製以昭示來兹有原本冗瑣而今刪併者三藝文畧中樵所列既多舛訛校讐畧中樵所舉亦未精確圖譜畧中樵分記有記無二類而記無多至二十六門既多虛設如擊桐試馬鬭羊對雉諸圖尤猥

雜無取今並以
欽定四庫全書總目爲斷以折其中有原本之所未聞
者三六書畧中以
國書十二字頭括形聲之變化併以
欽定西域同文志臚列蒙古西番托忒回部諸字絲牽
珠貫音義畢該非樵之穿鑿偏旁所知也七音畧
中以
國書合聲之法爲翻切之總鑰而兩合三合之中有
上下連書有左右並書有重聲大書輕聲細書以

欽定同文韻統爲華梵之通津以天竺五十字母配合成一千二百十二音又以西番三十字母别配合成四百三十四音而各釋以漢音漢音不具則取以合聲非樵株守等韻所知也昆蟲草木畧中樵分八類五朝續通志已爲補漏訂譌至於中國所無而產於遐方前代所無而出於今日如金蓮花夜亮木之類見於

欽定廣羣芳譜普盤櫻額堪達罕秦達罕之類見於

聖祖仁皇帝幾暇格物編北天竺烏沙爾器火鷄箬漠鮮

知時草之類見於
御製詩集如奇石蜜食鸇鸑爾之類見於
欽定西域圖志尤非樵之抱殘守匱所知矣蓋剏始之
作考校易疏論定之餘體裁益密生於衰微之世
則耳目難周生於明備之朝則編輯易富樵當宋
之南渡局於見聞又草創成書無所質証故踳駁
至於如斯以視遭遇
昌期仰承
聖訓得以蒐羅宏富辨證精詳以成一代巨觀者其瞠

乎莫逮亦良有由矣

謹案鄭樵通志入别史

欽定續通志亦入别史均以兼有紀傳故也至

皇朝通志惟有二十畧則名爲通志實與通典通考爲

類故恭録於政書之中

元朝典故編年考十卷內府藏本

國朝孫承澤撰承澤有尚書集解已著録原本不著

名氏今知爲承澤作者大典志載承澤所著有元

朝典故編年考與此本合也其書取元代朝廷事

實分代編輯正史以外更采元人文集以附益之共爲八卷元史冗複漏畧殊乏體裁此雖不能詳悉釐正而削繁增簡具有首尾差易省覽其第九卷爲元朝秘史第十卷附遼金遺事小序謂元有秘史十卷續秘史二卷前卷載沙漠始起之事續卷載下燕京滅金之事葢其國人所編記書藏禁中不傳偶從故家見之錄續卷末以補史所不載云云考其所引並載永樂大典元字韻中互相檢勘一一相同疑本元時秘册明初修書者或嘗錄

副以出流傳在外故承澤得而見之耳所記大都瑣屑細事且間涉荒誕蓋亦傳聞之辭輾轉失眞未足盡以爲据然究屬元代舊文世所罕覯自永樂大典以外惟見於此書與正史頗有異同存之亦足以資參訂也

右政書類通制之屬十九部二千二百九十八卷皆

文淵閣著錄

案纂述掌故門目多端其間以一代之書而兼六職之全者不可分屬今總而滙之謂之

通制

12225

欽定四庫全書總目

史部

卷十二之八十三

欽定四庫全書總目卷八十二

史部三十八

政書類二

漢官舊儀一卷補遺一卷（永樂大典本）

案永樂大典載漢官舊儀一卷不著撰人名氏考梁劉昭注續漢書百官志引用漢官儀則曰應劭引用漢舊儀則不著其名隋書經籍志唐書藝文志作四卷宋史藝文志作三卷書錄解題始作漢官舊儀注曰衛宏撰或云胡廣宏本傳作漢舊儀

四篇以載西京雜事不名漢官今惟此三卷而又有漢官之目未知果當時本書否今按永樂大典此卷雖以漢官標題而篇目自皇帝起居皇后親蠶以及璽綬之等爵級之差靡不條繫件舉與宏傳所云西京雜事相合又前後漢書注中凡引用漢舊儀者並與此卷所載相同則其爲衛氏本書更無疑義或後人以其多載官制增題官字歟原本轉相傳寫節目淆亂字句舛訛殆不可讀茲據班范正史綜覈參訂以釐其疑其原有注者畧仿

劉昭注百官志之例通爲大書稱本注以别之又考前後漢書紀志注中别有徵引舊儀數條並屬郊天祫祭耕籍飲酎諸大典此卷俱未採入葢流傳旣久脱佚者多謹復蒐擇甄錄别爲一篇附諸卷尾以補本書之未備云

大唐開元禮一百五十卷兩淮鹽政採進本

唐太子太師同中書門下三品兼中書令蕭嵩等奉勅撰杜佑通典及新舊唐書禮志稱唐初禮司無定制遇有大事輒制一儀臨時專定開元中通

事舍人王嵒上疏請刪削禮記舊文益以今事集賢學士張說奏禮記不刊之書難以改易請取貞觀顯慶禮書折衷異同以爲唐禮乃詔右散騎常侍徐堅左拾遺李銳太常博士施敬本撰述歷年未就至蕭嵩爲學士復奏起居舍人王仲邱等撰次成書由是唐之五禮始備卽此本也其書卷一至卷三爲序例卷四至七十八爲吉禮卷七十九至八十爲賓禮卷八十一至九十爲軍禮卷九十一至一百三十爲嘉禮卷一百三十一至一百五

十爲凶禮凶禮古居第二而退居第五者用貞觀顯慶舊制也貞元中詔以其書設科取士習者先授太常官以備講討則唐時已列之學官矣新舊唐書禮志皆取材是書而所存僅十之三四杜佑撰通典别載開元禮纂類三十五卷比唐志差詳而節目亦多未備其討論古今斟酌損益首末完具粲然勒一代典制者終不及原書之賅洽故周必大序稱朝廷有大疑稽是書而可定國家有盛舉卽是書而可行誠攷禮者之圭臬也新唐書藝

文志載修開元禮者尚有張烜陸善經洪孝昌諸人名而通典纂類中所載五嶽四瀆名號及衣服一門間有與此書相出入者葢傳寫異文不能畫一既未詳其孰是今亦並仍原本錄之不復竄改庶幾不失闕疑之義焉

諡法四卷內府藏本

宋蘇洵撰洵字明允眉山人官秘書省校書郎以霸州文安縣主簿修太常因革禮書成而卒事迹具宋史本傳自周公諡法以後歷代言諡者有劉

熙來與沈約賀琛王彥威蘇冕扈蒙之書然皆襍糅附益不爲典要至洵奉詔編定六家謚法乃取春秋廣謚及諸家之本刪訂考證以成是書凡所取一百六十八謚三百十一條新改者二十三條新補者十七條別有七去八類於舊文所有者刊削甚多其間如堯舜禹湯桀紂乃古帝王之名並非謚號而沿襲前訛槩行載入亦不免疎失然較之諸家義例要爲嚴整後鄭樵通志謚畧大都因此書而增補之且稱其斷然有所去取善惡有一

定之論實前人所不及葢其斟酌損益審定字義皆確有根據故爲禮家所宗雖其中閒收僻字今或不能盡見諸施行而歷代相傳之舊典猶可以備參考焉曾鞏作洵墓誌載此書作三卷而此本實四卷殆後人所分析歟

政和五禮新儀二百二十卷　兩淮馬裕家藏本

宋議禮局官知樞密院鄭居中等奉敕撰徽宗御製序文題政和新元三月一日葢政和改元之年錢曾讀書敏求記誤以新元爲心元遂以爲不知

何解謬也前列局官隨時酌議科條及逐事御筆指揮次列御製冠禮葢當時頒此十卷爲格式故以冠諸篇次爲目錄六卷次爲序例二十四卷禮之綱也次爲吉禮一百一十一卷次爲賔禮二十一卷次爲軍禮八卷次爲嘉禮四十二卷升婚儀於冠儀前徽宗所定也次爲凶禮十四卷惟官民之制特詳焉是書頗爲朱子所不取自中興禮書既出遂格不行故流傳絶少今本第七十四卷第八十八卷至九十卷第一百八卷至一百十二卷

第一百二十八卷至一百三十七卷第二百卷皆有錄無書第七十五卷九十一卷九十二卷亦佚其半然北宋一代典章如開寶禮太常因革禮禮閣新儀今俱不傳中興禮書散見永樂大典中亦無完本惟是書僅存亦論掌故者所宜參考矣

紹熙州縣釋奠儀圖一卷 兩淮鹽政採進本

宋朱子撰考朱子年譜紹興二十五年乙亥官同安主簿以縣學釋奠舊例止以人吏行事求政和五禮新儀於縣無之乃取周禮儀禮唐開元禮紹

與祀令更相參考畫成禮儀器用衣服等圖訓釋辨明纖徵必備此釋奠禮之初稿也淳熙六年巳亥差知南康軍奏請頒降禮書又請增修禮書事未施行紹熙元年庚戌改知漳州復列上釋奠禮儀數事且移書禮官乃得頗爲討究時淳熙所鏤之板已不復存後乃得於老吏之家又以議論不一越再歲始能定議而主其事者適徙他官遂格不下此釋奠禮之再修也紹熙五年甲寅除知潭州會前太常博士詹元善還爲太常少卿始復取

往年所被勑命下之本郡吏文繁複幾不可讀且
曰屬有大典禮未遑徧下諸州時朱子方召還奏
事又適病目乃力疾鉤校删剔猥𥙷定爲四條以
附州案俾移學官是爲最後之定稿即此本也書
首載淳熙六年禮部指揮一通尚書省指揮一通
次紹熙五年牒潭州州學備准指揮一通皆具録
原文次州縣釋奠文宣王儀次禮器十九圖其所
行儀節大抵採自杜氏通典及五禮新儀而折衷
之後來二丁行事雖儀注少有損益而所據率本

是書惟所列兩廡從祀位次有吕祖謙張栻則其事在理宗以後又有咸淳三年改定位次之文檢勘宋史禮志載咸淳詔書其先儒名數及東西次序與此書一一脗合與朱子諡不相及葢後人隨時附益又非其原本矣

大金集禮四十卷兩淮馬裕家藏本

不著撰人名氏亦不著成書年月據黄虞稷千頃堂書目葢明昌六年禮部尚書張暐等所進今考書中紀事斷至大定知爲章宗時書虞稷所載當

不誤也其書分類排纂具有條理自尊號冊謚以及祠祀朝會燕饗諸儀燦然悉備以金史諸志相校其藍本全出於此而志文援引舛漏失其本意者頗多若祭方丘儀是書有前祭二日太尉告廟之儀而金史遺落不載又金史云設饌幕於內壝東門之外道北南向考之此書則陳設饌幕乃有東門西門二處𧯤壇上及神州東方南方之饌陳於東門外西方北方之饌陳於西門外金史獨載設於東門外者於禮為舛如斯之類不一而足非

得此書無以知史志之疏謬也則數金源之掌故者此爲總滙矣惟第十卷載夏至日祭方丘儀而圜丘郊天儀獨闕考金史自天德以後並祀南北郊大定明昌其制漸備編書者旣載北郊儀注不應反遺南郊葢傳寫脫佚非原書有所不備也

大金德運圖說一卷 永樂大典本

金尚書省會官集議德運所存案牘之文也案金史本紀金初色尚白章宗泰和二年十一月更定德運爲土臘月辰詔告中外至宣宗貞祐二年正

月命有司復議本朝德運是書所載蓋即其事書前爲尚書省判次爲省劄列集議官二十二人其中獨上議狀者六人合具議狀者八人連署者四人其集議有名而無議狀者太子太傅張行簡太子太保富察烏葉（按富察烏葉原作蒲察畏也今改正）修撰富珠哩阿拉（按富珠哩阿拉原作孛术魯阿拉今改正）費摩諳達登（按費摩諳達登原作裴滿按帶丁今改正）四人疑原書尚有所脫佚其所議言應爲土德者四人言應爲金德者十四人中如諫議大夫張行信力主金德之議而金史行信本傳稱

貞祐四年以參議官王澮言當爲火德詔問有司行信謂當定爲土德而斥澮所言爲狂妄其立說先後自相矛盾殊不可解又書中但有諸臣議狀而尚書省臣無所可否考史載興定元年十二月庚辰臘享太廟是終金之世仍從泰和所定土德而未嘗重改疑是歲元兵深入宣宗南遷汴梁此議遂罷故尚書省亦未經奏覆也五德之運不見六經惟家語始有之而其書出於王肅僞撰不可據爲典要後代泥於其說多侈陳五行傳序之由

而牽合遷就附會支離亦終無一當仰蒙我
皇上折衷垂訓斥妄祛疑本宅中圖大之隆規破讖緯
休祥之謬說闡發明切立千古不易之定論是編
所議識見皆為偏陋本不足錄然此事史文簡畧
不能具其始末存此一帙尚可以補掌故之遺並
恭錄
聖製弁諸簡首俾天下後世曉然知騶衍以下皆妄生
臆解用以袪曲說之惑焉

廟學典禮六卷永樂大典本

不著撰人名氏諸家書目皆不著錄核其所載始於元太宗丁酉而終於成宗大德閒葢元人所錄也其書雜鈔案牘排綴成編未經文士之修飾故詞多椎朴又原序原目散佚無考亦無從得其門類幸其年月先後皆有可稽尚可排比成帙謹釐析其文勒爲六卷雖繁複之失在所未免而一代廟學之制措置規畫梗概具存頗可與元史相參考如至元六年設舉學校官一條稱儒學提學司秩從六品而百官志作從五品各路儒學教授秩

八品而百官志作九品至元十九年郡縣學院官職員數一條稱總管府設教授二員學錄學正各二員散府設教授二員學錄學正各一員而百官志作總管府教授一員學正一員學錄一員散府上中州教授一員下州學正一員俱不相合蓋宋濂等修史之時據其末年之制而大德以前之舊典則未及詳考也又選舉志稱至元二十八年令江南諸路學及各縣學內設立小學選老成之士教之其他先儒過化之地名賢經行之所與好事

之家出錢粟贍學者並立爲書院是明言小學書院設於世祖之時而此書載所立小學書塾乃在大德四年以成宗時人記成宗時事不應譌異如是或至元時雖有此議實未及施行至成宗乃補定其規制而史未及詳歟元史一書自開局至告成僅閱八月其間潦草闕畧不一而足諸志尤不賅備留此一編猶足以見一朝養士之典固考古者所必稽矣其中有當日文書程式後人不能盡解以致傳寫譌脫者並詳核釐正無可考者則闕

之八名地名官名譯語對音尤多舛異今皆一一核定俾不失其真以糾向來流傳之誤焉

**明集禮五十三卷** 浙江范懋柱家天一閣藏本

明徐一夔梁寅劉于周於諒胡行簡劉宗弼董彝蔡琛滕公瑛曾魯同奉勅撰考明典彙載洪武二年八月詔儒臣修纂禮書三年九月書成名大明集禮其書以吉凶軍賓嘉冠服車輅儀仗鹵簿字學樂爲綱所列子目吉禮十四曰祀天曰祀地曰宗廟曰社稷曰朝日曰夕月曰先農曰太歲風雲

雷雨師曰岳鎮海瀆天下山川城隍曰旂纛曰馬祖先牧社馬步曰祭厲曰祀典神曰三皇孔子嘉禮五曰朝會曰冊封曰冠禮曰婚曰鄉飲酒賓禮二曰朝貢曰遣使軍禮三曰親征曰遣將曰大射凶禮二曰弔賻曰喪儀又冠服車輅儀仗鹵簿字學各一樂三曰鐘律曰雅樂曰俗樂明史藝文志及昭代典則均作五十卷今書乃五十三卷考明典彙載嘉靖八年禮部尚書李時請刊大明集禮九年六月梓成禮部言是書舊無善錄故多殘缺

臣等以次詮補因爲傳註乞令史臣纂入以成全書云云則所稱五十卷者或洪武原本而今所存五十三卷乃嘉靖中刊本取諸臣傳注及所詮補者纂入原書故多三卷耳如明禮志載洪武三年圜丘從祀益以風雲雷雨而是書卷一總序曰國朝圜丘從祀惟以大明夜明星辰太歲又所載圜丘從祀壇位及牲幣尊罍均止及大明夜明星辰太歲不及風雲雷雨是益祀風雲雷雨從祀圜丘在十一月而是書成於九月故未及纂入實有明

據而卷一序神位版乃曰風伯之神雲師之神雷師之神雨師之神並赤質金字不應一卷之內自相矛盾若此則其爲增入可知又明史禮志載洪武元年冬至祀昊天上帝儀注無先期告諸神祇及祖廟之文至洪武四年始刱此制而是書儀注則有之知亦嘉靖諸臣詮補纂入者矣序爲世宗御製題爲嘉靖九年六月望日而世宗實錄載九年六月庚午刻大明集禮成上親製序文是月巳未朔則庚午乃十二日與實錄小有異同疑十二

日進書暨日製序記載者併書於進書日也

頖宫禮樂疏十卷浙江巡撫採進本

明李之藻撰之藻字振之仁和人萬歷戊戌進士歷官至太僕寺少卿是編首列頖宫祀典次列儀注次列名物器數共成八卷第九卷爲啟聖祠及名宦鄉賢祠附以鄉飲酒禮第十卷附以鄉射禮其中如釋奠儀之散齋演樂滌牲諸禮及時祭儀注皆明會典及南雍志諸書所未載又迎神樂章謂明制本宋舊一成三成相沿不易其樂章諸譜

配以六律者惟塡工尺一字頗能得其源流蓋樂律自宋仁宗時始省去坐立二部及堂上堂下之分南宋諸儒又以舊樂加平減之制無高上高尺之律於是所用者惟中和韶樂明代實沿其制之藻所譜又註明時俗之一凡淸凡諸調與舊調相合者分毫不爽又於琴瑟操縵之法別成一譜其琴譜不越松風閣之舊規以數音譜出一字少用鉤剔蓋欲近於和緩以和韶樂瑟譜則以六律爲主行遲其聲以應節又與元熊朋來瑟譜之一聲

一字者迴殊蓋歷律皆根於數之藻嫻於算法世所行天學初函即其所刻故因數制律足自為一家之學其末卷載鄉飲酒禮兼及鄉射禮者明初之制猶行射禮於頖宮迨其中葉此禮遂廢故明會典及南雍志諸書載之不詳之藻稽故証今考辨頗為賅悉唯褒崇一門僅採史傳不及馬端臨學校考之備又儀器圖內犧尊諸制既不本於三禮圖又不以考古博古諸圖證其異同僅以時俗陳設者為準未免稍畧然禮以時王所制為定是

亦自有其義焉未可盡非也

明臣謚彙考二卷 浙江巡撫採進本

明鮑應鼇撰應鼇字山父歙縣人萬歷乙未進士官至禮部祠祭司郎中是書載明代文武諸臣贈謚與

欽定明史各傳俱相符合首載各謚釋義爲當時禮官體例而所列諸謚如某人謚某字皆分註當日定謚取義之文於下使觀者具知其所以然較他家所記獨有根據其前代諸臣如謝枋得之謚忠節

紀信文天祥之謚忠烈鄧文進之謚忠襄蘇緘之謚忠壯史或不載世所罕知亦頗賴此書以存卷末附萬歷三十一年至三十七年擬謚者二十九人又三十八年至四十年擬謚者四人皆二謚並列蓋神宗荒怠奏章率不批答莫知進止故兩存也最後列考誤一篇凡五十七人皆據官冊以正野史文集之訛其中多有無謚而目稱謚某者亦有字相同異美惡頓殊者或詭詞假借或傳寫舛謬外人無從而知非應鼇身爲禮官親檢故籍不

能一一釐正也其於一代易名之典可云精核矣

明謚紀彙編二十五卷 江蘇巡撫採進本

明郭良翰撰良翰有周禮古本訂註已著錄茲編輯有明一代謚法最為詳備首曰功令凡子目二曰會典事例曰近日事例次曰謚法無子目次曰尊謚凡子目九曰帝后曰皇妃曰皇妃謚六字曰皇妃謚四字曰皇妃謚二字曰東宮曰公主曰親王曰郡王曰王妃次曰臣謚凡子目九曰文臣曰武臣曰異流曰夫人淑人曰追贈前朝臣曰外夷曰近題

准謚諸文臣曰議論曰考誤其近題准謚一條即當代文臣所以不散入各類者葢即鮑應鼇書所載之二十九人不予不奪莫知所定者也其議論一門則雜採明人諸說如李東陽以有黨謚文正彭韶以孤立謚惠安之類持論頗公其考誤一門以閣籍正野史異同尤爲可據亦考典故者所宜取證也

明宮史五卷內府藏本

舊本題蘆城赤隱呂毖校次毖始末未詳葢明季

宦官也其書敍述當時宫殿樓臺服食宴樂及宫闈諸褋事大抵冗碎猥鄙不足據爲典要至於內監職掌條內稱司禮監掌印秉筆秩尊視元輔權重視總憲云云尤爲悖妄葢歷代奄寺之權惟明爲最重歷代奄寺之禍亦惟明爲最深二百餘年之中盜持魁柄濁亂朝綱卒至於宗社邱墟生靈塗炭實爲漢唐宋元所未有迨其末造久假不歸視威福自專如其固有遂肆無忌憚筆之於書故迹其致亡之道雖亦多端要以寵任貂璫爲病本

之所在也然其人可誅其事乃足爲炯鑑家語稱周明堂之四門有桀紂之象儀禮鄉射禮司射適堂西命弟子設豐陳祥道禮書稱舊圖刻人形謂豐國之君嗜酒亡國因狀之以爲戒也漢書敘傳載乘輿幄座張畫屏風畫紂醉踞妲己作長夜之樂班伯亦以爲警沈湎焉豈非借彼前車示其覆轍俾後來以此思懼乎我

朝自

列聖以來

家法森嚴內監不過供洒掃或違律令必正刑章不待於

遠引周官委權冢宰而

乾綱獨握

宮掖肅清已足垂法於萬世乃猶防微杜漸

慮遠思深

特命繕錄斯編登諸冊府著前代亂亡之所自以昭示

無窮伏考尚書有曰殷鑒不遠在夏后之世詩大

雅有曰儀鑒于殷亦越漢之高帝使陸賈作新語

亦曰著秦之所以失與我之所以得蓋時代彌近

資考鏡者彌切也

皇上於

内殿叢編檢逢是帙闕其謬而仍存之

聖人之所見者大矣謹恭錄

諭旨弁冕簡端仰見衡鑒

親操折衷衆論勒千古未有之鴻編皆義主勸懲言資

法戒非徒以雕華浮艷爲藏弆之富也

幸魯盛典四十卷

國朝襲封衍聖公孔毓圻等撰進先是康熙二十三

年

聖祖仁皇帝臨幸闕里

親祀

孔廟行九拜之禮

特命留曲柄繖於廟庭復

親製碑文遣官勒石於

孔廟大成門左周公孟子諸廟咸蒙

製文刊石並錄聖賢後裔給世官以奉祠祀鉅典裔皇薄

海忻舞毓圻以

聖天子尊師隆軌超邁古今宜勒爲成書垂示來葉二十
四年疏請纂修并舉進士金居敬等八人司其事
得
旨俞允至二十七年成書十八卷奏進嘗
指示應改正者二十八條及臣工詩文尚有應遴選錄入
者
諭毓圻等覆加校定會
詔發帑金重建
廟庭

御製奎章摹鐫樂石尊崇之典視昔彌加毓圻等乃續事編摩增輯完備凡修成事迹二十卷藝文二十卷刊刻表進即此本也洪惟我

聖祖仁皇帝統接羲軒心源洙泗褒崇

聖教典禮優隆爲亘古所未有非區區管闚蠡測所可形容然文物典章毓圻等得諸見聞頗能臚具伏讀是編

大聖人崇儒重道之至意猶可仰見其萬一是固宜藏諸

金匱以昭示無極者矣

萬壽盛典一百二十卷

康熙五十二年三月恭逢

聖祖仁皇帝六旬萬壽

内直諸臣所纂錄也凡六門一曰

宸藻分

詔諭爲一卷

御製詩文賦頌爲一卷二曰

聖德分

孝德

謙德

保泰

教化四目三曰典禮分朝賀鑾儀祭告頒詔養老大酺六

目四曰

恩賚分宗室外藩臣僚耆舊蠲賦開科賞兵恤刑八目五

曰慶祝則有圖有記以及名山祝釐諸臣朝貢之

儀備列焉六曰歌頌則內外祝

釐之詞靡不採錄焉仰惟我

聖祖仁皇帝德盛道隆福祚悠久其時臣民泳涵醲化敷天率土普洽懽心衢歌巷舞之盛實爲從古所未有而伏讀詔諭每以萬姓安天下福爲兢兢是書之成非徒以紀昇平之鉅典亦可以俾萬世臣民仰見至聖持盈保泰之盛心爲景命延洪之大本也書中圖二卷於遐邇臣庶迎鑾呼祝之儀纖悉具備亦自有圖繪以來所罕覯其稿本初爲宋駿業所創後王原祁等重加修潤而成一

展卷而閭閻般阜之象童叟歡躍之忱恍若目接

而身遇之今悉依原本鉤摹故幅度視他卷稍贏

焉

欽定大清通禮五十卷

乾隆元年奉

敕撰越二十一年告成首紀

朝

廟大典及

欽頒儀式其餘五禮之序悉準周官而體例則依仿儀

禮惟載貴賤之等差節目之先後而不及沿革惟載器物之名數陳設之方隅而不及形製蓋沿革具於會典則例形製具於禮器圖式各有明文足資考證故不複述也考儀禮古經殘缺諸儒所說多自士禮上推於天子且古今異制後世斷不能行其一朝令典今有傳本者惟開元禮政和五禮新儀大金集禮明集禮大抵意求詳悉轉涉繁蕪以備掌故則有餘不能盡見諸施行也我

皇上聲律身度典制修明

特命酌定此編懸爲令甲自
朝廷以迨於士庶鴻綱細目具有規程事求其合宜
不拘泥於成迹法求其可守不夸飾以浮文與前
代禮書鋪陳掌故不切實用者迥殊記曰禮從宜
又曰大禮必簡三代聖王納民軌物其本義不過
如斯
賜名曰通禮信乎酌於古今而達於上下爲億萬年治
世之範矣
欽定皇朝禮器圖式二十八卷

乾隆二十四年奉

勅撰乾隆三十一年又

命廷臣重加校補勒爲此編凡分六類一曰祭器二曰儀器三曰冠服四曰樂器五曰鹵簿六曰武備每器皆列圖於右系說於左詳其廣狹長短圜徑之度金玉璣貝錦段之質刻鏤繪畫組繡之制以及品數之多寡章采之等差無不縷悉條分一一臚載考禮圖世稱始鄭元而鄭志不載蓋傳其學者爲之也阮諶以後踵而作者凡五家聶崇義滙合

爲一而諸本盡佚然諸家追述古制大抵皆約畧
傳注之文揣摩形似多不免於失真是編所述則
皆
昭代典章事事得諸目驗故毫釐畢肖分刌無訛
聖世鴻規燦然明備其中儀器武備二類舊皆别自爲
書今乃列之於禮器與古例稍殊然周代眡祲保
章馮相所職皆天象而隸於春官禮有五目軍禮
居三而所謂前朱雀而後元武左青龍而右白虎
招搖在上急繕其怒者戰陣之令乃載於曲禮蓋

禮者理也其義至大其所包者亦至廣故凡有制而不可越者皆謂之禮周官所述皆政典而兼得周禮之名蓋由於此今以儀器武備併歸禮器正三代之古義未可以不類疑也若夫酌古宜今之精意奉

天法

祖之鴻規具見

御製序文之中尤萬世臣民所宜遵道遵路者矣

國朝宫史三十六卷

乾隆七年奉
勅撰乾隆二十四年以原書簡畧復
命增修越兩載而告成凡六門首曰
訓諭恭載
列朝聖訓
皇上諭旨以昭垂
家法次曰典禮備著
内廷儀節規制冠服輿衛之度其外朝諸大禮詳於
會典者則畧之次曰宮殿按次方位詳列規模凡



皇

御筆榜書楹帖及諸
題詠並一一恭錄次曰經費凡獻賚禮宴服食器用之數纖悉必載次曰官制具載內臣員品及其職掌與其功罪賞罰之等次曰書籍部分錄畧編目提要皆窮理致治之作而梵文貝筴庋藏淨域者不與焉伏讀
諭旨申明編輯是書之意拳拳於立綱陳紀聽聽
明訓爲萬萬世遵循之本益修齊治平之道並具於斯矣

欽定滿洲祭神祭天典禮六卷

乾隆十二年奉

勅撰我

國家肇迹東土風淳俗厚於崇德報功之禮歷久不

渝凡所以昭格

天神時修祀典者著誠著慤具有舊儀迄今百有餘年精

禋致饗夙夜維虔惟是古制相沿皆由口授祝詞

儀注久而小有異同我

皇上道秉欽崇敬深明察慮年祀緜邈或漸遠其初乃

命王公大臣詳爲考證以

國語

國書定著一編首爲祭儀二篇次爲彙記故事一篇次爲儀注祝詞贊詞四十一篇殿以器用數目一篇器用形式圖一篇每一卷成必

親加釐正至精至詳所報之義對越之忱皆足以昭垂

萬世乾隆四十二年復

詔依文音釋譯爲此帙與

大清通禮相輔而行用彰

聖朝之令典末有大學士阿桂等恭跋具述致誠迓福

之義而於崇祀
諸神不知其緣起者引禮記舍菜先師鄭元注不著先師名姓之例爲證於祝詞贊詞僅傳其聲者引漢樂府鐸舞曲有音無義之例爲證並以傳信闕疑見
聖心之敬慎視漢儒議禮附會緯書宋儒議禮紛更錯簡强不知以爲知者尤迥乎殊焉

南巡盛典一百二十卷

乾隆三十五年大學士管兩江總督高晉等恭撰
進欽惟我

皇上法
祖勤民歲巡方岳江浙東南都會民物蕃庶吏事殷繁
問俗省方尤厪
聖慮是以
六龍時御
清蹕屢經凡行慶施惠勸課耕桑崇節儉隆典祀養耆
年卹庶獄勵官方振文教飭武備者無不具舉而
海塘防築湖河疏蓄之宜皆因地制宜
親臨指授永爲成法至於名區勝蹟

睿藻親題則不獨黎庶蒙
恩而山川且望
幸焉晉等爰舉辛未以逮乙酉
鑾輿四幸之
鉅典門分部系彙爲是編復蒙
賜製序文
允付剞劂一展卷而我
皇上諮詢之切
誥誡之殷

惠澤之覃布如在瞻就間俾守土者有所遵循而服疇者有所感發非徒申歌頌備典章而已也書成於庚寅之冬故所載以乙酉爲斷迺者

翠華六莅

典禮如初而東南士庶洊被

洪施延跂望

幸者視前彌篤臣等尤竊竢

隆儀疊舉續有排纂用快先睹之望焉

八旬萬壽盛典一百二十卷

乾隆五十四年正月大學士阿桂等奏請纂修五

十七年十月告成洪惟我

皇上法天行健無逸永年久道化成治躋三五爲書契

所未聞而

五世同堂

八旬延慶洪範所謂身其康强子孫其逢吉者亦千古

帝王所莫及是以協氣翔洽驩心溥浹四海臣民

莫不踴躍鼓舞祝

眉壽而歌純嘏雖

聖懷冲挹而敷天輻輳衆志難違
慶典之隆遂炳炳麟麟照映萬禩是編所載皆
聖壽七旬以後之事凡分八門首爲
宸章皆恭錄
御製紀年之作
文自古稀說以下
詩自庚子元旦以下俱按年編載若隨時紀事之作則
各從本類分載各門次爲
聖德分八子目曰

敬德曰

孝德曰

勤德曰

健德曰

仁德曰

文德曰

儉德曰

謙德次爲

聖功分五子目曰安南歸降曰緬甸歸順曰廓爾喀降

順曰附載平定臺灣曰附載平定肅州次爲盛事
分子目十一曰慶得
皇元孫曰
五世同堂曰數世同居曰千叟宴曰
賜科第職銜曰壽民壽婦曰辟雝曰班禪入覲曰民數
穀數曰一產四男三男曰收成分數次爲典禮分
五子目曰慶祝曰朝會曰祭告曰鑾儀曰樂章次
爲
恩賚分六子目曰本年

恩詔曰本年蠲賦曰本年
恩科曰本年
東巡曰
恩宴曰
賞賚次爲圖繪附以圖說次爲歌頌則臣工祝
釐之詞也昔成周盛時制詩緝頌歌景福稱茀祿者不
一而足然多虛擬之詞不能言言有據也茲編所
載事皆徵實蓋
德盛而後

化神
澤洽而後頌作
功成治定而後禮樂興氣淑年和而後嘉祥集其在詩曰宜民宜人受祿于天保佑命之自天申之其在書曰皇建其有極斂時五福用敷錫厥庶民惟時厥庶民于汝極錫汝保極義均備於是焉洵與
聖祖仁皇帝萬壽盛典
祖武
孫謀後先焜燿並萬代之隆軌矣

歷代建元考十卷 兩江總督採進本

國朝鍾淵映撰淵映字廣漢秀水人自來紀元諸書多詳於正統惟國初吳肅公改元考同及近時萬光泰紀元敘韻與淵映此書則併僞朝霸國以至草竊僭稱皆一一具載其例以年號相同者列前次以年號分韻排編次列歷朝帝王及僭國始末並外藩亦間及之秩然有序雖載籍浩博蒐採難周如蜀王衍宋太祖年號與輔公祏同裴甫有維平之僭成都爲西

夏之稱凡斯之類不免間有缺漏未可云毫髮無遺然較之吳萬二家足稱賅洽矣

北郊配位議一卷（浙江巡撫採進本）

國朝毛奇齡撰奇齡有仲氏易已著錄康熙二十四年太常寺卿徐元珙疏奏現行祀典北郊既改北向而三祖配位仍首東次西同於南郊請酌改所向奇齡時官檢討因撰是書其斥漢元始儀之誤謂孟春合祀天位在西地位在東皆因惑於曲禮席南向北向

以西方爲上之文其實曲禮據常坐言之若禮坐之席則儀禮射禮皆筵賓席於戸西東上自與曲禮異考鄉射禮文乃席賓南面東上賈公彥疏云言東上因主人在東故席端在東不得以曲禮席南向北向西方爲上解之奇齡本此以折元始儀實爲有據至於元始儀配位西向南上亦相承曲禮西向東向以南方爲上之文奇齡以後漢改從北上爲正其論甚確然考北上之義亦本儀禮大射儀曰大夫相繼而東若有東面者則北上燕禮

曰士旣獻者立於東方西面北上此北上之異於南上者今奇齡知南向東上之本於儀禮而獨未知西向北上之亦本於儀禮則未免知一而不知二奇齡又謂

北郊旣改從北向則

配位卽統於所向地道尚右

配位當以東爲上東乃北向之右也今考儀禮大射儀曰諸公阼階西北面東上燕禮曰卿大夫皆入門右北面東上則

北郊北向

配位以東爲上與儀禮北面東上義例全通奇齡徒以地

道尚右定之亦爲未審然全書考辨精核援引博

贍於宋明以來議禮之家要爲特出矣

廟制圖考一卷 浙江巡撫採進本

國朝萬斯同撰斯同字季野鄞縣人是書統會經史

折衷廟制謂廟不在雉門之外考工記左祖右社

據王宮居中而言是廟在寢東蓋本蔡氏朱子易

祧之說又謂諸侯五廟太祖居中二昭居東二穆

居西平行平列蓋本賈公彥之說又謂自虞夏商周天子皆立七廟惟周增文武二祧爲九廟蓋本劉歆王舜諸家之說又謂大傳小記祭法中庸詩序國語論語所言禘皆據宗廟大祭非圜丘蓋本王肅之說於是上溯秦漢下迄元明凡廟制沿革悉爲之圖以附於經圖之後而綴以說其用功頗勤其義例亦頗明晰視明季本之書較爲賅備其中所論則得失互陳如朱子謂羣昭皆列北牖下而南向羣穆皆列南牖下而北向斯同則謂禮室

中但有南牖無北牖朱子爲誤今考喪大記寢東首於北牖下注云病者恒居北牖或爲北墉是室有北牖明矣詩塞向墐戸經典釋文引韓詩云向北向窻也毛傳亦云向北出牖也孔疏云爲備寒不塞南窻故云北出牖則是室有南牖又有北牖明矣郊特牲云薄社北牖蓋但開北牖而塞其南非凡屋本無北牖而特爲薄社開之也荀子宥坐篇子貢觀於魯廟之北堂出而問孔子曰鄉者賜觀於太廟之北堂吾亦未旣輟還復贍九蓋註云

北堂神主所在也九當爲北蓋音盡戶扇也然則北堂既有北闔何獨疑於北牖耶明堂位刮楹達向注云向牖屬謂夾戶窻也每室八窻爲四達然則太廟之制畧似明堂四面且皆有牖又何獨於北牖而疑之耶凡此之類皆未深考者也至如朱子祭圖祖妣並列斯同謂宗廟吉祭一尸統二主無女尸何以知六廟之妣盡入太廟遂引曾子問五廟七廟無虛主惟祫祭爲無主即知妣主亦入太廟凡此之類則援證精確爲前人所未發矣雖

大旨宗王黜鄭固守一隅然通貫古今有條有理不可謂非通經之學也王士禎記斯同所著書目有廟制圖考四卷此本祇一卷殆傳抄者合併歟

右政書類典禮之屬二十四部一千五十一卷皆文淵閣著錄

案六官之政始於冢宰茲職官已各自爲類故不復及六官之序司徒先於宗伯今以春官所掌帝制朝章悉在焉取以託始尊王之義也

救荒活民書三卷 浙江范懋柱家天一閣藏本

宋董煟撰煟字季興鄱陽人紹熙五年進士嘗知瑞安縣是書前有自序謂上卷考古以證今中卷條陳救荒之策下卷備述本朝名臣賢士之所議論施行可爲法戒者書中所序如以常平爲始自隋義倉爲始自唐太宗皆不能遠考本原然其載常平粟米之數固隋書所未及志也其宋代蠲免優恤之典載在宋史紀志及文獻通考續通鑑長編者此撮其大要不過得十之二三而當時利弊

言之頗悉實足補宋志之闕勸分亦宋之政令史失載而此有焉他若減租貸種淳熙恤災令格皆可爲史氏拾遺而宋代名臣救荒善政亦多堪與本傳相參證猶古書中之有裨實用者也

熬波圖一卷永樂大典本

元陳椿撰椿天台人始末未詳此書乃元統中椿爲下砂場鹽司因前提幹舊圖而補成者也自各團竈座至起運散鹽爲圖四十有七圖各有説後繫以詩凡晒灰打滷之方運薪試運之細纖悉畢

具亦樓璹耕織圖曾之謹農器譜之流亞也序言地有瞿氏唐氏爲鹽場提幹又稱提幹諱守仁而佚其姓考雲間舊志瞿氏實下砂望族如瞿霆發瞿震發瞿電發瞿時學瞿時懋瞿時佐瞿先知輩或爲提舉或爲鹽稅幾於世任鹽官其地有瞿家港瞿家路瞿家園諸名皆其舊迹然掓是圖者不知爲誰至唐氏則舊志不載無可考見矣諸圖繪畫頗工永樂大典所載已經傳摹尚存矩度惟原缺五圖世無别本不可復補姚廣孝等編輯之時

雖校勘粗疎不應漏落至此蓋原本已佚脫也

錢通三十二卷　浙江巡撫採進本

明胡我琨撰我琨字自玉爵里未詳據書中所記時事年月是明末人也其書專論明代錢法而因及於古制首曰正朔一統次曰原曰制曰象曰用曰才曰行曰操曰節曰分曰異曰弊曰文曰閏凡十三門每門之中各爲小目其載明制起洪永訖萬歷徵引各史紀志列傳以及古今說部文集援據頗爲賅洽於明代錢法沿革條分縷析言之尤

詳多明史食貨志及明會典明典彙諸書所未備其叙述古制如引桂海虞衡志記右江之銅引宋會典記利州諸監錢數亦足補唐宋各史所未詳他如錢象門之黃河錢投河國錢諸品又董逌洪遵李孝美顧烜各家舊譜所未載皆足以資考證中如劉仁恭丸土爲錢之類乃一時謬製亦倣圖其式未免稍雜然義取賅備不得不巨細兼收亦未可以叢脞譏也

捕蝗考一卷　編修程晉芳家藏本

國朝陳芳生撰芳生字漱六仁和人螽蝝之害春秋屢見於策書詩大田篇去其螟螣及其蟊賊無害我田穉田祖有神秉畀炎火毛鄭之說以炎火爲盛陽謂田祖不受此害持之付與炎火使自銷亡並非實火是漢時尚未詳除蝗之制故訓詁家有是說也至唐姚崇作相遣使捕蝗引詩此語以爲證朱子集傳亦從其說於是捕蝗之法始稍稍見於紀述芳生此書取史冊所載事蹟議論彙爲一編首備蝗事宜十條次前代捕蝗法而明末徐光

啓奏疏最爲詳核則全錄其文附以陳龍正語及芳生自識二條大旨在先事則預爲消弭臨時則竭力翦除而責成於地方有司之實心經理條分縷析頗爲詳備雖卷帙寥寥然頗有裨於實用也

荒政叢書十卷　山西巡撫採進本

國朝俞森編森號存齋錢塘人由貢生官至湖廣布政司參議是書成於康熙庚午輯古人救荒之法於宋取董煟於明取林希元屠隆周孔教鍾化民劉世教於

國朝取魏禧凡七家之言又自作常平義倉社倉三考溯其源使知其法復究其弊使知所戒成書五冊其官河南僉事時所撰也末附鄭褒賑濟事宜及捕蝗集要其官分守荆南道時所撰也救荒之策前人言之已詳至積儲尤為救荒之本森旣取昔人良規班班具列而於三考尤極詳晰登之梨棗俾司牧者便於簡閱亦可云念切民瘼者矣

欽定康濟錄六卷

乾隆四年

御定初仁和監生陸曾禹作救飢譜吏科給事中倪國璉爲檢擇精要釐爲四卷會

詔翰林科道輪奏經史講義國璉因恭錄進

呈

皇上嘉其有裨於實用

命內直諸臣刪潤其詞剞劂頒布因

賜今名其書凡分四門一曰前代救援之典所錄故實上起唐虞下迄元明按朝代先後編次二曰先事之政分子目六三曰臨事之政分子目二十四曰

事後之政分子目五又附錄者四事皆先引古事後系論斷案金穰木飢天道恒然堯水湯旱聖朝不免其挽回氣數則在於人事之修舉周禮荒政十有二多主於省事以節財蓋預備之道已散見於各職故也我

皇上宵衣旰食軫念民依或歲星偶沴禾麥不登

賜蠲貸者動輒數十百萬

賜賑卹者亦動輒數十百萬即遇貪墨敗度借極災以蝕

帑者尚恐封疆大吏因噎廢餐杜倖冒之風或靳撫
綏之費
綸音宣諭至再至三含識之倫罔弗共喻
仁宏博濟實邁唐虞是以國璉是編特邀
睿賞臣等校錄之下仰見
勤求民瘼之心與
俯察邇言之意均迥軼千古也

右政書類邦計之屬六部五十三卷皆文淵閣著錄

案古者司徒兼教養後世則惟司錢穀度支

所掌條目浩繁然大抵邦計類也故今統以邦計爲目不復一一區别

歷代兵制八卷 浙江范懋柱家天一閣藏本

宋陳傅良撰傅良有春秋傳已著錄是書上溯成周鄉遂之法及春秋秦漢唐以來歷代兵制之得失於宋代言之尤詳如太祖躬定軍制親衛殿禁戍守更迭京師府畿內外相維發兵轉餉捕盜之制皆能撮舉其大旨其總論之中謂祖宗時兵雖少而至精逮咸平後邊境之兵增至六十萬皇祐

初兵已一百四十一萬謂之兵而不知戰給漕輓服工役繕河防供寢廟養國馬者皆兵也疲老而坐食前世之兵未有猥多如今日者總戶口歲入之數而以百萬之兵計之無慮十戶而資一廂兵十萬而給一散卒其兵職衛士之給又浮費數倍何得而不大蹙云云其言至爲深切蓋傳良當南宋之時目睹主弱兵驕之害故著爲是書追言致弊之本可謂切於時務者矣

補漢兵志一卷　浙江巡撫採進本

宋錢文子撰文子字文季樂清人紹興三年由上舍釋褐出身以吏部員外郎兼國史院編修官歴宗正少卿後退居白石山下自號白石山人宋初懲五代之弊收天下甲兵悉萃京師謂之禁軍輾轉增益至於八十餘萬而虛名冒濫實無可用之兵南渡以後倉皇補苴招聚彌多而冗費亦彌甚文子以漢承三代之後去古未遠猶有寓兵於農之意而班史無志因摭其本紀列傳及諸志之中載及兵制者裒而編之附以考證論斷以成此書

卷首有其門人陳元粹序述其作書之意甚詳蓋
爲宋事立議非爲漢書補亡也朱彝尊跋稱其言
近而指遠詞約而義該非低頭拱手高談性命之
學者所能然兵農旣分以後其勢不可復合必欲
强復古制不約以軍律則兵不足恃必約以軍律
則兵未練而農先擾故三代以下但可以屯種之
法寓農於兵不能以井田之制寓兵於農文子所
論所謂言之則成理而試之則不可行者卽以宋
事而論數十萬之衆久已仰食於官如一旦汰之

歸農勢不能靖惟有聚為賊盜耳而以漸而損之則兵未能遽化為農農又未能遽化為兵倉卒有事何以禦之此又明知其弊而不能驟革者也以所論切中宋制之弊而又可補漢志之闕故仍錄之以備參考文獻通考載此書作補漢兵制與此本不同然文子明言班書無兵志則作補兵志審矣通考蓋傳寫訛也

馬政紀十二卷 浙江巡撫採進本

明楊時喬撰時喬有周易古今文全書已著錄是

書紀明一代馬政上起洪武元年下至萬歷二十三年分十有二門一曰戸馬二曰種馬三曰俵馬四曰寄養馬五曰折糧貢布鹽納贖戰功等馬六曰兌馬七曰擠乳御用上陵出府并附給驛馬八曰庫藏九曰錫恤十曰政例十一曰草場十二曰各邊鎮行太僕寺苑馬寺茶馬司馬於因革損益各悉原委馬政莫詳於明亦莫弊於明時喬目擊其艱身親其事故雖裒集案牘之文而所言深中時病其條理悉具自序中序末自署前太僕寺卿

而明史本傳惟載嘗爲太僕寺丞是書時喬自刊不應有誤疑史或誤書也

八旗通志初集二百五十卷

雍正五年

世宗憲皇帝勅撰乾隆四年告成

御製序文頒行凡八旗分志十七卷土田志五卷營建志三卷兵職志八卷職官志十二卷學校志四卷典禮志十五卷藝文志十卷封爵世表八卷世職表二十四卷八旗大臣年表八卷宗人府年表一

卷內閣大臣年表二卷部院大臣年表二卷直省大臣年表五卷選舉表四卷宗室王公列傳十二卷名臣列傳六十卷勳臣傳十九卷忠烈傳十二卷循吏傳四卷儒林傳二卷孝義傳一卷烈女傳十二卷考天地自然之數皆立體於九而取用於八故圓而布九宮方而分九野皆以四正四隅拱乎中央聖人法天地以立制故井以公田居中而夫之數八兵以中權爲主而陣之數亦八世傳風后之經諸葛亮之圖獨孤及之記其法異世而同

軌我

國家肇迹震維寓兵於民與古制符

太祖高皇帝初建四旗後分為八亦與古制符至於臂指之相維奇正之相應千變萬化儵忽若神則與陰陽往來乾坤闔闢同一至妙而不測非古制所能盡矣迨

世祖章皇帝定鼎燕京取五行相尅之用以藍旗屬水而居南黃旗屬土而居北白旗屬金而居東紅旗屬火而居西以環衛

紫垣百有餘年規模無改故此編以兵制爲經而一切法令典章職官人物條分而爲緯鴻綱細目體例詳明按籍披圖足以見

列聖開基

貽謀遠大又以見生聚教養日熾日繁萬萬年磐石之業卜鞏固於無疆焉

右政書類軍政之屬四部二百七十一卷皆文淵閣

著錄

案軍伍戰陣之事備於子部兵家此所錄者

養兵之制非用兵之制也故所取不過數家

唐律疏義三十卷兩淮鹽政採進本

唐太尉揚州都督趙國公長孫無忌等奉勅撰風俗通稱臯陶謨虞造律尚書大傳稱夏刑三千周刑二千五百是爲言律之始後魏李悝著法經六篇一盜法二賊法三囚法四捕法五雜法六具法商鞅受之以相秦漢蕭何益戸興廄三篇爲九篇叔孫通又益旁章十八篇張湯越宮律二十七篇趙禹朝律六篇合六十篇馬融鄭康成皆嘗爲之

章句魏世刪約漢律定增十九篇就故五篇合十八篇晉復增損爲二十篇南北朝互有更改漸近繁密隋文帝開皇三年勅蘇威牛宏等更制新律除死罪以下千餘條定留五百條凡十二卷一名例二衛禁三職制四戸婚五廐庫六擅興七盜賊八鬬訟九詐僞十雜律十一捕亡十二斷獄史稱其刑網簡要疎而不失唐太宗詔房元齡等增損隋律降大辟爲流者九十二流爲徒者七十一而大旨多仍其舊高宗即位又命長孫無忌等偕律

學之士撰爲義疏行之卽是書也論者謂唐律一準乎禮以爲出入得古今之平故宋世多採用之元時斷獄亦每引爲據明洪武初命儒臣同刑官進講唐律後命劉惟謙等詳定明律其篇目一準於唐至洪武二十二年刑部請編類頒行始分吏戸禮兵刑工六律而以名例冠於篇首

本朝折衷往制垂憲萬年

欽定大清律例明簡公平實永爲協中弼教之盛軌臣等嘗伏讀而紬繹之凡唐律篇目今所沿用者有

名例職制賊盜詐僞雜犯捕亡斷獄諸門其唐律合而今分者如戶婚爲戶役婚姻廏庫爲倉庫廏牧鬭訟爲鬭毆訴訟諸門其名稍異而實同者如衛禁爲宫衛擅興爲軍政諸門其分析類附者如關津留難諸條唐律入衛禁今析入關津乘輿服御物事應奏不奏驛使稽程以財行求諸條唐律俱入職制今分析入禮律之儀制吏律之公式兵律之郵驛刑律之受贓謀殺人諸條唐律入賊盜今析入人命毆詈祖父母父母諸條唐律並入鬭

訟今析爲兩條分入鬭毆罵詈又姦罪市司平物價盜決隄防毀大祀丘壇食田園瓜果諸條唐律俱入雜律今分析入刑律之犯姦戸律之市廛田宅工律之河防禮律之祭祀蓋斟酌畫一權衡允當迨今日而集其大成而上稽歷代之制其節目備具足以沿波而討源者要以唐律爲最善故著之於錄以見監古立法之所自焉其書爲元泰定間江西儒學提舉析贇所校刊每卷末附以江西行省檢校官王元亮釋文及纂例亦頗可以資參

訂也

大清律例四十七卷

乾隆五年奉

勅撰

御製序文頒行凡律目一卷諸圖一卷服制一卷名例律二卷吏律二卷戸律七卷禮律二卷兵律五卷刑律十五卷工律二卷總類七卷比引律條一卷前刻凡例十則及順治初年以來奏議而恭錄

世祖章皇帝御製序一篇

聖祖仁皇帝諭旨一道

世宗憲皇帝御製序一篇

諭旨一道冠於卷首蓋我

朝律文自

定鼎之初卽

詔刑部尚書吳達海等詳考明律參以

國制勒爲成書頒布中外康熙九年大學士管刑部

尚書事對喀納等復奉

詔校正旋又

諭部臣於定律之外所有條例或刪或存詳爲考定隨時

增改刊附律後逮雍正元年大學士朱軾尙書查

郎阿等奉

詔續成我

皇上御極之初即允尙書傅鼐之請

簡命廷臣逐條考正以成是編纂入定例凡一千餘條

而

皇心欽恤道取協中凡讞牘

奏陳皆辨析纖微衡量情法隨事

訓示務準其平以昭世輕世重之義又每數載而一修
各以新定之例分附於後在廷之臣恭聆
玉音或畧迹而原心或推見以至隱折以片言無不斟
酌於天理人情之至信
聖人留心庶獄爲千古帝王之所無而是編亦爲千古
之玉律金科矣
右政書類法令之屬二部七十七卷皆文淵閣著錄
案法令與法家其事相近而實不同法家者
私議其理法令者官著爲令者也刑爲盛世

所不能廢而亦盛世所不尙茲所錄者畧存梗概而已不求備也

營造法式三十四卷浙江范懋柱家天一閣藏本

宋通直郎試將作少監李誡奉勅撰初熙寧中勅將作監官編修營造法式至元祐六年成書紹聖四年以所修之本祇是料狀別無變造制度難以行用命誡別加撰輯誡乃考究羣書並與人匠講說分立類例以元符三年奏上之崇寧二年復請用小字鏤版頒行誡所作總看詳中稱今編修海

行法式總釋總例共二卷制度十五卷功限十卷料例並工作等共三卷圖樣六卷目錄一卷總三十六卷計三百五十七篇內四十九篇係於經史等羣書中檢尋考究其三百八篇係自來工作相傳經久可用之法與諸作諳會工匠詳悉講究蓋其書所言雖止藝事而能考證經傳參會衆說以合於古者飭材庀事之義故陳振孫書錄解題以爲遠出喻皓木經之上攷陸友仁硯北雜志載誠所著尚有續山海經十卷古篆說文十卷續同姓

名錄二卷琵琶錄三卷馬經三卷六博經三卷則誠本博洽之士故所撰述具有條理惟友仁稱誠字明仲而書其名作誠字然范氏天一閣影抄宋本及宋史藝文志文獻通考俱作誠字疑友仁誤也此本前有誠所奏劄子及進書序各一篇其第三十一卷當爲木作制度圖樣上篇原本已缺而以看詳一卷錯入其中檢永樂大典內亦載有此書其所缺二十餘圖並在今據以補足而仍移看詳於卷首又看詳內稱書總三十六卷而今本制

度一門較原目少二卷僅三十四卷永樂大典所載不分卷數無可參校而核其前後篇目又別無脫漏疑爲後人所併省今亦姑仍其舊云

欽定武英殿聚珍板程式一卷

乾隆四十一年戶部侍郎金簡恭撰進

呈初乾隆三十八年

詔纂修四庫全書復

命擇其繕本校正剞劂以嘉惠藝林金簡實司其事因棗梨繁重乃

奏請以活字排印力省功多得
旨俞允併
錫以嘉名紀以
睿藻行之三載印本衣被於天下金簡因述其程式以爲此書考沈括夢溪筆談稱慶歷中有布衣畢昇始爲活板其法用膠泥刻字薄如錢脣每字爲一印火燒令堅先設一鐵板其上以松脂蠟和紙灰之類冒之欲印則以一鐵範置鐵板上乃密布字印滿鐵範爲一板持就火煬之藥稍鎔以一平板

按其面則字平如砥若止印二三本未爲簡易若印數十百本則極爲神速云云活字之法斯其權輿然泥字既不精整又易破碎松脂諸物亦繁重周章故王楨農書所載活字之法易以木板其貯字之盤則設以轉輪轂爲徑捷而亦未詳備至陸深金臺紀聞所云鉛字之法則質柔易損更爲費日損工矣是編參酌舊制而變通以新意首載諸臣奏議次載取材雕字之次第以及庋置排類之法凡爲圖十有六爲說十有九皆一一得諸試驗

故一一可見。諸施行乃知前明無錫人以活字印

太平御覽，自隆慶元年至五年僅得十之一二者

案事見黃正色太平御覽序

由於不得其法。此亦足見

聖朝制器利用，事事皆超前代也。

右政書類考工之屬二部三十五卷，皆文淵閣著錄。

（清）紀昀等 纂

# 武英殿本四庫全書總目

第二二册

國家圖書館出版社

# 第二册目録

欽定四庫全書總目 史部

卷七十五

欽定四庫全書總目卷七十五

史部三十一

地理類存目四

河源記一卷編修程晉芳家藏本

元潘昂霄撰昂霄字景梁號蒼崖濟南人官至翰林侍讀學士諡文僖是書紀世祖至元十七年遣篤什西溯河源至星宿海事末有元統中柯九思跋元史已全錄其文此其別行之本也河源遠隔窮荒前志傳聞率皆瞽說惟篤什嘗親歷其地故

昂霄以聞於其弟庫克楚原作濶濶出今改正者記爲是編自詫爲古所未睹迨我

皇上神武遠揚平定西域揆度水脈規量地形又知篤什所言仍多疎漏已重爲考定勒在鴻編用以袪萬古之疑而訂百世之謬昂霄是記竟以故紙置之可矣

浙西水利議答十卷永樂大典本

一名水利文集元任仁發撰仁發松江人仕至都水少監明梁惟樞內閣書目云大德間都水少監

任仁發以吳松江故道湮塞震澤汎濫爲浙西害乃上疏條利病疏導之法凡十卷前有仁發自序又有許約趙某二跋末附宋郟亶及其子喬水利議約跋稱歲甲辰中書以其議上聞命中書省平章政事董是役由是震澤無壅與三江之勢接復朝於海趙某跋稱是錄所載其要有三一曰濬江河以洩水二曰築堤岸以障水三曰置牐竇以限水云

海道經一卷 浙江范懋柱家天一閣藏本

不著撰人名氏惟書中揚子江一條自稱其名曰璹其姓則不可考前有明嘉靖中應良序疑爲元初人所撰而後人增修之今觀書末附朱晞顏鯨背吟三十三首晞顏爲元人則此書亦出元人可知矣其書言海路要害及占風雨潮汐諸事大抵皆爲海運而作其後歌訣與今人所說亦同然未免失之於太簡

海道經一卷 戶部尚書王際華家藏本

不著撰人名氏紀海運道里之數自南京歷劉家

港開洋抵直沽及閩浙來往海道凡艤泊遠近險惡宜避之地皆詳誌之又有占天占雲占風占月占虹占霧占電占海占潮各門蓋航海以風色為主故備列其占候之術疑舟師習海事者所錄詞雖不文而語頗可據考海運惟元代有之則亦元人書也後有海道指南圖乃龍江至直沽針路嘉靖中袁褧以二本參校刻入所編金聲玉振集復錄元延祐間海道都漕運萬戶府海運則例圖至正間周伯琦供祀記二碑附於其末

治河總考四卷 浙江范懋柱家天一閣藏本

明車璽撰璽宛平人成化戊戌進士官至河南按察司僉事是編考歷代治河之事以時代先後爲次始周定王終明嘉靖十七年又以禹貢史記河渠書漢書溝洫志元史河源附錄宋濂治河議河南總志諸條列後其標題又稱山東兗州府同知陳銘續編前後無序跋不知孰爲璽之原書孰爲銘之所補體例參差刊刻拙陋蓋當時書帕本也

漕河圖志三卷 浙江鄭大節家藏本

明王瓊撰瓊有晉溪奏議已著錄先是成化間三原王恕作漕河通志十四卷宏治九年瓊以工部郎中管理河道乃因恕之書而增損之首載漕河圖次紀河之脉絡源委及古今變遷修治經費以逮奏議碑記罔不具悉明史本傳稱瓊由治漕河三年臚其事爲志繼任者按稽之不爽毫髪由是以敏練稱蓋其書之切於實用如此惜原本八卷此本止存三卷非完帙矣

問水集三卷 浙江鄭大節家藏本

明劉天和撰天和有仲志已著錄嘉靖初黃河南徙天和以右副都御史總理河道乃疏汴河自朱仙鎭至沛縣飛雲橋又疏山東七十二泉自梟尼諸山達南旺河役夫二萬不三月訖工詔加工部侍郎此書蓋據其按視所至形勢利害及處置事宜詳述之以示後人一卷末有治河本末一篇爲工部都水郎中鄽城楊旦所作以紀天和之績後四卷則皆其前後奏議之文也

通惠河志二卷附錄一卷　兩淮馬裕家藏本

明吳仲撰仲字亞甫武進人正德丁丑進士官至處州府知府通惠河即元郭守敬所開通州運河明初湮廢糧皆由陸以運費重民勞仲以御史巡按直隸疏請重濬不數月工成遂至今爲永利其事詳見明史後仲外調處州時恐久而其法寖弛故於舟中撰此書奏進得旨刊行上卷載閘壩建置開濬事宜而冠以源委圖說中卷及附錄皆諸司奏疏下卷皆碑記詩章也

三吳水利論一卷 戸部尚書王際華家藏本

明伍餘福撰餘福有陝西志已著錄是書凡分八篇一論五堰二論九陽江三論夾苧干四論荆溪五論百瀆六論七十三漊七論長橋百洞八論震澤皆吳中水利要害大旨本宋單鍔所論而推廣之

新河初議一卷　浙江范懋柱家天一閣藏本

不著編輯者名氏明正德間河決徐沛運道淤塞特起盛應期往治之應期建議於昭陽湖東北進江家口南出留城口開濬百四十餘里較疏舊河

力省而利永計需夫六萬五千人銀二十萬兩尅期六月功成時胡世寧行取進京道經沛縣親覩情形因上疏與應期議合興役垂成爲言者所沮而罷應期坐奪職史稱後三十年朱衡循新河故跡成之運道終賴其利則是舉不爲無見而言者爲媢嫉之口可知矣此編載世寧及應期原議開河疏並世寧請與應期同罪疏以見一事之始末以其事未竟功故但曰新河初議也應期字新徵吳江人宏治癸丑進士官至右副都御史事迹具

明史本傳世寧有奏議已著錄

浙西水利書一卷 浙江巡撫採進本

不著編輯者名氏錄前代治水文字凡奏記書狀疏論或問之類並列焉計宋文十九首元文十五首明文十二首而宋以前不採疑為未成之書其明文載至宏治間止則當為正德時所撰集也

膠萊新河議二卷 浙江范懋柱家天一閣藏本

明王獻撰獻字惟從號南灃又自號木石子咸寧人嘉靖癸未進士官山東巡察海運副使初元時

海運經由登萊避槐子口大石之險故放洋於三沙黑水歷成山正東踰登州東北又西北抵萊州海倉然後出直沽以達天津後於槐子口西之馬壕別開河道由麻灣抵海倉以達直沽鑿之遇石而止獻於元人所鑿之西燒石開道十四里麻灣以通於是江淮之舟可至膠萊餘三十里功未竟獻適遷去有撓之者案明史孫應鼇傳稱爲山東布政時有剏開膠萊河議者應鼇力言不可則撓之者指應鼇也功遂不成獻因敘其案牘爲一編以貽後來此書上卷是也其下卷則獻沒之後

膠萊人思其功祀之名臣工科給事中李用敬又理其說奏請續蕆其事其後人又彙刻之附獻書以行云

吳中水利通志十七卷 浙江巡撫採進本

不著撰人名氏前七卷分序蘇松常鎭并杭嘉湖諸府之水而各以歷代修濬之跡附載於後次為考議二卷次為公移三卷次為奏疏三卷次為紀述二卷其敘事皆至嘉靖二年止每卷之末題嘉靖甲申錫山安國活字銅板印行安國嘗翻刻留

元剛所編顔真卿集及年譜蓋亦好事之家也

治河通考十卷 浙江汪啟淑家藏本

明吳山撰山高安人嘉靖乙未進士官至禮部尚書謚文端是書大旨謂河雖經數省而自龍門下趨則梁地當其衝故河患爲甚前有自序云近日所刻治河總考疏漏混複乃重加校輯彙分序次一卷曰河源考二卷曰河決考三卷至九卷曰議河治河考末卷曰理河職官考上泝夏周下迄明代總爲十卷前有崇禎戊寅其曾孫士顔序畧蓋

重刊時所作也

吳江水利考五卷 江蘇巡撫採進本

明沈啓撰啓字子由號江村吳江人嘉靖戊戌進士官至湖廣按察司副使是書大旨以吳江爲太湖之委三江之首凡蘇松常鎭杭嘉湖七郡之水其瀦於湖流於江而歸於海者皆總滙於此故述其源委之要蓄洩之方輯爲一編前二卷曰水圖考水道考水源考水官考水則考水年考隄水岸式水蝕考水治考水柵考後三卷皆水議考乃啓

晚歲家居所輯至

國朝雍正中其八世孫守義復爲校正刊行江南通志稱其於水道最爲詳核今觀其書於治水條規頗爲明備於支派曲折尚不能一一縷載也

全吳水畧七卷 浙江范懋柱家天一閣藏本

明吳韶撰韶華亭人自號泰阜山人是書成於嘉靖戊戌首載蘇松七府爲總圖次作捍海塘紀次列太湖三江及諸水源委凡疏導修築之事以及歷代官司職掌公移事實悉採錄之

兩河管見三卷　浙江范懋柱家天一閣藏本

明潘季馴撰。季馴有司空奏疏，已著錄。此書乃其巡撫廣東時值兩河水決，再以右都御史督理河道之所建白也。首卷為圖說，冠以敕諭。二卷治河節解。三卷為修守事宜。其大旨與所撰河防一覽相同云。

治水或問四卷　江蘇巡撫採進本

明麗尚鴻撰。尚鴻字少襄，南海人，副都御史尚鵬之弟。以貢入國學，上書政府，復獻飛車、飛舟諸疏得旨下部授鹽城訓導擢英山知縣時河決爲祖陵患尚鴻撰進治河三策值巡撫與河臣議不合移怒尚鴻謫西安縣教諭終崑山縣丞蓋亦好事而兼好議論者也是編乃其在鹽城時講求治河方畧設爲或問類次成書其力闢毁高堰之議大抵與潘季馴相合末附開澗河疏草一首則專論泗州祖陵利害云

新濬海鹽內河圖說一卷 浙江巡撫採進本

不著撰人名氏前有序畧云海鹽地勢卑下與海

沙平每潮水漲高出平地丈餘恃以障蔽者僅石塘石塘之內有裏土塘然猶不能禦潮必有內河以納過塘之潮而後洩其橫流之勢萬歷五年海溢鹽邑受害特甚是年遂開內河此編卽詳記是役其說撮舉大要而圖則甚詳蓋海鹽知縣所刊稱於時巡撫浙江僉都御史爲徐栻栻字世寅常熟人嘉靖丁未進士以劾趙文華坐謫者卽其人後官至南京工部尚書題名碑錄作栻明史本傳亦作栻此本作拭刊板誤也

新河成疏無卷數浙江范懋柱家天一閣藏本

明工部都水郎中游季勳沈子木朱應時涂淵主事陳楠張純唐鍊同編初嘉靖四十四年七月黃河決浸沛縣諸處工部尚書朱衡與都御史潘季馴等相度地勢議於南陽至留城一帶別開新河自留城至白洋淺一帶則挑復舊河於時朝議不一然迄從衡議是編皆其前後案牘凡圖五奏疏十有一其稱古之治河惟避其害今之治河則又欲藉以通漕事與賈讓等異所言極爲明晰又稱

居民之情在新河者則稱新河可開在舊河者則稱舊河可復皆爲市廛之私非爲國家運道之計亦究悉物情之言也

東吳水利考十卷浙江巡撫採進本

明王圻撰圻字元翰上海人嘉靖乙丑進士官至陝西布政司參議明史文苑傳附見陸深傳中其書首列東吳七郡水利總圖而書中所載止六郡於杭郡未之及也六郡中尤詳於蘇松常鎮四郡嘉湖則稍畧焉前九卷爲圖考圖各繫以說後一

卷爲歷代名臣奏議所采亦復寥寥圻以吳人而考吳地水利應無謬誤然謂錢塘江出寧波之緒山不知寧波別有緒山乃混而爲一又引水經東至餘姚縣東入于海不知姚江源出大菁山逕寧波入海並不與浙江通均未免於疎舛

黄河圖議一卷 浙江范懋柱家天一閣藏本

明鄭若曾撰若曾有鄭開陽雜著已著錄是書所列上起河源下迄東海凡爲五圖而以歷代防濬得失附論於後明代自嘉峪關外即爲絕域無由

西越崑崙故所繪河源仍沿元史之誤至黃流湍悍變態百出月異而歲不同區區一卷之書固未可執為定論也

**治河管見四卷** 兩淮馬裕家藏本

明潘鳳梧撰鳳梧桐鄉人貴州籍隆慶庚午舉人是編末有茅一桂跋稱為安邊濟運本書蓋鳳梧別有邊事一書合此書而總名之此則僅存其治河書也書中多作歌括立名詭激而詞意實淺近後載聘啟之類尤為蕪雜

潞水客談一卷 兩淮鹽政採進本

明徐貞明撰貞明字孺東一曰伯繼貴溪人隆慶辛未進士官至尚寶司少卿其官工科給事中時上疏言畿甸水利大旨開西北之溝洫以省東南之漕運廷議不行會以他事外謫太平府知府不能再疏理前說乃於通州旅次作此書設爲賓主問答之辭以盡疏中之意前有萬歷丙子張元忭序又有俞均重刊序及王祖嫡題詞末有李世遠王一鶚二書李楨米鴻謨二跋皆盛推之然其後

貞明復官還朝再申前請廷議用其策即命貞明領之迄不能成功而罷又明史汪應蛟傳載應蛟巡撫保定時奏興畿輔水利工部尚書楊一魁贊成其事神宗報許後亦卒不能行葢持是議者皆妄冀水利一興即北方之粟足供倉儲可以省南方之漕運而不知古今異勢南北異宜書生紙上之言固未可概見諸實事也

西瀆大河志五卷　兩淮馬裕家藏本

明張光孝撰光孝字維訓號左華自署關中人不

知爲何郡縣也是編志大河源委與決塞修濬之宜旁及祀典雜事藝文猶屬志書之體乃復摭入天河星象龍馬卦畫繪圖列說附會支離是與水官何涉乎

千金堤志八卷 浙江范懋柱家天一閣藏本

明謝廷諒周孔教姜宏範同撰廷諒字友可金谿人萬歷乙未進士官至順慶府知府事跡附見明史謝廷瓚傳孔教有中丞疏稿已著錄宏範臨川人仕履未詳千金堤在撫州府城東當汝水之衝

即唐之千金陂屢有興廢萬歷五年知府古之賢率屬重修廷諒等因述此志以紀其事凡形勝沿革經畫人物各一卷藝文四卷則皆一時頌美之詞也

古今疏治黃河全書四卷 兩淮馬裕家藏本

明黃克纘撰克纘字紹夫晉江人萬歷庚辰進士官至工部尚書事迹具明史本傳是編乃其巡撫山東時所作分黃河考畧治河左袒三吳水利諸目所錄上起祖乙之圮耿下終萬歷三十二年蘇

莊之決末係以論陳當時便宜其大旨主於順河之性以疏之而歷陳明代河決末疏先塞之害其引漢武瓠子歌謂漢時河已通淮泗又引宋張洎疏以爲禹貢九河之外原引一支南行入淮泗則未免出於附會也

河漕通考二卷 浙江巡撫採進本

明黄承元撰承元秀水人萬歷丙戌進士官至副都御史巡撫福建上卷論河防下卷論漕運皆上溯歷代下迄萬歷中年文頗簡潔而傷於太畧

海塘錄八卷 江西巡撫採進本

明仇俊卿撰俊卿海鹽人官國子監博士萬歷十五年海鹽塘潰重修俊卿因錄其圖式案牘爲此書浙江通志已採錄其大畧其所紀述距今一百餘載亦今昔異宜矣

河渠志一卷 江蘇巡撫採進本

明吳道南撰道南字會甫崇仁人萬歷巳丑進士官至文淵閣大學士謚文恪事迹具明史本傳萬歷甲午陳于廷建議修國史令翰林諸臣分門受

事道南領修河渠志此即其原稿也凡三篇曰運河曰黄河曰通惠河其餘皆未之及按明史藝文志作二卷則是本已非全帙矣前有總序謂冠以圖策載其領要今此書無圖蓋傳寫者失之考元史以前諸志皆無圖繪此例蓋道南所首創也

泉河史十五卷 安徽巡撫採進本

明胡瓚撰瓚有禹貢備遺增註已著錄是編圖紀一卷職制一卷泉源一卷河渠一卷職官表二卷泉河派表一卷疆域山川夫役漕艘官室人物秩

祀敘傳各一卷乃瓚分司南旺時據河志閘河考泉河志諸書刪輯而作於河湖閘壩隄防瀦洩之道載之頗悉特體例冗雜尚有待於後人之潤色耳末附泉河大事記一卷用編年體以總括全書大畧亦近複沓又泉源志後有天啓二年主事薛玉衡新開泉名二十七處則後人所續入也

皇都水利一卷 江蘇巡撫採進本

明袁黃撰黃號了凡嘉善人萬歷丙辰進士官兵部主事是編歷考北直隸河渠意在興修水利末

載畿內田制開田賞功沿海開田諸論大旨頗與徐貞明潞水客談相近黃嘗任寶坻令縣賦繁重具疏乞減故於畿輔利弊尤所究心卷首題前進士袁黃編旁註云了凡雜著亦疑非完帙也

南河志十四卷 兩淮馬裕家藏本

明朱國盛撰國盛字敬韜華亭人萬歷庚戌進士官至工部尚書兼理侍郎事天啟五年國盛以工部郎中管理南河創爲此志自敕諭至公移凡二十三門於黃淮諸水疏治事宜頗爲詳析前有自

作序例一首又有李思誠徐標二序後有彭期生跋思誠揚州人標與期生皆繼國盛董斯役者也

常熟水論一卷　編修程晉芳家藏本

明薛尚質撰尚質常熟人以白茅許浦福山三浦爲常熟宣洩所賴故作此以明其利害前有自序言考當代名臣奏議及唐宋諸賢成說可以行於今者凡若干條爲之贊論以備於左復著水利論一篇雜論十條以厠於末此本爲曹溶學海類編所載但有水利論及雜論而無所謂名臣奏議及

唐宋成說者蓋删其前半非完書矣

黃運兩河考議六卷 浙江汪啟淑家藏本

不著撰人名氏首總論一篇次以歷代治河之事編年紀載始唐堯迄明熹宗其大旨欲復九河故道引全河北趨以歸海所謂紙上空談不達時變與欲復井田封建同一迂謬耳

河紀二卷 山東巡撫採進本

國朝孫承澤撰承澤有尚書集解已著錄是書紀黃河遷徙始末兼及畿輔水利大旨為籌畫漕運而

作

具區志十六卷 兩淮馬裕家藏本

國朝翁澍撰澍字季霖吳縣人是書以明蔡羽太湖志王鏊震澤編爲本參酌增損續成此書於瀕湖港瀆區畫獨詳

北河續記八卷 浙江汪啟淑家藏本

國朝閻廷謨撰廷謨孟津人順治丙戌進士以工部主事督理河工是編因謝在杭舊志而修之又附錄古蹟藝文於其後廷謨自序謂刪其不宜於今

而增其正行於今者故所紀形勢頗詳然正行於今者增之是也其不宜於今者亦當存以備考證乃協志乘之體一概刊除非通論也

河防芻議六卷 直隸總督採進本

國朝崔維雅撰維雅新安人順治丙戌舉人初任儀封縣知縣陞淮安府同知調開封府南河同知以防河功授寧波府知府因總河王允裕請再遷管河道僉事官至布政使其成是書則爲江蘇按察使時也大旨謂治河有七法曰引河曰遥堤曰月

堤曰縷堤曰格堤曰護埽曰截壩前明潘季馴河防一覽詳於堤壩之說而不言引河維雅獨申引河之說蓋當河流悍激之地不得不濬此以殺其勢耳其書前爲總圖後爲分圖總圖所以審其形勢而分圖所以定其工程圖各有說所以明其致治之原維雅身歷河工二十餘年著爲此書其意見與靳輔頗不相合康熙二十一年河決蕭家渡維雅因上疏條奏河務斥輔所築減水壩爲不可用請變前法而更張之

上特遣大臣履勘復

名輔與維雅廷辨輔指列情形具陳維雅剿襲之謬維雅無以對卒從輔議而河患以息是其說亦多出於一偏之見不可據爲定論也

新劉河志一卷婁江志二卷兩江總督採進本

國朝顧士璉撰士璉字殷重太倉州人先是順治十二年婁江塞水無所歸太倉知州白登明開鑿朱涇舊迹而水以安州人名之曰新劉河以婁江舊名劉河也士璉實佐是役故輯其始末爲志一卷

康熙辛亥再濬劉河之淤仍以士璉任其事工既竣乃復輯婁江志二卷上卷敘新績下卷考舊迹而以郟亶郟僑諸人治水之書附焉新劉河志其稿本出登明士璉重輯之婁江志則士璉所自輯以其循登明之法而成功故亦題曰登明定不忘所自也前有王瑞國郁禾序皆稱爲吳中開江書葢當時二書合刊總題此名耳

山東全河備考四卷 江蘇周厚堉家藏本

國朝葉方恒撰方恒字學亭崑山人順治戊戌進士

官至山東濟寧道是編即其督理山東河道時所輯專言漕河之在山東者首圖志次河渠次職制次人文大致採掇明王恕漕河通志王瓊漕河圖志車璽漕河總考諸書而稍參以近時之形勢

明代河渠考無卷數浙江巡撫採進本

國朝萬斯同撰斯同有廟制圖考已著錄是書採取有明列朝實錄凡事之涉於河渠者悉按年編次天啟四年以後則雜取邸抄野史以足成之視史志所載稍詳然頗傷冗雜考斯同嘗預修明史此

本疑即其摘錄舊聞備修志之用者後人取其殘稿錄存之也又兩江總督所採進亦有此書題曰明實錄河渠考所載止於萬歷四十八年知當時隨筆抄錄本未成書後來傳寫其稿者各據所見之本故多寡互異併書名亦小不同矣

今水經一卷　浙江巡撫採進本

國朝黃宗羲撰宗羲有易學象數論已著錄是書前列諸水之名共為一表皆以入海者為主而來會者以次附之如汴入河鄭入汴京入鄭索入京之

類自下流記其委也後各自爲說分南北二條皆
以發源者爲主而所受之水以次附之如衛河出
輝縣蘇門山逕衛輝府北東流淇水來注之又過
濬縣內黃漳水來注之之類自上流記其源也其
所說諸水用今道不用故道用今地名不用古地
名創例本皆有法而表不用旁行斜上之體但直
下書之某入海某入某某又入某頗不便檢尋又
渭入河涇潼汧漆沮入渭洛入河瀍澗伊入洛之
類皆分條淇漳汶滹桑入衛淸入淇沙易入滹溫

渾入桑之類又合條則排纂之未善也其書作於明末西嘉峪東山海北喜峯古北居庸皆不能踰越一步宗羲生於餘姚又未親歷北方故河源尚剽元史之說而灤河之類亦沿明一統志之舊松花黑龍鴨綠混同諸江尤傳聞彷彿不盡可據我
朝幅員廣博古所稱絕域皆入版圖得以驗傳聞之真妄
欽定西域圖志河源紀畧諸書勘驗精詳昭示萬代儒生一隅之見付之覆瓿可矣

明江南治水記一卷 編修程晉芳家藏本

國朝陳士鑛撰士鑛號宿峯秀水人康熙初以貢生閣試授主事是書大旨主於廣濬分支共受三江之水多爲尾閭以殺震澤之怒故所錄惟以夏原吉議三條爲主而況鍾李克嗣呂光海瑞許應逵五事附焉非盡錄明一代治水之政也

湘湖水利志三卷 浙江巡撫採進本

國朝毛奇齡撰奇齡有仲氏易已著錄蕭山湘湖爲一邑水利所資宋熙寧間縣民殷慶倡議建塘而

未行至楊時為縣令始舉其役而明尚書魏驥修築之後為豪民所佔御史何舜賓又以死爭復之舜賓之婿僉事富玹因作蕭山水利志歲久殘缺奇齡因其舊本補輯是編前二卷詳述湘湖沿革條約第三卷則附錄諸湖而終以湘湖歷代禁罰舊例其大旨以杜侵佔為本

東南水利八卷　浙江巡撫採進本

國朝沈愷曾撰愷曾歸安人康熙壬戌進士官至山東道監察御史是書前四卷錄康熙以來太湖劉

河白茆孟河諸處興修開濬奏議公牘第五卷錄折解緩征議賑兵糧關稅諸奏議其目錄內自註有曰是卷內有無關水利因當事大臣仰體

主恩曲爲生民請命俾安樂利故載入葢因水利而附錄者也第六卷七卷皆前代水利沿革於湖郡修築之外亦附錄賦額田稅均糧鹽戶諸事葢亦留心於民事者然志乘皆已具載此爲贅出矣

治水要議一卷　編修程晉芳家藏本

國朝孫宗彝撰宗彝有易宗集註已著錄此書載曹

濬學海類編中其議治河之法以築歸仁堤疏周家橋爲主蓋亦執一偏之見未可坐論起行也

太湖備考十六卷 浙江巡撫採進本

國朝金友理撰友理字玉相吳縣人是書卷首爲巡幸圖說卷一總誌太湖卷二爲沿湖水口濱湖山卷三爲水治水議卷四爲兵防湖防論說記兵職官卷五爲湖中山泉港瀆都圖田賦卷六爲坊表祠廟寺觀古蹟風俗物產卷七爲選舉鄉飲卷八爲人物卷九爲列女卷十十一爲詩卷十二十三爲文

卷十四爲書目災異卷十五爲補遺卷十六爲雜記大旨爲明人太湖志震澤編皆詳於湖中而畧於湖外以所重在名勝而水利兵防不及悉故以此書補所闕云

蕭山水利書初集二卷續集一卷三集三卷附集一卷

浙江汪啟淑家藏本

初集明富玹編

國朝來鴻雯重訂續集三集皆

國朝張文瑞編附集文瑞之子學懋所編蕭山水利

以湘湖爲最溥明初其邑人御史何舜賓嘗以清理佔田被禍玆爲舜賓婿因取章懋魏驥所輯水利事蹟合梓以行以備考驗康熙五十八年有私決湘湖者水利幾廢鴻雯據舊本重加訂正文瑞又旁搜黃震萬柳堂記等文十二篇爲續集并刊行之雍正十三年文瑞又以舊作西江塘湘湖紀事稿二帙輯爲三集其附集則蕭山水利十條即明紹興知府賈應璧所撰圖說之舊本也

治河前策二卷後策一卷　浙江巡撫採進本

國朝馮祚泰撰祚泰字粹中滁州人乾隆壬申舉人是編乃其肄業中山書院所作分前策後策二集前策三十篇皆詳述禹貢水道及歷代遷徙之迹而評其得失後策十一篇皆條析現在利病前策大吉主復北派放河使東入海自不病會通後策大吉主閉南崖減水壩不引濁沙入湖添建北崖減水壩另闢海口以洩其泛漲

水鑑六卷 福建巡撫採進本

國朝郭起元撰起元閩縣人歷官盱眙縣知縣遷泗

州知州宿虹同知皆積水爲患之區因即所見聞勒爲一編凡論十四篇說四十四篇策六篇考四篇刻於乾隆癸酉其論淮徐一路皆身所閱歷之言其他如江南浙江湖北山東諸水則亦傳聞之論至於黃河源流一篇仍襲元人舊說尤未得其真也

安瀾文獻一卷兩江總督採進本

國朝沈光曾撰光曾秀水人官高郵州知州是編輯前明及

國朝修治南河大要分爲四篇一曰分黃二曰導淮三曰利運四曰全下以皆錄前人奏議之詞故名曰文獻其大旨在於劉老澗多設滾壩疏通沭河以六塘清水道之使疾趨入海以治河於張福口裴家場等處浚引河使洪澤之水盡出雲梯關以治淮又繪圖冠於卷首末有乾隆十年重刻書後一篇乃其病中所作謂潘季馴稱河不兩行乃泇河未創中河未開以前以黃河爲運道故有是說今則運道自清河桃源以上已無藉於黃河自宜

隨時籌畫又稱惟別穿一渠之說必不可行穿則河水橫經運道挾之而走實有可虞黃壩新河之陳迹足鑒云

右地理類河渠之屬五十二部二百四十六卷（內二部無卷數）皆附存目

北邊備對一卷（江蘇巡撫採進本）

宋程大昌撰大昌有易原已著錄是書前有大昌自序稱淳熙二年因進講禹貢孝宗問以塞外山川未能詳對紹熙中奉祠家居乃補撰此書以緣

起於講筵顧問故仍以備對爲名凡二十一則皆摭史傳舊文無所考正

江東地利論一卷 永樂大典本

宋陳武撰武始末未詳所論凡十篇首論東南北古昔爲最盛次論南北勝負之勢次論東南地勢在江淮次論東南地勢在巴蜀次論合淝濡須攻守之要衝次論襄漢荆南上流之重鎮次論襄陽爲江陵捍蔽次論壽春爲江東捍蔽次論西臨闗隴東瞰青齊以取中原次論中外盛衰在於天時

大抵亦與江東十鑑相表裏蓋宋南渡後人人能爲是言也

東南防守利便三卷兩江總督採進本

宋陳克吳若同撰考宋史呂祉傳祉知建康與吳若等共議作此書上行在大畧謂立國東南當聯絡淮甸荆蜀之勢蓋專爲南宋立言者也此本刊於明崇禎間前有祉進書繳狀一篇稱吳若爲本府通判蓋其幕屬云

邊防控阨形勢圖論一卷永樂大典本

宋江默撰默始末未詳其進書狀有云臣效官極邊四載考究今古地名形勢撰列邊防控阨形勢圖并論二十四首繕寫成冊皆是今日邊防急務不如此行則淮西不可守無淮西則長江不可恃昔三國吳無淮西亦守巢湖不敢退守長江以長江千里不可勝守而巢湖兩岸阻山中間阻水易守故也今日有兩淮何爲退守池州江州棄巢湖之險哉其論亦剴切然不論攻而論守其作於和議之後歟

東關圖一卷　浙江巡撫採進本

明聞人詮撰詮有南畿志已著錄是編乃嘉靖壬辰詮爲監察御史時巡視山海等關以涖任例取地圖而繪畫不免勞費乃取平原張祿舊時所繪諸圖重加校正刊以備閱所載關寨二百一十有二紀其道里遠近形勢險易頗詳詮即刊刻舊唐書者舊唐書明代幾佚其得重見於世者實詮之力較方從哲官内閣時竊謝承後漢書以出匿不示人遂致天地之間不復得見是書者其用心之

廣隘相去遠矣

修攘通考四卷 浙江巡撫採進本

明何鏜編鏜有括蒼彙紀已著錄此編以僞蘇軾地理指掌圖與桂萼明輿地圖許論九邊圖三書合而刊之別立此名更無一字之論著恐鏜之陋未必至是或坊賈所託歟

九邊考十卷 兩江總督採進本

明魏煥編煥字東洲長沙人嘉靖乙丑進士官兵部職方司主事是書作於嘉靖辛丑第一卷爲鎮

戍經略以下分九邊爲九卷而各邊之中又分疆域保障責任軍馬錢糧諸目所採多章奏案牘大抵紙上之談也

海防圖論一卷浙江范懋柱家天一閣藏本

明鄭若曾撰若曾有鄭開陽雜著已著錄是圖乃若曾與唐順之所共定凡十二幅其式以海居上地居下乃畫家遠近之法若曾具爲之辨胡宗憲所題爲海防一覽者即此書也其書成於萬里海防圖之先葢草創未詳之本後其六世孫定遠刊

海運圖說黄河圖議等編復併是書刻之云

萬里海防圖說二卷浙江巡撫採進本

明鄭若曾撰是書乃若曾入胡宗憲幕府以後與同事邵芳取舊撰海防圖論復加考定起廣東歴福建浙江南直山東遼東計程八千五百餘里雜圖七十五各爲之論若曾自序以爲許默齋九邊圖論詳於西北此獨詳於東南云

江防圖考一卷浙江范懋柱家天一閣藏本

明鄭若曾撰若曾既圖海防復爲此書起九江至

金山衛凡爲圖十有九後備論沿江守禦兵弁之數及所當修補增置之法

江防考六卷　浙江汪啟淑家藏本

明吳時來撰王篆增補時來仙居人嘉靖癸丑進士官至左都御史諡文恪篆夷陵人嘉靖壬戌進士官至吏部左侍郎隆慶二年時來以南京僉都御史提督操江創爲此考六年篆奉命繼其任以時來書度之形勢微有不同因仍其體例增損重訂蓋明代以南京爲根本重地專設操江都御史

與勳臣一人同領其事所轄水操軍以萬計上自九江下抵蘇松通泰緩急咸責成之是考於形勝營制官兵沿革頗爲詳備盖當時積習廢弛故立法特密云

**兩浙海防類考續編十卷** 浙江汪啟淑家藏本

明范淶撰淶字原易休寧人萬歷甲戌進士官至福建右布政使自嘉靖中倭寇犯兩浙沿海郡縣被害最深故守土者以海防爲首務胡宗憲作籌海圖編後續之者有海防考海防類考諸書而沿

革不常每有闕略萬歴二十九年淶官海道副使因取諸書復加增廣故名曰續編前有史繼辰序并類考舊序二首凡四圖四十一目於兵衛巡防餉額各事宜頗爲詳備惟多錄案牘之文未免時傷冗漫耳江南通志列淶於儒林傳中載所著有休寧理學先賢傳范子嚨言睎陽文集獨不及此書蓋自宋以來儒者例以性命爲精言以事功爲霸術至於兵事尤所惡言殆作志者恐妨淶醇儒之名故諱此書歟然古之聖賢學期實用未嘗曰

日晝太極圖也

温處海防圖畧二卷 浙江汪啟淑家藏本

明蔡逢時撰逢時字應期宣城人萬曆庚辰進士官温處兵備副使温處爲兩浙海疆門戶明季倭寇出沒號曰要衝逢時此書作於萬歷二十四年皆據當時文移冊籍編次成帙凡地圖船械以及戰守選練之法無不畢載共爲圖四子目四十有三

籌海重編十卷 兩淮馬裕家藏本

明鄧鍾撰鍾字道鳴晉江人萬歷二十年倭大入朝鮮海上傳警總督蕭彦命鍾取崑山鄭若曾籌海圖編删其繁冗重輯成書冠以各處海圖次記奉使朝貢之事又分按沿海諸省記其兵防制變各事宜而以經畧諸條終之於前代舊事亦間有引証前有彦序一篇極稱胡宗憲功蓋宗憲倚趙文華勢攘張經血戰之功固難逃清議而其所自設施亦頗著勲勞受禍以後衆怒平而公論定固有不容盡没者也

海防圖論一卷 浙江范懋柱家天一閣藏本

不著撰人名氏所載惟江南浙江山東遼東而福建直隸諸省沿海之地並無圖說疑其有缺佚也

陝西鎮考一卷 浙江范懋柱家天一閣藏本

不著撰人名氏畧記陝西諸鎮城堡之屬大抵從王圻續文獻通考邊防門中錄出蓋明人所爲也

海防述畧一卷 浙江范懋柱家天一閣藏本

國朝杜臻撰臻有閩粵巡視紀畧已著錄是書臚列沿海險要形勢及往來策應諸地於諸洋列戍哨

探事宜亦併及之按臻於康熙二十二年奉

詔偕内閣學士石柱往閩粤定疆理兹書蓋其時所著也

延綏鎮志六卷 内府藏本

國朝譚吉璁撰吉璁字舟石嘉興人由内閣中書官至登州府知府明時以延綏爲重鎮設重兵以防

河套

本朝順治初年罷延綏巡撫不設而延綏鎮尚仍舊名康熙十二年吉璁以延安府同知分駐榆林城乃因明巡撫涂宗濬舊本重修此志自圖譜至藝

文凡分十二類所載皆明代邊防之事

蠻司合志十五卷 浙江巡撫採進本

國朝毛奇齡撰奇齡有仲氏易已著錄是編皆紀明代土司始末凡湖廣一卷貴州二卷四川四卷雲南四卷兩廣四卷亦其修史所餘之稿也

江防總論一卷海防總論一卷 編修程晉芳家藏本

國朝姜宸英撰宸英字西溟慈谿人康熙丁丑進士官翰林院編修已卯充順天鄉試副考官爲正考官修撰李蟠所累逮問蟠遣戍宸英卒於獄是二

書載曹溶學海類編中各冠總論於前而條繫其形勢之畧於後題曰附錄案江防論末稱依海道所經自廣東西路始福建浙江江南登萊天津衛遼陽以次及之又括海南所經各省郡縣自爲一卷與論後所附錄全不相應又稱其沿海山河寇綜入犯分合日本輿地皆有圖今亦無圖知曹溶刪節其文非宸英之原帙也

秦邊紀畧四卷 直隸總督採進本

不著撰人名氏書中首卷河州條注內有西夷部

落三十有奇康熙十四年圍衛城一月康熙二十二年又犯衛地之語又四卷近疆西夷傳內載康熙二十四年祝囊同科爾坤十八部由古北口入覲事則此書爲康熙間人所作首載河州及西寧莊浪涼州甘州肅州靖遠寧夏延綏等衛形勢要害次載西寧等衛南北邊堡次載西寧等衛近疆及河套次載外疆近疆西夷傳河套部落蒙古四十八部落考畧西域土地人物畧其論邊鄙疆域及防守攻剿情形一一詳悉蓋

國家初定西陲中間遘王輔臣之叛與滇黔相煽方用兵於內地故近邊諸部往往竊窺後乃以次削平馴爲臣僕此書所述皆是時之形勢方今
聖武遠揚天山南北二萬餘里皆置郡開屯歸我疆宇昔之所謂險要者今皆在戶闥之間昔之所謂強梁者今皆隸賦役之籍此書所述皆無所用之然在當時則可謂留心邊政者矣至北邊四十八部源委弗詳且非秦地其西域道里以驛程考之亦皆在茫眛之間蓋一時得之傳聞附錄卷末均不

足爲典要存而不論可矣

右地理類邊防之屬二十一部八十三卷皆附存目

欽定四庫全書總目 史部

卷七十六

# 欽定四庫全書總目卷七十六

## 史部三十二

### 地理類存目五

龍虎山志三卷（兩淮馬裕家藏本）

元元明善撰，明張國祥續修。明善字復初，淸河人。以浙東使者薦爲學正，擢太子文學，歷翰林學士，謚文敏，事蹟具元史本傳。國祥則嗣封眞人也。是書乃皇慶三年明善官翰林學士時奉勅所修，然原本體例不可復考，惟存延祐元年程鉅夫序及

吳全節進表此本載山川建置人物道侶並累朝制勅藝文頗爲龎雜殆已多所竄亂非其舊矣

茅山志十五卷　浙江孫仰曾家藏本

元道士劉大彬撰大彬號玉虛子錢塘人延祐中襲封茅山四十五代宗師洞觀微妙元應眞人是書分誥副墨三神紀括神區稽古蹟道山冊上清品仙曹署采眞游樓觀部靈植檢錄金石金薤編十二門每門以三字爲題葢彷陶宏景眞誥例也前有永樂癸卯胡儼序稱舊本爲張雨所書至爲

精潔後燬於兵姚廣孝復爲刊板及成化庚寅嘉靖庚戌又重刻者再此本卽嘉靖時刻不但紙板惡劣非張雨之舊且爲無識道流續入明事敘述凡鄙亦非劉大彬之舊矣

仙都志二卷 兩淮馬裕家藏本

元道士陳性定撰仙都山古名縉雲山唐天寶中勅改今名此志分六門曰山川曰祠宇曰神仙曰高士曰草木曰碑碣題咏前序題至正戊子不著姓名以序及志中祠宇門考之葢元延祐中給道

士趙嗣祺五品印提點是山玉虛宮羽流榮之因撰是志也

天台山志一卷 兩淮鹽政採進本

不著撰人名氏末稱世祖皇帝封道士王中立爲仁靖純素眞人知爲元人所作又稱前至元間知爲順帝時人矣其書頗典雅可觀然七十二福地一條不引杜光庭書而引記纂淵海知爲稗販之學矣

武夷山志十九卷 江蘇巡撫採進本

明裘仲孺撰仲孺字稺生崇安人洪武初薦授平遠縣知縣其書凡十一篇首名勝次雲構次題刻次仙眞次羽流次存疑次物產次游寓次祀典次掞藻次餘韻末一卷爲詞訂則詩文之續得者也體例龐雜殊不足觀掞藻一篇幾及全書之半尤失裁制也

震澤編八卷 浙江巡撫採進本

明蔡昇撰王鏊重修昇字景東吳江人鏊有史餘已著錄是書首紀五湖七十二山兩洞庭次石泉

古跡次風俗人物土産賦稅次水利官署寺觀菴廟雜記次集詩集文前有宏治十八年楊循吉序稱其操觚之妙天機獨運中間有似爾雅者有似山海經者有似柳子厚諸山水記者用能繪畫造物陳諸簡牘未免譽過其實昇書本名太湖志鏊爲重修乃取禹貢之語改今名云

金山襍志一卷　浙江汪汝瑮家藏本

明楊循吉撰循吉有蘇州府纂修識畧已著錄金山在吳縣西三十里循吉少時嘗讀書其中歸田

後因爲之志分八篇一山勢二品石三泉四山居五游觀六草木七飲食八勝事每篇各有論賛

鴈山志四卷 浙江汪啟淑家藏本

明朱諫撰諫號蕩南樂清人宏治丙辰進士官至吉安府知府鴈蕩山在溫州府跨樂清平陽二縣於古無稱自宋太平興國中始有僧居之奇秀甲於浙東明初僧永昇者始輯爲鴈山集一卷編次無法嘉靖己亥諫因舊本搜討增爲四卷列三十二門樂清知縣徽州潘潢序之萬歷辛巳知州南

昌胡汝寧復爲翻雕而以續得詩文冠於卷前殊爲猥雜

京口三山志十卷 江蘇巡撫採進本

明張萊撰萊字廷心丹徒人宏治閒舉人北固金焦三山皆古來勝境而未有裒輯遺文舊事合爲志者兗州史宗道爲鎭江推官始屬萊考三山名蹟沿革及歷代詩文彙成此編頗能正訛訂謬如金山之名舊云創於唐李錡萊則謂梁天監四年卽金山修水陸會其名已始於六朝考證頗爲典

核然如事物紀原引宋大中祥符七年四月詔封焦山大聖祠爲明應公本非僻書僻事而祠廟類中乃失收之則疎密亦不免互見葢萊所依据多取諸郡縣圖經未能博徵羣籍故每有漏畧也

慧山記三卷 浙江范懋柱家天一閣藏本

一名九龍山記明邵寶撰寶有左觿已著錄慧山卽惠山在無錫縣界局狹而氣秀地近而景幽自昔號爲佳境寶居近是山釣遊所及時有品題所作如惠山雜歌惠山十二詠敘竹茶鑪文等篇具

載於容春堂續集中此書仿賀知章會稽洞郭之美羅浮山之側搜輯舊事遺文爲之作志

鄧尉山志一卷 浙江范懋柱家天一閣藏本

明沈津撰津字潤卿蘇州人是書分本志泉石祠墓梵宇山居名釋草木食品集詩集文十類前爲總敘一篇其稱本志者以專紀山之形勢爲作志本意故以冠於各類之首也書成於嘉靖壬寅靳學顏嘗爲之序黃虞稷千頃堂書目遂以爲學顏所作失考甚矣

## 衡嶽志十三卷 浙江汪啟淑家藏本

明彭簪撰姚宏謨重訂考明史藝文志載彭簪衡嶽志八卷此多五卷當卽宏謨所增然宏謨序已稱續刻者隨時竄入而不之究則未經重修以前已非簪之原本矣序又稱總形勝於多景之前補事紀於諸卷之首此本一卷爲事紀二卷三卷爲形勢知爲宏謨所增至所稱詩文以景附景以類分者則散綴各卷不可復考簪自號石屋山人安城人官衡山縣知縣其書成於嘉靖戊子宏謨秀

水人嘉靖癸丑進士官至吏部左侍郎其書成於隆慶辛未時提督湖廣學政應知縣章宣之請續此編云

廬山紀事十二卷 浙江汪汝瑮家藏本

明桑喬撰

國朝范礽補訂喬字子木江都人嘉靖壬辰進士官至監察御史以首劾嚴嵩爲所搆陷謫戍九江以卒事迹具明史本傳此書卽其謫戍時作成於嘉靖辛酉至

國朝順治戊戌廵按御史許世昌屬南康推官會稽范礽重爲補訂以山陰山陽別其條貫屬南康者列於陽屬九江者列於陰又取喬後百餘年閒事跡題詠綴補於後礽序稱喬書質而辨文而約紀事皆題原採書名礽所補悉仿其例云

仙都山志二卷 兩淮馬裕家藏本

明戴葵撰葵酆都人始末未詳據其自䟦此書蓋嘉靖丁未作也仙都山在四川酆都縣境爲道經第四十二福地稱前漢王方平後漢陰長生得道

處葵襍采舊文分爲八類大抵神仙家言爲多

牛首山志二卷 兩淮馬裕家藏本

明盛時泰撰時泰字仲交江寧人嘉靖中貢生牛首山在江寧城南一名天闕是書首志山名次志巖洞池泉殿廬草樹法寶遊覽麗藻其文頗近遊記不盡沿志書窠臼其藝文多著出某書亦明人所難惟地畝弓口一條全錄稟帖批詞首尾不加刪削殊失體例

仙巖志六卷 兩淮馬裕家藏本

明王應辰撰應辰自署曰舉人不著里貫考太學題名碑有隆慶辛未進士王應辰信陽人去作此書時僅十六年未知即其人否也仙巖山在浙江瑞安縣境爲道書第二十六福地嘉靖壬戌兵部郎中永嘉王叔果屬應辰爲此編首載圖景次錄詩文序次尙頗簡潔

黃海六十卷兩江總督採進本

明潘之恒撰之恒字景昇歙縣人嘉靖間官中書舍人考明史藝文志有潘之恒黃海二十九卷此

本雖未標卷數其曰紀初者八曰紀藏者七曰紀跡者十有八曰紀遊者二十有一曰紀異者六皆别之爲卷則已六十卷矣史稱二十九卷未爲確數然其中次第卷數或有或闕或參差錯互蓋猶未定之稿不知其止此六十卷否也黄山在徽州府西北百三十里舊名黟山唐改今名跨據宣池江浙數郡世傳黄帝與容成子浮邱公煉藥於此故有浮邱容成諸峯此姑存圖經之說以備古迹一條則可之恒竟上溯軒轅采摭經傳凡涉黄帝

者皆入焉至以廣黃帝本行紀眞仙通鑑諸書與六經之文並列何其誕歟大抵以多爲勝而考證之學與著述之體則非所講也

武夷山志畧四卷浙江范懋柱家天一閣藏本

明徐表然撰表然字德望崇安人嘉靖中嘗結漱藝山房於武夷第三曲因撰次是書分爲四集繪山之全圖及武夷宮左各景宮右九曲諸勝悉以題詠附於後凡名勝古跡皆分附於山川較他地志尤便省覽此變例之可取者至於寓賢及仙眞

之類八繪一圖則不免近兒戲矣其名志畧者謂茲山已有全志也

阿育王山志十卷兩淮馬裕家藏本

明郭子章撰子章有蠙衣生易解已著錄阿育王山在浙江寧波府去府治四十里山有阿育王寺舍利塔相傳爲地中涌出因以名寺遂因以名山蓋緇流梵筴有是異聞年祀綿遠亦無從而究詰也是志凡分十類撰其大旨主於闡釋氏之顯應故標茲靈迹以啟彼信心原不以核訂地理考證

古今爲事也

雲門志畧五卷浙江巡撫採進本

明張元忭撰元忭有紹興府志已著錄雲門山在會稽城南元至正十年相里允若作雲門集黃溍序之元忭以其未備補緝是編以山川古蹟名賢爲一卷而餘四卷皆藝文又末大於本矣

京口三山續志四卷浙江巡撫採進本

明徐邦佐陳朝用朱文山同撰邦佐號雁洲浦城人官鎮江府教授朝用號南湖寧都人文山號仰

泉常寧人皆官鎮江府訓導是書成於隆慶中以補史宗道三山志之闕故以續志爲名專取當時人遊覽詩賦彙萃成帙而邦佐等所自作附錄尤夥名曰地志實同社稿於三山考訂無涉也

齊雲山志五卷 浙江汪啟淑家藏本

明魯點撰點字子與南漳人萬歷癸未進士官休寧縣知縣齊雲巖在休寧縣葢白嶽西北之分支也上有北極佑聖眞君神祠明代數經修輯至嘉靖中始別名曰齊雲山玆志因舊本而重輯分三

十七目卷前又有順治中告示二通又後人列入非原書之舊矣

普陀山志六卷 兩淮馬裕家藏本

明周應賓撰應賓有九經考已著錄普陀山在浙江之定海是編因舊志重輯凡六卷十五門而應賓自序稱五卷十七門勘驗卷帙並無闕佚未審何以矛盾也

太岳太和山志十七卷 江蘇巡撫採進本

明田玉撰玉不知何許人萬歷中宦官也太和山

卽湖廣均州之武當山相傳爲北極元武修眞地明成祖卽位時自謂得神之祐因尊爲太岳勅建宮觀常遣內臣司其香火嘉靖間提督太監王佐始刱爲志太監呂評續增之萬歷癸未玉復增廣爲此本前載修建廟宇始末事實並仙跡徵應物產後載唐宋元明序記詩賦等作

太姥志一卷 浙江巡撫採進本

明史起欽撰起欽字敬所鄞縣人萬歷己丑進士官福寧州知州太姥山在福寧州境傳堯時有老

母業採藍後得仙去故以爲名中有鍾離巖一線天諸勝蹟起欽因創爲此書成於萬歴乙未前列圖次列記序及題詠之作然山以巖壑寺宇爲主法當分門編載起欽但爲總繪一圖悉不加分別詮次非體例也

續刻麻姑山志十七卷浙江汪啟淑家藏本

明左宗郢撰

國朝何天爵邱時彬重修宗郢南城人萬歴己丑進士官至太常寺少卿天爵時彬皆建昌人麻姑山

唐時隸撫州故顏眞卿麻姑仙壇記有撫州南城縣之語今在建昌府城西十里宗郢志明史藝文志著錄卷數相同此本每卷標題或稱麻姑而去山字或又加洞天字或加丹霞字名目紛然可知體例之龐雜考明史作續刻麻姑山志今姑從標目焉

嵩書二十二卷 兩江總督採進本

明傅梅撰梅字元鼎邢臺人萬歷辛卯舉人由登封縣知縣擢刑部主事與員外郎陸夢龍力爭梃

擊一案鄭氏之黨中以察典罷官後起爲台州府
知府崇禎中解職家居
大兵下順德抗節死贈太常寺少卿事迹附見明史
張問達傳乾隆乙未
賜謚忠節是編乃其官登封知縣時所作分星政畤勝
卜營宸望嶽生官履巖棲黃裔竺業物華靈緒顏
始章成爲十三篇立名頗嫌塗飾全書意在廣搜
亦殊多駁雜

蜀中名勝記三十卷 浙江鮑士恭家藏本

明曹學佺撰學佺有易經通論已著錄按學佺所著本無此書之名此本乃萬歷戊午福清林茂之摘其蜀中廣記內名勝一門刻之南京而鍾惺為之序不知其何所取也

華嶽全集十三卷（兩淮鹽政採進本）

舊本題明華陰縣知縣李時芳撰今按時芳之本千頃堂書目作十卷乃嘉靖四十一年所修至萬歷二十四年汝州張維新為潼關道副使以時芳書多舛錯與華陰知縣貴陽馬明卿重加銓敘前

載圖說形勝物產靈異封號後載藝文增成十三卷前有廵撫賈待問序及維新自序述之頗詳題時芳所撰誤也後六年壬寅知縣河間馮嘉會又增文數篇亦註於書內至所載

國朝祭告之文與宋琬蔣超諸人之詩則莫知誰所續入考其中多有潼關道溧陽狄敬姓名意者即敬所增歟

九疑山志九卷兩淮馬裕家藏本

明蔣鐄撰鐄長洲人萬歷中官寧遠縣知縣九疑

山在寧遠縣南四十里相傳舜葬其地有舜廟焉雖輿記流傳而舊無專志鐄始𠭥修此編首紀祭舜陵文次載形勝古跡人物仙釋土產次錄前人碑記詩文崇禎中平陵俞向葵為令復補圖於卷首

羅浮野乘六卷 江蘇巡撫採進本

明韓晃撰晃字賓仲南海人萬歷庚子舉人官青田縣知縣是編首全圖次名峯次勝跡次仙釋次品物次逸事書成於崇禎己卯其兄晟字寅仲亦

著羅浮副墨今未見

雁山志勝四卷 兩淮鹽政採進本

明徐待聘撰待聘字廷珍常熟人萬歷辛丑進士官至按察使副使是編乃其官樂清知縣時所撰卷一爲山之名勝及人物土産禨事二卷三卷皆佛刹四卷則所自作詩文也其凡例有曰舊志凡詩賦題雁山者或以臨涖或以要津皆旁搜而詮之而文之微占於山者亦聚焉又有欲世識其名者賂剞劂氏私刻攙入眞贋並收薰蕕莫辨山靈

有知定當作嘔今皆删去云云其言可謂深中地志之陋習然舊作雖已汰除而又獨錄已作一卷其亦尤而效之矣

泰山紀事三卷山東巡撫採進本

明宋燾撰燾字繹田泰安州人萬歷辛丑進士官翰林院編修此書一卷曰天集記天神事二卷曰地集記古跡三卷曰人集記名宦人物所言神鬼冥報已涉荒誕至泰山太守泰安知州爲守土之官柳下惠王章羊祜諸人亦不過生長其鄉並未

巖棲谷汲乃概行摭入不知於岱宗故事何涉也

天台山方外志三十卷 浙江汪啟淑家藏本

明釋無盡撰案錢希言獪園釋異篇曰有門法師名傳燈一號無盡太末人也出家天台之高明寺少精鍊戒行學識高出道流嘗撰天台山志甚有禪藻云云則無盡者乃其號也天台山自孫綽作賦以來登臨題咏翰墨流傳已多見於地志此書成於萬歴癸卯出自釋家之手述梵蹟者爲多與專志山川者體例稍殊故别題曰方外志焉

幽溪別志十六卷 浙江巡撫採進本

明釋無盡撰幽溪在天台山無盡常居其地因撰是志凡十六門每門附以藝文而同時人所作爲多獪園稱其所至講習如雲蓋明末標榜之風浸淫乎方以外矣

恒岳志二卷 兩淮馬裕家藏本

明趙之韓王濬初同撰之韓汜水人官渾源州知州濬初山陰縣舉人是書成於萬歷壬子其目十一曰外紀星紀山紀廟紀祀紀事紀物紀游紀仙

紀文紀詩紀搜考頗稱詳核又以自宋以來皆祠北岳於上曲陽故復取曲陽嶽廟詩附於卷末後五年知州衞陽張述齡爲刻而行之然其文紀有目無書已非完本矣

天目山志四卷 浙江汪啟淑家藏本

明徐嘉泰撰嘉泰字道亨循州人官於潛縣知縣是書乃萬歷甲寅嘉泰因舊志重修浙江有東西二天目東天目在臨安縣之西五十里西天目在於潛縣西北四十五里據此書所圖則本屬一山

東西水源若兩目然故曰天目然此書所紀多屬西天目事統稱天目山志非也

烟雲手鏡二卷 浙江巡撫採進本

明楊繼益撰繼益始末未詳前有萬歷甲寅自序稱居恒遊思險遠因檢閱羣書摭其山川喜懼之境錄成二帙然所載諸山水俱隨手襍錄抄撮舊文無所損益旣不注原書之名前後次序亦無義例如上卷有房山石徑山而房山水洞又在下卷上卷有牛首山鐘山而獅子山又在下卷以至盧

山之與瀑布金山之與妙高臺皆顛倒破析棼如亂絲以比名勝志遊名山記諸書可謂每況愈下矣

**海陽山水志四卷** 江蘇周厚堉家藏本

明丁惟曜撰惟曜字貞白休寧人是書成於萬歷戊午紀休寧境內名勝凡山二十九篇水八篇各冠以圖所錄藝文但載序記銘頌諸體而不及詩詞較他志之濫列題咏者稍爲簡淨然嚴於去取可矣竟廢此一體則又矯枉過直也

惠山古今考十卷附錄三卷補遺一卷浙江巡撫採進本

明談修撰修字思永無錫人是編以無錫惠山爲一邑勝景唐張祜題詩有小洞穿斜竹重堦夾細莎之句而舊跡已湮修營建以復其舊故首卷載小洞重堦考及祠院庵觀諸考自二卷至十卷則自唐及明之詩文附錄三卷皆同人賦贈之作補遺一卷則襍紀惠山遺事卷末自跋有夢惠山之神云云則未免幻妄矣

九鯉湖志六卷兩淮馬裕家藏本

明黃天全撰天全莆田人其書成於萬歷中九鯉湖在福建仙遊縣天全以舊志僅載遊覽之作而遺山水乃重爲釐訂分爲山水建置夢驗藝文四門夢驗者以九鯉湖祠乃閩人祈夢處也

龍門志三卷 浙江范懋柱家天一閣藏本

明樊得仁撰得仁不知何許人是書首載龍門圖及事跡次紀文類次紀詩類首卷考證甚陋若龍門特爲河水所經過止載水經注河水又南出龍門諸條足矣至摭及歷代河源則迂濶無當又玉

海云梁山之北有龍門山大禹所鑿通孟津河口廣八十步是書既已引之而後又引此數語別標曰出魏地理志顛倒重複殊爲蕪雜

崆峒志三卷 江蘇周厚堉家藏本

明李應奇撰應奇字鶴崖平涼人崆峒山在平涼府城西是書成於萬歷中凡分七門曰分野曰建草曰疆域曰形勝曰田賦曰仙蹟曰題詠然一山之志即不應及分野建草而中間兼記及兎亭闗會盟壇之類又殊似府志之體例殊叢雜無限斷

也

峴山志六卷 浙江巡撫採進本

明張睿卿撰睿卿字雅通號心嶽歸安人湖州府志稱其博雅豪邁遊歷山川以著書爲樂然是書頗無體例此峴山乃烏程之一山非城邑郡縣之比而首曰建置名實已不相副次曰勝概而多與建置互見不過襍載詩文三曰遺愛叙古名賢王右軍以下數人終於王世貞皆湖州大吏與山不甚相涉四曰社會五曰放生六曰藝文又先散載

各門均失之叢濫也

上天竺山志十五卷（兩淮馬裕家藏本）

明釋廣賓撰天竺爲東南巨刹舊有李金庭志廣賓以其附會舛訛甚至僞撰明太祖竺隱說一篇以炫俗乃刪補而成此書曰普門示現品曰尊宿住持品曰器界莊嚴品曰帝王檀越品曰宰官外護品曰風範隆汚品曰詩文紀述品凡七門其風範隆汚一品於寺僧汚行備書不隱較他志獨存直筆據總目尚有卷首一卷此本已佚不存

爛柯山志二卷 兩淮馬裕家藏本

明徐日炅撰日炅後改名呂曦浙江西安人天啟壬戌進士爛柯山在衢州府城南三十里因晉樵者王質遇仙觀棋於此因以為名日炅居與山近因纂輯晉唐迄明詩賦䄙文以成是編

東西天目志八卷 兩淮馬裕家藏本

明章之采撰之采字去浮仁和人是書作於天啟中以天目山東西二峯輯為二志各分四卷起引述圖考訖詩賦紀跋杭州守李華然合而刻之

九華山志八卷 兩淮鹽政採進本

明顧元鏡撰元鏡歸安人萬歷己未進士官池州府知府是書成於崇禎己巳前列全圖及十八景圖次列山水建置物產人物文翰五門門復各立子部意主誇多故山分爲六水分爲八寺院庵區爲三名樓閣亭館別爲兩類標目頗爲煩碎又杜荀鶴之汚僞命宋齊邱之逞姦謀列之流寓以爲山水之光殊乏簡擇又王守仁游踪僅至亦列寓公併僞撰其贈周金和尚一偈斯尤地志之積習

矣

錫山景物畧八卷 江蘇周厚堉家藏本

明王永積撰永積字崇巖自號蠡湖野史無錫人崇禎甲戌進士官至兵部職方司郎中是書紀無錫山川名勝畧分四正四隅每紀一地皆首載沿革次載詩文永積詩亦往往附載然採錄過濫邀飲聯吟之作動輒盈編於錫山地志圖經渺不相涉則貪於標榜未講體例之過耳

橫谿錄八卷 兩淮鹽政採進本

明徐鳴時撰鳴時字君和吳縣人崇禎乙亥選貢生除武寧縣知縣橫谿鎮一曰橫塘在蘇州府城西南十三里水自城中來西南橫流過鎮而入太湖故名是志分十九門體例畧如郡縣志然如古迹類中多列先賢舊宅又云其址無攷夫使遺墟猶存自應深憑弔之思否則既生是鄉自必人人有宅安能一一臚列乎宜其一鄉之志蔓衍至於八卷也

閣皁山志二卷 兩淮馬裕家藏本

明俞策撰策不知何許人閤皁山在江西新淦縣相傳爲張道陵丁令威修煉之所茲編上卷紀載形勝下卷編列藝文末自載其詩數首亦非佳作

太平三書十一卷 江西巡撫採進本

國朝張萬選編萬選字舉之濟南人官太平府推官是三書皆成於順治戊子其序例一曰圖畫二曰勝概三曰風雅圖凡四十有二見唐允甲題詞中此本佚其圖畫一卷惟存勝概七卷風雅四卷原本紙墨尚新不應遽闕失無考或裝緝者偶遺歟

乍浦九山補志十二卷　浙江巡撫採進本

國朝李確撰。確有平寇志已著錄。乍浦在嘉興府東南，屬平湖縣境。九山者，雅山、苦竹山、湯山、觀山、龍湫山、暈頂山、高公山、蓋山、獨山也。平湖舊有九峯之名，而不得其地，確始考而定之，因著是編。凡分十二門，曰圖譜、山水、古跡、寺觀、邱墓、土產、碑碣、烽塞、石塘、變怪、人物、題詠。

昌平山水記二卷　兩江總督採進本

國朝顧炎武撰。炎武有左傳杜解補正已著錄。炎武博極羣書足跡幾徧天下故最明於地理之學是書雖第舉一隅然辨証皆多精確惟長城以外為炎武目所未經所叙特多舛誤如稱塞外有鳳州不知蘇轍詩所云興州東谷鳳州西者乃回憶鄉關之語唐書遼志塞外均無鳳州之名也又如古北口楊業祠炎武據宋史辨其偽然劉敞蘇轍皆有過業祠詩在托克托修史之前幾二百載必執後代傳聞以駁當年之目見亦過泥史傳之失也

黃山志七卷　兩江總督採進本

國朝閔麟嗣撰。麟嗣字賓連，歙縣人。其書首列山圖，次形勝，次建置，次山產，次人物，次靈異，次藝文，次詩賦。蒐輯頗博而不盡精核。

麻姑山丹霞洞天志十七卷　內府藏本

國朝羅森撰。森字約齋，大興人。順治丁亥進士，官至陝西督粮道。是編因明萬歷中左宗郢志而修。第一卷為圖者八，第二卷為考者四，第三卷為表者二，第四卷為志者四，第五卷為紀者五，其餘藝文分七卷。末則麻源附錄一卷，從姑附錄一卷，育英

堂附錄一卷姑山䄎記一卷詩文補遺一卷

峩眉山志十八卷浙江汪啓淑家藏本

國朝蔣超撰超字虎臣金壇人順治丁亥進士官翰林院編修晚入峩眉山爲僧因輯是志昔劉勰奏請出家改名慧地梁書本傳雖著其事而傳首仍題原名葢不與士大夫之爲僧也故今於超斯志亦仍題其原名云

峩眉志畧一卷浙江汪啓淑家藏本

國朝張能鱗撰能鱗有詩經傳說取裁已著錄是書

於峩眉形勝古跡標撮甚畧末附詩文數篇而自作乃登其二佛光解一篇命意雖善措詞則未能免俗也

浯溪考二卷 山東巡撫採進本

國朝王士禛撰士禛有古懽錄已著錄是書前有自序稱楚山水之勝首瀟湘瀟湘之勝首浯溪浯溪以唐元結次山名得魯公磨厓書而益張之舊有浯溪前後兩集爲李仁剛綦光祖撰見於輿地碑目皆無傳今志乃出庸手冗襍泛濫至不可耐乃

以退食之暇窮搜遐摭要取精覈間錄詩賦襍文多郡志溪志所未收者葢其族姪官祁陽時以舊志寄士禎士禎爲改作也其書不分門目上卷載山川古迹及元結詩文而附以諸家之題識議論下卷則皆後人藝文末爲補遺三條書頗簡核然如王邕後浯溪銘吳儆祁陽石鏡銘鄒浩甘泉銘其地相近類附可也吳師道汪氏浯村記地在新安溯如風馬亦復載入殊乖體裁葢斷限之難劉知幾嘗言之矣

長白山錄一卷補遺一卷 山東巡撫採進本

國朝王士禛撰長白山一名常白山一名常在山在鄒平縣東南是錄皆紀其山形勝及故實藝文已編入士禛漁洋文畧第十四卷中此其別行之本也末附補遺一卷則因宋紹定間丁黼作池州范仲淹祠記以青陽縣東十五里之長山指爲長白地理舛誤襍引諸說以辨之考証亦確然附會古賢誇飾形勝移甲入乙乃天下地志之通弊士禛以此一記奪其鄉中之流寓遂詆之爲小人所見

亦爲不廣矣

鼓山志十二卷 兩淮鹽政採進本

國朝僧元賢撰其序不標年月書中記事至順治壬辰癸巳則

國初人也鼓山在福州城東三十里是書分勝跡建置開士貞珉藝文叢談六門大旨以佛刹爲主名爲山志實則寺志耳其凡例有云兹山知名海內者實以人重非以形勝重也緇徒妄自標置可謂不知分量者矣

恒岳志三卷　浙江巡撫採進本

國朝張崇德撰崇德字懋修順天人官渾源州知州北岳恒山在渾源州城南二十里自漢以後皆祠於上曲陽國朝順治十七年以刑科都給事中粘本盛之請改祠於渾源州部議令山西撫司官吏詳察恒山遺跡於時主其說者禮部尚書王崇簡疏載所著青箱堂集中據紳耆之議以上達者即崇德也故輯斯志於祀典特詳曲陽飛石之僞亦辨之甚悉

七星巖志十六卷 浙江汪啟淑家藏本

國朝韓作棟撰作棟字公吉鑲藍旗漢軍順治中官分巡肇高廉羅道按察司僉事七星巖在肇慶府高要縣城北一名崧臺一名定山故此書又名定山石室志也志本明王泮所撰作棟因而重修吳綺又爲之潤色然有闕考核者寥寥無多如石刻門於唐李邕石堂記後乾道已丑秋一條以後人題名之年月誤爲摹石之年月又載元符改元端午日眉山蘇軾挈家來遊不思元符元年蘇軾正

在儋州安得有挐家至七星巖之事此葢據曹學佺名勝志所載而不知為傳訛之文也

峩眉山志十八卷 浙江汪啟淑家藏本

國朝曹熙衡撰熙衡字素徵錦州人順治中官至貴州按察使是編因蔣超舊志成於疾病之餘未能條理明析故即其本而重訂之然據卷首修山志說實戎州宋隸棹所定熙衡時分巡建昌道董其事耳末一卷為志餘仍題超名而中論普賢住世一條有宜太史蔣公之辨論語則亦非超之本文

矣

龍唐山志五卷 浙江巡撫採進本

國朝僧性制撰龍唐山在昌化縣西七十里以其上有龍池故名浙江通志作龍塘獨此本作唐其中龍池一條內唐井等字亦從唐殆亦猶錢塘錢唐各異文歟志本為佛刹而作故多述禪家之語非地志之正體也

寶華山志十卷 兩淮馬裕家藏本

國朝釋德基撰寶華山在句容縣北六十里齊釋寶

誌築廬於此後人重實誌之名因以名山是山以道場顯故首誌開創興起而次及山水梵宇各門與他山志書體例稍異固亦各因其地耳

廬山通志十二卷 兩淮馬裕家藏本

國朝釋定暠撰因明嘉靖間桑喬廬山紀事而稍增損之無大發明考正

四明山志九卷 江蘇周厚堉家藏本

國朝黄宗羲撰宗羲有易學象數論已著錄四明山舊稱名勝而巖壑幽邃文士罕能周歷故記載多

蹤宗羲家於北七十峯之下嘗捫蘿越險尋覓匝月得以考求古跡訂正訛傳乃博采諸書輯爲此志凡九門宗羲記誦淹通序述亦特詳贍惟所收詩文過博併以友朋唱和之作牽連附入猶不出地志之習又既列名勝復以皮陸九題丹山圖詠石田山房別出三門其諸門之內既附詩於各條下又別出詩括文括二門爲例亦未免不純也

四明山古跡記五卷 浙江巡撫採進本

不著撰人名氏亦無序跋詳書中所載卽黄宗羲

所撰四明山志稿本也宗羲四明山志自序有曰壬午歲余作四明志亡友陸文虎欲刻之而未果癸丑歲盡偶展此卷文虎評較之朱墨如初脫手然其間凡例不齊詞不雅馴重爲竄改始得成書其序作於康熙十一年所稱壬午蓋明崇禎十六年也此書不署年月亦無文虎姓名題識而中有朱墨數處與宗羲序合殆卽文虎評較之本歟其第三卷四卷五卷內有黃時貞添註四條其一條稱壬辰六月識又一條述老人談天啟間事當在

順治九年以後或時貞得此稿本又以意爲訂正耶四明山志既有成書此未定之草固可置而不論矣

西湖夢尋五卷浙江鮑士恭家藏本

國朝張岱撰岱字陶菴自號蝶菴居士家本劍州僑寓錢塘是編乃於杭州兵燹之後追記舊遊以北路西路南路中路外景五門分記其勝每景首爲小序而裸採古今詩文列於其下岱所自作尤夥亦附著焉其體例全仿劉侗帝京景物畧其詩文

亦全沿公安竟陵之派

穹窿山志六卷　兩淮馬裕家藏本

國朝李標撰山在蘇州府城西是編前四卷雜錄序記疏引等作後一卷紀遊覽題贈之詩葢是時道士施亮生居此山方以符術鳴於東南其書實爲亮生而作非專志山之名勝也

百城烟水九卷　浙江巡撫採進本

國朝徐崧張大純同編崧吳江人大純長洲人前有尤侗序大畧稱崧有詩名好遊佳山水間嘗綴集

吳地古跡爲此書取華嚴南詢之意以名之其友張大純助其捃摭未畢而崧歿大純因重加纂輯刋行凡蘇州府及所屬諸縣名勝山川並爲臚載然每條詮敘簡畧而所錄題詠至夥蕪頗仿祝穆方輿勝覽之例以詞藻爲尚而不主考証然穆書徧及州郡此獨有姑蘇一隅穆書於前人著述採擷甚富而此所收率係近人之作并附入己詩則又出穆書之下矣書刋於康熙庚午時尙未升太倉爲直隸州故太倉及嘉定崇明二縣皆列於此

書云

蟂磯山志二卷安徽巡撫採進本

國朝柯願撰願字又鄒龍溪人康熙甲辰進士以主事督理蕪湖鈔關蟂磯山在蕪湖西南七里大江中江南通志云蟂老蛟也今磯有石穴廣一丈深不可測按廣韻蟂古堯切水蟲似蛇四足能害人賈誼弔屈原文所謂偭蟂獺以隱處者是也通志所云未知何本山上有靈澤夫人祠相傳蜀先主妃孫權妹死葬於此故廟祀焉其事不見於史傳

殆齊東之語耳是編蓋因明邊維垣舊本原文重訂首爲圖末附載扁聯所錄率荒唐之說惟宏治中劉淮嘉靖中王宗聖二記稍能引據史傳以駁俚說而亦終歸於附會餘皆蕪穢又凡例稱降乩之作不錄而卷末仍有諸葛亮徐庶鄧芝詩皆七言絕句殆足笑噱尤前後自相矛盾云

嶽麓志八卷 浙江汪啟淑家藏本

國朝趙寧撰寧字又裔山陰人官長沙府同知是志因舊本增輯成於康熙丁卯第一卷爲新典及圖

說二卷爲山水古蹟新建寺觀疆域三卷爲書院四卷以下皆藝文也卷首序文自爲一巨冊當全書四分之一同修姓氏列至一百四十二人則其書可知矣

說嵩三十二卷 直隸總督採進本

國朝景日昣撰日昣字東陽登封人康熙辛未進士官至戸部侍郎是書自卷一至卷八統紀嵩高及二室卷九以下分星野形勝封域巡祀古迹金石傳人物產仙釋摭異藝林風什九門考嵩山爲中

岳本於爾雅毛詩故史記主其說胡渭禹貢錐指信爾雅前條河南華之文而指後條嵩高爲中岳乃後人附益然鄭康成註大司樂謂華爲中岳而註小宗伯則以嵩爲中岳賈疏謂大司樂註據鎬京小宗伯註據洛邑其說似可與爾雅前後二文相證即云後人附益而康成已兼據之矣又外方之爲嵩山見於尚書孔註水經注諸書金吉甫乃謂嵩高非外方殊妄此書於中岳宗史記於外方引水經注考核殊不謬然嵩書及嵩山志天下名

山志之類於此山形勝沿革已爲廣徵博輯此特綜彙舊文踵而成之耳

嵩嶽廟史十卷 江蘇巡撫採進本

國朝景日昣撰是書以嵩嶽廟舊未有志因創爲編輯分圖繪星野沿革形勢營建祀典靈異嶽生詩賦藝文各爲一卷其凡例謂漢武之登封孝明之巡幸胡后武曌之離宮别院事涉游盤無關秩祀概從删削可謂矜慎然靈異類中所引述異記虞初志諸書半是寓言藝文類載嵩嶽嫁女記尤爲

不經詩賦藝文析爲二類金石之文如石闕碑别見於營建類中亦爲錯亂則亦仍地志之龐雜而已

鷄足山志十卷　浙江汪啟淑家藏本

國朝范承勳撰承勳鑲黄旗漢軍大學士文程之子浙閩總督承謨之弟官至雲貴總督鷄足山在雲南賓川州東一百里一頂三支儼如鷄距在蒼山洱海之間相傳爲迦葉尊者入定處佛寺最多故志山者多述佛門之事是編乃康熙三十一年承

勳因舊本增修分圖記攷証星野形勢山水寺院人物靈跡物產藝文凡十門而以迦葉像讚冠於卷端焉

普陀山志十五卷 內府藏本

國朝朱謹陳璿同撰謹有中庸本旨已著錄璿始末未詳普陀山在定海縣東海中佛經稱爲觀音大士道塲自梁迄明代有興建是志所述本末頗具而敘事冗沓無法

湘山志八卷 浙江巡撫採進本

國朝徐泌撰泌字鶴汀衢州人康熙中官全州知州以州有湘山寺祀無量壽佛卒郡人謝允復等考佛出身本末竝山水古跡藝文輯爲是書

林屋民風十二卷 浙江鮑士恭家藏本

國朝王維德撰維德字洪緒吳縣人是書成於康熙癸巳因蔡昇太湖志王鏊震澤編翁澍具區志而廣之林屋爲洞庭西山之別名維德以太湖諸山洞庭最大故舉以名其集而諸山則附載焉其所採錄賦咏居多考証殊尠如所載馬跡山引毘陵

志以證舊志之誤津里山之一名秦履山引四蕃志以證具區志之非特偶然一見耳目錄載附見聞錄一卷此本無之或偶佚歟

廬山志十五卷安徽巡撫採進本

國朝毛德琦撰德琦字心齋鄞縣人由貢生官星子縣知縣是編取桑喬廬山紀事吳煒廬山續志二書彙而訂之首星野次輿地次祀典次隱逸次仙釋次物產次禪志次災祥共一卷次山川分紀十二卷次藝文一卷琦自序云山川分紀多仍其舊

文翰則隨時而增書之冗濫二語已自道之矣

玉華洞志六卷 浙江巡撫採進本

國朝陳文在撰文在字新我將樂人將樂縣南十里許有玉華洞幽深窅窈秉炬乃入其中石鍾乳滴成人物諸形千態萬狀一一曲肖爲閩中奇觀明萬歷壬辰邑令海陽林熙春始爲志順治甲午邑令曲阜孔興訓重修歲久板燬康熙乙未文在又復修之冠以圖景而序記賦詩之屬以次備錄末有慶玉華詩一册則以邑人鬻煤燒鑿洞且頹壞

雍正辛亥邑令馮景增始禁開窯場邑人作詩慶之併彙成帙附於志末云

羅浮山志十二卷 內府藏本

國朝陶敬益撰敬益江寧人康熙中官博羅縣知縣是編因黎惟敬舊志益以僧塵異名峯圖說互相補苴合爲一書然首有圖經又有名峯圖又有巖洞志前後繁複殊無義例是則兼取兩家未能融鑄翦裁之故也

羅浮山志會編二十二卷 兩淮馬裕家藏本

國朝宋廣業撰廣業字澄溪長洲人康熙中官至山東濟東道後因其子志益爲瑞州知府就養官署以羅浮爲嶺南勝地而舊志簡畧遂重爲考訂網羅缺逸計事增舊十之五後來羅浮諸志多以是爲藍本云

羅浮外史 無卷數 浙江巡撫採進本

國朝錢以塏撰以塏字蔗山嘉善人康熙中歷官東莞茂名二縣知縣羅浮山屬於博羅而遊人登眺則多由東莞之石龍鄉以塏官東莞時其父瑛就

養縣署往遊羅浮記其名勝以證因參考諸籍以成此編首列圖一十次述山中名勝靈跡爲五十八篇大抵多因仍舊志又多以近人詩參錯其中

惠陽山水紀勝四卷　浙江汪啟淑家藏本

國朝吳騫撰騫字盍存號樂園當塗人康熙辛未進士官至惠州府知府是編以羅浮與西湖各分上下二卷其紀羅浮則本宋廣業羅浮志稍爲芟節其紀西湖則本近人增輯西湖志而更編之亦間有所補正他如霍山河源龍川亦隸惠州稱名勝

而志不及焉蓋專爲二地作也惠州在漢曰南海晉曰東官隋唐或曰循或曰雷鄉至宋仁宗時始曰惠州而惠陽之名則於傳無之以是標題亦相沿杜撰之文矣

西樵志六卷 浙江汪啟淑家藏本

國朝馬符錄撰符錄字受之南海人官陸豐縣訓導西樵山屬南海縣在廣州府城西南一百二十里明萬歷辛卯郡人霍守尚初爲之志歲久散佚

國朝羅國器重修未竟符錄乃因其舊本葺爲此編

詳於人物藝文而畧於考證故山中金石之文悉不錄云

武夷九曲志十六卷浙江巡撫採進本

國朝王復禮撰復禮有家禮辨定已著錄武夷山在福建崇安縣南三十里其溪九曲宋劉道元初爲作志其後屢有增輯是書成於康熙五十七年前卷既以詩文分入山水而後卷又列藝文一門體例頗雜又附錄巳作連篇累牘是竟以山經爲家集矣

西湖志四十八卷通行本

國朝傅王露撰王露號玉笥會稽人康熙乙未進士官翰林院編修乾隆辛巳

特恩加中允銜初雍正三年

命浙江總督李衛開濬西湖越三年而蕆功時衛方奉

詔纂修通志以西湖志自田汝成後久未續輯因以王露總其事而以舉人厲鶚等十人分任纂修悉仿通志之例分門記載列目二十徵引極博而體例頗涉氾濫其後梁詩正等復訂爲西湖志纂實據此

本而刪潤之云

太嶽太和山紀畧八卷 江蘇巡撫採進本

國朝王槪撰槪字成木諸城人雍正癸丑進士官至兩廣鹽運使是編乃槪官分守安襄鄖兵備道時所作凡爲十類曰星野曰圖考曰山川曰聖紀曰宮殿曰祀典曰仙眞曰物産曰拾遺曰藝文較舊志蒐輯頗富而亦不免於蕪襍

峽石山水志一卷 浙江巡撫採進本

國朝蔣宏任撰宏任字擔斯海寧人海寧縣有峽石

鎮兩山並峙東曰審山西曰紫微山爲土人游眺之所宏任因爲之志末有雍正戊申自跋稱舊有志畧爲前輩沈伯翰所集其家伏羌令丹崖所訂則仍舊稿增修也敘述頗爲雅潔然兩山舊跡載於咸淳臨安志者甚詳皆畧而不載審山之名沈山宋元時志書皆有辨証亦未徵引而紫微山有東峯磨劍池敘述更爲疏漏惟所載碧雲寺之建於唐大歷中天開圖畫樓之起於宋天聖間爲足補志乘所未及爾

雁山圖志無卷數 江蘇巡撫採進本

國朝僧實行撰。實行字奕庵，山陰林氏子，居雁山能仁寺，因搜羅名勝編次成書。首雁山十八刹，皆有圖；次山水諸說；次藝文。

金井志四卷 浙江巡撫採進本

國朝姜虬綠撰。虬綠字秋島，烏程人，自號蒼弁山人，又號大海樵人。案金井在烏程之黃龍山，後梁丙子有黃龍破洞出，又名黃龍洞。虬綠卜居弁山時得遊覽，因作此志，成於乾隆庚午。自序謂住山以

來日有記錄并見古人詩歌襍識手輙抄摘凡分山谷文獻金石藝文四門然藝文內多附虬綠所自作不若待諸論定後也

泰山道里記一卷兵部侍郎紀昀家藏本

國朝聶鈫撰鈫字劍光泰安人是編前有自序稱生長泰山下少爲府胥性嗜山水每攀幽躋險探稽往躅因讀劉其旋泰山紀畧成城泰山勝槪其中有一地兩稱或名同地異岩谷深阻題刻爲苔蘚所蔽者閒遺而未錄近乃架梯刮磨垢蝕而求之

雖風雨寒暑弗憚其勞又賀之野老參考羣書竭半生精力彙成一編提挈道里為綱領分之為五合之為一曰泰山道里記末有其從孫學文跋稱其蒐討金石之文閱二十餘年凡諸記載所未詳者如石經峪刻金剛經據徂徠刻石辨為北齊王冠軍書唐紀泰山銘下截剝落葉彬補書百八字宋述功德銘磨勒岱巔鑱毀原碑字猶存介邱岩分水谿及古明堂均失覈舊疑又肅然山奉高城季札子墓與白騾冢俱誤指其地汶泮三谿諸水

皆牽混源流岱背琨瑞靈岩諸山因隸他縣而未錄併逐加考驗辨訛補闕葢以土居之人竭平生之力以考一山之跡自與傳聞者異矣

峽川志一卷 兩淮馬裕家藏本

國朝潘廷章撰廷章字梅巖自稱海峽樵人葢海寧人也其書志峽石一鎮之事頗有條理然一村落之微而首紀分野未免太廓科第皆列之人物毫無行實但載其由某經中式某科第幾名亦未免太濫所紀唐許遠守睢陽臨難作死别吟其詞不

類疑亦附會也

西湖覽勝十四卷內府藏本

國朝夏基撰基字樂只杭州人是編因明田汝成本重修十四卷中題詠居其六卷

南湖紀畧稿六卷浙江巡撫採進本

國朝邱俊撰俊字晴巖仁和人南湖一名白洋池在杭州城北隅宋張俊賜第四世孫鎡別業據湖之上湖在宅南因名南湖楊萬里陸游諸人皆爲之題詠而鎡亦以自名其集遂傳爲古跡俊少居其

地因采輯宋時志乘及說部文集勒成此志

右地理類山川之屬九十七部九百卷內二部無卷數皆附

存目

欽定四庫全書總目 史部

卷七十七之七十八

欽定四庫全書總目卷七十七

史部三十三

地理類存目六

大滌洞天記三卷浙江汪汝瑮家藏本

舊本題元鄧牧撰案牧以宋人入元不仕而卒據陶潛書晉之例當仍題宋人今特據舊本所題書之核其書即牧所撰洞霄圖志內宮觀山水洞府古蹟碑記五門而刪其人物每門又頗有刊削不皆全文卷首吳全節沈多福二序亦同惟增入洪武三十一年正一嗣教眞人張宇初一序

稱今年春某宮道士某持宮志請序將廣於梓蓋明初道流重刻時妄以其意刪節之而改其名也

西嶽神祠事錄七卷 兩淮鹽政採進本

明孫仁編仁貴池人景泰辛未進士官至戶部右侍郎是書乃其官西安知府時作以記西嶽神祠之事所錄文章具載首尾年月撰人姓名較張維新華嶽全集所載頗爲完整有體其中延熹華山廟碑一篇則剝泐已甚非復洪氏隸釋之舊矣

石湖志畧一卷文畧一卷 浙江范懋柱家天一閣藏本

明盧襄撰襄字師陳吳縣人嘉靖癸未進士官至兵部職方司郎中石湖在蘇州府城西南宋范成大爲執政時有別墅在湖上孝宗御書石湖二字以賜其名始顯盧氏世居於此襄乃述其山川古蹟爲志畧又集諸人題咏爲文畧然此書爲范氏別業而作自應以是一地爲主與州郡輿記爲例各殊襄乃兼及人物多至二十有一人匪獨詞涉誇張抑亦體傷氾濫矣

石鼓書院志四卷 浙江范懋柱家天一閣藏本

明周詔撰案是時有二周詔一爲延津人嘉靖庚戌進士見太學題名碑一即此周詔號臺山富順人嘉靖癸巳官衡州府知府石鼓書院在衡州府治北石鼓山宋景祐間允集賢校理劉沆之請賜額置田與睢陽嶽麓白鹿號爲四大書院講學家喜稱道之詔官於衡州因剿取舊志稍增損以爲此編首地理次室宇次人物次詞翰而附錄文移於末潦草漏畧殊無義例蓋書帕本也

淨慈寺志十卷　浙江巡撫採進本

明釋大壑撰大壑字元津杭州淨慈寺僧案淨慈寺在杭州城西南屏山舊無志大壑始創修之其書分形勝建置法嗣檀護著述僧制靈異七門自序稱斷碣磨厓冥搜必錄蓋二十載而始成其用力亦勤矣

徑山集三卷 浙江巡撫採進本

明釋宗淨撰宗淨始末未詳徑山在臨安縣天目山東北唐代宗時僧法欽始造寺是書上卷記寺之建置中卷記禪宗下卷載藝文原刻校讐不精

僧方一序謂其曾魚亥豕疊出爲白璧蠅玷云

白鷺洲書院志二卷 浙江汪啟淑家藏本

明甘雨撰雨有古今韻分注撮要已著録初宋淳祐辛丑江萬里知吉州建書院於白鷺洲洲在二水之中故借李白詩二水中分白鷺洲句以名之非金陵之白鷺洲也時宋理宗方重道學爲賜額立山長嗣後遂相承爲古跡萬歷辛卯黄梅汪可受爲吉安府知府又重修之雨因撰是志分沿革建置教職祀典儲贍名宦人物公移賢勞義助紀

述書籍生祠記十三門生祠記者卽可受生祠也至別立爲一門此其作志之意不在書院矣

**歷代山陵考一卷**（兩淮馬裕家藏本）

明王在晉撰在晉字明初太倉人萬歷壬辰進士官至兵部尚書事迹附見明史王洽傳是書僅從一統志抄撮而成無所考證況旣名山陵而趙宣子孟嘗君輩遺冢亦列其間尤非體也

**方廣巖志四卷**（江西巡撫採進本）

明謝肇淛撰肇淛有史觽已著錄方廣巖在永福

縣東宋給事中黄非熊嘗讀書山中作十咏以紀其勝肇溯特爲工部郎奉使過家遊於是巖因輯爲此志前有義例稱作本紀以志方廣作外紀以志旁近之巖壑作别紀以志方外作文紀詩紀以輯前人之作然本紀之名史家以載帝王事迹用之山水殊乖體例别紀信志寧之托生三元德涵之麗刑地獄佛氏之説儒者所不道詩紀末有國朝人所作則雍正中江績重修是書所附入也

石鼓書院志二卷兩淮馬裕家藏本

明李安仁撰安仁字裕居遷安人萬歷中官衡州府知府是編因周詔舊志重修分上下部上部紀地理室宇人物名宦下部載藝文採据較詔志爲詳

關中陵墓志二卷 兩淮鹽政採進本

明祁光宗撰光宗後更名伯裕滑縣人萬歷戊戌進士官至兵部尚書是編乃光宗督學陝西時於歷代陵墓詳加考証各爲之圖而係之以說其距諸州縣城方隅道里皆備志之亦皇覽聖賢冢墓

記之流也

金陵梵刹志五十三卷編修汪如藻家藏本

明葛寅亮撰寅亮有四書湖南講已著錄是書志金陵梵刹依僧錄分攝以靈谷天界報恩三大寺統次大寺五中寺三十有二小寺百有二十其餘廢寺別爲一編卷首冠以御製欽錄二集御製者太祖之詩文欽錄者沿革之案牘也末附以南藏目錄及諸經祖額公費僧規公產諸條例其餘皆畧如志乘之體編次頗傷蕪雜

徑山志十四卷浙江巡撫採進本

明宋奎光撰奎光字培巖萬歷壬子舉人官餘杭縣教諭是編蕡增補宗淨舊志而成分開山諸祖及制勅詩文名勝古蹟土產諸門殊多猥瑣蓋一山一寺地本偏隅宗淨志已具梗概奎光必從而恢張之其冗沓宜矣

延壽寺紀畧一卷兩淮馬裕家藏本

明釋圓復撰圓復字休遠鄞縣人與屠隆同時延壽寺在鄞縣南三里舊號保恩院宋祥符間改今

名是書詳述知禮禪師本末及宋相曾公亮置買莊田舊事他無所載蓋自備古剎之典故而已

禹門寺志六卷 兩江總督採進本

明戴英撰英字上愼宜興人崇禎甲戌進士禹門寺在宜興之龍池山是編前志山寺僧侶後紀碑銘序記詩文多未雅馴

鄧尉聖恩寺志十八卷 江蘇周厚堉家藏本

明周永年撰永年字安期吳江人鄧尉故有沈津志兹編乃踵而增之凡梵宇名釋序記語錄無不

備載大約於寺之建置本末尤爲詳悉故以聖恩寺志爲名書成於崇禎十五年而中有康熙中碑刻及宋犖徐秉義詩文蓋後人所續入也

天童寺集二卷 兩淮馬裕家藏本

明楊明撰明不知何許人天童寺在鄞縣東六十里晉永康間義興禪師居此山有童子來供薪水久之辭去自稱太白星因是山名太白寺名天童茲編敘述形勝綴以藝文前序無姓名疑即明所自作中稱撰爲七卷今止兩卷似尚非完帙也

南溪書院志四卷兩淮鹽政採進本

明葉廷祥、郭以隆、紀延譽、陳翹卿同撰。廷祥官尤溪縣知縣，以隆稱署縣事，疑爲丞簿之類。延譽、翹卿則尤溪教諭訓導也。其里貫均未詳。南溪者，朱子之父松作尉尤溪，實生朱子於其地。理宗嘉熙初，尤溪令李修以時方崇尚道學，人爭攀附，遂於其地建二朱先生祠，即書院所自昉也。志中載書院額爲帝㬎德祐元年所賜，而李韶所作記在嘉熙改元之歲，已稱南溪書院，則初建時已有此名矣但賜額在後耳其書僅記書院之蹟所附詩文亦多不雅馴延譽之序以朱松朱子及宋理宗皆跳行別書使君臣相並則欲尊朱子而不知所以尊悖謬甚矣

破山興福寺志四卷兩淮馬裕家藏本

明程嘉燧撰嘉燧字孟陽休寧人崇禎末布衣明史文苑傳附載唐時升傳末常熟縣西北十里有破山其麓有寺曰興福乃齊梁間所建是書一卷記山中古跡而詩文附焉三卷志建置四卷

志禪宗序次雅潔爲山志差善之本

靈隱寺志八卷兩淮馬裕家藏本

國朝孫治撰徐增重編治字宇台仁和人增字子能吳縣人其書因明萬歷中昌黎白珩之志稍增損之體例與他志畧同惟以宦遊寄寓之人槩收之人物一門則事涉創造於義未安

滄浪小志二卷浙江巡撫採進本

國朝宋犖撰犖字牧仲號漫堂商邱人由廕生官至吏部尚書是編乃犖爲江蘇巡撫時得宋蘇舜欽

滄浪亭舊址重爲修葺因蒐輯前人傳記詩文而附以所作記一篇詩一首及尤侗范承勳詩各一首共爲一集當時頗稱其好事然其所採多爲舜欽而作與亭無涉又南禪寺雖附近亭旁而實非當日之故址一概泛載亦未免稍失斷限矣

杏花村志十二卷 浙江巡撫採進本

國朝郎遂撰遂字趙客號西樵子池州人按杜牧之爲池陽守清明日出遊詩有借問酒家何處有牧童遙指杏花村句蓋泛言風景之詞猶之楊柳岸

蘆荻洲耳必指一村以實之則活句反爲滯相矣然流俗相沿多喜附會古蹟以夸飾土風故遂居是村卽以古今名勝建置及人物藝文集爲是編蓋亦志乘之結習也至於鄖氏族系亦附錄其中則併非志乘體矣

二樓小志四卷浙江巡撫採進本

國朝程元愈撰汪越沈廷璐又補葺之與佟賦偉二樓記畧一書相爲表裏皆記寧國府南北樓事北樓卽謝朓之高齋南樓卽文昌臺明嘉靖中知府

朱大器所建也賦偉書旁涉他事殊爲龐雜此則
輯錄歷代題咏并記南樓建造之始末差爲有緒
越有讀史記十表已著錄元愈字偕柳廷璐字元
佩皆寧國人

靑原志畧十三卷 兩淮馬裕家藏本

國朝僧大然撰施閏章補輯大然始末未詳閏章字
尚白號愚山宣城人順治己丑進士官至江西布
政司參議康熙己未
召試博學鴻詞授翰林院侍讀靑原爲吉州名勝自唐行

思禪師開山說法以後遂爲巨刹至明王守仁羅洪先歐陽德諸人於此講學故第三卷特立書院一門畧記當時問對之語而所採録皆理之近於禪宗者則緇流援儒入墨借以自張其教也

崇恩志畧七卷　江西巡撫採進本

國朝僧智藏撰智藏字笠一堂安福人崇恩寺在廬陵創自吳赤烏中屢經廢興康熙丙午智藏重修之因輯是書一卷山水道塲及歷代住持上堂語録二卷記疏三卷詩對聯四卷序五卷啟書六卷雜

著法語七卷法產大旨在張皇佛教以外護爲至榮殊不類出世人語體例亦蕪雜之甚

江心志十二卷 浙江巡撫採進本

國朝釋元奇撰江心寺在溫州府北永嘉江中卽謝靈運詩所謂亂流趨正絕孤嶼媚中川者也宋高宗嘗幸其地稱爲名勝明釋成斌郡人王暘谷始創爲之志元奇因舊本重加編輯凡紀蹟一卷勅書一卷藝文八卷世系雜記二卷

白鹿書院志十六卷 安徽巡撫採進本

國朝廖文英撰文英有正字通已著錄初唐李渤與其兄涉讀書廬山蓄一白鹿甚馴因名白鹿洞宋初置書院於五老峯下朱子守南康軍援嶽麓書院例疏請賜額遂爲四大書院之一康熙中文英爲南康知府因即舊志修輯以成是書意求繁富頗失翦裁

靈谷寺志十六卷 兩江總督採進本

國朝吳雲撰雲號舫翁安福人靈谷寺在江寧鍾山之左明太祖遷梁寶誌塔於此改賜今名而號其

山曰紫金舊有景泰間僧潔菴嘉靖間黃河二志康熙庚辰雲重輯爲是編前有雲自序及寺僧寂曙所紀修輯緣起凡分二十四類其門目皆因明志之舊僅畧爲刪補耳

白鹿書院志十九卷安徽巡撫採進本

國朝毛德琦撰德琦有廬山志已著錄康熙甲午德琦爲星子縣知縣因取廖文英原志重加訂正分類凡十曰形勝曰興復曰沿革曰先獻曰主洞曰學規曰書籍曰藝文曰祀典曰田賦形勝等七門

皆因舊志興復土洞書籍三門則德琦所增也

通元觀志二卷浙江巡撫採進本

國朝吳陳琰撰陳琰有春秋三傳同異考已著錄通元觀在錢塘縣宋紹興中劉鹿泉請於高宗建爲修眞之所嘉靖中姜南始志之陳琰以姜志未備更爲此書

孔宅志六卷兩江總督採進本

國朝諸紹禹撰紹禹松江人青浦縣治之北地名孔宅舊有孔子廟相傳隋末孔子三十四代裔孫蘇

州刺史禎僑寓於吳乃立家廟并葬先聖衣冠於此後漸湮廢明陸應陽重修之始述爲孔廟記陳功又作續記康熙中紹禹增删舊本以成是編案禎生於隋代不應尚存先聖衣冠即有之亦不應携至吳中且隋時郡縣並無蘇州之名其說殊未可盡信也

丹霞洞天志十七卷 兩江總督採進本

國朝蕭韻撰韻字明燊南城人康熙中舉人明萬歷中建昌府知府鄔齊雲嘗屬郡人左宗郢爲麻姑

山志久而板燬康熙中湖東道羅森復令韻增補成之首系以圖次列考表志記諸目而於題咏詞賦爲尤詳

武林志餘三十二卷 浙江巡撫採進本

國朝張賜撰賜字東樽號滌岑錢塘人是書搜輯武林諸名勝於道觀祠廟名賢古蹟紀載尤詳其末一卷附錄方物亦頗有考訂名志餘者欲以補前志所未備也然採摭頗富而體例未精往往失之冗雜所錄近人題咏亦殊少別裁

東林書院志二十二卷兩江總督採進本

國朝高𥮾高廕高廷珍高陛許獻同撰𥮾等四人皆

高攀龍之裔獻亦攀龍同縣人也其書分建置院

規會語祀典列傳公移文翰典守著述軼事十門

意在博搜廣採而體例冗雜頗甚所附諸人又多

冒濫乃至孫承澤亦厠其間

增修雲林寺志八卷浙江巡撫採進本

國朝厲鶚撰鶚有遼史拾遺已著錄是編成於乾隆

甲子以靈隱舊志脫漏尚多且

聖祖仁皇帝省方南幸駐蹕山中
賜名雲林寺不宜仍用舊名故因前志而增輯之首紀
宸恩次山水次禪祖次法語次檀越人物次藝文詩詠而以遺事雜記終焉

宋東京考二十卷　浙江巡撫採進本

國朝周城撰城號石匏嘉興人是書前有雍正辛亥王琦序稱城客大梁三載隨境討蒐以成此書其凡例有云建隆以前東京非宋靖康而後宋不東京蓋專紀汴都一百七十年之遺蹟而作也每條

皆援引舊書列其原文蓋仿朱彝尊日下舊聞之體然多引類書寡博贍殊不及彝尊又多載雜事務盈卷帙如所引宋稗類抄二近侍爭辨貴賤由天一事因首有仁宗御便殿一語遂列之宮殿類中然則一代帝王何事不在宮殿內豈勝載乎他如造字臺吹臺繁臺卷中所引各書皆謂一臺而數名乃於繁臺則併入吹臺又別立造字臺名之類多彼此牴牾無所考証其精核亦不及彝尊也

鷺湖講學會編十二卷 江西巡撫採進本

國朝鄭之僑撰之僑字東里潮陽人乾隆丁巳進士官至寶慶府知府鵞湖爲朱陸講學之所今其地屬鉛山之僑官鉛山知縣時因作是編首卷爲之僑所作圖傳贊考二卷至八卷皆四賢問答諸書及學規條約講義九卷爲之僑及雷鋐所立條約而之僑所作亦並錄焉十二卷則之僑所作鵞湖書田志也書中大旨多調停朱陸之異同其意蓋欲附於講學然實則惟以書院爲主故題曰名勝

諸作亦皆收錄今仍附之地理類焉

右地理類古蹟之屬三十七部三百七十二卷皆附

存目

豫章今古記一卷浙江范懋柱家天一閣藏本

不著撰人名氏考隋書經籍志有雷次宗豫章記一卷宋王象之輿地碑記目又云次宗作豫章古今志是編首引次宗語末云次宗於元嘉六年撰豫章記則必非雷書觀所紀至唐而止有皇唐大唐之語似爲唐人之作矣書分郡記寶瑞記寺觀

記鬼神記變化記神祠記山石記塚墓記翹俊記等九部記載寥寥絕無體例疑依託者雜鈔成之也

西湖繁勝錄一卷永樂大典本

舊本題西湖老人撰不著名氏考書中所言蓋南宋人作也宋自和議既成之後不復留意於中原士大夫但知流連歌舞笑傲湖山故是書所述大抵嬉遊之事以繁華靡麗相誇蓋亦耐得翁都城紀勝之類而增肩又甚焉

廬陽客記一卷 浙江汪汝瑮家藏本

明楊循吉撰循吉有蘇州府纂修識畧已著錄正德元年循吉同年進士西充馬金爲廬州守請循吉修郡志以議不合歸後二月因採其風土大概述爲此編凡十一目簡潔古峭頗有結構蓋借此以馳騁其筆力然漏畧太甚不足以備考證也

蜀都雜抄一卷 兩江總督採進本

明陸深撰深有南巡日錄已著錄此乃深爲四川左布政使時所錄蜀中山川古蹟其論峨眉山當

作蛾眉又力辨禹生石紐爲元和志之誤頗爲有識其他則多隨筆劄記之文

閩部疏無卷數 兩江總督採進本

明王世懋撰世懋有却金傳已著錄是書記閩中諸郡風土歲時及山川鳥獸草木之屬亦地志之支流葢世懋曾官福建提學副使記其身所閱歷者也

淞故述一卷 兩淮鹽政採進本

明楊樞撰樞字運之自稱緗林山人華亭人嘉靖

戊子舉人官至江西臨江府同知是書乃所述松江一郡遺聞軼事以補志乘之缺畧者松江本以吳淞江得名明初因地多水災故去水旁以禳之此書標目則猶仍其本名也書中於地理人物行誼藝能文字題咏以及詼諧瑣屑之事無不備載其藝文籍用宋孝王關東風俗傳例載陸績渾天圖以下凡百餘種悉其鄉人著作可爲徵文考獻之資至於元楊維禎之名或從木或從示諸書參差不一樞以歲月求之謂字本從木入明後以諸

王有諱楨者始改從示其言殊臆測無據又李至剛在永樂時以善於附會深蒙傾險之譏而樞信明一統志之虛詞反目以德量寛宏惜松江舊志畧而不載亦未免涉回護鄉曲之私也

秦錄一卷 編修程晉芳家藏本

明沈思孝撰思孝字繼山嘉興人隆慶戊辰進士官至都察院右副都御史兼兵部侍郎事迹具明史本傳是書多載陝西諸郡形勝風土間引經史諸書爲証其論復河套事極以曾銑之議爲非未

免有所回護云

晉錄一卷 編修程晉芳家藏本

明沈思孝撰所載多邊障形勝及防守扼要之處其田賦鹽課諸條與明會典亦畧有同異至敘黃河所經州縣及太原晉祠則大抵習見之文

長溪瑣語一卷 兩淮鹽政採進本

明謝肇淛撰肇淛有史觿已著錄長溪今之福寧府是書雜載山川名勝及人物故事間及神怪蓋亦志乘之支流也

滇南雜記二卷 山東巡撫採進本

明許伯衡撰伯衡號聽菴崑山人萬歷庚子舉人官晉寧州知州兼攝昆陽州事伯衡嘗輯晉寧志復雜采滇事爲此書體例與輿記畧同惟不列仕宦人物姓名坊巷公署之類及雜事各自標目爲小異耳大抵畧於古迹而詳於時事故下卷自丁産以下所載公牘爲最詳自序謂於滇事無損益而要不爲遊談其大旨可見矣

西事珥八卷 福建巡撫採進本

明魏濬撰濬有易義古象通已著錄是書葢其官粤西時所作一卷多言山川地理二卷多言風土三卷多言時政四卷五卷多言故事及人物六卷多言物產七卷多言仙釋神怪八卷多言制馭苗蠻之始末雖不立地志之名然核其編次固地志之類但不列門目耳其考訂頗不苟敘述亦爲雅潔無說部沓雜之習然如載舒宏志轉生之類稍涉荒唐明惠帝程濟諸事亦相沿訛謬也

泉南雜志二卷 編修程晉芳家藏本

明陳懋仁撰懋仁字無功嘉興人官泉州府經歷浙江通志稱其不以簿書廢鉛槧記泉南事多故牒所未備即是書也其所載山川古蹟禽魚花木以及郡縣事實頗爲詳具中如淳化帖尼無著等一兩條亦稍有考證其官山一條破閩俗葬地之說持論亦正下卷則多記其在泉所施設皆得諸身歷者然如泉人之宦嘉興及嘉興人之宦泉者俱縷列姓名即簿尉亦並載之此非天下之通例懋仁以嘉興人而宦泉州故兩地互記耳使修地

志者人人皆援此例則磬南山之竹不足供其私載矣凡著一書先存一厚其鄉人之心皆至薄之見也

閩中考一卷 浙江吳玉墀家藏本

明陳鳴鶴撰鳴鶴有東越文苑已著錄是書所考皆福州府境山川古蹟稱得唐人閩中記於長樂農家得宋人三山志於徐𤊹參以聞見訂志乘之舛譌其考證舊事如東冶非東治泉山非泉州清源山而越山冶山皆泉之支麓冶縣非東甌鑪峯

石在南嶼不在旗山舊志本明新志誤刪其文因誤移其地亦頗精核惟後幅多採小說怪事及僧家語錄未免傷於蕪雜

兩河觀風便覽四卷 江蘇巡撫採進本

不著撰人名氏中有稱萬歷二十年者而所列宗藩一門尚無福府則神宗中年之書也分十門一曰圖考二曰封域三曰官秩四曰宗藩五曰賦役雜差六曰戶口七曰河防八曰驛傳九曰儲積十曰兵防大抵抄撮案牘爲之而於河南掌故一一

具詳較地志諸書羅列山川侈陳人物濫載藝文者較爲近實特其大者多見於史而小亦備載於通志不免爲已陳之故牘耳

增補武林舊事八卷 浙江巡撫採進本

明朱廷煥撰廷煥字中白單縣人崇禎甲戌進士官工部主事初宋末周密嘗錄南渡後百二十年典故及風俗遊宴之盛爲武林舊事廷煥於崇禎間司榷杭州復採西湖志鶴林玉露容齋隨筆輟耕錄及客所著癸辛雜志諸書補綴其闕以成是

編密書十卷此增補反爲八卷者密書别有一六卷之本廷焕據以推廣也自序謂增補數十則今按所增凡睿藻恩澤開鑪故都宫殿湖産災異六門共補一百五十四則與序不符殆序文字誤耶其中湖産一門既非宋代所獨有與斷限之例殊乖災異一門亦非土俗民風朝章國典泛濫尤甚均非密著書之本意殊屬駢枝明人點竄古書多不解前人義例動輒破壞其體裁往往似此也

帝京景物畧八卷 編修汪如藻家藏本

明劉侗于奕正同撰侗字同人麻城人崇禎甲戌進士官吳縣知縣奕正字司直宛平人是編詳載北京景物奕正攟求事迹而侗排纂成文以京師東西南北各分城內城外而西山及畿輔併載焉所列目凡一百二十有九每篇之末各繫以詩採摭頗疎王士禎池北偶談嘗譏其不考薩都拉集失載安祿山史思明所造雙塔事考據亦多不精確其爲朱彝尊日下舊聞所駁正者尤不一而足其割裂藝元二字爲塑工姓名一條殆足資笑噱

又侗本楚人多染竟陵之習其文皆么弦側調惟以纖詭相矜至如太學石鼓一條舍石鼓而頌太學殊傷冗濫又首善書院近在同時泛敘講學何關景物於體例亦頗有乖所附諸詩尤爲猥雜方今奉

命重輯日下舊聞考古證今務求傳信朱彝尊之所撰且爲大輅之椎輪侗等弔詭之詞益可爲覆瓿用矣

山左筆談一卷　編修程晉芳家藏本

舊本題明黃淳耀撰淳耀字蘊生號陶菴嘉定人崇禎癸未進士南都破後殉節死事跡具明史儒林傳是編所記皆山東風土形勢山川古蹟及海運備倭諸事宜徵引拉雜殊鮮倫理案淳耀生平未嘗遊山東所著陶菴集內亦無此書名此本見曹溶學海類編中疑亦出僞託也

楚書一卷 編修程晉芳家藏本

明陶晉楧撰晉楧字若楧秀水人崇禎間嘗侍親官楚因雜記其山水物產間及古蹟然考證殊多

疎漏如辨岣嶁碑信楊慎所錄者爲眞本則其他可知矣

山東考古錄一卷（大學士英廉家藏本）

舊本題

國朝顧炎武撰載吳震方說鈴中然說鈴載炎武書四種其三皆雜剽日知錄而此書之文獨日知錄所不載末題辛丑臘望日庚申是日立春字葢作於順治十八年考王士禎居易錄記炎武嘗預修山東通志或是時所遺藁本亦未可知也

京東考古錄一卷 大學士英廉家藏本

舊本題

國朝顧炎武撰載吳震方說鈴中其文皆見炎武所撰日知錄及昌平山水記殆震方剿取別行僞立此名也

譎觚一卷 兩江總督採進本

國朝顧炎武撰時有樂安李煥章僞稱與炎武書駁正地理十事故炎武作是書以辨之其論孟嘗君之封於薛及臨淄之非營邱諸條皆於地理之學

有所補正

天府廣記四十四卷編修勵守謙家藏本

國朝孫承澤撰承澤有尚書集解已著錄是書以京畿事實分類編輯凡建置府治學宮城池宮殿各一卷壇廟四卷官署二十三卷其中倉場漕務附戶部選舉貢院附禮部之類又各以所屬繫錄人物二卷名勝川渠名蹟寺廟石刻陵園各一卷賦一卷詩三卷全用志乘之體承澤所作春明夢餘錄多記明事是編則上該歷代下迄於明爲例稍

殊其中如因工部而及修築遂併淮黄形勢而詳述之則是南河而非北都因禮部而及儀注因併貴賤章服而縷載之則是會典而非地志且既以天府爲名自應以地爲限乃明建都在永樂時而內閣題名上溯洪武之初移石鼓入大都在元時而石鼓歌兼收韓愈韋應物蘇軾鳳翔所作如斯之類皆務博貪多未免失之泛濫至於六科條目自載其奏疏名蹟類中自載其别業如斯之類亦未免明人自炫之習他如人物門成德傳末附載

德殉難時與馬世奇書有在都縉紳盡如光含萬孫北海天下事尚可爲之語含萬卽光時亨字以給事中從賊後爲福王所誅者也以德之剛直明決與時亨承澤決非氣類未必肯作是語如斯之類或不免有所依托李國禎降賊拷死具載諸書而以爲棄城遁去賊追殺之如斯之類或不免傳聞失實前卷以翰林院爲元光祿寺後卷又以翰林院爲元鴻臚寺如斯之類或不免小有牴牾核其全書大抵瑕多而瑜少也

四州文獻摘抄四卷 山西巡撫採進本

國朝畢振姬撰其邑人司昌齡所摘抄也振姬字亮四高平人順治丙戌進士官至廣西按察使山西通志稱其所著有四州文獻藏於家此本有司昌齡跋曰四州文獻蓋潞澤遼沁之通考也其間有懸揣附會之說前無總序條類紛雜蓋草創未就而其徒所抄次凡二十五冊余以前人舊文各有原書又繁不能盡錄乃節其論著之要者與其所纂物產釐爲四卷題曰四州文獻摘鈔據其所云

所存不及十之一倘麗雜如是則全書可想見矣

甌江逸志一卷大學士英廉家藏本

國朝勞大輿撰大輿字宜齋石門人順治辛卯舉人官永嘉縣教諭是編前記溫州舊事後記其山川物產大意欲補郡乘之闕故名曰逸志然捃拾未富且皆不著所出未爲精核至謂錢玉蓮爲倡女更齊東之語矣

粵述一卷大學士英廉家藏本

國朝閔敘撰敘號鶴癯歙縣人太學題名碑作江都

人疑其寄籍也順治乙未進士官至監察御史是編乃其督學廣西時所作敘述山川物產頗爲雅潔其辨狄青取崑崙關一事核以地理足訂宋史之悞惟好穿鑿字義如謂猺字當作傜即說文之僬僥已爲無理又謂猺人住屋作兩層人居其上猪圈牛欄皆在卧榻之下說文家字宀下從豕可會此義云云尤爲附會儒生喜談小學動稱六書爲萬事之根本其弊往往至此也

星餘筆記一卷 山東巡撫採進本

國朝王鉞撰。鉞有粤遊日記，已著録。此其世德堂遺書之第三種也。皆其官西寧知縣時記其土風物產，如蚺蛇、狒狒諸條，於舊說閒有駁正。所記摡字、囮字、濬字、𡚻字、𡘜字、冇字之類，亦足補桂海虞衡志所遺。然大抵地志所已載也。以方爲邑令，故取巫馬期戴星之義，名曰星餘云。

中州雜俎三十五卷　河南巡撫採進本

國朝汪价撰。价字介人，號三儂外史，自稱吳人，其里居則未詳也。順治己亥，賈漢復爲河南巡撫，修通志价與其役踰年書成復采諸書所載軼聞瑣事關於中州者薈萃以成是編分天地人物四函天函子目五曰分野圖譜餘論雜識時令地函子目十六曰建都封國紀邑紀鄉紀山紀水紀室紀園紀寺紀塔紀觀紀廟紀墓紀碑紀橋紀俗人函子目二十一曰帝跡聖跡賢跡官跡文跡武跡忠跡孝跡義跡節跡隱流羽流緇流術流技流女史老史兒史凶史異史人雜物函子目十四曰禽志獸志鱗志蟲志草譜木譜花譜穀品果品菜品飲案

食案器考物考朱摭繁富用力頗勤而多取稗官家言純爲小說之體又事皆不著所出人亦往往不著時代編次繁複漫無體例可謂勞而鮮功者矣

湖壖雜記一卷大學士英廉家藏本

國朝陸次雲撰次雲字雲士錢塘人康熙初由拔貢生官江陰縣知縣是書蓋續田藝蘅西湖志餘而作如慶忌塔夾城之類亦頗有考辨而近於小說者十之七八蓋藝蘅之書體例亦如是也

姑孰備考八卷 安徽巡撫採進本

國朝夏之符撰之符字玹伯當塗人順治中修太平府志未成乃刪其八志二表而爲此書首郡紀三卷以擬本紀次人物傳贊二卷以擬列傳次鄉音集三卷皆之符自作之詩非志非集殊乖體例又人物傳中列韋弦佩於先賢而弦佩方序其書則其人未死亦豈蓋棺論定之義乎茲佩原序稱是書十二卷張總序又作九卷互相矛盾惟陶元藻序作八卷與此本相合云

臺灣記畧一卷大學士英廉家藏本

國朝李麟光撰麟光號蓉洲武進人是編雜記臺灣山川附以暹羅別記一篇篇帙寥寥疑爲刪削不完之本也

海表奇觀八卷浙江汪啟淑家藏本

不著撰人名氏凡標二十三門曰溯源曰疆境曰形勢曰分野曰氣候曰潮汐曰節序曰風俗曰黎俗曰占歷曰災祥曰名山曰水泉曰名宦曰人物曰列傳曰祠廟曰古蹟曰墳墓曰物產曰奇人曰

奇事曰題咏蓋卽抄撮瓊州府志而每條附以論
贊詩句據其自序稱戊申官於瓊州又言家於齊
魯考瓊州府志康熙七年戊申知府牛天宿山東
人當卽此人也

江南星野辨一卷 兩江總督採進本

國朝葉燮撰燮字星期吳江人康熙庚戌進士官寶
應縣知縣其書歷引周禮爾雅及星經史志所載
揚州吳越分野獨推劉基清類天文分野之書爲
得郡邑分度之詳案星土之說雖本周禮保章氏

亦見於左傳諸占然先儒已不得其傳解多附會術家用以推驗偶應者十不得一不應者十恒逾九況疆域旣已非古而猶執二十八宿尺尺寸寸而拓之其乖迕殆不待辨輿圖所列大抵具文博引繁稱徒爲枝贅而已

嶺南雜記二卷大學士英廉家藏本

國朝吳震方撰震方有讀書正音已著錄是編記其客遊廣東時所見上卷多記山川風土兼及時事所載番禺唐化鵬夫務條議花田立縣議廣西巡

撫彭鵬禁官販私鹽示諸條亦頗留心於利弊下卷則記物產而已書中稱平南王尚可喜爲逆藩

伏讀

五朝國史列傳可喜之子尚之孝反覆悖亂終於伏誅謂之逆藩可也可喜則終守臣節未可目之以逆是亦傳聞之未審矣

臺灣隨筆一卷 編修程晉芳家藏本

國朝徐懷祖撰懷祖字燕公松江人自序稱乙亥之春再至閩漳復有臺灣之行蓋康熙三十四年所

作其記臺灣風土及自閩赴海水程俱不甚詳備但就其所歷言之耳

燕臺筆錄一卷 編修程晉芳家藏本

此本載曹溶學海類編中題國朝項惟貞撰惟貞字端伯秀水人朱彝尊之門人也然檢核其文實即朱彝尊日下舊聞內風俗一門疑彝尊嘗屬之裒輯偶存殘稿作偽者遂別標此名也且彝尊撰日下舊聞時溶歿已久又安得而錄之學海類編多書賈所竄入非溶原本此亦

一証矣

神州古史考一卷方輿通俗文一卷安徽巡撫採進本

國朝倪璠撰璠字魯玉錢塘人康熙乙酉舉人官內閣中書舍人是書自序云按今之版圖取自漢迄唐諸史地志列於郡縣之首上搜舊聞旁摭遺逸凡兩京十四省共一百五十餘卷謂之神州古史考又取唐以後者别爲一編名曰方輿通俗文然所梓者惟杭州一府九縣而已葢未成之書也

案此書據其原序宜入總志然所刻者惟一

府入之總志爲不倫而又不可列於郡縣之中故附存其目於雜記此無類可歸之變例也

西粵對問無卷數 江蘇巡撫採進本

國朝江德中撰德中字漢石嶽州人官至廣西布政司參議是書記西粵山川風土物産頗資異聞然其徵據踈謬亦復不少如引左傳有仍氏生女鬒事不檢杜注美髮爲鬒之語而誤以爲肌膚之黑又云雉黑色者爲鷗雉按爾雅秩秩海雉注如雉

而黑在海中不云名鷗也殆緣海字而誤歟

潯陽蹠醢六卷 江西巡撫採進本

國朝文行遠撰行遠字樵菴江西德化人康熙中貢生是書專志九江一郡故實首有凡例自謂讀書時遇郡事隨見隨錄自經史子集及稗官野乘小說之類靡所不採首卷分象緯地輿書院祠廟宮室邱墓服食器用玩好草木鳥獸蟲魚十二目次卷分仕宦吏治典禮經費兵防盜賊六目三卷分交遊器局方技孝義閨閫忠節流寓人物棲逸九

目四卷分真仙僧寶二目五卷分詩文書畫典籍名勝四目六卷分像教禪喜靈異感應果報鬼神六目其摭拾頗爲繁富而分別門類殊多失當如既有僧寶又有禪喜既有鬼神又有果報感應靈異之類中所採取亦未見決擇蓋有意求多未免失之龐雜也

蜀都碎事六卷 兩淮馬裕家藏本

國朝陳祥裔撰祥裔本姓喬氏號藕漁順天人康熙中官成都府督捕通判採蜀中故實爲碎事四卷

雜引諸書或注或否間附以考證案語及前代題
咏詩文復以所采未盡别爲藝文二卷謂之補遺
祥裔所自作詩亦併列於唐宋名作之間
續閩小紀一卷江蘇巡撫採進本
國朝黎定國撰定國字于一江都人嘗客遊福建學
使幕中因據所見聞輯爲此書以舊書先有閩小
紀故以續爲名凡七十六條所載閩地風俗土産
及瑣碎故實大約通志所已具别無創聞也
嶺海見聞四卷兩淮馬裕家藏本

國朝錢以塏撰以塏遊宦廣東前後八載所作羅浮外史已著錄此編又其雜錄見聞之書也大致欲倣水經注洛陽伽藍記而才不逮古又採錄冗雜無所限斷記陸賈使粤乃泛及作新語事記南漢事甚畧乃闌載劉鋹入宋後事皆與嶺海無關其他雜錄小說不核眞僞如述異記開元天寶遺事之類與聞見亦無涉至於荔枝銅鼓前後各出二條尤無體例矣

南漳子二卷 浙江巡撫採進本

國朝孫之騄撰之騄所輯尚書大傳已著錄之騄居於河渚近南漳湖因以自號是書所紀皆其一鄉之故實乃自稱爲子核其體例實亦於古無徵

右地理類雜記之屬四十二部一百七十六卷內二部無卷數皆附存目

欽定四庫全書總目卷七十八

史部三十四

地理類存目七

古今遊名山記十七卷安徽巡撫採進本

明何鏜撰鏜有括蒼彚記已著錄是書採史志文集所載遊覽之文以類編輯首爲總錄三篇曰勝記曰名言曰類考次記兩京各省山川及古今遊人序記

天下名山諸勝一覽記十六卷兩江總督採進本

明慎蒙撰蒙字山泉歸安人嘉靖癸丑進士官至
監察御史是書以何鏜所作古今遊名山記重複
太甚因刪汰繁冗而增入通志及別集所載記文
凡十之四視鏜書頗爲簡明然文有加減而事不
增損仍無資於考據其記文之末各加評語亦不
出坊刻積習自序稱其書名天下名山諸勝一覽
記而第一卷首又題作游名山一覽記第二卷以
後則題作名山巖洞泉石古蹟殊不畫一蓋明代
文士往往急行其書陸續付梓至書成後始有定

名而已刊者遂不復追改故名目往往錯互不獨此書爲然也

名山游記一卷 兩淮鹽政採進本

明王世懋撰世懋有郄金傳已著錄是編一曰京口游山記分上下二篇一曰游匡廬山記一曰東游記一曰游三泉記一曰游鼓山記一曰游石竹山記一曰游九鯉湖記而附以游溧陽彭氏園記末有世懋跋一篇蓋爲鼓山以下三記作後合刻諸記仍以綴於末也

名山注無卷數內府藏本

明潘之恒撰之恒有黃海已著錄是編首江上山志次蜀山志次淮上雜志次新安山水志次越中山水志次三吳雜志或載前人行紀志傳題詠或自爲序記其他名勝漏畧尚多疑就其所遊歷者述之其書不分卷帙前後亦無序跋而名山注三字僅題於籤似非完本也

五嶽游草十二卷兩江總督採進本

明王士性撰士性字恒叔臨海人萬歷丁丑進士

官至南京鴻臚寺卿事跡附見明史王宗沐傳錢希言猶園又稱臨海王中丞士性未之詳也士性初令確山遊嵩嶽擢禮科給事中遊岱嶽華嶽恒嶽及叅粵藩遊衡嶽此外遊名山以十數經歷者十州遊必有圖有詩爲圖若記七卷詩三卷不盡於記與詩者爲雜志二卷亦名廣遊記統題曰五嶽遊草蓋舉其大以該其餘也猶園稱峨嵋山有老僧性好遊自恨一生不得徧探名嶽年又駸駸向暮乃誓於來生了此夙願臨化謂其徒曰吾今

往台州臨海縣王氏託生爲男計老僧化去之年月日時即士性之甲子云云殆因有此書而附會之然亦緣士性癖嗜山水故有是言矣

廣志繹五卷雜志一卷（編修汪如藻家藏本）

明王士性撰此書又於五嶽游草廣游紀以外追繹舊聞以補未及者也首爲方輿崖畧次兩都次諸省附以雜志其四夷輯一種列目於雜志之前然有錄無書註曰考訂嗣出蓋未刊也凡山川險易民風物產之類巨細兼載亦閒附以論斷蓋隨

手記錄以資談助故其體全類說部未可盡據爲考證也

黔志一卷 編修程晉芳家藏本

明王士性撰曹溶收入學海類編中核其所載即士性游記中之一篇書賈摘出別立此名耳

豫志一卷 編修程晉芳家藏本

明王士性撰亦其五嶽游草之一篇曹溶摘入學海類編者也

日畿訪勝錄二卷 編修程晉芳家藏本

明姚士粦撰士粦所輯陸氏易解已著錄此錄乃萬歷甲午士粦遊京師時尋訪都城内外諸勝因彙輯成編然所載古蹟實皆抄撮孫國敉燕都游覽志蔣一葵長安客話諸書別無異聞不足資證據也

天目遊記一卷 兩江總督採進本

明黃汝亨撰汝亨有古奏議已著錄是記乃汝亨與佛慧寺僧同遊天目山而作叙是山景物頗詳然記中叙月叙日而不叙爲何年亦行文之偶疎

也

紀遊稿一卷兩淮鹽政採進本

明王衡撰衡字緱山太倉人萬歷辛丑進士官翰林院編修事跡附見明史王錫爵傳是編乃所作游記凡泰山一首香山三首盤山一首馬鞍潭柘一首雜記三首蓋隨時摭拾付梓者前有陳繼儒序詞亦佻巧

循滄集二卷兩江總督採進本

明姚希孟撰希孟字孟長長洲人萬歷已未進士

官至詹事府詹事事迹具明史本傳是編乃所作游記以循滄名篇蓋用宋袁粲語也上卷十三篇皆游太湖洞庭所作下卷十五篇則平生所作南北游記皆在焉末爲跋王文恪洞庭游記二篇及跋徐宏祖鹿門鴻寳册一篇宏祖亦好游故以類附游記後焉其文體全沿公安竟陵之習務以纖佻爲工甚至游廣陵記於全篇散語之中忽作儷偶一聯云洞天深處别開翡翠之巢笑語微聞更挈鴛鴦之鎖自古以來有如是之文格乎

山行雜記一卷 浙江鮑士恭家藏本

明宋彦撰彦華亭人與趙宧光同時嘗至京師歷遊玉泉香山因紀其園亭刹寺巖壑之勝蓋亦學遊城南記諸書而作然考据多疎如中稱玉泉道上有壯節祠碑稱崇安侯譚公而無其名疑爲靖難武臣戰死者按崇安侯譚淵從成祖起兵於夾河戰没子孫得世襲侯爵當時如鄭曉王世貞所著書内皆詳載其事而彦不能知亦殊昧於典故矣

名山記四十八卷圖一卷附錄一卷浙江巡撫採進本

不著撰人名氏蓋因何鏜之書而增葺之凡北直隸二卷南直隸一卷浙江十卷江西四卷湖廣四卷河南三卷山東二卷山西一卷陝西一卷福建二卷廣東二卷廣西一卷四川二卷雲南一卷貴州一卷前爲圖一卷畧繪名勝之跡末爲附錄一卷則荒怪之說神異經十洲記之類也所錄古人遊記十之三明人遊記十之七采摭頗富而龐雜特甚如酈道元水經注徐兢高麗圖經周敦頤六

朝事迹之類皆割裂餖飣改易名目至於孔稚圭
北山移文駱賓王冒雨尋菊序宗懍荆楚歲時記
周密武林舊事楊衒之洛陽伽藍記王觀揚州芍
藥譜張鎡梅品王世貞題洛中九老圖之類闌入
者不可殫述不知其與名山何與其圖首有篆字
題識曰崇禎六年春月墨繪齋新摹則出自坊賈
之手可知胡維霖墨池浪語乃云名山記乃何濵
巖所集近復補入景必窮幽語必造奇仁智者豈
能足跡徧天下得此可以卧遊所謂補入蓋即此

本殆維霖未細閱其書歟

廣州遊覽小志一卷 山東巡撫採進本

國朝王士禎撰士禎有古懽錄已著錄士禎以康熙甲子十一月祭告南海以乙丑二月八日至四月一日歸計留廣州五十一日因而遊覽古跡作爲此志凡光孝寺六榕寺五羊觀海幢寺海珠寺越秀山蒲澗寺長壽菴南園三忠祠九處皆會城內外地也

天下名山記鈔 無卷數 內府藏本

國朝吳秋士編秋士字西湄歙縣人其書取何鏜遊名山記及王世貞之廣編刪而錄之無一字之考訂

泰山紀勝一卷山東巡撫採進本

國朝孔貞瑄撰貞瑄有大成樂律已著錄是編乃其初官泰安教諭時紀所遊歷而作也大畧仿岱史之舊自萬仙樓以下共五十餘則每景各序其勝其餘諸山脉絡與岱宗相屬者如尼山防山龜蒙鳧嶧之類亦咸入紀載其捨身崖社首蒿里封禪

數條持論頗不詭於正然於封禪舊典引據未能詳洽大抵議論多而考據少其文格亦尚沿竟陵末派云

匡盧紀遊一卷（大學士英廉購進本）

國朝吳闡思撰闡思字道賢武進人所記廬山名蹟凡五十八條詞頗簡潔然大抵以摹寫景物爲長

滇黔紀遊二卷（大學士英廉購進本）

國朝陳鼎撰鼎有東林列傳已著錄是編爲其客遊滇黔時所紀上卷紀黔下卷紀滇於山川佳勝叙

述頗爲有致而不免偶出鄙語如紀貴州諸苗曰男子之麗者即古之潘安宋朝有不及焉女子之麗者漢之飛燕唐之太眞亦無能出其上矣此種女子欲購之者牛馬當以千計男子皆不樂爲龍陽君有犯之者輙自殺又記楚雄姚安開化三郡曰余徧遊三郡別時各有遺贈土儀之盛餽贐之豐有多至百金者云云其言殊陋又如記三塔寺黃華老人石刻一事黃華老人即金王庭筠所作四詩刻石在山西汾州故有人道高歡避暑宮句

後李中陽始葺刻於點蒼山王士禎居易錄載之甚詳鼎乃以爲仙人之筆則考証之疎亦可概見矣

王山遺響六卷　江西巡撫採進本

國朝張貞生撰貞生號簣山廬陵人順治戊戌進士官至翰林院侍讀學士王山在泰和仁善鄉初名義士又改匡山土人稱子瑤山貞生嘗游息其中是編首載所作詩次載所題對聯次載所作記次爲茅屋隨劄則山中之日記次爲他人所作詩賦

傳記前有羅麗序謂貞生所著文集尚未刊行此其家居一載之內流連山水隨筆記之以示其意之所寓者所錄雖皆詩文而其體例在游記地志之間故附之地理類焉

蒼洱小記一卷　兵部侍郎紀昀家藏本

國朝畢曰漈撰曰漈有滇遊記已著錄是編亦曰漈父忠告官雲南布政司參議時曰漈省覲至大理紀其山川名勝而作相傳靈鷲山即今點蒼山爲釋伽佛修道處賓川之雞足山即伽葉道場故曰

滘是書多引佛經爲證據

右地理類游記之屬二十一部一百二十三卷內二部無卷數皆附存目

南中志一卷浙江范懋柱家天一閣藏本

舊本題曰晉常璩撰前有顧應祥序云此書附在華陽國志近世無傳升菴楊太史謫居於滇以其舊所藏本手錄見示云云考隋以來經籍藝文諸志皆無此書宋李𡌴校正華陽國志原序具存亦不云附有此卷且漢王恢攻南越在建元六年張

嶲使大夏在元狩元年此云嶲以白帝東越攻南越大行王恢救之年月之先後旣殊事蹟亦不知何據又晉泰始七年分益州置寧州而此云六年牂牁郡下元鼎六年亦誤作元鼎二年牴牾不一楊慎好撰僞書此書當亦漢雜事秘辛之類也

高麗記無卷數 浙江范懋柱家天一閣藏本

舊本題宋徐兢撰案兢別有高麗圖經四十卷已著於錄此本所載卽從圖經中摘鈔而成非兩書也

記古滇說一卷　浙江巡撫採進本

舊本題宋張道宗撰前有嘉靖己酉沐朝弼序則稱道宗爲元人卷末題咸淳元年春正月八日滇民張道宗錄而書中又載元統二年立段信苴實爲大理宣慰使司事顛倒牴牾猝不可詰其書大抵除剟諸史西南夷傳而小變其文惟所記金馬碧雞事稱阿育王有三子爭逐一金馬季子名至德逐至滇池東山獲之卽名其山曰金馬長子名福邦續至滇池之西山忽見碧鳳卽名其山曰碧

雞所謂金馬碧雞之神卽是二子其說荒誕與史傳尤異文句亦多不雅馴殆出贋託況書中明言宋興以北有大敵不暇遠畧使傳往來不通中國何以度宗式微之時轉奉其正朔然則非惟道宗時代恍惚難憑卽其人之有無且不可遽信矣卷首有楊慎點校字其卽慎所依托而故謬其文以疑後人歟

異域志一卷浙江范懋柱家天一閣藏本

不著撰人名氏篇首胡惟庸序曰贏蟲錄者予自

吳元年丁未山鎮江陵有處士周致中者前元之知院也持是錄獻於軍門則此書初名嬴蟲錄爲周致中所作又開濟跋曰是書吾兄得之於青宮乃國初之故物今吾兄重編更其名曰異域志則此書名異域志乃開濟之兄所更定然考明太祖於元至正二十四年甲辰建國號曰吳丁未當稱吳三年不得稱元年又濟跋題壬午長至爲惠帝建文四年其時濟被誅已久不應作跋疑皆出於依託也其書中雜論諸國風俗物產土地語甚簡

畧頗與金銑所刻異域圖志相似無足采錄

異域圖志一卷 浙江范懋柱家天一閣藏本

不著撰人名氏後有明廣信府知府金銑序謂宋亦有應天府疑是宋書然書中載明初封元梁王子於耽羅則爲明人所作無疑其書摭拾諸史及諸小說而成頗多疎舛如占城役屬於安南乃云安南爲占城役屬殊不足據其他敘述亦太寥寥

百夷傳一卷 浙江范懋柱家天一閣藏本

明錢古訓撰古訓餘姚人洪武甲戌進士官至湖

廣布政司參政百夷即麓川平緬宣慰司案百夷即今玀夷譯語對音故無定字洪武二十九年其酋思倫發訴與緬人搆兵古訓時爲行人與其同官桂陽李思聰奉詔往諭倫發等聽命而還因述其山川人物風俗道路爲書以進古訓旋以勞擢湖廣參政請澤州楊砥序之黃虞稷千頃堂書目以此書爲李思聰作今據砥序及夏原吉後序知實古訓所作虞稷偶失考也

南夷書一卷 浙江范懋柱家天一閣藏本

明張洪撰洪字宗海常熟人洪熙初召入翰林官修撰是編乃永樂四年緬甸宣慰使那羅塔刲殺孟養宣慰使刁查及思欒發而據其地洪時爲行人齎勑往諭因採摭見聞記其梗概所載洪武初至永樂四年平定雲南各土司事皆畧而不詳其於雲南郡建置始末亦未能明析如南詔爲蒙氏改鄯闡府歷鄭趙楊三姓始至大理段氏孟養麓川各有土司書中皆遺之唯載梁王拒守及楊苴乘隙竊發諸事稍足與史參考耳書中瀾滄江作

藺滄江思欒發作思鸞發與史互異蓋亦譯語對音之故也

西洋番國志 無卷數 浙江巡撫採進本

明鞏珍撰珍應天人其仕履始末未詳永樂中勅遣太監鄭和等出使西洋宣宗嗣位復命和及王景宏等往海外徧諭諸番時珍從事總制之幕往還三年所歷諸番曰占城曰爪哇曰暹羅曰舊港曰啞魯曰滿剌加曰蘇門答剌曰那姑兒曰黎代曰喃勃里曰溜山曰榜葛剌曰錫蘭山曰小葛蘭

曰柯枝曰古里曰祖法兒曰忽魯謨厮曰阿丹曰天方凡二十國於其風土人物詢諸通事轉譯漢語覼縷畢記至宣德九年編成所記與明史外國傳大槪相同疑史採用此書也

**瀛涯勝覽一卷** 兩江總督採進本

明馬觀撰觀不知何許人書中多記鄭和出使時事則作於永樂以後也所記海外諸番曰占城曰瓜哇曰舊港國曰暹羅曰滿剌加曰啞魯國曰蘇門答剌曰那孤兒曰黎代曰喃勃里曰錫蘭曰小

葛蘭曰阿枝曰古俚曰溜山曰祖法兒曰阿丹國曰榜葛剌國曰忽魯謨厮國凡十九國而爲篇十八其那孤兒國附見蘇門答剌後以其微也各載其疆域道里風俗物產亦畧及沿革大抵與史傳相出入

朝鮮雜志一卷 浙江范懋柱家天一閣藏本

舊本題明董越撰越有朝鮮賦已著錄是書繁碎無體例以越所撰朝鮮賦校之皆賦中越所自註蓋好事者抄出別行僞立名目非越又有此書也

海槎餘錄一卷 江蘇周厚堉家藏本

明顧岕撰岕字涯堂吳縣人官至南安府知府是編乃其官儋州時所著凡風土物產悉隨筆記之共四十餘則皆地志所已具惟處置叛黎一節敘述頗詳爲蠻司各志所未及云

日本考畧一卷 浙江范懋柱家天一閣藏本

明薛俊撰俊定海人嘉靖二年日本國使宗設來貢抵寧波未幾宋素卿等亦至互爭眞僞自相殘殺所過州縣大肆焚掠浙江瀕海之地人民苦之

俊因纂輯是書大畧言防禦之事爲多而國土風俗亦類入焉然見聞未廣所輯沿革疆域二畧約畧梗概挂漏頗多屬國中兼及新羅百濟等國不知新羅百濟在宋時已爲朝鮮所并其時並無是國矣又序世系但及宋雍熙以前而不載元以後國王名號亦踈漏也

日本圖纂一卷 浙江范懋柱家天一閣藏本

明鄭若曾撰若曾有鄭開陽雜著已著録此書乃其在胡宗憲幕府所作以坊行日本考畧一書舛

訛難據因從奉化人購得南㠘倭商秘圖持以詢諸使臣降倭通事火長之屬彙訂成編前爲圖三幅附以論說後載州郡土貢道路形勢語言什器冦術而儀制詩表別爲附錄視若曾萬里海防編內所載較爲詳容其針經圖說止載入貢故道而間道便利皆隱而不言葢恐海濵姦宄得通倭之路有深意存焉惟其言明太祖洪武二年命趙秩往諭其國明史載在洪武三年又言太宗十九年冦遼東總兵劉江殲之於望海堝明史載在永樂

十七年乃都督劉榮非總兵劉江均不相合然明史據明實錄及國史不得有誤殆是書傳聞未實也

朝鮮圖說一卷 浙江范懋柱家天一閣藏本

明鄭若曾撰先圖後考次詳其世紀都邑山川風俗土產道里貢式而以宋鄭興裔奏議一篇附焉蓋是時朝鮮亦被倭患故因日本而及之

琉球圖說一卷 浙江范懋柱家天一閣藏本

明鄭若曾撰體例與朝鮮圖說相同地里則但標

其針路末附宋鄭藻紀事一篇琉球奉明正朔從無寇掠殆以其國外偪於倭內密邇於福建而爲預防之計歟

安南圖說一卷 浙江范懋柱家天一閣藏本

明鄭若曾撰體例亦與朝鮮圖說同但增疆域僞制二門疆域寥寥數語其僞制則紀黎莫二姓事也末附宋鄭竦紀畧一篇若曾時距莫登庸事未遠故籌畫邊防併及安南然相距既遙所傳聞者畧矣

西洋朝貢典錄三卷　江蘇巡撫採進本

明黃省曾撰省曾字勉之吳縣人嘉靖辛卯舉人明史文苑傳附見文徵明傳中是編紀西洋諸國朝貢之事自占城以迄天方爲國二十有三國各一篇篇各有論凡道里遠近風俗美惡物產器用之殊言語衣服之異靡不詳載攷明史外國傳其時通職貢者尚不盡於此錄省曾止就內侍鄭和所歷之國編次成書餘固未暇及也末有二跋一爲東山居士孫允伽一爲淸常道人趙進美允伽

稱此書初未付梓得其手稿錄之進美謂其章法句法頗學山海經信爲奇書錢曾讀書敏求記亦載之然其精華已採入正史餘亦無他異聞也

夷俗記一卷 浙江鮑士恭家藏本

明蕭大亨撰大亨號岳峯泰安人嘉靖壬戌進士官至兵部尚書是書專紀韃靼風俗分匹配生育分家治姦治盜聽訟葬埋崇佛待賓尊師耕獵食用帽衣敬上禁忌牧養習尚教戰戰陣貢市二十類葢大亨嘗爲宣大總督故記錄其所聞然殊多

失實不足徵信惟順義王互市之地明史載大同於左衛北威遠堡邊外宣府於萬全右衛張家口邊外山西於水泉營而此書載大同互市有三堡一曰守口堡二曰得勝堡三曰新平堡則大亨所親見較史爲詳云

朝鮮國志一卷　浙江范懋柱家天一閣藏本

不著撰人名氏所存惟京都風俗山川古都古迹五門中稱我康獻王知爲朝鮮人作引明一統志稱大明知爲作於明時又多稱王氏諸王爲高麗

王知爲明之中葉李氏有國改稱朝鮮之後也

東南夷圖說二卷嶺海異聞一卷續聞一卷浙江吳玉墀家藏本

明蔡汝賢撰汝賢字思齊華亭人隆慶戊辰進士是編成於萬歷丙戌所紀皆東南海中諸國殊多傳聞失實如謂琉球國人窅目深鼻男去髭鬚輯鳥羽爲冠裝以珠玉赤毛今琉球貢使旅來目所共睹殊不如其所說海西諸國統稱西洋汝賢乃以西洋爲國名則更謬矣至於異聞續聞尤多荒誕不經其圖像悉以意杜撰亦毫無所據

四川土夷考四卷 浙江汪汝瑮家藏本

明譚希思撰希思有明大政纂要已著錄是書乃希思在蜀時命布政使官屬取全蜀土司土府繪圖立說裒爲一編刻於萬歷二十六年首全圖次各土司土府分圖圖各有說凡七十八篇其中所列多沿邊城堡守禦名目而於土司境壤山川形勢概未之及蓋專爲防守之策而設雖名爲土夷考其實乃險隘圖也所附之說僅據州縣申冊簡畧頗甚亦不足以備考核

日本考五卷 浙江鮑士恭家藏本

明李言恭都杰同撰言恭字惟寅岐陽武靖王文忠之裔以萬歷二年襲封臨淮侯杰字彦輔蔚州人嘉靖丙辰進士官至南京兵部尚書方言恭督京營叅政時杰爲右都御史會倭患方劇乃共摭所聞爲此書記其山川地理及世次土風而於字書譯語臚載尤詳後倭陷朝鮮封貢議起杰以力爭不合從南京而言恭子宗城卒爲石星所薦充正使往封至釜山而倭情中變易服逃歸被劾論

戍蓋徒恃紙上空言宜其不能悉知情僞也

咸賓錄八卷 浙江鮑士恭家藏本

明羅曰褧撰曰褧字尚之江西人是編刊於萬歷中分列諸國之事以東西南北爲分欲誇明代聲教之遠故曰咸賓其實多非朝貢之國又敘事古今糅雜標題人地混淆亦頗無體例

別本坤輿外紀一卷 大學士英廉購進本

舊本題

國朝南懷仁撰載吳震方說鈴前集中案懷仁坤輿

外紀別有全本已著於錄此本摘錄其文併刪其圖說乃叢書之節本猶明季坊刻竄亂古書之陋習也

西方要記一卷 編修程晉芳家藏本

國朝西洋人利類思安文思南懷仁等撰利類思安文思皆以明末入中國南懷仁以順治十六年至京師此書則康熙初年所述凡二十條專記西洋國土人物土產及海程遠近大抵意在夸大其教故語多粉飾失實

洱海叢談一卷　浙江巡撫採進本

國朝釋同揆撰。同揆字輪庵，雲南大理府文殊寺僧也。是書紀滇南未入版圖之初，引隋書西海阿育國王仲子封蒼洱之間爲南詔之始祖。其後世滅而復興者，有段氏、蒙氏、高氏相承，至明初始皆內附。所載觀音大士結茅郡中及唐永嵗後現身七化之語，皆近荒誕。以緇徒爲地志，自張其教，固所不免耳。

八紘譯史四卷紀餘四卷　江蘇巡撫採進本

國朝陸次雲撰次雲有湖壖雜記已著錄是書專錄荒外諸國古事皆採摭史傳複見不鮮近事多據瀛涯勝覽職方外紀諸書亦多傳聞失實所記西域山川物產其地自

天威耆定俱入版圖如謂高昌盛暑人皆穴處鳥飛或爲日氣所爍而墮謂火焰山烟焰燭天謂火蠶綿絮衣一襲止用一兩稍多熱不可耐謂白疊子其實成繭中有細絲謂哈密四味木其實如棗以竹刀取之則甘鐵刀取之則苦木刀取之則酸蘆刀

取之則辛謂寇兹有山出泉行數里入地狀如醍醐甚臭人服之齒落吏生今由嘉峪關南路至喀什噶爾即經三國故地安得有此事哉即其他可知矣後附譯史紀餘四卷一爲東海西海及異物二爲高麗日本占城安南琉球之詩三爲外國錢文四爲西番百譯緬甸暹羅四國之書亦皆耳剽之談不爲確據如人面魚食目一條此書作前朝使臣至日本事尚谿纖志又以爲苗人進於初官是士者一人之書而自相矛盾是尚可爲信史哉

八紘荒史一卷 江蘇巡撫採進本

國朝陸次雲撰次雲既撰八紘譯史記其曾通中國者因復摭小說稗官所載荒渺之說爲此書皆無稽之談也書首題卷之一則當不止此卷而次雲所刻雜著前列總目此書實止一卷豈欲續輯而未成歟

峒谿纖志三卷志餘一卷 大學士英廉家藏本

國朝陸次雲撰所記皆諸苗蠻種落風俗前有題詞稱諸書所載同異攸殊余徵諸見聞詳爲考正措

詞雖簡徵事彌該上卷爲嵩谿羣言考正中卷爲蠻獠志下卷爲滇中嵩谿所產志餘一卷則皆蠻中歌謠自吳淇粤風續九採出者也

安南紀遊一卷大學士英廉家藏本

國朝潘鼎珪撰鼎珪字子登晉江人是編成於康熙二十七年乃鼎珪遊廣東時偶附海舶遇風飄至其國因紀其山川風土之大畧與諸書所記不甚相遠無他異聞

海外紀事六卷浙江巡撫採進本

國朝釋大汕撰大汕廣東長壽寺僧康熙乙亥春大越國王阮福週聘往說法越歲而歸因記其國之風土以及大洋往來所見聞大越國者其先世乃安南贅婿分藩割據遂稱大越卷前有阮福週序題丙子蒲月蓋康熙三十五年也

連陽八排風土記八卷 浙江巡撫採進本

國朝李來章撰來章號禮山本名灼然以字行襄城人康熙乙卯舉人官連山縣知縣是書卽其康熙戊子在連山時所作八排者猺獠所居以竹木爲

砦柵謂之排也凡分圖繪形勢風俗言語勦撫建置約束向化八門門爲一卷其目尚有第九卷題曰雜述上下然有錄無書豈爲之而未成歟中多自敘政績其向化一門紀所判斷之案各爲標目殆似傳奇尤非體例

中山傳信錄六卷 兩淮馬裕家藏本

國朝徐葆光撰葆光字澄齋吳江人康熙壬辰進士官翰林院編修康熙五十七年冊封琉球國世子尚貞爲國王以葆光爲副使歸時奏上

是書繪圖列說紀述頗詳

楚南苗志六卷湖北巡撫採進本

國朝段汝霖撰汝霖字時齋號梅亭漢陽人由舉人歷官建寧府知府是書乃汝霖爲湖南永綏同知時所作前五卷皆載苗人種類風俗物產言語衣服及歷朝控禦撫治之法末一卷附載猺人土人及粵西六寨蠻而六寨蠻尤爲簡略以非楚所治故也體例冗雜敘述亦不甚雅馴而得諸見聞事皆質實惟前載星野與苗蠻土人皆無所涉未免

沿地志之陋格耳

右地理類外紀之屬三十四部八十三卷內二部皆無卷數

附存目

12225

（清）紀昀等 纂

# 武英殿本四庫全書總目

第一六册

國家圖書館出版社

# 第一六册目録

欽定四庫全書總目 史部

卷五十一

12225

# 欽定四庫全書總目卷五十一

## 史部七

### 雜史類

雜史之目肇於隋書蓋載籍既繁難於條析義取乎兼包衆體宏括殊名故王嘉拾遺記汲冢瑣語得與魏尚書梁實錄並列不爲嫌也然既繫史名事殊小說著書有體焉可無分今仍用舊文立此一類凡所著錄則務示別裁大抵取其事繫廟堂語關軍國或但具一事之始末非

一代之全編或但述一時之見聞秖一家之私記要期遺文舊事足以存掌故資考證備讀史者之參稽云爾若夫語神怪供詼啁里巷瑣言稗官所述則別有雜家小說家存焉

## 國語二十一卷　戸部員外郎章銓家藏本

吳韋昭註昭字宏嗣雲陽人官至中書僕射三國志作韋曜裴松之註謂爲司馬昭諱也國語出自何人說者不一然終以漢人所說爲近古所記之事與左傳俱迄智伯之亡時代亦復相合中有與

左傳未符者猶新序說苑同出劉向而時復牴牾
葢古人著書各據所見之舊文疑以存疑不似後
人輕改也漢志作二十一篇其諸家所註隋志虞
翻唐固本皆二十一卷王肅本二十二卷賈逵本
二十卷互有增減葢偶然分併非有異同惟昭所
註本隋志作二十二卷唐志作二十卷而此本首
尾完具實二十一卷諸家所傳南北宋版無不相
同知隋志誤一字唐志脫一字也前有昭自序稱
兼采鄭衆賈逵虞翻唐固之注今考所引鄭說虞

說寥寥數條惟賈唐二家援据駁正爲多序又稱
凡所發正三百七事今考註文之中昭自立義者
周語凡服數一條國子一條虢文公一條常棣一
條鄭武莊一條仲任一條叔妘一條鄭伯南也一
條請隧一條賫姓一條楚子入陳一條晉成公一
條共工一條大錢一條無射一條魯語朝聘一條
刻桷一條命祀一條郊禘一條祖文宗武一條官
寮一條齊語凡二十一鄉一條士鄉十五一條良
人一條使海於有蔽一條八百乘一條反胙一條

大路龍旂一條晉語凡伯氏一條不懼不得一條
聚居異情一條貞之無報一條藉田一條二十五
宗一條少典一條十月一條嬴氏一條觀狀一條
三德一條上軍一條蒲城伯一條三軍一條錞于
一條呂錡佐上軍一條新軍一條韓無忌一條女
樂一條張老一條鄭語凡十數一條億事一條秦
景襄一條楚語聲子一條懿戒一條武丁作書一
條屏攝一條吳語官帥一條錞于一條自剄一條
王總百執事一條兄弟之國一條來告一條向檐

一條越語乘車一條宰一條德虐一條解骨一條重祿一條不過六十七事合以所正訛字衍文錯簡亦不足三百七事之數其傳寫有誤以六十爲三百歟崇文總目作三百十事又七字轉訛也錢曾讀書敏求記謂周語昔我先世后稷句天聖本先下有王字左右免冑而下句天聖本下下有拜字今本皆脫去然所引註曰云云與此本絕不相同又不知何說也此本爲衍聖公孔傳鐸所刊如魯語公父文伯飲酒一章註中此堵父詞四字當

在將使鼈長句下而誤入遂出二字下小小舛訛亦所不免然較諸坊本則頗爲精善自鄭衆解詁以下諸書並亡國語註存於今者惟昭爲最古黃震日鈔嘗稱其簡潔而先儒舊訓亦往往散見其中如朱子注論語無所取材毛奇齡詆其訓材爲裁不見經傳改從鄭康成桴材之說而不知鄭語計億事材兆物句昭注曰計算也材裁也已有此訓然則奇齡失之眉睫間矣此亦見其多資考證也

案國語二十一篇漢志雖載春秋後然無春秋外傳之名也漢書律歷志始稱春秋外傳王充論衡云國語左氏之外傳也左氏傳經詞語尚畧故復選錄國語之詞以實之劉熙釋名亦云國語亦曰外傳春秋以魯爲内以諸國爲外外國所傳之事也考國語上包周穆王下暨魯悼公與春秋時代首尾皆不相應其事亦多與春秋無關係之春秋殊爲不類至書中明有魯語而劉熙以爲外國所傳

尤爲舛迕附之於經於義未允史通六家國語居一實古左史之遺今改隸之雜史類焉

國語補音三卷 衍聖公孔昭煥家藏本

唐人舊本宋宋庠補葺庠字公序安陸人徙居雍邱天聖二年進士第一歷官檢校太尉平章事樞密使封莒國公以司空致仕謚文憲事迹具宋史本傳自漢以來註國語者凡賈逵王肅虞翻唐固韋昭孔晁六家然皆無音宋時相傳有音一卷不著名氏庠以其中鄮州字推之知出唐人然簡畧

殊甚乃採經典釋文及說文集韻等書補成此編觀目錄前列二十一篇之名詳註諸本標題之異同後列補音三卷夾註其下曰庠自撰附於末知其初本附韋昭注後後人以昭註世多傳本遂抄出別行明人刊本又散附各句之下間多脫誤蓋非其舊此本猶從宋本錄出其例存唐人舊音於前舊音所遺及但用直音而闕反切者隨字增入皆以補注二字別之其釋正文者大書其字夾註其音其釋韋昭註者亦大書其字而冠以註字爲

別較陸德明經典釋文以朱墨分別經註輾轉傳寫遂至混合爲一者頗便省覽自記稱舊本參差不一最後得其同年宋緘本大體爲詳因取公私書十五六本與參互考正以定是編其辨證最爲詳核惜其前二十一卷全佚僅存此音也又序此音實全收唐人舊本而附益其說故謂之補諸家著錄惟署序名殊爲失考今仍標唐人於前以存其實焉

戰國策註三十三卷 衍聖公孔昭煥家藏本

舊本題漢高誘註今考其書實宋姚宏校本也文獻通考引崇文總目曰戰國策篇卷亡闕第二至第十第三十一至第三十三闕又有後漢高誘注二十一卷今闕第一第五第十一至二十止存八卷曾鞏校定序曰此書有高誘註者二十一篇或曰三十二篇崇文總目存者八篇今存者十篇此爲毛晉汲古閣影宋鈔本雖三十三卷皆題曰高誘註而有誘註者僅二卷至四卷六卷至十卷與崇文總目八篇數合又最末三十二三十三兩卷

合前八卷與曾鞏序十篇數合而其餘二十三卷則但有考異而無注其有注者多冠以續字其偶遺續字者如趙策一郗疵註雒陽註皆引唐林寶元和姓纂趙策二歐越註引魏孔衍春秋後語魏策三芒卯注引淮南子註衍與寶在誘後而淮南子註即誘所自作其非誘註可無庸置辨葢鞏校書之時官本所少之十二篇誘書適有其十惟闕第五第三十一誘書所闕則官書悉有之亦惟闕第五第三十一意必以誘書足官書而又於他家

書內摭二卷補之此官書誘書合爲一本之由然鞏不言校誘註則所取惟正文也迨姚宏重校之時乃併所存誘註入之故其自序稱不題校人并題續注者皆余所益知爲先載誘注故以續爲別且凡有誘註復加校正者並於夾行之中又爲夾行與無注之卷不同知校正之時注已與正文並列矣卷端曾鞏李格王覺孫朴諸序跋皆前列標題各題其字而宏序獨空一行列於末前無標題序中所言體例又一一與書合其爲宏校本無疑

其卷卷題高誘名者殆傳寫所增以賡古書耳書中校正稱曾者曾鞏本也稱錢者錢藻本也稱劉者劉敞本也稱集者集賢院本也無姓名者即宏序所謂不題校人爲所加入者也其點勘頗爲精密吳師道作戰國策鮑注補正亦稱爲善本是元時猶知註出於宏不知毛氏宋本何以全題高誘考周密癸辛雜識稱賈似道嘗刊是書豈其門客廖瑩中等皆媟褻下流昧於檢校一時誤題毛氏適從其本影抄歟近時揚州所刊即從此本錄出

而仍題誘名殊爲沿誤今於原有註之卷題高誘注姚宏校正續注原注已佚之卷則惟題姚宏校正續注而不列誘名庶幾各存其眞宏字令聲一曰伯聲剡川人嘗爲删定官以伉直忤秦檜瘐死大理獄中蓋亦志節之士不但其書足重也

案漢藝文志戰國策與史記爲一類歷代史志因之晁公武讀書志始改入子部縱橫家文獻通考因之按班固稱司馬遷作史記據左氏國語采世本戰國策述楚漢春秋接其

後事迄於天漢則戰國策當爲史類更無疑義且子之爲名本以稱人因以稱其所著必爲一家之言乃當此目戰國策乃劉向裒合諸記併爲一編作者旣非一人又均不得其主名所謂子者安指乎公武改隸子部是以記事之書爲立言之書以雜編之書爲一家之書殊爲未允今仍歸之史部中

鮑氏戰國策注十卷 內府藏本

宋鮑彪撰案黃鶴杜詩補注郭知達集註九家杜

詩引彪之語皆稱爲鮑文虎說則其字爲文虎也縉雲人官尚書郎戰國策一書編自劉向注自高誘至宋而誘注殘缺曾鞏始合諸家之本校之而於注文無所增損姚宏始稍補誘注之缺而校正者多訓釋者少彪此注成於紹興丁卯其序中一字不及姚本蓋二人同時宏又因忤秦檜死其書尚未盛行於世故彪未見也彪書雖首載劉向曾鞏二序而其篇次先後則自以已意改移非復向鞏之舊是書竄亂古本實自彪始然向序稱中書

餘卷錯亂相糅莒（案莒字未詳今姑仍原本錄之）又有國別者八篇少不足臣向因國別者略以時次之分別不以序者以相補除重復得三十三篇又稱中書本號或曰國策或曰國事或曰短長或曰事語或曰長書或曰修書云云則向編此書本裒合諸國之記删併重複排比成帙所謂三十三篇者實非其本來次第彪核其事迹年月而移之尚與妄改古書者有間其更定東西二周自以爲考據之特筆元吳師道作補正極議其誤考趙與旹賓退錄曰戰

國策舊傳高誘注殘缺疏畧殊不足觀姚令威寬補注（案補注乃姚寬之兄姚宏所作此作姚寬殊誤謹附訂於此）亦未周盡獨縉雲鮑氏校注為優雖間有小疵多不害大體惟東西二周一節極其舛謬深誤學者反不若二氏之說是則南宋人已先言之矣師道注中所謂補者即補彪注所謂正者亦即正彪注其精核實勝於彪然彪注疏通詮解實亦殫一生之力故其自記稱四易稿後始悟周策之嚴氏陽豎即韓策之嚴遂陽堅而有校書如塵埃風葉之嘆雖踵事者

益密正不得遽沒剏始之功矣

戰國策校註十卷 兵部侍郎紀昀家藏本

元吳師道撰師道字正傳蘭谿人至治元年進士官至國子博士致仕後授禮部郎中事蹟具元史儒學傳師道以鮑彪注戰國策雖云糾高誘之訛漏然仍多未善乃取姚宏續註與彪註參校而雜引諸書考証之其篇第註文一仍鮑氏之舊每條之下凡增其所闕者謂之補凡糾其所失者謂之正各以補曰正曰別之復取劉向曾鞏所校三十

三篇四百八十六首舊第爲彪所改竄者别存於首葢既用彪註爲稿本如更其次第則端緒益棼節目皆不相應如泯其變亂之迹置之不論又恐古本遂亡故附録原次以存其舊孔頴達禮記正義每篇之下附著别録第幾林億等新校素問亦每篇之下附著全元起本第幾即其例也前有師道自序撮舉彪注之大紕謬者凡十九條議論皆極精審其他隨文駁正亦具有條理古來注是書者固當以師道爲最善矣舊有曲阜孔氏刊本頗

未是正此本猶元時舊刻較孔本多爲可據云

貞觀政要十卷 內府藏本

唐吳兢撰兢汴州浚儀人以魏元忠薦直史館累官太子左庶子貶荊州司馬歷洪舒二州刺史入爲恒王傅天寶初年八十卒事蹟具唐書本傳宋中興書目稱兢於太宗實錄外采其與羣臣問答之語作爲此書用備觀戒總四十篇新唐書著錄十卷均與今本合考舊唐書曹確傳載確奏臣覽貞觀故事太宗初定官品云云其文與此書擇官

篇第一條相同而唐志所錄別無貞觀故事豈卽此書之別名歟其書在當時嘗經表進而不著年月惟兢自序所稱侍中安陽公者乃源乾曜中書令河東公者乃張嘉貞考元宗本紀乾曜爲侍中嘉貞爲中書令皆在開元八年則兢成此書又在八年以後矣書中所記太宗事蹟以唐書通鑑參考亦頗見牴牾如新舊唐書載太宗作威鳳賦賜長孫無忌而此作賜房元齡通鑑載張蘊古以救李好德被誅而此謂其與囚戲博漏洩帝旨事狀

迴異又通鑑載皇甫德參上書賜絹二十四匹拜監察御史而此但作賜帛二十段又通鑑載宗室諸王降封由封德彝之奏貞觀初放宮人由李百藥之奏而此則謂出於太宗獨斷俱小有異同史稱兢敘事簡核號良史而晚節稍疎稽此書葢出其耄年之筆故不能盡免滲漏然太宗爲一代令辟其良法善政嘉言媺行臚具是編洵足以資法鑒前代經筵進講每多及之故中興書目稱歷代寶傳至今無闕伏讀

皇上御製樂善堂集開卷首篇即邀
褒詠千年舊籍榮荷表章則是書之有裨治道亦槪可見矣書中之註爲元至順四年臨川戈直所作又採唐柳芳晉劉昫宋宋祁孫甫歐陽修曾鞏司馬光孫洙范祖禹馬存朱黼張九成胡寅呂祖謙唐仲友葉適林之奇眞德秀陳惇修尹起莘程奇及呂氏通鑑精義二十二家之說附之名曰集論吳澄郭思貞皆爲之序直字伯敬即澄之門人也

渚宮舊事五卷補遺一卷　江蘇巡撫採進本

一名渚宫故事唐余知古撰結衔稱將仕郎守太子校書里貫則未詳也其書上起鬻熊下迄唐代所載皆荆楚之事故題曰渚宫渚宫名見左氏傳孔穎達疏以爲當郢都之南蓋楚成王所建樂史太平寰宇記則以爲建自襄王未詳何據也書本十卷唐書藝文志著録此本惟存五卷止於晉代考晁公武郡齋讀書志載渚宫故事十卷則南宋之初尚爲完本至陳振孫書録解題所言已與今本同則宋齊以下五卷當佚於南宋之末陶宗儀

說郛節鈔此書十餘條晉以後乃居其七疑從類書引出非尚見原本也唐書藝文志載此書註曰文宗時人又載漢上題襟集十卷註曰段成式溫庭筠余知古則與段溫二人同時倡和此書皆記楚事其爲游漢上時所作更無疑義陳氏以爲後周人已屬訛誤通考引讀書志之文併脫去余字竟題爲唐知古撰則謬彌甚矣今仍其舊爲五卷其散見於他書者別輯爲補遺一卷附錄於後焉

東觀奏記三卷 浙江范懋柱家天一閣藏本

唐裴庭裕撰庭裕一作廷裕字膺餘聞喜人官右補闕其名見新書宰相世系表所謂裴氏東眷者也王定保摭言稱其乾寧中在內廷文書敏捷號下水船其事迹則無可考焉其書專記宣宗一朝之事前有自序稱上自壽邸即位二年監修國史丞相晉國公杜讓能奏選碩學之士十五人分修三聖實錄以吏部侍郎柳玭右補闕裴庭裕左拾遺孫泰駕部員外郎李允太常博士鄭光庭專修宣宗實錄自宣宗至今垂四十載中原大亂日歷

起居注不存一字謹採耳目聞覩撰成三卷奏記於晉公藏之於閣以備討論葢其在史局時所上監修稿本也序末不著成書年月考杜讓能以龍紀元年三月兼門下侍郎十二月爲司徒景福元年守太尉二年貶死昭宗之二年即大順元年此序云奏記於監國史晉國公則當在大順景福之間其云自宣宗至是垂四十年葢由大中以來約記之詞若以宣宗末年計至光化初年始爲四十載則杜讓能之死已久無從奏記矣書中記事頗

具首尾司馬光作通鑑多採其說而亦不盡信之葢聞見所及記近事者多確恩怨未盡記近事者亦多誣自古而然不但此書矣

五代史闕文一卷 浙江巡撫採進本

宋王禹偁撰禹偁字元之鉅野人太平興國八年進士官至知黃州事蹟具宋史本傳是書前有自序不著年月考書中周世宗遣使諭王峻一條自注云使即故商州團練使羅守素也嘗與臣言以下事迹是在由左司諫謫商州團練副使以後其

結銜稱翰林學士則作於眞宗之初是時薛居正等五代史已成疑作此以補其鈌然居正等書凡一百五十卷而序稱臣讀五代史總三百六十卷則似非指居正等所修也晁公武讀書志曰凡十七事此本梁史三事後唐史七事晉史一事漢史二事周史四事與晁氏所記合葢猶舊本王士禎香祖筆記曰王元之五代史闕文僅一卷而辨正精嚴足正史官之謬如辨司空圖淸眞大節一段尤萬古公論所繫非眇小也如敘莊宗三矢告廟

一段文字淋漓慷慨足爲武皇父子寫生歐陽五代史伶官傳全用之遂成絕調惟以張全義爲亂世賊臣深合春秋之義而歐陽不取於全義傳畧無貶詞蓋卽舊史以成文耳終當以元之爲定論也云云其推挹頗深今考五代史於朱全昱張承業王淑妃許王從益周世宗符皇后諸條亦多採此書而新唐書司空圖傳卽全據禹偁之說則雖篇帙寥寥當時固以信史視之矣

五代史補五卷 浙江朱彝尊家曝書亭藏本

宋陶岳撰岳字介立潯陽人宋初薛居正等五代史成岳嫌其尚多闕畧因取諸國竊據累朝創業事迹編次成書以補所未及自序云時皇宋祀汾陰之後歲在壬子蓋眞宗之祥符五年也晁公武讀書志載此書作五代補錄然考岳自序實稱五代史補則公武所記爲誤公武又云共一百七事今是書所載梁二十一事後唐二十事晉二十事漢二十事周二十三事共一百四事較公武所記少三事考王清明揮麈錄載毋邱儉貧賤時借文

選於交遊間有難色發憤異日若貴當板鏤之遺學者後仕蜀爲宰相遂踐其言刊之印行書籍矪見於此事載陶岳五代史補云云今本無此條殆傳寫有遺漏矣此書雖頗近小說然敘事首尾詳具幸得其實故歐陽修新五代史司馬光通鑑多採用之其間如莊宗獵中牟爲縣令所諫一條云忘其姓名据通鑑則縣令乃何澤又楊行密詐盲一條云首尾僅三年考行密詐盲至殺朱三郎實不及三年之久又王氏據福建一條云王審知卒

弟延鈞嗣据薛史通鑑延鈞乃審知之子又梁震裨贊一條云莊宗令高季興歸行已浹旬莊宗易慮遽以詔命襄州節度劉訓伺便因之季興行至襄州心動遂棄輜車南走至鳳林關已昏黑於是斬關而去是夜三更向之急遞果至通鑑考異辨莊宗當時並無詔命遣急遞之事岳所據乃傳聞之誤凡此之類雖亦不免疎失然當薛史既出之後能網羅散失裨益缺遺於史學要不爲無助也

北狩見聞錄一卷　兩江總督採進本

宋曹勛撰勛字功顯陽翟人宣和五年進士南渡後官至昭信軍節度使事迹具宋史本傳是編首題保信軍承宣使知閤門事兼客省四方館事臣曹勛編次蓋建炎二年七月初至南京時所上其始於靖康二年二月初七日則以徽宗之入金營惟勛及姜堯臣徐中立丁孚四人得在左右也所記北行之事皆與諸書相出入惟述密賫衣領御書及雙飛蛺蝶金環事則勛身自奉使較他書得自傳聞者節次最詳末附徽宗軼事四條亦當時

所並上者紀事大都近實足以証北狩日記諸書之妄且與高宗繼統之事尤爲有關雖寥寥數頁實可資史家之考証也

松漠紀聞一卷續一卷兩淮鹽政採進本

宋洪皓撰皓字光弼鄱陽人政和五年進士建炎三年以徽猷閣待制假禮部尚書爲大金通問使既至金金人迫使仕劉豫皓不從流遞冷山復徙燕京凡留金十五年方得歸以忤秦檜貶官安置英州而卒久之始復徽猷閣學士謚忠宣事蹟具

宋史本傳此書乃其所紀金國雜事始於留金時隨筆纂錄及歸懼為金人搜獲悉付諸火既被譴謫乃復追述一二名曰松漠紀聞尋有私史之禁亦秘不傳紹興末其長子适始校刊為正續二卷乾道中仲子遵又增補所遺十一事明代吳琯刻入古今逸史中與此本字句閒有異同而大畧相合皓所居冷山去金上京會寧府纔百里又嘗為陳王延教其子故於金事言之頗詳雖其被囚日久僅据傳述者筆之於書不若目擊之親切中

間所言金太祖太宗諸子封號及遼林牙達什北走之事皆與史不合又不曉音譯往往訛異失眞然如敘太祖起兵本末則遼史天祚紀頗用其說其熈州龍見一條金史五行志亦全採之蓋以其身在金庭故所紀雖眞贋相參究非鑿空妄說者比也

燕翼詒謀錄五卷浙江鮑士恭家藏本

宋王㮚撰㮚字叔永自署稱晉陽人寓居山陰號求志老叟其名氏不概見於他書今考書中有紀

紹興庚戌仲父軒山公以知樞密院兼參知政事

一條庚戌爲紹興元年核之宋史是年五月甲午

王藺知樞密院是㯖當爲藺之猶子藺宋史無傳

據徐自明宰輔編年錄載藺無爲軍人是書第三

卷中所述無爲軍建置特詳可以爲證其稱晉陽

者葢舉祖貫而言書中又有余曩仕山陽語知其

嘗官淮北而所居何職則已不可考矣其書大旨

以宋至南渡而後典章放失祖宗之良法美政俱

廢格不行而變爲一切苟且之治故採成憲之可

爲世守者上起建隆下迄嘉祐凡一百六十二條并詳及其興革得失之由以著爲鑑戒蓋亦魚藻之義自序謂悉考之國史實錄寶訓聖政等書凡稗官小說悉棄不取今觀其臚陳故實如絲聯繩貫本末燦然誠雜史中之最有典據者也

太平治迹統類前集三十卷 江蘇巡撫採進本

宋彭百川撰百川字叔融眉山人是書凡八十八門皆宋代典故文獻通考載前集四十卷又後集三十三卷載中興以後事此本乃朱彝尊從焦竑

家藏本抄傳但有前集不分卷數又中間訛不勝
乙彝尊跋謂焦氏本卷帙次第爲裝訂者所亂傭
書人不知勘正別用格紙以致接處文理不屬也
初紹興中江少虞作皇朝事實類苑李攸又作皇
朝事實與百川此書皆分門隸事少虞書採摭雖
富而俳諧瑣事一一兼載體例頗近小說攸書於
典制特詳記事頗畧惟此書於朝廷大政及諸臣
事迹條分縷析多可與史傳相參考雖傳寫久訛
而規模終具闕其斷爛之處而取其可以考見端

委者固與李心傳建炎以來朝野雜記均一代記載之林矣

咸淳遺事二卷（永樂大典本）

不著撰人名氏宋史藝文志不著錄惟明文淵閣書目載有此書一冊核其詞意疑宋之故臣遺老爲之也其書於尊崇錫命諸政典紀載頗詳並備錄學士院所行制命之詞而朝廷大政乃多闕畧不載或兵火之餘收僅存之案牘排比成編歟然其遺聞瑣記多史氏之所未備雖識小之流亦足

以資考訂而明鑑戒也考度宗咸淳紀號盡於十年而永樂大典載是書自即位改元迄於八年而止尚缺其後二年不知何時散佚其文字亦多脫誤不盡可讀以宋代遺編頗存舊事外間絕無傳本不可竟使之湮沒謹釐訂其文編為二卷備史籍之一種焉

大金弔伐錄四卷永樂大典本

不著撰人名氏其書紀金太祖太宗用兵克宋之事故以弔伐命名蓋薈萃故府之案籍編次成帙

者也金宋自海上之盟已通聘問因天輔六年以前舊牘不存故僅於卷首一條略存起事梗概自天輔七年交割燕雲及天會三年四月再舉伐宋五年廢宋立楚所有國書誓詔冊表文狀指揮牒檄之類皆排比年月具錄原文迄康王南渡而止首尾最為該貫後復附以降封昏德公重昏侯海濱詔書及所上各表而終於劉豫建國之始末所錄與徐夢莘三朝北盟會編詳略互見不識夢莘何以得之考張端義貴耳集曰道君北狩凡有小

小凶吉喪祭節序金主必有賜賚一賜必要一謝表集成一帙刊在摧場中博易四五十年士大夫皆有之余曾見一本云云此書殆亦是類歟然夢華意存忌諱未免多所刊削獨此書全據舊聞不加增損可以互校缺訛補正史之所不逮亦考古者所當參證也永樂大典所載未分篇目不知原本凡幾卷今詳加釐訂析爲四卷著於錄

汝南遺事四卷（永樂大典本）

元王鶚撰鶚字伯翼東明人金正大元年登進士

第一哀宗時爲左右司員外郎金亡降元官至翰林學士承旨事迹具元史本傳是編即隨哀宗在蔡州圍城所作故以汝南命名所記始天興二年六月迄三年正月隨日編載有綱有目共一百有七條皆所身親目擊之事故紀載最爲詳確其稱哀宗爲義宗則用息州行省所上謚也金史哀宗本紀及烏庫哩鎬（金史作烏古論鎬今改正）完顔仲德張天綱等傳皆全採用之足徵其言皆實錄矣鶚身事兩朝不能抗西山之節然本傳載其祭哀宗一事猶

有惓惓故主之心其作是書於喪亂流離亦但有痛悼而無怨誹較作南燼錄者猶末減焉自序云四卷元史本傳作二卷葢傳刻之譌今仍從自序所言編爲四卷

錢唐遺事十卷 浙江汪啟淑家藏本

元劉一清撰一清臨安人始末無可考其書雖以錢塘爲名而實紀南宋一代之事高孝光寧四朝所載頗略理度以後敘錄最詳大抵雜採宋人說部而成故頗與鶴林玉露齊東野語古杭雜記諸

書互相出入雖時有詳略同異亦往往錄其原文如一卷十里荷花一條二卷辛幼安詞一條韓平原一條大字成犬一條皆採自鶴林玉露既不著其書名其中所載余謂愚聞及余亦作一篇云云皆因羅大經之自稱不加刊削遂使相隔七八十年語如目睹殊類於不去葛龔又書中稱北兵稱北朝憲宗皇帝稱帝㬎曰嗣君稱謝后曰太皇太后似屬宋人之詞而復稱元曰大元稱元兵曰大兵曰大元國兵稱元世宗曰皇帝乃全作元人之

語蓋雜採舊文合爲一帙故內外之詞不能盡一亦皆失於改正然於宋末軍國大政以及賢姦進退條分縷析多有正史所不及者蓋革代之際目擊僨敗較傳聞者爲悉故書中大旨刺賈似道居多第九卷全錄嚴光大所紀德祐丙子祈請使行程第十卷全載南宋科目條格故事而是書終焉殆以宋之養士如此周詳而諸臣自祈請以外一籌莫効寓刺士大夫歟孔齊至正直記所列元朝典文可爲史館之用者一清是書居其一世無刊

本傳寫頗稀陶宗儀說郛僅載數條此乃舊抄足本前後無序跋惟卷端題識數行惜高宗不都建康而都於杭士大夫湖山歌舞視天下事於度外卒至納土賣國不署名氏詳其詞意殆亦宋之遺民也

平宋錄三卷 浙江鮑士恭家藏本

舊題杭州路司獄燕山平慶安撰一名大元混一平宋實錄又名丙子平宋錄前有大德甲辰鄧錡方回周明三序紀至元十三年巴顏下臨安及宋

㓜主北遷之事與史文無大異同惟元世祖封瀛國公詔巴顔賀表諸篇及追贈河南路統軍鄭江事爲史所未備頗足以資參考此書黄虞稷千頃堂書目以爲劉敏中作今按周明序稱平慶安請於行省奏加巴顔封謚建祠於武學故基武成王廟之東且鋟梓王行實行於世後又有大德八年甲戌月案大德元年爲甲辰九月當建甲戌此蓋當時習俗之文不合古例謹附識於此燕山平慶安開板印造乎宋録一行俱不言新著此書是此書實劉敏中所撰慶安特梓刻以傳後

人以其書首不題敏中姓名未加深考遂舉而歸之慶安耳今改題敏中名從其實焉敏中字端甫章邱人由中書掾歷官至翰林學士承旨卒追封齊國公事迹具元史本傳

弇山堂別集一百卷 兩江總督採進本

明王世貞撰世貞字元美太倉人嘉靖丁未進士官至南京刑部尚書事迹具明史文苑傳是書載明代典故凡盛事述五卷異典述十卷奇事述四卷史乘考誤十一卷表三十四卷分六十七目考

三十六卷分十六目世貞自序云是書出異日有
裨於國史者十不能二者儒掌故取以考証十不
能三賓幓酒筵以資談謔參之十或可得四其用
如是而已然其間如史乘考誤及諸侯王百官表
親征命將謚法兵制市馬中官諸考皆能辨析精
覈有裨考証蓋明自永樂間改修太祖實錄誣妄
尤甚其後累朝所修實錄類皆缺漏蕪疏而民間
野史競出又多憑私心好惡誕妄失倫史愈繁而
是非同異之跡愈顛倒而失其實世貞承世家文

獻熟悉朝章復能博覽羣書多識於前言往行故其所述頗爲詳洽雖徵事既多不無小誤又所爲各表多不依旁行斜上之體所失正與雷禮相同其盛事奇事諸述頗涉詼諧亦非史體然其大端可信此固不足以爲病矣

革除逸史二卷　浙江范懋柱家天一閣藏本

明朱睦㮮撰睦㮮有易學識遺已著録是書以建文帝一朝事蹟編年敘之明史藝文志載睦㮮遜國記二卷不載此名然不容同記一事乃分著兩

書卷數又復相合殆即此書之别名也革除一事其初格於文禁記載罕傳在當日已無根據迨公論大明人人以表章忠義爲事撰述日夥而從亡致身諸錄遂相續而出眞僞相半疑信互爭遂成一聚訟之案糾結靡休符驗黄佐稍有辨正尚未能確斷睦㮮自序獨辨建文帝髠緇遯去及正統間迎入大内之說乃好事者爲之故載建文四年六月事祇以宫中火起帝遜位爲傳疑之詞亦可謂善持兩家之平矣

欽定蒙古源流八卷

乾隆四十二年奉

勅譯進其書本蒙古人所撰末有自敘稱庫國克徹辰鴻台吉之裔小徹辰薩囊台吉願知一切因取各汗等源流約畧敘述並以講解精妙意旨紅冊沙爾巴胡土克圖編纂之蓬花漢史雜噶拉斡爾第汗所編之經卷源委古昔蒙古汗源流大黃冊等七史合訂自乙丑九宮值年八宮翼火蛇當值之二月十九日角木蛟鬼金羊當值之辰起至六月

初一日角木蛟鬼金羊當値之辰告成書中所紀
乃顔納特珂克土伯特蒙古汗傳世次序及供養
諸大喇嘛闡揚佛教之事而其國中興衰治亂之
跡亦多按年臚載首尾賅備頗與永樂大典所載
元朝秘史體例相近前者我
皇上幾餘覽古以元代奇渥温得姓所自必史乘傳譌
詢之定邊左副將軍喀爾喀親王成衮札布因以
此書進
御考證本末始知奇渥温爲却特之誤數百年之承訛

襲謬得藉以釐訂闡明既已揭其旨於
御批通鑑輯覽復以是編
宣付館臣譯以漢文潤色排比纂成八卷其第一卷內
言風壇水壇土壇初定各種生靈降世因由及六
噶拉卜乘除算量運數而歸於釋迦牟尼佛教之
所自興是爲全書緣起次紀額納特珂克國汗世
系首載星哈哈努汗之曾孫薩爾幹阿爾答實迪
汗之子丹巴多克噶爾成佛事而自烏迪雅納汗
以下崇信佛教諸大汗及七贊達七巴拉四錫納

等汗則俱詳著其名號與藏經內之釋迦譜約畧
相仿次紀土伯特汗世系始於尼雅特贊博汗在
善布山爲衆所立終於札實德汗大致亦頗與西
番嘉喇卜經合其中載持勒德蘇隆贊娶唐太宗
女文成公主持勒丹租克丹汗娶唐中宗弟景德
王女金城公主核之唐書太宗貞觀十五年以宗
女文成公主妻吐蕃贊普棄宗弄贊中宗景龍初
以雍王守禮女爲金城公主妻吐蕃贊普棄隸蹜
贊其事蹟多屬相符是土伯特即吐蕃國號而唐

書所稱葉宗弄贊乃持勒德蘇隆贊之訛其汗世以贊博爲名與唐書所稱贊普亦音相近也其第三卷以後則皆紀蒙古世系謂土伯特色爾持贊博汗之季子布爾特齊諾避難至必塔地方其衆尊爲君長數傳至勃端察爾母曰阿隆郭斡哈屯感異夢而生又九傳至元太祖與元本紀多相合而間有異同其稱元太祖爲索多博克達青吉斯汗元世祖爲呼必賚徹辰汗元順帝爲托觀特穆爾烏哈噶圖汗自順帝北奔後世傳汗號至林丹

庫克圖汗而爲我
朝所克中間傳世次序名號生卒年歲釐然具載詮敘極爲詳悉明代帝系亦附著其畧其最踳駁者如以庫色勒汗爲元明宗弟在位二十日史無其事又以明太祖爲朱葛仕元至左省長官譏殺托克托噶太師遂舉兵追逐順帝亦爲鑿空失實其他紀年前後亦往往與史乖迕蓋內地之事作書者僅據傳聞錄之故不能盡歸確核至於塞外立國傳授源流以逮入地諸名語言音韻皆其所親

知灼見自不同歷代史官摭拾影響附會之詞妄加纂載以致魯魚謬戾不可復憑得此以定正舛訛實爲有裨史學仰惟我

國家萬方同軌中外嚮風蒙古諸部久爲臣僕乃得以其流傳秘冊充外史之儲藏用以參考舊文盡却耳食沿譌之陋一統同文之盛治洵亘古爲獨隆矣

謹案此書爲外藩所錄於例應入載記類中然所述多元朝帝王之事與高麗安南諸史

究有不同是以仍編於雜史

右雜史類二十二部二百七十三卷皆文淵閣著錄

欽定四庫全書總目 史部

卷五十二

欽定四庫全書總目卷五十二

史部八

雜史類存目一

左逸一卷短長一卷兩江總督採進本

是書凡左傳逸文三則戰國策逸文三則二書各有小引前稱嶧陽樵者獲石篋得竹簡漆書古文左傳讀之中有小牴牾三余得而錄之或謂秦漢人所傳而託也余不能辨後稱耕於齊野者地墳得大篆竹冊一袠曰短長劉向敘戰國策一名短

長所謂短長者豈戰國逸策歟然多載秦及漢初事意文景之世好奇之士僞托以撰前題延陵蔣謹手次及子世枋重訂又冠以世枋序稱二帙爲其先人手錄貯篋中者四十年未詳作者誰氏并所序嶧陽齊野二說亦不知何人惟是紀事用意筆法遒古非秦漢以下所能道隻字云云漆書竹簡豈能閱二千年而不毀其僞殊不足辨也

戰國策談棷十卷 兩江總督採進本

明張文燿撰文燿字維昇仁和人是書全用吳師

道補正鮑彪之本惟增入李斯諫逐客書楚人以弱弓微繳說頃襄王中山君饗都士大夫三章爲吳本所無註中國名人名或間補數言餘皆采諸家評語書之簡端冗雜特甚所謂談概即指是也概集韻蘇后切與藪同談概即談藪特變易其字以見異耳

七雄策纂八卷 安徽巡撫採進本

明穆文熙編文熙字敬止東明人嘉靖壬戌進士官吏部員外郎是編取戰國策之文加以評語並

集諸家議論附於上闌大抵剿襲陳因無所考證

戰國策去毒二卷 江蘇周厚堉家藏本

國朝陸隴其編隴其有古文尚書考已著錄此書前有自記謂戰國策一書其文章之奇足以悅人耳目而其機變之巧足以壞人心術如厚味之中有大毒焉故今舉文士所共讀者指示其得失庶幾嚌其味而不中其毒也故以去毒名其持論甚正然百家諸子各自爲書原不能盡繩以儒理旣以縱橫爲術又安怪其但言縱橫况自漢以來孔孟

之道大明如戰國策之類不過史家或考其事迹詞人或取其文章是以至今猶存原無人奉爲典型懸以立教與釋氏之近理亂眞異學之援儒入墨必須辨别者截然不同是固不必懲羹而吹虀也

藝祖受禪錄一卷 永樂大典本

舊本題宋趙普曹彬同撰記太祖初生及幼時事特詳末云先是晉天福中兩浙兒童聚戲率以趙字爲語助如得曰趙得可曰趙可云云亦侈陳符

瑞之故智帝王受命自有本原豈以小兆爲驗耶

龍飛記一卷永樂大典本

舊本題宋趙普撰書作於建隆元年記太祖受禪事普時爲樞密學士蓋太祖即位之初也然普既有受禪錄何以又爲此書疑與受禪錄皆後人所依託以普及曹彬爲文武佐命各假借其名耳

景命萬年錄一卷永樂大典本

不著撰人名氏記太祖受禪之事畧與趙普龍飛記同而敘得姓及前數代事特詳末載顯德末有

男子升中書政事堂據案而坐曰宋州官家教我來范質曰此人病風急遣之忽不見是時太祖始鎮許州至是乃驗云云頗類小說家言殊出於附會也

青溪寇軌一卷 編修程晉芳家藏本

宋方勺撰勺字仁聲婺州人元祐中蘇軾知杭州値省試嘗薦送之浙江通志載潘良貴之言稱其超然遐舉神情散朗如晉宋間高士似以隱遯終身者而所作泊宅編中記虔州安遠龍南二縣有

瘴因自述其管勾常平季點到邑事則亦曾官於江右也是編記宣和二年青溪妖寇方臘作亂童貫譚稹等討平之事原載勺泊宅編中曹溶摘入學海類編因改題此名所述睦州之陷及譚稹之爲兩浙制置使劉延慶王禀王渙楊維忠之功皆與宋史不合蓋傳聞異詞後附論二則其一追述魔教之始不著姓名其一署曰容齋追敘致亂之故甚詳併載韓世忠時爲王淵裨將潛行谿谷問野婦得徑即挺身直前度險數重擣其穴格殺數

十八擒臘以出又稱泊宅翁之志寇軌也蘄王猶未知名故畧之且時宰猶多在朝臘等陰謀亦多忌諱故削不載今表而出之以戒後世司民者容齋爲洪邁之號疑或邁所附題歟宋史韓世忠傳載其平青溪之功與此所載合當卽據此載入也

清溪弄兵錄二卷 浙江范懋柱家天一閣藏本

宋王彌大編彌大字約父爵里未詳是編記宣和中方臘寇睦州事分前後二篇其前篇從方勺泊宅編錄出其後篇從續會要第二百五十三卷出

師門中錄出後有自識稱嘉泰元年夏在金陵時命表姪陳知新摘錄以備參考蓋裒合舊文非所自撰也靑溪縣卽今浙江淳安縣宋屬睦州字當作靑此本從水作淸傳寫者悞耳

避戎夜話一卷兩江總督採進本

宋石茂良撰案陳振孫書錄解題載茂良字太初其爵里則振孫亦未詳無可考也是編載靖康元年十一月金人陷汴京事蓋親在圍城之內記所見聞其中多言都統制姚友仲守禦東南壁之功

史不為友仲立傳然欽宗本紀頗採用之徐夢莘三朝北盟會編第九十八卷引此書有云汴京城陷僕逃難於鄉人王升卿舍館夜論朝廷守禦之方一話一言莫不驗其文摭其實直而不詐非所見聞則畧而不書云云蓋茂良自敘之詞此本為明末李蘅刊入璅探內者檢勘並無此文知為刪節不全之本矣尤袤遂初堂書目載有靖康夜話疑即此書晁公武讀書志列金人背盟錄七卷圍城雜記一卷避戎夜話一卷金國行程十卷南歸

錄一卷朝野僉言一卷總注曰皇朝汪藻編記金人伐契丹迄於宣和乙巳犯京城圍城雜記等五書皆記靖康時事其意蓋謂金人背盟錄以下六書皆靖康時人所作藻合而編之耳而其文義混淆似乎六書皆出於藻故有引是書爲藻作者其實書錄解題載朝野僉言爲夏少曾作南歸錄爲直秘閣沈琯作此書爲茂艮作各有主名也況汪藻未從北行安得有金國行程乎

孤臣泣血錄一卷編修汪如藻家藏本

舊本題宋太學丁特起撰所紀自欽宗靖康元年十一月五日起至高宗建炎元年五月一日即位止載汴京失守二帝播遷之事徐夢莘北盟會編頗采之文獻通考載其書三卷又補遺一卷此本僅存一卷然首尾完具年月聯貫不似有所缺佚者殆由後人所合併耶其中稱范瓊爲高義而於瓊殺吳革一事亦無貶詞頗乖公論特起不知何許人又直書太學生丁特起上書者三皆不似自述之語前載特起自敘粗鄙少文其敘事亦多俚

語豈當時好事者所爲以特起上書有名故以託之歟此本爲明吳思所刊前有思序而附載汪旦復評語語皆凡鄙仍多舛誤如吳芉起兵謀反正句實以當時僞楚僭號故以反正爲文乃誤讀正字屬上句謂以謀反書芉乃特起之微詞則其謬不足與辨矣

靖康蒙塵錄一卷 浙江范懋柱家天一閣藏本

不著撰人名氏所載宋徽欽二帝北狩事與世所傳南燼紀聞文多相同徐夢莘三朝北盟會編載

所採集書目甚詳亦無此書蓋坊賈改易其名以欺世者卷後附有建炎復辟錄一卷似爲高宗苗劉之變而作而所紀仍北狩本末寥寥數條年月皆舛錯不合作僞之尤甚者也

靖康紀聞拾遺一卷 浙江巡撫採進本

不著撰人名氏案文獻通考載靖康拾遺錄一卷何烈撰又名靖康小史又名草史疑卽是書也考東都事畧載靖康元年閏十一月癸巳迎土牛以借春不言其故是書則謂去年十二月立春術者

以爲大忌因於是月借春此類頗足以攷故事又東都事畧載王雲以靖康元年二月使金十月重使金而是書則謂九月再遣雲使金亦可以考異惟是書大旨在責宋不於太原未下之前早割三鎭與金致有靑城之禍考宋史稱靖康元年十月金人遣楊天吉王汭來欲割三鎭朝廷以三鎭稅數遣王雲同汭行則是下太原之後金何嘗不仍以割三鎭要和宋又何嘗不以三鎭稅數與之然終無解於汾澤之攻陷則此書割地請和之說仍

誤國之餘唾矣

北狩行錄一卷 浙江吳玉墀家藏本

舊本題宋蔡絛撰絛蔡京之子尚茂德帝姬靖康元年從徽宗北行者也然是書卷末云北狩未有行紀太上語王若冲曰一自北遷於今八年所履風俗異事不謂不多深欲紀錄未得其人詢之蔡絛以爲學問文采無如卿者爲予記之云云則是此書爲若冲所作惟是宋史藝文志亦以此書爲蔡絛撰疑不能明或絛述其事而若冲潤色其文

歟馬端臨文獻通考載是書亦並列二人之名是時去靖康僅百餘年當尚見舊本獨其以偉爲條則刊本之誤按宋史條於是時久已流竄嶺南未嘗從徽宗入金也書中多諛頌徽宗之詞在當時臣子之言自不得不爾未足爲異惟稱太上紹述神考之志未嘗忘懷適有貨王安石日錄者欣然以絹十疋易之云云則偉等堅護紹述之局至敗亡而不變爲可恨耳書中稱徽宗在金嘗得春秋披覽不倦凡理亂興廢之跡賢君忠臣之行莫不

採摭其華實採涉其源流鈎纂樞要而編節之改歲籥而成書併稱太上賦詩寄淵聖用親仁善鄰事曰此出春秋然則徽宗嘗刪纂左傳勒爲一書此則古來志經籍者所未及朱彝尊經義考中亦未引及是亦可資異聞矣

靖炎兩朝見聞錄二卷 兩淮鹽政採進本

舊本題曰陳東撰東字少陽鎮江丹陽人欽宗時貢入太學嘗伏闕上書請去蔡京王黼而用李綱高宗即位召至行在又劾黃潛善汪伯彥爲二人

所搆論死後追贈承信郎又加贈朝奉郎秘閣修撰事迹具宋史本傳是編記徽欽北遷高宗改元時事特詳末及紹興以後事亦足資考據然東以建炎元年八月見殺何由得記紹興後事蓋傳本闕撰人後人不考誤題爲東也

建炎時政記三卷 浙江范懋柱家天一閣藏本

宋李綱撰綱字伯紀邵武人政和二年進士積官至太常少卿欽宗時授兵部侍郎尚書右丞南渡後拜尚書右僕射兼中書侍郎爲御史所劾罷爲

觀文殿大學士事蹟具宋史本傳是編乃綱奉詔所編前有奏書原序起建炎元年六月終八月即其奏議附錄中之一種永樂大典亦別載之則自明以前已析出單行矣惟綱代高宗所草通問徽欽二帝表內所稱臣某言者乃高宗署名故諱而不書永樂大典本俱誤作臣綱言蓋明人不知而妄改今此書尚仍原文則所據者未改之本也

建炎通問錄一卷 浙江范懋柱家天一閣藏本

宋傅雱撰雱始末未詳考李心傳建炎以來繫年

要錄載建炎元年六月宣議郎傅雱特遷宣教郎充大金通問使此錄即所述奉使之事文獻通考載此書稱宣教郎傅雱撰建炎初李丞相所進葢李綱以其書上於朝也書終以館伴李侗之語其文亦畢北盟會編一百十卷所載缺處亦同葢後人從徐氏書中錄出也

建炎維揚遺錄一卷浙江范懋柱家天一閣藏本

不著撰人名氏記高宗建炎二年冬至次年三月事高宗自建炎元年十月如揚州至三年二月如

杭州此所記者由揚入杭之事故以維揚爲名文獻通考云戊申維揚錄一卷無名氏戊申卽建炎二年當卽此書也別有維揚巡幸記一卷自二月初十日以前與此本字句小異而敘述盡同惟無錫令任讜逸其名姓初十日以後則至十五日而止凡此所載詔書悉不錄葢一本而傳寫互異又有所刪竄於其間不及此本之詳也

維揚巡幸記一卷 浙江巡撫採進本

不著撰人名氏記建炎三年金兵至天長高宗自

揚州奔杭州事起正月十三日盡二月十五日大意罪汪伯彦黃潛善之咎且晏安變生倉卒而不知北盟會編一百二十三卷所載與此本全同亦後人錄出别行者也

己酉航海記一卷　浙江巡撫採進本

宋李正民撰亦曰乘桴記正民字方叔揚州人政和二年進士高宗時官至中書舍人徽猷閣待制建炎三年己酉七月高宗在金陵聞金兵深入遂趨平江歷越州明州十二月乘舟航海避兵台温

之間正民時以中書舍人從行按日記駐蹕之所

蓋起居注體也正民尋奉使通問隆祐宮故所記

止於四年正月二十一日蓋非完藁北盟會編一

百三十四卷王明清揮麈三錄第一卷皆全載其

文明清記尤袤謂高宗東狩四明數月之間排日

不可稽考後於茂苑得此書所記頗備蓋當日國

史實藉此書考定矣

燕雲錄一卷 浙江巡撫採進本

宋趙子砥撰子砥以宗室子官鴻臚寺丞靖康丁

末隨二帝北行建炎戊申遁還持徽宗御札謁高宗於揚州仍命以故官子砥在金營客刺其國事備知情狀又與續歸之楊之翰互相參證所述金事一曰陷沒宗室從官二曰陷沒百姓三曰金人族帳所出與設官之實四曰政事之紀五曰虛實之情六曰南北離潰之情皆據所見聞與金史或同或異至其末稱金人必不可和則其後驗如操券可謂眞得其虛實矣

建炎復辟記一卷　江蘇巡撫採進本

不著撰人名氏書錄解題亦不知爲何人作但稱其敘苗傅劉正彥事始末亦頗繁冗末敘世忠戰功特詳疑即韓氏之客所爲理或然歟

紹興甲寅通和錄一卷 浙江范懋柱家天一閣藏本

宋王繪撰紹興四年以和議未成遣魏良臣如金繪副之是時金軍壓境朱勝非尚主和議趙鼎頗不以爲然良臣等行至天長僅達國書而還繪因備錄其事葢鄙勝非等之無謀也繪父名仲通宣和中爲平海軍承宣使以書抵蔡攸力言用兵有

十不可其書附載卷末蓋其父子皆有度時之識云

順昌戰勝錄一卷 浙江鮑士恭家藏本

宋楊汝翼撰紹興十年劉錡順昌之戰汝翼適在軍中因紀其事末附順昌倅汪若海劄子所言亦大槩略同

淮西從軍記一卷 編修程晉芳家藏本

不著撰人名氏據書中所言蓋劉錡幕客也敘錡自紹興十年春赴東都留守中途戰於順昌十一

年戰於柘皋及張俊楊沂中濠州之敗錡全軍得歸事

回鑾事實一卷 編修程晉芳家藏本

宋万俟卨撰卨事蹟具宋史本傳紹興十二年宣和太后至自金卨新爲參知政事紀事獻頌稱爲千載一時之榮遇蓋貢諛之詞非其事實也

采石戰勝錄一卷 編修程晉芳家藏本

宋員興宗撰興宗字顯道仁壽人未第時讀書九華山因以自號用薦除教授召試擢著作郎國史

編修實錄院檢討乾道中疏劾貴幸中讒奉祠去僑居潤州以終所著辨言及九華集歲久散佚近始從永樂大典採摭成帙惟此書世有傳本所記乃虞允文督師江上拒破金海陵王之事大致與史文相出入永樂大典亦載之題曰釆石大戰始末而冠以九華集字蓋其集中之一篇後人析出別立此名也

南渡錄二卷竊憤錄一卷（編修汪如藻家藏本）

此二書所載語並相似舊本或題無名氏或並題

爲辛棄疾撰蓋本出一手所僞託故所載全非事實按金太宗建號天會十三年崩熙宗襲舊號兩年乃改元故天會止於十五年天輔乃金太祖年號止於七年此錄既誤以天輔爲太宗年號又妄謂天輔十七年改元天眷乖謬殊甚金太宗生日在十月名天清節金熙宗生日在正月名萬壽節此錄記天輔十一年徽欽二帝在雲州正月值金主生日作宴是徒聞金主生日有在正月者而不知朝代之不合也金太宗天會五年三月以宋二

帝至燕十月徙之中京六年七月徙之上京八月以見太祖廟封徽宗爲昏德公欽宗爲重昏侯十月徙之韓州熙宗天會十四年昏德公薨皇統元年改昏德公爲天水郡王重昏侯爲天水郡公事並見金本紀是天水之封實在徽宗歿後此錄乃云靖康二年五月至燕京見金主封太上爲天水郡公帝爲天水郡侯後徙安肅軍又徙雲州天輔十一年三月徙西漢州十四年徙五國城核以正史無一不謬且妄夫二帝不能死社稷舉族北轅

其辱固甚亦何至卑汚苟賤如錄所云云且金朝開國具有規模野利亦何至面人之祖淫其女孫如所謂醜惡之聲二帝共聞者耶此必南北宋間亂臣賊子不得志於君父者造此以洩其憤怨斷斷乎非實錄也

禦侮錄二卷 浙江鄭大節家藏本

不著撰人名氏紀宋南渡後與金人搆兵及和議之事書中稱高宗爲太上皇帝蓋孝宗時人所作宋史藝文志載此書作一卷而此本實二卷疑後

人所分析也書中於金人初起事蹟記載頗略至於紹興三十二年金海陵王南侵及孝宗初年張浚出兵撓敗始末則節目具詳自乾道元年魏杞使回和議既成以後則不復具載前後皆系日編次於朝廷拜罷禋祀諸大事亦間及焉似從日歷國史諸書節採而成中間如劉彥宗在遼官僉書樞密院事國破降金未嘗事宋而稱爲吾叛臣金世宗由東京留守即位而以爲燕京此類皆爲失實知爲隣國傳聞不盡實錄也

重明節館伴語錄一卷永樂大典本

宋倪思撰思有班馬異同已著錄此書據永樂大典標題乃思承明集之一篇蓋紹熙二年七月金遣完顏兖路伯達來賀重明節思爲館伴因紀一時問答之詞餽送之禮考宋制凡奉使伴使皆例進語錄於朝馬永卿嬾眞子記蘇洵與二子同讀富鄭公使北語錄則自北宋已然此其偶存之一也時金强宋弱方承事不遑而序謂北人事朝廷方謹遣使以重厚爲先已爲粉飾其他虛夸浮誕

不一而足上下相欺苟掩耳目亦可謂言之不怍矣

正隆事迹記一卷 兩淮鹽政採進本

宋張棣撰棣始末無考書中但稱歸正官蓋自金入宋之後述所見聞也所記皆金海陵煬王之事始於初立終於瓜洲之變凡十有二年煬王凡三改元但稱正隆要其終也大抵約略傳聞疏漏殊甚末附錄世宗立後事數條亦殊草略不足以爲信史也

金圖經一卷 兩淮鹽政採進本

一名金國志自京邑至族帳部曲凡十七門陳振孫書錄解題曰淳熙中歸正人張棣撰記金事頗詳振孫又言又一卷不著名氏似節略張棣書其末又襍錄金主亮以後事此本僅一卷不署棣名疑卽陳氏所稱節本也

煬王江上錄一卷 兩淮鹽政採進本

不著撰人名氏敘宋內侍梁漢臣爲金人所得謀欲弱金事所載漢臣勸金主都燕山營汴梁開海

口進兵采石退至瓜州爲其下所害諸事皆首尾畢具觀其煬王之稱當爲金人所撰故虞允文拒守之事略不一言也

使金錄一卷 編修汪如藻家藏本

宋程卓撰卓字從元休寧人大昌從子淳熙十一年進士歷官同知樞密院事封新安郡侯贈特進資政殿大學士謚正惠嘉定四年卓以刑部員外郎同趙師嵒充賀金國正旦國信使往返凡四閲月是書乃途中紀行所作於山川道里及所見故

蹟皆排日載之中間如順天軍廳梁題名光武廟石刻詩句之類亦間可以廣見聞然簡略太甚不能有資考証又稱接伴使李希道等往還不交一談無可紀述故於當日金人情事全未之及所記惟道途瑣事世傳宋高宗泥馬渡江即出此書所記磁州崔府君條下蓋建炎之初流離潰敗姑爲此神道設教以聳動人心實出權謀初非實事卓之所錄亦當時臣子之言未足據也

襄陽守城錄一卷 兩淮馬裕家藏本

宋趙萬年撰萬年里籍未詳開禧二年元兵二十萬圍襄陽趙淳新知府事以萬餘人禦之自十一月至次年二月大戰者十二水陸攻刼者三十有四措置多方出奇制勝元兵竟解去萬年時爲幕僚詳錄其事後附戰具諸法頗詳惟文多殘缺不盡可辨爲足惜耳

誅吳錄一卷永樂大典本

宋張革之撰革之字西仲潼川人吳曦據蜀叛合江倉官楊巨源倡義討逆與隨軍轉運安丙共謀

誅曦既而丙嫉其功以計殺之革之此書葢以鳴巨源之寃自序云時從傍目擊懼久失其傳因直書以詔後世云

丁卯實編一卷 永樂大典本

宋毛方平撰方平不知何許人安丙害楊巨源時方平爲四川茶馬司幹辦公事因作此書大旨與張革之同自序云一夫不獲則六月飛霜匹婦抱恨則三年致旱其詞至爲痛切考郭士寧平叛錄與巨源陰謀誅曦者九人方平爲首所記當爲實

錄曰丁卯者曦之叛在開禧二年丙寅而誅於三年丁卯也陳振孫書錄解題作李珙撰今檢永樂大典標題及序中著名均作方平則振孫所載誤矣

平叛錄一卷（永樂大典本）

宋郭士寧撰士寧始末未詳其作此書時則與毛方平同官四川茶馬司幹辦公事也吳曦之叛不受僞官者有蜀帥楊輔瀘帥李寅仲史次秦范仲壬陳咸毛午起義者有薛九齡死節者有楊震仲

而陰謀誅曦者惟毛方平李好義李好古楊君玉党公濟程夢錫李坤辰陳安楊巨源等此錄所載較史爲詳蓋亦表章忠義之志云

辛巳泣蘄錄一卷　浙江吳玉墀家藏本

宋趙與褣撰與褣宗室子官蘄州司理權通判事寧宗嘉定十四年金兵圍蘄州與褣偕郡守李誠之拒守時朝命權殿前司職事馮榯將兵應援榯逗遛不進誠之等竭力捍禦凡二十五日而城陷誠之及其僚佐家屬皆死之與褣全家十五人亦

並歿於難僅以身免其後事定乃爲是錄具詳被兵始末同時與難諸人朝廷褒贈誠之等勘狀告詞一一備錄按與褎宋史李誠之傳作與裕蓋褎轉爲褣因訛爲裕又載與褎率民兵百餘人奪關外出云云與是編所言單身出城及於積屍中死而復活夜半奔從南門之語俱有異同且十五人作十六人其數亦不相合疑十五人之數當以自敘爲據其奪關外出則自敘諱之也

使北日錄一卷　浙江巡撫採進本

宋鄒伸之撰理宗紹定六年癸巳史嵩之爲京湖制置使與蒙古會兵攻金案是時尚未建大元之號故史仍以國名爲稱會蒙古遣王檝來通好因假伸之朝奉大夫京湖制置使叅議官往使以是歲六月偕王檝自襄陽啓行至明年甲午二月始見蒙古主於行帳尋卽遣回以七月抵襄陽計在途者十三月因取所聞見及往復問答編次紀錄以爲此書案宋史理宗本紀宋與大元合圍汴京案此大元爲史臣追書之詞金主奔蔡州大元再遣使議攻金史嵩之以鄒伸之報謝

蓋卽此事特宋史稱王檝來議攻金而此錄祇言通好又宋史載伸之出使在紹定五年十二月而此錄實以六年六月出疆皆當以此錄所紀爲得其實時孟珙已會蒙古滅金廷議遂欲出師取河南蒙古復遣王檝來責敗盟因再進伸之二秩遣之報謝史載同使爲李復禮喬仕安劉溥等據此錄皆先曾副行之人復禮假京西路副總管溥假京西兵馬都監仕安以東南第七正將神勁馬軍統制充防護官其官爵亦史所未詳云

廣王衛王本末一卷 浙江汪啟淑家藏本

宋陳仲微撰仲微字致廣高安人嘉泰二年舉進士調莆田尉咸淳中爲兵部侍郎丙子宋亡從二王入廣目擊時事逐日抄錄厓山敗仲微遁入安南而殁事蹟具宋史本傳其後安南國使携此書入覲因傳於世文多簡畧不甚賅備其書載入宋季三朝政要中後人抄出别行而卷末跋語猶政要原文則其失於刊削也

三朝野史一卷 兩淮鹽政採進本

不著撰人名氏記理度恭三朝軼事瑣言僅十有九條疑非完本書中附記丙子三宮赴北事葢亦宋遺民所作也詞旨猥瑣殊不足觀

平巢事蹟考一卷　浙江巡撫採進本

舊本題曰宋人撰不著名氏曹溶收入學海類編近時平湖陸烜又刊入奇晉齋叢書後有烜跋稱爲元人抄本今考其書卽明茅元儀之平巢事迹考但刪去元儀原序耳葢溶爲狡黠書賈所紿烜又沿溶之誤也

碧溪叢書八卷浙江汪汝瑮家藏本

不著編輯者名氏諸家書目亦不著錄其目凡八曰吳武安公功績記記吳玠戰功曰蔡絛案絛當作偹北狩行錄記從徽宗入金事曰万俟卨皇太后回鑾事實記韋太后南歸事曰順昌戰勝錄記劉錡遇金兵事曰洪皓松漠記聞記金國事曰洪皓金國文具錄記宇文虛中爲金定制事曰湘水樵夫紹興正論記不附秦檜和議人姓名曰楊堯弼僞豫傳記劉豫僭逆事其書皆刪節之本葢書賈從

說郛中抄合僞立此名也

案此編以八書爲一帙應從叢書之例入之雜編然雜編之名爲不名一家者立也此八種皆史之流別故仍入之雜史類焉

焚椒錄一卷內府藏本

遼王鼎撰鼎字虛中涿州人清寧五年進士官至觀書殿學士事蹟具遼史文學傳是書紀道宗懿德皇后蕭氏爲宮婢單登搆陷事前有大安五年自序稱待罪可敦城蓋謫居鎮州時也王士禎居

易録曰契丹國志后妃傳道宗蕭皇后本傳云性
恬寡欲會王宗元之亂道宗因亂未知音耗后勒
兵鎭帖中外甚有聲稱崩葬祖州云云而已焚椒
録所紀絶無一字及之又録稱南院樞密使惠之
少女而志云同平章事顯然之女志云勒兵似嫺
武畧而録言幼能誦詩旁及經史所載射虎應制
諸詩及回心院詞皆極工而無一語及武事且本
紀道宗在位四十七年改元者三清寧咸雍壽昌
初無太康之號而耶律乙辛審奏太康元年十月

云云皆牴牾不合按遼史宣懿皇后傳雖畧而與焚椒錄所紀同蓋契丹志之疎耳今考葉隆禮契丹國志皆褎釆宋人史傳而作故蘇天爵三史質疑譏其未見國史傳聞失實又沈括夢溪筆談稱遼人書禁甚嚴傳至中國者法皆死是書事涉宮闈在當日益不敢宣布宋人自無由而知士禎以史證隆禮之疎誠爲確論或執契丹國志以疑此書則誤矣

南遷錄一卷 浙江范懋柱家天一閣藏本

舊題金通直郎秘書省著作郎騎都尉張師顏撰

紀金愛王大辨叛據五國城及元兵圍燕貞祐遷

都汴京之事按金史世宗太子允恭生章宗而䕫

王允升最幼今此書乃作長子允升次允猷次允

植允升允猷以謀害允植被誅而允植子得立爲

章宗世次俱不合又稱章宗被弑磁王允明立爲

昭王磁王又被弑立濰王允文爲德宗德宗殂乃

立淄王允德爲宣宗與史較多一代尤不可信至

金史鄭王允蹈誅死絕後不聞有愛王大辨其人

所稱天統興慶等號金史亦無此紀年舛錯謬妄不可勝舉故趙與旹賓退錄陳振孫書錄解題皆斷其僞振孫又謂或云華岳所作岳即宋殿前司軍官嘗作翠微南征錄者今觀其書所言亂金國者章宗大辨皆趙氏所自出又謂大辨初生其母夢一人乘馬持刀稱南紹興主遣來云云蓋必出於宋人雪憤之詞而又假造事實以證佐之故其牴牾不合如此或果出岳手未可知也羅大經鶴林玉露以遣秦檜南還事見此書所載張大鼎疏

而證其可信未免好異然金史所載宣宗見浮碧池有狐相逐而行遂决南遷之計其事實本此書不知元時修史者又何所見而采用之也

南宋補遺無卷數 兩淮鹽政採進本

舊本題古吳謝朱勝復廬撰不知朱勝爲何許人書稱南宋而中有宋末之語當爲元人所作跋語所稱丙申蓋元成宗元貞二年非宋理宗之丙申也載南渡後將帥軼事并採及詩詞書啟於韓岳尤詳亦間及靖康時事然多他書所習見殊尠異

聞殆亦鈔撮宋人說部而成歟

皇元聖武親征錄一卷 兩淮鹽政採進本

不著撰人名氏自載元太祖初起及太宗時事自金章宗泰和三年壬戌始紀甲子迄於辛丑凡四十年史載元世祖中統四年參知政事修國史王鶚請延訪太祖事蹟付史館此卷疑即當時人所撰上者其書序述無法詞頗蹇拙又譯語訛異往往失眞遂有不可盡解者然以元史較之所紀元初諸事實大槩本此書也史言太祖滅國四十而

其名不具是書亦不能悉載知太祖時事世祖時已不能詳非盡宋濂王禕之掛漏矣

平猺記一卷 浙江吳玉墀家藏本

元虞集撰集字伯生號道園崇仁人仕至翰林直學士兼國子祭酒事蹟具元史本傳元統二年冬猺寇賀州富州至元元年廣西宣慰使章巴顏案巴顏原本作伯顏今改正討平之集爲記其始末後有舊跋云此紀章巴顏平粵西猺洞事跡備國史之採也而同事出師之人不記其姓名及上功於朝之諸臣

名以某某槩之失史家法矣今核其文體乃勒石紀功之作非勒爲一書上之於史館者故所存之槀皆闕其名姓以待塡猶之唐宋文集書首稱年月日某再拜墓志之末稱某年月日葬公於某原側耳遽以有乖史法詆之非也

大狩龍飛錄二卷　左都御史張若淮家藏本

明世宗肅皇帝御撰嘉靖十八年二月帝幸湖廣承天府相度顯陵三月享上帝於龍飛殿奉睿宗配四月還京是編皆紀其事上卷乃自敘行以迄

回蹕祭告郊社宗廟及所過山川羣祀之文下卷

爲前後所降勅諭末附以龍飛殿奏告上帝樂章

及途中御製賦一首詩十六首詩餘二首

洪武聖政記二卷戸部尚書王際華家藏本

明宋濂撰濂有篇海類編已著録是書畧倣貞觀

政要之例標題分記分嚴祀事正大本肅軍政絶

倖位定民志新舊俗六類而新舊俗下又分申禁

令覈實效育人才優前代正禮樂之失去海獄之

封嚴宫閫之法勵忠節之訓刻積歲之奬九子目

濂自爲序見所作文憲集中蓋當時奏御之書也梅純損齋備忘錄曰本朝文章近臣在洪武初則學士宋濂其所記當時盛美有洪武聖政記自永樂以後則少師楊士奇有三朝聖諭錄至天順改元則少保李賢有天順日錄二錄皆近有印本而聖政記獨亡僅見其序文惜哉據其所云則此書在成化間已無傳本不知何以得存於今然勘驗文義實非贋託或純偶未見遽以爲佚歟然是書之不行於明代亦可見矣

庚申外史二卷 編修汪如藻家藏本

明權衡撰衡字以制號葛溪吉安人元末兵亂避居彰德黄華山明初歸江西寓居臨川以終是書見於明史藝文志者卷目與此相合陳繼儒嘗刻入秘笈佚脫訛舛殆不可讀此乃别行抄本猶當日原帙也所紀皆元順帝即位以後三十八年治亂大綱時順帝猶未追謚以其庚申年生故稱之曰庚申帝又元史亦尚未修故别名曰史外見聞錄所言多與元史相合於宫庭搆煽盜賊縱横之

事皆能剖析端委至於順帝誅博囉（原作孛羅今改正）與秀才徐思㫖謀之博囉誅思㫖不受賞逃去及危素爲權臣草詔諸事皆他書所不載惟其中稱順帝爲瀛國公子一條最爲無稽厥後袁忠徹著之於文集寧王權載之於史畧程敏政又選忠徹之文入明文衡錢謙益又引余應之詩證實寧王權之說其端實自此書發之葢元之中葉宋遺民猶有存者因虞集草詔有托歡特穆爾非明宗之子一語遂從此言以洩其怨明人又讐視元人遂附

會而盛傳之核以事實渺無可據實爲荒誕之尤非信史也書前别附一序稱洪武二年迪簡受命訪庚申帝史事云云不著其姓詳其文乃庚申帝大事紀序非此書之序後人移綴此書中耳考王禕造邦勲賢錄稱劉迪簡宜春人國初徵授尚賓副使則迪簡當爲劉姓又考黄溥閒中今古錄稱劉尚賓集庚申帝大事紀則此序爲劉迪簡大事紀序明矣

國初禮賢錄一卷 浙江范懋柱家天一閣藏本

舊本題明劉基撰基字伯温青田人元至順中舉進士除高安丞罷去旋起爲江浙儒學副提舉再投劾歸復辟爲元帥府都事爲方國珍所搆羈管紹興後從舒穆嚕宜遜剿捕山寇執政者抑其功僅授總管府判遂棄官還里明初聘入禮賢館參預機密拜御史中丞兼太史令又授宏文館學士敘功封誠意伯正德九年追謚文成事迹具明史本傳此書藝文志千頃堂書目皆作基撰然錄中所載即明太祖任用基及葉琛章溢宋濂四人事

且有基馳驛歸里居家一月而薨之文則非基所作審矣其中紀述多與史傳相合無他異同又基謚皆載其卒時事而宋濂得罪徙蜀事則無之葉琛事蹟亦甚寥寥蓋後人襍採成書故詳略不同如此也

平蜀記一卷 戶部尚書王際華家藏本

不著撰人名氏載明洪武四年遣湯和等伐蜀明昇出降事後附劉基平西蜀頌一篇末有袁褧跋稱定遠黃金開國功臣錄載平蜀事於潁川侯傳

友德德慶侯廖永忠傳中甚詳惟平章楊璟與明昇書乃詳於斯記云

北平錄一卷（戶部尚書王際華家藏本）

不著撰人名氏載明洪武三年徐達李文忠分道出塞追王保保及襲破應昌府事紀錄頗爲簡略惟達與文忠所上二表及太祖封爵諸臣詔諭則全篇載之疑後人從實錄中抄出也

別本北平錄一卷（浙江范懋柱家天一閣藏本）

不著撰人名氏紀明洪武元年命徐達常遇春等

北征之事而終以君臣鑑戒之語其年月皆與史合核檢其文亦從實錄抄出也

雲南機務抄黃一卷 戶部尚書王際華家藏本

明張紞編紞字季昭富平人洪武初以通經舉送京師歷官雲南左布政使召爲吏部尚書燕王篡立仍其故官後以建文時變亂祖制事詰責紞懼自殺事迹具明史本傳是編乃洪武初以雲南梁王未下命潁川侯傅友德等師師征之紞以左叅政在行間後平定雲南紞擢布政使留治其地因

檢閱錄黃藁本取前後制勅詔誥之文有關軍務者彙爲一編藏之文廟尊經閣自十五年二月至二十一年七月凡三十七篇紞自爲之序明史本傳載紞出爲左參政在平定雲南之後殆偶未考紞此序歟

明高皇后傳一卷（浙江范懋柱家天一閣藏本）

不著撰人名氏前有永樂四年明成祖與徐皇后二序俱爲永樂九年類輯古今列女傳以高皇后聖訓與古后妃爲一卷而諸侯大夫士庶人妻各

爲卷徐后請以高皇后傳別刻之徧賜內外然則此卽古今列女傳之文而別出之者其文則永樂初詞臣所撰也又前有世宗致楚王書并章聖太后誥諭楚藩一道章聖太后卽興獻后也嘉靖七年上尊號曰慈仁九年頒太后製女訓於天下此在十年之春蓋與所頒女訓同賜藩服其時高帝高后之諡號尚未改定故仍前號也其楚王卽端王榮滅以嘉靖十三年卒爲昭王楨之四世孫故世宗以叔祖稱之云

案此編亦傳記之類然皇后爲天下母儀敵體人主不可參錯諸傳記中今變例置之於雜史亦所謂禮以義起者也

**漢唐秘史二卷** 兩淮鹽政採進本

明寧王權撰權自號臞仙太祖第十七子洪武二十四年封逾二年就藩大寧燕王謀反挾之同行爲燕王草檄約中分天下永樂元年秋封南昌而仍其故號正統十三年始稾事迹具明史本傳傳載此書作二卷與今本合權自序云洪武二十九

年奉命纂輯成於辛巳六月攷是年爲建文三年權已爲燕軍所刼故不書建文年號而其弟安王楹跋亦第書歲在壬午也其書以劉三吾等洪武間進講漢唐事實類次成編故詞多通俗其諸帝論贊皆太祖御撰唐末繫司馬光論亦奉勅載入故特題曰欽取其大旨以後世之亂亡皆推本於貽謀之不善所論不爲無理而擇焉弗精多取委巷之談如高帝斬蛇後轉生王莽之類皆僞妄不足辨也

奉天靖難記四卷　浙江汪啟淑家藏本

不著撰人名氏紀明成祖初起至即位事蓋永樂初年人所作其於懿文太子及惠帝皆誣以罪惡極其醜詆於王師皆斥爲賊故黃虞稷千頃堂書目稱其語多誣僞殊不可信按建文元年十一月成祖戰勝白溝河上惠帝書并移檄天下軍中倉卒語多可笑姜氏秘史所載最得其真是書於上惠帝書頗有刪潤而移檄則置之不錄則其文飾槩可見矣

別本洪武聖政記十二卷浙江汪啟淑家藏本

不著撰人名氏其書與宋濂洪武聖政記同名而載至太祖之末又有成祖時夏元吉等進太祖實錄表文卷端有浙江丁敬題語數行稱其繕寫古雅疑出永樂時沈度諸人手檢連江陳氏所藏秪四卷絳雲樓所藏亦只八卷此得一十二卷眞秘册也云云然其文皆抄撮實錄別無異聞其繕寫亦抄胥俗書未見所謂古雅者疑書與跋語皆書賈贋託耳

國初事蹟一卷 浙江范懋柱家天一閣藏本

明劉辰撰辰字伯靜金華人太祖起兵之初署吳王典籤又入李文忠幕府建文中擢監察御史永樂初李景隆薦修太祖實錄後官至北京刑部左侍郎事迹具明史本傳此書卷首有臣劉辰今將太祖高皇帝國初事蹟開寫一行後俱分條件繫頗似案牘之詞葢即修實錄時所進事畧草本也辰於明初嘗使方國珍又嘗在李文忠幕下所見舊事皆眞確而其文質直無所隱諱明代史乘多

採用之故其文並散見於他書轉無異聞之可取焉

北征錄一卷後北征錄一卷戶部尚書王際華家藏本

明金幼孜撰幼孜本名善以字行新淦人建文己卯舉人授戶科給事中燕王篡位後改翰林檢討歷官禮部尚書兼武英殿大學士卒謚文靖事蹟具明史本傳幼孜在永樂中叅預機務因北征阿嚕台時扈從出塞紀所歷山川古蹟及行營之所見聞以成前錄本傳稱成祖重幼孜文學所過山

川要害輒命記之幼孜據鞍起草立就又稱所撰有北征前後二錄卽此本也前錄自永樂八年二月至七月後錄自永樂十二年三月至八月並按日記載其往返大綱均與史傳相合其瑣語襍事則史所不錄者也

後北征記一卷 戶部尚書王際華家藏本

明楊榮撰榮初名子榮字勉仁建安人建文庚辰進士除翰林編修燕王篡位後入直內閣更今名歷官工部尚書兼謹身殿大學士卒謚文敏事蹟

具明史本傳榮以永樂二十二年四月扈從北征記其往還始末著此書編排月日敘述頗詳榆木川之事即是役也其事世多異說榮所記則與史符蓋史官以其帷幄之臣身預顧命故用以爲據然其爲實錄與否亦無可考矣

小史摘抄二卷 副都御史黃登賢家藏本

不著撰人名氏明史藝文志亦未著錄蓋洪永間人所編皆載明太祖瑣事末附建文遺事八條大抵多委巷之說如李文忠納欵於張士誠劉基死

後焚屍揚灰皆必無之事其謬妄固不待辨也

# 欽定四庫全書總目 史部

卷五十三之五十四

欽定四庫全書總目卷五十三

史部九

雜史類存目二

三朝聖諭錄三卷　左都御史張若淮家藏本

明楊士奇撰。士奇名寓，以字行，泰和人。建文中充翰林編修官，燕王篡立，入內閣典機務，官至華蓋殿大學士，謚文貞，事迹具明史本傳。士奇自降附燕王以後，歷事仁宗、宣宗、英宗，以功名終始。是編乃自錄其永樂、洪熙、宣德三朝面承詔旨及奏對

之語蓋仿歐陽修奏事錄司馬光手錄之例明史士奇本傳多採用之序題壬戌十二月爲正統七年乃士奇未卒之前二年也

天順日錄一卷 浙江汪啓淑家藏本

明李賢撰賢字原德鄧州人宣德癸丑進士景泰初由文選郎中超拜兵部右侍郎轉吏部英宗復位兼翰林學士入直文淵閣歷官華蓋殿大學士謚文達事迹具明史本傳是錄隨手紀載於天順時事頗詳史稱自三楊以來得君無如賢者然自

郎署結知景帝超擢侍郎而所著書顧謂景帝爲荒淫今觀此錄於景帝一則曰荒淫失度再則曰流於荒淫毀詆頗爲失實史之所譏葢卽指此又謂學士王文與太監王誠謀取襄王子爲東宮昌平侯楊洪不急君父之難當寇薄宣府驚惶無措閉門不出頗與正史不合至於葉盛岳正羅倫諸人之事諱而不言其他事亦槩未紀及皆未免愛憎之見然日久論定是非亦曷可掩也

否泰錄一卷 浙江范懋柱家天一閣藏本

明劉定之撰。定之有易經圖釋，已著錄。初英宗北狩，額森（案額森原作也先，今改正）乞遣報使，景帝不許。定之疏引故事以請，帝下廷議，竟不果遣。天順改元，定之由右庶子調通政使，歷官翰林學士，入直文淵閣，蓋以是疏嘗遇也。此書所紀即英宗北狩之事，自言參用楊善奉使錄暨錢博所述袁彬傳。其曰出征之月爲否卦用事之月，回鑾之年當景泰紀元之年，先以否繼以泰，雖世運而關天數焉。蓋所記訖於英宗初歸之時，未敘及後來丁丑復辟之事

故其立言如此其曰身備史官者正其遷右庶子時他書引此或作閣老劉定之撰者據其所終之官言之耳

朝鮮紀事一卷浙江巡撫採進本

明倪謙撰謙字克讓錢塘人徙上元正統己未進士官至南京禮部尚書謚文僖是編乃景泰元年謙奉使朝鮮頒詔紀行之作自鴨綠江至王城計一千一百七十里所歷賓館凡二十有八語意草略無足以資考證時朝鮮國王世子並稱疾不迎

詔謙爭之不得亦無如之何蓋新有土木之變正國勢危疑之日也亦足見明之積弱雖至近而令亦不行矣

南征錄一卷　浙江范懋柱家天一閣藏本

明張瑄撰瑄字廷璽江浦人正統壬戌進士官至南京刑部尚書是編乃天順八年瑄爲廣西右布政使時值廣西諸洞蠻搆廣東肇高雷連土寇爲亂遣左叅將范信都指揮徐寧督官兵四千土兵一萬討之以瑄監其軍瑄因述其征勦始末爲此

書始於是年正月初二日止於三月初九日按日紀載所述當日軍政殊無紀律蓋明人積弱自其盛時已然非一朝一夕之故矣

出使錄一卷浙江范懋柱家天一閣藏本

一名使北錄明李實撰實字孟誠合州人正統壬戌進士官至右都御史以居鄉暴橫斥爲民事迹附見明史楊善傳景泰初額森議和朝議遣使報之實時爲禮科給事中自請行乃權爲禮部右侍郎偕少卿羅綺往使頗得額森要領及楊善再往

遂奉英宗南還此乃所紀在漠北見英宗及與額森辨論之語史稱實謁上皇請還京引咎自責失上皇意而錄中乃云實以上昔任用非人當謙遜避位之理懇切應對上喜從之與史不合蓋英宗急於求返陽諾而陰憾之實未之覺也

**東征紀行錄**一卷 左都御史張若淮家藏本

明張瓚撰瓚字宗器孝感人正統戊辰進士官至總督漕運左副都御史事迹具明史本傳瓚爲四川巡撫時以播州宣慰司楊輝言所屬夭壩干灣

溪寨及重安長官司爲生苗竊據率兵討平之此書所錄乃其自重慶啓行迄於班師之事起成化十二年丙申十月終次年丁酉正月凡一百三日皆排日紀載間附以所作詩句明史瓚傳載此事在成化十年與此書互異然此書爲瓚所自記年月必無舛誤也史又稱瓚功名著西蜀其後撫蜀者如謝士元輩雖有名不及瓚惟天𡼏干之役或言楊輝溺愛少子友欲官之詐言生苗爲亂瓚信而興師其功不無矯飾今觀錄中所記瓚但駐於

黃平居中調度實未督兵親行或出於所屬之妄報瓚不審核遽以入告歟此則當以史文爲據不以所自記者爲據矣

**馬端肅三記三卷**　戶部尚書王際華家藏本

明馬文升撰文升字負圖鈞州人景泰辛未進士官至兵部尚書加少師太子太師端肅其謚也事蹟具明史本傳此三篇皆所自述一曰西征石城記紀成化初爲陝西巡撫與項忠平滿四之亂事一曰撫安遼東記紀成化十四年遼東巡撫陳鉞

冒功激變而文升奉命撫定之事一曰興復哈密記紀宏治初土魯番襲執哈密忠順王而文升持議用兵遣許進等討平之事三記本在文升所著集中此其析出别行之本也

案三記皆文升所自述宜入傳記類中然三事皆明代大征伐文升特董其役耳實朝廷之事非文升一人之事也故仍隷之雜史類焉

復辟録一卷 浙江吴玉墀家藏本

明楊暄撰暄字廷獻豐城人景泰甲戌進士官至浙江按察使當徐有貞等奪門時暄官御史事皆目覩又嘗劾曹吉祥石亨坐譴論戍於二人事迹知之尤悉故其辨于謙王文之被誣石亨曹吉祥之恣肆皆與史合後附李賢天順日錄祝允明蘇材小纂陳循辨寃疏葉盛水東日記王瓊雙溪雜記數條蓋皆同時親與其事者故引以爲據明所述之不誣云

平蠻錄一卷　左都御史張若淮家藏本

明王軾撰軾字用敬公安人天順甲申進士官至南京兵部尚書叅贊機務謚襄簡事迹具明史本傳史稱軾於宏治十三年督貴州軍討普安賊婦米魯用兵五月破賊砦千餘盡平其地是編所錄即其奏捷之疏也

北征事蹟一卷 浙江范懋柱家天一閣藏本

明袁彬撰彬字文質江西新昌人以錦衣衛校尉從英宗北狩護蹕南歸官至掌錦衣衛都督僉事莅前軍都督府事迹具明史本傳是編乃憲宗初

年詔詢從行事蹟彬具述本末上之宣付史館書中首尾皆用題本之式末有成化元年七月二十日所奉諭旨蓋即當時錄進本也所述與劉定之否泰錄大略相似然有否泰錄所載而是書闕者亦間有互異者如否泰錄有正統十四年十一月二十三日額森遣使求索大臣迎駕及景泰元年正月初七日英宗書至求索大臣來迎二事此書皆未載又否泰錄稱天順元年七月初一日李實羅綺馬顯等至額森營十三日見英宗而是書載

在五月內明史本紀則載在六月其他與明史異者若喜寧等燒毀紫荆關殺都御史孫祥事此書在正統十四年九月而明史則在十月彬日侍英宗左右其見聞當獨眞而所記與他書輒有異同豈其書上於成化元年距從征之年前後凡十七載諸所記憶或有疑闕歟千頃堂書目載此書云一作尹宣撰未知何據似不然也

正統臨戎錄一卷 浙江范懋柱家天一閣藏本

不著撰人名氏記明英宗北狩始末考明史藝文

志有楊銘正統臨戎錄一卷此書末專敘銘官職陞遷之事當卽銘所述也銘本名哈銘蒙古人幼從其父爲通事至英宗北狩銘與袁彬俱隨侍及從帝還賜姓楊數奉使外蕃爲通事孝宗立汰傳奉官銘以塞外侍衛功獨如故以壽卒於官事迹附見明史袁彬傳此書所記與北征事蹟畧同而詳悉過之惟首尾俱作通俗語蓋銘未必知書當時口述令人書之於冊爾

燕對錄一卷 浙江巡撫採進本

明李東陽撰東陽字賓之號西涯茶陵人天順甲申進士官至謹身殿大學士謚文正事蹟具明史本傳是書自宏治十年三月至正德六年八月凡召見奏對之詞悉著於編其中所載有數大事若明本紀宏治十七年三月癸未定太廟各室一帝一后之制此書載定制端末甚悉蓋禮志中所未及詳又考本紀宏治十一年二月己巳小王子遣使求貢夏五月戊申甘肅叅將楊翥敗小王子於黑山此書則載六月小王子求貢甚急大同守臣

以聞已許二千人入貢既而不來六月間走回男子報小王子有異謀內閣具揭帖以聞證之本紀繫求貢於二月先後差五月又本紀載楊翥敗小王子在五月則小王子之叛已在五月前矣而此書載六月間始報小王子有異謀頗爲不合考本紀載小王子之敗在五月戊申而六月首標己酉次標癸亥戊申距己酉止一日則五月之戊申乃五月盡日當六月間內閣揭帖時或猶不及聞耳書末載正德六年四月命閣會試錄一條八月召

對禦流賊劉七齊彦明等一條與楊廷和所著視草餘錄全符似足徵信又考謝遷劉健於正德九年十月致仕楊廷和於二年十月入閣梁儲於五年九月入閣故是書於宏治十八年以後皆止書遷健至正德六年則書廷和及儲也

平吳錄一卷 戸部尚書王際華家藏本

不著撰人名氏末有袁褧跋稱此書相傳爲吳文定公所撰案吳寬字原博號匏庵長洲人成化壬辰進士第一官至禮部尚書謚文定明史載入文

苑傳則所謂吳文定者乃寬也千頃堂書目別載有黃標平吳錄一卷與此書同名其書見陸楫古今說海中與此本詳略不同截然二書則謂此書爲寬作或亦有所傳歟所記皆張士誠據吳始末起元順帝至正十三年迄明太祖吳元年敘述頗有條理然亦多史所已具者惟明初書檄之文皆全載之則他書所未及耳

史餘一卷　兩淮鹽政採進本

不著撰人名氏相傳爲明王鏊撰鏊字濟之吳縣

人成化乙未進士官至戸部尚書武英殿大學士謚文恪事蹟具明史本傳是編紀明代朝廷典故凡四十九條中多及正德初年事或其致政以後所作間附考證署曰五川五川者常熟楊儀别號也豈儀嘗點勘是書隨手附注而後人錄入歟

明政要二十卷　浙江汪啓淑家藏本

明婁性撰性上饒人成化辛丑進士官至南京兵部武庫司郎中明史馬中錫傳所謂兵部郎中婁性與守備太監蔣琮相訐坐除名者卽其人也是

書仿貞觀政要之體編載明太祖太宗仁宗宣宗英宗五朝之事凡四百五十二條分類四十宏治十六年表進於朝自稱篇目皆其父諒所定凡歷十餘年始纂成書所錄英宗之事大抵在天順以後則以正統初政之不綱也諒字克貞吳與弼之門人王守仁亦嘗從之受業事迹具明史儒林傳

蘇州府纂修識畧六卷 浙江汪汝瑮家藏本

明楊循吉撰循吉字君謙吳縣人成化甲辰進士官禮部主事明史文苑傳附見徐禎卿傳中正德

元年以修孝宗實錄禮部遣官至江南採訪事蹟蘇州亦開局編類而請循吉總其事因爲撮紀大畧凡分十五目所錄皆得旨舉行之事其奏疏碑記等作有關時事者亦附載之而以蘇州府公牒一通冠諸卷首

安楚錄十卷浙江汪啓淑家藏本

明秦金撰金字國聲無錫人宏治癸丑進士官至南京兵部尚書謚端敏事迹具明史本傳是書乃其以副都御史巡撫湖廣時討平猺寇所作也卷

一爲勅諭卷二卷三爲奏疏卷四卷五爲檄文卷六至卷九爲題贈詩文卷十附錄封邱遺事蓋金曾任河南左參政禦流寇有功士人爲立生祠併輯其詩爲天成集以紀金之戰績故以類附見焉

東征忠義錄無卷數 江西巡撫採進本

明劉昭撰昭字仲賢號東崖廬陵人宏治癸丑進士官至嘉興府知府正德中昭罷官里居寧王宸濠反王守仁起兵討之昭時在幕府及事平昭紀其始末爲此書中間鋪敘頗多而大旨在著己之

長暴王守仁等之短所紀亦不盡實如謂守仁往福建勘事至吉安始知遺勅書在贛因不赴宸濠之宴又謂伍文定邢珣諸人破賊時舟中金寶俱爲所得厥後伍謝二繡衣以得銀太多假他事謫官云云考守仁討宸濠始末詳見明史及陽明全集俱不載遺勅書事其有無蓋不可知至伍文定邢珣之擄掠當時諸璫忌守仁之功沮其賞格原有斯言然究不得其確證觀昭所記則文定等之謗正以昭等爭功故也其自謂破省城時禁止殺

掠釋放脅從諸事皆出其所畫諾既不見於他書又謂守仁不聽其言奏捷疏遲以致激怒武宗南巡荼毒地方不知武宗數出遊幸諸璫皆欲邀功親征之詔固不在奏捷之遲速也以此罪歸守仁是尤未免於巧詆矣

治世餘聞二卷 浙江范懋柱家天一閣藏本

不著撰人名氏所記皆明孝宗時事考明史藝文志有陳洪謨治世餘聞四卷此書止分上下二卷而卷上標目又闕焉蓋即洪謨之書傳鈔者合併

其卷帙耳其題曰治世餘聞錄錄字亦後人所增也洪謨字宗禹武陵人宏治丙辰進士官至兵部左侍郎

繼世紀聞五卷 浙江范懋柱家天一閣藏本

不著撰人名氏據明史藝文志亦陳洪謨撰然此書與治世餘聞史皆作四卷此本乃有五卷其第三卷僅一頁有奇疑又爲傳寫者誤分也其書皆記武宗時事謂韓文等劾劉瑾司禮監太監王岳等佐之瑾已垂誅李東陽黨於瑾先期漏言遂不

可制卒成擅權之禍所以罪東陽者甚至其事容或有之至謂張綵於瑾多所匡正反覆爲辨其枉則公論具在安能以一手掩乎

壬午功臣爵賞錄一卷壬午功臣別錄一卷（左都御史張若溎家藏本）

明都穆撰穆字元敬吳縣人宏治已未進士官至禮部主客司郎中加太僕寺少卿致仕燕王篡立以後封賞功臣藏其籍於有司正德壬申九月穆官禮部簡視故牘得其名數而繕寫失次因畧加

修整編成爵賞錄一卷凡三十三人後二月復得指揮而下功賞之數又次第爲别錄一卷以補前錄之闕建文五年歲在壬午革除以後稱洪武三十五年次年乃改元永樂云

平番始末一卷 浙江范懋柱家天一閣藏本

明許進撰進字秀升靈寶人成化丙戌進士官至兵部尚書謚襄毅事迹具明史本傳初宏治七年土魯番阿黑麻攻陷哈密執忠順王陝巴去進爲甘肅巡撫潛師襲復其城致仕後因檢閱奏稿案

牘編爲此書嘉靖九年其子誥疏進於朝詔付史館其述用兵始末及西番情事頗詳今明史土魯番哈密諸傳大畧本之於此

南城召對錄一卷 浙江范懋柱家天一閣藏本

明李時撰時字宗易號松溪任邱人宏治壬戌進士官至華蓋殿大學士謚文康事迹具明史本傳是編乃世宗親祀祈嗣壇時與大學士翟鑾尚書汪鋐侍郎夏言等侍於南城御殿召見論郊廟禮制兼及用人賑災之事時因錄諸臣問答之詞史

稱時恒召對便殿接膝諮詢雖無大臣救正而議論多本於厚於是編亦畧見一斑云

南巡日錄一卷北還錄一卷兩江總督採進本

明陸深撰深字子淵號儼山上海人宏治乙丑進士官至詹事府詹事兼翰林院學士卒謚文裕事迹具明史文苑傳世宗嘉靖十八年南幸承天相度顯陵深時官學士命掌行在翰林院印扈行是編乃紀其往返程頓自二月癸丑至四月壬子凡六十日之事南巡日錄中載有永樂後內閣諸老

歷官年月一篇乃得之於孫元者深最留心史學故隨所見而錄之云

**革除編年**無卷數浙江范懋柱家天一閣藏本

不著撰人名氏浙江通志作嘉善袁仁撰而朱彝尊又稱陳洪謨有革除編年一書明史藝文志俱不載未知孰是也其書提綱列目用編年之體諸臣列傳即詳附目中大致與諸書所記畧同書末終於建文四年六月已卯自庚辰以後至乙丑破金川門凡十日事俱闕焉疑殘其末數頁也

姜氏秘史一卷 浙江汪啓淑家藏本

明姜清撰清弋陽人正德辛未進士官至尚寶司少卿自靖難之後建文一朝事迹大抵遺失是書於故案文集搜輯遺聞編年紀載至於地道出亡等事則未嘗載及紀錄頗見精核惟明史稿例議辨野史所載建文元年二月燕王來朝行御道登陛不拜爲御史曾鳳韶所劾以爲必無之事而是書載曾鳳韶劾燕王事云本吉安府志又證以南京錦衣百戸潘瑄貼黃冊內載校尉潘安三月二

十三日敘撥隨侍燕王還北平住坐云云據此則來朝明矣第不知所云潘瑄貼黃者果足徵信否也又世傳王艮於成祖入城前一日與胡靖解縉集吳溥舍靖縉陳說慷慨艮流涕而已其後獨艮死節是書載其事而辨之以爲艮家譜載艮以建文辛巳九月卒上遣黃觀諭祭未嘗及成祖之來其言似乎可據然革除之際誅鋤異己凡效忠於建文者皆禍及子孫安知王氏家譜非爲宗族之計諱其死難以自全未必遽爲定論明史艮傳乃

仍用前說葢必有所考也

明良集十二卷 浙江范懋柱家天一閣藏本

明霍韜編韜字渭先南海人正德甲戌進士官至太子太保禮部尚書謚文敏事迹具明史本傳是書所錄凡宋濂洪武聖政記一卷金幼孜北征前錄一卷後錄一卷楊士奇三朝聖諭錄三卷楊榮北征記一卷李賢天順日錄一卷李東陽燕對錄一卷韜後序但稱若宋濂金幼孜楊士奇李賢李東陽等而不及楊榮又序云趨召過韶以貽韶守

臣鄭騶等或騶等付梓時增入北征記歟

革朝志十卷（兩淮鹽政採進本）

明許相卿撰相卿有史漢方駕已著錄是編記建文一朝君臣始末仍用記傳之體而以門目分褒貶一曰君紀二曰闔宮傳記后妃諸王三曰死難列傳記方孝孺等四十八人四曰死事列傳記鐵鉉等四十八人五曰死志列傳記黃鉞等八人六曰死遁列傳記彭與明等十六人七曰死終列傳記王度等三人八曰傳疑列傳記王璡等十二人九

曰別傳記沐春等六人十曰外傳記李景隆等二十五人其說仍主出亡爲僧故有死遁一傳其持論非不正然革除年號當時格於祖宗之所廢不敢遽復相卿不奏論於朝廷之上而私著一書以復之於義反有所未安矣

維楨錄一卷附錄一卷 浙江范懋柱家天一閣藏本

明陳沂撰沂字魯南號小坡其先鄞人徙家南京正德丁丑進士官至太僕寺卿宏治十子之一也明史文苑傳附見顧璘傳中是書雜記朝廷典章

及明初故事抄撮而成殊多疎畧其載景帝時英宗在南宫有勸為不利者帝怒蹴其疏地上後英宗復辟見疏有踐汚跡詢知其言因復景皇帝號案景帝復號在憲宗成化初非英宗之事此類未免失實也

平漢錄一卷　戸部尚書王際華家藏本

明童承敘撰承敘字漢臣沔陽人正德辛巳進士官至左春坊左庶子是編紀太祖平陳友諒事首載宋濂平江漢頌一首次即載史臣贊一首而以

友諒興滅本末附於其後謂之外傳

茂邊紀事一卷（戸部尚書王際華家藏本）

明朱紈撰紈字子純長洲人正德辛巳進士官至提督浙閩海防軍務巡撫浙江右副都御史事蹟具明史本傳此書乃嘉靖十五年紈官四川兵備副使時與副總兵何卿共平深溝諸砦番因述其措置始末作四六文一篇而各以崖略分注其下又附以紀事詩五十章及李鳳翔靖彔編王元正平蠻或問各一首彭汝實等詩二十一首末有自

跋稱此本藏篋中二十年及開府浙閩憂饞畏譏回思前事大小一轍乃萃爲卷錄原行文移足之蓋紈在閩以嚴立海禁爲勢家所齮齕鬱鬱不得志故託此以致意也卒爲衆口所排飲酖賫恨士大夫雖漁利以自肥然姦民得志內外交通海氛不靖者十餘年生靈塗炭者數千里仕閩浙者咸以紈盡忠賈禍爲戒無敢復嬰衆怒者蓋有明朝議有朋黨而無是非自其中葉已然矣

革除遺事節本六卷　浙江范懋柱家天一閣藏本

明黄佐撰佐有泰泉鄉禮已著錄是書有列傳無本紀明史藝文志載黄佐革除遺事六卷當即此書然佐書實有本紀其所自撰序可考又郁袞革朝遺忠錄別載佐序稱舊本繁文今皆芟之定爲七卷是知十六卷之革除遺事乃佐之全書此則佐所自節之本通本紀爲七卷此本佚其本紀故止有列傳六卷也又原書如姚廣孝諸人皆別爲外傳此則不復分析其體例亦稍不同

案此本惟存列傳似應入傳記類中然實原

有本紀而佚之則仍以雜史論矣

楚紀六十卷浙江范懋柱家天一閣藏本

明廖道南撰道南字鳴吾蒲圻人正德辛巳進士官至翰林院侍講學士謫徽州府通判尋復舊職此書乃道南歸田以後爲世宗而作也世宗以興王繼統實受封於楚之安陸府道南大旨以爲太祖平陳理於武昌實開定鼎之基世宗復由安陸履帝位更啓中興之業故以楚地爲受命之符天心所屬博采古今鋪張潤色爲紀十有五曰皇運

曰國基曰徵獻曰懋庸曰崇道曰昭文曰孚諫曰稽謀曰樹節曰經變曰考履曰闡幽曰登績曰穆風曰景則每紀分内外内外中又分前後凡一人一事與楚稍有所涉者亦必牽引以入焉道南在當時頗負文名此書亦殫十餘年精力其末卷景則紀中有原冑敘宗慼遇等篇詳述巳之世系出處仿太史公自敘葢隱然自以其書比於史記然其體例蕪雜援引附會殊不足觀也

哈密事跡一卷附趙全讞牘一卷 浙江范懋柱家天一閣藏本

是編不題書名亦不著撰人名氏前載正德中土魯番侵擾哈密及經畧彭澤與王瓊搆釁事又附載經畧張海奏議一篇後載嘉靖間刑部議讞煽誘諳達（原作俺荅今改正）叛人趙全等九人奏牘葢明人雜抄之殘帙也其序瓊澤二人事語皆袒瓊謂澤因靳貴陸完納賂於錢寧以求召後又附通紀畧一條則載瓊激錢寧以傾澤其說自相矛盾今明史從通紀之說其敘趙全之事亦與明史無大異同但曲折差詳葢讞牘之於史傳各有體耳

今言四卷兩江總督採進本

明鄭曉撰曉有禹貢圖說已著錄此書補吾學編所未備首有薛三省序稱此書輔吾學編而行猶漢史之外有西京雜記與東觀漢記凡三百四十四條其中爲憲言者十之四爲世言者十之三爲事言品言者十之三爲證言術言者十之一蓋據所見聞隨筆記錄古雜史之支流也

雲中紀變一卷浙江范懋柱家天一閣藏本

明孫允中撰案世宗時有兩孫允中其一太原人

嘉靖癸未進士官至應天府丞事迹附見明史楊允繩傳其一郎此孫允中魯府儀衛司人嘉靖癸未進士官至山西按察司僉事嘉靖十二年大同兵變殺總兵官李瑾遣總督侍郎劉源清討之會巡撫潘倣繫賊首以獻請班師而源清縱兵大掠城下五堡遺孽遂盡反源清圍城久不下詔奪其職以張瓚代之未至而督餉郎中詹榮等已悉捕斬首惡亂乃定時議者俱以源清用兵爲非允中前後入城撫定并力言將士妄殺狀爲源清所惡

以他事劾罷黄綰奏其功得復官致仕因據所目擊作此書以紀之大抵皆歸獄源清之詞末題丁酉八月乃嘉靖十六年也

遼記一卷 浙江汪啓淑家藏本

明田汝成撰汝成有炎徼紀聞已著録是編載遼東邊事始於洪武二年迄於嘉靖十六年敘事踈畧挂漏至多又多載未行之奏議殊不足以資考訂又三衛之中惟福餘跨遼而東泰寧已爲遼西境朶顔則大寧都司地非遼東地矣書中詳於朶

顔是疆域且未分明無論記事矣

龍憑紀畧一卷　浙江范懋柱家天一閣藏本

明田汝成撰是編紀龍州土酋韋應趙楷李寰之亂已見於炎徼紀聞中此其摘出别行之本

行邊紀聞一卷　浙江汪啓淑家藏本

明田汝成撰前有嘉靖丁巳顧名儒序以書中所載考之即汝成炎徼紀聞也但闕後論數條又彼分四卷此爲一卷耳名儒序稱私寶前帙十載乃出而梓之葢所得乃其初稿後汝成編次成帙改

易書名名儒未及見之故與炎徵紀聞至今兩行於世焉

洗海近事二卷 浙江巡撫採進本

明俞大猷撰大猷字志輔晉江人嘉靖中舉武進士累官都督同知兼征蠻將軍進右都督謚武襄考明史大猷傳稱海賊曾一本者吳平黨也既降復叛執澄海知縣敗官軍守備李茂才中礮死詔大猷暫督廣兵協討隆慶二年一本犯廣東尋犯福建大猷合郭成李錫軍擒滅之是書乃大猷裒

輯用兵之時奏疏公牘書札始於隆慶二年正月終於三年閏六月前載譚綸張瀚朱炳如薦疏後附操法及兵部覆本並錄成功後友人賀贈之文而終以劉林道乾諸議卷首有大猷自序是書論用兵委曲較史爲詳而不先敘其事之始末編紀年月以爲提綱雖諸篇以次編排而端緒不一閱之猝不能了了益大猷雖通曉文翰而於著書序事之法則尙未諳故不能使經緯燦然首尾該貫也

奉天刑賞錄一卷　戶部尚書王際華家藏本

自題懶生袁子不著其名以千頃堂書目考之蓋袁褧所撰也其書皆紀成祖靖難時爵賞誅戮之事多本都穆壬午功臣錄無名氏教坊錄復雜採客座新聞震澤紀聞立齋閒錄諸書以附益之所載建文死事諸臣家屬被禍慘酷殆非人理稱皆得於官府故牘似不盡誣成祖毒虐之政至於此極亦可證史書所載尚未能得其什一矣

廣右戰功錄一卷　戶部尚書王際華家藏本

明唐順之撰順之字應德一字義修武進人嘉靖己丑進士官至右僉都御史巡撫淮揚天啟中追謚襄文事蹟具明史本傳此錄述右江參將都督同知沈希儀討平廣西諸蠻事順之工於古文故敘事具有法度明史希儀本傳全採用之惟錄稱希儀爲臨淮人而史稱貴縣人稍有不同蓋希儀世官指揮史據其衛籍言之而錄則仍書本貫也其書已載荆川集中此爲袁褧摘出錄入金聲玉振集者也

建文事迹備遺錄一卷　左都御史張若溎家藏本

不著撰人名氏前有自序稱嘉靖辛卯陽月太嶽山人書於木竹村居考明史藝文志黄虞稷千頃堂書目皆不載此書之名不知其爲何人明人惟張居正號太岳亦不聞有此書莫能詳也録中皆紀建文死事諸臣殊多傳聞失實其稱太祖恒欲廢燕王賴廷臣力諫得免又嘗幽於别苑不許進食賴高后私食之得不死皆荒唐無稽之言不足取信

平濠記一卷　編修程晉芳家藏本

明錢德洪撰德洪本名寬字德洪後以字行改字曰洪甫餘姚人嘉靖壬辰進士官至刑部郎中事迹具明史儒林傳初王守仁之平宸濠也其大綱具於敘功疏其細目具於年譜德洪受業守仁據師友所見聞其陰謀秘計及一切委曲彌縫之處有疏及年譜所不詳者因作此記以補之凡黃綰所說四條龍光所說二條雷濟所說一條附載德洪隨事附論者五條又自跋一條大旨謂寧藩之

敗由於遲留半月始發其遲留半月則由於守仁多設反間以疑之守仁在日秘不言守仁殁後始得其間書間牌之稿於龍光而駕馭峒酋葉芳及陰令知縣陳冕詭漁舟以誘擒宸濠皆當時所不盡知者云

南泰紀略一卷　浙江范懋柱家天一閣藏本

明尹耕撰耕字子莘蔚州人嘉靖壬辰進士官至河南按察司僉事明嘉靖四年廣西土舍李寰盧四趙楷等煽亂副使翁萬達以計討平之而未嘗

遷擢耕因作是書紀其功然書中於盧四孀九司作亂及韋應附從諸事俱未能悉敘未免脫畧不及明史張經翁萬達及土司列傳中載此事爲詳也

**處苗近事一卷**　浙江范懋柱家天一閣藏本

明李愷編愷字克諧惠安人嘉靖壬辰進士官至辰沅兵備副使是書分征討巢穴哨道轉運調發防守六目蓋記洪武至嘉靖湖廣苗民叛服征勦之事

革除遺事十六卷（浙江范懋柱家天一閣藏本）

明符驗撰驗字大充號松巖黃巖人嘉靖戊戌進士官至廣西按察司僉事此書卷首有驗序稱泰泉欲修國史之缺出檇李郁氏本俾聚訂爲十六卷以復於泰泉泰泉者黃佐之别號蓋驗此書實因嘉興郁衮舊本而修緝之肇其議者則黃佐也又有一序舊本題爲郁衮作其文與黃佐集中所載此書之序正同蓋傳寫者訛題衮名衮書有傳無紀此書則列傳十卷外傳一卷冠以本紀五卷

截然兩書不容移甲爲乙別本或兼題佐名考中書徐妙錦一條佐集載之題曰徐妙錦傳然則佐亦潤色其閒矣朱彝尊嘗謂黃佐革除遺事與當時紀建文事諸書皆不免惑於從亡致身二錄蓋於虛傳妄語猶未能盡加芟削云

安南奏議一卷 左都御史張若溎家藏本

不著撰人名氏嘉靖中安南莫登庸篡國國王之孫黎寧遣其臣鄭惟僚等赴京告難乞興師問罪廷議請討之衆論不一已而中罷至十七年詔申

前議以咸寧侯仇鸞總督軍務兵部尚書毛伯温爲叅贊尅日進師而兩廣總督張經上疏頗以爲難兵部不能決奏請廷議議上帝責諸臣不能協心謀國復罷不行而留鸞伯温別用是書所載乃兵部尚書張瓚等會題疏稿及所奉詔旨也

議處安南事宜一卷　左都御史張若濰家藏本

不著撰人名氏嘉靖十八年復命仇鸞毛伯温征安南伯温抵廣西傳檄諭意莫登庸自至鎮南關請降伯温承制赦之馳疏以聞詔改安南國爲安

南都統使司此本列伯温原疏兵部揭帖及詔旨一通而兵部議覆疏未載疑尚有所闕佚也

伏戎紀事一卷 浙江鮑士恭家藏本

明高拱撰拱有春秋正旨已著錄拱在內閣時値諳達之孫巴罕鼐吉（原作把漢那吉今改正）率衆來降拱決策脇諳達內附且定封貢互市諸約因記其前後本末爲此書考之明史巴罕鼐吉旣降總督王崇古上言宜給官爵豐館餼飾輿馬以示諳達諳達急則使縛送諸叛不聽即脅誅巴罕牽沮之又不

然因而撫納據此則封巴罕以脅諳達乃崇古先
主其計拱第力贊成之而此書乃謂已先定計遣
書崇古使之奉行與史不合又明史本紀謂高拱
及張居正同主是議居正本傳亦同而是書乃畧
不及居正亦可見拱之矜功自伐所紀未足盡憑
也

靖夷紀事一卷 河南巡撫採進本

明高拱撰隆慶四年貴州土司安國亨與安智相
讐殺撫臣以叛聞拱因推太僕少卿阮文中爲巡

撫文中意欲剿之拱議遣給事中賈三近往勘國亨聽命遂平其亂拱因著是篇以紀其事

綏廣記事一卷 河南巡撫採進本

明高拱撰時廣東久遭寇亂拱自錄其在內閣時籌畫地方事宜奏疏及與人往復書札書頗多自矜語如答殷士儋書非公在彼孰能經畧非僕在此孰能主張諸語則其沾沾自喜已見於此宜其不獲以功名終也

防邊紀事一卷 河南巡撫採進本

明高拱撰拱於隆慶四年再入內閣兼理吏部時邊事孔棘拱有議添設協理戎政侍郎及議處邊鎮諸疏彙爲此書其所條畫利害多與明史相合

**平倭錄** 無卷數 江蘇周厚堉家藏本

不著撰人名氏紀明任環平倭事蹟萬歷中吏科給事中翁憲祥巡撫陝西監察御史吉人重刊憲祥作前序人作後序亦不言爲誰所作也嘉靖癸丑倭寇由越入吳環時爲蘇州府同知力戰殲之以功晉山東布政司參政卒贈光祿卿是編首乞

歸終制疏蓋環用兵時適丁生母艱事平因上此疏次錄諭祭碑文誌銘及其孫可復所錄事蹟又以環所著詩文簡牘名山海漫談並刻之末又附後人歌頌詩文合爲一帙編次叢襍漫無體例海虞陳禹謨說儲載環方出兵時以靈棋經占得益友卦其繇曰客有王孫來叩我門語我福慶往得蒙恩薄暮常熟王公鈇果叩門遂決策進兵我師大魁云云而此錄無之蓋小說附會之談不足據也

世廟識餘錄二十六卷 浙江巡撫採進本

明徐學謨撰學謨有春秋億已著錄是書乃其歸田以後所作記嘉靖一代之事學謨練習典故於世宗實錄多所駁正如謂瑞州知府宋以方爲宸濠所殺而國史誤稱赴水死謂汪鋐通李資坤賄曲媚張孚敬國史以爲內行修潔者不足信謂仇鸞之戮由徐階密揭作史者不及知謂楊繼盛劾嚴嵩疏中顯指陸炳國史以私沒其姓名謂郭希顏雖以邪說取死亦由嚴嵩傾陷史臣評駁稍涉

苛刻謂沈坤以桀驁被劾國史曲爲辨雪未免黨護謂任環忠義之士能遇賊直前國史謂其停斬甚衆亦爲失實謂抗御史黃廷聘之陳安乃湘潭知縣國史誤記爲衡山謂議禮諸臣互有得失謂郭勛專權驕恣而能不受餽遺未嘗無一節可取均與史臣所記互有異同然學謨在世宗時嘗爲禮部祠祭司郎中第十九卷中載拒王金之賂及抑昝義金事所云郎某者卽學謨自謂又學謨爲荊州知府以拒景王徵沙市地租事得罪第二十

四卷中亦具載之稱沙市本不在景王所給莊田之數王上疏密竄入其中司農莫之省獨學謨執不肯與云云皆自述所長明標簡牘劉知幾史通敘傳篇謂揚雄以降其自序也始以誇尚爲宗身兼片善行有微能皆剖析具言一二必載豈所謂憲章前聖謙以自牧繩以是義殊於體例有乖又趙文華之攘功卸罪構陷張經其事炳然在人耳目而學謨以爲史臣所記過甚其詞亦不免恩怨之私未孚公論也

西南紀事六卷江蘇巡撫採進本

明郭應聘撰應聘字君賓莆田人嘉靖庚戌進士官至南京兵部尚書謚襄靖事迹具明史本傳粵西府江上起陽朔下達昭平亘三百餘里諸猺夾江而居怙險剽竊隆慶四年攻圍節浦永安府應聘代殷正茂爲巡撫集漢土兵六萬征之三閱月悉定又討平懷遠陽朔洛容上油邊山五犾獞尋以憂歸因錄其攻取之畧以成是書其刊板則萬歷八年復起巡撫廣西時也所言與明史應聘本

傳及李錫傳大略相符

交黎撫剿事畧五卷 浙江汪啟淑家藏本

明方民悅撰民悅麻城人嘉靖乙未進士官至廣東按察司副使嘉靖二十八年安南范子儀及瓊州黎那燕入寇時歐陽必進方總督兩廣檄都指揮俞大猷等討平之民悅述其始末爲此書卷一爲地圖卷二至卷四爲奏疏卷五爲公移案明史俞大猷傳是役皆大猷之力以嚴嵩薄其賞不得敘民悅專歸功於督府亦非事實也

召對錄一卷　內府藏本

明申時行撰時行有書經講義會編已著錄此書乃記萬歷十三年五月迄十八年七月召對之語時行時爲首輔六年中凡召對九次當神宗怠政之際君臣否隔萬事叢脞時行不能匡救乃反謂孝宗後此典久廢不舉至是復行沾沾誇爲盛事過矣

平夷功次錄一卷　浙江汪啟淑家藏本

明焦希程編希程榜姓周象山人嘉靖辛丑進士

官至貴州兵備副使希程在四川時值宜賓夷人作亂巡撫張臬檄委希程勦平因彙刻當時書檄以成此書

嘉靖倭亂備抄二卷兩淮鹽政採進本

不著撰人名氏始嘉靖二十三年日本入貢終於四十五年閏十月凡倭之搆亂以及平戢始末皆載之大旨謂倭亂始於謝氏之通海成於嚴嵩之任用非人功罪顛倒所言比正史爲詳

瀛艖談苑十二卷左都御史張若淮家藏本

舊本題釣瀛子撰不知何許人所紀故事至宏治而止所紀年號至正德而止蓋在嘉靖以後矣其體例彷彿李心傳建炎以來朝野雜記多紀明代典章分目編次無所論斷大致與史傳相出入

平黔三記一卷 浙江范懋柱家天一閣藏本

不著撰人名氏記明洪武中傅友德等平雲南暨正統中王驥平麓川嘉靖中吕光洵平武定三事末書隆慶庚午十月點蒼山人書於玉屏精舍蓋雲南人所爲其題曰平黔者以雲南亦黔中地故

稱之耳三記雖並列而意則在於表彰呂光洵之功光洵字信卿浙江新昌人嘉靖間巡撫雲南其誅鳳繼祖事在嘉靖四十五年明史及雲南通志載之甚詳此書前有張元忭鄔璉二序張元忭之父與鄔璉皆嘗在軍中親贊其策所言不容有誤而元忭序作於辛未鄔璉序作於壬申正當書成之時序中亦言不知出誰手蓋當時光洵以人言去位同事者相繼褫謫其功抑而不揚是書獨紀實不諱故有所避而不敢言也考明史藝文志于

項堂書目俱載趙汝謙平黠三記一卷則是書實汝謙所著而隱其名耳

使琉球錄二卷 浙江巡撫採進本

明郭世霖撰據浙江遺書目錄稱世霖永豐人官吏科給事中類姓登科考載嘉靖癸丑進士郭汝霖永豐人官至南京太僕寺卿當即其人特訛世爲汝耳萬歷中蕭崇業使琉球錄稱陳侃郭世霖二錄其明証也初嘉靖十一年命吏科左給事中陳侃行人高澄冊封中山王尚清侃述其事爲琉

球錄自爲之序至嘉靖三十七年又遣世霖與行人司行人李際春册封中山王尚元世霖因取侃舊本綴續成編所言大畧與明史琉球傳合惟每條列原錄於前而附所續於後皆以霖按二字冠之似乎考訂舊聞實則鋪敘新事於體例殊未協也

# 欽定四庫全書總目卷五十四

## 史部十

### 雜史類存目三

平播始末二卷 江西巡撫採進本

明郭子章撰子章有蠙衣生易解已著錄萬歷間播州宣慰使楊應龍叛子章方巡撫貴州被命與李化龍同討平之化龍有平播全書備錄前後進勦機宜子章亦嘗有黔記頗載其事晚年退休家居聞一二武弁造作平話案永樂大典有平話一門所收至夥皆優人以

前代軼事衍爲俗語而口說之左袒化龍飾張功績多乖事實乃倣紀事本末之例以諸奏疏稍加詮次復爲此書以辨其誣

平播全書十五卷副都御史黃登賢家藏本

明李化龍撰化龍字于田長垣人萬歷甲戌進士歷官兵部尚書謚襄毅事蹟具明史本傳播州楊氏自唐乾符中據有其地歷二十九世八百餘年萬歷初楊應龍爲宣慰使恃險作亂詔起化龍巡撫四川尋進總督四川湖廣貴州軍務進討平之

以其地置遵義平越二府因裒軍中前後文牘編爲是書前五卷爲進軍時奏疏六卷爲善後事宜奏疏七卷爲咨文八卷至十一卷爲牌票十二卷至十四卷爲書札十五卷爲評批爲祭文

案此書雖載文而不紀事然其文全爲平定播州而作實具斯一事之始末其載文即紀事也又雖冠以奏議而僅三之一不可入奏議雖出一人之手而大抵書記吏胥之所爲不可以入别集故從其本事入之雜史類焉

建文朝野彙編二十卷　兩淮馬裕家藏本

明屠叔方撰叔方秀水人萬歷丁丑進士官至監察御史其書分遜國編年遜國列傳建文傳紀建文定論諸目蒐雜採野史傳聞之說裒合成編大抵沿襲訛傳不爲信史至摭典故輯遺之謬說謂宣宗爲惠帝之子尤無忌憚矣

明祖四大法十二卷　內府藏本

明陳棟如撰棟如字子極無錫人萬歷戊戌進士官至太僕寺少卿事迹附見明史馮應京傳是書

乃其自襄陽推官下獄釋歸時所輯以明太祖事實分心法治法祀法兵法四門皆於寶訓實錄中擇其有關政體者分條類載葢本宋濂聖政記而擴充之然配隸多未切合詳畧亦往往失中不足以資檢核也

肅皇外史四十六卷內府藏本

明范守已撰守已字介儒洧川人萬歷甲戌進士官至按察司僉事是編紀明世宗一代朝政編年系月立綱分目頗見詳備而時近瑣碎不合史體

當時南京書坊嘗刻其節本附雷禮大政記以行此則其全書也

聖典二十四卷（山東巡撫採進本）

明朱睦㮮撰睦㮮有易學識遺已著錄是書紀太祖開國事蹟分八十一目仿貞觀政要之體視宋濂洪武聖政紀所載較詳

倭患考原二卷（兩淮鹽政採進本）

明黃俁卿撰自題曰閩人其始末未詳俁卿以嘉隆間福建瀕海郡縣嘗被倭患故爲是書以推其

致禍之由上卷溯洪武初年遣使通倭終萬曆初廣賊林鳳之亂下卷恤援朝鮮則紀宋應昌楊鎬東征事也卷末附以倭俗考其中所載閩事居多草野傳聞殊爲簡畧

典故紀聞十八卷 浙江吳玉墀家藏本

明余繼登撰繼登字世用號雲衢交河人萬歷丁丑進士官至禮部尚書謚文恪事蹟具明史本傳是編雜記前朝故事自洪武迄於隆慶然其帝曰云云之屬多屬空談大抵皆記注實錄潤色之詞

亦頗及瑣屑雜事不盡關乎政要如太祖攻婺城時見五色雲無論其事眞僞總不在法戒之列又如成祖時靈邱民一産三男有司議給廩至八歲成祖命給至十歲亦細故不足毛舉也

## 使琉球錄二卷 浙江汪啓淑家藏本

明蕭崇業謝杰同撰崇業雲南臨安衛人隆慶辛未進士官至右僉都御史提督操江杰長樂人萬歷甲戌進士官至戶部尙書總督倉塲萬歷七年崇業爲戶科給事中杰爲行人司行人奉使往封

琉球國世子尚元爲中山王是年六月渡海抵其國十月還閩因記其行事儀節及琉球山川風俗爲此書大抵本嘉靖十三年陳侃四十年郭世霖二錄而稍潤益之明史藝文志載謝杰使琉球錄六卷此本止分上下二卷檢勘並無闕佚殆六字爲傳寫之誤歟

乙未私志一卷浙江范懋柱家天一閣藏本

明余寅撰案明有兩余寅其一字仲房歙縣人與徐渭沈明臣俱入胡宗憲幕中明史附見徐渭傳

中此余寅鄞縣人本字君房晚年改字僧杲萬歷庚辰進士官至太常寺少卿萬歷二十三年乙未冬帝以軍政失察貶科道官三十餘人九卿力諫不納旣而惡大學士陳于陛論救復命改謫遠方吏部尙書孫丕揚等再抗疏諫帝益怒盡除其名寅因作此書紀其本末及貶削諸臣姓名案明史陳于陛傳載此事作兩都言官而孫丕揚傳則作南京言官微有不同據寅所記乃北京科道耿隨龍等南京科道伍文煥等與于陛傳相合知丕揚

傳中南字以與兩字形似而訛也

馭倭錄九卷浙江巡撫採進本

明王士騏撰士騏字冏伯太倉人尚書世貞子萬歷乙丑進士官至吏部員外郎坐妖書逮獄削籍明史文苑傳附載世貞傳末是編乃其爲兵部主事時採明一代倭寇事蹟起洪武元年訖萬歷二十四年凡當時所奉詔旨及諸臣章奏並中外戰守方畧按年編紀本末頗具自序以爲薛浚考畧王文光補遺鄭若曾籌海圖編多取野史爲証往

往失眞故所錄皆就國史中拈出然當時奏報亦多掩敗爲功欺蔽蒙飾國史所載正未必盡爲實錄也

建文書法儗五卷江蘇巡撫採進本

明朱鷺撰鷺字白民吳縣人其書作於萬歷乙未詔復革除年號之時蓋欲上之於朝以補國史故稱曰儗而署名自稱曰臣其書前編一卷紀惠帝初生至爲太孫時事正編二卷記惠帝在位四年事體例全倣朱子通鑑綱目附編二卷則雜錄明

人之論述卷首冠以頌聖德十條紀明歷朝恕待惠帝君臣之旨述咎論六條紀歷朝請復革除年號之奏章儗書法十六條則自敘其紀事之例其論惠帝之失惟在削宗藩變祖制持論未嘗不正惟行遯從亡尚沿舊說又成祖未即位以前削帝稱王於義雖當然不宜出於明之臣子至序末題識一條稱萬歷甲午夢明太祖示以一朝表譜四金字次日具奏焚孝陵下復夢太祖召見則幾於妖言矣

繩武編三十四卷 浙江巡撫採進本

明吳瑞登撰瑞登有兩朝憲章錄已著錄是編成於萬歷壬辰以洪武至隆慶事迹分類編輯其例一依眞德秀大學衍義凡四大綱一曰格致二曰誠正三曰修身四曰齊家爲目十有二又分子目五十然明自太祖開創之初已多過舉成祖篡立虐焰橫扇英宗以下亦瑕多瑜少至世宗穆宗善政不及十之一秕政逾於十之九矣瑞登乃臚列虛詞使與古帝王媲美雖臣子之體宜然然非事

實也至於法戒並存在德秀編錄前代史書自無不可瑞登乃舉歷朝之失昌言排擊孔子諱內之謂何是又併非臣子之體矣此所謂進退無據也

北樓日記二卷 浙江巡撫採進本

不著撰人名氏考明史神宗本紀萬歷二十年寧夏致仕副總兵哱拜殺巡撫都御史党馨副使石繼芳據城反此書即記其事北樓者寧夏鎮城樓賊所據以爲變者故以名編所載自正月己丑始亂至九月辛未平賊按日繫事頗爲詳悉其中月

日先後往往與史不合如賊聚衆殺馨縱獄囚焚案牘在二月戊申而史作三月戊辰總督魏學曾下檄安撫在二月壬子而史作三月壬申河套諸部大入助賊在三月庚午而史作六月丁未葉夢熊代爲總督在六月甲午而史作七月甲申都督李如松以遼陽宣大兵至在六月戊申而史作四月甲辰之類不一而足似當以此書爲得實史蓋所見異詞其記原州總兵李昫率副總兵王通叅將趙武等統兵馬五萬屯靈州討賊及河套諸部

再入定邊掠延慶數千騎渡河云云本紀皆不載亦偶遺之蓋史書該一朝之事總其大綱私記載一方之事具其細目體例固各不同爾

明寶訓四十卷 江蘇巡撫採進本

明萬歷壬寅南京禮部郎中陳治本工部郎中呂允昌禮部主事朱錦等所刊蓋裒合歷朝官撰之本以爲一編者也原本洪武六卷成於永樂十六年永樂十五卷洪熙二卷均成於宣德五年宣德十二卷成於正統三年正統十二卷成於成化三

年成化十卷成於宏治四年宏治十卷成於正德四年正德十卷成於嘉靖四年嘉靖二十四卷成於隆慶五年隆慶八卷成於萬歷二年皆有當時御製序統計一百一十三卷此本四十卷治本等所合併也建文本無實錄景泰雖有實錄而未修寶訓故所刊止於十朝英宗一朝併入天順年事總以正統標名殊乖體例蓋當時官書本題廟號而治本等彙刻改題年號以從簡易既不可一書兩名遂總題爲正統也其書皆自實錄撮出分類

編載門目大同小異皆以貞觀政要爲式云

吳淞甲乙倭變志二卷 浙江巡撫採進本

明張鼐撰鼐字世調華亭人萬歷甲辰進士官至南京吏部右侍郎兼詹事府詹事吳淞倭患在嘉靖甲寅乙卯之間故紀二歲事獨詳上卷分紀兵紀捷殲渠周防四目下卷分十德十勳十忠十節僧兵狼兵鹽丁遣祀三太學四辨士兩孝子三乞兒三腐儒等十三目明史藝文志著於錄此本題曰甲乙倭變鈔錄者省其文也鼐自序云松之難

松之遺老能道之然按之籌海圖編及海防考諸書其日月頗不合得非境外事境外人不能傳耶吾寧信其目擊者焉今考正史倭寇松江始於嘉靖甲寅而此云癸丑張經王江涇之捷歲紀乙卯而此云甲寅諸所記載率差一年非第日月而已爵作是書時已官諭德直史館於故府典故得以考核不應差謬至此疑其必有所受之也書中汪直俱作王直未喻其故殆傳寫之誤耳

兩朝平攘錄五卷　浙江巡撫採進本

明諸葛元聲撰元聲會稽人是書凡紀五大事考明史載隆慶五年三月己丑封諳達爲順義王六月甲寅順義王諳達貢馬告廟受賀丙辰諳達執趙全餘黨十三人來獻此書卷一紀其事又萬歷元年九月丙戌四川都掌蠻平此書卷二紀其事又萬歷二十年三月戊辰寧夏致仕副總兵哱拜殺巡撫党馨副使石繼芳據城反壬申總督魏學曾討寧夏賊秋七月以葉夢熊代之九月壬申寧夏賊平十一月壬辰御午門受寧夏俘此書第三

卷紀其事又萬歷二十年五月倭犯朝鮮二十一
年正月李如松攻倭於平壤克之四月倭使小西
飛納欵二十四年九月平秀吉復攻朝鮮二十六
年十二月總兵官陳璘破倭於乙山朝鮮平此書
第四卷紀其事又萬歷二十五年七月楊應龍叛
掠合江綦江二十八年二月李化龍師師分路進
討播州六月克海龍囤楊應龍自縊播州平是書
第五卷紀其事卷首有萬歷丙午商濬序考丙午
爲萬歷三十四年則元聲之成是書得之目覩爲

多也

梃擊始末一卷 浙閩總督採進本

明陸夢龍撰夢龍有易畧已著錄是書乃其官刑部員外郎時所記備述張差事始末明末三案之一也於一時諸人牽就彌縫情狀摹寫甚詳核以明史張問達傳語皆相合葢實錄也

遜國君記鈔一卷臣事鈔六卷 兩淮鹽政採進本

舊本題曰鹽官淡泉翁編勾吳潛庵子訂淡泉鄭曉之別號其書多與吾學編相出入蓋因曉之書

而增改之觀其中載隆慶六年詔書則潛庵子爲明季人但不知名氏爲誰耳其君記鈔載惠帝及太后皇后儲貳諸王事臣事鈔分爲十類曰首事并諫死曰謀國死曰戰守死曰守義死曰事後圖報死曰出隱死曰論逮死曰事後自盡死曰隱避傳曰外傳其辨湯宗曾事文皇終於宣德之世足正吾學編表忠記之誤而於建文皇子育宮中一事隱取宣宗爲建文帝子之說又妄誕不足取矣

虐政集一卷邪氛集一卷倒戈集一卷 兩淮鹽政採進本

不著撰人名氏皆載天啓中閹禍始末各以年月編次虐政集記東林黨人先後被難之事邪氛集記閹黨諸人進擢柄用之事倒戈集則以閹黨既盛其徒自相攻擊旋有被逐而去者因併記之每條有綱有目備載當時所行詔旨而間爲評論如知縣唐紹堯遠治一條稱實刑曹姚誠立下手而猶翺翔藩臬又御史方大任一條稱大任如此受苦而竟忘之葢崇禎初年韓爌等旣定逆案之後被禍者皆得牽復而斥逐起用猶有所未盡故有

是言然明季門戶喧呶黨同伐異實有牢不可破者固未可據一人好惡之口而槩以爲定論也

泰昌日錄一卷　浙江汪啓淑家藏本

明楊惟休撰惟休字敘度豐城人天啓中監生明光宗以萬歷四十八年八月朔即位改明年爲泰昌元年九月庚辰熹宗即位又改明年爲天啓於是以萬歷四十八年八月以後爲泰昌是書所記光宗在位一月之事皆正史所具無甚異同文句亦頗蹇拙末載所撰河清賦亦不甚工

閹黨逆案一卷 兩淮鹽政採進本

明崇禎二年正月大學士韓爌等奉敕定以黨附魏忠賢諸臣分别首從擬爲等次每名之下各著罪狀皆當日之爰書其夾註科分籍貫則似乎後人附益也

遜國逸書七卷 內府藏本

明錢士升編士升有周易揆已著錄是書前有崇禎甲申自序所錄書凡四種一曰拊膝錄稱玉海子劉琳撰琳不知何許人所記皆建文君臣事蹟

分紀傳三十餘篇一曰從亡隨筆稱程濟撰一曰致身錄稱史仲彬撰皆敘建文帝出亡之事一曰鐵老先生寃報錄所記陳瑛中冓之惡尤極穢褻乃惡瑛者所爲大都誕妄不可信也

守麇紀畧一卷 浙江巡撫採進本

明高斗樞撰斗樞字象先鄞縣人崇禎戊辰進士由刑部主事累官湖廣按察使分守鄖陽自辛巳六月以後屢被寇攻斗樞盡力守禦者兩載城卒獲全癸未六月斗樞具疏請援朝廷始知鄖尚在

而閣臣陳演與斗樞有隙乃别推鄖陽知府徐起元爲鄖陽巡撫僅加斗樞太僕寺少卿銜及甲申二月始遷斗樞陝西巡撫時全陝已陷不能之官後福王建國南京以斗樞巡撫湖廣道路不通斗樞亦竟未聞國亡後遁歸故里而卒事迹具明史本傳此書乃其歸里後追述守鄖之事所載戰守法頗具亦陳規守城錄之類也

建文史待 無卷數 內府藏本

明陳繼儒撰繼儒字仲醇松江華亭人事蹟具明

史隱逸傳是書乃所輯建文事蹟前列引用書凡一百二十六種首爲遜國編年次報國列傳次有官職而姓名無考者四人次有姓名而官職無考者七人次隱遁十五人次宮闈十五人末附以建文傳疑則遜國出亡之說也

事辭輯餘（無卷數浙江巡撫採進本）

明沈謏撰前有謏自序其私印一曰沈謏之印一曰渚椒卷首又有渚椒手書一長印天彝二字一連珠印署曰歸安沈炳震錄字字跡與序出一手

炳震近人葢重錄其先世舊本仍以先世私印識之也序稱嘗撰明事辭類輯繼見同郡朱國禎所撰大政大事二紀復爲此書目錄分七畧曰除官畧曰武功畧曰封貢畧曰官藩畧曰貴幸畧曰禮制畧曰內閣事實畧復有補遺六篇附於末此本僅存前六畧其內閣事實畧及補遺並佚葢殘缺之本國楨官內閣得見國史所紀時事年月較野史爲眞如五朝註畧載嘉靖間言官劾尚書王瓊及起王守仁南兵部尚書彭澤兵部尚書俱在十

六年六月而此書載在四月梁儲致仕在四月而此書載在五月又註畧於正德十六年五月稱分遣行人存問在籍韓文劉健章懋謝遷王鏊楊一清而證之此書則存問劉健在五月謝遷韓文在七月王鏊楊一清章懋在十二月皆當以此書爲正然簡畧太甚於諸事皆有綱而無目究不能有資於考證也

遜國正氣紀二卷副都御史黃登賢家藏本

明曹參芳撰所記建文時事跡大畧抄撮致身錄

靖難紀遜國紀諸書而成上卷首詔諭次年表次本紀下卷首外紀次從亡諸臣每條之下各附以論斷其所載事蹟如燕王來朝行御道登陛不拜及程濟等從亡以後諸事又以牢落西南四十秋一律爲惠帝之詩大抵沿襲傳聞無所考正參芳爵里無考惟所著本紀表一卷自署南國郡博士弟子員又載崇禎甲申上建文尊謚稱爲今上其從亡諸臣傳內復稱愍帝爲先皇帝其書殆成於福王南渡時歟明史藝文志作九卷今本二卷然

首尾完具疑九字爲傳寫誤也

嘉靖大政類編二卷（三通館本）

明茅元儀撰元儀字止生歸安人茅坤之孫茅國縉之子也崇禎初以薦授翰林院待詔尋叅孫承宗軍務改授副總兵官守覺華島旋以兵譁下獄遣戍漳浦而卒是編記嘉靖一朝大政自禮四郊以下計十九類抄本多缺訛末有萬歷己酉跋語記茲編始事於癸巳脫稿於丁酉藏之篋笥已侵蟫蠹屢有目眥弗能再加訂正爰口占數語付諸

剞劂之役然則當時葢别有刻本矣

平巢事蹟考一卷 兩江總督採進本

明茅元儀撰是編因明季流賊猖獗官兵不能禦元儀建策欲用宣大降丁勦之因謂唐黃巢發難時沙陀五百卽能殲其衆而唐人疑不肯用迨至亡國故敘錄其事冀鑒其禍而用己說其大旨見自序中然亦一偏之見自古以來名外兵以救內難無論克與不克未有不終於致亂者也書中所載始於唐僖宗乾符元年王仙芝作亂迄於中和

四年平黃巢皆全勦資治通鑑之文有刪除他事不盡者如乾符五年鄭畋盧攜憤爭南詔事是也有偶遺本事者如廣明元年漏載義武軍節度使王處存舉兵入援而其下敘王重榮事突出處存之名莫知所自來是也蓋元儀姑借巢事以寄意故疎畧至於如是耳

定保錄　無卷數　浙江汪啟淑家藏本

明趙元祉撰元祉無錫人是書成於崇禎十年以明諸帝事跡仿貞觀政要之體編爲三集首集載

太祖事二集載成祖事各分修身尊賢訓儲納諫馭臣嚴宦寺子民詰戎兵帝訓爲九類三集載仁宗至世宗六朝事僅寥寥數言不復分類大抵序述冗雜頗無體例自題稱錫山草莽臣而又有師鄒期楨謹訂一行疑元祉本期楨弟子故標此稱然亦太猥矣

蜀國春秋十八卷浙江巡撫採進本

明苟廷詔撰廷詔字宣子成都人崇禎中舉人其書自一卷至十四卷上溯唐虞下迄元明凡興廢

事蹟之有關蜀國者均分代紀之若西漢之公孫述東漢之劉焉西晉之李雄唐之王建後唐之孟知祥元之明玉珍皆附焉自十五卷至末則通釋郡縣之沿革大抵從正史抄出別無蒐討較蜀中廣記諸書不及十之一二且議論亦多未醇正不出明末積習也

先撥志始二卷　浙江巡撫採進本

明文秉撰秉字孫符吳縣人大學士震孟之子是書江南通志作六卷此本乃僅二卷然首尾無闕

或卷數有分合耶所記皆明末遺事上卷起萬歷訖天啓四年下卷起天啓五年訖崇禎二年如妖書梃擊紅丸移宫三案以及魏忠賢亂政崇禎欽定逆案之類靡不詳載自序謂首紀國本著門户之所由始也終以逆案著貞佞之所由判也名曰先撥志始所謂辨之於早也又别一抄本後附逆案十九頁有跋云欽定逆案一册與先撥志始微異得之石惠珍家而石則得之馮涿州家有刻本因錄於館中又附東林列傳十頁乃江陰陳鼎所

編又附魏忠賢建祠二頁此三種皆非秉書不知何人彙附於卷末也

守汴日志一卷 大學士英廉家藏本

明李光壂撰光壂祥符人崇禎十五年以城守功由貢生議敘知縣是編成於崇禎癸未光壂流寓南京之時記李自成三攻開封終於河決城沒之事大致與史傳相出入而分日記載於情事委曲特爲詳備史稱陳永福射李自成眇其左目此記爲永福之子守備陳德所射光壂登陴目擊當得

其眞光壂創造車營擬連抵河畔以應北岸之援兵衆議相持車成未試而城圮頗以爲恨然時非三代而車戰是資恐終爲房琯之續故康熙乙巳鄢陵梁熙跋是書亦深以是舉爲疑又諸書記城中擬決河以灌賊反以自灌光壂此志殊無是事且志稱九月初一日以後守城之兵每日餓死三四百人其枵腹待盡者不滿千人守陴尚且不能況能攖賊之鋒出而荷鍤熙跋亦謂決灌寇營乃諫垣之議城中不及與聞或亦持平之論乎是役

也賊三攻不克光壂與生員張爾猷最爲有力而推官黃澍總兵陳永福拒守尤堅其後永福終降自成澍後亦歸附
國朝復潛入徽州誘執金聲皆非忠於所事者此特紀其一時之功耳

東林始末一卷 編修程晉芳家藏本

明蔣平階撰平階字大鴻華亭人是書述東林門戶始末始於萬歷二十一年吏部稽勳司員外郎虞淳熙兵部職方司郎中楊于廷之中京察終於

崇禎十六年大學士周延儒之賜死惟敘朋黨攻擊之事故於梃擊紅丸移宮之爭客魏之禍與遼東經撫之搆均不敘述蓋意在齊楚浙三黨勝負之間餘非所詳然諸案正諸人之假以攻擊者旣以楚案著沈郭搆釁之由而不及諸案則遺漏孔多中如記顧憲成之援李三才徐石麒之譽吳昌時一著其受欺之由一著其畏禍之故頗無隱諱而延儒通曹化淳以復相由張溥之力乃歸其事於丹陽監生賀順及應城之侯氏未免曲筆至吳

昌時之改吏部由交通周延儒乃歸其事於鄭三俊與延儒若無預者尤非事實矣

**談往一卷** 大學士英廉家藏本

舊本題花村看行侍者偶錄不知何許人蓋明之遺民遁迹爲僧者也所記皆明末軼聞凡二十七條其中搗錢造鈔一條票擬部覆一條足以見當時塗飾之弊巧詐之習兩讞翻案一條宜與再相一條足以見當時上下蒙蔽之失惟宜興再相一條以周延儒之賜死爲過項周惡過一條力鳴項

煜周鍾之宛殊乖公論至前朝宮女一條極述莊烈帝之奢侈如宮中日食三千金一宴用十萬金冬月金銀火爐以數千計之類亦似非實錄又燈廟二市一條謂明之亡亡於變奢爲儉其持論尤謬也

平叛紀二卷浙江巡撫採進本

國朝毛霦撰霦字荊石掖縣人是書記崇禎四年叛兵李九成等攻圍萊州始末大吉著知府朱萬年總兵楊御蕃參將彭有謨巡撫御史徐從治謝璉

等死守全城之功而著孫元化劉宇烈余大成撫寇誤國之罪始於是年閏十一月二十八日吳橋之激變終於崇禎六年四月十三日麻圪之捷分日記載有綱有目其事皆震所目擊故纖悉具備其自序云使當年之文武諸臣誰爲壘守誰爲血戰誰爲痛哭而乞師誰爲選懦而縱寇爲功爲罪靡不昭然明季軍政之壞此亦可見一斑云

平寇志十二卷浙江巡撫採進本

舊本題管葛山人撰不著姓名前有序文題曰龍

湫山人李確著以著之一字推之疑即出於確手案海鹽縣志李天植字因仲前明崇禎癸酉舉人甲申後遁迹龍湫山中改名確字潛初當即其人也是編載明末羣盜之亂分年紀載起崇禎元年迄
國朝順治十八年平定滇南張獻忠餘黨孫可望李定國等而止敘述頗爲詳悉其間有關於兵機之勝負國家之興亡者附以論斷其持議頗爲平允然體例未免蕪雜敘事亦不無重複參錯如以郭

中傑爲副總兵充督輔中軍已見於甲申正月己酉日下復見於乙卯日下賊射僞詔於城中都城未陷以前之事而敘於莊烈帝崩後王章死於彰義門外城初陷時事而編於帝出宫之後丁未都城始陷而敘内城陷及帝幸南宫於丁未之先又於帝崩之下附所作大行輓詞八首殊非史例又如孫傳庭而此作傳庭陳永福降賊而此云爲賊所殺襄城伯李國禎降賊已久經論定而此云斬衰徒步哭大行殯畢自縊尚仍野史之譌周奎被

賊拷不死後復還吳而此云賊令擔水執爨以死

閻爾梅即世所稱閻古古康熙中尚在而此僅附

存其疑皆紀載之失實者葢自甲申以後南北間

隔傳聞異詞故所載不能盡確也

明倭寇始末一卷 編修程晉芳家藏本

舊本題

國朝谷應泰撰應泰有明紀事本末已著錄此即本

末中之一卷書賈鈔出以紿收藏之家者也

見聞隨筆二卷 浙江巡撫採進本

國朝馮甦撰甦有滇考已著錄是編首載李自成張獻忠傳次敘永明王竊號始末次載何騰蛟堵允錫瞿式耜張同敞陳子壯張家玉陳邦彥李元允李乾德楊展王祥皮熊楊畏知沐天波李定國十五人傳蓋時方開局修明史總裁葉方藹以甦久宦雲南詢以西南事實因摭所記憶述爲此編以送史館毛奇齡分纂流寇傳其大畧悉取材於此以視稗野之荒誕者較爲確實然亦不能一一詳備也

安南使事記一卷 兩淮鹽政採進本

國朝李仙根撰仙根字南津遂寧人順治辛丑進士官至戶部侍郎康熙七年仙根以內秘書院侍讀偕兵部職方司主事楊兆傑使安南還備述宣諭事實編爲此書其詞多質樸少文蓋隨筆紀錄未及刪潤也

交山平寇本末三卷附詩一卷詳文一卷書牘一卷 浙江汪啓淑家藏本

國朝夏駰撰紀交城知縣趙吉士勦賊事也交山故

爲盜藪康熙七年吉士往莅事以計次第擒之閱四年而盡平駰時客吉士幕中因紀其本末上溯盜起之由中逃定計之豫終陳制勝之畧松江陸慶臻爲之評點并附賀贈詩篇於後餘姚邵以發復取吉士詳文書牘有關平寇者别爲二帙評論而刊之駰字宛來湖州人吉士字天羽錢塘人順治辛卯舉人官至戶科給事中

平閩記十三卷　直隸總督採進本

國朝楊捷撰捷字元凱鑲黃旗漢軍官至昭武將軍

江南提督是編皆其康熙十七年征勦鄭成功時奏疏及箋啓文牌檄告示諸藁馮溥王廣心序葉暎榴跋皆稱平閩紀事前有張玉書序則又稱平閩記蓋初名紀事復改今名也

師中紀績一卷 山西巡撫採進本

國朝王得一撰得一字種龍螺陽人福建水師提督萬正色之幕客也是書皆紀正色戰功凡二十三事始於康熙十二年由興安調守寧羌州迄於康熙二十年議征臺灣討首尾十年之事正色與姚

啓聖異議堅不欲攻臺灣爲啓聖所奏得
旨調陸路提督而以施琅提督水師然琅卒蕩平餘孽則正色之議未足爲據得一以議罷遠征爲紀績之一未免曲筆矣

武宗外紀一卷 浙江巡撫採進本

國朝毛奇齡撰奇齡有仲氏易已著錄是書記明武宗之事凡九十四條皆取之於實錄前有自序謂同館之爲史者凡武宗諸可鑒事皆軼而不書故作此以補之然本紀自有體裁無縷陳瑣屑之例

且其事已具實錄中而野史又多備載既無異聞何必複贅耶奇齡註大學備引漢以來訓一切二字爲苟且斥朱子章句誤解一切之謬證據確然乃於彤史拾遺記仁宗張皇后傳中有勿干預一切語此書復有上一切行禮語在張后傳猶曰述其原書未可潤色此書則敘事語矣是亦負氣求勝不顧其後之一端也

後鑒錄七卷 浙江巡撫採進本

國朝毛奇齡撰皆記有明一代盜賊之事蓋亦明史

擬稿之所餘也自序稱建溪謝給舍作後鑒錄大抵輯明代治盜始末定爲爰書是編因襲故老舊聞彙積成帙仍用謝書之舊名其事迹今率見正史中無大異聞惟推論致亂之由謂明三百年過於輕武儒臣以奴隷遇閫帥尺籍冒濫病坊菜傭漫不經省師中動掣兩肘又中官監進止無已則冠惠文者操名法以持其後亦目擊之篤論也

封長白山記一卷大學士英廉家藏本

國朝方象瑛撰象瑛字渭仁遂安人康熙丁未進士

官至翰林院侍講是編記康熙十六年

聖祖仁皇帝遣官至長白山事大畧言是年六月三日由烏喇啓行歷文德痕河阿虎山庫納納林邪爾薩河渾陀河法布爾堪河納丹佛勒地方輝發江法河水敦林巴克塔河納爾渾河敦敦山卓龍窩河諸處至訥陰十一日復自訥陰啓行十四日乃至山麓併記所睹諸靈瑞蓋檃括當日奏疏爲之故僅粗述梗槩而使臣亦佚其名但稱覺羅武某云

辦苗紀畧八卷 浙江巡撫採進本

國朝俞益謨撰益謨字嘉言號澹菴寧夏人官至湖廣提督康熙四十二年辰州紅苗爲亂

詔吏部尚書席爾達督荆州駐防兵及廣西貴州湖南三省漢土兵勦平之益謨時率湖南兵從征攻奪小天星寨以臨天星寨而紅苗乞降是編詳記其事首以地圖次以明以來用兵得失及近時啟釁之由次爲條議案牘記事之文大意謂明事壞於撫字廢鵰勦之法而土豪營弁又緣以爲利釀變者非一日至是始一舉底定云

遜代陽秋二十八卷 內府藏本

國朝余美英撰美英一名珣字璈伯錢塘人其書專紀明惠帝事蹟一卷至十二卷爲君紀凡分三十二篇附以論九首書一首十三卷至二十四卷爲臣紀皆建文諸臣列傳二十五卷爲後死表闕表二十六卷爲歸命表二十七卷爲不義表二十八卷爲備遺篇餘閔書中蒐採頗富而採用從亡致身諸錄自建文四年後每歲具書帝在某處帝幸某處言之鑿鑿不存疑案未免失之於誤信也

二申野錄八卷　浙江巡撫採進本

國朝孫之騄撰之騄有重編尚書大傳已著錄是編採錄明一代妖異之事編年紀載始於洪武元年戊申終於崇禎十七年甲申故以二申爲名與明史五行志亦多相合其誕者則小說家言也

衡湘稽古五卷　兩江總督採進本

國朝王萬澍撰萬澍字霍霖别號勉亭常寧人卷首題衡湘野人述而不著名名字乃見於他人序中亦好僻之士也大意以衡湘爲古帝王巡狩都會

之區春秋時芊楚兼併聖人屏之後人遂忘其先
之盛於是歷述伏羲神農黃帝少昊顓頊帝嚳堯
舜夏商二代以迄周昭撰為此錄每事標舉其綱
而雜引羣書為目多摭自路史諸書既非地志又
非史傳與廖道南之楚紀其叢雜約畧相等云

右雜史類一百七十九部七百五十七卷內七部皆無卷數

附存目

# 武英殿本四庫全書總目

（清）紀昀等　纂

第一七册

國家圖書館出版社

# 第一七册目録

# 欽定四庫全書總目

史部

卷五十五

# 欽定四庫全書總目卷五十五

## 史部十一

### 詔令奏議類

記言記動二史分司起居注右史事也左史所錄蔑聞焉王言所敷惟詔令耳唐志史部初立此門黄虞稷千頃堂書目則移制誥於集部次於別集夫渙號明堂義無虛發治亂得失於是可稽此政事之樞機非僅文章類也抑居詞賦於理爲褻尚書誓誥經有明徵今仍載史部從

古義也文獻通考始以奏議自爲一門亦居集末考漢志載奏事十八篇列戰國策史記之間附春秋末則論事之文當歸史部其證昭然今亦併改隸俾易與紀傳互考焉

太祖高皇帝聖訓四卷

康熙二十五年聖祖仁皇帝恭編凡九十有二則分二十六門乾隆四年我皇上敬製序文

宣付剞劂昭示萬方昔者有明末葉海水羣飛
景命有歸
眞人首出亶聰明而應運錫智勇以匡時以遺甲一十三
人仗順興師
肇開鴻業
威弧震疊妖孛熸芒仰溯
臨御之日大抵秉旄執鉞者居多然而外播
天聲內脩
王政

經綸創造文武兼資凡一時
指授開陳
皇極敷言罔非彝訓黃帝七十戰而銘著於巾机成湯十
一征而義彰於誓誥以今方古厥道同符特以
國初淳朴僅傳於故老舊臣之口故記載未詳
聖祖仁皇帝追維
前烈敬勒鴻編昭千古之
帝圖垂萬年之
家法書所謂啓佑我後人咸以正無缺者

締造規模猶可仰窺而見焉

太宗文皇帝聖訓六卷

順治末

世祖章皇帝編次未竟康熙二十六年

聖祖仁皇帝續成凡一百一十一則分二十三門乾隆四

年

皇上御製序文刊布惟我

太宗文皇帝纘承

前緒益拓

鴻基因壘崇墉觀兵坶野
威棱震耀既遠邁成周至於敦敘羣倫正名百物禮樂大
備書契肇興則與軒帝膺圖外奮涿野之威而內
肅合宮之典者後先同揆誠以
守成而兼
創業
奮武而並
揆文蓋宰馭乎萬類者其聰明睿智必超乎萬類之上
太祖有焉垂裕乎萬年者其制作精神必周乎萬年之後

太宗有焉稱
天上
謚尊以經天緯地之大名義所稱也
豐功偉烈史臣珥筆已恭紀
瑤函至於
聖德所形
聲律身度
一舉一動效法乎乾坤
一話一言表裏乎典誥者則恭傳

天語具載斯編於以上彰
祖德下啓
孫謀理珠囊而握金鏡誠億萬世之法守矣
世祖章皇帝聖訓六卷
康熙二十六年
聖祖仁皇帝恭編凡一百一十三則分三十有二門乾隆
四年
皇上御製序文刊布洪惟我
世祖章皇帝夙齡踐阼

定鼎燕京視帝堯起自唐封尚先五載然生而神靈幼而

御齊長而敦敏則比德於黄軒是以

提挈天樞驅策羣力削平三孽底定四瀛大同文軌建億

載之

丕基加以

宵旰之餘始終典學

御注孝經則操至德要道之原

御纂内則衍義則昭篤近舉遠之本

御製人臣儆心録則振舉政典澄敘官方

御撰資政要覽則敦敘綱常砥礪世教凡聖賢之理蘊無不闡明凡帝王之治法無不講貫固已本心出治舉措咸宜至於

教闡

聖謨言爲世則亦出同綸綍寶並球圖夫天不可測測以星辰之行地不可度度以山川之紀

聖不可知知以典籍之所傳

堯誠湯銘貽留奕禩亦庶幾稍窺

高厚之萬一矣

聖祖仁皇帝聖訓六十卷

雍正九年

世宗憲皇帝恭編乾隆六年

皇上御製序文刊布凡三十二類總一千九百餘則篇

帙視

列聖爲富蓋

聖祖仁皇帝道符

帝緯

命自

天申

景祚延洪卜年久遠六甲五子首末循環與天運相始終

故

神功

聖德史不勝書

實錄數盈千卷而

貽留大訓亦紀載獨繁伏考周易有曰日月得天而能久

照四時變化而能久行聖人久于其道而天下化

成

寶祚綿長故
彝訓最爲詳備此誠帝王之盛軌也然其故有不止於此
者昔虞舜鳴韶鳳儀獸舞而臯陶颺拜猶期以愼
憲省成慮其始勤而終惰也使歷年久遠而暇豫
之念或萌則怠氣所乘又安能於天下之事一一
爲之衡量於在廷之臣一一爲之啓導令跽讀
聖謨所爲保泰而持盈謹小而愼微者六十一年如一日
然則
聖訓之獨多固在

享國之永亦在

蒞政之勤矣周公告誡成王歷舉太戊武丁祖甲文王之

壽考而歸本於無逸

聖人之心固異世而同符也

世宗憲皇帝聖訓三十六卷

乾隆五年

皇上恭編

御製序文刊布分三十類九百十六則卷帙亦極繁富

葢我

世宗憲皇帝勵精圖治日昃不遑
端拱九重而念周四海爲萬世永賴之計故理繁治劇而
不避其煩釐一夫不獲之心故慮遠防微而不遺
於細所由都俞吁咈
誥誡特詳且癸卯
踐阼以前侍
聖祖仁皇帝之日長上則政教之條制刑賞之權衡聞之
最悉下則百度之利弊萬物之情僞知之最深故
睿照無遺如金鑑澄明物來畢肖隨時

誨示每泛應無窮而我
皇上問視
龍樓
親聆
綸綍亦二十餘載
御極以後
聖慕彌深追述
玉音始末尤能詳備十二年中之記錄積盈三十餘卷元
元本本有自來矣

堯典禹謨流傳簡冊

大聖人健行不息之心明作有爲之政昭垂天壤炳然與

日月齊光也

世宗憲皇帝上諭八旗十三卷

上諭旗務議覆十二卷

諭行旗務奏議十三卷

雍正九年和碩莊親王允祿等奉

勅編凡三集共爲一書自康熙六十一年十一月十七日

以後所奉

諭旨涉於八旗政務者曰
上諭八旗其前錄
諭旨而附載八旗大臣所議於後者曰
上諭旗務議覆其前錄八旗大臣所奏而恭錄
諭旨於後者曰
諭行旗務奏議並用
國書漢書刊刻頒行伏考三代以上兵與民同體文
與武亦不分途故凡其著名版籍者十六以下上
所長六十以上上所養無事皆可合以訓練有事

卽人人可以荷戈而當時之將帥亦卽以卿大夫爲之未嘗治民而不治兵治兵而不治民也三代以下時異勢殊雖堯舜禹湯亦不能復行古法惟

我

國家八旗之制則古法猶存雖臂指相維統以軍律而其人如此閭族黨之相保民事具焉其官如郡國州縣之相隸吏事具焉故六職百司之政八旗無不備而科條案牘亦遂至劇至繁我

世宗憲皇帝深維根本之重

睿謨規畫鉅細咸周故宣於
綸綍者特多猶慮纖毫之或遺也謀及卿士而議覆積而
成帙詢于芻蕘而奏議亦積而成帙葢
輦轂之側視聽至近
籌度周詳
洽詢周密猶若此然則萬方廣遠百度殷繁
睿慮精勤一息而周四海者不益可仰窺哉
世宗憲皇帝上諭內閣一百五十九卷
雍正七年

世宗憲皇帝俯允廷臣之請
命和碩莊親王允祿繕錄刊布所載起
御極之初止於是年以雍正九年告成
皇上卽阼以後復
命和碩和親王弘晝編次雍正八年至十三年
上諭校正續刻補爲全書以乾隆六年告成原本皆以每
月別爲起訖不標卷數今恭依舊次釐爲一百五
十九卷原本亦未題書名今恭繹
諭旨由內閣

宣示者居多謹題曰
上諭內閣以別於
上諭八旗諸編焉伏考
國家舊制始置內三院後乃改置內閣以出納
綸音恭逢
列聖膺圖
乾綱獨握自增用奏摺以後皆
高居紫極
親御丹毫在廷之臣一詞莫贊即

硃批諭旨是也其題本由內閣票擬者遇事涉兩岐輙恭
繕雙簽以請無敢擅專至於
訓誥特頒則
指授內直諸臣於
禁廷具草有纖微未逹
聖意者必
御筆塗乙添注亦罔敢以私意參其間
鑒定之後降付內閣宣布中外而已更無由如前代宰輔
假批答以竊威福者此一百五十九卷名爲臣工

所繕錄實與
御札手勑無以異
厲精宵旰之懷謹持慰柄之意萬世可伏讀而見之也我
皇上御跋程頤經筵劄子力斥其天下安危繫於宰相
之說誠所謂聰聽
彝訓垂裕後昆者矣
世宗憲皇帝硃批諭旨三百六十卷
雍正十年奉
勑校刊乾隆三年告成冠以

世宗憲皇帝諭旨殿以
皇上御製後序所載臣工奏摺凡二百二十三人多者以一人分數册少者以數人合一册所奉
硃批一一恭錄或在簡端或在句旁或在餘幅少者數十言多者每至數百言其肯綮之處經
御筆圈出抹出者尤爲詳悉無不循名責實斥僞求眞或即委而知源或見微而識著
玉衡之正不可欺以重輕
金鏡之明不可炫以妍醜

推求一事而旁燭萬端

端拱九天而坐照四海凡

堯儆舜咨具寓於

羲畫禹書之中天下臣民循環跽誦葢皆得而仰喻焉伏

考典謨所載都俞吁咈大抵面陳秦漢以後章奏

既興載於史者不過有省有不省有行有不行耳

所謂鳳尾諾不過一字未有連篇累牘一一手勅

報之者唐宋以後多出代言故諸臣文集或以批

答爲內制之一體如宋太祖於截木之章宋眞宗

於鄰壤之字皆偶然涉筆不過數言亦未有句櫛字比標注甲乙無幾微之不到者至於集彼書囊積爲巨帙多至三四百卷而敷奏報聞無煩

訓示者不與焉內外章牘由內閣奏進者亦不與焉尤書契以來所未嘗聞見者矣臣等校錄之餘知我

皇上勵精無逸登七袠而彌勤者

家法淵源有所自來也（以上專集）

謹案

列聖御製及官撰諸書並恪遵
聖諭冠於
國朝著作之首惟詔令奏議一門例以專集居前總集居後而所錄漢唐詔令皆總集之屬不應在專集之前是以恭錄

聖訓
聖諭弁冕此門而前代詔令列後焉

唐大詔令集一百三十卷 編修朱筠家藏本

宋宋敏求編敏求字次道趙州平棘人參知政事

綬之子進士及第官至史館修撰龍圖閣直學士事蹟具宋史本傳敏求嘗預修唐書又私撰唐武宗以下實錄一百四十八卷於唐代史事最爲諳悉此集乃本其父綬手輯之本重加緒正爲三十類熙寧三年自爲之序稱繕寫成編會忤權解職顧翰墨無所事第取唐詔令目其集而弆藏之云云蓋其以封還李定詞頭由知制誥罷奉朝請時也其書世無刊本輾轉鈔傳訛誤頗甚中闕卷第十四至二十四八十七至九十八凡三十三卷參

校諸本皆同其脫佚蓋已久矣唐有天下三百年號令文章粲然明備敏求父子復爲裒輯編類使一代高文典冊眉列掌示頗足以資考據其中不盡可解者如裴度門下侍郎彰義軍節度使宣慰等使制據舊唐書其文乃令狐楚所草制出後度請改制內翦其類爲革其志改更張琴瑟爲近輟樞衡改煩我台席爲授以成算憲宗從之楚亦因此罷內職是當時宣布者卽度奏改之辭今此集所載尙仍楚原文不從改本未詳何故又寶歷元

年冊尊號赦書據敬宗本紀時李紳貶官李逢吉等不欲紳量移乃於赦書節文内但言左降官已經量移者量移近處不言未量移者宜與量移翰林學士上疏論列帝命追赦書添改之今此集所載祇及赦罪一條而無左降官量移之文疑亦有所佚脱又舊唐書所載詔旨最多今取以相校其大半已入此集而亦有遺落未載者如紀號則改元天祐詔除授則尹思貞御史大夫李光弼兵馬副元帥諸制追贈則張說贈太師楊綰顏真卿李

縡贈司徒郭曖贈太傅鄭朗贈司空田布贈僕射諸詔優禮則杜佑蕭俛致仕諸詔獎勸則勞解琬獎李朝隱褒美令狐彰獎伊西北庭二鎮諸詔謫降則王毛仲韓皐呂渭張又新李續之熊望貶官諸詔誅竄則決殺長孫昕流裴景仙裴茂諸勅皆關朝廷舉措之大者而此集並闕而不登以敏求博洽不應疏於蒐採或卽在散佚之中亦未可定也然唐朝實錄今既無存其詔誥命令之得以考見者實藉有是書亦可稱典故之淵海矣

兩漢詔令二十三卷副都御史黄登賢家藏本

西漢詔令十二卷宋林虙編東漢詔令十一卷宋樓昉所續編也虙字德祖吳郡人嘗爲開封府掾昉字暘叔鄞縣人官宗正寺主簿先是虙以西漢文類所載詔令濶畧乃采括紀傳得西漢詔令四百一篇以世次先後各爲一卷大觀三年程俱爲之序南渡後昉又依虙之體編東漢詔令以續之有嘉定十五年自序是編合爲一書題曰兩漢詔令而各附原序於後其首又載洪咨夔所作兩漢

詔令總論一篇案咨夔有兩漢詔令擘抄見於本傳而此總編內云夔假守龍陽縱觀三史裒其詔制書策令勅之類事著其畧每常以臆見繫之然則所云擘抄者必尚有咨夔議論之辭而今書內無之則此特後人取林虙樓昉二書合編而掇咨夔之論冠其前耳其與擘抄實非一書也兩漢詔令最爲近古虙等採輯詳備亦博雅可觀雖陳振孫謂其平獻兩朝莽操用事如錫莽及廢伏后之類皆當削去是於體裁亦間有未合然其首尾完

贍殊便觀覽固有足資參考者焉以上總集

右詔令奏議類詔令之屬十部八百二十二卷皆文淵閣著錄

案詔令之美無過漢唐唐大詔令爲宋敏求蒐輯而成多足以裨史事兩漢詔令雖取之於三史然彙而聚之以資循覽亦足以觀文章爾雅訓詞深厚之遺兩宋以後國政得失多見於奏議內外制亦多散見於諸集故所錄從畧焉

政府奏議二卷 江蘇巡撫採進本

宋范仲淹撰仲淹字希文其先邠州人後徙家江南遂為吳縣人大中祥符八年進士歷官資政殿學士戶部侍郎知青州卒贈兵部尚書諡文正事蹟具宋史本傳仲淹自慶歷三年拜參知政事五年罷為陝西四路宣撫使在政府者首尾三載是編皆其時奏劄故以為名分治體邊事薦舉襍奏四類凡八十五篇皇祐五年韓琦為河東經畧安撫使始序而行之稱輯之者為寺丞君謂仲淹子

純仁也宋史藝文志載仲淹奏議十五卷與此本不同考琦序稱奏議十七卷政府論事二卷所謂十七卷者當即宋志所載特宋志荒謬誤七爲五所謂二卷者當即此本特名曰論事不名曰奏議然陳振孫書錄解題有范文正公奏議二卷則其名奏議久矣史稱方仲淹執政時仁宗銳意治平數問以當世要務嘗開天章閣手詔諮詢仲淹退而條上十事仁宗悉采用之獨府兵法衆以爲不可而止今集中答詔條陳治道一篇蓋即其事又

請以輔臣兼制諸曹其疏亦在集中蓋仲淹方以天下爲己任意在裁削倖濫考覈官吏而論者多不以爲然自所陳之十事既行任子之恩薄磨勘之法密僥倖者益不便相與造作謡謗仲淹因不安其位而去其所施爲亦遂稍稍沮罷觀宏是集其條制規畫猶畧可考見史贊所稱於毅之器足任斯責者亦庶幾乎無愧矣

包孝肅奏議十卷　編修朱筠家藏本

宋包拯撰拯字希仁廬州合肥人天聖五年進士

歷官御史中丞知開封府終禮部侍郎樞密副使
贈禮部尚書諡孝肅事迹具宋史本傳案宋志載
拯奏議十五卷此本題拯門人張田所編自應詔
至求退分三十門乃止有十卷田序亦稱十卷與
史志不合然宋志顛倒悖謬爲自來史家所未有
不可援以爲據殆誤衍五字歟惟是田所編次多
不可曉文獻通考引汪應辰序曰公奏議分門編
類其事之首尾時之先後不可考也如請那移河
北兵馬凡三章其二在八卷議兵門其一乃在九

卷議邊門其不相貫穿如此所言與此本相符序又云今考其歲月繫於每章之下而記其履歷於後若其歲月見於章中與夫不可得而考者不容以不闕也庶讀者尚可以尋其大槩是應辰於是編囬每篇皆爲箋註而此本無之葢應辰箋註久佚今存者仍原本耳序又云如劾罷張方平宋祁三司使而奏議不載豈包氏子孫所不欲以示人者耶案史稱拯攻去張方平宋祁朝廷遂以拯代祁爲三司使歐陽修有蹊田奪牛之奏拯家居避

命者久之應辰所云蓋指此事然拯之剛正豈遂入而覬其位者修雖有此奏特宋人好爲議論之習拯之心跡天下後世皆可諒之遽譏而制其藁反若拯實有此短者此張田編次之無識非拯志也張田字公載澶州人嘉祐中嘗知廬州甚著清譽蓋能不愧其師者此書第九卷中有進張田邊說七篇狀併附以賜張田勅書與他篇例異知確爲田之所編應辰以爲其子孫諱之非其實矣

盡言集十三卷 山東巡撫採進本

宋劉安世撰安世字器之大名人少師事司馬光哲宗初以光薦除秘書省正字又以呂公著薦除右正言遷左諫議大夫紹聖初落職知南安軍又貶新州別駕英州安置徽宗立移衡州尋以濮州團練副使鼎州居住後復直龍圖閣卒事跡具宋史本傳安世有集二十卷今未見傳本此集皆其奏劄不知何人所編前有隆慶辛未石星張應福序皆云得抄本於西亭王孫家西亭者朱睦㮮也星序稱是集凡二卷而此本實十三卷與序不合

然證以永樂大典所載一一相符殆校讐偶疎三字上脫十字也史稱安世忠孝正直似司馬光而剛勁則過之故彈擊權貴盡言不諱當時有殿上虎之稱集中所論諸事史不具載頗足以考見時政其中稍有遺議者如吳處厚之劾蔡確本出羅織而安世申處厚之說章凡一十二上務欲置確於死地殊不免意見之偏然由其嫉惡太嚴至於已甚故徒知確爲僉邪而不察處厚非善類見無禮於君者遂如鷹鸇之逐實非故相排擠之比觀

歐陽棐爲蘇軾所善程子爲蘇軾所讐而安世論棐差遣不當章凡九上併程子詆爲五鬼絶無所區别於其間是亦其孤立無黨之一證不足以爲疵瑕也惟是氣質用事詞或過激故王偁東都事畧論之曰爲君子不能深思遠慮優游浸漬以消小人之勢而痛心疾首務以口舌爭之事激勢變遂成朋黨是爲平允之論至朱子作名臣言行錄於王安石呂惠卿皆有所採錄獨以安世嘗劾程子之故遂不載其一字則似乎有意抑之矣要其

於朝廷得失知無不言言無不盡嚴氣正性凜凜如生其精神自足以千古固非人力所能磨滅也

## 讜論集五卷 永樂大典本

宋陳次升撰次升字當時興化仙遊人熙寧六年第進士知安邱縣以薦爲監察御史提點淮南河東刑獄入爲殿中侍御史進左司諫貶南安軍監酒稅徽宗立召還爲右諫議大夫復除名編管循州政和中復舊職卒事蹟具宋史本傳次升爲太學諸生時卽斥王安石字說爲秦學坐是屏棄通

籍後三居言責建議鯁切爲時所憚其最大者在止呂升卿之使嶺南劉安世謂其大有功於元祐諸臣至其彈劾章惇蔡京蔡卞曾布諸疏尤爲明白痛切聳動耳目雖其根株不能盡拔卒爲所中以致垂老投荒而剛直之氣凜然猶可想見本傳載所陳前後凡十餘事皆有關於賢姦消長政治得失之故爲他人所不敢發而謂其他所言曾肇王覿黃庭堅賈易李昭玘呂希哲范純禮蘇軾等公議或不謂然今卽集中所存諸疏觀之其論王

覲也以曾布所善其論曾肇也以布之至親其論
呂希哲也亦以韓忠彥之親其論范純禮也以對
遼使誤犯御名事各有因與曲加指摘者不同且
是是非非雖當代清流亦不肯少存假借此正其
破除成見毫無黨同伐異之私作史者乃以門戶
之局爲次升之病謬之甚矣是集爲次升兒子南
安丞安國所編取哲宗顧問之語以名之所錄奏
疏凡二百七篇久佚不傳惟永樂大典中頗散見
其篇題採掇編次共得八十六篇又於歷代名臣

奏議中增補三十篇較諸原本所存僅什之五六然昌言偉論爲史冊所未載者尚可考見其梗槩謹考證時事次第先後釐爲五卷而以行實一篇附於卷末庶讀史者得以參證焉

**左史諫草一卷** 兩淮馬裕家藏本

宋呂午撰午字伯可歙縣人嘉定四年進士官至起居郎右文殿修撰知漳州事蹟具宋史本傳是編凡奏議六首後附其子沆奏議一首後又附載家傳詩文之類最後載呂氏節女事皆因家傳附

編者也午兩爲諫官以風節自勵知無不言理宗嘗稱其議論甚明切又謂其論邊事甚好此六疏皆理宗嘉熙二年所上雖篇數無多而宋末時事頗可考見其論宋宰相臺諫之弊尤極詳懇其子流一疏并方回所爲午及流傳亦多與宋史本傳可以相證回稱午文集名竹坡類藁是午本有全集而今佚之茲六疏蓋存於散軼之餘者其他遺文則頗散見於新安文獻志諸書中云

商文毅疏稿畧一卷 浙江范懋柱家天一閣藏本

明商輅撰輅字宏載淳安人正統乙丑進士第一官至吏部尚書謹身殿大學士卒謚文毅事跡具明史本傳是集爲其子侍講良年所編後有其孫汝頤跋稱輅素庵文集凡數十卷兩遭回祿悉爲煨燼幸此卷獨存因錄諸梓云云此本爲天一閣所鈔則刊板又佚矣其偶傳者幸也所載奏疏凡三十三篇明史所載景泰時請淸理塞上軍田招輯開封鳳陽諸處流民成化時首陳八事及辨林誠之誣請皇太子視紀妃疾弭災八事劾西廠太

監汪直諸疏今皆在集中惟劾汪直一疏史載列直十一罪而不言其目此集所載乃止十條或為傳寫佚脫一條抑或史文誤衍一字歟又邊務一疏凡言二事其一論養軍莫善於屯田若不屯田雖傾府庫之財竭軍民之力不能使邊城充實宜禁勢豪侵佔令邊軍分二班耕種非專言清理官田史但稱覈還之軍未盡其實其一論守邊為上守關次之若徒守京城最為下策不宜全調保定等處精銳官軍備禦京城而以紫荆倒馬諸要隘

委之輪撥京兵致望風先潰其言尤深中明代之弊史削而不載亦刪除過當是集所載乃其全文尤足以補史闕也

王端毅公奏議十五卷 浙江巡撫採進本

明王恕撰恕有玩易意見已著錄恕吏部奏議九卷宏治四年文選郎孫交編次李東陽序之後兵部尚書王憲取其自大理寺左寺副至南京兵部尚書時奏議六卷刻於蘇州御史程啟元又刻於三原此本則正德辛巳三原知縣王成章合二本

而刻之者第一卷爲大理寺及巡撫荊襄河南時所上二卷爲南京刑部戶部及總理河道時所上三卷爲雲南巡撫時所上四卷爲前參贊幾務時所上五卷爲巡撫南京時所上六卷爲後參贊幾務時所上七卷至十五卷皆吏部所上劉昌懸笥瑣探稱恕歷仕四十五年凡上三千餘疏則此猶汰而存之者矣明史恕本傳稱其敭歷中外五十餘年剛正清嚴始終一致集中所載如參奏鎮守太監及論中使擾人等疏皆剴切直陳無所回護

又如處置地方及撥船事宜諸狀皆籌畫詳盡具有經畧其他亦多有關一時朝政可資史傳之參証沈德符顧曲雜言稱邱濬作五倫全備雜劇王恕謂其程學大儒不宜留心詞曲濬大恨之遂謂恕所刻疏稿凡成化間留中之疏俱書不報故彰先帝拒諫之失侍醫劉文泰因以此事疏攻恕恕因去位所以報恕之輕詆也明史恕傳則謂二人因爭坐位故搆是獄案濬本狠忮恕一日不去則濬一日不得快其私其忌恕未必以此數語亦未

必以此一事然恕亦殊乖避人焚草之意故史謂其昧於遠名之戒今刊本已無此二字或後來削之歟

馬端肅奏議十二卷浙江巡撫採進本

明馬文升撰文升有三記已著錄案文升砥礪廉隅練達政體朝端大議往往待之而決與王恕劉大夏俱負一時重望此集奏議五十五篇乃嘉靖丁未其孫天祐所編次而以恩命錄及行畧墓誌等文附之凡史傳所載直言讜論全文皆具在集

中其請正北岳祀典於渾源州一疏則本傳不載而見於禮志其爲左都御史時所言振肅風紀十五章本傳不詳具目今亦獨見此書大抵有關國計不似明季臺諫惟事囂爭惟文升於成化中巡撫遼東總督漕運當時必多所建白而集中槩不之及則不詳其何故矣

關中奏議十卷 直隸總督採進本

明楊一淸撰一淸字應寧安寧人成化壬辰進士官至華蓋殿大學士諡文襄事蹟具明史本傳此

編以其生平章疏分爲五類卷一卷二曰馬政類卷三曰茶馬類宏治十五年以副都御史督理陝西馬政時所上卷四卷五卷六曰巡撫類則寇入花馬池命巡撫陝西時所上卷七卷八卷九曰總制類則正德初寇犯固原隆德一清以延綏甘肅寧夏有警不相援患無所統攝請遣大臣領之即命一清總制時所上第十卷曰後總制類則其忤劉瑾致仕後以安化王寘鐇反復起時所上也以所陳多陝甘邊事故以關中爲名嘉靖初始刊行

於南京其間所載不盡皆一淸奏稿凡當時部臣覆疏及前後所奉諭旨悉編入之故於時事本末頗爲詳盡史稱一淸官陝西提學副使時卽詳究邊情利弊嘗當羽書旁午一夕草十疏悉中機宜其才一時無兩或比之姚崇云

胡端敏奏議十卷 江蘇巡撫採進本

明胡世寧撰世寧字永淸號靜菴仁和人宏治癸丑進士官至兵部尚書事跡具明史本傳世寧爲推官時屢折岐藩之勢爲主事時上書極論時政

闕失與李承勛魏校余祐善稱南都四君子爲江西副使時上疏劾寧王宸濠爲所搆中危禍幾於不免宸濠敗後復起又屢糾中官趙欽劉聰等風節震一世惟議大禮與張璁桂萼合而他事又無一不與璁萼忤蓋意見偶同非有所依附也是集所錄奏議皆與史傳相發明史稱世寧呐不出口及具疏援據古今洞中窾會今觀是集良然中多辭職乞罷之疏考正德末宸濠劉瑾內外交訌嘉靖初萼璁專權相軋世寧牴牾其間動多掣肘遂

時時有引退之心蓋孤立危疑不能自安其位不得已而出於斯或以恬退稱之非其志矣薛應旂方山文錄有世寧小傳曰公嘗言學貴經濟不在詩文故其奏議二十卷及所著書數十種皆有裨於世務非空言也今此本乃止十卷汪汝璟家藏本亦同豈應旂所見乃其全稿後授梓時僅汰存其半歟

楊文忠三錄七卷 浙江孫仰曾家藏本

明楊廷和撰廷和字介夫新都人成化戊戌進士

官至華蓋殿大學士謚文忠事跡具明史本傳是編名爲三錄實則題奏前錄一卷題奏後錄一卷視草餘錄一卷辭謝錄四卷凡四種題奏前錄正德時所上題奏後錄嘉靖時所上喬宇爲之序視草餘錄蕭大亨爲之序又有自序謂官內閣時凡朝廷奏對之詞政事可否之議隨事錄之序題嘉靖六年而所記止於嘉靖二年則廷和以嘉靖三年正月去位也其中有足與史參考者如武宗本紀十三年正月丙午至自宣府命羣臣具綵帳羊

酒郊迎御帳受賀是其事竟行也廷和本傳則言帝命回鑾日羣臣各製旗帳迎廷和執不從乃已是又未行此書載上傳諭五府及團營三大營各爲旗帳奉迎廷和不從錢寧及廖鵬張龍屢傳旨要脅廷和終不從駕回竟不用旗帳上意亦無所忤據此則本紀書其始未詳其卒知本傳所言爲是又此書載正德十四年正月七日散本官送兵部侍郎馮淸奏提本至內閣欲擬旨獎勵威武大將軍廷和執不可張龍錢寧相繼催取廷和卒擬

旨獎勵馮清而不及威武大將軍一字又載慈壽
遣散本官傳諭欲改懿旨爲聖旨廷和力爭至再
方寢又載壽安后崩世宗堅欲持喪三年且擬須
遺誥廷和力爭乃僅服二十七日於宫中遂止遺
誥之命凡此數事本紀及廷和本傳俱不載又若
擒戮江彬及議興獻廟曲折始末亦較史爲詳辭
謝録皆辭職謝恩諸疏林俊爲之序其卷帙多於
三録而不在三録之數以一人之事非國政也其
奏疏有過於朴率之病然告君以達意爲主不以

修詞爲工如正德中請慎重郊廟疏請還宮疏嘉靖中請停齋醮疏皆指陳時弊在當日可謂讜言其他亦多切直中理言雖質直而義資啟沃固與春華自炫者異矣

何文簡疏議十卷　兩淮馬裕家藏本

明何孟春撰孟春字子元郴州人宏治癸丑進士授兵部主事累官右副都御史巡撫雲南入爲吏部左侍郎以爭大禮左遷南京工部左侍郎尋削籍隆慶初贈禮部尚書謚文簡事跡具明史本傳

孟春没後遺稿散軼萬歷初巡撫湖廣僉都御史汝陽趙賢始搜輯其詩文刻之永州又別錄其奏議爲一集刊於衡州即此本也前二卷爲官兵部時作第三卷爲官河南參政入爲太僕寺卿時作其第四卷至八卷爲巡撫雲南時作末二卷爲官侍郎時作孟春少游李東陽之門學問該博而詩文頗拙率不能自成一家惟生平以氣節自許歷官所至於時事得失敷奏剴切章疏乃卓然可傳本傳所載如救言官龎泮等請停萬歲山工役坤

寧宮災陳八事出理陝西馬政上釐弊五事諫武宗幸宣府嘉靖初以旱潦相仍條奏八事皆侃侃鑿鑿有關大計然此集所載讜論尚多史特舉其最著者爾

垂光集二卷 安徽巡撫採進本

明周璽撰璽字天章號荆山合肥人宏治癸丑進士官至禮科都給事中為劉瑾所搆斃於廷杖瑾敗後禮科給事中孫禎疏訟其枉詔復官蔭其一孫事跡具明史本傳是集上卷載疏十三篇上於

宏治朝者七上於正德朝者六言皆痛切而劾瑾二疏則尤直氣坌涌聲溢簡外明史本傳但稱其劾法王真人劾太監齊元侍郎李溫太監苗逵尚書崔志端熊翀賈斌都御史金澤徐元又應詔陳八事劾大僚賈斌等十一人太監李鼎等三人勳戚張懋等七人邊將朱廷等三人又稱其論太監韋興不當命守鄖陽及忤瑾黨楊玉不及劾瑾之事此集可補史之闕疏後附載家書一通其許國忘家之意已早決於未劾逆璫之前與盡忠錄陳

東八月二十五日家書詞氣相似亦可謂食其祿不避其難者矣下卷附錄勅命祭文墓表碑記及題咏詩歌其中嘉靖二年諭祭文曰權奸搆禍削籍歸田抑鬱未伸遽焉淪沒似謂璽卒於歸田之後者與史載璽杖斃事狀絕不相符豈當時諱其杖死案牘所載僅以削籍爲詞耶亦足見明政不綱恣爲欺罔矣

孫毅菴奏議二卷　浙江范懋柱家天一閣藏本

明孫懋撰懋字德夫號毅菴慈谿人正德辛未進

士官至應天府尹事跡具明史本傳懋官給事中時武宗方狎昵小人嬖倖用事言官多所謫降懋獨抗直不回如劾奏太監于喜史宣張澤諸疏俱能直陳無隱頗著丰采又所奏湖廣之管解綿花絨及嚴考察各條皆足補明史食貨選舉各志所未備又懋是時扈從行在其請急定平宸濠功賞又請還京屢陳邊警直指天變至千餘言亦具見忠讜其劾江彬也史言人皆爲懋危而彬方日侍帝娛樂亦不之見懋以幸免亦可謂彈劾權貴奮

不顧身者矣集中諸疏史但摘其大端不能備載今備錄存之以與本傳相參考猶可想見其遺直也惟疏中所劾諸人刻本多剷除其姓名蓋其子孫避怨之計今無從一一考補亦姑從其舊焉

玉坡奏議五卷　浙江巡撫採進本

明張原撰原字士元三原人正德甲戌進士授吏科給事中以疏論時事謫貴州新添驛丞嘉靖元年名復故官坎坷八年其志不挫益以慷慨直諫自許如正殿通等陞職世襲疏趙雲陞命疏選近

習疏請逐太監蕭敬二疏論錦衣衛朱宸等罪狀疏寢楊倫職命疏停國戚張鶴齡等恩典疏停司禮監乞請疏論國戚張延齡等罪狀疏論內官提督織造疏論張璁桂萼疏皆力折權倖不避禍患言人所不能言今具載集中當其賜環之初趙漢與之同科贈之以詩有碧桃雨露空千樹老竹冰霜見一竿句又有回來龍劍星文在遲暮提攜得共看句今載漢漸齋詩稿中觀於是集原可謂不愧斯言矣

南宮奏稿五卷　編修勵守謙家藏本

明夏言撰言字公謹貴溪人正德丁丑進士授兵科給事中歷官禮部尚書武英殿大學士後以主復河套爲嚴嵩所搆坐與曾銑交關棄市隆慶初追復原官謚文愍事蹟具明史本傳言初以才器受知世宗而柄用之後志驕氣溢傲愎自專卒以致敗其事業殊無可稱特學問淹博於故事夙所留意又值世宗銳意改制之時故於一朝典禮多所酌定如南北郊分祀更定文廟祀典及大禘禮

儀立先蠶壇之類悉言所贊成迨帝擢掌禮部益力舉其職前後奏牘亦多有可採此本爲御史王廷贍所刊行卽其官尚書時所上自郊廟大典以至封爵貢舉大端畧具其間牽合古義附會時局者往往不免然明代典章至嘉靖而一大變史志但撮舉綱要不能具其建議之所以然觀於是集端委一一具在錄而存之亦議禮者得失之林非謂其持論之皆當也

訥谿奏疏一卷浙江巡撫採進本

明周怡撰怡字順之號都峯改號訥谿太平人嘉靖戊戌進士授順德府推官擢吏科給事中以疏劾嚴嵩廷杖下錦衣獄三年世宗感乩仙之言得與楊爵劉魁同出獄未幾以熊浹劾乩仙誣妄激世宗怒復逮入獄又二年始得釋隆慶初召爲太常寺少卿又上疏忤中官外調山東按察司僉事稍遷司業仍爲太常寺少卿以卒蓋其平生觸犯權倖至再至三困踣顛連僅存一息而其志百折不改勁直忠亮卓然爲一代完人是集爲其弟格

所編許穀爲之序凡吏科奏疏十二篇太常奏疏二篇雖卷帙無多而生氣凜然猶足以見其梗槩也卷末乞休一疏注曰李石麓相公不允上李石麓者大學士李春芳號也葢怡放廢以後不欲再出而春芳以穆宗新政欲奬用直臣故格之不使上達然怡訖不得大用殆亦郭公之善善歟

譚襄敏奏議十卷　兩江總督採進本

明譚綸撰綸字子理宜黃人嘉靖甲辰進士官至兵部尚書謚襄敏事跡具明史本傳此編乃其歷

官疏草分爲三集曰閩稿嘉靖四十二年再起爲右僉都御史巡撫福建時所上也曰蜀稿嘉靖四十四年起爲陝西巡撫會大足民作亂陷七城調任四川以後所上也曰薊遼稿隆慶元年至四年由兵部右侍郎進左侍郎兼右僉都御史總督薊遼保定軍務時所上也史稱綸沉毅知兵爲台州知府時即與戚繼光立束伍法練兵破倭寇禽斬殆盡官浙江海道副使時又連破之再起爲浙江右參政時破饒平賊林朝曦調福建參政時郡縣

多爲倭所陷力戰恢復閩地以平官四川巡撫時

滅雲南叛酋鳳繼祖于會理總督兩廣時岑岡賊

江月照等望風而降朝廷倚以辦賊遇警輒調居

官無淹歲後在薊遼與戚繼光協力修邊備三衛

諸部迄不敢南牧終始兵事垂三十年積首功二

萬一千五百計其功名不在王守仁下而儒者顧

艷稱守仁則以守仁聚徒講學羽翼者衆也今特

錄是集以見其謀畫之大畧庶不沒其實焉

潘司空奏疏七卷 浙江巡撫採進本

明潘季馴撰季馴字時良烏程人嘉靖庚戌進士官至總督河道工部尚書兼右都御史事跡具明史本傳此集凡巡按廣東奏疏一卷督撫江西奏議四卷兵部奏疏二卷季馴巡按廣東在嘉靖三十八年奏疏後有其子大復附記稱原稿幾三寸許散軼不存僅從掖垣覓之故所錄止此其督撫江西在萬歷四年奏疏之前有李遷萬恭二序其爲南京尚書則在萬歷九年舊本列在兵部之前編次誤也季馴雖以治河顯而所至皆有治績集

中如查議弓兵工食及損益南京兵政諸疏皆足補明會典所未備又查解兵衞存留糧餉濟邊諸奏亦深切當時獘政足與史志相參考云

兩河經畧四卷 浙江范懋柱家天一閣藏本

明潘季馴撰萬歷初河決高家堰淮揚高寶皆爲巨浸季馴建議築隄防疏淤塞論水勢之强弱復黃河之故道條上六事詔如議行書中所載皆其時相度南北兩河奏疏首冠以圖末附書一通不著所上者爲何人書中有奉大司空之敎親往閱

視之語考是時工部尚書李幼滋始終主張其事殆即其人歟季馴先後總河務二十七年晚輯河防一覽其大旨在以隄束水以水刷沙卒以此奏功此集所載諸疏並規度形勢利弊分明足以見一時施工之次第與所作河防一覽均爲有裨實用之言不但補史志之疎畧備輿圖之考證已也

兩垣奏議一卷（山東巡撫採進本）

明逯中立撰中立有周易劄記已著錄是書凡奏議六篇皆中立爲給事中時所上以歷官吏兵二

科故稱兩垣其中論公用舍論修史用人及論會推閣臣三疏本末畧具明史本傳蓋中立以是三疏一忤旨停俸一見忌輔臣一被貶外授故史特摘錄於本傳其請罷織造論東倭及請停例金三疏雖事不施行然亦皆錚錚不阿無愧封駮之職不得以卷帙之少廢之矣舊本附刻中立所作周易劄記後今既分隸四庫則列於經部爲不倫故析出別著錄焉

周忠愍奏疏二卷 福建巡撫採進本

明周起元撰起元字仲先號綿貞海澄人萬歷辛丑進士官至右僉都御史巡撫江南以忤魏忠賢被害崇禎初追贈兵部侍郎謚忠愍改謚忠惠事跡具明史本傳是集凡西臺奏疏十一首爲一卷乃擢湖廣道御史巡漕時所上曰撫吳奏疏十九首爲一卷乃巡撫江南時所上也當魏忠賢肆虐之日國事日非幾幾乎毒焰薰天狂瀾汩地無恥者從風而靡代爲搏噬無論矣卽皦然自好者亦潔身去之而已起元獨與楊左諸人奮起而嬰其

鋒雖卒至白骨銜寃黄泉茹痛而士大夫尚賴此數十君子知世間有廉耻事亦不可謂非中流之砥柱也其人足重斯其言可傳豈明末臺諫連篇累牘徒以譁訐取名者所可同日語哉錄而存之以表章忠義之氣也

張襄壯奏疏六卷 浙江巡撫採進本

國朝張勇撰勇字飛熊上元人積功官至靖逆將軍提督甘肅軍務封靖逆侯加少傅兼太子太師是集爲其子雲翼所編始於順治六年謝實授甘肅

總兵官疏終於康熙二十三年甘州遺疏凡百二十篇勇初任甘肅總兵官時即內值肅州回民作亂外值昂漢夷人窺邊日事攻討中間奉調南征旋回甘肅復值王輔臣之亂往來征剿日無寧晷其沒也猶以防禦麥力幹之故力疾出師卒於軍營計始終兵間四十餘年王進寶趙良棟等皆由其偏裨起爲名將自康熙十三年以後箭創病足以有與督師者十年屢乞解職皆荷

優詔慰留卧理蓋

兩朝受知之深諸將無逾於勇者今觀集中諸疏大抵皆
兵間所作並剴切詳明言無不盡讀之可見
開國之初底定秦隴之方畧並可見
列聖知人善任風雲際會極千載一時之盛焉

文襄奏疏八卷 直隸總督採進本

國朝靳輔撰輔字紫垣鑲紅旗漢軍初授翰林院修撰官至總督河道兵部尚書文襄其謚也是編皆前後治河奏疏其子治豫彙刊之輔自安徽巡撫擢授河道總督時值河患方棘洪流逆溢高堰橫

潰合淮水而東注故道反湮輔疏言河水挾沙而行易於壅閼惟賴清水助刷始能無滯當審其全局徹首尾而合治之不可漫爲施工使東築西决終歸無益因條具八事入告

聖祖仁皇帝悉俞其請於是疏濬運河及清口以至海口河道又開白洋清河以東引水河而黃流始暢開清口爛泥淺諸引河而淮水始出敵黃築河崖遥堤縷堤修高堰堵翟壩置減水六壩而宣洩咸有所恃至開中河皁河諸役尤其設施之大者其持

論以築堤塞疏下流塞決口有先後而無緩急數語爲綱領故在事十年具著成績諸疏並在集中無不指陳原委言之鑿鑿至今論治河者猶稱輔焉末附輔官巡撫時奏疏三篇其極論騷擾驛站亦具見風力云

華野疏稿五卷 山東巡撫採進本

國朝郭琇撰琇卽墨人華野其字也康熙庚戌進士官至湖廣總督此編乃其歷官奏疏起康熙二十七年迄四十一年凡四十四篇疏末多載原奉

諭旨蓋琇所恭錄而其後人併敬刊也琇初由吳江知縣行取入臺卽劾罷大學士明珠余國柱等

聖祖仁皇帝嘉其敢言洊擢左僉都御史進左都御史復劾奏王鴻緒高士奇徐乾學等黨援交通亦皆譴退後緣事鐫秩復起爲湖廣總督在官四年別以紅苗搶掠一事褫職歸蓋當其彈抨得實則拔擢以旌其忠當其貽誤封疆則罷斥以明其罪仰見

聖祖仁皇帝行政用人大公獨斷賞罰悉視其自取而無一毫畸輕畸重於其間前者纂輯

五朝國史列傳

特命於明珠傳中載琇劾疏全文毋庸刪削嗣復

命於王鴻緒高士奇徐乾學諸傳中補載琇之劾疏無庸隱諱並復頒示

綸音闡明其進退之由俾共知琇之擢用無人能排擠報復琇之罷官亦非由有人傾軋百爾臣工仰承

誥誡已無不曉然共喻臣等謹錄琇此編並恭錄前奉

諭旨冠諸卷端庶

彝訓昭然永垂成憲益共知所警勵焉以上專集

案以上所錄皆以奏議自爲一集者其或編入文集之中則仍著錄於集部

諸臣奏議一百五十卷 浙江巡撫採進本

宋趙汝愚編前有淳熙十三年劄子稱嘗備數三館獲觀祕府四庫所藏及累朝史氏所載忠臣良士便宜章奏收拾編綴殆千餘卷文字紛亂疲於撿閱自假守閩郡輒因政事之暇因事爲目以類分次而去其複重與不合者猶餘數百卷釐爲百餘門始自建隆迄於靖康推尋歲月粗見本末若

非芟繁舉要恐勞乙夜之觀欲更於其間擇其至精至要尤切於治道者每繕寫十卷一次投進又有淳祐庚戌史季温序稱其開端於閬郡奏書於錦城是其經歷歲時屢經簡汰乃成是編故其去取頗不苟自稱上可以知時事之得失言路之通塞下可以備有司之故實其大旨以備史氏之缺遺非夸飾也凡分君道帝系天道百官儒學禮樂賞刑財賦兵制方域邊防總議十二門子目一百一十四每篇之末各附注其人所居之官與奏進

之年月亦極詳核其奏劄自序及史季溫序皆稱名臣奏議而此本題曰諸臣奏議豈以中有丁謂秦檜諸人而改其名歟案朱子語錄云趙子直要分門編奏議先生曰只是逐人編好因論舊編精義逐人編自始終有意今一齊節去更拆散了不見其全意矣云云今此集仍以門分不以人分不用朱子之說蓋以人而分可以綜括生平盡其人之是非得失爲論世者計也以事而分可以參考古今盡其事之沿革利弊爲經世者計也平心而

論汝愚所見者大矣

歷代名臣奏議三百五十卷兩淮鹽政採進本

明永樂十四年黃淮楊士奇等奉勅編自商周以迄宋元分六十四門名目未免太繁區分往往失當又如文王周公太公孔子管仲晏嬰鮑叔慶鄭宮之奇師曠麥丘邑人諸言皆一時答問之語悉目之爲奏議則尚書颺言何一不可採入亦殊踳駁失倫然自漢以後收羅大備凡歷代典制沿革之由政治得失之故實可與通鑑三通互相考證

當時書成刊印僅數百本頒諸學宮而藏板禁中世頗稀有崇禎間太倉張溥始刻一節錄之本其序自言生長三十年未嘗一見其書最後乃得太原藏本爲刪節重刊卷目均依其舊所不同者此本有愼刑一門張本無之張本有漕運一門此本無之不知爲溥所改移爲傳本互異然溥所去取頗乏鑒裁至唐宋以後之文盡遭割裂幾於續鳧斷鶴全失其眞此本爲永樂時頒行原書猶稱完善雖義例蕪襍而採摭賅備固亦古今奏議之淵

海也

名臣經濟録五十三卷浙江巡撫採進本

明黄訓編訓歙縣人嘉靖己丑進士官至副都御史是書輯洪武至嘉靖九朝名臣經世之言中闕建文一朝以革除諱之也分十門凡開國一卷保治十卷内閣四卷吏部四卷戸部五卷禮部七卷兵部十三卷刑部三卷工部五卷都察院通政司大理寺共一卷每門各有子目開國保治一門以時代爲序吏禮兵工四部各以所屬四司分四類

戶部分圖志田土賦役給賜黃冊屯田婚姻糧運祿俸鹽法茶法課程賑恤十三類刑部分律例論奏題奏襍論四類以二部諸司皆以省分無專掌一事者故也內閣無子目百司之總無不該也都察院通政司大理寺亦無子目篇帙寡也明永樂間勑黃淮等編歷代名臣奏議至元而止雖門目浩繁不無冗襍而二千年訏謨碩畫歷歷可徵是編所載如陶安傳劉基行狀蹇義墓誌李東陽年譜諸篇兼紀言行漢府趙府石亨曹吉祥之變諸

篇併錄時事以及謝鐸焉用彼相說何依休庵詩序之類探及襍支邱濬大學衍義補之類至節取所著之書不純爲奏議之體故但以經濟錄爲名其實奏議居十之九與淮等所編時代相接頗足以資考鏡今附之奏議類中其間如胡廣碑錄之類間有濫收或亦朱子名臣言行錄取吕惠卿趙汝愚名臣奏議不遺丁謂秦檜之意歟分别觀之可矣

欽定明臣奏議四十卷

乾隆四十六年奉
勅編以
皇子司選錄而
尙書房入直諸臣預繕寫每成一卷卽恭呈
御覽斷以
睿裁蓋敷陳之得失足昭法戒而時代旣近殷鑒尤明
將推溯勝國之所以亡與
昭代之所以興者以垂訓於無窮故重其事也考有
明一代惟太祖以大畧雄才混一海內一再傳後

風氣漸移朝論所趨大致乃與南宋等故二百餘年之中士大夫所敷陳者君子置國政而論君心一劄動至千萬言有如策論之體小人舍公事而爭私黨一事或至數十疏全爲訐訟之詞迨其末流彌增詭薄非惟小人牟利即君子亦不過爭名臺諫鬨於朝道學譁於野人但知兵防吏治之日壞不知其所以壞者由閹臣奄豎爲之輿援人知閹臣奄豎之日訌不知其所以訌者由門戶朋黨爲之煽搆蓋宋人之弊猶不過議論多而成功少

明人之弊則直以議論亡國而已矣然一代之臣多賢姦並進無人人皆忠之理亦無人人皆佞之理即一人之身多得失互陳無言言皆是之事亦無言言皆非之事是以衆芳蕪穢之時必有名臣碩輔挺出於其間羣言淆亂之日必有讜論嘉謨措柱於其際所謂披沙簡金在乎謹爲持擇也是編禀承

訓示辨別瑕瑜芟薙浮文簡存偉議研求史傳以後效驗其前言考証情形以衆論歸於一是譬諸童謠

婦唱一經尼山之刪定而列在六經一代得失之
林郎千古政治之鑑也至於人非而言是不廢蒐
羅論正而詞乖但爲刪潤
聖德之廣一善不遺
聖度之宏大公無我尤非尋常所可測量矣（以上總集）
右詔令奏議類奏議之屬二十九部六百五十二卷
皆文淵閣著錄

12225

欽定四庫全書總目 史部

卷五十六

欽定四庫全書總目卷五十六

史部十二

詔令奏議類存目

火警或問一卷左都御史張若淮家藏本

明世宗肅皇帝御製時大內東偏火帝詔戶禮二部及都察院命百官修省復製此文大畧謂火本非災異而人事不可不修並非惑於禍福事應之說前有帝所作自序後附修省勅諭六條案明史五行志宮中之火在嘉靖十年正月辛亥此本或

問末亦題嘉靖辛卯正月終旬與史相合而勅諭末乃作嘉靖九年十二月歲月俱誤疑傳抄之訛當以史文爲正也

按此書爲世宗御製之文勅諭乃其附錄然宣示中外是亦詔令類矣故明堂從祀諸編著錄於故事此編無預典禮則附諸詔令焉

代言錄一卷江西巡撫採進本

明楊士奇撰士奇有三朝聖諭錄已著錄是書乃其東里別集之一種所錄皆在内閣撰擬碑冊詔

詔之文自永樂四年至正統九年每篇末具標年月日核諸明實錄俱合惟上皇太后尊號詔標曰洪熙元年七月十五日而明宣宗實錄是詔實載在七月丁丑是月戊辰朔丁丑則初十日也又實錄載七月乙亥上奉冊寶尊母后張氏爲皇太后乙亥爲是月初八日未有初八日已上冊至十五日始下詔者又實錄載七月戊寅行在禮部奏恭上皇太后尊號已詔告天下云云戊寅爲是月十一日於十一日云已詔告天下則詔在十一日以

前無疑此書標十五日蓋傳寫之誤又洪熙元年六月十二日卽位詔欵有云原差去官養官員人等卽便回京毋致重擾軍民實錄載此篇毋致重擾軍民句作不許托故遷延則是書當爲士奇初稿臨時或更加潤飾實錄由定本錄之耳又如洪熙元年八月初六日諭吏部申明薦舉勅自中有廉潔公正句下尚有十五句而今本實錄載此篇皆脫之又如宣德二年十一月十五日皇子生詔第一條載大赦天下今實錄於第一條則僅載獨

免稅糧鹽糧三分而大赦反載在第六此類文字異同頗可與實錄相參然其事則皆史所已具也

諭對錄三十四卷 浙江汪啟淑家藏本

明張孚敬所奉世宗密諭及其奏草也孚敬初名璁字秉用永嘉人正德辛巳進士歷官少師華蓋殿大學士謚文忠事蹟具明史本傳孚敬以議禮被遇六年而秉大政甚爲世所詬病而世宗始終眷禮不衰每稱少師羅山而不名嘗諭孚敬朕有密諭毋泄朕有御筆悉親書又倣楊士奇故事賜

孚敬銀章二以便封奏前後所奉手勅凡三百八十一道因彙為一書并奏對劄子皆隨事附之於後蓋孚敬既沒其孫汝紀汝經等所裒輯也以上專集

明詔制八卷 浙江范懋柱家天一閣藏本

明霍韜編韜有明良集已著錄是編載明代詔制始洪武元年終嘉靖十八年大抵皆典禮具文不足考一代之政令

明詔令二十一卷 浙江汪啟淑家藏本

不著編輯者名氏所載自太祖至嘉靖十八年止

蓋嘉靖時人所爲也考秦漢天子之語皆謂之詔宋以來以璽印頒天下之書乃謂之詔臣下面奉玉音謂之聖旨是書若兼載聖旨則所遺不可勝道若專載詔令則吳元年遇變省躬旨授宋濂學士等旨及正統中諭五府三法司等旨皆不當載而又雜厠其間編次龐雜殊無義例

絲綸提要便覽一卷 兩淮馬裕家藏本

不著編輯者名氏乃明萬歷天啟中內閣票旨成式以曹司爲次分類標載蓋兩房中書舍人所抄

撮而成者末載秋審題本亦一時案牘之文以上總集

案此編無類可歸以其爲當日王言之式附錄於詔令之末

右詔令奏議類詔令之屬六部六十六卷皆附存目

田表聖奏議一卷浙江范懋柱家天一閣藏本

宋田錫撰錫字表聖其先京兆人唐末徙蜀之洪雅登太平興國三年進士官至諫議大夫事迹具宋史本傳其奏議見於宋史藝文志者二卷已久散佚此本乃明給事中安磐所搜輯共得奏疏十

四篇附以錫所作箴序二篇本傳及墓誌銘二篇考錫所撰咸平集今尚有傳本凡是編所錄已具載集中磐蓋未見其書故復爲裒輯焦竑國史經籍志載錫奏議一卷與宋史不合蓋亦僅據此本也

范文正公奏議二卷書牘一卷范忠宣公奏議二卷浙江巡撫採進本

明范惟一編惟一爲仲淹十六世孫官湖廣按察司僉事卷首題朱希周孫承恩文徵明陸師道同

校前後無序跋止於文正奏議前載韓琦舊序一篇

國朝康熙中范時崇巡撫廣東往來吳中再謁祠宇因捐貲命主奉孫能濬校刊能濬後序云舊本忠宣集二十卷獨缺奏議明嘉靖中世孫惟一視學兩浙復續編文正忠宣奏議書牘命嚴州守韓叔陽梓行即此本也按此本忠宣奏議其目錄標題編次前後與時崇本不合能濬後序中又云合家藏舊本細加校勘正其訛謬文集悉遵舊本摹刻

而忠宣奏議則考趙忠定奏議標目而次第其年月分爲二卷其前此續刻附奏中有前後簡編斷續錯亂者稍爲序次而條分諸目以便稽考云云是重刻之本也多所校定然忠宣奏議實賴此爲初刻故别存其目不没其經始之勤焉

李忠定奏議六十九卷附録九卷內府藏本

宋李綱撰綱有建炎時政記已著録案陳俊卿作綱梁溪集序稱其子秀之編其表章奏劄爲八十卷此本僅六十九卷已非秀之之舊卷末附録一

曰靖康傳信錄一曰建炎進退志一即建炎時政記共爲三卷第四卷以下皆綱所爲制詔表劄疑即宋史所云建炎制詔表劄集也俱已編入梁谿集中故僅存其目不復錄焉

朱子奏議十五卷（兩江總督採進本）

明朱吾弼編吾弼字諧卿號密林高安人萬歷己丑進士官至南京太僕寺卿事迹具明史本傳是編皆自晦菴集中抄出凡章奏十卷書狀劄子五卷朱子文集已家弦戶誦此刻可謂屋下屋牀上

牀矣

奏對錄一卷 浙江巡撫採進本

明楊士奇撰皆其正統初在內閣所上奏疏凡十九篇多關係軍國大計已載入東里別集中此其單行之本也

葉文莊奏疏四十卷 浙江巡撫採進本

明葉盛撰盛字與中崑山人正統乙丑進士官至吏部左侍郎謚文莊事迹具明史本傳盛初官兵科給事中有西垣奏草九卷出官山西參政協贊

軍務有邊奏存稿七卷巡撫兩廣有兩廣奏草十六卷巡撫宣府有上谷奏草八卷其子淇初併水東稿開封紀行稿蒸竹堂涇東稿合爲九十卷刻於衡州此本則崇禎辛未其六世孫重華所刊也

兩廣奏草十六卷 江西巡撫採進本

明葉盛撰已載入所著奏議中據卷首嘉靖辛亥張寰序稱盛著作頗多其子若孫已刻之家塾獨兩廣奏議未有刻本至是始續成之云云葢初刻本自爲一帙後乃與他奏議合爲一編故又有此

别行之本傳於世也

王介菴奏稿六卷 兩淮鹽政採進本

明王恕撰恕有玩易意見已著錄是編乃其官南京兵部尚書時所刻有成化乙巳程廷珙序又有陳公懋後序作於壬寅李東陽後序作於宏治壬子皆初刻也又有謝應徵序則嘉靖丁未揚州重刻所作又有程啟元序正德壬申三原重刻所作諸序皆不言篇數卷數程啟元序稱六卷亦據舊刻惟宏治壬戌楊循吉序稱東魯王公往使關中

得疏草二百餘篇又稱以余之居部下授而使編魯魚鷁勞得效刊正得八十六篇釐爲六卷云云然則此本循吉所定也其疏各以官標目始於大理寺次撫治荊襄次南京刑部次總理河道次南京戶部次巡撫雲南次前參贊機務次巡撫南直隸次後參贊機務所謂參贊機務皆官南京時所兼非北京閣務也惟吏部諸疏不在編內後正德辛巳三原知縣王成章始益以吏部諸疏刻爲全帙然此本先出至今並行故仍存其目焉

## 晉溪奏議十四卷 江蘇周厚堉家藏本

明王瓊撰瓊字德華太原人成化丙戌進士官至吏部尚書謚恭襄事迹具明史本傳是書刊於嘉靖甲辰皆其官兵部尚書時所上故又名本兵敷奏分地爲卷首京畿次遼薊宣大三關次陝西延寧甘肅次山東河南四川南畿兩浙湖廣次江南次閩粤雲貴又次則清軍驛傳馬政而以雜行類終焉共十四卷明史藝文志作四卷殆刊板誤脱十字歟史稱正嘉間瓊與彭澤皆有才畧相中傷

不已亦迭爲進退而𤨏險忮公論尤不予楊廷和視草餘錄亦痛詆之蓋其才幹足稱而心術則不足道也

密勿稿三卷 兩江總督採進本

明毛紀撰紀字維之掖縣人成化丁未進士官至謹身殿大學士謚文簡事迹具明史本傳是編皆在內閣所進奏疏題本揭帖第一卷二十五首武宗北巡時作其請車駕還京諸疏皆在卷內二卷十四首武宗南征時作三卷十七首嘉靖初政時

作皆紀歸田以後彙輯舊稿手自編定者也

辭榮錄一卷　兩江總督採進本

明毛紀撰紀自爲禮部侍郎至大學士凡有朝命必具疏陳辭合之得二十有六首每首各註年月其第一首乃正德七年壬申作而註曰壬午蓋刻本字訛也

毛襄懋奏議二十卷　江西巡撫採進本

明毛伯溫撰伯溫字汝厲吉水人正德戊辰進士官至僉都御史巡撫寧夏山西順天晉工部尚書

旼兵部尚書天啟初追諡襄愍事迹具明史本傳是集乃其歷任奏疏以一官為一集凡臺中撫臺內臺總邊宮賓平南總憲樞垣八集其籌邊諸議頗詳悉當時利弊云

方旼亭奏草 無卷數 江蘇巡撫採進本

明方鳳撰鳳字時鳴旼亭其號也崑山人正德戊辰進士官至廣東提學僉事是編載奏議一十八首其兄鵬跋後云時鳴舊稿凡五十餘疏今散失止存此攷江南通志稱鳳當武宗時官御史屢諫

巡幸胡世寧爲寧王宸濠所搆力辨其誣世宗初
大禮議起尤力持正論頗著風裁然以其兄鵬附
和張璁桂萼遂併其兄劾之又自劾以謝其兄則
矯激已甚使其兄首倡邪說事關君父竟大義滅
親可也考與王而伯孝宗其根柢在璁與萼其兄
不過依阿其間破璁萼之局則鵬不攻自敗耳何
必先操同室之戈乎卷首有王守仁題詞其詞凡
近不類守仁他作其題名稱餘姚新建伯王守仁
撰守仁之陋亦不應至此守仁於大禮一議不甚

非張璁桂萼其稱大禮一疏力折姦諛尤不似守仁之語疑其後人假守仁之名以爲重也

石峯奏疏四卷　直隸總督採進本

明邵錫撰錫字天佑號石峯安州人正德戊辰進士官至右副都御史巡撫山東是集前三卷爲官御史給事中時所上奏疏後一卷爲官巡撫時所上奏疏錫立朝頗著風節武宗幸昌平疏請回鑾議北征陳不可者十及駕出又偕同官遮道泣諫史不具載今諸疏並在集中尚可考見云

桂文襄奏議八卷江西巡撫採進本

明桂萼撰萼字子實安仁人正德辛未進士嘉靖初以議禮驟貴官至吏部尚書武英殿大學士諡文襄事蹟具明史本傳是集冠以大禮疏按其初議但稱興獻帝曰皇考而別立廟於大內未及入廟稱宗如末流之甚其後何淵希旨遂請入興獻帝神主於太廟萼上請罷非議以全大禮疏斥爲破壞典章姦邪諂君云云則初意亦未甚決裂厥後希旨固寵循聲附和遂以數載之榮華博千秋

之詬厲凡所建白均爲讀史者所厭觀矣衡以彰癉之公此集固在所必斥也

漕河奏議四卷　浙江范懋柱家天一閣藏本

明王以旂撰以旂字士招江寧人正德辛未進士官至兵部尚書總督三邊卒諡襄敏事迹具明史本傳當嘉靖時徐呂二洪水竭運船膠滯命以旂以兵部右侍郎兼僉都御史總理河漕踰年渠水通晉秩一等是編其督漕時題奏章疏前後無序跋亦無目錄不知爲完本否也

諫垣奏草四卷兩江總督採進本

明毛憲撰憲字式之武進人正德辛未進士郎於是年八月除刑科給事中至正德十三年二月以禮科給事中致仕前後在諫垣八年所上凡三十一疏前附鄉試策一篇憲別有古菴文集此其集外別行者也

夢虹奏議二卷江西巡撫採進本

明鄧顯麒撰顯麒字文瑞奉新人夢虹其號也正德甲戌進士授行人司副時諸臣共諫南巡其疏

稿為顯麒所擬故再予廷杖謫國子監學正嘉靖初擢監察御史是集為其子夷惠所編凡三十一篇有嘉靖甲寅李楨序後舊板漫漶其裔孫繡又重刊之前有凡例稱以事之大小時之先後改易舊次考顯麒以正德時諫疏得名其嘉靖講學疏不過循例陳言體同策論而此本乃列諫疏於講學疏後蓋明人以講學為至榮故視為第一大事取以冠編而不計其年月顛倒也卷首載一統志顯麒傳稱其劾戚畹陳萬言及論蔚州買木二事

此本乃無其疏殆原稿散佚歟

桂洲奏議二十一卷 安徽巡撫採進本

明夏言撰言有南宮奏稿已著錄是編又益以諫垣所上分爲二十一卷乃言入閣之後巡撫江西副都御史王暐等所刊事在嘉靖十八年後暐以事獲罪主其獄者卽言也言以論南北郊分祀受知世宗遂破擢用史稱其奏定典禮多可採者今核其所論實惟議禮一事有關典制沿革故錄其南宮奏稿而此集則別存其目焉

復套議二卷 江蘇周厚堉家藏本

明曾銑撰銑字子重江都人正德丁丑進士官至兵部侍郎總督陝西三邊軍務事迹具明史本傳嘉靖二十五年銑建議欲西自定邊營東至黃甫川千五百里築邊牆以禦剽掠並以河套諸部久爲中國患因上疏請復其地條八議以進嗣又與諸撫鎭條上方畧十八事此即其前後疏稿是時夏言主銑議後卒以此爲嚴嵩所搆言及銑併棄市王肯堂鬱岡齋筆麈云徐階門客呂生者殺人

亡命河套中三年盡得其山川之險易城堡之虛實因悉繪爲圖謂其地不難於攻而難於守於是併調畫守禦之策若干條挾以說總督曾銑銑聞而深信之遂以白夏言云云則銑諸奏蓋皆據呂生目睹之說也

奏對稿十二卷 江蘇巡撫採進本

明張孚敬撰孚敬奏疏皆附載所撰諭對錄中以篇帙繁重萬歷中巡按浙江御史楊鶴選爲此本視原集汰三之二第十二卷附刻序文十九篇蓋

刪繁舉要以便流傳然李綱奏議六十九卷爲世所貴不病其多而難讀也田錫奏議一卷爲世所貴亦非取其少而易竟也

督撫經略疏八卷　浙江巡撫採進本

明李遂撰遂字邦良號克齋豐城人嘉靖丙戌進士官至南京參贊機務兵部尚書謚襄敏事迹具明史本傳是編乃其以右僉都御史巡撫鳳陽四府時奏疏起嘉靖三十六年至三十八年遷秩還京因裒輯成帙史稱遂官巡撫時淮陽三中倭歲

復大水且日役民輓大木輸京師遂請餉增兵恤民節用次第畫戰守計劉景韶序亦稱其時值凋敝之秋獨以急病厚生爲念請蠲恤之疏不下數十章今觀集中請恤疏止數篇餘皆言倭寇事序并書前不應顯相矛盾或有所刪汰歟

前川奏疏二卷 江西巡撫採進本

明曾忭撰忭號前川泰和人嘉靖丙戌進士官至兵科都給事中千頃堂書目載前川奏疏二卷與此本合其作曹忭則以字形相近而訛也忭明史

無傳惟劉源清傳附載其申救源清下詔獄事其疏今在集中然疏中陳處置大同事宜頗詳申救源清特其中之一事則未審為史文之畧為其後人有所潤色也卷末有跋不署名氏核其語意似忭族人所作稱忭叔監察御史翀嘉靖乙未亦以劾汪鋐廷杖死泰和東門內有叔姪諫臣坊即為翀忭所建云

本兵疏議二十四卷江西巡撫採進本

明楊博撰博字惟約蒲州人嘉靖己丑進士官至

吏部尚書謚襄毅事迹具明史本傳此集爲其子士俊所編始嘉靖三十四年迄隆慶六年皆博爲兵部尚書時所上是時倭寇亂於南諳達侵於北請餉請兵羽檄旁午故案牘之繁至於如是考本傳稱博於肅州奏金塔之功薊鎮著馬蘭之績大同有牛心之捷西北兵機爲所素習宜其言之頗悉然當時倭患之不熄由經畧內倚權相顛倒是非博身居本兵不能糾趙文華之姦辨張經之枉其依違牵就抑亦不無可議矣

臺省疏稿八卷 江西巡撫採進本

明張瀚撰瀚字元洲仁和人嘉靖乙未進士官至吏部尚書諡恭懿事迹具明史本傳是集分門編次一卷曰賀謝類二卷三卷曰前後關中類四五卷曰漕運類六卷七卷八卷曰兩廣類咸當時案牘之文

平倭四疏三卷 浙江鄭大節家藏本

明章煥撰煥字揚華一字茂實長洲人嘉靖戊戌進士官至督理南京倉儲右副都御史煥初由刑

部主事改吏部擢南京太僕寺卿值倭犯兩浙諸郡乃上平倭疏凡十二策及轉光祿寺卿復上安攘八事旋擢右僉都御史巡撫福建又陳明職守授成算二疏前後四疏皆爲倭事而發此本乃嘉靖己未煥由河南巡撫拜督漕之命將去汴時周藩鎮國中尉睦㮮爲序而刻之者也

南宮奏牘二卷（安徽巡撫採進本）

明高拱撰拱有春秋正旨已著錄嘉靖壬戌拱爲禮部左侍郎改吏部進禮部尚書召入直廬皆在

一年之中自序云視篆南宮未久故奏牘無多然一二有關處分者皆自屬草故特存之云

綸扉內稿一卷外稿一卷　安徽巡撫採進本

明高拱撰拱於嘉靖丙寅入閣隆慶丁卯罷已巳復召還是編乃其先後在閣時疏稿也前有自序稱內閣有關機密人不與知者不敢洩惟言外事及辭免諸疏則存之云

掌銓題稿十四卷　安徽巡撫採進本

明高拱撰拱於隆慶已巳復召入內閣兼掌吏部

事者凡二年是編皆其疏稿也史稱拱在吏部欲遍識人材授諸司以籍使署賢否誌爵里姓氏月要而歲會之倉卒舉用無不得人蓋其才固有足取者矣

獻忱集二卷安徽巡撫採進本

明高拱撰所載皆賀謝奏疏自序云國制廷臣賀謝皆無疏近歲章奏寖盛節賀無俟言凡有瑞應必疏賀而大僚遷官及有譴有賜無不疏謝者乃次第成帙名獻忱集明史藝文志作五卷豈先有

別行之本五卷後編入文集乃刪併爲二卷耶

奏疏輯畧一卷（兩江總督採進本）

明董傳策撰傳策字原漢上海人嘉靖庚戌進士授刑部主事以疏劾嚴嵩謫戍南寧隆慶初復故官萬歷初官至南京禮部右侍郎事迹具明史本傳是編有其弟傳文識後云伯子由常博至右宗伯疏草半逸今輯梓者寥寥十餘疏耳考傳策始以論嚴嵩欺君誤國遣戍南寧乃其生平大節宜以弁集而乃冠極陳時政疏貿則未上之稿附錄

之尚爲空言矯直況首列乎此則編次之失也

粵西疏稿三卷 浙江巡撫採進本

明吳文華撰文華字子彬連江人嘉靖丙辰進士官至南京兵部尚書謚襄惠事迹附見明史鄒應龍傳此集乃其巡撫廣西時所上諸疏凡二十一首葉向高作文華濟美堂集序稱其督粵東西所削平林箐巨憝累世爲患害者不可勝紀今集中敘報雕勦人員疏地方賊情疏勦平上下四屯疏勦平北山等處地方疏題報地方賊情疏皆其事

也然史稱河池咘咳北三猺未爲逆總督凌雲翼喜事殺戮甚慘得蔭襲文華亦受賞遷戸部侍郎則向高所云不免有所文飾矣

留都疏稿一卷 浙江巡撫採進本

明吳文華撰文華於萬曆十五年任南京工部尚書十六年進兵部尚書旋以病乞歸此其兩年之中所上諸疏凡十一首謝恩者三乞休者二爲人請蔭者一其四皆營伍常事惟乞誅内監張鯨一疏尚見風力云

存笥錄一卷 江西巡撫採進本

明張檟撰檟字叔養號心吾江西新城人嘉靖已未進士官至南京工部右侍郎事迹附見明史鄒應龍傳是編乃其曾孫道登所刻首載誥敕末錄墓碑誌銘所載檟文惟奏疏六篇而已一爲救論嚴嵩言官吳時來一復召上論三事一薦王世貞一薦石星一劾內監滕祥一劾大學士高拱卷首標題之下側注摘要二字蓋非完本也

王文肅奏草二十三卷 江蘇巡撫採進本

明王錫爵撰錫爵字元馭號荆石太倉人嘉靖壬戌進士官至建極殿大學士謚文肅事迹具明史本傳是集乃其綸扉進御之詞自萬歷十三年訖三十八年以歲月先後編次其子衡所輯其孫時敏所刊也

小司馬奏草六卷 兩江總督採進本

明項篤壽撰篤壽字子長秀水人嘉靖壬戌進士官至兵部郎中是編即篤壽官兵部時議覆內外陳奏之文凡駕部稿一卷職方稿五卷其曰小司

馬者蓋取周禮夏官之屬然明無此職以古名題後世之奏牘似有據而實不典也

冲菴撫遼奏議二十卷督撫奏議八卷江蘇周厚堉家藏本

明顧養謙撰養謙字益卿南通州人嘉靖乙丑進士官至戶部侍郎總督薊遼兼經畧以議倭封貢事被劾去撫遼奏議乃巡撫遼東時所上凡九十餘疏督撫奏議乃總督薊遼時所上凡三十餘疏

敬事草十九卷山西巡撫採進本

明沈一貫撰一貫有易學已著錄是書乃其歷官

所上奏疏揭帖始於萬歷四年正月初充講官迄於三十四年七月以大學士乞休一貫當國頗爲清議所不滿如明史本傳所載楚獄妖書二案所不待言即京察一事集中深自辨白然終無以解免於物論也本傳稱一貫位至建極殿大學士據此編所書銜名乃中極殿蓋史家偶異詞云

內閣奏題稿十卷　浙江巡撫採進本

明趙志皐撰志皐字汝邁蘭谿人隆慶戊辰進士官至建極殿大學士諡文懿事迹具明史本傳史

稱志皐身在牀褥於罷礦建儲諸大政數力疾草疏爭在告四年疏八十餘上此本乃其在內閣十年之奏稿於萬歷二十八年手自編定者也明史藝文志作十六卷與此本卷數不合殆志皐尚有他奏議明史總舉其數歟

王文端奏疏四卷 兩江總督採進本

明王家屏撰家屏字仲伯山西山陰人隆慶戊辰進士官至東閣大學士諡文端事迹具明史本傳家屏輔政在萬歷中年奏疏多爲冊儲之事餘皆

中謝之嗣本傳稱其柄國僅半載而去朝野惜之閱八年儲位始定遣官存問賚金幣羊酒是編終以此篇明其志也諸疏已載入所著文端集此蓋初出別行之本目錄作二卷而書實四卷蓋目錄之誤其編校亦可謂疎矣

奏議二卷　江西巡撫採進本

明李頤撰頤字維貞號及泉餘干人隆慶戊辰進士官至總督河漕都察院右都御史兼工部侍郎事蹟具明史本傳是編皆其歷官時所上奏疏與

明史相合獻徵錄載頤行狀稱奏議十卷今止二卷乃

國朝段藻所重刊末附重建儒學祭器庫記一首而以誌傳行狀制誥及諭祭勅葬文冠於卷首

掖垣題稿三卷 刑部員外郎顧棻家藏本

明顧九思撰九思字與睿長洲人隆慶辛未進士官至通政司右通政是編皆其爲給事中時所上奏疏在戸科者一在禮科者十三在兵科者二十其間如持宗藩之冒封劾邊將之驕詐皆具有風

節江南通志亦謂其條奏多關切軍國大計時咸推其讜直云

諫垣疏稿四卷　兩江總督採進本

明姚學閔撰學閔字順山武陵人隆慶辛未進士由知縣歷官禮刑兵三科給事中嘗一視京營一閱宣大山西邊務以其前後奏疏彙爲此編卷首有陳所蘊序稱當時不察有以枌榆故相爲口實者今疏稿具在有一左袒相君語乎又有其門人吳中明序亦云先生當柄國時世或靳爲同而能

不爲同逌其後也世或斷爲異而能不爲異葢學閔官諫垣時在萬歷初正其鄉人張居正獨相之日故二人並爲辨別心迹云

海防奏議四卷 江蘇周厚堉家藏本

明萬世德撰世德山西偏頭千戶所人隆慶辛未進士歷官右都御史總督薊遼萬歷二十五年倭寇朝鮮議設海防巡撫以世德爲都察院僉都御史管理天津登萊旅順等處海務至二十六年改世德經理朝鮮而以汪應蛟爲代是編所載自二

十五年九月至二十六年六月一年之中條上一切海防事宜凡爲疏四十八篇

河治奏疏四卷 直隸總督採進本

明李化龍撰化龍有平播全書已著錄是編奏疏乃萬歷三十一年化龍以工部右侍郎總督河道時所上時黃河橫決化龍遍行淮徐得泇河遺迹乃奏請疏鑿凡開二百六十丈工訖而爲流沙所阻化龍持之益力復改鑿嶧頭一路運道遂通故此編於泇河事最爲注意言之尤爲懇切云

黃門集三卷 浙江巡撫採進本

明陳與郊撰與郊有檀弓集註已著錄是集爲其奉常佚稿之第二種皆其爲給事中時奏疏與郊黨附大學士申時行王錫爵其論大峪壽宮事詆李植江東之其疏今載集中明史萬國欽傳又載給事中李春開劾趙南星張士昌與郊助之亦以二人皆政府私人也

奏疏遺稿無卷數 江蘇巡撫採進本

明吳達可撰達可字安節宜興人萬歷丁丑進士

官至通政司左通政是集爲其孫洪裕等所編分西臺冏寺勳寺銀臺四類詞氣頗多率易惟官御史時劾兵部尚書田樂等一疏頗爲切直疏中極數樂子爾耕開門納賄之罪爾耕卽後以世蔭官錦衣黨附魏忠賢鍛鍊楊漣左光斗諸人流毒天下者也達可可云先見矣

周中丞疏稿十六卷（江西巡撫採進本）

明周孔教撰孔教字明行臨川人萬歷庚辰進士官至右都御史總理河道是集凡西臺疏稿二卷

中州疏稿五卷江南疏稿九卷其西臺疏內極論

趙志皐石星等封日本棄朝鮮之非江南疏內停

織造止加派及丁未救荒諸疏尤具見風力其餘

則案牘之文爲多據趙南星序此集乃孔教由應

天巡撫遷總理河道時所刊其時吳中士民請留

孔教言者劾爲孔教陰使之孔教由此去國乃裒

刊平日之疏使南星序之而顧憲成高攀龍亦爲

之序三人皆一代名臣所言當不假借然當嫌疑

交起之際而急刻疏稿以自表白相激薄黨禍遂

成是則東林諸人負氣求勝之過難盡委諸命數也

青瑣藎言二卷（江西巡撫採進本）

明楊東明撰東明字啟昧（案明史作字啟修）號晉安虞城人萬歷庚辰進士官至刑部右侍郎事迹附見明史王紀傳東明爲禮科給事中時正當萬歷間朝政紕繆東明多所建白如停逮譚一召安希范及東事播事諸疏持論頗正而不激後卒以抗論被斥家居二十六年因彙其前後疏稿爲一集寧陵

喬允序之允亦嘗官御史與東明同以言罷者也

掖垣諫草五卷兩江總督採進本

明張貞觀撰貞觀字惟誠别號惺宇沛縣人萬歷癸未進士官至禮科給事中萬歷甲午以請皇長子出閣講讀罷職爲民此其歷年疏草也凡在兵垣者二卷工垣者一卷禮垣者二卷

蘭臺奏疏無卷數直隸總督採進本

明馬從聘撰從聘有四禮輯疑已著錄是集爲從聘所自編凡二十六疏前有自序稱萬歷戊戌題

於兩淮公署蓋其爲江西道御史出理鹽課時所

刊也

畿南奏議六卷山西巡撫採進本

明王紀撰紀字惟理號憲葵芮城人萬歷己丑進

士官至刑部尚書事蹟具明史本傳此其自萬歷

四十一年至四十五年巡撫保定時所上奏疏也

於閭閻災病言頗詳盡史亦稱其居四年部內大

治云

楊全甫諫草四卷山西巡撫採進本

明楊天民撰天民號全甫山西太平人萬歷己丑進士官至禮科右給事中降永從縣典史後贈光祿寺少卿事蹟具明史本傳天民在諫垣敢於言事建儲之疏至十二上卒以是謫死其鄉人爲梓先後疏稿共成四卷後附贈官制及諭祭文贈官在天啟二年九月諭祭在三年十月而卷首許維新序作於天啟元年十一月已有臺臣請加䘏錄之語蓋奏請在前得允在後耳

督蜀疏草十二卷 浙江巡撫採進本

明朱燮元撰燮元字懋和浙江山陰人萬歷壬辰進士歷官兵部尚書總督四川貴州軍務晉左柱國少師謚襄毅事跡具明史本傳燮元久膺閫寄歷樹邊功威望著於西南史稱其治事明果軍書絡繹不假手幕佐此編乃其總督四川時經理苗疆事宜及舉劾僚屬諸疏其曾孫人龍梫刻者也

朱襄毅疏草十二卷　浙江巡撫採進本

明朱燮元撰是書皆其總督雲貴時論平定諸苗奏疏與督蜀諸疏始末均具明史本傳中其事蹟

委曲年月先後則較史爲詳

朱少師奏疏八卷 兩江總督採進本

明朱燮元撰此編爲其曾孫世衛所重刊冠以倪元璐所撰行狀及劉宗周所撰墓誌銘末有世衛跋稱燮元奏疏原鐫成二十四卷案此郎以督蜀襄毅疏草十二卷合而計之非別有二十四卷之本以板留家塾又別抄一百三十餘疏合蜀事紀畧共爲一帙其蜀中疏草删爲四卷黔中疏草删爲三卷蜀事紀畧又自爲一卷冠於蜀中疏草之前

留垣奏議四卷 福建巡撫採進本

明黃起龍撰。起龍字應興，號雨石，莆田人。萬歷戊戌進士，官至南京吏科給事中。是編爲起龍所自刊，分十六類：曰儲講、曰藩封、曰國典、曰聖政、曰修省、曰賑恤、曰糧儲、曰錢法、曰財用、曰謚典、曰起廢、曰用人、曰考選、曰糾邪、曰時事、曰請告。共計疏三十六首，而以戶部議覆三疏附其後。曰留垣奏議者，以當時稱南京爲留都也。

留垣疏草 無卷數 兩江總督採進本

明黃建中撰建中字艮輔揚州興化人萬歷戊戌進士官至南京戶科給事中是集凡疏二十四篇其中若論舊撫疏劾李三才論救劉光復原爲自救考明史李三才傳稱光復坐事下獄三才陽請釋之則與建中疏意相符而建中疏劾之事則不見於三才傳中此疏實可以補其闕又若惡監狂逞疏劾稅璫高寀尤見風力至於按臣輕去疏劾應天巡按御史荆養喬而申理熊廷弼考明史廷弼督學南畿嚴明有聲以杖死諸生事與荆養喬

相許奏養喬投劾去廷弼亦聽勘不及詳其始末據定陵註畧則湯賓尹奪人聘妻逼貞女自盡諸生芮應元等不平而鳴之官廷弼爲賓尹所取士因杖應元殺之其事曲在廷弼建中此疏顚倒是非實甚建中明史無傳江南通志載其初授南陽府推官下車即直姦豪於法邑令餽金詈其使令解綬去爲給事中時遇事敢言中內計罷去則其人非附宣黨者殆一時意見之偏耶

湖湘五畧十卷 浙江巡撫採進本

明錢春撰春字梅谷武進人萬曆甲辰進士官至戶部尚書事跡附見明史錢一本傳萬曆四十年春以監察御史巡按湖廣至四十二年代還因輯其在官時所作章疏文移彙爲此編凡疏畧三卷牘畧一卷檄畧二卷詳畧二卷讞畧二卷大都案牘之文其中請釋滿朝薦一疏自言當時具草未上而亦載之編中殆與董傳策刻極陳時政一疏其事等矣

兵垣奏疏一卷　陝西巡撫採進本

明劉懋撰懋字養中別號渭溪臨潼人萬歷癸丑進士官至兵科給事中是集凡奏疏十二篇案平寇志稱崇禎元年給事中劉懋御史毛羽健請裁驛站以足國用非敕使不得給郵符歲省費無算謂藉驛累也而燕趙秦晉輪蹄孔道游手之民多仰食驛糈至是益無賴又歲儉無所得食遂羣聚爲盜云云考天崇之間政亂而民困重以饑歲即不裁驛站亦必亂未可專以咎一人況天下之驛皆裁而亂獨起於秦是亦不由裁驛之明徵矣乎

寇志又載懋崇禎三年論流寇二疏於當日情形極切而此集佚之則不知其何故也

吳侍御奏疏一卷 山西巡撫採進本

明吳玉撰玉壽陽人天啟壬戌進士官至河南布政司參議此編乃其崇禎初官廣西道監察御史時所上之疏凡十篇劾魏忠賢餘黨者三劾輔臣者二劾本兵者三清釐國用者一其末一篇則懇辭加銜者也

按晉疏草無卷數 兩江總督採進本

不著撰人名氏亦無卷次目錄惟分四巨冊皆明崇禎五年六年奏疏每篇首署巡按山西監察御史李而不書其名末各載所奉諭旨疑皆當時胥吏抄錄副本未經重繕者案山西通志崇禎間巡按御史有李嵩者棗強人畿輔通志載嵩字影石天啓壬戌進士官至布政使是此書即嵩按晉時疏稿也時流賊勢已猖獗故疏中言兵事者十之八九其五年八月急請移兵厚餉一疏稱寧武兵驕而發一遇大敵非鼓譟即脫逃標營兵悍而猾

經過地方橫索如虎避盜如鼠即有一二守法者又遲迴不用命明季軍政敝壞至此固不待獻闖並殲而亡徵先見矣

治河奏疏二卷侍講劉亨地家藏本

明周堪賡撰堪賡字仲聲號五峯寧鄉人天啟乙丑進士官至工部侍郎集中有崇禎十六年十二月陞南京戶部尚書乞賜骸骨疏三藩紀事本末亦載福王時起用戶部尚書周堪賡以疾不赴則堪賡雖未南京任事實以尚書歸里也明史河渠

志載崇禎十五年流賊決河灌城民盡溺死總河侍郎黄希憲以身居濟寧不能攝汴請特設重臣督理命工部侍郎周堪賡督修汴河此治河奏疏蓋即是時所上然史載十六年六月堪賡言河之大勢盡歸于東運道已通陵園無恙疏甫上決口再潰帝趣鳩工未奏績而明亡云云而集中有十六年十二月汴工築塞已完歲修防守宜豫一疏與史不符未詳何故也

其定奏疏一卷附刻一卷陝西巡撫採進本

明衛禎固撰。禎固號紫嵐，韓城人，崇禎甲戌進士，歴官雲南道監察御史。此乃其巡按真定時所上疏稿也。凡二十六篇，其論劾白廣恩淫掠及領兵官潘鳳閣擅責縣官諸疏，明季軍政之不修，可以概見一二。其子執蒲跋而刻之。執蒲字禹濤，國朝順治辛丑進士，官至左都御史。其初授監察時，適亦得雲南道，遂以已疏一冊附刻其後。

文襄奏疏十五卷附年譜一卷 山東巡撫採進本

國朝李之芳撰。之芳字鄴園，武定人，順治丁亥進士官至文華殿大學士諡文襄是編奏疏前十一卷爲總督浙江時所上又臺諫集二卷爲監察御史時所上康熙甲申耿精忠之變經理征勦疏稿亦具載集中末附年譜一卷淄川唐夢賚所編也

郝恭定集五卷直隸總督採進本

國朝郝惟訥撰惟訥字敏公霸州人順治丁亥進士官至吏部尚書此集凡都察院奏疏八篇刑部奏疏四篇禮部奏疏一篇戸部奏疏九篇吏部奏疏六篇其禮部請行釋奠疏戸部稅銀款目疏皆註

疏存部案字蓋當時同官公議而惟訥具草故仍

刻之私集也

清忠堂奏疏無卷數江蘇周厚堉家藏本

國朝朱宏祚撰宏祚字徽蔭高唐人是編乃其官廣

東巡撫時奏疏始於康熙二十六年十二月終於

三十一年八月凡七十五篇前有梁佩蘭序稱其

在粵五年凡上一百六十有五疏則此刻亦選擇

而存之者也

西臺奏議一卷京兆奏議一卷附曲徙錄一卷陝西巡撫採進

本

國朝楊素藴撰素藴字錡湄宜君人順治壬辰進士官至湖廣巡撫西臺奏議其爲四川道監察御史時所上京兆奏議其官順天府尹時所上曲徙錄則東明劉祚昌集其劾奏吳三桂疏及謫官復起始末也然三桂逆迹一形素藴即邀擢用未可謂之曲突徙薪無恩澤也祚昌之命名亦不思之甚矣

大觀堂文集三卷 浙江巡撫採進本

國朝余縉撰縉字仲紳號浣公諸暨人順治壬辰進士官至河南道監察御史是集即其官御史時所上諸疏凡四十三篇其外官告病諸疏皆縉私擬未上之稿未嘗見之施行不當一例附入也

疏稿一卷 兩江總督採進本

國朝胡文學撰文學字卜言鄞縣人順治壬辰進士官至福建道監察御史此即為御史時題奏之稿自順治十七年起至康熙元年巡視兩淮鹽政止凡十六篇

存菴奏疏無卷數　江蘇巡撫採進本

國朝徐越撰。越字山琢，山陽人。順治壬辰進士，官至監察御史，遷兵部督捕左理事官，仍留御史之任。是集皆其所上奏疏，自順治十七年至康熙十二年止，凡五十四篇，皆具年月，併恭載諭旨。江南通志稱其在臺十有三年，所條奏皆有關時政之大者。言漕河事先後凡十六疏，歷陳淮黃分合變遷及兩河衝決狀尤悉。

楊黃門奏疏無卷數　浙江巡撫採進本

國朝楊雍建撰雍建字自西一字以齋海寧人順治乙未進士官至兵部侍郎此編乃其官給事中時所上奏疏故以黄門爲名前有康熙元年胡兆龍序謂雍建壬寅假歸梓其前後疏章三十餘篇又自序云歴吏禮兵刑四垣章凡三十餘上今卷内實五十一篇末四篇稱西臺奏議蓋康熙十八年官左副都御史時也目録後有自識云余以内陞復入垣署章奏及西臺諸疏原稿散失無存賴吾姪存理中發留心蒐輯得以續梓然則此所載者

蓋合前後所刻通爲一編矣

撫黔奏疏八卷（浙江巡撫採進本）

國朝楊雍建撰。雍建自康熙十八年巡撫貴州，凡在任六年，內陞兵部侍郎。閱一年有餘，告請終養。是編合載貴州及兵部奏疏，共五百四十一篇。

于山奏牘七卷附詩詞一卷（江蘇周厚堉家藏本）

國朝于成龍撰。成龍字北溟，永寧人。前明拔貢生，入國朝授廣西羅城縣知縣，官至湖廣總督。此集刊於康熙癸亥，自卷一至卷七皆載其歷任所上奏疏及詳文牌示並一時同官往來書牘第八卷則詩詞而終之以制藝一首其後政書之刻即因此本而增損之此編蓋猶其初稿至於詩詞本非所長制藝一首尤不入格亦不如政書之刊除潔淨也

平岳疏議一卷平海疏議一卷附平海咨文一卷師中小札一卷 山西巡撫採進本

國朝萬正色撰正色號中庵晉江人康熙十三年正色以岳州水師總兵官征吳三桂累立戰功平岳疏議作於是時尋提督福建水師同總督姚啓聖

平海壇及金廈兩島平海疏議及咨文作於是時小札亦是時師中作也

督漕疏草二十二卷山東巡撫採進本

國朝董訥撰訥字茲重號默菴平原人康熙丁未進士官至江南總督是編乃其督理漕河時所上疏草皆吏牘之文

奏議稿無卷數江西巡撫採進本

國朝江蘩撰蘩有四譯館考已著錄是編冠以康熙二十五年蘩由靈寶縣知縣擢御史時

御試策二道次爲陝西道御史時疏三篇次爲巡視東城時疏二篇次爲協理江西道時疏三篇次爲巡視北城時疏一篇次爲巡視長蘆鹽課時疏三篇次爲掌山東道時疏一篇掌京畿道時疏一篇

撫豫宣化錄四卷 內府藏本

國朝田文鏡撰文鏡正黃旗漢軍官至河東總督謚端肅是編乃文鏡官河南巡撫時奏疏一卷條奏一卷文移一卷告示一卷內文移又分一子卷均始於雍正二年七月迄五年九月惟告示迄於五

年正月前有河南布政司費金按察使彭惟新分守開歸河道楊夢琰河務兵備道祝兆鵬分守河北兵備道朱藻分巡南汝光道孫蘭芬會請刊刻詳文一道及文鏡批詞

河防疏畧二十卷兩淮馬裕家藏本

國朝朱之錫撰之錫字孟九號梅麓義烏人康熙壬辰進士官至兵部尚書都察院右副都御史總督河道是編卽其治河奏稿也以上專集

赤城論諫錄十卷浙江巡撫採進本

明謝鐸黃孔昭同編鐸字鳴治天順甲申進士官至禮部侍郎兼國子監祭酒謚文肅孔昭字世顯天順庚辰進士官至工部侍郎謚文毅事迹具明史本傳二人皆天台人是編裒其鄉先輩奏議自南宋至明初凡十四人文六十六篇又吳芾葉夢鼎二人在宋末亦以言事著稱而奏稿不可復得亦附名於後畧載其出處行事以存其人焉

大儒奏議六卷江蘇巡撫採進本

明邵寶撰寶有左觽已著錄是書取宋二程子及

朱子奏議彙抄成帙蓋寶督學江西時所刊然三子以道學傳不以經濟見也

右編四十卷 直隸總督採進本

明唐順之編順之有廣右戰功錄已著錄是編所錄皆歷代名臣議事之文凡分二十一門九十子目古來崇論宏議切於事情可資法戒者菁華畧備其曰右編者取右史記言之義也然其稿未定而順之歿後萬歷中焦竑得其殘本南京國子監祭酒劉曰寧司業朱國楨仿左編義例爲定其部

分且補其遺軼付之梓然其中所補之文如司馬
師上高貴鄉公勸學書李斯諫秦王逐客書及唐
武后時諸臣所上書多以詞藻見收恐非昇順之本
意又如論晉鑄刑鼎一書自是左氏之文而題曰
仲尼尤爲無識蓋明自萬歷以後國運旣頹士風
亦佻凡所著述率竊據前人舊帙而以私智變亂
之曰寧等之補此書亦其一也

明疏議輯畧三十七卷內府藏本

明張瀚編是書乃瀚官大名知府時督學御史院

鷄以世所行名臣經濟錄名臣奏議二書去取猥雜因屬瀚別加刪補以成此本畧仿宋名臣奏議之例分君道聖學修省釐正納諫史職銓選考課財計賦役征榷漕運荒政禮儀律歷陵廟祀典制科學校武備征伐撫治馬政禦邊議獄屯田河渠營繕風紀糾劾三十門然當時有所避忌所載亦不能盡備也

嘉隆疏抄二十卷內府藏本

明張鹵編鹵字名和儀封人嘉靖乙未進士歷官

右副都御史調南京太常寺卿是編專錄嘉靖隆慶兩朝臣僚奏疏分三十七類凡四百餘篇蓋續張瀚疏議輯畧而作故類例雖稍有出入而大致畧相仿佛云

兩朝疏抄十二卷 浙江范懋柱家天一閣藏本

明顧爾行編爾行歸安人萬歷甲戌進士官大名府推官初張瀚撰疏議輯畧所載止武宗以前故爾行復錄世宗穆宗朝諸疏以續其書明至世宗以後紀綱日弛議論日多當時諸疏或忿爭詬戾

使聽者不平或支蔓冗沓使讀者欲臥士大夫淳厚忠樸之風自是漸壞其間忠義激發非爲名計者亦參襍其中然混淆而不能别矣是則世運爲之也

留臺奏議二十卷 浙江巡撫採進本

明朱吾弼李雲鵠蕭如松孫居相同編取正嘉隆萬間南京御史所上奏疏分二十門所載諸疏四人自撰者爲多露才揚己蓋所不免焉雲鵠字黄羽內鄉人萬歷壬辰進士如松字鶴侶內江人居

相字拱陽沁水人並萬歷已丑進士時皆官南京御史故與吾弼同輯是編也

右編補十卷 直隸總督採進本

明姚文蔚編文蔚字元素錢塘人萬歷壬辰進士官至太僕寺卿初唐順之爲右編其書未完劉曰寧補而葺之尚多缺畧文蔚因取永樂中所修名臣奏議拾其所遺其門目則仍從奏議之舊分四十二類大抵皆習見之文特於順之所不錄者覆爲掇拾以成一編耳

古奏議無卷數 兩江總督採進本

明黃汝亨編汝亨字貞父仁和人萬歷戊戌進士官至江西提學僉事轉布政司參議此書輯古人奏議自戰國迄於唐宋共一百一十首每首系以評論然若蘓秦范雎韓非輩不過辯士功利之談論文則當取其工論奏議則當斥其詭奈何託始於是也

二李先生奏議二卷 副都御史黃登賢家藏本

明徐宗夔編宗夔字儆虞蘓州人是集選錄李夢

陽李三才二人奏議夢陽以風節振一世三才結納東林亦負當代之望而智數用事不及夢陽之伉直其爲人不甚相類宗夔以二人俱產關中故合刻之末各附詩數首於體例亦爲不倫

奏議稽詢四十四卷湖北巡撫採進本

國朝曹本榮編本榮黃岡人順治己丑進士官至侍講學士是書仿歷代名臣奏議之體彙輯自周訖明諸臣奏疏分三十六門然自君德至弭盜六十五門止二十六卷其中律歷一門又有錄無書最

後禦邊一門自二十七卷起至四十四卷止共十八卷未免繁簡不倫體例未能盡善疑草剏未全之本也以上總集

右詔令奏議類奏議之屬九十部八百二十八卷內十部無卷數皆附存目

欽定四庫全書總目 史部

卷五十七

12225

欽定四庫全書總目卷五十七

史部十三

傳記類一

紀事始者稱傳記始黃帝此道家野言也究厥本源則晏子春秋是即家傳孔子三朝記其記之權輿乎裴松之註三國志劉孝標註世說新語所引至繁蓋魏晉以來作者彌夥諸家著錄體例相同其參錯混淆亦如一轍今略爲區別一曰聖賢如孔孟年譜之類二曰名人如魏鄭

公諫錄之類三曰總錄如列女傳之類四曰雜錄如驂鸞錄之類其杜大圭碑傳琬琰集蘇天爵名臣事略諸書雖無傳記之名亦各核其實依類編入至安祿山黃巢劉豫諸書既不能遽削其名亦未可薰蕕同器則從叛臣諸傳附載史末之例自為一類謂之曰別錄

孔子編年五卷　浙江范懋柱家天一閣藏本

舊本題宋胡舜陟撰考書首有紹興八年舜陟序乃自靜江罷歸之日命其子仔所撰非舜陟自作

也舜陟字汝明績溪人大觀三年進士靖康間官
侍御史南渡初知廬州有禦寇功更歷數鎮最後
爲廣西經略使欲爲秦檜父建祠高登不可因劾
登以媚檜會以他事忤檜意亦逮治死於獄事蹟
具宋史本傳仔字元任後流寓吳興嘗輯詩話行
於世即所謂苕溪漁隱者是也是書輯錄孔子言
行以論語春秋三傳禮記家語史記諸家所載按
歲編排體例亦如年譜其不曰年譜而曰編年尊
聖人也自周秦之間讖緯雜出一切詭異神怪之

說率托諸孔子大抵誕謾不足信仔獨依据經傳考尋事實大旨以論語爲主而附以他書其採掇頗爲審慎惟諸書紀錄聖言不能盡載其歲月仔既限以編年不免時有牽合如左氏襄公二十一年鄭人游鄉校傳仲尼聞是語也云云杜預注謂仲尼於是十歲長而後聞之知孔子爲此言不當在是年也仔乃繫其事於十歲之下殊爲疎舛又禮記儒行篇對魯哀公云云則繫之六十八歲哀公問篇大禮何如云云則又繫之七十二歲不知

何所據而云然此類尤失於穿鑿然由宋迄元明集聖蹟者其書日多亦猥雜日甚仔所論次猶爲近古故錄冠傳記之首以見濫觴所自焉

東家雜記二卷 浙江范懋柱家天一閣藏本

宋孔傳撰傳字世文至聖四十七代孫建炎初隨孔端友南渡遂流寓衢州紹興中官至右朝議大夫知撫州軍州事兼管內勸農使封仙源縣開國男是編成於紹興甲辰上卷分九類曰姓譜曰先聖誕辰諱日曰母顏氏曰娶亓官氏曰追封謚號

曰歷代崇封曰嗣襲封爵沿改曰改衍聖公曰鄉官下卷分十二類曰先聖廟曰手植檜曰杏壇曰後殿曰先聖小影曰廟栢曰廟中古碑曰本朝御製碑曰廟外古跡曰齊國公墓曰祖林古跡曰林中古碑其時去古未遠舊跡多存傳又生長仙源事皆目覩故所記特爲簡核前有孔子生年月日考異一篇末題淳祐十一年辛亥秋九月戊午朔去疾謹書末有南渡廟記一篇題寶祐二年二月甲子汝騰謹記二人宋宗室子故皆不署姓去疾

稱舊有尹梅津跋此本無之而後有淳熙元年葉夢得跋蓋三篇皆重刻所續入也去疾考中歷駁諸家之誤而以爲春秋用夏正定孔子生於十月二十一日卒於四月十八日其說殊謬殆由是時理宗崇重道學胡安國傳方盛行故去疾據以爲說歟錢曾讀書敏求記曰壬戌冬日葉九來過芳草堂云有宋槧本東家雜記因假借繕寫此書爲先聖四十七代孫孔傳所編首列杏壇圖說記夫子車從出國東門因觀杏壇歷級而上顧弟子曰

兹魯將臧文仲誓將之壇也覩物思人命琴而歌其歌曰寒暑往來春復秋夕陽西去水東流將軍戰馬今何在野草閑花滿地愁考諸家琴史俱失載附錄於此詳其語意未知果爲夫子之歌否也云云按此歌僞妄不辨而明曾乃語若存疑蓋其平生過尊宋本之失然曾云三卷此本實二卷曾云首列杏壇圖說此本杏壇爲下卷第三篇且有說無圖亦無此歌不知曾所見者又何本也其或誤記歟

右傳記類聖賢之屬一部七卷皆文淵閣著錄

案以上所錄皆聖蹟也以存目之中有諸賢之敘錄名統於一故總標曰聖賢

晏子春秋八卷 編修勵守謙家藏本

舊本題齊晏嬰撰晁公武讀書志嬰相景公此書著其行事及諫諍之言崇文總目謂後人採嬰行事爲之非嬰所撰然則是書所記乃唐人魏徵諫錄李絳論事集之流特失其編次者之姓名耳題爲嬰者依託也其中如王士禎池北偶談所摘齊

景公圉人一事鄙倍荒唐殆同戲劇則妄人又有所竄入非原本矣劉向班固俱列之儒家中惟柳宗元以爲墨子之徒有齊人者爲之其旨多尚兼愛非厚葬久喪者又往往言墨子聞其道而稱之薛季宣浪語集又以爲孔叢子詰墨諸條今皆見晏子書中則嬰之學實出於墨蓋嬰雖略在墨翟前而史角止魯實在惠公之時見呂氏春秋仲春記當染篇故嬰能先宗其說也其書自史記管晏列傳已稱爲晏子春秋故劉知幾史通稱晏子虞

卿呂氏陸賈其書篇第本無年月而亦謂之春秋然漢志惟作晏子隋志乃名春秋葢二名兼行也漢志隋志皆作八篇至陳氏晁氏書目乃皆作十二卷葢篇帙已多有更改矣此爲明李氏綿眇閣刻本内篇分諫上諫下問上問下雜上雜下六篇外篇分上下二篇與漢志八篇之數相合若世所傳烏程閔氏刻本以一事而内篇外篇複見所記大同小異者悉移而夾註内篇下殊爲變亂無緒今故仍從此本著錄庶幾猶略近古焉

按晏子一書由後人摭其軼事爲之雖無傳記之名實傳記之祖也舊列子部今移入於此

**魏鄭公諫錄五卷** 浙江鮑士恭家藏本

唐王方慶撰方慶名綝以字行其先自丹陽徙咸陽武后時官至鸞臺侍郎同鳳閣鸞臺平章事終於太子左庶子封石泉縣公諡曰貞事蹟具新唐書本傳此書前題尚書吏部郎中蓋高宗時所居官本傳不載史文脫畧也傳稱方慶博學練朝章

著書二百餘篇此乃所錄魏徵事蹟唐書藝文志以爲魏徵諫事司馬光通鑑書目以爲魏元成故事標題互異惟洪邁容齋隨筆作魏鄭公諫錄與此相合方慶在武后時嘗以言悟主召還廬陵後建言不斥太子名以示復位之漸皆人所難能蓋亦思以伉直自見者故於徵諫爭之語摭錄最詳司馬光通鑑所記徵事多以是書爲依据其未經採錄者亦皆確實可信足與正史相參証元至順中翟思忠又嘗作續錄二卷世罕流傳明蘇州彭

年採通鑑唐書補爲一卷今思忠所續錄二卷已於永樂大典內裒輯成編年書寥寥數條殊爲贅設今故删年所補不復附綴此書之末焉

李相國論事集六卷 浙江孫仰曾家藏本

舊本題曰李深之文集唐李絳撰深之絳字也隴西人擢進士補渭南尉歷中書門下平章事事蹟具新唐書本傳今考其書乃唐史官蔣偕編絳奏議之文與論諫之事雖以集名實魏徵諫錄之類也前有大中五年偕自序稱今中執法夏侯公授

余以公平生所論諫凡數十事其所爭皆磊磊有直臣風概讀之令人激起忠義始自內廷終於罷相次成七篇著之東觀目爲李相國論事集云云其說本明此本標題殆後人傳寫所妄改歟偕序稱七篇今佚其一所存惟爲翰林學士時四十六事爲戶部侍郎時四事爲宰相時十五事共六十五條敘事朴拙頗乏文采謝狀賀表之類雜錄其間多與論諫無關又批答賀屏風一條宣示李栻密疏一條盛夏對宰臣一條皆憲宗之事尤與絳

無涉編次蕪雜亦乖體例然遺聞舊事紀錄頗詳多新舊唐書所未載亦足以備考核王楙野客叢書引其救鄭絪一條論採擇良家子一條謂足補唐書之疎葉夢得避暑錄話引其論吐突承璀安南寺碑樓一條訂唐書之誤是亦有裨史事之一證矣陸游集有此書跋稱舊有兩本其一本七卷無序其一本一卷史官蔣偕作序以序考之偕所序蓋七卷者今一卷之本未見而此爲七卷之殘本乃有偕序豈後人以游跋更正歟

杜工部年譜一卷 江蘇巡撫採進本

宋趙子櫟撰子櫟字夢授太祖六世孫元祐六年進士紹興中官至寶文閣直學士事蹟具宋史本傳子櫟與曾𡋯均紹興中人然子櫟撰此譜時似未見𡋯譜故篇中惟辨呂大防謂甫生於先天元年之誤考宋人所作甫年譜又有蔡興中黃鶴二家皆以甫五十九歲為大歷庚戌獨子櫟持異議以為卒於辛亥之冬不知辛亥甫年六十且子櫟以五年庚戌晚秋長河送李十二為甫絕筆甫生

平著述不輟若以六年冬暴疾卒何至一年之內竟無一詩此又其不確之證也其所援引亦簡略不及魯譜之詳以其舊本而存之以備參考焉爾

杜工部詩年譜一卷 江蘇巡撫採進本

宋魯訔撰訔字季欽嘉興人官至福建提點刑獄公事周必大平園集有訔墓誌述其官階始末甚詳諸書或云字季卿或云海鹽人或云仕至太府卿皆誤也訔嘗注杜詩今存者惟此譜篇首有訔編次杜工部詩序末有王士禎跋謂甫年譜創始

於呂汲公大防嘗以甫生於睿宗先天元年壬子卒於大歷五年庚戌蓋承呂譜之舊也考甫生卒之歲諸書往往錯互舊唐書謂甫卒於永泰二年永泰在大歷之前甫詩有大歷三年以下諸作則舊書爲誤王觀國辨之是也然觀國云甫生於先天元年癸丑卒於大歷五年辛亥不知癸丑乃先天之二年即開元元年辛亥乃大歷六年則觀國亦未深考矣元稹作甫墓誌云享年五十九王洙原叔注子美詩序曰大歷五年甫下峽入湖南游

衡山寓居耒陽五年夏一夕醉飽卒大歷五年爲庚戌歲上距先天元年壬子適五十有九年則甫生於壬子無疑豈此譜根據呂譜未嘗誤也姚桐壽樂郊私語云杜少陵集自游龍門至過洞庭詩目次第爲季卿編定一循少陵平生行跡可以見其詩法近時滏陽張氏吳江朱氏所注杜詩其年譜大率仿此而推拓之仰寄於趙子櫟譜多矣雖間有附會又烏可以一眚掩乎

紹陶錄二卷 江蘇巡撫採進本

宋王質撰質有詩總聞已著錄質於淳熙中奉祠山居以陶潛陶宏景皆棄官遺世其同時唐汝舟鹿何可繼其風因作此書上卷載栗里華陽二譜而各摘其遺文遺事爲題别爲詞以咏之下卷紀唐鹿事而附以林居咏物之詩其曰山友詞者皆咏山鳥曰水友詞者皆咏水鳥曰山友續詞者皆咏山草曰水友續詞者皆咏水草曰山水友續詞者則雜咏禽蟲諸物蓋質以耿直忤時阨於權倖晚歲欲絶人逃世故以鳥獸草木爲友蓋亦發憤

之作舊於雪山集外別行

國朝康熙中商邱宋犖嘗摘錄其山友諸詞分爲五卷改題曰林泉結契亦取其有寄懷塵外之致也今觀錄中諸作雖惟意所云往往不甚入格然人品既高神思自別誦其詞者賞之於酸鹹之外可矣

金陀粹編二十八卷續編三十卷 兩淮鹽政採進本

宋岳珂撰珂有九經三傳沿革例已著錄是編爲辨其祖岳飛之寃而作珂別業在嘉興金陀坊故

以名書稡編成於嘉定戊寅續編成於紹定戊子稡編凡高宗宸翰三卷鄂王行實編年錄六卷鄂王家集十卷籲天辨誣五卷天定錄三卷籲天辨誣者記秦檜等之鍛鍊誣陷每事引當時記載之文如熊克中興小紀王明清揮麈錄之類而珂各繫辨証天定錄者則飛經昭雪之後朝廷復爵褒封謚議諸事也續編凡宋高宗宸翰摭遺一卷絲綸傳信錄十一卷天定別錄四卷百氏昭忠錄十四卷絲綸傳信錄者飛受官制劄及三省文移劄

付天定別錄者岳雲岳雷岳霖岳甫岳琛等辨誣復官告制劄及給還田宅諸制百氏昭忠錄者飛歷陣戰功及歷官政績經編於國史及宋人劉光祖等所作碑刻行實黃元振等所編事蹟以次彚敘者也其宸翰拾遺中舞劍賦乃唐喬潭之作因高宗御書以賜故亦載焉編首自序稱況當規恢大有爲之秋魚復之圖穀城之略豈無一二可俎豆於斯世檢其所當行稽其所可驗而勿視之芻狗之已陳云云殆開禧敗衂之後端平合擊以前

時局又漸主戰故珂云爾也其書歲久散佚元至正二十三年重刻於江浙行省陳基爲之序又有戴洙後序稱舊本佚闕徧求四方得其殘編斷簡參互考訂復爲成書故書中脫簡闕文時時而有明嘉靖中刻本並仍其舊今無從考補亦姑仍嘉靖舊刻錄之焉

象臺首末五卷 浙江鄭大節家藏本

宋胡知柔編知柔父夢昱字季昭號竹林愚隱吉水人嘉定丁丑進士官大理評事以論濟王事貶

死象州寶慶元年追贈員外郎咸淳三年追謚剛簡知柔始末未詳考高斯得恥堂存稿有感一首稱近者昌言多出諸賢之後其註中有胡評事夢昱之子不著其名或即知柔歟則亦以忠諫世其家者也知柔於寶祐四年編其奏疏遺文後又益以謚議及諸家贈答題跋之作以成此書而彈文亦具載焉其編次頗無法度如第一卷封事及上史彌遠書之下忽攙以李孝先梁成大糾彈夢昱二疏及徐瑄救夢昱書其下又有夢昱祭弟文一

篇其下又以追復省劄之類共爲一卷第二卷告詞行述之下忽攙以夢昱所進劄子四篇其下又贊以趙文等所作夢昱水石圖贊五首共爲一卷第三卷諸人贈詩十八首之下忽攙入夢昱自詠步王盧溪韻詩二首再寄二首其下又載他人詩七首共爲一卷夢昱自詠榕陰圖一首其下又載他人詩十六首共爲一卷第四卷爲諸家哀詞祭文題跋而第五卷省劄謚議反居其後末附像贊六首又與水石圖贊各編而出身印紙題跋亦與

封事題跋各編均龐雜無緒又其書作於宋理宗時安得載及元明人詩文殆必其後人所竄亂非知柔之舊矣徒以夢旦氣節足重故流傳至今而宋史夢旦無傳所載亦不免闕漏今特著之錄以示表章之義焉

魏鄭公諫續錄二卷　永樂大典本

不著撰人名氏案元伊足鼎原作亦祖丁今改正魏鄭公諫錄序云唐王綝諫錄五卷至順初下邳翟思忠爲常州知事摭其餘爲續錄二篇其書刻於元統中

明初已罕流傳故彭年蒐采遺文爲續錄一篇以補其闕此本載永樂大典中綴王綝所作諫錄之後篇數與伊足鼎所說合蓋即翟思忠所續本也王氏所輯諫錄僅據其所見聞未能賅備唐書魏徵本傳所云前後凡二百餘奏無不剴切當帝心者已不盡傳其他片語單詞隨時獻納者更爲史所不盡紀此本雖捃拾衆說與史傳間有異同且有實非諫諍之事而泛濫入之錄中者然大旨明白切要於治道頗爲有補要非他小說雜記比也

據伊足鼎序稱思忠起家爲儒官曾著易傳衍太元蓋亦好學稽古之士然朱彝尊經義考二書悉不著錄蓋不特著作散佚併其名氏翳如矣兹編得復見於世豈非幸乎

忠貞錄三卷附錄一卷江蘇巡撫採進本

明李維樾林增志同編維樾字蔭昌增志字可任俱吉州安福人是編爲其同里卓敬而作卷一爲遺稿凡詩十九首序二首誌錄一首而冠以像贊及遺稿序卷二卷三爲後人記載題詠詩文而附

錄黄養正陳茂烈二傳皆敬鄉人也然養正爲敬門人又死於土木之難其附錄爲宜茂烈與敬别無淵源而又以棄官養母終於鄉里其事截然不類附之忠貞錄中名實舛矣敬非惟死節慷慨震耀千古即於乘燕王來朝之時密請乘其不意從封之於南昌計亦良善其疏雖無完本然劉球所作傳中尚載其略不錄之於遺稿中亦編次之疎也敬在明初不以詩名而所作落落有氣格如五言之小舟衝浪出幽鳥背人飛七言之白雲忽去

山在戶紅日乍晴八倚欄絕句晚眺云浣花溪上雙楠木老杜草堂生夏寒門外青山三十六讀書終日倚欄杆題山水云長松雨過秋聲滿日日攜琴自往回安得扁舟乘晚興載將山色過江來栽梅云風流東閣題詩客瀟灑西湖處士家雪冷江深無夢到自鋤明月種梅花亦皆有致惜其所傳不多不能自爲一集故仍從崔與之集例入之傳記類焉

諸葛忠武書十卷　兩江總督採進本

明楊時偉編時偉有春秋編年舉要已著錄初太倉王士驥撰武侯全書十六卷時偉病其蕪累更撰是書存其連吳南征北伐調御法檢遺事六卷而增年譜傳畧紿漢雜述四卷共爲十卷昔陳壽所進諸葛亮集二十四篇其文久佚惟其目尚見亮傳末今世所傳亮集四卷由後人採摭而成文多依托如梁父吟黄陵廟記之類時偉皆釐正其訛又如小說所載轉生韋皐之類亦援据正史糾其附會較他本特爲詳審其排比事迹具有條理

可以見亮之始末亦較士驥原本特爲精核舊本與陶潛集合刻題曰忠武靖節二編蓋寓意於進則當爲亮退則當爲潛然潛之詩文自爲別集之流亮之事迹自爲傳記之類難以併爲一書故今錄此書於史部而潛集則仍著錄於集部焉

寧海將軍固山貝子功績錄一卷內廷藏本

不著撰人名氏所記乃惠獻貝子富喇塔平定浙東之事康熙十三年耿精忠據福建反

聖祖仁皇帝命富喇塔爲寧海將軍同大將軍康親王傑

書統兵討之是年至台州破賊於黃瑞山又連破之紫雲山九里寺山十四年敗其衆於黃土嶺賊將曾養性乘夜遁去遂復黃巖縣進取溫州浙東底定其事具載宗室王公功績表傳及八旗通志中是書蓋即台人所編自十三年四月耿逆初叛至十四年八月賊黨自台州遁還溫州凡所聞見各舉崖略隨條紀錄所述戰功次第雖不若

國史所載見於奏報者明晰賅備而情事之委折節目之纖悉土人得諸目擊者縷舉爲詳以與本傳

相較亦時有足資參核者焉書前原有記略一篇別記貝子溫台二郡戰績又撫嵊事實一篇紀嵊縣土寇應賊貝子遣兵討定之事亦俱不言何人所撰又平閩功績聞見錄一篇爲閩人金泳所作乃記貝子自浙進兵平閩之事其文亦頗詳悉謹各仍其舊附錄於末以備互稽惟原本各條下俱綴以七言絕句凡九十六首詞旨淺俚無足採錄今並從刊刪云

朱子年譜四卷考異四卷附錄二卷 兵部侍郎紀昀家藏本

國朝王懋竑撰懋竑字予中寶應人康熙戊戌進士授安慶府教授雍正癸卯特召入直內廷改翰林院編修初李方子作朱子年譜三卷其本不傳明洪武甲戌朱子裔孫境別刊一本汪仲魯爲之序已非方子之舊正德丙寅婺源戴銑又刊朱子實紀十二卷惟主於鋪張襃贈以誇講學之榮殊不足道至嘉靖壬子建陽李默重編年譜五卷自序謂猥冗虛謬不合載者悉以法削之視

舊本存者十七然黙之學源出姚江陰主朱陸始異終同之說多所竄亂彌失其真

國朝康熙庚辰有婺源洪氏續本又有建寧朱氏新本及武進鄒氏正訛本或詳或略均未爲精確懋竑於朱子遺書研思最久因取李本洪本互相參考根據語錄文集訂補舛漏勒爲四卷又備列其去取之故仿朱子校正韓集之例爲考異四卷併採掇論學要語爲附錄二卷綴之於末其大旨在辨别爲學次序以攻姚江晚年定論之說故於學

問特詳於政事頗略如淳熙元年劾奏知台州唐
仲友事後人頗有異論乃置之不言又如編類小
學旣據文集定爲劉子澄而編類綱目乃不著出
趙師淵楚詞集註本爲趙汝愚放逐而作乃不著
其名至於生平著述皆一一縷述年月獨於陰符
經考異參同契考異兩書不載其名亦似有意諱
之然於朱子平生求端致力之方考異審同之辨
原原本本條理分明無程瞳陳建之浮囂而金谿
紫陽之門徑開卷瞭然是於年譜體例雖未盡合

以作朱子之學譜則勝諸家所輯多矣

右傳記類名人之屬十三部一百一十三卷皆文淵閣著錄

案此門所錄大抵名世之英與文章道德之士也不曰名臣而曰名人者其中或苦節卓行而山林終老或風流文采而功業無聞槩曰名臣殊乖其實統以有聞於後之稱庶爲兼括之通詞爾

古列女傳七卷續列女傳一卷内府藏本

漢劉向撰向字子政本名更生楚元王之後以父任爲輦郎歷中壘校尉事蹟具漢書本傳漢書藝文志儒家類載向所序六十七篇註曰新序說苑世說列女傳頌圖也隋書經籍志雜傳類載列女傳十五卷註曰劉向撰曹大家注其書屢經傳寫至宋代已非復古本故曾鞏序錄稱曹大家所注離其七篇爲十四與頌義凡十五篇而益以陳嬰母及東漢以來凡十六事非向本書然也嘉祐中集賢校理蘇頌始以頌義編次復定其書爲八篇

與十五篇者並藏於館閣是肇校錄時已有二本也又王回序曰此書有母儀賢明仁智貞慎節義辨通嬖孽等目而各頌其義圖其狀總爲卒篇傳如太史公記頌如詩之四言而圖爲屏風然世所行向書乃分傳每篇上下併頌爲十五卷其十二傳無頌三傳同時人五傳其後人通題曰向撰題其頌曰向子歆撰與漢史不合故崇文總目以陳嬰母等十六傳爲後人所附予以頌考之每篇皆十五傳耳則凡無頌者宜皆非向所奏書不特自

陳嬰母爲斷也向所序書多散亡獨此幸存而復
爲他手所亂故併錄其目而以頌證之删爲八篇
號古列女傳餘十二傳其文亦奧雅可喜故又以
時次之别爲一篇號續列女傳又稱直秘閣吕縉
叔集賢校理蘇子容象山令林次中各言嘗見母
儀賢明四傳於江南人家其畫爲古佩服而各題
其頌像側是回所見一本所聞一本所删定又一
本也錢曾讀書敏求記曰此本始於有虞二妃至
趙悼后號古列女傳周郊婦人至東漢梁嫕等以

時次之别爲一篇號續列女傳頌義大序列於目錄前小序七篇散見目錄中間頌見各人傳後而傳各有圖卷首標題晉大司馬參軍顧愷之圖畫蘇子容嘗見江南人家舊本其畫爲古佩服各題其頌像側者與此恰相符合定爲古本無疑云云此本卽曾家舊物題識印記並存驗其板式紙色確爲宋槧誠希覯之珍笈惟蘇頌等所見江南本在王回删定以前而此本八篇之數與回本合古列女傳續列女傳之目亦與回本合卽嘉祐八年

回所重編之本嘗遽以爲江南舊本則稍失之耳
其頌本向所作曾鞏及回所言不誤而晁公武讀
書志乃執隋志之文詆其誤信顏籀之註不知漢
志舊註凡稱師古曰者乃籀註其不題姓氏者皆
班固之自註以頌圖屬向乃固說非籀說也考顏
氏家訓稱列女傳劉向所造其子歆又作頌是訛
傳頌爲歆作始於六朝修隋志時去之推僅四五
十年襲其誤耳豈可遽以駁漢書乎續傳一卷曾
鞏以爲班昭作其說無證特以意爲之晁公武竟

以爲項原作則舛謬彌甚隋志載項原列女後傳十卷非一卷也必牽引旁文曲相附會則隋志又有趙母註列女傳七卷高氏列女傳八卷皇甫謐列女傳六卷綦毋邃列女傳七卷又有曹植列女傳頌一卷繆襲列女讚一卷將續傳亦可牽爲趙母等頌亦可牽爲曹植等矣又豈止劉歆班昭項原乎今前七卷及頌題向名續傳一卷則不署撰人庶幾核其實而闕所疑焉

高士傳三卷 江蘇巡撫採進本

晉皇甫謐撰謐字士安自號元晏先生安定朝那人漢太尉嵩之曾孫嘗舉孝廉不行事迹具晉書本傳案南宋李石續博物志曰劉向傳列仙七十二人皇甫謐傳高士亦七十二人知謐書本數僅七十二人此本所載乃多至九十六人然太平御覽五百六卷至五百九卷全收此書凡七十一人其七十人與此本相同又東郭先生一人此本無而御覽有合之得七十一人與李石所言之數僅佚其一耳蓋御覽久無善本傳刻偶脫也此外子

州支父石戶之農小臣稷商容榮啟期長沮桀溺荷蓧丈人漢陰丈人顏斶十人皆御覽所引嵇康高士傳之文閔貢王霸嚴光梁鴻臺佟韓康矯慎法眞漢濱老父龐公十人則御覽所引後漢書之文惟披衣老聃庚桑楚林類老商氏莊周六人爲御覽此部所未載當由後人雜取御覽又稍摭他書附益之耳考讀書志亦作九十六人而書錄解題稱今自披衣至管寧惟八十七人是宋時已有二本竄亂非其舊矣流傳旣久未敢輕爲刪削然

其非七十二人之舊則不可以不知也

卓異記一卷內府藏本

舊本題唐李翺撰唐書藝文志則作陳翺註曰憲穆時人案李翺爲貞元會昌間人陳翺爲憲穆間人何以紀及昭宗其非李翺亦非陳翺甚明宋史藝文志作陳翰而註曰一作翺亦不言爲何許人其序稱開成五年七月十一日乃文宗之末年其次年辛酉乃爲武宗會昌元年何以書中兩稱武宗則非惟名姓舛譌併此序年月亦後人妄加而

書則未及竄改耳其書皆紀唐代朝廷盛事故曰卓異然中宗睿宗皆已廢而復辟一幽囚於悍母一廹脅於亂臣皆國家不幸之事稱爲卓異可謂無識之尤矣又讀書志稱所載凡二十七事今檢其標目僅有二十六條或佚其一或中宗睿宗誤合兩事爲一事均未可知也

春秋列國諸臣傳三十卷　兩江總督採進本

宋王當撰當字子思眉山人元祐中蘇轍以賢良方正薦廷對策入四等調龍游縣尉蔡京知成都

舉爲學官不就及京爲相遂不仕事蹟具宋史本傳史稱其嘗舉進士不中退居田野嘆曰士之居世苟不見用必見其言遂著列國名臣傳五十卷則此書其未仕時作也所傳凡一百九十一人各以贊附於後陳振孫書錄解題稱其議論純正文詞簡古於經義多所發明今核其書如謂曾哀公如討陳恒卽諸侯可得之類持論不免踳駁殊非聖人之本意史稱當博覽古人惟取王佐大略蓋其學頗講作用故其說云然然其編次時世前後

証引國語史記等書補左傳闕略該備無遺於經傳則實有補宋史藝文志載是書作五十一卷本傳則作五十卷均與此本不合殆三五字形相近傳寫悞歟玉海又載當同時有長樂鄭昂字尚明者亦作春秋臣傳三十卷以人類事凡二百十五人附名者又三十九人宋志亦著於錄與此書同名但無列國字後人傳錄此書或省文亦題春秋臣傳溷昴書矣今仍以舊名標題俾有別焉

廉吏傳二卷江蘇巡撫採進本

宋費樞撰樞字伯樞成都人自序題宣和乙巳蓋作於宋徽宗末年前有辛次膺序稱其以藝學中高第其仕履始末則無考也是書書錄解題作十卷此本秖分上下二卷與舊目不符然斷自列國訖於隋唐凡百十有四人與陳振孫所記人數相合則卷數有所合併文字無所刪薙也大旨以風厲廉隅為主故但能謹飭簠簋即略其他事節錄一長每傳各系以論斷如華歆褚淵之屬皆極為揚搉褒貶或偶失謹嚴如史稱蓋寬饒深刻喜陷

害人樞既病其淸太介不能容物庫狄士文史稱其深文陷害樞又惜其公正受禍持論亦自相矛盾然如載公孫宏並著其忌賢之謀載牛僧孺亦書其朋黨之罪綜核大致其議論去取猶可謂不誣不隱者矣

宋紹興十八年同年小錄一卷 兩淮馬裕家藏本

宋王佐榜進士題名錄也考劉一淸錢塘遺事宋時廷試放榜唱名後謁先聖先師赴聞喜宴列敘名氏鄉貫三代之類具書之謂之同年小錄是科

爲紹興戊辰南渡後第七科也所取凡三百三十八又特奏名四百五十七人其四百五十六人原本佚缺錄內僅存一人首載前一年御筆手詔次載策問及執事官姓名又次載進士榜名末乃載諸進士字號鄉貫三代後又附錄記董德以下三十二人之事而狀元王佐等三人對策之語亦載其略皆附會和議甚力不知何人所記疑宋元間相續而成非出一人之手也宋代同年小錄今率不傳惟寶祐四年榜以文天祥陸秀夫謝枋得三

人爲世所重如日星河岳亘古長留足以搘拄綱常振興風教而是榜以朱子名在五甲第九十講學之家亦自相傳錄得以至今明宏治中會稽王鑑之重刊於紫陽書院改名曰朱子同年錄夫進士題名統以狀頭曰某人榜進士國制也標以年號曰某年登科小錄亦國制也故以朱子傳是書可也以朱子冠是書而黜特選之大魁進綴名之末甲則不可以朱子重是書可也以朱子名是書而削帝王之年號題儒者之尊稱則尤不可鑑之

所稱葢徒知標榜門戶而未思其有害於名敎今

仍以原名著錄存其眞焉

伊雒淵源錄十四卷副都御史黃登賢家藏本

宋朱子撰書成於乾道癸巳記周子以下及程子

交遊門弟子言行其身列程門而言行無所表見

甚若邢恕之反相擠害者亦具錄其名氏以備考

其後宋史道學儒林諸傳多據此爲之葢宋人談

道學宗派自此書始而宋人分道學門戶亦自此

書始厥後聲氣攀援轉相依附其君子各執意見

或釀爲水火之爭其小人假借因緣或無所不至葉紹翁四朝聞見錄曰程源爲伊川嫡孫無聊殊甚嘗鬻米於臨安新門之草橋後有教之以干當路者著爲道學正統圖自考亭以下勦入當事姓名遂特授初品因除二令又以輪對改合入官遷寺監丞是直以伊洛爲市矣周密齊東野語癸辛雜識所記末派諸人之變幻又何足怪乎然朱子著書之意則固以前言往行矜式後人未嘗逆料及是儒以詩禮發冢非詩禮之罪也或因是併議

此書是又以噎而廢食矣

名臣言行錄前集十卷後集十四卷續集八卷别集二十六卷外集十七卷浙江鄭大節家藏本

前集後集並朱子撰續集别集外集李幼武所補編幼武字士英廬陵人據其續集序文葢理宗時所作其始末則未詳觀其外集所錄皆道學宗派則亦講學家矣趙希弁讀書附志載此書七十二卷今合五集計之實七十五卷殆傳刻者誤以五爲二歟朱子自序謂讀近代文集及紀傳之書多

有裨於世敎於是掇取其要聚爲此書乃編中所錄如趙普之陰險王安石之堅僻吕惠卿之姦詐與韓范諸人並列莫詳其旨明楊以任序謂是書各臚其實亦春秋勸懲之旨非必專以取法又解名臣之義以爲名以藏僞有敗有不敗者其置詞頗巧然劉安世氣節凜然爭光日月盡言集元城語錄今日尚傳當日不容不見乃不登一字則終非後人所能喻考吕祖謙東萊集有與汪尚書書曰近建寧刻一書名五朝名臣言行錄案祖謙所見乃前集

故但稱五朝云是朱元晦所編其間當考訂處頗多近亦往問元晦未報不知曾過目否晦庵集中亦有與祖謙書曰名臣言行錄一書亦當時草草爲之其間自知尚多謬誤編次亦無法初不成文字因看得爲訂正示及爲幸云云則是書瑕瑜互見朱子原自不諱講學家堅持門戶一字一句尊若春秋恐轉非朱子之意矣又葉盛水東日記曰今印行宋名臣言行錄前集後集續集別集外集有景定辛酉浚儀趙崇硂引云其外孫李幼武所輯且

云朱子所編止八朝之前士英所編則南渡中興之後四朝諸名臣也今觀後集一卷有李綱二卷有呂頤浩三卷有張浚皆另在卷前不在目錄中又缺殘脫板甚多頗疑其非朱子手筆爲後人所增損必多蓋朱子纂輯本意非爲廣聞見期有補於世教而深以虛浮怪誕之說爲非今其間吕夷簡非正人而記翦髭賜藥之詳余襄公正人而有杖臀懷金之恥蘇子瞻蘇木私鹽等事亦無甚關繫若此者蓋不　也李居安所謂翦截纂要豈是

之謂歟嘗見章副使繪有此書巾箱小本又聞叔簡尚寶家有宋末盧陵鍾堯俞所編言行類編舉要十六卷前後集尚俟借觀以祛所惑云云則盛於此書亦頗有所疑顧就其所錄觀之宋一代之嘉言懿行略具於斯旁資檢閱固亦無所不可矣幼武所補太抵亦步亦趨無甚出入其所去取不足以爲重輕以原本附驥而行今亦姑並存之備考核焉

名臣碑傳琬琰集一百七卷 浙江孫仰曾家藏本

宋杜大珪編大珪眉州人其仕履不可考自署稱進士而序作於紹熙甲寅則光宗時人矣墓碑最盛於東漢別傳則盛於漢魏之間張晏註史記據墓碑知伏生名勝司馬貞作史記索隱據班固泗上亭長碑知昭靈夫人姓温裴松之註三國志亦多引別傳其遺文佚事往往補正史所不及故講史學者恒資考證焉由唐及宋撰述彌繁雖其間韓愈載筆不乏諛言李翺摛詞亦多誣說而其議論之同異遷轉之次序拜罷之歲月則較史家爲

真故李燾作續通鑑長編李心傳作繫年要錄往往採用蓋以此也顧石本不盡拓摹文集又皆散見互考爲難大珪乃蒐合諸篇共爲三集上集凡二十七卷中集凡五十五卷下集凡二十五卷起自建隆乾德訖於建炎紹興大約隨得隨編不甚拘時代體製要其梗槩則上集神道碑中集誌銘行狀下集別傳爲多多採諸家別集而亦間及於實錄國史一代鉅公之始末亦約略具是矣中如丁謂王欽若呂惠卿章惇曾布之類皆當時所謂

姦邪而並得預於名臣其去取殊爲未當然朱子名臣言行錄趙汝愚名臣奏議亦濫及於丁謂王安石呂惠卿諸人蓋時代既近恩怨猶存其所甄别自不及後世之公此亦事理之恒賢者有所不免固不能獨爲大珪責矣

錢塘先賢傳贊一卷 浙江鄭大節家藏本

宋袁韶撰韶字彥純慶元人淳熙十三年進士授吳江丞歷參知政事贈太師越國公事蹟具宋史本傳韶嘗知臨安府請於朝建許由以下三十九

人之祠而各爲之傳贊事在寶慶丙戌至景定五年甲子而祠毀至正二年有呂淵者復其祠重鋟傳贊後二年丙戌浙江等處儒學提舉班惟志敘而行之是編猶元時舊刻所紀錄者雖止及一鄉之耆舊其中郎簡謝絳等十餘人又俱見於正史然是書爲宋人所撰又在元人修史之前於事實多所綜覈如東都事略謝絳傳稱陽夏人是書稱富陽人考宋史本傳謂其先陽夏人祖懿文爲杭州鹽官令葬富陽遂爲富陽人則是書較爲得實

又東都事略絳本傳不載絳判吏部流內銓及太常禮院亦不載罷吏部官職田及使契丹事此書詳之又是書錢彥遠傳贊載楊懷敏妄言契丹宗眞死乃除入內副都知內侍黎用信以罪竄海島赦歸遽得環衛官許懷德高年未謝事彥遠上疏極論之又言楊景宗郭承祐小人宜廢不用而東都事略彥遠本傳不載又錢藻傳贊載藻改翰林侍讀學士知審官東院卒神宗知其貧特賻錢五十萬贈大中大夫而東都事略藻本傳不載又錢

緦傳贊載王安石許用以御史緦辭謝安石知不附已命權鹽鐵判官又載奉使高麗却島王金銀器事而東都事畧緦本傳不載沈遘傳贊載知開封府後遷右諫議大夫丁母憂上賜黄金百兩居喪日一食旣葬廬墓側以卒而東都事畧遘本傳不載凡此多得之故老流傳頗爲詳贍修正史者因採以入傳故與宋史頗相脗合傳贊亦古雅可誦固非後來地志家夸飾附會之比也

慶元黨禁一卷 永樂大典本

不著撰人名氏宋史藝文志亦不著錄惟見永樂大典中題曰滄州樵叟撰蓋與紹興正論均出一人之手序稱淳祐乙巳則作於宋理宗十八年也考黨禁起於寧宗慶元二年八月弛於嘉泰二年二月是書之作蓋距弛禁時又四十四年矣宋代忠邪雜進黨禍相仍國論喧呶已一見於元祐之籍迨南渡後和議已成外憂暫弭君臣上下熙熙然燕雀處堂諸儒不鑒前車又尋覆轍求名既急持論彌高聲氣交通賢姦混糅浮薄詭激之徒相

率攀援釀成門戶遂使小人乘其瑕隙又與黨獄以中之蘭艾同焚國勢馴至於不振春秋責備賢者不能以敗亡之罪獨諉諸韓侂胄也且光寧授受之際趙汝愚等謀及宵人復處之不得其道致激成禍變於謀國尤疎恭讀

御題詩章於揖盜開門再三致意垂訓深切實為千古定評講學之家不能復以浮詞他說解矣書中所錄偽黨共五十九人如楊萬里嘗以黨禁罷官而顧未入籍其去取之故亦頗難解葢萬里之薦朱

子實出至公與依草附木攀援門戶者迥異故講學之家終不引之爲氣類觀所作誠齋易傳陳櫟胡一桂皆曲相排抑不使入道學之派知此書之削除萬里意亦如斯未可遽執爲定論也至如薛叔似晚歲改節依附權姦皇甫斌猥瑣梯榮僨軍辱國佹冑旣敗之後又復列名韓黨與張巖許及之諸人並遭貶謫陰陽反覆不可端倪而其姓名亦並見此書中豈非趨附者繁梟鸞並集之一證哉總之儒者明體達用當務潛修致遠通方當求

實濟徒博衛道之名聚徒講學未有不水火交爭
流毒及於宗社者東漢不鑒戰國之橫議南北部
分而東漢亡北宋不鑒東漢之黨錮洛蜀黨分而
北宋亡南宋不鑒元祐之敗道學派盛而南宋亡
明不鑒慶元之失東林勢衆而明又亡皆務彼虛
名受其實禍決裂潰覆之後執門戶之見者猶從
而巧爲之詞非公論也張端義貴耳集曰朝廷大
患最怕攻黨伊川見道之明不能免焉淳熙則曰
道學慶元則曰僞學深思由來皆非國家之福斯

言諒矣謹恭錄

御題冠此書之端用昭萬年之炯戒併詳著古來黨禍之由俾來者無惑焉

寶祐四年登科錄一卷 兩淮馬裕家藏本

宋文天祥榜進士題名也首列御試策題一道及詳定編排等官姓名其覆考檢點試卷官爲王應麟故宋史文天祥傳載考官王應麟奏其卷稱古誼若龜鑑忠肝如鐵石敢爲國家得人賀也其一甲第九人爲王應鳳卽應麟之弟蓋當時法制猶

疎未有引嫌迴避之制耳天祥本列第五理宗親擢第一第二甲第一人爲謝枋得第二十七人爲陸秀夫與天祥並以孤忠勁節揞拄綱常數百年後睹其姓名尚凜然生敬則此錄流傳不朽若有神物呵護者豈偶然哉五甲第一百八十九人朱晰以下原本脫去二十四人今檢錄中四甲二百二十七人趙與浦下注兄與鎮同榜而錄無其名又括蒼彙記有趙時陳堅衡州府志有羅雷春萬姓統譜有趙㫖金並稱寶祐四年進士而此錄亦

無之則皆在所闕內矣後有天祥對策一道理宗御製賜進士詩及天祥恭謝詩各一首天祥是年登第後卽丁父憂歸至己未始授簽書寧海節度判官廳公事故謝表中有自叨異數亦既三年之語此錄併載其表文乃後人所增附者也

## 京口耆舊傳九卷永樂大典本

不著撰人名氏明楊士奇文淵閣書目焦竑國史經籍志皆載其名亦不云誰作考書中蘇庠傳末云予家世丹陽先人卽其狀為詳又從其孫嚞借

家傳則作者當爲丹陽人庠卒於紹興十七年而作者得交其孫則當爲南宋末年人也其書採京口名賢事迹各爲之傳始於宋初訖於端平嘉熙間其中忠烈如陳東經濟如張慤張縯湯東野劉公彥風節如王存王遂蔣猷劉宰文學如沈括洪興祖書畫如米芾父子雖皆著在史傳而軼文逸事則較史爲詳至湯東野傳稱明受赦書至東野謀於張浚欲匿赦不宣而宋史浚本傳稱浚命守臣湯東野祕不宣其說互異証以劉宰漫塘集湯

侍郎勤王錄跋乃與此書所載合則足以訂宋史記錄之悞漫塘集稱陳東於欽宗時凡六上書高宗時凡四上書宋史東本傳第云於欽宗時五上書高宗時三上書證以此書乃知宋史有據漫塘集爲傳聞之訛王鞏甲申雜記謂陳亢以熙寧八年生廓與度證以此書廓中熙寧九年進士則距生歲止一年度中元豐三年進士則距生歲止四年尤足以糾小說附會之謬如此之類不一而足蓋是書體例全倣正史每爲一傳首尾該貫生卒

必詳與諸家雜說隨筆記載不備端末者不同故
事實多可依據於史學深爲有裨文淵閣書目載
是書不列卷數經籍志則作四卷今據永樂大典
所載裒合成編釐爲九卷考宋史地理志京口凡
丹徒丹陽延陵金壇四縣神宗熙寧五年改延陵
爲鎮併入丹陽則所存者僅三縣而此書異致堯
傳其人在宣和之季乃仍稱曰延陵人蓋沿襲舊
名偶然失改猶漢高帝十一年已改真定爲東垣
而南越王傳猶稱尉佗爲真定人史氏駁文不足

爲據今仍以三縣分隸庶從其實至於諸書所載互有同異則併附載各條之下以資考證焉

昭忠錄一卷 兩淮馬裕家藏本

不著撰人名氏所記皆南宋末忠節事蹟故以昭忠名篇自紹定辛卯元兵克馬嶺堡總管田璲等死節迄於國亡殉義之陸秀夫文天祥謝枋得等凡一百三十八人詳其詞義蓋宋遺民之所作也每條先列姓名官爵於前而紀其死難事實於後其文間有詳略而大都確實可據以宋史忠義傳互

相校核其爲史所失載者甚多即史傳所有亦往往與此書參錯不合如紹定辛卯西和州殉難之陳寅宋史亦有傳而其同死之守將楊銳則史竟失載其戰没事且訛其姓爲王銳又宋史林空齋傳以空齋爲林同之子考此書方知即同之號史又誤以劉仝子爲劉同祖併失載其被執自縊及其妻殉節等事凡此皆當以是書爲得實又張世傑在崖山及謝枋得被徵事所載亦比諸書爲詳考袁桷淸容居士集蘇天爵滋溪文集均有修元

史時採訪遺書之目不載此名孔齊至正直記所列修史應採諸書亦無此名知元時但民間傳錄未嘗上送史館故至正間纂修諸臣無由見也此本乃舊傳抄帙文字亦間有訛脫而大略尚可考見謹著之於錄庶一代忠臣義士未發之幽光復得以彰顯於世且俾讀宋史者亦可藉以考正其疎略焉

(清)紀昀等 纂

# 武英殿本四庫全書總目

第一八册

國家圖書館出版社

# 第一八册目録

欽定四庫全書總目 史部

卷五十八

欽定四庫全書總目卷五十八

史部十四

傳記類二

敬鄉錄十四卷浙江汪啟淑家藏本

元吳師道撰師道有戰國策校註已著錄是編以宋婺守洪遵東陽志所記人物尚有遺漏因蒐錄舊聞以補其闕始自梁朝迄於宋末每人先次其行畧而附錄其所著詩文亦有止著其目者或已散佚或從刪汰也明正德間金華守趙鶴有金華

文統十三卷葢以是錄爲藍本然鶴所編次往往重複舛漏如此錄載潘艮貴矯齋記靜勝齋記答雷公達書君子有三戒說四篇而文統止載矯齋記及雷公達書二篇删汰漫無義例殊不及師道本書又如宋方符所編宗忠簡遺集師道謂不及見故集中封事諸篇此錄不載然此錄有贈鷄山陳七四秀才五言一首方符所編轉未之及則零篇散什藉以存者不少矣至所編輯宋人小傳猶在宋史未成以前故記載多有異同若謂梅執禮

宻與諸將謀奪萬勝門夜入金營刼二帝歸范瓊
以爲無益獨吳革與趙子方結軍民得衆數萬王
時雍徐秉哲聞之懼使瓊泄謀於金師宋史及東
都事畧本傳俱不載僅畧見三朝北盟會編中惟
此書言之頗悉又若宋史載嘉定十四年三月丁
亥金師破黃州知州事何大節棄城遁死已亥金
師陷蘄州知州事李誠之死之是錄載李誠之死
事與宋史合而於何大節之遁則引劉克莊答傳
諫議伯成書辨大節初護齊安官吏士民過武昌

復自還齊安固守半月城破金師擁入大節死於赤壁磯下則大節實未嘗遁此事與史頗異亦可以資考證元好問中州集以詩存史爲世所重師道此書殆與相埒以其因人物以存文章非因文章以存人物與好問體例畧殊故隸之於傳記類焉

唐才子傳八卷永樂大典本

元辛文房撰文房字良史西域人其始末不見於史傳惟陸友仁研北雜志稱其能詩與王執謙齊

名蘇天爵元文類中載其蘇小小歌一篇耳是書原本凡十卷總三百九十七人下至妓女女道士之類亦皆載入其見於新舊唐書者僅百人餘皆從傳記說部各書采葺其體例因詩繫人故有唐名人非卓有詩名者不錄卽所載之人亦多詳其逸事及著作之傳否而於功業行誼則祗撮其梗概蓋以論文爲主不以記事爲主也大抵於初盛稍畧中晚以後漸詳至李建勳孫魴沈彬江爲廖圖熊皦孟賓于孟貫陳摶之倫均有專傳則下包

五代矣考楊士奇東里集有是書跋是明初尚有完帙故永樂大典目錄於傳字韻內載其全書今傳字一韻適佚世間遂無傳本然幸其各韻之內尚雜引其文今隨條摭拾裒輯編次共得二百三十四人又附傳者四十四人共二百七十八人謹依次訂正釐爲八卷按楊士奇跋稱是書凡行事不關大體不足爲勸戒者不錄又稱襍以臆說不盡可據今考編中如許渾傳稱其夢遊崑崙李羣玉傳稱其夢見神女襍采孟棨本事詩范攄雲溪

友議荒唐之說無當史裁又如儲光羲汚祿山僞命而稱其養浩然之氣尤乖大義他如謂駱賓王與宋之問唱和靈隱寺中謂中興間氣集爲高適所選謂李商隱曾爲廣州都督謂唐人效杜甫者惟唐彥謙一人乖舛不一而足葢文房抄撮繁富或未暇檢詳故謬誤牴牾往往襍見然較計有功唐詩紀事叙述差有條理文筆亦秀潤可觀傳後間綴以論多掎摭詩家利病亦足以津逮藝林於學詩者考訂之功固不爲無補焉

元朝名臣事畧十五卷（大學士于敏中家藏本）

元蘇天爵撰天爵字伯修眞定人由國子學生試第一釋褐授從仕郎蘇州判官終浙江行省叅知政事事蹟具元史本傳此書記元代名臣事實始穆呼哩（原作木華黎今改正）終劉因凡四十七人大抵據諸家文集所載墓碑墓誌行狀家傳爲多其襍書可徵信者亦採掇焉一一註其所出以示有徵葢仿朱子名臣言行錄例而始末較詳又兼仿杜大珪名臣碑傳琬琰集例但有所棄取不盡錄全篇耳

後蘇霖作有官龜鑑於當代事跡皆採是書元史列傳亦皆與是書相出入足知其不失爲信史矣

浦陽人物記二卷 浙江范懋柱家天一閣藏本

明宋濂撰濂有洪武聖政記已著錄是書凡五目曰忠義曰孝友曰政事曰文學曰貞節所紀共二十有九人而以進士題名一篇附於後歐陽元序稱其至公甚當不以私意爲予奪葢濂本以文章名世故所作皆具有史法其書本成於元時後人編輯濂集者止採錄其論贊而全書則仍別行此

本爲明宏治中歷陽王珍所重刻卷末有濂自跋稱始立稾而廉倸景淵遽取刊布牴牾者多今補定五十餘處視舊行爲小勝末題至正十三年此跋濂集亦未收蓋濂元時所作集多失載今所傳未刻稿皆至正時之遺文可以互證也

古今列女傳三卷 兩江總督採進本

明解縉等奉勅撰先是洪武中孝慈高皇后每聽女史讀書至列女傳謂宜加討論因請於太祖命儒臣考訂未就永樂元年成祖既追上高皇后尊

謚冊寶仁孝皇后因復以此書爲言遂命縉及黄淮胡廣胡儼楊榮金幼孜楊士奇王洪蔣驥沈度等同加編輯書成上進帝自製序文刊印頒行上卷皆歷代后妃中卷諸侯大夫妻下卷士庶人妻時仁孝皇后作貞烈事實以闡幽微顯頗留意風教故諸臣編輯是書稍爲經意不似五經四書大全之潦草所錄事蹟起自有虞迄於元明漢以前多本之劉向書後代則畧取各史列女傳而以明初人附益之去取頗見審愼葢在明代官書之中

猶爲善本此爲秀水項元汴家所藏乃明內府初刊之板黃虞稷千頃堂書目稱此書成於永樂元年十二月今考成祖御製序實題九月朔旦知虞稷未見原書僅據傳聞著錄矣

殿閣詞林記二十二卷浙江范懋柱家天一閣藏本

明廖道南撰道南有楚紀已著錄道南自正德辛巳改庶吉士由編修歷官侍講學士在禁垣最久嫻習掌故因集詞林殿閣宮坊臺省諸臣舊事分類記載以成是編其例凡仕至華蓋武英諸殿者

曰殿學文淵東閣者曰閣學兼六館者曰館學晉詹事者曰宮學屬春坊者曰坊學屬宏文者亦曰館學典成均者曰雍學陞本院者曰卿學有節義者曰贈學擅書翰者曰藝學終始本院者曰院學大概仿列傳之例悉載其官階恩遇而事實亦附見焉自卷九以下標題皆作國子監祭酒黄佐侍講學士廖道南同編蓋道南採掇黄佐翰林記之文不沒所自猶有前輩篤實之遺今亦仍從舊本並存其名焉

嘉靖以來首輔傳八卷 浙江汪啟淑家藏本

明王世貞撰世貞有弇山堂別集已著錄是編乃紀世宗穆宗神宗三朝閣臣事蹟案明自太祖罷設丞相分其事權於六部至成祖始命儒臣入直文淵閣參預機務但稱閣臣而不以相名其後閹倖干政閣臣多碌碌充位至嘉靖間始委政內閣而居首揆者責任尤專凡一時政治得失皆視其人為輕重故世貞作此書斷自嘉靖為始以明積漸所由來前有總序稱閣臣沿革始末已具年表

者卽指弇山堂別集中之百官表也其所載始楊廷和訖申時行皆以首輔爲主而間以他人事蹟附之於當時國事是非及賢姦進退之故序次詳悉頗得史法惟世貞與王錫爵同鄉錫爵家嘗妄言其女得道仙去世貞據爲作傳當時劾錫爵者或并劾世貞及世貞作此書時仍載入曇陽子事以申巳說不免文過遂非其餘所紀則大抵近實可與正史相參證不以一節之謬棄其全書也

明名臣琬琰錄二十四卷續錄二十二卷 浙江孫仰曾家藏本

明徐紘編紘字朝文武進人宏治庚戌進士以刑部郎中出爲廣東按察司僉事分巡嶺東終雲南按察使副使是書仿宋杜大珪名臣碑傳琬琰集而作所輯自洪武迄宏治九朝諸臣事蹟前錄所載一百十有七人續錄所載九十五人凡碑銘誌傳以及地志言行錄之類悉具焉其中如李景隆之喪師誤國不得謂之名臣惠安伯張昇在戚里中雖有賢聲而始終未嘗任事亦難與勳臣並列又如陳泰墓誌中稱冦深忌其才名嫉人誣劾而

李賢所作深墓志亦在錄中乃極稱其持法嚴明雖自附識語調停究不免彼此矛盾然明自成宏以前風會淳厚士大夫之秉筆者類多質直不支無緣飾夸大之詞尚屬可以取信且其中如郁新吳壽昌等凡數十人皆史傳所不詳考獻徵文亦足以資證据固非小說家言掇拾傳聞搆虛無據者比也

今獻備遺四十二卷 浙江巡撫採進本

明項篤壽撰篤壽有小司馬奏草已著錄是編採

明代名臣事蹟編爲列傳起洪武訖宏治計二百四人葢本袁袠所著而稍增損之明史藝文志亦載其目其曰備遺者自序謂姑備遺忘葢謙不以作史自任耳明人學無根柢而最好著書尤好作私史其以累朝人物彙輯成編者如雷禮之列卿記楊豫孫之名臣琬琰錄焦竑之國史獻徵錄卷帙最爲浩博而冗襍汜濫不免多所牴牾惟篤壽此書頗簡明有法其中所載如劉基飲西湖上見西北雲氣謂是天子氣在金陵我當輔之此術家

附會悠謬之談篤壽乃著之甚傳中殊失別擇又如徐有貞之悍鷙李東陽之摸稜張孚敬之偏愎皆未可稱一代完人而篤壽推尊過甚其進退亦爲寡識然叙述詳贍凡年月先後事跡異同皆可爲博考參稽之助於史學亦未嘗無禆焉

百越先賢志四卷 兩淮鹽政採進本

明區大任撰大任字楨伯廣東順德人嘉靖壬戌以歲貢除江都訓導遷光州學正又遷國子監博士官至南京戶部郎中明史文苑傳附見黃佐傳

中益大任佐之門人也南方之國越爲大自勾踐六世孫無疆爲楚所敗諸子散處海上其著者東越無諸都東冶至漳泉故閩越也東海王搖都於永嘉故甌越也自湘灕而南故西越也牂牁西下邕雍綏建故駱越也統而名之謂之百越大任家於南越因蒐輯百越先賢斷自東漢得一百二十人各爲之傳所收兼及會稽以勾踐舊疆自南越北盡會稽故也惟秦會稽郡跨有吳地者不載以非越之舊也書中所載如趙煜以著述見收而作

越紐錄之袁康吳平事由王充論衡乃不見載方技收徐登趙炳董奉介象而作參同契之魏伯陽亦上虞人名見葛洪神仙傳復不見載葢大任多憑史傳而不甚採錄稗書其間有遺漏在此其體例謹嚴勝于地志之冗蔓亦即在此至於引用史文刊除不盡如梅福傳稱語見成紀此自漢書之文此書無成帝本紀何得有此語亦未免失之因仍而每傳之末必註所據某書又據某書參修一句一字必有所本尤勝於他家之杜撰均未可以

一書議之黃佐修廣東新志漢以前之人物小傳皆採是書蓋亦深知纂述之不苟矣萬歷壬辰其鄉人游朴嘗爲鋟板歲久散佚僅存抄帙第二卷中養奮傳傅靁地傳鄧盛傳蔡毋倹傳李進傳皆殘缺陳某一傳殘缺尤甚僅存姓而佚其名今亦各仍原本從闕疑之義焉

元儒考畧四卷　浙江巡撫採進本

明馮從吾撰從吾字仲好長安人萬歷己丑進士改庶吉士又改御史以上疏言事廷杖歷遷左副

都御史以爭紅丸梃擊事乞歸起工部尚書以疾辭後竟削奪及奄黨敗詔復官謚恭定事蹟具明史本傳是編乃集元代諸儒事實各爲小傳大抵以元史儒學傳爲主而旁採志乘附益之中有大書特傳者亦有細書附傳者皆據其學術之高下以爲進退體例頗爲叢碎又名姓往往乖舛如歐陽元別號圭齋今乃竟題作歐陽圭旣以號作名又刪去一字校讐亦未免太疎然宋儒好附門牆於淵源最悉明儒喜爭同異於宗派尤詳語錄學

案動輒災梨不啻汗牛充棟惟元儒篤實不甚近名故講學之書傳世者絕少亦無滙合諸家勒爲一帙以著相傳之系者從吾掇拾殘剩補輯此編以畧見一代儒林之梗概存之亦足資考證物有以少見珍者此之謂歟

欽定宗室王公功績表傳十二卷

乾隆四十六年奉

勅撰初乾隆二十九年

命宗人府內閣考核宗室王公功績輯爲表一卷詳刻

封爵世系傳五卷第一卷第二卷爲親王第三卷爲郡王第四卷爲貝勒貝子鎮國公輔國公第五卷爲王貝勒獲罪褫爵而舊有勳勞者通三十一人又附傳二十一人於乾隆三十年六月告成嗣以所述簡親王喇布順承郡王勒爾錦貝勒洞鄂事迹皆不詳悉又順承郡王傳中生有神力之語亦涉不經乃

詔

國史館恭檢

實錄紅本重爲改撰前表後傳體例如舊立傳人數亦如舊而事必具其始末語必求其徵信則視舊詳且核焉考古者同姓分封惟周爲盛然文昭武穆惟魯公伯禽有淮徐之功耳諸史列傳載從龍戰伐雖不乏懿親亦從無多至四五十人並奮起鷹揚銘勳竹帛共襄萬世之

鴻基者蓋我

國家

世德作求克承

天眷貞元會合光嶽氣鍾太元渾灝之精既挺生乎
列聖扶輿清淑之氣遂並萃於宗盟記所謂天降時雨山
川出雲乘時佐命非偶然也至我
皇上篤念周親不忘舊績俾效命風雲之會者得以表
章併使席榮珪組之班者知所觀感用以本支百
世帶礪萬年所爲
垂訓而示勸者
聖意尤深遠矣參稽詳慎必再易稿而始成書者豈徒
然哉

欽定蒙古王公功績表傳十二卷

乾隆四十四年奉
勅撰體例與宗室王公功績表傳同考今蒙古諸部其人率元之部族其地則遼之故疆自遼初上溯於漢初攻伐之事未嘗絶自元末下訖於明末攻伐之事亦未嘗絶固由風氣剛勁習於戰鬭恒不肯服屬於人亦由威德不足以攝之故不爲用而反爲患也我
國家龍興東土七德昭宣叛盟者芟鋤歸命者綏輯

自察哈爾林丹汗恃其頑梗卒就滅亡外天命四年科爾沁首先內附郭爾多斯杜爾伯忒札賴特隨之天聰元年敖漢柰曼來歸二年巴林札魯特來歸三年土默特來歸六年阿祿科爾沁歸化城土默特來歸七年四子部落吳喇忒翁牛特喀喇沁來歸八年蒿齊忒烏朱穆秦克西克騰毛明安來歸九年阿霸垓蘇尼特鄂爾多斯來歸崇德初阿霸哈納爾亦來歸莫不際會風雲攀龍附鳳執殳效命拔幟先登雖彭濮盧髳景從周武亦蔑以

加於是焉故折衝禦侮之力名勒乎旂常分茅胙土之榮慶延於孫子迄今檢閱新編披尋舊迹仰見我

列聖提挈乾綱驅策羣力長駕遠馭之畧能使柳城松漠中外一家咸稽首而効心膂其炳然可傳者章章如是誠爲前史所未聞不但諸王公勳業爛然爲足炳耀丹青也

欽定八旗滿洲氏族通譜八十卷

乾隆九年奉

勅撰凡甲族謂之大姓其次則謂之乙姓各詳其受氏之源並始居之地猶劉之標望於彭城韓之溯派於昌黎也或同姓而異居者則以其地識之（如蘇完瓜爾佳氏葉赫瓜爾佳氏之類）猶王之別太原瑯琊李之判隴西趙郡也或雖同姓而異旗者則連類附見之猶裴之有東西阮之有南北也其

賜姓者仍列於本族惟詳其蒙

賜之由以昭光寵而不淆其昭穆蒙古高麗尼堪臺尼堪撫順尼堪久隸八旗者亦追溯從來附著於末

每一姓中取其勲勞茂著者冠冕於首各系小傳以示旌異其子孫世系官爵以次綴書如元和姓纂之例考古者族姓掌於官至春秋之末智果別族爲輔氏猶聞於太史秦漢以來古制不存家牒乃作劉歆七畧稱案揚子雲家牒以甘露二年生是也案語見李善文選注私記之書亦作世本是也六代及唐雖以門地相高而附會攀援動輒踈舛白居易一朝名士自叙世系乃以楚白公勝秦白乙丙一脉相承俛可槩見矣洎乎兩宋譜學遂絶非世家

舊姓罕能確述其宗派者豈非不掌於官各以臆
說之故歟惟我
國家法度修明自
開創之初從龍部屬皆什伍相保聚族而居有古比閭族
黨之遺意故其民數可考而生卒必聞於官子孫
必登於籍故其族系亦最明披讀是編古太史之
成規猶可概見八旗之枝幹相維臂指相屬亦可
概見
聖人制作同符三代類如此猗歟盛矣

欽定勝朝殉節諸臣錄十二卷

乾隆四十一年奉

勅撰明自萬歷以還朝綱日紊中原瓦解

景命潛移我

國家肇造丕基龍興東土

王師順動望若雲霓而當時守土諸臣各爲其主往往殞身碎首喋血危疆逮乎掃蕩妖氛

宅中定鼎乾坤再造𩔰筵咸歸而故老遺臣猶思以螳臂當車致煩齊斧載諸史冊一一可稽我

皇上幾餘覽古

軫惻遺忠

念其冒刃攖鋒雖屬不知天運而疾風勁草百折不移

要爲死不忘君無慚臣節用加

贈典以勵綱常

特命大學士九卿京堂翰詹科道集議於

廷俾各以原官

賜之新謚葢

聖人之心大公至正視天下之善一也至於崇禎之季

銅馬縱橫或百戰捐生或孤城效死雖將傾之廈一木難支而毅魄英魂自足千古自范景文等二十餘人已蒙

世祖章皇帝易名

賜祭炳燿丹青外其蓺馬埋輪沉淵伏劍在甲申三月以前者並

命博徵載籍詳錄芳蹤若夫壬午革除傳疑行遯致身一錄見聞雖有異詞抗節諸臣生死要爲定據亦詳爲

甄錄追慰忠魂大抵以
欽定明史爲主而參以官修
大清一統志各省通志諸書皆臚列姓名考證事迹
勒爲一編凡立身始末卓然可傳而又取義成仁
撐拄名教者各予專謚共三十三人若平生無大
表見而慷慨致命矢死靡他者彙爲通謚其較著
者曰忠烈共一百二十四人曰忠節共一百二十
二人其次曰烈愍共三百七十七人曰節愍共八
百八十二人至於微官末秩諸生韋布及山樵市

隱名姓無徵不能一一議謚者並祀於所在忠義祠共二千二百四十九人如楊維垣等失身閹黨一死僅足自贖者則不濫登焉書成

奏進

命以勝朝殉節諸臣錄爲名併

親製宸章弁諸簡首

宣付武英殿刊刻頒行以垂示久遠臣等竊惟自古代嬗之際其致身故國者每多蒙以惡名故鄭樵謂晉史黨晉而不有魏凡忠於魏者目爲叛臣王凌

諸葛誕毋邱儉之徒抱屈黄壤齊史黨齊而不有宋凡忠於宋者目爲逆黨袁粲劉秉沈攸之之徒含冤九原可見阿狗偏私率沿其陋其間即有追加褒贈如唐太宗之於堯君素宋太祖之於韓通亦不過偶及一二人而止誠自書契以來未有天地爲心渾融彼我闡明風教培植彝倫不以異代而歧視如我

皇上者臣等恭繹

詔旨仰見

權衡予奪衮鉞昭然不獨勁節孤忠咸邀
渥澤而明昭彰癉立千古臣道之防者春秋大義亦炳
若日星敬讀是編彌凜然於
皇極之彝訓矣

明儒學案六十二卷 山東巡撫採進本

國朝黃宗羲撰宗羲有易學象數論已著錄初周汝
登作聖學宗傳孫鍾元又作理學宗傳宗羲以其
書未粹且多所缺遺因搜采明一代講學諸人文
集語錄辨別宗派輯爲此書凡河東學案二卷列

薛瑄以下十五人三原學案一卷列王恕以下六人崇仁學案四卷列吳與弼以下十八人白沙學案二卷列陳獻章以下十二人姚江學案一卷列王守仁一人附錄二人浙中相傳學案五卷列徐愛以下十八人江右相傳學案九卷列鄒守益以下二十七人附錄六人南中相傳學案三卷列黃省曾以下十一人楚中學案一卷列蔣信等二人北方相傳學案一卷列穆孔暉以下七人閩越相傳學案一卷列薛侃等二人止修學案一卷列李材

一人泰州學案五卷列王艮以下十八人甘泉學案六卷列湛若水以下十一人諸儒學案上四卷列方孝孺以下十五人諸儒學案中七卷列羅欽順以下十八人諸儒學案下五卷列李中以下十八人東林學案四卷列顧憲成以下十七人蕺山學案一卷列劉宗周一人而以師說一卷冠之所列自方孝孺以下十七人大抵朱陸分門以後至明而朱之傳流爲河東陸之傳流爲姚江其餘或出或入總往來於二派之間宗羲生於姚江欲抑王

尊薛則不甘欲抑薛尊王則不敢故於薛之徒陽爲引重而陰致微詞於王之徒外示擊排而中存調護夫二家之學名有得失及其末流之弊議論多而是非起是非起而朋黨立恩讐轇轕毀譽糾紛正嘉以還賢者不免宗羲此書猶勝國門戶之餘風非專爲講學設也然於諸儒源流分合之故叙述頗詳猶可考見其得失知明季黨禍所由來是亦千古之炯鑑矣卷端仇兆鼇序及賈潤所評皆持論得平不阿所好併錄存之以備考鏡焉

中州人物攷八卷　浙江鮑士恭家藏本

國朝孫奇逢撰奇逢有讀易大旨已著錄是編載河南人物分爲七科一理學二經濟三忠節四清直五方正六武功七隱逸而文士不與焉蓋意在黜華藻勵實行也所錄皆明人惟忠節之末附元蔡子英一人人各爲傳贊多者連數紙少或僅一行云無徵者則不詳不以詳畧爲褒貶也後一卷曰補遺曰續補不復以七科標目蓋不欲入之七科中故托詞於補續云爾然猶與七科一例雖布衣

以公稱最後有名無傳者三十四人則直書其名
矣其贊恕於常人而責備於賢者頗爲不苟惟張
玉傳贊最爲紕繆考玉以元樞密知院叛而歸明
而奇逢以爲善擇主是六臣奉璽歸梁皆善擇主
也玉後輔佐燕王稱兵犯順歿於鐵鉉濟南之戰
而奇逢以爲得死所是李日月助李希烈隕身鋒
鏑亦得死所也且蔡子英義不忘元間關出塞卒
奉故主以終奇逢旣列之忠節矣而又奬張玉之
叛亂不自相矛盾乎至薛瑄本河津人李夢陽本

慶陽人牽合而歸之中州又其末節矣奇逢雖以布衣終而當時實負重望湯斌至北面稱弟子其所著作非他郡邑傳記無足輕重者比故存其書而具論之俾讀是編者知其瑕瑜不相掩焉

東林列傳二十四卷　浙江巡撫採進本

國朝陳鼎撰鼎字定九江陰人明萬歷間無錫顧憲成與高攀龍重修宋楊時東林書院與同志講學其中聲氣蔓延趨附者幾遍天下互相標榜自立門戶流品亦遂糅襍追魏忠賢亂政之初諸人力

與枝拄未始非謀國之忠而同類之中賢姦先混使小人得伺隙而中之於是黨禍大興一時誅斥殆盡籍其名頒示天下至崇禎初權閹既殛公論始明而餘孽尚存競思翻案議論益糾紛不定其間姦黠之徒見東林復盛競假借以張其鋒水火交爭彼此報復君子博虛名以釀實禍小人託公論以快私讐卒至國是日非迄明亡而後巳是編所載一百八十餘人葢卽東林黨人榜及沈漼溫體仁等雷平蠅蚋諸錄所著名者也以節義炳著

者彙載於前餘亦分傳並列臚叙事跡頗詳其中碩士端人固所不乏而依草附木者實繁有徒厥後樹幟分朋干撓時政禍患卒隱中於國家足知聚徒講學其流弊無所不至雖𢡟始諸人未必逆料如此而推原禍本一二君子不能不任其咎也此書仿龔頤正元祐黨籍傳之例於諸人之姓名履貫無不本末燦然俾讀者論世知人得以辨別賢姦而深思其薰蕕雜廁之所以然前事不忘後事之師其亦千古炯鑒矣

儒林宗派十六卷 編修周永年家藏本

國朝萬斯同撰斯同有廟制圖考已著錄是編紀孔子以下迄於明末諸儒授受源流各以時代爲次其上無師承後無弟子者別附著之自伊洛淵源錄出宋史遂以道學儒林分爲二傳非惟文章之士記誦之才不得列之於儒卽自漢以來傳先聖之遺經者亦幾幾乎不得列於儒講學者遞相標榜務自尊大明以來談道統者揚己凌人互相排軋卒釀門戶之禍流毒無窮斯同目擊其弊因著

此書所載斷自孔子以下杜僭王之失以正綱常凡漢後唐前傳經之儒一一具列除排擠之私以消朋黨其持論獨爲平允惟其附錄一門旁及老莊申韓之流未免矯枉過正又唐啖助之學傳之趙匡陸淳宋孫復之學傳於石介皆卓然自立一家宋代說經實濫觴於二子乃列之散儒之中不入宗派亦有所未安至於朱陸二派在元則金吳分承在明則薛王異尚四百年中出此入彼淵源有自脈絡不誣亦未可以朝代不同不爲明其宗

系如斯之類雖皆未免少疏然較之學統學案諸書則可謂湔除錮習無畛域之見矣世所傳本僅十二卷此本出自歷城周氏較多四卷益其末年完備之定本云

明儒言行錄十卷續錄二卷 浙江巡撫採進本

國朝沈佳撰佳字昭嗣號復齋仁和人康熙戊辰進士官安化縣知縣是編仿朱子五朝名臣言行錄之例編次有明一代儒者各徵引諸書述其行事亦間摘其語錄附之所列始於葉儀迄於金鉉凡

七十五人附見者七十四人續錄所列始於宋濂迄於黃淳耀凡五十九人附見者九人佳之學出於湯斌然斌參酌於朱陸之間佳則一宗朱子故是編大旨以薛瑄爲明儒之宗於陳獻章則頗致不滿雖收王守仁於正集而守仁弟子則刪汰甚嚴王畿王艮咸不預焉持論頗爲淳謹初黃宗羲作明儒學案採摭最詳顧其學出於姚江雖於河津一派不敢昌言排擊而於王門末流諸人流於猖狂恣肆者亦頗爲回護門戶之見未免尚存佳

撰此錄蓋陰以補救其偏鄞縣萬斯大宗羲之弟子也平生篤信師說而爲佳作是錄序亦但微以過嚴爲說而不能攻擊其失蓋亦心許之也學者以兩家之書互相參證庶乎有明一代之學派可以得其平允矣正不必論甘而忌辛是丹而非素也

史傳三編五十六卷江西巡撫採進本

國朝朱軾撰軾有周易傳義合訂已著錄是編凡名儒傳八卷名臣傳三十五卷又續傳五卷循吏傳

八卷成於雍正戊申時明史尚未成書故所錄至元而止明以來傳名儒者大抵宗宋而祧漢唐而宋又斷自濂洛以下軾所爲傳上起田何伏生申公諸人不沒其傳經之功中及董仲舒韓愈諸人不沒其明道之力於宋則胡瑗孫復石介劉敞陳襄雖軌轍稍殊亦並見甄錄絕不存門戶之見可謂得聖賢之大公其以遷就利祿斥揚雄馬融以祖尚元虛斥王弼何晏以假借經術斥匡衡王安石亦特爲平允惟胡寅修怨於生母王柏披猖恣

肆至刪改孔子之聖經咸預斯列似爲少濫據王福畤之虛詞爲薛收作贊亦未免失之不考耳名臣傳所列凡一百八十人去取頗爲矜慎續編所列又三十九人其凡例曰續編者何擇其次焉者也或卷帙編次已定附之於後焉耳然見爲稍亞而乙之與失於偶漏而補之其品第則有間矣混而無別亦稍疎也循吏傳所列凡一百二十一人雖體例謹嚴而頗未賅備如何易于之類表表在人耳目者多見刊削其去取之例亦未明言殆不

可解要其標舉典型以示效法所附論斷亦皆醇正固不失爲有裨世教之書矣前有軾及蔡世遠總序二篇又三編各有專序一篇葢名儒傳爲李清植所纂名臣傳爲張江藍鼎元李鍾僑所纂循吏傳爲張福昶所纂世遠商榷之而軾則裁定之云

閩中理學淵源考九十二卷（福建巡撫採進本）

國朝李清馥撰清馥字根侯安溪人大學士光地之孫以光地廕授兵部員外郎官至廣平府知府是

編本曰閩中師友淵源考故序文凡例尚稱舊名此本題理學淵源考葢後來所改序作於草創之時成編以後復有增入也宋儒講學盛於二程其門人游楊呂謝號爲高足而楊時一派由羅從彥李侗而及朱子輾轉授受多在閩中故淸馥所述斷自楊時而分别支流下迄明末凡某派傳幾人某人又分爲某派四五百年之中尋端竟委若昭穆譜牒秩然有序其中家學相承以及友而不師者亦皆並列以明其學所自來其例每人各爲小

傳傳末各註所據之書併以語錄文集有關論學之語摘錄於後考據頗爲詳核其例於敗名隳節貽玷門牆者則削除不載間有純駁互見者則棄短錄長如廖剛傳中删其初附和議一事胡寅傳中但叙不持生母服爲右正言章厦所劾而不詳載其由是則門戸之見猶未盡融白璧微瑕分别觀之可也

右傳記類總錄之屬三十六部八百八卷皆文淵閣著錄

案合衆人之事爲一書亦傳類也其源出史記之儒林游俠循吏貨殖刺客諸傳其别自爲一書則成於劉向之列女傳册府元龜有總錄之目今取以名之

孫威敏征南錄一卷浙江鄭大節家藏本

宋滕元發撰元發初名甫後以避高魯王諱以初字元發爲名而更字曰達道東陽人舉進士歷官龍圖閣學士謚章敏事蹟具宋史本傳此本前有結銜題承奉郎守大理評事通判湖州軍州事滕

甫益猶未改名時所作也其書乃記皇祐四年孫沔平儂智高事其時沔爲安撫狄青爲宣撫使沔與青會兵討議進破智高於歸仁鋪沔留治後事及師還余靖勒銘長沙專美狄青朝廷亦以青爲樞密使賞賚甚厚沔止加秩一等甫以爲南征之事本出沔議其措置完備又能以身下狄青卒攘寇難因述爲此書以頌沔之績益沔知杭州時嘗奇甫才授以治劇守邊方畧具有知己之分故力爲之表暴如此考宋史載征儂智高事亦於狄青

傳爲詳而沔傳頗畧然此書備見於宋史藝文志陳振孫書錄解題當時皆不以爲誣妄必有說是亦考史者所宜兼存矣

案削平寇亂之事宜入襍史然此書爲表孫沔之功非記儂智高之變故入之傳記類中

驂鸞錄一卷 浙江鮑士恭家藏本

宋范成大撰成大字致能號石湖居士吳郡人紹興二十四年進士孝宗時累官權吏部尚書拜參知政事進資政殿學士提舉洞霄宮卒謚文穆事

迹具宋史本傳此編乃乾道壬辰成大自中書舍人出知靜江府時紀途中所見其曰驂鸞者取韓愈詩遠勝登仙去飛鸞不暇驂語也書末有云若其風土之詳則有桂海虞衡志焉考虞衡志作於自桂林移帥成都時其初至粤時未有也則此書殆亦追加刪潤而成者歟中間序次頗古雅其辨元結浯溪中興頌一條排黃庭堅等之刻論尤得詩人忠厚之旨其載仰山孚忠廟有楊氏稱吳時加封司徒竹冊尚存文稱保大元年又稱向得吳

江村寺石幢所記亦以保大紀年因疑錢氏有浙時或曾用楊氏正朔以此二物爲證然考之於史錢楊屢相攻擊互有勝負其勢殊不相下斷無臣事淮南之理而楊氏亦自有武義順義乾貞太和諸年號其吳越之保大正當順義四五年亦不應有一國兩元之事成大所見或由自後人僞造也吳任臣作十國春秋紀元表於此事不加辨證當由未檢此書歟

吳船錄二卷 浙江鮑士恭家藏本

宋范成大撰成大於淳熙丁酉自四川制置使召還取水程赴臨安因隨日記所閱歷作爲此書自五月戊辰迄十月已巳於古蹟形勝言之最悉亦自有所考證如釋繼業紀乾德二年太祖遣三百僧往西方求舍利貝多葉書路程爲他說部所未載頗足以廣異聞又載所見蜀中古畫如伏虎觀孫太古畫李氷父子像青城山丈人觀孫太古畫黃帝及三十二仙眞長生觀孫太古畫龍虎及玩丹石亭唐畫羅漢一板皆可補黃休復益州名畫

記所未及又杜甫戎州詩重碧拈春酒句印本拈或作酤而成大謂叙州有碑本乃作拈字是亦注杜集者所宜引據也

入蜀記六卷 光祿寺卿陸錫熊家藏本

宋陸游撰游字務觀號放翁山陰人佃之孫宰之子初以蔭補登仕郎隆興初賜進士出身嘉泰初官至寶謨閣待制事蹟具宋史本傳游以乾道五年授夔州通判以次年閏六月十八日自山陰啟行十月二十七日抵夔州因述其道路所經以爲

是記游本工文故於山川風土敘述頗爲雅潔而於考訂古跡尤所留意如丹陽皇業寺即史所謂皇基寺避唐元宗諱而改李白詩所謂新豐酒者地在丹陽鎭江之間非長安之新豐甘露寺狠石多景樓皆非故蹟眞州迎鑾鎭乃徐温改名非周世宗時所改梅堯臣題瓜步祠詩誤以魏太武帝爲曹操唐慧寺祭悟空禪師文石刻保大九年乃南唐元宗非後主庾亮樓當在武昌不應在江州白居易詩及張舜臣南遷志並相沿而誤歐陽修

詩江上孤峯蔽綠蘿句綠蘿乃溪名非泛指藤蘿宋玉宅在秭歸縣東舊有石刻因避太守家諱毁之皆足備輿圖之考證他如解杜甫詩長年三老字及攤錢字解蘇軾詩玉塔卧微瀾句解南方以七月六日作七夕之由辨李白集中姑孰十詠歸來乎笑矣乎僧伽歌懷素書歌諸篇皆宋敏求所竄入亦足廣見聞其他搜尋金石引據詩文以參證地理者尤不可殫數非他家行記徒流連風景記載瑣屑者比也

西使記一卷 兩淮鹽政採進本

元劉郁撰郁眞定人是書記常德西使皇弟錫里庫軍中往返道途之所見王惲嘗載入玉堂雜記中此其別行之本也元史憲宗紀二年壬子秋遣錫喇征西域蘇丹諸國是歲錫喇薨三年癸丑夏六月命諸王錫里庫及烏蘭哈達帥師征西域法勒噶巴哈台等國八年戊午錫里庫討回回法勒噶平之擒其王遣使來獻捷攷世系表睿宗十一子次六曰錫里庫而諸王中別無錫喇郭侃傳侃

壬子從錫里庫西征與此記所云壬子歲皇弟錫喇統諸軍奉詔西征凡六年拓境幾萬里者相合然則錫喇即錫里庫因元史爲明代所修故譯音訛舛一以爲錫喇一以爲錫里庫誤分二人而憲宗紀二年書錫喇甍三年重書錫里庫西征遂相承誤載也此記言常德西使在己未正月益錫里庫獻捷之明年所記雖但據見聞不能攷證古迹然亦時有異聞郭侃傳所載與此畧同惟譯語時有訛異耳我

皇上神武奮揚戡定西域崑崙月窟盡入版圖討常德
所經今皆在屯田列障之內業已
欽定西域圖志昭示億齡郁所記錄本不足道然據其
所述亦足參稽道里考證古今之異同故仍錄而
存之焉

保越錄一卷　浙江吳玉墀家藏本

不著撰人名氏載元順帝至正十九年明師攻紹
興事是時明將為胡大海禦之者張士誠將呂珍
也凡攻三月卒不能下乃還是錄稱士誠兵曰我

軍稱珍曰公殆士誠未亡時紹興人所紀其中稱明爲大軍及太祖高皇帝字則疑士誠亡後明人傳鈔所改耳紹興自是以後猶保守八年及至正二十六年始歸於明珍亦至是年湖州之敗乃降於徐達雖初事非主晚節不終而在紹興則不爲無功矣大海攻紹興挫衂及其縱兵淫掠發宋陵墓諸惡蹟明史皆不載所錄張正蒙妻韓氏女池奴馮道二妻抗節事明史亦皆不書尤足補史傳之遺也

閩粵巡視紀畧六卷 浙江巡撫採進本

國朝杜臻撰臻字肇余秀水人順治戊戌進士官至禮部尚書康熙二十二年臺灣旣平諸逆殄滅沿海人民皆安堵復業臻時爲工部尚書奉

詔與內閣學士石柱往閩粵撫視畫定疆理以十一月啓程二十三年五月竣事因述其所經理大畧爲此書首沿海總圖次粵畧三卷次閩畧二卷次附紀臺灣澎湖合爲一卷蓋臻巡歷由廣達閩故以爲先後之序臺灣則未經親履其地第據咨訪所得

者錄之故附於編末也書中排日記載凡沿海形勢及營伍制度兵數多寡縷列甚詳於諸洋列戍控置事宜俱能得其要領其山水古跡及前人題咏間為考證亦可以資博覽葢據所目見言之與摭拾輿記者固異也

松亭行記二卷 通行本

國朝高士奇撰士奇有春秋地名考畧已著錄康熙辛酉二月癸酉

聖祖仁皇帝恭奉

太皇太后幸温泉四月戊子駕出喜峰口士奇皆扈從因記其來往所經謂喜峰口爲古松亭關故以名書然松亭關在喜峰口外八十里士奇合而一之未詳考也所述灤河源流亦不明確至温泉有硃砂礬石硫黄三種聖祖御製幾暇格物編中言之甚明士奇日侍禁闥典文翰之職不應不睹乃仍襲宋唐庚揣測之説殆不可解以其敘述山川風景足資考證而附載詩文亦皆可觀故所著塞北小抄別存其目而此

編則仍錄之焉

扈從西巡日錄一卷大學士英廉購進本

國朝高士奇撰康熙癸亥

聖祖仁皇帝巡幸山西

駐蹕五臺山士奇時以侍講供奉

內廷扈從往來因記途中所聞見始于二月十二日

甲申迄于三月初七日戊申凡山川古跡人物風

土皆具考源流頗爲詳核而

鑾輿時巡太平盛典亦一一具載伏而讀之猶仰見

聖化咸熙豫游和樂之象洵足以傳示來茲卷末載詩二十四首皆其途中所作彙附於後者也士奇筆札本工又幸際

聖朝預騐法從因得以筆之簡牘流布至今亦可謂遭逢之至幸而文士之至榮矣

右傳記類襍錄之屬九部二十一卷皆文淵閣著錄

案傳記者總名也類而別之則叙一人之始末者爲傳之屬叙一事之始終者爲記之屬以上所錄皆叙事之文其類不一故曰襍焉

欽定四庫全書總目 史部

卷五十九之六十

# 欽定四庫全書總目卷五十九

## 史部十五

### 傳記類存目一

孔子世家補十二卷（永樂大典本）

宋歐陽士秀撰士秀廬陵人仕履未詳是書成於淳祐辛亥大抵據皇極經世以駁史記孔子世家之訛然邵子精於數學不聞精於史學所書先聖事迹亦未必盡確自序又稱慮夫事之精粗隱顯大小本末錯糅其間而不易見則著年表以提其

綱列世本以類其族且綴弟子年名於其終於以稽其是非用決羣疑而祛已惑今考永樂大典所載並無所謂年表世本弟子年名者則已非完書矣

孔氏實錄一卷（永樂大典本）

不著撰人名氏末一條云大蒙古國領中書省耶律楚材奏准皇帝聖旨於南京特取襲封孔元措令赴闕里奉祀（案元措以金承安二年襲封衍聖公）此書或即元措等所撰歟首錄歷代褒崇之典凡碑文詔旨皆載

其畧末載孔氏鄉官甚詳然敘次頗無體例如首載聖母顏氏及聖配亓官氏而孔子以上歷世之事獨不一敘疑或傳寫佚脱非完帙也考明文淵閣書目有孔子實錄一册永樂大典所載則作孔氏未詳孰是然文淵閣書目傳寫多誤未足盡據今仍從永樂大典之名著於錄焉

孔子論語年譜一卷 編修程晉芳家藏本

舊本題元程復心撰復心字子見婺源人皇慶癸丑江浙行省以所撰四書纂釋進於朝授徽州路

教授致仕給半俸終其身是編以論語各章分隸於孔子年譜之內而又雜采左傳諸事附會之如云九歲見季札觀樂於魯三十五歲從昭公出亡留齊七年此因旁文而牽合孔子者也又云五十三歲孔子聘於齊執圭鞠躬如也云云此因論語而妄生旁文者也又云六十三歲阨於陳蔡不得已浮海至楚曰道不行乘桴浮於海云云陳蔡之間何由浮海郢都又豈海道可通尤夢囈之語可資笑噱者矣至所分隸之論語以子釣而不綱章

爲三十一歲以子以四教章子所雅言章子罕言章子不語章自行束脩以上章爲三十四歲以八佾雍徹諸章爲三十五歲以君子食無求飽章爲四十三歲道千乘之國章爲四十八歲之類不可殫數均不知其何所據而云然復心師朱洪範友胡炳文實屬講學之家原不究心於考證然不應繆妄至於如是考篇末辨季本聖蹟圖考之妄本王守仁之弟子元人何自見其書殆明季妄人所爲而傳錄者僞題復心之名歟

孟子年譜一卷 編修程晉芳家藏本

舊本題元程復心撰復心既作論語年譜更取孟子七篇爲編年其以某章爲某年之言繆妄與孔子年譜相等其謂孟子鄒人乃陬邑非鄒國也語極辯而不確亦好異之談蓋與孔子年譜一手所僞撰也考朱彝尊經義考載譚貞默孟子編年畧一卷今未見其書然彝尊所載貞默自述一篇則與此書之自述不異一字疑直以貞默之書詭題元人耳僞妄甚矣

闕里志二十四卷 浙江汪啟淑家藏本

明陳鎬撰孔允植重纂鎬會稽人成化丁未進士官至右副都御史巡撫湖廣允植孔子六十五世孫襲封衍聖公闕里向無志乘僅有孔庭纂要祖庭廣記諸書宏治甲子重修闕里

孔廟成李東陽承命致祭時鎬爲提學副使因屬之編次成志崇禎中允植重加訂補是爲今本以圖像禮樂世家事蹟祀典人物林廟山川古蹟恩典弟子譔述藝文分類排纂而編次冗雜頗無體例

如歷代誥敕御製文贊不入追崇恩典志而另爲提綱碑記本藝文中一類乃別增譔述一門均爲繁複

孔顏孟三氏志六卷兩江總督採進本

明劉濬編濬永嘉人成化中官鄒縣教諭鄒孟子所生也孟廟在焉濬因考證孔顏孟三氏世系以及褒崇諸典彙輯成書先以地圖次以氏系年譜次以廟制次以誌事附述聖於卷後而前列提綱一卷則壬子四月紫陽楊魚所述東遊記也壬子

爲元憲宗二年而濬於壬子下註云元憲宗淳祐十二年紀年旣誤而又以宋理宗年號移之於元殊爲疎舛即此一端其他可槩見矣

孔孟事蹟圖譜四卷 浙江汪啟淑家藏本

明季本撰本有易學四同已著錄是編前說後譜於孔孟事實頗有考核如云孔子未嘗至楚見昭王孟子先至齊而後梁此一二條皆有所見然其餘大抵習聞者多

素王記事無卷數 浙江朱彝尊家曝書亭藏本

舊本卷首題明浙江嚴州府通判太原傅汝楫校正則非汝楫所撰卷末楊奐東遊記之首又題河南開封府知府西蜀黃濬輯錄則似爲濬之所撰然不列名於書首而綴於書後體例叢脞殊不可曉其書則摭拾闕里志爲之亦茫然無緒蓋當時書帕之本本不以著書爲事者也案顧炎武日知錄曰昔時入覲之官其餽遺一書一帕謂之書帕又曰歷官任滿必刻一書以充餽遺此亦甚雅而鹵莽就工殊不堪讀陸深金臺紀聞亦稱有司刻書祇以供餽贐之用其不工反出坊本下今藏書家以書帕本爲最下蓋由於此

夷齊錄五卷 浙江范懋柱家天一閣藏本

明張玭撰玭字席玉石州人嘉靖乙未進士官至南京戶部右侍郎永平府城西十八里孤竹故城有清德廟以祀夷齊玭守永平時因蒐輯歷代祀典諸家藝文編爲一帙據目錄原本有圖此本無之蓋爲傳寫者所佚矣

孔聖全書三十五卷 衍聖公孔昭煥家藏本

明蔡復賞編復賞巴陵人卷端自題恩貢出身南京戶部修職郎不知其爲何官也前有自序稱是

書始成就正於兵部侍郎姜廷頤廷頤迺次為六卷上卷曰經書中卷曰子史下卷曰雜說首卷曰帝王崇重盛典尾卷曰經術經理世務六卷內復條分為四十卷云云案序稱上中下卷首尾卷秖有五卷不應稱六卷又書三十五卷與四十卷之數亦不合其間鄙俚荒唐龐雜割裂鬼神怪誕之語優伶褻諢之詞無不載入謂之侮聖人可也

尊聖集四卷 浙江范懋柱家天一閣藏本

明陳堯道編堯道里籍未詳嘉靖末官大埔縣教

諭是書分圖像世家事蹟遺澤制敕譔述封事七
門多勳襲祖庭纂要諸書無所考證
仲志五卷 兩淮馬裕家藏本
明劉天和撰天和字養和麻城人正德戊辰進士
官至兵部尚書提督團營謚莊襄事迹具明史本
傳是編乃天和官總督河道都御史時以濟寧仲
家淺有先賢仲子祠故志其建置之由而并及其
生平行事大畧名之曰令名志崇禎中仲子裔孫
於陛等復增損舊本易以今名又繪像列圖於卷

首殊不雅馴

閔子世譜十二卷 安徽巡撫採進本

明張雲漢撰雲漢字倬侯宿州人是編兼及閔子後裔之事故曰世譜首姓氏次里居次特傳列傳次祀典次修葺次官生次世系次遷徙次復業次列女次藝文次家約宿州舊有閔子墓歷代祠祀不絕蓋閔子本宿人春秋時宿屬青州爲齊地故家語以爲齊人云

夷齊考疑四卷 浙江巡撫採進本

明胡其久撰其久崇德人隆慶丁卯舉人官龍南知縣是編以好事者所傳夷齊世系名字皆據韓詩外傳呂氏春秋而附會之並以叩馬恥粟等事亦多不實因各爲駁正而以先賢論定之語及傳記詩文附其後其議論亦頗博辨然傳聞旣久往事無徵疑以傳疑可矣不必盡以臆斷也

夷齊志六卷 浙江巡撫採進本

明白瑜撰瑜字紹明永平人萬歷乙未進士官至刑部左侍郎事跡具明史本傳此書乃因張玭夷

齋錄損益而成所載視舊錄加詳

道統圖贊一卷浙江巡撫採進本

不著撰人名氏據卷首樊維城序蓋衍聖公家所刻維城為萬歷已未進士則此書出於明季也郎聖蹟圖舊本而前增以伏羲神農黃帝堯舜禹湯文武周公十像後附以顏曾思孟林廟八圖雖以圖贊為名而僅圖前有說數行無所謂贊尤不可解

聖賢圖贊無卷數兩江總督採進本

此書摹仁和縣學石刻而不著刊書人姓名首冠以明宣德二年巡按浙江監察御史海虞吳訥序謂像爲李龍眠筆高宗於紹興十四年即岳飛第作太學三月臨幸首製先聖賛後自顏回而下亦撰詞二十六年十二月刻石於學又稱舊有秦檜記磨而去之則是石刻之題識非木本之跋語故顏曾二子後皆有高攀龍賛知爲近時人刻也考玉海紹興十四年三月十一日己巳幸太學覽唐明皇帝以及太祖真宗御製賛文令有司取從祀

諸贊悉錄以進二十四日乙亥御製御書宣聖贊令揭於大成殿刻石頒諸路州學二十五年又製七十二賢贊親札刻石頒降焉二十六年十二月戊午廷臣請頒諸州郡學校從之據此則高宗所撰宣聖贊刊石在紹興十四年七十二賢贊刊石在紹興二十五年訥序謂先聖及七十二賢贊俱於二十六年十二月刊石殊誤所列七十二子較史記及唐六典所載七十七人少十八增五人與宋史禮志所載八十二人則少十八人與唐宋典制

皆異考玉海卷一百十三又云高宗七十二子贊去史記公良孺公夏首公肩定顏祖鄡單句井疆罕父黑申黨原亢顏何公西輿如十一人增申棖蘧伯玉陳亢林放琴牢申堂續六人遂爲七十二人與此書人數正合然玉海謂所去十一人內有申黨而此書仍列申黨玉海稱增申堂續而此書於申黨之外乃增申棖互相剌謬又如顏子封復聖公曾子封宗聖公皆始於元至順中紹興中作贊安得標此又考唐開元二十七年贈顏子兖公

閔子以下至卜商九人皆侯曾參以降六十七人皆伯宋祥符二年贈閔子以下至卜商九人皆公曾參以下七十二人皆侯今書標爵皆襲開元高宗作贊亦不應近廢祥符而遠從唐制疑非宋之原石且李公麟北宋人安得至紹興中作圖其圖畫諸賢多執書卷旣非古簡策之制而樊遲名須卽作一多鬚像梁鱣字叔魚卽作手持一魚像尤如戲劇其妄決矣

闕里書八卷　兩淮馬裕家藏本

明沈朝陽撰陳之伸補朝陽江寧人天啓間貢生官池州府學教授之伸海鹽人仕履未詳是編雜采聖賢事迹湊合成篇每篇各繫以贊詞意膚淺考訂甚疎如越絶書所載子貢事之類皆無所辨正

聖門志六卷 江蘇巡撫採進本

明呂元善撰元善字季可號冠洋海鹽人天啓中官山東布政司都事後殉流寇難其書一卷爲聖門表傳二卷爲從事列傳三卷爲四氏封典四卷

爲禮樂五卷爲古蹟六卷爲東野氏仲氏世系分子目六十有五蓋元善官山東時所得孔氏諸家譜牒爲詳因輯其宗系述爲此編又取後代理學諸儒附於弟子之後然如魁名內閣無關道統而詳悉臚列別次於從祀諸儒之末殊爲不倫又以諸儒未入祀典者別載擬祀三十五人中如岳飛之精忠不在乎闡明理學錢唐之直諫亦未聞其詮釋聖經乃欲例諸歷代儒林擬議亦爲失當元善書成未梓其子兆祥重加校訂海鹽令樊維城

爲刻入鹽邑志林中末附崇禎初曲阜祠祀元善及四氏子孫等給匾案牘冗雜尤甚

三遷志五卷 安徽巡撫採進本

明呂元善撰蓋因史鶚胡繼先二家舊本爲之訂補未脫稿而元善殉寇難其子兆祥孫逢時乃續成之所載孟廟事蹟每卷之中又各分三子卷凡二十一類每類前爲四言贊一首紀載頗詳而體例標目俱未能雅馴

宗聖志十二卷 浙江汪啟淑家藏本

明呂兆祥撰案曾子祠墓皆在今山東嘉祥縣嘉靖中詔錄其後爲五經博士世襲求得其裔孫賢粹居江西之永豐令還嘉祥世守祠廟而歷代崇祀本末記載未備兆祥始修訂成書卷一爲像圖志卷二爲世家志卷三卷四爲追崇志卷五卷六爲恩典志卷七卷八爲事蹟志卷九至卷十二爲藝文志書成於崇禎中而世家志述其譜系乃載及

國朝康熙中事恩典志內亦載及順治初年不知何

人所增益非盡兆祥之舊矣

陋巷志八卷 兩淮馬裕家藏本

明呂兆祥撰顏子陋巷相傳在曲阜孔廟東北六百步舊無記載正德中提學副使陳鎬始爲作志萬歷中御史楊光訓又續編輯之兆祥是編蓋因二家之本重爲訂定所載皆歷代崇祀典禮而冠以退省從行諸圖

東野志四卷 浙江巡撫採進本

舊本題海鹽呂兆祥撰裔孫東野武訂考兆祥與

武皆明末人而是編二卷之末附錄順治康熙中奏議詳載

聖祖仁皇帝恩授東野沛然爲五經博士蓋卽沛然因兆祥舊志稍爲續補也前有呂化舜方應祥原序而粘本盛跋則作於康熙壬寅陳良謨序則作於康熙丙寅亦續刻所加也考元和姓纂載伯禽少子別爲東野氏則東野氏系出周公更無疑義世承厥職原非濫膺惟是所敘世譜稱第三代生二子長暉次晞六代生二子長縉次紳其人皆在春秋

以前則兄弟聯名已在應瑒應璩之前又二代東野宗於田中勝處建祠以安先靈則大夫之廟可不建於家十六世東野穫字穫德號白雲則別號已見於戰國二十一代東野質遭楚滅魯負子攜譜竄於東吳是別族不必於太史而戰國之末尚延吳祚葢譜牒之學古來即不一說司馬遷敘五帝世系往往與載籍牴牾而白居易自敘世系亦與左傳相違記載異同固不足怪也

孔子年譜綱目一卷兩江總督採進本

明夏洪基撰洪基字元開高郵人其書成於崇禎中於先聖事蹟分年編輯各提其要爲綱而詳載其事爲目於諸書異同稍有訂正而亦未一一精核

孔門弟子傳畧二卷（兩江總督採進本）

明夏洪基撰其書合家語史記所載孔門弟子得八十八卷首凡例稱家語弟子解止記姓名邑里而言行散見別卷史記雜撮經書語無倫次四書人物考及備考收錄羣書龐亂無紀是編各傳首

敘聖賢教學次及行事終以評語於經史與確者大書列爲正傳事瑣文異者小書附焉誕妄者雜錄備覽其蒐擇頗勤然論語禮記之文人人習讀亦一字一句備錄不遺未免冗贅卷末附錄者九人爲仲孫何忌仲孫說左丘明伯魚子思孟子顏涿聚公罔之裘序點其辨仲孫說與南宮适爲二人顏涿聚與顏讐由爲二人論語左丘明與傳春秋者爲一人皆爲典核至公伯寮之列於弟子雖據史記然明代已罷其祀洪基仍濫載入則不免

失考也

聖門志考畧二卷　兩江總督採進本

不著撰人名氏惟書中自稱其名曰渇檜樹一條後稱崇禎三年庚午春隨其大父登岱詣孔林祀典一條後稱康熙八年以廷對留京則

國朝人也而考康熙庚戌進士題名碑是科無名渇者殆貢生也其書雜抄闕里諸志爲之殊不足以資考證

闕里廣志二十卷　浙江汪啟淑家藏本

國朝宋際李慶長同撰際字戩修慶長字簡臣俱松江人闕里志自前明陳鎬後屢有修輯皆蕪雜不足觀康熙十二年際爲孔廟司樂慶長爲典籍相與蒐求典故因舊志而增損之分圖像世家禮樂林廟山川古蹟恩典弟子職官聖裔賢裔藝文十二門所載於故實較詳然亦不能有所考訂

三遷志十二卷江蘇巡撫採進本

國朝孟衍泰王特選仲蘊錦同撰書成於康熙壬寅以呂元善舊志歲久漶漫而

國朝尊崇之典及子孫世系林廟增修亦未纂錄成編乃以次輯補分爲二十一門特選滕縣人蘊錦濟寧人衍泰爲孟子六十五代孫世襲五經博士

孟子生卒年月考一卷 江蘇巡撫採進本

國朝閻若璩撰若璩有古文尚書疏証已著錄是編博引諸書考孟子出處始末初辨孟子所生之鄒是邾非鄒次考來往梁齊滕宋之年月中間旁及萬鎰百鎰之數與所以去齊不入燕之故而於生卒年月卒無的據按山堂肆考具載孔孟生卒謂

孟子生於周定王三十七年四月二日卒於赧王二十六年正月十五日年八十四若璩獨不引之蓋先儒詁經多不取雜書鄭元註禮記南風之詩不引尸子郭璞註爾雅西王母不引穆天子傳山海經皆義取謹嚴非其疎漏也

孔子年譜五卷 直隸總督採進本

國朝楊方晃撰方晃字東陽號鶴巢磁州人是書中三卷爲年譜以天地人分紀之其前一卷曰卷首末一卷曰卷尾中間於史記世家歷聘紀年闕里

舊志諸書頗有糾正然註太冗瑣又參以評語皆乖體例至卷首本祖庭廣記作麟吐玉書圖殊未能免俗卷尾泛引雜史爲身後異蹟如魯人泛海見先聖七十子遊於海上及唐韓滉爲子路轉生諸事連篇語怪尤屬不經矣

至聖編年世紀二十四卷 江蘇巡撫採進本

國朝李灼黄晟同編灼字松亭嘉定人晟字曉峯歙縣人是書成於乾隆辛未一卷至十六卷爲至聖年譜十七卷至二十四卷爲歷代至

國朝尊崇之典冠以灼所作孔子生日說孔門出妻辨及增祀孔璇論三篇其所作生日說謂公羊穀梁二傳與史記所記差一年公羊穀梁乃記其懷姙之年司馬遷記其誕生之年殊爲穿鑿自古及今未聞以懷姙之年筆之於書者也至孔門出妻謂之記載舛誤則可必謂庶氏之母爲庶子之母子思嫡長安得謂之庶子乎書中辨野合之說病亦同此周道衰微百氏橫議造作言語以誣聖者不可殫陳史遷妄採張華誤述不過斷以一語斥

諸名教之外耳乃附會其詞以爲禱於尼山野宿懷孕故曰野合是又愈辨而愈舛矣

**洙泗源流**無卷數 編修勵守謙家藏本

不著撰人名氏前有自序亦不著年月序稱所採始於堯舜以爲洙泗之源終於顏曾思孟爲洙泗之流今考其書僅自唐虞訖孔門弟子二十餘人至子思而止未及孟子蓋不全之本前有錢曾二印一曰虞山錢曾遵王藏書一曰雒陽忠孝家篆刻拙惡朱色猶新蓋庸陋書賈所贋託也

右傳記類聖賢之屬三十二部二百三十一卷內三部無卷數皆附存目

案孔子稱伯夷叔齊爲古之賢人孟子亦曰伯夷聖之清者也故孤竹之錄得入聖賢其餘非親炙鄒魯之堂者槩不濫預焉蓋聖賢之名惟聖賢能論定之司馬遷叙仲尼弟子爲列傳而七十子之門人不及焉孟子弟子亦不及焉愼之至也

别本晏子春秋六卷內府藏本

舊本題齊晏嬰撰其書原本八卷已著於錄此本爲烏程閔氏朱墨板以外篇所載已見內篇者悉移綴其文附於內篇各條之下與梅士享所刻管子同一竄亂古書然今代所行大抵此本恐久而迷其原第因附存其目以著其失焉

王文正公遺事一卷 浙江巡撫採進本

宋王素撰素字仲儀旦之幼子也舉進士官屯田員外郎歷工部尚書謚曰懿事蹟具宋史本傳是編所述旦事雖子孫揚詡之詞然大槩與史傳相

出入旦本賢相故也惟記眞宗東封西祀之後令近臣編錄符瑞旦言兩爲大祀使所奏符瑞一一非臣目覩今堂吏取司天監邢中和狀稱有此瑞乞令編修官實錄臣奏不可漏落一事云云於事理殊爲不近蓋旦於符瑞齋醮不能匡正論者有遺議焉故素以此陰解之非實錄也晁公武讀書志作四卷註稱凡五百條此本僅一卷蓋非完書然陳振孫書錄解題已稱一卷則南宋末已行此節本矣

韓魏公家傳二卷（江蘇巡撫採進本）

不著撰人名氏記宋韓琦平生行事陳振孫書錄解題以爲是其家所傳晁公武讀書志則以爲其子忠彥所撰錄公武去忠彥世近當有所據也其書隨年排次頗爲繁冗公武引陳瓘之言謂魏公名德在人耳目如此豈假門生子姓之間區區自列其說當矣

韓魏公别錄三卷（浙江范懋柱家天一閣藏本）

宋王巖叟撰巖叟字彥霖清平人鄉舉省試廷對

皆第一調欒城簿歷樞密直學士簽書封事事蹟具宋史本傳嚴叟嘗在韓琦幕府每與琦語輒退而書之琦殁後乃次爲别録三篇上篇皆琦奏對之語中篇乃琦平日緒言下篇則雜記其所聞見也讀書志稱以國史考之歲月往往牴牾蓋失之誣其書讀書志作四卷書録解題載有語録一卷亦稱與别録小異而實同别録分四卷此總爲一篇皆與此本三卷不合其爲何時所併不可考矣

韓忠獻遺事一卷 内府藏本

宋强至撰至字幾聖錢塘人諸書不詳其始末此書結銜稱𢌿牧判官尚書職方員外郎以其祠部集中詩文考之則登第之後謁選得泗州掾以薦歷浦江東陽元城三縣令終於三司戸部判官尚書祠部郎中其上河北都運元給事書所謂四歷州縣三任部屬者雖不盡可考參以此書所題尚可見其大畧也至嘗佐韓琦幕府故此編敘琦遺事頗詳世所傳琦重陽詩不嫌老圃秋容淡且看黄花晚節香句諸家詩話遞相援引其始表章者

實見於此篇焉

豐清敏遺事一卷 浙江范懋柱家天一閣藏本

宋李朴撰朴字先之興國人紹聖中進士官至國子祭酒事蹟具宋史本傳是書編次其師禮部尚書豐稷事蹟宋志著錄一卷與今本同末有紹熙二年朱子後序并附墓志本傳於後稷歷仕神宗哲宗徽宗三朝屢著讜論時稱名臣朴所敘錄較史傳爲詳書末又有稷注孟子三章李學詩一首及曾鞏所贈歌行袁桷祠記則明景泰中其十一

世孫河南叅政處所搜討增入也

种太尉傳一卷 浙江鄭大節家藏本

宋趙起撰起字得君自稱河汾散人河汾地廣不知其里貫何所也其書專記龍驤四衛指揮使知延州种諤事蹟諤爲世衡次子與兄古弟診號關中三种頗著威名宋史附載世衡傳後起所敘述較史加詳末云次其行事作种諤傳而此本前題种太尉傳考史不言諤官太尉此傳亦無此文葢自唐以後武臣顯貴者往往加至太尉遂習爲尊

稱不必實居是職如李煜歸宋後祇爲特進隴西郡公而徐鉉奉詔往謁乃語閽者稱願見太尉益當時流俗有此等稱謂意其猶宋人舊題也史稱諤雖名將而喜事貪功實開永樂之釁今傳中無貶詞殆亦不無溢美矣

三蘇年表三卷永樂大典本

宋孫汝聽撰陳振孫書錄解題載三蘇年表三卷右奉議郎孫汝聽編即此本也然永樂大典所載惟存蘇洵一卷蘇轍一卷蘇軾則別收王宗稷年

譜而汝聽之本遂佚蓋當時編錄不出一手故去取互異如是今仍以三蘇年表著錄從其本名也

東坡年譜一卷 永樂大典本

宋王宗稷撰宗稷字伯言五羊人自記稱紹興庚申隨外祖守黃州到郡首訪東坡先生遺蹟甲子一周矣思諸家詩文皆有年譜獨此尚缺謹編次先生出處大畧敘其歲月先後爲年譜云云今刻於東坡集首者卽此本也迨

國朝查愼行補註蘇詩於此譜多所駁正皆中其失

蓋剏始者難工踵事者易密固事理之自然耳

范文正年譜一卷補遺一卷附義莊規矩一卷 浙江巡撫採進本

年譜一卷宋樓鑰撰鑰字大防鄞縣人隆興元年進士官至叅知政事除資政殿大學士提舉萬壽觀卒謚宣獻事迹具宋史本傳補遺一卷不知何人所作前有自識一條謂取舊譜所未載者見之各年之下所摭前譜闕遺頗多亦足以互相考証元天歷三年仲淹八世孫國儁與文正奏議同刊

行之其義莊規矩一卷則仲淹嘗買田置義莊於蘇州以贍其族創立規矩刻之版牓後其法漸隳治平中其子純仁知襄邑縣奏乞降指揮下本州許官司受理遂得不廢南渡後其五世孫左司諫之柔復爲整理續添規式其本爲范氏後人所錄凡皇祐二年仲淹初定規矩十條又熙寧元豐紹聖元祐崇寧大觀間純仁兄弟續增規矩二十八條其慶元二年十二條則之柔所增定書中稱二相公者謂純仁三右丞者謂純禮五侍郎者謂純

粹皆其子孫之詞也

綦崇禮年譜一卷（永樂大典本）

宋綦煥撰煥崇禮孫也仕至通直郎知饒州德興縣主管勸農公事是譜詳敘歷官而繫以所作詩文崇禮有北海集歲久散佚近始蒐永樂大典所載編次成帙此譜頗可考其著作年月之前後焉

呂忠穆公遺事一卷（永樂大典本）

不著撰人名氏陳振孫書錄解題載之亦不云誰作所記呂頤浩言行每條必曰公於某事云云蓋

其後人所述也

呂忠穆公年譜一卷（永樂大典本）

不著撰人名氏中頗載頤浩詩句與他家年譜體例小異

涪陵紀善錄一卷（浙江巡撫採進本）

宋馮忠恕撰忠恕臨汝人紹興初官黔州節度判官其父理師事伊川程子與尹焞爲同門友忠恕又師事焞焞自金人圍洛脫身奔蜀紹興四年止於涪時忠恕官峽中及還黔州往來必過涪紹興

六年焞被召赴都明年忠恕以鞫獄來涪因紬繹舊聞輯而錄之以成此編忠恕之侍焞多在涪涪爲程子謫居之地而是書之成又適在涪故以涪陵紀善錄爲名前有忠恕自序宋史尹焞傳稱焞言行見於涪陵紀善錄爲詳則修史時卽採此書也

尹和靖年譜一卷 永樂大典本

不著撰人名氏和靖尹焞謚也據書中稱謂葢其門人所編焞講學以存養爲先著述無多又立朝

不久亦無所表見故是譜所記事跡殊甚寥寥又不及涪陵紀善錄矣

周子年譜一卷浙江鄭大節家藏本

宋度正撰正字周卿合州人紹興元年進士官至禮部侍郎事迹具宋史本傳是編乃嘉定十四年正官於蜀時所作自云於周子入蜀本末爲最詳其他亦不能保其無所遺誤此本前有像贊後附行錄誌銘及宋史本傳葢後人又有所增入非正原本矣明張元禎嘗與朱子年譜合刻之

二梅公年譜二卷兩淮鹽政採進本

梅詢年譜一卷宋淳熙中陳天麟撰梅堯臣年譜一卷元至元中張師曾撰二人皆籍宣城與梅氏爲同里也明萬歷中梅一科合而刻之又於詢譜後載詩畧一卷附錄一卷堯臣譜後載文集拾遺一卷附錄一卷

韓柳年譜八卷編修汪如藻家藏本

韓文類譜七卷宋魏仲舉撰仲舉建安人慶元中書賈也嘗刊韓集五百家注輯呂大防程俱洪興

祖三家所撰譜記編爲此書冠於集首柳子厚年譜一卷宋紹興中知柳州事文安禮撰亦附刊集中近時祁門馬曰璐得宋槧柳集殘帙其中年譜完好乃與韓譜合刻爲一編總題此名云

朱子年譜一卷江西巡撫採進本

宋袁仲晦撰按朱子年譜宋洪友成刻者爲洪本閩省別刻者爲閩本明李默刻者爲李本此本前有朱子後裔懷慶序謂因各本不同乃訂正重刊然校以王懋竑本此本猶多漏畧不能一一精核

也

君臣相遇錄十卷 浙江汪啟淑家藏本

不著撰人名氏載宋韓琦事蹟考晁陳二家書目自今所傳韓魏公家傳韓魏公別錄韓忠獻遺事外尚有韓魏公語錄一卷又韓忠彥所撰辨欺錄一卷語錄卽別錄之文而顛倒其先後惟卷末多一條辨欺錄爲忠彥記其父嘉祐末命事與文富諸人辨今雖未見其本而書中大旨皆可考惟此書晁陳皆不著錄不知何人所作蓋南宋時其家

子孫所爲合辨欺錄別錄所載裒爲一書觀書末載曾孫名十二人而無侂胄蓋諱而削之知其成於開禧後矣

鄱陽遺事錄一卷 浙江巡撫採進本

宋陳貽範撰貽範天台人初范仲淹嘗守鄱陽有善政饒人爲之立祠紹聖乙亥貽範爲通判因取仲淹在饒日所修創堂亭遺蹟及其游賞吟咏之地採而輯之以志遺愛自慶朔堂至長沙王廟記凡十有三目前有貽範自序

范文正遺蹟一卷 浙江巡撫採進本

不著撰人名氏輯范仲淹生平遊歷自其出於吳中長於山東以及洛陽陝西睢池饒潤諸地爲仕宦所經後人傳爲遺蹟者採其名目共爲一編間附以前人題咏碑刻至於西夏堡寨亦并載之中有文正書院等六圖爲仲淹裔孫安崧所繪蓋亦其後人所編也

言行拾遺事錄四卷 編修程晉芳家藏本

不題撰人名氏記范仲淹言行事蹟爲行狀墓誌

所未載者故曰拾遺大抵取諸實錄長編東都事畧九朝通畧諸書而說部之可採者亦附列焉其第四卷所錄則仲淹子純佑純仁純禮純粹四人遺事也

道命錄十卷內廷藏本

宋李心傳編心傳有丙子學易編已著錄是書載程子朱子進退始末備錄其褒贈貶謫薦舉彈劾之文宋史心傳本傳作五卷此本十卷與本傳不台考卷首元至順癸酉新安程榮秀序稱宋秀巖

先生李公道命錄五卷刻梓在江州燬於兵榮秀嘗得而讀之疑其爲初稿尚欲刪定而未成者齋居之暇僭因原本畧加釐定彙次爲十卷如左云云然則此爲榮秀所編非心傳之舊稿矣永樂大典載有心傳原本然所記惟程子事與此本前六卷相同者過半此本所有而永樂大典不載者凡二十八條永樂大典所有而此本不載者凡八條第七卷以下永樂大典全無之則榮秀大有所增刪併所記朱子諸條亦疑爲榮秀所附益則所謂

畧加釐正者特諱不自居於改竄耳非其實也其大旨不出門戶之見其命名葢以孔子比程朱然於道命之義亦未得其解

御製詩序及識語已闢之至悉茲不具論焉

饒雙峯年譜一卷永樂大典本

不著撰人名氏雙峯宋饒魯號也魯自稱從黃榦李燔遊距朱子僅再傳當時重其淵源多相趨附歷主講於東湖白鹿西澗安定諸書院故是譜所記亦惟講學之事爲詳案周密齊東野語深致不

滿於魯且稱其自詭爲黄幹弟子疑以傳疑蓋莫能明然亦不足深辨也

許魯齋考歲畧一卷 永樂大典本

元耶律有尚撰有尚字伯强號迂齋東平人以伴讀功授助教歷昭文館大學士謚文正事蹟具元史本傳世祖時許衡除中書左丞固辭不受因上奏取舊門生十二人爲伴讀有尚其一也是編載衡言行較史爲詳然大端已具於史矣

劉文靖公遺事一卷 浙江范懋柱家天一閣藏本

元蘇天爵撰天爵有名臣事畧已著錄是編乃所述容城劉因行實也考天爵名臣事畧第十五卷即紀因事然此卷所述皆事畧所未言蓋天爵於事畧既成之後別采舊聞補其所闕故命曰遺事元史劉因本傳多採用此卷亦以後來搜輯較爲詳備歟

辜君政績書二卷 永樂大典本

元陶凱撰凱字中元江都人以至正七年丁亥鄉試榜授永豐教諭適永豐令辜中受代去縣之父

老子弟願以中善政刻諸石凱因序中政績爲此書以贈言學記等篇附焉

思賢錄五卷續錄一卷（浙江范懋柱家天一閣藏本）

元謝應芳撰應芳字子蘭武進人至正中薦授三衢清獻書院山長阻兵不能赴明洪武中歸隱横山以終自號龜巢老人事迹具明史儒林傳是編爲其鄉宋寶文閣直學士鄒浩而作正錄成於至正十五年分爲五目曰事實曰文辭曰祠墓曰祠墓廢興曰古今題咏有楊維禎鄭元祐二序續錄

則皆應芳及知府張度等祭墓之作成於明洪武十二年其中又載有洪武十三年以後祭文碑記諸篇迄於正統十年則後人所附入也

欽定四庫全書總目卷六十

史部十六

傳記類存目二

草廬年譜二卷附録二卷 編修汪如藻家藏本

明危素撰。素字太樸，金谿人。元至正中官至禮部尚書，叅知政事，翰林學士承旨，出爲嶺北行省左丞。後退居房山。淮王監國，起爲承旨如故。明洪武二年，授翰林侍講學士。後因御史王著等論素不宜列侍從，謫居和州以卒。事蹟具明史文苑傳。初吳澄孫當嘗編次其祖生平事蹟爲年譜素爲澄之門人因重加訂正刻於至正乙巳至明嘉靖甲寅澄裔孫朝楨復增入行狀神道碑列傳祭文一卷及歷代褒典奏議文移一卷鄒守益爲之序即此本也

褒賢集五卷 浙江巡撫採進本

不題撰人名氏取宋元人著作有關范仲淹者及朝廷所降文牒等類合爲一書一卷爲傳碑銘祭文二卷爲優崇典禮三四卷爲碑記五卷爲諸賢

贊頌論疏中間載至元順帝至正間則明初人所編也

滁陽王廟歲祀册一卷 左都御史張若溎家藏本

不著撰人名氏明初追封郭子興爲滁陽王立廟滁州令有司歲時奉祀此本前列洪武十五年敕諭一通具載祀典規條及守廟人戸次爲太常寺丞張羽所撰滁陽王廟碑文葢卽從廟中碑刻抄出別行者也

鐘鼎逸事一卷 浙江范懋柱家天一閣藏本

明李文秀撰文秀昆明人黔寧王沐英之閹豎也是編皆紀英行事前列祠堂碑記三篇後爲言行拾遺錄十一條各爲之論末附唐愚士贈文秀詩一篇而冠以張紞劉有年王汝玉王驥序四篇驥序題洪武壬午汝玉序則書元年十二月而剷去年號二字葢汝玉作於革除以前而刻於革除以後故削建文年號驥序作於燕王篡立以後故奉仍稱洪武三十五年之詔耳閹寺之作本不足錄而英本名臣文秀所錄尚與史傳相出入無詭詞

夸飾變亂是非之事故姑存其目焉

直道編八卷 兩江總督採進本

明陳怡編怡吳縣人仕履未詳其祖祚字永錫永樂辛卯進士授河南布政司參議坐事落職洪熙初起爲監察御史終於福建按察司僉事歷官俱有直聲怡因輯其年譜行狀墓表輓詩之類以成此書吳寬爲題此名與明史祚本傳亦大致互相出入案千頃堂書目載有孫堪直道編紀御史陳祚事堪嘉靖中人今未見傳本其與此書爲一爲

二莫之詳矣

翊運錄二卷（江蘇周厚堉家藏本）

明劉廌編。廌，誠意伯基之孫也。是書成於永樂中，集其祖父所得御書詔誥及行狀事實以爲此錄，取誥文中開國翊運之語爲名。同郡王景爲之序。成化中，巡按浙江御史戴用以板久漶漫，因增輯重梓，楊守陳爲之序。嘉靖初，從處州府知府潘潤之請，以基九世孫瑜襲爵，瑜因復增入襲封誥敕及部議題本、謝恩表之類，自爲後序。二卷之首襍

入基表頌五篇頗爲不倫以序文考之卽瑜所增入葢徒欲侈陳祖德爲閥閱之光而未知著述體例者也

崔清獻全錄十卷 兵部侍郎紀昀家藏本

明崔子璲編其書成於永樂中皆其五世祖與之之遺事遺文也與之字正子廣州增城人紹熙四年進士理宗時累官廣東安撫使拜參知政事右丞相致仕卒謚清獻事迹具宋史本傳與之所著有菊坡文集佚於兵火又有嶺海便民牓海上澄

淸錄二書皆記其當時政事後亦不傳僅存其言行錄三卷奏劄詩文五卷子璲因裒爲一編又以理宗御劄及諸家詩文爲附錄二卷其言行錄三卷林鉞跋稱宋太社司令李公裒輯而不載其名宋端儀序稱略爲更定甘鏞跋又稱旁考史傳補其脫略然則已非原本矣又蔣曾瑩家別有寫本分爲二集內集二卷前卷爲言行錄後卷爲奏劄詩文外集三卷上卷爲所賜詔札中卷爲宋史本傳及續通鑑綱目諸書所記與之事下卷爲題贈

詩文題其十四孫爌所重編成於嘉靖庚申前有測引一篇稱重編先錄既成有謂不當以行先言者有謂不當以臣先君者後見舊板篇次記號乃知新本爲後人劃改爌所重編實還其舊今觀其書雖併十卷爲五卷而次序略與子璲本合則所謂還其舊者確不誣也

陸右丞蹈海錄一卷　浙江鮑士恭家藏本

明丁元吉編元吉鎭江人是書成於成化中記宋陸秀夫海上死難事蹟採宋史本傳及龔開所作

傳黃溍所作年譜益以諸家題咏彙爲一編並載秀夫遺文二首末附桑海遺錄序大忠祠碑及祭文一首

張乖厓事文錄四卷　浙江范懋柱家天一閣藏本

明顏端徐瀚同編端應山人官成都縣教諭瀚杭州人官華陽縣教諭前有文安邢表序蓋宏治三年表爲四川左布政使以張詠爲蜀名宦故屬二人輯錄此編一卷爲本傳及事實二卷爲遺文十二篇三卷四卷爲同時贈答及後人祠記祭文之

類詠全集尚有傳本端等未見故所輯頗挂漏焉

李衛公通纂四卷直隸總督採進本

明王承裕撰承裕字天宇三原人吏部尚書恕之子宏治癸丑進士官至南京戶部尚書謚康僖事迹附見明史恕傳承裕與唐李靖爲同里故旣爲建祠又纂其遺事爲此書明史藝文志著錄作四卷此本凡史牒纂一卷遺作纂一卷文集纂一卷存蹟纂一卷與明志合所載皆習見之文至李衛公問對一書出自阮逸僞托而一概列入絕無辨

證可知其考訂之疎矣

陽明先生浮海傳一卷浙江巡撫採進本

明陸相撰相字良弼餘姚人宏治癸丑進士官至長沙府知府是書專紀王守仁正德初謫龍場驛丞道經杭州爲姦人謀害投水中因漂至龍宫得生還之事說頗詭誕不經論者謂守仁多智數慮劉瑾追害故棄衣冠僞托投江而實陰赴龍場故王世貞史乘考誤嘗力辨此事爲不實而同時楊儀高坡異纂亦載此事與相所紀略同蓋文人之

好異久矣

朱子實紀十二卷 江蘇巡撫採進本

明戴銑編銑字寶之婺源人宏治丙辰進士官至給事中以疏彈太監高鳳下詔獄廷杖創甚而卒事迹具明史本傳是書詳述朱子始末首曰道統源流世系源流次年譜次行狀本傳次廟宅次門人次褒典次讚述次紀題其書本因年譜而作其標曰實紀者銑自序稱謂之年譜則紹乎前彰乎後者不足談必曰實紀然後并包而無遺蓋年譜

主於明朱子學問之序出處之道而鈇是書則主於以推崇褒贈誇耀世俗爲榮其立意本各有取也

韓祠錄三卷浙江巡撫採進本

明葉性談倫同編性里籍未詳官潮州府同知倫上海人天順丁丑進士官至工部右侍郎然是編前有翰林院檢討盛端明序稱性編錄未成以遷職北上倫時爲潮州知府因續成之考書成於正德甲戌上距天順丁丑已五十八年且作序之盛

端明為宏治壬戌進士上距天順丁丑亦四十六年與倫似不相及即倫老而尚存亦不應七八十歲尚為知府後乃忽至九卿疑為別一談倫名姓偶同也其書首載韓愈遺像及韓山書院鱷魚韓木諸圖次唐書本傳及愈謫潮州時所作詩文次記祠制祭儀及後人碑記詩讚末附載趙鼎得全書院記陸秀夫馬發祠記以皆在潮地故并錄之其南珠亭記一篇則又以潮之人物代興歸美於愈云

奕世增光錄八卷　浙江巡撫採進本

明王道行編。道行字明南，陽曲人，嘉靖庚戌進士，官至左布政使。是爲續五子之一，明史文苑傳附見王世貞傳中。是書乃其官常鎮兵備副使時爲魏校所作也。第一卷至六卷載勅命祭文以及同時諸人贈答書啟，第六卷載校行狀誄詞及遺事，七卷八卷則文稿備遺也。因校誥勅中有永增奕世之光語，遂以名其書焉。

薛文清行實錄五卷　江蘇巡撫採進本

明王鴻撰鴻河津人官石灰山關稅大使薛瑄之曾孫婿也是編第一卷爲瑄像贊行狀神道碑事實二卷爲請從祀疏七篇三卷爲祠堂書院諸記六篇祭文三篇四卷爲讀書錄文集諸序四篇詩五首第五卷則雜錄桂聯之類而附以薛氏歷世科貢傳芳圖前有喬宇序作於正德辛未而奏疏有隆慶五年祭文有萬歷二十六年所記科貢有崇禎壬午癸未則瑄後人以次續入非鴻之舊也

商文毅公行實一卷 浙江范懋柱家天一閣藏本

明商汝頤編汝頤商輅孫也以輅遺集兩燬於火恐先德不傳乃哀爲是書凡王獻所作行實一篇尹直所作墓誌銘一篇楊子器所作神道碑一篇末有正德十年汝頤自跋正德十六年刊板王子言又爲之跋

商文毅年譜四卷 兩淮馬裕家藏本

明商振倫撰振倫輅之元孫也書前有小像八幅自鄉試第一迨官至謹身殿大學士皆圖畫之殊未能免俗其言行錄一卷則輅孫汝泰所作振倫

并刊之也

傳信辨誣錄一卷 浙江吳玉墀家藏本

明陳虞岳撰虞岳泰和人正統間輔臣陳循五世孫也土木之變循在內閣爲首撄及景帝欲廢英宗太子循依違不能匡正以此爲當世所譏陳建通紀載其事虞岳以爲誣蠛其祖乃作此書以辨之首爲諸名公敘略節略次爲傳信共篇一曰首定儲宮之策一曰力沮南遷之議一曰計退德勝之圍一曰密運回鑾之略一曰保護南宮苦忠一

曰請復南遷議疏所引諸書惟力沮南遷一條弇山堂別集及叢記載有循名其五事則皆無確證次辨誣五條一曰辨不諍易儲之悮一曰辨徐有貞餽玉帶之悮一曰辨請治龔遂榮獄之悮一曰辨翰林用襍流之悮一曰辨申明制科之悮其意與孤兒籲天錄同亦孝子慈孫不得已之苦心也

夏忠靖遺事一卷　浙江范懋柱家天一閣藏本

明夏崇文撰崇文字廷章湘陰人成化戊戌進士官至南京太僕寺少卿蓋夏原吉之孫也是編追

述原吉歷官始末甚詳於世所傳慈感蚌珠事刪之不載體例頗爲謹嚴然原吉治水功在東南其方略亦不備載殆以事具國史耶惟燕王簒立原吉稱臣此所謂范質生平惟欠周世宗一死者也而此云或執之以獻燕王是則子孫之詞矣

雲林遺事一卷 浙江巡撫採進本

明顧元慶撰元慶字大有號大石山人長洲人都穆之門人也此書皆紀倪瓚事蹟分高逸詩畫潔癖游寓飲食五門崇禎間常熟毛晉别有刻本云

從天竺僧寮見之不著作者名氏較此本所載稍繁而此本後附贈詩及誌銘二首則毛本無之江寧李蘅嘗刻其本於所輯璅探中題云顧元慶撰雖未知所據然考元慶所著尚有瘞鶴銘考夷白齋詩話蓋亦雅士蘇州府志載其兄弟皆纖嗇治產惟元慶以圖書自娛王穉登往訪之年七十五猶酬對不倦是其志趣與瓚相近或輯此編以明所尚亦事理所有矣

旌孝錄一卷　浙江巡撫採進本

不著撰人名氏載成化十一年旌表朱灝孝行事考朱觀潛跋朱存理遺文後曰野航先生著述甚富自鐵網珊瑚世有刊本珊瑚木難好事傳鈔外祇購樓居襍志一卷旌孝錄一卷并詩文數十篇云云則此編存理所輯也灝字景南長洲人即存理之父親歿負土成墳廬於其側有馴烏之異詔旌其門存理字性甫博雅工文終於布衣

岳廟集四卷 編修汪如藻家藏本

舊本題明徐階編張庭校焦煜刊而首載階序稱

從黃山焦子請所輯武穆祠詩文讀之又云因不自量謀於五山張子而去取之則煜之初稿而階與庭爲之删定庭序則云黃山子謂少湖子與庭曰盍校之我將刊焉因取汪氏所輯抄本往復叅校則初稿又非煜作矣大抵襍出衆手不可名以一人也原本凡傳一卷制一卷議序記一卷辭樂府詩一卷而附以岳武穆遺文一卷今以武穆遺文析出別入集部故此本以四卷著錄焉階字子升華亭人嘉靖癸未進士官至武英殿大學士謚

文貞事蹟具明史本傳庭自署曰眉山煜自署曰宛陵考太學進士題名碑嘉靖癸未科有張庭四川夾江人焦煜南直隸太平人皆階之同年當即此二人至所謂汪氏者則不可考矣

吳疏山集十七卷 江西巡撫採進本

明吳悌撰悌字思誠疏山其別號也金谿人嘉靖壬辰進士官至兵部侍郎謚文莊事蹟具明史儒林傳其學出於王守仁然淸苦剛介卓然不愧於儒者非姚江末流提唱心學恣爲横議者比集止

三卷然據原跋則尚有贗作聶氏墓志胡氏表二篇竄入第四卷爲言行錄乃悌門人李約所編第五卷以下皆誥敕及表章頌美之文其後人屢屢重刊輾轉附益者蓋原本名紀實錄乃傳記之流體例不妨如是此本改題曰集遂使附錄之文至十四卷末大於本失其初編之旨矣今從崔與之集之例仍入之傳記類焉

胡梅林行實 無卷數 兩淮鹽政採進本

明胡桂奇編桂奇績溪人兵部尚書宗憲之子此

書卽紀宗憲行實梅林者宗憲別號也宗憲平倭之功載在史册不容湮沒至其比附嚴嵩趙文華公論亦不可掩此書出其後人之手固未可據爲徵信矣

忠烈編十卷（浙江范懋柱家天一閣藏本）

明孫堪孫墀孫陞同編三人皆巡撫江西副都御史餘姚孫燧之子也燧遇宸濠之變抗節被戕堪等彙其制誥卷牘碑狀誌傳以及誄祭之文編爲此集曰忠烈者嘉靖初所贈謚也序爲嘉靖辛亥

嚴嵩撰其言不足爲燧榮蓋其後人印行偶失刊削耳

鄭端簡年譜七卷 浙江巡撫採進本

明鄭履淳撰履淳字叔初海鹽人嘉靖壬戌進士官至光祿寺少卿事蹟具明史本傳履淳爲鄭曉之子故追述曉事以成此譜凡曉所作奏疏詩文皆一一附載其中如鹽政壞於折色及沿海官軍宜掣回衞所操練諸疏頗足補史志所未備末附祭文誥諭卹典墓志行略之類於譜例已爲複出

又以履淳所作思親詩文附鐫於末多至三卷於體裁尤不協矣

董子故里志六卷 兩江總督採進本

明李廷寶撰廷寶字國用號滄溪曲沃人嘉靖中官景州知州考漢書稱董仲舒廣川人而廣川地大今山東德州直隸景州棗強縣皆其故地故三邑皆祀董子皆有董子故迹其作志書皆自以董子爲鄉人德州斥景州之牽引景州斥德州之附會棗强又出而斥二州之影佔數百年來喧如聚

訟迄今未有所歸廷寳官於景州故據廣川里名定仲舒爲景州人而所載馬偉董子辨一篇又以董學村割隸故城欲引之以爲故城重夫惠距兄弟不以惠而寬距向歆父子不以向而榮歆況夫前代鄉賢何關後人之事郡邑志乘錮習相仍紛紛爲無益之爭皆其所見之小也

濂溪志九卷 兩淮馬裕家藏本

明李楨撰楨字維卿安化人隆慶辛未進士官至南京刑部尚書事迹具明史本傳是編雖以濂溪

爲名似乎地志實則述周子之事實首載太極圖説通書次墓誌及諸儒議論歴代褒崇之典次古今紀述次古今題詠並祭告之文

濂溪志十三卷 河南巡撫採進本

明李嵊慈撰嵊慈字元穎龍城人官道州知州是編因李楨舊志稍爲輯補無所考證闡明

東方類語十六卷 浙江巡撫採進本

明朱維陛撰維陛海鹽人是書皆輯録漢東方朔事跡自列傳別傳外傳以及瑣語神異經十洲記

諸書無不採撮創立十目分爲内外二篇内篇記其常事外篇則涉神仙家言其條例内辨史記東郭先生爲臨淄人與東方朔之爲厭次人地各不同自來引用多惧亦稍有考核然其徵引猥襍究不能出小說之門徑不足據也

二程年譜二卷　安徽巡撫採進本

明唐伯元撰

國朝黄中訂補伯元字仁卿澄海人萬歷甲戌進士官至南京吏部文選司郎中事蹟具明史儒林傳

中字平子號雪瀑舒城人考二程遺書有伊川年譜而無明道年譜宋文鑑所載明道墓誌朱子又偶未見故別爲之行狀此書取明道行狀改爲年譜又取伊川年譜小變其體例均無所考正僅因襲舊文而已

涑水司馬氏源流集略八卷 浙江巡撫採進本

明司馬晰編晰字宗晦夏縣人萬歷癸卯舉人宋司馬光十七世孫也卷首自序云自先文正公居於河洛竄於鳴條而曾孫開國公扈遷東粤家於

會稽南北相距殆四千里代次相承凡十餘世於是北人以涑水氏爲無後南人以山陰氏爲失祖是編所輯先之以行事系籍之實繼之以制誥圖跋之傳終之以紀述標題之富其意葢將捜採以備家乘而第八卷中有積德之什乃載晰由山陰復歸於夏縣萬歷癸卯鄉試第一里人贈賀之作是又蔓延附載不出譜牒之窠臼矣

武侯全書二十卷　江西巡撫採進本

明王士騏撰士騏有馭倭錄已著錄是編述諸葛

亮始末首三國志本傳次張栻補傳次鼎立繼統連吳南征北伐遺命調御法簡八篇以補張傳次心書次新書次八陣圖次篇翰次世系次朱子綱目又附錄後人評論詩賦雜文三卷終焉按陳壽進諸葛氏集表云删除重複隨類相從凡爲二十四篇具列其目於傳後今其書久不可見是書捜羅完備而心書新書之類眞僞蕪襍未能删汰諸篇分隸亦或未當後楊士偉因士騏此本别改定爲諸葛書較爲精核以創始者爲士騏故仍存其

目焉

米襄陽外紀十二卷 江蘇巡撫採進本

明范明泰撰明泰字長康嘉興人萬歴庚子舉人是編紀米芾遺事分恩遇顛絶潔癖嗜好麈談書學畫學譽羡書評雜記考據十二門多不著出典未足依據亦時有舛訛如恩遇第一條云皇祐二年詔米芾以黄庭小楷作千字文考芾生於皇祐三年辛卯則所稱寫千字文在未生前一年矣有是理乎

米芾志林十六卷 江蘇巡撫採進本

亦題明范明泰撰與襄陽外紀並同惟後附刻襄陽遺集一卷爲明泰所輯蓋未見寶晉英光集故有是刻又海岳名言寶章待訪錄研史各一卷皆芾之遺書然書史畫史竟不編入亦殊疏漏矣

精忠類編八卷 左都御史張若溎家藏本

明徐縉芳撰縉芳字奕開晉江人萬歷辛丑進士官至監察御史事蹟附見明史劉策傳是編輯錄宋岳飛事實藝文首爲表類紀姓氏世系之屬次

爲傳類紀生平始末次爲遺翰類皆飛詩文次爲宸綸類皆高宗所賜載於金陀稡編者次爲褒贈類皆歷代制誥案牘次爲家集類皆岳珂之文有關於飛者次異感類紀諸靈應次詩類文類則皆後人題述之作也編次頗無條理而異感類中如瘋魔行者罵秦檜胡迪入冥之類尤類傳奇演義飛之忠烈自與日月爭光不假此委巷之談侈神怪以相耀也

薛文清年譜一卷江蘇巡撫採進本

舊本題明楊鶴撰鶴字修齡武陵人萬歷甲辰進士官至兵部尚書總督陝西三邊軍務事蹟具明史本傳考是書後有鶴自跋稱本薛瑄門人張鼎所編歲久版佚瑄八代孫士宏偶以舊本示滿朝薦及鶴朝薦屬鶴訂定鶴因命其子嗣昌重以瑄集考正年月併採集中詩文佚事補之然則此本雖題鶴名實出嗣昌手耳嗣昌字文弱萬歷庚戌進士官至東閣大學士事蹟具明史本傳

蘇米譚史一卷蘇米譚史廣六卷 江蘇周厚堉家藏本

明郭化撰化字肩吾宣城人始末未詳譚史序題辛亥蓋萬歷三十九年也是編雜採蘇軾米芾軼事可資談柄者各為一卷又廣蘇軾事為四卷米芾事為二卷皆摭拾小說無他異聞又皆不著所出彌難依據

海珠小志五卷　兩淮馬裕家藏本

明李韡撰韡番禺人萬歷中官至武定府知府宋龍圖閣待制吏部侍郎李昴英之裔也廣州城外珠江有海珠石屹立水中昴英常讀書其地捐資

捌寺曰慈度後人卽寺祠焉明萬歷中韓因考尋古跡輯爲此志凡四卷國朝康熙丁丑其後人文焰重加校刻增以近人諸作共爲五卷前一卷載圖像諸記行實祭文後四卷則遊覽謁祠詩詞也

襄陽外編無卷數浙江巡撫採進本

明顧道洪編道洪字嗣圖無錫人是編作於萬歷中首繪孟浩然像併錄採史書本傳暨諸家贈答題詠之作復以古今詩話附列於後所採上起於

唐下迄乎明然王士元浩然集序近在耳目之前乃反佚之何也

程朱闕里志八卷兩淮馬裕家藏本

明趙滂編滂歙縣人是序前有高攀龍序則成於萬歴中也大旨謂朱子系出新安二程祖墓亦在焉故合志之分爲七門案闕里乃孔子里名非推尊之號宋咸淳五年詔婺源祠所稱文公闕里已爲失實今程子亦稱闕里則尤承訛踵謬習焉而不察者也

考亭朱氏文獻全譜十二卷 浙江巡撫採進本

明朱鐘文撰鐘文字吾滄朱子十二世孫官大足縣知縣新安朱氏支派非一其北洛墩頭之朱本不出於考亭時方醵金購譜建祠鐘文恐其亂宗乃溯唐茶院公以來世次纂紀本末搜討頗詳分類凡十三門曰廣睦曰明宗曰溯本曰尊祖曰著居曰庭訓曰褒典曰彙文曰列傳曰宦達曰女德曰外戚曰禖紀冠以朱子所作世譜原序

温公年譜六卷 江西巡撫採進本

明馬巒撰巒字子端夏縣人與司馬光爲同里以光舊無年譜因撰此編以補史傳所不及其大指以光行狀爲主參以史傳及名臣言行錄證以光所著傳家集其餘詩話小說皆詳爲考訂分年編載其不可專屬一年者則總附錄於末焉

梅墟先生別錄二卷 兩淮鹽政採進本

明李日華鄭琰同撰日華字君實號竹懶嘉興人萬歷壬辰進士官至太僕寺少卿明史文苑傳附載王維儉傳中琰字翰卿自稱閩人其始末未詳

是編爲嘉興周履靖而作履靖字逸之能詩好事與其妻桑貞白自相唱和多刊書籍以行夷門廣牘即其所編蓋亦趙宧光陳繼儒之流明季所謂山人者也上卷爲日華所撰載其生平甚悉下卷爲瑹所撰亦畧具事實而多錄其詩中摘句

蘇米志林三卷 內府藏本

明毛晉撰晉有毛詩陸疏廣要已著錄是書掇蘇軾瑣言碎事集中所遺者編爲二卷又以米芾軼聞編爲一卷大概與蘇米譚史互相出入

顧端文年譜二卷　浙江巡撫採進本

明顧與沐編入

國朝後其孫涇曾孫貞觀相續成之與沐無錫人顧憲成之子由舉人官至夔州府知府涇亦舉人貞觀官中書舍人其書前冠以崇禎二年諭祭文及墓誌銘行狀復附憲成没後奏請贈謚諸疏於原文皆删節存略視他家較簡核有體

張抱初年譜一卷　江西巡撫採進本

明馮奮庸撰奮庸字則中壽安人師事澠池張信

民因紀其生平事蹟爲年譜信民字孚若號抱初澠池人由鄉貢官仁懷縣知縣

關帝紀定本四卷 兩江總督採進本

明藏光啟郃潛同編光啟字方生潛字潛夫皆江都人初元至大間胡琦曾輯關帝事蹟成書明宏治嘉靖天啟間吳濬呂柟薛三省諸人皆有纂錄光啟潛因諸家之本刪補以成此編首世系次年譜次封號次誥命次實錄次遺蹟次論辨頌贊次奏疏碑記次詩次祭文次靈異刻於崇禎戊辰姚

希孟爲之序

心齋類編二卷　兩江總督採進本

明王元鼎編元鼎泰州人王艮之後書中綸音首簡廟謨首錄二跋自稱艮之元孫彙選標題跋又自稱艮之曾孫刊板必有一訛也是書紀崇禎四年艮從祀

孔廟始末上卷爲奏疏類編錄嘉靖間巡撫劉節御史吳悌薦艮二疏并諸廷臣請從祀三疏請謚一疏下卷爲別傳類編錄萬歷辛丑翰林館課以王

艮傳命題諸詞臣所擬傳十六篇上卷之前冠以
崇禎三年諭旨一道題曰綸音首簡又載崇禎辛
未會試策題一道問明從祀文廟諸人數及艮名
者題曰廟謨首錄而以鄉紳揭帖尺牘附卷末又
列諸家著述之有涉於艮者曰彙選標題列公私
祠祀及艮者曰禋祀類紀元鼎聞邸報志喜詩四
首亦編其中體例頗爲繁碎考明史儒林傳以艮
附王畿傳中紀其終始甚詳然不載有從祀
孔廟事今兩廡俎豆亦無艮位不知元鼎何以有此

書也

邵康節外紀四卷 兩江總督採進本

明陳繼儒編繼儒字仲醇號眉公華亭人事迹具明史隱逸傳是編取邵伯温聞見録所載邵子事迹略爲詮次始末併其自稱伯温及稱康節先公諸字亦未刊削殆不免葛龔作奏之誚又附載伯温易學辨惑與査顔散先天方圓圖說余孟宣經世要旨及家傳心易數序三篇而終以邵子及伯温本傳繼儒號爲隱君其作此書殆以自寓然伯

温之錄具在何必復述其文也

遜志齋外紀二卷續集二卷安徽巡撫採進本

明姚履旋撰履旋上元人是編採諸書所紀方孝孺殉難後事及文移案牘之屬彙爲一篇共分十類曰表揚曰像贊曰傳銘曰記狀曰賜言曰贈遺曰碑記曰祭弔曰復姓曰祠典其復姓一類載孝孺幼子德宗冒姓余氏及歸宗建祠事頗具始末其書成於崇禎中後有續集二卷則

國朝康熙中婁縣訓導徽州項亮臣所補輯也

周元公集十卷 編修朱筠家藏本

明周沈珂編沈珂吳縣人周子裔也是集卷一爲圖像卷二爲世系年譜卷三爲遺書卷四爲襍著卷五爲諸儒議論卷六爲事狀卷七爲褒崇優卹卷八爲祠墓諸記卷九卷十皆附錄後人詩文雖以集爲名實則周子手著僅五之一今入之傳記類中從其實也

周氏遺芳集五卷 編修朱筠家藏本

明周沈珂及其子之翰編先是周子十七世孫與

爵輯其先世著述事蹟自周子四世孫興裔以下爲遺芳集凡歷代褒崇詔諭及傳誌記序諸作以次附焉沈珂父子重爲編次而與爵以下則仍無所增益

靈衛廟志一卷兩淮馬裕家藏本

明夏賓撰賓始末未詳宋建炎三年金兵攻臨安守臣康允之棄城走錢塘令朱蹕偕縣尉金勝祝威率民兵力戰死之杭人賴其捍禦得乘隙以逃爲立祠於死所是書以建廟封侯本末並祀典碑

記彙爲一編見有功必報之禮亦風起忠烈之志也

廱略二卷 浙江巡撫採進本

明陳念先撰念先慈谿人其八世祖敬宗字光世永樂甲申進士宣德間由司業陞祭酒官南廱者二十年嚴重有師法與北監祭酒李時勉齊名世稱南陳北李念先於崇禎間至南廱搜輯廱志所載參以年譜文集編年紀錄以成是書蓋惟備敬宗一人居官之始末非紀南廱事也

宋四家外紀四十九卷內府藏本

不著編輯者名氏四家者蔡襄蘇軾黃庭堅米芾也蔡紀成於徐𤊹蘇紀成於王世貞黃紀成於陳之伸米紀成於范明泰本各自爲書此本蓋明季坊賈合而刻之耳

羅江東外紀三卷兩淮鹽政採進本

國朝閔元衢撰元衢字康侯烏程人自號歐餘生自以終身不第有似羅隱乃作此書蓋一時寓意之作也

賀監紀略四卷兩淮鹽政採進本

國朝聞性善暨其弟性道同編性善字與同性道字天迺寧波人其書備摭賀知章遺文軼事及唱酬題詠之詞彙爲一編采擷頗富然如唐明皇帝送知章詩有二本方回瀛奎律髓具載朱子之說又韋縠才調集所載楊柳枝詞標題誤增枝字遂以天寶以前之絶句爲長慶以後之樂府皆未考定則亦多疏舛矣徵引古書每事必造一標題尤類小說體例也

姑山事錄八卷 浙江巡撫採進本

國朝吳肅公杜名齊同撰肅公有詩問已著錄名齊始末未詳是編述明末沈壽民事實壽民字眉生宣城人崇禎中巡撫張國維以賢良方正薦徵赴闕下抗疏劾楊嗣昌奪情誤國熊文燦不能制敵之罪疏奏留中不報遂歸隱姑山肅公名齊皆其門人因作此書以記其出處卷一即劾楊嗣昌熊文燦疏及答薦辟書數篇卷二以下皆撫按薦疏公揭及同時友人來往書啟而終以投贈篇什福

王時壽民又爲馬阮所惡幾遭毒手別有書記其事曰甲乙存略見肅公所作凡例中今未見傳本其存軼不可知矣

謝皐羽年譜一卷（兩淮鹽政採進本）

國朝徐沁撰沁字埜公會稽人嘗刊謝翺晞髮集因復搜採遺事爲作是譜中間如扎木揚喇勒智（原作楊璉眞伽今改正）發宋陵事以元世祖本紀參核當在至元戊寅不當在乙酉沁則據周密癸辛雜識定爲乙酉黃宗羲爲作序頗疑其非又姜夔乞正雅樂

在寧宗慶元間而譜以爲理宗時亦沿之誤也

寧海將軍固山貝子保越平閩實績一卷 內府藏本

不著撰人名氏所紀乃惠獻貝子富喇塔奉
命討逆藩耿精忠統兵在温州擊賊及暫回處州之事起康熙十五年二月十四日迄六月初九日按日紀載葢卽取寧海將軍行營塘報奏集成帙故詞句多不雅馴且所錄僅四月之事首尾亦未完具

保台實績錄一卷 內府藏本

不著撰人名氏紀台州兵巡道楊應魁政績應魁

字斗垣射洪人以兵部郎出巡台州適閩逆耿精忠遣兵犯浙圍逼台州應魁從貝子富喇塔駐台捍循兵民條畫守禦頗著惠愛故郡人作此以志其功自固根本至修庶政共分二十目目各爲一篇云

**楊公政績記一卷**　編修程晉芳家藏本

國朝黃家遴撰家遴奉天人官至嘉興府知府是編述明楊繼宗遺事繼宗字承芳陽城人天順初進士由刑部主事歷官雲南巡撫僉都御史家遴以

繼宗曾任嘉興府知府號爲循吏因裒其事蹟以成此書末附繼宗本傳一篇較明史列傳爲詳然不及載其追謚亦不知傳出誰手也豈郎家遴所作歟

楊文靖年譜二卷 浙江吳玉墀家藏本

國朝張夏編夏有雒閩源流錄已著錄是編以楊時年譜舊本詳略失宜乃參稽史册語錄文集訂爲上下二卷考宋史時本傳稱時於州縣未嘗求聞達而德望日隆有爲蔡京謀者以爲事勢必敗宜

引舊德老成置諸左右庶猶可幾及蔡京然之乃薦爲秘書郎此編於七十一歲書宣和五年癸亥四月有旨召赴都堂審察以疾辭其下分註雖略及張礜語而歸其事於高麗王問時安在副使傳墨卿以聞故有是名於七十二歲書六年甲辰十月召爲秘書郎仍令上殿十二月至京師入對其下分註又以高麗使臣將至傳墨卿再薦於朝爲辭併注曰是時蔡京已斥若欲泯蔡氏薦辟之迹者然時赴蔡氏之薦朱子語録亦深言其失自非

聖人孰無過舉原不以是沒其生平也夏以東林托始之故曲爲文飾仍不免門戶之見矣

忠武誌八卷 江西巡撫採進本

國朝張鵬翮撰鵬翮字運青遂寧人康熙庚戌進士官至大學士謚文端是編載漢諸葛亮始末首本傳次年表次世系次心書次新書次遺文次遺制次遺事次用人次勝跡次爲後人詩文其遺文不收黃陵廟記之類頗有甄別而心書新書確爲僞託乃併載之則仍蕪雜也既收心書新書姑存其

舊而十六策仍不載則又疎漏也梁甫吟詞意雖淺然見於歐陽詢藝文類聚其來已久又增一白鳩篇則不知其何來矣

周忠介公遺事　無卷數兩江總督採進本

國朝彭定求撰定求字訪濂長洲人康熙丙辰進士第一官至翰林院侍講是書述周順昌忤璫被逮本末首載順昌歴官敕誥次載順昌子茂蘭鳴寃請祠謚二疏末載書傳碑記并茂蘭傳兼附朱祖文及顏佩韋等五人傳於後定求皆為之跋

別本朱子年譜二卷附錄一卷 安徽巡撫採進本

國朝黃中撰。是編刻於康熙戊午，冠以畫像、世系、題名錄、別錄，附以慶元黨籍、呂祖泰書及歷代褒典。其別錄惟載朱子言行七條，不知其去取之意與編次之例安在。又以朱子名字號謚夾註於末，益不可解。年譜中多附以議論，大旨主於頌美，無所考證。其附錄之序，謂程朱之顯晦關宗社之存亡，中以李德裕論邪正一條列於眞德秀之後、張浚之前，似不知德裕爲唐人也。

王文成集傳本二卷 浙江巡撫採進本

國朝毛奇齡撰奇齡有仲氏易已著錄王守仁之闢宋儒與奇齡合又餘姚蕭山爲同郡有鄉黨誼故奇齡特爲守仁作傳上諸史館後軼其半奇齡子遠宗又摭拾足之傳中凡低一格者皆附錄襍事其標附字者則辨論考證之詞也末附門人名籍與襲爵始末夫史傳非講學之書守仁一代偉人亦不必以講學始重奇齡提唱良知嘵嘵不已不免門戶之見其辨諸附會標榜之事以爲文成无

妄起於門人及諸記述則至言也

梅里志四卷 江蘇巡撫採進本

國朝吳存禮撰存禮奉天人官至江南巡撫考史記吳世家張守節正義稱泰伯居梅里在常州無錫縣東南存禮以吳氏出自泰伯因爲是書以述其祖德

朱子年譜六卷 副都御史黄登賢家藏本

國朝朱世潤編世潤朱子十八世孫襲翰林院五經博士朱子年譜舊本明戴銑增之爲實紀李默修

之復稱年譜
國朝又有洪去蕪本王懋竑本諸家之中惟懋竑本最精核他家皆不免疏舛是編意主鋪張不求考核故未免踵訛襲謬至於李公晦敘述朱子生平數萬言見性理大全洪本有之新閩本王本所載則更多於大全蓋即其所作言行錄也今乃載魏序而不載李書又朱子五十六歲辨陸學之非辨陳學之非舊譜有之惟李默本删去以默傳金谿之學故也此從李本亦似非朱子之意且以年譜

爲名而年譜僅居第三卷自第四卷爲行狀外其餘襃崇題詠之類乃占前後四卷末大於本於體例亦未協也

陸象山年譜二卷 江西巡撫採進本

國朝李紱撰紱字巨來號穆堂臨川人康熙己丑進士官至內閣學士兼禮部侍郎陸九淵年譜爲其門人袁燮傅子雲同編寶祐四年李子愿又重輯之劉林爲刊板於衡陽紱病陸氏家祠所刻凡文與本集重見者多所刊削又病其不載陸九齡陸

九齡事跡乃重加補輯定爲此本大旨申王守仁朱子晚年定論之說

考訂朱子世家一卷安徽巡撫採進本

國朝江永撰永有周禮疑義舉要已著錄永家婺源與朱子同里故取年譜舊本重加刪訂各附考證而終以婺源子孫承襲博士支派後附天寧寺會講辨一篇專論學會錄所載慶元丙辰朱子至新安會講天寧寺事爲明季良知之徒鑿空撰出以厚誣朱子云

左忠毅年譜二卷 江西巡撫採進本

國朝左宰編宰桐城人左光斗之曾孫也光斗事蹟具載明史本傳乾隆己未宰復網羅散失參以祖父傳聞旁及文集所載與同難諸人所述以補成此譜於當日情事始末較爲詳備

胡忠烈遺事四卷 江西巡撫採進本

國朝史珥編珥鄱陽人乾隆甲戌進士官吏部主事是編紀建文末大理寺少卿胡閏遺事與後人題詠詩文而閏女郡姐及連坐親屬並載焉珥十一

世祖秉方為聞之壻聞既死節壻家亦連坐故珥述其殉節始末成此書先是紀聞事者有英風紀異史桂芳所刊而楊際會名之者也又有風忠錄瞿鳳翥所刊而文德翼序之者也又有忠義類編史乘古所名其例言則屠叔方所纂者也珥彙合諸書考證頗詳如聞妻汪氏非方氏貞姑傳中所云王安人者乃史氏之婦非聞妻頗有糾訛訂舛之功惟舊錄載萬曆十二年十月八日詔雪革除諸臣張榜於縣門忽風掣其榜入雲中飛舞空中

自午至申乃墮故有風烈英風諸名紀其實也而史桂芳所作詩序乃謂聞之風異故而往周流六虛卷而還收攝完聚明明有聖學景象區區以忠臣目之恐不足以慰在天之靈云其說似高而實謬文天祥不云乎孔曰成仁孟曰取義讀聖賢書所學何事其言至爲明白奈何以忠臣爲區區而曰別有聖賢乎

朱子文公傳道經世言行錄八卷 浙江巡撫採進本

國朝舒敬亭撰敬亭字孝徵銅山人是書收朱子言

行彙爲一編前有朱子小像及父師題辭又有自題贊及諸人先後題贊卷一卷二爲年譜行狀卷三爲道學淵源其中濂溪事實記蓋取之文公文集明道行實則取之二程文集卷四爲伊川行狀及道體卷五爲學存養克己卷六教人儆戒卷七觀聖賢辨異端卷八治道皆取之文集近思錄而以讀唐志不自棄文終焉皆抄撮習見之文於朱子之學不能有所發明也

曹江孝女廟志十卷浙江汪啟淑家藏本

國朝沈志禮撰志禮字範先會稽人官至廣東按察使是編紀孝女曹娥事實其自序謂有同里印文學君素初編張明經璽續纂俱未成志禮乃因舊志重輯孝女事在漢順帝漢安二年見於邯鄲淳所撰碑今法帖所傳本與此志互有同異可以相證後二卷附志宋英宗時孝女朱娥與明初孝女諸娥事二女亦皆以身救其親又皆與曹娥同里故以配食於廟并錄其傳志歌詠之文於後焉

右傳記類名人之屬一百五部五百一十四卷内三部無

卷數皆附存目

欽定四庫全書總目 史部

卷六十一

史部十七

傳記類存目三

漢末英雄記一卷（江蘇巡撫採進本）

舊本題魏王粲撰。粲字仲宣，高平人，仕魏爲丞相掾，賜爵關內侯，事迹具三國志本傳。按粲卒於建安中，其時黃星雖兆，王步未更，不應名書以漢末，似後人之所追題。然考粲從軍詩中已稱曹操爲聖君，則儼以魏爲新朝，此名不足怪矣。隋志著錄作八卷註云殘缺其本久佚此本乃王世貞雜抄諸書成之凡四十四人大抵取於裴松之三國志註爲多如水經注載白狼山曹操敲馬鞍作十片事本習見之書乃漏而不載又如築易京本公孫瓚事乃於瓚外別出一張瓚以此事屬之不知據何誤本尤疏舛之甚矣

廣卓異記二十卷　浙江鮑士恭家藏本

宋樂史撰史字子正宜黃人官太常博士直史館事蹟附載宋史樂黃中傳是編前有自序稱唐李

翺卓異記三卷案卓異記非李翺作史蓋考之未詳謹附訂於此述唐代君臣卓絶盛事中多漏録史初爲續記三卷以補其鈌後復以僅載唐代未爲廣博因纂集漢魏以下迄五代併唐事共爲一帙名廣卓異記分爲二十卷首卷記帝王次卷記后妃王子公主三卷雜録四卷至十七卷皆記臣下貴盛之極與顯達之速者十八卷雜録十九卷舉選二十卷專記神仙之事大抵牽引駁雜訛謬亦多如所稱晉書王導以下至王裦九世皆自有史傳中有儉子仲寶仲

寶子規云云案史仲寶乃王儉字非其子名也儉之子名騫騫之子名規非仲寶子名規也且規子褒附見規傳亦非自有傳諸傳雜見於宋齊梁書及南史亦非全在晉書舛謬殊甚又石勒每更聞鼓鼙聲武士彠聞空中言唐公為天子與夢高祖乘白馬上天之類神怪無稽頗為蕪雜至引錄傳稱周時尹氏貴盛會食家數千人遭饑荒羅粟作糜吮之吮糜之聲聞於數十里亦不近事理之談其末卷則於自撰總仙記中撮其殊異者入此書

所言不出全家登仙祖孫兄弟登仙及三世四世五世登仙四人六人七人登仙之類重複支離尤不足信自序稱採自漢魏而下而編中乃及楚孫叔敖周尹氏末卷所列神仙并及堯舜之時與序自相矛盾又其小失矣

靖康小雅一卷　江蘇巡撫採進本

不著撰人名氏錄靖康死事之臣傳察种師中王稟劉翊种師道何慶彥黃經臣劉韐李若水徐揆孫傳張叔夜凡十二人宗澤張慤阨於黃潛善汪

伯彥而死者亦附焉澤傳中稱潛善卒不遺死而令公卒則此書作於汪黃秉政之日矣傳末各係以四言詩故以小雅爲名其文散見北盟會編中此本次序似以徐夢莘所載抄合之非完書也

紹興正論一卷　江蘇巡撫採進本

舊本題湘山樵夫撰不著名氏敘列張浚趙鼎胡銓胡寅連南夫張戒常同呂本中張致遠魏矼張絢會開李彌遜晏敦夫王庶毛叔度范如圭汪應辰許忻方廷實韓訓陳鼎許時行李光洪皓沈正

卿張燾陳康伯陳括陳剛中三十人皆以不附和議而貶謫者每人之下畧具事實少者一二語多亦不過三四行按書錄解題載紹興正論二卷注曰序稱瀟湘野人不著名氏錄文武官不附和議及忤秦檜得罪者又載紹興正論小傳二十卷則樓昉以正論中姓名仿元祐黨傳爲之所謂二卷者似即此書而書名及撰人之號皆大同小異卷數亦不相符其故則莫得而詳矣

桐陰舊話一卷 編修程晉芳家藏本

宋韓元吉撰元吉字无咎宰相維之元孫以任子仕歷龍圖閣學士吏部尚書嘗居廣信溪南自號南澗居士此書宋志云十卷陳振孫書錄解題亦同續百川學海所錄乃祇此一卷其條數亦與此本同蓋全書久佚從諸書抄撮成編也書中所記韓億韓綜韓絳韓繹韓維韓縝雜事共存十三條皆其家世舊聞以京師第門有桐木故云桐陰舊話蓋北宋兩韓氏並盛世以桐木韓家別於魏國韓琦云

南渡十將傳十卷 兩淮鹽政採進本

宋章頴撰十將者劉錡岳飛李顯忠魏勝韓世忠張俊虞允文張子蓋張宗顏吳玠也劉岳李魏四傳開禧二年表上後六傳未上核以宋史本傳此所采摭未爲詳核且抑世忠於勝顯忠後似亦未安子蓋宗顏戰功寥寥允文亦僥倖不敗乃與諸人並數皆未免不倫也

稗傳一卷 浙江巡撫採進本

元徐顯撰顯仕履無可考觀其稱王艮爲鄉里又

稱居平江東城則當爲紹興人而寓於姑蘇者也是編紀元末王艮柯九思陳謙葛乾孫潘純陸友王冕王漸楊椿王德元徐文中事後載沈烈婦等十三人敘述頗爲詳備中多及丙申二月平江城陷事指張士誠軍爲外兵而載巳亥紹興被兵事於明人則直斥爲寇疑作此書時張氏尚存故其詞如此其敘柯九思之卒在至正癸亥按至正紀年無癸亥而九思之卒實在乙巳蓋此書傳寫誤也

萬柳溪邊舊話一卷　浙江鮑士恭家藏本

元尤玘撰。玘字君玉，號知非子，自稱尤袤之後，不知其世次。舊本題爲宋人，今此書後跋稱玘爲大司徒，則嘗官戶部尚書；又末條稱終慕公不肯仕元，則當爲元人；而卷首題門人張雨塡諱，則又句曲外史之師，當在元中葉以後也。書中所記皆尤氏先世事。末有玘曾孫實跋，稱宏治二十九年於祠屋中求得舊本，簡斷墨闇不可讀者逾半，命門人許靈鈔其完者，而恨全帙之不可得，是此書已

非完本矣元陳世隆載入藝圃搜奇所載之文與此本並同斷無明人所鈔壞爛之本適與元人所見一字不異者此亦足證藝圃搜奇必非元人書也

旌義編二卷 浙江巡撫採進本

元鄭濤撰濤字仲舒浦江人官太常禮儀院博士鄭氏稱義門自宋建炎初名綺者始至濤爲八世先是綺六世孫龍灣稅課提領太和爲家規五十八則七世孫欽及其弟鉉增九十二則共一百五

十則勒之於石至濤復謂禮有當隨時變通者乃

酌加增損爲一百六十八則列爲上卷又彙輯諸

家傳記碑銘之文有關鄭氏事實者列爲下卷通

名曰旌義編宋濂序稱三卷其書實止二卷蓋序

文傳寫之誤也

忠傳四卷永樂大典本

不著撰人名氏載於永樂大典中題云國朝忠傳

則明初人所作也其書集古今事迹各繪圖繫說

語皆鄙俚似委巷演義之流殆亦明太祖時官書

歟

草莽私乘一卷 浙江鮑士恭家藏本

舊本題明陶宗儀編宗儀有國風尊經已著錄是書凡錄胡長孺王暉許有壬虞集劉因李孝光金炯楊維楨林清源龔開周仔肩揭傒斯貢師泰汪澤民十四人雜文二十首皆紀當時忠孝節義之作王世貞集有此書跋語云係宗儀手抄然孫作滄螺集載有宗儀小傳紀所作書目有說郛一百卷書史會要九卷四書備遺二卷輟耕錄三十卷

無此書名疑好事者依托也

宋遺民錄一卷內府藏本

不著撰人名氏乃洪武中抄本毛晉刻之附於忠義集之後或元人所作或明初人所作均未可知後程敏政亦有宋遺民錄殆未見此本故其名相複歟

金華賢達傳十二卷浙江范懋柱家天一閣藏本

明鄭柏撰柏字叔端浦江人宋濂之門人也是書輯金華一郡人物各爲小傳係之以贊凡三百六

十餘人分忠義孝友政事儒學卓行五門亦宋濂浦陽人物記之類然如樓照迎合和議曹冠爲秦檜門客乃並取之殊不免鄉曲之私第十一卷內又有柏傳一篇附鄭楷之後柏無自作傳之理或其家子孫所增入歟

四明文獻錄一卷浙江范懋柱家天一閣藏本

明黄潤玉撰潤玉字孟清鄞縣人永樂庚子舉人官至廣西提學僉事事迹具明史本傳是編成於成化丙戌以四明文獻分爲二類一曰鄉先生自

漢甪里黃公以下三十五人皆四明產也一曰鄉大夫自周文種以下九人皆官於四明者也人各有傳並係以贊據卷末其孫溥跋蓋原本尚有諸人小像後莫息重刋以非眞本削除之跋又稱是書未出以前有僞本託澗玉之名以行澗玉知而燬之其本前無序後無贊云

孝紀十六卷 江蘇巡撫採進本

明蔡保禎撰保禎字端卿漳浦人是書以孝行事實區爲十六類一曰帝王二曰聖門三曰純孝四

曰世孝五曰祿養六曰苦行七曰神助八曰通神九曰尋親十曰格暴十一曰復仇十二曰死孝十三曰永慕十四曰瑞應十五曰童孝十六曰女孝

潤州先賢錄六卷浙江汪啓淑家藏本

明姚堂撰堂字彦容慈谿人正統己未進士官至鎮江府知府是編成於天順癸未錄鎮江先賢自周迄宋分高風忠節相業直諫德望文學六門列其人之事實并後人所爲記讚詩文間及其人之著述所載僅二十人不及京口耆舊傳十之一也

忠義錄十四卷 浙江范懋柱家天一閣藏本

明王蓂撰蓂字時禎金谿人景泰辛未進士官至浙江按察使是書取史傳忠義之事分類編輯以伯夷以下五百九十七人爲上張良以下五百七人次之各節錄事實有祠墓可考者並詳其地孟達等八十七人或失節於前或死不足贖解文卿以下十人或事非其主或言非其時皆不以忠義與之持論頗正其王充以下一百四人始終一姓忠義皎然乃以其爲遼金元之臣私意區分曲相

排抑則悖謬甚矣又自謂此書旁搜諸子百家庶幾全備而唐宋間如成三郎蘇安恒韓通張旦輩俱未及載亦未能無所遺漏也

名相贊一卷　浙江范懋柱家天一閣藏本

明尹直撰直字正言太和人景泰甲戌進士官至華蓋殿大學士謚文和事迹具明史本傳是書取漢唐宋相業足稱者始蕭何終文天祥凡八十七人采摭事實各爲之贊

南宋名臣言行錄十六卷　浙江范懋柱家天一閣藏本

明尹直撰此書續朱子名臣言行錄而作前有宏治癸亥自序云取宋史列傳自陳俊卿以下芟繁節冗撮采其要得百二十有三人然朱子所作名臣言行錄原以網羅舊聞蒐載軼事用備史氏之採擇若徒鈔錄史文一無考証則宋史列傳具在亦何必徒煩筆墨乎

伊洛淵源續錄六卷 浙江巡撫採進本

明謝鐸撰鐸有赤城論諫錄已著錄是書所錄凡二十一人蓋繼朱子伊洛淵源錄而作以朱子為

宗主始於羅從彥李侗朱子之學所自來也佐以張栻呂祖謙朱子友也自黃榦而下終於何基王柏皆傳朱子之學者也然所載張栻等七人則全錄宋史道學傳呂祖謙等七人則全錄宋史儒林傳李侗等六人畧采行狀墓銘遺事其輔廣一人則但載姓名里居僅數十字而止尤爲疎畧按廣即世所稱慶源輔氏明一統志載其始末甚詳鐸偶未考耳明史鐸本傳載其爲南京國子監祭酒時上言六事其三曰正祀典乃請進宋儒楊時而

退吳澄爲禮部尚書傅瀚所持僅進時而澄祀如故夫澄之學雖曰未醇然較諸老不知止甘受蔡京之薦以希一日之榮者則有間矣鐸欲以易澄蓋以道南一脈之故而曲諱其出處也然則是錄之作其亦不出門戶之見矣

宋遺民錄十五卷 副都御史黃登賢家藏本

明程敏政撰敏政字克勤休寧人成化丙戌進士官至禮部右侍郎事迹具明史文苑傳此書前列王炎午謝翺唐珏三人事蹟及其遺文而後人詩

文之爲三人作者並類列爲七卷以後則附錄張宏毅方鳳吳思齊龔開汪元量梁棟鄭思肖林德暘等八人第十五卷紀元順帝爲宋瀛國公子引余應詩袁忠徹記實之至謂虞集私侍文宗之妃說殊妄誕所引亦自相矛盾蓋文宗時嘗下詔書稱順帝非明宗之子斥居靜江好事者因造爲此言其荒唐本不待辨敏政乃從而信之乖謬甚矣

尊鄉錄節要四卷 浙江汪啓淑家藏本

明王弼撰弼黃巖人成化乙未進士官至興化府

知府初謝鐸嘗著尊鄉錄四十一卷載其鄉先達事實彙復以己意節其大畧取十大儒五大臣六忠臣十五孝子各爲之贊卷末附拾遺二十事事各爲詩

考亭淵源錄二十四卷 浙江吳玉墀家藏本

明宋端儀撰薛應旂重修端儀字孔時莆田人成化辛丑進士官至廣東提學僉事事迹具明史本傳應旂有四書人物考已著錄此編仿伊洛淵源錄之例首列李侗胡憲劉子翬劉勉之四人以溯

師承之所自次載朱子始末次及同時友人張栻以下七人次則備列考亭門人自黃榦以下二百九十三人其二十三卷則門人之無記述文字者但列其名凡八十八人末卷則考亭叛徒趙師雍傅伯壽胡紘等三人亦用伊洛淵源錄載邢恕例也史稱端儀慨建文朝忠臣湮沒乃搜輯遺書爲革除錄建文忠臣之有錄自端儀始然其書今未見即此書原本亦未見世所行者惟應旂重修之本應旂所作宋元通鑑於道學宗派多所紀錄此書

蓋猶是意然應旂初學於王守仁講陸氏之學晚乃研窮洛閩之旨兼取朱子故目錄後有云兩先生實所以相成非所以相反遂以陸九淵兄弟三人列考亭淵源錄中名實未免乖舛也

鹿城書院集 無卷數浙江巡撫採進本

明鄧淮撰淮吉水人成化辛丑進士宏治中官溫州府知府以南宋時溫州之士遊二程張朱之門者有周行已等二十三人乃命永嘉知縣汪循卽鹿城建書院祀二程張朱而以行已等侑焉復輯

諸人誌銘家傳及其遺事緒論見於志書語錄中者彙爲此編雖亦講學家標榜之書然永嘉學派多兼求實用頗異新安淮不分門戶於其間視黨同伐異者其公私相去遠矣

吳中往哲記一卷續吳中往哲記一卷續吳中往哲記補遺一卷 浙江汪啓淑家藏本

吳中往哲記明楊循吉撰續記補遺皆黄省曾撰循吉有蘇州府纂修志畧已著錄省曾字得之吳縣人正德丙子舉人循吉書見明史藝文志卷數

與此相符記明初蘇州府人物自勲德至冠衲分七目凡四十一人續記自忠節至散逸分十七目凡四十人補遺自審進至釋行分十九目凡三十一人其補遺原目本一卷此分作二卷又改其釋行第十七爲第一則刊刻者之誤也書中所列小傳皆寥寥數言未見端末又如徐有貞以險忮敗而循吉稱爲四海物望蓋未免鄉曲之私吳寬位終禮部尚書而省曾乃題作東閣大學士尤顯然訛謬則亦不足徵信矣

吳中故實記一卷續記一卷補遺一卷 浙江巡撫採進本

舊本題明楊循吉撰檢勘其文卽循吉吳中往哲記黃省曾往哲續記補遺原本惟於標題中刊去往哲二字易以故實二字蓋書賈剗補舊板改易新名以售欺者也

掾曹名臣錄一卷續集一卷 浙江范懋柱家天一閣藏本

明王瓊撰瓊有晉溪奏議已著錄是編乃瓊官南京戸部侍郎時見諸吏中有知琴書可教誨者因採錄明興以來由掾曹而列名臣者編爲此書以

示勸勉凡劉敏等九人又續集一卷凡劉本等四人前有正德甲戌瓊自序後有南京戸部郎中卞師敏跋

蘇材小纂六卷戸部尚書王際華家藏本

明祝允明撰允明字希哲長洲人宏治壬子舉人官至應天府通判明史文苑傳附見徐禎卿傳中是書記天順以後蘇州人物前有自序稱宏治改元詔中外諸司撰集事蹟上史館爲實錄簡允明等數弟子員司其事因私纂紀爲此書第一曰簪

纓纂徐有貞以下十九人第二曰邱壑纂杜瓊以下五人第三曰孝德纂朱顥一人第四曰女憲纂王妙鳳以下三人第五曰方術纂張豫等二人大約本之碑誌傳狀而稍爲考據異同注於本文之下其敘徐有貞事頗有諱飾蓋允明爲有貞外孫親串之私不能無所假借云

莆陽文獻十三卷列傳七十五卷福建巡撫採進本

明鄭岳編黃起龍重訂岳字汝華宏治癸丑進士官至兵部左侍郎事迹具明史本傳起龍萬歷戊

戌進士並莆田人是書取莆田仙遊二縣自梁陳迄明著作詩文輯爲十三卷又取名人事蹟成列傳七十四卷文以體分傳則不分門目後倭變書燬起龍爲之重鋟并附柯維騏所作岳傳一首爲卷第七十五岳書採摭繁富義例頗仿史裁然起龍譏其文內不載楊琅林誠兩御史之奏疏及黃仲元之郭孝子祠記墓表傳內載仕梁之徐寅翁承贊及永樂初棉榮獻策之林環而於林光朝傳但紀其文集而不及所著之易解尚書解語錄說

詩等書去留不無遺憾則固確論也

東嘉先哲錄二十卷 浙江鮑士恭家藏本

明王朝佐撰朝佐字廷望浙江平陽人宏治丙辰進士官南京工部員外郎是編刻於正德初蒐輯温州先賢事實分類凡八曰先達曰程子門人曰朱子門人曰名儒曰名臣曰孝子曰氣節曰詞章晉唐以來紀載無考故所錄託始於宋焉

國寶新編一卷 浙江巡撫採進本

明顧璘撰璘字華玉吳縣人宏治丙辰進士官至

刑部尚書事迹具明史文苑傳是書凡錄李夢陽何景明祝允明徐禎卿朱應登趙鶴鄭善夫都穆景暘王韋唐寅孫一元王寵十三人人爲之傳傳爲之贊蓋感於知交凋謝而作畧綴數語以存其人亦柳宗元先友記類也

春秋列傳五卷 副都御史黄登賢家藏本

明劉節撰節字介夫號梅國大庾人宏治乙丑進士官至刑部侍郎是編取春秋内外傳所載列國諸臣類次行事各爲之傳始祭公謀父終蔡朝吳

凡二百有二人全本舊文無所考證鄒縣潘榛爲之訓釋亦頗疎畧

備遺錄一卷 浙江范懋柱家天一閣藏本

明張芹撰芹新淦人明史作峽江人蓋新淦其試籍也宏治壬戌進士官至浙江右布政使事迹具明史本傳是書紀建文殉節諸臣姓名前有自序題正德丙子五月目列四十六人卷中有事實者二十人無事實者二十六人案林塾拾遺書云近見南院御史張芹增入江右數人共五十四人塾

所記題正德乙亥正此錄前一年而此錄乃轉止於四十六人又學海類編有張芹建文忠節錄一卷其序與此同亦正德丙子所撰而目次乃與此不同且有七十人之多明史藝文志旣有張芹建文備遺錄二卷又有張芹備遺錄一卷考芹序稱錄中四十六人名氏皆閩中宋君端儀嘗采輯爲錄而未成者疑芹初據宋氏原本而作後又隨時續有增益原非一本傳錄者各據所見遂兩存之耳

拾遺書一卷 浙江范懋柱家天一閣藏本

明林塾撰塾莆田人宏治壬戌進士官至浙江布政司參議此書載建文諸臣事蹟文甚簡略前有正德乙亥自識云考前史失紀者凡五十四人故以拾遺名其書然所載與諸書畧同其齊泰以下三十人事實俱缺亦未能考補也

台學源流七卷 浙江巡撫採進本

明金賁亨撰賁亨字汝白臨海人初冐高姓宏治甲戌進士題名碑之高賁彥卽其人也官至江西

提學副使是書敘述台州先儒自宋徐中行迄明方孝孺陳選凡三十八人各爲之傳其疑而莫考者又有十五人各以時代類附姓名於傳末其傳雖多採晦菴文集伊洛淵源錄諸書然賁亨當明中葉正心學盛行之時故其説調停於朱陸之間謂朱子後來頗悔向來太涉支離又謂朱子與象山先異後同云云皆姚江晚年定論之説也

新安學系錄十六卷 安徽巡撫採進本

明程曈撰曈號峩山休寧人是書以朱子爲新安

人而引據歐陽修冀國公神道碑謂程子遠派亦出新安故輯新安諸儒出於二家之傳者編爲此書自宋至明凡百有一人皆徵引舊文以示有據夫聖賢之學天下所公也必限以方隅拘以宗派是門戸之私矣至程子一生無一字及新安而遙遙華胄忽爾見援以例推之則朱由於邾姓源可證今嶧山之士不又引朱子爲鄉黨乎此眞爲夸飾風土而作不爲闡明學脉而作也江南通志列暲於儒林傳中稱所著新安學系與朱子合者存

背者去足盡是書之大旨矣

二科志一卷 江蘇巡撫採進本

明閻秀卿撰秀卿蘇州人始末未詳是書分文學狂簡爲二科所載自楊循吉以下凡七人皆偶錄一二事不爲全傳蓋一時互相標榜之書其紀徐禎卿方登賢書於文徵仲稱文璧以徵明字之則猶宏治中所作也

明璫彰癉錄一卷 兩淮鹽政採進本

明顧爾邁撰爾邁淮安人始末未詳是書採撮實

錄憲章錄中官攷諸書而各加論斷所記止成化中汪直擅政之事似非完本抑或於世近者有所諱歟

革朝遺忠錄二卷　浙江范懋柱家天一閣藏本

明郁袞撰袞嘉興人其書撰述年月無可考黃佐革除遺事已稱四郁袞原本則當在正德以前矣所列一百六十傳皆明惠帝時死難諸臣而附錄一卷則降燕諸臣如胡廣黃福之類後至大官者亦在焉每傳後或附以贊語又間有所附註然其

精要已皆採入革除遺事中矣

别本革朝遺忠錄二卷 兩江總督採進本

不著撰人名氏惟題青州府知府杜思子睿重刻思卽撰考信編者也黃氏千頃堂書目於郁袞革除遺忠錄二卷外又别出杜思革朝遺忠錄二卷蓋卽指此本然以郁袞本校之則此錄實郁袞書惟袞於各傳後附以贊語而此本有傳無贊爲少變其例又書首冠以張芹備遺錄黃佐革除遺事敖英備遺續錄序三篇皆與書不相應世别有高

廩刊本卷首亦有三序與此正同蓋明代刊書者往往竄亂舊本而沒所由來諸板競出混淆彌甚其風熾於萬歷以後今觀此本則嘉靖中已有之矣（按思登嘉靖丙辰進士）

羣忠錄二卷（浙江汪啓淑家藏本）

明唐龍撰龍有易經大旨已著錄是編紀明太祖征陳友諒時諸臣名姓行實凡祀於餘干縣康郎山廟者有丁普郎等三十五人祀於南昌府廟者有趙得勝等十四人又附載孫燧等五人皆殉宸

濠之難後賜祀於旌忠祠者其題旌各疏并祭誥詩文亦附於後焉

崑山人物志十卷 浙江巡撫採進本

明方鵬撰鵬字子鳳亦字時舉崑山人正德戊辰進士官至太常寺卿是書論次崑山先哲首名賢六人次節行二十八人次文學三十七人次列女三十人次藝能三十一人次遊寓二十六人而以雜志終焉共爲十卷明史藝文志作八卷傳寫誤也

名臣言行錄前集十二卷後集十二卷浙江范懋柱家天一閣藏本

明徐咸撰。咸，海鹽人，正德辛未進士，官至襄陽府知府。先是，豐城楊廉本彭韶《名臣錄贊》撰《名臣言行錄》四卷，所載凡五十五人。咸亦纂近代諸臣言行錄，凡四十八人。餘姚魏有本官河南巡撫時，嘗合刻之。及咸歸里之後，病其未備，重爲纂輯，於楊錄增十六人，於己所錄者亦增二十五人，分爲前後二集，自爲序記其始末，而仍以魏有本初刻之序弁於書首云。

毘陵忠義祠錄四卷附錄一卷 江蘇巡撫採進本

明葉夔撰。夔字司韶，武進人。成化中以歲貢生官汝陽州訓導。是編第三卷中載夔請祀典書，稱宋德祐元年十一月，巴顏率師攻常州，屠其城。知府事姚訔、通判陳炤俱不屈死。其先後殉難者，又有王安節、劉師勇、胡應炎、尹玉、麻士龍、包圭、阮應得、方允式、徐道明、莫謙之、僧萬安諸人。自成化九年郡庠生段瑜等建言於同知柳某，始立訔、炤以下木主十一位，附於陳司徒廟。而文天祥、劉師勇、阮應得僧萬安猶未與焉宏治十年知府曾望宏乃別創忠義祠請并祀文天祥以下十四人而附以元壬辰靖難之劉濬巡按御史謝琛亦上書請著於祀典詔從之夔因編其始末爲此書首圖攷次傳志次詩次贊次文牒凡史傳所未載者此皆補其佚闕足相參證惟此書載宋臣與祀者止十四人則未祀文天祥等四人其附於陳司徒廟者止嘗有十主耳夔請祀典書云十一主未喻其故又考宋季三朝政要載元兵至常州守臣王宗洙遁

權守王艮臣以城降今是書姚岢傳中謂艮臣屢
舉不第流落無籍寓常與錢閶謀竊符印詐稱郡
官詣巴延軍前獻之然則艮臣未嘗權守三朝政
要悮書矣是亦足訂史之訛也此書作於正德初
其末附錄一卷載有
國朝順治十四年事葢後人所續其姓名則不可攷
矣

毘陵人品記四卷 浙江范懋柱家天一閣藏本

明葉夔撰其子金及同邑毛憲續成之憲有諫垣

奏草已著錄金字誠齋刻是書時官紹興府通判其終於何官則未詳也是書前有自紀稱常州古毗陵地記人品冠以古名者古可以統今今常州之名隋唐以前未有也然隋唐以前無常州不可繫以常州隋唐以後無毗陵獨可繫以毗陵乎至其先列五縣沿革於前使歷代殊名瞭如指掌則提綱挈領固體例之最善者也其書敘述頗簡核然皆史傳所已載末附𧃍憲二小傳則嘉靖壬寅刻是書時餘姚岑原道所補見原道所作序中

毘陵正學編一卷 兩江總督採進本

明毛憲撰是編所載凡十二人首楊時次鄒浩周孚先周恭先唐彥思鄒柄喻樗胡珵尤袤李祥蔣重祥謝應芳自浩以下或籍晉陵或籍宜興或籍無錫或籍武進獨時爲劍州將樂人於毘陵爲流寓蓋以道南一脈假借之以爲重云

名臣像圖一卷 浙江鄭大節家藏本

明吳守大撰守大字有君崑山人是書成於正德丙子錄徐達以下至楊繼宗凡四十九人人繪一

圖圖後各敘仕履系之以贊其書刻於廣西紙板拙惡四十九人面貌相同惟以題名別識殆如兒戲

畜德錄一卷 浙江范懋柱家天一閣藏本

明陳沂撰沂有維楨錄已著錄此書皆紀宣德正統間名臣言行人各一二條末有嘉靖壬辰自跋稱以所聞於外祖金靜虛太常夏崇文及吳文定李文正者著之於篇雖有不倫而取善之意不以人廢云云考所載如于謙魏驥徐晞王翺姚夔岳

正韓雍周忱劉大夏屠墉章懋儲巏何瑭朱希周等皆一時名人他如蹇義解縉夏元吉楊榮金幼孜身事兩朝已爲其次至王越以權術用事益爲物論所不滿所云不倫者殆卽指數人而言歟趙汝愚編名臣奏議丁謂秦檜並以章疏見收朱子編名臣言行錄王安石呂惠卿亦得以姓名同列蓋定千秋之品則隻字不可誣取一節之長則片善亦可錄並瑕瑜不掩具有前規然奏議爲論事之文苟所論關國計之得失繫民生之利病言之

當理行之有裨自未可以出自僉壬遂削不錄至於採前言往行矜式後人自當仰溯名賢用垂規矩固未可委曲遷就使有所濫厠於其閒矣

廣州人物傳二十四卷　浙江范懋柱家天一閣藏本

明黃佐撰佐有泰泉鄉禮已著錄是書採自漢迄明廣州人物之散見諸書者以類區分爲之傳共一百五十餘人

建寧人物傳四卷　浙江巡撫採進本

明李默撰默字時言甌寧人正德辛巳進士官至

吏部尚書兼翰林學士爲趙文華誣陷下詔獄瘐死萬歷中追謚文愍事迹具明史本傳是書專記建寧人物起唐建中迄明景泰凡四百十七人以諸邑分載而一邑之中又以時代爲先後每條之下各註所引原書自唐書南唐書五代史宋史而外大抵皆本之舊志未爲信史疏畧之處尤多如謂吳棫爲處士而述所著書惟及韻補則舛漏可知矣

紀善錄一卷浙江范懋柱家天一閣藏本

明杜瓊撰。瓊字用嘉，吳縣人。以孝聞，知府况鍾兩薦之，固辭不出，自號鹿冠老人。是書皆載吳中循吏先賢，其婦女有操行可紀者亦並見焉。自洪武迄正統，凡四十八人，蓋隨所見聞錄之，故多節取一事，不為全傳，亦表微闡幽之意也。

三家世典一卷　左都御史張若溎家藏本

明郭勛撰。勛，營國威襄公郭英六世孫，襲封武定侯。正德中奉命鎮兩廣，因輯中山王徐達、黔寧王沐英及其家世系履貫、勳閥遭遇本末，為此書。大

抵本實錄國史於事蹟無所增益考英在諸功臣中猶居其次以配二王似乎尚非其倫自明以來亦無徐沐郭三家並稱之説也

淮郡文獻志二十六卷補遺一卷（兩淮馬裕家藏本）

明潘塤撰塤字伯和山陽人正德戊辰進士官至右副都御史巡撫河南事迹具明史本傳是書前有自序謂自春秋以來至明正德上下數千年德業文章會於一書今考其書撏撦陳編未見决擇其最謬者至收入宋龔開所作宋江等三十六人

之贊此何關於文獻耶

祥符鄉賢傳八卷兩淮鹽政採進本

明李濂撰濂字川父祥符人正德甲戌進士官至山西按察司僉事事迹具明史文苑傳是編以祥符縣志所載人物僅有名氏而行實未詳乃一一稽考自明初至於嘉靖得二十九人撰其事蹟附以論贊又安然馬昂張泰三人自祥符移籍他方者並附列焉從唐書所載士大夫遷徙四方者俱標其舊貫之例也

祥符文獻志十七卷 兩淮鹽政採進本

明李濂撰濂於嘉靖壬寅輯祥符鄉賢傳其後二年甲辰又推廣前所未載及其人之履歷梗概畧存者輯爲此書每人每條之下皆注出某碑某傳某集葢倣名臣言行錄之例每傳之後或偶附錄詩文則濂之變例也所錄皆明一代之人而至於盈十七卷時彌近則易詳亦時太近則易濫固志乘之通病耳

金華先民傳十卷 浙江巡撫採進本

明應廷育撰廷育字仁卿永康人嘉靖癸未進士官至按察司僉事是書取金華歷代人物自漢迄明各爲之傳分道學名儒名臣忠義孝友政事文學武功隱逸雜傳爲十類自正史外並參以諸家文集及家狀碑記於每傳之下各注明用某書葢倣金履祥通鑑前編之例所據舊籍共四十餘種而其大概則本諸敬鄉錄賢達傳金華府志三書

國琛集二卷　浙江汪啓淑家藏本

明唐樞撰樞有易修墨守已著錄是書紀明初以

來迄於嘉靖人物大旨以聖人君子善人有恒分爲四科不以時次不以類從錯出雜陳上自宰輔下至隸卒人各一小傳寥寥數語殊不詳備傳後間附以論斷然亦不定其孰爲聖人君子孰爲善人有恒體例尤不分明其曰國琛集者蓋取國家以人爲寶之意前有王畿序并樞自序樞學宗良知故於王守仁推崇甚至云

閩學源流十六卷 兩淮馬裕家藏本

明楊應詔撰應詔建安人嘉靖辛卯舉人是書歷

載楊時以後諸儒終於蔡清各誌其言行詳其傳授凡百九十五人

道南源委錄十二卷浙江巡撫採進本

明朱衡撰衡字士南萬安人嘉靖壬辰進士官至工部尚書兼副都御史總理河漕事迹具明史本傳此書乃其督學福建時錄道南源委以示諸生託始於楊時附以游酢王蘋凡閩士之沿波而起者則載焉明代惟錄陳眞晟周瑛黃仲昭蔡清四人蓋時代旣近其餘尚未論定云

東吳名賢記二卷 江蘇巡撫採進本

明周復俊撰復俊字子籲崑山人嘉靖壬辰進士官至南京太僕寺卿是編記吳中名賢自商相巫咸至明太常寺卿魏校凡四十七人各為之傳贊附傳者又十八人前有自序歷舉所載諸賢而議論之蓋畧倣華陽國志之體

列卿紀一百六十五卷 浙江汪啓淑家藏本

明雷禮撰禮有六朝索隱已著錄是書臚列明代職官姓名起自洪武初終於嘉靖四十五年凡內

而內閣部院以至府司寺監長官外而總督巡撫皆以拜罷年月爲次上標人名而各著其出身里籍於下爲年表又於年表之後附載其居官事蹟爲行實年表但以次題名不用旁行斜上之例行實畧仿各史列傳而又不詳具始末止書其事之大者而已惟第八卷至十三卷爲內閣行實頗爲詳備論斷亦多持公道如謂解縉等盡忠納誨而責其不能死建文之難謂陳山存心險刻臨事乖方明史頗採之獨史謂陳文猥鄙無所建白而禮

稱其政體多達勳德未昭文盧陵人與禮同鄉蓋曲徇桑梓之私非公論矣

內閣行實二卷 浙江范懋柱家天一閣藏本

不著撰人名氏亦無序跋所載僅解縉黃淮胡廣胡儼楊士奇楊榮金幼孜張英陳山楊溥陳循高穀苗衷馬愉曹鼐十五人今核其文與雷禮列卿紀中內閣行實竝同蓋書賈取不完之本改其目錄以售欺并剷去禮名使若別一人所著其作僞頗巧然禮原本具在何可誣也

善行錄八卷續錄二卷內府藏本

明張時徹編時徹字維靜鄞縣人嘉靖癸未進士官至南京兵部尚書明史附見張邦奇傳此書獵宋史傳取先哲行誼之高者萃次成編正編起春秋至明代凡二百九十八人續編起漢迄宋凡一百四十五人

義烏人物記二卷浙江范懋柱家天一閣藏本

明金江撰江字孔殷義烏人是書成於嘉靖乙未取史傳地志及諸家文集中所載義烏名人各爲

之傳贊所載凡四十七人分忠義孝友政事文學四類蓋全倣宋濂浦陽人物記例而敘述過於簡畧不及濂書博贍也

濟美錄四卷兵部侍郎紀昀家藏本

明鄭燭編燭歙縣人是編成於嘉靖乙未蒐錄其祖元歙縣令鄭安休寧令鄭千齡徵授翰林待制鄭玉歙縣令鄭璉國史郡誌諸傳及制誥公牒誌狀之屬人爲一卷千齡安之子玉璉皆千齡之子也前有黄訓序稱玉之死節由守徽之將見之不

以其禮使見之以禮可以無死前乎先生有箕子焉云云其說至謬民生於三事之如一臣不二心天之經也豈敵國謬爲恭敬遂可叛君父而從之乎如訓所云是玉非爭名節而死乃爭禮貌而死也蓋自講學風熾儒者類以傳道爲重但能註太極圖解近思錄卽爲有功於世敎而綱常大義視若末務焉訓之此說其亦浸淫於習俗而不自覺歟

逸民傳二卷 浙江巡撫採進本

舊本題明少元山人皇甫涍撰考明史藝文志載皇甫濂逸民傳二卷江南通志亦同則舊本傳寫誤也濂字子約一字道隆長洲人嘉靖甲辰進士除工部主事謫河南布政司理問遷興化同知明史文苑傳附見其兄涍傳中是編採歷代逸民事迹人各爲傳起晉孫登訖宋林逋凡百人其去取義例不甚可解如鄧郁傳純述白日冲舉之事則葛洪神仙傳以下何可勝收其他表表在耳目者乃或不載殆偶然寄意不求詳備如皇甫謐高士

傳例歟卽其託始於晉亦似續謚書也中庚易明僧紹二人有錄無書其爲傳寫者佚之爲當時失於檢校則均不可知矣

元祐黨人碑考一卷 編修程晉芳家藏本

明海瑞撰瑞字汝賢號剛峯瓊山人由舉人官至南京右都御史謚忠介事迹具明史本傳按元祐黨人碑載於李心傳道命錄馬純陶朱新錄者互有異同茲則專以道命錄爲主其闕者則以他書補之故所錄人數較他書爲多如曾任執政之黃

履張商英蔣之奇曾任待制之張畏岑象求周鼎以下十餘人皆他本所未載者搜羅可謂博矣至所附慶元僞學黨籍與他書無所同異然不及永樂大典所載慶元黨禁之詳備也

續吳先賢贊十五卷 浙江吳玉墀家藏本

明劉鳳撰鳳字子威長洲人嘉靖甲辰進士官至河南按察僉事鳳所撰述刻意奥僻或至於餖飣堆積晦昧詰屈不可句讀是編論贊亦復如是所錄皆明人自六卷以前不分門目七卷以下分節

義死事孝友儒林文學辟命隱逸藝事道術寄寓十門自序謂自節義以上不爲題目者所以效於用亦各因時或未可以槩之也然開卷即爲高啓槩以文學有何不可總之好怪而已矣

羣忠備遺錄二卷 江蘇巡撫採進本

明羅汝鑑撰汝鑑字明夫新喻人是書記建文殉節諸臣事迹大致本張芹備遺錄鄭禧羣忠事畧而稍附益之遂合兩書以爲名所錄凡八十有四人每傳後附尹直謝鐸何孟春敖英陳建諸論其

稱外史氏者則汝鑑所自作也其書初刻於楚雄前有嘉靖辛亥自序後十年庚申以校讐未精復增入數人而重刊之見卷末自識中

宋五先生郡邑政績一卷 浙江范懋柱家天一閣藏本

明李貴撰貴字廷良豐城人嘉靖癸丑進士改庶吉士貴先嘗編次程明道郡邑政績一卷此復增入周張朱陸四子莅民之事合爲一書然皆史傳文集所已載無庸貴之表章也

碩輔寶鑑要覽四卷 浙江巡撫採進本

明耿定向撰定向字在倫麻城人嘉靖丙辰進士官至戸部尚書總督倉塲謚恭簡事迹具明史本傳定向以講學著論史本非所長此書乃其爲南直隸督學御史時所作上述虞夏下逮唐宋得輔相之賢者七十九人各爲讚述議論亦多膚淺其卷首論臯陶一篇引陸九淵之言則其生平宗旨所在也

守令懿範四卷（直隸總督採進本）

明蔡國熙撰國熙永年人嘉靖己未進士官至山

西提學副使是編乃其官蘇州府知府時輯古來守令事跡自周至元分儒牧循牧二類儒牧自子游而下三十人循牧自公孫僑而下一百一十八前有皇甫汸序稱儒可以包乎循而循未必皆合於儒體用之間蓋有辨焉云云夫儒者之學明體達用道德事業本無二源岐而兩之殊爲偏見且唐韓愈宋歐陽修所學不甚相遠而列愈於儒牧列修於循牧亦不知其以何而分楊簡傳陸氏之學黃震傳朱子之學所著之書釐然具在乃升簡

於儒牧以繼陸氏而不升震於儒牧以繼朱子豈非未見日抄耶循名失實尊儒而不知所以尊徒成其門戶標榜而已

檇李往哲前編一卷　浙江巡撫採進本

明戚元佐撰元佐字希仲嘉興人嘉靖壬戌進士官至尚寶司卿是編取洪武至萬歷初年嘉興前哲自程本立以下共十四人各爲一傳王世貞爲之序其稱前編者則以

國朝項玉筍有續編之刻追題此名也

古今廉鑑八卷 江蘇巡撫採進本

明喬懋敬撰懋敬字允德上海人嘉靖乙丑進士官至湖廣右布政使是書所載自春秋季文子至明楊繼盛皆以清操傳於世者亦宋人廉吏傳之類而抄撮大畧掛漏尚多前有萬歷戊寅自序自稱其官爲閩封人乃其宦閩時所輯也

莆陽科第錄二卷 浙江巡撫採進本

明吳爵編爵湖廣寧鄉人嘉靖中官福建興化府訓導因錄興化一郡科第自洪武庚戌至嘉靖巳

酉其爵里亦皆縷載前有郡人鄭岳序後有爵自跋

懷忠錄無卷數 浙江范懋柱家天一閣藏本

明鄭應旂撰應旂莆田人嘉靖中貢生是編前七卷皆應旂詠靖難諸人詩賦騷詞後爲革朝遺忠列傳不分卷數每傳後附引諸家記載詩文以證之畧似名臣言行錄之體凡四十篇而以外錄補錄終焉大致與黃佐革朝遺事相仿

吳興名賢續錄六卷 江蘇巡撫採進本

明王道隆撰道隆字客山烏程人其書分道學儒行文藝勳業宦績孝友節義流寓隱逸名宦十門各敘其事實系以論贊其名宦一門採摭最廣頗足補志乘之缺然烏程潘季馴以治河功績爲明代名臣應列勳業錢鎮經史皆有著述應列儒行今具錄其同時同邑之人而二人獨不見收未免疎漏至如敘蔣瑶而不載其陳時弊七事敘張永明而於永明改左都御史後一切整飭臺綱諸政蹟悉置不錄亦爲脫畧云

桐彝三卷 浙江巡撫採進本

明方學漸撰學漸字達卿號本菴桐城人以子大鎮貴贈大理寺少卿是編取其鄉忠孝義烈之行凡耳目所及者各爲立傳自序謂風世莫如彝充彝莫如學故以桐彝爲名凡五十人爲傳二十三篇

靖難功臣錄一卷 左都御史張若溎家藏本

不著撰人名氏黃虞稷千頃堂書目有此書而闕其卷數此本爲明嘉靖中曾藩宗人當㴻編入明

朝典故者祇此一卷未知爲完書否也所載姚廣孝李友直譚淵朱能張玉武勝顧成李彬孫巖陳珪劉中孚徐忠薛祿陳賢陳瑄吳中金忠徐增壽凡十八人後又附以封爵名數凡三十四人敘述簡畧不足以資考證也

貧士傳二卷 内府藏本

明黃姬水撰姬水字淳父吳縣人黃省曾之姪也是編載自周至明初貧士七十五人各爲之贊漏畧殊甚至如莊周貸粟監河侯一事亦列之貧士

中尤不倫也

崑山人物傳十卷名宦傳一卷浙江鮑士恭家藏本

明張大復撰大復字元長崑山人與歸有光同時是書舊本名曰梅花草堂集而以崑山人物傳崑山名宦傳爲子目蓋皆編入集中故總以集名實則各一書也先是方鵬有崑山人物志六卷此則斷自明代起洪武至萬歷得三百餘人其間父子祖孫以類附傳畧如史體又於官是土者取十五人爲名宦傳附之敘述尚爲雅潔而詞多揚詡亦

不免標榜之習其名宦傳別有鈔本題曰玉峯名宦傳析爲二卷佚其中王南昌傳一篇僅有十四人又佚其論尾數行蓋傳鈔脫漏不及集本之完整也